SÆCULUM XII

VENERABILIS

GUIBERTI

ABBATIS S. MARIÆ DE NOVIGENTO

OPERA OMNIA

JUXTA EDITIONEM DOMNI LUCÆ D'ACHERY AD PRELUM REVOCATA ET CURA
QUA PAR ERAT EMENDATA.

ACCURANTE J.-P. MIGNE,
BIBLIOTHECÆ CLERI UNIVERSÆ,
SIVE
CURSUUM COMPLETORUM IN SINGULOS SCIENTIÆ ECCLESIASTICÆ RAMOS EDITORE.

TOMUS UNICUS.

VENIT 7 FRANCIS GALLICIS.

EXCUDEBATUR ET VENIT APUD J.-P. MIGNE EDITOREM,
IN VIA DICTA *D'AMBOISE*, PROPE PORTAM LUTETIÆ PARISIORUM VULGO *D'ENFER* NOMINATAM,
SEU PETIT MONTROUGE.

1853

ELENCHUS

AUCTORUM ET OPERUM QUI IN HOC TOMO CLVI CONTINENTUR.

VEN. GUIBERTUS ABBAS S. MARIÆ DE NOVIGENTO.

Liber quo ordine sermo fieri debeat	Col. 21
Moralia in Genesin.	31
Tropologiæ in Osee, Amos et Jeremiam.	337
De Incarnatione.	489
De buccella Judæ data et de veritate Dominici corporis.	527
De laude sanctæ Mariæ.	537
De virginitate.	579
De pignoribus sanctorum.	607
Gesta Dei per Francos	675
De vita sua.	837
Domni Lucæ d'Achery notæ.	1017

Ex typis MIGNE, au Petit-Montrouge.

PATROLOGIÆ
CURSUS COMPLETUS
SIVE
BIBLIOTHECA UNIVERSALIS, INTEGRA, UNIFORMIS, COMMODA, OECONOMICA,
OMNIUM SS. PATRUM, DOCTORUM SCRIPTORUMQUE ECCLESIASTICORUM
QUI
AB ÆVO APOSTOLICO AD INNOCENTII III TEMPORA
FLORUERUNT;

RECUSIO CHRONOLOGICA
OMNIUM QUÆ EXSTITERE MONUMENTORUM CATHOLICÆ TRADITIONIS PER DUODECIM PRIORA ECCLESIÆ SÆCULA,

JUXTA EDITIONES ACCURATISSIMAS, INTER SE CUMQUE NONNULLIS CODICIBUS MANUSCRIPTIS COLLATAS, PERQUAM DILIGENTER CASTIGATA;
DISSERTATIONIBUS, COMMENTARIIS LECTIONIBUSQUE VARIANTIBUS CONTINENTER ILLUSTRATA;
OMNIBUS OPERIBUS POST AMPLISSIMAS EDITIONES QUÆ TRIBUS NOVISSIMIS SÆCULIS DEBENTUR ABSOLUTAS DETECTIS, AUCTA;
INDICIBUS PARTICULARIBUS ANALYTICIS, SINGULOS SIVE TOMOS, SIVE AUCTORES ALICUJUS MOMENTI SUBSEQUENTIBUS, DONATA;
CAPITULIS INTRA IPSUM TEXTUM RITE DISPOSITIS, NECNON ET TITULIS SINGULARUM PAGINARUM MARGINEM SUPERIOREM DISTINGUENTIBUS SUBJECTAMQUE MATERIAM SIGNIFICANTIBUS, ADORNATA;
OPERIBUS CUM DUBIIS TUM APOCRYPHIS, ALIQUA VERO AUCTORITATE IN ORDINE AD TRADITIONEM ECCLESIASTICAM POLLENTIBUS, AMPLIFICATA;
DUOBUS INDICIBUS GENERALIBUS LOCUPLETATA: ALTERO SCILICET RERUM, QUO CONSULTO, QUIDQUID UNUSQUISQUE PATRUM IN QUODLIBET THEMA SCRIPSERIT UNO INTUITU CONSPICIATUR; ALTERO
SCRIPTURÆ SACRÆ, EX QUO LECTORI COMPERIRE SIT OBVIUM QUINAM PATRES ET IN QUIBUS OPERUM SUORUM LOCIS SINGULOS SINGULORUM LIBRORUM
SCRIPTURÆ TEXTUS COMMENTATI SINT.
EDITIO ACCURATISSIMA, CÆTERISQUE OMNIBUS FACILE ANTEPONENDA, SI PERPENDANTUR: CHARACTERUM NITIDITAS CHARTÆ QUALITAS, INTEGRITAS TEXTUS, PERFECTIO CORRECTIONIS, OPERUM RECUSORUM TUM VARIETAS TUM NUMERUS, FORMA VOLUMINUM PERQUAM COMMODA SIBIQUE IN TOTO OPERIS DECURSU CONSTANTER SIMILIS, PRETII EXIGUITAS, PRÆSERTIMQUE ISTA COLLECTIO, UNA, METHODICA ET CHRONOLOGICA, SEXCENTORUM FRAGMENTORUM OPUSCULORUMQUE HACTENUS HIC ILLIC SPARSORUM,
PRIMUM AUTEM IN NOSTRA BIBLIOTHECA, EX OPERIBUS AD OMNES ÆTATES, LOCOS, LINGUAS FORMASQUE PERTINENTIBUS, COADUNATORUM.

SERIES SECUNDA,
IN QUA PRODEUNT PATRES, DOCTORES SCRIPTORESQUE ECCLESIÆ LATINÆ
A GREGORIO MAGNO AD INNOCENTIUM III.

Accurante J.-P. Migne,

BIBLIOTHECÆ CLERI UNIVERSÆ,
SIVE
CURSUUM COMPLETORUM IN SINGULOS SCIENTIÆ ECCLESIASTICÆ RAMOS EDITORE.

PATROLOGIA BINA EDITIONE TYPIS MANDATA EST, ALIA NEMPE LATINA, ALIA GRÆCO-LATINA. — VENEUNT MILLE FRANCIS DUCENTA VOLUMINA EDITIONIS LATINÆ; OCTINGENTIS ET MILLE TRECENTA GRÆCO-LATINÆ. — MERE LATINA UNIVERSOS AUCTORES TUM OCCIDENTALES, TUM ORIENTALES EQUIDEM AMPLECTITUR; HI AUTEM, IN EA, SOLA VERSIONE LATINA DONANTUR

PATROLOGIÆ TOMUS CLVI.

VEN. GUIBERTUS ABBAS S. MARIÆ DE NOVIGENTO.

TOMUS UNICUS.

EXCUDEBATUR ET VENIT APUD J.-P. MIGNE EDITOREM,
IN VIA DICTA *D'AMBOISE*, PROPE PORTAM LUTETIÆ PARISIORUM VULGO *D'ENFER* NOMINATAM,
SEU PETIT-MONTROUGE.

1853

ANNO DOMINI MCIV

VEN. GUIBERTUS
ABBAS SANCTÆ MARIÆ DE NOVIGENTO.

GUIBERTI OPERA

Prodeunt nunc primum in lucem una cum appendice ad librum tertium De Vita ipsius, nimirum Hermanni monachi libri tres, De miraculis S. Mariæ, sive De reparatione Laudunensis ecclesiæ; De Gestis Bartholomæi episcopi; ac De origine et incremento Præmonstratensis ordinis. Item Notæ et observationes vetustis monumentis refertæ ad quosdam V. Guiberti libros. — His accedunt additamenta in quibus Vitæ S. Geremari, B. Simonis comitis Crespeiensis, et S. Salabergæ abbatissæ; nec non Hugonis Rothomagensis archiepiscopi libri tres Dogmatum Christianæ fidei contra hæreticos sui temporis; et Roberti de Monte Accessiones atque Appendix germana ad Sigibertum.

Omnia studio et opera domni Lucæ d'Achery, monachi Benedictini congregationis S. Mauri.

(Lutetiæ Parisiorum, sumptibus Joannis Billaine, via Jacobæa, sub signo S. Augustini, MDCLI.)

PROLEGOMENA.
AMPLISSIMO
DD. MATTHÆO MOLÉ
SENATUS PARISIENSIS PRINCIPI.

Quo tandem animo, protopræses amplissime, Guibertus hic noster orbem denuo lustrare gestiat, non satis mihi compertum minime diffitebor. Jam per multa temporum curricula in bibliothecæ tranquilla statione positus dormierat inter mortuos liber Guibertus ; quis suscitavit eum ? Certe quidem non odit lucem qui summo labore et cura permaxima tot pestiferas ævi sui errorum hæreseonque tenebras e mentibus hominum et coram et scriptis propulsare, atque divini verbi ac theologicæ veritatis præconibus facem præferre non destitit : ut coævis verbo, sic et posteris nunc scripto, novo quasi exortu affulgeat sapientissimus abbas; memor sapientissimi regis effati, imo Sapientiæ increatæ : *Sapientia abscondita, et thesaurus invisus, quæ utilitas in utrisque* (1)? Attamen meminit *doctus iste Scriba, qui profert de thesauro suo nova et vetera* (2), quod veritas odium pariat, quod et omni sæculo non desint *qui maledicunt diei* (3), quique fugientes lucem, privata ne arguantur opera, aliorum insultant operibus. Quo pacto itaque tam diuturnæ quieti valedicere non timet? Quare nedum lucentem, sed arguentem audet hisce temporibus aperire veritatem? Quantum capio, protopræses illustrissime, idem quo usus est dum in vivis ageret, nunc etiam adhibere consilium ducit opportunum. Dum etenim operi cuipiam extremam manum imposuisset, velletque uris facere publici, nihil habuit antiquius quam ut procerum animos sibi devinciret, patronosque omni fide majores suæ compararet doctrinæ, quæ (licet SS. Patrum scriptis omnino consentiens, quod altis hærentes radicibus errores, mores perversos ac nefarios usus impeteret) passa esset periculum, ni prodeuntem sublimior tutata fuisset auctoritas. Quid ergo mirum si nostra hac ipsa tempestate nonnisi cujusdam vindicis acerrimi sapientissimique fretus auspiciis in publicum prodire detrectat ? Verum enimvero quem

(1) *Eccli.* XLI, 17.
(2) *Matth.* XIII.
(3) *Job* III, 8.

amabo strenuiorem te sapientioremque desideret solertissimus abbas? Neque porro in hac gravissimorum temporum procella, ubi anxiferas Amplitudinis Tuæ curas advertit, quibus non modo reciprocati juris controversias clientumque res geris, sed universi quoque regni prospicis saluti, suspensus hæret tuis sistere se liminibus; neque lasso negotium facessere vereatur; si quidem quo polles ingenii lumine te novit omni et animi et virium contentione superiorem evasisse : scivit tantorum negotiorum mole recreari, nunquam vero deprimi invictissimum MOLE.

Nactus igitur heroem clarissimum, virum Themidis in throno residentem, atque adeo præsidentem; cum ingenii sui fetu multiplici liberius redit ad vitam tua tutela sibi superstes Guibertus; et sibi suisque operibus, te supremo Judice lucem reddita magnopere gratulatur. Qua in re profecto haud est Guibertus vulgari prudentia præditus, qui sub hujus æquissimi præsidis infulis solummodo se tutum existimat, in cujus patrocinio, si viveret, versaretur; imo singulari sapientia illustratus, qui ob quorumdam livorem de causa
<small>nam</small>

stant belli causæ [4])

nonnihil deprecaturus apud Molæum causam collocat ne cadat. Quis enim judici supremo, eidemque justissime audeat refragari ? Si *Guibertum* nullius reum arbitreris, insons erit; si tuæ acceptus fuerit æquitati, æmula virtutis invidia vel proderit vel nocebit nihil, quippe id ratum suisque absolutum numeris facile cuique videbitur, ubi acerrimi præses judicii suo dignum assensu et nomine comprobarit. Felix utique quod talem patronum compererit, qui totus regiis publicisque rebus addictus maximam autumat felicitatem, si totum se in tuendis eruditis viris, et maxime arctiorem vitam profitentibus, libentissime offerat, impendat. Sic mortuum laudibus effero antistitem, qui se suaque avet offerre bene beateque viventi, omniumque jura videnti, legum antistiti.

Vides igitur, princeps senatus oculatissime, cur in tuum, quin et justitiæ sinum, se recipiat abbas Novigentinus. Vides cur se tibi unice sistat, cur in purpura tua decus ambiat, cur auctoritatem in tua sapientia quærat, cur tuum nomen in operum suorum fronte deposcat. *Rursus cum suo cultu orbi universo reviviscere conatur, et rescindere sepulturam suam, tenebras* (5). Quidni se ad solem orbis Gallici illico convertat ? Solem dixero, qui tot augustæ senatorum coronæ *sidera oculat* (6); quem tot etiam purpurati Patres demirantur :

Solemque suum, sua sidera norunt (7);

sicque te judicante, te jubente, oritur ut Lucifer nunquam passurus eclipsim, nedum occasum.

Sin vero (quamvis plene suis in scriptis causam peroraverit suam) sciolorum censuram pertimescat, in quibus *plurimum malitiæ, sapientiæ parum* (8); ecquid mirum si te appellet scientiarum omnium officinam, *intellectus humani finem, perfectionem et terminum* (9), et quod res postulat, judicem reos severissime punientem ?

Hæc ad votivum munus Guiberto plus satis esse videbantur, protopræses amplissime, licet illum causæ permultæ moverint æque graves. Movit imprimis tua in Deum religio singularis, mira justitia, cœlestis temperantia. Religio, qua Deo obstrictus, religatus, ipsum intima mente venereris, sequeris; et qua, utpote primus supremæ curiæ præses, ipsi cultum tanquam primo rerum omnium principio, excelso animo haudquaquam desinis exhibere. Justitia, qua summum jus in teipsum exercens, summo Judici te tuaque omnia refers. Temperantia, qua summo rerum Domino, dominium, quo sub rege polles, demittis, parum est, submittis.

Quamobrem non mihi, non Guiberto, sed virtutibus tuis debes quod abbas se tibi devoveat, qui te Deo totum devovisti; debes quod supplex Nongentinus ad justitiæ tuæ oracula recurrat, qui justi Judicis auctoritati omnia debere, vicesque gerere profiteris; debes quod mortuus iterum per te reviviscat; qui animum tuum vitæ et necis auctori Deo jampridem consecrasti.

Movit tua in regem et patriam pietas eximia, quam *religionem secundæ majestatis* appellavit Tertullianus (10) : ut verum sit quod nihil hacce tua pietate præcellentius dici aut excogitari queat; ipsa est enim qua rerum labantem statum inter tot necis discrimina erexisti, succolasti, roborasti; ipsa est qua inflexibili humero tantam rerum sustinens molem, immotum Galliæ regnum reddidisti, utpote constantissime suffultum hujus tuæ pietatis partu triplici, fide nimirum, constantia prudentiaque velut solidissimis columnis. Inde fit ut non tuam duntaxat, sed immortalis memoriæ Ludovici Justi prudentiam demiretur : hanc, te cum summum senatus principem elegerit; illam, cum cuncta solerter egeris. Te rex in dicundo

---

(4) Æneid. VII.
(5) Tertul. De resurrect. carn., c. 12.
(6) Trebel. in Claud.; Plin. lib. XXXIV.
(7) Æneid. VI.
(8) S. Bernardus.
(9) Averroes, De Arist. III de anima.
(10) Apologet., c. 35.

jure quantus es effecit; tu in regem natumque ejus optimum Ludovicum feliciter regnantem, exsulato feroci discrimine, potestatem refudisti. Sicque per te qui nequaquam esse desierat, quodammodo tutius rex fuit, quando, metropoli Franciæ suo conciliata principi, a quo minime exciderat, throno melius asseri visus est.

At aliunde si Guibertum foveas, si fulgeat in ortu suo, te juvente, quia noster est, non magis qua sis in abbatem istum benevolentia, quam incredibilem erga me universosque congregationis S. Mauri Benedictinos humanitatem declarabis. Et vero quam liquide jam dudum declaraveris, non est quem fugiat. Accepimus, præses humanissime, quæ fuerint familiæ nostræ per Galliam initia, inspicimus quæ sint incrementa, suspicimus utrumque beneficium congregationi nostræ ab Amplitudine Tua studiis assiduis impensum: utrumque ex tua benignitate velut ex fonte uberrimo scaturire, perennare, nobis gratulantur benevoli nec invidi negant. Tu namque cum procuratoris regii munere fungereris, cura nascentem excepisti; inde ubi ad summum justitiæ tribunal tua te virtus extulit, ne tum quidem curatoris pro ea partes exuisti; ast majori auctoritate suffulciens, adolescentem juvisti præsidio, obfirmasti opera, jure protexisti.

Insuper placere sibi mirifice venerandam veterum scriptorum doctrinam pro sua erga omnes urbanitate mihi significavit Amplitudo Tua; dum enim epistolam S. Barnabæ a Menardo nostro elucidatam, tuo dicatam nomini, obtulissem, scrutandis bibliothecis, antiquioris ævi doctoribus e pulvere excitandis, ac suo restituendis nitori, tua præluxit, quæ mihi summa est, auctoritas. Proinde placebit et opella, quam in edendis observationibus quantulamcunque collocavi; non quod Guiberto lucem afferre queam, verum quod nimium splendorem, qui debiles forsan oculos perstringeret, moderari utcunque nitor. Placebit, inquam, utpote in tuo Benedictino congregationis S. Mauri solo sata nataque, ad te pleno ac solido jure refunditur; nimirum fundi dominum sequuntur fructus. Placebit tandem non quia edidi, sed quia judicasti, imperasti. *Tibi enim dedit Deus summum rerum judicium, mihi obsequii gloria relicta est* (11). Relicta est et cunctis congregationis nostræ alumnis, quod omnium votis defert ac profitetur

Amplitudinis Tuæ deditissimus

F. LUCAS D'ACHERY.

(11) Tacit. lib. VI, post initium.

LECTORI.

Cum multa quæ hic præfari oporteret, in observationibus attexui, non est quod prolixo te proloquio, Lector erudite, distineam. Hæc pauca te duntaxat præmonebo. Sæpe et multum apud me dubius et anceps fui, num studium et operam in edendis Venerabilis Guiberti de Novigento Operibus collocarem, necne, erant enim et præ manibus vetustiora; adfuere interim viri doctrina, sapientia et pietate clarissimi, quibuscum de antiquis auctoribus tenebris hactenus obvolutis confabulando, incidissem in præfatum abbatem, magni Anselmi discipulum; deque illius recondita litteratura, doctrina, verborum venustate et eloquentia, nec semel sermones ultro citroque habuissemus, me sæpiuscule compellarunt et aliqui sunt obtestati, quatenus Benedictini Operum prelo committendorum, provinciam ego Benedictinus susciperem. Quorum suasionibus impulsus ad opus actutum me libenter accinxi, pervolvi schedulas diligentissime, curiosos antiquitatum exploratores conveni, omnes bibliothecarum (ad quas patuit aditus) forulos pluteosque partim ipse perlustravi, partim perlustrandos curavi; et quidquid menti, quod rem hanc illustrare posset, occurrit, conquisivi.

Ac primo quidem libellum, *Quomodo sermo fieri debeat;*

Commentarios, seu *Moralium Geneseos lib. X*, suppeditavit Bibliotheca Regia.

Tropologiarum in Osee, Amos et Lamentationes Jeremiæ, apographum perantiquum (monasterii quondam Valcellensis cong. Cisterciensis in diœcesi Cameracensi) a decennio germanus meus Eustachius d'Achery.

Tractatum de Incarnatione contra Judæos;

Lib. de laude B. Mariæ;

Opusculum de virginitate, e codice ms. collegii Parisiensis S. J. indicio R. P. Jacobi Sirmondi exprompsi.

Epistolam de buccella Judæ data primum in bibliotheca V. C. Joannis Bigot in Rothomag. vectigal. curiæ senatoris, exscribi curavi; deinde ad bina mss., alterum Bibliothecæ Regiæ, collegii Parisiens. S. J. alterum, contuli.

De pignoribus sanctorum libros tres mutuavit Bibliotheca Regia.

Cæterum præfatos ejusdem bibliothecæ, velut et collegii Parisiensis codices (si conjecturis indulgere liceat) juris olim exstitisse Novigentini cœnobii, atque adeo Guiberti (quippe ferunt ipsius ætatem) initium cujusque voluminis præmonstrat.

Historiam Jerosolymitanam, sive Gesta Dei per Francos; primus evulgavit Jacobus Bongarsius una cum aliis ejusdem historiæ scriptoribus an. 1611, cui collectioni titulum fecit, ab Guiberto mutuatum, *Gesta Dei per Francos.* Nos vero in hac editione repetita libros in capita digessimus. Sancti Remigii Remens. codex, manu peroptima exaratus, suppetias eorum quæ in fine libri noni, alio ab auctore editi, desiderabantur, ivit. Usi quoque sumus altero Corbeiæ antiquæ ms., quo plerisque in locis nævos qui librarii forsan vitio, sive typographorum oscitantia, irreptarant, abstersimus. Versus ordinatim poetico more disposuimus; adornavimus oras diversis passim adnotationibus.

Postremo abbatis nostri *Librorum de vita sua* apographum tantummodo invenire fas fuit, graphice quidem ac recentiori manu scriptum, sed mendis scatens quampluribus, inversa verba, sententiæ interdum aut mutatæ aut prorsus sublatæ, ut nonnulla penitius inspicienti mihi fuerint vix non divinanda; cætera vero quæ me præteriere verba, eorum loco puncta supplevi, seu margini ascripsi quædam alia. Audiveram sane et multoties repetitum agnoveram, autographum ad nostra tempora inter Ecclesiæ Laudunensis vetustos codices asservatum, ac postmodum antiquæ rei perito viro D. Dey, Doctori Parisiensi (qui pridem obiit), collatum; quas autem in manus posthac devolutum fuerit, omnem movi lapidem quatenus comperire valerem, sed frustra.

Et cum Guibertus tertio libro *De vita sua* potissimum referat qui cives Laudunenses immanissimorum grassatorum more bacchati fuerint, dum non sexui, non ordini, non ætati ulli parcerent, cæde ac sanguine complentes omnia; qui pastorem suum nece affecerint quam acerbissima; qui episcopale templum incenderint, et alia id genus crudelitatum patraverint, *Libros tres Hermanni monachi de miraculis S. Mariæ Laudunensis* instar appendicis adjiciendos censui peropportunum; utpote qui prolixam non modo continent reparatæ et urbis et ecclesiæ Laudunensis historiam, verum etiam coætaneum Guiberto scriptorem agnoscunt.

Præter superius enumeratos Guiberti fetus, edidisse et *Capitularem libellum de diversis evangeliorum et propheticorum voluminum sententiis*, notat ipsemet lib. 1 De vita sua, cap. 16. Ast alicubi haud dubie in pulvere et situ latere nunc usque dierum; vel potius dixerim ab ipso auctore suppressum, quod minime perpolitum, his ex verbis indidem subodorari libet: *Cui* (libello) *huc usque finem dare differo, quia his explicitis quæ in præsentiarum teneo, in similibus exerceri aliquoties, Deo suggerente, delibero.* Etenim ubicunque libellum delitescere suspicabar, nisu inutili perquisivi.

Observationibus et notis quædam auctoris opuscula, non tam mea sponte, quam nutu eorum et auctoritate, quibus votiva obedientia obstrictus non obtemperare mihi religio est, illustravi. In iis porro quid præstiterim, paucis id absolvam.

Præ manibus esse ubi advertissem plurima antiquitatis monumenta, mediæ et auctoris nostri ætatis maxime (auctores enim nondum editos sæpius, alios perraro ad testimonium cito), mentem induxi data occasione identidem ea internectere, ea de re nimirum, ut ejuscemodi mercium appetentibus, aliquousque, dum majora parant nostri, facerem satis. In iis animo proposui nihil non discussum, nihil non fidei optimæ eventilare. Scio nihilosecius ego, et probe teneo, *neminem esse tam felicem, qui non subjectus sit errori, et hoc non dementis esse proprium, sed hominis.* Itaque, Lector benevole, æquanimitatis tuæ erit si quæ errata, leniter et amice castiges; si quæ chartarum, diplomatum, aliorumve similium displiceant, quæso, illa ne facessant negotium : ecquis enim hominum votis omnium respondere quibit?

Quoniam haud ad solitam magnitudinem volumen excrescere animadverteram, quædam ad illustrandos Guiberti libros De vita sua observationibus additamenta subjunxi; nempe, *Vitam S. Geremari abbatis*, ex monasterio Conchensi; *Vitam B. Simonis comitis Crespeiensis*, quæ ex codice ms. Cœnobii Ursicampi ad me transmissa est : *Vitam S. Salabergæ S. Joannis Laudunensis proto-antistitæ*, cujus quidem era texemplar, sed adeo mendosum, uti spem ejus evulgandæ prorsus abjecissem, ni præsto adfuisset noster D. Placidus Bertheau, eamque ipsam ope codicis ms. Ursicampensis mendis prope innumeris, velut in marginibus cernere est, correxisset, emendasset. Quod meum fuerit consilium illas publicam in lucem Vitas emittendi, habes paginis 596, 602, 652 (12).

Deinde, insigne *Hugonis Rothomagensis opusculum*, tribus libellis distinctum, *contra hæreticos sui temporis.* Istud cum blatis ac tineis rixans huc usque, e codice ms. S. Martini Parisiensis exscripsimus, ac publici facimus juris. Hugonis elogia et epistolas videbis pag. 687 et seq.

Præterea, *Roberti de Torinneio* (Torigny), vulgo *de Monte abbatis*, (hoc est monasterii S. Michaelis de Monte-Tumba, sive *in Periculo maris*) vocitati, *Accessiones, et Appendix Germana ad Sigebertum*, nec non *Tractatus de immutationibus monachorum, de abbatibus et abbatiis Northmannorum, et ædificatoribus earum.* Appendicis duplici ditatus sum exemplari, primigenio altero S. Michaelis de Monte (quod infra pag. 715 prænotavi), altero Gemeticensis asceterii : nonnulla ex parte posterius priori contractius, quæ vero in Montensi non exstabant charactere Italico, atque asterisco, notatiunculaque margini adjecta demonstratur. Verum pretium operæ est, Lector, animadvertas, puta initio codicis ms. nec non in prologi, atque in ipsius Appendicis, qua de agitur, titulo prænotatum, quod ad annum 1184 Appendicem Robertus protraxerit; qui tamen ad an. 1182 duntaxat illo Appendicis prologo concinnasse profite-

---

(12) Numeri crassiores textui nostro inserti paginas editionis Acherianæ repræsentant. EDIT. PATR.

tur : unde subdubitari datur vel Robertum posteaquam prologum confecisset, fuisse ultra progressum;
sive aliam quempiam duorum annorum seriem una
et continuationem texuisse.

Quid me tandem causæ moverit ad isthæc evul-
ganda quæris? nosces anteloquio inibi præfixo,
pag. 715.

Cæterum qui mihi fuerunt auxilio, eorum nomina,
præter laudatos in hocce proloquio, suis locis non
omisi; tum ut fidem liberarem, tum maxime uti
alienos labores, beneficia, grato animo commemo-
rarem. At sunt haudquaquam prætereundi, imprimis VV. CC. Puteani fratres, multiplici eruditione
celebres; quotquot opus fuere codices et Regiæ et
suæ Bibliothecæ ipsi solita comitate, proque innato
non vulgari erga litteratos affectu, commodarunt.
Franciscus Duchesne, rei historicæ non ignarus,
inter alia Historiam canonici Laudunensis, propria
parentis Andreæ Duchesne manu exaratam, ultro
concessit. Et noster Philippus de Romagny, serio
et sine ambitione doctus, qui multum operæ ac laboris insumpsit, qua describendis diversis in hoc
volumine contentis operibus, qua denique locis divinæ Scripturæ adnotandis.

Atque hæc de auctoris Operibus et Additamentis.
Tu, Lector, vale, et juvantem, aut certe volentem,
ama.

VENERABILIS GUIBERTI ABBATIS VITÆ

SYNOPSIS.

(*Paucula in antecessum aum integros De vita sua libros revolvas, gestorum Guiberti summatim oculis objicienda censui.*)

Guibertus, ex oppido Belvacensi oriundus, splendore natalium posthabito, monachale collobium in
Flaviacensi, sive S. Geremari cœnobio, diœcesis
itidem Belvacensis, induit; ubi apprime cum pietate,
tum litteris est excultus; sed et se potissimum a S.
Anselmo Cantuariensi, tunc Beccensis asceterii
priore (qui Guibertum amoris erga sæpius invisebat)
instructum qua ratione intelligendæ aperiendæque
forent divinæ paginæ, gloriatur lib. I De vita sua.

Guiberti religionis, prudentiæ, doctrinæ fama
longe lateque pervulgata, tandem a monachis B.
MARIÆ de Novigento, in territorio Laudunensi sito,
prope Couciacum, anno Dominicæ Incarnationis 1104
eligitur in abbatem : quo in munere per annos viginti, tam elucubrandis variis operibus, quam saluti
animarum suis concionibus (quidquid sacræ Scripturæ est interpretatus, in gratiam concionatorum
id egisse declarat) nec non confutandis hæreticis et
coram et scriptis invigilans, allaboransque, præclare, sapienter prudenterque sese gessit. Pie
admodum in Dei Matrem affectum fuisse passim
prædicant sua scripta. Naturæ concessit anno reparatæ salutis 1124.

TESTIMONIA DE GUIBERTO ABBATE.

Manasses, episcopus Suessionensis, in charta infra posita pag. 625.

Præerat siquidem illi monasterio (*Novigentino*) :
domnus Wibertus abbas, qui sapientia et innocentia
sua nos sibi valde conglutinavit. *Et post pauca* :
Idem enim abbas religioso quo pollebat consilio, etc.

Martyrologium vetus ms. Laudunensis Ecclesiæ.

Hæc et alia quamplurima ad tam immane scelus
pertinentia memoratus abbas (*Guibertus*) qui his
diebus præsens aderat, plena fide et veritate conscripsit, etc. *Videsis in observationibus pag.* 652.

Canonicus Laudunensis in Chronico ms., de quo nos inferius pag. 646.

Hic (*Galdricus*) dum aliquando a dedicatione ecclesiæ redisset, etc., dicentes vulgariter quod abbas
Wibertus poetice sic exposuit, etc.

*Joannes Halgrinus cardinalis, de Abbatis-villa nuncu-
patus, Summæ ms. quam asservat bibliotheca* S.
Michaelis de Monte, Guibertum diversis sparsim locis citat ad hunc modum :

Guibertus in Moralibus super Genesim, etc.

Jacobus Bongarsius in præfatione.

Guibertus, abbas monasterii B. Mariæ Novigenti,
quod situm est sub castro Codiciaco, in pago Laudunensi : ipse tituto operis et fine præfationis. Vixit
illa ipsa ætate cujus Historiæ partem describit; et
scripsit Balduino, fratre Godefridi regnante ; lib. II,
cap. 12, et lib. VII, cap. 21. Boemundo marito Constantiæ regis Francorum filiæ : *extremo lib.* I. Biennio, post Manassis Remorum Archiepiscopi mortem : *extremo lib.* VI. Finem scriptioni imposuit
mortuo jam Boemundo : *lib. ult., cap.* 38. Anno post
Gervasii egregii militis martyrium : *lib. eod., cap.* 40.
Interpretatem se profitetur alienæ historiæ : *lib.* II,
cap. 10 et 13. *Et ipsa epistola ad Lysiardum, et quæ
eam sequitur præfatione :* quod ipsum in eodem argumento factum Roberto monacho, et Baldrico :
supra. Supplevit, ut et illi, quæ deerant, ex eorum
qui viderant relatione : *lib.* II, *cap,* 3, *lib.* III, *cap.*
13, *et lib.* VII, *cap.* 24, *et ult., etc.* Scribendi rationem suboscuram secutus est, rudium et impolite
dictorum fugitans, ut ipse loquitur, *princ. lib.* V.
Operosam verborum elegantiam vocat, *fine epistolæ ad Lysiardum.*

Nobili loco natum inde apparet, quod *lib.* IV, *cap.*
ult., hominem narrat militarem, equestri officio insignem, parentum suorum beneficia tenuisse, iisque
hominium debuisse. Et *lib.* V, *cap.* 13, Guillelmi et
Alberici fratrum ex municipio agnomen exprimere
prohibetur pudori ipsorum parcens, generis eorum
amica sibi consanguinitate devictus. Exprimit autem
quod ille supprimit nomen Baldricus, et *Guillelmum*

de Grantemaisnil nominat; *pag.* 114, 28, *Non enim eorum*, inquit, *parcere debemus infamiæ, qui suæ, nimis formidosi, non pepercerunt famæ.* Græcis etiam notus : Annæ Comnenæ, Alexiade, est γελιελμος ὁ φραντεμανη. Tyrius *lib.* vi, *cap.* 5. Virum inclytum dicit, de Apulia, qui sororem Boemundi habebat uxorem. Gallici interpretes plenius : *Magnum virum in Normannia natum, qui in Apulia multa loca tenebat.* De quibus plura in indicibus, si absolvere Deus dederit. Fulcherii Carnotens. historiam non lectam ex auditu carpit. *lib. ult. cap.* 29, 30, 31, 38 *et* 39. Fine operis excusat si quid minus a se diligenter sit explicatum, quod et alia professione detineatur, et non visa timidius descripserit. Sed alia scripsisse testatur ipse *initio lib.* v, et epistola ad Lisiardum. *Expositiones Geneseos, et alia opuscula tractatoria* commemorat.

Titulum quem operi suo Guibertus, cætera vere Scholasticus, nos huic Collectioni imposuimus : *Gesta Dei per Francos;* quo excogitari aliud, nec aptius potest, nec verius. Ut Deum in cœlis dicimus, non quod non et alibi, qui ubique; ita hæc *Gesta Dei* vocamus, non quod non alia omnia, maxima, minima, moveat, regat et moderetur Deus : Sed quod his tam manifestus hac præsens interfuisse videatur, quam cœlum ac sidera insidet, etc.

Per Francos autem gesta dicimus, quoniam cum in regno Francorum captum expeditionis hujus consilium; et principum militumque longe maxima pars a regno Francorum isset, Francorum ita seu virtus seu numerus excelluit, etc.

Sed Guibertus Historiam incipit a successibus in Oriente orientis Mahometicæ perfidiæ, et auxilio Christianorum Occidentis principum, per epistolam Constantinopolitani imperatoris ad Robertum Flandriæ comitem, petito : quod concilium Claromontanum præcessit: et deducit ad Balduini I regnum, etc.

Aubertus Miræus in Auctario de Scriptoribus ecclesiasticis.

Guibertus abbas monasterii B. Mariæ Novigenti, quod situm est prope castrum Codiciacum seu Cociacum in pago Laudunensi; vixit illa ipsa ætate cujus historiæ partem descripsit, etc. *Refert eadem quæ Bongarsius ubi supra, sed contractius.*

Joannis de Launoy doctoris Parisiensis notatio, libris Guiberti de pignoribus sanctorum, qui manu exarati in Bibliotheca Regia asservantur, præfixa.

Guibertus abbas de Novigento, *pag.* 129: Nominat se Dei Genitricis ministrum ac servum; *pag.* 1. Regere cœpit anno 1104, quo decessor ejus Godefridus in Ambianensem episcopum consecratus est, *pag.* 29. Æqualis Radulpho Remensi et Bartholomæo Laudunensi episcopis, quos constat aliunde ad ecclesiasticæ dignitatis apicem conscendisse an. 1114. Significat se scribere Ludovico VI, Philippi I filio rege, qui an. 1138 Kalend. Aug. decessit.

Gerardus Joan. Vossius De historicis Latinis, lib. iii, *pag.* 705.

Guibertus, nobilis Gallus, abbas monasterii B. Mariæ Novigenti, quod in Laudunensi pago sub Couciaco situm est, an. 1110 claruit, ac reliquit opus quod inscripsit *Gesta Dei per Francos*, etc. Præterea autem ait commentatum se esse in Genesim, sed simpliciore quam hic utatur stylo, etc.

VEN. GUIBERTI
S. GEREMARI FLAVIACENSIS MONACHI, POST ABBATIS BEATÆ MARIÆ DE NOVIGENTO,

AD COMMENTARIOS IN GENESIM

PROŒMIUM.

Patri et domino sanctæ Laudunensis Ecclesiæ episcopo BARTHOLOMÆO, GUIBERTUS id fieri quod prætendit in nomine.

Dum cujus nomini præsens opusculum dedicare debeam, quaquaversum considero nusquam convenientius quam tibi coaptari posse conjicio. Cui enim genus ex omnimoda constat vetustate, non sine sanguinum regiorum contiguitate clarissimum, cui nomen ubique loci ex ingenita dignoscitur liberalitate, cui cum pontificii sacramento gloriam Deus purissimi contulit cœlibatus; et non sine humilitate profunda copiosæ devotionis instinctum; illi plane cui pro tanta sui familiaritate indulta me fateor prorsus obnoxium, decrevi apponere, si quid exercere potuero dignum, ut ex ejus magnanimitate præmineat, quod ex mea aliquos lentitudine minus juvat. Indidit tanto Deus capiti duos oculos sideribus clariores, dum a dextris habes Anselmum, totius Latini orbis magisterio prædicatum, cujus tam sincera est in Scripturarum ac fidei assertione severitas,
ut plures veros suis probetur documentis fecisse Catholicos, quam instituisse potuerit erroneus quispiam temporis hujus hæreticos : altrinsecus Radulphum, cujus ingenii ac doctrinæ sicut a præfato fratre non discrepavit alacritas, ita totius eum bonæ habitudinis æmulatur honestas. Si igitur indigno dignanter actore auctor es, hos precor post te potissimum schedæ hujus instituas despectores, quorum judiciis tanto animo securiore subsidam, quanto eos comperi partem claudicaturos in neutram.

Fuere qui objecerint quare ad litteram Exameron facta, libriue sequentia primo non dixerim; quibus esset attendendum quia beato Augustino aut dissona aut paria texere insani capitis notam verens jure supersederim. Et quomodo assequerer tantæ majestatis historiam, cum doctoris prædicti quæ dicuntur explanationes, imo opiniones, raro intelligam? Ad mores ergo me contuli, in quorum ratiocinatione tanto tutius fuit licitum diversari, quanto ab exemplari interno contemplationis subtilitas hæc eliciens, sine perfidiæ aut falsitatis incursu potuit commentari.

Porro sub allegoricis sensibus non pauca pariter addidisem, nisi modum operis prætergredi timuissem. Plane petente quodam amico meo primum exinde libellum edideram, quod sibi fieri ad sermonis materiam faciendi ille poposcerat, unde et laciniosiori quam cætera oratione tractavi et pauca qualiter fieri debeat sermo prætexui; reliqua autem ex eorum quæ cooperam experientia sola spe divina præsumpsi.

2 INCIPIT LIBER
QUO ORDINE SERMO FIERI DEBEAT.

Valde illi periculosum est a doctrina cessare cui officium pertinet prædicandi; sicut enim damnabile est exempla pravitatis ostendere, ita etiam damnationi proximum esse constat eum qui peccantes non vult docendo sanare.

Sunt autem super hac re diversæ hominum quorumdam intentiones. Aliqui enim id facere nolunt victi superbia, alii fastidio, alii invidia. Respuunt, inquam, prædicare præ superbia, et quod multi ambienter facere gestiunt, et pro sola jactantia; hoc isti ne sermocinatores vocentur, quod infame genus hominum esse solet, quia pro suo ventre loquuntur, unde a Gregorio Nazianzeno (*Apolog.* orat. 1) : *ventriloqui appellantur*, ex typo nimio dedignantur.

Inter quos si comparatio fiat, multo utilior invenitur qui sibi soli noxius jactanter prædicat, et aliis quibus instruantur documenta ministrat, quam is qui quod intelligit utiliter tumide celat, nec sibi bonus est, nec alios juvat.

Invidia quidam dupliciter a sacra prædicatione retrahuntur, quia aliorum bonis moribus invidentes, unde meliorentur dicere nolunt, Scripturarum etiam scientiam quam habent, se habere dissimulant, nec disserere eas avidis et intelligibilibus auditoribus curant, verentes ne sua doctrina in tantum proficiant, ut sibi discendo coæquari valeant, aut forte præcedant.

Est et tertius invidiæ modus, quo dum aliis bene prædicationi insistentibus invidere quispiam incipit, ardentius ad loquendum se accendit, Scripturarum obscuritates enucleat, alia quælibet et minus usitata exponit, gravesque sententias depingere composito sermone contendit, non ut ad bene agendum audientes ædificet, sed ut gloriolæ cupidus scire super alios suum demonstret. Sed licet bona male dispenset, et seipsum alios quærendo perdat, tamen quocunque pacto Christus annuntietur gaudendum est (*Philip.* 1; 18), et nemo sane de fidei verbo tractatus rejiciendus, quia in multis utilis est mercenarius.

Sunt etiam qui bona loqui fastidiunt, quorum dum ab omni pia actione manus cessat, non est mirum si a sanctæ locutionis studio lingua torpescat. Qui enim nil boni proponit agere, unde, quæso, diu valeat in animo bona versare? Attamen sunt qui bene ac continenter vivunt, sed quia pastoralem non habent in Ecclesia locum, æstimant se non debere fratribus sanctæ prædicationis verbum; quod valde absurdum est : si enim per subjugale mutum, id est per asinam, juxta illud beati Petri (*II Petr.* ii, 16), Deus corripi voluit prophetæ insipientiam, quam multum et pene absque comparatione dignior est humana natura ad docendum et dandam coæqualibus disciplinam?

Loquamur itaque quicunque sacræ paginæ notitiam adepti sumus, sicut ex Deo, hoc est Deum totius nostri tractatus habentes originem, et coram Deo nulli præter Deo soli ex nostris sermonis contextione placere quærentes. Si enim quidquid ad exhortationem pertinet animarum, non aliud debet sonare quam Deum, vel aliunde quam ex ipso quasi ex proprio suo fonte prodire, quid sacrilegii facit qui de divinis rebus in quibus Dei sola quærenda laus est, suam præsumit quærere? Si furtum inter humana negotia probrosissimum est, quid criminis esse putamus sua subtrahere Deo et sibi arrogare?

Fugiamus etiam connumerari duobus illis pessimis et inordinatissimis, ut sic dicam, ordinibus, quos in Ecclesia non habemus ut fratres, sed toleramus ut hostes, quorum alter est male facientium, alter vero bene facere nolentium. Hi designantur per duos Judæ filios, Her et Onan, quorum primus nequam in conspectu Domini, et ab ipso percussus, vitam iniquorum qui a Deo pro sceleribus puniuntur, designat; secundus, qui semen fratris nomine suscitare noluit, et divinitus interimi meruit, eos qui verbi Dei semine in cordibus fidelium ad honorem Christi fructum boni operis procreare respuunt, significat, qui non minus damnationi succumbunt quam hi qui mala ipsa efficiunt.

Nam si, juxta beatum Ambrosium (*De offic.* lib. i, cap. 36), qui non repellit a socio injuriam si potest, tanto est in vitio quam ille qui fecit; quid obstat dicere quod similem prorsus reatum incurrat qui peccantem attendit, et corrigere recusat? Juxta Apostolum sane non solum qui faciunt, sed et qui facientibus consentiunt, digni morte dicuntur (*Rom.* i, 32).

Licet ergo non sit episcopus, aut abbas, seu qualibet potestate præmineat, agat tamen juxta beatum Augustinum pro persona **3** quam portat. Christianus est; si Christiane vivere vult, sicut in se, ita quoque in aliis Christianum nomen clarificet.

In Deuteronomio etiam ita legitur (xxiii, 3) : Moabites et Ammanites [Ammonites] non intrabunt in Ecclesiam Domini etiam post decimam generationem usque in æternum. Et de singulis causas subjiciens, de Moabite quidem ait, quia Israelitis cum pane et aqua egressis ex Ægypto non occurrerit; de Ammanite vero, quia Balaam hariolum ad maledicendum eisdem conduxerit *(ibid.* v, 4).

Quid per Moabitem et Ammanitem, nisi supra memoratum duplex hominum genus, scilicet prodesse nolentium, et male agentium? Ubi enim dicitur quia cum pane et aqua non occurrerit, culpatur, quia prodesse noluerit. Ubi autem dicitur quia Balaam adversus Israel conduxerit, arguitur quia nocuerit. Hi non intrant in Ecclesiam Dei, quia corpori Christi, quod est Ecclesia, nunquam socientur, non solum qui in malis operibus exercentur, sed etiam qui spiritualibus epulis ac poculis alios pascere pigritantur.

Absit enim ut in tanto corpore, non dico membra mortua, sed saltem minima ungula inutilis aut otiosa habeatur. Licet autem decimam generationem attigerint, id est in baptismo Trinitatis fidem se habituros spoponderint; et septiformis Spiritus sub pontificali dextera munus acceperint, certum est quod pro animi nequitia in Domini corpore esse non possint. Denarius numerus ex tribus et septem constat, et ideo Trinitatem cum septem charismatibus signat. Quamvis ergo ecclesiastica sacramenta cum vere fidelibus accipiant, extra fidelium tamen chorum pro sua inutilitate uti mortua membra jacent. Qui quidem Israelitis non nocerent nisi Balaam mercede conducerent, quia fratribus molesti non essent nisi primum diabolo seipsos darent, et cum ipso postmodum facti unanimes contra bonos bella miscerent.

In quo plane notandum est quia quidquid mysticum in Ecclesia fit, non minus reprobis quam electis secundum dispensationem commune sit; et Baptismus, et Eucharistia, et Spiritus datio non melius, quantum ad utilitatem suscipientium, administratur a probis quam datur a reprobis. Etsi enim Spiritus sanctus effugere dicatur fictum (*Sap.* i, 5), notandum tamen quod interponitur *disciplinæ*. Effugit autem quantum ad suam ipsorum salutem qui vivunt indigne, adest vero quantum per ipsos omni miseria squalentes, aliis largissima ministrat suæ dona gratiæ. Canalis aquas accipit, sed ad hoc solum ut alias transmittat; et hi non dissimiliter habent alteri, sed non habent sibi. Spiritum vero disciplinæ non habent, quia in labore hominum non sunt, et cum hominibus flagellari non merentur (*Psal.* lxxii, 5); et cum extra disciplinam sint, secundum Apostolum (*Hebr.* xii, 8) adulteri, et non filii sunt.

Ipse est Spiritus qui, cum sit bonus, docet nos bonitatem; in bono scilicet ac simplici nos affectu constituit, et sic nos deinde disciplinam docet, ut non fatigemur, cum a Deo arguimur, quia cum ab ipso judicamur, correptio est, ut non cum mundo damnemur; et per hoc multa jam scientia et discretio acquiritur, ut sciamus temporales glorias æternos subsequi luctus, et flagella momentanea bonis compensari perennibus. Spiritum disciplinæ non habuerunt Herodes et Antiochus, qui spirituali eos in aliquo amore inter flagella tetigerit, aut de Deo eos aliquid (quia a discendo disciplina dicitur) discere fecerit, sed duplici contritione hic et in futuro conterendos in sua obstinatione dimisit.

Hæc per excessum diximus, ut discrepantiam inter bonos et malos in solo tantum animi habitu monstraremus. Is habitus nihil est aliud quam bona voluntas, et pius affectus, simplexque conscientia, qua nihil felicius esse Christiani docuere auctores. (Ambros. *in psal.* xxviii, *v.* 1, et lib. ii, *Off.* c. 1). In hoc, si volumus, a perversis dividimur, hac specialiter re ab eorum sorte discernimur. Hæc est illa vestis nuptialis, qua qui non induitur, a sacræ mensæ consortio emittitur.

Cæterum, alia omnia quæ exterius exhibentur, sicut boni ita et mali dant et accipiunt; iisdem sacramentis imbuuntur et imbuunt, eadem miracula faciunt. Simus igitur sanctæ Ecclesiæ membra, non mortua, sed congruum Dominico corpori officium reddentia, ut sicut in sacrosanctis mysteriis exterius peragendis sumus bonis consimiles, simus etiam introrsum, affectu et effectu totius pietatis æquales. Sit liber noster ex quo nostræ procedat textus orationis, pura conscientia, ne dum lingua aliis bona annuntiat, peccati memoria nos intus mordeat, quæ locutionis impetum occulta confusione præpediat. Sermonem præcedat oratio, ut animus fervens amore divino ardenter, quæ de Deo sentit, enuntiet, ut sicut apud se intrinsecus ardet, sic auditorum corda inflammet. Sermo namque tepide languideque prolatus, cum nec ipsi qui profert, placeat, mire mirum esset si cuiquam placeret; et ab eliso et jacente dictus alios erigere posset, cum procul dubio experti simus hujusmodi verbum non animos audientium sedare solere, sed opprimere fastidio, et ad iram graviter irritare. Cum itaque rationis acumen minus in nobis vigere sentimus, **4** et loquela nostra obtunditur, et quod dici debeat non abundat, et mens in arcto posita defectum patitur, ut æstimo ad nullius utilitatem ex tunc sermo porrigitur.

Nam si quando verbi copia exuberat, et ad cordis placitum lingua progreditur, longus nimie fieri sermo non debet, quanto minus cum nec memoria suppetit dicendorum, et locutio præpeditur, et animus torpet. Apud beatum Ambrosium (*De officiis*, lib. i, c. 22) legitur quia sermo tædiosus iram excitat; et cum eadem sæpius replicantur, vel ultra modum diversa dicendo tenduntur, fieri inde solet ut tædio victis omnia pariter, prima, media et ultima auferantur, et quæ prodesse pauca poterant, nimia et indiscrete effusa, in fastidium et pene quodammodo in odium vertantur.

Nam sicut victualia sobrie sumpta ad corporis nutrimentum in corpore permanent, immoderate vero vorata in detrimentum vergunt, et vomitum provocant; et qui semine legitimo et parce modesteque edito conjugi miscetur, prolem creat, qui vero semine fluit, nihil utile efficit, sed carnem fœdat : ita qui nimie verbum profert, et id quod auditorum cordibus insitum erat, et proficere poterat, aufert. Cum ergo et grandis animi fervor prædicanti adest, et multiplex tractandorum materia memoriæ non deest, facundiæ quoque possibilitas et ornatus necessitati superest, penset eorum qui tacite audiunt imbecillas vires, meliusque fore ut pauca et grate suscipiantur, quam innumera ex quibus nulla retineantur, finemque facere non differat, ut rursum cum sermonem facturus est, alacres eos non fastidiosos inveniat.

Præterea et aliud ntimandum est, ut scilicet dum illitteratis levia et plana prædicat, litteratis etiam quæ sibi conveniant sublimiora aliqua intermiscere studeat, et dum his quæ capacitati suæ placeant propinat, ita explicet, et ut ita dicam quadam circumlocutionis mola conterendo exponat, et quod durum ac difficile etiam doctis prius videbatur, ita lucidum et apertum reddat, ut idiotis ac simplicibus perspicuum quod dicitur esse queat. Sicut enim puerulis lactis alimentum familiare est et valde necessarium; ut sine lacte non posse vivere credatur infantes, nec soli tamen eo utantur infantes, sed infractis panum crustis etiam quibuslibet grandævis præstet cibum, sic plerumque cum vulgo simplex doctrina proponitur, et aliquid tamen propter intelligibiliores, ubi eorum exerceantur ingenia, ibidem interseritur, ita pascere consuevit hebetes, ut etiam solidioris additamento victus, id est interjecta ponderosiori sententia delectare soleat sapientes. Solent etenim in tractatibus evangeliorum sententiæ de Veteri Testamento adhibitæ auditores reddere magis intentos, quia dum quidpiam eorum auditui novum insonat, animos quasi ex quadam voluptuosa sonoritate innovat. Hoc his contingere solet qui Scripturæ secreta libenter inquirunt et semper discere quærunt. Placere etiam nonnullis comperimus simplices historias, et veterum gesta sermoni inducere, et his omnibus quasi ex diversis picturam coloribus adornare.

Dicendum etiam nobis est quis tractatus doctori præcipue habendus sit. Quatuor sunt regulæ Scripturarum, quibus quasi quibusdam rotis volvitur omnis sacra pagina : hoc est historia, quæ res gestas loquitur; allegoria, in qua ex alio aliud intelligitur; tropologia, id est moralis locutio, in qua de moribus componendis ordinandisque tractatur ; anagoge, spiritualis scilicet intellectus, per quem de summis et cœlestibus tractaturi ad superiora ducimur. Verbi gratia Hierusalem, secundum historiam, civitas est quædam ; secundum allegoriam, sanctam Ecclesiam significans; secundum tropologiam, id est moralitatem, anima fidelis cujuslibet qui ad visionem pacis æternæ anhelat; secundum anagogen, cœlestium civium vitam, qui Deum deorum facie revelata in Sion vident, signat. Ex his igitur quatuor modis, licet omnis fieri possit, aut certe ex singulis, tamen si quid utilius ad curam interioris hominis pensetur, magis commoda ac intelligibilis in tractando moralitas esse videtur.

Allegoria sane dum in propheticis apostolicisque libris disquiritur, pene nihil aliud quam fidem ædificat; quia scilicet, dum multifariam multisque modis olim Deum loquentem in prophetis attente legimus, Christiani temporis sacramenta indubie prænuntiata ibidem comperimus. Dei vero gratia jam fides omnium cordibus innotuit, quam etsi inculcare sæpius ac retractare auditoribus oportuit, non minus tamen, imo multo crebrius ea quæ mores eorum instituere possint, dicere convenit. Facilius enim et securius de virtutum natura disserimus quam de fidei sacramentis de quibus valde moderate aliquibus loquendum est, disputamus. Error namque minus intelligentibus ex nimis profunda prædicatione generari potest; ex morali autem institutione maxime solet acquiri discretionis utilitas.

Quamvis itaque allegoricus sensus, si aliquando sermoni admisceatur, plurimum esse soleat gratiosus, et si dicuntur, et vere aliquoties dici debent aliqua quæ ad fidem et intelligentiam Scripturæ sacræ nos imbuant, tamen tota verbi nostri vigilantia de 5 motibus interioris hominis, id est cogitationibus habeatur, quarum passio tam omnibus communis est, ut tractatus hujusmodi nulli, ut arbitror, possit esse obscurus, præsertim cum unusquisque intra seipsum quasi in libro scripto attendat quidquid de diversis tentationibus prædicatoris lingua retractat.

Non magis autem de origine aut custodia virtutum, quam de concatenatione et fuga vitiorum fieri admonitio debet; ubi doctor quæ sint naturalia et quæ extra naturam vitia, quæ etiam ex aliis generentur, et quam perniciosa ex seipsis et ex eis quæ ab ipsis propagantur, sint, dum diligenter ac distincte docet, fructum immodicæ utilitatis exhibet. Cum enim Scripturarum abdita simplicibus ac idiotis exponuntur, cito suis elabuntur memoriis, quia qui assueti sunt solis rebus corporeis, mirum non est si in spiritualibus, quæ non vident, cum etiam in corporalibus, quæ sentiri a se ac videri possunt, non habent vires recordationis. Sunt sane aliqui ita animales ut vix aliqua nisi materialia et quæ bestiis etiam sunt conspicua comprehendant, et motus etiam nec non et vitia corporum ac animorum suorum, quæ indesinenter in semetipsis patiuntur, omnino nesciant, donec ab aliis audiant, quæ cum audierint utinam firma relectione contineant.

Dixi sane verumque dixi non minus prodesse aliquoties, si fiat tractatus de natura vitiorum, quam si fiat de natura virtutum. Si enim vitium non cognovero, quomodo sinceritatem virtutis amabo? Et vitium quomodo fugiam, nisi bonum, sanum et integrum aliquid, cujus adipiscendi ac fruendi gratia ipsum vitium fugiendum sit, sciam? Sunt olera, sunt et cicutæ : unum utile est, alterum mortiferum; si ergo sit aliquis qui olera quidem libenter comedat, sed inter olera et cicutas distantiam nesciens, cicutas sicut olera comedendas credat, quid sibi prodest aliquandiu usum oleribus fuisse, si postmodum per ignaviam suam cicutas comedendo contigerit sibi amentiam et mortem incurrere?

Debet itaque uniuscujusque vitii origo diligenter discuti, ut dum quid sit vitium aperte cognoscitur, contrarium ejus, quod est virtus, quasi granum distinctum a palea evidentius agnoscatur; et tanto studiosius vita, quod est virtus, ametur, quanto cautius vitium, quod est mors, evitatur. Nulla enim prædicatio salubrior mihi videtur quam illa quæ hominem sibimet ostendat, et foras extra se sparsum in interiori suo, hoc est in mente, restituat atque eum coarguens quodammodo depictum ante faciem suam statuat.

Sed forte quis interrogat quomodo hæc scire valeat, de quibus secundum interiorem hominem tractare debeat; cui respondeo quod, exceptis beati Gregorii Moralibus et libro illo qui De institutis et collationibus Patrum a quodam Cassiano, qui et Joannes dicitur, scriptus est, quorum lectio utilitatis immensæ studiosis lectoribus fructum præstat, cæterisque sanctis auctoribus qui de hujusmodi nos instruunt, illud præcipue omnibus sui custodiam habentibus et contra vitia resistentibus valere ad cognitionem discretionemque vitiorum existimo, ut sollicite contra cogitatuum et actuum suorum fluxa desideria se accingant; in quibus si fideliter certant, nihil est ubi tantum de morum qualitatibus discere queant. Qui enim per solas voluminum quorumlibet lectiones exterius institui de his quærit, tanto citius obliviscitur, quanto per experientiam ea quæ legit aut audit intra seipsum non relegit. Experientia autem nihil menti humanæ utilius est, quia in sua conflictatione dum instanter perseverat animus, et aliquoties de victoriæ suæ felicitate lætatur; dum quoque rursus animi mutato statu contra cordis aut carnis suæ tentamenta lassatur, et qui contra pravos appetitus cor impenetrabile se habere gaudebat, jam emollito rigore illo vitiorum æstus se posse tolerare diffidit, dum inter spem et metum mens nutabunda vacillat, Deo occasiones subministrante resurgit; et de lacu illo instabili, in quo cæca et quasi ebria ferebatur, ad soliditatem tandem cogitationis diu circumacta revertitur.

Occasiones autem resurgendi, dum in lucta tentationis aut in torpore mentis positi sumus, Deus nobis administrat, cum aut rationi nostræ spiritum compunctionis suggerit, scilicet pensare nos faciens miseriam nostræ voluntatis, aut, Deo ipso dispen-

sante, cum laudari ab aliquo nos audimus, aut sermonem exhortationis ad alios facere cogimur, ac per hæc ad nosmetipsos videndos qui simus, ubi jaceamus, reducti ingemiscimus; seu certe cum per alterius sermonem facientis vivum eloquium, sive per divinæ paginæ lectionem a languore animi excitamur, seu quibuscunque aliis modis innumerabilibus et omnino insperatis ad bene agendum revocamur.

Confitendum igitur est Domino, his maxime qui descendunt mare, id est humiliantur tempestate tentationis, sed tamen sunt in navibus, hoc est in directione piæ intentionis, quia, etsi fluctuant, tamen non merguntur, *facientes operationem in aquis multis* (*Psal.* cvi, 23); id est inter collisiones atque concursus quos carnales ac spirituales impetus adversum se acerrimos faciunt, in hoc bonæ operationi inserviunt, quod nec studium repugnandi deserunt, nec malis oppressi foveam desperationis incidunt, sed rationis intuitu in Deum, qui potens est eruere, sese projiciunt : isti *opera Domini et mirabilia ejus in profundo* (*Ibid.* v, 24), id est in dejectione animi, in obscuro fluctuationis, in timore peccandi *viderunt*, id est experti sunt. Magnifice enim tentati magnificentius sunt erepti, gratias magnificentissimas debent.

Cum ergo hæc evadentes pericula secum pensant, quid de bono statu in quo erant positi; aut per nimiam securitatem, qua se sine magno timore et cautela posse putant integram religionem tenere; aut per ineptam lætitiam, qua de suis bonis et bonorum perseverantia plus justo lætantur; aut per contemptum, quo aliis quasi infra se longe pro sua torpida vita jacentibus indignantur; aut in tentationem, aut in desidiam et torporem delabi meruerint, et nunc succumbendo, nunc superando passionum, id est desideriorum suorum fornacem evaserunt, multa mira valdeque utilia sunt, quæ in istis rebus sibi contrariis comprehendi ab eo qui tolerat possunt, quæ etiam intelligibilem animum vehementer etiam sine litteris atque libro instruunt.

His ac similibus quilibet docendi habens officium, subtiliter si velit institui, in seipso primum potest, et postmodum quod bellorum internorum experientia docuit, multo copiosius quam dici a nobis valet, secundum quod sibi eventuum suorum commoda et incommoda memoriter tenenda impresserunt, erudire salubriter et alios potest. Potest quilibet iners, et qui militiam nunquam exercere vel cœperit, quia bellantes viderit, vel bella narrari audierit, de bellis multa dicere, sed longe dissimiliter ille bella rememorat, qui in bello pugnavit et impugnatus est, qui militaria fecit et passus est.

Sic fit et in spiritualibus, dum aliquos, quæ in libris legerint vel ab aliis audierint, audimus satis facunde eloqui; sed longe altera auctoritate de congressu spirituali ille tractat, et quasi digito quod dicit ostentat, cui testis eorum quæ ore pronuntiat conscientia astat. Et quidem valde proficit litteratis, si ea etiam quæ ipsi norunt eloquenter sibi dicantur; A divinis, sed etiam pene in his omnibus **7** quæ subjacent oculis, comparationes satis idoneas in exemplum et significantias utiles illarum quas ex usu assiduo nihili pendimus rerum uberrime invenit, quæ tanto utilius cogitantur quo benevolentia illis ampliore dicuntur, tantoque sunt gratiosiora quanto minus auditoribus usitata.

sed si minus accurrate, fastidium et contemptum eis pariunt : unde cum litteratis atque illitteratis pariter positis commonitorium facimus, aliquá minus usitata, attamen intelligibilia, utrique parti proferre debemus, unde eorum tædia qui ea quæ dicimus satis sciunt, removere possimus. Quod fit cum sancti Evangelii lectiones exponendo, quippiam aliter quam usitatæ expositiones habent, moraliter inducimus, et quasi quodammodo de veteri maceria superliniendo novam reddimus.

Possent et de his quæ ratione adinveniuntur plurima tractari, sed vereor ne, si de hac re loqui inciperem, verba supra modum extenderem, et nescio si ea tam lucide possem explicare ut cuperem.

Sunt plane quædam evangeliorum capitula, solummodo a Patribus allegorice tractata, et ad Judæorum gentiumque personam exposita, quæ tamen si aliquis perspicax et Scripturarum studiosus secundum aliarum regulas interpretationum scrutari velit, vix aut nunquam alicubi intellectus deerit, sed quocunque legentis spiritus et voluntas ierit, illuc pariter et rota, id est Scriptura sacra, præsto aderit : sed tamen, licet eis qui valenter sacræ paginæ scientiam habent, summopere hoc genus exercitii valeat, præsumendum nulli est, nisi ad plenum variis modis locutionum, sub una eademque re, diversitatibus significationum longo usu didicerit allegorias solere componi.

Proficere præterea præcipue audientibus solet ejus qui loquitur sincera et absque ulla laudis cupiditate intentio, ubi sola eorum qui auscultant in B divinis rebus eruditio quæri intelligitur et salus, ubi peculiaris gloriæ de grandi eloquentia non avertit eos, nec potest notari typus. Nihil enim magis offendere consuevit auditorem, quam quod causa pecuniæ aut ostentationis scit suum seu æstimat disputare prædicatorem.

Irritat qui talis agnoscitur, non prædicat, quia quo dicta sua venustiore ornare conatur eloquio, tanto acriore astantium pectora ad contemptum (proh dolor!) etiam eorum quæ bene ab eo dicuntur, et maxime sui ipsius vexat fastidio; quæ tamen quovis fastu enuntiarentur, supplici deberent uti divina excipi animo.

Præsumendum, inquam, nulli nisi litteris sagaciter imbuto, et sub eisdem, ut dixi, rebus ac nominibus multiplicia sentire prorsus instructo : verbi gratia, petra, fundamentum, aqua et cœlum, herba et lignum, sol et luna, et innumera alia, cum multa in Scripturis significent, attendendum est ei qui in aliqua sententia obscura exercetur, cum aliquod talium nominum occurrerit, quot modis in Scriptura accipi soleat, ut puta, aurum divinitatem, aurum sapientiam, aurum vitæ claritatem significat; et, consideratis omnibus, quod magis viderit congruere loco illi quem retractat, securus apponat. Ita paulatim in dies sumpta fiducia, cum per significantiarum cognitiones viderit sibi sanctam Scripturam arridere, jam ad majora progrediens, quæ quondam se nunquam attentaturum præsumere posset, spe etiam semper meliorum provocatus aggreditur, ad quæ penetranda testimoniis sacri eloquii catervatim sibi occurrentibus non minimum confortatur. Duobus autem hoc fieri solet, exemplo scilicet atque ratione : D exemplo Scripturarum, ut dixi, præcedentium; et ratione, videlicet cum exempla minus adsunt, et per considerationem naturæ illius rei de qua agitur, aliquid allegoriæ vel moralitati conveniens invenitur, sicut de lapidibus gemmariis, de avibus, de bestiis, de quibus quidquid figurate dicitur, non nisi propter naturarum significantiam profertur; in quibus etiamsi nulla pagina aliquoties attestetur, per naturæ tamen inspectionem licenter conjicitur.

Hæc qualiter tractare debeas, vir amantissime, C juxta inopiam meam dixi, nunc deinceps de quibus aliquando sumere possis loquendi materiam, Deo aspirante, fari exordiar.

Omni homini in confusione vitiorum submerso satis quidem utile est supplicia inferni quam sint horrenda edicere, et cum illo ineffabili suo horrore quam sint infinita narrare. Sicut enim in cœlesti regno positis nihil beatitudinis deerit, sic e contrario in æternum damnatis nihil miseriæ, nihil quod ad pœnam pertineat deesse poterit. Et cum sine ullo vel momentaneo remedio crucientur, illud præcipue et incomprehensibiliter cruciat animos perditorum, quod nec saltem post mille millia annorum spem habent tormentorum evadendorum, sed mortem immortalem passuros se sciunt in sæcula sæculorum. Spes enim et sane aliquoties falsa refovet mentes in adversis constitutas, sed ibi nec vera, nec falsa erit, quæ eos consolari possit. Sed hominem animalem, id est bestialiter viventem, cujus sensus in his quæ corporaliter videt toti inhærent, quia non capit quæ Dei sunt, ita terrenæ voluptatis consuetudo excæcat, ut nihil eum, quod de futuro sæculo sibi dicatur, deterrere queat, et si aliquando deterreat, quia quod dicitur adhuc non sentit, cito a mente excidat.

Gregorius Nazianzenus, vir mirabiliter eruditus, in quodam suo libro testatur se id habuisse consuetudinis, ut quidquid videret, ad instructionem animi allegorizare studeret. Quod acumine rationis si facere assuescat aliquis, non modo in voluminibus

Objicienda ergo ei sunt quæ in præsentiarum inter male faciendum et pro male faciendo tormenta anxietatum ac timorum patitur, et quod nihil inde nisi laborem et dolorem turpissimum consequatur. Verbi gratia, furto quis assuetus est, cupiditate itaque cujuslibet rei victus, non dico a timore nocturno, unde ego satis exstimescerem, sed ne a membrorum quidem amissione, vel ab ipso exterritus suspendio, quod se non evasurum scit, si deprehendatur, vadit furatum : timet sane, et truci tremore concutitur, sed vi cupiditatis evincitur. Convictus itaque talis furcis appenditur.

Dicam et de incestu, sed verbo nobilis illius Boetii commodius dicam : « Quid ait, de voluptatibus loquar, quarum quidem appetentia plena anxietatis est, satietas vero pœnitentiæ? (BOET. De consol. Philos., lib. III, prosa 7.) Quid hoc verius dicto? Torquetur in concupiscentia flagitii positus, æstuat cogitans qualiter pravum affectum ad nequiorem ducat effectum ; et dum cognosci quod agit timet, diro et intolerabili cruciatu uritur; et dum æstus sui impatiens expedire se nititur, velit, nolit, usu proprio superatur. Dum fervet desideriis, queritur adversum se graviter de bello quod tolerat, et se miserrimum clamat , ita ut seipsum fastidiat et vivere tædeat. Et expleto quod cupiit, quæ torturæ, qui gemitus, quam sera pœnitentia tunc infelicem hominem sequitur ! »

De quo sine dubio dixerim quia si tantum veracis tristitiæ et fructuosæ pœnitudinis post perpetrationem peccati haberet, quantum post effectum libidinis aut alicujus criminis, et in ipsa etiam excogitatione, antequam perpetret, primum angustiæ, quomodo scilicet efficiat, dehinc mœroris quo ex satietate peccati ad horam, donec scilicet solitus fervor redeat, fastidium consuevit pati, maximum et omni acceptione dignum Deo fructum suæ contritionis offerret. Sed verum est prorsus quia *filii sæculi prudentiores* et, ut sic dicam, *vivaciores sunt filiis lucis in generatione sua* (Luc. XVI, 8). Dicitur enim apostolis, *vel Judam non videtis quomodo non dormit*, non quod melior foret Judæ vigilia apostolorum somno, sed quod illius in malo sagacitas apostolis adesse deberet in bono. Et Paulus humanum dicens (Rom. VI, 19), propter infirmitatem carnis nostræ, sicut nostra exhibuimus membra servire iniquitati, si non amplius, sic saltem exhibere nos vult ad serviendum sanctitati.

Noverat acrimoniam et sagacitatem humanæ A mentis ad malum, qui si tantumdem bonorum studiosi essent, magnæ laudis titulo digni forent. Objiciatur ergo talibus sub quibus aculeis et tortionibus miseras transigant voluptates ; objiciatur turpis opinio qua sola seu apertis sive non apertis reatibus infelicium sordidatur honestas. Si itaque mala futura, quia non ante oculos aut a lateribus ea habent, adhuc timere non dignantur, timeant saltem pro tantilla voluptate tam rabidis cruciatibus agitari, de quibus nihil sibi contingat nisi honestatis periculum perditionemque lucrari : quæ, inquam, voluptas ad apis similitudinem, ut præfatus auctor ait (BOET. *ubi sup.*, metro 7), mel in ore, id est in suggestu ipsius delectatiunculæ, gerit, sed aculeum in cauda, quia postmodum quidquid dulcedinis infimæ hausit, sævæ suspicionis acerbitate exsolvit.

Dicit sanctus Gregorius (*Moral. in Job*, lib. XII, cap. 21); quia nihil simplici mente felicius. Contra quod quidam ait quia mens male conscia propriis semper agitatur stimulis, dum malefacere gestiendo, aut malefacta timendo, intestinis creberrime crematur incendiis. Si igitur consulit æternæ perditioni, vel [pro et] præsenti consulat verecundiæ ; et conversus ad cor discat resistere consuetudinibus pravis, sollicite videlicet inquirens quid distet inter carnem et spiritum, imo quid sit caro et spiritus. Frustra enim miles armis instruitur, nisi animum acrem habeat quo hostibus reluctetur. Et quid prodest virtutes carnalibus adversas lasciviis agnoscere, si ratio iners et torpida ad impugnandas eas non velit assurgere ?

Sumamus itaque quiddam veracis historiæ in exemplum, cujus dum secreta discutimus, plurimæ institutionis nobis instrumenta aperimus. Nec nos res novas moliri in hoc quisquam existimet, sciens quia, si secundum poetam,

Licuit semperque licebit
Signatum præsente nota producere nomen,

multo magis liceat omnibus sacræ paginæ scientia doctis salva fide, et juxta veterum regulas interpretum, Scripturarum per sensus varios disquirere ubertatem. Dicamus igitur.

EXPLICIT PROŒMIUM.

INCIPIT MORALIUM GENESEOS
LIBER PRIMUS.

CAPUT PRIMUM.

VERS. 1. *In principio creavit Deus cœlum et terram.* In principio conversionis nostræ intra nosmetipsos in duo quædam sibi valde contraria dividimur, quæ in nullo bene vivente pacem vel momentaneam inter se, ut puto reperiri, possunt habere. Sunt autem caro, et spiritus. Caro autem hoc in loco, et sæpe alias cum pro vitiis carnis ponitur, in malo accipitur. Homo namque a Deo ita conditus est immunis ab omni superfluo et inordinato animi et carnis suæ motu, cum tanta harum duarum partium concordia creatus est, ut nil in se prorsus molestiæ pateretur, donec divinum imperium, serpenti obtemperans, transgrederetur : quo pacto illico contrariam dominio mentis sensit carnem. Et justum quidem fuit, ut quandiu ipse Deo obedienter subjiceretur, nullam repugnantiam sui adversus se pateretur, nec minus justum fuit quod cum Deo subjici nollet, nec seipsum sub suo jure haberet. Unde et cum de vetito comedissent, ambo sibi dicuntur perizomata (*Gen.* III, 7), id est circumcinctoria texuisse, quia vicelicet hi, qui prius nihil concupiscen!o viderant, jam æquo judicio turpiter stimulari in alterutrum sentiebant.

Ex tunc ergo in nobis concupiscentialis inobedientia regnat, quæ etiam nolentes ad motus nos indecoros invitat. In his igitur qui chaos vitiorum devitantes, principia conversionis benevolendo fecerunt, Deus cœlum et terram creat, quia Spiritum, id est rationem, et terram, id est carnalem affectum, quæ prius confuso in corde fidelium commista ferebantur, ordine discernit et suscitat, et cœlum quidem superius statuens, cujusdam ei principatus dignitatem tribuit, de cujus nutu terra cum suis omnibus sperare debeat. Sicut enim de cœlo lumen infunditur et ex discursu nubium ubique terrarum pluviæ ministrantur, ex quatuor quoque ventis cœli terra perflatur, ita de ratione, quæ summa nostri pars est, intelligentiæ, rectæ intentionis discretionisque claritas procedit, in ea Patrum antiquorum cœlestes enubilantur, servantur et aliis tradendæ sententiæ, ex quibus cum compluti, et alii fuerint, sui etiam corporis terram, id est omnes sensuum suorum partes, hac spiritualis scientiæ plenitudine ad bonis operibus fructificandum irrigat, et quatuor spiritualibus, principalibusque virtutibus, prudentia scilicet, justitia, fortitudine, temperantia quidquid vitiosi est humoris, quasi cujusdam auræ potentis impulsu abstergit et siccat. Sicut enim, si bene attendas, terra nihil pane est, nisi de cœlo quidquid boni gignit accipiat, ita corpus nostrum omni sterilitate boni et miseria peccati squalidum remanet, nisi ratione regatur. Ratio vero nihil aliud est quam intellectus, ex quo Dei et angelorum similes efficimur, quo ea quæ Dei sunt sapimus, quo etiam solo in vita hac a bestiis differimus, hoc animalitatem nostram, id est carnalitatem, quam cum bestiis habemus communem, regere et ordinare debemus.

Habemus igitur cœlum in nobis, quo in cœlestia suspiremus; habemus econtrario terram, qua ad appetenda infima pecorum more demergimur. Hæc sibi, secundum Apostolum, invicem adversantur, ut quæ bona cupimus facere, sæpius non possimus (*Gal.* v, 17). Cum itaque ad Deum convertimur, rationem, quæ sub affectu carnali quasi ancilla ordine præpostero, et valde perverso jacebat, erigimus, et contra eum, qui servili audacia dominæ suæ insurrexerat, perpetuum certamen exercere proponimus. Tunc ergo primum in nobis cœlum ac terra crea-

tur, cum ducram istorum intelligentia et ordinata secundum justitiam differentia in animo haberi incipit. Sed ipsam terram qualiter explicet sequentia videamus.

VERS. 2. — *Terra autem erat inanis et vacua.* Terram, ut dixi, vel corpus nostrum, seu affectum carnalem debemus istic accipere. Carnalis vero affectus inanis vere dicitur, quia nihil solidum, stabile, vel constans, quantum ad se pertinet, habet; sed, sicut caro subtractis ossibus tota concidit, per se stare non valens, ita pars nostri inferior, scilicet animalitas, nisi adsit ratio quæ regat, nil ponderosum, nil utile, sed totum vanum, turpe et incommodum agere novit. Quæ inanitas præcipue ad interiorem pertinet hominem, ad deterioris videlicet affectus ipsius partem, cum longe a Deo cogitatio ejus et cura versatur, et aut otiosum prorsus est, aut noxium quod meditatur. Cum ergo sit in vagabundo cordis appetitu inanitas, et a divino, ut ita dicam, semine miseranda sterilitas, restat ut sequatur necessario in operum bonorum exhibitione vanitas, quia valde mirum esset, si vitalem succum arbor a radicibus perdidisset, et arefacta introrsum folia fructusque produceret. *Terra* ergo primo *inanis* in erius, *et vacua* ab utilitate exterius. Qui de terra est, ait, de terra habet esse, et ideo habet de terra loqui (*Joan.* III, 31), quia si conderet homo quid a se habeat, nil prorsus invenit, nisi quod absente Dei gratia asinum juvat. Quid enim est homo, non dico sine ratione, sed sine Deo, qui clarificat rationem, nisi pecus? Ratio namque nisi amori divino adjuncta, versutia potius sæcularis et diabolica dicenda est quam ad aliquid boni valens prudentia. Hæc cum, Deo inspirante, legem juxta Apostolum spiritualem scit et amplectitur, carnalem tamen affectum patitur, vanitati subjecta non volens (*I Cor.* VII, 15); unde et quod operatur non intelligit, id est non approbat, non diligit. Per spiritum enim, id est rationem, quæ cum Deo sentit, et ex Deo, et cum Deo videt, attendit bonum quod fieri convenit, desiderat facere, sed caro renititur, et venundatur, id est alienatus homo a potestate sui per consuetudinem peccandi, quod non vellet per spiritum facit per affectum, et ex eo quod invitus facit, ex hoc ipso legi Dei quoniam bona est, consentit.

Et, ut probetur magis hæc terræ inanitas, addit ibidem Apostolus. Nam cum dixisset : *Nunc autem non operor ego illud, sed quod habitat in me peccatum* (*Rom.* VII, 17), id est non ex mea rationali voluntate procedit, ut malum faciam, sed ex necessitate pravæ consuetudinis, adjecit : *Scio enim quia non habitat in me, hoc est in carne mea, bonum* (*Ibid.* 18). Omnis enim creatura sine Deo, in quantum ad verum esse pertinet, nihil est, et si expers sit summi boni, per se nunquam bona est. Omnis autem natura quia a Deo fit, bona est; diabolus enim, secundum hoc, bonus est, sed ex suo pessimus est. Unde verum est quia terra, quantum ex se habet, inanis est, nulla utilia cogitans; vacua est, nihil idoneum usui fructificans. Inanis ergo interius, et vacua exterius.

Dicunt auctores nostri quod in veteri translatione non dicitur *inanis et vacua* (*Gen.* 1, 2), sed *invisibilis et composita.* Quod optime moralitati consonat. Mens enim hominis in peccati profunditate constituti, cum per consuetudinem peccandi ad reprobum sensum pervenit, ita amore vitiorum quibus assuetus est, praegravatur, ut omnino seipsum attendere nesciat, et in qua corporis dehonestatione et animae perditione jaceat prorsus non videat. Talis est enim reprobus sensus, ut in tantum mentes periturorum excaecet ut, cum sint in fetore miseriaque et omnium se videntium despectu ac horrore positi, beatos se solos et vere ab aliis honorandos pro sua prosperitate et bonis proventibus, quibus super alios felices fore se gloriantur, aestimare audeant. Hi sunt de quibus Salomon ait : *Laetantur, cum male fecerint, et exsultant in rebus pessimis* (*Prov.* 11, 14). Quod maxime sensus reprobi proprium est.

Antequam itaque Deus inter coelum, ut supra diximus, distinguat et terram, *terra erat invisibilis*, quia antequam in corde cujuspiam criminosi discretionis gratiam daret, affectus carnalis quam sordidus, quam exsecrabilis esset, non Deo, quem nil latet, sed sibi ipsi, qui patitur, penitus invisibilis est; quia sicut ebrius quod patitur nescit, ita vitiis plenus quid sit honestum, quid non honestum discernere nequit. Sicut namque vivus et mortuus, si aliquo in loco sint positi, vivus quidem mortuum videre potest, sed mortuus vivum non potest ; ita homo quispiam, cujus rationaliter animus viget, vitia quam detestabilia videre potest; qui vero in profundum malorum jam venit, et jam contemnit atque desperat, quid sit virtus, quid modestia, quid bona caetera non considerat ; furor enim est illis, scilicet peccatoribus, *secundum similitudinem serpentis, sicut aspidis surdae et obturantis aures suas* (*Psal.* LVII, 5). Furor est reprobus sensus, qui in amentiam versos irrationabiliter et, ut ita dicam, porcine vivere miseros cogit. Qui secundum similitudinem serpentis, videlicet aspidis, est, quia sicut aspis, cum praesenserit incantatorem, alteram aurium terrae alligit, alteram vero cauda obdurat, ne incantantis carmen obaudiat; sic isti cum verba sacri eloquii, aut cujuslibet praedicatoris audiunt, quae de contemptu voluptatum proferunt, mox ad memoriam pristina sua delectamenta reducunt, quibus quasi cauda aurem cordis obducunt, et praesentia quibus fervent et inhiant pariter attendunt, quibus totum suum intellectum in terrena deprimentes, contra Deum se vocantem obstruunt.

11 Hi terra invisibilis sunt, quia seipsos in qua peste sunt pensare non norunt : repleti namque iniquitatum obscurati sunt terrae domibus (*Psal.* LXXIII, 20), id est proni ad proprias libidines, nil scire nisi quod carni dulce sit quaerunt, et ad divina videnda oculos animi perdiderunt. Et quia nondum nec seipsos aspicere praevalent, jure terra quae invisibilis praemittitur, incomposita supinfertur. Nisi enim intuitum suae internae considerationis aliquis amittat, nunquam ad exteriora mala, et incomposita, et inordinata opera procedit. Sicut namque caecus ea quae corpori suo adhaerent, vestes scilicet suas et caetera disponere nitide ac decenter, et sordes appositas evitare nescit, ita is qui mentis per vitia caecitatem incurrit, actus turpes et indignos, quorum studio flagrat, interius moderari penitus nequit. Legitur apud Salomonem : *Homo apostata, vir inutilis graditur ore perverso* (*Prov.* VI, 12). Nisi enim introrsum a Deo apostatasset, ad incongruos ac reprobos gestus exterioris hominis non venisset. Caveatur igitur primum caecitatis occasio, ne forte superveniat obscoenorum operum effusio.

Sed unde haec prodeant, vigilanter sermo divinus intimat. *Et tenebrae erant super faciem abyssi*. Potest ad litteram dupliciter ita dici : *Et tenebrae erant super faciem abyssi*, id est super profunditatem aquarum quae proprie vocatur abyssus ; vel *super faciem abyssi*, id est plusquam in abysso. Abyssus allegorice mens humana dicitur, quae quantae sit quamque incomprehensibilis profunditatis, omnis homo novit, cui inscrutabilem altitudinem, instabilitatem fluctus, perturbationem sui cordis experiri contigit. Evenit enim etiam in bonorum cordibus, cum caro adversus spiritum, et spiritus adversus carnem confligit (*Gal.* v, 17), ut in tanta densitate cogitationis sit animus, ut ipse vix in seipso deprehendere possit, in quo sit statu, utrum sequatur impetum carnis, an impetum spiritus.

Legat qui vult plenius id nosse beati Augustini tractatum super *abyssus abyssum invocat* (*Psal.* XLI, 8). Et in cordibus iniquorum quod putamus est barathrum, quae tenebrarum immensitas, si mentibus electorum tanta inest obscuritas ? Si *super humum populi Dei juxta prophetam ascendunt spinae* curarum saecularium, *et vepres* desideriorum carnalium, *quanto magis super domum gaudii civitatis exsultantis ?* (*Isai.* XXIII, 13.) Quod est dicere : si hi, qui nil aliud in hoc mundo charius habent quam suam a Domino flere peregrinationem, flere saeculi praesentis aerumnam, molestias et tumultus, nebulasque animorum patiuntur, quanto gravius illi qui totis praecordiis flagitia sitiunt, avaritia anhelant, libidinibus sordent, invidia tabescunt, superbia turgent ? Ex his itaque tenebris illa, de qua supra tractavimus, invisibilitas et incompositio oriuntur. Sed sunt quidam, qui licet Babyloniam hanc, id est mentis confusionem per scelera multa inciderint, tamen quiddam rationis residuum, quasi ex grandi igne scintillam retinent, ex qua miseriae illius pavendam nimiam voraginem, in qua demersi sunt, considerare valent. Et cum sint aliqui prorsus exstincti, qui, ut dicitur in psalmo : *Dormiunt in sepulcris* (*Psal.* LXXXVII, 5), id est prava consuetudine sunt depressi, quorum Deus non est memor amplius (*Psal.* LXXXVII, 6), quos profecto ad propriae revocando lumen cognitionis nunquam revisit ; sunt tamen hi, quos prædiximus, oculo etsi multum turbato, non tamen penitus excæcato, qui caput de abysso elevantes clamare, soleant: *De profundis clamavi ad te* (*Psal.* CXXIX, 1), et cætera. His convenit quod sequitur.

Et Spiritus Dei ferebatur super aquas. Aquæ in sacra pagina aliquoties voluptates carnis significant. Unde et in Evangelio spiritus de homine exiens per loca inaquosa ire dicitur (*Luc.* XI, 24). *In diluvio* igitur *aquarum multarum* (*Psal.* XXXI, 6), id est in fluxu multorum carnalium desideriorum constitutis mentibus Dei Spiritus superfertur, quia adhuc igniculo discretionis vivente considerat infelix animus quas patitur miserias; et sicut de rege Babylonis legitur, quia coram Sedechia rege Juda filios ejus occiderit (*Jer.* LII, 10), ita, dum quisque attendit a diabolo per vitiorum immissionem opera sua bona interfici et destrui, cum quanto rugitu hæc aspiciat dici non potest; quia se videt omnino perire, dolet malletque mori, et tamen contra insitas medullis concupiscentias et consuetudines non valet ullo modo resistere. Sub persona horum multa in suis lamentationibus Jeremias propheta deplorat. Sunt qui ollis carnium delectantur in Ægypto, et exerceri sponte sua operibus luti et lateris; sed sunt rursus alii qui coacti ac mœrentes ab exactoribus urgentur ad sordida et fragilia opera, quæ signantur per lutum et laterem, et Pharaoni, id est diabolo, famulantur inviti, qui clamant cum Psalmista ad Deum: *Miserere mei, Domine, quoniam inveteravi inter omnes inimicos meos* (*Psal.* VI, 7). Quorum Deus interiorem gemitum audiens educit vinctos (*Psal.* LXVII, 7) funibus criminum, ad hoc ut sint in fortitudine pravis suis motibus resistendi; similiter eos qui exasperant (*Ibid.*) ad hoc erigit, ut cum David audire debeant: Inveni viros secundum cor meum (*Act.* XIII, 22), quorum perire facit memoriam iniquitatis cum sonitu blasphemiarum, quibus adversus Deum solebant perstrepere, qui vertit impios, et jam non sunt impii, et habitantibus in sepulcris oblivionis exclamat: *Lazare, veni foras* (*Joan.* XI, 42). Id est pestilentem illam peccati temulentiam digerens 12 æstu acerrimo pœnitentiæ edormisce, et qui quasi mortuus, excors et elinguis in barathro vitiorum jacebas occlusus *veni*, id est accede ad eum qui te vocat interius per peccati deplorationem; ut *foras*, id est in aperto jam prodeas per bonorum operum exhibitionem. Ipse namque videt afflictionem populi sui, et descendit, id est compatitur ad miserendum eis, et dicit eis:

VERS. 3. — *Fiat lux, et facta est lux.* Quid ergo dicimus debere intelligi per lucem, nisi illud primum bonum, quod his qui convertuntur ad cor (*Psal.* LXXXIV, 9) datur. Quid est autem primum bonum, nisi timor Dei, qui dicitur *initium sapientiæ?* (*Psal.* CX, 9). Sapientiam vero lucem appellari non uno, sed multis Scripturarum locis advertimus. Quod si ipsa lux est, et initium ejus timor Dei est, timor profecto, quia pars ejus est, idem quod totum est,

lux scilicet est. Sapiens enim: *Proposui*, inquit, *pro luce habere illam* (*Sap.* VII, 10). Et alter: *Miserere nostri*, ait, *Deus omnium, et respice nos, et ostende nobis lucem miserationum tuarum* (*Eccli.* XXXVI, 1). Et exponens quam lucem adjecit: *Et*, id est, *immitte timorem tuum super gentes, quæ non exquisierunt te* (*Ibid.*, 2), id est super vitia nostra, quæ non permittunt a nobis exquiri te. *Ut cognoscant* (*Ibid.*), id est ut cognoscere nos faciant, cum evicta ac depressa, te opitulante, fuerint a nobis, *quia non est Deus, nisi tu?* (*Ibid.*) Sed videndum est, cum superius dixerimus, eos qui vitiis opprimuntur, timore suæ perditionis urgeri, unde iste timor sit melior qui a nobis appellatur lux.

Sunt qui timent, ne in suis deprehendantur flagitiis, qui timor magis ad male agendum incitat, quam retrahit. Sicut enim poeta de talibus ait:

Quoque magis tegitur, tectus magis æstuat ignis.

Sic et nos secundum eumdem sensum possumus dicere, quia quo occultius peccatum committitur, eo vehementius in animo committentis desiderium excitatur. Nam, quod latenter fit et quod prohibetur ne fiat, libentius perpetratur. *Nam concupiscentiam*, ait Apostolus, *nesciebam*, id est non adeo gravem expertus eram, *nisi lex diceret: Non concupisces* (*Rom.* VII, 7). Dicit etiam quidam Sapiens: *Timor nihil est nisi præsumptionis adjutorium* (*Sap.* XVII, 11), scilicet quia eum in animo timore quis æstuat, æstus ipse, qui de servili totus timore constat, plus ad effectum sceleris provocat quam retardat; et est proditio cogitationis auxiliorum, id est ostendit, quod ipsis perversis cogitationibus ad malum anhelantibus timor ipse auxilietur, scilicet vires præbeat. Timent itaque deprehendi, timent proditioni etiam suæ aliqui, sed quia ex gratia Dei non est, quia ex amore non constat, vitiorum ardorem non superat. Filii Israel pœnas quas lex minabatur timentes, nec metu pœnarum, nec carnalium præmio promissarum a legis prævaricatione teneri poterant, quia nullo Dei amore ad bene agendum animos applicabant, sed totum coacti serviliter non spiritu adoptionis agebant. Timor ergo ille quem dicimus lux est, qui et tenebras obscenæ cogitationis discutit, et pariter ad amorem virtutis accendit.

Qui igitur primo sine fructu de suo torpore dolebat, de quo se excutere non poterat, quia sine luce gratia cœlestis erat, jam dolet, nec dolor vacuus est; quia unctio sancti Spiritus, quæ eum docet de omnibus et roborat, adest. Antiqui quando exercebantur ad palæstram, ungi consueverant, ideo videlicet ut per nuda, et ex unctione madefacta corpora labentibus ejus, qui colluctabatur, manibus minus teneri luctator posset. Nudi autem, id est a sæcularium rerum amore præpediti [*f.*, expediti] et uncti, id est divinæ dilectionis dulci suavitate delibuti, diabolo duellum indicere jubemur, cujus tanto minor est fragiliorque in pugnando constantia, quanto fervidior in corde pœnitentis invenitur compunctionis gratia.

Vers. 4. — Facta autem luce, *Vidit Deus quod esset bona.* Quid est *vidit Deus*, nisi quia videri fecit? Dicitur et de Centurione : *Audiens Jesus miratus est* (*Luc.* vii, 9). Unde miratus est, per quem omne mirum creatum est, præter quem nihil mirum est, nisi quod mirum voluit nobis ostendere, quod ad commune exemplum a fideli homine dictum est. *Vidit ergo lucem quod esset bona,* id est videri fecit, quam bonum esset, timori et amori mentem mancipare divino. In deliciis et voluptatibus educati quid sit miseria nesciunt, et in squaloribus ac spurcitia enutriti, quid sint deliciæ ac felicitas nesciunt. Quid boni habeat sanitas, languor ostendit, ait quidam; cognoscimus quid habuimus, postquam habere desinimus. Cum igitur post innumera flagitia ad Deum revertimur, et vitia in virtutes commutamus, tunc primum animadvertimus, in quo pestilentiæ barathro jacuimus, et quo vehementius de perpetrato facinore erubescimus, tanto copiosius ad priorem vitam boni operis novitate contegendam æstuamus. Et non modo timor est, ne deprehendamur in vitiis, sed etiam si impune peccare liceret, amore justitiæ semel prægustatæ jam peccare nolumus, quæ ad præsens in tantum nos remunerat, ut etiam metu jam perditionis abjecto securitatem gloriæ consequendæ tribuat. Sequitur :

Et divisit inter lucem, et tenebras [al., *Et divisit lucem a tenebris*]. Quid est *divisit* nisi discretionem habere inter vitia virtutesque docuit? Quanto enim arctius in virtutum custodia persistimus, tanto perspicacius his contraria quælibet cognoscimus. Sed alia est quædam valde notanda discretio, qua scilicet acute et indesinenter attendere debemus, quid ex nobis, et quid ex Deo habeamus (*II Cor.* iii, 5). Quod mirabili arte pietas nobis divina sæpe insinuat. Nam in nostræ conversionis initio tantam lacrymarum ubertatem, tantam orationis nobis Deus plerumque largitur instantiam, ut jam humanam nobis videamur transgredi naturam, et imitari contemplando angelicam. Quod cum aliquandiu nobiscum agitur, de nostro profectu supra quam justum est gaudere intra nos præsumimus. Sed Deus nostram mira dispensatione retundit superbiam, et nos qui erraveramus in solitudine, id est sine Deo irrationabiliter, et bestialiter vixeramus, ad viam quærendæ civitatis, cujus artifex est Deus (*Hebr.* xi, 10), postquam sua gratia reducit dicens : *Non habetis* [al., juxta Vulg. *habemus*] *hic manentem civitatem, futuram inquirite* [*inquirimus*] (*Hebr.* xiii, 14). Et aliquid supernæ dulcedinis prægustare facit, subtrahere solet gratiæ ubertatem, et esurire, et sitire interiori siti ac fame, et in malis permittit tabescere, sed totum eruditioni nostræ, ut ostendat nobis quod ipse ait : *Quia sine me nihil potestis facere.* (*Joan.* xv, 5.) Et tamen non nos derelinquens usquequaque (*Psal.* cxviii, 8), cum ad se quærendum, sicut sponsa in Canticis per noctes dilectum quærere dicitur in lectulo (*Cant.* iii, 1), intentos et vigilantes viderit, animas tandem inanes et esurientes bonis exsatiat, et vincula tentationum, quæ Deo ad horam secedente ingruere solent, sui Spiritus redeuntis igne dissolvit. Quid illud, quod anima nostra omnem sacræ lectionis escam, de qua vires compunctionis hauriebat, ita aliquando abominatur, ut *usque ad portas mortis* (*Psal.* cvi, 18), id est vitia per quæ itur ad mortem appropinquare videatur. Sed ille qui tentat nos, non ut perdat, neque ut sciat, sed ut scire nos faciat si diligimus eum, mittit verbum, id est saporem verbi sui in nos, et sanat, eripitque de interitu (*Psal.* cvi, 20). Hæc Deus in nobis agit, ut bona ex ipso, mala ex nobis nos habere noverimus, et sic inter lucem et tenebras dividimus.

Vers. 5. — *Appellavitque lucem diem : et tenebras noctem.* Est quædam summa lux, quæ illuminat omnem hominem (*Joan.* i, 9), rationem scilicet cuique dando. Appellat itaque, id est eligit lucem, cujusque scilicet hominis rationem, eam faciendo diem. Quomodo *diem ?* Dies, ut ait quidam, est sol super terram; sol sub terra nox est. Ratio igitur nostra si velit esse lux, sicut esse debet, solem sibi præponat, id est terrena desideria amore et exemplo Christi deprimat, ut dies etiam dici queat ; nox enim iniqui non essent, nisi Christum atque rationem suam infimis cupiditatibus supponerent. Appellare sicut vocare accipi in Scripturis bifarie potest. In bono : *Vocavi ex nomine Beseleel* (*Exod.* xxxi, 2). In malo : *Vocavit famem super terram* (*Psal.* civ, 21), et affatim alias. Vocat *tenebras noctem,* quando eos, qui præpostere vivunt, et voluntarie peccant, tradit in noctem, id est in reprobum sensum (*Rom.* i, 28). Vocat autem in quantum venire permittit, ut est : *Et ne nos inducas in tentationem.* Rectus vero vitæ modus est, ut carnis motus subjiciantur rationi, at ipsa ratio primum subdatur Deo.

Et factus [al., juxta Vulg. *Factumque*] *est vespere, et mane dies unus.* Quid est *vespere* nisi adversitas, quid *mane* nisi prosperitas ? *Exitus,* inquit, *matutini in vesperam, et vespere in matutinum delectabis* [al., juxta Vulg., *Exitus matutini et vespere delectabis*] (*Psal.* lxiv, 8) ; id est delectabiles facies, quia diligentibus Deum Spiritus omnia cooperatur in bonum, sive scilicet in adversis, sive in prosperis. Vespere igitur et mane fit dies unus, quia sancti sive malis premantur, sive honoribus cumulentur, idem sunt, et semper in eis perseverat idem splendor divinus.

Potest et aliter dici. *Factum est vespere et mane dies unus.* Vesperum habemus in præsenti, quia, etsi bene vivere contendimus, nihil tamen perfectæ claritatis habemus : *ex parte enim cognoscimus, et ex parte prophetamus* (*I Cor.* xiii, 9); in quibusdam enim et humana ignorantia, et tentationum violentia caligamus, in aliquibus vero et divina cognitione, et usu experientiæ quasi quodam lumine suffundimur. *Vespere* ergo nunc habemus, *mane* in futuro, unde licet incongrue ad litteram, ad sensum tamen optime primo *vespere,* dehinc *mane* ponitur, quia per exercitium corporis, quod corruptibile aggravat animam (*Sap.* IX, 15), pervenimus ad matutinam supernæ intelligentiæ claritatem. Dicitur namque Deo : *Dies super dies regis adjicies ?* (*Psal.* LX, 7.) *Dies* modo nobis in hujus sæculi vespere sunt, in quibus Deo servimus, sed his superadjiciuntur alii, quibus jam indefectibili luce innovati ipsi nostro regi Deo famulemur, et hi tamen *unus dies* sunt, quia unum efficiunt, uni videlicet obsequium Deo reddunt.

Potest rursus idem *dies unus* timor intelligi, qui quidem, ut supra diximus, initium sapientiæ (*Eccli.* I, 16) cum sit, et ex amore constet, in adversis ac prosperis idem nos semper illustrat, et primus quo ad sapientiam perveniatur gradus esse dignoscitur. *Unus* autem idem dicitur quia primus est.

VERS. 6. — *Dixit quoque Deus : Fiat firmamentum in medio aquarum, et dividat aquas ab aquis.* Aquæ multoties in sacris litteris scientias significant, ut est : *Sitientes, venite ad aquas* (*Isai.* LV, 1); hoc in bono; et : *Aquæ furtivæ dulciores sunt* (*Prov.* IX, 17); hoc in malo. Geminam enim esse scientiam satis liquet, alteram divinam, sæcularem alteram. Sæcularem quidem definit apostolus Jacobus terrenam (*Jac.* III, 15), id est terrenis inhiantem, animalem, id est ea sola, quæ bruta animalia appetunt, exquirentem. Diabolicam (*Ibid.*) vero dicit, quia ad hoc solum vacat, hoc triumphum, hocque gloriam deputat, ut alios decipere valeat, ex aliorum damnis sua lucra efficiat, ex pauperum lacrymis opes congeret, ad ultionem sui caute altari malum infligat, et, quod pejus est, gratis mala perpetrat, et se audacter perpetrare exsultat. Hæc sapientiæ nomine in Scripturis valde abusive appellatur, sicut lex, sicut judicium, quæ cum bona semper esse debeant, aliquando tamen dicuntur lex mala, judicium pravum. *Sapientia autem quæ desursum est* (*Jac.* III, 17), primo, ut idem ait, *pudica est* (*Ibid.*), quia ex sua pulchritudine nulli præter Deo soli placere amore adulterino desiderat, cui vitio tota sapientia, imo ut rectius appellem astutia, vel versutia humana commilitat. *Deinde pacifica* (*Ibid.*), quia non verborum strepitui vel litibus instat ; sed, se tranquille regens, aliorum sibi benevole corda conglutinat. *Modesta* (*Ibid.*) est etiam, quæ nihil nos indiscrete facere sinat. *Suadibilis* (*Ibid.*) quoque dicitur, ut obstinationem penitus fugiat, et facile rationi obtemperans nulla credenda discredat, quæ tantæ potentiæ est, ut absque ea nemo quidquam virtutis efficiat.

Duobus autem modis accipimus sapientiam. Sapientiam Dei dicimus Christum (*I Cor.* I, 24), qui per quemdam ait sapientem : *Ego ex ore altissimi prodivi* (*Eccli.* XXIV, 5). Sapientiam etiam rationabilitatem ac intellectualitatem a Deo in angelis et hominibus creatam, quæ dicit : *Ab initio et ante sæcula creata sum* (*Ibid.*, 14). Hanc in nobis illa ex ore Dei prodiens sapientia creat, quæ nostro adjuncta animo vires ad veritatem cognoscendum, et honesta gerendum subministrat, et in nostra faciens infirmitate virtutem, quidquid in nobis fragile ac vetus est, solidat et confirmat. Huic, inquam, annexa mens nostra sumpto ex ea adipe interiori, et exteriori pinguedine fit ratio. Ratio autem ab eo quod est ratum, id est, firmum dicitur, quia nil eo firmius, quod cum ratione fit. Ratio vero, nisi supernæ illi sapientiæ innixa, tota versipellis, noxia ac perversa est, nec etiam ratio dici potest. *Firmamentum* itaque fit, quoties divinæ prudentiæ se adjungit, quia ex ipsa vires sumit, quibus superiores aquas sitiendo sustineat, et inferiores sub dominio rationis deponat. Superius namque spiritualis scientiæ mysteria non tam localiter, quam, ut sic dicam, mentaliter habemus, ad quæ bibenda, imo totis sugenda desideriis inhiare debemus, quæ cœlesti nos institutione informent, mores ædificent, vitia sedent, augeant exercitia, fastidiis obstent, invitent præmiis, supplicia suggerant, et contemplationis acumine in omnis veritatis educant altitudinem. Superius, inquam, non per localitatem, sed per dignitatem. Unde Apostolus : *Quæ sursum sunt quærite et sapite* (*Coloss.* III, 1). Subter habemus vitæ sæcularis astutiam, quæ bona corporis exquirere, animæ negligere, fraudes jurgiaque amare, et quidquid saluti contrarium est appetere prædicat ac tenere. Horum duum media ratio currit, quæ a superiori armata contra inferius tam fideliter ei quod sibi præest, et a quo sufficientiam constantiæ accipit, adhærere contendit, quantum sub sui juris arbitrio animalitatem, id est corpus suum, et ea quæ *prudentia carnis*, quæ ab Apostolo *mors* (*Rom.* VIII, 6) dicitur, a se exigit, habere subdita cupit.

Per hoc itaque *firmamentum* aquæ supercœlestes, id est, ut ita dicam, superrationales et inferiores, ad infima videlicet nos devolventes dividuntur, quia ex Dei amore firmatum nostræ mentis ingenium, et superno intellectui se subjiciendo aspirat, ut decet, et indignis affectibus se præfert, ut dominum auctoritate qua debet. Talis ejus esse debet vigor atque integritas, ut quidquid ad divinam sapientiam attinet in verbo, aut opere pro nulla spe commodi alicujus temporalis ab eo fiat, et si aliquid, etiam pro corporis sola necessitate, aut etiam non necessitate, sed prava voluntate fit, id se inepte ac fallaciter pro divini obsequii studio facere cæcus sui ipsius arbiter non credat. Ita mihi inter aquas *firmamentum* consistere debere ac posse videtur ; sed idem *firmamentum* a Deo vocatur cœlum. In cœlo mysteria multa clauduntur, quod menti non immerito nostræ assimilatur, ubi quidquid animæ saluti, remedio atque consolationi aptum est, quasi in thesauro usque ad tempus opportunum, quo res exhiberi illud exigat, custoditur, quod plenius supradiximus, cum de cœlo ac terra ageremus.

VERS. 8. — *Factum est ergo vespere, et mane dies secundus.* Primordia nostra secundum beatum Gregorium mista sunt malis ; et licet mane nos illuminet piæ erga Deum devotionis, creberrime tamen involvit obscuritas pristinæ, imo naturalis, consuetudinis. Obtenebrascit animus ex vitio terrenæ molis, ne superbiamus ex gratia, Deo id dispensante pro nobis, sed rursus irradiatur ardore compunctionis, ne defluat in barathrum desperationis aut criminis. Sicque, dum alternatim ascendendo usque ad cœlos et descendendo usque ad abyssos, manu superna remigante deducimur, fit ut per hæc discrimina ad hoc, ut simus sine discrimine et timore etiam discriminis, ad vitam scilicet cælibem veniamus. Et is *dies secundus* est, quia a timore, qui primus gradus est, pietas secundus est. Pietas autem ad Dei cultum pertinet, ut est illud Apostoli : *Sobrie, et juste, et pie vivamus* (*Tit.* II, 1). Quod sic exponitur : *Sobrie* in nobis, *juste* ad proximum, *pie* ad Deum. Unde et impii proprie dicuntur alieni a fide. Quæ vero major pietas, quis ex nobis ad Deum major affectus esse potest, quam totam mentis intentionem in divinæ sapientiæ sinum reclinare, et nos in hujus mundi negotiis, in quibus se quidam plurimum valere et sapere gloriantur, imbecilles et fatuos facere? Is post Dei timorem idoneus et competens valde gradus est.

Sed quæstio gravis hic oritur, cur cum pridie et reliquis sequentibus diebus dicatur : *Vidit Deus quod esset bonum*, hodie prætermittatur. Sed scimus quod de diabolo dicitur quia in veritate non stetit; qui quandiu summæ veritati inhæsit, in quantum illi conjunctus est, veritas et ipse fuit. *Qui enim adhæret Domino, unus est Spiritus* (*I Cor.* VI, 17). Et de eo in Job scribitur : *Habitent in tabernaculo ejus, scilicet impii socii ejus, qui non est* (*Job.* XVIII, 15). Quis est *qui non est* nisi diabolus, qui in quantum a vero esse decidit, jam esse etiam destitit. Quomodo enim est, qui tam infeliciter est, imo qui æternaliter in morte sine morte est. Quod idem et de nobis sentimus, quia a Dei visione in primis parentibus lapsi sumus, de veritate in vanitatem devenimus, et veraciter esse perdidimus, nisi quod Dei sola gratia nostro tamen sudore durissimo ac conflictu restitui credimus. Hinc dum ad glutiendam salivam capitis nostri, ad prægustandam videlicet sapientiam Conditoris nostri magnis suspiriis elaboramus, nosmetipsos nobis valde contrarios positos experimur, et in salutis opere neminem viciniorem, infestioremque hostem quam nos patimur. Conqueritur inde Psalmista : *Quantas ostendisti mihi tribulationes, multas et malas* (*Psal.* LXX, 22). Et alibi sub spe futuri boni lætatur : *Pro diebus, quibus humiliatus est, annis quibus vidit* (*Psal.* LXXXIX, 17), id est expertus est *mala*. Cum ergo dies mali sint (*Ephes.* V, 16), et *mundus in maligno positus* (*I Joan.* V, 19), et hunc conflictum inferiorum aquarum, in quibus est superbia adversus superiores, quibus constat humilitas et sanctitas in valle lacrymarum, in lacu miseriæ, sæculo scilicet præsenti toleremus, prophetica apostolicaque lingua hoc non vitam ac patriam, sed exsilium mortemque denuntiet, quomodo videat, id est videri faciat Deus bonum, quod vitari et credi a nobis vult deceptorium malum. Apostolus clamat : *Miser ergo homo, quis me liberabit de corpore mortis hujus?* (*Rom.* VII, 24) et nos tortiones quas ferimus, pugnæ carnis in spiritum, et spiritus in carnem (*Gal.* V, 17) bonum putaremus? Et si bona utcunque agimus, quia in fluctu, et peccati periculo semper sumus, ut illa Noe columba, quia hic requiem non habemus, ad Noe, id est Christum, qui requiescere nos faciat, suspiremus. Et recte die secundo quia bonum sit non videmus, quia postquam primi diei in paradiso habiti, in protoplasto perditi gloriam amisimus, istuc devoluti dolores, non bona reperimus. Quod satis apte signat in Sabbato paschali post *Alleluia* tractus qui cantari solet, qui laborem sæculi hujus post lætitiam paradisi nos incurrisse docet.

VERS. 9 — *Dixit vero Deus : Congregentur aquæ quæ sub cœlo sunt in locum unum, et appareat arida. Aquæ*, quæ sub cœlo, sunt sæcularis versutia, quæ in solis negotiis forensibus et ad decipiendum maxime callet, et sub jugo tamen intelligentiæ nostræ restringitur. Hæ congregantur *in locum unum*, quia totæ Deo, qui locus noster est, *in quo vivimus, movemur et sumus* (*Act.* XVII, 28), velint nolint, sollicitudines nostræ, quæ vagæ et instabiles antea diffluebant, servire coguntur. Loca Dei, imo locus fideles quique in Scripturis dici solent, sed multo magis proprie Deus, extra quem nec nos, nec aliquid est, locus noster vocatur. Qui quia quos excipit sibi vivificat, unus recte dicitur. Tota autem nostra, quam de sæculo possidemus, prudentia, tunc plene ad Deum convertitur, cum ad agendas ecclesiarum causas, et extrinsecas curas, quas litterati viri minus scire solent, zelo et amore deserviendi his qui contemplationi inserviunt, quo liberius Deo vacent, sæculares quique accinguntur. Hi non ad decipiendos pauperes suo jam utuntur ingenio, sed aurum et argentum quod de Ægypto extulerunt, ad exstruendum Dei tabernaculum in solitudine, id est, extra turbas vitiorum devota mente expendunt. Hi sunt cilicia domus Dei, qui sæcularium curarum pulveres tolerant, ut hyacinthus, et purpura sanctarum mentium nihil exterioris inquietudinis ferant, sed suo indesinenter proposito instent. *Et appareat arida*, inquit; per hoc namque quod conscientia pridem fluida ad Deum constringitur, terra cordis nostri a cogitationum superfluarum ingurgitatione siccata jam ferendi boni operis frugibus apparet apta.

VERS. 10. — *Et vocavit Deus aridam terram; congregationes aquarum vero appellavit maria*. Terra ab humore carnalis petulantiæ avaritiæque levigata, apta quidem cultui ac fructui est divino, sed *congregationes aquarum* sub jure rationis non se voluntarie cohibentes, amarissimos tentationum fluctus in nobis exsuscitant. Unde et *maria* vocabulo valde congruo appellantur. *Maria* enim amaritudo interpretatur. Inde atrocium irarum, libidinum et aliorum motuum tempestates, quæ dum animi imperio coercentur, quasi freti cujusdam fervor subbulliens prosilire nituntur. Sed Dei pietas hujus pugnæ exercitia non irremunerata relinquens, videt, id est videri facit a nobis, quam bona salubriaque sunt quæ agimus, et ex eorum consideratione ad meliora gerendum, ipso aspirante, excandescit animus. Unde suo invisibili nutu dicit, id est prosperum effectum bonis affectibus tribuit.

VERS. 11. — *Germinet*, inquit, *terra herbam virentem et facientem semen*. Terra germinat *herbam*, cum cor cujusque fidelis ab omni lascivia mundi sudum, verbi Dei semine conversationis initia emittit. Quæ herba virens est, quia succo spei æternæ vivit. Quidquid enim pro favore humano fit, marcidum ac sterile est.

Et facientem, inquit, *semen*. Semen facit quisquis id religiosi propositi, quod aggreditur, opere efficaci exsequitur. Aut certe herba virens, *semen* facit cum quisque id boni quod agere apud se inchoat, aliis etiam ex benevolentia ut se æmulentur prædicare non cessat.

Et lignum pomiferum faciens fructum juxta genus suum. Quid per *lignum pomiferum*, nisi arduum vitæ institutum de piis initiis ad sanctiora progressum. Sed quid agit sanctitas, si de sua aliis nulla est probitate utilitas? Per hoc enim quod in tenebris exordii nostri bona, quæ gustare cœpimus, libenter aliis propinamus, fit pia Dei largitate, ut proinde ad meliora provehi mereamur; unde dicitur : *Fructum faciens juxta genus suum*, id est Deo lucrificans proximum. *Genus* nostrum natura humana est. Juxta *genus* ergo nostrum fructificamus, cum ejus, quæ in nobis est donationis, docendo et orando participes et proximos facimus. Dicitur enim in Job : *Et visitans speciem tuam non peccabis (Job.* v, 24); quod idem est ac si dicat : Facies *fructum juxta genus* tuum. Sequitur :

Cujus semen in semetipso sit super terram. Semen nostrum opera nostra, quæ pro fructu cœlestis bravii hic jacimus, sunt. Quod *semen* in nobismetipsis habere jubemur, ne bona gerendo cum adulatorum fabulis vagimur, quasi palea exterius inventa favoris vento rapiamur. Sit itaque virtus nostra granum, non exeat cordis horreum. Sed non ita interius fructus noster contegatur, ut ad exemplum proximi non prodatur : *Sit super terram*, id est, veniat ad corporalis operis evidentiam. Potest enim et bonum fieri, et laus oblata contemni. Quæ sequuntur præcedentium repetitio sunt.

VERS. 13. — *Et factum est vespere, et mane dies tertius*. Quid *tertius* iste dies nisi scientia, quæ post timorem pietatemque ad sapientiam tendentibus tertius gradus est? Nihil enim spirituali scientiæ magis competit quam sæculi astutiam reprimere, et cum bene egerit, alios ad sanctitatis studium provocare. Scientia enim, juxta beatum Gregorium, pertinet ad doctrinam, sapientia vero ad vitam, cui satis vespere et mane convenit, quia rarus omnino est, qui intelligentiæ lumen ubique Scripturarum habere queat : habent namque sacra eloquia corpus, et quasi vesperam in integumento litteræ, habent animam et quasi mane in splendore moralitatis ac allegoriæ.

VERS. 14. — *Dixit quoque Deus : Fiant luminaria in firmamento cœli, et dividant diem ac noctem*. Duo ista *luminaria* Christum et Ecclesiam interpretari satis idoneum est, secundum illud : *Dies diei eructat verbum (Psal.* XVIII, 2), etc. Christum quidem propositum exemplo et imitationi fortium dicimus; Ecclesiam vero in suis mediocribus membris juniorum minusque potentium exemplar positam non absurde sentimus. Tolerabilius sane oculis infirmis est lucernam sub laterna attendere, quam solis jubar in suæ sphæræ virtute videre. Solem namque in potestate diei tradit Deus, cum viris intellectualitate præditis contemplationis dona largitur. Videmus sane quosdam in utroque sexu virginitate professa, mundanorum rerum possessionibus pauperiem Christi præponere, Deo vacare. Porro sunt aliqui, qui nec mundum deserere, nec cœlibes vivere, neque ad plenum Deo vacare possunt. Unde et lunam ac stellas in potestate noctis dat. Dat enim nobis qui summa præsumere non audemus, nec Noe, id est rectores, nec Daniel, id est cælibes, imitari possumus, ut Job bene operantem, misericordiæ studentem sectemur, et qui ad reclinatorium aureum, id est ad beatam requiem per ascensum purpureum, scilicet per martyrium pervenire non speramus, per media saltem propter filias Hierusalem charitate constrata attingere valeamus. Qui igitur Agnum illuminantem a montibus æternis quocunque ierit sequi (*Apoc.* XIV, 5) non audet, montes ab eo illuminatos attendat, et si non in omnibus, vel in aliquo eos ut membrum Ecclesiæ censeri debeat, prosequi contendat. Post hæc autem cum fiunt, videlicet cum hi ardua perfectaque eligunt, illi leviora proponunt, dies noxque dividitur, quia in studiis quæ quisque appetit, vitæ qualitas declaratur.

Ut sint in signa, et tempora, et dies, et annos, et illuminent terram. *Signa et tempora* quod dicitur, nil amplius valet quam si diceret, ut sint in signa temporum, ut est illud : *Pateris libabat et auro*, hoc est, aureis pateris. Christus et Ecclesia signa sunt temporum, quia quidquid egere vel agitur, aliud videtur in re, aliud portenditur. Christus, et qui sunt ejus in præsenti dum vivunt, mundi tolerant opprobria ac ærumnas, et si ab his qui sæculi pascuntur gloria requiratur, cur ista ferant, quia, inquiunt, *tempus nostrum nondum advenit, tempus autem vestrum semper est paratum (Joan.* VII, 6). Tempus glorificationis sanctorum impræsentiarum non est, quia non habent hic manentem civitatem (*Hebr.* XIII, 14), sed locum, quo ipsi qui aurum esse deligere confiteantur, et ubi pressuris contundantur, ut in templum Regis sine securi et malleo exstruantur (*III Reg.* VI, 7). Tempus vero perversorum, dum hic agunt, semper in promptu est, quia nec deest unde transitorie honorari possunt, si fortuna arriserit, nec honoribus ipsi desunt. In malo autem et in bono nomen temporis poni solet, et vulgo etiam dici quibusque quibus sunt mala proventura felicibus. Vos habebitis, inquiunt, tempus vestrum; unde in psalmo: *Et erit tempus eorum in sæcula* (*Psal.* LXXX, 16). Hic gloriæ, illic habituri sunt tempus miseriæ. Tempus autem post finem sæculi hujus non est, juxta illud in Apocalysi: Et tempus ultra non erit (*Apoc.* LX, 16). Sed tempus et sæculum unimode solet poni pro eo quod est vita. Unde apostolus: *Ambulastis aliquando secundum sæculum mundi hujus* (*Ephes.* II, 2). In psalmo etiam dicitur: *Posuisti sæculum nostrum in illuminatione vultus tui* (*Psal.* LXXXIX, 8), id est vitam nostram. Usualiter etiam de aliquo dicimus: Malum sæculum ducit ille. Per hoc igitur quod Christus in diebus carnis suæ probra potius appetiit quam honores, et Ecclesia adhuc sponte paupertatem tolerat et labores, signum est quod in his temporalibus bonis noluit defigere mentes, sed ad futura se extendunt, quæ retro sunt obliviscentes (*Philip.* III, 13), quorum et fieri utpote æternorum delectantur et conantur hæredes.

Et dies, et annos. Dies sunt singulæ quæque virtutes quæ per manifestationem spiritus dantur ad utilitatem, non modo genera linguarum, vel interpretatio sermonum, sed, quod salubrius est, patientia, benignitas, misericordia, charitas, et castitas. Qui harum quamlibet attigit, diem habet; qui vero omnium perfectionem habuerit, quod in apostolicis viris fuisse non discredimus, quandiu etiam præsens durabit sæculum, etsi raros admodum tales; tamen aliquos non defuturos speramus: aut ipse est annus, vel potius habet annum. Sicut namque ex multis diebus annus, ita ex multiplici virtutum lumine vir quilibet dignoscitur constare perfectus. Concinit huic sensui quod filia Job dies vocatur, et Job ipse plenus dierum obisse perhibetur.

VERS. 16. — *Fecitque Deus duo luminaria magna: luminare majus, ut præesset diei, et luminare minus ut præesset nocti, et stellas.* Facit itaque Deus *luminare majus*, quod illuminat *minus*, quia Verbum caro factum sui cognitione illustrat Ecclesiam, et Ecclesia sui exemplo et doctrina illuminat terram, id est, terrenorum terram amantium conscientiam. *Et stellas.*

VERS. 17 et 18. — *Et posuit eas in firmamento cœli, ut præessent diei ac nocti.* Firmamento cœli, id est virtuti animi debent impressa non solum Christus, sed et Ecclesiæ universalis concordia, in qua sunt alteri alterorum membra; nec solum attendenda universalitas sanctitas, sed et singulorum, qui per stellas figurantur pervidenda simplicitas. Quæ præsunt *diei ac nocti*, quia et ad virtutum custodia nos muniunt, et de cautela vitiorum, doctrinæ ac operationis ipsorum consideratione nos instruunt. Non enim sumus noctis neque tenebrarum, sed diei ac luminis (*I Thess.* V, 5).

VERS. 19. — *Et factum est vespere et mane dies quartus.* In eo quod præmittitur et sæpe dicitur: *Vidit Deus quod esset bonum*, licet plura dixerimus, id præcipue notare debemus, quod dum suorum in nobis munerum Deus incrementa largitur, et a nobis econtra quantos nos de quam nullis fecerit aspicitur, maxima in mentibus nostris humilitatis summa generatur. Videt *Deus quod bonum* sit, quando quid fuimus et quid simus, nos humiliter attendere facit. Et ex ipsa cœpti boni consideratione animum nostrum ad meliora succendit. Unde cum Apostolo nos cogit dicere: *Gratia Dei sum id quod sum* (*I Cor.* XV, 10). Dies quartus, gratiarum spiritualium scilicet fortitudo gradus est quartus. Quid enim magis animum roborat, unde amplius fortitudo nutritur quam cum ipsum Deum electosque ejus attendimus prospera despicere, mundi adversa nusquam formidare? Quod si extra disciplinam sumus, et cum hominibus flagellari nolumus, adulteri et non filii sumus. Fortitudo igitur *vespere et mane* in adversis et jocundis tantis pullulet de exemplis, et mentium nostrarum vigori per hæc fortiter excitato fastidii omnis cedat obscuritas.

Potest et per *luminare majus* ratio, per *luminare minus* voluntas, per terram carnalis affectus intelligi. Sicut enim a sole luna illustratur, et a luna terra, sic voluntas nostra prorsus comparabilis lunæ, quia nunquam in eodem statu permanet, et sæpe deficit, nisi a ratione forti moderamine regatur, ad consensum carnalis appetitus, qui semper sordibus inhiat, creberrime deducitur. Sed quia sicut a patre filius a parasitarum societate restringitur, ita illa spiritui parere compellitur, fit inde ut ipsum carnis motum et ipsa compellat quatenus sibi famuletur. Hæc itaque ordinata modo quo diximus, scilicet voluntate facta appendice rationis, et carnali affectu posito sub imperio justæ voluntatis, necesse est ut hæc cum stellis, id est cum omnium nostrarum claritate virtutum affigantur firmamento cœli, ei videlicet, cujus Verbo, imo per quem Verbum ipsi facti et firmati sunt cœli, et quorum virtus est Spiritu ejus oris (*Psal.* XXXII, 6).

VERS. 20. — *Dixit quoque Deus: Producant aquæ reptile animæ viventis et volatile super terram, sub firmamento cœli.* Quid per *reptile*, nisi subtilis alacritas animorum ad intelligendas et penetrandas obscuritates divinorum librorum? Aqua autem divinæ scientiæ copia est: *Extendens*, inquit, *cœlum ut pellem, qui tegis aquis* (*Psal.* CIII, 3), et cætera; et illud in bono intelligi potest: *Pisces maris qui perambulant semitas maris* (*Psal.* VIII, 9). Producunt aquæ reptilia, cum sacræ Scripturæ usu suo corda nostra reddunt ad reperiendum acutissima, et ad exolvendum celerrima, in quibus quasi procreamur, et in earum naturam convertimur in ntum, ut sine his vivere, nil præter has gratum cogitare possimus. Quid enim indignius, quid molestius animæ viventi, ut secundum textum loquar, et de mortuis quos sæcularia pascunt taceam, quam a divina lectione vacare, et diem sine studii fructu transigere? Sunt igitur reptilia viventia, qui huic sanctæ scientiæ quasi undæ purissimæ sua immergunt pectora. Scientia autem est de moribus, et de his quæ in usibus aguntur humanis qualiter fieri debeant honeste tractare, et eadem proximos edocere.

Volatile vero super terram eos qui sapientiæ student et contemplationis excellentia terrenis omnibus supereminent intelligimus. Sapientiam autem definimus in cognitione æternorum, in intelligentia Dei; contemplationem vero bifariam dicimus, dum scilicet argute intendimus inter vera et falsa, virtutes ac vitia, utilia et inutilia, et in speculatione divinæ majestatis et civium supernorum gloriæ. Hi qui istis, contemplationi videlicet ac sapientiæ, dant operam, sicut illi quos prælibavimus, qui scientiam affectant, ex aquis, id est, Scripturis originem sumunt, quia his innutriti discunt qualiter se in spiritualium sensuum inquisitionibus exercere debeant. Sed licet se super terrena penna sanctæ cogitationis efferant, sub firmamento tamen necesse est ut se deprimant. Firmamentum hoc in loco potest intelligi virtus angelica, quæ aliis ruentibus in beatitudinis sede perpetua firmitate consistit. Qui cum semper videant faciem Patris, juxta Evangelii dictum (Matth. xviii, 10), tamen quia creatura sunt, Creatoris sui majestatem comprehendere nullatenus possunt. Et cum ne modicum quidem peccandi affectum, vel carnis pondus habentes, quo aggraventur a Deo contuendo, ipsum aliquatenus videre, sed nunquam pervidere sinantur. Quid homo peccator, quid corruptibili mole depressus ibi videat, ubi ex parte spiritualis etiam natura caligat? Ipsa enim cum ad Dei comparationem corporea sit, quia circumscribi potest, quod Deus non potest, quia non est idipsum quod Deus, non valet comprehendere quod est Deus. Pensemus itaque, et si sit aliquis adeo sanctus, qui per speculum et ænigma scintillet in illud supremum lumen, quam infra illam dignitatem angelicam jaceat, cujus natura, quamvis purissima, tamen creata, in Deum minus videat.

Sub firmamento igitur volemus, quia etsi de divinis tractemus, quia longe ab eorum perspicacitate distemus, in omni contemplatione nostra pensemus, nec nos ad eorum comparationem, imo æqualitatem, in hac vita pervenire posse præsumamus.

Possumus et per firmamentum humilitatem Salvatoris, quæ immortalis et impassibilis ex resurrectione, et quasi firma jam facta est, intelligere, sub qua multo probabilius est et tutius imaginando animum intendere, et ad eam pii æstu desiderii suspirare, quam illuc oculus et lippiens dirigatur, ubi aliquid de Deo inconveniens cogitetur, et unde intentio spiritualibus minus assueta, dum se ad nimis ardua præsumptive erigit, ad phantasticam cogitationem devolvatur. Etenim non imaginationis grossitie, sed spirituali prorsus acie Deus videtur. Deus namque Spiritus est. Verbum ergo carnem factum contemplemur, per quam amando a terrenis elevemur.

Vers. 21. — *Creavit Deus cete grandia, et omnem animam viventem atque motabilem, quam produxerant aquæ juxta species suas, et volatile secundum genus suum.* Quid cete grandia, nisi doctores clarissimi, quorum capacissima plus omnibus miramur ingenia? Quid Augustinus, quid Hieronymus, quid denique Gregorius nisi monstra suo et nostro sæculo fuere ingentia? a quibus, ut breviter dicam, non dico tot et tanta inveniri et teneri, sed, quod mirabilius est, tam innumera potuere conscribi quæ vix media possint a nobis non dico capi, sed vel simpliciter legi? Quis gloriosi Origenis dicta in quinque librorum millibus relegat? Quis Areopagitæ Dionysii mysteria digne intelligat? Sed hæc divina spectacula lectoris animo rectius pensanda omittimus, quam pauca, imo nulla, quantum ad id quod se res habet proferamus. Facit Deus hujusmodi insignia, sed et *animam viventem*, id est eos qui ex fide vivunt, qui et si non operantur, fides tamen eis, juxta Apostolum, reputatur ad justitiam (Rom. iv, 22): facit et motabilem, eos scilicet qui non solum ad credendum vivere, sed ad bene agendum motus alacres dare noverunt. Sunt namque qui fidei solius sacramento salventur, ut infantes, quibus aliorum succurrit credulitas, et hi quos Christianismum excipere mortis urget necessitas: sunt et alii quos ad recte vivendi studium instigat pura voluntas, et æterni præmii cupiditas. Illi igitur viventes, isti motabiles. Sed omnes ex aquis oriundi sunt, quia ex sacræ Scripturæ prædicationibus, et affectum bene cogitandi concipiunt, et ad effectum, quæ bene conceperant, ducunt. Habent et reptilia hæc species suas, et volatilia genus suum, quia quique et bene credentes, et juste viventes, et subtiliter contemplantes varia possident pro suo modo gratiarum charismata, quæ diversa in una intentione faciunt proposita.

Vers. 22. — *Benedixitque eis Deus dicens: Crescite et multiplicamini, et replete aquas maris, avesque multiplicentur super terram.* Ac si Deus attendens exercitia nostra, quibus de bonis meritis ad potiora merenda inardescimus, patenter dicat: *Crescite* intelligentia, et alter alterum sacris eloquiis imbuendo propagamini, *et aquas maris*, id est plenitudinem Scripturarum, allegoricis et moralibus commentando replete sensibus, et hi quos penna speculationis sublevat, et in discretione spirituum, et contemplatione mysteriorum cœlestium spiritualis amoris flagrantia sint *super terram*, id est, terrenæ cupiditatis illecebris abstrahantur. Maris autem aquæ sacra pagina non inconcinne confertur, quia ipsa est quæ Joannis in Apocalypsi amaricat ventrem (*Apoc.* x, 10), et accendit eo magis bibentis sitim, quo amplius bibitur; unde et sitientibus ut ad aquas veniant ab Isaia clamatur (*Isai.* LV, 1). Videt etiam Deus quod sit bonum, quia ex delectatione acceptorum munerum intuitum nostrum provocat ad appetitum meliorum.

VERS. 25. — *Et factum est vespere et mane dies quintus.* Et divinæ gratiæ gradus quintus, consilium. Et cui negotio magis est conveniens consilium, quam sacræ paginæ quæstionibus disquirendis? Nusquam enim periculosius erratur, quam si a regulis et sensibus Patrum veterum recedatur. Teneatur ergo eorum usquequaque sententia, qui de sacri eloquii obscuris qualiter essent inquirenda scripserunt, et ab eis a quibus quæritur, eodem Spiritus fervore quæratur, quo ab illis qui eam reperere quæsita cognoscitur. In omni nostra causa quasi laterales habeamus, qui nos suis tueantur consiliis, ne certam jaculemur sententiam in rebus dubiis, ne, cum intelligentia non suppetit, auctores arguere velimus quasi nimiæ obscuritatis aut rusticitatis, quod horrendi est criminis. In quibus scilicet tractatibus etsi vesper aliquando patimur defectionis, aut caliginis, crebra instantia meditandi, et æstu amoris divini comitante, mane poterimus adipisci intelligibilis lucis. Vix enim in vapido animi statu summum aliquid quis attingit, aut nusquam, quod expertus sum ex meipso, qui, quod tepidus non posse ab aliquo credidi, animatior solito facile irrupi.

VERS. 24. — *Dixit quoque Deus : Producat terra animam viventem in genere suo, jumenta, et reptilia, et bestias terræ secundum species suas.* Terra multis in locis, et specialiter mens cujusque fidelis, et generaliter omnis Ecclesia dicitur, ob fertilitatem scilicet, cultibilitatemque, quia divini præcepti ligonibus colitur, et bonorum actuum ferax dignoscitur. Ecclesia quidem *animam viventem*, Deo jubente, producit, quia Salomon ille verus etsi sexaginta sint reginæ, tamen octoginta habet concubinas, et adolescentularum non est numerus (*Cant.* VI, 7). In populo enim Dei, etsi non omnes sua dimittunt, si virgines esse non possunt, mediocrem tamen Deus suis statuit locum, ex quo si recte vivatur, salus optata obtineatur. Ideo *in domo Patris mansiones multæ sunt* (*Joan.* XIV, 2), ideo *stella a stella differt in claritate* (*I Cor.* XV, 41), quia in hac peregrinationis valle diversi valde inter nos sunt ordines vitæ. Sunt enim animæ quædam, scintillam quidem etsi non ardoris ad agiliter operandum, saltem ad bene volendum habentes eleemosynas libenter impendunt, ecclesiasticis officiis pie intersunt, et alia mediocria bona devote facientes, a capitalium se malorum sorde juxta posse continent. Vivunt ergo quantum ad Dei amorem vel fidem attinet. *Jumenta* autem sunt in quantum bonæ consolationis aut humanitatis cuilibet opem ferunt.

Sed notandum quod dicitur *in genere suo*, quia habemus *donationes secundum gratiam differentes*

(*Rom.* XII, 6), alius sic, alius vero sic, quas multoties et vario modo locis pluribus retexit Apostolus. Unde et dicit quia, etsi membra nostra diversum in corpore officium habent (*Ibid.*, 4), tamen officiorum concordia et vicario suffragio unitatem servant. Quod ibi dicit membra, hic dicitur genus vel genera. Ministerii autem apta animalia jumenta vocantur, quæ non incongrue quorumdam sæcularium vitam signant, qui, etsi in quibusdam terrenis acclines sint negotiis, a propria tamen valde libertate frenantur, quantum aliorum misericordiis inservire conantur. Quem sensum juvat, quod talia a terra plurimum suspenduntur.

Habet etiam Ecclesia *reptilia*, quia quosdam in se continet qui ita mundanis curis ac voluptatibus injacent, ut nullo virtutis intervallo a temporalibus distent. Attamen vivunt, et hoc sola fide, qua opitulante cum pedem 20 non habeant operis, labuntur super terram industria intelligentiæ vivacis; sciunt se prava agere, transitoriis inhiare, spe tamen in seipsis misericordiæ consequendæ ingemiscentes, saltus super ea quibus inhærent consueverunt dare. Tradunt auctores quod *reptilia*, quæ in hoc loco serpentes intelligimus, vitalem animam principaliter in capite habeant, ita ut si, toto reliquo abscisso corpore, quibusdam saltem palmi mensura juxta caput de corpore ipso resederit, ex ipsa quæ capiti manet vivacitate mori non possint. Cui valde simillimum est quod nostræ fidei documenta tenent, quia peccator cuicunque errori implicitus, etiamsi in ipso mortis momento ingemiscens pœnituerit, salvandorum jam moriens parti pertinebit; sic enim scribitur : Peccator quacunque hora ingemuerit, salvus erit (*Ezech.* XXXIII, 12); fide enim salvi fiunt, sicut Apostolus ait : *Ei vero qui non operatur, credenti autem in eum, qui justificat impium, reputatur fides ejus ad justitiam* (*Rom.* IV, 45). Ipsi corpus, id est opera non habent, at vero capite, id est fide viventes, ex ipsa unica, unde semper vivant, operantur sibi. Cui astipulatur quod serpentes pro tuendo solo capite totum corpus periculis objicere solent. Sic isti contemptis temporalibus quæ possident plerumque timore Dei, aliquando mortium suarum articulis, seu quibuslibet periculis caput, id est Christum, vel Christi fidem sibi salvant, monachum faciendo, seu alias bene vivendo.

Per *bestias terræ* quidam intra Ecclesiam figurantur ferali animo et crudelitate insignes, qui, licet per potentatum sæcularem quem gerunt multa mala perpetrent, tamen ad cor redeuntes sæpius de Dei judicio valde extimescunt, et plurima beneficia proinde impendunt. Quæ si humiliter agunt, nec de bono opere securitatem peccandi accipiunt, etsi a mundiali cura prorsus expediri non possunt, aut metuunt, dicere non audeo quod hujusmodi desperandi sint. Quis Nabuchodonosor nequior, cui a propheta dicitur : *Redime misericordiis pauperum peccata tua?* (*Dan.* IV, 24.) Et si idololatræ et gentili prædicare pœnitentiam Daniel non neglexit, et

Ninives populo non solum infinitis sceleribus obruto, sed et veri Dei prorsus ignaro idem alius propheta prædicat; ubi satis mirandum est, quod his qui fidei scientiam non habebant pœnitentia nuntiatur : et si, inquam, his, quanto magis proderit Christianis? Et quis desperet de fidelibus, si spes tanta datur et impiis? Hos in Ecclesia Deus quemque secundum propriæ vitæ gradum instituit, ut nobis insinuet quia, si ad summum ejus discipulatum, id est imitationem, facultas niti non est, sciamus saltem quia minus potentibus medius locus sit. Ipse enim qui dixit, cum virginitatem sub eunuchorum nomine laudaret : *Qui potest capere capiat.* (*Matth.* xix, 12), idem dixit : *Si vis perfectus esse, vade, vende quæ habes* (*Ibid.* 21), et cætera; non dixit : Nisi vendideris, non intrabis in regnum cœlorum. Quod namque dixit : *Qui non renuntiat omnibus quæ possidet, non potest meus esse discipulus* (*Luc.* xiv, 33); idem est ac si diceret : Non potest me perfecte imitari, a quo constiterit terrenas divitias affectari. Qui enim se discipulum cujuspiam profiteri constituit, eo facit intuitu, quod in eo unde magistrum habere vult, cupit eidem conformari; et cum magister aliquis sit, et multos circumquaque eundo doceat, non tamen vocari consueverunt discipuli, nisi qui ejus lateri specialiter obambulant, discendi solummodo causa.

Habet ergo aqua quæ producit ex sapientiæ scientiæque salutaris plenitudine volatilia, hoc est viros eminentes speculationis ala, habet terra, id est Christi humanitas simplicium animos quasi *jumenta*, *reptilia*, *et bestias*, qui, si in lumine verbi oculum figere nequeunt, Christum tamen pro peccatoribus incarnatum redimendis, fidei ac spei contuitu constanter attendunt. Cum enim diei verbum eructare pertineat, nox nocti scientiam consequenter indicat (*Psal.* xviii, 2), habet Ecclesia hos in se viventium status, qui pecora jure ad eorum comparationem, qui rationaliter se agunt, dici meruerunt; vel etiam respectu pietatis ita dicuntur, quia hominum id est recte sapienterque viventium usibus quasi domestica animalia famulantur. Nil enim est quod non in animantibus, et rebus etiam inanimatis in aliquo hominibus utile sit. Sub qua specie, dum montes Deus de suis superioribus irrigat, per eosdem potum bestiis et onagris administrat, et ex eisdem fenum rursus herbamque hominum servituti convectat (*Psal.* cxlvi, 8). Qui enim montes in quibus fera creantur ob fastum vocati sunt, iidem ibidem bestiæ ob ferocitatem dicti sunt.

Habet quoque fidelis anima etiam quæ ad summos vitæ emerserit gradus, imo patitur in se hos acerbissimæ motus. Insunt namque non modo nobis, qui vix initia conversionis habemus, sed sanctis ac intelligentissimis, Paulo scilicet apostolo, suique similibus *jumenta*, id est oneriferæ hujus nostræ mortalitatis hebetudines; quibus interioris hominis obtunditur, et crebro gravatur alacritas, dum videt aliam legem in membris suis repugnantem legi rationis, propter quæ innumera, quæ magis sentiri, quam ab aliquo dici possunt, exclamat tota spiritualis Ecclesiæ multitudo : *Miser ego homo, quis me liberabit de corpore mortis hujus?* (*Rom.* vii, 24.) Insunt et *reptilia*, inflimæ et prorsus carnales quæ nos inclinare solent cupiditates, quibus ventre repimus, id est affectu inhæremus terrenis voluptatibus, et titillationum frequentia lubrici ac molles instar colubri attenuato animi rigore efficimur. Dum enim virtutum fastigia attigisse nos credimus, ne nos gratiæ ubertas elevet, propitio Dei judicio stimulus carnis ab angelo Satanæ nobis qui nos colaphizet immittitur (*II Cor.* xii, 7), et sic dum de supercœlesti cogitatione ad plusquam terrena, ut sic dicam, meditanda delabimur, quid de nobis sine opere Dei simus in nobis ipsis advertimus.

Nec desunt bestiæ, bestiales videlicet mores, insolentiæ, iræ et rancores, quæ, etsi sanctos viros usque ad perpetem impellere non possunt discordiam, magnas tamen ad tempus in eorum cordibus generant turbas, et, dum vetant interioris ferociam murmuris prodire in verbum, ardentissimos intra se æstus cogitationum sibi invicem objicientium, et cum grandi strepitu convicia referentium patiuntur. Vitia autem pariter vix aut nunquam quempiam tentant; sed vicissim nos pulsant : sopito scilicet voluptatis incentivo desurit ira; ira ad tempus quiescente effervet luxuria; his rursus quasi edomitis subrepit inanis gloria, sive superbia.

Hæc autem tria, quæ præmisimus sub specie jumentorum, reptilium, ac bestiarum, et in psalmo satis congrue sub figura alia denotantur : *Holocausta*, inquit, *medullata offerimus tibi cum incenso arietum, offeram tibi boves cum hircis* (*Psal.* lxv, 15) : Holocausta offerimus, cum quidquid ex nobis sumus, in Dei amore consumimus; medullata eadem sunt, cum sine charitatis interioris pinguedine virtutum nostrarum ossa non sunt : aridus est enim ramus bonæ actionis, si non habet succum divinæ ac mutuæ charitatis; cum incenso, id est incensione, consumptione videlicet totius cervicositatis, quæ supra per bestias, hic per arietem designatam scimus; holocausta offerre debemus, quia, si diabolus rex est super omnes filios superbiæ (*Job.* xli, 25), et filius tanti monstri, servusque diaboli Deo munera defert, quid ipsi Deo videri poterit ingratius, turpius, indignius? Sic tamen dico, donec in ipsa mortis profunditate jacere deliberat. Offerimus *boves*, cum omne pondus, et circumstans nos peccatum, quod nos aggravat, et animales hebetesque nos in his quæ Dei sunt, reddit, fervore, acumine rationis, et spirituali vivacitate mutamus, et mutando quantum patitur natura consumimus. Hi per *jumenta* designantur superius. Hircos in Dei placatione incendimus, cum in carne nostra et intimis animæ affectibus petulantiæ fluxa dispergimus, quæ, vel potius qui hirci, scilicet sunt figurate *reptilia* quæ protulimus, quæ tota secundum cujusque animalis naturam dicta sunt, quia aries superbum ac bellicosum est animal; bos vero ponderosum et hebes; unde dicitur de stulto apud Salomonem : *Sequuntur eam quasi bos ductus ad victimam* (*Prov.* VII, 22) ; hircus autem petulcum et lascivum; unde Ovidius de Galatea · *Tenero lascivior hædo* (*Met.* XIII, 790).

Hæc itaque hisque similia cum ab eis qui supra expositos virtutum dies habent, magnæ autoritatis calce premuntur, dum sive in dexteram declinare nesciunt, aut sinistram, id est, dum neque virtutum proventibus extolli, quod est dextera, nec vitiorum impulsibus destitui norunt, quod est sinistra. Deus qui nostris aggratulatur profectibus, augmenta semper exaggerat gratiarum, et illud tandem in nobis perficit, ad quod omnis noster agon et desiderium tendit. Quidquid enim boni arripimus, non ob aliud plane agimus, imo agere debemus, nisi ut divinæ imaginis quam amisimus conformitati reparemur. Deus igitur quos ut bene agere vellent gratiæ dono prævenit, et gratiam suis piis studiis subsequentes ad perficienda quæ voluerant, juvit, ad summa jam suæ similitudinis consortia evehit, dicens, ut ita dicam :

VERS. 26. — *Faciamus hominem ad imaginem et similitudinem nostram*. Imago et similitudo, cum ab aliquibus idem esse credatur, plurimum aliquando inter se distant. Imago proprie dicitur quod pingitur vel sculpitur causa alicujus memoriam repræsentandi, etsi non simile illi pro quo fingitur sit. Similitudo autem indifferenter in cunctis quæ sibi similia quovis modo sint, dicitur, etsi altera alterorum causa facta non sint. Possem dici imago patris mei, etsi sibi specie non convenirem, quia pater meus causa ut essem mihi fuit. Unde et hoc modo imago pariter et similitudo de re una dici queunt, si propter eamdem et facta sint similiaque sint. Virgilius tamen inducens Andromacham de Ascanio loquentem ait (*Æneid*, III, 489):

O mihi sola mei super Astyanactis imago!

Quem revera pro similitudine imaginem dixit, et imaginem adhuc ideo forsan, quia formam, licet illius filius non esset, ex ejus consanguinitate trahebat. Imaginem Dei Adam habuit in anima, ex ea parte qua æterna est, quia ille naturaliter æternus est, ista collative. Imaginem namque determinant in æternitate similitudinem in moribus. Imaginem autem Dei nos in eo perspicue habere dicere possumus, quod sicut Deus omnem implens mundum sic omnibus generaliter adest, ut singulariter tamen rei cuique totus proprie inesse sentiatur, ita anima nostra incorporata 22 ipsum corpus quidem implet, moveri et vivere facit, ordinatissime regit, et sicut de Deo dignosci non potest unde cœlo quam terræ præsentior æstimetur, sic ipsa nullatenus magis in capite sentitur quam in minimo pedis digito. Læsus quispiam in utrolibet non dissimiliter angitur; tota enim in singulis quibusque membris anima reperitur, quam graviter læsus in ungue doleas nosti; habet corpus ubique spiritum, uti mundus habet ubique Deum. Deus autem ratio universalis est, qua tota machina miro ac incomprehensibili administratur ordine, ubi nihil extraordinarium fit, nil sine causa, nil inconveniens recte sentientibus videatur. Quod itidem et homini constat datum, dum suum exteriorem per interioris hominis intellectualitatem disponere possit, ut nil in sui operis exhibitione ineptum aut turpe valeat inveniri. Vivit Deus, et sapit, vitalem per se et vivificam in carnali massa indidit animam, quæ pondus suum foris reddit vegetum, semet vero ex participio cœlestis luminis intro providam possidet. Imago ergo Dei sumus, ipsius gloriæ et honoris facti sumus, non nostri meriti aut utilitatis causa, utpote qui non nobis egebat, sed nos fecit, ut ipso beate frueremur. Causa nostrum, sicut et omnium creatorum fuit, ut scilicet glorificaretur ex nobis, non quo nostra glorificatione proficeret, sed quo eum et ex sui consideratione, et ex mundi totius mirabili propter nos institutione glorificando gloriosior homo fieret. Nos itaque illi quo nos et mundum regit ordini confirmando,... scilicet nostri ipsorum existentes, vitiis principando, et cum virtute omnia nostra gerendo supernæ imagini comparemur. Similitudinem supra diximus in moribus debere putari, quia sicut Deus est amor, justitia, pietas, munditia, et quidquid boni dici aut cogitari potest, ita omnis gratiæ et sanctitatis capacem hominis animam fecit. Unde et summo nostro, quod nos videlicet habere conveniat, bono ab Joanne dicitur : *Sicut ille, inquit, est, et nos sumus in hoc mundo* (*Joan.* IV, 17). Deus naturaliter pius sic deitatis plenitudine nobiscum versans, misericordiæ viscera nulli negat, ut solem suum super bonos et malos aperiat (*Matth.* V, 45), et non minus, imo multo satius impiis sua munera, licet corporea, tribuat, quam his quos juste vivere constat. Sicut igitur Deus est, et nos sumus in hoc mundo, quia sicut nemini sibi etiam prorsus infenso beneficii sui subtrahit largitatem, sic nos erga eos qui nos oderunt habere necesse est charitatem. Sunt multa præterea satis ardua, quæ de hac Dei imagine disseri possent, sed ad alia properantes sufficere mediocribus ista putamus.

Et præsit, inquit, *piscibus maris, et volatilibus cœli, et bestiis, universæque terræ, et omni reptili quod movetur in terra*. Cum bene de se merentes Deus ad sui, qui nihil aliud quam virtus est, conformitatem elevat, ad hoc utique fit, ut illustratione superna, qua quisque accepit subtilitatem ingenii, in Scripturis moderari discat, quod pisces maris significant; et *volatilibus cœli* præesse noverit, id est contemplationis acumen cautissime librare in divina sciens, nihil imaginarium; nil sensuale de Deo senserit, et cum post magnitudinem revelationum, tentationum acerbitas, quod pene semper consuevit accidere, subsecuta fuerit, bestiæ irarum, superbiarum, terrenorumque motuum, id est cupiditatum, reptiliaque libidinum, rationalis memor imperii servitium mox imponat corpori, et suæ vindicans libertatis dignitatem super hæc exerceat potestatis. Mare Scripturam intellige, quæ sapientiæ sale salsa ad sitim spiritualem nos provocat, et commotionis magnae strepitum in cordibus pœnitentium concitat, mentesque amaricat, ubi inter minarum moles timidus peccator ac si inter fletus exæstuat. Piscis autem hujus maris ingenium naturale, quod ejus abdita investigat.

Vers. 27. — *Creavit* ergo *Deus hominem: ad imaginem Dei creavit illum, masculum et feminam creavit eos.* Recte primo dicitur homo singulariter creatus, postmodum masculus et femina creati, quia ante prævaricationem idem in se, et nusquam diversus homo erat, uni suo Conditori vacabat, nil a se, nil a Deo extraneum cogitabat; postquam autem, contempto auctoris jugo, sui juris esse voluit, et Dei visione, qua crebro reficiebatur, caruit, et seipsum non habuit, quia nunquam postea plene suis motibus dominari, etsi voluit, potuit; quia etsi spiritum, quod est masculus, ad fortiter sentiendum aut agendum penitus non perdidit; Eva tamen, rebelle et indomitum animal, nunquam voluntati spiritus voluntarie acquiescit, sed semper virtutis studio dura resistit. Eva autem est caro nostra, quæ suggerente diabolo lenocinatur rationi, et inflectit ad consensum appetitus inhonesti. *Adam enim*, ut ait Apostolus, *seductus non est, sed Eva, unde et virum seduxit* (*I Tim.* II, 14). Primo in homine quædam fuit identitas, sed ex peccati pœna accidit demum diversitas, ut in duo divideretur humanitas.

Vers. 28. — *Et benedixit eis: Crescite*, ait, *et multiplicamini, et replete terram.* Tunc crescimus et multiplicamur, cum replemus terram, id est, cum boni operis exhibitione exteriorem nostrum hominem nusquam vacare permittimus. Aut certe crescimus, cum ex incremento sanctæ actionis spe meliore ad superna porrigimur. Multiplicamur autem, cum virtutum numerositate fulcimur. Et ita repletur terra, cum sensuum nostrorum universitas secundum quod cuique competit ad pia occupatur exercitia. 23 *Et subjicite eam.* Subjicimus terram, cum nostræ ditioni obtemperare compellimus Evam, ut non ordine præpostero ancilla, id est, caro rationem præcedat dominam. *Et dominamini piscibus maris et volatilibus cœli, et universis animantibus quæ moventur super terram.* Pisces dici item possunt astutiæ sæculares, quibus hominum ingenia callent ad vestigandas semitas maris, id est negotia sæculi. Volucres etiam accipi queunt elatæ superborum cogitationes, quibus tanto quisque sublimius evolat, quanto vanis inflatus eventibus de se gloriosiora cogitat. Animantia vero quid sunt nisi animositates, quarum millia infinita cordibus solent humanis obrepere? Cui consonat quod animus, unde animositas est, Græcam habens etymologiam, a nomine quod est *ventus* derivatur. Et quid animositates, quas tot tamque varias ineptasque patimur, nisi ventositates congruentissime dici debent, quæ quidem inania nos appetere faciendo usque ad crepitum nos inflant, et nihil nisi peccatum explicant? Hæc *moventur super terram*, hoc in est terra; *super* enim crebro ponitur in veteri pagina pro *in*, ut est: *Si memor fui tui super stratum meum* (*Psal.* LXII, 7), hoc est in stratu meo. Moventur animantia in terra, quando ad illicitos motus fatuæ cogitationes illiciunt corpora nostra. *Super terram*, id est, carnem nostram præcedere sane possunt, et in his quæ sibi sunt contigua, quasi quidam latrones prædas agere, sed regem imperiosum, rationem videlicet, absit ut ullatenus queant subigere.

Vers. 29. — *Ecce dedi vobis omnem herbam afferentem semen super terram, et universa ligna quæ habent in semetipsis sementem generis sui, ut sint vobis in escam, et cunctis animantibus terræ, omnique volucri cœli, et universis quæ moventur in terra, in quibus est anima vivens, ut habeant ad vescendum.* Primo ad litteram interjaciendum quod omnino ante diluvium illi primo tempori esus carnium in usu non fuit. Significative autem licet, secundum quod diximus in tractatu diei tertii, possint hæc intelligi, et juxta ea quæ in aliis exposita sunt diebus, quæ ad vescendum illi qui jam nova creatura est data dicuntur, id est ad imitandum intellectualia illa quæ ibi describuntur, quorum exemplis tanquam pabulo debeat sustentari, tamen et aliter forsitan, si claboremus, exponere poterimus. Herba, quia brevis et ad manum contigua est, quælibet corporalia bona possumus accipere, ut est jejunare, hospitio inducere, eleemosinam dare, nescios erudire, et cætera quæ humanitas habet egentibus exhibere; quæ quidem satis bona sunt, sed tamen sine adminiculo aliquarum spiritualium virtutum nulla. Possunt enim et bono et malo animo fieri, et ideo, si bene, id est non amore laudis, aut per invidiam, ut scilicet alterius obnubiletur bonum, ista ac similia fiant, valde utilia sunt. Sed tamen semen afferre debent, quæ victum boni exempli spirituali creaturæ præbent. Semen herba etiam moriente solet esse residuum, unde reparetur genus. Quid herba, nisi bonum opus; quid herbæ semen, nisi boni operis præmium, cujus intuitu et alii ad bene gerendum præcipue provocantur. Potest bonum opus aliquando videri, sed in Dei oculis præmio caret, quia agentis intentio etsi non pro laude, seu per invidiam, ut diximus, est, tamen bona quæ agit non desiderio æterni muneris exercet, sed ut a Deo sibi præsentis sæculi prosperitas uberius cumuletur. Unde dicitur: *Oratio ejus fiat in peccatum* (*Psal.* CVIII, 6), id est pro solis temporalibus oret. Et ibi: *Confitebitur tibi, cum benefeceris ei* (*Psal.* XLVIII, 19). Et Judæis carnalibus nihil in lege nisi temporale promittitur. Hæc herba ut semen habeat, mutetur intentio, quatenus ex eo alii suscitentur; solent enim intentiones aliquorum judicio Dei justo aut apertis flagitiis, aut apostasia qualibet patescere etiam in præsenti, et ideo fructus inde nullus est. Nam vix adhibentur exemplo, quorum finis reprobus est.

Per *ligna* pomifera spirituales, quæ non nisi bono animo fiunt, signantur virtutes; nec malis communes esse queunt, ut sunt charitas, humilitas, patientia, et aliæ, quæ et magnum in se robur habent constantiæ, et gloriam excellentiæ, et utilitatem fructus de imitatione. Et quæque tamen harum *sementem* infra se habeat, ut non pro externis rebus, sed pro salute sui æterna, bonum ipsum quod agitur fiat. Volucribus ergo, id est eminentia sanctitatis præditis, et *animantibus* quibusque, scilicet ex fide viventibus, qui motus habent bonæ actionis, in terra, id est, in exhibitione corporea dantur ad vescendum, ad mores videlicet, animumque suum piis exemplis talium roborandum.

Potest, et per *herbam*, quæ res levis est, activa vita signari, quæ omni Dei populo patet; per *ligna* vero summa vitæ contemplativæ, in qua pauci litteratorum, illiteratorum vero nescio an quis mentis pedem affigere possit. Hoc in Deuteronomio intelligitur per id quod prohibetur, ne quis, vel in arbore sive terra posita ova seu pullos capiens, in nido matrem his incubantem pariter rapiat (*Deut.* XXII, 6), ut longo mereantur vivere tempore. Et est sententia : Nostra mens cum aut ova bonæ cogitationis et propositi fovet, aut bonæ sed teneræ adhuc operationis pullos usque ad congruum perfectionis robur nutrit; si quis 24 experiendo pervideat, et piam voluntatem, et opus religiosum tenere imitando potest, sed matrem, id est conscientiam operantis a bono cœpto dimovere, aut dehortari non debet, si æternum feliciter vivere volet. Per terram autem actualis, per arborem vero vita contemplationis, quod istic per herbam et arborem diximus figurari.

VERS. 31. — *Et vidit Deus cuncta quæ fecerat, et erant valde bona.* Videt, ut diximus supra, et sæpius est, videre nos facit. Videre autem nostrum sicut ipsius Dei approbare est, quia dum summam virtutis attingimus, ita in naturam vertitur boni amor, ut, si etiam impune peccare liceret, nunquam animus a recti tenore gradum deflecteret. Videmus ergo bona quæ Deus indidit nobis, id est intelligimus. Unde et sextus dies occurrit, et pariter e regione sexta gratia Spiritus intellectus illuxit. Cum Deus suæ hominem imagini configuratum, ut inter pisces et volatilia, rursumque reptilia discreturus intellectualem quamdam cathedram haberet, jura judicii possidere jussisset, quatenus quibus transitorie uti, quibusve æternaliter frui deberet, sciret; et quæ in se rapere, quibus se informare, quæ sibi subigere quibusve dominari oporteret, agnosceret. Quid eminentius post dignitatem spiritualem dare ei potuit, nisi ut angelorum quodammodo suppares faceret ? Si enim dicimus quod in hoc bestiis præeminemus quod loqui possumus, respondeo quidem ex parte verum fore, sed si advertimus, profecto invenimus quia vix nobis aliquid invicem disertius loquendo intimamus, quam illæ secundum suum modum gestu ac vocibus. Non ergo hæc differentia magne laudanda est, sed illa summopere, qua per intelligentiam Dei et bonorum angelis concordamus. Hæc est quæ ab Apostolo appellatur discretio spirituum, qua videlicet intellectuali palato sapimus (*I Cor.* XII, 10) quid a Deo

nobis supervenit, quid spiritus malignus suggerit, quid carnis petulantia ex se naturaliter parit. Operi itaque diei hujus nil omnino aptius competit, quando homo præficitur disponendis creaturis, quam quod lumen pariter adest clarissimum discretionis.

CAP. II, VERS. 1. — *Igitur perfecti sunt cœli et terra, et omnis ornatus eorum.* Cœli perficiuntur, quando mentes fidelium totis rationis viribus divinæ sapientiæ applicantur. Terra perficitur, cum, totis sopitis perversis motibus, rationis voluntati caro subjicitur. Sed quis in carne mortali positus hæc ad perfectum expleat ? Nemo Paulo melior, qui videt aliam legem in membris suis repugnantem legi mentis (*Rom.* VII, 23), qui sequitur si comprehendat, qui a se non arbitratur comprehendisse (*Phil.* III, 12). Et quis adeo socors Pauli perfectioni deroget ? Ipse enim nihil sibi conscius est, sed non in hoc justificatus est (*I Cor.* IV, 4). Perfectos autem dicimus sanctos viros, in quantum patitur corporalis infirmitas, in qua quandiu sunt, fieri non potest ut ad eam animi, carnisque possint attingere pacem, quam aut habent angeli, aut habituri sunt post resurrectionem sancti. Ornatus autem eorum est quidquid ad virtutem animi aut honestatem corporis, aut per horum opera dierum innuitur, aut alias legendo reperitur.

VERS. 2. — *Complevitque Deus die septimo opus suum quod fecerat, et requievit die septimo ab omni opere quod patrarat.* Quando nos quidpiam operamur, ipsa die qua perficimus, ipsa potius quam sequenti nos complesse opus dicimus. Et quid significat quod Deus non sexta, sed septima die opera explicat, nisi quod vitæ præsentis sancta quæ per nos efficit exercitia, non in hoc tempore, quæ sexta dicitur ætas, sed in septima, in qua sabbatismus animarum populo Dei restat, cum præmium reddiderit, tunc terminat ? Nam quandiu in hoc degimus sæculo, a bene agendo requiem non possumus habere, nec debemus. In septima autem mundi ætate a labore laxamur, quia juxta illud Job : *In septima non tanget nos malum* (*Job.* V, 19); ubi mensis, id est perfectio beatitudinis, erit perfecti laboris mense, et Sabbatum æternæ requiei nobis, qui requievimus a perverso opere. In hac ergo vita tempus est agonizandi, illic nobis restat æternitas coronandi. Vanum enim nobis debet videri ante illud mane ultimum, quo Dei misericordiam cum Psalmista sumus audituri, quo *Deus illuminabit abscondita cordium* (*Psal.* CXLI, 3), in securitatem aliquam de bona nostra actione surgere, id est, erigi; sed postquam in hac convalle lacrymarum, quæ locus est auro Arabiæ, id est humilibus electis, in quo conflentur, et juxta Danielem dealbentur (*Dan.* XI, 35), sederimus, in humilitate scilicet nos depresserimus, tunc surgendum, id est ad gloriam aspirandum nobis est, qui in his quadraginta annis deserti Idumeæ inhabitando, de quo clamat David : *Deus, Deus meus, ad te de luce vigilo* (*Psal.* LXII, 2); solo spiritualis mannæ pabulo, Scripturis scilicet sacris delectamur, et panem tamen doloris manducamus (Psal. cxxvi, 2), quia totus noster lectus in nostra infirmitate versatur; et panis ille pro quo reprobi, juxta Jeremiam, *Pretiosa quæque dederunt* (Thren. I, 11), pro temporali videlicet voluptate insumenda suam ipsorum salutem vel animas vendiderunt, in vita nostra fit nobis abominabilis, heu nobis conclamantes, quia incolatus noster prolongatus est (Psal. cxix, 20), phrenesin gaudium sæculare putantes, et coronæ causam pressuras atque dolores. Ad hanc igitur 25 septimam diem, id est, perfectissimam lucem cum pervenerimus, in supremo gradu, qui est sapientiæ, pedem animi locabimus, quia irradiati sine fine, et ullius interpolatione spiritualis vesperi Deum sapiemus. Amen

Explicit liber primus Moralium.

INCIPIT LIBER SECUNDUS
MORALIUM IN GENESIN.

Superiori commento postquam Deus cœlum terramque discreverat, quid diebus quibusque fecerit, cœlo terraque procedere tractatum est. Sequitur ergo mystica narratio dicens :

VERS. 4. *Istæ generationes cœli et terræ, quando creatæ sunt in die quo fecit Deus cœlum et terram.* In die, inquit, id est in illa mentis illustratione, per quam de obscuritate confusionis vitiorum cœlum, quod est ratio, a terra, carnali scilicet suscitatur affectu, ista quæ septem diebus, septem utique sancti Spiritus charismatibus agi possunt, in interiori homine generari incipiunt. Quando creatæ sunt, id est quando horum bonorum semina per conceptum bonæ voluntatis menti renovandæ injecta sunt.

VERS. 5. — *Et omne virgultum agri antequam oriretur in terra, et omnem herbam regionis antequam germinaret.* Facit Deus virgultum, id est fortia virtutum opera, antequam oriantur in terra, id est, antequam exhibeantur per manifesta corporis exercitia, quando ad bene agendum in terra inspiratur fidelis anima, sed tamen, præpediente adhuc veteris hominis affectu vel usu, non prævalet animus ad opera. Fiunt ergo prius in proposito. Inde dicit Apostolus : *Velle mihi adjacet, perficere non invenio* (Rom. VII, 18). Facit et omnem regionis herbam, antequam germinet, quando minora ei infirmiora bona Deo animante concipimus, quæ tamen ut cupimus patrare nequimus. Potest et per herbam viror desiderii superni accipi, in quo per pios actus vivitur hic spe, donec in regione vivorum germina proferat integræ visionis in re. Per virgultum etiam contemplativa vel spiritualia studia sentire possumus, ob robur scilicet sui ac altitudinem, quæ nunc a nobis grandi labore coluntur, antequam in illa quam mites possidebunt terra, æterna videlicet et incorruptibili stabilitate sponte nunquam desitura oriantur. *Non enim pluerat Dominus Deus super terram.* Cum primum nobis pia voluntas immittitur, non tanta nostræ rationis gratiæ, id est pluviæ spiritualis ubertas infunditur, ut terreni affectus duritia in nobis ad boni efficaciam usquequaque solvatur. Initia enim nostra mista sunt malis. Unde recte subditur : *Et homo non erat qui operaretur eam.* Quia enim differt Deus infusionis plenitudinem, fragilitas operum designat non esse hominem, qui corpus non subjugat et excolit per rationis auctoritatem. Non est enim dignus hominis nomine, qui vivere non didicit integra ratione.

VERS. 6. — *Sed fons egrediebatur de terra, irrigans universam superficiem terræ.* Mira subtilitate cuique pensandum est an vere bona sunt quæ bona habere se æstimat. Nam si pro sæculi honestate quid fiat, quod Dei respectu non sit bonum quis dicat? Merito Deus non pluerat, et homo qui terram operaretur non erat, quia fons humanæ calliditatis ex ima intentione scatens, exterioris hominis habitum, universam scilicet superficiem terræ rigabat. Hæc est sæcularis honestas, qua dum quique quasi prudenter se contegunt sub colore magnæ religionis, nihil agunt. Unde dicitur : *Filii Agar qui exquirunt scientiam quæ de terra est* (Baruch. III, 23). Huic sensui optime capitulum evangelicum (Joan. II, 6) de sex hydriis moraliter coaptatur. Quia namque de terra fons erat, non interius, sed superficiem terræ rigabat. Sunt sane bona plurima quæ discernuntur, quia Dei sunt intentione sola, ut sunt pietas, largitas, castitas et cætera multa.

VERS. 7. — *Formavit igitur Dominus Deus hominem de limo terræ, et inspiravit in faciem ejus spiraculum vitæ.* Cum ergo humana scientia exterius se bonis componendo moribus sine Dei contuitu nihil efficiat, pius Auctor gratuito formaturus totum hominem, terram nostri 26 pectoris unda gratiæ necesse est ut infusa emolliat; tali enim limo nec aliter homo, qui Dei fert imaginem, vere constat : sed huic illa inesse facies debet, quam sibi Dominus contuendo lavare præcipit, et quam sibi Sponsus ostendi postulat. *Ostende, aiens, faciem tuam, quia facies tua decora* (Cant. II, 14). Cui spiraculum vitæ adhibetur, ut spiritu suo deficiat, qua paupertate beatus fiat, et eo repleatur, qui se in terram rectam deducat, os emundandæ per confessionem conscientiæ aperiat, ut spiritum disciplinæ, qui flctum refugit, excipiat, os denique ad bona docendum dilatare studeat, ut id cœlestis anhelitus placite illapsus adimpleat. Inspirando namque trahimus et emittimus spiritum. Unde dicitur : *Os meum aperui, et attraxi spiritum (Psal.* CXVIII, 15). *Et factus est homo in animam viventem.* Sicut corpus sine anima vivere non prævalet, sic aninia, si Deo inhabitare careat, deteriori pessumdata morte jacet; facto igitur limo, et dato in facie ejus spiraculo totus jam vividus constat homo. Sinceritas enim faciei illius, qua Deum cognoscimus, quaque a Deo cognoscimur, quo contra minus sinceris quibusdam clamantibus, *Domine, aperi*, dicitur, *nescio vos (Matth.* xxv, 12) ; ubi pallorem defectionis habeat quæ penes se vitalis spiritus arrhas portat.

VERS. 8. — *Plantaverat autem Dominus Deus paradisum voluptatis ab initio, in quo posuit hominem quem formaverat.* Paradisus voluptatis, serenitas est sanctæ conversationis, in qua cum virtutum undique surculi provehuntur, et spei immarcessibilis gramina vernant, surgit inde aquilo et temperies accedit australis. Paradisus enim Græce, Latine dicitur hortus. Si autem secura mens quam turpis culpa non mordet, juxta Salomonem (*Prov.* xv, 15), quasi juge convivium est, nam male conscia sibi propriis semper agitatur stimulis : quid simplicis animi testimonio gloriosius, amœnius? Sed is paradisus habetur a principio. A quo, nisi ab ipso primæ nostræ conditionis exemplo? Pensemus in quanta mentis requie, antequam peccaret homo, constitit; et sciamus hunc esse paradisum intellectualem, terreno meliorem, quo nos Deus poni, si velimus, cupit.

VERS. 9. — *Produxitque Deus de humo omne lignum pulchrum visu, et ad vescendum suave.* In soliditate itaque illa homini constituto producitur omne lignum, fortitudo et eminentia quorumque rectorum operum. Pulchrum visu, dum lux lucet nostra coram hominibus, ut videant (*Matth.* v, 16), id est instruantur ad vescendum suave, dum per operum imitationem Dei glorificatione pascuntur ; fructu enim tuo vescitur quisquis ad bene agendum tui consideratione confortatur. Sed suave quomodo est, cum arcta sit via quæ ducit ad vitam (*Matth.* VII, 14), et omnis disciplina in præsenti sit mœroris? (*Hebr.* XII, 11.) Revera imperfectis ac rudibus arcta, sed fructu pacatissimum justitiæ postea reddet exercitatis in ea. *Jugum enim meum suave est* (*Matth.* XI, 50), et cætera. At de qua humo hæc prodeant intendamus. Ab humo dicitur humilis. Humilitas ergo humus habeatur, et satis constat quod hæc, quæ prætulimus, sine hac virtute fieri non posse credantur. *Superbis nempe Deus resistit, humilibus dat gratiam* (*Jac.* IV, 6). Ideo justus ut lignum quod plantatur secus decursus aquarum; impii ut pulvis, quem projicit ventus a facie terræ (*Psal* I, 3, 4).

Lignum etiam vitæ in medio paradisi. Lignum vitæ sapientia est, sapientia autem tripliciter dicitur : sapientia hujus mundi, quæ et astutia est ; sapientia creatrix, quæ est Dei Filius. Hæc duo breviter perstringit Apostolus. *Non enim*, ait, *cognovit mundus in sapientia Dei* (*1 Cor.* 1, 21); per sapientiam subandis mundi Deum. Sapientia rursus vocatur in angelis ac sanctis hominibus divinitus illustrata ratio. Hæc est quæ loquitur : *In Jerusalem potestas mea* (*Eccli.* XXIV, 15), et cætera. Hæc robore, fructu et umbra suis vitæ ministrat alimentum, si tamen in medio consistat paradisi, ut non eam a regia sede, qua circumstantem disponit exercitum, carnalis tyrannice extrudat affectus, sed media internis currens uti medulla ossibus succos vitales attribuat.

Lignum quoque scientiæ boni et mali. Hæc est voluntas nostra. Voluntas autem est motus animi cogente nullo ad aliquid efficiendum vel appetendum. Si enim cogitur quis, voluntate non ducitur; diabolus vero neminem suggestione compellit, sed potius quod desideretur obtendit, et sine molestia aut vi spontaneam mentem trahit. Sola ergo secundum hunc modum voluntate, non necessitate peccamus, et liberos nos servituti addicimus. Voluntas itaque cum ad bonum et ad malum circumferri valeat, hic et in sequentibus in malo accipitur : scientia enim, id est experientia boni et mali, permaxime in malo præstat. Aliud est namque scire quia fornicatio peccatum est, aliud experiri per opera qualitatem ejus. Porro in experientia mali multo magis bonum quam sit bonum quod habebatur, agnoscitur, quam in boni observantia ulla malum cogitatione sciatur. Quid namque boni sit sospitas, melius discitur languore magistro. Lignum est cujus robur stoliditas, fructus infectio, et umbra cæcitas. Voluntate igitur abuti, tangere est scientiæ lignum boni et mali.

VERS. 10. — *Et fluvius egrediebatur de loco voluptatis ad irrigandum paradisum.* Fluvius iste sacri eloquii copiosa scientia, rerumque moralium alta cognitio est : qui paradisum irrigat, quia per quotidianas institutionum doctrinas vires ad bene agendum piis animis subministrat; si enim sapientiæ studio attinet de Deo et cœlestibus agere, et statum vitæ prætervolare commune quantum hominis est, scientiæ proprium est ea quæ inter nos actitantur justa moderatione disponere ; vitia virtutesque discernere, fideliterque eadem quibusque disserere. Unde subditur : *qui dividitur inde in quatuor capita.* Voluptatis nostræ quidam locus non localis Deus est, quem quidem generaliter omnia, sed illi tanto specialius, quanto spiritualius incolunt, qui solum in ipso delectantur, ex hoc ipso fluminis impetus egreditur, qui nequitias spirituales præcipitat, et dividitur in quatuor capita, quæ sunt principales quatuor virtutes, e quibus cæteræ omnes sumunt exordia.

VERS. 11. — *Nomen uni Phison : ipse est qui circuit omnem terram Evilath.* Phison interpretatur *os pupillæ.* Ore autem loquimur, pupilla videmus. Per quod intelligitur prudentia, quæ et ipsa dicitur quod porro videat. Vera autem prudentia est, qua subtiliter quæque conjicimus, ad quos possint devenire proventus, unde nasus Ecclesiæ turri comparatur (*Cant.* vii, 4), dum imminens malum providendo declinatur, et virtutis studium sui merito successus amator. Cujus fertilitas tunc penitus approbatur, cum quod bene prospicimus, et aliis insinuare satagimus, ut pupillæ officium, et oris agamus. *Evilath* interpretatur dolens vel parturiens. Dolet qui præsentis sæculi ærumnas et exsilium ægre fert, qui cum pauper fuerit, et coram Deo effuderit precem, dicit : *Percussus sum ut fenum* (*Psal.* ci, 5), et sequentia. Parturit qui, licet stellis coronetur duodecim, lunamque sub pedibus habeat, ac sole amicitur (*Apoc.* xii, 1), cruciatus tamen ait : *Quod operor non intelligo* (*Rom.* vii, 15), id est non approbo. *Video enim aliam legem in membris meis* (*Ibid.*, 23), et cætera. Et alibi : *Omnis creatura ingemiscit, et parturit usque adhuc* (*Rom.* viii, 22), scilicet bona opera cum dolore operatur. Circuit autem Phison, id est munit, non pulverem, quem projicit superbiæ ventus a facie terræ, id est Christi, sed terram, stabiles scilicet ac solidos, qui dolent se non habere hic manentem civitatem, et clamant parturientes puerum qui rapiatur ad Deum et ad ejus thronum. In hac terra, hoc clausa munimine, nascitur sanctarum animarum aurum, et hoc optimum ; quia si bona est sancta rusticitas, quam dignior est docta sanctitas? Sic enim dicitur : *ubi nascitur aurum* (*Gen.* ii, 11).

Vers. 12. — *Et aurum terræ illius optimum est.* Maximum est enim non sibi soli, sed omnibus studere prodesse. In auro enim et splendor est, et pretium ; pretium ergo ex religione, splendorem habent in eruditione. *Ibi invenitur bdellium, et lapis onychinus.* Bdellium secundum quosdam arbor est aromatica, colore nigro, magnitudine olivæ, folio rubi, fructu caprifici similis. Sunt aliqui Physon, id est providi, sunt Evilath inter obstacula bene agendo validi, sunt terra perseveranter immoti, quorum aromata piæ fluunt opinionis, et licet sint elatæ palmarum, nigræ tamen quasi corvus, vel studio humilitatis, vel memoria veteris conversationis, eos exquirere nituntur, qui charitatis ac misericordiæ, quod signatur oliva, actibus eminent, et cum Paulo apostolo ad eam quam consecuti sunt gratiam, folio rubi, id est verbo Dominicæ passionis, quæ pro peccatoribus facta est, et alios provocant. Lapis autem onyx ab unguis similitudine sic dicitur ; unguem autem meum attendo, ea parte qua surgit, arcuato quodam primum albore suffundi, in medio cernens mistum candore ruborem, superius ubi carnem excedit sinceriter elucere. Primus candor noster ex baptismo est, qui tamen arcu divinæ Scripturæ divinique judicii quasi jugo restringitur, sed postmodum rubore miscetur, passionum scilicet evincendarum incursione turbatur, donec carnis carcere exemptus libera cœli luce fruatur, fructu vero caprifici est similis, qui ubi permaturuit ater est, quia cum sancti viri ad perfectum charitatis attigerint, et vitia mortificant, vitamque, si suppetat occasio, sanguinis effusione consummant : fusus namque nigrescere solet sanguis.

Vers. 13. — *Et nomen secundo fluvio* [*al., fluvii secundi*] *Gehon : ipse est qui circuit omnem terram Æthiopiæ.* Gehon interpretatur pectus, vel *præruptum* ; per pectus potest accipi fortitudo, quæ nullis quæ providerit prudentia terretur, aut cedit adversis. Quod enim brachiis non possumus, pectoribus aut impingere, aut trahere solemus. Unde et quibusdam animalibus major inibi vis est ; et archiepiscopis sub hoc typo pallium isthic insidet, ut alios præcedendo fortiter trahant. Præruptum autem non abs re dicitur, quia si fortis in adversa fore desideras, prius opus est ut quæ tibi præ oculis temporaliter blandiuntur abrumpas. Per Æthiopiam vero, quæ nigros habet populos, contraria figurantur, uti prospera candidis et nunc et apud veteres signabantur. Circuit ergo Gehon illam, quia ambit et ampla sub sementis auctoritate constringit, quidquid exterius molestiæ ingruit, quidquid Æthiopicæ terrenitatis incurrit, copiosi fluento consilii circumgyrat et abluit.

Vers. 14. *Et nomen fluminis tertii Tygris : ipse vadit contra Assyrios.* Tygris interpretatur *sagitta.* Per 28 sagittam temperantia non inconcinna ratione accipitur, temperantia autem contra voluptates carnis emittitur. Arcus namque, quod est stoliditas corporis, interiori virtute curvatus, contra nebulas concupiscentiæ sagittam temperantiæ si dirigat, quatenus videat quod feriat, penna virtutum non careat, interius intentionis directione præmineat, subtilis ingenii acumine quasi quodam ferro temperanda dividat, ne, dum sane providet, saniusque tolerat, minus sane fisus de se nimium actus suos discernendo componat. Nam est inepta abscidenda voluptas, non penitus subtrahenda necessitas, nec quis dum se valere existimat, aliorum mentes contemnat invalidas. Hæc nos temperantia, quæ et discretio quasi arcum sagitta prævolare debet, ne quid superveniat quod nos inconsultos offendat. Istud Dei flumen repletum aquis non circuit Assyrios, sed ut hostes vadit in ipsos. Recte enim Physon Evilath, Gehon Æthiopiam circumire dicitur, cum ille muniat, alter juri subjiciat nostro, et circumcludat adversa, et specialiter voluptas ad unguem oppugnetur exclusa. Dicitur enim : *Fugite fornicationem* (*1 Cor.* vi, 18), quod est dicere, Fugite lapsus opportunitatem ; medullitus enim injacet nobis hoc vitium, ideo cautius insequendum ; hoc est namque Assur, quod aula interpretatur. Aula, quia regum aut potentum domus est, voluptas sæculi intelligitur, nec immerito ; in aulis enim totius obscenitatis videmus esse gurgustia. Unde est : *Qui mollibus vestiuntur, in domibus regum sunt* (*Matt.* xi, 8), id est qui fluxa amplectuntur, domestici dæmonum sunt. Hi sunt Assyrii, id est aulici, quorum non minus persequenda sunt exempla quam ipsa in nobis vitia. Vitia etenim, quæ pudor sæpe reprimit, exemplum nequam acrius exsuscitat et nutrit. *Fluvius vero quartus ipse est Euphrates.* Qui et interpretatur. In *frugiter* quo intelligitur justitia, qua Deus super omne diligitur, et proximo sua regula non negatur. Hæc est fomes, hæc est frugi tribus prælibatis, aliisque quibusque virtutibus, et spiritualibus, uti succus et medulla arboribus. Definitur autem, quia habitus est animi communi utilitate servata suam cuique tribuens dignitatem. Ubi perfectum quiddam insonat, sic erga quemque se habere frugaliter, ut generalis non deseratur utilitas. Quod non aliud est, nisi ut quisque sic honoretur, ut est, utque meretur, ne unius vel paucorum aspernatione seu cultu omnibus scandalum generetur. Euphrates igitur frugem vitæ fert, quia justus in justitia sua, quam operatus est, vivet.

Vers. 15. — *Tulit ergo Dominus Deus hominem, et posuit eum in paradiso voluptatis, ut operaretur, et custodiret illum.* Tollit Deus hominem, cum eum suæ propriæ adimit voluntati. Ponit in paradiso voluptatis, cum suam inspirans facere voluntatem insinuat, quia se nosse vivere, sibi servire regnare sit. Operamur vero paradisum, cum bonorum studiis operum regno cœlorum vim facimus, cum quærimus ipsum, et justitiam ejus custodimus, cum inani gloriæ inter bene agendum aditum obstruimus.

Vers. 16. — *Præcepitque ei Deus dicens : Ex omni ligno paradisi comede : de ligno autem scientiæ boni et mali ne comedas.* Ex omni ligno paradisi comedimus, quando vitam omni refertam virtute transigimus. Ligno scientiæ boni et mali non vescimur, cum voluntate nostra in experientiam peccati, qua bonum quod habebamus plenius agnoscitur, non abutimur. Sed de his superius ac satis dictum est.

Vers. 17. — *In quacumque enim die ex eo comederis, morte morieris.* Comedimus, cum pravæ delectationis etiam sine actu extrinseco saporem excipere consentimus ; sed quia virtus peccati mors, id est delectatio esse dignoscitur, morte morimur, cum a statu piæ intentionis divini desiderii exclusione dejicimur. Sed quare in die cum nox peccatum sit, dies aliquoties pro qualibet prosperitate assumitur, ut est : *In hac die quæ ad pacem tibi* (Luc. xix, 42). Et peccare volenti, cum prospere facultas arridet, dies quidam in obscurum rediturus elucet. Solet et per diem intelligentia, sicut et per noctem ignorantia, accipi. Quidam vero quantitatem cujusque criminis ad plenum intelligentes peccant, de quibus est : *Descendunt in infernum viventes* (Psal. cxiii, 17). Aliqui id metiri nesciunt, cæcique ruunt, de quibus dicitur : *Sicut oves in inferno positi sunt* (Psal. xlviii, 15). Tantumdem itaque quis moritur, quantum quod admittit intellexisse probatur.

Vers. 18. — *Dixit quoque Dominus Deus : non est bonum esse hominem solum ; faciamus ei adjutorium simile sui.* Hominem, qui suæ motibus carnis rationis imperio præsit, nec peculiariter evagatur, hic sentimus. Inde super psalmum, canticum Moysi hominis Dei. Cum spiritus, et homines boni, et mali Dei sint. Homo hic ob sui integritatem ponitur, ob quod et Dei esse dicitur. Illic etiam : *In die illa nutriet homo vaccam boum* (Isai. vii, 21) : Sed ista hominis puritas si jugiter, aut etiam aliquandiu ei insit, summum ejus periculum esse potest, teste Paulo, cui datur stimulus (I Cor. xii, 7), ne revelationibus extollatur. Etsi enim cœlum sancti vocantur, silentium tamen in cœlo vix media hora conceditur. Solus ergo homo foret, si hanc silentii quietem haberet. Non est autem bonum, ne pariat sibi arrogantiæ typum. Denique fit a Deo sibi adjutorium simile sibi, dum fragilis originaliter ipse, non naturalium etiam fragilitatum immersione continua, ex peccati pœna ad sui notitiam revocatur. Cum sit enim passibili corpore ne de mentis aliquo statu superbiat, patitur molestias passionis in mente; unde commonitorium circa se habet, quod se adjuvet sibi per fragilitatem simile. Porro Deus id facit, cum fieri justo judicio permittit.

Vers. 19. — *Formatis igitur Dominus de humo cunctis animantibus terræ et universis volatilibus cœli, adduxit ea ad Adam, ut videret quid vocaret ea.* De humo Dominus volatilia cœli ac animantia terræ format, dum contemplationis, et actualis vitæ bona per humilitatem tentationum, nostrique cognitionem ad supercœleste exemplar expressius nobis instaurat, suique et angelici habitus imaginem format. Adducit autem *ad Adam*, cum hæc disponenda et curanda nostræ imperio rationis addicit. *Ut videret*, Adam scilicet ipse, id est discerneret, *quid vocaret ea*, id est quibus quasque virtutes qualitatum distributionibus insigniret. *Omne enim quod vocavit Adam, animæ viventis, ipsum est nomen ejus.* Nomina quibusque substantiis ex earumdem qualitate, et etiam aliis non substantiatis rebus imponi solent. *Nomen* vero pro opinione vel æstimatione sæpe ponitur, ut est : *Nomen bonum melius est quam divitiæ multæ* (Prov. xxii, 1). Vocat itaque Adam animas viventes, id est vitalia virtutum studia subtili ad intelligendum indagatione disterminat. Sunt autem animæ quæ non vivunt, quia sunt opera exterius vitæ nomen habentia, sed introrsum per cenodoxiam mortua. Ita namque nos moderni de virtutum scientia cogitamus, uti ab his qui veri fuere Adam patribus accepimus. Sed quam subtiliter ipsum, quod est Adam *nomen*, hic inducatur attendendum. Adam secundum quod in sequentibus legitur, vir et mulier a Deo vocati sunt, et interpretatur homo. *Qui adhæret Domino*, juxta Apostolum, *unus spiritus est* (I Cor. vi, 17), et animalitas nostra plene subnixa intellectui, revera jam excocta fragilitatis mollitie homo est. Recte igitur, postquam in nostra facere Deus incipit infirmitate virtutem, postquam volatilia cœli, id est spirituales gratias, ac animantia terræ, scilicet eas, quibus humana illustratur actio honestatis sanctæ, scientias atque bestias terræ suis Adam appellaverit nominibus, id est calliditates, vel ferocias dæmonum, seu vitiorum variis conjicere noverit disquisitionibus; tunc, inquam, recte primo inducitur Adam, scientia videlicet ac opere noster iste perfectus. Sed in his gratiarum collationibus non est adjutor, qui suæ sibi humanitatis humilitatem præ oculis statuat, sed virtutum hinc et inde ad votum exuberante copia mens sibi pene plusquam humana videtur. Ne itaque hæc se statio depellat in lapsum, dat ei providentia divina similem, cujus titillatione frequenti suam commemoretur attendere conditionem. Inde dicitur: *Adæ vero non inveniebatur adjutor similis ejus*. Et deinceps:

VERS. 21, 22. — *Immisit ergo Dominus soporem in Adam, et tulit unam de costis ejus, et ædificavit costam in mulierem*. Sopor Adæ immittitur, quando ingens, Deo ordinante, calor defervescere, ac tepere aliquantisper permittitur. Ubi costa lateri ejus adimitur, cum dispensativæ tentationis ingruens, quasi quidam improvisus latro, virtutem aliquam, de cujus firmitate fidebat, evellit. Deus autem facit eo visu, quo fieri sinit; a latere minus cavemus, quia minus ibi videmus, et ideo costam illud boni de damno cujus minus sibi timet, accipimus. Solemus etiam et latera eos qui nos adjuvant vel muniunt appellare, ut est: *Latera Aquilonis* (*Psal.* XLVII, 3); et: *Sedebo in lateribus Aquilonis* (*Isai.* XIV, 13), in psalmo scilicet, ac Isaia. Illud ergo magis hostis impetit, quo magis nos muniri conspicit, et in quo minus nos circumspectos attendit. Unde sub optimo improvidæ mentis typo percutitur in carcere Petri latus ab angelo. Obdormiente ergo Adam, id est in nimia securitate constituto costa eripitur, quia incautus a virtute deseritur. Sed notandum quod additur: *Replevit carnem pro ea*. Per carnem, quæ mollis est, intelligatur remissio; solet namque hostis noster, cum quidpiam arduum cœperimus, quasi ratiocinando suggerere: si huic, quod aggressus es, proposito tam intense incubueris, tædio sane, vel imbecillitate victus ad hoc subsistere non poteris. Sic igitur modum operi tuo pone, ut, [per] intervalla pio ludo ac remissioni indulgens, ad id post tempus libentius alacriusque valeas redire. Cui sensui concinit quod dicitur, *pro ea*. Quasi enim pro quodam conservandæ religionis suffragio hæc dicere se simulat. Dum itaque grate venenata suscipitur ratio, quasi pro remedio fastidii non respuitur ruinæ causa remissio. Sic virtutis locum supplere dignoscitur caro. Denique *ædificatur costa, quam tulerat Dominus de Adam, in mulierem*, quia ex occasione virtutis ad tempus amissæ nascitur in animo moles tentationis immensæ; parumque putatur quidquid utilitatis pridem de habitu virtutis sensum est, quia internæ debilitatis impulsus, jam ultra vires totius rationis est: ædificat itaque, id est ædificari permittit ex costa Deus mulierem; quia ex bono nostro diabolus tentandi nanciscendo materiam, quasi ex fundamentis imaginationum educens ad exteriora verborum, demumque ad summam operum, cujusdam fœde teneritudinis fabricam in animo fluctuantis erigit: *Deus qui non patitur nos tentari supra id quod possumus* (*I Cor.* X, 13), hanc ad nos adducit, quia sub jure nostro per redivivam rationis potentiam, omnem mentis fluxum quasi servum refugam redigit. At de ipsa revocata jam cautior Adam noster quid sentiat, audiamus.

VERS. 23. — *Hoc nunc os*, inquit, *ex ossibus meis, et caro de carne mea: hæc vocabitur virago, quæ* [al., juxta Vulg., *quoniam*] *de viro sumpta est*. Quod est dicere, hoc quod de mulieribus inconstantia ad regulam regressum. *Nunc os*, id est, virtutis robur *ex ossibus* quod est ex virtutum societate recepit; et, id est etiam *caro de carne mea est*, quia, concupiscentiæ fluxu animi fortitudinem in carnalem habitum transferente, de carne peccati quæ aggravat animam (*Sap.* IX, 15), caro, id est debilitas, ac mollities pravi appetitus, qui nos tentat, exorta est, et quod fuit pridem ossis firmitas, improviso cordis motu fit carnalis affectus infirmitas. Inde jure est vocanda *virago*, quia *de viro*, id est intellectu vires, unde constanter agat, fragilitas nostra accipit, et tamen feminina segnitie statum virilem, nisi circumspiciatur, evertit. A meliori ergo parte *virago* vocetur, ut non rationis viribus feminee abutatur, sed licet aliquoties ex virtutis occasione nascatur, non vir præpostere ipsam, sed ipsa eum irrefragabiliter subjecta sequatur.

VERS. 24. — *Propter hoc relinquet homo patrem suum et matrem suam, et adhærebit uxori suæ, et erunt duo in carne una*. *Propter hoc*, inquit, *relinquet* is, qui a bestioli semotus est vita *patrem* diabolum, *matremque* concupiscentiam, *et adhærebit uxori*, id est, voluntati suæ rationabiliter regendæ, *et erunt duo*, intellectus videlicet ac voluntas, *in carne una*, id est in affectu uno: affectus etenim noster quia in eodem statu nunquam sæcularibus inhians figitur, mox ut Deo vacare incipit, velit nolit, ad unum sistitur. Sunt itaque *duo in carne una*; cum præfata duo quasi regni sedem sibi ponunt in tertio, et ad idem duo gradiuntur concorditer affectione locata.

VERS. 25. — *Erat autem uterque nudus, Adam scilicet et uxor ejus, et non erubescebant*. Voluntas cum in sanctis viris spiritui est concors, cum ipso spiritu a rebus forinsecis sese exspoliat a tunicis cupiditatum, maximeque ab ipsa intentione laudis exonerat. Sed cum hæc contemnunt, et nihil in mundo videri gestiunt, sæpe eos vilissimi quique despiciunt. At vero non erubescunt, quia quanto verius se pauperes factos gaudent, tanto si proinde vilipendantur etiam abs quolibet improbo acceptius habent.

CAPUT III.

VERS. 1. — *Sed et serpens erat callidior cunctis animantibus terræ, quæ fecerat Deus*. Quod ita continuandum est; abrupte enim positum videtur illud, sed nudi erant, et non solum pro sua nuditate spernebantur exterius, *sed etiam serpens, qui spiritu ac voluntate in bono commanentibus per terrena fugax elabitur,* carnalis scilicet affectus callidius duo illa circumvenire consuevit, quam aliæ passiones motuum terrenorum, quæ per animantia terræ signantur, facere per se queant. Quanto namque vicinior atque interior, tanto ad irrepeudum fallendumque efficacior. Iste est qui serpit in membris ut repugnent legi mentis, cum velle adjaceat illi (*Rom.* VII, 18), et condelectetur legi Dei secundum interiorem hominem (*Ibid.*, 22), sed isto obnitente perficere non inveniat; sed multi voluntatem et affectum quidquam discrepare non putant; audiant ergo psalmum: *Concupivit anima mea desiderare justificationes tuas* (*Psal.* CXVIII, 20); quod est ac si dicat: Vellet anima mea affectare justificationes tuas; cum enim Apostolus diceret: *Voluntas mihi adjacet,* et adderet, *perficere non invenio* (*Rom.* VII, 18), idem est ac si poneret, affectum non invenio, serpit enim hac illac. Vult infirmus comedere, sed non afficitur; afficitur sobrius nimis comedere, sed non vult : idem in multis probare facile est. Voluntas itaque, quasi filia matri, quanto rationi est propinquior, tanto pedissequa, id est affectu dignior. Hæc licet lubrica et magis labilis materno tenetur imperio, illa publicæ obscenitatis victima crebris [forte crebrius hanc quam juniorem seductibiliorem comperit, et ideo matris] hanc quam juniorem, et ideo seductibiliorem comperit, matris ratiocinantis divellere conatur a tergo. Et ideo primum hic aggreditur mulierem, ipsam scilicet voluntatem.

VERS. 2. — *Cur,* inquit, *præcepit vobis Deus ne comederetis de omni ligno paradisi?* Consuetudo est personarum penitus obscurarum ut procaciter et tumide quælibet summa discutiant. Unde et Deum primus omnium creatorum serpens iste nominat, et Deo quod nunquam dixit, imputat. Non enim hominibus omne paradisi lignum vetuit Deus, sed unum tantummodo, quod totum mira rabie dictum ita exprimitur: Cur, inquit, Deus, cum sit Deus, et divinitatis dignitate nec velit peccare nec possit, nobis terrenis, et corpore et animo passibilibus, tot præcepta mortali importabilia naturæ invexit? Dum enim experientiam nobis mali ademit, simul omnia vitæ ligna, virtutes scilicet, quibus uteremur, abstulit. Si enim quid sit malum nesciero, bonum quod huic adversatur quomodo amabo? Per experientiam sane morbi custoditur avidius integritas sanitatis. Malum ergo jubere nescire, bonumque facere, idem est ac si quis videns ac in tuto constitutus cæcum jubeat a sagittis cavere. Hanc carnalis ratiocinationem affectus sequitur satis tepida responsio voluntatis, qua sibi solam mali consensionem, id est tactum, comestionem, id est actum, quia saporem ingerit rei sensæ, perhibet interdictam.

VERS. 3. — *Præcepit,* inquit, *nobis Dominus ne comederemus et ne tangeremus illud.* Sane ubi a tactu et ab esu morticinorum lex prohibet, a mortuorum profecto operum favore ac effectu nos arcet sed hanc typicæ muliebritatis mollitiem ille subreptor inferens unda adhuc fortiore mollivit.

VERS. 4, 5. — *Nequaquam,* inquit, *moriemini. Scit enim Deus quia in quacunque die comederitis, aperientur oculi vestri, et eritis sicut dii, scientes bonum et malum.* Cum, inquit, cujuscunque experientiæ causa, quæ duntaxat cautelæ, et industriæ capessendæ sit, labem culpæ admiseritis; hoc enim quacunque die significat, quia plurimum quoquo modo indeptæ prudentiæ nos lumen insigniat, discretionum vestrarum aperientur obtutus ad deinceps præcavendum, ut dii demum ex boni per contractionem malorum integra scientia existentes, nequaquam morte æterna, quæ antonomastice mors dicitur, Dei amissione moriamini, cum memores in peccando malignitatis expertæ ulterius jam non peccare velitis, et nec etiam quadam divina in vobis transfusa potestate possitis.

VERS. 6, 7. — *Vidit igitur mulier quod bonum esset lignum ad vescendum, et pulchrum oculis aspectuque delectabile, tulitque de fructu illius, et comedit, deditque viro suo, qui comedit. Et aperti sunt oculi amborum.* Sed ne præterisse videar, *scit,* inquam, *Deus,* id est, approbat, *quia in quacunque die,* id est, in cujuscunque intelligentiæ nanciscendæ, non solius vitii gratia vitium subieritis, vos nihil mortale merituros; sed perspicaciores ad cautelam futuros. Affectus suggestionem lente susceptam delectatio approbat voluntatis, quia *vidit,* id est desideravit, imo concupivit *mulier,* stolidæ voluptatis, quod ex consensu cogitando induruerat *lignum, bonum,* id est, jam miseræ palato mentis saporum ad perpetrandum, exterioribus *oculis pulchrum, delectabile* juxta imaginationis aspectum, *tulitque,* id est audaciam sumpsit, diuturnis delectationum caloribus enutritum fructum exsecutionis faucibus operis degustare. Post peccati enim actum sapit diu in memoria quod fuerit delibatum, et dentibus extrinsecæ administrationis teritur, unde pereunti animæ pudibunda saturitas invehatur. *Mulier* prior *comedit,* quia prima voluntas suggerenti affectui ad consensum nequitiæ se inflectit, atque *viro* propinat idem, dum ejusdem venenosæ dulcedinis facit sedula instigatione participem rationem. Aperiuntur *amborum oculi,* dum cognoscunt unde lapsi sint, quoque devenerint; aperiuntur etiam, dum illud cujus notitiam vix, ut sic dicam, somniando attigerant, velint jam nolint quod semel gratanter ebiberint, præ oculis scriptum atque expressum portant, et pejori multo quam prius, et inviti aliquoties ruminationem retractant, et justo judicio fit ut se hinc volentes expedire non queant, qui sponte cecidere, cum stare facile poterant. *Cumque cognovissent se esse nudos, consuerunt folia ficus, et fecerunt sibi perizomata.* Se jam nudos esse comperiunt, quia justitiæ operibus se fraudatos et cœlesti protectione cognoscunt, et expositos se maligni spiritus vento conspiciunt. *Folia ficus* consuunt, quia ad contectionem nequitiæ verba religiosa prætexunt, sed quia ficus folia non sunt uti plerarumque rotunda, sed aperturis hiantibus anfractuosa, et quasi linguas habentia, et aspera, possumus per asperitatem continentiam veterem, quas specie tenus post lapsum servat, accipere; per folii tenuitatem hypocrisis subtilitatem, quæ tamen gravia contegere vitia usquequaque nequeunt, quia ipsa linguas habent, nam

*Arte superductum violat quandoque pudorem
Impietas contecta diu, nec passa recondi;
Ut lux clara vitrum, sic penetrat faciem.*

VERS. 8. — *Cumque deambularet Dominus in paradiso ad auram post meridiem abscondit se Adam, et uxor ejus a facie Domini Dei in medio ligni paradisi, cum audissent vocem ejus.* Vox Domini deambulantis in paradiso est increpatio, vel memoria præteritæ justitiæ jam non stantis; nil enim aliud justitia in nobis quam Deus est, post perpetrationem peccati in mente, quia ipsa de se queritur ratio lapsa, *ad auram* scilicet *post meridiem,* æstu tentationis per effectum suum jam defervescente, et spiritu hominis secundum Dei sensum pro sui defectu singula cordis loca lustrante, sed non est creditus cum Deo sentiens spiritus ejus (*Psal.* LXXVII, 8). *Abscondit,* enim, *se Adam, et uxor ejus in medio ligni paradisi.* Lignum paradisi affectus est animi, cujus medio absconditur, quisquis in ejus prava consuetudine, ne ad Dei respiret notitiam, libertate undique egrediendi negata sepelitur; hunc enim vocat Apostolus, *peccatum* (*Rom.*, VII, 17), quia non invenit in carne sua bonum. Sed non Adam totus homo ille qui quondam, sed Adam quod interpretatur *terrenus,* vel terra rubra terrena, videlicet sapiens, et corporis addictus passionibus, et uxor ejus, id est voluntas 32, quæ olim sibi juncta individuo Dei gratia agglutinante complexu, nunc adeo disparata tanto animi diabolo mediante discessu, quanto viro suo non jam supernæ rationi, sed terrenæ astutiæ in temporalium amore bonorum arctiori copulata consensu, divinæ voci post terga monenti obaudiunt, sed obduratione qua diximus se mentis absconduntur. Quod si accipimus *ligni* positum pro *lignorum,* sicut *cœnomyam* et *ranam* pro *ranis,* et *cœnomyis* sacræ litteræ ponunt (*Psal.* LXXVII, 45), profecto *in medio lignorum paradisi* nudus se celat, quisquis male agens sanctorum virorum societate se palliat. Unde ipsis a quibusdam dicitur : *Date nobis de oleo vestro, quia lampades nostræ exstinguuntur* (*Matth.* XXV, 8), id est quia ex nostro opere obtenebrascimus, vestræ nobis familiaritatis impendite gratiam, ut si non ex nostra, saltem ex vestra luce fulgeamus.

VERS. 9, 10. — *Vocavitque Dominus Deus Adam, et dixit ei : Adam, ubi es? Qui ait : Vocem tuam, Domine, audivi in paradiso, et timui eo quod nudus essem, et abscondi me.* Vocat Dominus Adam, cum rationem cujuspiam post casum interius conveniens provocat ad pœnitentiam. *Ubi es?* inquit, locum quo jaceas attende, qui non alius quam superbia est, qui olim humilis stare didiceras ? *Vocem tuam,* ait, *Domine, audivi in paradiso.* Audio quid jubeas, pia scilicet studia repetere, paradisi virtutum antiquarum damna deflere, sed vereor austeritatem pœnitentiæ, et hanc nuditatis penuriam novis operum vestibus operire, et ideo interim per exterioris subornationem habitus pudorem meum decrevi abscondere.

VERS. 11. — *Quis enim indicavit tibi quod nudus esses, nisi quod de ligno, de quo tibi præceperam ne comederes, comedisti ?* Quod est Deum homini dicere : Quomodo scis te mea protectione desertum, nisi quod te nosti per tui me excessus offendisse reatum ? Reus enim etiam absentem, et ignarum Dominum timere solet; sed spiritui cum Deo sentienti quid humana pertinacia referat, audiendum.

VERS. 12. — *Mulier, quam dedisti mihi sociam, dedit mihi de ligno, et comedi.* Fragilis, inquit, nutabilisque voluntas, quam rationi indidisti humanæ hæc monuit, hæc intulit. Tu qui tot intoleranda homini præcepisti, providere debueras, ut statum voluntatis inflexibilem haberet ad passiones, quæ menti ingruerent, respondeas.

VERS. 13, 14. — *Et dixit Deus ad mulierem : Quare hoc fecisti?* Convenitur eodem auctore voluntas, sed humanitus in affectum derivat offensas. Tu, inquit, o Deus, cur tam labilem dedisti voluntati affectum, qui non solum non adjuvat a bono devios, sed etiam illicit ; et exorbitare facit divina conversatione perfectos ? Quomodo frenatur ab improbo, qui non plene cohiberi prævalet etiam ab integre probo ? Quod totum est : *Serpens decepit me.* Verum querimonias in se inepte fusas Deus intellectu correcto ad respectum causationemque non sui, sed pravæ affectionis intorquet. Dicit ergo Deus rationis instinctu per terrena serpenti. *Quia fecisti hoc maledictus es inter cuncta animantia, et bestias terræ.* Quia, inquit, fidelium seductioni incubas, exsecrationi esse debes inter vitalia virtutum studia, quæ signantur per *animantia et bestias terræ,* ferocitas carnis, scilicet vitia. Tu bona enim dissipas, tu crimina instigas. *Super pectus tuum gradieris.* In pectore cor habemus, et in corde rationem. Affectus itaque super pectus ambulat, quando sibi imperium rationis usurpat. Unde quid faciat dextra, jubetur nescire sinistra (*Matth.* VI, 3). *Super pectus* etiam vadit, dum appetitum quasi naturaliter ad ima deprimit. Aliter benedictio in sacro eloquio, sicut pro multiplicatione ponitur, ita maledictio pro defectione. *Inter omnia igitur animantia,* vitia utique carnis mansuetiora, ut sunt in cibo, potu, somnoque excessus, *et bestias,* crudelia scilicet, et horrenda, affectus iste, qui origo eorum est, habeat æternæ defectionis exitium. *Terram comedes cunctis diebus vitæ tuæ :* id est in omni prosperitatis, quæ per diem signatur, specie terrenis pasceris, qua præcipue contra vitam fidelium vivis. Qui terram manducat, quantumcunque comederit, plus sibi comedendum quam potuerit comedere restat, sic his qui cupiunt quantumcunque obtineant cupienda restabunt.

Vers. 15. — *Inimicitias ponam inter te et mulierem, et semen tuum et semen illius.* Hoc fit quoties voluntas nostra divinæ innititur rationi, et tunc appetitus carnis apud ipsam respectum non invenit, quia semen sancti quo fecundatur Spiritus, diabolicæ suggestioni prorsus infensum, infinitam inter utrumque discrepantiam facit. *Ipsa conteret caput tuum.* Caput, id est initium pravi appetitus fuit, communi utilitate relicta, videlicet Deo, quædam sibi propria velle. Unde Dominus eum, qui ad se venit, non ejecturum foras perhibens, causas addit, quia non venerit facere voluntatem suam (*Joan.* vi, 37, 38). Recta voluntas hoc caput atterit, quando, in quantum prævalet, nil sibi turpiter proprium relinquit; dum enim a primo homine privatum quiddam petitur : a paradisi sereno demittitur, sequaces secundi Adæ totos se Dei placito contradentes in cœlis admittuntur. *Et tu insidiaberis calcaneo ejus.* Calcaneum, quæ est finalis pars corporis, intentionem accipimus, quæ omnium actionum est finis. Dum igitur Dei voluntati nostram postponimus, dum clandestina et aperta vitia abdicamus, in bonorum nostrorum intentione tendiculas præcipue ponit quæ gerimus, ut quos flagitio irretiri non valet, saltem affectualis improbitas popularis favoris aliqua respectione commaculet. At jam ipsa voluntas quid de se etiam sentire debeat, divinitus ratione magistra exaudiat; dicitur illi :

Vers. 16. — *Multiplicabo ærumnas tuas, et conceptus tuos.* Multiplices ærumnas patitur qui bonum quod fieri debere videt et facere volet, vanitati subjectus velit nolit, quod desiderat efficere, mortali obsessus conditione non valet. Unde unus : *Miser ego homo, quis me liberabit de corpore mortis hujus?* (*Rom.* vii, 24.) Melius id experiendo dicitur, quam dicendo. Conceptus multiplicantur, sed in dolore filii pariuntur, quando ipsa tantilla bona sine magna cogitationum concertatione non proponimus, et destituta carnis impulsibus cum labore reponimus, sed etsi cum aliqua delectatiuncula spirituali incipimus, quis edicat, quo dolore et clamore parimus? Sed hæc si partui primumque conceptui sufficere cupit, *sub viri potestate,* id est rationis, utpote disciplinæ indigens, necesse est, ut sit, cujus damno juvenilis quædam lascivia voluntatum cohiberi possit : verum ne mentis ipsa principalitas, quæ obniti debuit cupiditatis excessibus, immunis abiret, Adam sub figura ejus arguitur.

Vers. 17, 18. — *Quia, inquit, audisti vocem uxoris tuæ :* id est, quia qui subjici tibi debuerat pravus tuo cordi appetitus intinniit, et jura mea peccati admissione præteriit, *terra in opere tuo maledicitur* quia mentis tuæ stabilitas, quæ Dei agricultura est juxta Apostolum (*I Cor.* iii, 9), a bene operandi studio defectui mutabilitatique subjecta præpeditur. Terra enim, quia cæteris solidius elementum est, pro stabilitate ponitur. *In laboribus comedes eam cunctis diebus vitæ tuæ.* Terram cum labore comedimus, cum animo a sua mobilitate ad horam re-stricto, Dei aliquantula inspiratione ad aliquid luminis sentiendum solidamur. Nam sicut eo statu pascimur, sic peregrinantes ex hoc deficimus, quia siliquis utendo, nobis non nisi pondus ingerimus, sed cum labore id agimus, quia cum Job (cap. iii, 24), antequam comedamus, suspiramus, et hoc cunctis vitæ nostræ diebus, id est quoties vitam nostram unicam Christum intelligimus; per dies enim intelligentiam signari supra diximus. Illum autem intelligimus, cum illi singulariter interno sapore inhiamus. Cum labore, inquam, comedes; nil enim sine labore restat mortalibus etiam in terrenis; quia *spinas et tribulos germinabit tibi.* Tu menti propriæ cultum impendes, sed illa inter colendum originario et actuali corrupta tabo spinas avaritiæ tribulosque libidinum feracius germinabit. Sicut namque densioribus horrent aculeis tribuli quam spinæ, ita animi plurimorum luxuria frequentius stimulantur, imo naturalius, quam cupiditate, et comedes herbas terræ, quia molles et lascivas cogitationes et desideria carnis tuæ patieris gratanter excipere, ipsis quasi pabulo te fovere.

Vers. 19. — *In sudore vultus tui vesceris pane tuo.* Percutis poros ab internis sudor emanat. Vultus autem a voluntate dicitur, quia in vultu potissimum voluntas cogitantis apparet. In sudore itaque vultus panem comedimus, quando ab animæ occultis omni voluntatum exhausta mollitie, et inde lota, qua Deum videamus facie, qui de cœlo descendit, vescimur intrinsecus pane. *Donec revertaris in terram, de qua sumptus es.* Pani illi vescendo intendimus, dum in terram, stabilitatem scilicet ac impassibilitatem illam supercœlestem, redeamus, de qua dolo diaboli ad luendas miserias sumpti sumus. Potest panis et alio accipi pro perfectionis modo. Pulvis triticeus, qui farina dicitur, aqua conspergitur, multo versatu ad duritiam massa deducitur, admoto dehinc igni sudus ad integrum panis efficitur ; ita nos quondam ad omnem dæmonis flatum cessibiles ut pulvis eramus, divini Spiritus unda infusi sumus, sed quia primordia nostra tenera ac fluida sunt, crebris tentationum revolutionibus induruimus, demum trituris passionum ad purum corda excoquentibus digni esu fidelium, id est exemplo tandem efficimur. Cum sudore ergo ad hunc pertingimus panem. *Pulvis es enim, et in pulverem reverteris.* Cum mobiles naturaliter in morem pulveris simus, si ad hunc consummationis panem, vel terram substantiæ redire satagimus, necesse est ut in pulverem revertamur, id est peccatores nos confiteamur. *Auferes,* ait Psalmus, *spiritum eorum, et in pulverem suum revertentur* (*Psal.* ciii, 29). Suda ergo facta ab omnis vitii humore nostra voluntate, quasi sudore vultus ad hujus panis gustum vel existentiam deducimur; ad aquosa enim loca septemplex spiritus ingreditur.

Vers. 20. — *Et vocavit Adam nomen uxoris suæ Eva, eo quod esset mater omnium viventium.* Ad hunc itaque statum correptis moribus, jam noster Adam nomen uxoris Evam, id est certa discretione, vitam, voluntatem scilicet justæ rationi subjectam, et boni fructu operis jam ex ipsa subjectione fecundam; sine bona enim voluntate nulla bona quæ gerimus habent vitam. Ipsa namque nostris vitalibus studiis exordium ministrat, et, ut ita dixerim, animam. Eva interpretatur *vita*, quæ si bene geritur a ratione, Deo siquidem primum ratione subnixa spiritus vitæ est cunctis actibus sequentibus ipsa.

34. VERS. 21. — *Fecit quoque Dominus Deus Adæ et uxori ejus tunicas pelliceas, et induit eos.* Dum igitur ordinem quem prætulimus in interioris hominis habitu, quæque sectantur per vehemens sanctitatis exercitium, non solum prioris gratiæ recipit gradum, sed etiam indumentum meretur pelliceum, id est in passibilem peccati memoriam, et post lapsum : facta sane peccati experientia nil magis molestare animum solet, quam ejus memoria. Sed si hæc sine desiderii passione contigerit, non solum non officit, sed etiam ad compunctionem nimis cautelamque proficit. In tunica pellicea corium cum vellere esse consuevit. In corio itaque memoria mortui operis, in vellere insensibili virtus intelligitur impassibilitatis, quibus pro merito perseverantiæ intellectus munitur cum secunda voluntate.

VERS. 22. — *Et ait : Ecce Adam quasi unus ex nobis factus est, sciens bonum et malum.* — *Qui adhæret Domino unus spiritus est,* juxta Apostolum (I *Cor.* VI, 17). Licet igitur non nos debeamus sinere delabi in malum, tamen de quo quomodo lapsis si constanter pœnituerimus, dicit Deus, ecce Adam quasi, id est, revera unus ex his qui mihi specialiter inhærent ac uniuntur, factus est, qui ad veram boni cognitionem per experientiam mali attigit; ut quodammodo nec velit, quantum in homine est, peccare, nec possit. Solemus enim de re quam multum nolumus, dicere : Non possum hoc facere. Et abundant exempla satis fortiores aliquos fuisse post casum quam ante fuerint. (VERS. 23.) — *Ne forte ergo sumat de ligno vitæ et vivat in æternum, emisit eum Dominus de paradiso voluptatis, ut operaretur terram, de qua sumptus est.* Lignum vitæ hic in malo positum accipimus stultiam sæcularis memoriæ, qua temporaliter aliqui celebrari volentes, scriptis digna agere desiderant, militia, poesi et cæteris artibus sese nobilitant, per quæ diu memoriis mortalium vivant. Hoc religiosis quibusque surrepit, ut eleemosynis, novitate beneficiorum, exstructione ecclesiarum sibi famas in posterum struant. Ne ergo hoc præsumant stoliditatis genus, quod per lignum non incongrue designatur, emittit Deus eos de illa præcipua ac voluptuosa florulentia mentis, quæ nullius peccati patitur morsum, ut pristini contagii se jugiter compungente memoria, operum acri exercitio bonorum terram, id est impassibilem illum repetat statum, de quo sumptus est, a diabolo scilicet detractus.

VERS. 24. — *Ejecitque Adam, et collocavit ante paradisum voluptatis Cherubim, et flammeum gladium atque versatilem ad custodiendam viam ligni vitæ.* Ejecto itaque Adam ab illa innocentis sinceritate animi, ante paradisum, id est conscientiæ considerationem, Cherubim collocatur, quod *vermiculata pictura*, vel *quasi plures*, vel *multitudo scientiæ* interpretatur. Vermiculus et natura rubet, et quælibet rubricat. Pictura vero signum est, non veritas. Per vermiculum itaque, qui est colore sanguineo, peccatum figurari potest, quo infecti sumus, et alios inficimus. Cui Propheta concinit : *Si fuerint peccata vestra rubra quasi vermiculus, velut lana alba erunt* (*Isa.* I, 18). Per picturam peccatorum repræsentationem, quæ memoriter, non veraciter nobis inesse debet, quod totum est malorum quæ egimus imaginationes, imo recordationes per humilitatis respectum nobis debere semper inesse. Et quasi de pluribus, imo quasi plures non tamen revera nos putemus; de his videlicet, qui multiplicati sunt super numerum, ut sic speremus, quatenus sine timore non simus. Ideo ponitur pictura, ideo quasi ut neutrum sine altero sit, ut timendo speremus, et sperando timeamus. Unde jam merito hæc sequitur multitudo scientiæ, id est discretionis, ut nos per virtutes a vitiis disparemus. Quod ita connectitur : criminum quæ commisimus semper memores, quibusque alios corrupimus, timere debemus ne non ad numerum electorum, quod est quasi plures, pertineamus, et idcirco ad discernendos a malis nos actibus invigilare debemus; unde et flammeum gladium atque versatilem teneamus. Gladius cum recte ad feriendum tenetur, utrinque acumen habet in ferientem, et in eum qui feritur, per quod accipitur cura nostri ac proximi, ut cum aliena curare satagimus, nostra mordaciter feriamus. Sed in omni nostra actione obstinaciam fugiamus, quia versatilis esse debet gladius, flexibilis scilicet si ratio poscat et remissus. Flammeus vero, ut hæc quæ erga nos, et proximum gerimus, sincerus regat affectus : omnibus sane elementis purior ignis sua natura dignoscitur, cum ergo qui fuerimus olim sollicite attenderimus, cum de futuro an electi simus non minus præcaverimus; cum denique in nostrorum temperantia operum multitudinem scientiæ obtinuerimus, cum curam non minus nobis quam proximis impendimus, et hoc, conscientia pura exhibuerimus, cum, inquam, ista ante paradisum mentis nostræ constituerimus, omnem aditum ad viam ligni vitæ, id est ad cogitationem sæcularis famæ, qua in hominum memoriis superstitiose vivere delectemur, obstruemus.

35. CAPUT QUARTUM.

VERS. 1, 2. — *Et cognovit Adam Evam uxorem suam, quæ concepit, et peperit Cain dicens : Possedi hominem per Deum. Rursumque peperit fratrem ejus Abel ; fuitque Abel pastor ovium, et Cain agricola.* Si Apostolus ubi dicit : *Absorpta est mors in victoria* (I *Cor.* XV, 54), carnale desiderium mortem appellat, cur non Eva, quæ dicitur vita, bona voluntas vocetur? Cui Adam bene cognitæ, id est inhianter amatæ, quia amor ipse, ut ait quidam, notitia est, semen Dei verbi quo bene agere concipiat, suggerit ut pariat Cain, id est, *possessionem;* possessio autem rationalis nostræ voluntatis exterior homo noster est, cui regendo ac colendo præposita est, unde et sequitur: *Possedi,* inquit, *hominem,* non meis viribus, sed *per Deum.* Quo ad arbitrium animi edomito non humano nisu, sed Dei auxilio; *linguam* enim *nullus hominum domare potest (Jac.* III, 8), et si partem nequit, quomodo totum potest: gignitur Abel, qui dicitur *luctus,* vel *vanitas,* quia jam tunc amarescere incipit vita præsens, quæ vanitas tota est menti, quæ a Dei gaudio abest. Dicitur etiam Abel *vapor,* vel *miserabilis;* Abel namque interioris hominis dicimus virtutem sicut Cain exteriorem accipimus hominem. Ipse enim interior luget se vanitati subjectum, ipse licet corporali miseria coerceatur, vaporem virtutum multiplicem emittit ad Deum. Virgula enim fumi est ex aromatibus, celerius sane subest cuilibet, et exercere jejunia, vigilias, rerum distributiones, patientiam, humilitatem, charitatem intrinsecus obtinere. Illa namque favor humanus plerumque sublevat; hæc vero teste Deo solummodo acta graviora sunt. Et ideo Cain ante Abel non incongrue nascitur. *Diligenter,* ait Salomon, *exerce agrum tuum, ut postea ædifices domum tuam* (*Prov.* XXIV, 27). Abel pastor est *ovium,* quia auctor ac nutritor est homo interior charitatis ac simplicitatis operum, quod in qualitatibus perspicue elucet ovium; mite enim ovis est animal, et fertile vellerum. Cain est *agricola,* quod evidenter significat corporis exercitia. Corporalis autem exercitatio, juxta Apostolum, ad modicum utilis est (*I Tim.* IV, 8).

VERS. 3, 4, 5. — *Factum est autem post dies multos, ut Cain offerret de fructibus terræ munera Domino. Abel autem de primogenitis gregis sui, et de adipibus eorum; et respexit Dominus ad Abel, et ad munera ejus. Ad Cain vero, et ad munera ejus non respexit. Post dies multos,* id est post illos æternos dies indefatigato animi æstu cundo, quos horum brevium dierum contemptu recte prosequimur, qui tanquam custodia in nocte habentur, de fructibus terræ, id est carnem terendo exterius efficimus bonis; sacrificia Deo laudis offerimus, sed hæc extrinsecus facta, et humano favore infecta ut assolet non respicit, quia cor offerentis ea qua consuevit Deus gratia non tangit, nec bonorum quorumque judicio sicuti nec ipsi Deo gratum fidit. *Illumina,* inquit, *faciem tuam super servum tuum* (*Psal.* CXVIII, 135). Hilarem scilicet affectum super ea quæ operor te habere ostende, ut videantur, et glorificeris. Solent etiam putari inepte facta, quæ Deo non placent, ab idiotis hominibus. *Abel de primogenitis gregis sui* offert, quando primævis virtutibus interior homo redolet. Primus enim homo sine omni maceratione carnali plenus spiritualium bonorum a Deo est conditus, unde licet ob carnis postmodum culpam restringendam necessarius fuerit labor corporeus, tamen si patientia, humilitas, simplicitas illi postponatur, totum præposterum mox habetur, et vulgi laude surripitur. In grege autem ovium mansuetudo, innocentia, et pietas pro largitione velleris accipitur. Hæc sunt primogenita, quæ Dei imaginem humanæ principaliter menti insculpunt, hæc cum offeruntur, quasi suæ propria similitudinis a Deo agnita respiciuntur; sed primo respicitur Abel, post munera ejus, quia prius a Deo pensatur agentis intentio, post ejus actus. At animus noster, cui magis ad efficiendum in promptu sunt corporea quam spiritualia, quia et viciniora sunt laudi, dum meliora ac probabiliora Deo, ac bonis quibuslibet; sed tamen difficiliora sibi interiora attendit quam exteriora: irascitur, carnali scilicet voluntate turbatur, *et vultus ejus concidit,* quia voluntas bona interna gerendi, exterioris auræ appetitu obruitur: sibi namque commodiora putat, quia ad tempus et ad oculum placent.

VERS. , .—*Quare,* inquit, *Dominus,* rationaliter scilicet nobis suggerendo, *iratus es,* id est quasi de spiritualium impossibilitate ad furorem desperationis permoveris: *et quare concidit facies tua?* id est in habitu mentis ut quid destitueris? *Nonne si bene egeris,* in occulto videlicet, *recipies* in futuro, etiamsi nulla laus humana tua opera subsequatur in hoc sæculo: *Sin autem male, statim in foribus peccatum aderit,* hoc est si intentionem opinionis causa perverteris, statim in ipsa animi prima suggestione peccati opportunitas diabolo administrante apparebit: sed ne diabolum illatæ violentiæ te excusando coarguas, *sub te erit appetitus* ipsius peccati, et tuo suberit arbitrio dominari illius. Verum ratio divinitus non illustrata quia inanis est Cain, id est corporale nostrum studium ad sacrilegium cenodoxiæ contrahit Abel, quidquid utique introrsum spiritualis pinguedinis est; sacrificium **36** enim Abel de adipibus, id est de interna gratia constat, ut nil in hominis opere lateat, nisi quod carnis oculis placere ut laudetur queat. (VERS. 8.)— *Egrediamur* ergo ait Cain, *foras.* Quia durum nimis est tantis totque spiritualibus adipiscendis, quæ ad plenum nemo assequitur, insistere, saltem his aliquantisper omissis ea extrinsecus exerceamus, quæ interim nostro honori et commodo valeant prodesse. *Cumque essent in agro,* id est in exteriori exercitio, cordis intuitu, jam ab interna consideratione deducto, consuetudine favoris, animi rigore mollito, a superficie forensium operum quasi Abel a Cain opprimitur tota simplicitas internorum. Cumque Deus de intestina morte rationis voce conqueritur, humana respondet nequitia, (VERS. 9.) —*Nescio?* Quia de quibus non curamus, nescire nos, cum revera sciamus, respondere solemus. (VERS. 10.) — *Nunquid custos fratris mei sum ego?* Id est nunquid hæc quæ nemo observare sufficit, ego solus spiritualia prorsus custodire proposui? Hæc homicida animus, et carnalis gloriæ molæ obrutus refert. At contra ratio licet sibi cum Deo sentienti nequaquam credatur, de apostasiæ immensitate conqueritur. Pensa, ait, quam criminose egeris. Nam *vox sanguinis fratris tui clamat ad me de terra.* Vox verbum præire solet, ut umbra veritatem. Vocem ergo accipiamus dolorem illum, qui de peccato in cujuspiam corde exoritur, quem tamen nulla pœnitentiæ efficacia quasi verbi veritas subsequitur. Vox enim hæc apud Deum potius est irritationis quam pacis. Quæ *clamat de terra*, quia de rationis, quæ sibi firmiter admodum terræ insita est, scientia hujusque fructibus feracissime pascimur, videt quam prava committat. Ratio namque etsi ad nequam intorqueatur affectum, non tamen penitus quo bona et mala discernat amittit sensum, sed *scienti bonum, et non facienti peccatum est illi* (Jac. IV, 17). Clamat vero, quia Dei auribus horribile insonat, quod divina et sancta opera extrinsecus ostentat, et se diaboli delubrum scienter interius dedicat. Clamor est enim ubi tota impuritas sine redargutione scienterque et ex industria peragitur. Hæc est *vox sanguinis fratris*, scilicet ex eadem olim voluntate progeniti, interni videlicet boni : sanguis autem peccatum est. *Vox* ergo *sanguinis clamat*, cum, peccati querimonia per mentis arrogantiam despecta, Dei patientiam acriter inquietat.

Vers. 11. — *Nunc ergo maledictus eris super terram, quæ aperuit os suum, et suscepit sanguinem fratris tui de manu tua.* Ergo innitens terrenis, et in sola superficie per hypocrisim factis operibus maledictus eris, id est cognito tuæ vanitatis figmento exsecrationi habeberis. Quæ terra *de manu tua sanguinem* ore aperto suscipit, quia terrenus affectus, cupiditatis propriæ capacitate laxata, *de manu*, id est de forastici operis gloria gavisus mortem interioris hominis, id est sanguinem inhianter suscipit. (Vers. 12.) — *Cum operatus fueris eam*, id est cum corpus jejunio, vigiliis, aliasque [forte, aliisque] attriveris; *Non dabit fructus suos*, terrenæ scilicet quam postulas laudis; quia *vagus super terram eris.* Quod est ad omnes tentationum impulsus etiam in evidentia operum tuorum instabilis de vitio sane in vitium delaberis. *Profugus* etiam *eris*, dum, tetræ conscientiæ exigente reatu, ad omnem nutum timori subjacebis ; fuga namque animi timor est ; solet quoque qui fugit præcedere cum qui subsequitur, seque fugat: insecutor noster diabolus est, qui nos tripliciter insectatur, dum aut nos tentat, aut illecebras opportunitatum nostris cupiditatibus administrat, aut præmia perpetratis iniquitatibus subscribendo connumerat. Accusatur autem plerumque fallaciter impulsionis, quia præcedit prava cogitantis adinventio diaboli instantiam impellentis, unde cuidam dicitur : *Mittam te sicut pilam in terram latam* (Isa. XXII, 18), quia pila cum jacitur, plus currit aliquoties quam velit is a quo mittitur, et alibi : *Fugit stultus nemine persequente* (Prov. XXVIII, 1) ; et rursus : *Abierunt absque fortitudine ante faciem subsequentis* (Thren. I, 6). Hoc igitur modo quilibet hypocrita profugit, dum tentanti cedit, aut tentantem prævenit. Ista, dum mens ratiocinando quasi Deo in se loquente simul prævidet, aut pedetentim experiendo persentit, quia unctionem Spiritus non accipit, inter se ac Deum parietem desperationis obtendit.

Vers. 13. — *Major est iniquitas mea, quam ut veniam merear.* Tanta est, inquit, contexio vitiorum ut expediri a me nequeat ulla congestione bonorum. (Vers. 14.) — *Ecce ejicis me hodie a facie terræ, et a facie tua abscondar, et ero vagus et profugus in terra.* Frustra nempe niterer ; *ejicis* enim *me a facie terræ,* id est a cognitione mei, fraudando me videlicet gratia tua, ut in reprobum lapsus sensum terram, id est peccatorem me diffitear ; peccanti enim dictum est : *Terra es et in terram ibis* (Gen. III, 19), peccata scilicet mea non videam, et hoc hodie, id est quandiu intelligentia discretionis fruor. Quod est dicere : Cum me excæcando alienum a te, et a me ipso facias, injustum valde videri potest, quod cum adhuc de meis indoleam erratibus, facis ut etiam *a facie tua abscondar;* id est a videnda gloria tua tanquam impius in futuro tollar, vagum et profugum me efficiendo in *terra,* labilem per vitia, ac totius boni refugam me fieri permittens per evidentia opera. *Omnis igitur qui invenerit me, occidet me.* Ille me invenit, qui esse meum, id est vitam vestigando reperit; et occidit, si criminum meorum quantitate perterritus spem veniæ mihi **37** adimit. Sed notandum qualiter in Deum suas homo intorqueat nequitias. *Tu*, ait, *ejicis, me a facie terræ*, id est tu curam mei mihi aufers, et hoc ut a facie tua abscondar, quod est a tui visione secludar, et ideo ab hominibus jam desperatissimus dicar.

Vers. 15. — *Nequaquam, ait Dominus, ita fiet, sed quicunque occiderit Cain septuplum punietur.* Non qui te occiderit, sed qui *Cain occiderit.* Inquantum nempe tui possessio es, inquantum te castigas, et in servitium corpus redigis, quia qua intentione id facias nesciens, te hypocrisis culpa damnaverit, *septuplum punietur*, exterioris et interioris scilicet operis tui peremptione reus habebitur. Septenarius quippe numerus in quatuor et tria dividitur. Quatuor elementis corpus, tribus principalibus motibus intellectu, memoria, voluntate anima constat. Qui ergo hominem, licet hypocritam, licet vitiosum, quem tamen neque certo hypocritam, nec revera vitiosum comperit, præjudicio damnat, corporalium ac spiritualium ejus bonorum, etiamsi nulla sint, quantum sua interest, sese homicidio obligat; idem sane veraciter bono cuilibet facile irrogaret, qui illi incognito indiscrete convitium infert. *Posuitque Dominus Cain signum, ut non eum interficeret omnis qui invenisset eum.* Ponit Dominus signum in Cain, dum neque hominum signatas interim , id est contectas patitur esse nequitias, ut a nemine digna morte æterna eorum in hoc sæculo aliquoties judicari possit iniquitas. Si enim abrupte judicaremus, dignum vita multoties morti addiceremus.

Vers. 16. — *Egressusque Cain a facie Domini habitavit profugus in terra ad orientalem plagam Eden.* Quia itaque in sua Cain ad tempus latet conscientia, securus egreditur a facie Domini, id est favores per humanos sparsus non æstimat mala, quæ occulte agit, Deum habere in notitiam, aut hæc dissimulare scientem pieque ignoscere, habitans in terra profugus, figens scilicet in terrenis animum, nec illam quærens civitatem, cujus opifex est Deus (*Hebr.* XI, 10), hærens infimis, sed ubique vitiorum diffugiens, quo seminat affectus, versatur circa orientalem plagam Eden, quod interpretatur *deliciarum*. Non igitur in oriente, ut de orientalibus esset, inter quos magnus erat Job, et veri Orientis lumine lustraretur, sed *ad orientalem plagam*, id est ad simulationem intentionis eorum, quorum conversatio in cœlis est (*Philip.* III, 10), et quibus vivere Christus est (*Philip.* I, 21). Deliciæ autem sanctorum sunt sacra eloquia, in quibus se potissimum delectari, séque ac tractare libenter ostentant, et inde hypocritæ spiritualibus se Scripturæ dictis, quasi quadam orientali luce clarificant. In his deliciis in Cantico amoris sponsa *charissima* vocatur (*Cant.* VII, 6). Unde idem cum terrena prorsus et opera totius obscuritatis affectent, de videndo Deo et contemplatione cœlestium subtiliter eloquendo, ac si cujusdam voluptuosæ claritudinis gloria circumfusi intima sua palliare solent, et verbo præferre libet quod mentibus atris nequaquam sapiendo patet.

VERS. 17. — *Cognovit autem Cain uxorem suam, quæ concepit, et peperit Henoch.* Licet ad orientalem deliciarum partem Cain habitare videatur, habet tamen uxorem, illam scilicet quæ ad cœnam Dei vocatos sui occasione devocare solet. *Uxorem*, ait, *duxi; et ideo non possum venire* (*Luc.* XIV, 20): Uxor autem hæc est voluptas qua in transitoria possessione et laude convolvitur, licet alia simulet, et sinceriora affectare videatur. Unde et paulo subter ejusdem Cain generatione contexta Noema mulier extrema attexitur, quæ *voluptas* interpretatur, in qua finalis reproborum intentio denotatur. Hanc cognoscit quisquis pro dulcedine præsentium postponit beatitudinem futurorum, hanc cognoscit, misere utique experitur, qui si semper durare possit, nunquam aliud sæculum se velle fatetur. Inde concipit, et parit Henoch, id est, *dedicationem*, quia tantus, et tam pestilens mundi amor mentis in nobis efficit obstinationem; facimus enim dedicationem, cum ad sæculi oblectamenta perseveranter amanda animi ostendimus obfirmationem. *Et ædificavit civitatem; et vocavit nomen ejus ex nomine filii sui Henoch.* Civitas ædificatur, cum sibi similium homini cuilibet nequam conventiculum aggregatur. *Ex nomine filii* vocat, cum ad eamdem pessimi propositi destinationem impœnitens sequacium cor provocat. Multa super his et quibusdam quæ sequuntur dicerem, nisi beatum Augustinum et Patrum aliquos inde tractasse scirem. Hic autem et alias evitavi Hebræorum nominum congeriem.

EXPLICIT LIBER SECUNDUS MORALIUM.

INCIPIT LIBER TERTIUS
MORALIUM IN GENESIN.

CAPUT V.

38 VERS. 31. — *Noe cum quingentorum esset annorum, genuit Sem, Cham, et Japheth.* Noe fuit filius Lamech. Lamech *disciplina* dicitur; Noe *requies*, Ex disciplina ergo requies oritur, quæ etsi in præsenti mœroris est, pacatissimum tamen fructum justitiæ reddet exercitatis in ea (*Hebr.* XII, 11). Intellectualis enim iste Lamech sic de Noe cum eum generat ait: *Iste consolabitur nos ab operibus, et laboribus manuum nostrarum in terra, cui maledixit Dominus* (*Gen.* V, 29). Nam cum per exercitium certaminis devenitur etiam in hoc sæculo ad requiem aliquantulæ impassibilitatis, tunc revera Noe, quem complexu disciplinæ genuimus, consolatur nos a perpessis laboribus, dum, non aerem verberantes, ad aliquid imperii, vel quietis pertigimus, et exuberantia gratiæ terræ maledictis, id est defectionibus corporeis superexcrevimus. Sed gradus quosdam habet hæc requies. Dicitur autem Lamech, quando per *ch* scribitur, Hebraice *percussum*, vel *percutientem* sonare; *disciplinam* vero tantum, cum pro ele- mento ponitur, et scribitur finaliter per *d*. Percussus autem rationalis est animus, qui in Job et psalmis sagittas sibi infixas passibilitatum queritur, et tentationum jaculis penetratur (*Job* VI, 4; *Psal.* XXXVII, 3). Isdem quoque percutit, cum ingruentibus fortiter earum molestiis repugnando resistit. Noe autem, quod est requies, gignit, cum ad victoriæ tranquillitatem pervenit. Habet, inquam, requies ista gradus; prius nempe exterius ab opere pravo quiescimus demum, sed valde difficilius tamen a perversa cogitatione cessamus. Unde *quingentorum annorum Noe* perhibetur. Per quinarium numerum exterioritas ob quinque sensus accipitur, per centenarium perfectio figuratur, quod est exterioris beneficii plenitudine a nequam studiis cessare. Anni autem divinorum lumina, et hilaritates officiorum sunt, quibus iste mentis status, qui in Canticis floridus dicitur Ecclesiæ lectus, impletur (*Cant.* I, 15).

In hoc itaque Sabbato gignitur Sem, Cham, et Japheth. Sem interpretatur *nominatus;* in quo intelligitur fides, ubi nomen quod benedicetur super terram, et in quo solo oporteat nos salvos fieri accipimus (*Act.* IV, 12). Hoc ex usuris et iniquitate redemptorum honorabile nomen coram ipso (*Psal.* LXXI, 14) : Si enim hi *qui in Christo sunt resurgent primi* (*I Thess.* IV, 15), ob dignitatem videlicet nominis Christiani, ut quid ambiguum habeatur, quod et ipsi quoddam potentius præmium in cœlis obtineant ex participio insignes tanti nominis? Unde in baptismo nomen quisque fidelis accipit, in quo ad exsequenda Christi signa spiritualis militiæ professione subscribit. Sed qui sic de ignominia Babylonis fugiens nominatur, sibi Cham opus est fœdere germanitatis addatur, qui *calidus* interpretatur ubi spes non inconcinne notatur. Si enim calor ab ignis natura trahitur, et ignis originaliter ad superna progreditur, per calorem ergo jure spes accipitur, quæ fervore charitatis ad Deum inhianter intenditur. Cui Japheth adjungitur, qui *latitudo* dicitur, per quod evidenter charitas intelligitur, quæ non minus per inimicos quam per amicos spatiatur. Hæc itaque tria, quæ latitudo, longitudo, sublimitas ab Apostolo memorantur (*Ephes.* III, 12), a nobis cum veri Noe esse cœperimus, id est, cum boni exhibitione actus ab inutili conquieverimus; feriari enim a malo, nec tamen bonum aggredi, ipsum malum est, tunc vere prodeunt, quia nec absque bono opere, fides stat, nec sine fide spes, nec sine utroque charitas præstat.

CAPUT VI.

VERS. 1, 2. — *Cumque cœpissent homines multiplicari super terram, et filios procreassent, videntes filii Dei filias hominum, quod essent pulchræ, acceperunt sibi uxores ex omnibus quas elegerant.* Virtutum igitur succrescente studio homines non modo multiplicantur in terra, sed super terram, quia densissima in animam humanorum motuum feruntur examina, nec talia, quæ facile rationis deprimantur potentia, sed quæ terram, id est mentis firmitatem subjugare possint ad vitia. 39 Virtus namque non probatur, nisi hoste vicino. Sed iidem homines filias procreant, cum fragilium mollitiem cogitationum internis aspectibus frequenter objectant. Filii Dei has vident, cum intellectualium excellentia sensuum ad suggestionum illationem quasi ad meretriciam, lenocinantium speciem contemplationis declinat aciem. Quid namque sunt imaginationum delectationes, nisi quædam pulchræ, quæ nos illiciunt, facies? Has filias rex Pharao fovere vult, cum jubet interfici mares (*Exod.* I, 17): Ex omnibus his, quas eligunt filii Dei sibi sortiuntur uxores, quia, juxta quod conspersioni aut libidini propriæ adjacet, rationales motus appositas animo petulanter agglutinant voluptates, de quibus infamis prodeat, obscena scilicet opera, proles; aliis enim avaritia, aliis superbia, plerisque luxuria ad manum magis est.

VERS. 5. — *Dixitque Deus: Non permanebit spiritus meus in homine in æternum, quia caro est.* Requiem nostram vitiorum turbante congressu, quam nos gladio et arcu, id est discretione, et providentia

nostra obtinuisse putabamus, experientia mediatrice loquitur nobis introrsum Deus, non permansurum videlicet spiritum suum in homine in æternum, id est vim rationis in humano corde non perseveraturam, nec enim expedire, *quia caro est,* id est fragilis, et de suo statu sibi pariens ex ingenita mutabilitate ruinam. Superbit enim si prope quidquam sibi egisse videatur, sicut pauper si subito ad inelaboratas pervenerit opes. Necessaria ergo est spiritus ista desertio, si tamen non sit omnino, juxta quod David non se derelinqui usquequaque rogat in psalmo (*Psal.* CXVIII, 8). *Eruntque dies illius centum viginti annorum.* Per centenarium supra diximus plenitudinem figurari, per vicenarium numerum duplicitas designatur, ut est : *Si possit cum decem millibus occurrere ei qui cum viginti millibus venit ad se* (*Luc.* XIV, 31). Et in Apocalypsi : Vigies millies, dena millia (*Apoc.* IX, 16). Duplicitas autem non hypocrisis hic a me accipitur, sed illa violenta impuritas, quæ per necessitatem peccandi ex malorum irruentium admistione contrahitur, secundum quam non habitura est in futuro Ecclesia maculam, aut rugam (*Ephes.* V, 27), non quod in præsenti rugam hypocrisis habeat, hæc enim fit penitus extorris ab ipsa, sed quod nunc occupatione tentationum et carnis, contractior, minusque libera videatur ad Deum. Centum ergo ad integritatem bonæ voluntatis, viginti habemus ad eam, quam prætulimus, impuritatem actionis; dum juxta Apostolum, quod nolumus malum hoc agimus, vel viginti etiam ob transgressionem divinæ legis, dum operamur, quod non approbamus, repugnante lege membrorum legi mentis (*Rom.* VII, 19-23). Et aliter : Octies quindeni centum viginti complent. Per octonarium, temporalitas, per quinarium corporalitas, per denarium, spiritualitas accipitur. Quandiu igitur temporaliter vivimus, spirituale studium nostrum forinseca sensualitate deprimitur, quasi denarius quinario superatur, quatenus quid sit dies, id est virtus humana ab homine agnoscatur; quæ altitudo diei ob brevitatem gloriæ in psalmo vocatur (*Psal.* LV, 4).

VERS. 4. — *Gigantes autem erant super terram in diebus illis.* In his virtutum exercitiis, quas per dies intelligimus, *gigantes,* id est superbi motus animi, in mirabilibus super se ambulantes, *super terram erant,* quia in superficie corporis bona exhibentur, quæ menti inaniter elatæ typos de laudum suarum gratulationibus inferant. *Postquam enim ingressi sunt filii Dei ad filias hominum, illæque genuerunt; isti sunt potentes a sæculo viri famosi.* Filii Dei ingrediuntur ad filias hominum, cum nostri intellectuales motus, quos Job vocat *robustos fortitudine* (*Job* XXXVI, 19), qui a Deo in nobis generantur, se immergunt ad experiendos fluxus carnalium desideriorum. Sed *isti sunt potentes a sæculo,* quia postquam spurcitiæ totius illapsi fuerint barathro, potissimum in eorum cordibus regnat sæcularis devotio, ut nulli videantur desperatiores in mundo quam hi qui aliquando visi sunt vixisse Deo. Tanto enim deterioribus vitiis se inserunt, quanto de arctiore proposito ad sæculi luxus avidius proruerunt; *isti sunt viri famosi*, quia humanam excedentes, diabolicamque imitantes nequitiam, et de crimine sumentes audaciam, unde et gigantes dicuntur, postquam lapsi in reprobum sensum fuerint, pravæ opinionis pejus quam alii nequam fetore vulgantur.

Vers. 5, 6, 7. — *Videns autem Deus quod multa malitia hominum esset in terra, et cuncta cogitatio cordis eorum intenta esset ad malum omni tempore, pœnituit eum, quod fecisset hominem in terra*. In hac desperatissima Babylone constitutis videt Deus, id est videre eos facit, quam nequiter carnalium effectibus operum instent exterius, quamque jugiter proponant nequiora interius. Videt itaque, id est discernit, demumque pœnitet Deus. Si enim pœnitentia bonum est, et idipsum bonum non a nobis, sed ex Deo est. Ergo non ab re dicitur : *Pœnituit eum*, cum non nisi nos pœniteat, *quod fecisset hominem super terram*; eum qui resipuit pœnituit, quia interius suum cum exteriori, quod est totus homo, dum his quæ superficie tenus videntur rebus applicuit, de exteriori ad interius, id est ad spiritum reversus ingemuit. *Et tactus dolore cordis intrinsecus, præcavensque in futurum, Delebo, inquit, hominem, quem creavi a facie terræ ab homine usque ad volucres cœli* [al., *ad animantia*], *a reptili* usque *ad animantem* [al., *volucres cœli*]. Tangi dolore, in futurum præcavere, et alia non Dei passiones, sed Dei in nobis sunt actiones. Qui itaque pœnituit, intrinsecus tangitur dolore cordis, ut non momentaneus vel ad oculum sit dolor compunctionis, sed penetret medullas animæ, abdita scilicet intentionis, et futuras præcaveat obligationes, ne verbum iteret orationis. Si enim fleat quis, nec quod flevit corrigat, se potius ludere quam dolere intrinsecus monstrat. Hominem pro carnalitate poni usus Scripturæ est. Delet ergo hominem, qui per imaginationes sibi insculptum carnalem affectum, quasi charaxatas tabulas obliterans deplet, quem creavit, id est quem ad robur explendarum passionum de carnis motibus excitavit. Creas enim, ut dicitur Græce, caro est, unde creare derivatur, et artocreæ et creagræ vocantur. Sed hic, *a facie terræ*, id est ab intentione, et amore terrenorum abolendus est, *ab homine*, ab his scilicet animæ motibus, quæ sunt quasi rationem habentia, ut sunt honestas, et modestia non pro Deo sed sæculariter habita, *usque ad animantem*, usque ad exstirpandam videlicet cupiditatem, quæ ad terram quidem inclinatur, sed causa necessitatum excusatur, et quasi suspenditur, *a reptili* flagitiorum cœni fetoribus immersorum *usque ad volucres cœli*, id est hypocrisis fastus, qui vanitate feruntur, pessumdandos, in qua omnium exstinctione comprobatur, quod sequitur : *Pœnitet enim me fecisse eos*.

Vers. 8. — *Noe vero invenit gratiam coram Deo*. His itaque malis cessantibus, cœpta mentis requies,

a pristinis semota tumultibus, spirituali coram Domino, hoc est in intimis, ubi solus Deus videt, serenitate perfunditur. Ubi enim requiescit Spiritus Dei, nisi super quietum, cujus mens vitiorum strepitu non obsurduit, et humilem, qui de eorum victoria non superbit ? (*Isa.* LXVI, 2.)

Vers. 9, 10, 11. — *Hæ generationes Noe : Noe vir justus, atque perfectus fuit in generationibus suis. Et genuit tres filios, Sem, Cham et Japheth*. Generationes nostræ sunt cogitationes, intentiones, et opera, et si qua sunt quæ intro oriuntur. In his justus est, qui sic secundum scientiam humanitus ad se, et ad proximum gerenda disponit, ut eorum, quæ ad Deum dignoscendum observandumque attinent, meminerit, quibus sapientiæ habitus congruit. Perfectus est, qui etsi universa complere non possit ad integrum, cor tamen benevolendo ad ea capessenda habet plenum, nullaque ex parte mutilatum; cum Deo ambulat, qui ab his quæ irradiata divinitus ratio agenda suggerit, nullo modo discordat; tunc demum tres filios generat, cum liber a forensi labore Deo per fidem, spem, charitatemque vacat. *Corrupta est autem terra coram Deo, et repleta est iniquitate*.

Vers. 12, 13. — *Cumque vidisset Deus corruptam terram; omnis quippe caro corruperat viam super terram, dixit ad Noe : Finis universæ carnis venit coram me; repleta est terra iniquitate a facie eorum; et ego disperdam eos cum terra*. Ab homine usque ad animantem, a reptili usque ad volucres cœli terra est corrupta, id est a propria stabilitate distracta mens ad voragines totius nequitiæ prostituta delabitur. *Omnis* enim *caro corruperat viam suam*, quia mollities carnalis appetitus dissiparat infeceratque illam ad cujus debet dirigi regulam, et quæ vera recte eundi via est, scilicet rationem, et hoc *super terram*, id est non solum intra mentis abdita, sed et usque ad evidentia, quæ per corpus, terram scilicet nostram, administrantur pravitatis exempla. Cum ergo hæc Deus vidisset, id est videnda in quibus versaretur mala cæco peccatori proposuisset, per internæ aspirationis monitum illi suggerit quid facto opus esset, si Noe intellectualis fieri vellet; *finis enim universæ carnis venit coram me*, consummatio utique omnigenæ corporis voluptatis fit, si veniatur *coram me*, hoc est in placito meo. Quod namque mihi animo sedet, hoc coram me, et præ oculis habere volo. Quo contra : *Quoniam*, inquit, *pones eos dorsum* (*Psal.* XX, 13). Cum itaque ad Dei placitum venitur, quidquid carnis luxus expostulat extemplo respuitur. *A facie eorum*, animantium scilicet, hominum atque reptilium, id est intentione cupiditatum, atque libidinum, facie enim et intendimus, atque intendimur. Repletur terra iniquitate, quia dum homo interior desideriis turpibus innititur, homo exterior terra videlicet operibus nefariis efficiendis indifferenter exponitur. Disperdit autem eos cum terra, dum mansorem, scilicet animam, et corpus, terrenam procul dubio mansionem, quantum sua utrorumque interest, a terrenis negotiis eliminat.

VERS. 14. — *Fac tibi arcam de lignis lævigatis, mansiunculas in arca facies et bitumine linies intrinsecus et extrinsecus.* Arca dicitur ab *arcendo*, sicut et arx arcis. Facimus igitur *arcam*, cum talem paramus conscientiam, quæ a se impuros appetitus arceat, et piæ voluntatis operisve mysterium sub fidei signo retineat. Sed hæc *de lignis lævigatis* instruitur, cum virtutibus terrenæ laudis amore, carnalisque affectionis mole exutis conscientia suffulcitur. *Mansiunculas* in arca facimus, cum quarumque sanctarum professionum proposita instituimus, cum namque in adversa præstruimus patientiam, 41 ad libidines sanctimoniam, sicque quibusque suam profecto invenimus intra nos ad singula, quæ nos foveat fugientes, domum factam. Notandum vero quod et mansiunculæ a *manendo*, et diminutive dicuntur. In mansione ergo certa stabilisque perseverantia, in diminutione humilitas accipitur, in quibus ad omne ingruens periculum constant discreta profugia. *Bitumine* linitur *intrinsecus*, et *extrinsecus*, quia charitatis gratia etsi exterius beneficia proximis impertitur, non tamen introrsum ipso charismate sanctorum animus exinanitur; beneficentia quippe, juxta Apostolum, exterius, interius quantum ad unanimitatem attinet (*Hebr.* XIII, 16), uti communione non obliviscuntur, alterutrum namque sine altero, aut parum, aut nihil est. Bitumen autem tenacis admodum naturæ est, et inter aquas indissolubile; obsequium enim parit et contrahit sibi amicos, et charitas cum terribilem faciat sanctorum mentem, ut ordinatam castrorum aciem, nullo vitiorum impulsu, vel fluxu irrumpitur, quia vero et bitumen ex limo est, humilitatis gratia figuratur, qua omnia bene acta condiuntur.

VERS. 15. — *Trecentorum cubitorum erit longitudo arcæ, quinquaginta cubitorum latitudo, triginta cubitorum altitudo illius.* Per ternarium Trinitas; per centenarium integritas; per cubitum operis firmitas; per longitudinem intelligitur intentionis prolixitas. Non ergo male agendo de Dei misericordia speremus, sed firmis integrisque operibus innixam ad Deum, qui Trinitas est, intentionem animi porrigamus. Possunt etiam per trecentos cubitos tres illi præcipui perfectique processus accipi, quos Dominus dicit : *Petite, quærite, pulsate* (*Matth.* VII, 7); *petite*, scilicet orando; *quærite*, legendo; *pulsate*, operando. Quæ dum continuo effectu exsequimur, spes profecto nostra ad eum pro quo id agitur juste intenditur. Quinquagenarius numerus, septem septies ductis, unoque addito cum constet, per se tamen requiem signare consuevit, ut est Jubilæus, ut etiam quod quinquageni ad esum septem panum dispertiuntur. Per latitudinem autem contemplationem accipimus, qua in Dei visione quantulacunque spatiamur. « Angusta est enim omnis creatura videnti Creatorem (GREGOR. *Dial.* lib. II, c. 35). » Sed si ad hanc attingere cupimus, a pravo opus est

opere quiescamus, et septem, id est corpus, et animam nostram septiformi gratiæ subigamus; corpus enim, ut alias diximus, quatuor elementis, anima tribus principalibus motibus constat, quæ faciunt septem. Cum igitur nos intus, et extra spirituali gratiæ addixerimus, tunc demum ad illum unum toto amore contuendum magna cordis amplitudine, Deum scilicet veniemus. Postquam itaque in Dei cognitione laboraverimus, necessarium est, ut etiam triginta altitudinis cubitos in nostri consideratione metiamur; sexies quini triginta fiunt. Per senarium vero numerum, perfectio accipitur, quia Deus sex diebus sua perfecit opera; et hoc ipso homo signari potest, qui die factus est sexta : per quinarium intelligitur forense ingenium ob notitiam quinque sensuum; continetur autem ter in trigenario denario. Quod totum est nos debere exterioris hominis nostri scientiam ad contuitum primæ nostræ originis, ac dignitatis convertere, et cogitationem, locutionem operationemque divinæ legis præceptis, quæ decem dicuntur, instituere. Altitudo ergo hæc summa nostræ conditionis est, cui crebro debemus intendere, quam perfecta a Deo facta sit.

VERS. 16. — *Fenestram in arca facies, et in cubito consummabis summitatem ejus.* Fenestra in domos admitti et excludi solet lumen; per quod potest discretio non absurde intelligi, qua et malum ratiocinando repellimus, bonumque digna electione recipimus. Hac non solum tenebras, sed et lumen, cum officit, arcemus, quia cum ex memoria bonorum quæ egimus inepta lætitia, seu fiducia nobis innascitur, peccatorum veterum ad animum mentio quasi quædam umbra merito revocatur. *Pone*, ait Isaias, *quasi noctem umbram tuam* (*Isa.* XVI, 3). Creat etiam super omnem locum montis Sion nubem per diem Deus, in cubito summitas horum omnium consummatur, quia in requie sempiterna summitas, id est finis elaboratæ perfectæque conscientiæ sperari jubetur; a cubito enim accubitare dicimus. Unde in Canticis *reclinatorium aureum* (*Cant.* III, 10), et in Evangelio : *Faciet illos discumbere* dicitur (*Luc.* XII, 37); ibi enim perficiendum sine labore est, quod hic exercetur; in Hierusalem enim votum reddetur. *Ostium autem arcæ vones ex latere deorsum, cœnacula et tristega facies in ea. Ostium arcæ* os nostrum debemus accipere, quo panduntur secreta conscientiæ; ostium namque ab *ostendendo* dicitur, unde jubetur non poni sub modio lumen (*Matth.* V, 15), ut qui ingrediuntur, qui scilicet confabulando ad nostri notitiam admittuntur, videant, id est doceantur unde est : *Non omnem hominem inducas in domum tuam* (*Eccli.* XI, 31), quod est non omnibus prodas mentem tuam. Hoc ostium *ex latere* ponimus, dum contra subripientes fallacias cauti undecunque prospicimus, quæ tacere, quæ loqui debeamus; *deorsum* quoque ponimus, dum aut nimis alta scrutari refugimus, aut quæ dicenda sunt, congrua mentis et linguæ humilitate proferimus; *cœnacula* facimus, 42 dum tota nostra desideria a terrena delectatione suspendimus. *Tristega* vero a tribus videntur dici statibus; status autem nostri tres revera sunt. Primus in visione corporea; secundus imaginationum memoria; tertius intellectuali prudentia. Et habent proprias trinitates etiam, quas prosequi longum est, horum singula, quorum qualitatibus quisque diligenter pensatis, duo prima pro sui utilitate postponat, et cum Paulo apostolo ad tertium cœlum, intellectuale scilicet mysterium sese proripiat (*II Cor.* xii, 2). Dicitur enim a plurimis in tertia homines habitasse camera, nec id injuria; nam et visiones, et imaginationes corporum cum bestiis habemus communia, sed cum Deo et angelis participamur rationis gloria. Dicitur quoque primastatio fuisse stercoraria, quo fimus scilicet inibi degentium animalium et hominum exponebatur; secunda apothecaria, quo victui utrisque apta servabantur; tertia mansionaria, quo soli homines versabantur. Primus etiam noster status in vocatione confessio peccati est; secundus, in justificatione exsecutio vitalium operum est; tertius in glorificatione, quando soli electi in regno erimus, est.

Vers. 17. — *Ecce ego adducam diluvii aquas super terram, ut interficiam omnem carnem; in qua spiritus vitæ est subter cœlum; universa quæ in terra sunt consumentur.* Aquæ diluvii cœlestis est scientia sacramenti, qua diluuntur super terram, id est in corpore nostro cujuslibet obscena peccati. *Effundam,* inquit, *super vos aquam mundam, et mundabimini* (*Ezech.* xxxvi, 25). Hæc aqua, id est sapientia adducitur *super terram,* quando spiritualis dignitas tenore justitiæ exsuperat carnem; omnis caro, *in qua spiritus vitæ est subter cœlum* interficitur, cum membra nostra, quæ sunt super terram, et adhuc vivunt vigentque in nobis, mortificantur (*Col.* iii, 5), ut dicere possimus cum Paulo apostolo : *Vivo autem jam non ego; vivit vero in me Christus* (*Gal.* ii, 20). Hactenus autem ea mortificantur, non ut prorsus interimantur, quatenus in nullo regnare feruntur. *Subter cœlum* autem spiritus vivit, cum licet pressus rationis imperio, quæ cœlum ob divina, quæ continet, mysteria vocatur, tentationis nos flatus impellit. Per hunc itaque saporem sapientiæ universa quæ in terra sunt consumuntur, dum mundialis fervor affectus superni amoris unda restinguitur, in quantum carni spiritus prævalere permittitur.

Vers. 18. — *Ponamque fœdus meum tecum, et ingredieris arcam, tu, et filii tui, uxor tua, et uxores filiorum tuorum tecum.* Fœdus suum nobiscum ponit, cum exstincta oblectatione sæculi docet interius nos gustare, et videre, quia adhærere bonum est sibi (*Psal.* lxxii, 28); per fœderis hujus vim in quorumdam fit sanctorum cordibus tanta constantia ut, si nulla essent inferni supplicia, nunquam tamen accepta desistere vellent justitia. Ingreditur Noe noster, et filii ejus arcam, dum libera a vitiorum inquietudine mens cum suarum prole virtutum interiori contenta testimonio intra conscientiæ abdita se abscondit; cui miro concinit modo quod Maria cum duobus discipulis ad monumentum mane venisse describitur (*Joan.* xx, 1-5) : uxor nostra voluntas est, quæ annexa fideliter rationi pietatis operibus fecundatur; uxores filiorum sunt illæ, quæ singularum quarumque professionum destinationibus subjacent voluntates. Una est Ecclesia, licet multæ dicantur ob situm; ita plurimæ sunt dictæ voluntates, licet una sit ob differentiam, quas volumus rerum; distinctæ autem ponuntur per se Noe, et filii, scilicet uxor, et uxores filiorum, quia subtili omnino astu discernenda sunt spiritus noster, ac ejus opera, tunc demum voluntas ejus principalis ad Deum, promiscuarumque voluntatum examina; sunt enim in quibus confunduntur omnia; hæc omnia igitur, voluntates, videlicet exsecutionum ac exsecutiones voluntatum, intra mentem jam placidam reconduntur, quæ non inaniter foras spargitur, sed intrinsecus in Domino gloriatur.

Vers. 19. — *Et ex cunctis animantibus universæ carnis bina induces in arcam, ut vivant tecum masculini sexus, et feminini.* Ex quibuslibet cupiditatum generibus, ex quacunque fragili affectualitate nascentibus bina in arcam inducimus, in quibus est femina et masculus, cum fluxos et quasi femineos carnis motus ex necessitate peccandi, velimus plerumque nolimus, animo admovemus, sed tamen illico juri illos masculi mancipemus, rationis videlicet, cujus vi ad regulam constringantur, ut vivere nobiscum, id est ut vitii virus non infundere, sed ad vitam pertinentia, et sentire nobiscum et agere cogantur. Sic enim Adam et Eva connectitur.

Vers. 20. — *De volucribus, juxta genus suum,* id est de superbiæ motibus, quocunque modo, aut sæculariter, aut sub typo religionis superbiatur, *de jumentis in genere suo,* de cupiditatibus scilicet quacunque concupiscatur in causa, *et ex omni reptili terræ secundum genus suum,* id est ex omni flagitii genere, quo per carnis peccatur desideria; bina de omnibus ingrediuntur nobiscum, *ut possint vivere,* luxui profecto quælibet apta, et culpæ cum intra nos cogitando admissa fuerint, jugo statim deprimuntur virilis animi, ut ad vitam nobis valeant, dum bene utimur, tentatione prodesse. Hæc tria peccandi genera 43 etiam Joannes apostolus memorat, ac si universorum criminum materiam, omne quod in mundo est asserens, aut concupiscentiam carnis, aut concupiscentiam oculorum, aut superbiam vitæ (*I Joan.* ii, 16).

Vers. 21, 22. — *Tolles igitur tecum ex omnibus escis quæ mandi possunt, et comportabis apud te, et erunt tam tibi quam illis in cibum.* Ex omnibus escis quæ mandi possunt apud nos comportamus, cum multifariam multisque modis a Patribus dicta et facta ad exemplum vitæ institutioneique conferimus, quibus ac si pabulo nos fovemur, et illa quæ nos urgent pravitatis incentiva compescimus, et hæc veluti pascimus, dum horum suggestioni vitalia sanctorum dicta factave rependimus. *Fecit ergo Noe omnia quæ præceperat illi Deus.*

CAPUT VII.

Vers. 1. — *Dixitque ad eum Dominus: Ingredere tu, et omnis domus tua in arcam; te enim vidi justum coram me in generatione hac.* Postquam multo sudore thesaurum effoderimus, juxta illud Job, sepulcrum nos invenire gaudemus (*Job* III, 22), quia cum corpora omnimodo cruciatui ob Dei servitium exposuerimus, nil majus a Deo in hoc sæculo nos obtinere posse putamus quam ut ad aliquam mentis impassibilitatem pertingamus, ut scilicet quæ Deus fieri jubet, cum expleverimus, intra mentis requiem a forensi pugna liberi cum omni nostro spirituali peculio abscondamur. In hac enim spiritualium generatione filiorum, qua et mulierem salvari dicit Apostolus (*I Tim.* II, 15), non sola corporis maceratione videt, id est approbat Deus justitiam nostram.

Vers. 2. — *Ex omnibus animantibus mundis tolle septena et septena, masculum et feminam; de animantibus vero non mundis, duo et duo, masculum et feminam.* Septena et septena quatuordecim faciunt; septem autem pro spirituali gratia, aut pro toto, interiori scilicet et exteriori, homine poni solet; opera ergo nostra subdito corpore, et anima divino spiritui per Decalogi observantiam, evangelica attingunt fastigia, et animalia fiunt munda, sed tamen necesse est ut sint masculus et femina, quatenus, in quantum animantia et femininæ mollitiei sunt ad ambienda temporalia, adsit præsto quasi quædam rationis auctoritas, quæ reprimat masculina. Bona itaque nostra quolibet modo acta, vix integra puritate nitent; et quid mirum, si immunda animantia multo magis hoc masculi regimine egent? quæ duo sunt, quia quæ in hoc mundo cupimus ab unitate Dei, et hominum nos dividunt, aut duo et duo, id est quatuor, quia temporalium amore desideria nostra carnalia animantia non munda defluunt, nisi ea ad lineam munditiæ, scilicet Deum intelligentiæ freno reflectunt.

Vers. 3. — *Sed et de volatilibus cœli septena et septena, masculum et feminam, ut salvetur semen super faciem universæ terræ.* Si per animantia actualis vitæ bona, per immunda vero motus illiciti, sed salubriter ratione correcti; per volatilia cœli non incongrue contemplativa signatur excellentia; quæ per gratiam evicta corporis lascivia Deo degustando libratur super æthera. At qua de causa hæc intellectuali dominio submittantur, additur, *ut salvetur semen super faciem omnis terræ,* quia nisi ille imperet, voluntas, quæ semen et origo est boni operis, illico deperiens nullum probabilem profert fructum in superficie terræ, id est exterioris hominis; seminis ergo salus ex imperio rationis.

Vers. 4. — *Adhuc enim et post dies septem, ego pluam super terram quadraginta diebus et quadraginta noctibus, et delebo omnem substantiam quam feci a facie terræ.* Septenarius pro plenitudine accipitur; quadragenarius, quia ex quatuor et decem conficitur, temporalem excursum, qui quatuor di-

versitatibus constat, quo anima sub Dei lege se exercet, significat; ipsa enim ob decem principalia mandata Decalogus appellatur. Post prælibatas itaque virtutum dationes, adhuc se Deus post septem dies, id est post spiritualium plenitudinem gratiarum, quadraginta diebus et noctibus spondet pluiturum super terram, in hac scilicet vita, qua Dei præceptis obeditur inter adversa et prospera, quæ diebus ac noctibus figurantur, nostri carnalis affectus divina infusione se molliturum duritiam; et in ipso delet omnem substantiam, quam fecit, de superficie terræ, dum animæ voluntatem carnalibus desideriis, quasi quibusdam accidentibus substantem, in quantum fluida, et talium capax est, *a facie terræ,* a cogitatione videlicet mentis jam solidæ obliterat. Hanc autem substantiam fecit, quia malo nostro merito fieri permisit.

Vers. 5, 6, 7. — *Fecit ergo Noe omnia quæcunque mandaverat ei Deus.* Postquam præsens sæculum ita viluerit, ut sicut *tenebræ ejus, ita et lumen ejus* (*Psal.* CXXXVIII, 11) sit, tunc Noe noster plene attingere incipit quæ Deus mandavit; quadraginta enim diebus et noctibus pluit. *Eratque sexcentorum annorum, quando diluvii aquæ inundaverunt super terram.* Concinit statibus nostris sacra historia, dum quos tentationum æstus post quingentos annos Noe iste passus sit enumerat, et quibus floruerit bonis jam non minus introrsum quam videtur extrinsecus integra requie perfectus, quod significat sexcentesimus notat; etsi enim quiescimus aliquando a pravo opere, bella tamen 44 gravia toleramus in mente; sed perfectus qui senario, et centenario satis astruitur plenus virtutum, quæ annorum collectione monstrantur; diluvii illustratur aquis, quia *in malevolam animam non introibit sapientia; nec habitat in corpore subdito peccatis* (*Sap.* I, 4); ait enim: Concupisti sapientiam (*Eccli.* I, 33), id est contemplationis excellentiam? Serva mandata; bestia namque tangens montem obrui jubetur (*Exod.* XIX, 13); ut ergo justificetur adhuc justus, aqua infunditur lustrationis, ut aliquatenus altitudinem divinæ attingat visionis, et subsidat spiritui terra carnalis affectionis. *Et ingressus est Noe, et filii ejus, uxor ejus, et uxores filiorum ejus cum eo in arcam propter aquas diluvii.* Si filios, id est bona opera procreamus, videndum nobis est ut uxores habeamus, id est voluntate bene agendi non careamus, ne cum multum seminaverimus, parum inferamus, hoc est cum pro Deo plurimum laboraverimus, parum mercedis obtineamus, quia non ex amore, sed serviliter timendo id egimus. Et volendo ergo operantes, et operando volentes intra conscientiam nos tegamus, ubi a strepitu inutili quiescamus, et aquis sapientiæ potemus, quibus et diluamur.

Vers. 8, 9, 10. — *De animantibus quoque mundis et immundis, et de volucribus et ex omni quod movetur super terram, duo, et duo ingressa sunt ad Noe in arcam, masculus et femina, sicut præceperat Do-*

minus Noe. Cumque transissent septem dies, inundaverunt aquæ diluvii super terram. Hæc superius tota tractata sunt, excepto eo quod dicitur, *ex omni quod movetur super terram*; quod in malo sic accipitur, ut motus nostri carnales, qui *super terram*, id est rationis statum progredi volunt, intelligantur, de quibus est : *Caro concupiscit adversus spiritum, et spiritus adversus carnem, ut non quæcunque vultis illa faciatis (Gal.* v, 17) ; aut in bono, ut spiritualis alacritas nostra accipiatur, qua *super terram*, id est animalitatem nostram promovemur, quæ, in quantum coram Deo, minus plena sentiuntur, ad lineam correcta intelligentiæ penes Deum recondita intra arcam servantur cordis ; et sic post indultam plenariam divinorum gratiam munerum venitur ad gloriam contemplationum.

Vers. 11, 12. — *Anno sexcentesimo vitæ, Noe, mense secundo, septimo decimo die mensis, rupti sunt omnes fontes abyssi magnæ, et cataractæ cœli apertæ sunt, et factæ sunt pluviæ super terram, quadraginta diebus et quadraginta noctibus.* Tres isthic gradus sed non sine re positi sunt, dies, mensis et annus ; a die ergo incipiamus. Denarius ad præcepta, septenarius, quia septem sæculum diebus volvitur, attinet ad temporalia. Septimum decimum diem habemus, cum desiderabilia super aurum Dei habentes mandata (*Psal.* xviii, 11), sæculi omnia per hæc transcendimus, et bonæ voluntatis die ad meliora contendimus. Mensis primus professio est evidens religionis ; secundus, assecutio est, internæque habitu prætenditur virtutis ; senarius, ut diximus, ad hominem ; die enim sexta homo factus est ; centenarius, qui transit in dexteram, pertinet ad contemplationem. Nisi enim transgrediamur hominem, non pertingimus ad divinæ speculationis subtilitatem. De die igitur ad mensem, de mense venitur ad annum, quia post conversionis initium promovemur ad incrementa virtutum, ex quarum rursus collectione aggredimur finem omnium Deum contuendum. Ad quod cum devenire contigerit, magnæ fontes rumpuntur abyssi, quia recessus conversationis humanæ ad liquidum aperiuntur per donum scientiæ, et homo sibi pridem incognitus, dum vim discretionis accipit, quasi fontem de abysso altissima multiplicem invenit, dum naturas passionum et humanorum morum abdita discernere prudenter et perspicere novit ; *abyssus* enim, juxta Psalmum, *abyssum invocat* (*Psal.* xli, 8), et Scriptura sæpe cor hominis ita significat. Fons itaque illi abyssi magnæ rumpitur, cui sui ipsius notitia per intelligentiam aperitur. *Cataractæ*, id est fenestræ cœli illi patent, cui ad capiendum spiritualis gratiæ lumen oculorum intellectualium acumina vigent. Ex his fontibus, id est scientiæ originibus, et cœli cataractis, lucifluis scilicet internæ sapientiæ rimis; *super terram* fit infusio pluviarum, supernarum scilicet ubertas gratiarum, quibus a denario legis Evangelii quaternarium attingentes, dies prosperitatum tenebras æstimamus, lucemque arbitramur adversitatum noctes.

Vers. 13, 14, 15, 16. — *In articulo diei illius ingressus est Noe*, usque ad id ubi dicit, *sicut præceperat ei Deus. In articulo diei illius*, id est in subtili custodia bonæ voluntatis expertæ ac nutritæ antiquitus, Noe quietis cultor internæ, cum tribus principalibus ingreditur virtutibus conscientiam, cum sua et filiorum uxoribus, id est cum suo et omnium suorum operum proficiendi appetitu; filius enim sine uxore est, cujus studium ad meliora intentum et cupidum non est. Animalia, jumenta et volatilia, uti in primo tractatu, et in isto expositum est. *Et inclusit eum Dominus de foris*, id est circumscribit nos Scripturarum ubique dictis, ne pro aliquibus forsitan probe gestis feramur extra nos vento cujuspiam vanitatis; *de foris autem*, quia ab eorum omnium, quæ oculis materialiter subjacent, concupiscentia nos arcet.

Vers. 17, 18. — *Factumque est diluvium quadraginta diebus, 45 et quadraginta noctibus super terram, et multiplicatæ sunt aquæ, et elevaverunt arcam in sublime a terra ; vehementer inundaverunt, et omnia repleverunt in superficie terræ.* Cum in tantum mens nostra sapientiæ fluentis alluitur, ut a nobis compleatur:

Gaudia pelle,
[*Pelle timorem, nec dolor adsit, spemque fugato.*]

Quod sæpe diximus innui per quadraginta dies et noctes ; multiplicantur inferiores ac superiores, quibus scimus et sapimus, aquæ ; et ex sui ipsius notitia ad videnda divina progressam, quasi duabus alis, timore videlicet sui, et amore Dei, ad æterna quærenda omni posthabita terrenitate suspendunt animam ; et in tantum usu cogitationis, et dilectionis exuberant, ut quidquid loquimur, quidquid denique *in superficie terræ*, id est sensualitatis efficimus, nil aliud quam illum vitalem spiritualis prudentiæ succum, cujus amore fragramus redoleat.

Vers. 19. — *Porro arca ferebatur super aquas. Et aquæ prævaluerunt nimis super terram : opertique sunt omnes montes excelsi sub universo cœlo.* Aquis supersertur arca, dum mens, pro fundamento sapientiæ innitens, ad instinctum ejus quasi ad normam dirigit opera sua; et aquæ prævalent *super terram*, quia ad nutum suæ inspirationis matrem operum quasi discipulam regunt, et constringunt sibi conscientiam. *Opertique sunt omnes montes excelsi sub universo cœlo*, quia cum in illud lumen luminum, Deumque virtutum aliquantisper scintillare permittimur, quidquid in virtutibus celsitudinis habere nos putabamus, contuitu tantæ gloriæ, quasi lucerna in sole illico operitur; et quid dico de visione majestatis, cum dicat *sub universo cœlo ? sub cœlo montes operiuntur*, cum ea, quæ sub Deo, qui cœlum est, sunt, considerantur; et ex eorum prospectu quidquid sumus, vel esse possumus vile videtur. Quis enim, ut de aliis taceam, ex contuitu perminimi angelorum sibi ipsi non sordeat? Sed notandum quod cum dicitur, *sub cœlo*, additur *universo*; aliquas enim Dei similitudines licet habere dicamur, in tantum tamen ipsum universum cœlum eminet a comparatione creaturæ, ut in his iisdem rebus, super quibus [*f.*, quibus super] imaginem quasi ferimus ejus, proprietatum ejusdem consideratione non modo nil habere, sed omnino nil esse credamur.

VERS. 20. — *Quindecim cubitis altior fuit aqua super montes quos operuerat.* Quindecim ex septem, et octo constant; septenarius ad spiritualitatem, id est sapientiam; octonarius ad temporalitatem, id est scientiam, quæ tempori necessaria est, referatur. Quidquid itaque subtilitatis et discretionis, ac intelligentiæ humanitus elaborasse videbamur, contemplationis gratiam Deo infundente penitus opprimitur; et nec scientiam in administrandis temporalibus, nec sapientiam in cœlestibus dignoscendis habuisse nos comperimus. *Quindecim cubitis aqua superexcellit* montibus, quæ sciendo, sapiendoque exerceri possunt virtutibus, cubito porrectæ ad Deum intentionis eminet majestas speculationis: brachio enim, cui inhæret cubitus, et operamur, idemque ad metiendum intendimus.

VERS. 21, 22, 23, 24. — *Consumptaque est omnis caro, quæ movebatur super terram, volucrum, animantium, bestiarum omniumque reptilium quæ reptant super terram; universi homines; et cuncta, in quibus spiraculum vitæ est in terra, mortua sunt. Et delevit omnem substantiam, quæ erat super terram, ab homine usque ad pecus, tam reptile quam volucres cœli; et deleta sunt de terra.* Deo interna nostra suæ visionis radiis illustrante, caro, quæ super terram movetur, id est carnales motus, qui terræ, rationis scilicet stabilitatem fluctuare cogebant, consumuntur, volucrum superbiæ, animantium cupiditatis, bestiarum ferociæ et furoris, reptilium libidinis, scilicet quæ nostris furtim cordibus irrepunt, homines, id est illa quæ pro sola sæculi honestate quasi rationabiliter gerebantur, et omnia quæ spiramen terreni desiderii intra nos proferre conantur, et omnis prava voluntas, quæ quasi fundamentum ineptis cogitationibus substat, et rationi, quæ ob firmitatem terra dicitur, indigne superstat, ab his quæ rationabiliter quasi defenduntur, usque ad ea quæ tam peculia sunt, ut defendi non possint, tam cœno repens luxuries, quam hypocrisis cœlos petentis rabies, a subito aquæ cœlestis illapsu amittunt suas, nostras videlicet pectora sedes, non quod prorsus deficiant, sed quod ad tempus Deo nos invisente quiescunt. *Remansit autem solus Noe, et qui cum eo erant in arca. Obtinueruntque aquæ diluvii terras centum quinquaginta diebus.* His ita exstinctis, beata quadam solitudine cum suarum centuriis virtutum Noe noster jam placidus remanet. Aperuit enim dilecto pessulum (*Cant.* v. 6); cœnatque cum ipso (*Apoc.* III, 20). Aquæ diluvii terras obtinent, cum membra nostra, quæ sunt super terram (*Col.* III, 5), vel ipsas nostrorum sensuum par-

tes sapientiæ regimina possident : per centenarium perfectionem; per quinquagenarium diximus figurari requiem. Ad centum quinquaginta itaque pervenit dies cum cuilibet supernis imbuto respectibus perfecta licet ad modicum, tribuitur animi requies; ter etiam quinquaginta, centum quinquaginta sunt, nec vere unquam quiescimus, donec ad Trinitatis visionem veniamus, **46** quam dum in præsenti aliquantisper sæculo delibamus, sine quadam licet perfunctoria cordis requie, id attingere omnino nequimus.

CAPUT VIII.

VERS. 1, 2. — *Recordatus autem Deus Noe, cunctorumque animantium, et omnium jumentorum quæ erant cum eo in arca, adduxit spiritum super terram, et imminutæ sunt aquæ. Et clausi sunt fontes abyssi, et cataractæ cœli, et prohibitæ sunt pluviæ de cœlo.* Diximus, cum *non est bonum esse hominem solum* exponeremus, quia non parvum animæ constet, esse periculum, si ad votum suum quietis, et contemplationis potiatur excellentia. Recordatur ergo Deus noster, cum dispensative nobis subtrahit gratiam muneris, revera si aliquandiu nobiscum perseveraret nocituri. *Animantium* ac *jumentorum* meminit, cum spiritualium bonorum animæ nostræ insitorum et quæ corporaliter exhibemus beneficiorum, ad salubrem humilitatis memoriam nobis efficaciam subtrahit; jumenta exteriora, et quasi grossiora opera dicimus, nam jumenta pro corporibus poni solent, ut est : *Jumenta eorum in morte conclusit* (*Psal.* LXXVII, 50) : animantia autem, quia *ab anima* dicuntur, interiora bona, ut est charitas, et cætera. Adducit Deus spiritum, tentationis scilicet motum, sed dum terra, caro videlicet, aut mens nostra, insperato flatu quatitur, cataractæ, id est subtilis divinæ majestatis intuitus aquis superni illapsus imminutis obcluditur, quibus de immensitate illa cœli, de quo dicitur : *A summo cœlo egressio ejus* (*Psal.* XVIII, 7), parum quid attingebatur, quin etiam magnæ fons obturatur abyssi, dum ipsa in nobis deficit consideratio, et notitia nostri, et turbata quies animi nec se valet capere, neque mysteria Dei, nam passionum incursu avertitur divini placiditas stillicidii.

VERS. 5. — *Reversæ sunt aquæ ae terra euntes et redeuntes, et cœperunt minui post centum quinquaginta dies. Aquæ* de terra revertuntur, cum de corde non jam cœlestia, sed terrena versanti intellectualium origines cogitationum sublatæ ad statum veterem revolvuntur, sicut enim glacies, cum diversis ex causis congelascit et liquatur, semper tamen aqua est naturaliter, sic cogitatio nostra, licet contemplatio ex accidenti vocetur, semper cogitatio est. *Aquæ* igitur ad se *de terra*, id est ob terreni immersionem affectus revertuntur, dum quæ contemplativæ fuerant cogitationes relabuntur ad id quod humanitus esse solent; sed, ad solitum mortalitatis usum relapsæ; et per ingruentia tentamenta in deterius semper *euntes*, redeunt, quia ad memoriam persensæ semel dulcedinis speculationisque dum sapor reducitur, sæpius ingemiscunt, unde cuidam dicitur : *Memor esto unde excideris (Apoc.* II, 5), et *post centum quinquaginta dies minui* incipiunt, quia nisi aut indulta ad horam silentia contemplationis transierint, aut perfectio quietis ex incursu molestiæ alicujus exciderit, ubi se immergat, quæ nostram imminuat prudentiam, tentatio reperire non poterit.

Vers. 4. — *Requievitque arca mense septimo, vicesima et septima die mensis super montes Armeniæ.* Dum aquæ post dispensativam amissionem redivivæ nobis spiritum recogitationis, ac castigationis infundunt, mensis septimus agitur, quia divinarum memoria illustrationum, in quibus quondam sabbatizavimus, interimque dum recordamur, aliquantisper sabbatizamus, ad cor revocatur : mensis namque dierum collectio est, et septimus sabbatum est; sed si mensis septimus bonum quid insonat, vicesima et septima dies mensis quidquid boni præcinuimus turbat; per viginti enim duplicitas, per septimam identidem requies, per diem bona voluntas exprimitur; suppetit ergo bona ad sabbatizandum voluntas, dum quam sit bonum securam habere conscientiam recolimus, sed cum ad appetitum carnis respicimus, hoc illico dupliciter non sincere velle probamur; *Vult enim*, ait Salomon, *et non vult piger (Prov.* XIII, 4), dum bonum exsequi vellet, si sine ulla carnis continentia fieri posset, cum secundum hoc eum nolle penitus constet. *Super montes autem Armeniæ* arca requiescit, quia in sanctorum exemplis, qui vere pro excellentia et stabilitate *montes* dicuntur, et maxime in illorum qui post lapsum aliquid sanctitatis attigerunt, talium torpidorum conscientia se reflectit. In alia translatione *super montes Ararat* legitur; Ararat enim Hebraice *Armenia* vocatur, et hoc ipsum *mons vulsus* interpretatur; monsautem vulsus sanctitas est destituta. Cum itaque tentatur cujuspiam religiosi animus, occurrunt menti montium vulsiones, sanctorum scilicet lapsus, qui tamen ad hoc, ut montes vocarentur, redire studuerunt reparatis viribus; in his arca immoratur, quia horum casus, et postmodum resurrectionis quasi ad imitandum possibilia cogitare delectatur.

Vers. 5. — *At vero aquæ ibant, et decrescebant usque ad decimum mensem. Aquæ* eunt et decrescunt, dum spiritualis a nobis prudentia cogitatus recedunt, sed quia *spiritus vadens (Psal.* LXXVII, 39) quidem est se sumus, sed per se *non rediens (Ibid.)*, ad decimum mensem intendendo deficiunt. Mensis decimus, licet minus usitata hæc interpretatio habeatur, humanæ conditionis 47 ordo non absurde accipitur, qui novem creatis angelorum ordinibus decimus est creatus; cum ergo illecebræ animum carnales urgent, non modo eos, qui per Adæ prævaricationem facta necessitate peccandi grave quidpiam commiserunt, in exemplum admittendæ pravitatis adhibet, sed ipsos principes generis nostri Adam et Evam, qui Dei fruebantur alloquio, et nulla suæ carnis incentiva patiebantur, attendunt quam facile ruerint, et hæc damna excusatione digna pro naturali fragilitate prætendunt. Si illi, inquit, hoc, aut illud egerint, ego homuntio quo robore resisterem ? Dum ergo mensem, id est numerum quasi dierum claritatem in decimo illo peccatore, Adam scilicet, considerant, sub tantis auctoribus se posse peccare, cum et ipsi peccaverint, excusabiliter putant. *Decimo enim mense, prima die mensis apparuerunt cacumina montium.* In ipse namque primo statu, quem decimum diximus mensem, prima die, id est in ipso felicitatis introitu, *apparuerunt cacumina montium*, id est superbi fastus illorum generis nostri principum; solent sane aliqui sic dicere : Si illi in superbia ac avaritia, quæ naturalia non sunt vitia deliquerunt, nos qui in cibo, ac potu, corporis voluptate, quæ originaliter medullis nostris insita sunt, peccamus, quid mirum facimus? *cacumina* igitur *montium* sic attendunt, dum illorum vitiis se defendunt.

Vers. 6, 7. — *Cumque transissent quadraginta dies, aperiens Noe fenestram arcæ dimisit corvum. Qui egrediebatur, et non revertebatur, donec siccarentur aquæ super terram. Quadraginta dies* transeunt, dum intelligentia, quam ex Decalogi Evangeliique observantia habentes claruimus, superveniente nequitiæ nocte privamur. Et tunc Noe *fenestram arcæ* aperit, cum animus sensualitatem corporis pessima libertate ad haustum cujuslibet voluptatis quasi fenestras expandit. *Corvum* dimittit, cum appetitum ad quælibet turpia effrenem ire sinit. Iste egreditur, id est extraria concupiscendo vagatur, et non revertitur, donec aquæ siccentur id est nunquam si sibi liceat rationis jura colligitur, donec quidquid pietatis ac gratiæ constat interius, qui humor in nobis est divinus omnino exsiccetur in terra, hoc est in mentibus.

Vers. 8, 9. — *Emisit quoque columbam post eum videre si jam cessassent aquæ super faciem terræ. Quæ cum non invenisset ubi requiesceret pes ejus, reversa est ad Noe in arcam.* Licet carnalis affectus facile huc illucque labatur, ratio tamen gemebunda prosequitur et pensat, licet male implicita obniti non valeat, per quæ affectio sua vitiorum volutabra distrahatur, et quantum cordis facies ab interna teneritudine quasi sine pluviis terra obduretur. Sed cum adhuc religionis fervente memoria, et pudoris humani obsistente repagulo, *pes columbæ*, id est affectus rationis peccandi opportunitatem, *locum* videlicet, quo requiescat non invenit intra conscientiæ *arcam*, quasi concupiscentiæ pœnitens se recipit, unde sequitur : *Aquæ enim erant super universam terram. Extenditque manum; et apprehensam intulit in arcam.* Spiritualis pondus prudentiæ solet reprimere diutius ineptos motus animæ. *Aquæ* ergo adhuc imminent terræ, quæ vetant sui reverentia hominem ad illicita exire. *Extendit manum*, exerit fortitudinem operum, et rationem quadam animi novitate correctam intrudit, ut sola interna curet, in arcam, hoc est seipsam. Dum enim mentem pudet aliquoties evagationis suæ, instituit irata sibi arctioris propositum vitæ, hoc est quod dicit eum columbam apprehendisse.

VERS. 10, 11. — *Exspectatis autem ultra septem aliis diebus, rursum dimisit columbam ex arca. At illa venit ad eum ad vesperam, portans ramum olivæ virentibus foliis in ore suo.* Intellexit ergo Noe, quod cessassent aquæ super terram. Pudor humanus non est exstinctio criminis, sed dilatio. Etsi enim animositas ad horam videtur contrahi, intentio tamen præstolatur, imo ultra se providet opportunitates peccandi. Septem diebus præsens sæculum defluxit, quibus intelligere possumus fluxum mentis; septem dies exspectantur; defectui scilicet, et alii quam illi quadraginta, quibus mores legaliter, et Novo et Veteri instruuntur, quia remissioris conscientiæ, cum memoria cœlestium intepuit, tempora providentur, ut ad patranda flagitia nullus Dei timor refragetur. Columba itaque, id est ratio, quæ revera sine felle nequitiæ est, si ratio est, ab arca emittitur, cum irrationabiliter in affectum cordis transitur. Prima emissio delectatio est, secunda consensus tertia peccati effectus. Quandiu enim mens in cogitatione fluctuat, pravos suos motus, aut Dei metu, aut humano pudore quadam rationis reductione reverberat, donec imaginationum illecta blanditiis cedat. Redit ergo, non ut errata corrigat, sed *ad vesperam, ut* Dei calore, ac luce sponte deficiat, et *ramum olivæ in ore suo* referat, id est sententiam divinæ misericordiæ cogitationis superficie, hoc est ore, non intentionis voto promittat, quod pœnitentibus plusquam nonaginta novem justis Deus aggaudeat (*Luc.* xv, 7). Cujus rami virent folia, quia cordis aspectibus hæc verba videntur superna pinguedine vivida, ubi lapsis si redeant major quam justis promittitur gratia; et quod quosdam permittat Deus cadere, ut gloriosius exemplo multorum faciat resurgere; redit igitur a dispersione sua, ut hæc animo cum fuerit consulta respondeat; et sub spe veniæ ad flagitia inflectat; intelligit ergo miser animus spirituales in se aruisse aquas, et tamen consilio, quod malum non dubitat, aures impendit infectas.

VERS. 12. — *Exspectavit nihilominus septem alios dies, et emisit columbam, quæ non est ultra reversa ad eum.* Dies septem superiores ad defectionem mentis retulimus. Nec absurdum rursus est, si per hos *septem* tempus ipsum, id est temporis opportunitatem, quo conceptum facinus peragitur, intelligamus. Et hoc igitur, et illud Noe exspectat, dum aut defluere se introrsum male patiens tolerat, nec obniti tentat, aut commodum tempus ad ea quæ concupiit exsequenda considerat. Sed columba corvum secuta non redit, quia ducem præpostere ratio adhibens sibi affectum, postquam in scelesis ruit effectum, ad illa jam amanda, quibus semel libens imbuta est, per se non reditura amplius cor depressit immersum.

VERS. 13, 14. — *Igitur sexcentesimo primo anno in primo mense, prima die mensis imminutæ sunt aquæ super terram.* Per annum, qui universitas quædam temporis est, communis sæcularium conversatio intelligitur; per menseni status, et habitus vitæ cujusque hominis exprimitur. Prima dies illa, quæ potissimum in mundo regnat intentio, voluptas scilicet corporis accipitur. Cum ergo a sexcentesimo, a perfecti videlicet operis proposito, in peccatum quis labitur, primum demigrat in annum, id est ad pristinæ conversationis ac cohabitationis ritum, quem primitus habuit, quo licite peccare licuit, postremoque primum decidit in mensem, priorem scilicet, unde quondam exierat, vivendi habitum et morem, contingitque diem, ut intendat carnis, non Dei facere voluntatem, et imminuuntur *aquæ super terram,* quia quo amplius insolentiæ carnis excrescunt, tanto minus animalis jam factus homo capit ea, quæ Dei sunt; non tamen omnino *aquæ,* etsi imminuuntur, cessant, quia socordiam iniqua gerentis per spiritus impetum aliquoties increpant. *Et aperiens Noe tectum arcæ, aspexit, viditque quod exsiccata est superficies terræ. Mense secundo, septima et vicesima die mensis arefacta est terra.* Noe tectum arcæ aperit, cum quilibet per evidens pravitatis opus quid nequitiæ intus gerat ostendit; aspicit, videtque quod exsiccata sit *superficies terræ,* dum videndum spectandumque præbet aperte quod nil divinæ dulcedinis resederit non modo in intentione, sed in ipsa, quæ rationis est superficies cogitatione. Si vero mensis est primus, prioris nostræ in sæculo vitæ modus, mensis secundus habeatur, postquam per apostasiam ad id regressi fuerimus, cordis impœnitentia, et obduratio; septima referatur ad gratiam; vicesima ad hypocrisis duplicitatem; dies quoque ad industriam. Nam cum obstinatissimam hebetudinem inciderimus, et cum Deo inimica nos agere noverimus, ex industria tamen secundum ejus nos gratiam vivere sub hypocrisis integumento simulaverimus, tunc reprobum sensum nos incurrisse sciamus; et dum spurcitias pio habitu subornamus, nullo nostri ad pœnitentiam pudore provocati, nec inferius, nec superius irriguum jam habemus; *arefacta est* enim *terra* penitus; sed si miretur quis nos diem, mensem, et annum sub mali typo posuisse, agnoscat diem pro noxia in Scripturis sæpius aut scientia, vel prosperitate poni, et si dies ponitur, collectio talium, vel etiam summa dierum, quod est mensis, et annus, quare non itidem ponatur? Suppeterent de his exempla quam plurima.

VERS. 15, 16, 17, 18, 19. — *Locutus est autem Deus ad Noe dicens: Egredere de arca, tu et uxor tua, filii tui, et uxores filiorum tuorum tecum. Cuncta animantia quæ sunt apud te ex omni carne, tam in volatilibus quam in bestiis, et universis reptilibus quæ reptant super terram, educ tecum, et ingredimini super terram : crescite, et multiplicamini super eam. Qui educit vinctos in fortitudine, eosque qui exasperant, qui habitant in sepulcris (Psal.* LVII, 7), quocunque modo peccemus piis semper exundat visceribus, lapsum igitur desperatumque jam interna allocutione cor visitat, et ut ad se redeat incitat ac si ei dicat : Qui in peccati apud te lates conscientia, egredere confessione facta viamque tuam mihi revela ; quæ enim arguuntur, manifestantur ab his, qui fiunt lumina *(Ephes.* v, 13). *Tu,* inquit, *et uxor tua,* non illa quæ arcam intrantibus adest voluntas bona, sed concupiscentia, quæ ex ingestu, fecundata diaboli peperit tibi peccata. *Tu,* inquit, *et uxor tua,* id est de scena vitiorum teipsum primo elimina, demum de ea, cui subjacuisti confitere concupiscentia. Multi namque sua facile fatentur mala, sed ipsi non exeunt a consuetudine prava. Sic filios, id est opera nequam prode, ut nil in te residere patiaris de iterandorum eorumdem operum delectatione. *Tu,* inquit, *et uxor, filii,* ac *uxores ;* accedenti enim ad confessionis auroram, veteris concupiscentiæ se nubilum ingerit, et operis cujusque noxii consuetudo, ac si quædam importuna jugalis adjungit *Cuncta animantia,* id est cupiditatum desideria, quæ penes te latent ex quolibet affectionis modo progenita, tam in superbiæ sæcularis quam inanis religionis volatili quadam extollentia, et iræ furorisque bestialis sævitia, necnon luxuria, quæ præpostere cum subesse debeat super corda, est reptilis. *Educ tecum,* ut confessio non fiat peccatorum sine correctione nostrum, nec nostrum correctio, nisi prævenitur confessione malorum. *Et ingredimini super terram,* tu videlicet, tuaque studia jam prorsus in justitiam commutata. Postquam vos fœda exueritis conscientia, necesse est ut ingrediamini ad interiora, quæ projeceratis, ut scriptum est, in vita vestra, ut sola de internis gaudiis sit vobis cura, ad hoc scilicet, ut constabiliamini jam super terram, pro fundamento habeatis rationem, ut non circumferamini per aliquam tentationem *(Ephes.* IV, 14). *Crescite* ergo super hanc radicati in contemplationis, quam amisistis reparantes vos altitudinem, *et multiplicamini ad* proximum per charitatis amplitudinem; emittuntur igitur ab arca animantia, id est concupiscibilitates, quibus animamur ad noxia, anima enim naturaliter concupiscibilis est, et jumenta sensualitates videlicet, quæ motus animæ quodam incentu ad malum adjuvant, et cogitationes, quæ quasi angues indifferenter lubricæ per intima reptant, et cætera, ut supra exposita constant.

VERS. 20, 21, 22. — *Ædificavit autem Noe altare Domino, et tollens de cunctis pecoribus et volucribus mundis obtulit holocausta super altare : Odoratusque est Dominus odorem suavitatis.* Altare illud nil congruentius mihi esse videtur quam humilitas : sicut enim nisi in altari hostia nulla valet, sic Deo virtus, nisi cum humilitate nulla placet ; hanc ædificamus, cum a fundamento intentionis ad parietes cogitationis pervenitur, et ad exhibitionem operis, quasi ad summam culminis; non autem cuncta pecora, sed *de cunctis* tulit *pecoribus*; pecora mihi videntur posse intelligi activa opera nostra quæ in dilectione fraterna exercemus, quæ quidem, non ut deberemus tota peragimus, sed tamen de omnimodo genere pietatis assumimus, quia desiderium si facultas suppeteret illa, ut jussa sunt explendi, omnia habemus. Per volucres quidquid spiritualis subtilitatis est in dispiciendis divinis, humanisque rebus exprimitur. Et hæc sunt munda, dum quidem illa sine favoris humani peragantur aura; hæc vero inquiruntur sine erroris macula. Nec mirum, si munda, quia holocausta, igne scilicet sinceræ orationis ac compunctionis excocta ; in fervore enim spiritus plene discernimus an pura sint, an recta, quæ agimus ; ibi ergo ea incendimus, id est probabilia reddimus ; unde et *Dominus* dicitur *odoratus,* quia a Domino nobis est discretionis, ac providentiæ virtus ; odores namque nare discernimus, resque porro positas olfactu præsentimus, unde et apud Terentium, quidam olfecisse dicitur, quod conjiciendo præviderat. Ex odoratu igitur utraque præfata virtus accipitur, quod Dominus dicitur fecisse, quia idem in nobis facit ipse, nempe cum per elationem ac securitatem in vitium lapsi, jam ad Deum redituri, humilitatis in nobis altare erigimus, et quidquid durum, quidquid male humidum in mentibus est timoris igne cremamus, quis edicat quid discretionis, prudentiæ, ac sanctæ suavitatis ex virtutum suavitate intro haurimus ? ibi enim gustatur quam suavis est Dominus *(Psal.* XXXIII, 9). *Et ait ad eum : Nequaquam ultra maledicam terræ propter homines ; sensus enim et humani cogitatio cordis in malum prona sunt ab adolescentia sua. Non igitur ultra percutiam omnem animantem, sicut feci. Cunctis diebus terræ sementis, et messis, frigus et æstus, æstas et hiems, nox et dies non requiescent.* Maledictionem pro defectu poni solere diximus, et constat, ac si diceret : Nequaquam maledicam, deficere profecto ulterius non permittam terram, id est statum humani cordis, propter homines, propter quorumlibet utique exempla sanctorum, qui homines, rationabiliter scilicet sese regentes vocantur, ut est ; *respiciet homines, et dicet : peccavi (Job* XXXII, 17). Dum enim super montes Ararat arca requiescit, per corvum suggestoriæ evagationis columba emittitur in delectationis excursum, operisque consensum. Deo itaque nobiscum aspiratorie loquente, post lapsum sentimus quadam interna calliditate de ruinæ experimento similem ulterius nos fortiter jam posse cavere defectum ; ex alterius namque, quamvis David, quamvis Salomonis casu facere suum esse dignoscimus ex damni summa dementiæ extremum ; est quædam pueritia nuper ad conversionem venientium, quos in suis Deus primordiis a bellis temperat vitiorum, ut filios quondam Israel, cum ex Ægypto exissent, noluit eis illico incutere molestias præliorum, pueriles enim erant secundum hunc typum animi eorum. At, cum ad aliquod virtutis robur venerimus et tentationum caloribus vexari cœperimus, adolescentiæ spiritualis tempus ingredimur; unde dicitur : *Fili, accedens ad servitutem Dei, sta in justitia et timore, et præpara animam tuam ad tentationem (Eccl.* II, 1). Cavemus ergo defectum, et defectionis exemplum, quia cum colluctatione, quæ nos impugnat vitiorum insurgentem ex virtute quasi ex adolescentia deprimimus typum, dum sensum exteriorem et cogitationum imaginationem semper nisi ratione frenentur prona sentimus ad malum; dumque propriæ metu fragilitatis anima suspecta tenetur, nunquam ad id detrimenti deducitur, ut animantia omnia, vitalia scilicet studia, in se penitus perimantur. *Cunctis itaque diebus terræ,* id est omnimoda intelligentia terrenitatis ac infirmitatis nostræ, dum scilicet eam diligenter attenderimus, *sementis,* id est nostræ conversionis initia, *et messis,* quod est summa perfectionis, aliquam a tentationum nunquam requiem inveniuntur habere molestia, sive in frigore torporis, et negligentiæ desidamus, seu ab aquis nivium, juxta illud Job, ad æstum (*Job* xxiv, 19), id est ad calorem religionis nimium veniamus; vel mentis aliquantula instar æstatis serenitate pollentes, vel nubilosa animi ægritudine ad modum hiemis cæcutientes, aut nocte adversitatum pressi, aut die prosperitatis effusi quocunque statu vixerimus, sine maligna, dum spiritus hos regit artus, titillatione esse non possumus, ut nunquam de peccati immunitate gaudentes, iterare peccata velimus.

CAPUT IX.

Vers. 1, 2, 3. — *Benedixitque Deus Noe et filiis ejus, dicens : Crescite, et multiplicamini, et replete terram, et terror vester, ac tremor sit super cuncta animantia terræ, et super omnes volucres cœli cum universis, quæ moventur in terra. Omnes pisces maris manui vestræ traditi sunt. Et omne quod movetur et vivit erit vobis in cibum.* Ad obtinendam internam requiem Noe id est spiritui nostro, et filiis, operibus videlicet ejus, benedictionis, id est exuberantiæ consilium datur, *crescite,* ait, spe, sed ne id inaniter faciatis, *multiplicamini* bono prius opere, *et replete terram,* spiritualibus scilicet officiis occupate sensualitatem vestram, *et terror vester, ac tremor sit super cuncta animalia terræ.* id est super vitia, quæ ex animalitate nascuntur, non quod ipsa substantiata sint, ut terreri ac tremere queant, sed quod ad spiritus auctoritatem vitiosa terreri conscientia usque ad tremorem debeat corporis, *et super omnes volucres cœli,* id est super omnem dæmonum superbiam, *cum universis, quæ* fœde ac carnaliter *moventur* in corpore vestro. Omnes pisces, qui perambulant semitas maris (*Psal.* VIII, 9), omnis scilicet ingenii sagacitas, quæ discernat quasque mentis versutias, manui, id est operi vestro quasi quidam adminiculari adjuncti sunt, qui quæ agenda sint suggerunt; et omne quod pii operis habet motum, et ex fide vivit, vobis proponitur .mitandum. *Quasi olera virentia tradidi vobis omnia.*

Vers. 4, 5, 6, 7. — *Excepto, quod carnem cum sanguine non comedetis. Sanguinem enim animarum vestrarum requiram de manu cunctarum bestiarum, et de manu hominis. De manu viri et fratris ejus requiram animam hominis. Quicunque effuderit humanum sanguinem, fundetur sanguis illius. Ad imaginem quippe Dei factus est homo. Olera virentia,* id est cruda apud nos esui apta non sunt; quasi *olera* ergo *virentia* prædicta omnia a Deo nobis traduntur, cum non pro sæculari honestate, ac scientia peraguntur, nec humanæ delectationis aqua, et ambitionis igne cocta solvuntur, sed pro sola internæ spei viriditate tenentur. Sic igitur allegorice accipiatur. *Carnem* autem *cum sanguine* non comedimus, si carnalis cujuslibet culpam ad instituendæ exemplum vitæ non assumimus; sanguis enim peccatum est; non, inquam, debetis imitari perversa, cum de manu cunctarum bestiarum, id est de opere cunctorum dæmonum, qui ad peccandum vos impulere, constet a me exigi supplicia, et de homine qui ea perpetravit exigitur pœna; sanguis animarum mors est ipsarum; mors autem earum assensus delectationum. *De manu viri* id est pastoris, cui virilis inesse debet animus ad restringendam femineam in subditis mollitiem, unde et annulum quia sponsam habet gerit episcopus, quæritur anima hominis, ut cui præesse inpræsentiarum consensit, illi tam in corporis quam in animæ, tanquam cum eo inde acturus, necessitatibus non desit; *de manu fratris* anima quæritur, si ea quæ proximo debetur juxta nos posito homini a nobis cura non impenditur; si enim negligentia nostra pereat, a nobis jure requiritur; *sanguinem humanum effundit,* qui aliquem in conceptu peccati fluctuantem suasionibus ad perpetrationem cogit; fit autem id non solum suadendo, sed et exempla præbendo : penset ergo seductor quam Deo supplicii debeat ultionem, qui Dei in homine destruxit imaginem.

Aliter : *sanguinem humanum* effundit, qui alterius latens vitium detrahendo detegit; qui itaque utrumlibet egerit, sanguinem proprium fundendum noverit, quia qui vel alium seduxerit, vel crimen cujuspiam emiserit, idipsum infligendo patitur, quod alteri inflixit, nec id injuria, nam dignus est discriminis, qui judicium sibi divinæ usurpat et honorem invide infamat imaginis, quique nævum eidem irrogat corruptionis; *ad imaginem* namque *Dei factus est homo.* Vos autem ab his extorres pestibus, *crescite* piis operibus, *multiplicamini* intellectibus, *ingredimini* ad Dei oculos, ne mulceamini vulgi favoribus *super terram.* id est Christum constabilimini fundatus, *et implete eam,* ipsum scilicet sanctis pascite actibus, qui esurit salutem vestram.

Vers. 8, 9, 10, 11. — *Hæc quoque dixit Deus ad Noe, et ad filios ejus cum eo : Ecce ego statuam pa-*

ctum meum vobiscum, et cum semine vestro post vos, et ad omnem animam viventem, quæ est vobiscum tam in volucribus quam in jumentis, et pecudibus terræ cunctis, quæ egressa sunt de arca, et universis bestiis terræ. Statuam pactum meum vobiscum, et nequaquam ultra interficietur aquis diluvii, neque erit deinceps diluvium dissipans terram. Cum talibus, inquit, officiis vos applicueritis, ecce, nec mora, statuam pactum meum vobiscum, peculiari vos mihi in amore astringam, et post vos, id est postquam corporea morte defeceritis, cum semine, bono videlicet opere, vestro pactum beatæ perennitatis stabiliam ; unde psalmus : *Et filii eorum usque in sœculum sedebunt super sedem tuam* (Psal. cxxxi, 12), habemus filios opera, filios filiorum operum præmia. Noe itaque, id est spiritus noster fœdus divinum suscipit, dum se arctius divinæ voluntati subjungit, cum operibus nostris post nos pactum stabilit, cum per remunerationis gratiam ea sibi placuisse in futuro ostendit. *Ad omnem animam viventem*, volucres scilicet, jumenta, et pecudes, et bestias pactum initur, dum per arcæ egressionem, peccati videlicet confessionem ; Lazaro enim dicitur : *Veni foras* (Joan. xi, 43), ea, quæ fuerant superba, cupida et lasciva, atque crudelia ad regulam modestiæ ducta, fiunt utilia ; boni namque corruptio fit vitia [f., vitium]. Et hæc per confessionem lota fiunt iterum virtus, et superna concipiunt pacta quæ quidem præteriti lapsus semper animum deprimente memoria permanent individulsa ; ut non interficiatur omnis caro diluvii aqua, id est non tanta habeatur contemplationis excellentia, quæ universa ad plenum subruat carnis certamina, quatenus, dum crebris perurgetur motibus, semper seipsa humilior confugiat sub Dei misericordiæ alas mens devota ; diluvium enim dissipans terram est, virtus speculationis humilitatis respectum in mente destruens. Ne magnitudo sane revelationum extolleret Paulum, datur sibi stimulus (II Cor. xii, 7).

Vers. 12, 13, 14, 15. — *Hoc signum fœderis, quod do inter me et vos, et ad omnem animam viventem quæ est vobiscum in generationes sempiternas. Arcum meum ponam in nubibus ; et erit signum inter me, et inter terram. Cumque obduxero nubibus cœlum, apparebit arcus meus in nubibus : et recordabor fœderis mei vobiscum, et cum omni anima, quæ carnem vegetat ; et non erunt ultra aquæ diluvii ad delendam universam carnem.* Arcus colore rubeo, simulque viridi constare dignoscitur. Arcus sacra Scriptura est, de qua sagittas suas ardentibus efficit Deus (Psal. vii, 14). Per colorem igneum timor, qui nos discruciat, per virorem accipitur spes, quæ pascuæ supercœlesti inhiat ; quæ duo cum indesinenter nostra occupaverint corda ex arcu Dei procedentia, fit signum fœderis *in nubibus*, id est indicium divini amoris in cogitationibus, quo bene inter nos, ac Deum conveniamus, proficiendo in virtutum generationes, quæ nos ad beatas evehant sempiternitates ; cum enim sic timetur, ut tamen non desperetur locus, ubi superbia, seu ignavia concrescat, non in animo reperitur. Dum itaque cœlum, mens videlicet, *nubibus*, id est cogitationum nebulis obducitur, arcus iste per quem corda charitate vulnerentur, quasi lucifer in tenebris apparescens inducitur.

Vers. 16, 17. — *Et recordabor*, inquit, *fœderis mei vobiscum*, id est recordari vos faciam sponsionis vestræ, qua mihi vos pro vestrorum venia peccatorum, et præmio vitæ æternæ servituros obtulistis. Hoc fœdus initum est etiam *cum omni anima*, non quam caro portat, sed quæ carnalitatem regit, et cum paralytico grabatum bajulat, et dum spes timoris providentia temperatur, si qua supernæ aspirationis exuberantia aliquando suppetat, non valebit intantum ut tumor inde nascatur, quia carnalium memoria operum ab animo, Deo dispensante, nequaquam deletur ; *eritque arcus in nubibus*, quia cor nostrum sacri eloquii est locus, *et videbo eum*, id est continua meditatione versantibus exponam illud clare videndum, *et recordabor fœderis*, id est recordari faciam spiritualis eos, qua mihi annectantur, dulcedinis, *fœderis dico sempiterni*, quod interim dum vivimus nos Deumque constringat, sed in futuro specialiter uniat. Hoc pactum ad universam carnem, id est humanitatem, *quæ est super terram*, id est quæ supergreditur seipsam.

Vers. 18. — *Erant igitur filii Noe, qui egressi sunt de arca, Sem, Cham, et Japheth. Porro Cham ipse est pater Chanaan.* Tres isti sunt filii Noe, et ab his disseminatum est omne hominum genus super universam terram. Ex nostro spiritu spiritualiter fides, spes, charitas procreantur, ut supra sub personis trium filiorum dissertum est. Hi egrediuntur de arca, quando de putenti per confessionem egredi nos compellunt conscientia ; talia dicta in Scripturis abundant, ut est : *Possedit agrum de mercede iniquitatis* (Act. i, 18), id est possideri fecit. Porro Cham ipse est pater et auctor Chanáan, qui interpretatur *motus eorum*. Dum enim multotiens quam sit ardua nostri executio propositi consideramus, et necessariam cœptorum bonorum perseverantiam attendimus, ex desidia, et desperatione laboris fit motus, ac mutatio eorum, scilicet operum : nam fides cum exercetur per officia charitatis, et spes delectari nititur invisibilibus bonis, ab ipsorum contuitu, operis victa fastidio visibilibus, quæ magis in promptu sunt, amovetur illecebris. Cham itaque *pater est Chanaan*, quia spes proprio defectu, non quod bona æterna discredat, sed quod ea consequi præ laboris mole diffidat, potissimum mentis studia movet, ac mutat ; Chanaan enim dicitur *mutatus*. Ab his tribus, nostris spiritualibus filiis omne hominum genus, id est omnis species rationabilitatis uper terram humanæ conditionis infunditur.

Vers. 20, 21, 22. — *Cœpitque Noe vir agricola exercere terram, et plantavit vineam. Bibensque vinum inebriatus est, et nudatus jacuit in tabernaculo suo.*

Quod cum vidisset Cham, pater Chanaan, verenda scilicet patris sui esse nudata, nuntiavit duobus fratribus suis foras. Spiritus noster requiei amator internæ vir *agricola* est, cum vires ingenii ad exquirendas sacræ paginæ agri, videlicet spiritualis, fruges exerit; *terram* exercet, cum corpori per exactiones laborum imminet; *vineam* plantat, cum corporalem per se attendens exercitationem ad modicum utilem, pietatem, spiritualia scilicet bona in Dei dilectione fundat, unde palmites internæ virtutis effundat: bibit *vinum*, cum degustat cœleste desiderium. Hoc, juxta Zachariam, germinat virgines vinum (*Zach.* IX, 17). Inebriatur, cum terrena obliviscens ad superna sola cogitando gaudia extenditur; sed cum ad cœlestia sapienda porrigitur, quæ sit miseria humanæ mortalitatis tunc primo magisque cognoscitur; *in tabernaculo* ergo se nudat, qui stola impassibilitatis, ac immortalitatis spoliatum se etiam in ipso corpore, quod tabernaculum usitate in Scriptura dicitur, pensat, juxta Paulum, enim quandiu *in hoc sumus tabernaculo ingemiscimus gravati* (*II Cor.* 5, 4), aut ex ipso gustu gloriæ, quam sit virtutis egena mens cogitat. At dum sæpe et fragilitas inter labores corporis et gravia ad expiandum peccata occurrunt menti, spesque minor ob sui in hac parte remissionem frater appellatur, *verenda* animi *patris* scilicet *sui* contemplanda prætendit, et difficultatem, imo impossibilitatem pœnitentiæ contuitu verendorum, id est peccatorum, objiciens fidei, et charitati, quarum ratio aliquoties extra nos evagatur, quasi *duobus foras positis fratribus* nuntiat, et ut a proposito desinant, quasi subsannans patris qui proposuit ignaviam cogat.

VERS. 23. — *At vero Sem et Japheth pallium imposuerunt humeris, et incedentes retrorsum operuerunt verenda patris sui; faciesque eorum aversæ erant, et patris sui virilia non viderunt Sem, et Japheth pallium* imponunt *humeris,* quando fides et charitas sui ratione reviviscentes nimietatem verecundiæ, quæ mater est desperationis, dissimulantes, non prorsus rejiciunt, sed se ponunt a tergo mentis. Unde dicitur: Incedentes retro, quia etsi pudorem in quantum nimius est rejiciunt, tamen per memoriam præteritæ vitæ retro incedunt; non enim abolenda est peccati verecundia, sed temperanda; *facies* autem averluntur, quando de desperatione tentati, ad anteriora, spem scilicet æternorum, quæ pœnitenti promittuntur, intellectuales oculi diriguntur; operta igitur *patris virilia* non indiscreto pudore videnda operiunt, cum fides, et charitas correpta jam sibi spe suis utentes viribus, fructibus pœnitentiæ dignis conteguntur. Sed notandum quod hic pater Chanaan solum modo vocetur Cham, ubi suggerit pravæ motionis culpam.

VERS. 24, 25, 26, 27. — *Evigilans autem Noe ex vino, cum didicisset quæ fecerat filius suus minor, ait: Maledictus Chanaan, servus servorum erit fratribus suis; benedictus Dominus Deus Sem, sit Chanaan servus ejus. Dilatet Deus Japheth, et inhabitet in tabernaculis Sem, sit Chanaan servus ejus.* Ex *vino*, id est ex gratiæ dono Noe evigilat, cum animus comperto suggestionis dolo contra ejus tentamenta restiturus se suscitat. *Minor* autem *filius* recte dicitur, quia fides in aliquo difficile labitur; hæc vero perexcusationes impossibilitatum citissime congelascit, et per ipsam pariter charitas, nisi adsit ratio, refrigescit; congelascit, inquam, hæc enim est ovum evangelicum, quod materno charitatis calore fovetur, unde et Cham *calidus* dicitur, cui virus scorpii adversatur. Maledictum pro defectu solere poni sæpe numero jam diximus; Chanaan ergo deficiat, id est motus instabilitatis absistat; servi fratrum sunt ratio, voluntas, et affectus, quæ fidei, spei, et charitati obediunt, vel quæcunque interius, vel exterius bona opera fiunt. His quidam militibus succenturiatus aiebat: *Dico huic: vade* in exhibendum actuale officium, *et vadit; et alii: Veni* ad spiritualitatis studium, *et venit; et servo*, id est affectui vago: *Fac hoc, et facit* (*Matth.* VIII, 9). Articulus iste, quod est *hoc*, de re, quæ præsens est, solet dici. Fac igitur *hoc*, id est, ea age quibus tibi, id est, animæ tuæ præsens sis, et quia articulus demonstrativus est, *hoc*, ea age, inquit, quæ tibi a ratione agenda non extra te, sed intra teipsum monstrantur. Si igitur servi sunt hi, quis dignius erit horum servus quam Cahanan, id est mutabilitas atque motus, ut non imperet, aut in ullo resistat, sed ad coronam serviat virtutibus.

53 VERS. 26. — *Benedictus Deus Sem;* in fide utique, quæ per Sem accipitur, Dei benedictio, id est augmentum divinæ cognitionis emineat, et subjiciatur ei pravæ mutabilitatis motus. (VERS. 27.) *Dilatet Deus Japhet*, id est si charitas amicos attingit, usque ad ipsos etiam inimicos se Deo dilatante propaget; tabernacula militantium ac peregrinantium proprie sunt: fides vero cum sit sperandarum interim substantia rerum, cum ad illas res ventum fuerit, prorsus deficiet. Militat itaque, et peregrinatur Sem, fides scilicet in præsenti, sed iners ejus militia judicatur, si charitatis contubernio privetur. Si ergo volumus non mori fidem, *habitet Japhet in tabernaculis Sem*, ornemus scilicet dilectionis opere credulitatem, et subsit nobis spei nunquam labefactandæ motus.

VERS. 29. — *Vixit autem Noe post diluvium trecentis quinquaginta annis; et facti sunt omnes dies vitæ ejus nongentorum quinquaginta annorum, et mortuus est.* Per annos conversatio sancta exprimitur, quæ ex virtutum, quasi ex dierum collectione conficitur; per trecentos fidei, spei, et charitatis, de quibus modo egimus, perfectio accipitur; per quinquaginta requies, in qua per harum exercitia virtutum ac si quadam jubilæi remissione a nequam studiis cessatur; et fiunt tamen omnia quæ gerimus, quacunque religionis luce fulgeamus, imperfecte a nobis, quod per nongentos annos, qui denarium minus habent, intelligitur, quia in conspectu Dei omnis vivens non justificabitur (*Psal.* CXLII, 2), licet humano judicio videatur. Hinc est forsitan quod auctor, nescio quis, in versu offertorii novies repetit, *ut videam bona*, denarium illum quærens summum, bonum perfectum, qui datur laborantibus in vinea; quod etiam hic intelligitur per quinquaginta non jam in tempore, sed requies sempiterna, *et mortuus est*, quantum ad mundi hujus vitia.

EXPLICIT LIBER TERTIUS.

INCIPIT LIBER QUARTUS
MORALIUM IN GENESIM.

CAPUT XII.

VERS. 1. — *Locutus est Dominus ad Abram, dicens : Egredere de terra tua, et de cognatione tua, et de domo patris tui, et veni in terram, quam monstravero tibi, benedicam tibi, et magnificabo nomen tuum.* Patri excelso, quod interpretatur Abram, id est spiritui paterna mentem auctoritate recturo, et a terrena vilitate levando, inspiratoria Deus locutione hæc suggerit : *Egredere de terra tua*, id est excutere de terrenitate tua, vel qui apud te in peccato submersus es, exi confitendo de peccatrice conscientia, et de cognatione imaginationum, cogitationum, carnaliumque luxuum, quæ ex eadem exoritur terra; *et de domo patris tui*, de ipsa scilicet exteriori conversatione mundi, quam possidebat pater quondam noster diabolus præsidens atrio suo in modum fortis armati; non enim cohiberi potest mobilitas intimi hominis, nisi extra fugiatur cohabitatio mundi. *Veni ergo in terram quam monstravero tibi*, in eam videlicet corporis ac animi soliditatem quam tibi insinuabo aut per internam suggestionem, aut per sacræ Paginæ lectionem, *faciamque te in gentem magnam*, virtutum videlicet numerositate te instruam, ubi gratiæ spiritualis multiplicitate benedicaris, et nomine, id est eximia opinione ad cœlestis Patris laudem magnificaberis.

VERS. 3. — *Benedicam benedicentes tibi*, multiplicabo utique hos, qui prædicado, exempla præbendo, tuis adminiculantur augmentis, et cognationes terræ, non illius de qua juberis exire, sed a me tibi intellectualiter demonstrandæ spirituales cordis progenies non tantum famæ vulgaritate, sed *in te benedicentur*, in tui scilicet interni habitus, ac operis veritate. Est autem cognatio ipsa virtutum ex sese prodeuntium quadam concatenatione facta gradatio. *Maledicam maledicentibus tibi*, inquit, ea profecto quæ damnum tibi defectionis incutiunt vitia carnis tuæ redigam in defectum.

VERS. 4. — *Egressus est itaque Abram, sicut præceperat ei Dominus; et ivit cum eo Loth.* Cum egrediente, ut expositum est, Abram it Loth, quia rationis auctoritatem justum est ut sequatur carnalis affectus, qui sæpius in nobis **54** declinat a recto, naturalis vitii consuetudine vinctus : Loth enim interpretatur *declinans*, vel *vinctus*. *Septuaginta quinque annorum erat Abram, cum egrederetur de Aran*. Aran interpretatur *res cum arca*. Per arcam cupiditatis capacitas notatur, per rem ea quæ concupisci possunt figurantur : quidam dum convertuntur, res quidem abdicant, sed habendi appetitum, id est arcam non abnegant : *De Aran* ergo exit quisquis cupiditatem, et quæcunque possunt concupisci respuit. *Septuaginta quinque* cum egreditur *annorum* est, dum per septenarium gratiæ Decalogum legis implens, quinque corporis sensibus integra virtutum quasi annorum collectione præest.

VERS. 5. — *Tulitque Sarai uxorem suam, et Loth filium fratris sui, universamque substantiam quam possederant, et animas quas fecerant in Aran; et egressi sunt, ut irent in terram Chanaan.* Sarai dicitur *princeps mea*, et significat voluntatem, quæ in morem conjugis unita Abram, id est marito spiritui, et Loth filio fratris sui, affectui utique, qui ex corporali semine, cui quædam cum anima naturalis germanitas inest, gignitur, recto ordine cum ita constiterit ducitur : cum his itaque Abram noster tollit *universam substantiam, quam pariter possederant*, dum omnia quæ intellectui nostro terrestria jure substant, in potestate habemus, nec ab eis regi nos serviliter patimur, sed nos ea quasi paralyticus grabatum reginus (Joan. v, 9). Unde Job : *Quia* inquit, *non sunt in manu eorum bona sua, consilium impiorum longe sit a me* (Job XXI, 16). Quod enim ratio damnando possederit, profecto et voluntatis, et affectus statim imperio suberit. *In Aran* fiunt animæ, dum vitalia ac spiritualia bona peraguntur perfecta mundi abrenuntiatione. Egrediuntur *ad terram Chanaan*, dum morum quam professi sunt adipiscuntur solidam mutationem; Chanaan enim dicitur *mutatus*.

VERS. 6. — *Cumque venissent in eam, pertransiit Abram terram usque ad locum Sichen et usque ad convallem illustrem.* Attingentes igitur conversionis efficaciam, pertransit spiritus noster terrenæ habitationis, quæ se aggravat, molem, et venit *ad locum Sichen,* id est obedientiæ perseverantis stabilitatem; Sichen enim interpretatur *humerus,* et humero quoque portamus, per quod obedientiam recte accipimus, cujus imperio humiliter ferendo curvamur : locum autem animi immobilitatem dicimus; sed si obedimus, ad convallem illustrem, id est humilitatis nobilitatem necesse est veniamus, ut non coactitium prælatis, et etiam minoribus, sed ambientes spontaneum servitium impendamus.

VERS. 7. — *Chananæus autem tunc erat in terra. Apparuitque Dominus Abram, et dixit ei : Semini tuo dabo terram hanc. Qui ædificavit ibi altare Domino, qui apparuerat ei.* Quo itaque Deo et sæculo illustriores sumus, tanto humiliores esse debemus. Sed *Chananæus* est *in terra,* quia spiritus cenodoxiæ et ineptæ typus verecundiæ desæviunt in affectione terrena. Chananæus enim dicitur *negotiator;* quod est inanis gloriæ venalitas, quæ maxime bonis actibus se ingerit, cum etiam quilibet ex ipsa sua humilitate superbit. Dicitur quoque Chananæus *erubescens,* pudor scilicet humanus ad viliora imperia sese menti incutiens. Hi tunc erant *in terra,* dum in nostris præcordialibus bonis ferverent sub conscientia. Apparet ergo Dominus Abram, cum se excelsum, sed humilia tamen respicere evidenti illustratione edocet rationem, et ad talibus resistendum de suis viribus diffidentem spe confortat victoriæ dicens; *semini tuo,* id est operis tui merito, si persistas, subjiciam terreni affectus quam fateris motionem. Ibi denique *altare* ædificamus, cum specie ista superandi spem quoque non in laude inani, sed præmio cœlesti cæterarum materie virtutum adjecta construimus. Nullum enim nostrum est bonum, si non sit spei divinæ innixum, sicut sine altario sacrificium.

VERS. 8. — *Et inde transgrediens ad montem, qui erat contra Bethel, tetendit ad tabernaculum suum, ab occidente habens Bethel, et ab oriente Hai.* Bethel dicitur *domus Dei.* De loco altaris ad montem promovemur, cum non solum de vitiorum victoria non desperamus, sed etiam quarumque virtutum excellentiam appetimus. Is mons versus orientem domus Dei situs est, quia quidquid virtutis habemus, ad Christi conformitatem inhiat, Christi visione irradiari hic, et in futuro desiderat, qui est verus Oriens domus Dei, id est minister luminis mentibus fidelium, in quibus est habitatio Dei : tabernaculum isthic tendimus, cum ad Deo militandum appetitum spiritus provehimus. *Ab occidente Bethel* habemus, cum defectui nostro, qui aliquoties subrepit, vel etiam desperationi, domus Dei super cœlestis decorem, vel præteritæ actionis puritatem opponimus : *ab Oriente* vero habemus *Hai,* vel etiam secundum aliam translationem *Gai,* cum virtutum, quasi ex nimii gloria luminis lasciviente successu, quæstionem animo de inferni, vel peccatorum quorumlibet quæ in nobis fuerunt, aut esse possunt, confusione inducimus; Hai namque *quæstio,* Gai dicitur *confusio :* quod totum est : *In die bonorum ne immemor sis malorum, et in die malorum ne immemor sis bonorum (Eccl.* XI, 27). Ædificat etiam hic Abram *altare,* dum inter victorias circumspectus **55** ad Deum suæ mentis hospitio invocandum, spiritus noster firma jam post spei tenorem radicatur charitate. Hæc enim sunt altaria tua, Domine virtutum, in quibus turtur nidum reperit, passerque domum (*Psal.*LXXXIII, 4); unde et subjungitur.

VERS. 9. — *Perrexitque Abram vadens, et ultra progrediens ad meridiem.* Ad meridiem pergimus cum ad plenarium devotionis fervorem obtinendum contendimus ; vadimus, cum animi propositum opere exercemus ; ultra vero progredimur, cum ad majora gerenda exardescimus pii desiderii ambitu, quam facere præpediente fragilitate sinamus.

VERS. 10. — *Facta est autem fames in terra; descenditque Abram in Ægyptum, ut peregrinaretur ibi.* Post tantam gratiæ exuberantiam necesse est ut tentatio subsequatur, ne in superbiam gloriæ nimietas delabatur; fit ergo *fames in terra,* cum fit in mente divini saporis inopia; *descendit in Ægyptum,* cum spiritu noster tribulationis se coangustantis humiliter inspicit detrimentum; Ægyptus namque dicitur *tribulatio coangustans;* ibi peregrinatur, cum in fervore tentationis, juxta apostolum qui ad probationem fit (*1 Petr.* IV, 12), mens a se pauliusper alienata vagatur; nec id injuria; *prævaluerat enim fames in terra,* id est, dominabatur divini egestas consilii in conscientia.

VERS. 11, 12, 13. — *Cumque prope esset ut ingrederetur Ægyptum, dixit Sarai uxori suæ : Novi quod pulchra sis mulier, et cum viderint te Ægyptii dicturi sunt : Uxor illius est; et interficient me, et te reservabunt. Dic ergo, obsecro te, quod soror mea sis, ut bene sit mihi propter te; et vivat anima mea ob gratiam tui.* Postquam igitur ad mentis caliginem, quod Ægyptus, quæ dicitur *tenebræ,* sonat, pervenerimus, in ipso adhuc tentationis incerto Sarai, nostræ scilicet voluntati adhuc ab imperio non divulsæ mariti rationis, dicimus : Certum est quod bona cupias, et habita honestatis quasi quadam specie benevolendo non careas, licet opere exsequi nequeas, sed si Ægyptii, carnales videlicet, qui te contenebrant, motus, aciem tibi suæ impugnationis, quia eis contraria voles, intenderint, uxorem te meam, id est rationis meæ amore te ductam æstimantes, mihi spiritui acrius insistent, tentationibus obruent, et te sibi, ut jam non nisi carnalia velis, contrahent; non itaque resistere tot malorum impulsibus valeo; cedam ergo, unde et sororem te meam, ut dicas obsecro, id est eadem sentias quæ et ego, ut obruta auctoritate mariti idem sapiant voluntas carnalis et ratio, ut bene sit mihi quantum ad tempestates animi, quas suggestioni consentiens evasero, et vivat anima mea, id est, sentiat vita mea quid dulcedinis habeat sæculo inservire secundum placitum arbitrii sui.

Vers. 14, 15. — *Cum itaque ingressus esset Abram Ægyptum, viderunt Ægyptii mulierem, quod esset pulchra nimis. Et nuntiaverunt principes Pharaoni; et laudaverunt eam apud illum, et sublata est mulier in domum Pharaonis.* Ingredimur Ægyptum, cum bonæ intentionis amisso lumine obscuritatem incidimus mentium : Ægyptii mulierem quod pulchra sit vident, cum corporales motus, qui aliquoties etiam sine cogitatione naturaliter et sponte citantur, piæ voluntatis pulchritudini invident, et sollicitando urgent; etsi enim plerumque erramus, omnino tamen nos errare dolemus, quia, juxta Apostolum : Quod nolumus malum, hoc agimus (*Rom.* vii, 19). *Principes Pharaoni* nuntiant, cum hi quibus dicitur: Tollite portas, principes, vestras (*Psal.* xxiii, 7), sensus exteriores nostri affectui carnali de residuo pii desiderii conquesti intimant; per Pharaonem enim carnalis recte affectus accipitur, qui *dissipans*, vel *discooperiens eum*, haud dubium quin spiritum destruens interius, et detegens veste virtutum, interpretatur; illam autem laudant, cum sagacitatem ingenii, et habitum corporis ad sæculi captanda commoda adulatorie suggerendo prædicant. *In domum Pharaonis mulier* transfertur, cum mollis jam enervisque voluntas perseveranter actura eum affectu carnali inducitur; per domum enim diuturnitas intelligitur mansionis.

Vers. 16. — *Abram vero bene usus est propter illam; fueruntque ei oves et boves, asini et servi, et famulæ, et asinæ et cameli.* Oves fatuitatem, boves nequitiæ ponderositatem, *asini* petulantiam, *servi* protervam, *famulæ* seductibilem et ad oculos solum humanos timidam conscientiam, *asinæ* cogitationem continua pollutione fecundam, *cameli* pravum ac distortum appetitum, et ad motum totius perversitatis acclinem; camelus namque a curvitate Græca derivatione vocatur. Bene autem exterius, non interius Pharao Abram utitur, dum non veris sed imaginariis, id est temporalibus bonis, pro voluntate corrupta ratio ab affectu delinitur.

Vers. 17, 18, 19. — *Flagellavit autem Dominus Pharaonem plagis maximis, et domum ejus, propter Sarai uxorem Abram. Vocavitque Pharao Abram, et dixit ei : Quidnam est quod fecisti mihi? quare non indicasti quod uxor tua esset? Nunc igitur ecce conjux tua, accipe eam, et vade.* Pharaonem Dominus flagellat, dum quandoque a suarum effectu libidinum torpentem affectum præsentium futurorumque malorum Deus consideratione exterritat : *ejus percutit domum*, dum temporalis timore ultionis, vel æterni judicii, perseverandi in malo quem proposuerat destruit appetitum; et hoc fit *propter uxorem Abram Sarai* scilicet donec voluntas quasi conjugi proprio reddatur rationi : vocat *Pharao Abram*, quando affectus jam humilis sibi applicat rationem. Cur, inquit, o intellectualis censura judicii, voluntatis non cohibuisti lasciviam, et tibi jure subditam sivisti tam leviter distrahi a te per ineptæ meæ affectionis fraudulentiam? Pacatis itaque meæ irritationis cunctis incursibus *accipe eam*, id est, forti continentia a modo tibi restringe connexam, sed tamen postmodum quantocius *vade*, id est, in melius proficere stude, declina a malo, et deinde impiger facito bonum (*Psal.* xxxvi, 27).

Vers. 20. — *Præcepitque Pharao super Abram viris, et deduxerunt eum et uxorem ejus, et omnia quæ habebat.* — (Cap. xiii. Vers. 1.) *Ascenditque Abram ex Egypto, ipse et uxor ejus, et omnia quæ habebat, et Loth cum eo ad australem plagam.* Pharao super Abram viris præcipit, cum Dei timore compunctus carnalis appetitus virilibus rationis sensibus auctoritatem propriæ opitulationis adjungit; deducunt eum, et uxorem, et quæ habet, cum ad expediendam intellectualitatem, subjungendamque intellectui voluntatem, et residuam animæ bonitatem, quidquid est virium sibi animus exhibet : *ascendit Abram cum suis, uxore, et Loth ex Ægypto*, cum spiritus noster emigrat a mundi hujus desiderio, et voluntate ac affectu suo a pristina declinatione correcto *ad australem* concedit *partem*, ad spiritualis scilicet vitæ fervorem. Surge, inquit, aquilo, et veni, auster (*Can.* iv, 16).

Vers. 2. — *Erat autem dives valde in possessione argenti et auri.* Postquam a peccati torpore ad ardentioris studii instituta consurgimus, argento scientiæ ditamur, quia discretionem spirituum, vitiorumque naturas, humanæ etiam conversationis varios status tanto altius cognoscimus, quanto et hæc aliquando passi, jam nunc Deo juvante nos evasisse gaudemus; auro sapientiæ locupletamur, cum jam Dei contemplatione satiamur, et virtutum seu quorumlibet mysteriorum intelligentia perlustramur. Potest et sapientia ad religionis excellentiam, scientia vero accipi secundum ecclesiastici documenti sagacitatem.

Vers. 3, 4. — *Reversusque est per iter, quo venerat, a meridie in Bethel, usque ad locum ubi prius fixerat tabernaculum inter Bethel et Hai : in loco altaris quod fecerat prius, et invocavit ibi nomen Domini.* A meridie in Bethel venimus, cum a calore bene operantis fidei ad solum domus Dei, quod est Bethel, decorem diligendum, exquirendumque attingimus : domus autem Dei, aut mens nostra, aut illa intelligitur, in qua multæ esse mansiones perhibentur (*Joan.* xiv, 2). Porro per idem iter quo venimus, de Ægypto revertimur, cum per eadem virtutum exercitia, a quibus defluximus in culpam, regredimur in gratiam, scilicet usque ad locum ubi fixeramus tabernaculum, id est usque ad sinceræ humilitatis stabilitatem, quæ sanctarum mentium in præsenti locus est, sicut pravarum superbia, ubi spiritualem nos acturos, dum spiritus hos regit artus, spopondimus militiam, in loco altaris, quod inter Bethel et Hai prius fecimus, in fide videlicet Christi totum hoc agentes, in quo quasi fundamento spem bonorum nostrorum præmii fixe locavimus, sine qua tanquam altari non offerimus. Hinc Bethel, id est supercœlestis domus Dei, contemplatione gaudentes, illinc gaudia Hai, id est tartareæ confusionis, intuitu moderantes, sicque nobis nomen Domini, quod est Jesus, id est Salvator, invocantes.

VERS. 5, 6, 7. — *Sed et Loth, qui erat cum Abram, fuerunt greges ovium, et armenta, et tabernacula. Nec poterat eos capere terra, ut habitarent simul. Erat quippe substantia eorum multa, et non quibant habitare communiter. Unde et facta est rixa inter pastores gregum Abram et Loth.* Loth, id est affectui nostro, quandiu rationi quasi Abram inhæret, *greges* sunt *ovium*, numerositas videlicet simplicium ad se, et beneficarum ad alios cogitationum; non enim modo sibi, sed et aliis vellera ferunt oves; sunt *armenta*, fortia scilicet virtutum opera; adsunt denique *tabernacula*, dum sciens hic se non habere manentem civitatem (*Hebr.* XIII, 14), cogitat in hoc sæculo se versari ac si in quadam castrorum militia; sunt namque militantium vel peregrinantium tabernacula; non potest tamen eos terra capere, ut simul habitent, quia terrenitas, quæ aggravat animam (*Sap.* IX, 15), non patitur intellectualitati irrefragabiliter ac individue quandiu in hac carne agimus appetitum consentire carnalem : *Caro enim concupiscit adversus spiritum, et spiritus adversus carnem* (*Gal.* V, 17). Nam substantia, id est motuum, qui menti ure substant, infimorum discrepantia, non fert corpus et spiritum semper in Dei placito sentire communia; hinc ergo fit indesinens inter pastores utrorumque gregum rixa; dum et cogitatio rationabilis per virtutis pasci cupit studia, aut per sacræ paginæ dicta; carnalis vero temporali saginatur gloria: pascunt rationales motus lacrymæ corporales quæque joculatoria; multa igitur inter utrosque discordia : *Fuerunt*, inquit, *mihi lacrymæ meæ panes* (*Psal.* XLI, 4).

VERS. 8, 9. — *Eo autem tempore Chananæus, et Pherezæus habitabant in terra illa. Dicit ergo Abram ad Loth : Ne, quæso, sit jurgium inter me et te,* 57 *inter pastores meos, et tuos; fratres enim sumus. Ecce universa terra coram te : si tu ad sinistram ieris, ego dexteram tenebo; si tu dexteram elegeris, ego ad sinistram pergam.* Eo tempore quo pastorum intra nos, cœlestium scilicet atque terrestrium jurgia conseruntur, *Chananæus atque Pherezæus* in nostra terrena affectione versantur. Chananæus interpretatur *reversus est*, Pherezæus *superans*, vel *disseminatus* : dum enim neque noster appetitus post momentaneam pacem quasi ad solita bella revertitur, cogitatum, delectationumque semina animæ insperguntur, quibus ipsa multoties superatur, loquatur itaque *Abram ad Loth*, ne, inquit, ratio ad affectum tam contraria exercere ac monere studeas honestati, cum ex una prodeuntes mente, quodammodo nos vinciat germanæ ad invicem pietas conditionis; et ubi tanta naturæ est unitas, sibi alter-

utrum invidere, subversionis dolos obtendere, quæ dementiæ extremitas? *Ecce universa terra coram te est*, id est universæ terrenitatis appetitus in promptu est; si tu sinistrorsum per flagitiorum convexa processeris; virtutum modestiam, quod est dextra, ut dici solet, rostro et unguibus me defensuram noveris? quod si de ipsa dexteræ, scilicet virtutis custodia, per elationis impetum me tentare delegeris? ego *ad sinistram* peccatorum a me olim commissorum intuitu cordis pergens, conceptos reflabo tumores aculeo discretionis.

VERS. 10. — *Elevatis itaque Loth oculis vidit omnem circa se regionem Jordanis, quæ universa irrigabatur, antequam subverteret Deus Sodomam et Gomorrham, sicut paradisus Domini et sicut Ægyptus venientibus in Segor.* Loth oculos erigit, cum carnalis appetitus ex ipsa rerum mundialium cupida consideratione superbit; videt non Jordanem, id est descensum eorum, scilicet iniquorum, quo per amorem visibilium in invisibilem labuntur interitum, sed *omnem quæ circa est regionem*, id est ipsius peccati circumstantiam, sæculi scilicet hujus jucunditatem; descensus sane peccatum est, regio circa descensum, gloria temporalis. Hæc *universa* irrigatur uti *paradisus* Dei, quia fallax animi cupiditas ad utendum bonis transitoriis sine ullo criminis incursu confingit sibi inesse gratiam honestatis, et his, quæ quasi quædam sunt paradisus ob nimiam sui speciem Dei manu consita, licite mentem, et usum debere attribui; hæc honestatis fiducia fons ille est, qui in initio hujus libri legitur totam terræ superficiem irrigasse; porro regionem irrigamus. utpote paradisum Dei, quia mundum nos posse religiose, continenterque tenere pollicemur, utpote tam pulchre satum verbo Dei; sed is qui paradisus a nobis falso jactatur, processu temporis fit Ægyptus, id est tenebræ et obduratio cordis, non aliis tamen quam *venientibus in Segor*. per animi scilicet fluxum delabentibus in lasciviam; Segor enim dicitur *vitula*, vel *meridiana*; in quibus intelligitur pravus animi æstus, atque petulantia; dumque de bono, quod non est, confidimus, in vera, quæ nobis insunt, mala corruimus.

VERS. 11, 12, 13. — *Elegitque sibi Loth regionem circa Jordanem, et recessit ab oriente; divisique sunt alterutrum a fratre suo. Abram vero habitavit in terra Chanaan. Loth moratus est in oppidis quæ erant juxta Jordanem, et habitavit in Sodomis. Homines autem Sodomitæ pessimi erant coram Domino nimis.* Hæ totæ igitur, quas prælibavimus, mentis fatuæ præsumptiones fiunt antequam Deus in nobis *Gomorrham*, id est *populi seditionem*, quod non est aliud quam vitiorum turbulentiam subvertat, et *Sodomam*, *cæcitatem*, videlicet de vitiis orientem; hac namque utraque subversa mox mundi nobis displicent universa. Recedit Loth *ab oriente*, cum post aliquantulæ pacis quietem, quam in primordio conversionis aliquoties experimur, Deo bella permittente salubriter nobis insurgere, affectus noster resilit ab ea, cui prius assenserat, rationis luce; *regionem Jordanis eligit*, quia per continuos appetituum motus gloriam qua destituatur attendit; adversus *alterutrum* dividuntur, dum contraria spiritui semper a carne quæruntur. *Abram habitat in terra Chanaan*, dum ratio cum Deo sentiens semper affectat morum quam professa est mutationem : Chanaan enim *mutatus* dicitur : *Loth* moratur *in oppidis* circa Jordanem, quia dum confidit in virtute suæ honestatis, quasi quibusdam fictilibus oppidis paulatim defluente propositi simulacro, ad hoc venit, ut habitet in Sodomis, in conformitate videlicet vitæ sæcularis : Sodoma plane dicitur similitudo eorum, id est malorum, et pessimus coram Domino, id est in interiori homine habitus ipsorum, licet coram hominibus æstimetur aliqua probitas eorum.

VERS. 14. — *Dixitque Dominus ad Abram, postquam divisus est ab eo Loth : Leva oculos tuos, et vide a loco in quo nunc es, ad aquilonem et ad meridiem, ad orientem et ad occidentem; omnem terram quam conspicis tibi dabo, et semini tuo in sempiternum, faciamque semen tuum sicut pulverem terræ.* Spiritui nostro vitiorum lenocinio resistenti, spem meliora merendi intima Deus allocutione attribuit. *Leva*, inquit, *oculos*, ab inferiorum utique concupiscentia specierum intentiones cogitationum dimove, *et vide, a loco*, id est a statu animi *in quo nunc agis*, *aquilonem* tentationum, 53 quæ torpidam reddunt mentem; *meridiem* spiritualis gratiæ, quæ fidei parit in nobis per opera digna calorem; *orientem* divinæ contemplationis, quæ radios subtilium intellectuum recessibus tuæ suggerat mentis, et *occidentem* activæ procurationis, quæ sicut ortum oriens, ita occubitum suscipiat solis, finem scilicet, perfectionemque charitatis, quæ a divino amore initium accipit exercendæ ad hominem pietatis. Postquam itaque *aquilonem* obtinueris, tria sequentia mox habebis, et pariter *omnem terram*, id est terrenitatem, qua suspectus ne in eam incurras teneris, (Vers. 15) *tibi dabo*, imo *semini tuo*, id est quod tibi vitia subdam non tuæ naturæ ascribas privilegio, sed gratiæ meæ, et bonæ actionis, quam per gratiam meam assecutus es, merito, quod est *semini tuo*; opera enim bona semina sunt nostra, unde est : *Et semen servorum ejus possidebit eam* (Psal. LXVIII, 37.)

VERS. 16, 17. — *Faciamque semen tuum sicut pulverem terræ.* Pulvis cum sit de terra, sine damno terræ a terra tollitur; bona nostra opera cum sint ad omnem ventum mobilia tentationis, sine aliquo Christi, qui terra nostra est, a quo pascimur, et sustinemur damno, vel commodo et adhæremus illi, et deficimus ab ipso. Hoc ergo semen *sicut pulverem* facit, cum levitatem nostri totius boni nobis indicat, nisi humore spirituali respergatur, et quia non pro se, sed pro nobis ipsis laborare jubemur : juxta Evangelium sane dicere præcipimur, cum bona fecerimus : *Servi inutiles sumus, quod debuimus facere, fecimus* (Luc. XVII, 10); hoc semen aliquis, etsi pulverem numerat, numerare non prævalet, quia etsi instabilitatem quam patitur plene metitur, tamen odio, vel amore apud Deum propter eadem opera ignorat omnino an dignus habeatur (*Eccl.* XI, 1), dum nescit quanti ab ipso pensentur; surge ergo ab omni inertia, terram conscientiæ, et corporis tui circumspiciendo, ac deprimendo perambula, secundum longitudinem perseverantiæ, et latitudinem charitatis, et sic, Deo dante, quæ vitii quondam erat, fiet nostri ad integrum hic, et in futuro juris.

VERS. 18. — *Movens igitur Abram tabernaculum venit, et habitavit in convalle Mambre, quod est in Ebron; ædificavitque ibi altare Domino.* Movet *tabernaculum*, cum spiritus noster in procinctu vitiorum positus, ad destinatæ Dei militiæ se promovet exercitium; habitat deinde *in convalle Mambre*, id est in humilitatis se deprimit vilitate, per quam refloreat ingenii perspicacitate, et exin bonarum et malarum rerum divisione. Mambre enim *divisiones et perspicua* sonat; nec immerito : Nam *superbis Deus resistit*, humilibus gratiam dat (*Jac.* IV, 6), et super humilem, ac quietum spiritus pausat (*Isa.* LXVI, 2); sed hæc convallis divisionum *est in Ebron*, quod *participatio mœroris*, aut *augmentum sempiternum* dicitur; nil enim eorum quæ prætulimus obtineri potest, nisi omnis terreni gaudii repulsione, et augmenti sempiterni desiderio in regni Dei. et justitiæ ejus quæsitione. Dicitur etiam Ebron *visio sempiterna*, in quo intelligitur divina contemplatio, hic quidem incipiens, sed in futuro perficienda, ubi mentis nostræ altare spiritualibus victimis plenum constabilitur, coeuntibus omnium sanctarum artium partibus in modum ædificii ad intelligentiam usque divinitatis porrigitur.

CAPUT XIV.

VERS. 1, 2, 3. — *Factum est in tempore illo, ut Amraphel rex Sennaar, et Arioch rex Ponti, et Chodorlahomor rex Elamitarum, et Thadal rex Gentium, inirent bella adversum Bara regem Sodomorum, et contra Ersa regem Gomorrhæ, et contra Sennaab regem Adamæ, et Semeber regem Seboin, et contra regem Balæ; ipsa est Segor. Omnes hi convenerunt in vallem silvestrem, quæ nunc est mare salis.* Per hos quatuor, qui adversus quinque reges inierunt reges quatuor principalia mala, delectatio scilicet, consensus, ac operatio, nec non etiam consuetudo a nobis accipitur, quæ adversus exteriorem appetitum, qui recte signatur per quinarium, magna congressionis mole luctantur, et hoc illo fit tempore, quo Loth in oppida declinavit Sodomæ : per quinarium, inquam, ea, quæ sensualitati adjacent, figurantur; appetitus namque noster, cum sit naturaliter bonorum appetens factus, corruptibiliter interiorum negligens exteriora quærit; ab his itaque prædictis regibus ab usu reficiendæ necessitatis compellitur ad libidines explendæ superfluæ voluptatis. Quinarius etiam ex quaternario constat, et monade, quasi quodam superiori præside, unde et affectus noster temporalium gloriæ, quæ quaternario figurantur, præstare principali majestate debet. Est igitur primus Amraphel, qui interpretatur *dixit ut caderet*, quod præcipue ad delectationem, quasi ad casus deliberationem attinet. Secundus, Arioch, qui dicitur *ebrius*, vel *ad solitudinem redigens*, in quo accipitur consensus dementia, consilii expers, atque Deo cultore repulso solum sibi hominem relinquens : tertius denique est Chodorlahomor, qui et ipso nomine quasi *decorum manipulum* sonat; manipulus fructus est operis, fructus autem pravi operis ipsa voluptatum suavitas est. Non ergo decorus, sed quasi decorus manipulus est, quia non vera species, sed fallax, et imaginaria dulcedo in talibus operationibus est. Porro quartus, *rex gentium* est, quia reprobus sensus ex 59 criminum consuetudine est, et sicut rex exercitum, ita ipse sibi contrahit omnium flagitiorum cœtum, quasi agmen multarum gentium.

Ineunt isti bellum adversus nostrum carnalem affectum, ac si flammæ admoveant ventum, sub suo eum imperio attrahentes : primus itaque nostræ defectionis motus quasi quidam rex non regens, sed deprimens in Sodoma est; Sodoma vero muta dicitur : muta est mens nostra, cum nil dignum ratione respondet ad delectationis ludibria. Gomorrha seditio populi, in quo intra mentis urbem cogitationum nequam effrenatio tumultuosa notatur. Adama interpretatur cruores; sanguis autem tunc cruor solum usu Latino dicitur, cum a corpore decurrere videtur : cruores ergo sunt peccata, quæ in opus pravum ex interna seditione procedunt. Seboim capra, vel damula, vel statio ejus in mari, in quo intelligitur ipse noster affectus, qui cum mutus ex Sodoma, seditiosus ex Gomorrha, fuerit denique transgressor ex Adama, jam quasi capra, quæ arduorum est appetens, spe inani sublevatur ad supera, dehinc in morem damulæ, quæ pavidum est animal, ne habita perdat, timore descendit ad infera; sicque statio ejus fit in mari, dum nunquam a recto animi statu indesinentium impulsu motuum desinit fluctuare. Sequitur igitur jam Bale, quæ interpretatur *absorbuit*, vel *præcipitavit;* nam his anima ad vitæ destitutionem præcipitata miseriis, quodam oblivionis absorbetur barathro, ut jam vix meminisse velit, in quo sit posita tempestatum salo. Super his itaque omnibus reges sunt, dum carnis motus cogitationum agmina sibi contrahunt, Reges quatuor adversus quinque se erigunt, dum prædictæ defectiones animi alias in affectu nostro remissiones, et nequitias, aut etiam easdem ipsas exaggerant, et accendunt. Unde sequitur : Quia omnes hi convenerunt in vallem silvestrem, id est omnis negligentiæ examina coierunt in mentem humilem; sed ab excellentia sanctitatis dejectam, et silvatico quodam horrore peccati, multimoda obscuritate, et incuria obtectam ; inde fit mare salis, id est ex hoc innascitur animæ repulsa Dei sapientia, prudentia carnis : sal enim quia hoc loco maris dicitur, astutia accipitur; mare non incongrue sicut sæculum, ita et caro dicitur, quæ semper æstuat desideriis; *prudentia* autem *carnis*, quæ ab Apostolo *mors* vocatur (*Rom*. VIII, 6), in solis voluptatibus exercendis ac exquirendis gloriatur.

VERS. 4. — *Duodecim annis servierunt Chodorlahomor, et tertio decimo anno recesserunt ab eo.* Per *Chodorlahomor*, quem diximus quasi decorum manipulum appellari, voluptatem, quæ fructus totius nequitiæ, et quasi quidam decor est, intelligimus figurari ; tria vero quater duodecim faciunt ; duodecim itaque annis illi servimus, cum trinitatem mentis, rationem scilicet, voluntatem, ac memoriam voluptati, quæ in regnis vitiorum præeminet, quasi sub quaternario temporalitatis hujus addicimus. Duodecim etiam annis illi servimus, cum mentis, ut diximus, trinitatem, et corporis quantitatem eidem quadam annuali perfectione subjicimus; sed tertio decimo ab eo recedimus, cum Deum, qui unitas est, præsidem ac rectorem nobis in corpore ac anima instituimus.

VERS. 5, 6, 7. — *Igitur anno quarto decimo venit Chodorlahomor, et reges, qui cum eo erant, percusseruntque Raphaim in Astaroth, Carnaim, et Zuzim cum eis, Emim in Save Cariathaim, et Chorræos in montibus Seir, usque ad campestria Pharan, quæ est in solitudine, et percusserunt omnem regionem Amalecitarum, et Amorrhæum, qui habitabat in Asasonthamar. Reversique sunt ad fontem Misphat, ipsa est Cades.* Postquam in convalli Mambre Abram figit tabernaculum, dederamus regi nequissimo voluptati repudium; hæc enim præcellit in regibus, quia nil voluptate cordibus hominum dominatur tenacius. At animi rursus, ut assolet, tepescente statu, et denarium divinæ legis quaternario temporalitatis supponente, memoria voluptatis, delectationis, consensus, consuetudinisque pristinæ accincta suffragiis, percutit *Raphaim in Astaroth*, id est imbelli sua teneritudine, qua nullis motibus obstat, excitat et commovet gigantes, quod interpretatur *Raphaim*, id est superbos dæmones, ad faciendam lapsuræ menti explorationem : *Astaroth* sane, faciunt exploratores, dicitur. Percussio autem ista non interemptio est, sed securæ ac nimium de se fidentis animæ concitatio ; solent enim vasa percuti, ut muscæ, vel apes inibi quiete considentes suscitentur, unde et percussum dicitur latus Petri in carcere. Post explorationem ergo infirmæ mentis, quæ ad omnem memoriam ad vitia concalescit, percutitur, id est movetur *Carnaim*, quod est cornua, in quibus signatur repugnandi contra memoriæ suggestionem confidentia : solent nempe secure aliqui in cogitati delectari, de suis fisi viribus, quod pravo possint operi reluctari.

Percutiuntur ergo cornua, dum ad delectationis

venenum dulciter hauriendum fallax permittitur ad effectum sceleris repugnantia : cornibus enim se defendunt animalia; sed *Zuzim*, qui et Zomzommim alias dicuntur, *cum eis* pariter excitantur; vitiosa 60 enim cum sit nostra natura, vitiorum semina in se portat, et hæc ipsa, donec excitet vis tentationis, se pati ignorat : Zomzommim autem dictio integra, Zuzim vero per concisionem est dicta; Zomzommim itaque dicitur, quæ est hæc aqua, vel præparati in acie. Dum namque cornua, id est fortitudinem repugnandi contra prava opera, mens fallaciter erigit, et primæ delectationis mollitiem leviter ducit, repente concrescentibus cogitatuum corporaliumque motuum ventis, quasi quædam glaciei duritia admoto igne resolvitur, et dicere apud se jam relapsus ab illo tanto robore cogitur, quæ est hæc aqua, id est unde mihi ex insperato tot tamque fluxa desideria? Cum proprios enim motus sub suo habere se putaret jure, subito attendit contra se præparatos in acie. Enim etiam in Sabe commoventur, dum horrenda quælibet non modo naturalia mala a captiva mente jam proponuntur; *Sabe* captiva interpretatur, vel vepres; vepres autem desideriorum, quæ nos lacerant, carnalium multiplicitas sunt; in emendatioribus non *Sabe*, sed *Save*, vel etiam *Savhe* habetur, quod digne vel elevatio interpretatur, sonans utique, quod digne hos incursus propter elationem suam anima patiatur; non solum vero in vepribus, id est in corporeis motibus sed etiam in *Cariathaim*, quod est in civitate silvarum, quo signatur inculta, et obsessa pravitatibus mens, horribilitas nequitiarum excitatur : *Chorræi* etiam *in montibus Seir* isto certamine irritantur, quia sensus exteriores, quos Chorræi significant, in altitudines superbiæ de exuberantiis perpetratarum libidinum gloriose extolluntur; Chorræi nempe de foraminibus interpretantur, et corpus nostrum sensibus suis, uti quibusdam aperturis foraminum, rerum forensium tactibus permeatur.

Seir vero hircus dicitur, in quo fetor luxuriæ accipitur; *usque ad campestria Pharan quæ est in solitudine*, ab iisdem regibus itur, quia ipsa tumoris eorum rabies, qua de suis malefactis gloriantur, sub rediviva flagitiorum quorumlibet ferocitate, reflexa consternitur in campi morem, et quidquid divinæ memoriæ in mente resederat, redit in solitudinis horrorem; *in solitudine* plane est, quisquis sine Deo habitatore est; *Pharan* vero interpretatur ferocitas eorum, haud dubium quin vitiorum, quæ mentium munitiones campestri, quadam infirmitate compellant. Revertuntur ad *fontem Masphat*, quod est contemplationis, ex quo haurimus rorem totius divinæ et humanæ rationis; fons enim noster, ad quem recurrimus, et ex quo sensualitatem nostram ad carnalia deficientem, quasi fatiscentes agros perfundimus ratio est; *Masphat* autem contemplationem, vel judicium sonat; ratio enim judicat omnia, quia spiritus est, et a nemine judicatur. Postquam igitur exterioris hominis per quælibet improbitatum genera membra corruperint, rationem, quæ sola superstes plerumque miseriam suam videt, et ingemit, exstinguere appetunt, ne ipsa mala pensando doleat quæ sibi insunt. Occisis namque filiis, Sedechiæ oculi eruuntur; ipsa quoque ratio *est Cades : Cades* vero sancta vel mutata interpretatur : quæ enim sancta fuerat, carnali appetitui resistendo, et a Loth divortium faciendo, veræ perspicuitatis, id est contemplationis adempto sibi lumine commutata, regum pessimorum, qui post criminum revolutionem ad hanc redeunt obsidendam, substituit ad tempus arbitrio. Percutiunt omnem terram Amalecitarum, quia affectum, voluntatem, intellectum, sensualitatemque Dei inimicorum juxta Psalmistam terram lingentium (*Psal.* LXXI, 9) non solum ad cupienda, sed etiam adulationibus ad lambenda sæculi hujus commoda irritant, et accendunt. Amalech etenim populus lingens dicitur eos significans, qui quod vi nequeunt, hypocrisi, linguæque blandimento præripiunt.

Percutitur etiam Amorrhæus, *qui habitabat in Asasonthamar*, id est excitatur inanis gloria Deum absque dubio amaricans, quia perseveranter obtinere se simulat vitiorum quorumque præsidia, indesinenti potiundo victoria. *Amorrhæus* dicitur amaricans; *Asasonthamar* autem urbs palmarum, in palmis quoque victoriæ figurantur; honorem itaque Deo debitum de peccati victoria, cum sibi fallaciter mens arrogat, quadam idololatriæ ac sacrilegii profanitate Deum amaricat, et dum aliquibus vitiis, a quibus ad horam minus impetitur, carere se simulat, de urbica quadam munitione sui, et victoria glorians peccati, quasi rex sese inhabitat : non enim omnia nos pariter vitia pulsant, sed cum nos malo capitali constringimur, ab aliis interim feriati, ipsorum quasi victores esse videmur, quibus tamen, cum causa redierit, prompta mox voluntate subjicimur. Hæc igitur tota, etsi non simul animo ejus, qui tentatur se ingerunt, tamen pedetentim per tentationis moras, delectando, consentiendo, agendo, visitando erumpere consueverunt. Quinque ergo reges egrediuntur, et dirigunt contra quatuor aciem in valle silvestri, dum affectus noster, qui æternis debet intendere, quaternitatis, id est temporalitatis suæ motibus constipatus, delectari cogitando, ac videndo ista vult quidem, sed contra actum ipsius peccati quasi ad resistendum præparat rationis aciem, 61 dum sibi etiam ipsi nomine necessitatis levigat rerum corporalium delectationem, quas tamen diligit non tam ad usum quam ad libidinem; *quatuor* vero *adversus quinque* consurgunt, dum id quod sub specie Dei creaturæ religiose videbatur amari, spurcissime hominem ostenditur delectari, unde contingat in pravitatis consensum labi, et ab affectu in consuetudinem volvi, sicque paulatim affectum cum his a quibus regitur animi torporibus, prædictis malorum suborientium gradibus inclinari.

VERS. 10. — *Vallis autem silvestris habebat puteos*

multos bituminis. Vallis non est aliud quam ad ima demersio mentis, *silvestris*, incuria cogitationis, quæ in profundo cum ruerit criminum, bitumen inextricabilis inveniet obligationis; *qui enim facit peccatum, servus est peccati* (Joan. vɪɪɪ, 34); spiritus namque vadens per se, sed per se non rediens sumus : ex nobis habemus cadere, et ex solo Deo resurgere. *Itaque rex Sodomorum et rex Gomorrhæ terga verterunt; cecideruntque ibi; et qui remanserant ad montem.* Rex Sodomorum et rex Gomorrhæ terga vertunt, cum conscientia ad peccati suggestionem imbellis, et muta, et quadam populari nequam carnalitatis suæ motuum seditione plena, quasi una duobus acta regibus provincia, aversa rationalitatis quam proposuerat acie, pessimæ patientiæ terga vertit, et clamantibus vitiis : Incurvare ut transeamus, totius rigorem inflectit rectitudinis, et incidunt puteos bituminis. Qui vero remanent ad montem fugiunt, quia dum cogitationes nostræ lapsus sui discrimen aspiciunt, ab his in quibus labi deinceps possunt, priori casu correctæ ad virtutis desideria profugiunt.

Vers. 11, 12. — *Tulerunt omnem substantiam Sodomæ et Gomorrhæ, et universa quæ ad cibum pertinent, et abierunt : necnon et Loth. et substantiam ejus, filium fratris Abram, qui habitabat in Sodomis.* Ab anima peculiariter silenti, hoc enim Sodoma sonat, et secundum Gomorrhæ sensum constitutæ in turbulentia peccati substantia tollitur, cum post ruinam fundamentum etiam bonæ voluntatis, et affectus pœnitendi adimitur. Universa quæ ad cibum pertinent auferuntur, quando totius sacræ Scripturæ consilia, quibus reficimur, a mente tolluntur : postquam hæc fecerint, abeunt, quia sibi subdita prorsus infelici anima, ut pote obedientem dæmones impugnare desistunt. Unde autem Sodomæ restet pœnitudinis gerendæ substantia, cum Loth, id est affectus noster a bonis declinando distractus non habeat, cui bonæ voluntati invitatur, quæ sibi in modum naviculæ substet, fin quo ipse subsidat. Unde sub cujuspiam voce lapsi dicitur : *Infixus sum in limo profundi, et non est substantia* (Psal. ʟxvɪɪɪ, 3) : frater vero, cujus filius Loth est, corpus nostrum est, quod spiritui nostro, scilicet Abram, mira germanitate connexum, carnalem in anima imprimendo a foris generat affectum, qui versatur in Sodomis, quia perseverat si sibi liceat in negligentiis.

Vers. 13. — *Et ecce unus qui evaserat nuntiavit Abram Hebræo, qui habitabat in convalle Mambre Amorrhæi, fratris Eschol, et fratris Aner; hi enim pepigerant fœdus cum Abram.* Unus qui evadit Abram Hebræo nuntiat, quia memoria perpetrati facinoris, quæ sola interim non potuit, rationi se cum mordaci acerbitate ingerens, et sua conscientia malefacta proponens, suadet ut transeat, id est Hebræi, qui interpretatur transiens a vitiis, recedendo nomen impleat, qui quondam in convalle Mambre, id est humilitate discretionis matre com-

morari solebat, quæ convallis Mambre Amorrhæi est, fratris Eschol, et fratris Aner, quia humilitas, quæ nos inter bonum malumque perspicaciter dividere facit, amaricationis et pœnitentiæ ut jam sit necesse est, qui pœnitudinis motus igneam quamdam animi puritatem naturali germanitate sibi contrahit; unde et altera quasi necessitudine mox fratris, id est affectus corporalis lucerna fiat. Amorrhæus enim amaricans, Escholignis omnis, Aner lucerna dicitur : ab amaritudine profecto pœnitentiæ pervenitur ad integrum fervorem puritatemque animæ, quæ obtinetur appetitui restricto sub ducatu rationis luciferæ; cum his namque sanctæ statibus mentis pepigeramus fœdus in initio quondam conversionis, dum profiteremur tenorem religionis inter aquas baptismatis, ibi lampada accepimus, et mysterium candidæ vestis.

Vers. 14, 15, 16. — *Quod cum audisset Abram, captum videlicet Loth fratrem suum, numeravit expeditos vernaculos trecentos decem et octo, et persecutus est eos usque Dan. Et divisis sociis irruit super eos nocte, percussit eos Et persecutus est usque Soba* [al., Hoba], *quæ est ad lævam Damasci, et usque Fenicem. Reduxitque omnem substantiam, et Loth fratrem suum cum substantia illius, mulieres quoque, et populum.* Audit Abram captum Loth fratrem, cum spiritus noster multis malorum illecebris irretitus captivam intelligit trahi in voragines colluvionum affectionem : per trecentos ob ternarium, atque centenarium perfectum accipimus Trinitatis amorem : per denarium Dei mandatorum custodiam : per octonarium de beatæ resurrectionis remuneratione, quæ nos ad bene agendum roborat, spem; his ergo adminiculantibus quasi indigenis animæ nostræ vernaculis, ab omni vitiorum debito expeditis, persequimur ea quibus quondam obnoxii fuimus peccata, usque Dan, id est judicium, usque ad dignum scilicet 62 pœnitentiæ, quo peccata ulciscimur fructum; *Si enim nosmetipsos dijudicaremus*, Apostolus ait, *non utique judicaremur* (I Cor. xɪ, 13) : dividimus socios, et irruimus super eos nocte, cum bona quæ agimus sicut recte offerimus, ita recte dividimus; hæc enim quasi commanipulares habemus, et super ea quæ nos oppresserunt vitia per confessionem peccati opprimenda, quasi per agnitionem noctis nostræ irruimus : ea percutimus, cum regnandi eis in nobis vires debilitando adimimus, et usque Soba persequimur, cum in ipsis bonis actionibus spem laudis transitoriæ nobis resecamus; Soba etenim secta dicitur a secando. Nemo sane a malis abstinet, nisi ipsius etiam abstinentiæ typum, cum emerserit, resecet; hæc est scilicet Soba ad lævam Damasci, quia etsi favoribus sanctorum vita ab aliquibus tollitur, **sunt tamen plures quibus est oculus sanguinis, id est** intentio peccati, et pios quosque ad lævam habent, id est adversitatibus urgent : Damascus autem oculus sanguinis dicitur; secta itaque sit a cupiditate favoris. Nam cum laudari viri sancti **incipiunt,** nequam homines exinde ad invidiam exardescunt: fiat quoque resectio erga hos ab omni subreptione rancoris. Soba etiam interpretatur mandatum; ad lævam ergo Damasci est Soba, quando principale charitatis mandatum extenditur usque ad diligendos eos qui irrogant adversa, huc usque enim persequenda sunt vitia: usque Phœnicem deinceps agenda sunt, id est usque ad passionum omnium, quæ ex carnis corruptione nascuntur, subactionem. Per Phœnicem, quæ rubros gignit populos et a rubore nomen accepit, corporis intelligimus desideria, quæ ex sanguine oriuntur; unde et color ille sanguineus, qui vermiculus dicitur, Phœnicium a plerisque vocatur: ita Loth reducitur, id est affectus noster cum spirituali substantia, necnon et populus cogitationum, et mulieres desideriorum fluidorum ad rationis imperium rediguntur.

VERS. 17. — *Egressus est autem rex Sodomorum in occursum ejus, postquam reversus est a cæde Chodorlahomor ei regum qui cum eo erant in valle Save, quæ est vallis Regis.* Postquam Chodorlahomor, id est voluptatis motum cum suis complicibus, qui ex carne spirituque prodeunt, evicerimus, cum de bello reversi fuerimus ad nostræ examinationis portam, occurrit rex Sodomorum, id est pecuale quoddam silentium, suggestio scilicet securitatis pro victoria vitiorum; suadet enim ut sileat a jejuniis, vigiliis, et animi custodia remissius jam quasi victor agat, id est ut iterum pecualiter muta contra peccati jurgium conscientia nostra vivat; Sodoma namque pecus silens dicitur; et hoc totum facit, ut in dejectione mentis, quod per vallem signatur nos detineat, quæ vallis regis est, quæ videlicet pessima, ac putens mentis humilitas rectori diabolo specialiter addicta est. Potest per vallem Save, quod est elevatio, superbia accipi, quæ cum in seipsa destituatur, regis est, quia diabolus filiis superbiæ principatur.

VERS. 18, 19, 20. — *At vero rex Salem Melchisedech proferens panem et vinum, erat enim sacerdos Dei altissimi, benedixit ei, et ait: Benedictus Abram Deo excelso, qui creavit cœlum et terram; et benedictus Deus excelsus, quo protegente hostes in manibus tuis sunt; et dedit ei decimas ex omnibus.* Melchisedech ipse est noster intellectus, qui quia nos juste regit, appellatur interpretando *rex justus*, juxta quod Samaritanæ dicitur: *Voca virum tuum* (Joan. IV, 16); sed quia tepidum nil Deo placet, additur Salem, quod est perfecta et consummata, ut cum sit rex justitiæ ipsi studeat inhærere perfecte. Is Sodomorum rege remissa; et languida suadente, profert *panem* divini eloquii cor hominis confirmantem, et *vinum* spiritualis gratiæ a mundiali negotio perpetua oblivione nos debrians; tale est enim sacerdotium intellectus, ut quidquid sine eo proferatur sit frivolum; profert vero panem et vinum per exhibitionem piorum operum; benedicit Abram, prosperos scilicet effectus suo ipsius merito sibi ipsi obtinet gratiam: per Melchisedech enim venitur ad Abram, licet in unum coeant, quia per regnum justitiæ venitur ad excellentiam vitæ: Proficiat, inquit, rationalitas divinæ celsitudini contuendæ, quæ creavit in ipsa cœlum contemplativæ sapientiæ, et terram actualis scientiæ, et multiplex potentiæ Dei sublimitas laudetur, qui vitia, quæ rationi hostiliter præerant, juri ipsius defringenda resubdidit: hæc non tam verbo quam realiter dicta sunt. Dat Abram decimas Melchisedech ex omnibus, cum ipse intellectus sibi ipsi plenitudinem remunerationis acquirit, in nullo tepide agendo ex his quæ superavit omnibus, nec mirum sit cuique nos idem per Melchisedech quod per Abram voluisse accipere, cum innumera talia reperiantur in Scripturis, præsertim cum etymologia nominum arrideat loco, et Sodomæ regi præmisso, quod in Apocalypsi similiter agi constat per angelos, idem uno in loco significantes, quo contra eadem diversum signant, ut est: *Regnabunt*, inquit, *sancti cum Christo mille annis. Et sub alio statim sensu: Postquam*, ait, *consummati fuerint mille anni, solvetur Satanas (Apoc. xx, 6).*

VERS. 21, 22, 23. — *Dixit autem rex Sodomorum ad Abraham: Da mihi animas, cætera tolle tibi. Qui respondit ei: Levo*, ait, *manum meam*, opera mea referens ad Deum non pro temporalibus, sed propter ipsum excelse attingendum, qui cœlum rationalitatis terramque affectualitatis meæ interius aspirata possidet, quod a filo subtegminis, opera ne effluant solidata constringimus:

(VERS. 24.) *Ne*, inquit, *dicas: Ego ditavi Abram*, ne scilicet ex aliqua hypocrisis admissione, qua potissimum vitiatur intentio, induxisse te mihi gaudeas spiritus opulentiam, id est de peccati victoria superbiam: excipiuntur quæ juvenes comedunt, quia extra mercedis spem esse timendum est cuique, quod titillationes præsumptionis, aut lætitiæ de bono proventu subripientis, sibi aliquoties latenter abripiunt: juventus sane pro superbia et fatuitate poni solet: *Aner autem, et Eschol, et Mambre*, qui nobiscum veniunt, partes habent, quia inter bona, quæ ex Deo accepimus, ex parte nostra quædam improba admiscemus; partem ergo nostri accipiunt, cum piæ nostræ mentes sua in se additamenta puniunt. Cum bona ex Deo sint, partes humanæ admistionis igne, et lumine divino lustrati accipimus, id est forti continentia corripimus; quidquid enim ex parte nostra est, peccatum est.

EXPLICIT LIBER QUARTUS

si animabus primam stolam jam habentibus differtur altera, patienter sustineant, scientes nondum completas Amorrhæorum, id est amaricantium suis nequitiis Deum iniquitates, et hi bonis, quorum numerus exspectatur, ita necessarii sunt, ut ignis auro, et purgatis ad plenum per ipsos justis sistentur puniendi judicio.

VERS. 18, 19, 20, 21. — *In die illo pepigit Dominus cum Abram fœdus, dicens : Semini tuo dabo terram hanc a fluvio Ægypti usque ad fluvium magnum Euphratem, Cinæos, et Cenezœos, Cedmonœos, Hethæos, et Pherezœos, Raphaim quoque et Amorrhœos, et Chananœos, Gergesœos, et Jebusœos.* Cum sol igitur divinæ, ut diximus, compunctionis ad horam abesset, apparet clibanus fumans, id est æstus interior tentationis aciem mentis obnubilans, et lampas ignis transiens, divinæ videlicet rationis radius, sed transeunter illustrans, et divisionem inter lucem et tenebras subtiliter docens, et ad tempus deserendo quod ex se sit homo salubriter intimans; in hoc die, in hac scilicet lampadis luce fœdus Deus nobiscum paciscitur, dum ex sui perseverantia amoris spem nobis in conflictu victoriæ aspirando pollicetur: semini nostro, non nobis utique sterilibus daturum hanc terram, hos profecto quos patimur terrenos motus, id est propter bona nostra opera senos nobis subditurum, a fluvio Ægypti, quod est scientia, qua res Ægyptias, sæculares videlicet, discutere novimus, incipient, et ad fluvium magnum Euphratem, sapientiam scilicet, qua divina contemplamur inducens, qui interpretatur crescens, nam de speculatione proficit in rem : motus autem decem inseruntur, per hunc numerum summam universalem figurando vitiorum. Cum ei dicuntur possidentes ad caput malorum avaritiam pertinet, Cenezæi, Zelotypi, et hoc ad filiam ejus invidiam : Cedmon, antiqua tristitia; hæc enim duo sunt quæ antiquum in primis parentibus nobis inflixere mœrorem; invidentia nempe diaboli per avaritiam ruerunt : Hethæi stupentes; sequitur enim hæc reprobi sensus stoliditas : Pherezæi, superantes, vel disseminati, scilicet turpes ubique jam motus, et illiciti : Raphaim, gigantes, hæc est superbia, cum de criminum quasi prosperis eventibus crescit peccatoribus audacia : Amorrhæi amaricantes, nam talibus amaricatur Deus; Chananæi, erubescentes, vel negotiatores; nam his imbuti erubescunt de pœnitentia cogitare, utpote quibus in exercendis vitiis diabolus dignoscitur otia negare; negotium enim dicitur, quia neget otium : Gergesæi, colonum ejicientes, seipsos sane primum, et ideo alios ab inhabitatione superna ad quam vocati sunt ejicientes : Jebusæi ergo ad ultimum dicuntur calcati, in illo videlicet lacu, qui calcabitur juxta Apocalypsim (*Apoc.* XIV, 20) extra civitatem, ubi passuri sunt æternæ damnationis pressuram.

CAPUT XVI.

VERS. 1, 2. — *Igitur Sarai uxor Abram non genuerat liberos, sed habens ancillam Ægyptiam, nomine Agar, dixit marito suo.: Ecce conclusit me Dominus, ne parerem, ingredere ad ancillam meam, si forte ex illa suscipiam liberos.* Duas esse in homine voluntates, unam carnalem, spiritualem alteram, experto novimus. Sarai autem dicitur princeps mea, et voluntas nostra, si reginæ innitatur rationi, princeps ejus efficitur; hæc ergo juncta Abram, id est spiritui, et cœlesti fecundata semine, dignos libertate, utpote quos veritas liberavit, liberos procreat; sed animo in fervore tentationum a dulcedine superni peregrinante affectus, torpida jam voluntas dum videt ad votum sibi divina non suppetere, quodammodo sic loquitur rationi suæ : Deus, inquit, munus gratiæ ad bene agendum mihi subtraxit, et dum ad spiritualia non prævaleam, quæ ratio est ut a sæculari etiam honesta aliqua actione cessare debeam : si itaque interna non potes, quia non vult Deus, saltem utile aliquid exterius administra, unde juvetur proximus, ne a fructu inveniaris omnino vacuus. Hæc est Ægyptia ancilla, sæcularis utique cura, quæ Agar dicitur, id est advena, quæ non in sanctis mentibus indigena est, sed adventitia, procaciter se ingerens, non grate suscepta.

VERS. 3. — *Cumque illi acquiesceret deprecanti, tulit Agar Ægyptiam ancillam post annos decem quam habitare cœperant in terra Chanaan, et dedit eam viro suo uxorem. Qui ingressus est ad eam : at illa concepisse se videns, despexit dominam suam.* Multi cum ea quæ prætulimus sibi dicunt gratantius se divinis officiis instituros inter agendas sæculi res sibi ipsis promittunt : post decem ergo annos accipitur Agar, quia, transgresso divinæ legis imperio, postquam in terra Chanaan, in soliditate videlicet morum mutationis conversari devoverant, totæ rationis vires in ingressu ancillæ, id est in experientia mundialis concupiscentiæ sese debilitant; Chanaan enim mutatum sonat, et terram, quia stabile elementum est, pro soliditate poni constat : quasi uxor ergo asciscitur, dum menti tenaciter agglutinatur, ast ubi aliqua cupiditati fetatur, quia utrumque fieri non potest, et Deo servire, et sæculo incumbere, voluntas spiritualis a carnali primo contemnitur.

VERS. 5, 6. — *Inique, ait Sarai ad Abram, agis contra me : Ego dedi ancillam meam in sinum tuum, quæ videns quod conceperit, despectui me habet : judicet Dominus inter me et te. Cui Abram : Ecce, ait, ancilla tua, utere ea ut libet. Affligente igitur eam Sarai fugam iniit.* Ac si pia voluntas proprii meticulosa lapsus rationi inferat, iniquitatis coargui debes, quæ ancillam, quæ meo suberat imperio, quasi quemdam intra sinum sub te ambiendam cohibendamque susceperis, ut sic curaret forastica, quatenus intro non minuereris, et modo ab ea contemptui me haberi non sine probro tuo pateris. Ju dicet Dominus, id est discernat, quod est, discernere te faciat, quod mihi potius quam illi te inhærere convenerat. Et ratio si tua, ut asseris, ancilla erat, eam mihi ingerere non debueras; ancillatui ergo eam tuo subjice, et si rationis uti libet imperio, ipsa uti ancilla utere : affligit itaque eam Sarai, quæ dicitur ideo princeps mea quia principium sumit omnis vigor rationis ab ipsa, quia crebris restrictionibus, et timoris Dei objectu coangustat, sed illa fugam init, quia sub auctoritate magistræ tam potentis timendo a petulantia se contrahit.

Vers. 7, 8, 9. — *Cumque invenisset illam angelus Domini juxta fontem aquæ in solitudine, quæ est in deserto in via Sur, dixit ad illam : Agar, ancilla Sarai, unde venis, et quo vadis? A facie Sarai dominæ meæ ego fugio. Revertere, ait, ad dominam tuam, et humiliare sub manu ipsius.* Angelus Domini, aut divina inspiratio est, aut divini monitio eloquii, quæ nos inveniunt, cum nos in nostra nequitia, cum non quæruntur a nobis, deprehendunt. Juxta fontem autem aquæ sumus, dum illi, in quo sunt omnes thesauri sapientiæ ac scientiæ, inhærere appetimus; qui fons in solitudine reperitur, quia divinæ profunditas intelligentiæ, non nisi ab his qui de evagatione forastica redierint ad cor, attingitur : sed solitudo in deserto habetur, quia, nonnisi cupiditatibus sæculi ad plenum desertis, hæc mentis quies et unitas perfecte sentitur; et hoc in via Sur. Sur interpretatur *nigredo*, vel *angustia*, vel *fortitudo* : per nigredinem cognitio peccati, comæ enim sponsæ nigræ quasi corvus (Cant. v, 11); per angustiam commissorum pœnitudo, et deinde contra adversorum molestias sequitur fortitudo. Dicit ergo Agar, quæ jam hic interpretaris conversa, et Sarai jam nosceris principis ancilla, attende quantum differat inter id unde venis, sæcularem scilicet excursum, et illud ad quod modo tendis, divini præsidii confugium : a facie, inquit, id est a consideratione spiritualis voluntatis mihi præsidentis, et divina mihi judicia opponentis pertimesco. Revertere, ait, ad illam, id est a qua immaturo adhuc timore diffugis, ad ejus exsequenda et amanda præcepta convertere, et operibus ejus in nullo suggruniens humiliter quasi manui ejus subdita pare.

Vers. 10, 11, 12. — *Multiplicans, inquit, multiplicabo semen tuum, et non numerabitur præ multitudine. Concepisti, et paries filium : vocabisque nomen ejus Ismael, eo quod audierit Dominus afflictionem tuam. Hic erit ferus homo, manus ejus contra omnes, et manus omnium contra eum; et e regione cunctorum fratrum suorum figet tabernacula.* Si ærumnæ, et conceptus juxta quod Evæ dictum est, tibi me permittente multiplicantur, ne extimescas, quia accedentibus ad Deum innumerabiles tentationum motus, quæ sunt semina carnis, exsurgunt : concepisti ego spem quarumlibet cupiditatum, sed tibi per confessionem est pariendum, nomenque filii hujus, id est discretio boni primi hujus, quod est pœnitentia, Ismael, id est auditio Dei vocatur, eo quod audierit, id est audiri fecerit, quod non est aliud quam intelligi afflictionem tuam, supernæ scilicet indignationis incussum tibi a spirituali voluntate terrorem. Hic, inquit, primus conversionis tuæ status, homo quidem erit propter assiduos carnalium tentationum impulsus, sed ferus propter viriles earumdem non feminea lentitudine, sed regia quadam auctoritate repulsus, manus ejus, potentia utique contra omnes animi, vel carnis assultus, et omnium rursus eorum in eumdem dirigetur incursus; et tabernacula, id est quemdam militiæ devotionem e regione fratrum suorum, motuum videlicet animalium ex eodem mentis gradu, qui vocatur appetitus secum progenitorum; ex hoc enim et bene et male appetimus : figet, scilicet fixa indictione proponet, ut sicut desiderium corporis militat adversus spiritum, sic spiritus super equitare contendit ipsum.

Vers. 13, 14. — *Vocavit autem Agar nomen Domini, qui loquebatur ad eam : Tu Deus, qui vidisti me. Profecto hic vidi posteriora videntis me.* Propterea appellavit puteum illum : *Puteum viventis, et videntis me. Ipse est inter Cades et Barad.* Nomen Dei vocare est, secundum id quod introrsum discretionem nobis dando loquitur, de ejus benignitate qua nos videt, quia profecto nostrum in quo eramus errorem nobis insinuat, congrua gratiarum actione æstimare : anteriora Dei, visio gloriæ ejus est : *In reliquiis enim tuis,* ait psalmus, *præparabis vultus eorum (Psal.* xx, 13) : posteriora, æterna damnatio; percussit namque inimicos suos in posteriora (*Psal.* LXXVII, 66). Hic ergo, id est in nostri cognitione, videmus, scilicet intelligimus, quam triste est quempiam poni dorsum, amittere utique Dei vultum, cum tam malum sit vivere quemlibet absque Dei et sui ipsius respectu secundum pravum animum suum. Puteus autem est profunda vitæ nostræ, et instantis et præteritæ consideratio, de qua sæpissime hauritur dulcissimæ compunctionis inundatio : hunc igitur appellamus, quod est animadvertendo discernimus quamdam vitalis intellectus originem, quo et nos ipsos cognoscimus, eumque a quo cognoscimur; hæc est enim vita æterna, ut cognoscant te, inquit (*Joan.* xvii, 3). Cades interpretatur *mutata*, vel *sancta*; Barad *benedictio*; dum namque hinc ad morum veterum mutationem per quam attinga mus sanctitatem exercemur, et illinc ad consequendam regni superni benedictionem porrigimur, quasi in quodam meditullio positi hac illacque distrahimur, et neutrum adhuc perfecte apprehendimus : ex hoc autem puteo vires sumimus, unde ad utrumque tendamus : dicitur etiam Barad verius translatum, *grando* : quod innuit conscientiæ concussionem, quia mens hinc quidem per mutationem, sanctitatemque quasi defenditur, sed per frequentem peccatorum, et humanitatis incursionem accusata, ac si quodam hinc inde cogitationum juxta Apostolum accusantium, aut etiam defendentium (*Rom.* ii, 15) grandine molestatur.

Vers. 16. — *Octoginta et sex annorum erat Abram, quando peperit ei Agar Ismaelem.* Octonarius ex

INCIPIT LIBER QUINTUS
MORALIUM IN GENESIM.

Scio quosdam non æquis oculis ea quæ dictamus attendere, et de rerum novarum molitionibus coargutos, ad vitium quæ pie gerimus intorquendo, nos etsi latenter tamen mordacibus susurris impetere. Novum plane est quod cudimus; in nullo dissoni a veteribus, aut fide, aut sensibus, quia secundum novi mandati charitatem agimus, et si ab aliquibus rodimur, cum his quos veteres et antiquos vocitant, æquanimiter rodi nos patimur. Idem profecto suis toleravere temporibus, unde et nos scientes juxta Apostolum (II Cor. I, 6) eamdem passionum tolerantiam ei, quæ in mundo est, nostræ fraternitati fieri, ex Deo tutiores cœpta prosequimur.

CAPUT XV.

VERS. 1. — *Factus est sermo Domini ad Abram per visionem dicens: Noli timere, Abram, ego protector tuus sum, et merces tua magna nimis.* Postquam paterne internam familiam, cogitationes scilicet suas, non timore servili religiosus quisque regere cœperit, excelsus jure dicitur, qui ad bene agendum non terreno damno, aut commodo, aut etiam gehenna, sed cœlesti præmio ducitur: isti ergo postquam temporalia, quæ quatuor signantur regibus, contra quinque nostros sensus alios videlicet reges bellantia percusserit, et decimas, id est victoriæ perfectionem regi pacis Melchisedech, non sibi attribuerit, huic, inquam, Patri vere excelso, per visionem, id est corde vigilanti, sed corpore a curis forensibus consopito inspirat Deus; Abram enim dicitur pater excelsus. Noli timere, inquit, quia tuus in omni ero tentatione protector, ne labaris, et magna merces in præmii largitione reponitur tibi.—
(VERS. 2.) *Dixitque Abram: Domine Deus, quid dabis mihi? Quid præmii mihi polliceris, qui causas præmiorum, bona scilicet opera negas mihi?* Sancti viri quo magis se attendunt, eo se in suis actibus vilipendunt. *Ego vadam absque liberis,* id est nulla herili stabilitate mens mea consistit, sed servili evagatione discurrit, nec ad libertatem justitiæ seu regni liberos procreat, sed ad jugum diaboli ac sæculi opera, quæ sunt filii, servitura propagat.

VERS. 3. — *Filius procuratoris mei iste Damascus Eliezer hæres meus erit, vernaculus meus: mihi autem semen non dedisti.* Procurator dicitur, quod porro curet, id est exterius, cum Domino attineat grandia quæque curare interius, appetitus ergo carnis, qui exteriora procurat et filius ejus opus ejus est, qui hæreditatem nostram, præmia scilicet quæ meremur, asportat: illius opes assumptæ per filium procuratoris, id est per opera appetitus fuerant, cui dictum est: *Recepisti bona in vita tua (Luc. XVI, 25)*; Damascus namque sanguinem bibens vel sanguinis oculus dicitur. Iste est quem Dominus sinistram vocat *(Matth. VI, 3)*, a quo cavere jubetur dextera, qui bibit iniquitatem, id est sanguinem, quasi aquam, et oculum, id est intentionem, habet ad peccata proclivem: Eliezer autem Deus meus adjutor, non quod Damascus in adjutorio Altissimi commoretur, ut in anima salvetur, sed quod Deum adjutorem in solis sibi corporalibus deprecetur, unde est: *Oratio ejus fiat in peccatum (Psal. CVIII)*, id est oret pro temporalibus solum. Et: *Confitebitur tibi, cum benefeceris ei (Psal. XLVIII, 19)*. Vernaculus quippe est, non domum expetens manentem, sed quantulamcunque temporaliter mercedem, non Dominum, sed Domini munusculum amat; mihi autem non dedisti semen, quia, carnali meo appetitu terram lambente, dignam æterna mercede in me non reperio actionem.

VERS. 4, 5. — *Non erit,* inquit Dominus, *hic hæres tuus, sed qui egredietur de utero tuo ipsum habebis hæredem. Eduxitque eum foras et ait illi: Suscipe cœlum et numera stellas, si potes. Sic erit semen tuum.* Per uterum secretiorem nostri interioris hominis partem, rationalitatem debemus accipere, quam provocat David: *Omnia,* ait, *interiora mea, benedicite Domino (Psal. CII, 1)*; et alibi: *In vita sua projecit intima sua (Eccli. X, 10)*. Qui ergo non de sensualitate vaga, sed de interiori ac superiori nostra essentia intellectualiter emittitur actus, is est hæres noster, si volumus, quia ad ipsum qui origo ipsius est, quodammodo boni, si caste fiat, spectat retributio boni; is enim fructus post mortem restat: educit nos Deus foras, cum speculando facit nos carnis excedere angustias: suscipimus cœlum, cum etsi non pervidemus, aliquantisper tamen scintillamus in Deum: stellas attendimus, cum in ipso positas innumerabilium sanctorum retributiones pensamus. Cœlum autem vocari Deum creber in psalmis usus est, ut est: *Cœlum cœli Domino (Psal. CXII, 16)*. In hoc itaque nostra fixa sunt præmia, quæ etsi a nobis procul inde jacentibus putantur, forsitan minima, uti parvissima creduntur, cum maxima sint sidera, nec numerari, nec comprehendi valent quam sint præcipua : *sic erit semen tuum*, id est : Etsi videas ad plenum quantum labores, videre nullo modo poteris in præsenti quid in futuro recipies. Et ut certo hæc teneas, recole quia — (Vers. 7) *ego Dominus, qui eduxi te de Ur Chaldæorum, ut darem tibi terram istam, et possideres eam.* Ur ignis, Chaldei quasi ubera, quasi feri, quasi dæmones. De igne igitur, id est æstu libidinum, quibus rex Babylonis nostrum contra se decoquebat rigorem, primum quasi ubera suggestionis, demum feritatem delectationis, ad ultimum quasi, id est vere dæmonicam rabiem operis et consuetudinis inferens, nos Deus eruit, et terram, terrenam scilicet voluntatem nobis excolendam evangelico aratro injunxit, et ut cum mitibus in futuro impassibilem eam possideremus sperare etiam jussit.

Vers. 8. — *At ille : Domine Deus, unde scire possum quod possessurus sim eam?* Hoc est : Unde spem nunc habere queam quod cum mitibus possideam in futuro terram ? — (Vers. 9, 10.) *Et Dominus : Sume,* inquit, *mihi vaccam triennem, et capram trimam, et arietem annorum trium, turturem quoque et columbam. Qui tollens universa, hæc divisit per medium, et utrasque partes altrinsecus, et contra se posuit : aves autem non divisit.* Per vaccam, quæ grave est animal, sensualitas, quæ aggravata nunquam aut vix levatur ab imis ; per capram, quæ arduorum est appetens et perspicax atque calidæ naturæ, quod secundum physicam sapientibus attinet intellectualitas ; per arietem, qui cervicosum est animal, imaginatio carnalis accipitur, quia cornibus superbiæ spiritui reluctatur ; potest et per arietem ratio, quæ dux est et prævia nostri, per vaccam voluntas, quæ inter rationem posita et appetitum carnis, nisi ratione frenetur, seductibilis admodum vaccæ est : per capram obscenum animal appetitus nequam ; hæc et in bonum et in malum ferri queunt, quia et ratio spiritualis contra humanam dividitur, et appetitus ac voluntas boni contra mala feruntur. Quid autem inter voluntatem et affectum distet, in tractatu secundo diximus. Trium autem annorum esse jubentur, ut Trinitatis amore imbuantur, aut oratione atque operatione, et tertia, quæ duo ista instruat, lectione perfecte firmentur. Per turturem, qui egregius magis est, Dei dilectio, quæ contemplativos facit. Per columbam, quæ gregaria est, dilectio proximi, quæ et activos nutrit. Natura igitur nostra, peccandi necessitate corrupta, adversum se necessario in tribus prædictis dividitur, virtutes vero hæ et in se naturaliter eædem sunt, et nos etiam uniunt ; caro enim concupiscit in spiritum, et spiritus in carnem (*Galat.* v, 17) : Spiritus autem Dei, qui amor est, et in se indisjunctus est nosque sibi subjungit.

Vers. 11. — *Descenderuntque volucres super cadavera, et abigebat eas Abram.* Dæmones qui, quia in alta superbiendo feruntur, volucres vocantur, consternantur super mortificatione nostra, quæ nun-quam melius fit quam divisione illa, nec tamen irritare desinunt, sed Abram abigente diffugiunt. Sed notandum in præmissis verbis quod dicitur, *sume mihi.* Qui in suis sive externis seu internis motibus laxus et fluidus est, hos opus est sumat, id est correctos potestate contineat, sed non pro favore vulgi, at Deo, id est ad honorem Dei. (Vers. 12.) *Cumque sol occumberet, sopor irruit super Abram, et horror magnus et tenebrosus invasit eum.* Sol occumbit, cum justitiæ fervor in corde sanctorum ad tempus, Deo dispensante, tepescit : sopor super eos irruit, cum inopinata repente segnities animi oculos a sui ipsius providentia aliquantisper occludit : horror magnus et tenebrosus invadit, cum comes inertiæ tentationis insolentia statum cordis concutit, et quadam caligine consilii pene lumen exstinguit, quia quorsum divertere debeat non invenit, et dicitur ei :

Vers. 13, 14. — *Scito prænoscens, quod peregrinum futurum sit semen tuum in terra non sua, et subjicient eos servituti quadringentis annis. Verumtamen gentem cui servituri sunt ego judicabo, et post hæc egredientur cum magna substantia.* Scintilla igitur rationis cœlitus illustratæ suggerit, quod bona sua opera extraneum quid, et valde peregrinum passura sint in colluctationum molestiis, dum accedenti ad Deo serviendum cor ad tentationem parandum est (*Eccl.* ii ; 1), et eorum in futuro differri mercedem ; porta enim ferrea duxit Petrum ad civitatem (*Act.* xii,10) : in terra itaque non sua ferant, ut in terra sua duplicia possideant. Subjicimur hic servituti, dum corpori nostro velimus nolimus sumus tributarii, et constringimur necessitate peccandi, affligimur quadringentis annis, omni excursu scilicet præsentis temporis, quod constat quatuor quaternitatibus nobis ; quatuor enim venti, quatuor climata, quatuor elementa, quatuor etiam motus, de quibus sæpe agimus, insunt homini : attamen gentem, cujus jugo deprimimur, id est vitia, Deus judicat, dum potenti ea in nobis ratione discernit et temperat : sed dum æquanimiter aliquandiu patimur, cum magnis patientiæ copiis quasi aurum de camino ad coronam egredimur.

Vers. 15, 16. — *Tu autem ibis ad patres tuos in pace, sepultus in senectute bona. Generatione autem quarta revertentur huc : necdum enim completæ sunt iniquitates Amorrhæorum usque ad præsens tempus.* At antequam egrediamur, ad patres nostros imus, dum eorum quorum miramur exempla præisse, conferimus nos merito, et in pace vitiorum jam statuti, et præsumptione juvenili deposita, nostram humiliter vetustatem confessi sepelimur, a sæcularium scilicet turbidine negotiorum intra mentis antra recondimur. Egredimur corporis morte ad præmia, sed huc, id est ad terram, quæ promittitur possidenda, revertimur generatione quarta, quod est resurrectione ultima ; primo namque generamur ex carne, secundo ex baptismate, tertio transitu ad requiem animæ, quarto corporis resurrectione : sed quaternariis constans refertur ad temporalia, quorum patimur in nostris initiis appetitum : senarius ad bonorum operum quæ agere desideramus profectum ; etsi enim bene exterius agere videmur, tamen plerumque graviter intro cupiditatum stimulis compungimur. Ismaelem tunc parimus, quando audiente, id est intelligere nos faciente ineptiam nostram Deo, ad confessionem peccati perducimus fluxum carnalis affectus.

CAPUT XVII.
Totum caput promiscue explicatur.

Quæ sequuntur a multis etiam tropologice sunt tractata doctoribus, et sunt quæ per se satis eluceant, sparsim ergo minus patentia usque ad eum locum, ubi, *Apparuit Abrahæ Dominus in convalle Mambre*, sunt discutienda succinctius.

Vers. 1. — *Nonaginta novem annorum esse cœperat*, cum ei nomen Deus immutat, quia ad centenarium divinæ contemplationis, qui transfertur in dexteram, necdum homo interior pervenerat, qui cum pater excelsus, quod est Abram, propter quasdam extrinsecas continentias, quas attigerat, sibi videretur. *Ambula coram me, et esto perfectus*, ei dicitur, ut non tam coram hominibus quam in interiori, quod est coram Deo proficere, et perfici studeas. Cadit ad hæc Abram in faciem, quia qui se meriti putabat habere celsitudinem, de interna illico indignitate reprehensus suam erubescit fœditatem, quod est in Scripturis cadere in faciem. (Vers. 4.) *Ego*, inquit, *sum*, id est, essentialiter immutabilis, et inde pactum meum tecum, si fortis et substantivus contra intima vitia sis : non ergo te frustra jam gloriaris excelsum, sed patrem multarum procul dubio gentium scias te constitutum, ut paterna dispensatione regere noveris intestinæ insolentiæ populum. Ponam te in gentibus, quia quo magis proveheris, tanto majores patieris strepitus, sed ad hos deprimendos reges, id est motus potentes rationis, qui hæc contineant ex te egredientur. Ero Deus seminis tui post te, provisor scilicet tui operis et remunerator, cum temporaliter esse desieris.

Vers. 12. — *Infans octo dierum circumcidetur in vobis*. Ille sane qui ex quatuor elementis constans, corpus proprium superaverit, et temporalia hæc totidem disterminata nominibus virtutum, ac si dierum luce mutaverit, is, inquam, a pravarum admistionum incursibus usquequaque purgabitur. Nota discretionem Apostoli (*Philipp.* III, 2) inter concisionem, et circumcisionem, nec illud excedat feminas Pharaonem jussisse servari, et masculos interfici, hic de feminis taceri, masculos circumcidi : et qui non fuerit de stirpe nostra jubetur circumcidi, quia sunt virtutes, ut ita dicam, plusquam naturales, ut sunt virginitas et voluntaria mendicitas, quarum prima adeo excellit, ut in carne præter carnem vivere ut vere angelica dicta sit : horum in superfluis præputia circumquaque cæduntur ; *Justitiæ* enim *nostræ quasi pannus menstruatæ in conspectu tuo*, dicit Isaias (*Isa.* LXIV, 6). In carne autem nostra hoc fœdus æternum est, quia in carnali nostro affectu, qui superius terra peregrinationis, et Chanaan, quod a statu recto per eum evagamur, et mutabilitati subjicimur, appellatur : tenor continentiæ, qua Deo connectimur, necesse observetur.

Vers. 14. — *Masculus, cujus caro circumcisa non fuerit, peribit anima illa de populo suo.* Quod est dicere : Fortis animus, nec feminea mollitie degener, qui carnales affectus non absciderit, ex nimia suborientium vulgaritate desideriorum, et propria animalitate peribit. Sarai autem, id est voluntatem spiritui ac si marito annexam conjugem, non vocabis specialiter extrinseci tui actus, quo excelsus tibi videris, et quem pro sæculi honestate exerces, principem meam, sed generaliter et absolute principem, totius scilicet piæ actionis magis tamen interioris quam exterioris ducem ; proprie enim sibi principatur, quisquis bona non pro Deo, sed pro aliquo suo honore operans se cohibere videtur. Ex hoc spiritus et voluntatis conjugio Isaac, spes videlicet superni gaudii nascitur, cui cœlestis multiplicationis illapsu benedicitur. — (Vers. 17.) Ridet in corde suo Abraham, et in faciem cadit, quia quo magis spiritualiter imbuitur, eo magis de interna sua eruditione gratulatur, et gratulans humiliatur : *Putasne*, inquit, *centenario nascetur filius, et Sara nonagenaria pariet ?* Quod est recto ordine dicere : An sperabile mihi esse poterit quod voluntas, etsi adhuc in nonagenario posita, denarium perfectionis minus habet : velle enim sibi adjacet, perficere autem non invenit (*Rom.* VII), ad effectum desiderii ac si ad partum perveniat, et spiritus qui summam jam contemplationis attigit.

Vers. 18. — *Utinam Ismael vivat coram te.* Sed quid de virtutum excellentia loquor qui Ismaelem, id est affectum carnalem sibimetipsi non Deo obedire volentem, mori inter vitia adhuc vereor. — (Vers. 19.) *Sara*, ait Deus, *pariet tibi filium, et constituam pactum meum illi in fœdus æternum.* Non solum non morietur Ismael concupiscentiis assentiendo, sed Sara, voluntas scilicet ipsa interius exteriusque jam principans, ex puritate conscientiæ spei gaudiosæ fructum concipiet, ex quo amoris æterni soliditatem mens ipsa suscipiet. — (Vers. 20.) Super Ismael quoque, quem tu tentationum molibus obrui trepidas, exaudieris : duodecim duces generabit, fidem scilicet Trinitatis cum evangelici sermonis custodia ducatui suo interiori efficacia procreabit ; quatuor enim ter, et tria quater duodecim faciunt ; et fides in ternario, mortua est sine operibus, id est sine evangeliorum, seu quatuor virtutum principalium quaternario : duodecim duces generat, si apostolicam doctrinam affectus præcordialiter concipit et affectat. — (Vers. 21.) *Pactum meum erit ad Isaac, quem pariet tibi Sara tempore isto in anno altero.* Ad Isaac pactum stabilitur, cum spei nostræ ad amoris incentivum æterna Deus præmia pollicetur; quem Sara tempore isto in anno altero parit, dum voluntas hac ipsa animi temperie, cum scilicet Deus secum rationis illustratione loquitur, et in anno, non modo isto, ubi adhuc decertatur cum vitiis per plenitudinem luminosæ actionis, sed in altero, ubi neque strepitibus consopitis perficitur annualis solemnitas sperandarum æternæ beatitudinum contemplationis, spem prosequitur usque ad exhibitionem et efficientiam digni et idonei operis; non enim est dicenda spes, si hanc ulla non commendat vivæ exsecutionis res.

VERS. 22. — Finito sermone ascendit Deus ad Abraham, cum interdum sese dispensatorie subtrahendo ostendit humano spiritui nequaquam suo subesse arbitrio divinæ aspirationis gratiam, sed de supernis a Patre luminum hanc petendam. — (VERS. 24, 25.) Nonaginta ergo annorum et novem Abraham circumciditur, dum ad dexteram divinæ visionis, et gloriæ etiam in præsenti prægustandam quæ prælibatio quædam futuri denarii est, oculus spiritus expurgatur. Centenarius namque, ut dictum est, transit in dexteram, quam hic assequimur aliquando speculante beatitudinis nostræ Deum summam. Ismael quatuordecim annorum circumcisus dicitur, quia carnalis affectus per decalogi observantiam, et Evangeliorum custodiam ad puritatis virtutem adducitur.

VERS. 26, 27. In ipso die mares omnes domus ejus circumciduntur, quia in eadem quæ hæc Deus menti ratiocinando loquitur aspiratione, quidquid virtutis interius est, quas palmes, qui fert fructum, ut magis afferat, sedula eget emundatione; alienigenæ, et hi qui non sunt de nostra stirpe, eadem exponuntur sententia, quod præmisimus supra, de reliquis tractabimus infra.

CAPUT XVIII.

VERS. 1, 2. — *Apparuit autem Dominus Abraham in convalle Mambre sedenti in ostio tabernaculi sui, in ipso fervore diei. Cumque elevasset oculos, apparuerunt ei tres viri stantes prope eum.* Postquam Abraham, id est pater videns populum, discernens scilicet turbas cogitationum, Ismael, id est sibi non Deo obedientem, circumcidit affectum. Ismael enim dicitur *obediens sibi*, et vernaculos ingenita sibi naturaliter bona, et emptitios, labore quolibet acquisita, et alienigenas, vitia undecunque contigua, illa examinans, ista prorsus abscidens, apparet ei Dominus in convalli Manbre. Convallis humilitas est: Manbre divisiones, vel perspicua sonat; in humilitate enim constituti perspicaciter dividimus, id est discernimus, et quid sumus et quid agere debeamus. Tabernaculum autem est obsequium, quo Deo militamus: in quo ostium est, quia ibi spes ex hoc egrediendi ad requiem est: in hoc sedemus, quia in hac spe perseveranter quiescimus, nam dormitur inter medios cleros (*Psal.* LXVII, 14); et sedere perseverare est, ut illud: *In cathedra pestilentiæ non sedit* (*Psal.* I, 1): in ipso fervore diei, hoc est in eodem quo circumcisio prædicta acta est mentis spirituali intellectu. Elevat oculos, cum ad intellectualia sola contuenda erigit cordis obtutus ab omni infima imaginatione seclusos. Tres viri sibi apparent stantes, cum sensualitas, imaginatio ac intellectualitas ad momentum dum mens tenditur in divina subsistunt, et propter nos, id est juxta nos, ab externa evagatione cessande, dum Deus ab humili mente persentitur, se deprimunt.

VERS. 3, 4. — *Quos cum vidisset, cucurrit in occursum eorum de ostio tabernaculi sui, et adoravit in terra. Et dixit: Domine, si inveni gratiam in oculis tuis, ne transeas servum tuum: sed afferam pauxillum aquæ, et laventur pedes vestri, et requiescite sub arbore.* Cum animales habitus nostros supervenienti gratiæ substare conspicimus, in occursum eorum currimus, dum studium nostri liberi arbitrii ad excipiendum quod influit præparamus, et hoc de ostio, de spe scilicet, qua in superna mens inhiat tabernaculi, id est militiæ nostræ habemus: adorat ergo in terra, humiliatur conditionis vilitate cognita. Si, inquit, oculorum spiritualium scilicet donorum tuorum gratia me dignaris, ne momentanee ut aliquos soles me attingas, sed sic adesto ut immoreris, meque aliquandiu consoleris, afferam pauxillum aquæ, id est elaborabo quippiam compunctioni aptum, et gratiæ, ut vobis, o sensualitas, imaginatio ac intellectualitas, pedes laventur, mobilitatis videlicet vestræ, qua per terrena labimini peccata, mundentur, a quo discursu saltem dum modo suppetit sub arbore quiescite, id est sub Spiritus sancti, quæ ab æstu vitiorum vos protegat, vosque alat, respirate virtute.

VERS. 5. — *Ponam buccellam panis, et confortate cor vestrum, postea transibitis; idcirco enim declinastis ad servum vestrum: Fac,* inquiunt, *ut locutus es.* Buccellam panis ponimus, cum sacræ Scripturæ aliquid, unde reddatur fervidior, animo ruminandum offerimus, ut inde vivacius fortiori facta ratione Deo vacemus. Postea transibitis, id est, cum cordis voto satisfeceritis, ad tempus ut assolet subtrahere oblata poteritis, ideo namque ad servum vestrum, Deo rigorem vestrum inflectente, declinastis: servi autem nostrorum omnium motuum sumus, quibus tam sedulo observandis inservimus: assentiunt igitur divinæ rationi.

VERS. 6, 7. — *Festinavit Abraham in tabernaculum ad Saram: dixitque ei: Accelera, tria sata similæ commisce, et fac subcinericios panes. Ipse vero ad armentum cucurrit, et tulit inde vitulum tenerrimum et optimum, deditque puero. Qui festinavit, et coxit illum.* Cum ergo opportunitas, et habitudo animi ad Deo supplicandum arrident, festinet Abraham, quem *pater videns populum* interpretari diximus, quia paterna pietate ac legitima potestate populo videt, id est providet; festinet, inquam, spiritualis iste Abraham in tabernaculum ad Saram, quæ jam hic interpretatur *virtus*, ascita utique sibi voluntate bona sine qua quidquid agimus non est virtus, divinam aggrediatur militiam, dicatque ei secundum rerum efficientiam. Sata, inquit, similæ tria, purum videlicet exteriorem hominem, puram interioris memoriam, subtilitatem contemplationis denique puram, ad unam Dei placiti intentionem commisce, et fac panes, nitidos scilicet vivendi institue mores, quos tamen ignis veteris, sed exstincti cinere, quod est peccati, in te quondam regnantis memoria, contra insurgentem superbiæ typum preme. Armenta Dei sunt, virtutum quarumque fortium proposita : armenta autem dicuntur ab armis, quia inde antiquitus arma, loricæ, galeæ flebant et scuta : ad hoc armentum spiritualis quisque Abraham devotionis celeritate concurrit, et vitulum novum scilicet, attamen intentionis gravitate maturum, abjecta sæculari vetustate, atque obstinatione tenerrimum, et sine voluntaria carnalitatis ac negligentiæ admissione optimum arripit principalis cujuslibet virtutis institutum; sancti enim licet cunctis videantur florere virtutibus, gratiis tamen quibusdam innituntur specialibus; divisiones enim gratiarum sunt, prout cuique impertitur spiritus (*I Cor.* xii, 4). Hunc damus puero, quando illius novi hominis Christi bonum nostrum examinandum ac si ad veram regulam mancipamus exemplo : qui festinanter coquit, cum quidquid nobis ex nobis accidit duritiæ spiritus sui flamma velocius mollit.

Vers. 8, 9, 10. — *Tulit quoque butyrum et lac, et vitulum quem coxerat, et posuit coram eis. Ipse vero stabat juxta eos sub arbore. Cumque comedissent, dixerunt ad eum : Ubi est Sara uxor tua ? Ecce,* ait, *in tabernaculo est. Cui dixit : Revertens veniam ad te tempore isto vita comite, et habebit filium Sara uxor tua.* Quo audito Sara risit post ostium tabernaculi. Butyrum tollimus cum beneficia charitatis aliis impendenda aggredimur : lac sumimus, cum innocenter in nobis ipsis vivimus; sunt enim qui sibi innoxie vivunt, sed aliis nihil pietatis impendunt : butyrum autem non solum esui suave est, sed et alia impinguat, unde et obsequium charitatis significat; idem in propheta sentimus, ubi legitur : *Butyrum et mel comedet* (*Isa.* vii, 15), et cætera. Cum igitur boni sumus in nobis, et bonitatem impendimus proximis, tunc recte vitulum sanctæ cujuspiam professionis, coctum igne puritatis inferimus : coram eis, ingenio scilicet, memoria et sensibus nostris, ut hæc sibi invisceranda ac si cibum reficiantur ex his : comedunt ergo, et tanto acrius de sui status humilitate queruntur : Ubi est, aiunt, Sara uxor tua ? ac si diceretur : Si tu modo Deum tibi inclaruisse aliquatenus sentire cœpisti, pensa ubi Sara consistat, id est quænam insit firmitas tuæ nuper illuminatæ voluntati; quo enim altius reficimur, eo arctius quidnam simus contuemur. Ecce, ait, in tabernaculo est, quia se contra vitiorum examina militare, conscientiæ proficere incipientis responsum est; ipsa namque infert, ipsa refert : *Cui dixit.*

Notandum est quod cum superius dictum sit quia comederunt et dixerunt : Ubi est Sara ? nunc dicitur quia singulariter dixit : ubi intelligatur nos non absurde moraliter aliud accepisse Dominum apparentem, aliud tres viros stantes.

Dixit ergo Dominus : prima Dei apparitio homini in conversione. Qui tamen a nobis non nos deferens usquequaque digreditur, dum per experientiam nostri, peccatique victoriam nos erudit, tuncque ad nos gloria opulentiore revertitur : ne itaque de suo imbecilli statu interior homo quæratur, si vita comes fuerit, id est si in vitæ proposito perseveraverit, et tempus idem, id est temperies ut sic dicam cadem, habitudoque animi perstiterit; in fervore enim diei Dominus ea locuturus apparuit, postquam inter tentationes conversationis unitatem tenuerit : Saræ filius datur, quia voluntati jam non novitiæ, sed viriliter militari quadam audacia contra vitia desudanti spes non ut prius timida, sed delectabilis, et certitudine plena, ratione cœlitus illustrata promittitur. Sara ad hæc risit, quia voluntas nostra etsi ad bona nitatur, ex propriæ tamen infirmitatis consideratione quasi subsannans quæ a spe sibi sunt destinata diffidit, unde et post ostium tabernaculi dicitur risisse, ut intelligatur sui laboris diffidentia ab spe paululum decidisse : filios autem nostros, spes nostras ob posteritatem scilicet solemus vocare. Sara itaque filium non habet, quandiu animus passionum nebulis obscuratus quanto inferius timet, minus superius amans, minus etiam sperat, in seipso adhuc fluctuabundus hæret : at Domino post tentationum nos invisente triumphum, cum plena hilaritas cordi infunditur, suscipit profecto Sara filium.

Vers. 11, 12. — *Erant autem ambo senes, provectæque ætatis, et desierant Saræ muliebria. Quæ risit occulte dicens : Postquam consenui, et dominus meus vetulus est, voluptati operam dabo ?* Ac si voluntas diceret : Ego inveteravi inter omnes inimicos meos in terra aliena (*Psal.* vi, 8; *Baruch.* iii, 11), et vir meus spiritualis, scilicet intellectus, non jam sapit nisi veteri homini congrua, incassum contemplationis divinæ acquirendæ voluptati a me impenderetur opera, cui prima deest compunctionis gratia : muliebria autem menstrua sunt, quæ cum fieri mulieribus desinunt, parere desistunt. Quid ergo per menstrua nisi internarum animæ sordium per confessionem vacuefactio ? Cum namque voluntas nec perfecta sibi inesse conspicit in confitendis reatibus conversionis initia, postquam juxta propriæ considerationis humilitatem senectutis typicæ intra conscientiam provehitur inertia, non habet ex se, nec circa se invenit, unde sibi nascitura præsumere possit ejus, quæ per intimam a Deo aspirationem promittitur, sinceræ, et intrepidæ spei gaudia : qui enim nihil meretur, si præmia sperare jubetur, nisi respiciat ad gratiam, non tam de promisso gaudet, quam quia non meruit irrideri veretur.

Sed Dominus ad Abraham loquitur dicens : — (Vers. 13, 14.) *Quare risit Sara uxor tua, dicens, Num vere paritura sum anus ? Nunquid Deo est quidquam difficile ? Juxta condictum revertar ad te hoc eodem tempore, vita comite, et habebit Sara filium.*

Ac si Deus aperte diceret : Si de tua infirma homo voluntate dubitas, cui cum nec velle ad bene agendum adjaceat, perficere non dico, sed nec incipere invenias, Dei omnipotentiam cur desperando subsannas, cum præ oculis tot ejus in omni peccatorum genere misericordias habeas ? Vita quam tibi inspirando contradidi, sit perseverantissima in omnis boni operis exhibitione comes, et sic in hoc eodem tempore, hoc scilicet ipso interioris tui hominis fervore perdures, ut semper horum subsidio motus carnalis voluntatis studeas rationi subjugare rebelles, et tunc ad remunerandos me ad te reverente triumphos, clarissimæ tibi spei oriatur proles : prius exerce medicinam, qua febribus careas, post tibi virtutum suggeram dapes, quibus ab infirmitate, quæ febribus contracta est revalescas : si feceris **71** pro salute tui quod condixi, quod et factu facile est, incrementa de quibus desperare videris tibi subministrare difficile mihi non est. Victa convenienti ratione voluntas, se quasi non desperasse dissimulat, et jam ad meliora gerendum pollicitationum majestate succensa, erubescit cogitando replicare quæ senserat, quam tamen verus testis ut ad pœnitentiam ipsius ineptæ desperationis provocet, intellectus improperator accusat : unde dicenti : —(Vers. 15.) *Non risi, risisti*, inquit.

Vers. 16. — *Cumque surrexissent inde viri, direxerunt oculos suos contra Sodomam, et Abraham simul gradiebatur deducens eos.* Cum non nisi ab humilibus et divino timore contractis sensibus, et quodammodo sedentibus, superni convivii dulcedo gustetur, recte surrexisse dicuntur, cum ad externa studia sollicito animi rigore tenduntur. *Contra Sodomam* autem *oculos dirigunt*, cum ad similitudinem ac conformitatem carnalium motuum, vel hominum, intentiones figunt; Sodoma namque *similitudo eorum*, aut *cæcitas*, aut *pecus silens* interpretatur; post conformitatem sane vitii, aut sæcularium, incurrimus cæcitatem cordium, et distracta sensualitate cum imaginationibus in luxum; venitur ad pecuale silentium, dum nulla rationis congressio fit contra carnis assultum, sed perniciosa pace tenetur ad cujuspiam peccati dominium; sileat enim, usu sacræ paginæ teritur pro quiescere, et non resistere, ut est : *Sileat omnis terra a facie Domini* (*Habac.* ii, 20). Abraham autem hos deducens simul graditur, dum ratio visu, et cogitatu phantastico perpulsa ad proclivia facinorum ducitur, scit errorem suum, nec præ infirmitate renititur, hoc fieri solet, scire scilicet suos, ac ingemiscere lapsus, antequam cæcitas omnimoda innascatur mentibus.

Vers. 17. — *Dixitque Dominus: Num celare potero Abraham quæ gesturus sum?* Unde et Dominus non se posse celare Abraham quod gesturus est profitetur, cum in gentem magnam, ac robustissimam futurus sit (*Gen.* xii, 2), quia ipsi nostro spiritui per vitia violenter acto, quædam plerumque infunditur suæ futuræ ruinæ ac resurrectionis providentia, et dum se videt spargi per crimina, spem tamen introgerit, Deo præstante, ad pristina bene agendi se rediturum exercitia. Propter Abraham enim adducit Dominus quæ locutus est omnia, dum propter interiorem animi de sua quam attendit, nec evincere sufficit pravitate rugitum, quasi Israeli in Ægyptia servitute clamanti, victoriæ aliquando subministrat auxilium. Suscitat enim viduæ Dominus filium, matris miseratus affectum (*III Reg.* xvii, 22).

Vers. 20, 21. — *Dixit itaque Dominus : Clamor Sodomorum et Gomorrhæorum multiplicatus est, et peccatum eorum aggravatum est nimis. Descendam, et videbo utrum clamorem qui venit ad me opere compleverint, an non est ita, ut sciam.* Gomorrha *populi seditio*, vel *timor* dicitur ; in mente namque eversa populi, carnalium utique tumultuum seditio, et ex pravæ conscientiæ objectu timor non Dei, sed hominum suspicio versatur. Ex Sodoma ergo et Gomorrha, cordis scilicet cæcitate, ac flagitiorum seditione clamor oboritur, cum pudore depulso quidquid nequam et impudicum est intra animum, aut etiam exterius exercetur; is multipliciter aggravatur, dum diuturnitate consuetudinis induratur. Deus vero ad Abraham hæc loquitur, cum ab ipso nostri nobis peccati immanitas intimatur. Inde et descendit, id est ex superbiæ nostræ fastu descendere nos facit, et videt, nostra nos scilicet desideria an opere ad plenum expleverimus, videre nos facit; ipsa namque clamor sunt in auribus Dei, *ut sciam*, inquit, ut scire profecto faciam, in quam destitutionem misera mens ruerit, quid appetierit, quid appetitum quoque peregerit.

Vers. 22. — *Converteruntque se inde, et abierunt Sodomam ; Abraham vero adhuc stabat coram Domino.* Dum exterior homo noster jam cogitatione perversa sæculo conformari desiderat, inde, id est ex sui ipsius necesse est humili prius consideratione, quam Deo ad Abraham nostrum loquente concepit, ab ipsoque Deo se convertat, ut bestiali vitæ, id est Sodomæ intendendo cæcutiat. Sed adhuc Abraham coram Domino stat, quia intellectus divinitus sentiens intra seipsum in quæ mala properet gemebundus pensat; iste Domino appropinquat, cum secundum Scripturas, status quosque mentis examinans, de singulis discutere apud se nititur, quid Deus sentiat. — (Vers. 23). *Nunquid perdes*, inquit, *justum cum impio?* Ac si diceret : Nunquid etsi ex carnis imbecillitate in vitium labor, ego spiritus qui condelector legi Dei, et secundum interiorem hominem vivere gratius habeo, ne videam, aut videns exsequi cupiam quod justum est, etiam cæcitate damnabor? — (Vers. 24.) *Si fuerint quinquaginta justi in civitate peribunt simul?* Per quinquagenarium numerum pœnitentia accipitur, quod ex psalmo quinquagesimo aperte probatur; *quinquaginta ergo justi sunt in civitate*, cum digni pœnitentiæ motus versantur in mente. — (Vers. 26.) *Si invenero*, inquit, *quinquaginta justos in medio civitatis, dimittam omni loco propter eos. In medio civitatis* justi inveniuntur, cum compunctionis motus in ipso cordis meditullio non ad horam, aut ex latere, ut assolet, sed perseveranter et cum integro vitia corrigendi voto nascuntur; omni autem loco dimittitur, cum menti a sua dispersione collectæ, et **72** omnino jam factæ locali indulgetur, ne in deteriora labatur.

Vers. 27, 28. — *Loquar*, ait, *ad Dominum cum sim pulvis, et cinis. Quod si quinquaginta justis quinque minus fuerint inventi? Non*, ait Dominus, *delebo, si invenero quadraginta quinque.* Ad Dominum loquimur, cum de nostra pravitate apud ipsum orando conquerimur; pulverem nos fatemur, cum aut nos peccatores, aut ad omnem tentationis statum instabiles nos esse cognoscimus; peccanti enim dictum est : *Pulvis es* (Gen. III, 19). Cinis vero ignis absumpti indicium est, quod significat præteritorum peccatorum memoriam, quæ sicut cinis ignem, sic fovet et refricat vitii cujusque calorem. Cinis itaque sumus, quoties pristina nostra mala voluptuosa recordatione nutrimus; sed non delemur, *si quinquaginta justis quinque minus* habentes invenimur, quia etsi perpetratorum nos pœnitet, et imbecillitas interioris hominis ad integrum restringere quinque carnis sensus non valet, tamen divina clementia tantillum pœnitendi appetitum non renuet, nec residuum bonæ introrsum voluntatis delet, cum mens minus quam convenit sensualitatem non audacia, sed infirmitate coercet. *Quadraginta* autem *quinque* in nobis reperiuntur, cum per gratiam Evangelii, quæ quaternario signatur, et ductu Decalogi, qui denario accipitur, sensualitas interior, id est imaginatio plene regitur; nisi enim sensus hi corporis arctius multo animæ inessent, nunquam eorum, quæ audivimus, tetigimus, olfecimus, tantæ se ei memoriter delectationes immergerent.

Vers. 29. — *Sin autem quadraginta inventi fuerint, quid facies? Ait : Non percutiam propter quadraginta.* In quadragenario sumus, cum aut corpus nostrum quatuor subsistens elementis denario legis addicimus, aut quia denarius ex septem et tribus constat, septenarius vero ex quatuor et tribus, corpus nostrum quaternario figuratum, animamque ternario per quatuor Evangeliorum custodiam, aut quatuor principalium virtutum observantiam ad Trinitatis inducimus notitiam; quam nil aliud dicimus, nisi corpore, et anima Deo observandi diligentiam. Notandi autem sunt per numeros statuum gradus, in quibus a pœnitentia continentiæ proficit virtus, nec pia intentio perversi actus merito exigente concutitur. — (Vers. 30.) *Quid, inquit, si inveneris ibi triginta? Non,* ait, *interficiam propter triginta.* Trigenarius ex sexties quinis constat. Senarius autem, quia sex diebus sua Deus opera peregerit, pro perfectione accipitur; quinarius vero non solum ad exteriores et intrinsecos sensus, sed etiam ad opera ipsa refertur; quinquepartita enim est corporearum rerum divisio, in personam scilicet, quæ quippiam agit, materiam unde agit, motum per quem facit, occasionem quare facit, effectum quod facit. Cum ergo ad perfectam sensualitatem, imaginationem, operumque ordinem, prout humanitati suppetit, producimus, in trigenario pedem animi ponimus; non igitur in hoc statu interfectioni, sed salvationi locus est. — (Vers. 31.) Sequitur vicenarius numerus in quo adhuc non perit civitas; vicenarius ex septenariis duobus, et senario constat; per unum ergo septenarium temporalia, quæ septem volvuntur diebus; per alterum nostrum corpus, et anima; per senarium spiritualis creaturæ accipitur gratia, cui quasi magistræ subjicimur restringendi nos, et quæque mundi concupiscibilia; homo enim factus est die sexta : sub qua cum nos, et exteriora nostra posuerimus, ad regulam primam charitatis videlicet unitatem pervenimus, in qua perire non possumus.

Vers. 32. — *Obsecro, inquit, ne irascaris, Domine, si loquar adhuc semel. Quid si inventi fuerint ibi decem?* Animadverti debet, quod *semel* se ad Dominum loqui cœpisse commemorat. Semel in Scripturis pro eo quod est incommutabiliter positum reperimus; incommutabiliter igitur ad Dominum loqui incipit quisquis vitæ perfectioris institutum precibus, et studio operum perseveranter a Deo expetit. Denarius ergo ad extremum ponitur, qui in vinea laborantibus promittitur (*Matth.* xx, 2); hæc est illa universalis perfectio, æterna scilicet, cui in futuro videndæ nunc insudatur, Dei visio, quæ est omnis plenaria felicitatis origo, sicut denarius quædam numeri constat certa perfectio, et sine quo aliorum qui sequuntur, non fit numerorum ulla collectio. — (Vers. 33.) *Abiit Dominus, postquam cessavit loqui ad Abraham, et ille reversus est in locum suum.* Post hanc ergo conscientiæ illustrationem, qua quæ agenda nobis sunt in diversis vitæ statibus, quasi Deo per attactum rationis nos alloquente vigilanter attendimus : *Abit Dominus,* quia ostenso vitæ tramite relinquit nobis liberi arbitrii munus, et quasi secedens ad tempus experiendo nos permittit agere quæ volumus; præsidente itaque Deo menti nostræ supra nos sumus, recedente autem dispensative ipso, ad locum nostrum revertimur, quia ad eam animi torpidam habitudinem relabimur illico, quam ex pura humanitate habemus, si enim perpendamus quid ex nobis simus, mendacium verbi, et operis solummodo in nobis advertimus.

CAPUT XIX.

73 Vers. 1, 2. — *Veneruntque duo angeli Sodomam vespere, sedente Lot in foribus civitatis. Qui cum vidisset eos, surrexit et ivit obviam eis, adoravitque pronus in terram, et dixit : Obsecro, domini, declinate in domum pueri vestri, et manete ibi : lavate pedes vestros, et mane proficiscemini in viam vestram.* Per duos angelos sensualitas et imaginatio accipitur, quæ recte angeli, id est *nuntii* dicuntur, quia sensus exterior cogitationum nuntiat visioni, quæ foris senserit, rursusque imaginalitas refert intellectualitati, quæ sibi sensualitas forastica impresserit, hæc duo veniunt *Sodomam*, cum curarum mundanarum irruunt cæcitatem, et vespere, divinæ scilicet spei deficiente calore. *Lot* autem *in foribus civitatis sedet*, quia animus noster a linea justitiæ jam declinans, et delectationum retibus vinctus, flammasque avari desiderii spirans, ad ingressus suggestionum segnis, et languidus torpet; adversus hæc enim standum est, id est decertandum; cum enim dixisset Apostolus : *State in fide*, consequenter stationem illam exposuit dicens : *Viriliter agite* (*I Cor.* xvi, 13). Ille itaque qui prius Abraham propter a Deo illustratæ discretionis intelligentiam dictus est, postquam ad locum suum revertitur, Lot dicitur, qui juxta quod supra expositum est, *declinans*, vel *vinctus*, vel *utinam* interpretatur, in quo utinam illud apte notatur, quod legitur : *In desideriis est omnis otiosus* (*Prov.* xxi, 25); utinam enim optantis est verbum; sedere etiam judicantis est. Sedet igitur Lot *in foribus civitatis*, dum humano ratio a recto licet declinans, et vinculo concupiscentiæ tracta secundum sæculi honestatem, propriæ examinat introitum delectationis; dum enim sensus nostros, ac cogitationes in peculae videmus labi silentium, nec in Dei auribus vitalem cujuslibet bonæ actionis edere sonum, pudorem plerumque verentes humanam, restringimus petulantiæ nostræ fluxum, surgimus, id est, erigimus desidem ad hæc reprimenda animum, et adoramus *in terram* proni, superbientem scilicet, ne pereffluat, in consideratione propriæ conditionis humiliamus affectum. *Obsecro*, inquit, *domini, declinate in domum pueri vestri*, id est, intra conscientiæ secretum a forinseca vos evagatione restringite, vobisque rationis servitium adhiberi permittite; *ibique manete*, sub ea scilicet vos perseveranti instantia cohibete, *pedes vestros lavate*, sordes malitiæ, quas affectando terrena contraxistis, pœnitendo diluite; *mane in viam vestram proficiscemini*, radio utique divinæ charitatis vestris sensibus infulgente, Christum, qui via ad se tendentibus est, desiderii sancti passibus aggrediemini. *Qui dixerunt : Minime, sed in platea manebimus.*

VERS. 3. — *Compulit illos oppido, ut diverterent ad eum; ingressisque domum illius fecit convivium, coxit azyma, et comederunt.* In platea manere gestiunt, quia arctam et angustam viam, qua ad vitam tenditur, sensuum cogitationumque nostrarum volubilitates refugiunt; lata ergo ad manendum diligunt, dum patere nugis quibuslibet portas mentis corporisque non metuunt, et vas omne sine operculo immundum esse secundum legem, suggerenti rationi non assentiunt. *Oppido* autem impellimur, cum timendo humanitas ne pedetentim tepescendo labamur præ oculis hominum in aliquod grave flagitium, carnis frenamus impulsum, aut divini etiam judicii nobis opponendo metum, sicque tandem a publico incuriæ divertimus in rationis asylum; sed his conscientiæ munimine sese foventibus, orationis, lectionis, contemplationis convivium suggeritur, expurgato malitiæ fermento, azyma sinceritatis et veritatis (*I Cor.* v, 7) sancti ad purum spiritus igne conjunctur, et hac refectionis voluptate intrinsecus, et extrinsecus sensualitas vagabunda teneatur.

VERS. 4, 5. — *Prius autem quam irent cubitum, viri civitatis vallavērunt domum ejus a puero usque ad senem omnis populus simul. Vocaveruntque Lot, et dixerunt ei : Ubi sunt viri, qui introierunt ad te nocte ? Educ eos huc, ut cognoscamus eos.* Imus *cubitum*, quando in nobis quiescere incipit strepitus negotiorum forensium; prius autem quam ab his consopiatur animus; *viri civitatis*, feroces videlicet motus corporis domum vallant, id est scientiam coangustant; per senes possumus intelligere originalia, per pueros actualia quæ super addimus, et adinvenimus etiam mala; verbi gratia cum libido naturaliter nobis insit, ut de cæteris taceam, novitates quotidie libidinum, et præter solidam coeundi regulam commentatas miramur, et mirando dolemus. Ex senibus pueri in dies oriuntur, quia ex ingenita corruptione novus indesinenter vitii fetor egreditur; sunt quoque pueri quædam non naturalia crimina, sine quibus et ex parte fuisse traduntur ante diluvium tempora, ut sunt avaritia, cenodoxia, cultuumque externorum superbia, longo autem post tempore reperta, imo producta, acriore nunc fervent insania; senes vero gastrimargia, ira, tristitia, luxuria. Hi itaque cum omni cogitatuum carnalium populo Lot evocant, quia delectationum præteritarum dulcedines, et earum rerum, quæ impræsentiarum tenentur, amores rationi objectant; et ad bona exteriora haurienda compellant. *Ubi sunt*, inquiunt, *viri qui introierunt ad te nocte*; tenera scilicet illa quondam interior exteriorque sensualitas tua, quam nunc sub virili robore constrinxeris, attende in quo statu sit, an in eo perseverare tibi possibile sit, qui ad te noctu, id est improvise introierunt, quod totum est ab exterioribus quæ sibi pertinent rebus curandis, ad spiritualia quæ sui officium sunt, nec ferri possunt, se intruserunt : *Educ eos huc*, exerens sensus ad exsequendum ordinem usumque temporalium cui fsuendo facti sunt *ut cognoscamus eos*, ut nostri profecto notitiam jugi eis experientia voluptatis addamus.

VERS. 6, 7, 8. — *Egressus ad eos Lot post tergum accludens ostium ait : Nolite, fratres mei, malum hoc facere. Habeo duas filias, quæ nondum cognoverunt virum, educam eas ad vos, et abutimini eis, sicut placuerit vobis, dummodo viris istis nihil faciatis mali, quia ingressi sunt sub umbra culminis mei.* Lot ad eos ingreditur, dum ad discutiendam a quibus interpellatur vitiorum qualitatem vis rationis exeritur; post tergum ostium accludit, dum mentis aditum his quæ retro sunt, temporalibus scilicet anterioria petens, id est æterna, obstruit, et in ipsa discussione peccati ne voluptas furtive subripiat, sese munit; *fratres* autem nostri ipsi sunt motus corporei, ex eadem qua et virtutes prodeunt mente progeniti; eadem enim terra quæ segetem generat, spinas, et tribulos pariter procreat : *Nolite*, ait, *hoc malum facere*, ad evidens videlicet me flagitium provocare. Duæ filiæ mihi videntur posse accipi duo quædam, quæ magnam in bonis mentibus teneritudinem pariunt, habendi cupiditas, et opinionis amor, id est cenodoxia; vix enim aliquis in profectu positus tentatione quidpiam habendi caret, vix justus cenodoxiæ impulsu vacuus est, etiam quo justior est; hæc ergo sunt, quæ rationis robur effeminant, unde et filiæ sunt, quæ non cognoscunt virum, quia non experiuntur rationis dominium; dicitur enim cuidam : *Voca virum tuum* (*Joan.* IV, 16), id est intellectum; sunt namque innumeri, qui corporalia, et quæ vulgo probrosa sunt vitia magis vereri solent, ut sunt gulositas ac extraordinaria luxuries, quam spiritualia, ut avaritia et superbia sunt, exhorrent. Hæc itaque educuntur, dum ab illa adhuc divina nimis sapiente, et terrenis inhiante ratione voluntati dæmonicæ prostituuntur, quibus per eadem crimina abutitur. Hoc se facturum spondet, dum viris, id est sensibus sese viriliter agentibus nihil fiat mali, id est scandali, quia *ingressi sunt sub umbra culminis mei*, ab æstu scilicet carnalium appetituum, ad me rationem se contulerunt sancti Spiritus ibi protectionem habituri, qui tegmen capiti meo est in die belli.

VERS. 9. — *At illi dixerunt : Recede illuc; et rursus : Ingressus es, inquiunt, ut advena, nunquid ut judices? Te ergo magis quam hoc affligemus; vimque faciebant Lot vehementissime.* Quod est totum ac si carnis appetitus sub specie vitiorum diceret ironice rationi : *Recede* ergo a bonorum temporalium usu, quibus licite inhærere poteras, ad intellectualitatis summam in qua perseverare non queas, ubi et corporis sensus ridicule nimis a suo officio abstinens occultare te putas? Ratio homini fateor data est, quæ sine ullis externæ rei cupiditatibus Deo vacare debeat. Et hæc vernacula, et ut sic dicam indigena homini est; tu autem adventitia, in conscientiæ aditum, quasi ancilla, dominatum imitans fallaciter ingrederis, quæ vitia spiritualia prosequeris, et corporalia pro solo pudore humano refugis, pensa quo animi robore sedem adversus nos judicii tenere poteris; non ergo tam adversum tuos sensus machinas tentationis eriginus, quam contra reflandos tui tumoris novos fastus; inde igitur Lot isti typico internæ tempestatis turbo co: geritur.

VERS. 10, 11. — *Jam prope erat, ut infringerent fores. Et ecce miserunt manum viri, et introduxerunt ad se Lot; clauseruntque ostium : et eos, qui erant foris, percusserunt cæcitate a minimo usque ad maximum, ita ut ostium invenire non possent.* Fores infringuntur, cum præcepta Dei, aut virtus animi, qua Deus admittitur, hostisque excluditur, in nobis diabolo pulsante læduntur; sed *manum viri* mittunt, et *Lot ad se introducunt*, cum sensualitas utraque rejecta naturali mollitie fortitudinem virilem exerit, et manu divini auxilii rationem sibi astringens interiora petit, et *ostium*, fenestras scilicet corporis, qua mors subintrat, obstruit, sicque temporalia cuncta quæ nos irritant a minimis ad maxima utpote contemnendo destituit, et cæca nullo, videlicet quod abs quolibet probo concupisci debeat, prosperitatis lumine fulgere ostendit; quæ cum fuerint judicata omni cordis respectu ad tempus scilicet tentationis indigna, jam eis adulantibus ostium, qui subripiant non est in conscientia.

VERS. 12, 13. — *Dixerunt autem ad Lot : Habes hic tuorum quempiam? generum, aut filios, aut filias? omnes qui tui sunt educ de urbe hac. Delebimus enim locum istum, eo quod increverit clamor eorum coram Domino, qui misit nos, ut perdamus illos.* Dum ergo sensus nostri ejus, quæ præ oculis est, terrenæ gloriæ seduci blanditiis timent, ipsa sua passione rationem docent, succidendos a se universos mundi affectus, generos, pravos scilicet homines, qui *filias*, id est infirma adhuc, et necdum plene ad Deum prona desideria nostra suis exemplis, monitis, aut familiaritate ad terrena prosternunt, *filios* etiam, spem videlicet nostram in futurum transferendam, aut sæcularem potentiam, aut fortia mundi opera, unde Job dicit mortem elegisse ossa sua (*Job* VII, 15), quæ masculorum solent signari persona, omnes eliminari monentur a conscientia; vident enim impossibile concupiscentiarum ignem interius enutrire, et admotas ab igne voluptatum paleas non abripi; exstinguatur cupiditas, nec nocebit peccandi opportunitas. Omnes *de urbe* educimus, qui nostri sunt, cum a carnis desideriis rationalitatis insignia separamus, quasi a paleis granum : *Exeamus*, Apostolus ait, *ad Jesum extra castra* (*Hebr.* XI, 34) : sensus autem *locum* delent, cum mundanarum rerum imaginationes, exterasque visiones, quantum possunt, a se abolent 75 : locus noster hic mundus est, in quo conflatur juxta Job aurum (*Job* XXVIII, 1), vallis lacrymarum locus quem posuit Deus. Missi sunt, ut perdant eum, quia creati, vel missi, a corporali scilicet voluptate emissi sunt, ut exterminent in scipsis mundi appetitum; pravi enim desiderii ululatus inde surgit ad Deum.

VERS. 14. — *Egressus itaque Lot locutus est ad generos suos, qui accepturi erant filias ejus, et dixit : Surgite, et egredimini de loco isto, quia Dominus delebit civitatem istam; et visus est eis quasi ludens loqui.* Generi possunt altius intelligi : diximus duas filias, avaritiam, et cenodoxiam, quia cum aliqui proficere in alicujus boni operis exhibitione cœperint, ad ambitionem honoris, aut pecuniæ, seu humani favoris aspirant : hæ itaque filiæ fluxæ mentis fluidi sunt conceptus, harum vero mariti, imo constupratores concupitæ rei sunt, vel externæ laudis obtentus; obtentis enim quæ cupimus, quasi in quadam libidinis expletione jocundamur : generi ergo filias accepturi, fructus sunt cupiditatis et gloriæ inanis, qui exspectantur venturi. Hos a Sodoma dehortamur, cum nil in sæculo sperare, et ab ejus similitudine deformari monemus; surgere vero, torporem repellere, egredi, mores exuere dicimus, quia sic delebit in affectu nostro mundi amorem Dominus : videtur tamen eis quasi ludens loqui, quia discretio rationis non ad plenum a Deo illuminatæ, nil serium, nil stabile, aut certum carnis valet motibus suadere; non enim tangitur spiritus unguine. Lot autem ad eos hæc locuturus egreditur, quia spiritus carnis illecebras etsi non operis, tamen cogitationis prævolatione ista tractando transgreditur.

VERS. 15. — *Cumque esset mane, cogebant eum angeli dicentes: Surge, et tolle uxorem tuam, et duas filias quas habes, ne et tu pariter pereas in scelere civitatis.* Quandiu turbam animi tentando patimur, nox est nobis, et moramur in Sodomis, in quadam scilicet cæcitate mentis. At Deo cordis irradiante sinum fit mane, et pristinæ illico nos pudet cogitationis; ab ipsis enim jam cogimur angelis, sensibus utique nostris, qui pridem cogebantur imperio Lot, id est rationis; coguntur namque ab angelis, cum rationi jus ipsa suæ nuntiat necessitatis, non posse sensus cohiberi a concupiscentia in Sodomis, in cohabitatione videlicet sæcularis conversationis; non enim potest quisquam non æstuare in flammis : Surge ergo, inquiunt, tu prævia ratio, id est ad vitiis resistendum erigere, uxorem, id est voluntatem tuam, quæ non hactenus jugo mariti, quod est intellectus, teneri se patiebatur, sed adulterinis passim amoribus distrahebatur, tolle, eam utique quæ te male tulerat, uti paralytico dicitur (*Luc.* v, 24), tollere jam, hoc est regere disce, et pariter duas filias, ut profecto jam non terrena in Sodomis, sed cœlestia in divinis cupias, et puritati potius quam inani foris gloriæ studeas ne et tu pariter cum pecore silenti pereas.

VERS. 16, 17. —*Dissimulante illo apprehenderunt manum ejus, et manum uxoris, ac duarum filiarum ejus, eo quod parceret illi Dominus. Posueruntque extra civitatem* [al., *ibi locuti sunt ad eum*], *ubi locutus est ad eum Dominus. Salva animam tuam, noli respicere post tergum, nec stes in omni circa regione, sed in monte salvum te fac.* Dissimulamus, cum bona quæ et sensuum ac imaginationum molestia nostro spiritui fieri convenire nuntiat, differimus : apprehendunt manus ejus, uxoris, ac filiarum, cum cogitationis, sensualitatisque dubia de se infirmitas auxilio rationis, bonæ voluntatis, piæ ad sancta opera aviditatis, cum spe gloriæ non inanitatis, sed æternitatis fortiter innituntur, sicque extra civitatem ponuntur, sicque a mundi desideriis alienantur. Salva, inquit Dominus rationi, quid facto opus sit insinuans, animam tuam, noli respicere post tergum, id est ne repetas ea, quibus intulisti [*f.*, indulsisti], contemnendo dorsum, nec sis vitiorum, quæ abdicasti, materiei contiguus, verbi gratia, noli esse affinis mulieribus, propter quod relaberis in pejus, sed in montem, in quantamcunque scilicet virtutis excellentiam altius eniti potes emigra, ne ex mali confinio tibi oboriatur occasio saluti contraria.

VERS. 18, 19, 20, 21. — *Non possum, inquit, Domine, salvari in monte, ne forte apprehendat me malum, et moriar. Est civitas hic juxta, ad quam possum fugere, parva, et salvabor in ea, nunquid non modica est, et vivet anima mea? Ecce, ait Dominus, etiam in hoc suscepi preces tuas, ut non subvertam urbem, pro qua locutus es?* Non possum salvari in monte, in niniis arduo sanctitatis opere, ne apprehendat me elationis, aut apostasiæ malum, nedum onus super me levare molior, retroactus inveniam casum : est civitas hic juxta, humilis pœnitentiæ firmitas in promptu arbitrii est sita, quæ cum sit parva, non captui meo nimis austera, ibi salubria captabo perfugia : nunquid non modica est? Ac si diceret : si ex superbia primæ perditionis origo processit, nonne per humilitatis depressionem ac modestiam salvari licebit? Vivat, inquit, anima mea, perseveret in statu alicujus boni operis vita mea. Suscepi, ait Dominus, etiam in hoc preces tuas, ut tam ardua vitæ instituta refugiens, modica, id est mediocria consecteris, licet justum videretur, si Deus districte judicare disponeret, ut qui bona quæ potest agere dissimulat, illa etiam quæ agit perdere debeat; merito namque ipsa pœnitendi affectio in homine subverteretur, qui in aliis quibus potest virtutibus non exercetur : cum ergo statui nostro Deus licet tepido condescendit, aperte innuit quia cum gratiam compunctionis nobis impendit, id parvum quod gerimus non respuit, sic urbem quam eligimus quamvis parvam non subvertit.

VERS. 22. — *Festina, et salvare ibi.* Id est si modica eligis, in his saltem exsequendis sedulus, et alacer esto, festine procurans in quo salveris. *Non potero facere quidquam, donec ingrediaris illuc.* Quandiu enim vitiis acquiescere, bestialiter silere dulce habemus in Sodomis, non potest Deus quidquam operari virtutis in nobis, nam ut filiis Zebedæi dicitur : sedere ad dextram, vel sinistram (*Matth.* xx, 23), non est suum dare superbientibus nobis; prius enim secundum quod alias dicit : dæmonia ejicit, et sic demum sanitates perficit, quod nequaquam nisi ejectis dæmonibus fieri possit; non enim adest auditio, nisi primo surditas excludatur : ingrediamur igitur sanctæ modicitatis asylum, ut abdicata obstinatione peccati, valeat Deus, qui nil injustum facere prævalet, medicinam nobis adhibere virtutum; injustum namque esset, si diabolo hominem possidenti Deus pariter cohabitaret; impotens ergo ad hoc prorsus Deus est. *Idcirco vocatum est nomen urbis illius Segor : sol egressus super terram et Lot ingressus Segor.* Segor interpretatur meridiana, vel parva : parva ob humilitatem, *meridiana* propter in æstu vitiorum obumbrationem; virtus enim Altissimi, quæ nobis obumbrat, non nisi super humilem, et quietum illabitur, quo nomine spiritualis ista munitio ad quam confugimus, merito insignitur. — (VERS. 23.) Sol, fervor scilicet tentationis ex insita corporis corruptibilitate egreditur super terram, id est ad ipsam corporalium motuum velimus nolimus efficientiam, sed Lot, ratio videlicet nostra, subit quasi quoddam umbraculum Segor, id est humilitatem.

VERS. 24, 25, 26. — *Igitur Dominus pluit super Sodomam et Gomorrham sulphur et ignem a Domino de cœlo : et subvertit civitates has, et omnem circa regionem universos habitatores urbium, et cuncta terræ virentia. Respiciensque uxor ejus post se, versa est in statuam salis.* Pluit Dominus super Sodomam et Gomorrham, cum per instillationem supernæ monitionis fetorem, qui signatur in sulphure, et cruciatum qui in igne, cæcitati, et seditioni vitiorum demonstrat nobis inesse. Bonum quantum in nobis est, quasi Deus nos habitans est : Dominus ergo, id est bonitas in nobis degens, a Domino haurit, quod nobis de cœlo, ratione scilicet divinitus tacta ad subvertendos dæmones habitatores urbium, sensuum utique nostrorum pluit : omnem circa regionem, mundi affinitatem, et cuncta terræ virentia, terrenæ spei quælibet delectabilia, hac Deus infusione cognitionis exstinguit, quantum puteant quantumque cruciant criminum curæ, patenter ostendit. Post se autem uxor Lot respicit, cum bona voluntas pridem medullitus innixa rationi ad ea quæ spreverat, sæculi oblectamenta appetenda tepescit : post se respicit, cum a cœpto statu deficiens infra se quippiam concupiscit : sed vertitur in statuam salis, cum hanc apostasiæ hebetudinem animadvertens in se redarguit sapientia salutaris; nam suam ad plenum stoliditatem, quam statua signat, dignoscere, pars maxima est scientiæ, quæ notatur in sale.

VERS. 27, 28. — *Abraham consurgens mane, ubi steterat prius cum Domino, intuitus est Sodomam et Gomorrham, et universam terram regionis illius; viditque ascendentem favillam de terra quasi fornacis fumum.* Abraham mane consurgit, cum Deo se illustrante ad altiora mens contemplanda se subrigit, in cumdem regressa statum, in quo de mentium situ bonarum per numerorum gradus altercabatur ad Dominum, unde et nomen jam mens ipsa recipit Abraham patris videntis populum, quæ nunc usque Loth dicta est, ex quo ab integritate vincta cœperat declinare : stat autem cum Domino, quando per animi rectitudinem non dissentit ab ipso intuetur Sodomam et Gomorrham, atque regionis terram, cum flagitiorum turbulentiam, et sensus reprobi cæcitatem, eorumque circumstantem materiam divinitus irradiata dispicit, videtque ascendentem de terra favillam, ab intimis sanæ conscientiæ exsurgentem pœnitentiæ compunctionem sibi necessariam solum jam intelligit, quasi, id est revera fornacis fumum, scilicet ardoris, et cruciatus interni signum. *Tange*, ait, *montes, et fumigabunt* (Psal. CXLIII, 5), id est cordis dolorem per lacrymas evaporabunt.
— (VERS. 29.) *Cum ergo subverteret Deus civitates regionis illius,* id est cum vitia diaboli in homine habitantis munimenta subrueret, recordatur Abrahæ, rationem profecto facit suæ dignitatis meminisse, et Loth ipsam utique humanitus lapsam, ne in reprobum evertatur sensum per vitia quibus subjacuit, dignatur liberare.

VERS. 30. — *Ascenditque Loth de Segor, duæ quoque filiæ ejus cum eo; timuerat enim manere in Segor, et mansit in spelunca ipse, et duæ filiæ ejus cum eo.* Lot ascendit de Segor, cum humani timore pudoris ne scilicet palam lapsus probro pateat humanus intellectus in minoris vitæ proposito permanere veretur, et ad excellentius conversationis institutum quasi ad montem promovetur : quæ indigna, quam prætulimus, intentio, ex duarum filiarum, quas exposuimus, cohabitatione funesta notatur : prædictis itaque ex causis in tepido quasi timens persistere vivendi modo, hoc est in Segor, transit in montem, ibi tamen in spelunca victurus, qui ferarum et latronum est locus, quia cui tales comitiam præbent filiæ, crudeles nunquam deserit appetitus.—(VERS. 31.) *Dicit ergo major ad minorem : Pater noster, senex est, et nullus virorum remansit in terra, qui possit ingredi ad nos juxta morem universæ terræ.*
77 Major cenodoxia omnino recte accipitur, quæ cum bona operetur, id non agit, ut Deus glorificetur, sed quasi quadam idololatria, ac sacrilegio, ut homo præpostere honoretur; loquitur ergo cenodoxia ad cupiditatem, dum quod violenter rapi non potest, suggerit acquiri posse per sanctitatis simulationem. *Pater noster*, animus scilicet, qui malo suo tales genitrice carnali affectione genuit, *senex*, inquit, est, ad vetera et temporalia pronus est, et nullus virorum intellectualium plane motuum, qui affectualem in nobis mollitiem regant, remansit in terra, in fructifera quondam, et cultibili conscientia, qui possit ingredi ad nos, irrumpere avidi cordis ad nos evertendos obstinationem, juxta morem universæ terræ, id est in quantum, vel juxta quod necesse esset reparari morem scilicet pristinum universæ conscientiæ : posset sane ratio ingredi ad remordendam cujuslibet mentem, sed non facile ad innovandum vivendi morem. — (VERS. 32.) *Veni*, inquit, heus, tu cupiditas, quia vim inferre ad ea quæ cupis obtinenda non prævales, age dum clam meis utere officiis. *Inebriemus eum vino*, id est, impleamus animum jucunditatis temporalis gaudio, dormiamusque cum eo, totius scilicet oblivionis et negligentiæ ejus opprimamus providentiam somno, *ut servare possimus semen ex patre nostro,* ut fructum utique cujuspiam temporalis commodi exigamus, vel delectationem alicujus peccati crebra in modum feminis propagatione iterandam eliciamus ex animo talium fœtuum affectibus inclinato.

VERS. 33. — *Dederunt itaque patri suo bibere vinum nocte illa.* Nox ista affectus conceptæ nequitiæ est. Ingreditur major, dormitque cum patre, cum inanis gloria toto rationis assensu sibi contracto sui penitus oblita abutitur mente : unde dicitur quia non sensit, reatum videlicet suum ægre ferendo, quando accubuit, cum scilicet cor ad nequitiam inflexit, et quando surrexit, id est cum in audaciam de criminis se perpetratione erexit. Impellit etiam major, quod est cenodoxia, juniorem procul dubio cupiditatem, ut cum patre dormiat : quia postquam per hypocrisim infelix quispiam prosperari se viderit, ad apertæ jam cupiditatis rabiem effrenari, dissimulata simulatione incipit, et cæco pectore ab ea se involvi permittit. Secunda nox est ex inolita peccandi voluntate reprobi sensus obstinatio ; ex imagine namque ficta sanctitatis, citissime devenitur ad apertæ opprobrium perversitatis, quia vinum arridentis sibi insimulando gloriæ temporalis præcipitat animam ad furorem publicæ temeritatis, ut concubantes filias non sentiat, nec surgentes, spurcitias procul dubio nulla discretione doleat sese fœdantes, nec animos reprimat de eadem sua pollutione lætantes. Concipiunt ergo *filiæ Lot ex patre*, cum spem ingenita nobis vitia pravitatem quamlibet admittendi fovent susceptam ex animo jam labante.

Major parit *filium*, cum cenodoxia ad deteriorem male cœpta perducit effectum, vocatque Moab, quod est *ex patre*, non modo ex suo patre, sed absolute ex patre, id est diabolo totius iniquitatis auctore, qui præcipue periit, hominemque fefellit typo inanis gloriæ : dicitur etiam Moab exlex, quia hypocrita cum legaliter agere videatur, a divina vivit in semetipso alienus lege, et tanto nequius, quo B runt.

A quantum ad humana spectat judicia, nulla damnari potest interim lege. *Minor*, quæ est cupiditas, generat *Ammon*, id est *populi mei filium*, illius videlicet, de quo dicitur : *Obliviscere populum tuum* (*Psal.* XLIV, 11), in quo utique concrevisti vitiorum tumultum. In filiis autem spem maxime propagationis habemus ; propagatrix vero totius malignitatis quasi infiniti populi avaritia est, utpote quæ *radix omnium malorum est* (*I Tim.* vi, 10) ; sed quomodo avaritia, vel cenodoxia generat seipsam, absurdum videtur, si matres et filii pro eodem ponantur ; hæc ergo ratio est : Filiæ quæ masculos gignunt, teneræ sunt primo mentis nutabundæ affectiones, quæ audacissimos magnæ præsumptionis actus emittunt, et populos imitatorum exemplorum auctoritate sibi congerunt, sicut illæ Moabitas et Ammonitas egerunt.

EXPLICIT LIBER QUINTUS.

INCIPIT LIBER SEXTUS
MORALIUM IN GENESIN.

78 Fastidium laboris mei levat, quod a benevolis ac litteratis studium meum probari considero ; nec minus suffragatur, quod intentionem ejus universæ, si fieri posset, Christianitatis lucrum scio. Præterea sive prosit, seu videatur inutile, aliquid me citra fidem ac morum honestatem dixisse æstimans, ex Dei auxilio prosequi cœpta destinabo.

CAPUT XX.
'VERS. 1, 2. — *Profectus inde Abraham in terram australem, habitavit inter Cades, et Sur, et peregrinatus est in Geraris. Dixitque de Sara uxore sua: Soror mea est. Misit ergo Abimelech, rex Geraræ, et tulit eam.* Superbas mentes tanto intima sua, juxta quod legitur, in vita sua certum est projicere, quanto eas constat per exteriorum volubilitates effluere. De convalli itaque Mambre, de humilitatis profecto depressione, in qua discretionis utpote infra se degens fruebatur lumine Abraham noster, jam sui oblitus numinis egreditur, et ad *australem*, cupiditatum solibus decoquendus, excedit *terram*, ut terram sapiat, et illic avaritiæ, ac libidinum aquis infusus, easdem iterum sitiat, juxta quod Samaritanæ Dominus enuntiat. *Inter Cades et Sur* habitat, dum hinc cogitatio intellectum, quasi quædam tinea eum a statu pio dimovens vastat, illinc memoria præteritæ qua exhibuit contra vitia fortitudinis coangustat ; Cades enim *commotio tineæ*, *Sur fortitudo*, vel *angustia* dicitur ; potest et per austrum tepor animi accipi, ex quo ingens consurgere solet fervor ad studia sæculi. Unde in Job : *Considerate*, inquit, *semitas Theman, itinera Saba* (*Job* vi, 19). Peregrinatur denique Abraham in

C *Geraris*, cum a cœlesti torpens desiderio spiritus noster evagatur motibus superbis ; Gerara nempe dicitur Latine *colonum ejiciens*, in quo præcipue superbia notatur, per quam et angelica et humana natura a propria regione demittitur ; subjugalis ergo illa Sara, voluntas scilicet rationi rite addicta in sororem admittitur, dum in parilitatem pestiferam contempto dominio evocatur ; nec mirum, si respuitur a voluntate dominium, cum suum ipsa ratio deficiens abjurarit imperium. Abimelech interpretatur *pater meus rex*, rex autem Geraræ. Qui ergo *rex*, ipse *pater* hominem a Deo ejicientis superbia, diabolus scilicet, qui et pater mendacii appellatur (*Joan.* viii, 44); *meus* autem, ad eos qui sibi superbia mendacioque pessima filiatione conveniunt, refertur.

D Mittit ergo Abimelech, et tollit eam, cum post aliquantulæ religionis studium suggerit diabolus humanæ voluntati quasi jam sibi debitæ prælationis affectum ; unde notari convenit inter captiones utrasque distantiam, qua spiritualis nostra voluntas instar Saræ primum a Pharaone in conversionis initio distrahitur ad pristinæ sæcularitatis Ægyptum, et postmodum ab Abimelech rege Geraræ non tam superatur quam ad horam agitata pulsatur, unde et ab hoc intacta perhibetur, de superiore tacetur ; veteris namque consuetudinis nuper relictæ memoria nos atrociter irritat ad vitia, sed ecclesiastica utilitate provectis, quasi aliorum causa profectus adipiscendi pastoratus quodammodo ex latere se nobis ingerunt desideria, multa itaque inter utraque distantia. Sara denique tollitur, cum ad hujusmodi ambitionem cum favore rationis voluntatis intentio transportatur.

VERS. 3, 4. — *Venit autem Deus ad Abimelech per somnium nocte, et ait ei : En moreris propter mulierem quam tulisti ; habet enim virum. Abimelech vero non tetigerat eam.* Per somnium Deus ad Abimelech venit, cum mentem a corruptibilium, forasticarumque rerum cura abstinemus, et sola invisibilium cogitatione tenemur, in quo tractatu Deo præsente, quid sit Gerara, quid rex, quid paternitas illa, videtur. Et vero *nocte,* dum in ipsa, qua clarificari desiderat luce, obscuritas intellectualiter pervidetur superbiæ. *Morieris,* inquit, *propter mulierem quam tulisti ,* mortis profecto supplicio addici mereberis, nisi a concepti fastus parturitione desieris, cum voluntatem rationis juri ex debito subjectam tibi o superba vanitas tuleris meretricia prostitutione ludendam ; sed Sara a rege non tangitur, cum voluntas superbi appetitus effectum non experitur ; finis enim **79** notionis tactus est ; nam a rege tanguntur, qui honorum culmina quæ ambiunt quoquomodo assequuntur.

VERS. 5. — *Et ait : Domine, num gentem ignorantem et justam interficies ? Nonne ipse dixit : Soror mea est, et ipsa ait : Frater meus est ?* Divino timore attacta nostra cervicositas, in seipsam refracta colligitur ; colligitur, inquam, dum de mundi sapientia, quæ non nisi laudem quærit aut commodum, quaque extra se spargebatur, ad felicis confessionem ignorantiæ quam consequitur justitia restringitur. Cum, inquit, Domine, quidquid tumide sapiebam te aspirante reflaverim, et juxta Apostolum stultum me fieri propter Deum velim (*I Cor.* IV, 10), ut hujus ignorantiæ cultu, quæ tamen sæcularium rerum est, esse particeps supernæ sapientiæ quod justitiæ summa est, possim ; cum, inquam, hæc fecerim, nunquid ignorans hoc modo, sic denique justus, interfici a te, qui justitia es, meruerim ? Nam si deliquerim, non diffiteor culpam, ex animi confusione mihi accidit, ubi nec intellectus præerat, nec voluntas parebat, sed potius rationi ipsa non modo indigna quadam germanitate parem se fecerat, sed etiam ratio eidem præpostere nimis obnoxia erat. *In simplicitate cordis mei, et munditia manuum mearum feci hoc.* Simplicitas pro fatuitate poni solet, etsi, inquit, in hebetudine cordis, ut est rationis, incurri errorem, tamen mundam te servante manum habui, ne in nequam excurrerem operationem.

VERS. 6, 7. — *Dixitque ad eum Dominus : Et ego scio quod simplici corde feceris, et ideo custodivi te, ne peccares in me, et non dimisi, ut tangeres eam. Nunc igitur redde uxorem viro suo, quia propheta est, et orabit pro te, et vives. Si autem nolueris reddere, scito quod morte morieris, tu et omnia quæ tua sunt.* Quia, inquit, carnis infirmitate, et humana fatuitate peccasti, *custodivi te,* ne in opus excederes ; superbia enim peccantibus et scienter puteus ruinæ patet, sed marito intellectui voluntatis vagæ subde cervicem, *quia propheta est,* id est providendi internæ

et externæ utilitati princeps est, et cum a carnali liber affectu ad sibi prospiciendum ingenium exacuerit, quidquid aget, quidquid meditabitur, oratione dignum, et vitali præmio erit ; quod si distuleris, in obstinationis et impœnitentiæ insensibilitatem, quod est mors animæ, rues, et si quid tibi boni resedit, pariter amittes.

VERS. 8. — *Statimque de nocte consurgens Abimelech, vocavit omnes servos suos, et locutus est universa verba hæc in auribus eorum ; timueruntque omnes viri valde. Abimelech de nocte* consurgit, cum superbiæ motus, qui ex patre revera diabolo est, de concepta avaritiæ obscuritate se elevat, quæ mentes prudentium excæcat, *servos suos,* id est cogitationes, quæ in suggerendis sibi vanitatibus deserviunt, ad rationabiliter sapere convocat, et quæ sibi Deus inspirando innotuerit, intellectualiter narrat, ut divinum eis timorem incutiat.

VERS. 9. — *Vocavit autem Abraham, et dixit ei : Quid fecisti nobis ? Quid peccavimus in te, quia induxisti super me et super regnum meum peccatum grande ? Quæ non debuisti facere, fecisti nobis ?* Abraham vocat, cum totas intelligentiæ sibi illustrandæ vires acuminat : Pensa, ait, quid egeris, cum ad te pertineat animales corporalesque turbas ob ingenitam tibi ingenii vivacitatem restringere, non nos motibus his humanitus excedentes tam in te peccavimus, quam tu in nos, qui tui auctoritate arbitrii debueras rexisse nos, ac si diceret : Si me, motum scilicet superbiæ ad horam admittere non debueras, regnum quare ejus damnationis admittebas ? Ex hoc ergo grande tibi peccatum incubuit, non tam quia me, sed quia regnum superbi consilii diuturnitate susceperas.

VERS. 10. — *Quid,* inquit, *vidisti ut hoc faceres,* id est quam hujus tui pravi assensus rationem affers. — (VERS. 11, 12.) *Cogitavi,* ait Abraham, *mecum dicens : Forte non est timor Dei in loco isto, et interficient me propter uxorem meam. Alias autem et vere soror mea est, filia patris mei, et non filia matris meæ, et duxi eam uxorem.* Locus timorem Dei non habens, cor nostrum est tepiditate marcidum, quod regere non audet, nec defendere voluntatis conjugium, dum interfici se timet impetu tentationum, et tamen ait : Eam quodammodo sororem non diffiteor, dum ex diaboli patris propagatione quasi Belial, quod est absque jugo, liberam voluntatem abire patior, sed non filia matris meæ æternæ sapientiæ est, ex qua suscepi uxorem, cujus utique originalia documenta tradunt me hanc non ut parem, aut dominam, sed habere maritali severitate debere ut conjugem. — (VERS. 13.) *Postquam autem eduxit me Deus de domo patris mei, dixi ad eam : Hanc facies mecum misericordiam, in omni loco ad quem ingrediemur, dices quod frater tuus sim.* De domo patris nostri educimur, quando de conscientia, quæ patri diabolo conformabatur, per confessionem egredimur ; dicimus vero nostræ voluntati ut nobiscum faciat *misericordiam,* cum quasi ratiocinando sibi suggerimus ut non nimis arduam arripiat vivendi regulam, unde ad locum dicitur ingredi, quia cum proposito tenuis alicujus vitæ mens languida cœperit aggredi, sine ullo meliorandi desiderio, ac si localiter intra idipsum vult contineri, et inde turpiter nolenti proficere contingit sæpe relabi : misericordiam itaque præbet, cum **80** remissæ rationi voluntas favet.

Vers. 14, 15. — *Tulit igitur Abimelech oves et boves, servos et ancillas, et dedit Abraham : reddiditque ei Saram uxorem suam, et ait : Terra coram vobis est : ubicunque tibi placuerit habita*. Abimelech tollit, cum rationi tollenti diabolus superbiæ incentor, vel ipsa superbia non contradicit, unde est : Et *vinctis ejus non aperuit carcerem* (Isa. xlv, 17), quod est, clausit. Ratio autem oves tollit, cum ab intentione adipiscendi honoris impendendæ beneficia charitatis quæ operit multitudinem peccatorum (*Jac.* v, 20), quod per lanigeros congrue designatur greges, funditus abstrahit : *boves* vero exercitium prædicationis, *servos et ancillas* fortes dicimus et infirmas, et ad sæculum pronas sollicitudines cogitationis, aliud namque violentia possumus, aliud fragili adulatione inserviendo tractamus : hæc *Abrahæ dat*, cum habere volentem spiritum jam non impugnat; uxorem reddit, cum ab ipsius voluntatis irritatione quiescit; *terra*, inquit, *est coram vobis*, id est conscientiæ libertas vestris suppetit arbitriis, in quo tibi placuerit sanctitatis proposito conversare, et habita.

Vers. 16, 17, 18. — *Saræ autem dixit : Ecce dedi mille argenteos fratri tuo, hoc sit tibi in velamen oculorum ad omnes qui tecum sunt, et quocunque perrexeris, memento te esse deprehensam. Orante autem Abraham, sanavit Deus Abimelech, et uxorem, et ancillas ejus, et pepererunt. Concluserat enim Deus omnem vulvam domus Abimelech propter Saram uxorem Abraham.* Abimelech Saræ dixit, cum a suo impetu cessans, quæ subjecta sunt per effectus evidentiam videre permisit : Heus tu, inquit, voluntas, mille argenteos fratri tuo dedi, id est ab omni cupiditatis suggestione quiescens, totius terrenæ facultatis abjiciendæ copiam non abnui tibi germanitus juncto intellectui, quæ abrenuntiatio non tam modo rerum, quam cupiditatum in munimen erit tibi oculorum, intentionum scilicet tuarum, ut non graventur pituita curarum, ut omnes qui tecum sunt, rationales utique tui motus, seu virtutum studia, quæ nobis ac si quidam familiares adsunt, hoc immunitatis contegantur asylo; ad quæcunque pietatis proposita appetendo processeris, et licet in multam sanctitatis eminentiam aliquando perveneris, tamen a mea regione, quam semel expertus es, te a modo dirimens superbiæ te voragines semper irruisse memineris. Mille argenteos pro plenitudine totius terrenæ substantiæ accipimus, ut est, *Vir affert pro fructu ejus mille argenteos* (Cant. viii, 11) : Abimelech dat, cum non disturbat. Porro Abraham pro Abimelech orat, eumque Dominus cum uxore et ancillis sanat, cum spiritus noster pro incursu quem subiit superbiæ, Deo supplicat, cujus motum cum sua, quæ sibi fœde ac infructuose sub sternebatur concupiscentia, et ancillari ac sordida

A petulantia, Deus sanat, cum appetitus et lascivias animales ad potius in se delectandum convocat, et pariunt, dum amorem bene agendi concipiunt; quandiu namque voluntas per desideria adulterina distrahitur, vulva domus, id est conscientiæ aditus ad divini seminis vim tenendam obstruitur.

CAPUT XXI.

Vers. 1, 2, 3, 4, 5. — *Visitavit autem Deus Saram, sicut promiserat, et implevit quæ locutus est. Concepitque, et peperit filium in senectute sua, tempore quo prædixerat ei Deus. Vocavitque Abraham nomen filii sui, quem genuit ei Sara, Isaac, et circumcidit eum octavo die, cum centum esset annorum; hac quippe ætate patris natus est Isaac.* Tandem igitur post hæc voluntatem victis undecunque vitiorum impulsibus

B Deus visitat, qui vincenti se daturum edere de ligno vitæ spoponderat (*Apoc.* ii, 7). Conceptum spirituali desiderio filium parit, cum certam spem ex nimio mentis fervore resumit. Filios namque ob posteritatem, et nostri cum senderimus sustentationem, spes nostras vocare solemus. Hanc certam sine ullo jam peccati scrupulo spem beatus expertus erat Antonius, qui ait : «Ego jam non timeo Deum, sed amo : » et hunc parit in senectute, id est exhausta omni juvenili præsumptione, et circumsita dierum, id est virtutum multimoda luce; et quo Deus prædixerat tempore, eadem scilicet qua spem perfectionis obtinendæ assumpserat Dei contemplatione. Is ab Abraham, ab ipso videlicet rationali contuitu vocatur, id est discretive intelligitur Isaac, quod est risus et

C gaudium, quod per spei donum hic jam intelligitur in pignore; ex quo nobis astruitur nos idem longe tamen ineffabilius accepturos in re. Hunc denique circumcidimus octava die, quia intellectualiter colligimus nos ad integrum passibilitatum miseriis exuendos solummodo in resurrectione. *Centum annorum* id agimus, cum de sinistra præsentis sæculi expediti prævolare studemus ad amorem spemque futuri, quod est in dexteram transpositio numeri. Hac ætate Abraham intellectualis nascitur materia gaudii spiritualis, ætas vero nil aliud quam provectio est sanctitatis.

Vers. 6, 7. — *Risum, inquit Sarai, mihi fecit Deus : quicunque audierit, corridebit mihi. Rursumque ait : Quis auditurum crederet Abraham, quod Sara lactaret*

D *filium, quem peperit ei jam seni?* **81** Jure, ait, ita vocaverim, cum in hac Ægypto mœroris, et angustiæ loco, æterni me gaudii jam Deus fecerit habitus prægustare futuros. Quicunque audierit, idem videlicet palato cordis sapuerit, meis utique gaudiis non inanibus ipsum nequaquam aggaudere pigebit. Quis, ait, opinari posset rationem illam in peccati olim ludibrio prostitutam, tam cœlestia sapere potuisse, et voluntatem, quæ sensualitatis uberibus solita erat menti ministrare libidinis cujusque venenum, jam Scripturæ candoribus ac si lacte purissimo conceptæ spei educare desiderium, quod jam spiritui suo ab omni terrenæ conceptu levitatis effeto protulit pia sola, sola sancta volendo.

VERS. 8. — *Crevit itaque puer, et ablactatus est: fecitque Abraham grande convivium in die ablactationis ejus.* Duo virosa sunt ubera, quibus pravitas nostri nutritur affectus, sensualitas corporalium visioni acclinis, et ipsius imaginatio visionis, multo deterior aperta rei visione praesentis; sunt et duo alia, quibus interioris hominis usque ad solidum promoventur initia, aut duo scilicet Testamenta, aut geminae dilectionis praecepta, quorum usu dum spiritualis Isaac pia coalescit infantia, usque ad ipsum panem angelorum quam dulcis est sapiendum provehitur, sublata primaevae teneritudinis inertia. Dies autem ablactationis ipsa est divinae illustratio contemplationis, ubi fit illud ineffabile convivium non jam simplicitate lactis, sed apparatu sempiternae soliditatis; coenat enim Dominus nobiscum tunc, nosque cum illo.

VERS. 9, 10, 11. — *Cumque vidisset Sara filium Agar Ægyptiae ludentem cum Isaac, dixit ad Abraham: Ejice ancillam et filium ejus; non enim erit haeres filius ancillae cum filio meo Isaac. Dure accepit hoc Abraham pro filio suo.* Temporibus nostrae spiritualis infantiae quandiu opus lacte habemus, Agar Ægyptia nobis, id est affectio mundana obversatur, quae filium habet, quia spe aliqua mundiali non caret: spem autem per filios accipi saepe diximus. Is cum Isaac ludit, quia spiritualis nostri desiderii gloriam ad ludicra inaniaque deflectit. Sed sanctae libertas voluntatis nolens spiritus gaudium annullari, affectionem saeculi cum spe sua rationis auctoritate, quod est Abraham, jubet excludi. Dure tamen ratio accipit, quia etsi velle sibi adjacet, abjicere quod genuit levitatis facultatem non invenit; spe enim etsi falsa plerumque trahitur: sed filius ancillae jure projicitur, quia coelestis regni, in quantum spes ancillaris descivit ab ejus amore, mercede minuitur. Hunc ergo crucifigi juxta Apostolum mundo oportet (*Gal.* VI, 14), sed primitus ipse mundus crucifigatur eidem.

VERS. 12, 13. — *Non enim*, inquit Deus, *tibi asperum videatur super puero, et super ancilla tua. Omnia quae tibi dixerit Sara, audi vocem ejus, quia in Isaac vocabitur tibi semen. Sed et filium ancillae faciam in gentem magnam, quia semen tuum est.* Etsi ait affectionis catena protraheris, et vana spe afficeris, ne acide feras haec tota rescindere, vim spiritualis ut te monuerit exsequere voluntatis, sciens ex aeternitatis desiderio fructum indefectibilis laetitiae ex Isaac scilicet non aliunde vocari. Filius vero ancillae licet rudis adhuc aspiret in extera, postquam semen tuum fuerit, id est fructui sempiterno idoneum se exhibuerit, et carnalia seminare velle destiterit in magnam cogitando, loquendo, agendo studiorum proborum gentem erit. Notandum autem quod semen, et fructus esse solet spes quaeque propagandi fructus:

VERS. 14. — *Surrexit itaque Abraham mane, et tollens panem, et utrem aquae imposuit scapulae ejus; tradiditque puerum, et dimisit eam. Quae cum abisset errabat in solitudine Bersabee.* Surgit Abraham mane, cum spiritus noster ex divina luce ad cohibendos animi fluxus erigitur a proprio torpore: *Panem, et aquae utrem scapulae ejus imponit*, cum divinae charitatis pabulo et scientiae salutaris temperamento, mens mundanae affectionis rigorem quasi jugo deprimit. Uter pro temperantia non absurde ponitur, unde et Deus quasi in utre statuisse dicitur baptismatis aquas, cujus gratiam pro suscipientium causis et fundit, et retinet; aqua scientiam, panis charitatem affatim signare solet. *Puerum* tradit, *eamque dimittit*, dum cum totis affectibus nequam spes etiam quasque repellit. Porro recedens a nobis *in solitudine* errat, quia in mente jam unica, et a negotiis secreta jam appetitus carnalis nutat, sedem scilicet cordis non habens in quo localiter requiescat. Unde per loca inaquosa, per fortes animi in quaque virtute status ambulare expulsus ab homine spiritus dicitur (*Luc.* XI, 24). Bersabee autem *puteus saturitatis* interpretatur; nam puteus, id est cupiditatum profunditas postquam ad saturitatem fastidii pervenerit, idque mens exhorruerit, tunc apud se jam solitaria fieri, Deoque vacare poterit.

VERS. 15, 16. — *Cumque consumpta esset aqua in utre, abjecit puerum subter unam arborem, quae ibi erat. Et abiit, seditque e regione procul, quantum potest arcus jacere.* Consumitur aqua in utre, cum attenuatur vis scientiae, et discretionis in mente; solet namque quidam motus quasi desperationis, et ex eadem desperatione defectus suboriri in animo, postquam cum spe sua repelli coepit saecularis affectio, Agar videlicet cum filio: attendit nempe difficultatem coelestium sequendorum, et veretur graviter penuriam terrenorum. Abjecit ergo puerum subter unam arborem, cum spem ponit innitendo super potentis alicujus personam, imo, ut sequamur historiam, abjecit, per apostasiam primae bonae voluntatis scilicet, ac si furibunda, et a Deo deficiens, homini cuiquam sese quasi melius juvanda supponit. Arbor singulariter personam signat, unde in Apocalypsi a quatuor angelis obsistitur, ne ventus in aliquam arborem flare debeat (*Apoc.* VII, 3): congrue ergo dicitur de arbore, quia ibi erat, ea enim quae juxta sunt et praesentialiter teneri, moxque negotio nostro queunt adniti, magis solent quam aeterna diligi. Abiit itaque a boni coepto proposito, sedet e regione procul, dum in exspectatione temporalis quaestus flectitur status conscientiae; fit vero procul quantum potest arcus jacere, quia etsi fluxa sedeat, et cupida inspiciat, tamen et ex ratione ad Dei timorem se reprimens, ab ipso suo quo trahitur appetitu se abstinet, quantum ipsius rationis, quae est signata per arcum, quia ad certum ac si sagittam id quod sentit emittat, potest exprimendo determinare sententia.

VERS. 17. — *Dixit enim: Non videbo morientem puerum, et sedens contra levavit vocem suam, et flevit. Exaudivit autem Dominus vocem pueri: vocavit* que *angelus Domini Agar de cœlo*. Moritur puer, cum sæcularibus intenta prorsus a Deo interimitur spes; non vult itaque videre *morientem puerum*, cum carnalis affectio divini timoris non inscia, non patitur contemptis cœlestibus se omnimoda spe ad sui perniciem ambire mundum. Vox carnalis est appetitus, desiderium mundialis quæstus; hanc ergo *suam vocem* elevat, cum a temporali ad æternum affectum cupiditate exaltat; sed sedet contra, quia etsi secundum hominem inflecti quadam indigna se sessione videt ad infima, ubi pugnaciter stare decuerat, ex rationis tamen voto exclamat contra. Flet autem, cum interioris fluxus aquas, per animi juges a se emittit angustias. Notandum vero quod non vocem matris, sed pueri Deus dicitur exaudisse, quia non appetitum, qui ex carne movetur, sed spem, quæ paupertati spiritus intenta, et a præsentis sæculi gaudio jam destituenda est, exaudire Deus gratantissime consuevit. Oratio namque pauperis, *cum anxiatus* [al., *anxius*] *fuerit, et coram Deo effuderit precem suam* juxta psalmi titulum (*Psal*. ci), ad Deum quasi clamor pervenit (*Ibid*., 2). Unde *angelus Domini de cœlo Agar* vocat, quia sermo divinus bona quæque nuntians de sacræ Scripturæ excellenti mysterio ad ea quæ aguntur intra nos consonans, de nostro statu interrogat. Hoc cœlum extenditur sicut pellis (*Psal*. ciii, 3).

Quid agis, inquit, Agar ? Noli timere. Ac si dicat: Pensa Deum spem suam in se ponentibus adjutorem fore, et ideo penuriæ cujuspiam motu noli ab eo deficere; quod igitur agis insiste : *Exaudivit enim Dominus vocem pueri de loco in quo est*. Exauditur, cum nostræ desiderium voluntatis spem de profundis attollere cupientis, de situ bonæ intentionis, quæ locus noster est, et esse debet, in quo dum constiterimus, ad verum esse tendimus, a Deo benigne accipitur.—(Vers. 18.) *Surge, ait, tolle puerum, et manum illius, quia in gentem magnam faciam eum*. Surge ab hæsitationis diffidentia, *tolle* spem ab imis ad superna, sit in ipsa supernæ spei manu, id est virtute continentiæ perseverantia; quia talibus officiis in sanctarum operationum propagines est dilatanda.

Vers. 19, 20, 21. — *Aperuitque oculos ejus Deus. Quæ videns puteum aquæ, abiit, et implevit utrem, deditque puero, bibere; et fuit cum eo; qui crevit, et moratus est in solitudine, factusque juvenis sagittarius. Habitavit in deserto Pharan, et accepit illi mater sua uxorem de terra Ægypti*. Ad videndum puteum aquæ Deus ejus oculos aperit, cum ad eum persentiscendum sapiendumque qui fons est aquæ vivæ et origo sapientiæ ac scientiæ, Christum scilicet, qui nil aliud quam quod mitis est et humilis corde a se nos discere voluit, mentis velamen detegit; ambitu itaque votorum hunc adiens implet utrem, reparat videlicet vires scientiæ intra animum jam utique temperantem. Potat puerum, affectualitate enim ad Deum versa, spei nostræ desideriis æstuanti idem impenditur gratiæ donum; fuitque cum eo, quia cum ad pietatis amorem solum vergit affectio, individua spei mox comitatur devotio, quod enim te consequi posse desperas miror si diu concupiscere queas, et spes crescit a transitoriis ad æterna, et moratur in solitudine, dum removet a se ad Deo soli se porrigendam strepitus conscientiæ. Porro inde *fit juvenis sagittarius* cum talium experientia casuum ad spiritus discernendos efficitur intellectus spei nostræ subtilis et disertus. Lignum namque corporis, dum chorda rationis inflectitur, vis inde spiritualitatis acuitur, et quasi ad certum sententiæ sagitta dirigitur, attamen licet solitudinis jam quietem appetat, aliquoties in deserto Pharan habitat, horrorem utique ferocitatis vitiorum molestum valde tolerat; mater enim sua concupiscentia, quæ se quondam in peccatis genuit, *uxorem illi de terra Ægypti* accepit, carnem scilicet cujus lenocinio molliatur animi rigor, quæ ob terrenitatis propriæ pondus omni tribulatione coangustatur admovet. Admovet sane, quia indesinentibus stimulis ad malum urget. Pharan autem interpretatur *ferocitas eorum*, Ægyptus, *tribulatio coangustans*.

83 Vers. 22, 23. — *Eodem tempore dixit Abimelech, et Phicol princeps exercitus ejus ad Abraham : Deus tecum est in universis quæ agis. Jura ergo mihi per Dominum, ne noceas mihi, et posteris meis, stirpique meæ, sed juxta misericordiam quam fecit tibi, facies mihi, et terræ in qua versatus es advena*. Gloria victoriæ semper est affinis superbiæ, et cum opinionis aura discurrerit, impetit animum vis cenodoxiæ; eodem ergo tempore, ipso videlicet statu victricis animæ, quo se audacter adversus prælibata mala extulit, loquitur *Abimelech, et Phicol*, superbia scilicet, ac cenodoxia spirituali suggestione *ad Abraham. Deus*, inquiunt, sive prospera, sive adversa tibi irruant, in bonum tibi cooperatur, nec ullius vitii impulsu scias tibi posse perniciosum aut desperabile discrimen accidere, quem in tot mentis incursibus contigit divinitus victoriam meruisse. *Jura ergo per Dominum*, quod est dicere : Quoniam tantam Dei erga te experiris clementiam, securus opinionis tuæ, quæ per omnium ora volitat, excipe gloriam, utpote qui certo nosse possis, quod non sine Dei voluntate lauderis, unde *per Dominum*, id est per eam qua Deo inniteris fiduciam, *mihi*, inquit Abimelech, quod est superbia, pollicere, quod *nec mihi noceas*, in tuis me operibus destruendo; *nec posteris*, laudem scilicet, quæ opera sequitur, abjiciendo, *nec stirpi meæ*, intentionem, quæ radix est operum, exstinguendo. Abimelech interpretatur *patris mei regnum*, quod est superbia, cui regnat diabolus, unde est, et ipse est rex super omnes filios superbiæ (*Job* xli, 25). Phicol dicitur *os omnium*, in quo accipitur inanis gloria, quæ se omnium quærit celebrare per ora. Gloria etiam diffiniri solet, frequens de aliquo fama cum laude. Abimelech nobiscum misericorditer facit, cum temporalis exuberantiam gloriæ suggerit; idem sibi impendimus, cum ingestioni honorum prava delectatione favemus. Porro *terræ* misereremur in qua versati sumus advenæ, cum corpori nostro curam indulgemus, in quâ exhibenda temporibus olim nostræ abstinentiæ non domestici, sed quasi extranei, et advenæ fuimus. Abraham itaque, intellectualitas videlicet nostra, his quam simpliciter suggestis flectitur, et secundum ea se acturum pollicetur.

Vers. 24, 25, 26. — *Ego, ait, jurabo : increpuit tamen Abimelech propter puteum aquæ, quem vi abstulerant servi illius. Nescivi, inquit Abimelech, quis fecerit hanc rem? sed et tu non indicasti mihi, et ego non audivi præter hodie.* Puteus aquæ profunditas est discretionis ac intelligentiæ : hunc servi regis auferunt cum prava superbiæ opera, quæ ipsi quasi regi deserviunt, cæcitatem nobis reprobi sensus immittunt; sed cogitatio superba cum hæc suæ suggestioni ac si increpando opponimus, se nescire quis fecerit hoc respondet; quia non suo reatui ascribi patitur, sed nec illis argumentis sibi probari posse testatur, quod mentis perspicacitas per se obducatur. *Præter hodie* non audisse se dicit, quia nil se sapere, nil intelligere nisi hodie, id est lumen falsa testificatione divinæ in suis operibus glorificationis, et servandæ honestatis, cum vere superbiat, et inaniter glorietur, perhibet. *Hodie* audit, quia quidquid sibi inest simpliciter totum ac lucide intelligere se ac facere sine ulla reprobi sensus scientia, quæ ullis indiciis coargui possit, asserit.

Vers. 27, 28. — *Tulit itaque Abraham oves et boves, et dedit Abimelech, percusseruntque ambo fœdus. Et statuit Abraham septem agnas gregis seorsum.* Abraham oves et boves Abimelech dat, cum intellectus noster admisso in se superbiæ regno simplicitatem animi, et charitatis beneficium, quod totum ob mitem naturam, et velleris impensionem in ovibus accipitur, et prædicationis laborem, quod in bobus notatur, ipsi videlicet consumendum superbiæ prodit potius quam commodat. *Fœdus ambo percutiunt,* dum mundi arridente gloria ratio et superbia, irrefragabiliter consentiunt. Notandum quod Abimelech et Phicol, cum duo sint vitia, ita tamen sibi sunt annexa ut nunquam a cenodoxia possit dimoveri superbia, illud quam maxime quod Phicol princeps exercitus Abimelech dicitur. Cenodoxia namque totas superbiæ vires in se habere dignoscitur, dum tanto rabidius per sanctitatis simulationem elevari nititur, quanto visibus hominum humilius conversatur : plus sane sibi contrahit iniquæ valetudinis qui ficte, quam qui superbit aperte. Per *se, tem* autem *agnas* intelligimus, universales Spiritus sancti gratias; has seorsum statuimus, quam effluente alias animo has inter superbiendum et vane gloriandum conservare discernendo censemus. Sed quid hæc agnarum sibi velit distinctio miratur Abimelech, quia constat superbiæ typum indigne semper ferre bonæ intentionis consortium.

Vers. 29, 30, 31, 32. — *Quid sibi,* inquit, *volunt hæ agnæ, quas stare fecisti seorsum? At ille: Septem,* ait, *agnas accipies de manu mea, ut sint in testimonium mihi, quia ego fodi puteum istum. Idcirco vocatus est locus ille Bersabee, quia ibi uterque juravit. Et inierunt fœdus pro puteo juramenti.* Ac si diceret : Sanciæ et spiritualis meæ intentionis propositum quandiu tuis deservire placebit nugis de manu mea, id est de me a spontanea deliberatione non extorquebis, sed quasi depositum alieni juris conservandum non consumendum accipies, solemus 84 enim scienter quædam in nos mala admittere, et tamen non deserere intentionem voluntatis bonæ, ut sit, inquit, in testimonium mihi ipsa pietatis affectio, quia quondam mihi discretionis ac scientiæ fontem carnalium ruderum quasi cujusdam obsoleti lacus comparaverim repurgio. Puteus ergo juramenti quod est Bersabee locus ille dicitur, quia ibi uterque juravit, dum et aliqua mala intra mentis sinum ex industria recipiuntur; et tamen ne in reprobum ruere cogant sensum, ex aliqua parte respuuntur, spondente conscientiæ vitio se nullatenus extra regulam progressurum, conscientia respondente aditum sui gloriæ temporalis occursui utpote honestæ rei non negandum, tamen citra omnem infamis culpæ reatum. Sed attendendum esset quia modicum fermenti totam massam corrumpit (*Gal.* v. 9) : solemus enim aspicere aliquos in quibus et quædam mala patent, et bona tamen aliqua retinent, nec cogitamus quia aliud est infirmitate aut ignorantia illos delinquere, aliud nos superba deliberatione peccare, aliud etiam naturalibus vitiis lædi, aliud non naturalibus, quod est superbia et cenodoxia, sponte addici. *In malevolam animam non introibit sapientia* (*Sap.* 1, 4); cum tamen peccatori per ipsam sapientiam inspiratur pœnitentia.

Bersabee itaque vocatur locus, dum in hac nefaria Dei, et diaboli intra unam animam participatione, misera ratio figere nititur, quod fieri non potest; quasi localem statum : sed non est participatio luci ad tenebras, diffugit plane lux tenebras peccati. Ineunt fœdus pro puteo juramenti, dum quidam qui nec carere vitiis volunt et tamen ad flagitia non pro Dei metu, sed pro sæculi potius infamia devenire metuunt, hos status intra se nunquam staturos stabiliunt, ut puteus non obruatur scientiæ, pro quo irrita mox futura et mens et vitium sibimet juramenta dedere. (Ex Vers. 33.) Sed surgit Abimelech, et Phicol princeps militiæ ejus; et revertuntur in terram Philisthinorum, quia peccati initium semel admissum semper seipso potentius surgit animi jam captivi usurpans imperium, et ad terrenitatem nos cogit reverti Philisthinorum, id est potione cadentium, eorum scilicet qui vino gloriæ mundialis debriati a recto deviantes sensu, in funesta malorum discrimina cadunt.

Vers. 33. — *Abraham autem plantavit in Bersabee nemus, et vocavit ibi nomen Dei æterni, et fuit colonus terræ Philisthinorum multis diebus.* Plantat Abraham nemus, cum jam ad sæculi tractus animus voluptatem, incultas, inextricabili errore perplexas, et cæcas cogitationes fixa jam deliberatione gignit :

vocat tamen *ibi nomen Dei*, quia sæpius ad cor rediens apud Deum conqueritur de ruina, cui jam nunc invitus subjacet sui : unde pulchre additur æterni; quia etsi ex suæ granditate nequitiæ difficilis sua sibi videtur laxatio, æternum tamen reminiscitur Deum, qui antiquitus mira in talibus egit, et nostris per talia temporibus non desinit. Unde est : *Jesus Christus heri et hodie, ipse et in sæcula*. (Hebr. XIII, 8) hujusmodi vinctos solvere poterit : talium vox est : *De profundis clamavi ad te, Domine* (Psal. CXXIX, 1), et reliqua. Fit colonus terræ Philisthinorum multis diebus; quo enim multiplicior divinæ ad se dignoscendum illustrationis sibi increverit intellectus, eo gravior aperitur menti tristitia de diuturnitate sui inter vitia incolatus. *Inveteravi*, ait quidam, *inter omnes inimicos meos* (Psal. VI, 8). Et : *Incolatus meus prolongatus est* (Psal. CXIX, 5). *Ego*, ait alter, *vir videns paupertatem meam* (Thren. III, 1).

CAPUT XXII.

VERS. 1, 2. — *Quæ postquam gesta sunt, tentavit Deus Abraham, et dixit ad eum : Abraham. Adsum*, inquit. *Tolle*, ait, *unigenitum filium tuum, quem diligis, Isaac, et vade in terram visionis; atque offer eum ibi in holocaustum super unum montium quem monstravero tibi*. Ex hoc gestorum ordine venitur ad hoc quod tentat Deus Abraham. Notissimum est hoc in loco tentationem non aliud quam probationem intelligi; itaque tentat, cum inter hæc omnia probando spiritum nostrum erudit, et examinat. Dicitur quodam in loco ; quia *septies cadit justus, et resurgit* (Prov. XXIV, 16); quod juxta Hieronymum sic accipitur, justos videlicet diversis tentationum pulsibus cadere, sed tamen per affectum bonæ intentionis ad pœnitentiæ statum semper resurgere, et ideo justitiæ nomen non amittere, quia non desistunt peccata munire, per quæ eruditi discunt postmodum fortiter stare. Unde nemo miretur in his opusculis dum moralitatum interna disquirimus, quod præmissam virtutum quarumcunque gloriam, vitiorum adversa subnectimus, arridente opinioni nostræ ipsius materia textus. Non, inquam, miretur quis; sed ita agi præsentis vitæ penset ærumnam, ut nil pene sit virtutis in homine, quod non aliqua aliquando peccati labefactatione lædatur. Tentans ergo cum Deus ex nomine vocat Abraham. Ac si diceret : Si ad probationis meritum ex tua cupis impactione proficere, pater multarum gentium, id est pastor cogitationum multarum, quæ sunt origines operum, necesse est primum studeas eminere.

Adsum, inquit, id est non mihi deero in tuorum exsecutione dictorum. *Tolle*, ait, spem quam unico affectu te prosequi decet ab infimis inhæsuram Isaac, id est risibus æternis, et *vade* passibus desideriorum *in terram*; solidam scilicet certitudinem *visionis*, divinæ utique speculationis. Visiones, licet per corporum soleant fieri imagines, tamen in prophetico actu, quamvis per corporeas forsitan imo revera ostenderentur similitudines, tamen, quantum ad eos a quibus videbatur spectat, ipsæ imagines quæ

aliis erant, ipsis ad plenum per imagines significata intelligentibus apertæ contemplationes erant. Unde est : *Tunc locutus es in visione sanctis tuis* (Psal. LXXXVIII, 20). In hac autem visione quod est intelligentia contemplationis *terram* firmæ cujusdam cognitionis invenimus, quia unde tepidi dubitamus, ad hujus accedentes calorem certi illico reddimur. Filium *holocaustum* offerimus, cum spem a sæculari scoria igne desiderii cœlestis ad purum excoquentes, Deo soli votis, et actibus exquirendo nitidam exhibemus. Mons qui nobis unus, id est singularis a Deo monstratur, humilitas accipitur, sine qua et terra *visionis* exinanitur, et holocausti devotio tota cassatur; nec absurde mons intelligitur humilitas, cum qui se humiliat eum exaltandum Veritas perhibeat (Matth. XVIII, 4). Hunc nobis montem indicat, cum specialiter super hoc apostolis imperat : *Discite a me quia mitis sum et humilis corde* (Matth. XI, 29). Quisque igitur rite immolat spem quæ bono surgit opere in excellentia humilitatis quasi fundamento stabiliat.

VERS. 3. — *Igitur Abraham, de nocte consurgens, stravit asinum suum, ducens secum duos juvenes, et Isaac filium suum. Cumque concidisset ligna in holocaustum, abiit ad locum quem præceperat ei Deus*. Abraham de nocte consurgit, cum cogitationum perplexitate, obscuritate ac incuria, quæ per nemus superius signata sunt, spiritus noster se sagaciter eruit. Asinum sternit, cum corporis lasciviam, quod si sibi liceat asinum viverci, contigua semper castigatione restringit. *Duos juvenes* cum Isaac filio secum duxit, cum voluntatem et affectum sibi ratio conjungit, quibus duobus nisi rationis gravitate frenentur, levius in homine nil existit, unde jure nomine juvenum Scriptura eos exprimit; spem quoque, id est Isaac eodem pariter voto secum trahit. *Ligna concidimus in holocaustum;* cum Scripturarum exempla excerpimus, quibus acrius animi desiderium inflammemus. *Ad locum quem Deus* præcepit abimus, cum in dies proficiendo humilitatis culmen attingimus.

VERS. 4, 5. — *Die autem tertio, elevatis oculis vidit locum procul; dixitque ad pueros suos : Exspectate hic cum asino; ego et puer, illuc usque properantes, postquam adoraverimus, revertemur ad vos*. Primus dies eorum qui revertuntur ad cor, bene operandi voluntas est; secundus certi destinatio propositi, sub qua professione videlicet vivat, solent namque talibus quædam ambages occurrere, aut eremi, seu reclusionis, sive monachatus, vel peregrinationis abripiendæ. Tertius dies, ubi ad certum proposuerint, destinata effectui mancipare; hac tertia die divina præcipue gratia solet conversorum animis illucere; hac enim fiunt nuptiæ in Cana Galileæ, ut i transeunt mire moraliter in vinum aquæ (Joan. II, 9). In hac, inquam, cum pietas desiderii in fructum operationis dignæ proruperit, ab imis ad supera contuenda liberi jam sæculi pituita elevantur cordium oculi, locusque *procul* videtur, quia sapore quodam intimo post fluctus, et instabilitates præsentes ærumnæ, firmissima illa statio, quod est Deus, qui universalis quidem, sed specialis sibi cohærentium locus est, et fide primo videtur, id est creditur, dehinc contemplando cognoscitur; *procul aspicitur*, quia longe est, ab eo quod Deus est, quidquid de eo humana cogitatione sentitur; *pueri quibus loquitur Abraham*, sensualitas ac imaginatio nostra sunt, quæ et pueriliter se agunt, et sapiunt, et corporalium vix unquam consideratione recedunt, unde et *cum asino* exspectare illi jussi sunt; hi enim præ nimio sui pondere ad alacritatem nunquam contemplationis accedunt. Ratio vero naturali quadam penna sublimium potens cum puero, spei videlicet sanctæ jugi incremento illuc properat, dum bona cœlestia quæ intelligit sperando desiderat. Nam progressus animi ipsum est desiderium, spes etiam ipsa dicitur, quasi est pes, qua promovemur ad Deum; signatur sane recte per puerum, quia sicut puerum per nutrimentorum curam speramus crescere, sic spem per bona opera nemo est qui nesciat ad perfectam procedere securitatem gloriæ consequendæ. *Postquam adoraverimus* revertimur *ad vos*, id est ubi divinæ cognitionis, quidpiam attingentes, ex summa ejus incomprehensibilitate quidquid sumus in nobis humiliter contraxerimus, ad humana rursum sapienda et tractanda redibimus.

VERS. 6. — *Tulit quoque ligna holocausti, et imposuit super Isaac filium suum; ipse vero portabat in manibus ignem et gladium*: Ligna holocausti tollimus, cum sanctæ Scripturæ dicta, quibus ac si veri ignis fomento devotionis nostræ flammas augeamus, gratanter excipimus. Isaac filio nostro ea imponimus, cum spei nostræ ad superna gaudia instigandæ, de cœlesti felicitate sacri eloquii verba quasi oleum flammis ingerimus. Abraham *in manibus ignem portat*, cum ratio nostra fervorem interni desiderii sui per exhibitionem piorum operum prudenter ostentat. Portat *gladium*, dum discretionis regulam non excedit ipsa administratione virtutum; si enim recte offeras, et recte non dividas, peccasti.

VERS. 7, 8. — *Cumque duo pergerent simul, dixit Isaac patri suo: Pater mi? At ille respondit: Quid vis, fili mi? Ecce*, inquit, *ignis, et ligna, ubi est victima holocausti? Deus*, ait, *providebit sibi victimam holocausti, fili mi? Duo simul pergunt*, cum indivisibiliter et rationabile speramus, et sperabile ratiocinamur; hæcque unum expetentia idem gerunt. Pater autem spei non absurde intellectus dicitur, quia unde spes prodeat ex ratione colligitur, et ubere charitatis admoto ab spiritus natura progreditur; spes intellectum compellat, dum carnalibus desideriis mota ad cœlestium desperationem patrocinium ejus sibi advocat; intellectus ipsam filium nominat, dum sibi quadam naturali unione cohærere debere rectitudinis statum docendo determinat. *Ecce*, inquit, *ignis, et ligna*, ac si diceret: Ecce fervor bene

agendi mihi injacet, et Scripturarum promissio confluentibus hinc inde testimoniis si perseveravero grandis elucet, tot corporalium desideriorum irruente gelu, ubi reperiri poterit omnimoda illa consumptio mundialis affectus, ubi calor qui incendat sancti Spiritus. Victima mens ipsa est, quæ tunc est holocausti, cum nil relinquit inconsumptum vitii; sed cum ratio relevat spem, et spes crebro consulit, et inter consulendum suscitare nititur rationem, utraque necesse est referantur ad Deum victimarum provisorem. Ex libero namque arbitrio nostro et plantamus, et plantata rigamus, sed nihil est quod inter nos agimus, nisi ex gratia incrementum det Deus (*I Cor. III*, 6).

VERS. 9. — *Pergebant ergo pariter, veneruntque ad locum quem ostenderat ei Deus; in quo ædificavit altare, et desuper ligna composuit. Pariter* pergunt, cum eadem intentione cœlestia, Deumque ambiunt, dum nec spiritus sine rationabili spe est, nec spes sine spirituali rectitudine est. *Ad locum* venimus, quem ostendit Deus, cum in Dei visione ad momentum quasi loco a nostra fluctuatione subsistimus, quod tamen non nisi prævia ipsius illustratione attingimus. *In quo altare ædificamus*, super quod *ligna componimus*, dum conscientiæ devotionem cæterarum cœtu virtutum adminiculante erigimus, sacrique eloquii undecumque dicta excerpimus, et cordis altari magis magisque incendendo congerimus. *Cumque colligasset Isaac filium suum, posuit eum super struem lignorum*. (VERS. 10.) *Extenditque manum, et arripuit gladium, ut immolaret filium suum*. Isaac colligamus, cum spem in cœlestibus gaudiis positam soli Deo fixa charitate astringimus. In altari *super struem lignorum* ponimus, cum piæ voluntatis, et Scripturarum auctoritatis, omni altari sacratius, fundamentum ipsi substernimus; unde enim melius roboretur quam ut mentis puritati et divinæ veritati innitamur? Extendere dicimus *extra tendere*. Extendit ergo *manum*, quisquis superna aspiratione delectatus ultra vires proprias conatur in contemplationis exercitium. Arripimus *gladium*, ut immolemus *filium*, dum tanta constantia animi divinum amplectimur verbum ut præsentis mundi nos omnino quod fieri non potest interimere velimus ad usum. Etsi enim dicitur: *Vacate, et videte quoniam ego sum* (*Psal*. XLV, 11), discernenda sunt sola utique noxia, a quibus vacare debemus; secundum namque passiones peccatorum, quæ in ipsis mortificanda sunt membra super terram, non ad utilium et naturalium negotiorum curam. Hanc ille Joannes abba parvulus, qui vivere conatus est, ut angelus extenderat manum, dum omnino exuere voluit vitæ humanæ; immolasset plane filium, si inflexibiliter Deo soli speculando spei intendisset intuitum; spes namque funditus eximi a mundo potest, sed spei nostræ contemplatio semper intendi non potest; secundum hoc sane revertuntur animalia, cum incedunt.

VERS. 11, 12. — *Et ecce angelus Domini de cœlo*

clamavit dicens : Abraham, Abraham? *Qui respondit :* Adsum. Ne extendas, ait, manum tuam super puerum, neque facias illi quidquam. Nunc cognovi quod timeas Deum, et non peperceris filio tuo unigenito propter me. *AngelusDomini de cœlo* clamat, cum vox sacri eloquii bona nobis nuntians de Scripturæ mysterio ac si de cœlo insonat. Scriptura sacra cœlum appellatur ob secreta divina, quæ operit, ut est : *Qui operit cœlum nubibus, et parat terræ pluviam* (*Psal.* CXLVI, 8). Abraham bis hic vocatur, cum paulo superius semel nominetur; quod non ab re creditur, illic namque per tentationem semel vocatur, ut a concepta superbia convertatur; hic vero geminatur, ut non modo sancta anima a suo torpore conversa credatur, sed ex eo multo etiam pietatis cultu ad justificationis gloriam pervenisse monstretur, unde et vocanti respondet : *Adsum,* ut sanctæ paginæ dictis debitæ obedientiæ impendere se prodat officium. *Ne extendas manum tuam super puerum,* id est ne citra virium possibilitatem imbecillium, quæ notantur per puerum, tuæ contemplationis exeras conatum. *Neque facias illi quidquam ;* cum manum super extendimus, aliquid illi scilicet puero facimus, id est aliquid ex nobis, et ex virtute nostra addere humanæ nostræ infirmitati credimus, cum sine Deo nil facere præter vitium valeamus. Manum ergo ne extenderis, onus videlicet, juxta dictum sapientis : *Super te ne levaveris* (*Deut.* XII, 18), unde mox superbe aliquid tibi cum nil ex te facias agere videaris. *Nunc cognovi, quod est,* cognitum tibi feci, *quia timeas Deum,* dum parcere *filio unigenito* nolueris, dum scilicet de spe sæculari nil intra te residere protuleris, sed ipsam spem unigenitam feceris, dum nulli alii præter Deo soli eam intendere volueris; parcimus enim spei nostræ, cum aliquid mundanum humanitus in ea patimur remanere.

VERS. 13, 14. — *Levavit Abraham oculos, viditque arietem inter vepres hærentem cornibus Quem assumens obtulit holocaustum pro filio. Apellavitque nomen loci illius, Dominus videt. Unde usque hodie dicitur :* In monte Dominus videbit. Levat Abraham oculos, cum ad Scripturæ intonantis monita a propriæ propositi nimietatis erigit spiritus noster sui intellectus acumina. *Arietem* denique *inter vepres hærentem cornibus videt,* cum sacro suggerente eloquio superbiæ cervicositatem inter vepres cupiditatum occulte in animo suborientium affectatæ potentiæ cornibus detentam subtiliter intelligit. Solet namque nimium subtiliter contemplari volentibus, quasi post tergum, ubi sibi minus attendunt, subripere superbia, quæ ita cupiditati honorum, aut laudis, ac si veprium stimulis implexa potentiæ desiderio ve lui cornibus pendet, cornibus enim potentia signari solet, ut vix Abraham intellectualis hæc distinguat, nisi respicat ad seipsum et oculos levet, quid sibi videlicet irrepat, ex ipsa cui contemplandæ inhiat Dei contemplatione penset. Contemplatio autem, ut sæpe diximus, non solum in divina visione accipitur, sed etiam in consideratione spiritualium rerum, et omni discussione veritatis, in qua cum animus sibi præminere videtur, multa pro suæ scientiæ quasi reverentia, superbia et prælationis affectandæ cogitatione plerumque mordetur. Hunc ergo arietem tumoris et jactantiæ pro filio mactare debemus, dum non spei nostræ intuitum, quantum ad activam attinet vitam exstingui permittimus, sed vitium superbiæ cum sua ambitione omnimoda ambustione consumimus. Sic enim a Deo intelligentiam sperare debemus speculativæ, ut intentionem non diverberemus activæ. Sane occideretur filius, si spes nostra solis cœlestibus rebus intenta deficeret ab actualis vitæ negotiis utilibus. Nam hunc locum, id est cordis statum *Dominus videt;* id est approbat, cum quidquid suboritur elationis, mactat, et inde his qui divinæ cognitionis hodie habent certa discretione constat, quod *in monte Dominus* videat, quia in summo humilitatis constitutos futuri sæculi gloria exaltat. Videt suos per juge hic adjutorium approbando, *videbit* æterno decore coronando. Unde est : *Iterum autem videbo vos, et gaudebit cor vestrum, et gaudium vestrum nemo tollet a vobis* (*Joan.* XVI, 22).

VERS. 15, 16, 17. — *Vocavit autem angelus Domini Abraham secundo de cœlo dicens :* Per memetipsum juravi, *dicit Dominus, quia fecisti rem hanc, et non pepercisti filio tuo unigenito :* benedicam tibi, et multiplicabo semen tuum sicut stellas cæli, et velut arenam quæ est in littore maris. Post primam angeli de cœlo vocationem, quæ facta est post tentationem, in qua post conversionis ingressum evocati per divina eloquia processimus ad justificationem, secundo iisdem cœlestibus Scripturæ monitis excitamur ad glorificationis spem. Per semetipsum Deus jurat, cum per veritatis tenorem jus in nobis rectitudinemque firmat. *Ego,* ait, *sum via et veritas (Joan.* XIV, 6); veritatem autem tenet quisquis a peccati fallacia se continet ; omne bonum in summo bono esse habet, peccati vero nulla est essentia, quia sine Deo factum est nihil, id est peccatum, et homines cum peccant fiunt nihil quantum ad esse verum. Quia ergo in nullo pepercisti carnali tuæ voluntati, ut spe boni mundialis eam gaudere permitteres, sed uni Deo eam unicornis more juxta psalmum, intendisti (*Psal.* XCI, 11), quia rem, id est utilitatem non corporis, sed spiritus ad gignendum unius irreflexæ spei fructum, quod signatur per unigenitum, fecisti; *benedicam tibi,* id est proveham te omnimodæ virtutis effectu, *et multiplicabo semen tuum,* merita videlicet operum tuorum, quæ hic juxta Psalmistam, seminantur in lacrymis, præmio cumulabo centuplici (*Psal.* CXXV, 5), ut qui super pauca fidelis fueris, supra multa constituaris (*Matth.* XXV, 21, 23).

Per *stellas cœli,* virtutes animæ accipimus, quæ in æterna beatitudine sicut a cœlo nunquam diduntur stellæ, sic nec separari poterunt a sanctorum mente. Per *arenam* maris littoream, corporis intelligimus impassibilitatem, quæ erit post resurrectionem, quando jam securitatis littore constituti, a salo motuum liberi, sicut de arena salem fieri cognovimus, ita totam carnis gravitudinem, et corruptibilitatem sapientia nos inhabitante condiendam credimus. *Possidebit semen tuum portas inimicorum suorum.* (VERS. 18.) *Et benedicentur in semine tuo omnes gentes terrae, quia obedisti voci meae.* Possidet semen portas inimicorum, cum virtutes sub se obtinent vitia, quae sunt portae, per quas intratur ad consortium diabolorum, antonomastice, inimicorum. *Omnes gentes* benedicuntur *in semine,* cum bona nostra in praecipuo omnium seminum augentur charitate. Ipsa enim operit multitudinem peccatorum (*Jac.* v, 20), et dicitur *perfectionis vinculum* (*Col.* iii, 14).

VERS. 19. — *Reversus est Abraham ad pueros suos; abieruntque Bersabee simul, et habitavit ibi.* Post subtilitatem divinae speculationis, fragili quadam necessitate relabimur ad usum humanae voluntatis, et affectualitatis, quae nobis pueritiam incutiunt levitatis. Bersabee *puteus septimus* dicitur. Abimus ad puteum septimum, cum ad consuetudinem revolvimur interiorum exteriorumque sensuum, de qua voragine cum crebro exhauriamus undas suborientium cupiditatum, nunquam tamen quandiu creatura subjicitur vanitati nolens (*Rom.* viii, 20), exhauritur ad purum. Septenarius enim ex quatuor, quae corpus signant, et tribus, quae animam, constat, per quae sub additamento putei interioris exterioris-que accipitur sensualitatis incomprehensibilis instar abyssi profunditas. Hic habitamus, dum et in profundis concupiscentiarum diversamur, et tamen quasi Domini in domo serviles strepitus dominando deprimimus. Habitare autem saepe in Scripturis pro eo quod est dominari, ponitur, nec ab re quia habitare ab eo verbo, quod est *habere,* detortitium frequentativum est; his autem quae habemus *dominari* nos dicimus; sic ergo Bersabee puteo, videlicet septimo notissimorum carnis et animi sensuum, habitando dominamur, ut eorum evagationem cohibendo aliquantisper fluxa desideria quasi aquas ex infimis exportemus.

CAPUT XXIII.

VERS. 1, 2. — *Vixit autem Sara centum viginti septem annos. Et mortua est in civitate Arbee, quae est Hebron in terra Chanaan.* Per Saram, quae *princeps* interpretatur, voluntas superius a me intellecta dignoscitur, eo quod rationis imbuta consilio, totius bonae principium inveniatur esse actionis. Per *centum viginti septem annos* perfectio scientiae ac operationis exprimitur. In centenario namque perfectio, in vicenario, ubi Decalogi species geminatur, doctrina et executio divinae legis exprimitur; quae rei uiriusque perfectio ad septenarium, qui spiritualium est figura charismatum deducitur, quia centum viginti credentibus (*Act.* i, 15), sancti Spiritus gratia illapsa cognoscitur; requiescit enim super humilem, et trementem sermones Dei (*Isa.* lxvi, 2); hos itaque qui sciunt et faciunt Spiritus inhabitat, fictumque devitat. Secundum quod itaque his innuitur numeris vivit Sara, quia taliter se habens recte principatur voluntas nostra. Sed postquam ad Bersabee revertitur, puerisque conjungitur, in civitatem Arbee moritura devolvitur. Civitas anima est, Arbee dicitur *quatuor.* Ex animalitate autem, ex infima scilicet nostri parte, quatuor passionum miserias toleramus, id est metuere, cupere, gaudere, dolere. Quibus dum saeculariter occupamur, a divini omnino cultus cura distrahimur. Hebron vero, quae et Chebron, *incantator* interpretatur; haec nempe funesta quaternitas incantatoris gerit officium, dum prosequi persuadet animam cujuslibet horum desiderii cogitatuum. Quae omnia *in terra Chanaan* fiunt, quia in terrena mente continuae inquietudinis negotium excitando, perpetuae damnationis parari humilitati non metuunt. Chanaan sane *negotiator,* vel *paratus humilitati* dicitur. *Venitque Abraham ut plangeret et fleret eam.* Venit Abraham, cum ratio nostra a dispersione sua regreditur ad sui ipsius curam; flet, cum fluxus interioris mollitiem quasi aquas ab intentionum oculis emittit; plangit, cum in exteriori habitudine ac si in voce exhibet cordis anxietatem, qua sincere intrinsecus poenitet. Multos enim hoc agere palam pudet.

VERS. 3, 4. — *Cumque surrexisset ab officio funeris, locutus est ad filios Heth dicens : Advena sum et peregrinus apud vos, date mihi jus sepulcri vobiscum, ut sepeliam mortuum meum.* Surgimus *ab officio funeris* cum erigimur in spem veniae post exhibitionem poenitudinis. Heth interpretatur *formido,* vel *stupor. Ad filios Heth* loquimur, dum cum nostris cogitationibus, quae veluti quidam fetus mentis nostrae sunt, postquam divina formidine non solum tanguntur introrsum, sed etiam dum terra Chanaan esse verentur, id est externae, et inutili humilitati parari refugiunt, usque ad stuporem corporis hoc timore feruntur, de nostrae salutis interna commoditate tractamus. ❡ *Advena,* inquit, *sum apud vos.* Advenae sumus, qui nuperrime ad cor redimus. Peregrini sumus, qui necdum intra conscientiae sinum consedimus. Peregrinus autem a *peragrando* dicitur. *Jus sepulcri* ab eis nobis exigimus, cum debitam requiem intra nos ipsos ab ipsarum cogitationum naturali turbulentia conquirimus. Qui thesaurum effodiunt, juxta Job, gaudent, cum invenerint sepulcrum (*Job.* iii, 21, 22): Et juxta hunc typum, Maria foris plorat ad monumentum (*Joan.* xx, 11). Sepelimus mortuum, cum nil in hoc mundo sperantem, jamque crucifixum intra moenia rationis recondimus animum.

VERS. 5, 6. — *Responderuntque filii Heth : Audi nos, Domine ? Princeps Dei es apud nos, in electis sepulcris nostris sepeli mortuum tuum, nullusque te prohibere poterit, quin in monumento ejus sepelias mortuum tuum.* Filii Heth Abrahae respondent, cum cogitationes timidae consilio rationis aggaudent. *Audi,* inquiunt, *nos, Domine,* id est intellectualiter nos discerne. Principatus enim Dei vices in nostris interioribus agis, unde et in Apocalysi cum Deo in throno, id est judiciaria potestate, vincendo sedere permitteris (*Apoc.* III, 21), dum utilia noxiaque dividis. Electa sepulcra, quibus sepelimus *mortuum* activæ est et contemplativæ vitæ secretum, licet quæque alia virtus sepulcrum dici possit, qua se quisque a vitiorum tumultibus abscondit. Si, inquiunt, cum Deo sentiens principari legitime inter nos volueris, *nullus te prohibere poterit* motus carnis, quia sopitis cogitationum pestibus, necessario jam non erit perversi molestia actus, quæ præpediat *in monumento mortuum* ponere, id est intra memoriam ad incitamentum pœnitentiæ, non ad refricationem malitiæ peccati licentiam coercere. Monumentum autem a *monendo*, quasi monimentum dicitur. Peccatum vero mortuum dicimus, a cujus perpetratione deficimus.

VERS. 7, 8, 9. — *Surrexit Abraham, et adoravit populum terræ, filios videlicet Heth, dixitque ad eos : Si placet animæ vestræ, ut sepeliam mortuum meum, audite me, et intercedite apud Ephron filium Seor, ut det mihi speluncam duplicem, quam habet in extrema parte agri sui. Do ei pecuniam dignam, tradat* [al., *pecunia digna tradat*] *mihi eam coram vobis in possessionem sepulchri.* Abraham surgit, cum de cogitationum assensu in spem arripiendæ sanctitatis intellectus se erigit. Adorat *populum terræ*, cum devotione humili excipit obedientiam cogitationis jam solidæ. *Si,* inquit, *placet animæ vestræ,* id est huic piæ animositati vestræ, qua desiderium sanctæ conversationis aspirastis, ut a pressuris forensibus foveam animum, *audite me, ad meum obtemperate imperium, et intercedite apud Ephron,* id est agite cum affectu vestro, qui tanquam pulvis inutilis superbiæ vento a facie terræ projicitur, quatenus *det mihi speluncam duplicem,* permittat scilicet obtinere sensualitatis, et imaginationis geminam caveam ferali quadam aviditate rebus corporeis inhiantem, nullius spiritualis scientiæ capacem. Ephron autem interpretatur *pulvis inutilis,* in quo affectus instabilis. Is est *in extrema parte agri,* in his utique quæ extrinsecus adjacent corpori. Ager autem corpus est excolendum cultro ingenii. *Do ei pecuniam dignam,* vinum scilicet illud, quod in Canticis dicitur, dulce dilecti labiis ad ruminandum, et gutturi ejus saporum (*Cant.* VII, 9), scientiam utique Scripturarum omni diligentia, et meditatione dignam ei administro. Huic spretis sæcularibus curis, multiplicibus interiorum negotiorum impensionibus augmentandæ, et huc illucque non continendo, sed erogando dilatandæ, intendere opportunum semper est et salubre affectui nostro. *Coram vobis eam mihi tradat in possessionem sepulcri,* videlicet cum sacræ paginæ pecuniam a me curandam pertractandamque susceperit, ut interioribus lucris studeat, cum ab exterioribus vacare cœperit, ipse appetitus quondam carnalis *mihi eam tradat,* mihi scilicet habere volenti *speluncam duplicem* nullatenus contradicat, *coram vobis* assentiente utique universo motu cogitationis, *in possessionem sepulcri,* ut liceat in tuto conservare

A intra septa conscientiæ statum animi jam sæculo crucifixi.

VERS. 10, 11. — *Habitabat autem Ephron in medio filiorum Heth. Responditque Ephron ad Abraham, cunctis audientibus, qui ingrediebantur portam civitatis ejus dicens : Nequaquam ita fiat, Domine mi, sed magis ausculta quod loquor : Agrum tradam tibi, et speluncam quæ in eo est, præsentibus filiis populi mei, sepeli mortuum tuum.* Inter filios Heth Ephron habitat, cum cogitationibus metu divino conterritis, affectus noster qui non ab re pulvis dicitur inutilis, quasi quodam spirituali humore, ipsa eadem formidine ad earum sententiam se stringit et solidat. Cogitationes autem filios posse dici ex sapientis verbo colligimus, qui viperes cogitationes stultorum generationibus comparat, mentem, ait, comedunt, matrem suam. In medio vero Ephron habitat, quia rationi innitens noster affectus iisdem cogitationibus ac si dux aliquis militibus utiliter jam se munit, et constipat. Ephron Abrahæ respondit, cum affectus rationis monita gratanter accepit. Qui ingrediuntur portam civitatis audi..nt, cum universi animales nostri impetus, qui timorem Dei, qui porta ad Deum, et ad cordis civitatem redeuntibus est, experiuntur, proposito religionis obediunt. *Nequaquam,* ait, *Domine,* scientiæ operosius mihi commendandæ Scripturarum insistas, quia si nullus esset, qui me moneret, sermo divinus, nullo modo tamen tepidus reperiri possem erga Dei voluntates exsequendas. Talia cogitamus, cum ad tempus spirituali desiderio affectualiter inflammamur. Unde additur : *Ausculta quod loquor,* quia multo ampliora proponit aliquoties, dum ad horam novitia fervet affectio, quam velit aggredi spiritus hujus nimiæ alacritatis moderator. *Agrum,* inquit, corporis tuo irrefragabiliter juri subjiciam, sensualitatis, ac imaginalitatis geminam capacitatem, *speluncam* utique duplicem attribuam præsentibus filiis, id est cogitationibus, non jam ab interiori sua oberrando cura remotis, sed ad pium officium astantibus et devotis.

VERS. 12, 13, 14, 15. — *Adoravit Abraham coram populo terræ, et locutus est ad Ephron circumstante plebe : Quæso ut audias me; dabo pecuniam pro agro, suscipe eam, et sic sepeliam mortuum meum in eo. Respondit Ephron : Domine mi, audi. Terra quam postulas quadringentis argenti siclis valet; istud est pretium inter me, et te, sed quantum est hoc? Sepeli mortuum tuum.* Abraham coram populo terræ adorat, cum cogitationum turba a sua dispersione reversa, et ad unum coacta, et quodammodo sibi ipsi coram facta, penes Deum ratio sese humiliat. Unde et populus terræ dicitur, cum cogitationum nostrorum mobilitas ad modum terræ aliquandiu stabilitur, et hæc plebs circumstat, dum Abraham Ephron loquitur, quia cogitatio in suæ fervore devotionis constituta circumest, dum sua intima undique provide munit, nec se a rationis oraculo dividit, stat quoque, dum ad quoslibet vitiorum assultus spiritui obedire et certare parata consistit. Est enim, est omnium veritatis. Ad hanc tota Lex pendet, et quasi proprium stare certantis. *Quæso*, ait, ne tuo prophetæ (*Matth.* xxii, 40); publica autem est, quia moderno calori nimium fidas, precor, *audias*, id rudibus, et quasi publicis ingeniis naturaliter sinest discere ne renuas, velox ad audiendum existas, ceritas justitiæ cognoscibilis esse potest, probata sine Scripturæ documento nil posse te facere credas, vero, quia sine externis argumentis elucet, ac præhanc ergo pro agro excipias, ut non in agresti, ac minet per seipsam ipsa Scripturæ sacræ puritas. sterili corporis cultu, sed de spiritualis pecuniæ gratuleris provectu. Siclus, juxta quod legitur, viginti obolos habet; obolus vero a similitudine obeli dicitur, quod est sagitta; siclus ergo viginti obolos continens, sacra pagina est, quæ Decalogum scientiæ, et denarium, id est perfectionem nobis proponit operationis bonæ, quibus quasi sagittis vitia feriuntur animæ, hisque rursum mens tangitur vulneranda charitate. Vicenarius enim bis denarium habet. Quia autem quadringenti quatercentum continent, et quatuor Evangelia mundo abrenuntiare, quod perfectum est, edocent, qui plenariæ scientiæ, et actionis integræ denarios, id est perfectiones habent ex Scripturæ legalis documento, perfectionis centenarium assequuntur ex quatuor Evangeliorum dictis, seipsos abnegando. Adolescenti namque, qui legem a primævo custodierat, dicitur a Domino, ut si velit perfectus esse, quæ possidet vendat (*Matth.* xix, 21). Decalogum exterioris observantiæ attenderat, et ideo intellectualis Decalogi cum sagitta non vulnerat.

Valet ergo *terra* corporis nostri *quadringentis siclis*, quia nil stabile, constans, aut validum in se habet, nisi sanctarum Scripturarum a vitiorum jure redimatur impendiis; hoc inter rationem, et affectum est pretium, quia quoties carnalium lascivia prorumpit affectuum, et corporis indebite usurpat ad libidines agrum, nil spiritus noster convenientius quod appetitui carnis opponat habet ad manum, quam Scripturæ documentum. *Sed quantum est hoc?* Ac si diceret : Licet aliqua quantitas tibi videatur adversus corporis impetum Scripturarum testimoniis abundare, appetitu tamen ad rationis tuæ arbitrium complacato, nil magnum est. *Sepeli ergo mortuum*, bonis utique operibus tege corpus corruptivum, ne per vitæ remissionem prodeat in fœtorem criminum. (Vers. 16.) Audit hoc Abraham, cum sentientis cum Deo affectualitatis suæ grate excipit benevolentiam. *Appendit pecuniam, quam Ephron postulaverat, audientibus filiis Heth;* quia proponit intellectus affectui Scripturæ divinæ justitiam, qua suam dirigere vitam debeat, et quam per obedientiam filiorum Heth, cogitatuum videlicet nostrorum divino timore tactorum, sequi deliberat. Et hæc moneta publica est, et probata, quia nulli nisi insano in dubium veniunt sacræ paginæ instituta. *Judicia enim Domini vera justificata in semetipsa* (*Psal* xviii, 10). Moneta quædam est, lex divina, ubi mensura, numero, et pondere omnia Deus instituit, numerum quidem consiliorum universitatis, mensuram omnium per singula, et per omnia singulorum contemperabilitatis, pondus, quod a *pendendo* dicitur, ad contemplationem illius quæ finis

Vers. 17, 18, 19. — *Confirmatusque est ager quondam Ephronis, in quo erat spelunca duplex respiciens Manre, tam ipse quam spelunca, et omnes arbores ejus* 91 *in cunctis terminis per circuitum, Abrahæ in possessionem videntibus filiis Heth, et cunctis qui intrabant portam civitatis. Atque ita sepelivit Abraham Saram uxorem suam in spelunca agri duplici, qui respiciebat Manre. Hæc est Hebron in terra Chanaan. Ager quondam Ephronis*, corpus scilicet olim subditum appetitui carnis, *in quo duplex spelunca* sensualitatis ac imaginalitatis fervet ad insidias avaritiæ, ac rapacitatis, *Abrahæ* confirmatur *in possessionem*, dum quod in conversionis initio non sine molestia observabatur, transit in delectationem per irremissæ devotionis jugitatem. Porro per speluncam sensus et imagines non inconcinne accepimus, quia uti leo, atque latro in spelæis latere didicit, ita affectus corporeis rebus inhians, intra et extra præfata duo illa ac si quasdam concavitates obsidet. Non enim alia quam corporalia norunt; hinc ille egreditur, ut concupiscat, per hæc ad illum corporalis libido ingreditur, ut suggerat. Postquam corporis fragilitas animi virtute firmatur, Manre quod interpretatur *divisiones*, vel *perspicua*, respicit, quia postquam mens a vitiorum se fluxu restringit, perspicuitatem divisionis, id est discretionis attingit; ipse ergo ager, et spelunca, ut præmisimus, interno vigore firmantur, sed et *arbores in cunctis terminis*, universæ scilicet cogitationes fructum pii operis, et folia sanctæ locutionis emittentes, in omni sua intentione, quæ quasi quædam finalitatis provisio in cunctis quæ agimus dignoscitur esse, solidantur.

Filii Heth vident, cum talibus negotiis cogitationum motus ulli non invident; cuncti etiam qui portam civitatis intrant, omnes utique rationales, imaginales, sensuales quoque impetus, qui per portam divini timoris (initium enim sapientiæ est) et peccatorum confessionis, ad civitatem Dei se colligunt, his commerciis favent. Unde dicitur : *Populus ejus, et oves, introite portas ejus in confessione* (*Psal.* xcix, 4) : sepelit itaque *Abraham uxorem in spelunca agri, qui respicit Manre*, cum auctore intellectu, sensualitas, ac imaginalitas corporalis ad discretionis virtutem tendens, et sub agro spiritualis exercitii se continens, a visibilium delectatione rerum se cohibens, ipsam etiam interioris hominis voluntatem fovet, ac veluti intra duo septa munit. *Hæc est Hebron in terra Chanaan* : Hebron interpretatur *augmentum sempiternum*, vel *visio sempiterna* dicitur, Chanaan vero *mutationem* sonat; Manre ergo, id est *discretionis perspicuitas* ad hoc ut fiat visio sempiterna, et augeatur semper, attingit, cum subtilitas dignoscendorum spirituum ad contemplationem usque Dei proficit, quæ quidem hic incipit, sed ab ænigmate et speculo ad sempiternitatis augmentum, quod complebitur, cum facie ad faciem videre cœperimus (*I Cor.* xiii, 12), surgit. Et hoc *in terra Chanaan* fit, ubi vera mutatio æternæ stabilitatis, terræ videlicet viventium nil jam inesse nobis mutabile sinit.

Vers. 20. — *Et confirmatus est,* inquit, *ager* corporis, diuturna jam contra passiones vigilantia sub dominio Abrahæ, scilicet rationis, *et antrum* conscientiæ contra imperium justitiæ nullatenus murmurantis, ut possideatur jure monumenti, ut jugiter scilicet mentis memoriam moneant professionis, quam de propriæ fecerit mortificatione carnis, et recommemorent propositi sui : monumentum nempe et mortuum tegit, et a *monendo* vocabulum sumpsit.

EXPLICIT LIBER SEXTUS.

INCIPIT LIBER SEPTIMUS
MORALIUM IN GENESIM.

92 Septimum in Genesi aggrediens, Deo aspirante, tractatum, sancti Spiritus mihi deprecor adesse præsentiam; hoc deinde humiliter meum expostulando lectorem ut, si qua minus quam competit dilucide posita, aut Scripturarum exemplis minus quam vellet fulcita, aut nimia brevitate contracta perviderit, indulgeat meæ misericorditer novitati, qui potius in hoc meo primo opusculo quidnam agere possem experiri volui, et meæ solius utilitatis causa cudere ista proposui, imo non cudere, sed ad memoriæ mihi reparationem, cum ea relegero, summatim tangere cupii. Plane multa testimoniis roborare potui; sed moræ impatiens nolui. Septiformi igitur Spiritu accingamur ad cætera.

CAPUT XXIV.

Vers. 1, 2, 3, 4. — *Erat autem Abraham senex, diérumque multorum, et Dominus in cunctis benedixerat ei. Dixitque ad servum seniorem domus suæ, qui præerat omnibus quæ habebat: Pone manum tuam subter femur meum, ut adjurem te, per Deum cœli et terræ, ut non accipias uxorem filio meo de filiabus Chananæorum, inter quos habito; sed ad terram, et ad cognationem meam proficiscaris, et inde accipias uxorem filio meo Isaac.* Sepulta eo quo adnotavimus modo Sara, intellectualis noster Abraham morum gravitate senescit, multarumque virtutum diebus albescit, et ei omnem benedictionem, spiritualium videlicet charismatum provectionem, Dominus infundit. Si ergo per Abraham ex ejus conjectura nominis intellectus accipitur, quid per *seniorem domus,* qui præest suis omnibus, melius quam bene agendi appetitus exprimitur, qui postquam rationis maturitati sedula servitute connectitur, quasi prævius, et magister eorum, quæ pie gerimus invenitur. Per *femur* Abrahæ, propagationem intelligimus spiritualis intelligentiæ, quæ divinis lectionibus, et diutina conversationis experientia dilatatur in mente. *Manum,* inquit, *tuam* femori meo suppone, id est virtutem bonæ tuæ aviditatis, qua sanctis actibus inhias, sub intelligentia ingenii mei deprime, quia vim tuæ operationis ab origine debes rationalis exspectare scientiæ, ut nulla tibi subripiat præsumptio alacritatis vanæ; femur sane fons quodammodo propaginis esse dignoscitur, per quod ipsa intelligentiæ sedes non indigne veritas a nobis accipitur, inde ergo adjuratur appetitus noster *per Deum cœli et terræ,* quia per humilem qua veritati summæ inflectitur depressionem ad jus rectitudinemque statuit, per ejus cognitionem, qui intellectum dat parvulis (*Psal.* cxviii, 130), qui est Deus cœli, intellectualitatis nostræ, sua scilicet eam illustratione clarificans, et per ipsum cœlum pluvias voluntarias sacræ institutionis terræ, ipsi pio videlicet appetitui administrans, adjurat ne accipiat *uxorem filio* suo *de filiabus Chananæorum, inter quos habitat,* hoc est ne voluntatem fluxam secundum desideria sæcularium æternæ damnationis, humiliati parandorum, spei semel in cœlesti gaudio fixæ, ac si filio Isaac adnisceat, ut de filiabus Hierusalem ad Chananitidas oculos reflectat. Habet filius uxorem, quando spes cœlestium a terrenis elevat voluntatem, ut quod sperat non verbo, sed opere velit; filiam vero Chananitidem sibi adnectit, cum ad mollitiem, lasciviamque mundi superna alacritas se demittit. De cognatione Abrahæ uxorem accepturi ad terram proficiscimur, cum ad impassibilitatem in quantum possibile est animi, quæ vera stabilitas est (hoc enim terra significat), contendentes, spiritualiter ad conformitatem matris nostræ Hierusalem supercœlestis, cum qua quondam homo noster exterior, dum recte vivit, germanitatem habet, conversari gestimus; unde sicut in cœlo, ita et in terra fieri Dei voluntatem oramus (*Matth.* vi, 12), ex ea cognatione uxorem accipimus, cum moti desiderio beate vivendi, piæ voluntatis gratiam magis amplectimur.

Vers. 5, 6. — *Respondit servus: Si noluerit mulier venire mecum in terram hanc, num reducere debeo filium tuum ad locum de quo egressus es? Cave,* inquit Abraham, *ne quando reducas illuc filium meum.* Loquitur Abraham ad servum, cum ratio de quibusque gerendis informat affectum. Respondet hoc loco servus Abrahæ, cum ad hæc quæ spiritus suggerit peragenda, objicit desideratos effectus, quos putat non posse suppetere voluntati suæ; mulier enim tunc non vult venire secum in terram, cum mollis, et fluxa cogitatio magis eligit sæcularitatum turbine circumferri, quam consopito passionum fluctu ad terræ similitudinem stabiliri. Reducitur filius ad locum de quo egressus est, quando spes nostra propter aliquam tentationis auram de cœlestibus desperando post se relabitur ad statum veterem desiderii sæcularis, de qua olim egressa tempore conversionis est. Quare autem per filium spem accipimus, prædiximus, quia spem in ipsis et propaginis et solaminis ponimus, unde et vulgi usu spes eos vocamus. Unde psalmus: *Et videas filios filiorum tuorum.* (*Psal.* CXXVII, 6), id est fructus sperationum tuarum. Ne, inquit, ad antiquarum volutabra voluptatum spei meæ aciem detorqueas, quia (VERS. 7). *Dominus Deus cœli, qui tulit me de domo patris mei, et de terra nativitatis meæ, qui locutus est mihi, et juravit dicens: Semini tuo dabo terram hanc, ipse mittet angelum suum coram te, et accipies inde uxorem filio meo.* Ac si diceret : *Deus qui me intellectuali luce ædificat, qui tulit me* de conscientia peccati, quam inhabitabat auctoritas diaboli, dum ei conformarer, ac si patri, sive de conversatione mundiali; dicitur enim atrium suum custodire princeps mundi (*Luc.* XI, 21), *et* de terrenitate in qua, et ad quam sumus ex eodem diabolo patre nati, qui spei collatione introrsum *locutus est mihi, et juravit*, id est in Christianitatis me jure constituit interna sponsione pollicens *semini*, id est bonæ tuæ actionis merito, quod in spe frugis æternæ seminaveris, terrenitatis hujus scilicet corporis tui pondus submittam, ut spiritualis alacritatis experiatur gratiam, Deus, inquit, qui et hæc fecit, et facturum se promisit, *ipse angelum* divini sui eloquii, qui quæ agenda sunt nuntiet, *coram te mittet*, id est prævium tibi faciet, et inde, ex ejus videlicet documento videbis quam debeas eligere corporis, an animi voluntatem, spei utique tuæ ac si filio admiscendam. (VERS. 8.) *Sin autem mulier sequi te noluerit, non teneberis juramento*, id est, si seductibilis, et lasciva cogitatio secundum appetitum justitiæ quam habes corrigi renuerit, jus regulamque veritatis excedens, non ultra teneberis, sed effrenis vagusque per vitia quæque laberis. *Filium tantum meum ne reducas illuc.* Quod est dicere : Et si habenis divinæ legis teneri refugis, spem saltem ne penitus de cœlo devolvas, et sæculari labyrintho immergas.

VERS. 9. — *Posuit ergo servus manum sub femore Abraham domini sui, et juravit illi super sermone hoc.* Servus manum sub femore domini ponit, cum pietatis affectus veritatis præsidio, quæ locus totius divini est seminis, fortitudinem suæ bonæ operationis debita servitute subjungit; *super sermone hoc* jurat, cum secundum intellectus sententiam affectus nostri infirmitas sese dirigit, et innormat. (VERS. 10.) *Tulitque decem camelos de gregibus domini sui, et abiit ex omnibus bonis ejus portans secum. Profectusque perrexit Mesopotamiam ad urbem Nachor.* Per camelum qui ruminat, sed ungulam non dividit, et ab incurvitate sua, sicut caminus, et camera nomen accepit, vita quidem ex magna parte divinæ legis præminens observantia intelligitur, sed tamen ob indiscretionem suam, quia necdum plene inter vitia virtutisque dividit a perfectione distans, et ob hoc sese congrua humilitate propriæ indignitatis consideratione inclinans. Per *decem* itaque *camelos*, divinæ legis, cujus summa Decalogus est, amor et retractatio crebra accipitur, quæ dum avido mentis ore gustatur, fideli ejus ruminatione animi robur erigitur, et carnis desiderium tenuatur, et dum ad unguem se ut desiderat perfici carnis objectu non posse consideratur, ex sua mox quod actu non prævalet humilitate reformat. Greges Domini, de quibus decem assumimus, cæterorum multitudines mandatorum sunt, de quibus perfectiora accipimus, cum Dei, et proximi charitatem, in quibus tota lex pendet et prophetæ, tenendam eligimus. Unde et *ex omnibus* Domini sui *bonis portans* dicitur abiisse, quia cui dilectionis virtus inest; in quantum sibi adest, in tantum etsi non omnia adsunt, de bonis omnibus portat, cum charitatis officio, quæ universitatis bonorum materia est, corporis voluntatem subjugat. Abit, cum in meliora gerendi semper appetitum se extendit: Mesopotamia græce, *media inter flumina*, Hebraice, *elevata vocatio* interpretatur. Vocatur primo ad fidem, elevatur vero vocatio per mundi abrenuntiationem, ubi, inter fluctus tempestatum mentis et sæculi, necesse est commorari spiritu pauperem; per hanc Mesopotamiam ad urbem Nachor, quod interpretatur *requies luminis*, pergimus, quando ad perfectionem charitatis per passiones proficimus, quæ lumen juxta Joannem apostolum est (*I Joan.* II, 10), qua vere quiescimus, vel ad civitatem supernam, ubi lumen in lumine verius quiescentes videamus.

VERS. 11, 12. — *Cumque camelos fecisset accumbere extra oppidum juxta puteum aquæ vespere, eo tempore, quo solent mulieres egredi ad hauriendam aquam dixit: Domine Deus*, etc. Oppidum mundus est, cui fortis armatus principatur et regnat (*Luc.* II, 21). Unde dicitur apostolis : *Ite in castellum quod contra vos est* (*Matth.* XXI, 2), et merito contra, quia in mundo pressuram habebitis (*Joan.* XVI, 33). Extra oppidum camelos facimus accumbere, cum bona nostra opera, quibus divinæ legi congruimus, a mundi carnali pariter et spirituali consortio separamus, dum vitia ejus et laudes refugimus. *Juxta puteum aquæ vespere* accumbimus; cum defervescentibus in nobis vitiorum caloribus ac si quodam meridie ad fontem aquæ vivæ, de quo qui biberit, non sitiet ultra (*Joan.* vi, 55), Christum scilicet bonis nostris operibus per sanctæ spei exspectationem requiem invenimus. Nam de aqua oppidi qui bibit, sitiet iterum. *Dum superbit impius, incenditur pauper* (*Psal.* ix, 23) : dum *mulieres egrediuntur ad hauriendam aquam*, dum fragilia instar mulierum corda de prava sua, et occulta conceptione ad apertas exeunt malitias, ut hauriant non Christi, sed oppidi aquas, id est impleant in malis, non in bonis desideria sua, eo, inquam, tempore, quo largito sibi pœnitendi spatio abutuntur in superbia, student sancti quique extra oppidum sua facere opera.

Vers. 12. — *Domine*, ait, *domini mei Abraham, occurre, obsecro, mihi, hodie, et fac misericordiam cum domino meo Abraham.* Quod est dicere, Domine, qui meæ dominaris rationi, quam mihi, te præside, desidero hodie inhabitatione utique tuæ lucis, qui dies ubique præsens, et semper es, opitulationis tuæ mihi præbe occursum, et eam quæ mihi præest non merito, sed misericordia clarifica rationem. (Vers. 13.) *Ecce sto propter fontem aquæ, et filiæ habitatorum civitatis hujus egredientur ad hauriendam aquam.* Stat *propter fontem*, quando noster affectus haustu fontis æterni roboratus certat jam viriliter contra diaboli et carnis impugnationem. Cameli accumbunt, et servus stat, quia virtutis studia in spe sui præmii requiescunt, quamvis pius appetitus pro religionis defensione pugnando se exerceat; stando enim quisque certat; habitatores civitatis, motus sunt nostri rationales, ad quos regimen pertinet mentis. Hi filias habent, quando ipsi motus, vel virtutes ex suo prospero eventu vanarum cogitationum lascivias generant. De civitate egrediuntur istæ ad hauriendam aquam, de interiori scilicet animi cura, excedunt ad horam ad affectanda laudis temporariæ gaudia.

Vers. 14. — *Igitur puella, cui dixero : Inclina hydriam ut bibam, et illa responderit : Bibe, quin et camelis tuis dabo potum, ipsa est quam præparasti servo tuo Isaac, et per hoc intelligam quod feceris misericordiam cum Domino meo Isaac.* Per puellam puritas, et nitor novæ conscientiæ; huic ut inclinet hydriam ad bibendum dicimus, cum rationabiliter ad humiliandam sæculi cupiditatum in seipsa superbiam provocamus, ut eam bibamus, id est ex toto in nobis consumamus. Hoc modo Israelitæ vitulum comminutum biberunt, et draco datur esca populis Æthiopum (*Psal.* lxxiii, 14). Respondet illa : *Bibe*, cum rationi bene suggerenti hilaris obedit benevolentia ad se castigandam conscientiæ. Camelis potum pollicetur, cum virtutibus ex propriæ evagatione cupiditatis instaurat robur. Cum, inquit, tali modo mihi mens munditiæ amica arriserit, sciam procul dubio, et perpendam non meo exercitio, sed gratiæ tuæ dono hanc præparari in me voluntatem, quæ associari mereatur Isaac, risui scilicet sempiterno, qui nunc ridet in spe, sed tamen servit tuis, Domine, officiis militando.

Vers. 15, 16. — *Necdum intra se verba compleverat, et ecce egrediebatur Rebecca filia Bathuel filii Melchæ, uxoris Nachor, fratris Abraham; habens hydriam in scapula : puella decora nimis, virgoque pulcherrima et incognita viro.* Verba absolute aliquoties inania quælibet vocare solemus, quæ nil aliud quam sonum habent; unde est : « Verba dat omnis amor (Ov.). » Antequam verba compleamus, ecce Rebecca egreditur, quia priusquam nubila nugarum ad plenum a corde excludamus, repente ex nimio repulsionis labore, oriente fastidio Rebecca, id est *patientia* (sic enim interpretatur) excedere deficiendo nititur. Beatus enim qui suffert tentationem (*Jac.* 1, 12) : Bathuel *virgo Dei* dicitur, in quo incorruptæ fidei status exprimitur, de quo Rebecca gignitur, quia dum credimus his, quæ ex fide sola tenentur, patientia inter mala præsentia pro spe æternorum in nobis procreatur. Unde Bathuel filius Melchæ, id est *reginæ*, vel *regnaturæ* dicitur, quia quod nunc in fide inter tentamenta persistitur, ex perfecta surgit gloria, quam credimus, supercœlestis Hierusalem matris nostræ, jam ex parte regnantis, et post judicii diem ad integrum regnaturæ. Melcha est uxor Nachor fratris Abraham, quia illa quæ jam regnat sponsa est ejus, qui verum *lumen est, in quo requiescunt*, quicunque vera pace quiescunt; et ipse Nachor frater est Abrahæ, quia lumen quod illuminat mundum, dum caro fit, frater factus est omnium qui, per fidem, nomen et opera imitantur Abrahæ. Hydriam in scapula portat, quia pondus cupiditatum, quod *talentum plumbi* in Zacharia significat (*Zach.* v, 7), quæ se violenter ingerunt ægre tolerat; hydria cupiditatem, aqua significat voluptatem; gravatur ergo per voluptatum cupiditatem, *decora* in affectu, sine corruptione favoris, *pulcherrima* in effectu, *incognita viro*, quæ scilicet audaciæ diaboli patere velit in nullo. Dicimus autem non quod hæc omnia jam sit, sed quod ad hoc esse contendit, sicut Ecclesiam sine ruga et macula dicit Apostolus (*Ephes.* v, 27).

Vers. 17, 18. — *Descenderat autem ad fontem, et impleverat hydriam, ac revertebatur. Occurritque ei servus, et ait : Pauxillum mihi præbe ad sorbendum aquæ de hydria tua. Quæ respondit : Bibe, domine mi, celeriterque deposuit hydriam super ulnam suam, et dedit ei potum.* Ad fontem descendit conscientia, cum a cœlesti desiderio deflectitur ad sæculi hujus fluxa. Implet *hydriam*, cum de infima ejus gloria satiare nititur avaritiam. Post quæ revertitur, quia qualibet expleta libidine aliquoties animus admissi pœnitens ad se reducitur. Redeunti *servus occurrit*, cum resipiscenti conscientiæ virtutis appetitus alludit. *Pauxillum aquæ ad sorbendum* postulat, quoties intellectualis affectus cupiditatum fluentis sinum mentis deplere desiderat. *Celeriter* ergo obtemperans *hydriam super ulnam* deponit, cum sibi scapulam iniqua patientia ad ima curvari carnalitatum mole respuit, sed debitæ fortitudinis brachio voluptatum lasciviam regendam suscipit, et rationis ore consumendam exponit. (VERS. 19, 20) *Cumque ille bibisset,* adjecit : *Quin et camelis tuis hauriam aquam, donec cuncti bibant. Effundensque hydriam in canalibus, recurrit ad puteum, ut hauriret aquam, et haustam omnibus camelis dedit.* Mens tacta divinitus non solum in una qualibet re concupiscentiam vi rationalitatis consumi gaudet, sed et omnibus *camelis,* id est humilibus virtutum studiis datura et resocillationis locum, aquas omnis mollicici noxiæ se haurire spondet. Virtus enim non habet quo maneat, nisi vitii humorem spiritus ignis sudum reddat. Aquam itaque *in canalibus* effundimus, cum superfluitatem sæcularitatis per humilitatem cogitationum exinanimus. Canalis enim ob concavitatem suam humilitatem mentis significat, unde dicitur in Canticis : *Comæ ejus sicut purpura regis vincta canalibus (Cant.* VII, 6). *Ad puteum* vero recurrimus, ut *aquam* hauriamus, *haustamque camelis* demus, cum ad considerandam totius nostræ concupiscentiæ massam aciem animi reducimus, ut a nostris eam sinibus extrudamus, et virtutum quarumque examina libidinum consumptione pascamus.

VERS. 21, 22.— *Ille autem contemplabatur eam tacitus, scire volens, utrum prosperum fecisset Dominus iter suum, an non. Postquam ergo biberunt cameli, protulit vir inaures aureas appendentes siclos duos, et armillas totidem pondo siclorum decem.* Virginem taciti contemplamur, cum a strepitu forastico mentibus consopitis, quam gloriosum sit a peccati morsu immunem habere conscientiam, intra nos ipsos perpendimus. In cujus pulchritudinis delectatione auspicium quoddam accipimus, utrum prosperum desiderii nostri cursum faciat Dominus, quia dum divinarum speciei rerum soli quærendæ intendimus, ibi profecto ac si in libro legimus, quid boni, quidve mali exsequamur, quid nunc, quid in futuro sortituri sumus, ex aliqua parte præsagamur. *Postquam igitur bibunt cameli,* ubi scilicet a virtute humilitatis consumitur, quidquid intra nos est vitii profert virilis feminea jam exclusa mollitie intellectus geminam Deo et hominibus, quod per *inaures* signatur obedientiam, ut cum Deo obsequi nititur his qui sibi paterne præsunt, et fraterne adsunt, in auditu auris ornamentum obsequii non negetur. Non solum enim patribus, sed et omni humanæ creaturæ propter Deum subdi debemus *(I Petr.* II, 13). Obsequium vero, juxta poetam, parit amicos (TER. *Andr.),* unde et totidem armillæ puellæ manibus adhibentur. Per *armillas,* quæ manibus, quasi corona præminent, fructus boni operis accipitur, quod est pax primo ad Deum, dehinc ad proximum; pax enim belli exacti pretium, pax summa laborum est : manus vero opera significat, quibus et Deo obsequimur, et proximo exempla præbemus. Præmium autem operum etiam in præsenti, quasi quidam ornans nos, ac muniens ambitus armillarum, amor noster ad Deum, Deique ad nos rursusque ex pio nascens opere proximi ad nos, et noster ad proximum. *Inaures* appendunt *siclos duos,* quia vera obedientia absque humilitate et patientia exhiberi non potest. Aureæ sunt, cum pro solo Deo imperia obedientiæ fiunt. Armillæ *pondo siclorum decem* sunt, cum corpus nostrum quatuor subsistens elementis, et anima tribus, intellectu scilicet, memoria, voluntate, principalibus donis pendent, ac prona sunt ad unius desiderium Trinitatis; pondus namque ac pondo appendendo dicuntur, et quod pendet ad aliquid tendit, unde et amantes pendere feruntur.

VERS. 23, 24, 25.— *Dixitque ad eam : Cujus es filia? Est in domo patris tui locus ad manendum? Quæ respondit : Filia Bathuelis sum, filii Nachor, quem peperit ei Melcha. Palearum quoque et feni plurimum est apud nos, et locus spatiosus ad manendum.* Dum conversationis nostræ rigorem ferventer attendimus, ipsam conversionis, vel etiam intentionis nostræ originem causamque solerter plerumque discutimus. *Cujus* ergo sit *filia* tam nitens conscientia, Deo scilicet, an diabolo propagante, sit edita disquirimus, cum ne bona ut assolet prava intentione cœperimus, caute prospicimus. Domus diaboli hic mundus dicitur. Porro hic domus patris, videlicet Dei, non aliud est quam mens ipsa quæ spiritualiter ipso inhabitante dirigitur. Et sicut apud diabolum dispergimur, ita ad curam interioris hominis apud Deum vere Patrem intra nos ipsos ac si domestici localiter commanemus. Locus autem fidelium charitas est, non horaria, sed, ut ita dicam, mansionaria, unde et Spiritus sanctus die Pentecostes illabitur manentibus in eodem loco. *Filia,* inquit, *Bathuelis sum* : *Bathuel virgo Dei* dicitur : virgo autem nil convenientius accipitur quam veritas, quæ quia ex Deo est, nil ea purius est; mens itaque pia Bathuelis est filia, quia ex castitate veritatis edita, nulla recipit, nisi sinceritatis monita. *Omnis* enim *qui est ex veritate, audit vocem meam (Joan.* XVIII, 37). Bathuel Melcha est filius, quia veritas non nisi per rationem in nobis exoritur, quæ Melcha, id est *regina* jure dicitur, quia divinitus illustrata nostris rectissime sensibus principatur, unde et peperisse hunc Nachor dicitur; qui *requies luminis* appellatur, quia quidquid veræ cognitionis intra nos per Melcham, rationem scilicet, gignitur, ad auctorem profecto Deum, in quo vero lumine a negotio, id est peccato, perambulante in tenebris *(Psal.* IX, 8) insipientiæ suaviter quiescimus, refertur. Per paleas quod a grano decutitur, ea quæ in nobis superfluunt, culpas scilicet intelligimus. Per fenum humanitatis fragilitas accipitur; paleas ergo, et feni plurimum habet quisquis et culparum et propriæ carnis jugi consideratione non caret. Sed et *locus spatiosus ad manendum* in domo *est,* quia etsi corporis pondus patimur, et circumstans nos peccatum, latum tamen penes nos conservamus charitatis mandatum, quod etiam complectitur inimicum, quodque operit multitudinem peccatorum, unde dicitur : *Statuisti in loco spatioso pedes meos (Psal.* XXX, 9). *Ad manendum* vero *est,* scilicet ad perseverandum, ut non verbo et lingua, sed opere diligamus et veritate *(I Joan.*

III, 18), id est certa status nostri immutabilitate. Quod enim mutatur, non est in veritate.

Vers. 26, 27. — *Inclinavit se homo, et adoravit Deum, dicens : Benedictus Dominus Deus domini mei Abrahæ, qui non abstulit misericordiam et veritatem suam a domino meo, et recto itinere me perduxit in domum fratris domini mei.* Quoties affectui nostro sentimus bene agendi ad votum respondere voluntatem, humiliare debemus ad Deum nostræ humanitatis rigorem, eumque benedicere, intellectualitatis nostræ præsidem, qui misericorditer suam cum operibus attribuit nobis fidem, et promissa complendo largitione præmii in fine exhibebit veritatem, et documentorum suorum tramite perducet in supercœlestem domum Christi Jesu, qui frater est omnium, rationabiliter et secundum mores fidelis Abrahæ viventium. Dominus autem dicitur, quia affectui ratio dominatur, et Christus frater hujus domini vocatur, quia his potissimum, qui suis pravis motibus præsunt tota germanitate connectitur.

Vers. 28, 29, 30. — *Cucurrit itaque puella, et nuntiavit in domum matris suæ omnia quæ audierat. Habebat autem Rebecca fratrem, nomine Laban, qui festinus egressus est ad hominem, ubi erat fons. Cumque vidisset inaures et armillas in manibus sororis suæ et audisset cuncta verba referentis : Hæc locutus est mihi homo, venit ad virum, qui stabat juxta camelos, et prope fontem aquæ.* Matris domus ipsa rationis est quæ nos protegit virtus. Ad hanc currens puella nuntiat quæ audiit, dum conscientiæ puritas in cunctis suis affectibus ad rationis examen tota sedulitate recurrit, seseque illa judicante disponit. Rebecca dicitur *patientia*, Laban vero *candor* interpretatur. Patiens ergo conscientia candori æterno germane conjungitur; nisi enim spes eam supernæ claritatis attolleret, inter pressuras illico tolerantia femineæ lassaretur. Is festinæ egreditur *ad hominem, ubi erat fons*, quia contuitus sollicitæ cogitationis exprimit, intellectualiter coram nostris humanis affectibus, qui sæculi imminent cupiditatibus, quæ sit gloria lucis illius, cui nullus valet obesse defectus. Laban namque ad hominem egressio, nil aliud est quam adversus humanitatis motum ratiocinantis spiritus de sententia supernæ claritatis expressio. Videt *inaures et armillas in manibus sororis suæ*, cum videndum proponit animæ patienti et geminæ obeditionis, Deo scilicet et homini, debitæ exercitium, et geminæ operationis fructum, quæ divino itidem honori, et fraternæ exhiberi debet ædificationi, et ex hoc perpendere monet quæ corona debeatur tot laborum dispendia sustinenti. Inaures obedientiam significare testis est Job revalescenti inauris data (*Job* XLII, 11). Audit *verba puellæ referentis*, cum intelligenter obaudire facit animam boni sui apparatum appetitus afferentem ad emerendam cœlestis gloriæ lucem. *Venit Laban ad virum, qui stat juxta camelos prope fontem*, cum accedit cœleste desiderium ad affectum jam viriliter decertantem, ob humilium virtutum defensionem, contra mundi fluxum, id est puteum imminentem. Reprehendit me quidam fontem in mala significatione accepisse, sed meminerit fontem in malo accipi ubi et unde loquitur Dominus Samaritanæ. Cameli qualiter intelligendi sunt, superius diximus.

Vers. 31, 32, 33. — *Ingredere, benedicte Domini, cur foris stas ?. Præparavi domum et locum camelis. Et introduxit eum in hospitium, ac destravit camelos, deditque paleas, ac fenum, et aquam ad lavandos pedes camelorum et virorum qui venerant cum eo. Et appositus est in conspectu ejus panis.* Affectus noster a Domino benedicitur, cum ad religionis augmentum intenditur. Is ingredi monetur, cum a forastico strepitu ad mentis quietem secedere per interni gaudii candorem trahitur. Intellectualis enim iste Laban *domum*, ac *locum camelis* præparat, cum et a conscientiæ domo peccatum eliminat, et totius virtutis consistorium, bonam scilicet voluntatem in eadem domo locat; inducit *in hospitium*, cum hujus peregrinationis tempore pietatis opera non desinit intra mentis celare secretum, propter transitoriæ laudis incursum. Cameli destrantur, cum quælibet sanctitatis integumenta, quibus sessuro in nobis Deo fideliter cingebamur, humili a nobis æstimatione solvuntur, et ad futuræ beatitudinis emerendum candorem nulla putantur. Vel etiam eos Laban *destravit*, cum cœlestis amor ab omni peccati et inanium cogitatuum pondere virtutum studia sublevavit. Dat *paleas*, et *fenum*-eis, cum et reprobationis miseriam, et divinæ electionis gloriam piis proponit exercitiis, ut sic de spe electionis lætetur cor suum, quatenus de casu reprobationis extimeat nomen divinum. Paleas reprobos, fenum dici electos, exempla dabimus. Paleas uret igni inexstinguibili, in Evangelio (*Luc.* III, 17); et Behemoth fenum ut bos comedit, in Job (*Job* XL, 10). Inde ergo aquæ pedibus camelorum lavandis suggeruntur, quia de spe, et timore irriguum superius et irriguum inferius (*Jos.* V, 19) expiandis virtutum nostrarum superfluis affectibus ingeritur cœlitus. Sed et camelos istos viri regunt, quia intellectuales nostri motus, quos *robustos fortitudine* Job appellat (*Job* XXXVI, 19), virtutum in nobis acta dirigunt. Panis itaque sic illi apponitur, quia divinæ solius contemplationis affectui nostro, jam tunc a negotiis consopito, delectatio inesse dignoscitur; unde et in conspectu ejus panis appositus dicitur. Et notandum quod prius camelorum ac virorum pedes lavantur, postmodum panis apponitur, quia nisi compunctionis gratia mens, et virtus a superfluis suis tota lavetur, nunquam divina speculatione reficitur, quæ non nisi a mundicordibus prægustatur. *Antequam comedam, suspiro*, ait quidam (*Job* III, 24); sed pane hoc sibi apposito se comesurum servus negat, donec suos sermones exsolvat, quia ad illum qui angelos pascit edendum, panem se sufficere non posse deputat, nisi conceptæ devotionis affectum appetitus noster effectu piæ operationis absolvat. Hos panes, imo propter unitatem Trinitatis hunc panem amicus, de via rediens, ab amico improbe postulat (*Luc.* xi, 6).

Annuit Laban, ut loquatur, quia cœleste desiderium nos præcipue juvat, ut quod probe conceptum est, efficiatur. Verba autem pro rebus in sacra pagina, maxime veteri, solere poni, nulli dubium est. (VERS. 54, 55.) *Servus, inquit, sum Abrahæ et Dominus benedixit dominio meo valde,* in quantum scilicet sum affectualitas me subjicio rationi, cujus dominio ubertatem Deus tribuit provectionis, *magnificatusque est* ad summam pertingendo virtutis, *oves* habens beneficientiæ ad proximum et in seipsa simplicitatis, *boves,* maturitatem morum et gratiam prædicationis, *argentum* scientiæ et eloquii, *aurum* sapientiæ aut sacræ religionis, *servos* corporalis contumaciæ legitimo suo addicens imperio, *ancillas,* interioris lasciviæ castitatis severitate reprimens, *camelos* ponderositatis, ac inertiæ, *et asinos* stoliditatis ac ineptiæ, ad acumen divinæ subtilitatis elimans. Quæ sequuntur usque ad eum locum, ubi dicit : *Si facitis misericordiam, et veritatem cum domino meo, indicate mihi,* satis superius tractata patent, nec replicanda sunt, cum tot discutienda restent. Est tamen quod, etsi videatur esse dissertum, aliquem movere possit, scilicet quod dicitur : *Veni hodie ad fontem aquæ.* Si enim fons aquæ, juxta quod hoc loco pene ubique sensimus, in cupiditatis typo accipitur, contrarium videtur, quod additur *hodie,* sed *hodie,* id est per illuminationem gratiæ, *ad fontem,* puteum scilicet illum cæcæ concupiscentiæ venimus, dum, Deo illustrante, voraginem confusionis ejus agnoscimus, unde et stare, id est vigilanter decertare positus juxta puteum perhibetur servus. Etsi quia in bonam partem fontis nomen accipi solet intelligere diverse vellimus, *hodie ad fontem* venimus, quia non nisi per diem divinæ cognitionis, sapientiæ et vitæ fontem attingimus. Ipse enim Deus per seipsum quærendus est, *Ego namque, ait, sum via* (*Joan.* xiv, 6). Ad Bathuel ergo et Laban, ad gratiam videlicet Dei, qua nil castius, nil integrius est, ex qua candor cœlestis desiderii nobis innascitur, utrum misericordiam et veritatem Domino nostro faciant dicitur. Ex gratia misericordiam peccatorum veniæ accipimus; ex veritate, quod desideria nostra suspirant, supercœlestis candoris promissa recipimus. In quantum ergo et vim in nobis gratiæ, et superni desiderii fervere sentimus, de futura nostra misericordia et veritate agi nobiscum sciamus.

VERS. 49, 50. — *Sin aliud placet, et hoc dicite, ut vadam ad dexteram, sive ad sinistram. Responderunt Laban et Bathuel : A Domino egressus est sermo; non possumus extra placitum ejus quidquam aliud tecum loqui.* Quod est dicere : Si peccatis emerentibus non veniam, et beatitudinis promissæ impletionem, quod est gratia et veritas, impendere mihi Deo per vos operante non libet, et hoc divinitus inspirando innotescite, ut aut ad dexteram tendens potiori studio virtutis exercear, an aut sinistræ me credens, de præteritis meis lapsibus pœnitendo compungar ; habemus enim sinistram de contritione peccati, et dexteram de provectu boni. Ad hæc gratia Dei cum eo quod genuit cœlesti desiderio, Bathuel scilicet Laban intellectualiter inferunt. *A Domino egressus est sermo,* ex occulti utique censura judicii, quasi sagitta ex pharetra per evidentis tuæ aspirationis munus Dei emicuit sententia, ex qua potes colligere quod ea qua interius per nos doceris unctio, ad certitudinem tuæ futuræ provectionis imo perfectionis tibi habenda sit quasi pro quodam cœlesti oraculo. Non enim aliud tibi suggerere per incertum possumus quam quod velit ipse, cum simus indubitanter ab ipso.

VERS. 51, 52, 53. — *En Rebecca coram te est, tolle eam, et proficiscere, et sit uxor filii domini tui, sicut locutus est Dominus. Quod cum audisset puer Abraham, adoravit in terra Dominum. Prolatisque vasis argenteis et aureis, et vestibus, dedit ea Rebeccæ pro munere, fratribusque ejus, et matri munera obtulit.* Si, inquiunt, dexteram virtutis eligis, ecce Rebeccam, id est patientiam præ oculis mentis tibi habendam cognosce, ad tentationem enim præparare, et per tribulationes regnum Dei intrare necesse est (*Act.* xiv, 21). Si ergo vis proficisci, bonis utique actibus promoveri, *tolle* ab infima intentione, sublevans *eam,* ne pro præsenti procul dubio retributione ferendam putes esse molestiam, sed filio Domini tui annecte eam, spei videlicet divinæ ex intellectu magistro progenitæ, a quo inter ærumnas partuum osculum supernæ consolationis accipiat. Dominus hæc loquitur, dum ubique persecutionem patientibus cœlestia sola sperare monet. Audit hæc, id est intelligit affectus rationi deserviens, et in terra, hoc est in soliditate humilitatis sine qua patientia non est, Deum excelsum tanto vicinius quanto humilius orat. Vasa argentea capacitas sunt sacri eloquii, et scientiæ. Aurea fecunditas, ne scientia inflet, charitatis; vestes sanctitatis opera, quibus mortificanda tegimus super terram membra. Proferimus ista, cum proximis reddimus utilia. *Rebeccæ pro munere* ea damus, cum laboranti exinde patientiæ aliquid consolationis interim facimus. *Fratribus.,* animi plane virtutibus desudanti spiritui viriliter adnitentibus, et matri charitati, quæ amat quod tolerat, eodem modo *munera* solatii offerimus. (VERS. 54.) *Initoque convivio vescentes pariter, ac bibentes manserunt ibi.* Affectus noster postquam conceptum humanitus timorem, patientiam, ac humilitatem reflavit amando, convivium cum præfatis omnibus init, dum quod in initio conversionis ægre tulerat, hoc, id est adversa mundi sola virtutis dulcedine tractus amplectitur et desiderat. Vescimur ergo, cum quidquid noxie durum se menti obtulerit, dente rationis atterimus, et in usum traducentes spiritualiter roboramur. Bibimus, cum poculum gratiæ septiformis hauriendo eadem comesta condimus. Pariter manemus, cum a religione proposita, et ab his quæ præmisimus nullo modo dirimi patimur. *Ibi*, quia locale verbum est, bonæ voluntatis statum significat, sine qua his cohabitare quis nequeat.

VERS. 55, 56. — *Surgens autem mane locutus est puer: Dimitte me, ut vadam ad dominum meum. Responderunt fratres ejus, et mater : Maneat puella saltem decem diebus apud nos, et postea proficiscetur. Nolite, ait, me retinere, quia direxit dominus viam meam.* Puer mane surgit, cum debita sedulitate a mentis infantia in virile robur virtutis affectus efficax se proripit. Mane pro sedulitate poni testis est psalmus : *Mane oratio mea præveniet te* (*Psal.* LXXXVII, 14). Et : *Castigatio mea in matutinis* (*Psal.* LXXII, 14). *Dimittite*, ait, *ut vadam ad dominum*, id est vestræ infusionis ubertate meas dilatate angustias, ut dominatrici omnium rationi conjungar. Sed matris charitatis, cæterorumque bonorum respondet effectus, vel *decem diebus* apud se manere puellam, per universitatem utique hujus temporis, quod septem diebus agitur, trium quæ præcipue molestant cum usu virtutum exercendam patientiam cogitationis scilicet, locutionis, et operis, ut cum hæc religionis jure defregerit, proficiscitur ad Isaac, gaudii æterni jubilum. Denarius autem ex septem et tribus constat. Quare, ait, a vestra parcitate cohibeor, qui jam futuræ directionis meæ gloriam speculando prægusto ?

VERS. 57, 58, 59, 60. — *Vocemus, inquiunt, puellam, et quæramus ipsius voluntatem. Cumque vocata venisset, sciscitati sunt, dicentes : Vis ire cum homine isto ? Quæ ait : Vadam. Dimiserunt eam, et nutricem ejus, servumque Abraham, et comites ejus, imprecantes prospera sorori suæ, atque dicentes : Soror nostra es, crescas in mille millia, et possideat semen tuum portas inimicorum suorum.* Vocamus *puellam*, cum matris et fratrum, secundum quod dictum est, aspirati consilio nostram an perseverare velit in sanctitatis studio disquirimus conscientiam. *Vocata* advenit, cum rationis concionantis judicio tota assistit. Desideriis igitur cœlestibus et Dei gratiæ, et charitatis affectui plene respondens fratri, scilicet Laban, Bathueli, et matri, servum, 99 id est pietatis sequitur appetitum, et in amplitudine contemplationis dilatanda laxatur, cum nutrice sua, videlicet providentia, quæ ne quid nimis fiat procurare debeat, et ab excessu arceat; *servumque Abrahæ*, appetitum utique intellectui undecunque subactum cum spirituali virtutum comitia libere progredi gaudent, *imprecantes*, quod est imprecari facientes sibi ipsi animam, studium meliora gerendi, sibi jam germane conjunctam. *Soror nostra es.* Ac si dicerent : Ex divini communione germinis habes esse virtus nobiscum ; patientia enim nisi pro Deo stoliditas est, nobilitaberis fecunditate virtutum. *Crescas in mille millia*, promovearis scilicet perfectione omnimoda; hoc enim ista numerositas sonat, *et semen bona procul dubio opera tua possideant*, id est subjugent *portas inimicorum suorum*, vitia profecto per quæ intratur ad consortia diabolorum, qui etiam vulgo, antonomastice notantur nomine inimicorum;

hæc ipsa vitia et in psalmis et Evangelio, portæ mortis (*Psal.* CVI, 18) et portæ vocantur inferorum (*Matth.* XVI, 18).

VERS. 61. — *Igitur Rebecca, et puellæ ejus ascensis camelis secutæ sunt virum. Qui festinus revertebatur ad dominum suum.* Rebecca puellas habet comites, quia patientiæ nec humilis verecundia, neque simplicis temperantiæ desunt cogitationes. Ascendunt *camelos*, et sequuntur *virum*, cum humilium fastigio virtutum pariter innituntur, et appetitum cœlestis boni quasi ducem virumque, quo semper fecundentur, sequuntur. Is festine *ad dominum* regreditur, quia ex natura virtutis, ac si ignis, ad excelsa, ad eum a quo datur insatiabili appetitus amore convertitur.

VERS. 62, 63. — *Eo tempore Isaac deambulabat per viam quæ ducit ad puteum, cujus nomen Viventis et Videntis. Habitabat enim in terra australi : et egressus fuerat ad meditandum in agro inclinata jam die. Cumque levasset oculos suos, vidit camelos venientes procul.* Hac animi tempestate votis ubique ferventibus *Isaac per viam* deambulat *quæ ducit ad puteum*, dum spes superni gaudii per eum qui via ad se euntibus est, gradiendo proficit ad ejus ipsius cognitionem, qui et ipse puteus, id est profunditas, est sapientiæ totius et scientiæ thesaurorum, *cujus est nomen Viventis*, et cum sua et generalis omnium sit vita, nomen habet etiam *Videntis*, seipsum scilicet qui est vita videre, et alios facientis. *In australi* namque *terra*, id est in spiritualis fervoris ac soliditatis gratia, *habitabat*, auster enim calidus est ventus, quem sponsus in Canticis ad perflanda aromata sua sollicitat (*Cant.* IV, 16). Sed post spiritualis excellentiam sensus *ad meditandum in agro fuerat egressus*, dum ad disceptationem passionum corporis, quod agri more nobis excolendum est, necessario sublimitas deducitur intellectus. Egreditur *in agro ad meditandum*, vel juxta quædam exemplaria, ad metandum, cum de thalamo internæ speculationis, ad meditationem cogitur mens supernis imbuta gaudiis curæ actualis, aut ad præfigendum, sibi metas corporeæ restrictionis compellit animum subitæ molestia tentationis. Quod fit *inclinata jam die*, id est subtracta paulisper divinæ contemplationis luce. Sed *Isaac* levat *oculos*, videtque *procul camelos*, dum rursus a propriæ sensu fragilitatis ad divinæ celsitudinem suscitatur visionis, ubi redivivæ contemplatur jam regredi robur virtutis. *Camelos* autem, virtutes dicimus, et quia ruminant, et quia a curvitate, id est humilitate vocantur, et si ungulam quidem non findunt, discretionis tamen signum ex gibbi sui partitione præferunt.

VERS. 64, 65, 66. — *Rebecca quoque, conspecto Isaac descendit de camelo, et ait ad puerum : Quis est ille homo, qui venit per agrum in occursum nobis ? Ipse est, inquit, dominus meus. At illa tollens cito pallium operuit se. Servus autem cuncta quæ gesserat, narravit Isaac.* Rebecca conspiciens Isaac, *descendit de camelo*, dum patientia visione intima perpendens super cœlestia, omne in se ipsa virtutis fastigium propria æstimatione deponit non esse condignas passiones hujus temporis ad futuram judicans gloriam, quæ revelabitur in nobis (*Rom.* viii, 18); proprium itaque admirando compellat affectum. *Quis est*, inquit, tantæ humanitatis in Deo motus? quam profundo mentis intuitu attendendus, *qui per agrum*, id est spirituale exercitium nobis ad se tendentibus gratuito occurrit semper auxilio! Solet autem etiam secundum ipsam deitatem humanus dici Deus, spiritus quoque humanus et stabilis appellari, verbis nostris necessario ad divina tractatis. Per hominem ergo humanitas, id est pietas. *Apparuit*, inquit, *benignitas, et humanitas salvatoris* (*Tit.* iii, 4). Hic est, ait, affectus, *dominus meus*, hunc utique non immerito præelegi dominatui, tantopere pium, qui et suam nos agriculturam efficit, et nobis resistentibus atque superbe aversis precaturus ut redeamus occurrit. Ad hæc Rebecca cito *pallium* tollit, et *se operit*, quia patientia licet sibi pro Deo multa pati videatur, verecundiæ ornatum sumit, dum quæ agit nulla æstimat, et de præteritis erubescit, unde et insigniter hac ipsa humilitate ante Dei oculos se operit. Potest et per pallium quod inferius dilatatur et superius angustatur, actualis et contemplativa vita accipi, quarum altera ad curam proximi lata est, altera ad Dei visionem acuitur. Narrat affectus noster quæ gessit Isaac, cum quidquid agendo, vel contemplando efficere videtur ad emerendam coelestis gaudii gratiam reportat.

Vers. 67. — *Qui introduxit eam in tabernaculum Saræ matris suæ, et accepit uxorem, et in tantum dilexit ut dolorem qui ex morte matris acciderat temperaret.* Isaac Rebeccam *in matris tabernaculum* inducit, cum coelestis gaudii desiderium patientiam intra piæ voluntatis ambitum, quæ totius boni mater est, sibi commilitaturam, et a se sanctis operibus fecundandam suscipit, *et in tantum* pro Deo jam se pati lætatur, ut dolor poenitentiæ, qui ex defectu olim ejusdem bonæ voluntatis acciderat, nimii processu amoris certa spe veniæ jam penitus leniretur.

CAPUT XXV.

Vers. 1. — *Abraham vero aliam duxit uxorem, nomine Cethuram.* Cethura dicitur *thimiama offerens*, vel *copulata*. Postquam Sara, voluntas scilicet, quæ princeps Abrahæ, id est rationis est, non quod rationi principetur, sed quod ex ejus consortio principium totius probitatis sit, postquam, inquam, hæc sæculo occidit, fit Cethura, dum ita toto desiderii ardore crematur, ut vita hominis, Deo per internum individui amoris foedus copulata, ad Deum omni odore sanctitatis confecta feratur (Vers. 5.) Dat *Abraham cuncta quæ possidet Isaac*, quia quidquid intellectus in spirituali substantia foeneratur, totum ad coelestis lætitiæ lucra multiplicanda confertur. (Vers. 6.) *Filiis concubinarum* largitur *munera*, dum operibus rationabiliter quidem coeptis, sed minus legitima humanæ affectionis admistione perfectis, non æterna, sed temporariæ prosperitatis ascribit præmia. *Et separavit*, inquit, *eos ab Isaac filio suo,* *dum adhuc ipse viveret, ad plagam orientalem.* Dum vivimus enim *ad orientalem plagam*, separare *ab Isaac filio* eos debemus, quia subtiliter discernendum nobis est, dum veri Orientis vitali luce perfundimur, ne opera humanitus facta ad intentionem mercedis supernæ permiscere audeamus. Filios concubinarum, opera affectualitatum corporalium, Isaac filium, spem coelestis gaudii dicimus. Ordo autem est: *Dum viveret ad orientalem plagam, separavit eos.*

Vers. 7, 8. — *Fuerunt autem anni vitæ ejus centum septuaginta quinque annorum. Et deficiens mortuus est in senectute bona, provectæque ætatis, et plenus dierum.* Per quinarium exterior homo noster, ob quinque suos sensus accipitur. Septuagenarius septenarium et denarium evidentius præfert in septenario, qui numerus spiritualis est, et ex quatuor tribusque constat, spiritus noster intelligi potest, qui quatuor principalibus virtutibus, et ratione, voluntate affectuque præminet, et solus septiformi gratiæ capessendæ idoneus est; hunc septenarium denario adjicimus, dum animum sacræ documento legis imbuimus. In dextera ergo ad centenarium qui transit, in dexteram ferimur, id est ad contemplationem Dei, quæ initium perennis jam beatitudinis est, conscendimus. Hunc usque centenarium Abraham intellectualis vivere quoque pacto sæculo potuit, sed in hoc constitutus deficiens cupiditatibus earum negotiis obiit, cum *plenus dierum*, sacrarum scilicet luce multiplici scientiarum, et *provectæ ætatis*, promotus sane altis gradibus sanctitatis *in senectute*, non qua inveteraverit inter inimicos in terra aliena (*Psal.* vi, 8; *Baruch.* iii, 11), sed qua permaturuit religiosæ conversationis diuturnitate bona.

Vers. 9. — *Congregatusque est ad populum suum, et sepelierunt eum Isaac et Ismael, filii sui in spelunca duplici, quæ sita est in agro Ephron*, etc. *Isaac, et Ismael, filii Abraham,* sepeliunt *in spelunca duplici,* cum et spes coelestis gaudii, et affectus jam Deo obediens non sibi quietis internæ rationem gratia contegunt, ut nec spelunca sensualitatis, nec etiam ipsius, quæ molestior esse solet, imaginalitatis spiritum Deo intentum prodant, sed eidem servire a negotiis curarum parcendo, fovendo consentiant; cætera superius tractata quærantur. Sed antequam sepeliat, *ad populum suum congregatus ordinate satis* dicitur, nisi enim a sua dispersione intellectus ad sibi uniendam cogitationum quasi vulgi multitudinem sese collegerit, nunquam sepulcrum illud quietem mentis attingit. (Vers. 11.) *Et post obitum illius benedixit Dominus Isaac filio ejus, qui habitabat juxta puteum Viventis et Videntis.* Benedicit *Dominus Isaac filio* post obitum Abrahæ, dum spei nostræ spiritualis lætitiæ exuberantiam multiplicat, postquam intellectus noster ex toto deficit in appetitu mundialis gloriæ. *Juxta puteum Viventis et Videntis* habitat, cum interioris hominis gloriatio eum in quo est totius boni origo, et unde haurimus totius spiritualitatis ac vitalitatis undas, observando omni diligentia confrequentat. Illi enim rei assidere solemus, quam custodire, quaque frui cupimus; sic ergo juxta puteum habitat.

VERS. 17, 18. — *Anni vitæ Ismael centum triginta septem. Deficiens mortuus est, et appositus ad populum suum. Habitavit autem ab Hevila usque Sur, quæ respicit Ægyptum introeuntibus Assyrios; coram cunctis fratribus suis obiit.* Per septenarium temporalitas accipitur, quæ septem diebus evolvitur. Tricenarius ad Trinitatis pertinet dilectionem, per piorum operum exsecutionem, sexies quini triginta complent. Sex diebus fecit opera sua Deus, sexta etiam creavit hominem. Operum ergo senarius innuit perfectionem, quæ quinarii exteriorum sensuum cohibeat inæquitatem. Centenarius vero insinuat, quia dexter est, Dei contemplationem. Quidquid itaque temporalitatis nobis inest, affectus noster verus Ismael expendat in Dei, non verbo, sed opere integro, dilectionem, si vult perfectum facere hominem, et Dei attingere visionis beatitudinem. Is numerus est annorum plenitudo, scilicet clara virtutum. Unde congrue postmodum dicitur *appositus ad populum suum*, dum post tot claritudines sanctitatis derelictis habitatoribus Cedar, solum patriæ revera jam suæ supercœlestis populo, concivibus suis apponi nunc desiderat, in re postea apponendus. *Habitavit autem ab Hevila usque Sur*, id est dominatus est motibus suis a principio conversionis, in quo omnis creatura ingemiscendo parturit usque adhuc, et dolet (*Rom.* VIII, 22); *usque Sur*, id est usque ad spiritualis fortitudinis contra omnia temperamenta robur. Quæ tamen fortitudo respicit Ægyptum, id est tribulationis coangustantis tenebras, introeuntibus carnis affectibus Assyrios, id est aulicos, scilicet, imitari volentibus quosque voluptati deditos. Aulas namque omnium esse novimus voluptatum volutabra. In domibus plane regum sunt qui mollibus induuntur (*Luc.* VII, 25): Hevila interpretatur *parturiens*, vel *dolens*; Sur *fortitudo*; Ægyptus *tribulatio coangustans*, vel *tenebræ*. Habitare vero, pro eo quod est, *dominari*, in Scriptura ponitur. Dum plane fortia quælibet agimus, et de mundi oblectatione quasi de aulæ introitu tentamur, ad Ægyptum mœroris et tenebrarum, quod totum mundus est, attendere debemus. Assur autem dicitur *aula*. *Coram cunctis fratribus obit*, dum omnibus piis animi motibus a sua evagatione reversis, sibique ad securandum præsentibus a forensi distractione atque negotio beate interit. Unde et superius primum defecisse, postmodum mortuus fuisse dicitur; nisi enim Ismael terrenæ ex toto affectualitati deficiat, peccati effectibus quomodo mori ad integrum queat?

Quæ sequuntur (VERS. 18-22), alias jam dicta sunt, excepto quod *quadraginta annorum* Isaac duxit Rebeccam, per Decalogi videlicet impletionem, summam Evangelii, quod quaternario signatur attingens ad patientiæ amplexus, quod est perfectionis fastigium devenit. *Deprecatusque est Isaac Dominum pro uxore sua, eo quod esset sterilis; qui exaudivit eum, et dedit conceptum Rebeccæ, sed collidebantur in utero ejus parvuli. Quæ ait: Si sic mihi futurum erat, quid necesse fuit concipere? Perrexitque ut consuleret Dominum.* Postquam in conversionis primordio patientiæ leges amplectimur, ipsam sterilem reperimus, quia etsi adversarios tolerat, his tamen benigne obsequi arduum nimis putat. Necesse ergo est ut precemur Dominum quo tribuat Rebeccæ conceptum. Igitur exaudimur, et jam geminos fetus concepimus, scilicet, ut quos toleramus, sine scrupulo aliquo in gratiam admittamus, et cum amaverimus benefacere his etiam cum perseveraverint in malo, ac deservire curemus; sed colliduntur *in utero parvuli*, quia immensa est congressio intra conscientiam ista facere molientis animi. Dum enim videt obsequium ingrate ab inimico suscipi, mens ipsa cur talem diligat, indignatur sibi. Amare ergo, et non amari, obsequium præbere, sed despici, utrumque graviter indignatur sibi, dum servitium non susceptum internum conturbat amorem, et amor ipse nimis ægre patitur officii impensionem. Quid, inquit, mihi proderit hujus bonæ actionis concepisse affectum, qui ad tam tristem conscientiæ vergit effectum? Sed petendum est intellectualitatis oraculum, ubi consulamus Dominum.

VERS. 23, 24, 25. — *Duæ enim gentes in utero tuo sunt, et duo populi ex ventre tuo dividentur, populusque populum superabit, et major serviet minori. Qui prior egressus est, rufus erat, et totus in morem pellis hispidus. Vocatumque est nomen ejus Esau. Protinus alter egrediens plantam fratris tenebat manu, et idcirco appellavit nomen ejus Jacob.* Duæ gentes patienti animæ *in conscientiæ utero sunt*, carnis scilicet cogitatus, et spirituales rationis motus, *et ex ventre*, id est, humana fragilitate, duo genera appetituum sibi invicem infensorum, conditione corruptibilitatis unitatis statum præpediente consurgent, sed *populus populum superat, majorque minori servit*, dum animalitas quæ primo in omni homine regnat; prius enim, juxta Apostolum, quod animale, demumque quod spirituale (*I Cor.* XV, 46), spiritualitatis ut dignum est imperio subjugatur. Noli ergo, inquit, penes te turbari, si patientiæ præmio vis coronari. *Qui prior egreditur, rufus erat*, quia is qui primitus in nobis apparet motus, ex passione desideriorum veniens, quasi ex carnis, et sanguinis origine est, concupiscentialiter flammeus. Is enim color et ignis, et sanguinis speciem habet, unde et æstum concupiscentiæ carnalis significat. *In morem pellis est hispidus*, dum asperitate influentium superfluarumve cogitationum ac motuum semper est horridus. Per pellem vero memoriam possumus intelligere, quæ animalis jam mortui repræsentatio est; memoria ergo nostra tot affluit incursibus suggestionum, quanta pellis quælibet densitate pilorum. Esau dicitur *acervus lapidum*; carnalitas itaque nostra acervus lapidum vocatur, dum pondus, et duritia spiritualium, corporumque pestium indesinenter in illam congeritur, ut jam vix ad superna quærenda levetur; sed *protinus alter* egreditur, qui *plantam fratris manu teneat*, dum spiritualis subsequitur zelus, qui plantam, id est intentionem pravi desiderii, quæ quasi quidam finis et cogitatus, et operis est, fortitudine rationis evertat. Jacob itaque, id est *supplantatorem* patientia hunc mater appellat, qui profecto quidquid mali præstolamur intentione subducat. Hoc est quod legitur, *Caro concupiscit adversus spiritum, et spiritus adversus carnem* (Gal. v, 17). *Tempus* partus, quod superius nos præterierat, quo *gemini in utero reperiuntur*, nil aliud convenientius æstimo quam ipsas tentationis molestias, quæ quidem geminos edunt, dum primum carnaliter titillant, postmodum ad subversionem nequitiæ spiritum quasi pugilem virtutis exsuscitant. Uterus autem, ipsa quo hæc celebrantur conscientiæ invisibilitas est.

Vers. 26, 27, 28: — *Sexagenarius erat Isaac, quando nati sunt ei parvuli. Quibus adultis factus est Esau vir gnarus venandi, et homo agricola. Jacob autem vir simplex habitabat in tabernaculis.*

Isaac amabat Esau, eo quod de venationibus ejus vesceretur, et Rebecca diligebat Jacob. Nascuntur nobis parvuli, cum ad plenum in prœliis vitiorum exercitatæ carnalia ac spiritualia quæque patent discretioni nostræ. Isaac sexagenario nascuntur, cum spei nostræ per integra perfecti hominis opera, quod sexagenario signatur, supernis gaudiis jam intentæ utiliter hæc temperamenta ad probationis scilicet gloriam suboriuntur. Parvuli tunc adolent, cum tepor suggestionis ad calorem nimiæ prorumpit invectionis: sed tamen si carnalitas fervet, spiritualis necesse est impetus ut contra ardentius ardere nunquam cesset. Parvuli sane alter bonus, malus alter, et uterque, si velimus, bonus. Unde et *Esau, vir licet gnarus venandi sit, homoque agricola*, tamen ab Isaac diligitur, *eo quod de ejus venationibus vesceretur*; venator multo suo actu nil aliud quam carnem quærit. Agricola, cum terram exerceat, frugem tamen exigit. Esau itaque, id est carnis affectus sola corporis desideria quærit, sed tamen instar et ipse agricolæ cum carnis terram multis agat laboribus, magnos rationi nostræ ad superna respectanti, et ad ista pugnanti magnæ saturitatis ingerit gustus ex victoriarum proventibus. *Jacob vir simplex* domi habitat, quem Rebecca vel ipsa amat, dum animus simplicitati, id est unitati mentis uni vacare, unum gaudens cogitare intendit, et domi habitans, conscientiæ utique imperans, a patientia humanitus diligitur, quæ quasi muliebriter de propria quiete lætatur, dum Jacob simpliciter stabilito, nullo turbine interius propulsatur, dum minus providet quænam utilitas ex tentatione nascatur.

Vers. 29, 30, 31. — *Coxit autem Jacob pulmentum; ad quem cum venisset Esau de agro lassus, ait: Da mihi de coctione hac rufa, quia oppido lassus sum. Quam ob causam vocatum est nomen ejus Edom. Vende mihi primogenita tua, inquit. Cui Esau: En morior; quid mihi proderunt primogenita? Jacob pulmentum* coquit, dum spiritualis vigor scientiæ aliquis, et divinæ foco charitatis quidquid apud se duritiæ carnalis sentit emollit. *Esau de agro lassus* venit, cum in terrenis fatigata negotiis animalitas nostra ad conscientiam spiritualia disquirentem se colligit. Coctio vero est *rufa*, ipsa carnis, et sanguinis passionum coercitio fervida: rubor enim sanguineus, aut carnales æstus, aut peccatum significat. *Da mihi*, inquit, *de coctione rufa*, id est avara mihi excoque desideria, et in meis me cupiditatibus lassabundum, vel ipsa famis pestiferæ depulsione exsatura; ob hoc namque Edom noster vocatur affectus, quia terrenis indesinenter angustatur passionibus. Edom nempe dicitur *terrenus*, vel *sanguineus*. *Vende*, ait, mihi *primogenita*, ne scilicet ulterius in meis aliquem moribus primatum privatæ potestatis usurpa, sed regiæ majestatis imperio cedens spiritualitatis te sequi prodiere vestigia. *Quid mihi*, inquit, carnalis affectus, prodit contra rationem prava moliri ac indigna dominia, cum nil mihi ex hoc acquiram, nisi mortis æternæ dispendia? (Vers. 33, 34.) Ait Jacob: *Jura ergo mihi. Juravit Esau, et vendidit primogenita. Et sic accepto pane et lentis edulio comedit, et bibit et abiit, parvipendens quod primogenita vendiderit.* Jurat Esau vendendo *primogenita*, dum ad jus rectitudinemque se confert carnis appetitus, accepto spiritualis libertatis pretio, subter rationis sese mancipando regimina. Panem ergo tunc accipit, et lentis edulium, cum post avaritiæ famem pane charitatis reficitur, et passionum carnalium, quæ lentis rubore signantur, consumptione saginatur. *Comedit* itaque, id est forti quidquid in se noxie durum est discretionis atterit dente; *bibit*, poculo scilicet spiritualis gratiæ; *abiit*, virtute utique proficit, et primatum nequitiæ spirituali servitio postponit.

CAPUT XXVI.

Vers. 1, 2. — *Orta autem fame super terram, post eam sterilitatem quæ acciderat in diebus Abrahæ, abiit ad Abimelech regem Palæstinorum in Gerara. Apparuitque ei Dominus, et ait: Ne descendas in Ægyptum.* Fames super terram post sterilitatem diebus Abrahæ factam oritur, cum divinæ sapor dulcedinis ad deprimendam terrenitatis nostræ superbiam ex victoria intumescentis vitiorum menti subtrahitur, post illam sterilitatem, quam primum ante concussionem conscientiæ Abrahæ, hoc est intellectui privatim infecundus factus est, insipidusque panis vitæ. Prius enim a Dei verbi gustu ratio torpet, postmodum ex ipsa inedia graviter conscientia languet; *diebus*, id est intellectibus *Abrahæ*, scilicet rationis hac nocte tabentibus. Isaac ad *Abimelech regem in Gerara* vadit, quia mens, superno quidem gaudio intenta, ad Patris sui regnum, quod est mundus, excedit, ubi dum gaudere nititur, diabolum qui pater mundi amatorum est, regem advenarum, scilicet peregrinationem hujus sæculi pro patria amantium, et per hoc ad se propinquantium reperit. Abimelech, *patris mei regnum*; Gerara dicitur *advena appropinquans*. Apparet ei Dominus, dum errorem animæ oculis detegit intellectus. *Ne descen-*

aae in Ægyptum, ne defluas videlicet ad conformitatem sæcularium, *sed quiesce in terra, quam dixero tibi;* (Vers. 3.) *et peregrinare in ea.* A labore et onere sæcularis negotii in solido humilitatis te deprimens consopire, nec habeas hic manentem civitatem, sed futuram peregrinus inquire (Hebr. xiii); oneratos sane et laborantes voco ut quiescant, et discant quia mitis sum, et humilis corde (Matth. xi, 29). *Tibi enim et semini tuo dabo universas regiones has*, bonæ scilicet tuæ merito voluntatis, et operi tuo quod in spem frugis æternæ hic seminas, *dabo* cunctos corporis tui sensus possidendos, et rationis jure premendos. Hæ sunt enim, quæ in Evangelio bene fenerantibus attribuuntur civitates (*Luc.* xix, 17, 19), et in psalmo *latera domus* appellantur (*Psal.* cxxvii, 3), universæ videlicet corporis nostri partes.

Vers. 4. — *Complens juramentum quod spopondi Abraham patri tuo. Et multiplicabo semen tuum sicut stellas cœli*, id est perficiam quidquid illud est scientiæ ac rectitudinis, quod certo certius inservit scientiæ intellectualitatis, quæ tibi patrocinatur, et opera tua vel certe internam gratiam, de qua velut e semine proserpunt eadem opera *sicut*, id est utpote, *stellas*, virtutes scilicet, quæ et cœlo mentis tuæ infulgeant, et terræ, peccatoribus, videlicet quibusque lumen exempli præbeant. *Daboque posteris tuis universas regiones has*, hoc est impassibilitati, et incorruptibilitati tuæ quæ post id quod nunc est in regeneratione tibi nascitura sunt, *dabo* omnes beate obtinendas carnis et animæ distinctiones. *Et benedicentur in semine tuo omnes gentes terræ*, in spirituali scilicet, qua interius ungeris gratia, multiplicabuntur quasi ex vero semine omnes corporeæ ad cultum pietatis actiones. (Vers. 5.) *Eo quod obedierit Abraham*, spiritus videlicet tuus, *voci meæ*, id est suggestioni internæ, *et cæremonias legesque servaverit*, per abstinentiam plane malorum, bonorum observantiam attigerit. Cæremoniæ nempe a *carendo* quasi carimoniæ dicuntur, quod illicitis ad Dei legum custodiam carere æquanimiter patiamur.

Vers. 6, 7, 8, 9. — *Mansit itaque Isaac in Gerara. Qui cum interrogaretur a viris loci illius super uxore sua, respondit:* Soror mea est. *Timuerat enim confiteri quod sua esset conjux, ne forte interficerent eum propter illius pulchritudinem. Cumque pertransissent dies plurimi, ibidemque moraretur, prospiciens Abimelech per fenestram, vidit eum jocantem cum Rebecca uxore sua. Et accersito ait:* Perspicuum est quod uxor tua sit. — Cur mentitus es eam sororem tuam esse? Timui, *inquit,* ne morerer propter eam. Si Abimelech, *patris mei regnum*, diaboli videlicet, quod sunt omnes amatores mundi, unde et ipsum regnum Gerara, id est *colonum ejiciens*, dicitur, quia conformitas talium a cultu propriæ mentis in negligentiæ errorem hominem ejicit, *Isaac* ibi manet, dum in sæcularis gaudii contuitu mens pridem cœlesti intenta torpida jacet. *A viris loci illius* interrogatur *super uxore* cum a quibuslibet virtutibus, vel ab ipsis rationis motibus, locum sibi intra eamdem conscientiam viriliter adhuc vindicantibus, discutitur super statu voluntatis suæ, sed sororem suam esse respondet, dum non intellectuali judicio, ac si maritali imperio, sed pro liberæ potestatis arbitrio voluntatem ipsam se agere effectu magis quam voce perhibet, dum tentationum molibus obrui veretur, si resistere pravæ cuiquam licentiæ paret : Sic mentis speciem aliquos inter molestias servare tædet. Ibidem moranti *dies plurimi* pertranseunt, cum cuiquam intepescenti multarum intelligentiarum ratiocinationes, et virtutum recordationes, ac si quædam dierum se altera post alteram ingerunt claritates. *Abimelech* prospicit *per fenestram*, cum sæcularis quilibet ad patris diaboli attinens regnum, spiritualis cujuspiam statum rimatur *per fenestram*, id est per exteriorem sensuum habitudinem. *Jocantem cum uxore sua Rebecca videt*, cum voluntate ad jus uxorium rationi subjecta, non ad 104 sæculi lasciviam, sed inter adversa conjicit desideranter velle gaudere ad paientiam. Hunc talia molientem ille forsitan sæcularis aggreditur, et de re divina propriæ voluntatis infrenatione causatur : Si, inquit, rationabiliter tuis fluxis motibus principari decreveras, cur te quasi effrenem et liberum aperto operum tepore monstrabas? *Timui*, ait, ne molestiis impugnationum interimerer, si refragari cogitationum turbæ conarer; humanum ergo habeatur timuisse, sed divinum jam sit vires contra vanitatem sæculi resumpsisse. (Vers. 10.) *Quare, ait Abimelech, imposuisti nobis? Potuit coire quispiam de populo cum uxore tua, et induxeras super nos grande peccatum.* Sunt aliqui sæculares, et pene omnes, qui, cum viros religiosos aliquantisper quibuslibet titubare collegerint signis, dure admodum reprehendant. Tu, inquiunt, qui sanctitatis speculum nobis fore debueras, offendiculi materias bene volentibus quare imponebas, dum voluntati tuæ, quam conjugis instar subesse decuerat, absque jugo abire sinens frena laxas, exemplo remissionis tuæ eamdem qua voluntas tua impudica jam ruit lasciviæ et erroris foveam, aliquis rudis et inscius præcipitari posset, et ex te tota peccati massa in nos rueret. *Præcepitque omni populo :* (Vers. 11.) *Qui tetigerit,* inquit, *hominis istius uxorem, morte morietur.* Postquam quasi ex amore justitiæ correxisse justum peccator videbitur, idem ubique gentium, si poterit, divulgare sub eodem typo conabitur, ut ex hoc ejus nequitia pallietur. Ac si diceret : Vir iste apud vos pro sanctitatis simulacro celebratur, sed sciatis crimen maximum illum incurrere qui ejus malevolentiæ confederabitur.

Vers. 12, 13, 14. — *Sevit autem Isaac in illa terra, et invenit in ipso anno centuplum. Benedixitque ei Dominus. Et locupletatus est homo, et ibat proficiens atque succrescens, donec magnus vehementer effectus est. Habuit quoque possessionem ovium, et armentorum, et familiæ plurimum.* In illa sua terrenitate *Isaac sevit*, dum de sæculari ad gaudium cœleste anima resipiscens, boni operis semine humanitatis casum contegit. Annus cujuspiam boni perfectio intelligitur. Uti enim annus diebus, sic quæque virtus cogitationum, locutionum, operumque piorum fulget adnisibus; in hac itaque virtutum plenitudine *centuplum invenit*, dum æternæ remunerationis summam jam mente præsaga exspectatam fideliter colligit. Benedicitur itaque, spirituali scilicet subtantia augmentatur, locupletatur, sed tamen, ut suæ semper fragilitatis meminerit, homo dicitur. Proficiens ergo virtute, atque *succrescens* spe it, id est desiderio tenditur ad bravium vocationis supernæ (*Philip*. III, 14), donec infimas evincat cupiditates sanctitatis magnitudine. Habet *possessionem ovium et armentorum*, dum et actualium et contemplativorum bonorum sine laudis humanæ participatione obtinet multiplicitatem. Oves lanigeræ et simplices cum sint, humilem beneficentiæ signant actum. Armenta, fortia religionis opera, quæ et contemplatores sublevant ad divina videnda viros, accipimus. Familia *a famulando* dicitur; familiæ itaque habet plurimum, qui quantumcunque culmen attigerit virtutum, turbam tamen (licet, velint nolint, rationi famulentur) patitur cogitationum.

VERS. 15, 16, 17. — *Ob hoc invidentes Palæstini, omnes puteos, quos foderant servi patris sui Abraham illo tempore obstruserunt, implentes humo in tantum ut ipse Abimelech diceret ad Isaac: Recede a nobis, quoniam potentior nostri factus es valde. Et ille discedens ut veniret ad torrentem Gerarœ, habitaretque ibi.* Palæstini, qui et Philisthæi, qui potione, id est superfluo haustu superbiæ cadentes, scilicet dæmones intelliguntur, ob divinæ nobis gratiæ ubertatem invidentes, puteos capacitatis ac intelligentiæ, quos memoria, voluntas, et affectus et cæteri inferiores motus animæ servi profecto rationis detractis inertiæ ruderibus, paraverant, terrenæ cogitationis humo obruunt, et foramen, quo aquarum viventium profunditas attingitur, subtilitatem scilicet ingenii curarum molibus obstruunt. In tantum livor dæmonum excandescit, ut per Abimelech, iniquum videlicet quempiam ad diaboli patris malorum regnum pertinentem, religioso alicui aperte dicant: *Recede a nobis, quia potentior nostri factus es valde*, id est, si excellentia vitæ nos exsuperas, inter nos, qui sæculo adhuc deservimus, ne appareas, sed procul a nobis et egregie vive ut simulas. Torrens *Gerarœ*, volubilitas, et impetus est humanæ vitæ, scilicet propinquantis advenæ ad terminum peregrinationis suæ. Quo ergo magis pius aliquis molestatur a cupidis mundialis gloriæ, eo amplius concitatur ad considerationem labilitatis terrenæ, et in hoc prospectu figit statum mentis suæ.

VERS. 18, 19. — *Rursumque fodit alios puteos, quos foderant servi patris sui Abraham, et quos olim illo mortuo obstruerant Philisthiim; appellavitque eos iisdem nominibus, quibus ante vocaverat. Foderuntque in torrente, et repererunt aquam vivam.* A Abraham moritur, cum intellectus a Deo dirimitur; alii putei, quos obstrusos Isaac fodit. Dei cognitio scientiaque quarumque virtutum, e quibus vitalem sumimus undam, intelliguntur, qui per rationis defectum a dæmonibus obice terrenitatis opplentur, sed ad superna gaudia animo respirante, spiritualibus studiis, qui rationi, **105** vero scilicet Abrahæ, inserviunt, exhausti, discretionis sedulæ cura deplentur; hos *iisdem nominibus, quibus et ante pater appellat*, dum in tantum sanctitatis apud Deum et homines opinione sese insignies magnificat, quantum subtilitas ipsius rationis fieri debere dictat. *In torrente* autem fodimus, cum transibilitatem hujus temporalitatis discutimus, ibique *aquam vivam* invenimus, quia, mundi perpendendo excursum, fontem aquæ salientis in vitam æternam (*Joan*. IV, 14) sufficere nobis ad gloriam contempto præsentium fluxu videmus.

VERS. 20, 21, 22. — *Sed et ibi jurgium fuit pastorum Gerarœ adversum pastores Isaac, dicentium: Nostra est aqua. Quamobrem nomen putei, ex eo quod acciderat, vocavit Calumniam. Foderunt et alium, et pro illo quoque rixati sunt, appellavitque eum Inimicitias. Profectus inde fodit alium puteum pro quo non contenderunt.* Pastores Gerarœ sensus accipimus carnis nostræ, qui nos sorbitiunculis sæcularis pascunt lasciviæ. *Pastores Isaac*, motus sunt contemplativi, qui defectiones spirituali alimento reficiunt animi. Carnalia ergo adversus spiritualia jurgant, dicunt quod *nostra est aqua*, dum suadetur ab his quod sæcularis spirituali omnino præmineat scientia, cujus in prompte est gloria. Nomenque *putei* ex eventu vocat *Calumniam*, dum ex ea intelligentia, quæ ex torrente discusso colligitur, insignis contra pastores Gerarœ calumnia interioris hominis nunquam desitura movetur. Alter, qui foditur puteus, sacræ prædicationis intelligitur virtus, quæ, vires ex torrentis defossione et potu vitalis aquæ sumens, tanto purius aliis propinat quanto fonti vicinius instat; pro hoc quoque rixantur, quia bene loquentibus propriæ actionis infirmitas si aliqua sit illico objicitur. Appellat hunc *inimicitias*, nec incongrue, quia, juxta poetam, hoc tempore *odium parit veritas* (*Ter. Andr*. I, 41). » Unde recesse est ut inde proficiscatur, id est, ad meliorem vitæ statum promoveatur, et puteum fodiat, egestis scilicet ab animo terrenis affectibus, non in superficie cogitationis, imaginationis, aut forasticæ visionis, sed in intimo intelligibilitatis purissimum vivendi fontem requirat. Ordo enim nostræ actionis ex internæ vena progreditur propositionis, unde exempla aliis profluunt eruditionis; prius ergo puteus doctrinæ, postmodum foditur operationis justæ, qui omnino jam caret contentione, quia tales præcipuam reverentiam solent habere, quibus nil homines possunt objicere; prius, inquam, Anima namque *laborantis*, juxta Salomonem, *laborat sibi, quia compulit eum os suum* (*Prov*. XVI, 26). Propter officium sane prædicationis, ne prædicans reprobus inveniatur, extendi admodum solet exercitium piæ operationis. Et contra : *Abscondit*, inquit, *piger manum suam sub ascella, nec ad os suum applicat eam* (Prov. xix, 24). Unde et *vocavit nomen illius Latitudo*, *dicens* : *Nunc dilatavit nos Dominus, et fecit crescere super terram*. Si latitudo charitas appellatur, charitas profecto maxima est et in verbo pro salute proximi laborare, et vitam, ut verbo competat, sagaciter ordinare, ut et aliis valeat exemplo prodesse. Aliter : Solet nempe in Evangelio desudantibus Deus mira gratia quo amplius insistunt dilatare intellectum ad sacri eloquii dignoscenda ac eloquenter enubilanda mysteria. Non dicit : *Dilatavit* me *Dominus*, sed nos pluraliter, quia quidquid vel in doctrina, vel in virtutis studio propagationis vir quisque pius assequitur, hoc non magis pro sua quam proximi utilitate a Deo sibi dari arbitratur. Facit nos Deus *super terram crescere*, cum aut super corporis desideria spiritu nos excellere, aut super terram, id est Christum, qui omnes alit fundatos, facit virtutibus eminere.

Vers. 23, 24. — *Ascendit autem ex illo loco in Bersabee, ubi apparuit ei Dominus in ipsa nocte : Ego sum,* inquit, *Deus patris tui. Noli timere, quia tecum sum.* Bersabee dicitur *puteus saturitatis*, vel *puteus quintus*. Puteus autem saturitatis plenitudo est contemplativæ refectionis, et quintus est, quia quaternarium totius temporalitatis dignitate transcendit. Dicitur etiam a quibusdam quod verum est, non puteus quintus, sed septimus, et bene resonat, quia sapientia spiritualium donorum septimus gradus est, ubi plenitudo vitæ ac gloriæ est, quia Deus sapientia est. *Ex illo igitur loco*, prædicta scilicet amplitudine charitatis, non nisi in quo recte statur ad *Bersabee*, id est haustum divinæ visionis ascenditur. Ibi in ipsa speculi, et ænigmatis obscuritate monet nos Deus non debere timere, ipse qui Abraham, intellectum scilicet nostrum, sua jam implevit cognitione, nobis aderit in seminis, id est gratiæ multiplicatione, ad se contuendum non in nubilo, sed aperte. (Vers. 25.) *Itaque ædificavit ibi altare, et invocato ibi nomine Domini extendit tabernaculum, præcepitque servis suis ut foderent puteum*. Altare ibi ædificamus, cum quanto magis Deum cognoscimus, tanto fortiorem bene agendi voluntatem semper meliorem avidi, sine qua omnis virtus angusta est, constabiliendo, hinc inde collatis virtutibus ad Deum erigimus : unde *ei invocato Dei nomine* dicitur *extendisse tabernaculum*, dum non ad sui ipsius opinionem, sed ad Dei solius laudem operum effectibus bonæ exerit voluntatis appetitum ad Dei militiam exsequendum. Hoc enim signat tabernaculum, præcipit *servis* ut *fodiant puteum*, cum interioribus exterioribusque 106 suis indicit motibus, ut scrutentur, quanti valeat gustare præsentialiter, si tanti valet ænigmata speculari Deum.

Vers. 26, 27, 28. — *Ad quem locum cum venissent de Geraris Abimelech, et Ocozath amici ejus, et Phicol dux militum, locutus est eis Isaac : Quid venistis ad me hominem quem odistis, et expulistis a vobis ?*

Vidimus, inquiunt, *tecum esse Dominum*. Geraris dicitur, *cornupeta eorum*, in quo intelligitur nocendi appetitus, haud dubium quin dæmonum. Hinc ergo, ex impetu scilicet suæ malevolentiæ ad altare quod principalis locus est, veniunt Abimelech, qui dicitur *pater meus rex*, vel *regnum patris mei*, in quo accipitur superbia, cui potissimum diabolus imperat, utpote rex super omnes filios superbiæ (Job xli, 25), et Ocozath, de quo nescimus qui fuerit, attamen complicem ejus non dubitamus, in quo non absurde intelligitur invidia, superbiæ videlicet filia, unde et *tenens*, vel *comprehendens* interpretatur, quia cor, quod comprehenderit, sic teneat ut difficile renitescat. Hinc in alia translatione *pronubus* Abimelech dicitur, quia superbia gaudiis luxuriante carnalibus, livor ejus intemperantiis quasi quidam pronuba, id est supplementum nequitiæ comitatur; et *Phicol dux militum*, inanis gloria, totius perversitatis firmamentum, qui interpretatur *os omnium*, quia in laudis humanæ præcipue delectetur aura; hæc, inquam, tria, id est superbia, invidia, inanis gloria homini terrena respuenti et amanti cœlestia, speciali insecutione se ingerunt, et tanto perniciosius quanto consulendi gratia sub amicorum nomine devotius. Respondet tamen Isaac, eosque prævenit, ac si diceret : Quis mihi conventus vobiscum, cum nil in vobis aliud quam lethale animæ meæ virus comprererim, et sola vestra exsecrabilitas suo horrore ab ambitu sæculi me expulerit ? *Vidimus tecum*, inquiunt, ipsa operis evidentia *Deum esse*. Et cum spirituali præcellas, omni temporali es dignus honore, quod multos obtinere cernis indebite, cum tuæ religionis favor diffundatur ubique. Attende ergo quod tibi prodesse cupimus, ne renuas impendere aures bene consulentibus, perpende quod tibi nunquam damno fuimus, nec tuas prosperitates imminuimus, imo multiplici laude pollentem nunc usque vigere permisimus. Fœdus itaque nostrum ne respuas, cum Deo multiplicante te augeri sentias, si monitis acquiescas; hæc æquipollenter dicta sensui eorum consonant.

Vers. 30, 31, 32, 33. — *Fecit ergo eis convivium, et, post cibum et potum, surgentes mane juraverunt sibi mutuo. Dimisitque eos pacifice Isaac in locum suum. Ecce autem venerunt in ipso die servi Isaac annuntiantes ei de puteo quem foderant, atque dicentes : Invenimus aquam. Unde appellavit eum, Abundantiam*. Tribus illis convivium Isaac facit, cum ipsas vitiorum adulationes ratiocinationibus quibusdam auget, et nutrit. Post cibum et potum surgunt, cum post fercula temporalis gloriæ, quæ potibus irrigantur consilii rationis humanæ, elevantur in spem ambitionis explendæ. Mane sibi mutuo jurant, dum in ipso prosperitatis arrisu sese fidelis anima et vitium confœderant. *Mane* sive aurora, et etiam dies pro secundis rebus ponuntur, ut est in Job : *Si subito apparuerit aurora, arbitrantur umbram mortis* (Job xxiv, 17). In locum suum eos pacifice dimittit, dum per affectus vanitatem evagari ea sine ulla spiritus objurgatione permittit, sed in ipsa die, quæ ad pacem sibi, piæ cogitationis motus, qui rationi inserviunt, interiori homini suggerunt se invenisse *aquam*, se Dei aliquam gustasse notitiam. Unde et appellat *Abundantiam*, quia a temporalium appetitu se revocat ad divinæ perpetuitatis exuberantiam. *Et nomen urbi impositum est, Bersabee usque in præsentem diem.* Urbs ista supercœlestis Ecclesiæ frequentia est, quæ vitæ fonte nutritur, ubi lumen in lumine, et dies de die videtur (*Psal.* xxxv, 10). Bersabee sibi nomen imponitur, quia excandescens avaritiæ, vel cujuslibet vitii sitis in hoc sæculo per contemplationem hujus fontis æterna saturitate exstinguitur, in futuro tota salvatorum pars ejus sola infusione beata efficitur. Is enim puteus Dei scilicet notitia, pertingit usque in illam diem indefectivam præsentialiter videndam, quæ una melior est in atriis suis, quam millia dierum (*Psal.* LXXXIII, 11).

Vers. 34, 35. — *Esau vero quadragenarius duxit uxores, Judith filiam Beeri Hethæi, et Basemath filiam Elon ejusdem loci; quæ ambæ offenderant animum Isaac et Rebeccæ.* Esau qui interpretatur *frusira*, inferiorem nostri partem, carnalem scilicet signat affectum, vanitati intentum. Qui *quadragenarius*, id est temporalitati quæ quaternario signatur addictus, duxit *uxores*, lasciviæ, mundialis cupiditatis; Judith *laudans* vel *confitens*; Beeri *putei*; Hethæus dicitur *stupens*. Confessio, et laus, quæ Deo sola sæculi prosperitate refertur, filia est, fluxa videlicet, nil dignum virtute gerens, et filia puteorum, id est concupiscentiarum carnalium, quia ex gaudio obscurissimæ delectationis emergit. Confitetur enim pro nullo æternitatis amore, sed quia ad præsens benefeceris ei. Et talis confessio, dum quasi devotos se Deo arbitrantur, in reprobi sensus eos mittit stuporem, ut libere sibi videantur posse omnis vitii exercere fetorem. Basemath, *in nominibus*, sive *delinquens*, vel *deposita* interpretatur, in quo intelligitur superbia, quæ valde gloriatur in 107 nominum celebrationibus. Nomen enim in Scriptura usitate pro fama ponitur. Quæ dum sese inaniter extollendo delinquit, ad æternæ depositionis casum tendit. Elom autem dicitur *regio campestris*, vel *quercus*. Regio latitudinem vitæ sæcularis innuit; campus incultibilitatem mentis ostendit. Quercus cujus fructus porcos pascit, operarios nequitiæ quibus dæmones aggratulantur portendit. Filia ergo talium superbia, ex malis pessima nata parentibus Esau, id est affectualitati jungitur, quæ et ejusdem loci, id est pravæ secundum errores amplitudinis, agrestis et inaccurati peccatoris, perversi et a dæmonibus amati operis dicitur. Is affectus cum in sæcularibus libere per ista diffluat in Isaac, id est in anima de supercœlesti gaudio cogitanti, rationem cum in talia se pauliper flectit, graviter irritat, et conantem resistere motibus Rebeccam, id est patientiam acerrime vexat.

CAPUT XXVII.

Vers. 1, 2, 3. — *Senuit autem Isaac, et caligaverunt oculi ejus, et videre non poterat. Vocavitque Esau filium suum majorem, et dixit ei : Fili mi. Adsum*, inquit. *Cui pater. Vides quod senuerim, et ignorem diem mortis meæ. Sume arma tua, pharetram et arcum, et egredere foras.* Isaac senectus, animæ est a spirituali robore defectus. Oculi ejus caligant, cum ejus mentis aciem a Deo desideria prava reverberant. Postquam ergo ingenium ab interna visione cessat, in affectum cordis, juxta psalmum, illico necesse est transeat (*Psal.* LXXII, 7), unde et majorem non dignitate, sed quadam temporalis usus primævitate, *filium* ipsum, scilicet affectum advocat, *Fili mi?* Ac si dicat : Cum naturaliter ex me prodeas, non est absurdum, si meis votis inservias. Vides quod ab amore superno defecerim, et diem, id est intelligentiam hujus a Deo mihi illatæ defectionis ignorem. *Sume ergo pharetram* consilii, ubi sagittarum, id est sententiarum copiam congeras, *et arcum* callidæ et insidiosæ operationis, quo conceptas dolositates excludas, et his armatus *egredere foras*, interiorum utique negligens forenses exerce curas; secundum hoc peccatores, in Psalmis : *Intenderunt arcum, paraverunt sagittas in pharetra* (*Psal.* x, 2), ut scilicet pravi motus directas perimant rationes. *Cumque venatu aliquid apprehenderis*; (Vers. 4) *fac mihi inde pulmentum, sicut velle me nosti, et affer ut comedam, et benedicat tibi anima mea, antequam moriar.* Venatum vadens anima *aliquid* apprehendit, cum carnalia bona quærens quidpiam sibi competens desiderii retibus astringit. *Inde pulmentum* facit, cum idem concupiscentiæ igne coquens in voluptatis totum mollitiem trahit; quidquid enim aut laboriose, aut suaviter exercetur in sæculo, finem suæ intentionis aliquam voluptatem habet. *Affer*, inquit, *sicut velle me nosti, ut comedam*, id est sicut humanum delectari conjicis quaque re affectum, sic mihi infer, unde meum nutrire debeam appetitum, *ut anima mea tibi benedicat, antequam moriar*, id est ut animalitas mea tibi multipliciter insistat augendo, priusquam superveniente aliqua pœnitudine sæculari gloriæ interimar.

Vers. 5, 6. — *Quod cum audisset Rebecca, et ille abisset in agrum, ut jussionem patris expleret, dixit Jacob filio suo.* Ratione igitur ad mundanum deflexa affectum, patientia scilicet Rebecca, quam amissio jam præteritorum exterret laborum, spiritualem revocat appetitum, qui in terrenum jam evagans quæstum, supplantet cupiditatis vitium. *Intellexi*, inquit, *intellectum, qui tibi patrocinari debuerat, cum affectualitate agentem de carnalium commercio rerum, sed tuum ne respuas attribuere cœlestium spei desiderium ac studium.* (Vers. 7.) *Perge ad gregem, affer mihi duos hædos optimos, ut faciam ex eis escas patri tuo, quibus libenter vescitur.* Ad gregem pergimus, cum virtutum multiplicitati intendimus; *duos hædos optimos* offerimus, cum et nostra, et eorum quos peccare fecimus mala pœnitentia nimium Deo grata lugemus, eademque debita humilitate confitemur; hædus namque peccatorem significat. Nescio utrum alias in hoc opere dixerim, viderit prudens lector Isaianum illud a Domino dictum huic loco convenire : *Si fuerint,* inquit, *peccata vestra ut coccinum,* et rursum, *ut vermiculus (Isai.* 1, 18); et quod nix ad coccinum, et ad vermiculum lana, sub optima horum duum significatione refertur. Inde facit Rebecca *escas, quibus libenter pater vescitur,* cum patiens jam tentationum suarum ex materia pœnitentiæ, et alias virtutes conficit, quibus quasi condimentis rationis sibi patrocinium mutat et illicit. (VERS. 10.) *Quas cum intuleris,* inquit, *benedicat tibi, antequam moriatur,* id est cum vires ex virtute receperit, antequam defectum cujuspiam lapsus reincidat, præveniet te acquirendo divinæ gratiam multiplicationis.

VERS. 11, 12, 13, 14. — *Nosti quod Esau frater meus homo pilosus sit, et ego lenis. Si attrectaverit pater meus, et senserit, timeo ne putet sibi voluisse illudere, et inducat super me maledictionem pro benedictione. In me sit,* ait, *ista maledictio, fili mi, tantum audi vocem meam : Perge, affer quæ dixi. Abiit, et attulit, deditque matri.* Esau, inquit, id est carnalis affectus, tot æstuum corporalium setis cum sit horridus, et hispidus, qui 108 dicitur *frater meus,* quia ex eadem mente sumus, *et ego,* utpote divinæ tranquillitati innixus, naturaliter *lenis* et placidus. Si intellectus, quem patrem prosequor, et cui bene gerendorum cura incumbit, tot passionum suborientium asperitatem præsenserit, vereor ne ludibrio et levitati ascribat tam ardua voluisse appetere, et totum hoc mihi potius ad deteriorem vergat defectum, quam ad aliquem vitæ profectum. Solet enim cœpti boni desperatio in deterius semper relabi. Ego, ait patientia mater, maledictionis, defectus scilicet hujus, si quæ sit, molestias fastidiumque feram, tantum *perge* pietatis studium aggrediendo, et *affer* quæ deliqueris confitendo, imo confessionis oblatione purgando. *Abiit* proficiendo ab imis ad supera, *attulit* pœnitentiæ opera, quæ conficienda aliarum condimento virtutum excipit mater, quæ hæc anxie parturit patientia.

VERS. 15, 16, 17. — *Paravit illa cibos, sicut noverat velle patrem illius. Et vestibus Esau valde bonis, quas apud se habebat domi, induit eum, pelliculasque hædorum circumdedit manibus, et colli nuda prætexit. Dedit pulmentum, et panes quos coxerat tradidit.* Rebecca *cibos ad patris velle* parat, cum patientia secundum quod ab intellectu sibi est insitum per passionum tolerantiam virtutum refectiones componit, et ordinat; nulla est enim virtus, quam tentationum tolerantia non commendat. *Vestes Esau valde bonas penes nos* habemus *domi,* cum ornamenta pii appetitus nobis naturaliter quasi mentis domui insita, sine quo bona quæque sunt nulla conservamus, et vacante totius carnalitatis exclusoque affectu, his vitii supplantatorem animum,

Jacob videlicet, circumdamus. *Hædorum* pelliculis obvolvit manus, cum perpetratorum malorum memoriis futurum a lapsu simili munit opus. *Colli nuda* protegit, cum verbi ac cogitationis propriæ immunita jugi humilitatis, et erroris pristini recordatione defendit. Ea namque quæ cogitamus per collum verba edimus, unde et pro utroque ponimus. *Pulmentum* dat, dum mentem ab omni sanguinis, id est peccati humore atque duritia igne desiderii spiritualis emollit et siccat. Consequenter postmodum *panes* tradit *quos coxerat,* cum infirmitatem conversionis ad soliditatem sanctæ conversationis, per charitatis divinæ ardorem quasi farinam, ad panis fortitudinem animo observandam proponit. Hæc omnia patientia facit, dum inter murmur carnalium motuum studio religionis insistit; his patrem illatis vocat; his enim virtutum operibus necesse est ut ratio paterne provideat. Quo obaudiente et affectum ac si in filios porrigente, dicit Jacob, spiritualis scilicet appetitus : (VERS. 19.) *Ego sum Esau primogenitus tuus; feci sicut præcepisti mihi,* id est, si quæras quem me profitear, me affectualiter et secundum corporis sensus vixisse protestor, quæ primæva hominis vita est, carnalitatem non diffiteor meam, uti te docere cognosco. *Surge* ergo ad defensionem teneritudinis meæ, *sede ad exhibitionem discretionis judiciariæ, et de venatione mea comede,* de omnimoda scilicet carnalitatum consumptione reficere, *ut benedicat mihi anima tua,* id est vita tua augmentum mihi spirituale attribuat. Ad ima plane pro vita poni solet, ut est : *Qui amat animam suam, perdet eam (Joan.* xii, 25). Vitam autem, vitæ dicimus qualitatem.

VERS. 20. — *Quomodo,* inquit Isaac, *invenire tam cito potuisti? voluntas,* ait; *Dei fuit, ut cito mihi occurreret quod volebam.* Miratur aliquoties ipsa ratio tam subito spiritum ex tanta obduratione sibi compunctionis infundi, sed eadem per appetitum pietatis totum refert ad gratiam Dei. (VERS. 21, 22, 23.) *Accede huc,* ait, *ut tangam te, fili mi, et probem utrum tu sis filius meus Esau, an non. Accessit ille ad patrem, et palpato eo dixit* Isaac : *Vox quidem vox Jacob est, sed manus manus sunt Esau. Et non cognovit eum, quia pilosæ manus similitudinem fratris majoris expresserant.* Tangit Isaac accedentem Jacob, ut probet, si filius ejus Esau est, cum anima jam cœlestibus gaudiis inhians, convenientem jam sibi piam affectionem certo experiri nititur, an de carnalitatis, cui olim vacavit, affectu, quod est Esau, vere pœniteat, id est si se Esau recognoscat. Tactus enim finis esse dignoscitur notionis; sicut autem ex patre filius, sic ex ratione vel humanitus seu divinitus inspirata, pius occasionem, ut ita apertius, juxta Augustinum dicam, essendi accipit, vel mundialis affectus, verbi gratia, ut ex virtute inanis gloria, vel vitium securitatis ac si ex manna vermis exoritur. Vera igitur supplantatoris confessione probata, vocem quidem Jacob asserit, sed Esau manus, quia etsi opera carnalitatis antiquæ horret ac improbat, vocem tamen pœnitentis, imo justi inter supplantandum vitia se in principio accusantis laudat. In quantum ergo carnaliter vixit, jam non cognoscitur, id est non approbatur, *quia pilosæ manus*, id est horridorum operum imaginationes affectum sibi mundialem velit nolit important. Majorem autem eum dici, pro eo quod in homine prima viget animalitas, intellige.

Vers. 24. — *Tu es*, inquit, *filius meus Esau?* Confiteris bestialem in animo meo te exercuisse affectum. Confiteor, inquit; at ille: (Vers. 25.) *Offer* [al., *affer*] *mihi de venatione tua cibos, fili mi*, id est, si ergo te affectualiter errasse fateris, teque pœnitet carnalis quæstus desiderium, quod in cibos, in virtutis utique condimenta vertisti, ad me reficiendum offer. *Quos oblatos cum comedisset, obtulit ei etiam vinum*. Oblatos comedit, cum quidquid carnalitatis sibi inerat, in usum virtutis vertit. Dat etiam vinum, cum hæc omnia componit, et ordinat per spiritualis gratiæ donum; hoc enim lætificat non modo homines, ut legitur (*Psal.* CIII, 15), sed et ipsum Deum. (Vers. 26.) *Quo hausto accedit, et osculatur eum*, quia mente per spiritum fecundata, Jacob accessu cogitationis, dum vere horrentium operum pœnitet, ad Isaac osculum, ad superni scilicet gaudii gustum attingit. (Vers. 27.) *Statimque ut sensit vestimentorum ejus fragrantiam, benedicens ait: Ecce odor filii mei sicut odor agri pleni, cui benedixit Dominus.* Vestimentorum fragrantia sentitur, cum fidelis anima in appetitu suo piorum actuum apparatus, et ipsius sancti propositi dulcedinem præscientiæ nare experitur, et *benedicens*, ea scilicet omni sagacitate multiplicans, *sicut odorem agri pleni* odorem *filii* perhibet, quia sicut exculta disciplinariter conscientia, virtutumque frugibus feraciter adimpleta cœleste quiddam redolet, ita ipse appetitus eodem sapore mox imbutus nil aliud fragrat, quam quod mens ipsa renidet. Deus vero ei benedicit, cui profectum inducit.

Vers. 28. — *Det tibi Deus de rore cœli*, ubertate videlicet spirituali, *et de pinguedine terræ*, affectus utique quæ inferior tui pars est, ad excipiendum cœli rorem fortitudine, *abundantiam frumenti*, scientiæ, *vini* sapientiæ, id est cognitionis divinæ, quæ mala nos oblivisci facit hujus vitæ, et *olei*, charitatis fraternæ, quæ ne inflemur ponit modum scientiæ, illi scilicet consecutæ disciplinis forensibus prudentiæ. (Vers. 29.) *Serviant populi* vitiorum tuæ victoriæ, *Et adorent*, id est pie, exterius sollicitent ad divinitatis amorem spirituales illæ, quæ a trinitate sua dicuntur tribus, fides profecto, spes et charitas. Adorare autem, *juxta orare* dicimus; *ad* enim in compositis *propinquitatem* sonare solet. Nil vero magis, *juxta*, quam quod menti inest; *juxta* ergo orant, cum mentem submonent. *Esto dominus fratrum tuorum*, eorum videlicet, qui ex eadem mente generantur motuum: *Et incurventur ante te filii matris tuæ*, fortia utique opera tua, quæ ex charitate, quæ te Deo peperit, sunt edita, humilientur in consideratione tua. *Qui maledixerit tibi, sit maledictus*, quæcunque in defectum tuum militant, in te deficient, scilicet vitia: *Et qui benedixerit tibi, benedictionibus repleatur*. Quæ profecto profectui tuo adsunt, semper augescant, haud dubium, quin virtutum studia. His ita Spiritu sancto prosperante tractatis, septimo super Genesim operi nostro finis accedat.

EXPLICIT LIBER SEPTIMUS

INCIPIT LIBER OCTAVUS
MORALIUM IN GENESIM.

Ex Danielis libro comperimus pertransituros plurimos, et multiplicem fore scientiam (*Dan.* XII, 4). Quam multiplicitatem scientiæ nullomodo nobis ascribentes, sed de fragmentis Dominicis qualiscunque cophini nostri modicitatem implentes, non gravibus ingeniis, sed æquævis et comparibus apponentes, per medios indignantium cuneos cœpta prosequimur.

SEQUITUR CAPUT XXVII.

Vers. 30, 31. — *Vix Isaac sermonem impleverat, et, egresso Jacob foras, venit Esau. Coctosque de venatione cibos intulit patri, dicens: Surge, pater mi, et comede*, etc. Vix Isaac sermonem impleverat, vix utique ea quæ cum pio superius agebantur affectu, effectui mandare cœperat, *et egresso Jacob foras*, supplantata videlicet, ac eversa sæculari libidine ad apertam sanctorum operum exhibitionem, de intimo proposito procedente pio affectu, *venit Esau*, carnalis scilicet voluntas, quæ dum fidelis anima bonam sibi collocat voluntatem exterius ad carnalia appetenda latenter, dum illi spiritualia tractant, venabatur, victa pii desiderii devotione in eamdem sententiam convenit, et quæ carnaliter quæsiverat, spiritus fervore excoquit, et in spiritualem redacta teneritudinem animo justitiam esurienti objicit. Quæ sequuntur superius acta sunt. (Vers. 32.) *Quis*, inquit, *es tu?* Duas esse in homine voluntates, corporalem unam, spiritualem alteram novimus, quarum prima sic in corde, spiritualibus intentu, abdita latet ut nisi occasio, quæ prodat, suboriatur, penitus exstincta putetur. Cum ergo vacanti cœlestibus terrena voluntas se subito repræsentat, profecto ac si de incognito quis sit interrogat. *Ego sum*, inquit, ille tuus carnalis affectus, cui primogenito, id est naturali, ac originaliter tibi ingenito potissimum, inhærere debueras. (VERS. 33.) Expavescit animus *stupore vehementi*, qui paulo ante supercœlestis sibi videbatur, nunc aliqua vili motus materia plusquam terrena meditatur, et qui cibos pridem coxerat, jam in carnis duritiam recrudescere non veretur. Quis sit itaque, quis fuerit, utrobique miratur. Ascenderat usque ad cœlos, sed nunc descendit usque ad abyssos. *Quis igitur ille est, qui dudum captam venationem attulit mihi ?* Ac si diceret : Si tu carnalem, ut vere es, tam aperte teipsum mihi ingeris, quis aut unde fuit, qui nuper mihi incidit, ille spiritualis affectus, qui carnali, ut putabam, ad purum cupiditate excocta, omni pene me desiderio cœlesti refecit? Huncque pro sui dignitate, et utilitate, et penes me multiplicandum duxi, et perpetuis, si potero, insuper ampliabo crementis, quod est : *Benedixique ei, et erit benedictus.*

VERS. 34. — *Auditis Esau sermonibus patris, irrugiit clamore magno, et consternatus ait :* Cum audit, id est intelligit animalis voluntas, et monita constantiamque rationis, bestiali motu intra conscientiam desævit ; rugire enim ferarum est, et tamen fortiter animi se habente sententia, furor ille intra seipsum ac si flamma consumitur, et quiescit. Hinc est quod dæmonium, a Domino eminandum, pene puerum interimit exeundo (*Luc.* IX, 42). Versa itaque jam animalitas in religionem, et spiritui addicta, benedici etiam se, quod est, divinis excrescere muniis optat, et postulat. (VERS. 35, 36.) *Venit*, inquit, *Isaac, germanus tuus fraudulenter, et accepit benedictionem tuam. Subjunxitque Esau : Juste vocatum est nomen ejus Jacob ; supplantavit enim me in altera vice. Germanus fraudulenter venit*, cum tempore conversionis pia voluntas affectionis fluxum multa ratiocinationum tergiversatione circumvenit. *Benedictionem* ejus accipit, cum desiderium terreni profectus in cœlestis commodi lucra convertit. Benedictionem pro multiplicatione poni sæpe diximus. *Juste*, ait, supplantator dicitur, qui me et in principio conversionis evertit, et post tentationum insurgente procella, victoria totius perversitatis dejecit. Duo enim sunt gradus : Primus, conversionis, quod est exitus ex Ægypto ; secundus, evincendæ tentationis, quod sunt bella, antequam possideatur terra promissionis. De tertio non hic agitur. *Primogenita mea ante tulit, et nunc secundo subripuit benedictionem meam.* Quod est dicere : Me, cui principaliter competebat, imo naturaliter motibus gaudere corporis, a se primum removit ; demum cum in hoc sæculo proficere aliquantisper vellem, quod satis licitum esset, spem mihi totius profectus mundialis ademit. Sed quia spirituali appetitui secundum spiritus virtutem propugnanti contraire non valeo, dic, ait, an mihi ad cor tandem redeunti spem provectus spiritualis impendas.

VERS. 37. — *Dominum*, ait Isaac, *tuum illum constitui*, ut scilicet dominio piæ voluntatis obedias, et omnes animi motus, qui ab unitate ejus dissentiunt, qui fratres dicuntur, quia ab eadem mente quoquomodo generantur, ei subjici debere decrevi. *Frumento* verbi Dei , *et* gratiæ septiformis *vino stabilivi eum ; Et tibi ultra, fili mi, quid faciam ?* Quod totum est : Si justo appetitui divinis honorato muneribus obtemperare refugis, quam tibi specialiter afferre potero medicinam? (VERS. 38) *An unam tantum benedictionem habes ? Mihi obsecro ut benedicas.* An ita, inquit, soli bonæ voluntati curandæ pronus es ut de his quæ prave et humanitus affectas, curam ferre recuses. Dic aliquid unde proficiam. (VERS. 39, 40.) *Cumque ejulatu magno fleret, motus Isaac dixit : In pinguedine terræ, et in rore cœli desuper erit benedictio tua. Vives gladio, et fratri tuo servies ; tempusque veniet, cum excuties et solvas jugum ejus de cervicibus tuis.* Non jam feraliter rugit Esau, sed humane ejulat, et ex piæ voluntatis instinctu suæ vanitati ingemens, ipsi etiam spiritui motum pietatis, et devotionis incutit. *In pinguedine*, ait, *terræ* benedici poteris, id est si terram te, peccatorem scilicet confiteris, sopitis nequam affectibus *rore cœli* pinguesce, id est gratia et infusione intellectualitatis, quæ tibi ac si cœlum præminere, lumen, ac pluvias documentorum præbere debet, ad boni operis frugem fecundare. *Vives gladio*, \item utique boni ac mali discretione conquires, *fratri tuo*, pio scilicet affectui, qui ex matre tecum ratione procedit, inservies, ad tempus tamen, nam postquam ad perfectum calorem dilectionis divinæ perveneris, non jam bonæ voluntati, aut ipsi etiam rationi subjicieris, sed in idipsum, quod bona voluntas est, aut ratio converteris, idem quod illa senties, idemque eris.

VERS. 41. — *Oderat ergo semper Esau Jacob, pro benedictione qua benedixerat ei pater. Dixitque in corde suo : Venient dies luctus patris mei, ut occidam Jacob fratrem meum.* Etsi ad horam pravus pio contemperatur affectui, si potest tamen inesse diuturna concordia ; *caro enim* **111** *concupiscit adversus spiritum* (*Gal.* v, 17). In quantum ergo patri, id est rationi convenire cognoscit, Esau Jacob odit. Cor Esau, mala affectualitatis intentio est. Ut ergo fidelis intellectus Isaac, scilicet materiam luctus inveniat, per amorem temporalium sese posse interimere pravus affectus bonam voluntatem putat. Dicit autem venturos dies, falsæ scilicet prosperitatis claritates, quibus obruat Isaac gaudii, videlicet cœlestis in anima jucunditates. (VERS. 42.) *Nuntiata sunt hæc Rebeccæ. Quæ mittens, et vocans filium suum Jacob, dixit ad eum : Ecce Esau frater tuus minatur ut occidat te. Nunc ergo, fili mi, audi vocem meam, et consurgens fuge ad Laban fratrem meum in Haran, habitabisque cum eo dies paucos, donec quiescat furor fratris tui*, etc. Nuntiantur *hæc Re-*

beccæ, cum inter talium turbas jurgiorum desudanti fastidium incutitur patientiæ. Quæ tamen præteritæ sufferentiæ damna verens, præmium cœleste pro legato mittit, et per hoc pium appetitum ad se contrahit, et contra imminentis ferocitatem carnalitatis munit. Obtempera, inquit, tolerantiæ cœlestia promittenti, et ab infimis consurgens desideriis, sæcularia *fuge*, tendens videlicet ad candorem, imo ad candidatum Ecclesiæ cœlestis exercitum, qui sub patre Deo frater noster est, quem, dum advivis, sancte et electe agendo, quasi in Aran degendo imitari te decet, habitabisque cum eo, tuis ineptis utique dominaberis motibus ad exemplum ejus, quia hoc expetit paucitas dierum sæculi hujus, ut pravi furor comprimatur affectus, et gratia rationis debriatus, prioris lasciviæ qua fraudatus est obliviscatur. Laban autem *candidus* dicitur ; Haran, *electus*, vel etiam *irascens*, forsitan innuens quod fieri non possis electus, nisi corporalibus illecebris semper inveniaris iratus. *Irascimini, et nolite peccare* (*Psal.* IV, 5).

Vers. 45. — *Postea mittam, et adducam te inde huc.* Inde post sopitum Esau furorem Jacob adducitur, cum de victoria passionum, ac si de Haran, et gloriæ cœlestis contuitu, quod est de Laban, ad nostri considerationem, quales aliquando fuerimus, redimus. Mittit vero Rebecca, ut Jacob reducat, cum rationis nuntio præeunte, patientia bonæ voluntati ne quid magnum de se æstimet, ad se redeundum insinuat. *Cur utroque orbabor filio in una die?* Cur, inquit, momentaneis, et quasi unius diei gaudiis, et fluxum appetitum brevibus illecebris expendam, et quod mihi superest bonæ voluntatis interimam? (Vers. 46.) *Tædet me vitæ meæ propter filias Heth*, dicit ad Isaac Rebecca. Dum patientia, gaudiis cœlestibus innixa, cum his ac si cum suo Isaac de vitiorum difficultate tædioque conqueritur. *Filias fluida desideria*, *Heth*, stuporem, reprobum scilicet sensum satis diximus. *Si acceperit Jacob uxorem de stirpe hujus terræ, nolo vivere.* Si pia voluntas desideriis terrenis inhæserit, patentibus monstro indiciis me mortem æternam eligere. Tædet autem et illam vitæ suæ, dum cultus pietatis quæ vere vita est, molestia malorum irruentium ingruente patientiam incipit ex humana imbecillitate tædere.

CAPUT XXVIII.

Vers. 1, 2. — *Vocavit itaque Isaac Jacob, et benedixit ei. Præcepitque ei dicens : Noli accipere conjugem de genere Chanaan; sed vade, et proficiscere in Mesopotamiam Syriæ ad domum Bathuel fratrem matris tuæ, et accipe tibi inde uxorem de filiabus Laban avunculi tui.* Isaac Jacob advocat, cum cœleste suspirans gaudium bonam ad se voluntatem fidelis anima concitat. Benedicit ei, cum virtutem ejus nititur adaugere virtuti. Dictorum ejus is sensus est. Noli adhærere illecebris voluptatum de genere Chanaan, id est negotiatorum, in quo procul dubio conformeris eis qui fidem ac bona opera pro carnalitate exsequenda expendunt, sed ad hoc proficere stude, ut illis assimileris animabus, quæ nitore puritatis non fluxu libidinis filiæ sunt candoris æterni, ad cujus germanitatem per tolerantias suspiro. *Vade ergo in Mesopotamiam Syriæ*, elevatam scilicet ab imis, cupiditatibus vocationem, quod est abrenuntiatio sæculi, aggredere, unde sublimis per contemplationem valeas eminere. Mesopotamia enim *elevata vocatio*, Syria *sublimis* dicitur. Dicitur etiam Græce Mesopotamia, quod sit *media inter flumina*, quod valde congruit animæ laboranti inter tentationum discrimina, hæc tamen nos evehunt ad Syriam, id est ad sublimia. In his sublimibus domus est Bathuel, scilicet virginis Dei, Ecclesiæ sane supercœlestis rugam, et maculam prorsus jam non habentis (*Ephes.* V, 27), qua nil sincerius jam est. Is Bathuel frater est matris nostræ, quia populus ille cœlestis germana affinitate conjungitur Ecclesiæ matri nostræ, quæ est in terris.

Vers. 3, 4. — *Multiplicet te*, inquit Dominus, *ut sis in turbas populorum, et det tibi benedictiones Abrahæ, et semini tuo post te, ut possideas terram peregrinationis tuæ, quam pollicitus est avo tuo.* Quod est dicere : Tanta te Deus animi virtute consolidet, ut sis, id est subsistas valide inter turbulentias vitiorum, et *Abrahæ*, intellectui scilicet scientiæ munus amplificet, *et semini*, id est merito tuo post obitum veræ benedictionis dona repenset, *ut possideas terram* corporis, in quo peregrinatus es resurgendo feliciter, quod pollicitus est per prophetas Christo, universalis matris Ecclesiæ patri et auctori, et inde, *tuo* filiorum videlicet ipsius Ecclesiæ, *avo*. (Vers. 5.) *Cumque dimisisset eum Isaac, profectus venit in Mesopotamiam*, etc., quæ superius tractata sufficere queunt. Dimittere tamen Isaac nil aliud est quam ex cœlestis gaudii intentione bonæ voluntatis effectum dirigere. (Vers. 6.) *Videns autem Esau, quod benedixisset pater suus Jacob, et misisset in Mesopotamiam Syriæ, ut inde uxorem duceret, et quod post benedictionem præcepisset ei, dicens : Non accipies de filiabus Chanaan.* Hoc totum secundum quod superius disseruimus patet, a modo videamus. (Vers. 8.) *Probans Esau quod non libenter aspiceret filias Chanaan* pater suus, postquam utique carnalis affectus ex bonæ voluntatis augmento, et exsecutione virtutis concussus, adversus spiritum cœlestibus inhiantem gravius excandescit, ea mundi desideria, quæ ratio fortius horret crebrius objicit, (Vers. 9.) unde et *ad Ismaelem it*, ad sæculi profecto concupiscentias tendit, quibus non Deo, sed sibi quisque obedit. Ismael enim dicitur *obediens sibi.* Et exceptis his uxoribus, mundi utique curis ac necessitudinibus, quibus illi astringebatur, *filiam Ismael*, lasciviam voluptatis corporeæ amplectitur. Sed notandum quod Ismael filius Abraham dicitur, quia ex magna rationis virtute ingens cupiditas, aut cenodoxiæ, nec non et carnalis aliquoties concupiscentiæ, et etiam acrior exoritur motus, quasi quidam nequam ac degener filius; ipsa autem filia, voluntas videlicet fluxa,

Meleth [*al.*, Maheleth], quod interpretatur *chorus*, appellatur. Chorus vero licet in bono pro concordia poni soleat, hic tamen quia colludentium feminarum esse dignoscitur, pro illo interno præcordialis lasciviæ concentu, qui nobis Sirenes usque in exitium dulces inducit, nosque lenocinando circumvallat, positur. Hæc est soror Nabajoth, qui dicitur *prophetans*, quia carnalis concupiscentia quadam sibi germanitus adhærente gaudet prophetia, quæ senectutis tempore cum deferbuerit juventutis cura, spondet sibi pœnitentiæ et cælibatus studia.

VERS. 10, 11, 12, 13. — *Igitur egressus Jacob de Bersabee pergebat Haran. Cumque venisset ad quemdam locum, et vellet in eo requiescere post solis occubitum, tulit de lapidibus, qui jacebant, et supponens capiti suo, dormivit in eodem loco. Viditque scalam in somnis stantem super terram, et cacumen ejus tangens cœlum, angelos quoque Dei ascendentes et descendentes per eam. Et Dominum innixum scalæ.* De *Bersabee*, id est puteo septimo, vel puteo saturitatis, de voragine procul dubio libidinum sæculi, quod septem diebus volvitur, quodque jam saturari, id est fastidio esse incipit cœlestis gaudii obtentu, Jacob, bona scilicet voluntas egreditur, et tendit Haran, quod interpretatur *res cum arca*, ut videlicet et arcam conscientiæ possideat, et quia arca ab *arcendo* dicitur, ab ea quidquid noxium est, arceat, in qua etiam res habeatur, id est veritas, quatenus solitum ac substantivum omne illud constet esse, quod intrinsecus continetur, et non per inania evagetur. Quidam locus ad quem venit, ipse est, in quo generalitas totius creaturæ, et præcipue totius benignitatis consistit ac subsistit, ad quem desiderio ac meritis cum quis accedit, non nisi *post solis occubitum*, sopito utique fervore corporalium æstuum in eo conquiescit, tunc tamen si primum *de lapidibus*, qui jacent, de sanctis scilicet qui in morem lapidum firmi sunt, et humiliter se habent, volvuntur enim, juxta Zachariam super terram (*Zach*. IX, 16), ad exemplum sibi tollat, et *capiti*, id est menti pro fulcimento supponat, ut ita *in loco*, qui semper idem est, haud dubium quin Deo, a sæculari strepitu consopiri queat. *In somnis* itaque, dum videlicet ab amore præsentium animi intuitum claudit, *scalam humilitatis* quæ non vacillat, sed *super terram*, Christum plane humilem, qui nos fructu suo alit, solide stat, conspicit, quia omnis terrenis intentus quid sit humilitas nescit. Terram autem vocari Christum, testatur Apocalypsis; *adjuvit*, inquit, *terra mulierem* (*Apoc*. XII, 16). In hac scala sunt plurimi gradus, non alii quam de visibilium contemptibilitate provectus. Cujus perfectæ humilitatis *cacumen cœlum* divinæ contemplationis attingit, quia Deus quod parvulis revelat, sapientibus abscondit (*Matth*. XI, 25). Nos vero si angelice vivimus, per hanc ad nostri cognitionem descendimus, per hanc ad Dei visionem ascendimus, et Dominus scalæ isti innititur, quia principaliter virtus hæc specialiterque ipsius auctoritate ac præcepto roboratur. *Discite*, inquit; *a me, non vigilias ac jejunia, sed quia mitis sum et humilis corde* (*Matth*. XI, 29). De gradibus autem ejus et moderni ac veteres subtilia multa loquuntur.

Ego sum, ait, *Deus Abraham patris tui*, utique rationis a qua paterne regeris, *et Deus Isaac*, qui tibi inspiro gaudium gloriæ cœlestis. *Terram in qua dormis tibi dabo, et semini tuo*, Christum in cujus conformitate a sæculi labore conquiescis, *tibi et semini*, id est imitatoribus tuis fovendum præbebo, *eritque germen operis quasi pulvis*, ab humore totius lasciviæ carnalis sudum, non quem projiciat ventus, sed talis pulvis qui inhæreat terræ, id est stabilitati æternæ. *Dilataberis* ad dignoscendum **113** proprii defectus *occidentem*, ad prægustandum internæ lucis *orientem*, ad præcavendum desidiæ ac torporis *septentrionem*, et ad sancti Spiritus hauriendum *meridiem*.

VERS. 14. — *Et benedicentur in te, et in semine tuo cunctæ tribus terræ*, in tua fide, et fidei operibus, vel interna gratia, quæ operum bonorum semen est, multiplicabuntur universæ trinitates conscientiæ, ingenium scilicet, voluntas ac memoria; vel initium, promotio, et finis tuus; fides etiam, spes, et charitas; vel cogitatio, locutio, ac operatio. (VERS. 15.) *Et ero custos tuus, quocunque perrexeris*, quocunque plane animum intenderis, *custos ero tuæ actionis*; *Et reducam te in terram hanc*, si quando sane humanitas evageris, in hunc mentis statum, quo nunc es ad modum terræ solidum per me reduceris: *Nec dimittam nisi complevero universa quæ dixi*; tibi cooperari non desistam, donec præmii largitione futuri dicta compleam.

(VERS. 16, 17.) — *Cumque evigilasset Jacob de somno, ait: Vere Dominus est in loco isto, et ego nesciebam. Pavensque: Quam terribilis, inquit, est locus iste! non est hic aliud nisi domus Dei et porta cœli*. Jacob de somno evigilat, cum animus a sua quiete paulisper exemptus, a divina dulcedine vacat, et tunc vere Dominum in loco esse clamat, cum in illa aliquantula stabilitate mentis quiddam inesse divinum, imo nonnisi divino illapsu fieri posse probat, sed hæc dum habemus, quam sint summa ac divina nescimus, sed ubi pristino torpori addicimur, profecto a Deo ea agi, et non a nobis experimur. Pavet autem et de loci terribilitate miratur, cum et de innovatione cogitatuum intra se, et de diaboli terrificatione cogitat, qua concutitur pro nostræ mentis localitate, id est stabili veritate. *Terribilis* enim inde scribitur, aeriis spiritibus, *ut castrorum acies ordinata* (*Cant*. VI, 3, 9). Quæ etiam mens non aliud esse dicitur quam *domus Dei et porta cœli*, quæ et Deo inhabitante regitur, et ad spiritualia cœlestiaque contuenda Deo reserante aperitur.

(VERS. 18, 19.) *Surgens ergo mane tulit lapidem quem supposuerat capiti suo, et erexit in titulum, fundens oleum desuper. Appellavitque nomen urbis Bethel, quæ prius Luza vocabatur. Mane surgit*, cum ad divinum lumen se erigit. *Lapidem quem rapiti suppo-*

suerat tollit, cum Christum singularem suorum firmitatem, quem pro fundamento cordi supposuerat, manu, hoc est operis imitatione apprehendit, huncque *in titulum* erigit, dum ad eum quasi ad propositum totius sanctitatis exemplar attendit. *Oleum desuper fundit*, cum excellentiorem, juxta Apostolum, viam charitatis ac misericordiæ sectando ipsum Christum piis operibus ungit (*I Cor.* xii, 31). *Nomen urbis Bethel* appellat, cum animam solertis muro custodiæ munitam, divinæ gloria habitationis insignitam, evidentibus indiciis probat. Bethel dicitur *domus Dei*: Luza vero, Boia, quam compedem dicimus, appellatur. Prius igitur quæ *domus Dei* nunc est, Boia vocabatur, quia et in seipsa vitiorum miseria coangustabatur, et alios eadem illecebra compedire nitebatur.

Vovet ergo dicens : (Vers. 20, 21.) *Si fuerit Deus mecum, et custodierit in via qua ambulo*, hoc est in actione proposita, qua promoveri ad meliora cupio; *et dederit mihi panem* qui de cœlo descendit, *ad vescendum, et vestem* charitatis ac innocentiæ *ad induendum, reversusque fuero ad domum patris mei, supercœlestem, erit mihi Dominus in Deum*. Is utique, cui sub aliquantulo timore cœpi servire, erit mihi in Deum scilicet paterne diligendum, utpote meæ universitatis auctorem. (Vers. 22.) *Et lapis iste*, Christus quem mihi proposui in signum, quem, dum capiti supposui, ipsum indui, *domus Dei vocabitur*, quia cum sit ipse inhabitans, ipse etiam inhabitatio est, quia ejus conformitas quam fecit in nobis inhabitabitur. *Cunctorumque quæ dederis mihi, decimas offeram tibi*, scilicet eorum quæ fecero te favente bonorum perfectiones tibi attribuam. In perfectum [*f.*, imperfectum] novenarii mihi, decimum integritatis ascribam tibi.

CAPUT XXIX.

Vers. 1, 2. — *Profectus ergo Jacob venit ad terram orientalem, et vidit puteum in agro tresque greges ovium accubantes juxta eum. Nam ex illo adaquabantur pecora, et os ejus grandi lapide claudebatur*. Proficiscitur, cum magnanimitate protenditur. *Ad terram orientalem Jacob venit*, cum ad soliditatem supernæ illustrationis anima fidelis attingit. Terram hic et sæpe alias pro firmitate ponimus, quia solidum elementum est. *Terra enim, juxta* Ecclesiastem, *in æternum stat* (*Eccle.* i, 4). *Videt puteum in agro*, cum fontem prudentiæ ac discretionis in spirituali attendit exercitio. *Tres greges ovium juxta eum accubant*, quia tres illi Ecclesiæ ordines, qui in pagina veteri sub trium personis, Noe, Daniel et Job, et in nona sub agricolantium, molentium, et in lecto quiescentium typo signantur, a sæculi labore pausantes interdum, haustu salutifero ac contiguitate recreantur. *Ex hoc adaquantur pecora*; aqua enim sapientiæ salutaris nostra mitescit hebetudo et peculis inscitia. *Sed os ejus grandi lapide clauditur*, quia sapientiæ ac scientiæ a Deo nobis datæ, et aditus et exitus ne quid indecens incedat aut excedat, 114 necesse est maxima humilitatis gravitate cogitando ac loquendo servetur. Tales a Josue lapides ad os speluncæ, in qua delituerant quinque reges, admoventur, ut fenestra sensuum corporis magna ut cuique competit ponderositate prematur.

Vers. 3. — *Morisque erat, ut, cunctis ovibus congregatis, revolverent lapidem, et, refectis gregibus, rursum super os putei ponerent*. Oves consuetæ congregantur, cum omnes animi simplices motus ad hauriendum rationis consilium congeruntur. Lapis ergo revolvitur, cum magnæ auctoritatis manu ad referenda internis querimoniis responsa judicii censura aperitur. Sunt enim apud quos nulla lapis, proferendæ scilicet sententiæ pondus, difficultate discutitur, sed omni palea volubilius præcipitatur. Rursum adaquatis gregibus, *super os putei* ponitur, cum mente aut sua aut alterius refecta per consilium, nulla de sui perspicuitate ingenii vanitate movetur, sed eadem gravitatis majestate deprimitur.

Vers. 4. — *Dixitque ad pastores : Fratres , unde estis? Dixerunt : De Haran*. Post visionem itaque putei, Jacob pastores *unde sint* interrogat, cum post intelligentiam discretionis animus, vitii supplantator, spirituales qui se regunt motus, vel virtutes *unde sint*, id est ex qua emergant intentione disquirit, sed illi non de appetitu laudis aut desiderio quæstus quidquam insibilant, sed *de Haran*, id est ex devotione assequendæ electionis se procedere tota affectus claritate respondent. Haran enim *electum* sonat.

Vers. 5, 6, 7. — *Nostis, ait, Laban filium Nachor? Aiunt : Novimus. Sanusne est, inquit? Valet, inquiunt. Et ecce Rachel filia ejus venit cum grege suo. Dixitque Jacob : Adhuc multum diei superest. Nostis, ait*, experiendo cœlestis vitæ candorem, qui ex Deo gignitur, quem constat esse luminis requiem? Id quoque se didicisse pia affectione respondent. Sanitas Laban, cœlestis desiderii innuit integritatem. Valere itaque pastores perhibent, cum nulla nisi superna ab animo ambiri ipsarum virtutum testimonia clamant; sed in hoc ipso mentis statu ac vigore *Rachel cum grege suo advenit*, quia contemplationis divinæ gloriosa illa et virginea puritas cum largo gratiarum cæterarum munere opportune influit. Hæc Laban filia dicitur, quia ex supernæ claritatis amore progreditur. Rachel autem *visum principium* interpretatur, illud scilicet quod loquitur, ego principium, unde et loquor vobis (*Joan.* viii, 25). *Adhuc*, inquit, *multum diei superest*. Quod est dicere : Etsi aliquam divinæ scintillam speculationis attingo, ipsa divinæ excellentia lucis incomparabiliter præeminet, quæ nullo meo acumine penetrari valet. Vel aliter : Cum mens supra se aliquid sapere incipit divinum, attigisse se æstimat totius jam virtutis summum, sed intelligenter sibi infert, sibi *multum diei*, id est laboris in vinea agenti restare, *nec tempus esse ut ad caulas reducantur greges*, id est ut æterna jam requie donentur imperfectæ adhuc virtutes. *Date ante votum ovibus*, virtutibus scilicet

In magno tentationum æstu constitutis spiritualis infusionem gratiæ providete, et interno rore vigentes ad pastum sacræ paginæ, eas ex potu alacres congerite. Si enim mens interius non infunditur; lectionis utilitas tota cassatur. Hæc fidelis anima cogitationibus propriis loquitur, imo suis intellectibus quasi pastoribus. (Vers. 8.) *Non possumus*, inquiunt, *donec omnia pecora congregentur*, id est spiritualem eis impendere temperiem non possumus, donec cogitationum turbas a sua evagatione cohibeamus, *et amoveamus lapidem*, torporis et negligentiæ durifiem, quæ os putei, id est oculum internecat, discretionis, et sic virtutum gregibus refrigerium impendamus aquæ salutaris.

Vers. 9. — *Adhuc loquebantur, et ecce Rachel veniebat cum ovibus patris sui*. Plerumque sane dum adhuc cum interioris hominis sensibus de instituenda vita agitur, repente virtus contemplationis cum tota animi simplicitate illabitur, quæ tamen omnia a Patre luminum sibi dantur. Nam gregem totius piæ cogitationis ac operationis spirituali succo ipsa alebat. (Vers. 10, 11.) *Quam cum vidisset Jacob, et sciret consobrinam suam ovesque Laban avunculi, submovit lapidem quo puteus claudebatur, et, adaquato grege, osculatus est eam*. Jacob eam videt, et consobrinam cognoscit, dum gloriam contemplationis intelligens, jus sibi penes eam naturalis propinquitatis attendit; ad Deum enim videndum fruendumque ab ipso se factum Deo perspicit. Videt Laban avunculi oves, dum eorum qui candorem præferunt, et qui vitæ ac morum affinitate supercœlestis Ecclesiæ matris suæ fratres sunt, fidelis anima pie æmulatur virtutes; quæ propter simplicitatem et utilitatem sunt oves. Amovet *lapidem* Jacob, *quo puteus claudebatur*, cum discutit sagax spiritus pondus inertiæ, quo veritatis cognitio obturatur. Adaquato itaque supernæ unda dulcedinis cogitationum aut virtutum *grege*, eam *osculatur*, dum Verbi æterni et Spiritus sapientiæ suavitati unicorditer astringitur. In osculo namque hoc, et os divini eloquii intimo sapore discernimus, et anhelitu gratiæ septiformis imbuimur, et per hoc sapientiæ salivis inungimur.

Vers. 12. — *Elevataque voce flevit, et indicavit ei quod frater esset patris ejus et filius Rebeccæ*. Vocem elevat, cum desiderium pietatis amplificat : flet vero, dum animum ac si caput purgat ab omni humore vitii noxio; et per hæc indicat se fratrem ejus, dum piis actibus innuit se Deo inhærere germanitus; et quia est *Rebeccæ*, id est patientiæ, *filius*, scilicet ex ipsa so si ex matre præcipua processit tantus affectus. *At illa festinans nuntiavit patri suo*. Contemplatio Jacob præsentiam patri festina nuntiat, cum animæ obedire parantis instantiam per evidentis gratiæ effectum Deo, a quo est *omne donum perfectum (Jac.* I, 17), manifestam acceptamque sine spiritualis ulla dilatione augmenti insinuat. (Vers. 13.) *Qui cum audisset Jacob filium sororis venisse, cucurrit obviam ei. Audire* in sacra pagina pro *intelligere* ponitur, ut est : *Audi, filia, et vide (Psal.* XLIV, 11). Audit ergo, id est intelligit Laban, quod non est aliud quam intelligere facit animum nostrum, scilicet verum Jacob, qui supplantandis vitiis instat; ad se sui ipsius præsentiam sola Dei operatione factam, et currit ei obviam ipse Laban, quia cœlestis gloriæ desiderium sponte menti infert quasi quemdam occursum, gratiæ supernæ copiam. *Complexusque eum, et in oscula ruens duxit in domum suam*. Laban Jacob complectitur, cum devotio cœlestis animo unice innectitur. *In oscula* ruit, cum, sæculi abdicatis amoribus, divinæ quærendæ pulchritudini indivisibili fœdere se astringit. Et vere ruit, dum se ei funditus infundit. *In domum suam* ducit, dum ad hoc usque quatenus cordis conversatio in cœlum transferatur provehit.

Vers. 14. — *Auditis autem causis itineris, respondit : Os meum es, et caro mea*. Audit causas itineris, cum nos facit cœlestis splendor intelligere intentiones totius nostræ actionis, spiritualis videlicet nostræ qua ad Deum tendimus perfectionis, unde respondet effectu, non verbo, nostræ bonæ voluntati. *Os*, inquit, *meum es*, id est eam intellectualitatis, quam habes fortitudinem ex me habes, et *caro mea es*, quia quod carnis fragilitatem ratione regis, sicut osse reguntur carnes, ex me utique potes ; caro enim tandiu constat, quandiu continetur ab ossibus. (Vers. 15.) *Et postquam completi sunt dies mensis unius, dixit ei : Num quia frater meus es, gratis servies mihi ? Dic quid mercedis accipies*. Dies mensis unius complentur, cum virtutum claritates perfectæ meliora gerendi voluntatis quasi mensis integritate perficiuntur. Quia, inquit, affinitate bonæ devotionis mihi annexus es, sine ulla tui spe augmenti mihi deservies ? *Dic ergo quid accipies*. (Vers. 16, 17.) *Habebat vero duas filias : Nomen majoris Lia ; minor Rachel appellabatur. Sed Lia lippis erat oculis ; Rachel decora facie, et venusto aspectu*. Duas has filias secundum quod nostri dixere majores, accipimus actualem, quæ valde inter sæculi molestias lippit, vitam ; per Rachel contemplativam quæ tota facie, et mundi cordis beatitudine Deo videndo perspicacem oculum intendit. Possumus et per Liam scientiam, quæ earum duntaxat rerum est, quæ inter nos actitantur, accipere, verbi gratia, ut est de moribus humanis, et passionum quarumque naturis. Per Rachel sapientiam, quæ præcipua Dei fulget cognitione, et veritatis, falsitatisque acutissima discretione. Scientiam autem, quia in imis exercetur, plurima constat involvi caligine. Lia, *laboriosa ;* Rachel, *ovis*, vel *videns principium* dicitur, quæ singula his, quæ præmisimus, singulis bene conveniunt. Nam in ove simplicitas speculationi et sapientiæ uni Deo intentæ concinit ; laboriositas et activæ, et morali, cuilibetve scientiæ congruit. Rachel etiam dilectionem Dei ; Lia significare valet dilectionem proximi, has utraslibet dualitates, ac si duas filias Laban, id est candoris æterni amor gignit. Major dicitur

Lia, quam necesse est primum exerceri, ut ad se- A quentis speciem veniatur.

VERS. 18, 19. — *Rachel ergo diligens Jacob, serviam*, inquit, *tibi pro Rachel septem annis. Melius est, ait Laban, ut tibi eam dem, quam viro alteri.* Rachel ergo Jacob diligit, cum speculationem, in qua pacatius vivitur, animus magis appetit; *septem* pro *ea annis servit*, dum universitatem corporis, quod quatuor elementis constat, et animæ quæ tribus, intellectu scilicet, memoria et voluntate præeminet, pro interna emerenda visione impendit. Septem ergo annis servit, qui corporis, et animæ, ut diximus, septenarium, annis et virtutum tanquam dierum plenitudinibus addicit. *Melius est*, inquit desiderii cœlestis effectus, *ut tibi divinæ venustatem contemplationis indulgeam*, qui unitati tenendæ incubas, *quam viro alteri*, id est quam alicui qui nunc ad sæculum, nunc ad Deum alternare consuevit. *Mane ergo apud me*, id est persevera in studio cœlestis vitæ. (VERS. 20.) *Servivit igitur Jacob pro Rachel septem annis, et videbantur ei pauci dies præ amoris magnitudine*, id est tota justitiæ humanæ claritas parva videtur et tenuis ei, qui diligenter cogitat, et intelligenter amat speciem supernæ beatitudinis. (VERS. 21.) *Dicit itaque Jacob ad Laban.* Jacob ad Laban dictum, non aliud sentio quam penes æternæ gloriæ candorem interni desiderii appetitum. *Da mihi uxorem meam, quia tempus expletum est, ut ingrediar ad illam*, id est concedatur mihi divinæ speculationis cum facultate voluptas, quia jam corporis et animæ meæ impensione explevi, ut C in ejus admittar amplexus atque delicias.

VERS. 22, 25, 24. — *Qui vocatis multis amicorum turbis ad convivium fecit nuptias. Et vespere filiam suam Liam introduxit ad eum, dans ancillam filiæ, Zelfam nomine.* Amicorum turbæ non aliud sunt quam utilium cogitatuum, locutionum, et actuum catervæ, quæ vera fidelitas, amicitiaque est animæ. Hos vocat Laban *ad convivium*, facitque *nuptias*, cum æterni candoris amor ea contrahit pariter ad supernæ dulcedinis haustum, et divinæ delectationis præbet amplexum. Sed *vespere*, id est attenuato animi splendore filia Lia *ad eum* introducitur, quia in activæ vitæ laborem mens quælibet sancta relabitur, dum quies interna dissipatur. Zelfa dicitur *os ambulans*. Habet itaque Lia ancillam eam, quæ ambulans os dicitur, activa enim laudis humanæ, quæ per ora ancillariter adulantium proficit, et discurrit, obsequiis delinitur; patenter enim operatur. (VERS. 25, 26.) *Ad quam cum ex more Jacob fuisset ingressus, facto mane vidit Liam; dixitque ad socerum suum: Nonne pro Rachel servivi tibi? Quare Liam imposuisti mihi? Non est*, inquit Laban, *in loco nostro consuetudinis, ut minores ante tradamus ad nuptias. Ex more Jacob* ad sibi junctam ingreditur, cum fidelis anima ob considerandam proposili sui regulam ad cor discernendi causa revertitur. Sed *mane* divinæ illustrationis *facto*, dum de proximorum cura conscientiæ labor inductus

A reperitur, adversus eam quam optabat quietis internæ gratiam, ac si contra Laban conqueritur. *Speciei*, inquit, *intimæ quærebam venustatem*, cur tot negotiorum refluo in laborem? *Non est*, ait ratiocinatio lucis internæ, *consuetudinis* apud eos qui localiter stabiliterque juxta jura nostra vivere deliberant, *ut minores ante tradamus ad nuptias*, id est ut virtutibus quispiam copuletur, donec vitiorum bella evincere conetur, quæ minores ideo dicuntur, non quod sint dignitate juniores, sed quod post tentationum triumphos omni habeantur exercitio leviores, et sua quadam ineffabili novitate gratiores. Nil enim simplici mente dulcius. Eo igitur modo contemplatio minor est, quia laboribus curisve non interest, et de activo certamine ad contemplationis B requiem proficiendum est.

VERS. 27. — *Imple hebdomadam dierum hujus copulæ, et hanc quoque dabo tibi pro opere quo serviturus es mihi, septem annis aliis.* Hebdomada dierum copulæ impletur, cum plenaria bonorum operum exsecutione amori quis Conditoris astringitur, et tunc alia pro opere septem aliorum annorum, quo serviturus est, datur, cum speculatio quasi quoddam præmium intimæ nostræ, qua a vitiis quiescimus, pacis additur. Septem anni priores in interiori exteriorique certamine sunt; postremi septem utrobique corpori scilicet et animæ ex peccati victoria quieti et placidi sunt. Hinc etenim et inde per septenarium sabbatizatur, primo exterius in opere, postmodum interius in cogitatione. Verba C Laban nil aliud intelligas quam rationis illuminatæ sententiam. (VERS. 28, 29.) Acquiescit ergo Jacob; sed Racheli Bala ancilla subjungitur. Bala vero *inveterata* interpretatur. Vetustas autem ista non mihi alia videtur, quam corporearum rerum phantasia, quæ semper contemplationi spiritualium infensa sentitur. Contemplationis itaque novitas inveteratur, cum corruptibilium imaginibus incursatur, ancillariter tamen subjicitur. (VERS. 50.) Verum his Jacob potitus nuptiis, amorem sequentis, id est contemplativæ, priori, id est activæ prætulit.

VERS. 31. — *Videns autem Deus, quod despiceret Liam, aperuit vulvam ejus, sorore sterili permanente.* D Videt *Dominus* (id est, videre nos *facit*) quod non bene æstimemus de Lia, id est de actuali vita, dum quasi tutius putamus, nobis solis intendere, quam sub proximi cura desudare, aperitque *vulvam ejus*, id est ostendit utilitatem ac fructuositatem ejus, quia scilicet commune bonum privato debet præponi, *sorore permanente sterili*, id est dum ex fecunditate actualitatis perpenditur unica utilitas sui, nec intendatur abs quolibet proximarum profectui. (VERS. 52.) *Conceptum* actualis generat *filium*, id est propositum exhibet generaliter pii operis exercitium, et vocat *nomen ejus Ruben*, æstimat videlicet apud se summam ejus operis quod penes Deum nominabile est. Ruben, id est vide in medio, quod est, non suo simplici providere, sed communi polius bono. Ruben enim *videte in medio* dicitur. Medium autem pro communi ponitur. *Vidit*, inquit, *Deus humilitatem meam*, id est dum meam attendere me facit necessitatem, in qua sæpe experior proximi humilitatem, cogor rependere eam, quam apud alios expertus sum benignitatem. *Nunc amabit me vir meus*. Intellectus ait, cui attinet interioris hominis ducatus, repulso laborum fastidio, in ipso dilectionis amore respirabit ; et hoc faciet etiam nunc, id est in sæculo præsenti, cantando videlicet: *Ecce quam bonum, et quam jucundum habitare fratres in unum! (Psal.* CXXXII, 1).

VERS. 33. — *Rursum concepit, et peperit filium, et ait : Quia audivit Dominus haberi me contemptui, dedit mihi etiam istum ; vocavitque nomen ejus Simeon.* Concipit, cum interius proponit ; cum exterius administrat, parit. *Audit* ponitur pro *intelligit*, unde Apostolus cum diceret : *Animalis homo non percipit ea quæ sunt Spiritus Dei (I Cor.* II, 14), addidit : Neque enim audit, id est intelligit. Audit autem Dominus, cum intelligere nos facit. Quia ergo, Deo inspirante, intelligimus haberi nos contemptui, si pro sola redhibitione ejus proximo impendamus munus beneficii ; dat Deus et istum filium nobis, cui est nomen Simeon, quod interpretatur *audivit Dominus* vel *audiens tristitiam*, quia in omni quod agimus, non humanus, sed divinus pensandus est auditus, nec quid referat homo, sed cogitandum est quid placeat Deo. Et auditus, id est sensus tristitiæ, licet magna geramus, deesse non debet, quia nescimus utrum amore an odio digni simus (*Eccle.* IX, 1). *Cor* autem, juxta quod legitur, *quod novit amaritudinem animæ suæ, in gaudio ejus non miscebitur alienus (Prov.* XIV, 10). (VERS. 34.) *Concepit tertio, et genuit alium, dixitque : Nunc copulabitur mihi vir meus, eo quod genuerim ei tres filios, et idcirco appellavit nomen ejus Levi.* Levi interpretatur *additus*. Post Ruben, ubi communiter omnium utilitati providetur, et Simeon, ubi Dei plusquam hominis auditus intenditur, recte *additus* tertio loco, qui Trinitatem significat, apponitur, quia quisque sola Dei intentione operans, electorum sorti, quod est, Dei visio, indubie additur. *Tres* tunc *filios* gignit, post bonam enim actionem, piamque actuum intentionem, quasi post duos filios, tertium elaborando, proferimus bonæ actionis mercedem, et jam intellectus verus, scilicet maritus, qui divino animam impregnat semine memor ejus quod se manet præmii, ad piam se vivacius ingerit actionem.

VERS. 35. — *Quarto concepit, et peperit filium, et ait : Modo confitebor Domino, et ob hoc vocavit nomen ejus Judam, cessavitque parere.* Cum ad gloriam æternam venerimus, in quadro tunc positi, quod quarto signatur filio, id est inconcussa soliditate stabiliti, Judam, id est æternam glorificationem et corde concipimus, et effectu infinito parimus. Judas enim vel *confitens*, vel *glorificans* dicitur. *Modo*, inquit, id est in hac æternitate, quæ per præsens tempus congrue designatur, *confitebor*, id est sacrificium laudis immolabo Domino (*Psal.* XLIX, 14). Cessat tunc *parere*, cum boni operis fructum ingemiscendo uti nunc, desinit agere.

CAPUT XXX.

VERS. 1. — *Cernens autem Rachel quod infecunda esset, invidit sorori ; aitque marito : Da mihi liberos, alioquin moriar.* Rachel quod infecunda sit sorori *invidet*, dum mens contemplativorum efficaciam activorum intuens, et opera aliquoties æmulatur, et laudis profusionem miratur. Tu, inquit, o intellectus, speculatione gaudes, sed nullo præcipuo opere per hanc evidenter emines, unde nec opinionis indicio exempla sanctitatis præbes. (VERS. 2.) Num, inquit, ratio vices Dei penes te ago, qui privavit te fructu ventris tui, id est qui tibi non indulsit solertiam corporalis exercitii, quæ quantum ad auras famæ attinet in modum ventris est fragilis, ut tibi mea cura conferat quod ipse Deus negat ? Sunt enim quorum ingenia contemplationi conveniunt, sed corpora negotiis agendis non congruunt. Contemplatio igitur dum famæ desiderio pulsatur. (VERS. 3). *Habeo, inquit, famulam Balam, ingredere ad eam*, id est habeo sæcularium rerum scientiam, quæ licet sapientiæ jugo subsideat, cui tu inhias, *ingredere* tamen immiscendo te ei, et condescende *ad eam*, quæ mundi dicitur sapientia, ut pariat super genua mea, id est ut inflexa status rectitudine aliquos mihi fructus afferat temporalis lætitiæ. Per Balam, quæ *vetustatem* sonat, sæcularia accipimus, quæ vetera in Scriptura appellantur (*Col.* 3, 9) (VERS. 4, 5). Intellectu igitur in penetralia scientiæ, et intentionis sæcularis, et quasi ad ancillaria *ingresso, concepit et peperit filium*, proposuit scilicet, et exhibuit opus ineptum.

VERS 6. — *Dicit ergo Rachel : Judicavit mihi Dominus, et exaudivit vocem meam, dans mihi filium ; et idcirco appellavit nomen ejus Dan.* Dictum *Rachel*, depravatum cujuspiam contemplatoris intellige sensum. *Judicavit mihi Deus*, id est favorem præstitit operi meo Deus, dum, sicut mereor, populariter laudor. *Vocem exaudivit*, dum desiderium quod habeo aliis proficiendi, opera mea ac si filios exemplando famamque subjungendo complevit. Dan ergo, id est *judicium*, filius appellatur, quia secundum quod opera sua sæculari æstimatione laudantur, putat quod sic a Deo accepta uti ab hominibus ejus judicio approbentur, et per hominum ora Deus ipse loquatur. (VERS. 7, 8.) *Rursumque Bala concipiens peperit alterum, pro quo ait Rachel : Comparavit me Deus cum sorore mea, et invalui.* Notandum quod cuique pene partui conceptio præponitur, quia perminimum est peccatum quod nulla deliberatione, solaque præcipitatione agitur ; concipimus enim, cum disponimus. *Bala alterum parit*; et Nephthali a Rachel vocatur, cum sapientia mundi Dei sapientiam adulterine confundens, dilatari quærit in laudibus, et comparari laudatis, hæc omnia agens non vera affectione, sed nomine falso Rachel, id est contemplationis. Nephthali namque dicitur, *dilatavit me*, vel comparavit me. Solent enim solitarie viventes ad publice prædicandum accedere, et exinde gloriolas exigere. Comparata itaque actualiter diffamatis invaluisse se dicit, dum quod valet, quodque potest efficaciter palam ostendit.

VERS. 9, 10, 11. — *Sentiens Lia quod parere desisset, Zelfam ancillam suam marito tradidit. Qua post conceptum edente* **IIS** *fetum, dixit : Feliciter; vocavit quæ nomen ejus Gad.* Per utramque feminam demonstratur quod in utraque vita agitur. Actualis, id est Lia parere desinit, cum bona intentio, quæ quasi conceptus vis est, in mente deficit, qua desistente Zelfa, id est inanis gloria adhibetur; ipsa enim *os iens*, ut supra dictum est, interpretatur, et ingenuitas spiritus ancillari societate fœdatur. Concepta nequitia opus emittit pravum, transitoriæ videlicet prosperitatis eventum. Dicit ergo *feliciter*, cum honorum copia arriserit, sed non potest sinceriter, quia solam sæculi cariem quærit. Gad autem *fortuna* dicitur, et fortuna quam semper dubia sit et instabilis a nullo nescitur. Qui ergo filio fortunæ procreando et alendo instat, in salo interminabili fluctuat. (VERS. 12, 13.) Parit *Zelfa alterum* sub nomine *Liæ*, et *Aser* vocat, cum humanæ laudis intentio sub actualitatis tegmine effectum gloriæ quasi filium assequitur, quod beatitudinis honore prædicat, in quo illud gloriæ genus intelligitur, quæ post mortem ad memoriam providetur; ut sunt ædificiorum insignia, pyramidum discrimina, nobilitas librorum, et carmina, quæ solent esse mortuorum monimenta, et hæc sunt Aser, id est beatitudo apud insanos maxima. Aser sane *beatus* dicitur; unde et Lia non vera, sed imaginaria beatam se gaudet dici non a viris, sed mulieribus, quia levium et indiscretorum hominum animatur favoribus.

VERS. 14. — *Egressus autem Ruben tempore messis triticeæ in agrum reperit mandragoras, quas matri Liæ detulit.* Ruben ab eo quod videt in medio, id est communi providet bono vocatus, piæ scilicet procurationis affectus, *tempore messis triticeæ in agrum* egreditur, cum prævolatione mentis ad finem sæculi per conscientiæ exercitationem rapitur. Messis enim triticea sanctorum ad cœleste horreum collectionem significat (*Matth.* XIII, 39). Unde et in Apocalypsi angelus hac maturescente falcem mittere suadetur (*Apoc.* XIV, 15). Ager vero animus est, quem nunquam melius colimus, quam cum extremæ nostræ sortis reminiscimur, in quem egredimur, cum a pravis expediti negotiis ad ejus curam revertimur. Ubi *mandragoras* Ruben, id est prudens sollicitudo reperit, et *matri Liæ* defert, cum divinæ inspirationis ab internis odorem contractum ad efficaciam sanctæ actualitatis, quæ totius pietatis genitrix est, transfert. Mandragora nempe pigmentaria herba est. *Dicitque Rachel : Da mihi partem de mandragoris filii tui,* Ac si rediviva jam vis contemplationis tactæ divinitus actioni inferat. Quem pii operis recepisti instinctum, participa eum quem habes devotionis affectum ad contemplandi exercitium. Illa respondit : (VERS. 15.) *Parumne tibi videtur, quod præripueris maritum mihi, nisi etiam et mandragoras filii mei tuleris?* Quod est dicere : Intellectum, a quo maritali tenore regor, contemplandi egregieque vivendi gratia, dimovisti ab actuali officio. Quod mihi magis suppetit ac adjacet, hocque parum æstimas, nisi etiam hanc momentaneam superni odoratus visitationem, ad solius cogitationis exercitationem contrahas? *Dormiat tecum*, inquit, *hac nocte pro mandragoris filii tui*, id est conquiescat tecum in hac negotiorum turbulentia, quæ activæ est vitæ infesta, tantum ut ad internæ dulcedinis respirem, ad Deum quam dulcis est, gustandum fragrantias.

VERS. 16. — *Redeuntique ad vesperam de agro Jacob, egressa est in occursum ejus Lia. Ad me,* inquit, *intrabis, quia mercede conduxi te pro mandragoris filii mei. Ad vesperam redeunti de agro Jacob Lia in occursum* egreditur, cum defervescente inanis gloriæ æstu de exercitio interiori, spiritui vero vitiorum supplantatori ad Dei intentionem redeunti Lia, id est opportunitas sancti laboris occurrit, et introitum conscientiæ patentem suggerit, quia odoramenta puræ dilectionis quæ pia sollicitudo actualitatis devotæ proles sibi intulit, Racheli, id est contemplationi ut ad Deum usque videndum amor ipse redundet, actionalitatis dignæ gratia præstitit. *Dormivit cum ea nocte illa.* (VERS. 17, 18.) *Et exaudivit preces ejus Deus, conceptique, et peperit filium quintum*, dicens : *Dedit mercedem Deus mihi, quia dedi ancillam meam viro meo. Appellavitque eum Isachar.* Jacob cum Lia *nocte dormit*, cum spiritus noster in boni operis labore etiam inter obscuritates tentationum acquiescit; sic enim Deus preces suorum præcipue exaudit : *concepit* affectu, *peperit* opere *filium*, non quartum, id est per temporalia diffluentem; quatuor enim sunt tempora, sed *quintum*, id est animum singulari auctoritate hæc omnia transcendentem. Quinarius namque ex quatuor, et monade ac si præside constat. Is *merces* dicitur; sic enim Isachar interpretatur, ejus scilicet rei, quod ancillam totius spurcitiæ fetus parientem, viro, id est intellectui coercendam subjecerit. Cum enim Deo nos subdimus, tunc jam ac si ex debito nobis vitia subjicit Deus.

VERS. 19, 20. — *Rursum Lia concipiens peperit sextum filium, et ait : Ditavit me Dominus dote bona etiam hac vice. Mecum erit maritus meus eo quod genuerim ei sex filios; et ideo appellavit eum Zabulon.* Parit Lia *sextum filium*, cum integre ac perfecte assequitur operationis gradum. Sexta quippe die Deus perfecit opera sua (*Gen.* II, 2). *Ditatam* se dicit *dote bona*, non solum in conversione cum ad Dei pervenit timorem, sed etiam præcipue cum **119** ad neque morte, neque vita separabilem effertur amorem. Cum ad homini, inquit, possibilem deveni perfectionem, id est postquam sextam edidi prolem, jam necessario mihi copulabitur maritus intellectus, quia plene evacuavi quæ sunt carnalis affectus. Zabulon dicitur *fluxus noctis*, vel *habitaculum fortitudinis*. Jam nunc itaque nobis impassibilibus viventibus fluit nox, id est ignorantiæ sæcularitatis adversitatum quæ fit in mente defectus, et incipit esse habitaculum fortitudinis contra omnia pericula interior homo refectus. (Vers. 21.) *Post quem peperit filiam nomine Dinam.* Licet Dei habitaculum anima sit, licet contra incursus omnes fortiter obsit, Dinam opus est, feminam ad extremum semper pariat, ut scilicet post virtutes fragilitatem propriam sibi objiciat, ne intumescat. Dina vero interpretatur *judicium istud*, vel *causa*. Judicium sane istud, id est discretio habenda est, inter optima quæque causa videlicet subreptionis ineptæ.

Vers. 22, 23, 24. — *Rachelis quoque recordatus Dominus exaudivit eam, et aperuit vulvam ejus, quæ concepit, et peperit filium. Abstulit*, inquit, *Deus opprobrium meum. Et vocavit nomen ejus Joseph.* Rachelis Deus recordatur, cum ad sui ipsius notitiam contemplativi cujuspiam mens Deo aspirante reducitur. Exaudit, cum affectui effectum ingerere se ostendit. Vulvam aperit, cum semini divino per dilatationem charitatis in mente locum facit. Parit ergo filium, ex quo suum dicit ablatum *opprobrium*, quia, postquam ad divinæ speculationis pertingit officium, id est desideratæ spei exprimit tandem filium, ancillaris quod sibi incumbebat adulterii Deus repellit opprobrium. Unde vocat nomen ejus *Joseph*, id est *augmentum*, quia hujus qua temporaliter adhuc et juxta posse Deum prægustamus speculationis initium, æternæ visionis præstolatur augmentum. *Addat*, inquit, *mihi Deus filium*, in speculo scilicet, et ænigmate videnti conferat, et adaugeat veræ et apertæ cognitionis fructum. (Vers. 25.) *Nato autem Joseph, dixit Jacob socero suo: Dimitte me in patriam, et ad terram meam*, etc. Postquam perpetuæ visionis Dei augmentum per spem menti innascitur, Jacob, id est intellectus ad Laban, id est candorem æternum, cui lux vera præsidet, loquitur, qui socer dicitur, quia duabus pater est filiabus, activæ scilicet et contemplativæ, quæ ad formam supercœlestis candoris illius instituuntur in gremio terrestris Ecclesiæ. *Dimitte me ut revertar in patriam et terram meam*, id est liberum me, et absolutum corporeo compede accipe volentem reverti in patriam, de qua devolutus sum, et in terram ubi immobilitatis statum obtineam. (Vers. 26.) *Da mihi uxores, et liberos meos, pro quibus servivi tibi, ut abeam*, id est ne protrahas mihi actualem, qua die et nocte, juxta Apocalypsim, requiem non habeam Deum laudando (Apoc. xiv, 11), et contemplativam nil aliud præter Deum cogitando, et fructus operum in cœlis vere reges, vere *liberos*, pro his enim non pro terrenis *tuæ servivi gloriæ, ut abeam, et amplius non ero in ærumnis. Tu nosti servitutem, qua servivi tibi.* Ac si dicat : Tu Hierusalem superna mater nostra, conscia tibi es quibus carnis, et mundi tentationibus

tuæ claritati emerendæ militaverim, cum hæc et tu passa sis.

Vers. 27, 28. — *Ait Laban ei : Inveniam gratiam in conspectu tuo : Experimento didici quod benedixerit mihi Deus propter te. Constitue mercedem tuam quam dem tibi.* Laban ad Jacob loquitur, cum candidatus cœlestium exercitus, intellectu interprete et ad ipsum etiam intellectum dicere videtur : Si tibi aliquantisper labor præsens protrahitur, magna cum ad usum beatitudinis meæ veneris mea gratia apud interiorem oculum tuum invenietur : certum ni n experientia fecit, quod Deus incrementum gloriæ ac lætitiæ spiritibus beatis confera, quoties ad cœleste quis regnum glorificandus accedat. Nam dicit magnus Origenes (*in cap.* x Levit. hom l. 7, ante med.) non perfectam sanctos habere lætitiam, quandiu vide int fratrum suorum sub temporali tempestate mœstitiam, unde constat suum vehementer augeri de consortium ereptione triumphum, et gloriam. De ergo, id est providendo perpende mercedem quam a me tibi dari poscis ? Talia agimus cum sanctis spiritibus, quoties eorum patrocinia ad gloriæ obtentum exquirimus, et hoc ab eis intellectualiter sapientes audimus. (Vers. 29.) *Tu nosti*, ait Jacob, *qua molestia tibi quam animi carnisque servierim emerendæ, et quanta*, o beatorum societas, *in manibus meis fuerit possessio tua*, id est quanti habuerim possessionem tuam, quæ Deus est, in exercitio manuum, id est operum meorum patuit. (Vers. 30.) *Modicum habuisti antequam venirem ad te.* Imminutus erat supercœlestis numerus tuus, antequam humana natura consociaretur gloriæ tuæ; et nunc, o beate exercitus salvatorum, meo *dives factus es collegio : benedixitque tibi*, id est multiplicavit te *Dominus ad introitum meum. Justum est igitur ut et ego aliquando domui meæ provideam.* Quod totum est : Vos certa felicitate gaudetis, idemque in miseria constitutis postulare debetis, quod et facitis ; obtinete igitur mihi quod justum est, ut sicut vobis, dum advixistis, providistis, sic et ego domum Patris in qua mansiones multæ sunt (Joan. xiv, 2) mihi provideam. Et domui certe providet, qui ut sit de quibus honestanda est domus studet.

120 Vers. 31, 32. — *Quid dabo tibi ? Nil volo* ait *Jacob, sed si feceris quod postulo, iterum pascam, et custodiam pecora tua.* Nil, ait ra io, a te, o sancta civitas, terreni emolumenti quæro, sed si gyraveris *omnes greges tuos*, id est si alio circumspectionis ambitu omnem virtutis utilitatem videre me obtentu tuo feceris, et separaveris *omnes oves varias, et sparso vellere*, in ipsis scilicet virtutibus viri, cujusque admissionem et operis, per favorum auras ac si velleris, quo membra super terram teguntur sp rsionem, discernere mihi impetraveris, *quodcunque* rufum fuerit passione desiderii vel cognitione peccati, hoc enim color iste significat; *quodcunque maculosum* incursione delicti, *et varium* subripiente hypocrisi, pro magno mihi munere patiar ascribi, nil, sane mihi utilius quam cognitio mei. Dicitur enim : *Judicium, et deinde justitiam in Jacob tu*

*fecisti (Psal. xcviii, 4). Si tu, inquam, o cœlestis mater pia interpres, id mihi impetres, qui hactenus sub timore pavi cœlesti pabulo quæque interiori homini congrua, a modo iterum pascam, et custodiam, id est et alimoniam vitæ procurabo, et vitalibus studiis sollicitudinem custodiæ delegabo. *In ovibus vero et capris mercedem suam dicit*, dum in beneficiis actualibus, quæ per oves signantur, quia fetu, fructu, et vellere prosunt, et in contemplativis, quæ per capras, quia pascuntur in arduis, in præsenti mercedis initium credit. (Vers. 33.) *Respondebit mihi cras justitia mea, quando placiti tempus advenerit coram te*, id est concurret, et digna mercede conveniet ac consonabit mihi justitia, qua in principio mei accusator existam, cum Deo remunerante in conspectu sanctorum vita mea placuisse probabitur.

Vers. 34. — *Gratum*, inquit, Laban, *habeo quod petis*. Nil enim gratius spiritibus beatis, quam quod æternæ gratia geritur salutis. Hæc autem cum intellectualiter intra nos agimus, et nos dicimus, et quasi cœlitus nobis responderi sentimus. (Vers. 35.) *Et separavit in die illo capras, et oves, hircos et arietes, varios et maculosos*, id est in illa qua hæc cogitat, spirituali luce discernere fecit Jacob, id est, rationem, inter contemplativa et actualia, inter lascivos et animales motus, et arietes rationalitatum, quæ nobis præbent ductus; et in his omnibus pensare quid varietate hypocrisis, quid naturali fœditate peccatur. *Cunctum autem gregem unicolorem, id est albi et nigri velleris tradidit in manus filiorum suorum*. (Vers. 36.) *Et posuit spatium itineris inter se et generum dierum trium, qui pascebat reliquos greges ejus*, id est omnem virtutum frequentiam, quæ per innocentiam unicoloriter albet, tamen et nigredinem memoriæ peccatorum non passibiliter, sed ad Deum, qui de his eruit ardentius prædicandum laudabiliter tenet, *in manus filiorum*, id est in potestate sanctorum, quibus certa jam Dei filiatio est, quia sibi jam glorificatis peccare nec libet, nec licet, custodiendum præbet, et ponit, id est æstimat differentiam inter proficientem intellectum, hominis et cœlestem senatum, et active et contemplative magistrum duarum uxorum genitorem spiritualium, integerrimam Dei cognitionem, in quo est Trinitatis ac si trium dierum mysterium. Ipse intellectus reliquos pascit ejus greges, quia alterius modi minus scilicet perfectas in hoc sæculo nutrit virtutes.

Vers. 37. — *Tollens ergo Jacob, virgas populeas virides, et amygdalinas, et ex platanis, ex parte decorticavit eas; detractisque corticibus, in his quæ exspoliata fuerant, candor apparuit. Illa vero quæ integra fuerant, viridia permanserunt, atque in hunc modum color effectus est varius*. Per amygdalum quæ sola in tribus his fructifera est, intelligentiam accipimus, in qua est cuncta passionum carnis amaritudine, et humanitatis duritia, ac si cortice et testa Dei notitia nucleus. Per populum et platanum imaginatio, et sensualitas innuitur, quibus dum media intelligentia dominatur, utraque per se solam infructuosa ejus vicino sapore conditur. Virgæ virides rectitudines internæ sunt charitatis succo madentes, horum trium ordinatos; et veluti ad regulam ductos mores, homo peccati subversor idem Jacob accipit; et ex parte superficiem corticis, id est extrariæ visionis abscindit; et mox interioris gratiæ candor apparet; et quia imaginationis sensualitas prorsus a vanitate visibilium exui non prævalet, in his quæ exspoliari non possunt viror bonæ intentionis permanet; perficere enim invenienti velle adjacet (Rom. vii, 18), et sic efficitur *color varius*, dum incipit dividi adversus carnem spiritus. Ubi enim hæc non est varietas, totus sibi complacet homo vetus.

Vers. 38. — *Posuitque eas in canalibus*. Has ponit *in canalibus ubi aqua effundebatur*, dum quidquid rectum habet fundat quodammodo et stabilit in humilitate, ac depressis interioris exteriorisque hominis sensibus, ubi illabi solet gratiæ supernæ unda cœlitus, scilicet *ut cum venirent greges ad bibendum ante oculos haberent virgas*, id est quoties accederent cogitationum, et cæterorum motuum turbæ, ad spiritualitatis consilium, propositæ directionis regulas haberent ante cordis intuitum, et *ad earum conciperent* studia et charismata meliora *conspectum*. Bonorum sane suorum contuitu accenditur ad potiora probus quis.

Vers. 39. — *Factumque est ut in ipso calore coitus, oves intuerentur virgas, et parerent maculosa, ac varia, et diverso colore respersa*. Calor est **121** coitus cum torpida nostra animalitas, quæ per oves figuratur, spiritui quasi maris fervori conjungitur. *In hoc calore oves intuentur virgas*, dum simplices ac hebetes cogitatus nostri rectæ intelligentiæ sollicite intendunt sententias; et *pariunt diverso colore respersa*; quo enim subtilius sua inspiciunt intima per divinam inspirationem, eo magis propriæ instabilitatis, ac vanitatis veritati adversantis inveniunt varietatem. (Vers. 40.) *Divisitque gregem Jacob, et posuit virgas ante oculos arietum*. Arietes namque, id est intellectus cogitationum, tanquam gregum duces, dum mysticas oves imprægnare nituntur, opus est ut a virgarum consideranda directione non avertantur. *Erant autem alba quæque et nigra Laban; cætera vero, Jacob, separatis inter se gregibus*. Hoc paulo supradictum est, nec repetam.

Vers. 41. — *Igitur quando primo tempore ascendebantur oves, ponebat Jacob virgas ante oculos arietum*, etc. Prima ascensio, sicut prima resurrectio, est, cum spiritualitas animalitatem ad bonis operibus fetandum subjugat. *In canalibus* ergo sensuum demissorum, et quasi cavatorum, ubi fluant undæ fidelium aquarum, ponendæ sunt virgæ gubernationum, ante considerationem scilicet intellectuum. Nota verborum singulorum sonos, et concordias; humilitas in canalibus, in aqua spiritus sanctus, qui proprie se infundit humilibus ex quo procedit virga, totius scilicet directionis ac justitiæ vis, quod proponitur arietibus, id est intellectibus.

Vers. 42. — *Quando vero serotina admissura erat, et conceptus extremus, non ponebat eas.* Serotina admissura intelligitur, cœlestis perceptio regni in ultimo, non sicut hic particulariter, sed plenarie omnes impleturus. (Ephes. 1, 23), et omnia in omnibus futurus. Deus in omnium corda admittitur. Ibi conceptus extremus, id est Dei laudandi indeficiens propositum cui nullius alterius rei succedit affectus, cum fuerit, sententias, quibus propriam dirigat mentem, ponere ibi homini opus non erit, qui regentem omnia Deum in se habebit; quæ enim *primi temporis sunt*, Jacob sunt, id est ad supplantationem peccati attinent; quæ serotina, id est in mundi fine restantia secundum sinceritatem supernæ claritatis candent, hoc est ad Laban pertinent.

Vers. 43. — *Ditatusque est homo ultra modum, et habuit greges multos; ancillas, et servos, camelos et asinos.* Ditatur homo *ultra modum*, cum nimia justitia vertitur in indiscretionis vitium. Unde et habet multos greges, quia ex nimia sui fiducia multas incidit animi divisiones. *Ancillas et servos habet*, motus scilicet ancillariter ac sordide petulantes, et serviliter protervæque contra spiritum rebelles, *camelos* quoque pondere cupiditatis, ac si gibbi ad terrena proclives; et *asinos*, stupidos videlicet inertia, et segnes.

CAPUT XXXI.

Vers. 1. — *Postquam autem audivit verba filiorum Laban dicentium: Tulit Jacob omnia quæ fuerunt patris nostri, et de illius facultate ditatus, factus est inclytus.* Interior homo, cum a recto deviat querelas cogitationum supernæ claritatis filiatione gaudentium intelligit. Arrogavit, inquit, sibi omnia quæ Deo patri cœlesti attribuere debuerat, et de opulentia interiori quæsivit exterius famosus haberi. Inclytus ab eo formatur nomine, quod est *clio*, quod Græce dicitur *fama*.

Vers. 2. — *Animadvertit Jacob faciem Laban*, id est gratiam superni luminis, *quod non esset erga se sicut heri et nudiustertius*; id est eo modo quo cum præsentem gloriam quasi prætereuntia et diffua despiceret, *sicut heri*, quæ res jam præterita est. *Nudius ex nunc et die componitur*. Non est *erga se Laban* ut *nudiustertius*, id est uti quando præsente corde suo divinæ luci in contemplatione Trinitatis spatiabatur, (Vers. 3.) *maxime dicente sibi* per ora Scripturarum Domino: *Revertere in terram*, id est in eam mentis stabilitatem, qua patres tui cœlici cives, quos imitari proposuisti, constitisse noscuntur, *et ad generationem tuam*, rectorum scilicet quæ benedicetur; *et hæc te agente ero tecum.*

Vers. 4, 5. — *Misit et vocavit Rachel et Liam in agrum, ubi pascebat greges, dixitque: Video faciem patris vestri quod non sit erga me.* Mittit desiderium vocatque per præmium contemplationis, et actionis usum, ut redeant in spiritualis exercitii agrum,

A ubi deficientes fame interea pascat verus Jacob greges cogitationum. Intelligo, ait, serenitatis divinæ dignationem a me averti. Deus autem patris mei fuit mecum et gratiæ ejus dona recolo. (Vers. 6.) *Et ipsæ nostis quod totis viribus meis servierim patri vestro*, ei scilicet qui utriusque auctor vitæ est Deo. Hæc me egisse certum teneo. (Vers. 7.) *Sed pater vester circumvenit me*, id est oblatæ dulcedinis conversionis initio illexit me blanditiis, *et mutavit mercedem meam decem vicibus*, id est cum meruissem jam diutino labore animi quietem, quinarium, qui in externis sensibus; itemque quinarium sensualitatis, qui etiam vivacius imaginaliter menti inest, quod utrumque pro decem vicibus intelligi potest, naturaliter quidem cum rationem impugnet, *non in* B *pacem mihi sed in bella mutavit*, *sed non permisit eum Deus ut noceret mihi*, id est cum sit essentialiter Deus propriumque Deo sit, ut sit pius, ipsa sua naturalis gratia non sivit eum, ut imminens tentationis prælium permitteret verti in exitium mei.

Vers. 8. — *Si quando dixit: Variæ erunt mercedes tuæ; pariebant omnes varios fetus. Quando autem e contrario ait: Alba quæque accipies pro mercede; omnes greges alba pepererunt.* Quod est dicere, sua originalis clementia eum vere cohibuit a nocendo, quia si intellectualiter aliquando in meipso per meipsum dixit, ut varietatis meæ instabilitati cognoscendæ instarem, hocque mihi datum pro mercede putarem; sic mea vota complevit. Si quando virtutis alborem ipso dictante quæsivi, cogitationes et C motus interni eodem opitulante beata ac læta studia conceperunt.

Vers. 9. — *Tulit Deus substantiam patris vestri, et dedit mihi*, id est a rationalitate sui cui quondam inserviebant, tulit intellectum, memoriam, ac voluntalem Deus, quæ vere substantia patris vestri haud dubium quin ipsius Deus est; et dedit mihi ea probe et utiliter frui. (Vers. 10.) *Postquam enim conceptus ovium tempus advenerat, levavi oculos meos, et vidi in somnis ascendentes mares super feminas, varios, et maculosos, et diversorum colorum,* id est cum ad hoc jam proficerem, ut sterilitates ineptorum cogitatuum proponere quidpiam fructuose deberent, erexi ab infimis intentiones meas, et dormiendo fo- D rensibus ac vigilando intrincesis, *vidi*, quod est intellexi, rationalitatum vires mollibus desideriis ac si mares feminis præsidentes, et varias carnalium miseriarum, spiritualiumque maculas indicantes.

Vers. 11. — *Dixitque angelus Dei ad me*, vel ratio scilicet, vel Scripturæ sermo, *in somnis*, clauso sane a visibilibus obtutu cordis: *Jacob?* inquit: Ac si dicat: Nominis tui memento, et vitia supplantato. *Et ille, Adsum, ait*, id est curæ interiori præsto sum. (Vers. 12.) *Leva, inquit, oculos.* Quod superius expositum est. Et est sensus: Quod interna visione quasi in somnis videram, hoc Scripturarum nuntio de levatione oculorum, et de marium ascensione didici, certumque teneam. *Vidit enim omnia quæ* *fecit tibi Laban,* id est intelligere te feci quæ adversa tuleris propter claritatis æternæ gloriam. Laban fecisse dicitur, quorum causa fuit ut flerent. Non debes ergo lascessere pro quo tibi contigit tanta ferre. (VERS. 13.) *Ego sum Deus Bethel,* id est domus Dei, scilicet Deus qui te domum valeo facere meam, *ubi unxisti lapidem,* id est ubi per me inhabitatorem, qui oleum sum, id est charitas, leniorem mitioremque habuisti sub timore cœpti propositi gravitudinem et asperitatem; *et votum vovisti mihi,* perseverandi scilicet intra ipsum disciplinæ rigorem. *Nunc ergo surge,* quod est quandiu nunc, id est præsens tempus habes, et, juxta Apostolum quandiu, *Hodie* dicitur (*Hebr.* III, 13), ab inertia excutere, de futuro enim incertus es; *et egredere moribus de terrenitate tua revertens in terram,* veram scilicet soliditatem viventium regionem, *quæ nativitatis tuæ est,* id est originaliter tibi debetur.

VERS. 14. — *Dicunt Rachel et Lia,* cum quibus et totus vitæ actus et intellectualiter iste tractatus : *Nunquid habemus residui quidquam in facultatibus et hæreditate domus patris nostri?* Quod est : Nos, quibus decem vicibus mutavit mercedem, quibus tot difficultates injecit, quid residere spei sperare nobis poterimus in regno et gloria Dei? (VERS. 15.) *Nonne quasi alienas reputat,* quasi male agentes periculorum quæstionibus gravat? Vendit, dum tentationibus inseri permittens nostræ nos libertati subducit. *Pretium ex venditione exigit,* cum gratiarum actionem, et omne gaudium, cum in tentationes varias inciderimus a nobis quærit (*Jac.* I, 2). Hoc *pretium* ipse *comedit,* quia eum permaxime patientia nostra pascit. (VERS. 16.) *Sed tulit Deus opes patris nostri, et dedit nobis ac filiis nostris,* id est a diaboli cultu tulit Deus naturaliter substantiæ nostræ a se insitas bonitates, et fecit tam vitæ nostræ in præsenti, quam *filiis,* id est fructui mercedis nostræ profuturas. *Tulit autem Deus opes patris nostri,* ita dictum est, ac si dicat opes suas, sicut est illud : Pluit Dominus a Domino, id est a seipso. In prophetis abundant talia. Fac itaque omnia quæ præcepit tibi cum eum intelligas in omni etiam adversitate tibi cooperari.

VERS. 17, 18. — *Surrexit igitur Jacob, et impositis liberis et conjugibus suis super camelos, abiit. Tulitque omnem substantiam, et greges, et quidquid in Mesopotamia acquisierat, pergens ad Isaac patrem suum in terram Chanaan.* Surgit cum se adversum se animus erigit. Conjuges et liberos camelis imponit, cum utramque vitam, et opera ex eis pro sola cœlesti libertate procreata, 123 ponderositati carnis præponit, hisque ac si jugo deprimit. *Omnem substantiam,* naturalia dona, *greges,* accipe cogitatuum frequentiam, quæ *in Mesopotamia,* id est, in elevata vocatione, quod est superna dignatio. Cum ad conversionem venimus, conquisivimus; sicque *ad patrem,* in quo æterni risus gaudia sunt, in terram veram, scilicet stabilitatem; *Chanaan* quod est mutationis pergimus, ubi vere a corruptibilitate immu-

tabimur (*Psal.* CI, 28). Unde psalmus est : Pro his qui commutabuntur (*Psal.* XLIV, 1).

VERS. 19, 20. — *Eo tempore Laban ierat ad tondendas oves, et Rachel furata est idola patris sui. Noluitque Jacob confiteri socero suo quod fugeret. Eo tempore,* id est ea animi temperie, qua ad Deum tenditur, *Laban,* quod est claritatis internæ desiderium, *ierat,* quod est, ire nos fecerat, *ad tondendas oves,* exspoliandas videlicet superfluitatibus cogitationes; sed incassum sæpe nitimur eas abscidere, quia *Rachel* cum videndo omnium principio se putat inhærere, furtim *idola,* id est formularum phantasmata pro ipso Deo sibi contrahit in mente, ad se enim relabitur ex humanitate. Non vult Jacob confiteri socero quod fugiat, quia homo etsi videat quid cavere debeat, non vult tamen carnis amore retractus operum exhibitione fugam culpæ exprimere, licet culpam animi rationalitate effugiat. Socer vero Deus est, cujus filiabus actioni, et contemplationi jungimur, cui opere potissimum confitemur.

VERS. 21, 22. — *Cumque abisset tam ipse, quam omnia, quæ juris ejus erant, et amne transmisso pergeret* contra *acervum testimonii,* sic enim interpretatur *Galaad, nuntiatum est Laban die tertio quod fugeret Jacob.* Postquam intellectus et omnia quæ ei subjici debent pio desiderio jam eunt, et fluctus curarum sæculi transmittunt, ad acervum, qui infra per amorem proximi dilatatur, et sursum in Dei dilectione acuminatur, verus ipse Jacob pergit, ibique mortem, qua nubila vallis hujus declinet, invenit. *Die tertio,* id est per Trinitatis, quæ Deus est, intelligentiam nuntiamus candidato sanctorum exercitui fugæ nostræ, qua peccata evitamus, notitiam. A sanctis enim spiritibus, tanto magis continentia nostra noscitur, quanto majore Dei cognitione illustramur.

VERS. 23. — *Qui assumptis fratribus suis,* id est spiritibus angelicis in nostrum auxilium precibus veri Laban ascitis sub Deo Patre fratribus suis, *persecutus est eum septem diebus,* id est totius vitæ spatio, quæ septem diebus volvitur, divinis prosequitur adminiculis, angelis ad eos venientibus, qui hæreditatem capiunt salutis (*Hebr.* I, 14); vel persequitur vitia Jacob impetratis ei muneribus gratiæ septiformis, et *in monte Galaad* comprehendit, in excellentia scilicet proximi et Dei charitatis, quod speciale est testimonium nostræ Christianitatis, nos plene superni candoris delectatio apprehendit. Acervus autem, ut dixi, infra diffunditur, superius angustatur, in quo est et amor proximi, et contemplatio Dei. (VERS. 24.) *Viditque in somnis sibi dicentem Deum : Cave ne quidquam aspere loquaris contra Jacob.* Laban, id est candida illa civitas, jam in divina quiete conspita, videt, id est intelligit Deum sibi inspirantem non contra homines propriæ naturæ participes, qualibet asperitate debere moveri, sed suæ anterioris fragilitatis memoria eis compati.

VERS. 25. — *Jamque Jacob extenderat in monte tabernaculum, cum ille consecutus eum fuisset cum fratribus suis. Tabernaculum Jacob extendit,* cum exercitium divinæ militiæ fidelis quilibet amplificat, et producit. *Ille consequitur cum fratribus suis,* cum angelorum sane subsidio precum munit auxiliis. *In eodem monte Galaad Laban fixit tentorium,* quia in utriusque vitæ studio et eminentia statuit olim dum carne adviveret; felix illa civitas, intentionis desiderium. Intentio nempe et tentorium *a tendendo* dicuntur.

VERS. 26, 27. — *Et dixit ad Jacob : Quare ita egisti, ut clam me abigeres filias meas quasi captivas gladio? Cur ignorante me fugere voluisti, nec indicare mihi ut prosequerer te cum gaudio et canticis et tympanis et cithara?* Ac si dicat : Cum jam te videas constitutum in cacumine charitatis, unde inconsultis exemplis meis, quam regnare per malorum victoriam probas, quod est clam me, abigere elegisti a te diligentias vitæ utriusque, *quasi,* id est revera, *captivas gladio,* id est abductas mortali desertionis et apostasiæ peccato. *Cur,* inquam, cœptum propositum *ignorante me,* id est indiscusso, ut prædictum est, me, expavescere, quod animo *fugere* est, *voluisti, nec indicare* retractatis triumphorum meorum consiliis, ut mox per eadem concepto vigore gaudia comparationis meæ tibi conferrem, cantico internæ lætitiæ fastidium dimoverem tympanum divinæ speculationis omni ære perennioris; hic enim incipitur, et in futuro nunquam finitur, et dulce mirum in arcanis Dei resonet, et citharam, quo magnis atque minoribus proximis congruus amor quasi sonus cordis inferatur, admoverem. Dum enim ultra modum ditaris, dum de circumventione et mercedis imitatione conquereris, quasi ignorante me agere cœperis.

VERS. 28. — *Non es passus ut oscularer filias meas,* id est, ut ore et spiritu consiliorum meorum, et intentionum, quæ in meis vides actibus, imbuerem vitas tuas, quas ob conformitatem mei ac si matris, meas dico filias. *Stulte operatus es, et nunc* (VERS. 29) *valet manus mea reddere tibi malum.* Quod est : Potens est Deus, qui manus, id est fortitudo mea est, reddere tibi malum nunc, scilicet in æternis, quibus nil præterit, nec futurum est, sed semper præsens. *At Deus patris vestri,* Deus, videlicet Pater vester, *heri dixit mihi,* id est per memoriam præteritæ meæ passionis, quam in homine vivens expertus sum, innotuit mihi, ne hominibus compati dedignarer, licet jam in gloria detinerer.

VERS. 30. — *Esto,* inquit, ac si dicat : Ponamus modo te ubi pro certo *ad tuos cives,* videlicet cœlicos, et domum *patris* supercœlestem redire cupere, sed illud quomodo defendere poteris quod *furatus es deos meos,* id est quod non recte, dum ultra modum tibi dives videris, et in contemplando subtilis, et phantastice tibi Deum per innumeras imagines fingis? Quod enim furtim fit, non recte fit. Deos ergo furatur, qui privatim quomodo formas Deo attribuat, machinatur. (VERS. 31.) Sed *Jacob,* spiritus scilicet noster ac si ratiocinans, infert : *Quod inscio te profectus,* scilicet quod inconsulte a tua conformitate paulo digredi conatus sum, *timui ne violenter auferres filias tuas,* id est ne nimietas aggressi propositi faceret me decidere ab utraque vita.

VERS. 32. — *Quod autem furti me arguis apud quemcunque inveneris Deos tuos necetur coram fratribus suis* [al., *nostris*]. Quod est si falsæ credulitatis *me arguis* in quocunque animi sensu quidpiam repereris de Deo fictitium, aliorum ejusdem mentis intellectuum aboleatur judicio. *Scrutare, quidquid tuorum apud me inveneris aufer.* Quod est scrutari, me doce, et *quidquid tuorum,* id est spiritualium quæ tibi magis competunt rerum *apud me,* scilicet apud sensualem imaginationem meam corrumpi videris, exemplo ac prece dimove. Hæc ex contemplatione claritatis sanctorum intellectualiter et inferri et referri solent. *Hæc dicens ignorabat quod Rachel furata esset idola.* Sunt sane qui magnum quid sese contemplatos putant, si aliquas gloriosas formas Deo ascribant. Ignorant enim quod Rachel quæ tota intellectualis esse debet furtum faciat, si imaginarium quidquam ad libitum de Deo confingat.

VERS. 33. — *Ingressus ergo Laban tabernaculum Jacob et Liæ, et utriusque famulæ, non invenit.* Jacob et Liæ tabernaculum, rationis est et actionis piæ exercitium; utraque vero famula, quælibet virtutum genera utrique vitæ subsidentia. In quibus totis Laban non invenit idola, quia in his quæ scientialiter secundum hominem administrantur, consulta supernæ claritatis spiritualitas, divinas quandiu de Deo non agitur non invenit formulas.

VERS. 34. — *Cumque intrasset in tentorium Rachelis, illa festinans abscondit idola subter stramenta cameli, seditque desuper.* Tentorium Rachelis intrat cum ea quæ in Deum usque tenditur contemplationem Laban, id est spiritualis splendor examinat. *Spiritualis autem judicat omnia* (I Cor. II, 15). Unde, spiritu illustrante animum, *Rachel,* id est interna discretio festine *abscondit,* quidquid de Deo corporeum cogitabat, superponens virtutes animi, quæ sunt *stramenta cameli,* id est, munimenta et ornatus torpidæ carnis, in quibus disquirendis multo licentius potest quisque versari, quam sine imagine Deum contemplari ; et *desuper* sedet dum fundata virtute substanti stultis phantasmatum discursibus deprimendo præsidet. *Scrutantique tentorium, et nil invenienti* (VERS. 35) *ait : Ne irascatur dominus meus quod coram te assurgere nequeo, quia juxta consuetudinem feminarum nunc accidit mihi.* Ac si dicat : Ne indigneris, domine, cui uti Domino subest, quid, et cui volueris dare, quod coram te, in interiori scilicet homine assurgere ad te, ut es, contemplandum nequeo, quia juxta morem humanæ mollitiei patior. *Sic delusa sollicitudo quærentis est. Sollicitudo quærentis* deluditur, cum, anticipante nos

Dei gratia, per correptionem a nostræ discretionis captu quod puniri debeat non invenitur.

VERS. 36, 37. — *Tumensque Jacob, cum jurgio ait : Quam ob culpam meam et ob quod peccatum sic exarsisti post me, et scrutatus es omnem supellectilem meam? Quid invenisti de cuncta substantia domus tuæ? Pone hic coram fratribus meis et tuis, et judicent inter me et te.* Cum humana mens tam districte conscientiam oportere discuti pensat grande sæpius apud se fastidium tolerat, unde *tumens*, et quasi furibunda interius clamat. Quæ, ait, culpæ nimietas exigit, ut tanto zelo me insequendo, o spiritualis diligentia, efferveas, et totos animi recessus rimeris et colligas? *Quid invenisti penes me de substantia,* id est de his omnibus terrenitatibus, quæ merito substare et subesse debent domui tuæ, id est tuorum conscientiæ? Ponatur in judicio divinæ tuæ et humanæ rationis meæ, et profecto pro mea immunitate peccati.

VERS. 38. — *Viginti annis fui tecum,* id est et denarium plenitudinis legis in mente, et denarium virtutum id est annorum perfectionis, Laban superno candori servavi **125** in opere, *oves simplicium beneficiorum,* et *capræ* contemplationum *steriles* a fructu per hypocrisim *non fuere, arietes,* rationales, scilicet motus, tanquam gregum cogitationum duces in memetipso per vitiorum admissionem non consumpsi (VERS. 39) *nec captum a bestia,* id est direptum a diabolo interius bonum sanctis quibuslibet non feci ostentui. Unde Psalmus : *Non confundantur super me qui quærunt te, Deus Israel* (*Psal.* LXVIII, 8). *Ego damnum omne reddebam,* compensando videlicet peccata laboribus ; *quidquid furio peribat,* scilicet subreptione diaboli, *a me exigebas,* subaudis *restitui.* (VERS. 40.) *Die* in his quæ intelligebam : *Nocte* in his quæ ignorabam, id est in bonis et in malis, *æstu cenodoxiæ urebar* in bonis, et ex ipso torpore meo ac si gelu coquebar in malis ; *fugiebat somnus* negligentiæ *ab intentionibus meis, quod est oculis.* Intelligentiam autem ad sola bona pertinere scimus, quia nil scitur, nisi quod verum est, et si falsum scitur, in tantum scitur, in quantum falsum esse scitur ; quidquid vero verum est, bonum esse convincitur, in quantum verum est.

VERS. 41. — *Quatuordecim annis servivi tibi pro filiabus, et sex pro gregibus tuis.* Per quaternarium Evangelia, per denarium Legem accipimus. Quæ primo Legem, post Evangelium cum impleverimus ad filias cœlestis matris Ecclesiæ, activam scilicet et contemplativam, accedemus. Sex vero ad plenitudinem cum pertineant, quia sex diebus omnia Deus fecerit, annos virtutum claritudinibus integros a nobis exigimus plenarie, ut cogitationum gregibus dominari possimus ad similitudinem civitatis supernæ, quæ has jam possidet inconcussa penitus pace. *Immutasti quoque mercedem meam decem vicibus. Mercedem* immutatam *decem vicibus* queritur, dum corporis, quod quaternario propter elementa signatur ; et animæ, quæ ternario b tria sua præcipua bona impassibilitatem sperans ;

et Deum, qui Trinitas est, medullitus nosse quærens carnalium tempestatum mole, etiam ab spe mercedis in timorem pœnæ convertitur.

VERS. 42. — *Nisi Deus patris mei Abraham,* id est Deus, qui præsidet rationi meæ cohibuisset. *Abraham* enim *, pater videns populum* dicitur, et intellectui paterne providere vulgo cogitationum pertinere proprie scitur ; *et timor Isaac,* id est timor amissionis gaudii æterni. Isaac enim dicitur *risus,* forsitan ob tot difficultates. O Laban, id est cœlestis claritas, quæ quo amplius a me quæritur, tanto magis differtur, nudum prorsus et impotem justitiæ dimisisses in libidines, quibus corpus afficitur. *Afflictionem et laborem manuum,* id est operum meorum, *respexit Deus,* sub qua malorum tribula hæc tantilla bona operer ; *et arguit te heri,* id est argumentis evidentibus præteritæ humanitatis tibi ostendit quam clementiam debeas his qui periclitantur, cum tu portu potiare salutis. Heri autem pro *præterito* ponitur. Hinc Isaias *præparata est ab heri Topheth* : (*Isaia.* xxx 33). Hæc præcipue aguntur in conscientia, cum sanctos ardenter expetimus, et tarde opitulari sentimus.

VERS. 43. — *Filiæ et filii,* ait Laban, *et greges tui, et omnia quæ cernis, mea sunt.* Ac si Jerusalem superna loquatur. Infirmæ et fortes animæ in Ecclesia seu rectores vel regendi motus in conscientia et cogitationum in unum coacta congeries, et si, qua sunt quæ penes te proba intenderis, ex meis ea exemplis habes et doctrinis. *Quid possum facere filiis et nepotibus meis?* Quod est : His quos ad fidem, vel opera genui, vel his qui ad idem geniti sunt per eos quos genui, quomodo nocere queam ? Ne ergo tumeas, ne jurgia intrare concites, sed (VERS. 44) *Veni* ad conformitatem mei, et per hoc inibimus *fœdus amoris debiti, ut sit testimonium* amor ipse, quod non avellaris a mea mutatione.

VERS. 45. — *Tulit itaque Jacob lapidem,* intellectus scilicet arripuit sibi animi soliditatem, ne deinceps evolet in vanitatem, hancque *in titulum* erigit, quia ad eam concitatis quibusque intra vel extra motibus, quasi ad quoddam præsidium insigne recurrit. Soliditas autem, ipsa est sincera humilitas. (VERS. 46.) *Dixitque fratribus suis.* Fratres sunt vel robusti quique motus animi, seu virtutes, ac si filii ex eadem mente geniti. *Afferte lapides,* scilicet proponite in omni actu vestro affectus solidos ac humiles. *Qui congregantes fecerunt tumulum,* id est ad unitatem contendentes justo ordine dilataverunt se per charitatem inferius, ut subtiles fierent in contemplatione superius. Super hunc comedunt, dum in charitate radicati , et fundati divina dulcedine (*Ephes.* III, 17), quæ diligentibus in promptu est, sese reficiunt.

VERS. 47. — *Vocat Laban Tumulum testis, et Jacob Acervum testimonii , unusquisque juxta proprietatem linguæ suæ.* Aliter sentit et loquitur Laban, aliter Jacob, quia alius intellectus est superne jam viventium, et alia efficacia, alius in carne degentium, et alia eorum desideria. Tumulus mortuorum usitate solet dici. Et plus est testis quam testimonium, quia magis testimonium eget teste quam testis testimonio. Laban ergo candidus ille senatus, qui mortem jam obiit explicito testimonio fidei, ac operis jam testis emeritus factus est. Jacob autem præsens fragilitas, acervum multo sudore congerit, dum professionis suæ testimonia gerit. (Vers. 48.) *Tumulus testis est* inter Laban et Jacob, dum et Jacob jam salvatorum inhiat sorti, et salvati jam condescendunt **126** adjuvando salvandorum passioni. Cum enim ad exemplum sanctorum reminiscimur, quasi ad tumulum respicimus, ipsi ad tumulum scilicet ad sui quales olim fuerint memoriam se referunt, cum nobis, qui eidem innatamus salo, miserescunt.

Vers. 49, 50. — *Judicetur Dominus et judicet inter nos, quando recesserimus a nobis, si afflixeris filias meas, et introduxeris uxores alias super eas*; nullus sermonis nostri testis est absque Deo, qui præsens respicit. Recedit Laban a Jacob, cum sancti quilibet, et si exempla reliquerint, nostro tamen nos relinquunt arbitrio. Affligimus *filias*, et superinduximus *uxores alias*, cum dimoto utriusque vitæ consortio, libidini propriæ voluntates admovemus adulteras, super quibus Deum prospectorem, et internorum testem discretorem fore constat, qui solus intuetur conscientias.

Vers. 52. — *Si autem* [al., *aut*] *ego præteriero pergens ad te illuc, aut tu præterieris, malum mihi cogitans*, id est si ego dum me ad te perrecturum profiteor, illud testimonium præteriero peccans, aut tu præterieris quod fieri non potest, tibi soli cogitans tuæque gloriæ congaudens, ut scilicet pro me laboranti orare desinas, quod profecto si fiat malum mihi erit. (Vers. 53.) Discretor, et judex erit horum *Deus Abraham*, id est, intellectualitatis tuæ, o Jacob, et idem rursus *Deus Nachor*, id est requies luminis, quod est Laban, æterni scilicet candoris, qui *Deus patris est*, eorum *Deus*, scilicet Christi secundum personam servi. Ipse enim ita cœlis dominatur, ut terræ. *Jurat* [al., juravit ergo] *Jacob per timorem patris Isaac*, intra jura divinæ legis se continet, timens ne excedendo paterni gaudii æterna visione se privet.

Vers. 54. — *Immolatisque* vitiorum omnium vere Deo placitis *victimis, in monte*, id est in eminentia virtutis, *fratres* ejusdem mentis filios motus quosque rationales vocat Jacob, id est intellectus, ut comedant, jam mactato omni crimine, angelorum panem, qui est Christus. Comedunt et manent *ibi*, Christum namque panem gustantes, perseveranter incorporantur illi. (Vers. 55.) *Laban vero de nocte consurgens*, id est de peccati inertia verum Jacob surgere faciens, *osculatus est filios suos et filias*, cœlesti scilicet pane ac dulcedine fortes, et infirmos suos Laban, animi, quos ad spem supernam genuerat, animavit; *et benedixit eis*, id est exemplo auxit, revertens, id est reverti faciens ipsum *in locum suum*, Christum videlicet, qui cum sit omnium, specialis tamen locus est se diligentium.

CAPUT XXXII.

Vers. 1. — *Jacob quoque abiit itinere quo cœperat:* *fueruntque ei obviam angeli Dei*. Intellectus fœderis Laban cœpta prosequitur, et occurrunt piæ ejus intentioni, instar angelorum, quæ bona his gerenda denuntient verba divini eloquii. (Vers. 2.) *Hos cum vidisset*, id est intellexisset, *ait: Castra Dei sunt hæc. Castra* proprie militantium sunt. *Hæc*, inquit, nil aliud quam divinæ militiæ exercitia ac coercitionem prædicant. Castra enim a *coercendo* dicuntur. Arcent sane a se hostem, et disciplinaliter se restringunt. *Appellat nomen loci illius Manaim, id est castra*, quia Christum vel ipsam Scripturam, in qua locari debemus, munimentum cohibitionemque suam æstimat.

Vers. 3, 4. — *Misit autem nuntios ante se ad Esau fratrem suum in terram Seir regionis Edom, præcepitque eis dicens: Apud Laban peregrinatus sum usque in præsentem diem*. Nuntii qui præeunt Jacob ad Esau, motus sunt compunctionis, et desideria pietatis, quæ sæpe constat mittere intellectum, ad emolliendum eum qui olim sibi improbe dominabatur affectum. Frater dicitur, quia ex eadem mente qua et ratio gignitur. Is Esau in terra Seir commanet, quod *pilosus* interpretatur, quia affectio in terrenis jacere gaudens, superfluitate crebra contegitur. Nam vanitati sæpe libenter addicitur; et in regione Edom, id est peccati, quod est circa peccatum, tota aviditate versatur. Edom enim *sanguis* dicitur, et sanguis peccatum signat. *Apud Laban*, inquit, cœlesti candori inhiando versatus sum, usque in illum me extendens, qui nec præterit, nec futurus, sed semper æternitatis constantia præsens est. Ipse enim ait: *Ego sum qui sum* (Exod. III, 14); et: *Qui est misit me* (ibid., 15).

Vers. 5. — *Habeo boves*, maturitatis et prudentiæ in discussione terrenitatis; *asinos* irrepugnantiæ ac simplicitatis; *oves* munificæ utilitatis; *servos*, protervias animi; *ancillas* lascivas et titillationes carnis. Illa ut præsint, hæc ut subsint habeo. *Mittoque nunc legationem*, haud dubium quin animi devotionem, *ad Dominum*, te scilicet qui hactenus super me imperium usurpasti, *ut inveniam gratiam in conspectu tuo*, id est ut Dei gratiam non luxuriam aut avaritiam patiaris inveniri in intentione tua.

Vers. 6. — *Reversi nuntii ad Jacob*. Nuntii ad Jacob revertuntur, cum intellectualia desideria a carnali affectu diverberantur. Accessimus, aiunt, per piæ oblationem voluntatis ad effectum; *et ecce cum quadringentis viris in occursum tibi properat*, cum universitate videlicet temporalis superbiæ, adversitatum tibi molestias concitat. Per viros, sicut et per masculos, stulta audacia, per centenarium universitas, quaternario accipitur temporalitas.

Vers. 7, 8. — *Timens Jacob valde, divisit populum qui secum* **127** *erat, greges quoque et oves, et camelos, et boves in duas turmas*. Cum carnis imminere sentimus impetum sequestramus ab ovium, boum, camelorum, id est piæ largitatis, sanctæ gravitatis, ac humilitatis, gregum quoque, cogitationis scilicet gregatim, et disciplinariter agentis vera ac utili substantia; populum carnalitatis vulgari lascivia instrepentem in turmam et turmam, ut caro concupiscat in spiritum, et spiritus in carnem (*Gal.* v, 17). *Si percusserit,* inquit, *Esau unam,* id est si seditionem affectus excitat in corporalibus, ea quæ remotius ab eis se egerit, pars salvabitur in spiritualibus. Sed in tanto certamine ad Deum necesse est, homo interior se vertat. (Vers. 9.) *Deus,* ait, *patris mei Abraham, et Deus Isaac,* id est Deus, qui per rationem lumen et æterni gaudii spem mihi patrocinaris. *Domine, qui* indixeris *mihi,* ut reverterer *in terram,* id est incultibilitatem mentis frugiferæ; et per hanc in locum *nativitatis meæ,* statum scilicet immutabilitatis originaliter mihi debitæ, ut sic bonum mihi fiat vitæ æternæ. (Vers. 10.) *Minor sum, Domine, cunctis* misericorditer, et absque merito mihi a te collatis; nam excellit gratia officium, et veritate *minor sum,* quam promissa compleveris et complebis. *In baculo meo transivi Jordanem istum,* temporalibus his videlicet bonis tanquam baculi solatio innitens transivi, donec concupiscentiis ejus plene exuerer; Jordanem præsentis sæculi, qui descensus eorum dicitur, qui vallem lacrymarum excurrunt, *et nunc cum duobus turmis regredior,* id est cum forti divisione spiritus adversus carnem, ad eum, qui potentia [*f.*, potentiam] deitatis semper nunc habet, non jam mundanæ cuiquam rei acclinis, quasi sine baculo revertor.

Vers. 11. — *Tu,* inquam, *Domine, erue me de manu fratris mei,* scilicet de potestate affectus carnalis, *quia valde timeo ne veniens ad* penetralia rationis, *percutiat matrem,* charitatem *cum filiis,* id est effectibus suis. (Vers. 12.) *Tu locutus es quod dilatares semen meum,* piam videlicet intentionem, ex qua boni prodeunt fructus. *Sicut arenam maris, quæ præ multitudine numerari non potest,* id est sicut ex arena sal conficitur, et cibis sale conditur, ita intentio et actio mea sapientia divina condiretur. Intentio mea siquidem sapientificaretur, et ex ipso sapore actio condiretur. Arena autem cum valde gravis sit, etiam humilitatis maturitatem significat; ex hac sal fit, quia Deus parvulis intellectum dat (*Psal.* cxviii, 130). Quæ arena non numeratur, quia fructus humilitatis ac intelligentiæ a nullo comprehenditur.

Vers. 13. — *Cumque dormisset ibi nocte illa, separavit de his quæ habebat munera Esau fratri suo. Nocte* dormit, cum spiritus interioribus in endens in ipso tentationis horrore a visibilium cupiditate quiescit. Separat *de his quæ habet munera Esau,* cum de virtutis opulentia apud se colligit, unde affectum hiantem rationabiliter obstruere possit. *Ibi* autem in eadem intentione sub typo seminis dicta, dormisse signat. (Vers. 14.) Capræ ducentæ perfectionem geminæ contemplationis significant, divinæ scilicet et moralis, quæ præcipue dicitur virtus discretionis. Capræ enim ardua petunt. *Hircos viginti.* Vicenarius ex duobus denariis constat; denarius vero ex septenario et ternario. Per ternarium fides, per septenarium Spiritus datio accipitur; quibus duobus plenus Christianus efficitur. Capras ergo damus, cum carnis desiderio vim providæ contemplationis objicimus. *Viginti hircos* damus cum fetorem carnalitatis et per invisibilia quæ suscepimus fidei ac spiritus sacramenta, unum scilicet denarium, et per internam eorumdem sacramentorum efficientiam, videlicet alterum, quasi per vicenarium temperamus. *Oves ducentas.* Oves simplicitatem in se, et ob velleris impensionem, beneficii in alios extensionem signant. Ducentæ itaque oves dantur, cum non solum nobis, sed etiam proximis perfectio pietatis infertur, unde pravitas cordis obstruitur. *Arietes* cervicositatem figurant, qui per geminatum denarium dantur, quia per interiorem et exteriorem Decalogi adimpletionem nequam appetitus colla premuntur.

Vers. 15. —*Camelos fetas.* Camelus ab incurvitate dictus sustinentiam innuit, quæ tunc feta est, si eos, quos sustinet, diligit; has per trigenarium damus, cum pro solo Trinitatis amore id agimus. *Vaccas quadraginta.* Vaccæ per quadragenarium dantur, cum lascivia sæculi per quatuor Evangelia et Decalogum coarctatur. Tauri, quorum quidem carnes esui habiles, sanguis vero lethifer est, bonam exterius actionem, sed pravam intentionem insinuant, qui per geminatum denarium, ex septenario et ternario constantem inferuntur, ut per fidem et gratiam nequam intentionis vota mutentur. *Asinas,* segnitiem scilicet et stuporem, accipimus; his denarium pro visibili et invisibili sacramentorum efficacia, ut supra sumimus. Sed asinæ, per fidei ac spiritus vigorem a torpore suscitatæ, *pullos decem,* id est opera vel affectus secundum Decalogum habent. (Vers. 16.) Et hæc per manus servorum singula mittit, dum per officia membrorum quæ menti inserviunt quæque exhibere contendit. *Dixitque pueris: Antecedite me, et sit spatium inter gregem et gregem.* Pueri antecedunt, cum humilia desideria effectus operum præeunt. *Spatium fit inter gregem et gregem,* cum certa figitur distinctio inter rationis motus et carnis affectus.

128 Vers. 17, 18, 19. — *Et præcepit priori, dicens: Si obviam habueris Esau fratrem meum, et interrogaverit te: Quo vadis et cujus es, et cujus sunt ista quæ sequeris? dices: Servi tui Jacob; munera misit domino meo Esau. Prior, secundus et tertius* et alii sequentes gregem, diversi mihi videntur habitus animi, qui primæ suggestioni, secundæ delectationi, et tertiæ consensioni, et cæteris malorum processibus obsistentes occurrunt. Et ex his sortimur numerum cum quibus agunt. Si, inquit, carnalis voluntas tibi ingruerit et intentionem quo diriges discusserit, et cui Domino inservias, et cui utilitas eorum attineat quæ exsequeris, dices: Deo soli spiritus animi intuli, ipsi vitia supplantando, non pro sua sed mea commoditate obedire statui ipsi, totum quod prosequor studium devovi, et tibi, o affectus, qui olim servitio meo abusus es, quibus bestialis tua feritas satietur ratiocinando misi. (Vers. 20.) *Et addetis: Ipse quoque servus tuus qui tibi aliquando inserviit Jacob,* id est intellectus, *iter nostrum,* devotionem scilicet desiderii nostri fortiter muniendo prosequitur. *Dixit enim: Placabo illum muneribus quæ præcedunt, et postea videbo eum, forsitan propitiabitur mihi.* Quod est: Æstimat quod prælibatis affectibus effectibusque pietatum eum mitiget, postea videbit, id est videre, quod est intelligere eum faciet; et cum intellexerit, jam remissius aget. (VERS. 21.) *Munera præcedunt, sed Jacob in castris nocte illa* manet, quia ratio licet summa jam bona egerit, quandiu tentationis vel sæculi nox est, et nescit utrum amore an odio digna est (*Eccle.* IX, 1), intra continentiæ ac timoris castra se contrahit.

VERS. 22. — *Cumque mature surrexisset, tulit duas uxores suas, et totidem famulas, cum undecim filiis, et transivit vadum Jacob.* Jacob autem *lucta* vel *arena* dicitur, in quo conflictus et confligendi locus, mundus scilicet et tentatio ejus intelligitur. Sed quia eadem arena vadum appellatur, proventus ex Deo cum tentatione futurus innuitur. *Mature* surgit cum de levitate cogitationis gravitatis manu se subrigit. *Uxores famulas cum undecim filiis* tollit, cum contemplationem et actum cum vitiis ancillariter subjacentibus, et operibus necdum ad duodenarium perfectionis apostolicæ attingentibus, in quantum prævalet a temporalibus extollit, et *vadum* transit, secundum scilicet quod multis imbecillibus mare turbulentissimum est, contemptui habens cum Idithum transilit.

VERS. 23, 24. — *Transductisque omnibus quæ ad se pertinebant, remansit solus; et ecce vir luctabatur cum eo usque mane.* Omnia quæ ad se pertinent traducit, cum spiritus et totius suæ virtutis fructus trans vadum in portu cœlesti constituit. Remanet *solus*, quia, velit nolit, corpore detinetur in temporalibus. *Vir cum eo usque mane* luctatur, dum virtus superna volenti ejus summam conscendere, ut magis accendat rationis desiderio dispensative refragatur. *Quæsivi*, ait in Canticis illa, *et non inveni illum; vocavi et non respondit.* (*Cant.* V, 6.) Non tamen diu differtur divinæ illustrationis mane, quæ spes nos excitat in luctamine.

VERS. 25. — *Qui cum videret*, Deus plane, *quod differendo vota superare non posset, tetigit nervum femoris ejus*, id est mansuefecit obstinationem lasciviæ corporalis ejus, *et statim a superfluæ humore remissionis emarcuit.* (VERS. 26.) *Dimitte*, ait, *me, jam enim ascendit aurora.* Ac si dicat: Jam mane illud quod præstolabaris habes, jam ab insequendo quiescere potes. *Non*, ait, *dimittam, nisi benedixeris mihi*, nisi videlicet ad certitudinem benedictionis æternæ me perduxeris. (VERS. 27.) *Quod nomen*, inquit, *est tibi?* Id est reminiscere tui professionem propositi. Ait: *Jacob.* Ad subversionem, inquit, vivere deliberavi vitiorum. (VERS. 28.) *Non ait vitiorum supplantandorum tibi a modo sollicitudo incumbet*, id est, *non Jacob vocaberis, sed Israel*, id est princeps cum Deo, vel dilectus Dei, ut jam quadam collativa deitate cum ipso intra te ipsum Deo principatum teneas, et consopito passionum strepitu, ex Deo ad Deum te dirigas, et pacatis omnibus his uni intendas, quoniam si perseveranter ad Deum anxie quærendum complectendumque fortis es, quanto magis contra homines prævalebis, contra humanitatis scilicet tentationes. (VERS. 29.) *Et Jacob: Dic mihi quo appellaris nomine*, id est quomodo tuæ excellentiam dignitatis æstimare queam insinua. *Cur quæris*, ait, *nomen meum*, quod nec audire, nec si audire valeas capere possis? *Et benedixit eum in eodem loco*, id est virtutum eum multiplicitate ditavit, perseverantem in charitatis, quæ corda una eademque facit, vere solido et stabili loco. Statuisti, ait, in loco spatioso pedes meos (*Psal.* XXX, 10). (VERS. 30.) Vocat *nomen loci illius Phanuel*, quod est *facies Dei*, quia in dilectione præcipua Dei cognitio est, et qui hanc habet, a Deo, juxta Epistolam Joannis, cognitus est. In facie enim notitia est, et Deus ipse charitas est (*I Joan.* III, 16). *Vidi Dominum* [al., *Deum*], *facie ad faciem et salva facta est anima mea.* Quod est: Intellexi Dominum, intelligentia cognitionis ejus illustrante notitiam meam, et quia per hoc quod eum nosco, nosci me ab ipso, id est eligi non dubito, salutis animæ spiritus certam teneo.

VERS. 31. — *Ortusque est statim sol, postquam progressus est Phanuel*, incaluit videlicet mox menti justitiæ lux et fervor, postquam Dei notitiam attigit ratio. Phanuel, etiam transgressio, potest esse præter generalem Dei cognitionem ipsius contemplatio. *Ipse vero* haud dubium 129 *quin intellectus, claudicabat pede*, quia vim amiserat affectionis pravæ. (VERS. 32.) *Quam ob causam non comedunt filii Israel nervum*, id est non admittunt obstinationis vitium, quæ *emarcuit* in concupiscentiis intellectus, ad hoc scilicet ut Deum vere *diem* ubique *præsentem* liber attingeret, *eo quod* mitigaverit Deus duritiam libidinosarum consuetudinum ejus, *et obstupuerit*, id est ad impassibilitatis gratiam etiam in hac vita jam venerit. Filii autem Israel sunt qui vices Dei sibi principando gerunt.

CAPUT XXXIII.

VERS. 1, 2. — *Levans autem oculos vidit Esau venientem, et cum eo quadringentos viros; divisitque filios Liæ et Rachel, ambarumque famularum, et posuit utrasque ancillas, et filios earum in principio; Liam vero et filios ejus in secundo loco.* Erigit a terrenis spiritus intentionem, et prospicit carnis affectum his imminentem, et cum eo totius sæcularitatis præsumptionem. De quadringentis supra diximus latius. Discernit inter opera piæ actualitatis, et opera Balæ et Zelfæ, videlicet vetustatis et gloriæ inanis et vitia ex vitiisque orientia quælibet in propatulo per confessionem ponit, quia *justus* in principio *accusator est sui* (*Prov.* XVIII, 17). Lia, id est activa, cum filiis, id est studiis suis *in secundo loco*, ut sic infra deserviant proximo, ut superius intentionem deferant Deo. *Rachel autem et Joseph novissimos* ponit, quia Dei contemplationem sinceris et perfectis mentibus, quæ filium Joseph, id est, fructum sempiterni augmenti semper spectat pertinere scit. (VERS. 3.) *Et ipse progrediens adoravit pronus in terram septies, donec appropinquaret frater ejus;* proficiens scilicet et ipse ad eamdem contemplationem, et ad perfectæ visionis augmentum. *Septies*, quod est et corpore, et anima humiliatur pronus ad solam vilitatis propriæ considerationem, quandiu terrenæ superbiæ his affectus imminet,

Quaternarium ad corpus, ternarium ad animam attinere sæpe diximus; quæ septem sunt.

VERS. 4. — *Currens itaque Esau obviam fratri suo amplexatus est eum, stringensque collum et osculans flevit.* Carnalis voluntas fervori divino occursus, id est obedientiæ reverentiam exhibet. Amplexatur, cum dexteram prosperitatis lævamque adversitatis intellectus arbitrio ingerit. *Collum* stringit, cum voces consiliorum ejus sibi gratanter colligit. Collo enim vox emittitur. Osculatur, cum idem sapiens et sapientiæ salivis tingi se patitur, et spiritus suavitate imbuitur. Flet vero, cum a noxio humore spiritu eodem torrente siccatur. (VERS. 5.) *Levatisque oculis vidit mulieres et parvulos earum. Quid ait, sibi volunt isti? Et si ad te pertinent?* Levat jam ab imis oculos animi, et videt quia jam non invidet fecunditatem piorum propositorum, et teneros adhuc effectus eorum disquirit, *quid velint*, per hæc studia sibi conquirere, *et si ad aliquem intelligentiæ fructum pertinent.* Solet enim caro præsertim inter labores de præmio requirere. *Parvuli sunt,* ait, *quos mihi dedit Dominus servo tuo,* id est virtutum exordia sunt, licet infirma, quæ mihi dedit Deus, ut et tibi honestatem conquiram hic, et in futuro præmia servitute digna conquiram.

VERS. 6, 7. — *Appropinquantes ancillæ et filii earum incurvantur,* id est de latebrarum recessibus vitia, cum suis effectibus ad confessionis lumen accedenti sub rationis jugo curvantur. *Lia cum liberis* similiter adorat, quia et virtus activa, et ejus officia, sub rationis documento post vitii depressionem se ordinant, *et extremi Rachel et Joseph adorant,* quia Dei contemplatio cum perfectæ visionis quod præstolatur augmento, quasi supremitas sanctitatum summæ se rationi humiliant. (VERS. 8.) *Quæ sunt,* inquit affectus, *istæ turmæ,* id est virtutum congeries, quas *obviam,* scilicet adversas habui? Quæ tibi causa agendi hæc incubuit? *Ut invenirem,* ait intellectus, id est, inveniri facerem in conspectu, in acie videlicet considerationis tuæ non avaritiam, sed *gratiam.* (VERS. 9.) *Habeo plurima, frater mi, sint tua tibi.* Ac si dicat: Frustra tantopere niteris, cum mihi multa honesta in voluntate suppetant, quæ ad vitam sufficiant, nec tot novitatum ingestionibus, quas penes te video, egeam. Noli, intellectus, ita ab arrepto deficere. (VERS. 10.) *Sed si inveni jam semel in oculis,* scilicet intentione tua, *gratiam,* patere *munusculum* temperantiæ *de manibus,* quod est de operum meorum exercitio sumere. Sic enim cum intellectui pridem favere cœpisti, *vidi,* id est acceptam habui *faciem,* notitiam videlicet tuam, qua a Deo nosci, id est approbari cœperas, *quasi viderim vultum Dei,* ut revera plane intelligerem voluntatem Dei illapsam tibi. Vel, *vultum,* id est severitatem Dei te pertimuisse cognoverim.

VERS. 11, 12. — *Suscipe* ergo non quod æstimas detrimentum, sed *benedictionem,* id est multiplicationis augmentum. *Vix fratre compellente suscipiens,* vix scilicet rationi faveris, *ut* (consuetudo est humanæ voluntatis cito quidem satis ad spirituale quidpiam animari, citoque deficere): *Gradiamur simul,* pariter scilicet contendamus, *eroque socius,* amodo desiderii tui. Appetere sane quodammodo ire est. Ratio vero præproperum necesse est remoretur impetum.

130 VERS. 13. — *Nosti, domine, quod parvulos habeam teneros, et oves ac boves fetas mecum, quas si in ambulando fecero laborare, morientur una die cuncti greges.* Quod est dicere: Nosti ex huperrima conversione quod infirma habeam primordia, *et oves simplicitatum, bovesque* discretionis (boves enim terram discutiunt) solo nunc primum bene agendi appetitu fetantur, *quas si plusquam vires exigunt* coegero agere, *morientur* fastidii defectu *una die;* ipso scilicet suæ illustrationis initio universæ piarum cogitationum congeries. (VERS. 14.) *Præcedat Dominus meus ante servum suum; et ego sequar paulatim vestigia ejus, sicut videro posse parvulos meos, donec veniam ad dominum meum in Seir.* Tuum est, inquit, præ cunctis animi motibus ire volendo, *et ego* gravitatis usu *probæ vestigia* intentionis operando *sequar,* uti teneritudinem meam pati posse novero, *donec* ad te, qui Dominus sanctis desideriis præeundo mens, et dux fore debueras, *veniam in Seir,* id est tibi unanimiter consocier in asperitatis peccatorum tuorum confessione.

VERS. 15. — *Dicit ei Esau. Oro te ut de populo qui mecum est, saltem socii remaneant viæ tuæ.* Quia, inquit, ut tibi credam suggeris, si ut tibi obtemperem vis, saltem aliquos cogitationum minus noxiarum, operuntque sæcularium usus studio tuo vel remissionis aliquantulæ causa permisce. *Non,* ait ratio, *necesse est;* hoc est, unde nostrum melius levetur fastidium. *Uno indigeo, ut inveniam in conspectu,* id est in tua *gratiam* provisione divinam. (VERS. 16, 17.) *Reversus est itaque Esau illo die itinere quo venerat in Seir. Et Jacob venit in Socoth, ubi, ædificata domo et fixis tentoriis, appellavit locum Socoth, id est tabernacula.* Carnalis appetitus luminis superni jam die fulgidus iisdem devotionis gressibus, quibus rationi convenerat, singula quæque peccata ut gesta sunt, secum pœnitentialiter memorando revertitur, donec superfluitatis, asperitatis, ac fetoris sui cogitatione mactetur. Seir enim *pilosus* vel *hircus* dicitur. Ibi, ac si in domo, perseveranter habitat, figit tentoria, radicatur charitate distenta, vocat loci statum tabernacula, quia in charitatis immobilitate, multus labor, multa est militia.

VERS. 18. — *Inde transiit in Salem,* quæ interpretatur *perfecta, urbem Sichimorum,* quod est *humerus,* in quo intelligitur obedientia; cui supponitur humerus ad ferenda præceptorum ouera, haud dubium quin ipsa patientia, quæ urbs scilicet munitioni terna habetur *in Chanaan,* id est mutationis *terra,* in quo intelligitur morum conversio integra. Chanaan namque dicitur *mutata.* Quod totum est: Profecit usque ad Salem Sichimorum urbem in terra Chanaan, plane ad perfectionem humilitatis et obedientiæ, quæ munimentum sola est, omnis virtutis reliquæ et firmamentum morum mutationis factæ. *Postquam regressus est Jacob de Mesopotamia Syriæ; et habitavit juxta oppidum*, id est ubi-per vocationem sublimem, divinam scilicet, elevatur ab imis, et ad se spiritus noster regreditur, et in adjutorio Altissimi, qui vere nobis opem dat, quasi juxta oppidum habitat (Psal. xc, 1). (Vers. 19.) *Emitque partem agri*, id est partem animi, qui ager cultu dignus est, scilicet ipsum carnalem affectum, qui animi pars inferior est, et in qua spiritualis militiæ tabernacula jam visceraliter fixerat. *Emit*, inquam, eam *a filiis Hemor patris Sichem centum agnis*, expenso videlicet omnium pretio voluptatum, abegit eam ab operibus carnis, quæ nil aliud quam laborem in nobis procreabant; tanquam *a filiis Hemor*, quod est asinus, *patris Sichem*, quod est labor, ut secundum Deum ea uteretur, qua olim sæculo usus fuerat : quod totum *centum agnis*, id est perfecta humilitate ac simplicitate emeritum est. (Vers. 20.) Ibi erigit altare, quia fidem sublevat per adminiculum operationis justæ. Invocat *super illud fortissimum Deum Israel*, cum super illud ac si fundamentum innitens, vocat in se Deum fortissimum, non solum his, sed et aliis cum datur ab ipso efficacia principari cum Deo super vitia. Israel enim *princeps cum Deo* dicitur.

CAPUT XXXIV.

Vers. 1. — *Egressa est autem Dina filia Liæ, ut videret mulieres regionis illius.* Dina interpretatur *judicium istud*. In quo, vel in qua accipimus discretionem, quæ et ipsa judicium sæpe vocatur. Istud autem cum sit demonstrativum, rem præsentem significat, et nil magis in promptu esse debet, quam discretio semper necessaria. Hæc egreditur, cum ad aliorum discutienda infirma acta ducitur. *Filia Liæ* dicitur, quia actualis vita per hanc et recte fecunda invenitur. Ubi enim nil discernitur, nil est utique quod agitur. *Mulieres regionis* videntur, cum tepidi ejusdem nostræ religionis exsecutores notantur. (Vers. 2.) Hanc videt *Sichem filius Hemor Hvæi*, quando sibi hanc allegit affectus, in quo prorsus laboratur invidiæ, asini revera pessimi filius, ex carnalium cupiditatum pessimo fervore progenitus. Hemor enim *asinus*; Hevæus *pessimus* vel *ferus*; Sichem *labor* dicitur. Ex feritate sane corporalis concupiscentiæ, quæ asino signatur, innascitur contra alios labor invidiæ, quæ pro certo nulla fruitur quiete. De hac enim dicitur quod

Justius invidia nihil est, quæ primitus ipsum
Auctorem rodit, discruciatque suum.

131 Ad hoc plane sciendæ aliorum qualitati inhiamus, ut cum nævos vitiorum in eis reperimus, honorem inde nobis crevisse putemus, quia inferius hos videmus. *Princeps* est *Hemor terræ Hevæorum*, quia asinina et stolida cupiditas feritati omnino principatur terrenorum. Qui autem cupiunt, invident profecto aliis quod cupiunt. Adamat Sichem Dinam, quia affectat labor invidiæ distrahere ab animo sui ipsius discretionem. Rapit cum aliorum sibi vitas discutere dulce sapit. Dormit cum illa vi opprimens virginem, dum illi unanimiter miscetur intentionis adimendo sinceritatem. Adamat etiam per suggestionis susceptionem, rapit per consensum, dormit per actionis illationem. Hoc enim syllogismo utitur. (Vers. 3.) Conglutinatur *anima ejus cum ea*, cum ipsa livoris intentio, quod est ex aliorum infamia sui ipsius provectio, quæ quasi quædam invidia anima est, medullitus adhæret discretioni nostræ. *Tristem blanditiis* delinit, cum cœpti vitii pœnitentem aliquando ex alterius probro nata sibi laude solatur, et ungit. (Vers. 4.) *Patrem Hemor* rogat, ut sibi *hanc conjugem* accipiat, cum cupiditatum libidines admovet, ut miseram animam lenocinando sibi vinciat.

Vers. 5. — *Quod cum audisset Jacob absentibus filiis, et in pastu occupatis pecorum, siluit donec redirent.* Ratio nostra hanc sui corruptionem intelligit operibus per inanes glorias, quæ quidam forasticorum sensuum pastus sunt; his enim pecorum similes sumus, ubique distractis, sed silentio a cupiditatum strepitu facto redeunt. (Vers. 6, 7.) *Egresso autem Hemor patre Sichem ut loqueretur ad Jacob, et ecce filii ejus veniebant de agro; auditoque quod acciderat, irati sunt valde, eo quod fœdam rem operatus esset in Israel, et violata filia Jacob, rem illicitam perpetrasset.* Facto silentio Hemor egreditur ut ad Jacob loquatur, quia consopita turba mentis cupiditas carnalis quietis impatiens diu silere non patitur, sed rationem aggredi cupiens evagantium operum reditu ac restrictione offenditur. Opus quod accidit, audiunt, et irascuntur, cum ratio memor veterum laborum, ex ipsis operibus docetur quantum contra fœditatem internæ constuprationis, me merita operum perdat, et dolere debeat, cum discretio rationis filia ad totius lepram generis vitietur.

Vers. 8, 9. — *Loquitur itaque Hemor ad eos : Sichem filii mei adhæsit anima filiæ vestræ. Date eam illi uxorem, et jungamus vicissim connubia.* Hemor loquitur ad filios, cum fluxus cupiditatum ad evertendos instat actus nostros. Invidia, inquit, sæcularis cohæsit subtiliter, et, ut sic dicam, intentionaliter discretioni vestræ. Hoc enim signat quod non corpus, sed anima adhæsisse dicitur. Ita medullitus illapsa est ut dirimi a mente nequeat; unde nil aliud restat, nisi ut copula utrorumque consensu fiat, ut eam qua carere non potestis excipitis gratanter invidiam, cujus utilem experiamini prudentiam. *Filias vestras*, id est si quid fluxum et fragile vobis inest, *tradite nobis* in pecus alendum; *et filias nostras*, si quid itidem molle a nobis infertur *accipite.* (Vers. 10.) *Et habitate* irrefragabili tenore *nobiscum. Terra*, id est corpus vestrum *in potestate* liberi arbitrii vestri est, *exercete* ad voluptates, *negotiamini* incertitudinem spiritualium pro visibilibus dantes; *possidete eam* ad libitum eo utentes. (Vers. 11.) *Sed et Sichem*, id est invidia, voces suas habet : *Inveniam gratiam coram vobis, et quæ statueritis dabo*, scilicet vobis ingrata non ero, quia multo majora vobis quam ulla patientia præstare potero. (Vers. 12.) *Augete dotem*, quid plane pro mea admissione commodi capessatis munera postulate, quæ consequi sæculariter velitis edicite, satius

VERS. 13, 14. — *Responderunt filii Jacob Sichem et patri ejus sævientes in dolo ob stuprum sororis : Non possumus facere quod petitis, nec dare sororem nostram homini incircumciso; quod illicitum et nefarium est apud nos.* Ratio ex præteritarum memoria virtutum vires colligit, unde et Scriptura filios fecisse, id est opera dicit. *In dolo* ergo respondent, quia multo majora contra vitium facere interius proponunt quam exterius per opera exhibent. Discretionem, aiunt, nostram sinceritati devotam livoris incontinentiæ prodere nefarium remur. (VERS. 15.) *Sed in hoc valebimus fœderari, si nostræ voluerit is parcimoniæ assimilari, ut omne masculinum, omne videlicet superbum, per quod singulariter invidia gignitur, præcidatur a vobis.* In quo fidelis ille dolus est, quia si a cupiditate audacia, a superbia propellatur invidia, stare poterunt neutra; quod tamen fieri non valet, quia sicut ab igne calor non dividitur ut ignis sit, ita a cupiditate superbia invidiaque solita præsumptio non separatur, quin in ipso vitio sit, et vitium sit. (VERS. 16, 17, 18, 19.) Tunc, inquit, copulari debita unanimitate valebimus cum puritati vos instare senserimus. Sin aliter, discretione divulsa a vestro contagio, dirimemur. Placet oblatio patri et filio, et statim circumciditur, quia vitiis ad horam solitum est, ut virtuti dolose subdantur. *Amabat enim puellam valde, et ipse erat inclytus in omni domo patris sui.* Valde *puellam* amat, quia diabolus per invidiam, pulchritudinem discretionis fœdare se immergendo præcipue affectat. Is enim invidentiæ motus *inclytus*, id est inter universa 132 vitia præcognitus est, etiam *in domo patris sui*, illa scilicet cujus filia, quam concupiverat rex, cum populo suo oblivisci jubetur (*Psal.* XLIV, 11, 12); patris enim diaboli est inter vulgares enim valde exsecrationi habetur.

VERS. 20, 21, 22, 23. — *Ingressique portam urbis locuti sunt populo. Viri isti pacifici sunt;* usque ad hoc quo dicit, *efficiemur unus populus* [al., *unum efficiamus populum*]. *Portam urbis* ingrediuntur, cum vitia se ad conscientiæ examen adduci, quasi æquanimiter ad momentum patiuntur. Porta judicium signat, quia in portis antiquitus res dubiæ ventilabantur. Exempla satis superque suppetunt. Populo loquuntur quia subdolose interim paci instituendæ favere, et strepitui mentis sedando videntur. Virilis, inquiunt, et honesta hæc atque pacifica continentia, feratur degere *nobiscum in terra* corporis, negotii, et exercitii sui lucra quærat, ipsum enim corpus *spatiosa, et lata* sectans, cultu quo hæc recidantur eget; *filias*, id est fluxa eorum desideria nobis apponemus, et quælibet nostrarum partium lascivia et mollia, rationalibus animi motibus ingeremus. *Unum tantum bonum* nobis eventurum differtur, *si* scilicet *circumcidamus* ad præsens *masculos*, id est temerarios incursus *nostros* paulisper, sed non diu constringamus; ritus et instituta mentis ipsorum nos imitari simulantes, et sic fiet ut sensim animis illa- bentes intentionem (quæ quasi *substantia* est, quia ac si fundamentum substat) *et pecora*, piæ scilicet custodiæ opera, omnia insuper vitia, aut ipsum corpus, quod ipsæ rationes possidere videntur, nostro paulatim imperio addicentur.

VERS. 24. — *Assensi sunt omnes circumcisis cunctis maribus.* Silent ad tempus vitia, sopitis aperte præsumptionis motibus. (VERS. 25, 26.) *Et ecce tertio die quando gravissimus dolor est vulnerum, arreptis duo Jacob filii Simeon et Levi fratres Dinæ gladiis ingressi sunt urbem confidenter; interfectisque cunctis masculis, Hemor et Sichem pariter necaverunt, tollentes Dinam de domo Sichem sororem suam.* Prima dies suggestio, secunda delectatio, tertia consensus dicitur. Dies autem tunc sunt quando per intelligentiam discernuntur. Postquam ergo gradatim vitium incipit erumpere, cum ad consensum jam deprehenditur velle prodire, per auditionem tristitiæ (sic enim interpretatur Simeon) et per assumptionem virtutis internæ (nisi enim bene contra vitia contristemur, nunquam a Dei spiritu assumimur), gladios internæ et externæ discretionis recipimus. Levi autem dicitur *assumptus*. Sine auditu vero tristitiæ, id est sine propriæ cognitione miseriæ, non assumptio fit justitiæ, quam non tam assumimus quam ab ea assumimur, id est fortiter tenemur, quæ quadam germanitate prorsus necessaria junguntur Dinæ, id est discretioni nostræ. Ingrediuntur hæc urbem conscientiæ et exsurgentis jam audaciæ consumptis motibus cupiditatem et invidiam pariter necant, Hemor scilicet et Sichem, et de pravo contubernio eruunt discretionem.

VERS. 27. — *Quibus egressis* per indultæ sibi a Deo potentiæ licentiam, *cæteri filii Jacob super occisos irruunt*, id est reliquæ virtutes animi subacta vitia victrici actione operiunt, *et urbem conscientiæ* a strepitu solito desolantes, corruptionis damna compensant. (VERS. 28.) *Oves* improvidentiæ et fatuitatis, *et armenta* hebetudinum, vel curiositatum, his plane ac si armis contegimus nobis ipsis vitia nostra, *asinosque* libidinum, et omnia *quæ in domibus, et in agris*; in mentibus scilicet et forensibus exercitiis *erant*. (VERS. 29.) *Parvulos et uxores*, id est cœpta jam opera, et operum delectationes utraque duxere captiva, sublata in mortali corpore regnandi potentia. (VERS. 30.) *Quibus patratis audacter, dixit Jacob ad Simeon et Levi.* Ubi vivaciter peccatis obsistitur Jacob, id est ratio humanitus acta, et auditionem tristitiæ, et assumptionem gratiæ quasi in his perseverare nequeat, cœpisse se improbat. *Turbastis me*, id est turbam contra vitia mihi movistis, *et odiosum me fecistis Chananæis et Pheresæis habitatoribus terræ*, quia videlicet negotiis animi a terreno pene desiderio nunquam feriati, et stupori ad mala semper pravæ carnis finem posui. Vos, inquam, motus spirituales auctores hujus estis odii. Chananæus nempe, *negotiator;* Pheresæus dicitur *stupens.* Negotium enim perambulans in tenebris, et reprobi sensus vel ponderositatis corporeæ stupor terræ inhiant. *Nos pauci sumus.* Quia virtutum parvus ad vitiorum comparationem est numerus. Illa ergo congregata quæ expugnare cœpistis frustra, *percutient me et delebor ego, et domus mea*, hoc tantillum quod boni habebam exterius delebitur, et domus conscientiæ depopulabitur. Sed virtus rationalitatum divinitus erecta dicit (VERS. 31) : *Nunquid ut scorto abuti debuere sorore nostra?* Id est, nunquid prostituenda est cuilibet peccatorum sordi discretio nostra ex matre, quæ nos protulit ratione proles eximia?

CAPUT XXXV.

VERS. 1. — *Interea mentis certamina desipientem Deus alloquitur interius Jacob. Surge, et ascende Bethel et habita ibi, facque altare Deo qui apparuit tibi quando fugiebas Esau fratrem tuum*: Quod est dicere : Erigere ab imis cogitatibus et usquequo fias domus Dei, quod est Bethel, provehere virtutibus, et fac 133 altare bonæ voluntatis Deo, qui tibi inclaruit ut affectum carnalem effugeres, in quo piorum actuum sacrificia immoles. (VERS. 2.) *Jacob vero convocata omni domo sua, ait : Abjicite deos alienos, qui in medio vestri sunt, et mundamini, ac mutate vestimenta vestra*. Post altaris erectionem quam proposuerat, domum convocat, quia morum ac totius cogitationis dispersiones frenat. *Abjicite*, inquit, ea, quibus tanquam simulacris inserviebatis, vitia quæ *in medio vestri* erant, Id est, thronum regni in vestra mente tenebant, *et mundamini* in conscientia, *ac mutate* operum integumenta. (VERS. 3, 4.) *Surgite, ascendamus in Bethel*, ut supra positum est. *Dederunt ei deos alienos quos habebant*, id est vitia obtulerunt rationi consumenda. *Dederunt* enim dicitur, non restiterunt; deos autem crimina dici, testis est psalmus. *Si audieris*, inquit, *me non erit in te deus recens* (Psal. LXXX, 10). *Inaures autem deorum* sunt obedientia, qua peccatis obtemperabatur. *At ille infodit ea subter terebinthum*, quæ est post urbem Sichem. Postquam Sichem, id est invidentiæ laborem postponimus deos, id est crimina cum eorum inauribus, videlicet obeditionibus, subter amplitudinem fragrantiamque charitatis abscondimus; terebinthus enim lata et odorifera arbor est.

VERS. 5. — *Cumque profecti essent, terror Dei invasit omnes per circuitum civitates, et non sunt ausi prosequi recedentes*. Cum ad Deum proficiscimur sensus exteriores, quibus indita sunt livor et cupiditates, qui etiam in nostri circuitu quasi quædam sunt positi civitates, Dei timore premuntur, nec audent vim inferre cum eorumdem desideria respuuntur. (VERS. 6.) *Venit ergo Jacob Luzam, quæ est in terra Chanaan, cognomento Bethel; ipse et omnis populus cum eo*. Luza dicitur *amygdalum*. Bethel *domus Dei*. Chanaan *mutata*. Jacob ad amygdalum venit, cum spiritus noster per passiones, et amaritudines corporales, ac si corticis ad internæ dulcedinis nucleum pertingit; quod tamen in terra, id est in mente jam cultibili ac mutata fit, *mutata* videlicet ad hoc, ut fiat *domus Dei*. Et omnis populus cogitationum non jam contra eum, sed *cum eo*, in ejus scilicet adminiculo est. (VERS. 7.) *Altare ergo ibi* ædificat, quia sanctæ voluntatis in ipsius mutationis proposito statum fundat. Domum Dei appellat, quia piam affectionem solummodo aptam ad Deo manendum æstimat; ibi enim, id est per hanc inclaruit eidem Deus, cum carnalem timeret affectum.

VERS. 8. — *Eodem tempore mortua est Debora nutrix Rebeccæ, et sepulta ad radices Bethel subter quercum; vocatumque est nomen loci Quercus fletus*. In hac ipsa piæ intentionis temperie, moritur carnalis stimulus, qui quidem dulcedinem præfert more suggestionis, sed amaritudinem habet quam maximam in extremo per effectum criminis. Debora namque dicitur apis, unde Boetius (*De consolat. philos.* lib. III, metro 7) :

> *Habet hoc voluptas omnis,*
> *Stimulis agit furentes,*
> *Apiumque par volantum*
> *Ubi grata mella fudit,*
> *Fugit, et nimis tenaci*
> *Ferit icta corda morsu.*

Hæc stimulatio nutrit Rebeccam, id est patientiam, quia talibus exercitata coalescit. *Ad radices Bethel* sepelitur, quia sub divino timore, qui radix domus Dei est, constabiliendæ reconditur. *Subter quercum* ponitur, dum perpetua negligentia, et agresti quadam despicabilitate deprimitur. Talis arbor nusquam nisi a porcis petitur. Sed quia hanc solus pœnitudinis debet dolor invisere, *Quercum fletus* placuit appellare.

VERS. 9, 10. — *Apparuit autem Deus iterum Jacob, postquam reversus est de Mesopotamia Syriæ, benedixitque ei, dicens : Non vocaberis ultra Jacob, et appellavit eum Israel*. De Mesopotamia Syriæ, id est de vocatione, quæ nos ab imis elevat, et sublimibus infert, ab invidiæ finibus habet spiritus noster reversionem, ubi iterum per gratiæ amplificationem et per contemplationis illustrationem Deus sibi apparet, in prima apparitione corrigatur, in secunda quæ amissa fuerat gratia reparetur. *Non*, inquit, *ultra* vitiorum luctaminibus jactaberis, quod est, *Jacob vocaberis, sed Israel* erit tibi nomen, id est virtutum potentia cum Deo principaberis. (VERS. 11.) *Ego Deus omnipotens*, etc. Quod est dicere : Si omnipotentem me credis, ne diffidas gentes, et populos nationum ex te futuros. Gentes scilicet vitiorum, et populos sponte mentibus innascentes, quæ tamen, quia omnipotens a te credor, superabis. *Cresce* ergo spei altitudine, sed prius *multiplicare* beneficiis. *Reges* enim rationabilium motuum *de lumbis tuis egredientur*, id est de tuarum insita origine voluptatum carnalitatem excedendo procedent (VERS. 12), et terrenitatem tuam sicuti Abrahæ et Isaac, id est rationi et æternorum spei subjici debet, *tibi subjiciam, et semini tuo*, his scilicet qui te imitabuntur. (VERS. 13.) *Et recessit ab eo*, eum scilicet proprio dimittendo arbitrio.

VERS. 14, 15. — *Ille vero erexit titulum lapideum in loco quo locutus fuerat ei Deus, libans super eum libamina, et effundens oleum, vocansque nomen loci illius Bethel*. Titulus lapideus erigitur *in loco quo* Deus apparuit, cum lumen humilitatis, qua nil est firmius, in mente, cui Deus ac si speciali loco suo infulgere consuevit, solidatur. Libamina et oleum hic fundimus, cum tali fundamento et orationes imponimus, et oleum divinæ gratiæ nobis infundi humilitatis ipsius merito obtinemus. 134 Unde sic vivere, domum profecto Dei esse censemus. (Vers. 16.) *Egressus autem, venit verno tempore ad terram quæ ducit Ephratam.* Egredimur *verno tempore*, cum fines desideriorum carnis excedimus, divini spiritus nobis infuso calore. *Ad terram quæ ducit Ephratam* venimus, dum ad soliditatem animi, qua ad frugiferam divinæ venitur cognitionis, regionem pertingimus. *In qua cum parturiret Rachel* (Vers. 17) *ob difficultatem partus periclitari cœpit.* Rachel parturit, cum ad veram, quæ Deus est, frugem virtus contemplationis inhians, cum difficultate magna, et periculosa etiam aliquando defatigatione animi, visionis internæ effectum assequi cupit. Sed obstetrix quæ nostris solet obstare periculis, scilicet ratio, mentem ne timeat hortatur, quia ne a cœpto refugiat, de æterni fructus quasi de filii futura animum si perseveraverit possessione solatur.

Vers. 18. — *Egrediente autem anima præ dolore, et imminente jam morte, vocavit nomen filii sui Benoni, id est filius doloris mei.* Cum nos Deum contemplandi devotio urget, præ dolore, quia panem vitæ mens attingere non prævalet, anima egreditur; necesse est enim ut animalis sensus a corde exuatur, et sæculi desideriis, in quantum prævalet, moriatur. Unde ab ipsa matre, scilicet charitate, quæ inter virtutum, quibus insudat fetus ingemiscens parturit usque adhuc (*Rom.* VIII, 22), tantæ graviturinis effectus, vocatur *doloris filius*, sed divinus intellectus, cujus tanquam veri patris sincero semine charitas imprægnatur, filium dexteræ hunc appellat, quia quidquid sub ipso per charitatem geritur, dexteræ æterni regni militat. (Vers. 19.) *Mortua est Rachel et sepulta in via quæ ducit Ephratam.* Quia opus est, quantum ad sæculi ambitum spectat, mori animam, visioni Conditoris intentam, et sepeliri, id est abscondi a forensi strepitu, in Christo, qui est via; consepultis enim ei datur frugiferæ regionis, ejus videlicet divinitatis, pascua. Ducunt autem ad hanc conformitatis ipsius vestigia, ubi proprie Bethel est, domus profecto Dei vera. (Vers. 20.) *Erexitque Jacob titulum lapideum super sepulcrum ejus : Hic est titulus monumenti Rachel usque in præsentem diem.* Jacob *titulum super sepulcrum* Rachelis erigit, cum inter moriendum sæculo ipsa speculationis virtus, quam habet introrsum, etiam exterius claritatem humilitatis ostendit. Titulus autem a Græco nomine dicitur, quod est titan, id est *sol.* Is *titulus monumenti pertingit usque in præsentem diem*, quia humilitas ista sempiternam meretur memoriam, quæ in illa indefectiva die, quæ Deus est, constat, cujus diffugit nemo præsentiam. Lapideus autem dicitur,

ut soliditas, durabilitas, ejusdemque pondus notetur. (Vers. 21.) *Egressus inde fixit tabernaculum trans turrim gregis.* Turris gregis excellentia est, indivisæ et unanimis in Deum cogitationis. Egredimur vero *inde*, cum evicta passionum corporis quasi partus difficultate, progredimur *trans turrim, gregis tabernaculum figere*, id est ultra omnem imaginariam, et quasi gregariam vim, in ipsum Deum aciem spiritualis animi porrigere.

Vers. 22. — *Cumque habitaret in illa regione, abiit Ruben, et dormivit cum Bala concubina patris sui; quod illum minime latuit.* Ruben dicitur *videns in medio*; Bala, *inveterata*. Cum in supernæ visionis nobili illa regione moramur, rectitudo intelligentiæ nostræ, quæ nec ad dexteram, nec ad sinistram devians media tenet et providet, quæ per Ruben signatur, a pio contuitu abit, et in aliqua veterum, id est temporalium rerum voluptate torpescit. Quæ *concubina patris* dicitur, quia ipsius intellectus, qui rex et pater nobis est, auctoritas erga hanc adulterinæ nimis afficitur : qui tamen incursus Patrem minime latet, quia fluxus sui fœditas spiritui luce clarius patet, et tamen a dignæ ultionis animadversione silet. (Vers. 27.) *Venit etiam Jacob ad Isaac patrem suum in Mambre, civitatem Arbeæ, hæc est Hebron, in qua peregrinatus est, Abraham et Isaac.* Spiritus noster *ad Mambre civitatem Arbeæ venit*, cum ad divisionem, id est discretionem temporalitatis hujus, quæ quaternitate signatur, quæ revera maximi civitas munimenti est, accedit; et quidquid transitorium est amare, certam miseriam esse intelligit; Mambre enim *divisiones*; Arbeæ, *quatuor* sonat; Hebron vero *participatio tristitiæ* dicitur. In Hebron ergo peregrinatur Abraham et Isaac, quia ipse intellectus et spes interni gaudii quam habemus, dum proprii recolit incolatus ærumnam, quandiu in corpore agitur, nunquam non habitat tristitiæ participationem.

Vers. 28, 29. — *Et completi sunt dies Isaac centum octoginta annorum. Consumptus ætate mortuus est, et appositus populo suo senex et plenus dierum.* Per centum annos plenitudo virtutis exprimitur, per octogenarium, qui quaternarios præfert, temporalitas accipitur, quæ in his qui cœlesti lætitiæ inhiantes sunt. Isaac centenarii quasi luminum perfectione transcenditur. Ætate Isaac consumitur, et moritur, cum carnis gaudio ad integrum demolito, spes omnis nostra quantum ad sæculum interimitur. *Plenus dierum populo suo* apponitur, cum plena mens virtutum luminibus, cœlesti populo, specialiter suo conformatur. *Et sepelierunt eum Esau et Jacob filii sui*, intellectus videlicet et affectus, quæ gignuntur ex mente tripudiis intenta cœlestibus, postquam præter Deum nil sapere, non aliunde affici gaudent, mentem ipsam, de qua prodeunt, a sæculi molestiis contutant intra se et abscondunt.

EXPLICIT LIBER OCTAVUS.

135 INCIPIT LIBER NONUS
MORALIUM IN GENESIN.

Nonne auctorem in scripturarum disquisitione profiteor; sed sanctorum regulas pia fide consectans, si quid utile ibidem reperire contigerit, piis humilium et discere volentium desideriis mea secundum Deum sensa propinans, disserere quæ sequuntur intendo. Id enim proximis debeo. Exsibilet qui vult istud et rideat, et veluti ad novitatem Saulis prophetantis insultet, dum modo uni saltem cuilibet profutura cantemus. Sequitur ergo.

(43) CAPUT XXXVII.

VERS. 2. — *Joseph cum sedecim esset annorum, pascebat gregem cum fratribus suis adhuc puer, cum filiis Balæ et Zelfæ uxorum patris sui.* Joseph, qui interpretatur *adaugens*, spiritum nostrum significat, qui semper augmentis spiritualibus instat. Sex et decem est annorum, dum exteriorem interioremque hominem sexta enim die *factus est homo in animam viventem* (*Gen.* I, 27; II, 7) divinæ legis denario subjicit, ob assequendam plenitudinem mysticorum annorum. Pascit *gregem adhuc puer cum fratribus suis*, dum cogitationem sub divino timore constrictam, in primis adhuc provectibus positus supernæ aspirationis et divini eloquii pabulo alit, cum aliis ex eadem genitis mente virtutibus, vel *cum fratribus suis*, carnalibus scilicet motibus, qui ex Bala et Zelfa, id est sæculari vetustate, et instinctu inanis gloriæ, oriuntur. De utrisque supra satis diximus; hæc enim præcipue, scilicet mundana voluptas, et cenodoxia proficientibus infesta sun. Nam utraque patris nostri, ipsius videlicet intellectus legitimo conjugio, sed non legitime abusa sunt. Unde et uxores dictæ sunt, sicut et quinque viri Samaritanæ dicti sunt. *Accusavitque fratres suos apud patrem crimine pessimo.* Nam penes intellectualitatem motus carnales, qui ex eadem mente gignuntur, criminis arguere, proprium ejusdem intellectus est. Ipse enim ad se carnis subjectæ defert quæstiones. Nempe isdem thronus est, id est judex, qui præsidet throno. Pessimum autem est quod Deo scienter adversatur.

VERS. 3. — *Israel autem diligebat Joseph super omnes filios suos, eo quod in senectute genuisset eum; fecitque ei tunicam polymitam.* Spiritus noster in quantum cum Deo principatur; Israel enim *princeps cum Deo* interpretatur, Joseph, id est *æterni augmenti desiderium*, plusquam omnes filios, opera scilicet sua diligit, quia ubi non est provectus votum, facilem habent, si sunt ibi bona aliqua, motum. *In senectute* namque is gignitur, nam defervescente concupiscentiarum æstu, ac præsumptionis juvenilis

(13) Prætermittitur cap. 36.

rigore, talis aviditas comparatur. *Tunicam polymitam*, id est multicolorem ei fecit, quia vitam diversis virtutum generibus institutam spiritus ipse sibi composuit. Possumus etiam per Joseph intelligere religionis affectum, qui semper nititur ad profectum. (VERS. 4.) *Videntes autem fratres ejus quod a patre plus cunctis filiis amaretur, oderant eum, nec poterant ei quidquam pacificum loqui.* Quo enim spiritus noster pietatis desiderio et cultui magis institerit, tanto magis frequentia carnalitatum quasi in ejus odium insurgit. Nil *pacificum* loquuntur, quia semper contra interioris hominis quietem feruntur.

VERS. 5. — *Accidit quoque ut visum somnium referret fratribus suis; quæ causa majoris odii seminarium fuit.* Somnium refert fratribus, dum ea, quæ a forasticis dormiendo, et ad interna vigilando spiritualiter sentit, motibus ex sua corruptibili natura prodeuntibus objicit; unde majore eos rabie accendit quo arctius restringit. (VERS. 7.) *Putabam nos ligare manipulos in agro, et quasi consurgere manipulum meum, et stare, vestrosque manipulos circumstantes adorare manipulum meum.* Ac si diceret: Vos vobis animi imperium indebite arrogatis, sed ego putabam quod et verum est, nos pariter nostrorum fructus operum sub Dei timoris disciplina restringere debere, sed tamen me rationem opprobrii dignitatem officii præcellere, et pro vobis jacentibus ubique voluptatum decertare, et me prævia ad idem prælium debere vos assurgere, et vestræ cervicositatis mihi colla curvare. (VERS. 8.) *Nunquid*, inquiunt, *rex noster eris, aut subjiciemur ditioni tuæ?* Id est quomodo fieri potest, ut tot concupiscentiis corporeæ necessitatis exstinctis, solus ipse domineris?

VERS. 9. — *Aliud quoque vidit somnium, quod narrans fratribus, ait: Vidi per somnium quasi solem, et lunam, et stellas undecim adorare me.* 136 Si Joseph, ut prælibavimus, bene agendi appetitum accipimus, ad augmentum enim spirare proprium est ejus; *solem* intellectum, *lunam* voluntatem dicimus; quia sicut luna a sole, sic voluntas illustratur a ratione. *Undecim stellas* interiores exterioresque motus intelligimus, et quia undenarius ex sex et quinque constat, senarium ad bonæ voluntatis perfectionem, quinarium ad sensuum corporis mobilitatem conferimus. Senarius enim omni sua parte solidus stat, quinarius minime. Unde et ex inæqualitate utraque undenarium, qui transgressionem signat, efficiunt. Velle enim adjacet (*Rom.* VII, 18), sed exterioris hominis membra præpediunt. Hæc omnia autem adorant pietatis affectum, quia et ratio, et voluntas, interiorque et etiam, velit nolit, exterior homo specialiter optat, et precibus Deo datis sancti appetitus præstolatur augmentum. Aut quia adorare dicitur *juxta orare*, juxta Joseph, id est augmentum orat, qui nil a Deo nisi sanctitatis incrementum postulat. Voluntas et affectus, cum pia sunt, licet unum esse videantur, non sunt, quia de multis bene afficimur, sed ab his, quæ rationi junctior est, voluntate retrahimur. Locum enim tempusque discutimus et cætera quævis attendimus. (Vers. 10.) *Quod cum patri suo et fratribus retulisset increpavit eum pater suus*, etc. Pater eum increpat, quia agilitatem pii affectus, gravitas intellectualis fragilitatum timida, ne præpropere quid aggrediatur, retardat. *Num ego et mater tua et fratres tui adorabimus te super terram?* An *ego*, inquit, a quo semen divinum matri tuæ, bonæ scilicet voluntati ingeritur, sine hac enim reprobum est, quod gignitur, et ipsa *mater tua* quæ te in quantum vere es parit, internique, et externi motus addici poterimus tibi, in tantum ut sis super terram, nulla profecto ambiendo nisi supernæ vitæ eminentiam? (Vers. 11.) *Fratres ergo*, id est spinæ ac tribuli, qui ex terra cordis cum bona fruge nascuntur, invident; *pater vero* intellectus interius exteriusque a negotiis tacendo rem considerat, dum proposito instat.

Vers. 12. — *Cumque fratres illius in pascendis gregibus patris morarentur in Sichem*, etc. Fratres isti non gregem, sed greges discordiæ ac divisionis cogitationes pascunt, id est, crebris repertis avaritiæ superbiæque, vel invidiæ occasionibus nutriunt. Qui greges *patris* etiam dicuntur, quia cogitatus dispersionis usque ad intellectum vexationem pervenire uoscuntur. Sichem dicitur *humerus* vel *labor*. In Sichimis ergo morantur, dum curarum sarcinis iniquæ sufferentiæ humeros supponentes, ut sic dicam, sub mortifero labore quiescunt. (Vers. 13.) Dicit ergo pater : *Veni, mittam te ad eos*. Redi, inquit, a dispersione tua, ut dirigi possis contra cogitationum vitia, et pietatis appetitu suam non differente præsentiam. (Vers. 14.) *Vade*, ait, *et vide si cuncta prospera sunt circa fratres tuos et pecora; et renuntia mihi quid agatur*. *Vade* per directionem intentionis, et videbis postmodum, per aciem discretionis, an animalitates tuæ, dum sæculi bona capessunt, gaudere aliqua interiori prosperitate possunt. Inter fratres hoc differt et pecora, quod sunt aliqua vitia quasi ratione sese tuentia, quædam omnino bestialia. Porro quid agant fratres renuntiat; cum æstus sancti desiderii ad examen intellectus quæstus suos aut damna reportat. *Missus de valle Hebron, venit in Sichem.* Hebron augmentum [sempiternum, vel *visio sempiterna* dicitur. Mittitur ergo Joseph, id est appetitus augmenti, de mentis humilitate, per quam perpetuum sperat augmentum, et de visione Dei, qua per fidem et amorem sub spe sempiternitatis jam hic fruitur, ad consideranda illa in quibus caro libenter versatur negotia : sed venit in Sichem, quia quæ discernere solummodo et discreta abjicere debuit, in his demorando aliquoties quadam detinetur inertia, et humerum supponendo pari laborat miseria.

Vers. 15. — *Invenitque eum vir errantem in agro, et interrogavit quid quæreret*. Vir ipse intellectus est, qui affectum per agrum, id est per mundana evagantem, de suo errore inquirit. (Vers. 16.) *Fratres meos*, ait, *quæro, indica mihi ubi pascunt greges*. Ac si dicat : Dum carnalitatis meæ excessus discutio me ipsum pariter excessisse video, tu ergo si virum sapis, indica mihi fœditatem hujus vecordis et incompositæ passionis. (Vers. 17.) *Recesserunt*, inquit, *de loco isto; audivi autem eos dicentes : Eamus in Dothaim*. Dothaim dicitur *viride eorum*, vel *pabulum eorum*, vel *sufficiens defectio*. Postquam spiritualibus addicti sumus vitiis, ab horum habitum recedentes, ad carnalem defluere gratius habemus voluptatem, quod significat jocunditas viriditatis, quod pabulum est eis, non tamen refectio, sed sufficientia totius internæ defectionis.

Vers. 18. — *Pergit post fratres suos et invenit eos in Dothaim*, dum sola eos prosequens consideratione reperit eos deficere in terrenis desideriis. (Vers. 18, 19, 20.) *Qui cum vidissent eum, antequam accederet ad eos, cogitaverunt interficere eum : Et mutuo loquebantur : Ecce somniator venit; venite, occidamus eum, et mittamus in cisternam hanc veterem, dicemusque : Fera pessima devoravit eum*. Vident Joseph fratres, cum evidenter invident pio affectui motus animales. Antequam accedat cogitant occidere, quia antequam per effectum errori assentiat, per nequam affectum disponunt subruere. **137** *Ecce*, aiunt, is qui visibilia respuens invisibilibus animi aciem porrigit, et quasi somnio vivit; o vos carnalium congeries delectationum, *venite*, hunc vobis addicite; atque in antiquum chaos, reprobum scilicet sensum, quod est, vetus cisterna, carens divinæ intelligentiæ aquis, quo quondam ante conversionem turpiter se egerat projicite, et a fera pessima, id est a repentina et improvisa tentatione aliqua consumptum, et evictum dicite; vel diaboli factum violentia perhibete. Solent namque *ad excusandas excusationes in peccatis* (Psal. cxl, 4) ipsi peccantes ista obtendere. Et tunc apparebit quid illi prosint somnia sua, id est quid fatuitatis sit pro invisibilibus dimittere visibilia, pro incertis certa. Somnium enim est ea, quæ oculis non videntur, dormiendo attendere. *Ego ait dormio et cor meum vigilat* (Cant. v, 2.)

Vers. 21, 22. — *Audiens hoc Ruben nitebatur liberare eum de manibus eorum. Non*, ait, *interficiamus animam ejus, nec effundamus sanguinem; sed projicite eum in cisternam hanc, quæ est in solitudine manusque vestras servate innoxias*. *Hoc autem dicebat, volens eripere eum de manibus eorum et reddere patri suo*. Ruben qui dicitur *videns in medio*, discretionis vis est, irreflexæ directionis intendens meditullium, quæ dum pii affectus, id est intelligit periculum nititur liberare de carnalium potestate libidinum : Non, inquit, anima capitali aliquo crimine perimatur, quod est sanguinem fundere, fluxum scilicet carnalitatis laxare, sed ad cisternam vitæ videlicet pristinæ sæcularis foveam, quæ a Deo halitatore patitur solitudinem, tantummodo animæ sectantes inertiam deducite, non ad culpam actualem fœdi cujuspiam criminis devolvite. Facilius sane a sequitie mentis exsurgitur quam culpæ perpetratæ ruina emergitur. Sic nempe versuta discretio per minus majore vult carere exitio, donec patri restituatur, id est, intellectui plenarie suo.

Vers. 23, 24. — *Confestim igitur ut pervenit ad fratres, nudaverunt eum tunica talari et polymita, miseruntque in cisternam, quæ non habebat aquam.* Ad fratres pervenit, cum ad carnalis titillationis effectum se inserit. *Tunica talari et polymita* nudant, cum virtutum varietate in qua perseverare decreverat (hoc enim talis significat) exspoliant. *In cisternam* sine aqua mittunt, cum in pristinam vitam in qua nulla spiritualitatis scientia est, retrudunt. (Vers. 25.) *Et sedentes ut comederent panem, viderunt viatores Ismaelitas venire de Galaad, et camelos eorum, portantes aromata, et resinam, et stacten in Ægyptum.* Sedent *ut panem* comedant, quia statu rectitudinis amisso, remisse agunt, ut se temporali jocunditate reficiant. Panis enim hoc significat, ut est: *Abominabilis fit ei panis in vita sua* (Job XXXIII, 20). Ismaelitas *obedientes sibi* interpretamur *Viatores* autem dicuntur qui per viam, quæ Christus est, ambulare videntur, sed tamen sibi obediunt, quia non Dei, sed suam in his exhibitionibus laudem quærunt. Hos *venire de Galaad* vident, quia de acervo testimonii, id est de frequentia sanctorum, qui se operibus ad electos pertinere testantur, per exempli traductionem descendere specie tenus censent. Cameli eorum portant in Ægyptum, cum corpora quæ ob sui pondus cameli vocantur, quia aggravant animam (Sap. IX, 15), bona quælibet quibus non ad Dei honorem, sed ad sæculi ostentationem redolent solummodo extrinsecus præferunt. Ægyptus enim sæculum signat, unde est : *Non abominaberis Egyptium* (Deut. XXIII, 7) ; odoramenta vero forinsecas virtutes insinuant.

Vers. 26, 27. — *Dixit ergo Judas fratribus suis : Quid nobis prodest, si occiderimus fratrem nostrum et celaverimus sanguinem ipsius? Melius est ut vendatur Ismaelitis, et manus nostræ non polluantur; frater enim et caro nostra est.* Judas dicitur *confessio.* Solet autem obstare plurimum peccare volentibus, ipsa post peccatum necessitas confessionis. Pudet enim perpetrare, quod multo magis confiteri pudor est. *Qualem*, inquit, *fructum habuistis; in quibus nunc erubescitis ?* (Rom. VI, 21.) Reverentia ergo confessionis infert motibus pravis. *Quid*, ait, proderit a bona voluntate deficere, et lethale crimen animo incutere, quod non, cum perpetratum fuerit, poterit mens ipsa celare, si propriæ velit saluti consulere? *Vendatur Ismaelitis*, hypocritarum scilicet tradatur exemplis, et exterior actio nostra non polluatur nævo culpæ notabilis, quia ipse affectus, si per turpia opera infametur, tanta propinquitate nobis adjungitur, ut per hunc *caro nostra*, id est tota exterioritas vitietur.

Vers. 28. — *Acquieverunt fratres sermonibus ejus.*

Et prætereuntibus Madianitis negotiatoribus, extrahentes eum de cisterna, vendiderunt viginti argenteis. Acquiescunt *fratres*, cum verecundiæ, sed tamen humanæ licet utili, cedunt motus carnales. Eligunt enim subjici magis spiritualibus quæ minus patent quam corporalibus. Extrahunt *de cisterna*, cum de sæculari mores suos adimunt vita, et his, qui pro negotio favorum bene victitare videntur; qui tamen Madianitæ, id est *juste judicandi sunt* distrahunt, dum ad eorum exempla se vertunt. Madian nempe, *de judicio* dicitur. Vendunt *viginti argenteis*, dum se eis imitando ipsos subjiciunt, dispertiendo se per numeros duplicitatis. Vicenarius enim duplicitatis signat, juxta illud : *Si possit cum decem millibus occurrere ei, qui cum viginti millibus venit ad se* (Luc. XIV, 31). Argentei vero quia sonorum metallum est, illius tantillæ famæ tinnitum significat, et verba laudantium quasi quædam nummorum particulæ constant. *Qui duxerunt eum in Ægyptum :* quia imitationis suæ illecebris actum, ad solius sæcularitatis pertrahunt ambitum.

Vers. 29, 30. — *Reversusque Ruben ad cisternam non invenit puerum et scissis vestibus pergens ad fratres, ait : Puer non comparet, et ego quo ibo? Ruben ad cisternam* revertitur, *et puerum non invenit*, cum discretio nostra ad veteris vitæ statum consideratione ducitur, sed jam affectus, ut fieri solet, ad carnalia quemque relabi ibi non invenitur quia laqueis cenodoxiæ, quæ vix ad simplicitatem revocatur, irretitur, multo sane deterius. *Vestes scindit*, et *ad fratres* pergit, cum sancta opera, quæ Deo uniri debent, per ora et oculos hominum dispersa favoraliter ostendit, et ad interioris hominis pravos motus corrigendo agi ista ingemit : *Væ enim ingredienti terram duabus viis* (Eccli. II, 14). Affectus, inquit, irrecuperabiliter per inanes glorias elapsus est, in quo mea jam perficiet discretio, ubi nullus pietatis sensus est.

Vers. 31, 32. — *Tulerunt autem tunicam ejus, et in sanguine hædi, quem occiderant, tinxerunt, mittentes qui ferrent ad patrem et dicerent : Hanc invenimus; vide utrum tunica filii tui sit, an non.* Tunica ejus, ipsius est interior affectualitatis habitus. Hanc *in sanguine hædi, quem occiderant*, tingunt, cum desiderio peccati carnalis, quod in modum cruoris decurrit, conscientiæ statum polluunt. Hædus namque, *quem occiderant*, flagitium est, quod commiserant; solet enim typus inanis gloriæ reflari per effectum carnalis culpæ. Mittunt *qui ferunt ad patrem*, cum cogitationum versutiis aggrediuntur rationem. Attende, aiunt, in quem habitum affectus, quem bene Deo peperisse videbaris, defluxerit, aut forte si talem tibi non ascripseris, *vide* unde tali conscientia emerseris, et certe in quo perseverare non poteras, nunquam virtutis studium affectare debueris.

Vers. 33. — *Tunica filii mei est, fera pessima comedit, bestia devoravit Joseph.* Habitus, inquit, affectionis meæ revera is est, sed crudelitate diaboli et carnalium ferali impetu voluptatum corruptus est t

Solet humanitus acta ratio, quasi dæmonum et carnis violentia, sponte actas nequitias excusare. Joseph ab his est devoratus, quia ab his consumptus creditur totius pietatis et proficiendi appetitus. (Vers. 34.) *Scissisque vestibus, indutus est cilicio, lugens filium multo tempore.* Vestes scindit, cum unitate intentionis amissa opus proprium, quo membra sua super terram contegere debet, per inania disjicit. Cilicio induitur, cum voluptatum stimulis circumdatur. Luget *filium multo tempore*, cum luctu dignum suum ostendit affectum assidue. (Vers. 35.) *Congregatis autem cunctis liberis ejus, ut linirent dolorem patris, noluit consolationem recipere et ait: Descendam ad filium lugens in infernum.* Liberi congregantur, cum rationis vires, quæ de peccati servitio ad libertatem vitæ nos revocant, Dei timore ad tempus coaggerantur. Liniunt et consolari volunt *dolorem patris*, cum peccati miseriam per conversionis et pœnitentiæ remedium temperare nituntur. Sed per effectum recusans, et sentienti cum Deo spiritu non credens, dolendo exitio devolvi se patitur in desperationis barathrum, post pravæ delectationis affectum, id est filium.

Vers. 36. — *Et illo perseverante in fletu, Madianitæ vendiderunt Joseph in Ægypto Putiphar eunucho Pharaonis, magistro militiæ.* Spiritu nostro fletu digna opera perseveranter agente, Joseph, bonus, scilicet noster appetitus exemplo eorum qui de judicio sunt, et ad puniendos pertinent, Ægyptiæ cæcitati contradicitur; Putiphar interpretatur *os inclinans ad dissecandum.* Os appetitum nequam significat, qui semper pronus est ad disperdendum. Eunuchus est, et magister militiæ; quia ab omni bono sterilis est, et totius vitiorum exercitus princeps. Is pretio temporalium voluptatum sibi distrahit proficiendi affectum.

CAPUT XXXVIII.

Vers. 1. — *Eo tempore, Judas descendens a fratribus, divertit ad virum Odollamitem, nomine Hiram.* Judas, *confessio*; Hiras, *fratris mei visio* dicitur. Cum animus ita a se dividitur, memoria sanctæ confessionis, quæ supra puero tenero, scilicet proposito, parci monuit, a superbia fratrum, corporalium videlicet desideriorum, sese demittens, divertit a sæculari strepitu ad ejus, qui vere unicus frater est, Jesu Christi visionem. Qui ideo vir dicitur, quia in eo nil nisi virtutis summa videtur. Odollamites, *testimonium in aqua* sonat. In aqua autem baptismatis Christum ipsum induimus (*Gal.* iii, 27), cui dum facto contradicimus, in hac aqua testimonium contra nos ferentem, dum ei videndo tanquam fratri intendimus, invenimus.

Vers. 2. — *Viditque sibi filiam hominis Chananæi, vocabulo Sue, et uxore accepta, ingressus est ad eam.* Si homo Christus est, Chananæus profecto, sicut et Samaritanus, ideo dictus est, quia ipse vera suorum mutatio est. Chananæus enim, ut sæpe dictum est, *mutatus* dicitur. Is habet filiam, rationem scilicet ipsam quæ 139 Sue, idest *loquens*, vel *cantilena* dicitur, quia ipsa sola nobis, aliis oblatrantibus, intelligibiliter loquitur, et lenitate spiritus vel concentus, nos stimulos titillationum, sed serenitatem omnimodam operatur; filia autem est, quia ipsi, qui summa ratio est, similis est. Hanc sibi videt Judas, quia eam solum sibi utilem ad sequendum æstimat veræ confessionis humilitas. Uxorem sibi copulat, quia hanc per contemptum sæculi peccati cognitione ad operanda bona fecundat. (Vers. 3.) *Quæ concepit filium, vocavitque nomen ejus Her,* qui interpretatur *resurrectio vel vigiliæ*, vel *pellicius*. Cum enim ad rationabiliter vivendum accedimus, prius necesse est resurgamus, demumque in nostri custodia vigilemus, quia post conversionem, sæpe mortuorum operum memoria, quod pellis significat laboramus.

Vers. 4. — *Rursus concepto fetu natum filium nominavit Onam*; qui dicitur *mæror eorum*, quod refertur ad fastidium. Solet nempe ex difficultate evincendarum passionum, quæ ex recordatione sæculi voluptatum contingit, maximum cœpto proposito generari fastidium. Unde Psalmus, *Omnem*, inquit, *escam abominata est anima eorum* (*Psal.* cvi, 18), etc. *Usque ad portas* enim *mortis*, id est usque ad religionis desertionem torquentur sancti æstibus cogitationis. (Vers. 5.) *Tertium quoque peperit, quem appellavit Sela*, qui *umbra ejus* interpretatur, quod ad sancti spiritus protectionem refertur. Facit enim ipse proventum, ut tentati sustinere possimus. In duobus præmissis clamamus parturientes, in tertio masculus nascitur, qui ad thronum Dei, ut regat virga ferrea (*Psal.* ii, 9) genus cum quadam emeritæ impassibilitatis palma, provehitur. *Quo nato parere ultra cessavit*, quia postquam ad perfectam charitatem mens pervenerit, jam non in dolore filios parit, quia quidquid agit jam quasi ex naturali facilitate consurgit.

Vers. 6. — *Dedit autem Judas uxorem primogenito suo Her, nomine Thamar*, Quæ *amaritudo* dicitur. Disciplina; namque amaritudinem tentationum illecebris apponere debemus, quæ quidem in præsenti amaritudinis est, sed fructum pacatissimum reddet exercitatis in ea (*Hebr.* xii, 11).

Vers. 7. — *Fuit quoque Her primogenitus Judæ, nequam in conspectu Domini, et ab eo occisus est.* Occidit Deus Her in conspectu suo nequam, dum incentiva libidinum tam spiritualium quam corporalium, quæ Deus per maxime improbat, in anima, quæ sola sibi conspicua est, virtute constabilitæ rationis interimit. (Vers. 8.) *Dixitque Judas ad Onam filium suum: Ingredere ad uxorem fratris tui, et sociare illi, ut suscites semen fratri tuo.* Loquitur Judas ad Onam, cum humilitas confessionis et pœnitentiæ informat acediæ mœstitiam. Filius autem est, quia ex occasione suæ actionis natus ipse defectus est. Consociare, inquit, piæ amaritudini, et intelligenter quasi ingrediendo penetra, et insere te præsentis sæculi tribulationi, quasi fructus æternos tibi parituræ conjugi, *ut fratri tuo*, motui scilicet corporali, *suscites semen*, id est posteritatem superni præmii. *Corpus* enim *mortuum est propter peccatum* (*Rom.* viii, 10), suscita ergo illud per justitiæ actum.

VERS. 9. — *Ille autem sciens non sibi nasci filios,* introiens ad uxorem fratris sui, semen fundebat in terram, ne liberi fratris nomine nascerentur. Introit ad uxorem, dum considerando pervidet disciplinæ gravitudinem. Scit *sibi non nasci filios*, quia novit animi inertiam ad proferendos pœnitentiæ fructus dignos. *Semen fundit in terram*, cum bonum quod agit vertit in terrenam gloriam. (VERS. 10.) Percutit eum Deus quod detestabiliter faciat, quia aut judicialiter punit, vel quoquo pacto arguendo corrigit, dum suæ sibi nequitiæ horrorem ostendit. (VERS. 11.) *Quam ob rem dixit Judas Thamar nurui suæ : Esto vidua in domo patris tui, donec crescat Sela filius meus; timebat enim ne et ipse moreretur, sicut fratres sui. Quæ abiit et habitavit in domo patris sui.* Confessionis humilitas ad Thamar, id est disciplinæ custodiam se convertens, cognosce, inquit, sponsum tuum, pro te Christum mortuum, præstolare ergo intra conscientiam, quæ domus Dei Patris tui est, augmentum gratiæ, quæ tibi obumbret, Spiritus sancti, quæ paracletum habeas vice sponsi tui, cui tanquam filio divini eloquii nutrimentis alendo insistas, quem tamen tu conceperis ex libertate arbitrii. Timet enim dum sic se monimentis mens innovat, ne tentando, ut pridem periclitetur, et decidat. Facit ergo ita.

VERS. 12. — *Evolutis autem multis diebus, mortua est Sue, uxor Judæ. Qui post luctum consolatione suscepta, ascendebat ad tonsores ovium suarum, ipse et Hiras opilio gregis Odollamites in Thamnas.* Evolvuntur dies, cum sensim per teporem animi deficiunt virtutes. *Sue Uxor Judæ* moritur, cum ratio, quæ nobis spiritum lenitatis incentat, et quam pietas confessionis impræcgnat, destituitur; quæ cum *post luctum* peccati consolationem veniæ suscepisset, ne postmodum in aliqua animæ relaberetur exitia, ascendit progressu mentis ad eorum exempla sanctorum, per quos absciderentur a simplicibus suis cogitatibus curæ sæcularis superflua. Ascendit, inquam, *in Thamnas*. Thamnæ interpretantur *deficientes*, vel *numeri*, vel *fideles*. Promovetur ergo ad hoc ut primum in se deficiat, et in Deo proficiat ut sic ad numerum fidelium pertingat. *Ipse* itaque *et Hiras*, quem Christum diximus figurare, pariter pergunt, **140** quia mores eum sui ab ipso non dividunt. Opilio dicitur *mercenarius*. Mercenarium autem Christum eo dixerim modo, quo nos oves, ut ipse perhibet (*Joan.* x, 15), suas a Patre sibi datas pro passione, quam pertulit, loco mercedis accepit. *Cum dederit*, inquit, *dilectis suis somnum, ecce Domini hæreditas, filii merces, fructus ventris* (*Psal.* CXXVI, 2). Et : *Postula a me et dabo tibi gentes*, etc. (*Psal.* II, 8).

VERS. 13, 14. — *Nuntiatumque est Thamar quod socer illius ascenderet in Thamnas ad tondendas oves. Quæ, depositis viduitatis vestibus, assumpsit teristrum, et mutato habitu, sedit in bivio itineris, quod ducit Thamnam, eo quod crevisset Sela, et non accepisset eum maritum.* Thamar nuntiatum est quod socer ascendit ad tondendas oves, cum fervor et studium sanctæ conversationis, quæ quidem primo amara et angusta est, sed post læto latoque corde curritur, nuntio divini verbi vel Spiritus sancti tangitur, et ut verum confessorem animum abscidendis cogitationum superfluitatibus intendentem subsequatur, accenditur. (S. BENED. *prolog. regulæ, sub finem.*) Deponit viduitatis vestes, cum humiliat amore sponsi pro se mortui virtutes. Teristrum quod est, secundum aliquos, vel æstivi operimenti, vel pepli genus, assumit, cum puritatem, vel simplicitatem animi, qui caput dicitur, vel operum nitorem accipit. Habitum mutat, cum statum mentis innovat. *In bivio itineris, quod ducit Thamnam* sedet, non illo sane, quo dicitur: *Væ ingredienti terram duabus viis* (*Eccli.* II, 14), sed illo, quo ad Deum per amorem tenditur, et in proximi charitatem flectitur; quo revera itinere ad communerationem vere fidelium itur. Sedere autem perseverare est. Hoc ideo facit, quia Sela, id est spiritualis qui nos obrumbat amor crescit quidem interius, sed non ita jugis et individuus, ut semper adhæreat quasi maritus.

VERS. 15. — *Quam cum vidisset Judas suspicatus est esse meretricem; operuerat enim vultum suum, ne cognosceretur.* Judas meretricem suspicatur, cum eam intuetur, quia sæpius considerato suæ actionis initio, pœnitentialis humilitas non pro æterna mercede, quod Deus est, sed pro inani aliquo commodo veretur ab eo bene agendum se incitari, dum ita nebulis cogitationum intentionis voluntas, quod est vultus, obtegitur, ut discerni vix possit qua quid mente geratur. (VERS. 16.) *Ingrediensque ad eam, ait : Dimitte me ut coeam tecum : Nesciebat enim quod nurus sua esset.* Ad eam ingreditur cum interiora propositi sui ratiocinando scrutatur. Permitte, inquit, ut confessionis sanctæ amor tibi immisceatur; tibique semper incumbat. Nescit enim, id est, non adhuc experitur quod Sela, id est spiritualis dilectionis umbra, et protectione, quasi mariti auctoritate, muniatur. Ac si dicat : Quia fervorem spiritus necdum sentio, saltem fruar pœnitentiæ lamento. *Quid*, inquit, *mihi dabis ut fruaris concubitu meo ?* (VERS. 17.) Ait : *Mittam tibi hædum de gregibus.* Si mihi consociari pœnitentis et timentis more desideras, quia necdum ferventer amas, dic quid mihi conferas. *Hædum*, ait, *de gregibus mittam tibi*, peccati scilicet tui, quo apud Deum fetes cognitionem, exemptam de cogitationum turbis ac divisionibus; vel ereptam de gregibus, id est dæmonum concursibus, qui greges dicuntur, ob studiorum diversitates, et quia sunt unitatis extorres.

VERS. 18. — *Patiar*, ait, *quod vis, si dederis mihi arrhabonem, donec mittas quod polliceris.* Ait Judas : *Quid vis tibi pro arrhabone dari ? Respondit : Annulum et armillam, et baculum, quem manu tenes.* Si digitus in Scripturis aliquando intentionem signat, juxta illud, quod digitos nostros docet Deus ad bellum. (*Psal.* CXLIII, 1) : annulus in digito, claritas sanctitatis est, in intentionis voto. Armilla autem in brachio, continentiæ virtus, scilicet a favoribus, est in boni operis exercitio. Baculus vero spiritualis, qua sustentamur, gratiæ est inter ista consolatio. Hæc pro arrhabone nobis dantur, donec mittat Judas hædum, quem pollicetur, quia, antequam nostræ originalis actualisque miseriæ putorem, pœnitentiæ et confessionis instantia, plene aperiat, labore suo prius necesse est, tria ista disciplinæ nostræ attribuat, sine quorum luce perfecte nemo se noscat. *Ad unum igitur coitum concepit mulier.* (VERS. 19.) *Et surgens abiit; aepositoque habitu, quem assumpserat, induta est viduitatis vestibus.* Ad simplicem divinæ infusionis illapsum, bona proponit agere, adeo animi emollita fecunditas, et in spe veniæ assurgens, ad interiora, scilicet cœlestia, inhianter tendit. Deponensque per humilitatis gratiam interni habitus gloriam, recordatur erga se viri sui pro se mortui Jesu misericordiam; sicque tanto debito se penes se deprimit viduam.

VERS. 20, 21.— *Misit autem Judas hædum per pastorem suum Odollamitem, ut reciperet pignus quod dederat mulieri. Qui cum non invenisset eam, interrogavit homines loci illius: Ubi est mulier quæ sedebat in bivio?* Per Christum, qui specialis noster est pastor, qui nos ad bene agendum quotidie contestatur, nostri ipsorum cognitionem confessionis nobis mittit humilitas, quia quanto Christi unguentorum sectamur odorem (*Cant.* I, 3), tanto magis nostræ fragilis conditionis intelligimus fetorem. Judæ ergo recipit pignus quod dederat mulieri, quia quo magis nos discernimus, tanto amplius si quid virtutis nobis ex actu pœnitentiæ ingestum est, ad ipsum Dominicæ humilitatis 141 præceptum non ad nostras vires referimus. Mulierem dicimus cœptæ disciplinæ propositum, ob affectionem, et fecunditatem piorum operum. Sed is verus pastor non invenit eam in habitu meretricio, dum soli placere Deo sibi inest intentio. Potest etiam mulier dici sedere in bivio, quæ putatur aliqua bona agere pro Deo, cum ea exerceat pro sæculo. (VERS. 22.) Homines loci illius rationales sunt motus, quos pastor Odollamites donavit honore status. Negant illi ibidem sedisse scortum, scilicet perseverasse cujuspiam spiritualis adulterii malum. Sessio ad usum peccati pertinet, ut est: *In cathedra pestilentiæ non sedit* (*Psal.* I, 1). Eorum autem est negare, effectu suo non ita apud se geri evidenter ostendere.

VERS. 23.— *Ait Judas: Habeat sibi, certe mendacii nos arguere non poterit. Ego misi hædum quem promiseram, et tu non invenisti eam.* Ego, inquit, ex pignore sanctæ intentionis, cautæ operationis, et divinæ inter adversa consolationis, *hædum* propriæ cognitionis adfuturum *promiseram; ego,* inquam, utilitas piæ confessionis intuli quod promisi, tu, pastor æterne, in bivio bonæ exhibitionis, et gloriæ inanis, *eam* sedentem, id est sibi acquiescentem non invenire feceris; habeat ergo vitæ nostræ disciplina pignus præmii æterni tua munera, quia mendacii argui non poterit veritas tua, quæ profectum promisit pœnitentibus in justitia. (VERS. 24.) *Ecce autem post tres menses nuntiaverunt Judæ, dicentes: Fornicata est Thamar nurus tua, et videtur uterus illius intumescere.* Tres menses mihi videntur dici trium plenitudines actionum, conversionis scilicet, profectus, ac perfectionis illius dico, quæ est, integritas charitatis; post quæ tria humili nostræ confessioni, a qua nulla virtutum dirimi summa debemus, pro titillatione superbiæ spiritus querimoniæ accedunt, et de uteri, id est conscientiæ tumore nos arguunt; et a Sela, id est sancti Spiritus conjugio per elationis fornicationem excidisse conclamant. Sed vera confessio, quæ semper venit ad lucem, produci jubet; *Quæ enim arguuntur,* juxta Apostolum *a lumine manifestantur* (*Ephes.* v, 13); et hoc ad comburendum, divini videlicet ignis conflagratione lustrandum. (VERS. 25.) *Quæ cum educeretur* per confessionem *ad pœnitentiæ pœnam,* mittit *ad socerum suum,* ad initia scilicet recurrit antiquæ confessionis ac pœnitudinis, quæ sibi ex humilitate spiritum maritum quasi Selam, qui dicitur *umbra,* genuerat; et se non de cupiditate sæculari hypocrisim concepisse, sed de humilis confessionis instinctu, quæ mysticum annulum, armillam et baculum, sibi attribuit, asserit perseverantis devotionis affectum. (VERS. 26.) *Agnitis muneribus, ait: Justior me est, quia non tradidi eam Sela filio meo.* Agnoscit munera, quia et suæ a Deo sibi inesse novit conversionis primordia, et promotionum incrementa. *Justior me est,* inquit; ac si dicat: Perseverantia sua ad justiorem duxit me statum, et quodammodo me ipsa justiorem me reddidit, et quia sancti Spiritus obumbrare mox ejus initia charitate non potui, sub timore pœnitentiæ, a me videlicet confessionis gratia ad bonos proferendum fructus, impræmnari pio desiderio maluit. *Attamen ultra non cognovit eam;* id est qui pridem humilis suæ confessionis oblitus nimium sua bona attendendo intumuisse videbatur, jam dissimulat propositi sui perpendere instantiam, ne inaniter efferatur.

VERS. 27.— *Instante autem partu, apparuerunt gemini in utero, atque in ipsa effusione infantum, unus protulit manum, in qua obstetrix ligavit coccinum.* Partus instat, cum destinatio propositi pio affectui appropinquat. Apparent *in utero gemini,* cum ex conscientia prominere intelliguntur duarum affectionum quasi ex uno fonte rivi. *In ipsa effusione infantum* profert *unus* manum, cum ad operis exhibitionem animi ambitu accedente, prior Dei charitatis effectus per interioris hominis compunctionem egreditur. In qua *coccinum* manu *obstetrix* ligat, dum ratio, quæ cunctis animæ casibus obstat, mortificationem carnalium desideriorum in suo opere insigniter servat. (VERS. 28.) *Iste,* inquit, *egredietur prior,* id est amor Dei qui conceptus est, etiam usque ad efficaciam divinæ contemplationis prosiliet. Solet enim talis inchoantium esse fervor, qui sibi dum se ignorat, summam quoque virtutis arroget, sed illo, Dei dispensatione, per defectum quantulumcunque amoris internæ vires imminuente actionis, egreditur *alter*, scilicet obsequium fraternæ dilectionis; quæ quidem etsi minor est dignitate, præcedit tamen officii necessitate. Prius enim amandus est proximus visibilis, ut per hoc attingatur invisibilitas deitatis. Hoc duobus sancti Spiritus significatur datis.

Vers. 29. — *Dixitque mulier : Quare propter te divisa est maceria? Propterea appellavit nomen ejus Phares.* Mulier ab animi mollitie dicta, rationem ex aliqua adhuc parte humana sapientem signat. Unde et ipsa verba humanitus sonare videntur. Quare, inquit illa, cogitationum quasi lapidum unio in multas curarum vicissitudines divisa est? Mens enim nostra divini cæmento amoris cohibetur ad unum, quæ tunc dividitur, cum pro bene faciendo proximis, juxta Evangelium, erga plurima sollicitata turbatur (*Luc.* x, 41). Phares ergo vocatur, hoc est *divisio*, quia ex provisione fraterna, divina interius ad horam dissipatur contemplatio. **142** (Vers. 30.) *Postea egressus est frater ejus, in cujus manu erat coccinum; quem appellavit Zara.* Coccus, unde coccinum, ex Græca etymologia ab igne dicitur, et etiam sanguinis ruborem præfert. Deus autem, qui *ignis consumens* vocatur (*Hebr.* xii, 29), passiones peccatorum, quæ ex carne et sanguine oriuntur, necesse est prius suo fervore excoquat, ut purificato interiori exteriorique opere, ad videndum Orientem lucis æternæ per stibium charitatis facies placeat. Zara autem interpretatur *oriens*, scilicet ipsa Dei dilectio, quæ totius legis quasi universalis luminis est plenitudo (*Rom.* xiii, 10), locus ac origo, in qua potissimum dicitur esse Dei visio.

CAPUT XXXIX.

Vers. 1. — *Igitur Joseph ductus est in Ægyptum, emitque eum Putiphar eunuchus Pharaonis, princeps exercitus, vir Ægyptius, de manu Ismaelitarum, a quibus perductus erat.* Hoc supra expositum est, pigetque repetere. Sed notandum quomodo sub tot malis posito cum eo Deus fuerit, et in cunctis prospere egerit. Multos certum est sinere labi Deum, non ut in finem deserat, sed ut ex casu corrigat. Videtur cum his non esse, dum peccant; est tamen ut ex peccato proficiant, quod et in filiis Israel, et in Petro apostolo satis probatur, qui in ipsis suis casibus a Deo revisuntur potius quam reprobantur. Ex eo ergo quod ab ipso etiam inter crimina non deseruntur, cuncta sibi peccati adversitas in prosperitatem vertitur. (Vers. 2.) *Quia fuit Dominus cum eo*, insignitur jam viri, id est viriliter contra vitia agentis vocabulo. *Habitabatque in domo domini sui* (Vers. 3) *qui optime noverat Dominum esse cum eo, et omnia quæ gereret ab eo dirigi in manu illius.* Habitare ab eo quod est, *habere*, frequentative in flexum pro eo quod est, *dominari*, ponitur. In domo itaque, id est conscientia, qua nequam dominatus fuerat appetitus, proficiendi in Deum dominatur affectus, et experimento addiscit cupiditas Deum

A pio profectui adesse comitem, cum omnem ejus dirigat in exsequendis operibus potestatem.

Vers. 4. — *Invenitque Joseph gratiam coram domino suo, et ministrabat ei; a quo præpositus omnibus, gubernabat creditam sibi domum, et universa quæ tradita fuerant. Joseph coram domino suo gratiam invenit*, cum sacri appetitus augmenti, cui nequam pridem dominabatur affectus, ad illationem carnalis illecebræ, ac si coram ipsius instantia divinæ protectionem gratiæ reperit. Ei vero ministrat, cum ab ejus se feditatibus avertendo suggestionibus, ejus totius honestatis officia apponit et suppeditat. Ab eo præponitur *omnibus*, quia ex materia interioris pugnæ superandi occasionem præbens, id est affectus nos nostris motibus præfert, dum subigere nititur. *Domum* creditam, et omnia nobis *tradita* gubernamus, dum commissam a Deo conscientiam et cætera animæ bona sagaciter regimus.

Vers. 5, 6. — *Benedixitque Dominus domui Ægyptii propter Joseph, et multiplicavit, tam in ædibus quam in agris, cunctam ejus substantiam; nec quidquam aliud noverat, nisi panem quo vescebatur.* Domus Ægyptii propter Joseph benedicitur, cum conscientia tenebris cæcitatis et ignorantiæ pridem pressa, per appetitum bene proficiendi divinis muneribus evehitur, et, tam in interiorum virtutum ædibus quam in agris, exercitiis videlicet corporalibus, cuncta rationalitatis ejus substantia, quæ structuris operum instar fortis fundamenti substat, augetur, et remoto veterum indignitatum usu, solus vitæ æternæ panis agnoscitur. *Erat autem Joseph pulchra facie, et decorus aspectu.* Illa videlicet facie, quæ a Domino lavari jubetur, cujus singulari tunc decore Deus aspicitur.

Vers. 7. — *Post multos itaque dies injecit domina oculos suos in Joseph, et ait : Dormi mecum.* Post multas virtutum claritudines, concupiscentia, postquam ad tempus siluit, rediviva veteris dominii recordata consurgit, et quæ videbatur aversa, *oculos*, id est tentandi intentiones in bonam voluntatem congerit. *Dormi*, inquit, *mecum*, id est voluptatis oblatæ acquiesce suscipere somnum. (Vers. 8, 9.) *Sed operi nefario nequaquam acquiescens, ait ad eam : Ecce dominus, omnibus mihi traditis, ignorat quid habeat in domo sua; nec quidquam est quod non in mea sit potestate, vel non tradiderit mihi, præter te, quæ uxor ejus es.* Quia, inquit, is qui mihi dominabatur universas ineptias suas meo subegit imperio, et in domo quondam sua, scilicet conscientia ignorat quidnam suum notare queat, sed omnia parent rationis judicio, *præter te*, concupiscentia, quæ pravi affectus male feta *uxor es*, quæ inquantum suggerere mala non desinis, subigi omnino non potes. *Quomodo ergo possum malum hoc facere, et peccare in Deum meum?* Quod est dicere : Cum appetitus meus aliquando Dominus se mihi tradiderit, id est irrefragabiliter se meo juri tradi permiserit, quomodo concupiscentiarum tuarum effectui continentia mea convenire poterit?

MORALIUM IN GENESIN LIB. IX.

Vers. 10. — *Hujuscemodi verbis et mulier molesta erat adolescenti per singulos dies, et ille recusabat stuprum.* Per singulas virtutum claritates, animo virile robur quasi adolescentiam attingenti semper, neque blanditiis adversa est, affectualitatis ac si muliebris mollities; sed ille recusat illatas libidines. (Vers. 11, 12.) *Accidit autem quadam die, ut intraret Joseph domum, et operis quidpiam absque arbitris faceret; et illa apprehensa lacinia vestimenti ejus diceret : Dormi mecum.* Quadam die Joseph domum intrat, cum incerta rationalitatis intelligentia, id est voluntate, quæ lux est, minus ad bene agendum plena veluti luce dubia, pius noster affectus conscientiæ angulos discutiendo perlustrat. Dilectio enim ista, quod est, *quadam*, pro incerto ponitur. Unde dicitur fecisse *absque arbitris* quiddam, quia in tepido positus statu discretionis vim non habet plenariam. Interiores nempe arbitri motus sunt examinatorii. Et minus fervente conscientia solet facile subripere concupiscentia. In ipsa namque discussione quidam ob difficultatem tædii torpor obrepit. Unde et laciniam apprehendit, id est intentionem, quæ per longanimitatem ad Deum intenditur, et quæ interni nostri habitus pallium in unitatem bonæ voluntatis colligit, ad se contrahit. A lacinia enim quælibet laciniosa dicuntur, id est longa, et nil eo productius quod ad Deum usque pertenditur. Dormire secum postulat, dum in oblivionis et negligentiæ labyrinthum labi pariter provocat. *Qui relicto in manu illius pallio fugit, et egressus est foras.* In manu mulieris pallium relinquimus, cum tentationis fortitudini interiorem nostrum hominem magis exponere eligimus quam ejus libidini suaviter succumbamus. In hanc manum Job est datus, salva tamen anima illius (*Job* II, 6). Porro fugimus forasque egredimur, cum timore, qui animi fuga est, divino corripimur, et extra nos per cogitationum confessionem imus.

Vers. 13, 14, 15. — *Cumque vidisset mulier vestem in manibus suis, et se esse contemptam, vocavit homines domus suæ, et ait ad eos : En introduxit virum Hebræum, ut illuderet nobis; ingressus est ad me, ut coiret mecum. Cumque ego succlamassem, et audisset vocem meam, reliquit pallium quod tenebam, et fugit foras.* Videt *mulier vestem in manibus suis*, et se contemni, cum sibi potestatem ac opportunitatem attributam aspicit impugnandi, sed nullatenus facultatem adfore ingemit concupiscentia superandi. *In manibus*, nempe vestis, interna habitudo est sub gravitudine tentantis. Vocat *homines domus suæ*, dum excitat carnales motus conscientiæ. *En*, inquit, *introduxit*, haud dubium quin invalitudo carnalis affectus, horariam momentaneamque religionem, transitoriam scilicet virilitatem, quod significat viri Hebræi nomen. Hebræus enim dicitur *transiens, ut illuderet nobis*, qui iter videlicet sanctitatis niteretur aggredi, sed neutiquam perseveraret in aliquod augmentum progredi. *Ingressus est ad me sub specie pietatis appetitus sanctitatis, non ut emendarei,* sed ut sedaret; et diceretur. *Hic homo cœpit ædificare; et non potuit consummare* (*Luc.* XIV, 30). Cumque ego rationaliter *succlamassem*, melius esse non vovere quam vota non reddere (*Eccle.* V, 4), et intellexisset vim vocis, *reliquit pallium*, interioris scilicet reverentiæ integumentum, mihi pro libito abutendum, *et foras* jam in turpem excedere cœpit effectum. Hæc arrogat aliquoties sibi mens marcida, dum sic turbatur, ut nequeat discernere si vicerit, an sit victa.

Vers. 16, 17, 18. — *In argumentum ergo fidei retentum pallium ostendit marito revertenti domum, et ait : Ingressus est ad me servus Hebræus, quem adduxisti ut illuderet mihi. Cumque vidisset me clamare, reliquit pallium, et fugit foras.* Maritus animæ, ipse est intellectus; qui in domum revertitur, cum a sua dispersione ad cor regreditur. *In argumentum fidei* huic pallium ostenditur, cum mentis habitus nequitia infectus in probationem prævaricationis adducitur. *Ingressus est*, inquit, *ad me servilis* quidam non amoris, sed timoris motus, non qui in æternum in domo maneat, sed Hebræus, id est transitorius, quem tuo marito intellectus solo initio affectus, sed nulla promotione profectus, quasi proludii causa induxeris; et cum me inclamitare sensisset, quia qui ante respondet quam audiat, stultum se esse demonstrat, quia me interius vocari nesciebam, profecto consurgere ad nimis ardua respuebam, impatiens interioris impulsus, *fugit*, scilicet recurrendo ad remedium voluptuosi actus.

Vers. 19, 20. — *His auditis dominus, et nimium credulus verbis conjugis iratus est valde, tradiditque Joseph in carcerem, ubi vincti regis custodiebantur, et erat ibi clausus.* Audit, id est intelligit dominus, is videlicet qui pridem dominabatur nequam appetitus concupiscentiæ suæ monitus, et ejus incentivis invectus, in ea quæ concupiscit tanquam in conjugem tota delectatione deflexus, contra intellectualis profectus appetitum defurit, et *Joseph in carcerem tradit*, cum in tentationem se undique coarctantem, pii augmenti cor cupidum trudit. Ibi enim *vincti regis custodiebantur*, quia hi, qui corporis nexibus pressi, cupiunt dissolvi et esse cum Christo (*Phil.* I, 23), cum, diversis impugnationibus appetuntur, ab elationis utique vanitate custodiuntur. Ibi etiam clauditur quia sic sæpius mens propria seditione vallatur, ut nusquam pateat qua instans miseria evadatur.

Vers. 21, 22, 23. — *Fuit autem Dominus cum Joseph, et misertus illius dedit ei gratiam in conspectu principis carceris. Qui tradidit in manu ipsius universos vinctos qui custodia tenebantur, et quidquid fiebat sub ipso erat. Nec noverat aliquid cunctis ei creditis; Dominus enim erat cum illo, et omnia opera ejus dirigebat.* Princeps carceris intellectus est, præeminens augustiæ tentationis. Is tradit *in manu Joseph eos vinctos qui custodia tenentur*, dum sub boni appetitus potestate redigit cunctas cogitationum illecebras, quibus animi vires præpediuntur. Quidquid fit, *sub ipso est*, quia quidquid extrinsecus administratur, sub rationis providentia est. Et cum omnia contradat intima sua ad profectus studium, non novit profecto *aliquid præter virtutis augmentum*. Dominus enim est *cum illo*, in infirmitate virtutem faciendo, et per tentationes opera, ac si inter hiemis torpores semina dirigendo.

CAPUT XL.

VERS. 1, 2. — *His ista gestis, accidit ut peccarent duo eunuchi, pincerna regis Ægypti, et pistor, domino suo. Iratusque Pharao contra eos (nam alter pincernis præerat, alter pistoribus) misit eos in carcerem principis militum, in quo erat vinctus et Joseph.* Postquam inter tentationes ita animus solidatur, tunc duorum illorum qui se pro Dei regno castrant eunuchorum reatus agnoscitur. Per pistorem rationis vis accipitur, quæ manu discretionis dubia quælibet novit pinsere; per pincernam bona voluntas, quæ spiritualis poculum dilectionis consuevit excipere. Postquam itaque gratia in conspectu principis carceris invenitur, fructus ejusdem gratiæ per intelligentiam culpæ, rationis scilicet ac voluntatis, aperitur. Utraque autem regis Ægypti esse dicuntur, quia et ratio ac voluntas nostra, ante conversionem, diabolo mundi principi servisse noscuntur. Porro peccant, cum sua peccata non dissimulant. Unde et justi dicuntur, qui se falso justificant. *Non veni*, inquit, *vocare justos* (*Matth.* IX, 13). Sed peccant suo Domino, quia quod se peccasse pœnitendo fatentur totum fit irritando adjiciendoque diabolo. Cum autem multæ rationes, multæ pro causis voluntates sint, una tamen divinitus inspirata voluntas ac ratio, quasi pincerna pistorque præeminet. Hi mittuntur *in carcerem principis militum* a Pharaone irato, cum sub jura rationis, quæ internæ militiæ nostræ primas est, rediguntur urgente diabolo etiam ipsa cum voluntate ratio. Ipsa enim ratio sibi subjicitur, cum humana aliquid subtilitate appetens, divina moderatione reducitur. Et voluntas si bona est, nil aliud quam ratio est. Attamen non sine maximo discretionis intuitu; sic per nomina, et etiam res distinguitur. Unde et in Apocalypsi throni, animalia, angeli, seniores dicuntur (*Apoc.* V, 6), idem quidem significantia, et tamen alio modo diversa. De hac captione in Apocalypsi dicitur: *Ecce missurus est ex vobis diabolus in carcerem et habebitis tribulationem diebus decem* (*Apoc.* II, 10). In hoc carcere vinctus Joseph tenetur, cum ipsi interni appetitus augmenti tempestate diabolica præpediatur. (VERS. 4.) Sed pistor et pincerna a custode carceris Joseph traduntur, cum ratio et voluntas a divino qui sibi præsidet intellectu, qui inter ærumnas solus custodire sufficit, ad cœlestis augmenti desiderium quasi singulare refugium compelluntur. Aliud est autem bona voluntas, aliud boni appetitus augmenti, licet ipse sit bona voluntas, quia sunt, qui bonæ ad proximos affectionis sunt, sed promoveri ad altiora nolunt. Joseph his ministrat, quia solum meliora gerendi desiderium, defectus eorum reficit, et innovat.

VERS. 5. — *Aliquantum temporis fluxerat, et illi in custodia tenebantur. Viderúntque ambo somnium nocte una, juxta interpretationem congruam sibi. Temporis* fluit *aliquantum*, cum ex parte ab animo destituitur aviditas temporalium. Partim vero custodia tenti *somnium nocte una* vident, quia nondum corporalis expertes molestiæ, ut ad confitendum nomini Dei de custodia prodeant, ad horam a negotiis extrinsecis sopiuntur et corde vigilant, in quo luce clariori somno mentis intuitu utilia, vitæque congrua suæ tractant. (VERS. 6, 7.) *Ad quos cum introisset Joseph mane, et vidisset eos tristes, sciscitatus est, dicens: Cur tristior est hodie solito facies vestra?* Ad hos Joseph *mane* ingreditur, cum divinæ illustratione visitationis penetrante affectum, omnis conscientiæ recessus quid intelligat, quidquid velit secundum Deum discutitur, et tunc *tristes* videntur, quia tanto magis intellectus ac voluntas affligitur, quanto ad interiora subtilius per supernæ lucis examen intratur. *Qui enim addit scientiam, addit dolorem* (*Eccle.* I, 18). Quem tamen pietatis affectio dolorem temperat et solatur, et faciem cordis, qua Deus videndus est, in eodem ipso qui hodie indefectibilis lucis habet constitutam, cur ab interni lætitia luminis aversiorem solito gerant, causatur. Solet enim utilis plerumque tristitia, nisi caute moderetur, in acidiæ morbum verti.

VERS. 8. — *Somnium*, inquiunt, *vidimus, et non est qui interpretetur nobis. Dixitque Joseph: Nunquid non Dei est interpretatio? Referte mihi quid videritis. Somnium vidimus, sed non est qui interpretetur*, quia multa de statu rectæ vitæ contemplando intellectualiter attingimus, sed quomodo congruis effectibus intellecta **145** exponere possimus, copiam adhuc non habemus. At Joseph, id est sancti profectus aviditas, quæ totius tædii vincit acredinem, *Dei est*, ait, *interpretatio*, quia in quo mortalitas nostra præpeditur ad destinata gerendum, Dei expenditur adjutorio. *Referte quid videritis*; ad Deum scilicet reportantes opificem quæ proponitis.

VERS. 9, 10, 11. — *Narravit prior præpositus pincernarum somnium suum: Videbam coram me vitem, in qua erant tres propagines, crescere paulatim gemmas, et post flores uvas maturescere, calicemque Pharaonis in manu mea. Tuli ergo uvas, et expressi in calice quem tenebam, et tradidi poculum Pharaoni. Præpositus pincernarum* bonæ est voluntatis affectus, quæ ex eo quod Dei voluntati innititur, cunctis aliis voluntatibus principatur. *Prior* narrat, quia ipsa nisi præeat, ratio inaniter speculatur et cogitat. *Vitem* videt coram se, cum seipsam, bonam scilicet voluntatem, vini spiritualis, id est charitatis originem sibi proponit amandam. Quod enim amamus, præ oculis habere cupimus. In ea *tres propagines* sunt, quia tria principalia charitatis membra sunt. Primum quidem Deo intendens; secundum ad seipsum pertinens; tertium quoque a vel vincula solvat; quia clandestina suggestione *de terra Hebræorum*, id est de soliditate cogitationum jam ab imis ad superna transeuntium sublatus sum, et *in lacum* fluctuationis tamen ab appetitu peccandi *innocens missus sum*. Hæc augmenta quærens affectus ab ea, quæ sibi cooperatur bona voluntate expostulat.

sui ipsius exemplo ad proximi dilectionem respiciens. Ita enim sonat ac si dicatur : *Diliges teipsum, et proximum tuum sicut teipsum (Matth. xix, 19)*. Gemmæ *paulatim* crescunt, cum certa proposita sanctitatis piæ interius cogitationis succi exculpunt. Et jure *paulatim*, quia grandi difficultate hæc fiunt. *Post flores uvæ* maturescunt, cum post exhibitionem operum, quæ sanctarum fragrantias opinionum undecunque diffundunt, conscientiæ dulcedine sancti amoris vividæ ad plenum proficiunt. Calix Pharaonis in manu est, cum quælibet pravi desiderii passio a diabolo immissa, sub rationalis voluntatis potestate abstenta est. Tollit ergo uvas, ut exprimit *in calice* quem tenet, cum divinam quæ intra latet dulcedinem, passionibus quas ægre sæpius tolerat, admiscet; exprimimus enim, cum manu discretionis discutimus futuram gloriam, quæ revelabitur in nobis *(Rom. viii, 18)*, ut amaritudines hujus temporis condiamus. Calicis nomine passionem signari, teste est Evangelium : *Potestis*, ait, *bibere calicem (Matth. xx, 22; Marc x, 38)*, etc. Inde tradimus poculum Pharaoni, dum ei retribuimus retributionem suam, quam retribuit nobis *(Psal. cxxxvi, 8)*. *In poculo*, ait, *quo miscuit vobis, miscete illi duplum (Apoc. xviii, 6)*. Pharaonem vero qui dissipator dicitur, diabolum intelligimus.

Vers. 12, 13. — Respondit Joseph : *Hæc est interpretatio somnii : Tres propagines tres adhuc dies sunt, post quos recordabitur Pharaon ministerii tui, et restituet te in gradum pristinum, dabisque ei calicem juxta officium tuum, sicut facere ante consueveras*. Ad bene agendum, inquit, sancta in Deum proficiendi aviditas ex tua conditione præpediris, sed ad ea quæ digne sentis agenda solvi poteris. *Tres propagines, tres dies sunt*, quia primum Dei nos amor illustrat, deinde nos nostri notitia et cura clarificat, ut ad proximum lux nostræ dilectionis exemplorumque deveniat. Post hæc recordatur Pharao ministerii nostri, et in gradum pristinum restituit, cum recordari nos facit præteritæ nostræ, qua ad nostrum interitum diabolo inserviebamus, voluptatis; ita ut innumeris tentationum ingestionibus ad eum quo sæculares fuimus modum, nobis ab ipso videamur abducti. Sed damus ei calicem juxta officium nostrum, sicut ante consueveramus, cum fortiter ad cor redeuntes, sicut dignitati rationalitatis nostræ competit, et a tempore conversionis consuevimus calicem recipere impugnationis, in quantum possumus, audacter inferimus.

Vers. 14, 15. — *Tantum memento mei, cum bene tibi fuerit, et facies mecum misericordiam, ut suggeras Pharaoni ut educat me de isto carcere, quia furto sublatus sum de terra Hebræorum, et hic innocens in lacum missus sum*. *Tantum*, inquit, jugis intentionem profectus non postponas, cum vires calici in Pharaonem ferendo susceperis, ut tot ipsum virtutum jactibus urgeas, donec victus educat, id est educi sinens belli illati, velit nolit, vel obsidionem,

Vers. 16, 17. — *Videns pistorum magister quod somnium prudenter dissolvisset, ait : Et ego vidi somnium, quod haberem tria canistra farinæ super caput meum : et in uno canistro quod erat excelsius, portare me omnes cibos qui fiunt arte pistoria, avesque comedere ex eo*. Intelligit principalis nostra, a Deo scilicet illuminata ratio, unde et omnium humanarum rationum magistra est, quod proficiendi appetitus optime benevolentiam, quæ prævia est, de invisibilibus imbuisset, hoc enim præfert nomen somnii propriis effectibus, et ipsa infert. *Tria farinæ canistra* se habere dicit super caput suum, dum tria principalia officia cogitationis se habere cognoscit in mente, intellectus scilicet, voluntatis, ac memoriæ. Liquet *caput* in Scripturis poni solere pro *mente*. *Farina* autem ob minutias recte ponitur pro *cogitatione*. Unde est : *Tolle molam, mole farinam (Isa. 47, 2)*. Unum canistrum quod excelsius cæteris est, ipsa ratio est, quæ voluntati ac memoriæ prorsus præeminet. Ibi portamus omnes cibos, qui fiunt arte pistoria, quia ibi continemus quæque vitalia, quæ discutere potest discretionis diligentia. *Aves* autem inde comedunt, cum per elationis vitium ipsa elata dæmonia nos deceptos, quantum ad bona spectat quæ prudenter attingimus, consumunt.

Vers. 18, 19. — *Tria*, inquit Joseph, *canistra, tres adhuc dies sunt, post quos auferet Pharao caput tuum, ac suspendet te in cruce, et lacerabunt volucres carnes tuas*. Intellectus, memoria ac voluntas, cum quædam, ut sic dicam, diurnæ luces animi sint, canistra tamen sunt, ad cannæ modum ex carnis conditione fragilia. Sed *Pharao post hos dies caput aufert*, cum post interiorum sensuum illustrationes superbia illabente, capitalis virtus, quæ est humilitas, a virtutum membris separata disparet. Suspendit Pharao *in cruce*, cum principali humilitate sublata, a toto bonorum operum mens damnata, impos et inanis effecta destituitur corpore; et hæc tota a diabolo fiunt, typico scilicet Pharaone. *Volucres carnes* comedunt, dum superba dæmonia carnalibus jam quæ sequuntur operibus nostris sese reficiunt. Affectus ergo noster, id est Joseph jam spiritualis augmenti appetens, per divinam prudentiam duo ista mysteria ac si duo somnia resolvit; in quibus illa duo intelliguntur, charitas videlicet, quæ ipsa est benevolentia, per principem pincernarum signata, et scientia per magistrum pistorum figurata. Charitas, quæ non tentatione probatur, charitas non est; sed ipsa est, quæ poculum retributionis, et a Pharaone fortiter viriliterque refert. Simplex ergo voluntas perlatis passionibus proficit. Charitas enim, quia naturaliter humilis est, ædificat (*I Cor*. viii, 1). Scientia vero, quia sæpius inflat (*Ibid.*), dæmones pascit. Unde et tria super caput fuisse dicuntur canistra, quia tria sunt sine quibus integra non potest constare scientia, ingenium scilicet, usus ac memoria. In his farina versatur, id est subtilitas cogitationis transigitur. Per cannam autem, unde canistra vocantur, supervacuitas vocalitatis et eloquentiæ signatur; quorum sensus est aliquos per simplicem benevolentiam absque scientia, et litteris, per patientiam proficere; aliquos per elationem ex fastu sapientiæ tractam, dæmonibus scilicet nutrimenta conferre.

Vers. 20. — *Exinde dies tertius natalitius Pharaonis erat*. Abhinc die tertio Pharao nascitur, cum post ineptam quæ primo intus oritur quasi quædam lux lætitiam, et verborum deinceps jactantiam, et apertam postremo jam, et securam, ac si de clarissima scientiæ suæ die fiduciam. Pharao, id est dissipator sanctitatis, in animo nequam appetitus exsurgit. Vicissim enim hæ in nobis funestæ claritudines sibi succedere solent. *Qui faciens grande convivium pueris suis recordatus est inter epulas magistri pincernarum, et pistorum principis*. (Vers. 21, 22.) *Restituitque alterum in locum suum, ut porrigeret regi poculum, alterum suspendit in patibulo*. Conceptus corde Pharao usque ab robur pertinaciæ per triduum, quod prædiximus, evehitur, et tunc pessimarum pabulo gloriarum, pueriles et circumlatas omni vento doctrinæ cogitationes distendit. Inter epulas recordatur *magistri pincernarum, et pistorum principis*, cum post vel inter fastuum quasi quarumdam dapium ingurgitationes, ex ipso superbiarum pondere recordari nos facit, hinc quidem principalis nostri boni, quod est pietas voluntatis, quæ scilicet ergastulo addicitur, illinc rationis subtilitatum divinarum magistræ quæ itidem typo allicitur. *Alterum ergo in locum suum, ut regi poculum porrigeret Pharao restituit; alterum patibulo suspendit*, quia dum ex contuitu fatuitatis, et superbiæ nostræ fatigari incipimus, ex ipsa sua instigatione occasionem restitutionis, diabolo licet invito ministrante, voluntas nostra accipit, et locum piæ intentionis, qui proprie noster est, repetiit, ut filiæ Babylonis, id est fluxui tentationis, qua confundimur, retributionem quam nobis retribuit (*Psal*. cxxxvi, 8), quasi poculum Pharaoni retribuamus; et intellectum quarumque scientiarum quasi pistoriæ artis principem (per hoc enim quæque ac si pinsendo discutimus, ne in superbiam efferamur) divini timoris patibulo affigimus, imo suspendimus, id est ab appetitu infimo sublevamus. Hæc Pharao agit, quia, dum nos tentat diabolus, aut pravus appetitus ad ista necessitate nos cogit, mentem enim ad Deum et ad se ipsam coadunat et stringit. Veritas conjectoris inde probatur, dum sancti profectus desiderium verax, et æquitatis continens in æternorum transitoriorumque discretione ex effectibus judicatur. (Vers. 23.) *Succedentibus prosperis*,

præpositus pincernarum interpretis sui obliviscitur. Nam licet molestiæ interiores cum difficultate vincantur, pace tamen quantulacunque secuta proficiendi appetitus facile ab animo diducitur.

CAPUT XLI.

Vers. 1. — *Post duos annos vidit Pharao somnium*. Annus primus in divina cogitatione; secundus in boni operis accipitur exsecutione. De quibus in psalmo est: *Intellectum tibi dabo*, inquit, *et instruam te* (*Psal*. xxxi, 8), ut intellectui coopereris tuo. Sicut enim annus diebus, ita utrumque piis fulget actis et sensibus. Tertius in quo *somnium* videtur, perseverantiæ intentio est, unde illic sequitur : *Firmabo super te oculos meos* (*Ibid*.), scilicet ut secundem proventus tuos. Post annum ergo, id est illustrationem cœlestis scientiæ, itemque annum operationis, videlicet institutionem piæ cum firmitas proponitur perseverantiæ, pravitas nostri appetitus, qui dissipatoris, quod est Pharao, jure censetur nomine : vel etiam ipse diabolus subtili quadam scientia sua, et instar somnii sibi soli cognita, portendit apud se ac providet futura post gratiæ experientiam discrimina.

Vers. 7, 8. — *Evigilat post quietem Pharao, et facto mane pavore perterritus, misit ad conjectores Ægypti, cunctosque sapientes; et accersitis narravit somnium, nec erat qui interpretaretur*. Quies Pharaonis, calliditas est, qua ad horam differt molestiam impugnationis. *Evigilat*, cum animum per turbam tentationis incursat. *Facto mane pavore terretur*, cum inter tentandum clarificante divinitus mente de subita repulsione turbatur. Mittit ad *conjectores Ægypti cunctosque sapientes* cum spiritualem cogitationem circumvenire, ac vestigare ejus intentiones per mundanæ nititur astutiæ ratiocinationes. *Accersitis somnium narrat*, cum coacervata internorum motuum frequentia, de incertitudine invisibilium diabolus disputat. Non est qui interpretetur, quia spiritualis animus cum omnia judicet a carnalitate non circumscribitur.

Vers. 9. — *Tunc demum reminiscens pincernarum magister ait : Confiteor peccatum meum*, etc. Tunc pincernarum magister reminiscitur, peccatumque fatetur, cum bona voluntas, quæ salubris potum consilii cordi adversus Pharaonem propinat, negligentiæ se arguit, quod aliquantula quiete arridente animi appetitum intermiserit excrescendi, quod est interpretis oblivisci. Joseph, qui *augmentum* sonat, ideo interpres dicitur, quia nunquam arcani capax divini mens esse potest, quæ non semper cœlestis incrementi appetens est. (Vers. 10.) *Iratus rex servis suis, me et magistrum pistorum retrudi jussit in carcerem principis militum*. Rex, id est diabolus, qui filiis superbiæ dominatur (*Job* xli, 25), *servis suis*, non qui sunt, sed qui fuerunt, et jam a veritate liberati sunt, irascitur; in hos enim atrocius invehitur, ipse voluntatem, liberum scilicet arbitrium; et discutiendi ac si pinsendi principem intellectum retrudit *in carcerem principis militum*, quia cogit per impugnationis ambitum, et coercet veluti intra ergastulum ejusdem Satanæ, qui princeps eorum est, quæ militant adversus animam, vitiorum (*I Petr.* II, 11). Reliqua, ut superius exposita sunt, intellige.

Quod vero dicit : (Vers. 12) *Erat ibi puer Hebræus, ejusdem ducis famulus*, ducem sane olim ipsum diabolum secutus, sed ad pueritiæ novitatem innocentiamque reversus, factus enim erat transitor, quod est Hebræus in carcere, de quo legitur in Apocalypsi, constitutus : *Ecce*, inquit, *missurus est ex vobis diabolus in carcerem* (*Apoc.* II, 10), etc. (Vers. 14.) *Protinus, ad regis imperium, eductum de carcere Joseph totonderunt; ac veste mutata obtulerunt ei.* Ad regis imperium de carcere Joseph educitur, non quod diaboli imperium ad nostri pii desiderii liberationem, nisi solius Dei valeat, sed quia, juxta quorumdam pravitatem, sensus laxare creditur, a quorum impugnationibus, Deo jubente, cessat. Unde et apud Danielem Nabuchodonosor percutere, humiliare et occidere dicitur quos volebat (*Dan.* v, 19), cor cujus tamen non nisi in manu Dei erat. Tondetur, dum ea, quæ inter tentationes succreverat superfluitate, promptæ ferro discretionis et geminæ forcipe charitatis privatur. Vestis mutatur, dum mentis habitus innovatur. Ab his a quibus attonsus est, Pharaoni offertur, cum per spiritualium subsidia motuum ad hoc ut diabolo obsistat, promovetur. Offerre enim ex *ob* et *fero, fers*, compositum, proprie dicitur *contra ferre*. Unde et apud comicum vitium feliciter dicitur virgini oblatum, violentiam plane significans (*Ter. Ad.* III, 4, 9).

Vers. 15. — *Vidi*, inquit, *somnia, nec est qui edisserat*. Ex industria hostis, et quasi ad imperium, ut præmisimus, suum, ab oppressione nostra quiescit, ut quietis ac securis, quasi per quæstionum revolutiones inferat, quod impugnando non poterat. Est ergo sensus : *Vidi*, inquit, id est, intellexi incertitudinem invisibilitatum quæ appetis, quia quibusdam quasi somniis illuderit, *nec est qui edisserat* ea quæ cogitas vigor alicujus rationis; *quæ audivi te prudentissime conjicere*, id est quæ comperi te non scientia attingere, sed conjecturis æstimare. Nota quod somnia vidisse, conjecturæ famam se asserit audisse. Certior est autem visus quam auditus. Certo, ait, teneo somniorum illa similia esse, quæ te ac si ex rumore haurio prudentissime, id est providentius quam necesse est velle conjicere. (Vers. 16.) *Respondit Joseph : Absque me Deus respondebit prospera Pharaoni*. Quod est dicere : Non meis æstimationibus, sed divinis aspirationibus tibi, diabole, et tuis illationibus utilia, et congrua referentur.

Vers. 17, 18. — *Ait ergo Pharao : Putabam me stare super ripam fluminis, et septem boves de amne consurgere, pulchras nimis, et obesis carnibus; quæ in pastu paludis virecta carpebant*. Ripa fluminis su- per quam stat Pharao, mundi hujus est abrenuntiatio, in qua, dum a sæculi fluctibus tuti sumus, sub aliis speciebus, spiritualium scilicet vitiorum, diaboli subjicimur vestigio. Quidam enim portus maris, contemptus est curæ mundialis. *Super ripam*, et superius, *super fluvium* stare se putat, quia non solum fluvium sæcularitatis sibi subjugat, sed etiam fiduciam habet quod Jordanis, hi scilicet qui a fastibus sæculi descendere, in os ejus potestatis influant. *Septem boves*, septem mihi videntur signari spirituales virtutes, **148** quas propheta memorat, super florem quiescentes (*Isai.* xi, 1, 2), per quas innuit bonorum omnium plenitudines, hic enim numerus signat universitates. Potest et quatuor principales virtutes, cum tribus naturalibus nostris, intellectu videlicet, ratione et imaginatione mistas, signare; quæ terram sensualitatis nostræ, ac si boves, subigendo discutiunt. Pulchræ autem sunt *nimis, et obesis carnibus*, quia eis, cum possidentur, nil omni parte beatius, præter Deum nihil est purius. Femineo autem dicuntur genere, quia totius religionis sunt matres ac materiæ. Ascendunt de flumine, qui sese proripiunt a sæculi conformitate. In pastu paludis virecta carpunt dum in præsenti vita, quæ palus, et illecebra est, spei immortalitatis amœnitate carptim tamen, per speculum scilicet et ænigma sese reficiunt.

Vers. 19, 20, 21. — *Et ecce assequebantur aliæ septem boves, in tantum deformes, et macilentæ, ut nunquam tales in terra Ægypti viderim; quæ devoratis et consumptis prioribus, nullum saturitatis dedere vestigium; sed simili macie et squalore torpebant*. Per septem alias boves aut temporalitas, quæ septem diebus excurrit, aut tota humanitas, quæ quatuor per corpus elementis constat, et in anima, ingenio, voluntate, et affectu præeminet, figuratur. Hæc cum absque Dei amore habentur, a spiritualis boni pinguedine, et a Dei imagine deformantur, quæ priores et sequuntur et devorant, quia multis post sanctitatis eminentiam turpiter ingeri contigit et humanitatis desidiam, et temporalitatis luxuriam, ita ut per re probi sensus miseriam Ægyptiorum, id est sæcularium, qui nil unquam proposuere boni, transgrediantur spurcitiam, et non prioris solum vitæ non doleant casum, aut de ejus memoria, quia eam consumpserint, lacrymarum tandem aliquem exigant quo reficiantur sumptum; sed simili quo semel imbuti sunt peccati squalore tabescunt.

Vers. 22, 23, 24. — *Evigilans, rursus sopore depressus, vidi somnium : Septem spicæ pullulabant in culmo uno, plenæ atque pulcherrimæ. Aliæ quoque septem tenues et percussæ uredine, oriebantur ex stipula; quæ priorum pulchritudinem devoraverunt*. Dum nostris in cogitationibus, sanctitatis quod arripuimus proposito, quasi ruinas comminans typicus Pharao hæc loquitur. Evigilat, quia per talium in animo meditantis retractationem fortunarum magnam inquietudinem excitat. Rursum tamen deprimitur, quia timor hujus ingestionis aliquando sopitur. *Vidi* tem *somnium*, ut quod suggestionibus jam impegit, perniciosius per consensum intimet, somniorum videlicet similem bonorum spiritus invisibilium. Unde et hodie inter aliquos grammaticos ad illiteratorum exitia gravis de prædestinatione quæstio est.

Spicæ septem virtutum plenitudo est, unde et *plenæ* pulchræque dicuntur, ubi cum palearum integumenta, et aristarum adsit hispiditas, superfluitates cogitationum oppansas, et nequam affectionum sollicitudines in excitato jam animo signat erectas. *In culmo* autem *uno* pullulant, quia cum una sit fides, unum baptisma, unusque Deus (*Ephes*. iv, 5), ex hac ipsa unitate necesse est surgant. Potest et *in culmo* mens ipsa, ob sui inconstantiam dici notata, quam suis fructibus, septem aliæ temporalitatis animalitatisque stipulæ steriles, et inanium gloriarum per auras exustæ subruunt, subrutasque totius pii actus oblivione consumunt. Hinc et *fetas* illas *tenues boves* dicit, non propter fecunditatem, sed quia virile opus vicinia effeminatæ voluntatis enervat et illicit.

Narravi conjectoribus somniorum, nec est qui ediserat. Quod est dicere : Hæc, inquit, quæ tuæ suggessi prudentiæ multis aliis ingenio præditis, et invisibilia sagaciter discutientibus intuli, sed nil constans, vel fide dignum ab his accepi. (Vers. 25.) At Joseph : *Somnium*, ait, *regis unum est; quæ facturus est, Deus ostendit Pharaoni.* Ac si dicat : Præponere me præsentia tua de futuris, et tentationum insuper me vis absterrere molestiis, sed novi quia fabulæ quas intendis, post sanctitatis studia ruinam in tentando, unum portendant, ut scilicet me a bene agendo divertas, et cum omne subliniter videas, et rex sis super omnes filios superbiæ (*Job* xli, 25), ostendit tibi Deus quomodo justorum corda per tentationes humiliet, et eos ex humilitate servatos, in perpetuum te cum tuis, juxta nomen tuum, dissipationibus damnato, coronet. Eamdem ergo vim somnii comprehendunt (Vers. 26) *septem boves pulchræ, et septem spicæ plenæ*, quia etsi de nostra provectione graveris, tamen ipsum nostrum profectum ideo loqueris ut ab hoc ipso nos revoces, dum infortunia ventura minaris.

Somnia ergo, id est vana et cassa hæc, quantum ad te sunt, qui non nisi quod pravum est nobis prospicis, nobis autem cum adversa vigilanter prævidemus somnium tuum vim habere cognosces perspicuæ veritatis, dum non deficimus per ea, sed subsistimus. Ubertatem enim supernæ dulcedinis septem anni spiritualium luminum plenitudinis typi nobis important, sed de flumine, quod juxta Psalmistam pertranseundum est (*Psal*. lxv, 6), humilitatis pede, id est de præsentis excursu sæculi, exsurgit succi cœlestis egena, instar vaccarum imago tetra libidinum, quæ absumit quidquid, quantum ad ejus æstimationem qui patitur, **149** interius est virtutum. Unde dicitur: *Septies cadit justus*, secundum demissionem animi, *et resurgit* juxta reditum virtutum et spei (*Prov*. xxiv, 16). Septenarium famis ad motum sæculi referimus, ex qua parte penuriis abundamus.

Quod vidisti secundo ad eamdem rem pertinens, omnium firmitatis indicium est, eo quod fiat sermo Dei, et velocius impleatur. *Vidisti*, inquit, id est experiri singulariter me fecisti. His enim, qui nobis infesti sunt, dicere solemus, me solum vidisti. Experiri me ergo fecisti primo per suggestionem, secundo per delectationem, ad eamdem tuæ non meæ destinationis rem pertinentem, firmatatis omnium meorum spiritualium votorum, cum inter incentiva tua perstiterint indicium est, eo quod sermo Dei fiat, ille scilicet, si spiritus potestatem habentis ascenderit super te, locum tuum ne dimiseris, et velocius impleatur, ut non illapsa delectatio ad effectum ducatur.

Vers. 33, 34, 35, 36. — *Nunc ergo provideat rex virum sapientem et industrium, et præficiat eum terræ Ægypti, qui constituat præpositos per singulas regiones, et quintam partem fructuum per septem annos fertilitatis, qui jam nunc futuri sunt congreget in horrea; et omne frumentum sub Pharaonis potestate condatur, servelurque in urbibus futuræ septem annorum fami.* Ac si diceret : Dum mihi hæc augmentum cœleste quærenti fallacibus minis intentas, intellectum ad hujusmodi viribus et industria refellenda valentem mihi inesse Dei gratia providere debueras, qui, dum terreni corporis hujus desideriis me subjicere moliris, ipsi quod revera terra Ægypti, angustiæ scilicet et tenebrarum est ; dum me urges, causas principandi ingeris, taliter sane sollicitatus ipse intellectus, per singulas sensuum exteriorum regiones, potentes rationis motus ad tutelam intimam præstituit, qui, eorumdem quinque sensuum frugalitatem, quandiu plenitudo introrsum cœlestis exuberat, conscientiæ horreo condens necessitatis tempori conservet et augeat : Illius, inquam, quando tu ad dissipationem animi potestatem tentandi acceperis, et in urbibus internæ quarumque virtutum custodiæ, vel ipsorum sensuum temperantiæ omnis fertilitatis illius, quo valles abundant frumenti (*Psal*. lxiv, 14), supernæ scilicet sapientiæ, fami dispensatorie gustandi verbi Dei ad depressionem a Deo mentis inductæ, paretur. Quæ quidem fames Ægyptum opprimit, quia mentis coangustatæ tribulationibus crebris obscuritatem quadam consilii egestate magis quasi ad mali cumulum conquassat, et contegit, et cum ita fiet, non consumetur terra inopia, reservato enim piæ intentionis semine æstivis serenitatibus, ad instar formicæ, in modum terræ cultibilis, cordis nostri feracitas subsistere poterit tentationis hyeme.

Vers. 37, 38. — *Placuit Pharaoni consilium, et cunctis ministris suis. Locutusque est ad eos: Num invenire poterimus talem virum, qui spiritu Dei plenus sit?* Placere Pharaoni nihil aliud est, nisi evidentiæ rationis quasi cedere, aut pravo effectui, qui et ipse Pharao est, subjici, atque acquiescere. Ministri autem sunt motus animalitatis nostræ. *Poterimus,* aiunt ipsi appetitus cum suis stimulis, quidpiam ut sic dicatur virtuosius, et quod magis Dei congruat spiritui invenire quam intellectum qui tot incommodis valeat solus obsistere? (Vers. 39.) *Quia ergo ostendit tibi Deus quæ locutus es*; id est quia ingenio præeminés providentiæ a Deo tibi dato, quia enim Deo adhæres, unus spiritus es. (Vers. 40.) *Tu eris super domum meam*, id est te præferam mundo, domui quondam meæ, quam si filia Regis esse velim, oblivisci jubeor (*Psal.* XLIV, 11, 12); quia veteris patris mei diaboli domus est, nec solum sed et concupiscentiis ejus. *Et ad oris tui imperium cunctus populus obediet.* Ille nimirum qui in psalmo oblivioni tradi jubetur cum præfata Patris domo (*Psal.* CXXXVI, 5): sed licet oris, id est rationis imperio popularitas vitiorum obtemperet, uno tamen solio carnalis appetentiæ præceditur, quia a nemine mortalium, vel in minimis, ex toto superatur.

Vers. 41. — *Ecce*, inquit, *constitui te super universam terram Ægypti*. Si domus et populus tibi subjicitur, tota ergo terrenitas sæcularitatis illico tibi parere cogetur. Hæc verba sub Pharaonis specie sic diabolo coaptantur, ut non benevolentia, sed necessitas, qua nobis victus non officere sinitur, intelligatur; et sic appetitui conveniunt pravo ut evidentius rectiusque valeant concordare correcto. (Vers. 42.) *Tulitque annulum de manu sua, et dedit in manu ejus: Vestivitque eum stola byssina, et collo torquem auream circumdedit.* Annulus in manu Pharaonis, mysterium est iniquitatis in studio operationis, sed ab ipso Joseph datur, cum ad sanctitatis desiderium affectus a cupiditatum perversitate transfertur. Annulo autem celanda signantur, per quod nequitiæ velamentum accipitur. Stola byssina est incorruptionis in spe jam gloria, vel conscientiæ munditia. Hac nos vestit, cum ad hanc induendam non impedit. Recole Evangelium de prodigo, sed pœnitenti, filio, quæ reversus a patre dona percipiat (*Luc.* XV, 22). Collo vocem emittimus, cibumque et admittimus, per quod vim consilii accipimus, quod nobis aliisque impendimus. Huic torques aurea circumponitur, cum supernæ documento veritatis, qua nil pretiosius est, et munitur locutionis nullo obsistente, et illustratur nostræ discretionis virtus.

150 Vers. 43. — *Fecit quoque ascendere super currum suum secundum, clamante præcone ut omnes coram eo genuflecterent.* Currus Pharaonis impetus est ambitionis. Secundus autem currus est, non jam materialium cupiditas, sed illa quæ præcipue sanctos viros voluntarie pauperes impetit, humanæ laudis aviditas. Major vero priore, sequentis acerbitas. Super hunc ascendere eum facit, cum cœlesti desiderio avaritiæ excursum deprimi permittit. Hi enim in curribus et hi jucundantur in equis (*Psal.* XIX, 8), id est, hi in cupiditatibus, et hi in superbiis. Præco clamat cum sacræ paginæ, aut divini timoris vox vicina crebro cordi et auribus enuntiat ut omnis corporeæ insolentiæ rigor, ad appetenda æterna, quidquid sibi inest cervicositatis inflectat. (Vers. 44.)

Ego sum, inquit, *Pharao, absque tuo imperio non movebit quisquam manum aut pedem in tota terra Ægypti.* Ego naturaliter cum sim levitatis et malorum appetens, tuis a modo imperiis, nec *in terra Ægypti* corpore, scilicet corruptibili quod aggravat animam (*Sap.* IX, 15), *pedem* affectionis, *aut manum* operationis moturus est deinceps citra convenientiam tuam.

Vers. 45. — *Vertitque nomen illius, et vocavit eum lingua Ægyptia, Salvatorem mundi.* Vertit ergo, id est verti facit quod, secundum veterem statum, pravus vocabatur appetitus, nunc dicitur pietatis affectus. *Lingua Ægyptia* vocat *eum Salvatorem mundi*, quando per experientiam tribulationis sese coangustantis hoc enim sonat Ægyptus; *lingua*, id est sententia per pœnitentiam pristinæ vanitatis commutata, carnalitas mundialitasque cœlestium appetitum salutis propriæ fatetur auctorem. *Deditque illi uxorem Aseneth, filiam Putipharis sacerdotis Heliopoleos.* Aseneth ruina interpretatur; Putiphar, *os inclinans ad dissecandum*; Heliopoleos, *solis civitas*. Filia pravi nostri appetitus, qui os, id est aditum conscientiæ semper inclinat, ut quod spiritu Dei unitum est, dissecet et dirimat, ruina peccati est. *Concupiscentia* enim *cum conceperit parit peccatum* (*Jac.* I, 15). Pharao dicitur *dissipans*, vel *discooperiens eum*. Hæc uxor Joseph a Pharaone datur, quando ab ipso nequam appetitu ob causas suæ primo per vitia dissipationis, deinceps fœdæ ad omnem infamiam discoopertionis superni augmenti desiderio, velut uxor adjungitur, ut dum perpetratorum malorum ruina perpenditur, et iniquitatum earumdem fructus, quem signat Pharaonis, Putipharisque nomen, attenditur; inde proles pii operis propensius propagetur. Putiphar sacerdos est, Heliopoleos, quia nequitia concupiscentiæ sacra, id est exsecrabilis dux est viæ, qua itur ad civitatem, non veri solis, cujus artifex et conditor Deus est (*Hebr.* XI, 10), sed quam eam ædificat ubi fervent incendia multifidæ tentationis.

Vers. 46. — *Egressus itaque Joseph ad terram Ægypti (triginta autem annorum erat, quando stetit in conspectu regis Pharaonis) circumivit omnes regiones Ægypti.* Ad terram Ægypti egredi dicitur, et sic Ægypti regiones circumire, quia nisi sæculi terrenitatem animi majestate excesserimus, omnes sensualitatis nostræ partes, quasi Ægypti latera, debita auctoritate despicere non possumus. Licet ergo in corpore constituti, extra ejus desideria, quasi extra castra, ad eum, qui extra portam passus est, exire debemus (*Hebr.* XIII, 12). Sicut enim quispiam fetoribus assuetus, miseriam quam patitur putoris ignorat, donec ad liberi ac nitidi aeris puritatem procedat, ita vitiorum confusione submersus, ipsas malorum nequaquam, quibus obsidetur, atrocitates attendit, donec ipsas pestes prælibato aromate honestatis excedat. Unde et in Apocalypsi a longe dilectores Babylonis dicuntur stare (*Apoc.* XVIII, 15), ut ejusdem interitum ab ea semoti valeant pensare. Ternarius ad Trinitatem, denarius ad præcepti attinet exsecutionem, quæ duo cum nobis sunt in desiderio, satis jam congruit *in conspectu Pharaonis*, quod est præsens violentia dæmonis, statio, id est ad ejus illationes decertatio.

VERS. 47, 48. — *Venitque fertilitas septem annorum; et in manipulos redactæ segetes congregatæ sunt in horrea Ægypti. Omnis etiam frugum abundantia in singulis urbibus condita est.* Ubertatis tempore *in manipulos rediguntur segetes*, cum prosperitate divinæ arridente dulcedinis, bona nostra passim ac quælibet acta sub censura ac si sub vinculo superni constringuntur amoris, quod est oleum habere in vasis. *In horrea* congregantur *Ægypti*, quia thesaurum hunc habemus in fictilibus vasis. *Frugum abundantia in singulis urbibus* congregatur, cum plenaria continentiæ virtus in unoquoque sensuum stabilitur, imo conditur, quod occultationem vigilanter sonare intelligitur. (VERS. 49.) *Tantaque fuit multitudo tritici, ut arenæ maris coæquaretur, et copia mensuram excederet. Multitudo tritici maris arenæ* coæquatur, cum virtutis exuberantia, tum mentis serenitas, ac levitas conveniunt et junguntur. Arena enim mollis et grata planitie est. Copia mensuram excedit, cum bene agendi facultas ultra humanæ consuetudinis usum plerumque suppetit.

VERS. 50. — *Nati sunt autem Joseph filii duo, antequam veniret fames; quos ei peperit Aseneth*, etc. Filii ejus animæ cœlestis augmenti avidæ nascuntur, dum præmisso pœnitentiæ bono sanctitatis opus subsequitur. Hæc ex ruina dissecantis appetitus filia, quem ductorem habuit ad criminum solstitia; gignuntur, **151** quia ubi abundavit peccatum, gratia uberior juxta Apostolum infunditur (*Rom.* v, 20). Solis nomine æstum tentationis accipi, teste est illud, quod orto sole æstuaverunt homines. (*Matth.* XIII, 6), ut Dominus ait: (VERS. 51.) Primogenitus dicitur Manasses, qui dicitur *obliviscens*, quia, inquit, *oblivisci me fecit Deus omnium laborum meorum, et domus patris mei*. Illa enim pœnitudinis est veritas, si vetera et præterita, in quibus laboravimus et onerati fuimus, obliviscentes; et domus diabolicæ paternitatis nobis aditum obstruentes, ad futuram novitatem extendamur. (VERS. 52.) Secundus Ephraim vocatur, quod fructificans dicitur: *Crescere enim*, ait, *me fecit Deus in terra paupertatis meæ*; in quo intelliguntur pietatis exercitia, quæ fructus sunt vitales emergentes jam in corpore, quod fuit olim internæ paupertatis, dans materiam terra, ubi et accipimus verso ordine nunc incrementa.

VERS. 53, 54. — *Igitur transactis septem annis ubertatis, qui fuerant in Ægypto, cœperunt venire septem anni inopiæ, quos prædixerat Joseph, et in universo orbe fames prævaluit.* Divinæ infusionis plenitudine exacta, interioris victus accedit inedia, quia nisi gratia ad tempus deserat, tentatio locum non invenit, quo se inferat, *et in universo orbe*, omnimoda videlicet perfectione, quæ pridem fuerat languoris interni miseria incubat. Orbis ob sui rotunditatem pro perfecto ponitur, ut est : *Auribus percipite qui habitatis orbem* (*Psal.* XLVIII, 2). *In cuncta terra Ægypti non erat panis.* (VERS. 55.) *Qua esuriente clamavit populus ad Pharaonem alimenta petens.* In tota terra *Ægypti non est panis*, quia in omni mundiali desiderio non est ulla alimonia mentis. *Non enim invenio*, ait Apostolus, *in carne mea bonum* (*Rom.* VII, 18). Pane vero gratiæ consumpto Ægyptus tenebrarum, et tribulatio coangustans, non habens unde inanitatem ventris adimpleat, et in siliquis constans nihil reperiat, merito esurit. Clamat *ad Pharaonem*, quia, juxta Evangelium, expetit regionis principem, sed dum non reficit ex porcorum cibo famem (*Luc.* XV, 15, 16), quasi ex principis vel Pharaonis responso repetit, et exoptare cogitur mercenariorum panem. *Ite*, inquit, *ad Joseph, cœleste augmentum appetite, et quidquid vobis indixerit, facite*. Sicut enim cupiditas malorum, sic omnium est pia affectio magistra bonorum.

VERS. 56. — *Crescebat autem quotidie fames in omni terra*, quia, gliscente motuum corporalium morbo, non habet quod defectui suo propinet, aut suggerat inops conscientia; quærendi ergo sunt ab amico Joseph tres panes, qui apponantur Ægypto reversæ de via (*Luc.* II, 5). *Aperuitque Joseph universa horrea, et vendebat Ægyptiis; nam et illos oppresserat fames.* (VERS. 57.) *Omnesque provinciæ veniebant in Ægyptum, ut emerent escas, et malum inopiæ temperarent.* Joseph universa horrea aperit, cum interni aviditas profectus assurgens, totius rationalitatis, juxta quod cuique rei congruum est, copias pandit. Ægyptiis vendit, dum ab eis quod Ægyptii sunt, id est quod sæcularitati intenderunt, per confessionem accipit et postmodum stipendia dignæ consolationis expendit. *Illos* enim *opprimit fames*, quia motus præcipue ægrimoniam hanc perferunt animales. *Omnes provinciæ veniunt in Ægyptum ut escas* emant, cum omnes exterioritatis nostræ dispersiones ad tribulationis angustiæ, mœroris etiam ac tenebrositatis propriæ miserias contuendas accedunt, ubi remedium sibi refectionis cujusdam ex doloris impensione exigunt. Fuerunt enim cuidam lacrymæ suæ panes die ac nocte (*Psal.* XLI, 4). Ægyptus autem et tribulationem et cætera quæ præmisimus nomine sonat.

EXPLICIT LIBER MORALIUM GENESEOS NONUS.

INCIPIT LIBER DECIMUS
MORALIUM IN GENESIN.

Auxiliante Deo decimum, quem et putamus ultimum, in Genesi libellum adorimur, illum qui pro se laborantibus denarius est, exorantes, ut qui huc usque excursum dedit, finem largiatur honestum. Honori namque suo, in hoc opusculo, et saluti suorum volumus militare servorum. Sequitur ergo sacra historia.

CAPUT XLII.

VERS. 1, 2. — *Audiens autem Jacob quod alimenta venderentur in Ægypto dixit filiis suis: Quare negligitis!* **152** Audivi quod triticum venumdetur in Ægypto. *Descendite, et emite nobis necessaria, ut possimus vivere, et non consumamur inopia.* Intelligit verus peccati supplantator, intellectus scilicet noster, hoc enim audire suum est, quod *in Ægypto*, id est in propriæ miseriæ confessione spirituale acquiratur alimentum : *Os enim meum aperui, et attraxi spiritum* (Psal. CXVIII, 131), et cogitationes ex scientiæ semine genitas tanquam filios de negligentia arguit. *Descendite*, inquit, id est humiliamini, et piæ pretium pœnitudinis impendite, ut opem consequamini quæ necessaria est vitæ. (VERS. 3, 4.) *Descendentes igitur fratres Joseph decem, ut emerent frumenta, in Ægyptum, Benjamin domi retento ab Jacob, qui dixerat fratribus ejus : Ne forte in itinere quidquam patiatur mali.* Decem fratres Joseph, vel virtus universa ad Decalogum instituta, vel corpus et anima amori Trinitatis innixa, cœlesti incremento germane conjuncta, ad pabula interna quærenda se flectunt; sed Benjamin, qui *filius dexteræ* dicitur, amor scilicet cœlestis vitæ, *ab Jacob* domi tenetur, quia spiritui intra conscientiam semper necesse est, ut individue astringatur; ne si exterius prodeat, inter inanium favorum auras damnis aliquibus tenuetur.

VERS. 5. — *Ingressi sunt terram Ægypti, cum aliis qui pergebant ad emendum.* Terram Ægypti ingrediuntur, cum terrenæ affectionis tenebras et angustias, vires interioris hominis congestæ irrumpere, ac obtinere nituntur; unde et alios, qui iisdem piis mercimoniis institere, vel instant, sanctos viros imitantur. *Erat autem fames in terra Chanaan.* Chanaan dicitur *paratus humilitati*, significans animum, eadem quæ per Ægyptum figuratur terrestri affectione, quasi iniqua quadam humilitate, dejectum, et internæ præstolantem famis interitum, nisi a Joseph prælato Ægypti vitalis sibi tritici fuerit largitione subventum. (VERS. 6, 7.) *Cumque adorassent eum fratres, et agnovisset eos, quasi ad alienos durius loquebatur, interrogans eos : Unde venitis? De terra*, inquiunt, *Chanaan, ut emamus victui necessaria.* Adorant, cum in veneratione habent, agnoscuntur, cum nostri rationales motus dulcedinem ejus experiuntur ac diligunt. Appetitus cœlestis, quasi ad alienos, durius loquitur, dum divina dispensatione minus arridet plerumque menti quam ipsa voluerit. Unde, ait, superna sperare poteritis, qui a sæculari amore non discediti? Terrenitatem, aiunt, qua dæmoniis ut transirent iniquæ humilitatis dorsum præbebamus, nos incurvari jubentibus reliquimus, et alimoniam vitalitatis æternæ datis præsentium impendiis requirimus.

VERS. 8. — *Et tamen fratres ipse cognoscens, non est agnitus ab eis.* Fratres cognoscit, cum totius sanctitatis mores a nobis cognosci facit; ab eis vero non agnoscitur, quia et si ex aliquo amore partim videtur et scitur, nunquam tamen augmentum spirituale in hac vita ad perfectum capitur. (VERS. 9.) *Recordatusque est somniorum quæ aliquando viderat, et ait ad eos : Exploratores estis; ut videatis infirmiora terræ venistis.* Recordatur *somniorum*, cum sibi præponit assidue qua imbutus est providentiam futurorum. Non ita, inquit, ut dicitis Chananitidem respuistis, sed non solum infirma quæ humanitati attinent, verum *infirmiora*, quibus terreni animi sordent, scilicet vitia intentiones vestræ explorare student. (VERS. 10.) *Non, aiunt, ita est, domine*, sed servi tui officiorum cœlestium memores, his ac si cibo refici expensa in pretium omni voluptate desiderant. (VERS. 11.) *Omnes filii unius viri sumus.* Illius, videlicet quem pro sui unitate septem mulieres apprehendunt (*Isa.* IV, 1), et quia vir est et unus est, *pacifici* jam apud Deum et homines *venimus*. Cumque Deo et proximis pro Deo placere gestimus, quid mali æstimas machinemur? (VERS. 12.) *Immunita*, ait, *terræ hujus considerare venistis.* Quod est opportunitates adhuc peccandi observatis, nec ad vires animi, sed fragile corpus attendentes desipitis.

VERS. 13. — *Duodecim, inquiunt, servi tui fratres sumus.* Quia, per Trinitatis amorem, quatuor Evangeliorum, vel quatuor principalium virtutum perfectiones germana pariter devotione prosequimur, et cum *in terra Chanaan* essemus, ad filiationem illius unius de quo jam dictum est viri vocati sumus. *Minimus* non propter indignitatem, sed propter spiritualitatis subtilitatem, spes scilicet nostra cum Patre cœlesti est, ubi etiam secundum hanc diversamur. *Alius non est super*, quia mundi appetitus, qui nos super equitaverat olim jam supernorum desiderio est subter. (VERS. 14.) *Hoc est*, ait, *quod lo-*

culus sum, exploratores estis (14). Tharsis dicitur exploratio gaudii, in spiritu autem vehementi conterit Deus naves Tharsis (*Psal.* XLVII, 8). Jam nunc experimentum capiam mundana vos adhuc aucupari gaudia. (VERS. 15.) *Per salutem Pharaonis, non egrediemini hinc, donec veniat frater vester minimus.* Salus Pharaonis est, non qua Pharao salvatur, sed qua potius a typici Pharaonis incursione salvamur. Ita, inquit, a bonorum omnium dissipatore salver, quod non hinc, id est ab appetitu cœlestis augmenti, excedere ad terrena vos liceat, donec spei æternæ fructus, qui in cœlis apud Patrem absconditus est, veniat. Minimus etiam ideo est, quia et minimi amplius diligi, et curari solent, quod totum attinet ad spem.

VERS. 16. — *Mittite ex vobis unum, et adducat eum : vos autem eritis in vinculis, donec probentur quæ dixistis, utrum vera an falsa sint.* Illum unum principalem *mittite*, ac si sequestrum charitatis affectum, ut quod prospicitis spe exhibeat vobis in re. *Vos autem*, interim a sæculari cohibendos, sub disciplinæ vinculis scitote lascivia, ut probetur sub meis accusationibus, vestræ devotionis ac perseverantiæ defensio facta. (VERS. 17, 18.) *Tradidit ergo eos in custodia tribus diebus. Die autem tertio eductis e carcere, ait : Facite quod dixi, et vivetis : Deum enim timeo.* Prima dies est conversio; secunda, virtutum promotio; tertia, cœlestis remuneratio. Sub conversionis ergo vocatione, sub promotionis justificatione, sub remunerationis adhuc tamen pro spem glorificatione, rationis mancipamur custodiæ; sed cum de timoris *die tertio* eruimur carcere, jam placidius monet vitam mandatorum impletione mercari. *Deum enim*, inquit, *timeo*, non pœnaliter jam, sed ex parte paternitatis desiderio. (VERS. 19.) Si ergo pacem a vitiis mecum jam habere cœpistis, *frater vester unus ligetur*, charitas illa nil jam suspecta de supplicio carcerem amodo lugeat, quo retinetur a regno; *vos autem abite* ab intentione forastica, et divini saporis ad singularum diverticula virtutum; *ferte frumenta.* (VERS. 20.) Ex quo minimus frater, spes videlicet mihi ampliata proveniat, et veracior vestræ allegationis ad vitæ præmium professio pateat.

VERS. 21. — *Fecerunt ut dixerat, et locuti sunt ad invicem : Merito hæc patimur, quia peccavimus in fratrem nostrum, videntes angustiam animæ ejus cum deprecaretur nos, et non audivimus. Idcirco venit ista tribulatio super nos.* Postquam desiderio cœlesti factis acquiescimus, et gravitudinem vitæ mutationis attendimus, intra nos ista conferimus : *Hæc merito* difficultatum mala patimur, quia contra interiorem hominem peccavimus, *cum ipse legi Dei*; quoniam bona est, consentiens, inter angustias tentationis invitus, et quasi ratiocinans traheretur ad culpam, *et non audivimus.* Idcirco in quo gratis et nullo cogente ruimus, juste sub indesinenti malorum tribula jacemus. Propter hunc fratrem, ne scandali-

(14) Nonnihil hic deesse videtur.

zetur, in æternum carnem non manducat Apostolus (*I Cor.* VIII, 13). (VERS. 22.) *E quibus unus Ruben ait : Nunquid non dixi vobis : Nolite peccare in puerum, et non audistis me? en sanguis ejus exquiritur.* Conquerantur taliter adversum se motus interni sed Ruben, qui dicitur *videns in medio*, id est ratio quæ corporalia communiter spiritualiaque dijudicat, super sua eos redargutione commemorat, quod in se hebetem scilicet adhuc, et ad conflictuum labores tenerum peccare vetuerit et audire, spernentibus peccati, quod est sanguinis, Deus pœnas intulerit.

VERS. 23, 24, 25. — *Nesciebant autem quod intelligeret Joseph, eo quod per interpretem loqueretur ad eos. Avertitque se parumper, et flevit; et reversus locutus est ad eos. Tollens Simeon, et ligans illis præsentibus.* Dum ita de animorum ægritudinibus sensus interni ingemunt, hanc ipsam intelligentiam a mystico Joseph sibi infundi plerumque nesciunt : nisi enim spiritualibus augmentis instarent, nunquam eos corporalia vitia fatigarent, eo quod media inter utrosque cogitationis querela discurrit, quæ tamen idipsum quod fastidio præsentium tangitur, quodque de hoc ipso apud se altercatur, ab eodem, qui melioribus augeri exoptat, infunditur. Avertit ergo se *parumper* et flet, cum a corde transitoria dimovet, et quidquid noxii in affectibus humoris existit, a se patenter extorquet. *Parumper* id agitur, quia tanta sui auctoritas non diu menti conceditur, unde et *reversus ad eos* loquitur, quia citius ad prædicta ratiocinia velit nolit revocatur. Simeon, qui dicitur *audiens tristitiam*, ipse spiritus est, qui de sua semper instabilitate tristatur. Is tollitur, cum ab infimis elevatur, *illis præsentibus* ligatur, quia contractis ad hunc ipsum externis internisque sensibus, divini timoris clavis astringitur. Potest et per Simeonem affectus carnalis accipi, qui crebras tentationum experitur tristitias. *Jussitque ministris ut impleret saccos eorum tritico, et reponerent pecunias singulorum in sacculis suis, datis supra cibariis in via; qui fecerunt ita.* Ministri cogitationes sunt, quibus jubetur, ut saccos tritico impleant, scilicet corporalium passionum molestias divini verbi pabulo consolari studeant, ut Psalmistæ concinant : *Conscidisti saccum meum, et circumdedisti me lætitia* (*Psal.* XXIX, 12). Per hos ministros quælibet hausta forinsecus suggeruntur tractanda rationi. Pecunias singulorum in sacculis reponunt, cum sententias quibusque sensibus muniendis aptas in memoriis condunt. Cibaria insuper dant, cum debitas supernæ gratiæ refectiones in hujus sæculi tractu, intellectus desideriis fideliter obaudiendo ministrant.

VERS. 26. — *At illi, portantes frumenta in asinis, profecti sunt*, id est in corporibus, quæ quantum in se est, rude quiddam in modum asinorum sunt, thesauros divinæ sapientiæ caute ea regendo ac premendo ad proposita tendunt. (VERS. 27, 28.) *Apertoque unus sacco, ut daret jumento pabulum in diversorio, contemplatus pecuniam in ore sacculi, dixit fratribus : Reddita est mihi pecunia mea, en habetur in sacco.* Unus saccum aperit, cum sensus mentis quilibet cujuslibet passionis naturam sibi ipsi per experientiam patefacit. Inde dat *jumento pabulum in diversorio,* quia ex ipsa impugnationis occasione **154** pabulum cœleste quærere cogitat, quod corporali appetitui objiciat in remotis conscientiæ. Os sacculi, aditus est peccati, ubi debet pecunia divinæ sententiæ ad idem refellendum inveniri. Redditam fratribus pecuniam nuntiat, dum ejusdem mentis motibus opportune sibi, tentationis scilicet tempore oblatam, Scripturæ testimonii recordationem intimat, et ad idipsum gratulando corroborat. Habetur in sacco, cum vis divini præcepti, ne forte perefflueamus, inseritur carnali desiderio. *Et obstupefacti turbatique, dixerunt mutuo : Quidnam est hoc quod fecit nobis Deus?* Mirandum plane satis est humanis sensibus, cum ligari a Deo se vident mandatorum suorum compedibus, qui absterreri quondam vix gladiis impendentibus poterant ab sceleribus.

VERS. 29, 30. — *Veneruntque ad Jacob patrem suum in terram Chanaan, et narraverunt ei omnia quæ accidissent. Locutus est nobis,* inquiunt, *dominus terræ dure,* etc. *In terram Chanaan* veniunt, cum affectionis terrenitatem ad peccandi concupiscentias sese turpiter demittentem, germanæ rationalitatum vires, donec ad supereminentiam accedant intellectus, qui universitatem vitiorum supplantet, irrumpunt. Intellectus enim contemplativa Dei notitia dicitur, et ideo omnem rationis modum supergreditur. Huic narrant quæ sibi acciderint, quia ad hunc referuntur discutienda quæcunque sibi adversa vel prospera ingruerint; *Locutus est nobis dominus terræ dure,* scilicet spiritualis desiderium incrementi, quod supereminet omni terræ gloriæ, objecit nobis initia bene vivendi proponentibus incommoda difficultatis venturæ. Cætera quæ sequuntur superius tractata, non egent, ut opinor, repeti.

VERS. 35, 36. — *His dictis, cum frumenta effunderent, singuli repererunt in ore saccorum ligatas pecunias. Exterritisque simul omnibus, dixit pater Jacob : Absque liberis me esse fecistis. Joseph non est super, Simeon tenetur in vinculis, et Benjamin auferetis : in me hæc mala omnia reciderunt.* Postquam sub intellectus lance omnia trutinantur, singuli frumenta effundunt, cum divini subsidia consilii sibimetipsis interiores sensus aspergunt. In ore saccorum ligatas pecunias reperiunt, cum in ipsa suggestione carnis, passionum insertas salutaris prædicamenti censuras, quæ his obvient, ex consuetudine resistendi sibi inolitas custodiunt. Simul omnes exterrentur, cum sollicite interioris hominis acies adversus corporis illecebras secundum Scripturarum decreta redduntur. Sed dum intellectus tot custodiarum vexatione turbatur, quondam fractus fastidiose absque liberis, bonorum scilicet operum fructibus, factum perhibet, dum ad omnia nititur, et quasi nil se explicuisse videt. *Joseph,* quit, cura videlicet cœlestis augmenti, visibilium, ut assolet, amorem non superat affectus, qui ob pietatis gemitum Simeon olim merito dicebatur, vinculis carnalitatis astringitur. *Benjamin,* qui spes electionis, quæ per dexteram signatur, accipitur, vultis auferre, quia omnia præsumptive aggredimini, a quibus, cum vos relabi contigerit, cogetis me etiam de salute desperare. Hæc humanitus ad se decidens intellectualitas solet dicere. Hæc, inquit, omnis sanctitatum excellentia in mea mala recidet.

VERS. 37. — *Cui Ruben,* qui dicitur *videns filium,* ipsa profecto intellectualitas seipsa subtilior jam corrigi incipiens, et intendens cœpti laboris fructum, quia non sine dolore parimus quidquid est bonorum operum, *respondit : Duos filios meos interfice, si non reduxero eum tibi. Trade in manu mea, et ego eum restituam tibi.* Ac si diceret : Duos principales charitatis affectus, ad Deum scilicet et proximum, quos foveo, dum perfectionis futuræ robur attingant, in temet interime, si tradideris eum manui meæ, id est si secundum rationalitatis operationem ac magisterium direxeris spem, per efficientiam consecutæ beatitudinis eam tibi repræsentabo, quod credis aut speras verificando per rem. (VERS. 48.) *Non descendet,* inquit, *filius meus vobiscum.* Alternare tali modo solent in animo divina ac humana rationes, dum illa sublime admonet et suggerit sub discretionis nomine ista tepores. Vos nimie propriis fidentes viribus alta præsumitis, sed vitæ meæ exercitium, quod est filius dexteræ, spes videlicet promerendæ electionis non nobiscum progreditur ad ardua, sed sicut scriptum est : *Onus super te ne levaveris (IV Reg.* IX, 25) ; ad propositum tendet cum mensura, quia talis ascensus non aliud quam descensus esset ad infima. *Frater ejus,* intellectus secundum sibi debite majestatis imperium *mortuus est, iste solus,* spes scilicet futurorum *remansit ; si quid ei acciderit in terra,* id est contra terrenitatem vobis certantibus ad quam obtinendam tenditis, *canos meos,* id est defectionem vetustatemque meam *ad inferos* ultimæ desperationis *deponetis.* In inferno enim quis confitebitur tibi? (Psal. VI, 6.)

CAPUT XLIII.

VERS. 1, 2. — *Interim fames omnem terram vehementer premebat. Consumptisque cibis quos ex Ægypto detulerant dixit Jacob ad filios suos : Revertimini, et emite pauxillum escarum.* Animus cum nimium tentatione pulsatur, in **155** desidiam resolvitur, et sub mediocritatis colore ea quæ prædicta sunt eloquitur. Fructus tamen, qui ex prima confessione provenerat, humilitas ac compunctio, tota consumitur, et quasi *ex Ægypto* delati cibi depereunt, dum pœnitentiæ peccatorum utilitas abrogatur, et interim mens consilii egestate atteritur. Sed intellectus se vinci, et languere conspiciens, *filiis,* id est piis cogitationum motibus, ut revertantur ad sui cognitionem iterum confitendo submonet, ut cum redierint ad cor vel modica interni saporis eos esca sublevet.

VERS. 3, 4, 5. — *At Judas: Denuntiavit nobis vir ille sub testificatione jurans: Non videbitis faciem meam nisi fratrem vestrum minimum adduxeritis. Si ergo vis, mitte eum nobiscum, et pergemus pariter, ememusque usui necessaria. Si autem non vis, non ibimus.* Judas et Ruben, confessio videlicet et gratiæ experientia, quod est filii visio, Jacob intellectualem nostrum specialiter alloquuntur, quia ne labor confessionis ac pœnitudinis actæ depereat, et hoc ipsum quod jam divinæ misericordiæ ac dulcedinis sensit ac sapuit, ruat, præcipue recogitantis intelligentiæ canos, qui, juxta prophetam, eam jam perfuderant, et ignoraverat, vetustatem scilicet ac defectum stringit et innovat. Vir ille qui terrena cœlestium incremento postponit viriliter effeminatis denuntiat, et sub testificatione Scripturæ, et ipsius veritatis asseverat, quod nemo ei intima cogitatione complaceat, nisi spem quæ pro suæ subtilitatis penes Deum sese vivacitate collocat, pariter secum ducat; quæ quidem nulla est, aut prorsus puerilis et infima, nisi fratrem, id est meritorum hanc societas, cingat. Sine hac ergo ire non possumus, quia fatuum est quærere, si non quæsita speramus. *Spera namque in Domino, et fac bonitatem* (*Psal.* XXX, 3); nobis dictum legimus. (VERS. 6.) *In meam*, inquit, *hoc fecistis miseriam*, *ut indicaretis et alium habere vos fratrem*. Verba fastidientis sunt, qui nec initia boni proposuisse maluerit, quæ incœpisse, spem supernorum appetitui indicasse sit, et ab his descivisse miseria iterum sit.

VERS. 7. — *Interrogavit nos homo*, inquiunt, *nostram progeniem, per ordinem, si pater viveret, si haberemus fratrem; et nos respondimus ei consequenter juxta id quod fuerat sciscitatus. Nunquid scire poteramus quod dicturus esset: Adducite fratrem vestrum vobiscum?* Homo progeniem nostram per ordinem interrogat, cum interni studiosus augmenti rationalis appetitus, modos gradusque nostræ conversationis, ac conversionis eventilat; cujus ordo est: *si pater et rector mentalis familiæ intellectus vigeat; si individue bonorum filiorum*, id est operum germanus, spei videlicet nostræ usque in divina contuitus, nobis adhæreat; ad quæ necesse est, tota animi vis ac rationalitas, non verbo, sed studiorum affectu se his non carere respondeat, sine quibus augmentum spirituale quod quærimus obtineri nequeat. *Nunquid*, antequam gratiam conversionis peteremus, *scire poteramus*, quid a nobis professionum devotio religionis exigeret?

VERS. 8, 9, 10. — *Mitte*, ait Judas, *puerum mecum, ut proficiscamur, et possimus vivere, ne moriamur, nos et parvuli nostri. Ego suscipio puerum; de manu mea require illum. Nisi reduxero, et tradidero eum tibi, ero peccati reus in te omni tempore. Si non intercessisset dilatio, jam vice altera venissemus.* Judas puerum mitti rogat ut proficiscantur, cum con-

fessio in præteritas relabi verens sordes spem dirigi in Deum admonet, ut ad virtutum studia provehantur, ut vitam interius obtineant, et ipsæ vires animi, cum primæva piorum actuum exhibitione non occidant. Puerum idcirco spem accipe, quia eam opus est ex operum bonorum specie seipsa semper noviorem esse. *Ego suscipio puerum*, dum sub spe veniæ pœnitentiæ pondus excipio. Si perire contigerit, ab inerti operatione mea exitium ejus repeti debere censeo, si spem non tibi exhibuero per rem, et quod speras non tibi tradidero fruendum facie ad faciem, omni sæculorum tempore luam supplicia peccati reatus in te, cujus promotionibus destiti inhiare. *Si non intercessisset* humanitus motæ altercationis *dilatio*, jam altera facta fuisset pro hoc ipso quod patimur torpore confessio; quod est, ad Ægyptum pro sui vestigatione ingresso, et rursus ad sanctitatis opera exsequenda reversio.

VERS. 11. — *Igitur Israel pater eorum dixit ad eos: Si sic necesse est, facite quod vultis; sumite de optimis terræ fructibus in vasis vestris, et deferte viro munera, modicum resinæ, et mellis, et storacis, et stactes, et therebintii et amygdalarum.* Ille, qui superius Jacob forsitan ob sui ipsius supplantationem vocabatur, jam nunc cum ab humana suggillatione compescitur, *Israel*, id est directus cum Deo vocatur; unde et pater eorum quæ bene sensa sunt dicitur. *Si sic*, inquit, spem sine bonorum ac rationabilium studiorum esse comitatu fas non est, ut alterutrum sine altero valeat; agite quod proposuistis, et in conceptabulis conscientiæ *de optimis terræ*, id est Christi exemplis ac virtutibus, cujus ad modum terræ feracitate nutrimur, *sumite*, et quia ad locum unde exeunt flumina, revertuntur (*Eccle.* I, 7), ipsi ea quæ ab ipso sumpsistis attribuite, Joseph, spirituali scilicet vestro desiderio, ut ex benefactis ad meliora feratur, apponite. Per resinam, quæ aliquantulum redolet, bonam ad proximos famam, in melle morum benignitatem intellige, per cætera virtutum fragrantiam, et fructus, id est actionis utilitatem accipe. Hæc viriliter terrenitatum fluxa regenti, piorum provectuum studioso nostro appetitui offerri et suggeri digna videntur.

VERS. 12. — *Pecuniam duplicem ferte vobiscum*, ut sic alios forinsecus doceatis quatenus vos primum interius per eadem documenta pascatis. Deriventur fontes tui foras, et solus tamen eos absque extraneis bibas. *Et illam quam invenistis reportate, ne forte errore sit factum*: Si quid discretionis erga passionum insolentiam carnalium, quarum asperitate cingimur, vos habere putatis, ad sapientiæ cœlestis examen referte, ne qua vos ipsos humana ratione fallatis. Ipsum enim Joseph, quem *augmentum* dicimus, ad intelligentiam supernorum, quibus solis augeri bonum est, referimus. Terrenis nempe augeri neminem facilis probatio est. (VERS. 13.) Ad hunc virum, cum fratrem, ab eadem videlicet cœlitus illustrata ratione genitam spem ab infima cupiditate tulerimus, continuis profectibus imus, dum magis ac magis Deo et saluti viciniora sentimus.

Vers. 14. — *Deus autem meus faciat eum vobis placabilem; et remittat vobiscum fratrem vestrum quem tenet, et hunc Benjamin.* Fit nobis Joseph placabilis, cum, mundanis sopitis impulsibus, spiritualis incrementi majestas non est nobis difficilis. Frater quem tenet, remittitur, cum affectus, velimus nolimus, evagans, et tamen prædicta majestate quasi mentis legé coercitus, interiori aliquando homini, sine ulla jam vi obediendo laxatur, Benjamin remittitur, cum fructus spei nostræ ad dexteram nobis constitutis in regno monstratur. *Ego autem orbatus absque liberis ero.* Quasi orbatum interim se putat, dum in conflictu animus positus nil se esse, nil efficere quasi in quadam caligine constitutus reputat.

Vers. 15. — *Descenderunt ergo in Ægyptum et steterunt coram Joseph.* Humiliantur ad considerationem tribulationis Egyptiæ, et quo magis in sua contemplatione flectuntur, tanto alacrius ad sapienda cœlestia coram Joseph, id est in provectionis desiderio eriguntur. (Vers. 16.) *Quos cum ille vidisset, et Benjamin simul, præcepit dispensatori domus suæ : Introduc viros in domum, et instrue convivium, et occide victimas, quoniam mecum sunt comessuri meridie.* Joseph eos cum Benjamin videt, cum jam sibi ipsi intellectus et rationis motibus, et spei profectibus ad aggredienda cœlestium incrementa non invidet. Dispensator domus spiritus noster est, cui ab amore superno indicitur, ut hi viriles status in conscientiam inducantur; victimæ peccati carnisque cædantur, ut cum Deo postmodum interius convivium instruatur, ut *in meridie* dilectionis fervidæ cœnet, juxta Apocalypsim, nobiscum ipse et nos cum ipso reficiamur (*Apoc.* III, 20).

Vers. 17, 18. — *Fecit ille ut fuerat imperatum,* quia tactus a Deo spiritus mandata ad celerem ducit effectum. *Ibique exterriti dixerunt mutuo : Propter pecuniam, quam retulimus prius in saccis nostris introducti sumus, ut devolvat in nos calumniam, et subjiciat nos servituti, et asinos nostros.* Introducti exterrentur, quia cum spiritualiter examinari mens cœperit, quidquid virtutum nobis inest, illico timore perturbatur. Trepidant pro pecunia quam retulerint, quia verentur ne minus idonea quam competit, saccis carnalitatum scientiæ sanctæ prædicamenta induxerint. Timent devolvi in se calumniam, et servituti subjici et se et asinos, dum divini judicii indignationem sibi incumbere, et merito sui ad vitia teporis eorum dominia subire, et animi vires, et carnis motus metuunt succumbere stolidos.

Vers. 19, 20. — *Quamobrem in ipsis foribus accedentes ad dispensatorem locuti sunt : Oramus, domine, ut audias nos. Jam ante descendimus ut emeremus escas,* etc. Fores, habitus sunt timoris, per quos sunt ad penetralia charitatis quasi quidam aditus; quas portas Psalmista nos admonet introire in confessionibus (*Psal.* XCIX, 4). In his constituti

ad dispensatorem accedimus, cum metu divino restricti liberius jam ordinariam illam rationem aggredimur. Jam ante, inquiunt, per confessionem culpæ nos humiliavimus, ut divinis epulis allevaremur. (Vers. 21.) Quibus obtentis, cum ad conscientiæ diversorum sacculos concupiscentiarum examinandos expandissemus, divini eloquii sententias nos ipsis pravorum motuum suggestionibus objecisse, animo teste, meminimus; quam mysticam pecuniam eodem supernæ dilectionis pondere gravidam ad tui judicium reportamus, ut te judice pateat, si quid indigne egimus; (Vers 22) sed et aliud argentum copiose scientiæ usque ad bonæ actionis effectum attulimus, ut Deum, qui super omnia nobis est necessarius, totius operæ impendiis emamus. Non est in nostra conscientia quis eam posuerit in marsupiis nostris, id est non nobis arrogamus, nec cuiquam, hominum attribuimus hanc Dei notitiam, quam memoriæ loculis insertam tenemus, soli illi gratulamur.

Vers. 23. — *Pax*, inquit, *vobiscum.* Et si pax reconciliationis ac concordiæ adest, locus timoris non est. *Deus vester, et Deus patris vestri;* qui scilicet cum patribus mira egit, et vestris magnificatur temporibus, ipse dedit pecuniam in sacculis; scientiam profecto discretivam **157** ac si monetam legitimam vestris tentationibus discernendis. Unde et sequitur : *Nam pecuniam quam dedistis,* id est prudentiæ vim, quam meo exagio attulistis, ego probatam rationabiliter accipio. *Duxitque ad eos Simeon.* Simeon ad eos educitur, cum affectus pridem carnaliter obligatus ad consensum rationis motuum expeditur. (Vers. 24.) *Et introductis domum, attulit aquam, et laverunt pedes, et dedit pabula asinis eorum.* Integre ad cordis domum reversis undam compunctionis internus dispensator suggerit, qua mundantur vestigia affectionis; unde jam succedunt consilia sana, quibus, ac si pabulo, occurratur corporalibus lasciviis.

Vers. 25. — *Illi parabant munera, donec ingrederetur Joseph meridie; audierant enim quod ibi comesturi essent.* Munera quæ parantur, pia quælibet compunctionis incentiva sunt, quibus acrius accendatur, et quibus Joseph noster in æstu sacri desiderii provehatur. (Vers. 26.) *Igitur ingressus est Joseph domum suam, obtuleruntque ei munera, tenentes in manibus; et adoraverunt proni in terram. Joseph domum suam* ingreditur, cum cœlestis curæ crementi penetralia mentis adoritur. *Munera quæ offerunt, tenent in manibus,* cum quæ interius sancta proponunt exercent operibus. *Proni in terram adorant,* cum suæ infirmitatem carnalitatis inter Deo supplicandum considerant. (Vers. 27.) *At ille, clementer resalutatis eis, interrogavit : Salvus ne est pater vester senex, de quo dixeratis mihi ? Adhuc vivit ?* Clementer resalutat, cum effectus devotionis ab affectu non discrepat. De patre sene an salvus sit, utrum vivat, interrogat, dum in provectu positus de statu defectibili, in quem pene pridem lapsus fuerat, an reviviscere possit cum ratione propria tractat. Cui juxta

sensum, qui in praesentiarum persentiscitur, spes de *hujuscemodi convivium;* valde enim horrent fatuos in sospitate tribuitur. (Vers. 28.) *Sospes est,* inquiunt, hoc mundo se fieri propter Christum.
servus tuus. Ipse sane servus, cui aeternorum imperat appetitus. *Et incurvati rursus eum adorant,* quia qui primo mente descenderant, evidentia demum operis fructum conceptae humilitatis insinuant. Eum autem est adorare, reverentiam proposito per officia praebere. Unde ab Apostolo Jacob virgae fastigium Joseph dicitur adorasse (*Hebr.* xi, 21).

Vers. 29. — *Attollens autem Joseph oculos, vidit Benjamin fratrem suum uterinum, et ait* : *Iste est frater vester minimus, de quo dixeratis mihi ?* Attollit *oculos,* dum ab imis profectibus intentiones erigit ad supernos. Videt *fratrem uterinum,* quia perspicaciter attendere sufficit spei aeternae fructum ex supercoelestis Ecclesiae secum vere matris exemplari utero genitum, dexterae videlicet filium. Ista est, inquit, spei sanctae subtilitas, quam quidem hactenus aure tenus attigi, sed nunc primum exhibitam experiri quid sapiat merui. *Deus,* penes quem talia valent, *misereatur tui,* quae quia ex meo intellectu processeris, locum vicemque apud me obtinet filii; non feminae desidia, sed masculina alacritate digna notari. (Vers. 30.) *Festinavitque, quia commota fuerant viscera ejus super fratre suo, et erumpebant lacrymae, et introiens cubiculum flevit.* Festinat, dum ad superna quae semel gustavit, properat. *Super fratre viscera* moventur, et interni incrementi studium super eorum qui jam ad coelestia transeunt fraternitate incitatur, cum se in miseriis positio ipsi cum Deo glorientur. *Lacrymae* erumpunt, cum interiori qua infundimur gratia exuberante, interna proposita ad exhibitiones ac si violenter prodeunt. *Introiens in cubiculum* flet, cum in abdito conscientiae desiderii tenor fervet.

Vers. 31, 32. — *Rursusque lota facie egressus, continuit se, et ait* : *Ponite panes. Quibus appositis seorsum Joseph, et seorsum fratribus, Ægyptiis quoque qui vescebantur seorsum (illicitum est enim Ægyptiis comedere cum Hebraeis).* Rursum faciem lavat, cum post compunctionis munditiam intelligentiae vis ab omni laudis appetitu se purgat. Egreditur et continet se, cum in opera procedens a favoribus arcet fluxum cogitationis vanae. Dispensatrici mysteriorum rationi ut ponat jam panes praecipitur, quia, cum mens plene restringitur, tunc panes et gratiarum et vitae merito gustandi apponuntur. *Seorsum* Joseph apponuntur, quia longe altius spiritualia charismata capiuntur ab intellectu (unde et Joseph typus ejus, interpretatur *adaugens*) quam a rationis motibus, quia ab eadem sunt anima geniti fratribus. Intellectus etenim ad divina, ratio proprie attinet ad humana. Ægyptii autem, saecularis videlicet scientiae habitus, *seorsum* sunt penitus, quia nec quidquam tractare divinitus, nec probe aliquid discernere humanis norunt de moribus, et ideo *cum Hebraeis,* id est mundi transitoribus, nullus cum Ægyptiis refectionis internae valet esse locus. *Et profanum putant*

Vers. 33, 34. — *Sederunt ergo coram eo, primogenitus juxta primogenita sua, et minimus juxta aetatem suam. Et mirabantur nimis, sumptis partibus quas ab eo acceperant ; majorque pars venit Benjamin, ita ut quinque partibus excederet.* Coram eo sedent, dum quo amplius Joseph vere auctus intelligit quidquid bonarum menti adjacet fortitudinum, pariter necesse est, ipso spiritualiter pascente, se humilient. Sedere nempe humiliari significat. *Primogenitus* primogenitis suis adhaeret, cum homo interior, qui perfecte primo ad Dei imaginem conditus est, spiritualibus bonis, quae et ipsa primitiva noscuntur assidet. Non enim carnis maceratio primo homini, sed res spiritualis, obedientia scilicet injuncta est. *Minimus* vero *juxta aetatem* sedet, cum homo exterior debitam corporis ob sui adhuc lubricum tempus abstinentiam explet. Corruptibilitas autem ipsa nunc ejus est aetas, tribuit cui sessio metas. Mirantur inde *nimis,* quia qui extraordinarie pridem intra et extra quaeque habuerant, obstupescunt miraculo novae hujus institutionis. *Sumptis partibus quas ab eo acceperant, major pars Benjamin venit,* quia inter omnia quibus temporaliter in virtute augmentum sumimus, multo major est electionis dextera quam optamus. Ibi namque divinae filiationis est munus. *Quinque partibus* excellit, quidquid enim quinque sensibus corporis capi potest, prorsus excedit. Ipsum est sane, *Quod oculus non vidit, nec auris audivit* (*I Cor.* ii, 9), etc. *Biberuntque et inebriati sunt coram eo.* Illud profecto vinum quod laetificat cor hominis (*Psal.* ciii, 15), et malorum oblivione serenat, et hoc coram eo, in illo plane beatae intellectualitatis, et aeternae augmentationis spectaculo.

CAPUT XLIV.

Vers. 1, 2. — *Praecepit autem Joseph dispensatori suo, dicens* : *Imple saccos eorum frumento, quantum possunt capere et pone pecuniam in summitate sacci singulorum. Scyphum autem meum argenteum, et pretium quod dedit, pone in ore sacci junioris.* Ratio nostra, quae et spiritus dicitur, interna et externa dispensans, saccos asperae hujus carnalitatis divini frumento consilii, quantum humanitas divinis potest fulciri legibus, opplere jubetur ; et in ipso suggestionis, ac si summo aditu, sacrae sententias Scripturae singulis tentationibus congruentes, ponere mandatur, nedum in divinis aliquantisper dilatari permittitur, pravorum qui mox subsequi solent motuum nimium de se jam fisa obliviscatur. Scyphus Joseph argenteus, sacri eloquii est intellectualis et anagogicus sensus. Is ponitur *in ore sacci junioris,* cum inseritur initio subortae desperationis, quae valde imminet spei profectibus, filii scilicet nostri subtilioris, et ideo chariosis. Minimos enim charius amplectimur, et nos magis diligimus quod speramus. Spes etiam nostras filios vocitamus. Pretium quod dedit pariter *in sacci ore* ponitur, quia spes praesentium, quam deposuit fiducia futurorum, pravae illationis principio et ipsa, quam fecit mundi abrenuntiatio, juste objicitur.

VERS. 3, 4. — *Factumque est ita. Et orto mane dimissi sunt cum asinis suis.* Jamque urbem exierant, et processerant paululum. Oritur mane, cum lux animo innovatur contra vitia, inspirationis divinæ, illi *cum asinis* dimittuntur, quia motus interni jam cœlitus docti, secundum libertatem arbitrii acturi contra carnalitatis ineptias relinquuntur, ne de gloria diuturnæ pacis inflentur. *Jam urbem exierant*, qui mundi hujus sese ambitu exuerant. *Paululum processerant*, qui se jam cœlestibus cogitandis et quærendis admoverant. *Tunc Joseph accersito dispensatore, ait: Surge, et persequere viros, et apprehensis dicito: Quare reddidistis malum pro bono?* (VERS. 5.) *Scyphus, quem furati estis, ipse est in quo bibit dominus meus, et in quo augurari solet.* Ab intellectu rationi præcipitur, ut surgat, id est ad tumoris interni compressionem se erigat; *viros persequatur*, quidquid scilicet robusti status obtinet, indivisibili semper investigatione rimetur. *Apprehensis* dicat quare pro bono malum reddiderint, restrictis plane atque cohibitis arrogantiæ fluxibus arguat, ut quid eorum quæ a Deo data sibi sunt quidpiam sibi attribuerint. Quid enim habent, quod non acceperint? (*I Cor.* IV, 7.) Cur, inquit, intellectualitatis scientiam vobis ascribitis? Scyphus autem argenteus, perspicuæ capacitatis est sinus. In isto *bibit dominus meus*, quia ex hoc haurit unde omnes mentis queat rigare recessus, ille cui dominari convenit intellectus, cunctis etiam rationum mearum viribus. Ibi *solet augurari*, dum supernæ innitens prudentiæ de æternæ beatitudinis futuris statibus valet *commutari*.

VERS. 6, 7, 8. — *Pessimam rem fecistis;* qui quod Dei est vobis arrogastis. *Fecit ille ut jusserat. Et apprehensis per ordinem locutus est? Quare*, inquiunt, sic loquitur dominus noster, ut servi tui tantum flagitii commiserint. *Pecuniam, quam in ore saccorum invenimus, reportavimus ad te de terra Chanaan, et quomodo consequens est ut furati simus de domo domini tui aurum vel argentum?* Intellectualitatis spiritus obedit imperio, quia quidquid justæ habet discretionis ab ea accipit, ac si a fonte superno. Apprehensio ergo, id est collectis cogitationum excursibus, per ipsos intentionum singularum ordines ponit edicta. Sed minus perspicaces animi in se non deprehendunt, quod summa intelligentiæ acumina colligunt. Nos, aiunt, qui rationalitati fideliter inservimus, et tecum intellectus sacri dominio subjicimur. *De terra Chanaan*, id est de terreno ubi vitiis humiliabamur affectu, divini eloquii pecuniam, quam ad peccati introitum cognovimus pro munimine opponendam, ad tuum examen reportare curamus, quomodo consequitur ut quod ad te **159** referimus, ad nos referre velimus? Certum est namque, quia quod tibi damus, nobis subtrahimus; unde nec aurum sapientiæ, nec scientiæ argentum Deo, qui domus omnis piæ intellectualitatis et habitatio est, furati sumus.

VERS. 9. — *Apud quemcunque inventum fuerit servorum tuorum, moriatur, et nos servi erimus domini nostri.* Si in quolibet interioritatum tuarum quæ tibi obtemperant motu arrogantiæ typus patuerit, exstinguatur, et perpetuæ deinceps ad divina penetrandum humilitatis professione flectemur. Absconduntur nempe prudentibus et revelantur parvulis (*Matth.* II, 25; *Luc.* X, 21). (VERS. 10.) *Fiat*, inquit, *juxta vestram sententiam apud quem fuerit inventum, ipse sit servus meus, vos autem eritis innoxii.* In quocunque, inquit, habitu animi cervicositas ista sacrilega apparuerit, rationis servitio addicatur, innoxiæ partes reliquæ judicentur. (VERS. 11.) *Itaque deponentes in terram festinato saccos aperuerunt singuli. In terram saccos festinato deponere*, est omnes tentationum, quas patimur, vilitates humili sedulitate nobis ipsis adhuc terram sapientibus ascribere. *Aperiunt singuli*, cum quique se discutiunt motus animi.

VERS. 12. — *Quos scrutatus, incipiens a majore usque ad minimum invenit scyphum in sacco Benjamin.* A majore usque ad minimum scrutatur, cum a visibilibus, quæ quasi grossitudine præstant, usque ad invisibilia et spiritualia, quæ subtilius exstant, ratio totius sui operis machinam rimatur. *In sacco Benjamin scyphus invenitur*, cum in ipsa dexteræ, quod est electionis et gloriæ fiducia, nimia scientiæ et eloquii solet emergere arrogantia. Solent enim tales quasi pro securitate jam auctoritates sibi usurpare et magisteria *At illi, scissis vestibus, oneratisque rursum asinis, reversi sunt in oppidum.* (VERS. 13.) Cum a Deo subtiliter a spiritu animorum vitia deprehenduntur, quasi quiddam inextricabile virtutis studium accusatur, atque sæpius deseritur. Vestes ergo scinduntur, cum opera fastidio dirimuntur. Asini rursum onerantur, cum stolidi carnis motus pravis ut aliquando sollicitudinibus opprimi gratulantur. In oppidum revertuntur, cum sæculum, quod diabolo opitulatur, repetere delectantur. De quo duobus quibusdam dicitur: *Ite in castellum quod contra vos est* (*Matth.* XXI, 2; *Marc.* XI, 2).

VERS. 14. — *Primus Judas cum fratribus ingressus est ad Joseph* (necdum enim de loco abierat) *omnesque in terram ante eum corruerunt.* Cum pene moventur pedes, pene turbatorum affectuum effunduntur gressus, Judas tamen, id est confessio, restrictis ad se sociis animi motibus, prima intellectum, qui necdum a Dei intentione, qui locus suus est, motum fecerat, aggreditur, quia penes eum de sua mutatione conqueritur. *Omnes* autem *ante eum pariter corruunt*, cum indigne se egisse humiliter fatentur, ad ejus intellectuale judicium. (VERS. 15.) *Cur*, inquit, *sic agere voluistis? An ignoratis quod non sit similis mei in augurandi scientia?* Cur admissa etsi occulte defenditis, cum me singulos quosque subtiliter aucupari mentis status, et de abditis intentionum recessibus specialiter judicare noveritis?

VERS. 16. — *Cui Judas: Quid respondebimus,*

inquit, domino nostro? vel quid justi poterimus obtendere? Deus invenit iniquitatem servorum tuorum; en omnes servi tui sumus et nos, et apud quem inventus est scyphus. Ac si dicat : Cum vita nostra lapsus et tentatio sit super terram, quam Deo de nobis poterimus inferre excusando sententiam? Deus cum præsentia universali totum pervideat, etiam per illuminatam ad se rationem quasque mentis nequitias perspicue investigat. Jam et nos, et arrogantiæ reum servituti timoris apud intellectualitatem tuam addicito, ne status animi prorsus decidat facinore repetito. (Vers. 17.) *Respondit Joseph : absit a me ut sic agam! Qui furatus est scyphum, ipse sit servus meus; vos autem, abite liberi ad patrem vestrum* Non, inquit, justum est, ut innocens quisque animi in qualibet virtute affectus puniatur, sed ille cui superbiæ fœditas inhæsit, debitæ humilitatis jugo plectatur; vos itaque immunes a culpa, prosequimini cœptæ rationalitatis uæ vobis patrocinatur vestigia.

Vers. 18. — *Accedens autem propius Judas, confidenter ait : Oro, domine mi, loquatur servus tuus verbum in auribus tuis, et ne irascaris famulo tuo.* Judas propius accedit, cum ad ipsas compages et medullas cogitationum et intentionum, per confessionem retegendas, mentis virtus intrare satagit; unde et ex ipsa puritate fidentius agens, ipsam intellectualitatis summam, his non tam affatibus, quam effectibus convenit. Quia, inquit, speciali capacitate cœlestium cunctis merito internis motibus dominaris, pietatis affectus, qui tuis deservit officiis, illud verbum, non elementale, non spirituale, sed intellectuale, quo falsitas locum non habet, loquatur in intelligentiæ tuæ penetralibus; ut scilicet ejus verificetur desiderium, ut sic te illapsu assiduæ dulcedinis præsentiscat sibi benevolum, ut si tibi fieri gratuletur famulum. (Vers. 19.) *Tu enim post Pharaonem Dominus meus.* Postquam sane diabolum, aut dissipatorem boni appetitum deserui, tuo me dominio contradidi.

Vers. 20. — *Interrogasti prius servos tuos, habetis patrem aut fratrem? et nos respondimus tibi domino nostro · Est nobis pater senex, et puer parvulus qui in senectute illius natus est.* Bene nempe agere proponentibus, quem paternitate 160 interiori censeremus nostra donari tu ratione interprete a nobis quæsisti, *et nos respondimus*, rationem, quamvis senem, et defectui acclinem velle suscipere, et quia antiquatur, et interitui nisi per te revivuscat propinquare videtur, spem adhuc teneram et imbecillam pro sui merito habere cogitat. *Cujus uterinus frater est mortuus, et ipsum solum habet mater sua.* Uterinus frater moritur, cum in mente, quæ spei geminæ mater est, spei omnino mundanæ interius affectus exstinguitur. Illum *habet solum mater sua*, cum spei supernæ cultum unice fovet mens, vel potius voluntas mentis bona. *Pater vero unice diligit eum*, quia spiritus noster, qui quasi quidam ejus auctor rationationibus eam genuit, spei solius divinæ præstolatur, et intendit fructum.

Vers. 21. — *Dixisti servis tuis : Adducite eum ad me, et ponam oculos meos super eum.* Dicit ut adducatur ad se, cum intellectus spem provehi mandat per cogitationum processus ad sensum contemplationis summæ. Ponit oculos super eum, cum intellectualibus intentionibus ipsius spei protegit desiderium. (Vers. 22.) *Suggessimus domino meo : Non potest puer relinquere patrem suum; si enim illum dimiserit, morietur.* Teneritudinis internæ motus animæ conscii rationem, quæ adhuc inter humana versatur, spem non posse relinquere perhibent, quæ ob sui puerítiam utendi solido speculationum cibo viribus caret. Si enim mediocria dimiserit, et se superextenderit, quasi mortua ac neutra jam assurgit. (Vers. 23.). *Si*, inquit, *non venerit frater vester minimus vobiscum, non videbitis amplius faciem meam*, id est nisi spem, quæ vobis ad Deum pes subtiliter gradiendi esse debet, comitem contemplando vobis asciveritis, notitiam mei, quæ facie designatur, id est experientiam decoris intimi, nunquam secundum ampliorem proficientium statum attingetis.

Vers. 24. — *Cum ergo ascendissemus ad famulum tuum patrem nostrum, narravimus ei omnia quæ locutus est dominus meus.* Ascendunt ad patrem, cum cogitationes de singulis eam consulturæ, suum profecto superius, expetunt rationem. Omnia quæ dominus ille loquitur sibi narrant, cum ea quæ de intellectualitate capiunt mediocritatis propriæ respectu, cum ipsa ratione an sint aggredienda discutiunt. Intellectus autem dominus est rationis, in quantum ille de cœlestibus, ista disputat de humanis. (Vers. 25.) *Dicit pater noster : Revertimini et emite nobis parum tritici.* Reverti pater ut emant triticum imperat, dum ab altiora aggrediendi studio revocantur nimis humana discretione quasi ad modum, ut divinæ aspirationis fidei saltem pretio exigant pabulum, et hoc parum ut scilicet illum assequantur, quem præferunt tepidæ temperantiæ gradum.

Vers. 26. — *Cui diximus : Ire non possumus, nisi frater noster descendat nobiscum : proficiscemur simul; alioquin illo absente, non audemus videre faciem viri.* Ire se non posse respondent, nisi frater minimus descendat, quia motus interni ex eadem ratione colligendo referunt, se interius non posse plene desiderare refici (proficisci enim affectare significat) nisi spei divinæ adnisus ex hoc ad supera alacriter erigendus ab omni ambitione terrena descendat. Inde simul proficiscuntur, cum et rationaliter vivitur, et non nisi quod congruit beatæ æternitati speratur. Illo absente faciem viri videre non audent, quia quibus fiducia sperandæ beatitudinis deest, aspirare ad notitiam contemplationis temerarium nimis est.

Vers. 27, 28, 29. — *Ad quæ respondit : Vos scitis quod duos genuerit mihi uxor mea. Egressus est unus, et dixistis : Bestia devoravit eum; et huc usque non comparet. Si tuleritis et istum, et aliquid ei in via acciderit, deducetis canos meos cum mœrore ad inferos.* Nolite, inquit, majora vobis aggredi, *scitis enim geminos appetitus illi, quæ mihi rationi uxorio jure subjuncta est, inesse voluntati. Uxor* dicitur, quia ei subdita spiritus semine fecundatur. Unus egreditur, dum sæcularis appetitus secundum charitatem dualitatis impatiens ad extrinseca sola quærenda effertur. A bestia devoratum dixistis, cum quod humana ad malum, ut sic dicam, pronitate egistis, hoc diabólicæ, ad vestram excusationem atrocitati imputastis. Nomine namque bestiæ diabolum in Scripturis significari liquet ob sævitiam. *Huc usque autem non comparet*, quia terrenis quibus immergitur, non supereminet. Si ergo hoc tantillum spei quod vel in resurgendo ab his, vel ex aliquibus benefactis obtinui, ad importabilia sustollendo tuleritis, *canos* immutationis, defectibilitatis, ac ruinæ propinquitatis meæ, dolente in quantum adhuc scintillat rationalitate, sed obniti non valente, *ad inferos* desperationis *deducetis*. Hæc verba sunt spiritus, tepere humanitus quam divinitus ardere malentis.

VERS. 30, 31. — *Igitur si intravero ad servum tuum, et puer defuerit* (cum anima illius ex hujus anima pendeat) *videritque eum non esse nobiscum, morietur.* Ad patrem ejus Judas intrat, cum ad penetralia spiritus, qui deservire intelligentiæ supernæ debet obsequiis, virtus se reportat sæpius pœnitentiæ ac confessionis. Si, inquit, confessionem a: pœnitudinem super male cogitatis rationi, cujus motus, ac si filius sum, intulero, et EGO nullum pro tanto labore spei fructum pariter obtendero, cum ex vivaci spe rationis vita dependeat, et inter nos ipsos qui effectivi ejusdem mores sumus, inanitatem desperationis attenderit, et ipsa exanimata vitalis amoris calore privabitur.

VERS. 32, 33. — *Ego proprie servus tuus sim, qui in meam hunc recepi fidem, et spopondi dicens : Nisi reduxero eum, peccati reus ero in patrem meum omni tempore. Manebo itaque servus tuus, in ministerium domini mei, et puer ascendat cum fratribus suis.* Ego, inquit, perpetui timoris tibi servitio specialiter præ cæteris animi motibus confitendo infirmem semper addicar, qui ob spem veniæ et gratiæ emerendæ fidem confessionis excepi, et spopondi quod, nisi ipsam spem usque ad realis veritatis exhibitionem perseveranter tenerem, peccati et inobedientiæ reus haberer penes eam quæ bona agi submonet rationem. *Manebo itaque tibi pœnitentialiter inserviens, ut puer ille mysticus ab intima sua teneritudine ascendat* intimæ virtutis evectu, cum cæteris interioris hominis viribus ad summam gustandæ tuæ intellectualitatis. (VERS. 34.) *Non enim possum redire ad patrem meum, absente puero : ne calamitatis quæ oppressura est patrem meum, testis assistam.* Reditus *ad patrem absente puero*, collectio cogitationum est in spiritu, qui interiorum pater est, examine, inter infirma opera absque ullius bonæ spei compendio; ubi calamitatis paternæ testis assistit, quando et miserabiliter spirituali languori subesse se videt, nec resistit.

CAPUT XLV.

VERS. 1. — *Non se poterat ultra continere Joseph, multis coram astantibus. Unde præcepit ut egrederentur cuncti foras, et nullus interesset alienus agnitioni mutuæ.* Verba superius a Juda ad patrem dicta sic a nobis sensa putentur, non quod virtus aliqua confessionis sine ratione parente sit, sed quod ipse spiritus, qui et ratio, dicitur; et in seipso seipsum in diversis statibus, aut divinitus excitet per impulsum animi, aut humanitus obruat per lenocinium carnis. *Non se poterat continere Joseph multis coram astantibus,* quia virtus intellectualis, pia quadam vehementia divinæ aspirationis, contra teporem proprium efferatur, multis virtutum copiis in promptu occursantibus. *Foras egredi cunctos jubet,* dum omne quod officit a corde eliminare studet. Alioquin *interesset alienus agnitioni mutuæ,* si permitteret in conscientia ad recognitionem veritatis properante aliquid partis contrariæ residere.

VERS. 2, 3. — *Elevavitque vocem cum fletu. Quam audierunt Ægyptii, omnisque domus Pharaonis. Et dixit fratribus suis : Ego sum Joseph; adhuc pater noster vivit? Nec poterant respondere fratres, nimio terrore concussi. Vocem cum fletu elevat,* cum interni desiderii clamorem (qui solus ex anxietate pauperis in auribus Dei, juxta psalmi titulum (*Psal.* CI, 1), insonat) per exterioris beneficentiæ gratiam commendat. Fletus enim a capite ad faciem delabitur, et cum cor hominis vinum, quod lætificat Deum et homines (*Jud.* IX, 13), clarificaverit, ad exhilarandam etiam exterioris hominis faciem per olei (*Psal.* CIII, 15), id est gratiæ internæ suavitatem decurrit. Solent enim piæ mentium qualitates gratissime in vultibus enitere. *Vocem* vero *elevat,* qui ab imis desiderium exaltat. *Audiunt hanc Ægyptii, omnisque domus Pharaonis,* cum cœlesti in nobis appetitui suscitato, patienter, velint nolint, obediunt, et sæcularia desideria cum cæteris mundialibus vitiis. Mundus namque domus est Pharaonis. Deinde *se esse Joseph testatur,* quia jam tunc sopitis strepitibus, et intellectualitate rationalitati apposita, augmenti superni plenitudo monstratur. Videtur, inquit, vobis pater interioritatis vestræ spiritus postquam hinc, id est intellectualitatis vim attigit, veraciter vivere? *Fratres perterriti respondere non possunt,* quia interni motus de tam repentina mutatione stupidi, de proprii modo status quidquam certi timent referre judicii, utpote futurorum proventuum nescii.

VERS. 4. — *Ad quos ille clementer : Accedite,* inquit, *ad me, et cum accessissent prope : Ego sum,* ait, *Joseph frater vester, quem vendidistis in Ægypto.* Diffidentiam, ait, futuri status recutite, et ad sapientiæ clementiam cœlestis accedite. Cumque hunc adieritis accessu devotionis internæ, tunc intelligetis non alienum me, cum vobis proprium sit, et humanæ germanum naturæ, cœlestia nosse, et his adaugeri velle, quæ quondam non puduit sæculariter oblivioni ac negligentiæ tradere. (Vers. 5.) *Nolite pavere, nec durum vobis videatur quod vendidistis me in his regionibus; pro salute enim vestra misit me Dominus ante vos in Ægyptum.* Non ad desperationis malum vobis accedat, quod pro appetitu extrinseco interna olim destitistis appetere, pro salute enim vestra actum est ut experientiam primo haberetis tenebrarum, et tribulationis Ægyptiæ, uti demum ferventius sciretis viam veræ libertatis, ac lucis exquirere.

Vers. 6, 7. — *Biennium est quod cœpit esse fames in terra; et adhuc quinque anni restant, quibus nec arari poterit nec meti. Præmisitque me Dominus, ut super terram servemini, et escas ad vivendum habere possitis.* Biennii fames est, cum inopia terreni cordis absumit quidquid in intentione et cogitatione luminis et integritatis est. Adhuc quinque anni restant, quibus nec aratur, nec metitur, cum ea quæ pro quinque exterius sensus administrantur opera ita defluunt ut nec bonum exerceatur, et de æternæ nequaquam retributionis messione curetur. *Præmisit me Dominus ut super terram servemini*, ante cordis scilicet me præstituendo vestri contuitus, ut super terram corporis dominando, contra quælibet tentamenta servari possitis, et esca divinæ consolationis vitaliter sublevari queatis.

Vers. 8. — *Non vestro consilio, sed Dei voluntate missus sum; qui fecit me quasi patrem Pharaonis, et dominum universæ domus ejus, ac principem in omni terra Ægypti.* Non sic vestra providentia actum est, sed dispensatione Dei, ut quod Ægypto illatus sum ad salutem fieret, et casus occasio erectionis esset, qui patrem, non effectu, sed auctoritate, et præstantia me dissipatoris appetitus, vel diaboli, ut mihi subesset instituit, et principem me terreno in quo angustamur corpori, et dominum præficiens universæ mundi hujus cupiditati. Patrem autem pro auctore et magistro poni liber præsens testis est, ubi, in initio, Jubal pater canentium tibia et organo dicitur *(Gen.* IV, 21).

Vers. 9.— *Festinate, et ascendite ad patrem meum, et dicite ei: Hæc mandat filius tuus Joseph: Deus me fecit dominum universæ terræ Ægypti.* Pater intellectualitatis ratio, vel spiritus noster est, quia intellectus ex ratione procedere dignoscitur, licet intellectualitatis specialior luce lustretur, sicut ratio ipsa ex anima, quamvis anima rationis solo penitus honore sit clara. Ad hunc festinanter ascendunt, cum singulis intimæ promotionis gradibus ab omni se irrationalitate erigunt. Nuntiant ex mandato Joseph imperare eum universæ Ægypto, dum interiorum sensuum motus intelligibiliter aspirati, gratulatorie cum propria et sibi præposita ratione conferre monentur, qualiter insperato Dei munere super Ægyptum omnem, tenebrarum scilicet opera, diriguntur.

Vers. 10, 11. — *Descende ad me, ne moreris, e* *habita in terra Gessen; erisque juxta me, tu, et filii tui, et filii filiorum tuorum, oves tuæ et armenta tua, et universa quæ possides. Ibique te pascam.* Si attingere ad mei notitiam cupis, humiliare, nec in dies descensum velis differre. Nam

Qui non est hodie, cras minus aptus erit.
Ov. R. am. 94.

Gessen, *appropinquans palpationi eorum* interpretatur. In terra ergo Gessen habitat, quisquis corpus suum, ac si terram suam, sic regit et ordinat, ut palpationi, id est tentationi, fluxum carnalium appropinquare discernendo studeat. Juxta usum divinæ paginæ verbum, quod est *habitat*, poni solet pro eo quod est *dominatur*, ut est: *Inhabita terram, et pasceris in divitiis ejus (Psal.* XXXVI, 3). Tu, itaque ratio cum subjecto tibi cogitationum, et intentionum, cæterorumque ac si filiorum mentis habituum examine, et ipsæ spes mercedis operum, quæ sunt filii filiorum; *oves tuæ*, infirma scilicet, *et armenta tua*, fortia profecto virtutum opera, et quæcunque digna rationis possessione sunt, mei contiguitate fovebimini, et illapsu alemini. (*Adhuc enim quinque anni residui sunt famis*) *ne et tu pereas.* Adhuc inediæ languor in cogitatione versatur. Periculo ergo tuo provide, ne usque ad exterioris hominis portas, totius continentiæ et studii boni integritas, pari defectu palam occidenda ducatur. Sic enim conscientiæ domus exstinguitur, et pereunt quæ intra vel extra virtutum lucra possidentur.

Vers. 12. — *En oculi vestri, et oculi fratris mei Benjamin, vident quod os meum loquitur vobiscum.* Jam directa intentione rationalium sensuum vestrorum, et contemplatione filii dexteræ fratris mei, id est futuræ beatitudinis, cui intima et germana est virtus intelligibilitatis, videtis, quod est creditis, ore totius rationalitatis me ista proloqui vobis. (Vers. 13.) *Nuntiate patri meo universam gloriam meam, et cuncta quæ vidistis in Ægypto, festinate, et adducite eum ad me.* Vos, ait, internæ cordis propagines, intimate spiritui intellectualitatis gloriam, utque eam gratius excipiat, Ægypti sibi proponite miseriam, et ad hæc crebro suggeranda evitate desidiam.

Vers. 14, 15. — *Cumque amplexatus redisset in collum Benjamin fratris sui, flevit; illo quoque flente similiter super collum ejus. Osculatusque est Joseph omnes fratres suos, et ploravit per singulos. Post quæ ausi sunt loqui ad eum.* Amplexatur Benjamin, cum intellectus fervor dilatat hominem usque ad operationis vim. Amplexatio autem quia brachiis fit, et amanter astringit, cum opere bono charitatem intelligendam innuit. In collo vero longanimitas consilii signatur; collo enim et cibus admittitur, et vox emittitur, illud quoque et aliis præbetur, et præbenti a seipso suggeritur. In collum ergo Benjamin redit, cum ad consilium supernæ spei semper intelligentiæ amor inflectitur. Flet ibidem, illo similiter super collum ejus flente, dum intellectus ex spei exspectatione afficitur, et spes ex intelligibilitatis consultatione compungitur. Osculatur fratres, et plorat per singulos, dum spiritu sapientiæ internos animi sibi motus associat, et agglutinando ad cujusque profectum affectu pietatis exæstuat. Eorum namque quos osculamur, et spiritu sæpe imbuimur, et salivis tinguimur. Ipsi enim dum spiritualiter sapiunt, salivis sapientiæ ipsum intelligibilem **163** intellectum faciunt.

VERS. 16. — *Auditumque est, et celebri sermone vulgatum in aula regis : Venerunt fratres Joseph; et gavisus est Pharao, atque omnis familia ejus.* In aula regis auditur, cum in affectu carnali mentis ista mutatio graviter personatur, et quasi mox evertenda irrisorie celebratur. Aula autem est, quia ibi diabolus præcipue diversatur, et uti rex spatiatur. Gaudium ejus et vitiorum, quæ sibi assecculantur (15), ex eo consurgere videtur, quia quanto fervidior animi status plerumque præcedit, tanto rabidior appetitus, et opportunitas postmodum peccandi subsequitur.

VERS. 17, 18. — *Dixitque ad Joseph ut imperaret fratribus dicens : Onerantes jumenta ite in terram Chanaan, et tollite inde patrem vestrum et cognationem, et venite ad me; et ego dabo vobis omnia bona Ægypti, ut comedatis medullam terræ.* Pharao ad Joseph loquitur, et per eum fratribus imperare nititur, dum affectualitas lenociniis intellectualitatem dissipare aggreditur, et per eam inferiores cogitationum status subjugare conatur. Onerate jumenta, occupate curis et sollicitudinibus sæculi corpora. Jumenta pro corporibus poni testis est Psalmus : *Non pepercit*, ait, *a morte animabus eorum, et jumenta in morte conclusit* (Psal. LXXVII, 50). *In terram Chanaan ite*, lucri vobis profuturi negotia providete; Chanaan enim *negotiator* dicitur. Inde *patrem vestrum tollite*, solo scilicet corpore mundana curantes, et rationem Deo liberam vacare sinentes. *Tollite et cognationem, et venite ad me*, vestrarum incrementa virtutum a sæculo extollite, et sic jam pristina de conversatione securi, ad aliqua secundum me, id est mundialem affectum gerenda, fidenter corda convertite; et cum ita temperanter mundo usi fueritis, exuberantibus bonorum quorumque copiis, totius terrenæ utilitatis medullam, quod est voluptas, palato intimo sapietis quid intro gerat dulcedinis.

VERS. 19, 20. — *Præcipe etiam ut tollant plaustra de terra Ægypti, ad subvectionem parvulorum suorum, et conjugum, et dicito : Tollite patrem vestrum, et properate quantocius venientes. Nec dimittatis quidquam de supellectili vestra, quia omnes opes Ægypti, vestræ erunt.* Plaustra de Ægypto tolluntur, cum volubilitates mundi circumituum adamantur, quæ molæ asinariæ in Evangelio comparantur (*Matth.* XVIII, 16). In his conjuges ac parvuli subvehuntur, quia fragiles cum infirmis operibus voluntates, per hæc ad Ægyptum mysticam deducuntur. Cum patre et tota supellectili ire præcipit, dum nullum virtutis propositum vel studium a seducta ratione excipi permittit, per quod ab Ægypto redimi possit. Sic, inquit, suppetent vobis sæcularia, ut non doleat vos amisisse spiritualia.

VERS. 21, 22. — *Fecerunt filii Israel ut eis mandatum fuerat. Quibus dedit Joseph plaustra secundum Pharaonis imperium, et cibaria in itinere. Singulisque proferri jussit binas stolas : Benjamin vero dedit trecentos argenteos cum quinque stolis optimis.* Motus rationales, qui cum Deo directi pridem sunt (hoc enim Israel interpretatur) corrupti intellectus mandato obediunt. *Plaustra* dat, cum circumitionis forinsecæ materias administrat, prout vel affectus, vel diabolus imperat. *Cibaria in itinere* præstat, cum suborientium solatia fortunarum infert, ut magis ad excursum cupiditatis alliciat. *Singulis* profert *binas stolas*, cum quibusque statibus pollicetur inter agenda sæcularia sacras et cogitationis et operis continentias. *Benjamin trecentos argenteos* dat, dum ingenium, memoriam et usum, sine quibus numeris argentum divinæ scientiæ profecto non emicat, se ad fulcimentum spei vel electionis daturum jactitat. Dat et quinque stolas optimas, dum falso etiam sibi spondet exteriorum sensuum impassibilitates atque munditias.

VERS. 23. — *Tantumdem pecuniæ et vestium mittens patri suo, addens ei asinos decem, qui subveherent ex omnibus divitiis Egypti, et totidem asinas, triticum in itinere panesque portantes.* Patri tantumdem mittit, quia spiritui in præsentiarum non minus discretionum et scientiarum, nec non et sanctimoniæ promittit quam spei jam et futuræ beatitudinis miseræ certitudini dedit. *Decem ei asinos addit*, cum corpus quatuor elementis constans; et animam, quæ tribus, intellectu videlicet, voluntate et affectu est præstans, sub falso Trinitatis amore eidem spiritui, ut deinceps asinum juvat, non tam tradit quam mendaciter addit. Hi non Jerusalem, sed Ægypti, divitias subvehunt, quia quæcunque proponuntur bona, tenebrarum contractiones sunt. Totidem *asinæ; triticum in itinere;* et *panes* portant, cum lascivæ corporis et animæ sub simulato Dei, qui Trinitas est, amore motiones, perfunctorie quidem et quasi in itinere verbum Dei, quo alios alunt, et ipsæ jejunæ remanent, portant; et panes gratiarum, et munerum divinorum non sibi, sed aliis utiles per hypocrisim ostentant.

VERS. 24. — *Dimisit ergo fratres suos, et proficiscentibus ait : Ne irascamini in via.* Fratres dimittit, cum, sine ullo rationis vel intellectualitatis objectu, interiores cœtus arbitrio suo deserit. Proficiscentes ne *in via* irascantur prohibet, quia ab intentione recta egressos, ne in avaritiæ studio ab appetitu præsentium gaudiorum alicujus oppositione tristitiæ deficiant, præmonet. (VERS. 25.) *Qui ascendentes ex Ægypto venerunt in terram Chanaan ad patrem suum* **164**

---

(15) Derivatur ab *assecla*, quod interdum et *assecula* scribitur.

Jacob. Et nuntiaverunt ei dicentes: Joseph vivit; et ipse dominatur in omni terra Ægypti. Ex Ægypto ascendunt, cum ab internæ angustiæ vel tribulationis contuitu, in terrenas negotiationes excedunt. Vel ita potius: Consilio pravæ remissionis accepto, ex Ægyptia cogitatione ad rationem *in terram Chanaan,* ubi jam sæculo inhiat, ascenditur, cum ad discutiendum statum animi jam labantis tota interior frequentia ducitur. Joseph, inquiunt, per intelligentiam auctus, et in se vitaliter subsistit, unde necesse est ut ei Ægyptiæ cæcitatis terrenitas subsit. Ac si addant: Cur ergo involveris, unde dudum processeris?

Vers. 27. — *Quo audito Jacob, quasi de gravi somno evigilans, tamen non credebat eis. Illi econtra referebant omnem ordinem rei.* Audit dum ratiocinantes cogitationes intelligit. De gravi somno evigilat, cum de jam concepti torporis nimietate se suscitat. Tamen eis non credit, quia post has voluntatum profligationes, spiritus noster de intellectualitatis vita diffidit. *Illi econtra ordinem rei referunt,* dum mentis inter tentationes habitum accusando hinc, excusando inde prætendunt. (Vers. 28.) *Cumque vidisset plaustra, et universa quæ miserat, revixit spiritus ejus, et ait: Sufficit mihi si adhuc filius meus Joseph vivit; vadam, et videbo eum antequam moriar. Plaustra,* et alia quæ mittuntur, videt, cum volubilitates gloriarum, et simulatrices continentias, quam fallaciter inferantur, alta cordis dispectione recenset. Spiritus ergo inde reviviscit, quia ex eo spem vitæ interioris colligit, quod subtiliter in se quælibet reprehendenda discernit. *Sufficit,* inquit, *mihi* ad incentivum resurgendi, si intelligentiæ acrimonia vigeat; *vadam* itaque ab inertiæ proposito in intelligibilitatis lumen exacui, antequam exstinguar mortifera procrastinatione mutandi.

CAPUT XLVI.

Vers. 1, 2. — *Profectusque est Israel cum omnibus quæ habebat, et venit ad Puteum Juramenti, et, mactatis ibi victimis Deo patris sui Isaac, audivit eum per visionem nocte vocantem se. Cum omnibus quæ habebat* Israel proficiscitur, cum ad proficiendi appetitum spiritualitas tendens, cum Deo dirigitur (Israel namque *directus Dei* dicitur) cum qua et universa pietatis exercitia exemplantur. *Ad Puteum Juramenti venit,* cum studiorum bonorum examine fretus, abditum illum divinæ sapientiæ fontem, ubi totius religionis jura firmantur, spiritus noster attingit. Unde *et patris sui Isaac Deo* victimas mactat, quia intimæ dulcedinis, imo putei viventis sapore gustato, Deo supercœlestium civium, qui sibi ad æternæ jucunditatis risum patres et prævii sunt, vitiorum victorias immolat. Tunc eum *per visionem se vocantem* audit, dum collationibus gratiarum electionem suam, qua vocatur ad gloriam, intelligit. Visio autem ipsa est mystice, quæ et auditio. Vocans itaque dicit: *Jacob, Jacob.* Iteratio vocationis; quæ et supplantatorem sonat, primo ad vitiorum, quibus olim obso-

levimus, deinde ad mortiferæ securitatis, quam quasi ex virtute concepimus, eversionem spiritum mutat. Cui necesse est, *Ecce adsum*, ut indilate obtemperando respondeat.

Vers. 3, 4. — *Ait illi Deus: Ego Deus sum fortissimus patris tui: noli timere, descende in Ægyptum, quia in gentem magnam faciam te ibi. Ego descendam tecum illuc, et ego inde adducam te revertentem. Joseph quoque ponet manum super oculos tuos.* Cur, inquis, ad subruenda noxia quæque metuis, qui et Deum fortem, et rationis tuæ vires fortificare potentem scis, sicut fortissime adjutum cœlestem, qui jam hæc triumphavit, priorum patrum cuneum credis, quem uti Patrem æmularis? Humiliare in convalli mœroris, quod est Ægyptus, quia talis descensio grande tibi pariet virtutum genus. *Ego descendam tecum,* nam humilibus conferor per gratiæ donum. *Et inde adducam te revertentem,* de coangustiantibus te tribulationibus, id est Ægypto, sublevabo te ad impassibilitatis gloriam. Joseph (intellectualitatis scilicet *augmentum*) interim dum Ægyptum incolis, auctoritatis, potentiæque suæ manu oculos intentionum tuarum debita sub honestate proteget atque tuebitur.

Vers. 5, 6, 7. — *Surrexit Jacob a Puteo Juramenti; tuleruntque eum filii cum parvulis et uxoribus in plaustris quæ miserat Pharao ad portandum senem, et omnia quæ possederat in terra Chanaan, venitque in Ægyptum cum omni semine suo, filii ejus, et nepotes, filiæ, et cuncta simul progenies.* A *Puteo Juramenti* surgit, cum ab intimis divinæ cogitationis fontibus, per quos solos sanctitatis proposita roborantur, spiritus noster excrescit. Sed surgentem *in plaustris quæ Pharao miserat filii eum* tollunt, quia cogitationes et opera quæ ex nobis prodeunt initio conversionis, non tam a nobis reguntur quam secundum volubilem vitæ veteris statum, qui a diabolo inductus est, senem, labilem, et proclivem spiritum, innoxia, propter lasciviæ et cupiditatis uxores, vel infirmæ exsecutionis parvulos, regunt. *Omnia quæ possederat in terra Chanaan* comitantur, quia quidquid in sæculari conversatione levitatis habuimus, nobiscum, velimus nolimus, ferimus. Cum omni semine nostro in Ægyptum venimus, cum omnia quæ ex nostra carnalitate generantur, ad Ægyptum nostri ipsorum cognitionis confessionem descendentes proferimus. Semen etiam potest esse ipsa voluntas, quam omnem fecimus, cum ad bona quælibet benivolentia non caremus. *Filii,* opera nostra sunt, *nepotes,* filii scilicet filiorum, fructus et præmia, in spe tamen adhuc, sunt operum. *Filiæ,* quælibet muliebri acta mollitie, cum omni promiscuæ administrationis, bonorum videlicet malorumque progenie.

Vers. 27. — *Omnes animæ domus Jacob quæ ingressæ sunt in Ægyptum fuere septuaginta.* Septies denos septuaginta facere, nulli non perspicuum est. Anima autem non aliud quam animalitas intelligitur.

Denarius ad Decalogum, septenarius attinet ad sæculi præsentis excursum. Animalitate ergo istis quæ adversa sibi sunt, lege Dei et sæculo, media constituta duobus, cum multa suimet suffarcinatione sipritus Ægyptum, id est obscuræ adhuc latebras mentis, aggreditur; spiritus enim legi consentiens promptus est, caro autem infirma renititur *(Matth.* xxvi, 41). (Vers. 8.) *Misit autem Jacob Judam ante se ad Joseph, ut nuntiaret ei, et ille occurrit ei in Gessen.* Si enim per supplantationem peccati ad intelligentiæ summam attingere volumus per *confessionem,* quod Judæ nomen sonat, notitiam ejus præoccupare debemus. Hanc igitur sequestram jure præmittimus, et mox e vicino illam adesse sentimus, postquam conscientias confitendo mundaverimus. Gessen namque dicitur *vicinitas.* Beati quippe mundi corde, quoniam ipsi Deum videbunt *(Matth.* v, 8).

Vers. 29. *Quo cum pervenisset, juncto Joseph curru suo, ascendit obviam patri ad eumdem locum.* Diximus et Gessen superius interpretari *appropinquans palpationi eorum.* Et spiritus non jam imbellis, postquam per subtilitatem dispectionis imminet suggestionibus quibus nos palpant lenocinia vitiorum; *juncto Joseph curru ascendit obviam patri,* quia per Dei timorem coadunato totius sapientiæ suæ intellectualitas impetu, ad evertenda diaboli regna spiritui, id est rationi, cui proles nobilis est, auxilium latura consurgit. *Vidensque eum irruit super collum ejus, et inter amplexus flevit.* (Vers. 30.) *Dixit pater ad Joseph : Jam lætus moriar, quia vidi faciem tuam, et superstitem te relinquo.* Eum cernit cum sibimet intellectus ipse utilitatem excellentiamque illustratæ a Deo rationis ostendit. *Super collum irruit,* cum consilio spiritualis ejus vocis gratanter applaudit. *Inter amplexus* flet, cum interni sui desiderii, quo Deo et spirituali astringitur, æstum evidentia operum pietatis exhibet. Ex interiori namque motu ad faciem fletus emittitur. *Jam lætus,* inquit, *moriar,* quia persensa cœlesti dulcedine, spiritus jam libenter optat exstingui sæculari penitus gloriæ. *Faciem* enim, id est clarissimam illam speciem intelligentiæ, spiritus attigisse se gaudet, nec quia mundo occubuit dolet, utpote qui ex ea morte interiorem hominem supereminere vivacius videt.

Vers. 31, 32. — *Et ille locutus est ad fratres et ad omnem domum patris sui. Ascendam et nuntiabo Pharaoni, dicamque ei : Fratres mei et domus patris mei, qui erant in terra Chanaan, venerunt ad me; et sunt viri pastores ovium, curamque habent alendorum gregum. Pecora sua et armenta, et omnia quæ habere potuerunt, adduxerunt secum. Ad fratres ei ad domum patris* loquitur, cum ad fortes animi habitus et cum ipsa mente, quæ domus spiritus est, intellectus ratiocinatur. Ascendit, et adventum patris et fratrum Pharaoni nuntiat, cum ipsa intima nostra, quæ diximus, omnia ab imis faciens conscendere, magnis votorum destinationibus grandi efficacia; ac si quodam nuncio, diabolum lacessit. Chanaan dicitur *erubescens.* In terrenis, ait, pudet eos studuisse, ubi fructum vident studii se nullatenus habuisse, intelligenter amodo volunt vivere, et oves, simplicitatis scilicet opera, viriliter exsequi et nutrire, nec divisiones cupiditatis et invidentiæ sectantur et superbiæ scandala, sed virtutum cum humilitate exercitia gregatim ac pacifice cohærentia, et ideo ali et curari digna. Nil carnalis sibi patiuntur residere licentiæ; *pecora et armenta,* infirma et fortia acta sua, quidquid suorum ad regulam corrigi potuit, ad vim duxerunt cœlestis scientiæ.

Vers. 33, 34. — *Cumque vocaverit vos et dixerit : Quod est opus vestrum ? Respondebitis : Viri pastores sumus servi tui, ab infantia nostra usque in præsens, et nos et patres nostri. Hæc autem dicetis, ut habitare possitis in terra Gessen, quia detestantur Ægyptii omnes pastores ovium.* Vocat nos Pharao, et de opere sciscitatur, cum tentationibus pulsat, et causas operum operaque ipse diabolus callide rimatur. Sed viriliter de pastoratu simplicitatis respondendum est, et licet per infantilis animi hebetudinem anhelando in præsentia et futura negligendo sibi servierimus, motus scilicet principales nostri et tota spiritus paternitas, tamen summis viribus enitendum, ut terra cultibilitatis internæ, quæ palpationi vitiorum assistitur, nobis habitanda et regenda libere maneat, et tanto solertius, quanto sæculares quique magis exhorrent innocentiæ ac puritatis studia. Quæ sequuntur exposita sunt; non exposita proponamus.

CAPUT XLVII.

Vers. 2, 3. — *Extremos quoque fratrum suorum quinque viros statuit coram rege. Quos ille interrogavit : Quid habetis operis?* Illud tamen notari debet quod non hic ascendisse, sed *ingressus Joseph ad Pharaonem* dicitur esse, quia cum de vitii desidia ad virtutis gradum conscenderimus, quasi ad Pharaonem ingredimur, dum ad ea quæ in nobis crudeliter et tyrannice obtinebat, nobis fideliter ejus penetralia intelligentiæ viribus irrumpentes usurpamus. Extremi fratrum quinque viri, sunt quinque finales, et quæ vix, ut sic dicam, extremis laboribus acquiruntur, magnæ virilitatis virtutes, quæ intellecui germana quadam opitulatione concurrunt. Extremæ sunt, vix enim ad has aliqui aut volunt aut pertingere possunt.

Prima est lectionis instantia; secunda, minus intellecta cum doctioribus conferendi diligentia; tertia, vigilans ad retentionem auditorum memoria; quarta, humilis penes quosque magistros reverentia; quinta, cum mundialis ad integrum despicitur gloria. Hos sane veraciter viros cum coram dispensatore statuerimus, totam profecto ejus astutiam harum unanimitate obsidebimus. Hos tamen quid operis habeant interrogat, cum aliquoties a sacræ Scripturæ studio dehortans, ipsas pias sollicitudines cur tantopere scientiæ comparandæ instent quodammodo exprobrando increpat. *Pastores,* inquiunt, *sumus ovium, et nos et patres nostri.* Quod est dicere:

Nos fructuosa atque simplicia studia proposuimus enutrire, quia hæc nos et intellectus et spiritus patres et auctores verissimi docuere.

Vers. 4. — *Ad peregrinandum in terra tua venimus, quoniam non est herba gregibus servorum tuorum, ingravescente fame in terra Chanaan, petimusque ut esse jubeas nos servos tuos in terra Gessen.* In mundo cui tu principaris non inhærere, sed peregrinari delegimus, quoniam herba carnalis lasciviæ, quam montes, juxta illud Job, Behemoth (*Job* XL, 10), tibi scilicet fertur, non pertinet ad nos qui visco divini timoris gregales efficimur, non enim per fluxa libidinum satietas menti, sed fames dira congeminatur; terra nempe Chanaan non veritatis, sed instabilitatis et verecundiæ est, juxta sensum nominis, de cujus qui biberit aqua semper sitit. Servi tui quidem sumus, quia nos tibi servisse fatemur. Gentem namque et regnum quod non servierit Nabuchodonosor, juxta Jeremiam, Dominus in fame et peste visitat (*Jer.* XVII, 8).

Jube ergo ut in terra Gessen simus, id est ne ulterius obsistere præsumas, licet nos pristinæ servitutis, sed abjuratæ coarguas, quin in terra non infirmitatis, sed soliditatis commoremur, ubi appropiemus palpationi subdolæ vitiorum, ubi est veræ discretionis vicinitas. Nota et recole quid super Gessen nomine dixerimus; petitio autem ut jubeat, rationalis est contra suggestiones responsio ut desistat. Possunt et quinque viri isti quinque sensus intelligi, qui per auctoritatem intellectus opponuntur, dum viriliter se cohibent Pharaoni.

Vers. 5, 6. — *Dixit itaque rex ad Joseph: Pater tuus et fratres tui venerunt ad te. Terra Ægypti in conspectu tuo est; in optimo solo terræ fac habitare eos, et trade eis terram Gessen. Quod si nosti esse in eis viros industrios, constitue illos pastores pecorum meorum.* Benevolentia regis ad Joseph nil est aliud quam imbecillitas ac impossibilitas impugnandi. Terrenitas, inquit, sæcularis *in conspectu tuo est*, hoc est examini tuo subjacet. Unde dicitur in psalmo: *In conspectu tuo sunt omnes qui tribulant me* (*Psal.* LXVIII, 21). Et cum omnia tuo subsint exteriora judicio, in optimo solo, præcipuo videlicet totius soliditatis statu, suarum contigua discretione tentationum, quod est Gessen, motus internos colloca; et si diabolicæ quidpiam hebetudinis, quod sunt pecora mea, tibi irrepserit, virilis industriæ illud magisterio subde. Hæc effectibus loquitur non conversa, sed cessare coacta et evicta malignitas.

Vers. 7, 8, 9. — *Post hæc introduxit Joseph patrem suum ad regem, et statuit eum coram eo. Qui benedicens illi et interrogatus ab eo: Quot sunt annorum dies vitæ tuæ? Respondit: Dies peregrinationis vitæ centum triginta annorum sunt, parvi et mali, et non pervenerunt usque ad dies patrum meorum, quibus peregrinati sunt.* Joseph introducit *patrem ad regem*, cum intellectualitatis fervor ad penetrandas versutias diaboli provehit rationem. *Coram eo statuit*, cum eam adversus eum vigore justitiæ erigit, Benedicit *illi*, cum secundum sacri consulta eloquii ejus respondet illationi. *Quot sunt dies annorum vitæ* interrogat, cum de virtutum perfectione animum pulsat. Dies enim operum claritatem, anni eorum significant multiplicitatem. Sed superbiæ impulsibus, ille centum triginta annorum peregrinationem objicit, quia etsi perfectio, quod est centenarius, in quibusdam suppetat, sexies tamen quini, trigenarius scilicet, quod est ab interioris hominis soliditate ad sensualitatis vanitatem dilapsio, sese dum animus a se peregrinatur, objectat. *Parvi et mali dies sunt*, quia tanto magis est virtus exigua, quanto malorum crebris irruptionibus fœda; et ex hoc Patrum non **167** potest æquari magnificentiæ, quorum affectat exempla, quibus longe valentius perseverans exstitit in incolatu ipso constantia.

Vers. 10. — *Et benedicto rege egressus est foras.* Pharaonem benedicimus, cum ea quæ dissipationi nostræ et damno ingessit, ad regulam pietatis intorquemus, et victoriæ ac utilitati militari cogimus. Tuncque *foras* egredimur, cum ad rationis libertatem, ab ejus captiosa quam obtendit illaqueatione prodimus. (Vers. 11, 12.) *Joseph vero patri et fratribus dedit possessionem in Ægypto in optimo solo terræ, Ramesses, ut præceperat Pharao. Et alebat eos, omnemque domum patris sui, præbens cibaria singulis.* Ramesses dicitur *pabulum*. Nihil solo terræ, id est mentis cultibilis ac feracis, soliditate melius, quia ibi reperitur pabulum interius. Ibi *dat Joseph patri, ac fratribus possessionem in Ægypto*, quia ex hac non perfunctoria, sed stabili refectione vera intellectualitatis augmentatio spiritui, cunctisque suis, ac si filiis, motibus vim, unde corpus et animam legi mentis possidendam subjuget, et etiam in præsenti largitur sæculo. *Domum patris præbens cibaria singulis* alit, dum conscientiam, quæ a ratione inhabitata regitur, roborat, et quibusque ejus statibus consilium, quo reficiantur, administrat. Hæc Pharao præcipit, quia diabolus ista nostri victus virtute propositi præpedire non sufficiens, velit nolit, fieri libere sinit.

Vers. 13, 14. — *In toto enim orbe panis deerat, et oppresserat fames terram, maxime Ægypti et Chanaan. E quibus omnem pecuniam congregavit pro venditione frumenti, et intulit eam in ærarium regis.* In toto orbe panis deest, quia totius nostræ perfectionis, quæ per orbem signatur, ab obtinendam internæ gratiæ refectionem nullo modo potens est. Et quid Ægyptus sæcularis ignorantiæ, (ipsa enim est tenebræ) et Chanaan negotiationis, et verecundiæ faciet, si orbis electorum non fami prævalet? Necesse est ergo ut ex Ægypto et Chanaan, in prudentia videlicet, et pudendis quæ quondam exercuimus actibus, pecuniam divinæ scientiæ fortiter exigat. Ærarium invitam et quodammodo indeficientem sacri eloquii memoriam accipimus: Æs enim, et durabile, et sonorum metallum est. In hoc ærarium regis, non quod rex possideat, sed quod in aures regis filiorum superbiæ perspicua sonoritate retinniat, pecuniam infert intellectualitas, quia quidquid scientiæ attingit, non ad inanem eloquentiam servat, sed ut eam suasionibus Pharaonis memoriter objiciat.

Vers. 15, 16. — *Cumque defecissent emptoribus pretia, venit cuncta Ægyptus ad Joseph, dicens:* Da nobis panes. Quare morimur coram te, deficiente pecunia? Adducite, inquit, pecora vestra, et dabo vobis pro eis cibos, si pretium non habetis. Emptoribus pretia deficiunt, cum aut memoriæ scientia, aut scientiæ memoria desunt. Cuncta tamen Ægyptus petit panes, quia cœlestium gratiarum munus, ipsæ mundialis miseriæ clamare se innuunt necessitates. Ac si dicat: Perire te vides, cur morti et inscitiæ tuæ, o qualiscunque intelligentia, non indoles? Hebetudinem, ait, vestram mihi subjicite, et cibos divinæ consolationis accipite, ex hoc vobis ascribetur pro pretio scientiæ. (Vers. 17) *Quæ cum adduxissent, dedit eis alimenta pro equis, et bobus, et asinis; sustentavitque illos eo anno pro commutatione pecorum.* Equos superbiarum, et fatuitatis ac inertiæ boves, nec non et asinos libidinum intellectui subdimus, et humilitatis, sapientiæ ac sagacitatis, nec non et castimoniæ diebus perlucidis, plenum annum integritatis accipimus. *Qui non habetis,* inquit, *argentum, properate,* fide et piis actibus *emite,* et *comedite* (Isai. LV, 1).

Vers. 18, 19. — *Venerunt quoque anno secundo et dixerunt: Non celamus domino nostro, quod deficiente pecunia, et pecora simul defecerint; nec clam te est, quod absque corporibus et terra nihil habemus. Cur ergo morimur te vidente? et nos et terra nostra tui erimus.* Prior annus, quo pecora dantur, prima conversionis institutio est, quando minus naturalis, et quodammodo bestialis vita damnatur. Secundus, piæ voluntatis promotio est, ubi divini eloquii pecunia indigentibus, et tamen studium pecuale sperantibus, ipsa jam corporis materia etiam necessariis suis adempta voluntatibus intellectui subjicitur, et terrenitas quæquæ affectionum ejus arbitrio relegatur. Cum, inquiunt victi jam animalitatis motus, quid facio opus sit prævideas, cur perire obtemperantes sinas. Ne ergo viventes in infernum descendere feras, affectu et efficientia corporis tui erimus. *Eme nos in servitutem regiam,* et præbe semina, ne pereunte cultore redigatur terra in solitudinem. Impende nobis pretium interni documenti, ut exigas a nobis confessionem ejus, quod diabolo impendimus, servitii, *et præbe semina* bonæ voluntatis, *ne deficiente per ejus inanitatem cultore spiritu, redigatur cordis cultibilitas atque feracitas,* ad hoc ut Deo inhabitatore careat, et fructum operationis non habeat.

Vers. 20, 21. — *Emit ergo Joseph omnem terram Ægypti, vendentibus singulis possessiones suas præ multitudine famis. Subjecitque, eam Pharaoni, et cunctos populos ejus a novissimis terminis Ægypti, usque ad extremos fines ejus, præter terram sacerdotum, quæ a rege tradita fuerat eis: quibus et statuta cibaria ex horreis publicis* præbe-

bantur, et idcirco non sunt compulsi vendere possessiones suas. Terram Ægypti Joseph totam emit, dum per intelligentiæ claritatem tenebras sæculares intellectus sibi subjicit. Singuli possessiones suas vendunt, dum quinque animi motus, in quantum sui male potiebantur, superno amori, quod non est aliud quam intellectus, sese inserviendo contradunt. Compellit enim fames, et malunt interim suas intermittere voluntates, quam perpetuo corporis et mentis miseras perpeti paupertates. Utriusque enim exactiones, ipsa est inedia et fames, *Pharaoni* Ægyptum *et cunctos populos ejus* subjicit, dum ex mundialitate sua, et omnibus ejus vitiis, hanc enim domum, hosque populos filia regis oblivisci jubetur (Psal. XLIV, 11), se subditum diabolo, in quantum ea sibi prævalent, animus recognoscit, secundum quod sibi intellectus indicit. Et hoc *a novissimis terminis* Ægypti, *usque ad extremos fines ejus,* id est ab ulteriori prospectu intentionum usque ad quarumlibet metas operationum; utraque enim si attendas finalitates sunt. (Vers. 22.) Terra sacerdotum, *quæ eis tradita a rege fuerat,* excipitur, quia soliditatis rationum, quarum sacrum prosequimur in bene agendo ducatum, et quæ a jure diabolico ablata, eis delegata est possidenda, ab hoc dominio excluditur; ipsa namque etiam inter motuum certamina libertati innititur. Horrea publica, e quibus his cibaria dantur, Scripturarum communia omnibus consilia sunt, unde interiora his pabula ministrantur: Unde possessiones vendere non compelluntur, quia id tantum boni, quod in discretionis virtute possident, nequaquam diabolo subigere peccati admissione coguntur.

Vers. 23, 24. — *Dixit ergo Joseph ad populos: En, ut cernitis, et vos et terram vestram Pharao possidet, accipite semina, et serite agros, ut fruges habere possitis. Quintam partem regi dabitis: quatuor reliquas permitto vobis in sementem, et in cibos familiis et liberis vestris.* Ad populos Joseph loquitur, cum intellectus animi turbas datis legibus sedare conatur. Ecce, inquit, *et vos,* in quantum vestri estis, et terrenitates quibus afficimini, diabolus obtinet. Ne ergo diutius vobis regnet, verbi divini semina capite, agro mentis inspergi sinite, ut operum fruges bonorum possitis habere. Quidquid ad quintam exteriorum sensuum partem, per quos sæcularia concupiscuntur, attinet, diabolo, cui per concupiscentias inservitur, attribuite. Quatuor reliquas, quibus secundum quatuor evangelia vivitur, vel secundum quatuor principales virtutes, in sementem, qua corda fecundetis, assumite, et inde familias internorum statuum, ac cogitationum operumque liberos enutrite.

Vers. 25. — *Qui responderunt: Salus nostra in manu tua est: respiciat nos tantum dominus noster, et læti serviemus regi.* Animales motus, intelligentiæ captu ducti, salutem suam in intellectualitatis potestate sitam fatentur; ipsam se respicere, id est ab ipsa sibi veritatis lumen influere flagitant, ut de veteri quam mystice Pharaoni exhibuerunt servituté, læti de sua evasione confessionis Deo hostiam reddant.

Vers. 26. — *Ex eo tempore usque in præsentem diem, in universa terra Ægypti, regibus quinta pars solvitur; et factum est quasi in legem, absque terra sacerdotali, quæ libera ab hac conditione fuit.* Ex ea divinæ dispensationis temperatione, qua constat adhuc rationi resistere carnem, et tamen carni supereminere, quasi quoddam populo sacerdotium rationem, usque dum veniatur in illum, cui non effluunt præterita, nec futura desunt divinæ æternitatis, diem : Quinta pars regibus solvi debet, quia quidquid sensualitatis evagatione peccamus, dæmonibus qui huic aeri principantur, per quos sæpe illicimur, per debitam pœnitentiæ redhibitionem retribui decet. Beatus enim qui retribuet eis retributionem suam, quam retribuerunt nobis (*Psal.* cxxxvi, 8). Fit quasi lex hoc *in universa terra Ægypti,* dum in omni nostro negotio exteriori inhærere jubemur regulæ isti. Potest autem et per quintam partem visus solus accipi qui specialiter funestiusque damnum infligere consuevit menti. Ipse enim ab Apostolo principaliter exprimitur inter tria illa, ubi concupiscentia carnis, concupiscentia quoque oculorum, et superbia vitæ describitur (*I Joan.* ii, 16); ubi universitas malitiæ comprehenditur. Terra autem sacerdotalis, id est virtus rationalis his nunquam regibus subdi dignatur, quia ad eam pertinet ut per eam quæ sensualiter sunt læsa curentur.

Vers. 27, 28. — *Habitavit ergo Israel in Ægypto, id est in terra Gessen, et possedit eam; auctusque est, et multiplicatus nimis. Et vixit in ea decem et septem annis. Factique sunt omnes dies vitæ ejus centum quadraginta et septem annorum.* Israel in Ægypto habitat, dum spiritus, qui cum Deo in nobis principatur, quasi lumen inter tenebras hujus sæculi dominatur et imperat. Israel enim *princeps cum Deo* dicitur; et habitare ponitur pro eo quod est, *dominari.* Versatur *in terra Gessen,* ut subtiliter appropiet ad vitii cujusque refragaturus palpationem. *Eam* possidet, cum debito sibi jure colendam etiam contra tentamenta defendit ac retinet. Augetur et multiplicatur *nimis,* quia nusquam copiosior efficitur spiritus, quam per usum exercitatæ discretionis. *Decem et septem in ea* vivit *annis,* dum et legis Decalogo, et septenario adjutricis gratiæ vitalis, in ipsa scientia reperimus augmentum provectionis. Omnes autem virtutum nostrarum claritudines per evangelici dogmatis quaternarium, et divini charismatis septenarium, ac Mosaicæ institutionis denarium, perveniunt ad æternæ beatitudinis dexteram, hoc est centenarium.

Vers. 29, 30. — *Cumque appropinquare cerneret mortis diem, vocavit filium suum Joseph, et dixit ad eum : Si inveni gratiam in conspectu tuo, pone manum sub femore meo, et facias mihi misericordiam et veritatem, ut non sepelias me in Ægypto; sed dormiam cum patribus meis; et hac de terra me auferas, condasque in sepulcro majorum.* Die mortis propinquante *filium* vocat, cum luce interna ad sui ipsius omnimodam mortificationem, quantum ad sæculum seducente, ad intellectualitatis desiderium, quasi ad filium spiritus noster recurrit et inhiat. *Gratiam in conspectu* invenit, cum ejus suppetere sibi alacritatem sentit. Ponere ei *manum sub femore,* est operationi vim internæ veritatis, de qua divinæ rationis semen egreditur, subjungere. Convenit enim hanc ex eo seminario ac si ex regula dependere. Femur autem propagationem significat, et veritas rationis totum fecundat; facit *misericordiam et veritatem, ut non sepeliatur in Ægypto,* dum eam remissionem peccatorum, quam ex Deo intellectus menti spondet, perseverando, imo perseverare faciendo, certa sibi exhibitione complet, dum ab Ægypti sepultura, id est a sæculi se obruentis eam cura amovet. Dormire vult cum patribus, quia non Ægyptiis mœroribus deprimi, sed exemplo eorum, qui dormiunt et corde vigilant, ab extrinsecis sollicitudinibus desiderat consopiri. De hac terra auferri, et in sepulcro majorum condi se postulat, dum per intelligentiæ excellentiam terrenis affectibus eximi, et intra conscientiæ septa a forasticis strepitibus se æstuat contutari. Unde dicitur in Job : *Effodientes,* inquit, *thesaurum gaudent, cum invenerint sepulcrum (Job* iii, 21, 22.).

Vers. 31. — *Ego,* inquit, *Joseph faciam quod jussisti. Et ille : jura ergo mihi,* inquit : *Quo jurante, adoravit Israel Deum, conversus ad lectuli caput.* Rationis proposito intellectualitas se favere affirmat, quia sine cœlesti notitia, quæ non est aliud quam ipse Dei amor, nil utile prorsus spiritui nostro restat, qui hac fretus constantia, jam secundum Israelis sensum cum Deo directus; ipsi Deo sese humiliat, et ad ipsum qui caput lectuli, id est principalitas internæ nostræ requiei est (in ipso enim a peccati exactionibus sabbatismus est) mentem inclinat.

CAPUT XLVIII.

Vers. 1. — *His ita transactis, nunciatum est Joseph quod ægrotaret pater suus. Qui assumptis duobus filiis Manasse et Ephraim ire perrexit.* Hæc transeunt, quia fervori animi lentitudines aliquoties, Deo utiliter providente, teporis incedunt. Joseph tunc de patris ægrotatione nuntiatur, quando de rationis intellectus mutabilitate pulsatur. Sed duos illos robustos, juxta Job, fortitudine (*Job* xxxvi, 19), status felici conscientia genitos, oblivionem scilicet præsentium, et fructificationem futurorum individuos sibi asciscens, rationem per intelligentiæ illapsum proposito utriusque commemorare festinat.

Vers. 2, 3. — *Dictumque est seni : Ecce filius tuus Joseph venit ad te. Qui confortatus sedit in lectulo. Et ingresso ad se ait : Deus omnipotens apparuit mihi in Luza, quæ est in terra Chanaan, benedixitque mihi, et ait : Ego te augebo et multiplicabo, et faciam te in turbas populorum, daboque tibi terram hanc, et semini tuo post te, in possessionem sempiternam.* Seni de adventu Joseph dicitur, cum lacessenti spiritui de augmento cœlestis notitiæ memoria refricatur.

Confortatus ergo sedet *in lectulo*, cum viribus ex intima correctione resumptis, conscientiæ propriæ honore prominet judiciario. Sedere enim judicantis est. Lectulum, mentem dici testis est, qui ait : *Lectulus noster floridus* (*Cant.* I, 15-). Porro ingreditur cum secreto cordis admittitur. Luza dicitur *boja*, quod nos vocamus compedem. *In terra Chanaan*, inquit, id est in terrenitate, ubi jugem per criminum declivia motum patiebar, et quo voluptatum compedibus astringebar. Deus, qui in fortitudine vinctos omnipotenter educit, mihi inclaruit, virtutis multiplicationem *benedixit*, et quod inter turbulentias vitiorum substantibilem me crearet, et terram corporis hujus mihi in præsentiarum, et post sæculi hujus statum semini, id est, pio merito meo incorruptibiliter possidendam contraderet, spe certa promisit.

VERS. 5, 6. — *Duo igitur filii tui, antequam huc venirem ad te, mei erunt; Ephraim et Manasses, sicut Ruben et Simeon reputabuntur mihi. Reliquos autem quos genueris post eos, tui erunt, et nomine fratrum suorum vocabuntur in possessionibus suis.* Intellectuales duo sunt filii, qui sic imminent geminæ visceribus charitatis ut Manassen habeant præsentium oblivionis, sed nunquam obliviscantur futurorum bonorum frugis. Hi in terra Ægypti nascuntur antequam Israel ad Joseph veniat, quia antequam spiritus noster quid sit intellectualitas sapiat, et sæculi conversationem omnino intellectualitas ipsa nos respuere cogat, hos ipsa in se, vel ex se motus pietatis procreat; hos opus est ut ratio, utpote proprios, sibi deligat. Ruben dicitur *videns filium*, Simeon *audiens tristitiam*.

Reputabuntur, inquit, *mihi Manasses et Ephraim, sicut Simeon et Ruben*, quia illa instantium oblivio, per auditum tristitiæ vel præsentis, qua mundus tribulatur, vel futuræ, qua impiis maledicetur, mihi fit; et tota pii operis fructificatio, per visionem filii, id est per contemplationem mihi provenit æternorum spei. Filios autem spes in Scriptura solere vocari sæpe probavimus. Ac si dicat : Sicut causæ, et spei, et tristitiæ auditus mihi non desunt, sic efficientiæ quæ retro sunt obliviscendi, et fructuum in anteriora tendendi (*Phil.* III, 13), deesse non poterunt. Si quid postmodum viribus intelligentiæ studiorum sanctitatis edideris, tibi hoc ad summam divinæ cognitionis adauxeris, et virtutum nomine fratrum, scilicet sapientia genitrice et spiritu procreatore satorum, censebuntur merito in principando motibus subjiciendis. Si enim sæculum perfecte rejicias, et frugi bonorum operum Deum diligendo prorsus insistas, virtus est quidquid demum inter istas intentiones attexas.

VERS. 7. — *Mihi autem, quando veniebam de Mesopotamia, mortua est Rachel in terra Chanaan in ipso itinere, eratque vernum tempus; et egrediebar* [al., *ingrediebar*] *Ephratam, et sepelivi eam juxta viam Ephratæ, quæ alio nomine appellatur Beth-lehem*. Mesopotamia dicitur *elevata vocatio;* Rachel, *videns principium.* Quando, inquit, de vocatione divina, qua ab imis elevor, accepi ut ad effectum gratiæ pervenirem, quantum ad meos, id est humanos usus spectat, Rachel mihi emoritur, intentio scilicet mea terrena ad utilitatem meam destituitur, ut ad eum qui omnium principium, et principaliter est, erigatur. *In terra Chanaan in ipso itinere occidit*, cum in terreno motu posita, quo expediri adhuc perfecte non potest, in ipso proficiendi appetitu paulatim decidit. Vernum tempus erat dum hæc moritur; et illæ *Ephratam* egrediebatur, quia accedente fidei fervore, cum pius in fructum operis prorumpit affectus, quæ ex carne est voluntas dejicitur, et ad ubertatem internæ plenitudinis, quod est Ephrata, spiritus quasi ad libertatem solutus egreditur.

Juxta viam Ephratæ sepelitur, cum juxta Christum, qui via est, et frugi ubertatique sese fruentium a mundano tumultu absconditur. *Pone me*, inquit, *juxta te, et cujusvis manus pugnet contra me* (*Job* XVII, 3). Bethlehem dicitur *domus panis*. Alio ergo nomine Ephrata appellatur *domus panis*, quia etsi feracitas bonorum actuum laude ducitur, tamen nullo modo apud Deum approbatur, nisi, ut ita dicam, mansionaliter usus supercœlestis hujus panis teneatur, sicut domus non in morem tabernaculi, sed temporum, et ætatum diuturnitate habitatur.

VERS. 8, 9, 10. — *Videns autem filios ejus, dixit ad eum : Qui sunt isti? Respondit : Filii mei sunt, quos dedit mihi Deus in hoc loco. Adduc*, inquit, *eos ad me, ut benedicam illis. — Oculi enim Israël caligabant præ nimia senectute, et clare videre non poterat. Videns filios* Israel, id est intellectualitatis efficientias, subtiliter apud se spiritus discutit eorum causas. Sed respondet sibi filios in loco à Deo sibi datos, hoc est principaliter, uti decet, bonos operum sibi fructus in charitatis stabilitate fundatos. Is enim locus est spatiosus in quo David statutos gloriatur pedes suos (*Psal.* XXX, 9). Latum enim mandatum ipsum nimis (*Psal.* CXVIII, 96). Operum ergo causæ sunt charitas. Et quia nec ad modicum nec nos *loco*, nec nobis locus abesse debeat, per præsentis rei demonstrativum, quod est, *hoc*, patenter insinuat. 'Si igitur, inquit, ex divina cognitione prodeunt, per ipsam intelligentiæ tuæ claritatem, ad rationis eamdem opera deduc discernenda notitiam, ut discreta et quodam palatio interius delibata, *benedicam*, id est multipliciora reddam. Sine intellectualitatis enim acumine oculi Israel, ingenia videlicet rationis caligant, et præ nimia temporariæ vetustatis consuetudine, in divina et spiritualia minus valent intendere.

VERS. 11. — *Applicitosque ad se deosculatus est, et circumplexus, dixit ad filium : Non sum fraudatus a conspectu tuo; insuper ostendit mihi Deus semen tuum. Ad se* applicat, cum et instantium oblivionem, et piorum actuum fructificationem, sibi individue copulat: Deosculatur, quia non timore, sed amoris interni charitudine in his afficitur. Circumplectitur, cum spiritualis vigilantia statum suum undecunque muniendo contuetur. *Non sum* inquit, *fraudatus aspectu tuo*, quia intelligentiæ lumine, et notitia non caream, in quantum bonis intentionibus hæreo. Insuper ostendit mihi Deus *semen tuum*, id est perspicuæ illius veritatis quam in te contines fructum, intentiones intendendo usque ad exhibitiones operum.

VERS. 12, 13. — *Cumque tulisset eos Joseph de gremio patris, adoravit pronus in terram. Et posuit Ephraim ad dexteram suam, id est ad sinistram Israel : Manassen vero in sinistra sua, ad dexteram scilicet patris, et applicuit ambos ad eum.* Joseph de gremio patris filios tollit, cum intellectus ab infimis voluntatibus operationum intentionem erigit. Gremium namque longe inferius sub pectore corporis locus est. Patris ergo gremium humanæ accipimus rationis motum. Humana enim est ratio, est et divina. His sublatis *in terram pronus* adorat, quia quanto magis a carnis prudentia studium eximit, tanto magis contemplando sublimia coram Deo humilius de se sentit. *Ephraim ad dexteram suam* ponit, quia boni operis frugem ad spem sibi æternæ beatitudinis constituit.

Sed dextera Joseph ad dexteram Israelis est, quia illa intellectualitatis supremitas intenta cœlestibus, sinistrum, id est sæculare et infimum æstimat quidquid in humanis, etiamsi spiritualiter sapere videantur, versatur ratiocinationibus. Ipsam enim contemplationis dulcedinem cum gravi vanitatum molestia prægustamus. Antequam enim intellectus comedat, spiritus suspirat. *Ipsi nempe*, ait Apostolus, *primitias spiritus habentes intra nos gemimus* (Rom. VIII, 23). Manasses in sinistra intellectus, sed ad dexteram rationis, quia materialium oblivio, sine qua virtus non eminet speculationis, causa est apud illum durissimi laboris; qui tamen labor rationi occasio est perspicacissimæ in discernendo spiritualia dignitatis. Ambos ergo ad eum applicat, quando utraque, sine quibus nil efficitur, intelligentiæ vis desiderio rationis associat.

VERS. 14. — *Qui extendens manum dexteram, posuit super caput Ephraim junioris fratris ; sinistram autem super caput Manasse, qui major natu erat, commutans manus.* Extendit manum, cum spiritus internæ fortitudinis provehit exercitium. Caput Ephraim, cui dextra superponitur, ipsa Divinitas est, a qua ac si de capite pendet totius nostræ bonæ actionis effectus; super qua etiam spiritus nostri spes et beatitudo fundatur. Sinistra *super caput Manasse*, quia tota tentationum adversitas, cœlestis gloriæ altitudini, quæ oblivionis præsentium summa est capitalis intentio est, innititur. Ephraim junior, Manasses major natu dicitur, quia prius sæcularis memoria rejicitur, ut æternis fructificationibus deinde insistatur. *Manus* ergo commutat, dum quod dextrum præsenti est, æternæ vitæ sinistrum deputat; et quod sinistrum æternæ, præsenti dextrum abjicit et refutat.

VERS. 15, 16. — *Benedixitque Joseph filio suo, et ait : Deus, in cujus conspectu ambulaverunt patres mei Abraham et Isaac, Deus, qui pascit me ab adolescentia mea usque in præsentem diem, angelus, qui eripuit me de cunctis malis, benedicat pueris istis, et invocetur super eos nomen tuum, nomina quoque patrum meorum Abraham et Isaac, et crescant in multitudine super terram.* Benedictio, multiplicationis est imprecatio. Joseph autem, id est intellectum, rationis dicimus filium, quia non ex intellectu rationem, sed ex ratione procedere novimus intellectum. *Deus*, inquit, *in cujus placito* (quod enim placet, præ oculis habere volumus) proficere studuerunt paterna interioris hominis gentium custodia, quod est *Abraham et Isaac*, spes scilicet gaudii cœlestis atque lætitia. *Deus*, qui a provectu exolescentis animi constantiæ sua consolatione me nutrit, usque in illius qui semper præsens est diei me ducendo contemplationem. *Angelus* divini eloquii, cujus nuntio de cunctis peccati eripior incommodis, per sui ipsius efficientiam, et adimpletionem multiplicet propositi novitatem, instantium videlicet oblivionem, et futuræ spei fructificationem et perpetui sentiant intellectualitatis augendæ desiderii invocationem; et crescant devotiones internæ in multis effectibus ad corporalis exercitii superficiem.

VERS. 17. — *Videns autem Joseph quod posuisset pater suus dexteram manum super caput Ephraim, graviter accepit, et apprehensam manum patris levare conatus est de capite Ephraim, et transferre super caput Manasse.* Intellectus dum attendit aliquoties rationem sic potius studium suum bonis quæ exercet actibus impendere, ut ad contemplationis subtilitatem, quod est corporalitatum oblivio, negligat assurgere; ægre patitur hebetudinem rationis, unde et ipsam dexteram, id est interioris hominis potentiam, ab extrinseca cura restringens, de capitali actualitatis intentione elevare nititur ad totius materialitatis oblitterationem. Capita namque principalitatem mentis, quæ est intentiones, significant. (VERS. 18.) *Non ita*, inquit, *convenit, pater, quia hic est primogenitus, pone dexteram tuam super caput ejus.* Primogenitum vocat; vel quia homo non forasticæ administrationi, sed divinæ potius visioni conditus est, vel quia dignior est (speculatio, quam communis etsi bona actio. Hæc est optima Mariæ portio (Luc. X, 43). Huic ergo, inquit, admove potissimum tuæ virtutis diligentiam.

VERS. 19, 20. — *Qui renuens, ait : Scio, fili mi, scio, et iste quidem erit in populos, et multiplicabitur; sed frater ejus junior, major erit, et semen illius crescet in gentes. Benedixitque eis in ipso tempore, dicens : In te benedicetur Israel.* Renuit, et scire quidem ejus primatum se asserit, et quamdam inter inanium cogitationum populos speculationis singularem attendit essentiam, virtutumque ejus exuberantiam, sed active majorem æstimat aliquando animus utilitatem, quæ multis prodesse delegerit ; cujus semen, id est exemplum operis in multorum innumeras ædificationes propagari utpote imitabilius poterit. Huic sensui **172** querimonia Marthæ ad Dominum laborantis in Evangelio adversus sororem concinit (*Luc.* x, 41). Benedicit tamen eis in ipso tempore, dum multiplicari in utrisque appetit in hoc eodem statu considerationis suæ. Licet, inquit, plurimorum actualitas emolumento valeat, fateor tamen quod in te, o intellectualitas, internæ benedictionis principalitas consistat; virtus namque Israelis per te, id est rationis, exuberat, et ideo dicetur : *Faciat tibi Deus sicut Ephraim , et sicut Manasse*, tibi videlicet, o spiritus, fulciatur animalitas sicut adipe et pinguedine , profecto fructificando exterius in exhibitione, et imbuatur intrinsecus gratiæ succo omnium a mente visibilium abolitione.

Constituitque Ephraim ante Manassen, quia necesse est bonis prius actibus insudare, antequam corporalium imagines valeant eliminari a corde. (VERS. 21.) *En*, inquit, *morior, et erit Dominus vobiscum, reducetque vos ad terram patrum vestrorum*. En per continentiæ fructum, et rerum tractabilium despectionem, sæcularibus desideriis morior ; et sic, o spirituales motus, abscissis affectibus alienis divinus commanebit amor vobis, qui vos reducet ad terram soliditatis æternæ, quam amisistis in patribus primis. Spiritus enim sanctus, qui amor est, deducet nos in terram rectam. (VERS. 22.) *Do tibi partem unam extra fratres tuos, quam tuli de manu Amorrhæi in gladio et arcu meo*. Pars ista quæ extra fratres Joseph datur, cognitio Divinitatis est, quæ non oculorum visioni , non extrinsecorum sensuum ulli, non imaginationi cogitationum, non interiorum habituum ulli, quamvis ratiocinantium, soli præter hos omnes intellectualitati attribuitur. Amorrhæus ipse dicitur *amaricans*, carnalem spiritui infensum affectum significat, de cujus manu, id est potestate, et actu, divini subtilitas amoris, ac si gemma de sordibus, gladio discretionis, et superni arcu timoris , a facie cujus ut fugiat sibi significatio datur, sollicitudine rationis eripitur.

CAPUT XLIX.

VERS. 1, 2. — *Vocavit autem Jacob filios suos, et ait eis : Congregamini ut annuntiem quæ ventura sunt vobis diebus novissimis. Congregamini, et audite, filii Jacob, audite Israel patrem vestrum.* Jacob filios vocat, cum cogitationum dispersionem per ejus quem præmisit arcus providentiam ratio restringit et alligat. Hunc autem arcum suum superius dicit, quia ejus sibi usum, et exercitionem specialiter indicit. Ad rationis, inquit, sinum visco vos divini metus unanimiter cogite, ut singulis mentis motibus denuntiem quæ valeant fortunæ, vel infortunia in extremis dierum, id est virtutum successibus provenire. *Congregamini*, quia in dissidio et evagatione nusquam vox divina percipitur, et Jacob, id est supplantatoris vitiorum primum monitis obaudite spiritus, ut postmodum victoris ejusdem placidam paternitatem experiamini, cui est cum Deo jam per victoriam principatus. Israel namque *princeps cum Deo* dicitur.

VERS. 3, 4. — *Ruben primogenitus meus, tu fortitudo mea , et principium doloris mei, prior in donis, major imperio. Effusus es sicut aqua, non crescas, quia ascendisti cubile patris tui, et maculasti stratum ejus.* Ruben interpretatur *videns in medio*. Medium autem pro *communi* ponere, et humanæ ac divinæ paginæ inolitum est. *Videns* ergo in medio vis rationalitatis accipitur, quæ generaliter tota quæ hominis sunt provide curare dignoscitur. Est ergo dicere : Mihi rationi principaliter ingenita dignitas es providentiæ aut discretionis, quæ, licet fortitudinem contra emergentia vitia subministres, *principium tamen doloris mei* es , quia quo magis addis scientiam, tanto addis scita facere non potenti tristitiam ; et cum sis *prior secundum* excellens sapiendi donum, et *major* ad exigendum corporalitatis servitium, corruptionis tamen fluxu per affectualitates effunderis, in quarum nolit Deus distensione ut ullo modo superbias ; solet enim improbis cogitationibus lætitiæ inanis tumor increscere , cum voluptatum sibi arriserit opportunitas. Gaudent enim in rebus pessimis (*Prov.* II, 14), sumentes audaciam de nimietate criminis. Versa, inquit, tu ratio in affectum, et de veritate facta mendacium, ab infimis subrependo mentis quietem, (quod significat *cubile*) perturbas, et turpium desideriorum adulterinis incursibus, virtutum stramenta commaculas. Hæc verba spiritus internæ familiæ patris, de pravi appetitus immersione subdola conquerentis.

VERS. 5, 6. — *Simeon et Levi fratres, vasa iniquitatis bellantia. In consilio eorum ne veniat anima mea, et in cœtu illorum non sit gloria mea, quia in furore suo occiderunt virum, et in voluntate sua suffoderunt murum.* Simeon dicitur *audiens tristitiam*. Levi *additus*, vel *assumptus*. Si, juxta Prophetam, non est gaudere impiis , dicit Dominus ; et gaudium, secundum Patres, in bono accipitur, tristitiæ auditio ad malum ducitur, ut causa pro effectu ponatur, quia si gaudium et pax regnum Dei, non esca, et potus **173** ab Apostolo dicitur (*Rom.* XIV, 17), jure regnum diaboli tristitia et inquietudo vocatur; peccati enim studia hoc omne consequitur. Audiens ergo, id est intelligens, imo obedienter excipiens hujusmodi tristitiam, non quod inde tristetur, sed quod sibi iram in die iræ hinc thesaurizare noscatur, affectus ipse intelligitur, cui cum fructus concupiscentiæ suæ additur, fiunt duo pessimæ capacitatis vasa, quæ bellis et tumultibus adversus animam militantibus adimplentur.

In horum consilio ne veniat anima a spiritu optatur, cum a proposito terrena ambienti, et ambita libidinose post assecutionem fruenti, intentio interioris hominis ab ipso arcetur. Consilium autem eorum est, et cupere, et in concupitis cum affuerint lascivire. Unde Job : *Quia*, inquit, *non sunt in manu eorum bona sua, consilium eorum longe sit a me*

(*Job.* XXI, 16). Et Dominus : *Væ*, ait, *prægnantibus et mammantibus* (*Matth.* XXIV, 19 ; *Marc.* XIII, 17). Consilium itaque horum, cupiditas, et voluptas sive superbia est ; in quorum cœtibus, (multas enim et alias istæ sibi pestes colligunt, radices nempe omnium sunt malorum (*I Tim.* VI, 10) non vult ratio gloriari, quia in male factis nescit lætari (*Prov.* II, 14), nec in malignantibus æmulari (*Psal.* XXXVI, 1). Horum namque furor, id est vehemens et quasi furibundus appetitus, qui ab Apostolo passio desiderii (*I Thes.* IV, 5), et alibi, ustio appellatur, occidit illum quem Samaritana vocare jubetur virum (*Joan.* IV, 16), interimit scilicet rectorem spiritum. In voluntate tamen eorum primo suffoditur murus, quia per delectationem, quæ suggestioni sponte favet, interna virtus evertitur antequam ad rabiem perveniatur ascensus.

VERS. 7. — *Maledictus furor eorum, quia pertinax ; et indignatio eorum, quia dura. Dividam eos in Jacob, et dispergam illos in Israel.* Furor eorum quia pertinax est maledicitur, quia nimietas concupiscentiæ quam perseverare in pravo nititur, a divini provectus summa dejicitur. Maledictio namque in sacro eloquio, pro destitutione et detrimento ponitur. Indignatio ob duritiam maledicitur, quia cum in ipsa voluntate delectationis æstuant adversus divina præcepta, quod importabilia videantur indignando se elevant; et, cum per hoc ad vitia efferata mente feruntur, status eorum propriæ calamitate obstinationis obruitur. *In Jacob* tamen, id est in animis ad supplantationem peccati vivacibus, hujusmodi arguta discretione dividuntur, sed in his qui sunt Israel, id est qui cum Deo directi, cum Deo etiam sibi ipsis principantur, cornibus maximæ auctoritatis ventilantur. Israel nempe *directus Dei*, vel *princeps cum Deo* dicitur.

VERS. 8. — *Juda, te laudabunt fratres tui ; manus tua in cervicibus inimicorum tuorum, adorabunt te filii patris tui.* Juda dicitur *laudans*, vel *glorificans*, vel *confitens* ; ipse est sanctæ religionis status, qui etsi qua gerit minus apta, pie confitetur, vitaque et moribus Deum laudat, nec solum in se, sed et per aliorum exempla glorificat ; cujus vera in eo auctoritas probatur, quod invitæ rationis potentia præfatorum affectuum, malorumque cervicositates deprimuntur. Hunc fratres sui laudant, quia et consortes quique propositi, et etiam ipse ex eodem patre spiritu, et bona voluntate matre geniti, quilibet actus fortes laudabiliter celebrant. Adorant, cum ad hunc fulciendum omnes mentis motus sese humiliant.

VERS. 9. — *Catulus leonis, Juda, ad prædam, fili mi, ascendisti, requiescens accubuisti ut leo, et quasi leæna, quis suscitabit eum ? Catulus leonis,* juxta physicos, dormiens nascitur, sed die tertio voce parentis postmodum excitatur. Vere ergo religionis effectus, Judas scilicet in primitivis suis affectibus, quasi torpidus et quodammodo sua novitate hebes oritur, sed post Trinitatis, quod Deus est, agnitio-

nem, quæ non nisi amor ejus est, quæ sola cognoscibilis sibi vox est, ad scientiæ claritatem expergiscitur. De hac voce dicitur : *Omnis qui audit à Patre, et didicit* (*Joan.* VI, 45), etc. Et : *Qui audit, dicat : Veni* (*Apoc.* XXII, 17). Ad prædam ascendit, quia a concupiscentia carnis, oculorumque, et vitæ superbia (*Joan.* II, 16), quæ Simeon et Levi exigunt, se subrigens ad vita regno cœlorum inferendam, et illud violenter eripiendum (*Matth.* XI, 12), gradibus virtutis erumpit.

Requiescens ut leo accubat, cum sopitis aliquoties tentationibus, etsi securus esse videatur, tamen contra subitas irruptiones semper sollicitus vigilat. Leo namque etiam cum dormit, patentes habere oculos dicitur. *Ego enim dormio, et cor meum vigilat* (*Cant.* V, 2). Quasi *leæna* quoque est, quia quo amplius incentivum superni ardoris corde conceperit, et pii operis fetibus incubuerit, eo atrocior contra vitia se erigit. Leænæ sane natura perhibetur, cum fervet amore maris, seu partubus instat alendis, ut fortior etiam leone sit. Hunc ergo tanta dilectione fretum Judam, quis carnis motus ab interna delectatione, qua in Deo quiescit, exsuscitabit ? *Multæ* enim *aquæ non potuerunt exstinguere charitatem* (*Cant.* VIII, 7). Lampades nempe ejus ignis atque flammarum sunt.

VERS. 10, 11. — *Non auferetur sceptrum de Judà, et dux de femoribus ejus, donec veniat qui mittendus est, et ipse erit exspectatio gentium. Ligans ad vineam pullum suum, et ad vitem, o fili mi; asinam suam. Sceptrum de Juda non* auferetur, quia de ipso nostræ habitu sanctitatis, regimen imperatoriæ rationis non contrariarum ventis fortitudinum, non fluminibus libidinum ullo modo dimovetur. Venerunt, inquit, *flumina, flaverunt venti* (*Matth.* VII, 25). Femur Judæ veritatis notitia est, ac si quoddam conceptaculum seminis in corde. Dux ergo de femore Judæ, ipse spiritus noster est, ex veritatis in bonis operibus procreatus ac roboratus propagine ; quæ progenies ex Juda editur, quia ex sanctitatis studio et usu, arcanum interioris prudentiæ, quasi prosapiæ genus, extenditur. Et hoc fit *donec veniat qui mittendus est*, id est dum cœlestis ille immortalitatis ac incorruptionis habitus accedat, qui, ut absorbeatur quod mortale est a vita gentium (*II Cor.* V, 4); id est motuum internorum, votis exspectatus est. Ipse autem dux ligat ad *vineam pullum suum*, dum affectum carnalem jugi ac oneris divini impatientem, ad Scripturæ divinæ præcepta castigat et cohibet, quæ meracissimi nobis consilii poculum præbet. Has sacrorum documentorum vineas, in Cantico amoris querimonia est, demoliri vulpes parvulas (*Cant.* II, 15). Ad vitem asina alligatur, cum ad Christum, qui dicit : *Ego sum vitis vera* (*Joan.* XV, 1) ; voluntas nostra quæ vicinior est rationi, et legi Dei magis consona, quasi oneriferum et tractabile animal astringitur. Filium spiritus quod est, Jacob Judam id est, statum religionis nominat, quia a se totius pietatis exercitium prodire non dubitat.

VERS. 12. — *Lavabit vino stolam suam, et sanguine uvæ pallium suum. Pulchriores sunt oculi ejus vino, et dentes ejus lacte candidiores.* Stolam suam vino lavat, cum profectus noster Judas verus spirituali fervore ac lætitia, tunicam illam in baptisma susceptam, quam perferre jubetur ante tribunal Christi, quotidie mundat. Pallium super tunicam indui solet. Si ergo per stolam interioris hominis, in quantum possibile est, munditiam ; per *pallium* accipere possumus exterioris operis innocentiam. Quæ *in sanguine uvæ* lavatur, quia Christi passionis sacramento, ex quo superæ nobis plenitudo defluxit dulcedinis, dum illud fideliter sumit, a macula humanitatis abluitur. Unde dicitur: *Et in sanguine Agni laverunt stolas suas* (Apoc. vii, 14). Cum enim Christi corpus devote sumimus, a necessitatibus quæ se nostris actibus ingerunt, expiari nos credimus.

Vino autem Judæ *oculi pulchriores* sunt, quia non ex hypocrisi, et arrogantia sapientiæ, et scientiæ claritates animi nostri gloriosa confessio sibi inesse jactitat ; sed ex vino, id est sincerissima spiritualis gratiæ ubertate plenius sibi aliis abundare demonstrat. Est ergo sensus. Quod cæteris pulchritudine præeminent, non ex figmento, sed ex vino divini saporis et caloris est. Similiter et *dentes,* sermonum videlicet potentiæ, et virtutes, quibus alios pie mactando Deo incorporant, quod multorum facundiis propensius enitent, *ex lacte* est, id est, ex simplicis conscientiæ plenissima puritate, non ex declamatoria ventositate. Hi enim dentes sicut grex tonsarum ascenderunt de lavacro, ut legitur in amoris Cantico (*Cant.* iv, 2).

VERS. 13. — *Zabulon in littore maris habitabit, et in statione navium pertingens usque ad Sidonem.* Zabulon dicitur *fluxus noctis,* vel *jusjurandum ejus,* vel *habitaculum fortitudinis.* Cum enim noctem hujus sæculi effluere per errores cernimus, jusjurandum quod in baptismo sacræ promissionis fecimus, nos scilicet pompis ejus renuntiaturos, ad habitaculum æternæ fortitudinis, civitatem videlicet manentem, contendentes implemus. Hac consideratione curas mundi, naufragium scilicet maris evitans animus noster, littus internæ soliditatis eligit, et inter naves, non illas quæ circumferuntur omni vento doctrinæ (*Ephes.* iv, 14) , sed illas, per quas descenditur mare ut fiat operatio in aquis multis (*Psal.* cvi, 23) , et quæ pertranseunt animalia pusilla cum magnis.

Sunt namque naves animæ omnino fideles, humilitatem sua concavitate signantes, et per hoc sese aliosque salvantes. In statione ergo navium habitat, cum inter exempla eorum qui in miseriis sæculi hujus tentationum subsistunt, perseverando conversari curat. Usque ad Sidonem pertingit, cum usque ad considerationem quæstus inutilis, quid solum in eo et quæritur et agitur, mens provida pervenit. Sidon nempe *venatio inutilis* dicitur ; Punica vero lingua, *piscis* interpretatur. Ad piscis autem similitudinem attingit, quisquis inter mundi fluctus et tempestates illæsus a crimine vivit ; cui tentatio occasio vitæ fit, sicut pisci unda alimentum exsistit. Homini enim super terram, id est super torrena constituto, tentatio vitalitatis causa esse debet.

VERS. 14, 15. — *Issachar asinus fortis accubans inter terminos. Vidit requiem quod esset bona, et terram quod optima ; et supposuit humerum suum ad portandum, factus est tributis serviens.* Issachar interpretatus est *merces.* Et tantis laboribus quos Zabulon patitur, sedulo est intimiandum quia est merces. Taxatis namque octo passionum beatitudinibus Dominus addidit: *Gaudete quoniam merces vestra multa est in cœlo* (*Matth.* v, 12). Ad hanc *asinus* parandus est *fortis,* tolerantiæ scilicet vigor humilis. Inter terminos accubat, cum et inimicos ferendo amare jubetur, et amicos non nisi propter Deum amare præcipitur, quibus præceptis ac si meta utrinque constringitur. Porro accubat, dum in his studiis non nutabundus errat, sed continua delectatus eorum actione pausat. Videt *requiem quod sit bona, et terram quod optima,* quia spiritualia attendit 175 sabbata ab omni illicito quam in præsenti sint utilia atque idonea ; quibus otiis, qua nil est melius, acquiratur viventium terra. Supponit itaque *humerum ad portandum,* cum ei cujus onus leve est, humilis impendit obedientionis sub hac intentione servitium. Unde legitur : *Servient,* inquit, *ei humero uno* (*Soph.* iii, 9), id est unanimis obedientiæ voto. Fit tributis serviens, dum vitia et concupiscentias quæ sibi dominabantur abscidit, ea sola quæ corporis necessaria redhibitio exigit humanitati reddens.

VERS. 16, 17, 18. — *Dan judicabit populum suum, sicut et alia tribus in Israel. Fiat Dan coluber in via, cerastes in semita, mordens ungulas equi, ut cadat ascensor ejus retro. Salutare tuum exspectabo, Domine.* Dan interpretatur *judicium,* hypocrisim significans, qua justius nullum judicatur, id est damnatur vitium ; quæ et sancta agit, et sanctitatis honorem Deo contempto sacrilege sibi attribuit. *Populum autem suum, sicut et alia tribus in Israel* judicat, quia forinseca quædam sua mala sicut et electi, ad quorum sortem non pertinet, visibiliter discernit et temperat. *Fiat Dan coluber in via.* Quod est dicere : Velit Deus, ut, etsi hypocrisis colorari videtur ex varietate sua, appareat tamen quam sit mortiferum malum instar colubri in suæ affectionis via. Notandum autem quod coluber minus noceat quam cerastes, et via latior et magis trita sit quam semita. *Coluber in via* est hypocrisis malum, sed non ita perniciosum in affectione prava. Laudis enim amor naturaliter subrepit pene omnibus. Hæc via ergo generalis est. Id præcavet qui dicit : *Dixit : Custodiam vias meas* (*Psal.* xxxviii, 2).

Cerastes autem, qui dicitur cornutus, mortiferum omnino animal, superbiæ fastum cornu elationis significat; cui semita concinit, quæ singularitatem insolentis cogitationis indicat, ubi se super alios cunctis indignando elevat, qui pene Deo ipsi se comparat. Mordet vero *ungulas equi*, cum corrumpit nimietas arrogantiæ in animo ipsam sui discretionem typi, ut non se superbire, sed quidquid de se gloriosum cogitat, sibi æstimet digne competere. Ungulas pro discretione ponere novit, qui scit vitulum novellum cornua et ungulas producere (*Psal.*, LXIII, 32). Equum autem pro superbia solere poni, testis est psalmus, qui ascensores equorum dormitasse perhibet ab increpatione Dei (*Psal.* LXXV, 7). *Ut cadat ascensor ejus retro*, id est, ut dum de gloriæ inanitate superbit, evertatur, et decidat in illo unde avertit obtutus futuro sæculo. Percussit enim Dominus inimicos suos, ubi minus attendunt in sequentis vitæ posteriora. Spiritus autem noster ista provide dispiciens, atque despiciens, *salutare* Dei se exspectare Deo ipsi pollicetur, quia quo magis impius et apostata superbit, pauper tanto magis incenditur (*Psal.* X, 25), ad bene agendum scilicet purgatior vividiorque redditur; et cum sæculares ille glorias præstolatur, iste de salutaris, id est Christi exspectatione lætatur. Unde David, qui de eo qui prævaluit in vanitate sua loqueretur, subdidit de se, vel Christo, ejusque similibus: *Ego autem, sicut oliva fructifera* (*Psal.* LI, 9, 10), etc.

VERS. 19. — *Gad accinctus præliabitur ante eum, et ipse accingetur retrorsum.* Gad *latrunculus* interpretatur, per quem intelligitur carnalis stimulus; Qui accinctus ante Dan præliatur, quia collectis et appositis sibi ex inani tumore viribus, luxuriæ solet despumare fetoribus. Sæpe enim, et quasi naturaliter, majestatis illius ventositas reflari consuevit in labem, et justo Dei judicio improvide latrunculus sibi iste occurrit, ut qui Deum hominesque non reputat, in suo repente fœdissimo casu videat quam nullus existat. *Ante* autem *præliari* dicitur, quia ei qui interius ultra omnem modum gloriatur aperiæ impugnationis turbas insolentia subitæ libidinis movere permittitur. His enim qui voluntarie peccant offendiculum proponitur. *Retrorsum* tamen prius accingitur, dum in animo suo, cui hypocrita dorsum vertit, multis prius cogitationum moliminibus conceptæ voluptatis affectus armatur, quomodo callidis effectibus impleatur.

VERS. 20. — *Aser, pinguis panis ejus, et præbebit delicias regibus.* Aser dicitur *beatus*; nec Deum perfecte timenti beatior est ullus. Huic *panis pinguis* est, quia dum oleum continet, nec interius de virginitate superbit, panis ei, qui de cœlo descendit (*Joan.* VI, 41), interior libertas, et succus est. Is ex adipe frumenti cibatur (*Psal.* LXXX, 17). Aser ergo iste, noster scilicet spiritus, vera hujus saporis beatitudine donatus, præfatis duobus, Dan videlicet et Gad, oppositus, præbet jam delicias regibus, quia non spurcitias, imo spinas concupiscentiarum, sed delectationes internæ jucunditatis administrat his qui nos quondam rexere sensibus. Reges autem hos

dici, et Apocalypsis testatur, et Psalmi, quorum deliciæ non aliud sunt quam invisibilium bonorum lucris sese exercere. Frequens enim legere, flere, verba Dei audire libenter, et dicere, et quæque quibusque sensibus convenientia pia intentione agere, deliciæ sunt emergentes ab interna pinguedine.

VERS. 21. — *Nephtali, cervus emissus, et dans eloquia pulchritudinis.* Nephtali dicitur *conversavit me*, vel *implicavit me*, vel *dilatavit me*. Postquam namque celebro virtutis usu impios Deus, ut non sint, ab impietate conversat, et suis eos obsequiis implicat, consequenter 176 per profectuum gradus charitatis visceralitate dilatat. Spiritus ergo noster, ubi hæc attigerit, cervus jam potentissimæ adversus vitia majestatis cornibus et subtilissimis ad omnia discernenda sensibus, extra se emittitur per saltus, et alacritatem divinæ contemplationis, ubi haurit *eloquia* totius *pulchritudinis*. Quæ quanto sibi intro gratiora fuerint, tanto dulcius ea propinat et aliis.

VERS. 22. — *Filius accrescens Joseph, filius accrescens, et decorus aspectu.* Joseph interpretatur *augmentum*. Augmentum igitur istud accrescit, et rursus accrescit, cum illud cœleste bonum, quo solo vere provehimur, et in mentis prius desiderio extenditur, et certitudine deinceps quadam spei et securitatis ampliatur. Unde Paulus: *Nostra*, inquit, *conversatio in cœlis* (*Phil.* III, 10). Et: *Consedere nos fecit in cœlestibus* (*Ephes.* II, 6). Aspectu *decorus* est, quia superna speculatione, nil etiam adhuc, cum necdum rebus agitur, clarius est. *Filiæ discurrerunt super murum* (VERS. 23). Sed exasperaverunt eum, et jurgatæ sunt, invideruntque ei habentes jacula. Murus Christus intelligitur, *Salvator* enim *ponetur in ea murus* (*Isai.* XXVI, 2). Super hunc murum filiæ discurrunt, cum infirmi quique, et fragiles motus, licet in Christi fide se stare confidant, hac tamen confidentia affectibus pravis et effectibus errant. Sed licet lenocinentur intellectualitati, quod est Joseph, eamque mulceant, ea tamen mulcedine non molliunt, sed vehementer ad se versus exasperant. Unde et jurgantur, quia repulsi graviori denuo contra eam bellorum repetitione moventur. De his filiabus dicitur: *Filiæ tibi sunt? serva corpus earum* (*Eccl.* VII, 26), id est restringe nequam opera affectionum. Invident quoque *ei habentes jacula*, quia ad æternorum suscitare moliuntur invidiam molles, id est motus, intellectum, per præsentium, quibus eum jaculantur desideria. Recte dicuntur invidere qui ad hoc impellunt ut faciant non videre.

VERS. 24. — *Sedit in forti arcus ejus, et dissoluta sunt vincula brachiorum, et manuum illius, per manus potentis Jacob; inde pastor egressus est lapis Israel.* Arcus in forti sedet, cum intentio, ex qua operum missilia diriguntur, non fragilibus sed æternis perseveranter inhæret. Hoc enim sessionis significare nomen solet, ut est: *In cathedra pestilentiæ non sedit* (*Psal.* I, 1). Per brachia, fortitudo; per manus, signatur operatio. Horum dum recte intendit *vincula* solvit, quia consuetudine qua olim tenebatur implicitus obruta libere jam proposita et fortiter agit. Hæc *manus potentis Jacob* efficiunt, dum supplantatoris vitiorum spiritus vires tantæ auctoritatis occasio sunt. Inde *pastor lapis Israel* egreditur, cum ex eodem spiritu intellectus, qui spiritum ipsum pane vitæ reficiat, et ad cum Deo principandum, quod est Israel, in modum lapidis firmet et stabiliat, ad libertatem contemplationis procedere monetur.

VERS. 25, 26. — *Deus patris tui erit adjutor tuus, et omnipotens benedicet tibi benedictionibus cœli desuper, benedictionibus abyssi deorsum, benedictionibus uberum et vulvæ. Benedictiones patris tui confortatæ sunt benedictionibus patrum ejus, donec veniret desiderium collium æternorum; fiant in capite Joseph, et in vertice Nazaræi inter fratres suos.* Deus, inquit, qui quasi patrem me et rectorem spiritum in homine constituit, et te licet natura meum, tamen mihi dignitate supremum, ex me creari voluit, ipse tuis conflictationibus cooperator erit, et cum omnia possit, ex rationis te multiplicabit ac si cœli eminentia, nec benedictionis, id est plenitudinis in subjacente rationi affectu minor erit obediendo exuberantia. Legitur enim : *Audite, cœli, quæ loquor, audiat terra verba oris mei* (*Deut.* XXXII, 1). Nil enim est spiritus, nisi ei obtemperet affectus, quod est terra ob infirmitatem vel abyssus. Vulva autem et uberibus benedicitur, dum in ipsa pii desiderii conceptione, et destinatione propositi, et geminæ dilectionis rudimentis, quibus gremio præsentis Ecclesiæ ad futurum vere virilem ac si uberibus enutritur statum, prospere promovetur.

Benedictionibus *patrum patris benedictiones* confortantur, dum per antiquorum memorias, qui abundavere virtutibus, virtutes ejus, qui intellectualitatis pater est, multiplicantur spiritus. Et hoc *donec veniat desiderium collium æternorum*, id est donec impleatur gloriæ supernæ largitas, quam suspirant fidelium devotiones æternæ excellentiæ destinatorum. Montes et colles quid significent psalmos interroga. Montium vero, vel collium significativorum æternitatem Sibylla destruit. « Jam æquantur, inquit, montes campis. » Caput Joseph, ipse Deus est, quia intellectualitati, qui intimus sapor, et notitia Dei est, cunctis quæ prætereunt subjacentibus sola principalitas præminens Deus est. Benedictiones ergo *in capite Joseph* constituuntur, cum sapientiæ augmenta Deo, non nostræ solertiæ, ascribuntur.

Potest et per caput cœleste præmium accipi, quod summum et capitale est intellectui; quo contra de reprobis : *Caput*, inquit, *circuitus eorum* (*Psal.* CXXXIX, 10). Unde et vertex postmodum ponitur, in quo quia capiti præminet Deus, qui omni munere dignior est, intelligitur, Nazaræus autem flos dicitur, sive munditia. Vertex itaque benedicitur Nazaræi, cum Deo attribuitur fructuosus ille nitor atque munditia, qua Deus conspicitur animi. **177** Inter fratres autem Nazaræus est, quia contemplationis habitus inter cæteros mentis status non solum a vitio, sed ab omni sensibilium imagine mundus ut sit necesse est.

VERS. 27. — *Benjamin lupus rapax, mane comedet prædam, et vespere dividet spolia.* Benjamin dicitur *filius dexteræ.* Filium dexteræ spem electionis, sæpenumero diximus, et rationes multoties de filio et dextera reddidimus. Est ergo de hoc rationis sententia : *Filius dexteræ*, quisque videlicet electus, cui fida posteritas in beatorum sorte resedit, non semper de his qui innocenter egerint, sed et de his qui lupina crudelitate nocuerint, assumi ur. Talis itaque ad eas et quas præmisi, et quas rationis jure contineo virtutes venturus, postquam *mane* divinæ illustrationis acceperit, id quod in se per vitia diabolus deprædatus fuerat, comedit, ad refectionis scilicet robur vertit, et ex casu alacrior surgit, *et vespere*, jam fervore tentationis exstincto, armaturæ salubris spolia, quæ aliquando possederat hostis, per singulas morum habitudines dividit. Virtutes enim corruptæ fiunt vitia; reparatæ, sunt spolia quibusque mentis statibus victoriose dispertienda. His extremis rationis verbis ad virtutum prælibatarum efficaciam commendatur gratia. Ubi enim abundavit peccatum, superabundavit misericordia (*Rom.* v, 20). Et cum cogitaverimus quanta de quam nulla mens nostra facta fuerit, patenter advertimus quia nihil habet quod non acceperit.

VERS. 28. — *Et omnes hi in tribus Israel duodecim.* Tribus ad fidei spei et charitatis ternionem referimus, et duodecim constant ex quatuor tribus. Quem quaternarium ad Evangelium, vel quatuor principales virtutes reducimus, quas per Trinitatis amorem, et trium præmissarum necessitudinum executionem pertinere facimus, cum illis benedictionum copiis ad id, quod est Israel, cum Deo scilicet dilectionem. *Hæc locutus est eis pater suus, benedixitque singulis benedictionibus propriis. Et præcepit eis dicens.* Dum quibusque cogitationum affectuumque qualitatibus, utilia spiritus, interioritatum specialis nostrarum pater, consilia distribuit, quasi singulis propriis benedictionibus valedicit.

VERS. 29, 30. — *Congregor*, inquit, *ad populum meum; et sepelite me cum patribus meis in spelunca duplici, quæ est in agro Ephron Hethæi, contra Mambre in terra Chanaan, quam emit Abraham cum agro ab Ephron Hethæo, in possessionem sepulcri.* Ad populum suum congregatur, cum ad mores, et actus ratione dignos spiritus omnino restringitur. *In spelunca duplici cum patribus suis sepelitur*, cum et ab extrinsecis delectationibus, et exterioritatum earumdem imaginationibus, cum præmaturis spiritualium rationum motibus, acsi cum patribus absconditur. Potest et spelunca duplex, geminus timor intelligi, quo et pœna metuitur, vel regni amissio proponitur. His ergo duobus non immerito pavore contractus coercetur, et exemplis eorum quorum paternitates (*sic*) affectus aggregatus, a sæculi turbore sopitur.

Hanc speluncam *ab Ephron Hethæo in possessio-*

nem sepulcri Abraham emit, cum spiritus interiorum gentium Pater ab affectu carnali, qui pulverem, id est curas inutiles et moeroris sibi injicit, et ad reprobi sensus stuporem quandoque pertrahit, sensuum imaginationumque continentiam, sub obtentu internae quietis omni laborum impendio exigit. Ephron autem dicitur *pulvis inutilis,* vel *pulvis moeroris;* Hethaeus *stupens.* In terra Chanaan contra Mambre ager est, quia in terrenitate, ubi a vitiis negatur otium, quod est virtuti discretionis et perspicuitatis adversum, conscientia quam excoli necesse est, jacet; vel corpus nostrum, ubi quaeri et emi convenit duplicis speluncae sepulcrum. Chanaan enim *negotiationem,* Mambre sonat *perspicua,* vel *divisionem.*

VERS. 31. — *Ibi sepelierunt eum, et Saram uxorem ejus: ibi sepultus est Isaac cum Rebecca conjuge. Ibi et Lia condita jacet.* Abraham cum Sara ibi sepelitur, cum ratio vel spiritus, quod idem est, cum subdita sibi voluntate bona a strepitu interiorum, exteriorumque sensuum, intra septa timoris occultatur. Isaac et Rebecca pariter conduntur, cum spes aeterni gaudii, cum unice sibi juncta patientia illorum secreto miscetur. Frustra enim palmam praemii sperat, qui adversa bellorum non tolerat. *Ibi Lia condita jacet,* quia tota operum nostrorum laboriositas simul conquiescit et residet; nil enim exterius usurpat aut volet.

VERS. 32. — *Finitisque mandatis quibus filios instruxerat, collegit pedes suos super lectulum, et obiit; appositusque est ad populum suum.* Post mandata colligit *pedes super lectulum,* quia postquam ad virtutis instrumenta pertigerit affectus, hac illacque diffluentes infra fulcrum conscientiae jam pacatae et silentis constituet. Obiit, et *ad populum* apponitur, cum a praesentium desideriis excidens, ad populum internarum seditionum sollicite et vigilanter observandum diligens custos adjungitur.

CAPUT L.

VERS. 1. 2. — *Quod cernens Joseph, ruit super faciem patris flens et deosculans eum. Praecepitque servis suis medicis ut aromatibus condirent patrem.* Cum intellectualitas secundum humanas astutias, et saeculi concupiscentias, spiritum experitur exstingui, quanto puriorem sentit, tanto uberius in faciem ruere, ad ejus scilicet notitiam magis magisque sequendam divinitus consuevit illabi. Faciem pro notitia poni Scripturae consuetudinis est. Flet, eumque deosculatur, cum intentive, et omni animositatis teneritudine, erga rationalitatis bonum afficitur. *Servis suis medicis praecipit ut patrem condiant,* quia singulis quibusque luminibus rationis ipsius veritatis, ac si clarissimae faciei forma cognitae, et intimae charitudinis osculis applicitae status, infirmitatem mederi potentibus, solique divino intellectui inservientibus, de cura indesinenter sollicitatis, spiritus mandat, ne patere sinant a saeculi corruptionibus, virtutum videlicet ac orationum condiendo odoribus.

VERS. 3. — *Quibus jussa explentibus, transierunt quadraginta dies; iste quippe mos erat cadaverum conditorum. Flevitque eum Aegyptus diebus septuaginta. Quadraginta dies post conditionem transeunt,* cum universitas temporalis prosperitatis uti transitoria contemnitur, postquam mentem spiritualia charismata imbuunt. Denarius enim pro universitate, quaternarius pro temporalitate, dies pro prosperitate ponitur. Ex his superius actum est. Sic enim cadaveris, id est infimae et ruinosae nostrae naturae aliqua firmitas comprobatur, si nihil a nobis temporaliter prosperum cupiatur. Per dies rursus divinorum munerum splendores signantur. *Septuaginta ergo diebus Aegyptus Jacob flevit,* dum ex gratiarum plenitudine spiritum nostrum mundus sibi exstinctum doluit. Septies deni septuaginta sunt, et septenarius plenarium quid figurans denario, custodia scilicet sanctae legis roboratur, quia super trementem Dei verba Spiritus requiescere dicitur (*Isai.* LXVI, 2).

VERS. 4, 5. — *Et expleto planctus tempore, locutus est Joseph ad familiam Pharaonis: Si inveni gratiam in conspectu vestro, loquimini in auribus Pharaonis, eo quod pater meus adjuraverit me, dicens: En morior, in sepulcro meo quod fodi mihi in terra Chanaan, sepelies me.* Tempus *planctus* expletur, cum quilibet vir sanctus, qui saeculo idoneus olim erat, et ideo periisse mundi honoribus plangebatur, ad hoc usque per studium disciplinae se dejicit, ut etiam a saeculo contemnatur, et jam non solum sibi mundus crucifixus sit, sed etiam ipse mundo crucifigatur. Hujus ergo intellectualitas *ad familiam Pharaonis* loquitur, cum cogitationes affectuum carnalium sentire quae sua sunt adhortatur. Verborum autem sensus est: Si in ipso considerationis vestrae examine, gratiam divinam, non humanam gloriam prosequi, et cupere invenior, agite vos cogitationes cum intelligentia affectus carnalis; et apud ipsum tractate quatenus assentiat juri paterno, id est legibus rationis, quia emori saeculo delegit, et saeculari terrenitate discussa, in qua continua, juxta nomen Chanaan, motatione nutabat, ab externis tumultibus abscondi quaerit.

VERS. 6. — *Ascendam igitur, et sepeliam patrem meum, ac revertar. Dixitque ei Pharao: Ascende, et sepeli patrem tuum, sicut adjuratus es.* Ab imis, inquit, desideriis progrediar, ut rationis quae me genuit auctoritatem coelestibus inhaerendo tuear, et sic ad patriam velut ad naturalem conditionis, ac dignitatis meae ordinem revertar. Nutus Pharaonis, impotentia est, contra intellectualitatis excellentiam, repugnationis. Caetera ut superius.

VERS. 7, 8. — *Quo ascendente, ierunt cum eo omnes senes domus Pharaonis, cunctique majores natu terrae Aegypti, domus Joseph cum fratribus suis, absque parvulis et gregibus, atque armentis, quae derelinquerant in terra Gessen.* Ipso ascendente omnes senes domus Pharaonis, cum eo non ascendere, sed ire dicuntur, quia intelligentia summis inhiante, jam carnis motus defervescentes et languidi, velint, nolint, spiritualitati obsecundare coguntur; et post eam, vel cum ea irrefragabiles pertrahuntur. Majores natu terræ Ægypti sunt vitia, quæ originalia et ideo antiquiora sæculo insunt. Hæc coeunt, quia obesse non possunt. Domus Joseph cum fratribus suis, illæ scilicet virtutes, quæ specialiter intellectualitati adnituntur, ut sunt cælibatus, munditia animi, otium a forensibus curis, nam versari solet in his cum animæ et corporis bonis justitiæ, matris omnium, filiis.

Absque parvulis et gregibus, et armentis, id est absque his quæ immatura adhuc sunt bonis, et hebetudinibus naturaliter ingenitis, et exterioribus exercitiis. Greges namque ad simplicitatem, armenta ad procurationum attinent laborem. Hæc in terra Gessen derelinquuntur, quia per stabilem discretionis subtilitatem, qua palpationi vitiorum appropinquatur, hæc ad contemplationem pertingere, non potentia solummodo caute discutienda dimittuntur. Quod totum est. Quæ soli actualitati conveniunt, vel quæ penitus stolida, et quasi pecualia sunt, speculationis summa non scandunt.

VERS. 9, 10. — *Habuit quoque in comitatu currus et equites : et facta est turba non modica.* Veneruntque ad aream Atad, quæ sita est trans Jordanem : ubi celebrantes exsequias magno planctu atque vehementi, impleverunt septem dies. In comitatu currus habet et equites, dum et alios per patientiam in modum currus portare scit, et equum temporalis gloriæ in morem 179 militis regere novit. Novit enim tolerans non esse condignas passiones hujus temporis ad futuram gloriam (Rom. VIII, 18). Et, sperare in incerto divitiarum non debere, Apostolum monuisse scit (I Tim. VI, 17). Tali cuidam clamabatur. *Currus Israel et auriga ejus* (IV Reg. II, 12). Dum enim per patientiam seipsum cum sua concupiscentia vincit, et equum sæcularis lasciviæ reprimit, purior his comitibus ad visionem deitatis ascendit, et jam non modica, sed insignis virtutum numerositas fit. Jordanis dicitur *descensus eorum;* non est turba modica, quam profecto commendat humilitas maxima, quia quo pulchrior est conscientia, novit juxta Prophetam, et sonum nominis, cum suis viribus descendere in seipsa.

Trans Jordanem ergo area sita est, quia postquam a mundi amore et pompis ejus corda deponimus, et ad Dei servitutem nos et nostra subjicimus, ad aream intestinarum passionum, ubi virtus a vitio tolerantiæ tribula discutitur, propinquamus. *Accedens ad Deum sta in justitia et timore; et præpara animam tuam ad tentationem* (Eccl. II, 1). In area enim triticum a palea terendo discernitur. Ibi funus planctu vehementi celebratur, quia mortificatio membrorum super terram non nisi mœrore, quod nullo præsentium gaudio leniri possit, acquiritur.

Sicque septem dies implentur, qui dum perseverantur in talibus spiritualium charismatum plenitudines cumulantur.

VERS. 11. — *Quod cum vidissent habitatores terræ Chanaan, dixerunt: Planctus magnus iste est Ægyptiis. Idcirco appellaverunt nomen loci illius Planctus Ægypti.* Postquam hi qui terram habitant, et perpetuo motui, quod est Chanaan, subjacent; qui terrenum habent fundamentum, quorum in cœlis conversatio non est, aliorum studium spirituale attendunt, vehementer mirantur, et mirantes exhorrent, quod cum sæculi gaudia suppetant, indesinenti se mœrore consumant. Unde et Ægyptios vocant, quos jugis tristitiæ tenebris pessumdatos vident, et monasteria, ubi hæ cohibitiones aguntur, barathrum appellant, ubi lux transitoriæ jucunditatis et gloriarum examina non apparent.

VERS. 12, 13. — *Fecerunt ergo filii Jacob sicut præceperat eis. Et portantes eum in terram Chanaan, sepelierunt eum in spelunca duplici,* etc. Spiritus noster postquam vitia supplantaverit, filii ejus, motus videlicet, juxta Job, fortitudine robusti (Job, 36, 19), facile jam imperiis ejus obediunt, sed ne de viribus supplantationis efferantur, *in terram Chanaan* eum jam portant, dum terrenitatis ac mutabilitatis suæ, cui subjicere adhuc potest, eum commemorant. *In spelunca* sensuum imaginationumque continentiæ contutatur, quæ a potestate Ephron, id est carnalis affectus, cujus sollicitudinum inutilium pulvere obscuramur, sunt enim et utiles curæ; pretio internæ devotionis exigitur, ut contra faciem Mambre, id est, ad subtilem discretionis cognitionem dirigatur. (VERS. 14.) *Reversusque est Joseph in Ægyptum cum fratribus suis et omni comitatu, sepulto patre.* Etsi spiritus noster a sæculi actibus apud se absconditur, intellectualitatis tamen cum cæteris charitatis matris germanæ sibi junctis fetibus, ad Ægyptum, recordationem, videlicet conditionalis suæ ignorantiæ, et obscuritatis necesse est revertatur, sicut typicus Jacob ad terram Chanaan superius a cogitationibus reportatur. Unde Dominus per Isaiam : *Descendit populus meus in Ægyptum, ut colonus esset ibi* (Isai. LII, 4); et diceret cum Psalmista : *Habitavi cum habitantibus Cedar, multum incola fuit anima mea* (Psal. CXIX, 5.).

VERS. 15, 16, 17. — *Quo mortuo, timentes fratres ejus, et mutuo colloquentes : Ne forte memor sit quod fecimus, mandaverunt ei : Pater,* inquiunt, *tuus præcepit nobis antequam moreretur, ut hæc tibi verbis illius diceremus : Obsecro ut obliviscaris sceleris fratrum tuorum, et peccati atque malitiæ quam exercuerunt in te.* Postquam mundi astutiæ spiritus noster emoritur, fratres de injuria quam intulerunt timent, quia virtutes de minus idonea stabilitate ac munditia penes intellectus excellentiam erubescere solent, et ne ab ejus gratia pœnaliter decidant in vitia, non immerito trepidant. Ac si dicerent : Spiritualis virtus, ex qua esse habes, dum in mortificando super terram membra laborat ad quam universitas interni roboris attinet, dum penitus quod officit abscindere non prævalet, cæterarum virtutum subjacentium infirmitates ac negligentias excusat; quia in quo regis imbecillis invenitur auctoritas, militum valde torpet alacritas. Fragilium ergo quibus olim subjacuimus motuum oblivisceré, et, ut tibi competit, ad superna contende. *Nos quoque oramus, inquiunt, ut servis Dei patris tui dimittas iniquitatem hanc.* Servis Dei patris sui iniquitatem dimitti rogant, dum per intelligentiæ supernæ vim statibus animi, Deo rationalitatis auctori servire volentibus, desidiæ veteris noxam expiari postulant.

VERS. 18, 19. — *Quibus auditis flevit Joseph. Veneruntque ad eum fratres sui, et proni in terram dixerunt: Servi tui sumus. Nolite, ait, timere: num possumus Dei resistere voluntati?* Audit Joseph et flet, cum cogitationum humilitatem ad intellectus gratiam compungit et permovet. Audire in Scripturis intelligere dicitur, ut Apostolus: *Animalis homo non percipit quæ sunt spiritus Dei (I Cor.* II, 15), neque enim audit, id est intelligit. Veniunt *ad eum fratres,* cum quæque virtutes illi prospere adminiculantur; *proni in terram* ruunt, dum in contemplando cœlestia de sua fragilitate humiliantur, quod Moyses, et Isaias, Deo sibi apparente, sed et alii fecisse leguntur. *Servi,* inquiunt, *tui sumus,* quia non imis desideriis, sed supernæ gloriæ invigilantes intellectualitati obsecundare volumus. Ne timeatis, ait, summa appetere, quia non possumus Dei voluntati resistere.

VERS. 20. — *Vos enim cogitastis de me malum, et Deus vertit illud in bonum, ut exaltaret me, sicut in præsentiarum cernitis, et salvos faceret multos populos.* Quod est dicere: Velimus, nolimus, ad suum vos Deus velle contraxit, et cum de intellectualitatis rejectione, ac si cupidæ mediocrium de ejus nimietate causantes cogitaveritis, sunt enim qui affectant media, sed magis sub hoc colore vitia. Deus ad mei exaltationem ipsis vobis ostendit effectibus, quod in me contineam bonum, et quod sine supernorum notitia in vobis non habeat vera salus locum; et multos populos, innumeras videlicet illas insolentias animi subjugaret per spiritualitatum saporem salubriter sibi. De his populis Job loquitur. *Ne protrahas,* inquit, *noctem ut ascendant populi pro eis (Job.* XXXVI, 20).

VERS. 21. — *Nolite metuere. Ego pascam vos et parvulos vestros. Consolatusque est eos, et blande ac leniter est locutus.* Ne inquit, fucatæ et pestiferæ illius mediocritatis nomine alta divinæ speculationis attingere vereamini, quia in me et vos, quæ ut virtutum constantiam habeatis, a me accepistis, et infirma quæque in vobis quæ lacte primordiorum indigent alemini. Consolatur et *blande* loquitur, cum per sapientiæ salutaris illapsum, quidquid arduum et incomprehensibile videbatur, levigat, et nectareum jam æstimatur.

VERS. 22. — *Et habitavit in Ægypto cum omni domo patris sui; vixitque centum decem annos. Et vidit Ephraim filios usque ad tertiam generationem. Filii quoque Machir, filii Manasse nati sunt in genibus Joseph. In Ægypto* habitat, si quandiu in mundo vivit, in mœrore, tribulatione, atque angustia positum se intelligens quisque doleat. Cum *omni autem patris domo* ibi habitat, cum omni rationalium statuum frequentia, quidquid in hac valle lacrymarum illecebrosæ consolationis est, refugit, exsecrandumque deputat. Ægyptus enim et *mœrorem,* et *tribulationem coangustantem* et *tenebras* sonat. In his ergo degens, necesse est dicat: *Diem hominis non concupivi* [al. *desideravi*], *tu scis (Jer.* XVII, 16). Denarius multiplicatus centenarium efficit. Per denarium namque divinæ legis, cum centenarium perfectæ observationis attigerit, sapientis anima vivit, et in eo dies luminosæ actionis in annos integritatum ac soliditatum provehit. Ephraim dicitur *fructificans.*

Fructus autem pii nostri exercitii filios habet, quia spei suæ præmiis non caret. Ipsa enim spes filius est. Unde dicitur: *Videas filiorum tuorum* (*Psal.* CXXVII, 6), id est præmia operum, vel effectus exspectationum. Prima itaque generatio bonum opus est; secunda, spei fiducia ex eodem bono opere est; tertia, perventio spei ipsius ad rem est. Potest et trina hæc generatio accipi, juxta Apostolum, prius vocatio, deinde justificatio, ad postremum glorificatio. *Quos enim,* ait, *vocavit, illos et justificavit, et quos justificavit, illos et glorificavit* (*Rom.* VIII, 30). Ilos ergo intellectus filios attendit, unde et ardentius fructificare contendit. Quod si Ephraim filios sola ea commoda, quæ ex operibus nascuntur, non autem opera ipsa intelligimus, dicere possumus fructus operum, spes præmiorum; spei fructus, beatitudines animarum, deinde resurrectiones corporum. Unde psalmus. *Dies,* inquit, *super dies regis adjicies, annos ejus usque in diem generationis,* scilicet spirituum, *et generationis,* videlicet corporum (*Psal.* LX, 7). Hinc et a Domino dicitur regeneratio. *In regeneratione,* ait, *cum sederit filius hominis (Matth.* XIX, 28), etc.

Filius Manasse, qui dicitur *obliviscens,* est Machir, qui interpretatur *videns.* Quanto enim magis visibilium obliviscimur, tanto magis ad videnda cœlestia intellectualiter aperimur. Genibus vero sese foventium solent infantuli insidere, et eorum utique sedentium. *Filii* ergo *Machir in genibus Joseph* nascuntur, quia fructus speculativæ visionis, quod est interna lætitia, et salutis æternæ quædam securitas, in amore, et ex amore prodeunt intellectualitatis. Nisi enim funditus intelligentiæ ametur puritas, nec contemplationis sublimitas, nec fructuum prædictorum sequetur utilitas. Sessio sane humilitatem, genuum inflexio, ubi ad excipiendos filios gremium dilatatur, charitatis significat visceralitatem, sine quibus valere non credimus, nec constare ad ista contrahenda intellectualitatem; scientia nempe inflat, charitas ædificat (*I Cor.* VIII, 1).

VERS. 23. — *Quibus transactis, locutus est fratri-*

bus suis: *Post mortem meam Deus visitabit vos, et ascendere vos faciet de terra ista ad terram quam juravit Abraham, Isaac et Jacob.* Dum tot filiorum, id est incrementorum numerositate tenditur, inter miseriarum, quod est Ægyptus, circumstantias positis virtutibus **181** propriis discretive eloquitur. *Post mortem*, inquit, *meam*, cum scilicet carnalitatum surculos intelligibilitatis meæ vivacitate succidero, tum a Deo visitabimini superni amoris conceptu plenario, et de terrenis his quibus irretimini imaginibus per Abraham, quod est paternitas spiritus, et Isaac, quod est spei gloriæ risus, sed et Jacob, supplantationem videlicet totius noxii actus. sublevabimini ad illam quæ non dejectionem sed soliditatem significat terram, quam promittit Deus a mitibus possidendam (*Matth.* v, 4), puritatem scilicet ad Deum contuendum stabilem et inconvulsam. Superbis plane Deus resistit, mitibus autem dat gratiam (*Jac.* iv, 6). Cum namque vivimus spiritu, et per spiritum ipsum ad superna gaudia spei beatæ ambulamus incessu (*Gal.* v, 25), sine dubio supplantandæ nequitiæ prospero potimur effectu, a quibus tribus ac si patronis principalibus, merito exigitur sanctitatis gratia a Deo, quodam divini juris objectu. Qui enim in se piis actibus divinam resculpit imaginem, justa et prorsus felici violentia Dei quodammodo sibi promissam, et jure debitam vindicat sanctitudinem. *Sancti*, inquit, *estote, quoniam sanctus sum* (*Lev.* ii, 44, xix, 2).

Vers. 24, 25. — *Cumque adjurasset eos, atque dixisset: Deus visitabit vos, asportate ossa mea vobiscum de loco isto, mortuus est, expletis centum decem vitæ suæ annis. Et conditus aromatibus, repositus est in loco in Ægypto.* Adjurat, cum ad rectitudinis jura interiores status instituit et advocat, ut cum tentationum infirmitate torquentur, Deus, inquit, vos visitat, ut cum tentatione proventum faciat (*I Cor.* x, 13). *De loco isto ossa mea asportate*, id est de præsenti sæculo nequam, quod spiritualiter est Sodoma et Ægyptus, quidquid intellectualis virtutis habetis ad intentionem supernæ æternitatis attollite; nec habeatis hic manentem civitatem, sed futuram, cujus Deus est fabricator, inquirite (*Hebr.* xiii, 14). Ossa profecto habet *in Ægypto* quisquis fortia quæ agit non pro Deo operatur, sed pro sæculo. De his in psalmo: *Deus*, inquit, *dissipabit ossa eorum qui hominibus placent* (*Psal.* cxl, 7). Ossa namque robur virtutis, et carnes significant pondus fragilitatis.

Postmodum ergo jam per observantiam Decalogi, ut præmissum est, ad certitudinem æternæ perfectionis attingens, totius terrenitatis concupiscentiæ moritur. Centenarius plane a sinistra transit in dexteram, quia plenitudo interior divinæ multiplicata legis effectibus, a præsenti sæculo ad futurum, totis contemplando altissima transit affectibus. Reponitur *conditus aromatibus in loco in Ægypto*, quia contra carnis corruptiones, virtutum custodia munitus, inter præsentis sæculi procellas sub humilitatis stabilitate deponitur. *Reponitur* etiam solet dici pro eo quod est, *absconditur*. Et quisquis humilis esse cupit, ab omni profecto spectabilitate se occulit. Ipsum quoque positionis nomen hoc innuit. Unde psalmus: *Qui posuit*, inquit, id est deposuit, *animam meam ad vitam* (*Psal.* lxv, 9); multi enim elevantur ad mortem. Locus nempe electorum in præsenti humilitas. Unde est: *Auro locus est, in quo confletur* (*Job.* xxviii). Et: *In valle lacrymarum in loco quem posuit* (*Psal.* lxxxiii, 7). Licet ergo totius fragremus sanctitatis aromatibus, ne favorum vulgarium aura jactemur, loci hujus modicitate stringamur, quia etsi Joseph, id est intellectualitatis auctoritas ad alta feratur, nosse tamen omnimodis debet, quia adhuc in sæculi hujus Ægypto moratur, ubi facile, nisi sibi Deus provideat, in deteriora flectatur.

FINIS.

VEN. GUIBERTI
ABBATIS
AD TROPOLOGIAS IN PROPHETAS OSEE ET AMOS
AC LAMENTATIONES JEREMIÆ
PROŒMIUM

182 Amantissimo Patri et venerabili domino, universa charitatis affectione colendo, totius sanctæ interioritatis vero cultori ac veræ discretionis magistro Norberto, frater Guibertus, monachus nomine, peccator operibus, prosperis sui suorumque gaudere successibus.

Arduum nimis et magistris veteribus horrescendum præsentis prophetiæ pelagus aggressuri, ad te, lioralissime doctor, tanti ausus causas tuæ conscii humilitatis inferimus. Cujus verba excusationis non ambigo quod modestia tua ea mente suscipiat qua a me intentione apud tuas sobrias aures promi constat.

Difficultatem plane hujus voluminis beatus Hieronymus (*Præfat: in Osee*) tanta mysteriorum nebulositate multiplicat ut Origenem, post apostolos in doctrina supremum, et Apollinarem Laodicenum, Pierium quoque, Eusebium etiam Cæsariensem, ad extremum etiam Dydimum videntem, quibus suo tempore inter divinos oratores famosior nullus fuit, nec ipsum fateatur aggressos exponere, et neminem eorumdem valuisse cœpta perficere.

In quo mihi conatu videtur simultatis apud exteros quidpiam generari, qui longe alia quam tanta sacramenta exigunt, hæc æstimant intentione patrari. Sed hi qui talia opinantur, si æqua, quod illi facere voluerunt, et quod nos subinde prosequi nisi sumus, libra perpenderent, ab omni procul dubio vecordia hujus injustæ suspicionis al sisterent, cum enim legunt eumdem beatum Hieronymum magnis obscuritatibus involuta hujus libri dixisse sequentia. In tantum, inquit, ut et nos qui explanare conamur, et prudens lector simul attendat, quia si non veritatem, quod difficillimum est, saltem suspicionem verisimilium investigare valeamus, forsitan mihi nævos non minimæ temeritatis inurent, qui materias viris extimescendas insignibus videar velut impudenter adorsus. Sed si quanta sit inter allegorias, imo inter ipsas litteræ explanationes, et moralitatem, quæ inde elicitur, discrepantia attenderent, profecto sua adversum nos judicia continerent. Longe enim securius de nostrarum passionum, quas experimur intra nos, natura tractamus, quam de mysteriis Christi et Ecclesiæ, in quibus, nisi simus circumspecti, facile exorbitare valemus. In tropologia enim eo solo proviso ut litteræ obscuritas ad integrum nostris ingeniis elucescat, interioris hominis status prosecutione tutissima sine erroris timore disquiritur, si cautum tamen apud nos constet, ne noster videlicet intellectus a litteræ concordia violenter intorqueri sinatur. Nisi enim litteram patenter agnoscas, frustra te in studio allegoriæ exquirendæ vel mortalitatis exerceas, et multum in hac discussione falleris, si quidquam præter rationem aut exempla Scripturarum investigare coneris.

Porro si de tantarum rerum præsumptione me ab aliquo dijudicari contingat, indubie sciat me solo Dei instinctu certissime hæc penetrasse mysteria. Et testor Deum, qui aspirare non distulit, nullo meo præcedente exercitio, nulla providentia, nisi quantum inter scribendum dictandumque exceptoris mei brevis admodum patiebatur mora. Hactenus enim non tam perpetuitate legendi quam nimia continuatione scribendi, utpote qui non solum dictator exstiteram, sed et laboris indefessi notarius, oculorum meorum aciem undecunque obtuderam, unde ad hoc mea immoderantia me redegit, ut exceptore adhibito, quod mihi nunquam moris fuerat, sola memoria, sola voce, sine manu, sine oculis præsens opusculum cogeret explicari. In quo pii moderatio lectoris attendat ut, si insolito mihi modo dictantem minus aliqua competenter dixisse repererit, eo mihi intuitu indulgere non differat, quo minus alienæ dum mea scribit manui, quam meæ quondam facere consueveram instituisse cognoscit. Dum enim mea manu propria scriptitarem, et crebro contuitu inter scribendum eadem dicta reviserem, facillimum mihi erat et omissa retexere, et dum notarii mei fastidia nulla ex mora revereor, verborum curialitati secure mihimet ipsi morosus intendo. Tanto enim liberius ad animum 183 dicenda recolligo, quanto minus pro circumspicienda sententia dictandi lentitudinem mihi soli vacuus erubesco.

Ex his ergo, quæ in aliis difficilibus quibusque sum Scripturis expertus, divinis adminiculis et hoc opus adorior, non dubius quia, qui in minori sui amoris notitia tot præstitit, in suæ contemplatione legis meæ intentioni subsidia, melius jam intendenti, et devotius aspirato, non negabit animo majestas divina potiora de se tractandi atque cogitandi consilia.

Quia igitur quo nomine censeatur opusculum quæri potest mihi videtur, quandoquidem commentariolos meos in Geneseos libro ita vocaverim, Moralia non debere vocari, sed vel manente sensu, lingua immutata, Tropologias in prophetis posse conjicio appellari.

EXPLICIT PROŒMIUM.

VEN. GUIBERTI
TROPOLOGIÆ
IN PROPHETAS OSEE ET AMOS
AC
LAMENTATIONES JEREMIÆ

LIBER PRIMUS
TROPOLOGIÆ IN PROPHETAM OSEE

CAPUT PRIMUM.

Vers. 1. — « Verbum Domini quod factum est ad « Osee filium Beeri. » *Verbum* hoc non elementarium, nec interius aliqua intellectuali ratiocinatione per sententiarum membra distinctum intelligere debemus, quod non sit aliud quam lumen illud quod illuminat omnem hominem venientem in hunc mundum (*Joan.* 1, 9), quodque a Psalmista dicitur : « Signatum est super nos lumen tui vultus (*Psal.* IV, 7). » Est autem rationis motus ad Dei dignoscentiam, bonique malique discretionem solis post Deum angelis hominibusque insitus. Hoc *verbum Domini* est, quia ab ipsa Sapientia creatrice, quæ loquitur : « Ego in altissimis habito (*Eccli.* XXIV, 7). » Ab initio et ante sæcula intra angelos et homines et ipsa dicta sapientia creata est (*Ibid.*, 14). Hoc verbum fit, cum illud interni tractatus diligentia subtili distributione quasi per corporea lineamenta dispertit. Fit quoque *ad Osee*, cum ad solam capacitatem intellectualitatis pertingit humanæ. *Ad Osee,* inquam, fit, dum ad spiritum nostrum, in quo salutiferi consilii summa est, erudiendum singulari dignitate se colligit. Osee enim *salvator Domini* interpretatur. Et cui magis spes humanæ salutis post Dominum intenditur quam illi verbo, quod pedibus nostris, juxta psalmum, quasi lucerna præscribitur ? (*Psal.* CXVIII, 105). Unde et Domini dicitur, quia quod nos docendo salvat, soli illuminanti potius quam lunæ illuminatæ imputatur. Is Osee filius est Beeri, quia salvationis suæ gloriam non haurit alias quam de ipso proprio fonte Dei, Beeri namque *puteus meus* dicitur. Salvator itaque filius putei sui est, quia quidquid interius suggerendo salubre ministrat ex affluentia aquarum viventium quæ fluunt impetu de Libano est (*Cant.* IV, 15).

« In diebus Oziæ, Joathan, Achaz, Ezechiæ regum Juda. » Ozias *fortitudo Domini,* Joathan *consummatio* vel *perfectio,* Achaz *virtus,* Ezechias *imperium Domini* sonant. Verbum ergo per bonæ voluntatis retractationem quasi substantiale effectum *regum Juda,* id est confessionis dies efficit, dum per peccati emissionem virtutibus admissis menti claritates ostendit. Principium enim bonorum confessio malorum; si enim Ozias *Domini* est *fortitudo,* quid fortius quam injustitias in quibus erubescimus confiteri adversum nos Domino ? (*Psal.* XXXI, 5).

Deinde, juxta quod Joathan innuit, quoniam non solum bonum est confiteri, sed etiam consequenter psallere (*Psal.* XCI, 2), si in boni exhibitione operis consummamur atque perficimur, juxta quod *Achaz* suo signat nomine. *Virtus* necessaria est, quia dum bona in nobis exuberant, honorum ambitio et laudis appetentia, quæ tunc importune ingerit, summa vi propellenda est. Quo facto, juxta quod Ezechias interpretatur plene *Dominus imperat,* quia qui sic se habet, competenter valet dicere : « Tuus sum ego, salvum me fac (*Psal.* CXVII, 94); » præsertim cum sinistræ partis nil in se quod dominetur admittat.

Vers. 2. — « Et in diebus Jeroboam filii Joas « regis Israel. Principium loquendi Domino in Osee. » Notandum quod superius *verbum* dixit *factum ad Osee,* modo *principium loquendi* non *ad Osee,* sed *in Osee.* Ad Osee Dominus loquitur, cum aut per divina eloquia, aut per aliquam exterius exhibitam occasionem mens nostra compungitur; *in Osee,* vero cum sua ipsius contemplatione et piæ cogitationis spontanea augmentatione succenditur. Jeroboam *temporalis,* Joas *sperans* interpretatur, Israel *princeps* est *Deo,* vel *directus Dei.* Per Israel ergo affectus noster carnalis accipitur, qui nunquam nisi cum Deo, id est ratione comite principatur; nunquam per se dirigitur, quia nec ab Apostolo bonum in carne propria reperitur (*Rom.* VII, 19).

Hic Jeroboam et Joas habet reges, quia temporalis

commodi et spei mundanæ, quæ ex eo semper gignitur, dominio frequenter vel exactione deprimitur. Qui duo habent dies, quia non nisi hujus sæculi explorant prosperitates. Quatuor ergo Judæ reges, et duo Israelis sunt, quia unde ratio regitur, vel quod ratio regel, quadrum et ideo solidum est; in quo autem affectualiter intumescimus, quanto extra unitatem est, tanto divisioni et invidentiæ pronum est. Quandiu itaque temporalia, et spes temporalium animo imperant, quamvis quatuor præcedentium regum magna potentia sit, tamen mentis status utrobique alternantes duobus aliquoties molliter obsecundant. Unde *principium* habet Dominus *in Osee loquendi*, cum in interiori homine habent quatuor contra duos primas ex aliqua re occasiones altercandi. Hinc est quod sequitur.

« Et dixit Dominus ad Osée : Vade, sume tibi « uxorem fornicationum, et fac filios fornicationum, « quia fornicans fornicabitur terra a Domino. » *Ad Osee Dominus* dicit, cum causas interioris actus ab exteriori ingerit. *Vade*, inquit, ne majora de te sentias quam competit, sciens quia, dum advivis, caro adversus spiritum concupiscit (*Gal.* v, 17), sed *sume tibi uxorem fornicationum*, id est ascribe tibi voluntatem; sine qua nec bonum nec malum fit, lascivientem per volutabra delectationum, *et fac filios fornicationum*, opera videlicet diversorum excessuum.

Hæc est uxor quæ in Evangelii parabola cum filiis suis jubetur vendi (*Matth.* xviii, 25), hoc est extra libertatem arbitrii in reprobum sensum abduci. *Sume*, inquit, *uxorem, et fac filios*, id est firmiter tibi propone non bona quæ cogitas et exerces, sed cogitationum libidines et luxus externos; nec id injuria, *fornicans* enim interius, et quasi apostatans consuetudinarie, exterius etiam fornicatur (*Prov.* vi, 12), ore, ut Salomon ait, gradiens perverso. *Terra*, id est corporalis appetitus, *a Domino*.

Vers. 3. — « Et abiit, et accepit Gomer filiam « Debelaim, et concepit, et peperit filium. » *Abiit*, cum a sui boni actus consideratione, fiduciæ recedit. Gomer interpretatur *lacus*, id est cisterna, Debelaim *palatæ eorum*. Sunt autem palatæ caricæ recentes, inter duas palas premendo in modum laterum compactæ. *Gomer* accipit, cum solam lasciviam quasi laticem, quæ intra se latet, attendit. Et hæc est filia Debelaim, quia venenosam dulcedinem mundialis, quæ per palas signatur, voluptas ob sui dilatationem gignit. Concipit tamen, et parit non filiam, sed *filium*, quia dum in suis sibi vilescit obtutibus, non consequitur effeminata mollities, sed masculina, ut sic dixerim virtus.

Vers. 4. — « Et dixit Dominus ad eum : Voca « nomen ejus Jezrahel, quoniam adhuc modicum, et « visitabo sanguinem Jezrahel super domum Jehu, « et quiescere faciam regnum domus Israel. » *Dominus ad eum* dicit, cum quod super suo statu pensare debeat, ostendit. Jezrahel interpretatur *semen Dei*. Semen ergo Dei vocari filius præcipitur, quia robustum opus est quidquid ex humilitatis semente creatur. Nec enim virtus dicitur, quæ non humilitate conditur. Reddensque causas, *adhuc*, inquit, *modicum, et visitabo sanguinem Jezrahel super domum Jehu*, id est parva erit internæ moræ quietis, cum ulcisci cœpero sanguinem, quod est peccatum vitiatæ humilitatis, et hoc *super domum Jehu*, id est stabilitatem conscientiæ, quæ ex Dei desiderio quamdam molitur immobilitatem, in qua diu sibi non licet consistere. Fit enim silentium in cœlo, sed vix media hora.

Notandum autem quod non aliud sit vocare filium quam æstimare opus proprium. Verbum, quod est visitare, cum sit frequentativum, bifariam in Scripturis accipitur, ut est : « Visitabo in virga (*Psal.* lxxxviii, 33). » Et : « Visita nos in salutari (*Psal.* cv, 4), » et assiduitatem divinæ introrsum correctionis insinuat.

Israel pro affectu carnali posuimus, qui, sine Deo, seductor; cum Deo, princeps et directus est. *Regnum quiescere* facit Deus, cum mitiores reddit turbulentiam atque superbiam ejusdem carnalis affectus. Non enim dixit *deficere*, sed *quiescere*, ut est illud : « Peccatum in vobis non dominabitur (*Rom.* vi, 14), » plane nolens dicere, *non erit*.

Vers. 5. — « Et in illa die conteram arcum Israel in valle Jezrahel. » *In illa die*, hoc est in illa visitatione divina arcus Israel conteritur, quia subdolæ affectus nostri suggestiones superni amoris diligentia decoquuntur. Et hoc fit *in valle Jezrahel*, in humilitate videlicet quæ ex seminario Dei timoris solum modo originem habet.

Nota propheticum morem, quod crebro repetunt in die illa, demonstrativo pronomine ostendentes quam frequens inesse menti debeat lucis internæ præsentia. Consuetudinarium quoque Scripturis est *arcum* pro *insidiis* ponere.

Vers. 6. — « Et concepit adhuc et peperit filiam. « Et dixit ei . Voca nomen ejus Absque misericor- « dia; quia non addam ultra misereri domui Israel; « sed oblivione obliviscar eorum. » *Adhuc* concipit, filiamque parit, cum post rigidiorem statum ad infirmiora non solum cogitanda sed etiam peragenda sese deflectit. A Deo tamen imperatur ut *nomen ejus Absque misericordia* vocetur, quia semper ex rationis sibi deliberatione ingeritur, ne erga carnis macerationem aliqua falsa pietate moliatur. Solent enim qui vigilant cerebro suo timere; qui flent, oculis ; qui jejunant, corpori universo. Non quod horum nimietas inhibenda non sit, sed quod, si nimium levigentur, obsit. Cui concinit illud : « Pel- « les, inquit, tabernaculorum tuorum extende, no parcas (*Isai.* liv, 2). » Quod est dicere : Exempla sanctorum, quorum auctoritate muniris, in tuo opere sine ulla retractatione propaga. Non se additurum Deus misereri Israel pollicetur, dum per instinctum suum contra se indurari edocet eos, qui pro se æternam parcimoniam profitentur; sed *oblivione oblivisci eorum*, dum quod in suæ conversionis initiis semel obliterarant a cordibus, perpetua subductione dimoveant. Sciendum autem quod geminationes verborum, ut est, *vita vivere, morte mori*, et cætera his similia, vernacula Hebræorum locutio magis quam typus aliquis sit.

VERS. 7. — « Et domui Juda miserebor, et sal« vabo eos in Domino Deo suo, et non salvabo eos « in arcu, et gladio, et in bello, et in equis, et in « equitibus. » Israel, et Juda habent domus, quia diversos ab invicem habent status. Domui ergo *Juda* misereatur, quia eos, quibus piæ confessionis indulget gratiam, reveretur. Salvat *eos in Domino Deo suo*, quod et ipsum Hebraica locutio est, quod est in seipso, dum ex eo quod dominari eum sciunt, timent ; ex eo quod Deum norunt, se eum habituros in præmio ex amore sperant. Quod totum nil aliud est quam timore primum, dehinc amore salvari. Domino enim timor, ut Aggeus : « Si ego Dominus, ubi timor meus ? (*Mal.* I, 6.) » Deo autem ac si patri amor attinet. Unde isdem : « Si ego, inquit, pater, ubi honor meus ? (*Ibid.*) » Et *non salvat eos in arcu,* quia nullo suæ rigidæ intentionis labore consolidat, nec gladio discretionis observat, neque *in bello*, quia cum vitiis frequens dimicat, *non in equis*, in quo scilicet carnis petulantiam frænat, *non in equitibus*, ubi omni superbiæ ac animalitati superequitat, quidquam salutiferum eis præstat. Quod totum est : « Non volentis, neque currentis, sed miserentis est Dei (*Rom.* IX, 16), » ut non quis in exercitio, sed Dei nitatur auxilio.

VERS. 8, 9. — « Et ablactavit eam, quæ erat « Absque misericordia. Et concepit, et peperit fi« lium. Et dixit : Voca nomen ejus : Non populus « meus, quia vos non populus meus, et ego non ero « vester Deus. » Filia ablactatur, cum a lenocinio pravæ remissionis absistitur. Nosmet namque lactamus, cum nos nobis bonis male parcendo laboribus intra nos adulamur. Concipit deinde, et parit *filium*, cum de experientia propriæ fragilitatis in fortiorem emergit statum. Vocari *nomen ejus Non populus meus* jubet, quia quantumlibet in bono opere excreatur, etiam cum summa gesserit inutilia apud se censeri docet, ne scilicet securitatem piorum studiorum ei populus pariat, etsi ad hoc multa etiam irreprehensibilitate desudat. Unde est : « Servi inutiles sumus, quod debuimus facere fecimus (*Luc.* XVII, 10). » Et : « Nescit homo utrum amore an odio sit dignus (*Eccle.* IX, 1). » Affectando autem concipimus, efficiendo parimus. *Vos non populus meus* dicit, quia mentis obtutibus peccati semper consideratione prælata ne reprobus inveniatur, cujusque tumorem reflare non desinit. Unde *et non ero vester Deus* subjungitur, ut semper omnis quælibet bona agens de sua sorte futura debere metuere doceatur.

VERS. 10. — « Et erit numerus filiorum Israel « quasi arena maris, quæ sine mensura est, et non « numerabitur. » *Filiorum Israel numerus quasi arena maris* est, cum affectualis levitas sub pondere divini timoris est, et condimento divinæ sapientiæ fatuitas interna salitur. Sal enim, ut dicunt, ex maritima arena conficitur ; *quæ tamen sine mensura est, et non numeratur*, quia quocunque superni metus artificio cogitationum inanium minutiæ deprimantur, nunquam tamen ad integrum cohiberi, aut comprehendi possunt ab eo ipso qui patitur. Mensuram autem accipe ad excursum appetitus, numerum vero ad crebras revolutiones interni qui fit cogitando rotatus. « Et erit, in loco ubi dicetur « eis, Non populus meus vos, dicetur eis : Filii Dei « viventis. » *Erit*, inquit, idem quod dicam, pro certo constabit. Est autem Hebraici moris, sicut et illud quod quibusdam propheticis verbis præscribitur, *semper*, ut scilicet se *æterna*, non volubilia denuntiare significent. Locus autem noster, Dei timor est. Sicut enim gaudium effusio mentis est, ita timor restrictio. Unde est : « Hæc recordatus sum, et **186** effudi in me animam meam (*Psal.* XLI, 5), » etc. Et : « In valle, inquit, lacrymarum in loco quem posui (*Psal.* LXXXIII, 7), » qui non est alius quam timor et humilitas. In hoc, inquam, loco, ubi spiritualis mentem populositas pene exsortes a Deo nos nobis videri efficit. *Filii Dei viventis* dicuntur, quia ex nostri recompensatione quem patimur in observanda humilitate laboris, is sæpissime fructus accedit, ut tantarum nube remota turbarum infinita redeat, et plusquam sperari valuerit placiditas animorum, ut jam mens de æterna salute periclitari non timeat, sed jam spe in superna homo sublatus Christo cum Apostolo conregnet atque consedeat (*Ephes.* II, 6). Hoc modo status nostri, qui juxta psalmum, descenderant in abyssos, ascendunt usque ad cœlos (*Psal.* CVI, 26). *Filii Dei* dicuntur, sed *viventis*, quod vigilanter est additum, ut qui mortem de interioris pugnæ præstolabantur eventu, Deo adhærendo de immortalis vitæ spe jam certificentur accessu.

VERS. 11. — « Et congregabuntur filii Juda et « filii Israel pariter, et ponent sibimet caput unum, « et ascendent de terra, quia magnus dies Jezrahel. » *Filii Juda, et filii Israel pariter* congregantur, cum piæ confessionis alacritas, et affectualium motuum stoliditas sub unius Dei timoris vinculo glomerantur, dum quidquid vulgi nugacis, quod introrsum perstrepit, scurrilitate dispergitur, sanctæ confessionis cohibitione frenatur. *Unum caput* sibi ponunt, quando sub una ratione magistra se congerunt, unde et ascendunt de terra, quia illustrante eadem a Deo primum ipso lustrata terræ, id est carnis, excedunt desideria. Et hoc fit, *quia Jezrahel dies magnus* existit, magna scilicet claritas divini seminis, id est inspirationis, per quam vera humilitas mentibus insinuatur ; ignoscit ; non enim sese quispiam nisi ex magno Dei amore in præsenti contemnit.

CAPUT II.

VERS. 1. — « Dicite fratribus vestris : Populus « meus, et sorori vestræ : Misericordiam consecuta. »

Vox est Israelis ad filios Juda jam non desperantium post motus illos superiores de salute sua, acsi dicerent : Quoniam, o filii Juda, motus scilicet spirituales, qui nos ad confessionis cohortamini puritatem, unum sub uno capite jam sentimus, *dicite fratribus vestris*, id est affectuum motibus jam vobis consentaneis, ut pote ex eadem matre ratione genitis, quia sub eadem ipsa compopulares estis, et si qua subinde fragilitas, tanquam soror, vobis incessit, sine spe misericordiæ fortia repetentibus non sit.

Vers. 2. — « Judicate matrem vestram, judicate, « quoniam ipsa non uxor mea, et ego non vir ejus. » Licet tanta indulgentia sorori et fratribus præbeatur, tamen judicanda est mater ratio ab inferioribus suis motibus, tanquam quæ regere eos debuerit ; et insuper judicanda, plane judicanda, quod non primordia delectationis obstruserit, nec minus judicanda, imo potius quod ineptum aliquoties opus admiserit, quoniam in eo quod externo, id est diabolico semine conceperit. *Non uxor mea, et ego non* talis germinis infusione *vir ejus* Omne enim quod nascitur ex Deo nescit [al., vincit] mundum (*I Joan.* v, 4). « Auferat fornicationes suas a facie sua, et « adulteria sua de medio uberum suorum. » (Vers. 3.) « Ne forte exspoliem eam nudam, et statuam eam « secundum diem nativitatis suæ. » Aufert *fornicationes a facie sua*, cum a sua imaginatione removet peccata præterita ; cum enim turpium nostrorum recordamur actuum, in vapido animi statu constituti, errorem nobis facillime refricamus antiquum. Inter ubera cor consistit. Dilectus enim in amoris Cantico inter ubera commorari dicitur (*Cant.* i, 12). *De medio ergo uberum adulteria* auferuntur, cum a jure maritali, quod Dei tenax amor est, quæ possunt falso diligi corruptibilia quælibet subtrahuntur. *Ne forte*, inquit, *exspoliem eam nudam*, ne usu scilicet peccandi justo meo judicio per reprobum sensum ducatur ad impudentiam. Nemo enim nisi sui incuriosus æquanimiter ferre dignoscitur, si sensus improbitas æque pudenda ut impudenda perpetitur. Vel secundum illud : « Beatus qui custodit vestimenta sua, ne nudus ambulet, ne videant turpitudinem ejus (*Apoc.* xvi, 15). » Secundum diem nativitatis suæ eam Deus statuit, cum originalia et actualia mala ei in vacuum gratiam Dei recipienti nequaquam imminuit. « Et ponam eam quasi soli« tudinem, et statuam eam velut terram inviam, et « interficiam eam siti. (Vers. 4) Et filiorum ejus « non miserebor : quoniam filii fornicationum sunt. » In solitudine ponitur, qui a Deo inhabitatore desolatur. Velut terra invia statuitur, in cujus corde nullius doctrinæ, nullius boni exempli vestigium reperitur. Siti interficitur, cujus inferioribus nullo modo fons aquæ in vitam æternam salientis illabitur. Filiorum ejus non miseretur Deus, cum peccanti ad mortem cuilibet, et gratiam qua salvari poterat impugnanti, etiam cæterorum fidelium oratio juxta Joannem apostolum denegatur. Quod totum ad incorrigibilitatem affectualium motuum, qui Deo non respiciente durantur, referri convenit. Unde sequitur.

Vers. 5. — « Quoniam, inquit, filii fornicatio« num sunt quia fornicata est mater eorum, con« fusa est **187** quæ concepit eos. » Nisi enim primum conscientia mater a Dei amore exerrans, velut legali exorbitaret a thoro, ipsæ cogitationes et intentiones, quæ quasi filii inde propagantur, nomine non fierent inhonesto. Quia enim irrationabiliter in ipsa pravitatis conceptione confunditur, ex traduce generantis proles necesse est identidem vitietur.

« Quia dixit, inquit, vadam post amatores meos, « qui dant panes mihi, et aquas meas, lanam meam, « et linum meum, oleum meum, et potum meum. » *Dixit* nil aliud est quam *apud se destinavit*. Amatores non alii sunt quam aut dæmones, qui nostris desideriis causas vitiorum suppeditando suffragantur, aut quilibet amici sive potentes, qui talibus assequendis, seu favore, seu munere miseros prosequuntur. Hi *dant panes*, cum rerum temporalium administrant jucunditates. Unde est : Abominabilis ei haud dubium quin justo panis, id est voluptas in vita sua (*Job.* xxxiii, 20). *Dant aquas*, quando ad votum carnales ingerunt fluxus atque lascivias. Unde per loca inaquosa spiritus egrediens ambulare dicitur (*Matth.* xii, 43), et Behemoth in locis humentibus habitare prohibetur (*Job.* xl, 16). *Dant* quoque *lanam*, cum sæcularis curæ reique familiaris, quod plurimi pretii apud ipsos est, docent scientiam. Non minus etiam *linum* præbent, cum aut liberales artes, quæ plurimo egent acumine, aut causarum forensium subtilitates insinuant. *Oleum* pariter tribuunt, cum qualiter ditioribus se adulari debeant instruunt. *Potum* quoque his propinant quos libidinum furoribus malesuada circumlocutione inebriant. Hac lana eoque lino etiam utiliter Ecclesia utitur, quæ apud Salomonem utrumque quæsisse et operata dicitur (*Prov.* xxxi, 13). Confunduntur quoque Ægyptii e diverso, qui operabantur linum pectentes, et texentes subtilia (*Isai.* xix, 9), id est machinantes astuta.

Notandum denique quod, dum de suis se mulier mercibus jactat, unicuique speciei quod sua sit, vigilanter assignat. Quid enim apud reprobos magis suum quam illud quod, Deo reprobato, solis militat usibus vitiorum ?

Vers. 6. — « Propter hoc ecce ego sepiam viam « tuam spinis, et sepiam eam maceria, et semitas suas « non inveniet. » Quia ergo magis amatoribus suis quam Deo prosperitas talis ascribitur, et non ad Dei, sed in suos turpiter usus expenditur. *Propter hoc*, inquam, *via ejus spinis* repente sepitur, dum tota illa mollities et secundum ista proficiendi intentio in adversitatum aculeos, et in lapidum duritiam commutatur. Cui tropologiæ pulchre alludit Balaam, asino sedens, in angustiis duarum maceriarum deprehensus (*Num.* xxii, 24). Solent enim talibus provenire, ut subita mutatione fortunæ amicos æque ut inimicos experiantur infensos. Unde *semitas suas jam non invenit*, quia diverticula pravarum actionum et furtivorum moliminum angiporta divini judicii incursus obstrusit.

VERS. 7. — « Et dicet : Vadam, et revertar ad « virum meum priorem, quia bene mihi erat tunc « magis quam nunc. » Dicet, videlicet proponet. *Vadam*, scilicet a talis prosperitatulæ me occupatione removeam. *Ad virum meum priorem revertar*, quia ad eum, cui prima mea, me scilicet, et omne interius meum debeo, me referam, a quo viriliter regar. Bene *mihi erat tunc magis quam nunc*, quia postquam primum ordinem, et divinæ institutionis legisque naturæ deservi, multimodo me errori et dolori inservi.

VERS. 8. — « Et hæc nescivit, quia ego dedi ei « frumentum, et vinum, et oleum. » Ac si diceret : Hæc miserabilis illa, dum amatores prosequeretur iniquos, quod sibi essent in adversum convertenda nescivit. At modo non immerito postliminium meditatur, quia ego dedi ei causas, pro quibus ad me avidius revertatur. Frumentum dat, cum doctrinæ salutaris alimenta ministrat. Et quia prædicationis sive lectionis exercitatio, sine divina inspiratione vacua constat, vinum supernæ dulcedinis additur, quo veteris inertiæ torpor abscedat. Datur et oleum, ut progrediatur suavitas dilectionis ad proximum. « Et argentum multiplicavi ei, et aurum, quæ fece« runt Baal. » *Argentum* multiplicat, cum Scripturarum scientiam, sive doctrinæ efficaciam coaugmentat. *Aurum* quoque eadem largitate prærogat, cum aut supernorum notitiam, aut vitæ excellentiam subministrat. Hæc quondam Baal fecerunt, quia per inanem gloriam in diabolica servitia abusive transtulerunt.

Nota propheticum morem, quam facile de singulari ad pluralem, de plurali ad singularem, de persona quoque ad personam delabatur. Unde superius dicens *Sepiam vitam tuam*, subjecit mox *semitas suas non inveniet*. Et hic cum se ei multiplicasse aurum diceret, subdidit : quæ fecerunt, inquit, Baal.

VERS. 9. — « Idcirco convertar, et sumam frumen« tum meum in tempore suo, et vinum meum in « tempore suo, et liberabo lanam meam, et linum « meum, quæ operiebant ignominiam ejus. » *Idcirco revertitur*, quia ex tantorum munerum, quæ ei impenderat, consideratione reflectitur. Unde crebro et objicimus, ut **188** eos, pro quibus passum se meminit, diabolica non sinat fraude lacerari. Sumit *frumentum suum in tempore suo*, cum divinam scientiam, non qua abutebatur, sed suam conservat, et retinet remunerandam æternaliter, quod est *in tempore suo*. De quo dicitur : « Tempus meum nondum advenit (*Joan.* VII, 6). » Est autem tempus sine tempore, pro sæculo, vel statu non pro varietate positum. De vino et tempore ejus idem sentitur. *Lanam suam et linum suum Deus liberat*, quando exercitium, quod circa scientiam, quæ per lanam, quæ crassioris naturæ est, intelligitur, habuimus; et linum subtilioris intelligentiæ, quæ sapientia dicitur, bravio cœlesti apponderat. Lanam etiam et linum librat, quando quidquid temporaliter aut scimus, aut sapimus, etiam in præsenti ad Dei contemplationem suspendit et elevat. Cui consonat : « Qui appendit, inquit, tribus digitis, id est amore Trinitatis, molem terrenæ mentis, et librat in pondere montes (*Isai.* XL, 12). » Ut sancti quantum amant, tantum interni saporis accipiant. Pondus enim a *pendendo* dicitur, et qui pendet ad aliquid inclinatur, unde et qui amat *pendere* dicitur. Hæc *operiebant ignominiam ejus*, quia quo major aliquibus exuberat in præsenti astutia, eo licent a peccandi ex eruditionis velamine magis eis inesse videtur authentica.

VERS. 10. — « Et tunc revelabo stultitiam ejus in « oculis amatorum ejus, et vir non eruet eam de « manu mea. » Nunc revelatur stultitia ejus, quia in ipso conversionis ejus novo statu amatorum ejus oculis, id est sensibus intelligi datur, quia studium illud inordinatum et incompetens erat, quod tanta severitate contemnitur. Nulli enim improbis vivaciora exempla proponunt, quam qui pro Deo ab eorum illecebrosa societate desciscunt. Vir de manu Dei eam non eruit, quia nullus adeo vivax rationis est motus, qui contra ingruentes cordi ejus æterni judicii minas excusabile aliquid loqui possit.

VERS. 11, 12. — « Et cessare faciam omne gau« dium ejus, solemnitatem ejus, neomeniam ejus, « Sabbatum ejus, et omnia festa tempora ejus. Et « corrumpam vineam ejus, et ficum ejus de quibus « dixit : Mercedes hæ, meæ sunt, quas dederunt « mihi amatores mei. » *Omne gaudium ejus cessare* facit, cum quidquid ineptæ lætitiæ ex instantibus prosperis eatenus colligebat solo lacrymarum appetitu despuit : « Fuerunt, inquiens, lacrymæ meæ, panes die ac nocte (*Psal.* XLI, 4). » Solemnitas ejus cessat, cum hujus mundi spectacula jam et celeberrimos, qui oculos præcipue pascere solent, conventus ignorat. Neomenia quoque, quæ nova luna dicitur, conquiescit, quia nulla temporum mutatio de adversis scilicet, quæ supra retulimus, in prospera mentem ejus in spem inanem erigit. Sabbatum deinde destruitur, quando torpor et otium ab ejus cogitatione recutitur. Etenim Nabuchodonosor otium, juxta Ezechiel, Sabbatorum imitatur (*Ezech.* XXI, 23). Omnia festa tempora ejus sopiuntur, dum quidquid in hoc sæculo jocundum et optabile suboriri potest in ejus intentione commoritur. Vinea ejus corrumpitur, quando amor sæculi, ex quo vinum totius dementiæ hauserat, in ejus præcordiis exstirpatur. Sicut enim domus Israel vinea Dei dicitur, ita e diverso vinea Sodomorum, et alias vinea terræ appellatur. Ficus quoque corrumpitur, quæ succos lacteos, ramosque teneros habere dignoscitur, cum prava penes sæculum, vel parentes, quæ Deum postponi docet, affectio a corde rejicitur. Hanc ficum apud alium prophetam, se Deus decorticaturum (*Joel.* I, 7), id est robur ei sublaturum comminatur. Mercedes has suas dixerat, quas a suis amatoribus acceperat, quia hunc fructum suæ sæcularitatis, vel a dæmonibus, seu amicis, ut sibi videbatur, habuerat, quod opportunitates peccandi frequentius suppeditantibus ipsis invenerat. « Et ponam eam in « saltu, et comedet eam bestia agri. » In saltu ponitur, cum in fervore, qui ad tentationem ei fit, juxta Apostolum, peregrinatur (*I. Petr.* 4, 12). A bestia agri ibi comeditur, quando multimoda a diabolo suggestione corroditur. Recte bestia agri, quia tyrannus est mundi.

VERS. 13. — « Et visitabo super eam dies Baalim, « quibus accendebat incensum, et ornabatur inaure « sua, et monili suo, et ibat post amatores suos, et « mei obliviscebatur, dicit Dominus. » Dies Baalim super eam visitantur, cum jam lacrymis punire cogitur, quod quondam multis innutriri se vitiis lætabatur. *Dies* enim pro *jucunditate* ponitur, ut est : « In hac die, quæ ad pacem tibi (*Luc.* XIX, 42). » Baalim pro *idolis* ponitur, ac si acsi diceret, *dies idolorum*. Interpretatur quoque *habens me*, vel *virorum meorum*. Et quæ sunt idola majora quam crimina, de quibus Apostolus : « Avaritia, quæ est idolorum servitus (*Colos.* III, 5). » Et alibi : Quorum Deus venter est, et gloria in pudendis eorum (*Phil.* III, 19). » Hi sunt viri, qui nos non regunt, sed abigunt, de quibus ille est : « Et hic quem habes non est tuus vir (*Joan.* IV, 18); » et quandiu nos habent, non tam possident quam obsident. Quibus tunc incensum accenditur, cum ex pravi fervore desiderii intra mentem, quæ nos male obcæcat, nebula suscitatur. Hoc est, quod apud Ezechielem vapor nebulæ de thure consurgere dicitur (*Ezech.* VIII, 11). Nec nobis officit, quod libenter aliquoties ardentia thura sentimus, quia sæpissime per imaginationes non minus quam præsentialiter visa, et audita gratanter olfacimus.

Inaure sua ornatur, qui de claritudine propriæ intelligentiæ elevatur. Monile autem ad extrema colli appenditur. *Monili* ergo ornatur, qui de profunditate consilii gloriatur. Habent enim qui peccant verba cujusdam apud se ratiocinationis, ad excusandas scilicet excusationes in peccatis (*Psal.* CXL, 4). Sub nomine enim ejus, quæ quasi vix cohiberi possit, humanitatis securius solent inservire peccatis. Nec mirum si in malo ea ponimus, cum repeniantur in bono frequentius, quia in libro Judicum Ismaelitas inaures et armillas habuisse legimus (*Jud.* VIII, 24); sicut in manu Babylonis secundum Apocalypsim calix est aureus (*Apoc.* XVI, 19). Unde et *ire post amatores* nunc dicitur, quia plerumque nec homine, nec diabolo incentore pravam consuetudinem sponte prosequitur. Unde cuidam dicitur: « Mittam te quasi in pilam in terram latam et spatiosam (*Isai.* XXII, 18). » Pila enim plus volvitur quam velit is a quo jacitur. Multi enim non ut afficiantur exspectant, sed affectus in se excitant. Post aversos ergo it qui Dei obliviscitur, quia pudor omnis recutitur, ubi quidquid Dei est, a sinu mentis arcetur.

VERS. 14, 15. — « Propter hoc, ecce ego lactabo « eam, et ducam eam in solitudinem, et loquar ad « cor ejus. Et dabo ei vinitores ejus ex eodem loco, « et vallem Achor ad aperiendam spem, et canet « ibi juxta dies juventutis suæ, et juxta dies ascen- « sionis suæ de terra Ægypti. » *Propter hoc,* inquit, *lactabo eam,* id est dulcibus eloquiis, ut mei reminiscatur, et desertores non prosequatur erudiam. *In solitudinem eam ducam,* quia a strepitu vitiorum, et etiam ab inanium cogitationum eam turbis, quia sibi sola esse non potest, quæ tantis exactoribus subest. *Ad cor ejus* ibi *Deus* loquitur, dum sacræ paginæ verbum per compunctionis gratiam in ejus animo dulcoratur. Vel etiam *ad cor ejus* loquitur, cum ea, quæ vix summa aure attingere dignabatur, ejus præcordiis medullitus illabuntur. *Vinitores ei ex eodem loco* dantur, cum rationales motus, qui quondam ipsa sua interna dispersérant, ad spiritualis culturæ exercitium fideliter glomerantur. Vallis Achor pariter tribuitur, quando humilis mens pœnitentiæ acerbitate turbatur; Achor enim dicitur *tumultus* sive *turbarum.* Unde psalmus : « Commovisti, Domine, terram, et conturbasti eam (*Psal.* LIX, 4), » etc. Quæ enim turba gravior, quis tumultus quam conscientiam sub Deo judice de propriis morderi et dolere criminibus ? Sed non vane hæc humilitas perturbatur, cui subinde quo acrius voluerit spes veniæ aperitur. *Juxta juventutis dies* ibi canitur, quia secundum claritatem innovatæ virtutis mens lætatur; quo enim amplius diem divinæ cognitionis attigerit, et internæ soliditatis robur (quod significat juventus) induerit, tanto gratiosiores in Deum jubilos fundit. *Juxta* etiam *dies ascensionis suæ de terra Ægypti* canit, quia quo magis illuminante gratia terrenos appetitus, quod Ægyptus signat, excesserit, tanto ei, pro quo ea contemnuntur, glorificando et amando expeditior erit.

VERS. 16. — « Et erit (hoc supra exposuimus) in « die illa (quod et supra expositum est), vocabit « me : Vir meus, et non vocabit me ultra Baali. » Vox est mulieris de præmissa Dei sponsione gloriantis. Cum hanc, inquit, mihi Deus præstiterit lucem, *vocabit,* id est æstimabit me uxorem, ut scilicet ipse dicatur *vir meus,* nec peccata vetera oberunt, quia cultus pristinæ idololatriæ sopiti sunt. (VERS. 17.) « Et auferam nomina Baalim de « ore ejus, et non recordabitur ultra nominis eo- « rum. » Redit Dominus ad id quod superius dicere cœperat. Quod totum est : Non solum antiquæ criminositatis cultum sibi subtraham, sed etiam ipsa nomina vitiorum, quod Apostolus « turpiloquium » nominat (*Ephes.* V, 4), de ore ejus abradam, non solum verborum fœditates subtraham, sed etiam omnis obsoleti actus ab ejus animo obliterabo memoriam. Unde Apostolus : « Nec nominetur in vobis

(*Ibid.*, 3). » Et : « Qualem fructum habuistis in quibus nunc erubescitis? (*Rom.* vi, 21.) »

Vers. 18. — « Et percutiam eis fœdus in die illa, cum bestia agri, et cum volucre cœli; et cum reptili terræ, et arcum, et gladium, et bellum conteram de terra; et dormire eos faciam fiducialiter. » *In die illa fœdus eis* Deus *cum bestia agri*, hoc est super bestia agri percutit, cum in illo interiori lumine ex bonæ intentionis firmitate eis pasciscitur, quod bestia agri, id est feralis cupiditas in nullo eis dominari permittatur, nec volucre cœli, quod est superbia, nec reptilæ terræ, quod est luxuria. Nota distantiam, quod scilicet reptile humi prorsus inhæreat, volucre per alta feratur, bestia se aliquantisper a terra suspendat. *Arcum conterit*, cum subripientes animo suggestionum insidias reprimit, *gladium*, cum delectationes carnis a rationis imperio dissidentes obruit. *Bellum* destruit, cum cogitationes sese oblatæ voluptati immergentes summa spiritus auctoritate recidit. *Fiducialiter eos dormire facit*, cum tentationum harum trium, quæ cæterarum origines sunt, sopitis incursibus, a mundanis eos permittit vacare tumultibus. Unde est : « Ego dormio, et cor meum vigilat (*Cant.* v, 2). » Quod enim hic dicitur *dormire faciam fiducialiter*, in alia translatione dicitur : *Habitare eos faciam in spe;* quod est : Qui in impassibilitate dormit, in spe tamen vigilat, et hos fiducialiter, quia jam de **190** certitudine retributionis exsultat.

Vers. 19. — « Et sponsabo te in sempiternum, et sponsabo te mihi in justitia, et in judicio, et in misericordia, et miserationibus. » *In sempiternum* sponsat, cum mens ejus, qui se Deo desponderit, nequaquam ullo modo in perseverandi studio titubat. *In justitia* sponsatur, cum ad reddendum quid Deo, quid proximis debeat, tenacissime roboratur. Diffinitio enim justitiæ est : « Communi utilitate servata reddere cuique quod competit. » Et hoc sine judicio, id est discretione non constat, quia cavendum est ne nimium prosequendo justitiam injusto deterior fiat. *In misericordia* quoque desponsatur, cum nos suis se meritis, sed sola Dei gratia de massa perditionis assumptum arbitratur. Nec sine miserationibus, quia quibuscunque vocationem Dei bonis operibus prosequatur, credendum summopere sibi est quod inter tentationes nulla ratione subsisteret, nisi pietate sui Conditoris assidue juvaretur.

Vers. 20. — « Et sponsabo te mihi in fide, et scies quia ego Dominus. » Mirum est quod tam præpostere fidem posuit, cum prælibata omnia non dico stare, sed nec esse sine ea possint. Sed considerandum est quod opportunissime fides supponitur, ut per merita simplicis fidei fructus ipsius fidei denotetur. Fructus namque et præmium ejus in præsenti intellectus est. Is autem non tam in scientia quam in amore est, quia amor illa substantia est, de qua Apostolus : « Est, inquit, fides sperandarum substantia rerum (*Hebr.* xi, 1), » quæ scilicet credendas res in corde fidelis tanta faciat soliditate subsistere, ut certius se æstimet eas, quam quælibet tractabilia et corporosa tenere. *In fide* ergo sponsatur, cum ad immobilitatem animi credulitatis suæ crebra contemplatione fundatur. Inde est quod sequitur : *Et scies quia ego Dominus*. Etsi enim nec doctrina, nec liber adesset, qui instrueret, certe Deum esse ex sola experientia dulcedinis internæ colligeret.

Vers. 21, 22. — « Et erit in die illa : Exaudiam, dicit Dominus, exaudiam cœlos, et illi exaudient terram. Et terra exaudiet triticum, et vinum, et oleum. » *Et erit*, scilicet quod dicendum est, *indubie constabit*. Sed in hoc primo attendendum quid exaudiat, cum nihil subinferat; unde sciendum est, quod fidem illam, quam præmisit, exaudiat. In hac ergo fidei luce primum exaudit, quia ex corde nostro, etiam vacante opere, nil gratius accipit. Postmodum exaudiuntur cœli, quia nulla non virtus grata est, quæ tanto fundamine innixa est, quæ per se etiam sufficiens est. Cœlos enim vocari virtutes non abs re est, quia in his potissimum Deus est; omni enim benedictione spirituali in his cœlestibus benedictos nos dicit Apostolus (*Ephes.* i, 3). *Et illi exaudiunt terram*, quia virtutes non desinunt contra emergentia vitia corporis nostri tueri substantiam. Terra exaudit *triticum*, cum pars nostra inferior ad doctrinæ spiritualis irrefragabiliter obedit imperium. Exaudit et *vinum*, cum et ipsa caro suo respondens spiritui immortalitatis aspirat ad gaudium. Unde est : « Cor meum et caro mea exsultaverunt in Deum vivum (*Psal.* lxxxiii, 4). » Hoc est vinum, quod in libro Judicum lætificare Deum et homines dicitur (*Jud.* ix, 15). Exaudit et *oleum*, cum ex hac ebrietate vere sensata totius beneficii suavitatem refundit ad proximum.

Vers. 23, 24. — « Et hæc exaudient Jezrahel. Et seminabo eam mihi in terram, et miserebor ejus quæ fuit Absque misericordia. Et dicam non populo meo : Populus meus es tu; et ipse dicet: Dominus meus es tu. » Jezrahel, sicut dictum est, semen Dei dicitur. Hæc ergo prælibata omnia Jezrahel exaudiunt, cum ex divina inspiratione, quæ origo totius hujus boni est, hæc universa fideliter habere se credunt. Et *in terram* sibi ipsa Jezrahel seminatur, cum totius sanctæ operationis fructuositate respergitur. Ejus quæ fuit Absque misericordia; miseretur, quia menti quondam ad vitia pronæ, sed jam divinis purificationibus defæcatæ, non est unde spiritus irascatur. *Non populo* suo *populus* suus dicitur, cum cogitationum frequentia olim lasciviens sub Dei ditione frenatur. *Ipse* dicit : *Dominus meus es tu*, cum Dei Dominium intra conscientiam nullius superstitionis interstitio mutilatur.

CAPUT III.

Vers. 1. — « Et dixit Dominus ad me : Adhuc vade, et dilige mulierem dilectam amico et adulteram, sicut diligit Dominus filios Israel; et ipsi

« respectant ad deos alienos, et diligunt vinacia
« uvarum. » Ac si diceret : Alicui in tanta virtutis
arce reposito, cum dicere Dei non sit aliud quam
humanæ rationi suggerere. *Adhuc vade,* id est per
considerationem tuam ab hoc tuo statu æstima aliquo
infortunio te posse recedere. *Mulierem dilectam
amico dilige,* id est meliorem vivendi habitum, in
quo tamen non displiceas Deo, propone. Quæ tamen
adultera erit, quia in ipsa remissione, quæ in superficie, quasi quædam bona deliberat intentio peccandi
male palliata latebit. *Diligit Dominus filios Israel, et
ipsi ad deos alienos respectant,* quia affectum orandi,
et etiam compunctionis gratiam, affectui nostro
Deus plerumque largitur, et tamen ad affectandam
nequitiam, acsi non fleverit, impudens post momenta revertitur.

191 *Vinacia uvarum diligunt,* quia cum post
abrenuntiationem mundi quidam jam ipsi mundo
despicabiles facti intra ipsum mundum nihil dulcedinis et amoris inveniant, tamen mundo colloqui,
mundana spectacula prosequi importune desiderant.
Hinc est quod in veteri lege ab uva passa usque ad
acinum Nazarei vetantur comedere (*Num.* VI, 4).
Uva passa est, quæ immatura decoquitur, ut diuturnius vigeat. Quid *uva passa* nisi eos, qui ante possibilitatem ætatis peccare docentur, insinuat? Uva
matura est, quibus peccandi facultatem ætas ipsa
suppeditat. Acinus est, qui, exhausta omni voluptate,
vel infirmitate, vel senio, solo pravo usu, sola
etiam voluntate peccat. Vinaciis ergo diligendo
utuntur, qui spectaculis alienæ felicitatis, imo
alienæ nequitiæ solummodo contuendo cum sint
miseri ipsi pascuntur. Nazarei interpretantur *sancti,*
quibus interdicitur, ne uvis quibuscunque vescantur, cum ab eorum imitatione, qui præsentis vitæ
dulcedine sunt vividi, Dei præcepto arceantur.

Vers. 2, 3. — « Et fodi eam mihi quindecim argenteis, et coro hordei, et dimidio coro hordei. Et
« dixi eam : Dies multos exspectabis me, non fornicaberis, et non eris viro, sed et ego exspectabo
« te. » *Quindecim argenteis* foditur, cum interior et
exterior ejus sensualitas Decalogo legis excolitur;
plane foditur, cum terrenitas a mente recutitur.
Quinario nempe sensuum dispertitio designatur.
Per argenteos autem divinum eloquium figuratur.
Corus hordei universalitatem animalitatis innuit;
qui tamen ad dimidium corum redit, quia etsi Apostolus carnis curam non vetuit, carnem, inquiens,
suam nemo unquam odio habuit (*Ephes.* V, 29),
fieri tamen in desideriis inhibuit (*Rom.* XIII, 14).
Ecce quomodo per argenteos foditur, cum universitas ad mediocritatem restringitur. Hordeum enim
cibaria jumentorum est. *Dixi ad eam,* id est instinxi
ei. *Dies multos* Deum exspectat, cum Deo se dispensative ad probationem hominis subtrahente animus
a compunctionis gratia, vel etiam a contemplatione
vacat; et tamen intra innocentiam se coarctat. Et
hoc est quod sequitur : *Non fornicaberis, et non
eris viro,* dum interim a solita continentia nullo
affectu disparatur adultero. Sed et Deus exspectare
se dicit, cum an se diligat anima, per hoc ipsum
intelligi facit. Secundum hoc psalmus : « Non me,
inquit, derelinquas usquequaque (*Psal.* CXVIII, 8). »

Vers. 4. — « Quia dies multos sedebunt filii
« Israel sine rege, et sine principe, et sine sacrifi« cio, et sine altari, et sine ephod, et sine thera« phim. » *Dies multos filii Israel sine rege* sedent,
quia diu Deo, ut dixi, ad tempus se subtrahente,
affectuales motus nostri regimine rationis carent.
Sine principe sunt, quando etiam a bona voluntate
deficiunt. Velle enim Apostolo adjacet, perficere
tamen non invenit (*Rom.* VII, 18). Hæc est Sara,
quæ interpretatur *princeps sub patre excelso Abraham,* id est spiritu auctore agens. *Sine sacrificio,*
id est sine interni desiderii, quod nos interius mactat, voto. *Sine altari,* id est sine fervore fidei; altare enim tunc esse non poterat, ubi ignis, quo
carnes cremarentur, non erat, et fides non est quæ
pii caloris expers est. *Sine ephod* sunt, quando
supereminentem scientiæ charitatem Christi perdunt
(*Ephes.* III, 10); ephod namque super indumentum
sacerdotale vocatur. *Sine theraphim* sunt, quoniam
nulla exemplificatione cœlestium vivunt; theraphim
enim formæ illæ erant, quæ sub specie Cherubim
Moysi a Domino in tabernaculo fieri jussæ sunt.
Quæ tota significant quod scilicet terræ acclines
absque totius spiritualitatis respectu se habent.

Vers. 5. — « Et post hæc revertentur filii Israel,
« et quærent Dominum Deum suum, et David regem
« suum, et pavebunt ad Dominum, et ad bonum
« ejus in novissimo dierum. » Multoties contingit
ut ex nimia sua evagatione etiam carnalis terreatur
affectus, et inde fit ut ad de Deo recogitandum Israel
cum filiorum, id est, cogitationum frequentia ad se
recolligatur. Unde et mox David rex quæritur, cum
ratio manu fortis, quæ sola carnali et diabolico repugnat impetui, ad vetus imperium reciprocatur.
Ad Dominum parent, cum ab illicito excursu ad
ejus nutum, qui ulcisci potest, ut Dominus jam se
cohibent, humiliter scilicet, quia quod servili timore
contrahitur multa cum locus est facilitate laxatur,
recte additum est : *Et ad bonum ejus in novissimo
dierum;* si enim pœna timetur, multo liberalius est
ut præmium appetatur. *Ad bonum* ergo Dei *in dierum
novissimo* pavetur, cum illud singulare retributionis
extremæ bonum timore paritur, et lætitia præstolatur : « Lætetur, inquit, cor meum ut timeat nomen tuum (*Psal.* LXXXV, 11). »

CAPUT IV.

Vers. 1. — « Audite verbum Domini, filii Israel,
« quia judicium Domino cum habitatoribus terræ. »
Verbum Dei filii Israel audiunt, cum carnalitatis
duritiam, sagittæ, juxta psalmum, potentis irrumpunt (*Psal.* CXIX, 4). Et merito, inquit, audiri debet,
ut affectualitas reprimatur, quia cum sæculum in
fine a Domino judicatur, non solus ipse judicabit,
sed et habitatores terræ, qui bene scilicet terrenitati

suæ dominati sunt, judiciaria pariter dignitate donantur; unde et mitibus possessio hujus terræ promittitur (*Matth.* v, 4). *Habitare* autem ab *habeo, habes*, frequentative intortum *dominari* significat, ut est illud : « Inhabita terram, et pasceris in divitiis ejus (*Psal.* xxxvi, 3): » « Non est enim « veritas et non est misericordia, et non est scientia « Dei in terra. » Quid est *veritas*, nisi sine ulla vacillatione rei unius identitas? Hæc *non est in terra*, quæ est indesinenter vanitati subjecta, nec enim ipse Apostolus invenit bonum in carne sua (*Rom.* vii, 18). *Non est misericordia*, quia suis semper prona desideriis omni alienas anxietates spectat incuria. *Non est scientia*, quia ab inferiori illa parte suboritur menti discretio nulla.

VERS. 2. — « Maledictum, et mendacium, et ho« micidium, et furtum, et adulterium inundaverunt, « et sanguis sanguinem tetigit. » Quia ergo *non est veritas, non est misericordia, non scientia Dei* in mente terrena, *maledictum* consequenter inundat, quia ubi divini timoris cor freno non regitur, ad pravæ locutionis atrocitatem lingua impudens efferatur, et cum aliis derogat, multo majori etiam securitate mentitur; nec mirum plane cum vix, aut nullomodo humana, sed sola divina virtute dometur. Cumque libertas maledictioni mendacioque relinquitur, necesse est ut facillime ad facinora, quod est *homicidium* et *furtum*, et ad flagitia, quod est *adulterium*, prorumpatur. Nota quod ex iniquitate verborum excurritur in crudelitates operum. Deinde rabies opus despumat in sordidum. *Sanguis sanguinem* tangit, dum peccatum negligenter admissum, quod auctorem suum, quod sanguis signat, interimit, scienter ad ejusdem mortis iterationem plerumque perducit.

VERS. 3. — « Propter hoc lugebit terra, et infir« mabitur omnis qui habitat in ea, in bestia agri, « et in volucre cœli et pisces maris congregabun« tur. » *Propter hoc terra* luget, id est digna luctu facit, quia nulla eam custodia intellectualis astringit. *Omnis qui habitat in ea* infirmatur, quia omnis qui ejus motibus contraire nititur, necesse est ut sæpius a suo statu cogitationum ingruenter molestia periclitetur. Et hoc *in bestia agri et volucre cœli*, quia hinc aliquoties cupiditate distenditur, illinc superbiæ levitate jactatur; sed *et pisces maris* congregantur cum titillationes carnis, quæ deliciarum innutriunt aquis, adversus fatigatum his spiritum glomerantur.

VERS. 4. — « Verumtamen unusquisque non judicet « et non arguatur vir. » Ac si diceret : Licet ingenii humani potentia contra tot vitiorum examinata pene succumbat, tamen injuste facit, qui in talibus infirmantem judicat, et eum qui *vir dici debet*, quia quod tentatur utcunque fert et tolerat, non arguat, nec modum tentationis, sed virtutem sustinentiæ in eo qui tentatur, attendat : « Considerans, inquit, teipsum, ne et tu tenteris (*Gal.* vi, 1). »

VERS. 5. — « Populus enim tuus sicut hi qui con« tradicunt sacerdoti. Et corrues hodie, et corruet « etiam prophetia tecum. » *Populus tuus*, o Israel, *sicut hi qui contradicunt sacerdoti* est, quia motuum tuorum enormitas, o carnalis affectus, *sicut*, id est revera hi sunt, qui se semper objiciunt sacro ducatui, id est rationi. *Et corrues hodie*, id est causa ejus quam affectas temporalis lasciviæ, vel præsentis gloriæ. *Corruet etiam prophetia tecum* : Quia dum nequaquam ad anteriora te extendis (*Phil.* iii, 13), tua te reddet improvidentia cæcum. « Nocte tacere « feci matrem tuam. » Mater hujus populi ratio est, facit ergo Deus *tacere matrem* hujus populi nocte, cum suo justo judicio negat vires quibus debeat insolenti cogitationum turbæ resistere. Unde est quod sequitur.

VERS. 6. — « Conticuit populus meus, eo quod « non habuerit scientiam. » Populus Dei conticescit quando emergentia cordi mala, congrua nequaquam severitate redarguit, et hoc ideo quod scientiam non habuerit, id est, vim internæ discretionis amiserit. « Quia tu scientiam repulisti, repellam te « ne sacerdotio fungaris mihi. » Ac si diceret: Quia tu tuos mores atque motus trutina judicii exæquare neglexisti, vel etiam qualiter te interius regere debeas addiscere noluisti, ad hoc plane ut tibi ipsi providere nescias, nec statum tuum metiri valeas, per sensum te reprobum submisisti. « Et quia oblitus « [*al.*, oblita] es legem Dei tui, obliviscar filiorum « tuorum et ego. » Lex Dei non in scientia litterali, sed in experientia naturali intelligitur, quam qui obliviscitur, id est scitæ quondam, et habitæ non recolens reminiscitur, ad id ex merito pervenit, ut filiorum, id est, operum suorum pravorum ad sui ipsius correctionem Deus non memoretur, spontiva plane ignorantia non lucratur, ingenitæ vero parcitur; unde et sequitur :

VERS. 7. — « Secundum multitudinem eorum, sic « peccaverunt mihi. » Multis est cui perspicacis ingenii, etsi doctrina non supetat, copia est; multitudinem ergo habent, qui propter litteras intelligentiæ originalis acrimonia pollent; secundum itaque elaboratam, licet per incuriam obtusa sit, naturalemque prudentiam eorum peccata pensantur, quia secundum quod scierunt, aut scire potuerunt, judicantur. « Gloriam eorum in ignominiam com« mutabo. » Gloria eorum vivacitas est intellectus, quæ in ignominiam commutatur, dum quod laudi suæ ascribi appetunt, ex studiorum infamia probro imputatur.

VERS. 8, 9. — « Peccata populi mei comedent, et « ad iniquitatem eorum sublevabunt animas eorum. « Et erit sicut populus, sic sacerdos. » *Peccata populi* Dei comedunt, cum lapsus quorumque bonorum ad suffragium sui erroris assumunt, et veluti inde pascuntur, qui ut in malo securius perseverent, ex eorum exemplo quos bonos aliquando æstimarant, ut sic dixerim, radicantur. *Ad iniquitatem eorum* animæ eorum *sublevantur*, dum quos spirituales oderant, animales factos quo nequiora gesserint, favorabili excusatione mox sublevent, animasque, quæ non vivunt, juxta prophetam, vivificant (*Ezech.* XIII, 18). *Et sicut populus sic sacerdos est*, cum ejusdem criminis si non majoris est ille, qui peccantem approbat, cujus ille qui peccat; competens enim ad sui modum sacerdotium administrat, qui super talis defensionis studio dogmatizat.

VERS. 10. — « Et visitabo super eum vias ejus, et cogitationes ejus reddam ei. Et comedent et non satiabuntur. » De plurali ad singularem prophetico more transit numerum. *Super eum vias* ejus visitat, cum ejus actiones eum opprimendo condemnat. *Cogitationes ejus ei* reddit, cum apostasiæ peccata latentis in eum aperte puniendo refundit. Nota tamen quod populus singularitas sit collectiva, et ideo numeri fortasse mutantur. Dixerat superius quod populi sui peccata comederent, hic subjicit quod comedant, et non satientur, quia etsi ex aliena capere desiderant iniquitate solatium, nullum tamen mordaci conscientiæ, qua semper consternantur interius poterit præstare fomentum. « Fornicati sunt et non cessaverunt, quoniam Dominum reliquerunt in non custodiendo. » Fornicantur qui amore præsentium a Deo alienantur; non cessant, qui dominantia vitia, nulla rationis auctoritate reverberant. *Quoniam*, inquit, *Dominum reliquerunt in non custodiendo*, id est divini respectus nullam habuere reverentiam, nullam menti custodiam adhibendo.

VERS. 11. — « Fornicatio et vinum et ebrietas aufert [*al*., auferunt] cor. » Quod est dicere : Cum quis a Deo abscinditur, Deoque postposito, mundi voluptates affectat, et ex his ratione sepulta obruitur, cor aufertur, quia nihil deinde penes eum, aut pensi aut moderati ad crimina reperitur.

VERS. 12. — « Populus meus in ligno suo interrogavit, et baculus ejus annuntiabit [*al*. annuntiavit] ei. » *In ligno suo populus* interrogat, cum animi strepidus non æqui rectique lineam, a qua aversus est, sed stoliditatem consuetam cui universus est consulendo respectat. *Baculus ejus ei* annuntiat, cum quispiam non dissimilis imperitia et voluntatis stupidæ super his quæ cordi ejus adjacent funestius consilium subministrat. « Spiritus enim fornicationum decepit eos et fornicati sunt a Deo suo. » Si spiritum fornicationis dæmonem accipimus, eorum profecto errorem velut excusamus, quibus incentorem diabolum damus; sed aliter intelligere possumus. *Spiritus* in Scripturis pro superbia ponitur, ut est : « Auferes spiritum eorum et deficient (*Psal*. CIII, 29). » Et : « Qui aufert spiritum principum (*Psal*. LXXV, 13) : » Et Saulus cum minaretur ut cæderet, « spirans » dicitur (*Act*. IX, 2). *Spiritus* ergo *fornicationum* eos *decepit*, quia dum de sua perversitate superbiunt, et in rebus pessimis exsultando gestiunt, mentis eos reprobitas circumsepsit; decepit enim dictum est, quasi omnino cœpit [*f*., cepit]. *De* enim præpositio

aliquoties intentive ponitur, ut est, *deamo* et *detero*.

VERS. 13. — « Super capita montium sacrificabant, et super colles accendebant thimiama, subtus quercum, et terebinthum, et populum, quia bona erat umbra ejus. » *Super capita, montium* sacrificant, qui superbias divitum imitantes omnium strage vitiorum se mactant. *Capita montium*, id est cervicositates potentium pauper, vel mediocris imitatur, ut quod in illis opulentia, hoc in his solo nequitiæ appetitu agatur. *Super colles thimiama* accenditur, cum suorum æquævorum atque comparium exemplo quis ac si odore respergitur, qui ab alienæ cupidinis igne digreditur. Ipsi *super colles* accendunt, cum pravi caloris æstum ex eorum usu sese concitando concipiunt. *Subtus quercum* hoc faciunt, cum omni vitiorum se volutabro porcina imitatione subjiciunt; quercus enim glandifera porcos alit. *Subtus terebinthum* id efficit, qui admodum turpis actus, fœditate submota, modo aliquo accuratiore et familiariore delinquit; terebinthus enim pulchre opaca gratique odoris est. *Populus* infructuosa quidem, sed ramis effusa et ardua est, folium ex una candidum, ex altera parte nigrum habens, illos plane significans qui specie honesta loquuntur a facie, sed alios prava ad omne malum suasione latenter afficiunt; unde sequitur : *Quia bona erat umbra ejus*, id est cum quibus super cujuslibet tractatu erroris possit agi quietius. « Ideo fornicabuntur filiæ vestræ, et sponsæ vestræ adulteræ erunt. » Dum aliorum studii auctoritas pudenda respicitur, *filiæ* fornicantur, quia a divino robore mollities prorsus interna deponitur; *filiæ* fornicantur, cum corda per se fragilia de externa etiam labefactatione læduntur. *Sponsæ adulteræ* fiunt, cum voluntates jam alias vitiatæ, multo deterius alios æmulando ruunt.

VERS. 14. — « Non visitabo super filias vestras cum fuerint fornicatæ, et super sponsas vestras cum adulteraverint, quoniam ipsi cum meretricibus conversabantur, et cum effeminatis sacrificabant, et populus non intelligens vapulabit. » *Super filias* quæ fornicantur Deus non visitat, cum status, qui quasi ab integritate devirginantur, per compunctionis gratiam non emendat, vel quolibet flagello castigat, idem de filiabus, hoc de sponsis. *Cum meretricibus* conversantur, quorum corda solius pretio voluptatis ad omne flagitium exponuntur. Aut **194** certe *cum meretricibus* conversantur quibus potissimum cupiditas, et luxuria dominantur. *Cum effeminatis sacrificant*, qui expertes a Dei verbi semine, et ad femineam mollitiem ejurati sese quasi victimas diabolicæ voluntati consternunt. *Populus non intelligens* vapulat, quia cogitatio indiscreta mentis superficiem vitiorum plagis exulcerat.

VERS. 15, 16. — « Si fornicaris, tu Israel, non delinquat saltem Juda. » Quod est dicere : Si tu, o carnalis affectus, per illicitas evagationes thorum divinæ dilectionis commaculas, vide tamen ne suffugium peccatorum tuorum confessionis amittas. « Et nolite ingredi in Galgala, et ne ascenderitis « in Bethaven, neque juraveritis : Vivit Dominus. « Quoniam sicut vacca lasciviens declinavit Is- « rael. » *In Galgala* ingreditur, qui spurcitiis flagitiorum intruditur ; Galgala nempe *volutabrum* interpretatur. *In Bethaven* ascenditur, cum mens arrogantiæ titulis insignitur; Bethaven namque *domus inutilis* dicitur, et quid inutilius quam suæ ipsius conscientiæ turpitudinem non videre, et se aliorum aspectibus spectaculo velle esse? *Vivit autem Dominus*, jurat quisquis per hypocrisim Dominum in se vivere, adhibitis etiam quibusdam operibus perhibet et confirmat. Jurare ergo *Vivit Dominus* prohibetur, *quoniam sicut vacca lasciviens Israel* declinatur, quia merito et ascendere, et vitam quam non habet sibi promittere vetatur, qui inclinare sicut equus et mulus sua latera comprobavit. « Nunc pascet eos Dominus, quasi agnum in latitu- « dine. » *Dominus* tamen modo *eos* pascit, cum per Scripturas eos in præsenti erudit. Quasi agnus *in latitudine* pascuntur, cum latam viam spatiosamque (*Matth.* vii, 13) sectantes, instar electorum et innocentium, sacro eloquio obversantur ; unde et sequitur :

Vers. 17. — « Particeps idolorum Ephraim di- « mitte eum. » Ephraim interpretatur *frugifer*; frugifera autem dicitur voluntas nostra, quæ seminarium ex spiritu accipiens, uxor nostra fit in lateribus domus nostræ, tanquam vitis abundans (*Psal.* cxxvii, 3). *Is Ephraim*, id est voluntas particeps idolorum est, dum pro affectata laude et sæculari exspectatione soli ostentationi prona est ; idolum namque speciem hominis habet, sed homo non est, sed tamen multo ornatius homine est. *Particeps* ergo *idolorum* est dum voluntas id videri exterius affectat, quod non in re sed in extrinseco cultu præstat, cui illud Zachariæ consonat : « O pastor, inquit, o idolum derelinquens gregem (*Zach.* xi, 17). » Dicitur ergo Judæ, id est piæ confessionis voto ut dimittat *eum*, quia valde difficile et insolitum est ut quem simulacrum tantæ pompositatis inverterit, pudendæ alicujus rei, si apud se lateat, confessor esse velit. Dimitti ergo jubetur qui imitari prohibetur.

Vers. 18. — « Separatum est convivium eorum, « fornicatione fornicati sunt, dilexerunt afferre « ignominiam protectores ejus. » *Convivium eorum*, id est, hypocritarum separatur, quia iniquo permaxime pasci solent, favoris scilicet externi gratia, raro ab hominibus deprehenditur. Et ideo *fornicatione* fornicantur, quia eorum interior corruptio, cujus duritia per iterationem nominis designatur, tanto acrius coalescit, et tanto incurabilior delitescit, quantominus humanis sensibus innotescit. Nam si innotesceret, aliquo citius modo curæ pateret. *Ignominiam protectores ejus afferre* diligunt, cum carnalis ejus astutiæ motus, qui ne agnoscatur

simulationem ejus protegunt, dum velamen ei malitiæ opponunt, et componere gestiunt, justo Dei judicio ejus iniquitate retecta patenter ostenditur, quia non honori eam, sed ignominiæ coluerunt.

Vers. 19. — « Ligavit eum spiritus in alis suis, « et confundentur a sacrificiis suis. » *Spiritus eum*, id est Ephraim, *in alis suis* ligat, cum aura superbiæ, de qua supra diximus, voluntatem omni vento circumlatam levitati suæ accopulat. Non enim hospes suus superbiam ductat, sed ipsa quaquaversum voluerit, cum ipso circumvolat, et ideo *a sacrificiis* confunduntur, quia ex eo quod se dæmonibus per crimina quæque concidunt, dum elevari se æstimant, præcipites feruntur.

CAPUT V.

Vers. 1, 2. — « Audite hoc, sacerdotes, et attendite, domus Israel, et domus regis, auscultate, « quia vobis judicium est, quoniam laqueus facti « estis speculationi, et rete expansum super Thabor. « Et declinastis victimas in profundum, et ego eru- « ditor omnium eorum. » Dei sermo sacerdotes audire rogat, non alios plane quam quos ironice *protectores* ante vocarat, eo enim modo quo protegunt, non sacrum, sed exsecrabilem solent etiam præbere ducatum. *Domus* etiam *Israel* attendere, *et domus regis* auscultare jubetur, ut affectualitas intentionem dirigere, et ratio cum suis motibus obtemperare moneatur. *Vobis* enim *judicium est*, id est vestrum quod dico discernere est. *Laqueus speculationi* fiunt, dum quidquid per intelligentiæ radium contemplari de internis poterant, nebula promiscuæ cogitationis occludunt. Thabor interpretatur *veniens lumen*, et quod *lumen*, nisi quod super nos ex Dei vultu insignitur? Et unde venit, nisi ab eo qui illuminat omnem hominem venientem in hunc mundum (*Joan.* i, 9.) ? *Super Thabor* ergo *rete* expanditur, cum super luciferam rationem humana ingenia prætexuntur, et ex eo quod veritati speculandæ inservire debuerat, suggillationi proximorum insistere homo parat. Rete enim quod capiendis volucribus ac bestiis conficitur, pro fraudis artificio aliquoties ponitur. Unde est apud Isaiam : « Expandentes rete super flumen emarcescent (*Isa.* xix, 8). » Expandit rete super flumen qui in curis hujus sæculi, suam exercere proponit astutiam. Nota speculationem non illam solam dici quæ fertur in Deum, sed etiam eam quæ pertinet ad contemplandam veritatem, et spirituum discretionem. Victimæ *in profundum* declinantur, cum hi qui se diabolo per flagitia quæque prostraverant, pravis suasionibus in desperationis barathrum, seu obdurationis deponuntur, super quos putei os, juxta Psalmistam, urgetur (*Psal.* lxviii, 16). Et Deus *eruditor omnium eorum* est, dum qui se abscondat a calore ejus non est (*Psal.* xviii, 7), sed nequitia, in qua impudenter offocari videntur, scintillante sæpius ratione, sibimetipsis obscura non est, quocumque enim modo avertantur, mala sua in quibus sunt menti etiam invite crebrius ingeruntur; unde sequitur.

VERS. 3. — « Ego scio Ephraim, et Israel non « est absconditus a me. » Scit Deus Ephraim, cum nostram voluntatem, quæ frugifera tanquam vitis abundans esse debuerat, ratione instinguente scire nos facit. Israel a Deo *non est absconditus*, cum noster affectus ex radio illustratæ rationis esse nobis non valet occultus; ratio enim, quæ principaliter Deum habere dignoscitur insessorem, pro Deo aliquoties ponitur, ut est illud de conservis qui regi, haud dubium quin Deo, de servo cui decem millia talenta donaverat, et conservum pro centum denariis suffocarat, nuntiant (*Matth.* XVIII, 24). Quid enim est aliud quam quod visas malignitates Deo suæ rationi præsidente retractant? Sequitur : « Quia nunc fornicatus est Ephraim, contaminatus « est Israel. » Ac si diceret : Statuam Ephraim et Israel contra faciem suam, et scire eum faciam quia *nunc fornicatus est Ephraim*, et *Israel contaminatus*, id est voluntas in amore præsentium, quod significat, nunc, a linea piæ intentionis prorsus excessit, cui affectus pejor se in fetores scelerum devolvendo mox impudenter incessit.

VERS. 4. — « Non dabunt cogitationes suas ut « convertantur ad Deum suum, quia spiritus forni« cationum in medio eorum, et Dominum non co« gnoverunt. » *Ut ad Deum convertantur cogitationes suas* non dant, quia pro Dei amore a delectationibus imaginationum suarum abstinere durum putant, nec tanti pretii Deum æstimant, ut pro eo impendere velint quod interius voluptuose tractant. Tali cuipiam dicitur : « Projecisti me post corpus « tuum *(III Reg.* XIV, 9); » et hoc fit, *quia spiritus fornicationum in medio eorum est*, id est, superbia quæ specialiter a Deo nos exterminat, non latenter in angulo quasi subripiens, sed in medio, scilicet quasi rex evidenter imperans toti intelligentiæ præest. *Et ideo Dominum non cognoscunt*, id est, sapore interno concipiunt, quia cujus palatum ex febribus amarescit, nunquam in eo quidpiam, etiamsi sit naturaliter dulce, dulcescit.

VERS. 5. — « Et respondebit arrogantia Israel in « facie ejus; et Israel et Ephraim ruent in iniqui« tate sua; ruet etiam Judas cum eis. » *Arrogantia Israel in facie ejus* respondet, quia affectus interior per illicita evagans, ad exterius inconveniens turpissime prorumpere solet. Respondet *in facie*, dum sero erubescit exterius, ex eo quod diu arroganter fovit in mente. *Et Israel et Ephraim* qui in magni supercilii fastus, sibi stare introrsum videbantur, ex merito suæ iniquitatis *ruent*, et tunc quid jam-

dudum voluerint, quidque diu affectando nutrierint, ex casus ignobilitate conjicient. Eheu! et *Judas cum eis* ruit, quia juxta dictum viri sapientis : « A mortuo confessio perit (*Eccli.* XVII, 27). » Cui enim peccare vertitur in impudentiam, difficile aut raro resipiscit ad confitendi gratiam.

VERS. 6. — « In gregibus suis, et in armentis suis « vadent ad quærendum Dominum et non invenient; « ablatus est ab eis. » *In gregibus suis* vadunt, cum incorrecta fatuitate interna, ad Deum se recurrere velle aliquoties ostendunt; oves enim pro inutili aliquando simplicitate ponuntur. Unde est : « Sicut oves in inferno positi sunt (*Psal.* XLVIII, 51). Et David de gregibus ovium sublatus est, et de post fœtantes acceptus (*Psal.* LXXVII, 70). Hi sunt motus, qui omni vento tentationis efferuntur. *In armentis* quoque vadunt, cum solitam mentis hebetudinem, et ad curam studia ponderosa nulla spirituali alacritate recutiunt. Et ideo *Dominum* non inveniunt, quia quod intellectuale est, corpulenta non capiunt, nec in corpore peccatis subdito habitat, quia a cogitationibus, quæ sunt sine intellectu, se semper absentat: *Ab eis* Deus aufertur, cum illa qualiscunque voluntas quæ boni aliquid parturire videbatur, amittitur. (VERS. 7) « In Dominum prævaricati sunt « qui filios alienos genuerunt. » Ac si diceret : In hoc ipso quod licet indiscretæ conversionis auspicia bona proponunt, et se a proposito, facilitate destituunt, penes Deum prævaricatores haberi digni sunt; et hoc ideo fit, quia *filios alienos genuerunt*. Si alieni, quomodo filii? sed filii et alieni. Filii, opera sunt; unde est : « Videas filios filiorum tuorum (*Psal.* CXXVII, 6). » id est experiaris mercedes operum; et hæc opera sunt aliena, id est adulterina, non eo scilicet quo debent semine, id est intentione procreata, aut metu scilicet terreni alicujus incommodi, quod fit sæpissime, cœpta, aut sine voluntate perseverandi perfunctorie aut tepide appetita. « Nunc « devorabit eos mensis cum participibus suis. » Nunc, cum præsens tempus significet, hic momentaneum quiddam intelligi monet. Nunc ergo, id est ad subitum mensis eos devorat, cum menstrua religio, quæ multum a Dei benignitatis anno discordat, in pejus recrudescere mentem facit, quam fuerat; nec absurde dictum est devorat, quia nihil est quod tantopere si quod sit in homine residuum boni consumat. De crimine enim audacia sumitur, quando aperte bona initia contemnuntur. Participes sui pariter devorantur cum naturalia bona, si quæ sunt, rejiciuntur, quæ illi transitoriæ conversioni participium ferre videbantur.

EXPLICIT LIBER PRIMUS.

LIBER SECUNDUS.
TROPOLOGIARUM IN OSEE CONTINUATIO.

Ad beatum Osee moraliter exponendum non scientiæ meæ ausus, sed fidei puritas me invitat; præteritorum enim experientia laborum, in quibus dignata est divina aspiratio mihi bonos præbere proventus, fidem mihi non minora aggrediendi attribuit, scienti quia qui dedit præter naturam insolita asinæ (*Num.* xxii, 30), potiora dabit in homine. Agimus igitur eumdem quo locutus est spiritum repetentes, ut qui in illa cœlesti fistula mirabiliter erupisse dignoscitur, nobis eo quo quondam Eliæ sibilo auram intonare dignetur (*III Reg.* xix, 12).

Vers. 8. — « Clangite buccina in Gabaa, et tuba « in Rama, ululate in Bethaven post tergum tuum, « Benjamin. » Vox est ad prædicatores, quorum officium est ad diversos dissimiliter insonare errores. *In Gabaa buccina* clangitur, quando mediocribus peccatis moderato sermone præcurritur. Gabaa enim *colles* interpretatur, colles autem juga terrarum modice porrecta dicuntur. Buccina autem, pastorum ac vigilum est; contra colles ergo buccina utimur, dum contra mediocrum admissa modo temperatiore nos agimus. Rama vero interpretatur *excelsa*, *tuba* itaque contra tumidas et elevatas mentes quasi quodam bellico apparatu insurgere, nec eorum vereri potentias, sed quod ditiores sunt, ne eadem vitia propagentur in subditos, irreflexa auctoritate debemus, tuba enim in bellis utimur. Et considerandum quod de infimis tacet, mediocres tantum et excelsos arguendos docet, nimirum plane quia in pauperes, quos nullatenus reveremur, tumiditas nostra invehi solet. At vero *in Bethaven*, quod interpretatur *domus idoli*, ululandum est, non prædicandum, quia ad eos qui penitus a Deo avertuntur, et salices de medio Babylonis a Psalmista vocantur, non solum organa nostra suspenduntur (*Psal.* cxxxvi, 2), sed etiam ab his qui sanum sapiunt, sicut a Domino Lazarus (*Joan.* xi, 35), digna tanquam mortui miseratione deflentur; per idolum enim, eorum apostasia notatur. Et hoc *post tergum tuum*, *Benjamin*. Benjamin interpretatur *filius dexteræ*, et quis *dexteræ filius*, nisi illa mentis nostræ proles principalis, rationalis videlicet motus, cui semper adjacet totius prosperitatis effectus? Domus ergo idoli *post tergum Benjamin* est, quia tanta Dei oblivio, non nisi ex culpa male ausæ rationis est. Et notandum, quod cum ululandum *in Bethaven* dixisset, *ad Benjamin* illico quasi exclamans subjecit apostropham, et est ac si diceret : Eheu! ratio tanti causa mali est, dum a recta consideratione te dimoves. (Vers. 9) « Ephraim in desolatione erit. » Benjamin terga vertente, Ephraim desolatur, quia quidquid in nostra voluntate frugi est, absentata spiritus prudentia dissipatur. « In die correctionis « in tribubus Israel ostendi fidem. » Dies correctionis reditus est luciferæ rationis, in hoc reditu *in tribubus Israel* fides ostenditur, cum horum verborum quæ super spiritus aversione dicta sunt veritas declaratur; dum videlicet carnalis affectus per universos motus suos, ac si tribus ad rationis jura, corrigitur. Ac si diceret : In hoc sciri potest quod Benjamin terga verso, Ephraim desolatur; quod die internæ aspirationis reddita, tribus Israel corriguntur; in hoc, inquam, fides verbi hujus ostenditur.

Vers. 10. — « Facti sunt principes Juda quasi « assumentes terminum; super eos effundam quasi « aquam iram meam. » *Principes Juda facti sunt quasi assumentes terminum*, cum principales motus, qui nos super vera confessione sollicitant, in bona intentione creantur : et *quasi*, id est revera *terminum* assumunt, cum de integra ex Deo emendatione jam bene confessi præsumunt. Terminus assumitur cum erroribus universis in animo meta præfigitur. Et notandum quod hoc totum in die **197** correctionis efficitur. *Super eos* etiam ira Dei quasi aqua effunditur, cum superveniens divinæ animadversionis judicium, frequenter in mente tractatur, sed hæc ira quasi aqua effunditur, quia in tractatu hujusmodi conscientia a peccati sorde diluitur.

Vers. 11. — « Calumniam patiens Ephraim, fra« ctus judicio, quoniam cœpit abire post sordem « [al., sordes]. » Ephraim patitur calumniam, cum in divini timore judicii voluntas nostra cogitationum turbulentiis infestatur, quin etiam a bono cœpto plerumque distrahitur; unde et fractus judicio dicitur, quia inter hujusmodi frequentias acumen nostræ discretionis obtunditur. *Quoniam*, inquit, *cœpit abire post sordem*, id est cœpit ad eam, quæ sibi suggeritur a diabolo intorquere animum, fœditatem.

Vers. 12. — « Et ego quasi tinea Ephraim, et « quasi putredo domui Juda. » *Tinea Ephraim* Deus fit cum inter tentationes mens accidiæ nimietate tabescit; quasi a tinea enim absumitur qui mœroris angustia in nullo lectionis, sive orationis studio animatur, sed « omnem, juxta psalmum, escam anima eorum abominatur (*Psal.* cvi, 18). » *Putredo domui Juda* efficitur, cum ipsa quoque confessio, per quam omnis sæpius interior amurca revomitur; in conspectu mentis ac si fetere videtur, dum enim molestiis quatitur, nihil quod de Deo non sit velut olidum reperitur.

Vers. 13. — « Et vidit Ephraim languorem suum, « et Judas vinculum suum, et abiit Ephraim ad « Assur, et misit ad regem ultorem, et ipse non « poterit sanare vos, nec solvere poterit a vobis « vinculum. » *Ephraim languorem suum* videt, cum impotentiam status sui, intra fluctuantis conscientiæ sinum fovet, nec reniti prævalet; *et Judas vinculum suum* aspicit, dum ipsa ratio penitus obligata, et a suo jure distracta, vires nullomodo confessionis exerit. *Assur* interpretatur *aula*, et quid per aulam, nisi strepitus temporalis lasciviæ designatur? Talia enim in aulis spectacula fervent. *Ephraim ergo ad aulam* abit, cum sæcularibus intendendo a sui cura se dividit. *Mittit ad regem ultorem,* cum pessimi destinationem desiderii ad diabolum dirigit, plane crudelissimum hujus suæ desertionis ultorem, proh dolor! Ad ipsum nostræ intentionis legatio mittitur, qui hoc ipsum super eum qui mittit ulciscitur. *Et ipse non poterit sanare* nos, cui proprium est etiam de sanis reddere saucios. *Nec solvere potest a nobis vinculum,* cui soli competit, si sibi liceat, neminem dimittere non ligatum; quod totum est, ab eo remedium quæritur, a quo omnis, qui ad eum confugerit, trucidatur. Sequitur.

Vers. 14. — « Quoniam ego quasi leæna Ephraim, « et quasi catulus leonis domui Juda. » Sæpius dixerat: Ego *quasi tinea Ephraim, et quasi putredo domui Juda,* modo subjicit se quasi leænam *Ephraim* futurum et *domui Judæ quasi leonis* catulum. Nulli dubium quod *tinea,* et *putredo* vestes, et ligna sine sonitu latenter absumunt, *leæna* autem, et *leonis catulus* evidenter insiliunt, et aperte lædunt, quod non est aliud nisi quia quos Deus per occultam tentationem sinit interimi, per aperta postmodum vitia permittit lacerari. Est autem ea distinctio inter utramque tentationem, ut aliud possit intelligi per tineam, aliud per putredinem, aliud denique per leænam, aliud per leonis catulum; tinea namque vivit, et ex eo ipso nascitur quod corrumpat. Tinea ergo est quodlibet mentis vitium, quod non est ex forastica causa, sed interius ex ipso statu suo accipit seminarium, ut est accidia, cenodoxia, superbia, et si quod est aliud intimum. Putredo vero nil aliud quam torpor est et otium, unde sensim corruptio menti incidit, ac si putredinis malum. Quasi ergo vitalia sunt prædicta tria mala, et velut intra animum motus habentia, est vero quasi inanimata desidia.

Quid ergo per leænam, nisi cujuslibet criminis manifestata nequitia? Quid per catulum leonis, nisi levis noviterque suboriens, et quæ facile flecti potest, negligentia? Quod est dicere: Post latentem animi pestem; qua primo vitio quolibet pulsante corroditur, sequitur animorum incuria, qua sponte corrumpitur; sed postquam a Deo recedens animus ad legationem regis ultoris invertitur, exterius ad omnem evidentiam atrocissimi cujuslibet criminis, ac si leænæ incursatione pulsatur, leæna enim præsertim cum fetus alit leone fortior. ferocior esse dicitur; ex quo tamen Ephraim, id est voluntas nostra undecunque discerpitur. Judæ postmodum catulus leonis occurrit, quia tenuis valde est verecundia quæ gratiam confessionis exstinguit; tenuis plane, quia mox ut præcordialis in animo pœnitentiæ scintilla micuerit, prima illico confitendi voluntas ultro se ingerit; sicut enim ignis sine calore esse non potest, ita pœnitudo sincera sine confessionis desiderio non est.

« Ecce ego capiam et vadam, tollam et non est « qui eruat. » Deus capit cum mentem a seipsa evagantem metus superne districtionis intercipit; vadit cum a veteri errore abire nos facit. Ecce autem eventum repentinæ aspirationis insinuat. Tales sunt plane humanæ mentis casus, ut qui stare nunc cœperit, conscientia languente post paululum aut vitio titillante succumbat, nec hoc semel, sed multi modo recursu proveniat; hoc enim modo « septies cadit justus et resurgit (*Prov.* XXIV, 16); » et cum ceciderit non colliditur, quia taliter, ut dicere cœpimus, « supponit Dominus manum suam (*Psal.* XXXVI, 24) » Tollit, cum a cupiditatibus animam hujus vitæ mortalis attollit. *Non est qui eruat,* quia non est aliqua tentatio intantum cor impetens, quæ Deo hominem pæne possidenti nulla fraude subripiat.

Vers. 15. — « Vadens revertar ad locum meum « donec deficiatis et quæratis faciem meam. » Deus iterum vadit cum, recepta gratia, ut nos nobis quid simus ex nobis ostendat, aliquantisper a nobis dispensative recedit, non nos tamen usquequaque relinquit. *Vadens ergo ad locum suum* revertitur, cum humilitatem, quæ nostra in præsenti proprie sedes est, crebro repetere ab ipso tanquam inopes et deserti jubemur. Et certe cum sic deserimur, ei salubrius admovemur, et hoc fit donec deficiamus, peccatores enim a terra deficere, et iniquos, ita ut non sint, dicit psalmus (*Psal.* CIII, 35). A terra enim deficit quisquis terrenæ vanitatis expers fit, ut quod quondam fuerat, non sit. — Hoc ergo modo defecti faciem ejus quærimus, cum interiori eam inopia cogente, æstu acriore repetimus.

CAPUT VI.

Vers. 1. — « In tribulatione sua mane consur« gent ad me. » Sanctorum virorum specialior non est tribulatio quam hujus dulcedinis internæ privatio. *In hac tribulatione mane* consurgitur, cum ad ejus recipiendam gratiam, tota sedulitate concurritur; *mane* enim, pro eo quod est sedulo, vel mature, aliquoties ponitur, ut sunt illa in psalmis: « Et castigatio mea, inquit, in matutinis (*Psal.* LXXII, 14). » Et : « In matutino interficiebam omnes peccatores terræ (*Psal.* C, 8). »

Vers. 2. — « Venite et revertamur ad Dominum, « quia ipse cepit et sanabit nos, percutiet et curabit « nos. » Vox est eorum qui de tribulatione ad Deum *mane consurgunt. Venite,* inquiunt, id est quotquot eodem quo nos errore tenemini, vel quotquot motus interiores ad Assur abistis, quotquotve ad regem misistis ultorem, de ea qua fusi estis nos dispersione colligite, et ad eum, cui cum præfato Benjamin terga dederamus, sensatioribus jam animis ora vertamus. *Ipse enim nos cepit*, illatæ videlicet tribulationis freno, a licentia nos prava cohibuit, superius enim : « *Ecce ego capiam*, inquit, deinde nos sanat, quod nisi coercitis et redeuntibus facere non poterat. Denique *nos percutit* aut per adversa quæ effrenibus nobis, et omni vanitatum vento circumfatis, ostendit; aut etiam percutit, cum aut peccatis saucios, aut ipsa quoque passibilitate et mortalitate percussos ostendit: Quas quidem sic deplorat: « Quoniam, inquit, sagittæ tuæ infixæ sunt mihi (*Psal.* XXXVII, 3). » Curat nos, aut adversitates leniendo, aut peccata donando, aut necessitates naturales perpetua incorruptibilitate mutando. Curat etiam, cum per interiorem diligentiam, et diuturnam subjectorum motuum custodiam, perducit nos totius integritatis ad regulam.

VERS. 3. — « Vivificabit nos post duos dies, in die « tertia suscitabit nos, et vivemus in conspectu « ejus, sciemus, sequemurque ut cognoscamus Do- « minum. » *Post duos dies nos vivificat*, cum post conversionis gratiam ad prosecutionem virtutum nos animat. *In die tertia nos* suscitat, cum ad cumulum perfectionis vel potius bravium cœleste nos sublevat. Hi tres status sub trium Job filiarum designantur nominibus, dum una Dies, secunda Cassia, Cornustibii tertia vocitatur. Initia enim promotionis, et fines in quorumque conversationibus attenduntur, quod est egredi ex Ægypto, pervagari in deserto, terram promissionis intrare; ipse quoque Dominus ex Evangelio : « Hodie, inquit, dæmonia ejicio, cras sanitates perficio, et tertia die consummor (*Luc.* XIII, 32). » In conspectu ejus tunc vivimus, cum aut ejus intuitu digna peragimus, quod enim nobis placet gratanter aspicimus, aut æterna ejus visione reficimur. Et recte positum est *vivemus*, quia in præsenti quicunque habitus nobis insit, nunquam in eodem statu permanentes, ut sic dixerim, semper morimur. *Sciemus* autem cum in ipsa nostra reversione ad Dominum, plenariam obtinebimus discretionem spirituum, illius sermonis adepti scientiam, qui pertingit ad divisionem cogitationum et intentionum. Deinde *sequemur*, cum scientia verbi ipsius tanquam lucerna præierit pedibus nostris (*Psal.* CXVIII, 105). Tuncque Dominum cognoscemus, cum ad ejus intimum amoris cubiculum, quod est vera notitia, imo, ut ipse testatur, vita æterna (*Joan.* X, 28), attigerimus. « Quasi « diluculum præparatus est egressus ejus. » Et veniet « quasi imber nobis temporaneus et serotinus « terræ. » Exponit particulatim quomodo sanet, quam curam Dominus percussionibus nostris impendat. Deus egreditur cum menti divinæ aspirationis novus quidam radius suboritur. Is egressus ac si diluculum præparatur, cum pedetentim et coalescentis fidei processibus dilatatur, diluculum

enim non ad subitum prorsus erumpit, sed sensim tenebris fatiscentibus auroræ jubar admittit. *Egressus* ergo instar diluculi præparatur, cum integumentum veteris ignorantiæ, multis pœnitentia ornatibus præmissis retegitur; ad hujus diluculi apparatum in credituroum animis Joannes Baptista præmittitur; quasi *imber temporaneus nobis venit*, cum qualiter in præsentiarum nostræ mentis habitum exercere debeamus, nos imbuit. *Temporaneus imber* dicitur, cum prædicatio quæ exterius a magistris prorogatur, vel interna unctio, quæ per spiritum Dei inspergitur, ad interiorum passionum medelam, quas temporaliter patimur, adhibetur. *Serotinus imber terræ* est, quando de æternis, quæ sæculo vesperascente exspectantur ; 199 sermo est, quæ terra dicuntur, quia major quam ibi soliditas esse non potest, stabilius enim terra elementum nullum est, unde legitur : « Terra autem in æternum stat (*Eccles.* I, 4). »

VERS. 4. — « Quid faciam tibi, Ephraim? quid fa- « ciam tibi, Juda? misericordia vestra quasi nubes « matutina, et quasi ros mane pertransiens. » Ac si diceret : Quod præmium præstolamini, o voluntas et ratio, pro hoc ipso vestro ad Deum reditu? *Misericordia*, quam vobis secundum animalem motum impendi desideratis, scio quia ad modum matutinæ nubis, perfunctoria est, dum pro interiori bono commoda exteriora perquiritis, et dum pro æternis laborare putamini, in præsenti cupitis prosperari. *Matutina* enim *nubes* emergente aurora disjicitur, et *ros* incalescente decoquitur. Quod est dicere : Vos non inclinatis intentiones vestras, ad faciendas justificationes meas propter retributionem, quæ fit in æternum ; sed æstimatis pietatem quæstum. Misericordiam autem istam, non aliam intellige quam de qua dicitur : « Recepisti bona in vita tua (*Luc.* XVI, 25). »

VERS. 5. — « Propter hoc dolavi in prophetis, « occidi eos in verbis oris mei ; et judicia mea « quasi lux egredientur. » *Propter hoc in prophetis* dolat, quia ne temporalia quasi pro meriti præmio aucupentur, ineptas quasdam spei inanis providentias in nobis partim excidit, partim servat ; dolabro enim resecatur nodositas, ut lignum idoneæ rectitudini præparetur. Prophetas a *prophetando* dictos, qui etiam *videntes* olim ob subtilitatem intelligentiæ dicebantur nemo qui ambigat. *In prophetis* ergo dolat, cum in prudentiis nostris terrena succidit, et æterna, quæ sola debent sperari, conservat. *In verbis oris sui eos occidit*, cum verbis prædicatorum, qui ora et *labia Dei* in Scripturis appellantur, inepta cupiditas addamnatur. *Judicia* ejus *quasi lux* egrediuntur, cum discretionis rationis a Deo illustratæ ad opera lucis, quæ proximos ædificent, emittuntur.

VERS. 6. — « Quia misericordiam volui et non sa- « crificium, et scientiam Dei plusquam holocausta. » *Misericordiam vult Deus et non sacrificium*, dum primum ut sui homo misereatur, et postmodum ut eadem misericordia ad proximos extendatur, magis affectat quam victimas animalium brutorum. Dicitur enim : « Miserere animæ tuæ placens Deo (*Eccli.* xxx, 24). » Hæc ergo misericordia non minus ad se quam ad proximum acceptior est Deo, quam externi corporis carnificium. Ubi tamen quæstio oritur, quæ etiam a plerisque objicitur : « Melior est, aiunt, obedientia quam victimæ (*I Reg.* xv, 22). » Quæritur ergo utrum sacrificium Dominici corporis præponderet obedientiæ, vel obedientia præponderet sacrificio. Cui nos, sed sine præjudicio melioris sententiæ respondemus. Inobedientiam peccato ariolandi comparatam non profecto nescimus, inobedientiam vero non res, sed causa facit. Si enim in re fuisset, non Adam pro pomo vilissimo, non Saul pro mutis animalibus pœnas luisset. Fecit ergo causa, quia Dei postponuntur imperia, sed quod Dei est, magistrorum Ecclesiæ dignoscitur suscepisse persona; qui ergo eis inobedit, quidquid est illud quod immolat, securus dico, quia nihil sibi confert qui illud inobediens mactat, et melius esset sibi, nescio si aliis, sine omni sacrificio obedire quam inobediendo sacrificare. De substantia Dominici corporis utrum per tales et damnatos quoslibet alios conficiatur, mihi modo tractare non adjacet (15), dicam tamen quia quod inobedientes fecerint, ab utilitate sua totum vacet.

VERS. 7. — « Ipsi autem sicut Adam transgressi « sunt pactum, ibi prævaricati sunt in me. » Superius dixerat se misericordiam et non sacrificium velle, ut scilicet suæ contemplatione miseriæ, cum homo sibi miserescere cogitur, ad alienorum appetentiam non erigatur, recte subjicitur : *Ipsi autem transgressi sunt pactum*, ac si diceret : Cum hortarer eos ad sui respectionem, ipsi cogitaverunt, *sicut Adam*, avaritiæ transgressionem, cui, dum deitas appetenda videtur, repente vix homo reperitur. *Ibi*, inquit, *prævaricati sunt in me*, quia in hujus suggestionis acceptione meis monitis obstitere.

VERS. 8, 9. — « Galaad civitas operantium ido« lum supplantata sanguine. Et quasi fauces viro« rum latronum. » Galaad interpretatur *acervus testimonii*. Galaad civitas operantium idolum est, quando mens acclinis ad terrenas imaginationes est. Idolum autem formula dicitur. Et quid est recordari quarumque formarum, nisi quædam coram se creatio idolorum? *Galaad* ergo *acervus* est *testimonii*, quia profecto in inferioribus dilatatur, in superioribus angustatur, et adhibetur loco cujusdam testimonii, quod scilicet qui lata et spatiosa hujus mundi prosequitur, in Dei charitate angustatur, nec instar civitatis sine strepitu potest esse, aut materialium quorumlibet mentali repræsentatione carere, qui se aliquantisper a cura mundialium non se meminerit absentare. Hæc *civitas sanguine* supplantatur, quia creberrime per hujusmodi affectiones lethali peccato subvertitur. *Quasi fau-*

ces virorum latronum est, dum quod crudeliter impotentioribus abripit, insatiabili aviditate transglutit : In quo duo consideranda sunt, in latronibus diripiendi atrocitas; in faucibus, rapta abliguriendi gulositas.

« Particeps sacerdotum in via interficientium per « gentes de Sichem, quia scelus operati sunt. » *Civitas* hæc *particeps sacerdotum* est, qui *per gentes de Sichem in via* interficiunt, cum pravorum motuum versutiæ, qui, quasi quidam sacri duces, super scelerum suorum levigatione ratiocinantur interius, et eas cogitationes quæ divinis obedire sermonibus gestiunt, sua retractatione trucidant, et veluti *in via*, in sua actione mortificant, illi conscientiæ comparantur, quæ terrenarum imaginum phantasiis delectatur. Sichem enim *humerus* interpretatur, in quo obedientiæ sustinentia denotatur. *De Sichem* ergo *pergentes, in via* perimuntur, cum hi motus, qui Deo et magistris per obedientiam se subdere volunt, et ex hoc proficere desiderant, per mentis insolentis strepitus, et visorum fœdas recordationes intereunt. Scelus ergo ibi idem civitatenses Galaad operantur, dum voluntates quibus boni aliquid adjicet, interiori præpediente tumultu, perficere non sinuntur.

VERS. 10. — « In domo Israel vidi horrendum, « ibi fornicationes Ephraim. » Non mirum est, inquit, si quidquid benevolentiæ cordi inest, enecatur, cum horrores vitiorum in affectu, quod est Israel, qui sine Deo exsecrabiliter principatur, recondi videantur, unde in Ephraim, id est voluntate culpæ fornicationis, id est internæ a Deo alienationis oboritur.

VERS. 11. — « Contaminatus est Israel. Sed, et « Juda, pone messem tibi, cum convertero captivi« tatem populi mei. » Quod est dicere : *Israel* quidem in hujusmodi lapsus est spurcitias ; *sed, tu Juda*, rationalis videlicet confessio, *pone messem tibi*, id est, lectionem tibi propone sacri eloquii ; hoc tamen tibi faciendi facultas nulla suppetit, donec *convertero captivitatem populi mei*. *Captivitas populi* tunc vere convertitur, cum is, qui captos tenebat, ab eo qui pridem captus est captivatur ; et intra nos convertitur, cum mentis status ab eo quod male steterit immutatur.

CAPUT VII.

VERS. 1. — « Cum sanare vellem Israel, revelata « est iniquitas Ephraim, et malitia Samariæ, quia « operati sunt mendacium. » Cum Deus *sanare* vult *Israel, iniquitas Ephraim* revelatur, quia cum carnalis affectus ad regulam rationis corrigitur, et aliquo modo Dei judicio conterretur, voluntas, quæ ex antiquæ consuetudinis usu pronificatur ad malum, subito revelatur. Nam cum cogitare insolita cogitur, et ab eo quod delectat removeri, impatientiæ animo morbus inuritur. Cui morbo *malitia Samariæ* multum adnititur, scilicet illorum sacerdotum, qui pes-

(15) De iis agit lib. II De pigneribus sanct.

simi consultores interius ad excusandas excusationes in peccatis emergunt (*Psal.* CXL, 4), cum qui præsules in animo ad leviganda vitia videri volunt, imitationem veterni status differri debere, quasi concionantes, ostendunt. Somer, plane a quo Samaria, interpretatur *custos*. Prava enim astutia menti mentitur custodiam, dum non ad Deum, sed ad sæculum solet spondere cautelam, et non apud Deum, sed penes sæculum veretur infamiam. Et hoc fit, quia *mendacium* operantur, hypocrisi videlicet conteguntur. Quid enim mendosius quam ut velis videri quod non es? « Et fur ingressus est spolians latrunculus foris. » Ac si diceret : Et certe quæcunque extrinseca adhibeatur vigilantia, *fur tamen* ingredietur, id est proditio interna, quæ diabolum depopulatorem admittit, intro debacchabitur, et homine familiaribus spoliis exenterato, *latrunculus foris*, qui ab exteriori honestate despoliet, mox insurgit, arbore enim corrupta medullitus tota ramorum superficies arefacta destruitur. Nota distinctionem furis et latronis. Fur est clandestinus, latro per insidias sed apertus. Unde Dominus : « Ille, inquit, fur est, et latro (*Joan.* X, 1). » Fur aliunde ascendendo, latro post ingressum in domesticis sæviendo.

VERS. 2. — « Et ne forte dicant in cordibus suis « omnem malitiam eorum me recordatum, nunc « circumdederunt eos adinventiones suæ, coram « facie mea factæ sunt. » Ac si diceret : Fortasse dicent, dum de suæ mentis processu aut decessu recogitant, quod quasi ad finem ulteriorum omnes eorum malitias glomerare voluerim, plane falluntur, sed nunc, id est, in hoc statu hypocrisis, quo sensus eorum conclusit improbitas, adinventiones suæ eos circumdederunt, id est dolosæ conversationis commenta in hujus labyrinthi foveam detruserunt. *Adinventiones*, quæ per hypocrisim fiunt, merito dicuntur, quia vix ulla veritatis opera tanto fuco coornantur. Unde et *coram facie* sua factas eas Deus perhibet, quia nihil est quod tantopere Dei offendat aspectum quantum illa quæ pro Deo geri putantur, et ex hoc ipso nihil aliud actores quam sæculares glorias aucupantur. Sibi enim quod Deo impenditur velle ascribi, nefarium idololatriæ genus est.

VERS. 3. — « In malitia sua lætificaverunt re« gem ; et in mendaciis suis principes. » Si *regem* velimus intelligere diabolum, stat ; ipse enim est rex super omnes filios superbiæ (*Job.* XLI, 25) ; si principes ministros ejus dæmones, utcunque consistit. Sed res intra nos constringatur. *In malitia* ergo *sua regem* lætificant, cum mala occulte perpetrata, nec forasticum judicem metuentia studium rationis elatæ delectant. Ideo enim rex appellatur, quia gaudio privato extollitur, qui per hypocrisim operatur, in omni profecto actione sua mentitur. *In menda- ciis* ergo *suis principes* lætificant, cum, fallacibus operibus quibus ineptum vulgus ad sui venerationem pertrahunt sensus suos, qui sibi, sicut Samaritanæ

mulieri, male principantur, exhilarando ex honoris delatione ludificant. Hi sunt principes qui nos persequuntur gratis (*Psal.* CXVIII, 161).

VERS. 4. — « Omnes adulterantes, quasi clibanus « succensus a coquente. » Hi *principes omnes* adulterant, dum videntibus speciem pro Deo susceptæ humilitatis ostentant, sed alii quam Deo exinde placere desiderant. *Quasi clibanus succensus a co- quente* sunt, dum sub benigna facie ferventissimi intra animum appetitus incendia clausa ferunt. Clibanus enim interius ardet, qui quo est camera- tior eo æstuosior. Unde inquit Poeta (*Ovid. Met.* IV, 64) :

Quoque magis tegitur, tectus magis æstuat ardor.

Coquens autem non alius est quam qui talis ambitionis sibi ipsi incentor est. « Quievit paululum « civitas a commistione fermenti, donec fermenta« retur totum. » *Paululum civitas* quiescit, cum in initio cœptæ hypocrisis non nimia vis ipsius internæ cupiditatis, nec frequentia civitatis perstrepere sinitur, quia a consideratione fermentationis novitiæ cessatur. *Fermentum* quid significet a nemine dubitatur. Hæc pestis primo mentem sub specie sanctitatis aggreditur, at postquam sinistra intentio pectus occupaverit, *totum fermentatum* dicitur.

VERS. 5. — « Dies regis nostri. » Deceptæ cogitationis vox est. Regem superius diximus rationem plenam fastus. O inquit, *dies regis nostri*; ac si diceret : Ecce, rex noster diem habet, quia spiritus noster in sui prosperitate favoris luculentus apparet. « Cœperunt principes furere a vino. » Animo de suis glorianti laudibus, sensus nostri exteriores *a vino* furunt, dum sui cogitationem gratia alieni oris amittunt. Furiosorum est, nec se, nec quempiam agnoscere, aut vereri, nec quid patiantur scire. A vino ergo furunt qui externis adulationibus ebrii, non quales sint, sed qualiter laudentur, attendunt.

VERS. 6. — « Extendit manum suam cum illuso« ribus, quia applicuerunt quasi clibanum cor suum, « cum insidiaretur eis. » *Cum illusoribus manum* suam rex extendit cum ad voluntatem adulatorum suorum vel potius illusorum operationes suas pro quibus magis extollatur, amplificare contendit. Fimbrias suas, juxta Evangelium, spiritus noster magnificat (*Math.* XXIII, 5), cum sua quælibet opera, quamvis extrema, percelebrat; phylacteria, quæ collo, vel pectori appendi solent, dilatat (*Ibid.*), cum scientiam vel doctrinam quasi obaudientium custodiam tonantibus buccis ostentat. *Quia applicuerunt*, haud dubium quem illusores *quasi clibanum cor suum*, cum cogitationes se merito laudari æstimantes, sibi miserabiliter illudentes, et exterioribus pejores, *cor suum*, id est rationem suam sub talibus blanditiis æstuantem usquequaque inclinant, et se eis quasi gratulabundos humiliant. Hoc, inquit, cogitationes faciunt, cum rex ipse *insidiaretur eis*, cum scilicet spiritus ipse, cujus officii erat eis regere, præsentia gaudia aucuparetur, eis ad internecionem earum quas salvare debuerat se submittens.

« Tota nocte dormivit coquens eos, mane ipse suc« censuś quasi ignis flammæ. » *Tota nocte coquens eos* dormit, cum omnimoda cæcitate ad internorum motuum, qui sanum sapere poterant, demolitionem tanquam excoctionem se sepelit. *Mane ipse* succenditur, cum, illucescente sibi alicujus prosperitatis aurora, nimietate cupiditatis ignitur. Unde sub specie cujusdam avis in Job dicitur : « Cum tempus invenerit, in altum alas erigit (*Job.* XXXIX, 18). » *Quasi ignis flammæ* est, dum quos exterius docendo prolambit et illustrare contendit, eadem qua fervet peste succendit; vel etiam *ignis flammæ* est, dum mens quæ in affectu peccandi latenter ignescit, in exemplum aliorum pro patulo excandescit.

VERS. 7. — « Omnes calefacti sunt quasi cliba« nus, et devoraverunt judices suos. » *Omnes quasi clibanus* calefiunt, dum ratio, voluntas et affectus dum subjectis motibus studio ineptæ cupidinis effervescunt. *Judices suos devorant*, dum universos impetus spiritus vitiorum ardores adnihilant. Hi enim sunt judices, quia ex his prodeunt totius interioritatis nostræ censuræ et moderationes. « Omnes reges « eorum ceciderunt : non est qui clamet in eis ad « me. » Interiorum nostrorum reges sunt, quicunque animi habitus de Deo hominem recogitare compellunt. Unde psalmus : « Non est creditus, inquit, cum Deo spiritus ejus (*Psal.* LXXVII, 8). » Hi *reges* cadunt, cum se ad appetenda terrena provolvunt. *Non est in eis qui clamet* ad Deum, non est videlicet qui post delectationis, aut consensus damna, ad alicujus pœnitudinis studeat redire propositum. Quis enim miserabilius clamat quam qui suæ calamitati illacrymatur?

VERS. 8. — « Ephraim in populis ipse commisce« batur. » *Ephraim in populis ipse commiscetur*, cum voluntas quæ ferax frugalitatis esse debuerat, cogitationum insolentium vulgo dispergitur. Et notandum quod vigilanter pronomen, quod est *ipse*, adjungitur, ac si diceretur : ipse Ephraim qui non est aliud quam voluntas, quæ rationi magis convenire debuerat, popularibus cogitationum sese turbis indiderat, et cui tantum credebatur; proh dolor ! ex rationis vicinitate debens stare, diffluxerat. « Ephraim factus est subcinericius qui non rever« satur. » *Subcinericius Ephraim* fit, cum voluntas ex memoria præteritorum criminum refricata calescit. Nec immerito, quia cum præteritorum malorum ei incumbunt imagines, quæ crebras ei innovant de experta intemperantia voluptates, *non reversatur*, quia quod semel conceptum est, nunquam à mente recutitur.

VERS. 9. — « Comederunt alieni robur ejus, et « ipse nescivit, sed et cani effusi sunt in eo; et ipse « ignoravit. » *Alieni robur ejus comedunt*, cum dæmones et carnis impetus, quibus a nostra salute nihil magis est exterum, quidquid in nostro velle virtutis constat, erodunt. *Et ipse nescit*, dum per vim discretionis quid incommodi patiatur nullatenus noscit. *Cani in eo* effunduntur, dum quidquid in eo piæ novitatis est dealbata, quadam hypocrisi s vetustate mutatur. Cani enim albi sunt, et vetustatem significant. Albor ergo ad id quod prætenditur, vetustas vero attinet ad id quod vera novitate privatur. Vetusta enim præsentia sunt, nova, futura. Et hæc Ephraim ignorat, quia statum in quo est utrum præsentia obliviscatur, et ad anteriora contendat, nullo modo pensat.

VERS. 10. — « Et humiliabitur superbia Israel in « facie ejus, nec reversi sunt ad Dominum Deum « suum, et non quæsierunt eum in omnibus his. » Superbia *Israel in facie ejus* humiliatur, cum affectus noster, quando sine Deo principatur, per aperti criminis casum se sciente dicitur; *in facie ejus Israel* humiliatur, cum appetitus nostri tumor, qui de sua castitate cum turpis esset erexerat, peccati sui experientia et pudore reflatur. *Ad Dominum Deum suum non* revertuntur, cum motus affectuales nec flagitiorum suorum consternatione deterriti, ut deinceps Deum sapiant retorqueantur. *In omnibus his non eum* querunt, cum nec in evidenti revolutione facinorum ad divinam munditiam resipiscendo resurgunt.

VERS. 11. — « Et factus est Ephraim quasi co« lumba seducta non habens cor. » *Quasi columba seducta fit Ephraim*, dum de operum suorum ac si fetuum corruptione non ingemit. Columba enim præter aliarum avium morem de pullorum suorum subtractione non perstrepit. Columba ergo dicitur *seducta*, quasi ad insensibilitatem redacta. Quid enim illa voluntate insensibilius, quæ suis indolere nescit indignis operibus? Cum de aliis columbis dicatur quod non habeant fel, de hac dicitur quod *non habeat cor*, ut sensus reprobi immanitas ostendatur; quia malorum suorum miseratione non ducitur. « Ægyptum invocabant, ad Assyrios abierunt. » Ægyptus interpretatur *tribulatio* vel *tenebræ*; Assyrii vero *aulici* vel *dirigentes*. Ægyptum ergo invocant, qui post perpetrationem peccati animum suum rationabiliter ad tenebras mœroris tribulationemque compellant. Appetentia enim voluptatum; juxta Boetianum illud, cum sit plena anxietatis, satietas tamen est pœnitentiæ (*De consol. Philip.*, lib. III, pros. 7). Ægyptum itaque invocantes, id est de pœnitudinis acredine, quæ peccato congruit, in conscientia succlamantes, vox enim sanguinis moraliter clamat ad Deum, mox *ad Assyrios* abeunt, quia cogitationes, quæ peccata excusant et levigant, metu rejecto potius consulunt et per eas se dirigi putant, dum criminis fœditatem aulicam curialitatem appellant. Has enim *sacerdotes et protectores* superius dixerat, ea abusione qua et *prophetas* Ezechiel et Jeremias vocat.

VERS. 12. — « Et cum profecti fuerint, expan« dam super eos rete meum, quasi volucrem cœli « detraham eos. » Proficiscuntur cum a consideratione perpetratæ nequitiæ evagantur. *Rete Dei super eos* expanditur, cum eorum lasciviæ divino judicio impedimenta objiciuntur, quibus eorum levitalis impetus subito retardatur. *Quasi volucris cœli detrahuntur, cum eorum superbia in mirabilibus super se ambulans lapsu repentino subruitur.* In volucre enim levitas, in cœlo superbia designatur, ut est: « Volucres, inquit, cœli comederunt illud (*Marc.* IV, 4). » « *Cædam eos secundum auditionem cœtus eorum.* » Deus *eos cædit*, cum periculis ingruentibus, sive cogitationum tortionibus, seu morbis corporalibus vexari permittit. Quæ cæsio secundum auditionem cœtus eorum fit, dum usque ad intelligentiam eorum omnium mentis motuum, quid ad Assyrios ire suaserant, verberis et dolorum vindicta procedit; aliter enim cæsio nequaquam proficeret, nisi is, qui cæditur, pro quo cæderetur, agnosceret. Unde alias scribitur: « Sola vexatio dabit intellectum auditui (*Isai.* XXVIII, 19).

VERS. 13. — « *Væ eis qui recesserunt a me.* » *Væ* ergo *eis*, quoniam a Deo recedunt, dum æternam miseriam sibi imminere pro sua desertione perpendunt; *væ* enim in præsenti habent, qui illud sibi debitum, nisi se correxerint, timent. « *Vastabuntur, quia prævaricati sunt in me.* » Hi qui videbantur aulici vastantur, qui a frequentia circumstrepentium libidinum penitus desolantur. Qui enim in Deum prævaricatur, id est præter divinas rectitudines derivatur, unde voluptatis incrementa reperturum se æstimat, inde consumitur.

VERS. 14. — « *Et ego redemi eos, et ipsi locuti sunt contra me mendacia. Et non clamaverunt ad me in corde suo, sed ululabant in cubilibus suis super triticum, et vinum ruminabant.* » Deus *eos redimit*, cum ab ærumnis quæ ingruerant eximit. *Et ipsi contra Deum mendacia* loquuntur, dum potius ereptiones suas suæ provisioni aut fortuito eventui ascribendas, quam divinis concursibus arbitrantur. Vel contra Deum etiam loquuntur *mendacia*, dum Deum non æstimant sua adeo exacerbari per crimina, ut pro his velit Deus gravia in se exerceri judicia, cum autem accidunt non esse aliud quam casualia infortunia. Et huc argumentum inferunt, quod multi post horrenda flagitia impune persistunt, quod facile miseri refellerent, si causas judicii universalis attenderent, et recepisse bona in vita sua divitem meminissent (*Luc.* XVI, 25). Ad Deum *in corde suo non* clamant, dum supernis beneficiis nullas gratiarum actiones redhibent. Nam clamarent si respirarent. *Sed in cubilibus suis* ululant, cum intra funesta præcordia feralitate omnimoda malitiæ et rapacitatis defurunt et æstuant. Ululare enim luporum et canum est. *Cubilia* in sacra pagina pro *cordibus* poni solent, ut est: « Cum oraveris intra in cubiculum (*Matth.* VI, 6). » *In cubilibus* ergo ululant, qui, quod minus peccare sibi liceat, in cordibus suis dolent. « Sub lingua, inquit, eorum labor et dolor (*Psal.* LXXXIX, 10). » *Super triticum et vinum* ruminant, dum super doctrina cœlesti et spirituali scientia disputando retractant. Ruminare enim est cibum commasticatum ad ora reducere denuo commolendum. » Ergo ruminant qui dogma ecclesiasticum, quod semel combiberint, discutere et examinare præsumunt, et diffinita a Deo et Patribus ac si nova aliqua revocare ad medium. *Triticum* pro *doctrina* poni Evangelium teste est, de præbenda in tempore mensura tritici (*Luc.* XII, 42). Vinum autem vim spiritualis scientiæ, sicut lac lenitatem simplicis disciplinæ significat. « Emite, inquit, absque ulla commutatione vinum et lac (*Isai.* LV, 1). » Quod hodieque in quorumdam grammaticorum controversiis pervidemus, qui non solum in divino eloquio, sed etiam in quolibet cœlesti mysterio, cæcis oculis scintillare contendunt.

VERS. 15, 16. — « *Recesserunt a me, et ego erudivi eos, et confortavi brachia eorum et in me cogitaverunt malitiam. Reversi sunt ut essent absque jugo; facti sunt quasi arcus dolosus.* » Ac si diceret: Cum *eos erudierim, et eorum brachia confortaverim, recesserunt a me*. Deus *eos erudit* cum sapientia salutari eos imbuit. *Brachia eorum confortat*, cum naturalis ingenii robur, vel ipsam eorum operationem consolidat. *Et in me*, inquit, *malitiam cogitaverunt*, cum de sua eruditione, et impia adversus æquitatem valetudine in me militarunt. Revertuntur *ut absque jugo* sint, cum cæsi, et de pœnitentia commoniti a divina inspiratione desipiscunt, et ad præteritæ vanitatis deliramenta recurrunt, ut dominium cujuspiam rationalitatis, non habeant quo ad prosequendas sæculares licentias timidiores fiant. Hæc vincula, et hoc jugum se direpturos, et projecturos quidam in psalmo se spondent (*Psal.* II, 3) *Quasi arcus dolosus facti sunt*, qui ipsum a quo intenduntur percutiunt. Plane a Deo intenduntur, cum gemina scientia ac si arcus corda coercentur. Inde ingenii sagitta exigitur, quæ cum ferire hostem debeat usque ad divinitatis plerumque injurias importatur. *Arcus* quippe *dolosus* est, qui ipsum ferit a quo intenditur.

« *Cadent in gladio principes eorum a furore linguæ suæ.* » *Principes eorum in gladio* cadunt cum sensus eorum sese lethalibus malis illiciunt. Gladius enim pro capitali peccato ponitur, ut est: « De gladio maligno eripe me (*Psal.* CXLIII, 10). » Et hoc *a furore linguæ suæ* eis evenit, quia eorum vecors conscientia plus interiori quam exteriori verbositate contra sanctæ Ecclesiæ mysteria furit. Raro enim invenies hæreticum quem non prosequatur aut præcedat turpe quodlibet facinus aut flagitium. « *Ista subsannatio eorum in terra Ægypti.* » *Ista subsannatio eorum in terra Ægypti* est, cum eorum qui de Deo in bonitate non sentiunt (*Sap.* I, 1), irrisione digna conversatio etiam apud exteros est. Sequitur:

CAPUT VIII.

VERS. 1. — « *In gutture tuo sit tuba quasi aquila super domum Domini.* » Vox Dei est ad ipsam rationem. Per guttur, ex quo emittitur, ipsam accipimus locutionem. Tuba vero evidens sonus est. Licet et per guttur, quod infra linguam est, ipsa cogitatio queat intelligi : sicut et eos pro mente solet poni, ut est; « Os justi meditabitur sapientiam (*Psal.* xxxvi, 30). » Quod est ac si diceret : Cordis tui cogitatio, vel oris tui locutio, tanto libramine moderetur ut quod cogitaveris vel dixeris prædicari ubique sine tuo pudore valeat. Multi enim hæreseos conditores in angulis dogmatizant, de quibus in propatulo mutire non audeant. *In gutture ergo tuo sit tuba,* ut quod mente fideli intenderis in conflictu diabolicorum satellitum securo clamore edicas, existens videlicet *quasi aquila super domum Dei,* id est ut palpebris consiliorum præcedantur gressus tui. Domus Dei conscientia bona est. Super hanc *quasi aquila* existimus, dum quorsum tendat nostra credulitas subtilissimo acumine ventilamus. Aquilina enim acie præter linces nil clarius.

Vers. 2. — « Pro eo quod trangressi sunt, fœdus « meum, et legem meam prævaricati sunt me invo- « cabunt: Deus meus, cognovimus te Israel. » Fœdus Dei est, quod ei per fidem in baptismo spopondimus, lex vero, quidquid per divina eloquia ex bene vivendi mandato accipimus. *Fœdus* ergo transgreditur quisquis a fidei regula quam professus est exorbitare probatur. Legis prævaricator est quisquis ab instituto quod suscepit spontaneus refuga est. *Transgressi ergo fœdus et prævaricati legem me invocabunt,* dicentes : *Deus meus,* id est cum fide et vita me fefellerint, profecto et ipsi fallentur, si de me ac si Deo suo in aliqua necessitate gloriari voluerint. Nos qui sumus *Israel te cognovimus.* Israel, ut supra dictum est, *directus Dei,* vel *princeps cum Deo* dicitur. Quidam enim ex diuturnis criminibus sensus reprobitate confusi, non veterna sua scelera in quibus vitam pene transegerunt, sed momentaneam respirationem, qua ad Deum pro quavis adversitate recurrunt, attendentes se directos, se sui cum Deo principes, se jam Deum nosse fatentur, et perfunctoriam diei pietatem cum totius ævi sui sceleribus metiuntur (*Tit.* i, 16).

Vers. 3. — « Projecit Israel bonum, inimicus pro- « sequetur eum. » *Bonum Israel* projicit quod, cum urgente periculo aggreditur, fortuna redeunte rejicitur. Ideo *eum inimicus* persequitur, ubi totius bonæ intentionis deficiente affectu, nulla hosti constantia virtutis internæ resistitur.

Vers. 4. — « Ipsi regnaverunt, et non ex me; prin- « cipes exstiterunt, et non cognovi. » Regnat, sed ex Deo non regnat, quisquis angustiis prementibus pravis suis moribus imperat, cum tamen in conscientiæ angulis affectum, si libertas arrideat, ad vomitum redeundi conservat (*II Petr.* ii, 22). *Principes existunt,* sed Deus non cognoscit; cum sensus exteriores ad horam sub regia rationis ditione sibimet principantur, sed Deus hujus restrictionis caus s, quia non approbat, nescit. Super enim horum similibus legitur : « Cum occideret eos quærebant eum, « et revertebantur (*Psal.* lxxvii, 34). » « Argentum « suum et aurum suum fecerunt sibi idola ut inter- « irent. » *Argentum suum et aurum suum sibi* facit

idola quisquis divini eloquii scientiam, aut eam, quæ ad Dei notitiam pertinet sapientiam, expendit intentione perversa. Quid enim aliud quam idolum struere est, cum quis his muneribus non Deum, sed se desiderat honorari, nec Deo referre quod ab eo acceperit, sed se potius quasi simulacrum ostentari ? Quæ causa multos olim genuit hodieque gignit hæreticos, dum qui pro obscuritate generis et vitæ delitescunt, pro novorum dogmatum moliminibus celebrari appetunt. Et hæc faciunt ut intereant, quia juxta Dei censura contingit ut, dum passim prædicari ac enitescere optant, ad extremi occasus ignominias se subruant.

Vers. 5. — « Projectus est vitulus tuus, Samaria, « iratus est furor meus in eos. » Samaria, ut dictum est, interpretatur *custodia.* Et quæ est hæc *custodia* nisi illa quæ componitur pro suorum nominum propagatione cautela ? Hujus Samariæ *vitulus* projicitur, cum illa in qua lascivire concupiscit famæ suæ gloria, non solum addemnatur, sed etiam pro sorde respuitur. Notandum quod non dicitur furere Deum, sed irasci Dei *furorem in eos.* Primum iram, postmodum furorem ponit, ut ostendat Deum primo eis ex eorum pravitate conversationis iratum ; postmodum, quia ex Dei blasphemia sibi nomen arrogare voluerunt, cujus rei vel meminisse nefas erat, merito ad subvertendos eos in furorem versum. « Usque- « quo non poterunt emundari ? »

Vers. 6. — « Quia ex Israel, et ipse est artifex. » Ac si diceret : Quandiu hæc eorum perversitas incorrecta manebit ? Ac si responderetur : Profecto diu, quia *ex Israel* est *et ipse artifex.* Israel, ut prælibatum est, secundum quosdam etiam antiquos, *vir videns Deum* interpretatur. Ideo ergo non facile emundantur, quia talis idololatriæ artifices ex his potissimum esse solent, qui de Dei per Scripturas cognitione præ cæteris gloriantur; et ex eo sextæ suæ tenacius hærent quo sacram paginam pro sua libidine quasi acutius intorquent, aliosque securius sibi alliciunt, quo perspicaciores se in divino eloquio dici audiunt. *Ex Israel* ergo *et ipse est artifex,* quia non nisi ex magna ingenii acrimonia præditis solet fieri talium fabularum index.

Vers. 7. — « Fecit illum et non est Deus, quo- « niam in aranearum telas erit vitulus Samariæ. « Quia ventum seminabunt, et turbinem metent. » *Deum facit,* sed *Deus non est,* quisquis pro captu et imaginatione sua Deum circumscribit, ut ad ejus naturæ dissertionem attingere nititur, quod nullo modo homini comprehensibile, aut Deus esse potest: Quidquid enim pervideas, falso Deum existimas. « Quoniam in aranearum telas erit vitulus Samariæ, » quia scilicet petulantia quæ subjacet illi forinsecus dealbatæ custodiæ, ut magis enim fallant, multa agunt sub hypocrisis specie, adnihilabitur et evanescet ac si aranearum telæ. Quæ enim insulsior, et quasi vitulina levitas, quam libros contexere, quos explodat et exsibilet totius Christianitatis auctoritas ? Qui telæ aranearum sunt, quia eorum studio fiunt, qui intima sua in vita sua projiciunt, et in brevi eventilantur, quia non aliter quam spuria, ut legitur, vitulamina radicantur (*Sap.* iv, 3). Aranea enim cum sit venenatum animal, ex virosis visceribus opus egerens, nil aliud explicat, nisi quod studiis inanibus seipsam extenuat. *Ventum* enim *seminant* qui erroris nebulas et nænias supervacuas spargere pluris putant. *Turbinem* metunt, cum mentis cæcitatem et motum externæ adversitatis incurrunt. Hoc enim proprium hæretici habent, ut cum facere sibi nomen ex dogmatis diversitate gestiant, vilipensioni et odio omnium mox pateant.

« *Culmus stans* non est in eo, *germen* non *faciet « farinam.* » *Culmus* stat cum verbi fastus exuberat; consuetudinarium enim eis est, ut verborum pompæ deserviant, et dialecticis allegationibus universa pertractent. In culmo ergo vacuitas, in statu dicendi vivacitas. Sed in eis, quæ per culmen scilicet figurantur, verbis *germen* non est, quia in vapidi cordis sermonibus nulla vivificandi alios efficacia est. *Farinam non* facit, quia nullam internæ pinguedinis dulcedinem sermo gignit. Quod enim pro solo vulgi favore fieri intelligitur, vix aut nunquam ab animo audientium gratanter excipitur. Aut certe *farinam non* facit, dum nil fructuosum nisi quod ad laudem suam reciprocari valeat exprimit. « Quod et « si fecerit, » id est si quid utile dixerit, « alieni comedent eam, » diabolico scilicet pastui, qui præcipue superbia nostra nutritur, reservari constat eloquentiam. Unde Salomon : « Non sint, inquit, alieni participes tui (*Prov.* v, 17). »

Vers. 8, 9. — « Devoratus est Israel; nunc factus « est in nationibus quasi vas immundum. Quia ipsi « ascenderunt ad Assur, onager solitarius sibi « Ephraim. » *Israel* devoratur, cum hi, qui ex Dei cognitione directos se æstimant, exigente peccato ad omnimodam intellectus hebetudinem devolvuntur. Qui enim scientia a Deo data abutitur, necesse est ut longioris usu nequitiæ semper in deteriora mutetur. *Nunc*, id est ex amore præsentium factus est in nationibus quasi vas immundum, dum inter peregrinas vitiorum quorumcunque origines, se omnium receptui præstat apertum. *Vas* enim in veteri lege quod non habebat operculum, haberi jubebatur *immundum*, et mens hominis quæ casum a se non dimovet irruentis criminis, merito arguitur impuritatis. *Quia ipsi ascenderunt ad Assur*, id est malitiæ gradibus apprehenderunt gurgustia libidinum aulas. *Ephraim* mox factus est *onager sibi solitarius*, dum voluntatis habitatus exsul a Deo sibi soli, id est carnali lasciviæ, quæ signatur per onagrum, constat intentus. « Munera dederunt amato« ribus. (Vers. 10) Sed et mercede conduxerunt « nationes. » *Munera amatoribus* dant, cum impendunt et superimpenduntur dæmonibus, vel malignis hominibus, qui sibi aut rapacitatis, aut obscenæ voluptatis copias subministrant. Hinc est quod fœdere cum malignis pacto spiritibus, ad eorum aliquoties hominis se submittunt, et ab eis necromantias addiscunt, per quas ad mysterium iniquitatis efficaciores fiunt. Sed *et mercede nationes conducunt*, dum quædam faciunt quæ vitiorum sibi incentiva sunt, verbi gratia, cum sint qui allia et ferventioris naturæ pigmenta commasticant, quibus ad petulentiam acriores fiunt. Et de cæteris vitiis idem intellige. « Nunc congregabo eos, et quiescent « paulisper ab onere regis et principum. » *Congregat* Deus *eos*, cum inter innumera crimina ad considerationem sui ipsorum recolligit vagabundos. Et hoc nunc fit, quia tota illa recogitatio a conspectu rationis, quasi quiddam perfunctorium, transit. Quod non sine certo eorum judicio est, quia spiritus eorum, cum Deo sentiens, creditus ab eis non est (*Psal.* lxxvii, 8). Paulisper *ab onere regis et principum* quiescunt, cum a fastu superbiæ, qui omne sublimiter vidit, vel a carnali affectu, et exteriorum sensuum mens ad tempus dispersione vel oppressione, animo ad se redeunte, laxatur.

Vers. 11. — « Quia multiplicavit Ephraim altaria « ad peccandum, factæ sunt ei aræ in delictum. » *Ephraim altaria ad peccandum multiplicat*, cum per mentis vicissitudines innumera malorum proposita seriatim alternando frequentat. Secundum enim emergentes variæ conspersionis habitus, nunc ira, nunc libido, nunc superbia, nunc ambitio, et cætera quæque intrinsecus se commutant. Tot ergo colit altaria, ad quot peccandi se ingerit vota. Propter hoc fiunt *ei aræ in delictum*, ut ipsum etiam respuatur, quod ex scintilla rationis innascitur piæ recogitationis bonum. Delictum enim *a derelinquendo* dicitur, cum scilicet bonum quod fieri debet, deseritur. Peccato ergo succedit delictum, cum ex pœna ejus bonæ quoque voluntatis suboritur plerumque repudium.

Vers. 12. — « Scribam ei multiplices leges meas, quæ « velut alienæ computatæ sunt. » *Multiplices leges* suas *ei* Deus scribit, cum et legem naturalem, legemque conscriptam ejus ad integrum memoriæ inserit, ut eo justius damnetur quo nequaquam penes Deum de ignorantia levigatur. *Quæ tamen velut alienæ computantur*, cum ab ejus animo imo a voluntate, quæ signatur per Ephraim, quasi nec scitæ, nec auditæ extorres habentur.

Vers. 13. — « Hostias afferent [*al.*, offerent], im« molabunt carnes et comedent, et Dominus non « suscipiet eas. » *Hostias afferunt*, qui pœnitentias aliquoties publicas, et cæteras ecclesiasticæ institutionis ceremonias, plus ex sola generali consuetudine quam ex religionis pietate proponunt. *Carnes immolant*, cum peccata carnalia detestando factis confessionibus quasi mactant. Sed tamen eos comedunt, quia eorum usu sese ingurgitare non desinunt. Has ergo hostias Deus non suscipit, quia nullo modo officia, quæ extrinsecus administrantur, nisi ex intimo proferantur, attendit. « Nunc recordabi« tur iniquitates eorum, et visitabit peccata eorum; « ipsi in Ægyptum convertentur. » *Nunc*, id est, in hoc tali eorum statu, *eorum iniquitates recorda*-

tur, cum per cujuslibet illationem flagelli diuturnæ ipsorum nequitiæ meminisse videtur. Quasi enim putatur Deus oblivisci quorum dissimulat interim errores ulcisci. *Peccata eorum* visitat, cum per adversorum congeminationes crebro **206** ea se vidisse demonstrat. Verbum enim frequentativum, quod est visitat, assiduitatem visionis significat. *Ipsi in Ægyptum convertuntur*, cum pro correctionis luce obstinationis tenebris, quod Ægyptus innuit, obvolvuntur.

Vers. 14. — « Et oblitus est Israel Factoris sui, « et ædificavit delubra, et Judas multiplicavit urbes « munitas. » Israel a Deo fit, cum per Dei timorem a sua per vanitates exinanitione ad veram essentiam creatur et subsistit. Quasi enim non est, qui substantiam vivæ intentionis amittit, quam prodigus filius in meretrices expendit. Unde et Apostolus Corinthiis scribens : « Omnibus, ait, qui sunt inter vos (*Rom.* xii, 5), » aperte innuens quia aliqui inter eos erant, qui secundum hoc esse non erant. Secundum hoc Israel factus est, cum per sensum interioris gratiæ ad solidum concretus est. Juxta quod etiam : « lætetur Israel in eo qui fecit eum » (*Psal.* cxlix, 2). Hujus *Factoris sui Israel* obliviscitur, cum cum, qui se reficere de sua annihilatione potuerat, aversatur. *Delubra ædificat*, cum pio recedente Domino conscientiam, ac si fanum proprium, illico nequissimus hostis intrat; sine alterutro enim hospite mens non exstat. *Judas deinde urbes munitas multiplicat*, cum rationalis devotio, quæ nos ad Deo confitendum rite sollicitat, lapsa in perversum contra pietatem confessionis, seu incuria, seu pudore se obstruit et obfirmat. Urbes munitas ædificat, cum ad quæque facinora quæ gesserit, repagulum obstinationis objectat, et murum vitiosæ (*vel* superbæ) conclusionis exaltat. « Et mittam ignem in civitates « ejus, et devorabit ædes illius. » *In civitates ejus ignis mittitur*, cum in illius arcani vecordia, quæ nullius bonæ apertionis spiramen admittit, concupiscentiæ gravior ex sua occultatione ignis (*vel* fervor) inæstuat. *Ædes illius devorat*, cum ardor intrinsecus per incontinentiam sese in exhibitione membrorum corporis manifestat. Nec enim caveri potest, quin quod diu intro concipitur, per quemlibet sensualitatis habitum, aliqua significatione non prodeat.

CAPUT IX.

Vers. 1. — « Noli lætari, Israel, noli exsultare sicut « populi, quia fornicatus es a Deo tuo. » Israel lætari prohibetur, cum quia exsultat de suæ proventu sæcularitatis, is, qui quondam de Dei visione gaudere solebat, arguitur. *Noli*, inquit, *exsultare sicut populi*, id est ne eorum ineptam lætitiam, qui de Deo nihil unquam sapuere, consideres, non licentiam imiteris, nec te eorum vulgaritati conformes, quia longe misericordius judicium sortientur qui bona nec cœperunt quam tu qui Deo tuo jam cognitione hæsisti, et modo fornicatus es. Nota quod lætari interius, exterius exsultare pertinet. Quia ergo impiis gaudere non est, utrobique vetitum est. « Dilexisti mercedem « super omnes areas tritici. » *Mercedem super omnes areas tritici diligit*, scilicet illam qua superius conduxerat nationes plusquam omnes sacræ Scripturæ paginas, quæ distribuuntur in libros, et hi sunt areæ, ac si quædam particulariter excisæ terrarum portiones. Areæ ergo tritici libri sunt divini eloquii, quas quisque quanto plus excolit, eo uberiores supernæ intelligentiæ fructus adinvenit. Triticum est, quo juxta psalmum, valles abundant (*Psal.* lxiv, 14), et cujus adipe filii Sion satiantur (*Psal.* lxxx, 17). *Super omnes ergo areas tritici merces diligitur*, cum super omne quod in Scripturis reperitur adulationes sortilegia, quibus ad flagitia major aditus se aperit, magis quam verbi Dei exercitia appetuntur. Ea enim quæ aut usu aut curiositate delectant, fidei nostræ sacrilegiis plerumque emuntur.

Vers. 2, 3. — « Area et torcular non pascet eos « et vinum mentietur eis. Non habitabunt in terra « Domini. » *Area* sunt divina volumina, quorum cultu multiplices, et exquisitas allegoriarum, et tropologiæ fruges elicimus. Quod in propheticis et apostolicis litteris sæpius experimur. *Torcularia* sunt qui intellectualitatem, quam vocamus anagogen, quæ ad Dei contemplationem pertinet, e Scripturis exprimere norunt. De quibus ergo elicitur, ut est area, et qui eliciunt, ut est torcular, *eos non pascit* dum de area moralis scientiæ tractatus ignorant, et de torculari quidquam cœlestis qua de Deo imbuuntur sapientiæ elaborando extorquere non curant. Quid enim beatius quam internæ vinum dulcedinis de Scripturis exigere, et amorem præsentium per earum haustum a suo sensu obliterare? *Et vinum eis mentitur*, quia eorum mens ab æterni condimenti sapore et calore fraudatur. *Terra Domini* est corpus, quod evictis passionibus ditioni rationis Deo subjectæ subjectum est. *In hac terra non habitant*, quia enim mites non sunt, et Deum insessorem non habent, sua ipsorum corpora *habitare quod est possidere*, non prævalent. Corpus enim suum, quod Adam obediens obtinuerat, inobediens ficorum foliis obnubit. « Spiritus, ait, tuus bonus « deducet me in terram **207** rectam (*Psal.* cxlii, 10) : » quæ ideo recta est, quia Domini est. « Re« versus est Ephraim in Ægyptum, et in Assyriis « pollutum comedit. » *Ephraim in Ægyptum revertitur*, cum voluntas nostra, quæ panis æterni fruge gaudere debuerat, ad Ægyptum mœroris et angustiæ, sæculi videlicet sollicitudines, et labores is undecunque declinat. Unde quibusdam dicitur : « Venite ad me, omnes qui laboratis et onerati estis (*Matth.* ii, 28). » *In Assyriis pollutum comedit*, dum cum his, qui in domibus regum sunt, et non angusta sectantes mollibus induuntur (*ibid.*, 8), et juxta Job, suaviter vivunt, in quibus non reperitur sapientia (*Job*, xxviii, 13), obscenis obsoniis concupiscentiarum se ingurgitare non desinit. Assur en m dicitur *aula*, quæ solet esse regia.

Vers. 4. — « Non libabunt Domino vinum, et non « placebunt ei. » *Vinum Domino non libat*, quisquis divini amoris penes Deum dulcedine, et calore non æstuat. Unde nec ei placere possunt, quia quisquis ex Deo ad Deo supplicandum non ducitur, profecto a Filio, qui indubie Deus est, quia eum Deus Pater non traxit, nequaquam agnoscitur, nedum placere putetur *(Joan.* vi, 44). « Sacrificia eorum, quasi pa- « nis lugentium. » In veteri lege qui de sacrificio pro mortuis vescebatur, et immundus ipse erat, et cassa oblatio putabatur. *Quasi panis* ergo *lugentium s crificia eorum* sunt, quia quodcunque ab eis vel orando, vel eleemosinam largiendo, Deo defertur, vitæ eorum, quæ nulla imitatione digna est, comparatur, qui nullum attigerunt saporem cœlestium gaudiorum, et quorum studia nil melius dici possunt, quam materies lacrymarum. Panis enim pro *vita* ponitur, ut est : « Mittamus lignum in panem ejus *(Jer.* ii, 19). « Omnes qui comedunt eum, contami- « nabuntur, quia panis eorum animæ ipsorum, non « intrabit in domum Domini. » *Qui* panem *illum comedunt* contaminantur, quia qui eorum sibi exempla inviscerant, eadem qua illi fœditate vitæ damnantur. Idem significat quod morticinum tangi lege vetatur *(Lev.* xi, 24). *Quia panis eorum,* subaudis, est *animæ ipsorum,* id est vitæ eorum fomentum, quod est quasi quoddam animæ eorum alimentum. Sicut enim virulentia vita serpentis est, ita cuilibet iniquo pabulum sua nequitia. Unde et de detractoribus Salomon : « Carnes, inquit, ad vescendum « conferant *(Prov.* xxiii, 20). » Quo contra sanctis : « Gustate, ait, et videte quoniam suavis est Dominus *(Psal.* xxxiii, 9). » Morale est etiam ut dicatur quis pasci in eo quod se delectat. Est ergo dicere : Panis cum corpora nutriat, animæ eorum dicitur, quia ex eo quod significat jucunditatem temporalem, animalitati improborum cibus esse dignoscitur. Is *non intrat in domum Domini,* quia hujusmodi gaudium ab omni corde quod Deus inhabitat severissime constat excludi. Unde est illud Job : « Abominabilis ei fit panis in vita sua, et cibus « ante desiderabilis *(Job,* xxxiii, 20.) »

Vers. 5. — « Quid facietis in die solemni, in die « festivitatis Domini? » Dies solemnis Domini est, cum positis inimicis scabellum pedum ejus regnum tradiderit Deo et Patri *(I Cor.* xv, 24, 25). Diem ergo solemnem intellige, cum impii submerguntur, festivitatem vero, cum ad contemplandam Dei speciem electi promoventur. *Quid igitur facietis,* cum tale discrimen inter utrasque sortes advenerit?

Vers. 6. — « Ecce enim profecti sunt a vasti- « tate : Ægyptus congregavit eos, Memphis sepe- « liet eos. » Redit ad eorum descriptionem. Superius dixerat quia *panis eorum in domum Domini non* intraret, ac si diceret : Quoniam nulla convenientia est luci ad tenebras *(II Cor.* vi, 14), voluptati ad temperantias, proficiscuntur, id est a recta consideratione evagantur, et hoc eis a vastitate contingit, quia scilicet a Deo solitudinem mens incurrit : Cum supra dixisset quasi eos corrigens, *quid facietis in die solemni,* mox eorum protery.am subtexit dicens :

Et ecce a vastitate proficiscuntur, id est correctionis impatientes, nec mora a seipsis alienantur. *Ægyptus eos congregat,* cum sæculare studium sibi eos coadunat. Quod est dicere : Cum a sua ratione disparantur, sub cura tamen Ægypti glomerantur. Memphis interpretatur *de ore eorum.* Sepeliuntur, cum ab omni sancta vivacitate eorum ingenia obruuntur. Et hoc eis de ore eorum evenit, dum de pœna peccati, quo alios ad male agendum prava locutione decipiunt, eis contingit.

« Desiderabile argentum eorum urtica hæredita- « bit, lappa in tabernaculis eorum. » *Desiderabile* argenti *eorum urtica* hæreditat, cum id quod potissimum apud improbos gloriosius æstimatur, scilicet ut divinæ Scripturæ scientiam clarior atque copiosior facundia comitetur, ad totius vilitatis atque nequitiæ extrema descendat. Urtica namque despicabilis admodum et ignea herba est. *Desiderabile* ergo argenti *eorum urtica* hæreditat, cum votivum illud affectatæ eloquentiæ pretium, non solum ob turpitudinem vitæ contemnitur, sed etiam alios versutiis, dolis, et obscena mordacitate decoquit et infestat. Dictum est autem hæreditat quod mores eorum misera perpetuitate contineat, aut quia hæres superstes est ejus cui succedit; ad hæreticos, de quibus supra dictum est, et nunc etiam agitur, referatur, quorum scripta non modo pro sui contemptibilitate, sed etiam pro ingenita contra omne quod fidei congruit acerbitate damnantur. Et quia plerumque eos excluserunt **208** qui probati erant argento, controversiis manentibus in libris eorum, qui contra eorum errores pugnacissime egerant, opuscula eorum pro sua inutilitate sunt abolita. Quod in antiquis hæreticis est undequaque probatum, quorum, quasi aranearum telæ, de quibus supra disseruimus, disparuere volumina, et nostris temporibus a quibusdam parasitastris libelli facti sunt, et si nimium tenues, contra fidei nostræ mysteria, quæ in indignitate sui in ipsa sua mox sunt novitate consumpta. *Lappa in tabernaculis eorum* est, quia nimirum nisi desideriorum carnalium impuritatibus, quæ graves sunt stimuli, subderentur, nunquam ad tantam sensus reprobi ignominiam, ut de divinis male sentirent, verterentur. Porro tabernacula ipsa sunt corpora, in quibus sive contra carnem, sive contra spiritum militamus, sive ubi in præsentiarum peregrinamur

Vers. 7. — « Venerunt dies visitationis, venerunt « dies retributionis. » *Dies visitationis* sunt, cum Deus impœnitentibus in præsenti flagella immittit, sed *retributionis* illico subsequitur, qui perseverantibus incœpta sorde, aut perfidia immutabilis miseriæ sortem reddit. Duplici enim contritione tales Deus conterere consuevit. Et non conterit, quos omnium, dum advivunt, detestatione prostituit, et exactis ipsis, ipsorum memoriam cum omni suo opificio, et tractatu instar panni menstrualis infamat et abjicit? « Scitote, Israel, stultum prophetam, insanum vi- « rum spiritualem. O Israel, inquit, motus videlicet affectuales, qui Deo judice sensuum vestrorum errori dimittimini, nunc in hoc vestro exitio et rationis exterminio addiscere poteratis. Quæ stultitia, quæve insania in spiritu, qui vos regere debuerat, delitescit? cui si vos subdere, et ab eo regi voluissetis, nunquam ad tale inconveniens vitiorum aut perfidiæ venissetis. « Propter multitudinem iniquitatis tuæ, « et multitudinem amentiæ. » Quia multum exerrasti a bonitate et fide, non dispariliter tradidit te Deus in ignominiosos casus. Ac si diceret : Quia quod peccabas, Deum habere in notitiam non putabas, dedit te Deus in cogitationes reprobas.

Vers. 8. — « Speculator Ephraim cum Deo meo, « Propheta laqueus ruinæ factus est super omnes « vias ejus, et insania in domo Dei ejus. » *Ephraim*, voluntarius scilicet habitus mentis *speculator* factus est, ut ea quæ Deo pertinent, velit, et Deo gerenda proponat, « velle, inquiens, mihi adjacet, perficere « non invenio (*Rom.* VII, 18) » : voluntas enim in bonum in Scripturis sæpius accipitur, et ob providentiam, qua peccata et adversa olfaciat, propheta vocetur; et proh dolor! *laqueus ruinæ* fit, ut seipsum scilicet illaque et sibi consilium subtrahendo, et aliis exempla pravitatis attribuat ruere faciendo. Et is *ruinæ laqueus* fit *super omnes vias ejus*, quod non est aliud quam suas. Hebraicæ enim locutionis est, ut est illud : « Æthiopia præveniet manus ejus (*Psal.* LXVII, 32), » id est suas, « Deo, » cum in omni intentione ejus, quæ viæ interiores ad exteriora operis excurrentes sunt, nonnisi peccati lapsus inveniatur, et omnis consilii aditus, quod significat collum, quia inde permeat verbum, obstruatur. *Insania in domo Dei ejus* est, cum pessimum ejus ad scelera studium, quod principalis ejus frequentat in modum Dei culturæ, devotio intra domum conscientiæ, totius pensi et moderati penitus expers est, et in tantam mens proruat vecordiam, ut secreta cupiditas in apertam erumpat amentiam.

Vers. 9. — « Profunde peccaverunt sicut in diebus Gabaa. » *Profunde* peccat quisquis ad peccatum tota animi deliberatione inhiat. Historiam Regum videtur tangere, quando e Gabaa Saul in regem assumitur (*I Reg.* XI, 4), recusso Dei imperio pro solo gentium more. Saul interpretatur *appetitus*, Gabaa *colles*. E collibus Saul ad regnum accipitur, quando e magnis animorum tumoribus oboritur appetitus, non qui nobis subsit, juxta quod ad eam a Domino dicitur, sed qui nobis impudentissime dominetur. Dum enim fastum concipimus, majora profecto quam nobis competant, statim consequenter ambimus. « Recordabitur iniquitates eorum, et visitabit « peccata eorum. » Postquam iniquitas in stoliditatem vertitur, ut nefaria libertate peccetur, tanquam clamore aliquo Deus, ut ulcisci properet, excitatur. Unde vox sanguinis Abel (*Gen.* IV, 10; XVIII, 20) et clamor Sodomorum dicitur. Dum enim quiete delinquitur, quasi Deus obliviscitur. Recordari ergo videtur, cum peccantem adversis aggreditur. *Peccata*

visitat, cum crebro ea se vidisse puniendo demonstrat.

Vers. 10. — « Quasi uvas in deserto inveni Israel, « quasi prima poma ficulneæ in cacumine ejus vidi pa« tres eorum. » *Quasi uvæ in deserto Israel* invenitur, cum dispersus a seipso carnalis noster affectus divini timoris aspiratione colligitur; et *quasi uva in deserto* reperitur, cum in desolata quondam mente internæ compunctionis dulcedo sentitur. Quasi *prima poma ficulneæ* patres videntur, cum motus rationales a quibus affectualitatum intemperantia moderatur, primum Dei illapsu ex veteri sua acerbitate reducti, maturitate menti indita dulcorantur. Hæc *prima poma in cacumine* reperiuntur quia principalia cordis nostri studia in intentione superna, quæ interioritati nostræ dignoscitur præeminere, fundantur. 209 Israelis ergo sunt patres maturæ rationis habitus, qui pias generant affectiones. Per ficulneam amor proximi in Scripturis accipitur, sicut in vinea amor Dei exprimitur. *Prima ergo poma ficulneæ* potiora sunt exercitia misericordiæ. *Patres* itaque primis ficulneæ pomis adaptantur; quia primum fratribus quos videmus beneficia impendere suademur, ut Deum, quem videre non possumus, postmodum attingamus. Uvis vero filii comparantur, quia affectus nostri, quasi ex largitione paterna, et lactea innocentia, quæ per succum ficulneæ figuratur, ad dilectionis Dei pinguedinem et saporem avidius imbuuntur. In terra enim spiritus datur, ut proximus diligatur; de cœlo vero consequenter, ut Deus.

« Ipsi autem intraverunt ad Beelphegor, et ab« alienati sunt in confusione, et facti sunt abomina« biles sicut ea quæ dilexerunt. » *Ad Beelphegor* intrant, cum suæ, quam diximus electionis obliti, totius ignominiæ sese labyrintho injectant. Et merito dicitur, intrant, quia se experientiæ universæ libidinositatis immersitant. Beelphegor enim *vir tentiginis* dicitur, in quo turpitudinis exsecrandæ impudentia denotatur. *In confusione* abalienantur dum quo confusibiliora perpetrant, nil se confusibile agere arbitrantur unde est quod, apud Apostolum, quidam in pudendis suis gloriari dicuntur (*II Cor.* XI, 18). *Abominabiles* fiunt, qui totius boni hominis fortunas amittunt. Quid est enim abominabilem esse, nisi in successu pii operis prospero proventu carere? Et hoc *sicut ea quæ diligunt*; sicut vitia enim quæ prosequuntur etiam solo nomine sine actu bonorum memoriis horrori sunt, sic etiam ipsi qui eorum commercio se involvunt. Si enim sordes quælibet per se putidæ sunt, certe putidiores qui harum volutabris se sponte injiciunt.

Vers. 11. — « Ephraim quasi avis avolavit, glo« ria eorum a partu, et ab utero, et a conceptu. » *Ephraim quasi avis avolat*, dum aliquoties ad boni appetentiam tacta rationaliter alacritas voluntatis aspirat, sed subita se levitate subducens in eo quod cœperat minime perseverat. *Gloria eorum*, ut retrograde aggrediar, *a conceptu* est, cum ejusdem voluntatis statuum, qui in se sæpius alternant, specialis gratia sit, quæ sanctorum gloria, ob conscientiæ testimonium, ab Apostolo vocatur (*II Cor.* i, 12), in ipsa primum Dei aspiratione, qua primum bene vivere delectamur. Post hanc conceptionem sequitur uterus, boni videlicet propositi ante exhibitionem operis, diuturnior intra mentem fotus. Quasi enim intrinsecus fovetur, quod retractando fideliter ex solidi deliberatione consilii, veluti per discretionis membra divisum actionis corpus roboratur. Deinde partu expromitur, cum visibus hominum in boni exercitii prosecutione proponitur. Quia ergo *Ephraim quasi avis per elationem* avolat usque ad partum, id est usque dum ab hominibus videri possit, ejus interior gloria perseverat, quam mox humanæ laudis mucro trucidat. (Vers. 12) « Quod si enutrierint « filios suos, absque liberis eos faciam in hominibus; sed et væ eis, cum recessero ab eis! » *Filios* enutriunt qui piæ conversationis opera in his proficiendo provehunt. *In hominibus absque liberis* fiunt, qui inter hominum favores a libertate animi attributa vulgo aure [*f.*, vulgi auræ] serviliter se dimittunt. *Sed væ eis, cum* Deus recedit *ab eis*, quia nullius bonæ spei residuum est, imo damnationis extremæ infortunium est, cum pervertitur rectitudo intentionis. Recedit namque Deus, cum bonum quod fit, non fit respectu ipsius.

Vers. 13. — « Ephraim, ut vidi, Tyrus erat fundata in pulchritudine. » Et est litteræ sensus : *Ut vidi*; id est, sicut vidi, *Ephraim erat sicut Tyrus fundata in pulchritudine. Ephraim Tyrus est*, quia illa frugifera voluntas, quæ suæ et multorum utilitati, dum recte intenderet, militabat, nunc in angusto reponitur, dum solo humano favori spe pauper adequitat. Tyrus enim *Angustiam* sonat. Vox Dei est : *Ut vidi*, inquit, id est quomodo in deitatis meæ consideratione, perpendi : Ephraim erat comparative Tyrus. Et hæc *fundata in pulchritudine* erat, quia in exteriori habitudine cœpti operis, qua sibi et aliis complacere decreverat, suæ intentionis fundamenta posuerat, ut in eo quod foris ostenderet, non Dei virtus, sed sua pulchritudo patesceret. Quo contra in psalmo : « Sic, inquit, in sancto apparui tibi, ut viderem virtutem (*Psal.* LXII, 3). » non meam esse, sed tuam nedum gloriam. « Ephraim educet ad interfectorem filios suos. » Ephraim habet filios, quando voluntas effectus exerit bonos. Hos tamen ad interfectorem educit, quando ad suam ipsorum perniciem adulatorum linguis exponit.

Vers. 14. — « Da eis, Domine. Quid dabis eis? « Da eis vulvam sine liberis. » Vox prophetæ, aut cujuslibet sancti viri tanta hypocrisi irritati. *Da eis, Domine*, id est aliquid eis incommodi inpræsentiarum restitue. Et quid dignius eis dare poteris, quam ut vulvam, id est conceptaculum, qua libertatem benevoli actus recipiant, non habeant? Melius est enim bonum opus nec affectasse quam affectatum simulacro aliquo falsi operis perdidisse. Si liberi dicantur quia servili operi non subduntur, ergo libera sunt quæ eis signantur opera, quia fiunt non pro laude humana. « Ubera arentia » pariter dantur cum intelligentiæ spiritualis inopia, qua interna et externa sensualitas Deo aliter irrogatur. Vel *ubera* sunt *arentia*, cum in mente annullatur utriusque testamenti scientia.

Vers. 15. — « Omnes nequitiæ eorum in Galgal, « quia ibi eos exosos habui. » Galgal interpretatur *volutabrum : Omnes* ergo *eorum nequitiæ in volutabro*, quia tota eorum vitioso frequentia, libidinis solius lentescere solet et extenuari sub vitio. Quantacunque enim in quolibet credulitas, quantumcunque superba majestas, ad id molitici tandem despumare ac reflari dignoscitur. Magna Alexandri, magna Cæsaris undecunque ferocitas multoties Sardanapali est experta temperiem, et quod Indum continuabat Oceano muliercularum vilium miserabiliter circumscripsit aspectus. Exosos sibi Deus eos habet, quia rabiem efferatæ licentiæ non sustinet. Nota diluvii causas, et a propheta appellari hanc pestem non aliter quam malleum universæ terræ. « Propter « malitiam adinventionum eorum de domo mea « ejiciam eos; non addam ut diligam eos. » Cum quis consuetudinarie peccat, utcunque tolerabile est, cum autem novitates adinveniuntur criminum, et jura quispiam naturæ transgreditur, bonis omnibus inaudibile est, ne dum Deo, qui inventores malorum tanta atrocitate trucidat, ut eos memorabiles peregrinæ mortis reddat exemplo, quod passim Scripturarum elucet testimonio. Hos de domo sua ejicit, quos a bonorum consortio, qui sunt sua domus, excludit. Ut diligat eos non addit, quia qui aliorum corruptioni operam dedere, vel sua nequaquam perditione contenti in reprobum sensum merito eos tradit. « Omnes principes eorum recedentes. » *Principes*, ut supra sæpius, sensus sunt exteriores. Hi sunt *recedentes*, nunquam videlicet se intra se cohibentes, sed se per exteriora spargentes. Unde et paulo supra de domo sua se ejecturum eos comminatur, quod fit cum a mente, quæ Dei sedes esse debuerat, ad tractanda sola forastica sensualitas Deo judice proturbatur.

Vers. 16. — « Percussus est Ephraim, radix eo« rum exsiccata est, fructum nequaquam facient. » Ephraim percutitur, cum status voluntatis, quæ frugi esse debuerat, a bene volendo conteritur. *Radix eorum*, id est ejus motivum exsiccatur, cum intentio a divinæ spei virore arefacta cassatur. Quæ merito radix dicitur, quia ab ipsa emergit quidquid vitale peragitur: *Fructum nequaquam facient*, quia, sicut cogitationes, sic opera ab omni utilitate deficiunt. « Quod etsi genuerint, interficiam amantissi« ma uteri eorum. » Gignunt, cum aliquid natura cogente, quæ boni expers esse non valet, pie agunt. Interficit vero Deus *amantissima uteri eorum*, cum quidquid in conscientia, vel secundum sæculi honestatem, vel secundum naturalem bonitatem constare poterat, ad cumulum judicii dissipat, et disperdit. *Amantissima* autem dicit *uteri* quidquid gratius intra animi sinum ad morum probitatem pertinens possit haberi.

Vers. 17. — « Abjiciet eos Deus meus, quia non « audierunt eum, et erunt vagi in nationibus. » Quia Deum non audiunt, Deus eos abjicit, quia videlicet dum nequaquam Deo obedire patiuntur, et aures ei obstruunt animorum, ob reprobitatem vitæ eos ac si abjectivos ostendit. *Vagi in nationibus* sunt, dum per vitia universa se spargunt. Nationes pro vitiis poni, si non alias, gentes saltem, quas evertit Dominus ante filios Israel, innuunt.

CAPUT X.

Vers. 1. — « Vitis frondosa Israel, fructus adæquatus est ei. Secundum multitudinem fructus « sui multiplicavit altaria. » *Israel vitis frondosa* est, cum hi, qui per Scripturarum scientiam de Dei visione, id est cognitione se jactant, sine operibus sibi verborum multiplicitates exaggerant. *Israel vitis frondosa* fit, cum sola inanis eloquentiæ pompa se contegit. Sicut ergo Israel solo nomine, sic vitis sine opere. *Fructus ei* adæquatur, cum vanæ loquacitati opus subsequens respondet omnimodæ falsitatis. *Secundum multitudinem fructus sui altaria* multiplicat, id est juxta exercitiorum, quæ per hypocrisim fiunt, quantitatem, titulos sibi adulatoriæ vulgaritatis accumulat. « Juxta ubertatem terræ « suæ exuberavit simulacris. » Terra exuberat, cum insignibus, sed fictis operibus nostrum corpus abundat. Corpus autem non mens operatur, cum mente vacua et insipida ad hoc boni quippiam fit, ut solummodo videatur. Quot ergo sunt opera, tot ad humanos favores quasi eriguntur simulacra.

Vers. 2. — « Divisum est cor eorum. » *Cor eorum* dividitur, dum aliud in opere exercetur, aliud in mente tractatur. Quærunt enim in intentione laudem, cum extrinsecus Deo congruum studeant specie tenus exhibere laborem. Unde et Apostolus eum qui cum uxore est, circa mundana sollicitum, dicit esse divisum (*I Cor.* vii, 33), dum scilicet hinc jus tractat uxorium, illinc aliquoties respectare monetur ad Deum. « Nunc interibunt; ipse confringet simulacra eorum, depopulabitur aras eorum. » (Vers. 3) « Quia nunc dicent : Non est rex nobis. » *Nunc interibunt*, id est, in hoc ipso statu peribunt, quo Deo postposito respectui terreno incumbunt.

Ipse simulacra eorum confringit, cum spiritus excandescente criminum rogo ad pudenda acta prosiliens, quidquid falso portendebatur, imminuit. *Aras eorum* depopulatur, cum proposita et institutiones exsilia reddit, 211 et nulla, quibus quasi summis et principalibus innitebatur. « Quia, inquit, nunc dicent. » Hoc est dicere : Quia nunc intereunt, dicent non est rex nobis, id est quia ostentationes nostræ ad cæcitatis internæ traxere nos pœnam, qui nos regat non est modus in nobis. Quod enim spiritus, hoc rex, hoc et modus. « Non enim timemus Dominum; et rex quid faciet nobis? » Ac si dicerent : Cum sumus a Dei timore nudati, ratio, quæ solo Dei timore constat, quid nobis pensi et moderati afferet, cum viduata sit, ex eo quod pendet? Nisi enim cam Deo fecerimus appendicem, frustra eam dicimus rationem.

Vers. 4. — « Loquimini verba visionis inutilis, « et ferietis fœdus; et germinabit quasi amaritudo. » Dicitur ad Israel, qui *vir videns Deum* dicitur interpretari. Ac si diceret : Vos *vitis frondosa*, sub pretioso vitis nomine mens garrulitati intenta, super Dei agnitione, quod est visio, inutilia loquimini verba. Et plane inutilia, quia det sine mente sonum locutio fastuosa. Hæc quasi ironice sunt dicta. Et ferietis fœdus de continentia videlicet corporis vestri, unde gloriosiores videamini, cum animo vestro stabilietis pacta. Sed hoc fœdus quasi amaritudo germinat, quia cordis instabilitas et carnis petulantia, per totius irruptionem immunditiæ convenientiam subito mutuæ sponsionis amaricat. Hoc enim est germen hypocrisis, quod in momento Deo ultore revelat impiæ statum mentis. Unde sequitur :

« Judicium, inquit, super sulcos agri. » Sulci agri vexatio est propter Deum corporis. Hypocritæ sulcos agro suo faciunt, dum cruciatus suo corpori per abstinentias inferunt. Super hos fit judicium, cum falsæ sanctitatis evidens omnibus, Deo propatulum faciente, datur indicium. Sulcos agri sic solere intelligi Salomon testatur : « Diligenter, inquit, exerce agrum tuum, ut postea ædifices domum tuam (*Prov.* xxiv, 27). » Et de equo Dei Job : « Terram, ait, ungula fodit (*Job* xxxix, 21); cum audierit buccinam, dicit : Vah! (*Ibid.* 25.) »

EXPLICIT LIBER SECUNDUS.

LIBER TERTIUS

TROPOLOGIARUM IN OSEE CONTINUATIO.

Tertium in beati Osee libro libellulum præsumentes, Deum, qui Trinitas est, non tam vocibus quam modullis oramus, ut qui quod vult, per quos vult protulit semper et proferet, a sua illuminatione et calore non me patiatur abscondi, et qui scit solo suæ miserationis obtentu, non securitate perversa,

SEQUITUR CAPUT.

Vers. 5. — « Vaccas Bethaven coluerunt habitatores Samariæ, quia luxit super eum populus ejus, et ædituí ejus super eum exsultaverunt in gloria ejus, quia migravit ab eo. » Bethaven interpretatur *domus idoli*, Samaria *custodiam* sonat. Habitatores ergo Samariæ vaccas colunt, cum qui exteriori suæ custodiæ dominari se credunt, et corporum continentiam suæ potestati ascribunt, juxta quod superius dicitur, *ferietis fœdus*, petulantias interiores non deserunt, imo amplectuntur et excolunt, et hoc in Bethaven, id est in domo idoli, nempe in conscientia in qua Dei cultus transfertur in diaboli. Vaccas pro lascivia poni testis est : « Congregatio taurorum in vaccis populorum (*Psal.* LXVII, 31). » Samariam autem habitat, qui se per se vivere posse caste computat. Habitare enim pro *dominari* ponitur, quia ab *habendo* inflectitur. Quia per vaccas appetitum libidinis signarat, ex hoc innuit quod pluralitatem illam singulariter nunc replicat. Luxit, inquiens, *super eum populus ejus*, sed notandum quod præmittitur *quia*. Est autem dicere : Ipsi provisores erant forasticæ custodiæ, et hoc ideo nimirum, quia populus cogitationum luxit, id est immurmuravit inhians super ipsum, qui frenabat exterius appetitum. *Populus ejus*, scilicet appetitus dicitur, quia talis concupiscentia parit introrsum plurimos strepitus. Porro *ædituí ejus super eum* exsultant *in gloria ejus*, cum versipelles versutiæ motus, qui exteriores custodiunt habitus pariter conjubilant super honore et gloria impensæ laudis extrinsecus. Exsultant, inquam, *in gloria ejus, quia migravit ab eo*, id est, tota illa laus alienatur, et quasi emigrat a cognitione appetitus illius qui turpissime fervet in animo. Quod totum est : Cautelæ animi, quæ 212 prospiciunt corporeæ habitudini, lætantur vulgus ineptum a notitia sui interni status, qui multum displicere poterat, longe fieri.

Vers. 6. — « Siquidem et ipse in Assur delatus est munus regi ultori. » Quæcunque, inquit, talem quemlibet omnium foris gloria prosequatur, siquidem et ipse in Assur, quod est in aulam, fertur, id est gurgustiis vitiorum latenter immergitur, et non perfunctorie, sed quasi proprie proprium munus diaboli factus, qui idipsum quod muneratur, ulciscitur. « Confusio Ephraim capiet, et confundetur Israel in voluntate sua. » *Confusio Ephraim capit*, cum voluntatem nostram, quæ innixa esse debuerat rationi obscuritas discretionis intercipit. *Israel in voluntate sua confunditur*, cum, ut sic dicam, volendi imo appetendi jam ratione et voluntate ad mala declivibus, nullus modus et ordo in affectione tenetur.

Vers. 7, 8. — « Transire fecit Samaria regem suum quasi spumam super faciem aquæ. Et dispergentur excelsa idoli, peccatum Israel. » *Samaria regem suum transire* facit, cum exterioris hominis prudentia quæ se palliat rationem, quin potius astutiam sæcularem, per undas voluptatum ad indignos actus omni tentationis vento circumlatam excedere, et quasi dispumare compellit; sæpius enim provenit ut se hypocrisis diu cohibere non possit. *Et excelsa idoli* disperduntur, cum superbæ cogitationes, quæ animum suum a Deo apostatare docuerant, annullantur. Quæ *excelsa peccatum Israel* dicuntur, quia ex prava affectus libertate oriuntur. « Lappa et tribulus ascendet super aras eorum. » *Lappa* humilis herba est, *tribulus* in virgulta proserpit, sed utraque exasperata aculeis. Per lappam ergo luxuria fœde semper humilis innuitur, per tribulum cupiditas, quæ se exporrigens dilatare conatur. Hæc *super aras eorum* ascendunt, quia super eorum ac si religiosa proposita jam evidenter irrepunt.

« Et dicent montibus : Operite nos; et collibus : Cadite super nos. » Hi qui quondam montes fuerant, apud se scilicet arrogantiæ nimietate tumuerant, jam spei inanitate reflati veris montibus, id est sanctis acclines ab eis operiri protegendo desiderant, et a minoribus quibusque electis, qui sunt colles, ut super se cadant exorant, se videlicet eis miserescendo inflectant. Quod totum est : Qui se sanctos posse fieri sua custodia, quod per Samariam signari diximus, æstimarant, veram aliorum sanctitatem Dei ope attendentes, falsos se sua opinione non dubitant.

Vers. 9. — « Ex diebus Gabaa peccavit Israel, ibi steterunt. » Gabaa interpretatur, ut sæpe dictum, *colles*. Per colles hic intelligimus privatos animi timores. *Ex diebus* ergo horum *collium Israel* peccat, quia a tempore quo in superbia sua misera mens prosperari, quod dies significant, cœpit, affectus sese pravitati subjugat. *Ibi steterunt*, id est perseveraverunt. Stare enim pro *perseverare* ponitur, ut est : « Adversum me appropinquaverunt et steterunt (*Psal.* XXXVII, 12). » Nota quod Israel et Ephraim cum singulariter ponuntur, duos illos habitus mentis, qui sunt affectus et voluntas, per se figurari dicuntur; cum autem pluraliter, eorumdem habituum motus intelliguntur.

Vers. 10. — « Non comprehendet eos in Gabaa prælium super filios iniquitatis. Juxta desiderium meum corripiam eos. » *In Gabaa eos non comprehendit prælium*, quia ubi nulla tentatio est, nulla etiam rebellio contra quodlibet vitium. Et quomodo quis potest dici tentatus, qui, antequam ei diabolus suggerat, studio est totius malignitatis afflatus? Hoc *prælium super filios iniquitatis* est; super opera videlicet quorum mater iniquitas est. *Filios* pro *operibus* poni frequens Scripturæ usus est. Servi namque debitoris uxorem et filios Dominus jubet vendi (*Matth.* XVIII, 25), id est voluntatem, et opera a libertate arbitrii sensus improbitate subduci. Deus eos juxta desiderium suum corripit, quia juxta quod omnes homines vult salvos fieri, et ad sui agnitionem redire (*Tit.* I, 4), in præsenti eos, ut corrigat, punit. Id enim potissimum desiderat, ut resipiscant quos castigat. « Congregabuntur super eos populi, « cum corripientur propter duas iniquitates suas. » Duæ iniquitates sunt, una peccandi, altera impœnitens cor habendi. Propter has *duas iniquitates* corripiuntur, cum a sua obstinatione et a solita nequitia divinitus compunguntur. Tunc *super eos populi congregantur*, cum inolita dudum vitia insolentius solito animum insequuntur. Hi sunt Ægyptii qui egressos a se Israelitas usque ad maris Rubri transitum urgere videntur.

Vers. 11. — « Ephraim vitula docta diligere tri« turam, et ego transivi super pulchritudinem colli « ejus. » Vitulæ triturantis natura est libenter ad id officii recurrere in quo raptim aliquoties consuevit triturata præguslare. Vitulam hic non solum pro lascivia, sed et pro fecunditate positam putamus. *Ephraim* ergo *vitula docta diligere trituram* est, cum voluntas nostra per divinam correctionem fecunda, bona a malis tanquam grana a paleis disparare jam prona est. Primordia enim nostra, juxta beatum Gregorium, mista sunt malis. *Super pulchritudinem colli ejus* Deus transit cum novitatem consilii ejus, quæ, ut ita dicam, jam ex conversione recens facta pulchrescit, alta consideratione per tentationes aliquas conculcari sinit. Scripturæ usus est, ut dicatur Deus facere quod fieri permittit. 213 Potest quoque et per collum non solum consilium, cujus fistula est, consilium vero justorum bene agendi propositum est, sed etiam cervix elationis quæ noviter conversis aliquoties subrepere solet. Super hanc cervicem Deus et consilii pulchritudinem transit, cum utrumque tentari sinendo prosternit. « Ascendam super Ephraim. » Super Ephraim Deus ascendit, cum rationem, quæ Dei propria sedes est, superequitare efficit, jam tandem vere frugiferæ voluntati. « Arabit Judas, et confringet sibi sulcos « Jacob. » Judas arat, cum sinceræ confessio pœnitudinis superficiem corporis et animi convertit et fatigat. Jacob sibi *sulcos* confringit, cum peccata supplantando æquoream quamdam pacis internæ planitiem æquare non desinit. *Sibi* autem confringere dicitur, quia quidquid pietas pœnitentiæ sancti laboris exercet, suo interiori commodo non vulgi favoribus operatur. Jacob autem *supplantator* dicitur. Nihil enim Judas arat si Jacob remissius in sulcos confringendo, et præsertim in supplantando desudat.

Vers. 12. — « Seminate vobis in veritate justi« tiam, metite in ore misericordiam, innovate vobis « novale. » *In veritate* sibi *justitiam* seminat, quisquis Deo et proximo secundum quod cuique competit, servata æquitate communi reddere quod dignum est, destinat. *Seminare* autem *proponere* est. At vero *in veritate* et sibi seminat, quisquis sine aviditate favorum sibi soli in suo bono conscius id actitare deliberat. *In ore misericordiam* metit, cum quod corde proponit, spe metendæ misericordiæ aliis pronuntiare non desinit. *In ore* etiam *misericor-*

diam metimus, cum peccatorem ab errore viæ suæ converti fecerimus, animam quidem ejus a morte liberamus, e peccatorum haud dubium quin nostrorum multitudinem operimus. Innovat sibi *novale* quisquis vitam religionis aggrediens sacri eloquii incipit secreta discutere. In his novalibus, juxta quod alibi dicitur, multi cibi sunt, ad omnes (*Prov.* xiii, 23) videlicet animorum conversationumque modos documenta inibi congrua ac si fercula sunt. Quocunque enim it spiritus, eunt pariter et rotæ. « Tem« pus autem requirendi Dominum, cum venerit qui « docebit vos justitiam. » In his, inquit, quæ dicta sunt exerceri debetis, quia temporis opportunitas arridet, dum advivitis, requirendi Dominum, præsertim cum spiritus vobis divinæ jam compunctionis advenerit, qui vos sine magistro, sine volumine vos inducat in omnem veritatem, ut alias scriptum est (*Joan* xvi, 13), quod hic appellat justitiam. Unde et est : « Unctio ejus docet vos de omnibus (*I Joan.* ii, 27). » Et ab Apostolo quoque hanc supernæ infusionis gratiam non in vacuum recepisse monemur (*II Cor.* vi, 1): Quod totum est *tempus Dominum* requirere, cum ipso præsto est aspirare.

Vers. 13. — « Arastis impietatem, iniquitatem « messuistis; comedistis frugem mendacii, quia « confisus es in viis tuis, in multitudine fortium « tuorum. » *Impietatem* aravit qui quondam per hypocrisim, quod pro solo Deo fieri debuerat, corpus suum excarnificationi addixit. Et quid tam impium, quid tam sine Deo, quam proprias carnes mactare non Deo ? et quis magis nemo appellari debet, quam qui carnem suam sub tali obtentu odio habet? *Iniquitatem* messuit, qui laudes Deo dandas exinde sibi sacrilege adhibuit. Nihil enim est minus æquum, quam suo honori postponere Deum. Inique ergo messuit, qui primum sibi tam profanæ mercedis attribuit. *Frugem mendacii* comedit, qui accusante se conscientia fallaci adulatione vulgarium pasci addidicit. Quia *confisus es*, inquit, *in viis tuis*, scilicet non respiciens ad internam vacuitatem tuam, ad ea tantum oculum dirigebas, quæ de tuo superstitioso opere inaniter prædicabantur foris. Sicut enim extra hominem via, sic extra hypocritam sua in quibus confidit opera. *In multitudine* quoque *fortium* suorum confidit ; cum in arduæ conversationis quæ vix sanctis viris tolerabilis esset, proposito spem reponit, non aspiciens quo intendat, sed quæ stolide peragit.

Vers. 14. — « Consurget tumultus in populo tuo, « et omnes munitiones tuæ vastabuntur, sicut vasta« tus est Salman a domo ejus, qui judicavit Baal in « die prælii, matre super filios allisa. » *Tumultus in populo* consurgit, cum in cordibus nuper conversorum veteris licentiæ insolentia recrudescit. Vel etiam *tumultus* consurgit, cum gravis in cogitationibus pœnitentiæ motus emergit. *Omnes munitiones ejus* vastantur cum mentis universa repagula, quæ sub suis latibulis flagitiorum pridem occulere tristega, præ confessionis cruuntur ad lucem. Salman interpretatur *umbra prohibendi*, vel *commotionis*. *Sicut vastatus est Salman a domo ejus, qui judicavit Baal in die prælii*, id est, sicut consumi debet obscuritas illa nequam, quæ divini luminis ab animo prohibebat accessum : et ne in miseriis subsisteret, crebris commotionibus perurgebat; *a domo*, id est a conscientia illa, quæ in sui illuminatione ac si die a qua caro spiritusque confligunt, Baal judicat, id est virum damnat. De quo dicitur : « Hic quem habes, non est tuus vir (*Joan*. IV, 18). » Matre super filios allisa, cum suis videlicet operibus obruta concupiscentia. Baal autem interpretatur *vir*, vel *habens*, id est possidens dominium, scilicet erroris signans.

VERS. 15. — « Sic fecit vobis Bethel, a facie « malitiæ nequitiarum vestrarum.» Bethel, licet *domus Dei* interpretetur, tamen ex idolo quod Jeroboam ibi statuerat, profanatur. Est ergo dicere : Has contrarias fortitudines, quæ vestra contra Deum corda munierant, fecit vobis Bethel, conscientia videlicet, quam Deus inhabitare debuerat, sed diaboli fantasia imbuerat; et hoc a facie, id est a consideratione immanitatis criminum vestrorum, Malitia enim hic pro enormi usu appellatur scelerum.

CAPUT XI.

VERS. 1. — « Sicut mane pertransiit, pertransiit « rex Israel. » *Rex Israel* spiritus noster est, cui regere pertinet quidquid sub affectu est. Ipse enim, secundum etymologiam, sæpius dictam cum ratione ac si cum Deo principatur : sin alias servit. Is ergo *rex sicut mane* pertransit, cum repulsa ignorantiæ et cogitationum nebula tanquam pallore crepusculi, plenioris intelligentiæ et quietis gratiam veluti solare jubar attingit. « Quia puer Israel, et dilexi eum, et ex « Ægypto vocavi Filium meum. » *Israel puer* est, et ideo a Deo diligitur, quia, postquam ad vitæ novitatem redierit, Deo non placere non potest. *Ex Ægypto* quoque *filium* vocat, cum ex quotidianis, quæ immissive vel naturaliter influunt tenebris, spiritum nostrum, qui ex vera luce quasi lux in nobis gignitur, Deus reducit et suscitat.

VERS. 2. — «.Vocaverunt eos, sic abierunt a facie « eorum. » Quod singulariter superius per regem innuerat, hoc modo propter diversos rationalitatum motus pluraliter applicat. Etsi enim una est ratio, propter plures tamen causas plurimæ sunt rationes. Ac si diceret : Etsi Deus a nostra nos per se cæcitate revelat, ipsi tamen rationales motus a nostro nos corpore aliquoties excitare contendunt; sed quia non est in homine via ejus, nec viri, ut dirigat gressus suos (*Prov*. XVI, 9), illi Deo nos dispensative retardante recedunt, sicque nos quid simus ex nobis experiri faciunt. *A facie eorum* abeunt, cum se a rationum redditione cogitationum pervicacitates excludunt. « Baalim immolabant, et simula-« cris sacrificabant. (VERS. 3.) Et ego quasi nutri-« tius Ephraim. » *Baalim* immolant, cum multa Dei, sed non pro Deo tentationi sæpe succumbendo perpetrant. *Simulacris* sacrificant, cum interiori periclitante statu longe aliter se hominum conspectibus, quam res intro geratur, ostentant. Sed inter ista, inquit, *Ephraim nutritius* sum, dum mentem semper intendo de resurrectione commonere post lapsum, et ita voluntas nostra non colliditur, Domino supponente manum. Sic nos nutrit, dum per ruinas et status nos erudit. « Portabam eos in bra- « chiis meis : et nescierunt quod curarem eos. » In brachiis eos portat, cum ad divinam fortitudinem sublevat. Brachium enim pro fortitudine poni solet. Et nesciunt quod curet eos, quia ex pondere tentationis pene desperantes ignorant quod provide per occulta naufragia, ne de virtutis prosperitate superbiant, premat ipsos.

VERS. 4. — « In funiculis Adam traham eos, in « vinculis charitatis. » In alia translatione ubi hic *Adam* legitur, illic *homines* invenitur, sic enim interpretatur. Unde et in Genesi ubi dicitur : « Vo- « cavit nomen eorum Adam (*Gen*. V, 2), » itidem in *homines* transfertur. *In funiculis* ergo *hominum eos* trahit, cum ex passibilitatis, et humanarum ærumnarum timore eos ad se corripit. Unde est : « Multi-plicatæ sunt, inquit, infirmitates eorum: postea, » ac si diceret: Ad medicum » acceleraverunt (*Psal*. XV, 4). » Sed postmodum quod prius timore gerebatur in amorem vertitur, unde et sequitur : *In vinculis charitatis*, quæ scilicet foras mittit timorem (*I Joan*. IV, 18). Funiculi autem ipsæ affectiones sunt, quibus ad aliquid appetendum nullo cogente ducimur. Timor vero supradictus amore non caret, alioquin hos funiculos non haberet. Inde est illud poeticum : « Trahit, inquit, sua quemque voluptas (VIRGIL., II *Eglog*.). » « Et ero eis quasi exaltans jugum « super maxillas eorum, et declinavi ad eum ut « vesceretur. » *Est eis quasi exaltans jugum super maxillas eorum*, cum vera mentis essentia promovet sui timoris eminentiam super intellectuales sensus eorum. *Super ejus maxillas jugum* Dei exaltaverat, qui sicut tumentes super se fluctus semper eum timuerat. Tanto autem magis exaltatur, quanto magis in interna virtute proficitur, dum illa æterna charitatis semel prægustata semper amitti timetur. Pro intellectu maxillas accipimus, quia his ac si dentibus dura quæque commolimus. Declinat *ad eum*, ut vescatur, cum per timorem illum, quo mens salubriter humiliatur, etiam se ad nos Deus inclinat, ut de ejus aspiratione pascamur. « Cœnabo, ait, « cum illo et ipse mecum (*Apoc*. III, 20). » Quod superius singulariter dicit ad eum, cum pluraliter aliqua pro motibus variis præmisisset, unimodum mentis habitum intellige, quia in scissuras mentium scimus Deum nequaquam ut convivetur declinare solere.

VERS. 5. — « Non revertetur in terram Ægypti, « et Assur ipse rex ejus. » *In terram Ægypti non revertitur*, cum ad veterna crimina reverti se ulterius non patitur. Et tamen *Assur*, id est aulicorum familiaritas et acceptio admodum sibi expetenda videtur. Quod in quibusdam ordinis nostri viris hodieque apparet, qui dum a fœditatibus mundanis se continent, **215** curiarum tamen solemnitatibus ingerere se irremediabiliter ardent. Assur enim, quod repetere non piget, *aula* est. « Quoniam noluerunt « converti, (Vers. 6) cœpit gladius in civitatibus « ejus, et consumet electos ejus, et comedet capita « eorum. » Quod est dicere : Quoniam ab Assur, id est ab oculorum suorum noluerunt vanissima pastione reverti, *gladius in civitatibus ejus,* id est eorum mentis cœpit, quia insolita carnis adversus spiritum contentio in omni ejus sensualitate, quæ, juxta Evangelium, sunt civitates, emersit. Gladius enim pro divisione ponitur, ut est : « Non veni pacem mittere, sed gladium (*Matth.* x, 34). » Et exponens : «Veni, inquit, separare(*Ibid.*, 25),» etc. *Et consumet electos ejus,* id est annullabit quæcunque principaliora sunt in intimo statu ejus. *Capita eorum comedet,* dum et civitatum et electorum intentionum summitates aurugine tentationis absumet [*f.*, aurigine].

Vers. 7. — « Et populus meus pendebit ad reditum meum. » Licet eorum capita comedantur, et titillatio se menti gravis immergat, solet tamen aliquoties rationis scintilla viviscere, et hoc est quod populus Dei ad reditum ejus dicitur pendere, quia piæ cogitationes post tot quæ ingruerint mala, ad Dei salutaris visitationem fieri solent pronæ. Pendere, sicut alias diximus, ab alterutris dicuntur amantes, et ideo pro *amore* ponitur. « Jugum autem « imponetur ei simul quod non auferetur. » Jugum ci imponitur, cum expertæ tentationis animus timore deprimitur. Hoc *jugum non* aufertur, quia nulla securitas audacia unquam ab animi cervice recutitur.

Vers. 8. — « Quomodo dabo te, Ephraim, prote- « gam te, Israel? Quomodo dabo te sicut Adama, « ponam te, ut Seboim? » Ac si diceret : In quem statum transferam voluntatem humanam, qua arte protegam vagabundum per tot excursus et recursus affectum? His querimoniis innuit quanta difficultas sit in regendo statu nostræ interioritatis, quæ, si ad virtutes evehitur, intumescit, in sensus vapiditate perdeflcit, in flagitium devoluta, putescit. Scio, inquit, quid faciam, quia *sicut Adama ponam te, et sicut Seboim.* Adama interpretatur *terrena.* Seboim *statio ejus, mare,* vel *capra eorum,* vel *damula.* Primum igitur mens hominis ad sui protectionem, ut Adama, ponitur, ut indesinenter quacunque virtute præemineat, propriæ terrenitatis sub qua degit memoretur. Sed non in hac hujus infirmitatis consideratione pigrescat, sed stationem in mari constituat, ut scilicet, inter tentationis assultus stare non cadere assuescat, nec pulsatus versetur aut proruat, sed caprino more animum ad boni ardua propositi semper exporrigat, in quo tamen acumen nullomodo discretæ subtilitatis amittat. Capra enim arduorum est appetens, damula vero unde sortitur et nomen, nulla luminum acie pollens. « Conversum est in

« me cor meum, pariter conturbata est pœnitudo « mea. » *Cor* Dei in eum convertitur, cum non externo cujuspiam exemplo, sed sui ipsius ad viscera pietatis consideratione reflectitur. Humanum enim est, alterius respectu et ratione frangi. *Pariter pœnitudo* ejus conturbatur, quia, dum eum exertæ sententiæ pœnitet, pariter quoque de aliis quas humanitus patimur ærumnis clementer afficitur. Humano more loquitur Deus, cum nil tale in eum incidat, nulli tamen dubium quin electorum suorum calamitati condoleat. Vel aliter. Cor Dei ipsi electi sunt, de quibus dicitur : Appropinquavit cor illius postquam impii dividuntur ab ira vultus ejus (*Psal.* LIV, 22). Cor ergo ejus in eum convertitur, cum hi, quibus cuncta quæ a Patre audivit, innotuit (*Joan.* xv, 15), suæ terrenitatis obtentu, quod est Adama, ad altitudinem contemplationis, quod est capra et damula, se conferre conantur. Tunc pœnitudo Dei pariter conturbatur, cum illi pœnitentiæ, quam illis Deus primo immisit, de præsentis sæculi diuturno fastidio dolor et difficultas etiam adaugetur.

Vers. 9. — « Non faciam furorem iræ meæ, non « convertar ut disperdam Ephraim, quoniam ego « Deus, et non homo; in medio tui sanctus, et non « ingrediar civitatem. » Ira Dei est contra vitia nostra digna animadversione moveri; furor vero est contra humanam pertinaciam reprobi sensus illatione accingi. *Furorem* ergo *iræ suæ non* facit, cum nobis reliquias cogitationis bonæ non subtrahit, hæ enim diem festum agunt sibi. Convertitur Deus *ut Ephraim* disperdat, cum imitari videtur in ejus animo qui tentatur, quod quasi ipsius bonæ voluntatis studium radicitus omnino consumat. *Ego,* inquit, *Deus et non homo.* Quod est dicere: Homo quod cœperit pervicaciter peragit, ego vero Deus impendentem etiam sententiam per meipsum suspendere novi. *In medio Ephraim est sanctus,* cum in ipsius rationem meditullio voluntatis quasi regem circumstante exercitu inserit Deus. *Non enim ingrediar civitatem,* quia non inhabitat, imo vix summatim aspirat conscientiam vitiorum tumultibus obstrepentem.

Vers. 10. — « Post Dominum ambulabunt, quasi « leo rugiet, quia ipse rugiet, et formidabunt filii « maris. » Rationes, voluntati insitæ, *post Dominum* ambulant, dum primum ratio Deo subjicitur, et consequenter deinceps rationi voluntatis habitus obsequundant. Ipsa ratio, quæ supra ob sui firmitatem dicitur sanctus, *quasi leo* rugit, dum ex clamore ejus, cui **216** innititur, divini scilicet eloquii, bestiales undecunque motus, quasi regia quadam auctoritate, perterret et concutit. Ipsa, inquam, *rugiet, et filii maris formidabunt,* cum aut ex interni severitate judicii, aut certe recordatione peccati ad se versum erecta, filios maris, id est motus sæculares formidare facit, et quanto magis alterutro imbuitur, tanto magis quidquid menti temporale et transitorium insonat, perterretur.

Vers. 11. — « Et avolabunt quasi avis ex Ægypto,

« et quasi columba de terra Assyriorum, et collo-
« cabo eos in domibus suis. » *Filii maris ex Ægypto
quasi avis* avolant, dum instinctus superbiæ, qui per
avem figuratur, ex infimis se desideriis allevat, et
præsentem mœrorem gaudio spirituali commutat.
Ægyptus enim mœrorem signat. *Quasi columba in
illa sine felle, sed seducta sine corde, de terra Assyriorum* avolat, cum omne illud a se removet quod
pomposius in hoc mundo ac curialius putat. Hoc
enim aulicum sonat. *In domibus suis eos* collocat,
cum ad conscientiam revocatos a sua dispersione
coadunat.

Vers. 12. — « Circumdedit me in negotiatione
« Ephraim, et in dolo domus Israel. » *Ephraim
Deum in negotiatione* circumdat, cum præsidentem
sibi in Deo rationem gloriæ inanis mercimonio
coangustat. Quid enim est nisi negotiari, pro vulgi
favoribus bene operari? *Ephraim* ergo *Deum negotiatione* circumdat, cum ad recipiendas pro benefactis laudes, sentientem cum Deo spiritum voluptatis vanitas persuadet et incitat. *Domus Israel in
dolo* circumdat, cum conscientia carnali appetitui,
quod est Israel, prona in superficie cogitationis, imperio rationis obtemperare se simulat; quæ tamen
opportunitatem peccandi aucupatur, si liceat. « Judas
« autem testis descendit cum Deo, et cum sanctis
« fidelis. » Quod est dicere: Pœnitentialis confessio
quæ quod in nobis Deus judicat, ipsa etiam pariter
condemnat, « si enim nosmetipsos judicaremus, non
utique judicaremur (*I Cor.* ii, 51). » In hoc ipso
cum Deo testis descendit, id est humiliatur, quia ab
Ephraim et Israel, tam superbis quam subdolis, ad
hanc simplici dejectione recurritur. *Et cum sanctis
fidelis* est, dum humilitatem, quam eis in præsenti
imperat, in sequentis sæculi exaltatione glorificat.
Fidelis ergo dicitur, quia quod modo spondet fide
sempiterna sanctis exsequitur.

CAPUT XII.

Vers. 1. — « Ephraim pascit ventum et sequitur
« æstum. » *Ephraim ventum pascit*, dum ventosis,
id est loquacibus, novarum scilicet rerum cupidis
efferendi suas laudes causas attribuit. Hoc dicitur
Ephraim facere, quia adjacet voluntati laudari velle.
Sequitur æstum, quia quo magis exterius restringitur, eo interius magis flagrat fervoribus carnalium incentivorum. Ac si diceret: Favores foris
expetit, sed tanto eum petulantia durius urit. « Tota
« die mendacium et vastitatem multiplicat, et fœdus
« cum Assyriis init, et oleum in Ægyptum ferebat. »
Tota die mendacium multiplicat, qui jugiter alienis
labiis per suam hypocrisim occasiones mentiendi
subministrat. Sed *vastitatem multiplicat*, quia quo
magis extolli se audit, eo desolationis internæ deserta dilatat, dum verborum florente copia, quæ non
videntur incuriæ mancipat. *Fœdus cum Assyriis*
init, dum cum his qui temporaliter gloriantur unanimis fit. *Oleum in Ægyptum* portat, qui gratiam
Dei in vacuum se recepisse non trepidat (*II Cor.*
vi, 1). Et *in Ægyptum fert oleum*, qui sæcularibus
sæculariter placere desiderat de excremento virtutum.

Vers. 2. — « Judicium ergo Domini cum Juda,
« et visitatio super Jacob. » *Cum Juda judicium
Domini* est, quia in virtute confessionis, discretionis
spirituum subtilitas permaxime necessaria est. *Super
Jacob visitatio* fit, cum in supplantandis vitiis rationi
nostræ metus divinæ ultionis semper assistit. *Visitatio* enim aliquoties pro *punitione* ponitur. « Juxta
« vias ejus et juxta adinventiones ejus reddet ei. »
Juxta vias ejus ei redditur, cum intellectus noster
pro cujusque erroris quantitate compungitur, et
quasi pro commisso vapulat, dum doloris intimi
talionem petulanti quondam animo repræsentat.
Adinventiones autem sunt quæcunque in humanis
usibus debito naturæ supersunt. Has *ei* reddit, cum
sibi ipsi intellectualis ille judex sub pœnitudinis
acerbitate restituit.

Vers. 3. 4. — « In utero supplantavit fratrem
« suum; et in fortitudine sua directus est cum an-
« gelo. Et invaluit ad angelum, et confortatus est. »
In utero fratrem supplantat, cum intra conscientiam
carnalis rigiditatem appetitus præcipitat. *In fortitudine sua cum Angelo* dirigitur, cum libertas arbitrii,
qua fortius nihil est, sermoni divino, qui Dei ad nos
internuntius est, irremisse innititur. *Ad Angelum*
invalescit, cum ex eloquii frequentatione divini
contra contrarias fortitudines spirituale in dies robur accrescit. Confortatur, dum inter tentationum
molimina, nusquam mentis rigor nutare permittitur.
« Flevit et rogavit eum. » In fletu humor interior
ad exteriora elicitur. Flere ergo dicitur, qui omnem
interiorem mollitiem exsuccare conatur. Rogat angelum, qui in summa habet veneratione et reverentia Dei verbum. « In Bethel invenit eum, et ibi
« locutus est 217 nobiscum. (Vers. 5.) Et Dominus
Deus exercituum, Dominus memoriale ejus. » Bethel interpretatur *domus Dei*. In Bethel angelum
invenit, cum Deum inhabitatorem gerens per ejus
aspirationem divini eloquii arcana discutit, quo et
prolata auctore cognovit. Quisquis enim mysteria
Scripturarum sine Dei Spiritu reserare posse se æstimat, plane veluti sine luminibus alienos parietes
erroneus palpat. Ibi *nobiscum* loquitur, quia secundum quod a Deo pectus legentis imbuitur, mox
sacræ paginæ consentiente sententia, quidquid ob-
strusum pridem obstiterat liquido aperitur.

Notandum quod singulariter de se loquens subjunxit extremo, *nobiscum*. Inventus enim *in Bethel
nobiscum* loquitur, quia sanctæ cujuspiam conscientiæ, quæ Deo hospite gaudet, sensus in sacra Scriptura perscrutanti divinos, cum aliquid obscurum
inclaruerit, profecto sine invidia a Deo sibi data
celare impatiens, aut locutione aut scripto nec mora
et aliis propagare gaudebit. Nec solum angelus, sed
et Dominus Deus exercituum nobiscum loquitur, quia
quidquid in eodem sacro eloquio reperitur, ab ipso
indubie panditur, qui priorum exercituum nostrorum benignus inceptor, quæ his sanctis studiis

impenduntur, esse probatur. Exercitus enim ab *exercendo* dicitur, et est *Deus exercituum*, cui militant exercitia animorum. *Dominus memoriale ejus*, superius dixerat *Dominus Deus exercituum*, nunc iterat etiam *Dominus*, ut per hoc innuat eumdem esse Dominum, qui sacri verbi nobis studium subministrat, qui quondam per prophetarum ora, ea quæ ejus gratiam in eorum libris a nobis anxie exquiruntur locutus fuerat. *Memoriale* autem *ejus* hoc est ut qui quondam per illos antiquos mira prædixerat, non minorem hodieque in nobis virtutem exercere credatur, quibus tanti consilii penetralia subintrare humiliter quærentibus donat. « Habentes, » inquit Apostolus, eumdem « spiritum, credimus, propter quod et loquimur (*II Cor.* « XIV, 13). »

VERS. 6. — « Et tu ad Deum tuum converteris; « misericordiam et judicium custodi, et spera in « Deo tuo semper. » Et *ad Deum* suum haud dubium quin Jacob aut Judas convertitur, cum ratio pœnitentialiter semper confitens, inter supernorum largitiones munerum ad eum, a quo prærogantur, respectare monetur. *Misericordiam et judicium* custodire jubetur, ut scilicet in præsenti, si bene invigilet, se Dei misericordiam reperturum non desperet, sin autem, in futuro judicium miserabilem præstoletur; sicque inter spem misericordiæ et metum judicii constitutus, ad spem pronior inveniatur, ut magis amore quam timore trahatur, a nemine enim quidquam, nisi sub amore speratur, et hoc est quod dicitur: *Spera in Domino Deo tuo semper*.

VERS. 7. — « Chanaan, in manu ejus statera dolosa, calumniam dilexit. » Chanaan interpretatur *negotiator*. Negotium autem ad hypocrisim supra diximus pertinere. *In manu ergo Chanaan statera dolosa* est, quia in opere hypocritarum nihil pensi et moderati est. Si enim bene perpenderent, nunquam buccinatoribus suis inanitatem suæ mentis vel operis tanti venderent. Si enim tantæ vacuitati nomen sanctitatis, quod omni thesauro præponderat, exæquare velis, non dico non stat, sed nec esse potest, quia inter nihil et aliquid comparatio nulla constat. Calumniam quoque diligit, quia quisquis externis favoribus attolli appetit, illis omnibus necesse est invideat, quos aut potius aut pariter laudari audit. Quod si invidet, certe mox consequitur ut his quibus inviderit amantissime deroget.

VERS. 8. — « Et dixit Ephraim : Verumtamen « dives effectus sum, inveni idolum mihi. » Quod vocavit Chanaan, hoc etiam innuit per Ephraim. Si enim ille negotiator, et hic frugifer, plane negotium hypocrisis non emergit, nisi de superficie ejus, quæ putatur frugifera actionis. Est ergo ac si dicat: Quicunque in statera mei habitus et externæ considerationis sit dolus, ego tamen dives efficior, dum per omnium linguas quotidiana rumoris augmentatione promoveor. *Inveni idolum mihi*, quia imaginem sanctitatis, quæ a cunctis honori habeatur ostendi. « Omnes labores mei non invenient « mihi iniquitatem quam peccavi. » Quod est dicere: Idcirco omni cura et labore in colore religionis exerceor, ut videlicet nemini eorum, qui me efferunt, veniat in notitiam iniquitas mea interior. Quod dicit, *non invenient*, sic est ac si diceret *abscondent*, ut est illud : « Clausis non aperuit carcerem (*Isai.* XIV, 17), » quod est *obstrusit*.

VERS. 9. — « Et ego Dominus Deus tuus, qui « eduxi te de terra Ægypti, adhuc sedere te faciam « in tabernaculis, sicut in diebus festivitatis. » *Eduxit nos Deus de terra Ægypti*, qui de tenebris vitiorum in admirabile lumen suum nos vocavit. *Adhuc in tabernaculis sedere* nos faciet, cum quandiu peregrinamur a Domino, quandiu in hoc tabernaculo ingemiscimus gravati debita humilitate, quod signatur sessione, nos deprimet. « Surgite, inquit, postquam sederitis (*Psal.* CXXVI, 2). » Tabernacula autem peregrinantium, vel militantium sunt. Militia enim vita hominis (*Job* VII, 1). Et hoc *sicut in diebus festivitatis* facimus, quando depressionem nostram in præsenti luminosæ illius spei gaudio vere festo compensamus.

VERS. 10. — « Et locutus sum super prophetas, « et ego visionem multiplicavi, et in manu prophetarum assimilatus sum. » *Super prophetas* Dominus loquitur, cum ultra omnium providentiarum nostrarum perspicacitatem, sua sola aspiratione nos docere dignatur. Visionem quoque multiplicat, dum per eumdem instinctum in nostra intellectualitate aciem discretionis augmentat. *In manu prophetarum assimilatur*, dum providentiæ nostræ exercitium ad contemplandam etiam divinæ celsitudinis speciem assurgere æmulatur. Nota quam vigilanter dicat assimilatur. 218 Omne autem simile non est idem quod illud cui simile dicitur. Assimilari ergo Deus in manu prophetarum solet, cum omnis nostri contuitus opera scintillare in Deum nititur, nec tamen est Deus quod videt.

VERS. 11. — « Si Galaad idolum, tamen frustra « erant in Galgal bobus immolantes. » Galaad interpretatur *acervus testimonii*. Quod est dicere : Si hi qui inferius dilatantur, et penes Deum male angustantur, vitiorum ac si idolorum cultibus instant, pensare debuerant quia vitiorum volutabris frustra sese immersitant, cum nil aliud explicent, nisi quod aciem mentis in hebetudinem bestialem mactando commutent. Galgal enim *volutabrum* interpretatur. Volutabro si ergo, ut sic dicam, *bobus* immolant, cum spirituali alacritate recussa sese ponderositati carnis, quasi stolida animalia, fœde attrectant. « Nam et altaria eorum quasi acervi super sulcos « agri. » Superius paulo eorum altaria diximus hypocritarum proposita. In quo enim quilibet ipsorum vult honorari, verbi gratia, vigilat iste, abstinet ille, iste silet, in qua, inquam, institutione volet insignis haberi, quasi aram proponit, super qua a levitatibus hominum debeat venerari. Hæc *altaria quasi acervi sulcos agri* fiunt, cum his quibus prædicant, et super quos magisterii auctoritate præsidere desiderant, quasi sulcis agri acervus efficiunt. Acervus enim si sit in sulcis, nunquam eos permittit attingere ad alicujus utilitatis frugis. Et hi qui simulate præsident, dum dubia exempla ostentant, non tam instruunt simplices quosque quam aggravant.

Vers. 12. — « Fugit Jacob in regionem Syriæ, et servivit Israel in uxore, et in uxorem servavit. » *In regionem Syriæ Jacob fugit*, cum spiritus noster, cui vitia supplantandi officium est, extra sensualitatem corporis in sublimem habitum mentis, qui temporalia supergreditur, juxta Apostolum, Deo excedit (*II Cor.* v, 13). Fugisse autem dicitur, quia et David a forensi strepitu fugiens elongasse se testatur(*Psal.* LIV, 8). Syria enim *sublimis* interpretatur. Ibi in uxore servit, dum pro subjuganda sibi propria voluntate se deserit. Uxor enim nostra voluntas est, quia nullum bonum est, nisi quod voluntarie fit. Sine hac ergo spiritus noster, qui vir est, nihil efficit. Qui autem servit, alterius ditioni se tradit. Ut ergo hanc habeat, desideriis suis renuntiat. Sed quærendum quid fugiat? conformitatem videlicet eorum, quorum cœtus *in Galgal bobus* immolat, et qui sunt ut *acervi super illos sulcos agri*, qui, juxta Job, terra adversus suum reclamante cultorem, pariter deflent (*Job* XXXI, 38). *Jacob in uxore servavit* haud dubium quin oves Laban, cum per contubernium bonæ suæ jugalis gregem cohibet piæ cogitationis.

Vers. 13. — « In propheta autem eduxit Dominus Israel de Ægypto, et in propheta servatus est. » *In propheta de Ægypto Israel* educitur, cum per futuri judicii providentiam affectualitas nostra a sæculari prosecutione secluditur. Nisi enim et bona et mala prudentia Christiana prospiceret, nusquam aut amore aut timore traheretur aut fugeret. *In propheta* quoque eductus *de Ægypto*, servatur, quia sine tali provisione præsentia contemnere incipientibus perseverantiæ constantia non servatur.

Vers. 14. — « Ad iracundiam me provocavit Ephraim in amaritudinibus suis, et sanguis ejus super eum veniet, et opprobrium ejus restituet ei Dominus Deus suus. » Quoniam Ephraim ad hypocritarum significantiam semel eduximus, voti nostri est quandiu textus non oberit continuare quod cœpimus. *Ad iracundiam Ephraim* Deum *in suis amaritudinibus provocat*, cum hi, qui de sua fructuositate se jactant, per interioris eum nequitiæ amaricationes irritant. *Sanguis ejus super eum* venit, cum peccatorum diuturna occultatio eos supergrediendo obruit. *Sanguinem pro peccato* poni etiam vulgo celebre est. *Opprobrium ei Dominus* restituit, cum ea, quæ ad Dei exprobrationem indesinenter ab eis committuntur, per apertissimos turpium criminum lapsus ad eorum perpetuam infamiam propalantur.

CAPUT XIII.

Vers. 1. — « Loquente Ephraim horror invasit Israel, et deliquit in Baal et mortuus est. » *Ephraim loquitur et Israel horror invadit*, cum hypocritarum plerumque in Scripturæ sacræ dissertionibus eloquio intonante, et subtilissima de moribus disputante, eos, qui cum Deo dirigi appetunt, magnus sub eorum prædicatione terror concutit; quo enim vulgo miserabiliores videri desiderant, eo disertitudinem suam ostentantes de subtilioribus tractant. Sed inter hæc *in Baal* delinquit, cum nihil eorum quæ loquitur menti suæ admovens, instar simulacri miraculo duntaxat, audientium Dominica verba prostituit. Et moritur, quia immemor eorum quæ dixerit in insensibilitatis stuporem convertitur.

Vers. 2. — « Et nunc addiderunt ad peccandum; feceruntque sibi conflatile de argento suo, quasi similitudinem idolorum, factura artificum totum est. » *Et nunc*, id est in hoc ipso prædicandi proposito; *ad peccandum* addunt, cum sibi quæ bona dixerunt ascribentes verbum Dei adulterare non desinunt. Etsi enim ex Deo non tamen coram Deo dicunt; *de argento suo sibi conflatile* faciunt, cum de eloquentia sua inepti sibi vulgi frequentiam conflare contendunt. *Argentum* pro *eloquentia* ponitur, ut est : « Eloquia Domini argentum igne examinatum (*Psal.* XI, 7). » Hoc conflatile quasi similitudo idolorum est, quia tota illa vilis plebeculæ coaggeratio pro solo figmento suæ ostentationis est; et quantum ad auctorem pertinet, quædam de Dei in diaboli cultum sacrilega translatio est. Factura artificum totum est, quia quidquid exterius operantur, totum sine ulla veritatis constantia quodam lineamento fucatæ compositionis aptatur. « His ipsi dicunt : Immolate homines vitulos adorantes. » Quod totum est dicere : Quid tales 219 faciunt his, quas exhibere videntur imaginibus sanctitatis, nisi quod opere clamant, quatenus vitulos adorent, et id ipsum quod sunt homines eis immolent? *Vitulos* adorat quisquis petulantiæ mundanæ se subjugat. Et natura tamen est vituli esse pro ingenita lentitudine ponderosum, sed pro ætate lascivum. Quod in hypocritis patet, quorum maturitas in habitudine floret, sed hircina intrinsecus petulantia fetet. Illi ergo vituli adorantur, vel adorari tali exemplo monentur, cum talis eorum status pro gloria nominis tanquam venerationi habendus commendatur. Unde eis homines immolant, cum rationalitatem suam sub tanta bestialitate trucidant.

Vers. 3. — « Idcirco erunt quasi nubes matutina, et quasi ros matutinus pertransiens. » Quia ita, inquit, ad aliorum perniciem prædicabiles fieri appetunt, *quasi nubes matutina* ex merito suo fient, quia insulsæ eorum laudes cum perfunctoria pompa, Deo eorum nequitias retegente, in momento deficient. Nubes enim matutina aurora cursus provelente esse mox desinit. Ros itidem sole incalescente disparere consuevit. Quod expositione non indiget, quia in ipsis hypocritarum eventibus pene indesinenter elucet. « Sicut pulvis turbine raptus ex area, « et sicut fumus de fumario. » Area nostra sancta Ecclesia est, vel cujuslibet conversationis religiosa professio. *Ex hac area pulvis turbine* rapitur, cum mentium instabilitas ad illicitos actus, diaboli flatu acta, a proposito dimovetur. *Sicut* quoque *fumus de fumario* sunt, quia, cum per favores alta petierint repente dispereunt. *Sicut* quoque *fumus* intuentium, imo circumstantium, oculos aggravat et perstringit, ita non modo simplicium, sed et argutorum intelligentias simulata aliquoties virtus obducit. His rite hypocritæ comparantur, qui lapsibus inopinatis ad subitum a suo tumore reflantur.

Vers. 4. — « Ego autem Dominus Deus tuus qui « eduxi te de terra Ægypti, et Deum absque me « nescies, et salvator non est præter me. » Sunt multi qui bona ex veritate proponunt, et aliquandiu in hoc ipso persistunt, at cum laudari se audiunt, ad appetitum gloriæ mutata intentione se transferunt. Est ergo ac si his diceret : Meminisse debueratis, quod vos olim de tenebrarum potestate in regnum dilectionis meæ transtulerim (*Col.* I, 13), me semel cognito omnis Deus recens a vobis debuerat excludi, et salus vestra, quam providentiæ vestræ studioque ascribitis, mihi potissimum debuisset ascribi, quia si velitis salvari me prætermisso, fallimini. Absque Deo scit Deum, cui magis quam Deus coli adjacet vitium.

Vers. 5, 6. — « Ego cognovi te in deserto, in « terra solitudinis. Juxta pascua sua, et adimpleti « sunt, et saturati, et elevaverunt cor suum; et « obliti sunt mei. » *In deserto* eos cognovit, quandiu videlicet sæcularem exosam habuere frequentiam eos approbavit. *Nosse* enim Dei *approbare* est. *In terra solitudinis* cognoscitur quisquis instabilitate mentis secum habitantis (terra enim in æternum stat) (*Eccle.* I, 4) a Deo gratanter acceptatur. Notandum quod de secunda persona, more Hebraico, ad tertiam personam transit. *Juxta pascua sua* cognoscuntur qui in divinæ lectionis pabulo fideliter ac humiliter oblectantur. At vero implentur, cum fastus ex scientiæ copiositate concipitur. Saturantur cum aut fastidio, aut superbia sacra volumina quasi scientissimi nec respectare dignantur, et ut, juxta psalmum, dicam : Omnem escam anima eorum abominatur (*Psal.* CVI, 18). *Cor suum* elevant, cum sapientiam suam ubique percelebrant. *Cor* enim pro *sapientia* in Scripturis ponitur, quia loquitur Deus pacem in his qui convertuntur ad cor (*Psal.* LXXXIV, 9), sin alias, vel certe quia corde sapimus. Dei obliviscuntur, in quorum cordibus confusa omnia sine rationis auctoritate feruntur.

Vers. 7. — « Et ero eis quasi leæna, sicut pardus « in via Assyriorum. » Est *eis* Deus *quasi leæna*, dum ex bono secundum quod videbatur opere, et, quod quantum ad ipsum opus pertinet, Dei erat, voluptas menti luxurianti innascitur, crudelitas etiam indignationis penes alios et invidiæ generatur. Deus ergo hoc eis exstat, cujus efficientiæ causam præstat, unde psalmus, cum perverso pervertendum eum clamat (*Psal.* XVII, 26). Leæna enim crudele et petulum est animal. *In via* quoque *Assyriorum quasi pardus* est *eis*, cum lata et spatiosa sectantibus ob morborum suorum varietatem, quibus aliis placere gestiunt, pœnas permittit luere subitaneæ præcipitationis. Pardus enim et varium et ex nimio cursu in mortem præceps animal est.

Vers. 8. — « Occurram eis quasi ursa raptis catu« lis. » *Quasi ursa raptis catulis eis* Deus occurrit cum insecutiones atque molestias ab his qui eos laudare solebant, et etiam sui operis vilipensiones immittit. Ursa enim raptis fetibus ferocior est, et nihil est quod magis eorum mentem obruat quam quod quis eos ab operum suorum laude privat. *Quasi ursa* ergo occurrere dicitur, cum eis judicium secundum convenientiam naturæ bestialis exeritur. « Et dirum« pam interiora jecoris eorum : et consumam eos ibi « quasi leo, bestia agri scindet eos. » Secundum physicos jecore amamus. Deus ergo *jecoris eorum interiora* disrumpit, cum occulti amoris petulantias quibus insolens animus oblectatur quasi quodammodo exenterans undecunque patefacit. *Ibi eos quasi leo* consumit, dum statum eorum, qui sibi aliquid esse videbantur, ibi, id est in hac carnalis lapsus fœditate exinanit. Et hoc facit quasi leo, assultu videlicet aperto, non a cauda, id est latenter, ut draco. Nihil enim magis contiguum rigori superbiæ, quam sub hac liquefieri solere mollitie. Per agrum incompositus 220 et Christianæ urbanitatis nescius animus intelligitur. Per bestiam, cujus feralis et indomita natura dignoscitur, appetitus. *Bestia agri ergo eos* scindit, cum, velint nolint, corporalis appetitus ingenitæ concupiscentiæ ipsos impatientes efficiens, quasi eviscerando, quales apud se habeantur, ostendi.

Vers. 9. — « Perditio tua, Israel, tantummodo in « me auxilium tuum. » Israelem supra dixeramus eos qui ex talium mercenariorum fideliter ore pendebant, et cum Deo secundum etymologiam nominis dirigi cupiebant. Hic dicitur *perditio tua*, ac si diceret : Tu te existimas perditum esse, quia tibi contigerit exemplo et monitis talium damnaticiorum horripilationem aliquam ad pœnitendum benevola concepisse. Quoniam igitur vides eos in sua lentitudine languisse, tantummodo in me tuum tibi auxilium expedit convertisse.

Vers. 10. — « Ubi est rex tuus? maxime nunc « salvet te in omnibus urbibus tuis. » Ac si diceret : Tu te tuo magisterio gratulabundus supergaudere volueras; et quasi ego sum Pauli, ego sum Cephæ, ego sum Apollo dicere cœperas (*I Cor.* I 12), et ecce regem tuum, de quo falso speraveras, ex hypocrisi decidisse consideras. Hic maxime necessarius tibi erat ut, in omnibus urbibus tuis, id est conscientiarum conceptaculis, salutifero te muniret exemplo

« Et judices tui, de quibus dixisti : Da mihi reges ac principes. » Ac si dicat : Et hi sunt quos in extremo examine pro spontanea pauperie, pro sæculi abrenuntiatione, sessuros cum Domino jactitabas. Dicitur autem hoc pro parte eorum qui scienter hypocritis favent, et tali disciplinæ obtentu favorum gestiunt applicari. *Judices*, inquam, *tui*, ut opinaris, non Dei. De his dixisti : *Da mihi reges et principes*, id est, de talibus optasti ut tibi principarentur et regerent, qui in suo te discipulatu obsequia diligere, et affectare laudes imbuerent. Quod etiam nunc crebro perspicimus, ut non solum hypocritarum, sed etiam probabilium virorum contuberniis se immergant, ut quodammodo eidem qui eis exhibetur honori communicent.

VERS. 11. — « Dabo tibi regem in furore meo, et auferam in indignatione mea. » Ne quæraris, inquam, quod reges gloriosos amiseris, sed potius quærere regem *in furore meo tibi* dandum, illum scilicet qui pro pœna peccati miseris infligitur reprobum sensum: et si qua tibi verioris intelligentiæ, quæ adhuc te regat, scintilla resederit, juste judicio indignationis auferetur.

VERS. 12. — « Colligata est iniquitas Ephraim, absconditum peccatum ejus. » Vulgares quilibet peccatores ad confessionis gratiam facillime pertrahuntur, hypocrita vix aut nunquam ; quia qui ad hoc laborat, ut sanctitatis nomine honoretur, nunquam ad hoc ut fœdum de se quidpiam confiteatur inducitur. *Iniquitas* ergo *Ephraim* colligatur, quia nunquam ullius puritatis eloquio ab obstinato corde resolvitur. *Peccatum* illius absconditur, quia via ejus minime Deo revelatur, quippe a quo nihil prorsus, sed a solo mundo separatur.

VERS. 13. — « Dolores parturientis venient ei; ipse filius non sapiens. » *Dolores parturientis ei veniunt*, cum acutissimæ titillationes carnis uterum mentis ejus abrumpunt. Sed inter hæc *ipse filius non sapiens est*, quia cum filium Dei se vulgo cantitari gaudeat, *ipse* tamen *non sapiens* est, quia Deum Patrem in nullo lætificat. Filius enim sapiens, juxta Salomonem, lætificat patrem (*Prov.* x, 1). « Nunc enim non stabit in contritione filiorum. (VERS. 14.) « De manu mortis liberabo eos, de morte redimam eos. » *Nunc*, id est, in præsenti, quandiu scilicet hodie dicitur, *in contritione filiorum non stat*, quia eos Dominus, cum in labore hominum non sint (*Psal.* LXXII, 5), cum hominibus, utpote quos non recipit, ut filios non flagellat (*Hebr.* XII, 6). Filios enim in hoc mundo conterit, quos ad æternitatem subrigendos elegit. Hos *de manu mortis liberat*, quos de perpetratione peccati nunc salvat. « Peccatum enim intravit mundum, et per peccatum mors (*Rom.* v, 12), » effectum pro causa posuit. Quos autem *de manu mortis* liberat, etiam *de morte* redimit, cum quos opere exuerat, pariter a mortifero quoque ab ejusdem pœna perpetuæ mortis absolvit. « Ero mors tua, o mors, ero morsus tuus, inferne. » Exponit quomodo *eos de morte* liberet. Deus mors mortis est, cum mentium insensibilitatibus illabendo recalefacit quidquid ibi torpidum, quidquid sine motu piæ rationalitatis est. Si cœlum vocatur anima justi, non immerito iniquus quilibet nomine designatur inferni. Fit ergo Deus morsus inferni, cum per suæ aspirationis illapsum prægustandum se exhibet peccatoris cujuslibet cordi.

VERS. 15. — « Consolatio abscondita est ab oculis meis. Quia ipse inter fratres dividit. » Superius de contritione filiorum dixerat, nunc de eadem subinferendo replicat. *Consolatio* absconditur *ab oculis Dei*, cum inter adversa præsentis sæculi, vel quælibet alia flagella Dei, nullum temporale solatium patiuntur in se admittere sancti viri. Per oculos enim Dei sancti intelliguntur et docti, qui viam provident Ecclesiæ corpori, vel etiam illustrata a Deo claritas intellectualis nostri ingenii. Omnis ergo consolatio ab his absconditur, quia prosperari in hac via, aut inter divina verbera ad modicum respirare in talibus omnimodis aversantur. Ideo cum Rachel noluit consolari (*Matth.* II, 18), quia justis ineffabilia sciunt præmia præparari, cum etiam ipse infernus, qui jam ex parte quasi mordendo libavit, quam suavis sit Dominus *inter fratres* dividat, id est beatæ portionis mercedem inter eos qui sancti sunt et vocantur, accipiat. « Adducet urentem ventum Dominus de deserto ascendentem : et siccabit venas ejus, et desolabit fontem ejus, et ipse diripiet thesaurum omnis vasis desiderabilis. » Ne ergo tereatur, aut pro aliqua difficultate desperet ille quondam, qui modo Deum prægustavit, infernus, quia *adducet Dominus ventum urentem*, spiritum videlicet quidquid fœdi est interius humoris exsiccantem, qui ventus *de deserto* ascendit, de mente scilicet, cui exsilium, imo solitudo est mundus, emergit; quem sponsa in Canticis ad perflandum hortum suum evocans ut veniat ex nomine petit (*Cant.* IV, 16). Is siccat *ejus venas*, cum cogitationis meatus obstruit, per quam veteres olim permittebat illabi lascivias. *Fontem ejus* desolat, cum originem mundanæ intentionis sub unius desiderii simplicitate conflagrat. Quasi enim frequentia est inhabitantium, ubi multiplicitas est appetituum. Fons ergo desolatur, cum sæculi memoria usu cogitationum neutiquam frequentatur. Tunc primum ipse de inferno cœlum factus *thesaurum omnis vasis desiderabilis* diripit, cum eum, in quo sunt omnes thesauri sapientiæ Christum (*Col.* II, 3), a cujus vestimentis myrrha, et gutta, et casia profluunt (*Psal.* XLIV, 9), scilicet genus omne virtutum purificato jam corde constringit. Et notandum quod dicitur *diripit*; *diripere* enim *in diversas partes rapere* est. *Thesaurum* ergo *omnis vasis desiderabilis* diripit, qui omnium sanctorum, vel virtutum, qui in Christo censentur, exempla quaquaversum in se contrahit.

CAPUT XIV.

VERS. 1. — « Pereat Samaria, quoniam ad amaritudinem concitavit Deum suum. » Ac si diceret: *Pereat* ab exemplificatione fidelium exterioris hominis perversa illa custodia, quoniam in non custo- diendo interiorem Deum suum, ac si vigilanter diceret : Non quemlibet externum, sed judicem internum provocavit ad amaritudinem. « In gladio « pereat, parvuli eorum elidantur, et fetæ ejus « discindantur. » *Samaria in gladio perit*, cum ipsa subtilis in sui observatione vigilantia deseritur, a constipatorum suorum, qui ei adulabantur, frequentia. Sæpe enim evenit ut talis deprehendatur astutia, unde *in gladio* signatur discordia. *Parvuli eorum* eliduntur, cum allisi ad petram a suæ hebitudinis duritia confringuntur. Parvuli sunt qui adhuc ad id officii rudes sunt. *Fetæ ejus* distinduntur; cum hi qui diuturno sunt studio hujus artis imbuti, et spem concepere jam lucri; quo obtentu hæc faciant, nimis, ut sic dicam, patentibus, et ad quid aspirent publice exponuntur. De fetis his in Evangelio dicitur : Væ prægnantibus et nutrientibus (*Luc.* xxi, 23)!

Vers. 2. — « Convertere, Israel, ad Dominum « Deum tuum, quoniam corruisti in iniquitate « tua. » Ad eos quibus imprecatus fuerat facit apostropham. Ac si dicat : Quoniam *in iniquitate*, qua cum Deo dirigi volebas, et Altissimo similis fieri, dum illum, qui ei debebatur honorem tibi arrogabas, *corruisti*; id est ab inani spe decidisti. *Ad Dominum Deum tuum*, ad eum videlicet non cui suppar sis, sed cujus subjaces ditioni, et qui, secundum quod Deus, arcani tui judex est et simulationis testis, tandem *convertere*.

Vers. 3. — « Tollite vobiscum verba, et conver- « timini ad Dominum. » *Verba* in Scripturis et sæcularibus et nostris, pro nugis et fabulis poni solent. Unde Ovidius : «Verba dat omnis amor. » Et David ad fratrem se culpantem : « Nunquid, inquit, non verbum est? » (*I Reg.* xvii, 29.) *Tollit verba* qui vulgi se laudantis despuit lenocinia. Sed quia nil tollit qui se pariter non tollit, *vobiscum* additur, ut falsitas operum cum verborum adulationibus abigatur. *Ad Dominum* convertuntur, cum ad ei jam placendum ex toto vertuntur. Hoc enim *con* præpositio præmissa significat. « Dicite ei : « Omnem aufer iniquitatem, et accipe bonum ; et « reddemus vitulos labiorum nostrorum. » Dominus rogatur ut auferat *iniquitatem*, cum de exhibito bono opere, duplicitate remota, debitam petitur puritatem. Accipere *bonum* quoque petitur, boni scilicet exercitii studia, quorum laude et gloria fraudabatur. *Labiorum nostrorum vitulos* reddimus, illos videlicet quos adorandos ut immolarentur homines impie clamabamus, dum petulantiam internæ levitatis, qua de populari obsequio gaudebamus, quam etiam nostris ipsorum labiis incitare solebamus, per confessionem Deo representamus.

Vers. 4. — « Assur non salvabit nos ; super « equum non ascendemus, nec dicemus ultra : Dii « nostri opera manuum nostrarum, quia ejus, qui « in te est misereberis pupilli. » *Assur non salvat nos*, cum regia cognitio, et aulica promotio, nostros

nulla spe jam occupat, quantum ad salutem temporalem attinet, animos. *Super equum non* ascendimus, cum sæcularis excellentiæ nobilitatem respuimus. *Opera manuum nostrarum* ultra deos non dicimus, cum ad spectaculum nostræ bonæ conversationis, tanquam ad alicujus idololatriæ cultum, nequaquam lenocinium ridiculæ vulgaritatis asciscimus. Prætérierat me divinæ testificatio locutionis, quod utique per *equum* significetur fastus gloriæ temporalis, ut est : Ab increpatione Dei Jacob, dormitaverunt qui ascenderunt equos (*Psal.* LXXV, 7). *Ejus qui in eo est Deus miseretur pupilli*, quia, postquam mens a præsentis sæculi se omnimoda consolatione deponit, et quasi diaboli patris ultro fomentum, sub quo nutriebatur, amittit, et se misericordis Dei jam visceribus intromittit, ejus profecto tunc miseretur, quia aliena benignitas non speratur.

Vers. 5. — « Sanabo contritiones eorum, diligam « eos spontanee. » *Contritiones eorum* sanat, dum veternorum detrimenta peccatorum restituendo compensat. *Spontanee eos* diligit, cum non superficie tenus, sed sibi integre et perseveranter astringit. Cui illud evangelicum paulo subrespicit. Cum enim Dominum quidam sciscitaretur adolescens quibus vitam æternam actibus mereretur, et ipse ei legis mandata prætenderet, juvenis hæc eadem ab ineunte ævo se servasse respondit. Ubi subjungitur quod Jesus intuitus dilexerit eum. Cui tamen cum postmodum de mundi abrenuntiatione novæ legis scita proponeret, tristis abscessisse mox dicitur, quoniam multa possidens dives esset (*Matth.* xix, 16-22). Hunc ergo amorem, et illam Achab regis perfidi perfunctoriam, quam pro demisso capite Dominus olim laudaverit humilitatem, hæc, inquam, utraque utrum spontanea, sicut hic legitur, dilectione dignatus sit, conjicere velim. Si spontaneum est quod nullo cogente, nullis causis subjacentibus fit, majus in Deo mihi videtur, quam si ex merito sit. Quod enim merito refertur, debitum est, quod autem gratis ingenitum. Cum quis obsequium amat, cessante officio lentescere solet affectus, gratuitum autem, ea qua cœpit ultroneitate perdurat. *Spontaneë* ergo mihi videtur dictus diligi, qui sine præcedentia boni cujuspiam dignoscitur allegi. Perfunctorium autem in Deo nil est, aut vicissitudini obnoxium, ut quod semel dilexerit, suboriente causa cassari mox possit; sed quod dicitur dilexisse, ostendit juvenem conversatione forinseca, ab his qui eum viderent diligi potuisse. Cui sensui accidit quod dicitur : Intuitus eum Jesus. Nec frustra, nec enim eum non noverat. Cui simile est quod de fide centurionis dicitur admiratus (*Matth.* viii, 10). Et quid in centurione mirabatur quem nihil non a se habere noverat, nisi quod dignus miraculo homo idem monstrabatur? Sequitur : « Quia aversus est, inquit, » furor meus ab eis. » *Ab eis furor* Dei avertitur, cum cordis hactenus impœnitentis obstinatio dimovetur. In nullo enim magis Deus contra hominem furit quam cum pravæ conscientiæ duritiam non emollit.

VERS. 6. — « Ero quasi ros, Israel germinabit « quasi lilium, et erumpet radix ejus ut Libani. » Est Deus *quasi ros*, cum gratiæ suæ temperantia refrigerat motus mentis ignitos. *Israel quasi lilium germinat*, cum sanctimoniæ desiderio, sine qua Deum nemo videbit, florentissime flagrat. In quo notandum quod lilium et sarculo excolatur, et fimo aliquoties humectetur. Quod non inconcinnum est castitati, quæ et abstinentiæ ligonem desiderat, et veterum peccatorum recordationibus ad sui custodiam providentior exstat. Unde et in Canticis lilium convallium dicitur (*Cant.* II, 1), quia pudicitia perseverare non potest, nisi quæ profunda sui ipsius vilipensione munitur. Israelis *radix* nil aliud est quam firmitas intentionis. Hæc erumpit *ut Libani*, sive, ut in alia translatione est LXX : « Mittet radices suas quasi Libanus, » cum secundum excellentiam exterioris operis, constat soliditas a Deo radicatæ per charitatem cogitationis. Cedrorum enim proceritas radices dicitur habere summopere altas. Non enim potest pondus arboris grande subsistere, subter posita brevi et infirma radice.

VERS. 7. — « Ibunt rami ejus. » *Rami ejus* eunt cum opera ordinate distributa proficiunt. Et recte post radicis altitudinem, ramorum subjungit dilatationem, quia, dum quilibet in beneficientiæ exhibitione distenditur, necesse est ut prius, si perseverare proponat, alta mentis deliberatione fundetur. « Et erit quasi oliva gloria ejus, et odor ejus ut « Libani. » *Quasi oliva gloria ejus* est, qui operibus misericordiæ exuberans est. Oliva enim olei ferax est, et dum alios pie refovet quasi unguentum, quo dolores mitigentur, debilibus præbet. Vel sicut *oliva gloria ejus* esse dicitur, quia nitor gloriæ interioris, quæ oleo designatur, testimonium conscientiæ ab Apostolo nominatur (*II Cor.* I, 12). *Odor ejus ut Libani* est, cum quidquid agit, quidquid loquitur, quidquid cogitat, aut oratio aut contiguum orationi est. Libanus enim *thus* interpretatur. Unde in psalmo : « Dirigatur, inquit, oratio mea sicut incensum (*Psal.* CXL, 2). » Et : « Odor vestimentorum tuorum, id est operum, sicut odor thuris (*Cant.* IV, 11). »

VERS. 8. — « Convertentur sedentes in umbra « ejus, vivent tritico, et germinabunt quasi vinea. » *Sedentes in umbra ejus* convertuntur, cum qui exemplo eorum se applicant, ad vitam se sanctæ conversationis immutant. *In umbra Israelis sedent*, qui sub protectione ejus, qui cum Deo dirigitur, sese humiliant. Sedere enim humilitatis est, et hujusmodi nubibus cœlum Deus operire, id est protegere solet. *Vivunt tritico*, illo videlicet quod cadens in terram mortuum, multum fructum attulit grano (*Joan.* XII, 24, 25), quo etiam frumento valles abundare dicuntur in psalmo (*Psal.* LXIV, 14), quia gratia datur humili duntaxat animo. *Quasi vinea germinant*, sive, ut alias translatum est, florent cum ad supernæ patriæ lætitiam indesinenter aspirant, et venena vitiorum propriæ virtutis odore undecumque propulsant. Hæc enim vinearum dignoscitur natura florentium, ut soleant examina, si ibi sint contigua, fugare serpentium. « Memoriale ejus 223 sicut vinum Libani. » *Memoriale* justi cujuslibet non aliud est quam spiritualis conversationis gloriosa opinio, intellectualium odoramentorum, et præcipue eximiæ discretionis, apprime redolens condimento. *Vinum* autem *Libani* secundum litteram pigmentis admistum dicitur.

VERS. 9. — « Ephraim, quid mihi ultra idola ? » Ac si diceret : O tu male frugifer, qui te olivam falso fructiferam in domo Dei appretiaris et jactas, cum, sicut hic audis, in memoria æterna sit justus (*Psal.* CXI, 7), et memoria æterna sit justi cum laudibus, cur tu tibi inani studio statuam longævæ laudis erigere niteris? Et notandum quod additur *mihi*, ac si diceretur : Hoc tuæ singularitatis idolum, quod celebras, mihi potius quam alii cuiquam objectas. « Ego exaudiam, et dirigam eum. » Et est sensus : Tu, Ephraim, tibi nomen quæritas, sed quo te majori rumore promulgas, eo minus a me sciri et exaudiri, quin etiam dirigi te scias, cum tu tibi auctor exsistas, te per te dirigere gestias. Israelem vero econtra, qui hæc ipsa a me solo reposcit, exaudiam pariter et dirigam. « Ego ut abietem « virentem ; ex me fructus ejus inventus est. » *Ut abietem*, inquit, *virentem dirigam eum*, quo videlicet humiliora in præsenti de se sentit, tanto cum proceriori majestate sustollam, et virorem beatæ perennitatis impendam. Nec id injuria. Nam *fructus ejus ex me* invenitur : scilicet ex meo rore procedit quidquid pii studii illi innascitur.

VERS. 10. — « Quis sapiens et intelliget ista ? in-« telligens et sciet hæc. » *Sapiens ista* intelligit, quia procul dubio nisi prius quis cordis palatum cœlesti sapore condierit, nunquam ad intelligentiam horum quæ dicta sunt, attingere poterit. *Intelligens* vero scit quia per subtilitatem discretionis ad scientiam, id est experimentum sanctæ actionis accedit. Quæ autem sint hæc quæ scienda sunt, consequenter prosequitur. « Quia rectæ, inquit, viæ Domini, « et justi ambulabunt in eis, prævaricatores cor-« ruent in eis. » *Viæ Domini*, cum secundum psalmum sint misericordia et veritas (*Psal.* XXIV, 10); *misericordia* qua peccatores pœnitendo reducuntur ad veniam, *veritas* qua secundum fidem promissorum justi trahantur ad gloriam ; *rectæ* sunt, dum nec peccator, si pœniteat, a gloria excluditur, nec justus nisi cum labore maximo ad eamdem gloriam intrare permittitur, Deo ita temperante ut neuter suo pari præjudicet, dum et justus habet quod innocenter emeruit, nec minus alter possidet, qui vim regno cœlorum inferendo violenter illud abripuit (*Matth.* XI, 12). *Justi in eis* ambulant, quia sive peccator, sive justus sit, postquam in eis sive per pœnitentiam, seu per justitiam cohabitant, ad Dei manum æqua sorte deducti non dispariter nomen portant. At prævaricatores in eis corruunt, qui aut juste vivendi, aut postmodum pœnitendi jura cassare non metuunt. Gratias sancti Spiritus omnipotentissimæ benignitati referimus, cujus aspirationem immeriti et indigni in fistula oris nostri sua dignatione suscepimus. Ipse igitur, cujus munditiam sordes nostræ non prægravant, ea quæ per nos dixit ad electorum suorum sic mentes extendat, ut per hæc ipsa eis condimentum suæ dulcorationis impendat.

EXPLICIT LIBER TERTIUS IN OSEE PROPHETAM.

VEN. GUIBERTI
AD TROPOLOGIAS IN AMOS PROPHETAM
PROŒMIUM.

224 Amos sanctum eadem qua elaboravimus cætera intentione præsumimus, illum, qui de grege eum ad armenta transtulerit et de rudi et agresti inter spiritualis curiæ primates evexerit, præcordialibus suspiriis invocantes, quatenus intellectualis ejus buccinæ fragoribus torpidas nostri animi surditates excutiat, et ipsum, qui factus est ei sonus interior, spiritum sic infundat, ut voci nostræ, quam ab eo haurire fide indubia nos credimus, vocem virtutis vivificatoriæ ad omnium qui legerint instructiones immittat. Tibi ergo, reverende magister (16), in quem non modo nostra, sed et nos appuiimus, qui infinitas scientiæ copias cunctis sine livore communicas, totius summam corrigendæ nostræ orationis imponimus, ut secure dilates aut minuas si quid plus æquo minusve dixisse tuo judicio reperiri poterimus.

EXPLICIT PROŒMIUM.

LIBER QUARTUS
TROPOLOGIÆ IN AMOS PROPHETAM.

CAPUT I.

VERS. 1. — « Verba Amos, qui fuit in pastoralibus [*al.*, pastoribus] de Thecue, quæ vidit super Israel, in diebus Oziæ regis Juda, et in diebus Jeroboam filii Joas regis Israel, ante duos annos terræ motus. » Amos interpretatur *populus avulsus*. Populus vero avulsus est cogitationum frequentia, quæ nullis intentionum radicibus sæculo affixa est, sed tota ab ejus amore exempta soli intellectualitati innixa est. Hujus *Amos verba* sunt, quæcunque spiritualium motuum acies de natura virtutum super discretione spirituum tractare possunt. Is quoque *in pastoralibus* commanet, quia in verbi Dei pabulo dum talibus desudat in studiis, inedia ipsi nulla adjacet. Thecue autem in *tubam*, vel *buccinam* vertitur. Et quæ sonorosior menti buccina instrepere prævalet quam divinæ paginæ intelligentia, quæ, somnolentos animi status arguens, terribili nos ad divina revisenda voce ciet? Hæc *super Israel* videt, quia qualiter cum Deo dirigi possit, sub horum verborum sibi discussionibus interlucet. Israel enim *directus Dei*, vel *cum Deo dicitur*. *In diebus Oziæ regis Juda verba* videntur, quia nisi ex rationis auctoritate sibimet prius imperare mens noverit, spiritualia nullatenus aliqua attinguntur. Ozias enim *imperium Domini* dicitur. Qui rex est Juda, quia ad veram peccati confessionem tali impulsa regimine perducitur conscientia. Initium enim bonorum, confessio malorum est. Judas namque *confessionem* sonat. Jeroboam quoque *dijudicatio populi*, Joas *mora Domini* interpretatur. *In diebus ergo Jeroboam regis Israel verba* fiunt, cum ex interna discretione ac si populi dijudicatione contemplativæ perspicacitates prodeunt. Qui Jeroboam filius Joas dicitur, quia ex divina in nostris cordibus commoratione quidquid bonæ subtilitatis est nobis innascitur. Hic rex Israel est, quia directionis ad Deum nostræ specialis dux et incentor est. *Ante duos annos terræ motus verba* cernuntur, cum ante-

---

(16) S. Norbertum intelligit.

quam in virtutibus promoveamur, aut finem perfectionis attingamus, quæ duo cum integre animum **225** obtinuerint nostrum, terram nostram id est carnem a suo pondere dimovent, ad hoc ut cum suo corde exsultare eam faciant in Deum vivum. In ipsa enim nostra novitate concepito aliquantisper strepitu vitiorum, ad examinationem sui ipsorum acuitur intuitus animorum.

Vers. 2. — « Et Dixit : Dominus de Sion rugiet, et de Jerusalem dabit vocem suam. » *Dominus de Sion* rugit, cum in ipso nostræ conversionis exordio, postquam statum nostrum metiri et quasi speculari cœperimus, a gemitu cordis nostri in ipsa nostri ipsorum consideratione rugimus. *De Jerusalem vocem suam Dominus* dat, cum ex perseverantia doloris interni experientia, quasi visione pacis indepta, nil jam bestiale ac sævum, quod rugitus significat, sed humanum omne ac serenum sentitur; quod vox sonat. Deus enim in nobis rugit, cum ex immissa cordi nostro pœnitudine rugituum causas ingerit. « Et luxerunt speciosa pastorum, et exsiccatus est vertex Carmeli. *Speciosa pastorum* lugent, cum ex divinæ vocis auditu sacræ Scripturæ, quibus speciosius ad interiorem pastum nihil est, luctus nobis occasiones insinuant. Nisi enim Deus prius menti insonuerit, fructus legentium in sacra pagina nullus erit. *Vertex Carmeli* exsiccatur, cum cervicositas intestinæ mollitiei, qua inter vitia lentescendo quondam contra Deum tumuerat, sumpta jam contra carnem propriam spiritus rebellione duratur; Carmelus enim *mollis* interpretatur.

Vers. 3. — « Hæc dicit Dominus : Super tribus « sceleribus Damasci, et super quatuor non con- « vertam eum, eo quod trituraverint in plaustris « ferreis Galaad. » *Damascus* dicitur *sanguinem bibens*, vel *oculus sanguinis*. Per oculum sanguinis, ad peccatum prona designatur intentio, quæ tunc sanguinem bibit, cum se peccati ingurgitat desiderio. Tria scelera Damascus habet, cum post suggestionem delectationi atque consensui subjacet. *Super quatuor vero sceleribus non* convertitur, quia ad libertatem redire arbitrii difficillimum est, postquam in peccatum operis exsecutione proceditur. Cum enim voluntate quis ruerit, in usum jam ex necessitate pertrahitur. Galaad dicitur *acervus testimonii*. In *planstris ferreis Galaad* trituravit, cum malitiosis cogitationum revolutionibus bonæ conscientiæ in se testimonium, quod, juxta Apostolum, gloriæ sibi esse debuerat, destruunt et conculcant (II *Cor.* I, 12) *Ferrum* enim pro *malitia* poni solet.

Vers. 4. — « Et mittam ignem in domum Azael, « et devorabit domos Benadab. » *Azael* interpretatur *visus Deo*, *Benadab filius spontaneus*. In *domum Azael* ignis mittitur, cum ipsa ratio vitiorum desideriis inæstuare permittitur, quæ aliquando Dei visione insigniri videbatur. Domus *Benadab* devorantur, cum habitus carnalium affectuum, qui tanquam filii ex corrupta ratione creantur, et qui sponte tanquam naturaliter ad mala feruntur, in eisdem concupiscentiis absorbentur.

Vers. 5. — « Et conteram vectem Damasci, et « disperdam habitatorem de campo idoli, et tenen- « tem sceptrum de domo voluptatis. » Vectis Damasci conteritur, cum Deo facto propitio mentium obstacula, admissa pœnitudine, resolvuntur. Habitatores *de campo idoli* disperduntur, cum mentis licentiæ, quæ hac illacque per appetitus criminum vagabantur, et familiari cuilibet vitio ac si idolo inservire videbantur, ab hac mansione indebita succiduntur. Tenens *sceptrum de domo voluptatis* disperditur, cum principalitas intentionis, cujus summa erat voluptati conscientiam addicere, et quasi mansionariam facere, omnino destituitur. « Et transfe« retur populus Syriæ Cyrenen, dicit Dominus. » Syria interpretatur *sublimis*; Cyrene *hæredem* sonat. Populus ergo Syriæ Cyrenen transfertur, cum vulgarium motuum superciliositas in animo ad æternæ hæreditatis jura quærenda redigitur.

Vers. 6. — « Hæc dicit Dominus : Super tribus « sceleribus Gazæ et super quatuor non convertam « eam, eo quod transtulerit captivitatem perfectam, « ut concluderet eam in Idumæa. » Gaza dicitur *fortitudo ejus*. Si Damascus, ex oculo sanguinis, intelligitur intentio prava, Gaza, per sui fortitudinem, haud dubium quin contrariam eadem intentio significabitur obdurata. *Super tribus sceleribus*, id est ingenii, memoriæ, et usus transgressionibus Deus convertitur, quia interioribus, et [*sup.* his] quæ ad operationis exhibitionem non pertrahuntur citius Deus propitiatur quam his quæ ad aliorum corruptionem per exempla ducuntur. *Super quatuor* vero *non* convertitur, quia dum ad exercitium corporale, quod quatuor elementis administratur, trinitas illa intrinseca, quam diximus, sive ratio, voluntas, et affectus pervenerit, facilis conversio ad integritatis habitum nullatenus erit. Qui enim facit peccatum, servus est peccati (*Joan.* VIII, 34), cujus experientia præteritæ suæ venenosæ dulcedinis immemor esse non poterit. Aliter enim memoriæ nostræ contrectata et sensa, aliter cogitata referimus. *Non*, inquit, *convertam eam, eo quod transtulerit captivitatem perfectam*, id est quidquid virtutis, quidquid in animo professionis bonæ restiterat, in diabolicam vitiorumque traduxerit servitutem. Et hoc fecerit, *ut concluderet eam in Idumæa*, id est ut sine ulla retractatione **226** spiritus, coerceret animam sub morigeratione terrena : Idumea enim *terrena* dicitur.

Vers. 7, 8. — « Et mittam ignem in murum Gazæ, « et devorabit ædes ejus. Et disperdam habitatorem « de Azoto, et tenentem sceptrum de Ascalone. » Ignis mittitur *in murum Gazæ*, cum concupiscentia inmitti permittitur in exteriori custodia, quæ pro sæculari honestate adhibetur ad palliationem fortitudinis perversæ. Is devorat *ædes ejus*, cum subvertit et vastat quidquid speciosum et decens est in forastica habitudine ejus. Disperdit Deus *habitatorem de*

Azoto, cum quidquid rationabiliter ineptis motibus per interiorem vim dominari potest, ad deprimendum tentationis incendium miserabili perturbat exterminio. Disperdit etiam *tenentem sceptrum de Ascalone*, cum bonæ voluntatis scintillam justo suo exstinguit judicio, quæ regio more flammam cohibere dignoscitur infamis concupiscentiæ. Azotus enim *incendium*, Ascalon *ignis infamis* dicitur. « Et « convertam manum meam super Accaron et peri- « bunt reliquiæ Philisthinorum. » *Super Accaron manum suam* Deus *convertit*, quando consolationem internam perutilis eruditionem tristitiæ a nostris mentibus non avertit. Accaron enim *eruditio tristitiæ* dicitur. *Reliquiæ Philisthinorum* pereunt, cum minutiæ cogitationum terrenæ, potione voluptatis inebriare solentium, ab animo oblitterantur et excidunt.

VERS. 9. — « Hæc dicit Dominus : Super tribus « sceleribus Tyri, et super quatuor non convertam « eum, eo quod concluserint captivitatem perfectam « in Idumæa, et non sint recordati fœderis fratrum. » Tyrus interpretatur *angustia*. Et quæ major angustia quam ea, de qua dicitur : « Eruet te de ore angusto latissime (*Job* XXXVI, 16) ; » et David : « Neque, inquit, urgeat super me puteus os suum (*Psal*. LXVIII, 16). » Tria ergo scelera Tyri in mente, et quatuor corporalis efficientiæ eam converti non sinunt, nimirum quæ ipsam sine ulla confessionis respiratione intra suorum criminum voraginem claudunt. Gaza superius transtulit *ut concluderet*, ista *conclusit*, quia per incrementa nequitiæ, quod ille animi habitus proposuit, hic facie obfirmata complevit. *Fœderis fratrum non recordantur*, quia rationis appetitusque carnalis ex eadem mente, ac si germana fraternitas, quid sibi muto custodiæ ac obeditionis debeant, non perpendunt.

VERS. 10. — « Et mittam ignem in murum Tyri, « et devorabit ædes ejus. » Quod est dicere : Omnem exteriorem cautelam, qua suæ honestati providet turpibus concupiscentiis evidenter addici permittam. Unde et sensualitatum ejus circumstantiam consumptioni aperte subjiciam.

VERS. 11. — « Hæc dicit Dominus : Super tribus « sceleribus Edom, et super quatuor non convertam « eum, eo quod prosecutus sit in gladio fratrem « suum, et violaverit misericordiam ejus, et tenuerit « ultra furorem suum, et indignationem suam ser« vaverit usque in finem. » Edom *terrenus* dicitur. Postquam a Dei amore mens interius angustatur, per terrena desideria necesse est illico ut spargatur. *Super tribus* ergo *sceleribus*, *et super quatuor*, quæ bifariam superius exposita sufficere possunt, *non convertitur*, quia delectatio, semel intus chibita, postquam in corporeos transit usus, quanto usitatior est tanto tenacius obligatur. Edom ergo, terrenus affectus, *fratrem in gladio* persequitur, cum spiritum, ex eadem conscientia prodeuntem, malis capitalibus intercipere nititur. *Misericordiam* ejus violat, cum quod misereri animæ suæ placens Deo debuerat (*Eccli.* XXX, 24), iste indesinenter inficiendo perturbat. *Furorem suum ultra* tenet, dum non lenocinio titillationum, quod naturale est, sed furoribus perpetrationum, quod diabolicum est, explere quodcunque cupierit ardet. *Indignationem suam usque in finem* servat, dum non per ignorantiam aut infirmitatem peccat, sed avertit aurem suam ne Dei legem audiat (*Prov.* XXVIII, 9).

VERS. 12. — « Mittam ignem in Theman, et de« vorabit ædes Bosræ. » Theman dicitur *auster*; Bosra *tribulationem* sonat. *In austro*, qui ventus est tepidus, ignis immittitur, cum mens remissa et vapida atrocitate tentationis nutritur. *Ædes Bosræ* devorantur, cum sensuum extrinsecus immoderantia inexplebilibus malorum laqueis coarctatur. Cui concinit illud Job : « Considerate semitas Theman, itinera Saba, et exspectate paulisper (*Job* VI, 19). » Et in vacante, scopis mundata domo septemplex spiritus ingreditur (*Luc.*, XI, 26).

VERS. 13. — « Hæc dicit Dominus : Super tribus « sceleribus filiorum Ammon, et super quatuor non « convertam eum, eo quod dissecuerint prægnantes « Galaad ad dilatandum terminum suum. » Ammon interpretatur *populus mœroris*. Si disciplina in præsenti mœroris est, quæ fructum pacatissimum reddit (*Hebr.* XII, 11), et de nuptis dicitur, quod tribulationem habebunt hujusmodi (*I Cor.* VII, 28); quid putas agatur apud eos qui flagitiis inserviunt, sub quorum lingua, juxta psalmum, labor et dolor sunt? (*Psal.*, X, 7.) Hi causas non convertendi habent, quod videlicet prægnantes Galaad dissecent, motus nimirum rationales, qui naturaliter aliqua, ut assolet, bona concipiunt, ad dilationem suæ nequitiæ pravæ eruptionis ferro discindant. Galaad dicitur *acervus testimonii*, qui non est alius nisi quidam bonæ cogitationis aggestus, cujus ad effectum ducendæ coram Deo testis est animus. *Terminum* autem *dilatat*, qui ad 227 propositum perversæ expletionis inæstuat.

VERS. 14. — « Et succendam ignem in murum Rab« bath [*al.*, Rabba], et devorabit ædes ejus in ulu« latu in die belli, et in turbine in die commo« tionis. » Rabbath *multitudo* dicitur; in cujus muro ignis succenditur; cum in frequentia et tumultu cogitationis iniquæ, quæ inter nos et Deum ac si murus miserabile facit obstaculum, aut superbiæ, aut gloriæ inanis, sive etiam luxuriæ, vel etiam cupiditatis, quæ omnia ignis appellantur, suscitatur incendium. *In ululatu ædes ejus devorantur*, cum membra ejus, quæ sunt super terram, appetitu immanissimo involvuntur. Lupinum enim est ululare. Dies *belli* evidens controversia est carnis et animi. Quam turbo sequitur, quia cæcitas menti ex tentationis nimietate creatur. Cui dies *commotionis* additur, cum mens per operum indicia, a sua stabilitate manifeste dimota cognoscitur.

VERS. 15. — « Et ibit Melchon in captivitatem, « ipse, et principes ejus simul, dicit Dominus. » Melchon interpretatur *rex vester*. Ac si diceret :

Jam non solummodo spiritus qui vobis imperare debuerat, in peccati servitium relegatur, sed et cum eo principes ejus, id est sensualitates quæ gratis vos persequebantur.

CAPUT II.

VERS. 1. — « Hæc dicit Dominus : Super tribus sceleribus Moab, et super quatuor non convertam eum, eo quod incenderit ossa regis Idumææ usque in cinerem. » Notandum quod crebro repetitur : *Hæc dicit Dominus*, ob hoc solum ut innuat quia quidquid ex ratione tractamus, quasi Deo ad nos loquente concipimus. Moab *ex patre* dicitur, et *exlex*. Qui enim ex patre diabolo nascitur, scire non possum qua lege teneatur. Is non convertitur, *eo quod ossa regis Idumææ usque in cinerem incenderit*, quod videlicet rationes, quas pluraliter dico, non quod sit nisi una ratio, sed pro multiplicitate causarum, quarum officii est motus cohibere carnales, veluti ossa sustinent carnes, post peccati perpetrationem ad extremas perduxerit consumptiones. Cinis enim ignis exacti quasi sola memoria residet. *Usque ad cinerem ergo ossa incendit*, qui demolitis animi viribus, quæ carnalitatem consolidant, igne concupiscentiæ exhausto seræ pœnitentiæ residuum ex satietate relinquit.

VERS. 2. — « Et mittam ignem in Moab, et devorabit ædes Carioth, et morietur in sonitu Moab, in clangore tubæ. » *Ignem in Moab* mittit, cum natis ex diabolo, et, ut ita dicam, ex legibus majores incentivorum æstus emergere sinit. *Carioth* dicitur *occursus ignis*. Devorandis ergo ædibus ignis occurrit, cum sensibus potiori concupiscentia inflammandis, specierum occasio, quæ concupiscatur, accedit. *In sonitu Moab* moritur, cum sub sordidæ conversationis infamia inverecundus atque insensibilis longe lateque prædicatur. *In clangore* quoque *tubæ* moritur, cum et alii tantæ exsecrationis exemplo, et formidabili clamore terrentur.

VERS. 3. — « Et disperdam judicem de medio ejus, et omnes principes ejus interficiam cum eo. » *Judex de medio ejus* disperditur, cum ratio, cui ad dexteram vel sinistram declinare non convenit, judiciario discretionis throno privatur. Quod superius per Melchom, hoc hic per judicem figuratur, principes quoque itidem intelliguntur.

VERS. 4. — « Hæc dicit Dominus : Super tribus sceleribus Juda, et super quatuor non convertam eum, eo quod abjecerit legem Domini, et mandata ejus non custodierit. » Juda dicitur *confessio*. Juda non convertitur, *eo quod legem Domini abjecit*, quia confessio annullatur apud illum, qui divinæ legis neutiquam meminisse quærit. Quomodo enim ei confiteatur, qui ejus, cui confitendum est, præcepta detestatur? « Deceperunt enim eos idola sua, post quæ abierunt patres eorum. » *Idola sua eos decipiunt*, quibus aut suorum, aut alienorum criminum imaginationes officiunt. *Post hæc patres eorum abierunt*, cum aut rationis auctoritates, aut hi quorumse fatentur imitatores per hæc eadem falsi sunt.

VERS. 5. — « Et mittam ignem in Juda, et devorabit ædes Jerusalem. » Ignis in Judam mittitur, cum non ex dolore peccati quispiam confitetur, sed ad incentivum alienæ malitiæ, quæ clam commiscerit nequaquam publicare veretur. Unde cuidam apud Ezechielem dicitur : « Exposuisti fornicationes tuas omni transeunti, ut ejus fieres (*Ezech.* XVI, 15). » *Ædes Jerusalem* exinde devorantur, cum quidquid in mente vel in sensibus poterat constare residui, ab internæ pacis visione dirimitur.

VERS. 6. — « Hæc dicit Dominus : Super tribus sceleribus Israel, et super quatuor non convertam eum, pro eo quod vendiderit argento justum, et pauperem pro calceamentis. » *Israel pro eo quod justum argento vendiderit* non convertitur, quia is, qui cum Deo dirigi debuerat, tanto amplius post lapsum ad Deum redire detrectat, quanto justum, id est justitiam comparatione argenti, id est scientiæ vel eloquii minus amat. *Pauperem* quoque *pro calceamentis* dat, cum spiritus humilitatem pro mortuis operibus commutat.

VERS. 7. — « Qui conterunt super pulverem terræ capita pauperum, et viam humilium declinant. » *Capita pauperum* sunt intentiones animi motuum, suam ad Deum inopiam simpliciter metientium. Hæc *capita super pulverem terræ conterunt*, qui principales interioris hominis habitus terrenæ levitati addicunt. *Viam humilium declinant*, qui intentionem humilitati semel ascriptam mundiali derivatione depravant. Notet diligens lector in his octo, secundum provincias octo, sententiis, pro octono vitiorum capitalium numero figuraliter quidpiam posse intelligi. « Et filius ac pater ejus ierunt ad puellam, ut violarent nomen sanctum meum. » Pater et filius ratio sunt et affectus, quia subterioris ad anterioris primatum maximus est respectus. Hi eunt *ad puellam*, quando sine discretione aliqua se demittunt ad invaliditudinis internæ mollitiem. Ex quo *nomen sanctum* Dei violant, cum famam, quantum in se est, totius sanctitatis extenuant.

VERS. 8. — « Et super vestimentis pigneratis accubuerunt juxta omne altare, et vinum damnatorum bibebant in domo Dei sui. » Vestimenta pignerata sunt, in pignus pro debito tradita. Super hæc ergo *juxta omne altare* accumbunt, cum peccati opera in pignus remissionis per confessionem ab aliquo nobis commissa juxta propositum, quod est altare pœnitudinis omnimodæ, nobis accumbendo, id est ad imitationem pravam nobis substernendo adhibemus. *Vinum damnatorum in domo Dei sui* bibunt, cum voluptates eorum quos pro eisdem damnatos esse non nesciunt, in propria conscientia, quam Dei domum esse convenerat, indecenti sibi aviditate pro exemplo corripiunt.

Vers. 9. — « Ego autem exterminavi Amorrhæum a facie eorum; cujus altitudo cedrorum, altitudo ejus, et fortis ipse quasi quercus. » Amorrhæus interpretatur *amaricans*, ac si diceret : Ipsi se mihi reddunt per tot offensas infensos, sed meminisse debuerant quomodo, in exordio suæ conversionis, quibusdam exterminaverim Deum amaricantem superbiæ fastum, in illorum nimirum cordibus qui de sua contemplatione, ac si cedrina proceritate gaudebant, et de suæ carnis impassibilitate, ac si ejusdem arboris imputribilitate sese jactabant, constantes etiam adversis emergentibus seipsos quasi robora querna putabant. « Ego contrivi fructum ejus de« super, et radicem ejus subter. » Fructus Amorrhæi *desuper* conteritur, cum sæculi fortunæ successus, incedentibus infortuniis annullatur. Radices *ejus subter* atteruntur, cum spes proventuum etiam falsæ jam penitus obruuntur.

VERS. 10. — « Ego sum, qui ascendere vos feci « de terra Ægypti, et eduxi vos in deserto quadra« ginta annis, ut possideretis terram Amorrhæi. » Quod est dicere : Ego vos de mœrore et præsentis sæculi angustia, quod dicitur Ægyptus, extuli, vosque vitiorum desertione singulares per legis Decalogum, et scita quatuor Evangeliorum educavi; sic enim in vobis annos virtute refectos ac si dierum claritate formavi, ut terram, quæ superbis insistebat Deum exacerbando motibus, corpus videlicet vestrum eatenus rebelle, ad intellectualitatis jura traduceretis.

VERS. 11. — « Et suscitavi de filiis vestris pro« phetas, et de juvenibus Nazaræos. » *De filiis* prophetæ suscitantur, cum de motibus internis, qui sunt progenies rationis, perspicacitates acutioris intelligentiæ procreantur. *De juvenibus* Nazaræi fiunt, cum viriles animorum habitus ad sanctimoniæ munditiam se extendunt. Nazareth enim *florem*, vel *munditiam*, vel *sanctum* sonat. « Nunquid non « ita est, filii Israel, dicit Dominus? » Ac si diceret: Nunquid non hujusmodi status in vestris experti estis olim mentibus, cum intenderetis ut vester cum Deo dirigeretur spiritus?

VERS. 12. — Et propinabatis Nazaræis vinum, et « prophetis mandabatis : Ne prophetetis. » Quod est : Nullam in his statibus habuistis perseverantiam, sed eis motibus, quibus erat votiva munditia terrenæ voluptatis, quo dementarentur, vinum intulistis, et providentiæ in vobis oculos ne sibi æterna prospicerent improbe obstrusistis.

VERS. 13. — « Ecce ego stridebo super vos, sicut « stridet plaustrum onustum feno. » *Ego*, inquit, jam vestræ apostasiæ impatiens *super vos*, id est vestræ nequitiæ puniendæ incumbens dire in vos, imo aperte, strepitum animadversionis ostendam, ut patenter omnibus inclarescat, quam ægre vestrarum levitatum multitudinem ac si feneas congeries feram.

VERS. 14. — « Et peribit fuga a veloce, et fortis « non obtinebit virtutem suam. » *Fuga a veloce* perit, cum præpes ingenio hebetudinem reprobi sensus minime subterfugit. *Fortis virtutem non obtinet*, cum de sua impassibilitate confidens, mox ut adversitate pulsatur, ne momento se continet.

VERS. 15. — « Et robustus non salvabit animam « suam, et tenens arcum non stabit. » *Robustus animam suam non salvat*, cum is, qui contra peccati mollitiem diutino cælibatu duruerat, impetibus nullo modo propriam animalitatem frenat. *Qui tenet arcum non stat*, quia cito in tentatione labitur, qui divinæ legis scientiam temere sibi arrogat. « Et « velox pedibus suis non salvabitur, et ascensor « equi non salvabit animam suam. » *Velox pedibus suis non salvatur*, cum astutia quis et calliditate multos excedens nil efficit, cum præproperare videtur; quod neque volentis neque currentis, sed miserentis Dei esse dignoscitur (*Rom*. IX, 16). *Ascensor equi non salvat animam suam*, cum qui animalitatis suæ motibus pro sola sæculi honestate dominari nititur, animæ non cohibet levitatem, quam in Evangelio odisse jubemur animam (*Joan*. XII, 25).

VERS. 16. — « Et robustus corde inter fortes nu« dus effugiet in die illa. » Ac si diceret : Quidquid bonarum artium præstantius habeatur sine Deo in homine, floccipenditur, vim non habet; at qui robur cordis non inter sæculi glorias, sed *inter fortes* animi status assumpserit, *in illa die*, id est in illo aperto discrimine, quo Deus in præsenti quorumque vitas hinc deponit, hinc elevat; *nudus effugit*, cum suæ conscius humilitatis a Dei judicio se abscondit.

CAPUT III.

VERS. 1. — « Audite verbum quod locutus est « Dominus super vos, filii Israel, super omnem cogna« tionem, quam eduxit de terra Ægypti. » Est ergo dicere : Vos, quorum est cum Deo debere dirigi, internæ rationalitatis verbum trutina intellectuali pensate, quia hoc *verbum super vos* exstat, id est nisi audiatur, integro scilicet sapore hauriatur, vos opprimit; vos onerat, ut omnis bonarum interiorum artium cognatio, quam semel eduxerim de terrenitate mundana in eadem sententia perseverare studeat.

VERS. 2. « Tantummodo, « inquit, » vos cognovi « ex omnibus cognationibus terræ; idcirco visi« tabo super vos omnes iniquitates vestras. » Quia vos, inquit, o rationis motus, præ omnibus animalitatum, qui non nisi terram sapiunt, motibus approbavi, quod est proprium nosse Dei, idcirco non mireminis si vos in vestris iniquitatibus visitem, cum meum sit ut quos dilexerim corripiam (*Hebr.* XII, 6). (VERS. 3.) « Nunquid ambulabunt duo pariter nisi « convenerit eis? » Duo pariter ambulant, cum Dei spiritus et humana ratio consentiendo cohabitant, quod non fit nisi conveniant, id est sibi cohærendo, juxta Apostolum, unus spiritus fiant (*I Cor.*, VI, 17). Dicuntur autem ambulare, mutuo videlicet in sese proficere.

VERS. 4. — « Nunquid rugiet leo in saltu, nisi « habuerit prædam? » *Leo in saltu* non rugit, *nisi prædam habeat*, quia diabolus in corde, a sæculi jam amore deserto, nequaquam fremitum alicujus tentationis emittit, nisi occasionem lentitudinis humanæ, cui insidietur, inveniat. Unde etiam illam

Dei et hominis convenientiam interturbare prævaleat. « Nunquid dabit catulus leonis vocem de cubili suo, nisi aliquid apprehenderit? » Ac si dicat : Mirum non est si diabolus, cum sit spiritus, causas in nobis tentationis aucupetur, cum etiam *catulus leonis*, id est filius quilibet diaboli, *vocem* subreptionis, qua quempiam a recto diducere nititur, a cubili cordis, in quo sub diabolo auctore fovetur, exerere non audet, nisi in quo subdecipere possit, per conjecturas prius æstimet?

Vers. 5. — « Nunquid cadet avis in laqueum « terræ absque aucupe? » Avis in laqueum terræ absque aucupe non cadit, quia mens pennis sublevata virtutum, terrenis nullomodo irretitur affectibus, nisi cujuspiam pravæ suggestionis in morem aucupis præcedat instinctus. « Nunquid auferetur « laqueus de terra antequam quid cœperit? » Laqueus de terra non aufertur antequam quid capiat, quia de corpore nostro tentationis non cessat occasio, donec se diabolicæ consultationi substantivum quidpiam veræ spiritualitatis objiciat. Aliquid enim capit laqueus, cum inter vanitates quas ingerit, semper redit ad animum æternæ veritatis status. Laqueus enim peccata sunt, et peccata nihil sunt, unde bona quasi quædam substantia sunt. Unde est : « Sine ipso factum est nil (*Joan.* i, 3). »

Vers. 6. — « Si clanget tuba in civitate, et popu« lus non expavescet? » *Tuba in civitate* clangit, cum auctoritas divinæ veritatis in mente procedit. Hanc *populus* expavescit, quia cogitationum insolentia ab ipsius cognitione diffugit. « Si erit malum « in civitate quod Dominus non fecit [*al.*, fecerit]. » Malum fit in civitate, cum tentationis immoderantia versatur in homine. Hoc malum Deus facit, cum vel ad probationem, aut casum fieri dispensative permittit.

Vers. 7. — « Quia non faciet Dominus Deus ver« bum, nisi revelaverit secretum suum ad servos « suos prophetas. » Est ergo sensus : Facit Deus malum, sed divina plerumque intentio patientem non latet animum, nil enim tale in conscientia fit verbum, id est ducitur in effectum, cujus causæ providentiis nostris non ipse revelet arcanum. In hoc enim prophetant, quod ei servire sua provisione deliberant.

Vers. 8. — « Leo rugiet, quis non timebit? Do« minus Deus locutus est, quis non prophetabit? » Et est dicere : Diabolus cum sit tantæ subtilitatis, quanto spiritualioris potentiæ, ipse nimietate aviditatis irrugit, quis carne præpeditus humana non extimescat? Dominus Deus per apostolum suum locutus est : « Resistite diabolo, et fugiet a vobis (*Jac.* iv, 7) : » quis non ad hoc providentiam adhibebit? (Vers. 9.) « Auditum facite in ædibus Azoti, « et in ædibus terræ Ægypti. » Azotus interpretatur *incendium*. Monet noster vos sub sermone prophetico intellectus, *ut in ædibus Azoti*, id est in corporalibus membris nostris, quæ continuis uruntur desideriis, et in universis conscientiæ angulis, quæ indesinentibus contenebratur, secundum Ægypti nomen, angustiis, auditum, id est intelligibile faciamus quod sequitur : « Congregamini, » inquit, « super « montes Samariæ, et videte insanias multas in « medio ejus, et calumniam patientes in penetrali« bus ejus. » *Super montes Samariæ* congregari jubentur, cum super fastuosas conceptiones exterioris custodiæ, quæ hypocrisis appellatur, considerationis eminentia præstare debere monentur; Samaria enim *custodia* dicitur, ut *insanias multas in ejus medio* videant, aliud nimirum mente intendere, aliud foris velle videri, in intima discretione perpendant; et quia ipsæ cogitationes calumniam sibi inferant, dum se diversa ab invicem, cogitare mundana, et divina facere pensant.

Vers. 10. — « Et nescierunt facere rectum, dicit « Dominus, thesaurizantes iniquitatem, et rapinas « in ædibus suis. » *Rectum facere* nesciunt, quia rectitudinem qua ex quantulacunque ratione advertunt, facere dedignantur, secundum quod sentiunt. Moris enim Scripturæ est ut *nescire* pro *dedignari* ponatur, et etiam usus loquendi habet ut vir bonus mentiri nescire dicatur. *Iniquitatem sibi, et rapinas in ædibus suis* thesaurizant, ut scilicet iniquitatem simulationis quia bene faciunt, et male intendunt, et rapinas sibi laudis alienæ pro magno reponant. Medium autem ejus, et penetralia, sive ædes, id est conscientiam, scilicet significant.

Vers. 11. — « Propterea hæc dicit Dominus Deus: « Tribulabitur, et circuietur terra, et detrahetur ex « te fortitudo tua, et diripientur ædes tuæ. » Quod est, ex ipsius rationis sententia dicere : Multis, inquam, tribulationibus, abstinentiæ, et vigiliarum, cæterorumque malorum, quæ sibi hypocritæ inferre solent crucibus, terra corporum ipsorum obsideri poterit, sed fortitudo interior ad favores extrinsecos tendens detrahi non desistit, et quidquid in ædibus continetur mentium, laudis amor diripit.

Vers. 12. — « Hæc dicit Dominus : Quomodo si « eruat pastor de ore leonis duo crura, aut extre« mum auriculæ; sic eruentur filii Israel, qui habi« tant in Samaria, et in plaga lectuli et in Damasco « grabati [*al.*, Damasci grabato]. » Duo crura de ore leonis pastor eruit, cum extremitates quas in favorum desiderio hypocritæ habuerant voluptatum, de diaboli ore pastor interior Deus eximit. Solent enim dum eis quod concupiscunt non suppetit, ad lineam tandem intentionis rectæ reverti. *Extremum auriculæ* est, aliqua particula, vel minima sanioris intelligentiæ. *Sic filii Israel qui habitant in Samaria* eruuntur, dum eis aut propriæ ambitionis fructus adimitur, aut aliquod seminarium divini eloquii, quasi qua recalescant scintilla relinquitur. *Israel filii* motus sunt ad Deum directanei; Samaria vero exterior, spreta interiori, custodia. Eruuntur autem *in plaga*, id est in regione lectuli, ubi videlicet mens eorum potiora inventuram se putabat fomenta peccati. Plaga ergo lectuli diverticulum est, in mente intendens humanæ laudi, ac si locus requiei. Damascus *oculus sanguinis* dicitur. Is Damascus quasi pro grabato habetur, cum prava intentio etiam spe interdum falsa miseros mulcere videtur.

Vers. 13, 14. — « Audite et contestamini in « domo Jacob, dicit Dominus Deus exercituum, « quia in die cum visitare cœpero prævaricationes « Israel, super eum visitabo, et super altaria Bethel, « et amputabuntur cornua altaris, et cadent in ter- « ram. » Monet ergo eos sermo propheticus, ut audiant, id est intelligant, et docti ex auditione, et alios contestari non negligant. Et hoc *dicit Dominus exercituum*, ac si diceret: cui nulla inopia suberit ad facinus ulciscendum, quia, inquit, in die, in manifesta scilicet ultione, cum aperire cœpero simulationis eorum fucum, super altaria Bethel, quod dicitur *domus Dei*, id est super proposita eorum, qui se credi gestiunt vulgo templa Dei, *visitabo*, id est judicialiter crebrius imminebo, ita ut amputentur *altaris cornua*, id est palliatæ nequitiæ fastuosa fastigia; *et in terram* cadant, omnimodæ scilicet vilipensioni pateant. Altare enim hypocritæ est, quidquid in suo studio spectabile foris est.

Vers. 15. — « Et percutiam domum hiemalem « cum domo æstiva, et peribunt domus eburneæ, et « dissipabuntur ædes multæ, dicit Dominus. » Domus hiemalis est conscientia, quæ totius avaritiæ atque malitiæ torpori pervia est. Domus æstiva est operum quasi bonorum habitudo forinseca, ac si quadam spirituali redundans gratia. *Domus eburneæ* pereunt, cum habitus sanctimoniam, atque cœlibatus candorem præferentes, in aperta probra pertranseunt. *Ædes multæ* dissipantur, cum multæ compositionis forinsecus affectata simulacra destruuntur.

CAPUT IV.

Vers. 1. — « Audite verbum hoc, vaccæ pingues, « quæ estis in montibus Samariæ, quæ calumniam « facitis egenis, et confringitis pauperes, quæ dicitis « dominis vestris: Afferte, et bibemus. » *Pingues vaccæ* lascivi sunt ac superbi hypocritæ. Hi sunt *in montibus Samariæ*, quia tument de continentia exterioris custodiæ; hoc enim exprimit nomen Samariæ. Hi calumniam faciunt egenis, quia quæcunque agunt pro gloria, contra reclamationes faciunt suæ intelligentiæ sanioris, ideo vere egentis. *Pauperes confringunt*, cum cogitatus humilitatem aliquando suadentes in se obruunt. *Dominis suis afferte et bibemus* dicunt, cum ab his, quorum placito per bona opera deservire gestiunt, favores exigunt, quibus ab sui dementationem quasi epotandis incumbunt. *Verbum hoc vaccæ pingues* audire monentur, ut sollicite trutinent quæ sibimet intentantur.

Vers. 2, 3. — « Juravit Dominus Deus in sancto « suo: Quia ecce dies venient super vos, et eleva- « bunt vos in contis, et reliquias vestras in ollis « ferventibus. Et per aperturas exibitis altera contra « alteram, et projiciemini in Armon, dicit Domi- « nus. » *In sancto suo Dominus* jurat, cum in sua vera sanctitate hypocritarum fucatam ad jus aper-

tum revocat, ut veritas scilicet ipsorum vitæ patescat. *Dies super eos veniunt*, cum declarationes eorum occultæ pravitatis ipsis occurrunt. *In contis* elevantur, cum sub dubio superbiæ statu feruntur. Qui enim in conto insidet, nunquam firmiter hæret. *In ollis ferventibus* reliquiæ elevantur, cum sensualitas tota per concupiscentias excandescens, ex operis nefarii prosecutione vulgatur. Reliquiæ enim pro operibus poni solent, quia utique cogitationi superstant, ut est: « Reliquiæ cogitationis diem festum agent tibi (*Psal*. LXXV, 11). » Nota quod jam ad femininum genus transeat, ut eos a vigore justitiæ effeminatos ostendat. *Per aperturas altera contra alteram* exeunt, cum fatiscentibus petulantium sensuum ollis, mutuo detegentibus sese nequitiis in ignominias proruunt. *Altera contra alteram* exit, cum turpitudinem propriam alteri videndam exponit. *In Armon* quoque projiciuntur, cum de crimine sumentes audaciam, de suis etiam fœdis actibus extolluntur, dejiciendi tamen juxta psalmum in ima sensus reprobi, dum allevantur (*Psal*. LXXII, 18); Armon enim *sublimitas* dicitur.

Vers. 4. — « Venite ad Bethel, et impie agite; ad « Galgalam, et multiplicate prævaricationem. » *Ad Bethel* venire ironice commonentur, ut quasi templa Dei popularibus oculis ostententur. *Impie*, inquit, *agite*, id est in hac ipsa vestri 231 nominis celebratione nil aliud sciatis vos agere quam Deum, qui est veritas, abnegare. Galgala dicitur *volutabrum*. *Ad volutabrum* veniunt, et prævaricationes multiplicant, quia fit justo judicio sponte lapsis, ut in miseriis non subsistant (*Psal*. CXXXIX, 11).

Vers. 5. — « Et offerte mane victimas vestras, « tribus diebus decimas vestras. Et sanctificate de « fermentato laudem; et vocate voluntarias obla- « tiones, et annuntiate. » *Mane victimas* offerunt, cum, erumpente aurora favoris, propria corpora magis ac magis mactare contendunt. *Tribus diebus decimas* offerunt, cum non pro laude humana, sed solius amore Trinitatis legitime victitare se asserunt. Sanctificant *de fermentato laudem*, quia in omni suo exercitio intentionis inviscerant depravationem. *Voluntarias oblationes* vocant, cum non propter sua quæ nulla putari volunt diluenda mala, id se laboris insumere, sed ex solo Dei et virtutis amore clamant ut illud:

Oderunt peccare boni virtutis amore.
(Hor. lib. 1 *Epist*., ep. 16 vers., 52.)

Annuntiant cum sua latentia facta percelebrant. *Sic enim voluistis, filii Israel*, ita scilicet pro libito vestro actitare collibuit.

Vers. 6. — « Unde et ego dedi vobis stuporem « dentium in cunctis urbibus vestris, et indigentiam « panum in omnibus locis vestris, et non estis ad « me reversi, dicit Dominus. » Proinde dat Deus *stuporem dentium* in cunctis urbibus eorum, cum in cunctis internis eorum statibus hebetudinem suggerit intellectuum. His enim commolimus ac si quibusdam dentibus omnem scrupulum. Indigentia panum in omnibus nostris locis est, cum divinæ consolationis edulium, quo nostra corda firmantur, omnibus spiritualibus nostris motibus abest. Quidquid enim rationale est locus propriæ animæ est.

VERS. 7. — « Ego quoque prohibui a vobis imbrem, « cum adhuc tres menses superessent usque ad « messem; et plui super unam civitatem, et super « alteram non plui. » Ac si diceret: Quia post correctionem meam ad me dissimulavere reverti, *ego quoque a vobis prohibui imbrem,* aspirationis videlicet supernæ temperiem. Et hoc *cum adhuc tres menses usque ad messem superessent,* cum nimirum adhuc initio, promotione, atque perfectione ab omni bonæ spei exspectatione corda distarent, id est antequam boni quidpiam Deo instigante proponerent. Solent enim hæc utiliter et dispensative sanctis aliquoties subtrahi, non usquequaque relinqui. *Super unam civitatem* pluit cum rationem ad ea videndum quæ agenda sunt plene imbuit. *Super alteram vero non pluit.* cum duritiam obstinationis pravo subducit affectui; unde in mensali oratur officio *(Dom. inf. Oct. Epiph.),* ut quæ agenda sunt, inquit, videant, et ad agenda quæ viderint convalescant. « Pars una compluta est, et pars, super quam non « plui, aruit. » *Pars una* compluitur cum benevolentia rationi attribuitur; *pars* vero altera non compluta *aruit,* cum affectualitati; juxta Apostolum, perficere non adjacuit *(Rom.* VII, 18).

VERS. 8. — « Et venerunt duæ et tres civitates « ad civitatem unam ut biberent aquam, et non sunt « satiatæ; et non redistis ad me, dicit Dominus. » *Duæ et tres civitates ad unam veniunt civitatem* ut *aquam* bibant, cum aut affectus, aut voluntas, sive etiam ut tres fiant ratione adjuncta ad intellectum, cui proprie proprium est divina sentire, confugiunt; ut nimirum inibi combibant sapientiæ salutaris stillicidium; sed non satiantur, quia ad nullius efficientiæ redundantiam, quæ æstuantes refrigeret, adducúntur.

VERS. 9. — « Percussi vos in vento urente, et in auru« gine multitudinem hortorum vestrorum; et vinea« rum vestrarum. » Ac sic diceret: Quia nec sic ad me redistis *percussi vos vento urente,* desiderio scilicet præter modum æstuante, qui non solum suo spiritu interiora consiccet, sed etiam exteriora infuscet. Multitudo *hortorum, et vinearum auruginæ* percutitur, cum bonorum originalium, et actualium frequentia, sed et illa qua ex Deo debriamur intelligentia in pallorem hypocrisis demutatur, hæc enim natura est auruginis, ut in colorem subalbidum in hominibus se convertat et herbis. « Oliveta vestra, « et ficeta vestra comedit eruca: et non redistis ad « me, dicit Dominus. » Per *oliveta,* cujus fructus est salubris et lucivomus, misericordiæ circa nos signatur affectus. Per *ficeta,* quorum succus est lacteus, pietas est, qua amicabiliter enutritur proximus. « Miserere, inquit, animæ tuæ placens Deo *(Eccli.* XXX, 24). » Nisi enim nostri primum miserescamus, proximo non condescendimus. Eruca hispidum et morosum est animal; hypocrisis vero, quæ hæc absumere dicitur, quem semel inficit non deserens, quot habet illa pilos, tot habet motus hæc ad inanis gloriæ distensionem pravos.

VERS. 10. — « Misi in vos mortem in via Ægypti, « percussi in gladio juvenes vestros usque ad capti« vitatem equorum vestrorum; et ascendere feci « putredinem castrorum vestrorum in nares vestras: « et non redistis ad me, dicit Dominus. » *In via Ægypti mortem* in eos Deus mittit, cum in intentione sæculari, in cujus introitu mors est posita, scientiæ nostræ lucem contenebrari permittit. *Juvenes nostros usque ad captivitatem equorum* inibi percutit, cum quidquid piæ vivacitatis constat in anima usque ad incontinentiam, qua captivantur corpora, undecunque disperire sinit. Equi et jumenta corpora sunt, unde est: « Et jumenta eorum in morte conclusit *(Psal.* LXXVII, 50). » *Putredinem castrorum* eorum *in nares* ipsorum ascendere facit, cum fetorem, pravamque opinionem corporalium quæ commiserint vitiorum, usque ad fœdum sui ipsorum pudorem redundare concedit. Castra pro *corporibus* ponere in promptu est. « Egrediamur, inquit, ad eum extra castra improperium ejus portantes *(Heb.* XIII, 13). »

232 VERS. 11. — « Subverti vos, sicut subvertit « Deus Sodomam et Gomorrham, et facti estis quasi « torris raptus de incendio. » *Sicut Sodomam et Gomorrham Deus* eos *subvertit,* cum perpetuale silentium, in quo rebellio nulla est, contra vitium, et per populi cogitationum seditionem eos introrsum diminuit. Sodoma enim *pecus silens,* Gomorrha *seditio populi* dicitur. Fiunt quasi *torris raptus de incendio,* cum ambusti undecunque vitiorum rogis nihil in se habent residui de succo, aut semine genitivo. In torri enim neque succus, neque germen remanet. *De incendio* autem rapitur, qui non per se a vitiis voluntarie cohibetur, sed alterius disciplina violenter abstrahitur. Nec multum fructificat, cui voluntas bene operandi habitum ex delectatione non præstat.

VERS. 12, 13. — « Quapropter hæc faciam tibi, Israel. « Postquam autem hæc fecero tibi, præparare in « occursum Dei tui, Israel. Quia ecce formans montes, « et creans ventum, et annuntians homini eloquium « suum, faciens matutinam nebulam, et gradiens « super excelsa terræ, Dominus Deus exercituum « nomen ejus. » Ac si diceret: Quæ, inquit, prædixi, pro meritis tibi inferam, at, postquam intulero, Deum tibi per flagella adventantem bono animi apparatu suscipe, ecce enim, id est præsto habes eum qui informat virtutis ubertate magnanimes, sed subinde novit excellentiam, quam indulsit per tentationum reflare vertigines, nec tamen a se pulsatos alienat, sed intimæ consolationis eloquium eis in necessitate suppeditat, faciens quidem in matutino *nebulam,* ut primordia nostra quibusdam misceantur malis, quia nemo repente fit summus, oportet enim ut gradiatur *super excelsa terræ,* nimirum comprimat rudem illam, et teneram excellentiam terrenitatis nostræ. *Deus exercituum nomen ejus,* quia potens est ulcisci transgressiones criminis alicujus.

CAPUT V.

VERS. 1. — « Audite verbum istud quod ego levo « super vos planctum, domus Israel. » *Verbum quod super eos Deus levat* jubentur audire, cum intellectualem mentis ordinem, quomodo scilicet Deus humiliat, et quibus solatiis mentem sublevat, monentur intelligere. Hoc *verbum domus Israel* planctus est, quia nesciunt, hi qui ad Deum dirigi volunt, utrum ipsa tentatio ruina, an salus sit. « Domus « Israel cecidit, non adjiciet ut resurgat. » (VERS. 2.) « Virgo Israel projecta est in terram suam, non est « qui suscitet eam. » *Domus Israel* cadit, cum is, qui cum Deo inter tentamenta principari debuerat subsistere, non sufficit : *Israel* enim princeps cum Deo est. *Non* adjicit *ut resurgat*, cum ex propria lentitudine desperatus nunquam ad meliora respirat. *Virgo Israel in terram suam* projicitur, cum eorum sterilitas animi sub propria temeritate demittitur. *Non est qui suscitet eam,* quia motus rationalis exstinguitur, qui talium faciat revirescere conscientiam.

VERS. 3. — « Quia hæc dicit Dominus : Urbs, de « qua egrediebantur mille, relinquentur in ea cen- « tum : et de qua egrediebantur centum, relinquentur « in ea decem in domo Israel. » *De urbe mille* egrediuntur, cum pii studii universitas a conscientia solida derivatur, quæ plenitudo ad *centum* redigitur, dum remota spirituali exuberantia ad externa, et ut ita dixerim, publicæ humanitatis bona restringitur. Centenarius enim millenarii pars est decima, et homo decimus in rationali creatura. Centum quoque extenuantur in decem, quando etiam abjecto ipso communi ac naturali bono, ad puram deponitur sensualitatis hebetudinem. Denarius namque id innuere invenitur, quia videlicet ipse quinarius in interiori et exteriori sensualitate geminatur. Unde cuidam lucri sui gratia dominium super decem civitates attribuitur (*Luc.* XIX, 17).

VERS. 4, 5. — « Quærite me et vivetis. Et nolite « quærere Bethel, et in Galgalam nolite intrare, « et in Bersabee non transibitis, quia Galgala ca- « ptiva ducetur, et Bethel erit inutilis. » Quod est dicere : Si vos, qui ad Deum dirigi operæ pretium æstimare debueratis, me quæreretis, vitale procul dubio saperetis. Porro quia *domus Dei* videri hypocritis præsumptione gestitis, et clam involvimini vitiorum volutabris, et ad puteum septimum, qui est *Bersabee*, vel etiam puteum satietatis, quod est humanitatis vorago, quæ quaternario exteriori, et interiori ternario constat, misera vos aviditate immergitis, sciatis indubie quia clandestinæ vestræ sordes deprehensæ ducentur in publicum, et illud Dei, quod vos esse simulatis in nullo vobis proderit templum.

VERS. 6. — « Quærite Dominum, et vivite : ne « forte comburatur ut ignis domus Joseph, et devo- « rabit, et non erit qui exstinguat Bethel. » Joseph interpretatur *augmentum*. Conscientia ergo, cujus tota intentio exterioris famæ augmento commilitat, comburitur, cum concupiscentiis intro addicitur; domus Dei, quod est Bethel non vera, sed imaginaria, ita ut non sit, devoratur, quia a fructu opinionis magnæ privatur.

VERS. 7, 8. — « Qui convertitis in absynthium « judicium, et justitiam in terra relinquitis. Fa- « cientem Arcturum, et Orionem, et convertentem « in mane tenebras, et diem nocte mutantem. » *Judicium in absynthium* convertunt, qui dulcedinem, qua Dei suavitas prægustatur, in temporalem gloriam, qua Deus amaricatur, perverso judicio intorquere non metuunt. *Absynthium* enim est quidquid infructuoso corporum supplicio quæsitum est. *Justitiam in terra* relinquunt, cum in terrenis cupiditatibus remanentes veram ipsius justitiæ, quæ Deus est, essentiam spernunt. Hæc justitia *Arcturum et Orionem* facit, cum quidquid præclarissimæ sanctitatis et in prælatis reperitur, et subditis creat et instruit. Non abs re enim Arcturum prælatos intelligas si bootem cum plaustro consideras. *Tenebras in mane* convertit, cum obscuritatem conscientiarum in crepusculum aspirationis divinæ reducit. At *diem nocte* mutat, cum splendorem hypocrisis, aut in præsenti propriæ retectione nequitiæ vel in futuro perpetua cæcitate condemnat. « Qui vocat « aquas maris, et effundit eas super faciem terræ, « Dominus nomen ejus. » *Aquas maris* vocat qui ad sui amorem errore fluitantia, et internis pestibus amaricata, sed et cupiditate inexplebili salsa corda contrahit et elevat. *Super faciem terræ eas* effundit, cum ad considerationem suæ veteris delinquentiæ eorum contemplationes extendit. Terra enim pro *peccatore* ponitur, ut est : « Terra es; » *Dominus ejus nomen* est, qui aliud vas in honorem, aliud in contumeliam facere potest (*Rom.* IX, 21).

VERS. 9. — « Qui subridet vastitatem super ro- « bustum, et depopulationem super potentem af- « fert. » *Super robustum vastitatem* subridet, cum eum, qui internæ sibi fortitudinis gloriam arrogat, ad propatulæ desolationis infamiam universorum cachinnis exponendo declarat. *Depopulationem super potentem* affert, cum interiores, quas se habere simulat virtutum copias, ad exteriorem impotentiam, et vitii inertiam redigendo deplet.

VERS. 10. — « Odio habuerunt in porta corri- « pientem, et loquentem perfecte abominati sunt. » *In porta corripit*, qui judicialiter quempiam coarguit. *In porta* enim antiquitus exerceri solere judicia non nemini certum est. Odio ergo habent *in porta corripientem*, qui ægre ferunt non ex temeritate, sed ex veritate causantem. *Perfecte loquentem* abominantur, cum aliorum lenociniis assueti, eos, qui sincere sua vitia corripiunt, exsecrantur.

VERS. 11. — « Idcirco, pro eo quod diripiebatis « pauperem et prædam electam tollebatis ab eo, « domos quadro lapide ædificabitis et non habitabitis in eis. » *Pauperem* diripit, qui a bona intentione quempiam dissipat et abducit. *Prædam electam ab eo* tollit, qui quod pretiosius et electius in homine est, spiritualia utique bona perversa dehortatione subvertit. *Domos quadro lapide* ædificant, cum virtutibus immutilata quasi auctoritate constantibus conscientias suas eminere demonstrant; sed *in eis non* habitant, quia in earum dominio, Deo eorum vitia revelante, nimis perfunctorie perseverant.

Vers. 12. — « Vineas amantissimas plantabitis, et non bibetis vinum earum, quia cognovi multa scelera vestra, et fortia peccata vestra. » *Vineas amantissimas* plantant, cum spiritualia bona mirabili alacritate, et multa videntium gratulatione propagant. Sed *vinum earum non bibunt*, dum nulla spiritualis mercedis exteriori intenti retributione sese reficiunt. *Multa scelera* eorum cognoscit, tanto nimirum plura, quanto occultiora, et quo occultiora, eo incorrigibiliora. *Peccata* eorum sunt *fortia*, quia spiritualia nimirum sicut in nullo pudori, ita et correctioni neutiquam patentia. « Hostes justi accipientes munus et pauperes in porta deprimentes. » *Hostes justi, id est* justitiæ sunt, quia munus a ditiore accipiunt et idcirco *pauperes in porta*, id est judicio deprimunt.

Vers. 13. — « Ideo prudens in tempore illo tacebit, quia tempus malum est. » *Prudens in tempore illo* tacere jubetur, quia in salicibus in medio Babylonis dispensative organa suspenduntur (*Psal.* cxxxvi, 2). Tempus malum est, non illud quod Domino, et membris ejus nondum advenit, sed quod reprobis semper paratum est (*Joan.* vii, 6).

Vers. 14. — « Quærite bonum et non malum ut vivatis; et erit Dominus exercituum vobiscum sicut dixistis. » Ac si diceret : Vos vobis Deum in vobis habitare ascribitis, quod jam in figura Bethel audistis, sed id falso. At vero quærite bonum, et non malum si vivere vultis, et tunc vere Deus non aberit vobis. (Vers. 15.) Odientes ergo *malum* lumbos præcingentes, diligite bonum, lucernas tenentes, *in porta.* id est in aditu cogitationis *judicium discretionis statuite, si forte reliquiis Joseph Deus misereatur*, id est si alicui bonæ intentioni residuæ eorum, qui mundialibus augmentis aspirant adminiculari dignetur. Quod dicit *forte* Hebraici moris est, ut ambiguum pro certo certum ponatur pro *ambiguo*, ut illud : Forsitan inimicos eorum humiliassem (*Psal.* lxxx, 15).

Vers. 16. — « Propterea hæc dicit Dominus : In omnibus plateis planctus, et in cunctis quæ foris sunt, dicetur væ væ; et vocabunt agricolam ad luctum, et ad planctum eos, qui sciunt plangere. » (Vers. 17.) « Et in omnibus viis erit planctus, quia pertransibo in medio tui, dicit Dominus. » *In omnibus plateis planctus* est, cum in omni mentis et actus dispersione nihil de gaudio cœlesti requiritur, sed in quoque negotio sola luctu digna tractantur. *In cunctis quæ foris sunt, væ væ* dicitur, cum non solum in ipsa enormi dilatatione animorum, quæ signatur nomine platearum, sed in omni forinseca administratione miseria accersitur (vel congeminatur) animarum et corporum. Agricola *ad luctum* vocatur, cum quilibet prædicator, cui mentium votiva cultura dignoscitur, dira super obduratos compassione movetur. Qui *sciunt plangere* vocantur *ad planctum*, cum hi, quibus a Deo pietas est insita, ad alienum miserabiliter illacrymantur exitium. *In viis* quoque est *planctus*, *in omnibus* nimirum qui alios exemplis norunt erudire vitalibus. Deus *in medio* eorum pertransit, cum ne ad modicum quidem in ullius eorum corde substitit.

Vers. 18. — **234** « Væ desiderantibus diem Domini, ad quid eam vobis ? Dies Domini ista, tenebræ, et lux. » *Diem Domini* desiderat, qui vanis favoribus dementatus qualem se vulgo prædicari audit esse se putat. Ad suum ergo væ, et ad tenebras exoptat, qui non ad conscientiam, sed ad fabulosa respectat. (Vers. 19.) « Quomodo si effugiat vir a facie leonis, et occurrat ei ursus, et ingrediatur domum, et innitatur manu sua super parietem, et mordeat eum coluber ? » *Vir a facie leonis* effugit, cum multi arduum vivendi statum aggredi metuunt, verentes utique ad se versus instigare diabolum, qui majori eos face perurgeat tentationum. Quasi ergo evitantibus diabolum occurrit *ursus*, carnalis videlicet quilibet appetitus, leone quidem lentior, sed ad subigendum pervalidus. Quem subinde extimescens *domum* ingreditur, cum ab exteriori diffusione intra conscientiæ suæ ibi septa colligitur. Ibi *manu sua super parietem* innititur, cum obstaculo quasi invisibilis conscientiæ operis sui intentionem contutari posse arbitratur. Sed ibidem mordetur a colubro, cum ad hominum oculos se subornans remissius agere disponit interius coram Deo, sicque dum singula quæque præcavet, torporis intimi contingit sibimet interire veneno. Quod totum in hypocritas militat, qui dum veraci studio timent irritare diabolum, ad homines habitu palliato parum curant intra mentis suæ vitiari recessum : unde sequitur.

Vers. 20. — « Nunquid non tenebræ dies Domini, et non lux, et caligo, et non est splendor in ea? » Quod est dicere : Vos de die judicii quasi de ultima vestra sorte tractatis, sed diem Domini in præsenti noveritis, qui non salubriter vobis illucescat, sed per illationem sensus in vobis reprobi tenebrescat.

Vers. 21. — « Odi, et projeci festivitates vestras; et non capiam odorem cœtuum vestrorum. » Deus *festivitates* eorum odit et projicit, cum opera inania, quæ vulgi conspectibus hypocritæ solemnizant, exosa se habere retegendo eorum iniquitates ostendit. *Odorem cœtuum* eorum non capit, cum quidquid beneficiorum publice coacervare videntur, divinæ sensus majestatis a se indignanter excludit.

Vers. 22. — « Quod si attuleritis mihi holocaustomata, et munera vestra, non suscipiam et « vota pinguium vestrorum non respiciam. » *Holocaustomata ab eis Deo afferuntur*, cum in omni specie, et per cruces innumeras, quæ vix, aut nullo modo a sanctis ferri videas, eorum corpora macerantur. Nec mireris quod Deo offerri hæc dicuntur, cum non offerantur Deo, sed vulgo; scias vero quod in Scripturis multa non ut sunt in re, sed uti sunt in opinione ponantur. *Munera eorum non suscipiuntur, et vota pinguium non respiciuntur*, quia quidquid sub Dei nomine quamvis magno impendio peragatur, quidquid uberioris beneficentiæ instar pinguedinis in proximum prærogatur, quia juxta Apostolum, extra charitatem fit, a Deo minime respectatur (*I Cor.* xiii, 3)

Vers. 23. — « Aufer a me tumultum carminum « tuorum; cantica lyræ tuæ non audiam. » Quidquid hypocritæ ad sui protelandam memoriam libros cudendo conficiunt, in Dei auribus non nisi tumultus est, cujus momentanea laus solum fructus est. *Cantica lyræ non audiuntur*, cum affectata eorum eloquentia, quæ prædicationi inservit, a Dei aure disploditur. Quo contra cuidam electæ dicitur : « Sonet vox tua in auribus meis, quia vox tua dulcis (*Cant.* ii, 14). »

Vers. 24. — « Et revelabitur quasi aqua judi« cium, et justitia quasi torrens fortis. » *Quasi aqua judicium* revelatur, cum veritas status eorum instabiliter palliata, ac si aquis superficie tenus adoperta, cito lapsu denudatur. *Justitia quasi torrens fortis* efficitur, cum justo Dei examine totius hujus fucatæ sanctitatis simulacrum, quasi quodam fluxu rapido proturbatur.

Vers. 25. — « Nunquid hostias et sacrificium « obtulistis mihi in deserto quadraginta annis, « domus Israel? » *Hostias et sacrificium in deserto domus Israel quadraginta annis* non offerunt, cum deserentes Deum, et deserti a Deo licet evangelice et legaliter vivere videantur, nec hostiam, qua hostem diabolum subigant, nec sacrificium, quo Deo spontanee inserviant, faciunt, qui quasi ad Deum directanei videri volunt.

Vers. 26, 27. — « Et portastis tabernaculum « Moloch vestro, et imaginem idolorum vestrorum, « sidus dei vestri, quæ fecistis vobis. Et migrare « vos faciam trans Damascum. » *Tabernaculum Moloch* suo portant, cum delubrum libidinis mentem suam facere non formidant, licet tabernaculo quasi continentis corporis bono exterius habitu illud obvolvant. Moloch autem ipse est Priapus. Portant etiam *imaginem idolorum* suorum, et *sidus dei* sui quæ sibi fecerunt, qua mentem occupant pene indelebili affectatione vitiorum, specialius tamen quadam concepti fastus veluti siderea spectabilitate insigniri se appetunt. *Trans Damascum migrare eos facit*, cum intentionem criminosæ voluntatis ad operis exsecutionem, quod est *trans Damascum*,

id est oculum sanguinis, excedere eos sinit. Oculus enim sanguinis intentio est peccati.

CAPUT VI.

Vers. 1. — « Væ qui opulenti estis in Sion, et « confiditis in monte Samariæ, optimates capita « populorum, ingredientes pompatice domum Is« rael! » **235** *Opulenti* sunt *in Sion*, qui in plenitudine divinæ speculationis sese præeminere præsculpunt, et *in monte Samariæ*, id est in excellentiæ exterioris cautelæ confidunt. His instat væ, judicium utique damnationis æternæ. Hi sunt *optimates capita populorum*, qui de se nihil nisi supremum cogitant, et semper impatientes consortium, tam loco quam opinione cunctis præferri desiderant. *Domum Israel pompatice* ingrediuntur, cum animum, quem ad Deum exporrigi decuerat, solis pomparum affectionibus imbuunt.

Vers. 2. — « Transite in Calane et videte, et ite « inde in Emath magnam, et descendite in Geth « Palæstinorum, et ad optima regna quæque ho« rum; si latior terminus eorum termino vestro « est. » In Calane transire, et videre jubentur, ut nimirum status cæterarum omnium mentium quantum sibi possibile est, metiantur. Calane enim interpretatur *omnis*. Inde Emath magnam ac si specialiter eant, quosque procul dubio magnificos in scelerum perpetratione attendant. Emath vero *sanguis* dicitur, et sanguis peccatum est. Inde *in Geth Palæstinorum* descenditur, cum ad eos, qui temporalibus desideriis debriantur, et tamen nulla sibi arrident, nisi quæ aut vi, aut clam, aut precario extorquentur, consideratione venitur. Geth interpretatur *torcular*, Palæstini, qui et Philisthæi, *potione cadentes*. *Optima quæque horum regna* sunt principaliora quorumque vitæ proposita. Perpendere ergo jubentur, si *terminus eorum termino* illorum latior sit; utrum utique arrogantiæ eorum, et atrocitas cupiditatis, qui facinora patenter admittunt, tanta habeatur, quanta in hypocritarum mentibus efferari, ac dilatari dignoscitur. Tanta enim est latitudo, quanta opinionis propagandæ ambitio, quæ in his siquidem multo quam in Emath magna, sive in Geth Palæstinorum invenitur acrior.

Vers. 3. — « Qui separati estis in diem malum, et « appropinquatis solio iniquitatis. » *In diem malum* separantur, qui per discrepantiam in præsenti morum sic a bonis discernuntur ut ad diem malum ex hoc perducti, magis egregii ex integro tunc a bonorum societate reddantur. *Solio iniquitatis* appropinquat, qui scienter diaboli regno nunc se immergit, et implicat.

Vers. 4. — « Qui dormitis in lectis eburneis, et « lascivitis in stratis vestris. » *In lectis eburneis* dormit, qui in falsa dum advivit castitatis securitate quiescit. Elephas enim, unde ebur, frigidæ naturæ est animal. *In stratis* suis lasciviunt, qui sub fama continentiæ tanto licentius petulantiæ, atque voluptati inservire proponunt.

Vers. 5. — « Qui comeditis agnum de grege, et vitulos de medio armenti. Qui canitis ad vocem psalterii. » *Agnum de grege* comedit, qui ad suæ imitationem nequitiæ et alios quosque rudes sibi incorporare contendit. *Vitulos de medio armenti* comedit, qui quoslibet hebetes, et lascivos de eorum conformitate, qui non norunt nisi matura sentire sublatos, suæ sectæ asciscit. *Ad vocem psalterii* sed non in psalterio canunt, qui bona opera, sed non pro boni operis intentione perficiunt. *Psallere* enim *pro bono opere* poni reperitur ubique psalmorum. « Sicut David putaverunt se habere vasa cantici. » Ac si diceret : Quod David instituit, imo exsecutus ad sanctæ significantiam operationis, hoc isti sibi ascribunt ad causam jactantiæ et elationis.

Vers. 6. — « Bibentes in phialis vinum, et optimo unguento delibuti, et nihil patiebantur super contritione Joseph. » *In phialis vinum* bibunt, cum de exemplo fragili temporalis materiam jucunditatis ex qua debrientur ad Dei oblivionem assumunt. Et hoc faciunt *unguento optimo* delibuti, plane similitudine virtutis non ipsa virtute tanquam superficiem cutis ornati. *Super contritione Joseph* nihil patiuntur, qui ad augmentum sæculare tendentes nequaquam super commodi spiritualis detrimento tristantur.

Vers. 7. — « Quapropter nunc migrabunt in capite transmigrantium, et auferetur factio lascivientium. » *In capite transmigrantium* migrant, qui præ cæteris transgressoribus et transgrediuntur et peccant. *Factio lascivientium* aufertur, cum tota simulatio eorum, qui sub jactura pudoris de castitate se jactitant, ad veritatem sui turpis habitus denudatur.

Vers. 8. — « Juravit Dominus in anima sua, dicit Dominus exercituum : Detestor ego superbiam Jacob, et domos ejus odi, et tradam civitatem cum habitatoribus suis. » *In anima sua* Deus jurat, cum ad jus voluntatis suæ tales tandem aspirando revocat. *Superbiam Jacob* detestatur, cum eorum, qui sua se vitia supplantare sibi arrogant, sibimetipsis dignos detestatione demonstrat. *Domos ejus odit*, cum mentium conceptacula, in quibus apud se de se gloriatur, odio digna ostendit. Unde *civitatem cum habitatoribus* tradit, cum ipsam conscientiam cum universis suis moribus per confessionem ad sui proditionem cogit.

Vers. 9, 10. — « Quod si reliqui fuerint decem viri in domo una, et ipsi morientur ? Et tollet eos propinquus suus, et comburet eum, ut efferat ossa de domo. » *In domo una decem viri reliqui* sunt, cum in una conscientia duo quinarii sensualitatum, vacante jam pravo post confessionem opere, tanquam soli subsunt. *Et ipsi moriuntur*, cum a consueta sua aviditate perimuntur. *Propinquus suus eos tollit*, cum **236** ab infimo eas appetitu ratio fidelius cæteris eis propinqua sustollit. Eos quoque comburit, cum pii desiderii æstu ipsas ad purum examinare contendit. Et hoc facit, *ut ossa de domo efferat*, quidquid videlicet interioris duritiæ latet per confessionem foras excludat.

Vers. 11. — « Et dicet ei, qui in penetralibus domus est : Nunquid adhuc est penes te ? Et respondebit : Finis est. Et dicet ei : Tace, et ne recorderis nominis Domini. » Dicit, haud dubium quin propinquus, noster utique spiritus *ei, qui est in penetralibus*, scilicet carnalis affectus nostris medullis ingenitus. Interrogat si est adhuc *penes eum*, aliquid videlicet de scrupulo peccati, quod intrinsecus mordeat eum. Ille *respondebit : Finis est*, quia ignis concupiscentiarum sopitus est. Cui ille infert ut taceat, nimirum ut nullo modo pro tantilla, et forsitan momentanea animi quiete se erigat. Recordari *nominis Domini* eum vetat ; quod non est aliud, nisi quod oblivioni hoc ipsum nullatenus tradat. Quorum enim obliviscimur, recordari dicimur. Qui ergo interdum oblitus tandem ejus sese commemorat, procul dubio sine intermissione non orat. Eum plane *nominis Domini* non æstimo recordatum, qui quasi tumentes super se fluctus legitur timuisse Deum.

Vers. 12. — « Quia ecce Dominus mandabit, et percutiet domum majorem ruinis, et domum minorem scissionibus. » *Dominus* mandat cum clementer aspirat. *Domum majorem ruinis* percutit, cum diffusiorem et spatiosiorem illum mentis habitum, qui carnalis dicitur appetitus, conquassat et obruit. *Domum minorem scissionibus* percutit, cum ipsam rationem quæ subtilior, et ex natura intimæ discretionis quodammodo augustior est, adversus suos motus in seipsa continua duellione subdividit.

Vers. 13. — « Nunquid currere queunt in petris equi, aut arari potest in bubalis ? » *In petris equi* non currunt, cum in mentibus postquam ex Deo contra vitia induruerint, ferales ac lascivi motus non se ingerunt. *In bubalis* non aratur, cum per motus effrenos, et impatientes jugi mens nullatenus aliqua subversione piæ cogitationis attingitur.

Vers. 14. — « Quoniam convertistis in amaritudinem judicium, et fructum justitiæ in absynthium ? Qui lætamini in nihilo, qui dicitis : Nunquid non in fortitudine nostra assumpsimus nobis cornua ? » Ac si diceret : Aliquando cum adhuc morem sæculo gereretis, vestræ rationis dulcedinem in sæcularium negotiorum amaritudinem vertebatis, et inde suboriri vobis poterat fructus justitiæ, hoc in absynthium, quod alibi cepas, et allia vocat Scriptura (*Num.* xi, 5), solebatis invertere, in hac quæ nihil dici potest temporalitate pro momento lætantes, et potentiarum manuum cornua solo vestro robore, et ingenii acumine vos assumpsisse jactantes. (Vers. 15.) « Ecce ego suscitabo super vos, domus Israel, dicit Dominus exercituum, gentem, et conterent vos ab introitu Emath usque ad torrentem deserti. » Deus *gentem* super domum Israel suscitat, cum novæ cogitationis genus in animo cum Deo dirigi volente, pœnitudine concepta, vivificat. Emath, ut superius dixi, *sanguis* interpretatur. *Ab introitu* ergo *Emath usque ad torrentem deserti* conteruntur, id est a prima delectatione peccati, usque-quo ex omnimoda mundi desertione sapientiæ in nobis sæcularis, aqua excrescente divini amoris, æstate siccetur.

CAPUT VII.

Vers. 1. — « Hæc ostendit mihi Dominus Deus : « Et ecce fictor locustæ in principio germinantium « serotini imbris, et ecce serotinus post tonsorem « [al., tonsionem] regis. » *Hæc*, inquit, quæ dicturus sum ostendit mihi *Dominus Deus. Ecce*, inquit, *fictor locustæ in principio germinantium serotini imbris*, videlicet Deus compositor nostræ ad probationem tentationis, et in Sina enim, quod est *tentatio*, et in sancto, id est in sanctitate nobiscum diversatur, in principio nostræ institutionis, quando tamen ex divino amore compungi incipimus, is enim est imber *serotinus*, ad cujus motum in omnium plane virtutum germen erumpimus. *Ecce*, inquit, *fictor locustæ*. Ac si diceret : Accessisti ad servitutem Dei, sta in justitia et timore (*Eccli.* II, 2), quia *ecce*, id est ad subitum tibi insiliet, Dei tamen nutu, mordacitas suggestionis pravæ. Locusta enim ore lædit, in frigore torpet, sic tentatio cordi admissa consumit, reprimitur adversis, prosperitate movetur. Tonsor regis brucus ad litteram vocabatur, et ideo tonsor quia residuum locustarum solo tenus attondere videbatur. *Regis* autem dicitur, quia sine regis omnium permissu nihil agere sinebatur. Brucus itaque tonsor est, cum capitalis cujuslibet vitii usus indesinens menti devastandæ invisibiliter superest. *Post hunc tonsorem serotinus redit*, cum exasperante, imo urgente peccato, quasi ad extremam compunctionis medicinam mens universa repente concedit. Bruchi autem naturam scimus, loco cui insederit donec reddat exesum, minime dimoveri.

Vers. 2. — « Et factum est, cum consummasset « comedere herbam terræ, dixi : Domine Deus, pro« pitius esto, obsecro. Quis suscitabit Jacob, quia « parvulus est? » *Herbam terræ comedere* consummat, cum tentatio spei internæ virorem **237** extenuat. *Jacob quia parvulus est*, minime suscitatur, quia rudis animus, et a veteri consuetudine necdum viriliter resipiscens, nunquam a suo torpore levatur, nisi per illapsum gratiæ fulciatur. (Vers. 3.) *Vox hæc spiritus est*, de sua in se ad Deum miseria conquerentis. Miseretur itaque, ostensurus subinde menti et alterius modi casus.

Vers. 4, 5, 6. — « Et ecce vocabat judicium ad « ignem Dominus Deus; et devoravit abyssum mul« tam et comedet simul partem. » Si causam pro effecto ponamus, *judicium* pro *ratione* intelligere possumus. *Judicium* igitur *ad ignem Dominus* vocat, cum rationis auctoritatem concupiscentialibus flammis addemnat. *Abyssum multam* devorat, cum prærupta ingenia, et cujusdam profundæ perspicacitatis extremum obnubilando adnihilat. *Partem simul comedit*, quia licet statum suum, in quantum dilabitur, adhuc metiri et dolere possit, quorsum tamen Deo permittente ducatur, et quos cœpti mali exitus habeat, quasi partim cæcutiens non agnoscit. Ad reprimendam ergo mortis instantis rabiem, par vitatem suam clamans spiritus Deo noster ingeminat, et prosequente mox gratia non flendum quod proposuerat dictat. Unde necesse est, ut quibus erudiamur, et alia ostendat.

Vers. 7, 8. — « Et ecce Dominus stans super « murum litum, et in manu ejus trulla cæmentarii. « Et dixit Dominus ad me : Quid tu vides. Amos? « et dixi : Trullam cæmentarii. » *Dominus super murum litum* stat, cum super nostræ propugnacula mentis, quibus diabolo paramus obsistere Dominus auxilium laturus assistere, certo animorum nostrorum experimento se monstrat. *Murum* autem *litum* vocat, quia Deus eum remota vitii scrupulositate complanat, et contra pluvias tentationum munit et roborat. *In manu Dei trulla cæmentarii* est, quia in ejus arbitrio efficientia nostræ tuitionis. Amos dicitur *populus avulsus*. Ille enim avellitur, cujus cogitatio Dei timoris interstitio a mundi amore deducitur. Amos ergo quid videat recogitatur, et *trulla cæmentarii* videri respondetur, quia Dei opificio calx divini caloris nostræ terrenitati adjuncta, semper nostris animis ad tutelam adhibenda monstratur. « Et dixit Dominus : Ecce ego ponam « trullam in medio populi mei Israel. Non adjiciam « ultra superinducere eum. » (Vers. 9.) « Et demo« lientur excelsa idoli, et sanctificationes Israel « desolabuntur, et consurgam super domum Jero« boam in gladio. » *Dominus* dicit cum animo suis motibus respondenda suggerit. Notandum quod cuique visioni præponitur : *Ecce*, ut repentinas insinuet titillationum, vel diversorum habituum superventiones menti humanæ. *In medio populi sui Israel trullam Deus ponit*, cum ministerium subsidii sui, quo paratus est omnibus qui tentantur auxiliari, omnibus in evidenti proponit. *Non adjicit ultra superinducere eum*, cum exigente merito suo, apud se cogitat judicat dignum se, cui Deus subtrahere debeat, suæ opitulationis obstaculum; hoc namque, quo munitur maceria contra tempestatis impetum, videtur significare cæmentum. *Excelsa idoli demoliuntur*, cum superbiæ singularitas diabolo nos colaphizante deponitur. Quid est enim excelsum idoli, nisi quoddam insigne spectaculi? Unde et spectabiles dicimus quos ex sua opinione miramur. *Sanctificationes Israel* desolantur, cum crassa religionum species et magni nominis umbræ quotidiana devolutione coquuntur. *Super domum Jeroboam in gladio* consurgitur, cum super conscientiam solis per hypocrisim temporalibus aspirantem vitiis adequitantibus militatur. Gladius enim peccatum grave significat. David enim de gladio maligno se eripi rogat (*Psal.* CXLIII, 10).

Vers. 10. — « Et misit Amasias sacerdos Bethel « ad Jeroboam regem Israel, dicens : Rebellavit « contra te Amos in medio domus Israel, non po« terit terra sustinere sermones ejus. » Amasias interpretatur *robustus* et *frigidus*; Jeroboam *temporalis. Robustus et frigidus sacerdos* est *Bethel*, cum quis hypocrita fortis opere, sed frigidus mente, sacrum ducatum, ac si Dei sit templum, præbere se posse pollicetur; qui *ad Jeroboam regem Israel* mittit, cum se ei ex temporalitatis amore, cujus regiminio, cum a Deo deberet dirigi, se meminit dirigendum tradidisse, committit. *Amos*, inquit, *contra te rebellat in medio domus Israel*, tua nimirum cogitatio a mundi-volens avelli lasciviis tibi ipsi intra te rebellis est. *Non poterit terra sustinere sermones ejus*, non poterit utique humani corporis fragilitas tolerare nimietatem continentiarum ejus.

Vers. 11. — « Hæc enim dicit Amos : In gladio « morietur Jeroboam, et Israel captivus migrabit de « terra sua. » Ac si diceret : Temporalitatis amor in malum semper capitale relabitur, et Israel fictitius corporis sui libertate emigrando privabitur. (Vers. 12, 13.) « Et dixit Amasias ad Amos : Qui vides, « gradere, et fuge in terram Juda, et comede ibi « panem, et ibi prophetabis. Et in Bethel non « adjicies ultra ut prophetes, quia sanctificatio regis « est, et domus regni ejus. » *Qui vides*, inquit Amasias, *gradere*, id est, qui prospicis omnes pœnitentiali confessione in fine posse salvari, tuis interim dum sospes es legibus utere. *Fuge in terram Juda*, salutem tuam ultimæ confessioni reserva. *Ibi panem comede*, in hac videlicet intentione temporalibus jocunditatibus satiare. *Ibi prophetabis*, sub hujus procul dubio spei providentia **238** permanebis. *In Bethel non adjicies ultra ut prophetes*, contra mores utique qui hospite Deo digni ab omnibus judicantur, contentus honore præsentium de futuris tractare desistes. *Quia sanctificatio regis est, et domus regni ejus*, quod est : Nisi plane nos, qui ita laudamur, pro sanctis Deus haberet, et in nobis regnare deligeret, nunquam nostris actibus laus tanta succederet.

Vers. 14, 15. — « Et dixit Amos ad Amaziam : « Non sum propheta, et non sum filius prophetæ, « sed armentarius ego sum vellicans sycomoros. « Et tulit me Dominus cum sequerer gregem. » *Amos ad Amasiam* loquitur, cum spiritus noster instinctu hypocrisis quasi ratiocinans refragatur. *Non sum*, inquit, *propheta*, nulla plane, ut de meo fine determinem, præemineo providentia. *Non sum filius prophetæ*, quia nec seminarium nedum prudens sim accepi prudentiæ. *Armentarius vero sum vellicans sycomoros*, discretiones procul dubio et pondera quorumque sapientium prosequens in opere et verbo. *Sycomoros*, quos beatus Hieronymus rubos dicit, *vellicans*, non de futuris quæ attingere nescio, sed de instantibus animi mei passionibus moraliter mecum tractans. Non enim de crastino cogitare fas est, ubi sufficiens *diei malitia sua est*. Recte per rubum notatur passio, quem esse constat folio et fructu rubeo. *Tulit me Dominus cum sequerer gregem*, sustulit utique me a mundo cum despiciendo ab ipso sæcularem sequerer hebetudinem. Grex enim proprie ovium dicitur, sic armentum boum, et oves pro fatuitate ponuntur, ut est :

« Sicut oves in inferno positi sunt (*Psal.* xlviii, 15). » « Et dixit Dominus ad me : Vade propheta ad po- « pulum meum Israel. » Dominus dicit, cum rationi sentienda instinguit. *Vade*, inquit, ab inepta simplicitate, et populo cogitationum cum Deo dirigi quærentium ad cautelam provide.

Vers. 16. — « Nunc audi verbum Domini : Tu « dicis : Non prophetabis super Israel, et non stil- « labis super domum idoli. » *Verbum audit*, qui intelligit. *Non prophetat super Israel*, qui nulla mentem provisione castigat. *Non stillat super domum idoli*, quicunque paulatim non inflectere studet conscientiam peccati. *Stillare* enim pro *decidere* solet poni. *Super domum* ergo *idoli stillat*, qui in sua consideratione hypocrisis vires extenuat.

Vers. 17. — « Propter hoc, hæc dicit Dominus : « Uxor tua in civitate fornicabitur, et filii tui et « filiæ in gladio cadent, et humus tua in funiculo « metietur, et tu in terra polluta morieris, et « Israel captivus migrabit de terra sua. » *Uxor* hypocrisis delectatio est voluntatis. Hæc *in civitate* fornicatur, cum ad laudes extrarias in mente prostituitur. *Filii et filiæ in gladio* cadunt, cum fortes et infirmi habitus animi sub criminis malo ruunt : *Humus ejus in funiculo* metitur, cum ad quantitatem cujuspiam perpetrandi peccati corporis officium non negatur. *In terra polluta* moritur, cum in executione carnalis desiderii spiritus omnis exstinguitur. *Israel captivus de terra sua* migrat, cum animus a directione deficiens, a sua soliditate interna diducitur, quod terra significat.

CAPUT VIII.

Vers. 1, 2. — « Hæc ostendit mihi Dominus « Deus, et ecce uncinus pomorum : Et dixit : Quid « tu vides Amos ? et dixi : Uncinum pomorum. Et « dixit Dominus ad me : Venit finis super populum « meum Israel. » Dominus hæc ostendit cum menti intelligenda proponit. *Et ecce uncinus pomorum*, quia subito pulsat animum, dum talia cogitantur qualiumcunque repræsentatio meritorum. Quasi unco enim fructus trahitur, cum mente timore contracta, in quam sortem sit deventura prospicitur. Interrogatur quid videat, cum ad Dei cogitando delata judicium, apud se discutitur, quid de se sentiat; sed mox ei ingeritur quem suæ fructum actionis exspectat. *Super populum*, inquit Dominus, *meum finis venit*, cum perversæ cogitationi, quæ eatenus se cordi ingesserit, cohibitorius modus accedit.

Vers. 3. — « Non adjiciam ultra, ut pertranseam eum. « Et stridebunt cardines templi. » *Ultra* Deus *eum non pertransit*, quem locali jam aspiratione perfundit. *Cardines templi strident*, cum præcordialiores bonæ conscientiæ sensus a facie pristini erroris exululant: καρδίαν enim Græce, unde et cardines dicuntur, *cor* vocatur. « In illa die, dicit Dominus, multi « morientur, in omni loco projicietur silentium. » *In illa die multi moriuntur*, quia in illa interioris hominis illuminatione fit præpes interitus superfluæ cogitationis. *Silentium* in Scripturis dicitur, quando neque prece neque vita quisquam Deo loquitur. Unde est : « Dum medium silentium tenerent omnia (*Sap.* xvIII, 15). » Hoc silentium in omni loco projicitur, cum ab omni mente quæ non horarie sed localiter Deo servit, hæc prava taciturnitas exsecrationi habetur.

Vers. 4. — « Audite hoc qui conteritis pauperem, « et deficere facitis egenos terræ. » Quod est dicere : Intelligant hæc qui paupertatem spiritus per superbiam hypocrisis obterunt, et eos motus, qui se divini auxilii fatentur egenos, et de sua crebro terrenitate causantur, a Deo deficere faciunt.

Vers. 5. — « Quando, inquiunt, transibit mensis « et venundabimus merces. » Mensem transire desiderant qui hanc virtutum collectionem exinaniri intra sinum mentis exoptant, ad quod plane æstuare affectualitates solent. Tunc *merces* venundant, cum bonæ exhibitionis opera mentes laudis avaras, ejusdem causa recipiendæ, pro pretio ostentant. « Et sabbatum, (subaudis quando veniet) et « aperiemus frumentum, ut imminuamus mensu« ram, et augeamus siclum, et supponamus state« ras dolosas? » *Sabbatum* quæritur, cum ex lege membrorum a bono opere requies miseranda captatur. Tunc *frumentum* aperitur, cum fructuositas interior ad lucra favoris expanditur. Mensura imminuitur, cum sancti propositi modus in ipsa intentione deponitur. Siclus augetur, cum diabolicæ suggestionis nummus ad mores gratanter admittitur. Statera dolosa supponitur, cum ad excusandas excusationes in peccatis Scripturas adhibemus (*Psal.* cxL, 4). Stateræ enim ideo in psalmo ponuntur, ut est : « Mendaces filii hominum in stateris (*Psal.* LxI, 10). » Ibi enim nostra facta appendimus. Solemus nimirum cum a pio studio torpere volumus, dicere illud sapientis : Onus, inquit, super te ne levaveris, cum necdum profecto boni initii rudimenta cœperimus.

Vers. 6. — « Et ut possideamus in argento ege« nos et pauperes pro calceamentis, et quisquilias « frumenti vendamus. » *In argento egenos* possident, cum per falsas Scripturarum interpretationes, ad remissiorem vitam quoslibet doctrinæ et rationis intorquent, per quod eos sibi incorporando possident. *Pauperes pro calceamentis* itidem possident, cum veræ humilitatis amicos verborum suorum lenocinio, mortuis operibus addicere student. *Quisquilias frumenti* vendunt, cum extrema, et quasi carnaliter dicta Scripturarum exempla, ad audientium traductionem exponunt.

Vers. 7. — « Juravit Dominus in superbia Jacob. « Si oblitus fuero usque ad finem omnia opera « eorum. » *In superbia Jacob* Deus jurat, cum timorem eorum, qui de supplantatione vitiorum gloriantur, ad jus debitæ ultionis vocando reflat. *Omnia opera eorum usque ad finem* non obliviscitur, quia etsi interim videtur oblivisci, in finem tamen, id est omnimodis ab ejus nequaquam judicio obliterari permittuntur.

Vers. 8. — « Nunquid super istud non commove« bitur terra, et lugebit omnis habitator ejus? » *Super istud terra* movetur, cum nulla non mens peccatoris sub tanta comminatione terretur. Et quid mirum si peccator timet, cum etiam *omnis habitator* ejusdem terræ, id est qui ipsi peccato ad integrum dominatur, fugiet? *Terra* enim pro *peccante*, et *habitare* pro *dominari* solet poni. « Et ascen« det quasi fluvius universus, et ejicietur, et defluet « quasi rivus Ægypti. » *Quasi fluvius universus* ascendit, cum ipse *habitator* non dimidius, sed *universus* instar fluvii omnia præcipitantis adversa, ad superna virtutis erumpit. Et eisdem ejicitur, cum a pristina terrenitate, vel peccato secluditur. *Quasi rivus Ægypti*, haud dubium quin terra, quæ inhabitari, id est possideri debet, defluit, cum peccati delectatio, quæ de præsentis sæculi Ægypto derivatur, in seipsa deficit.

Vers. 9, 10. — « Et erit in die illa dicit Dominus : « Occidet sol in meridie, et tenebrescere faciam « terram in die luminis. » *Erit*, vera scilicet essentia constabit, *in die illa*, id est in luce interna præ oculis semper habenda, et ideo pronomine demonstrativo notata. *Occidet sol meridie*, æstus videlicet tentationis decidet sub calore aspirationis supernæ. *In die luminis* terra tenebratur, cum excandescente ad Dei amorem conscientia sordent, et erubescere faciunt hominem tenebrarum quæ exercuit opera. « Et convertam festivitates vestras in luctum. » Cum gaudia sæculi compunctionis rediguntur ad stimulum. « Cantica vertuntur in planctum, » cum delectationes in quacunque re mundiales, nullum amoræ spiritualis valent reperire suffugium. « Et « inducam super omne dorsum vestrum saccum, et « super omne caput calvitium : et ponam quasi « luctum unigeniti, et novissima ejus quasi diem « amarum. » *Super omne dorsum eorum saccum* Deus inducit, cum in perversa eorum patientia, qua juxta alium prophetam, semper ad diabolorum transitum incurvantur (*Isa.* LI, 23); hoc enim dorsum significat; peccati jugis asperitas confricatur. *Super omne caput calvitium* inducitur, cum discretivæ cogitationes, quæ pudori nostro consulunt, et ac si capilli frontem muniunt, a mente, quæ caput est, ignominiose excidunt. *Quasi luctum unigeniti* Deus eam ponit, cum illam, quæ per caput significata est, conscientiam singulari lapsæ rationis damno supponit. Nota quod de genere transit ad genus, sicut illud est, quod David quærens tabernaculum Domino, in Ephrata dicitur invenisse eam (*Psal.* cxxxI, 5, 6); pro *significante* interserens *significatam*. *Novissima ejus quasi diem amarum* ponit, cum satietatem peccati, quam pœnitudinis acerbitas solet sequi, amarissime facit doloribus suspicionis addici. Et recte dies amarus, voluptatis hilaritas præmissa mœroribus.

Vers. 11. — « Ecce dies veniunt, dicit Dominus, « et emittam famem in terra, non famem panis, « neque sitim aquæ, sed audiendi verbum Dei. » *Ecce*, id est in hoc ipso tanti torporis habitu, *dies,* non claritatis, sed malorum manifestationis *veniunt*; et ab interiori miseria *emittam* inopiam externæ desolationis in opera, ubi a nemine intelligatur, non victus corporalis 240 inedia, sed verbi Dei, id est internæ dulcedinis medullitus gustandæ penuria.

Vers. 12. — « Et commovebuntur a mari usque « ad mare, et ab aquilone usque ad orientem. » *A mari usque ad mare* commoventur, cum ab anxietate facinoris perpetrati, usque ad extremi timorem judicii continua cordium discursione citantur. *Usque ad orientem* quoque *ab aquilone* procedunt, cum a diabolicæ desperationis gelu ad Dei misericordiæ orientem respirare contendunt. « Circuibunt quæ-« rentes verbum Domini, et non invenient. » *Verbum Domini* quærendo circumeunt, sed non inveniunt, cum divinitus sibi Deum illabi appetunt, sed per mundi appetitus circumire non desinunt; quem quidem non inveniunt, quia dissimiliter quam quæri debuerat, quærunt.

Vers. 13. — « In die illa deficient virgines pul-« chræ, et adolescentes in siti. » *In die illa* non intimæ lucis, sed ultionis manifestæ, *virgines pulchræ* deficiunt, cum subtiliora, et quasi delicatiora, quæ Apostolus vocat charismata meliora (*I Cor.* xii, 31), spiritus nostri dona dispereunt. *Adolescentes* etiam *in siti* deficiunt, cum fortia quæque, sed per hypocrisim facta, ab interna ariditate subsidunt.

Vers. 14. — « Qui jurant in delicto Samariæ, » quia firmiter perseverare sine fructu interiori deligunt in simulacro exterioris custodiæ. Samaria enim *custodia* dicitur. « Vivit, inquiunt, Deus tuus Dan, « et vivit via Bersabee, et cadent, et non resurgent « ultra. » *Dan* interpretatur *judicium*. *Bersabee* autem *puteus satietatis*. Ac si dicerent: Hi qui sibi Dei misericordiam post longam hypocrisim circa finem pollicentur, o terribile judicium, *Deus tuus*, qui salutem cuilibet quacunque hora ingemuisset spopondit, *vivit*, quia heri et hodie ipse est (*Hebr.* xiii, 8); idem quod promisit facere potens; sed et *via*, id est actio putei satietatis, id est gloriæ temporalis advivit, plurimum infirmis mentibus sui commoditate valens. Ideo, ait propheta, *cadent et non resurgent ultra*, quia non debent divina restringere sub suo velle judicia.

CAPUT IX.

Vers. 1. — « Vidi Dominum stantem super altare, « et dixit: Percute cardinem, et commoveantur « superliminaria. » *Dominus super altare* stat, cum ægre ferens dura animadversione proposita perversa impugnat. Pro altari enim habent, quidquid hypocritæ novi instituti magnum apud se censent: Qui enim stat in Synagoga Deorum, ipse etiam dijudicat (*Psal.* lxxxi, 1). *Percuti cardinem* jubet, ut *superliminaria commoveantur*, cum prædicationum spiculis corda præcipit vulnerari, in tantum siquidem, ut etiam exterior habitus commutetur. « Avaritia « enim in capite omnium, et novissimum eorum in « gladio interficiam. » Quod super *cardinem*, hoc istic caput, quod *superliminaria*, hoc hic *novissimum* appellat. *Avaritia in capite omnium* est, cum honoris et favoris ambitio principali mentium intentioni subest. *Novissimum eorum in gladio* interficitur, cum corpus, quod ideo *novissimum* dicitur, quia magis quam mens contiguum esse dignoscitur, lethali peccato addicitur. « Non erit fuga eis. Fugiet, et « non salvabitur ex eis qui fugerit. » Fuga hypocritis non est, cum illic timore trepidant, ubi timor non est. Fuga namque animi timor est. Tamen fugiunt, quia suæ laudis sola damna metuunt. Qui vero fugerit, non salvatur, quia quisquis hoc modo timuerit, nequaquam a Dei judicio, quod plerumque peccata propalat, contutatur

Vers. 2. — « Si descenderint usque ad infernum, « inde manus mea educet eos. » *Ad infernum* descendunt, qui nulla pietate ad Dominum resipiscunt. Inde *manus* Dei eos educit, cum quo desperatiores sunt, tanto facilius is. Qui educit vinctos in fortitudine, et in sepulcris habitantes eos eruit (*Psal.* lxvii, 7). « Et si descenderint usque ad cœlum, inde detra-« ham eos. » *Ad cœlum* ascendens inde detrahitur, qui elatus in superbiam ut, juxta Job, caput ejus nubes tangat (*Job* xx, 6), quasi sterquilinium in fine disperditur.

Vers. 3. — « Etsi absconditi fuerint in vertice « Carmeli, inde scrutans auferam eos. » *Carmelus* interpretatur *mollis*; vertex autem *superbiam* signat, ut est illud quod psalmus verticem capilli appellat (*Psal.* lxvii, 22). In vertice Carmeli absconduntur, qui de suo fragili opere in sua cogitatione lætantur. Inde *scrutans eos* Deus aufert, cum eos intra se media ratione super suo turpi actu discutiens, a pristinis fœditatibus dimovet. « Etsi celaverint se ab « oculis meis in fundo maris, ibi mandabo serpenti, « et mordebit eos. » *In fundo maris ab oculis* Dei se celant, qui in extremis et despicabilioribus sæculi vitiis, quibus Deum amaricant, dignationem divinæ visitationis, abdicata a se penitus omni confessione sequestrant. *Ibi* Deus *serpenti* mandat, eosque *mordet*, cum carnali nostro affectui instinguendo denuntiat, ut miseram rationem, cujus astutia se hactenus male occuluit fastidiendo quæ fecit, excruciet. Iste est serpens, qui Evam, id est voluntatem seduxit, et ejus calcaneo quotidie insidiatur.

Vers. 4. — « Et si in captivitatem abierint coram « inimicis suis, ibi mandabo gladio, et occidet eos. » *In captivitatem coram inimicis* abeunt, qui a sui exuti libertate arbitrii plus etiam apud se peccare deliberant, quam dæmones ipsi suggerant qui captivaverunt. Ibi gladio Deus 241 mandat, eosque occidit, cum infelicibus peccandi opportunitatem laxat interituique permittit. « Et ponam oculos meos super « eos in malum, et non in bonum. » *Super eos oculos suos* Deus ponit, cum hos prælibatos quinque peccandi modos, non tam animadversorie quam propitiabiliter aspicit. Hæc *in malum non in bonum* facit, dum eis non bona quæ per hypocrisim peragere, sed malas intentiones quibus illa fecere proponit.

Vers. 5. — « Et Dominus Deus exercituum, qui « tangit terram, et tabescet; et lugebunt omnes « habitantes in ea. » *Dominus*, inquit, *Deus exercituum* est, qui potentiarum, prout libuerit, quarumque efficax est. Unde et cum tetigerit *terram* tabescit, quia cum manum suam per conscientiæ foramen, juxta illud Cantici canticorum, immiserit (*Cant.* v, 4), ac tactum ejus venter peccatoris intremiscit, et quasi ex sui consideratione tabescit. « Tangit enim montes et fumigant (*Psal.* ciii, 32), » respicit et facit tremere terram. *Omnes habitantes in ea* lugent, cum etiam qui corpora sua bene regunt, nihil in omni suo bono actu nisi luctu digna vident. Si justus vix salvatur (*I Petr.* iv, 18), non ergo mirum si peccatores timent. « Et ascendet sicut « rivus omnis, et defluet sicut fluvius Ægypti. » Hic versus, et medietas præcedentis supra expositus est. Ascendit *sicut rivus omnis*, cum omnis qui corpus suum castigat, et in servitutem redigit (*I Cor.* ix, 27), pleno ad Deum fertur impetu intentionis. *Sicut fluvius Ægypti* defluit, cum astutia illa, qua configurabatur sæculari scientiæ, ex toto in eo deperit.

Vers. 6. — « Qui ædificat in cœlo ascensionem « suam, et fasciculum suum super terram fundavit. » *In cœlo ascensionem suam ædificat*, cum in electorum pectore, qui, sicut cœlum, sibi sunt sedes, virtutum instrumenta multiplicat, per quæ non solum in horum sensibus provehatur, sed eos ipsos ad sui notitiam promoveri faciat. *Fasciculum suum super terram fundat*, cum in corpore nostro totius boni exercitii materiem per sanctæ religionis vincula constringit et solidat. « Qui vocat aquas maris, et « effundit eas super faciem terræ, Dominus nomen « ejus. » *Aquas maris* Dominus vocat, cum quosque leves et fluidos, et sentina putidæ conversationis amaros ad suæ institutionis studium provocat, quas intantum gratiæ suæ condimento dulcorat ut *eas super faciem terræ* effundat, id est ante faciem quorumque bonorum, qui, juxta Apostolum, sunt Dei cultura (*I Cor.* iii, 9), eos pro exemplo exponat. Nec id injuria. Ipse est enim Dominus, sic re ut nomine, cui subest, cum voluerit, posse.

Vers. 7. — « Nunquid non, ut filii Æthiopum, vos « estis mihi, dicit Dominus, filii Israel ? » *Filii Israel Æthiopum filii* Deo fiunt, cum hi, qui cum Deo suis motibus principari debuerant, immutabiliter in peccati nigredine perseverant. Israel, princeps cum Deo, dicitur, qui ad obstinatos hypocritas sermo dirigitur. « Nunquid non Israel ascendere fe- « ci de terra Ægypti, et Palæstinos de Cappado- « cia, et Syros de Cyrene ? » *Israel ascendere de terra Ægypti* Deus facit, cum de sæculi mœroribus ac tenebris ad se videndum Deus assurgere facit. Palæstini *de Cappadocia* eruuntur, cum de frigore infidelitatis ad hoc ut mundanæ voluptatis portione concidant, aliqui educuntur. Palæstini potione cadentes dicuntur; Cappadocia autem aquilonalis regio est. Syri, Cyrene similiter evocantur, vel ut, juxta aliam translationem (LXX), dicam; *de fovea*, in qua tenebantur, cum superbi quique de imis vitiorum eruti; vel, quod Cyrene sonat, de hæreditaria sorte diaboli per baptismum exempti, intra superbiæ sublimitatem remanere sinuntur. Quod totum ac si diceret : Ne extollamini quia vos de Ægypto eduxerim, meminisse debetis quod et alias communes quaslibet personas de gravibus malis ad faciliora sæpe transtulerim.

Vers. 8. — « Ecce oculi Domini Dei super regnum « peccans, et conteram illud a facie terræ. » Ne elevemini, inquam, hypocritæ pro vestra fucata continentia, quia *ecce oculi Domini super regnum peccans*, id est judiciaria Dei perspicacitas super eos qui se exterius rexisse videntur, et tamen ex eo ipso regimine in elationis foveam demerguntur. *A facie terræ* regnum conteritur, cum justo Dei judicio etiam ad humanos usus prætensa castitas adnullatur. « Verumtamen conterens non conteram domum Ja- « cob. » Ac si dicat : Licet vos plurimam sanctimoniam habere permittam, et electos meos, qui vitia supplantare nituntur, aliquoties cadere sinam, conterens tamen exterius, introrsum omnino non conteram, sed faciam eis casum standi materiam. Jacob, *supplantator* est.

Vers. 9. — « Ecce ego mandabo, et concutiam in « omnibus gentibus domum Israel, sicut concutitur « triticum in cribro, et non cadet lapillus super ter- « ram. » Deus mandat, cum minime fieri vetat. *In omnibus gentibus domum Israel* concutit, inter omnia pene vitia conscientiam hypocritæ plerumque collidit. Et hoc fit *sicut triticum in cribro concutitur*, in quo bonorum naturalium fruges a paleis et sordibus vitiorum Deo discernente purgantur. Sed non cadit *lapillus super terram*, quia obduratio animi non excedit, ut pertingat usque ad peccati et terrenitatis suæ notitiam.

Vers. 10. — « In gladio morientur omnes populi « peccatores mei, qui dicunt : Non appropinquabit, « non veniet super nos malum. » Quod est dicere : Quicunque sibi immunitatem a pœna peccati, quasi pro vitæ merito sibi spondent, pro sua securitate capitalis criminis gladium incident.

Vers. 11. — « In die illo suscitabo tabernaculum « David, quod cecidit, et reædificabo aperturas mu- « rorum ejus, et ea quæ corruerant, restaurabo. » *In die illo tabernaculum David quod cecidit* suscitatur, cum in illa illuminatione interna, qua, dum superbit impius, ad sui claritatem velut aurum incenditur pauper (*Psal.* ix, 23), sancta militia cujuslibet manu fortis, quæ desidia effluxerat, innovatur. *Aperturas murorum ejus reædificat*, cum mentis hiatus, per quos admittebatur prava suggestio, litura virtutis accoplat. *Quæ corruerant restaurat*, cum damna peccati pœnitudinis impensione redintegrat.

Vers. 12. — « Et reædificabo eos sicut in diebus « antiquis, ut possideant reliquias Idumeæ et omnes

« nationes, eo quod invocatum sit nomen meum « super eos. » *Sicut in diebus antiquis eos ædificat*, cum ad exemplum supercœlestis Jerusalem, cujus diebus, id est virtutibus, ut sic dixerim, nihil æternius, eos qui militiæ illi inequitant instituit et reformat. *Ut possideant reliquias Idumeæ, et omnes nationes*, terrenitatem videlicet sui corporis, et concupiscentias per corpus evagantes. Et hoc, *eo quod invocatum sit nomen meum super eos*, id est non suo nomini peccati victoriam ascripserunt, sed ante thronum Dei coronas suas ipsi soli gratulabundi, de sui laboris prosecutione miserunt.

Vers. 13. — « Ecce dies veniunt, dicit Dominus, « et comprehendet arator messorem, et calcator « uvæ mittentem semen. » *Dies veniunt*, cum menti claritates internæ succedunt. Comprehendit *arator messorem*, cum exercitium boni operis, etiam necdum promoto studio, jam boni operis secure operiri incipit messionem. Quod illi statui obviare videtur, quo perfectissimis ante Christi adventum negari solere cognovimus cœlestis patriæ mansionem. *Calcator uvæ mittentem semina* comprehendit, cum is, qui divinæ gratiæ nectar per novæ compunctionis affectum a sua mente extorquet et elicit, illum, qui doctrinæ salutaris spargit semen, fervore pii desiderii æquiparare contendit. « Et stillabunt montes « dulcedinem, et omnes colles culti erunt. » *Montes dulcedinem stillant*, cum excellentes in contemplatione animi, de supernæ gloriæ gaudio sensim, et quadam verborum lentitudine, tractant. Et hæ sunt scintillæ apud Ezechielem æris candentis (*Ezech.* I, 7). Et quid aliud quam stillare videtur, qui quod de Deo sentit, neutiquam elucubrare permittitur? *Omnes colles culti sunt*, cum ab eorum stillicidio nihil agreste, nihil insolens, nihil incompositum residere in subditorum mente conspicitur.

Vers. 14. — « Convertam captivitatem populi mei « Israel, et ædificabunt civitates desertas, et habi- « tabunt in eis. » *Captivitatem populi* sui Deus convertit, cum qui captivos nostros duxerant animales motus, ipsi captivi abducuntur ad liberi arbitrii rationales nutus. Unde est : « Captivam, inquit, duxit captivitatem (*Ephes.* IV, 8). « *Civitates desertas ædificant*, cum sensualitates Dei contubernio desolatas, contra totius incursus vanitatis instaurant. *In eis inhabitant*, cum eas sollicita custodia frequentantes, suæ ditioni fixa deliberatione subjugant. « Et plan- « tabunt vineas, et bibent vinum earum, et facient « hortos, et comedent fructus eorum. » *Vineas plantant*, qui causas æternæ lætitiæ pie collaborando propagant: *Vinum earum bibunt*, cum spei gaudium sempiternæ inde præsumunt. Inde debriantur, cum ad anteriora tendentes, ea quæ retro sunt obliviscuntur (*Philip.* III, 13). *Hortos faciunt*, cum ad fortia, et etiam corporalis exercitationis studia sese proripiunt. *Fructus eorum comedunt*, cum de labore forastico, et de beneficentiæ in proximum impendio, de cœlesti menti securitas etiam impræsentiarum innascitur bravio.

Vers. 15. — « Et plantabo eos super humum suam, « et non evellam eos ultra de terra quam dedi eis. » *Super humum suam eos plantat*, cum immobiliter eis suorum corporum, ne ulterius præter modum rebellia fiant, dominium donat. *De terra quam dedit eis ultra eos non evellit*, quia quam promisit mitibus possidendam (*Matth.* V, 4), eorum videlicet corporum terram, æterno eis jure præfixit.

EXPLICIT AMOS PROPHETA.

PROLOGUS AD LIBRUM QUINTUM.

243 Beatissimus Jeremias, qui, ex ipso matris utero sanctificatus et propheta gentibus destinatus, iniens ævum sub evangelica virginitate produxit, qui, secundum inolitam sibi puritatem, tanto acutius sese ad interna proripuit, quanto ab externo fœdere, et prosperitate mundana, pro temporis incommodo, et corde pudicissimo secretior fuit. Unde sanctæ infortunium civitatis ad interioris hominis conferens lapsum, quadruplex mysticis doloribus adhibuit alphabetum, ut quem quatuor elementorum immoderantiis ruisse compererat, per evangelicum cataplasma sanaret, et qui Decalogum duplicitatis transgressione calcaverat, sub evangelica se dualitate restringeret. Viginti enim duæ litteræ cum sint, deutereseos excessum, quæ legis sacræ sinceritatem traditionum novitate corruperat, vicenario signat; sed cum ad charitatem Dei et proximi mens compuncta, et excidii sui lacrymabiliter recordata redigitur, interius exterminium gemini præcepti brevitate reparatur. Nos ergo deuteresim omittentes et hypocrisim, quæ suis coloribus plurimos in Ecclesia conduplicat, assumentes, in casus et damna mentium, quæ in quotidiana vastatione perpetimur, subtiliter invehamur, et simulationis rugam, qua ad Deum quidem angustamur, ad sæculum vero pessima vicenarii multiplicatione replicamur, de proximo euntes in Deum, in amicos et inimicos multa quaquaversum liberalitate tendamur. In defectu ergo urbium, ruinas meditemur animorum, et videamus quid primus nobis character insinuet, ex quo uti de cæteris constat, quia subjecta sententia pendet. Ergo sancto nos Spiritu accingente pergamus.

LIBER QUINTUS
TROPOLOGIÆ IN LAMENTATIONES JEREMIÆ.

CAPUT PRIMUM.
ALEPH.

VERS. 1. — « Quomodo sedet sola civitas plena « populo, facta est quasi vidua domina gentium, « princeps provinciarum facta est sub tributo? » Aleph interpretatur *doctrina*. *Civitas plena populo sola* sedet, cum mens cogitationum stipata frequentiis, sola et incomitata absque doctrinæ salutaris meditatione subsidet, dum ad reparandam mentis quietem tumultusque sedandos nulla vi per se assurgere valet. Unde cuidam malæ virgini dicitur : « Sede in pulvere (*Isai.* XLVII, 1). » Solus namque nemo est, qui sacri eloquii intra se compos est. *Domina gentium quasi vidua* fit, cum ratio, quæ vitiorum gentibus discretionis sceptro præsidere debuerat, expers divini seminis, et Deo conjuge vacat. *Princeps provinciarum* fit *sub tributo*, cum illa, quæ provinciis exteriorum sensuum, qui in Evangelio quinque civitates appellantur (*Luc.* XIX, 19), efficitur obnoxia peccato. De quo tributo dicitur : De necessitatibus meis libera me (*Psal.* XXIV, 17).

BETH.

VERS. 2. — « Plorans ploravit in nocte, et lacry« mæ ejus in maxillis ejus. » Beth interpretatur *confusio*. In nocte plorat, qui in confusione peccati mentis acumen quasi capitis oculos ob humore pietatis extenuat. *Lacrymæ ejus in maxillis ejus* sunt, cum ad aperta dispendia animorum interioritates defluunt. Unde de iniquo quolibet dicitur : In vita sua projecit intima sua. « Non est qui consoletur « eam ex omnibus charis ejus. » *Ex omnibus charis ejus non est qui consoletur*, cum ex universitate virtutum, in quibus sola vera charitudo penes nos reperitur, non est aliqua residua quæ nos ad spem refovere videatur. « Omnes amici ejus spreverunt eam, « et facti sunt ei inimici. » *Omnes amici ejus eam* spernunt, cum motus rationales, quos vere amicos, si se continerent, habere potuerat, ob fœditatem suæ actionis animum detestando confundunt, fiunt *ei inimici*, cum, licet quod agunt et quod cogitant habeant exsecrationi, non succurrendo tamen ejus infami negotio perseverant inimici.

GHIMEL.

VERS. 3. — « Migravit Judas propter afflictionem « et multitudinem servitutis, habitavit inter gentes, « nec invenit requiem. » Ghimel interpretatur *retributio*. *Propter afflictionem, et multitudinem servitutis Juda* migrat, cum propter flagitiorum et scelerum creberrimos in mente recursus, confessionis omnino virtus amittitur. Sic enim Judas interpretatur, taliterque pessima vita pejoris sensus retributione damnatur. *Inter gentes* habitat, dum malæ conversationis barbariem peccando frequentat. *Requiem non* invenit, quia in miseriis non subsistit. « Omnes persecutores ejus apprehenderunt eam in« ter angustias. » Mens angustatur, cum hinc inde pravo appetitu irruente vexatur. *Inter has angustias persecutores ejus eam* apprehendunt, cum quæcunque irruerint vitia eam sibi subjugare non desinunt.

DALETH.

VERS. 4. — « Viæ Sion lugent eo quod non sint « qui veniant ad solemnitatem. » Daleth interpretatur *timor*. *Viæ Sion lugent*, cum illæ, quæ quondam fuerant mundi cordis puritates, per quas itur in divinas, quod est Sion *speculationes*, nil de gaudio cœlesti prægustant, sed male sibi consciæ nil aliud norunt, nisi continuos parturire timores. Ex eo autem *lugent*, quod *non sint qui veniant ad solemnitatem*, ea enim causa est remotæ lætitiæ, quia nullius respiratio virtutis occurrit, quæ ad contemplandam spiritus, et animæ cogitationum quoque, et intentionum tanquam solemnis diei frequentiam nos ducere possit. « Omnes portæ ejus destructæ. » *Portæ ejus omnes* destruuntur, cum a debitæ continentiæ statu sensualitas tota diruitur. De quibus legitur : « Attollite, inquit, portas, principes, vestras (*Psal.* XXIII, 7, 9). » — « Sacerdotes ejus gementes, virgines ejus « squalidæ. » *Sacerdotes ejus* gemunt, cum intellectualitates ejus, quarum erat officii sacrum sibi præbere ducatum, non nisi digna gemitu tractare persistunt. *Virgines ejus sunt* squalidæ, cum fides et spes, quæ solæ incorruptæ resedisse videntur, squaloribus vitiorum indesinenter addicuntur. Nec id injuria, nam *ipsa oppressa amaritudine*. Amaritudine opprimitur, quæ nulla supernæ dulcedinis affectione conditur.

HE.

VERS. 5. — « Facti sunt hostes ejus in capite « inimici illius locupletati sunt, quia Dominus lo« cutus est super eam. » He interpretatur *esse*. *In capite ejus hostes* fiunt, cum in mentem, qua sicut capite membra regimus, et in qua substantiam, ut ita dixerim, vere essendi in Deo accipimus, obsidionem imo possessionem peccatorum admittimus. Ille enim non esse dici potest, qui internæ veritati sincere vivendo non coest. Unde de diabolo dicitur : « Habitent in tabernaculo socii ejus qui non est (*Job* XVIII, 15). » *Inimici illius locupletati sunt*, cum de ea quam nobis subripuerint dæmones virtute superbiunt. Et hoc fit, *quia Dominus super eam loquitur*, quod scilicet suæ merito nequitiæ ad opprimenda n eam sententia datur. « Pro multitudine [*al.*, propter

« multitudinem] iniquitatum ejus, parvuli ejus ducti sunt in captivitatem ante faciem tribulantis. » *Parvuli ducuntur in captivitatem*, cum idiotæ quilibet per eorum devia fiunt extra arbitrii libertatem, ut necessitate peccent, quod contraxerint voluntate. Et hoc *pro multitudine* his accidit *iniquitatum*, ut se quilibet a jure sui sensus sentiat captivatum. Ducuntur autem *ante faciem tribulantis*, cum ardentior est impetus peccare volentis, et longe subsequatur diaboli suggestio attentantis. In terram enim spatiosam, et latam, juxta illud Isaianum, quasi pila mittuntur (*Isai.* XXII, 18). Ipsi etiam auram pravæ aspirationis sibi generare dicuntur.

VAU.

VERS. 6. — « Et egressus est a filia Sion omnis « decor ejus, facti sunt principes ejus velut arietes « non invenientes pascua. » Vau *interpretatur ipse.* Ipse autem proprietatem ejus super quo dicitur, insinuat. Unde *egressus a filia Sion omnis decor ejus dicitur*, cum ab ea mente, quæ cœlestium speculatorum, aut olim fuerat, aut esse potuerat, si Deo inniteretur filia, hoc ipsum, quod in Dei conspectu personalitatem sibi, et, ut ita dicam, substantivam quamdam proprietatem exstruit et ædificat, Dei videlicet gratiam, quam solam ipse concupiscit speciem, intima pestis eliminat. *Velut arietes principes ejus sunt*, cum sensus ejus exteriores duces universæ ejus operationis fiunt. Arietes enim ducatum gregi præbere solent, et hunc quinarium habet Samaritana conjugem (*Joan.* IV, 18). Hi *arietes* non inveniunt *pascua*, nimirum vitalia, nec requirere quidem gestiunt alimenta. « Et abierunt absque fortitudine « ante faciem subsequentis. » *Absque fortitudine abeunt*, cum absque ulla rebellione spiritus diaboli suggestionibus cedunt. *Ante faciem* etiam *subsequentis* abeunt, cum ante experientiam malignæ adhortationis, quasi præsentiam faciei suis ipsorum motibus ultro succumbunt.

ZAI [al., ZAIN].

VERS. 7. — « Et recordata est Jerusalem dierum « afflictionis suæ, et prævaricationis omnium desi« derabilium suorum, quæ habuerat a diebus anti« quis. » Zai interpretatur *huc*, illud innuens, animam lapsam meminisse debere, unde et quo lapsa sit, quod scilicet *huc* 245 semper oculum retorquere necesse sit. Ideo, inquit, convertetur populus meus huc [*al.*, hic] (*Psal.* LXXII, 10). *Jerusalem dierum afflictionis suæ recordatur*, cum mens, quæ aliquando visionem pacis attigerat, suæ dejectionis reminiscitur. Recordatur autem *dierum*, id est quarumcunque discretionum, antequam cæcutirent oculi intentionum, quod solet fieri in primordiis tentationum. *Prævaricationis omnium desiderabilium suorum recordatur*, cum internæ opulentiæ gazas, quæ modo animorum prævaricatione turbantur, et quæ a diebus antiquis, id est antequam mens prorsus tenebrasceret, habebantur, miserabiliter, sine effectu tamen aliquo, ad memoriam revocare videtur. *Desiderabilia non alia sunt quam interiora bo-*na, quæ Apostolus vocat meliora charismata (*I Cor.* XII, 31), et quæ filiæ regis ab intus sunt gloria (*Psal.* XLIV, 14). « Cum caderet populus ejus in ma« nu hostili, et non esset auxiliator. » *Cadit populus ejus in manu hostili*, cum cogitationum vulgus lasciviens fracto bono proposito cedit diabolicæ parti. *Non est auxiliator*, cum deest spiritus repugnator. « Viderunt eam hostes, et deriserunt Sab« bata ejus. » *Hostes eam vident*, cum malæ habitus mentis eis nullo modo displicent. *Sabbata ejus derident*, cum eam sibi acquiescentem, et omni utili studio supersedentem habere se gaudent.

HETH.

VERS. 8. — « Peccatum peccavit Jerusalem pro« pterea instabilis facta est. » Heth interpretatur *stupor*. Stupor autem insensibilitas est. Insensibilitas autem nil aliud quam reprobus sensus. Hoc ergo antonomastice *peccatum Hierusalem* peccat, et ideo fit *instabilis*, quia postquam a visione pacis internæ mens ruerit, per tentatorum impulsus huc illucque vagabunda discurrit. « Omnes, qui glorificabant « eam, spreverunt illam, quoniam viderunt igno« miniam ejus. » *Qui eam glorificabant*, virtutes sunt animi; hi eam spernunt; cum contemptu dignam argumentum suæ desertionis ostendunt. *Quoniam*, inquit, *ignominiam ejus viderunt*, infamem scilicet ex obscena conversatione videri fecerunt. Sunt autem hujusmodi dicta secundum: illud « Abominabuntur me vestimenta mea (*Job* IX 31). » — « Ipsa autem « gemens et conversa retrorsum. » Gemit cum misera mens difficultatem male operandi invenit. « Sub lingua, inquit, ejus labor et dolor (*Psal.* X, 7). » *Retrorsum convertitur*, cum ad præteritas potius voluptates retorquetur, quam spe ad anteriora tendatur.

TETH.

VERS. 9. — « Sordes ejus in pedibus ejus, nec « recordata est finis sui, deposita est vehementer, « non habens consolatorem. » Teth interpretatur *exclusio*. *Sordes ejus in pedibus ejus* sunt, cum ab affectibus ejus peccati intentiones non desinunt. *Finis sui non recordatur*, cum a pravi sui status consideratione excluditur: hoc enim in præmissa littera adnotatur. Finem suum attenderet, si fructum studii sui quis sit futurus adverteret. *Vehementer deponitur*, quæ nunquam ad appetenda æterna levatur. *Consolatorem non habet*, cum inter tot miserias, nec virtutis quidpiam quo respiret; quin potius omni sancti Spiritus consolatione caret. « Vide, « Domine, afflictionem meam, quoniam erectus est « inimicus. » *Vox est sancti cujuspiam*, qui de lapsu alieno affligitur. Inimicus erigitur: secundum quod illa, ut supradictum est, vehementer deponitur.

IOTH [al., JOD].

VERS. 10. — « Manum suam misit hostis ad omnia « desiderabilia ejus, quia vidit gentes ingressas « sanctuarium suum, de quibus præceperas ne in« trarent in ecclesiam tuam. » Joth interpretatur *desolatio.* Et plane desolatur, cum potestas, quod est manus hostilis, per interiora bona, quæ Deo desiderabiliora creduntur, obvagatur. Quod ideo ei contigit, quia *gentes ingressas sanctuarium suum vidit,* id est nequitias quaslibet conscientiam occupantes, quæ templum Dei esse debuerat, æquanimiter tulit. Ea enim quæ exosa habemus, solemus dicere, quia videre non possumus. De his præcepit Deus ne intrarent in ecclesiam suam, qui etiam averti præcepit oculos ne viderent vanitatem, nedum ipsa vanitas admitteretur in mentem.

CAPH.

VERS. 11. — « Omnis populus ejus gemens, et « quærens panem, dederunt pretiosa quæque pro « cibo ad refocillandam animam. » Caph dicitur *incurvatus*, nec immerito. *Omnis* enim *populus ejus gemens panem* quærit, cum tota cogitatio sub cupiditatum fasce dolens temporalis jucunditatis alimenta circumlegit. Quo contra in Job legitur : « Abominabilis fit ei panis in vita sua (*Job* xxxiii, 20). » *Pretiosa quæque pro cibo dant,* cum pro sæculari lascivia bona interiora, magna pretii, et mercis iniquitate dispensant. Hoc faciunt, ut *animam* refocillent, ut momentaneo scilicet voluptatis cujuslibet haustu, appetitui suæ animalitatis asserviant. « Vide, Domine, et considera quoniam facta sum « vilis. » Sunt quidam, qui de hac sua incurvatione ac si vilitate, quasi de profundis ad Deum inclamando respirent. Videt Deus, cum videre nos facit ; considerat, cum nos ad nostri considerationem reducit.

LAMETH [*al.*, LAMED].

VERS. 12. « O vos omnes, qui transitis per viam, « attendite, et videte si est dolor sicut dolor meus. » Lameth interpretatur *cor servitutis.* Per cor, quo sapimus, intelligentia ; per servitutem peccati subjectio designatur. Per cor ergo servitutis cognitio est signata perversæ ad peccatum humilitatis. Unde operibus clamat : *O vos omnes qui transitis per viam,* qui per Christum videlicet, qui via est (*Joan.* xiv, 6), informati transigitis vitam, attendere, et videre documento, et exemplo me facite, quantæ dementiæ sit his me doloribus addici. Cum enim alii doleant pro suo quod commisere peccato, mihi, proh dolor ! non tam mœror quam rabies innascitur ; quod ad libitum peccare non valeo. Et hoc ideo « quoniam vindemiavit me » Dominus, totius utique pii exercitii, et cœlestis dulcedinis subripuit mihi fructus. « In die furoris sui Dominus, » hæc loquitur, cum in aperta suæ animadversionis sententia peccatum, et pœna peccati pariter quasi in die reteguntur.

MEN.

VERS. 13. — « De excelso misit ignem in ossibus « meis, et erudivit me. » Men interpretatur *ex ipsis.* Ex ipsis plane est, quia ex ipsorum fit merito quidquid introrsum damni est. Unde de excelso in ossibus ignis mittitur, cum inter ipsa lapsus primordia, ignis cenodoxiæ de virtutum robore originem sumens exoritur, qui *de excelso,* id est fastu superbiæ itidem generatur. Ignem enim sic accipi testis est propheta : « A voce, inquit, loquelæ grandis exarsit ignis in ea (*Jer.* xi, 6). » Erudit eum, cum de quo bono ceciderit, instruitur per peccati cujuslibet casum. Unde et Balaam de seipso : « Qui cadit, inquit, et sic aperiuntur oculi ejus (*Num.* xxiv, 4). » — « Expandit rete pedibus meis, convertit « me retrorsum ; posuit me desolatam, tota die « mœrore confectam. » *Rete pedibus* expanditur, cum offendiculum coram his, qui volontarie peccant, ponitur ; et dum hinc expedire se nititur, ingruentium malorum maculis amplius irretitur. *Retrorsum* convertit, cum ad peccata veterna relabitur. Desolata ponitur, cum a Deo inhabitatore vacans diabolicæ voluntati prostituitur. *Tota die mœrore* conficitur, cum sub terreno onere ingemiscens toto die, id est jugiter, ab æternis exsultationibus exsulatur.

NUN.

VERS. 14. — « Vigilavit jugum iniquitatum mea« rum ; in manu ejus convolutæ sunt, et impositæ « collo meo. » Nun interpretatur *unicus.* Supra dixerat, quia de suæ æstimationis excelso, in ossibus interioris constantiæ, jactantiæ ignis exarserat, idcirco unicum se et singularem æstimabat. Proinde *in manu* Dei *jugum iniquitatum* ejus vigilat, quia usus perpetratæ nequitiæ, qui nos indesinenter opprimit et inclinat, irremediabilibus nos curis exagitat. *Vigilare* enim *sollicitari* est. Hæ convolvuntur, dum iniquitatibus iniquitates admiscentur. *Collo* imponuntur, dum in oppressionis consuetudinem universa trahuntur. « Infirmata est virtus mea ; dedit « me Dominus in manu, de qua non potero surgere. » Exinde *virtus* infirmatur, quia non est ulla vis cordis, quæ suborientibus vitiis refragetur. Dat nos *Dominus in manu de qua non* possumus *surgere,* cum semel servi facti peccati a jure ejus, cui nos submisimus, nequimus nos potestatis eruere.

SAMECH.

VERS. 15. — « Abstulit omnes magnificos meos « Dominus de medio mei ; vocavit adversum me « tempus, ut conterat electos meos. » Samech dicitur *firmamentum. Dominus de medio* nostri *magnificos* aufert ; cum principales motus, quibus magna in medio nostri, in ipsa scilicet ratione geruntur, et quibus, juxta præmissæ litteræ sensum, in Dei dilectione firmamur, Deo judice subtrahuntur. Vocat *adversum* nos *tempus,* ut electos nostros conterat, cum temporali nos appetitu diabolicæ instinctu suggestionis irritans, et ea ab ipso opportune suppeditari permittens, quidquid insignius in animo, quidquid electius est demolitur et dissipat. « Torcu« lar calcavit Dominus virgini filiæ Juda. » Torculari succus cujuslibet rei exprimitur. *Torcular* ergo *Dominus* calcat, cum suo judicio eas quæ a nobis humorem totius pietatis eliciant et obstinatione indita passiones augmentant. Et hoc fit *virgini filiæ Juda,* confessioni videlicet non virili, quæ adversum se confiteri proponat, sed infructuosæ, quod virgo est, et sterili, quæ partum suum ad vomitum redeundo effeminat, vel annihilat.

AIN.

VERS. 16. — « Idcirco ergo plorans, et oculus « meus deducens aquam, quia longe factus est a me « consolator, convertens animam meam. » Ain, interpretatur *oculus*. Plorat qui a se instinctum teneritudinis internæ eliminat. *Oculus* ejus *aquam* deducit, cum intentio, quæ cogitationes illuminat, a se fontem sapientiæ salutaris pedetentim rejicit. Hinc est quod proposita littera oculum sonat, quia qui supra virtutum firmamenta dissolverat, et oculum ipse intentionis consequenter extenuat. Et hoc, *quia longe factus est a se consolator*, dum enim spiritus consolationis ab animo emittitur, quidquid introrsum residui est, sempiternis indurationibus obfirmatur. Is consolator *animam* convertit, quia a suo impetu, nisi ejus inspiratione anima miseranda non redit. « Facti sunt filii mei perditi, quoniam « invaluit inimicus. » *Filii* perduntur, *quoniam inimicus invaluit*, cum quæ bene gesta videntur, non pro Deo geruntur, aut pro Deo gesta, diabolo nequitias ingerente, retributione privantur.

PHE.

VERS. 17. — « Expandit Sion manus suas, non « est qui consoletur eam. » Phe, interpretatur *erravit*. Quem errorem exponens subjungit : *Manus suas Sion expandit*, cum opera sua is, qui ad Deum speculandum eatenus intenderat. (hoc enim Sion significat) per hypocrisim, qua pejus nemo a vero exerrat, manifestare concertat. Ideo *non est qui eam consoletur*, quia super his laboribus, quos frustra exercet, nulla penes Deum spe refovetur. « Mandavit « Dominus adversum Jacob in circuitu ejus hostes « ejus; 247 facta est Jerusalem quasi polluta men- « struis inter eos. » *Dominus adversum Jacob hostes ejus* mandat, cum adversus eum, qui de vitiorum supplantatione se jactat, hostilitatem tentationis exsuscitat. *Mandare* enim ejus *permittere fieri* est. Hos in circuitu ejus immittit, cum etiam exteriorem hominem evidenter sinit impediri. *Jerusalem* autem *quasi polluta menstruis* est *inter eos*, cum intro forisque pulsata, potissimum languet introrsum per cogitatus obscenos.

SADE.

VERS. 18. — « Justus Dominus, quia os ejus ad « iracundiam provocavit. » Sade, interpretatur *justitia*. Unde sequitur : *Quia justus Dominus, qui os ejus ad iracundiam provocavit*, juste videlicet ad exterius inconveniens duxit, quia divina non pro Deo faciendo quasi in faciem Deo maledixit. « Au- « dite, obsecro, universi populi, et videte dolorem « meum. » Obsecrat universos populos ut audiant, cum per pravæ operationis infamiam omnes sollicitat, exertam contra se Dei considerare sententiam. *Videte*, inquit, *dolorem meum*, non quo ego miseriis meis, proh nefas ! indoleam, sed quod statum dolore dignum ducam. « Virgines meæ et juvenes mei abie-

« runt in captivitatem, » quod est dicere : Si quid incorruptum in mea mente, si quid validum constansque resederat, hostis antiquus ab omni pio habitu abducendo captivat.

COPH.

VERS. 19. — « Vocavi amicos meos, et ipsi dece- « perunt me. » Coph, interpretatur *conclusio*. Plane concluditur a quo ubi respirare valeat minime invenitur. Vocat enim *amicos*, et ipsi decipiunt, cum etiam sibi vult conciliare dæmonia, quo familiarius sibi subministrent vitia; sed in hoc ipso eum exitialiter fallunt. « Sacerdotes mei et senes mei in urbe « consumpti sunt, quia quæsierunt cibum sibi ut « refocillarent animam suam. » *Sacerdotes* ipsi sunt rationales motus ducatum menti ferentes. *Senes* itidem motus, vel in sensu, vel in corpore majori gravitate præeminentes. Hi *in urbe* consumuntur, cum intra conscientiam, ubi originem sumunt, divini verbi inedia periclitantur. Hi *cibum sibi* quærunt, *ut animam refocillent*, cum temporalia aucupantur, quibus suas animalitates sublevigent.

RES.

VERS. 20. — « Vide, Domine, quoniam tribulor; « venter meus conturbatus est, subversum est cor « meum in memetipsa, quoniam amaritudine plena « sum. » Res, *caput* dicitur. Videre Deum rogat, quoniam tribulatur, cum de profundis, ut supra diximus, resipiscens Deum aliquoties inclamitat ut videre, id est intelligere se faciat mortem, quæ intro grassatur. *Venter* conturbatur, cum animus, ne quæ patitur valeat perpendere, obscuratur. In semetipsa cor ejus subvertitur, cum ratio, quæ in prætitulata littera caput dicitur, in sua ipsius contra vitia ratiocinatione confunditur. *Amaritudine* plenam se dicit, quia eam nulla supernæ dulcedinis gratia reficit. « Foris interficit gladius, et domi mors similis est. » *Gladius foris interficit*, cum exsecutione cujuspiam capitalis admissi, efficientia eam corporalis intercipit. *Mors similis domi* habetur, cum exterius opportunitati vacante peccante, peccandi introrsum maligna aviditate sævitur.

SIN.

VERS. 21. — « Audierunt quia ingemisco ego, et « non est qui consoletur me. » Sin, interpretatur *super vulnus*. *Super vulnus* autem est, cum super interioris hominis damna etiam adversitas corporalis se infert. *Audire* in Scripturis mysticis, pro eo quod est *intelligere*, ponitur. Audiunt quia ingemiscit, quia videlicet lapsa anima ad Deum respirare contendit. Audiunt etiam, quia *non est qui consoletur* eum, non superesse utique animo, qui super virtute interna consolari possit eum. « Omnes inimici mei « audierunt malum meum, lætati sunt, quoniam tu « fecisti. » Quod est dicere : Omnes interioris hominis hostes, cum subintelligunt sibi hominem a Deo permitti tentare, lætantur, quoniam quasi optionem eis intuleris. « Adduxisti diem consolationis et fient « similes mei. » Deus tamen, si quando aliquam consolationem resipiscendi captivæ menti inducat, ad conformitatem illico ejus omnis affectualitatis motus, qui hac illacque evagabantur, redigi constat. Correcta enim semel ratione, omnia ad idem contrahuntur.

TAU.

VERS. 22. — « Ingrediatur omne malum eorum « coram te, et devindemia eos, sicut devindemiasti « me propter iniquitates meas. » Tau, dicitur *consummavit*. Consummatur quod fini cuicunque additur. Quod fit, si omne diabolicæ voluntatis malum coram Deo, quod est ingredi, exaudiatur. Ut devindemientur, id est omnis eorum de me jocunditas annulletur, sicuti ipsi me, mea exigente nequitia, annullarunt; Multi enim gemitus mei, et cor meum mœrens, multi utique labores, quibus ingemo; et ipsa, quæ non nisi digna luctu agit, perturbatur ratio.

CAPUT II.
ALEPH.

VERS. 1. — « Quomodo obtexit caligine in furore « suo Dominus filiam Sion, projecit de cœlo inclytam « Israel, et non est recordatus scabelli pedum suo« rum in die furoris sui. » Aleph, sicut superius, *doctrina* dicitur. Conqueritur ergo anima, et miratur *quomodo* obtexerit *caligine in furore suo Dominus filiam Sion*, quomodo utique permiserit obcæcari, per irrevocabilem animadversionis suæ sententiam supercœlestis olim Sion, id est speculationis filiam, et *de cœlo*, id est de superna conversatione, in terrenas concupiscentias dejecerit eam quæ cum Deo dirigi cœperat animam. *Scabelli pedum suorum in die furoris sui* non recordari dicitur, cum pietatis antiquæ, quod videlicet in terra matrem, Patri coæternus, pro homine salvando susceperit, oblivisci videtur. Scabellum enim pedum pro Genitrice ejusdem benedictæ carnis accipitur. Unde est: « Adorate scabellum pedum ejus (*Psal.* xcviii, 5). » Prætitulata autem littera doctrinam exprimit, quæ caligine obtecta disperiit, cui tanquam lucernæ lucenti in caliginoso loco (*II Petr.* i, 19), mens sanum sapientis intendit.

BETH.

VERS. 2. — « Præcipitavit Dominus, nec pepercit « omnia speciosa Jacob, destruxit in furore muni« tiones virginis Judæ, dejecit in terram, polluit « regnum et principes ejus. » Beth, dicitur *domus* haud dubium quin *Dei*. Hujus quondam vitia supplantantis *omnia speciosa* domus: præcipitat, cum totius virtutis insigne debilitat. Parceret autem, si vel pia intentio resideret. Virgo Juda, confessio est infructuosa. Hujus *munitiones in furore* destruuntur, cum firmissimas rationes, quarum intuitu adversum se suas injustitias confitebatur, exuberante nequitia demolitur. *In terram* dejicit, cum ad terrena solum sapienda destituit. *Regnum et principes ejus* polluit, cum intellectualitatis sedem, cum omni sensualitate, pravis delectationibus addici permittit.

GHIMEL.

VERS. 3. — « Confregit in ira furoris omne cornu « Israel, avertit retrorsum dexteram suam a facie « inimici, et succendit in Jacob quasi ignem flammæ « devorantis in gyro. » Ghimel, interpretatur *plenitudo*, ea scilicet de qua dicitur : « Completæ sunt iniquitates Amorrhæorum (*Gen.* xv, 16). » Secundum hanc non causa correctionis, qua irascitur non iratus, sed *in ira furoris*, quæ non reflectitur, *omne cornu Israel confringitur*, cum quidquid carnem excedens, quæ sursum sunt sapere poterat, in mente subruitur. *A facie inimici dexteram suam retrorsum avertit*, cum inter tentationes in quibus potissimum inimici virtus agnoscitur, memoria sanctæ perpetuitatis a corde recutitur. *A facie* enim cognoscimus, et dextera eligimur. *Quasi ignis flammæ devorantis in gyro in Jacob* succenditur, cum concupiscentiæ corporales per sensus et membra, in eo qui olim eas subvertere consueverat, excandescere permittuntur.

DALETH.

VERS. 4. — « Tetendit arcum suum quasi inimicus, « firmavit dexteram suam quasi hostis, et occidit « omne quod pulchrum erat visu in tabernaculo filiæ « Sion, effudit quasi ignem indignationem suam. » Daleth, interpretatur *januarum*; haud dubium quin *exteriorum sensuum*, per quos sæpe nostrum admittimus interitum. *Quasi inimicus arcum suum* Dominus *tendit*, cum futuri minas judicii, quasi securim ad radicem intentare non desinit. Unde est, « Dedisti, inquit, significationem ut fugiant a facie arcus (*Psal.* LIX, 6). » *Quasi hostis dexteram suam firmat*, cum ex nostræ intuitu malignitatis supernam nobis se occlusurum patriam, *quasi*, id est revera, *hostis* insinuat. *Omne quod pulchrum erat visu in tabernaculo filiæ Sion* occidit, cum quidquid in extrinseco opere, vel Deo, vel homini placere potuerat, ejus qui matri supercœlesti similare debuerat, perditum ire sinit. *Quasi ignem indignationem effundit*, dum universa criminibus consummanda concedit.

HE.

VERS. 5. — « Factus est Dominus velut inimicus; « præcipitavit Israel ; præcipitavit omnia mœnia « ejus, dissipavit munitiones ejus, et replevit in filia « Juda humiliatum et humiliatam. » He, dicitur *suscipiens*, non alia plane quam quæ intrudere voluerit diabolus influens. Unde et *præcipitasse Israel* dicitur, dum quidquid cum Deo directionis haberi valet in animo inclinatur. *Directus* enim *Dei*, vel *cum Deo* Israel sonat. *Omnia mœnia ejus præcipitantur*, dum exterior continentiæ ejus pulchritudo dissolvitur. *Munitiones ejus dissipantur*, cum spiritualis custodiæ proposita annullantur. *Humiliatum et humiliatam in filia Juda* replet, cum dejecto spiritu, et etiam voluntate dejecta, effeminata confessio languidam mentem pro destructis munitionibus implet. *Filia* enim *Juda* confessio est inutilis et improba. Nota Hebraicum morem, quod dicitur *in filia Juda replevit humiliatum et humiliatam*, ut est alibi : « Replevit carnem pro ea (Gen. 11, 21) » pro eo quod nos dicimus : *Replevit filiam Juda humiliato et humiliata.*

VAU

VERS. 6. — « Dissipavit quasi hortum tentorium suum, demolitus est tabernaculum suum. » Vau, interpretatur *possessio*, quæ non est alia quam ipse qui subscribitur hortus, cui quondam vitalis increverat fructus. *Quasi hortum ergo tentorium suum dissipat,* cum avulsa vigilantia et timoris quasi sepium circumstantia, suis mentem utilitatibus, ac si hortum fructibus privat. Et merito *tentorium vel tabernaculum* conscientiam, non domum vocat, quia nil perseverans, nil stabile apud se proposuit, quæ statum suum tam facili desertione debilitat; utraque enim peregrinis et militantibus perfunctoria sunt. « Oblivioni tradidit Dominus in Sion festivitatem et Sabbatum, et opprobrio in indignatione furoris sui regem et sacerdotem. » *In Sion festivitatem et Sabbatum* oblivioni *Deus* tradit, cum in mente quondam devota, omnimodæ virtutis frequentiam et peccati otium oblitterari permittit. Hunc diem solemnem in cœpdensis 249 psalmus indicit (*Psal.* CXVII, 27). Tradit etiam *opprobrio regem et sacerdotem,* cum spirituali regimine prorsus exstincto pariter annihilat divinam, quæ nos ducit et docet in omni sanctitate, doctrinam.

ZAIN.

VERS. 7. — Repulit Dominus altare, maledixit sanctificationi suæ, tradidit in manu inimici muros turrium ejus, vocem dederunt in domo Domini, sicut in die solemni. » Zain interpretatur *alimentum. Altare suum Dominus* repellit, cum animum, ex quo bonæ voluntatis et fidei alimenta sumebat, malitia emergente contemnit. *Sanctificationi suæ maledicit,* cum id quod sanctitatis aliquando justo insigniebatur agnomine in defectum quotidianæ deteriorationis adducit. Maledictio enim pro defectu ponitur, sicut benedictio pro augmento. *Per muros cohibentia sensualitatum, per turres eminentia* designatur virtutum. Hæc *in manu inimici* tradit, cum ea diabolum subintrando occupare permittit. *Vocem in domo Domini sicut in die solemni,* dant, cum per sensus reprobi dementiam in pessimis rebus exsultant. Non dicit *in die solemni,* sed *sicut,* quia non est tanta aliquibus in boni perpetratione operis quanta in malorum exsecutione lætitia.

HETH.

VERS. 8. — « Cogitavit Dominus dissipare murum filiæ Sion, tetendit funiculum suum, et non avertit manum suam a perditione, luxitque antemurale, et murus pariter dissipatus est. » Heth, interpretatur *pavor,* et is non aliunde, quam quod *cogitavit Dominus murum dissipare filiæ Sion.* continentiam scilicet earum quæ hac illac evagantur imaginationum. Unde Dominus : « Clauso, inquit, ostio ora Patrem tuum (*Matth.* vi, 6). » *Funiculum suum Deus* tendit, cum peccatum pœnasque peccati æqua super nos lance perpendit. *A perditione manum suam non avertit,* quia cum mens sua penes Deum non deprecatur exitia, evidens ultio cogitationi divinæ succedit. *Antemurale* luget, cum sensualitas exterior dolendo appetitui subjacet. *Murus pariter dissipatur,* cum imaginationum licentia passim remissa dispergitur.

TETH.

VERS. 9. — « Defixæ sunt in terra portæ ejus, perdidit et contrivit vectes ejus, regem ejus, et principes ejus in gentibus. » Teth, interpretatur *bonum. Portæ ejus in terra* defiguntur, cum obstacula rationis, quæ vitiis opponuntur, quod summum hominis bonum est, terrenis cupiditatibus opprimuntur. *Vectes ejus* perditi conteruntur, cum spirituales instinctus, sine quibus rationi robur inesse non prævalet, consumuntur. *Regem, et principes ejus* perdit *in gentibus* cum spiritum, cui omnia nostra regere attinet, cum sensualitatis affectibus vitiis submergit enormibus. « Non est lex et prophetæ ejus non invenerunt visionem a Domino. » Ubi spiritus non est rex, nullius moderationis est dex. *Prophetæ ejus non inveniunt visionem a Domino,* quia providentiæ internæ nihil sibi prospiciunt, nisi quod prosit sæculo.

JOD.

VERS. 10. — « Sederunt in terra, conticuerunt senes, filiæ Sion consperserunt cinere capita sua virgines Jerusalem. » Jod, *confessio*; illa procul dubio quæ perit a mortuo (*Psal.* vi, 6). Unde sedent *in terra et conticescunt senes filiæ Sion,* quia dum hærent omnino terrenis, sicut is, qui in cathedra pestilentiæ sedit (*Psal.* i, 1), maturiores animi motus, quos peccati conscientia atrocissime mordere solet, a confessionibus obmutescunt. Inde consequenter *virgines Jerusalem capita sua cinere conspergunt,* cum lapsi, et steriles antiquæ pacificationis motus, mentis peccati refricatione inficiunt. Per cinerem enim perpetrati olim peccati memoria, montes signari per capita in Scripturis celebre est.

CAPH.

(*Vulg.* sequenti versiculo præmittit.)

« Accincti sunt ciliciis, abjecerunt in terra capita sua virgines Juda. » Caph, dicitur *cor.* Ideo plane, quia quidquid subjungitur litteræ de interiori totum constat damno. *Ciliciis accinguntur,* quorum lumbi titillatione libidinis compunguntur, cui sensui adnititur, quod animal petulcum est, de cujus pilis intexitur. *Virgines Juda,* infecunda sunt confessionis officia. Bonum est enim confiteri, si simul sit psallere. *Capita sua in terra abjiciunt,* cum principales mentis motus, qui aliquoties de confessione admonent, pravo se pudore submergunt.

VERS. 11. — « Defecerunt præ lacrymis oculi mei, conturbata sunt viscera mea. » *Præ lacrymis oculi* deficiunt, cum effusa benignitate intrinseca totius rationalitatis acumina decidunt. *Viscera* conturbantur, cum pariter interna vitalitas a vera discretione suffunditur. « Effusum est in terra jecur meum, super contritione filiæ populi mei, cum

« deficeret parvulus et lactens in plateis oppidi. » Secundum physicos jecore amamus. *In terra* ergo *jecur* effunditur, cum supercœlestis amor terreno mutatur. Et hoc *super contritione filiæ populi* accidit, quia tales casus fracta mollities cogitationis nutrit. Et hoc etiam *cum parvulus et lactens in plateis oppidi* deficit, cum scilicet fidei modicitas, et dulcedinis sæcularis aviditas, per mundi sollicitudines interitus causas facit.

LAMECH.

Vers. 12. — « Matribus suis dixerunt : Ubi est « triticum et vinum, cum deficerent quasi vulnerati « in plateis civitatis, cum exhalarent animas suas « in sinu matrum suarum? » Lamech, interpretatur *sermo*. *Matribus suis* dicunt : *Ubi est triticum et vinum*, cum aliquoties fastidio voluptatum a conscientiis exigunt, non solum sermonis divini, quem signat littera præscripta 250, solatium, sed etiam divinæ aspirationis quo alacriores reddantur instinctum. *Quasi vulnerati in plateis civitatis* deficiunt, cum diabolici appetitus sagitta affecti ex nimia licentia vitæ sæcularis occumbunt. Civitas hic et oppidum, sicut alibi atrium, sæculum signat, angustæ viæ platea repugnat. *Animas in sinu matrum suarum* exhalant, cum intra conscientias, quæ matres et bonarum et malarum interioritatum sunt, laqueo concupiscentiali se strangulant.

MEN.

Vers. 13. — « Cui comparabo te? vel cui assi« milabo te, filia Jerusalem? cui exæquabo te, et « consolabor te, virgo filia Sion? magna est enim « velut mare contritio tua. Quis medebitur tui? » Men, *viscera*, non alia plane quam eorum qui cum compassive erga illorum qui sic periclitantur infortunia. Est ergo sensus ac si dicant : Tu anima, quæ supercœlesti matri tuæ cultu internæ pacis et Dei speculatione conformari debueras, cujus comparatione lapsum tuum levigare potero, cum te absorbeat tua per te desperabili oblivione contritio? Et cum tu tui jam non memineris, *quis medebitur* prædicando *tui* ?

NUN.

Vers. 14. — « Prophetæ tui viderunt tibi falsa « et stulta, nec aperiebant iniquitatem tuam, ut te « ad pœnitentiam provocarent. » Nun, interpretatur *pascua eorum*, procul dubio illorum qui alienis mendaciis pascebantur. *Prophetæ stulta et vana nobis vident*, cum nostræ sæculares astutiæ non solum falsos proventus, ut assolet, spondent, sed etiam de futuris conjectantes in spe superbos nos promovent. Quæ sequuntur perspicua sunt, cum deberent scilicet quæ peccant sibi proponere, student magis fastuosa cogitare. « Viderunt autem « tibi assumptiones falsas, et ejectiones. » *Assumptiones* sunt, quibus se in mundanas sublimitates assumendos credunt; sed hæc omnia nil aliud sunt, quam *ejectiones*, quia dum crementa forastica ambiunt, certissima a vero bono ejectione sese prostituunt.

SAMECH.

Vers. 15. — « Plauserunt super te manibus om« nes transeuntes per viam, sibilaverunt, et move« runt caput suum super filiam Jerusalem. » Samech, interpretatur *adjutorium*. Plaudunt *super eam manibus*, qui quondam in adjutorio Altissimi commanentes, quod littera præcinuit, piis ejus allætantur operibus. Plausus enim collætari, manus signat operari. Hoc fecerunt *omnes transeuntes per viam*, quia dum in bono mens statu esset, aggratulabantur omnes qui per Christum, qui via est, desideranter aspirant ad patriam. Qui sibilat, ore restricto flatum extenuat. Et qui de bono quempiam opere sapienter laudat, partim loquitur, partim loqui dissimulat. Ne laudaveris, inquit, hominem in vita sua (*Eccli.* II, 30). Et laudandus est plane, quod et Paulus facit (*I Cor.* XI, 2), ut animetur; parce tamen ne securificetur. Unde *caput suum* movere dicuntur, quia etsi in eis Deum operantem gloriosa miramur, interim tamen pro incertitudine finis cohibere verba debemus. « Hæccine est urbs, « dicentes ; perfecti decoris, gaudium universæ « terræ? » Eadem capitis motio, quæ super Job quondam fit (*Job* XLII, 11) et super Jerusalem. Sed post lapsum ejus *perfecti decoris* eam fuisse conqueruntur, quia veteris ejus habitus pulchritudinem securitate jam inutili prædicantes, recordantur. Sed ille perfectus decor in gaudium universæ terræ convertitur, cum exemplum ruinæ vel obstinationis, universis terrena quærentibus exinde ministratur.

AIN.

(*In vulgatis loco* Ain, *est littera* Phe, *et* Ain *loco* Phe.)

Vers. 1. — « Aperuerunt super te os suum omnes « inimici tui, sibilaverunt, et fremuerunt dentibus « et dixerunt : Devorabimus eam, en iste est dies « quem exspectabamus, invenimus, videmus. » Ain, interpretatur *quæstio*. Et quæ perversorum major quæstio est, quam quod a sanctis viris minus rationabiliter aut dictum, aut factum est? Idcirco *super eos inimici os* aperiunt, quæ dum statum suum bene regerent, clausa tenuerunt. Vel etiam ora aperiunt, cum mordaces conscientias retegunt. Sibilant, cum totius justitiæ proposita, pro unius casu jam refutanda et decidenda dijudicant. Illa enim exsibilamus, quæ omnino respuimus. *Dentibus* fremunt, cum in eis si quid residui fuerit bona cætera decoquere, imo, ut expressius dicam, commasticare contendunt. Et aliter *super eam os suum* aperiunt *inimici*, cum supergredientur eam, jam veluti licenter consilia se declarant hostis antiqui. Sibilant, cum crimina dulce immurmurant. *Dentibus* tamen fremunt, quia inter illationes [f., titillationes] voluptatum mentem miseram universæ terræ malleo commolunt. *Devorabimus*, inquit, *eum*, id est nobis incorporabimus. Ita enim dies, id est prosperitatis nostræ claritas est, et votive exspectata, quia diu quæsita, tandem inventa, demum experiendo jam visa.

PHE.

VERS. 17. — « Fecit Dominus quæ cogitavit, com« plevit sermonem suum quem præceperat a die« bus antiquis ; destruxit, et non pepercit, et læti« ficavit super te inimicum, exaltavit cornu ho« stium tuorum. » Phe, interpretatur os. Ore secreta nostræ mentis absolvimus. Et *Dominus* facit *quæ cogitat*, cum ea, quæ cordi nostro aspirando insinuat, pia operis exsecutione revelat. *Sermonem suum* complet, cum ea, quæ per spiritum suum serit in nobis, per se operatur, per se ad exemplum exhibet. Hunc præceperat *a diebus antiquis*, quia eo nos instruerat a primoribus sanctis. Hi enim sunt dies, qui in libro Dei formantur. Per hos enim dies dicto factoque præcipitur, quo mens 251 nostra ex sermonis conceptione lustratur. Sed post hanc claritatem destruit Dominus, et non parcit, cum qui ascenderant ad cœlos repente in abyssos delabi permittit. *Inimicum super* eam lætificat, cum sub suo eam hostis, id est voto cohibens, gratulabundus aggravat. *Cornu hostium* exaltat, cum vires resistendi eorum superbiæ negat. Cornu enim nostrum, spiritu carnem excedere est. Cornu autem diaboli, miserum cor hac illacque ventilare.

SADE.

VERS. 18. — « Clamavit cor eorum ad Dominum « super muros filiæ Sion. » *Sade, consolatio*. Cor *eorum* videlicet, qui supra plauserant manibus ad Dominum, *super muros filiæ Sion* clamat, cum super lapsæ conscientiæ oppressionem consideratione frequenti illacrymat. Et quæ major consolatio animæ cujuslibet miseri, quam quod scit sanctis viris se curæ haberi ? Hoc enim littera sonat. « Deduc quasi « torrentem lacrymas per diem, et noctem, et non « des requiem tibi, neque taceat pupilla oculi tui. » Vox *eorum* est quorum *cor* clamat *ad Dominum*, ad filiam Sion. Ac si dicat : De interiori tua conscientia duc in evidens pietatis opus, ac si torrentem, qui obvia vitia quæque præcipitet, internæ ad Deum respirationis lacrymas non solum per prosperitatis diem (confitentur enim quidam cum benefecerit eis Deus (*Psal*. XLVIII, 19), sed etiam per adversitatis noctem, in qua clarissime retinuit in Dei aures canticum ejus ; *nec des requiem*, id est securitatem tibi, ut de tui mœroris assiduitate præsumas; *neque taceat pupilla oculi tui*, id est nunquam pravæ conscientiæ acquiescat, quin suis successibus semper invigilet subtilitas spiritualis aciei.

COPH.

VERS. 19. — « Consurge, lauda in nocte in prin« cipio vigiliarum, effunde sicut aqua cor tuum ante « conspectum Domini. » Coph, dicitur *aspice*. Rogatur a quibus supra ut aspiciat quorsum et quomodo de veteri lapsu, et ad quem consurgere debeat. *Lauda*, inquit, *in nocte*, id est nunquam a Deo desciscas in tentatione. Et hoc *in principio vigiliarum*, in initio scilicet conversionis, aut in primævitate ipsarum ætatum. *Sicut aqua cor* suum *ante conspectum Domini* effundere jubetur, quia non aliter placet,

nisi ut absque scrupulo, et crassitudine cogitationis aliqua, conscientia interius, ubi solus Deus videt, extenuetur. « Leva ad eum manus tuas pro anima « parvulorum tuorum, qui defecerunt in fame in « capite omnium compitorum. » *Ad eum levat manus*, qui bonum in Dei nomine, in laude humana extollit, non inclinat opus. Et hoc *pro anima parvulorum*, id est pro vita studiorum recens in sancta professione cœptorum. *In fame* deficiunt, qui verbi Dei inopia pereunt. *In capite omnium compitorum*, in proposito scilicet omnium sæcularium actionum.

RES.

VERS. 20. — « Vide, Domine, et considera quo« niam vindemiaveris ita. » Res, *spiritum* sonat. Clamant ergo, qui supra, Domino, ut videat, et consideret quem ita vindemiaverit, id est videre, et præcordialiter attendere nos faciat, quomodo spiritum, qui adversus carnem proprie concupiscit (*Gal*. v, 17), vitalibus lucis fructibus tantopere spoliaverit. « Ergone comedent mulieres fructum suum, par« vulos ad mensuram palmæ ? si occiditur in san« ctuario Domini sacerdos et propheta ? » Quod est dicere. Si sacri eloquii ducatus, qui est lucerna nostris pedibus (*Psal*. CXVIII, 105), et providentia quæ nostris præeminet actibus, *in sanctuario Domini*, quod est mens, subruitur, scire velim utrum infirmæ mentes, quæ innuuntur per *mulieres*, in quibus disperuerunt hæ duæ res, *comedent*, id est, consument intra se totius suæ bonæ actionis fructus nuper cœptos, et necdum ad perfectionem aliquam attingentes ? Palma vero initium, cubitus plenitudinem significat.

SIN.

VERS. 21. — « Jacuerunt in terra foris puer et se« nex ; virgines meæ, et juvenes mei ceciderunt in « gladio, interfecisti in die furoris tui, percussisti, « nec misertus es. » Sin, *vita;* non illa, quæ abscondita est cum Christo in Deo (*Col*. III, 3); non illa, qua in præsenti commorimur, et consepelimur ipsi Christo (*Rom*. VI, 8, 4). Unde est quod *jacuerunt in terra foris puer et senex*. *Foris puer et senex in terra* jacent, cum extra se non solum carnalis affectus, quo in morem pueri nil levius, nil instabilius constat in homine, sed etiam ipsa ratio, cui fluxos animi habitus suo senioratu restringere conveniret, terrenis prorsus inhærent. *Virgines, et juvenes in gladio* cadunt, cum si qua in animo bona illibata resederint, si quid in ejus moribus validum ac forte restiterit, totum alicui capitali peccato succumbit. *In die*, vel est in manifestatione, *sui furoris*, interficit, cum interiorem occasum de exterioris ruinæ evidentia ostendit. Percutit, nec miseretur, cum labi permittit, nec statim post lapsum compungi conceditur. Cui concinit : « Cum ceciderit, inquit, justus, non collidetur, quia Dominus supponet manum suam (*Psal*. XXXVI, 24). »

THAU.

VERS. 22. — « Vocasti quasi ad diem solemnem, « qui terreret me de circuitu, et non fuit in die fu-

« roris Domini qui effugeret et relinqueretur. » A Pellis vetusta efficitur, cum affectus noster quo citius in interiori homine nil læditur, cum ipsa carne, id est voluntate, quæ media inter pellem et ossa, id est affectum rationemque, consistit, creberrimorum casuum vetustate consumitur. « Quod enim antiquatur et senescit, prope interitum est (Hebr. viii, 13). » Ossa conteruntur, cum rationalitatum, quæ fragilia quæque in nobis regere debuerant, rigor infringitur. Ecce evidens in mente confusio. Nota distantiam inter affectum et voluntatem, quia de multis afficimur, quæ nolumus; multa volumus, de quibus non afficimur. Velle enim boni secundum legem mentis Apostolo adjacet, sed secundum legem membrorum, quod est affectus, perficere non invenit (Rom. vii, 18); sed de his alias plenius egimus.

Thau, interpretatur signa, quod eis in fronte juxta Ezechiel præscribitur (Ezech. ix, 4, 6), qui super alienis malis mœrere probantur, quod hic juste damnatis opponitur, qui sui ipsorum nec in ipsa pœna miserentur. Quasi ad diem solemnem vocantur, qui eam de circuitu terreant, cum ad spectaculum perpetratæ iniquitatis, quasi 252 festivi ciuntur, qui extrinsecus minis, et exprobrationibus pro reatu miseros insectentur et arguant. Non est in die furoris Domini qui effugiat et relinquatur, quia non est in hac aperta ultione quispiam animi motus, qui se peccato subtrahat, et pœnitentiæ reservetur. « Quos « educavi et nutrivi, inimicus meus consumpsit eos. » Educantur, qui a temporalibus, et eorum appetitibus eximuntur. Enutriuntur, cum idem status nostri sub fomento, et custodia rationis aguntur. Et inimicus eos consumit, cum discretæ hactenus menti chaos tenebrositatis inducit.

Vers. 5. — « Ædificavit in gyro meo, et circum-
« dedit me felle et labore. » In gyro nostro ædificat, cum res, quas appetamus, et quibus introrsum magis obstruamur, undecunque multiplicat. Felle et labore circumdat, cum dure amarescit peccatum quod perpetrat, et tamen ad peccata perpetranda laborat. (Vers. 6.) « In tenebrosis collocavit me, quasi mor« tuos sempiternos. » In tenebrosis collocat, cum jam non horaria, sed quasi stabili animum Deus confusione condemnat, et hoc quasi mortuos sempiternos, scilicet quasi eos qui nunquam resipuerint ad aliquos actus bonos.

CAPUT III.

ALEPH.

Vers. 1. — « Ego vir videns paupertatem meam « in virga indignationis ejus. » In hoc tertio alphabeto attendendum videtur quod singulis versiculis tertio littera quæque repetitur. In quo conjici potest quod, quatuor modi peccandi cum sint, suggestio videlicet, delectatio, consensus et actio, in solo consensu major adhibenda sit rationis et doctrinæ cautio. Si enim consensum spiritus rebellione coerceas, nunquam tibi se ingeret in fœda actione quod doleas. Sunt ergo quidam qui labuntur, sed lapsum suum perspicacissime metiuntur. Hic igitur quilibet talis eloquitur. Suam videt paupertatem in virga indignationis Dei, qui animi sui vigilanter attendit inopiam, et internarum virium depopulationem, dum divina animadversio inibi sævit, sed nisi cum pœnitentia intervenit, nequaquam in longum mens ipsa discernit. Unde et vir dicitur, qui damna sua non sine conscientia lugubri contemplatur, sed sequitur :

GHIMEL.

Vers. 7. — « Circumædificavit adversum me, ut « non egrediar ; aggravavit compedem meum. » Ghimel, plenitudo. Adversum nos, ut non egrediamur circumædificat, cum occasiones male agendi, quibus ac si carcere corporis vitiis irremissibiliter obstringamur, justo judicio undecunque ministrat. Compedem nostrum aggravat, cum carnalis appetitus mole alacritatem spiritus onerat.

Vers. 8. — « Sed et cum clamavero et rogavero, « exclusit orationem meam. » Ecce plenitudo malorum. Clamamus, cum peccati atrocitate a cordis nostri gemitu irrugimus. Rogamus, cum qualicunque etsi vapido animi statu, non tam orationes quam orationum simulacra exercemus. Oratio tamen excluditur, quæ sub peccati juxta psalmum affectu efficitur (Psal. cviii, 7).

Vers. 2. — « Et me minavit, et adduxit in tene« bras, et non in lucem. » Minat cum rediviva delectatio mentem a sui consideratione subducendo sequestrat. In tenebras adducit, cum ad sui ipsius ignorantiam trahit. Tali cuivis dicitur ; « Statuam te contra faciem tuam (Psal. xlix, 21). » Et non in lucem adducitur, cum non sui sola cognitione, sed etiam totius sacri eloquii, quod littera nostra sonuit, pia eruditione nudatur.

Vers. 9. — « Conclusit vias meas lapidibus qua« dris, semitas meas subvertit. » Viæ nostræ lapidibus quadris concluduntur, cum eorum exemplo remoto, qui super terram volvi dicuntur, eorum potius imitatione, qui ex omni parte terræ funditus hærent viæ, id est nequam actiones minuuntur. Semitæ subvertuntur, cum intentiones, quæ minus conspicabiles sunt, pariter depravantur.

Vers. 3. — « Tantum in me vertit et convertit « manum suam tota die. » Quod est dicere : Cum Deus animadvertere in vitia, quæ me opprimunt, debuisset, ipsis erectis ad mei tantum oppressionem animadversum est. Nec hoc solum, sed manum suam tota die convertit, jugiter scilicet subsidium internæ consolationis me indurato avertit. Unde est quod dilectus manum suam mittit per foramen (Cant. v, 4).

DALETH.

Vers. 10. — « Ursus insidians factus est mihi, leo « in absconditis. » Daleth, interpretatur nativitas. Et quid est nasci, nisi per pravæ 253 voluntatis conceptionem ad crimina informari ? Hanc nativitatem Job et Jeremias maledicendo detestantur (Job. iii, 1 ; Jer. xx, 14). Fit ergo Deus isti nativitati pri-

BETH.

Vers. 4. — « Vetustam fecit pellem meam, et car« nem meam, contrivit ossa mea. » Beth, confusio.

mum ursus insidians, id est feralis appetitus interiora nostra cuncta sibi subigens. Ursorum enim est naturæ quidquid pedibus applicuerint conculcare. Dicitur autem a Deo id fieri, quod fieri permiserit. Unde, in Osee, quasi ursam se futurum raptis catulis attestatur *(Ose.* xiii, 8). Fit leo *in absconditis,* cum quidquid mali suggeritur, inexplebili aviditate haurit. Natura enim leonis est ut oblati pecoris ante totum sanguinem ebibat quam carnes attingat. Ursus ergo *insidians,* exterior sensus est aucupans *leo in absconditis,* ad explendum immanitas mentis.

Vers. 11. — « Semitas meas subvertit, et confregit me; posuit me desolatam. » Semitæ subvertuntur, cum ante ruinam plerumque exaltatio privata confunditur. Deinde confringitur, cum quidquid intus erat insigne deponitur. Desolatur, cum Deo habitatore privatur. (Vers. 12) « Tetendit arcum « suum, et posuit me quasi signum ad sagittam. » Arcum suum tendit, cum Scripturæ sententias habitui nostro convenientes obtendit. *Quasi signum ad sagittam* nos ponit, cum divinæ ultionis jacula divinitus intentari sub continuo timore depromit.

HE.

Vers. 13. — « Misit in renibus filias pharetræ « suæ. » He, interpretatur *salus.* Quid enim salubrius quam semper urgeri divinorum verberum timoribus? Filiæ *pharetræ* ad litteram nil aliud sunt quam sagittæ. *Filias pharetræ in renibus mittit,* cum superni consilii sententiis cogitationum, vel etiam corporis nostri delectamenta configit.

Vers. 14. — « Factus sum in derisum omni po- « pulo meo, canticum eorum tota die. » Fit *in derisum populo suo,* cum ipsæ cogitationes nullos cœpti sui bonos successus spondent spiritui suo. *Tota die eorum canticum* fit, cum frequentia cogitationis quidquid boni propositi arripitur, quasi mox transiturum in vulgi fabulam, in modum cujuspiam ludicri, arbitratur.

Vers. 15. — « Replevit me amaritudinibus, ine- « briavit absinthio. » *Amaritudinibus* repletur, qui perpetratorum facinorum pœnitentibus sed momentaneis coarctatur. Inebriatur absinthio, qui appetitu exardescit et ingemiscit admisso. Voluptatum enim, ait quidam, appetentia plena anxietatis est, satietas vero pœnitentiæ.

VAU.

Vers. 16. — « Et fregit ad numerum dentes « meos, cibavit me cinere. » Vau, dicitur *et ille:* Quod est : *Et ille,* qui prædicta mihi, sed non injuria intulit, *fregit ad numerum,* id est quotquot sunt, *dentes meos,* intellectualitates scilicet quibus commolimus quidquid dignum scrupulo cogitamus. *Cinere* nos cibat, qui peccati refricationem cum delectatione nobis inviscerat. Hoc facit, qui fieri permittit.

Vers. 17. — « Et repulsa est anima mea, oblitus « sum bonorum. » *Anima* nostra repellitur, cum

salus ejus ad incuriam destinatur. *Bonorum* obliviscitur, qui, quamvis malis intestinis opprimatur, bonorum tamen quæ fecit, aut quæ in præmio sortiri potest, memoria nullo modo delectatur.

Vers. 18. — « Et dixi, periit finis meus, et spes « mea a Domino. » Periisse finem suum dicit, dum quod pro æterna mercede faciendum aliquando proposuerat, in intimis inanescit. *Spes* etiam perit *a Domino,* cum tentationibus occupata, et quasi auxilii cœlestis indigna, etiam deficere jam disponit ab ipso.

ZAIN.

Vers. 19 (17). — « Memoria memor ero, et tabe- « scet in me anima mea. » Zain, interpretatur *ducte.* Ac si diceret : Tu spem tuam periisse dixeras, non tamen in hac desipientia maneas, sed duc, id est, promove te, ut ad interiora contendas. Spes enim dicitur quasi *est spes.* Quo monitu ille infert : *Memoria,* inquit, *memor ero;* subaudis, non pro lapsu desperandum, sed spei potius insistendum, sic ut *anima* contabescat, scilicet animalitas, quæ non capit quæ Dei sunt, sanctæ spei spiritualitate superveniente, in se deficiat. Orare ergo jam incipit.

Vers. 20. — « Recordare paupertatis et trans- « gressionis meæ, absinthii et fellis. » Ac si dicat : Meminisse, Domine, debueras quod ob penuriam virium internarum hucusque deliquerim, nec minus etiam meminisse quod lapsum cum ægerrime tulerim, nec ejus nisi cum ingenti amaritudine recordari potuerim. Videtur autem quædam distantia inter absynthium, et fel. Absynthium enim et haustu labile est, calorem excitans, et sanguinem sedans, fel autem nequiquam. In absynthio ergo mœror recens acti facinoris, qui nos ad Deum recalefacit, et incentivum criminis sedat; in felle vero peccati est post pœnitudinem memoria prorsus menti intolerabilis et indigna.

Vers. 21. — « Hæc recolens in corde meo, ideo « sperabo. » Quod est : Dum hæc cum mea cogitatione retracto, ad spem me provoco. Unde et sequitur :

HETH.

Vers. 22. — « Misericordiæ Domini multæ, quia « non sumus consumpti, quia non defecerunt mise- « rationes ejus. » Heth, dicitur *enarratio.* Et quod est istud enarrare, nisi Dei misericordias etiam inter peccandum expertas oculis cordis attexere? Ergo hæ sunt; *quia non sumus consumpti,* præstando videlicet in ipso pravo actu viciniora saluti. Alioquin profecto deficerent, si iniquitatibus *misericordiæ* cederent.

Vers. 23. — « Novi diluculo, multa est fides « tua. » Quod est dicere Deum ad animam : Ex tua sedulitate et vigilantia novi quia multæ sis fidei. Diluculum 254 enim pro sedulitate crebro ponitur, sicut et matutinum. Quod si, juxta quædam exem-

---

(17) Versus ipse in editione Sixti 20 numeratur et sequens 19.

plaria, nescio si mendosa, dicatur *novæ*, ita exponetur: *Veteres misericordiæ* sunt, quæ plerumque præstantur ingratis, et hæ non nisi temporales. *Novæ* autem, quæ ex illuminatione recenti in conversorum mentibus quasi diluculum elucescunt, et hæ æternales. Deinde quod sequitur, apostropha erit ejus ad Deum, qui sic de misericordiis gratulatur.

VERS. 24. — « Pars mea Dominus, dixit anima « mea; propterea exspectabo eum. » Non, inquit, a Deo misericordias temporales præstolor, sed ipsum animæ meæ quasi retributoriam partem sortior; propterea spe vivaci non ejus transitoria, sed ipsum eumdem opperior.

TETH.

VERS. 25. — « Bonus est Dominus sperantibus in « eum. » Teth, interpretatur *bonum*. Quo enim affectuosius spe ibis in Deum, eo præcordialius et ineffabilius intelliges bonum.

VERS. 26. — « Animæ quærenti illum. Bonum est « præstolari cum silentio salutare Domini. » Animæ, quæ nihil præter Deum quærit (qui enim bifariam nititur, Deum recte quæsisse non dicitur) *bonum est* sine præparatione aliqua sub diurnis laboribus Dei non fastidire servitium; sic enim dormitur in medio clerorum (*Psal.* LXVII, 14). Quod enim hic silentium dicitur, illic dormire.

VERS. 27. — « Bonum viro, cum portaverit ju- « gum ab adolescentia sua. » *Jugum ab adolescentia* portat, qui pro adolescentiæ motibus sese sub divini timoris depressione castigat.

JOD.

VERS. 28. — « Sedebit solitarius, et tacebit, quia « levavit se super se. » Jod, interpretatur *principium*, quod principium non tam ad initium, quam ad quamdam principalitatem refertur. Determinans enim jugum videtur exponere. Sedet *solitarius*, qui in humili se cohibet, a terrenis sese removendo tumultibus. Tacet vero, cum sopitis cogitationum imaginationumque nugis soli orans loquitur Deo. Quod aliter fieri non potuit, nisi quia *se super se* levat, id est animalitatem suam spiritualitati subjugat.

VERS. 29. — « Ponet in pulvere os suum, si forte « sit spes. » In *pulvere os suum* ponit, qui quamlibet summa gerat, se tamen semper pulverem, id est peccatorem recognoscit. Peccanti enim dictum est: « Pulvis es (*Gen.* III, 19). » Et hoc facit, *si forte sit spes*, ut videlicet sibi semper videatur de Deo sperare præmia, quasi quædam ambigua res. (VERS. 30) « Dabit percutienti se maxillam, satura- « bitur opprobriis. » *Percutienti maxillam* dat quisquis ea quæ sibi amantiora et spectabiliora in præsenti noscuntur injurias inferre volentibus exponit potius quam defensat. *Opprobriis* saturatur, qui ipsas contumelias pro summis sibi refectionibus arbitratur.

CAPH.

VERS. 31. — « Quia non repellet in sempiternum « Dominus. » Caph, dicitur *incurvatus*, non tamen in terrena, sed ad sui vilipensionem salubri consideratione depressus. Ac si diceret: Haud injuria humiliatur, quia non in sempiternum repellitur, licet modernæ vilitati addici videatur, in manu enim Dei fines terræ sunt, qui scilicet terrenitatem in se consumunt. Quia si abjecit in hoc eos sæculo affligendo, miserebitur tamen secundum multitudinem miserationum suarum in futuro.

VERS. 33. — « Non enim humiliavit ex corde suo, « et abjecit filios hominis [*al.*, hominum]. » Humiliat Deus *ex corde*, quos sic in præsenti punit ut magis puniat retributionis tempore. Modo vero flagellat et abjicit specie tenus *filios hominis*, cum a mundiali extorres facit lætitia filios Redemptoris. Non enim dixit hominum sed hominis, illius plane qui dixit: « Si me persecuti sunt, et vos persequentur (*Joan.* « XV, 20). »

LAMETH [*al.*, LAMED].

VERS. 34. — « Ut contereret sub pedibus omnes « vinctos terræ. » Dicitur servo: Servamus autem quod pro mysterio habemus. Mysterium vero est quod hujus sæculi pressuris atterimur, sed de sequentis vitæ statu ambigimus. Sensus ergo est: Abjicit quidem *filios hominis*, *ut* conterat *omnes vinctos terræ sub pedibus* suis, ut videlicet omnes qui hujus sæculi negotiis, aut quibuslibet vitiis vinciuntur, prædicatorum suorum sub documento frangantur. Quod est dicere: Si filii Dei et hominis quantum oculis adjacet, abjiciuntur, quanto magis filii diaboli quondam cum ad Dei filiationem rediguntur, non modo Deo, sed etiam servis Dei, qui sunt ejus pedes, quod eum prædicando circumferunt, non esse, aut stare, sed conteri, id est prorsus humiliari merentur? Quos vinctos educit Dominus, juxta psalmum, in fortitudine (*Psal.* LXVII, 7).

VERS. 35. — « Ut declinaret judicium viri in con- « spectu vultus Altissimi. » Declinatur *judicium viri in conspectu vultus Altissimi*, cum scimus indubie nos operibus bonis insistere, et tamen nescimus utrum odio digni simus, an amore (*Eccle.* IX, 1). Nostrum ergo judicium ad vultum Altissimi declinamus, cum quod de nobis metimur ejus trutinæ reservamus.

VERS. 36. — « Ut perverteret hominem in judicio « suo, Dominus ignoravit. » Abjecit, inquam, *filios hominis*, ut perverteret hominem *in judicio suo*, ut ostenderet utique non ita a Deo præstitutum, ut bonis bona facientibus bona ad præsens restituerentur; sic enim moribus est humanis inolitum, ut bonum quemlibet malis oppressum, bonum minime æstimat exstitisse; quod in amicorum Job opinione crevisse. Sed hoc Dominus ignorat, qui bonis plerumque mala, et malis etiam bona, utrisque quoque aliquoties meritis suis convenientia præstat.

MEM.

VERS. 37. — « Quis est iste qui dixit ut fieret Domino « non jubente? » Mem, interpretatur *viscera*. Exclamat ergo propheta adversus eos qui de talibus conqueruntur, secundum quos et psalmus, *Quam bonus Israel Deus!* conscriptus est (*Psal.* LXXII, 1). Domino non jubente fieri dicit, qui eos quos scelerose victitare cognoscit, sanosque incolumes ac opulentos attendit, fortuna potius quam Dei judicio agi credit.

VERS. 38. — « Ex ore Altissimi non egredientur nec bona, nec mala. » *Nec bona, nec mala ex ore Altissimi* egrediuntur, quia nunquam in præsentiarum proprie bona bonis, nec rursus specialiter mala malis ex sententia contigisse creduntur. Utrobique enim cedunt, quia utrisque communia sunt.

VERS. 39. — « Quid immurmuravit [*al.*, murmuravit] homo vivens, vir pro peccatis suis? » *Homo vivens* murmurat, quia cum in peccatis vivat, non ad peccata respicit quæ perpetrat, si aliquid adversitatis incurrat, sed eorum, qui agere pejora videntur, sese comparatione justificat. *Vir* quoque *pro peccatis* murmurat, cum non sua inter patiendum peccata accusat, sed Deum nimie ferientem querimoniis pulsat.

NUN.

VERS. 40. — « Scrutemur vias nostras, et quæramus et revertamur ad Dominum. » Nun, *sempiternum.* Non enim convenit, si ad tempus pro peccato puniamur, murmurare, sed potius ad sempiternum, quod Deus est, properare. Unde *vias nostras scrutemur,* id est actiones discutiamus. *Dominum* quoque *quæramus, et* ad eum *revertamur,* Scripturis scilicet invigilemus, ibi quærentes unde compungamur, et ad ipsum prævia compunctione ducamur.

VERS. 41. — « Levemus corda nostra cum manibus ad Dominum in cœlos. » *Corda nostra cum manibus* levamus, cum intelligentias cum exsecutione operum, sine infimæ laudis aspiratione, ad Deum sub spe scilicet sola cœlesti porrigimus.

VERS. 42. — « Nos inique egimus, et ad iracundiam provocavimus, idcirco tu inexorabilis es. » Liquet, cætera prosequamur. Hoc tamen videtur tractandum quod pro iniquitatibus *inexorabilis* hic dicitur Deus, et alibi, peccatores non audire (*Joan.* IX, 31), quod uno verbo solvitur, quia videlicet quandiu in intentione peccandi perseverare probantur, et inexorabilem Deum faciant et minime audiantur.

SAMECH.

VERS. 43. — « Operuisti in furore, et percussisti nos, occidisti, nec pepercisti. » Samech, interpretatur *audi.* Summa enim ope, quo inexorabilior æstimatur, dimota pravorum appetituum densitate, necesse est ut audiat, si obnixius inclametur. *In furore* operimur, cum irruente criminum nebula desipientiæ nocte deprimimur. Percutimur, cum ab omni integritate dejicimur. Occidit Deus, nec pepercit, cum spiritum a sua luce exstinguit, in quo tamen nobis parceret, si vel scintilla nobis alicujus benevolentiæ remaneret.

VERS. 44. — « Opposuisti nubem tibi, ne transeat oratio. » Nubes ei opponitur, cum obstaculum inter nos et Deum pravæ nostræ intentionis obtenditur. *Oratio* non transit, quam malevolentiæ crassitudo retudit.

VERS. 45. — « Eradicationem et abjectionem posuisti me in medio populorum. » Non dixit, eradicasti me, sed *eradicationem posuisti me.* Eradicatio, vel abjectio mens illa fit aut ponitur, quæ totius interioris boni semetipsi pestis efficitur. Eradicat enim et abjicit, qui bona naturaliter insita a se extorquet, et superbe excludit. Et hoc fit *in medio populorum,* circumstrepente utique animi auribus frequentia vitiorum.

PHE.

VERS. 46. — « Aperuerunt super nos os suum omnes inimici. » Phe, interpretatur *os,* et quod illud *os,* nisi quod menti ad perversitates jam prorsus acclini, omnes actus insusurrat obscenos? Hoc *super nos omnes inimici* nostri aperiunt, cum ad succendendam per quælibet crimina conscientiam indubitanter erumpunt.

VERS. 47. — « Formido et laqueus facta est nobis vaticinatio et contritio. » Ordo est : *Facta est nobis vaticinatio et contritio, laqueus et formido. Vaticinatio* est, cum mens obsessa flagitiis successus sibi prosperos, et spes gloriarum spondet. Sed hanc vaticinationem sequitur *contritio,* quia quo magis sine sui respectu extollitur, eo graviori opprimitur repente peccato. Fitque mox utrumque miseræ animæ *formido et laqueus,* dum vaticinationem mordacis intercipit culpæ metus, et contritioni adjacet is qui spiritum confessionis occludat desperationis laqueus.

VERS. 48. — « Divisiones aquarum deduxit oculus meus in contritione filiæ populi mei. » Aquæ dividuntur, cum spiritualis subtilitates intelligentiæ, si quæ resederint, disperguntur. Has, dum populus conteritur, *oculus deducit,* quia, dum sceleribus incipit subjacere intentionis acumen, paulatim extenuatus interius extra se fundit.

AIN.

VERS. 49, 50. — « Oculus meus afflictus est, nec tacuit, eo quod non esset requies. Donec respiceret, et videret Dominus de cœlis. » *Oculus* affligitur, *nec tacet,* cum intentio vitiis atteritur, nec a strepitu desideriorum etiam conscientia se accusando affligente cohibet. Et hoc fit quia *non est requies,* nulla videlicet ab æstu interiore temperies, *donec* respiciat, et videat *Dominus de cœlis,* donec utique misereatur, et approbet conversionem nostram Dominus per imitationem cœlestis conversationis.

VERS. 51. — « Oculus meus deprædatus est animam meam in cunctis filiabus urbis meæ. » Ain, interpretatur *oculus.* Et quis est *oculus,* nisi ipsa eadem intentio, quæ animam deprædatur, dum cuncta quæ bene exercere aliquando videtur, per sui prævaricationem subtrahit, dum laudes forasticas aucupatur? Sed hoc non fit nisi *in filiabus urbis suæ*, in mollitie videlicet habituum conscientiæ nostræ.

SADE.

VERS. 52. — « Venatione ceperunt me quasi « avem inimici mei gratis. » Sade, dicitur *justitia*, quæ tamen *justitia* non alia mihi videtur quam quod justo Dei judicio cuique etiam in præsenti ad meritum retribuitur. Unde quasi avem ab inimicis se *venatione* captum queritur, quia per levitatem, quæ in avi figuratur, *gratis* et sine omni fructu ab his qui non nisi carnalia quærunt, vanis favoribus irretitur. Et recte inimicos nominat, quos in sui beatificatione, juxta prophetam, deceptiores probat (*Isa.* III, 12).

VERS. 53. — « Lapsa est in lacum vita mea, et « posuerunt lapidem super me. » In *lacum vitæ* labitur, cum in labyrinthum inexpedibilem status noster inclinatur. Lapis superponitur, cum mentis obduratio cogitationi in infima mersæ adducitur. Unde psalmus : « Non absorbeat, inquit, me profundum, neque urgeat super me puteus os suum (*Psal.* LXVIII, 46). » Quod illic urgere, hæc hic *lapidem* superponere.

VERS. 54. — « Inundaverunt aquæ super caput « meum. Dixi : Perii. » *Aquæ super caput* inundant, cum fluxus carnalium voluptatum ultra quam mens capere possit, sese ei accumulant. Unde et periisse se dicit, quia quorsum evadere valeat nescit.

COPH.

VERS. 55. — « Invocavi nomen tuum, Domine, « de lacu novissimo. » Coph, *vocatio*. Vocamur autem, cum inter molestias interiores ad divinum recurrere oraculum rationaliter admonemur. *Invocavi nomen tuum*, Domine, non est aliud quam De profundis clamavi ad te (*Psal.* CXXIX, 1). Quod enim *de profundis*, hoc de *lacu novissimo*.

VERS. 56. — « Vocem meam audisti, ne avertas « aurem tuam a singultu meo et clamoribus. » Vox *de lacu novissimo* clamantis auditur, cum rugitus interior de statu pene desperabili in divinas aures admittitur. Audire autem Dei, est concupiscentiam spiritus adversus carnem vel ad modicum sublevare. Singultus est, cum mens prius timoris anxietate quatitur ; clamor vero, cum vehementia fervidæ compunctionis attollitur. Ab his Dei auris non avertitur, cum ejus aspirationis nutrimento utrumque fulcitur.

VERS. 57. — « Appropinquasti in die quando in« vocavi te. Dixisti : Ne timeas. » Quod est dicere : Cum lacus mihi tenebrasceret, tu diem interni luminis tuæ propinquitate donasti, nec dixisti : Ne clames, sed potius : Ne *timeas*, ut quod timore conceperis, amore exhibeas.

RES.

VERS. 58. — « Judicasti, Domine, causam animæ « meæ, Redemptor vitæ meæ. » Res, dicitur *primatus*. Nec id injuria. Post divinam enim exaudi-tionem redit rationi sui quod amiserat arbitrii principatus. Judicat *causam animæ nostræ* Dominus, cum discernit commissiones carnis et spiritus. Unde *redemptor vitæ* nostræ dicitur, quia motus rationis, sine quibus non vivitur, a veteribus eximere ærumnis misericorditer dignatur.

VERS. 59. — « Vidisti, Domine, iniquitatem ad« versum me : judica judicium meum. » Videt Dominus *iniquitatem adversum* nos, cum videre nos facit stimulos adversus spiritum superequitare corporeos. *Judicium* nostrum judicat, cum intellectualitatem ad universa discernendum suo illapsu illuminat.

VERS. 60. — « Vidisti omnem furorem, univer« sas cogitationes eorum adversum me. » Furor vitiorum est, quod, apud Job, clamor dicitur exactoris (*Job.* XXXIX, 7). *Cogitationes eorum*, ea sunt quæ mentis obtutibus omnimoda imaginatione coaggerant. *Cogito* enim frequentativum a cogo, cogis, nil aliud quam coadunare est. Unde illud, « coge, inquit, concilium (*Isa.* XVI, 3). » Has, inquam, cogitationes Deus videt, cum nobis acuminat ad id providendum discretionem.

SIN.

VERS. 61. — « Audisti opprobria eorum, Domine, « omnes cogitationes eorum adversum me. » Sin, dicitur *super vulnus*. Et morale, est ut cataplasma vulneri imponatur. Quod non aliud est quam quod sequitur. Semper amatur in quo ex deliberatione peccatur, et ideo probro minus imputatur. Eorum ergo Deus *opprobria* audit, cum quam sint probrosa et pudenda ex plenitudine pœnitudinis intelligi facit. Notandum repetit quod in superiori dictum fuerat versu, et forsitan non abs re. *Omnes cogitationes eorum adversum* nos, quia quo magis nos eorum puduerit, et quo major contra hæc eadem erit nostra rebellio, tanto acriores assultus experiemur internos.

VERS. 62. — « Labia insurgentium mihi, et me« ditationes eorum adversum me tota die. » *Insurgentium labia*, nil aliud sunt quam emergentium suggestionum susurra. Mutæ enim tentationes nil aliud quam verba sunt ; quæ, quod alii verbis, ipsæ specierum lenocinio peragunt. *Meditationes eorum* retractationes, vel potius delectationes esse noscuntur imaginum. Hæ fiunt *tota die*, procul dubio assidue.

VERS. 59. — « Sessionem eorum, et resurrectio« nem eorum vide, ego sum psalmus eorum. » *Sessio eorum* est ex diabolica calliditate vitiorum fucata quietio. Ad tempus enim a tentatione quiescit, ut ex insperato prosternat quod secure aliquandiu victitare permisit. Porro **257** surrectio eorum, mentium repentina pervasio. Hanc petimus ut Deus videat, discernere videlicet nos faciat, ut dum in aliqua perfunctoria pace sopimur, nunquam ad subitum elisi præcipitari possimus. Denique fit *psalmus eorum*, cum intentio suggestionis pascitur ex inepta retractatione cordium tentatorum. Psalmus enim nil aliud est quam quod vulgo dicitur ladius, qui sine vocis exercitio conficitur chordis et manibus. Sicut ergo psalmus aures, sic revoluto cogitationis mulcere dignoscitur, et nutrire malæ spiritualitatis imagines.

THAU.

VERS. 64. — « Redde eis vicem, Domine, juxta « opera manuum suarum. » Thau, interpretatur *consummavit*. Consummat autem Deus, quorum fluctuationem diutinam certo fine determinat. *Vicem reddit juxta opera*, cum per singulas noctes ad abluendum lectum lacrymarum suggerit lavacra.

VERS. 65. — « Dabis eis scutum cordis laborem « tuum. » Labor Dei est, dum vitiis debita vivacitate resistitur. Iste labor scutum cordis efficitur, à quo diaboli spiculum omne recutitur. Hoc pro operum suorum vice eis redditur, ut quo insolenter intraverant, inde digna severitate pellantur.

VERS. 66. — « Persequeris in furore et conteris « eos sub cœlis, Domine. » *In furore* persequuntur, qui integra animadversione ab animo divinitus extricantur. *Sub cœlis* quoque conteruntur, cum sub virtutum jure franguntur. Cœlos virtutes vocat, in quibus solis gratanter Deus mansitat.

CAPUT IV.

ALEPH.

VERS. 1. — « Quomodo obscuratum est aurum, « mutatus est color optimus, dispersi sunt lapides « sanctuarii in capite omnium platearum? » Aleph, sicut superius, *doctrina* est, cujus solutio in versum poterit pendere sequentem. Quæritur ergo *quomodo aurum* obscuretur, quomodo utique notitia Dei, quæ non est nisi amor, et qua nihil pretiosius est, et in qua etiam omnia scienda et gerenda docemur, tantopere in animo a pristina specie extenuatur. *Color optimus* mutatur, cum sinceritas cogitationis avertitur. *Lapides sanctuarii in capite omnium platearum* disperguntur, cum nitidissimæ et perspicaces in omni sancta prudentia rationes, per sæculi voluptates et glorias (hæc enim sunt totius sæcularis intentio prima licentiæ) a sua in Deum simplicitate dividuntur.

BETH.

VERS. 2. — « Filii Sion inclyti et amici auro « primo. Quomodo reputati sunt in vasa testea, « opus manuum figuli ? » Beth, *confusio*. Quis enim justius confunditur quam qui de tanto pretio ad nihil pene redigitur ? *Filii Sion inclyti*, intellectuales sunt motus masculina virtute liberrimi. *Auro primo* amiciuntur, qui sapientiæ divinæ privilegiis adornantur. *In vasa testea* reputantur, cum jam ad fragilia opera devolvuntur. *Opus manuum figuli* sunt, quia auctorem jam habent ex tam perversa conversatione diabolum. Hunc Pharao ille significat, qui Israelitas in luto et latere et paleis servire cogebat.

GHIMEL.

VERS. 3. — « Sed et lamiæ nudaverunt mammam, « lactaverunt catulos suos, filia populi mei crudelis, « quasi struthio in deserto. » Ghimel, *retributio*. Meritis enim nostris exigentibus hujusmodi : Casuum infamias pro retributione sortimur. Est ergo dicere : Non solum in terrena studia labuntur, sed et facti *lamiæ* mammam nudant, cum sub specie benignitatis et alios ad eadem quæ ipsi faciunt perpetranda, virosa verborum dulcedine, et feminea quadam adultatione compellant. Lamia enim monstrum est, muliebrem cingulo tenus habens formam. Mammam ergo nudant, cum doctrinam ad ea quæ agunt propaganda promulgant. *Catulos* lactant, cum ad bestiales ritus alios lenocinando attrectant. *Filia populi hujus crudelis quasi struthio in deserto*, quia hi, qui superius filii dicebantur, et nunc per morum effeminationem filiarum vocabulo jam censentur, crudeles sunt, quia quos diabolica suadela genuerint, sub terrena levitate recondunt. Struthionis enim natura, est ova in terra ponere, et ea pulvere adoperta relinquere. Ferro etiam pasci dicitur, nimirum quia hujusmodi, ac si cibis, malignitatibus satiantur.

DALETH.

VERS. 4. — « Adhæsit lingua lactentis ad palatum « ejus in siti. Parvuli petierunt panem, et non erat « qui frangeret eis. » Daleth, interpretatur *tabulæ*. Qui sunt tabulæ, nisi qui exciso a se internæ plenitudinis robore a virtutis duritia extenuantur cogitatu et opere ? Lingua ergo *lactentis ad palatum ejus in siti adhæret*, cum deficiente aqua sapientiæ salutaris locutio ejus, qui monstruoso lacte pascitur ad ejus conformitatem, a quo virulentæ doctrinæ salivas acceperat, se continet. A palato enim saliva digeritur, et lingua palato astringitur, cum verba discipuli doctoris nequitia resculpuntur. *Parvuli panem* petunt, cum innocentiores et pravitate minus imbuti, documentum vitale deposcunt, sed dissertores omnino deficiunt.

HE.

VERS. 5. — « Qui vescebantur voluptuose, inte« rierunt in viis, qui nutriebantur in croceis, am« plexati sunt stercora. » He, dicitur *ista*. Et quæ *ista*, nisi præsentia ? *Voluptuose* vescitur qui divinis eloquiis pro præsenti solum gloria delectatur. Is *in viis* interit, quia dum super his quæ ad Deum pertinent, verbum Dei adulterando, favores scilicet requirendo, extra se digreditur, perit. Crocus aurosi coloris est, et redolet. *In croceis* nutritur, qui aut sanctitatis specie, aut sapientiæ opinione gloriatur. Hi amplexantur *stercora*, cum magna de se volentes intelligi, turpi subito aviditate proruunt ad infima, quæ Apostolus arbitratur ut stercora (*Phil.* III, 8). Huc enim respectat nostra littera.

VAU.

VERS. 6. — « Et major effecta est iniquitas filiæ « populi mei peccato Sodomorum, quæ subversa « est in momento, et non ceperunt in ea manus. » Vau, interpretatur *ipse*, procul dubio idem qui *ista*, quæ superius diximus significare *præsentia*; invenitur affectare. Hujus *filiæ populi peccato* Sodomorum major iniquitas efficitur, quia quantum argenti pondus a pondere plumbi distat, tantum peccata simplicium et hebetum a peccato eorum qui *voluptuose* vescuntur, et nutriuntur *in croceis*, differre constat. Sodoma enim interpretatur *pecus silens*. Et quid pecus nisi ingenita fatuitas, cujus ingenii nulla vox est? Quæ etiam Sodoma subvertitur *in momento*, quia subvertibilis est, et prona casui, si sit qui impetat quovis modo. Et non capiunt *in ea manus*, quia quodcunque tali menti sese intulerit, gratanter admittitur turpe opus. *Manus* quoque *in ea* non capiunt, dum plusquam possibilitas agendi sustineat, facere appetunt.

ZAIN.

VERS. 7. — « Candidiores Nazaræi ejus nive, « nitidiores lacte, rubicundiores ebore antiquo, « saphiro pulchriores. » Zain, *alimentum mundi*. Et a quibus magis alitur mundus quam a filiis Sion inclytis, qui amiciuntur auro primo? Hos ergo exprimendo prosequitur. Nazaræus interpretatur *sanctus*. Quasi diceret : Illi, qui quondam sanctitatis munditia florulenti erant, (hæc enim tria Nazaræus sonat) per appetitum cœlestis gloriæ *candidiores* sunt *nive*, hæc enim cœlitus labitur ; per simplicis innocentiam actionis *nitidiores lacte*, quod ex carne nascitur ; per tolerantiam corporeæ titillationis, *rubicundiores ebore antiquo*, id est, ipsis incentivis suis examinationes aliquo veteri sancto. Elephas enim, unde ebur, frigidæ naturæ est. *Saphiro* denique *pulchriores*, his videlicet multis, quorum in cœlis conversatio esse dicitur (*Phil*. III, 20), digniores ; saphirus enim ethereæ speciei est.

HETH.

VERS. 8. — « Denigrata est super carbones facies « eorum, et non sunt cogniti in plateis ; adhæsit « cutis eorum ossibus, aruit, et facta est quasi « lignum. » Heth, *vita*. Si superbia, qua cadimus, ruina sua mortem parit, humilitas, qua vere levamur, vitam munit. Unde *facies eorum super carbones* denigratur, cum tota eorum speciositas plusquam eorum qui peccato exstincti peccatores æstimantur, in sui ipsorum consideratione vilipendenda putatur. Inde est quod comæ sponsi quasi corvus nigræ dicuntur (*Cant*. v, 11). *In plateis non sunt cogniti*, quia in latis et spatiosis hujus sæculi sollicitudinibus non sunt visi. *Cutis eorum ossibus* adhæsit, quia affectualitas, et ipsa etiam sensualitatis facilitas indivisibiliter se fortitudini rationis adjunxit. Arescit, cum ab omni fluxu lasciviæ inanescit ; *et quasi lignum* fit, cum ad impassibilitatis duritiam coalescit.

TETH.

VERS. 9. — « Melius fuit occisis gladio quam in- « terfectis fame, quoniam isti extabuerunt consum- « pti ab sterilitate terræ. » Teth, dicitur *exclusio*. *Melius est occisis gladio, quam interfectis fame*, quia levius est occumbere sine deliberatione aliqua lapsu peccati subitaneo quam defectu pedetentim lentescere diuturno. *Isti enim extabuerunt consumpti ab sterili-* *tate terræ*, quia vitiorum putoribus sunt addicti pro incultibilitate et longa incuria. mentis suæ. Unde merito a prædictorum isti; juxta sensum præmissæ litteræ, sorte excluduntur, quos cordis non terreni sed lapidei feracitas nulla consequitur.

JOD.

VERS. 10.—« Manus mulierum misericordium coxe- « runt filios suos, facti sunt cibus earum in contri- « tionem filiæ populi mei. » Jod, *desolatio* est. Et quid magis desolatur quam quod Deo hospite vacuatur? *Manus mulierum misericordium filios suos* coquunt, cum opera ejuratorum hominum, nihil scilicet intellectualis tenoris habentium, eos, quos ad sui exempla contraxerint, ad sui persuasion contormitates igne subdolæ persuasionis emolliunt. Mulieres et ironice misericordes vocantur, quia hinc lenociniorum mollitie fallunt, et illinc sub colore benignitatis imo quasi consulendi se ingerunt. *Cibus earum* fiunt, dum eos sibi incorporare contendunt. Et exinde filia populi conteritur, dum non rationis filius, qui, juxta Apocalypsim, ad thronum Dei perducitur (*Apoc*. XII, 5), sed vulgaritatis intimæ instabilis filia indesinenter obruitur.

CAPH.

VERS. 11.— « Complevit Dominus furorem suum, « effudit iram indignationis suæ, et succendit ignem « in Sion, et devoravit fundamenta ejus. » Caph, interpretatur *operatio*. Quæ operatio non nisi præmissæ iniquitatis quidam effectus dicitur, sicut ex peccato peccati pœna efficitur. Unde *furorem suum Dominus* complet, ut qui peccato irascebatur, ex furore jam sententiam pœnæ irroget. *Iram indignationis suæ* effundit, cum tentationis miseram conscientiam ludibriis exponit. **259** *Ignem in Sion* succendit, cum carnis petulantiæ flammas in mente, quæ Deum speculari consueverat, ingeri Deus sinit. *Fundamenta ejus* devorat, cum subsistentiam totius bonæ intentionis absumit et abrogat.

LAMED.

VERS. 12. — « Non crediderunt reges terræ et « universi habitatores quoniam ingrederetur hostis « et inimicus per portas Jerusalem. » Lamed, dicitur *cor servitutis*. Cor servitutis intelligitur intelligentia, quæ non ex ratione, quæ imperat, sed ex sensualitate, quæ servit, habetur. *Reges terræ* sunt rationales motus, qui omnia nostra terrena disponunt. *Terræ habitatores*, membra sunt nostra super terram, vel quælibet corporeæ habitudines. Hi non credunt *quoniam per portas Jerusalem hostis et inimicus* ingrediatur, quia, ex veterimentis quiete jam desides non arbitrabantur quod per sensualitates visioni pacis quondam dedicatas, hostis antiquus, et post cum inimicitia naturalis appetitus suggerere quidpiam attentaret.

MEM.

VERS. 13. — « Propter peccata prophetarum « ejus et iniquitates sacerdotum, qui effuderunt in « medio ejus sanguinem justorum. » Mem, *viscera*. Et quid sunt *viscera*, nisi ipsa cogitationum intentio, quæ, sicut viscera in corpore, ita sub cogitationibus latet in mente? Unde et Apostolus sanctum Spiritum vocat cogitationum discretorem et intentionum (*Hebr.* IV, 12). Pœnæ ergo interioris intentio, *peccata* sunt *prophetarum, et iniquitates sacerdotum. Sacerdotum,* id est rationalium motuum, qui nos salubriter ductitare debuerant, iniquitas est, quod inter impetum carnis et spiritus non æque judicant. *Prophetarum* vero, id est providentiarum, *peccata* sunt, quod sibi non futuri sæculi pœnas aut præmia prospiciunt, sed quælibet, quæ fortuitu suboriri queant, sibi in præsenti fastuosa promittunt. Hi *sanguinem justorum in medio ejus* effundunt, cum ea quæ intra se naturaliter justitiæ convenire potuerant, in peccata convertunt.

NUN.

VERS. 14. — « Erraverunt cæci in plateis, polluti « sunt sanguine. — Cumque non possent, tenuerunt « lacinias suas. » Nun, dicitur *pascua eorum. Pascua eorum* sunt quidquid in mundo eis suppetit curarum. Unde errant *cæci in plateis,* quia sub nullo discretionis lumine sæcularibus se inspersere negotiis. *Sanguine* polluuntur, cum inter ea nulla non contagione criminis inficiuntur. *Cumque* eis peccare non suppetit, *lacinias suas tenent,* quia nunquam esse absque peccandi intentionibus sustinent. Sicut enim lacerna laciniis, sic cura forastica innectitur intentionibus pravis.

SAMECH.

VERS. 15. — « Recedite, polluti, clamaverunt eis: « Recedite, abite, nolite tangere. Jurgati quippe « sunt, et commoti dixerunt inter gentes : Non « addet ultra ut inhabitet in eis. » Samech, dicitur *audi.* Plane petuntur ut audiant, quibus sanguine polluti clamatur ut a sua pollutione recedant. Sunt autem qui clamant aut divina verba, quæ intonant, aut intellectualitates, quæ quod improbe fit naturaliter objurgant. Recedunt si a perversa exsecutione se subtrahunt, abeunt si ab intentionum vanitatibus resipiscunt. Tangere vetantur, cum affectum illo non intorquere jubentur. *Jurgati sunt,* qui ex divini perceptione eloquii contra suam vecordiam rixas in animo conceperunt. Commoventur, cum in ipsa sua disceptatione turbantur. Unde ad studia veterna mox reflexi dicuntur, id est proponunt, quod *inter gentes* eos non inhabitet, possessas videlicet semel a tot criminibus mentes nequaquam Deus ulterius mansurus intret.

PHE.

VERS. 16.—« Facies Domini divisit eos, non addet ut « respiciat eos, facies sacerdotum non erubuerunt, « neque senum miserti sunt. » Phe, interpretatur *os.* Os autem nil aliud est quam ipsa quæ sibi jungitur *Dei facies. Facies,* inquit *Domini divisit eos,* quia dum in illa interiori contentione istinc pœnitentiæ lacrymas, illinc mundiales lascivias sua sibi in mente præsculpunt, quasi ante superni Judicis se ora constituunt, et sanctæ conversationis difficultate perspecta, quasi ab ore Dei ad proposita laxiora se referunt. Et quia ex deliberatione sic ad peccata feruntur, nequaquam addit Deus ut per illationem pœnitudinis respectentur. *Facies sacerdotum non erubuerunt,* cum rationi cum Deo se monenti impudenter restiterunt. *Neque senum miserti sunt,* cum maturo aliquoties statui, et peccata fastidienti incentiva etiam peccandi obtulerunt.

AIN.

VERS. 17. — « Cum adhuc subsisteremus, defece« runt oculi nostri ad auxilium nostrum vanum, « cum respiceremus attenti ad gentem, quæ salvare « nos non poterat. ». Ain, dicitur *fons,* vel *oculus.* In fonte vel oculo, itidem intentio accipitur, de qua emergunt cuncta quæ mente concipimus. Unde *cum adhuc* subsistimus, id est post Dei desertionem cum pro sola sæculi honestate a criminibus nos continere disponimus, *oculi nostri ad auxilium nostrum vanum* deficiunt, cum intentiones nostræ fragili subsidio innisæ subito emarcescunt. Brevi enim se continet, non Deus, sed Ægyptus auxilium præbet, imo manum innitentis sibi perforat, quæ non solum salvare non potest, sed ipsum suum opus coram Deo imprudenter addamnat. Sed videndum, in his duobus posterioribus 260 alphabetis, quiddam quod a prioribus discrepat, et certum utique quod non abs re fiat. Duo nempe characteres in his ulterioribus *Phe* scilicet, et *Ain* præposterantur, quæ in prioribus *Ain* videlicet ante *Phe* ordinate locantur. Et dixisse me recolo quod in hac lamentatione quaterna quatuor peccandi portendantur genera. Porro in duobus, penultimo utique et ultimo, consensus intelligitur ac operatio, sicut in duobus prioribus suggestio et delectatio.

In primis igitur *Ain* ante *Phe* ponitur, ut per hoc innuat quia in suggestione et delectatione mens suum ordinem non excedat, dum intentio qualecunque opus ipsius delectatiunculæ præcedere videatur. At postquam consensus et operatio in mente successerint, ibi oculus pravæ providentiæ cessim vadit, quia mens universa in externos affectus evadit. Quid enim ibi facit intentio, ubi ipsa postposita jam sævit actio? Consensus plane quædam exhibitionis est portio, quod habes ex Evangelio de juvene extra portam elato (*Luc.* VII, 12). Est ergo in consensu et opere justa ordinis litterarum mutatio, ut ibi nimirum subsidat intentio, quo operis mens universa se præmisit in studio. Porro triplicitas quæ in tertio alphabeto præponitur characterum, nil aliud est quam instructio sacri eloquii ad munimen cogitationis, locutionis et operum; hæc enim necessaria est triformiter ad restrictionem lapsum. Sicut enim verecundia ante casum utilis est, post casum vero sanctæ confessionis obstrusio est, sic intentio ante peccatum multa circumspectionum cura indiget, postquam vero in perversum transit opus, deses et pene nulla remanet, quia quo intendat, postquam satis suæ fecerit voluntati, non habet.

SADE.

VERS. 18. — « Lubricaverunt vestigia nostra in « itinere platearum nostrarum, appropinquavit finis « noster, completi sunt dies nostri, quia venit finis « noster. » Sade, *justitia;* quæ refertur, sicut superius, ad justa Dei judicia. Qui respexerant *ad gentem,* id est ad humanæ circumspectionis astutiam, *quæ eos salvare non poterat,* modo lubricasse *vestigia sua in itinere platearum* dicunt, cum labefactari affectiones suas per sollicitudinum sæculi disquisitiones attendunt. *Finis* eorum appropinquat, cum peccatum consummatur in opere, quod animus destinarat. *Dies* eorum complentur cum virtutes consumuntur. Et hoc, quia venit finis omnimodæ scilicet mentium destitutionis.

COPH.

VERS. 19. — « Velociores fuerunt persecutores « nostri aquilis cœli; super montes persecuti sunt « nos, in deserto insidiati sunt nobis. » Coph, *conclusio.* Plane concludimur, cum vitiorum frequentia coangustamur. Unde *velociores aquilis cœli persecutores nostri* sunt, cum carnis incentiva, quæ nobis naturaliter incumbunt, ex ipso consuetudinis usu, ipsis etiam dæmonibus rabidiora sunt. Aquilæ enim pro sua rapacitate id significant. *Super montes nos persequuntur,* cum in ipsa superbia nostra nos demoliuntur. *In deserto* insidiantur, cum nos a Deo desertos ob nostra facinora aucupantur.

RES.

VERS. 20. — « Spiritus oris nostri Christus Do« minus captus est in peccatis nostris. Cui diximus: « In umbra tua vivemus in gentibus. » Res, dicitur *spiritus. Spiritus* autem *oris nostri,* intelligentia est cordis nostri. *Os* enim pro *corde* ponitur, ut est: « Os justi meditabitur sapientiam (*Psal.* XXXVI, 30); » et : « Voluntaria oris mei beneplacita fac (*Psal.* CXVIII, 108). » *Iste Spiritus* Christus Dominus dicitur, quia et ungi a Deo ei specialiter attinet, et dominari eum non minus decet. Is *in nostris peccatis* capitur, cum eorum superveniente servitio ab arbitrii sui libertate privatur. *Cui dicimus,* id est, ascribimus quod sub umbra ejus vivere possimus *in gentibus,* quod videlicet sub imagine rationis, non in azymis sinceritatis, sæculari videlicet illa, de qua supra diximus, cautela nos inter vitia palliare queamus.

SIN.

VERS. 21. — « Gaude et lætare, filia Edom, quæ « habitas in terra Hus. Ad te quoque perveniet « calix, inebriaberis, atque nudaberis. » Sin, dicitur *vita.* Gaudere ergo et lætari filia Edom præcipitur, dum terrena mens in præputio, et carnis suæ sepulta deliciis viciniora salutis offendit, et ad vitam respirandi corporis et animæ, pro quo utroque gaudere et lætari jubetur, causas incidit, cum veniens ad Babylonem ibi liberari incipit. Edom enim *terrenus* dicitur. *Edom* autem *filia* affectio est carnali mente progenita, hæc habitat *in terra Hus,* quæ interpretatur *festina,* ac peccatum utique præ-propera : Non enim invenitur ab Apostolo in hac terra, id est carne bonum (*Rom.* VII, 18). Ad hanc quoque pervenit *calix,* quia sicut rationem, ita et affectum ex pudore peccati sententia bonæ respirationis intercipit. Inebriatur, cum a veterum malorum conscientia et consuetudine absentatur. Nudatur, cum piæ confessionis veritate retegitur.

THAU.

VERS. 22. — « Completa est iniquitas tua, filia « Sion, non addet ultra ut transmigret te. Visitavit « iniquitatem tuam, filia Edom, discooperuit pec« cata tua. » Thau, interpretatur *erravit,* vel *consummavit.* Error enim vere consummatur, cum ipse etiam affectus, qui ad malum proclivior est, de suo errore suffunditur. Cum ergo affectus, *filia Sion* nimirum, intellectualitatem non transmigrat, id est a recto statu non distrahit, iniquitati profecto ejus finem indit. *Iniquitatem* ejus *filia Edom* visitat, cum ex eo quod interiores motus non æque dijudicat, etiam fastidium carnalis appetitus valde insinuat. Nisi enim fastidiret peccata sua, et illius non discooperiret.

ORATIO JEREMIÆ PROPHETÆ.

VERS. 1. — « Recordare, Domine, quid acciderit « nobis, intuere et respice opprobrium nostrum. » Recordatur Deus *quid nobis acciderit,* cum lapsuum nostrorum recordari nos facit. *Opprobrium nostrum* intuetur, cum illud, quo majus nihil est, defectum nostrum a Deo perpendere aut dolere hortatur. Unde et septem mulieres in Isaia : « Aufer, inquiunt, opprobrium nostrum (*Isai.* IV, 1). » (VERS. 2) « Hæ« reditas nostra versa est ad alienos, domus nostræ « ad extraneos. » *Hæreditas nostra,* corpora nostra sunt, quæ mitibus sub specie terræ in possessionem promissa sunt. Hæc *ad alienos* vertitur, cum vitium quodlibet ea abutitur. *Domus nostræ* ad extraneos vertuntur, cum nostræ conscientiæ ad eos, qui nihil juris in nobis, nisi ex nostra proditione habent, scilicet dæmones, intorquentur.

VERS. 3. — « Pupilli facti sumus absque patre, « matres nostræ quasi viduæ. » *Absque patre* fuimus, qui diabolum, qui secundum veram essentiam esse desiit, patrem habuimus. De ipso enim legitur: « Habitent in tabernaculo ejus socii ejus, qui non est (*Job.* XVIII, 15). » *Matres nostræ quasi viduæ,* Deo, qui vere solus est, carentes conjuge.

VERS. 4. — « Aquam nostram pecunia bibimus, et « ligna nostra pretio comparavimus. » *Aquam* suam *pecunia bibit,* qui vapidum statum suum, et spiritualis vini calore alienum impensa pecuali stoliditate coemit. Pecunia enim *a pecoribus* dicta est, quia de pecorum fieri solebat tergoribus. Ligna nostra *pretio comparavimus,* cum insensibilitatem, et meruebidos animi et corporis habitus dato pretio totius rationalitatis acquirimus.

VERS. 5. — « Cervicibus minabamur, lassis non « dabatur requies. » Cervice minatur, cui superbia dominatur. Cervicosos enim superbos dicimus. *Las*-

sis *requies non* datur, cum laborantibus, juxta Evangelium, et oneratis refectio internæ requiei nulla conceditur (*Matth.* xi, 28).

VERS. 6. — « Ægypto dedimus manum, et Assyriis, ut saturaremur pane. » *Ægypto dat manum, qui mundo attribuit operationis suæ studium. Assyriis idem dat, qui curialitates, et nomina vana sibi conciliat*; hoc enim Assur, qui *nula* dicitur, ex honorum aulicorum fasce designat. Et hoc sit, *ut pane saturentur*, terrena videlicet ad tempus jocunditate lætentur.

VERS. 7. — « Patres nostri peccaverunt, et non « sunt; et nos iniquitates eorum portavimus. » *Patres nostri sunt, quorum imitamur exempla, qui peccant, et ideo non sunt, quia a vera exterminantur essentia.* Nos iniquitates eorum portamus, quia gravi ultione ferimur, qui nequaquam peccati alieni pœna corrigimur. « Septies enim ultio dabitur de Cain, de Lamech vero septuagies septies (*Gen.* iv, 24). » (VERS. 8) « Servi dominati sunt nostri, et non « fuit qui redimeret de manu eorum. » *Servi vitia sunt, si causa pro effectu ponatur, quia servos nos faciunt.* » Qui enim facit peccatum, servus est peccati (*Joan.* viii, 34). » *Non fuit qui redimeret de manu eorum*, quia verum esse non habuit, et quasi Dei intra se subsistentia caruit intellectualitas, quæ liberos exinde facere non potuit.

VERS. 9. — « In manibus nostris afferebamus pa« nem nobis, a facie gladii in deserto. » *In manibus nostris panem nobis afferimus, cum ex operum nostrorum studiis pabulum nobis alicujus mundanæ prosperitatis exigimus. Et hoc a facie gladii in deserto*, id est urgente necessitate peccati, in quo ejus refectione subtracta deserimur a Domino. *Gladius enim peccatum est.*

VERS. 10. — « Pellis nostra quasi clibanus exusta « est a facie tempestatis famis. » *Pellis nostra affectus noster est, quod sicut cutis in corpore, citius lædatur in mente. De multis enim malis afficimur, quæ voluntate horrescimus, sic enim hæc duo discernimus, quia et bona ex ratione volumus, de quibus non afficimur. Hæc pellis quasi clibanus exuritur*, tanto furiosus ardens quanto in morem clibani magis occluditur. *A facie tempestatis famis exuritur*, cum ab instantia internæ intemperiei, quæ famem verbi Dei parturit, conflagratur.

VERS. 11. — « Mulieres in Sion humiliaverunt, « et virgines in civitatibus Juda. » *Mulieres in Sion humiliant*, cum ubi bonæ voluntatis aliqua fecunditas arridebat, status conscientiæ subjugant. *Virgines in civitatibus Juda* pariter humiliantur, cum illa, quæ post peccatum sola residet medicina, confessio scilicet, intra conceptacula mentis, sterilitate damnatur.

VERS. 12. — « Principes manu suspensi sunt, fa« cies senum non erubuerunt. » *Principes manu suspenduntur,* cum sensualitates nostræ a concupiscentiæ carnalis effectu, non desiderio, sed inopia possibilitatis arcentur. *Facies secum non* erubescunt,

cum maturiores animi habitus, qui aliquoties pudoratius sentiunt, sensuum levitates irrumpunt. Facies autem pro præsentia vel cognitione in Scripturis solere accipi nulli dubium est.

VERS. 13. — « Adolescentibus impie abusi sunt, « et pueri in ligno corruerunt. » Tunc adolescimus, cum ad aliquot mentis robur excrescimus. Sed hac adolescentia impudice abutimur, cum bonarum artium valetudinem in contrarias 262 fortitudines commutamus. Quod sæpius experimur, dum quos perspicaces olim Deo cognovimus, astutiores sæculo impudentissime jam videmus. *Pueri in ligno* corruunt, cum hi, qui nihil virium et subtilitatis attigerant, nimio flagitiorum usu impudentiæ et insensibilitati sese addicunt.

VERS. 14. — « Senes de portis defecerunt, juve« nes de choro psallentium. » *Senes de portis* deficiunt, cum intellectualitates quibus descriptio est insita animorum, in interni examinis censura succumbunt. In portis enim urbium exerceri solebat reipublicæ solemne judicium. *Juvenes de choro psallentium* pereunt, cum vivaces solertiæ a bene agendi unanimitate desciscunt.

VERS. 15. — « Defecit gaudium cordis nostri, « versus est in luctum chorus noster. » *Gaudium cordis nostri* deficit, cum testimonium conscientiæ, quod est gloria nostra (*II Cor.* i, 12), in nobis obsurdescit. *Chorus noster in luctum vertitur*, cum benevolentia animi sibi concors operibus luctu dignis involvitur.

VERS. 16. — « Cecidit corona capitis nostri. Væ « nobis, quia peccavimus! » *Corona capitis nostri* cadit, cum totius nostri præmii spes, si quia quondam bona fecimus, inanescit. Victoribus enim antiquitus corona dabatur, sed victoria nulla est, quæ defectu cassata est.

VERS. 17, 18. — « Propterea mœstum factum est « in dolore cor nostrum, ideo contenebrati sunt « oculi nostri. Propter montem Sion quia disperiit, « vulpes ambulaverunt in eo. » (Quod est dicere : Quia a corona destitimus, et ad væ ob peccata devenimus, propterea mœstitiam ex quotidiani casus mordaci suspicione incurrimus, ideo ad alicujus futuri boni prognosticum exspectationes nostræ cæcutiunt, dum se pii meriti spes nullæ objiciunt. Et hoc fit *propter montem Sion,* quia disperiit, propter excellentiam videlicet, quæ olim imbuta mens fuerat divinæ speculationis, quæ propter ingruentia menti vitia obliterari commeruit. Sion enim *in speculum* vertitur. In hoc monte *vulpes* ambulant, quia istam perfunctoriam sanctitatem dæmonum calliditates et tenebrarum facta conculcant. Animal enim subdolum est, et quod cuniculis delectetur.

VERS. 19. — « Tu autem, Domine, in æternum « permanes, solium tuum in generatione et genera« tionem. » Ac si dicat : Horum momentanea sanctitas evanuit, sed *tu*, id est tui, tibi videlicet incorporati, non temporarie, sed æternaliter tibi obsecundare deliberant, et hi, quibus ac si in solio præsidere et regnare dignaris, non solum in hac, qua tibi nascuntur præsenti generatione, sed etiam in illa hujus sæculi subsecutiva regeneratione, famulatum perpetuant.

Vers. 20. — « Quare in perpetuum obliviscèris « nostri, derelinques nos in longitudinem dierum? » Si tu, inquit, tuis hæc impertiris electis, ut hic et in posterum tui eis indivisibilitatem largiaris, nos, quos a te desipere vides, et resipiscere facere potes, quare hic perpetuum tibi serviendi affectum, et illic diuturnitatem inexplebilis lucis aufers? Vox est eorum qui de sua salute hæsitant.

Vers. 21. — « Converte nos, Domine, ad te, et « convertemur, innova dies nostros sicut a princi« pio. » Certe, inquit, si tu gratiam conversionis nobis inspirares, procul dubio nil possemus nisi ad te sicut et illi converti. *Innova ergo dies nostros sicut a principio*, id est eam claritatem pii desiderii, quæ jam deambulacra vulpium facta est, in nobis repara, ut fas sit redire ad dulcedinis atque lætitiæ quondam expertæ principia. Sed tu pe. bstinationem nos repellis, et te iratum irremediabiliter ostendis.

Quoniam tandem emenso pertimescendi laboris opusculo per immensas mysteriorum voragines sermo noster enatavit, securrissimo ausu dicam quia, in tam horrendi transmissione sali, solum Deum remigem et nauclerum habuerim. Testor enim ipsum, intra cujus portus anchoram meæ intentionis appulerim, quod ab ipso exordio totius hujus stadii in tantum ingenii mei acumen hebuerit quoties aciem animi ad hæc vestiganda tetenderim : ut nisi ad ipsum, cujus vultus lumen cordi nostro insignitur lacrimabiliter respectarem (quippe qui bona conscientia id me arripuisse cognoscerem) cum magna procul dubio ab eo quod cœperam confusione desisterem. Sed infinitas super hac experientia, Deus, grates, qui sic nos tuo munere imbuis, ut nos nullo modo lateat quid ex te, quid sapiamus ex nobis.

EPILOGUS.

Quoniam ergo hujus æstuantissimi freti qualemcunque Deo ductore portum attigimus, ad te (18) tandem in quo totius sinceritatis judicium præeminere non ambigo, quasi in solidissimo littore commercia nostra, magnis cordis et corporis coempta sudoribus, magister reverende, deponimus. Nec enim te improvide eligimus hujus nostræ supellectilis appretiatorem, immo vigilantissimum discussorem, cui prorsus insolitum scio, sine omnimodæ æquitatis intuitu censoria quempiam jaculari sententia, cujus nimirum operis gressus indesinenter præcurrere consuevit intellectualis consilii palpebra. Non absurde, inquam, tuis præsens opusculum disquisitionibus appulisse decreverim, præsertim cum indubitanter agnoverim neminem super interioris hominis statu in cunctis nobis contiguis regionibus majorem discretionis obtinuisse vim. Nec id injuria. Quid enim spirituale nescias, cum in hujus examinatione te indesinenter exerceas? In his tractatibus noctem diei continuas, in hujus contemplationis radio, totius interni habitus delectatione conspiras. Quod si ad animales, quorum copia est infinita, magistros, et qui suis dignoscuntur sensualitatibus irretiti, aliqua spiritualiter sensa proponerem, studium plane meum eorum lentitudine considerata gravissime examinarem.

Ad te igitur, qui spiritualiter cuncta examinas et a nemine judicaris, securus intendo, quia ad liquidum universa, et his majora non penetrare non poteris; cum nihil sit aliud quam divinum et spirituale quod vivis. Si qua ergo istic corrigenda perpendis, consilio cum Scripturis, quarum tibi non infrequens usus exstat, communicato, nequaquam corrigere dedigneris, sciens indubie quia non ingratum me ullo modo reperies, si qua inibi obliteranda, vel potius immutanda notaveris. Cæterum ad litteram nihil me dixisse nolo mireris, quia quod B. Hieronymus satis superque elucidasse in promptu est, id ipsum repetendo schedulas implere supervacaneum procul dubio mihi est. Quæ ergo pro captu meo, bona Deo, ut credo, indigno peccatori aspirante, intentione peregisse me memini, non tantum tua lectione quam oratione firmanda et auctorizanda transmisi.

---

(18) S. Norbertum alloquitur Auctor.

EXPLICIT TROPOLOGIARUM LIBER QUINTUS ET ULTIMUS.

VEN. GUIBERTI ABBATIS
TRACTATUS DE INCARNATIONE
CONTRA JUDÆOS.

AUCTORIS EPISTOLA NUNCUPATORIA.

264 Patri et domino sanctæ Suessionensis Ecclesiæ decano BERNARDO indignus admodum prænomine suo.

Petitionem tuæ sanctitatis biennio distuli, sed jam nunc nescio si digne paruerim. Fateor enim tibi Dominum, quem communem testor, multum me hujus postulationis puduit, dum tuam de me opinionem majorem sentio quam merui. Scientiæ enim imbecillitatem expaveram, et dum inexperta, et quæ Gregorios Hieronymosque terrere poterant, exigor, sub assumpto turpiter fasce veritus casum, quantum licuit, urgentem te dilationibus hucusque suffugi. Inauditas plane et male subtiles quæ nostræ intenduntur fidei controversias refellere, perspicacissimi animi postulat puritatem. Dominicæ namque Incarnationis illa sinceritas oculo vestigatur nonnisi a quibusdam imaginationibus lautiore, quibus cum me noverim acerrime præpeditum, nimirum valde cum id aggredi cogerer, æstuabam.

Si enim id facerem, et res vilipensioni pateret, (cogitabam secundum hominem) hoc mei honoris posse fieri detrimentum, imo, quod magis verendum est, tepide tractare de talibus Ecclesiæ poterit officere documento. Attamen pensans quod tantopere orationem præmittere me rogasti, ad eum qui omnia mea hactenus cœpta juvisset, cor appuli, demumque, si qua possem, super tuo negotio elaborare tentavi. Si quid in eo bene potui, in hoc tibi ascribo, quia tuæ summæ humilitati humiliter obtemperare proposui. Cum puer essem et sub pædagogo agerem, accidit me quasdam admodum sæculares litterulas dictitasse (19); quod cum magister idem ægre tulisset, dormienti astitit cano persona capite, dicens : Volo mihi rationem de litteris reddas, verumtamen manus quæ scripsit non est illius personæ quæ scripsit. Quod cum esset mihi ab ipso relatum, animadverti quod aliquid mihi internæ lucis impenderet Deus, ut manus mea piis serviret operibus.

LIBER PRIMUS.
DE CONCEPTIONE FILII DEI INTRA VIRGINEM.

CAPUT PRIMUM.

Cur tractatum fuerit aggressus rationem reddit auctor. Tolerabile utcunque est, cum ab his fidei nostræ detrahitur qui ejus nequaquam dogmata susceperunt. At cum hi qui Christi reconciliati videntur gratia adversus eamdem controversiarum dentes et linguæ macheras exacuunt, omnium bonorum animi pie æmuli tali auditione tabescunt. Etsi Judaica inertia de Filii Dei intra Virginem conceptione submurmurat, nimirum res est inolita genti, et pudendum quiddam sibi æstimat incuti, cum a suis Deum, qui sibi Salvator advenerat, progenitoribus traditum audit cruci. Porro Christianus, qui hoc ipso censeri nomine non refutat, qui, quamvis miser et tepidus, ecclesias tamen intrat (20); altaria aliquoties et sacerdotes honorat, dum Eucharistiæ fidelium et peccatorum confessioni communicat (21); qui Dominicæ memorias passionis adorat, et interdum etiam eleemosynarum largitiones affectat. Is, inquam, quare Judaicis sermonibus se inclinat? Quare eorum adversum nos contentiones assumit ac roborat? Susurria eorum qui per se grunnire non audent, suo, quo Deo judice brevi florebit, potentatu sustentat; et quod illi in faucibus vix loquuntur, iste promulgat, et, o mirum! verborum suorum superstitionis arguitur, ægre fert, vix tolerat, sese Christianum inclamitat. Et quis furor est, ut qui Judæum aut paganum se haberi aut vocari respuit, eorum cæremonias tueatur, et instituta defendat, in leges odium Christianas exerceat, imo idipsum vituperet quod adorat? Dum cum Judæa quadam facetissima de hoc ipso colloquerer, extremæ, ait, dementiæ est sui quas dicit Salvatoris imagines hominem adorare, et idem mox quod adoravit, postquam recesserit, subsannare.

Plane hunc non incongrue Neutericum novo vocabulo dicam, qui neutrum sectatur, dum ea quæ

---
(19) De his fuse in Vita sua.
(20) Joannem hic comitem Suessionensem intelligit.
(21) Vita Guib., lib. III, cap. 15, infra.

laudat jura non prosequitur, et quæ videtur prosequi Christiani studii jura non laudat. Haurit ergo homo nequissimus ex Hebræorum confabulatione verba nefaria, et quæ sint nostræ pudicæ fidei non modo dictu, sed vel auditione gravissima. Certe credideramus hactenus, quia legeramus Virginem illam unicam, sine exemplo Deiferam, in universo mundo intermisisse pravitates hæreticas. Sane ex ea Natus capita confregit inimicorum suorum (*Psal.* LXVII, 22), ipsa sunt capita draconis dati in escam populis Æthiopum (*Psal.* LXXIII, 14). Et unde huic valentissimæ dominæ accedet impotentia? quin etiam conterat verticem capilli in delictis suis perambulantium (*Psal.* LXXVII, 22). Quisquis contra Virginis partum disputat, in Spiritum sanctum blasphemat. Nemo autem sanus dubitat quin felix eadem fuerit Spiritu sancto fecunda : non est ergo blasphemia hæc remissiva.

Audieramus beatitudinem mundicordium, quod hujusmodi visuri sint Deum (*Matth.* v, 8). Joannes, qui nemini secundus in natis est mulierum; solvendæ calceamenti Jesu corrigiæ se profitetur indignum (*Luc.* III, 16). Hi agni carnes coquunt aqua, et fœde nimium ab eis dissipatur calceamenti corrigia, qui genituram Salvatoris discrepare non æstimant ab aliis, nec habere mysteria. Omnium a sæculo sanctorum, et qui ante gratiam prævidere fiendum, et sub gratia tractavere de facto, super hujus considerationem sacramenti puritas intellectualis emarcuit. Ubi etsi scintillam momentaneæ intentionis pius quilibet contemplator habuit, ad id tamen quod comprehendi non poterat, oratione caruit. Meritoque super hoc hominum perspicacitas siluit, ubi totius eorum naturæ exemplum defuit. Ad hoc itaque capiendum nulla subtilitas spiritualis evaluit : *Generationem enim ejus*, ait propheta, *quis enarrabit* (*Isa.* LIII, 8). *Nunquid* etiam *dicet homo : Homo natus est in ea, et ipse fundavit eam Altissimus* (*Psal.* LXXXII, 5).

Si ergo nulli mundicordes, si nec uterinus cognitor Baptista Joannes, si neque propheta, neque apostolus quidpiam super tanto præsumpsere negotio, quid sapiet, precor, animus, impudicitiis enormibus sordens, apud quem flagitiosa commercia nihil residui habuerunt? Si Paulus nec ad tertium raptus cœlum ausus est quidquam tale, optime congruit modo de his hominem turpissimum disputare? Si ipse ex affectu laudaret, laus ejus in se deficeret ; in ore enim peccatoris nequaquam speciosa laus esset (*Eccli.* XV, 9), ne dum omnium spurcissimus cum nostræ exordia salutis exprobret, et partus cœlo ac terra digniores infamet. Dissererem de ejus genere et moribus, nisi mihi per sequentia sese largior aperiret locus. Certo autem nobis constat certius quia continuis ingentium facinorum libidinumque motibus in supremæ hujus blasphemiæ venit casus. Sed jam aliqua maledictorum ejus proponamus, quibus, quia ex putidissimo Judæorum fonte prolata sunt, ita respondeamus ut impuri dogmatis susurrones cum

A suo promulgatore claudamus. Mariæ vero erit, si sui supplices secundos exitus habeamus.

CAPUT II.
QUÆSTIO JUDÆI.

« Nullus, inquiunt, nisi qui desipiat, credit Deum « ad uteri feminei sese dimittere voluisse vilitatem, « et consuetudinarii incrementis pertulisse moras. « Illud potissimum horrori est ut is, qui Deus diceretur, per mulieris virginalia funderetur. Isdem « quoque natus, cum non dissimilia humanitati « membra haberet, et feminalibus usus est, et edendi « ac bibendi necessitati subjacens, his etiam quæ « consequuntur ærumnis addictus est. Unde prorsus « ridiculum est ut is talis Deus habeatur qui in nullo « a miseriis discrepare communibus videatur. Porro « si dicatur quia de Virgine natus fuit, falsissimum « est, quia homo, tanta infirmitate depressus, contra leges naturæ nasci non potuit. Maximum denique huic sententiæ robur accessit quia cum latronibus ipse et latronum morte decessit. Et unde « malum se potuit resuscitare, qui non prævaluit « tam putendi exitii facta vitare ? »

Hæc ille. Nos autem :

SEQUITUR QUÆSTIONIS SOLUTIO.

Deus incomprehensibilis, continens et implens omnia, corporalibus pollui non potest. — Deus, cui nullus similis, ne sileas neque compescaris (*Psal.* LXXXII, 2), sed imple faciem ejus ignominia (*Ibid.*, 17), qui minuit nomen tuum. Mihi enim nihil attinet de his qui foris sunt judicare (*I Cor.* v, 12). Quæramus tamen ab utrisque Deum incircumscriptum omnia regentem credant, nec ne. Si dicant eum aliqua, licet magna, corporalitate finitum, et ac si senem gloriosum ex Danielis libro majestative confingant, quod dicere sunt soliti, quoniam oculos et aures, manus, uterum et pedes Dei ubique Scripturarum reperiunt (*Dan.* x, 6) : et nos pariter nescio quam avem eum dicemus, quoniam alatus legitur et volasse, ut est : *Sub umbra alarum tuarum protege me* (*Psal.* XVI, 8). Et : *Filii hominum sperabunt sub alarum tuarum tegmine* (*Psal.* XXXV, 8). *Ascendit quoque super Cherubim, et volavit* (*Psal.* XVII, 11). Quod si quemquam eorum dicti hujus pudeat, et Deum incomprehensibilem, ut est, esse concedat, respondeat mihi an is, qui ubique totus est, et universaliter quæ creavit adimplet, corporalibus, quæ in mundo sunt, aut etiam spiritualibus immunditiis polluatur ? Totus enim ubique omnia continet ac implet, ut diximus. Quod si dicat, quod et verum est, naturam illam impenetrabilem alterius non posse naturæ diversitate fœdari, consequenter inferimus quia nec Deus potuit aut debuit, aut sua, aut materna, humanitate gravari.

INTERROGATIO.

Deus creaturas condidit bonas. — Subinde interrogatio subsequatur : Utrum bona an mala Deus fecerit quæ creavit ? Haud dubium plane quin bona et valde astruat (*Gen.* I, 31). Licet enim post hominis creationem solita Moyses verba tacuerit scilicet *Deus vidit quod esset bonum* (*Gen.* 1, 10), quod constat non sine mysterio factum, tamen esset omnimoda absurditate plenissimum, si humiles creaturæ hominum subsidio factæ, valde dicerentur bonæ, et is qui ad Dei imaginem est conditus inferior fieret bonitate. Imo valenter excellit; nam præpostere Conditor ordinasset, si bruta intellectualibus prætulisset. Si ergo bona a Deo est condita natura mortalium, quod utique est, quid aspernaris quod creaturæ conditionaliter bonæ pius auctor illapsus est?

De originali peccato. Circumcisio et sacrificia per fidem profuere Judæis. — Quod, si de originalis peccati contagio, de quo tamen apud Judæos silentium est, agitur, dicemus quia quiqui hoc remedio eguerunt, fide sua potius, ut parentum, quam circumcisione, seu cæremoniis mundati sunt. Verbi gratia, feminæ apud Judæos quondam fideles recens natæ et mortuæ, nec etiam ad templum cum hostiis delatæ, nunquid iere perditum? Certe fides non per sacrificia, sed sacrificia valuere per fidem; et locus in feminis circumcisioni non erat. *Respexit enim Deus Abel, inde* [al., *et ad*] *ejus munera* (*Gen.* IV, 4). Ergo quicunque vel in circumcisione, seu præputio, tunc temporis salvabantur, fide meruerunt sua parentumve salvari. Non immerito itaque in Actibus apostolorum dicitur : *Fide mundans* [al., *purificans*] *corda eorum* (*Act.* xv, 9) : licet nostris hostibus confutandis, hæc minime susceptibilis apud ipsos nequaquam Scriptura conveniat. Sine fide etiam in baptismo cætera sacramenta cassantur. Virgo igitur paritura Deum, fide sibi munditiam, ubi Deum susciperet, comparavit. Sed jam ad susceptam seriem redeamus.

CAPUT III.
QUÆSTIO SEQUITUR.

Creditur a vobis Deus omnipotens. Et certe omnipotens non fuit, si ad hominem, quem bene fecerat, pro redimendo suscipiendum pietate duci non potuit. Peccare enim, est impotentia; pietate superari, potentia. In hac enim quam dicitis infirmitate plus potuit. Fecit enim quod debuit. Specialiter sane Deus misericordiarum debitor est. Cur nobis non proponitis quod vos continua murmurationum, et querelarum obstinatione rebelles, quasi aquila pullos in deserto circumtulit, multimoda idololatriarum repetitione damnatos in terra promissionis tamen fovit. In lege et prophetis vestris non modo misericors, quod est in natura, aut miserator, quod est in efficientia, sed ipsa essentialis misericordia vocitatur, etsi ipse aliter se egisset, seipsum profecto negasset.

Dicitis igitur quia feminei ventris humilitas divinæ sublimitati non congruit. Quare, inquam? Quia tot sunt præsertim in sexu femineo fragilitates ut ipsa sibi plerumque natura sordescat. Et cum sibi ipsa humanitas ob frequentes quibus obsita est miserias indignetur, ignavum est credere quod his divinitas unquam implicari pateretur.

SOLUTIO.

Quare humanam Deus potius quam angelicam assumpsit naturam. — Bene sensa sunt hæc. Debuerat ergo Deus propter evitandos carnis fetores, angelicos sibi uteros præparare. Hos forsitan aptiores conceptioni ipsius poteritis judicare. Minime gentium. Non legistis quia *cœli non sunt mundi in conspectu ejus* (*Job* xv, 15). Et : *In angelis suis reperit pravitatem?* (*Job* IV, 18.) Si de dignitate agitur, nil Creatori in creatura dignum. Et cum sit tanta Conditoris puritas, ut conditorum omnium justitiæ habeant unde displiceant, illam rationalem, quæ videbatur infirmior, naturam congruentissima sibi ratione connexuit, ubi præter ullam meriti spem sola gratia dignationis apparuit. Nam si angelos apprehendisset, supparilitas quædam videri, quia incorporei sunt, ex assumptione contigua potuisset. Unde et in libris vestris, rebus crebro indignissimis comparatio divina subjicitur, ut quidquid apud homines dignius æstimatur, in Dei comparatione prematur, et ubi Deo bonis indignæ hominibus similitudines dantur, nullatenus ei conferenda quæ sunt hominibus pretiosa putentur. Hinc est : *Stridebo subter vos sicut plaustrum onustum feno* (*Amos* II, 13). Et : *Excitatus est tanquam dormiens Dominus, tanquam potens crapulatus a vino* (*Psal.* LXXVII, 65).

Fragilitas bifariam accipitur. — Quid de fragilitate causaris? hæc bifariam solet accipi. Quia et cibi, potusque, ac somni necessitas, et peccandi labilitas consuevit appellari. Plane in paradiso peccati adhuc fragilitate et morte suspensa, ex necessitate vescendi, bibendi dormiendique fragiles erant illi generis nostri principes. Quod pareret eis fragilitas illa peccatum, si contigisset non præterire mandatum? Ex libro tuo habes : *De omni ligno paradisi comede* (*Gen.* II, 16). Et: *Quia misit Dominus soporem in Adam* (*Ibid.*, 21). Hæc dicebantur ei. Hæc in eo cum esset immunis a peccato fiebant. Quid horret Deus in homine? non naturam utique, quam ipse condidit, sed malum quod homo addidit. Quod si horreret, facturam utique suam justissime detractioni exponeret. Nam si ipse quod statuit, exauctorando ac vilipendendo destituit, prævaricatorem se constituit.

Sed absistat hæc vecordia. Celeberrimum est in libris tuis Deum et filios et deos homines sæpius appellare. Ne corruptionem carnis et uteri fetores attendas. Non æstimes Deo quidpiam præter peccata fetere. Non habet Deus nares tibi pares. Legisti Noe altari post diluvium fabricato holocaustum de avibus obtulisse, et Deum odorem suavitatis hausisse (*Gen.* VIII, 21). Et quæ in tali vapore voluptas? Forsitan tu Deum æstimas nebulonem, ut patinis fumantibus delectetur, et assarum carnium flagrantiam libenter absumat. Certe sobriis hominibus idipsum quod usui præparatur, et nidor displicet coquinarum, ne dum Deo placeat putor avium exustarum. Putasne quia quod hominibus est putidum, Deo suave redoleat? Depone suillum caput, et sensum rejice carnis. Spiritualibus spiritualia compara. Deus spiritus est, et solius virtutis haurit odorem, et sola morum vitia sibi sordent. Ubi ergo Deus bona animæ universa congesserat, nullatenus in virgine fragilitatem corpusculi horrere debuerat.

CAPUT IV.

QUÆSTIO.

Pro Filii Dei incarnatione nequeunt homines dignas grates rependere. — Quis vero ex vobis potest ipsam feminam arguere de peccato ? At quoniam non suppetit unde arguatur, sola naturæ et sexus indignitas in causa est. Si Deus in propria persona ad homines descendisset, aut personam aliquam divinam, unde nescio quo modo nasceretur, sibi adhibuisset, dum sibi in nullo de sua quidquam majestate minuisset, satis mediocres ab hominibus gratias meruisset. At quia totum pro eorum se contulit salute, humilitati et gratiæ, non est quod homo possit dignum rependere. Non fuit quod hominem magis potuisset instruere.

SOLUTIO QUÆSTIONIS.

Humana specie Deus apparuit. Inde concludit haud absurdum, Deum corpus humanum induisse. — Nonne Deus in veteri tua lege sub humana specie in convalli Mambre Abrahæ apparuit ? (*Gen.* XVIII, 1.) Et qui vestiri nostra ad horam imagine unius causa hominis voluit, id facere quandoque veraciter pro suæ imaginis salute non debuit ? Tantum sane præcellere specialem debuerat utilitas generalis. Nonne illi tuo quem dicis Deo azymus panis, butirum cum vitulinis illata sunt carnibus. Deinde legitur comedisse, et discumbenti Abraham astitisse (*Gen.* 6-8). Et ne dicas angelum fuisse. Lege Deum verbo ad Abraham habito abiisse (*Ibid.*, 33); et duos angelos nominatim Sodomam contendisse (*Gen.* VII, 1). Perpende igitur Deum necdum corporatum corporalibus cibis ac potibus indulsisse. Et si tu Deum credis fuisse, nihil quantum ad humilitatem spectat, minus ego eum perpendo fecisse quam quod postmodum visus est hominem induisse. Creditur enim ille secundum opinionem tuam Deus corpus ex aere perfunctorium assumpsisse. Si ergo credis Deum incorporeum ad horam corporaliter manducasse, cur discredis pro tanto salutis humanæ negotio corpus aliquandiu suscipere voluisse. An personæ illi, licet expertissimæ fidei, pro filii denuntiatione plus debuit quam sæculorum salvationi. Porro in semine ejus benedicendæ erant omnes gentes (*Gen.* XXII, 18). Quod vos non intelligitis, quia non creditis.

CAPUT V.

Quid quod indignamini per feminæ puerperia fusum ? Cogor insolita loqui, et cum pudore maximo, sed ut B. Gregorii verbis utar : « Hanc ipse verecundiam in me reprehendo. » Qui enim tantas pii Redemptoris injurias non ægerrime fert, qui inaudita integerrimæ Matris probra non acerbissima animadversione refellit, qui hæc æquanimis audit, patet

(22) De his in Vita sua pluribus agit Guibertus.

quia Christianus non sit, multoque rectius isti dicitur quod impius hic fueris, si pius esse velis. Quare zelo vehementi non efferar (22), cum videam, eos qui conjugia pulcherrima et honesta deserunt, et anus etiam sub maritis agentes, jamque rugosissimas assectantur, in quarum quoque abusione germanorum suorum rivalitati non parcunt, qui nulla desponsata Deo verentur, qui nullo studio fidei, sed perjurii et proditionis aguntur, quorum patres et ex quibus isti maternæ Ecclesiæ, destructionibus institerunt, sacri ordinis cædes amarunt. Hi, inquam, ad reprobi sensus augmentum de divina disputant genitura, et assumpto Judæorum patrocinio, cum lingua eorum in terra transierit, in cœlum jam posuerunt ora sua (*Psal.* LXXII, 9), et secundum usitatas sordes metiuntur divina mysteria, et cum putores exercitatæ libidinis fastidire cœperit, ex se victa nequitia flagitiorum suorum crapulam in Christianas, imo in rerum cœlestium nauseant puritates.

Nec mirum si Deo, quem non vident, derogent, cum id genus in sese alterutrum implacabiliter hostes existant. Est tamen qui dicat aliquando : *Existimasti*, inquam, *quod ero tui similis, arguam te, et statuam contra faciem tuam* (*Psal.* XLIX, 21). Interrogo itaque eos qui, dum turpissimos usus attendunt, virgineæ et impassibilis munditiæ gloriam non agnoscunt. Adam et Eva quare, post transgressionem mandati, foliis pudenda texerunt? Antea nudi erant, et non erubescebant. Unde pudor ? Justum fuit ut quandiu Deo obedirent corpora rationi, concupiscentialiter rebellia non haberent : at, ubi Deum postponerent, fœdis illico in se motibus æstuarent. Hi sunt motus, qui in animas et corpora eorum qui gignuntur, peccatum originale trajiciunt. Conqueritur se proinde David in iniquitate conceptum (*Psal.* L, 7). Merito itaque erubuerunt, qui jam membrorum suorum dominos se non esse senserunt.

Quare pudenda corporis membra velantur. — Quæritur proinde a quibusdam quid causæ sit, quod tantopere ea membra velamus, cum nullas corporis nostri partes ea intentione tegamus. Non enim ea sola celamus, sed etiam propinqua eis loca, uti sunt umbilicus et crura videri vix patimur. Quare hoc ? Cum moventur digitus meus, oculi mei, labia mea, meo nutu, mea voluntate moventur; et quia placide sub meo agunt imperio, nullum mihi pudorem incutiunt (*Rom.* VII, 23). At quia partes, de quibus agimus, contra jura totius rationis effreni quadam libertate feruntur, et quasi quædam diversa lex est, juxta Apostolum, in membris nostris repugnans legi mentis nostræ, et captivos nos ducens in lege peccati, quæ est in membris nostris (*Ibid.*); idcirco juste erubescimus, quia velimus, nolimus, turpiter hæc erigi ex desiderii passione videmus. Verbi gratia, habe servum alias utilem, sed protervum, coram extraneis ei quidpiam imperare, aut sermonem cum eo miscere dissimulo, et quantum possum contego, quia si superbe se erigit, contemptum meum reputo. Jure ergo et virtute, et vestibus res contumax operitur, quia ad plurimam et carnis et spiritus contumeliam suscitatur. Sed ad rem redeamus.

CAPUT VI.

In statu innocentiæ pudor nullus. Utrum generationi intendissent primi parentes, si in obedientia perstitissent. — Adam igitur et Eva, ante prævaricationem, his vacantes motibus, beatissime impudentes fuerunt. Cui rei simillimum est quod infantulos et impubes plerumque pueros conspicimus sine verecundia nudos incedere, qui, si titillationes aliquas paterentur, aut seipsos utique aut eos qui possent occurrere vererentur. Beatus ergo primus primorum hominum status. Felix etiam ignorantia parvulorum, quia dum impassibilitatis mœnibus circumdatur, angelica securitate lætatur.

Sed quærendum est, si obediendo persisterent, utrum duo soli paradisum incolerent, an de posteritate, imo de prole curarent. Posteritas namque dici non potest, ubi decessor non est; sed nisi procrearent, numerum non facerent; nisi numerum facerent, ad id pro quo facti fuerant, non sufficerent. Tractandum igitur est quem modum generandi haberent, cum alter agendi, altera patiendi nulla unquam incentiva sentirent. Peccati immunitas utrobique constiterat. Peccatum autem concupiscentia est. Quod si sine concupiscentia, cum et cætera omnia mala vacarent, miror, sed definire non audeo, si non et utriusque virginitas indemnis foret. Virginitas enim bonum est: virginitatem igitur deperire malum esset. Jesu bone ! licet majora per te meruerimus, quid munditiæ, quid tranquillitatis in primo parente perdidimus?

Voluptates virginitatis ingerunt contemptum. — Jactitant itaque sordidis rictibus hostes deificæ nativitatis verba putentia. Dicam, et astruam certe digniora fuisse illa membra, quæ illi tunc partui deservissent, quam sint ora spurcissima, quæ se quotidianis fraudibus et luxuriis imbuunt, et vivifica sacramenta derident. Quid, quæso, displicet in his membris, nisi fœdæ voluptatis expletio ? Aufer libidinis suspicionem, non erit quod horreas, sed quod venereris. Vos qui turpitudines amatis, juste damnabimini, qui ea ipsa quæ vos turpes efficiunt membra damnatis. Deus omnipotens, quid gratius, quid bonæ menti suavius esse potest quam vera virginitas et illibatus animus ? Nos audieramus ex Osee quia *vinum et ebrietas aufert* [al., *auferunt*] *cor* (*Osee* iv, 11). Et Joel de tuis loquitur : stupra potationi communicans : *Puerum*, inquit, *posuerunt in prosti-*

bulo, et puellam vendiderunt pro vino, ut biberent (*Joel* iii, 3). Dic mihi quod vinum est germinans virgines (*Zach.* ix, 17), cum soleant facere pudicitiarum cætera vina jacturam ? Scio quia nescis; et ego adhuc inferam, quia illud idem est vinum, quod in libro Judicum Deum lætificare et homines dicitur (*Jud.* ix, 13). An Deum aliquando bibisse putas, cum juxta litteram sensu deficias? Exponam tua tibi; interim si vis, garri.

Quid vinum lætificans Deum et homines, ac germinans virgines. — Vinum quod lætificat Deum et homines, Spiritus sanctus est qui Patrem Filiumque amore conjungit, Deoque subjungit homines. Quid autem amor nisi gaudium ? et quod gaudium nisi in amore ? hoc vinum, is scilicet spiritualis fervor, germinat virgines, quia nunquam nisi per cœlestis flammam desiderii mitigari poterunt carnis ardores. Si hoc Dei bonum, hoc pulchrum ejus est, ut nihil penes Deum melius pulchriusque putetur. Quis est qui horrere audeat virginis uterum ? quis virginalis partus causetur egressum ? Si velis hoc ob naturales detestari meatus, o, quoties hiremarum carnium pridianas crapulas ore fetentissimo vomuisti? Quoties tetros vomices, et horribiliora flegmata, quam sit liquor ille, jecisti? Sensui tuo respondeo. At Deo talium auctori nihil dedecens præter peccata scio.

Quod Deus nullam in utero Virginis labem contraxerit. — Habes ergo in primis parentibus formam impassibiliter generandi, quam quis[*f.*, quamvis] qui ad effectum ducere poterat, si perseverassent, in propria matre resculpsit; licet autem sufficere debuerit Deum humanis nullo modo attingi sordibus, accipe adhuc. Solem, ut æstimo, credis natura mundissimum. Quotidie vides per publicos sterquiliniorum aggeres radios ejus progredi, putida quælibet, ac visibus ipsis indigna lustrare, putas ex his, quæ prætervolat, aliquam eum sibi labem contrahere, insaniæ esset. Amplius : si oleum aut balsamum aquæ injicias, neutrum aquæ confunditur, sed per se ipsam solida utraque natura subsistit. Habe iterum : Mens mea recogitans, et res quas viderit uspiam crebra imaginatione retractans, cum meminerit leprosi cruentis ulceribus extuberati, aut ex cadavere lacero scaturientium examina vermium, seu recordetur passim jacentium stercorum; quid, quæso, maculæ rotabundus per hæc animus sibi rapit, nisi quantum si pulcherrima feminarum seu marium corpora simplici revolutione percurreret, aut splendidi operis metalla reviseret; atris aurum claude ruderibus, licet putris terra sordeseat, tamen auri minime natura deficiet. Disce, miser, de materialibus qualiter spiritualia metiaris, et cum in rebus habeas exempla terrenis, perpende quid valeat Divinitas in æternis.

LIBER SECUNDUS.
DEUS OMNIA HOMINIS UTRUM SUSCEPERIT AN NON?

CAPUT PRIMUM.

265 *Membra, cum abest peccatum, sancta sunt.* — Porro Dei Filius in carnem veniens, si competentia corpori membra habuit, membrorum compositio non nocuit. Frustraque non pudeat quod ipsum non puduit. Et quid eum puderet, ubi nihil non sanctum fuit! Si quidquid est, bonum est, nisi ubi peccatum est, membra quæ per se bona sunt, cum peccatum non est, sancta sunt. Membra nostra imbecillitati nostræ sunt administratoria, et cum aures, ora vel nares superfluis capitum egerendis inserviunt, cætera quid mali faciunt, quæ inferius intestinorum pondus exponunt?

Hominis Deus omnia suscepit. — Interroga, putidissime et nequam, de Domino nostro, si spuerit, si nares emunxerit, si pituitas oculorum vel aurium digitis hauserit, et intellige quia qua honestate superiora hæc fecerit, et residua peregerit. Aut dic mihi, ille tuus, qui Abrahæ apparuit Deus, ea quæ comedit in quem alium [*f.*, alvum] deposuit? quomodo etiam, aut si factum est, quod consequens fuit? Contremisco dum de his disputo; sed vos, filii diaboli, me cogitis. Deus a vobis exigat, qui novit quo affectu id ago. Breviter accipite Deum humiliter omnia hominis suscepisse, et nihil hominis veritum præter peccata fuisse. Si velitis ex ratione percipere, poterunt, ut reor, vobis ratiocinia superius habita satis esse; si vobis quod patribus vestris; si vos, inquiam, non credideritis non intelligetis.

CAPUT II.

Rationes quomodo Virgo peperit. — At vero tracturus illud quod restat de beatæ Mariæ virginitate capitulum, quod dicitur contra naturam virgo parere nequivisse, juste insanus judicer, qui cum insanis ratiocinari sic videar. Ratio tamen ea mihi est ut, si a dementibus ridear, saltem ab his qui minus me sapiunt, et quos addiscere libet, fidei intellectum habere aliquantisper inveniar. Ipsa, quæ vere Dei Mater est, contra suos nobis hostes præbere virtutem potest. Quid de natura disputas? An natura fuit quod Adam de limo subito plasmatus emersit? natura fuit, quia tunc homo de humo originem sumpsit? Natura non fuit, quantum ad naturæ usum, quo ex homine homo procedit. Credes ergo creationi quam non vidisti, et cujus inter homines tibi minime exempla præbentur. Credes plane non tam Deo quam Moysi tuo. Costam etiam in mulierem ædificatam non diffiteris. Et hoc de natura non fuit. Age ergo, poterisne credere quidquam nasci nisi congruenti illato semine. Certe cattas ex nepeta (23), et capellas (24) ex vervena, et vultures absque coitu concipere et parere comperimus. Dei Filius per sanctum Spiritum concipi non potuit, ob hoc solum quia invidia vestra noluit? Apiculæ ex opusculorum semine fetus creant, cum minores musculæ crebris sibi irruant coitibus. Ergo, Deus Pater Filio, et Filius sibi fuit impotens parare conceptum, qui tot etiam minusculis rebus sine suo præbuit semine propaginis incrementum?

Deus in utero Virginis præparavit semen. Judæi tunc temporis ab Christi coævis discrepant. — Sed dicitis: Deus quidem id sibi, et cuilibet facere poterat, sed is, cui mater sine maris semine per Spiritum, ut asseritis, fecundanda erat, nec Deus, nec Dei filius erat; ideo nec Deus ei fecit, nec ipse sibi poterat facere. Mentimini. Dicite mihi: Isaias postquam gentium populum, qui ambularat in tenebris, lucem vidisse magnam, et habitantibus in regione umbræ mortis lucem dixit exortam (*Isa.* IX, 2), quis est ille *parvulus, qui,* inquit, *natus est nobis, et filius datus est nobis* (*Ibid.*, 6), de quo post aliqua loquitur? Scio vos dicturos, sicut et dixistis dum quibusdam vestrum super hoc verbo confligerem: Qui filius, qui natus dicitur, homo est. Et vobis intuli cum hæc de Messia agi diceretis. Messias, secundum vestram opinionem, purus homo erit. An Deus et homo? absit, aistis, ut ei qui homo sit, divinitas ascribatur! Homo erit prudens, tempore aliquo regnaturus, finem postmodum regni et corporis habiturus. Ecce quanta desipientia est, imo hebetudo in modernis Judæis, ad eorum comparationem, qui Domini Jesu contemporanei fuerunt. Illi dicebant: *Nos audivimus ex lege, quia Christus manet in æternum* (*Joan.* XII, 34); hi ei metas mortis consciscunt. Attendite, inquam, infelices, quam absurde sentitis.

Prosequimini quæ sequuntur. *Et factus est,* ait, *principatus super humerum ejus, et vocabitur nomen ejus Admirabilis, Consiliarius, Deus, Fortis, Pater futuri sæculi, Princeps pacis* (*Isa.* IX, 6). Qui superius et natus, et filius, et nobis datus asseritur, nunc Deus, nunc Pater futuri sæculi appellatur. Et ne deitas ipsa, ut aliquorum perfunctoria putaretur, (ut est illud: *Applica illum diis* (*Exod.* XXII, 8); vel: *Constitui te Deum Pharaonis* (*Exod.* VII, 1) additur perpetuitas potestatis, quod est, *Pater,* scilicet non Dominus, *futuri sæculi* (*Isa.* IX, 6). Ibi plane sapientia, quæ modo attingit a fine usque ad finem fortiter, disponet omnia suaviter (*Sap.* VIII, 1). Denique post imperii multiplicationem, post pacis perennitatem, post solii David in judicio, et ju-

---

(23) Seu nepetha herba calaminthæ genus.
(24) Seu vauellos aves: sed hic pro quadrupe desumitur.

stitiæ confirmationem, 266 rursum ejus indefectibilitas prædicatur: *Amodo*, inquit, *et usque in sempiternum (Isa.* ix, 7). Poteritne iste talis sibi loculum in utero præparare, et qui dominatur futuro sæculo, non valebit sibi præbere tantillum in isto? Cogor ad pervicaciam vestram comprimendam de vilissimis dare rebus exempla. Tradunt physici et historiographorum veritas in quadam provincia equas vento concipere. Ergo sancto Spiritui natura prævaluit, imo Dei vires locorum et aerium privilegia transcenderunt.

CAPUT III.
Item unde supra.

Probat ex Veteri Testamento virgineum conceptum. —Negatis adhuc Virginem? agnoscite ejusdem Isaiæ prophetæ illud : *Ecce virgo concipiet, et pariet filium, et vocabitis nomen ejus Emmanuel (Isa.* 7, 14). Sed vos dicitis, quia *halma*, nomen Hebraicum, apud vos non virginem, sed adolescentulam significet; et adolescentula plane potest esse non virgo. At Hieronymus (*In Iso.*, lib. III, cap. 7, post med.), quem vos scientissimum testari consuevistis interpretem, et quo vestrum quidam mecum disceptaturus perhibuit, quod in confligendo nullatenus exorbitare de ejus translationibus vellet, non modo præfatum verbum virginem sonare, quod *betulam* dicitis, asserit; sed illam proprie virginem exprimere, quæ virorum conspectibus maneat semper abscondita. Sed vos veteris pertinaciæ memores, illud quod est amphibolicum, id est juvenculam, retinetis. Nam si assentiremini, multum vos videretur vox hæc sola subigere.

Ponamus itaque adolescentulam ibi esse : dicite mihi quid est quod præmittitur : *Ecce Dominus dabit vobis signum (Ibid.*), mox supposito : *Ecce virgo concipiet*; nullo præmisso; de quo adolescentula conciperet: Et jam si virgo non esset quæ conciperet, quia per se conciperet signum esset. Sed objecit mihi quidam eorum lapide veterior, quod hæc eadem adolescentula uxor prophetæ erat; et hanc esse quam in sequentibus longe commemorat. *Adhibui*, inquit, *mihi testes fideles Uriam sacerdotem, et Zachariam filium Barachiæ; et accessi ad prophetissam, quæ concepit, et peperit filium* (*Isa.* VIII, 2, 3). Prophetissas in nostris voluminibus sub gratia reperi, uti Annam filiam Phanuelis (*Luc.* II, 36), et filias Philippi virgines, quæ prophetissæ (*Act.* XXI, 9), non quia conjuges prophetas habuerint, sed quia per se prophetaverint, appellantur. Nam Holdam liber Regum sub rege Josia non prophetissam, sed prophetam vocat (*IV Reg.* XXII, 14). In libris veteribus si alias uspiam legerim hoc vocabulum nescio. Sellum tamen Holdæ maritum non vocari prophetam scio (*Ibid.*). Ponamus, quæso, iterum et hanc uxorem fuisse prophetæ; cum certo certius sciam, sicut apud nos neque abbatissa, neque diaconissa, uxor abbatis, aut diaconi est; nec virgo, nec vidua si comitatum regeret, comitissæ nomen amitteret; sic prophetissa ex solo suo officio, quod sic vocatur habet. Sed hoc eis diverticulum permittamus, unde eos ad tempus inconveniens compellamus. Quid est ergo quod sub duobus fidelibus testibus accessit ad uxorem, ut dicitis, suam? Accessus Hebraica consuetudine pro concubitu solet poni, ut est in Ezechiele : *Ad mulierem*, inquit, *menstruatam non accesseris (Ezech.* XVIII, 6). Si igitur dicatis quia sub oculis testium fidelium Zachariæ, ac Uriæ Isaias cum uxore, id est prophetissa, coierit, et illa conceperit, et impræsentiarum sub momento pepererit, quorum non ore conspuendi estis, quibus non stercoribus lapidandi, qui hinc viro sanctissimo dedecus ignominiosissimum irrogatis, et præpotens mendacium illinc astruitis.

Si itaque stare non potest, concedamus saltem, secundum vos, ut adolescentula conciperet, quare non est appositum de cujus semine eadem id quod conciperetur, exciperet. Quod tamen si fieret, profecto signum quod spondebatur, signum jam non esset. Ergo aut pater enuntiandus est, aut virgo, sive adolescentula si conceperit, peperitque, signum est. Si autem signum est, contra usum naturæ est. Igitur quoniam id, quod conceptum et partum est, vocatur Emmanuel, id est *nobiscum Deus*, quod et pro signo generali domui David, id est Ecclesiæ, præstat Deus, intelligite aut convincimini nequam, quia, velitis, nolitis, paravit sibi quod voluit in natura, etiam præter naturam, ipse auctor et dispositor naturæ Deus. Et ipse qui disposuit, ipse qui natus est in ea et ipse eam fundavit, non eligere potuit, nisi quod mundius fuit. Ideo constat quia non adolescentula, non virgo, sed supra solitam hominum puritatem virgo pudicissima fuit. Et is quem genuit, in signum, ut propheta prosequitur, populorum stetit (*Isa.* XI, 10), quia nullus, nisi qui ad eum respexit, salutem meruit.

Dicite mihi qui affectatis magisteria vestræ legis, quæ consonantia est rationis, ut is puer nutriendus butyrum et mel comedat, quatenus reprobare malum, et eligere bonum sciat (*Isa.* VII, 15). Nunquid ut singulis singula referamus; ideo butyrum comeditur, ut totius malignitatis odium subsequatur; et in animam mellis esus sic transeat, ut boni electione nos imbuat? Fateor, butyrum hucusque oderim, melque minus curaverim ; a modo 267 utraque avida fauce diripiam, cum ea docueritis eam habere vim. Scio, quia loco in hoc, vestro more cornicabimini. Audite, etsi aversi, quod verum est. Butyrum ex carne est; mel ex rore cœlesti conficitur. Per butyrum ergo humanitas Salvatoris accipitur, cujus lenitate peccatorum nostrorum asperitas temperatur. Mel, divinitas designatur, cujus sapientia nostræ rationis intelligentia dulcoratur. Hæc benedictus Puer ille comedit, quia in se uno utramque substantiam Dei ac hominis adunavit. Per humanam ergo naturam, qua virtutum exempla præbuit, scivit, id est, nos fecit scire criminum fœditatem, et per divinitatis haustum internæ dulcedinis intimavit charitatem. Sed hæc quæ dixi, risui vestro exposita sunt.

CAPUT IV.

Instat, et prosequitur Isaiæ vaticinium — Sequitur idem propheta post plurima : *Egredietur*, inquit, *virga de radice Jesse ; et flos de radice ejus ascendet* (*Isa.* xi, 1). Quare virga? quia recta, singularis et unica puritatis omnimodæ, subtilitate porrecta. Dicite mihi, qui licet in quinque libris Moysi nullas recipere allegorias velitis, propheticos tamen libros mysteriis plenissimos non negatis? Dicite, inquam, quæ sit virga? Quid sit egredi? Quis flos non de ramo, sed de radice conscendens? Certe haud dubium quin de nostro dictum Messia putetis. Peto igitur, ut ea qua proposui a vobis distributione dicatur. Si Messiam dicitis virgam, quis erit flos? Attendite, an quod dixero vel veri simile habeatur. Si virgæ pluraliter dicerentur, de quibus flos oriretur, conjugales significare personas merito putarentur. At quoniam virga est, simplicitatem innuere videtur. Si patrem sine sua jugali intelligas, scimus quia juxta naturam per se nil agit masculus. Si matrem sine patre, nihil secundum opinionem tuam ; aliquid vero est secundum meam, imo propheticam. Hæc egressa est, quia præeminens, et sine exemplo in toto humano genere ostensa est. Si dixisset : Egredietur virga, de cujus ramo flos ascendet, forsitan aliquis maritum, et costam ejus lateralem videlicet suam crederet; at non de ramo, non de pari, ascendit, sed de virgæ radice, de solo concretus per Spiritum sanctum Virginis matris sanguine. Sed quare flos? propter omnium odorem virtutum, et quia speciosus est præ filiis hominum (*Psal.* xliv, 3), et quia de flore fructus exsurgit. Ipse enim est lignum secus decursus aquarum plantatum, quod fructum suum in tempore suo dedit (*Psal.* i, 3).

Totius divinitatis in Christo inhabitat plenitudo, cæteris vero hominibus secundum mensuram virtutis. — Super hunc, inquit, *florem requiescet spiritus Domini* (*Isa.* ii, 2), etc. Quoniam convenit inter nos et vos, ut hæc de Christo dicta intelligantur, Christum autem certo vos tempore victurum, certo desiturum credatis, quem et de mari et femina ut cæteros dicitis nasciturum, æstimare non possum quod alicui puro homini tanta inesse valeat opulentia, et continuatio gratiarum, præsertim cum non affutura, sed asseratur requietura super eum. Etsi namque spiritus Eliæ super Elisæum requievisse scribitur, aliud est tamen spiritum hominis in hominem devenisse, quem et duplicem legitur meruisse, aliud est totius divini muneris plenitudinem habuisse. De servis plane dicitur : *Quia dedit illis bona sua, unicuique tamen secundum propriam virtutem* (*Matth.* xxv, 15). De Christo autem non ad mensuram dat Deus spiritum. At quia nostrarum Scripturarum exempla non recipitis, intendite quæ sequuntur, quia plusquam humana videntur. *Non secundum*, inquit, *visionem oculorum judicabit, neque secundum auditum aurium arguet* (*Isa.* xi, 3). Quis unquam homo juste judicat, nisi de his solis agat quæ visus et auditus approbat? Et unde in lege vestra tres aut duos testes, sub quorum testimonio stat omne verbum, esse jubentur (*Deut.* xvii, 6), nisi de iis quæ audiuntur et videntur. Est itaque sensus : Homines judicant de his quæ sensibus comprehenduntur, minus interna curantes ; iste interius, dum et judicat humiles, id est discernit juste merita singulorum, sua cuique distribuens, et arguit pro mansuetis terræ in æquitate, dum flagellat quos amat, ut bonitatem, et disciplinam doceat, terramque faciat, non pulverem quem ventus tollat, potum dando in lacrymis in mensura.

Et percutiet terram virga oris sui, et spiritu labiorum suorum interficiet impium (*Isa.* xi, 4). Christus, quem nos et vos hic intelligimus, terram virga oris sui quomodo percutit, si purus homo existit? *Virga oris terram cædere*, est aut famem super terram vocare, aut quibuslibet aliis correctionibus hominum peccata punire. *Virga oris terram percutere*, est sui virtute sermonis delinquentium animos perterrere. *Spiritu labiorum suorum interficit impium* (*Ibid.*), dum propheticæ intelligentia locutionis, a statu peccati destruit temetipsum. Quod si juxta illud Job : Tu non es impius : quis ergo est? Labia autem Christi, prophetæ sunt. Spiritus eorum, interior sensus est : tu enim corpus sequeris, id est litteram. *Spiritu* quoque *labiorum suorum interficit impium* (*Ibid.*), illum videlicet quem pro Messia præstolaris Antichristum ; nam per illustrationem sui adventus destruet illum (*Ibid.*, 5). Haccine videtur tibi humanitus quisquam agere posse? Et quomodo etiam justitia, et fides cinctorium 268 renum ejus fieri poterit, quod in materialibus ad materialia admistio nulla sit. Est itaque ac si diceret : Quidquid in illa Dei et hominis persona carnale putatur, totum spirituali virtute ambitur. Lumbi autem et renes quæ voluptatis loca noscuntur, recte pro carnalitate ponuntur. Rides fortasse meam ; tuam, quæso, pro me sententiam, sed nullatenus dici poterit, quod hoc totum pure homini conveniens sit ; hæc enim terrena potentia terram ore percutiet, aut respiciendo tremere faciet, non impium spiritu perimet, non fide, non justitia, lumbos cinget.

Inferiora quæ sequuntur de contrariarum substantiarum cohabitationibus attexerem, nisi supervacaneum æstimarem. Si quis enim velit in his, horumque similibus Christum prænuntiatum amica ratione colligere, facile poterit illa quæ pacifice convenit diversa videre, quod totum est : *Omnes gentes quascunque fecisti venient, et adorabunt coram te, Domine* (*Psal.* lxxxv, 9). Et : *Populus quem non cognovi servivit mihi* (*Psal.* xvii, 45).

CAPUT V.

Item de virginitate.

De virginitate ergo beatæ Mariæ qui quæritur,

cum aperte sciatur, quia ubi Christus filius delegit nasci, mundissime ac superexcellenter debuit apparari. Certe uterus idem tanto fuit mundior quanto impassibilior. Multum digna est virginitas, etiam quæ tentationibus perurgetur, sed longe gloriosior, si evictis ac sopitis universis motibus, primorum parentum primo statui comparetur. Creditis plane Dei spiritum sanctos quondam inhabitasse viros, et eos non modo ad bene vivendum, verum etiam ad prophetandum sæpius animasse. Is quoque, quia Deus est, lege minime stringebatur, quin quos vellet etiam malos imbueret, et prophetia acueret. Si enim Saulem, quem dudum spiritus pravitatis obsederat, et apparitores ejus qui ad trucidandum David venerant, eversa priori vecordia, idem spiritus immutavit, ut perfidus rex cum prophetis nudus interdiu et nocte præcineret; quid contra naturam factum super conceptu Virginis disputare molimini. Quid magis contra naturam, quam auctorem Deum munditiæ sordidis illabi pectoribus. Certe multos in vestra vetustate viros sanctos habuisse vos scitis, quibus angelos nunquam apparuisse legistis, cum Danielem omni modo cælibatu dignissimum ex visione, ni fallor, Gabrielis, per dies plurimos elanguisse et ægrotasse legatis. Asinam vero, angelo sibi conspicabiliter apparente, ne ad modicum quidem claudicasse noveritis. An dignior asina quam propheta? An brutum animal sanctius illis sanctis, qui nil tale videre, hominibus? Taceo quia locuta est, quod natura non est, illud dicam quod omni irrationali creaturæ res intellectuales, et angelicas agnoscere multo magis natura non est.

Desistite, pertinaces, verbositas vestra vacet, quia ratio tota jacet. Qui furtis aut fœnoribus corda convolvitis, causas Dei sacramentorum et sacramenta causarum quomodo pervidetis? An tantillum illud humani seminis, Dei omnipotentiæ, aut voluntati præponderat, ut nisi illud præeat, nihil Deus efficere queat, ac si auctor naturæ, naturæ adminiculis egeat? Frustra in obstinaciam vestram nitor, quia nisi hunc credideritis, quem credimus Christum, tractatum contra nos nunquam omittere poteritis istum, nec de matre bene sentietis, qui Filium exhorretis. Verumtamen quod vobis non proderit, fidelibus scisse non oberit. Jam ergo ad alia transeamus.

LIBER TERTIUS.

CAPUT PRIMUM.

De humana in terris Christi conversatione. — Quid de Domini Jesu Christi diutina inter homines conversatione loquimini, qui Deum ipsum vestrum quadraginta vobiscum annis habitasse fatemini? In David plane legitur: *Quadraginta annis proximus fui generationi illi* (Psal. IX, 10). Et in libro Regum: *Ambulabam*, inquit, *in tabernaculo, et in tentorio per cuncta loca, quæ transivi, cum omnibus filiis Israel* (II Reg. VII, 6). In Deuteronomio quoque: *Habebis*, inquit, *locum extra castra ad quem egrediaris ad requisita naturæ, gerens paxillum in balteo. Cumque sederis, fodies per circuitum, et egesta humo fossa operies, quo relevatus es, Dominus enim Deus tuus ambulat in medio castrorum, ut eruat te, ut sint castra tua munda, et nihil in eis appareat fœditatis* (Deut. XXIII, 12-14). Qui ergo tandiu Deum inter vos habitasse jactatis, ut castra vestra regeret, vosque de terra in terram duceret, absurdum vobis unde videbitur Deum Dei Filium, ut gentes Dei notitiæ repararet, et vos ad spiritualiora vocaret, humanitatis et contubernii communis pertulisse fastidium?

Quod si sordem cohabitationis objicitis, quia quondam palos in balteis ferebatis, et egesta humo fossa tegebatis, ut castra nitida Deo ambulanti pararetis, certe parvuli vestri, et conjuges a palorum circumlatione vacabant, nec minus tamen alvos urinis stercoribusque levabant. Deus itaque, qui 269 subitis circumquaque movebatur occursibus, aut minime ista videbat, aut spurcitias marium ægre ferebat, femineis ac infantilibus nullatenus gravabatur. Quid, quod peculia inibi ac armenta manebant? Quare non bonorum parentum vestrorum vigil solertia, post vestigia gregum cadentes a podicibus caprarum, et ovium pilulas colligebat, et spuria, ut ita dicam, vitulamina sepulcro condebat, ne dum Deus oberrans iret, fimo vaccæ pluris pretii calceos macularet. Profecto et in crepitaculis incontinentiæ scimus infantum, et matres, aut asseculæ hujusmodi eluebant illuvies. Quis dicere poterit quoties ostio, ubi hæc fierent, Deus minime feriatus astitit. Illæ etiam lues, quæ in penetralibus cubiculorum agi solent, nunquid fieri Deo circumeunte destiterant. Miserrimi hominum, qui Deum, qui spiritus est, hos corporum æstimatis haurire putores! Mirumne fuit si Filius Deus corporatus ista sustinuit, quæ vos incorporeum Deum nequaquam per quadraginta annos apud vos tolerasse negotia? Nihil sane Deus homo gravius tulit quam Deus vester vestra tunc murmuratione sustinuit. Ipse revera vos uti aquila pullos suos portavit in humeris, quos victualia e cœlestibus missa, miraculaque frequentia, et Dei legationes assiduæ, et futurorum denuntiationes bonorum a querela cohibere non poterant. Facilius scimus Deo nostro suam portasse carnem, imo potius crucem, quam illi vestro vestram inquietudinem. Cum enim occideret vos, quærebatis eum; ore eum diligentes, corde mentiti. Jam ergo aliqua de ejus passione attingamus.

CAPUT II.
De Christi passione.

Ingloriosus, ait Isaias, *aspectus ejus inter viros, et forma ejus inter filios hominum (Isa.* LII, 14). Aspectus et forma, qua speciosus est præ filiis hominum, adhuc contemnitur a Judæis, dum opera divina premuntur, ei carnis communio, mortisque proponitur. Iste aspergit multas gentes *(Ibid.,* 15). Unde aspergét, vel quid? Hyssopo plane illo, qui nascitur in pariete, quo David aspergi se vult, et mundabitur, quo leprosi aspergebantur in lege. Asperget vero sanguinem, sed suum *(Levit.* XIV, 7): multas, inquit, gentes, non omnes, novit enim Dominus qui sunt ejus. *Super ipsum continebunt gentes* [al., *reges*] *os suum (Isa.* LII, 15). Nullus namque corum licet sanctissimorum, qui ad integrum regunt seipsos, dispensationis ejus mysteria temerare ausus est; quibus non est narratum de eo, viderunt. Nos sumus qui videmus, quia in eum credimus, licet aliquoties ipsius fidei plenam intelligentiam non habeamus, Patrum tamen fidem tenaciter prosequimur, et quasi sine prædicatore complectimur. Et qui non audierant, contemplati sunt, ante oculos enim mentis nostræ credulitatis amore præscriptus est, quem etsi pene nullus annuntiat, pietas tamen affectat, vel hoc totum est: *Multi reges et prophetæ voluerunt videre quæ vos videtis, et non viderunt, et audire quæ audistis, et non audierunt (Luc.* X, 24): et utraque tamen habuerunt, quia in venturum crediderunt. Unde idem propheta: *Utinam dirumperes cœlos et venires (Isa.* LXIV, 1)! Cœlos quippe dirumpit, qui in effectum prophetica de se promissa produxit.

Sequitur vox credentium conquesta de vobis: *Quis credidit auditui nostro, et brachium Domini cui revelatum est (Isa.* LIII, 1)? Iis, inquiunt, quæ audivimus, id est intelleximus, vix credere quidam volunt, et in hominis infirmitate nequaquam Dei fortitudo cognoscitur. *Et ascendet sicut virgultum (Ibid.,* 2), quia humilis apparuit, sed *coram eo (Ibid.),* quia ipse est in quo Patri complacuit. Ascendit etiam quasi *radix de terra sitienti (Ibid),* quia se passus est tarde cognosci. Ipse plane vivum granum solum pene mansit; mortuum, multum fructum attulit *(Joan.* XII, 24). Vel ascendit tanquam radix de terra arida, quia ipse sibi origo in Maria, cui nulla se infudit humani seminis unda.

Non est species ei neque decor. Vidimus eum, et non erat aspectus, et desideravimus eum despectum et novissimum virorum, virum dolorum, et scientem infirmitatem, et quasi absconditus vultus ejus, et despectus, unde nec reputavimus eum (Isa. LIII, 2, 3). In iis verbis, ubi non personæ ejus, sed humanarum in persona passionum despicabilitas sic notatur; illud quæstioni patet, quod, quem dicit desideratum, post pauca refert nec reputatum. Desiderabatur, ut puto, cum ei dicebatur : *Quousque animam nostram tollis? Si tu es Christus, dic nobis palam (Joan.* X, 24). Non reputabatur, cum vorator et bibitor, dæmoniacusque vocaretur, aut in cruce rideretur. *Putavimus,* inquit, *cum quasi leprosum, et percussum a Deo, et humiliatum (Isa.* LIII, 4), et Judæorum voce a Deo non esse, et peccator esse, quia Sabbatum non custodierat, clamabatur, et pro arrogantia, quia Dei Filium se dixerat, percussus : *Ipse vulneratus est propter iniquitates nostras, et attritus propter scelera nostra. Vere languores nostros ipse tulit, et dolores nostros ipse portavit. Disciplina pacis nostræ super eum (Ibid.,* 4, 5). Ipse enim docuit et fecit modum reconciliationis ad Deum. *Et livore ejus sanati sumus (Ibid.,* 5).

Quid prosequor, de alienis mea verbis interficiens? Cui ascribis, Judæe, quæ prætuli, 270 et quæ subsequuntur? quis est ille, in quo posuit Deus iniquitatem omnium nostrum. *Qui oblatus est, quia voluit, osque suum non aperuit, quasi ovis ad occisionem ductus, qui ut agnus coram tondente obmutuit (Ibid.* 7), qui *de angustia et de judicio sublatus (Ibid.* 8), tantam habet generationem quæ enarrari non possit. Ipse secundum opinionem vestram *abscisus de terra viventium, dabit* tamen *impios pro sepultura (Ibid.,* 8, 9), ut eos in baptismo sibi consepeliendo ab impietate distrahat; *et divitem (Ibid.* 9), scilicet diabolum, pretio suæ mortis occidat. Quis est, precor, ut plurima eorum quæ sequuntur omittam : *Qui cum sceleratis reputatus est (Ibid.,* 12), qui peccatum multorum tulit, qui pro transgressoribus oravit *(Ibid.),* ut non perirent. Nunquid Messias ille, quem vos præstolamini feliciter regnaturum, a vobis hic significatus putabitur? Non hoc ei attribuitis, ut credatis purum hominem dolores vestros, et peccata laturum, non minus voluntarie, quam simpliciter moriturum, cum sceleratis deputandum, pro transgressoribus, ne pereant, oraturum.

Simplex homo pro peccatis satisfacere nequibat. — Et cum secundum vos non hoc ei pertineat, tanta quæ in uno eo convenere, miseria pariter ac potestas, in quam videbitur concessisse personam? Qui enim tantus est ut, Deo transponente, omnium peccata supportet, ut puto, non homo, sed Deus est. Si enim coram Deo non est, nec infans unius diei, si sit vita ejus super terram, mundus, præsertim cum sit de immundo conceptus semine, cum dicat David, quem Deus invenerat secundum cor suum : *Si iniquitates observaveris, quis sustinebit, Domine? (Psal.* CXXIX, 3). Et Isaias : *Omnes justitiæ nostræ quasi pannus menstruatæ in conspectu tuo (Isa.* LXIV, 6). Et ipse Moyses, qui aliorum deprecabatur exitia, nec aliis impetravit, et culpa exigente, terra promissionis caruit. Si, inquam, omnes propriis sunt præpediti reatibus, quis est qui idoneus omnium peccati portare sit pondus? Si enim verum est quia væ laudabili vitæ hominum, si remota pietate, judicetur; in conspectu enim Dei omnis vivens non justificatur *(Psal.* CXLII, 2), quomodo de paucorum, non dicam universorum malis penes Deum acturus est, qui sibi soli insufficiendus est? Si autem de peccatorum quantitate agitur, solerter astruimus nullum parvum dici posse peccatum, quod ad Dei dignoscitur fieri contemptum. Qua igitur satisfactione quis luat, nisi eum quem offenderit pium apud se interpretem habeat?

Justum itaque erat, ut is pro hominibus ageret, qui, secundum quod homo, mori pro homine poterat; peccati tamen exsors, hominum peccata portaret; et secundum quod Deus erat, Deo et sibi, quia unum sunt, eumdem reconciliaret. Vide ergo quorsum, Judæe nequam, propheta tuus intendat, ubi nec etiam propheticis ambagibus evagatur, sed veluti historialiter narrat; et si præteritum quempiam cui congruat nescis, et futurum ignoras, cum cui innitimur tene, in quo quod prælibatum est luce evidentius completum constat. Discute Evangelia, discute quod credimus, prophetæ nobis sensum aperuit factis Christus.

CAPUT III.

Utrum Christus mori potuit, an non.

Christus Deus et homo est sine confusione utriusque naturæ. Quare hominem Deum pro omnibus mori necesse erat. — Quod si quia eum dici Deum audis, ideo de morte causaris, mori enim Deo non convenit, scire debes quia Deus, qui hominem suscepit, Deum nequaquam humanitati confudit, nec hominem Deo miscuit, sed in se stabiliter utraque consistente natura, una ex duabus, et in duabus substantiis exstitit ipse persona. Qua ergo parte hominem, ea merito se præbuit ipse mortalem, ut quia mors ex peccato obvenerat, ipse peccati expers, cum sponte se morti addiceret (quam tamen, quia non peccaverat, indebite ferret), omnes obnoxios illi miseræ conditioni absolveret. Natura namque nulla alia præter eam, quæ peccaverat, pro eadem satisfacere poterat. Congruum tamen non esset, ut quod humanitas commisisset, de angelico quispiam ordine expiaret. Juste itaque homo, qui omnium causas apud Deum insumeret, sed sine culpæ ullius macula fuit. Nam quia nil debuit, et a diabolo impetitus coactus est solvere quæ non rapuit, eum qui se impetiverat, sed injuste, corripuit, et ab humani generis possessione submovit. Cum ergo se moriens homine, et diabolum domino [*f.*, dominio] exuit; et unde secundum tuam opinionem infirmus fuit, superbia hostis sua, ut par erat, humilitate confusa, nobis virtus accrevit.

Dicis forsitan: Qui Deus erat, non potuit, nisi moreretur, id facere? Potuit, inquam, et Deus tuus, cum Abrahæ in convalli apparuit, et jejunus in cœlum redire. Si dicas mihi causas prandii, multo clariores polliceor me causas dicere posse supplicii. Si diceres mihi: Deus vester, qui si vellet, ut dicitur, fabas aurum faceret, cur præceperit ut super auro, et argento, ac vestibus fraus inferretur Egyptiis? Et quare agni sanguine vestris illito postibus angelus ultor pepercerit primogenitis? ego occasiones tibi luculentissime disseram passionis. Scio autem quia nisi cor fidei admoveris æquanimiter, ejus rei quam exosam habeas rationem suscipere non poteris.

Danielis de Christo prophetia expenditur. — Et quia propheticis te oraculis compellare jam cœpimus, et tuorum tibi voluminum innovare memoriam, argutius enim aliorum carmina discutere solemus, quam nostra, audi Danielem ipsos eventus, et eventuum contempora declarantem. *Septuaginta hebdomades abbreviatæ sunt super populum tuum, et super urbem sanctam tuam, ut consummetur prævaricatio, et finem accipiat peccatum, et deleatur iniquitas, et adducatur justitia sempiterna, et impleatur visio et prophetia, et ungatur Sanctus sanctorum* (*Dan.* IX, 24). Intellige angelum prophetæ loquentem, ac si diceret: Quoniam de populi tui abductione et dispersione conquereris, spatia adhibendi remedii Deum factum propitium contraxisse noveris, ut populus quidem de justitiis carnis ad spiritualem sese transferat cultum, et urbs illa, jam Christi sanguine sancta, novis vetustatem mutabit honoribus, ut prævaricatoris Adæ culpa fatiscat, et illud, quod antonomastice peccatum est, idolatria infidelitasque deficiat. Et quidquid absque æquitate ad proximum geritur, sopiatur, et quiescat, et adducatur non *sanctum*, ut ait Apostolus, *sæculare* (*Hebr.* IX, 1), sed *justitia sempiterna;* hanc enim erigendam domum decet sanctitudo in longitudinem dierum, ut visionum, ac prophetarum effectui mancipata reveletur impletio. Et hoc totum fiet quando oleo lætitiæ præ participibus suis Sancti sanctorum celebrabitur unctio.

Scito, inquit, *et animadverte: Ab exitu sermonis ut iterum ædificetur Jerusalem, usque ad Christum ducem, hebdomades septem, et hebdomades sexaginta duæ erunt* (*Dan.* IX, 25). Ab exitu sermonis quo a Dario jussa est restitui civitas, et templum, habes numerum annorum usque ad Christum specialiter ducem. Hebdomades autem non dierum, sed annorum intellige. Qualiter autem septem primæ hebdomades, et residuæ sexaginta duæ vigilanter adeo subdistinctæ sunt intelligendæ, lector apud Hieronymum (*Expos. in Daniel.* lib. I, cap. 9), quamplurium inibi auctorum compilatione facta, requirat. Ut breviter vero cognoscat, septuaginta, nisi fallor, hebdomades, quadringentos nonaginta continent annos. *Et post hebdomades sexaginta duas occidetur Christus, et non erit ejus populus, qui eum negaturus est, et civitatem et sanctuarium dissipabit populus cum duce venturo, et finis ejus vastitas, et post finem belli statuta desolatio* (*Ibid.*, 26). Hac, inquit, exacta annorum serie, ipsæ vocaturæ [*f.*, vacaturæ], et essentialiter Christus occidetur, et populus qui dicturus est: *Non habemus regem nisi Cæsarem* (*Joan.* XIX, 15), conclamabit Pilato: *Noli scribere: Rex Judæorum* (*Ibid.*, 21). Cui contra in Psalmis tituli inscriptionem ne corrumpas. Ex patre diabolo erit, non ejus, quapropter? Quia non cognovit tempus visitationis suæ (*Luc.* XIX, 44); et urbem, et sanctuarium dissipabit populus Romanus cum duce Vespasiano, cujus rei finis perennem inibi habitationis Judaicæ pariet vastitatem.

Et post belli finem (Dan. ix, 26), fixum faciens quod dixit, ingeminat : Exterminium idem statuta desolatione firmabitur. *Confirmabit autem pactum multis hebdomada una : et in dimidio hebdomadis deficiet hostia et sacrificium : et in templo erit abominatio desolationis, et usque ad consummationem et finem perseverabit desolatio* (*Ibid.*, 27) Quæ est enim hebdomas, qua confirmat multis pactum, nisi quod alias dicitur, *Tempus, et tempora et dimidium temporis* (*Apoc.* xii, 14), tres videlicet anni, et dimidius prædicationis Dominicæ, et tres cum dimidio subsequentes, in quibus potissimum cuneus apostolicus, cum omni discipulatu pariter se cum Judæis exercuit et multos ab errore diduxit. Quorum tamen omnium doctrina Jesu Domini seminarium fuit. In cujus dimidio hebdomadis sacrificium defecit et hostia, quia corpore, quod est Christus, exhibito, vitulorum et taurorum jam nihil profuit umbra. In templo fuit abominatio desolationis, quia ubi Deus non est, neque ullum bonum est omen, neque habitari dici potest, ubi nullus est. Quia enim diabolus non vere est, ubi vera essentia non est, misera solitudo est : *Ecce*, inquit, *relinquetur vobis domus vestra deserta* (*Matth.* xxiii, 38 ; *Luc.* xiii, 35). Etenim umbra quomodo esse poterat absque corpore? Ergo nil inibi non supervacuum erat.

Et ut certo certius teneremus quod mille et amplius annis jam perstitisse videmus, tertio sententiam desolationis inculcat. *Perseverabit*, inquit, *desolatio* (*Dan.* ix, 27), dum et consummatio et finis videlicet sæculorum deveniat. Dicite, profanum et pertinax vulgus, cuinam ista judicabitis pertinere? Forsitan ad Hircanum, quem extremum cum pontifico [*f.,* pontifice, *vel* pontificio] regem habueritis. Sed quid ista ad illum? nunquid populus, qui ejus erat, negavit? nunquid non parchi ejus desecuerant, non ferro, sed dentibus aures, ut sacerdotio damnaretur? Neque enim a populo aut vita, aut regno privatus est. Velim plane a vobis nosse, quæ sit post abbreviationem septuaginta hebdomadum consummatio prævaricationis et peccati, unde tunc finis, quæ iniquitatis delectio, quis tunc adduxerit justitiam sempiternam. Conferte, mendaces, et certe nequaquam reperire poteritis, quod aliquid horum illi ullo modo tempori valeat convenire. Imo sub novis regibus bellorum ac cædium plurima, secundum historias, excrementa sævisse.

De visione et propheta quid sentiant miror, quia nihil novi secundum quod opinantur, **272** illis diebus acciderit. Et cum annorum adeo evidenter præfixus sit terminus, ut temporum notitia vacillare non possit, et ipsi non aliquid propheticum, visionive conveniens, eo loci tunc evenisse testentur : quæ erit illius, quæso, Sancti sanctorum unctio? Si Sanctus sanctorum est, sanctorum omnium præcipuus est; quem vos hunc sentiatis ignoro. Hoc tamen scio, quia si sic eminens est, non alius quam Christus est. Quod si Christus est, et is occisus talis temporis diffinitione probatur, cui aversio populi atque negatio, civitatis denique ac sanctuarii dissipatio ad integrum congruit cum duce præfato. Pacti quoque, quod non est aliud quam promissio, regni cœlestis confirmatio. *Agite*, ait, *pœnitentiam, appropinquabit* [al., *appropinquavit*] *enim regnum cœlorum* (*Matth.* iii, 2). *Et in dimidio hebdomadis*, cum Christus se Patri obtulit, hostiæ sacrificiique defectio, ad ultimum loci ab habitatoribus tripliciter repetita damnatio. Quid dicetis, qui neminem cui conveniat nisi hunc inferre potestis? Aut ergo vestras mihi Scripturas exponite, ut a prætaxata serie explanatio vestra non discrepet, aut intellectui Christiano acquiescite, a quo prophetica intentio non abhorret.

Si tibi minus perspicua hæc sunt, accipe evidentius quiddam : *Aspiciebam*, ait, idem, *in visu noctis, et ecce in nubibus cœli quasi filius hominis veniebat, et usque ad Antiquum dierum pervenit, et in conspectu ejus obtulerunt eum : et dedit ei potestatem, et honorem, et regnum, et omnes populi, tribus, et linguæ servient ei* (*Dan.* vii, 13, 14). Antiquum dierum haud dubium quin ipsum Deum intelligatis; sed quis est filius hominis, qui pervenit ad illum? Nunquid comparabitur homo Factori suo? Potestas enim, honor et regnum in æternitate illa nemini datur, nisi ei, qui Deus habeatur. Populi, tribus, et linguæ ibi nulli serviunt, nisi quem transcendere totius jura humanitatis sciunt. Ideo hunc in conspectu Dei offerunt, quia eum quique fideles solum Patri conspicabilem, Patri specialiter placitum credunt. *Nemo enim novit Filium nisi Pater, neque Patrem quis nisi Filius, et cui voluerit Filius revelare?* (*Matth.* ix, 27.) Ipse etiam subjungit ibidem : *Omnia mihi tradita sunt a Patre meo* (*Ibid.*). Et : *Data est mihi omnis potestas in cœlo et in terra* (*Matth.* xxviii, 18). Sic pervenit ad Antiquum dierum, quia qui in sole posuerat tabernaculum, qui tanquam sponsus de thalamo suo egressus fuerat, qui plusquam homo, ideo gigas, ad currendam exsultaverat viam, cujus egressus a summo cœlo exstitit, occursus quoque ad summum ejus, ad Patrem videlicet fuit (*Psal.* xviii, 5).

Is per visum noctis quasi Filius hominis veniebat in nubibus (*Dan.* vii, 13). Quia obscure omnino venturus prædicabatur in propheticis locutionibus quasi homo purus ; vel quasi filius hominis, hoc est revera filius hominis ; quod non est aliud quam Virginis. Ut est illud : *Quasi Unigeniti a Patre* (*Joan.* i, 14). Sequitur : *Potestas ejus potestas æterna, quæ non auferetur, et regnum ejus, quod non corrumpetur* (*Dan.* vii, 14). Si filius hominis est, et potestas ejus potestas æterna, immobilis, incorruptibilisque est, ergo Deus et homo est. Ipse est homo sine adjutorio inter mortuos liber (*Psal.* lxxxvii, 6).

Quis est etiam apud hunc ipsum prophetam lapis

ille abscisus de monte sine manibus, qui terræ omnia regna comminuit? (*Dan.* II, 54, 35.) nonne in sequentibus cum explanaret, adjungit? *Suscitabit Deus cœli regnum quod in æternum non dissipabitur, et regnum ejus populo alteri non tradetur. Comminuet et confringet universa hæc regna, et ipsum stabit in æternum* (*Ibid.*, 44). Si omnes homines mortales non negas, et omnia quæ corpus habent transitoria credis, quæ erit ulli regni æternitas? Illumne lapidem stolidum aliquid putas? Quod si mons magnus factus est, adeo ut impleret universam terram, ubi ergo commanebunt homines? vides te rejici ab historia, et typum apertissime parturiri. Accipe itaque quia alias non poteris Christi nomen, quia ipsum est, quod penitus obliterari non valebit per externam religionem. Ipse sine manibus abscisus, nullis venereis operibus procreatus. Regna comminuit, quoniam ipse est qui in omnibus gentibus hæreditavit. Regnum non dissipatur, nec alteri populo traditur, quia justitia, quæ per Sanctum sanctorum infertur, sempiternitate firmatur. Nec aliena scilicet hæreseos alicujus traditione corrumpitur, quod alteri populo traderetur, qui superveniente perfidia mutaretur. *Domum enim Domini decet sanctitudo in longitudinem dierum* (*Psal.* XCII, 5).

Videtis, o ingenia omni tortiora falce, his paucis testimoniis evidentiam fidei Christianæ, quæ non ideo sunt pauca, ut in vestris voluminibus habeantur rara, sed tam multiplicia, ut iis retexendis sufficiat nullius scientia, omnium retundantur eloquia. Si illum qui bonos in terram rectam deducit Spiritum haberetis, certe ea, quæ idem per suos prophetas locutus est, ejusdem condimento indubie saperetis. At quia nil plane aliud quam furta, et fœnora cogitatis, nihil plane ad piam subtilitatem pertinens affectatis. Si verum est, quia *quod voluit Dominus fecit in cœlo et in terra* (*Psal.* CXXXIV, 6), et cæteris, qui Deus probabiliter existens hominem assumpsit, quid scrupuli habet, quæso, et quod hominem non absque salubri mysterio humiliari siverit, quoque voluerit postmodum provexerit?

Exponite quod contemporaneis Jesus Dominus ipse proposuit. *Dixit Dominus Domino meo, sede a dextris meis* (*Psal.* CIX, 1), et cætera psalmi, quæ valde vestro sunt errori contraria. Perspicacitas etiam vestra aut dicat, aut discat quid sibi velit Davidicum illud : *Dominus dixit ad me : Filius meus es tu, ego hodie genui te. Postula a me, et dabo tibi gentes hæreditatem tuam, et possessionem tuam terminos terræ* (*Psal.* II, 7, 8). Et si enim David, quomodo Filius Dei? *Ego hodie genui te,* quem sensum a vobis habeat, rogo. Gentes quoque an a Patre utrum a matre hæreditas ejus erant, et possessio termini terræ multa a vobis mente disquiro. Licet contigua plane sibi loca Palæstinorum aut Ammonitarum tributaria fecerit, abhorret tamen a vero, quod hæreditari gentes et possessive non tributarie terminos terræ tenuerit. Illud quoque : *Eripies me,* ait, *de contradictionibus populi, constitues me in caput gentium. Populus quem non cognovi servivit mihi* et reliqua usque *vivit Dominus* (*Psal.* XVII, 44, 46) : certe et si contradictiones habuit, non populi sed filii Absalon res novas molientis. Sed esto ubi constitutus est in caput gentium? Non dicam sane gentium, sed nec unius gentis. An dicetis quod cum ad Abimelech Philisthinorum regem Saulis timidus concessisset, sit caput gentium institutus? Sed nec eorum decimæ partis. Quis fuit populus quem non cognovit? Certe Philisthæos, et omnia eorum ipse cognoverat. Et unde tanta eorum obedientia commendatur, ut in auditu auris obtemperasse dicantur? nonne Abimelech contra Israelem pugnaturo dixerunt satrapæ ejus ad ipsum : *Non egredietur David nobiscum, non enim melius placare poterit Dominum suum, quam in capitibus nostris?* (*I Reg.* XXIX, 4). Non sunt hæc verba membrorum de capite. *Filii alieni mentiti sunt mihi* (*Psal.* XVII, 46). Nunquid filii alieni secundo replicantur, inveterati et claudicantes appellantur, quia os suum, et caro sua, mortuo Absalon, ab ipso vocantur?

Deficite, quæso, quia ratio vobis deficit. Quis ergo caput gentium? Christus profecto : *Non auferetur sceptrum de Juda, et dux de femore ejus, donec veniat qui mittendus est, et ipse erit exspectatio Gentium* (*Gen.* XLVI, 10). *Ipse est qui stat in signum populorum, quem gentes deprecabuntur* (*Isa.* II, 10). Lege Isaiam, recole Psalmos, quid aliud quam vocationem gentium sonant? in nomine Christi gentes speraturas? Dicendum in nationibus quia Dominus regnavit : *A solis ortu usque ad occasum nomen Domini futurum laudabile, ipsumque super gentes excelsum* (*Psal.* CXII, 3, 4). Et deficientibus jam in templo vestro sacerdote et hostia, Malachias infert : *Ab ortu solis usque ad occasum magnum est nomen meum in gentibus, et in omni loco sacrificatur et offertur nomini meo oblatio munda, quia magnum est nomen meum in gentibus* (*Mal.* I, 11). Vos autem cum a nobis interrogamini quare templo, pontificio, et ara careatis, illico de terra in qua habitatis immunda causamini, sed prædictus in hoc propheta non favet vobis.

Quid præterea Balaam ille ariolus : *Orietur,* inquit, *stella ex Jacob, et consurget virga de Israel, et confringet omnes duces Moab, vastabitque omnes filios Eth; et erit Idumea possessio ejus. Hæreditas Seir cedet inimicis suis. Israel vero fortiter aget* (*Num.* XXIV, 17, 18). Quæ est stella? Maria a vero sole illuminata, et de qua exorta est in tenebris lumen rectis corde, miserator et misericors et justus (*Psal.* III, 4). Exinde virga consurgit, totius videlicet rectitudinis singularitas ipse Christus emergit. Vide in his exemplis quæ de tuis assumpta est libris, quam pure sine ulla patris aut seminis memoria enuntietur origo. Audi stellam quæ sine sui detrimento lumen illud emiserit. At quia lumen oculis non videbatur infirmis, partus stellæ mutatur in virgam, quæ devios dirigat, superbos deprimat, imbecillibus sustentaculum fiat.

Hæc confringit a rigore nequissimo duces Moab, gentilium utique qui sine lege sunt, patremque habent diabolum. Moab namque *ex patre vel exlex dicitur*. Eth autem interpretatur *stupens*. Qui sunt stupentes, nisi Judæi qui nescierunt neque intellexerunt, et in tenebris ambulant? Hi sunt filii, sed mentiti, sed alienati. Hos virga vastat, quia legis scientiam, quam falso Judæa usurpat, gentili Christus populo veraciter dat. *Calix enim in manu Domini vini meri plenus misto, et inclinavit ex hoc in hunc populum. Verumtamen fæx ejus non est exinanita, bibent omnes peccatores terræ* (Psal. LXXIV, 8, 9). Idumæa ejus possessio est, quia tanto castigatius quæque mens ad Deum convertitur, quanto terrenior est. Sicut mons Sion, ita et latera aquilonis civitas Regis magni; ubi enim abundat peccatum superabundat gratia. Seir *pilosus* dicitur: pili superfluunt corpori, significantque substantiam sæculi. Quæ est hæreditas Seir, nisi lex, aut ipsum regnum Judæorum, quæ jam possidet plebs Christianorum; sed hic sensus apud vos quomodo se capit ad litteram? nil enim in Pentateucho significativum accipietis. In terris sane illis Assyriorum, Parthorum, Arabum, Francorumque nuperrime alternante victoria, gentium istarum nc ipsa quidem nomina resedere. Messias ergo vester quid faciet? sequitur:

Israel vero fortiter aget (Num. XXIV, 18). Israel dicitur 274 *directus cum Deo*. Et quis cum Deo dirigitur, nisi qui fidei regulam sequitur? Is fortiter agit, qui fidem Christianam etiam inter atrocia tormenta defendit. *De Jacob erit qui dominetur et perdat reliquias civitatis* (Ibid., 19). Quod est dicere: Licet inter gentes martyrum fortitudo laudetur, de Jacob tamen, id est de Judæis, qui Esau, id est gentes, se per acceptionem legis supplantasse gaudebant, Christus Dominus oritur. Unde superius stella ex Jacob, virga de Israel est. Maria enim de Judæis quidem ducit originem, sed gentium populus cum Christo specialiter directus, Christi præcipue ostendit fortitudinem. Perdit autem reliquias civitatis, quia licet homo ex femina oriundus, ex virtute tamen Deitatis quos a Dei civitate judicabit extorres, perpetuis poterit punire suppliciis.

Quod totum est dicere? Ille, qui Judaici induet generis vilitatem, tantam habebit Domini, quod ad impios pertinet, quantitatem (paternitas enim ad pios) ut quos suæ viderit urbanitatis indignos, eos in ignes potens sit perdere sempiternos. *Pater enim non judicat quemquam, sed judicium omne dedit Filio* (Joan. v, 12). Est autem *Jerusalem, quæ ædificatur ut civitas* (Psal. CXXI, 3). Miror quas hic vestras beatitudines intelligatis ad litteram. Quod si ita fallimini, attendite quæ post pauca sequuntur. *Assumpta iterum Balaam parabola ait: Heu! quis victurus est, quando ista faciet Deus?* (Num. XXIV, 23): ubi præmisit *heu*, spopondit utique se dolenda dicturum. *Venient, inquit, in trieribus de Italia, superabunt Assurios, vastabuntque Hebræos* (Ibid., 24). Hanc quam iste præconatus est vobis vastitatem, annorum jam mille continuatione probastis.

CAPUT IV.

De Christi resurrectione. — Habentes igitur rationes ac exempla de humanitatis assumptione in Deo, de passione, resurrectione, et ascensione, tanta profecto ut eorum copia inopiam dicendi pariat, quorum multiplicitatem, et minus eruditi ad manum habent, et Ecclesia cantitat, ea sola protulisse collibuit quæ Deum in homine demonstrarent. Quod si Deus æternus aperta Scripturarum vestrarum astipulatione probatur, quid magnum fecit, si corpus passum vitæ restituit, cum et Elisei cadaver id egerit? Audis David cum de pressurarum nimietate quereretur, quæ solent apud homines provocare vigilias: *Dormivi, ait, et soporatus sum, et exsurrexi* (Psal. III, 6), fossas alibi manus et pedes asserens (Psal. XXI, 17); apud Osee, mortem se mortis Deo exhibente futurum (Ose. XIII, 44). Rursusque in psalmo ascendisse in jubilatione Deus, et in voce tubæ (Psal. XLVI, 6): Aliasque, ascendisse in altum, et captivam duxisse captivitatem, ac hominibus dona dedisse dicitur (Ephes. IV, 8). Cum certo, juxta Apostolum constet, *neminem ascendere nisi quem descendisse constiterit* (Ibid., 9).

De vocatione gentium. — Cum ubique Scripturarum tuarum testimonia hujusmodi in modum scintillarum emicent, illud summopere claret quod gentium vocatio libris passim celebrata propheticis, indubie completa videtur. In omnem terram jam exivit sonus prædicatorum, et in fines orbis terræ verba eorum (Psal. XVIII, 4). In quo nobis objicere nemo potest quarumdam gentium apostasiam, sicut nec Isaiæ qui Judæos, gentem peccatricem, semen nequam, filios sceleratos vocaverat (Isai. 1, 4). Postmodum ait: *Audi, Israel, serve meus, et rectissime, quem elegi* (Isa. XLIV, 1). Si enim semen nequam, gensque peccatrix, quomodo rectissimus quem elegerat? Sed totum pro parte, partemque pro toto in Scripturis vestris ac nostris, solere accipi non dubium vobis est, ut est illud: *Ad te omnis caro veniet* (Psal. LXIV, 2), quod non aliter intelligimus, quam si diceret: Ad te de omni carne veniet. Illi enim de morte surrecturo dicitur: *Surge, Deus, judica terram, quoniam tu hæreditabis*, non omnes gentes, *sed in omnibus gentibus* (Psal. LXXXI, 8). Et cum Elias quereretur solum se relictum (III Reg. XIX, 40), audit de septem millibus, qui non curvaverant genua Baal (Ibid., 18). Si enim populus Dei quondam dicebamini, licet maxima vestrum pars aberraret, non tamen bonæ partis intuitu quod vocabimini, perdebatis. Itaque etsi mundi plurimum retro abiit, in hoc tamen Christi potentiam ex sua retrogradatione non minuit.

CAPUT V.

Judæos alloquitur. — Igitur quoniam aliqua in vos auctoritatibus et ratiocinatione contulimus, jam vos pauculis rogationibus compellabo.

Legem illam adeo carnaliter qua intentione tenetis? Scio vos dicturos: Et quomodo legem a Deo de cœlis præbitam, imo ipsius digito exaratam, vocum terroribus, lampadum fulgoribus et montis exhalationibus promulgatam, nulli genti a sæculo datam mutare poterimus? Et si leges hominum constant, quis Dei præcepta destituet.

Respondet Judæis, probatque Deum legem abrogasse, auctoritatibus Scripturæ. — Ad hæc inferam: Quidquid horroris, quidquid magnificentiæ extrinsecus legis dandæ constat adhibitum, non magni penditur; hæc enim in minoribus sæpe negotiis expenduntur. Plane Samuel cum causaretur Judæos regium fastigium affectantes. *Nonne,* inquit, *messis tritici est hodie? Invocabo Dominum et dabit voces et pluvias: et scietis quia grande malum feceritis (I Reg.* xii, 17). Certe et Osias rex sacerdotalis æmulus infulæ, cum sancta ingredi usurpasset, motibus terræ ingentibus factis, quorum Amos meminit, terræ quoque hiatus præruptissimi patuerunt. Nihil sane ibi accidit quod non uspiam facilius accidisset. Si Moyses quadraginta distulit diebus inediam, et itidem leviori ex causa fecisse scimus Eliam. Si cum Domino Moyses loquebatur facie ad faciem, et Isaias profitetur Dominum Sabaoth suis se vidisse oculis, quem viderat solium excelsum sedentem, idipsum et alii ex prophetis quidam. Quid quod etiam Balaam ariolo et apparuisse, et sæpius occurrisse Deus dicitur? Tonitrua hujusmodique clangores ex aerum importunitate contingunt. Cum etiam per provincias alias hieme, alias æstate proveniant. Sin aliter, monstrum exhibeant.

Id igitur solum in causa versetur, quia Deus ea mandata præbuerit. Quæ si ideo immutabilia judicentur, videamus ab ipsis sæculorum primordiis quæ instituerit, quæ quoque instituta locis, temporibus, personisque mutaverit. Certe in primorum hominum illorum creatione, cum prælatos eos terrenis, aquatilibusque Scriptura dixisset, Deum pariter dixisse subnexuit: *Ecce dedi omnem herbam afferentem fructum super terram, et universa ligna quæ habent in semetipsis sementem generis sui, ut sint vobis in escam* (Gen. i, 29). At cataclysmi exacta pluvia, cum Noe et filiis ejus secundo ejusdem prælationis verba fudisset, addidit: *Omnes pisces manui vestræ traditi sunt, et omne quod movetur et vivit erit vobis in cibum, excepto quod carnem cum sanguine non comedetis* (Gen. ix, 2, 5). Habes Deum mutasse sententiam, ut de graminibus ad carnium edulia nos laxaret. Denique sub Moyse cum de esuum discretione tractaret, quasi oblito quod annuerat istis, omne scilicet quod movetur et vivit, in munera, comedi vetuit.

Adam quoque uxore sibi exhibita: *Relinquet,* inquit, *homo patrem, et matrem, et adhærebit uxori suæ* (Gen. ii, 24). Non dixit: Homo, Deo tunc et sapientia plenus, adhærebit uxoribus, sed uxori,

A cum in sequentibus ob plura connubia diluvium inundasse legamus, et tamen Abraham ex latere Saræ Agar, Deo etiam aliquoties eam procurante, habuisse. Jacob quoque, et Moysen, multosque sub lege probatissimos, numerum conjugum sine legis contradictione cognovimus. Adæ autem dicta indubic pro Dei verbis ponimus; quem paradisicolam Dei fuisse tunc intimum scimus. Jesus etiam Dominus hæc Deo verba ascribit.

Mulieri dixerat Deus quæ virum inobedire suaserat: *Sub viri potestate eris, et ipse dominabitur tui* (Gen. iii, 16). Ipse idem Abrahæ loquitur: *Omnia quæcunque dixerit tibi Sara, audi vocem ejus* (Gen. xxi, 12). Ecce quantum, quamque spectabilem mulieri addixerit, quem per se docere potuerat.

B Cain et Seth, filii Adæ, unde conjugia sibi contraxerint nosti, ex sua germanitate profecto. Poterat vero eis Deus aliunde creare uxores; at ipse fecit ut sic necessario fieret. Quod etiam de amitis, materteris penitus idem est. Et hæc siquidem omnia Dei, qui ea primo sic fecerat jussu, et edicto Moysaico asperrime postmodum vetita sunt. Quid quod unam illam quam viro costam detraxerat, inque mulierem ædificaverat, in tot dividi brevi post ipse permisit, ut jam non duo sed plures admodum fierent in carne una? Agar ancillam, a domina Sara pulsam, angelus reperit, redire ac humiliari sub hera suasit. Denique Isaac jamdudum nato, et grandiusculo Ismaele, cum Sara lusus eorum ægre tulisset, invito
C Abraham, jubetur muliercula cum prole repelli. Cui controversiæ vox divina, quæ superius eam dominæ reconciliari præceperat, intulit, et quasi pristini oblita consilii, postposito Abraham, Saræ mandat in omnibus obediri.

Præcepit præterea Deus ne sculptile, ne conflatile, ne qua similitudo, ne quod signum in terra vestra erigeretur, et tamen in tabernaculo Cherubim, Domino jubente, sunt sculpta. Quid dicam de æneo serpente ignitis objecto serpentibus, ad quem toto exercitui eminentem, qui percussus respiceret, salvaretur? Num signum, num similitudo fuit? Et certe, libro Regum teste, usque ad Ezechiæ tempora eum coluere thura cremando Judæi; et plane non nesciebat Deus illius institutor ostenti, istud eorum ad
D idola proclivium magno valiturum errori. Hoc, inquam, contra sua, si dicere audeam, scita jussit Deus.

Tabernaculum vero ipsum, quod ab imis ad suprema proprio Deus orditus est ore, Salomon nova ædificatione destituit, in tantum ut sacrilegio, imo idololatriæ duceretur, si quis post templi dedicationem ea loca cultu aliquo respectasset. Unde et in calumniam illud crebro dicitur: *Adhuc populus immolabat in excelsis (IV Reg.* xiv, 4). Cui tamen templo, et ante, et post ædificationem favor divinus haud defuit.

Aurum, argentum, vasa, et vestes Ægyptiorum mutuo Deus ab eis accipere vos jusserat, quæ humane vobis præstita, inhumane, ut videtur, satis,

Deo tamen permittente, tulistis, unde dicitur, quia dedit vobis gratiam coram Ægyptiis Deus (*Exod.* XII, 35, 36); Postmodum cum ipse legis illius censuras edicerct, furtum, fraudem, concupiscentiamque prohibuit.

CAPUT VI.

Etsi immutabilis Deus, verum, ut mutabilitati hominum se aptet, sententias mutare videtur. Quod et rationibus confirmatur. — Habetis, ut æstimo, pleraque divinarum sententiarum mutationis exempla, in quibus conjicere potestis Deum, etsi immutabilem, mutabilitati hominum, pro ipsorum erudiendis novitatibus, mutabiles dedisse sententias. Sicut enim videtis puerulos aliis in infantia rudimentis, aliis, cum adoleverint, documentis imbui; at postquam permaturuerint modo eos severiore disponi, cum senibus vero profundissima quæque tractari, ita intelligite Deum, cum hujus sæculi processibus operatum. Nam veluti parvulum assiduis gerulorum, ac nutricum confabulationibus, ad rudimenta loquelæ convenit informari, et succrescentem acriori jam pædagio a licentia infantiæ coliberi, a puerilibus etiam ævo pubescente omnino restringi, juventam vero ad integrum eruditam sua sponte, propria gravitate, remota ferula, ex virtutis amore jam regi. Ita recens Deus sæculum primo suis, et angelorum vocibus assuevit, et quasi suorum forma sermonum balbutientia mundi labra correxit. Ut quod optimis modo non sit, tunc etiam improbissimis, et ipsis quoque animalibus præstaretur. Paulo evectum, ut Noe Abrahæve temporibus, paucis licet in rebus castigare, et signis sibi denotare inciperet. Sub Moyse vero quasi adolescentem a pristinis vilitatibus aliquantulum sublevare, et aliqua de viro sentire compelleret.

Ætas perfecta incœpit a Christo. Vetus lex temporalia, Christi vero æterna docet appetere. — Porro sub Redemptoris gratia quasi ponderosiori jam animo, et intelligentiarum capaci totius suæ divinitatis, ac si interni sui consilii præruptra detegeret; iis enim qui solo dominis famulantur amore, eorum facilius solent enuntiare secreta : *Jam non dicam*, inquit, *vos servos; quia servus nescit quid faciat dominus ejus; vos autem dixi amicos, quia omnia quæ audivi a Patre meo nota feci vobis* (*Joan.* XV, 14). In lege vestra quæ vobis Deus præmia pollicetur ? Possessiones, ventrium plenitudines, uxores ac filios, longævitates, et nulla nisi iis contraria comminatur. De æternis silentium est. Cœli præmia, tartari tormenta tacentur. Sicut sola intentatur virgo juvenculo libidinibus æstuanti, et ei dehoneste sermo fit surdus, ita cruciatibus, aut morte absterrebantur a vitiis, ad bona qualiacunque, non affectu, non monitis, sed talium munerum lenocinio trahebantur.

Mentior, nisi lex ipsa testetur idipsum : *Introduxit*, inquit, *vos Dominus in terram fluentem lac et mel, ut mandata scilicet ejus observetis, et ut lex Domini semper sit in ore vestro* (*Exod.* XXXIII, 3). Psalmus quoque : *Dedit illis*, inquit, *regiones gentium, et labores populorum possederunt, ut custodiant justificationes, et legem ejus requirant* (*Psal.* CIV, 44). Librorum vestrorum quibusque peccantibus comminationes : *Non inferetur*, inquiunt, *corpus tuum in sepulcrum patrum tuorum* (*III Reg.* XIII, 22). Et : *Quia humiliatus est Achab coram me, non inducam mala in diebus ejus* (*III Reg.* XXI, 29). Multi philosophorum gentilium, quæ vobis promittebantur duxere contemptui ; et habita, ut Diogenes, abjecerunt. Et cum orbis summa aliquibus incumberet, ut Octavianus Cæsar, parvipenderunt. Quid dicam vobis ? An bona lex est, cujus præmia nil stabile pollicentur ? Quid victimarum millia ponderatis ? Audite Dominum in Isaia : *Plenus*, inquit, *sum. Holocausta arietum, et hircorum nolui* (*Isa.* I, 11). Subditque causas : *Manus vestræ sanguine plenæ sunt* (*Ibid.*, 15). Quid autem velit exemplo prosequitur : *Lavamini; mundi estote : auferte malum cogitationum vestrarum ab oculis meis : quiescite agere perverse* (*Ibid.*, 16), et sequentia. *Non in sacrificiis*, ait alter, *Arguam te, quia holocausta tua meo subjacent arbitrio. Non accipiam de domo tua vitulos. Nunquid manducabo carnes taurorum? Sed immola Deo sacrificium laudis, redde Altissimo vota super sacrificiis* (*Psal.* XLIX, 8-14). Idem utique ait : *Holocaustis non delectaberis. Sacrificium autem Deo spiritus contribulatus* (*Psal.* L, 18, 19).

Super circumcisione tua etiam pone nugas. Nonne lex, nonne prophetæ pariter tibi cantant, ut auferas præputium cordis tui ? Quod si cordis et sensuum tibi circumcisionem inclamitant, illam quæ pellium est figuram solummodo interioris notant.

Quid de jejuniis agis, in quibus litigia cædesque videntur ? Quo contra propheta : *Solve*, ait, *colligationes impietatis fasciculos deprimentes* (*Isa.* LVIII, 6), et cætera, quæ ibi Deus appretiari jejunando dignoscitur.

In diligentiis Sabbatorum multa vobis solertia. Sed Deum forsitan creditis vestro otio, spectaculisque gaudere. Nec longe est super hoc idem propheta quid sentiat : *Si averteris a Sabbato pedem tuum non facere voluntatem tuam in die sancto meo, et vocaveris Sabbatum delicatum, et glorificaveris, dum non facis vias tuas* (*Ibid.*, 13).

Pedem avertere a Sabbato fortassis æstimas continentias ab itinere faciendo. Quid super voluntate restringenda tractabis? Quod si ad actionarias to converteris voluntates, audi sequentia : *Et non invenitur voluntas tua, ut loquaris sermonem* (*Ibid.*). Nulla lex imminet Sabbatis a colloquio feriari, in quo ad id jam necessitate compellimur, ut delicatum in eo solo Sabbatum computemus, si a malis spiritualiter subtilius, quæ lege non sunt vetita, linguam ac animum dispescamus.

Perpende igitur clarissimos tuæ legis auctores, quantum a tuo discrepent intellectu, qui nihil corporeas exercitationes habentes solum medullis spiritualibus intenderunt. Sola namque in iis observationibus carnis vexatio est; his tamen, qui non aliquid de spiritualitate senserunt. Etsi enim in lege tua dicitur : *Qui hæc fecerit* vel illa mandata, *vivet in eis* (*Levit.* xviii, 5), nunquam tamen est, quantum ad animam, quisquam vixisse credendus, qui non amore et fide cæremoniis illis inhæserit. Unde apud Ezechielem legitur : cum enim improperaret eis prævaricationes ab eis in deserto factas, idololatriarum incursus, Sabbatorumque incurias, ad extremum intulit Deus : *Ergo et ego dedi eis præcepta non bona, et judicia in quibus non vivent, et pollui in muneribus suis, cum offerrent omne quod aperit vulvam propter delicta sua* (*Ezech.* xx, 25, 26). Quare non bona, cum, juxta apostolum nostrum, lex sit sancta, et mandatum et justum et bonum? (*Rom.* vii, 12.) Corticem et ossa rodentibus non bona; interiora carpentibus utilis, utentibusque medulla. Hi sunt inimici in psalmo, qui terram lingunt (*Psal.* lxxi, 9). Pollui eos in muneribus, etiam cum legalia ipsa præcepta complerent, offerendo videlicet omne quod aperit vulvam, cum in ipsis eos ostendi pollutos muneribus, dum nihil offerunt pro internis, sed pro exterioribus. Unde est : *Oratio ejus fiat in peccatum* (*Psal.* cviii, 8). Lucrum utique petat a Deo temporale, non Deum. In ipsis plane mandatis vita esset, si Deum quis ex toto corde diligeret : uti si proximum curaret, si furtum et mendacium caveretur, frausque non fieret. At cum, iis posthabitis, inanium illorum rituum superstitio celebratur, sine fructu mentium caro vexatur.

Quoniam ergo prosequebamini omnes conspicabile corpus et nihili pendebatis animam, quæ latebat, voluit tandem Deus nobis, imo si voluissetis vobis, non jam exemplaria verorum, sed ipsa vera, et saluti viciniora producere; ipse enim per prædictum prophetam præstillaverat vobis. *Ecce*, inquit , *dies venient, dicit Dominus, et feriam domui Israel, et domui Juda fœdus novum, non secundum pactum quod pepigi cum patribus eorum, in die qua apprehendi manum eorum, ut educerem eos de terra Ægypti, pactum quod irritum fecerunt; sed hoc erit pactum quod feriam cum domo Israel : Post dies illos dabo legem meam in visceribus eorum, et in corde eorum scribam eam, et non docebunt ultra vir proximum suum, et vir fratrem suum dicens : Cognosce Dominum ; omnes enim cognoscent me a minimo usque ad maximum, quia propitiabor iniquitatibus eorum, et peccati eorum non ero memor amplius* (*Jer.* xxxi, 31-35). Ubi novum fœdus a Deo cum domo Israel percuti dicitur, in veteri jam a vobis fœdere noto vivitur; ut enim nostri Apostoli verbis utar, ubi dixit : *Novum veteravit prius, quod autem antiquatur et senescit prope interitum est* (*Hebr.* viii, 13). Sed quare vetus dicitur, nisi quia caduca et mature peritura, visibilia videlicet, repromittit?

Illud autem jure novum, quia incorruptibilia, et solis immortalibus oculis conspicua, nullis usibus atterenda, promittit. Nec secundum illud est, quod cum vestris in eremo pactum est patribus, quia ibi minis et terroribus ad singula præcepta, *Ego Dominus*, inclamatur, hic vero *Pater noster* appellandus prædicatur (*Matth.* vi, 9). Hic Spiritus sanctus, qui amor est, pro magistro adhibetur. Hic non in lapide lex, sed cordibus, visceribusque inscribitur; quia, ut idem alias propheta testatur, cor jam carneum, sublato lapideo, spiritu novo imbuitur (*Ezech.* xxxvi. 26). Tanta vero per Dei gratiam fidei nostræ jam est evidentia, ut non sit instruendus jam quispiam de incarnati Dei Filii notitia. (Jam enim rudes æque ut docti norunt quia ipse est qui ad omnium venit abluenda crimina.) Sed jam passim de corrigendis operibus et moribus sit doctrina.

CAPUT VII.

Ex Vetere item Testamento ostendit Christi adventum. — Translato igitur, non obruto, tuis olim dato patribus testamento, ad sanioris observantiæ intellectus, quid mihi porcum, leporem et ostream, quibus vescimur, nequam Judæe, objicis? Templi tui vestigia nulla supersunt, pontificia subsedere, ut idem fere genus constet abolitum gentis tuæ, ubique terrarum dispersiones oberrant. Sanctuario itaque, sacerdotio, regno, ipsaque pene gente vacantibus, imo destructis, quis restat legis tenor! Tota enim ferme lex in diligentia templi ac sacerdotii pendet. Postquam hanc universæ legis summam, non alter quam Deus ipse subruit, quid de cæterorum præceptorum minutiis dices? Audis novi sideris [*f.*, fœderis] pactionem, cujus superventu nemo adnihilari dubitat vetustatem. Cuine imputas quod dicitur : 278 *Tu es sacerdos in æternum secundum ordinem Melchisedech?* (*Psal.* cix, 4.) Cujus ad Deum loqui in psalmo personam putas? *Sacrificium*, inquit, *et oblationem noluisti, aures autem perfecisti mihi. Holocaustum et pro peccato non postulasti, tunc dixi, Ecce venio?* (*Psal.* xxxix, 7, 8.) Si ad David verba hæc referas, cui Deus ideo aures effecerit, id est obedientiam dederit, quia sacrificia neglexerit, æquipollens illi sententiæ erit : *Melior est scilicet obedientia quam victimæ* (*I Reg.* xv, 22). Si ad Messiam, quem inaniter præstolaris tuum, falsum est, quia cum æstimas subjectissime iis cæremoniis serviturum.

Porro si ad Christum, ipse singulariter plane ex iis quæ passus est didicit obedientiam (*Hebr.* v, 8), quia holocaustis, et pro peccato nullatenus placari didicerat Patrem. Cum multi fuerint sacerdotes, quis eorum exstitit in æternum? Quis vero æternus, nisi Deus? Deum autem sacerdotem dici nusquam, ut reor. invenies, nisi Christum intelligas. Christus ergo in hoc solo sacerdos qui dixit : *Ecce venio* (*Psal.* xxxix, 8), quia se victimam Patri detulit pro peccato. Quia, inquit, de futili causaris sacrificio, jam tibi, Pater, me litaturus venio. Ego enim sum, *de quo in capite libri scriptum est, ut facerem voluntatem tuam* (*ibid.*, 9). Jam a persona David iste sensus exorbitat. Quid est caput libri hujus? *Beatus vir qui non abiit*, et sequentia, usque ad *omnia quæcunque faciet prosperabuntur* (*Psal.* 1, 1-4). Quis est cui concinat præsens versus, ut secundum sui typum non abierit, non steterit, non sederit? Quod si tertio hoc quispiam purus homo fortasse carere poterit, duum præmissorum alterutro quisquam homo vivens immunis esse non valuit. Quis est qui die ac nocte, id est indesinenter, in Dei lege meditatus sit? nonne idithum cantat, *Quia universa vanitas omnis vivens*; et, *In imagine pertransiens, frustra conturbatur?* (*Psal.* xxxviii, 6, 7.)

Ipsum Christum, velis nolis, accipies; quidquid istic supra hominem habes. Ipse non in decursu aquarum, sed secus nascitur; quia non in natura per peccatum fluida propagatur, sed in sola carnis peccati similitudine conspicitur. Et recte non stagnum, sed decursus virgo generans potest intelligi, ubi videlicet nulla subsistit illuvies, quod benedictionis plantarium dedit fructum, sed suum, in tempore, sed suo. Quisque bonus dat fructum, sed non suum, sine Deo enim nil potest quisquam facere. Is vero præbuit proprie suum, quia quod fecit, facere non poterat nisi Deus; et ex se habuit quod fecit. Tempus quoque suum fuit, quia qui quando voluit natus est, quando voluit quoque occubuit. Tempus suum fuit, cum plenitudinis adventu cæco mundo suæ notitiæ lumen tribuit. Folium ejus non defluet, quia licet cœlum et terra transeant, verbum tamen ejus non transibit (*Matth.* xxiv, 35). Facta ejus prosperabuntur omnia, deducet enim cum mirabiliter dextera sua. His excurrisse per excessum sufficiat.

CAPUT VIII.

Ecce habes, impurissime, prophetas tuos, imo per Deum tuis observantiis obviantes in tantum, ut sacrificans, et canem excerebrans pariter conferantur. Quid mihi sues grunnire tuas, et lepores stridere facis? Quid ora ruminantia, et divisiones replicas ungularum, qui pontificium et templum, de quibus totæ tuæ legis vires emergunt, et in quibus ejus versatur intentio, adeo evidentissime videas adnullari? Quam vim putas, infelicissime, habitura sunt infima membra, ubi caput præcisum est? Exaudi, si minus adhuc habeas hinc testium, quod superius paulo libasse videmur. Loquitur Deus in Isaia cum rejectione carnalium spiritualia bona consciscens: *Ad quem*, inquit, *respiciam, nisi ad humilem et contritum spiritum, et trementem sermones meos? Qui immolat bovem, quasi qui interficiat virum; qui mactat pecus, quasi qui excerebret canem; qui offert oblationem, quasi qui sanguinem suillum offerat; qui recordatur thuris, quasi qui benedicat idolo* (*Isai.* lxvi, 2, 3). Sed dicis: Certe negari non potest quin Deus porcum mandi vetuerit; plane, inquam, non minus constat quia tauros et arietes et cæteros sacrificari præceperit, hæcque postmodum ore proprio, ut ex prophetis audis, irrita duxerit. Sed forsitan sacrificio temploque repulsis, porcorum carnibus abstinere præponderat. Si porcinarum carnium esum nobis, quibus nil jussum est, improbatis, fimbrias hyacinthinas in quatuor palliorum vestrorum angulis quare non fertis? Qui suem præcepit non edi, ipse idem Deus mandavit et fimbrias ferri (*Num.* xv, 38). Longe alia ratione porcum comedimus, quam vos fimbrias abrupistis.

Prævaricatores ergo estis, qui vobis evidenter jussa negligitis. Nos nil prætermisimus, qui nulla inde mandata suscepimus. Furtis intenditis, fœnora cumulantes cervicibus egenorum. Deum ex corde diligere, et proximum ut seipsum, et cætera utilia seponentes, circa nugas rotamini. Nunquid illud quod dicitur: *Si ambulans per viam, in arbore, vel in terra nidum avis inveneris, et matrem pullis vel ovis incubantem, non tenebis eam cum filiis, sed abire patieris, captos tenens filios, ut bene sit tibi, et longo vivas tempore* (*Deut.* xxii, 6-7); eo quo exterius sonare videtur modo accipitis? Nunquid Deus illius ad Noe mandati oblitus est: 273 *Omne quod movetur, et vivit, erit vobis in cibum, quasi olera virentia tradidi vobis omnia* (*Gen.* ix, 3). Ut modo bene nobis et longam vitam spondeat, si manus nostra pullorum matribus parcat? Quid rationis habet quod palum in balteo gestare jubemini (*Deut.* xxiii, 13), quod egesta contegere, ne quid sordium Dei valeat oculis apparere? Si ego hominum minimus in publico tale aliquid proferrem, auditoribus forsitan mei non facile crederent, quod inaniter, aut sine intelligentia latenti ista contexerem. Etsi ego nullius aut gravitatis aut momenti ab aliquibus tanti pendor, ut verba mea experta ponderis non esse putentur, Deum poteritis æstimare choraulam, ut dicta illius garrulitate vanescant. Quanto igitur humanæ minus rationi eloquia divina concordant, tanto magis subtilitate intellectualitatis exuberant.

Resipiscite, victi tanto testimoniorum ac testium aggere tandem; et carne discussa sanctæ interioritatis estote capaces. *Venite*, cum Osee propheta, *et revertamur* ad eum, quem vos sequi putantes diffugitis *Dominum, quia ipse* a sæculi origine, prædestinatione, et promissionibus *cepit* et in fine temporum passionis suæ efficientia nos salvabit, *percutiet*, id est animarum nostrarum doctrinis nobis potentibus vulnera pandet. Percussos denique cruore, et latice curare non differet. *Vivificavit nos post duos dies: in die tertia suscitabit nos: et vivemus in conspectu ejus: sciemus, sequemurque ut cognoscamus Dominum. Quasi diluculum præparatus est egressus ejus* (*Ose.* vi, 1-3), etc. Sed his sufficienter, ut putamus, edictis, alia prosequamur.

CAPUT IX.

Confutan'ur Judæi insimulantes Christianos idololatriæ. — Impetitis nos etiam quod crucifixi Domini Jesu imagines, vel ipsius crucis lignum adoremus, ut veluti cujusdam idololatriæ insimulatis, quasi quod a vestra constet lege prohibitum. Nos econtra nil nisi ipsam Dei substantiam adorandam ducimus: etsi aliqua extrinseca venerari perspicimur, non id quod videtur colimus, sed quæ ex visis colligimus. Certe Nathan propheta David regem pro Salomone petens apud vos adorasse legitur (*III Reg.* i, 23), in quo aliquid eum divinitatis censisse credere nefas creditur. Josue a civitatensibus Hai Israelem conspiciens fugientem, et cæsum, coram arca Domini pronus decumbendo (*Jos.* VII, 6), diem dicitur in libro Judicum continuasse vigiliis. Nunquid arca Dea erat, aut Deus, sive Dei pars quælibet in ea delituerat? Daniel, celebrato regis edicto ne quis deorum peteretur a quoquam, fenestris in cœnaculo suo patentibus, tribus contra Jerosolymam temporibus, genua flectebat interdiu, et adorabat, et confitebatur Deo suo (*Dan.* VI, 11). Nunquid Jerusalem aut templum, cujus obtentu illa fiebat inflexio, Deus fuerat, quia illorsum sic adorare decreverat? Nunquid omnia, quæ adorata apud vos referuntur, divinis cultibus dignata creduntur?

Qua ratione imagines adorant Christiani. — Adoramus itaque in visibilibus signis, quæ significantur, invisibilia, imo vagabundum animum picturarum repentino contuitu, quasi quodam commonitorio ad interna cohibemus. Quare vobis æneus ille anguis propositus est, quem postea coluistis, nisi ut quid sibi vellet ejusmodi prodigium quæreretis? Nec Cherubim otiosa in templo, et in tabernaculo eminentia claruerunt. Boves quoque et leones non sine re inibi singulariter exsculpi meruerunt; sed idoneas inquisitionum vobis occasiones dederunt. Ridete, si placet, nos dissolutum et exsanguem quasi hominem Jesum in patibulis adorare, videlicet quisque qui sapit, quam magis fide ridiculi vestri fuere parentes, qui Beelphegor, idolum scilicet tentiginis, quod est Priapus, adoravere. Ridendi, imo flendi et vos quod plerique vestrum dogmatis Christiani veritatem plene intelligunt, nec tamen ab errore desistunt. Sciatis tamen quia nobis, quibus Deus Scripturarum notitiam indidit, et, remota etiam imaginatione, fidei et contemplationis contulit alam, species sculpturarum necessaria non sit, sed his solis qui idiotæ et hebetes, quod litteris non attingunt, juvamentis hujusmodi addiscunt quod sciendum sit.

CAPUT X.

Auctor tres Deos a Christianis ostendit haud coli. Probat in Deo trinitatem. — Restat ultima quæstio, quæ a vobis proponitur ventilanda. Tres deos nos colere dicitis, quia Patrem, et Filium, et Spiritum sanctum, sub distinctione nos triplici, pronuntiare cognoscitis. Ex superiori testimoniorum congerie satis probatum est quod Deus Filium habeat, hunc humanatum constet. Spiritum vero sanctum ubique paginarum vestrarum dici in promptu est. Ergo sicuti nos tres personas proferimus, ita de cultura trium deorum a vobis patenter arguimur. Deumne incircumscriptum incomprehensibilemque creditis? Quod si forsitan, quid trium cathedras personarum, quid membra imaginando compingitis? Si Deum spiritum pensitatis, et Filius, ut credimus, et est, filius esse non potest, nisi quod pater est; alioquin Deus non est. Potest in homine esse quod non est homo, in Deo vero nihil quod non sit Deus. Nam si justus, pius et sapiens quis sit: aliud hæc sunt, aliud homo; et sine iis enim est homo; hæc vero cum in Deo esse dicuntur, non accidentaria, sed substantialiter Deus accipiuntur.

Voluntas Patris Filius, virtus Spiritus sanctus. — Si ergo Filium accipitis, non quasi quem extra genuerit intelligite, sed quod gignitur in ipso conspicite. Accipite igitur Filium ac si voluntatem Patris; quæ voluntas quasi ad effectus evidentiam venit, cum carni ille se indidit. Sed hæc voluntas, quæ a Deo ad nos intenditur, virtutem necesse est habeat, per quam quæ velit queat, et hæc sit Spiritus sanctus, qui eidem corpus in Virgine creat. Voluntas enim hominum otiosa est, nisi posse succedat. Voluntatem ergo Patris possibilitas comitatur. In Scripturis nempe sicut amor, ita et virtus idem Spiritus appellatur, ut est: *Virtus Altissimi obumbrabit tibi* (*Luc.* I, 32). Et: *Virtus Dei operatur omni credenti in salutem* (*Rom.* I, 16). Patris igitur voluntas per virtutem hoc modo mancipatur effectui, et inde qui effectus est, nostræ traditus est cognitioni.

De Deo cuiquam disputare fas non est. Sed cum de his quæ circa nos sunt exempla præbentur, ad hoc fit ut tria aliqua indisparabiliter cohærere sibi posse monstrentur. Quod cum fit, « fides, ut legitur, jam non habet meritum, cui humana ratio præbet experimentum (S. GREGOR. hom. 26). » Hæc siquidem Trinitas vocative potius quam substantialiter in hoc a nobis sæculo dictitatur, in quo necessario ad nostram intelligentiam de personis instruendam per momenta et syllabas, quia aliter non possumus, earum vocabula conjugamus. At cum vitæ fontem hauserimus, et in lumine lumen, Deum in Deo videbimus, nulla in his nominandis gradatione sermonis egebimus. Si os nostrum, lingua, et spiritus in usum locutionis pariter nullo horum vacante, aut præstante, moventur, maximæ insaniæ est diffiteri Patrem et Filium et Spiritum sanctum esse, et posse, ac indivisibiliter operari. Si enim tres Deos diceremus, eorum plane cuique partem mundani regiminis traderemus, nec summus quisque eorum esse posset, qui pares actu ac nomine quoquo pacto haberet. Et dum modo huic, nunc illi pro partium alternationibus faveremus, quemlibet forsitan cujus regnum minus putaretur accommodum, aut minus appretiaremur, aut apertis derogationibus urgeremus. Nil tamen apud nostra dogmata experiri vos contigit, nec diu vobiscum super isto tractabimus, quia dum de iis agimus, obduratis animis risus efficimus: Deliberantibus enim credere auctores non deerunt qui potuerunt erudire.

Vere resurrexit Dominus. — Illud, velitis, nolitis, audite, quia Redemptor noster, quem putruisse mentimini, vivit, et in novissimo die, quod et vos creditis, de terra surrecturi sumus. In carne quoque nostra Deum videbimus, Jesum videlicet, quem interpretamini Salvatorem. An in carne constitutus quis Deum videre poterit, licet jam corruptionem excesserit; quod vix angelicis spiritibus scintillando licebit? .n eum enim desiderant angeli prospicere. A Desiderium autem efficientiam quærit. Quo modo ergo videbit? In carne utique existens, poterit intueri carnalem, Dei quippe Filium, in eo jam quod incorruptibiliter resurrexerit, immortalem. Utraque etenim, et homo per se et Deus, Dei sunt Filius. Cum hoc careat nomine, nec mortuus nec sepultus.

Perlucide etiam valet intelligi quod in carne sua, hoc est in eadem, qua est ipse humana natura, constitutum Job suum Salvatorem se visurum spondeat. Mortalis quoque ac rationalis naturæ individuum signans, quod dixit inculcat: *Quem visurus sum*, inquit, *ego ipse, et non alius* (Job. XIII, 27). Qui alius procul dubio quodam modo esset, si hominem exuens, spiritus remaneret. Tertio denique id replicat: *Et oculi mei conspecturi* (ibid.). Ubi oculos adeo vigilanter expressit, corpus plane Dei futurum, quod visurus esset, innotuit. A corpore autem divinitatem videri fas non est.

Ecce contra Dei hostes, contra inimicum et defensorem arma præsumpsimus; quibus egimus quod potuimus, non quod debuimus. Multa suppressimus, quia ambigua de eorum voluminibus ponere testimonia supersedimus. Nil enim agit exemplum, quod litem lite resolvit. Si perfidis ac derisoribus videtur inane quod fecerim, fidelibus, qui talia ventilare non audent, aut nesciunt, non immerito fortassis placuerim, quia si non valde utiliter, valde tamen fideliter quæ injuncta fuere compleverim. Si quid infamiæ pro hoc ipso, sive laudis acquiritur, merito tibi, Pater, qui id imperasti, ascribitur. Si enim bene, fidei et precum tuarum fructus est; sin male, inconsideratus utrobique ausus est. Nemo me arguat, errores improbissimos, cum sim tenuis et stolidus, objurgantem. Meminerit asinam prophetæ insipientiam castigantem. Melior enim sum, licet malus homo, quam bona asina.

CAPUT XI.

Sed post hanc qualemcunque disputationem, cujusdam mihi Judæi relatio non tacenda videtur, quæ omni conflictatione verborum potentior æstimetur. Erat, ut testatur, Lauduni, et in quadam domo, quemdam cum Judæo aliquo clericum disceptantem adhuc puerulus audiebat. Cumque clericus perfidi illius resistere ventositati non posset: « In nomine, inquit, Jesu Domini titionem flammantem ea parte qua ardet apprehendam nuda manu, et extra ostium domus efferam. » (Focus autem propter [f., prope] erat.) Nec Judæus obnititur, in fide Jesu sui utrum ureretur opperiens. At clericus mirabili crudelitate fervescens candentem accipit dextra reustum, et longius, qua voluit morositate, deportat, et projecto illæsum monstrat ab igne manum. Miratur ille nequam, sed ad fidem miraculo non pulsatur. Id ipsum etiam ab eo qui mihi retulit non nisi præstigiis comparatur.

Dicite, miserrimi, nonne nomen deitatis est, cui elementa obtemperant? Sed vos dicitis quia in terra positus se nunquam dixerit Deum. Cum enim an Deus esset sciscitanti, intulit: *Tu dicis* (Matth. XXVII, 11), Est ut dicitis, ac si diceret: Tu quidem dicis, sed ego non dico. O vecordes! attendite quod sequitur: *Amodo videbitis Filium hominis sedentem a dextris Dei et venientem in nubibus cœli* (Matth. XXVI, 64). Nempe et proditori significando idem dixit: Dicenti namque, *nunquid ego?* ait *Tu dicis* (Matth. XXVI, 25). Subaudis rem quæ est. Taceo de cæteris, qui corporaliter gestis intendunt. Joannem legite, in quo nihil pene aliud quam de sua cum Patre consubstantialitate proloquitur. *Creditis*, inquit, *in Deum, et in me credite* (Joan. XIV, 1). *Ego in Patre, et Pater in me est. Qui credit in me, videt et Patrem* (Joan. IX, 10), et millia horum similia.

FINIS.

VEN. GUIBERTI ABBATIS

EPISTOLA

DE

BUCCELLA JUDÆ DATA ET DE VERITATE DOMINICI CORPORIS.

Patri et domino Sancti Nicolai priori SIGEFRIDO [al., Vincentii abbati SIGEFRIDO, frater, etc.] GUIBERTUS Dei familiæ, quæ est apud Novigentum minister, quæ Dei sunt simpliciter quærere ac amplecti.

Quæstionem quam mihi tua ingessit sanctitas utrum videam, nedum enucleare valeam, nescio.

Primo etiam horrori mihi est, si aliqua dicam, in quibus videar Patrum sententiæ refragari. Unde peto, ut si quæ non tamen præter regulam dixero, ea audias intentione qua dicam. Dicam enim sine præjudicio melioris sententiæ palpantis potius animo quam nitentis.

CAPUT PRIMUM.
QUÆSTIO I.

Quæstio est magistros Ecclesiæ clariores,. Augustinum videlicet (*enarr. in psal.* x, tom. VIII, et *in Joan.* tract. 26, tom. IX), ac Leonem (serm. 3 *de pas. Dom.*) consentire, quod Judas cum cæteris apostolis eucharistiam de Domini manu susceperit. Hilarium Pictaviensem (*com. in Matth.*, can. 50), Capuanumque Victorem ab hac intelligentia quod acceperit dissentire. Illud, nisi fallor, dictorum suorum argumento habentes, quod cæteris sacramento participantibus, buccella præbita simplici scilicet pane, suum Dominus insignierit proditorem.

QUÆSTIO II.

Illud quoque, ad nostri adumbrationem sacrificii a quibusdam objectari solere, quod sacramentum hoc, signum magis quam veritas fuerit, et ideo Judæ, quem ante diabolum vocaverit, idipsum Dominus irretractabiliter dederit. Hoc in litteris a te datis ita proponitur.

Quibus ego subinfero, quia sive veteres, sive novi, quicunque super hac re altercantur ac disputant circumstantiam lectionum minus plene considerant. Nam apostolis vetus pascha secundum Matthæi dicta cœnantibus, nullo excepto dicitur : *Accipite, et comedite* (*Matth.* xxvi, 26; *Marc.* xiv, 23; *Luc.* xxii, 14). Et porrecto calice postmodum apertius : *Bibite ex hoc omnes* (*ibid.*, 27). In Marco quoque, *Biberunt*, ait, *ex illo omnes* (*Marc.* xiv, 23). Porro Lucas primum eum ad esum paschæ discubuisse asserens, et duodecim apostolos cum eo (*Luc.* xxii, 14), quod et Matthæus et Marcus dicunt, post dationem calicis infert : *Accipite, et dividite inter vos* (*ibid.*, 18). Sed et panem gratias agens, et fregisse, et eis dedisse subscribitur.

Si ergo de calice ab omnibus facta inter eos divisione combibitur, Judas nullatenus excipitur; qui a pedum lavatione apud Joannem nequaquam, cum jam conscius esset proditionis, excluditur. Etsi enim nulla adniteretur auctoritas, multa tamen ratio suppeteret, pro sola conceptione criminis, quem aperta opera non probarent, hominem a suis gradibus, et commilitonum communi gratia nullatenus arcendum. Ipse enim dixerat, et diffiteri non poterat : *Nolite judicare* (*Matth.* vii, 1). Quod in arcanis peccatum adhuc latens, qui omnes ad salutem compellare venerat, nequaquam tunc temporis damnare debuerat. Quod autem de calice dicitur, par est ac si eadem evidentia etiam de pane diceretur, cum in utroque dignitas par, imo identitas, habeatur.

Qui enim ei et baptizandi, dæmonia ejiciendi morbosque curandi cum cæteris jus dederat, si ad ultimum ei maligna tractanti collatam aliis gratiam detraxisset, causas ei forsitan peragendæ proditionis auxisset. Quid enim virtus, quæ operatur, juxta Apostolum, in salutem omni credenti (*Rom.* i, 16), nisi Spiritus sanctus est, ex quo potestas super dæmonia languoresque curandas emergit? Dedit, inquit, *eis virtutem et potestatem super omnia dæmonia* (*Luc.*

A ix, 1), etc. Qui etsi cum sit spiritus disciplinæ, quantum ad suam ipsorum salutem fictos effugiat; fidei tamen aliorum adjumenta ministrat. Cui ergo spiritum quem Petro dederat ad miracula non negavit, merito nec mysteria aliis communia detrectavit.

At si de buccella agitur, quæ ei intincta porrigitur, signum fuit, et non signum : signum plane proditoris, sed non signum sacramenti; quæ etiam ante traditionem novi illius sacrificii, Mattheo et Marco testibus, dum quis esset proditor quæreretur, data est (*Matth.* xxvi, 22; *Marc.* xiv, 19), quæ quoque si quid sancti in se habuit, non ex mutatione sui aliqua, sed ex tactu forsitan Salvatoris accepit. Et diaboli ille introitum non tam pro indigna susceptione ipsius offulæ quam pro sua erga corripientem Dominum impudentia et incorrigibilitate commeruit.

CAPUT II.

Porro de inconvenientia Evangeliorum super capitulo illo : *Verumtamen manus tradentis me, mecum est in mensa* (*Luc.* xxii, 21), quod Matthæus Marcusque præscribunt (*Matth.* xxvi, 23; *Marc.* xiv, 19); Lucas vero corporis Dominici traditioni subscribit. Si tibi respondeam, circa vilem et patulum morabor orbem, cum pene ridendus sit, qui hoc quæsiit quasi qui in scirpo nodum repererit. Si enim ordinem capitulorum eadem dicentium, vel inter se dissonantium, in Evangeliis quæras tam præposterata, adeo immutata invenies, ut de tantillo hoc tibi videatur magistros interpellasse fatuitas. Sive enim præcedat, sive sequatur hoc verbum, nil officit. Sed in harum partium de quibus agimus, controversia quæ videtur plurima non epistolæ sed libri necessarii sunt. Et certe in ipso paschæ veteris epulo, et post novi traditionem mysterii, aliquantus ad mensam illam proditori consessus fuit, et temerarias utrique edulio manus apposuit. Aut quid mirum si tempus pro tempore ab evangelista positum est, ut diceretur. *est*, pro *fuit*? Scias quia istic dicendorum copia me inopem facit.

CAPUT III.

Agit contra Berengarianam hæresim. — Sed quoniam de Domini corpore objectiunculas fieri epistolæ auctor dicit, quod signum, et non veritas exstet, pauca etsi exilia, super eo contemplemur. Si umbra est, et non corpus, in umbram de umbra decidimus, imo in deteriora valde devenimus. Si boves, arietes, capræ, turtures, columbæ, et passeres, olim peccatum fuerant, hostia videlicet pro peccato, ita ut carnis justitiæ vocarentur, et secundum conscientiam salvum non possent facere servientem, quanto minus si species creditur, et non res, illa tantilli panis adeo miserabilis quantitas, omni animarum remedio indigna erit, de quo si manducaverimus, non abundabimus, si non manducaverimus, non utique deficiemus.

Si ergo utrumque species, et in neutro veritas, novum baptismati Joannis æquabitur, in veteri non proderit interna utilitas, sed materiei pretium præeminebit, quantum animalia rei exanimæ, quantum ea quæ caro emuntur, panibus, obolo similibus, præstant. Et certe vetus alio quoque modo prævalere probabitur. Si verum est quod ab auctoribus traditur, quo quidem nil verius, ante circumcisionem originale peccatum sacrificiis solvebatur. Hæc autem hostia nostra passo semel Domino, si sola passi figura, ut dicitur, sit, si quid veri efficiat, nescio. Quod si sola mortis illius memoria est, quasi aliqua aut Dei, aut sancti cujuspiam, quæ in Ecclesia pingi solet imago, perfunctoria est. Quod ergo solum præfert rudium oculis monimentum, parvum, aut nullum præstat sapientibus adjumentum.

Sed scire velim quare calix sanguinis novi et æterni testamenti dicitur (*Matth.* xxvi, 28; *Marc.* xiv, 24; *Luc.* xxii, 20), ubi quid innovatur, vetustas abrogatur. Quod enim *antiquatur et senescit prope interitum est* (*Hebr.* viii, 13). Vetustas in peccato si est, et novitas in gratia; gratia ipsa nulla est, nisi ad æternitatem possit. Æternum autem quiddam testatur, et spondet. Magni igitur cujusdam boni effectiva, et non inanis, aut umbratica est. Unde et in consecrativo canone calix isdem *mysterium fidei* appellatur; mysterium enim non modo in bono, verum et in malo, et in nugis accipitur. Nam et mysterium iniquitatis dicitur; et inter agendum comœdiam, si videas, quid significet actus ille interrogas. Est ergo utrumque mysterium, sed nullam utilitati quærentium exigens fidem, quid itaque sibi vult adjectivum, *fidei*? Est plane ac si diceret : Arcanum totius fidei, in quo scilicet universæ nostræ credulitatis majestas latet; unde ut sequentia dicunt; ipse calix sanguinis fructum in se portat nonnisi divinum, remissionis videlicet peccatorum.

Dicant ergo quænam umbra est, quæ tantam parturit veritatem. Miror quoque quibus auribus audiant ipsius verba veritatis, *Caro mea vere est cibus sanguis meus vere est potus* (*Joan.* vi, 56), ubi vere quidpiam est; sola species aut sola umbra quomodo est? Et certe si post orationem sacerdotis species panis demutaretur in carnem, contentio sopiretur. Ideo igitur objectores circa speciem exercentur. Quod si species est, et nil habet amplius quam petra, quæ secundum Apostolum Christus est (*I Cor.* x, 4), miror quare petras, ligna, et cætera quæ Christum in Scripturis significare dicuntur, non ea aspectione, et laude prosequimur, qua illam hostiolam panis, ac vini, quæ in altari conficitur, quare non ea « benedicta, adscripta, rata ; » et rursum « pura, sancta, et immaculata; vitæ quoque æternæ, » aut « salutis perpetuæ; » et ultimum postquam « in sublime Dei altare per manus angeli » sacerdotis precatione deferentur, quod non est aliud quam Christi corpus extra quod omnis hostia vacat : quare non iterum sanctificata, vivificata, ac benedicta vocamus ?

Si ergo, ut illa omittam, hostia per sanctificationem vivificari dicitur, cui Dominicum congruit dictum : *Qui manducat* non aliud quidlibet sed *me,* *vivit propter me* (*Joan.* vi, 58.), cesset umbra, cesset species, vitæ ac salutis effectiva quædam in his mysteriis anima sentiatur. Et, o vecordia, elemento baptismatis per Trinitatis invocationem tantum defertur, ut simplices aquæ ad peccata eluenda fecundentur, ac vivificentur, et huic sacramento quod proprio Dei verbo conficitur, sola stolida figura tribuitur ! Dicant qui hoc signum sine veritate asserunt, ipsum corpus Dominicum in terra degens signum fuisse, dum aliud patet, aliud latet. Latentem ergo Dominum in homine diffitebimur ? Ipse resurgens a mortuis claritatem, quam resurrecturis spoponderat, discipulis non ostendit, quam tamen ante passionem in monte coram Petro, Joanne et Jacobo transfiguratus ostenderat. Quem humilem dispensative statum exhibuit, ne incognitum aliquid rudibus aut insolitum ostentaret, unde quos erudire debuerat, eorum sensus magis obtunderet. Quid quod in cœlo positus ne vulnera quidem sua obducere aut servilem formam quam futuro repræsentabit judicio exuere voluit, imo post judicium transiens de humano in divinum statum sese rursum alterabit? Si in illa quæ Deus et homo est substantia tanta specierum mutatio fuit, et est, et adhuc futura est, in ista, quæ interim in præsenti ad nostræ miseriæ munimentum et consolationem præstita est, nova creatura et ad Dei ac hominum unionem, mirum ne est si in hac ipsa specie panis ac vini ob humani sensus horrorem sic relicta, fidem nostram Deus exerceat?

Certe ipsa Trinitas, quæ in hac vita necessario propter nos dicitur, in Deo substantialiter minime prædicatur; quia sensus noster, qui hic nonnisi per syllabas et spatia de Deo imbuitur, in æternitate illa sine ullis morulis, ac nominibus in lumine videndo, lumen agnitione deitatis impletur. Si hæc et alia quæ non videmus credimus, ut est in baptismate remissio, supplicia in inferno, præmia in regno, quare hic appulsi dicimus, quomodo poterit Deus parare mensam in deserto ? (*Psal.* lxxvii, 19.) Et si multis et bonis et malis quæ non vidimus, credimus, ut quid in uno offendimus, et alias potentem, hic impotentem Deum dicimus? Ne ergo concidamus a facie ejus, quasi inimici ejus, quia veritas et misericordia Dei sit in Christo fateamur; et quia in nomine Patris venit, super carnales hostias exaltari cornu ejus.

CAPUT IV.

Alludit his sensibus illud quod in libro Regum ad Eliam dicitur : *Recede hinc*, inquit, *et vade contra orientem, et abscondere in torrente Carith, qui est contra Jordanem, et ibi de torrente bibes* (*III Reg.* xvii, 3). Elias, qui interpretatur *Deus meus Dominus*, Judaicum populum signat, cui in sua ipsius lege creberrime inculcatur, *Ego Dominus*, huic imperatur ut hinc, id est, ab infidelitate recedat, quod in Abraham primitivo factum constat. Contra orientem jubetur ut vadat, id est ad Dei cognitionem se dirigat. *Contra* namque non solum pro adverso, sed et pro directione sæpe ponitur. In torrente absconditur, dum intra legis scientiam a multis quæ lege prohibentur vitiis contutatur, et recte ipsa torrens dicitur, quæ non immutabiliter, sed perfunctorie, et quasi ad tempus datur. Unde et a Paulo *sanctum sæculare* vocatur (*Hebr.* ix, 1). Carith autem vocabatur, quod *occursus ignis* interpretatur, quia quo magis legis mandato ab illicitis arcebatur, eo amplius concupiscentiarum occursibus pulsabatur. Ignis enim concupiscentia est. Unde Apostolus : *Concupiscentiam*, inquit, *nesciebam, nisi lex diceret ; Non concupisces* (*Rom.* vii, 7). Contra Jordanem est, quia non aliud, quam secundum gratiam baptismatis vivere volentium præsagium, imo auspicium est. Lex enim pædagogus noster est in Christo. De torrente, inquit, bibit, dum qualemcunque rapidum, scilicet intellectum, de legis scientia populus haurit.

Corvis præcipit Deus ut ibi eum pascant, dum sacerdotibus nimia sacrificiorum ambitione rapacibus injungit, ut eum doceant; quibus Dominus : *Vos*, a't, *fecistis hanc domum speluncam latronum* (*Matth.* xxi, 13). Sed et Elias in torrente cum plebs, ut juxta Apostolum loquar, requiescit in lege. Corvi deferunt panem et carnes mane, similiter panem et carnes vespere (*III Reg.* xvii, 6), dum in prosperis et adversis, quod est mane et vespere, temporalem jucunditatem, quod panis significat, per sacrificiorum assiduitatem, et carnales observantias populus pollicentur. *Post dies autem siccatus est torrens* (*ibid.*, 7), quia post illuminationem Evangelii, gratiarum legalis doctrinæ rudimentum visum est credentibus ad salutem minus sufficiens : *Non enim pluerat super terram* (*Gen.* ii, 5), quia adventus Salvatoris nullam in libris veteribus, qui nonnisi terrena promittere videbantur, infuderat intelligentiam. Unde est : *Virtutem operum suorum annuntiabit* **285** *populo suo, ut det illis hæreditatem gentium* (*Psal.* cx, 6).

Factus est igitur sermo Domini ad eum dicens : Surge, vade in Sarephta Sidoniorum et manebis ibi (*III Reg.* xvii, 8,9). Sermo Domini fit, cum Verbum invisibile creatura factum apparuit. Ut surgat hortatur, quia ut ab infimis ad superna aspiret per novam gratiam incitatur. In Sarephtam ire jubetur, cumque sit intra se tribulatio panis, id est penuria divinæ intelligentiæ, scire commonetur; Sarephta quippe *tribulatio panis* interpretatur. Quod enim in Evangelio tres panes propter Trinitatem (*Luc.* ii, 5), hoc hic singulariter intelligitur propter unitatem. Hæc Sarephta Sidoniorum est, quia hæc egestas qua quis tribulatur in eis potissimum est qui carnalia inutiliter venantur. Sidonia enim *venatio inutilis* interpretatur. Ibi quoque manere præcipitur, dum in hac consideratione non horarie, sed stationaliter persistere edocetur.

Præcepi ibi mulieri viduæ ut pascat te (*III Reg.* xvii, 9), id est mandavi Ecclesiæ crucifixi Domini morte viduatæ, sine ulla panis et carnium matutini aut vespere memoria, ut simplicis documenti fidei

A erudiat te. *Cumque venisset ad portam civitatis, apparuit ei mulier vidua colligens ligna* (*ibid.*, 10). Porta civitatis ipse est qui dicit : *Ego sum ostium* (*Joan.* x, 9). Est autem Ecclesia civitas, quia ibi unum cor habentes communiter ducunt vitas. Jure ergo primum ad portam venitur : tuncque mulier vidua apparet quia primum Christus agnoscitur, tuncque demum quid sit Ecclesia patet. Hæc ligna colligit, quia utrumque populum in se counit ; quod enim paries alibi signat, hoc istic lignum non inconvenienter ostentat, nam duo ligna crucis sic ista portendunt, ut alterum porrectum Judæos ac si unicornes innuat, alterum transversum gentiles, ac si e diverso subintroductos ostendat.

B *Et vocavit eam, dixitque ei : Da mihi paululum aquæ in vase ut bibam* (*III Reg.* xvii, 10). Vocat eam cum patenter addiscit vocationis omnium fidelium causam. Aquam in vase dari sibi expostulat ut bibat, cum doctrinam non per deuteroses, ut solebat fluitantem, sed in Christo, qui est vas electum et præelectum, *in quo sunt omnes thesauri sapientiæ absconditi* (*Col.* ii, 3), undecunque cohibitam et constantem, exhiberi sibi ab Ecclesia primitiva corrogitat. *Cumque illa pergeret ut afferret panis, clamavit post tergum ejus dicens : Affer mihi, obsecro, et buccellam in manu tua* (*III Reg.* xvii, 11). Pergit ut afferat, cum, juxta Apostolum, lectioni intendit ut doceat. Post tergum clamat, cum aliqua Judæorum pars aversos apostolos et dicentes : *Quoniam repulistis*

C *verbum Dei, ecce convertimur ad gentes* (*Act.* xiii, 46), ad se docendam etiam precario interpellat. Ac si diceret : Hactenus me corvi sacrificiorum carne paverunt, amodo non panem, sed buccellam panis, quod prægustari potius quam exsatiare valeat, tua mihi doctrina suggerat. In corpore enim Dominico, quod ex ejus mensa prærogatur, nefarium est si quidpiam aut corporaliter saporosum aut aliqua exteriori sanctitate [*al.*, saturitate] distendens præsumatur, quia quod spiritui soli est præstitum, a corporis esse debet prorsus voluptate diversum.

Buccella ergo, quæ vulgo bucca dicitur, a vidua petitur, dum non armi aut quævis frusta carnium gulæ juvant appetitum, sed panis ac vini in divinam

D carnem substantialiter per verba Dominica immutati, minoritas æque ac majoritas salubriter transit ad animum. Quid enim ibi quantitas, in cujus etiam atomo constat salutis universitas? Ubi notandum quod eam ut in manu sua afferat postulatur, quia in potestate utentium est quidquid inde suscipitur. Si enim in potestate nostra est filios Dei fieri, non minus in nostro sedet arbitrio per fidei amorem tanto mysterio inviscerari. Qui autem super hac re disputat, nunquam se isti interno muneri computat. Cujus edulium, quam idcirco buccellam dicimus, si quis debita parcitate non sumat, imo pestifera largitate quæ cætera quæque præsumat; in eo corpus animamque addemnat, quo animæ antidotum gulæ sapori importat, et ab escis communibus corpus Domini, juxta Apostolum, non dijudicat *(I Cor.* xi, 29).

Vivit, inquit, *Dominus, quia non habeo panem, nisi quantum pugillus potest capere farinæ in hydria et paululum olei in lecytho (III Reg.* xvii, 12). Vivere Dominum dicit, dum eum efficacem ad tantam de substantia in substantiam immutationem fideliter sentit; nec habere se panem perhibet, nisi quantum farinæ pugillus capere prævalet, quia nil de ipsa præter speciem panis essentia in hoc sacrificio se habere fida mente confirmat, nisi quod invocato Trinitatis sine ullo scrupulo fidelibus administrat, quod farina significat; quasi enim molitur, quo manus ingenii nulla retractione offenditur. Inde est quod crebræ crucum trinitates in sacrativo canone fiunt; quia sicut in Maria carnem, sic in altari hoc mysterium Trinitas operatur. Pugillum autem tres primores digitos appellamus.

Potest et per pugillum Scriptura, quia ex iis scribimus intelligi; et est ac si diceret : Hoc quod in altari videtur substantive panem non habeo, id est non intelligo, nisi quantum capi potest ex sacræ paginæ documento. Hydriam vas aquarium dici nemo hominum disertus ignorat. In hydria farina est spiritualis in hac fragili conversatione scientia ; aqua namque pro scientia poni solet. Huic scientiæ oleum additur, quia ne 286 inflet ex divina charitate conditur. Lecythus vas olearium idem significat quod in Evangelio nomen vasorum, et hydria quod lampadum.

En colligo duo ligna ut ingrediar et faciam mihi illud et filio meo: ut comedamus et moriamur (ibid.). Quod est dicere : Ecce dilectionem quæ ad Deum porrigitur, et eam quæ in amicum inimicumque distenditur, quibus ab omni lascivia restringitur ac si crucifigatur animus, quasi duo ligna complector ut per hæc a mea evagatione cohibita ad me regrediar et faciam, id est figuraliter insculpam, non panem, sed illud quod in pane signatur, non tam mihi quam iis quos in fide genuero, ut comedamus quod non ore, sed pio solum affectu manditur. Et moriamur, morti videlicet, quæ per ipsum signatur sacrificium, conformemur. *Ad mensam,* inquit, *magnam sedisti? (Eccli.* xxxi, 12,) oportet te similia præparare.

CAPUT V.

Noli, inquit, *Elias, timere, sed vade et fac sicut dixisti. Verumtamen mihi primum fac de ipsa farinula subcinericium panem parvulum, et affer ad me; tibi autem et filio tuo facies postea (III Reg.* xvii, 13). Ac si diceret : Noli vereri immutationem vultus David coram Abimelech, id est translationem sacerdotii nostri ad ordinem Melchisedech, sed vade, id est processu fidei promovere, ut passioni Christi moribus configureris, cui conformia cœpisti sacramenta docere. Verumtamen mihi ex carnali observantia resipiscenti, in ipsa novi hujus mysterii scientiola ac si subtili farinula, quam ex inutilitate veterum cæremoniarum salubriorem quia veriorem jam comperi, solidum quid et continens ac si panem ex farina facias, scilicet nutabundum et mobilem quasi pulverea levitate animum, rationis ac si aquæ respersione constringas. Et hunc parvulum, servando videlicet in doctrinæ tuæ exhibitione meæ capacitatis necdum adultæ modum, hunc tamen facies subcinericium, nunquam mihi adimendo, licet in baptismate lota sint, memoriam peccatorum, quia cinis significat acredinem pœnitentum, quibus convenit cinis et cilicium.

Ubi jure notatur quod præmittitur primum, quia iis qui sceleratius et in Judaismo et in gentilitate vixerunt, Dei gratia consuevit exuberare potissimum. Inter quos cognovimus Paulum, qui se inter peccatores fatetur primum, ut in me, inquit, Jesus Christus divitias misericordiæ suæ ostenderet primum *(I Tim.* i, 16). Unde est : *Ubi abundavit peccatum, superabundavit gratia (Rom.* v, 20). Quod in Matthæo et Magdalena etiam perpatuit factum. Pro parte ergo horum atque similium intellige dictum. Hunc panem sibi rogat afferri, id est propriæ intelligentiæ penetralibus disserendo inferri. Quod sequitur, pro parte justorum, ex legis consummatione venientium, ut fuerunt Petrus, Andreas et Jacobus frater Domini, accipitur. *Tibi et filio tuo facies postea,* id est quos ad tui conformitatem ex innocentia legis adduxeris ex peccato graviore conversis, per gratiæ indulgentiam undecunque substare cognoveris : Unde Paulus : *Nihil,* inquit, *minus feci ab his qui sunt supra modum apostoli (II Cor.* xii, 11). Et : *Plus illis omnibus laboravi (I Cor.* xv, 10).

Hæc autem dicit Dominus Deus : Hydria farinæ non deficiet, nec lecythus olei minuetur usque ad diem in qua daturus est Dominus pluviam super faciem terræ (III Reg. xvii, 14). Ac si diceret : Licet ex tuo documento Novi Testamenti, o primitiva Ecclesia, rationes acceperim, tamen ex legali et prophetica lectione Deum astruxisse comperi scientiam fidei hujus, et contemplationis, quæ est in Domini corpore subtilissima nunquam desituram. Domum utique Domini decere sanctitudinem in longitudinem diuturnam *(Psal.* xcii, 5), et sacerdotii Melchisedech sine jurisjurandi pœnitentia æternitatem, et donum gratiæ tanquam olei lecythum in mente Ecclesiæ perpeti redundantia emersurum [*al.,* surrecturum] usque ad illum sine nocte diem, quo non ab occulto spiritualis nobis unda se suggeret, sed in evidenti post resurrectionem incorruptibilibus oculis corporis tanquam pluvia Dei cognitio se infundet. Ubi facies terræ tantopere ditabitur, ut in quo [*al.,* quod] mens quamvis sincerissima scintillare modo vix prævalet, ibi carnis oculus irremota et inobtusa acie intendere nunquam cesset.

Quæ abiit et fecit juxta verbum Eliæ (III Reg. xvii, 15), et comedit ipse, et illa, et domus ejus. Abiit, cum ex Pauli aliorumque ex Judæis sapientium plurimum primitiva Ecclesia conversione profecit. Juxta verbum Eliæ fecit, cum eos, quos erudiendos acceperat, etiam super se magistros acceperit. Ipse comedit, quia non verbo, non lingua hæc declamanda

VEN. GUIBERTI ABBATIS
LIBER
DE LAUDE SANCTÆ MARIÆ.

CAPUT PRIMUM.

Se laudantes nusquam aspernatur B. Virgo. — Feminam illam super omnes creaturas post Filium, et per Filium benedictam, omnium creaturarum sub Dei cultu dignissimam, labiis omnino fidelibus, licet minus idoneis, prædicemus. Cujus præconio cum dignitas supercœlestium inefficax æstimetur, multa tamen experientia cognitum est, quod in ejus conspectibus laus hominum atque devotio gratissima habeatur. Nec id injuria. Cum enim se hominem negare non possit, homines, pro quorum potissimum utilitate talis facta est, et talis enituit, quomodo, non dico contemnere, sed omnibus creaturis præcordialius non amare possit? Et amplius, quæ enim humano generi ad hoc proposita, imo præposita est, ut Deo gignendo sufficeret, unde aliis medendis consuluit, inde primo sibi ipsi redemptionis origo fuit, in quo ergo sibi primitus fuit, in aliis non amabit? Et quæ gloriam, quam habuit in Dei Filium pariendo, exæquavit meritis nulli a sæculorum initiis usque ad fines speranda credendo, quomodo non ineffabiliter aggaudeat fidei nostræ, quæ ipsum Deum habet Filium pro præmio fidei suæ?

Ejus fides. — In cujus conceptionis denuntiatione, illud miraculi ullis ingeniis comprehendi non prævalet, quod puella, et meticulosa sexu, et inusitata ætate, cum sibi angelus insolita et inaudita sponderet, fidem tanta dare celeritate potuerit; quod certe non aliter valebimus compensare mirando, nisi hanc primum intellexerimus inter omnes homines unice nutritam a Spiritu sancto. Nisi enim, plusquam humana consuetudo patitur, divinum, majestativumque quiddam ipsa ab ineunte ætate ingeniolo suo concretum cognosceret, tanta facilitate non crederet. Tanta enim excellentia promissorum in vanitati subjecto corde non caperet. Ubi quippe nulla præcesserint munia meritorum, spei magnæ emolumenta non suppetunt. Quis ergo homo perpendat, imo excedens hominem quæ angelica natura conjiciat, quæ fuerit puritas, quod pondus, quæ gloria illi uit, ita dicam, cœlesti conscientiæ innutrita, quæ nullis sibi præmissis Scripturarum exemplis, nullis similium a sæculo eventuum imaginibus exhibitis, tanto verborum privilegio sinum suæ credulitatis expanderit?

Si Saræ, si Manue et uxori ejus, quod ad rei huius comparationem usitatissimum erat, vix astrui, vix credibile videri potuit; isti juvenculæ rerum omnium præsertim muliebrium inexpertissimæ, unde tanta, ex tam simplicibus verbis angeli, tam propere fides ingeri valuit? Si Moyses post tot divinorum efficaciam signorum, qui cum Deo facie ad faciem quasi homo ad proximum loquebatur, ad contradictionis aquas distinxit in labiis suis, de cujus excellentia dicitur : *Quia mitissimus esset omnium qui morabantur in terra* (Num. XII, 3), pro cujus derogatione adversus Aaron motus Deus Maria lepra percusserit, quid putamus ex quam infinito sanctitatis fonte processerit, quod non cuicunque, sed divino conceptui, ac si semper præsagitum sibi fuisset, aurem istam adeo obtemperanter, animumque aperuit? Certe ipse Zacharias Joannis pater, legis prophetarumque doctissimus, dum filii sibi eximia cœlitus enuntiaretur origo, miserabiliter hæsit. Isti, quod ex Spiritu Virgo, non mulier ex marito conciperet, dicto celerius stetit; cui sententiæ concinit quod ei ab angelo plenitudo gratiæ prædicatur, nisi enim divinæ in ea virtutis ad integrum copia confluxisset, nunquam bonorum omnium universitati Dei Filio concipiendi obedientiam, quod ineptis mentibus fabulosum videretur, impenderet. Ex munere enim supernæ infusionis, quod a primævo singulariter inolitum sibi erat, non est, tali stupefacta de nuntio, sed omnimodam totius divinitatis exuberantiam, quasi ab æterno, cognitam, gratanter excepit, quam ad hoc ipsum Spiritus sanctus semper imbuerat.

Quam excellens fuit illius angelo assensus. — Dicenti plane angelo : *Ecce concipies et paries* (Luc. I, 51), nunquam, quomodo posset fieri quia virum non cognoscebat, objiceret, si se ex sponso quem videbatur habere concepturam sciret. Quis ergo istic conjecturam pro tam insolita interrogatione non sumat, quod ex veteri mirabilis gratiæ experientia virginitati perpetuæ inservire delegisset, quæ ex præsenti, cui jam credita fuerat viro, se parituram minime reputasset? quia enim novæ gratiæ principium ipsa erat, plane competens fuerat, ut novæ specialitatem professionis haberet, quæ novo gignendi genere auctorem totius sanctæ novitatis exponeret. Non igitur angelus cor in ea rude aut imparatum reperit, cui cunctis tunc viventibus adeo inseparabilia [f. insperabilia] nuntiavit, quibus tanto fidelius assensum præbuit, quanto humana natura eminentiorem inesse sibi affectum sensit.

Gratiam dat Deus sanctis ad mensuram. — In aliis sanctis mentibus spiritualium charismatum 288 particulariter mensuræ, non plenitudines in præsenti sæculo prærogantur. Pro quo e regione dicitur quia in futuro erit Deus omnia in omnibus (*1 Cor.* xv, 28). Si itaque nunc in eis omnium virtutum scintillæ interemicant, tunc integræ per omnes sine ulla luminis interpolatione coruscant : quod enim dicitur: *Non ad mensuram dat Deus Spiritum (Joan.* III, 34), ad Filium pertinet, cujus totus spiritus ipse est. Quod autem unicuique secundum propriam virtutem, ad hoc utique quod fidelibus supernæ distributiones, juxta Apostolum, pro fidei mensura donantur (*Ephes.* IV, 7), cui simillimum est quod de incomparabili prorsus et benedicta hac Virgine et creditur, et prædicatur. Ipsi plane nihil ad mensuram est præbitum, cum eum, qui apud Patrem totus erat, Virgo mirabilis intra septa uteri tulit totum.

CAPUT II.

Deum in se totum substantialiter continuit B. Virgo. — Super qua re quæstio se infert omni contemplatione dignissima. De nullo sanctorum sentire aut dicere audemus quod in illa beatitudine sempiterna, nedum in hac mortali vita, cujuscunque excellentiæ sit, Deum substantialiter totum in se habeat, etsi enim omnis intra quemlibet virtutis congeries inesse perfectissime æstimetur, nulli tamen divinitatis universitas essentialiter, ut est infusa, dignoscitur. Quod quippe dicitur futurum Deum omnia in omnibus, nihil aliud est, nisi quod Deus, qui quosque sanctos per singulas quasque virtutes in hoc mundo nobilitat, tunc universos universitate gratiarum perfundendo collustrat. Aliud ergo est exuberare gratia, aliud ineffabiliter incomprehensibili repleri substantia. Quæ utraque singulariter benedicta de qua agimus femina sic habuit ut et plenitudine gratiæ redundaret, et incircumscriptum inter omnes creaturas sola, non in suo solummodo, ut cæteri munere, sed totum in seipso portaret.

Status ipsius in hac mortali vita præstantior quam in cœlo. — Unde quæritur, et a nobis debita humilitate pensatur, utrum sacrosanctissima illa in mortalibus adhuc constituta membris, Deum gestando plus habuerit, quam nunc habeat illo in cœlestibus coregnando; quod plane sic posse sentiri sine præjudicio intelligentiæ verioris existimo, quod in corruptibili carne multo magis plus habuerit, cum plenitudo divinitatis in se corporaliter habitaret (*Col.* II, 9), quam nunc habeat, licet christo suo correguet, quamvis enim omnibus potentius creaturis feliciter vivendo persentiat, non tamen illud, quod in modo omnium gratiarum ac gloriarum abundantissima, imo cunctis præstantissima ubertate jam possidet, statui illi, ut mihi videtur, comparari valebit; quo licet mortalis totum in se continuit quod Deus est. Aliud est nempe in quo totus resederit; aliud, quamvis beatissime, quod particulariter impleat. Illam itaque ineffabilem Mariam ex quadam parte, dum Deum concipit, beatiorem in præsenti dixerim, quam existat in futuro, ea pene imparitate, qua pars distare putatur a toto. Cui namque personæ, præter istam, attribuas, ut in ea se Deus totum personaliter contulerit? Ne in futuro quidem reperies, in quem coagulum inaccessæ illius majestatis effecerit. Si enim Deo nihil est beatius, et illi beati dicuntur, ut sunt pauperes spiritu, ut sunt mites (*Matth.* v, 3, 4), quos virtutis alicujus splendor illuminat, quid in cœlo terraque eo corde et ventre felicius, quo se ad integram illius creatricis essentiæ omnipotens summa coaggerat?

Objectionibus occurrit auctor. Sapientissima potentissimaque probatur Virgo beata. — Sed ad hæc jam resipiscat animus, et ipsius sacrosanctæ puerperæ ignorantias, et quasi communes ei imbecillitates objectet. Dicat itaque : Cum ergo ipsa Deo, concepto omnia pueri futura scire debuerit, toties ad Joseph edocendum angelus vexari non debuit. Occurrat igitur econtra memoriæ, quod ab archangelo inter annuntiandum dicitur : *Virtus Altissimi obumbrabit tibi* (*Luc.* 1. 35). Et quid fuit illud obumbrare, nisi illius incircumscripti luminis immensitatem obtutibus mentis obtexere? Virtus plane Altissimi obumbrat, cum sanctus Spiritus, cujus speciale donum est humilitas, in conspectu rationis interioris gloriæ claritatem extenuat. In conspectu ergo illo sicut nulli comparabilis exstitit dignitas, ita dignitatis potentiam non dissimilis aliis obnubilavit infirmitas. Unde et alibi dicitur : *Pone quasi noctem umbram tuam* (*Isai.* XVI, 3). Quasi, inquit, non vere, non enim quo lucemus, sed quo tenebrascimus debemus attendere. Non igitur forsitan quidpiam ignorare potuit, quæ Deum omnia sapientem genuit; quæ tamen et sapientia, pariterque ex Deo carni suæ unito potentia, tanta dispensatione delituit ut sibi nec scire, nec posse deesset, cum tamen opportuno tempori interim virtus contecta serviret, sicut enim in puero Jesu sapientia, ætas et gratia apud Deum et homines pedetentim coaluit (*Luc.* II, 52), ita et in matre, exolescente Filio, et propalante per doctrinam et signa quod erat, quidquid in ea præter naturam factum nesciebatur, apparuit. Processu sane temporis, et cœptæ efficientiæ dispensationis, et matris imbecillitas, et nati ignobilitas mirabili mysteriorum revelatione perpatuit. Quodam denique modo fragili sexui et ætati, si dicere audeam, lubricæ parsum super isto putamus, dum ut virtus immodica in animo tolerari potuerit corporis tenuitate, sub egestate domestica, scientiæ etiam et exterioris conversationis generalitate temperatur.

Exa-to itaque a temporali miseria Filio, et gloriosa Mater fidelium omnium opinione eximitur : et potuit siquidem ipsa similia nobis pati, et corporis obstaculo ab omnimoda scientia, quod Deus est, intercludi, et unde tamen intercluderetur, cui semper absque dubio quod pepererat præscriptum animo tenebatur? Si propter sui exinanitionem, formæ servi acceptionem, crucis obedientiam super omne nomen exaltatur Filius, cum ejus contumelias et mortem maternus dissimulare non potuisset affectus, suppar quodam modo Filio matri successit effectus. Sicut enim gloriam in Filio præcessit humilitas, sic Matris humilitatem, quæ redundabat a Filio, nimirum est subsecuta sublimitas: cujus gloria interior quo magis intrinseca, tanto fuit Deo contemplando subtilior; et lampas ejus quo apud cogitationes divitum despectior, eo ad statutum Filii sui tempus paratior. Unde ipse *Tempus*, inquit, *meum nondum advenit* (Joan. VII, 6).

Capro igitur emissario in solitudinem emisso, et ipsius Matris pedibus luna supposita, et in idem traducta desertum, ejus jam rite magnificentia, et ex Filio, et post Filium omnipotentia multiplicibus aperitur ostensis. Ipsa in sanctorum visionibus, et signorum efficacia, ex cœlestium spirituum apparitione, hominum patrocinio, inferorum exactione, Reginam se cœli terræque ex suis circumstantiis ubique propalat. O ab intus gloria! o quam respexit Deus ancillæ singularis humilitas! Si eum jam perpendas qui pertransivit animam tuam gladium (Luc. II, 35), multo avidiore lætitia uteri tui exsultabis ad fructum! O ineffabilem vere etiam angelicis rationibus feminam, quæ adhuc carnali septa parieté illud incomprehensibile lumen tulit, quod neque humanus, neque cœlestis spiritus, non dicam totum tolerare, sed etiam pervidere non possit! videre enim suum qualitercunque Creatorem etsi permittitur, comprehendere tamen omnimodis ac pervidere negatur. Hinc est quod desiderant in eum angeli prospicere (*I Petr.* I, 12), dum propter sui incomprehensibilitatem non cessant insatiabiliter inhiare.

Pensemus ergo, dum eum ista concipit, quam excellentius omni creatura viderit, dum portare datur quod nulli licuit; unde illud mirabiliter sensum est, quod non cognoscebat eam donec pareret (*Matth.* I, 25). Ab eo enim statu quem ante conceptum facies ejus habuerat, tantum prægnantis forma distabat, quantum a lunaribus radiis solaris potentia; si enim de justo dicitur, quia exhilarat faciem in oleo (*Psal.* CIII, 15), id est exteriorem suum habitum clarificat de Spiritu sancto, quis putamus illius gloriosæ feminæ de ingenita majestate splendor accesserit, quæ excedens decorem angelicum gloria eluxerit? Si Stephanus inter concilio considentes tantopere divinitus illustratur (*Act.* VI, 15), ista ex plenitudine divinitatis cui lumini comparatur?

CAPUT III.

Thronus est eburneus Salomonis. — Hæc est thronus quem *fecit Salomon de ebore grandem: et vestivit eum auro fulvo nimis* (III Reg. X, 19). Sapientia Dei Patris primum, juxta apostolum, pacifica (*Jac.* III, 17), ipsa est Salomon, quæ thronum de ebore sibi facit, dum sedem in Virgine, quæ nil unquam fuit castius, sibi ponit. Elephas enim, cujus ossa sunt ebur, continentis ac mundæ naturæ est. Porro grandem, nimirum ex Filio cœlis, terris, et inferis præsidentem. Hunc auro fulvo nimis vestit, cum eam non virtutum scintillis ut alios, sed ipsa substantialiter propria divinitate interius exteriusque infercit. *Qui habebat sex gradus, et summitas throni rotunda erat in parte posteriori* (III Reg. X, 19). Sex gradus sunt timor et pietas, scientia, et fortitudo, consilium et intellectus, quibus pervenit ipsa ad eum, qui sibi specialiter præsedit sapientiam Christum. Summitas throni, singularis eminentia est Genitricis Dei. Hæc rotunda est a parte posteriori, quia humanis usibus despicabilis, dum adviveret, quasi fabri uxor, jam nunc ubi solus Deus videt, supparem quodammodo prodigiis se ostendit omnipotentiæ Dei, dum trinam machinam, ut prælibavimus, potentialiter circumplectit.

Et duæ manus hinc et inde tenentes sedile (*ibid.*). Duæ manus, duæ sunt in Christo operationes. Operatio carnis licet fragilitati primum addicta sit, tamen ea est quæ dicit: *Data est mihi omnis potestas in cœlo et in terra* (Matth. XXVIII, 18). Operatio divinitatis: *Quia per ipsum facta sunt omnia, et sine ipso factum est nihil* (Joan. I, 3). Hæ utræque operationes, pro una persona pariter hinc et inde ipsam, quæ gignere meruit, dignitate debita roborantes, æquas et secundum Deum et secundum hominem, quia unus est, habent vires. *Et duo leones st bant juxta singulas manus* (III Reg. X, 19). Leo super carnis motus regium in quoque fideli dominium signat. Duo leones itaque duo sunt prælatorum et subditorum seipsos regentium ordines Ecclesiæ. Juxta singulas manus duo leones stant, cum quidam corumdem ordinum actualiter sanctæ illi humanitati inhærent. Aliqui summæ contemplationi incumbendo præeminent. Unde est : *Æstatem et ver tu psalmasti* (Psal. LXXIII, 17), id est contemplatives et actuales tu instituisti.

Duodecim leonculi stantes super sex gradus hinc et inde (III Reg. X, 20). Per duodenarium fide Trinitatis instructi, et quatuor Evangeliorum impletione quadrati. Hi leonculi penes alios innocentes, et sui ipsorum rectores super sex gradus stant, cum sese sex virtutibus prædictis roborant. Hinc et inde sunt quia pro captu suo quique in alterutram partem se deflectant. Unde de utraque dicitur: *Per diem sol non uret te, neque luna per noctem* (Psal. CXX, 6). Quod est: Ex divinitate gloriæ, et splendoris nimietas tibi contemplanti non oberit. Porro humanitas Christi, si sis minus perspicax, non officit. Non est tale opus in universis regnis; quia neque in cœlo, neque in terra, neque subtus terra tale quid contigit, ut Deus dignaretur non angelos, sed utero -um Virginis formam apprehendendo Abrahæ seminis.

CAPUT IV.

Porta orientalis apud Ezechielem xl, 6. — Hæc est apud Ezechielem etiam porta illa, quæ respiciebat ad viam orientalem, et ecce gloria Dei Israel ingrediebatur per viam orientalem. O porta, per quam Deus ad nos ingreditur! o porta, qua fidei mysteria reteguntur! Speciosa, inquam, porta per quam Dei civitas aperitur. Hæc respicit ad viam orientalem, quia quidquid ipsa est, quidquid in ea actum est, nil aliud quam divini luminis indicat actionem. Cum talis illa inter feminas benedicta a nobis credatur. Ecce mox dum sic amatur, Dei gloria per ipsam viam ingreditur, quia quo magis eam totius venerationis internæ ulnis amplectimur, tanto a nobis evidentius celsitudinis ejus honor agnoscitur; is enim non commutando, sed amando penetratur.

Et vox ei erat quasi vox aquarum multarum (Ezech. xliii, 2). Illi Deo Israel, quod interpretatur *cum Deo directorum,* hæc femina gloria est, quia dum consideramus ex quanta eam Deus humilitate provexerit, quid in ea fecerit, in his ejus excellentiæ contemplationibus mens nulla non deficit. Ipsi gloriæ vox est ac si aquarum multarum *(Psal.* xcii, 4), quia cum una sit scientia hanc semper esse virginem et Dei matrem, tamen pro diversis et diligentium et amantium qualitatibus, quandiu præsens volvetur sæculum, non deerunt qui ejus gratissimam et verbis et scriptis promulgaturi sint laudem.

Ecclesia illustratur Maria. — *Et terra splendebat a majestate ejus* (*Ezech.* xliii, 2). Exclude Mariam ab Ecclesia, quid erit Ecclesia nisi miseria? si ipsa non genuisset, quæ redemptionis mentio exstitisset? At quia genuit, vide quis in omnium piorum mentibus florulentissimus gloriæ spei decor emersit. Et quis ille adeo inter Christianos miserabilis, qui vel ore non præferat, qui non periculis objiciat nomen Mariæ mirabilis? Dum ergo tantæ ejus majestas genituræ, licet cogitari plene non possit, attenditur, eo Ecclesia splendore respergitur, quia idipsum unde honorata tantopere constat, ad auspicium, ad propagationem, glorificationemque Ecclesiæ omnimodis retorquetur. Ipsa est terra, cui dicitur: *Dei agricultura estis (I Cor.* iii, 9), et infra:

Et cecidi super faciem meam (Ezech. xliii, 5). Super faciem cadimus, cum a magnitudine benignitatis a Christo impensæ, in conscientia erubescimus. *Quid retribuam,* inquit, *pro omnibus quæ retribuit mihi ? (Psal.* cxv, 12.) *Majestas ingressa est templum (Ezech.* xliii, 4), dum digno pudore concutimur : quia nil dignum Matri et Filio retribuemus. Majestas Dei templum ingreditur, quia in consideratione nostra quid Deus in Virgine pro nobis fecerit, affectuosissime ampliatur. Per viam autem portæ quæ respicit ad orientem templum intrat *(ibid*), dum per fidem dispensationis in Maria factæ, quæ singularis via est, et ad intelligentiam veri luminis vergit, mentem inspirat.

Et levavit me spiritus (ibid., 5). Levat nos spiritus, cum ex repletione conscientiæ, quod est templum, in eminentiam contemplationis promovetur intellectus. *Et introduxit me in atrium interius (ibid.).* In atrium interius introducimur, cum ad præcordiales divinæ charitatis amplexus admittimur. Exterius autem charitas est proximi; quo enim magis Filii ex Matre humilitatem, et Matris ex Nato potentiam inspicimus, tanto amplius in eorum amore exardescimus. Unde subditur : *Et ecce repleta erat gloria Domini domus (ibid.).* Gloria Dei ratio accipitur in sacra pagina cœli terræque concretio, sed potius pro nostra salute in hominem divinitatis inductio. Unde psalmus cum Deum mirabilia fecisse diceret, expressit; *Salvavit sibi,* inquit, *dextera sua (Psal.* xcvii, 1), subaudis genus humanum, Et illud : *Inhabitet gloria in terra nostra (Psal.* lxxxiv, 10). Nihil enim de Deo gloriosius, quam quod apud infideles de eo est vilius, apud bonos humilius, apud omnes salvandos utilius. Gloria autem est frequens cum laude alicujus opinio. In quo ergo Deus nobis erit gloriosior quam ex eo quod nobis exstitit, non sine suis doloribus immensis inflexior? Conscientiæ ergo domus, postquam in cubiculum Regis, quod est atrium interius, introducimur, subito sancti Spiritus illapsus divinarum misericordiarum recordatione gloriabunda, tunc vere repletur, quia nil ad nos invisendos Dei Spiritum magis provocat quam quod mens sui Redemptoris labores, et dona recogitat. Post aliqua quoque addidit :

Converti me ad viam portæ sanctuarii exterioris, et erat clausa (Ezech. xliv, 1). Via portæ consideratio est Mariæ; sanctuarium exterius, corporeæ virginitatis ipsius decus. Hæc clausa est, omnis pudicitiæ circumstantia communita : quæ non aperitur, quia nulla ulli titillationi ex parte discingitur. *Vir non transit per eam (ibid.,* 2), quia nulla maritalis intentio cadit in eam. *Dominus Deus ingressus est per eam, eritque clausa principi (ibid.),* quia etsi divinitas penetrat matris conscientiam, ipse idem, qui nascendo de Virgine princeps est, non imminuit castitatis custodiam. *Princeps ipse sedebit in ea ut comedat panem coram Domino (ibid.,* 3). Sedere regnantis est. In ea itaque sedit, qui in eam, virginitate illæsa, ut rex naturarum introiit. Ibi panem coram Domino comedit, quia electos omnes in eodem utero sibi incorporavit. *Meus,* inquit, *cibus est, ut faciam voluntatem Patris mei (Joan.* iv, 54). Quod est coram Domino. *Per vestibulum portæ ingreditur, et per viam ejus egreditur (Ezech.* xliv, 3), cum per humilitatem, quæ proprie sanctorum animos vestit, Virgo gravidatur; et post exhaustum idem sacrarium sub eadem via, id est intentione, vita transigitur. Sub qua enim vilitate se egerit, teste est Evangelium, cum defertur ad templum parvulus officio parentum.

Clarius omni creatura Deum videt et cognoscit. —

Post plurima quoque subjungitur : *Porta atrii interioris, quæ respicit ad Orientem erit clausa sex diebus* (*Ezech.* XLVI, 1). Atrium interius, id est quod in Deo diligendo potissimum fervet intrinsecus. Porta itaque atrii interioris ipsa Virgo puerpera est, per quam fit nobis aditus divinæ agnitionis : a nemine enim scitur, a quo non diligitur. Porta ergo atrii interioris est, per cujus præcordialem amorem ad purissimæ fidei excurrimus intellectum, qui ipsius fidei fructus est, ex quo sentimus quomodo sub eadem persona, et quid Deus et homo est. Porro etiam porta atrii interioris ipsa est, quæ non tam prius quam omnium excellentius ad summam Dei notitiam intromissa est; et quo ipsa spiritu sensit, per eumdem idipsum nobis sentire causas dedit. Hæc respicit ad Orientem, quia quo nullus mortalium, imo nulla creaturarum rationalium vix scintillare prævaluit, illuc ista, in Deum videlicet auctorem luminis liberrime mentem fixit. Hæc clauditur sex diebus in quibus opus fit, quia conceptionis ejus mysterium, ex qua introitus ad vitam homini patuit, omnem in præsenti sæculo naturam (quod significare sex dies assolent) latuit et latebit. Cujus si corrigiam solvere dignus non est, quo major in natis mulierum nullus est, quis putas interim dum advivitur dignus est?

De visione beatifica. — *Die autem Sabbati aperietur.* (*ibid.*) Si sex diebus præsens sæculum, in quo perfectorum habemus exercitia operum, per Sabbatum intelligitur requies animarum, in qua clausæ portæ tunc mysterium aperitur, quia carnis dimoto pariete, quod per speculum et in ænigmate nunc cernitur, magna ex parte perspicitur : quo enim absque solitis suis integumentis simplicior, eo noster spiritus non solum ad secretorum notionem, sed et ad ipsam fit Dei visionem acutior. *Sed in die Kalendarum aperietur* (*ibid.*). Dies est aperta Dei et omnium divinorum comprehensio. Unde Paulus : *Sequor autem si comprehendam, tuncque cognoscam sicut et cognitus sum* (*Philip.* III, 12.) Kalendæ vero, quæ a convocatione sunt dictæ, diem significant regenerationis nostræ; in qua sine dubio sicut animæ, sic corpori dum cumulabitur plenitudo gloriæ, ad integrum quoque præbebitur scientia Christi incarnationis in Virgine, et dispensationis in homine. In hac igitur interni luminis omni moditate aperitur, dum quidquid de ejus divina et humana natura sciendum est, scitur.

Et intrabit princeps per viam vestibuli portæ deforis (*Ezech.* XLVI, 2). Vestibulum potest intelligi corpus nostrum; quia veluti domus prætexitur vestibulo, sic anima carnis obstaculo. Cujus via est sensualitas ipsa, quæ licet corporalis sit, tamen in incorruptibilitatem impassibilitatemque versa, quanto spirituali potentia jam præeminet, tanto, ut dicere audeam, in subtilitatem rationis per vim resurrectionis acuminata, purius Dei faciem contemplari prævalet; et quanto forasticis distensionibus caret, tanto ad unum collecta, e cui introrsum inhiat immutabiliter

A etiam exterius hæret. Porta autem deforis, ipse est aditus et exitus virginalis; sicut porta intrinseca egressus intelligi potest de secreta essentia Patris. Princeps ergo intrabit per viam vestibuli portæ deforis, cum per ipsos non jam passivos corporis sensus penetratur virtus, ac veritas virgineæ conceptionis. Sequitur : *Et stabit in limine portæ* (*ibid.*). Limen portæ summa est virginalis obedientiæ, in qua princeps tunc stabit, cum per divinitatis potentiam, quæ, moris omnibus, semper stat, virginem se fecundasse, et quo modo per Spiritum sanctum eam fecundaverit, virginemque dimiserit ipse monstrabit.

Et facient sacerdotes holocausta ejus; et pacifica ejus (*ibid.*). Holocaustum totum incensum est. Holo-
B causta ejus per sacerdotes fiunt, cum in consideratione illius ex virgine humanitatis tam mirabiliter assumptæ, reges jam et sacerdotes a Deo facti miramur, et Auctorem omnium angelis minora tulisse, perpetuis desideriorum æstibus nequaquam ardere desistimus. Pacifica ejus, id est principis, pariter fiunt, cum sancti immutabili contemplatione hujus tantæ dulcedinis, et imperturbabili jam securitate quiescunt.

Obedientia ex humilitate, humilitas autem ex adversitate probatur. — *Et adoravit super limen portæ, et egredietur* (*ibid.*). Limen portæ superius obedientiam diximus, quæ obedientia dici non potest, nisi ex certa humilitate firmetur; certa autem humilitas tunc esse solummodo noscitur, quæ ex emergenti adversitate inter obediendum probatur. Sicut plane
C limen portæ instar fundamenti subsidit, et cunctis intrantibus pervium constat, sic ineffabilis Virgo licet alias prorsus inimitabilis habeatur, super hoc pene solo universorum exemplo proponitur.

In anteriori tractu vehemens miraculum **292** exstitisse probavimus, quod ad tam insuspicabilia cunctis promissa mortalibus sine exhortatione morosa, sine ullius oblatione exempli, illius benedictæ juvenculæ inflecti valuerit adeo celeriter animus. Cui quidpiam non minus mirum in hac ipsa obtemperatione subnectimus. Si communibus virginibus ex nobilissimis quos essent sortituræ maritis, filii nobiliores futuri præsagio aliquo sponderentur profecto eis; et mariumrum voluptas insignium, et gloriosa
D posteritas indubie blandirentur. At vero istic summo dispariter : quæ enim, ut supra disputatum est, mentem perpetuæ virginitati addixerat; quæ etiam quamvis specie tenus in jus virile jam cesserat, unde, quæso, tam facili oratione obtemperare sic potuit? quæ certe humanitas, etsi non aliorum, tamen ejus qui maritus videbatur scandalum timuit. Cujus tactuum nescia, in eadem participatione, non fuit : quæ res eum quanto latuerat, tanto in hujus traductione secreti more humano sollicitare debuerat. Ubi ergo nihil quod carnaliter eam delectaret in conceptu suberat, imo tantum mysterium nescientibus suspicioni aut probro patebat; mira ejus obedientia sub hac humilitate probatur, quæ in tam

passibili, imo angelica castitate, totius popularis infamiæ omnimodis incuriosa videtur. Quos enim animos magis munit pudicitia, eo gravior etiam super rumore falsissimo atque rarissimo vexare consuevit verecundia. In quo tamen ejus fides vel maxime super hoc approbatur, quæ et Dei promissa quantacunque forent, sicut incunctanter credidit, sic ea ipsum ordinate, honeste ad sæculum ac competenter moderaturum pariter scivit. Princeps ergo super hoc limen adorat, cum affectuosissime venerandam tantæ humilitatis obedientiam omnium menti Christus insinuat. Juste enim honorari meretur, quæ et super se credidit, et in eo quod sibi promittebatur nihil carni placitum, sed quo spiritualiter potius præemineret, attendit.

CAPUT V.

Beata Virgo gratia haud ad tempus sed continuo plena ostenditur. — Sed quispiam infideli deterior objicere poterit quod puellam illam rerum divinarum prorsus insciam, quasi perfunctorie ad tempus Spiritus sanctus impleverit. Quod si ita est, quæso quid est quod apud Deum gratiam invenisse dicta est? Plane si invenisse dicitur, inveniri dici non potest, nisi super eo quod quæsitum intelligitur. Ergo si gratiam invenit, quoquomodo quæsierat; et quæ est ancilla toties in psalmis, ac Evangelio dicta, si a quovis obsequio exstitit otiosa? Non possum exprimere ancillatum, qui aliquem suo Domino aut dominæ non rependit famulatum. Plurima est procul dubio ancillæ humilitas, quam Deus tantopere dignatur, ut eam respexisse dicatur. Si ergo humilitas meritum est, et non populariter bonum, sed excellentissime bonis aliis præeminens est, quam respexisse Deum probatum est, ad subitum eam sanctum Spiritum imbuisse quomodo verum? Quod si temporaliter ut in Balaam prophetante, et asina loquente, ac angelum vidente (*Num.* XXII, 23), miraculum actum est, insensibiliter Christus conceptus est, quod summa Genitricis ac Geniti indignitas est. Apud Suetonium legitur quod in somnis sit claudo cuipiam imperatum, ut ad Vespasianum Cæsarem iret; pollice dextri pedis ejus clunem læsum impeteret, sicque gressuum æquitatem attingeret, quod et factum est. Si igitur ante conceptum Virgo de Deo aut parum, aut nil sapuit, quid Vespasiano et claudo plus habuit?

Si parasse lucernam dicitur Christo suo (*Psal.* CXXXI, 17) Deus, illius non paratur animus, ac uterus, quo se pariendum universaliter contulit ipse Christus? Et ipsius certe Elisabeth justitia vetus in Evangelio non tacetur, quæ cum ipsa prole prophetico spiritu adimpletur, et isti etiam intentio ante conceptum religiosa detrahitur? Si propheta Emmanuelem vocat, quod est *Nobiscum Deus*, nec ab ullo non creditur; angelus qui post *Ave* ei præcinuit, *Dominus tecum* (*Luc.* I, 28), ergo mentitur? Et quæ Dei amoris ei ignorantia inerat, si cum exuberantia gratiæ Dominus ei comes erat? Si Dominus ipse vadit parare mansiones, id est locis manso-

rum mentes, fuitne ante verba angeli vita Virginis ita divini saporis expers, ut quod in aliis, omnino ad comparationem hujus minoribus negotiis non negat, sibi ipsi matrem coaptando non præbeat? Si philosophicæ mentis est in mediis frequentiis solitudinem sibi facere, et tamen ex comitatu rationis solam esse non posse, quod putamus repurgium Filius Dei in illius feminæ corde fecerit, quomodo, ne ad momentum quidem, ab ejus illustratione recessit, quam ad futurum suæ propriæ et totius Christianitatis honorem maternitatis ascivit? Et quomodo vel ad punctum ei, ex quo genita est, defuit, qui quod ex ea sumpturus erat, Verbo, quod ipse est, ante etiam sæcula counivit? ipse enim in Apocalypsi dicitur: *Agnus occisus ab origine mundi* (*Apoc.* XIII, 8).

Ubi quoque notandum quod non dicitur *Ave gratia implenda*, sed *gratia plena*. Nec minus attendendum, quod priusquam conceptum ipsi, partumque denuntiet, gratiæ ei plenitudinem inesse docet, ne post enuntiationem conceptus quisquam autumet ea gratia de repente profusam, quam non habuerit ante horam. Et certe fides præveniente gratia ex libero maxime arbitrio constat. Unde ergo beata ab Elisabeth quia crediderit, dicitur (*Luc.* I, 45), si fidei admirandæ meritum nullo in ea jure prædicatur? Quid quod ab eodem angelo ante illius denuntiationem pro qua venerat causæ, inter mulieres benedicta vocatur, nisi quod in hoc ejus, ut sic dicam, idoneitas ad suscipiendum Dei Filium principali singularitate notatur? Quod si ab ignava et cæteris morem gerente virginibus puella tanta res exigitur, non majoris gloriæ esse videtur quantum ad Virginem spectat, quam quod apud Isaiam super Cyro fiendum præsagatur: quibus dictis subjungitur: *Accinxi te, et non cognovisti me* (*Isai.* XLV, 5). Non quoque quidpiam majus quam quod in virgis Moysi et Aaron celebratur, quarum altera effigiatur in colubrum, altera expressit amygdalum, si sibi hæc gratia erupit ad subitum, quid exinde beatitudinis ejus attigit animum, ubi nec in interiori ejus gloria tanti boni novitas futura præluserit, et expleto officio in modum scintillæ destiterit? Si sic pectus gessit a primævo stolidum, quid est quod tam moraliter cantat deponi sedes potentium, et exaltari humilium? (*Luc.* I, 52.) Plane si tanta facilitate conciperet, mysterium eorum, quæ apud se secundum quod objicitur, tam inopinate susceperat, puellari forsitan futilitate jactaret, non, juxta Evangelium, conferendo servaret. (*Luc.* II, 19). Ergo mater Samson pro ejusdem nascituri reverentia cæremoniis addicitur (*Judic.* XIII, 13, 14), et Auctoris omnium mater subito instar dementis arripitur?

Quare B. Virgo in salutatione angelica turbatur. — Ad hoc etiam considerandum quod, angeli salutatione præmissa, subjicitur: *Quæ cum audisset, turbata est in sermone ejus, et cogitabat qualis esset ista salutatio* (*Luc.* I, 29). Nota verborum qualitatem nostris et pene universorum inusitatam moribus.

Laudari tantopere se, et ab eo quem angelum indubie noverat, audit. Et quæ causa motus, quæ causa turbarum? Etsi mirari potuit, ut putatur, turbari non debuit. Res est quæ viris etiam sanctissimis multum argute subripit, ut cum videlicet ab'instabili non sine adulatione aliquoties vulgo laudantur, illico illac pene præcordialiter inflectantur. At vero istæc omni miro mirabilius est quod angelus per se undecunque verax, ex divina ei etiam sententia proloquitur, et tamen super tanta res imonii latione turbatur.

Est ergo rei hujus attentiori animo contemplari materiam. Perfectissimi boni natura est, quo ampliori amore virtutis inæstuat, tanto sibi miseria fragilitatis, aut perminimæ noxæ cujuspiam, cui subjici adhuc se æstimat, in consideratione redundat : nec perpendit quid habeat, sed cui necessitati subjaceat. Et cum divini instinctus sapore nectareo interius irremisse pascatur, nequaquam de his quæ adjacent gratulatur, id potius tantillum quod adhuc videtur officere, lamentatur. Unde David se crebro egenum et pauperem (*Psal.* LXXXI, 4). Jeremias clamat . *Ego vir videns paupertatem meam* (*Thren.* III, 1). Plane alter audierat : *Inveni virum secundum cor meum* (*Act.* XIII, 22), alter procul dubio ; *Priusquam exires de vulva sanctificavi te* (*Jer.* I, 5). Et tamen uterque quibus se humilitatibus addixerunt in promptu est. Joannem non latebat quidquid ab archangelo pene ipsi Christo supparia de se dicta fuerant, et tamen verbo ac opere, quo humiliora poterat præferebat.

Quanto quis sanctitate sublimior, tanto in se humilior. — Sed impossibile videtur aliquibus ut cum aliis meliora quis gesserit, deteriora de se sentiat. Quod exemplis facilibus sic probatur. Vides homines pecuniarum avidum, gazis exuberare sublimibus, et nulli utilibus exundare divitiis. Qui quo eas multipliciores attendit, eo se ad habenda proripiens animo egentiores festinat, et habita non appretiatur dum habendis aspirat. Quo ergo est ditior pauperem se reputat, dum aliena affectat. Et aliorsum vide quispiam in gestu amorum, in directione missilium, in vocum discrimine, in anfractibus aut choraulica disciplina, et, ne morer, omnis non solum qui in qualibet utili, sed qui vexatur in arte ludicra, ex sua, quamvis ignobili, intumescere consuevit, et se aliis etiam honestis præferre scientia. Si igitur avarus quasi ex copiis pauperascit, virtutis amor tractus interna dulcedine quanto amplius apud se suo intuitu inanescit? Si enim verum est, quod est, quia ubi intenderis ingenium, ibi valet, quia quisque aut vera, aut falsa intentione se debriat, in ejus rei studio cæteris præstare se putat. Dum enim ad hoc solum oculum dirigit, in quo vel inaniter sibi quasi præeminere videtur, dum aliorum utilitatibus despiciendis supersedet, ex propria arrogantia dementatur.

Summæ in B. Virgine humilitatis ratio. — Sunt itaque valentissimi et illustres, qui quo sunt scientiores, scientiæ se æstimant egentiores. Quibus est philosophicum illud : « Hoc tantum scio, quod nescio. » Porro qui alios contemptui primus duxit, sublime omne quidquid est, videt. Unde et verbum quod est despicere, id est deorsum aspicere dicitur, quia infra se aspicit quos contemnit. Virgo ergo omni creatura excellentior, insolito archangeli favore turbatur, quæ quanto copiosiori apud se merito coornatur, tanto sibi indignior ex sua quasi inutilitate putatur : ipsa enim quæ singularius omni angelo ac homine Domini pedibus, **294** juxta illud Mosaicum, appropinquavit, specialius cæteris de ipsius doctrina accepit, quæ non nisi humilitatem Filii sui verbo ac opere sonuit, ab eo enim mitis esse ac humilis corde didicerat. Cujus plenitudinem gratiæ antequam nasceretur ex ipsa combiberat.

In angeli itaque non visione, sed sermone turbatur, quæ nihil eorum quæ ferebantur, in se haberi omnimodis arbitratur. Nec putes quod ipsam etiam sibi virtutem humilitatis ascribat, quam respexisse Deum dicat, sed humilitatem (*Luc.* I, 48), non nisi sui ipsius vilitatem appellat. Turbatur, inquam, cujus laus etiam superna non penetrat conscientiam. O infinitum robur animi, cui si vellet certe non posset archangelus adulari ! o beatissimæ insolens robur, quæ etiam ex ipsius Dei approbatione vexatur; sed licet coram Deo apud se dum efferri se audit, pudorem unde turbatur pia patiatur intentio, cogitat tamen qualis sit ista salutatio (*ibid.*, 29), virtus enim insensata nec dici, nec potest esse. Quæ etsi quod laudatur exhorrere non cessat, accidentes tamen ex meritis causas sub divina aqi aliquoties dispositione retractat. Quæ plane Dei sapientiam paritura fuerat, non ad stolidum sapuit, sed in discutiendis divinarum ordinationum eventibus fuit ex ipsa mirabiliter humilitate subtilis, quod etiam et est, et competit in omnibus sanctis viris; etsi nempe beatissima illa statum suum parvipendere videbatur, non tamen inane æstimabat, quod peculiari super omnes in se divini amoris munere gerebatur. Nisi sane quæ intra se agebantur ad liquidum discerneret, compos virtutis intimæ nullatenus esset ; quæ contuendæ suæ menti adeo majestativa auctoritate præsedit, ut fiducia suæ incomprehensibilis, cujus sibi conscia, munditiæ dicto citius angelicæ legationi subscriberet.

Gratia pro remissione peccatorum sumitur. Secundum Platonem prius creantur spiritus quam corpora. — At vero elabi non debet quid sit quæ illi prædicatur affore gratia. Quæ etiam ejusdem gratiæ plenitudo. Gratia pro remissione ponitur peccatorum, ut est in apostolicis litteris : *Gratia*, inquit, *et pax vobis multiplicetur* (*I Petr.* I, 2). Remissis enim peccatis pacificamur Deo. Si de peccato vel originali, vel actuali ejus agitur, per sanctum qui ei ex utero coaluit Spiritum, id purgatur. Si via Deo per quam ad cor veniat cujusque fidelis parari jubetur, mater cui se generandum contulit squalori et incuriæ dimittetur? verui gratia (25). Certe si secundum Platonicam sententiam spiritus nostri prius creantur quam corpora, posset Deus cuipiam spiritui optionem dare qua vellet procreari ex matre. Quod si fieret, quam putas ille personam sibi-ipsi consciret? De corporis forma ac habitudine sileam. Quid honestatis, quid prudentiæ animo ejus ac moribus comportaret, nil procul dubio illi adimeret, quo ipsa aliis invidiosa non esset. Si sic hominis spiritus, civitatem virginalis uteri, quam sibi fundat Altissimus, quo potentior est, nonne Dei multo magis perornat Spiritus? Securus dico, si civium pariter supernorum cordis ejus apparatum explicare proponerent organa, ante deficerent quam dicerent digna. Nam si juxta Apostolum, principatibus et potestatibus innotuit per Ecclesiam multiformis sapientia Dei (*Ephes.* III, 10), mysterium quod in Maria actum est, cujus perminimam quæstionem Joannes in natis mulierum major enucleare non potest (*Matth.* XI, 11), quomodo apud ipsos expressibile est? Si ex his quæ circa nos fecit per Filium Deus, quæ aliquando nescierant, didicerunt, quæ in seipso Christus egerit quomodo comprehendent?

Gratiam ergo sic accipiamus, ut quidquid ipsa fuit, singulariter selectum ab omni humana traductione credamus, ut pote quam inaudito sæculis privilegio a Patre et a se sibi noverat delegandam, per sanctum Spiritum tantis officiis affectandam, haud dubium, si audeam dicere, quod et dicam, quin in creaturis omnibus sibi soli in terra, dum adviveret, et nunc in cœlo secundam. Gratia autem hoc totum, licet omnimodo virtutum ambitu id prosequeretur, fuit, quia nulla virtus, nullum exercitium, non cujuscunque meriti labor impensus, ad emerendam cuipiam feminæ Dei conceptionem sufficeret, nisi gratia, et hæc non modo ineffabilis, sed inexcogitabilis omni præter Deum naturæ præiret.

Sed ipsa plenitudo quæ sit, pariter attendendum; nam forsitan ipsi specialitas deferri non potest, quæ multis ascribitur. Si enim hæc plena (*Luc.* I, 28), et Elisabeth dicitur repleta (*ibid.*, 41), et de plurimis aliis idem affatim reperitur, sed harum plenitudinum tanta esse dignoscitur pene diversitas, quanta bonorum animorum est ubique varietas. Quotæ plane sunt innumerabilium capacitates vasorum, tot fere constant modi statuum internorum. Secundum propriam etenim cujusque virtutem, juxta Evangelium de talentis (*Matth.* XXV, 15), fideique, juxta Apostolum, mensuram (*Rom.* XII, 5), id est secundum quod quemque capere possibile est, munificentia Dei est. Ipsæ quoque capacitates pro corporum animorumque ætatibus, aut deteriorantur, aut crescunt. Aliter enim sensit Joannes in puero, aliter corpore intellexit adulto. Plenitudo igitur pro qualitatibus mentium multis accidit, dum quisque pro Dei munere, et sua devotione plus minusve recipit. Sicut enim comedentium ventres dispari omnino sese ciborum **295** quantitate distendunt, ita Dei gratiam longe dispariliori mentes distributione cognoscunt. Quo nempe Dei majori quis amore examplatur [*f.*, exampliatur], eo, ut sic dicam, concavior receptui divino probatur. Aliis solæ compunctionum scintillæ sufficiunt; alii superiræ contemplationis focos ferunt. Pro tenuitate itaque intellectus et fidei aliqui parvo implentur, aliqui pro captus amplitudine per infinita tenduntur. Vides ergo benedictam inter creaturas Virginem quam peregrina inter alios gratiarum plenitudine pollet, nimirum quæ totius gratiæ Auctorem beata alvo cœlum facta continet.

Nec illud denique, licet parvum videatur, omittam, quod virgini ab angelo Elisabeth senis conceptus, ac si pro astruenda fide proponitur, quod nunquam exempli gratia ab eodem induceretur nisi ut magnum virgini videretur. Porro Deo quid magnum fuit si virginis ex Spiritu venter intumuit, qui olim ut eas fecundaret aquis incubuit? Anui dare conceptum non minori facilitate subjacuit. At inter nos non minimum res ista constringitur, ubi difficultas totius naturæ, imo impossibilitas denotatur. Si enim Virgo ex Deo fecundatur, nil mirum est quia creaturarum quæ sine masculis generant exemplo levigatur. Sola post partum virginitatis conservatio magni incomparabiliter æstimatur. Illi nihil omnino componitur, quia et divinum est quod procreatur, et prodit, et in naturis non exemplificatur. In senibus autem et effeto corpore a genitali potentia utrobique subductis, nil minus appretior si generent, quam si fiat hujusmodi commercium fertile in impubibus annis. At multo minus; nam in pueris naturaliter coalescit calor, et physice veteranorum inefficaciam ad gignendum juvat, dum quod in his congelatio sanguinis impedit, in alteris primævus fervor explicat. In summe ergo decrepitis res fit prompta miraculo, dum hinc mulieribus tremebundo jam senio non incidenti aliqua infirmitate vacantibus, illinc viribus a solito calore ac humore exhaustis, nihil est profecto residui quod motum cujuspiam, non dico voluptatis sed vel tenuissimæ voluntatis exsuscitet. Unde Paulus fidem super hoc Abrahæ vel potissimum probat, quod *emortuum corpus suum et emortuam vulvam Saræ* (*Rom.* IV, 19) viderit, et contra spem in spe crediderit. Si præter naturæ leges ab omnibus æstimatur quod apud Hieronymum puer novennis cum muliercula coisse, et prolem extulisse describitur, multo, ut sic dicam, exnaturalis est quod hi, quibus omnis ingenitus fervor refrixit, ad integrum nec alterutrius vivacitas potest suppleri, utroque torpente per alterum expergiscuntur ad fetum.

Non igitur ab re Elisabeth cognata Mariæ proponitur, quia nisi omnimodis apud cunctos inspe-

---

(25) Vide notam [1] ad calcem Operum.

rata physica obnitenie res esset, nunquam Zacharias verba Gabrielis tam obstinate discrederet. Nec in exemplo adhibito nævum quisquam beatissimæ Virgini quasi ad credendum alicujus detractionis inurat, quam nos non immerito pro fidei facilitate laudasse meminimus; sed sciat angelum ex abundanti factum in vetula retulisse miraculum, ut et fidei ejus adminiculum ministraret, et de tantis ipsa cognatæ proventibus exsultaret. Quin et mutuo pudori consulerent, quod videlicet ipsa eo, cui desponsata fuerat, inscio concepisset, ista vero citra omnium spem juvenilia repetisset. Unde et illa cum festinatione in montana progreditur, mora latitura apud eam trimestri, ista ne stuporem videntibus sibique ruborem pareret, sex mensibus occultatur. Et hæc, inquit, et tibi ac anui illi indubie proventura cognoveris, quia non erit impossibile omne verbum apud Deum (*Luc.* I, 57), qui virginem æque ut sterilem, cum libuerit, solvit in partum.

CAPUT VI.

Dies est B. Maria. — Hæc igitur beatissima dies est B. Maria, quam fecit specialiter Dominus; exsultemus et lætemur in ea : cum enim de Filio dixisset, ac si de lapide qui factus est in caput anguli (*Matth.* xxi 42), et hoc mirabile in nostris oculis (*Psal.* cxvii, 23), a Domino factum perhibuisset, ad hanc illico verba transposuit; hæc, inquam, dies est, quæ solem justitiæ protulit, qui de suis munificentiis præclarissimas dignitatum in Ecclesia horas instituit. Ipsa est etiam porta Jesu Domini, per quam justi intrant; nulli enim justitiam assequuntur, nisi per fidem incarnationis ejus introeant. Super limen portæ hujus princeps ille apud Ezechielem paulo ante a nobis expositus, et adhuc exponendus, adorat; qui non superliminare dignitatis, sed limen ejus humilitatis quod omnibus est pervium adorantes, id est in omnimoda veneratione habentes inspirat. Hoc plane Deus jure facere dicitur, qui quod fiendum aliis administrat. Sed præfatæ diei redeamus ad horas. Hæc, inquam, florentissima dies postquam luminare illud majus, quod et seipsam potissimum, et lunam Ecclesiæ, stellasque fidelium mirabilis intelligentiæ radiis illuminat, ediderit : attendamus quantarum pariter felicitatum determinationes admiserit ; harum nempe tam origo quam officialis causa fuit : non enim aliter voluit, imo debuit Filius Dei ad nos egredi, nec potuit ; quia nec debuit violenter irrumpere jura diaboli, cui sponte homo manus dederat : sed, juxta dicta beati Leonis : *Magno æquitatis jure inibi certari dignum fuerat.* Hanc ergo ex qua crearetur objecit diabolo, ut cum eum capesseret, nil aliud putaretur quam homo.

Duodecim felices horas protulit. — Prima igitur hora est, quod principem mundi extrusit, mundumque vicit, et hoc cruci se addicendo, nosque hosti præripuit.

Secunda, quod per laticem suo ex latere profluentem in eadem cruce baptisma sancivit. In qua passione in tantum diabolo vires antiquas extorsit, ut ante judicii diem jam puniri incœperit : dicit enim magnus Origenes quod post ipsam passionem, postquam sanctus quispiam martyr aut confessor de præsenti victor sæculo emigraret ; sicut ipse ad coronam exiret, sic hostis ille qui eum spiritualiter impugnarat, statim in æterna tormenta nulli denuo nociturus intraret, et id esse quod ab ipsis dæmonibus Domino dicebatur : *Venisti,* inquiunt, *ante tempus torquere nos* (*Matth.* VIII, 29). Inde etiam tantas quas exercere olim consueverant fortitudines obtusas videmus ; nec mirum cum post tot sanctorum victorias, tot de potentioribus dæmoniis in pœnas decidisse credamus.

Tertia, dum per resurrectionem electos ab nferis eruit, cujus gloriæ tantum quoque privilegii addidit, ut, juxta Prudentium, virum sanctum et nobilem, sint et spiritibus sæpe nocentibus pœnarum celebres sub styge feriæ. Illa nocte sacer qua rediit Deus stagnis ad superos ex Acheronteis.

Quarta, quod per eamdem aperuit credentibus regna cœlorum.

Quinta, quod humanitatem nostram Verbo, quod ipse est, personaliter identificatam paternæ dexteræ comparavit.

Sexta, quod qui carnem ex nobis sumpserat, divinitatem suam, quod est Spiritus ejus, nobis reddidit.

Septima, quod eumdem Spiritum non solum fruendum attribuit, sed etiam per manus apostolicas, et ex eo pontificales aliis dari constituit.

Octava, quod per magistros Ecclesiæ, quod soli sibi pertinebat, peccata dimitti censuit.

Nona, quod Petro, et in Petro rectoribus regni cœlorum claves prærogat; unde et Romæ quodam in loco ei præscribitur.

Terruit angelicas acies collata potestas
Tanta Petro, reserare polos, et pascere caulas.

Decima, quod non angelis commiserit corporis ac sanguinis sui tractanda mysteria, sed hominibus, etsi peccatoribus; quod et de baptismo itidem factum est

Undecima, quod corpus nostrum in resurrectione configurabit corpori claritatis suæ.

Duodecima, quod in eadem resurrectione, sicut carnem nostram in Filio et matre, omnis principatus atque potestas in cœlo venerabitur, et adorabit : ita quoque *hi qui in Christo sunt resurgent primi* (*I Thes.* IV, 15). Inde est quod procurator patrisfamilias a novissimis denarium dare cœpit. Huic sententiæ accedit quod nomen eorum coram ipso honorabile futurum legitur. Quod si nomen Christianum sub tanto auctore honoratur, intelligi profecto necesse est quod alias jure his omnibus, qui bene vixere sub gratia gloriosior retributionem prærogativa reddatur.

Nubes est levis quæ pluvias effudit. Quam sublimem possideat gloriam. — Videamus igitur quo piæ compunctionis jubilo, diei isti, quæ tam rutilo sole, cœlo, inferis, terræque perfunditur, gratulemur : per quam dum introitum sol ille ad nos habuit, ad infinitam diei ipsius claritatem, et sub ipsa die degentium glorificationem, perpetuæ suæ et nostræ nobilitatis donativa circumtulit. Hæc est nubes illa levis, quam sol verus iste conscendit, juxta Isaiam, ut tenebrosam mundi hujus illustraret Ægyptum (*Isa.* XIX, 1) : quæ pluvia totius fecunditatis internæ terrenorum pectorum glebas emolliit : ipsa enim salubrium omnium doctrinarum cataractas aperuit, præsertim quæ panem angelorum mundo exposuit. Quæ tantam a peccati omnis additamento in se levitatem habuit, quantam sacrosanctæ Christi dignitas carnis animæque commeruit. Ipsa igitur ex qua tantos animæ ac corporis haurimus honores quid excellentiæ habeat, quod Dei Filium corporaliter in sua carne contulerit, attendamus. Si post exhaustam beatissimi ventris aulam minus habuit, forsitan aliquod detrimentum ejus, quam ad plenum gustaverat, gloriæ sensit. Absit! Securus ex ipsa loquar, si læta fuit cum tolleret quod usquam creaturæ non licuit; lætior plane cum gloria et honore coronatum assidere Patri æterno cum apostolis vidit ; et quandiu meminerit se peperisse Deum, nunquam ne ad punctum imminui sentiret, quem in concipiendo habuit lætitiæ fructum. Si Christus Deus quia se humiliavit exaltatur, ergo ipsa perenni residuo gloriæ quod totum Deum contulit potitur; imo clarificato provehitur, quanto reginæ clarius est Filium videre regnantem quam ex eo se scire prægnantem.

Super limen itaque hujus portæ princeps adoret, id est in spiritu et veritate adorantes inspiret. Unde est : *Adorate scabellum pedum ejus, quoniam sanctum est* (*Psal.* XCVIII, 5). Si enim de Christo homine dicitur : *Adorate eum, omnes angeli ejus* (*Psal.* XCVI, 7), de Deo quid dubium quin adorent. Quid sanctius, quid ea adorabilius carne, ex qua Christus gignitur, quæ habet identitatem cum ipsa, eademque Dei Filio unitur? Et certe in mundo positus si puer parentibus subditus (*Luc.* II, 51), juxta quod tulerant suæ ipsius scita legis, ipsos honorat; non est plane mirum si id ipsum quod in ea virtutis et gloriæ indidit, quod significat portæ limen, adorat. Adorare namque sicut pro divino cultu, sic aliquoties pro reverentia ad homines ponitur, sicut Nathan propheta David adorasse scribitur (*III Reg.* I, 23). Unde et Jacob fastigium virgæ Joseph ab Apostolo adorasse dicitur (*Hebr.* II, 21). Quod est in magna veneratione habuisse summam ejus potentiæ, quæ sic inseparabiliter a Deo paratur. Si de sanctis quibus Dei filiatio promittitur, quod honorabile sit nomen eorum coram ipso dicitur (*Psal.* LXXX, 14), dum id in eis Christus honorat, quod ab ipso tribuitur; ipse in Matre naturam propriam, unde ex debito sibi obnoxius est, non venerabitur? Pro quo aliis longævitatis præmium prærogatur, a qua passus est accipere quod homo vocatur? Si apud illum honori exstat, a quo totum quidquid est sumpsit, nobis tanto propensius honorabilis esse debet, quanto suæ universorumque saluti eam necessariorem feminam sperare quis prævalet. Super limen ergo portæ apud Ezechielem adorat (*Ezech.* XLVI, 2), cum per humilem obedientiam ejus menti specialiter insidens, seipsum in ipsius glorificatione mirificat.

Injurias sibi ab hæreticis et malis illatas ulciscitur B. Virgo. — Deinde *egreditur* (*Ibid.*), quia quod apud se benedictam illam beata interioritate provexit, manifesta, imo, ut ita dixerim, secunda post se omnipotentiæ apud homines auctoritate retexit. Quis enim vel hebes nesciat quod ipsa est quæ per Filium cœlo præsideat, terris imperet, inferos urgeat? Princeps ergo egreditur, cum per Principem Matris principis virtus emittitur. *Porta autem non claudetur usque ad vesperam* (*Ibid.*). Clausio hic non ad virginitatem, quæ sæpius est repetita, refertur. Porta igitur usque ad vesperam ista non clauditur, quia clementiæ ejus aditus usque in finem sæculi nulli pie petenti obstruitur. Non claudetur autem dicitur, aperietur; ipsa enim quæ post sancti Spiritus dationem cognita est nostram omnium Virgo fudisse salutem, in suæ propalatione gloriæ, nullam deinceps passa est vetustatem; sed sicut Filii sui fides nullis persecutionum acta turbinibus destitui potuit, imo promoveri non desiit, sic benedictæ ipsius Matris honor non dico tepefieri, sed in dies pro successu temporum non semper exaltari nesciit. Cum enim in singulis fidelium ætatibus Christiana sententia, quo amplius ventilatur, astruitur, et discussa nil aliud quam solidum respondere addidicit, sic ipsius in sæculum clarificanda virginitas, et nullis hæresibus devirginanda fecunditas vel momentaneæ obumbrationi succubuit, imo imperiosissime ultrix injuriarum suarum per revolutiones temporum, unde et ubique quantum regnaret mirabilibus ostensis aperuit.

Proprium ipsi est misereri, utpote sequester inter Deum et homines. — Unde sequitur : *Et adorabit omnis populus terræ ad ostium portæ* (*Ibid.*, 3). Si princeps hoc quod ex ea accepit, id est integumentum propriæ humanitatis adorat, membris scilicet suis adorandum insinuat, rectissime populus terræ, non pulveris, fide stabilis atque fructificans non volatilis, ipsam gloriosiorem supercœlestibus creaturis, utpote quæ auctrix, et novæ Dei Filii creaturæ alitrix est, non modo ut cæteros sanctos honorat, sed quasi superparem Christi humanitatis adorat. Ostium vero est ad portam aditus patentissimæ omnibus dulcedinis ad Mariam. Quid enim miserationum illi benedictæ non influat, ex qua fons totius ad cunctos qui tenere pœnitent peccatores largitatis et gratiæ manat? Cui enim totum quod est misericordia se infudit, quomodo dissentiet ab eo quod in se continens ad nos fudit? Ipsi plane misereri est proprium, quia quæ se ad tanti immensitatem officii misericorditer a Deo perpendit assumptam, factamque inter ipsum Deum hominesque sequestram, non immerito adeo specialia ad nos habet viscera, ex quibus et propter quos est tam singulariter excellens ut misericordiam consequeremur effecta, quia enim nullo modo idonea ut competit pertingendi ad Filium et interpellandi ipsum cuiquam facultas suppetit, quæ eloquentia ei cujuscunque mediatoris gratior, imo tantopere grata esse valebit, quam ejus quam honorare, ut sic dicam, cogitur et jure necessitudinis et suæ imperio legis? Si enim audientiam suam ab ea in aliquo absentaret, nullus ad rogandum nisi miserabiliter repudiandus accederet. Plane qui naturam condidit, et naturæ jura consequenter instituit, nulli dubium quod apud eum personalitas materna præponderet, cum id in causis mortalium ingenita bonis omnibus consuetudo conservet.

CAPUT VII.

298 *Evangelium in Assumptione B. Mariæ legi solitum explanatur.* — Præterea a plurimis quæri solet quare in ejus Assumptione Evangelii illud legi solet capitulum : *Intravit*, scilicet Jesus, *in quoddam castellum* (*Luc.* x, 38). Quod quanto juxta historiæ corticem peregrinari videtur ab ipsa, tanto secundum sensum moralem pleno contemplationis statu subsistit in ipsa. Quod si det Deus dicere ex sententia poterunt monstrare sequentia.

Intravit Jesus in quoddam castellum. Quoddam solemus dicere de ea re quam nolumus exprimere, aut nequimus. Castellum autem ex vallo et muro, turrique conficitur, et id ipsum a *castrando*, et *coercendo* vocatur. Illius igitur benedictæ conscientiæ castellum fuit, quæ quidquid Deo in se displicere poterat funditus arcere non destitit. Sed hoc prius habet vallum, cui ante omnia usquequaque non defuit totius humilitatis imum. Muro denique cingitur, cum mens ejus beatissima interius bene sibi provida, exteriori corporis sensuum custodia communitur. Turris introsistitur, cum in humili corde, castigato jam corpore, spes in Deum unica tota proceritate porrigitur, verbi gratia, cum enim Domini totius majestatis sibi denuntiata fuisset infusio, quid in ejus ore nisi ancillaris humilitas sonuit, quid ejus tota deinceps vita nisi silentium et modestia fuit?

Sanctissimi ejus actus describuntur.— Unde est : *Maria autem conservabat omnia verba hæc, conferens in corde suo* (*Luc.* II, 19). Ubi considerandum in quantæ sublimitatis femina illa angelis præficienda vallo delituit, quæ cum ipsum Deum animo et ventre jam gereret, inimitabili sese dejectione cohibuit. Cum enim beatam ab omnibus generationibus dicendam se esse diceret, et tantæ gloriæ conscia existeret, maxime mirum fuit quod ea se humilitate continuit; quod in cujuslibet peccatoris habitu multum laudari potuit. Quæ denique ei exterius observantia fuerit, ex ejus in qua ab angelo reperta est solitudine pensari poterit. Ubi non garrulorum, non amasii præsentiam offenderit, sed sola Dei cui innutrita fuerat contemplatione contentam repererit. Quin et videri impatiens cum qua festinatione montana conscenderit, et cum cognata anu Virgo trimestri morari mansione delegerit; quod juvenculæ non minimum insigne exstitit. Et inusitati cælibatus ostentum, ut morum pondus anilium, motusque severos non modo pateretur, sed avidissime alacritas puellaris expeterei, ad hæc tanti majestatis gaudii cum ineffabili concepisset affectu. Ad quem prorsus gloriæ collatæ redundantiam magnanimi respectu contulerit, ex eo propalatum est quod ipsa concinuit : *Magnificat*, inquit, *anima mea Dominum; et exsultavit spiritus meus in Deo salutari meo* (*Luc.* I, 47, 48), etc. Habes ergo superius murum, habes istic turrim. Quoddam itaque castellum est, quod videlicet a nemine excogitari, nedum exprimi potest; quid magnificentiæ exterius, quid pretii intro habeat, quæ Dei mater est !

Martha turbata qui B. Virgini competat. — *Illius activa vita.* — *Mulier quædam Martha nomine excepit eum in domum suam* (*Luc.* x, 38). Per mulierem actualis fecunditas, imo fecunda beneficiis actualitas designatur. Hæc Martha dicitur, quia multis amaritudinibus provocatur. Hinc est quod ei dicitur : *Turbaris erga plurima* (*Ibid.*, 41). Secundum hæc enim nomen ejus interpretatur. In domum suam eum excepit, cum Virgo post Filium omni humana natura felicior Dei Filium concepit. Domus autem fuit animæ, domus uteri. At vero exceptrici illi quæ actualitas inesse potuerit vestigandum. Cæteri sancti suis commembribus officia munificentiæ pendunt; hæc vero ipsi suo universorumque Capiti specialiter ministravit, quod alii generaliter vestigiis ejus attribuunt. Si enim vulgo egenti tunicam præbeas, illa omnipotentis Filio ex Dei Spiritu et suo sanguine corporeum schema compegit. Si panem porrigas, illa suo Creatori beatorum uberum fomenta suggessit. Si mœrenti solamina præstitisti, ista gaudii universalis altrices lacrymulas maternæ dulcedinis blandimento detersit. Quidquid prærogare poteris beneficio, hæc felici præcessit obsequio. Vis audire amaritudines quibus juxta vocabuli etymologiam, gloriosa, quæ sic obsecundat, mulier irritatur? *Tuam ipsius*, inquit, *animam pertransibit gladius* (*Luc.* II, 35). Quot Filius probra inter prædicandum sustinuit, tot mucronibus multo gravius quam qui perferebat, imo cui irrogabantur ipsa succubuit.

Illius vita contemplativa. — *Et huic erat soror nomine Maria* (*Luc.* x, 39). Scitum ubique est contemplandi gratiam in Mariam signari. Et utræque sorores dicuntur, quia in conscientia ex uno divini amoris semine procreantur. Hanc vero benedictam super omnes homines hujus credimus gloria virtutis imbutam, in quam enim plenitudo divinitatis ad integrum sese contulerat, non ad horam ut cæteri, non particulariter intinguendo sentiebat. Unde est quod sequitur : *Quæ etiam sedens* **299** *secus pedes*

Domini audiebat verbum illius (*Luc.* x, 39). Secus pedes sedit, cum in Christi humanitatis susceptione debita sese humilitate depressit; sedere enim humiliari est. Unde est : *Surgite, postquam sederitis* (*Psal.* cxxvi, 2). Porro pedes Domini, ipsius sunt humanitas, sicut caput divinitas. Inde et scabellum ipsa vocatur (*Psal.* cix, 1), adorarique in psalmo jubetur (*Psal.* cviii, 5). In qua Christi caro quasi quædam ejus extremitas explicatur. Non immerito igitur benedicta illa secus hos pedes consedit, quia, dum perpendit quantus a se concipitur incomparabili suæ dejectionis intuitu, ejus quem gignit aut bajulat, quasi extremis contactibus hæret. Cujus quanto proniori reverentia tractat carnem, tanto spiritualius acuminatur ad divinæ, quæ est Verbum, substantiæ visionem. Si enim a sanctis viris dum Christi humanitas præcordialiter amatur et creditur, ad contemplandam sensim divinitatis ejus speciem pervenitur, illam, quæ Deum et hominem in se congenuit, totumque intra se indifferenter habuit, de Dei gloria quid latuit? Cujus in hac contemplatione quanto fuit beatitudo secretior, tanto intellectus ad divina penetranda ex simplici et penitus indivisa intentione profusior. In spiritualibus non aliud est videre quam audire, audire quam videre. Quid est ergo audire Verbum, nisi intelligere Deum? Sedens itaque verbum audit, quia per eam quæ humilibus datur gratiam, beatissimæ Virginis matris, animum, non prægustando, sed se universaliter ingerendo divinitas imbuit. Si enim deitas seipsam latere potest, et ipsam benedictis omnibus, ut ita dixerim, benedictiorem aliquid divinum latere potuit, cujus cordi et utero quidquid illud est, quod Deus est, in nullo defuit.

Martha autem satagebat circa frequens ministerium (*Luc* x, 40). Frequens ministerium circa quod satagit, ipsa est sollicitudo circa curam Dominici corporis, quam in benedicta Virgine actualitas sic ministrat ut exterioris hominis obsequio magis quam contemplando Deo aliquoties insistendum credat; quod enim carnaliter genuerat, et præ oculis semper habebat, nimirum ferventiori studio indesinenter ardebat. Quod plane ad manum præsto constat, animus multo magis affectat; et quod minus sensibus adjacet, id intellectualitatis acies difficulter penetrat. Animum nempe colligere ad contemplationem, quietam postulat a strepitu forastico intentionem. Unde et stare dicitur, quia crebris ab ea conflictibus laboratur. Dum enim ab Herode occidendus quæritur, dum Judaico jam juvenis livore impetitur, dum præcipicio intentatur, dum convitiis obruitur, dum ultimo cruci addicitur, multo actualitas in ea animi bello distenditur.

Domine, inquit, *non est tibi curæ quod soror mea reliquit me solam ministrare?* (*Ibid.*) Quod est ad ipsum Verbum, cui audiendo contemplatio vacat, dicere : Cum sim et infantiæ obsequiis, et juventæ infortuniis continuis vexationibus occupata, et compassione detrita, nullus hic locus contemplationi et internæ quieti jam est, in quo laborum et dolorum detentio crebra hanc obsidet. Et quia pro his illam certum est extra se, velit nolit, fieri, jube eam ad unum actualitatis officium cohiberi. Nulli namque dubium est quod in corde beatissimæ Virginis maxima inter utrumque statum super hoc altercatio fuerit, dum hinc in Deo videndo delectatur, illinc corporali ejus cura distrahitur. Sed attendendum quod dicitur *solam*. Si sola actualitas ministrat, profecto contemplatio vacat. Quæ utique si aliquando actualitati inflectitur, procul dubio annullatur. Quæ ergo sine interna quiete nil agere sinitur, dum erga plurima conturbatur, ad spiritualia non levatur. Quomodo itaque illa quæ se solam relinqui queritur, ab ea quæ inter molestias nulla est, adjuvatur? Sed ipsa actualitas a contemplatione auxilium habere videtur, cum mens uniformiter quod in se præponderat, exsequitur; nam cum actualitas aliorsum tendit, et mens contemplandi avida secreta requirit, ex eo ipso quo de curarum multiplicitate se retrahit, quasi sorori officiosæ opitulari desistit. Itaque adjuvaret, si a desiderio speculandi quiesceret. Solam igitur non relinquit, si mens quæ contemplari proposuerat, actualitatis curas non refugit. Contemplatio ergo quandiu Deo speculando feriatur, solam actualitatem non adjuvat. At mens si a contemplandi amore fatiscat, in quantum ab eo deficit, liberius jam actionalitati insistit, et ex hoc solam adjuvat.

Nisi Deus se carne contexisset, nunquam ferri potuisset. Attamen Dominus unum esse necessarium pronuntiat, ut enim de gloriosa illa femina taceamus, quæ per ministerium, quod carni illi sacrosanctæ exhibuit, ad divinitatis suprema pertigit, omnis sanctus non nisi per fidem amoremque humanitatis ad scientiam pervenit divinitatis. Unde est : *Nisi ego abiero, Paracletus non veniet* (*Joan.* xvi, 7). Officia quoque, quæ suo, dum adviveret corpori exhibebantur, approbans ait : *Pauperes semper habetis vobiscum, me autem non semper habebitis* (*Matth.* xxvi, 11). Quid ergo benedictæ illi magis necessarium quam corporis Dominici integumentum? Quod dum texit, superni numinis sacramentum, multum ei ut ad internum lumen attingeret, præstitit adjumentum. Si enim Christus se carne non tegeret, purus ille deitatis ignis quo se caperet? Et certe ne ipsa quidem caro, Deo in se latente, tolerabilis esset, nisi mentis ejus sinum virtus Altissimi obumbraret.

Continuo Dei visione in terra posita est B. Virgo. Maria optimam partem elegit, quæ non auferetur ab ea (*Luc.* x, 42). Licet igitur beatissima Virgo dulcissimi Filii corporalibus nimium distrahi videretur incommodis, et exterioribus detineretur officiis, nulli tamen credibile sani capitis habeatur quin illa, quæ Deum universitatis auctorem intra se contulerat, unquam ejus quem semel totum hauserat, quod nulli humanæ creaturæ est licitum, continua contemplatione vel ad horam fraudaretur; quibuscumque enim Filii angeretur doloribus, nunquam tamen fidei ejus, quem indubie Deum noverat, fervor intepuit, præsertim cui dispensationis ipsius occulta dispositio nequaquam fuit. Nam quod de nullo sanctorum creditur, de illa universitate divinitatis tantum non dubitatur habuisse residui, ut quaque versum se ageret, nunquam a Dei visione desciret ; quæ enim plus habuit in terra quam angelus, non minor angelo esse debuit post tanti beatudinem partus. Si namque in angelis, qui ad ministeria diriguntur salvandorum (Act. II, 2), irremotus quocunque se vertant contemplationis tenor invigilat, quid in tanta tam ineffabili Genitrice agitur, quæ proinde præ angelis regnat? In mente plane ipsius sancta, imo, ut ita dixerim, subdivina, absurdissimum est intelligi potuisse, post exhaustum tanti sacrarii locum, aliquod incidere detrimentum, ut quod parturiens habuerit, fuso partu perdiderit. Et siquidem plenitudinem divinitatis corporaliter concepisse dignoscitur quod totum jam enixa non habuit, quidquid tamen ad gratiam, gloriamque cordis pertinet, nullo modo minus habuisse a fidelibus æstimatur. Sicut sane sanctus Spiritus, cum super apostolos et credentes per linguas apparuit (Act. II, 3), recedente miraculo in eorum cordibus per scientiam, fortitudinem, et amorem sine imminutione remansit, ita post exhibitionem cœlestis puerperii, excellentia divinæ amplitudinis in virginea mente, sine ulla contemplationis pristinæ minoratione resedit.

Recte igitur dictum est, *Non auferetur ab ea* (Luc. x, 42), quia sicut in ipsa facta sunt nullorum sæculorum eventibus similia, sic qua semel imbuta est, eidem perseveravit animi eminentia; alioquin si post partum desiisset, prædicta virtus videretur functoria. Etsi ergo conceptus tempore hæc in Virgine viguit gratia, hac scilicet quasi conditione ut tepesceret, aut desineret postea ; unde ei in cœlis præter humanum modum terris, et inferis tanta potentia? Profecto ubi initium et finis tantis privilegiis convenere; media nunquam fateor detrimento alicui patuere. Ad hanc itaque cessit optimæ partis electio, quia quibuscunque famulatibus intra ipsam Martha discurreret, ad internæ semper dulcedinis nucleum ejus convertebatur optio. Unde et Maria *stella maris*, aut *illuminatrix* dicitur ; in mari nempe ex quo turbatur erga plurima stella et illuminatrix est, quia in tentationibus sæculi, quas actualitati inserviendo aliquoties patitur, jugi et invicta inter turbines speculationis luce fovetur. Hæc de capitulo præsenti dixisse sufficiat, ut videlicet ostenderemus quomodo hujus ineffabilis Dominæ prædicationi conveniat.

CAPUT VIII

Præterea et Isaianum illud discuti operæ pretium æstimamus si forte præmissis arrideat : *Quomodo,* inquit, *descendit imber et nix de cœlo, et illuc ultra non revertetur, sed inebriat terram, et infundit eam, et germinare eam facit, et dat semen serenti et panem comedenti, sic erit verbum meum quod egredietur de ore meo. Non revertetur ad me vacuum, sed faciet quæcunque volui, et prosperabitur in iis ad quæ misi illud* (Isa. LV, 10, 11). Imber descendit, cum angelus ad Virginem verba incarnandi deposuit. Nix de cœlo venit, cum se a Patre sanctus Spiritus non virginum sublaturus, sed candorem munditiæ ei superexcellenter aucturus infudit. Qui enim potuit dare conceptum prius in ea per fidem ([1][26]), cum actuali abolevit originale peccatum. Illuc ultra non revertitur, quia mens benedictæ illius a percepta nunquam spiritualis gratiæ prærogativa cassatur. Illuc nempe reverteretur, si suscepta in vacuum sine fructu accipientis ad Deum qui dederat, referretur, et hoc est pars Mariæ, quæ ab ea non aufertur (Luc. x, 42). Inebriat autem terram, cum insensibilem, ad universos passionum internarum motus, sanctus Spiritus Mariæ reddit conscientiam. Ebrietas enim sensum doloribus illatis adimit, postmodum infundit, cum non aliunde sed ex se ipso concepturam imbuit. Nota dictum. Si secundum litteram loqueretur, prius infundit, postmodum inebriat, poneretur.

301 Germ nare eam facit, cum sine semine nostræ redemptionis pignus hinc elicit. Cum germinare dicitur sine præmissæ sementis memoria, indubie innuitur singularis benedictæ Mariæ in conceptu munditia. Dat semen serenti, cum quæ spiritualiter concepit, cum eo quem peperit spirituale etiam semen emittit. Semen serenti exinde datur (Isa. LV, 10), cum generalis sanctorum prædicatio ex Christi incarnatione exorta dispergitur : sed hoc doctoribus. Et panem comedenti (*Ibid.*), illum videlicet qui de cœlo descendit (*Joan.* VI, 33), et qui quotidianus a nobis petitur, nulli alii debitum, nisi qui avida eum cordis fauce complectitur.

Sic erit verbum meum quod egredietur de ore meo, nullis dictionum motibus explanatum, sed incircumscriptæ rationis arcano ab humanis conatibus disparatum. Hic est liber ille qui ab hoc ipso propheta sumere grandis jubetur. *Sume,* inquit, *tibi librum grandem, et scribe in eo stylo hominis* (Isa. VIII, 1). Hoc nempe Deus apud Deum Verbum stylo, id est intellectu solius Dei capi poterat ; sed ut capi utcunque ab homine posset, circumscribi humanitus voluit. Hoc ergo Verbum egreditur, cum se visibile per carnem exhibere dignatur ; et hoc de ore, id est de spiritu ; ore enim spiritum emittimus. De ore namque egreditur, qui ex sola spiritus puritate in Virgine procreatur : *Non revertetur ad me vacuum* (Isa. LV, 11). Vacuum plane rediret, si Dei Filius ad id quod cœperat inefficax exstitisset. Nota quod superius dicitur non reverti, hic etiam, sed non vacuum : a virginea enim se nunquam ne ad modicum, mente retorsit, sed qualem in filio denuntiando reperit, usque in finem proprium, perseverante eadem animi gloria, semper florentior in

---

(26) Ciffris minutioribus revocatur Lector ad notas quæ seorsim post Opera Guiberti eduntur

seipsa coaluit; Filius autem licet non vacuus dicitur reverti, quia visibilitatem quam assumpserat, dexteræ necesse erat paternæ restitui. Is facit quæcunque Pater voluit, dum salutem humanam non sine suo cruore exercuit, et hoc est quod nequaquam vacuus rediit. In iis vero ad quæ mittitur prosperatur, præsertim cum a sua dextera, quod est divinitas, mirabiliter deducatur, quia ex eo quod passus est, nemo in eum pie credulus non salvatur.

Cui illud quoque haud multum dissimile est, quod idem alibi ait : *Rorate, cœli, desuper, et nubes pluant justum, aperiatur terra et germinet Salvatorem* (*Isa.* XLV, 8). Quid sunt cœli nisi arcana consilia divinitatis? Unde ipse Filius : *Ego*, inquit; *de supernis sum* (*Joan.* VIII, 23). Cœli ergo rorare dicuntur, cum divinæ miserationes hominibus propitiaturæ flectuntur. Nubes pluunt, cum quod in se continebant, super Christo nascitur dicta prophetica evidenter ostendunt. Terra aperitur, cum a benedicta Virgine verbis angelicis felicissimi uteri, imo beatissimi animi sinus obedienter panditur. Hæc est illa terra de qua dicitur : *Benedixisti, Domine, terram tuam* (*Psal.* LXXXIV, 1); ex qua benedictione, id est a Deo ingenita fructuositate captivitas Jacob avertitur. Hæc est etiam, juxta librum Sapientiæ, terra posita in immensæ castitatis arido; et campus, quem nullus conjugii vomer exciderat, sponte germinans ex humilitatis profundo (*Sap.* XIX, 7). Nota proprietatem verbi quia non de satis, sed de sponte nascentibus germinare dicitur : quod ad Virginem refertur.

CAPUT IX.

Quam gratum est Filio matrem Virginem laudibus extollere. — Ad laudem communis Dominæ hæc tantilla perstrinximus; in quibus etsi parum fecimus, affectum nihilominus ostendimus. Cujus gloriæ summam tametsi anima nequaquam capimus, nedum lingua solvamus, conatum ipsum tamen non sine præmio magno esse putamus, licet plane mentis devotionem vocis officia nulla commendent, et ad supplendum quod sentimus facultas parva suppeditet, verum affectare feminam illam, et præcordiali amore complecti, non modo ipsi gratificum quæ ubera infinitæ pietatis prætendit ad omnes, sed singularis etiam et aditus per ipsius honorificentiam ad Filium, qui non minori voluntate acceptare dignoscitur quidquid ei reverentiæ exhibetur, quam si suæ cantarentur laudes. Si enim in sanctis suis Deus laudari jubetur (*Psal.* CL, 1), et hoc ideo quia quod de eorum virtute retexitur, ad Deum, qui dederat, non immerito reportatur. In hac ejus peculiarior laus est, quæ non solum in eo præcellit quod mater est, sed quod ad levandam nostram miseriam ineffabiliter acclinis est : quod certe apud eam ex debito constat, quia quos Filius sanguine liberat, dignum est ut hæc sereniori dignatione confoveat; plane et ipse inter homines sexus viscerum plenior esse solet.

Quamprimum igitur, cum sit Deo, qui misericordia totus est, plena, nec natura vacet, qua fit miserendi studio prona, et id amare debeat ex debito, pro quo se Filius addixit patibulo; in ipsa nostræ intentionis figamus anchoram, cujus vox universorum intercessionibus præstat cum venerit coram. Et cum penes liberalem Filium in hoc sæculo soleat in tantum præeminere matris auctoritate, ut magis jubeat quam exoret; ille qui quondam se ei fuisse non diffitetur subditum, non poterit, securus dico, in omni re illi præstabilem negare seipsum; et quod, ut humanitus loquar, in prece, sed nutu 302 illa intulerit, procul dubio constans erit; et quis sanctorum illa significante tacebit ?. Quæ cum omni supercœlestium agmini spectabilis ac reverenda credatur, cum sanctis cæteris super suis petitionibus haud morosa a Domino audientia non negatur. Tum isti post Filium super omnia benedictæ quidquid libuerit, præ omnibus quanto præstantior est ad vota præstatur.

Cur beata Virgo illis temporibus miracula ediderit. — Inde est quod fidem, quam de ejus excellentia habemus, huic nostro tempori ostentis potissimum mirabilius astruit. Et corda, iniquitate abundante, torpentia ex iis recalificans, munificentiarum insolitarum impensione recolligit : hæc eadem namque signa, quæ antiquitus fidei ædificandæ valuerant, jam nunc eidem sine operibus vix constanti et moribus erigendis valent. Unde ipsa ingenitæ benignitatis haud immemor, non minoris modo gloriæ percelebrat, quam quondam mundo adhuc fideliore sueverat. Hinc se post Jesu Domini nomen unicum cui resipiscamus edocens, et suum quasi ultimæ necessitati concursum necessariorem declivibus sæculis indicans; quia enim hodie non est prædicator qui mutiat, ipsa seipsam quæri debere, seque etiam non rogatam opitulari velle signis enuntiat. Igitur quoniam quanta sit, quantumque veteribus portensa præconiis significare voluimus, dignum est etiam ut quæ nostra ætate peregerit intexamus. Rei autem gestæ locus, ac testes tanta sunt contiguitate probabiles, nec sua numerositate putabiles, ut scrupulo vel insanus hærere non debeat.

CAPUT X.

Miraculum de muliere, Teodeberta nomine, ab igne liberata (26ª). — Chiviacus villa est episcopii Laudunensis, ab ipso oppido interstitio ferme duorum millium distans, in qua vir quidam cum sua conjuge commanens, filiam ex ipsa inter alios liberos extulisse dignoscitur. Quæ annorum nubilium cum habitudinem attigisset, et jucundiori tunc tempori opportunitas substantiæ arrisisset, adolescenti cuipiam nuptum datur. Hunc utriusque parentis affectio sibimet charitudine tanta contraxit, ut sine

---

(26ª) Vide Herman., lib. III, c. 27, in Append.

privatæ rei dispendio juveni cum puella sub eisdem ædibus mensa thorusque forent. Cum igitur in paternis illa cum viro sic ageret, et mira mater diligentia cum causa filiæ excoleret, non major poterat reperiri puellæ amor ad puerum quam socrus ad generum. Ipsa igitur celebribus eum ornabat induviis, opipare satagebat in epulis, ipsa faciem ac crines eluere, cubitum ituris mollia sternere, quærenti mancipium prima assistere, officium, præter thalamos, in omnibus præoccupare filiæ, et, ut universa contraham, non matronæ imperium, sed discursus exhibere pedissequæ; nihil tamen adulterinum moliebatur hæc cura. Ut scilicet quasi ad se ei ingerendam distraheretur a filia, sed ut ætati lubricæ propriis filiam obsequiis commendaret, et adolescenti totis urbanitatibus accurato filiæ affectum alliceret.

Interea diaboli versipellis astutia in partem retorquere sinistram quidquid benevola intentione fiebat, et socrui per maledicos nævum multæ fœditatis inurere, quod videlicet nequaquam gratia prolis id faceret, sed ut eidem pro filia sese mutaret. Cum igitur incrementum sumeret in dies tam absoleti rumoris acerbitas, et mulieris animum concuteret tantæ falsitatis intoleranda malignitas, quanto se sentiebat superillatione probri hujus insontem, tanto ægrius ferebat dici unde quod pietatis studio exercebat, vulgi ipsa verteretur in fabulam: His itaque post aliquod tempus evicta molestiis, cœpit quem tantopere arserat subito fastidire juvenculum, verens ne de cætero nota viveret, si eum quotidie præ oculis haberet; unde non a suo eum, quod satis esset, contubernio dirimere, sed perimere jam destinat. Boni enim consuluisset, si eum solummodo a sui frequentia dimovisset; at illa ad ferrum se contulit, malens hominem de medio fieri quam obscenæ pateret opinioni.

Mulier generum occidendum jubet. — Autumnali itaque tunc tempestate promota cum duobus pueris pactum ex placito locat, vicenos cuique solidos pollicens si eum, uti docebunt sequentia, trucidarent. Erant autem ii, ut fertur, genere Nervii, qui, vindemialibus lucris adacti, in provinciam Laudunensem sese contulerant. Ibidem ergo aliquandiu cum mercedis tum inusitate escæ novitate moratos mulier prælibata sponsione aggreditur; iidemque acres ex natura, animo, pretio exacuti, explendo facinori coarmantur. Quadam igitur die virum proprium ex industria quidpiam foras acturum dirigit, filiam pariter aliorsum falso nacta occasione transmittit. Quibus ab æde digressis penum mulier secreto aperit, conducticios satellites introducit, hocque a foris obserato, generum nec mora ut vinum pransuris exhibeat sollicitare intendit; qui sumpto ocius lado cellarium reserat, sed priusquam in vas vina deponeret, ab iis qui latebant intro pervaditur, et illico strangulatur. Quod factum cum illa rescisset, jubet corpus statim ab ejusdem sceleris auctoribus tolli, et in domus superiora delatum lecto, quo cum filia cubitare consueverat, supinari, sabanoque ac vestibus ac si somnolentum operiri.

Exacto interea exiguo temporis spatio, herus domum redivit, ac filia; ei de prandio in commune tractare cœperunt, quibus solitum accelerantibus larem, filiæ mater eloquitur : Vade, ait, et maritum, qui modo dormitum sese deposuit, excitare festina. Procedit ad stratum usque juvencula, soporatum juvenem nomine vocat, tactu quoque morantem provocat; cum ne utique ille compellanti ac vellicanti conjugi responderet, defunctum cunctis complosis palmis inclamitat. Concitatur familia, vicinia glomeratur, tanto miserabilius subito illius illacrymantes casui, quanto justius super ejus intestatione dolebant. Funere igitur ab omnibus vera animorum ægritudine conclamato, mater generi, imo filiæ homicida fucatis mœroribus obstrepebat, cæteris placidior ejulabat. Tanto ergo lamentabilius bonas hominis habitudines, lepiditatem morum, verbi elegantiam, scitæ insignia formæ, et ad hæc obtutius prosequebatur invisos, quanto magis infaustæ crudelitatis ausus fieri verebatur apertos.

Pœnitet ac crimen sacerdoti aperit. — Quo talibus modis elato, mulier et eventus utrobique siluit. Verum mulier fœdi facinoris conscia ad se versum prima prosiliit et infructuosi pœnitudine criminis acta presbyterum, cujus diœceseos erat, facta confessione consuluit; a quo tanto malo convenientibus addicta jejuniis, aliquandiu sub eodem medicinæ spiritualis fasce delituit. Plurimo autem emenso tempore inter ipsam et presbyterum oboriri contigit simultates; quam presbyter canonicæ conditionis impatiens, quo atrociori potuit jaculatur probro. Generi necem fronti mulieris impegit. Hoc parentes juvenis ac si terrifico tonitru expereffecti, ad prætorium Iberti vicedomini Laudunensis rem referunt. Is quantum in re militari vivacior, tantum exstitit in episcopii publica procuratione ferocior. Quid verborum laciniis trahor? Vicedominus villæ se intulit, feminam corripit, juri sistit causam exigit, mulier non diffitetur, sententia Lauduni ferenda differtur.

Porro dum cum ipsa idem causidicus cognationis ejus aliquos eidem notæ subigeret, in me, ait, unicam his liberis arma contorque. Neminem noveris pro certo conscium iniquitatis objectæ. Erat vero Elinandus per id tempestatis episcopus, vir plane quantum litteraturæ invalidus, tantum administrationi forasticæ, et ecclesiasticæ præsertim institutioni non nescius. Latione igitur sententiæ pontificis traducta in curiam, cum vicedomini hæreret animus quid facto conveniens videretur, a quodam grammatico ei suggeritur, quod digne talis culpa incendii plecteretur; quod ille pro suorum morum acredine cum avida fauce legisset, quasi censuram publicam sua allegatione id roborat. At illa adeo triste judicium cum sibi accidisse prospiceret, quæ jam diu facti pertæsa doluerat, nunc miserabilius sæculi huic desperata concutitur, quoque magis ei impræsentiarum omnia præciduntur, eo universa animi acies statui futuro exponitur.

Dei genitricis implorat auxilium. Illæsa medio in igne. — Ab apparitoribus itaque postulat ut ad cathedralem misericordissimæ nostræ Matris ecclesiam ire liceat, et quis id profanus abnueret? multo comitatu qui pro puniendæ exitio spectando convenerant, miserabiliter succenturiata progreditur, et media basilica ad suæ purgationis cumulum, reatum proprium sub generali audientia confitetur. Deinceps communis sæculorum Dominæ pietatem humi imploratura consternitur. Quantis ad eam, quæ neminem miserum aversatur suspiriis, quanto angore rugierit, ipsa ex sequenti testificatur eventu. Inde a suo exsecutore citata, petiit ab oratione supplicium. Ecclesia Beati Justi, paululum montis devexo posita, circumsitis illic Britonibus oratorium præstat. Illic ministri vicedomini in promptu habuere tugurium, ad cujus furcam pedibus ac brachiis feminam sola tectam subucula colligantes sumptis ex vinea proxima arundinibus et spinulis. Illius antra tegetis strue multa conferciunt, ignemque subjiciunt. Quo exesa materiei congerie in favillam prunasque deposito, mulier consumptis libera nexibus stare videtur in medio.

At parentes generi, quem illa peremerat, ejus nvidentes saluti et ereptionem ejus ignis deputantes inertiæ, animositate sacrilega rursus ad sarmenta, fruticesque concurrunt, focos circa illam usquequaque reficiunt, qui etiam impietate quam rabida, quæ solius fumi vaporibus poterat offocari, liberatam miraculo non credentes, porrectis per ignis medium hastilibus atrocissime fustigabant. Quod solum valde eam focis innocentibus læsit; nam cum tota hæc profligata fuisset ambustio, remanserat item discriminis expers. At vicedominus tantæ spectaculo novitatis attonitus, omnibus nostratium regionum personis et partibus inaudito, barbariem protinus exhorruit rusticanam, eosque a propulsanda jam sancta femina heroica, ut par erat, severitate dispecuit, et per officiales extemplo direptis ignibus sibi asciri præcepit. Qua sibi exhibita, dum eam circum circa ex circumstantiis eventum aucupando dispicit, non dico interulam, sed ne crinium vel ciliorum particulam ne minime quidem addictam læsioni comperit, in quo potissimum sola vincula experta ignes obstupuit.

304 Assumpta itaque ille Laudunum pse contendit; et satis copiosiori urbem frequentia ingreditur ad gloriam, quam pridem habuerit cum profiscisceretur ad pœnam. Quam vicedominus cum domum propriam divertere potuisset, et curam inflictis doloribus adhibere, beata illa renuit, sed non alias plane ituram quam ad eam, quæ se salvaverat, dixit. Vestigium igitur ad ecclesiam retorquet, media basilica dominæ suæ pro beneficiis nostro tempore inauditis gratulatura provolvitur. Indicibile est quid ibidem fuderit lacrymarum. Tacebimus jubilos qui multiplicitatem singultuum exhalabant, cum nusquam cohibere sese valeret turba videntium, quibus superexcellens, super tantæ subsidio peccatricis generaliter præbebatur exemplum.

Tunc eam vicedominus sola indutam linea cum pavimento hæreret, sublata ab humero lacerna operuit, et post inexplebiles orationes et gratias, a terra exemptam domum ducit. Quam quia hastarum impulsibus læsa erat, et ignium commaculata favillis, balneis, et quibus potuit fomentis, nec non et stratuum mollitie mulcens, dum se putat restituere sospitati, post triduum consuluit Deus ipsius sempiternæ saluti; tertio enim die salvatricis suæ manibus spiritum secura deposuit. A qua plane potuit corporale exitium deprecari, in anima meruit fusa libertate beari; ex quo etiam benedictæ ipsius claruit misericordissimum pectus; quod cum feminæ illi tanta viscera in exteriori periculo prætendisset, post gratiæ suæ experientiam noluit eam mundana denuo conversatione fœdari, sed mox quam cremando imaginarie sine læsura purgaverat, ad apicem supremæ liberationis eduxit. Vocabatur autem mulier eadem Teodeberta (27).

CAPUT XI.

Miraculum de viro qui quod arari præcepisset B. Mariæ Magdalenæ festo die plexus fuerat, sospitati redditur. — In Gratianopolitano territorio vir quidam ex vidua, quæ sibi nupserat, privignum habuerat, qui dum vitrico bubulci ferret officium, dies beatæ Mariæ Magdalenæ natalis obvenerat, quam idem juvenis indictione sacerdotali cum audisset ab opere forensi inhibitam, vitrico agricultum imperanti reverentiam vetitæ solemnitatis objecit. Vocabatur autem idem Petrus. Vicit vitrici jurgantis imperium, bovesque aratro subjungens cum ipsius operis, ac animalium exsecratione prosequitur. Cum ergo jugibus cœpta maledictis illapidat, inutile sibi exauditur ad votum. Nam boves ac utensilia motis subitaneo tonitru elementis, fulmine absumuntur, et ipse qui id fieri exegerat, imprecando, supplicio atrociori quia diuturniori addicitur. Quæ enim bruta ac lignea cœlestis flamma voraverat, eadem ejus pedi extemplo subripuit, quem in brevi cum reddidisset exesum, tibiam quoque pervadens cruris pariter suprema corripuit; carnes namque vorans, nervorum duritia tabidis fluoribus latescente, ossa retexerat, eademque casu quotidiano usque ad geniculum hac illacque disperserat; ad hæc cruris pulpa deficiens usque ad ipsa narium inguinumque contigua nudo osse jam male pendulo, pari sententiæ succumbebat.

Cum igitur pro misera sua habitudine, et putori, et pudori suis cœpisset esse parentibus, totum subsidio divino se contulit, et ad quamdam ecclesiam beatæ Mariæ Magdalenæ nomini dedicatam efferri

---

(27) Herman. lib. III, c. 27, in Append., eam appellat *Soiburgam.*

se petiit : nec id plane injuria, ut cujus temerata festivitas occasio punitionis exstiterat, si sibi placeat satis ultra tandem remedii causa rursus existat. Cui spei fortunatior quam sperabatur a plurimis eventus accessit; nam sacer ille, qui partes jam corporis superiores attigerat ignis, merito illius exstinguitur, quæ ad pedes Jesu concupiscentiarum ignem exstingui meruit lacrymis. Interea unius experientia pietatis jam jamque majora præsumens, cum ab extremis partibus prorsus esset inutilis, comperit quamdam ecclesiam Dei genitricis, communis dominæ, celebribus ubique dici miraculis insignem ; habebat et Hippolyti martyris memoriam, ad quam cum se devehi impetrasset, ingreditur navem, quam dum molitur ascendere, os illud quod protendebatur aridum, quo nescio infortunio pupi illiditur, et a sua compage resolvitur. Quod ille sumptum cum ad basilicam appulisset, intra parietis ecclesiæ foramen abscondit.

Cœpit igitur inibi crebris obsecrationibus mundi interpellare reginam, ut quod aliis impendebat valentioribus, sibi prorsus impoti non negaret. Contiguum fuerat Natale Dominicum, et miles quispiam sæpe eum intuens basilicam reptando subire, eleemosynæ causa in domum propriam declinare suasit. Cum ergo illic aliquandiu desedisset, die quadam ad rivulum proxime defluentem sese contraxerat, et cruorem, qui veteris vulneris stillabat ex venula, haustis manu laticibus eluebat. Quod procax aliqua mulier attendens intulit. Frustra niteris, Petre, quia nunquam aut coxam, aut tibiam habiturus es deinceps. Hanc Petrus vocem ægerrimo concepit affectu. Ea tempestate præfati uxor militis partu edito decumbebat, miles vero, ut familiarius illa rem gereret, in alteram domum concesserat. Pedissequæ noctu nescio quid acturæ, a camera in domum exteriorem devenerant, et Petrum subaudiunt crebris planctibus ingementem, quorum gemituum causa hæc fuerat : Virgo et mater super omnia benedicta, cum beato martyre Hippolyto : in visione stratui ejus astiterat, quæ martyri, ut jacenti videbatur, imperabat. Restitue, inquit, eum antiquo vigori. Martyr vero imperanti humiliter obsecundans crus, tibiam, pedemque quaquaversum olim sparsa, divinitus ad instar futuræ resurrectionis in puncto compacta, recolligens, corpori ejus ac si surculum arbori cœpit subjungere. In qua insertione tantis torquebatur angoribus ut vicissim non sine clamoribus substridendo, et crebris rictibus, membrorumque motibus quid pateretur indicando, prædictas ancillulas quæ per domum vagabantur acciret.

Irruunt igitur, et illato adjacentis cubili faro, dum hac illacque dispiciunt, duos pedes Petrum et duo habere crura reperiunt. Tantus illico ex hoc intuitu mulieres stupor exanimat ut se non eas quæ venerant, sed mutari in alteras æstimarent. Contrectabant, et vera membra quæ tetigerant, sentiebant. At contra inde id tam insolitum sibi proveniebat æstuabant. Tandem difficillime excitatus, quis sibi restituisset amissa, a feminis perrogatur. Dixerat, inquit, mihi funesta mulier quia nunquam coxam, tibiam aut pedem essem habiturus. Cumque aperuisset oculos benedictam cum martyre Virginem adhuc lectulo æstimabat astantes, quibus invisibiliter absentatis, rem refert. Interea ad dominum curritur domus, eique insuspicabilis ille narratur eventus; cunctatur diu. Nænias quæ ferebantur existimat, ab asserentibus tandem victus suis se ædibus infert, videt, vix præ stupore ad fidem se cohibet. Intra idem oppidum fratrem miles habebat unicum, cui super ipsa fortuna statim direxit nuntium, quem ille ex pridianis uxoris fetæ epulis appellavit ebrium; at vero postridie oppidanis jam illo ruentibus frater ille factum videre sustinens credit.

Additur ergo illi miraculo mirum quiddam, quod novum illud Dei opificium, et infantili teneritudine impari piersus robore, et minus congrua inveni majestate. Coxa distabat a veteri in qua ex cruris alterius asperitate atque grossitie compositio valde diversa videbatur haberi ; et hoc erat quod eorum qui eum ante non noverant valde adnitebatur fidei. Non tamen poterat cruri vetusto ad corporis sustinentiam ullatenus exæquari; attamen quorsumcunque migrabat, quocunque videbatur in loco, totum divinæ commilitabat laudi, quod in ejus carne tam mirabiliter constiterat celebrari. Anno itaque integro magnificentia miraculi in homine claudicavit. Quo obducto, super omnes creaturas post Filium, et per Filium benedicta cum suo Hippolyto, sub eadem quæ prius venerat et nocte, et figura revertitur. Cujus novum plasma cum jubente piissima martyr beatissimus contrectare cœpisset, quidquid illi annotinæ creationi defuerat, excepta teneritudine cutis, et specie novitatis veterano senori simillime conformatur. Experrectus igitur, et visionis veritatem ex habitus pristini melioratione persentiens, dum superni spectaculi iterationem gestu suo cunctis enuntiat, et fidem facti roborat, et apud Deum, et Dei opera, nil existere imperfectionis acclamat.

Leodegarius Vinariensis episcopus discutit miraculum. — Præterea cum ubique loci rei adeo inusitate ferretur opinio ad Leodegarium Vivariensem, qui nunc advivit, episcopum pervenit relatio, idipsum plane in Gratianopolitano territorio, unde homo erat oriundus, fieri cœperat, sed in diœcesi Vivariensi finis obvenerat. Episcopus ergo insolito omnimodis rumore percitus, cum die quadam plurima procerum frequentia causas acturi coram eo venissent, adfuit et is in cujus domo acta res fuerat cum fratre proprio. Ad quos sic oravit episcopus : « Cum vos inter omnes diœceseos meæ viros veraces, ac conversationis legitimæ norim, obtestor vos coram hac probabilium præsentia personarum, ut quæ sincerius dici a vobis quæunt super signo illo, quod apud vos gestum prædicatur, referatis in omnium qui præsto sunt audientia, » Qui assurgentes uti relata sunt retexuerunt omnia; a quibus etiam post perorationem ob astantium scrupulum dimovendum, certitudinem sacramenti exegit. Quo præbito, dilatis illico quas dicturi erant causis, pariter episcopus et proceres castrum adeunt, et hominem in ecclesia turba circumsistente reperiunt. Aggreditur Petrum episcopus, et primum de infortunio sciscitatus causas audit cum effectibus. Demum fortunæ recentis eventus inquirens auribus relationem, ac rem obtutibus haurit. Perscrutatur denuo utrum aliquibus conjicere valeat argumentis, si eadem sibi essent insita membra quæ prius an altera, respondit ille se nescire: « Non, ait, possum me hac illacque pro cruris ipsius novitate dispiciendo torquere; vos potius scrutamini, et si in ipso cicatricem repereritis ipsum quod quondam habuerim fore noveritis. » Subtilius quærunt, nec mora vulneris signa conspiciunt, nec diffitentur mirabilem Deum.

Igitur recedente episcopo cum ille pro tanta sibi impensa gratia quam Deo redderet vicem cogitaret, ad hoc tandem animum appulit, quatenus a forensi quod omnibus ubique erat factus theatro, Deo victurus soli sub reclusione secederet, et quia erga se inaudita fecisset, dignum retur ut conveniens Dei munificentiæ quid ageret. Itaque divinæ speculationi sic vacans, cum de omnipotentis beneficio humanæ visitationis præmia nulla jam quæreret, invenit diabolus contra ejus immunitatem quid machinarum ingereret. Sciebat plane maximum incentivum ad affectandam Dei genitricem, et ad sperandas magis ac magis ejus misericordias id miraculi omnibus accidisse. Unde nitebatur ex aliqua illorum ejus corruptione, divinitus in ipsa perpetrata fœdare. Quem ergo insolentissima Deus pietate sanaverat, insolentiori diabolus infestatione portentat.

Intempesta enim cujuspiam noctis hora dum cubitum sese deponeret, inopinate ad purum sine exuviis species, imo vera effigies sibi mulieris apparet. Quæ cum cætera corporis, tum maxime puerperii ignominiam impudenter ostendens, ad fœdos usus lenociniis moliebatur allicere. Porro blanditiis minus agens, hominem terrore mactabat, cum heutro posset, injectis etiam manibus pellicere vi volebat, et quo ille vivacius flagitio resistebat, tanto pestis hinc et inde rabidior incumbebat. Ab illa ergo nocte omnibus se ei noctibus femina ipsa præbebat, et quibus poterat versutiis turpi licentiæ inurebat, intantumque fatigabat ut mane ad se venientibus visitandi gratia vix respondere valeret, vix id quod perpetiebatur edicere.

Cum igitur multis quod ab eo ferebatur veniret in scrupulum, accidit supervenire castro illi quem prælibavimus Vivariensem episcopum. Ea denique nocte quidam equites cum cereis suis pro reverentia proximæ basilicæ, cui ille appendicem habebat cellulam, in ipsius vestibulo vigilabant. Et ecce in ædicula interiori ubi commanebat solita de qua audierant turba perstrepuit; ad fenestram itaque sese proripiunt, intro prospiciunt, et in medio Petri conflictum atque mulieris attendunt, quorum ille roboratior præsentia jamjam lassabundus exclamat. Pro Deo stolam sibi ab ecclesia sacerdotalem ocius exhiberi; qua raptim sibi injecta, collo diabolicæ illius pellicis implicuit. Et in tantum perniciei illius jugulum torsit ut eam pavimento prosterneret, ac penitus suffocaret. Hoc in crastinum milites episcopo referunt. Adest episcopus, victoriam stupet quam per Petrum exercuit Deus, clientes proprios dirigit, qui tecto retecto, et fune demisso, gulæque innexo extraxere anum ingentissimam, et ab oppido elatam addixere sævis ignibus concremandam.

Postquam autem eam Petrus offocavit in cellula, tantus fetor ipsum qui sacris illam armis peremerat et astantes obsedit ut nemini ambiguum foret cadaver turpissimæ cujuspiam exstitisse, quod diabolus induisset. Cui opinioni hoc non minimum præstitit argumentum quod in fenestrellula latrinarum panni scissi ac putridi reperti sunt. Et quis hos alios esse putaverit, nisi hos quos circa se impurissimum illud in obvolutione sua cadaver habuerit? Etenim per fenestram illam irruere consueverat. Denique additur a quibusdam; a quodam etiam constat scripturæ mandatum, quod, triumphato hoc modo diabolo, consilio pontificum Gratianopolitani ac Vivariensis abdicata reclusione quasi periculosiori statu, monastico contubernio quasi contigui solatii gratia sese contulerit. Quod minus ideo ratum constat, quia Vivariensis episcopus, qui hæc ipsa quæ magna ex parte viderat, domino nostro regi excellentissimo Ludovico, præsente venerabili Guillelmo Catalaunensi episcopo retulisse dignoscitur, nil tale dixerit. Et hoc quam nuperrime a Vivariensi auditum Laudunensi episcopo domino Bartholomæo, et mihi cum ante paucos dies Catalaunensis ipse narraverit, cum Petri monachatum ei, sicut ab aliis audieram, objecissem, Vivariensem nil super hoc dixisse perhibuit. Nec mea vel cujuspiam interest utrum monachus sit, vel non, cum sit credi operæ pretium, ipsum bonum sub quocunque degat proposito habere studium, cui tantum Deus tribuerit post exhibita in se signa triumphum.

Ecce benedicta ista quod desperatissimum est apud homines, quam ambienter efficit. Et certe si in sancto quolibet viro tale quid patravisset, merito id fieri acclamasses, verum in bubulco simplici et omnium inscio, quid, nisi consuetudinariam gratiam, dices? Raro enim alias se mirabilis ipsa glorificat, nisi in iis qui eam rogare nesciunt, aut extremo peccatores sunt. Nec id injuria, quid enim obsequenti sibi dabit ipsa justo, si tantum fit pia ac visceralis averso? nec super hoc ipsa degenerat. Venit Filius suus non justos, sed peccatores vocare (*Luc.* v, 32). Qua enim ratione humano generi matrem se magis esse monstrabit, quam si offensos sine meritis ad se contrahit?

CAPUT XII.

Miraculum quo B. Virgo adulteram convertit.

Est præterea aliud quiddam relatu breve, exemplo magnificum, cui arrigendæ sunt aures omnium peccatorum. Ex relatione Atrebatensis episcopi mulier quædam fuerat, quæ conjugatum virum quemdam a propriæ uxoris latere illecebrosissime distrahebat. Quæ licet aut pretiis, aut voluptatibus acta cum quotidianæ mœchiæ non parceret, et homini misero fœdis amoribus obvoluto, jam conjugis etiam memoria ab animo pene deficeret, tamen quoties ad ecclesiam ibat antequam quidpiam oratura precis exprometet, quocunque imaginem benedictæ dominæ nostræ prius sibi videre contingeret, angelicam sibi salutationem qua poterat reverentia exhibebat. *Ave,* inquiens, *gratia plena, Dominus tecum.* Conjux itaque viri, quæ sibi adulterinos præferri dolebat amplexus, acerbissimis in æmulam stridebat ardoribus, et cum mariti timore nihil auderet in illam, quanto in publico ne quidem grunnire fas fuerat, tanto rabidius apud se fremebunda furebat. Ergo ad beatissimam istam conversio ejus tota sic erat ut ei quæ se a suo fraudabat conjugio, per hujus dominæ potentiam cœlestes imprecaretur iras, atque mulierculæ illius spurcissimas rivalitates non diu pateretur inultas.

Cumque piissimos reginæ cœlestis affectus adversus eam se lamentis jugibus graviter irritasse putaret, ipsa per se benedicta eidem in visu dignanter apparet. « Quare, ait, super muliere illa ultiones a me expetis? ego plane nihil adversus eam possum, quia quotidiana sedulitate illud mihi meum denuntiat gaudium, quo gratius aliquid ab ulla creatura audire non possum. Putasne quod contra hanc pro te debeam irritari, quæ de mea ineffabili gloria quasi commemorans me provocat gloriari. »

Ex quo dicto cum animus feminæ a solitis imprecationibus penitus desedisset, contigit æmulam sibi quadam die venire obviam; quam veluti a divinis jam desperata judiciis, conviciis lacessere sic intendit : « O turpissima, quot animæ meæ angores infligis, quæ et lenociniis tuis carnem meam a me dirimis, et præsentiam tuam, quam incomparabiliter oderim, mihi obviando opponis? Quam libenter, imo quam debite tuo mala corpori inferrem, quæ quotidianum menti, auribus, ac oculis meis non desinis irrogare dolorem? Ubi enim a continuis non vacat aut thorus aut mensa rancoribus, quid ista quam nihi infers hostilitate crudelius? Restabat unicum illud spei, quod Virgo Dei mater aliquam in te jacularetur ultricem sententiam, sed ab hac omnino jam decidi, ipsa enim mihi dixit, quod ipsum *Ave,* quod sibi deprotere quaque die præoccupas, in tantum eam demulceat, ut nullum tibi inconveniens inferre prævaleat. » Quod illa audiens, utrum verum esset, et hæc ab ea audisset argutissime perscrutatur. Quod ea asserente, altera intulit : « A modo, ait, noveris quod nullatenus maritus tuus me deinceps ad tui injuriam contetur, et illi super hoc meam devoveo pudicitiam, quæ meo tam parvo obsequio tantam præstitit indulgentiam. » Unde factum est ut ex eo quo ista castitati se redderet, illa simultatem deponeret, et hoc totum ad salutem utriusque inter omnes feminas benedicta disponeret.

CAPUT XIII

Pro iis itaque peccatricis animæ devotionibus tam liberaliter acceptatis, pro salute etiam corporum in quibus non quæritur nisi communis sospitas animarum, ad ipsius laudem iterum vertamus articulum. *Magnus Dominus et laudabilis nimis, in civitate Dei nostri, in monte sancto ejus* (*Psal.* XLVII, 1). Et in quo dicitur magnus, qui exprimi non potest quomodo magnus? Dicat qui melius sentit : mihi major Deus in nullo videtur, quam quod humanitus nobis condescendisse dignatur. Si enim, ut dicitur : « Omnipotentiam parcendo maxime et miserando manifestat (*Orat. Dom.* 10 post Pentec.), » dicam et ego quia nil in Deo sublimius quam quod se homo factus humiliat. Qui sane in eo quod mitis et humilis corde est (*Matth.* XI, 29), se imitandum solummodo proponit, in quo penes ipsum magnificemur ostendit. Unde omnipotens sermo a regalibus sedibus dicitur venisse (*Sap.* XVIII, 15). Qui enim cœlo terraque non capitur, majus nihil mirum est quam quod in utero puellæ concipitur. Nec alias, ut mihi videtur, ipse omnipotentior est quam quod creaturæ Conditor intra creaturam contentus est. Nec usque laudabilior quam in quo factus est clementior. Sed hoc in Dei civitate, de qua dicitur : *Gloriosa dicta sunt de te* (*Psal.* LXXXII, 3), in qua natus est homo cum eam fundaverit Altissimus ipse. Et quid gloriosius dici de ea potuit quam quod universam regni cœlorum gloriam intra se continuit? Et quis est mons civitatis, nisi Filius virginitatis? Ipse lapis abscisus de monte sine manibus, qui implevit universam terram (*Dan.* II, 34, 35).

Hæc fundatur exsultatione universæ terræ (*Psal.* XLVII, 3), quia per sanctum Spiritum in matrem suscitatur qui est oleum totius ecclesiasticæ lætitiæ. Unde est : *Accingere gladio tuo super femur tuum potentissime* (*Psal.* XLIV, 4). Gladio super femur accingitur, dum concreto sibi per Spiritum sanctum corpore circumscribitur; et hoc super femur, quia ex divinitate præcedit quidquid ex genitrice foris assumitur. Hoc etiam facit potentissime, nihil utique magis quam quod fit parvus in Virgine.

Mons Sion, latera aquilonis, civitas Regis magni (*Psal.* XLVII, 3). Si civitas Dei est in qua Deus habitat, videamus idem habitator unde constat. Mons, si divinitas intelligitur, consequenter latera aquilonis humanitas appellatur : in excellentiam namque deitatis omnis acies spiritualium nititur, quia Sion *contemplatio* interpretatur. Latera aquilonis improvidentiæ sunt antiqui hostis. Quidquid enim a latere est, in profectu minus est : *Si enim cognovissent, nunquam Dominum gloriæ crucifixissent* (*I Cor.* II, 8). Unde et homo captus dicitur, quia suo impetu ignaviæ addicitur. Mons ergo et latera aquilonis Deus est, et integumentum corporis, quo fallitur aviditas cæca latronis. Et quare non latus, sed latera ? Quia duo sunt in quibus sibi improvidus fuit. Alterum, quod ex indebita Dei Filii pervasione jus, quod usurpabat in homines, perdebat antiquum; alterum quod subiturus erat ante tempus perenne tormentum.

Ad hanc civitatem confluunt qui in omnis criminis labyrinthum præruptius ruunt. Istic alienigenæ sunt qui regno cœlorum vim faciunt, factique pie violenti diripiunt (*Matth.* XI, 12). Istic Tyrus, qui repellunt omne pondus, et circumstans se peccatum. Unde et Tyrus interpretatur *angustia*. Hic populus Æthiopum (*Psal.* LXXXVI, 4), nigri videlicet fuligine peccatorum, quidquid est peccatis immanius, ad hujus benedictæ tutiorem omni civitate sinum se immergit proclivius. Et ipsa est civitas, in qua qui per affectum non habitant, nullius momenti habent vitas. Quæ quoque lætantium omnium est (*Ibid.*, 7), quia quæcunque ad illam piissimam præcordialiter se ingerit, gaudiosæ spei exsors non est. Et quæ sunt portæ Sion, quas diligit Dominus (*Ibid.*, 2), nisi æternæ virginitatis, quem prima habuit appetitus, nulli comparanda in tanta sublimitate humilitas : transcendens omnia fidei ac obedientiæ virtus ? Quid est Sion, nisi ipsius felicissima anima, in qua supereminuit ejus quem in se continuit divinæ speculationis gloria ? Per has exterioris exempli portas nostra addiscit intelligentia quanta in ejus interiori habitu viguerit cœlestis urbanitas. Nec ad has Jacob tabernacula valent (*Ibid.*), quia quæcunque exterius exercentur perfunctoria sunt, et spiritualia corporalibus neutiquam æquipollent. Præsertim cum ejus fundamenta fuerint in montibus sanctis (*Ibid.*, 1), id est cum Abraham, Isaac, Jacob, David patres, ex quibus Christus, non tam cæremoniis, quam spirituali benedictam hanc filiam suam virtute præcesserint.

Igitur lætetur deserta et invia (*Isa.* XXXV, 1). Et quid Maria desertius, cujus ad instar angeli ab omni sensu voluptatis extorris fuit animus ? Quid magis invium, quæ nunquam mente admiserit vel ipsius legitimæ conjugationis assensum ? Potest plane in mente cujuspiam vacare appetitus, et patere tamen viæ maritalis adventus. Unde sequitur : *Et exsultabit solitudo* (*Ibid.*). Quæ deserta fuit per impassibilitatem, invia etiam per licitorum contemptibilitatem, in tanta solitudine jam exsultat, quia sine præcedentium ac succedentium exemplo constat. Unde et beatam se dicendam ab omnibus generationibus cantat (*Luc.* I, 48). Quæ enim adeo solitaria quam illa quæ totum quod est in creatura prætervolat ?

Et florebit quasi lilium (*Isa.* XXXV, 1). Natura lilii est ut desecto solo tenus stipite si terra obvolvatur, aut aquæ ab imo inferatur, comâ ejus efflo-
reat ac si radicitus hæreat. Virgo radice caruit, quia ad concipiendum Dei Filium usus omnino naturæ defecit. Ab humana ergo dum massa succiditur, humilitatis terra inferius introrsum videlicet sepelitur, sancto pariter Spiritu humectatur. Inde candor divinæ illius humanitatis egreditur, cujus fidelium universitas singulari odore nutritur, cujus folia repanda patent, quia virtutum ipsius claritudines ad nostra se exempla retorquent. Subtilissimi intus virgularum radioli aureum colorem præferunt, quia omnes ejus motus intrinseci supernæ sapientiæ gloriam promunt. Unde quæ sine humano semine per Spiritum germinavit, per eumdem Filii sui membra germinabit, id est germinis causa constabit. *Lætabunda exsultat* (*Ibid.*, 2), cum non tam lætitiam quam similitudinem lætitiæ exterius affectat. Laudat vero cum ineffabili Deum interius sonoritate glorificat. Unde magnificat ejus anima Dominum, et exsultat spiritus ejus in Deo (*Luc.* I, 46, 47), quod est psallere spiritu, psallere et mente (*I Cor.* XIV, 15).

Gloria Libani data est ei (*Isa.* XXXV, 2). Libanus dicitur *candor*. Gloria Libani cœlestis est speciositas regni. Hæc dominæ illi benedictæ specialius datur, cui ipse Rex gloriæ principaliter obnoxius, ex propriæ carnis collatione dignoscitur. Et quid in cœlo ei non obtemperat, cum ipsa suo et omnium Creatori ex parte pene imperat ? Deus bone ! quantum mentis in illa femina est, quæ, licet proportionaliter, divinum quiddam tota est. Et in terra datur ei decor Carmeli et Saron (*Ibid.*). Carmelus, *cognitio circumcisionis*, Saron *princeps tristitiæ*. Per Carmelum, justos ; per Saron, intellige pœnitentes. Loquitur enim Deus *pacem super sanctos suos, et in eos qui convertuntur ad cor* (*Psal.* LXXXIV, 9). Cognitio circumcisionis experientia est omnimodæ vitiorum abscisionis, hoc ad sanctos. Principes autem tristitiæ sunt, quorum unus ait : *Venit Jesus peccatores salvos facere, quorum primus ego sum* (*I Tim.*, I, 15). Effectum autem pro causa ponendo, tristitia peccatum est. Tristitiæ ergo sunt principes qui se non diffitentur potissimum peccatores. Quod totum est dicere : Quidquid innocens, et peccator pœnitens ad Deum possunt habere decoris, totam sui boni originem ad gratiam referant tantæ Genitricis ; quæ nisi sic genuisset, sic justus, sic pœnitens nullo modo splenduisset. Hi visuri sunt gloriam Domini (*Isa.* XXXV, 2), quia illam, in cujus uteri thalamo de suis gloriatus est nuptiis, cum sui Christi, et eorum quos redemit fructu sunt visione perpetua complexuri. Visuri etiam sunt decorem Dei nostri (*Ibid.*), ipsam scilicet jam clarificatam carnem cui Deo propitio merebimur conformari.

CAPUT XIV.

Apostrophe ad B. Virginem. — Aliquandiu, super omnes benedicta feminas, in tuis laudibus delectati, ad te tandem licet supra modum peccatores, cogitationes ac verba convertimus. Desiderio nostro ad te laudandam, ad te complectendam satisfacere non possumus, a te tamen medullitus posse deposcimus. Reverberant nos carnalitatum turbines; verum ad dirimendos illos provocant nos expertæ semper in te dulcedines. His exsatiari, has avidissimis præcordiis combibere satius est quam vivere. Et quis vivit nisi qui te affectualiter sentit? Quis nisi demens non optet emori, si videre te possit moriendo mercari? Nonne est nostræ consummatio gloriæ, si vel possimus inter nos et tuum Filium te mediatricem habere? Ex debito est, Domina, si nostri memineris, propter hoc enim facta; propter hoc es electa, ut apud dulcissimum Filium causam nostram piissima tuearis. Insere cordi et ori nostro tui nominis irremissam memoriam, quam cui dederis, securus dico, quia jam cœlestem incipit præguastare gloriam. Quid enim te dulcius, quid tua recordatione securius? tibi enim non orare, sed ubique imperare præsto est. Jube ergo ut in præsenti miseria te nobis inviscores, et jam miseria non est. Fac ut quidquid sumus ex te simus, et cum nos tibi feceris, præter tua nil restet ex nobis.

Rhythmus ad B. Virginem, et S. Joannem Evangelistam

Ærumnarum et dolorum plena gerens viscera,
De meorum exsecranda peccatorum fovea,
Quorum miser, velim nolim, patior damna,
Te reclamo salvatricem, puritatis domina.
Ad tuorum me factorum mentionem confero.
Te spem meam singularem, te salutem computo.
Non aspernans me contemnas, dum te, Mater, [invoco.
Sed hoc licet sim indignus, fac mihi quod filio,
O beata orbis omnis pretio valentior!
Tu prædicta Dei voce mundi sub primordio,
Cujus partum tota vatum præconatur concio,
Sola plebis expetenda Christianæ portio.
Virgo, dives prisco pietatum quondam tempore,
His diebus non minora signa da clementiæ;
Nam si taces, o miranda, quæ spes erit veniæ?
Nos repulsos quam crudeles depriment miseriæ!
Graves mei sunt reatus; placa Deum, Domina,
Si te piam sensit olim meretrix Ægyptia,
Virque qui te atque tuum Filium negaverat.
Corde toto te quærentem cur fraudabis venia?
Tui nunquam moris fuit miseros despicere,
Sed plerumque non rogata consuesti visere:
Quanto magis ergo debes postulata adfore,
Quæ profundo appellaris mentis meæ vulnere [f., vi-
[scere],
Plena Dei, et piorum plena prorsus viscerum,
Super omne quod humanæ linguæ valet studium.
Jam tuorum elucescunt claritates munerum.
Orna mores in me curans quidquid est mortiferum.
Nunquam fuit, nec existit par tibi vel similis.
Toti enim creaturæ superexstas nobilis.
Apud Deum sic vox tua constat impetrabilis

Ut ad aures Regis regum nulla tam sit habilis.
In nos ergo per materna respice præcordia,
Atque nostra tu tuæ proli suggere suspiria,
Fluxum carnis atque vagos appetitus tempera;
Rore semper castitatis pectus hoc refrigera,
Omne nequam quod in nobis exsecraris, obrue,
Mores aptos, cor quietum, sancta quæque con-
[gere.
Virus ejus atque dolos pellens, obsta Satanæ.
Nec ipsius hortamentis nos permittas cedere.
Sola namque si cœlorum surgis in concilio,
Præcatura pium Patrem cum prædulci Filio;
Succlamabit mox sanctorum tibi juncta concio
Et petita quæque tuo suberunt arbitrio

310 Et, Joannes, tu qui quantæ castitatis con-
[scius,
Tantæ matri, Christo dante, successisti filius.
Audi mea secum vota claris, precor, auribus,
Et a cunctis me diverte pessimis operibus,
Tu, qui terras incolenti mire charus Domine
Exstitisti, tam felici dignus privilegio
Pro tuorum apud ipsum loquere remedio,
Frangens regna mortis, ejus subde nos imperio.
Illi Verbo quod prompsisti quanto est vicinior,
Tanto magis interventum præsta sollicitior.
Prosint tuæ sanctæ preces se deflenti misero,
Ora semper pro multorum peccatorum conscio
Tuæ multum indigemus largitatis munere.
Quid remittat ut offensas Deo differs dicere.
Quidquid enim postulabis consequeris facile.
Ergo tandem exoratus infelices respice.
Da perennem quam amasti castitatem corporis,
Et a cunctis quæ molestant exime contrariis.
Auge sensum, firma pacem, quidquid nocet re-
[move.
A futuris me refrenans facta mala dilue.
O Regina, jam præsenti inclamata carmine,
Custos ejus ac minister præpotens apostole,
Apud eum qui præ cunctis vos probavit agite
Ut dignetur ad se nostros animos erigere.
Passo sane Christo quondam satis estis memores.
Juxta crucis ejus aram quam stetistis flebiles.
Per hanc ergo sanctæ mortis oro vos mœstitiam
Impetretis uti nobis Jesu pii gratiam.
O Maria, quamvis ore te polluto nominem,
Audi tamen, et a culpis interim da requiem.
Jugem quoque hac in vita da tui memoriam.
Da, Maria dulcis tota, in futura gloriam.
O Joannes, digne multum *Dei dici gratia*,
Nos et omnes qui te quærunt in periclis libera.
Etsi corpus tribulatur, mentis pelle nocua,
Comprobetur ex effecto quod sit in te gratia.
Da, Maria, tuis servis animæ munditiam.
Da, Joannes, adversorum vincere molestiam.
Nosmet ambo ad virtutis lineam reducite:
Ut conjungi mereamur claritati cœlicæ,

FINIS.

VEN. GUIBERTI ABBATIS
AD OPUSCULUM DE VIRGINITATE
EPISTOLA NUNCUPATORIA.

311 *Quam de se auctor humiliter sentiat.* — Etsi nos tam eximiæ hujus virtutis et credimus, et credi volumus, pene totos exsortes, si copiose ipsius gloriæ eminentiam ne excogitando quidem attingere, nedum explicare, possibile est, tuæ dilectioni, licet supra vires a nobis exigat, nihil novimus quod usque ad sanguinem sit negandum. Præsertim cum ad puritatis studium nostra te oratione inhortari expetas, quamvis incongue, et indigne nos hac de re constet esse dicturos, arbitramur tuæ petitioni non obedire nefas. Notitiam sane divinæ paginæ, etsi tenuiter, attigimus, cujus præcepta scita verbo, sed opere incognita, maxime, fateor, nostræ damnationi didicimus, si vel ea, non dico his qui respuunt, sed pie rogantibus dilargiri distulerimus. Si ergo nec salutis, neque præmii cura nos advocat, saltem undecunque desperati, et quasi pro certo puniendi, id solum in omnimoda illa pœna lucremur ut non pro benedicendi inertia, cum pro aliis male gestis plectemur, dolor nobis gehennalis accrescat. Nec enim absque remedio est, si inter mortes vel ab uno nos redemerimus ictu.

Tibi igitur humiliter, licet aliis impudenter, obtemperare proponimus; sed a te, seu a quibuslibet nobis exprobrandum non est, cum ea de qua cupimus tractare virtute vacui reperti fuerimus, cum idem coacti fecerimus. Et certe si hoc ipsum ex nostro arbitrio, simpliciter tamen, et non quasi ex magisterii auctoritate fuissemus aggressi, spontaneum nostrum bonum non supercilio, aut temeritati ascribi, sed gratulatorie excipi debuisset.

Est et altera ratio non admodum cassa. Si enim persona quælibet sacris enuntiandis dogmatibus sibimet minus apta videtur, et ex pravæ conscientiæ objecta silere disposuit, nimium pudens mihi videtur iste, hunc inutilem necesse est mutet intuitum, et licet plenarie corrigere non possit vitium, agat tamen pro persona quam portat. Talentum humo non subruat, etsi non doctoris, aut prædicatoris officio, clamet, ne secum alii pessima sectando pereant, vel præmunientis voto.

Doctus, licet peccatis obnoxius, debet alios verbis ad meliorem frugem provocare. — Verbi gratia: Ecce cujuspiam divitis filius, paterno ære consumpto, relicta sibi prædia abliguriens totum gulæ immersit, et egens ad infame vivendi devenit exemplum. Si is igitur talis, erroris quidem pœnitens, sed pristino statui redire non prævalens, aliquem moneret locupletem ne nimia effusione suas dilapidaret opes. Vide, inquiens, ne ventri aut inutili largitati studendo ad hoc ut mei sis similis delabaris, quis istum in hoc ridiculum æstimaret? Sane iste aliter audiendus quam ille quem quondam Terentianus legitur Parmeno risisse: Scitum hercle, aiens, hominem, qui de stultis prorsum hominibus insanos facit (TER. *Eun.* II, 2, 23). Ille suæ gulositatis fortunas jactando miserum incitat auditorem, is ne ad calamitatem ruat, sui imitationem caute evitare doceret. Sed quia nos nosti, et quales nosti a talibus admoneri cupis, pudore recusso, non qua debemus sed qua possumus, tuis auribus voce cantamus.

OPUSCULUM DE VIRGINITATE.

PRÆFATIUNCULA.

Poesi plus justo delectabatur auctor. — Subjectum valde in tenera adolescentia positus peregi opusculum: Nam cum arti metricæ, quæ comes esse consuevit tumoris ac lasciviæ, plus justo insisterem, quidam e meis contubernalibus, homo sine invidia litterarum studiosus, qui rogatu suo plures a me carminum nænias extruserat, Salomon nomine, ad hoc etiam impulit ut super virginitate aliquid dictitarem. Quod opificium, utpote insolitum, metuculosus [*al.*, meticulosus] aggrediens biformiter horrui, dum et lusibus versuum mens dedita, seria prosaicæ gravitatis minus attigerat, et res, quæ tractanda proponebatur, difficilis etiam grandævis intellectibus erat. Quod quomodo explicuerim curiosus sic lector advertat ut, quæ bene senserim, Deo, si qua secus quam debui, pubertati referat.

CAPUT PRIMUM.

Quam excellens sit virginitas et ardua. Voluptuosi, quomodo possit contineri, capere nequeunt. — Quid mirum, si illud felix integritatis nomen adeo gloriosas in humanis moribus possidet laudes, cum per homines suo adhuc cinere amictos, et cadaverosi hujus corporis de fasce gementes, suum, modo satis arduo, et pene vires excedenti imitatione, auctorem sectari contendat? Arduo quidem. Et non minimum, cum eos, qui diuturno carnalis experientiæ usu jam extædiari debuerant, videamus in tantum tali appetitui non valere resistere; quinimo non velle, ut mirentur etiam ipsos, qui se continent ab hoc negotio, cohibere se posse. Quod plerumque malum acrius ac magis indomitum, proh pudor ! in his quos fatigat senium, quorum caput pessima longævitate incanuit, reperiri solet.

Deum imitatur qui virginitatem servat. — Pene, inquam, vires excedenti Deum imitatione sectatur, cum contra naturalis irritamento caloris, et ingenitæ titillationis acumina, non in alterum, sed in semetipsum **312** de certando, quod difficilius est, sempiterno conamine refragatur. In re qualibet exteriori evincenda sæpe valent astuta ingenia, armorum vires, machinæ, obsidionum molestia. Operantur interea per verborum fallaciam plurimi, quæ non possunt per prælia; sed horum nihil in intestinis negotiis quidquam juvat. Se enim quisque penes se habens, imo se in se ferens, quia aliud quam quod est quisque non est, nec in duo dividi, ut pars parti adversetur, potest. Seipsum plerumque superare in tantum pene non potest ut sua a seipso dissecari membra posse levius æstimet quam nolle id quod se velle et appetere ipsa potissimum natura docuerit.

Cum igitur voluntarie quidpiam mens ambiat (de his cupiditatibus loquor; quæ nos originaliter afficiunt) et universi illico corporis amor voluntati mentis comes assistat, cum flagrent venæ, cum cordis robur elangueat, cum ignis intimus viscera lassa resolvat, cum caro et animus in unum miserabiliter ruant, quæso, in uno illo tunc homine tot ictibus obruto, quæ pars remedium aliunde delatura remansit, unde ad reprimendum mentis rogum vel minimam stillam eliciet, qui totus est flamma? mirum nempe unum aliquid contra se in bellum suæ propriæ voluntatis posse consurgere, ut in cujus desiderio præcipue defecerit, id ne agat sibi imperet.

His exercitari docta conflictibus illa viva antiquorum sagacitas, dum inter se et bestias quid debeat rimatur distare non unum a Deo in nobis corpus esse debere et spiritum, ut nil efficiat spiritus nisi quod corporis usui prosit, quod satis in animalium vita promptum esse dignoscitur, prudentissime reperit, et ut non alterutrum alterum vicissim aut subigeret, aut præferret, sed regimen totius mortuum corporis spiritui æterna soliditate maneret, et se homo adversum se divisum perpetua horum duorum hostilitate nosceret, dum viveret nos instruxit. Sed Deo opitulante de his alias morosius tractare licebit. Ad prioris quam prælibavimus sententiæ redeamus exordia.

CAPUT II.

Virtutes simile quid cum Deo. — Cum omne datum optimum, et omne donum perfectum a Patre descendat luminum (*Jac.* I, 17), prudentis animi cuique attendendum est, quomodo quæque quas ex eo excipimus fonte virtutes, quiddam suo semper simile habeant præbitori. Si *Deus noster,* ut scribitur, *ignis consumens est* (*Hebr.* XII, 29), non inconcinnum æstimo quod hi igniculi, quasi quidam æternalis illius solis radioli, nos ad eumdem a quo infunduntur, arrigunt. Sed patenter rei hujus enuntiat consideratio, et nostra ab ipso procedere debere credi bona, et nullo modo credi debere bonum, quod ad ima et terrena nostros, quamvis imagine pietatis, imprimat cogitatus. Si namque materialis hæc flamma suæ sic naturæ semper indicat qualitatem, ut indosinenter ad superna contendat, quanto plus incorruptibilis illius ignis portiones, scilicet a Deo nobis insitæ virtutes, ipsum imitari ad ipsumque evolare debent? Hæ sunt illa Dei similitudo, ad quam homo in Genesi legitur factus (*Gen.* I, 26), hoc signatum super nos lumen vultus ipsius (*Psal.* VII, 4), propter hoc, juxta illud poeticum :

Os homini sublime dedit, cœlumque videre [al. tueri]
Jussit, et erectos ad sidera tollere vultus.
       (Ovid. *Metamor.*)

Ut cujus regionis esset accola futurus, illuc crebro lætæ spei inferret intuitus.

Omnes itaque virtutes, cum, ut dicere cœperamus, simile quid suo portendant datori, hæc, de qua loquimur, integritas mentem sui hominis servans, et corpus integre purificat, geminoque quodam officio similitudinem sui Conditoris affectat. Et hæc quantum reor cæteris specialius. Aliarum sane pleræque ita soli menti pertinent ut si plenarie habeantur in animo, quamvis diversa et penitus sæpe contraria exhiberi videantur exterius, mens tamen solida absque ullius destitutionis damno arcem suæ obtinet bonitatis, verbi gratia, inter operandum aliquis orat, et ore compresso, immotis labiis dum universi in quovis exercitio corporis implicat artus, Deum sola meditatione precatur. Alter filium pro ipsius flagellat facinore; prælatus quilibet in subditos acerrime, et, ut putatur, plus æquo infrendet, et tamen discretionis neuter prætergreditur libram, qui scelera ferire, non explere noverit iram.

Ad servandam pudicitiam continuo invigilandum est. — Hæc sane cum cordi mundando cautissima provisione incumbat, membra totius corporis, ac si quosque, qui suæ præsint domui officiales, observat, ne eorum inertia, seu libidine interiori substantiæ diminutio fiat. Et licet sæpius animus quiddam polliceatur quietum, ne se velle, nisi pudicitiam pacemque testetur, nulla tamen securitate sua patitur membra laxari. Jam illam cœli civium serenitatem etiam inter carnis crebra convitia quasi dissimulato cogitatuum strepitu imitari affectat, imo illum summum æternæ quietudinis sinum, cui nulla admistio incommodi accedit, cui proprie, et non collative, sed naturaliter essentialis inest integritas, cui per se, et ex se, et in se existenti nihil eorum quæ per aliquid, aut ex aliquo facta sunt necessario accidit, nec Creatorem adminiculo suffulcitur. Extra quem nihil omnino conditum continetur.

Vere feliciter æmula, nil in se extraneum admittens, quidquid corrumpit fugiens spiritus et carnis impassibilitate prosequitur. Felix ! et millies felix audacia, quæ, etiam cœlestium spirituum gloriæ similari non contenta, ipsius sui, quod dictu mirum, sit, tranquillitati **313** beatæ nimium invidet Creatoris, non spe quidem eamdem, qua Deus est, naturam adipiscendi, sed ea qua sancti ex Dei filiatione deificantur requie et pace fruendi. Hæc est illa fortitudo asini, non ob irrationabilitatem, sed ob mansuetudinem tolerantiamque in Issachar benedictione positi (*Gen.* XLIX, 14), qui videns requiem a carnalium bello tumultuum, quod esset bona, et terram, corporis scilicet in quo nunc peregrinando hospitatur carcerem, quæ mitibus in possessionem dabitur, quia optima, humerum supposuit ad portandum pondus diei et æstus, et habitus est contemptui, quasi quædam gravis molestia mundi luxus. Hæc sunt sanctæ hujus prima excogitamenta virtutis, ut sicut suus auctor essentialis potentia ab omni motu, et superflua cogitatione dignoscitur exsors, ita quemque sui studiosum integritas quantum in corruptela positus homo fieri patitur, ab inordinato quolibet impetu reddat immunem; in tantum ergo similem dixerim.

CAPUT III.

De Filii Dei temporali generatione.—Accedit et huic tam præcipuæ adventioni altera non usquequaque improbanda ratio, quod videlicet indisputabilis ex Patris æternitate coæterni Filii ortus, non de exterius adhibita, quæ illi nativitati cooperaretur, substantia, ne nostrarum geniturarum, conjugaliumve necessitudinum officio, corruptivoque semine constat celebratus, sed ex illo inscrutabili sacrario, thesauroque Patris, non aliud quid alterum quam quod ipse, aut effigiale, sed sua, absque qua nec puncto quidem fuit; sapientia virtusque prodiit, competenti sibi generandi modo, ut ipse munditia mundificans omnium quæ mundificat glorias excederet, et ex se, igne scilicet vivificante, qui cuncta foveat Filius tanquam splendor exiret. Talibus ad roborandam continentiam Christiana vivacitas instruitur argumentis, et in temporaria voluptate gerenda cedens aliis, omne quod sibi de sæculari amore irrepit, subnervat; et perpetua sterilitate mundo infructuosa marcere disponens, spiritualiter Deo fecunda, et illibatæ de pretio pudicitiæ, omni flore gratius, spe gaudiosa præpollet.

Cum igitur Deum, non sine Scripturæ testimonio, quasi quemdam ignem accipiat, de quo nil nisi quod spirituale sit certum est gigni, non absurde ei in isto se comparat; quæ dum ruitura carnis posteritate sese spontanea privat, fit ut eo studiosius demum fidei documentis, quos poterit Deo parturiat, et non moriturae sobolis semen ad dolorem, sed æternaliter victuræ ad gaudium fundat. Nefarium est si Christianus quispiam tam beato vitæ generi refragetur, et nimis causetur arduum, nec debere servari contendat, cum apud veteres observatum evidenti gentilium litterarum patescat exemplo. Vestam quamdam voluerunt esse deam, quam et matrem magnam, et nescio quæ alia infinita de ea fabulantur, quam, quia virgo fuit, inter cætera potentiæ suæ miracula adjicientes, deitatem sibi ignis ascripserunt. Ignis enim nihil generat; nihil etiam virgo. Unde et virgines ipsius servituras fano cum instituissent, tanta disciplinæ severitate earum lasciviæ obstiterunt, ut legibus edicerent Vestalem virginem stupri insimulatam, et convictam, cum suo vivam stupratore terra debere obrui. Quod attentissime vestigare, nec inultum dimittere Romanis solertia multa fuit.

Si igitur tantopere vilissimum, ne laberetur, vitrum tunc temporis servabatur, quod certe cum præcipue reniteret nullum erat, et integrum ne duo quidem vilia cornu valebat. Quid illud omni topazio nobilius, margaritum debet habere custodiæ, præsertim apud nos, quibus sua præ auribus crebro leguntur præmia? locum ergo in Christiano pectore virtus obtineat, quos regno et gloria pollicitis Christus invitat. Si inter paganismum viguit, cum sine vitæ utriusque præmio sola greges miseros pœna cogebat, amplectatur suam solitudinem quisquis jugali consortio huc usque caruit, et ex conjugatorum molestiis, imo miseriis, astutior factus, suæ paci, magis vero beatitudini nunquam deceptus, precor, invideat. Noverat plane Apostolus cum clamaret, tribulationem habituros hujusmodi (*I Cor.* 1, 28), sed quam bonum sibi fore non reticet, si sic manerent, uti ipse maneret (*Ibid.*, 7). O quantæ alacritatis pennas, quibus cœlum subeat, sibi subripit qui tam negotioso commercio se immergit!

CAPUT IV.

Ratio qua virginitas amplectenda suadetur.—Excitat, et non injuria, sed perquam juste illud etiam ad hujus virtutis amorem, piorum quorumque affectus. Quod scilicet olim propositum a sæculis incorporandi verbi mysterium, non aliunde quam ex sacrosancta pretiosæ Virginis alvo patratum, de suæ salvationis jucunda proventu, fidelis mens nulla non gaudet. Quis enim vel quæ potius posita in ancipiti de sua servanda virginitate consilio, dum eminentissimum decus tanti partus attendit, non ad prosequenda protinus vestigia tantæ Genitricis aspiret? Mirandum si sufficere considerando huic miraculo valeremus, magnopere nobis esset quod Deus humanæ continentiæ bonum adeo magnipendat, cum omnes nostræ munditiæ suæ puritati collatæ, pannus menstruatæ a propheta **314** judicentur (*Isa.* LXIV, 6), et ea, quæ plerumque ipsi in nobis minus placitura putamus, aut certe quod non sine pœna est, habenda pro nihilo (*Luc.* XVII, 10), hæc, etsi apud nos nulla sint aut vilia, tantopere acceptare dignetur. Cum enim aliunde, et longe nobilius, sublimiusque quam feminea sit virginitas, multis modis aliis sese procreare divinitas posset. Licet enim foret virgo; tamen quia femina, uteri sui dignitas non confertur ad Deum, qui virtutum quarumque glorias mortalibus intimare veniebat. Singularem istam, quam ne conjugium fœdare videretur, laudavit quidem, sed non ex præcepto edidit, quam reverenda et mirabilis æstimari debeat solo, ut sic dixerim, nutu suæ electionis ostendit.

Elegit ergo suo corpori Virginis corpus, quodam nobis modo silenter innuens quod aperte hæc sonare videatur : Etsi vestræ causa fragilitatis, imo ne conjugia malum putetis, ut virginitati studeatis præcipere vereor, evidentibus tamen meæ conceptionis conversationisque indiciis, ad quid potissimum anhelare debeatis insinuo; cum per integram natus ad vos devenerim, et integerrime vobiscum me habuerim, et inter eos, quos mei magisterii scholæ asciveram, omnes quidem præcipue, sed illam specialius, qui Virgo fuerat, meæ charitudini familiariusque allegeram. Quos ergo privilegiis me honoratioribus donare videtis, quanti apud me sint eorum sinceritatis merita cæteris clariora pensare debetis. Sufficere possent hæc virginitatis exempla.

CAPUT V.

Angelos puros et corporis expertes sibi ministros elegit Deus. Dignitate angeli præcellunt homines. Angelos longe superat B. Virgo. — Aliud quoque non præterire operæ pretium reor, quod illud singulariter mundum, utpote quod est et supra et extra etiam mundum, cui nihil, dum corruptibilia regit, corruptibilitatis aut vitii infligere aliqua valet molestia, non alios ad sibi familiarius obsequendum quam incorporeæ substantiæ creaturas assumpsit. Quos sicut jam immutabiles æterna Deo obediendi voluntas, et excellentis honor naturæ, ab omni quod est indecens integerrimos reddit, sic suo Auctori creaturis aliis gloriosus eorum ordo vicinius hæsit. Quorum quanta habeatur summa, quamque præemineat dignitas, ex eo præcipue potest perpendi quod certa auctoritate scitur nullum hominum ad eum sanctitatis gradum pertingere posse, ut minimum angelorum gloriæ quantitate præcellat. Inde tamen excipitur quæ Dominum gloriæ ex se protulit Virgo, cui per Filium nil cœleste non subjectum, non novitia, sed veteri et probata testificatione didicimus.

Omni itaque nobis acumine animi pervidendum Deum, cum sibi ministros instituit, tunc adhuc futuro generi hominum, quos peccaturos noverat, mutam quamdam in suis angelis regulam præscripsisse, ut cum Regis sui curiam et ejus officiales singulos attenderent, in cubiculariis et pincernis, ut ita loquar, familiarioribusque necessariis singularem munditiæ claritudinem mirarentur; et exinde colligerent, quod intra palatinorum ejus contubernia admitti nullo modo possent, nisi maximo sudore ejusdem participes nitoris ac pudicitiæ, quam illi naturaliter insitam possident, prius esse curarent. Non autem eos carnali præpeditos condidit gravedine, quibus colluctatio adversus carnem esset et sanguinem, et violentia diuturna belloque nimio tandem sicuti nos ad impassibilitatem pertingerent; sed absque sexu, absque exteriori interiorique creans molestia, similitudinem nobis perfectionis, cujus conformitati inhiare, quantum nostro pulveri facultas est, indesinenti studio satagamus, præfixit eosdem.

Sed hæc tanti decoris, hæc tam digna Regis Dei familia, quibus nihil post suum auctorem conferri potest, illi in mulieribus benedictæ, quæ Deum suum peperit, virginitati subjacet, et ipsa vere sublimis, quia humilis, dum sui dispensationem Conditoris adorat, ejusdem dispensationis ministram consequenter honorat. Læta se ei subjicit per cujus officium partus damna proprii ordinis, de humani generis supplemento reparari gratulabunda cognoscit. Mirum sane, sed veri plenum, Virginem angelis principari.

Sed scio mihi objiciendum non Virgini, sed Domini Matri angelos fore subjectos, rem in nimium me extollere velle. Esto, attamen constat quia si Domini Matri subjiciuntur, et Domini Mater non esse virgo non potest, profecto Virgini subesse probantur. Privilegium siquidem potentiæ ascribendum est Matri, sic tamen ut virginitas non negetur pariter honorari, quamvis ejus laudi, integritati scilicet satis esse queat, quod de illibata nascitur Deus. Sed quid tantopere a proceribus ei honorem queramus impendi, cum per se Rex ipse ita eam muneribus prosequatur, ut ille affectus, quem beato apostolo, qui pectori ejus cœnantis incubuit, Matri ad totius decus gloriæ sufficere posset. Mira cætera, quæ pene modum felicitatis exeunt, pigritamur attexere. Pensanda sagaci ea lectori committimus, qui si plene intenderit, quod queratur de Joannis honore non erit, qui virgo Virginis Filio sub tanto matris adoptiva successione successit. Haud dubium igitur, quin majestas angelica omnem virgineum ordinem præmaxime veneretur, cum nihil inter quarumque virtutum sanctos nobilius, sibique similius habeatur.

Ad quid Paulus dextrum, Petrus sinistrum locum obtineant in picturis. — Illud quoque laudi isti ex superfluo adjicere audebimus quod in veteribus quibusdam Romæ picturis Salvatoris imago Paulum dextræ, Petrum vero apostolum, quod præposterum putatur adpictum, perhibetur habere sinistræ. Quod cum quid significaret is ordo, qui videretur inordinatus, a prudentibus exquisissem, dictum mihi est, Paulum fore idcirco ad dexteram, quod virgo fuerit, Petrum ad sinistram, quod conjugatus. De Petro nemo hæsitat, cujus ex Evangelio socrum, filiam ex gestis Petronillam novimus. At Paulus plurinum aliquibus forsitan scrupulum movet, sed si verba ipsius pro ipso consulere volumus, fateor lucidum quid reperimus. Qui cum consilium nubentibus, et uxores ducentibus daret, intulit novissime melius illis futurum, si sic permanerent sicut et ipse (*I Cor.* VII, 40). Ex quo hæc opinio non prorsus ignava putatur. Dum enim ante Christianismum patrio suo Deo sine querela se deseruisse testetur (*Phil.* III, 6), et æmulatorem divinæ legis, paternarumque traditionum se supra suos coætaneos exstitisse commemoret (*Gal.* I, 14), et hoc in adolescentia, in qua et ad fidem vocatus est, frustra putabitur postmodum Christianus amisisse, quod Judæus observarat.

Æstimatio igitur, quæ in tam celebri urbe et urbis loco, Ecclesia videlicet B. Petri, sub tot pontificum prudentia coaluit, ad certum nobis habenda est. Eusebius Cæsariensis cum hujus Apostoli dictum de potestate sororis mulieris circumducendæ (*I Cor.* ix, 5) in ecclesiastica Historia retractaret, sororem absurdissime Pauli dixit uxorem. Quod nos ita refutamus, sicut illud, quod ad Abagarum Epistolam scripserit Dominus. At ergo domnus Paulus non sine re in ipsa ejus basilica præponitur Petro.

CAPUT VI.

Castitas post conjugium, vel lapsum magni est habenda. — Sciendum inter has virginitatis laudes, continentiam aut post conjugium, aut post lapsum magnis itidem attolli debere præconiis, quæ tantis muneratur præmiis quanto acrioribus de experientia voluptatum exagitatur incendiis. Quo enim gravius luctantis est prælium, gratius et gloriæ sequitur incrementum, licet nullis sudoribus ad ejus qui immaculatus est venire possit tripudium. Quos ego duos ordines, duorum illorum ducum typo arbitror posse intelligi figuratos, Moysi scilicet, et Josue, quos Hebræis nemo olim ambigit esse prælatos. Moysen ergo, quem duarum conjugem mulierum novimus, peccata carnis expertorum vitam significare credamus, qui de Ægypto cum filiorum Israel exercitu fugiens, aquis hinc inde stantibus mare transiit Rubrum (*Exod.* xiv, 22), quia cum quis in mœrore et tenebris mundi positus de suæ actionis fœditate erubescit, et eumdem mundum deserit, omnem suum cogitatum, quem ad Dei visionem informat, quasi quemdam Dei populum secum ductat, et hoc per mare Rubrum, id est per amaritudinem, multam lacrymarum, quibus peccata sibi remitti clamat dicens : *Libera me de sanguinibus, Deus* (*Psal.* l, 16). Cujus undas quasi muros dextra lævaque habet quia sive tentetur, sive quietem mens habeat, suspirio et precibus, et in prosperis et in adversis nulla unquam remissione præmunire se cessat.

Quarum affluentia Ægyptiis, id est criminibus vitæ anterioribus submersis, ad solitudinem deserti, scilicet aliquantulam cordis serenitatem, ubi remotis urbanitatibus Deo, sibique vacantius vivat, accedit. Ibi in sui solius bello occupatus cogitationum importunitates, quasi vulgi enormis querimonias adeo graves plerumque patitur ut nisi ad Domini oraculum, id est orationem, sæpe recurreret, tolerare vim tentationis nullo modo sufficeret. Ibi vitulus superbiæ clam ipso factus erigitur, sed a suis auctoribus continuo comminutus consumitur. Ibi Beelphegor, id est Priapus dux libidinis furtivæ a procaci turba, sed mox propellendus admittitur, et ipsæ victoriæ quoties celebrantur, non sine damno plerumque, et aliquantulum difficilius, perpetrare noscuntur. Novit enim Deus sæpius expedire his qui,

post peccata ad se conversi, ad aliquod perfectionis fastigium pertingunt, ut adversis crebro premantur, quia sicut pauperes qui repente quolibet modo ditescunt facile superbiunt, sic tales nisi assidue pœnis terantur cervicem pristini obliti erroris erigunt. Unde et rara minusque diuturna eis contemplationis virtus suppetit, quæ etsi aliquoties sibi conceditur, ad hoc fieri creditur, ut cum ad horam cœleste quidpiam mente attigerint, nec tamen quando voluerint post amissionem ad id ipsum redire valuerint, peccato suo imputent, quod videndis cœlestibus minus valent. Quod per illud innuitur quod Moyses montem conscendere jubetur, ex quo terram promissionis contempletur, cui tamen in ea habitare non datur. Sanctorum enim conversatio in cœlis est (*Phil.* iii, 20). Sed si omnes illuc ardent per mentis desiderium, non tamen omnes æqualiter illic habitant per contemplationis donum.

Josue eos qui baptismalem candorem conservarunt indicat. — Et Josue, qui in Dei tabernaculo, id est militia mansitans, sub quadam virginali reverentia Mosaicæ disciplinæ indivisus semper inhæsit, et nulli obligatus conjugio cælebs mansit, horum, qui integritate corporis, et animi pollent, gestare mihi creditur formam. Qui secundo populum circumcidens (ut qui baptismum aliqua maculaverint labe, eos ostenderet conscientiam confessione debere purgare) ad Jordanis introitum ducatum Israelis accipit, quia tales, qui ab ineunte ævo amorem divinum conceperint, cum ad eorum descensum, quod Jordanis interpretatur, scilicet ad cogitatuum suorum humiliationem, non timore criminis, sed regni desiderio pervenerint, motus mentis corporisque impetus, quasi levis vulgi turbas, spiritus imperio protinus addicunt. Per aquas plane Jordanis, illa prorsus absurde compunctio mihi sentienda videtur, quam non amaricat, instar maris, facinoris perpetrati memoria; sed quam omni potu ciboque voluptuosiorem efficit æterni gaudii nanciscendi fiducia. Quæ, juxta nominis etymologiam, diuturnam sui descensus moram in convalli vitæ istius illacrymat, sed tamen spe fructus percipiendi sæpius maxima hilaritate triumphat.

Iste Josue, dum hujus beati fluminis profunda vestigat, duodecim pretiosos illic lapides reperit, quia videlicet legis Decalogum, vel potius universa Scripturarum præcepta, quæ numero valent denario pro sui perfectione signari, solis duobus didicit mandatis charitatis impleri. Cum enim cujuslibet mens adeo sincera crebro compungitur, nihil invenias ubi tantum de Deo discatur.

His ergo demum purificata fluentis, terram promissionis ingreditur, quia in contemplationis æthere constituta, quasi quædam nobilis aquila singulari amplitudine spatiatur. Talis etiam quisque non solum per se ad tantum culmen evehitur, sed et per eum aliis eadem gratia impertitur, dum plerumque, quæ sint illa indefectiva cœlestis regni bona, potenter docendo secundum capacitatem cujusque auditoris, tumculum locutionis exporrigit. Qui tamen cum omnium mediocritati conformare sese non despicit, ardua sibi et montana, uti olim Josue, pro suæ conversationis excellentia eligit, et attribuit. Impugnationum discrimina si contigerint, ad felicem illico perveniunt tanta alacritate triumphum, quantum nulla virgineum flamma excitat de experientia voluptatis affectum. Etsi bella frequentia, rara omnimodis ibi damna, nulla murmuris memoria, nec de regressu in Ægyptum crebro sub Moyse reversata fabula. Bella, inquam, etsi assidua, jam non adversus carnis incendia, sed contra ea quæ extrinsecus infligit principum aeris hujus spiritualis nequitia. Hæc nos non comparando ut alterum alteri præferremus duorum horum diximus, sed ut aliquid nostro operi de veterum gestis typice attexamus.

CAPUT VII.

Quo modo generationi intendissent primi parentes si non peccassent. — Sed inter ista optime satis nostræ occurrit memoriæ creati hominis, si in paradiso perseverasset, qualis vita, imo ex conjuge sibi data, qualis futura esset propagatio, si sine peccato conditus creditur, et sine damno totius suæ bonæ originis, quæ nisi per peccatum non patitur damnum victurus, vel Deo obedisset, si non peccasset, perenniter esset, et felici loci jucunditate fruiturus, pro certo etiam et sine peccato generaturum constitisset. Si tamen dicere audeamus, quod talis, tali in loco, a talibus quoque personis exerceri opera posset. Sed si non generaturi in illo, qualiscunque ipse esset, loco dicantur; et hoc commercium, quod modo prorsus reputatur immundum, a tam mundis non fiendum astruitur, fabula esse videbitur Deum homines duos, ut duo soli toti terræ præessent, creasse, frustra etiam eis *crescite et multiplicamini* dixisse. (*Gen.* 1, 28).

Etsi generassent, virgines nihilominus permansissent. — Sed quia mira est absurditas id sentire, intendamus quis modus generandi esset, qui sine piaculo peragi posset. Nulla assertione indiget, hominem absque delicti contagio si creatum dicimus. Si sine omni malo, ergo et carnis stimulo, quod malum est, penitus caruit. Si carnali motu caruit, procul dubio, si verbo Dei paruisset, æternaliter virgo mansurus fuit, et tamen multo plusquam virgo hic; a virginibus enim multo sua sudore voluptas restinguitur. Huic neque quod tentaret, neque cui tentanti resisti oporteret, inerat, sed novum istud, et singulare mirum virginem scilicet Adam generare, virginem scilicet Evam parere. Unde et illud beatum superque omnem hominum quæ nunc esse possit beatitudinem felix sæculum fuisset, si fuisset, quasi enim non fuit, quod in ipso suo principio cum esse cœperit, esse destiterit. Certum sane habetur illa membra, quæ generandi explent officia, sine pravo calore non solere moveri, motusque illos, quos jam patimur naturales, sine peccato non posse fieri, quod totum sic a nobis tunc alienum foret, ut sicut pes aut manus, seu alii quilibet artus, innocenter sæpe moventur in nobis, sic totum illud negotium in nullo patrantium animum, carnemve a bono quolibet affectu detraheret, et sicut in gignendo nulla utrobique dominaretur passio, sic in partu nullum dolorem incuteret effusio.

Unde originale peccatum. — Inde jam prolapsa per suam inobedientiam origine vetus illud peccatum, a parentibus in eos, qui nascuntur ex concubitus voluptate devolvitur ut semper veteris damni immensitatem ex novis et quotidianis suis corruptionibus homo miserabilis penset, et intimam animæ vilitatem ex corporis tam sordida procreatione perpendat; et jam saltem sero malis, etiam quæ minima putat, voluntarie se pertimescat immergere, cum maxima soleat ædificia permodicæ quantitatis scintilla, si male foveatur, exurere. Idcirco suæ vitiatæ propaginis non ignarus David conqueritur in iniquitatibus se conceptum (*Psal.* L, 7), et se aspergi illo hyssopo, qui nos humilitati suæ informans pulmonem tumoris expians, sanum nos sapere docuit, postulat, et se lotum baptismate gloriosa præsumptione testatur super nivem protinus dealbari (*Ibid.*, IX). Ad hoc primæ suæ creationis initium hujus nobilis virtutis respondet intentio, quæ dum majora se, et quæ in præsenti consequi plenarie non valet, **317** laudabiliter æmulatur, quiddam inter cæterarum virtutum glorias singulare habere meretur. Dum enim avidius insequitur illud quod perdidisse in patribus se recolit, efficacius invenit quod nullus dissimiliter querens similiter adipisci possit.

Illud itidem contemplantur qui huic proposito adhæserunt, quod in ea hominis parte, cui proprie Dei imago impressa est, integritas quædam et angelica manet sinceritas, quam licet corpus, quod corrumpitur, aggravet (*Sap.* IX, 15), et terrena inhabitatio deprimat, nihil tamen est quod eam a corpore suo liberam tentet aut ad vitia carnis ulterius inflectat. Sed tota angelorum cohabitationi habilis effecta, ad suum purissima evolat Conditorem; eam enim quam æternam Deitas et incorpoream fecit, non est immerito quod eam sua proprie similitudine insignitam dixerim. Vim igitur suæ rationis ad animæ naturam mens quæque munditiæ intenta convertit, et, dum sibi in se ipsa exemplar propositum agnoscit, et se in duobus, altero quidem infimo et corruptibilibus indigenti, altero spirituali et ad æterna tendere debenti, constare attendit, totum se meliori parti confert, et ad eam cui magis gloria incorruptibilitatis pertinet, quam nulla corporei fluxus fragilitas obsidet, imperium sui totius optime discernendo transfert. Anima nempe nisi carnis mollitie laberetur, et extra corpus semper esse liceret, in quo ab angelis distaret? Quid ea purius, quid integrius esset secundum quemdam modum non video. Ad hoc ergo suum corruptibile quisque pius inclinat, ut quasi duci perspicaciori meliusque sensato incorruptibili suo, hoc est spiritui regendum subjiciat. Recta itaque consideratione ad imitationem sui superioris caro contendit, quia dum forsitan excellentiora, seu cœlestia, mente contueri non est possibile intra seipsum homo ex Dei opere, qui provide totum fecit, præscriptam et proximam omnino inveniat formam, ubi quid agendum sit, relegat, et quasi ad applicitam normam pravitatem suæ dirigat actionis.

Ad postremum denique valet virtutis hujus gloriæ commendandæ, quod eam cui redimendæ suum pretiosum impendit cruorem, sanctam videlicet Ecclesiam, virginem appellare Deus gratiosissima quadam delectatione consuevit. In quo etiam perlucidum est in pudicitiæ observantia miro modo ipsum delectari, cum proprium istud suis generaliter fidelibus nomen toties soleat coaptare. Hanc virginem beatus Apostolus illi uni viro, qui solus cunctis sufficiat, castam exhibendo desponderat (*II Cor.* xi, 2). Quibus omnibus etsi non inesset carnalis integritas, tamen illibatæ inviolabilitas et soliditas fidei non deesset.

Hæc igitur virtus aggredientibus se, uti ineffabilius pene cæteris præmium parat, ita absque cautissima diligentia, et sui ipsius irremissa circumspectione, vix aut nunquam incolumis ad finem usque perdurat; quo enim pulchritudine gloriosior, eo erga curas inutiles subeundas tenerior, et ad vitri qualitatem quantum perspicua, tantum omnis molestiæ impatiens debilitationi contigua. Sed jam ad eam plenius explicandam eamus.

CAPUT VIII.

Quibus mediis tueri debeat castitatis virtus, 1. humilitate; 2. submissione animi, 3. mansuetudine, 4. compunctione, 5. patientia. — Parum igitur tot et tantorum quas prædiximus considerationum animata sententiis; quasi levissimis agitata pennis, mens cujuslibet ad amorem pervenit puritatis. Sed tantus amor natus qua nutrice foveri debeat, non præterire decrevimus.

Cum omnis virtus, si sola humilitatis virtute careat, virtus esse non possit, hanc incunctanter profiteri audeam absque illa in nullo penitus valere posse. Etsi aliquandiu statum habere videatur, statum omnino non est habere credenda, quæ jam impulsum superbiæ gratanter accepit, ex cujus pœna peccati obscenissime ruat: in mente sane eorum ea voluptatis experientia incognita est, dum aliorum lapsus, fragilisque sæpius inutiliter tractatur vita, dum auditi quorumlibet turpes actus, quasi horrorem mundo cordi incutiunt, et velut amore puritatis zelo quodam, quem optimum putant, cum factis talibus factores quoque exsecrantur et abigunt. Infiniti tumoris fastum concipiunt, dum suam sanctimoniam ex illorum flagitiosa conversatione sustollunt. Nec mora ei quam contemnebant ruinæ succumbunt. Nec pravos actus non debere sperni dicimus: sed sic personæ male gesta, ne ad eorum trahamur imitationem, liberaliter aspernari; ut personam non liceat pro quantitate facinorum desperare, vel contemni.

Nec id injuria, fateor enim me plerumque aliorum inordinatæ levitati tantæ acerbitatis me invexisse judicium, cum ego ipse judex eadem, ut puto pejus, passione vexarer, ut non humana mihi eorum videretur tentatio, nec modeste corrigenda; sed impie, et eos me etiam videre tæderet. At cum Dei gratia non omni modo cæcus meo impudenti cogitatui objectarem, quod eædem illecebræ; imo perquam molestiores, crebro meum animum incursarent; unde zelo curiositatis potius, quam charitatis alios abhorrerem, vix multa lucta, multa cogitatuum rotatione, quibus me mihi excusabilem, illos aspernandos merito ostendebam; quasi de crassa caligine erutus, ad rationis radium scintillare poteram. Est enim vitium humanis altissime moribus insitum, ut sua sis quisque errata proprio apud se judicio leviget, in alteros etiam pro minimis asperrime invehatur.

Huic ergo morbo nostra hæc sæpissime et specialiter virtus contigua esse dignoscitur, quia dum liberiorem hac in parte se conspicit, eo miserabilius obligatos omnes, in quibus intemperantiæ quidpiam aucupatur, suimet penitus improvida, credit; et dum perversos quorumlibet aut audit, aut considerat actus, solet fieri ut ad suos impuros, qui forte sibi non desunt, mentis aciem reflectat cogitatus, et in quadam aliena facta, et ea quæ cogitat, trutina ponderans tam levia sua æstimat, in tantum aliorum gravat, ut largiter ea quæ volet cogitandi indulgentiam, quasi sui jam securus sibi præbeat, ac si diceret: Cum illi, et illi in suorum se criminum semper actione revolvant, humanum valde omninoque; perdonabile est, si quando mea mens in id cogitationis quasi deambulando excedat, in quo etsi animus paulisper, ut solet fieri, incidat, nunquam tamen ad carnis motum, non dico ad opus, quod accidere nulla arte posset, accedat.

Talibus cuniculis libido ad muros continentis cordis irrepit. Sic curiosa, et alterius plusquam sui studiosa mens ad remissum vitæ ordinem, imo ad extremæ perniciei lapsum cogitur labi. Humiliter ergo unicuique de se sentiendum. Mansuetudini præcipue studium adhibendum. Ineptæ lætitiæ parcendum, iræ in ipsis initiis limen est obstruendum. Sæpe nempe, et si nusquam legeretur, experire nos in nostris moribus contigit, gravissimum superbiæ tumorem in luxuriæ detumescere solere mollitiem. Ipsi itidem vitio inanem non minus famulari lætitiam; iræ quoque, ut beatus Augustinus sensisse legitur, qui primordia non subruit, luxuriæ pondus aliquando ferre non sufficit.

Istud est lilium convallium; iste flos campi, qui licet præmiserit, flos campi, tamen non abs re subintulit, lilium convallium (*Cant.* ii, 1), ne florem absolute dicendo, aliquos inutiles et pulchros, ut sunt malvacei et carduales, vellet intelligi. Addidit convallium, ut candore et odore nectareo optimum quidpiam designaret. Campum meo sensui occurrit posse accipi tolerantiam corporalem ubi dum homo exterior adversitatum frequentia tunditur, quasi ager quidam Dominicis sementibus apparatus, florem pudicitiæ mire redolentem uberius parit. Solent profecto et pleraque gramina florigera coli. Porro lilium in convallibus, id est in intimis conscientiæ nascitur; nulla enim est carnis integritas, nisi ex amore prodeat mentis.

Potest autem per florem campi designata credi illa quæ in impubi ætate, in puerulis scilicet ac virgunculis, ex sola naturali innocentia constat integritas, vel potius quæ in quibusdam, qui frigidi sunt corporis, et temperantia ingenita his motibus minus urgentur, sæpius reperitur. Et hi quidem sine gravi exercitio summum quiddam possident, et plerumque bene vivendo alias exercentur. Sed talium vix quisquam perfectioni operam dare invenitur, unde et spadones, quædam sui securitas ad teporem animi deflectere dignoscitur. Fateor me aliquando vidisse duos fratres origine germanos, quorum alter cum sacerdotalis esset ordinis, conjugio sese cohibere non potuit; alter laicus adeo frigidæ se naturæ perhibere solebat, ut, quod dictu miror, se penitus assereret hac titillatione caruisse. Si ergo ille incontinens ad sui continentiam studium indidisset, quam melior illo frigido exstitisset?

Per florem itaque campi, non lilium, ut supra sensimus, sed qualemcunque, bonum tamen, ista talis virginitas accipiatur. Cui sensui concinit quod campus terra inculta consuevit intelligi. Habet igitur campus sine laborantis manu florem, cum se quispiam sine tentatione exsultat virginem. At lilium quod uti præscripsimus et circumfossione, et fimi adhibitione colitur, et plurimum exuberat, quid nisi votivam animæ carnisque castitatem, quæ bello non facili conquiritur, innuit? quæ, terrenas cogitationes ligone rationis discutiens, et culpas aliunde contractas, quasi stercus, quo fecundetur, ad fletum menti admovet, et sic in convalli illa, quæ frumento quod mortuum multum attulit fructum (*Joan.* xii, 24), semper abundat, gloriosa gradatim dum se humiliat exaltatione, ad perfectum totius florem integritatis emigrat.

Humilitatis prærogativæ. — Hæc etiam humilitatis sublimitas; non nisi in cujus apice hæc de qua agimus integritas stare ullatenus sufficit, propensius est rimanda. Cujus laudi valere singulariter illud dignoscitur quod nulla humani exercitii arte, nullis, ut brevius loquar, ullarum virtutum adminiculis diaboli cervix obruitur, ejus astutiæ acies hebetatur, nisi per hanc, cujus irritamentis, mox ut humilitas objectatur, nihil fit illico quidquid sua feralitas machinatur, et se rudem ad eam aggrediendam invenit, quia altitudinem penitus talis propugnaculi nescit. Cum sit enim spirituali creatione subnixus, et naturæ subtilitate ad nullas corporeas necessitudines inflectatur, quid terra et vile lutum homo contra invisibilem, et qui diffugi localiter non potest hostem, contra pene impenetrabile tanti hostis acumen tacere prævalebit, qui ne ab homine quidem, quem videre, quemque subterfugere potest, quique ingenio plerumque se inferiorem, servare se sufficit? Sed Deus, qui omni terreno spiritualique malo instituit medicinam, et hunc qua industria evinci queat, edocuit. **319** Quia enim sola sui tumoris occasione defluxit, a cinere et luto, imo ab illis, qui se cinerem lutumque attendunt, spiritualis ipsius fortitudo divino subsidio superari promptissime se conspicit; quo enim quisque penes suam opinionem vilior, eo ad effringendum inimici verticem fit efficacior.

Carnis ergo continentiam quam suis præcipue irritat facibus, quo tutius quisquam clypeo communibit, quam ut in carne positus de se semper humilia penset, quod ille typo proprio facere supersedit cum spiritus esset? Carnis itaque sensus dum premitur, vis impii spiritus annullatur, et ipsa caro patiendo animi vel rationis imperium, mansuetior redditur, quo sibi ingenitæ superbiæ arrogantia, imo ipsa exterior lætitia, qua sæpius fœde resolvitur, et intima vagæ cogitationis, qua inepte discurrit, lascivia resecatur. Sub hac igitur nutrice cum tanta proles, ut prælibatum est, alitur, necesse est ut quæ post ipsam tantæ infantis gerula esse debeat, virtus altera requiratur; nobiliter enim oriundis infantibus solent grandiusculæ ancillulæ, seu clientuli, qui eos quolibet ferant, præter nutrices, attribui; nec æquum est ut id decoris non habeat, quæ nobilis singulariter exstat.

CAPUT IX.

Modestia castitati tuendæ pernecessaria, et circumspectio. Noxiæ familiaritates sunt vitandæ. — Postquam itaque mens pia suæ conscia vilitatis, et accidenti injuriæ tam subjecta quam parata subjici, semet sibi subdidit, necessarium est ut quidquid agat, quacunque vel quocunque eat, morum sibi gravitas semper comes, quasi gerula ac procuratrix, motus incongruos et quidquid est juvenile, contineat. Solet plerumque post orationes inter longa jejunia, post fletus et devota suspiria, cum ad exteriores usus et commune colloquium reditur, quasi ob relevandam a fastidio mentem, vel ob ostendendæ benevolentiæ et hilaritatis causam, quoddam gaudium exhiberi, quod dum honeste videtur incipi, ad turpitudinem sæpe delabitur. Nam cum per hilarem collationem verborum multiplicatur jucunditas, sensim accedit joculatoria garrulitas, inde concurrentibus turpium narrationum historiis, per blanda ludicra tepefactus, imo laxatus animi rigor, ad ea, quibus aurem linguamque sponte attribuit, cogitanda, insperata et jam pene invincibili delectatione mollescit. Sic, inquam, dum male dulcia, quibus facile tamen resisti posset, colloquia prælibantur, mors, cui eliminandæ neque mens, neque ratio sufficit, et merito satis consequitur.

Vulnerata igitur gravi hoc jaculo mente, et cogitatione huc illucque pro motu suæ voluptatis erranti, ad amatorias tota devolvitur intentio nugas. Hæc loqui, hæc quærere ardentissimi sibi studii est.

est. Etsi quando ad se redeat, hanc in se multa excusatione humanissime levigat culpam, et se non vitii, aut obscenæ cujuspiam rei amore id agere, sed potius gestationis, et alacritatis indulgentia efficere sibi incantat. Inde pedetentim ad familiaritates venitur noxias, quæ quidem tanta religionis sinceritate, et quasi per alterutram orationum collationem, vel ædificatorii sermonis impensionem, a compunctione etiam solet incipere ; sed postmodum usu, et amatoriæ adulationis frequentia, ad verba levia, jocosque, quibus menti improvidæ exstruuntur incendia, devenitur.

Paulisper itaque confabulationis ludique facibus injectis, sua incipit impudens animus damna sentire, diu enim fota male concepti amoris scintilla, si in extratiles [f., exitiales] proruat flammas quis miratur ? Tunc, jam experiri cogitur morbida conscientia eas quas in se funestus amor passiones habet. Tunc inimicitias et redivivas ad suam perniciem paces, tum suspiciones, tum timores, iras et rixas juxta illud Terentianum dictum, in tali negotio licet invitus exsolvere compellitur. Tanta est enim ejus pestiferæ societatis molestia, ut licet interdum ex consuetudine mulceat, in tantum tamen plerumque rei quæ amatur fruendæ difficultas exasperat, ut exsanguem et languidum amatorem omni febre crudelius reddat. Sed cum quasi pacifice et honeste ab eo quod amat, sine ira et motione personæ se abrumpere nititur, fit modo miserabili ut pejus omnimodis obligetur. Non enim uxori ad lasciviam pronæ, lepidis sermonibus palpandæ sunt aures, sed dorsum verberibus severissime abradendum ; sic menti cum perversis affectibus se inclinat, seu cum inclinata facile cum voluerit se erecturam pollicens emendari procrastinat, non solum non assentiendum est, sed etiam spretis omnium odiis, tantæ frenum illico cohibitionis ejus libidini imprimendum ut totius corporis obsequium impuris ipsius voluntatibus omnimodis debeat denegari.

Cui enim nisi desperato ægro cibus noxius, quantumlibet avide eum comedat, et nisi ab insanissimis detur ? Dici solet sæpius ab ægrotis : Permittite, aiunt, nobis quod volumus manducare, quidquid voluntarie sumimus saluti proficiet. Dicitur et ab amantibus, saluberrime a nobis agitur, si saltem simplici confabulatione, et exteriori consortio, mente in suo statu durante, quam grave onerosumve sit vagis servire amoribus experiamur ; et dum quam noxia res existat perpenderimus, eo exsecrabilius quo expertius **320** contemnemus. Quod cum plerumque aliqui, jam quod amarant fastidientes, facere moliti sint, dum quasi ex consensu sub quadam pace se cupiunt separari, consuetis illecebris, quibus jam caruisse austerum est, aut etiam personæ mollitivis sermonibus sic arctantur ut in omnis perditionis, obdurata mente, devolvantur abyssos, et absque reverentia, et cunctatione impudenter ardeant, quod veluti religiose sensimque adamare ac si innocenter cœperant, sed quicunque quocunque amore se trahi sentit, quod suum curis aliquibus cor a Deo separat, personam, quantumcunque valeat, aptaque videatur, etsi spreta infamiam aut damnum sibi excitet, a se rejiciat, præmii non offensionis esse sciens, si Deum sibi tali ex odio conciliams, hanc offendat. Non igitur enerviter, aut ludendo, aut eo iræ genere, de quo in Andria Chremes ille, nisi fallor, ad Simonem loquitur : « Iræ, inquit, amantium integratio amoris est. » Sed tam acri et abrupta dissensione, ut spes amoris reparandi denuo nulla restet, imo non modo mentis, quæ mobilis fallaxque crebro dignoscitur, sed corporis situ, juxta Apostoli prudens dictum, celerrime fugiatur.

CAPUT X.

Elegantiæ vultus et vestium cultui minime incumbendum. — Præterea contingere aliquando haud dubium est ut cum primum ad hujus febris igniculos paulatim inuri cœperit animus, et licet tentationis cujuslibet minime extrinsecus sentiatur calor, tamen in tantum accurando proprio vultui, habendæ etiam laudi urbanitatis, et amatoriæ jucunditatis anhelat. Vestibus denique pro corporis habitudine coaptandis, ut tota hominis solertia circa hæc studia occupata deserviat, qualiter acceptetur a quibusque suæ formositas speciei diligenter explorat, et cum secum, imo apud se quidquid pulchrum æstimatur vilipendat, se potissimum singulariterque prædicari affectat, summopere adamari desiderat. Amans igitur amari, dum curiosissime personarum gratiæ acquirendæ exæstuat, et ut ejus rei natura est, quo pluribus insinuatur, plurimorum concupiscentiæ inhiat, dum, inquam, in aliquo optati compos efficitur, illius cui inhæserit viscosissimo raptatur amore, etiam, velit, nolit, victus desideriis amat amare. Sane si non inhoneste vagabunda conscientia vulgi inordinatum prosequeretur, non sine turpi superbiæ genere, affectum, nunquam ad hunc amoris tenacissimum compedem prorueret, per quem detrahitur ad totius flagitii, etiam quod est deterius scienter, effectum. Vestium itaque vultusque nimia affectatio, cum sicut fumus ignem, et ventus pluviam, libidinosi pectoris signa portenda, et ab exteriori pellenda est usu, et multo magis ab animi, utpote fomes scelerum, excludenda aditu.

Non de eorum qui foris sunt, id est sæcularium lascivia, hæc tractamus, nam nec nobis pertinet, sed eis consilii quidpiam propinamus quorum vitæ propositum ab extrinseca sollicitudine mundi silet. Hoc plane vitium proprie vagos et instabiles, non tam corde quam et corpore sui cultores efficit, juxta Salomonem de muliere garrula ait et vaga, quietis impatiens (*Prov.* VII, 11), etc. Alioquin res sibi contrariæ essent, pulchrum se facere, et pulchre ornari, et ab his quibus placeat, nolle videri. Hinc prosiliunt fœdissimi illi exterioris hominis habitus, ineptus superciliorum rigor, rotatus indecens, et procax oculorum, improbus, imo meretricius membrorum gestus, risus indecores, et ad omnem materiam prompti, stupidus in incedendo gressuum jactus, verba quidem primo lasciva, et ipsum qui intro fervet amorem redolentia, postmodum abruptæ jam turpitudinis impudentiam palam ructantia. Sed tanti typi elata, et impatientissime tensa rigiditas, tam exsecrandus gaudii hujus tumor repente deperit, et subito dum triumphat, affectum mœrentem et languidum redditum dolor intolerandus eviscerat. Inter sua enim prospera dum a quibuslibet personis non modo affectari, sed alto supercilio se postponi, imo nec respici vident, ab illis, inquam, personis, quarum exanimantur amoribus, si totius mundi formæ voluptatesque suppeterent, nullæ præter quas ambiunt eis sufficerent, et quæ adsunt libidines, non sunt remedia, dum aliarum nondum sibi subjugatur superbia.

Apud veteres ethnicos Cupido, Veneris ex Vulcano filius, alatus, facem sagittamque tenens quolibet pingebatur. Quod non sine mysterio huic operæ congruo minime agebatur. Cum enim ex adamata venusta specie caloris illius flamma, quæ per Vulcanum ignis deum notatur, famulante generetur cupido, id est libidinis æstus, idem Cupido primo alatus est, quia quem abripit infelicem, in tantam libido excitat levitatem, ut nulla hypocrisis animi de sui proventu amoris comprimere valeat exsultantem. Unipes etiam pingebatur, quo talium amorum instabilitas signabatur. Cæcus quoque, quia in iis nihil providentia operatur. Denique et puer, quia facta et dicta hujusmodi nulla ratione aguntur. Facem sagittamque tenet, quia cor, quod penetrat, miserabiliter incendit, pariter et vulnerat. Leguntur auctore Ovidio duo ejus jaculorum genera, alterum quod amare cogat ; alterum cujus ictu **321** amor frigeat. Ad hæc igitur funesta vulnera medullitus alterutro percussum telo dolet pectus, et dum mederi sibi mutando amores nititur, vulnus in deterius augmentatur. Mutatio enim exaggerat, omnimoda desertio sanat.

Illo sane jaculo feriri illas vellem quæ adamantur personas, quod amorem fugare dicitur, ut cum amatores rejici se viderent, saltem pudore pœniterent. Apollinis illud acerbissimum damnum vellem, ut cupido in hos verteret, scilicet quod cum heros præfatus de draconis illius divini victoria juveniliter superbiret, nec jaculum cupidinis jam timeret, Daphnes sibi unica plumbeo telo, quod fugabat amorem, percutitur, et ab ipsa protinus fœdissime Apollo despicitur. O Deus, male amantibus et de se præsumentibus, qui bene per superbum Apollinem figurantur, ita proveniat, illud præcipue cunctis, qui sui in bono curam habent indicimus et monemus ut, quantum virtute præemineat, quamtumvis impenetrabile cor habeat et amator et quod amatur, ita utrorumque familiaritas discindatur, utpote quæ multo pejus operatur quam illa frequentatio, quæ utrobique a quibusque levissimis inchoatur. Non mihi gelidi senium corporis, et diuturna religionis experientia objiciatur, non Æthiopica fœditas, in eo quod sæpius frequentari video, opponatur. Apud diabolum qui suis calet et callet artibus, nec annositati, nec decoris aut indecoris parcere curat; nihil tutum reperire possum.

CAPUT XI.

Qui austeram vitam sunt professi, quomodo in carnis vitium misere labuntur. — Sed quæri interea solet, et pro maximo miro habetur apud aliquos, cum cujuslibet sexus persona continentiam virginitatemve professa in vitium ruit, de illis præsertim, quorum adeo ardua est abstinentiæ institutio ut ab omni quod coquitur præter panem se arceant, tribus in hebdomada diebus nil comedant, gravi miraculo solet esse desperationique multis. Et de his sileo quos adolescentia, si labantur, excusat; illos adhibeam qui juventutis infortunia prætergressi, cum maturitas ævi exhausisse tumores, humoresque passionum debuerat, præposteri facti spurcitiæ juvenili jam veteres immerguntur; sed si causas talium ruinarum, quas non repentinas, sed antecedenti diu materia contractas arbitror, perpendere et examinare noscent, dolere eorum lapsibus, non mirari possent. Subita adeo aliquem incursione cadere posse sicut nec experiri me contigit, nec legisse definire me recordor; dicere minime audeo. Casus, qui vocantur subiti, aut inolita desidia, aut veteri interius coalescente superbia fieri mihi solere videntur. Dum enim mens a suo rigore paulatim laxari per minima quæque cœperit, et in teporem pessimum in dies deficiendo deciderit, succedente tentationis vi, quæ nunquam, diabolo id aucupante, menti remissæ deest, mox agitari ad nequiora consuevit. Inde non jam insperatæ, sed male assuetæ cogitationis indulgentia in opus ex pœna peccati curritur, et quod turpiter conceptum humano, sub hypocrisi abscondebatur aspectui, Deo juste ulciscente producitur. Solet etiam remotos a sæculari cohabitatione plurimos confabulatio mundanorum, et qui terrena et sapiunt et querunt ad extremum totius dementiæ voraginisque deducere.

Castitati invigilans circumspecte admodum se gerere debet. — Hæc igitur et talibus similia, quorum vecordia gravitati non concordat, sic attendamur dixisse ut ex ipsis contrariis quæ congrue salubriterque agenda sint videamur prudentibus innuisse, ac si, verbi gratia, alicui dicerem : Perdis teipsum, quia male vivis, et ille procul dubio nil aliud intelligeret, nisi salva te ipsum bene vivendo. Hæc itaque morum maturitas totius temperantia est actionis, ut quantum humanum est, nil minus aut nimium sit, aspectus, sermo, membrorum motus, gradus etiam ipse nil supervacaneum prætendat exterius. Supra omnia interior animi regula tam subtili provisione incedat ut nullo ab æquitatis ordine permittatur derivare torpore. Ergo nihil eorum, quæ caro desideranter intendit, intra mentis portas admittendum est, nec ad illa oculorum intorquendus est tuitus, quorum cordi Christiano constat prohibitus appetitus.

Sub tali igitur gerula, optimo, fateor, omnium provisore sanctæ hujus virtutis provehitur honestas, et quæ per se progredi præ tenero adhuc robore, nec per se subsistere sufficit, sanctæ gravitatis quasi circumcincta sustentaque brachiis repentino casui, et ingruenti molestiæ subtrahatur, sicque veluti ab ineunte ætate ejus solidata ducatu cum ad provectiorem devenerit statum, tracto in naturam pio usu, per se jam firmior ubique vigeat. Sed quia nutricem ac gerulam pro nostra facultatula distribuimus, pubescentem adolescentulam lascivia superbiave pulsatam, quis magister deprimat, et intermisso, objectove subjiciat, remancipetque operi, parce dicendum.

Timori Dei studendum. — Nihil æstimo tali officio aptius, quam divini timoris jugem memoriam. Primo quidem pœnæ judicialis metus, si adsit, nil officit, imo proficit, dum conversionis initia bono mœrore afficit, et virtutis appetendæ prima plerumque materia sit. Sed ille sanctus in sæculum sæculi permanens timor (*Psal.* XVIII, 10), quo sui gratiam Patris offendere mens devota veretur adeo tuendæ integritati necessarius est, ut nulla sine illo ejus gloria constet, nulla inquam, quæ sine hac, amoris scilicet divini intentione, parvissimos tentationis cujuslibet impetus tolerare non prævalet. Hac enim spe Dei dilectionis obtinendæ robur, contra cuncta discrimina piorum animis innascitur; qui castus filiationis, non servitutis timor (*Rom.* VIII, 15), dum vagos animi carnisque motus liberali curvat imperio, tutam irruenti animam reddit periculo; nec uspiam desidiæ præbet locum, qui formidat amittere solum bonum; nec placet sibi si impune patrare liceat quidquam malum. Accedenti igitur ad Dei servitutem standum **322** in justitia et timore est (*Eccli.* II, 1). « Beatus enim vir qui semper est pavidus, qui autem mentis est duræ, corruet in malum (*Prov.* XXVIII, 14). »

Ex Dei amore jugis lætitia. — Sed tanti disciplinæ documenti instanti studio informatæ, quis maritali fœderabitur lege, nisi is, de cujus semine indesinens sibi accedat non aliud quam juge gaudium partus, amor videlicet Dei, qui charitas dicitur? Cui cum nunc assidua inesse lætitia ex conscientiæ puritate dignoscitur (nam si sæcularis amor suos inaniter exsultare facit, quam potius spiritualis?). Quid cum de convalli hac doloris erutus, omni nubilo caruerit, nisi totus in conspectando Deo gaudium et totus jucunditas erit? Non igitur cuiquam transitoriæ virtuti, ut sunt fides et spes, virginitas consummata conjungitur, sed illi qui nunquam excidit (*I Cor.* XIII, 8) spontaneo amori, qui nunc quidem cœptus, sed in regni perceptione perfectus, gloriosus infinite Deo de sua felicitate gratulabitur. Post tot et tam graves carnis spiritusque congressus, post tumultus et desideriorum levium voces importunissimas, quæ cum tanto sudore comprimi solent, justum sane est ut, post tot prælia, Deo annuente pacem, sileat omnis terra a facie victoris spiritus, et quasi pro cujus-

dam belli optime exacti præmio, quietum et solidum, absque insolentia cujuspiam incursus carnis habitaculorum rector spiritus obtineat, et totius conquiescat incendium passionis, quam adeo copiosa represserit confligendo unda sudoris.

Quantum boni ex eodem amore pudicus exhauriat. — Ad impassibilitatis itaque gloriam anima suo etiam adhuc corpore angustata perveniens, tanto tamque affectuoso ad omnem puritatis integritatem amore contrahitur, ut non modo quasi naturaliter aliquid voluptuosum, sed veluti paradisus amœnitasve incomparabilis quædam sibi videatur, et quod prius pene importabile, nunc leve supra omnem æstimationem fiat. Isti ergo post illos prælibatos pædagogos, qui ejus adhuc adolescentis, discipulari jure, fregere cervicem, isti, inquam, quasi perpetuo marito nectitur virginitas, ut etiam præmulta vi dilectionis, securitatem de sua in hoc sæculo perseverantia præsumat, et, juxta quamdam gloriosi Antonii sententiam, Deum non jam timeat, sed amet, et bonum non tam propter boni ipsius præmium, quam propter idipsum quod est bonum, sectari studeat, et peccatum non pro debito supplicio, sed solius tuendæ suæ bonitatis diffugiat voto. Sed ad prosequenda cætera eamus.

CAPUT XII.

Objectiunculis in virtutem pudiciliæ fieri solitis, occurritur. — Ad hunc igitur, o sanctæ integritatis cultrix anima, tantæ eminentiæ statum anhelans, dum sincere vivere incœperis, tuæ perseverantiæ profuturas sitienter accipe rationes.

Multi plerumque cujuslibet professores religionis sibi objectare solent, non magnopere curandam carnis continentiam, quæ veterum exemplo paginarum nusquam pene firmatur, nusquam ex præcepto ulli servanda indicitur, imo cum in principiis humanæ creationis homo non sine femina cum membrorum competentia ad gignendum producitur. *Crescite, et multiplicamini, et replete terram* eis dicitur (*Gen.* I, 28). Fatuus est cui tale ut excipiat jugum suadetur.

Contra hæc refellenda non opus est laborare sermonem. Audiant tamen breviter Deum pro tempore et causa sæculis mandata dedisse, et in initio propagando semini per uxorum numerum vacare licuisse majores, sed successu concrescente generis homines ad una legitime redactos conjugia. Gentilis etiam sub hoc tenore cohibita est licentia. Romana quoque liberalitas adunitates conjugii, pari ante etiam Christianismum ratione consensit. Verbum itaque illud de genere multiplicando, quandiu opus fuit, viguit. Attamen etsi Scripturæ nil ob infamationem connubii de virginitate dixerunt, tamen quia dignum erat ut Dei Filius quiddam majus quam conjugium, quod bonum et legitimum est, ostenderet, si non voce præcipiendo, tamen exemplis innuendo, quod ex ejus imitatione, et nativitatis singulari puritate collegit Christiana fidelitas, exercere præcipua studuit voluntate.

Nec illud impudens genitalium artuum argumentum ad tutelam suæ libidinis advocat, sed quæ licent et non expediunt a se prudenter eliminat, ut ad ea quæ non licent evincenda robustior fiat, « Melius sane nubere quam uri (*I Cor.* vii, 9), » scilicet quibus illis neque professio obviat, neque votum aut suum aut cujuspiam parentis obligat. Votum parentis dico secundum quod canones (27*) usque ad duodecennium fieri posse sanxerunt. Hos a voto resilire sacrilegium permaximum est. Sed his pondus diei æstus (*Matth.* xx, 12), id est anxietates vitæ hujus tentationum tolerantibus grande, imo speciale præmium, dum eis canticum novum, exceptis aliis, cantare datur (*Apoc.* xiv, 3), in quo, præ cæteris qui hoc carent munere, singularis eorum de carnis integritate lætitia denotatur, et Agni vestigiis quocunque vadit, inhærent (*Ibid.*), quia cum reliquis virtutibus conformari Christo gestiant, etiam in ista acutius ejusdem gressibus prosequendis invigilant. Sed hæc vulgatissima ejus laus est. Ad alia promoveamur.

CAPUT XIII.

Caute se gerant qui monasticum institutum fuere professi. — Ordo illorum qui ita vivant in sancta Ecclesia non plurimus est. At qui sunt? Aut ab aliis ineunti ætate Deo offeruntur, aut se ipsi offerunt. Porro talium vitæ cœpta munditia sub qua debeat cautela tutari breviter mordeamus. Primo in ipsis pueraris rudimentis, et inepta familiaritas expuenda, et lubricum deceptoriumque magisterium, quamvis alias utilissimum, refutandum. In primordio enim colligi solet quod toti postmodum noceat vitæ. At introitus ipse adolescentiæ, si timorem Dei comitem habeat, facili tentationem congressione deturbat. Quanto namque aliquis experitur carnalia, eo leviora corporalis appetitus patitur discrimina : Nam quid periculosius **323** quam præteritæ voluptatis memoria? Talibus plane, quibus escæ mortiferæ needum male dulcis sapor inhæsit, si seductorii collegæ lenocinium aspernentur, si vagos visus contegant, si ad viam cogitationum revocare sciant errores, leve fit quidquid tentationis ingruerit.

Solent tamen hi ex nimia sui fiducia, quadam curiositate videndarum specierum, plerumque liberius æquo laxare intuitum, et dum alienas aucupantur facies, dum clypeum palpebrarum nimium temere ab oculis amovent, cordis lumini quæ improbe contuentur crudelis stimuli jaculum intorquent. Trahuntur igitur per id sæpius ad totius mali voraginem. Contingere tamen solet ut neque visus admodum incendat, sed placide ad amandum visa suadeat, neque confabulatio, vel etiam ipse tactus usquequaque ad turpitudinem proruat, et ideo fœdus ille carnis motus parum displiceat. Sed animus, quavis occasione, aliquando facti pœnitens, ad pœnitendum culpæ dolore adducitur. Sed ne perfidiæ probrum apud eam cui perpetuitatem amoris promiserat personam incurrat, admonetur a sua mente ut quasi sobrie jam cum ea acturus usum collocutionis non deserat. Unde fit ut absque ulla cunctatione amor male repetitus in tantum efferveat, ut ad imum abruptissimæ profunditatis avidissime ruat. Ex quo providus lector advertat quanta animadversione primi tentationum assultus, quantumlibet adulentur, refutandi sunt.

Præcavenda itaque dæmonum, vel ipsius carnis illecebrosa et dolosa suasio, ne cum nostras nobis virtutes præstendimus, et per plana nos campestria ituros confidimus, in foveas, fraude hostis adopertas, miserabiles devolvamur. Omnimodis quoque miroque studio attendendum ne, dum volubilis animus acriter, ut solet, inæstuaverit ad videnda quæ appetit, cupidini addicti oculi animo obsequantur, quia, cum crebro id quod simpliciter respicimus, nobis atrociter noceat, illud quod prævia mente mala fit, quantum putamus infelicem animam eviscerat? Et contingit aliquoties, ut cum visa ad nullum calorem noxium videntem moveant, tactus procaciter præsumptus in tantam libidinis fornacem, etiam mente inaniter renitente, præcipitet, ut vix aut neutiquam absque contagione conceptos digerere queat ignes. Inaniter, fateor, tunc mens renititur ut exstinguat, cum manus sponte emittitur ut incendat. Non solum denique visus arcendus, tactus plus omni igne vitandus, sed ipsa perquam maxime vicinitas allocutioque cavenda.

CAPUT XIV.

Quibus modis maculetur virginitas. — Quæri præterea ab aliquibus solet quibus peccandi modis perdita virginitas æstimetur. Quæ inquisitio nimium obscena videtur, cum magis rimari debuerant qua virtutis instantia plenius obtineri posset, quam quo discrimine perdi. Hæc enim quæstio remissioris animi est, illa ferventis. Sed tamen quia in stamine lineo laneum non debet subtegmen inseri, nec grossitudo corporis vitiati spe subtilitatis virgineæ gloriari audeat, quisque non quousque discurrat, sed quod vitare debeat. Restringendæ cordis lasciviæ quisquis hujus puritatis obtinendæ studiosus est, tantopere invigilet ut vix, aut quo minus, seu rarius potest, delectationem hujusmodi caro præsentiat, ne ulla vi delectationi consensus accedat. Beati Gregorii et non nostra sententia est, quod consensus a culpæ effectu non distat, cum voluntas misera interius quod extra non potest, ambienter peragat, si tamen Deus districte hunc judicare proponat.

Quæ igitur spes illic exsultet virginitatis, ubi theatrum totius perstrepit fœditatis? Et patens, fateor, ruina talibus foret utilior, quæ et spe falsa animum tumere vetaret, et casus experientia a talibus ulterius affectandis acerrime absterreret. Cum ergo Deus quid juste, quid pie judicet ignore-

---

(27*) Concil. Tolet. iv, c. 48; Triburiens., cap. 6. Vide ad cap. 66 Concord. Regularum Menardi.

mus, idcirco sciamus nil de præmio virginis nos manere, quos mentis luxuriæ constiterit obedire. Frustra de macula exteriori fabularer, quæ interdum colloquiis impudicis, et inhonestis tactibus extorquetur, in quibus et naturaliter spado quispiam ingenitam sibi ab ortu carnis integritatem, per hanc spurcissimam animi corruptionem absque dubio amitteret.

CAPUT XV.

Quantis voluptate carnis irretitus malis coarctetur. — Sed quia ad satis de his infortuniis huc usque latravimus, integritatis hujus gloriam de sui quoties accederit casus miseria contemplemur, ait nobilis ille auctor Boetius (*De consol. Philos.*, lib. III, metro 7), cum de latrone pudoris voluptate ageret :

Habet hoc voluptas omnis;
Stimulis agit furentes, etc.

Sed quibus stimulis? Qua, inquam, doloris insania languidum excarnificat pectus, et dum furibunda remedia furiosi cupidini ad exaggerandas furias exquiruntur, ad extremos defectus, et cruentas torturas mens undique lacera, et dissipata devolvitur. Etsi aliquoties doloribus acta pœniteat, exactores illico redeunt Pharaonis, et flagellatum cor miserum ad solitum suæ pensionis cogunt, duriora semper adjectantes, properare vectigal. Unde mox ad odium totius religionis acceditur, sancta claustra et fraterna contubernia fetent, quidquid perverso amori resistit, quamvis optimum, maledicitur, cœpti cujuslibet boni pœnitentia consequitur.

Pessimæ istius cicutæ primos, uti referimus, profectus, et ejusdem contritæ obscenos odores, succosque mortiferos prælibatus auctor **324** in anteriori, ut opinor, sententia plene elucidat. « Quid, inquit, de voluptatibus loquar? Quarum quidem appetentia plena anxietatis est, satietas vero pœnitentiæ (Boetius, *prosa* III, 7). » Sed ex præfatis habes anxietatem. Quæ vero illa satietas, quam venenosi et atroces illius cruentæ comessationis gustus, cujus tam putidi sunt ructus ut sua auditores fama teterrime vexent? Cujus refectionis defectui ad effectum quidem suum momenti spatium pene sufficit, sed infiniti doloris mœror brevissimæ ipsi delectationi succedit. Sed quis mœror? acerrimus, et nullius damni temporalis tristitiæ conferendus, qui in tantum suum plerumque stimulo angoris agitare consuevit auctorem ut propria seipsum dextera in mortis eligat præcipitare discrimen et cum perpetrati facinoris sibi præter se conscius non existat, neminem non scire arbitrans suæ dente suspicionis adeo dire infelix animus corroditur ut jam omnium inter quos habitat exsanguis ac pavidus, super suo cum adhuc lateat flagitio, judicium præstoletur.

Talibus igitur subesse suppliciis, quid nisi imaginarius quidam infernus verisimillime æstimetur? Sed dum post lapsum aliquoties erubescit vehementer confiteri quod egerit; apud se quamdam continentiam profitetur, seque per se tantumdem cohibiturum pollicetur. Quantum ne suus quidem pastor, si sibi foret confessus, arceret. At ista fallax præsumptio male fotum in multiplicia crimina crimen propagare protinus non desinit, et dum latens delectat cor iniquitas, quoque pacto signo vel opere quovis ad omnium propalatur notitias. Tunc impudentia, et pariter induratio consequitur : reprobo sensu, et desperatione ad ultimum concluditur.

Verecundiam sane ante peccatum tanquam servilem metum utilem plerumque dixerim, post culpam tanto perniciosiorem, quanto pravo suo pudori tuendo personam videris non confitendo cautiorem. Ametur igitur confusio quæ gloriam adducit; ad Babylonem enim hoc modo venisse plurimum nostræ liberationi proficit.

CAPUT XVI.

Monastica instituta, fugaque sæcularium, virginitati tuendæ optimum remedium. — Tacere prorsus nos proposuisse de cœlestis remunerationis quantitate, quæ debetur virginibus, nemo miretur, quia et nos latet, et ei enuntiandæ non sufficimus, et quæ non patent oculis tepidos minus excitant auditores, ea vero quorum dura experientia est, et quæ abs quolibet usualiter probari quam mala sunt creberrime solent, exempli adhibitione digniora mihi visæ sunt, ut saltem horreat animus tantillum mellis in apis ore quærere, dum cogitat aculeum qui cruciet inesse illius caudæ. Et illud inculcare non abs re est, quod eo stimulo concitatis nil sit utilius quam claustri monasteriique perpetuitas, sæcularium quampræcipue colloquii fuga personarum, rumorum evitatio, et quidquid animose carnalis amplexatur electio.

Inter quæ summopere ciborum et victualium omnium ingens in sumendo habenda discretio, et servilis multi operis instantia, et jugo parcimoniæ curvanda ferocitas, ne dum cordis munditia sine abstinentia exteriorum voluptatum quæritur, quærentis effectus, ut dignum est, eludatur.

Tentationes Patri spirituali sunt aperiendæ. — Supra hæc permaxime et extreme bonum fore arbitror, obrepentes animæ qualiscunque lasciviæ motus proprio, cui sui potissimum pertinet cura, pastori quamprimum in ipsis suggestionis initiis pandere (28); nec summatim aut simulate, sed suum adeo quantum valet denudare cogitatum, ut totum se rectoris judicio insinuet gubernandum; nemo enim bene subditus regi a prælato poterit, cujus ipse conscientiæ ignarus erit. Si ergo æger oboriente morbo sibi prudenter providet, menti medici necesse est ut materiam modumque ægritudinis pronuntians, universum se mancipet. Hæc quidem facto gravia, sed quo graviora eo utiliora.

Quanti boni pacisque vel in hoc sæculo obveniat puritatis studioso. — Igitur tantilli laboris virtuti præmium ego mire potens, mire suave præfigere etiam in hoc sæculo audeam, ad cujus comparatio-

(28) Vide capp. 4 et 7 Regulæ S. Bened.

nem tantillus vere labor ille putetur. Neminem hujus talis titillationis gnarum latet, ut reor, quanto suspicionum turbine, aut animo adhuc celante fota, aut opere perpetrata libido miseram vexet mentem, quantis captivatum sollicitet hominem curis. Libido sane transacta, ut ait quidam, semper sui relinquit pœnitudinem. Et mens male conscia, ut alter ait, propriis semper agitatur stimulis. Sed pius quisque puritatis studiosus talis spurcitiæ ab intimis rudera discutiens, cum corporeis jam regnare motibus cœperit, et obsoleti sui vulgi quadam vi imperatoria sedare tumultus, quis digne disserat quæ lux, quæ pax, quæ securitas cordi illico illi innascitur, quod non meditati flagitii fœditas inficit, non appetitus impudici ardor inurit, nulla quæ a Deo separet cupido distendit. Hoc est illud oleum, quo mens gloriose delibuta, faciem contemplando suo exhilarat Creatori (*Psal.* CIII, 15). Ipsum etiam lætitiæ oleum, quo Sanctus sanctorum præ suis participibus ungitur (*Psal.* XLIV, 8). Hoc, inquam, est oleum, quod doloribus intestinis medetur, quo ossa nostra, scilicet virtutum nostrarum abdita, irrigantur et roborantur, juxta illud contrarium in psalmo : *Sicut oleum in ossibus ejus* (*Psal.* CVIII, 18). Hoc itidem nostrum debere caput impinguari, mentem significans, alias perhibetur (*Psal.* XXII, 5). Bona itaque conscientia quid suavius, quid in præmium præsenti felicius dixerim? quæ cum obtineatur aliquoties cæterarum studio, hac potissimum virtute castitatis acquiritur.

325 CAPUT XVII.

Quorumdam animalium puritate homines ad pudicitiam provocantur. — Sed quis adeo prædicatæ tantisque privilegiis muneratæ refragari continentiæ audeat, quam neque suis propriis, neque humanæ cujuspiam vitæ exemplis Salvator solum imitabilem fore perdocuit, sed etiam bestiarum aviumque feralium documento celebrare non renuit? Consideremus castores quos usualiter beveres [Gallice *Bieures*] vocitamus, quorum testiculi cum plurimum valeant medicinæ, maximas insectationis molestias eorum causa in suis referuntur regionibus perpeti. Qui, dum pro eisdem acrius se viderint infestari, cum suæ fugam saluti sufficere non posse persenserint, sese humi dejiciunt, ea pro quibus urgentur membra mordicus abscidunt, et suis insecutoribus quasi quamdam redemptionem pro se dimittunt. Quid, tu Christiana persona, facies an amorem tuæ libidinis factitandæ tuæ vitæ præpones? Abscide a te quod diaboli nequitia a te exigit. Gaudere et pasci de tua luxuria appetit, abscide, inquam, et projice abs te, ne cum ea infernum subeas (*Matth.* V, 30). Sine luxuria vivere potes, cum illa, etsi corpore, infeliciter anima.

Accidit demum eidem bestiæ ut, amissa corporis illa parte, rursus ab ignaris aliquibus impetatur, sed cum fatigari cœperit, fugiendo sese divaricatis posterioribus cruribus resupinat, et se quod quærunt non habere pandendo clamat, sicque dimittitur. Et nos quælibet nequam, suggerente Satana et acriter instante, humiliantes nos sub potenti manu Dei (*I Petr.* V, 6) rejectis terrenis affectibus cœlo inferamus intuitum, opere conclamantes : *Mihi mundus crucifixus est, et ego mundo* (*Gal.* VI, 14). Vade retro, Satanas, cum nugis tuis. Hac tua libidine jam dudum me cœlestis castravit amor. Si bever ultroneus officio tam utili, scilicet quo generat, caret et quod præcipuum habet pro vita libenter impendit, perdendum ab homine gratantius est quod plus sibi officit quam proficit.

Scimus quoque vultures crudeles aliter absque concubitu pro modo suo et parere, et fetus creare. Si hanc Deus integritatis gloriam nequissimis insevit avium, quid tu rationalis anima quam præmium virginitatis non latet, a continentiæ tenore refugis?

A quibus caveat castitati invigilans. — Sed quia nisi summo erga Deum vigente affectu virtus hæc valere non potest, ignis quidam non honorarius, sed continuus nostro suggerendus semper est pectori, cujus ea natura sit ut omne quod aliunde noxium fervet, exstinguat. Anima ergo nostra amore illius dilecti singularis ardendo incandeat, et osculum oris ejus anxia votis, anhela desideriis exposcat, osculum, inquam, illud quod intima supernæ aspirationis illapsione perficitur, quo ore de illis ineffabilibus labiis, et anhelitu tanto mirabilius et dulcius, quanto secretius hauritur; qui, juxta beatum Joannem apostolum, concupiscentias in se exsuscitet sempiternas, et ubi omni favo gratiori saliva ejus tingimur, quæ totius divini verbi salutiferum nostra innovat in mente saporem. Sicque cum singulari titillante lascivia, post alieni oris blanditias animus tenere agitatus oberrare voluerit, memoriæ ea dulcedo revocata totum quidquid vagos exterius fomentat obtutus contemplatione expertæ aspirationis amaricat. Sed quando tactus impudice lenis et inhoneste delectans menti nostræ suggeratur, non illi desit nec vitio aliquo oppiletur illius foraminis apertura, per quod dilectus suam possit immittere manum, ad cujus tactum venter, id est nostræ carnalitatis fragilitas, intremiscat (*Cant.* V, 4), et cum Ezechiele, eadem manu nobis semper facta comite, assidue confortetur et mollia quæque refutet (*Ezech.* III, 14).

Si amplexus et cætera mundi frequentia voluptatum interioribus irruat oculis, et ad se eos contorquere velit, æmulemur sexaginta illos fortissimos proceres Israelis qui *lectulum ambiunt Salomonis, omnes tenentes gladios, et ad bella doctissimi* (*Cant.* III, 7, 8), qui quidem sexaginta, operis pii perfectione, eum qui post exercitium laborantis manet denarium jam merentur, ideoque tanto vigilantius lectulum Salomonis, id est sacram suam animam, quo vera pax et pacificans Christus quiescit, observant; quanto interiori curæ ab exteriori exsules vacant. Et hoc non sine gladiis, id est magnis acuminibus discretionis, quibus hinc superflua cœgitationis excidunt, illinc operis noxii repentinis incursibus militari quadam instantia obsistunt. *Uniuscujusque ensis super femur suum propter timores nocturnos* (Cant. III). Per ensem istic mihi longanimitas inter adversa posse intelligi videtur, quia ex transverso capulo, et prominente parte, crucis effigiem, in qua tolerantia notatur, praefert et ex inferiori longitudine patiendi perseverantiam portendere aestimatur. Ad hoc adjiciendum quod a summo sperula praeeminet, quia totam nostram inter incommoda sustinentiam a spe superni bravii descendere haud dubium est. Hoc igitur ense femur carnalium concupiscentiarum comprimendum irremisse est, nec frustra, timoribus enim nocturnis excludens, diabolicis scilicet dolositatibus arcendis, immodica vigilantia adhibenda est.

Deinde si nebula et terra omnium obscenorum motuum densitas animam irruperit, cantare necesse est animum resistentem: **326** *Nigra sum, sed formosa, filiae Jerusalem, sicut tabernacula Cedar, sicut pelles Salomonis* (Cant. I, 4). Nigra, inquit, ut tabernacula Cedar, utpote quae inter obscura vitae mundialis, in caliginibus erumpentium tempestatum sub spe manentium civitatis milito, et corporalis molestiae nubilo necessario adhuc turbor. Sed licet his aliquoties invita subjaceam, formosa tamen sum, ut pelles Salomonis, quia quiddam simile martyrum molior, dum eum quem illi contra principes potestatesque tenebrarum visibilium persecutorum, incentorum, positis corporum, in tegumentis animae scilicet, pellibus, confligendo sortiri studuere triumphum. Hunc ego adversus carnem et sanguinem exposito vitiorum pondere, circumstans me peccatum excutiens, non sine carnis acri injuria, et animi angustia diuturnis conflictibus dimicando obtinere nitor.

Dispensative sane a Deo agitur ut, cum tentationis fuco aliquando mea conscientia offunditur, a timore suae, quae forsitan subriperet, elationis exci-dat, et quanto suo judicio nitorem consuetum amisisse se dolet, eo apud intimum inspectorem formosior exstet. Sicut enim lilium inter spinas (Cant. II, 2), et si quando earum aculeis illiditur, vim sui tamen odoris non minuit, sic mens aeterni Sponsi jam amore donata, inter illas, quas rex Aegypti, diligenter maribus enecatis, fovere desiderat filias (Exod. I, 22), id est fluxos mollesque cogitatus, ac si inter mulierculas turpes, regiae virgo munditiae, speciei et honoris gloria excellentis emineat. Expergiscamur igitur, et omnimodum a nobis laboris exigamus vectigal, et emundandae operam demus menti, nec vacando virtutes sponte nobis aestimemus innascituras, et sicut vulgo jocularitur de presbyteris solet dici quod infulati operantur, et rebrachiati comedunt. Ita nos exertas habendo manus exercendae corporis voluptati, ac sopitos habendo divinis officiis somniando putemus promereri Deum; at longe aliter (28*).

Haec tibi, o sancta et excellens omni pio exercitio anima, coactus monitu contra me ipsum vehementi impetu delatravi, et dum vitia animorum tibi multa circumlocutione distinxi, me ipsum, vellem nollem, tibi expandi. At si de virtutis studio quidquam dixi, naturae potius ascribere debes potentiae, quae nunquam a bono prorsus est exors, quam meae in aliquo studio experientiae. *Narratio stulti, ut ait quidam, quasi sarcina in via* (Eccli. XXI, 19). Sed penes te excusatum de longiloquio praesumere me audeo, qui quod ausus sum, rogatu potissimum feci tuo. Dant tibi alii pictos et copioso ornatu spectabiles libros, ego utinam utile aliquid tuis queam deferre conspectibus! Accipe igitur de tua te salute monentem, et licet me secus agere quam dico cognoscas, ne aspernerisquod pro tua tibi salvatione depromitur. Libens quae jusseris egerim. Praemium saltem laboris hujus tuas mihi orationes impende.

FINIS.

(28*) Nota auctoris summam animi demissionem.

VEN. GUIBERTI ABBATIS
IN LIBROS QUATUOR
DE PIGNORIBUS SANCTORUM
EPISTOLA NUNCUPATORIA.

327 Domno et Patri, Sancti Symphoriani abbati ODONI(²); GUIBERTUS Dei Genitricis utinam minister ac servus; laetos in Dei servitium habere processus.

Auctor instituti sui rationem reddit. — Cum plurimae questiones super dente Salvatoris, quem nobis contigui Sancti Medardenses habere se asserunt, apud me perstrepent, cum vulgariter aliquibus satis-gissent, censui litteris pauca super capitulo isto perstringere, et tacitis aliorum sensibus quid animus meus inde sentiret edicere. Dum ergo rem ipsam in ipsa libelli fronte aggrederer, et quod conceperam vix pagina integra dictando eniterer, tanta pro similibus dicendorum influxit copia, ut coepta indefinite mox desereretur materia. Cumque alia, sed non aliena, ab hac occasione prosequerer, excudi primum, imperfecta quam adorsus fueram oratione libellum. In sequenti (re quam dicere devoveram jam libata) ubi de Domini corpore sermo incidit, totum etiam tunc quod loqui super dente cœperamus excidit. Unde iis quæ irruerant disserendo profligatis, tandem in tertio conatum meum exercui. Sed nescio utrum quidpiam, quod prudenti cuipiam sit satis, explicui.

Auctori objectum. 1. *Quod corpus Christi in Eucharistia vicarium Christi appellarit.* — Cæterum si quid senserim, ex fide sensa tota fidei securitate protulerim, si quis melius sentiat, velim. Attamen ex meis benevolis lectoribus illud in secundo libello subnotavit quod panis ac vini mysterium vicarium Christi appellarim, quod ob hoc sibi minus idonee dictum visum est, quod id quod vicarium dicitur, minus eo, cujus vicarium est, aliquo modo æstimatur. Sed si dicta mea attendisset quibus:......... quod est ex Virgine, et significati quod in......... constat, a me sæpenumero identitas enuntiatur, omnis ejus illico ambiguitas sopiret, cum ipsa verba Dominica mox inibi subjecta met.... ad sui memoriam id fieri imperant, nunquam de vicissitudine quæstio motaretur. Quis enim vicar... [*f.*, vicarium] cujuslibet repræsentandi dubitat, quod super repræsenta... [*f.*, repræsentatam] memoriam innovat? Magis plane in causa esse videtur quod Spiritus sanctus *Pignus* dicitur (*Ephes.* 1, 14), quod Filius ipse *Splendor gloriæ*, *Figura substantiæ* (*Hebr.* 1, 3), et alias *Imago Dei* appellatur (*II Cor.* iv, 2). Et certe vicarium quid obsistat vocari non video, quod et ipse quotidianum appellat, ac si suggereret, sic eo in præsenti, dum dicitur hodie, utendum, ut ad illud æterne fruendum, quod considet dexteræ paternæ, nos ducat. Quod plane sic in hoc sæculo fiendum mandat, ut in sæculis sæculorum, cum ad speciem hujus originis pertigerimus, fieri non egeat, sentire non possum quin opportune vicis cujusdam speciem ipsa licet omnimoda, veritas gerat.

Hujus itaque opusculi te judicem, vir amantissime, creare disposui, quem et acrimonia nusquam torpentis ingenii, non modo litteræ statum examinare perdocuit, sed ad ipsius litteræ, ut sic dixerim, spiritum disquirendum contemplandi assiduitas assuevit. Te ergo securus elegerim, quem ad corrigenda etiam hostilia progredi non nisi ex ingenita tibi humilitate didicerim.

2. *Quia male verba interpretatus illud Sap. cap.* v, 3. *Quod potissimum in lib. De interiori mundo refutat.* — Porro quod te audiente quidam......... us [*f.*, æmulus] mihi objecit, satis utique promptulus ad loquendum, sed minus providus ad id quod delatraverat tuendum. Scilicet quod contra sapientiæ librum eos qui in inferno sunt, aut futuri sunt, cor impœnitens et habere, et habituros dixerim, ubi videlicet legitur : *Dicentes,* inquit, *intra se, pœnitentiam agentes, et præ angustia spiritus gementes : Ili sunt, quos habuimus aliquando in derisum* (*Sap.* v, 3), etc., tali oratione, ni fallor, occludam. Quod enim eorum mens in diabolicum furorem, obstinationemque deciderit, satis in eodem quem de interiori mundo vocaverim libro, probasse me memini, sin alias, ea sola quasi contrarii oppositione conclusi, quod qua benevolentia Christus in cœlo suos sibi commembres unit atque concorporat, ea rabiei similitudine diabolus eos, quibus caput efficitur, sibi conformes factos inviscerat.

328 Valde enim absurdum, et omni rationi inconcinnum nemo dubitat quod qui malevolus a præsenti migrat, illic recuperet quod hic, dum advivit, habere non curat; alioquin Salomonis sententia vacat, qui lignum præcisum, sive ad austrum, sive ad aquilonem deciderit, quocunque loco ceciderit, immobiliter manere pronuntiat (*Eccle.* xi, 3). Non enim maneret, si a capitis sui alteruter, sive bonus, sive malus, conformitate statuque desciret. At quia a tanti libri sensu sese absentare dignoscitur omnino nefarium, ita eorum pœnitentiam disseramus, ut ipsorum impœnitudinem perpetuam non negemus.

In hoc sane solo eis pœnitere posse ascribimus, licet pœnitendi eis usquequaque nullus sit fructus, quod inter acerbitates suppliciorum sic peccat, pro quibus sunt puniti, fastidiunt, ut rursus extemplo cum infructuositas animo tanti sui doloris occurrerit, quod nulla ratione mutari possit, furor desperationis corda subvertat, et in tantum oderint quod sunt ut eos pœniteat quod minus peccatores minusque in suis voluptatibus, dum adviverent, efferati fuerunt.

Cui concinit Isaiæ illud : *Sola,* inquit, *vexatio intellectum dabit auditui* (*Isai.* xxviii, 19). Quod in libro Sapientiæ pœnitentia dicitur, hoc apud Isaiam intellectus appellatur. Et licet apud Salomonem nec ratio, nec scientia apud inferos futura pronuntietur (*Eccle.* ix, 10), tamen sine intellectu in hoc solo non esse noscuntur, quod semper discernunt pro quo patiuntur, sed inter patiendum, quia nullus discretionis est fructus, ad obdurationis et contemptus insaniam relabuntur.

Unde est illud Job, cum terram miseriæ ac tenebrarum describeret : *Ubi,* inquit, *umbra mortis, et nullus ordo, sed sempiternus horror inhabitat* (*Job* x, 22). Ordo plane esset, si is, qui pœniteret, ab ejus rei effectu, imo et affectu, de qua pœnitudinem gerit, absisteret. Nullus ergo ibi ordo est, dum pro malo cruciatus hinc pœnitet, illinc desperatur mali appetitu furens fervet. Quem furorem sempiternus ille horror significat, qui in animis spei omnis alienatione crudelibus enormiter flagrat. Quod totum liquidissime in Judæ proditoris facto perpenditur, quem dum factæ proditionis pœnitet, nequaquam tamen resumpto culpam corrigendi studio, a sua pernicie manus arcet.

Certe si ipse, qui tali quæstiuncula obligare me voluit, præsens esset, ab eo quærerem, et multo rectius quam quæsivit, quid super fatuarum in

Evangelio virginum verbo sentiret, quæ dari sibi oleum a prudentibus, et a sponso clausa jam janua aperiri sibi petunt (*Matth.* xxv, 8, 11), cum nulli dubium sit, quod post resurrectionem, quæ illic evidenter innuitur, nullus de suo statu seu salvandus, seu perditus, inibi dubitare sinatur. Cum enim dies quorumque mortis, dies judicii in Scriptura aliquoties nominetur (in ipso enim exitus nostri puncto sententiam aut salvationis, aut damnationis nostræ suscipimus) nullo modo quempiam latere potest quas hæreditates in posterum sortiatur, ubi ab integumento corporis exuto spiritu, ad æternitatis seu bonæ seu malæ notitiam nullatenus caligatur.

Si ergo exutum recens a corpore suarum sortium nihil latet, et post resurrectionem multo evidentius per experientiam corporis et animæ, vitæ sequentis habitus patet, ubi nec falsa pietas, nec adulatio, non dico se promovet, sed esse non prævalet, verba ista quomodo in illa veritate constant, quæ in hujus sæculi vanitate, si apud aliquem sapientem modo depromantur, non stant? Quis enim in præsenti alienæ conscientiæ, si sanum sapiat, testimonium ferat, quod suæ, si juste penset, nequeat? Quis ergo nugaciter a Deo quidquam tunc expetat, aut ab homine exigat, qui in præsenti quomodo se metiatur, ignorat? Non enim mendacia ei obtendi poterunt, cujus cuncta judicio nuda erunt.

Quod etiam alibi legitur, multi dicent: *Domine, nonne in nomine tuo prophetavimus, dæmonia ejecimus, virtutes multas fecimus? (Matth.* I, 22.) Nunquid in illo supremo examine, quasi sui ipsorum ignari, elementariis vocibus cum Deo cordium teste contendent? Dum ergo in absurdum littera tendit, attendendum est qui in iis sese sensus aperiat. Erit itaque non quod perspicax tunc spiritus dicat, aut cogitet, sed quod ab homine in præsenti magnis hypocritarum virtutibus, quæ putantur, stupefacto pensari possunt, vel ab iis hypocritis captata ab hominibus laude cæcatis sentiri queunt, qui ea quæ de se ab hominibus celebrantur, apud Deum constare credunt. Unde est: *Væ desiderantibus diem Domini!* (*Amos* v, 18.) Cæcus enim præmia sperat, quibus se dignum falsus miserorum adulationibus æstimat.

Sic itaque qui in inferno sunt intra se pœnitentiam gerunt, cum per sui considerationem, et damnationis exemplum perpensa sanctorum excellentia alios pœnitere compellunt. Si enim eos qui in inferno puniuntur, Solem justitiæ quia eis non luxerit doluisse sentimus, verbum Sapientis: *A mortuo scilicet perit confessio* (*Eccli.* xvii, 26). Et psalmi: *In inferno quis confitebitur tibi?* (*Psal.* vi, 6.) Et: *Non est in morte qui memor sit tui* (*Prov.* xviii, 5). Impius quoque *cum venerit in profundo malorum* [al., *peccatorum*] *contemnit*. Pravo intellectu obruimus. Ubi enim sancti stant in magna constantia (*Sap.* v, 1), nisi inter hujus vitæ adversa? Hic impii labores eorum abstulerunt (*Ibid.*), dum eos frustra tantopere pro Deo laborare dixerunt. Igitur in Scripturis pensemus similia, alioquin adversum se constabunt plura rebellia.

LIBER PRIMUS
DE SANCTIS ET EORUM PIGNORIBUS.

CAPUT PRIMUM.

Si de statu generalis omnium resurrectionis errare malum est, multo amplius ipsi Capiti resurgenti aliquid detraxisse perversum. Cum enim totius hujus spei efficientia ab ipsius exemplo dependeat, procul dubio tota sponsionis hujus consequentia infirmatur, si in eo qui spopondit faciendi possibilitas titubaverit, aut de eo quidpiam, quod promissum est, quomodocunque cassatur. Nam cum qui promittit promissa non implet, aut falsitatis arguitur, aut de eo, quod alios ditaturum se dixerat, minus posse se perhibet. Deo ergo aut potentiam imminuendo decoquere, aut quasi infidelitatem in promissis inurere, cum sit vel sic cogitari horrendum, nemo sibi sub nomine pietatis attribuat, quod impium omnium rationi probabilissime constat, quodque ad contumeliam credulitatis universæ respondeat.

Qui Ecclesiæ falsa tribuit, ipsam dedecore afficit.— Si enim pro singulari Ecclesiarum suarum excellentia sibi ascribunt, unde potissimum fidei nostræ jura succumbunt, omnino hic honor detestabilis æstimandus, qui spebus universorum parturit declinationes et lapsus. Certe si dextram tantopere auro oneres ut vires eo ornatu corporis totius enerves, multum erit hujusmodi inutilis pulchritudo, quæ pro particulari decore, officiat universo: sicut ex emergentium frequentia surculorum interitus accidit ramo, imo in arboris corpore toto.

Ecclesiarum consuetudines diversæ nil officiunt fidei catholicæ.— Porro etiam in iis quæ ecclesiastice aut tenentur aut docentur, tanta moderatio hactenus constat inolita ut nullus promulgare præsumat, nisi quod catholicæ consonantiæ sub ratione, aut exemplo examinatior censura confirmat. Sunt etenim quædam, quæ tenentur, sed non docentur, sicut sunt consuetudines aut jejunandi, aut psallendi; quæ etsi diversa sunt actu, nusquam tamen discrepant a fidei sensu, nec aliter faciens argui potest, qui a dissimiliter abstinente, aut canente per intelligentiam nullatenus abest. Alioquin, qui in simili fide diversitatem [*f.*, fidem diversitate] frugalitatum officiorumque defenderet, ex sui singularitate privilegii schismaticus et merito dici posset. Si ergo diversum quidpiam psallis, dissimiliterque jejunas, non est competens aut idoneum, ut hoc aliis non minora bona tractantibus importunus prædices, aut injungas. Audi Apostolum : *Qui manducat, Domino manducat; et qui non manducat, Domino non manducat* (*Rom*. xiv, 3). De similibus idem judicare in promptu est.

Absque baptismate et Eucharistia fides constare nequit, quorum ubique par est forma.— Sunt præterea quæ tenentur et docentur, uti sunt et baptismatis, ac hostiæ Dominicæ sacramenta, quæ, quia in tantum sunt Christianitati communia, ut sine iis subsistere non valeat fides nostra, sic auctoritate tenentur semper indissimili ubique immota, ut semper et ubique eadem comitetur, præcedat, et subsequatur paris formæ doctrina. Paris, inquam, formæ, ut quod extrinsecus pronuntiatur, secundum id docentium procedat oratio. In quibus tamen duobus id refert ut sine aqua aut sanguine Christianus esse non valeat, sine Eucharistia vero esse possit, si tamen in ejus constanter fide permaneat. Quod in plerisque potest probari martyribus, sive eremitis, quorum alteri nunquam, alteri semel aut rarissime sumpta, sancto deinceps opere se ei incorporantes, longæva solitudine sanctificati sunt.

Aliquando fides sine operibus ad justitiam reputatur.— Idem est et in præceptis, ut vacantibus cæteris, fides ad salutem sufficiens tenenda doceatur. Unde Apostolus : *Ei autem qui non operatur, fides reputatur ad justitiam* (*Rom*. iv, 4). Amplior nihilominus charitati prærogativa tribuitur, dum fidei speique præponitur, dum sola pro omnibus æstimatur, dum sola opus quasi antonomastice prædicatur : *Opera*, inquit, *manuum nostrarum dirige super nos* (*Psal*. lxxxix, 7). Quæ sunt communia cujuslibet professionis bonæ exercitia. *Et opus manuum nostrarum dirige* (Ibid.), id est, meliora charismata, eminentiorem scilicet viam, nos doce. Hæc apud nos et tenta docentur, et docendo tenentur.

Præterea sunt quædam, quæ etsi inter summe necessaria saluti nostræ, de quibus agimus, non computantur, sine quibus vivi recte non potest, tamen et tenentur, et in Ecclesiis prædicantur, sine quorum plane usu, et præsentia multi vitas bene transegerunt, et transigunt, ut sunt cadavera sanctorum; ut pignora, de iis videlicet quæ fuerunt in usibus ipsorum. Hæc nobis sunt reverentiæ ac honori, pro exemplo præsidioque eorum. In quibus equidem ea sola authentica ratio habenda esset, ut is duntaxat diceretur sanctus, quem non opinio, sed vetustatis, aut scriptorum veracium traditio certa firmaret. Is enim quomodo putas, ut ita dicam, sancitur, cujus auctoritatis memoria ulla nescitur, nedum quod nec litteris, aut aperta miraculorum experientia solidatur? Litteris dico ad roborandum efficacibus : sunt enim quam plurimæ super quibusque sanctis relationes, quibus potius eorum præconium apud infideles impiari poterat, quam aliquatenus illustrari. Ubi enim etiam quæ vera sunt adeo pannoso, et pedestri, et, ut poetico verbo utar, humi serpenti eloquio proferuntur, imo inconditissime delatrantur, ut cum minime sint, falsissima esse credantur.

Et quomodo talium auctorum subornandæ astipulabitur falsitati oratio, quæ ex sui indignissima cruditate etiam veritatem ponit in dubio? Et quibus super hujus inflictione nævi parsum putamus, cum non vitas, sed potius nenias aliquorum apostolorum tanta infuscatas fuligine videmus? Et harum rotatus fabularum omnis carri stridore deterior; quam ædificationem afferet piis, qui etiam incentivum blasphemiæ suggerit impiis? Quid Thomæ historia, nisi strepitus aurium appelletur, cui non semel Augustinus, sed locis pluribus refragatur ? (*Job* xiii, 7.) (³) Egebat forsitan aut Deus, aut sancti eorum, juxta illud Job, mendacio, ut pro ipso loquerentur dolos. Si ipsi sancti apostoli qui quasi capilli aut barba summo capiti cohæserunt, hujusmodi fallaciis minime caruerunt. Et nisi ex evangeliis, et suis ipsorum actibus nostræ insignirentur notitiæ, aliquorum animos talium figmenta turbarent.

Quid dicam de illis, qui nullis aliorsum testimoniis claruerunt, et ex eo quod scripturis qualibuscunque celebrari putantur, potissimum tenebrantur? Quid super illis agam, quorum nec initia, nec media ulli patent, et in quo omnis laus cantatur, finis penitus ignoratur? Et quis illos, ut se juvare debeant, deprecetur, quos nescit utrum quidpiam apud Deum mereantur ? et nonne graviter hominis conscientia offendit, quæ eum, de quo nil magnum sperat, Deo pro se intercessorem obtendit? Nonne suæ prorsus acumen orationis, imo intentionis obtundit, qui cum quem rogat, utrum commune quid cum Deo habeat, nescit ?

Certe vidi quosdam, qui cum diutissime aliquem, ut ferebant, sanctum, ex Britannia delatum pro confessore habuissent, mutato de repente animo pro martyre celebrarunt. Causas cum rogitassem, nil dignius super martyrio hominis, quam de prætermissa confessione dixerunt.

Legi testor Deum, et iis, qui mihi præsto fuerant, cum nimia detestatione relegi : scilicet in Vita Samsonis celeberrimi, apud Francos et Britones, sancti, abbatem quemdam, quem sanctum Pyronem (⁴) lectio illa agnominat ; cujus cum finem ut beatum putabam rite legendo prosequerer, reperi cumulum sanctitatis, hominem videlicet ebrietate madentem, puteum incidisse, sicque enectum.

(⁵) Nec illud excidit, quod Lanfrancus Cantuariæ apud Anglos episcopus, successori postea suo Anselmo, tunc abbati Beccensi quæstionem infert, super quodam prædecessore suo (29), qui in vincula conje-

---

(29) Elfego nomine.

ctus, quia pecuniis sese redimere renuit, peremptus est.

Antequam quis invocetur de ipsius debet constare sanctitate. — (⁶) Quid dicam de iis "sanctis," quorum aut finis est in malo propatulus, aut latet utrum bonus an malus, aut inter utrumque fit scrupulus? Jesu pie! cujusmodi sanctus cujus finis constat ambiguus? Antequam ergo eum deprecer, necesse est ut de veritate sanctitatis ejus altercer. Illud dicere audebo profanum, quod ararum pone sacraria altissimos tribunalium instar thronos obtinent, quorum tempus, natalis, ac vita, dies quoque ut qualitas mortium in nullius viventis memoria resident. Etsi eos fideles pro nomine sanctitatis honorant, sacerdotes tamen (quod pace ipsorum dixerim) non recte judicant, qui vulgus opinionis suæ vento circumlatum non corripiunt, nec emendant. Si enim sine testimoniis ad gradus summos legitime nemo provehitur, illi temere falsis imo sacrilegis vocabulis insignientur, ad hoc ut cunctis mortalibus emineant, proponentur, qui forsitan in loca pœnalia relegati, aut in tartara perditum ducti, si sibi profuturum scirent, et facultas suppeteret, opem a mortalibus cum illo divite precarentur.

Ecclesiæ prælatorum est, ut debito sanctorum cultui incumbat populus invigilare. — (⁷) Sit itaque videre pontificum, sit Dei populi videre custodum, quatenus suis provideant, ut si æmulationem Dei habent, hanc duntaxat habere sinantur secundum scientiam, ne peccent, si recte offerant, et recte non dividant. Si, secundum prophetam, *Væ eis qui dicunt malum bonum, et bonum malum (Isai. v, 20)*: quæ major perversitas, quam tales sacris altaribus intrudere, quos fortassis ab ipsis sacris aditis conveniebat extrudere? Si hi e quorum corporibus post mortem miracula effluxerunt, a cruciatibus in anima liberi, ut legimus, non fuerunt, justum enim vix salvari experto didicimus; quid de illis sperare licebit, quorum claritudini neque visus, neque auditus, neque scripta, neque miracula concurrerunt? et certe difficillime credendum **331** signis erat, præter illa quæ bono continuatus initio finis ediderat.

Signa exteriora haud indicia sanctitatis. — Hæc etenim ita, ut sic dicam, amphibola reputantur ut sicut dextris sic et sinistris partibus glorias suppeditare dicuntur; qui enim filiis Israel mare Rubrum divisit, Magno Alexandro Pamphylicum. Lege Suetonium, quomodo Vespasianus impactum pedis pollice sustulerit claudum. In promptu quoque est in ortu præpotentum principum, utputa præfati Alexandri, Julii Cæsaris, Octaviani; sed et aliorum signa præmissa, et in mortibus habuisse Carolum, et Ludovicum filium ejus prognostica. Unde et nostro tempore in nostrorum, et Lotharingorum, seu Anglicorum regum occasibus, et innovatione regnorum, sæpius cometes emersisse conspeximus.

Ludovicus Grossus seu sextus, scrophas curat. Quod Philippo patri criminibus obvoluto negatum est. Id Anglicus rex potestatis minime habet. — Quid quod dominum nostrum Ludovicum regem consuetudinario uti videmus prodigio? (⁸) Hos plane, qui scrophas circa jugulum, aut uspiam in corpore patiuntur, ad tactum ejus, superaddito crucis signo, vidi catervatim, me ei cohærente et etiam prohibente, concurrere. Quos tamen ille ingenita liberalitate, serena ad se manu obuncans, humillime consignabat. Cujus gloriam miraculi cum Philippus pater ejus alacriter exerceret, nescio quibus incidentibus culpis amisit. Super aliis regibus qualiter se gerant in hac re, supersedeo; regem tamen Anglicum neutiquam in talibus audere scio.

CAPUT II.

§ I. *Signa et visiones non eorum quorum ministerio fiunt, sed aliorum identidem utilitati inserviunt.* — Sciendum ergo plurifariam signorum dona distribui. Sunt enim quidam per quos ac si canales eadem portenta feruntur, et dum per hæc aliorum utilitati militant, ipsi eorum quæ per eos fiunt exsortes habentur. Quod in loquela asinæ et angeli visione, prophetia Balaam (*Num.* xxii, 27), et Caiphæ (*Joan.* xi, 51) certissime conjici potest, quia quæ exterius sonuerunt, a se penitus aliena fuerunt. Unde et a morientibus cujuscunque meriti multa videmus futura prædici, et de sequentis sæculi statu plurima enuntiari. Inde et secundum hunc modum verba infantium prorsus innocentium solenis appretiari, nam super suis ipsorum, aliorumque eventibus, ab eis solent quasi per hebetudinem plena providentiæ dicta jactari. Quod sub sequenti patebit exemplo.

Infantulus videt inter agentem sacra mysteria presbyterum manu puerulum hostiæ loco tenentem. — Nuperrime, scilicet Pascha præterito, die ipsa, cum eadem festivitas ageretur, in urbe nobis contigua Suessorum (⁹), mulier quædam ad ecclesiam proprium infantulum suscipiendæ gratia communionis adduxerat. Cumque tempus Eucharistiæ conficiendæ accederet (¹⁰), et puerulus rerum adhuc omnium inscius, sub præsentia matris a sacerdotis tergo consisteret, vidit in medio altaris, dum res divina geritur, infantulum omni specie pulchriorem inter manus sacerdotis erigi. Quod cum intueretur puerili curiositate, qua visa silere non sinitur, Ecclesia audiente, exclamat ad matrem : « Domina, inquit, nonne attendis quam pulchrum puerum super altare presbyter teneat ? » Matrem vero respicientem, nihil hujus visionis attigerat. Post paululum autem, cum post elevationem demitteret sacramentum, et operiret sindone, rursus inclamitat : « Ecce, ait, albo panno involvit eum. »

Cumque cunctis audientibus hæc eadem replicaret, capacioris intelligentiæ quidam animadvertunt, innocentiam puerilem aliis oculis pulchrum illum puerulum intueri; aliis pallam materialem qua intellectualis obvolvebatur attendi. Ecce ille qui hæc vidit, huic sæculo innutritur, nec sequentem spei æstimatur melioris ad vitam. Unde scitur indubie quod visio hæc, ejus qui vidit nec prodit meritum, nec amplificat gloriam, sed audientium fidei addit magnificentiam. Et quomodo id suæ utilitati aut gloriæ vidisse dicatur, qui vix aut nullo modo, utpote infra sensum, quid olim viderit meminisse dignoscitur?

§ II. Reperiuntur porro et alii, quibus nec propter præcedentia merita id provenit, neque iis ex sententia rationis obtingit, sed sine respectu omnis studii ac laboris, pene totius justitiæ gloria accidit. Quod in sanctis innocentibus perspicuum constat, qui sine contemplatione aut Dei, aut præmii passi, quidquid Dei est obtinuere in præmio; figuli enim est potentiæ facere vas in honorem, facere in contumeliam (*Rom.* ix, 21). Ipse nempe est qui objicit: *Non licet mihi quod volo facere? (Matth.* xx, 15.) *Cui enim vult misereretur, quem vult indurat (Rom.* ix, 18). Nec modernæ super hoc differtur ætatis exemplum.

Acolythus puer imaginem alloquitur; cui et ipsa dedit responsum. — Apud Sanctiquintinense (*Saint-Quentin*) oppidum, quidam itidem parvulus fuerat, parentum judicio allectus ad clerum; jamque acolythi nisi fallor, gradum subierat. Is ante absidis frontem, inter altare videlicet ac absidem, quadam solemni die hora sacrificii pro officio acturus astiterat. Patenam autem cum hostia quæ erat offerenda gerebat. Imago denique a fronte cancelli gypsea, crucifixi Domini speciem præferens, eminebat, quæ non longe a Quintini martyris sepulcro distabat. Cumque imagini 332 assisteret, et offerenda deferret, puerili tam verbo quam sensu ad imaginem dixit : « Vultis, ait, Domine, de pane meo ? » Cui ille evidentissime respondere dignatur : « Ego, ait, in proximo tibi de meo pane dabo. » Qui his auditis morbo corripitur, et infra dies paucissimos suo quem brevi tenuerat exutus hominiculo, compos trabeæ cœlestis efficitur, et ante imaginem, quæ id sibi spoponderat, sepelitur.

Hæc clero Ecclesiæ ipsius referente edidici, et tumulo astipulante rem vidi, et credidi, sicut primum, quod retuli, a domino archiepiscopo Remensi Radulpho audivi. Suessio quoque testatur clerus, populusque Lauduni. Dicit Seneca in libris De beneficio : « Quia qui vicem alienæ largitati restituit, mercatoribus exæquatur, qui autem gratuito impendit, Deum imitatur. » Certe et securus dicam, quia multo magis naturale est Deo gratiam impendere quam cujuspiam merito respondere.

III. Sunt præterea aliqui quorum fides multum de misericordia divina meretur, ita ut ille, cujus cibus est ut faciat voluntatem Patris sui (*Joan.* iv, 34), illis potissimum efficientiam suæ ipsorum salutis ascribat, quos in expetendo quod ceperant fide animosiores invenit. Unde et ad multos ejus familiare verbum est. *Fides tua te salvum fecit* (*Marc.* x, 52). Quod est dicere : In tantum mihi placet fidei vestræ importunitas ut mei vice vestra ex vobis pendeat sanitas. Quod et novo nostris temporibus ipse monstravit exemplo.

De puella quæ postquam voluptatibus indulsisset, et peccata fuisset confessa, a summo vitæ discrimine fide sua meruit liberari. — Circa confinia, nisi fallor, Cameracensis, Adartensisque provinciæ, juvenis et puella, plurima consanguinitate finitimi, ruri sub eisdem ædibus commanebant. Cumque assiduitas contubernii familiaritatem, familiaritas ineptiæ conceptæ præberet ausum, male cautam subito propinquitatem impudens vitiavit incestus. Nec mora, ingestæ libidinis juvencula persentiente conceptum, cœperunt mutuo assiduo non sine lacrymis murmure conqueri, infamiam suorum, oculosque vereri. Itaque digredi a natali solo constituunt. Sed puella proprii admodum meticulosa reatus, concurrit ad presbyterum, et cum atroci dolore suum confitetur admissum. Quo facto, a rure illo, noctu quasi in exteram secessuri regionem, utrique commigrant. Qui extra agros illos haud procul euntes, marginem putei jam dudum desolati pervium habuere. At juvenis : Consedeamus, ait, ut uteri gravetudinem super oram putei pausando leves. Credidit illa dolis, et cum vecordi juveni assedisset, impulsam a pectore illam nequissimus præcipitavit in puteum.

Cumque post paululum reddita sensibus ex casus altissimi dolo gemisceret, cœpit ad eam an viveret quasi compellando clamare. Vivam itaque sentiens querulæ vocis mussitatione captata, sensim ad eam lapides prærogare aggreditur. Illico muliercula conticescens, in adjacentem putei angulum non tam quietura quam saxeos imbres evitatura concessit. Et dum nec spiritum, ne motum quidem facientis, impio hauriret auditu, mortuam non minus ex lapsu quam ex lapidum collisione putavit. Recedit itaque et ad propria facinore lætior tecta regreditur. De puella, nisi quod incomitata excesserat, fabula rara fuit.

Igitur in sinu illius caveæ constituta, cum desperatissima pastum ne Deo quidem præstolaretur ab ipso, sensit ex eo qui capiti ejus imminebat cespite stillam laticis elabi frequentius, cui ora subjiciens eo tantulo reficiebatur illapsu, ut Sardanapali copias exæquaret. Quid differam ? Quadraginta inibi ferme dies exegerat, nec alio victu quam ea quam prædiximus fovebatur ex gutta. Interea die infra quadragesimum quodam, subulci et opiliones per agros undecunque compascuos pecora circa viciniam putei ductitabant, in quibus dum discursitant locis, audiunt e profundo vocem suggrunientis ibidem. Qui capita per supremum putei demittentes, humanum ruisse quidpiam inibi ex voce percipiunt, quem dum multa vocalitate civissent, feminam advertunt. Rogitant quænam esset. Quæ et cujas esset, magna clamoris eruptione pertonuit.

Quo audito pastores ad villam proximam Pegasea alacritate se conferunt, illam, quæ exitialiter periisse, vel extorris abiisse ab omnibus ferebatur, reperisse se aiunt. Nec mora illo ruit rusticana frequentia, muliebre convolat vulgus, non teneritudo puerulos, non annos pigritia pressit aniles, quin ocior quisque concurreret. Dimittitur quoque qui demersam funibus efferat, et exspectantibus turmis exhibeat. Qua exhibita, et relato tantæ salvationis eventu, non intra rus idem miraculi sese fama cohibuit, sed in remotas se regiones, virtus isti tempori prorsus inusitata circumtulit.

Ecce quid valuit fides in pœnitentia. Ecce quid valuit in intentione corrigendi perseverantia. Ille fidem habet in pœnitentia, qui post confessionis gratiam, ex securitate emendationis conceptæ nunquam diffidit de venia. Hæc est ergo illa fides quam in omnibus pene præcedentibus patriarchis tanta replicatione commendat Apostolus, ut etiam Raab et Jephte connumeret (*Hebr.* xi, 31, 32), qui fidei tantopere prædicatæ obscuriores admodum **333** cæteris causas habent. Est autem hujus quæ mihi videtur præcipua mulierculæ fides, fidelis et irreverberatus in sua ad Deum necessitate concursus. Quæ tamen tanta apud Deum est, ut etiam iis, quorum correctio est nullatenus secutura, negare subsidium pietas superna non possit. Unde a prophetis crebro ei ingeritur : *Ne moreris*, inquiunt , *propter temetipsum* (*Dan.* ix, 19). Et : *Propter honorem nominis tui libera nos* (*Psal.* lxxviii, 9). Inde et certo certius dicam Deum, qui pietas est, seipsum negare non posse (*II Tim.* ii, 13), quin et iis qui a se futuri sunt extorres etiam celerius quam justis assistat, dum justos salubriter tentat, et illis quod expetunt ad suum ipsorum judicium citius prærogat.

§ IV. *De Erlebaldo, Cameracensi decano, sanctitate et doctrina conspicuo.* — Sunt denique et alii, qui non pro sola fide ad subitum sed modernas et supercœlestes glorias multa sancti laboris longævitate merentur. In Cameracensi Ecclesia , ante hoc ferme biennium decanus, qui et summus ædituus templi fuerat, cui Erlebaldus nomen erat, qui in multis quos circumquaque faciebat ad populum sermonibus, ad fructum veræ confessionis ostendendum , idem quod modo retulimus referebat exemplum.

Is corpus proprium gravi abstinentiæ fasce profligans, perpetuo cilicii squalore contabuit, in quo vix aut nunquam mundities habuit, in quo tanta vermium ingenitorum scaturiginis instar insolentia coaluit, ut mirum haberetur quomodo id caro humana tolerare potuerit, cum eo nunquam ne quidem cubitando caruerit. Culcitra neutiquam usus, scamnum pene sine ullius sternii fulcro pro cubili habens, nunquam nudus accumbens. Igitur cum vitæ hujus propinquaret ad finem , cœpit in spiritu gravissime a dæmonibus molestari, et ab ipsis veluti per volutabra trahi. Cumque passionis hujus causæ ab eum invisentibus quærerentur, intulit hoc sibi apprime a diabolis objici, quod sibi commissum minime plene coercuerat clerum.

Morte igitur sibi obita , cum plurimis bona specie apparuisset, tum maxime episcopo, modo tali, interrogatus ab eodem qualiter secum ageretur, respondit : « Triginta, inquit, iis diebus præteritis quotidiana sum flagellationis cæsione multatus : » Ad quem episcopus : « Et tu , inquit , domine , quam ob causam ? » Et ille : « Mirum, ait, est quod dixisti cum scias hominem etsi sanctum , tot , velit nolit , fragilitatum lapsibus subjacere ; sed et de iis quæ Deo , et mihi confessus es cogitare debueras, ut corrigereris, sicut mihi spoponderas. Ne cuncteris ergo corrigi, quia expedit tibi ut facias. » In natali itaque Domini sibi finis obtigerat.

Hac deinde visione et aliorum publicatis, cum jam secundum seriem earum, et vitæ ipsius pietatem sub spe bona de eo omnia crederentur, festum consequenter Paschale transierat. Et ecce in monasterio Brothburgensi, quod multæ religionis sanctorum est virginum , duæ adolescentulæ clarissimæ indolis fuerant, quarum cum obiret altera ante Dominicæ Resurrectionis diem , a sodali conventa, et multis obtestationibus est obstricta, quatenus carne deposita, si spiritui ejus Deo permittente liceret, ad se rediret, et quid secum boni aut mali gereretur, ediceret. Tantopere enim mutua se dilectione devinxerant , et quæ inter vivendum omnium suorum consciæ vicissim fuerant, obeuntes non esse nolebant.

Igitur post aliquot puellæ mortis ac festi Paschalis dies, cum superstes juvencula dormitorium nescio quid actura petisset, ecce comes amantissima nil funebre, nil horridum præferens, sed quod gratiosius sensibus poterat apparere, subrutilans repente astitit. Infinito illa stupore succingitur, et hæsitanti tamen ore qualiter se ageret, ipsa requirit. « Feliciter, inquit, ago »; die enim sanctæ Resurrectionis recens actæ, dominus Erlebaldus Cameracensis decanus, et ego cum eo, cum immensa frequentiæ cœlestis lætitia ad omnipotentis Dei faciem recepti sumus. » Dixit et excessit, sed tam cito dimissam immodico dolore compressit. Fuit autem homo iste cum sacerdotio, quo fulgebat, et in Scripturæ scientia copiosus, et mihi valde amicitia affinis, cui sicut de ejus honore supremo, ut debeo, gaudeo, utinam a modo inveniar gratiosus. Hæc fides operosa commeruit, quæ pii laboris commercio Deum sibi effecerit debitorem. Hæc ab episcopo Laudunensi domino meo Bartholomeo cum audissem, tot propemodum postea de provincialibus hujus beati hominis testes secuti sunt, qui super hac re indissimilia sonuerunt, quot jam in memoria mea recenseri non poterunt.

§ V. *Sicut vera sanctorum acta honori Deo, ita et falsa dedecori vertuntur.* — At quia hæc signa non tam pro sui novitate quam pro causarum ipsarum reddenda diversitatis ratione retulimus, illud adjiciendum reor, quod sicut evidentia et indubia sunt præcordialiter affectanda, ita fucis aliquibus non facta sed ficta, diris sunt animadversionibus punienda. Qui enim Deo quod nequidem cogitavit, ascribit, quantum in se est, Deum mentiri cogit. Si quis me homuncionem alicujus falsitatis accerseret, aut mihi quod non fecerim fecisse impingeret, multum mihi horrori et odio esset. Et quid eo funestius, desperatius, damnatius, qui ipsum totius puritatis Deum fontem solo **334** ambitu fœdissimæ voluntatis attaminat?

Puer defunctus velut sanctus imprudenter colitur. — Certe vidi, et retulisse me pudet, vulgarem quemdam puerum militis alicujus, ut ferebatur, armigerum die Parasceves biduo ante Pascha proxima Bellovago villa occubuisse; attinebat autem viri cujusdam prædicatissimi abbatis. Cœpit mortuo illi pro sacra illa in qua obierat die gratuita sanctitas imputari. Cumque id rustici rerum novarum cupidi celebrassent, repente oblationes et cerei ab omni agrestium pagensium vicinia ad ejus tumulum comportantur. Quid plura! Tumba superstruitur, locus ille domo ædificata præcingitur, ab ipsis certe Britanniæ finibus ad eum peregrinantium soli rusticorum, nullorum vero procerum cunei tendebantur. Videbat hæc ille sapientissimus abba cum suis religiosis monachis, et munerum comportatorum blandiente frequentia, infecta miracula fieri supportabat. Etsi in profani vulgi avaris pectoribus capi potuerunt fictitiæ surditates, affectatæ vesaniæ, digiti studio reciprocati ad volam, vestigia contorta sub clunibus. Quid facit modestus et sapiens, qui præfert propositum sanctitatis, dum fautorem se præbet in talibus?

Crebro teri perspicimus ista susurro, et facta feretrorum circumlatione ridicula, et eorum quos a rabie declamandi rabulos Hieronymus vocat mendaciis quotidie cernimus alieni marsupii profunda nudari. Quorum tanta nebulonitate concutimur, tanta divinorum adulatione ferimur ut juxta præfatum doctorem, scurras, helluones, et catellaneos liguriendo exsuperent, corvos ac picas importuna garrulitate præcedant.

§ VI. *Quid de falsis reliquiis ipsomet præsente Guiberto actum fuerit.*—Sed quid crimen in numerum jacimus, si non ad errorem potius improbandum speciale aliquid inferamus? Celeberrima quædam Ecclesia hujusmodi circumvagationes agebat, et ad sui reparationem damni quæstus adhibito prolocutore quærebat. Cumque super reliquiis suis sermonem plus æquo extuberat, prolato phylacterio ait: (Ego autem impræsentiarum) Sciatis, inquit, quod intra hanc capsulam de pane illo, quem propriis Dominus dentibus masticavit, habetur, etsi minus a vobis creditur, ecce heros, ait (iste de me autem dicebat), quem vos in litteris plurimum valere testamini, verbo meo si necesse fuerit testis assurget. Fateor, erubui, cum audissem, et nisi eorum præsentia, quos ille auctores habere videbatur, reveritus essem, ut pace ipsorum potius quam illius qui loquebatur, agam, falsarium ostendere debuissem. Quid dicam? ne monachi quidem, nedum clerici, ab hoc turpi emolumento se continent, ut res hæreticas super fide nostra etiam me audiente pronuntient. Juxta enim illud Boetianum : « Jure insanus judicarer, si contra insanos altercarer. »

CAPUT III.

§ I. *Tabulis ecclesiasticis quinam ascripti censendi sunt.* — Sed ut res quæ præ manibus est, liberius valeat prævideri, de iis, qui appellantur sancti primo tractandum. Certe cum pro sanctis habeamus apostolos, et quos pro martyribus fuso probavit Ecclesia, certe super confessoribus serior sententia ferri potest. Martyres plane etsi scripta conticeant, solius prærogativa sanguinis extulit, nec quæritur in martyre quæ vita præcesserit, cum ad vetustissimorum repurgia criminum cruor ipse satis sit. Jesu bone! quidni, cum ad omnem gloriæ sufficientiam etiam sceleribus abolitis potis sit, pœna enim ipsa sicut ante baptismum, ita post baptismum culpas oblitterat, et vices agit lavacri, ac salvationis, imo clarificationis certissimæ effectrix est. Pœnam dico quam rectissima causa præcesserit, proinde in canonibus præcipitur (*Concil. Eliberit.* can. 60), ut si quis reperiatur idola destruens, et pro hoc ipso eum contingat interimi, ut non pro tali occubitu martyr habeatur. Et certe hic bona causa videtur; sed quid quod intentio causæ aliquoties depravatur. Donatistæ non imparia martyribus passi sunt, et quia extorres a charitate fuerunt, frustra tulerunt. Reliquiæ Manichæorum pridem Suessionis zelo Dei plebis arserunt, sed extorres a justa causa, solummodo addemnatis corporibus sibi damno fuerunt. Super quibus in libris Monodiarum mearum laciniosius dixi.

Monodiarum librum edidit Guibertus. — Si ergo de martyris sanctione sententia tanta ambiguitate profertur, de confessoribus, quorum finis minus aliquoties certi habet, quæ censura ferenda? Si in Martino, Remigio, ac similibus totius Ecclesiæ sensus adæquitat, quid de eis proferam, quos præfatorum æmulum per villas ac oppida quotidie vulgus creat? Cum enim alii alios summos conspicerent habere patronos, voluerunt et ipsi quales potuerunt, et fecere [f. facere] suos. Sic poetæ cum primo opuscula nobilia emisissent, postmodum ipsorum æmulatione quique inertiam ducti, « scripserunt (ut ait Horatius), indocti, doctique poemata passim. » Artium repertores, et qui suis aurea sæcula duxere temporibus antiqui in deos deasque levarunt, medii tantopere numerosa numina cumularunt ut postremi, abrogatis quibusdam, quosdam secernerent selectosque vocarent. Samaritæ relegatis in Babyloniam Judæis deos sibi conficiunt : « Unaquæque, inquit, gens fabricata est Deum suum (*IV Reg.*, xvii, 29). » **335** Babylonii fecerunt sibi Socoth Benoth, Cuthtei Nergel, et alii alios. Apud beatum Gregorium (*Pastoral.* part. II, cap. 11, initio) constat quod is, qui displicet, cum ad intercedendum mittitur, irati animus ad deterius provocatur. Sed omnes diffitentur se tales qui displiceant patronos elegisse.

Quem sanctum nescit cum quis orat, peccat. — Dicant ergo mihi quomodo sibi illum patrocinari æstimant, de quo quidquid est sciendum ignorant.

Nusquam de eo scriptum præter nomen invenies. Cæterum, tacente clero, anus, et muliercularum vilium greges, talium patronorum commentatas historias post insubulos, et litiatoria cantitant, et si quis earum dicta refellat, pro defensione ipsorum non modo conviciis, sed telarum radiis instant. De quibus ergo ne suspicio, quales fuerint, residua quidem exstat, quis hos nisi extreme demens ad pro se interpellandum provocat? Et oratio illa quid valet, ubi orantis animum ejus quem Deo pro se prætendit omnimoda incertitudo remordet? Quid, inquam, prodest, quæ sine peccato nunquam est? Si enim otas quem sanctum nescias, in eo ipso peccas, quo veniam impetrare debueras, quia non recte dividis cum recte offeras. In quo plane orans dubitas, Deum nullatenus placas; sed dum de tua petitione diffidis, irritas, ad ejus namque injuriam respicit, ad quem is prolocutor dirigitur, quem non novit. Et quomodo tibi proloquatur qui tibi suspectus habetur? Et si bene non opinaris de eo, quid te meriturum credis ab ipso? Dicit quodam in loco Ambrosius: « Super me debet esse cui me committere paro. »

De cujus itaque statu omnino ambigis, talem petere nonne insani prorsus est capitis? et quem ignoras utrum melior te sit, quare postulas ut penes Deum pro te sit? Vide Dominum usque ad translationem montis fidei meritum commendantem, et hæsitationem cordis aperte vetantem (*Matth.* xxi, 21). Ac si diceret: Si quid magnum proponitis, quantumcunque illud est, si vel parum hæsitatis, amittitis, et multo tolerabilius est de suo merito quemque diffidere quam de eo in quo spes tua penes Deum pependerit, patrono tuo videlicet, desperare. Quia enim minus tibi attribuis, illum adhibes, et certe nosti quia si interpres tuus falsitatis arguitur, quidquid impetrare potueras, perdes.

Apertis argumentis corpus B. Virginis glorificatum asseri non potest; nefarium tamen est credere illud corruptioni obnoxium, reliquisse Filium. Ratio suadet in cœlum fuisse assumptum. — Sed quid in iis diu versor cum tanta sit in totius sanctæ Ecclesiæ ore pudicitia ([10']) ut etiam Matris Dominicæ corpus resurrectione glorificatum dicere non audeat, ob hoc videlicet quod necessariis argumentis comprobare non valeat? Et cum vas illud omni creatura post Filium præclarius, quod Dominum majestatis universorum contulit, quod nunquam ulli ne angelicæ quidem naturæ licuerit, irremuneratum, inhonoratumve dimisisse ad experientiam corruptionis credere nefarium sit (præsertim cum quod corpori suo glorificando debuerit, materno corpori, ex quo est quod est, redhibere obnoxius sit), resuscitatum nequaquam dicere audeamus; nec ob aliud profecto, nisi quod probabilibus indiciis id asseverare non possumus. Etsi enim alias in dissertione sacræ paginæ ratio aliquoties sola conveniat, rationem autem adhibita Scripturarum in se exempla continentium, hic tamen etsi ratio eam ad integrum corpore resuscitato clarificatam opportunissima undecunque comportet, verum quia evidentia probamenta non

suppetant, credere quidem de ipsa quidquid glorificatius est, etsi tacite possumus, neutiquam vero approbare valemus.

Ratio plane procul dubio evidens videtur, ut cum multa quorumcunque sanctorum corpora cum ejus Filio resurrexisse credantur, illa, cujus caro non altera quam Filii est, præsertim quæ nulla Patris nisi sola sancti Spiritus in conceptu ejus fomenta cognoverit, quomodo sub legibus antiquæ maledictionis in pulvere terræ resederit, quæ auctorem benedictionis singulariter electa protulerit, cum sine detrimento, si dicere audeam, carnis Filii esse non possit, si Matris carnem sub communi sorte dimiserit, et privilegium peregrinæ carni contulerit, quod Matri suæ, ipsius veræ carni, negaverit? Latenter quidem id minime sentire vetamur, quia tamen testimonia non adjacent, asserere prohibemur.

Recusat auctor incerta atque incognita sanctorum acta conscribere. — Si de illa cujus gloriam metiri omnis creatura non prævalet, ea, quæ præmissa sunt docere non possumus; de iis quorum salus et perditio incerta sunt, quid nisi silentium sempiternum imperare debemus? Porro sunt quædam de aliquibus scripta, quæ multo deteriora neniis ne subulcorum quidem essent auribus inferenda. Certe cum plures sanctis suis summas antiquitates attribuant, moderno tempore eorum scribi vitas expostulant. Quod a me profecto sæpe petitum est. Ego autem in his quæ obtutibus subjacent, fallor; et de iis quæ nemo unquam viderit, quid veri profiteor? Si dicerem quæ dici audivi, et etiam sum rogatus ut super laude horum tam ignobilium dicerem, quin etiam ad populum declamarem; et ego, si quæsita dicerem, et illi, qui talia suggerebant dicere, publico pariter cauterio digni essent.

§ II. *De sanctorum reliquiis quarum nullum prorsus est dubium. Constantinopolitani et Angeriacenses monachi caput S. Joannis Baptistæ habere testantur.* — Sed iis, quos sui ipsorum auctoritas exauclorat, omissis, eos, quos certitudo fidei exsequitur, attingamus. Certe et de ipsis 336 error est infinitus, aut hi illum, et eumdem alii habere se asserunt, verbi gratia ([11]), caput Baptistæ Dominici cum Constantinopolitani habere se dicant, Angeriacenses monachi idem se habere testantur. Quid ergo magis ridiculum super tanto homine prædicetur, quam si biceps esse ab utrisque dicatur? Sed abrogatis ludicris seria attendamus. Cum ergo constet id quod nusquam geminari potuerit alterutros habere non posse, perspicuum est hos, vel illos, plurima falsitati succumbere. Quod si in hac re quæ tota pietati committat, mutua ad se versum arrogantia mendacioque configunt, pro divinis dæmoniaca agunt. Alterutri ergo qui decipiuntur atque decipiunt, id ipsum profecto quo se jactitant, indebite colunt. Quod si indignum aliquid ab eis colitur, ecce quanto discrimini series ei obsequentium universa addicitur. Quod si Joannis Baptistæ non est, alicujus vero sancti est, non mediocre tamen mendacii malum est.

Nullum de corporis S. Firmini existentia in Ambianensi Ecclesia, sed in Dionysiano monasterio evidens testimonium reperitur. — Quid de capite Joannis ago, qui de innumeris sanctorum corporibus itidem in dies audio? ([12](#)) Plane decessor meus Ambianensis episcopus, cum corpus Firmini martyris, ut putabat, quatenus de theca in thecam efferret, nullum inibi pitacium, ne unius quidem litteræ testimonium, quis ibidem jaceret, invenit. Ab Atrebatensi, et ipso Ambianensi episcopis, audivi quod refero. Qua de re urbis episcopus plumbeæ laminæ mox inscripsit, quod illic conderetur: *Firminus martyr Ambianorum episcopus*. Nec mora in monasterio Sancti Dionysii idem actitatur. Parata ab abbate ornatiori capsa dum inde extollitur, dum cum membris caput evolvitur, membranula in martyris naribus reperitur, in qua quod esset Firminus Ambianensis martyr expromitur.

Igitur Ambianensibus cum nil, in tanto astipuletur negotio, aliis autem e regione cum vel vocem testimonia qualiacunque suppeditent, ratio, quæso, cujuslibet judicium factura consedeat? Quidquid in plumbea a Domino episcopo scriptum est lamina nonne jure cassabitur, cui in conscriptione illa nil prorsus testificatur? Et certe Dionysienses illi quomodocunque vel mutiunt, qui saltem litterulis utcunque subnixi sunt. Qui ergo venerantur quod nesciunt, etsi sanctum quid sit, nunquam tamen sine magno periculo sunt. Si alias, in enormi multum sacrilegio. Quid enim magis sacrilegum quam pro divino excolere non divinum? Quæ namque Deo pertinent divinæ sunt. Et quid Deo pertinacius quam illi qui Deo unicorpores sunt?

§ III. *S. Exuperii loco, Exuperii rustici corpus subinfertur.* — Audi quod querimonias nostras elucidet, et de iis quæ sunt prælata dijudicet. Odo quidam Bajocensis episcopus, Roberti comitis Northmannorum naturalis filius, et Guilelmi senioris Anglorum regis naturaliter frater, sanctum Exuperium prædecessorem suum castro Curboilo cultu permaximo honoratum desiderantissime requirebat. Cumque Ecclesiæ cui inerat æditum centum denariorum libris munerasset, ut eumdem ab ipso reciperet, ille male argutus aucupato cujusdam rustici Exuperii nomine tumulo eruit, et ad episcopum detulit. Interrogat episcopus utrum sancti Exuperii quod intulerat esset, necne, quin etiam sacramentum ab eo exigit. Hoc, inquit, jurejurando tibi asseverabo, quod corpus Exuperii sit, de sanctitate autem nunquam, quia multis id prænomen ascribitur, quorum sententia longe peregrinatur a sancto. Igitur hoc modo episcopus æquivocatus a fure quievit. Oppidanis autem mercimonium de patrono suo quod fecerat custos inclaruit. Qui conventus ab ipsis, respondit: Revisite signa feretri ejus, et nisi illibata videritis, luam pœnas.

Ecce quantum totius religionis dedecus coemptio episcopalis evaluit, dum, promoto tam profane rustico Exuperio, sacro Dei quo intrusus est altario

accessit, nunquam fortassis desitura contagio. ([13](#)) Tanta indissimiliter facta ubique loci memoriæ meæ sese subjiciunt, ut ad referendum tempus viresque deficiant, cum non de integris eorum corporibus tantæ, quantæ de membris et membrorum particulis fraudes fiant ([14](#)), dum ossa vulgaria pro sanctorum pignoribus venundanda dispertiant. Hoc plane fit per eos qui, juxta Apostolum: Quæstum existimant pietatem (*I Tim.* VI, 5), dum quod esset, si saperent, suarum conducibile saluti animarum, hoc excrementa efficiant crumenarum.

CAPUT IV.

§ I. *Defuncta sanctorum corpora non auro aut argento includi debent.* — Sed hæc omnia a perversitate radicis emergunt, quæ non est alia quam quod eisdem adimitur quod communi sorte debuerat omnis commereri humana natura. Si enim certo certius de terra hominis origo consistit, et persoluto mortis debito in eamdem ex primæ damnationis legibus recidit, præsertim cui dictum est: *Terra es, et in terram ibis:* Deus, mea sententia, nec præsenti, nec secuturo cuipiam dixit: *Aurum vel argentum es, in aurum vel argentum ibis.* Ut quid, precor, homo a sua natura, imo a Dei imperio eruitur, ut quod conditionaliter nulli competit, aureis vel argenteis conchulis inseratur?

Si vir sapiens alia præter terram humanorum corporum sciret receptacula, non diceret: *Quod grave jugum super filios Adæ a die exitus de ventre matris eorum, usque dum redeant in matrem omnium* (*Eccli.* XL, 1). Nota quam concinne dictum sit, matrem eorum et matrem omnium. Si mater mihi dicitur, quæ ventris loculum, et hunc immutabilem, qui alterari non potuerit, præbuit, consequentius et mater ipsa est, quæ materiam essendi mortalibus dedit, et plusquam mater est plane, quia, quod secundis non licet matribus, iterato nos recipit. Quocunque enim apparatu sarcophagorum amoliri a te tactum terræ volueris, velis nolis, terra fis. Et quæ dignitas ut quis auro argentove claudatur, cum Dei Filius saxo vilissimo obstruatur? Quod a sæculorum primordiis ne superbissimis quidem regibus constat inolitum; nec unicum memoriæ meæ suppeditatur exemplum; et cum infinitas thesaurorum copias sepulcris immergerent, ([15](#)) nunquam legisse me memini quod loculis aureis seu argenteis marmora pura mutarent. Quæ Dei æmulatio est, sed non secundum scientiam (*Rom.* X, 2), ut fides nullum fructum afferens, sed quæ multum pariat indecens, nostro tempore commentetur, quod nulli unquam religioni, nullis usquam divitiis exhibitum a sæculo comperimus.

E tumulis erui corpora sanctorum Guiberto non probatur. — ([16](#)) Certe si sanctorum corpora sua, juxta naturæ debitum, loca, id est sepulcra servassent, hujusmodi quos recensui errores vacassent. Per hoc enim quod e tumulis eruuntur, membratim huc illucque feruntur, et cum pietatis obtentus occasio circumlationis exstiterit, ad hoc subeunte nequitia detorqueri cœpta est intentionis rectitudo; ut pene quæ simpliciter fieri consueverant corrumperet universa cupido. Si tanti loco meriti Tobiæ mortuorum sepultura ascribitur, ut inter cæterarum beneficia humanitatum Raphaelis specialiter fere testimonio collaudetur, et ante Dei oculos grate admodum delata dicatur (*Tob.* XII, 12, 13), quid impietatis et culpæ putamus obtineat, qui corpora naturali debito privans quavis levi occasione molestat? Et quæ non dico levior, sed importunior occasio quam ut discipulus præponatur magistro? ille lapidi intrudatur, hic auro claudatur? ille nec pene subtili sindone obvolvatur, hic palliis aut sericis, aurove textili subcingatur?

([17]) Apud splendidissimum papam Gregorium, hi qui corpora Pauli apostoli, Laurentiique martyris inscii conspexere gravissime sunt puniti. Quid de iis judicii proferetur, quibus avaritia sola in causa est, et sanctorum corpora faciunt irrequieta dispergi, imo, ut sic dicam, pro sola oblationum illatione quotidiano ostentui haberi? Solent namque pyxidibus eburneis aut argenteis nuda sanctorum ossa contegere, et ad tempus et horam pretio sese ingerente retegere. Spiritus Samuelis, qui, ut spiritus naturali alacritate vigebat, per Pythonissam inquietari se quia evocabatur, queritur (*I Reg.* XXVIII, 15), et ossa materialia quæ hac illacque dispersioni patent, si possint justissime non querantur? Jacob et Joseph tantopere de sepulturis mandant (*Genes.* XLVII, 50; L, 24), et omnes sancti sepulcra sibi præparant, de reportandis ad genitale solum ossibus operam gerunt, in domo sua, id est in parentela, inter scilicet contribules suos non sepeliri, quasi pene damnari metuunt: quid aliud videtur nisi quod corpora ad resurrectionis gloriam immutanda omnimodis magni pendunt?

Si nemo, id est ratione se agens, carnem suam odio habuit (*Eph.* v, 29), quin escæ ac potus obsonia quotidianæ indigentiæ comministret, quanto magis illud, in quo necessitati luxuria nulla communicet, ut in haustu victualium aliquoties contingere solet, præcordialiusque quamvis sumptuoso tristis hujus, ut ait poeta, ministerii ambitu, spem ad melioris vitæ statum porrigens exstruere debet, ubi liber ab hieme sæculari, et præsentium tutus ab imbre turbarum, vocem archangeli surgere jubentis exspectet? Si hujusmodi vocat Apostolus *dormientes* (*I Thess.* IV, 12), ego tales existimo inquietare nefarium, præsertim cum in hac ipsa quiete neminem qui evigilare compellat alium præstolentur, nisi eum qui faciat de mortuis viviscentes.

Dicat quisque quod sentit, securus plane ego inferam, ([18]) non Deo, non sanctis ipsis unquam fuisse placitum ut eorum cujuspiam debuerit reserari sepulcrum, aut dirimi per frusta corpusculum. Apud gentiles respectu humanitatis omnino inopi-A bus pollinctorum, et vespillonum generaliter obsequebantur officia, et vulgaris sandapilæ, et certe quorum spes, intereunte corpore, pariter interibat, et nos eorum busta suffodimus, membra dividimus, quos sane plurimis documentis super hac motione irasci comperimus!

Plane Gregorius (lib. XXXI, *epist.* 30), cum Pauli apostoli caput ab Augusta, nisi fallor, Tiberii peteretur, ([19]) se prorsus id non audere respondit, illa quam superius dixi super ejus repertoribus animadversione prætensa. Eadmundus apud Anglos non ignobilis gloriæ rex et martyr existit, cujus in sui tuitione corporis zelum vellem sancti æmularentur cæteri, qui in statu dormienti simillimo huc usque persistens a nemine videri se dignatur aut tangi. Nostra enim ætate, ut ea quæ in ejus passione leguntur taceam, ([20]) abba quidam ejus loci plus æquo curiosus, utrum, uti vulgabatur, caput ejus post abscissionem corpori esset unitum, præmissis jejuniis cum 338 quodam suo monacho adnitente tentavit; sed tentationem illam tanta confestim punivit infirmitas ut in neutro ulla deinceps remaneret manuum utilitas.

Si sic quietum suis tumulis fore quemque liceret, super corporum, pignorumve sacrorum mutatione sine concambio altercatio tota sileret, nec ii illum, illi eumdem habere se dicerent, si illibata universorum, ut justum esset, monumenta manerent, et dum omnes in sibi attributa terra immoti quiescerent, fraudes, quas prælibavimus, super eorum multifida distributione non fierent, nec indigni dignorum loca tenerent.

§ II. *Non peccant qui reliquias cujusdam sancti pro alio venerantur.* — Quæritur quoque ab aliquibus utrum eorum reliquiæ cum alteræ pro alteris honorantur, et non sint ejus, cujus esse putantur, aliquid perniciosum colentibus importare credantur. Quod ego non æstimo: cum enim Dominus de eis dicat, *ut sint,* inquit, *unum sicut et nos unum sumus* (*Joan.* XVII, 22), cum ipsorum universitas sub Christo capite sit quasi quædam identitas corporis, et unus cum Deo sit spiritus ipsi adhærentis, inter eorum ossa qui sancti sunt, non est error si alia pro aliis excolantur, qui commembres in sui auctoris corpore dignoscuntur. A quo sensu non discrepare videtur, quod quatuor coronatorum festivitas sub aliorum quinque martyrum nominibus ex Romana auctoritate recolitur (die 8 Novemb.).

Qui certe sanctum existimat, colitque, quamvis talis non sit, fructum recipit orationis apud Deum. — Sed ad hæc forsitan quivis quærat utrum Deus simplices quosque exaudiat, cum per eos invocatur quos esse sanctos non constat. Cui respondendum, quia sicut Deum, qui eum, de quo est incertus exposcit, irritat; ita eum si fideliter sanctum illum credens, qui non est sanctus exoret, placat. Verbi gratia, ponamus aliquem qui eleemosynam putet esse peccatum: si ergo is scienter eleemosynam faciat, revera profecto ex conscientiæ intuitu peccat, cum tamen aliorsum vere sit bonum quod faciat. Ita plane si sanctum quis æstimet, quem sanctum quidem dici audiat, sanctum vero esse non constet, si eum præcordialiter, et secundum fidem interpellet, apud Deum, qui causa et fructus est orationis, intentio deprecantis tota defigitur, quocunque modo animus per simplicitatem super suo intercessore errare videatur, et quod sub spe boni honoratur, nunquam a boni remuneratione cassatur.

Si enim recipias prophetam in nomine prophetæ, id est qui solum, sine re, aut justi aut prophetæ nomen exhibeat, tu prophetæ aut justi meritum præmiumque sortiris (*Matth.* x, 4), quo ille justus ac propheta fraudatur, qui solum utriuslibet nomen habitumque prætendit. Et certe multi parum litterati in suis creberrime precibus mentiuntur, sed auris divina intentiones potius quam verba metitur. Si enim, cum debeas dicere : *Adsit,* dicas : *Absit nobis, Domine, virtus Spiritus sancti*, si cum singultibus ores, non tibi officit. Non est Deus grammaticæ curiosus, vox cum nulla penetrat, pectus intendit.

EXPLICIT LIBER PRIMUS.

LIBER SECUNDUS.

De corpore Domini bipertito, principali scilicet ac mystico.

CAPUT PRIMUM.

Igitur iis, ac si prœmio futuræ nostræ disputationis, explicitis, ad fundamentum quod in initiis jecimus, pretiosos fidelis eloquii lapides apponamus, et nucleum difficillimæ et a multis mihi propositæ quæstionis terendo, et quasi dentibus effringendo quæramus. Ob hoc nempe densissima tractatus præteriti veluti rudera exhausimus, ut licentius circa nodum, utinam Deo favente, solubilem, elaborare possemus.

Cum quidem super sanctorum reliquiis, quid cogitandum, quid agendum sit hucusque dixerimus, illud dispositioni nostræ omnimodo supersedit quod dentem Salvatoris, quem novennis forsitan exigente natura emisisse potuerit, quidam in vicinia nostra se habere contendunt. Nec desunt alii qui umbilici superfluum quod nuper natis abscinditur, sunt qui circumcisi præputium ipsius Domini habere se asserunt, de quo magnus Origenes, « Fuere, ait, quidam qui de ipsa Domini circumcisione non erubuerunt libros scribere. »

339 Duobus ergo sequentibus omissis, primo capitulo quod nos propinquius urget hæreamus. Hoc enim abrogato, liquidius exinanientur et cætera. Etsi probari potest hoc in terra resedisse de ejus proprio, miror quam vicissitudinem nobis noluerit dimittere in corpore figurato, figurato, inquam, quod sic umbra fit secundum speciem ut non discrepet a virtutis efficacia secundum præcedentem veritatem. Præcedens autem, ipsa est personalis veritas, in quam refertur et identificatur significatum. Quod enim ob sui memoriam tradidit faciendum; indubiam suæ proprietatis præsentiam refert. Quæ tamen hic præsentia, si aliud esset quam ipsa proprietas, non major esset quam annuli conjugalis penes uxorem præstantia. Ad uxoris enim memoriam, annulus vicissitudo fieret mariti. Alterum ergo sicut nascendo de Virgine, patiendo in cruce aliquantula temporum mora præcessit, dedit causas alteri, quod ad ejus, ut sic dicam, vicariam identitatem sub ejus exemplo successit.

Inde a me potissimum illud primum veritas appellatur, de quo ista quæ agimus tractabilia nobis sacramenta manarunt, quia qualemcunque recipiat veritatem illud quod a primo sub figura demittitur, primum tamen principaliter verum est, quod causam subministrat illi, quod ab eo derivatum est. Illud enim procul dubio veritas principalis et est et dici potest, in quo nil aliud adumbratur quam capi intuentium atque tractantium tam sensibus quam intellectibus valet. In altero autem, etsi omnis habenda veritas est, principale tamen non est, quia a principali inflectitur quod est, et ad id reciprocari sibi semper convenit, cujus species ac relativum est.

Speciem vero non particularitatem, sed figuram, quam usus exterior prætendit, accipio, cum sit hoc totum quod est præcedens suum. Unde et in psalmo Spiritus principalis Pater appellatur (*Psal.* L, 14), non quod secundum divinam essentiam Filio et sancto Spiritui principetur; sed quod Filii ac sancti Spiritus ab ipso origo deducitur. Unde qui in psalmo principalis dicitur, personarum tamen ultimus nominatur, cum ex ipsius ore Filii in tribus vocabulis primo ponatur, ut a propheta evidenter innuatur, in natura illa quod nil prius, nil posterius habeatur, licet grata levitas substantiis subsistentiarum quasi origines supponere machinetur, cum neutrum in divina essentia capi posse videatur, cum sola essentia, dum de divinis agimus, dici convenientius æstimetur. Cum enim subsistentia ab aliquibus substantiæ origo dicatur, qui vigilat diligenter attendat quomodo in Deum substare ac subsistere cadat, cum humani capacitas ingenii, et linguæ humanæ licentia nil præter essentiam de Deo habilius dicat

CAPUT II.

§ I. His per excursum dictis, tandem repetamus omissa. Illud itaque principale corpus, quod materiam sequentibus præstitit sacramentis, si sui residuum in terra dimisit, parte provecta ad superos, quæ necessitas fuit nos quasi alterius corporis in hac vita oppignerare mysterio, cum satis omnino esset de propriæ carnis ejus gaudere residuo? Et certe sine ullo intellectualitatis acumine, sine ulla experientia contemplandi, carnis nostræ adjacebat obtutibus, Dominicæ carnis quas prædixi particulas intueri, et digitis attrectare, nec opus erat per vini panisque materiam, rerum videlicet apparentium, fidei, juxta Apostolum, nostræ substantiam exercere (*Hebr.* xi, 1). Plurimum enim animus exercetur, et quasi extra suæ habitationis castra egreditur, cum ex intentione visibilium invisibilia speculari docetur. Gratiosum plane est, et cunctis desideriorum æstibus affectandum, rem quæ est excolenda ipsam sine typis, sine figurarum velaminibus, præ visibus habere, ardere præcordiis, ulnis cordis astringere. Et cum Deum non lateat amorem eorum quæ videntur et sensibus adjacent, affectuosius in hominum sedere ac hærere judicio, nunquam decuit ut qui in ejus semper possumus delectari proprie proprio, impenetrabili multis subtilitate fatigemur potius quam jucundemur umbratico.

Cum ergo sufficeret tantillum illud residui, si tamen tantillum dici potest, quod toti mundo præponderat, ad gaudii universalis fideique tenorem, quid Jesus Dominus in figurata rursus hostia carnem suam mortalibus dat obsidem? Certe securus dicam, quia frustra ad sui monimentum vicarium dimisit corpus, qui tot portionum, quæ sui sufficerent facere mentionem, in terra reliquerit munus. *Hæc*, inquit, *quotiescunque feceritis, in mei memoriam facietis* (I *Cor.* ii, 25).

Scire velim quam de se haberi memoriam affectat, et cur alia, quibus magis inter suos celebretur, inducat, cum non dico tot ac tantæ partes, sed ad totius mundi concursum corporis ejus, quod de sancto Spiritu Virgo conceperit, minutia in atomi modum vel una sufficiat. Videtur autem mihi quasi sit dicere: Cum nihil in terra resideat, unde mea apud vos memoria recalescat, ubi enim nihil sensualitati vestræ præstat, quod 340 intellectualitati præsentiam meam innovando exhibeat, dignum est ut tale quid vobis a me fiat, unde me vobis pro me restituam, et de mei apud vos præsentia quam amastis et adhuc desideratis, nihil imminuam. Quid aliud prælibatus sermo, si vigilanter attendas, resonare videbitur?

Duo ergo erunt corpora nobis ad hanc memoriam inculcandam præstituta? Nonne apostolis, sed contra solum Judam agens, loquitur: *Pauperes semper habetis vobiscum, me autem non semper habebitis?* (*Joan.* xii, 8.) Sed ne hoc contrarium æstimetur illi promisso: *Ego autem vobiscum sum omnibus diebus usque ad consummationem sæculi* (*Matth.* xxviii, 20), sciendum procul dubio quia hoc intelligendum est de tutela, in quantum Deus est, spirituali, illud de præsentia corporali. Quod si de præsentia hac agitur, profecto qui dentem ejus, vel umbilicum, seu quod legitur circumcisum sibi arrogat, usquequaque mentitur. Quod enim dicit, *me*, quidquid humanitus unquam fuit, complectitur.

Quod si particulas illas illum esse negas, partem pro toto, et totum pro parte poni posse forsitan ignoras, synecdochice nempe non solum loqui Scripturas, sed et ipsos quosque illitteratos et vulgares hac figura sermonum uti, nulli non perspicuum. Si enim tibi casu quolibet pedem, manum vel ultimum unguem atteras, et interrogeris quid habeas, nonne illico infers: Læsi me, inquis? Et quota pars unguis ad totum? Si te læsum non diffiteris cum perminima tui particula quatitur, illud *me* quod semper ab ipsis haberi non posse fatetur pari sensu tenebitur. Si amicos, animarum nostrarum dimidium, et propinquos sanguinis, carnem nostram appellare solemus, cum singuli dicimus *me*, quid aliud quam totum quod est in nobis et ex nobis exprimimus? Certe si sanguinem minuas, capillum tondeas, resecces unguem, et rogitaret quis cujus essent hæc, aut tua esse, aut de te responderes. Si de agro aut corio fieret subcisivum, non ideo non esse de agro aut corio quod excisum fuerit, nisi insanus asseret.

§ II. *Quod in sumptione corporis Christi efficiat meritorum inæqualitas.* — Audi adhuc antequam ad arctiora te progrediamur, quod partem tuam premat, ab eo ipso Domino alibi dicitur: *Qui manducat me vivit propter me* (*Joan.* vi, 58). Ecce, sicut superius diximus: *Ego vobiscum sum* (*Matth.* xxviii, 20). Et: *Me non semper habebitis* (*Joan.* xi, 8); diversa sonare, ita primum illud *me* aliud significat quam secundum. Est enim dicere: Qui exterius meum, carnem videlicet et sanguinem, manducat, vivit ex eo ipso quod interiorem hominem illuminando vivificat. Cum ergo fieri non possit ad litteram, ut totus ab aliquo manducetur, nisi pars pro toto accipiatur, secundum interiorem sensum indifficulter id agitur, præsertim cum fides corporis ita habeatur ut quod minutatim porrigitur, totum in suis minutiis teneatur. Sicut enim de manna in Exodo legitur quia: *Qui plus collegerat, non amplius habuit ; et qui minus paraverat, nihil minus* (*Exod.* xvi, 18); sed cuique prout edere poterat est impensum, ita hujusmodi sacramentum, prout in quoque sese capit intellectus, aut minuitur, aut excrescit: minuitur secundum propriæ obscuriorem intelligentiam fidei, ubi tamen minor non est utilitas sacramenti; excrescit autem, secundum capacitatem fidelis ingenii, in quo eadem quæ in simplicibus manet æqualitas ad salutem sacri cibi, omnibus, juxta pietatis a Deo indultæ mensuram, in nullo clauda est sufficientia tanti doni.

In omni autem materiali re majoritas et minoritas ideo esse dignoscitur, quod quorumque in quibusque naturis quantitates corporum æquas magnitudines habere non possint, et quod in majorum molium enormi crassitudine continetur, in minorum tenuitate neutiquam capiatur. In hujus vero sacrificii mystico apparatu longe aliter se modus habet, præsertim cum in illa dispertitione, licet non dissimilis aliis quantitatibus disparitas habeatur, secundum tamen interioris oculi pensum, non plus refert ab altari qui totum quidquid conficitur inibi, sumit quam qui portiunculam omnino perminimam. Si enim multos in ara proponas panes, putas quod singuli illi singula Dominica corpora faciant, et non magis numerositas quantacunque fuerit hostiarum ad unam internæ contemplationis redigatur effigiem?

Panes qui in pyxide inscio sacerdote super altari remanserunt, non esse sacratos, quia requiritur offerentis intentio. — In quo etiam illud adnotandum, licet proposito minus conveniat, quia aliquos in hoc ipso errasse cognovi, quod sacramentarios illos panes super aram, dum solemnia aguntur, in pyxide quis, ignorante sacerdote, dimiserit, et divina re exacta remansisse compererit. Casus ille ad cleri judicium, qui illi Ecclesiæ serviebat, delatus, hunc habuit censuræ finem, quod videlicet quidquid erat in pyxide, quæ super aram, dum fierent sacra, resederat, pro confecto sacramento haberetur, et communicaturis pro eucharistia præberetur. Quod absurdissime factum, hebes est qui dubitat. Quo enim orantis intentio, imo memoria aut notitia quidem nulla porrigitur, qua ratione sacrari posse creditur?

Certe si ipsi pallæ corporali sacerdote inscio subjiceretur, aut in quavis parte calicis gutta, præter id quod ab ipso propositum est, **341** pependisse post exactum mysterium videretur, nihil profecto inibi ad sacramentum pertinens a sapiente aliquo sentiretur. Nihil enim ibi fit, nisi in eo quod fides expostulantis attingit, nec quidpiam quod sacrum fiat aliunde contrahitur, nisi id solum cui verbum Dominicum, quod solummodo sacramentum conficit, coaptatur. Quod facit infidelis aut catechumenus post Evangelium in ecclesia, hoc facit panis improvide appositus, aut in aliqua parte calicis fortuito stilla dependens inter sacra.

Qui Eucharistiam sumit, totum Christum, hoc est hominem et Deum, manducat. — Sed iis semotis, ad ea quæ cœperam redeundum. *Qui*, inquit, *manducat me, vivit propter me* (Joan. VI, 58). Si ergo Christum ita manducari intelligas, ut in distributione illa per membra, membrorumque segmenta in ora suscipientium cedere credas, verbi gratia, ut iste digitum, ille digiti partem percipiat, sicque per singulas partes corporis, et item partium frusta procedat, profecto huic sensui verbum Christi non consonat. Quod ergo dicit, *me*, universitatem substantiæ, quæ tunc erat, significat, imo id quod ex utraque natura erat. Ac si diceret: Qui manducat me in quantum homo sum, vivit propter me in quantum Deus sum. Cum enim sit Deus in duabus ex duabusque naturis, ex altera nostrum mortale vivificat, ex altera nostrum vitale clarificat. Hinc est quod corpus et sanguinem, quodque singulariter tradit, ut quod corporis nostri humilitati eximendæ ab ærumnis naturalibus attinebat, per suum corpus in nostros usus præbitum induceret; et juxta quod in Levitico legitur: *Anima enim omnis carnis in sanguine est* (Levit. XVII, 14), per sanguinem suum animarum nostrarum interna lustraret.

Quod luce evidentius ostendit, dum ad exhibitionem corporis nil aliud infert, nisi: *Hoc est corpus meum, quod pro vobis tradetur* (I Cor. XI, 24). Quod tamen et ipsum additamentum apostoli Pauli est. Ad sanguinem autem, tanto laxius tractat, quanto animam corpore pretiosiorem existimat. Hunc enim et pro eis quibus loquebatur, et *pro multis effundendum* perhibet *in remissionem peccatorum* (Matth. XXVI, 28). Si ergo sanguis ad diluendas a peccatis animas exponitur, profecto patenter ostenditur, nullum animabus inesse peccatum, nisi quod ipsarum animarum appetitu ac consensu peragitur; sicut enim manubrium sine ferro nil explicat, ita corpus sine animæ voluntate præter originale non peccat.

Si adhuc exempla rogitas, præsto plane erunt simillima. Cum enim dixisset Joannes: *Multi ex Judæis crediderunt in eum*, adjecit: *Jesus autem non credebat se eis* (Joan. II, 23, 24). Juxta beatum namque Augustinum, non se eis credit, quia, etsi credat, non nisi tamen baptizato eucharistiam corporis sui committit. Dicit et alias: *Qui credit in me, non credit in me, sed in eum qui misit me* (Joan. XII, 44): Alias etiam: *Nisi manducaveritis carnem filii hominis, et biberitis ejus sanguinem* (Joan. VI, 54), etc.

CAPUT III.

§ I. *Ab altaris sacramento manant cætera sacramenta.* — Quia igitur de bipertito corpore Domini, vero videlicet (quod superius principale diximus, unde hæc sequentia sacramenta manarunt) ac mystico, quod figuratum supra appellavimus, quo omni luce purior Veritas sub panis ac vini umbra conficitur, loqui cœpimus, antequam de dente, et reliquiis Salvatoris disserere adoriamur, quæstiones quæ exinde fieri solent sub præmissis testimoniis ventilare quidem volumus; nescio tamen si definire poterimus.

Quæritur utrum corpus illud, quod ab altari sumitur, speciem viventis Domini aut mortui gerat. Viventem autem eum scimus, semper cohabitantem in se habuisse personaliter Deum; nomen vero Dei Filii, et cum nomine ipsam rem non amisisse, nequidem mortuum. Cum ergo se asserit manducandum, ostendere plane videtur suæ personalitatis individuum. Personaliter autem Deus ac homo est; Deum ergo et hominem mandibilem fieri quæ permittet ratio? In eo enim verbo quo dicitur: *Qui manducat me* (Joan. VI, 58), sic necessario intelligi debere videtur. Temperantius autem illic: *Qui manducat carnem meam, et bibit sanguinem meum, in me manet* (ibid., 57). Quæ itaque altercatio inter sani capitis homines ex hoc versari debet? Si Christi anima Deum sibi habuit insessorem, mysterium illud simplicis creaturæ, quod pure sacris officiis adhibetur, quis audebit dicere quin Deum habeat vivificatorem? Qui enim de sancto Spiritu et virgineo sanguine cretus, individuam Dei ac hominis personam exhibuit, panis ac vini substantiæ ad sui nobis repræsentationem affluentissimum totius divinitatis illapsum inviscerare non debuit?

Sacramentum illud omnia delet peccata. — Si aqua baptismatis non modo vivifica per Spiritum, sed vivificans appellatur, illi naturæ, quæ in divinum universa mutatur, a superna præsentia, a perfecta Dei inhabitatione exanimata credetur? Illa per cloacas ruitura, Spiritu fecundante, diluendorum temporalem, imo horariam accipit potentiam peccatorum, hæc hostia, sive ad salutem hostium sumpta, sive a peccatoribus et indignis præsumpta, ad thronum gloriæ semper refertur, nunquam desitura provehitur, **342** fidenter dico, in ejus corpore a quo prodiit, nullas unquam indignitates, non indignas humilitates usquam ab improbis perlatura suscipitur. Si enim a quolibet digne percipietur, quid aliud quam summo illi Capiti cohærentium per sui ipsius quam suscipit carnem illico commembris efficitur? Quo namque magis modo in corpus Jesu quisque trajicitur, quam si communicando huic carni ac sanguini intimetur?

Ab indignis suscipientibus nil læsionis accipit Christus. — Porro si improbus illud sumas, teipsum, quia sacra sacrilege suscipis, profecto condemnas, et in eo quod corpus Domini nequaquam dijudicas (I Cor. XI, 29), idipsum quidem, quantum tibi attinet, vilipendis atque dedecoras, sed a tuis injuriis summam illam excellentiam impenetrabilis usquequaque tuetur immunitas.

§ II. *Objectio 1. Christum ab iisdem non suscipi falso nonnulli putabant: quos infra confutat Guibertus.* — Sed nemo ægre ferat, si ex persona cujusdam aliter sentientis paulo longius videar disputare. Pro fide, inquam, aut perfidia suscipientium constare putatur, aut quasi deficere sacramentum, qui infideliter, aut contemptui ducens illud sumit, in quantum non reveretur, nec honorificat, si fidelis est, in quantum discredit, si sit infidelis, et mente refutat corpus Domini. Ergo sensu meo non video quomodo animabus aut corporibus talium possit aptari. Si enim in sacrativo canone pro iis solum oratio prætenditur, qui orthodoxi, qui cultores fidei catholicæ sunt, et maxime qui famuli ac famulæ Dei sunt, quod meritum obtendi sufficeret, nedum cum additur: *Quorum*, inquit, *tibi fides est cognita, et nota devotio*, quid hic habet infidelis, quid reprobus Christianus? Si pro vobis, o apostoli, et cæteri sancti discipuli, et pro multis effunditur sanguis ille in remissionem peccatorum, multis videlicet, non aliis quam electis, habent quamcunque, sibi tamen pessimam, pravi quilibet facultatem exterius suscipere sacramentum, sed rem sacramenti non habent. Suscipiunt quidem quod visibile solum est, sed quia ad vitam nequaquam nutriuntur ex eo perpetuam, illis exinanitur quod invisibile et utile est. Et quomodo illi tanta res adaptatur, quæ in vitam æternam per-

cipientibus datur, si ad gehennæ incendium irrecuperabiliter præparatur?

Si bonæ fidei catechumenus qui nondum baptizatus est, divinis sacrificiis jubetur absistere, ei qui infideliter aut impudenter accedit ad ista, quomodo poterit prodesse, imo non ad cumulum damnationis obesse? Cum evangelizantibus diceretur ut hospitaturi dicerent: *Pax huic domui*, adjungitur: *Si ibi fuerit filius pacis, requiescet super illum pax vestra. Sin autem, ad vos revertetur* (Luc. X, 5, 6). Si prædicatoris beneficium, reprobis infructuose dilargitum, ad ipsum reciprocatur cujus est meritum, in corpore inepte irrationabiliterque suscipientis et in anima sordide tractantis, putas tantum munus tam fœdo carcere claudetur, squalentibus adeo locis indebitum? Si Spiritus sanctus disciplinæ effugit fictum, nec habitat in corpore subdito peccatis, imo corripitur a superveniente iniquitate (Sap. 1, 5), divina ista substantia, quæ Filii Dei corpus, per ejusdem Spiritus plenitudinem et Filii personæ identificationem, efficitur; illi spurcissimo cordi se quomodo inferet, cujus sanctus ille Spiritus habitationis impatiens sordes ferre non prævalet?

§ III. *Objectio 2.* — Sed dicit quispiam: Ergo si sacramentum non est, nec rem sacramenti habet quisquis est qui tale quid suscipit, quare damnationi subjacet? Ad quod ego inferam: Si panis ille nihil in se sacrum præter quam panis communis haberet, ille tamen qui id sumit corpus esse Dominicum æstimaret, et ad id impudenter accipiendum sese ingereret, non minori procul dubio judicio succumberet quam si Jesu verissimum corpus esset. Videtur ergo mihi sentire profanum, ut tanta dignitas, quæ loco indebito nihil utilitatis, imo nefariæ huic proditioni causas totius maledictionis importat, tali intrusione damnetur. Ad cujus honorem nullo modo pertinet, si gratia hæc, quæ totius munditiæ nutrix est, turpis conscientiæ contagiis obruatur, et miser homo sub hac præsumptione mulcetur.

§ IV. *Objectio 3.* — Putasne quod, si quispiam infidelis id sumeret, corpus Domini esset? Et quomodo irrisorie aut ignoranter sumenti corpus Domini est, cui super ipso mysterio nulla fides est? Etsi a puerulo aut quolibet insensato, qui utrum sit sacramentum discernere nesciat, præsumatur, huicne tali, quod corpus Domini insolenter susceperit, imputatur? nullatenus assentior. Dicam, sed sine præjudicio melioris sententiæ, nulli imputari debere bene sumptum aut male hoc corpus, nisi qui primum potuerit vel ex parte agnoscere fidem ejus. Certe naturaliter fatuis, et amentiam incurrentibus peccata etiam gravissima, quæ dementia et fatuitate committunt, ad damnationem imputare nullus audet, nec eum addicere peccato quis debet, qui malum, conscientia discernente, non perpetret.

Plane indubium est innumeros episcopalis et secundi ordinis exstitisse viros, qui et **343** hæc sacra populis celebrarent, et fidem veritatis internæ sacrorum eorumdem nullatenus haberent. Putas ergo cum ista gererent, nec pretium eorum quæ exterius videbantur actitare tenerent, quod, quantum ad se pertinebat, aliquid cœleste conficerent? Minime: nec panis ac vini penes ipsos substantia mutabatur, quia Dominicorum verborum, per quæ mysteria consummantur, actum eorum exteriorem fides mentium nulla consequitur, quæ spiritualis transformationis arcanum sola specialiter promeretur.

§ V. *Objectio 4.* — Sed ad hæc, in quo vel præcipue divina virtus eminet, gratia ista, quæ fictos sacerdotes effugit, fideles populos, quibus ista geruntur, non deserit, dum corpus idem, quod non est corpus apud illos qui id ipsum infideliter administrant, sit sacramentum et res sacramenti iis qui, licet infideli, fideliter tamen astant, verbi gratia, si baptismum subeat Judæus quispiam, quod crebro contingit mente perfida, lucri causa, nunquid immunitatem peccatorum assequitur? Et qui ad tantam puritatem fictus malevolusque procedit, is ipse Spiritus sanctus, cujus potentiæ fuit sanctificare baptismum, nullo modo prævaluit indulgere peccatum qualecunque, vel minimum; quod quidem si potuisset, non potentia profecto, sed impotentia, et hæc injusta fuisset. Sane vecordi et impœnitenti condonare reatum, nihil aliud est, ut mihi videtur, quam criminosis atque superbis favorem indulgendo præstare malignum. Et quomodo Deus erit, si scelera sua perseverantibus in eis impune remittit? fictus certe baptisma subiit, et illud nempe quod sanctus Spiritus ad imprecationem cujuscunque sacerdotis indubie imbuit et efficax fecit, et tamen inefficax reperit, qui fictus accessit.

Ecce luce clarius fit evidens quod ubi fides non est, sacramentum etiam fit impotens. Nec mihi quis objiciat quod etiam ethnicus hæreticusque baptizat, quia alia auctoritas est in dando quam confessionis divini nominis in suscipiendo. Ad dantem enim et sacrificantem ministerium exterius refertur, ad Christum vero efficientia reportatur, cui, sicut dicitur : « Hic est qui baptizat (*Joan.* I, 33), » perhibetur etiam, quia solus sacrificat. Si ergo dantes, id est ministros, singularis, quia eam sibi retinuit, Christi commendat auctoritas, in confessoribus utique discernendis, dum in hoc versamur sæculo, constat multa dubietas. Unde psalmus : « Statuit, inquit, aquas quasi in utre (*Psal.* LXXVII, 13). » Si aquæ spiritualia dona sunt, de quibus alibi dicitur : « Flumen Dei repletum est aquis (*Psal.* LXIV, 10), » vel etiam ipse baptismus, hæc cui vult Deus infundit, cui vult obserat, pro intentione videlicet ac merito accedentis, et cohibet, et dat.

§ VI. *Objectio 5.* — His etiam aliquid, non minus quam superiora, poterit valere subjectum. Scimus et ex multiplici canone tenemus Simoniace ordinatos, sive præsules sive presbyteros, nihil a suo ordinatore recipere, sed et cum alios ideo ordinaverint, aut sacrificaverint, quod a nemine acceperint, seu facere, seu dare non posse. Huic tamen tam negotioso periculo conditio divina se ingerit, ut si ab illis, a quibus Simoniaci nesciuntur, sacrum quidpiam per eorum manus impositionem accipiat, per fidem suscipientis, et pestem illam ignorantis, virus totius illius hæreseos vacuetur, in tantum ut quod Simoniacus ipse non habet, cum videbitur etiam non habita præstitisse, ratum ex sola accipientis fide constet. Ponamus quoque e regione sanctum aliquem totius Simoniacæ cladis expertem, cujus secundarii, archidiaconi scilicet, aut decani Simoniace conducti ad eum ordinandos inducant, a sancto quidem illo, quantumlibet sanctum legitimumque sit quod dat, nihil accipiunt, sed tanquam exanimes ad solem nec vident, nec sentiunt.

Si hæc ad sacrificii divini comparationem perminima ob unius peccati immanitatem et detrahuntur et dantur, et divinæ pro gratia suscipientium censuræ mutantur, in illo sacrosancto mysterio a damnatis justus non discernitur? Scio nec in iis beato gentium Doctori me obvium præbeo dicenti : « Qui manducat et bibit indigne, judicium sibi manducat et bibit (*I Cor.* XI, 29), » quia qui de Dominici corporis veritate non dubitat, et id ipsum atrocis aut flagitiosi animi improbitate, ut sic dicam ecclesiastico verbo, communicat, in quo tantæ personalitati non defert, nosse velim quid sacri, quid utilis ab altari referat? Esto : Ecce vel sacramentum, etsi insolenter et stolide, non tam sumptum quam præsumptum. Etsi hoc certe conceditur, quomodo tamen rem sacramenti inde referat, non videtur : quod si res sacramenti deest, sacramentum sumpsisse quid prodest?

Sacramentum trifariam usurpatur. — Sacramentum autem trifariam dividitur. Pro jurejurando namque ponitur, et pro re quoque sacrata dici solet, pro mysterio etiam accipitur. Sit ergo res sacra, sitque mysterium, hoc totum fit, sublata re sacramenti, indigno supplicium. Dicemus itaque quod hujus tanti muneris cœlo ac terræ adoranda majestas putentissimo pectori scelesti cujuspiam se libenter immergat, ob hoc scilicet solum, ut damnandi hominis miserum cor exurat? Absit hoc a piissima benigni Jesu anima! Corde credo ac ore confiteor quod ad hæc sancta præsumpta accedens dignissime puniatur, sed nullatenus profiteri audeam quod tantæ veritatis dignitas locis infamibus teneatur. « Etsi novimus, ait Apostolus, Jesum secundum carnem, sed nunc jam non novimus (*II Cor.* V, 16). » Jam ergo in paternæ coæqualitatis provectus assessu, ad contumelias tolerandas iterum redigetur, ut vitioso, qui quondam quo caput reclinaret non habuit (*Luc.* IX, 58), obsolescere modo cogatur hospitio? Audeo et bonam fidem ad Deum habeo. Unde et tutius dico Jesum Dominum crucem potuisse portare facilius quam humanam conversationem tolerare fœdis in moribus. Ad hoc igitur eum reciprocata miseria referat, ut ad referendos nostri generis rursus errores redire invideat? Impossibilitatem suam forte fastidit, et ad consueti quondam corporis molestias quietis impatiens decedere gestit!

Addiscere velim ab aliquo, quid sit : « Qui manducat me, vivit propter me (*Joan.* vi, 58). » Quid est *manducare*, quid est *me*? Amphibolum est, et bene ac male manducari potest Dominus absolute, Apostolus conditionaliter ponit. Sed quid manducatur? « Panis, inquit, quem ego dedero, caro mea est (*ibid.*, 52), » et psalmus : « Panem, inquit, angelorum manducavit homo (*Psal.* lxxvii, 25). » Manducare mihi nihil aliud videtur, quam ad seipsum Jesu vitam exemplificare, et hoc est quod dicit « me, » ac si diceret : « Me » non manducat, qui non se mihi uniendo concorporat. Mihi non credatur, nisi verba Dominica meis consonare probentur. « Panem, ait, nostrum quotidianum da nobis hodie (*Luc.* xi, 5). » Ex quorum persona id loquitur? Eorum plane qui dicunt, et dicere possunt : « Pater noster, qui es in cœlis (*Matth.* vi, 9). » Quorum, putas, Pater? utique electorum, qui Dei Patris moribus assimilari contendunt. « Estote sancti, ait, sicut [*al.*, quia] ego sanctus sum (*Lev.* ii, 44) » : Hi, inquam, filii clamant : « Panem nostrum, » ac si dicerent : Te opere ac veritate fatemur Patrem nostrum, da nobis panem, non exterorum, sed proprie nostrum. Cujus est hæc oratio? Indubie salvandorum, dicunt enim : « Adveniat regnum tuum (*Matth.* vi, 10), » id est, coalescat sancta Ecclesia, quæ speciale Dei regnum est, quod alias dicit non esse de hoc mundo. Si enim de mundo esset, mundus suum diligeret (*Joan.* xv, 19). Ergo panis iste qui et dicitur angelorum (*Psal.* lxxvii, 25), quis audeat dicere quod alicui pertineat reproborum? Soli itaque sorti conceditur electorum. « Qui igitur manducat me, vivit propter me (*Joan.* vi, 58); » id est, nemo carni et sanguini meo communicat, nisi quem inspiratio mei interna vivificat.

Pensa, si vis, quid homo damnandus hic habeat, quem sibi diabolus ad gehennam vitiis innutriendo mortificat? Nam hujusmodi hominem, quod tamen Dei solius discernere sit, cum sit provisus ad mortem, quomodo vel semel in vita, digne sacris illis participare valeat, nullatenus video. Quem enim pani (qui in vitam datur æternam, et qui pignus salutis æternæ vocatur) constat procul dubio fieri non posse concorporem, tantum reor in hoc sæculo a veri sacramenti omnimoda susceptione discordem, quantum in futuro ab ipsius re sacramenti esse constabit extorrem. Dico namque, nec sanum quis sapiens diffiteri poterit, quod qui semel illud digne susceperit, ullo modo exsors ab æterna, cujus certissimum pignus est, salute non erit. Vides itaque cujus, ex toto, usui pertineat esus iste.

§ VII. *Objectio* 6. — Si animum insolentem ambiguitas adhuc ulla remordet, lege beati Cypriani librum De lapsis. Illic, nisi fallor, invenies aliquos, qui in persecutione conciderant et de sacrificii cruore gustarant, tempore pacis indultæ ac si innocentes Ecclesiis se immiscuisse fidelium, ac æque ut cæteros idem Dominici corporis suscepisse sacramentum, aliquos nescio mares aut feminas nitidis,

ut tunc temporis moris fuerat, linteolis extulisse domum et arcis suis indidisse servandum. Nec mora cum id sumendum reviserent, in favillas ac cineres reperere redactum. Pusiones etiam ipsi qui genitricum ulnis ad Eucharistiam ferebantur, postquam ipsam de sacerdotis manu ore susceperant, tussitantes rejiciebant, si tamen et ipsi quidpiam de immolaticio cruore sorbuerant. Quid igitur corpus Domini ad favillam? Quæ causa ei proprium puniendi corpus, cum eos qui a corpore suo desciverant, potius ultum iri debuerat? Certe qui tantum suo corpori honorificentiæ alias ac humanæ tuitionis attribuit, nunquam si corpus suum esset, in cineres redigi permittere debuit.

Dic mihi, quivis, quare Dominus abiturus e mundo vicarium quo frueremur interim nobis corpus effecerit? Plane inferam; propter commune solatium, suique memoriam, fidem quoque exercendam. Si ergo tria hæc causa videntur, ubi hæc ipsa deesse probantur, vices inibi Christus omnino cassas habere putatur, præsertim ubi solatio nulli est, memoria desit, cujus fides exerceri debeat, imo velit, non habetur. Hoc non modo in ethnicis, sed in aversis a Deo Christianis aspicimus, quos infidelibus deteriores vocat apostolus (*I Tim.* v, 8). Ubi ergo fides non est quæ adjuvetur, et devotio quæ id exigat, nescio quas ibidem vices Christi corpus efficiat. Vide itaque quia solis fidelibus, et hoc ad partem salvandorum pertinentibus mysterium istud attineat. Cæterum qui procaciter id usurpat, bonis enim ac malis interim facultas ista suppeditat, nescio utrumne vel ipsum sacramentum sumat; scio tamen quod, ex eo quod æstimat sacramentum esse, se damnat.

§ VIII. *Objectio* 7. — Quid quod a muribus, canibusque absumptum audivimus, quod negligentia custodum putre aut mucidum disperit, quod casibus diversis addicitur, quod denique flammis aduritur? An corpori sacrosancto quod mures abroserint, quod canes prolambuerint, applicabitur, ut quod ad animæ potius quam corporis usum fidei nostræ vix magnanimitas emereretur, hoc gratuito murium canumque dentibus appareret? Dicemus ergo quod vilium bestiolarum dentes fortuitu molant, quod tantis affectibus totque cum lacrymis Christiani præsules, cum piis gregibus, Christo tamen præpontificante, immolant? Hoc, quæso, omnibus sanctis omnino oblitteretur a sensibus.

Superius constat utcunque probatum, ad fidei veræ subsidium hoc muneris a Deo præstitum; et quod solius fidei merito attribuitur, nulla creatura, nisi vere fidelis hinc pascitur. Et cum hoc unico cibo vera quorumque fides alatur, nullatenus constat esse sacramentum, nedum præstare rem sacramenti, postquam ad impias animas et animalia bruta transigitur. Quod si hoc mysterium nostræ redemptionis ascribitur, res nostræ credulitatis adversariis valde ridicula promovetur. Si enim occentari possunt, qui super Dominico corpore libenter disputant, et id figuram, non veritatem esse volunt, quod bestiis et hominibus commune sit idem, facili argumentatione nos subigent, et ex solo pudore hebetudinis nostræ convincent, dum nostra sacramenta hominibus ac bestiis communia dicent.

Ad fidem ergo ubilibet reperiatur, sacramenti veritas habeatur, ad incidentes bestiarum seu quorumlibet aliorum discriminum casus, quia non est fides cui hæreat, substantia quæ prius fuerat habeatur, potius quam nævus illi unicæ sinceritati, tantæ turpitudinis inuratur. Si enim, dum uritur, dum putrefit, dum roditur, lambiturque, eadem ubique majestate procedit, tanta gloria nulli miseriæ non subjecta decedit. Et licet iis videatur addicta periculis, non tamen vacant a gravibus animarum suarum exitiis, qui tantæ rei præstituti videntur esse custodiis, et corpus Domini vere produnt, qui id observantia digna destituunt. Quod tamen sacramentum non est, dum transit in externa pabula; illis vero est proditio totius veri mysterii et crimen desertionis horrendæ quibus rei hujus erat attributa diligentia.

§ IX. *Objectionum summa.* — His ultra quam putaveramus digrediendo tractatis, hæc nostris super hac re sermonibus clausula supponatur, ut nulli humanæ, imo terrigenæ creaturæ cibus iste, in quantum supersubstantialis dicitur, in alimentum nisi vere fidelium, et ad vitam prædestinatorum æternam devenire posse credatur. Quod si devenerit, nihil aliud quam pure panis esse putetur, ne hoc tamen dictum repetere piget, quia si infidelis aut prorsus indignus accedat, ex eo quod impudenter ad ea quæ sibi non competunt se ingerit, se concremat, nec tamen credi licet quod tanta dignitas adeo fœdæ habitationi cohæreat, sed sicut baptismus sanctus est et benevolos sanctos facit, ita malevolis, præter suæ fraudis crimen, nil aliud quam publica unda facit. Hæc pro meo captu dico, et ad fidem, Deo teste, dico. Si quis aliter sentiat, viderit ut sanum sapiat.

CAPUT IV.

§ I. — Contra hæc, minus temperanter asserta, breviori, quia temperatiori, ratiocinatione respondeam.

Verissimum quidem est quod eucharistia proprie proprium veræ fidei sit alimentum. Sed contra illud quod indignis, non modo res sacramenti, sed non esse sacramentum dicitur, non solum auctoritate, sed, etiamsi ipsa deesset, plurima ratione renitimur.

Refelluntur objectiones. Ab dignis et sceleratis totus suscipitur Christus. — Primo si quidem, quia inconveniens valde est ut mutabilitas et alternatio tantis mysteriis ascribatur, ut quod Petro et sacramentum et rem sacramenti præstiterit, hoc Judæ sub eodem momento neutrum constiterit, ut baptismatis aqua, quæ, post sacramenti perfunctionem subterrancis admista laticibus, nil jam refert [differt., E. P.] ab aquis communibus, in nullo præponderare videatur, dum quod isti quasi pro sua dignitate aliquid est, isti pro indignitate sua nihil illico fiat; et tantæ majestatis eminentiam miseri homuncionis malignitas repente destituat. Ille quippe qui, in præsenti agens, non minus Judæ suisque persecutoribus quam Mariæ suisque complicibus se tractabilem præbuit, qui etiam retro abituros (*Marc.* VIII, 33) ad suum discipulatum dignanter ascivit; qui etiam nunc Patri conregnans solem suum bonis æque ut malis impertit (*Matth.* V, 45); qui etiam, juxta Danielis librum, sicut fidelibus sic perfidis angelicam custodiam delegavit, quod in Michaele Hebræorum principe, cui Græcorum princeps obnitebatur, ostendit (*Dan.* XI, 13) : nunquam credendum est, quod in hoc tempore quemquam a suis sacramentis excipiat, præsertim cum tempus miserendi sit (*Psal.* CI, 14), quo neminem a sua largitione sequestrat.

Innumeri ex iis quæ objecta sunt (si admitterentur) errores atque incommoda scaterent. — Quod si extorres eos a dono isto nunc faceret, in judicio quid ab eis exigeret, quibus nihil super hac gratia in præsenti commisisset? Etsi apud improbos sententia ista constaret, quod scilicet improbitas eorum sacramenta subverteret, frustra mens eorum de sua fœditate metueret, quæ corpus Domini pro sua nequitia ad priorem substantiam redire sentiret; verbi gratia, ecce nescio fragilitatis meæ conscius utrum odio an amore sim dignus (*Eccle.* IX, 1), cum ad sacramenta illa accessero; quid spei, quid fructus inde me relaturum credere potero, si propter peccata mea tantam rem annullari desperata mente cognovero? Et quis in carne positus aliquoties non de sua electione diffidat ! Quoties ergo miseria mihi meæ humanitatis ingruerit, accedenti ad Dominicam mensam corpus Domini nec sacramentum, nec res sacramenti mihi erit? Consideret itaque sapiens quantæ inconvenientiæ ex hac opinione generentur, et firmissime sine prava ulla interpretatione sentiat, quia « Qui manducat, juxta Apostolum, corpus idem indigne, judicium sibi pro certo manducat (*I Cor.* XI, 29). »

§ II. *Quis sacramenti gratiam percipiat, solus novit Deus.* — Remotis igitur pessimis et quæ infiniti erroris causa sunt indaginibus, hoc solum cogitetur quod sacramentum et res sacramenti dignis; sine re autem sacramenti, simplex sacramentum constet indignis. Qualiter autem versetur in indignorum animis atque corporibus, ipse solus novit, cujus substantia quocunque dispertiatur, quidquid inde contingat, nec perire, nec uspiam obsolescere possit. Cui illud parabolicum Salomonis non inconcinne coaptatur : « Sortes, inquit, mittuntur in sinum, sed a Domino temperantur (*Prov.* XVI, 33). » Quæ sortes, nil melius quam soli Deo cognitæ, intelligantur hujus muneris dispertitiones. Intra sinum ergo latent, quia clausæ mutuo sub divinis mysteriis se continent. Ex quo vigilanter et pulchre a Domino temperari dicuntur, quia multi sine re sacramenti hæc suscipere æstimantur, qui, Deo eorum correctionem providente, vitæ exinde æternæ nutriuntur, dum aliud longe in Dei sedet arbitrio quam hominum temeritas arbitratur, cum proba initia fine improbo demutantur, aut bona initia termino ignobili decoquuntur. Temperat igitur superna pietas, quæ judicare, imo præjudicare non metuit sibi ipsi incircumspecta severitas.

Sortes itaque *mittuntur in sinum* (*ibid.*), quia fingit singillatim corda hominum (*Psal.* xxxii, 15), sed intellectualiter, postquam intrabimus in sanctuarium Dei (*Psal.* lxxii, 17), discerni faciet opera singulorum. Unde non modo diligentibus, sed quocunque etiam nunc detineantur in crimine, dilecturis aliquando Deum, Spiritus sanctus in suis proventibus cooperatur ad bonum (*Rom.* viii, 28), etiam in suscipiendo hujus eucharistiæ donum.

Objiciat mihi qui vult Cypriani, quos mihi opposuit contensiosus ille, cineres, et senis illius, de quo in Gestis seniorum legitur, visiones, qui sacramento redeunte ad aram indignis ab angelo videbat prælibari carbones, quia super hoc mea nunquam vacillare poterit fides.

§ III. *Nulla læsione aut turpitudine afficitur Christus, cum a sceleratis bestiisve manducatur, vel species sacramenti corrumpuntur.* — Porro si de muribus aut bestiis agitur, aut de eo quod casualiter uspiam consumi videtur, nos non aliter asseverare præsumimus, nisi quod substantiam a Deo speciei illi inditam adimi nulla ratione credamus. Scripserunt quidam falli oculos nostros super tanti quæ videtur corruptione mysterii, et oculos Cleophæ et Mariæ Magdalenæ a Domini notitia aliquantisper abstentos inferunt. Quæ argumenta nescio si mihi et pluribus aliis umquam satis erunt. Hoc tamen scimus quia ex ea parte, quæ species est, hujusmodi quasi infortuniis subjacere putatur; ex ea vero qua veritas est, suo principali quod paternæ dexteræ considet inserium nullo detrimento mutilatur. Ex his ergo accidentibus, quæ apud infideles derogationi mysteriorum nostrorum patent, nec auctoritatibus defensari prævalent, hanc qui non desipiunt sententiam teneant, ut hoc residuum quasi de hoc specialiter sit dictum, igni reservent, et eum a mortuis redivivum sic habeant, ut quidquid de eo est, non alibi quam in glorificato ejus corpore sentiant, nec magis horreant murium ventres quam scelerosorum, quæ magis Deum exacerbant, mentes, quia quocunque trajiciatur, ad suum redeundo principium, ab omni injuria contutatur, nec hæreticum dici debet, si quis pro defensione tantæ rei, ne locis vilibus deputetur, sententiam paulo liberius æquo præbet.

§ IV. *Idem prorsus in sacramento, qui et in cœlo.* — At quoniam de conformitate hujus quod in sacra mensa conficitur corporis antelibavimus, hoc diffinire debemus, quod corpori illi omnino conveniat quod jam apud Patrem immortale incorruptibileque conregnat. In quo mihi nullus objiciat quod cum idem Deus et Dominus mysteria eadem traderet, dixerit: « Hoc est corpus meum quod pro vobis tradetur (*I Cor.* xi, 24). » Et : « Hic est sanguis qui pro vobis et pro multis effundetur (*Matth.* xxvi, 26 ; *Marc.* xiv, 24). » Quasi illud quod traderet, juxta statum, quem habebat tunc temporis, determinandum esse doceret ; sed hoc falsum æstimet, quia qui ex unitione deitatis semper fuit immortalis (mortem enim non suscepit ex debito, sed adhibuit ex proposito) hæc ipsa tradidit in statu incorrupto, quem statim ostendit in monte Petro, Joanni et Jacobo (*Matth.* xvii, 2).

CAPUT V.

Nec passibilis, nec mortalis est in Eucharistia Dominus. — Sed quia quemdam de amicis meis apprime litteratum audivi plurimum ab hac exorbitare sententia, ut dicat : « corporis illius mysterium, quod sacerdotis et populi fide, Dei verbo præcedente, in altari conficitur, carnis Christi passibilis et mortalis habere figuram, » dignum mihi videtur ut latiori paulo disquisitione tractemus, et minus omnino quam tantæ eruditionis viro competeret, competenter et astute eum super re tanta sentire monstremus. Si enim, quod superius breviter dixi, circumspecte attenderet, longe alia de Domini nostri Jesu passibilitate aut mortalitate dissereret. Procul dubio namque, si illud quod ab ipso Salvatore dicitur : « Nemo tollit a me animam, sed ego pono eam (*Joan.* x, 18), » debita subtilitate discuteret, nunquam adeo improvide Domino notam passionis et mortis inureret. Plane ab homine animam tolli possibile constat, cui in patiendo atque moriendo casualis experientia horis et momentis omnibus astat. At vero is, de quo crebro retexitur, quia nondum venerat hora ejus (*Joan.* ii, 4), (cui nimirum eventus horarum et horæ eventuum immutabiliter subsunt) animam ponit, quia per se sumptam, et a se creatam quando vult, et quomodo vult, emittit. Hominibus etenim extorquetur, ab eo autem, qui quidquid est a se est, et in quo nihil fit nisi quod voluntarium est, sponte sumpta, sponte resolvitur. Quæ enim illi foret moriendi necessitas, quem in sua secunda nativitate sancti semper est Spiritus in concipientis utero comitata libertas? Unde solvisse dicitur quæ non rapuit (*Psal.* lxviii, 5), qui pœnas peccatorum non a se commissorum solus inter mortuos liber luit (*Psal.* lxxxvii, 6).

Si peccandi nobis per corruptionem naturæ contracta necessitas, moriendi nobis necessitatem consequenter indicit, is, qui neque originali, quia de Spiritu et Virgine sancta natus est, neque quam non addiderat macula fuscatus est, qua lege peccati titillari potuit, qua quoque pœna ad persolvendum naturæ peccatricis debitum adactus est? Ubi ergo originis atque actus culpa vacare dignoscitur, quas exactiones mors et passibilitas habere permittitur? Si enim per peccatum mors nostræ humanitati inducitur (*Rom.* v, 12), ubi peccatum non est, mortis efficientia annullari probatur, quia procul dubio sublatio causæ, effectus exinanitionem facere nullatenus dubitatur.

In primi hominis primo statu, si peccati cujuspiam non incessisset eventus, nullus profecto passionis aut mortis intervenire potuisset occursus, nec accessisset in progeniei ejus propagatione genitorum qualiscunque vetustas, ubi concupiscentialis inobedientiæ nulla animum demoliretur atrocitas. Quid enim ibi novum, quid alacre, quid integrum, ubi rodit anxietas conscientiæ mordacis affectum? Si enim, juxta Salomonem : « Animus gaudens ætatem floridam facit (*Prov.* XVII, 22), » et is esse cognoscitur paradisus, quem ab initio Dominus plantaverit (*Gen.* II, 8), intellectualibus videlicet angelorum et hominum animis primo inseverit, licet plerisque angelorum, se omni naturæ hominum perfunctoriæ stationis loca, sed mox desitura præbuerit, ut nimirum nullo modo de suæ mentis ac corporis impassibilitate continua gratulari quis possit; quid de mente et corpore Filii Dei censendum est, ubi in identificatione personæ non modo homo, sed et plenitudo divinitatis corporaliter insita est? (*Col.* II, 9) cum etiam de puro homine, et qui sine peccato vivere non didicit, dicatur quia vita ejus quasi quoddam regnum Dei, pax est etiam in præsenti, et gaudium in Spiritu sancto. (*Rom.* XIV, 17).

Primus, inquam, homo ante peccatum, si dicere audeam, passibilis et impassibilis, mortalis etiam et immortalis fuit; quia ad passiones et mortem per peccatum suo, sed non libero, abusus arbitrio labi potuit, et si intra veram se libertatem non peccando continere voluisset, impassibilis procul dubio perseverans mori nullatenus potuisset. Cui secundus homo, Jesus scilicet Dominus, pene pari quodammodo forma successit, tanto impassibiliori natura quanto liberiore editus, imo ineffabiliore Dei pariter et hominis genitura. Unde enim passibilis dici posset, cui omnimoda peccati in origine et actu remotio pœnam, quod est passio et mors, accedere nullatenus sineret? Si impassibilis primus homo, per peccati continentiam, et immortalis esse valeret, Dei Filius unitam sibi nostræ fragilitatis substantiam multo impassibiliorem, et, ut sic dixerim, immortaliorem reddere non deberet? Sine concupiscentia ergo ex solo sancto Spiritu intra virginalem concretus uterum, naturaliter impassibilis et immortalis in mundo natus est.

Ita, inquam, impassibilis et immortalis, ut sicut ille primus per inobedientiam ad passiones et mortem se sponte demisit, ita et iste secundus ob restitutionem justitiæ ad dolores ferendos et mortem, quorum in nullo erat debitor, sese ultro deponeret. Nisi enim is pro hominibus pœnas, quas non meruerat, lueret, eos qui merebantur et suppliciis obnoxii erant, nullatenus liberaret. Passibilem ergo volo credas et mortalem ob hoc solum, quia pati atque mori pro humana redemptione voluit, non quia aliquod naturæ debitum in patiendo atque moriendo ex traduce primi parentis attraxerit.

Passus est itaque et mortuus, quia voluit, non quod ex Adam lege debuerit. Quam ergo similitudinem Christi passibilis et mortalis sacrificio Dominici corporis et sanguinis irrogas, quem certis ex sui ipsius ore sententiis immortalem impassibilemque scire debueras? « Nullus, inquit, ascendit in cœlum, nisi Filius hominis qui est in cœlo (*Joan.* III, 13), » et alibi : « Ego in Patre et Pater in me est (*Joan.* XIV, 10), » et multa horum similia antequam ex hoc mundo transiret de sua cum Patre consubstantialitate commendans. Si filius hominis in cœlo est, et ibi unum cum Patre est. Dicit enim alias : « Ego, inquit, de supernis sum (*Joan.* VIII, 23); » quod non est aliud quam si diceret : Ego in Spiritu principali, quod est Pater, sum. Quam passibilitatem, quam quoque mortalitatem illi inferre conaris, qui sicubi Scripturarum passibilis, et mortalis appellari invenitur, ob hoc procul dubio solum dicitur, quod pro voluntatis arbitrio morti se exposuit, non aliqua necessitate succubuit?

Non est igitur passibile et mortale in Christo quippiam, quod vivificis illis sacramentis comparare debeas; dum, si fideli et non pervicaci intentione perpendas, nihil omnino nisi incorruptibile et immortale, nisi quod sponte mori voluit, in ipso reperias. Aliud est enim quod ex libito et gratanter facimus, aliud quod angariati, et quasi debitis urgentibus adimplere compellimur. Sed super hoc dictum sapienti sat sit.

CAPUT VI.

§ 1. — *Quemdam confutat auctor asserentem quotidie in altari Christum crucifigi.* — Relatum quoque mihi a quibusdam ejusdem amici mei necessariis, quod non modo consulendo, vel cum familiaribus litteratis, ut assolet, conferendo, sed palam, in mediis videlicet frequentiis omnino ignavorum et rudium, disputando soleat dicere quod in confectione hostiæ salutaris Jesus Dominus quotidie crucifigatur in altari. Quod nos catholicos et omnes pie sapientes tanta animadversione convenit exsecrari, quanta eumdem Dominum nostrum auctoritate oportet de summa impotentia vel æterna miseria expiari. Quid enim de Deo indignius est miserabiliusque sentire quam quod Deus fiat miser æternus pro nostra beatitudine? Quid vero impotentius Deo imputare poterimus quam quod quotidianis ejus suppliciis ad nostræ reparationis adminiculum indesinens egeamus?

Certe, si sic se res haberet, ut vitæ Auctorem quotidiani suspendii atrocitas trucidaret, nihil in cœlesti præmio adeo felix, adeo gloriosum esset, quod non tam diuturnæ calamitatis contemplatione in ipsius remunerationis Christo sponsore vilesceret. Et quis non mortem illam magnæ inutilitatis argueret, quam non modo numerosis, sed ineffabiliter infinitis in dies vicibus repeti constaret? et quid quod in singulis quotidie ecclesiis, quin etiam altaribus plura sacrificia delibantur? Ergo tot patibulis impotentissimus ille, si ita est, Salvator dicetur affligi, quot missas ubique altarium constiterit celebrari.

Certe si nulla suppeterent Scripturarum suffragia, totam tamen hanc vecordiam ratio obrueret universa. Etsi enim ipse ecclesiasticae institutionis actus, qui fit inter sacrificandum, similitudinem Dominicae passionis innuere non dubitetur, et in Domini nostri fieri commemoratione credatur, nefas tamen est ut ob hoc ipsum quotiescunque fit, crucifigi dicatur. Quamvis namque significantia quaelibet significatis aliquoties praeponantur, non tamen eadem sunt quae umbratice praenuntiant, et quae veraciter subsequuntur; verbi gratia, in baptismate trina mersio triduanam Domini significat sepulturam, nec tamen dicimus quod quotiescunque alicubi baptizatur, toties ubilibet Christus sepeliatur.

Licet plane hostia illa memoriam nostram quotidianis accessibus in sui refricet veritate, nil tamen iteratae injuriae Deo infert, nunquam deinceps-morituro pro passionis imagine. « Christus sane resurgens ex mortuis jam non moritur; mors illi ultra non dominabitur. Quod enim mortuus est peccato, mortuus est semel; quod autem vivit, vivit Deo (*Rom.* vi, 9, 10). » Quod si resurgens non moritur, et tamen omni die per omnes aras, juxta tuam sententiam, crucifigitur, illud apostolicum *semel* scire velim quomodo a tua prudentia intelligitur, quo peccatum, id est hostia pro peccato factus, mori dicitur. Et quomodo Deo vivit, qui millies repetitis ubique terrarum appensionibus sic vexatur?

Si, juxta Petrum apostolum in haec ipsa verba tractantem : « Christus semel pro peccatis nostris mortuus est, ut nos Deo offerat (*I Petr.* iii, 18), » qui tot poenarum casibus addictus est, ad Deum offerendo quomodo quemquam levat? Si semel moritur, et saluti aeternae ex eo nos reparat, dignum est utique et competens divinitati mysterium quod celebrat. Si autem mortuus postquam resurrexerit perpetua sese ut sic dixerim crucum illatione carnificat, miser factus beatitudinem quam non habet nemini plane suppeditat.

« Non enim, ait Apostolus, in manufactis Sanctis [*al.,*] manufacta Sancta] Jesus introivit, exemplaria verorum, sed in ipsum coelum, ut appareat nunc vultui Dei pro nobis : neque ut saepe offerat semetipsum, quemadmodum pontifex intrat in Sancta per singulos annos in sanguine alieno, alioquin oportebat eum frequenter pati ab origine mundi; nunc autem in consummatione saeculorum, ad destitutionem peccati, per hostiam suam apparuit. Et quemadmodum statutum est hominibus semel mori, post hoc autem judicium, sic et Christus semel oblatus est ad multorum exhaurienda peccata (*Hebr.* ix, 24-28). » Ecce vides ad lucidum, nisi tuae mentis caecutiens ex peccato reperiatur obtutus, quomodo tuis verbum apostolicum occentet erroribus. Sed rogitare te velim utrum Novum Veteri, an Vetus Novo apud te praeponderet Testamento. Non ambigo puin dicas Novum. Quod si Novum praeeminere

existimas, quid auctoritatem mortis Christi per quotidianas ejus crucifixiones in tantum evacuas, ut multo magis authenticus pontificis in Sancta quotannis ob sui charitatem videatur introitus, quam indesinens omni die nostri Salvatoris interitus? 349 Si enim, secundum Scripturas, passionis ejus primae-efficax supplicium crederes, nunquam ejus improperium, quod pro te si sanum sapias pertulit, in suspendia etiam saeculo coaeva distenderes.

Quod autem idem sacrificium quotidianis iterationibus frequentatur, non ejus poenaliter crucifixioni in dies repetendae refertur, sed quod diurna excessuum varietate malitia quotidiana tanti mysterii repraesentatione diluitur. Non enim eum qui hoc semel opus explicuit eadem semper resculpendo vexamus, sed fluidam memoriam ad eorum menti originem innovandam revocamus, quae sine ulla iterandi necessitate omnium saluti quondam acta comperimus.

§ II. Interrogandum etiam censeo utrum corpus illud, quod semper, ut dicis, crucifigitur, idipsum sit quod de Virgine natum constat et quod in cruce pependerit. Scio quod respondebis idipsum. Ergo si idipsum creditur ; et huic passibili et mortali, ut doces, conformari debere creditur quod in altari conficitur, doceri velim utrum idem corpus sit, an aliud, quod passibile et mortale a te traditur, et illud quod paternae jam dexterae impassibile et immortale consedisse dignoscitur. Si dicas idem non esse, certe duo corpora Jesu Domino inducuntur. Aliud enim erit quod passioni et morti constabit obnoxium, aliud plane quod ad incorruptionis jam pertigit firmamentum. Cum ergo sacri panis et calicis mysterium corruptibilis fit carnis indiculum, in perversam dualitatem secernitur Salvatoris substantiae individuum. Porro si hoc te dicere pudeat, et unum esse fateris corpus, passibile scilicet in altari, et quod Patri in gloria coelesti consideat. Vide, secundum praefatum Apostolum, ne Christum factum incorruptibilem, atque immortalem, iterum crucifigas, et ostentui habeas (*Hebr.* vi, 6), imo quod veritati convenientius esse cognoscitur, teipsum universis de Deo digna sentientibus ridiculum exhibeas.

Haec tibi, ut opinor, tractata sufficiunt, si animum correctioni admoveas ; si vero obdurari delegeris, haec forsitan non improbanda fidelibus ridebis, ut fabulas. Desistant ergo quaerere Dominicorum trutinatores statuum, utrum hoc, quod inter nos fit sacramentum, conveniat passibili an impassibili, Christo mortuo an viventi.

§ III. *Tale Christi corpus in sacramento, quale post resurrectionem.* — Aliter enim neutiquam intelligi debere perpendunt, nisi ut in ea qualitate accipi debeat, in qua, cum corpus idem manducandum discipulis proponeret, erat. Si enim, inquiunt, in conviviis quae post resurrectionem exercuit cum eis, haec ipsa mandasset et hoc corpus suum esse dixisset, nemo corpus aliud rite intellexisset nisi a xero. Paracletus ergo non venit nisi ista subtrahiquale tunc fuerat cum ista dixisset, imo inter coenandum dixisse recolitur, non se de genimine vitis bibiturum donec illud in regno suo cum eisdem bibere videretur (*Marc.* xiv, 25), quod regnum non aliud quam passi jam corporis clarificatio est. Unde est : « Spiritus nondum fuerat datus, quia Jesus nondum fuerat clarificatus (*Joan.* vii, 39). » Qualis ergo tunc erat cum talia ediceret : « Qui manducat carnem meam, et bibit sanguinem meum in me manet (*Joan.* vi, 57) , » et : « Qui manducat me, vivit propter me (*Ibid.*, 58) , » tale existimant ipsum, quod vitalem ex altari esum præbet.

Sed cassa de Jesu mortui similitudine quæstio est, quia qui mortuus est, in sua ipsius morte non aliud quam Dei Filius est. Qui enim ab origine mundi, antequam temporaliter nasceretur, occisus dicitur, et quæ cum patribus acta sunt egisse legitur (*Apoc.* xiii, 8), sicut, ut ita loquar, antequam esset, fuit, ita mortuus semper idipsum quod vivus fuit, unde nil inter viventem et mortuum discerni debuit. Ipse apud Judam apostolum secundo populum de Ægypto eduxit (*Jud.* v). Et Paulus Christum in deserto ab Israelitis tentatum dicit (*I Cor.* x, 9). Mysteria autem eadem per omnimodam divinitatis affluentiam vivificari, sin alias saltem sacrativus ipse canon evidenter ostendit. « Sanctificas, inquit, vivificas, benedicis et præstas nobis. » Per quæ omnipotentem efficacia reddit.

§ IV. *Nil reliquiarum suarum in mundo Christum reliquisse contendit Guibertus.* — Hæc itaque seponamus, et ea quæ de dente et umbilico Salvatoris omissa fuerant, repetamus. In quo primum illud est attendendum, quod sicut de sancto Spiritu dicitur : « Expedit, inquit, vobis, ut ego vadam ; si enim non abiero, Paracletus non veniet (*Joan.* xvi, 7), » ita qui hujuscemodi reliquias sibi arrogant, verba, ut mihi videtur, veritatis infirmant. Quid est enim *si non abiero* ? Plane nisi præsentiam corporalem subtra-

tur, quasi nisi quidquid corporeum ipsius est a memoria abrogetur, ad contemplandi animus fidem nullatenus sublevatur. Superius dictum est, quod ad exercitationem fidei nostræ, a principali corpore ad mysticum Dominus noster nos voluit traducere, et exinde quasi quibusdam gradibus ad divinæ subtilitatis intelligentiam erudire.

Quasi ergo de extrinsecæ visionis crassitudine ad imaginationis tenuiorem contuitum, ac si de cannabo subduxit ad linum, dum de specie sua corporali ad agnitionem hujus **350** mysterii nos promovit, ut de tractabili carnulentia resipiscentibus alterum quiddam pollicens, imo continens, species effingeretur altera. Dum enim rudis, et formarum allegoricarum inscius quispiam duo illa materialia, panem ac vinum scilicet, in altari proposita contemplatur, et in iis corpus Jesu ac sanguinem sentire docetur, ad quantam putamus summam divinæ curialitatis educitur ?

Quod si hoc tam operosum fieri mandavit Deus, sic tamen ut primi parte corporis non careret mundus, ergo tria corpora habet Deus. Erit itaque, primo, conceptum corpus ex Virgine ; secundo, illud quod sub figura agitur in pane et calice ; tertio, quod impassibile, imo glorificatum jam assidet paternæ dexteræ. Cui sententiæ, si velit quilibet refragari, dicens idem esse de Virgine natum crucique appensum, et illum incorruptibilem in paterna provectum, fallitur, quia etsi eidem existit personæ proprietas, longe dissimilis tamen in qualitatibus naturarum invenitur essentia. Glorificato etenim nulla deinceps mortis poterit passionisve suæ dominari potentia. Sed hunc libellum congruenti jam termino succludentes, aliud initium adoriamur, et hæc ipsa quæ in præsentiarum mittimus, et alia quæ, Deo inspirante, nos adjecturos credimus, resumentes, contra eorum non reliquias, sed blasphemias accingimur.

LIBER TERTIUS.

Contra Sancti-Medardenses, qui dentem Salvatoris habere se asserunt.

CAPUT PRIMUM.

§ I. *Cum falsa Deo aut sanctis adscribit, honori divino derogat devotio. Error ubi religio creditur difficillime corrigitur.* — Penes Deum ac sanctos ejus omnimodis est approbanda devotio, sed, cum sibi tantum devotio arrogat quantum nullatenus religionis ratio subministrat, unde pius quilibet divinorum cultor præmium opperiri potuerat, fit miserabile quiddam ut inde poenam nequissimi erroris insumat. Cum enim de Deo aut colitur aut dicitur aliquid, quod ipsius veritatis testimoniis indubie obluctetur, nimirum accidit ut tanto deterius quanto incorrigibilius mens exorare probetur, dum sub pietatis

colore peccatur. Nil enim pejus quam mala agere, et hæc ipsa quæ inconsulte geruntur, pro exercitio boni operis æstimare. Unde ergo et quando error iste corrigetur, qui non solum error non creditur, sed etiam divinæ dignationis prærogativa putatur ?

Omnis peccati correctionem animo delinquentis inducit aut timor, aut pudor. Timor, aut divinæ aversionis, aut extremæ animadversionis ; pudor, aut mordacis intra conscientiam reatus, aut timidi ob vulgi fabulam ad homines vultus. Ubi ergo nec cogitationum animus ambage turbatur, nec facies ex cujuspiam visione suffunditur, resipiscendi profecto materies nulla suggeritur. Quidquid vituperabile, et etiam alienationis a Deo plenum, et Ecclesiasticis auctoritatibus omnino obvium, dum quasi prædicabile jactitatur, et privilegio cujusdam singularitatis ascribitur, nunquam ad regulam veri studii ullo modo castigatur. In quo namque alicujus piaculi conscientiæ penetralia metus urget, spes correctionis plurima commovet ; ubi vero cultura sanctitatis obtenditur, in quo tamen mentis intentio a justæ credulitatis æquitate diducitur, nunquam ad lineam emendationis assurgitur.

§ II. *Dentem salvatoris habere se contendunt monachi S. Medardi Suessionensis.* — Inde est, quod finitimi nostri Sancti-Medardenses monachi antiquo penes corda hebetum coaluere mendacio, dum ea sibi super dente Salvatoris, quem novennis pro natura ediderit, attribuunt ; in quibus spei universalis columen atque fastigium quasi phalarico jactu destituunt, et dum se celebrare appetunt, fidei communis præcipua munimenta provolvunt. Cui enim post fidei agnitionem spei vigor obruitur, quid aliud quam radix totius boni appetitus et exercitationis exciditur ? Si succum integræ credulitatis habuero, et sanctorum actuum undecunque thyrsos emisero, arefacta spei radice, qua caudex atque ramusculi humectantur, 351 nil in omni arboris machina quod delectet aut expediat exspectabo. Si bene seris, si bene proveniunt incrementa sementis, totamque grando dilapidet dum falcem mittis, quid ex hoc emolumenti prosequeris ?

Probat Guibertus dentem nusquam in terris Christum reliquisse. — Velim a vobis agnoscere quænam de resurrectione sentitis. Ut in fine sæculi fienda reticeam, Dominum ipsum, cujus dentem præ manibus habere vos traditis, nequaquam resurrexisse negatis. Si resurrexit, particulariter, quæso, resurrexit an totus? Si totum resurrexisse testamini, ubi quas vobis assumitis partes erunt? Si partim, quæ de nobis resurrecturis edixerat promissa quid proderunt? Plane si probari potuerit in seipso quæ nobis de nobis spoponderat non implesse, ambiguitatem non minimam nostris videbitur spebus inferre. Inferendum enim ac si proposito aliquis argumento putabit : Quid, inquiens, cæteris sequentibus, qui in seipso fidem dictorum suorum non explicat, faciet? (²¹) Capillum de capite nostro non periturum dixerat (*Luc.* xxi, 18), et ipse, corpori suo quasi subcisivum efficiens, particulas terræ mandat, residuum cœlo inferens se resurrexisse pronuntiat ? Qui istis implendis sibi constat insufficiens, qui sua ipsius colligere fit impotens, nostra membra per humanam incuriam hac illacque dispersa quomodo colliget ?

Dum ecclesiam vestram peregrinis opibus vultis attollere, et de vestro statu longe nobiliora, longe ab aliis excellentiora jactare, ad id extremæ vesaniæ ad vestri sensus reprobi cumulum erupistis, ut non solum, quod dictu nefarium æstimatur, dici tamen operæ pretium est, prophetica dicta, sed ipsum Dominum Jesum mendacii velitis accersere. Si a Propheta dicitur : « Non dabis sanctum tuum videre corruptionem (*Psal.* xv, 10), » profecto Propheta isdem non immerito falsitatis arguitur, quia Deus ipse sine dubio perpetuæ corruptioni addicitur. Et quid magis corruptelæ sine spe recuperationis expositum quam Deus ille est, quem a resurrectionis gloria et incorruptione constat extrusum?

Deus meus, quid infortunii accidit denti illi, nunquam ego eum fatebor cum reliquo corpore de sancto Spiritu in alvo virginea procreatum, sed aliunde adventantem Dominicis hæsisse faucibus, ac si de externæ surculo arboris insitivum. Corrumpitur ergo dens ille, quia, ut verbum ipsum ex seipso resolvam, dum a suo corpore abrumpitur et eo clarificato (in terra relinquitur, et sempiternæ miseriæ addemnatur, dum, sin alias, vel in fine sæculi cum cœlo terraque cremabitur. Igitur aut arrogantiæ, aut mendacii arguemini, et non qualiscunque mendacii, sed ejus, quod in divina blasphemos, et si obstinatius repugnetis, circa catholicam vos doctrinam reddam hæreticos.

Major itaque nobis suggeritur spes, quam patri et auctori spei nostræ Jesu Domino, dum per ipsum colligi a corporum nostrorum dispersione nos credimus, in quo ipsum labefactari conspicimus! Et ecce vestri gratia nos plus quam Jesus hic. Nos igitur omnimoda regeneratio manet ; Jesu autem in tantum particularis est facta, ut aut nunquam in sempiternum, seu usque ad communem resurrectionem perfici restet. Tunc forsitan venturo Jesus denti locum aperiet, aut hiulca adhuc fauce dentem tunc vagabundum hucusque recipiet ; sicque dentis ac umbilici, et si qua sunt alia, iterata clarificatio, sicut fuit olim secunda circumcisio, fiet.

§ III. *Sancti-Medardenses vehementer insectatur.* — Attendite, falsarii, quam parvus ignis hic vester quantum virorem veritatis Christianæ consumat. Si nulla, præter propheticum quod præmisimus, suppeteret testimonia, præsertim cum idipsum beatissimus Petrus contra Judæos super Dominicæ resurrectionis assertione protulerit (*Act.* ii, 27), sub hoc arcto positis vobis saltem super isto capitulo multum esset respondere conveniens. Prophetam etenim adeo egregium, et tanti principatus apostolum refellere cum vehementis insaniæ sit, miror quomodo dicere præsumitis, unde evidentissime tantis auctoribus contraitis. Certe si multimodæ vobis rationes aliæ concurrerent, quæ quoquo modo vel ad momentum hoc asseverare valerent, magnopere tamen hoc aggredi conscientiæ vestræ horrere deberent, quæ contra ullos longe inferioris gloriæ viros, super hac re neutiquam merito vel mutirent.

Quod si dicitis corruptionem non esse, est plane, etsi nondum corruptus est, corrumpi necesse. Et quid valeat deteriore modo corrumpi quam clarificato corpore universo perpetuæ desperationis squalori dimitti ? Et quomodo audetis rem adeo ineptam asserere, cum eum non negetis surrexisse, quomodo

contigit dentem proprium aliqua oblivione præter-
misisse? Quod si a memoria excidit, aut eum sponte
remisit, in resurrectione quid faciet, cum aliorum
membra coadunans ipse in sui parte perditum
ibit?

Eadem ratio de umbilico accedente Salvatoris. —
Ponamus itaque quasi posse fieri vos tanto munere
locupletes. Velim ergo respondere dignemini : in cujus corporis jus in resurrectione cessurum dentem,
et cætera quæque putatis (²²)? Non minus etenim de
umbilico et cæteris quæ de ipso habere dicuntur,
quam de dente apud nos agitur. Quod plane de uno
352 dicitur, redundat ad cætera. Ubi igitur se
conferent quæ de Domino Salvatore servantur, cum
ultimus dies ille ingruerit? Si ad pristinum reditura
sunt corpus, quo se recipient, quæ loca sese iis re-
cipiendis aperient? An edentulus Salvator clarificatus hucusque mansit, ut locum denti superventuræ
servaret? Et certe denti tantillo locus conveniens in
virili quod est Dominica fauce nequaquam competeret. Esto. Quo se umbilicus, quæso, reponet? Nunquid duæ clarificationes in eodem corpore celebrantur? Res est quæ nusquam legitur, quæ nullis testimoniis approbatur. Quid ergo infertis, qui omnia
sententiæ vestræ circumstantia infirmari et ridicula
fieri perspicitis?

§ IV. Porro ipsi Domino, ut prophetis supersedeam, cur nævum tantæ infidelitatis inuritis? Si
ipsum in præsentiarum haberetis : *Quis ex vobis arguet me de peccato* (Joan. VIII, 46)? Quod infirmius,
quodque insensibilius in homine exstat, non periturum in nobis perhibuit, et ad sui ipsius confusionem,
et nostram omnium diffidentiam, vestra prudentia
tantum sibi residuum, non de capillis, sed de ejus
carne et ossibus astruit? In qua diffidentia tamen
nequam emergit utrobique respectus, quia sic sentire, sic dicere et divinorum dictorum fidem patenter impugnat, ac infirmæ cujuspiam considerationis
oculum non parvo cogitationum turbine densat, dum
in se Dei promissionem non expleri posse quique
metuunt, quam in semetipso nequaquam præmisisse
subaudiunt. Si enim cuilibet promittas copiam, cum
tuam tu ipse supplere non possis inopiam, certum
est ejus cui spoponderis penes te labefactari fiduciam.

Dico quod infirmis aut versipellibus animis aliquando queat officere, sed quia Dei misericordia
nullius circa nos super tali contuitu videmus, non
dico acui, sed potius cæcutire versutiam, hoc non
vestræ cautelæ imputabitur, quæ juxta legis vetitum,
tam male profunditatis cisternam effodere non veretur (*Exod.* XXI, 33), in qua brutorum quocunque
animalium præcipitium aperitur. Certe etsi nemo
ibi lædi, Deo auctore, et sæculo nostro minus hanc
doctrinam appretiante, permittitur, non minor tamen impudentiæ vestræ reatus intenditur, quia a
vobis indesinens subministratur occasio, qua quis
improvidus periclitetur.

§ V. In quo illud vobis permaxime objectatur,

A quod cum hæc in evidentia omnium docere soleatis,
nunquam tamen, cum quasi signum cui contradicitur sit, cui generaliter a prudentioribus in dies
obsisti audiatis, nunquam, inquam, exagium melioris sententiæ perquisistis, nec quam esset a Scripturis absonum attendistis. Si enim vel tenuiter ipsas
de suæ ac nostræ statu resurrectionis sententias
tentassetis, nec mora plane scintilla hujus quam
dicimus ad liquidum eluxisset veritatis. Et quid est
furiosius quam ad aures Ecclesiæ promulgare, quod
non possit ullius disputationis assertione constare?
Paulus ascendit Jerosolymam, et confert cum Petro
et cæteris Evangelium ne forte in vacuum curreret,
aut cucurrerit (*Gal.* II, 1, 2), et vestra prudentia
in quibus hæsitat addiscere erubescit? Ad Horatia-
B num illud advertite mentem :

Cur, inquit, nescire, pudens prave, quam discere
[*malo?*
HORAT. *Ad Pis.*, 88.

Nec tantæ tamen hebetudinis per vos estis, ut ad
plenum capere non possitis, quod ad paternum solium pars una commigret, altera corruptionibus
addicenda a tanto exsul corpore substet. Quæ ratio
patiatur, ut partem tanta gloria maneat, partem
infelicitas æterna subducat?

Si nulla opem verbis nostris suppeditaret auctoritas, sufficere valeret adeo partium suarum impatiens
in tam sacrosancti corporis majestate diversitas. Si
enim in nostris purorum hominum corporibus in
C resurrectione, quando immutabimur, tanta erit
uniformitas, ut, glorificata universitate membrorum,
ne quidem quantum capit atomus in aliquo resideat
ulla de pristina vilitate indignitas, in illo quæ dementia æstimare nos faciet inconcinnum quidpiam,
qui personaliter et Deus et homo est, ut aliquid in
illo sit dignum, aliquid secludatur a digno? Si ore
Doctoris gentium, in quo loquitur Christus, nobis
promittitur quod ipse reformaturus sit corpus humilitatis nostræ, configuratum corpori claritatis
suæ (*Phil.* III, 21), qui partem corporis sui sub inutili humilitate, sine ulla rationabili occasione dimisit, quomodo corruptionis humanæ despicabilitatem,
ad suæ claritatis provehet conformitatem, qui quasi
impotem se præbuit ad id resumendum quod sui
D fuit?

Videte ergo ne dum membra Dei quasi pro honore
et genio, ac speciali prærogativa ecclesiæ vestræ
vobis arrogatis, ex eo quod in hac sententia vestro
vos honori commilitare putatis, Deum usque ad
terram, ut sic dixerim, humilietis, de cujus vos
dente jactatis. Si honorem ex Deo quæritis, quem
Deum, quæso, eum putare poteritis, quem apertissime videmini arguere falsitatis. Si vester honor
ad ejus, ex quo honorari cupitis, redundat infamiam,
quam excepto 353 honori redhibetis gratiam? Et
quomodo est vestrum rationabile obsequium, si id
colitis, et aliis colendum ingeritis, quod nullius
præfert fidei argumentum? Obsequium plane rationabile, dicit Apostolus (*Rom.* XII, 1), in quo non sine

verissima redditione causarum libere exercetur animus. Nam cum quemvis quispiam veneratur et prædicat, et venerationis ac prædicamentorum causas ignorat, multa facilitate labefactatur, aut claudicat.

Et certe cum apud omnes jactantiæ hujus percrebrescat opinio, rarissime tamen credulitas quorumlibet sapientium suppetit isti verbo. Cum enim ratio super hac re vestra undecunque titubet, vix reperitur nisi rudis et inscius, quem ad credendum informet, et ubi omnis arguti animi diffidentia occurrit, quis ad tractatus hujuscemodi promulgationem nisi impudens et perversus erumpit? Solus hanc pudor garrulitatem cohibuisse debuerat, ne documentum quod sanis constat probabile non esse capitibus, hebetudini quisque disertus ascribat. Quod si qualibuscunque intellectibus rationes nequaquam oblatæ sufficiunt, ecce pro partibus vestris paratus sum mihimetipsi, quæ vestro possint dogmati munimenta adniti, objicere, et postmodum sine ulla simulatione objecta, tota etiam puritate refellere.

CAPUT II.

§ I. *San-Medardensium objectio* 1. — Sic itaque vestra procedere putatur opinio, imo talibus? emergere argumentis vestra videatur assertio, non quod tale quid unquam ratiocinationis a vobis audierim, sed quod tale aliquid per animi conjecturas mei adversus hanc meam disputatiunculam dici, imo oblatrari a quolibet posse putaverim; nihil enim a vobis dignum probi alicujus auditione percepi, hoc vos consuetos interrogantibus respondere cognovi. Nunquid non secundum ætatulæ morem naturaliter dentes novennis emisit? Quibus, inquam, assentior; sed multæ aliæ rationes se ingerunt, quæ longe diversiora quam referatis ferunt. Hæc dicens, quæstionis pelagus motare verebar, illud Boetianum menti subjiciens : « Jure, ait, insanus judicarer, si contra insanos loqui intenderem. » In eo namque quod cujusque menti pro voluntate præponderat, non multum sibi providet qua ratione respondeat; hoc solum incubat cordi, quatenus diversæ partis intuitum obstinatis clamoribus subigat. Probum enim videtur improbis tantopere alia pro aliis absurdissime intonare, ut quod ratiocinando non prevalent, saltem valeant strepitibus obtinuisse continuis, quasi viciniora victoriæ. Age ergo, et pro vobis nostra exerceatur oratio.

§ II. *Objectio* 2. — Si Deum et Dominum nostrum dicis ob sui memoriam, et suis ac suorum sequacibus, quod in mensa sua fit reliquisse mysterium, ut consolationem, quam suis suæ præsentiæ cohabitatione præstabat, absens vicario munere præpararet, nos ita non capimus, ut pro perfunctoria præbitione mysterii, ad gaudii universalis cumulum datæ corporis illius, ut sic dicamus, superfluæ portiones idcirco debeant absentari, perfunctorium plane ideo dixerimus sacramentum, quia et ipse idem panem nominat *quotidianum* (*Luc.* II, 3.), solummodo videlicet quandiu, juxta Apostolum, cognominatur *hodie* (*Hebr.* III, 13), necessarium. Hoc itaque sic ad ejus memoriam celebrari dicitur, ut istorum habendorum nequaquam ratio denegetur, quia etsi generalis est utilitas per sacramentum Christi corpori couniri, non debet tamen privatorum gloria suorum privilegiorum majestate privari. Sicut enim privilegia singulorum legem non possunt facere communem; ita communis gloriatio suam privato cuilibet nullo modo detrahit claritatem.

§ III. *Objectio* 3. — Si Christum pro sæculo passum visibilis reportat memoria sacramenti, quæ tamen figura soli cuilibet perspicua est sapienti, cur Deus ad eorum consolationem, pro quibus ista susceperit, hæc a sua carne decidua, et quasi sui corporis excrementa haberi non permiserit? Si illius in cruce de latere sanguis et aqua profluens, forsitan terram aut saxum attigit, si absorptum aut attritum quoquo pacto aboleri contigit, quomodo putas ea, quæ vocasti superius subcisiva, ac si nostræ fidei refricandæ vades, sub potiori colenda honore non potuisse dimitti? Sacramenta igitur illa rite nobis ad ejus memoriam prosunt, quia nobis etiam unionem cum Jesu Domino suscipiendo pariunt; hæc autem animis minus intellectualibus fidei, ut sic dictum sit, tractabilis invisibilia rudimenta conferunt.

§ IV. *Objectio* 4. — Sunt ergo quidam hujus agnoscendæ veritatis gradus, ut dens ac umbilicus ille visibilis tractabilisque simplices erudiat, quod fit in altari mysterium (29*), imagi... tiones [f., imaginationes] exerceat, jam quasi ad tertium cœlum contemplatio ad eum, qui paternæ dexteræ consideat, sese exacuat. Quia ergo esui communi caro et sanguis convenire non poterat, **354** mutatur a Domino in usibus humanis habile sacramentum. Sacramentum itaque ipsum aliud quiddam exhibere videtur quam caro aut dens, qui a resuscitato residuus perhibetur. Residua enim ipsa carnis quondam exhibitæ veritatem insinuant, carnis autem significatæ mysterium, eorum fit efficax, quibus per ejus usum carni divinæ incorporentur et vivant. Est ergo dens ac umbilicus probabile sub temporum nostrorum extremitate susceptæ olim dispensationis indicium, et generaliter animarum saluti commilitat sacramentum.

§ V. *Objectio* 5. — Quod si controversia putatur post resurrectionem illud esse residuum, controversiæ itidem ascribitur baptismus post baptismum. Baptismus nempe quem Christus exceperit, gloriosior videri potuit quam sequens, cum ipse longe melior præcedente successerit. Sic et Christus cum resurrexit, si ad nostræ mutabilis mentis monimentum aliqua post se sibi attinentia dimisit, futurus post judicium gloriosior hæc eadem glorificata inserere sibi non poterit? Dicimus enim quia etsi resurrexit, non tamen resuscitatum corpus, ad eam quam post

(29*) Hic aliquid deest.

judicium habiturum est immutabilitatis gloriam provexit. Si namque esset integre clarificatum, non remansisset latus quod Thomæ ostendit apertum (*Joan.* xx, 27); nec vulnera patula hucusque persisterent pedum ac manuum, quæ paternis illata consessibus sic conservat, ut in die judicii tam iis, qui eum pupugerunt, quam omnibus reprobis conservata producat. Ubi ergo cicatrix non obducitur, perfecta nullatenus semimutato, ut sic dixerim, corpori clarificatio adhibetur, et ubi perfecta adhuc corruptelarum integratio nondum est, quod minus factum in eo ipso constat; aliquo modo supplendum est.

Quid autem de supplemento tractem, cum forma ipsa servi, quæ justis ac reprobis æque erit, ipso judicante, perspicua, post judicium tota in divinam transferetur formam! Unde et illud est: *Et transiens*, inquit, *ministrabit illis* (*Luc.* xii, 37) : Quem transitum nos non intelligere debemus alium, nisi quod totius humanæ, quod in eo apparet dispensationis ministerium, in divinæ illius majestatis redigetur statum, imo dominium, in quo transitui electorum suorum visioni comministrat, dum suæ satietatem contemplationis eis nunquam fastidiendæ suppeditat.

Ubi igitur in divinitatis speciem, formæ servi translatio est futura, ubi cicatricum obductio, per immutationem legitimam adventura, quid cunctamur dicere quod residui, quod nos habere credimus, resumptio sit illico secutura? Dum plane vulnerum concavitas æquata superficie complanatur, quid mirum, si quod ad fidei nostræ solatium nobis interim est commissum; eidem unde derivatum constat corpori compingatur? Certe si quid majus aut minus apud Deum esse potest, non majus apud eum æstimatur cicatricum hiatus obstruere, quam reliquias humano affectui ex consulto ingenitæ provisionis applicitas, invisibili qua dispersa recolligit sibi contractione subnectere.

§ VI. *Objectio 6*. — Si Filius Dei ipse super Judæis inimicis suis ostensum sibi a Patre testatur : « Ne occidas, inquit, eos, nequando obliviscantur populi mei (*Psal.* lviii, 12). » Dum præsentia Judaici populi, quem præ oculis habemus, memoriam in nobis refricat Christi crucifixi, et libros veteres, qui de ipsis scripti sunt, et ad ipsos ex suis ipsorum, quæ ibi prænuntiata sunt, infortuniis, nostrarumque proventibus fortunarum magis reddunt authenticos, quis super dente illo, quis itidem super umbilico nostram poterit obscurare sententiam? Quin sicut mysticum illud corpus ad sui nostrique unionem dignoscitur institutum, ita quidquid de illo, quod principale vocamus, non quod præcedat majestate, sed tempore, residui in terra haberi dicitur, ad probationem ejus quam suscepit dispensationis, et ad solidationem fidei infirmorum valere cognoscitur?

CAPUT III.

§ I. *Respondet objectioni 1*. — *Quid fides*. — Ad hæc inferre poterimus : Si de principali suo corpore quasi ad experientiam suscepti quondam hominis superesse quid creditur, fidei catholicæ pene virtus universa convellitur; nam « si fides sperandarum substantia rerum est, argumentum quoque non apparentium (*Hebr.* ii, 1) » quomodo in corde credentis cujuslibet sperandæ res subsistunt, vel substant, cujus cogitationum intelligentiæ de invisibilibus ad visibilia remeant? *Quod enim* « *videt quis, quid sperat?* (*Rom.* viii, 24) » Si fides ac spes solummodo ex intellectualitate appetenda consistunt, sicut ex acie interiori foventur atque proficiunt, ita ex consuetudine corporea et sensualitatis affectatione lentescendo deficiunt.

Si Salvator nonnihil corporis reliquisset, fidei exercitationem impediret. — Fides itaque substantivum quidam debet esse in animo cujuspiam, ut quæ in spiritu contemplatur, quasi aliquid solidum intra mentem teneatur. Quo ergo fidei acumen intenditur, imo quid speratur, quid creditur, **355** ubi res sperata, res credita in conspectu materialiter aspicientis appenditur? Quæ exercitatio animi illic fiet, ubi in iis quæ intuitui subjacent consideratio se exercet? Ut quid, nisi se primo subducat, Paracletum non venturum denuntiat, si idcirco corporis sui reliquias in terra dimittit, ut incarnationis suæ credulitatem humanis magis pectoribus inserere possit? Qui carnis præsentiam ideo discipulis absentaturam se perhibet, quatenus intellectui copiosor se spiritualitas repræsentet (*Joan.* xvi, 7), credendum nullatenus quod verba sua ullo pacto infirmare voluerit, in eo videlicet quod secundum vos in terra residuum facere de se voluerit.

Plane indubie suis sermonibus contraisset, ut qui Paracletum non venturum dixerat, nisi ipse abisset (*Ibid.*), partem inter nos ejusdem corporis, cui mens humana rursus intenderet, reliquisset. Esset quippe facere, nec minus, ut ita dicam, eadem facta deficere, si corpus proprium, ut nos ad spiritualia castigaret, substraheret, partemque alia subtracta parte dimitteret. In verbis Dominicis nil repugnans, nil absonum reperitur, tota evangelicorum dictorum congeries immutabili semper unanimitate vestitur.

§ II. *Respondet objectioni 2. Capilli*, *sanguis*, *aqua*, *etc.*, *quæ e corpore Salvatoris deciderunt*, *haud periere*. — Igitur si de sanguine et aqua quæritur, et quod in terra sint oblitterata objicitur, non aliter plane ex hoc respondebitur quam de capillulis infantiæ, corpusculo utique grandescente, deciduis, quæ, quo defluxerint, in quidve versi fuerint, sicuti de aquæ et sanguinis quæ prælibavimus illo profluvio, non nemini fixa sententia est. Putas ergo perditum ierint? Si dens tuus, quem tu tibi arrogas, adhuc usque in miseriis non subsistit, cæteri dentes, quos sub eadem natura cum emisisse constiterit, qua putas incuria, hac illacque disjecti credentur? Tuo quem habes denti fortunatior aura subrisit, dum aliis tabido secundum verborum tuorum consequentias squalori addictis, auro et niveis lapillis coornatus obrutalet. Et mirum quia, cum plures emiserit, et par universis reverentia debeatur, obrutis reliquis, tu unicus unicum hunc habere te jactitas.

Si igitur capilli, dentes, aquæ fluxus, et sanguinis quadrifidi vulneris cruor, qui indubie ad terram usque distillare potuerit, in terrenis ruderibus in finem corrumpenda desederint, resurrectionis humanæ status, ac nostræ promissio ex ore Dominico ad sui similitudinem conformitatis, non video quomodo constare sine enormi fallacia possint. Et certe multo tutior quam stultior dico, quia, si in aliqua promissorum quis suorum portione declinat, ambiguum omnino efficitur quod de cætero rectitudinem pollicitationis adimpleat. Et si tantum de ejus corpore, qui auctor est promissionis, corruptum iri conceditur, facili disputatiuncula annullari poterit, quidquid in eo factum vel de nobis flendum prædicatur. Si enim ex perceptione præsentium munerum firma est exspectatio futurorum, et qui in suæ procemio locutionis fallitur, textu orationis procedente neglectui ducitur, perpendendum procul dubio constat, quia si constanter in sui ipsius restitutione quod spopondit exhibuit, omnes eos quibus sponsorem se præbuit, fidei dictorum suorum indubitanter adnexuit. Quod si in promissorum veritate titubare dignoscitur, quidquid in verborum ejus statura præeminet, totum incontinentia fluitante subigitur.

§ III. *Respondet objectioni* 3. *Infantis Christi defluentia corporis qui colligeret nemo. Quare.* — Sed illud potissimum obtendi sufficeret, etiam si nil quod ad hæc posset responderi suppeteret, quod Domini Jesu pueritiæ tempore profecto nullus esset qui ejusmodi defluentia ex ejus capitulo sacrosancto colligere affectaret, præsertim cum de eo nemo majus quidpiam tunc temporis æstimaret, quam de æquævo aliquo qui tunc esset. Et quis de humani generis [f., corporis] reliquiis tunc tractaret, cum post mortem alicujus aliquid de ejus corpore reservasse apud Judæos profanissimum esset? Et quid apud eos pollutius quam mortui hominis ossa contingere, cum ad singulos quosque contactus excubare aliquandiu pro castris, et aquas jubeantur expiationis adhibere. Præter tabulas Testamenti, auream urnam, Aaronique virgam, nil quod a veteribus accepissent monimenti usquam exstitisse dignoscitur. Et quis ea, quæ illi puero attinebant, servanda duceret, in quo nil a communi respectu dignius autumaret?

§ IV. *B. Virgo minime id præstitit. Ipsius lac asservari dicitur in ecclesia Laudunensi. Quod improbat Guibertus.* — Quod si objicitur beatam Virginem Matrem id potuisse servare, et quasi superstitiosa ipsius posterorum cultui voluisse traducere, ita suscipietur, (²⁸) sicut Laudoni apud nos lac ipsius benedictæ in columba cristallina hucusque retineri dicitur. Quod quantum a vero, et etiam a verisimili exorbitet, facili argumento liquet, quia neque ipsa asservarit, præsertim cui nunquam in Jesu infantia tantum otii, tantumque securitatis exstitit, ut sui memoriam tanti penderet, quatenus de sui in futura sæcula lactis productione curaret, cui vix

intra natale latere solum, vix vivere tunc liceret. Et quis tantæ arrogantiæ vel signum in ejus benedictis moribus, in ipsius adorando habitu 356 reperire potuerit, in cujus ore nil nisi ancillaris humilitas unquam sonuit? Quæ res quoque tanto minus poterat, non dico in plurimas ætates, sed nec in aliquot annos sub ulla constare custodia, quanto magis idem coagulum semper decoquitur naturali inconstantia.

Esto autem. Et quæ vetustatis exempla illi maturissimæ, ac nullius laudis avaræ menti suppetebant in talium observantia pignorum, ut quod nunquam fieri viderat, nec eatenus factum audierat, prima quasi imaginem cujusdam ventositatis inciperet? Et si per cumdem Spiritum, ex quo conceperat, non nosse non poterat, quod is, quem genuerat per fidem, suæ dispensationis mundum omnem impleturus erat, quid dentulus, quid umbilicus ille, quid denique cætera custodiri debuerant, quæ in tanta Filii sui claritate non amplius, si ex aliqua veteri consuetudine servari possent, valitura putabat; quam meridiano valet lucerna sub sole?

Certo itaque certius sæculorum Dominam noverimus nunquam næniis talibus studium impendisse. Næniæ plane essent, si is, qui se Deum et hominem sæculo plenis fide prodigiis publicaret, segmentis atque minutiis hujusmodi ad nihil omnino utilibus celebrari appeteret. Quod si ipsa non fecit, quis ergo fecisse potuerit, cum id temporis nullus, qui hoc appretiaretur, nedum aliqua charitudine appectoraret, exstiterit?

CAPUT IV.

§ I. *Respondet objectioni* 4. *Integre Christi corpus in resurrectione fuit glorificatum, licet non aliter quam antea appareret.* — Sed iis paulisper amotis, ad propositum redeamus. Si ergo corpus Dominicum post resurrectionem dicitis necdum integre immutatum, necdum plene clarificatum, quia non obduxerit foramina cicatricum, ostenditis, fateor, in hoc ipso hebetudinem indubie sensuum vestrorum. Si igitur clarificatus integre non est, quia eas non obduxit, ergo non dicam integre, sed ne ad modicum quidem vel immutatus vel glorificatus est, qui nulla vel immutationis vel glorificationis suæ signa post resurrectionem discipulis ostendit. In nullo enim ab ea specie quam videre pridem fuerant soliti, alteratus ipsis apparuit. Ergo quia nihil eis novæ claritatis resuscitatus obtendit, dici ab aliquo potest quia nihil majus a Patre resurgens, quam antequam pateretur, emeruit.

Certe nec ipsa qua in coelum conscendit hora quidpiam novioris aspectus objecit, ut in ipsa declaratione resurrectionis non alium seipsum ostenderet quam idem ipse fuerat antequam obiret. Si enim insolitum aliquid splendescendo proponeret, nunquam quod caro rediviva foret, crederetur, sed potius ut suspicati sunt, quod alter, aut spiritus esset. Unde est: « Ego sum, Nolite timere (*Joan.* VI, 20). » Et: « Spiritus carnem et ossa non habet, sicut me videtis habere (*Luc.* xxiv, 39).) Dignum itaque fuit ut simpliciter in ea quam assueti fuerant specie, adhuc eisdem rudibus appareret, ne de inusitata claritate ad externæ opinionis errorem animos minus capacium derivaret.

Quare Dominus vulnerum cicatrices resuscitatus apostolis ostendit. — Qui itaque in subobscura habitudine quasi spontive suscepta, jam gloria imminutus, apparuit, quid mirum si inobducta clavorum loca eis exhibuit? Quibus tamen? Apostolis plane primum, et postmodum Thomæ, et hoc utrisque hæsitantibus, hoc et semel. Vide si duobus Emmaus pergentibus, vide si in creberrimis per dies quadraginta pro argumento conviviis aliquid obducendum prodidit; vide si mulieribus pedes ejus tenentibus, si cuipiam alias cum ostento passionis apparuit. Quid ergo fuit dubiis cicatricum antra contrectanda porrigere, nisi identitatem propriæ personæ non consuetudine faciei, sed recentioribus mortis suæ signis ostendere? (²⁴) Quid post resurrectionem vulnera illa reservata portenderent, si etiam hucusque manerent? An ut Patrem ac si virum obliviosum per eadem dispensationis pro hominibus susceptæ commemoret? Esto. Certe alia curanti Patri sola sine vulneribus caro suæ dexteræ assidens commonere sufficeret.

§ II. *Respondet objectioni 5. In die judicii eorumdem vulnerum notæ in Christo nonne conspicientur?* — Sed objicis quod vel in die judicii visuri sint reprobi ac impii eum videlicet quem pupugerunt. Si eum, cui te injuriam irrogasse memineris, sine ullo illius quam intuleris injuriæ monimento conspicias, nonne confestim perpetrati in eum facinoris temet videndo commemoras? Et quid tibi lacerum faciet latus, quid in manibus pedibusque fixuræ clavorum, ubi Filii hominis parebit signum? In illius gloriæ throno quomodo conveniet quinquipertiti vulneris horror? Et certe cum discipulis comedens ac bibens manibus mandenda tractabat, nunquid sanies hianti ulcere tunc fluebat? Absurditas infinita.

Qui, pro veræ testimonio quam resumpserat carnis, manducavit sæpenumero cum suis, non necessario, sed dispensative (*Luc.* xxiv, 43); qui januis clausis intravit ad ipsos sola potentia, non natura (*Joan.* xx, 26), interstitia namque parietum non penetrant pondus carnis ac ossa, nec æthereram habitationem talis naturaliter patitur. corpulentia, quod totum virtuti resurrectionis ascribitur; qui se longius iturum fingit **357** dum a duobus præfatis remanere compellitur (*Luc.* xxiv, 28), non potuit ad horam signa passionis recens actæ cuilibet dubitanti proponere, ex quo sui ipsius tum natura, tum persona probetur? Nonne illa coram Petro, Jacobo et Joanne in monte transfiguratio perfunctoria exstitit, (*Matth.* xvii, 2), ut probaret quem post resurrectionem statum habuerit, quem tamen ut erat, cum resurrexisset, pro infirmitate videntium ostendere supersedit? Ac si diceret: Quia vobis non expedit ut immutati corporis claritatem vobis redivivus ostendam, non enim competenti intellectu caperetis eam; hanc modo vobis superstes expono, ut eam perpendere ac recolere addiscatis, cum naturæ glorificatæ excellentiam habitu humiliore, quia obscuriore, contexero.

§ II. *Respondet objectioni 6. Explicat quomodo Christus in judicio extremo formam servi immutabit.* — Porro de translatione servi formæ in divinitatis formam, si sic intelligas ut in alteram speciem demutetur, et tunc cum obductione cicatricum dens et umbilicus ille, et si quid est aliud residui, quasi veteri trunco insitivus surculus apponatur, dicimus plane quia, si sic se res habet, duæ resurrectiones Christi erunt, et bis immutabitur. Si tantus error coalescit in capite, quid poterit de membrorum resurrectione quis credere? Transitum illum de forma in formam Christi nil aliud intelligimus quam absorpta morte in victoria (*I Cor.* xv, 54), et exacto impio et impietate ejus, diviso videlicet ab ira vultus ejus, appropinquat cor illius (*Psal.* LIV, 22); stulto scilicet impio ne videat gloriam ejus, admittuntur electi soli ad videndam gloriam divinæ visionis ipsius. Hinc est quod Juda exeunte dicit: « Nunc clarificatus est Filius hominis (*Joan.* xiii, 32), » Tunc plane transit ad hanc clarificationem, cum de forma servi, quæ justis et injustis communis est, transire nos facit, scilicet solos electos ad æternam sui visionem. In hoc transitu eis ministrat (*Luc.* xii, 37), cum reprobis abdicatis ipsos suo vultu exsatiat. Christus itaque transit, cum post judicii diem etiam servi formam a reproborum contemplatione secludit, et electorum obtutibus sese videndum aperit, imo eos sibi videndo transigit.

CAPUT V.

§ I. *Producunt San-Medardenses quoddam miraculum tempore Ludovici Pii patratum. Id non probat dentem Salvatoris exstare inibi.* — Igitur iis contra hujus sententiæ exsecutores emissis, illud advertamus quod in Sancti-Medardensi ecclesia miracula pluris pretii super illo dente declamitant. Primum, nisi fallor, et quod potissimum memoriæ succurrit, id est, inter capellanos Ludovici Pii imperatoris in ejus ipsius præsentia super isto tractabatur. Cumque valde a monachorum sententia resilirent, nihil de corpore, quod Virginis uterus fudit in terris, resedisse ferentes, ad missarum solemnia constat ventum. Illic in sacris mediis phylacterium ab altari dicitur substitisse suspensum; quod sibi, et aliquibus, qui viderunt, exstitisse aiunt argumento, Sed quod, quæso, argumentum? Quæ superna, quæso, vox, quis, precor, angelus detonuit, dentem Salvatoris tunc esse quem tenellus ediderit? Sed quid ad me angelus, quid vox? Si throni et dominationes istud assererent, nulli vere fidelium, sed fidei scientiam habentium animi assentiri ullo modo deberent. Qui, ut superius diximus, et millies repetendum ducimus, si capillum de nobis non periturum asseverat, si quidpiam in terra habet residui, in se credentes potius exemplo suo desperare quam doctrinis credere mandat. Et certe martyrum cineres nunquam nec ossa toto orbe circumlata recolligit, qui sua fieri post resurrectionem putria hac illacque permittit.

Sed perpendere libet quam hebes miraculum ipsum fuerit, dum animadverti non praevalet quorsum suspensio illa intenderit; quod enim ab ara in aerem volucritat, de sacro, ut sic dicam, ad insacrum se subrigens, altaris sanctitudinem ac si impatienter se ferre demonstrat. Et si verbum idem, quod est suspensio, velimus attendere, quod videtur suspensum, putatur ambiguum; sed quid loquor ambiguum, cum ambiguum proprie sit quod esse et esse non possit. Hoc vero nullatenus, nisi seipsum velit inficiari, qui est veritas Deus. Adeo autem surditatis ineptae miraculum, quod in argumento rei hujus ne multum quidem faciat, cum stulte scriptum sit, stultior est qui retractat.

§ II. *Deus ille sancti cujuspiam esse potest.* — *Fides saepius causa miraculorum.* — Sequuntur et alia non minus dubia, quae idcirco dixi dubia, quia ad id approbandum omnino sunt muta. Hoc enim, cui signum ascribitur, sanctum aliunde esse potest; hoc autem quod dicitur, esse non potest; et si esset, talium signorum testimonio, quia dens sit Dominicus, portendi non posset. Sancti ergo cujuspiam dens ille credatur, cujus merito forsitan tale quid concedatur; et si certe nullius sancti esset, vel fides plane credentium exigeret ut quod speraretur obtingeret. Multa enim fieri possunt, non tam ejus merito, per quem praerogatur, quam illius cui impenditur.

358 § III. *In Lunensi urbe puer nuntiat piratas adesse in portu dum vigiliae Natalis Domini agerentur.* (*Isa.* XL, 1). — Quod in Lunensi urbe (50) ante annos aliquot contigisse dignoscitur. Vigiliae Natalis Domini à fideli populo inibi agebantur. Interim piratica classis portui allabebatur, qui appellatur Veneris, urbem depopulatura repentinis incursibus, dum res noctu divina protenditur. Interea dum citatis myoparonibus vadosum praeproperant scindere rostra salum, in ecclesia cathedrali puer primam nescio an secundam primi nocturni lectionem pulpitum lecturus ascendit. Cumque benedictione suscepta adoriretur legere : « Consolamini, consolamini, popule meus, » illico ex ejus ore Spiritus sanctus subdistinguendo subjecit dicens « Ad portum Veneris Salandrae (Salandrae autem naves dicuntur à *saliendo* vocatae). » Quod cum ab omnibus non mussitando, sed strependo repeti ac corrigi juberetur, puer saepe numero eadem replicavit. Mox decanus Ecclesiae concepta dicti sententia, populos in arma consuscitat, et portum Veneris adire mandat. Illic ingenti classico appellente littoribus obvia turba resistit, et urbem nec mora pervadendam ex Deo armata, hoste fuso, praemuniit. Ergo sicut ad meritum proloquentis pueri neutiquam pertinuit, ita multoties non per eum, a quo

(50) Vulgo, *Luni*, Etruriae oppidum ad mare situm.

putatur, exporrigi fit, sed in illum, qui meretur accipere beneficii fructus, excurrit.

§ IV. *De quodam scortatore aquis absorpto.* — At signorum illorum tenuis mihi valde videtur auctoritas, imo scripti illius vilis admodum probatur indignitas. Nam in eorum libello qui super dente hoc, et sanctorum loci miraculis actitat, de monacho aliquo refertur, quod scorto soleret muliere abuti, quo tamen noctu dum pergeret, aquas tranare propinquas necessario oporteret; in quo transitu, inter undas eum peccati sui pondus enecuit. Qui abbatis judicio a coemeterio fratrum extorris est habitus. Sed abbati, ut pagina illa refert, nescio quis sanctorum inibi, ut dicitur, apparuit, eique, ut dicitur, dixit : « Confer, ait, cum caeteris, quia in obedientia tua mortuus est. » In qua, quaeso, obedientia ? An abbas ei praeceperat ut se periculo fluminis ingerens, impudicae concubitum sectaretur? Certe quoquo pacto eatenus abbati alias obedisset, in hac profecto re obedisse dici non potest, quia obedientia nusquam nisi in bono, nisi per abusionem, intelligi potest. In qua igitur obedientia mortuus est? Sane si de obedientia nomine dubitatur, audiat Apostolum de ipso Filio Dei : « Ex iis, inquit, quae passus est, didicit obedientiam (*Hebr.* v, 8). »

Potest itaque conjici, quia quibus praeter modum totius rationis talia adnexa sunt, fide et idcirco susceptione penitus indigna sunt. Et certe videmus gemmulis ac pernulis [*melius*, perulis, id est margaritis. Gal. *perles*] peregrinorum littorum undecumque ornatum, ex antiquitate dentis memoriam non dentem esse traditione susceptum, et quid intra idem phylacterium lateat non experimento praesentium, sed sibi succedentium sola ratione probari. Venerantur ergo ipsi bifariam illa quae nesciunt, dum eos prorsus latet quod auro illo ac lapide clauditur, et nullo modo constare praevalet quod continet theca ipsa putatur.

§ V. *Nullas corporis Filii sui reliquias posteris conservavit B. Virgo.* — *Matri suae Salvator primo non apparet, quia certo resurrectionem ipsa tenebat.* — Imputabitur itaque Mariae, quod quae apud illos haberi dicuntur, sola servare potuerit? Ergo eam, quae ex Deo supra omnem angelicam humanamque naturam statum Filii sui futurum agnoverit, nimirum quam supra omne quod est post Filium Spiritus sanctus, imbuerit, quomodo resurrectionis ordo latuerit? Si enim latuisset, dignum profecto fuisset ut, resurrectionis suae fidem facturus, ipsi primum appareret. Ipsi vero quare appareret, quae resurrecturum indubie scivit antequam pateretur ac resurgeret? Et sane dictum scitur : « Tuam, inquit, animam pertransibit gladius (*Luc.* xxix, 57). » Unde et eventum, et de eo loquentium verba conservans, conferebat in corde suo (*ibid.*, 19). Cui enim fidus nemo habebatur, cui tantam rem crederet, non inconcinnum utique erat, ut sua apud se sensa et experta contegeret. Cum ergo neque ipsa futuri status ejus non ignara, neque ullus qui eum a communi hominum massa secerneret, hæc posteris reservarit, supervacanea omnino habeantur quæcunque quis de corpore tanto præsumpserit. Constat namque apud nos Apostoli quantum brevis tantum rata sententia, quia corpus idem annuntiatum est ab angelis, prædicatum est [in mundo, assumptum est in gloria (*I Tim.* III, 16).

Ex reliquiis sanctorum quæstum persequi, profanum est. — Porro de cæteris definimus, quia si in canonibus cautum est ne quando martyribus connumeretur si quis inter confringendum idola perimatur, alio enim forsitan errore diducitur, ut nullus quamvis bonum ad speciem habitu efferens, pro sancto facile habeatur, nisi quoquo pacto ex divina revelatione probetur. Quæstum autem ex sanctorum vel circumlatione, vel ossium eorum ostensione quærere, quam profanum sit discite, si velitis æque sanctos avaritiamque taxare.

LIBER QUARTUS.

De interiori mundo.

CAPUT PRIMUM.

359 § I. *Res terrenas abdicare debet qui contemplationi se addicit.* — Interioris mundi statum, quem visio externa non capit, imaginatio ulla non concipit, sola nimirum virtus contemplationis attingit. Ubi enim nihil materiale, nec quod sensualitati subjaceat invenitur, uno plane intellectualitatis acumine penetratur : illo procul dubio uno oculo, illo uno colli sui crine, id est unica et indivisibili cogitationum intentione et cohibitione, qua sponsa in Canticis sponso potissimum placere dignoscitur (*Cant.* IV, 9). Cujus intuitum sicut in iis tractabilibus habere non possumus, ita locorum corpora, et loca corporum in illius consideratione sentire neutiquam pervalemus. Sicut in qualibet pagina, si sententiam contemplativam attenderis, aliis oculis litteras, quibus sententia continetur, inspicis, aliis hoc ipsum, quod sola ratione colligitur, contemplaris.

Ad hæc autem vis imaginationum nulla se confert, quia ubi nec temporalitas, nec temporalitati obnoxia moles aliqua menti se ingerit, nihil visum, aut quod videri possit, exterius in se admittit. Quæ enim nonnisi formas et corruptibilium consuetudinem recipit, semper tenuitatis impatiens usitatarum rerum recordatione grossescit. Quod si ad quamlibet speciem subtilitatis velit eniti, non nisi externæ visionis extrusa frequentia ad intellectualia discernenda valet intendi. Inde et clauso ostio jubemur orare Patrem (*Matth.* XI, 6). Hoc et primum, et secundum, et tertium cœlum, de quo Apostolus (*II Cor.* XII, 2). Hoc igitur modo cum spiritualitas quasi ad quoddam æthereum cœlum et sola, et a terrenis omnibus incomitata progreditur, specialiter spiritualibus spiritualia comparat, dum intellectuali subtilitate incorporeas illas species mundi interioris examinat.

§ II. *Visiones in sacris Scripturis menti solum corporeas ingerunt imagines.* — Sed quod dicimus præpedire valde sacrarum in Veteri ac Novo Testamento visionum videntur historiæ, quæ ad illum evectæ statum nonnisi corpore earum imaginum visa reportant. Cum enim in Dei visione Ezechiel, et ventum turbinis et aquilonem, nubem magnam et ignem involventem, splendorem in circuitu, quatuor animalia quadrifidam habentia speciem (*Ezech.* I, 4, 5), cum etiam ædificium in monte metiri conspiceret (*Ezech.* XL, 5), quid aliud quam effigies corporalitatum præscriptas aspexit? Ibi limina, ibi portæ, ibi vestibula et fenestræ, ibi vir sub specie æris, ibi calamus funiculusque mensoris. Quid plura? Ibi aut corpora aut similitudines corporum contuentur, nec aliud quidpiam pervidetur, quod non formas præsentium undecunque resculpat. Hoc Isaias, Jeremias, Daniel, et si qui alii, quibus se conspicabilem præbuerit Deus, non veritate, sed signis ac figuris enuntiant, dum solium Dei se vidisse declamitant, et solii speciem saphiro, ac chrysolitho comparant.

Cum ergo divinam formam aut igni comportent, aut in humanas habitudines per membrorum singulorum schema distribuant, non est ibi quod de vera omnipotentis Dei simplicitate dicatur, cum quidquid de illo incircumscripto agitur, corporalibus angustiis comprehendi posse putetur. Nil enim ibi est quod secundum puritatem sempiternæ essentiæ dicitetur; est autem quod figuris et ænigmatibus adeo præstringatur, ut de ejus natura nil proprium, sed quod membris ipsius allegorice attineat, prædicetur. Signis igitur ac figuris, cum universa consistant, et in Veteris Testamenti auctoribus nihil quod de Deo essentiale credatur, inveniri queat, præter illud : « Ego sum qui sum. » Et : « Qui est misit me ad vos (*Exod.* III, 14), » cætera quæ de eo feruntur tantopere humanæ consuetudinis dicta factaque redolent, ut in omni præter peccatum passione nostris moribus vel motibus morem gerant.

Hæc quidem apud antiquos pene omnia figuraliter contigisse cognoscimus, testemque Apostolum hinc habemus (*I Cor.* X, 11). Sed et in Novo Testamento non longe secus ac alias se res habet, dum quæcunque **360** in Apocalypsi dicuntur, a formis in nullo extrinsecis dissentire videntur. Vide ergo quam die Dominica et cujus ac si circumscriptionis formam viderit. Et summopere tamen attendendum quod dicitur : « *Fui in spiritu (Apoc.* 1, 10). » Quid est fui in spiritu? Scilicet in spiritualium contemplatione. In spiritu enim non fuisset, nisi quod spirituale est, conspicuum habuisset. Si ergo nihil nisi spirituale conspicuum sibi fuit, quid est quod nisi formas corporeas dicere non potuit, quas duntaxat præ oculis habuit?

Attende itaque divinæ descriptionis nonnisi humanum modum; attende gladium bis acutum, candelabra, et stellas; et, ut ad habitum redeam, lanæ albæ capillos, pedes aurichalco compositos. Ita universum volumen evolve; nusquam nisi humanitus dicta reperies; nusquam non dico substantiale, sed essentiale aliquid de Deo ibi profertur; si quid autem prolatum ibidem constat, multo allegoriarum velamine palliatur. Quidquid quoque illic de statu sanctæ Ecclesiæ præcantatur, coloratis sermonibus inumbratur, et licet qui viderit, in spiritu fuisse dicatur, quæcunque intrinsecus spiritualitas delitescat, nihil nisi corruptibilis speciei et corporale proloquitur.

§ III. *Quæ in mundo, nil nisi materialia suggerunt.* — Igitur quoniam qui de præsentium visione ad interna videnda commigrant, nil aliud quam quod in mundo consueverant videre reportant, putari ab aliquo posset quod eædem formæ apud spiritualia haberentur, quæ apud superos, imo apud inferos, quod nos sumus, haberi videntur. Quæ uniformitas specierum si ita est, quod nullatenus credendum est, ergo inter corpus et spiritum nec distantia nec dissimilitudo est, imo, ut brevius omnia contraham, certe nec ipsa spiritualitas aliquid est. Si enim nullus sæculum inter utrumque gradus, si de altero in alterum quasi de corpore transitur in corpus, nunquam de præsenti hoc qualicunque bono transitur in melius. Bona enim sunt a Deo condita, sed imaginaria; his utimur interim, donec frui detur iis quæ, ob transibilitatem horum, vocantur æterna.

§ IV. *Qui visiones retulerunt suas, corporeis rebus similia exhibuere.* — Denique et prælibato sensui adniti videtur, quod apud beatum papam Gregorium omnes qui de exteriori isto ad interius illud redituri rapiebantur, nonnisi iis similia quæ hic assueverant, vidisse se recoluerunt. Si enim pontes, si fluvios, si fetores sulphureos, si amœnos præterea campos, si aureis laterculis exædificatas domos quique retulerint, hoc nimirum de similitudine præsentis status intulerint. Nec secundun solam dialogi seriem hæc aliquibus apparuisse putaveris, et non potius per omnes quas me non dico legisse, sed etiam audisse meminerim visiones.

Quid enim quod Beda in Gestis Anglorum dum hinc timoris, hinc gloriæ plenas suæ genti aliquando manifestatas revelationes intexit, nulla nisi nostris usibus convenientissima dicitur. Illic enim et montes, et castella, inclementias aeris, et plumbeas damnatorum arcas, laceras in pœnis positorum tibias, quædam loca putoribus exhalantia supplicio punitorum apparata, principis cujusdam virilia quotidiano animalis nescio cujus morsu corrosa, pecuniarum quoque montes, pallia et oloserica, pannos opipare textos, multifidam supellectilem, iis in illo examine ad suæ perversitatis argumentum opponenda, qui libenter accipiunt munera, ut scilicet pervertant judicia. Nec desunt exempla moderna, cum si qua videri de animarum statu hodieque contingat, a modo quem prædiximus nulla disparilitate differat.

§ V. *Itidem Dominus in Evangelio materialibus utitur exemplis.* — Super hæc autem omnia, Jesus ipse Dominus quid nisi materiale supplicium minitari videtur? Ubi enim ligari manus et pedes mandat, in tenebras quoque exteriores projici imperat, ibique fletum affuturum et stridorem dentium pariter denuntiat (*Matth.* XXII, 13), quid aliud quam consuetudinarias nobis passiones ostentat? Et certe si vexari criminosas, sive levius peccatrices animas, eodem materiali supplicio quo corpora æstimamus, non bene, juxta Apostolum, spiritualibus spiritualia comparamus (*I Cor.* II, 13). Quod tamen exemplo proposito satius comprobamus

Quam multi ob terrena acquirenda suppliciis et laboribus diversis sese immolant. — Vide hominem infinita quæstus cupiditate detentum, cruentissimis ut cupita acquirat ambienter addici laboribus, quanta fame sese discruciet, quantis insomniis, quantisque sudoribus, ut certe celeri vitam terminaret exitio, si id tolerantiæ alieni intorqueretur invito. Quod perpendere ex captivorum patientia, qui pro pecuniis cruciantur, est liquidum. Nam tormentis adeo enormibus illos exarnificari videmus, pollicibus genitalibusque suspendi, dentes forcipe erui, ungues ligno coarctante comminui, calces sale illitos caprarum lingua sublambi, et hæc omnia tanta æquanimitate, imo animi jucunditate perpeti, quanta thesauri spe reposito animum in suis angulis exsultantem conjicere valeas deliniri.

Certe turrim miræ magnitudinis ignibus candescentem experimento didicimus, lingua quemdam sua madenti prorsus exstinguere solitum, ob id studii solummodo exigentem nummi pretium. Si ergo corpore tantis profligato miseriis animus spei occultæ gaudio debriatus ab eadem molestia conquiescit, cernere in promptu est quia, sicut caro vexationibus agitur, anima aliquantisper a tantis vacante turbinibus, ita corpore nullatenus molestato anima multoties sola tristitiæ conceptione mactatur.

Sancti martyres spiritualia spiritualibus comparant. Aliter autem desides et hypocritæ. Sancti viri qui ponderent quotidianas mortificationes. — Corpora itaque corporalibus, spiritus spiritualibus, ut præmisimus, comparantes, alterutrum sine altero cruces suas pro loco et tempore tolerare conspicimus. Quod in sanctis martyribus, exterioris sui hominis doloribus interiori gaudente, constat evidenter expositum. Altrinsecus autem super iis quos acrimonia consumit acediæ, perspicuum est quantis lacerum pectus disjiciatur angoribus, plane, ut putatur, corpore extrinsecus requieto. Vides in hypocritis inedias, frigorum tolerantias, interdiu vix nocte solvendas stationes, noctu quasi pervigilis orationis excubias, et hæc levissima ducit gloriæ inanis aviditas. Identidem quoque in sanctorum mentibus efficit quotidianas suarum carnium mortes breves ac momentaneas exspectationis supernæ suavitas. Constet ergo probatum, quia sicut pœna forinseca reddere dignoscitur cadaverosa corpuscula, sic spiritualis alacritas, aut latens mentis vitium, nostra aut fovet, aut torquet interna.

CAPUT II.

§ I. *Quas prophetæ sanctique viri a Deo accepere notitias, sæpiuscule aperire nequiverunt.* — His itaque sub ista distributione dispectis, quomodo animarum supplicia a tormentis corporalibus distare putanda sint, et quare ipse Dominus, ac sancti quique de statu illo adeo carnaliter non dico senserint, sed dixerint, pariter attingamus. Si enim de sensu eorum agitur, sensa prophetica, ut seriem præmissæ locutionis exsequar, multo spiritualiora fuerunt, quam ipsi suis insinuare auditoribus, non dicam, potuerunt, sed debuerunt. Dicam tamen, quod et indubie asseram, quia nec potuerunt, nec debuerunt. Si enim possent, quæ ex parte de Jesu nascituro, et mysteriis Ecclesiæ noverant, ad publicum propalassent, si ea quæ partim sibi interluxerant, exprimendi licentiam habuissent.

Unde Psalmistæ vox est : « Incerta, inquit, et occulta sapientiæ tuæ manifestasti mihi (*Psal.* L, 8). » Si incerta apud ipsum, de cujus semine erat nasciturus, erant, dubiæ sententiæ si ferrentur, quid proderant? Porro si occulta pro sui incertitudine, minus sunt utique manifestanda. Quo enim quidpiam occultius est, eo, si incertitudo sese objiciat, promulgari periculosius est. Quæ ergo sibi quidem manifestata, sed cæteris incerta ac occulta noverat, digna admodum dispensatione silere decreverat. Unde Apostolus : « Audivi, inquit, arcana verba, quæ non licet homini loqui (*II Cor.* XII, 4). » Quod bifariam intelligere possumus, et est ac si diceret : Nec per se licitum est homini talia dicere, nemini nempe loquentes scribere solemus, non homini loqui, id est alteri cuipiam explanare.

Humani arbitrii non est Dei contemplationem, et sacræ Scripturæ notitiam habere. — Non itaque potuerunt, quia non debuerunt. Spiritus enim prophetarum nisi eos sicut quis equum freno cohibuisset, mysterium quod mente conceperant, mysterium non fuisset. Prodere sane non poterant quod sub tanti dictatoris sigillo tenuerant. Si enim humani arbitrii aut potentiæ humanæ non est contemplationem Dei, aut sacræ Scripturæ, cum velit, habere, sic eis nullatenus licere potuit, de futuris mysteriis aut sentire quantum vellent, imo nec ipsum totum penetrare quod dicerent. Sicut nempe in visionibus quæ ex Deo sunt multoties de nostris eventibus edocemur, quæ tamen quomodo aut quando eventura sint inibi colligere non valemus, ita particulariter eorum tacta sunt corda, ut nulla eisdem suppeteret quæ viderant explicandi potentia. Impotentia autem eorum nil aliud quam indebitum est. Unde est quod de Domino dicitur quod nullum signum potuit facere in Capharnaum (*Luc.* IV, 23). Non potuit ergo, dictum intellige, non debuit; indebitum enim erat ut eis signorum beneficia impenderet quos fidei suæ applicare non poterat. Unde et margaritas ante porcos poni vetuit (*Matth.* VII, 6), quia divini eloquii candor spurcis mentibus minime congruit.

§ II. *Probat iterum de scientia Dei, quæ in contemplatione hauritur, fandi facultatem humanam non suppetere.* — Igitur, ut ad seriem redeamus, quidquid a prophetis corporaliter de Deo non tam sensum quam dictum est, humanæ intelligentiæ constat condescensum, quia nec ipsi verba, quibus divinæ essentiæ modum comprehenderent, invenire potuerunt; nec ulli animos, qui, quæ dicerentur (si dici ab aliquo ullatenus possent) valerent capere, 362 habuerunt. Qui ergo dicere, quive audire non poterant, merito super Dei natura silebant. Quæ autem dici necessitas exegisset, nisi consuetudine locutionis humanæ dixissent, et in sua ipsi dictione amentium more deficerent, et si qua supra se dicerent, sicut ipsi sua dicta non caperent, sic intellectores dictorum neutiquam reperirent. Unde et indignas Deo aliquoties comparationes similitudinesque attribuunt, dum plaustrum onustum feno (*Amos* II, 13), dum potentem crapulatum a vino dicunt (*Psal.* LXXVII, 65).

Quibus ergo capaces illi non fuerant, non nisi corporalia et nostris usibus familiaria enuntiare poterant, et quæ minus bonis hominibus convenientia videbantur, etiam Deo nequaquam ascribere verebantur, ut ex eo ipso quod summæ majestati indigna componerent, quidquid apud nos majus ac dignius esse potest, indignum Deo prorsus, si ei conferatur, ostenderent. Inde est quod Ezechiel quatuor animalium monstrorum simillima corpora, et facies portentuosiores quam Jani, nam quadruplices ostenduntur (*Ezech.* I, 5, 6), ut ex enormi, quantum ad nos, specie, sola intellectualitas quærenda notetur. Si enim angelos suos facit spiritus (*Psal.* CIII, 4), et non nisi spiritualia constant in cœlestibus, indignissimum in aliquo supernorum credere est tales inveniri corporum habitus. Cum plane angeli gloriæ claritate perplaceant, hæc autem invise nimium effigiei horrore displiceant, cum litteræ ratio deficit, solum quærere restat quid innuant.

Homines corporalia tantum enuntiant. — Homines ergo ad homines de sola corporalitate loquuntur, quia si quidpiam de intellectualitate senserunt, sensa tamen sua nequaquam exprimere potuerunt. Unde et æstimare est eos qui ad internum ejus sæculi statum, ad nos tamen redituri exeunt, quod alia videre non possunt, nisi quæ corporaliter viventibus usitata sunt, et sub imagine terrenorum subscintillent nobis aliqui radioli æternorum. Si enim ita capere possent, uti illi qui ad hoc sæculum redituri non essent, in carne sane ista adhuc positis, non modo verba, sed et ipsi extra carnem subtiles pridem et acuti intellectus hebescerent, et in sese visa deperirent, nedum aliis sibi incomprehensibilia explicarent. Ad eorum itaque similitudinem loqui possunt hominibus, dum ab internis redeunt, quæ foris videre consueverunt, quia sancti omnes quæ in divina contemplatione cernere aliquando, vel momentaneo potuerunt, nunquam sermone vel littera emittere possibile habuerunt.

Cum ergo de gloria Sanctorum in visione, aut odores præsentiunt, aut hymnidicos choros exaudiunt, aut claritates hauriunt, tota hæc non secundum naturæ spiritualis veritatem, sed juxta visibilium, qua assueti sunt, qualitatem. Quæ enim aut speciosiora, seu pretiosiora, aut delectabiliora sunt inter homines, ea nobis per internas ostendunt visiones, ut ex eis quæ apud nos potissimum appretiari solemus, indultæ sanctis gloriæ argumenta sumamus. Unde in Apocalypsi, et stolis amiciri albis, et palmas gestare, victoriæ signa in manibus; et coronas in capitibus aureas habere dicuntur (*Apoc.* VII, 9), quod regnantium sit. Quæ igitur in amœnitatibus, in florulentiis, in splendoribus habitudinum denotantur, non illorum, qui Chiliastæ vocati sunt, hæreticorum nænias recreant, qui post resurrectionem mille annos in carnalibus deliciis pollicentur, sed quibus homines delectari solent, hæc pro salvatorum demonstranda gloria visionum ordines exhibent.

Porro quæ de revelatione glorificatorum dicimus, ea ipsa de punitorum damnatione sentimus. Nam cum ignibus crebro animæ secundum Scripturas videantur aduri, cum flagellis addici, putentibus undis immergi, et ea, quæ ex Gregorio et Beda doctoribus exhibita sunt, fieri, non aliud sunt quam quod corporaliter reis solet infligi; hoc spiritualiter patiuntur, nec nos, quibus denuntiatur, cruciari talibus miseriis addemnatos crederemus, nisi quia pœnas, quas assidue consuevimus experiri, cognoscimus. Quia ergo spiritualem illam linguam, qua spiritualia spiritibus respondent, audire non possumus, ex corporalium notitia quasi fucos intellectualitatis exprimimus, et ex iis unde constat corpora profligari, animas animadvertimus coartari.

§ III. *Cum materialibus minime, quibus ergo pœnis afficiantur animæ?* — Igitur quoniam corporalibus suppliciis animas puras coerceri posse non credimus, quibus pœnis angi possit et debeat [f., possent et debeant] attendamus. Superius ex Apostolo dixi spiritualibus spiritualia comparanda, et mirum valde est si tormentis tractabilibus intractabilis anima dicitur affligenda. Dicere tamen primitus esset de eo, qui, sicut Apostolus gentibus ait : « Qui dicimini præputium ab ea quæ vocatur circumcisio (*Ephes.* II, 11), » ab exteriori hoc mundo appellatur interior. Sicut enim in corpore meo,

quod omnibus in promptu est, intrinsecus subjacet anima invisibilis, ita huic materiali creaturæ, quæ rationabilibus irrationabilibusque naturis conspicua est, altera subest machina, quæ solis rationabilibus, et hoc immortalitate exutis, constat visibilis et pervia. Cujus statum ulla mens visibilium imaginibus occupata metiri non prævalet; animorum tantum oculis a sæculi pituita liberis adjacet.

363 Sicut nempe verbum spirituale dicimus, quod spiritu, lingua et dentibus efficitur, unde Apostolus : « Psallam, inquit, spiritu (*I Cor.* XIV, 15), » verbum etiam, ut sic dixerim, mentuale, quod sola cogitatione labiis tacentibus disponitur vel disseritur, verbum quin etiam intellectuale, quod sine interiori ulla ordinatione verborum purissima contemplatione tractatur, ita mundus iste, in quo degimus, visibilis et imaginarius dici potest, quia et obtutibus nostris substat, et oculis vacantibus ejus corporalitas menti retractabilis est. Ille autem interior tanto difficilius penetratur quanto corporibus, locis, ac temporibus nil ibidem continetur, nil agitur. Et quanto a nostro usu discrepat, qui vix uspiam intuitum mentis affigimus, nisi ad ista quæ consuevimus, tanto ad illum interiorem pervidendum obnixius nebulas nostræ intentionis abrumpimus.

CAPUT III.

Utrum diaboli mundum hunc inhabitent. — Ubi quæritur utrum diabolo et ejus angelis generaliter habitabilis habeatur hic mundus, quoniam principem hujus mundi, in quo agimus, vocat eum Dominus (*Joan.* XII, 31). Et Apostolus, principem aeris hujus (*Ephes.* II, 2), principem etiam tenebrarum harum, spiritualia nequitiæ in cœlestibus (*Ephes.* VI, 12).

Quæritur itaque si is qui ita ob sui intra hunc aerem diversationem aerius appellatur, ac inter nos invisibilibus divagatur, utrum et illi tali sæculo contiguus habeatur. Cui quæstioni primo ingeritur quod, quantæcunque dignitatis ac puritatis sæculum illud sit, dicere non audeo quod bonis ac malis commune non fuerit. Natura enim dæmonum cum sit ingenitis alacritatibus præacuta, sic ob sui perspicacitatem, imo spiritualis potentiæ agilitatem, quantumcunque exteriori divagetur in mundo, tanto proprie propriam conversationem in interiori obtinet illo, quanto sibi major cum eo constat naturæ communio. Si enim spiritualis est mundus, nec crassioris corpulentiæ constat diabolus, ubi identitas substantiarum excepta rationalitate utrobique dignoscitur, alter ab altero absentari non sinitur.

Nunc diabolo pervius est mundus. — Ante diem ergo judicii mundus ille interior diabolo idcirco pervius est, quia animabus in æternum supplicium detrudendis hoc spatio, Dei exactor et servus est, et datur crudelitati illius huic officio obsequendi libertas, donec grano discreto a paleis judicetur ei auferenda potestas. Et certe ipsum cum funesto suo exercitu infernum hujus mundi incolas æstimo.

Quidni cum ergastulis relegati pœnarum tantum a præsenti sæculi statu dirimantur, ut sive nobiles sint filii eorum, sive ignobiles a beato Job ignorare dicantur? (*Job* XIV, 2.) Hoc tamen ab hujus mundi similitudine alter ille dividitur, quod in isto boni ac mali promiscue continentur; illic vero cœlibes ac perditi, sub infinita ab invicem distinctione clauduntur.

Post diem judicii haudquaquam : mundus enim fiet purus. Ipsum tunc habitabunt sancti. — Post diem itaque extremum cum suis complicibus diabolus ipse communicato supplicio, liberos ad exercendam pristinam pestem jam non poterit habere meatus, et tanto uniformior in solita sua puritate fiet mundus quanto per eum ultra transire valebit nemo pollutus. Hinc est quod cœlo novo facto terraque nova (*Apoc.* XXI, 1), interior exteriorque pervius ac habitabilis erit sanctis. Sanctis namque tam igne purgatis quam beata corporum immutatione promotis, et sæculo imo mundo ipso a veternis sordibus conflagrato, et in incorruptibilem habitum reparato, fiet status habitationis habitatorumque undecunque conveniens, fiet utrobique una facto repurgio mansor ac mansio florens. Et sicut corpus ac anima in sanctis sub unius beatitudinis gloria jubilabunt, sic exterior interiorque mundus ad unam puritatem ex alterius concrematione redacti, splendidos sine omni importunitate discursus sanctis ubique triumphantibus apparebunt.

CAPUT IV.

§ I. *Neque electi in cœlo corpoream gloriam, neque in inferno reprobi corpoream pœnam habent.* — Ad rem itaque quæ cœpta fuerat redeamus. Pœnas illas, quæ in illo abditiori mundo reprobis inferri dicimus, corporeæ vel incorporeæ sint si diffinire volumus, ex contrario melius sentire valemus. Quærendum plane prius est utrum electi corporeas, an incorporeas in cœlesti regno glorias assequuntur. Si corporeas glorias æstimemus, ut scilicet voluptatibus, gustui ac epulis vacent, nihil explicamus, imo Scripturis obsistimus. Non, ait, gaudeatis super spiritibus qui vobis subjiciuntur, sed gaudeatis quod nomina vestra scripta sunt in cœlo (*Luc.* X, 20). Certe ipsi apostoli adhuc rudes Domino inferunt : « Domine, inquiunt, ostende nobis Patrem, et sufficit nobis (*Joan.* XIV, 8). » Illud quoque : « Iterum autem videbo vos, et gaudebit cor vestrum (*Joan.* XVI, 22). » Si in talibus cœlicolarum gloria, quid terrenum hic quæritur? Quæ jucunditas corporalis in Dei Patris visione putetur? Quid quod psalmus ait : « Quid enim mihi est in cœlo, et a te quid volui super terram? Deus, inquit, cordis mei et pars mea (*Psal.* LXXII, 25, 26). » Si ergo « Qui videt Filium, et credit in eum, habet vitam æternam (*Joan.* VI, 40), » et in cœlo ac in terra nihil quæritur nisi ut Deus habeatur, rogo quis locus corporeis voluptatibus datur?

364. Cum ergo nihil exemplorum suppetat, per quæ quis carnale in cœlo quid intelligat, mirum est si quis secus æstimet, ac si in ipsa veritate mendacium quærat. Si igitur totum spirituale est, quidquid in Dei præmio est, consequens mihi videtur, ut quod in spirituali mundo a spiritibus licet malignis administratur, idipsum quoque quod puniendis pravorum spiritibus attinet, etiam spirituale putetur. Sicut enim angelos fetore humano gravari non credimus, sic animas corporalibus suppliciis vexari non posse dicimus.

§ II. *Quid fletus in inferno, et stridor dentium.* — Sed, sicut superius dixi, ex contraria parte melius rem attingere possumus. Si juxta Apostolum : « Regnum Dei non est esca et potus, sed pax et gaudium in Spiritu sancto (*Rom.* XIV, 71), » videamus e regione quam diversa ab iis, turbulentia scilicet æterna, ac perpetuus motus atque tristitia, vigeat in inferno. « Erit, ait Dominus, ibi fletus, et stridor dentium (*Matth.* VIII, 12). » Quid animarum fletus, nisi præcordialis earum et interna mœstitia? Fletus enim qui non nisi a corporatis rebus emittitur, et stridor, qui dentatis rite ascribitur, ad dolorem incorporearum ipsarum, insaniam furoremque refertur. Stridere namque, cum de homine dicitur, furentium est. Est ergo dolor perpessæ, et in æternum perpetiendæ miseriæ. Est etiam stridor, dum commembris diaboli anima, jam contemptrix omnium divinorum pœnitere incipit, non se pejora quam fecerit effecisse.

Unde est : « Impius cum venerit in profundum malorum, contemnit (*Prov* XVIII, 3). « Omnis, ait, arbor quæ non facit fructum bonum excidetur, et in ignem mittetur (*Matth.* III, 10) » Exciditur videlicet a potestate peccandi, quod tantumdem valet, ac si diceret : Ligate illi manus ac pedes (*Matth.* XXII, 15) In ignem vero mitti, perpetuo male agendi est appetitu cremari. Unde et illud : « Supercecidit ignis, et non viderunt solem (*Psal.* LVII, 9). » Si enim est, ut vere est, quia in interiori illo mundo cupiunt, metuunt, gaudentque, dolentque, licet impiis nequaquam gaudere conveniat, tria tamen alia eis ne momento quidem abesse queant; non dicam quod eisdem passionibus addicantur, quibus olim subjacuerant, sed tanto rabidius quanto spiritualius, ut nil aliud in eis ipsæ, non unæ sed omnimodæ passiones, quam ignis indefectivus et semper inurens fiant.

§ III. *Igne materiali animas torqueri dicit B. Gregorius.* — Quod si quis mihi objicit beatum Gregorium, quod corporeo dicat animas igne puniri (*Dialog.* lib. IV, cap. 29), advertat, quod ibi dicitur. « Teneri, ait, Spiritum per ignem dicimus, » ut in tormentis ignis sit videndo ac sentiendo. Ignem namque eo ipso patitur, quo videt, et quia cremari se aspicit, crematur. Quod totum est, quia damnata se aspicit, animi sæva exacerbatione decoquitur. Vide hominem æterno ergastulo relegatum, mortifera mortificatur acedia. Vidi hoc anno quemdam, qui timore paupertatis laqueum sibi, nisi a suis erueretur, injecerat. De circumstantia ergo sua, secundum beatum papam spiritus habet, unde crucietur.

Quod si divitis pœna ignis corporalis objicitur, libentissime papam sanctum, si præsens esset, inquirerem, si ignis ille corporeus, ut dicit, habetur, et gustus, et digitus, et lingua, pari modo corporea tenebuntur. Quia ergo non assentire tanto magistro nefarium ducimus, et spiritualibus corporalia in omnimoda illa interioritate miscere nescimus, Deo, quæ necdum nobis experiri contigit, committamus. Nemini enim obnitimur, sed pro captu nostro sensa simplici intentione proferimus.

CAPUT V.

§ I. *Quid sanctorum exercitii in cœlesti gloria; quid impiorum in cruciatibus æternis. — Diaboli cibus peccata suggerere.* — Constat itaque quia sicut sanctorum benevolentiæ, cum ad Dei visionem perveniunt, inæstimabili semper dulcedine crescunt, ita reproborum animæ capiti suo diabolo unitæ, tanto vehementius peccandi desiderio non sine atrocissimo tormento æstuant, quanto ab eo, cui cibus est peccata suggerere, nulla intentione discordant. Et sicut sanctos pœnitet visa Dei gloria, quod amplius pro ea adipiscenda non laboraverint, sic impii ægerrime dolent, quod ad ea supplicia deventuri non amplius [malignis voluptatibus inservierint. Quidni? De adviente impio dicitur : « Sub lingua ejus labor et dolor (*Psal.* x, 7). » Labor videlicet, quod male agendi studio insudat; dolor, quo ea quæ desideraverit crimina perpetrare non prævalet. Et quid de illo qui Satanæ concorporatur dici poterit, quanta in eo vehementia pessimi appetitus erit? Si sancti sempiternis in Deum ardoribus fervent, improbi perpetuis furoribus strident.

§ II. *Ad quid dives non se, sed Lazarus ut in mundum mittatur orat.* Huic opinioni nostræ se confert evangelicum illud capitulum de divite et Lazaro, in quo, si bene discutitur, status interioris mundi plurimum aperitur. In quo primum si perpendas quid sibi velit, quod idem dives non se resuscitari, et ad patris domum mitti, sed Lazarum postulat (*Luc.* xvi, 27); invenies eum, qui de hac vita cum nequissima voluntate exierat, quia nullam sese corrigendi voluntatem, si resuscitaretur, et ad sæculum rediret, habebat, eamdem namque perversitatem qua inter cruciatus carere non poterat, sese nullo modo desertum pro certo cognoverat. Nec eum e regione profecto latebat, quia si pristino statu restitueretur in mundo, et prioribus studiis emendatiora non gereret, ad centuplicationem damnationis in eadem postremo tormenta recideret. Lazarum ergo resuscitari secure precatur, de quo non aliud sperabatur, quam, qui ante experientiam gloriæ pius sub morbo ac inopia vixerat, redivivus non nisi bono melior fieri poterat.

§ III. *Quare tanta benevolentia fratrum saluti consulit dives ille.* — Accedit quoque nostræ sententiæ quod qui, juxta Salomonem, nec sapientiam, nec scientiam neque rationem apud inferos habebat

(*Eccli,* ix, 10), quem scilicet diabolicæ intentionis furor agebat, quare pro fratribus ne et ipsi perditum irent tam benevole postulabat. Quod si benevolentia bonum est, et hæc ipsa supplicio subest, profecto et sapientia, et scientia, atque ratio contra præfati sapientis dictum inibi est. Quia vero sanctus in eo Spiritus mentiri non potest, quam sit futilis ista petitio videre in promptu est.

Superius dictum est reprobos in inferno non solum carnalibus affectibus non carituros, sed perversis etiam amoribus coarsuros. Hæc dives ille perpendit, dum fratres adventare metuit; scit enim in quocunque fratrum geminari sibi supplicium, et in quorum cultu ac desiderio a divino amore descivit, in eorum quam propositam sibi habet damnatione incenditur pariter ac insanit. Dum ergo sibi gehennam, ut sic dixerim, quincuplicari veretur, a suo conventu fratres Lazaro docente amoliri precatur.

Sed ab aliquo objici potest, quia pœna illa sine bono actu evitari non poterat, ergo sine benevolentia non erat, qui eosdem correctiora agere præoptabat. Cui inferimus. Sunt multa quæ velle videmur, quæ tamen nolle nos evidenter agnoscitur; nam si insanabilem morbum patiaris in digito, quem abscindere monearis a chirurgo, dicis tibi malle præcidi quam manus totius ope, morbo gliscente, destitui. Dicis te hoc malle quam illud, cum neutrum probatissime nolis. Talis fuit voluntas in divite, ut volendo nollet, et nolendo vellet, potius quam supplicii incrementa subiret. Quoscunque itaque impii contra Deum amarant, hos justo judicio coram se cruciari considerant, quorum pœnas ipsi semper in se reciprocant.

CAPUT VI.

Corporales non sunt animæ, nec sensibiles, nisi modo spirituali. Quid vermis spiritualis. — Quæ autem corpora animæ habeant ego nescio, illud potissimum meo sedet arbitrio, typice debere intelligi quod dicitur ore Dominico : « Vermis eorum non morietur, et ignis eorum non exstinguetur (*Isa.* lxvi, 24). » Si a beato Job putri et tabido juste dicebatur : « Qui me, inquit, comedunt non dormiunt (*Job* xxx, 17), » ad spiritum non video quomodo referatur, quia nasci vermes ex spiritu nondum audivimus, aut vermes mordere spiritum. Quia ergo dissentit a littera vermem spiritualem, quod est perpetui angoris aculeus, et semper infructuosa compunctio, compingamus in anima, cujus ignis nequaquam exstinguitur, quia in finem totius desperatæ miseriæ indefectibili anxietate decoquitur.

Quanta damnatorum tormenta. — Si parum crucis iis qui in inferno sunt ac tortionis existimas, quid pejus quam infinita rabie efferari, et diabolo ac angelis ejus omni vecordia conformari putas? Et justa plane eorum amentia, quia quibus in sæculorum sæcula refrigerii omnis desperatio constat æterna, quid aliud est eis nisi rabies semper nova?

Si, Apostolo teste, tristitia hujus sæculi appellatur mortem operans (*II Cor.* vii, 10), dum ex concepto rancore et nimietate doloris manus sibi quis inferre compellitur, quam irremotæ mortis acerbitatem mentium illarum atrocitas fovet, quæ ne momenti quidem unius otium sustinet? Spebus etsi falsis aliquoties lenitur animus in hac vita, illic est adeo interior sine omni ineptæ cogitationis adulatione severitas, ut nulla surrepere possit, quæ vel ad punctum miseris allubescat inanitas.

CAPUT VII.

Qui a Domino fuere ab inferno liberati quomodo in tenebris constituti fuisse dicuntur. Præcipua reproborum pœna in inferno, a Dei contemplatione privatio est æterna. — Porro si ii qui de inferno, Domino resurgente, sunt eruti, dum inibi essent in tenebris dicuntur fuisse constituti, cum nullas ibi tepebras nisi solius fastidii paterentur, quæ divinæ visionis diuturnis privationibus quotidie augerentur, qui spe tamen ejus aliquando potiundæ nullatenus privabantur; quid, non dico eorum oculis, sed cordibus obscurius, quibus tantæ crassitudo desperationis obtenditur? Dicant alii ignes, sulphur objiciant, procellarum spiritus pariter attexant, securus sententiam fero, nullum deterius barathrum, nullum crudelius apud illos exitium, gravius universo tortore tormentum, quod tam pium, tam serenum Dominum sunt desperabiliter amissuri, quem ad summam infelicitatis atque miseriæ non sunt usquequaque visuri, usquequaque enim non tenebrascerent, si aliquorsum respirarent.

366 Si enim « Qui videt Filium, et credit in eum, habet vitam æternam (*Joan.* vi, 40), » et : « Hæc est vita æterna, ut cognoscant te Deum, et quem misisti Jesum Christum (*Joan.* xvii, 5), » ut sola beatitudini sanctorum sufficiat Dei visio sempiterna ; quis contraire vel obniti audeat, principalem, imo singularem damnatorum calamitatis esse causam, quia sint æternaliter a Dei contemplatione seclusi? Nec in aliquo videtur absurdum, imo et veritas et verisimillimum constat, quia quod sanctis vitam sicut oculi corpori claritudinem præstat, hoc reprobis mortem sicut noctem privatio luminis irrogat.

CAPUT VIII.

§ I. *Incorporeæ animæ probantur.* — Præterea et de animarum a quibusdam sic forma tractatur ut eisdem ab ipsis humanæ appingantur effigies, quam ego sententiam sicut non sentio, ita nec capio. Si enim aurem et oculum, narem et labium, pectus et uterum, renes et coxas, pedes ac tibias illis ascribas, nimirum facis esse corporeas. Quod si corporeæ sunt, quomodo intra corpus se capiunt? Quod si ita capiuntur, sicut minora vascula intra majora tenentur, scire velim quomodo duo intra alterutrum corpora sub tanta arctitudine cohibentur. Hæc dico non contra ipsos, sed secundum potius verba ipsorum, qui scripserunt animas corporum suorum habere effigies; tales enim sunt quos refellere temerarium dico. Si ergo corpori corpus inseritur, ita necesse est coaptetur ut os ori, manus manui, quodque cuique membrum membro apponatur : ut si, ut assolet, præcidi contigerit, pro uno duo amputentur.

Denique etsi ita effigiatas credas, necesse est eas, et locis, et morulis circumscribas, totumque quod spiritus sunt et vocantur his auferas. Quæ etiam quantitas earum major quam corporis, quæve alacritas erit? Quod si pro argumento assumitur, quod secundum species corporum in visione videntur, facile obruitur, quia nec corpus, nec anima est, quæ sic videtur, sed sola visæ rei imago ad animum reportatur.

Quid aquæ quas dives expostulat in tormentis. — Putent itaque suffragari sibi quod dives in inferno linguam, digitum Lazarus habebat (*Luc.* xvi, 24). Sed velim iis objicere, utrum in spirituali illo mundo aquæ erant? Quod si erant, ergo incolæ ejus materialibus his egebant. Esto. Et unde ad restinguendum gehennæ focum adeo efficaces fuerant? Deus meus, ibi gutta quid faceret, cum incassum linguæ illi Ganges et Indus influeret ? Extremum ergo digiti Lazari guttam inferre intelligimus, cum per intentionem vel minimam ejus ministraretur diviti cujuslibet parvissimæ indulgentiæ munus. Iste est minimus digitus, quem Pharisæi et Scribæ, impositis oneribus gravibus et importabilibus, in humeros hominum nolunt ad ea levanda movere (*Matth.* xxiii, 4).

Quod si adhuc imago humana defenditur : Quid apud beatum Gregorium in sphæra ignea Germanus efficiet (*Dialog.*, lib. ii, cap. 35)? In quam partem Scholastica in columbam versa se conferet (*Ibid.*, cap. 33)? Tota igitur controversia hæc collidatur ad unum, ut neque humanam, neque igneam, neque columbinam speciem eis imputemus, sed prorsus eas omni corporea re ac similitudine denudemus, eamque subtilitati intellectuali universam mancipemus. Inconveniens enim est ut spiritualis habitatio habitatores dicatur habere corporeos. Si sane Jesu Domini verba sunt : « Regnum, inquit, meum non est de hoc mundo (*Joan.* xviii, 36), » et : « Non bibam de genimine vitis, donec bibam illud novum in regno meo (*Matth.* xxvi, 29), » et hoc idem regnum quotidie petitur ut adveniat (*Matth.* vi, 10), indubie dicimus quod cœlum, id est superior illa pars triplicis machinæ, quæ et ob digniorem sui partem sedes Dei appellatur, nihil aliud est quam spiritualis interioritas ista, in qua ac si extra mundum istum regnare se Dominus perhibet, quia hic princeps sibi aeris hujus cum suis plurimum adversatur, in illo autem quiete omnia possidet.

Hoc regnum, id est, quibus per charitatem regnavit et regnat, postquam « tradiderit Deo et Patri, tunc erit Deus omnia in omnibus (*I Cor.* xv, 24). » Unde et latroni dicitur : « Hodie mecum eris, » non dicit in cœlo, sed « in paradiso (*Luc.* XXIII, 43). » A Paradisus enim est, ubi jugis Christi visio est; quod nusquam nisi in illo spirituali sæculo est. Neque namque cœlum discipulis videntibus ideo ascendit, ut, parte inferiore vacante, parti superiori insideat, sed quasi digniorem locum obtinere se monstret, ex quo minus intelligentibus apud Patrem præsidere se indicet, cum apud interiorem illum mundum, neque altum, neque imum, aut locale aliquid esse constet, præsertim qui tempora et loca non habet.

Sicut ergo sensualitas per seipsam rationem atque intellectum non dico superordinat, sed nec penetrat : « Animalis enim homo non percipit quæ Dei sunt (*I Cor.* II, 14), » ratio autem et intellectus non solum ista sub se discernit, sed et divina subintrat, sic Deus et sancti, quasi intellectus et ratio, corporea cuncta dijudicant, ita tamen ut neutros corporea illa contingant.

Hæc sine præjudicio melioris sententiæ nucusque decursa, non verborum ambitu, sed sola fide munimus.

FINIS.

HISTORIA QUÆ DICITUR
GESTA DEI PER FRANCOS
EDITA
A VEN. GUIBERTO
ABBATE MONASTERII SANCTÆ MARIÆ NOVIGENTI.

EPISTOLA GUIBERTI
AD LYSIARDUM SUESSIONENSEM EPISCOPUM.

Patri et domino sanctæ Suessionensis Ecclesiæ episcopo LYSIARDO, GUIBERTUS, perpetuo suæ liberalitati debitor, quidquid dulce et unicum creditur in affectu.

Lysiardus nobilitate et scientia clarus. — Quare elegantior hujusce historiæ stilus, quam in aliis Guiberti operibus. — Cum ab amicis meis sæpe suggereretur aliquibus, quare opusculum præsens proprio non insignirem nomine, hucusque repuli, plane veritus piam historiam, personæ odibilis fœdare vocabulo. Ratus autem ipsam per se claram præclari hominis titulo posse fieri clariorem, ad te tandem appuli, et operi sui auctoris nota depresso, jucundissimum luminare præposui. Cum enim tuæ vetustissimæ nobilitati, scientia litteralis, serenitas specialis, modestiaque moralis accederet, Deo juste creditur provisore dispositum, ut tantæ reverentiæ munus pontificii dignitas honestaret. Sequens itaque schedula tuo amplectendo nomine infloretur; quæ ad se quidem incondita, tui, cui scribitur, amore condiatur, et officii quo præemines, auctoritate firmetur. Non deerant sane præsules et alii, quos hujus aliorumque scriptorum meorum notiones, aut etiam opiniones attigerant. His certe sepositis, ad te summa fuit concurrisse voluntas. In qua tibi est lectione pensandum quod, si etiam aliquoties me a vulgari grammatica peregrinari contigerit, idcirco fecerim, quod vitia, imo illud humi serpens eloquium præcedentis corrigebam historiæ. Et villas video, urbes, ac oppida studiis fervere grammaticæ. Unde a veteribus historicis noluissem, si facultas suppeteret, discrepare. Pensa denique quod inter rei familiaris curas, et crebras auditiones causarum, dictandi mibi, imo quod gravius est, translatandi æstuabat intentio, et dum diversa, non sine mordaci importunitate, foris audire compellerer, stabiliter intus quæ orsus fueram cœpta tenere cogebar. Longe alio, quam in *Expositionibus Genceseos* vel aliis opusculis tractatoriis, me usum stylo nemo miretur; decet enim, licetve prorsus operosa historiam verborum elegantia coornari; sacri autem eloquii mysteria non garrulitate poetica, sed ecclesiastica simplicitate tractari. Id ergo peto grate suscipias, et pro perenni tui nominis monimento retineas.

EXPLICIT EPISTOLA.

PRÆFATIO SEQUENTIS HISTORIÆ.

368 Ad præsentis opusculi exsecutionem multum mihi præbuit ausum, non scientiæ litteralis, cujus apud me constat forma pertenuis, ulla securitas, sed historiæ spiritualis auctoritas. Quam enim certum semper tenui solo Dei numine, et per quos voluit consummatam, eam non dubium habui per quos etiam rudes ipse voluerit conscribendam. Qui enim eos per tot difficultates traduxit itinerum, qui succidit ante ipsos tot excrementa bellorum, dubitare non valui, quod rei gestæ mihi, quibus sibi placeret modis, inderet veritatem, nec negaret competentium ordini ornamenta dictorum.

Prioris narrationis, quæ tunc exstabat, stylus simplex nimis. Qualis historici, qualisque res divinas tractantis stylus. — Erat siquidem eadem historia, sed verbis contexta plus æquo simplicibus, et quæ multoties grammaticæ naturas excederet, lectoremque vapidi insipiditate sermonis sæpius exanimare valeret. Ea plane minus eruditis, nec de locutionis qualitate curantibus, ob illius novæ relationis amorem satis opportuna videtur, nec aliter quam illi sentiunt, ab auctore dici debuisse putatur. His autem quibus pabulum eloquentiæ æstimatur honestas, dum ea minus apte dicta perpendunt, ubi narrationis dignoscitur expedire comitas; et prolata succincte, ubi facundiæ paregorizantis decuit laciniosa varietas, dum susceptæ materiei seriem nudo procedere vestigio vident, juxta poetæ sensum, aut dormitant, aut rident; quin etiam, malæ præsumptæ orationi, quam longe diverso oportuisse cantari modo considerant, invident. Pro statu plane casuum sermo coaptari debet orantium, ut verborum acrimonia bellica facta ferantur; quæ ad divina pertinent, gradu temperatiore ducantur. Quæ gemina, si facultas mihi suppeteret, forma, in hujus stadio operis excurrisse debueram, ut et facinorum suorum insignia nequaquam verbis recitata disparibus insolens Gradivus agnosceret, et nunquam gravitatis sibi inditæ tonum, cum de pietate res agitur, modestia Mercurialis excederet. Quæ licet ex sententia adimplere nequiverim, bene tamen ab alio gesta, plurima ex parte approbare nec minus probare didicerim.

Grammaticæ tum fervebat studium. — Ergo alienorum judiciorum, valde temerarius (sed ex fidei amore) et impudens, me fateor incidisse discrimina, quia dum corrigendi voto, hæc me comperirent attigisse studia, fortassis secunda deterius appretiari poterunt quam priora. Cum enim passim videamus fervere grammaticam, et quibusque vilissimis præ numerositate scolarum hanc patere noverimus disciplinam, horrori fuit, et si non uti debuimus, vel uti potuimus, hanc nostri gloriam temporis non scribere: imo reliquisse sub incondito scabredine sermonis

historiam, videram, his Deum diebus quam fecerit à sæculo, mirabiliora gessisse, geminamque hujusmodi extremo diversari in pulvere; tantique contemptus impatiens, curavi quibus potui eloquiis, id omni charius auro, quod neglectui tradebatur, absolvere.

Poesi plus æquo incubuerat Guibertus. — Nec id solo præsumptive, instinctu egi meo, sed sua aliquibus petitione, huic adnitentibus fideliter voto. Quidam sane, prosa ut scriberem, metro autem id fieri plerique rogabant, quoniam talis me studii in primævo rudimenta celebrasse satius justo, compererant. At ego juventute, gradu, experientiaque provectior, non id verbis plausilibus, non versuum crepitibus enuntiandum rebar, sed majori, si dicere audeam, quam omnes belli Judaici historias maturitate dignum digeri, si esset cui Deus copiam super hac re tribueret, arbitrabar. Nec diffiteor me post Jerosolymæ captionem, ex quo illi, qui tantæ interfuerant expeditioni redire cœperunt, ad scribendum ea animum appulisse, sed quia quarumdam circa istud importunitatum obices astiterant, distulisse. Sed quia, Deo permittente, nescio si volente, voluntati meæ constat oblata facultas, in id quod pie affectaveram fortasse a cunctis ridendus, incessi, cachinnos ac triscuria prætergrediens aliquorum, dum modo diuturni eruptioni conceptus quacunque delatratione sategerim. Et si sit qui rideat, non tamen juxta posse gerenti ac sanum intendenti detrahat, nec meis præpropere nævum dictis inurat, sed si penitus aspernatur, posthabita lite verborum, ipse male perorata rescribens, exempla dictandi præbeat.

Ex relatione texit Historiam. — Porro si quis aliquid subobscure dictum causetur, notam sibi hebetudinis infligere vereatur, cum pro certo noverim quod ex his quæ in subjecto libro dixerim, nemini in litteris exercitato juste quæstionem moverim. Corrigendum igitur, nescio an corrumpendum, historiæ ipsius aggressurus exemplar, primo causas et necessitates quæ hujus occursum expeditionis urgebant, sicut audieram, proposui referendas, et sic, occasionibus præmonstratis, res demum attexere gestas. Quorum tenorem, ab illo priori quem prosequor auctore, multa varietate [*al.*, veritate] prolatum, ab eis qui eidem interfuerant viæ, edidici. Ea sane quæ ferebantur in libro, contuli crebrius cum ipsorum qui facta viderant verbo, et procul dubio expertus sum quia neutrum discreparet ab altero; quæ autem addiderim, aut ab his qui videre didicerim, aut per me ipsum agnoverim.

Idcirco non mirum si in nonnullis hallucinatur. — Quod si quidpiam aliter dictum quam se res habet, constiterit, incassum fateor mendaci **369** mihi probra callidus deprehensor objecerit, cum me fallendi desiderio nulla dixisse, sub Dei testimonio scire possit. Quid enim mirum si fallimur, dum aliena facta referimus, cum nos ne nostras ipsorum quidem cogitationes ac opera, non dico verbis exprimere, sed ne colligere tacita saltem mente possumus? Quid de intentionibus loquar, quæ adeo latere plerumque probantur ut vix ab ipso interioris hominis acumine discernantur? Non est igitur severius arguendum, si ignoranter in verba prolabimur; sed illud est irremissibili censura terendum, cum falsitas ex industria deceptionis, vel cujuspiam subornationis voto contexitur.

Quare nomenclatura recentiori in citandis propriis nominibus fuerit usus. — Porro de nominibus hominum, provinciarum et urbium multa mihi est difficultas ingenita. Dum enim quædam, quorum attigerim notionem, male ab illo auctore expressa cognosco, remota quælibet, eoque magis incognita, eadem pravitate enuntiata non dubito. Verbi gratia : *Turcos*, quotidiano increpitamus strepitu; *Corozaniam*, quiddam novi nominis vocitamus. Ubi vocabulorum vetustas quoniam pene prorsus obliterata deliluit, antiquitate omni, etiamsi ad integrum patuisset, amota, nihil nisi quod publice cantitatur dicere libuit.

A Si enim *Parthos*, ut aliqui sentiunt, non *Turcos*, *Caucasum*, non *Corozaniam* poneren, quasi sectando authentica, obscurus fierem; meque illis qui de propriis regionum nominibus certant carpendum exponerem. Et maxime illud attendo quia, sicut in his provinciis, terras novis constat vocabulis insignitas, itidem immutari non dubitamus et exteras. Namque si ea quæ olim *Neustria*, modo *Northmannia* appellatur; et quæ *Austria*, nunc *Lotharingia* pro aliquibus accidentiis nuncupatur, idem apud Orientales quomodo fieri non credatur? Ut asserunt plane quidam, ipsa quondam *Memphis Ægyptia*, *Babylonia* nunc dicitur. Vulgari itaque modo malui enuntiare aliqua quam obscurari aut confendere ponendo diversa. De nomine autem *Podiensis* (*vulgo*, le Puy) B episcopi diu hæsi. Vix in hujus operis fine edidici, non enim in unco habebatur exemplari.

Parcat quoque lector meæ sermonis incuriæ, indubie sciens quia quæ habuerim scribendi, eadem mihi fuerint momenta dictandi, nec ceris emendanda diligenter, excepi; sed uti præsto est, fœde delatrata membranis apposui. Nomen autem indidi quod arrogantia careat gentisque honori proficiat, scilicet : DEI GESTA PER FRANCOS.

GESTA DEI PER FRANCOS
SIVE
HISTORIA HIEROSOLYMITANA

LIBER PRIMUS.

CAPUT PRIMUM.

[I.] *Coævorum virtus minime est vituperanda.*—Quorumdam mortalium vitiose aliquoties, sed non semper, moribus constat inolitum, ut modernorum facta vituperent, præterita sæcula sustollant. Et quidem laudanda fuit veterum modestiæ contemperata felicitas et retractatione consilii moderata vivacitas; sed nemini discreto, qualicunque virtuti nostræ, sæcularis eorum fuerit ullo modo anteferenda prosperitas. Etsi enim in antiquis virtus defæcata præeminuit; tamen in nobis, in quos licet sæculorum finis devenerit, dos naturæ nequaquam prorsus extabuit. Prædicantur merito pro hominum novitate priscis acta temporibus, sed multo justius efferri digna sunt quæ, mundo prolabente in senium, peraguntur utiliter a rudibus.

Regna quondam extera bellis suspiramus insignita potentibus. Stragem Philippicam, et ubique inclementem, non sine continua sanguinis effusione victoriam, suscipimus; Alexandri rabiem de camino Macedonum ad totius Orientis exitia emergentem, tonantibus eloquiis pensitamus. Xerxis in Thermopylas, Darii in Alexandrum copias, cum exsecrabili infinitarum gentium digladiatione metimur. Chaldai-

C cam superbiam, Argivam acrimoniam, Ægyptiorum spurcitiam, instabilemque Asiam Pompei Trogi et auctorum disquisitione sublimium miramur. Prima Romanorum instituta, sub communis utilitatis censura et imperii propagatione, complectimur. Et tamen, si horum omnium ad purum discutiatur essentia, non modo apud probos quoslibet laudabilis ipsorum habetur audacia, sed merito patet infamiæ pertinax belligerandi sine ulla ratione, pro sola dominandi libidine, vecordia.

Præcellunt gentilium, Christianorum gesta bellica. — Respiciamus ergo, imo resipiscamus, ad hujus quas despicimus ævi feiulentas, ut sic dixerim, fæces, et minimum digitum nostrum, patrum quos plus æquo extollimus, nostrorum dorsis grossiorem, D juxta illud fatui regis dictum, reperire poterimus. Si enim prælia gentilium, 370 et regna multo armorum labore pervasa perpendimus, nullas eorum vires, nulla prorsus exercitia nostris, per Dei gratiam, æquiparanda censebimus. Si Deum in Judaico populo magnificatum audivimus, Jesum Christum, sicut heri apud antiquos, ita et hodie apud modernos, esse et valere certis experimentis agnovimus. Reges, duces, dictatores ac consules, uspiam pugnaturi populorum examina, conflaverunt, et edictis clamaret, cum alter alteri non minus monitis, quam potentibus, undecunque gentium numerosos exercitus contraxerunt:

Hi tamen, hi coeunt hominum terroribus acti.

Quid de illis dicam qui sine domino, sine principe, solo videlicet Deo impulsore, non modo extra natalem provinciam, extra etiam originale regnum, verum quoque extra multitudinem interjacentium nationum progressi atque linguarum, de extremis Oceani Britannici finibus, usque ad totius terrae meditullium castrorum suorum acies produxere? De [*al.*, illa] nova et incomparabili Jerosolymitanae expeditionis victoria loquimur; cujus tanta erga eos qui non desipiunt existit gloria ut nostra, quod nulla praeterita meruerunt, tali titulo jubilemus insigniri tempora. Hoc nostros aggredi, non inanis famae, non pecuniarum, non dilatandi limitis coegit ambitio; quibus occasionibus innituntur aut nisi sunt pene omnes qui contra quoslibet arma movent, sive moverunt. Quibus illud poeticum opportune dicitur:

*Quis furor, o cives, quae tanta licentia ferri,
Gentibus invisis proprium praebere cruorem?
Bella geri placuit, nullos habitura triumphos.*

Si enim pro libertate tuenda, aut pro publica re defendenda sumerent causam, excusationem utique praetendere possent honestam: Ubi autem aut barbararum gentium, aut metuitur gentilitatis incursus, ab armorum jure nullus debet miles arceri, et si ista defuerint, pro sola sanctae Ecclesiae tuitione consueverunt quam legitime bella tractari. At; quoniam in omnium animis haec pia desinit intentio et habendi cunctorum pervasit corda libido, instituit nostro tempore praelia sancta Deus, ut ordo equestris et vulgus oberrans, qui vetustae paganitatis exemplo in mutuas versabantur caedes, novum reperirent salutis promerendae genus; ut nec funditus electa [*f.*, ejecta] (uti fieri assolet) monastica conversatione, seu religiosa qualibet professione, saeculum relinquere cogerentur, sed sub consueta licentia et habitu, ex suo ipsorum officio, Dei aliquatenus gratiam consequerentur.

Omnigeni status et conditionis homines cuncta abdicabant uti contra perfidos ad bellum proficiscerentur. — Deo ergo incentore; motas audivimus [*al.*, vidimus] nationes, et ad omnia necessitudinum affectionumque genera praecordiales aditus praedurantes, tanta aviditate ad Christiani nominis hostes evertendos exsilium petere; orbemque Latinum, notitias etiam terrarum excedere, quanta neminem alacritate novimus aut epulas aut dies festos adire. Honores amplissimi, castellorum et urbium dominia spernebantur, uxores pulcherrimae quasi quiddam tabidum vilescebant, omni gemma quondam gratiores promiscui sexus pignorum fastidiebantur aspectus, et ad quod mortalium nullus aut urgere imperio potuisset, aut suasione propellere, ad id subita mentium demutatarum obstinatione ferebantur. Non erat ecclesiasticae cuiquam personae necessarium ut ad excitandos pro hoc ipso populos in ecclesiis de-clamaret, cum alter alteri non minus monitis, quam exemplo domi forisque profectionis vota clamaret. Ardebant studia singulorum, et tanta illis facultas videbatur illud iter ineundi, quibus nullae sumptuum copiae suppetebant, quanta illis quibus ingens possessionum venditio, aut thesauri reposili opulentissimum viaticum convehebant. Videres dictum Salomonis evidenter illud impleri · « Regem locusta non habet, et egreditur universa per turmas suas (*Prov.* 30, 27). »

Haec locusta nullum bonae operationis saltum dederat, quandiu longae iniquitatis congelatione torpuerat: at ubi solis justitiae fervor incanduit [*al.*, excanduit], genuinae illico transmigrationis evolatione prosiliit, dum de patris domo ac cognatione digreditur, et per sanctae intentionis assumptionem moribus immutatur. Ipsa regem non habuit, quia quaeque fidelis anima omni ducatu, praeter solius Dei caruit, dum illius se contubernalem aestimat, eumque praevium sibi esse non dubitat, cujus voluntate et instinctu se coepisse, quem in egestatibus solatio sibi futurum conjubilat. Sed quae est quae egreditur universitas, nisi illa, quae ad unum idemque appetendum numerosissimarum plebium corda vertit simplicitas? Cum solam quasi specialiter Francorum gentem super hac re commonitorium apostolicae sedis attigerit, quae gens Christiano sub jure agens non illico turmas edidit: et dum pensat se Deo eamdem fidem debere quam Franci, Francorum quibus possunt viribus, nituntur ad ambiunt communicare discrimini? Videres Scotorum apud se ferocium, alias imbellium, cuneos crure intecto, hispida chlamyde, ex humeris dependente psitarcia [*al.*, sytarchia], de finibus uliginosis allabi, et quibus ridicula, quantum ad nos, forent arma copiosa, suae fidei ac devotionis nobis auxilia praesentare. Testor Deum me audisse nescio cujus barbarae gentis homines ad nostri portum maris appulsos, quorum sermo adeo habebatur incognitus ut, lingua vacante, digitorum super digitos transversione crucis signa praetenderent, hisque indiciis, quod nequibant vocibus, se fidei causa proficisci monstrarent. Sed de his suo loco uberiori forsitan circumlocutione tractabimus; nunc de Jerosolymitanae vel Orientalis statu, qui tunc erat, Ecclesiae, aliquantisper agamus.

CAPUT II.

[II.] *Orientalium fides nutabunda. Unde haereses.* — A temporibus fidelis Helenae; Constantini principis matris, per loca Dominiorum et suppliciorum [*al.*, Dominicorum suppliciorum] vestigiis insignita, basilicae sunt, per eamdem Augustam, et ministeria digna basilicis instituta. Quem institutionis ordinem post decessum praefatorum, per Romani imperii successiones, diuturnis temporibus, ecclesiastica historia docente, comperimus perdurasse. Orientalium autem fides, cum semper nutabunda constiterit, et rerum molitione novarum mutabilis et vagabunda fuerit, semper a regula verae credulitatis exorbitans, ab antiquorum Patrum auctoritate descivit. Ipsi plane homines, pro aeris et cœli cui innati sunt puritate, cum sint levioris corpulentiæ, et idcirco alacrioris ingenii, multis et inutilibus commentis solent radio suæ perspicacitatis abuti [*al.*, acrioris ingenii perspicacitate solent abuti]; et dum majorum sive coævorum suorum despiciunt obtemperare magisterio, « scrutati sunt iniquitates, defecerunt scrutantes scrutinio (*Psal.* LXIII, 74). » Inde hæreses et pestium variarum genera portentuosa : quarum tanta pernicies et inextricabilis exstitit labyrinthus, ut veprium vel etiam urticarum ferocior uspiam fieri nequaquam incultissima possit humus. Omnium hæreseon catalogi perlegantur, libri antiquorum scripti adversus hæreticos recenseantur, mirabor si præter Orientem et Africam vix aliqui sub Latino orbe cernentur.

Pelagius, Arius, Manis, Eunomius, Eutyches, Nestorius, hæresiarchæ. — Pelagium, nisi fallor, Britonem, hæreticum nescio quo legerim ; sed illorum vel erroneos, vel errores colligere neminem unquam potuisse crediderim. Ipsi fuerunt terra in suorum maledicta magistrorum opere, spinas et tribulos germinans operantibus. Ex Alexandria Arius, ex Perside Manis emersit. Alterius rabies sanctæ Ecclesiæ vestem, maculam aut rugam non habentem, tanta scidit atque cruentavit instantia ut ejus consideratione, brevior penitus tempore, locis contractior æstimetur persecutio Deciana, utpote cui post Græciam, plenissime succubuerunt Hispania, Illyricum [*al.*, Illyres] et Africa. Alterius fabulæ, etsi ridendæ, arguissimorum etiam virorum longe lateque obtuderunt quasi præstigiis quibusdam acumina. Quid Eunomios, Eutychetes, Nestoriosque loquar? monstrorum millia texam? Quorum adversus nostros tam pertinax vecordia fuit, adeoque difficilis victoria provenit ut viderentur hæreses non gladiis sed fustibus decollari. Recolamus veteres de originibus regnorum historias, et garriamus super ridiculo statu regum et Asiaticam levitatem, super subita principum destitutione ac restitutione miremur.

Græcorum erronea doctrina. — Qui ergo doceri de eorum fœda mobilitate desiderat, rotabundos in regnis alternantesque Antiochos Demetriosque recenseat, et quem hodie florentissimum viderit in imperio, gentium facilitas subditarum eum non modo a fascibus, verum naturali cras exsulem disperget a solo. Unde hæc ipsorum, et in actu sæculari, et in Christiana professione nugacitas, ad hoc usque tempus in tantum viguit ut neque in Eucharistiæ confessione, neque in apostolicæ sedis subjectione pene quidquam illis commune nobiscum sit. Sed si illud quod de panibus fermentatis sacramenta conficiunt, convenienti aut vero simili ratiocinatione defenditur, quia, quod recta cum fide geritur, materialis fermenti admistione non læditur, et quod veteribus cæremoniis Dominus fidem ponens, postquam cum azymis agnum comedit, de eodem pane, quia alius non aderat, nec secundum legem quam implebat, induci tunc poterat, corporis sui sacramenta contradidit, azymorum illatio, quæ tunc affuit necessitati, non eis videtur ad institutionem pertinere mysterii; sicut buccellæ intinctio, non sacramenti peragendi, sed Judæ proditoris fuit ostensio ; si, inquam, ista aut quælibet alia aut falso aut veraciter obtendi possunt, quid de Spiritu sancto dicturi sunt, qui adhuc eum secundum reliquias hæreseos Arianæ, minorem Patre et Filio profana mente contendunt? Cum ab institutis paternorum canonum, et ab Occidentalis Ecclesiæ pio ritu, sensu ac multimoda actione discordent, hunc damnationis suæ abjecerunt cumulum, ut claudicare perhibeant, inflicta ei propriæ naturæ inæqualitate, Deum. Si enim, ex Filii Dei præcepto, in Patris et Filii et Spiritus sancti nomine baptizandum est (*Matth.* XXVIII, 19), et hoc idcirco quia hæc tria unus Deus est : quidquid in his tribus asseritur minus alterutro, Deus profecto non est.

Ob ipsorum peccata gentibus traditæ sunt diversæ provinciæ. — Talium ergo congregatio taurorum inter vaccas populorum, excluserunt etiam nunc eos qui probati sunt argento (*Psal.* LXVII, 31), dum quidam nostratium, hac Græcorum altercatione citati, clarissimos de sancti Spiritus processione ediderunt libros. At quoniam offendiculum ponit Deus coram his qui voluntarie peccant, terra eorum ipsos sui habitatores evomuit, dum primo fiunt a notitia veræ credulitatis 372 exsortes ac merito deinde ac jure, omnis suæ terrenæ possessionis extorres. Dum enim a Trinitatis fide desciscunt, ut adhuc sordescant qui in sordibus sunt (*Apoc.* XXII, 11), paulatim usque ad extrema suscipiendæ gentilitatis detrimenta venerunt, et procedente pœna peccati, alienigenis irruentibus, etiam solum patriæ amiserunt ; aut, si quempiam ibidem remanere contigit, externis indigenæ sese sub tributi redibitionibus subdiderunt. Prædicatissimæ nobilitatis urbes Antiochia, Jerusalem ac Nicæa, etiam provinciæ, Syria, Palæstina et Græcia, et quibus novæ gratiæ seminaria pullularunt, abortivis florentibus Italis, Gallis, Britonibus ab interno virore radicitus defecerunt. Taceo quod in ipsis, ut ita dixerim, quisquiliis Ecclesiarum tantæ abusiones inoleverunt, ut in plerisque illorum regionibus, nemo ad presbyterium provehatur, nisi primo conjugium sortiatur, ut de unius uxoris viro, qui eligendus est, Apostoli sententia compleatur (*I Tim.* III, 2) : cum idem dictum non de eo qui habeat et utatur, sed de eo qui habuerit habitamque dimiserit, constantissime Occidentalis Ecclesiæ auctoritate firmetur. Taceo quoque, contra consuetudinem Latinam, marium feminarumque, dignitatis etiam Christianæ personas indifferenter emi, ac si bruta animalia, distrahi, et longius a patria ad crudelitatis augmentum, ut gentilium fiant mancipia vendendas emitti.

Nefanda Orientalium scelera. — His denique omnibus præponderare videtur quod imperiali apud eosdem constat generaliter lege sancitum quod, de omnium videlicet filiabus, concessa passim quasi pro justo licentia, assumi debeant subiturae prostibulum. Verbi gratia : Ecce quis habet tres aut quatuor filias, una earum ad lupanar exponitur, et de eo ipso tam putenti lucro, quod infelicium illarum est passione quaesitum, pars nescio quota miseri imperatoris defertur ad fiscum; pars in sumptus ejus quae turpiter admeruit, retinetur. Ecce clamor in Domini Sabaoth aures nimis truculenter ascendens. Praeterea sacerdotes quibus est sacramenta divina tractare commissum, Dominicum corpus post prandia in locis, ut audivi, plerisque conficiunt, et jejuno cuilibet absumendum porrigunt. Dum his et aliis similibus malitiarum modis exerrant; dum in suis adinventionibus eunt (*Psal.* LXXX, 13), novum constituit Deus super eos legislatorem : Ut sciant gentes quoniam homines sunt (*Psal.* IX, 21). Et dum terminos patrum suorum scienter transgrediuntur (*Prov.* XXII, 28), ad hoc merito devoluti sunt ut, pecoribus facti petulantiores, opprobrio habeantur. Sed aliquantisper edisserendum est, cum Christianum cultum aliquando deseruisse noscantur Orientalium nationes ut in paganismum redierint, quo tandem auctore nitantur.

CAPUT III.

[III.] *Mahometi dogmata.* — Plebeia opinio est quemdam fuisse, qui, si bene eum exprimo, Mathomus nuncupetur, qui quondam eos a Filii et Spiritus sancti prorsus credulitate diduxerit (30*), solius Patris personae, quasi Deo uni et creatori innuit docuerit, Jesum purum hominem dixerit, et, ut breviter ejus dogma concludam, circumcisione quidem decreta, totius eis impudicitiae laxavit habenas. Quem profanum hominem parva multum antiquitatis existimo non ob aliud scilicet, nisi quia ecclesiasticorum doctorum neminem contra ejus spurcitiam scripsisse reperio. Cujus mores vitamque, cum nusquam scripta didicerim, quae a quibusdam disertioribus dici vulgo audiverim, nulli debet esse mirum si dicere velim. Frustra plane ab aliquo, si falsa an vera sint discutiatur, dum hoc solummodo attendatur, quantus ille magister fuerit, de quo tam nobilium facinorum gloria propagatur. Securas enim quis de eo male cantat, cujus malignitas quidquid pravi dicitur transcendit et superat.

[IV.] *Unde suum hausit venenum.* — Alexandrinum, quo nescio tempore, patriarcham obisse constiterat, et vacans, ut assolet, Ecclesia sese multa animorum varietate disciderat ; et dum quisque in eam quam affectat personam liberiori voluntate protrahitur, erga eos qui diversa sentiunt, acriori severitate invehitur. In quem ergo plurimae consideratio partis incesserat, haud procul inde eremita manebat. Quem, causa ejus essentiam comperiendi, scientiam facundiamque noscendi, cum crebro quidam eorum argutiores inviserent, ex ejus confabulatione conjiciunt eum intelligentiam catholicae fidei non habere concordem. Quo cognito, confestim penitus ab hominis quam ceperant electione desciscunt, et in maximo moerore pro sui reprobatione constituunt. Contemptus igitur cum molestia [*al.*, moestitia] dilaceraretur atroci, quoniam non potuit ad id quod ambiebat assurgere, ad Arii similitudinem meditari secum anxie coepit, quo modo effuso quod conceperat perfidiae veneno, ad sui ultionem catholica passim posset documenta pervertere. Tales namque homines, quorum tota intentio humanae prona est laudi, lethaliter feriuntur, intolerabile rugiunt, si aestimationem suam qualibet senserint occasione imminui. Hac antiquus hostis apud eremitam suum opportunitate provisa his miserandum dictis aggredi tur : « Si, inquit, vis evidens repulsae tuae solatium, et multo majus quam patriarcha valeres habere magisterium, inter eos qui ad te proxime venient, nota diligenter juvenem tali veste, tali vultus et corporis habitudine, tali etiam nomine. Hunc animis acrem, tuisque competentem moribus, ea doctrina quae cordi tuo adjacet imbue. Hunc institutionum tuarum fidissimum auditorem propagatoremque tuo magistratu prosequere. »

Vidua ipsi ab eremita uxor adjungitur. In epilepsiam incidit. — Ille sollicitus hoc oraculo redditus, praedicta sibi inter adventantium cuneos circumspexit insignia, juvenemque recognitum affectuose tenuit, peste qua tabescebat imbuit ; et, quia pauper erat et pauperi minus auctoritatis suppetebat, hoc ei statim modo divitias procuravit. Ditissima quaedam mulier viduitatem, obeunte marito, inciderat. Eam sibi nuntio sordidissimus eremita contraxit, et de conjugii iteratione submonuit. Illa cum diceret, juxta suae statum honestatis, non se praesto habere quem duceret, ipse intulit, se sibi aptum invenisse prophetam, et eam, si sibi acquiesceret, per ejus nuptias felicem omnino victuram. Multa mulierem circumlocutione praestringit; et ad praesens ei futurumque saeculum affuturas prophetae illius provisiones pollicens, in amorem ipsius quem non noverat hominis femineum jecur exporrigit. Spe igitur omnium quae fierent et quae fienda essent praecognitionis illecta, suo vati conjungitur; et pridem miser Mathomus, fortunis undecunque micantibus, ad inopinatos fasces, forsitan non sine sui ipsius incredibili stupore, provehitur. At cum saepius utrorumque commercia lecti unius urna susciperet, propheta coepit egregius morbo epilepsiae, quem caducum vulgo dicimus, aliquoties acriter, prophetissa cernente, vexari, et eversis obtutibus, facie tabida, labiis spumantibus, dentium ejus stridoribus ipsa terreri. Insperato hoc eventu perterrita, recurrit ad solitarium, quodque sibi accidit causatur infortunium, et, animi prorsus aegritudine consternata, praeoptare sibi fatetur interitum quam exsecrabile arreptitii subire conjugium.

30*) De iisdem, et Mahometi origine vide Cedrenum, et Damascenum De haeresibus, sub finem

Mahometum uxor repudiandum ascit, sed eremitæ suasionibus deterretur. — Innumeris itaque querimoniarum modis eremitæ improperat, nequam sibi præbuisse consilium. At ille, cum incomparabili præmunitus esset astutia : « Desipis, inquit, fatua, dum id quod est claritatis et gloriæ, tu tuæ ascribis injuriæ. An nescis, improvida, quia quotiescunque prophetarum mentibus Deus illabitur, tota corporis humani massa concutitur, quia ferre non prævalet carnis infirmitas, cum ei se applicat divina majestas? Resipisce tandem, ne insolitis visionibus expavescas, beatasque sancti hominis tortiones gratanter attende, præsertim cum eum tunc virtus spiritualis instituat super his omnibus quæ sciri et fieri in futurum a vobis expediat. » His feminea levitas relevata sermonibus, totum jam non modo tolerabile, sed etiam sacrosanctum et spectabile arbitrabatur, quidquid prius fœdum ac despicabile putabatur. Interea per hæreticum eremitam ad profana dogmata ille, diaboli fistula, imbuebatur, et ipsius quaqua versum præeunte præconio, propheta ab universis creditur.

Qua astutia fert legem.—Cumque jam longe lateque, in omnium opinionibus fama proficiente, claresceret, et suis documentis circumjacentium ac remotarum provinciarum acclines populos conspexisset, communicato cum suo doctore consilio, legem scripsit, ubi suis sequacibus totius turpitudinis, per quod magis traherentur, frena remisit. Quo facto, infinitæ multitudinis vulgus aggregat, et ut magis vaga corda præmissa religione deciperet, triduo eis jejunare imperat, et ut Deum attente postulent pro legis acceptione sollicitat. Hoc etiam eis signum dat : Quia si Deo sibi legem dare placuerit, more eis insolito, et per manum, de qua non speratur, dabit. Interim vaccam habebat, quam ita manui suæ assuefecerat ut quotiescunque aut ejus vocem audiret, vel videret præsentiam, vix eam vis ulla teneret quin ad eum intolerabili quadam aviditate concurreret. Factum igitur libellum cornibus animalis circumligat et in tentorio quo versabatur illud occultat. Tertio denique die super omnem qui convenerat populum eminens, tribunal ascendit, et declamare productis vocibus ad populum cœpit. Quæ cum, ut ita dixerim, summa aure verborum sonum attigisset, e tentorio subterjacenti confestim egreditur, et per medias coadunatarum gentium turmas, volumine cornibus imposito, ad pedes loquentis quasi congratulatura vacca contendit. Mirantur omnes, raptim volumen evolvitur, anhelanti turbæ exponitur, petulantia turpi lege permissa, gaudenter excipitur. Quid plura ? oblati libri miraculum centuplicatis favoribus celebratur.

Propagatur ubique gentium quasi cœlitus veniens indifferenter coeundi nova licentia. Et quanto magis pollutionum concessarum exuberat copia, tanto magis tacito fœditatis nomine, Dei remissiora tempora indulgentis prædicatur gratia. Tota Christianitatis censura convitiis mille damnatur, et quidquid olim honestatis ac vigoris ex Evangeliorum tenore constituerat, crudelis vocatur acerbitas. At præceptum, quod vacca detulit, generale appellatur, et ipsa solum a Deo commendata libertas. Non Moysi antiquitas, non catholica novitas reputatur. Quidquid ante legem, sub lege, quidquid sub gratia, inexpiabili falsitate notatur, et, ut psalmo minus congrue utar, Deum non fecisse taliter omni nationi, et judicia sua nulli a sæculo alii manifestasse cantatur (*Psal.* CXLVII, 20). Profusior libidinis adimplendæ facultas, et bestialem 374 jam superans appetitum, non conjugiorum jam, sed scortorum numerositate voluptas, procreandorum liberorum superficie palliatur. Sed, dum in his quæ quasi usualia sunt, nequaquam fluxus naturæ restringitur, usque ad ea quæ non conveniunt, nec nominari in nobis debent, brutis etiam pecoribus inexperta, concurritur.

Hujus nefariæ institutionis obscuritas Christianum tunc nomen obtexit, et adhuc pertinentia [*al.*, per Orientis] pene universi, Africæ, Ægypti, Æthiopiæ, Lybiæ, et juxta nos Hispaniæ remotissimos sinus oblitterat. Sed hunc tantum tamque mirificum legislatorem quis exitus de medio tulerit, dicendum est. Cum subitaneo ictu epilepseos sæpe corrueret, quo eum superius diximus laborare, accidit semel, dum solus obambulat, ut morbo elisus eodem caderet, et inventus, dum ipsa passione torquetur, a porcis in tantum discerpitur ut nullæ ejus præter talos reliquiæ invenirentur. Ecce legifer optimus, dum Epicureum, quem veri Stoici, Christi scilicet cultores, occiderant, porcum resuscitare molitur, imo prorsus resuscitat, porcus ipse porcis devorandus exponitur, ut obscenitatis magisterium obscenissimo, uti convenit, fine concludat. Talos jure reliquit, quia perfidiæ ac turpitudinis vestigia, deceptis miserabiliter animabus infixit. Cujus talorum titulo exegimus tetrasticum, juxta poetam (HORAT. *Od.* XXX, 1, 2) :

Ære perennius,
Regalique situ piramidum altius,

ut vir egregius omni jam porco felicior cum poeta eodem (*Ibid.*, 6-7) dicere valeat :

Non omnis moriar, multaque pars mei
Vitabit Libitinam.

Quod est :

Manditur ore suum, qui porcum dixerat ; hujus
Membra beata cluunt, podice fusa suum.
Cum talos ori, tum quod sus fudit odori,
Digno qui celebrat cultor honore ferat.

Quod si Manichæorum sunt vera repurgia sectæ, ut in omni quod comeditur pars quædam maneat commaculata Dei ; et dentium comminutione et stomachi concoctione pars ipsa Dei purgetur ; et purgata jam in angelos convertatur, qui ructibus et ventositate extra nos prodire dicantur, sues de hujus carnibus pastas, quod credimus angelos effecisse et magis hinc inde flatibus emisisse? Sed omissis jocularibus quæ pro sequacium derisione dicuntur, hoc est insinuandum quod non eum deum, ut aliqui æstimant, opinantur, sed hominem justum, eumdemque patronum, per quem leges divinæ tradantur: Hunc cœlitus assumptum astruunt, et solos talos relictos ad suorum fidelium monumentum, quos etiam infinita veneratione revisunt; porcorum vero esum, justa prorsus ratione contemnunt, qui morsibus eorum dominum consumpserunt.

CAPUT V.

[V.] Hæ igitur quas supra diximus gentes, postquam per longa tempora, post multas posteritates, error cœptæ gentilitatis invaluit, cum Palæstinam, tum Jerosolymam ac sepulcrum Domini pervaserunt, Armeniamque, Syriam, partemque Græciæ, pene usque ad illud mare quod Brachium Sancti Georgii dicitur, obtinuerunt. Inter omnia Orientis regna Babylonicum imperium, ab antiquo præpotentissimum fuit, et regnis quampluribus imperavit. Attamen Parthorum regnum, quos Turcos corrupto nomine vocitamus, in re militari et equestri elegantia, animi etiam virtute præpollet; sed terrarum amplitudine minus patet. Imperator itaque Babylonicus eas quas præmisimus provincias magno exercitu occuparat; sed temporis processu, Turcorum emergente copia, Assyriis evictis amiserat.

Petit imperator Græcorum a Roberto Flandriæ comite auxilia. Hii igitur armis vivaciores, et consuetius utentes audacia, dum Constantinopolitanum urgerent imperium, et eidem urbi pene obsidendæ viderentur irrumpere, imperator Græcorum minis eorum frequentibus, et assiduis incursionibus tremefactus, misit in Franciam, scribens Rothberto seniori Flandrensium comiti epistolam, multiplices ei objectans causas, quibus excitari ejus animus posset ad defendendam periclitantem Græciam. Non autem ideo sollicitabat eumdem virum, quod tanto negotio, solius ipsius æstimaret sufficere posse concursum, licet ditissimus esset, et magnam valuisset conflare manum; sed quia non ignorabat quod, si vir adeo potens idipsum aggrederetur iter, nostræ secum gentis auxilia plurima pro sola novitate rei contraheret. Fuit vero comes isdem, quantum sagax in rebus bellicis, tantum perspicax et facetus in litteris. Is Jerosolymam orationis gratia aliquando profectus, forsitan Constantinopolim perviam habens, cum ipso est imperatore locutus, unde et apud eum sumpta majore fiducia, de adjutoriis est expetendis appulsus. Ipsam autem epistolam, quam inserere opusculo isti omnino piguit, quædam ibidem dictorum, verbis tamen vestita meis, proferre libuit.

Imperatoris epistola. — « De Ecclesiis querimonia est, quas siquidem gentilitas eversa Christianitate tenebat, in quibus equorum, ac mulorum cæterorumque animalium catabula construebat. Quod in tantum verum fuit ut etiam fana sua, quæ Mathomarias vocant, inibi instituerent [*al.*, constituerent], et infinitæ quoque turpitudinis commercia exercerent, ut 875 non jam basilicæ, sed merito aria et scenæ fierent. Porro de Catholicorum necibus frustra agerem, cum mortuis in fide, vitæ æternalis videretur instare concambium, superstites sub miseri jugo famulatus vitam gererent, ipsis, ut arbitror, mortibus acriorem. Virgines enim fidelium deprehensæ, publicum fieri præcipiebantur scortum, cum nusquam pudori deferretur ac honestati conjugum. Matres corruptæ in conspectu filiarum, multipliciter repetitis diversorum coitibus, vexabantur, cum filiæ assistentes, carmina præcinere saltando nefaria inter hujusmodi cogerentur. Eadem statim passio, quod dici quidem et dolor et pudor est, revolvebatur ad filias, quæ etiam fœditas obscenis infelicium matrum cantionibus ornabatur. Totius denique nominis reverentia Christiani, prostibulo tradebatur. Cumque sexui feminino, quod tamen excusari poterit, pro competenti natura non parcitur, in masculinum pecualitate transgressa, solutis humanitatum legibus, itur. »

Unde, ut unius exsecranda et penitus intolerabili auribus majestate flagitii, illa, quæ in mediocres et infimos, defurebat petulantia, panderetur, dicit quemdam eos abusione Sodomitica intervenisse [*al.*, interemisse] episcopum. « Et quomodo præceps et omnibus omnino vesaniis præferenda libido, quæ semper consilii frontisque fugax perpetuo impetu agitur, et quo crebrius exstinguitur, eo vivacior flamma iterato succenditur, erga humana se temperet, quæ brutorum animalium inauditis, et ori Christiano vetitis commistionibus sordet? Et cum sit miseris permissa suo ipsorum arbitrio multiplicitas feminarum, parum est apud eos nisi et dignitas tantæ spurcitiæ volutabro commaculetur marium. Nec mirum si Deus exoletam eorum nequitiam, et in clamorem versam impatienter tulerit, tantaque funestorum habitatorum exsecramenta, more antiquo, terra vomuerit. »

Cum ergo de Constantinopolitana quam potissimum verebatur, et quæ transito Sancti Georgii Brachio imminebat obsidione, multa querela tractaret, inter cætera intulit: « Quod videlicet si non alia subveniendi sibi videretur nobis occasio, saltem propter sanos, quorum corpora ibidem tumulata habentur, apostolos, ne ab impiis, aut incendio conflagrentur, aut in voragines demergantur, celeberrimam perhibet civitatem omnimoda opitulatione dignissimam. » Et certe nihil verius. Urbs enim illa, non modo sanctorum illorum monumentis excellens, sed et auctoris merito et nomine præcluens, præsertim cum ex revelatione superna, ex vetustissimo oppidulo eam toti mundo spectabilem, Romamque secundam fecerit, universi, si fieri posset, orbis concursu et suffragio digna fuit.

Caput B. Joannis Baptistæ Constantinopoli. Non probat auctor sacrarum reliquiarum ostentationes. Quare. — Sequitur demum post apostolorum illationem, et dicit « apud se beati Joannis Baptistæ caput haberi. » Quod, quamvis falso dicat: « Hodieque, ac si viventis capillis, et cute videatur insiguiri. » Quod si verum est, quærendum apud Ageriacenses est monachos, de cujus Baptistæ Joannis capite glorientur, cum pro certo habeamus : neque duos Joannes fuisse Baptistas, neque unum ipsum, quod dici nefas est, fieri potuisse bicipitem. Et considerandus etiam sub hac occasione, plurimus quidem, sed non perniciosus error, qui Gallicanas præcipue, de sanctorum corporibus obsedit Ecclesias (31); istis illum, illis eumdem, seu martyrem, seu confessorem se habere jactantibus, cum duo loca non valeat occupare integer unus. Quod totum contentionis malum inde sumit originem quod sancti non permittuntur habere debitæ et immutabilis sepulturæ quietem. Et plane ex pietate descendisse non ambigo quod eorum corpora argento operiuntur et auro ; sed jam evidenti et nimium turpi avaritiæ militant, et ossium ostensiones, et feretrorum, ad pecunias corrogandas circumlationes. Quæ omnia desivissent, si eorum, ut ipsius Domini Jesu, forti apposito obice immobili clauderentur membra sepulcro. Sed his omissis sequentia attingamus.

Quam perversa imperatoris mens. — Præterea adjicit ut, « si non tanti cohibitio mali, si non præfatorum sanctorum ad hoc ipsum eos animaret amor, saltem auri argenteique, quorum innumerabiles illic habentur copiæ, cupiditas illiceret. » Infert denique et quiddam bonorum virorum frugalitati incompetens, ut videlicet, « præter hæc universa pulcherrimarum feminarum voluptate trahantur, » quasi Græcarum mulierum species tanta esset, ut Gallicis modo quolibet præferrentur, solaque earum causa Francorum exercitus in Thraciam ageretur. Dum hæc sordidissimus ille tyrannus ediceret, meminisse debuerat quod ob hoc ipsum, hæc sibi suisque adversitas potissimum ingeneret [*al.*, ingrueret], quia edicto celebri, de pluribus universorum filiabus, unam per omne imperium suum prostitui juberet, et fisco proprio lucrum fædissimæ passionis inferret. Nec minus illud, quod de pluribus filiis, unum eunuchizari, data præcepti auctoritate, mandaverit, et corpora marium ademptis viribus enervia ac effeminata reddiderit, quæ usibus militiæ jam non habeantur utilia, imo ad detrimenti cumulum, abscidatur in ipsis propago futura, cujus incrementis sperari valerent contra hostes auxilia. Qui ergo damnaverit ultro sua, jam quærere merito cogitur aliena.

Sed attendendum etiam quod is ipse imperator non ex legitima purpuram successione susceperit ; sed cum de officialibus palatii sub principe, qui, nisi fallor, Michael vocabatur, 376 esset, et cuidam portioni plurimæ occidentalium militum præesset, quos excellentiores apud Græcum imperatorem, et ad ejus custodiam magis contiguos ingenia eorum probitas fecit, collecta ex subjectis militibus audacia, novas res contra ipsum principem moliri cœpit. Qui Constantinopolitana contra imperatorem civitate pervasa, captum eumdem luminibus illico feraliter privat, et in quodam municipio arctæ custodiæ mancipat, et jura imperii totius expers juris usurpat. Qui Francos quidem, ea quam diximus necessitate compulsus, expetiit ; sed postquam tantæ dignitatis proceres convenisse adeo instructos modestia et armis, equites vidit, multitudini multum, sed multo amplius prudentiæ eorum invidit. Ast ubi ad effectum eorum pervenit intentio, crevit hujus contra nostrorum efficaciam invidentiæ magnitudo, dum post Jerosolymitanam victoriam veretur, ne victricia in se arma retorqueant, præsertim cum eo potiorem sibi æmulum, inter nationes nequaquam esse didicerant. Auditum tamen nobis constat, ante hujus viæ compertum primordia, matrem hunc habuisse sortilegam ; quæ sibi sæpe prædiceret, quia ex Francis originem duceret, qui ei imperium vitamque adimeret. Cujus oraculum ipsis effectibus explere forsitan Boemundus affectat. Qui tantopere illi insistit, ut sæpenumero cum eodem confligens vertere terga compulerit, et plurimam provinciarum ejus partem suæ ditioni addixerit. Qui cum genus ex Northmannia ducat quam Franciæ partem esse constat, ob hoc vel maxime Francus habebitur, quia regis Francorum filiæ conjugio jam potitur.

LIBER SECUNDUS.

CAPUT PRIMUM.

[1.] *Urbani papæ præconia. Post mortem clarus miraculis.* — Urbanus papa, ante papatum Odo vocabatur, ex Francis claro germine oriundus, ex territorio et clero Remensi, et existens, ut ferunt, nisi fallimur, papa primus ex Francis. Is Cluniaci factus ex clerico monachus, post abbatem gloriosæ memoriæ qui adjuvit Hugonem non multo post rexit officium prioratus. Inde proficiente merito, civitati Ostiæ, Gregorii septimi papæ jussu, destinatur episcopus ; ad extremum apostolicæ sedi præficitur pontifex summus. Cujus quanta magnanimitas exstitit, hujus profectionis incentivo innotuit, quod dum primus ipse præbuit, quonam pacto id fieret, totus mundus obstupuit. Attestatur statui mentis finis ejus splendens miraculis. Defuncto etenim ac sepulto eo, sicut succedens ei Ostiensis scripsit episcopus, cum plurima signa jam fierent, astitit quidam sepulcro illius juvenis, et membrorum damnum sibi

(31) Prolixius de his in tractatu De pignoribus sanctorum, lib. I.

imprecatus est, si per Urbani merita, qui Odo diceretur, signum unquam factum fuerit ac fieret. Necdum pedem a loco extulerat, cum officio sermonis amisso, et altero laterum paralysi intercurrente correpto, postridie, Urbani virtutum testimonia mortuus ipse perhibuit.

Suppetias ab antiquo soliti sunt Romani pontifices a Francis expetere. — Is itaque vir eximius, cum ab Alexi Græcorum principe magnis honoraretur exsequiis, et precibus quidem, sed multo propensius generali Christianitatis periculo pulsaretur, quæ quotidianis Gentilium minuebatur incursibus (et Sarracenorum namque irruptionibus Hispanias audiebat sæpissime conturbari), pro hoc ipso, suæ gentis sollicitaturus homines, commeatum facere destinavit in Franciam, apostolicæ nempe sedis pontificibus ab antiquo consuetudinarium fuit, si quam sunt passi a finitima gente molestiam, auxilia semper expetere a Francis. Stephanus et Zacharias pontifices, uterque sub Pippino et Carolo regibus confugium fecit ad ipsos. Quorum prior, e pontificibus sequentem, facta usque Ticinum expeditione, Ecclesiæ suum patrimonium reparando, propriæ sedi restituit; Desiderium regem, qui violentiam intulerat, ad eorum quæ diripuerat redditionem sola armorum intentatione coegit. Cæteris enim gentibus erga beatum Petrum ergaque pontificalia decreta, timoratius humiliusque se habuit gens eadem, nec temeritate, qua alii assolent, velamen malitiæ arripere contra Deum voluit libertatem.

Francorum erga summum pontificem devotio continuata. — Vidimus, jam annis emensis pluribus, Teutonicos, imo totius Lotharingiæ regnum, beati Petri ejusque pontificum præceptis barbarica quadam obstinatione reniti, et ambientes malle aut diuturno sive sempiterno anathemati subjacere quam subjici. Audivi anno præterito, dum cum archidiacono quodam Magontino super sua ipsorum rebellione congrederer, quod regem nostrum cum populo in tantum vilipenderit, ob hoc solum quia dominum papam Paschalem 377 cum suis principibus grate ubique susceperit, ut eos non modo Francos vocaverit. Cui inquam : « Si ita eos inertes arbitraris et marcidos ut celeberrimum usque in Oceanum Indicum nomen, fœde garriendo detorqueas, dic mihi ad quos papa Urbanus contra Turcos præsidia contracturus divertit ? nonne ad Francos ? hii nisi præissent et barbariem undecunque confluentium gentium vivaci industria et impavidis viribus constrinxissent, Teutonicorum vestrorum, quorum ne nomen quidem ibi sonuit, auxilia nulla fuissent. » Hæc ad illum.

Quam firma perseveransque Francorum fides. — Fateor vero et omnibus credibile est huic tanto gentem istam Deum reservasse negotio, præsertim cum pro certo noverimus quia ex quo fidei signum, beato Remigio tradente, sumpserunt, nullius unquam perfidiæ suscipere contagium vel ad horam acquieverunt, quo vix, aut nullo modo, nationes aliquæ mundæ manserunt. Hii sunt qui, dum adhuc sub errore gentili positi, Gallorum, sed Christianorum arva pugnaci intentione subigerent, nemini unquam pro Christi fide aut pœnas intulerunt aut mortem; sed eos quos Romana severitas ferro ignique punierat, auro argentoque recondidit, gemmis electroque contexit ingenita liberalitas gentis. Nec solum intra se passos, his honoribus contendit ambire; sed et Hispaniis aut Italia seu quibuslibet gentibus advectos, tantæ desiderio affectionis excoluit, ut martyrum seu confessorum, quos tantopere servat, amor et celebrem reddiderit et illustrem, fideique irremisso tenore donaverit; ad extremum hujus Jerosolymitanæ victoriæ triumphis extulerit. Quia enim portavit jugum ab adolescentia, sedebit solitaria, inter omnium videlicet gentium proprietates, gens nobilis, prudens, bellicosa, dapsilis ac nitida. Quibus proprium cum sit nomen, quarumcunque nationum homines, mutuato imo præstito ipsorum agnomine honorantur. Quos enim Britones, Anglos, Ligures, si bonis eos moribus videamus, non illico Francos homines appellemus? Sed jam ad proposita redeamus.

CAPUT II.

[II.] *Papa venit in Galliam convocatque Claromonti concilium. Quot inibi antistites. Papæ facundia et æquitas.* — Papa igitur Urbanus, regni nostri fines ingrediens, tanta urbium, oppidorum, villarumque lætitia et concursione excipitur quanto omnium qui advenerent memoriis incompertum fuerat, quod aliquando apostolicæ sedis antistes in regiones has venisse videretur. Annus itaque incarnati Verbi millesimus nonagesimus quintus properabat evolvi, cum præsul idem, valde frequens acceleravit convocare concilium, cui tandem in urbe Arvernica, scholasticissimo omnium præsulum Sidonio gloriosa, dedit locum, cui tamen immutatæ Claromonti constat esse vocabulum. Quod fuit tanto celebrius quanto excellentis et inusitatæ personæ ora cernere, verba audire erat desiderabilius. Illic, præter episcoporum et abbatum examina, quos circiter quadringentos per prominentes ferulas fuisse aliqui numeraverant, totius Franciæ et appendicium comitatuum litteratura confluxit. Erat ibi spectare quam serena gravitate, ponderosa comitate præsideret, et ut præfati Sidonii verbis utar, quam « piperata facundia, » ad objecta quælibet papa disertissimus detonaret. Notabatur quanta vir clarissimus modestia tolerabat suas tumultuose causas ingerentium, loquacitatem; quam parum appretiabatur, nisi secundum Deum cujuspiam personalitatem.

[III.] *Philippum regem a piorum cœtu ejicit.* — Inde Philippum regem Francorum, cujus trigesimus septimus tunc regni recensebatur annus, qui propria, Bertha nomine, uxore relicta, Andegavensis comitis uxorem sibi, Bertradam vocabulo, devinxerat, tanta auctoritate excommunicavit ut intercessiones spectabilium personarum, et multiplicium munerum illationes contempserit, et quod intra regni ipsius demorabatur limites non extimuerit. In hoc ipso concilio, sicuti antequam ab urbe digrederetur proposuerat, hacque de causa Francos expetiverat, maximam ad sibi assistentes concionem habuit, et inter cætera, quæ excessere memorias auditorum, hac intentione disseruit. Ejus enim scientiæ litterali eloquentiæ cooperabatur agilitas, non enim minor ei videbatur in Latinæ prosecutione locutionis ubertas quam forensi cuilibet potest esse in materno sermone pernicitas. Nec altercantium multitudo obtundebat concionantis ingenium, sed licet prædicabilium grammaticorum elegantiis ambiretur, et causarum emergentium nebulis offundi videretur, et oratorum superexundare copias, ac sermonum quorumcumque facetias superequitare litterali luculentia putabatur. His ergo, etsi non verbis, tamen intentionibus usus est.

Urbani pontificis oratio habita in concilio. — « Si inter Ecclesias toto orbe diffusas aliæ præ aliis reverentiam pro personis locisque merentur : pro personis, inquam, dum apostolicis sedibus privilegia majora traduntur ; pro locis vero, dum regiis urbibus eadem quæ personis dignitas, uti est civitas Constantinopolitana, præbetur : [IV] illi potissimum Ecclesiæ deberemus, ex qua gratiam redemptionis, et totius originem Christianitatis accepimus. Si enim verum constat quod a Domino dicitur, quia videlicet *salus ex Judæis est (Joan.* IV, 22), et Dominum Sabaoth 378 semen nobis reliquisse constat, ne sicut Sodoma simus et Gomorrhæ similes fiamus *(Rom.* IX, 29), et semen nostrum Christus est, in quo salus et omnium gentium benedictio est : ipsa terra et civitas in qua habitavit et passus est, Scripturarum testimonio sancta vocatur. Si enim hæc terra, Dei hæreditas et templum sanctum, antequam ibi obambularet ac pateretur Dominus, in sacris et propheticis paginis legitur, quid sanctitatis, quid reverentiæ obtinuisse tunc creditur, cum Deus majestatis ibidem incorporatur, nutritur, adolescit, et corporali vegetatione hac illacque perambulat aut gestatur ? et, ut cuncta quæ longo verborum gyro narrari possunt, digna brevitate constringam, ubi Filii Dei sanguis, cœlo terraque sanctior, effusus est, ubi corpus, paventibus elementis, mortuum in sepulcro quievit, quid putamus venerationis emeruit ? Si, ipso Domino nostro recens interfecto, et a Judæis adhuc civitate possessa, sancta civitas ab evangelista vocatur, cum dicitur : *Multa corpora sanctorum qui dormierant, surrexerunt, et venerunt in sanctam civitatem, et apparuerunt multis* (Matth. XXVII, 53) ; et a propheta Isaia dicitur : *Erit sepulcrum ejus gloriosum* (Isa. XI, 10) ; cum ipsa sanctitas civitati semel Deo ipso sanctificatore per seipsum indita, nullo malo superveniente exinaniri valeat, et eodem modo indivisibiliter sepulcri gloria constet : summis studiis, fratres charissimi, vobis elaborandum est, ut sanctitas civitatis, ac sepulcri gloria, quæ gentilium frequentatione quantum in ipsis est crebro polluitur ; si ad Auctorem illius sanctitatis et gloriæ aspiratis, si ea quæ in terra sunt vestigiorum ejus signa diligitis, si expetitis, Deo vos præeunte, Deo pro vobis præliante, mundetur.

Rationes quibus Christianos ad expeditionem Jerosolymitanam arma induere adhortatur pontifex. — « Si Machabæis olim ad maximam profuit pietatis laudem, quia pro cæremoniis et templo pugnarunt, et vobis, o milites Christiani, legitime conceditur ut armorum studio libertatem patriæ defendatis. Si limina etiam apostolorum, vel sanctorum quorumlibet, tanto sudore petenda putatis, quid crucem, quid sanguinem, quid monumentum eruere, quid visitare, quid pro his eruendis animarum pretia impendere detrectatis ? Indebita hactenus bella gessistis, in mutuas cædes, vesana aliquoties tela solius cupiditatis aut superbiæ causa torsistis ; ex quo perpetuos interitus, et certa damnationis exitia meruistis. Nunc vobis bella proponimus quæ in se habent gloriosum martyrii munus, quibus restat præsentis et æternæ laudis titulus. Ponamus modo in Jerusalem Christum neque mortuum, nec sepultum, nec ibidem vixisse aliquando. Certe, si hæc deessent omnia, solum illud ad subveniendum terræ et civitati vos excitare debuerat, quia de Sion exierit lex, et verbum Domini de Jerusalem (*Isa.* II, 3). Si enim ex Jerosolymitano, quidquid Christianæ prædicationis est fonte manavit, rivuli, quaquaversum toto terrarum orbe dispersi, catholicæ multitudinis corda retorqueant, ut solerter attendant quid fonti tam irriguo debeant. Si *ad locum unde exeunt, flumina revertuntur, ut iterum fluant*, juxta dictum Salomonis (*Eccle.* I, 7), gloriosum vobis videri debet, si ei loco repurgium possitis impendere, unde Baptismatis purgamentum, et fidei documentum vos constitit accepisse.

« Et est vobis præterea summa deliberatione pensandum, si ipsam matrem ecclesiarum Ecclesiam, vobis elaborantibus, ad Christianitatis cultum reflorere, Deo per vos agente, contigerit, ne forte contra propinqua Antichristi tempora ad fidem partes Orientis aliquas restitui velit. Perspicuum namque est Antichristum non contra Judæos, non contra gentiles bella facturum, sed, juxta etymologiam sui nominis, Christianos pervasurum. Et, si Antichristus ibidem Christianum neminem sicuti hodie vix aliquis habetur, inveniat, non erit qui sibi refragetur, aut quem jure pervadat. Juxta enim Danielem, et Hieronymum Danielis interpretem, fixurus est in Oliveti monte tentoria, et Jerosolymis, *In Dei templo, tanquam sit Deus,* certum est, Apostolo dicente, quod sedeat (*II Thes.* II, 4), et juxta eumdem prophetam, tres reges (*Dan.* VII, 24), Ægypti videlicet, Africæ ac Æthiopiæ, haud dubium quin pro Christiana fide primos interficiat. Quod quidem nullatenus fieri poterit, nisi, ubi nunc paganismus est, Christianitas fiat. Si ergo piorum præliorum exercitio studeatis, ut sicut ab Jerosolymis Dei notitiæ seminarium accepistis, ita illic mutuatæ redhibitionem gratiæ restituatis, ut per vos nomen catholicum propagetur, quod Antichristi Antichristianorumque perfidiæ refragetur. Quis non conjicere potest quod Deus, qui universorum spem exuberantia virtutis exsuperat, per scintillam vestram tantæ paganitatis arundineta consumat, ut Ægyptum, Africam Æthiopiamque, quæ a nostræ credulitatis communione desciscunt, intra hujus rudimenta legis includat, et homo peccator, filius perditionis aliquos rebelles inveniat?

« Et ecce Evangelium clamat *Jerusalem* calcandam a *gentibus, donec impleantur nationum tempora* (*Luc.* xxi, 24). Bifariam intelligi possunt *tempora nationum*, aut quia Christianis dominatæ sunt ad placitum, et pro suis libidinibus turpitudinum omnium volutabra sectatæ sunt, et in cunctis his nullum obicem habuerunt, tempus enim suum habere dicuntur quibus ad votum cuncta suppetunt, ut est illud : *Tempus meum nondum advenit ; tempus autem vestrum semper paratum est* (*Joan.* vii, 6), unde et voluptuosis solet dici ; vos habetis tempus vestrum. Aut rursus, *Tempora nationum* sunt plenitudines Gentium, quæ antequam Israel salvus fiat, subintraturæ sunt. Hæc tempora, fratres charissimi, modo forsitan implebuntur, dum per vos, 379 Deo cooperante, paganorum potentiæ repellentur, et fine sæculi jam propinquo, et si gentes desinent converti ad Dominum, quia, juxta Apostolum, *oportet fieri a fide discessionem* (II *Thess.* ii, 3). Primum tamen necesse est, juxta prophetas, ante adventum Antichristi, in illis partibus, aut per vos, aut per quos Deo placuerit, renovari Christianitatis imperium, ut omnium malorum caput, qui ibidem regni thronum habiturus est, fidei aliquid contra quod pugnet repetriat nutrimentum.

« Cogitate itaque apud vos quod vos Omnipotens ad hoc fortasse provideat, quatenus Jerusalem per vos a tanta conculcatione restituat. Rogo, perpendite quibus cordibus gaudia illa poterunt concipi, cum sanctam civitatem vestro adminiculo viderimus suscitari, et prophetica nostris temporibus, imo oracula divina, compleri. Moveat memoriam vestram quod voce ipsius Domini ad Ecclesiam dicitur : « *Ab Oriente adducam semen tuum, et ab Occidente congregabo te* (*Isa.* xliii, 5).» Semen nostrum Deus adduxit ab Oriente, quia duplici modo orientalis illa provincia edidit primitiva incrementa nobis Ecclesiæ. Sed ab Occidente eam congregat, dum per eos qui ultimi, fidei documenta cœperunt, occidentales scilicet (quod per vos, præstante Deo, fieri posse putamus), Jerosolymitana damna restaurat.

« Si Scripturarum vos non excitant dicta, nec nostra vestros animos penetrant monita, excitet saltem vos eorum qui sancta loca adire desiderant magna miseria. Perpendite eos qui peregrinantur, et per Mediterranea illuc vadunt, siquidem opulentiores sunt, quantis redhibitionibus, quantis violentiis subjacent, dum pene per singula milliaria pensiones coguntur et tributa dependere, per quasque civitatis portas, per ecclesiarum et templorum ingressus redemptiones exsolvere ; ad quasque de locis ad loca demigrationes, inflicta qualibet accusatione, ad redemptionem compellere? dare vero munera detrectantes, quomodo gentilium præfecti consueverint, verberibus truculenter urgere? Quid de his dicturi sumus, qui nihil prorsus habentes nudæ fiduciæ paupertatis, dum nil præter corpora videntur habere quod perdant, iter illud arripiunt? Dum ab eis pecunia, quæ non est, suppliciis intolerandis exigitur, dum callos talorum, ne forte quidpiam ibi insuerint, dissecando ac revellendo rimantur, crudelitas nefandorum ad hoc usque perducitur ut aurum vel argentum miseros absorbuisse putantes, aut data in potum scamonia usque ad vomitum, vel etiam eruptionem eos vitalium urgent, vel ferro, quod dici nefas est, discissis ventribus, intestinorum quorumcunque involucra distendentes, quidquid habet natura secreti, horribili concisione aperiunt. Recolite, precor, eorum millia qui detestabiliter perierunt, et pro sanctis locis agite, unde vobis pietatis rudimenta venerunt, ante vos, in sua bella mittendos, Christum fore signiferum indubitanter credite, et præcursorem individuum. »

[V.] *Crux militum vestimentis affigitur.* — Peroraverat vir excellentissimus, et omnes qui se ituros voverant, beati Petri potestate absolvit, eadem, ipsa apostolica auctoritate firmavit, et signum satis conveniens hujus tam honestæ professionis instituit, et veluti cingulum militiæ, vel potius militaturis Deo passionis Dominicæ stigma tradens, crucis figuram, ex cujuslibet materiæ panni, tunicis, byrris et palliis iturorum, assui mandavit. Quod si quis, post hujus signi acceptionem, aut post evidentis voti pollicitationem, ab ista benevolentia, prava pœnitudine, aut aliquorum [*al.,* aliqua] suorum affectione resiliret, ut exlex perpetuo haberetur omnino præcepit, nisi resipisceret ; idemque quod omiserat fœde repeteret. Præterea omnes illos atroci damnavit anathemate, qui eorum uxoribus, filiis, aut possessionibus, qui hoc Dei iter aggrederentur, per integrum triennii tempus, molestiam auderent inferre. Ad extremum, cuidam viro omnimodis laudibus efferendo, Podiensis urbis episcopo, cujus nomen doleo quia neque usquam reperi (31*), nec audivi, curam super eadem expeditione regenda contulit, et vices suas ipsi, super Christiani populi quocunque venirent institutione, commisit. Unde et manus ei, more apostolorum, data pariter benedictione, imposuit. Quod ille quam sagaciter sit exsecutus, docet mirabilis operis tanti exitus.

CAPUT III.

[VI.] *Expeditio Jerosolymitana.* — Terminato itaque concilio, quod Claromonti habitum, circa Beati Martini octavas, Novembri mense consederat, magnus per universas Franciæ partes rumor emanat.

(31*) Ademarus sive Aymarus nuncupabatur.

et quisque ad quem primo pontificis præceptum, prævolans fama detulerat, de proponenda Via Dei (sic enim antonomasice vocabatur), contiguos sibi ac familiares quosque sollicitat. Jam Palatinorum comitum pruriebat intentio, et mediocritas equestrium virorum parturire jam cœperat, cum ecce, pauperum animositas tantis ad hoc ipsum desideriis aspiravit, ut eorum nemo de censuum parvitate tractaret, de domorum, vinearum et agrorum congruenti distractione curaret, sed optimos possessionum quæstus, multo pauciori pretio venditaret, quam si eorum quemque ferocissimæ captivitatis carcer includeret, qui necessitatem celerrimæ redemptionis indiceret: Erat ea tempestate, pro generali defectione, frugum etiam apud ditiores magna penuria, cum, etsi aliquibus passim emenda suppeterent, nulla tamen aut vix aliqua unde emerentur haberent. Jam inopum greges addidicerant herbarum sponte nascentium victitare radicibus, dum panis rarissimi parcitatem, quæsitarum undecunque escarum edulio propensiore compensant. Imminebat plane etiam potentiorum obtutibus omnium æstimatione conclamata miseria, et dum singulus quilibet, vulgi minimi per crudelem inediam considerat torsiones, indicta sibi parcimonia magnis elaborare sudoribus metuit, ne sumptu facili dilapidentur opes. Avarorum sitibunda præcordia, qui tempora lætabantur cruentis arridere fœnoribus, dum modios diu servatæ frugis intendunt, crebris annorum numerare recursibus pensant, quid superaddere possint, ea vendita, cumulandis pecuniarum montibus.

Interea dum illi cruciantur, hii ambiunt, repente: « in spiritu vehementi conterens naves Tharsis (*Psal.* XLVII, 6). » per omnium pene animorum aures Christus intonuit, et is qui educit vinctos in fortitudine (*Psal.* LXVII, 7) adamantina, quibus irretiebantur desperatorum hominum corda, cupiditatis vincla disrupit. Cum enim, ut superius dixi, illud minus fertile tempus omnium substantias coarctaret, dum ad spontaneum innumerabiles animasset exsilium, diversæ plurimorum copiæ deferuntur in medium et quæ chara videbantur, dum nullus movetur hominum, commotis ad hoc iter omnibus, vili pretio traduntur venum. Cumque multi negotium hujus profectionis accelerant; ut unicæ rei exemplo eorum quæ vendebantur subitas et insperatas vilitates exprimam, quod insolitum dictu est, quinque denariorum pretio, septem distrahebantur oves. Frumentorum illa defectio, vertebatur in copiam, et dummodo suppetat cuique quantulamcunque quoquo pacto congregare pecuniam, dat quidquid habere videtur, non pro sua, sed pro taxatione ementis, ne Dei posterior aggrediatur viam. Erat itaque ibi videre miraculum caro omnes emere, et vili vendere, caro quidem, quæ ad usum deferrentur itineris, dum præproperant; vili vero, dum sumptuum impendia coaggerant, et quæ paulo ante nec carceres nec tormenta ab eis extorquere poterant, brevi nummorum numero cuncta constabant.

Nec illud minus ridiculum quod hii plerumque, quos nulla adhuc eundi voluntas attigerat, dum hodie super omnimoda aliorum venditione cachinnant, dum eos misere ituros miseriusque redituros affirmant; in crastinum repentino instinctu pro paucis nummulis sua tota tradentes, cum eis proficiscebantur quos riserant.

Quis pueros, quis dicat anus ad bella moveri?
  Quis quit virgineas annumerare manus?
Quis referat senium trepida gravitate fatiscens?
  Bella canunt omnes, nec se pugnare fatentur.
Martyrium spondent, gladiis vel colla daturos.
« Vos juvenes, aiunt, manibus tractabitis enses
At nos hic liceat Christum tolerando mereri. »

Licet enim æmulationem Dei habere viderentur, sed non secundum scientiam, tamen Deus qui multa vane cœpta ad pium intorquere consuevit finem, simplicibus illorum animis comparavit, ex sua ipsorum bona intentione, salutem. Videres mirum quiddam, et plane joco aptissimum, pauperes videlicet quosdam bobus biroto applicitis, eisdemque in modum equorum ferratis, substantiolas cum parvulis in carruca convehere; et ipsos infantulos, dum obviam habent quælibet castella vel urbes, si hæc esset Jerusalem, ad quam tenderent rogitare.

[VII.] *Cum cuncta bello arderent, actutum, indicta a summo pontifice expeditione Jerosolymitana, fuere exstincta.* — Erat eo tempore antequam gentium fieret tanta profectio, maximis ad invicem hostilitatibus totius Francorum regni facta turbatio, crebra ubique latrocinia, viarum obsessio. Passim audiebantur, imo fiebant incendia infinita, nullis præter sola et indomita cupiditate existentibus causis exstruebantur prælia, et ut brevi totum claudam, quidquid obtutibus cupidorum subjacebat, nusquam attendendo cujus esset, prædæ patebat. Mox ergo et mira et incredibili ob insperabilitatem, animorum immutatione commoti, signum pontificis prædicti præceptione indictum, cruces videlicet, ab episcopis et presbyteris sibi precantur imponi. Et sicuti rapidissimi venti impetus solet non magna pluviæ unda restringi, ita illico contigit ad invicem simultates universorum et bella sopiri, per inditam sibi aspirationem, haud dubium quin Christi.

CAPUT IV.

Petrus eremita, dux exercitus. Per Galliam verbum Dei disseminat. Ipsius vitæ genus. Pili ex ejus mulo pro reliquiis extrahebantur. — Principibus igitur, qui multis expensis et magnis obsequentium ministeriis indigebant, sua morose ac dispensative tractantibus, tenue illud quidem substantia, sed numero frequentissimum vulgus, Petro cuidam Eremitæ cohæsit, eique interim, dum adhuc res intra nos agitur, ac si magistro paruit. Quem ex urbe, nisi fallor, Ambianensi ortum, in superiori nescio qua Galliarum parte, solitariam sub habitu monachico vitam duxisse, comperimus. Unde digressum, qua nescio intentione, urbes et municipia prædicationis obtentu circumire 381 vidimus, tantis populorum multitudinibus vallari, tantis muneribus donari, tanto sanctitatis præconio conclamari ut neminem meminerim similem honore haberi. Multa enim fuerat, ex his quæ sibi dabantur, dilargitione erga pauperes liberalis, prostitutas mulieres non sine suo munere maritis honestans, in discordibus ubique paces et fœdera, mira auctoritate, restituens. Quidquid agebat namque, seu loquebatur, quasi quiddam subdivinum videbatur, præsertim cum etiam de ejus mulo pili pro reliquiis raperentur, quod nos non ad veritatem, sed vulgo referimus amanti novitatem. Lanea tunica ad purum, cucullo super utrisque talaribus, byrro desuper induebatur; braccis minime, nudipes autem; pane, vix pisce, nunquam vino alebatur.

[VIII.] *Militum dissolutiones per Hungaria proficiscentium.* — Is itaque vir, partim opinione, partim suo monitu cum immanem conflasset exercitum, per Hungarorum terram delegit abire. Quorum regiones cum earum rerum quæ ad alimentum pertinent opulentissimas, idem vulgus indocile reperisset, cœperunt luxuriis enormibus contra indigenarum mansuetudinem debacchari. Cum enim plurimorum annorum segetes triticeas, ut in ea terra moris est, in modum turrium per agros stabilitas cernerent, quas nos *metas* vulgariter vocare solemus; cum carnium diversarum aliorumque victualium, quorum illa feracissima tellus est, copiæ suppeterent, non contenti humanitate eorum, mira dementia, ipsi alienigenæ cœperunt conculcare gentiles, et cum idem, utpote Christiani Christianis venalia cuncta gratanter ingererent, ipsi, libidinis impatientes, piæ hospitalitatis ac beneficentiæ immemores, bello gratis eos aggrediuntur; dum illos opinantur nihil ausuros contra, ac penitus futuros imbelles. Rabie igitur exsecranda, publicis quos diximus horreis per eos ingerebatur incendium, puellis eripiebatur, violentia allata, virginitas, dehonestabantur conjugia crebris raptibus feminarum; vellebant, sive ustulabant suis barbas hospitibus; nec jam de emendis usui necessariis quidpiam tractabatur; sed quisque eorum, prout poterat, rapinis et cædibus nitebatur, sic se acturos mira lascivia contra Turcos libere minabantur.

Castrum quoddam interea habuere pervium, cujus nullo modo poterant evitare transitum, is enim terræ situs est, ut in modum angiporti nequaquam ad dexteram vel sinistram pateat diverticulum. Ipsum solita insolentia obsidere aggressi sunt, sed cum prope capiendum esset, repente, non curo quo eventu, ita obruti sunt ut pars gladiis occumberet, partem fluvialis unda submergeret, pars sine ullis stipendiis, imo turpi pauperie, magis autem pudore, in Franciam consumpta rediret. Et quia idem castrum Moyssonem vocabant, et reversi ad suos ad Moyssonem usque se fuisse dicebant, magna omnium irrisione excepti sunt.

[IX.] Petrus autem cum illud indisciplinatum vulgus, utpote mancipia et publica servitia, nullis hortamentis cohibere valeret, cum Alemannorum aliqua frequentia et nostrorum fæce residua, qua potuit inde provisione elapsus, in Kalendis Augustalibus Constantinopolitanam attigit urbem. Sed hunc ejus adventum, Italorum, Ligurum, Longobardorum, cum Transalpinarum videlicet partium hominibus magnum præcesserat agmen, qui ejus et cæterorum Franciæ principum ibidem decreverant præstolari comitiam: non enim eam arbitrabantur se habere militiæ frequentiam, ut Græcorum auderent, contra Turcos exituri, præterire provinciam. Imperatoris autem edicto jussi sunt omnium quæ vendebantur in urbe, uti vellent, habere commercia; sed Brachium Sancti Georgii, quod a Turcorum partibus limitaneum erat mare, ipsius principis consilio vetiti sunt transmeare, quia paucos innumeris perniciosum dixerat obviare.

Francorum insolentia. — At ipsi nec provincialium sunt humanitate detenti, nec imperatoria ullatenus affabilitate molliti; sed nimis insolenter agebant, urbis palatia devolvebant, publicis ædibus ignes subjiciebant, et detectis ecclesiis, quæ plumbo operiebantur, plumbum idem Græcis venale præbebant. Hac imperator tam fœda præsumptione turbatus, præcepit, procrastinatione remota, ut memorati Brachii æquora transmearent. Cui freto transpositi, eadem, quæ citra egerant, nequaquam ultra iterare cessabant, et qui contra paganos voto certamen insumpserant, passim ecclesiarum excidiis, Christianorum involando substantiis, contra nostræ fidei homines factorum immanitate pugnabant. Dum enim nullius experiuntur severitatem regis, qui judiciali devios vigore retorqueat, nec divinæ reverentiam concipiunt legis, quæ mentium levitatem matura recogitatione deprimat, repentino prolabuntur interitu, quia *indisciplinatis mors obviat, et quidquid pensi moderatique nihil habet, parum durat.*

CAPUT V.

[X.] Tandem Nicomediam attingentes Itali, Longobardi, et Alemanni Francorum impatientes superbiæ divelluntur ab ipsis. *Franci* namque, juxta naturam nominis, magnæ quidem sunt titulo vivacitatis 382 insignes, sed, nisi rigido frenentur dominio, inter aliarum gentium turbas, sunt justius æquo feroces. Transalpini itaque, quos prædiximus diremptos a Francis, Rainaldo quodam sibi duce creato, eam quæ dicitur Romania provincia, intraverunt, et quatuor dierum itinere Nicomediam prætergressi, inter eumdem castrum offendere quoddam, quod auctori placito nomine vocatur Exorogorgum, quod habitatorum suorum omnium vacuatum præsidio, sine mora turbæ patuit influenti. Incolæ autem profugerant, supervenientium timore extrusi, et dum de sua ipsi salute desperant, de substantiarumque suarum copiis, quæ plurimæ erant, transponendis omnino non curant. Unde, multam victualium opulentiam ibidem reperientes, ad plenum fuere refecti

Conflictus cum Turcis, qui plures e Christianis interficiunt. Aquæ penuria in castris ipsorum. — At Turci comperientes Christianos obtinuisse castellum, magna illud obsidione cinxerunt. Ante municipii portam puteus, et subter idem, non longe a mœnibus, profluebat alter., ubi positis ipse dux eorum Rainaldus insidiis, Turcos quasi callidus observabat. Nec mora, qui observabantur occurrunt, eaque die, qua beati Michaelis memoria celebratur, pervaso cum suis comitibus duce, plurimos ex eis qui sibi insidiabantur interimunt, alios castri munimenta turpiter subintrare compellunt: Quod illicò Turci circumvallantes tanta incursione presserunt ut hauriendarum facultate, penitus obsessi, privarentur aquarum. Sibi fuit tanta sitis ariditas ut, flebotomo equis suis asinisque illato, animalium cogerentur haurire cruorem. Alii, in piscinam zonas demittentes atque panniculos, eaque in os exprimendo suum, remedii sibi aliquid contrahere videbantur. Alii, quod horrori est dicere, idipsum quod minxere bibebant. Alii fodiebant, et se intra id quod foderant immergentes, arentia pectora terra ipsa recens fossa operiebant, sic interiorem æstum suum temperare aliquantulo humore se posse credebant. Sed episcoporum presbyterorumque præsentium, idemque patientium, non ibi defuere solatia, qui quanto videbant atrociora pericula, et humana negari auxilia, tanto magis eis, ne deficerent, satagebant spondere cœlestia.

[XI] *Dux Rainaldus, abjecta fide cum Turcis fœdus init, eisdemque suam tradit exercitum.* — Hæc octo dierum spatio apud illos perseveravit angustia. Interea dum uni pariter videntur subjacere miseriæ, non uni tamen omnes pariter suspirant Dei misericordiæ; sed potius machinantur sibimet; hii qui duces exstiterant, præsidium perfidiæ: Rainaldus etenim, qui eis in prosperitate præfuerat, clam sibi Turcos fœde conciliat, pactus eisdem quod totius militiæ comitatum sibi proderet quem regebat. Egreditur itaque ad illos quasi pugnaturus; sed in ipsa dirigendæ aciei affectata specie, cum multis suorum profugit ad ipsos, perpetuo remansurus. Residuos est captivitas consecuta. Quibusdam eorum captis de sua fide est facta discussio, Christumque negare jubentur; sed Christum inflexibili amore, animo et voce fatentibus capita amputantur.

Et veterum similes modo Christus habebit honores,
  Martyribus decorans sæcula nostra novis.
Quam redolente ferunt insignia tempora lauro,
  Qui breve quid, secto ferre parant jugulo!
Dixere felices, qui per momenta tulere
  Hos tenet æternum vivere certa fides.
Jam fæces nostras non desperare licebit,
  Ausas quod cuiquam vix imitabile sit.

Captivorum alios, data vivendi, imo morosius moriendi, indulgentia, sed magis violentia, inter se dividunt, funesta sub cruentis dominis exhibituros servitia. Quosdam alicubi prostituentes, quasi ad signum, sagittis jaculantur, alii quasi pro donativo dabantur, alii vendebantur. Quibus dati fuerant, in proprias abducebant eos sedes; alios in eam quam Corozaniam dicunt regionem; alios ad Antiochenam pertrahunt urbem, miseram pro qualitatibus scelestissimorum dominorum passuros servitutem.
Hos in supplicium fateor diuturnius isse;
  Quam quibus ad subitum mucro caput tulerit.
Hunc agitat crudelis herus, duroque labori
  Mancipat, ingrato servit ubique pius.
Vapulat officiosus nec tormenta fideli
  Desunt, quo studio commodiore gerit.
Quod videt aut audit, quem transigit in dies actum,
  Quod cælebs est ad turpia fit sibi crux.
Hos ego non dubitem satis acrius excruciari,
  Quam queat equuleus per spatium iridui.
Hos primos novitati nostræ, et desperato prope hujus vitæ nostræ statui martyres fecit Deus.

Petrus ille interea qui a nobis supra expositus est, oe multa comitum suorum vecordia sæpe vexatus, et crebra strage confusus, tandem cuidam Transequano, et cogniti generis viro, armis quantum ad se strenuo, nomine Gualterio [*al.*, Gualtero]; primatum suæ gentis dederat, ut quos documentis distinere non poterat, ille saltem militari auctoritate restringeret. Is itaque Civizum [*al.*, Cizicum], civitatem quamdam, quæ Niceæ urbi, secundum positionem loci, præminere dicitur, cum suo illo dementi exercitu properabat attingere. **383** Quod Turci, nostrorum vestigia aucupantes ubi comperiunt; illuc cum multa pessimæ voluntatis aviditate contendunt. Euntes igitur præfatum Gualterium cum sua frequentia, medio itinere offendunt, eumque cum suorum plurima parte interimunt. Petrus vero, quem Eremitam agnominant; dum vesaniam ejus, quam conglomeraverat, gentis compescere non valeret, Constantinopolim provide secesserat, quia ipsorum effreni et incircumspecta levitate involvi metuerat. Turci ergo in eos inopinate effusi; quosdam dormientes reperiunt; alios non modo armis, verum etiam nudos vestimentis inveniunt, quos pariter continuo neci tradunt. Inter eos presbyterum quemdam reperiri contigit missas agentem, quem in ipsa sacrorum statim confectione mortificant; et dum immolat Deo, ipsum eumdem coram ejus altari sacrificant.

  Quæ ferri potuit gratior hostia,
  Quam cujus Domino fit caro victima?
  Quid tunc corde precum fudit ab intimo,
  Cum grandi streperent prælia classico?
  Victores lacerant, arma retinuiunt:
  Mœrens exululat turba fugacium.
  Aras ambierat presbyter optimus,
  Complectensque Dei sacra medullitus:
  Jesu, dixit, ades præsidium, bone;
  Cum te jam teneam spes pereat fugæ:
  Jungam perpetuo jam tibi fœdera,
  Occidor: perages cœpta, Deus, sacra.

At vero si qui evadere potuerunt, Civizene urbi

sese fugientes inferunt. Alios, quos tueri fuga non valuit, præcipitium maris absorbuit, dum satius eis est mortem eligere, quam inferenti succumbere. Alii montana petentes fovebantur in rupibus; alii delituere per silvas. Nec mora, Turci, correptis his aut punitis quos extra repererant, eos aggrediuntur, et obsidione concludunt qui in castrum confugerant, in tantum, ut ad succendendum idem castellum ligna conveherent. Quibus deinceps hii qui obsidebantur, ignem subjiciunt et, Deo judice, dum eos qui intus erant Turci æstimant concremandos, tota vis ignium concessit in Turcos, et ex eis consumpsit aliquos; nullatenus autem nostrorum attigit ullos. Instantibus deinde illis, municipium capitur; vivi, quos quærebant, comprehenduntur; idemque, uti pridem de aliis egerant, dispertiuntur, et ad eas, unde hostes venerant, provincias, perpetuo futuri exsules, destinantur. Hæc ut dicta sunt, mense peraguntur Octobri.

At perfidus imperator, comperto fidelium infortunio, nequam elatus lætitia, facultatem residuis jubet attribui, transito videlicet Sancti Georgii Brachio, in citerioris Græciæ partes regredi. Retrogressos cum in suæ ditionis terra vidisset, arma ut sibi eorumdem venderentur, jure jam necessitatis, exigit. Comitiæ Petri Eremitæ talis fuit exitus : cujus historiam ideo sine alterius materiæ interstitio prosecuti sumus, ut eam aliis nullam impendisse operam, sed Turcis addidisse audaciam monstraremus. Nunc itaque ad eos quos omiseramus, qui eadem, qua Petrus præcesserat, subsecuti sunt via, sed longe feliciori modestia, revertamur.

CAPUT VI.

[XII.] *De Godefrido, qui duobus cum fratribus, Jerosolymam valido exercitu conflato pergit.* — Dux Godefridus, Eustachii Boloniensium comitis filius, duos habuit fratres, Balduinum, qui Edessenæ urbi præfuit, et post ipsum fratrem, rex effectus Hierosolymæ, nunc usque regnat; et Eustachium qui paterno comitatui præest. Hi patrem habuerunt potentem, et sæcularis ingenii virum ; sed et matrem litteris quidem, nisi fallor, eruditam, et ex Lotharingis ingenue admodum oriundam, sed potissimum ingenita serenitate, et magna erga Deum animi devotione præstantem : cujus diutinæ religioni tam spectabilium debebantur, ut credimus, gaudia filiorum. Illi plane, de quo loqui adorimur, Godefrido, ex materna hæreditate apud Lotharingos ducatus accesserat. Hi tres, a matris nequaquam simplicitate degeneres, cum multa armorum gloria, tum modestia non minore floruerunt. Solebat narrare gloriosa mulier, cum hujus profectionis exitum et filiorum suorum miraretur eventum; quoddam se audisse ex ore filii ducis tale præsagium, multo antequam fieret aliquod peregrinationis initium. Dicebat namque se desiderare proficisci Hierosolymam, et hoc non simpliciter, ut alii, sed cum violentia exercitus, si sibi copia suppeteret, magni

Cui secundum divinum, a quo intuebatur, instinctum, mirabilis super hoc postmodum opportunitas arrisit.

Tres itaque ii, maximis quos habebant oblitis honoribus, perrexere. Sed quo cæteris fratribus prudentior, eo Godefridus dux exstitit militia numerosiore potentior. Huic adjungitur Balduinus comes de Montibus, Rothberti Flandrensis comitis junioris patrui filius. Cum nobili igitur rerum equestrium pompa et spectabili fortissimorum juvenum frequentia, Hungarorum ingrediuntur terram ; habentes tamen eam, quam Petrus tenere non valuit, erga suos milites disciplinam ; et duobus ante Domini Natale diebus, primi ante omnes Franciæ principes, urbem attigere Constantinopolitanam, sed hospitati sunt extra ipsam.

At perfidus imperator territus, audito clarissimi ducis adventu, detulit ei reverentiam, sed nimis extortitiam, præbens ei pro mœnibus, in burgo videlicet urbis, commanendi licentiam. Hospitio itaque ad imperium imperatoris accepto, ad contrahendas undecunque paleas equisque necessaria, dux et quique suorum, armigeros proprios destinabant. Et cum arbitrarentur licite ac secure se discurrere posse quo vellent, clam princeps ille nequissimus, his qui circa se versabantur imperat, ut ducis ministros, quocunque pervadere possent, indifferenter occiderent. Quod ubi Balduino, ducis fratri compertum est, obtendit insidias ; et cum suos reperisset Turcopolitarum violentia molestari, acerrime eos, uti decebat, aggreditur : et Deo prosperante tanta victoria potitur, ut ex eis sexaginta comprehensis partim occiderit, partim duci fratri obtulerit. Hæc ad impii imperatoris ubi devenere notitiam, multa animadversione torquetur. Quo ejus motu cautior sibi redditus dux, burgo urbis, quo successerat, cessit, et extra fines ejus castra figit. At princeps, illati doloris non immemor, cum dies esset acclinis ad vesperam, directo eo quem cogere poterat exercitu, ducem cum sua gente ad bella lacessit. Quos dux vehementi excepit instantia, et in fugam pulsos, persequendo coegit in urbem, septemque peremit eorum. His ita feliciter actis dux ad sua castra rediit, ac per quinque dies resedit ibidem, donec ipse imperatorque confœderarentur ad pacem. Sed sibi timidus princeps exegit a duce monitus, ut Sancti Georgii Brachium transiret; spondens quod omnium victualium negotia, uti haberentur Constantinopoli, eis deferri juberet, et pauperibus quoque eorum eleemosynam impenderet. Quod et factum est.

CAPUT VII.

[XIII.] *Aimarus Podiensis episcopus pietate et scientia clarissimus.* — Quoniam igitur de duce diximus cujusmodi huc usque commeatum habuerit, restat ut ad interioris Franciæ proceres redeamus; et qui fuerint, quave perrexerint, quos etiam eventus habuerint; aliqua ex parte tangamus. Podiensis episcopus vir, vita, scientia, documentis et militaris dispositionis sagacitate mirandus, cum innumera suarum partium gente per Sclavorum regionem proficisci delegit. Cujus vocabulum, quia superius me ignorare dolueram, nec per eam discere potui, cujus esse videor interpres, historiam : per eos tandem qui in illa expeditione eum noverant, eoque usi sunt, attigimus ejus notitiam : vocabatur autem idem pretiosus vir, Aimarus.

[XIV.] *Hugo Magnus strenuissimus.* — Inter cæteros principes, initium mihi videtur a Philippi regis Francorum fratre Hugone Magno sumendum : qui, etsi ab aliquibus opulentia ac potestate præceditur, nulli tamen quantum ad originem spectat morumque probitatem secundus habetur. Cujus in armis strenuitas, cum generis majestate serenitas, præter hæc etiam erga omnem sacrum ordinem humilitas, quam suæ ipsius nihilominus temperantiæ condiebat honestas, justissime prædicatur. Huic quidam procerum innitebantur, et si quid bellorum jure evictis gentilibus : eos obtinere contingeret, ipsum sibi regem præficere meditabantur.

[XV.] *Stephanus comes ditissimus ac liberalissimus.* — Post hunc comes Stephanus vir tanta potentia præditus exstitit, ut fama testetur tot eum pollere dominio castellorum, quot annus constat honore dierum : cujus, dum hic ageret, admodum excellens liberalitas fuit, grata satis personalitas ; consiliorum vero undecunque librata maturitas ; in rerum equestrium industria, tanta nobilitate [*al.*, mobilitate] præeminuit, ut eum tota illa sancta militia, cum in procinctu contra Turcos existeret, dictatorem sibi ac magistrum efficeret [*al.*, effecerit]. Huic sagacissima feminarum uxor accesserat, quæ Guilielmi senioris regis, qui Anglorum Scotorumque sibi regna subegit, filia fuerat : cujus prudentiam, munificentiam, dapsilitatem, opulentiamque si laudare velimus, vereor ne viro magnifico nubem ex feminea, quam et in viduitate meruit, laude feramus.

De Roberto Flandrensi. Principes illi uxores, possessiones, etc., derelinquunt. — Ad horum cumulandas vires, Robertus junior senioris, ad quem imperatoris missa est epistola, filius, tota animi vivacitate dirigitur : et Flandrensium comitatum, cui multa armorum magnanimitate præfuerat, ad hoc ut eorum qui pro Christo exsules fieri delegerunt, commilito vocetur, immutat. Qui huic quod cœperat negotio quam perseveranter institerit, gestorum præsentium prosecutio declarabit. Hii uxores clarissimas, cum filiis gratissimis relinquentes, quidquid in affectionibus majus est, proposito postposuerunt exsilio. De honoribus possessionibusque relicto, quæ quidem extra nos sunt. Sed illa stuporem nobis generant : quomodo maritorum uxorumque, sobole mediante imo agglutinante charitates, sine alterutrorum periculo ab invicem divelli poterant.

[XVI.] *Roberti Northmanniæ comitis laudes.* — Denique Robertum Northmanniæ comitem tacere minime convenit : qui quidem corporis pondus, lenitatem [*al.*, levitatem] quam hic habuerat **385** voluntatis, nimiamque effusionem pecuniæ animi esculentioris, non sine majori somnolentia, celebriori petulantia, fluxum, ea qua in Dominico viguit exercitu perseverantia et virtute piavit. Isti adeo naturaliter insita clementia fuit, ut in eos qui penes se reatum proditionis ac judicium mortis inciderant, ulcisci non sineret ; quin etiam si qua accidissent, eorum infortuniis illacrymaret. Cujus quidem in rebus bellicis audacia, et quantum ad pravas machinationes, quibus multos fœdari cernimus, nulla versutia, merito laudaretur, nisi quibusdam tacenda indignitatibus urgeretur ; quod totum jam tamen ei condonari debet, quia pro his horumque similibus, Deo ei temporaliter retribuente, carceralem, amisso omni comitatus honore, custodiam fovet

CAPUT VIII.

[XVII.] Cum istorum quos de sua quisque provincia secum traxerat inclytis ordinibus, mediocrium principum exiit multitudo. Quorum numerositas, quia nostram videtur obnubilare notitiam, in præsenti suprimimus, habituri meliorem, processu historiæ, quosdam forsitan exprimendi causam. Unius enim, duum, trium, seu quatuor oppidorum dominos quis numeret? quorum tanta fuerit copia ut vix totidem coegisse putetur obsidio Trojana.

Eo tempore cum inter regni primates super hac expeditione res fieret, et colloquium ab eis, cum Hugone Magno, sub Philippi regis præsentia, Parisiis haberetur, mense Februario, tertio Idus ejusdem, luna eclipsim patiens, ante noctis medium, sanguineo paulatim cœpit colore velari, donec in cruentissimum tota horribiliter est conversa ruborem. At ubi auroræ crepusculo naturæ rediit, circa ipsum lunarem circulum insolitus splendor emicuit. Quadam autem æstivi diei vespertina irruente hora, tanta ab aquilonis plaga efflagratio apparuit ut plurimi e domibus suis sese proriperent, quærentes quinam hostes provincias suas adeo gravi ambustione vastarent. Visæ sunt præterea non multo post tempore, mense Aprili stellæ noctu, ac si pluvia dense de cœlestibus labi. Quod in tantum apud plerasque Ecclesias portento simile, quod et fuit, habitum est, ut litanias pro hoc ipso quod significatur damno avertendo instituerent, et scriptis tempus et eventum traderent. Mense rursus Augusto, sexto Idus ejusdem, ante solis pene occubitum, lunæ pars prope media est in nigredinem, multis intuentibus, versa, ubi dicendum, quod licet luna in pleniluniis naturaliter patiatur defectiones, sunt tamen aliquæ in ipsis colorum ejus mutationibus portensiones. Unde et in pontificabilibus et regum gestis exinde solent fieri adnotationes. Visa sunt et alia pleraque quæ narrare supersedimus.

[XVIII.] *Raimundus comes S. Ægidii proficiscitur cum aliis.* — Ad extremum Sancti Egidii comes Raimundus, non ad sui vilitatem, sed pro summa ponitur. Qui, quia in supremo Franciæ limbo morabatur, quanto minorem operum suorum nobilitatem nobis præbuerat, tanto hujus seriem historiæ, a principiis usque ad finem, maximæ suæ virtutis et constantiæ monimento nobilitat. Qui quidem naturali cuidam suo filio comitatu quem regebat relicto, propriam conjugem, cum filio quem ab ea exegerat unico, secum duxit. Erat autem præfatis nostris principibus ætate maturior, et exercitu, nisi quantum ad garrulos hominum Provincialium mores spectat, nulli inferior. Cum ergo copiosissima fortissimorum militum manus, ea qua Romam proficisci solemus via, usque in Appuliam devenissent, ex calore insolito, quæ tunc erat æstatis, ex corruptione aeris, de escarum insolentia, innumeri perniciem nimiæ contraxerunt infirmitatis et mortis. Ad diversos itaque sese contulerunt, transituri mare, portus.

Brundisium plures, hos suscipit avius Ydrons, Illis piscosi patuerunt æquora Bari.

[XIX.] At Hugo Magnus, non exspectata suorum et militum comprincipumque comitia, nimis inconsulte, nimis præproperé adito Bari portu, navigatione prospera devehitur Dyrrachium. Considerandum namque sibi fuerat, quia ad tantarum exspectationem personarum, ad tantas equitum peditumque copias, totius Græciæ, ut ita dixerim, fundamenta tremuerant. Et licet aliorum procerum multo major, quam ipsius, apud nos reputaretur auctoritas, apud exteros tamen, præsertim apud inertissimos hominum Græcos, de regis Francorum fratre prævolarat infinita celebritas. Cum ergo dux imperatoris, qui ibidem commanebat, nonmagna hominem spectabilem attendisset cinctum manu, subripuit [l. subrepsit., E. P.] illius animo ex tantæ solitudinis opportunitate nequitia, illumque comprehendens, præcepit Constantinopolim ad imperatorem cum multa provisione ac reverentia duci; ob hoc solum ut fidem timido principi daret quod per eum vitæ suæ et honoris prorsus indemnis existeret. Is ergo illustris viri casus, maximam sequentium procerum fortitudini enervationem intulit. Idem namque facere quod ab isto exigebat, seu vi, seu clam, seu precario cæteros coegit principis fraudulenti astutia. Sed jam finis huic libello accedat.

LIBER TERTIUS.

CAPUT PRIMUM.

386 [I.] *De Boemundo Roberti seu Wiscardi filio.* — Ex cunctis fere occidentalium partium regionibus, cum innumerabilis exercitus appulisset Appuliam, ad Boemundum Rotberti, qui Wiscardus vocabatur, filium, singularis magnificentiæ virum, adventantis multitudinis pervenit verbum; is tunc temporis Amalfitanos obsidione compresserat. Cui cum nuntius de ea quæ confluebat gente supervenisset, sciscitatus itineris causas, audit quia Jerusalem a gentibus, imo Dominicum sepulcrum et sacra ibidem loca ignominiose habita, ab eorum dominio eximere properarent. Nec ei demum tacitum est quot cujusque generis, quantæque excellentiæ viri, relictis, ut sic dicam, honorum majestatibus, ad hæc peragenda quam inaudita aviditate contenderent. At ille interrogat an arma deferant, utrum peras, an aliqua hujus novæ peregrinationis insignia præferant, quæ ad ultimum in bellis signa conclament. Respondetur : Arma plane Francisco usu gestant. Crucis autem figuram, aut in humeris, seu ubilibet, ex qua volunt materia vel panno præceptum est ut vestibus assuant. Remota autem arroganti varietate signorum, humiliter in bellis fideliterque conclamabunt, Deus id vult. Ad hæc ille cordis excitatus a fundo, Deo inspirante, compungitur, et pallium pretiosissimum jussit afferri. Idemque, per cruciculas fecit incidi, suaque sibi imposita, suis, qui idipsum quod voverat affectabant, cruces apponendas expendit; nam milites qui ei in illa obsidione obsequebantur animo repente mutato, ipsum, quod suus ipsorum Dominus, iter aggrediebantur. Tanta autem ad id voti tunc militum multitudo confluxit ut frater ejus, Siciliæ comes, Rogerius, admodum doleret quia in ea obsidione omni pene suorum fidelium solatio fraudaretur.

[II.] *Boemundi Northmanni res gestæ.* — Sed paucis expediendum est, quo sanguine cretus; quibus idem Boemundus ad hoc honoris sit promotus accessibus. Robertus quem agnominari Wiscardum diximus, ex Northmannia exstitit oriundus, et tenui satis loco natus. Is a nativa quam præmisimus regione utrum sponte egressus nescio, an pulsus, pedes in Apuliam abiit; ibi equos et arma, quibus eques fieret, qua potuit arte, commeruit. Inde castella quædam, contractis jam undecunque qui sibi auxiliarentur prædonibus, non absque nævo tamen proditionis usurpans, aliaque perinde crebris incursionibus fatigata occupans, etiam urbes præditas obsedit, et ad necessitatem deditionis impulit. Et, ut paucis absolvam, tantopere novus homo suæ loca dominationis extendit, in tantum quæ voluit quæque perdomuit, ut sicut in epitaphicis ejus versibus dicitur :

Urbe expulerit eum,
Quem Ligures regem, Roma Lemannus habet :

Henricum videlicet Augustum, virum utique innumeris, imo fere jugibus victoriis fortunatum.

Parthus, Arabs, Macedumque phalanx non texit
 [*Alexim*
Græcorum, qui nobiscum sæpe agit, principem.

Sed sæpenumero eum subigens, nisi veneni haustus ei subito vitam præripuisset, caput coronatum infra paucos, ut dicitur, dies, Constantinopolitanis sedibus intulisset. Videat qui vult hodie filii ejus Boemundi potentiam, qui veterum oblitterata vilitate parentum, Philippi regis Francorum filiam duxit in conjugium, et prædicti Alexis aggressus est obtinere violenter imperium. Rogerio igitur fratre ejus remeante Siciliam; et prope omnimodam gentis suæ amissionem, quæ tota Jerusalem videbatur itura, dolente,

De Tancredo Boemundi nepote. — Idem Boemundus contractis, quæ ad tantam profectionem necessariæ erant, copiis, conscensis cum suo exercitu navibus, aura famulante secunda, littori Bulgarico, feliciter evectus, exponitur. In cujus comitatu cum multa equestrium virorum probitas, tum principalium non parva sublimitas exstitit. Inter quos, Tancredum, marchionis cujusdam ex Boemundi, nisi fallor, sorore filium; cujus frater cum Hugone Magno præcesserat, cui Guillelmus erat vocabulum, et quemdam qui dicebatur de prima civitate Richardum nominatiores agnovimus, virum sane pulchra corporis habitudine spectandum, quem pro Constantia, Boemundi conjuge, ad Franciæ regem vidimus legatione perfunctum. Ingressus igitur cum suis Bulgariæ regionem, multam opulentiam eorum quæ ad victualia pertinent repererunt. Et cum ad Andropolitanam devenissent vallem; ibidem donec tota eorum classis perenatasset et allaberetur, exspectaverunt. Tota igitur **387** gente coacta; collectis proceribus consilium cum eis communicat, pari omnium indictione præcipiens ut, per Christianas transitum habituri gentes, benigne innocenterque se agerent, nec eorum patriam depopularentur, pro quorum suffragio venisse debuerant; ea solum, et quam pacifice, dato tamen pretio, acciperent, quæ ad victualia sufficere possent. Processerunt inde, et dum de urbe in urbem, de rure in rus, de oppido transierunt in oppidum, uberrimum ubique reperere commercium, donec in eam quæ vocatur Castoria devenere provinciam; ubi et Dominicum solemniter celebravere, Natalem, commoratique sunt aliquot diebus ibidem.

Quæsierunt igitur a provinciali gente negotium, sed ipsi noluerunt eis præbere consensum eo scilicet quod vererentur eos, militares illos æstimantes, non peregrinos, et quia vellent exterminio terram tradere ac perimere illos. At illi modestia, quam habuerant, in furorem versa, diripiebant equos, boves, asinos, ac quælibet sibi utilia. Egressis tandem de Castoria occurrit Pelagonia, ubi quoddam hæreticorum castrum repererunt, quod undique aggressi, ad suum subdi coegere imperium, et igne subjecto, combusserunt cum suis habitatoribus castrum. Inde ad fluvium perveniunt qui dicebatur Baudarum [*al.*, Bandarum]. Progressus est ergo Boemundus cum aliqua suorum militum parte, in manu autem cujusdam sui comitis partem dimisit residuam. Quod imperatoris, qui inde non procul aberat, dum comperisset exercitus, comitem, ducis qui præcesserat destitutum præsidio, aggreditur, et comitis socii repentina hostium incursione turbantur. Perveniunt hæc ad aures Tancredi fortissimi, et dicto citius retrogradum sumens iter, seque in flumen præfatum projiciens, ad eos qui impetebantur tranando pervenit : et duo pene millia secum auxiliariorum, qui post ipsum enatuere [*al.*, enataverunt], contraxit. Hostes reperit, et contra suos acriter confligentes, acriori, ut par erat, animositate pervasit : nec mora, subegit. Apprehensi itaque ex eis plurimi, ante Boemundi præsentiam deducuntur, et in vincula conjiciuntur. Ad quos idem princeps : « Cur, inquit, et Christi et meam insequimini gentem? Ego imperatori vestro nihil eversionis molior. » E contra illi : « Ex nostra deliberatione nil agimus, togam [*al.*, rogam] principis emerituri, militiam professi sumus; et quidquid nobis præceperit, necessario prosequemur. » Quod vir egregius cum audisset, impunitos ac irredemptos, illico laxavit abire. Quarta feria, quæ apud Christianos est Caput vocata jejunii, bellum istud factum constat.

CAPUT II.

[III.] *Fœdus cum Boemundo fraudulenter init imperator.* — Alexis imperator comperti viri eximii facinore, uni ex suis necessariis, cujus potissimum innitebatur consilio, tunc mandavit ut magnanimem cum suo exercitu ducem per terram suam honorifice deduceret, donec ad sui præsentiam Constantinopolim deveniret. Cumque per ipsius imperii municipia et urbes transiret exercitus, regionum quarumque incolis imperiale jubebat edictum, quatenus ei satagerent comportare copiam rerum undicunque venalium. Sic autem militiæ illi per provincias properare dabatur ut nullus eorum qui Boemundo cohæserant, intra cujuslibet civitatis muros ingredi permitteretur. Nisi sunt autem iidem milites irrumpere quoddam castrum, bonis quæ tunc videbantur competere opulentum. At vir ille illustris id vetuit, partim ne terræ jura turbaret, partim ne imperatoris tenerum adhuc animum offenderet, imo ne pacta cum eo per internuntios recens facta cassaret. Unde cœptam ineptiam, ægre ferens, iratus suis qui cœperant, et specialiter Tancredo, repressit. Id vespere contigerat. Mane autem facto, procedunt castrenses, et præ se crucis vexilla ferentes, ad Boemundi conspectum cum multiplici humilitate et religione contendunt. Ipse vero affabiliter eos ac mansuete admittens, indulta eisdem sua gratia, a se lætabundos emisit.

Denique ad quamdam deveniunt urbem, quæ Serra vocatur, ubi sua fixere tentoria; nec illis diebus congrua sibi defuere commercia. Ibi Boemundus cum duobus præfectis palatinis in concordiam rediit. Unde pro eorum novo fœdere, et pro jure servando provinciæ, jussit restitui quidquid incolis sublatum fuerat prædæ. Exinde alterius, quæ dicitur Rusa, civitatis fines attigerant, et ecce, Græcorum promiscuum vulgus, illi nobili obviam viro concurrens, quælibet venalia pro tempore conferebat : ibique, triduo ante cœnæ Dominicæ diem, castra posuere. Boemundus autem proprio illic comitatu dimisso, Constantinopolin proficiscitur, paucis secum militibus eductis, cum imperatore colloquium habiturus. Interim Tancredus procurabat exercitum, et dum videt quousque, jam exhausto marsupio, victui necessaria difficulter emere, proposuit apud se, quod tritam viam desereret; et ad partes minus frequentatas itinerantium assiduitate, suos deflecteret, ubi largior emendorum affluentia cunctis suppeteret. Divertit igitur eos a strata publica, vallemque diversorum alimentorum ubertate confertam, 388 pauperioribus suorum consulendo, subintrat ; in qua et Pascha Dominicum debita populus cum ipso affectione concelebrat. At Alexis Boemundum ad se venire comperiens, plurimam adventanti reverentiam jussit impendi, et hospitalia in ipsius civitatis burgo præberi. Quo recepto, ad colloquium accersitur, veniensque apud ipsum secreto acturus excipitur.

[IV.] Interea dux Godefridus, cum fratre Balduino, ac deinde Sancti Egidii comes, utrique cum manu non exigua, attigere Constantinopolitana suburbia. Tunc Alexis perfidus, qui olim contra Turcos auxiliorum putabatur avidus, acerbitate rancoris infreuduit, et qua fraude tot militias sibi, ut putabat, ingruentes, turpi præcipitaret exitio sæpe revolvit. Sed Deus, cujus illa pia agmina ducebantur instinctu, ita eos est tuitus ut nullus ad eorum læsionem nequissimo pateret locus, imo, omni possibilitate succisa, gravis misero incuteretur metus. Denique visis confluentium cuneis, Constantinopolitani turbantur; consiliumque quæsituri, glomerantur. Dum enim timent ne civitas supervenientium numerositate prematur, et eorum provinciæ depopulationi tradantur, in consilii habiti eventilatione reperiunt, quatenus sacramentum exigat tyrannus a Francis « quod nunquam sint sibi nocituri vel suis. » Quod ubi fuit nostrorum primoribus agnitum, magna est illico subsannatione contemptum. Perpenderant plane quia si quo pacto primos exercitus a cœpto exerrare contingeret, tot tantosque milites stipendiorum inopes factos, contra ea quæ fecissent sacramenta, perfido principi inferre prælium oporteret. Et certe, « si nobis, inquiunt, nullus incumberet timor futurorum, id solum, quod per Græculos istos, omnium inertissimos, jurare cogeremur, nobis esset sempiterne pudendum. Plane eos dicturos minime ambigimus, quia, velimus nolimus, ipsorum imperio paruerimus. »

Ad hæc imperator, fortissimum Boemundum aggreditur, et muneribus parat allicere quem plurimum verebatur. Bello enim eum sæpe vicerat; et ideo illi potius quam cæteris imminebat quem suum specialiter æmulum agnoscebat. Spondet ergo ei quindecim dierum itinere terram eidem se daturum, citra Antiochiam, in longitudine, octo nihilominus in latitudine. Frangitur illustris hominis hac pollicitatione severitas; nec differt sacramenta tyranno, et quod Hugo Magnus cum necessitate, tum pecunia lenocinante juraverat, hoc is eo consensit tenore jurare, ut « si Alexis ea qua jurando [*al.*, viro] pasciscebantur [*al.*, pasciscebatur] infringeret, ille ab his, quæ jurejurando firmaverat, liber esset. » Sed si quis percunctetur quare is et alii a suo sint rigore, ad deferenda tyranno sacramenta, deflexi ; sciat proceres suorum in Domino commilitonum subvenisse necessitati, quibus erat multa penuria, si mercatum euntibus negaretur stipendii. Alexis quoque nihilo secius et ipse nostris fidem sacramento præstiterat, quia « ipse cum eis, suo pariter comitante exercitu, deveniret, terraque marique juvaret, ac utrobique convehi victui emenda juberet; si qua etiam illis evenire damna contingeret, sine imminutione restitueret ad supplementum [*al.*, supremum] ; neminem in hac expeditione vexari, lædi, occidi, aut vellet aut sineret, quantum sibi facultas suppeteret. »

CAPUT III.

[V.] Comes præterea Sancti Egidii, cum castris suis occupasset Byzantea suburbia, pars vero militiæ necdum ad integrum convenisset, cœpit tyrannus comitem sollicitare per nuntium, ut, uti alii fecerant, facere et ipse sibi pateretur hominium. Mandabat hæc tyranni insolentis astutia, sed e contra, quomodo nequissimi ulcisceretur invidiam, comitis gloriosi cœperat jam secum ruminare prudentia. At principes, dux utique Godefridus, Hugo Magnus, Robertusque Flandrensis, et cæteri dixerunt quia nunquam contra aliquem qui Christiano censeatur agnomine, arma portabunt. Insuper et Boemundus intulit quia si bellum imperatori moveret, et sacramenta securitatis abnueret, imperatoriæ ipse adminiculum partis existeret. Itaque comes, communicato cum suorum quoque necessariorum consilio [*al.*, cum suis consilio], « vitæ ac honoris indemnitatem, » jurat Alexi impio, quod « nec per se videlicet, neque opitulando alii, illius faveret exitio. » Cumque ei verbum de hominio replicassent, dixit se capitis malle subire periculum quam tali modo se ei fore obnoxium.

Interea Boemundi exercitus Constantinopolitanis arcibus propinquabat. Tancredus itaque, sacramentis quæ exigebantur ab imperatore compertis, cum ea quam ductabat omni pene Boemundi frequentia, Sancti Georgii celeriter Brachium prætergreditur. Ad hæc, Sancti Egidii comitis exercitus, per ejusdem urbis confinia castra ponendo dispergitur. Qui comes ibidem cum suis copiis aliquantisper desidere disposuit. Boemundus etiam cum imperatore remansit, ut cum eo valeret tractare licentius, quatenus imperiali edicto, pro convehendo victualium undique negotio, gentibus trans Nicæam positis denuntiaret. Godefridus autem dux, qui præcesserat, cum Tancredo 389 pervenit Nicomediam, Nicomede auctore, qui subegisse Cæsarem, et non triumphasse, in triumpho canitatur insignem, et triduo cum suis uterque copiis mansit ibidem. Perpendens itaque dux quibusdam vias præpediri obicibus, nec facultatem suppetere, qua tanti numerositas exercitus Nicæam valeret adire, quoniam eam, qua Petri eremitæ homines transierant semitam, tanta non posset ullatenus multitudo prætergredi, direxit ante se tria hominum millia cum ascis atque securibus, qui callium præpedimenta dirimerent, iterque fieret liberum, aperiendo angustias usque Nicæam. Erat autem via incredibiliter ardua pernimis scrupea, et minacis proceritatis montana procedens : quam, qui præmissi fuerant, excisis cautibus dilatantes, cruces ferreas ligneasque stipitibus imponebant altis : ut nostri non exorbitarent a tramite, signis eminus stipitum visis. Tandem venere Nicæam, quæ totius Romaniæ metropolis est civitas, Bithyniæque caput, trecentorum decem et octo Patrum synodo clara ; sed Omousii assertione, et Arii damnatione præclarior : pridieque Maii Nonas, circa urbis territorium castra sedere, tertio ex quo a Nicomedia recesserant die. Antequam autem Boemundi adventaret exercitus, tanta panis ibi dicitur exstitisse penuria, ut unus panis aut vicenis aut tricenis denariis venderetur. At Boemundus ut adfuit, maximas quorumque venalium copias, terraque marique evexit [*al.*, convexit, contraxit], statimque omnium usui aptorum opulentia repentina confluxit.

CAPUT IV.

[V.] *Nicæa obsidetur a Francis et capitur.* — Dominicæ ergo die Ascensionis, cœpere pro muris urbem undecunque pervadere, et machinas instruere, phalas erigere, instaurare phalaricas, murorum ac turrium gyros frequentibus per ambitum pulsare balistis. Tanta autem animorum acrimonia obsessio urbis incipitur, ut solius bidui infra spatium, muros effoderent. Verum Turci, qui civitatem obtinebant, ad alias nuntios civitates dirigunt, quo ad eos, scilicet opem laturi, conveniant : eo utique modo, ut indubitanter per meridianam portam introeant, quoniam ea pars ab obsidione sit libera, nec opitulari volentibus illic ipsis ullus obsistet. Unde contigit ut ea ipsa die, cum Sabbatum post Domini Ascensionem esset, a comite Sancti Egidii, et a Podiense episcopo portæ aditus muniretur. Accidit ibi res clari nomine digna facinoris. Egregius namque comes isdem, cum fidens ad Deum, tum fortis et aptus ad arma, nec minus instructissimo cinctus exercitu obvios habuit auxiliariorum cuneos properantes in urbem. Qui animo divinæ subsidio virtutis innixo, aggreditur Turcos et superat, compellit in fugam, partemque eorum maximam truncat. Sed fœde repulsi, novas intendunt conflare copias : quarum fisi adminiculo cum multa exsultatione iterare bella decernunt, advectis pariter secum funibus : quibus nostros ligatos Corozaniam abductare proponunt. Hac ergo spe dum extolluntur inani, ex supremo montis, qui urbi prominebat,

pedetentim alter post alterum cœpere progredi. Qui a nostris gratanter, ut decebat, excepti, cæsa sua capita, pro testimonio nostrorum victoriæ, reliquerunt. Quæ post eorum fugam balistis ac fundis ad terrorem gentilium, projiciebantur in urbem.

At beatæ memoriæ Podiensis episcopus, et Sancti Egidii comes Raymundus, infirmando urbis statui insistentes, turrim quamdam, quæ erat ipsorum contigua castris, factis subter ad ejus fundamenta enervanda cuniculis, destituere aggressi sunt. Fossoribus igitur ab hæc efficienda locatis, cum arcibalistis, et arcubus, et balearis habenæ tortoribus, pariter suffodientium defensores adduntur. Itaque usque ad soli subsidentis extremitates arce succisa, nutabundum interim parietem tignis asseribusque sustentant, et penitus ædificii calce jam diruto, sic ignem subjectis trabibus inde subjiciunt :

Ast ubi nubila nox indixit utrinque quietem,
Lapsa facit subitam turris castrata ruinam :
Tempora sed noctis quia sunt minus apta duellis,
Francigenæ cessant, ne Turcos nocte lacessant.

Illico tamen Turci, pro suæ salutis tuitione solliciti, tota sagacitate consurgunt : et murum tantæ ibidem fortitudinis, tanta celeritate restituunt, ut postridie nullum eos lædendi valerent nostri reperire locum. Interea loci, recens adveniunt viri, armorum gloria celeberrimi, comitesque ditissimi, de quibus supra egimus, cum frequentiis quæ sibi cohæserant militaribus ; ad quorum adventum omnis ille Domini conjubilavit exercitus : Northmannorum scilicet comes Robertus, et Carnotensis comes Stephanus.

[VI.] Igitur Boemundus, urbem obsedit a fronte, et Tancredus a latere ; tertio loco, dux Godefridus ; quarto, Flandrensium comes ; quinto comes Northmannicus ; sexto Sancti Egidii comes ; et Podiensis episcopus. Ita vero eam obsidere intendunt, ut nullum introeundi exeundique obsessi reperire quirent aditum. Erat ergo ibi considerare collectum totius Francorum militiæ, nobilitatis, prudentiæ, armorumque claritudinis 390 florem ; quos in equestri loricatorum galeatorumque decore, ii qui exercituum quantitates pensitare didicerant, centum circiter millia putavere. Porro pedestris populositatem turbæ, et illorum numerum qui assectabantur equestribus, posse ab aliquo supputari non æstimo penitus. Plane, non modo quæ a clientibus sive mancipiis solent præberi officia militaribus personis, deferebantur a talibus ; sed ad obsidiones, ad prælia, adeo eorum fuerat virtus, et instar leonis audacia necessaria majoribus, uti solent arma vel utensilia quælibet, bello seu opere exercendis, opportuna aliquoties esse manibus.

[VII.] Dicere nullus   Sermo valebit,
Quanta per ipsum   Tempus ibidem
Armipotentum   Fulsit honestas.
Tam generosi   Germinis agmen
Nulla coisse   Terra per orbem,
Viderit usquam.   Singula si vis

Regna retexam,
Prælia dicam;
Qui queat horum,
Æquiparare.
Sede parentum,
Conjugiorum;
Pœna domus sunt;
Milite cura
Cumque cruoris
Turba trahatur,
Possit inertem?
Pectore fertur.
Mœnia cingi,
Campus equorum
Et phalerarum
Cuique placebat:
Pulchrior haustis
Æreque flavo
Limbus eodem
Hosce videres,
Ariete crebro
Reperit arcus [*al.*, artus]
Francica duros.
Crebrius ossis
Comparat illos
Cedere Turcos,
Cominus illis [*al.*, illic]
Mutua quique
Missilium vis
Mors inopina
Gloria nostros
Reddiderat: tunc
Exhibuere.
Præmia morte.
Acer et audax
Quem melioris
Rite probarit.
Crimina mentis
Credidit omnis
Si sibi digni
Bella pararent.
Quisquis honesti
Arrogat actum,

Factaque passim
Aut genus, aut vim
Non erit ille [*al.*, *illic*]
Ecce, relicta
Fœdera vitant
Pignora sordent,
Fervet in omni
Martyriorum.
Omine fusi
Quis reperire
Quisque leonis
Ergo Nicææ
Cernere gratum.
Flore nitebat,
Forma sonusque
Lux thoracarum
Solibus ibat:
Cassis et umbo,
Fulgidus exstat.
Turbinis instar,
Volvere muros.
Cuspis eorum
Obtudit enses
Vulnus acutos.
Mœnibus altis
Lignea turris.
Prælia fervent:
Spicula torquent.
Jactus inanis.
Quosque supinat.
Cœlica fortes
Corpora fatis
Quærere gaudent
Marcidus omnis,
Redditur istic:
Optio vitæ
Laudis avaræ
Inde procul sunt.
Iddare Christum,
Nominis auram,
Nec sibi quisquam,
Quidlibet egit,

In Darium Scythicos non his conferre triumphos
Quibimus; aut sciri poterunt molimina Cyri
Digna viro Thameris, quæ clauserat utre cruoris.
Luxeris eventum, bone Pyrre, tuendo Tarentum.
In vacuum garris nova sumere prælia barris.
Hannibalis comites semel et bis, terque Quirites
Ut segetem cædunt: victi tamen urbe recedunt.
Si fuit indemnis sub Cæsare pugna decennis.
Sit pro jactura per Gallica mansio rura.
Tempus huic operæ breve, prospera cuncta fuere
Cum Deus esset in his; probat optimus omnia finis
Obtigerit cui mors cum martyre gloria fit fors,
Quisquis eget, taxat, quia crimina pœna relaxat.

[VIII.] Quamdam ejusdem urbis partem objectio laci, longe lateque stagnantis, ambierat: unde hostes submissis ratibus, liberum exeundi intrandique

A videbantur habere meatum: ex quo etiam lignorum pabulique fiebant eis, et quorumcunque devectiones utilium. Quamobrem proceres, coacto concilio, sua omnium assertione decernunt, ut ad principem Constantinopolitanum legatio destinetur, quæ suggerat naves quamplurimas Civizenam [*al.*, *Cizicenam*] usque urbem debere perduci, ubi portum constat haberi; ac deinde boum sine numero paria conglobari, qui eas per montanas silvasque convectent, donec prædicto inserantur lacui. Nec mora, velox operis exsecutio deliberata ac expostulata, principe maturante, prosequitur: pariterque ii qui vocantur Turcopoli, quos non alios quam familiares ejus militias intelligimus, diriguntur. Adductis ergo prout principis urgebat imperium, puppibus, ipsa, B qua deportatæ sunt illuc siluerunt die, at noctu eas intruserunt lacui, et cum eis Turcopolos armis instructissimos. Mane itaque classe composita, cum multa modestia, ac si ex eorum vectigalibus essent, proficiscebantur ad urbem. Turci quibus erant ista spectaculo mirabantur, ambigentes, an sua ipsorum, vel imperatoris hæc eadem esset evectio. Postquam vero ea quæ viderant hostilia fore noverunt, timore lethali extabuerunt, sed quantum illi lamentis et fletibus, tantum nostri indulserunt gaudiis, gratiarumque Deo repensarunt plausibus.

Reddidit igitur id ipsorum infortunium **391** hostes usquequaque defectos, jamque de suis et auxiliariorum viribus desperantes, imperatori missa legatione promittunt quia deditionem facerent urbis, C si eos cum uxoribus et filiis abire licere, apud Francos impetraret, permissis una substantiis. Quorum tyrannus petitioni gratantissime favens, non solum impunitate donavit, sed etiam summo sibi sarciendos amore, Constantinopolim usque contraxit. Cujus infidæ per omnia menti, principalis in hoc opere subjacebat intentio, quod si Francorum discrimini locus forte ullus aliquando pateret, penes se ipsos haberet quos eisdem opportune objiceret. Septem hebdomadis tribusque diebus hac sunt obsidione detenti, et ex nostris plurimi munus ibidem recepere martyrii. De quibus indubie sententia proferetur quod qui mortis exitio sese pro fidei objecere justitia, inter eos profecto apud Deum censeantur, qui, D sanguine in pretium dato, præmia meruere cœlestia, nec eos illis impares dixerim qui famis occubuere miseria. Hoc enim ibi modo periit multitudo perplurima. Si namque juxta prophetam, quod historialiter dicere liceat, « Melius fuit occisis gladio quam interfectis fame (*Jerem.* IV, 4), » qui procul dubio cruciatu diuturniore sunt moriendo torti, non erunt, ut credi fas est, absque corona nobiliore martyrii.

CAPUT V.

[IX.] Civitate itaque reddita, et Turcis Constantinopolim ductis, tyrannicus ille princeps, nimium de urbis restitutione gavisus, nostrorum primoribus munera infinita largitur; et quibusque pauperrimis eleemosyna copiosa tribuitur. Ex quo mediocribus exercitus personis, quas munificentia illa est visa praetergredi, multa fuit invidentia contra principes ac simultas ingenita. Nec, juxta quemdam modum, id prorsus injuria. Hii nempe exercuere prælia; ad hos attinuit totius obsidionis effectus, molium vectiones, machinarum balistarumque impactio. Hii, inquam, ut breviter claudam, portaverunt pondus diei et æstus. Prima igitur die qua ab urbe recepta digressum est, pontem quemdam pervium habuerunt, circa quem biduo continuato manserunt. Tertia autem die cum expromeret jam tenuis aurora crepusculum, surrexerunt nostri, et dum adhuc dubia sub luce cæcutiunt, bivio scinduntur in uno, et biduo integro sub duobus disparati profficiscuntur agminibus. In altero agminum Boemundus erat, Robertus ex Northmannia, Tancredus quoque cum plurima militia; a comite Sancti Egidii, duce Godefrido, Podiensi episcopo, Hugone Magno, comite Flandrensi, per avia quædam adducebatur alterum.

Turci Francos impugnant. — Tertia denique die in Boemundum, comitesque ejus, fit Turcorum infinitæ multitudinis, cum repentina, tum terribilis, et prope non ferenda collisio. Videres eos scenice super nostrorum, qui putabatur, timore garrire, æstimantes eos ex inopinata incursione terreri, et bellicum, quod consueverant, signum terrificis suæ linguæ vocibus inclamare. Licet ergo vir eximius, manu impeteretur enormi, non amisit timore consilium; sed confestim sistere gradum præcipit omnibus, et papilionibus devolutis, jussit celeriter castra consterni. Priusquam vero ea quæ præceperat explicarentur, propriis militibus infit : « Si vos meministis militiæ quam professi estis, considerata necessitate quæ urget, ite : viriliter eis occurrite, honorem, pariterque vobis vitam defendite. At, vos pedites, tentoria diligenter extendite. » Quo dicto citius expleto, ecce eos Turci subita prævolatione obambiunt, spicula jaciunt, pugnaque, pro more, fugaci, pectoribus sagittas incussere sequentium. Franci vero propositi fidelis memores, nec semper celebris suæ virtutis ignari, licet evidenter agnoscerent tantæ numerositati se impares, tamen obviare furentibus vivaci animositate contendunt. Illic comes Northmanniæ, recordatus, uti decuit, paternæ bellicositatis et nobilitatis avitæ magna illico armorum exercitatione, hostiumque repulsione, defensionis exempla exercitui nostro, aliquantisper exterrito, præbuit.

Adfuit etiam Deus ut feminarum quæ comitabantur non illic quoque illis deesset instantia; ipsæ enim aquas recreandis militibus, quam sedulo deferebant; sed multo vigilantiores instigationibus eos suis ac monitis, solertioresque reddebant quam illata fierent unda recentes. At ubi Boemundus moneri cœpit tanti inæqualitate congressus, iis, qui devia sequebantur, illico nuntio mediante, notificat comiti Sancti Egidii Raimundo, duci Godefrido, Hugoni Magno, Podiensi episcopo, aliisque eorum comitiæ ut celerius advenire præproperent, non ob aliud, sed ad bella quæ imminent. « Si inquiunt, prima penes Turcos pugnæ rudimenta videre collibeat, jam sunt quæ vultis, præsto venite. » Ducis itaque nomine dignus, specimen militiæ Godefridus, et ab ea quæ regi competit, fortitudine non degener, imo pardalica, ut sic dicam, animositate patrissans, Hugo Magnus, cum suis primicopiis, quadam epulari alacritate concurrunt. Deinde Podiensis episcopus, non modo multis quibus emicat armis, sed monitis precibusque sacris communiit ipsum :

Sique foret tepidum, fervescere compulit agmen.

Ad extremum sicut erat ætate gravior, experientiaque instructior, et consiliis idcirco securior, comes Sancti Egidii Raimundus Provincialium suorum manipulis succenturiatus erupit. Superinspecto igitur hostili exercitu tanta nostris admiratio increvit, ut nil aliud mirarentur, nisi ubi gentium ubive terrarum tam infinita coaluerit multitudo. Erant autem Turci, Arabes, ac Sarraceni, quorum inter hostes et numerus et dignitas eminebat ; copia minus patens, de auxiliariis et minus celebribus populis erat. Videres montium juga de hac collectione profana, et collium convexa densescere, innumerabilibus frequentiis omnia operiri campestria.

Suos milites hortantur duces ad pugnam. — Primores itaque cum sibi subditis commonitorium habuere sermonem : « Si Deo, inquiunt, hanc quam exercetis militiam devovistis; si patrias, si domos, si conjuges, si liberos, si denique corpora contempsistis, et ipsa quinetiam sola resederunt gloriosis exponenda martyriis, quid vos ad istorum considerationem, precor, exterreat? cum unius vestrum ex Deo fida sagacitas, totius hujus vilissimi vulgi superstitione prævaleat. Si hic vobis fuerit obeundum, regnum vos cœleste manet, felici obituros exitio : si vivendum, exspectat vos, si de fide præsumitis, certa victoria; post victoriam, gloria; post gloriam, major audacia. Ad hæc ex hostium divitiis opulentia copiosa. Utrumlibet ergo accidat, inest vobis utrobique securitas; et ubique neutiquam quid timeatis habetur, nulla vos jam retractatio vel dubietas remoretur. Ergo mentes et corpora fidei Dominicæ crucis addicite, et contra hunc aggestum palearum, tantillos videlicet ac pene nullos homines, arma capessite. »

Præterea, ordinatim acies disponuntur. In sinistro cornu magnanimus Boemundus, comesque Northmannorum, miles acerrimus Tancredus, et qui dicitur de prima civitate Ricardus. Podiensis autem episcopus altrinsecus e regione hostium per montana progrediens, Turcorum exercitus ambiebat. Sinistræ etiam illi parti Raimundus comes adequitat. In dextro autem dux Godefridus, Flandrensisque Robertus, Hugo Magnus, et reliqua præpotens, utpote Christo pugnaturorum, manus. O bone, internorum cognitor, Deus, quid in tanto lacrymarum tibi fusum est apparatu? Quid in illo procinctu, ex omnium animo, piæ compunctionis ac confessionis emersit? Et digna, ut par est, consideratione quis penset, quanta mentium teneritudine, ex tui solius spe, cunctorum generaliter corda pependerint? quantis ad te, Christe, mœroribus singulorum quorumque justitiæ aut peccata clamaverint? Fleverant, Christumque adhuc piis piissimum suspiriis irritabant, cum ecce crucis frontes cunctas præeunte sigillo, non dico leonum, sed quod magis competit, martyrum animositate, confertissimos vexilla feruntur in hostes.

Mox abeunt Arabes, Persæ, Turcique feroces :
 Ante pios populi, terga dedere truces.
Fit fuga, disperse miserum protenditur agmen;
 Non secus ac lepores diffugiunt Arabes.
Quanta fugax acies! fit eorum prodiga cædes;
 Nostrorum gladii vix potuere neces.
Damna ferens membris, cujusque retunditur ensis.
 Falce velut segetes, sic resecant homines.
Hic caput, hic nares, hic guttura truncat, hic aures.
 Scinditur alvus [huic, obvius omnis abit [*al.*, obit].
Obstupuere manus, riguerunt brachia cæde.
Nemo repellit eos, quoque ferente mori.
Nempe subinduerat sensus hebitudo profanos.
Excipiunt veniens pectora cæca malum.

[X.] *Potiuntur victoria Franci.* — Fuisse autem eorum hostium qui victi fuerant numerum quadringenta sexaginta millia traditur, præter Arabes; quorum adeo enormis exstitit pluralitas ut omnis eorum hebetarit nostros quantitas. Primum quidem, conclamata desperatione salutis, ad sua quam propere trepidi tentoria tendunt; ibique quæ præ manibus habuere correptis, diffugiunt; totaque una die nostri eos instantissime persequuntur. Spoliis itaque illis recedentibus farciuntur ereptis, et post innumeras sanguinum fusiones, copiosæ pecuniæ, pretiosarum vestium, pecuariorum plurium, quæ tulerant fugacibus, solatio potiuntur. Ab hora autem tertia usque in horam nonam hujus pugnæ, imo internecionis Arabicæ, flagravit incendium. Duo vero ex nostris reverendi nominis proceres, Josfredus quidam de Monte Scabioso agnomen habens, et Guillelmus, de quo supra diximus, Tancredi frater, aliique quam plurimi, quorum nomina solius Dei notitiæ sunt credita, ibidem occubuerunt. Hic plane, hic experimur virtutis Christianæ insignia, et dum hæc paucorum cum innumeris bella miramur imparia; totum necessario referre cogimur ad Christi solius auxilia. Si enim de his qui nondum a Deo desciverant Judæis, dicitur in veteri pagina: quia « persequebatur unus mille et duo fugabant decem millia (*Deut.* XXXII, 30); » non minus de hac mihi videtur sentiendum victoria; ubi hominis prorsus ingenium, qua arte a tantillis innumerabiles evinci valerent, spes et æstimatio deficit humana.

Sed forsitan quivis objectat : Rustica manus erat, et gregariorum militum peripsema, **393** passim undecunque coierat. Certe ipsi Franci, qui se tanto obtulere discrimini, pleno ore fatentur nusquam Turcis illis genus hominum comparabile posse cognosci, adeo argutos animis, ac strenuos armis, qui etiam cum in initiis cum eis bello confligere cœpissent eorumdem novitate armorum prope sunt desperati. Nostris enim inexperta erat tanta eorum in equitando agilitas, in evitandis nostrorum incursibus vel ictibus mira pernicitas, præsertim cum non soleant ipsas emittere nisi fugaciter pugnando sagittas. Est autem eorum opinio quod Francorum contribules existant, et præ cæteris gentibus solis specialiter Turcis et Francis deberi militare fastigium.

CAPUT VI.

[XI.] Igitur eis hoc modo repulsis, et die noctuque a Francorum facie fugitantibus, contigit ducem qui Nicææ præerat, cum multa amentia timoris post finem obsidionis elapsum, decem millibus occurrere Arabum; cui inquiunt : « Minime gentium, quamobrem ita misere exterritus fugis? Francos, ait, me penitus dispersisse ac interemisse putaveram; totamque eorum summam rebar jam sempiternæ captivitati traditam, et dum eos paulatim per manipulos adventantes et turmas, subacturum me æstimo, et in exteras ligatos terras abducere, tunc subito tam numerosi apparuere exercitus ut campis et montibus eorum multitudinis enormitate repletis, nusquam ab eorum frequentiis nostrarum videretur regionum terra vacare. » Captivitatem quam asserit factam, ad exercitum convenit Petri eremitæ referre, sequentem vero multitudinem ad eos qui urbem nuper subegere Nicææ. « Cum ergo, inquit, tot populorum examina vidissemus et instar segetum cuneos crebrescentes, qui armorum nequaquam defensione præsumpsimus, nec enim tutum fuerat mortem contiguam evadendam, vel pede adminiculante censuimus. Unde, fateor, etsi remoti, ex eorum, quos vidimus, dira recordatione concutimur, adhucque de experta, licet ad momentum, ipsorum ferocitate timemus. Quod si et vos meæ experientiæ fidem præbere velletis, huic quam propere loco cederetis : quia si vos eorum manus contingat incidere, multiplices sine dubio vestræ improvidentiæ constabit pœnas vos luere. » Hæc illi audientes, et credendum judicantes expertis, verterunt celeres cuncta retrorsum, et per universam sese diffudere Romaniam.

[XII.] *Simulant Turci Francos devicisse, unde intra urbes admissi grassantur, diripiuntque ecclesias.* — Interea e vestigio fugitivos Turcos subsequi curabant nostri; præcedentes autem illi, dum urbes et castra pertranseunt, sese Francos vicisse passim jactitando efferunt, sicque terræ habitatores, qua ibant, mendacibus verbis eludunt : « Nos, aiunt, agmina Christiana repulimus, eisque totius deinceps ausum congressionis abstulimus. Itaque nos intra urbes vestras admittite, et gratanter eos qui tantopere vos tuentur excipite. » Civitates ergo ingressi, ecclesiarum diripiebant ornatus, publicarum ædium spoliabant copias, aurum argentumque, diversi generis animalia, et si qua suppeterent, eripere moliebantur utilia. Ad hoc etiam quosque Christianorum filios pro mancipiis abducebant, cætera quæ minus prædæ patebant, incendiis absumentes, adventum nostratium semper præeundo verentes. Hos denique profanos per solitudinum nostri avia disquirentes, terram desertam inviam et inaquosam intraverunt (*Psal.* LXII, 3), de qua vix miserandi emerserunt. Hinc famis, inde sitis agitabantur inopia, nihilque pertinens esui poterat reperiri, nisi quod spicarum confricatione aliquoties videbatur crudelis inedia temperari. Ibidem plures equestris viros dignitatis constat obisse, dum desertorum insolentia vitam equis adimeret, itinerumque impatientia delicatos perimeret. Unde boves, capros, arietes, et, quod mirum magis est, canes sagmarios tunc fieri, equorum vehiculorumque grandis coegit egestas; his enim omnibus pro modulo impertiebantur vel qualescunque sarcinulas.

Turcis expulsis Iconium ingrediuntur Franci. — Exinde opulentam ex his quæ usui prosunt, eos contigit introire provinciam; attigeruntque Iconium civitatem, Pauli apostoli tolerantia et scriptis insignem. Ast provinciales admonebant præmuniendo nostros, ut aquas utribus impositas secum deferrent, quia diei unius itinere, nihil aquarum penitus reperiretur. Ita ergo fecere, donec ad cujusdam oram fluminis devenere. Ibique per biduum hospitia sumpsere. Præeuntes itaque qui præcursorum officio fungebantur, pervenere Erachiam, ubi Turcorum plurima phalanx agglomerata coierat, id solum præstolans, quomodo Christi valerent perturbare militiam; quos nostri invenere, et solita audacia intrepidi pervasere. Hostes vero celeri elabuntur fuga.

Non secus ac missa jactu Baleare sagitta.

Lapsis in fugam Turcis Tarsum ultro cives Tancredo dedunt. Item Athenam et Mamistram. — In urbem ergo, jam libero patente aditu, nostri intrant, quatuorque mansere diebus ibidem. Ibi Tancredus Boemundi nepos, et Balduinus ducis Godefridi frater, non diffugio militiæ, sed animorum acredine, ab exercitus contubernio digressi, vallem quamdam, quam Botentroh vocitant ea lingua, sunt ingressi. Tancredus itaque, uti erat consortis impatiens, a præfato etiam ducis fratre dividitur, Tarsumque specialis apostoli nostri adoranda nativitate præcluem, cum 394 suis aggreditur. Turci ex urbe obvii adventantibus ad bella prosiliunt; sed imminente concursu, ad urbis de qua prodierant munimenta refugiunt. Tancredus vero, admisso post hostes equo, portam urbis castrorum suorum positione conclusit. Nec mora, Balduinus adveniens, ad obsidionem civitatis ipsius altrinsecus et ipse consedit; et Tancredum expostulat ut capiendæ civitatis participium indulgeat, quam suo secum exercitu collaborante capessat. Quod Tancredus multa animi

indignatione refutat, dum sibi et civitatis domi et victoriæ insignia arrogare desiderat.

Nox itaque supervenit; et Turcorum vulgu sidionis impatiens, nec ejus qui obsederat p« ciæ et virtutis ignarum, universum prorsus au Quibus ita extrusis, hii qui in urbe comman ipsius profecto terræ gentiles, Christianæ 1 hominis conditionis, in ipsa egressi ad nostros conclamant : « Franci, inquiunt, maturate civitatem, quia alienigenæ diffugiunt. In vestræ fortitudinis concepere timorem! » A eluxit, loci ipsius primores urbem ultro ded his, quos super ejus dominio jurgia motar« pererant, aiunt : « Illum nobis præsidere deli quem cum Turcis adeo acriter hesterno egisse vimus. » Verum Balduinus, Tancredo perv instans, civitatem secum pariter cohortaba trare, et prout cuique facultas inesset, spol piendis insistere. At Tancredus non inconsi fert : « Id se habere propositi, impugnare Turcos, non spoliare Christianos, præsertim sponte elegerint, nec alterum quam se velin cet hæc diceret, considerans tamen eum p præeminere copiosioris exercitus, vellet noll« illi pro tempore cessit. Cui inde recedenti d deditionem optimæ se ei subdiderunt ci Athena videlicet, et Mamistra, et castella plurima.

Actus breviter perstringuntur Balduini. quoniam de hoc ipso Balduino nullus forsita ceps referendi sese aperiet locus, paucis in velim quam fortuniosus ejus fuerit exitus Edessam Mesopotamiæ urbem, sicut ab his dem versati sunt, accepimus, vir quidam (honore præfuerat, qui Christianam provi quam regebat, non tam armis a gentilium inc quam pecuniaria redemptione protexerat. I gravescente jam squalidus, cum esset ei ux liberis, identidem anus, dum Francos agn Mesopotamiæ contiguos finibus, multo æstu rabat quempiam, quem sibi adoptaret, ex E rum habere nobilibus, qui, quod ipse preti ille defensaret armis ac viribus. Contigit quemdam familiarem illi militem, hujusque siderii conscium, cum hoc ipso Balduino colloquium. Cui cum ille adipiscendi ducatu indidisset, si a præfato seniore se adoptari p teret, comes credidit, et milite comitante E adiit. A quo affectu nimio, præterquam sper exceptus, ab utrisque est in filium adoptatus. A tionis autem talis pro gentis consuetudine fuisse modus. Intra lineam interulam, qua vocamus camisiam, nudum intrare eum fa sibi astrinxit; et hæc omnia osculo libato fir idem et mulier post modum fecit. His exp cum civitatenses eum ab honoris pristini c expositum, privatum jam cernerent, conjur clam facta, eam, in qua cum Balduino mora obsedere repente cupiam. Recordabantur enin rumdam quæ eis intulerat malorum. Obsesso itaque eo, cum adoptivus eorum novus resistere Francica animositate pararet, senior eum mira fide cohibuit, dicens pro certo scire se ab eorum manibus nullatenus erui, ipsum vero, pro sua defensione facillime posse periclitari. Infinitis ergo ab eo extorsit precibus, ut repugnare desisteret, et cum ille illacrymans miserabiliter, malle se cum eo mori diceret, repulit hominem, et cum obsidente se populo egit, quatenus novo illi principi parceret, seipsum vero prout vellet occideret. Quod et actum est.

Interempto itaque eo, Balduinus, ducatum sibi ex adoptione delatum, strenue obtinuit, et ex Francis equites ac famulos ad sui custodiam, memor expertæ nuper proditionis, adhibuit. Non multo post autem tempore, cum Dominicus Natalis adesset, novi ducis necem in ipso solemni die iterata conspiratione, definiunt. Qui eorum tractatus ducem minime latuit. Insinuat igitur et ipse his qui in suo asseclatu erant Francis, ut festis Ecclesiæ loricati ac galeati, imo ac si ad bella parati, equites assisterent, pedites lanceis, gladiis, bipennibus se munirent, et sic ubique procederent. Quo facto, urbani se a duce præventos intelligunt; ipse enim cum multa armatorum ad ecclesiam constipatione processit, ac sacro officio interfuit. Ipsa tamen die siluit. Postridie autem convocat Edessenos, et de proditione causatur, et cum legibus eos ad confessionem cogeret, diffiteri quæ proposuerant minime permittuntur. Convictis itaque totius urbis primoribus, his quidem pedes incidi, illis manus, aliis cum naribus aures, quibusdam linguas cum labiis, generando vero officialia cunctis; omnibus nihilominus diversa **395** per exsilia longe lateque distractis. Et cum denique nullus resedisset qui turbam denuo sibi concitare quivisset, tum demum secure experitur quis tanti ducatus fructus ac felicitas esset. Vitam ergo cum multis opibus et prosperitate ducebat, plurimis urbibus imperabat, inter quas Seleucia ab antiquo celebris eminebat, donec post fratrem Godefridum, qui Hierosolymæ regnaverat, ex ducatu quidem pervenit ad regnum; sed exinde, nullius excepit terrenæ felicitatis augmentum, imo pro Deo beati laboris exercitium, utpote cui juge est cum gentilibus prælium.

INCIPIT LIBER QUARTUS.

CAPUT PRIMUM.

[I.] *Objectionibus, quod quæ narrat minime audierit, occurrit auctor.* — Nemo juste, ut æstimo, me id operis derideat agressum. Etsi enim neque Hierosolymam isse, et plerasque personas, loca nihilominus ipsa mihi hactenus contigerit non novisse, in nullo generali utilitati reor obesse, siquidem ea quæ scripsi vel scripsero, a viris veritatis testimonio præditis constat audisse. Si mihi plane id objicitur quia non viderim, id objici non potest quod non audierim, cum visui auditum quodammodo supparem profecto crediderim. Quamvis enim

Segnius irritent animos demissa per aurem,
Quam quæ sunt oculis subjecta fidelibus,

Tamen quis historiographos, quis eos qui sanctorum Vitas edidere ambigat, non solum quæ obtutibus, sed ea scripsisse quæ aliorum hauserant intellecta relatibus? Si namque verax, ut legitur quidam, et « quod vidit et audivit, hoc testatur (*Joan.* III, 32), » authentica procul dubio vera dicentium narratio, ubi videre non suppetit, comprobatur. Si sit itaque qui carpat, qui cœpta despiciat, habet utique liberam optionem, si velit ut corrigat, et cui nostra displiceant, sua scribat.

Introeunt Armeniam Raimundus, Boemundus et Godefridus. Deinde Cæsaream Cappadociæ. — Igitur Dominicus exercitus cum ducibus suis, Raymundo, Sancti Egidii comite, Boemundo atque Godefrido, aliisque quampluribus Armeniam ingreditur, de Turcorum incursibus, si acciderint forte, lætatur. Inter eundum itaque pervium habuere castellum, cui adeo difficilis esset accessus ut cassum videretur ibidem cujuslibet molimen assultus. Erat autem illic Simeon quidam, Christiano insignis agnomine, provinciæ gentilis ejusdem, qui a proceribus nostris dominium hujus regionis expetiit, quo eam a Turcorum irruptionibus deberet tueri. Nec dare ei munus distulere petitum; ipse vero desedit ibidem, laturus terræ præsidium. Denique nostri progredientes, Cæsaream Cappadocum attigere. Postquam autem Cæsariensium excessere provinciam, ad quamdam multæ pulchritudinis et situs uberrimi civitatem pervenere, quam trium spatio hebdomadarum Turcorum obsedit exercitus, antequam ad eos pertingeret nostræ expeditionis adventus; sed nullus eis obsidendo provenit effectus. Nostris ergo advenientibus, sua ipsorum deditione civium, urbs eadem suscepta est. Hanc eques quidam, qui Petrus de Alpibus vocabatur, a principibus precario exegit quatenus quantum ad imperatoris Græci, ac procerum fidem nostrorum spectat, defenderet regionem, cui, cum nimio affectu, uti fidelitas interpellantis emerebatur, indulta est. Nox diei illi accesserat, Boemundo auditum est, quod hostes, qui pridem urbem illam obsederant, crebris, sed non magnis promotionibus subsequentes, nostros præcederent. Contentus itaque sola sibi pertinentium militum comitia, præcessit; sed eos qui quærebantur, non reperit. Urbem quoque, quæ Coxon apud eos dicitur, attingunt; ubi earum, quæ usui habilia erant, rerum plurimam opulentiam repererunt. Loci ergo illius indigenæ, intra civitatis portas, nostris gratanter admissis, trium illos dierum opportuna satis refectione confortant.

[II.] Audit præterea Sancti Egidii comes Turcos, qui Antiochenæ urbi consueverant præstare custodiam, ab ejus decessisse præsidio; partemque sui præmittit exercitus, qui eam obtineant et dominio servent ejus. Electis igitur de propriæ militiæ primoribus quatuor, quorum tribus idem inerat, scilicet Petri, vocabulum; quartus Guillelmus de Monte Pislerii dicebatur, qui et apud nos armis celebrior habebatur, dirigit, eos illo cum quingentis equitibus. Haud procul itaque ab urbe prædicta, vallem intrant, et in ipsa valle castrum reperiunt, et ibidem civitati Antiochenæ, Turcos cum manu copiosa præsidere audiunt. Quos etiam maximo apparatu et armorum et hominum sese instruere contra Francos, si quando sibi ingruerint, addiscunt. Petrus ergo, unus ex his quos superius Petros **396** vocari diximus, cui etiam agnomen a loco, qui Roasa dicitur, fuerat, a sociorum cœtu se dividens, urbis cujusdam quæ Rugia dicitur, vallem ingreditur, et inventis Turcis Saracenisque, cum eis congreditur, et, interemptis eorum quamplurimis, alios persequitur. Hoc Armenii attendentes, et de viri fortitudine jucundati, propter insolitam adversum Turcos audaciam, ditioni illius se mancipant. Nec mora, cuidam Rusæ nomine civitati, habitatorum deditione, præficitur; in plerisque itidem castellis excipitur.

Exercitus autem residuus, a Coxon, illa quam diximus urbe, digressus, per angustam ac confragosam incredibiliter quorumdam processit montanorum semitam, adeo arduorum, ut nemo eum qui præibat ullatenus præcedere posset, sed alios post alios sigillatim pedetentimque procedere necesse foret. Arcto namque et nimis scrupeo calli prærupti maximi [*al.*, maxima] vorago subtererat, ubi, si equum equo offendi contingeret, desperabili statim præcipitio deperiret. Videres cuneum militarem, qui pridem insolentia itinerum inediaque de equestribus pedites facti erant, feralibus affici tristitiis, pugnos collidere, vellicare capillos, et, mortis sibi imprecato exitu, loricas et galeas, quælibet arma, sine ullius pretii respectu, denariis tribus aut quatuor seu quinque distrahere, et dum non suppetit emptor, clypeos, aliaque peroptima in profunda disjicere, dummodo valerent tanto discrimine corpora vix sibi sufficientia expedire. Ex his tandem scopulis ac rupibus postquam cum intolerandis emersere laboribus, urbem quamdam Marasim dictam introeunt, cujus cives eis obviam lætabundi prodeunt, et abunde exercitibus venalia convehunt. Recreavitque exhaustos tellus uberrima, quousque restitueretur eis domini Boemundi, qui subsequebatur, quemque præstolabantur ibidem, præsentia.

CAPUT II.

[III.] *Antiochiam tandem perveniunt Franci, quam et expugnant.* — Denique perveniunt in illa campestria, ubi Syrorum prædicatissima metropolis sita dignoscitur Antiochia, cujus titulorum sunt specialia, præter ea quibus ad sæculum floruit privilegia, quod Christiani nominis inde pullularunt insignia. Pharphar ipsius civitatis fluvius nuncupatur. Ad cujus cum nostri pervenissent contigua loca pontis, quidam ex eis quibus præcedendi castra officium fuerat, maximam Turcorum offendere manum, qui plurimis suffarcinati copiis, suggerere properabant obsidendis auxilium. Quos nostri ubi perspexerunt, Francica in eos ferocitate concurrunt, et pene sine ullo temporis interstitio subigentes, hac illacque dispergunt. Laniant miseros instar arietum, et, quæ paulo ante terrere potuerant arma, projiciunt; fugit per cuneos turba gregaria, vulnerant et obruunt, dum mistim properant, socia agmina; pridem superba rabies sentit humilia, et quæ nostrorum æstimabat se gavisuram stragibus, lætatur si possit eruere, vel cum pudore, corpora. Hi qui venerant expugnandis ferre suffragium, fiunt continuo congeries fæda cadaverum, et quas deferebant obsidendis copias, destinavit Omnipotens obsessoribus, consilio misericordiore, præbendas. His igitur non aliter quam segetes grandine comminuuntur, oppressis multa nostris resederunt spolia, innumera frumenti vinique relinquuntur impendia; equorum, camelorum, asinorumque pedestribus cessere subsidia. Itaque nostri super præfati fluminis oram castra constituunt.

At Boemundus, junctis sibi lectissimorum militum millibus quatuor, portæ civitatis sese opposuit, et ne quis ab ea exiret vel ingrederetur in ipsam, vigilias ea ibi nocte continuavit. Postridie ad ipsam usque Antiochiam, duodecim Kal. Novembris, cum quarta esset feria, et media jam ageretur dies, deveniens consedit exercitus, trium civitatis portarum, obsidentium diligenti instantia præpeditis aditibus, sed quarto vacante, quoniam nullus ei obsidendæ patere poterat locus, montanorum contiguorum altitudine plurima angustiaque obstantibus. Tantus autem non modo civibus, verum Turcis præstantibus, nostrorum metus incutitur, ut eorum contra nostros nemo procederet, nemo, ac si nundinas acturi venissent, ulla eis hostilitatis molimina intentaret, et hæc fucatæ superficies pacis quindecim ferme diebus, veluti conclamata, perstiterit. Circa urbem autem ipsam fertilissima hujus obsidionis exstitere primordia; omnium usui convenientium, tempore novorum inibi recens acto, fervebat opulentia; vineas, sed quo tempore miror, vindemia dependente refertas, frumenta non horreis, sed foveis atque cuniculis immersa ubique reperiebant, cum nec arboribus poma deessent, et quælibet vitæ ipsorum commoda solo uberrimo suppeditante confluerent.

Armenii autem et Syri, ex quibus præter, ut sic dixerim, Turcos epibatas, tota urbs illa constabat, cum urbem ipsam incolerent, et Christianæ sese titulo conditionis efferrent, crebro nostros invisere; et esse eorum universum addiscere, et suis quæ apud nostros aucupati fuerant nuntiare. Cum enim Francos suæ assiduæ confabulationis visco allicerent, et se a Turcorum facie fugitare, multæ adulationis lenocinio, nostrorum auribus **397** mussitassent, uxores tamen proprias excedere, nullatenus ab urbe sinebant, et ad ipsas, digressi a Francis, postliminium facientes, quæ istinc subintelligere poterant, ad Turcos Christianorum partium infirmiora ferebant. Proposito igitur eorum cognito, ac essentia Syris interpretibus sita [*f.*, scita], Turci de civitate aliquoties erumpere, aliqua nostris subripere, dum victualibus quærritandis oberrant, calles consuetos obtexere, plagam montanorum marisque petentibus ex insperato proruere, nihil ab insidiis et irruptionibus vacare permittere.

Haud procul autem inde Castrum habebatur quod vocabatur Areg, in quo præcipuæ ferocitatis Turcos pro præsidii ipsius tuitione locaverant, qui Francis, aliquoties inconsideratioribus, frequentium incursuum turbas incutiebant. At principes, tantæ impatientes injuriæ, non parva equitum peditumque conflata manu, mittunt qui explorent ubinam delitescere soleant qui tot suis mala irrogant. Repertoque eorumdem latibulo, obvios quidem primo se illis præbent, sed postmodum, fuga callide simulata, eo se ab insequentibus duci sinunt, ubi indubie noverant latere in insidiis Boemundum. Ibidem, Turcis insectantibus, duo ex nostris occubuerunt. At de latebris sese Boemundus excutiens, hostibus cum debita animadversione occurrit; eos qui videbantur terga vertisse reduxit, et confertissima armorum consertione conflixit. Ex eis itaque plurimos interimit, alios captivos abducit; ad urbis portam quos cœperat pertrahit, ibique, ad terrorem spectantium civium, capitibus cædi præcipit. Ast aliqui civitatensium, cujusdam conscendentes portæ suprema, quaquaversum fatigabant nostros suarum jactibus sagittarum : in tantum ut intra ambitum castrorum Boemundi, missilium nimbus influeret, et mulier ibidem ictu sagittæ occumberet.

Denique principes consilium communicant, constituuntque et ordinant ut castrum fieri deberet in cujusdam vertice montis, quod Malreguard appellarunt, cujus præsidium formidinem sibi valeret submovere Turcorum. Fiebat itaque oppidum, sed præcipue illic videres, in lapidum comportatione, primorum manus elaborare principum. Non istic egena manus conqueri poterat, aliquas sese per majorum potentiam angarias tolerare, cum eos qui sibi dominabantur attenderet, in extremi etiam executione operis, nullo modo sibimet otium indulgere. Sciebant namque piæ naturæ instinctu, etsi non legerant, quod Marius ille secundum Salustium ait : « Si tu te, inquit, molliter agas, exercitum autem imperio cogas, hoc est dominum non imperatorem esse. » Peracto itaque castro, principes illud custodiere vicissim.

Appropinquabat Natale Dominicum, et frumentum, cæteraque corporum alimenta cœperant vehementer imminui, et caro constiterat in toto exercitu omnia vendi. Victualium quærendorum causa nulla patebat facultas vel longiuscule evagari ; intra Christiani quoque nominis fines, nihil pene jam ad usum [*al.*, esum] pertinens poterat reperiri. Porro in Sarracenorum regionem nonnisi cum expeditione plurima quisquam valebat progredi. Igitur urgente inedia, coacto proceres concilio sese discutiunt qualiter consuli debeat tantæ frequentiæ hominum, famis atrocissimæ, nisi ei subveniatur, subituræ periculum. Tandem vicaria consultatione reperiunt, uti aliqua pars exercitus stipendiis undecunque contrahendis insisteret, altera cœptæ obsidioni vacaret. Ad hæc itaque Boemundus intulit : « Si vobis, inquit, o strenui milites, tutum videtur, ego Flandrensis comitis suffultus comitia, victualium procurationi operam dabo. » Quod a quibusque junioribus tanta est gratulatione susceptum, quanto majori extabuerant, non modo ariditate, verum omnimoda necessitate ciborum. Celebrata itaque, affectu et alacritate qua poterant, Nativitate Dominica, postridie, cum esset secunda feria, duo illi prædicti principes, allectis sibi viginti peditum militumque millibus, Sarracenorum provincias depopulari aggrediuntur.

CAPUT III.

[IV.] Interea Turci et Arabes, Sarraceni aliique gentiles, qui coierant ab Hierusalem et Damasco, et Alep, aliisque gentibus, pari animo conglomerati, præsidium eidem laturi, cum infinito agmine Antiochiam properabant. Ii jam compercerant Christianos in suos fines, pro frugum cæterorumque utilium collectione, cursuros ; et crepusculo adhuc dubio, contra nostros acie præparata, ubi eos exspectare didicerant, cum alacritate in tristitiam mox vertenda, contendunt. Dispertiuntur itaque sese per duarum acierum turmas, alteram a nostrorum frontibus præmittentes ; altera retrograda omnem eorum ambire exercitum molientes. At Flandrensium comes, de divina nullatenus virtute diffidens, præfixo cordi ac corpori suo signo crucis, fretus insigni comite Boemundo, ea, qua tantos decebat viros, hostibus magnanimitate occurrit. Pugna conseritur, sed in ipsa primi attentatione congressus, fugax hostis avertitur. **398** Mutantur bella tropthæis, atque terga vertentium illisa corporibus, multipliciter rasilis hasta confringitur. Fraxinos creberrime longas hostilis excipit umbo, et magnis impactæ viribus, per nimietates ictuum in hastulas minutantur. Galea mucronibus operta, occipitium non defendit a vulnere ; loricarum, ut putabant, impenetrabilium prætextiones, tenuitatis accusant Nullis corporum partibus munimenta profuerant quidquid tutum Barbari judicant infirmatur ; quidquid Franci tetigere conscinditur. Sternitur campestris superficies numerositate cadaverum ; et crebra mortuorum congeries, graminosi pridem ruris exasperat æquor; inviso ubique terra gentilium cruore respersa nigrescit. Qui nostrorum cædi fuere superstites, vitam sibi gressuum celeritate lucrantur, et spoliis propriis, non ad horum charitatem sed ob sui agilitatem exonerari lætantur. In alterum itaque statum, sese animi nostrorum habitudo commutat, dum metus in audaciam, pugna in victoriam, mœror in lætitiam, fames in opulentiam suscitatur; nudus induviis, pedes vehiculis, pauper pecuniis, erutus gratiis, victor tripudiis ampliatur.

[V.] Interim dum ista geruntur, Turcos, qui Antiochiæ præerant, Boemundum cum Flandrensi comite obsidioni deesse non latuit. Tanta ergo tuliores absentia, sæpius ad bella lacessere nostros exibant sollicite, quæ pars obsidentium haberetur infirmior, aucupantes. Tandem aptum diem, cum esset tertia quædam feria, suæ fortitudini exerendæ videntes, subito minus providis ingruunt, et ex peditibus militibusque quamplurimos, dum nihil verentur, occidunt. Magnificus quoque Podiensis episcopus suæ curiæ majorem, eumdemque signiferum suum, inter eos qui perimebantur, amisit. Et nisi fluminis alveus, cujus crepidini castra consederant, interjacens obstitisset, nostrorum internecio non parva et quam crebra fuisset. Ad hæc egregium Boemundum regredi contigerat, direptis Sarracenorum provinciis, et ea in quibus Tancredus morabatur montana revisere, dum æstimat aliquid quod prodesset obsessoribus civitatis se posse ibidem reperire. Cum enim quidquid præ oculis habuerant quique nostrorum diripuissent, multi tamen ex eis nihil invenere, vacuique rediere, eorum scilicet quæ victui necessaria forent.

At nusquam expers consilii Boemundus, dum eos inepte oberrare conspiceret, adoritur, dicens : « Si commoda vitæ vestræ disquiritis, si vestris rite, prout urget inedia, corporibus providetis, ita agite, quatenus, dum victus quæritur, victum quærentium nullo modo vita necetur. Desinite discurrere montanorum per avia, cum sciatis hostes vestros incognita vobis horridarum solitudinum fovere latibula. Junctus pariter (alter enim ex altero fit fortior) procedat exercitus, ut si parti inferatur violentia, partis alterius valeat experiri præsidia. Sic enim, si ovis a manu vel præsentia pastoris exerrat, rictibus dignoscitur patere lupinis; sic miles si a commilitonum contubernio solivagus exeat, quibuslibet procul dubio ludibrium prædonibus exstat. Satius itaque vobis sit apud vos et cum vestris, vel tenui cibo pasci, quam inextricabili captivitati addictos lautiori edulio vesci. Itaque una ire, pariterque redire, cœtibus delectari, præsumptive nil agere, quorumque est censura bonorum; libere evagari perire volentium. » Dixit, et ad socios repedans, in nullo obsessores reditu suo opulentiores reddidit.

Verum Armeniorum Syriorumque calliditas, cum videret in exercitu extenuari cibaria, exinaniri venalia, per quælibet sibi cognita obambulantes loca, coemptas circumquaque fruges ad exercitum inopia laborantem deferunt; et adeo immoderata charitudine vendunt, ut asini unius ex frumento sarcina octo eorum Bysanteorum pretio distraheretur, quos ibidem purpuratos vocitant, qui centum viginti nummorum solidis æstimabantur. Ibi pensari potest, quam horrendo famis succubuere discrimini, quibus nulla suppeditabat facultas pretii. Et ubi principes coangustare jam cœperat pecuniæ difficultas, quid ageret ille, quem, omnibus pridem opulentis, jam extrema premebat egestas?

[VI.] Torserat grandis cruciatus illos,
Victus arctabat tenuis supremos,
Viribus fusis rabies famei
Reddidit imos.
Copiæ panum fuerant remotæ
Non boum carnes, nec erant suillæ :
Vulserat passim manus indigentum
Gramina quæque.
Quidquid escarum poterat fuisse
Suppetit tandem reperire nulli.
Solverant artus, tulerant et ausum
Pectora laxi.
Tenditur dirum cutis in tumorem
Qui cibi nullum tenuere morem.
Esca defecit, periit facultas :
Dant ea mortem.
Solvit occisos brevis angor omnes,
At fame tactos agitant dolores :
Unde protractæ meliora gestant
Præmia mortes.
Hos fovet plane cibus angelorum,
Optimo gaudent bravio laborum,
Quo magis pondus tolerasse constat
Suppliciorum.
Cæteri pugnant, variosque casus
Ferre concertant, gravibus secunda
Ulla vix præstant, meliora lætis
Tristia censent.
Jam cruces Christum geminas ferendo
Prosequi curant, potiora jussis
Aggredi gaudent quibus auctor unam
Jusserit isdem.
Huic fames atrox cor inane carpit,
Aridus dudum stomachus fatiscit.
Viscerum strages, cerebri ruinas
Passio fecit.
Intus hæc tabes animum fatigat,
Inde bellorum feritas molestat,
Et dies et nox ibi plena curis
Cædibus instat.
Acris exstat mens, tenuesque vires,
Ægræ sed mentis reparant vigores
Inque fundendos minimum verentur
Ire cruores.

CAPUT IV.

[VII.] *Guillelmus, qui se inaniter prædicabat, clam aufugit.* — Guillelmus interea quidam, qui Carpentarius, non quia faber lignarius esset, sed quia in bellis cædendo more carpentarii insisteret, dicebatur, homo Transsequanus; dictis potens, sed opere parcus, magni nominis umbra, vir majora se aggrediens; et qui nihil relinquebat explicitum. Qui etiam cum Hierosolymitanum esset agressurus iter, direptis contiguorum sibi pauperum substantiolis, profanum viaticum præparavit; is, inquam, inediæ, quam multo egentiores summa cernebat tolerare fide, impatiens, silenter aufugit. Cujus quidem in armis gloria, in jactantia verborum solummodo habebatur, nullatenus in re gesta. Is in Hispaniis, cum expeditio Francica ad avertendos, qui ex Africa ibidem confluxerant, paganos, moraretur, iste, cujus universa erat in verbis audacia, fœde recessit, et innumeros sua aversione fefellit.

Nec sine evidenti Dei creditur accidisse judicio, ut, quos popularis celebriores fama reddiderat, deterrimos omnium, laborumque impatientissimos, ostentaret divina sententia. Nec in hujus solum persona id portenti patuit, verum de aliis, quorum supersedebo nominibus, id ipsum claruit, ut quorum hic inter nos armorum terribilis admodum fuerat et famosa ferocitas, eorum in illo Dominico exercitu, mitior fieret etiam leporibus miseranda tranquillitas. Quod quanto a recto diversius fuit, tanto magis contemptibile haberi debuit. Si enim hic positi, dum sine jure pugnarent, dum sceleste pauperes præda eisdem fierent, non immerito plane inter ista, pro animarum suarum damnatione, timidi fuissent. At vero, ubi omnimoda salutis erat æternæ [al., internæ] securitas, ibi profecto fuit criminosa timiditas.

[VIII.] *Petrus Eremita in insipientiam versus, excessit.* — Ad hoc, ut stellæ quoque juxta Apocalypsim de cœlo cadere viderentur : Petrus ide, de quo supra actum est, celeberrimus Eremita, et ipse in desipientiam versus, excessit :

Quo geris hæc, Petre consilio? cur nominis imme-
[mor exstas?
Si Petra constat origo Petri, solidum quid denique
[signat?
Quid tibi vis meminisse fugæ? faciles nescit petra
[motus.
Siste gradum : veterem recolas eremum, jejunia
[prisca.
Junxeris hactenus ossa cuti, tenui radice ruen-
[tem
Tendere debueras stomachum, pecuali gramine
[vesci.
Quid dapis immodicæ memor es? nil tale monasticus
[ordo,
Nil tua te genitura docet; vel te tua dogmata pul-
[sent.
Ceu populos ad id angis iter, fieri quoque cogis
[egenos.
Sic præiens modo jura feras, quæ quosque docendo
[tulisti.
Hic aliquando fugax Cereris, pisces ac vina tere-
[bat.

Sanctior esca foret monacho, porri nasturcia,
[napi,
Cardamus; atque nuces, coryli, tysanæ frux, lentis
[et herbæ,
Pisce meroque procul posito, frusto tamen addita
[panis.

[IX.] *Guillelmum et Petrum Tancredus redire coëgit.* — Hos itaque piæ obsidionis, imo sanctæ passionis refugas, Tancredus vir pertinacis in hoc Christi negotio constantiæ, persequitur, comprehendit, et ut par erat, non sine plurima eos contumeliarum illatione, reduxit. Quibus tamen reditum sermone spondentibus, credulitatem distulit, donec fide media uterque pepigit quod ad exercitus communionem redirent; et principum judicio pro militiæ desertione satagerent. Guillelmus igitur, vellet nollet, remeare compellitur, et pro curia magnifici Boemundi, tota nocte ibidem excubaturus; exponitur. Postero vero die, ubi auroræ fibra recanduit, ante illius viri spectabilis ora inducitur. Cui eo quo merebatur pudore suffuso, ita senior ille proloquitur : « Cum, inquit, ubique gentium Franciæ nomen regiæ, inter omnia regna, majestate præemineat, cum virtutis atque constantiæ, post Deum Genitrix integerrimos hucusque viros emittat, te, garrule nequam, et omnium impurissime, te suo dedecori ac infamiæ tulerat, te amodo ac si portentum 400 habeat; O bone rerum Pater, cujus modi Carpentarium habebamus, qui, sicut architectus dolabro lignum, ita lanceis et ensibus triverit terga gentilium? Ecce ictuum assiduitate faber idem mille interdiu spathas obtuderat, et populos ethnicorum solus ipse, feriatis nobis exciderat. Ubi est illa fastuosa rigiditas, et circa Ligerim ac Sequanam innutrita loquacitas, ubi constare dignoscitur parcimonia actus, et crepitat indesinens loquacitatis tonitrus? Solus iste laboranti poterat succurrere lunæ, (Juv. *Sat.* 6) cum tamen nil efficax, fœde torpens, prætendat in opere. Et certe competebat illi tuæ tantæ fortitudini ut qui gentis Dominicæ exstitisti proditor in Hispania, idem cœpti honoris hic habiturus cumulum, molireris in Syria. Esto. Plane tibi conveniebat nil aliud agere, et ideo super reatu adeo turpi, largissima venia donabere. »

Jam hujus tam irrisoriæ declamationis Francos circumstantes pudere cœperat, vixque a viro substomachante impetrant ut sileat. Pepercit improbo illustris viri severitas, non ignara modestiæ, eo quidem contenta tenore ut dato polliceretur sacramento, nunquam se ab Hierosolymitano resilire itinere, sive prospera occurrerent, vel tempus obviaret inopiæ, spondet et ipse Tancredum, qui eum a subterfugio cohibuerat, amicum deinceps fore, si eum viriliter constiterit permanere. His dictis utrobique assensum est. At non multo post tempore Carpentarius ille mirabilis, qui quondam, in tuto positus, carnificium se exercere minabatur in Turcos, sacramenti incontinens, fideique prodigus, furtivus fugam iterare non distulit.

Has autem exercitui ipsi, licet pio, penurias obtigisse nulli mirum habeatur, cum indubie credi possit quia divinæ quæ eis si bene agerent non deesset, prosperitati maximis criminibus obluctabantur. Cum enim tanta eos urgeret egestas, et quique negatis atrociter profligarentur eduliis, si quempiam ab exercitu remotius ire contingeret, pro pretio exiguo aliquis, non alius tamen quam nostrorum, eum si solum reperiret, occideret. Inde igitur ea per omnes infelicitas bacchabatur, ut vix in tanto hoste mille equi reperirentur. Hinc panis universos ferialiter excruciabat angustia; quæ tamen non arcebat, sed aliquos acrius instigabat ad crimina. His verum sibi divinitus accedentibus flagellis, non dubium est multos eorumdem ad sui recordationem pœnitendo reductos, et de suis desperantes viribus, ad Dei solius subsidium, sub tanta miseria, unice præstolandum, spei instinctu melioris, appulsos. Fiebant plane his jam eruditiores eventibus, ut quo magis suas attenderent aut copias extenuari, aut fortitudines enervari, eo amplius ad Deum, cui omnia possibilia crederent, docerentur debita humilitate subjici.

[X.] Præterea, quidam quoque ex legatis, nisi fallor, tyrannici imperatoris, qui Tetigus vocabatur, et illi obsidioni intererat, vir siquidem gravis ævo, sed naso, qua nescio occasione, deciso, et ob id utens aureo. Hinc timore Turcorum coactus, illinc famis periculo coarctatus, multa mendaciorum coornatione politus, seniores adoritur : « Vestram, o optimi duces, excellentiam grandis cogit scire necessitas quantis intra nos anxietatibus deprimamur, quantis etiam extra terroribus stimulemur. Et cum foris habeantur pugnæ, intus famis non desistant nos excruciare dolores, nullum usquequaque patere videtur effugium, nullum adjacet quod nos faciat respirare solatium. At, si prudentæ vestræ fore credatur idoneum, detur mihi facultas in Romaniæ partes eundi, et faciam istinc frumentum, vinum, hordeum, carnem, farinam, caseumque et cætera diversis usibus commoda cum plurima ac frequenti classe deduci, ac indesinentem quorumque venalium per maria commeatum, imperatorio passim præeunte edicto procurabo institui. Equorum, et si quæ sunt aliæ animalium atque vectigalium utilitates, omnis vobis per terram, Græcorum provincia deportabit. Imperator ipse quem vestra latuit hucusque penuria, ad deferenda indigentiæ tantæ subsidia summopere ubi compererit properabit. Et vobis sacramento astruam quod hæc, ut dixi, omnia fide perseveranti compleam. Quæ etiam cum explicuero, cœptæ hujus obsidionis laboribus me nullatenus repræsentare timebo. Quod si vestrum contubernium, famisque participium me detrectare veremini, ecce tentoria mea, ecce remansuri sunt apud vos necessarii mei, quos etsi ad tempus reliquero, in finem contempsisse non potero. » Dixit, et procerum aures multæ lenocinio circumlocutionis illexit. Igitur ille recessit omnino non veritus crimen quod in eum, turpiter dum pejeraret, incessit, nec unquam deinceps ad id quod spoponderat, cuncta mentitus, accessit.

[XI.] *Ingenti fame cruciantur oppugnantes urbem.* — Itaque in tantum eos cœperat instantia hostium visque constringere ut nostrorum nullus, pro quocunque negotio, præsumeret papiliones suos aut communia castra excedere. Ad hoc omnino miserabilius eos inquietabat domestica, et rabiei simillima, pestis inediæ. Si enim, ut ait quidam, *Nihil illa fame molestius quæ extorquetur invito,* quas torsiones æstimamus passos, quibus continue crucibus addictos, qui nulla spe ad modicum, vel falsa, relevati, illis vere inexpugnabilibus muris quotidie assidebant? Vulgus autem, pauperie omnimoda exesum, per diversas oberrabat provincias. Alii Cyprum, Romaniam aliqui, quidam per montana vagari, victus insufficientia coangustante, jam cœperant. Porro viam maris, occursus ubique Turcorum creber occluserat. Nusquam denique patebat nostris exitus.

[XII.] Audiens interea Boemundus innumera Turcorum agmina nostrorum supervenientia castris, principes alios aggreditur, dicens : « Cum tanta jam nostri paucitas exercitus habeatur, ut uni conficiendo certamini tenuis jam ac insufficiens videatur, nedum ad duo exercenda prælia bifariam disparetur, retractandum nobis est, si a nobis, cum qualicunque exercitu, Turcis obviam ingredientibus itur, quis huic civitati obsideri cœptæ impugnator interim, quis tabernaculorum nostrorum defensor relinquitur? Si ergo vestro ratum videtur arbitrio, delectam optimorum partem peditum, ad custodiam urbis destinemus obsessæ; equites vero, quasi fortiores, Turcorum insaniæ comparari debere censemus. » Dixerat, et nulli principum ab ejus dissensere consilio.

CAPUT V.

[XIII.] *Boemundus Turcos aggreditur. Milites adhortatur.* — Jam hostium examina juxta castellum urbi contiguum, quod vocabatur Areg, castra posuerant, trans pontem Pharphareum. Dies erat proclivis ad vesperum, et omni Boemundus citata militia de castris egreditur, et prosperans inter flumen adjacentemque lacum castrametatur. Ubi mane incl aruit, celerrime exploratores dirigit, ut Turcorum quantitate perpensa, qualiter se agant et ubi commaneant, festinent renuntiare maturius. Paulo processerant, hostesque, quorum personabat adventus, quærere cœperant, cum ecce infinita eorum cernunt emergere examina, per duarum acierum legiones disparata; retro vero eorum pedetentim multitudo subsequebatur maxima. Quibus prospectis quantocius regrediuntur : « Hostes, aiunt, jam imminent, videtote ut fortes vos et paratos inveniant. » Ad hæc Boemundus, suis in Christo fratribus ac commilitonibus excitandis, eloquitur : « Victoriarum vestrarum, o optimi milites, creber eventus non parvæ vobis ministrat occasiones audaciæ. Fidei hactenus contra perfidiam bella gessistis, et inter omnia discrimina felices exitus habuistis. Delectare vos profecto jam debuit Christi fortitudinis sæpissime evidens experimentum, præsertim cum certo certius noveritis, in illis quæ potissimum urgebant præliis non vos pugnasse, sed Christum. Quæ ergo valeat vestræ menti, pro incursu aliquo, desipientia desperationis irrepere, quos mala nulli hactenus attentata, Deo sublevante, evadere, quibus triumphos homini impossibiles contigit provenisse? in tantum jam precor, apud vos fides experta proficiat ut nulla vobis humana deinceps fortitudo resistat. Hac itaque animos tutiores efficite, caute procedite, et Christum vestra, ut assolet, vexilla ferentem, tota mentium acrimonia consectari nunc et conclamare curate. »

Quibus fideliter ac vivide circumspecteque se acturos acclamantibus, et acierum quoque suarum eidem distributionem, utpote bellorum expertissimo credentibus, jubet idem Boemundus quemque principum appendices suas sibi colligere, et propriam singulos aciem ordinare. Sex igitur, uti dixerat, aciebus expositis, ad pervadendos hostes factis singillatim cuneis, cum summa cautela quinque procedunt. At Boemundus cum suo agmine, ad ferendum, si necessitas incubuisset, subsidium, posterior sequebatur. Nostris itaque hoc modo distinctis, dum animis spirantibus stipati confertissime gradiuntur ad prælium, alter alterius latere tacto sollicitabat socium, ut nullus, quantum spectaret ad cujusque personam, pateretur claudicare conflictum. At ubi res manibus agi cœpit.

Nec mora, curvatis adeunt hastilibus hostes,
Cumque calent animis, et equos calcaribus urgent,
Ac utrobique feris quatitur clamoribus æther,
Concurrunt acies, torserunt spicula Turci.
Francigenæ impactis terebrarunt pectora telis.
Ictibus ensis hebes fuerat, fecere fragorem
Collisi chalybes, molitur vulnera ferro,
Quæ sitit obscenum rapidissima dextra cruorem.
Ac si cornicum videas examina mota,
Et velut immodico processerit agmine turdus :
Sic cœleste jubar tunc protexere sagittæ,
Aerea densantes jaculorum grandine cæcum.
Arma crepant et equos rapit impetus, æsque retinnit.
Cæsa dolent, victricia gaudent; dissona vox it.

Ubi vero totum pondus exercitus quod primas subsequebatur acies, atrocissimo illi certamini se infudit, cœpit nostrorum gravi hostium impetu acumen obtundi, et eorum proficiente numero, a proposita virtute parumper inflecti. Quod Boemundus attendens, qui custodias retro auxilium laturus observat, multæ animadversionis motu infrenduit. Comitem stabuli ergo accersit suum Robertum scilicet Girardi filium, illoque dirigit : « Vade, inquit, utere jam nunc magnanimitate qua debes, et quæ tanto negotio competit, et assumpti hujus intentionem tibi propone laboris, dum causam nobis et tibi fore noveris totius Christianitatis auxilium, Hierosolymam Deo redimere ac ejus liberare sepulcrum. Nec minus tibi constat divinis potius adjumentis id operis administrari, quam humanis. **402** Age itaque et tuam patienti Christo jam defer audaciam, nec tam opportunus te segnem locus inveniat, quem tuo forsitan Deus honori præparat. » His concitus ille sermonibus, tota Deo mente innisus :

Exsilit, et densas dirimit mucrone catervas :
Signa ducis præfert, quæ sic diversa veretur,
Ut sibi dum præeunt pars nostra vigore levetur.
Non igitur secus ille furit quam fetibus orba
Assolet ereptis, objecta necare leæna.
Mucro vias aperit, confertum discidit agmen :
Obvia contuderat, cuneum docet ire sequentem.

Tandem victoriam referunt Christiani. — Hinc itaque nostri, dum Boemundi non incognitum signum sibi in nullo vacillare conspiciunt, et prædictum stabuli comitem tanta in Turcos animositate bacchari, resipuere simul, tantaque hostes violentia propulere, ut solius fugæ cogerentur sperare præsidia. Nostri denique fugientibus instant, et dum sine ordine properant, præcipites actos usque ad Pharpharici pontis angustias cædere ac detruncare non cessant. Qua Turci cæde suscepta, castrum, quod Areg superius nominavi, subintrant, omnimodis spoliant, ignem municipio eidem subjiciunt, nunquamque deinceps ad id redituri diffugiunt. Armeniorum autem Syrorumque gens perfida, qui inter utrosque populos medii, præliorum aucupabantur exitus, ut cui cessisset victoria, illi potissimum inhærerent; dum Turcos inferiores attendunt, aggrediuntur quasi semitas obsidere, et Turcos prætereuntes perimere. Igitur ex hiis quæ hostibus detracta sunt victis, crudelis nostrorum indigentia illa convaluit, equis et sumptibus sublevatur, ab ipsis insuper, eventu triumphorum crebrescente secundo, Turcorum feritas contemnitur. Unde et post victoriam, centum eorum qui bello occubuerant capita præciduntur, et ad Turcorum, qui obsidebantur, exanimationem, ante muros Antiochiæ suspenduntur. Est autem consuetudo gentilium ut cæsorum capita, ad indicium victoriæ, reservare ac ostentare soleant.

Fidem amplexurum se imperator spondet, si a Turcis ablata ipsi restituantur. — Interea dum hæc peraguntur a nostris, Babylonicus imperator legationem ad principes nostri exercitus direxerat, per quos de his quæ erga Turcos egerant eis gratulabundus exstiterat, pariter quoque, etsi falso, sponderat quod Christianus fieret, si gens nostra Turcis ea quæ de ejus imperio diripuerant, ademisset sibique restitueret. Diximus plane superius Babylonicum imperium longe potentius regnis Orientalibus exstitisse; sed Turcos armis animisque ferociores multa ejus usurpasse. At hii qui urbi obsidendæ relicti fuerant, et ipsi quoque cum civitatensibus acerrime conflixerunt, non modo uno in loco, sed ante portas fere omnis ejus urbis. Dies autem triumphi hujus quinto Idus Februarii, pridie ante jejunii caput. Nec id injuria, ut qua die ante ipsa jejunia debentur Christianis epulæ, ea quam potissimum affectabant hostium iniquorum saginarentur cæde. Franci igitur, tantæ victoriæ fervente tripudio, votorum multitudine Deo cooperatori gratulantes, non sine plurimo prædarum fructu, ad castra recedunt; Turci vero impatientes præ pudore videri, cuniculis et caveis, si valerent, regrederentur in patrias.

CAPUT VI.

[XIV.] *Castrum prope urbis obsessæ portam constituitur.* — Denique majores exercitus, dum crebro perpendunt plurimas se perpeti ab his qui obsidebantur incursuum indignitates, coacto concilio diffiniunt ut, antequam aliquam quovis casu suæ militiæ minorationem patiantur, ad portam urbis, ubi eorum fanum habebatur, ubi quoque pontem constat haberi, castrum instituant, unde aliquantisper hostium tentamenta restringant, Cui eorum sententiæ, cuncti sunt juniores assensi. Ad hæc Sancti Egidii comes primus intulit: « Ego, inquit, stipendiis fulciam : idemque servabo castellum : tantum mihi opitulamini ad ædificandum. » Cui refert Boemundus : « Si libitum vobis sit, spondeo me iturum cum comite isto, qui se præobtulit, ad portum Sancti Simeonis, ubi pariter eos tuebimur qui huic insistent operi. Residui obsidioni operam dent, nec hostes urbis portas excedere sinant. » Comes itaque ac Boemundus ad Sancti Simeonis, uti proposuerant, processere portum. Hii vero qui remanserant, castellum instituere fuerant aggressi, sed Turci hujus ædificii principia vehementissimo impetu turbaverunt. Repentino ergo nostros pervadentes incursu, terga eos vertere coegerunt, plurimos occiderunt, diem Francis lugubrem intulerunt.

Turci, irruptione facta, e Christianis nonnullos interficiunt. — Comperiunt postridie Turci aliquos principum obsidioni deesse, et quod ad portum Sancti Simeonis abissent; multo apparatu se instruunt atque a portu redeuntibus subito occurrunt. Cumque comitem ac Boemundum cum militari frequentia adventare conspicerent, cœpere stridores et garritus fœde nimis conclamando emittere, undecunque nostros ambire, jaculari, sagittare, vulneribus etiam inflictis truculenter occidere. Tanta namque fuit eorum irruptionis acerbitas, ut nostri vix elaberentur per contigua montana præcipites, et quaqua versum patere potuisset excessus. Qui potuit aliqua volucres, ut sic dixerim, equos celeritate prætergredi, evasit; si quem gentilis alacritas reperit segniorem, occubuit. In hac tanta, quæ putabatur, calamitate, nostrorum millenarium mortui superavere numerum. Quos fidei testimonio probabiles, juxta Apostolum, inventos (*II Tim.* II, 15), gloriosa post necem exceperunt præmia passionum; quibus, si quas necesse fuerit peccatorum luere pœnas, sola sanguinis effusio omnem fuit potentissima purgare reatum.

Illos persequitur Boemundus, morteque afficit quamplurimos. — At Boemundus infinita super tali infortunio anxietate detritus, via compendiosiore digressus a sociis, cum paucis ad obsidionem pervenit equitibus, quos et reperit congregatos insimul. Efferatis itaque omnium super suorum internecione animis, et Christo amarissimis fidelium singultibus provocato, eos qui tanta sibi incommoda intulerant unanimiter invasuri, ad prælii loca perveniunt. Stabant hostium cohortes, de recens acta victoria, e regione securæ, æstimantes istic se itidem effecturos quæ cum comite et Boemundo se egisse jactabant. Verum malignis de nequitia proponentibus, benignus Deus pie disponit quæ debeat remedia præstare mœrentibus. Insignes ergo viri, dolore fratrum interfectorum compassionis adacti, signo crucis Dominicæ frontibus animisque præfixo, universa in illos virium suarum collatione funduntur. Quorum illi unanimitate perpensa continuo cedunt, et ad Pharpharicum pontem per ejus angustias transituri contendunt. Angustabatur transeuntium multitudo, dum fuga præproperat, et cum peditum equitumque cuneus, spatio sese breviore coaggerat, suum quisque comparem, dum nititur prætervolare, præcipitat. Nec nostris super isto [*al.*, istos] vigilantia deerat, ut ubi vulgi fugientis frequentia densescere videbatur, ibi non de vulneribus, sed de præcipitio ageretur. Quod si quis aquis immersus, aut per pontis columnas rependo, aut manibus enatando ad aridam conarentur emergere, illico a nostris, ripam fluminis ambientibus, medias undas cogebatur absorptus insumere.

Tanta autem hujus redhibitio cædis exstitisse cognoscitur, ut Pharpharis unda potius cruoris quam laticis putaretur. Tantis ibidem victi victoresque concrepuere clamoribus, tanta pereuntium et perire cogentium, tamque terribilis vocalitas ferebatur u pulsari strepitibus cœlorum supremitas crederetur. Crebris telorum jactibus, cæterisque missilibus fiebat nubilus aer, globique solaris claritas, jaculorum errantium interstitio tegebatur. Mulieres urbis indigenæ, Christianæ quidem, circa muri propugnacula spectaculo hujusmodi pascebantur, et dum Turcos perimi, totique ærumnis addici prospiciunt, a facie ingemunt : sed aversis vultibus Francorum prosperis eventibus latenter applaudunt. Cogebantur autem Armenii ac Syri, cum essent Christiani, sagittas ad nostros emittere, quidam autem ex ipsis, et idipsum faciebant sponte. Occubuerunt siquidem istic duodecim de eorum primoribus viri, quos verbo Chaldaico satrapas, secundum eorum barbariem admiravisos dicunt, aliique quamplures de magis præditis ac solertioribus ipsorum personis, quibus tota incumbebat defensio civitatis. Qui ferebantur mille exstitisse quingenti. Qui vero huic residui fuere exitio, nostris, uti ante consueverant, insultare desierunt, nulla eorum garrulitas, nil deinceps scurrile apparuit, dies ista diuturnum illorum gaudium mœrore mutavit.

Ergo superveniens nox, vulgus utrumque diremit, Destiterantque manus, animis agitantibus arma.

In tantum autem hæc nostris profuit victoria ut nunquam ulterius tantum roboris ac virium viderentur habere, eorumque vox conticesceret irrisoria. Porro etiam de multis, quorum nostros necessitate constabat urgeri, affatim refecta est, Deo propitio, indigentia.

Postero igitur die cum diluxisset, Turcorum aliqui de urbe prodeunt, mortuorum suorum cadavera colligunt, quædam quidem reperere; alia vero, intra fluminis alveum enecta disperiere, et quæ invenire contigit, ad fanum suum quod Mathomariam vocant, ultra pontem Pharphaticum sepeliere, ad portam Antiochiæ. In quorum tumulis reposuere pallia, Byzanteos aureos, sagittas et arcus, pluraque alia utensilia, quæ exprimere supersedimus. Quarum inferiarum cum ad nostros devenisset notitia, funestum cœmeterium illud, multo armorum freti apparatu, adeunt, fractisque sepulcris erui corpora exinde præcipiunt, factaque congerie in cujusdam foveæ ima devolvunt. Quorum capitibus tamen amputatis, ad sua ea deportari fecere tentoria, quatenus eorum qui occubuerant, supputatio haberetur certa, exceptis quatuor equorum oneribus, quæ asportaverant imperatoris Babylonici legati, patratæ scilicet contra Turcos victoriæ testimonia. Quæ Turci attendentes, multo ægrius tulere de expositione cadaverum quam tulerant super interfectione ipsorum. Non enim jam mœstitiam modestis fletibus temperabant, sed pudore recusso, ejulatibus prædicabant.

Tertia abhinc die castrum præfatum ædificare cœperunt, ex his videlicet lapidibus **404** quos fractis gentilium sarcophagis tulerunt. Castro denique explicito, cœpit jam civitas quæ obsidebatur arctari, in tantum ut is, quem pridem habuerant, jam inciperet tumor omnino reflari. Nostris autem libera quovis eundi aperiebatur facultas, montanorum etiam, quondam difficiles, opportunas deinceps habuere ad quærenda victualia semitas. Igitur omnibus quaquaversum viis Turcorum utilitati præclusis, quædam pars a flumine, ubi castrum, et juxta castrum sita erat Ecclesia, possibilitatem exitus sive introitus adhuc præstare videbatur. Quod si quidem castrum, cum nostræ esset partis, si fuisset a nostris integre communitum, frustra jam hostium aliquis prodeundi libertatem præsumeret attentare. Concilio itaque proceres coacto, id reperere consilii, ut unum e suis eligant, qui castri custodiæ præficiatur, sollicite muniat, fideliter tueatur, quatenus omnis paganorum oberrantium per montes et campos excursus omnimodis abstineatur, aditus vero vel exitus urbis nihilominus abscindatur.

Cumque persona tanto negotio passim per principes disquireretur idonea, Tancredus ille, qui in bellis Dominicis titulum sagacissimæ juventutis nunc usque meretur et meruit, propriæ vivacitatis impatiens, illico erupit, dicens : « Si scirem pro tanti laboris instantia quid mihi imposterum utilitatis obtingeret, ego sollicitudine competenti, domesticorum meorum contubernio fultus, idem castrum satagerem roborare, et vias per quas hostes nostri procedendi solent habere licentiam, Deo auxiliante, conabor occludere. » Cujus principes benevola illatione gavisi, spondent continuo se eidem præbituros quadringentas marchas argenti. Ægre tali promisso, quia ad quantitatem studii videretur exiguum, Tancredus assensit. Attamen, si desisteret ne deputaretur inertiæ, equitibus atque clientibus, qui sibi familiariter adhærebant, confestim et indubitanter assumptis, dominium castelli obtinuit, facultatem egrediendi extra urbis portas hostibus abstulit, maximamque eorum quæ ad equorum pabula pertinent penuriam, lignorum etiam cæterorumque utilium, plurimam raritatem indixit.

Itaque vir egregius, perseveranter commanere delegit ibidem, et subtractis commeatibus cœpit circumcingere, imo obstruere omni vigilantia civitatem. Ipsa autem die qua idem castrum subierat, magna frequentia Armeniorum atque Syrorum per montana veniebat, quæ obsessæ civitati diversorum alimentorum stipendia convehebat. Quibus optimus ille eques, ut officii cœpti prosperos haberet eventus, non tam sorte quam Deo ingerente, fit obviam, et apprehensis, multam frumenti, vini atque olei, aliorumque non minus necessariorum diripuit copiam. Nec jam vir bonus conqueri potuit, cum tam pio exerceretur negotio divinitus sese oblitum, sed in hac quamprimum fortuna edidicit, quod neque unquam nimie corporalibus indigeret, et deinde fructus æternitatis, post ipsa carnis subsidia, sibi non deesset ad Deum. Erat itaque Turcis, quolibet extra muros eundi, sive gerendi, penitus circumclusa potentia, hisque quæ infra urbis mœnia reperiri poterant, cogebantur esse contenti, donec caperetur Antiochia.

CAPUT VII.

[XV.] *Christiana pietas in castris vigebat.* — In hac ipsa obsidione magnus Christianæ legis exstitit vigor, ut si aliquem quibuslibet convinci criminibus constitisset, acerrimæ sententiæ principum exercitus judiciali censura succumberet. Præter hæc autem, specialiter corporalis impudicitiæ flagitia jubebantur ulcisci; nec id immerito. Qui enim penuriis ambiebantur atrocibus, qui quotidie hostium, nisi Deus protegeret, videbantur patere mucronibus, his profecto nullus rationabiliter debuerat ingeri petulantiæ cogitatus. Et cum ibi esse poterat aditus voluptatis, ubi erat indesinens suspicio mortis ? Unde fiebat ut ibi nec mentio scorti, nec nomen prostibuli toleraretur haberi, præsertim cum pro hoc ipso scelere, gladiis, gentilium Deo judice, vererentur addici. Quod si gravidam inveniri constitisset aliquam earum mulierum, quæ probabantur carere maritis, atrocibus tradebatur cum suo lenone suppliciis. Contigit interea quemdam prædicatissimi omnium cœnobii monachum, qui monasterii sui claustra fugaciter excesserat, et Jerosolymitanam expeditionem, non pietate, sed levitate provocatus, inierat, cum aliqua femina ibi deprehendi; igniti, ni fallor, ferri judicio convinci, ac demum, Podiensis episcopi cæterorumque præcepto, per omnes castrorum vicos miseram illam cum suo amasio circumduci, et flagris nudos ad terrorem intuentium dirissime verberari.

[XVI.] Adhæc etiam ut patientiores ad penurias, circumspectiores ad vitia fierent, præfatus Podiensis episcopus multifariam exhortationi vacabat, nec ullus dies Dominicus, aut festa apud Christianos transigebatur celebritas, qua non per quosque castrorum angulos divinorum verborum prædicaretur auctoritas. Injungebatur autem id, si qui forte interfuissent, ab eodem præsule, episcopis, 405 abbatibus, aut clericalibus, quæ videbantur eruditiores, personis.

[XVII.] *Fraus abbatis cujusdam. Qui tamen multum profuit Christianis. Factus Cæsareæ archiepiscopus.* — Dignum autem relatu mihi videtur, quoniam se operi nostro abbatum nomen immersit, quemdam ibi exstitisse abbatem, qui cum hujus viæ adhuc inter nos tractaretur initium, et se competens tanto itineri non habere comperisset pretium, illud Crucis signum, quod vestimentis ex aliqua materia factum apponi consueverat, ipse nescio sibi quo artificio media in fronte præsculpsit, ut non modo pictum, sed militaris stigmatis instar ferro esset inflictum. Quo facto, ut fraus mendacio firmaretur, ab angelo sibi per visionem illud celebravit impressum. Nec spei hujus qualiscunque defuit fructus, nam id cum subintellexisset indocile et novarum rerum cupidum vulgus, plurimis hominem in sua et extra suam regionem prosecutum est muneribus. Nec tamen poterat argutiam solerter inspicientium talis latere fallacia, cum patenter virus exstillare videretur crucis ipsius violenter inscripta lineola. Is tandem profectus, cum Antiochenæ obsidioni interesset, quæ mendose confinxerat, licet ab aliis jam dudum deprehensa, aperuit, et lucri intentionem non tacuit. Qui quidem honeste ibidem se habuit, et Dominico exercitui multa documentorum gratia profuit. Æmulationem quippe Dei habuerat, sed non secundum scientiam prorsus id egerat (*Rom.* x, 2); in tantum autem eminuit ut, capta Hierusalem, Beatæ Mariæ ecclesiæ, in valle Josaphat positæ, abbas præficeretur, ac tempore succedenti, Cæsareæ Palæsthinorum metropoli archiepiscopus crearetur.

Martyrii palmam plures adepti. — Illud autem constat esse indubium quod, nisi divini verbi creberrima eis ministrarentur solatia, nunquam inter tanta famis bellorumque discrimina adeo perseverans eorum exstitisset patientia. Unde quoslibet vita probos, scientia præditos, non minus, imo magis, inter eos valuisse dicimus, quam eos qui arma ipsa propriis contra hostes tractavere manibus. « Qui enim animi defectum admonitione consolidat, « major profecto eo est cui vires suo hortatu præ-

« stat, præsertim cum hi qui commonitores erant, « eidem tolerantiæ in omnibus communicarent. » Quid de illis ad ultimum dicam, qui in hac ipsa expeditione diversis in locis martyrii professione sanciti sunt? Quid, quod non modo sacerdotes, non litterati quilibet, sed viri militares, et quique plebeii, de quibus nulla poterat fore confessionis spes, ad hujus sortem gloriæ asciti sunt? Multos etenim captos ex his a paganis audivimus, qui, cum juberentur fidei sacramenta negare, maluerunt capita gladiis exponere quam fidem, qua semel imbuti fuerant, Christianam prodere.

Quid nobilis, Matthæus nomine, gloriose egerit. — Inter quos specialiter quem referam elegi unum, militarem equidem virum, genere nobilem, sed præ omnibus suæ cognationis et ordinis hominibus quos noverim moribus magis insignem. Hunc, a puero mihi cognitum, sancto vidi adolevisse ingenio, præsertim cum ex eodem quo et ego municipio oriundus exstiterit, et tam ipse quam parentes ejus, parentum meorum beneficia tenuerit, eisque hominium debuerit, una mecum creverit mihique ad integrum vita ejus studiumque patuerit. Cum enim equestri jam præminuisset officio, armorum fuit singularis titulo; sed omnis petulantiæ immunis a vitio, in Constantinopolitani imperatoris, scilicet Alexis, celeberrimus palatio, nam in ejus obsequiis consueverat peregrinari sedulo. Qui quidem, quantum ad suum spectabat modulum, cum esset in exteriori bene fortunatus copia, adeo largus habebatur in eleemosyna, in tantum frequens circa divina mysteria, ut non videatur militis, sed potius antistitis ejus vita. Cum enim ejus recolo jugitatem in oratione, pietatem in verbo, benignitatem in munere, sanctæ ejus nimium aggratulor intentioni; sed non minus ingemo meæ. Talem enim ipsius sum expertus actionem, quæ meruerit, non alium quam martyrii finem. Glorior certe, et gloriari possunt quicunque illius consequi potuere notitiam, non præsumo dicere amicitiam, quia quisquis eum vidit, procul dubio martyrem vidisse se noverit.

Dempto capite illustre fidei testimonium Christo dedit. — Is plane a paganis captus, cum cogeretur Christi negare fidem, inducias expetiit a perfidis usque ad proximum sextæ feriæ diem. Cui cum libentissime annuissent, æstimantes eum morosiori retractatione mutandum, accidit demum ut dies præfixus adesset, eumque furor gentilium urgeret, quatenus eorum sententiæ cederet, dixisse fertur : « Si « idcirco gladium me impendentem distuleris putatis, ut horum dierum mihi lumina parva lucrarer, et non potius ut ea ipsa die, qua Dominus « meus Jesus Christus crucifixus est, mori mihi « contingeret, dignum est ut evidens fiat, quid mens « Christiana cogitat. Insurgite ergo, inquit, et quo « vultis me exemplo occidite, tantum ut ei pro ipso « interemptus, animam meam restituam, qui pro « generali omnium vita hodie impenderit suam. » His dictis, gladio imminenti subjectum protendit jugulum, et cæso capite, transmittitur ad eum, A vocabatur Matthæus, vere, juxta interpretationem cujus similitudini mortis inhiaverat, dominum. Is sui nominis non alii quam Deo donatus.

INCIPIT LIBER QUINTUS.

CAPUT PRIMUM.

[I.] **406** *Qua mente auctor scribat historiam.* — Opusculi hujus mei, præter spiritualem, si quis tamen futurus est, fructum, ea intentio est ita me velle dicere uti ab alio, si eadem scriberet, mihi referre voluerim. Talis namque animo meo voluntas adjacet ut sit magis subobscurorum appetens, rudium vero et impolite dictorum fugitans. Ea quippe quæ meum exercere queant animum pluris appretior quam ea quæ captu facilia; nihil memorabile avido semper novitatis largiuntur ingenio. Ego plane cum plura scripserim et scriptitem, ita omnes extrusi ab animo ut mihi soli profutura putem, nulli alii placitura curem. Opinionibus itaque omnium supersedi, ideoque mei securus aut negligens, præstolor me quorumlibet verborum verbere cædi. Prosequamur igitur cœpta, æquanimiterque toleremus hominum nos dilatrare judicia.

[II.] *Antiochenam obsidionem prosequitur.* — Quæ facta sunt in Antiochena obsidione, nemini relatu possibilia existimamus, quia, inter eos qui ibidem interfuerunt, nullus profecto potuit reperiri, qui cuncta, quæ circa eamdem urbem agi potuerunt, valuisset pervidere, et ita ad integrum comprehendere, sicut se habet ordo gestæ rei. At quoniam ea quæ passi sunt in penuriis, bellorumque diversorum casibus summatim perstricta sunt, amodo videtur idoneum ut, ad quem finem obsidendo devenerint quemque fructum tanti laboris habuerint, utcunque carpamus. His diebus, nocte quadam rutilum in modum ignis super exercitum nostrorum emicuit, et speciem, haud ambigua forma, pariter exhibuit crucis. Quod quique illic sapientium incendium ad bella retulere futura, ubi tamen esset, quod crux videretur innuere, certa salus et successura victoria.

[III.] *Pyrrus, Turcorum dux, urbem tradit Boemundo.* — Quidam de primoribus qui urbi præsidebant Turcis vocabatur Pyrrus. Qui, familiaritatem Boemundi quo nescio pacto nactus, cœpit intercurrentibus nuntiis crebrius ejus usitare colloquium, et mutuo super his quæ et hinc et inde gerebantur communicabant sæpius ambo consilium. Interea solidati amoris, per assiduitatem colloquii, gliscente fiducia, paulatim Boemundus suggerere ei aggreditur quatenus Christianæ ditioni subjiceret urbem, cui dominari ei plurima ex parte constabat, suadens etiam ut Christianismum susciperet, spondens nihilominus, si hæc duo fieri acquiesceret, quod multum ipsi quæstum cum potiori honore quam ibi hactenus obtinuerat impenderet. His promissionibus ille non semel, sed multoties sibi ingestis, tandem lenocinante emolumento, consensit, eique hujusmodi mandata direxit : « Trium, inquit, turrium custodiæ præsum. Ipsas tuo tradam dominio, quaque hora tibi collibuerit et opportunum fuerit, te in ipsas, vel quos volueris, gratanter admittam. » Hæc spes quam maxime attollere cœperat Boemundum, et dum secarius præstolatur civitatis introitum, conceptam mente lætitiam vultu præferebat eximio. Verens igitur ne, cum ille proderet civitatem, aliquis nostrorum sibi principum totius principatum civitatis eriperet, callide exercitus seniores adoritur.

« Non latet, ait, vos, o excellentissimi comites, quas inedias, quos algores, quamque truces excubias hanc urbem obsidendo tulerimus, cunctisque personis magnorum, minorum atque mediocrum incumbere æqualiter dignoscitur ferale fastidium, nullumque patere remedium. Consilio itaque apud vos habito, quæso, perpendite an hujus urbis dominium unicuilibet nostrum obtinere sinatis, si alicui contingat istius proditionem fieri civitatis. Mihi autem videtur non incongruum, ut si seu vi, seu clam, seu precario quisquam ejus obtinebit ingressum, illi procul dubio ab omnibus concedi urbis debere dominium. » Ad hæc principum sententia longe diversa exstitit; et ejus opinioni severa fronte restitit, dicens : « Non satis esse conveniens ut, ubi par labor atque metus, non sine pretii majestate, petita sunt, et ubi periculum æqua omnibus lance pependerit, ibi unicuilibet, tot tantorumque dolore quæsitus, debeat magistratus attribui. Quis enim non justum esse censeat ut, in quo universorum certamen exæstuat, illic generalis omnibus requies et pars post victoriam jure perveniat? »

His Boemundus ægre susceptis, et gravi audita trutinans animo, abscessit. Nec mora, pervenit ad principes quod ab hostibus eorum innumerabilis barbararum nationum **407** ad subveniendum Antiochiæ conflaretur exercitus, et mutato repente quisque animo, ad alterutros, coacto concilio, fabulantur : « Si, inquiunt, Boemundus qualibet techna occupaverit civitatem, nos sibi redditam eum patienter habere feramus, ea sibi conditione indita ut si imperator quod pollicitus est præstiterit auxilium nobis, et ea quæ pariter spopondit ac juravit congrua largitione prosequitur, civitas ipsa, nobis tradentibus, juri imperatoris cedat; si vero fefellerit, in,ra tes Boemundi, sicuti ipse expetit, tota concedat. » Quo cognito, vir ipse clarissimus jam preces ad Pyrrum quotidie securus ingeminat, et multa hujusmodi promissorum adulatione circumvenit : « Ecce optime, inquit, Pyrre, vides, ad hæc nobis efficienda quid opportunitatis arrideat. Ne ergo, quæso, differas, ne, quidquid communiter utile molimur, si per aliquem, quod absit! delegatur, amittas. » Pyrrus, Boemundi legationi congratulans, opem suam non se dilaturum ullo modo renuntiat. Et, ne virum illustrem redderet diuturna effectus mora suspensum, Pyrrus idem proprium filium latenter Boemundo dirigit, et de urbis deditione ut fidenter speraret admonuit : « In crastinum, ait, cum primo diluxerit, universam Franciæ militiæ manum tubis insonantibus in unum coge, et quasi deprædaturos Sarracenorum terras, ut assolent, longiuscule a castris progredi jube. Continuo tamen dextrorsum per montana revertere. Ego vero intra civitatem tuum præstolabor adventum, tuos absque dubio quos immittere liberit, in eas quæ meo juri parere videntur turres utique recepturus. »

[IV.] Ad hæc Boemundus quæ audierat non segniter exsequi properat, et accito quodam cliente suo ei præcipit ut, quasi præconis functus officio, Francorum castra circumeat, quibusque denuntians quatenus summa se cuncti diligentia præpararent ac si in terram Sarracenorum procedere deberent. Nec mora, principis imperio famuli sagacitas irretractabiliter obsecundat, nec Francorum expeditio obtemperare detrectat. Quid apud se lætæ spei concipiat Boemundus duci Godefrido, Flandriensium comiti, itidemque et illi de Sancto Egidio, necnon et Podiensi episcopo denuntiat, jamque tutior ex sponsionibus Pyrri fatetur sibi Antiochiam ea nocte tradi. Ea igitur exercitu, qua diximus ordinatione disposito, militares equidem viri per campestria obambulare jubentur ; peditum frequentia per montana processit. Tota itaque nocte proprium iter expediunt, et antequam pareret aurora crepusculum, pro turribus, quas ille felix proditor pervigil excubans observabat, assistunt.

[V.] Ibi Boemundus de equo desiliit, et Francis insolita jam auctoritate intonuit, dicens : « Procedite, et ab ea quam dudum passi estis inquietudine respirate, præerectam vobis scalam conscendite, et ne diu vos morer, diu exoptatam vobis Antiochiam capite, quia quæ pridem Turcis subjacuit, vestræ in proximo, si Deus annuerit, cedet custodiæ. » Ad scalam Franci perveniunt, quæ, mœnibus civitatis innixa et ad eadem fortiter illigata, sexaginta illico hominibus ascensum præbuit, quibus, intra turres exceptis, earum ipsis homo custodias delegavit. At ipse Pyrrus, attendens quod adeo pauci ex Francis ascenderent, non tam nostris, ut postmodum claruit, quam sibi timidus, verens ne ad sui ipsius perniciem cœptæ proditionis trepidaret eventus, severissime ad præsentes Græca lingua infremuit : « Parum, inquit, Francos habemus. » Hisque dictis Boemundum vehementer inclamitat, negotium nimirum accelerans quod gerebatur, ne civibus, antequam Franci conveniant, innotescat. At Longobardus quidam ex famulis, Pyrrum intelligens de Boemundi absentia conqueri, quam celeriter ad virum qui petebatur properat : « Quid, inquit, adeo stupide agis ? Quid cum tanto languore tam ardua cœpta prosequeris ? Ecce jam nos trium turrium custodias obtinemus, et tu, hujus rei eventus adhuc dubios quasi contemplaris eminus ? Expergiscere, manus admove, mediæ teipsum actioni intersere. » Ocior ille festinat cum suis ad scalam, et tam proditoris boni quam eorum qui ascenderant erigit intentionem.

Confestim qui subierant illas Pyrri turres, attendentes Francos undecunque confluere, proprium cœperunt cum multo inclamare jubilo signum : DEUS ID VULT, DEUS ID VULT. Idem autem magnis acclamant vocibus, qui ascensuri pro mœnibus stabant. Prævenire tunc alter alterum in subeundo scalam infinita contentione certabat, et quisque subvectus, uti prius poterat, turres et alias occupabat. Quicunque his obvius exstitisset, tradebatur neci. Inter quos etiam occiditur frater Pyrri. Interea scala disrumpitur, et tota nostrorum multitudo subterjacens, et quæ præcesserat, gravi animorum ægritudine sauciatur, dum superiores differri sibi verentur auxilium ; et infra positi his qui ascenderant timent detrectare suffragium. Sed industria reperit cito locum. Porta namque ibidem clausa atque contigua a sinistra parte latebat ; nocte nimirum præpediente reperiri non poterat, quæ etiam interdiu, loco infrequenti constituta, minus patebat. Palpando tamen, urgente cura, sentitur. Ab omnibus statim ad eam curritur, fractis repagulis serisque panditur, 408 Francis irruentibus pervia efficitur.

[VI.] Audires horribili universam civitatem fragore confundi, et dum isti de tanti laboris fine conjubilant, illi insperata omnino sui omnium subversione collacrymant. Nihil moderati usquam penes victores victosque constabat. Illico Boemundus, ut intentam sibi redderet urbem, illud Turcis omnino notabile cognitumque vexillum, coram prospectu castelli, quod adhuc captioni restiterat (suum utique), jubet in cujusdam montis supremitate præstitui. Erat in urbe pervasa ejulatuum enormis immensitas, et, dum per omnia fugitantium fit angiporta occursus incitantium victorum ad cædem, feralis ferebatur ac truculenta vocalitas. Et, dum recordantur quas pertulerant in eorum obsidione miserias, quas ipsis mortibus acerbiores inedias, omnes quas inferre potuerint insufficientes arbitrantur eorum reatui pœnas. Puniebatur Armeniorum Syrorumque paganorum cohortibus omni merito exæquata perfidia, quia, quos ad suam ipsorum internecionem, Turcorum adminiculo haud segniter invigilasse compererant, tandem a supplicii pensione disparare nolebant. Et certe tamen fateor quia ipsorum innumeris pepercissent, si, inter ethnicos ac nostræ fidei homines, aliquam habere discrepantiam scissent. In tanta plane confusione temporis atque negotii, nox quippe fuerat, et populandæ cunctos civitatis aviditas, et morarum impatientia perturbarat ; nihil forsitan vestium qualitates discernere, nihil barbarum, incrementa permiserant.

Nostris autem in assiduo positis procinctu fatiscentium genarum maciem horribilis primum situs ambierat, et Francico more, incuria diutinæ peregrinationis, omisso, barbulam quisque rasitare distulerat. Quod Podiensis episcopus attendens, et ne in mutuas ruerent cædes, si quando uspiam præliari eos contingeret, pro barbarum similitudine Turcos alterutrum se putantes, verens, et crebro eos radi, et cruces argenteas, vel cujuslibet materiei alias, cujusque collo præcepit appendi, ne alter ab altero quasi alienigena possit intercipi. At hi, qui in tentoriis resederant, dum mane civitatenses audiunt vehementissima tumultuatione moveri, e papilionibus prodeunt. Boemundi vexillum ante mœnia castelli, nondum capti, celso in monte conspexere præfixum. Currunt propere, portasque civitatis irrumpunt, Turcos Sarracenosque quos reperere percutiunt, illis tamen a cæde salvatis qui subintravere castellum. Turcorum vero aliqui, Francos intelligentes civitate potitos, per alias urbis portas elapsi sunt. Intra urbem autem sexum diversitas indiscrete perimitur, exiguæ spes ætatis exciditur, et, dum seniori effeto non parcitur, ambigi non potest quanta ferocitate juventus bellis apta conciditur

[VII.] Interea Cassianus, qui Antiochenæ præsederat urbi, dum Francorum metuit manus incurrere, fugæ subsidio vitam sibi lucrari desiderans, cum plurimis comitibus, haud procul ab Antiochia in Tancredi confinia devenit. Sane dum fugere præproperant, equos suos omnimodis defectos reddiderant; jamque nequaquam progressius ire valentes, in domicilium quoddam diverterant montanorum. Itaque habitatores, Armenii videlicet atque Syri, ubi suum immanissimum hostem paupere delituisse tugurio, fortuna eum jam adversante, cognoscunt, comprehensum capite truncant : succisamque cervicem ad Boemundi præsentiam deportant, ut exinde penes eum, pro insoliti oblatione muneris, libertatis gratiam obtineant. Cujus balteo vaginaque cultelli sublatis, sexaginta Byzanteorum pretio vendenda taxarunt. Gesta sunt hæc Nonas Junii, cum quinta haberetur feria. Cerneres civitatem cædibus explicitis, intolerandis exundare fetoribus ; fora, plateas, atria, vestibulaque ædium, quæ pridem, multa æquoris gratitudine, marmoreæ crustulæ distinxerant, teterrimo jam uniformiter cruore sordebant infinitorumque cadaverum passim decumbente congerie, truculenta spectacula, aurarumque corruptarum feralitas, oculorum ac narium miserabiliter sensus infecerant. Sternebantur vicorum angustiæ corporum strage putentium, et dum nec efferendi tot funera facultas aliqua subjacet ; nec tutum a fetoribus diverticulum usquam patet, assiduitas visionis ac spiritus, præ sensibus constitutum decutiebat horrorem. Unde jam per ipsa cadavera, quibus stratæ erant semitæ, nemo, usu præbente audaciam, verebatur incedere.

CAPUT II.

[VIII.] *Curbaran Persa militiæ princeps contra Francos progreditur cum maximo exercitu.* — Igitur Curbaran quidam dictus, regis Persarum, quem veteri Sogdeanum nomine, ut Romani Cæsares, vocare solent, major domus, vel potius militiæ princeps, cum adhuc infra regnum Persidis, in illa quam Corozaniam vocant provincia moraretur (dicunt autem quidam terram circa Caucasum Corozaniam, corrupto a rudibus nomine, appellari) a præfato Cassiano, Antiochenæ urbis principe, crebris compellabatur 409 nuntiis quo sibi sub tanta obsidionis angustia posito concurreret, pollicens quia, si Francos averteret, aut urbem liberatam ipsius dominio contraderet, aut subventionis laborem maxima impensione munerum exæquaret. Cumque admodum grandem jam idem militiæ princeps, hujus spe pollicitationis illectus, conflasset exercitum, et a summo sui erroris pontifice (habent enim et papam suum, ad instar nostri) licentiam Christianos perimendi poposcisset ac accepisset, ad eruendam Antiochiam properare, infinito agmine succenturiatus intendit. Hierosolymorum præfectus (quos barbarica illi lingua Admiravisos vocant) plurimo confestim exercitu, ipsius adventantis copias auxit. Itidem Damascenum regem, cum expeditione non minima, suis contraxit auxiliis. Gentes autem illæ, quas profanus evocaverat princeps præter Turcos, Sarracenos, Arabes ac Persas, cogniti videlicet apud historiographos nominis homines, novitiis censebantur vocabulis, Publicani scilicet, Curti, Azimitæ, et Agulani, cum aliis innumerabilibus nequaquam gentibus, sed portentis. Eorum siquidem quos Agulanos appellant tria numero millia exstitisse feruntur. Qui neque gladios, neque lanceas, aut sagittas, nulla penitus arma formidant, quia omni ex parte cum ipsi, tum equi eorum ferro adoperiuntur. Hi nihil armorum prorsus in bellis præter enses usui habent.

Curbaran igitur cum tanto gentium fastu ad Francos ab Antiochia divertendos contendebat. Cumque jam fieret urbi contiguus, ecce Cassiani defuncti filius, Sensadolus vocabulo, obvius eidem principi adfuit, et cum multa ad eum mœstitudine dixit : « Cum magna tuæ fortitudinis habeatur celebritas, et tuarum victoriarum ubique gentium incomparabilis procedat opinio, de tuis, ut spero, præsidiis neutiquam, vir invictissime, mihi desperare licebit. Dum enim tua nemini videam non valere suffragia, tuaque passim constet ob facinorum claritatem reverenda potentia, non nisi pudoris est coram te mea deplorare infortunia, cum certum teneam, ea quæ exoravero in cassum nullo modo prorsus itura. Meminit gloria tua quot a patre Cassiano, dum in Antiochia obsideretur, legationes habueris, et quod, dum ei subvenire deliberas, captam a Francis urbem audieris, nunc interempto parente intra præsidium ejusdem civitatis obsideor, eadem procul dubio mihi ipsi præstolans eventura, quæ patri cognoverim facta. Si Antiochiam servaserunt, idemque plurimis Romaniæ ac Syriæ municipiis urbibusque fecerunt, indubium profecto est quod et vobis et aliis nostræ hominibus gentis atque locis, identidem facere proposuerunt. Excellentia itaque tua, admotis contra tam rabidos ausus viribus, excitetur; et, omnia occupare volentibus hominum pauperrimis, cœpta possibilitas abscindatur. Mihi nempe in meis infortuniis, tuorum auxiliorum spes suprema restiterat. » Cui querimonias exaggeranti ille refert : « Si, inquit, vis ut his tuis instantibus periculis obstem tuisque utilitatibus attentius operam dem, oppidum, quod defendis et pro quo supplicas, meæ ditioni contrade, et postquam meis castelli custodiam delegavero, tunc experieris quantum pro tuo exercear commodo. » Ad hæc Sensadolus : « Si Francos, ait, mihi prorsus interimas, mihique eorum desecta capita tradas, admittam te in oppidum, factoque tibi hominio, tuo juri idem servabo castellum. » Cui Curbaran ait : « Non ita mecum acturus es : sed continuo castrum trades. » Quid plura ? Profani principis vicit exactio, et se juvenis a dominio castelli exponens, illum qui extorquebat, non diu inde gavisurum, induxit.

[IX.] *Antiochiam obsidet Curbaran.*—Tertia, postquam Antiochiam Franci irruperant, dies agebatur, cum ecce Turcorum præambuli ante urbis mœnia cucurrerunt; reliqua vero exercitus frequentia ad Pharpharicum fixit tentoria pontem. Aggrediuntur ergo quamprimum turrim ponti contiguam, qua magnis expugnata nisibus, omnes interimunt quos reperere intrinsecus, nec cuiquam illorum vita indulta est, præter soli eorum domino, quem tamen, exacto postmodum contra hos bello, nostri invenerunt compeditum ferro. Postridie exercitus properavit ad urbem; ac in medio duorum fluminum, castrorum sibi loca legentes, duos ibidem egere dies. Capto itaque castro, cujus præsidem in vincula conjectum prædiximus, Curbaran unum de suis proceribus evocat, quem sagacem sibique fidum noverat, eique imperat : « Vade, et hoc mihi oppidum, ea qua debes et de te spero fidelitate defende. » Cui ille : « Imperio, ait, super hac re tuo difficulter obediam ; id tamen ejus rationis conditione perficiam ut, si Francis cesserit victoria, detur mihi victoribus castrum tradendi licentia. » Curbaran vero : « Ejus, ait, consilii constantiæque te noverim ut, quidquid tibi exinde agere libuerit, securus assentiam. »

Castri ergo illius munitione explicita, princeps ille funestus ad sua regreditur castra. Cui Turcorum suorum aliqui, raptis recens cujusdam pauperis peditis armis, ad nostrorum ludibrium præ oculis ea ingesserunt, ensem scilicet, diutina rubigine scabrum, nigrum ad instar fuliginis arcum, et lanceam impolitam, multorum hominum fumo infectam, eique garriendo dicunt : « Ecce arma, quibus nos Francorum expugnabit exercitus. » Et Curbaran arridens eis : « Hisne lucidis adeo ac fortibus armis,

Orientem depopulabuntur ? his viribus Caucasi extrema subdentur ? easque 410 fortassis quas antiquitus obtinuere terras Amazones, ac nostri quondam sibi vindicavere parentes, poterunt adimere nobis Franci prorsus inermes ? » Dixit, et accito confestim notario, ait : « Scribe quantocius eosdem apices per diversa pitacia, quæ per provincias Persidis dirigantur, ad papam videlicet nostrum, ad dominum etiam nostrum regem Persarum, ad præfectos quoque et commilitones diversarum regionum. Quorum hæc quidem habeatur sententia :

[X.] « Domino regi magnifico Persarum, papæque beatissimo, et omnibus adversus Christianos sanctam professis militiam, Curbaran suæ militiæ princeps, salutem atque victoriam.

« Gratulor summæ divinitati, patres ac domini, quod tempora nobis gaudiis semper opportuna suppeditat, et victorias de hostibus gentium ubique ministrat. Tria hæc vobis arma transmittimus, quæ quidem Francis tulimus, ut videatis quo munimine polleant, qui nos a patria exturbare desiderant. Sciri autem a vobis volo quia Francos, qui nobis omnibus minabantur exitium, intra ipsam quam cœperant Antiochiam obsessos teneo, castrum vero quod præminet urbi altrinsecus, e regione obsessorum, possideo. Et cum meæ adjaceat ad libitum voluntati aut conclusos trucidare, aut extremæ captivitati addicere; vos interim, dum redeam, nulla volo nostri causa sollicitudine cruciari; sed scire indubitanter nos eorum omnino dominari. Solito ergo tutius vacate deliciis, lautiora epularum obsonia celebrate, multiplicatis conjugum scortorumque gynaciis, generi propagando insistite et succrescens filiorum numerus, Christiano, quod jam tum et nomini, valeat obviare. Testor verumtamen summum, beatissimo Mathomo patrocinante, Tonantem, quoniam non ante vestræ oculos majestatis intuear, donec regiam urbem, scilicet Antiochiam, appendicemque Syriam, Græcos atque Epirotas, quos dicunt Bulgaros, meo sub jure coerceam ; Apulos quoque et Calabros ad vestræ gloriæ incrementum meæ ditioni subjungam. Valete. »

[XI.] *Mater Curbaran filium deterrere conatur ab Christianorum internecione.* — At mater Curbaran ipsius, quæ in Aleph manebat civitate, per idem tempus accessit ad ipsum, eique mœsta suggessit : « Velim, inquit, nosse, si constent, ut dicitur, quæ de te celebravit opinio ? » Cui filius : « Quæ illa ? — Bellum, inquit, Francis te illaturum æstimant. — Nihil, inquit, verius. — Fili, ait, virorum optime, per ingenitos tibi liberalissimos mores, quæso, contestari te audeam, ne eis pugnam inferas, ne tuæ detrimentum laudis incurras. Cum enim usque in ulteriorem superioris Indiæ Oceanum armorum tuorum claritudo refulgeat, tuisque præconiis respondeat ultima Tyle, quare pauperum hominum sanguinibus tuos obducere mucrones affectas, quos impetere inanis est pœna, et superasse, nulla sit gloria ? Et cum reges valeas terrere remotos, quid tibi cordi est lacessere advenas miseros? Personas eorum, fili, fateor, merito contemptibiles ducas; sed pro certo noveris, quia Christianæ religionis admodum præcellit auctoritas. Ideo precor ne velis attentare quod te postmodum cœpisse sero doleas. »

Renuit ille matris assurgere monitis. — Hæc ille cum audisset, lumine ad eam torvo respectans : « Quid, inquit, tibi aniles texere fabulas? Desipis, ut conjicio, et in amentiam versa, sine intellectu verba prosequeris. Plane plures urbium domini mihi militant quam ipsi in tota sui exercitus universitate homines exhibere prævaleant, et tu, mente delira, æstimas quia Christianæ præsumptiones testimonia meæ virtutis obtexunt? — Fili, ait, amantissime, eorum de quibus loquimur hominum nomina floccipendo ; sed eorum auctorem Christum, omnimodis ne abhorrescas exoro. Nulla forsitan eis tecum pugnare potentia, sed Dei ipsorum est, si præstare velit, certa victoria; ipse suos, etsi segnes et ignavos, pro sui solius gloria solet defendere et eorum custodiæ, quorum pastorem se novit [*al.*, meminit], imo Redemptorem, invigilare. Putasne quod is qui fidei suæ curvavit imperia, qui huc usque contra nos dedit eis potiri victoria, non possit etiam modo, vestra nisu perfacili amoliri molimina? Ipsi namque, ac si Deo a mortuis resurrecturo, a Patre dicitur : Surge, inquit, Deus, judica terram, quoniam tu hæreditabis in omnibus gentibus (*Psal.* LXXXI, 8). »
« Si igitur ipse terram judicat, quosdam videlicet a massa perditorum discernit et segregat, alios vero reprobat, et non omnes gentes, sed in omnibus gentibus, partem de toto assumens, hæreditat. Audiat providentia tua, fili, quam severus eos punit, quos a sui notitia exsortes sinit. Ait propheta David :
« Effunde iram tuam in gentes quæ te non noverunt, et in regna quæ nomen tuum non invocaverunt (*Psal.* LXXVIII, 6). »

« Vos Francos istos, non ideo quia advenæ sunt, vosque gentiles contemnitis, non armorum obscuritatem, non vitæ mendicitatem abjicitis, sed in eis solum potius Christianum nomen horretis. Et certe is, qui in eis despicitur, pro eis, cum necesse exstiterit, effusa ira præliabitur. Si his prophetico ore promittitur, quod a solis ortu usque ad occasum laudabile nomen Domini habeatur, dum non super Judæos sed super omnes gentes excelsus prædicatur (*Psal.* CXII, 3, 4), et Dei ipsius ore, quæ plebs sua non fuerat, jam plebs sua, et quæ non dilecta dilecta vocatur (*Rom.* IX, 25), dum quæ exstiterat in Judæis, in nationes adoptionis gratia transfertur, et in reliquiis Dei vultus eorum Judæorum utique præparatur, quis nisi demens filios Dei impugnare molitur? Prænuntio tibi plane, quia si eos bello aggrederis, ingens tibi incommodum infamiamque parabis; certa militiæ tuæ damna subibis; ipsos etiam spoliorum tuorum sublatione ditabis; tu quoque turpi fuga excedendo laberis. 411 Non te hoc siquidem in prælio manet interitus; sed certum tamen habe quia tibi vita comite præsens nequaquam transiet annus. Deus enim ipsorum perpetratum non illico scelus ulciscitur, sed usque dum ipsum permaturuerit crimen, criminosi aliquoties pœna differtur. Ideoque vereor, fili, ne tuæ, quod absit ! truculentia mortis accrescat, dum protelatur. »

[XII.] Ad hæc Curbaran ex materni miraculo sermonis redditur hebes, et de propinquæ nomine mortis exsanguis et tabidus, infit : « Et tu, horum velim scire, quomodo sis consecuta notitiam, gentem videlicet Christianam vires hujusmodi contra nos exerturam, nosque in hoc ipso quod imminet prælio devicturam, nostra eos spolia direpturos, et quod præsenti anno mortis repentinæ incidam laqueos. »

« Fili, ait, centum prope annorum tempora decursa noscuntur, ex quo in abditis quibusdam sectæ gentilis voluminibus repertum constat, quod populus Christianus bellum nobis illaturus insurgat, nosque ad plenum subigat, et quo nunc dominium exercemus, ibi sibi prorsus regna constituat, gentilitasque fidelibus subdita fiat. Sed in hoc scientia nostra fuscatur quia nescimus utrum modo, an in longa tempora compleatur. Ego etiam astronomicam disciplinam diligentiori intentione disquirens, innumerarumque sortium conjecturas attendens, æqua omnium collatione edidici quia a Christianis hominibus nos esset omnino necesse devinci. Ideoque præcordialiter tibi indoleo quia indubium mihi constat quod ex te jam propemodum orbata remaneo. »

« Mater, inquit, velim mihi disseras aliqua, de quibus hæsito. — Consule, ait, ne dubites, namque quæ sciero, præsto habes. — Boemundus, et Tancredus dii habeantur, an homines, quæso, inquit, mater, edoceas, et si ipsi Francos in præliis victores efficiant, precor, edicas. — Fili, Boemundus et Tancredus, communi uti et nos mortalitati obnoxii sunt, sed quia pro fide sua agunt, gloriam clari nominis, Deo eis cooperante, meruerunt. Deum autem Patrem profitentur, cujus Filium pro se humanatum itidem venerantur; qui tamen idem esse in Spiritus sancti unitate creduntur. — Quoniam, inquit, non Deos, mater, sed puros homines nostrique simillimos attestaris, nil aliud procul dubio restat nisi ut facto prælio comparemur collatis viribus illis. »

[XIII.] Igitur mater intelligens filium ad bella cum Francis agenda proclivem, et suis nolle consiliis animos adhibere, collectis quæ circa se reperiri poterant copiis, ad memoratam superius urbem Aleph, de filio suo nimium suspecta, concessit. Tertia posthac die Curbaran arma sumit, et Turcorum plurima cum eo frequentia civitatem adeunt, ex ea parte qua illud, quod nuper cœperunt captumque sibi communierant, erat castrum. Nostri autem se æstimantes eisdem posse resistere, aciem adversus illos instaurant. Sed tanta eorum copia exstitit ut nostris obsistendi virtus aut audacia nulla foret. Coacti igitur regrediuntur in urbem. Quibus agmine glomerato fugaciter portam intrantibus, adeo fuit angustus introitus ut pluribus accideret lethalis, ex mutua compressione, defectus. Quinta erat tunc feria, et quidam extra urbis præliabantur portam; aliquos, intrinsecus adversus oppidanos confligentes, totum constitit in præliis continuasse, donec vesperasceret, diem.

CAPUT III.

[XIV.] *E Christianis timore perterriti aufugiunt nonnulli.* — Sed quia Christus, qui quondam, etiam nunc quos elegerat novit, ea nocte quidam qui, ut ita dicam, de eorum genere non erant, per quos salus in Israel veniret, dum se Turcorum exercitu ambiri, dum

Bella diurna vident vix noctis limite claudi,
Intremuere, timor penetravit pectora cassus,
Atque sub obtutu mors sola paventibus astat.
Funditus ante viros sua vita pependit inertes,
Non nisi jam Turcos trepida sub mente tuentur.
Hostili reputant jam se mucrone feriri.
Quisque suis ibi subsidium desperat ab armis.
Cogitat ergo fugam; qui contempsere Dei spem,
Turpiter obscenas profugi subiere cloacas.
Dignus eis fuit exitus, qui tale verendis
Exemplum dedit agminibus. Reptando fugaces
Ad mare perveniunt, manuumque pedumque revulsas
Amisere cutes, exesis carnibus ossa;
Abradunt cautes. Pauli doctoris ad instar,
Cui fuga per murum dederat vitare Damascum,
Hi sibi concinnas insignivere latrinas.

[XV.] Fuere autem hi qui recesserant, Guilelmus quidam ex Northmannia, nobiliter omnino progenitus, cum Alberico fratre, qui a primævo scholis datus clericum fecerat, et postmodum a clero apostatice ac turpiter, militiæ amore, desciverat. Municipium quoque eorum, ex quo agnominabantur, exprimerem, nisi generis eorum amica mihi contiguitate devictus, pudori ipsorum parcere definissem. Guido etiam quidam, qui Trossellus cognominabatur, qui trans Sequanam oppidorum dominio potentiaque clarissimus, genere vero Franciæ universæ conspicuus habebatur, fugæ illius insignia vexit. Exstitere et alii hujus sanctæ militiæ desertores, qui cum in patriam repedassent probro et exsecrationi habiti, ubique conclamabantur infames. Quorum quidem aliquos ignoramus; quibusdam vero, quorum 412 in promptu notitia est, derogare nolumus.

[XVI.] Ad portum itaque qui dicitur Sancti Simeonis deveniunt, naves nautasque reperiunt, nautis inquiunt: « Quid hic vobis præstolari infelices? Illos omnes quibus victualia convehere solebatis, morti noveritis destinatos; urbem enim ipsosque intra urbem Turcorum obsedit exercitus, et nos propria corpora ab eorum pernitie vix nuda excerpsimus. » Qui tristi nuntii jaculo terebrati, postquam apud se diutius stupentes hæserunt, salutem ad ultimum in fuga ponentes, conscensis ratibus petierunt æquoris alta. Nec mora, illis volumina marina sulcantibus, Turci adsunt. Quos ibidem invenere, perimunt, naves quas in ipso sali vado reperere, comburunt, exuvias illorum quos enecuere, diripiunt. Porro, postquam illi degeneres, et superni juvaminis refugæ, per obscenissima, ut ferunt, loca recesserant, residui qui perseverare delegerant, jam tolerare hostilia sine ullo interstitio arma nequibant. Murum ergo inter se hostesque construunt, quem, continuatis excubiis, nocte dieque custodiunt. Ibi nostrorum oppressio adeo miseranda suboritur ut ad infames cibos, equorum asinorumque carnes, compellerentur.

[XVII.] *Per visum Christus presbytero apparuit asseruitque Christianis fore præsto.* — Interea die quadam, principibus exercitus ante castrum quod intra urbem obsidebatur positis, et pro omnimoda quam patiebantur miseria animo atrocissime consternatis, ecce quidam presbyter astitit coram eis, et ait: « Patroni et seniores, visionem excellentiæ vestræ refero, quæ consolationi vestræ, si ei credideritis, proderit, ut spero. Cum in ecclesia Beatæ Dei Genitricis quadam nocte dormirem, Dominus Jesus Christus, cum ipsa Matre piissima, et beato apostolorum principe Petro, mihi apparuit, et assistens, dixit: Scisne qui sum? Minime, inquam. Dixerat, et ecce in ipso capitis ejus nimbo, uti solet, in picturis fieri, crucis species apparuit. Interrogatione ergo iterata Salvatoris imago repetiit. Necdum nosti quem videas? Non alias, Domine, aio, tuam reviso notitiam, nisi quia tuis modo conspicio cervicibus imminere crucis effigiem, quod tuam specialiter, quocunque pingitur, insignire consuevit imaginem. Haud, inquit, erras; ipse ego sum. Confestim, non immemor ejus quam pariter patiebamur angustiæ, pedibus me illius advolvi, et deprecabar obnixe quatenus communi pro fide certantium calamitati succurreret. Optime, inquit, quæ tolerastis attendi, amodo vobis opitulari non differam. Meo instinctu hujus expeditionis vota sumpsistis, Nicæam civitatem me expugnante cœpistis, multiplices sub meo ducatu victorias habuistis, et cum vos huc usque perduxerim, ærumnis quas in obsidendo urbem Antiochiam passi estis indolui, quæque intra urbem modo etiam toleratis. Sed cum vos tot beneficiis tantisque triumphis extulerim, ubique victores induxerim, sanos incolumesque servaverim, vos meo munere abutentes, et cum Christianis male egistis, et cum paganis mulieribus fœdissime cohæsistis, fetorem nimii clamoris in cœlum emisistis.

« Ad hæc pietatis invincibilis Virgo, et humani generis Maria ad Deum semper interpres, et claviger æthereus Antiochenorum specialis episcopus Petrus, ad vestigia misericordissimi Domini provolvuntur, deprecantur et rogant ut populo laboranti suum impendat solatium. Ubi etiam ipse mirabilis

Petrus per se intulit : « Meminit, Domine, majestas tua, quam pudendis domum meam in hac urbe attaminarunt pagani sordibus, redundat ad tuæ divinitatis injuriam, quod tua sacraria flagitiis complevere et cædibus. Cum ergo eos tandem, miseratus, expuleris, gaudiumque super hac re cœlo, intuleris; tu tam pii facti pœnitens, eorum superbiam regredi in statum pristinum adversus temetipsum patieris? »

« Motus ergo his dictis, Dominus mihi dixit : « Vade, et dic populo meo, ut ad me præcordialiter convertatur, et ego me ad ipsos totis pollicear visceribus reversurum, et intra quinque dies maximum vobis præbebo subsidium. Litanias itaque instituant, istudque Responsorium Ecclesiastici quique decantent : « Congregati sunt inimici nostri, et gloriantur in virtute sua. Contere fortitudinem illorum, Domine, et disperge illos, ut cognoscant, quia non est alius qui pugnet pro nobis, nisi tu Deus noster. Disperge illos in virtute tua, et destrue eos, protector noster Domine. » Quibus peroratis adjecit presbyter : « Si de his quæ dicta sunt, aliqua vestris animis irrepit ambiguitas, ego in hujus nomine veritatis, cuicunque volueritis me examini vel judicio, seu ignis seu præcipitii, plena fide submittam, et si lædi me contigerit, læsione meæ atrociorem quam potestis addite pœnam. » At vir undecunque canonicus Podiensis episcopus, Evangelia jubet crucemque deferri, quatenus verba ejus fides astrueret sacramenti.

[XVIII.] *Obsessione cincti forti animo futuros mutuo jurant duces.* — His peractis extemplo principes, communicato consilio, mutuo sibi sacramenta dederunt, quod scilicet : « Neque mors, neque vita, a cœpta eos defensione suffugere cogeret, quantacunque vel ipsos urgeri necessitate contingeret. » Primo igitur Boemundus, secundo Sancti Egidii comes, Hugo Magnus, Robertus Northmannicus, dux Godefridus, comesque Flandrensis, pari se nunquam quod cœperant deserturos, animositate jurarunt. At Tancredus ea conditione juravit quia, quandiu quadraginta militum suffragio niti posset, non solum ex ea quam patiebantur tunc, obsidione 413 sese nequaquam subduceret, sed nec ab Hierosolymorum itinere abduci, nisi obvia morte valeret. Quæ res audita minoribus, magnum in totius subjectæ multitudinis pectoribus fortitudinem parturivit.

CAPUT IV.

[XIX.] *Cuidam per visum lanceam, qua Christi latus perforatum est, in Antiochena ecclesia absconsam ostendit B. Andreas* (32). — Antequam quoque Antiochena civitas caperetur, cuidam de exercitu, Petro nomine, beati Andreæ apostoli species apparuit, dicens : « Quid tecum agitur? » Cui ille stupidus non ad interrogata respondit, sed, quis esset, quæsivit. Ille Andream apostolum se esse non tacuit. « Noverisque, ait, fili, quia cum urbem, Deo aperiente, Francorum virtus intraverit, ad beati Petri coapostoli mei ac fratris Ecclesiam ibis, ibique tali

(32) V. infra lib. VI, cap. 1.

A in loco lanceam, qua Salvatoris nostri Jesu Christi perforatum legitur latus, invenire poteris. » Dixit, nec addens plura, recessit. Cujus visionis conscium neminem homo isdem facere tunc voluit; nec eam apud se tanti pendit ut ludibriis somniorum, quibus pene indesinenter afflicimur, majus in ullo æstimaret valere aliquid. Et tamen non sui, dum cum apostolo loqueretur, penitus immemor ei intulerat : « Domine, inquit, si hoc quod a te præcipitur nostris edicerem quod fidei indicium dubiis adhiberem, unde ad credendum cogi possent? » Ad hæc verba gloriosus apostolus hominem corripuit, et ad beati fratris basilicam, in eum quo erat reposita lancea locum spiritaliter asportavit.

Capta postmodum civitate, cum Dei populus his, B quas prælibavimus, subjiceretur exitiis, idem iterum memorabilis apostolus, qui juste omnimodis earum rerum procurator fieri cœperat, quas ad charissimi fratris ornatum domus pertinere cognoverat, homini illi Petro rursus apparuit : « Quare, inquit, distulisti manifestare quod jusseram? Cum videas tuos hinc inediarum periclitari incommodo, illinc Turcis insistentibus, foveæ jam propemodum desperationis illabi, ea quæ me prænuntiante didiceras, ipsis notificare debueras, cum procul dubio eos scire conveniat, quia quodcunque lanceam eamdem pertulerint, victoria sibi certa proveniat. » Qua apostoli admonitione secundo habita, nostris cœpit verborum quæ in visione audierat seriem prædicare. Populus autem hominis dicta reverberans, mendacii simile quid putabant, undique enim eos circumcingentibus malis, spem aliquam ejus concipere rei nullatenus poterant. At ille pertinax, et ex apostolici sermonis auctoritate solidior, asseverabat sibi apparuisse apostolum et bis in visione dixisse : « Propera, et dicere quantocius militiæ Domini periclitanti ne differas, quatenus timore recusso Deo adjutorium pollicenti indubia fide cohæreat; citra enim quinque dierum spatium tale quid Dominus revelabit, per quod multo gaudio sua pectora revelabit; et si prælium eis ingruerit, hoc sacro præeunte signo, omnis sibi hostilitas devicta mox suberit. » Cœpere interea ad dictorum illius credulitatem sedula hominis illius suasione D vocari et vicaria jam commonitione, spei qualiscunque respiratione juvari : « Non ita, inquiunt, nobis est desipiendum ut nos pro fidei defensione conclusos, Deus tot hactenus victoriarum præstitor, de se sperantes, et ad se gemebundis animis inhiantes, Turcorum gladiis concidendos exponat; sed pro certo credi debet quia post tristia tempora, lucem nobis suæ miserationis ostendat; timoremque suum super eas quæ se non exquisierunt gentes immittat. »

CAPUT V.

[XX.] Igitur qui tuebantur castrum Turci, tanta circumfuderant nostros instantia ut intra quamdam, quæ in prospectu castelli erat arcem, tres eorum milites obstruserint. Prodeuntes etenim e castello pagani tanto in nostros bacchabantur incursu ut penitus tolerare nequirent. Duo itaque ex his quos incluserant militibus, vulnerati aufugiunt; tertius diem adversus hostes, in sui defensione, continuat, adeo ut duos ex eis super muri deambulacra, sectis ipsorum hastilibus, occiderit. Ipsi etenim tres hastas Turci præ manibus concidendo minuerant. Erat autem militi illi nomen Hugo, et agnominabatur Insanus, de domesticis cujusdam Josfredi, qui de Montescabioso prænomen habebat.

[XXI.] *Qua Boemundus arte milites excitat ad pugnam.* — Memorabilis autem Boemundus, cum ad castrum expugnandum vix aliquos suadere valeret, nam qui domi delitescebant, panis aliqui penuria arctabantur, alii gentilium rabie ac numero terrebantur, gravi animadversione citatus, ex ea civitatis jubet ignem parte supponi qua situm fuerat nuper defuncti palatium Cassiani. Quod quique videntes, derelictis quæ cremabantur omnibus, alii ab incendio confugiebant ad castrum; alii ad comitis Sancti Egidii confluxere portam, quidam ad Godefridum coiere ducem, quisque ad eam cujus indigena putabatur gentem. Mox ad cœptæ destitutionis augmentum vehementissimæ nimietas tempestatis incessit, ita ut fieret tanta valitudo ventorum, quo neminem pene liceret incedere rectum. Boemundus interea, dum conflagratione horribili abradi funditus conspicit urbem, cœpit pro ecclesia Beati Petri et Sanctæ Mariæ, aliisque ecclesiis anxie nimis æstuare. Ab hora tamen tertia usque ad noctis medium, flamma desæviens, ecclesiarum domorumque duo millia redegit in cinerem. Circa meditullium ergo noctis, pyrræ furentis conquievit acerbitas.

[XXII.] *Ignis de cœlo cadens Turcorum exitium prænuntiat.* — Præterea castellani atrocissime vexabant nostros, qui versabantur in urbe, assiduo ipsos molimine inedia fatigatos, interdiu ac nocte pulsantes, nihilque utrorumque exercitus nisi lanceæ et gladii disparabant. Videntes itaque nostri indesinenti se duellione teneri, nec sibi si omnis victualium copia suppeteret, aut edendi, aut bibendi opportunitatem ulla ex parte concedi, inter se et hostes, cæmento ac lapide castrum ædificant, machinis frequentibus ambire festinant, ut vel de cætero aliquantisper securiores existant. Pars aliqua Turcorum commanebat in castro, quæ momentis prope singulis nostros consueverat irritare bello, alia propter castellum quodam hospitabatur in campo. Nocte ergo sequenti ignis species a plaga occidentali de cœlo prolabitur, ac intra hostilia castra cadendo demittitur. Utrisque partibus spectabile plurimum præbuit casus iste miraculum. At ubi mane inclaruit, quo citius potuere Turci a loco, in quo desederat cœlestis flamma, recedunt et ante Boemundi, quam occupaverat portam, castra reponunt. Quod portentum, illud quod sibi imminebat patenter, si intellexissent, enuntiare videbatur exitium.

Porro oppidani, qui crebris nostro exercitui irruptionibus incumbebant, pene sine ullo temporis interstitio intentis arcubus, nostrorum vulneribus aut necibus insistebant. Qui autem exterius civitatem vallaverant, et mœnibus adjacens territorium longe lateque contexerant, custodia adeo vigilanti universæ introitus urbis obstruserant, ut nusquam exire vel ingredi, nisi noctu, et hoc clam omnino valerent. Cum tanto namque numero idem hostes luxuriaque convenerant ut passim nihil aliud quam homines ac tentoria viderentur, pretiosa supellex, variarum vestium claritates, armentorum ac pecuariorum ad victualia greges. Ad hæc in similitudinem, ut ita dicam, templi, ornatæ uxores, tum præterea ad libidinis cumulum, pharetratæ cum arcubus advenere virgines, ut veteris in eis Dianæ nova cerneretur species, ut non causa bellandi, sed potius sub obtentu putarentur convenisse gestiendi. Prælio plane majori exacto, ab his, qui interfuere asseritur, quod etiam recens nati infantuli, quos in ipso procinctu expeditionis enixæ mulieres fuerant, dum pro urgentium Francorum insecutione præproperant, seque morarum ac oneris impatientes exoccupant, medio projecti reperirentur in gramine, uti eos, dum sibi quam illis plus metuunt, negligenter effuderant.

[XXIII.] *Quam maximam ciborum penuriam patiuntur obsessi.* — In hunc itaque, quo diximus, modum, Turcis undique nostros prodire vetantibus, et interius prorsus sibi necessariorum procurationem negata, famis per omnem pene exercitum successere pericula, et atroci inediarum insolentia, pauperiorum quorumque præcordia pulsabantur. Cum enim Franci, Antiochiam obsidentes, universam civibus contrahendarum escarum copiam ademissent, tanto in urbe capta arctiorem reperere substantiam, quanto diligentiorem, ne contra se muniretur a Turcis, ipsi obsessores habuere custodiam. Extenuatis denique quæ ad usum pertinebant omnibus, panis exiguus uno Byzanteo emebatur. Annonæ ergo raritas et condimenti parcitas, cum plurimam ubique peperisset angustiam, multis, præ inopia tumescentibus, extorsit animam. De vini potione tacendum, quod ab omnium generaliter ore perierat. Et plane malum biberet, cui nihil suppetebat ut ederet. Jam deficiente legitimi victus obsonio, equinæ carnis quisquam vix reverebatur edulium, contristabatque plurimos frequentibus quæsita macellis, et carius empta paucitas asinorum. Pullus quindecim solidis vendebatur et duobus ovum, nuxque denario. Ubi enim hominum frequentia, cibique totius penuria, necesse constitit cara ibidem haberi omnia. Ficorum, carduorum, atque vitium frondes in pulmenta transierant. Jamque in arboribus fructus quæri cessaverat. Olerum vices, quorumlibet foliorum concoctæ diversitates agebant. Equorum, camelorum, asinorum, boum, bubalorumque carnes, personarum opulentiorum deferebantur ad esum; sed sicca eorumdem tergora, in morem sepiarum concisa, dum diuturno igne coquerentur elixa, accuratissimam pauperioribus præbuere coquinam.

[XXIV.] Legantur ubique gentium urbes obsessæ, historiarumque veterum universitas retexatur, quosnam populos valebimus invenire, qui a paterna regione exsules, erga tantas indigentias pertinaces atque duri, adeo potuerint perseveranter existere? Plane si Trojana decennio suo illustris objiciatur obsidio, datas profecto vicariæ securitatis sæpenumero hinc indeque profitemur inducias, in quibus et hebetatarum virium reficiebantur acumina, et stipendiorum affluentia terræ ac pelagi cooperatione successit. Et si aliquos aliquando obsessos, aliqua uspiam inediæ contigit pertulisse discrimina, nimirum id tulerunt pro libertate tuenda, cum « corporum et patriæ defensio præ omnibus omnino sit rebus habenda. » Hi nulla libidine plus habendi, imo 415 sub obtentu pro Deo egendi, a naturali diducti sunt solo, hi ut divinas ab Ecclesiis amolirentur injurias, eas ciborum, accubituum, excubiarum, frigorum, pluviarumque sustinuere miserias indeficientisque timoris angustias, quas a sæculo nequaquam passas quis audierit vel legerit gentes ullas. Et quod majus dignoscitur præstare miraculum, cum intra proprios adhuc tenerentur fines, vix in sui regis exercitu tridui spatio patiebantur tentoria, etiam cum non excedere cogerentur a provincia. Nullus, ut æstimo, eorum qui illi subjacuere periculo exstitit, qui anxietates valeat animorum corporumque tormenta recolere quæ eos ibidem contigerit tolerare. Hæc animadversio, viginti sex diebus continuis perduravit.

CAPUT VI.

[XXV.] *Stephanus comes Blesensis extra urbem Antiochenam quid gesserit.* — Eo tempore Stephanus Blesensis comes, vir multæ quondam modestiæ, magnique consilii, quem universus sibi exercitus delegerat præceptorem, acri se perhibens morbo detentum, antequam Antiochiæ nostris patuisset introitus, in quoddam concesserat oppidulum, quod constat Alexandriolam vocitatum. Capta vero urbe, et rursus obsessa, cum comites Christianos intra urbem diris calamitatibus comperisset urgeri, necessitate nescio an voluntate huc usque distulit auxilium ipsius præstolantes. Ipse vero, ubi edidicit Turcorum examina civitatis pro mœnibus consedisse, callide ad montana processit, et quænam hostium copiæ haberentur attendit. Cum ergo papilionibus rura operta conspexisset innumeris, humana tactus cogitatione, recessit, dum æstimat quod in urbe conclusis succurrere vis mortalium nulla possit. Vir namque expers totius levitatis, fugax ignaviæ, et amore præstantissimæ veritatis, dum se nequaquam eis subvenire posse æstimat, et illos morituros, sicut circumstantia testabatur, non dubitat, si sibi interim provideat, nihil infamia dignum se facere putat, dum se opportuniori tempori reservat.

Et certe multo meliorem ejus fugam arbitror, quæ indecens factum martyrii repensione correxit, quam eorum perseverantiam, quorum reditus se in totius spurcitiæ et sceleris profunda deflexit; si tamen fuga dici debuit ubi certa, ut dicitur, ægritudo prætendi potuit. Quis comitem Stephanum et Hugonem magnum, quibusdam eorum qui perseverare, ob hoc utique quia redisse visi sunt, comparabiles dixerit, quorum tanta honestas semper exstitit? Finis ad hujus rei, de qua criminantur, exsecutionem adeo claruit ut de his jam secura laus cantari possit; illorum vero vita, omnium bonorum pudor sit. Attendamus illos, qui de Hierosolymitana, quia ibi interfuerunt, captivitate superbiunt, et videbimus quia in flagitiis, proditionibus, perjuriis, nemo eorum alicui se patitur esse secundum. Horum anteriora ac posteriora redolere probantur honestum. Illi, « quia Hierusalem viderint et sepulcrum, putant de cætero sibi secure criminibus insistendum, » et sanctis ad sui comparationem hominibus improperant reditum, nec sese per scelera infinita putentibus, eorum finem considerant prædicandum. Sed his omissis, cœptæ seriei intendamus articulum.

[XXVI.] Digrediens ergo ab Alexandriola municipio suo, comes isdem, ad eam urbem, quæ appellatur Philomena, pervenit. Jam imperatori tyrannico captam Antiochiam fuerat nuntiatum, quo ipse cum multis copiis accelerabat iter, æstimans se a Francis eam sine dubio recepturum.

Imperator odio Francos persequi dignoscitur. — Comes itaque cum principem cupidissimum obviam habuisset, et ille de statu Christianæ militiæ ac civitatis proditæ eum requisisset, comes utique captam urbem minime reticuit, castrum vero Turcos adhuc retinere perhibuit. « Sed, proh dolor! ait, gaudium civitatis obtentæ, iterata turbavit obsidio, dum qui Turcos pridem obsederant, vice miserabiliter commutata, circumcinguntur a Turcis. Qualiter autem postquam inde recesserim se egerunt; incertum habeo. » Hæc quidem secreto principi a comite sunt suggesta. At imperator hæc audiens, et ab spe cui innitebatur decidens, Guidonem Boemundi germanum, virum militari vivacitate conspicuum, quosdamque alios evocat, remque multo deterius quam comes ei dixerat, manifestat. « Quid, inquit, facto opus esse decernitis? Franci atrocissima Turcorum obsidione premuntur, aut fortasse, jam eorum occubuere mucronibus, seu etiam per diversas sunt provincias jugo æternæ captivitatis addicti. Quia ergo deferendo eis præsidio nihil nobis potentiæ, aut opportunitatis arridet, præsertim cum si progressius eamus, verendum nobis sit, ne nos Turcis occurrentibus pereamus; si vestræ prudentiæ videtur idoneum, revertamur. » Hæc dicens, perfidissimus ipse, sine dubio jucundabatur, quia perisse au ; dierat, quos non minori quam Turcos invidentiæ exsecrabatur.

[XXVII.] At Guido audito fratris Boemundi Francorumque discrimine, tam ipse quam familiares ac necessarii ejus vehementissimis ejulatibus complorantes, etiam adversus ipsum Dominum, sumpta jam merito, ut putabant, jurgandi audacia, conquerebantur, dicentes : « Deus omnipotens, judicium cujus 416 a recto nunquam exorbitat, qui super sortem justorum nullo modo peccatorum sceptra relinquis, cur populum, qui parentes, uxores, filios, honores eximios, solum naturale reliquerat, imo pro tui desiderio sese quotidianis crucibus mortique tradiderat, nefandorum hominum gladiis feriendum, absque subsidio tuæ protectionis objeceris? Plane si verum fore constiterit ut ita eos siveris profanis manibus internecionis exitio tradi, quem deinceps reperies tuis mandatis obtemperare volentem, cum te ad tuos defendendum universi amodo judicare debeant impotentem? Sed esto. Pro te occidi volueris, gloria et honore eos coronaveris. Certe etsi illis regna centuplicata contuleris, fidei tamen tuæ hominem, et capitis commotionem opprobriumque sempiternum in gentibus feceris. Universum Christiani nominis orbem extremæ desperationis ac incredulitatis foveæ intrusisti, nequissimis vero hominum irrefragabilem contra tuos audaciam perpetuo contulisti. Non erit denique ulterius jam, qui magnum quid de te præsumat, cum eos, qui cunctis mortalibus specialius tibi obsequi putabant, tam indigno subrui fine conspiciat. Dic ergo, piissime, qua te deinceps tui fronte vocabunt [al., invocabunt], cum tui tales tuorum exitus exspectabunt? » Has et alias in eis anxietatis et diræ quærimoniæ voces ferocissimus dolor expresserat in tantum, ut in toto quem tyrannus ille ductabat exercitu, nulli pene episcoporum, abbatum, clericorum, laicorum, nimietate stuporis absorpti, auderent per aliquos Deum invocare dies. Guido autem fratris unanimitatem, tantique principis magnanimitatem ad memoriam reducens, replicatis miserabiliter optimis viri qualitatibus, mœrorem intimum multis ululatibus personabat.

Præterea in reditu positus imperator, dum, rupto Francorum obstaculo, Turcos liberius passim oberraturos jam jamque formidat, his qui sibi militabant hominibus imperat : « Ite, inquit, et imperiali edicto totius regionis hujus homines cogite, universa Bulgariæ loca vastate, ut cum Turci provincias nostras depopulaturi discurrerint, nihil ad usum pertinens istic valeant reperire. » Vellent itaque nollent, ii qui nostris concurrere festinabant, Christiani videlicet, reverti cum imperatore coguntur. Et milites quidem præceptum properabant implere tyrannicum, pedites per angariam sequebantur exercitum, et dum celeritatem equitum assequi affectant, inextricabili sese infirmitatis impedimento præcipitant. Passim ergo tanti impatientes laboris deficiunt, et inter eundum innumeri eorum languoribus apprehensi occumbunt. In urbem denique Constantinopolitanam repedante tyranno, quique per Græcias, in sua unde venerant, remearunt. Hic itaque huic libello finis accedat.

LIBER SEXTUS.

CAPUT PRIMUM.

Cum in authenticis historiis sanctorum Patrum, Deo auctore, patrata bella relegimus, et pro tantillorum hominum pene nulla fide tanta evenisse perpendimus, (non quod beatissimos Josue, David, Samuelem, tantillos appellemus, sed quod excepto eorum merito, cæterorumque quorum nunc usque Dei Ecclesia prædicat claritatem), plebis Judaicæ despiciendam ducimus vanitatem infelicissimos hominum, pro solis Deo ventribus servientes, nisi ratio obviaret, placentiores Deo putare possemus quam istos quorum tota spiritualis fuerat servitus. Illis namque a sola idololatria tutis, prospere proveniebant omnia, crebræ victoriæ, multa copia, istis vero difficulter vincere, inter vincendum damna frequentia, raræ opulentiæ, continuæ quidem, et tunc crudelissimæ egestates, cum ii non militarem, sed monachalem quantum ad parcimoniam sanctimoniamque pertinet, vitam ducerent. Quod totum ratio gratissima nobis exponit, dum attendimus, quia : « Deus flagellat omnem filium quem diligit » (Hebr. XII, 6), » et quibus temporalia disciplinæ rigore subducit, his spiritualia sempiternæ dulcedinis affectione disponit.

[I.] *Lancea, de qua prioris libri cap. 4 reperitur. Petrus Eremita dirigitur ad Turcos.* — Igitur post verba Petri illius, cui beato Andrea interprete revelationem Dominicæ lanceæ diximus factam, multa populus exsultatione Christianus invaluit, et tanti quem præstolabatur eventus spectaculo de profundo desperationis emersit. Indice itaque illo, ad locum, quem designaverat, ab omnibus curritur, et in Ecclesia Beati Petri secus altare Dominicum fieri fossa jubetur. Tredecim ergo hominibus, a luce prima in vesperum, haustam efferentibus terram, homo ipse invenit lanceam. Videntes autem auditæ visioni omnimodis concinuisse rem gestam, magnam cuncti concepere lætitiam, nec minorem lætitia, jam contra omnis hostis audaciam. Acceptam hoc modo 417 lanceam cum ingenti extulere gloria, e ab illa die, de bello agendo cœpere fidenter inire consilia. Denique dum primores Christiani agminis, coacto consilio, quid facto opus esset pari sensu eventilant, id antequam prælientur faciendum censent quatenus Turcos primum directa legatione conveniant, ut a Christianorum finium occupatione desistant, nec Christi facere servos extorres, aut mortibus addicere velint, sed se suo contenti termino, sub propria regione contineant. Accito igitur illo Petro, hujus operis initiis non incognito eremita, et adhibito illi quodam Herluino, utriusque linguæ perito interprete, pariter ambos ad profanum principem dirigunt, eisque materiam sermonis imponunt. Qui cum ad gentilis illius tabernaculum devenissent, et admissi horrendo diabolici hominis conspectui astitissent, hujusmodi serie perorarunt.

[II.] « Plurimum principum nostrorum animis miraculum intulisse noveritis quod terram nomini antiquitus Christiano, solida libertate, possessam, adeo irreverenter et improbe introire ac usurpare cœperitis. Cum enim indubie sciveritis, ex nostrarum, quas audistis, assiduitate contra vos victoriarum, Christi nullatenus descivisse potentiam, vestramque adversus ipsum experti sitis parum posse valentiam, nullo modo æstimant quod toties bello pulsi, præliandi contra Deum audeatis ulterius iterare dementiam. Unde jam unanimiter arbitramur quod prudentia vestra non ob aliud hucusque convenerit, nisi ut per Christianos, qui nobiscum versantur pontifices, fidei nostræ dogmate imbui possit. Procul dubio namque scimus, quia nequaquam de vestra salute curatis, sed [*al.*, si] contra catholicam credulitatem bella tentatis. Petimus ergo pariter, vestræ consulentes inscientiæ, ut ab hac præsumptione cessetis, scientes quia beatus Petrus apostolus, Deo præbente, eam sibi arrogat, cujus primum minime antistitem se ignorat, et quam nostro, licet peccatorum, officio, restituere ad Dei cultum, qua illam imbuit, cogitat. A principibus etiam vobis substantiam, quam detulistis, universam referre, summa liberalitate conceditur ; nec si pacifice recedatis, aliquis nostrorum vobis læsionem quamlibet molietur. »

At Curbaran dictorum Petri magnificentia præcordialiter læsus, jam Turcorum, qui astiterant, his auditis, immaniter ferociente superbia, ait :

[III.] « Terram, quam dicitis vestræ ab antiquo Christianitati exstitisse subjectam, nostram, nobisque omnimodo jure debitam probabimus, præsertim cum eam nationi, vix feminas æquiparanti, mirifica virtute tulerimus. Porro ingenti desipientiæ deputamus quod vos, venientes a finibus terræ supremis de nostris nos minamini ; imo tota virium collatione conamini propulsare sedibus, cum vobis ad id explendum suppetant non opes, non arma, non numerus. Christianum vero nomen, non modo non excipimus , sed abruptissima despectione respuimus. Et, ut ea quæ intulistis brevi clausula finiamus, vos qui legatione fungimini, ad vestros principes ocius revertimini ; eisque dicite : Quia si nostræ conditioni fieri desiderant consimiles , et Christum diffiteri, cui videntur acclines, nos non hanc eis tantum provinciam, sed et majoris opulentiæ et amplitudinis dabimus terram, hisque castellis ac urbibus gratuito dilargitis, nullos ipsorum patiemur pedites, sed generaliter cunctos instituemus equites, et ubi ritus pariter indifferentes habebimus, de mutua pariter amicitia, et contiguitate gaudebimus. Quod si a proposita deliberaverint exorbitare sententia, incident, sine dubio, in visæ citius mortis exitia, aut æternæ subibunt captivitatis exsilia, servituri utique tam nobis quam posteritati nostræ per sæcula. « Dixerat, ac celeriter legatione reversa, militiæ Christianæ ducibus notificata sunt omnia.

CAPUT II.

[IV.] *Ad Deum piis exercitiis confugiunt Christiani.* — Exercitus itaque, in arcto admodum constitutus, dum istinc crudeli vexaretur inedia, illinc dira gentilium, qui se prorsus ambierant, formidine roderetur, tandem ad divina sese subsidia refundentes, jejunia triduana Podiensi magnifico institutore concelebrant. Litanias supplices ab ecclesia in ecclesiam explicant, confessione peccatorum sincera se mundant, et episcopali vel sacerdotali consequenter absolutione promerita, corporis ac sanguinis Domini sacramento plena fide communicant, eleemosynas, prout potest, quisque largitur , sacrificia ubique divina pro se offerri exorant. Denique sumpta jam ex his securitate, de bello proponitur, ac intra civitatem sena illico acies ordinatur.

[V.] *Ordinantur acies ad pugnam.* — In prima acie in his videlicet, qui primas vires ictusque Turcorum exciperent, exstitit Hugo, juxta sui nominis qualitatem vere magnus, adjuncto manui ejus universo Francorum agmine, et præter cæteros Flandrensi comite. Audivi de hoc ipso regio homine, quia, antequam de prælio ageretur, suus eidem dispensator, non parvo pretio pedem cameli emerat, hoc nempe magis ejus esui competens reperire non potuerat. Quem dominicum hominem victualium insolentia adeo extenuaverat ut vix equitare sufficeret, et cum suggereretur ei quatenus non ad bella procederet, sed vel cum castelli obsessoribus in urbe maneret : « Absit, inquit alacriter, plane vadam, et utinam cum morituris funera illic beata contingam ! »

[VI.] Porro in secunda acie, dux eximius Godefridus 418 cum suo locatur exercitu. Tertiam Northmannorum comes Robertus , cum suo cuneo fecit. Quartæ præfuit vir spectabilis Podiensis episcopus, ferens secum lanceam quæ recens inventa fuerat Salvatoris. Hæc constitit ex suo ipsius et Raimundi Sancti Egidii comitis comitatu. Ipsius autem ad expugnandum castrum, ne in civitatem oppidani desilirent , præsentia desedit , in urbe. In quinta acie fuit Tancredus cum suo agmine. In sexta, Boemundus cum sua postremus incessit militia.

[VII.] *Præcedunt viri ecclesiastici sacris vestibus induti.* — At episcopi, presbyteri, clerici, ac monachi, ecclesiasticis ornati induviis, præmissis pariter processere crucibus, decertaturos votis studentes adjuvare flebilibus, et ipsi quoque præstolantes, si suos cædi contingeret, martyrii munus. Quidam certaminis exitum de mœniorum eminentia prospectabant, Dominicæ crucis signa præ manibus exhibentes, et exinde procedentem exercitum consignantes. Eo ergo quem præmisimus ordine, per eam, quæ erat ante eorum fanum, quod Mathomariam nostri dicunt, portam, adeo pedetentim lenteque prodeunt, ut etiam cuilibet aniculæ infirmanti, necesse nullatenus videretur temperatiorem habere gradum. Deus omnipotens, quantis illic animorum rugitibus clamabaris, et fame diutina fatiscentibus quorumque corpusculis, rapidissimus, ex timoris instantia, in tuas altissime aures miserorum cordium dolor ascenderat! Quantis anxietatibus mens corpori tunc residua agebatur! Et cum cogeret imbecillitas desperare victoriam, sola Deus in mentibus omnium, pia pro te sufferentia tractabatur. Mœrore præcordia quatiuntur, et exsuccatum longa inedia caput lacrymarum concutiebat ariditas. Jam exterioris hominis deficiente materie, spiritualium desideriorum violentiæ concrepabant. Bone Deus; quidnam rei hujusmodi devotionibus poteras denegare, quos tantis æstibus conspiciebas, imo faciebas ardere? Dum namque considero in illis, a facie, militarem ferociam, ab intimis, martyrii præponderare modestiam, reor et censeo a sæculis ullis exercitibus parem in utraque parte non fuisse constantiam. Hos revera dixerim tunc clamasse in cœlum, hos sacris fateor insonuisse tubis, qui non virium robore, sed singulari exercebantur ausu mentis.

[VIII.] *Christianos irridet Curbaran: qui nihilominus timore perculsus fugam meditatur.* — Interea Curbaran conspicit exeuntes, et dum alterum alteri succedere lentis attendit egressibus, eorum paucitate quam putabat irrisa: « Sinite, inquit, egredientes progredi, ut magis valeant cum fugerint a regressu civitatis excludi. » At ubi universus exercitus portas excessit, Curbaran intuitus Francorum gentem ordine numeroque pollentem, tum demum intremuit. Illico suæ majori domus, jam de fuga nutabundus, imperat ut, si a prima castrorum parte succendi cerneret ignem, emisso præconio statim edici faceret, per diffusum ubilibet hostem, Francorum cuneum captare trophea victorem. Cœpit interim Curbaran sensim vestigia ferre retrorsum, ad montana contendens; nostrique illorum prosecutioni irrefragabiliter imminebant. Præterea Turci, supervacua calliditate, se dividunt; parsque eorum circa plagam maris inambulat; pars Francos immobilis supervenientes exspectat; tali nostros æstimantes ambitu concludi posse. Quod nostri attendentes, ausu quodam præsumptivo, sese itidem, intensa in eos acie, a cæteris divisere. Sed hac sua insolentia, ipsi ea die sese solos nostro exercitui damnum ferere, dum vix, præter aliquos equites, peditum ulli vivi evasere. Hujus temeritatis motor,

cum quibusdam aliis exstitit quidam nostras, Clarembaldus de Vendoilo nomine, qui in his quidem celeberrimus, in illis provinciis nihil gessit utile.

Prælium committunt Christiani. — Interea septima acies, contra illos maritimos, ex duabus aciebus, ducis scilicet Godefridi, et comitis Northmanniæ sumpta, contexitur, et Rainaldus quidam comes eidem præficitur. Ibi tota acrimonia, eo die, exstitit præliorum, nostrorum enim plurimos sagittarum ictibus exstinxerunt. A Pharphari autem, flumine scilicet, hostium equitatus usque ad montana porrigitur, quæ a se duorum millium spatio disparantur. Gentilium ergo phalanges parte ab utraque prosiliunt, et Francorum cuneum, quos nostri Turcorum primis incursibus, quasi fortiores objecerant, sagittis jaculisque configunt. At qui præerat regiæ mentis Hugo magnificus, a paterna magnanimitate non degener, inter hostium jactus ad subjectos exclamat: « Patimini, inquit, et secundos ac tertios audacter præstolamini ictus, quia isti sunt recessuri dicto citius. »

[IX.] *Pro his pugnat Christus.* — Et ecce, copiæ innumerabiles cœperunt de montanis emergere, quorum et equi et signa multo candore nitebant; nostris autem maximus ad eorum contuitum stupor increvit; verentibus utique ne contrariæ venirent adminiculum ferre parti, donec comperiunt id fore, etiam visibiliter, sibi præstitum adjutorium Christi. Quorum specialiter fuisse duces opinati sunt gloriosos post militiam martyres, Georgium, Mercurium atque Demetrium. Hæc a nostrorum plurimis visa, et cum aliis quæ viderant retulissent, plena, ut par erat, fide sunt credita. Et si Machabæis, olim pro circumcisione et carne porcina pugnantibus, evidens apparuisse legitur cœleste suffragium, quanto amplius his debuit, qui pro repurgio Ecclesiis adhibendo, et statu fidei propagando, fusi sanguinis Christo detulere servitium. Primi ergo illi hostes, qui a maris parte constiterant, tanto nostræ gentis obstaculo sese repercuti 419 non ferentes, focos herbæ subjiciunt, hoc videlicet fugam signo illis innuentes, qui, dum prælium fieret, tentoria servaverunt. At illi signo moti, pretiosioribus quibusque direptis, fugam ineunt. Franci vero, ubi potiores eorum vires agnoverant, ad eorum scilicet tentoria contendebant.

Dimicantes quid soleant Turci. — Porro dux Godefridus, Flandrensisque comes, Hugo denique Magnus his qui crepidini fluminis adequitabant junctis nisibus ingruebant. Hi plane tres cum suis, Dei Filium pro se crucifixum præ oculis appendentes, universæ eorum frequentiæ fortiter immerguntur. Ubi vero et alia nostra agmina id viderunt, tota in adversas acies animositate se ingerunt. E regione, hostium etiam multitudo, rabie intoleranda conclamans, et ipsa concurrit. Est autem hujusmodi eorum mos in acie positorum ut canais æreis, quibus pro hastilibus utuntur, et cymbalorum tinnitibus terrificisque vocibus infinitos fragores emittant, ut vix equi hominesque a tanti sonitus terrore subsistant. Sed nihil eorum tunc valuere conatus, penitus eorum sunt exinanita molimina. Cœpto etenim nostri bello, primo hostes profligavere conflictu, et ad eam, quam præ mentibus dudum habuerant, fugam, celeri expediuntur effectu. Quos tamen nostri, irremissa instantia, per castrorum suorum medium prosequuntur. Nec spoliorum hinc inde jacentium cupidine raptabantur, Christi inimicorum solo pasci cruore malentes. Persequuntur illos itaque ad pontem usque Pharphareum, et Tancredi usque castellum. Occupaverat ergo, illis recedentibus, campum spoliorum gloria grandis. Stabant ibi, ab hominibus quidem inania, auri autem et argenti ornamentorumque quamplurium; non egena tentoria, ovium, caprarum, bovum fusa ubique pecuaria, equorum, mulorum, asinorum copiosa subsidia, frumenti, vini ac farinæ, collata sine discretione obsonia.

Prælium adversum fecerunt Turci. — Christiani grates Christo rependunt urbemque ingrediuntur cum triumpho. — At Syriæ Armeniæque coloni, qui in illis versabantur partibus, comperientes Francis insperatam cessisse victoriam, obvios fugientibus Turcis se ubique præbentes, ad montana concurrunt et quoscunque comprehendunt, interimunt. Nostri præterea redeuntes, et immenso cordis jubilo, incomprehensibilia præconia rependentes suo cooperatori Christo, cum triumphi cœlestis honore civitatem introeunt. Ille autem, qui urbis præerat præsidio, videns militiæ principem, nostris insistentibus terga vertentem, omnino intremuit. Et perpendens minus tutam amodo castelli fore sibi custodiam, signum cujuspiam nostrorum principum, postposita dilatione, expostulat. Comes Sancti Egidii contiguus loco, ubi hæc petebantur existens, signum proprium petitori exporrigi celeriter mandat. Quo ille castrensis excepto, turri præfixit. At Longobardi, Boemundi favore omnium æmuli aliorum; ipsius enim patrocinio nitebantur, principi castri illius inclamitant. « Hoc signum, inquiunt, non est Boemundi. » At ille cujus esset rogitans, cum didicisset, quia Sancti Egidii comitis, deposuit illud, comitique restituit. Petitoque Boemundi et accepto, securitatem pariter accepit, ut de his qui in oppido secum erant, si qui nostræ fidei jungi vellent, cum ipso Boemundo copiam remanendi haberent; sin alias, absque ullo sui ipsorum incommodo recederent. Ad jura itaque Boemundi concedente castello, et ex ejus officio ad oppidi custodiam hominibus inductis, post paucos dies baptisma suscepit is, qui castrum reddiderat, et cum eo si quis Christiano nomini communicare maluerat. Si qui suis hærere legibus voluerunt, et propria super isto libertate potiti sunt; et usque in Sarracenorum terram, ipsius Boemundi commeatu, educti sunt.

[X.] Hoc bellum, quarto Kal. Julii, in suæ passionis vigilia Petrus et Paulus egerunt, ejus urbis miseriæ condolentes, et novorum civium exitia non ferentes, qui eas eliminaverant quæ templum Dei Sanctum attaminaverant gentes. Ipsi namque miserescere jure debuerant quam utrique prædicando docuerant. In ecclesiis plane stabula constituebantur equorum, et in parte ipsius majoris basilicæ Beati Petri, Mathomi sui erexerant domum. Victi denique hostes cum hac illacque diffugerent, montes ac valles, rura ac nemora, calles et avia quibusdam semivivis, aliis mortuis, sauciis innumeris opplebantur. Repentina ergo Dei miseratione respecti, diuturnæ famis calamitatem celeri felicitate mutarunt, ut ubi duobus pridem solidis ovum vendebatur, bos vix denariis duodecim distraheretur, et ut brevi omnia fine claudam, ubi inediæ rabies incesserat, ibi tanta pecuniarum omniumque victualium ubertas accessit ut subita emersione passim exoriri videretur omnis plenitudo rei, et aperuisse putaretur Dominus cataractas cœli. Tanta tentoriorum numerositas exstitit, ut cum quique nostrorum tabernacula diripuissent, ditatis omnibus, jamque prædarum sarcinas fastidientibus, vix invenirentur qui raperent. Nec paupere occupante rem quamlibet ditior ullus superveniens violentiam inferebat, sed alter alteri sine contentione cedebat.

CAPUT III.

420 [XI.] *Antiochiam imperatori offerunt duces Christiani.* — Post hæc principes nostri, dux Godefridus Sancti Egidii comes, Boemundus, Northmanniæ comes, Robertusque Flandrensis, et cæteri omnes, acto pariter consilio, Hugonem Magnum, et Balduinum comitem de Montibus, pluresque alios illustris nominis viros, ad imperatorem dirigunt, ut urbem Antiochenam reciperet, et quæ nostris fuerat pactus expleret. Iere siquidem, sed postmodum ad eos a quibus missi fuerant reditum distulere. Quodam enim in loco consecuti a Turcis, quibus equi ad manum fuere, elapsi sunt, quibus procul, aut captivi abducti, aut ferro finem sortiti sunt. Comes de Montibus, cui infortunio succubuerit, adhuc nobis minime certum est. Hugo autem Magnus, quare reditum suum detrectare voluerit hæc aliquibus videtur occasio. Cum esset alias strenuitatis immensæ, in procurandis tamen his, quæ usibus tanti hominis sufficientia crederentur, minus se sollicitum exhibebat, et ideo vir honestissime delicatus, inter eos, qui aut tenaciores erant, aut in his contrahendis acriores, quibus aut major erat vel in nullo secundus, egere timebat. Sed de ejus reditu, juste nemo queri debuit, qui postmodum, ad hoc idem postliminium faciens, martyris et optimi semper militis nomine insigniendus, occubuit.

[XII.] *Agunt de Hierosolimitano itinere. — Diversæ Raimundi incursiones in Turcos.* — Denique non multo post, tractatum est quomodo Hierosolymitani itineris, pro quo tanta tulerant intentio consequeretur effectum, idemque populus, qui ad id desiderantissime aspirabat, qualiter interim regeretur, donec ad rem esset ventum. Perpenderant plane proceres, quia inter eundem multa æstivo tempore inaquositas habeatur: et idcirco, ad Kal. usque Novembris differenda profectio judicatur. Interim ergo assentientibus huic consilio cunctis, seniores exercitus per urbes et oppida, sibi ad invicem distributa et acquisita, se dividunt, et ubique per subjectos sibi populos, a præconibus celebrari præcipiunt, quatenus si quis eorum egeret, sub donativi pactione potentioribus adhæreret. Fuit inter alios vir equestris ordinis, armorumque exercitio summopere præminens, de primoribus comitis Sancti Egidii necessariis existens, Raimundus nomine, cognomento Pilitus, cui et militum et peditum plurimi sese contule. Huic itaque, et pro sui munificentia, et pro ingenita industria, multis applicitis, conflato non exiguo exercitu, itur in Sarracenorum terram, castrumque aggrediuntur quod dicunt Talamaniam. Oppidani vero idem, cum essent Syri, a præfato sunt viro propria statim deditione recepti. Quo intra idipsum municipium octo commorante diebus, nuntiatur eidem haud procul inde haberi castrum Sarracenorum, innumerabili vulgo frequentissimum. Ad hoc irrumpendum dum rapidissimo ferrentur assultu, Deo penetrante, subigitur. Habitatoribus ergo correptis, qui Christiana sacramenta suscipere acquieverunt, servati sunt incolumes : qui detrectavere, necantur.

His explicitis, Deo gratias redhibentes Talamaniam revertuntur, et tertia die inde digressi, ferocissimam munimentis, ac variarum gentium coactione superbam civitatem, vocabulo Marram expetunt. Hæc prælibato contigua erat præsidio, in quam a circumjacentibus castris ac urbibus præcipue ab Aleph, Sarracenorum Turcorumque sentina confluxerat. Quibus phalanga gentilium obviam dimicatura processit; nostrique se æstimantes cum eis posse pro more bello decernere, cita illorum sunt tergiversatione decepti. Attamen hostes idem, creberrime prodeuntes, non desistebant lacessere nostros. Tota itaque dies, utrarumque partium vicariis incursibus recursibusque occupata subducitur. Acerrimus ergo nostros cum decoqueret æstus; et inusitata ariditate sitis quorumque interiora fatiscerent, remedio nullatenus suppetente, voluerunt ea nocte juxta eamdem urbem tentoria ponere. Civitatenses autem cum subintellexissent nostros aliqua ex parte nutare, Syri enim primi de fuga cœperunt agere, acrius eis ex eorum facti propensa pusillanimitate feroces, jam non verentur insistere. Qua irruptione vexati, animas Deo, studio pietatis extrusas quam plurimi reddiderunt. Hæc finalis eorumdem dies, quinto Julii mensis die facta dignoscitur. Residui autem Franci Talamaniam regressi, cum suo duce Raimundo plurimis desedere diebus ibidem. Antiochiæ vero commanentes, multa se tranquillitate opulentiaque gerebant.

[XIII.] *Aimarus Podiensis episcopus migrat e vita.* — Sed hanc eorum serenitatem, occulta, qua nescimus, dispensatione, obscurissimo confestim turba-

(33) Desunt in ms. Remensi Aimari dicta.

vit nubilo Deus. Is enim qui eos rexerat, qui interius exteriusque eos piissime foverat, vir Deo sæculoque spectabilis, Podiensis episcopus Aimarus, ægritudinem incidit, piique sudoris labores, perpetuæ requietionis sabbatismo detergere ei Omnipotens largissima miseratione disposuit. In ea itaque, quæ vocatur ad Vincula sancti Petri, festivitate decessit, eumque cui regni cœlorum claves, ac solutionum pertinent potestates, et absolutorem reperit, 421 januarumque cœlestium introductorem commeruit. Oboritur illico in Christi universo exercitu, acerbissimi doloris tristitiæque nimietas, et dum frequentes misericordissimi hominis beneficentias, cujuslibet ordinis sexus et ætatis quisque recenset, inconsolabiliter, dum nulla præstolatur remedia, mœret. Tanta ad ejus funus, tamque præcordialis ipsorum principum conclamatio fuit ac si generalis interitus denuntiaretur illis. Tantum ad ejus nec dum sepulti feretrum, ab omni illa, cui paterne præfuerat, gente pecuniarum oblatum est, quantum uspiam gentium ad altaria quælibet, sub tantumdem spatio temporis deferri, non vidit, ut arbitror, ullus. Quæ quidem pauperibus statim pro ipsius anima tota sunt dilargiti. Horum namque, dum adviveret, gesserat, tanta sollicitudine curam ut divitibus id præ omnibus in dies duceret inculcandum, quatenus egenos diligerent, eorumque misericordiis insisterent, ipsos asserens suæ ipsorum vitæ custodiam.

De egenorum sublevandis miseriis egregia Aimari dicta. — « (33) Judicium, inquiens, sine misericordia ei qui non fecerit misericordiam. Nisi enim minoribus vestris, tamen naturæ consortio comparandis, humanitatis sinum præstiteritis, ea quæ vobis et illis non dispariter a Deo creata, a vobis tamen inæqualiter correpta noscuntur, non eis communicaveritis, divinæ procul dubio vobis ostium misericordiæ percludetis. Hos, inquam, quorum reficimini gratia, aliquibus bonorum vestrorum particulis refovete, certi, quia sicut ipsi temporaliter sine vobis, ita vos sine illis non potestis in sempiternum vivere. »

Hæc hisque similia vir mirabilis, crebris orationibus eis ingerens, memorabat.

CAPUT IV.

[XIV.] *Raymundus S. Ægidii comes Albaram urbem occupavit, cui episcopum præfici curavit.* — Igitur Raimundus Sancti Egidii comes Sarracenorum provincias intrat, et ad quamdam urbem quæ appellatur Albara exercitum ductat, quam, ubi ei manus admovit, continuo eam cœpit, et omnes, quos ibidem reperit, Sarracenos mulieresque peremit. Quam continuo subactam, fidelibus, ut potuit, colonis instaurat, consultisque prudentibus viris, episcopum eidem urbi censuit ordinandum, qui paulatim ethnicos, Christi fidei documentis imbueret, et in fanis ipsorum, repurgio primum adhibito, pietatis ministeria ac regenerationis mysteria dispensaret. Virum igitur ætate habilem, scientia prædicabilem eligunt; eumque Antiochiam consecrationis gratia ducunt. Qui institutus antistes, Hierosolymitanæ profectionis persecutionem non idcirco neglexit; sed instituto quodam, qui se ad id officii ultro obtulerat, ad custodiam præsidii urbis præfecto, cum aliis perrexit. Is, valde insolita ibi usus audacia, paucissimis, quia censuum ita tenuitas exigebat, sibi comitibus ascitis, civitatis asservare cœperat arcem. Et quia Sarracenis idem locus jam flebat infrequens, rarissimi qui remanserant gentiles ejus juri se mancipant, eique reditus, tantum ut vitam sibi concederet, de proprio labore ministrant.

[XV.] *Disceptatio de Antiochenæ urbis dominio Boemundum inter et Raymundum.* — Præterea Antiochenis plurima fortuna undecunque florentibus, Omnium Sanctorum dies festivitatis instabat, quo terminus iterandæ expeditionis præstitutus fuerat, cum ecce principes, sui non immemores propositi, apud Antiochiam pariter coiere, consiliumque ab alterutris quærere cœpere, quatenus, cujus causa venerant, iter quirent ocius expedire. At Boemundus, antequam Dominica militia motum faceret, super ea quam sibi pacti fuerant civitatis habuit redditione tractatum; sed Sancti Egidii comes nullatenus Boemundo præbebat assensum, dum veretur illud quod imperatori fecerat sacramentum. Quapropter proceres, inter utrosque medii incedentes, in Beati Petri ecclesia sæpius glomerantur. Referebat Boemundus urbe sibi a Pyrro prodita, omnium ex ea partes, ipsorum principum sibi largitione, concessas. Sancti Egidiensis econtra refert quia jurejurando astruxerat Constantinopolitano principi restituendam civitatem, salva persolutione pactorum sibi, et hoc totum factum ex consilio Boemundi. Interea pontifices, qui altercationi dirimendæ institerant, cum Godefrido duce Flandrensi atque Northmannico comitibus advocatis, cæterisque senibus additis, seorsum oratione cujusque audita, se segregant, ut ventilata, ex collatione causarum, sententia, judicium proferre deberent. Sed perpensis queritantium dictis, quasi neutri super isto faverent, cum ad conventus frequentiam revertissent, dum ad invicem tantos viros irritare verentur, judicium distulerunt.

Quod ex industria factum comes ipse comperiens, « Ne, inquit, contentio præsens Christi fidelibus generet turbam, sepulcrique Dominici videatur protelata libertas, ne cupiditatis nævo, parte ex aliqua notabiles æstimemur, parium meorum, præsentium principum, sententiæ me fauturum profiteor; salvo eo quod me Constantinopolitano principi spopondisse invitum vos, qui adestis, fratres et domini, scitis. » Nec mora, Boemundus et ipse hujusmodi dictis assensit. Ambo ergo, omni jam lite submota, dextras, fide media, episcoporum in manibus præbent, constantissime asseverantes quod nullo modo 422 Dei militia eorum deinceps jurgiis turbaretur. Boemundus itaque sumpto consilio castrum de montanis, viris victualibusque communit. Comes itidem S. Egidii cum suis consilium communicat, quatenus palatium Cassiani quem patrio vocabulo Admiravisum vocitant, et turrim quæ portæ præeminebat pontis, ex parte videlicet portus Sancti Simeonis, stipendiis largioribus inserciat.

CAPUT V.

[XVI.] *Antiochenæ civitatis descriptio. Pontifex patriarchatus honore insignis. Sub se centum quinquaginta tres episcopos habet.* — *Spatio octo mensium et diei unius obsessa fuerat Antiochia. De infelici Pyrri nece.* — Antiochena civitas incomparabiliter est decora, nulli ædificiorum majestate secunda, situ placens, aere impassibili, vinearum fertilis, territorii ubertate fecunda. Ab oriente, quatuor montanorum proceritate procingitur, ab occidentali plaga, fluminis cujusdam, sacræ paginæ non incogniti (*IV Reg.* v, 12), quod Pharphar dicitur, piscium feracissimis undis propter muros alluitur. In altiori montium, castellum miraculo dignum præeminet; sed impenetrabili securitate præstantius; inferius, civitas plenissima gloriarum, et veteris pompæ monimentis adhuc superba nobilibus, trecentas et sexaginta ecclesias suis cingens ambitibus. Pontifex urbis, ex apostolica successione, patriarchii honore insignis, centum quinquaginta trium episcoporum sibi appendicium privilegio promovetur. Gemino est civitas circumdata muro, altero quidem mediocri, altero autem incredibiliter lato, et præter solitum procero, saxisque exstructo majestate enormibus circumpositis eidem quadringentis quinquaginta turribus. Refert Hieronymus in quinto explanationis in Isaiam libro, urbem Reblata, in qua rex Nabuchodonosor regis Sedechiæ oculos eruit, et filios ejus occidit, hanc esse Antiochiam. Fertur vero eam ab illo antiquiore Antiocho, cujus potentiæ plurima monimenta supersunt, suscitatam, et quinquaginta subjectorum regum, quos et municipales ejus astruunt, cooperationibus, tanta præsidiorum eminentia, tanta ædium varietate compositam. Quod quidem falsum est, cum ipse Pompeius Trogus verissime a Seleucho referat rege, sub paterno nomine institutam, et ab ipso deinde vel sequentibus regibus auctam, sicut sub matris Laodices nomine, condidit et Laodiciam, ex proprio, Seleuciam. Huic obsidendæ quarumcunque machinarum balistarumve tormenta nil poterant, et nisi proditio Pyrri obsessoribus adfuisset, imo Deus per quos voluit adjuvisset, incassum Francica magnanimitas famem cæterarumque miseriarum ibidem detrimenta tulisset. Istic desederunt nostri civitatem urgentes obsessam per octo menses unumque diem.

[XVII.] Postmodum vero et ipsi fuere conclusi per tres hebdomadas, innumerabilium gentilium confluente frequentia, et superatis demum ipsis, item illic degerunt per quinque mensium octoque dierum spatia, cum plebs eadem a suis principibus Hierosolymam sollicitatur itura. Sed quia præfati Pyrri memoria mihi videtur deinceps non habitura locum, quem finem habuerit intimandum. Christianitatem plane susceptis sacramentis professus fuerat Boemundus, sacro in lavacro, ex suscipiente nomen acceperat, Hierosolymitanæ obsidioni comes nostris ac cooperator exstiterat, eaque capta Antiochiam redierat. Ubi cum præconium emisisset, quatenus, quicunque in urbe urbisque vicinia, Christianus egeret, secum in patriam remotiorem, ubi multas haberet possessiones, veniret, pollicens quod præclaris muneribus quemque ditaret, hac spe vulgus conflavit sibi immodicum, et in suam, uti dixerat, regionem fertur abduxisse deceptum. Qui cum ad sua oppida devenisset, partem militiæ sese comitantis hos exsilio, illos morti prodidit, et nisi ad alios, quorum numerositas extra castrum fuerat hospitata, verbum de proditione venisset, fugaque miserabili aut elabi, aut delitescere licuisset, universorum libertas, aut gladio aut captivitate periisset. Ibi prorsus, Christianitate deserta, veteris luxuriæ et gentilitatis inquinamenta resumpsit. Nec id injuria. Si enim Pyrrus Græce, rufus est Latine, et infidelitatis nota rufis inuritur; isdem ergo a sua minime linea exorbitasse probatur.

CAPUT VI.

[XVIII.] *Marram oppugnat Boemundus.* — Igitur Raimundus Sancti Egidii comes suum ab Antiochia exegit exercitum, cum jam properaret November ad exitum, et duabus civitatibus inter eumdem, Rugia videlicet et Albara transmissis, quarto demum die, finem faciente Novembri, Marram pervenit ad urbem. In quam copia ingens Sarracenorum, Turcorum Arabumque confluxerat, quam comes postridie quam venerat, exertis omnino viribus aggredi parat. Nec mora, Boemundus cum exercitu comitem persecutus, quadam die Dominica propter castra deposuit [*al.*, posuit]. In crastinum tanta ad urbis muros animositate concurrunt, ut hærerent parietibus scalæ, murosque sub ipsos niterentur gradibus. At civitatenses, penitus expertes ignaviæ, tanta instantia restitere ut nihil nostrorum ea die valeret molimen efficere. Tum Sancti Egidii comes, suos cassum laborem cernens insumere, castrum quoddam ligneum, multi laboris ac proceritatis, suis mandat erigere, quæ machina quatuor vehebatur rotis, in cujus summitate militum multitudo constiterat, subter vero, armata militia muro eam civitatis, juxta quamdam turrim, magnis impulsibus admovebat. Econtra urbani baleare celeriter ædificant instrumentum, quo jactis ingentibus saxis nitebantur debilitare castellum, in tantum ut frequens lapidum ictus, et machinæ damnum, et nostris minaretur interitum. Injectis quoque Græcis ignibus, super phalam moliebantur incendium; sed eorum Deus super isto fefellit annisum.

Acerrimus conflictus. — Eminebat ergo ædificium muro urbis; et inter has partium collisiones, animos pugnantium ululantis tubæ tumultus exciverat. Interea milites ex nostris quidam superius phalæ ejusdem obtinentes solarium, Guilelmus videlicet de Montepislerio, aliique quamplurimi, maximis illos, qui in mœnibus propugnabant, concutiebant saxis, in tantum ut clypeo plerumque percusso, et clypeus et clypei dominus jam inutiles prorsus devolverentur a muro. Quidam autem hamos in hastilibus ferreos habentes, Sarracenos propugnacula defensantes obuncare et ad se corripere nitebantur. Is hinc et inde conflictus vix vespertinis ad tempus omittitur horis. A tergo itaque castri, presbyteri, clerici ac monachi sacris, pro suo quisque gradu, vestibus adornati, pro instanti negotio Deum attentissime precabantur, quatenus gentilitati vires adimeret, fidei propagatoribus adaugeret. Altrinsecus e regione machinæ alii milites; scalis positis mœnibus imminebant. Nec paganos detinebat inertia, quin eos rabidissima ferocitate depellerent. At Guilferius quidam, eorum rebellionis impatiens, murum primus cum manu quidem, sed valde parva, conscendit. Illico civitatenses tanto ejus præsumptores audaciæ furore pervadunt, spiculis eos ac sagittis urgendo, ut aliqui, ipsorum irruptione perterriti, sese de muro demitterent. Pars vero quæ remanserat tandiu inter hostium jacula constitit, tandiu, cedere dedignata, eorum violentias armorum industria retudit, donec qui subter erant murum suffoderent. Mox itaque ut urbani muri se conspiciunt suffossione damnatos, solius fugæ jam præsidio innitentes, ad urbis interiora concedunt. Dies erat, quo hæc geri contigerat, Sabbatum, cum peteret jam sol declivis occiduum, explicato Decembri undecim promotione dierum.

Confestim per interpretem Boemundus Sarracenorum primores aggreditur, quatenus cum propriis militibus, parvulis ac mulieribus, omni pariter contracta substantia, intra quoddam sese palatium, quod erat supra urbis portam, cohiberent, spondens quod eis vitam omnino protegeret, sua suosque defenderet. Hoc modo civitate obtenta, quidquid in foveis reperire, vel domibus, hoc suis quique proprietatibus asciverunt. Facto denique, exacta nocte, crepusculo, si quem gentilium reperiri contigerat, discurrens ubique nostrorum turba mactabat. Nulla civitatis portio vel minima fuerat, quæ Sarracenorum cæde vacaret, nec angiporta urbis jam pervia esse quibant, quia cadavera paganorum publicos calles opplebant. At Boemundus eos qui se memorato palatio, uti ipse jussit, intruserant, pervasit, quæ habebant abstulit; alios morti addixit, alios Antiochiam ductos vendi jussit. Mense autem integro, quaternisque diebus, hic Franci fecere moram.

Ac ibi difficilem gens tulit esuriem.

Ibi quidam ex nostris, dum aliquibus, imo omnibus necessariis indigent, nullis quæ direptioni suæ forent apta adjacentibus, mortuorum Sarracenorum ventribus temeratis, ausi sunt ipsorum intestina rimari, quia audierant aurum argentumque, ab eis in arcto positis, ob custodiam solere glutiri. Alii carnium frusta cædentes, ex ipsis coxisse et comedisse feruntur. Quod tamen tam rarum adeoque

CAPUT VII.

[XIX.] *Boemundi et Raymundi simultas recalescit.*
— Interea Boemundus eam, quæ inter se et comitem Sancti Egidii fuerat oborta simultas, penitus non omittens, dum sibi comes nullatenus cedit, iratus Antiochiam redit. Nec mora, comes directis ad præfatam urbem legatis, duci Godefrido, comiti Flandrensium, itidem et Northmannorum, denique Boemundo, Rugiæ (civitas autem est memorata superius) colloquium indicit. Quibus suum accelerantibus adventum consilio generali tractatur, quatenus sic sibi concordibus animis unirentur, ut nequaquam ulterius expeditio Hierosolymitana moraretur. Reperitur omnimodis concordiæ Boemundus agendæ acer et insolens, nisi suæ faveat voluntati comes, Antiochiæ parti cui dominabatur cedens; invenitur comes ad ista rigidior, obtendens quod imperatori præbuerat sacramentum. Hac ergo mentium in sese acerbitate divisi, Sancti Egidiensis ille Boemundus ac dux pariter, Antiochiam sunt reversi. Isdem rursus de palatii et castelli, quod portæ pontis 424 urbis præeminebat, custodia, militibus suis mandans, ad Marram, quam pridem ceperat remeavit. Attamen, non penitus rationis expers, et in sua pervicacia communia damna perpendens, dum pertinaciæ ejus causa Dominici sepulcri cogitur differri libertas, tertio decimo infra Januarium die, vir egregius, nudipes, a Marra civitate progreditur, perveniteque Caphardam, ibique triduo mansit. Illic Northmanniæ comes, simultate deserta, illi conjungitur.

[XX.] *Cæsariensium rex cum nostris iniri fœdus rogat.* — Præterea rex Cæsariensium Sancti Egidiensi illi comiti frequenti legatione suaserat, quatenus secum solidæ pactionem pacis iniret, spondens quod ubique imperii sui Christianis adjumenta præberet, negotia ciborum, vestium et equorum, omniumque usui pertinentium non negaret. Hac nostri pollicitatione gavisi, juxta urbem eligunt tabernaculorum loca sortiri, Pharphar namque fluvius a civitatis mœnibus haud longe præterfluit; at rex urbis, prospecto tanto exercitu, non multum de talis contubernii propinquitate lætatus, ægre tulit, et nisi ocius inde recederent, mercatum vetuit. In crastinum, duos cum nostris ex suis misit, qui eis vadum fluminis demonstrarent, eosque perducerent quo prædæ aliquid diripere possent. Itaque ab eisdem, quædam subter quoddam nostris oppidum vallis ostenditur, ubi animalium numerositate reperta, quinque ferme millia rapiuntur, frumenti, cæterorumque utilium plurima copia reperitur, e quibus ad integrum equitatus ille reficitur. Castrum quoque idem in jus comitis, sua ipsius deditione, trajicitur; aurum ex eo non modicum cum equis præbetur; nostrisque per omnia, quia nunquam eos læderent, securitas certa promittitur. Sederunt quinque diebus ibidem. Inde digressi, ad aliud devenere oppidum, quod a gente incolebatur Arabum, circa quod ubi disposuere tentoria, dominus oppidi obviam processit, cum comite facta concordia.

Plures Christiani cepere urbes. — Denique properata deinceps motione castrorum, quamdam pulcherrimam civitatem, vocabulo Kephaliam, omnibus opulentam bonis attingunt, in quadam valle positam. At habitatores, Francos ubi advenisse comperiunt, urbem deserunt, alimentorum plenitudine refertis domibus, cum et horti passim exuberarent fructibus; solas sibi salutes subterfugio tueri eligunt. Tertio a præfata discesserunt urbe die, arduaque nimis, et scrupea montana conscendunt, et ad aliam deinceps vallem, non minori, quam ubi Kephalia erat, fertilitate vividam, iterato descendunt; ibique quindecim ferme diebus, substantia jucundati uberiore, sese reficiunt. His quoque contiguum locis quoddam Francis nuntiatur fore castellum; ad id confluxerat multa nimis frequentia paganorum. Quod nostri cum rapidissima obsidione cinxissent, præsto erat ut subigerent, cum ecce oppidani non paucas armentorum copias illis objiciunt; talique lenocinio ut ab obsidione desistant eos ad tempus illiciunt. At summo diluculo admoventes nostri tentoria castro, illud obsidere proponunt. Quem eorum conatum ubi gens pagana persensit, celeri fuga recedunt, vacuumque oppidum derelinquunt. Ingreditur Christiana militia, proflua inibi frumenti, vini, farinæ ac olei inesse deprehenditur exuberantia, et si qua fuissent necessaria.

Regi Tripolitano pacem negant Christiani ni Christo det nomen. — Illic tota affectione, Purificationis beatæ Mariæ festa coluerunt. Illic etiam Camelæ civitatis regis legatos exceperunt. Rex plane idem comiti equos, aurum, argentumque sequestra legatione paciscitur, pollicitus quod Christianos in nullo offenderet, sed debitam eis reverentiam exhiberet. Rex etiam Tripolitanus comiti mandat, quod gratanter, si velit, cum eo pactum ineat, directis eidem decem equis, quatuor mulis, et auro non modico. Comes vero ait, nullatenus se cum eo pacifice acturum, nisi fidei nostræ sacramenta susciperet.

Egrediuntur de valle, quam superius memoravi, uberrima; et ad præsidium natura munitissimum in rupis supremo positum, quod dicitur Archas, Februariis Idibus, cum esset secunda feria devenerunt, viciniamque municipii tensis papilonibus occupaverunt. Quod quidem innumerabilis infercierat multitudo paganorum, Turcorum videlicet, Sarracenorum et Arabum, qui præter originis munimentum, fortius illud omnimodis sua pluralitate reddiderant. Contigit ibidem, quatuordecim ex Christiano exercitu viros equites contra Tripolim urbem, quæ fuerat illi propinqua castello procedere non ob aliud, si non fallor, nisi ut valerent quidpiam esui commodum sibi contrahere. Hi, inquam, quatuordecim cum essent, sexaginta circiter Turcos, aliis etiam comitantibus reperere. Qui præ se homines ac animalia, quæ prædati fuerant, plusquam mille quinquaginta deducerent. Qui, sponsionis Dominicæ ipsis exsecutores effectibus, quod « duo fugarent decem millia, et unus mille (*Deut.* xxxii, 30), » exsculpto piis in mentibus crucis signo, Deo annitente, incredibili eos audacia subigunt, senos ex his perimunt, equos totidem comprehendunt.

Tortosa urbe potiuntur Christiani. — Porro de Sancti Egidiani comitis equitatu, Raimundus ille, cujus probitas in hoc opusculo crebram exigit mentionem, quem Pilitum cognominari diximus, vir animi acrimonia et armorum industria vehementer egregius, cum alio quodam cognomini viro, qui erat vicecomes officio, Tortosam civitatem expetunt; et primo eam assultu, quem ferocissime intulerunt, non minimum ejus loci indigenas terruerunt. Hic, pro sui munimento, quod plurimum videbatur, gentilium incredibilis populositas, muscarum ad instar, influxerat. Nocte sequenti in quamdam civitatis plagam hospitaturi, imo tentoria fixuri divertunt; focos sine numero per excubias, ac si universus Francorum adforet hostis, instituunt. Expavit et concidit extrema desperatione gentilitas, perpendensque se non posse scuto propriam tueri salutem, censet ad ultimum evitandam quoquo modo vel pedibus mortem. Noctu itaque silenter elapsi, civitatem, totius opulentiæ fortunis infertam, vacuam omni habitatore relinquunt, pii, inquam, Scripturæ illius impletores : « Quia pellem pro pelle, et cuncta quæ habet homo dabit pro anima sua (*Job* II, 4). » Hæc civitas quam optimum suo in suburbio, utpote secus mare constituta, habet portum. Postridie conveniunt nostri, totis pervasuri viribus urbem; sed in ipso congrediendi molimine prorsus inanem repererunt ab homine. Introeuntes igitur eam, tandiu ibidem deguerunt, donec ad obsidendum municipium, quod supra intulimus, Archas, exinde processerunt. Est autem alia quædam urbi isti contigua civitas, quæ Maraclea vocatur. At ille, qui ei præerat, quem et Admiravisum appellant, nec mora, cum nostris fœdus inire parat.

Hos simul, ac horum mox signa recepit in urbem.

CAPUT VIII.

[XXI]. *Castellum Archas obsidetur.* — Interea dux Godefridus, Boemundus, comesque Flandrensis, Laodiciam pariter attigere. Sed Boemundus, amicæ sibi Antiochiæ divisionis impatiens, a præfatorum contubernio disparatus, remeavit ad illam. Ipsi vero pari animo contendunt civitatem quamdam obsidere Gibellum, sic enim vocabatur. Ad Sancti autem Egidii comitem Raimundum hujusmodi rumor accessit quod gentilitatis adauctæ vulgus enormiter ingens, contra se prælia destinassent. Qui, propere compellatis militiæ quam habebat universæ proceribus, eos quidnam opus esset facto consuluit. Cui senatus ille intulit nil se utilius huic negotio æstimare quam consortes Dominici itineris, et alios sibi comites in adjutorium convocare. Consuluit denique consilium, mox opus explicuit. Principibus itaque, duci videlicet Godefrido, Flandrensique Roberto, postquam sui comparis fuit comperta necessitas, cum eo, qui Gibello civitati præerat, acceptis magnificis equorum aurique muneribus, iniere fœdera, et adminiculum præstituri, convenerunt ad comitem, quam obsidere cœperant urbe dimissa. Exspectationem autem eorumdem belli gerendi, rumigera frustravit opinio. Unde pariter conspirati Archas castellum repetere deliberarunt. Ubi cum obstinatis contra idipsum animis desedissent, non multo post Tripolitanos moto exercitu invisere gestierunt, repereruntque, in sui providentia positos, pro mœnibus ipsius urbis hostilem manipulum, Turcorum videlicet, Sarracenorum ac Arabum. Quibus nostri debita animadversione pervasis, ad supremum fugæ illico compulere remedium.

Ibi tanta ipsius urbis nobilium, non modo cædes exstitit, sed ac si e pecoribus, carnificium, ut etiam unda fluminis, quod civitati influit, mistim fuso cruore ruberet, et tali commaculata sanie, quælibet eorum cisterna sorderet. Ex quo eorum mentibus oboriri mox contigit ferale justitium, tantique timoris aculei animos compressere superstitum ut ipsorum nullus, cujuspiam causa negotii, præsumeret extra civitatis muros attentare vel exitum. Postero die progrediuntur nostri ultra quamdam vallem, quæ vocatur Desen, in quam et die tertio post captam Befaliam [*al.*, Cephaliam] venisse eos superius diximus, eamque uberrimam reperisse, et quindecim diebus in illa mansisse, et inventis illic bobus, asinis et ovibus, et multis animalibus, camelorum etiam tribus millibus, rediere cum gaudio, copiosas de his omnibus prædas agentes. Castrum itaque idem tribus mensibus, die minus una, continuis obsedere. Ibique egere Pascha Dominicum quarto Idus Aprilis. Interim ergo dum obsidionis mora hos detinet, classis ipsorum quæ deferendis consueverat victibus inservire, cuidam sibi contiguo portui allabitur, comportans negotia non parva frumenti ac vini, carnis et casei, hordei ac olei, ex quo plurima expeditionem Dominicam opulentia reparavit. Licet autem nullam ibidem penuriam eos pati contigerit, tandiu tamen inutillem, super tantilla re, insumpsisse laborem, sani modum mihi videtur excessisse consilii.

[XXII.] *Lancea Dominica in dubium revocatur.* — Post mortem plane viri admirabilis Podiensis episcopi, qui amore pastorali ac rigore, omnium sibi invicem animos, concordiæ ac unanimitatis visco, devinxerat, cœpere inter principes simultates aliquoties ac insolentiæ oboriri, apud mediocres præterea et vulgares, licentiæ, quas non omnino deceret haberi, ut veteris historiæ dictum : « Quia videlicet rex non esset in Israel, sed quod cuique in oculis suis bonum videretur agebat (*Jud.* XVII, 16); » aliquando putaretur impleri. Etsi enim pontifices illic alii, glorioso illo homine, qui eorum specialis pater et dux fuerat deputatus, obeunte, remanserant, non tanti pendebant tamen illos, præsertim cum meminissent se non eo his, quo illi uni fuerant jure commissos. Dum ergo nemini singulariter parent, et universa inter eos æstimantur æqualia, fiebant sæpius, dum vulgi libido prævalet, apud ipsos minus apta judicia. Unde accidit ut post Dominicæ revelationem lanceæ, quam defunctus antistes omnimoda devotione susceperat, fœde nimium incredulitatis murmur emergeret, dicentibus quibusdam, quia non veraciter, sed præstigiose repererat, et non Dominicam sed lanceam qualemcunque præbuerat. Incipit itaque enormis plebeculæ passim mussitare frequentia, et eos, qui crediderant, et venerari delegerant, verborum suorum sedulo corrumpunt fallacia. Rei repertæ probationes exigunt, repertorem judiciis divinis addicunt. Compellitur ut dubiis vir ille fidem reddat; quæ extorquentur ab ipso, cogitur, solius eorum causa curandæ infidelitatis, ut subeat. Ipso igitur imperante, rogi duo vix cubiti brevissimi spatio a se distantes instruuntur, multæ a populis, rerum novarum cupidis, materici strues ingeritur, ac utrarumque partium flamine confluentibus globis, inter ardentia ligna semita admodum angusta relinquitur. Deum ergo, qui veritas est, et præter cujus nutum super hac re nil se egisse cognoscit, misericordem, miserabili, ut par erat, oratione compellat, et per opacum pyræ furentis tramitem tota vivacitate prætervolat, et per hunc ipsum callem mox rediit quo venerat.

Veritas comprobatur. — Aderat spectaculo huic, quæ in procinctu morabatur tunc temporis, militiæ occidentalis copia, et pro inusitati operis ausu, dubios, diversis quique intentionum statibus, præstolabantur eventus. Facto denique, ut dixi, reditu, prodeuntem ab ignibus populorum ruentium infinitæ phalanges excipiunt, et dum incolumem focos excessisse conspiciunt quasi de ejus aliqua, pro reliquiis retenturi, aut corpore aut vestibus, dum hinc et inde vellicant, hac illacque distendunt, ei, in tanto diripientium et impellentium constituto tumultu, animam extorserunt. Cum enim et timore et miraculo, hinc impendentis, nisi Deus propitiaretur, exitii, illinc subitæ ereptionis, ut sic loquar, semianimis prosilisset ab ignibus, et vulgi undecunque pulsantis clauderetur incursibus, jam ex præteritæ anxietatis defatigatione tremulus, præfocari valuerat haud difficulter spiritus. Exstincto itaque homine, multo deteriori ambage, cœpit denuo lubricum et inconstans agitari vulgus; his ita, illis aliter, ignis judicium, quod vir ille subierat, evenisse jactantibus: his exustum, illis incolumem de flamma prodisse ferentibus; his adversus alios jurgantibus, et, quia hominem pro nihilo interemissent, improperantibus. Sed quocunque modo se sententia vulgaris egisset, illum gloriosum præsulem, omni sacrosanctam lanceam scimus veneratione complexum, adeo ut in eo ipso, quo reperta fuerat, loco, sit ejusdem pontificis corpus ipso præcipiente sepultum. De his ita res sese habuit.

[XXIII.] *Ansellus de Ribodimonte.* — Porro, cum apud Archas diutina nostros incassum detineret obsidio, et castro in cujusdam rupis proeminente supremo, procul in imo vallis obsidentis exercitus tentoria considerent, Ansellus, qui de Ribodimonte cognominabatur (ejus enim castri, et aliarum magnarum opum dominus exstiterat), vir liberalis, omnino munificus, et in regenda militia mire industrius, difficultatem capiendi oppidi intuitus, moramque sessionis diuturnæ non passus, ad jaciendos lapides phalaricarum nostros apparare instrumenta commonuit. Cœperant sane, longissimo cuniculorum ductu, turri in excelso positæ suffossionis inferre molimina, et aperta sustentantes tigillis et postibus tantopere aperienda scabendo quotidie insistebant ut etiam mulieres et optimorum quorumque uxores, festis diebus sinuatis vestibus sive palliolis, defossa egestaque convehèrent. His qui in præsidio fuere compertis, nostrorum illico conatibus obstitere, non sine eorum discrimine, qui scrobibus efficiendis sese nitebantur ingerere. Et cum de turre subruenda universa opera cessisset frustra, tum Ansellus de balistarum apparatibus nostris commonitorium suggerere curavit. Quibus institutis, et crebra lapidum turrem missione vexantibus, ecce et obsessi similia e regione instaurant.

In obsessione Archas percussus Ansellus obiit in Domino. Quæ gesta fuerant scriptis ad Manassem archiepiscopum misit. — Machina itaque erecta et ingentia in nostros saxa torquente, ad maximum totius Francorum exercitus damnum Ansellus isdem aut primus aut inter primos ipse percutitur. Qui cum in Dominica militia fidelissime et irretractabiliter se ageret, inter cætera suæ sagacitatis fideique potentis insignia, illud præclarum et omnibus amantissimum litteratis exhibuit, quod cuncta quæ in obsidione Nicææ, et quæ Romaniam Armeniamque peragrando, quæ denique Antiochiam aggrediendo, capiendo, captam defensando nostri egere, qualiter per idem tempus contra Galapiæ regem, contra Damascenum, Hierosolymitanum quoque, quem 427 et adulterum vocitat, conflixere, ad Manassem, Remorum archiepiscopum, piæ memoriæ virum, qui ante hoc decessit ferme biennium, semel ac secundo directis apicibus, clarissime patefecit. Is etiam in testimonium, nobilem erga martyrem quem habebat, pii amoris, diem beati Quintini passionis annuum, coactis undecunque clericis, quo poterat honore, ibidem celebrari faciebat, ac celebrantibus xenia digna præbebat. Contigit ibidem et alios quamplurimos felix sumpsisse martyrium, et mortis sacræ compendio regna emeruisse cœlorum.

LIBER SEPTIMUS.

CAPUT PRIMUM.

[I.] *Quanta Christianorum in Jerosolymitana expeditione fides et pietas. Obsidione Archas deserta petunt Jerosolymam. Pactionem cum rege Tripolitano conficiunt.* — Fidei nostræ incentivum non minimum præbet quod Occidentalium labore fidelium Orientalis restauratur Ecclesia. Videmus prælia, Dei solius intentione piissima, quorum tota efferbuit martyrii amore militia, sine rege, sine principe, sola els exstitit suæ ipsorum salutis devotio prævia. Legimus, usque in Orientis suprema commigrasse, ob bellorum studia, Gallos, et Apollinis Delphici secreta rimatos, sacrisque ereptos aditis thesauros novimus paludibus Tolosanis injectos. Conflatas has omnes copias, principum tunc temporis suorum exactione, comperimus, hic ne unum quidem a quolibet suo domino invitum renitentemque, compulsum abire audivimus. Hic, inter arma lacrymæ, peccatorum confessiones, abrenuntiationes possessionum, uxorum aspernatio, filiorum fuga, præeminet in mentibus omnium pro Dei amore, solius beatæ mortis ambitio: hic, inquam, libet Deum pensare mirabilem, ut qui quondam, ad tormenta ferenda, animos martyrum pro invisibilium dilectione firmaverit, ipse nostris temporibus, quod a nemine sperari poterat, et dictum pro ridiculo habebatur, tantum præsentium contemptum rerum, etiam truculentorum cupidorumque cordibus hominum, indidit, per paucissimos homines tanta perfecit ut, laude eorum qui gessere posthabita, Deum solummodo ea fecisse certum sit. Quod ex eo, evidenti probatione, patescit, quia quoties crebrescentibus victoriis insolentiam parturibant, seu adversus alterutros principes inflarentur, sive aliqua ipsos petulantia commaculari contingeret, illico cos prope nullos, et, ut ita dixerim, pecorum similes gentilitas inveniret, si quando, sui memores, pœnitentia ducerentur, confestim solitis fortunis piisque proventibus redderentur. De his itaque spirituali solum desiderio cœptis patratisque præliis, divina, quæ a sæculo nunquam acciderit, tempora moderna insigniri virtute lætemur, nec Israelis carnalis pro ventrium plenitudine, bella miremur. Rex igitur Tripolitanus frequentibus nostros principes pulsare legationibus non cessabat, ut sese a castro amolirentur, ac sibi confœderarentur. Quo primores exercitus comperto, dux videlicet Godefridus, Sancti Egidii comes Raimundus, comes uterque Robertus, Flandrensis atque Northmannicus, considerantesque provincias novis jam exuberare fructibus, iduato plane Martio, pridem satæ jam mandibiles erant fabæ, et vix ad medium promoto Aprili, polentas poterat præbere frumentum, per-

A penso pariter terræ habitu, generaliter sibi commodum censent ut quorumque novorum suppetentibus copiis, Hierosolymitanum iter arriperent. Castri ergo obsidione deserta, sub ea, quam diximus, deliberatione Tripolim perveniunt, cum sexta esset feria, et tertiam decimam ageret Martius diem, ibique ternis egere diebus. Cum proceribus itaque nostris Tripolitanus ille facta pace conveniens, trecentos et his plures viros, quos ex nostris captos in vincla conjecerat, continuo solvit, hisque sic abeuntibus, quindecim Byzanteorum millia, ob commendationem gratiæ, dilargitus, quindecim etiam equos, pretii optimi, pariter attribuit. Præbuit quoque et celeberrimum nostris negotium, equos, asinos, et omnia tantæ militiæ obiter usui futura proponens, unde expeditio Dominica integerrime reficeretur ad præsens. Id denique, facto secum pacto, adjiciens, quia si imperatoris Babilonici bellum, quod frequens et maximum parari ferebatur, evincerent, si Jerosolymam caperent, Christianæ sese confestim conditioni subjiceret, se suamque eis regionem addiceret.

Ab ea ergo urbe digressi, in secunda Maii mensis die transiere per horridam et angustiam nocte dieque viam; castrum deinde, quod Bethlon vocabatur, attingunt: ad urbem deinceps juxta mare positam pervenientes, quæ dicitur Jebari, sitis anxietatem nimiæ passi sunt, cui flumen, nec mora succedens, opportunum remedium præstitit, cui vocabulum erat Braim. Nocte igitur Ascensionis Dominicæ quemdam subiere montem, angustum omnimodis habentem callem, ubi vehementer extimuere, ne obvios hostes in illarum angustiarum exitibus haberent, sed, Deo providente, nemo eorum occursui sese fuit ausus ingerere. Milites plane qui præierant nostri, liberam ab hostili incursu fecere viam. Demum itaque ad civitatem applicuere maritimam, quæ appellatur Baruch : inde ad Sareptam, quondam Sidoniorum, sub muliere vidua Heliæ pastione celebrem : dehinc ad aliam, quæ dicitur Sur; postmodum ad Accaron, Palæstinorum aliquando metropolim, devenere.

In Ramatham episcopus constituitur. — Denique procedentes pervium, Caiphas vocabulo, habuere castellum, donec ad insignem et ipsam Palæstinorum consequenter appulere Cæsaream : ibique ternis diebus citra Maium exeuntem celebravere Pentecosten. Post hæc ad eam, quam quidam Ramatham, origine Samuelis illustrem, aliqui scientiores curiosioresque locorum, Ramothgalaad asseverant, cujus obtinendæ contentiones, Achab scelestissimum Syrorum Benadab rege superante, præcipitant, perveniunt : cujus habitatores, comperto supervenientium Francorum rumore, fugerunt. Hæc civitas, et si ullis vetustissimæ memoriæ monimentis esset eximia, universa tamen clarissimi martyris Georgii, quem illic sepultum asserunt, mihi videretur obnubilare præsentia. Reperitur ibidem, colonis recedentibus, victualium prope omnium opulentia grandis, et non paucis præbuit diebus generale subsidium exercitibus hospitandis. Ubi proceres, clerum et episcopos qui interesse poterant consulentes, cum favore eorum ipsi civitati eligendum taxavere pontificem. Cui collatis suarum rerum decimis, auro etiam argentoque ditarunt; equis animalibusque suffulciunt, quo sine difficili indigentia, sine summi gradus injuria, sese ageret cum sua familia. Ipse resedit cum omni, in commissa sibi urbe, tripudio, de civitate tuenda, et de basilica potissimum regenda officialibusque Ecclesiæ instituendis, principum qui hoc ob cultum amoremque martyris obnixe fieri petiverant obediturus imperio.

CAPUT II.

[II.] *Jerusalem circumsident Christiani.* — Et ecce ad illam quæ tot penurias eis genuerat, tantam sitim ac famem tandiu et tam crebro pepererat, causa tot nuditatum, vigiliarum ac frigorum ; indesinentis metus occasio, subeundæ miseriæ voluptuosissimum incentivum ; ad appetitum mortis et vulneris illex : ad illam, inquam, mille desideriorum millibus affectatam, tantis, dum prospicitur, mœroribus ac jubilis inclamatam, tandem pervenere Jerusalem. De qua sicut de Dominici corporis mansoribus legitur : « Quia manducaverunt et adoraverunt ; » ita et de his dici potest, adoraverunt eam et expugnaverunt. Octavo itaque Junii Idus, cum tertia esset feria, mira animositate est obsessa civitas. A septentrionali igitur plaga, comes eam Robertus obsederat Northmannorum, juxta eam beati Stephani ecclesiam, ubi propter Filium hominis, quem a dextris Dei se vidisse clamaverat stantem, a Judæis est obrutus imbre saxorum. Ab occidentali autem opponitur dux Godefridus comes Flandrensis, et Tancredus. A meridie obsedit eam comes Sancti Ægidii, in monte videlicet Sion, circa ecclesiam beatæ Mariæ Genitricis Domini; ubi Dominus cum suis ad cœnam pridie quam pateretur, fertur discubuisse discipulis.

Tertia ad urbem adventus eorum die, Raimundus ille, cujus in expeditione Dominica non minimum opuscula claruerunt, ille, inquam, quem Pilitum agnominabant, cum quodam suo cognomini, illustri itidem viro, aliisque quamplurimis longiuscule ab obsidionis loco processit, si quos forte hostium, uti erant soliti, oberrantes ad nostrorum insidias reperire contingeret. Et ecce, ducentorum ferme Arabum se eis intulit repente manipulus, quos Raimundus ut vidit, leonina feritate aggreditur, et tota eorum audacia, Deo eis insistente, subigitur. Plurimis itaque interemptis, captisque tricenis equis, lætam ad exercitum de claritate facinoris reportavere victoriam. Alterius ergo hebdomadæ secunda illucescente feria, tanta vi, tanta unanimitate pervaditur murus urbis exterior, ut si scalarum apparatus non deessent, Francorum continuo ditioni urbs pariter ac suburbana cessissent. Tota igitur antemuralis fortitudo irrumpitur, et per minoris ruinas, plenario jam patente progressu, ad majoris propugnacula muri, una quæ affuerat scala porrigitur. Qua nostri milites quidam conscensa citissime, cœpere prælia jam habere præ manibus : et ubi jactus defecerant, tota fiebat res lanceis et ensibus : defensores civitatis, et eorumdem obsessores ferro decernunt cominus. Occubuerunt itaque multi ex nostris, sed ex illis plures.

[III.] Sciendum autem quoniam hæc ipsa civitas, cum adhuc Antiochia obsideretur, sub **429** regis ditione Persarum detinebatur a Turcis. Porro Babylonicus imperator, cum, sicut superius retulimus, ad nostrum legatos exercitum direxisset, explorandi statum nostrorum solummodo id causa effecisse dignoscitur. Cum enim dirissima Christianam militiam indigentia profligari conspicerent, et optimates quosque, deficientibus equis, factos jam pedites comperissent, nostra omnia vilipendere, nec quidquam novarum moliri rerum contra Turcos, quos potissimum patiebantur infensos, nostrorum qui contra eos exercebantur fiducia præsumpsere. Rex plane Persidis de Babylonico, quod usquequaque latissimum perhibebatur, imperio, multam usurpaverat portionem : sagaciorem enim habebat, bellorum industria, gentem. Comperto idem denique Babylonicus princeps quod Franci, imo per Francos, Deus Antiochiam subegisset et Antiochiæ pro mœnibus, Curbaran ipsum cum tota Persarum superbia confudisset, sumpta confestim audacia, Turcis arma intulit ; Jerosolymamque cui dominabantur obsedit. Qua, nescio vi aut aliqua confœderatione, recepta, in ipsa turri quæ dicitur David et quam proprie dici putamus Sion, Turcorum plurimos ad custodiam nescio an ad dominium dimisere : de quibus constat quia nostrorum neminem inter obsidendum penitus nocuere, soli arcis custodiæ cui deputati fuerant pacifice intendere. Contra Sarracenos ergo nostri hujus belli commercium habuere.

[IV.] *Summa rerum omnium indigentia afflictantur Christiani.* — Igitur in ea obsidione, panes qui emerentur reperiri non poterant, et per dies circiter denos hujus passim exstitit difficultas edulii : donec Deus nobis assisteret, allapsa portui Joppe nostri classe navigii. Parque fuit pressura sitis, adeo ut non modo ipsi tali miserabiliter fatiscerent incommodo ; sed etiam equos suos cum cæteris jumentis, per sex millium spatia, procul potanda, deducerent, sub hostium circumcursantium timore nimio. Syloa nempe fons, ex Evangelici cæci retectione procognitus, qui a radicibus Sion montis emergit, ipsos alebat : quæ aqua summa siquidem inter eos caritudine vendebatur. Postquam ergo missa legatio Joppen appulisse navigia nuntiavit, communicato seniores consilio, proponunt milites, quos ad tutelam navium ac hominum in navibus positorum, ad portum debeant destinare. Summo itaque diluculo cum jam exprimeret tenuis aurora crepusculum, Raimundus, qui crebro a nobis sermone teritur, cum duobus aliis proceribus centum de domini sui Sancti Egidii comitis exercitu equites legit, et ad portum usque solita auctoritate procedit. E quibus triginta illico sese milites excepere, et digressi ab aliis, Turcos, Arabes, Sarracenos, septuaginta [*al.*, septingentos] circiter reperere quos nostrorum itus ac reditus direxerat aucupatum rex Babyloniæ.

Quorum cuneo nostri, et si nimis impares numero, grandi animorum acrimonia invehuntur: sed tanta hostium virtus ac ferocitas exstitit, ut undique imminerent jam usque ad ipsorum perniciem nostris. Unde et alterum de duobus illis proceribus Achardum vocabulo peremerunt, et aliquos ex pauperibus et ex peditibus honoratiores. Cum ergo ambirent nostros, et armis hinc et inde conclusos urgerent, et pene jam miserabili desperatione conciderent, venit qui Raimundo illi prædicto necessitatem quam sui comites paterentur, ediceret: « Quid tu, inquit, istic detineris, et milites? Ecce tui qui recens a te abierant, Turcorum, Sarracenorum et Arabum atrociter circumcinguntur examine; et nisi eis adminiculum ocius feras, morituros, nisi jam obierint indubie omnes in proximo scias. Vola igitur, propera, quia fateor, erit omnis tarda velocitas. » At Raimundus cum suo universo comitatu expeditius invisere locum quo hæc agebantur accelerat, sed in ipso certaminis apparatu non in armis, non in viribus, verum in Salvatoris fide suffragium sperat. At Gentilium, ubi Christi militiam Phalanga conspexit, duarum continuo acierum discrimina fecit; invocato itaque Altissimi præsidio, tanta nostri illis vehementia irruerunt, ut quisque hostem ad se versum properantem prosterneret. Considerantes ergo vires sese diu Christiani impetus non laturos, cessere pagani, et celeri fuga intolerandæ consuluere formidini. At nostri eos rapida maturitate sequentes, per quatuor millium remotiora fugarunt : in tantum, ut cum ex eis plurimos peremissent, equos centum tresque pro victoriæ signo reducerent. Verum occisis cæteris, cum unum superstitem reliquissent, secum adduxerunt, a quo quæcumque apud hostes tractabantur, et quæ princeps Babyloniorum facere contra nostros proposuerat, didicerunt.

[V.] *Siti cruciantur. Commendatur ipsorum patientia.* — Interea sitis insolentia horribiliter gravabatur exercitus, adeo ut coria boum bubalorumque suerent, in quibus deferebantur aquæ per milliaria sex. Talibus utribus ad convehendas utebantur aquas, quæ ex recentium tergorum humore exolidæ, maximam miseriam inediæ quibusdam intulerant, 430 in usum exercitus transire coactæ, cum hordeaceo pane. Quanta tot virorum nobilium fauces et guttura cibarii panis illius rodebantur asprédine! quanta delicatos eorum stomachos putidorum latí-

cum putamus tortos acredine! Bone Deus! quid patientiarum inibi fuisse pensamus, ubi non immemores erant quique habitæ quondam in patria dignitatis, quam condire fuerat solita non exiguæ requies voluptatis, cum ea quæ patiebantur nullius exterioris lenirent aut spes aut solatia quæstus, eosque in dies crudelissimorum laborum decoqueret æstus! Hæc mea est sententia, hæc unica : nunquam a sæculorum tales exstitisse principiis, qui pro sola exspectatione emolumenti spiritualis, tot corpora sua exposuere suppliciis. Urebant animos remotæ adeo peregrinantium pignorum affectus, delectationes uxoriæ, possessionum fastigia; et tamen ac si ibidem permansuri perpetuo, non desistebant a Christi prosequenda militia.

CAPUT III.

[VI.] *Instat obsidioni sacra militia.* — Sarraceni igitur circa fontes ac flumina jugibus instare insidiis; ubique locorum nostrorum cædibus inhiare; prædari, si qua contigisset occurrere; rapta sive animalia, seu quælibet alia in cuniculos et spelæa abducere. Circa civitatem per exercitum in procinctu commanentem, famis sitisque atrox bacchabatur acerbitas; et hostium, hinc et inde vagantium rabidior detonabat circumquaque malignitas. At principes sacræ militiæ, tantum incommodum, a tot tamque diversis hominibus tolerari vix diutius posse videntes, quibus machinis civitas expugnabilior putaretur conjiciunt, quatenus, pro quo tanta pertulerant, passi ac sepulti monumentis Salvatoris adorandis interesse valerent. Præter alia ergo instrumenta plurima, quibus aut muri per arietum illisiones labefactarentur, aut crebris balistarum jactibus turres concuterentur ac mœnia, duo jubentur institui lignea castra, quæ nos sumus soliti vocare phalas [*seu falas, hoc est* turres ligneas]. Dux itaque Godefridus suum primus cum aliis convenientibus machinis ædificat castrum, et Sancti Egidii comes Raimundus, qui nulli se patiebatur esse secundum, ipse itidem instituit suum. Tum Sarraceni, dum machinas erigi, dum castra procedere, dum admoveri arcibus tormenta conspiciunt, muros et ipsi provehere, fulcire labentia, turrium summas insolita proceritate porrigere. Quæ quidem universa, cum maturarent explicare noctibus, interdiu de novitate operum nostris miraculum exhibebant. Ligna autem, de quibus nostri aut castra seu quasque machinas instruebant, convehebantur e remotiore provincia.

Perpendentes itaque exercitus Dominici proceres, cui urbis parti imbecillitas major inesset, cujusdam nocte Sabbati, castrum idem cum aliquibus machinis illo deportant. Ab orientali ergo parte summo ea diluculo eriguntur; primaque ac secunda tertiaque feria, his aptandis stabiliendisque insistunt. Comes etiam Sancti Egidii meridiana plaga suam instaurabat machinam. Dum ergo tanta obsidionis ferveret intentio, sitis tamen intolerandæ omnium præcordia torrebat ariditas : in tantum ut pretio unius nummi vel ad refocillandum, ut sic dixerim, nequaquam aqua sufficiens valeret haberi. Quarta demum ac quinta die, collatis unanimiter viribus, aggredi constituunt civitatem ex omni parte vallatam. At antequam hæc fieret destinata pervasio, subjectis plebibus litanias indicunt pontifices atque presbyteri; jejunia, orationes ac eleemosynas præcipiunt celebrari. Memores igitur idem præsules Jericontini quondam casus, et quod Israelitæ tubis aliquando clangentibus circumitu septeno, et sacræ archiæ circumlatione, diruerant perfidæ moenia civitatis : cum multa spirituum et corporum contritione processiones agendo, sanctorum nomina flebiliter inclamando, nudipedalia exercendo, Jerusalem circumeunt; cum seniores, tum populi, superna implorando subsidia, eidem necessitati concurrunt.

Christianorum conatus nil efficiunt. — His denique profundissimæ studio humilitatis explicitis, accidit ut sexta occurreret feria, in qua cum vehementi civitatem impetissent instantia, et nulli prorsus effectui molimina communia valuissent; ecce totius militiæ animis tantæ desperationis stupor irrepsit, adeo universorum robur evanuit ut infortuniis elisa frequentibus quorumque generaliter audacissimorum corda conciderent. Audivi, testor Deum, a viris quibusdam veritate præditis, qui illi divino interfuere procinctui, quia cum Christiana militia a civitatis mœnibus expugnandis sine ullis reverterentur effectibus, videres optimos quosque equitum a murorum congressibus resilire, manus complodere, ejulatibus diris obstrepere, et quasi a Deo jam omnimodis desererentur, ingemere. Est etiam mihi non inferiori **431** relatione compertum, Robertum Northmanniæ comitem, Robertumque alterum Flandriarum principem junctis pariter convenisse mœroribus, et se cum fletibus uberrimis conclamasse miserrimos, quos suæ adoratione crucis et visione, imo veneratione sepulcri tantopere Jesus Dominus judicaret indignos. At ea propinquante hora qua verus ille Jesus, qui secundo populum de Ægypti exegit ergastulo, in crucem sublatus creditur, dux Godefridus, et comes Eustachius frater ejus, qui e castro nullatenus propugnare destiterant, et muros inferius creberrima arietis illisione pulsabant; et eos qui superne mœnibus defensandis astabant lapidum jactibus, ac variis missilibus collatis, etiam hinc indeque præsto mucronibus, Sarracenos pro vitæ patriæque tuitione pugnaces urgebant.

CAPUT IV.

[VII.] *Demum civitatem Christiani vi et armis ingrediuntur per muros.* — Interea Letaldus, ex equitibus quidam, tanti ausu et opinione facinoris per temporum succidua celebrandus, primus super muros civitatis insilit, et maximo circumstantium stupore Gentilium, mentes felici hac ex præsumptione concussit. Ut ergo vir ille conscendit, quique juvenum Francicorum, quos pia jam dudum reddiderat illustriores audacia, sese proripiunt; et dum inferiores illi uni qui præcesserat, videri refugiunt, murorum pariter suprema conscendunt. Quos etiam nominatim huic insererem paginæ, nisi scirem post reditum tantorum eos flagitiorum ac scelerum infamiam incurrisse, ut de eorum expressionibus secundum judicium Dei nomen diligentium, videar non injuria tacuisse. Mox itaque ut Francos Sarraceni muris involasse conspiciunt, per muros ipsos, perque civitatem continuo fugam arripiunt. Illis denique cedentibus universis illico nostrorum ruit exercitus : aliis per foramina arietinis ictibus acta; quibusdam per machinarum influentibus fastigia. Fit introire nitentium admodum tunc perniciosa celeritas, et dum quisque primus reperiri desiderat, mutua alter alterum compressione conculcat. Porro etiam circa ipsos quos Sarraceni obstruserant, urbis portarum introitus, fraus adoperta scrobium, Sarracenis eisdem constat auctoribus : ubi multis intulit ipse periculum casus, excepto eo discrimine quod fecerat, dum impatienter influunt, angustus introitus. Paganos itaque fugientes Franci ferociter insequuntur, et obviis omnibus indifferenti cæde mactatis, usque ad ipsum, quod dicebatur Salomonis templum, internecio potius quam pugna, per plateas et compita vicosque protenditur. Ubi et tanta exstitit humani cruoris effusio, ut procedentium prope talos irrigui sanguinis unda submergeret. Istac quidem res ea prosperitate processit.

[VIII.] Raimundus vero, Sanct.-Ægidianus utique ille comes, a meridiana plaga admovit exercitum : ingens pariter machina rotis acta ferebatur ad murum, sed inter eam quæ castellum dicebatur, machinam et murum fovea nimis alta patebat. At princeps, accelerato consilio, qualiter præruptum illud valeat sine difficultate longa repleri, per exercitum jubetur præconum voce cantari : quatenus qui in eamdem foveam trium esset portitor lapidum, unum se sciret denarium habiturum. Quæ repletio, tridui spatio vix potuit exæquari, cum nec noctibus posset a cœpto cessari. Oppleta in hunc modum fovea machinam illam exhibuere mœnibus. Porro illi qui interius urbis defensandæ curas assumpserant, non dico fortitudine, sed pertinacissima nostris rabie obsistebant, Græcorum, quos sic vocabant, ignium saxorumque jactibus machinarum carpenta vexantes; quorum ictus atque molimina miro Franci ingenio multoties fefellerunt. A parte interea orientali civitate, uti prædixi, irrupta, ad prædictum comitem pertulit haud alius quam pugna tumultuans, quod Franci jam in urbe passim cædendo discurrere capta viderentur. « Quid, inquit ad suos, istic moramini? Nonne Francos, civitate obtenta, celebri spoliorum raptu jam triumphare conspicitis? » Irrupit itaque cum suis celerrime comes urbem : et quia Francos per urbana palatia quosdam, aliquos ad Dominicam memoriam, nec paucos pro pastoforiis, ut veteri utar nomine, templi Salomonis acerrimo conflictu evagari exercerique didicerat : ne a dominio captæ expers existeret civitatis, cum eo Admiraviso, sic enim eum vocant, qui arci David, quæ Sion dicitur, præerat, sermonem habuit; ut arcem sibi facta deditione contraderet, ab illo exegit. Satrapa itaque, pacto inter eos inito, comiti eidem portam illam aperuit, per quam eatenus Jerusalem introeuntes peregrini, et introire, et pensiones, quas musellas vocare solebant, solvere nimis indebite ac crudeliter cogebantur.

Ingressis igitur Provincialibus, Sanct.-Ægidiani scilicet comitis exercitu, et cæteris omnibus urbem, fiebat paganorum indiscreta percussio; non teneritudo, non species, non gravitas, non ullæ vires subtrahebantur exitio: cunctis generaliter inevitabiliterque, 432 imminebat dira pernities. At hi qui ad Salomonis templum sese contulerant, totum adversus nostros confligendo detinuere diem, sed nostri, eorum semivivam desperatorum indigne ferentes audaciam, conspirata animositate se ingerunt, et templi adita, exertis socialiter viribus penetrantes, tanta miseros intra fani ambitum cæde dilacerant, ut cruores peremptorum sine numero, calceorum pene oras excederent. Promiscui ergo sexus, et indifferentis ætatis, innumerabili per idem templum multitudine fusa, quosdam reliquere superstites, spatio eis vitæ interim ac salutis indulto, donec cæsorum cadavera, quorum dispersa jacebat hac illacque fœda congeries, ipsi amolirentur a templo. Quibus amctis, et ipsi quibus et priores, succubuere mucronibus. At qui templi suprema conscenderant, vulgi promiscui infinita frequentia, Tancredi et Gastonis, pro signo sibi interim pacis indultæ, vexilla suscipiunt. Is autem Gaston, vir illustris atque ditissimus, utrum de Gasconia an Basconia foret, non integre memini, quia tamen de alterutro esset ad certum tenui. Exercitu igitur discurrente, civitas universa diripitur; obtentisque palatiis et quibusque ædibus, argenti dives et auri, sericarumque vestium præda corripitur: equorum mulorumque multiplicitas aperitur, in domibus victualium omnium opulentia reperitur. Is autem in Dominica militia modus et exæquatio fuit: « ut quicunque, etiam pauperrimo, sese quælibet optima obtulissent, ejus procul dubio, absque retractatione, fierent, » cujuscunque conditionis videretur, cui ad manum primo venissent. Et ecce, his omissis, ad illud quod tantis desideriorum æstibus sitiverant, mistis pariter gaudio et mœrore concurrunt.

[IX.] *Ad sepulcrum Dominicum advolant, ac præ gaudio ac devotione illacrymantur.* — Sepulcrum ergo Dominicum adeunt, et de quæsita beatorum locorum libertate, illi summopere gratulantur, qui tanta per eos exercuerat, quanta, nec ab ipsis per quos acta sunt, neque ab ullo hominum poterant æstimari. Recordabantur earum quas ob hæc ipsa passi fuerant anxietatum, hasque ad insperabiles dum contemplantur pervenisse triumphos, dumque sæculis incognita facta considerant per se ipsos comprehendi a nemine valet fletus emiserint quam beatos. Deus omnipotens, quid ibi viscerum, quid lætitiæ, quid dolorum fuit, dum post inauditas, et cunctis a sæculo exercitibus inexpertas, quasi partuum torsiones, ad nova visionis adeo desideratæ gaudia, ac si nati filii, sese pervenisse conspiciunt? Mœrent igitur, et tamen fusis lacrymis, omni sibi dulcioribus pane, conjubilant, Jesumque piissimum suorum diuturnorum laborum ac cruciatuum causam, ac si cruci appensum, ac si adhuc sepulcri integumento detentum, per singula memoriarum momenta, uberrimis complectuntur affectibus: auri, argentique magnifica tributa penduntur; sed omni valentior munere devotio interna profertur.

[X.] *Sarraceni, qui ad superna templi confugerant, perimuntur.* — Denique crastinum mane recanduit, et ecce Franci, eos adhuc residuos esse dolentes qui templi suprema conscenderant, quibusque Tancredus et Gaston propria, ut supra diximus, vexilla porrexerant, fani acerrime tecta pervadunt: Sarracenos, feminas cum masculis, dilaceratos interimunt. Quidam ex eis electa sibi potius morte, quam sponte ipsimet conscivissent, sese templi fastigio dedere præcipites. Tancredus tamen, pro signi præbitione sui, et sponsione quam Gaston et ipse fecerant, cædem eamdem ægre tulit. Præcipiunt itaque nostri Sarracenis aliquibus, ut mortuos efferant, quia eos teterrimo fœtore gravabant: tanta enim cadaverum frequentia civitas opplebatur, ut eundi, nisi super occisorum corpora, Francis facultas nulla daretur: pagani ergo, suorum funera exportantes ab urbe, pro foribus ejus, exstructis de cadaverum congerie montibus acervatim pyra subposita comburebant. Tantas gentilium usquam cædes accidisse raro legimus, nunquam vidimus: Deo eis referente vicem, qui tot, pro se peregrinantium pœnas et mortes, quas tanto fuerant tempore ibidem passi, digna nequissimis retributione restituit. Non enim est quisquam sub Deo intellectus, cui æstimabile habeatur, quanta illic cunctis sancta loca petentibus, a gentilium insolentia tormenta, labores, atque neces illata consistent: « quæ magis Deum certa est fide doluisse credendum, quam manu profana captivatam crucem atque sepulcrum. »

Templum Salomonis haudquaquam tunc temporis. — Sed antequam ad alia calamum divertamus, id videtur primitus intimandum, quod Salomonis illud, de quo supra egimus, templum, non vere idem quod Salomon fecerit, est ædificium quod constat Domino, lapidem super lapidem non remansurum, prædicente, dirutum. Sed ejus profecto simulacrum, a nescio quibus, ob testimonia nobilitatis domus antiquæ, constructum. Erat idem plane locus pulchritudinis infinitæ, auro argentoque, incomparabili pretio, nec minus incredibili varietate, compositus, parietibus ac valvis laminarum metalli pretiosi affixione productis. Raimundus 433 vero comes præfectum illum qui arci præerat, cuique sua signa commiserat, noctu de arce emissum, sospitem tumumque Ascalonem cum omnibus qui comitiæ suæ erant, duci fecit.

CAPUT V.

[XI.] *Regiam dignitatem Sanct.-Ægidianus comes respuit. Godefridus rex Jerusalem eligitur. Ipsius præclara facinora.* — Præterea urbe, sacrisque locis liberlati restitutæ, mox per universam Christi militiam eleemosynæ fieri orationesque jubentur, quatenus eorum animis dignetur unctio superna suggerere, quem sub dignitate regia ad jura debeant regenda sanctæ civitatis eligere. Octavo itaque post ejus receptionem die, cum Sanct.-Ægidiano comiti pro sui magnificentia id muneris obtulissent, et ille usitatæ amplitudinis non immemor, tam oneroso negotio se submittere, consilio altiori, refugisset, vir quippe gravis ævo et monoculus erat, armis tamen mirabiliter industriaque claruerat. Godefridum demum ducem aggrediuntur, et ei omnium pariter instantium prece, hujusce laboris potius quam honoris fascis imponitur, habituro, contra gentilium copiosissimas vires, duellionis irremissæ rigorem, et perpetuum cum sibi adjacenti Christianitate favorem. Is autem, cum membris exilibus esset, at nimium proceritatis idoneæ, eloquio quidem lepidus serenitatis immodicæ, armorum in illa expeditione Dominica, se præbuit strenuitate spectabilem, ita ut testimonio veraci probabile id de ipso præclari facinoris cantitetur, Turcum eum illoricatum, equo tamen vectum, apud Antiochiam super pontem Pharpharis obvium habuisse, huicque ilia tam valide gladio trajecisse, ut corporis truncus decidens terræ procumberet, et crura sedentia pertransiens equus efferret. Solent enim Lotharingi cum longitudine tum acie spatas habere mirabiles.

[XII.] *Cujus aliud non inferioris factum gloriæ, dignum quoque relatu ac omnimoda celebritate subnectendum censuimus.* Nicæam ceperant, et ad Antiochiam obsidendam, quoniam super Nicæa res fortuniose processerat, contendebant, cum intereundum, aliquoties, dum a procinctu solito opportunitas securitatis adesset, progredientes e viburnis contiguis bestias venarentur : saltus namque ejus regionis, non ea qua nostri grossitie aut proceritate eminent; semel accidit ut immanis admodum corpulentiæ ursus e frutetis exiret, quem comperiens exercitus circumquaque disquireret. Ursus nempe isdem, persensa frequentia conclamantum, e quibus emerserat silvas extemplo repetiit. Multis ergo undecumque gyrantibus, cum nil occurreret, misero cuidam contigit ad bestiæ lustra pertingere. Quem ubi incautum ursus adoritur, brachiis subigit, hominisque jacentis corripuit mox dente femur. Et ecce dux, dum a suis evagatus oberrat, solus intervenit : quem miser intuitus, et ex circumstantia doloris ac timoris illacrymans, ingenitas viro liberalitates objectans, super opis latione compellat. Nec ille, cui pene omnis constabat ex virtute natura, cunctatur auxilium, sed adnisu quo valuit exactum a vagina in verticem belluæ illisit protinus gladium; quæ ossis obnitente duritie, potius irritata quam læsa, in ducem se contulit. At illius tamen, primo infelicis, quos trux intruderat dentes a crure remisit; qui celer excedens, et de vicissitudine duci referenda, sui utpote curiosus, jam negligens, in cœpto dimisit utrumque conflictu. Igitur fera, eo ictu efferata

Insilit, ac unco corripit ungue ducem;
Dejicit, ac sub se cohibet crudelibus ulnis;
Et rabido rapuit mordicus ore femur :
Cujus regia mens nequaquam subita turbam
Perpessa ruina,
Protractum retinere manu non destitit ensem.

Cum ergo jaceret elisus, et quam capere cœperat coxam fera torqueret, dux sui necessitate non immemor in ipso confinio cervicis et armi gladium bestiæ applicat, aciemque mucronis, universæ collatione eidem virtutis inviscerat. Quæ persentiscens ferrum ad interaneorum ima prolabi, tandem quos in femoris pulpa constrinxerat rictus, extulit. Dumque a ferali se ore solutum dux inspicit, sed loco eam non moveri attendit, junctis a se pedibus propulit : sed in ipso repulsu, per prominentis a belluæ pectore, gladii aciem, suras sibi tibiarum lætaliter pene concidit. Ruit itaque multo deterius, quam cum premeretur a bestia, et toto jam corpore invalido ac exsangui, vix aliquando reperitur a suis. Solitudinum suarum pœnituit tunc sero ducem, dum per id, appendicis sibi exercitus, et totius sacræ militiæ detrimenta contingunt. Usque ad finem plane Antiochenæ obsidionis ægre prorsus nisi lectica devehi potuit : et ideo, quia nec sibi nec ulli providere poterat, quindecim ferme hominum millibus, qui sibi cohæserant, et ab eo pro infirmitate desciverant, brevi caruit.

[XIII.] *Christianum Balduini regis factum.* — At quia ursum semel adorsi sumus, quid Balduinus etiam ejus frater, qui nunc usque Jerosolymæ regnat, egerit, præoccupare voluimus, quia nullus id referendi forsitan sese alias aptior aperiet locus. Pro ereptione cujusdam sui peditis, cujus admodum sese juvaret audacia, gravissimum similiter in prælio vulnus exceperat. Verebatur providentia 434 illius, quem sibi adhibuerat, medici, inditis cataplasmatibus exterius cicatricem obducere : noverat enim idem vulnus interiora corporis profundius attigisse, ne dum cutis superficies æquaretur, intrinsecus saniei congeries foveretur. Quod ita fieri, miro modo, laudabili conjectura, experientiaque proposuit. Regem petierat ut aliquam, ex his quos custodia detinebat Sarracenis, personam, eo statu, tali in loco quo ipse sauciatus fuerat, vulnerari præciperet (Christianam enim nefas petere erat) et post illationem vulneris occidi juberet : quatenus in interfecti corpore licentius disquireret, imo ex ejus despectione perpenderet qualiter se in suis plaga regia interius haberet. Horruit ad hæc nimium pietas principalis Constantini veteris exempla resculpens : « Negat se cujuspiam hominum, etiam deterrimæ omnium conditionis, causam mortis ullatenus, pro tantilla, cum etiam sit dubia, salute futurum. » Tum medicus : « Si inquit, reparandæ tibi gratia sospitatis nemini vitam adimere definisti, saltem ursum inutilem satis nisi spectaculo bestiam admoveri manda : prioribus pedibus in sublime porrectis erectam, ferro feriri impera, cujus peremptæ postmodum cum pervidero viscera, metiri sane utcunque potero, quorsum intro processerit, quantum quoque læsio tua. » Cui rex : « Bestia, ait, non in mora, cum opus fuerit, erit : factum puta. » Facto igitur ad libitum medici ex fera periculo, comperit incommodum ut prælibavimus regi, si obductio celerius vulneri proveniret, nisi prius exhausta purulentia pars intrinsecus scissa coiret. Hæc super regum pietate dixisse sufficiat : quorum gloria æque, fateor, incessisset, si non pontificii electio, imo et ipsum pontificium claudicasset.

LIBER OCTAVUS.

CAPUT PRIMUM.

Hucusque Musa, per fruteta veprium
Incessit arcto scrupulosa tramite
Calles euntis occupante nubilo ;
Aurora seri vix fovere sideris.
Lues cruoris hactenus cucurrerit,
Stragi famique nil vacans resederit.
Fortuna si qua rebus interdum suis
Arrisit, aura cladium rapax tulit.
Qui dum Nicæna subruere mœnia,
Quis urbe capta fructus est Antiochi?
Is est profecto qui fit ex suppliciis,
Cuicunque sancto morte victa martyri.
Dolenda namque si qua contigit pati,
Mistisque ferre cædibus penurias,
Mœror futura parturire gaudia.
Quo utar ergo vocibus Psalmographi?
Lætatus sum ex his quæ relata sunt mihi :
Licet subire presto jam domum Dei.
Pes ecce noster atriorum Solimæ,
Calcator exstat, ac ovans obambulat.
Franci laboris hæc habete præmia :
Nec vos dolete pertulisse tristia.
Optata tandem vos sepulcri visio,
Crucisque tacta fletibus redemptio
Juvat, fugitque pectus omne passio.
Urbs, ista sæpe præda facta regibus,
Pessumdabatur obruenda funditus.
Hac, o beata captione civitas,
Hinc promerens, ut imperare debeas,
Ad teque regna Christiana contrahas?
Videbit orbis huc venire glorias;
Tibique matris exhibere gratias,
Non Ezras olim, vel Machabæus Juoas,
Post damna, tanto provehunt opes tuas :
Non Adrianus, unde nomen Helia,
Te suscitando quit dedisse talia.
Pro te tuisque mundus iste militat :
Hæc pene cura sæculum sollicitat.
Quondam Judæa dum vigeret optime,
Præbere quibat huic decus parabile.
Quid carminantur in duella milites?

Estote, quæso, Persidis pernicies,
Non vestra : quidquid officit Jerusalem,
Et Babylonis obserate principem.
Ut fas adire sit bonis Jesu crucem,
Pium sepulcro subjugare verticem.
Clamabo nostra comperisse tempora,
Quod non docebit ulla fastorum scola.

[XIV.] *Arnulphus quidam patriarchatum Jerosolymitanum ambit atque obtinet.* — At quoniam dum temporalia procurantur, regia administratione tractanda putantur; interiora negligi non debent, quæ sacerdotali officio pertinent. Rege prout potuere creato, de patriarchæ consequenter substitutione pertractant. Erat ibi tunc temporis quidam sub censura clericali agens, sub quo autem gradu nescio, qui vocaretur Arnulfus. Is in dialecticæ eruditione non hebes; cum minime haberetur ad grammaticæ documenta rudis, regis Anglorum filiam monacham, eam quam præmisimus, diu disciplina docuerat : cui Northmannorum comes, mediante sorore, spoponderat, quod etiam episcopalem honorem ipsi deferret, si quempiam episcoporum suorum obisse contingeret. Interim Hierosolymitani itineris cum suborta fuisset occasio, episcopus Bajocensis, Odo nomine, vir magnarum opum, hoc ipsum devovit iter. Qui cum senioris Anglorum regis Guillelmi frater esset, et præter pontificii dignitatem apud Anglos comitatum Cantiæ obtineret, spe incomparandorum thesaurorum, in tantum res visus est audere novas, ut etiam de regni contra fratrem proprium præsumptione tractaret (34). Quem rex præveniens carcerali mancipavit custodiæ, detinuitque virum usque ad sui ipsius exitum vitæ. Quo exacto episcopus idem libertati ac honori rediit; et uti præmissum est, vix hujus intonante præconio, ipse suæ gentis fretus frequentia, cum opibus innumeris ire perrexit. Cujus Arnulphus idem comitatui sese indidit : et cum huic ipsi episcopo citra, nisi fallor, Romaniæ fines, finis obtigisset, ex illo maximo censu quem post se reliquerat, hunc legatarium pene ante omnes suppellectilis suæ pretiosæ effecit. Cum enim scientia litterali plurimum posset, et ingenio eloquentia non

---

(34) Ita scriptores Anglici Guillelmus Malmesb., Matthæus West., Polydor. Virgil.

deesset; uberiorque jam copia cognitionem redderet, cœperat nostros crebris animare sermonibus, famamque suam propagare in talibus. Inopia namque litteratorum, virum fecerat clariorem : et, dum vox magis quam vita curatur, ad hoc ut Hierosolymitanus fieret patriarcha vocatur. Aliquandiu itaque, solo nomine, pontificale ostentum præbuit; declamationibus suis tamen novitati illi profuit.

[XV.] *Arnulpho adversatur papa, utpote sacerdotis filio. Daibertus in ejus locum subrogatur. Sed conjuratione facta in regem, expellitur.* — Tandem post aliquantulum temporis, cum facta usque ad apostolicam sedem percrebuisset electio, papa Paschalis, post obitum Podiensis episcopi, vices super Dominici exercitus cura, suas archiepiscopo Daiberto Pisano mandavit. Qui jam capta Jerusalem, rege promoto, cum plurima classe advenit; nec multo post, electionem quæ de Arnulpho fuerat facta eventilans, secundum canonum jura refutandam duxit. Discusso nimirum hominis genere, sacerdotis filius reperitur, qui non solum a sacris arceri præcipitur gradibus, sed secundum Toletanæ synodi (ix, cap. 10 et 15) scita, ejus ecclesiæ, ad cujus injuriam constat esse progenitus, servus jubetur fieri sempiternus. Hac exclusus, cum se summopere ingereret et defensaret, sententia, cum proceres ejus pudori, quia repulsus fuerat, mederi in aliquo voluissent, sciscitantur ab ipso quem eligendum duceret. Ille, coæqualibus junioribusque, ut est pravitas naturæ, mox invidens : « Hunc ipsum, inquit, Pisanum, qui legatione fungitur accipite. » Dictis ejus principes assensere, raptumque archiepiscopum, vix ejus connivientia requisita, in ipsa cui sedebat cathedra, per seipsos idem principes in ecclesiam evexere. Nec mora, hunc eumdem, post regis gloriosi Godefridi occubitum, cum regnaret Balduinus frater ejus, qui Edessæ præfuerat, proditionis insimulant; sicque certo damnatum crimine, eum qui metropolitanus fore destiterat patriarchatu privant.

Cumque de instituendo pontifice iterata tractaret electio, providens Arnulphus ut talis fieret, qui nullatenus a suo imperio dissentiret, quemdam de suis contubernalibus, quem sciret sibi per omnia obtemperaturum, utpote virum simplicem et illitteratum, vocabulo Ebremarum, omni favore promovit. Quo postmodum sese religiose agente, et ad ejus ad integrum, ut putamus, nequaquam vota gerente, apud apostolicam sedem eum nuperrime accusaverunt; sed in ipsa sua accusatione fœdissime defecerunt. Unde tantum cum suis complicibus, qui sibi in accusando adnisi fuerant, apud regem odium incurrit, ut eum a sepulcri custodia arceret, quin etiam ab ipsa urbe extruderet. Regratiatus autem pontifex apostolicæ sedis apicibus, ad plurimum exsecutorum suorum dedecus, Jerosolymam redit. Hæc de illius imaginarii patriarchæ electione ac dejectione dixisse sufficiat. Quæ electio omnium bonorum cassanda judiciis, die festivitatis sancti Petri ad Vincula erupit, sed cum ei nulla piæ vitæ adjumenta suppeterent, effluxit. Civitas autem eadem capta est a Francis, quinto decimo provecti Julii die, cum sexta esset feria; ipsa fere, qua Christus in crucem sublatus est, hora.

CAPUT II.

[XVI.] *Imperator Babyloniæ bellum regi Jerosolymitano denuntiat.* — Non multo post tempore, imo paucissimis post diebus, adsunt Neapolitanæ civitatis legati, quæ Sichem antiquitus, vel Samaria vocabatur [*al.*, quæ, nisi fallor, Emaüs antiquitus vocabatur], Tancredo et Eustachio comiti, ducis pridem regis, modo fratri, viris spectabilibus ac fortissimis suggerentes, ut plurima succenturiati militia, ad præfatam proficiscerentur urbem, eam procul dubio in jus proprium recepturi. Procedunt illi, ductisque secum multis, non sine peditum numerositate, equitibus, civitatis appulere suburbio. Quibus oppidani, reserato præsidio, spontanea fiunt deditione subjecti. Adsunt præterea et alii, qui ad regem Godefridum perferunt imperatorem Babylonicum magnas, bello contra se gerendo, **436** apparare copias. Rex illico, ad ea quæ nuntiabantur redditus acrior, fratri Eustachio et Tancredo sibi nuntiata denuntiat, et ut quantocius Jerosolymam regred. præproperent, missa legatione præcipit ac exorat. Locum autem prælii, apud Ascalonem indictum pariter insinuat. Quo invictissimi idem comperto, dicto celerius montana subeunt. Sarracenos, inter eundum bella moturos æstimantes, minime reperiunt, Cæsareamque Palestinæ perveniunt.

Progressi inde ad urbem, quam supra diximus, Ramothenam, beati Georgii memoria celebrem, circa maritima constitutam, vestigia vertunt, ubi Arabum non paucos offendunt, qui prædicti prælii præcensores [*al.*, præsensores] existunt. In quos nostris sociatis, ubi eos animadvertere, nisibus unanimiter invehuntur, hostes fugaciter cedere compelluntur, plurimi vivi capiuntur, a quibus, quæcunque de instanti bello agere proposuerat pars inimica, discuntur : ubi videlicet eorum jam convenisset exercitus, quotus ipsorum haberetur numerus, quis pugnæ eidem præscriberetur locus. His Tancredus agnitis Jerosolymorum regi Godefrido, quæ didicit nuntiis directis insinuat. Arnulpho etiam, patriarchæ nomine insignito, aliisque proceribus mandat : « Bellum, inquit, ingens vos manere noveritis : quod quia jam dignoscitur imminere, Ascalonem properate venire, freti viribus quas poterit solertia vestra potiores conflare. » Rex igitur, quo post Dei fidem nemo sagacior, magna ad id negotii omnium Dei militiam auctoritate sollicitat, Ascalonemque, ubi contra hostium apparatum procedere debeant, designat. Ipse vero patriarcha vocato, Flandrensique comite Roberto, cum esset tertia feria, ab urbe prodivit.

[XVII.] *Rex ad bellum se accingit, proceditque.* — At Sanct-Ægidianus comes, comesque Northmannicus, intulerunt regi se necdum velle procedere, donec scirent an idem bellum pro certo videretur instare : sese ergo Jerusalem interim reversuros perhibent, asserentes etiam quia non in mora, cum opus fuerit, forent. Rex abiit, et dum conspicit, eminus hostes, ocius his qui Jerosolymæ desederant hæc scienda mandavit. Continuo quemdam accivit episcopum, quem destinavit ad urbem, universaliter suos obtestans ut præsenti necessitati submota procrastinatione concurrerent. Quarta itaque feria, quique principes coacta generaliter expeditione Dominica, castra a civitate promoverant, et ipse episcopus, qui Jerusalem commanentibus regia verba detulerat, cum repedaret ad regem, occurrentibus Sarracenis excipitur; nec patet utrum occubuerit, an captivus abductus sit.

Petrus Eremita publicas supplicationes ordinat in urbe Jerosolymitana. — At Petrus Eremita, pii hucusque operis exsecutor, cum clericis Græcis ac Latinis in civitate remansit, ordinando processiones, dictando litanias, instituendo orationes, submonendo eleemosynas, ut Deus hac, quasi suprema, dignetur populi sui cumplare victorias. Porro ecclesiastici qui adesse poterant viri, sacris, ac si ad sacra mysteria, induti vestibus, procedentes ad templum usque Dominicum, missas orationesque totis affectibus agendo mares ac feminas conducebant, pro Dei exsulum ereptione poscentes. At nomine patriarcha, si qui etiam pontifices adfuere, cum quibusque conglomerantur principibus ad flumen quod eis Ascalonem esse dignoscitur. Illic fraude gentilium multa sunt animalium exposita millia, boum, camelorum oviumque examina, quæ cum seniores didicissent, ad illiciendos prædarum copiis nostros emissa, celebrato per castra præconio, mandant ne in cujuspiam tentorio quidquam prædæ ejusdem reperiatur, nisi quantum dictæ instanti necessarium fore probaretur. Interea trecenti Arabes nostrorum sese conspectibus ingerunt, quos illico nostri tanta facilitate presserunt ut duos ex eis fugaciter actis corriperent, cæteros usque ad castra sua persequendo minarent.

[XVIII.] Sero itaque illius ingruente diei, fecit per universum exercitum perfunctorius ille patriarcha cantari, ut diescente crastino omnes expedirentur ad prælium : id apposito anathemate inhibens « ne quis inter dimicandum spoliis diripiendis insisteret, » sed belli ad finem colligendi studium quisque differret. Cædendis autem hostibus adeo rogat insistere, ut hac illac nequaquam curent, ob vilia emolumenta divertere, ne alicujus causa cupiditatis incurrant cœptæ detrimenta victoriæ. Sexta illuxerat feria, et ecce progredienti militiæ nostræ pulcherrima vallis occurrit : ibique, in ipsa contigui æquoris planitie, acierum suarum fecere discrimina. Dux jam mutatus in regem, comes Flandrensis, itidemque Northmannicus, Sanct-Ægydiensis comes, Boloniensis Eustachius, una Tancredus et Gaston, aliqui singulares, pares aliqui, compositis agminibus præfuerunt. Peditum sagitta-

rii, lanceariique qui præcedere debeant militias, ordinantur, cum rex Godefridus cum sua frequentia parti sinistræ præponitur; comesque Sanct-Ægidianus juxta maritima sistitur; Flandrensis atque Northmannicus adequitabat dexteræ; Tancredus et cæteri utrarumque partium medii incedebant.

Prælium committitur. Fusis cæsisque gentilibus nostri evasere victores. — Nostri igitur pedetentim in hostilem cuneum promoveri, gentiles ad prælia sese parantes, nequaquam loco moveri. Videres 437 ex humeris vasa pendentia, dum ex modicis gelidas cohibebant utribus undas : e quibus se potaturos crederent, cum nostros prosecuturi in fugam cogerent. Sed Deus longe aliter providerat, quam gens inimica volvebat. Interea Northmanni ac Robertus comes [*al.*, Northmanniæ Robertus comes], prospecto eminus principis exercitus telo, quod opertum multo videbatur fulgere argento, et in sui summitate tereti ornabatur auri pondo, equum continuis celerem calcaribus urgens, principem, cui pro signo quam diximus astitit hasta, rapido impetit impetu ; et atroci vulnere sauciat. Altrinsecus Flandrensium comes loro remisso, densum se fudit in hostem. Tancredus denique concursu ruit ad tentoria magno. Agmina cum propriis ducibus bacchantur ubique : fiunt cruenta cædibus æquora planitiesque loci ; protinus hæc sua pernicies hostibus intoleranda fuit ; sic desperantes mox iniere fugam. Et sicut erat gentilium numerositas enormis, ita consequenter et facta est enormitas cædis. Si enim magnæ fuerant elationes maris, sese tamen multo mirabiliorem ostendit Dominus in altis. Unde ut evidens fieret prælia tanta Deum, non hominis fecisse manum, patentibus oculis cæcos fugitare videres, et dum vitaturos arma se æstimant, sese armatis objiciunt. Et dum non patet effugii locus ulli, ardua non tutum plerisque parabat asylum arbor, nec nostras potuere latere sagittas ; præcipites magnas icti fecere ruinas, aut mortui aut fiunt semineces jaculis aut ensibus omnes quos fuga non texit, exercuit gladios nostrorum, velut inter pecuaria, cædes. At Sanct.-Ægidii comes, juxta contigui maris arenas, ubi in hostes proprium absolverat agmen, tanta eos vehementia in morem tempestatis aggreditur, ut ipsorum non parva manus, dum ferri exitium præcavet, ultronea pelago mergeretur.

CAPUT III.

[XIX.] *Quare Deo ascribenda victoria.* — Explicita itaque Deo auctore victoria, Babyloniæ princeps militiæ, quem patria lingua Admiravisum vocitant, confusus, et infortunium quod sibi acciderat satis admirari non prævalens, multa conqueritur. Considerabat nimirum infinitas quas adduxerat copias, lætissimam juventutem ; fortitudine ac specie arma nobilia, commilitonum opes, et, ut sic dixerim, cuncta equestria ; et quod animis maximam quorumque inertium parere securitatem solet, pro foribus urbis suæ, ad quam certa refugia, in propria pugnavisse provincia. At Francos inluebatur modis omnibus inferiore militia, profligatam diutina fame juventam, rubiginosis ensibus, lanceis nigrantibus, exilem destitutis militum viribus armaturam ; cunctis qui præ cæteris videbantur insignes, acri egestate torpentibus, equis omnimodo squalore fatiscentibus : et, ut brevi clausula solvam, pauperrimos omnium, exsulem globum innumerabiles superasse mirabatur indigenas, quin potius, per abjectissimos hominum totius Orientis gloriam concidisse. Juvit quoque nostrorum victoriam plurimum, quod conclamata in hostili exercitu fuga ; Admiravisus ille qui præerat Ascaloni, ubi conspexit Babylonicum vertere terga ducem, fugitivos omnes a propriæ urbis ingressu mandat arceri. Mirabantur plane etiam iidem plus nimio hostes, quod minime Franci pro mœnibus Jerosolymæ, quasi contigui causa præsidii pugnare delegerant, sed sibi obviam duorum itinere dierum pene processerant.

[XX.] At Francis pro tanta Deo, ut par erat, nimium gratulabundis victoria, Robertus Northmanniæ comes, vir nunquam suæ mirabilis munificentiæ, etiam in illius exsilii paupertatibus, expers, hastam illam, quam argento dixeramus ornatam, quæ Babylonico principi, veluti signum, præfixa constiterat, a quodam qui rapuerat eam, viginti argenti marchas emit ipsamque in tantæ testimonium victoriæ ad sepulcrum Domini statuendam Arnulpho, patriarchæ vocato, attribuit. At ensem qui ejusdem principis exstiterat, ferunt a quodam septuaginta Byzanteis emptum. Præterea, portui Ascalonico prosecuta exercitum maxima classis appulerat ; ea videlicet illuc occasione conveniens ut Francis evictis, et sub captivitatis vincla conjectis, a victoribus eos emerent, ac per ulteriora Orientis regna venundando distraherent. Hi itaque ubi viderunt fœde fugientes Ægyptios, remota continuo delatione velificant, et ad ipsius sali interiora se promovent.

Denique Franci facto ex Sarracenis horribili, præcipue ex Æthiopibus carnificio, ad eorum tentoria jam solitaria revertuntur, ac inæstimabili spoliorum copia reficiuntur. Argenti dives et auri exinde Gaza producitur, Assyriæ nobilitatis opes, ac quælibet pretiosa suppellex habetur : omnimoda animalium genera, variorum armorum utensilia congeruntur : si qua fuere usibus apta, servarunt ; quæ extera, igne cremarunt. Regrediuntur incomprehensibili triumphantes jubilo, Jerosolymam, infinitis gratiarum lacrymarumque millibus cumulantes Dominicæ passionis ac sepulturæ memoriam. Tanta autem Francis, ex hujus fortunæ cœlestis eventibus arrisit ubertas, ut hii, qui prorsus inopes 438 et viatici ipsius egentes, hoc ipsum olim iter inierant, cum multa auri argentique opulentia, ac spectabili equorum mulorumque evectione redirent :

Lux ea Sextilis quæ proxima prævenit Idus,
Obtinuit belli tale videre decus.

CAPUT IV.

[XXI.] *Diversa prophetarum oracula.* — Sed quoniam in hujus voluminis exordio, quædam exempla præbuimus Scripturarum, quæ huic tanto quod explicuimus negotio convenire putavimus, attendendum nunc etiam an Hierosolymitanæ obsidioni aliquid consonum apud Zachariam prophetam reperire possimus. « Dicit, inquit, Dominus extendens cœlum, et fundans terram ; fingens spiritum hominis in eo (*Zach.* XII, 1). » Extendit cœlum, qui dilatat Ecclesiam, ut sicut, juxta Isaiam, ab Oriente adduxit semen ejus per apostolos, sic ab Occidente eam debeat congregare per istos (*Isa.* XLIII, 5). Fundat terram, cum permittit gentilium præcordialiter obdurari perfidiam. Fingit spiritum hominis in eo, cum cujusque fidelis animum format, rationis inditæ dono. « Ecce ego ponam Jerusalem superliminare crapulæ, omnibus populis in circuitu (*Zach.* XII, 2). » Superliminare, præeminet ostio : per ostium introitur in domum ; crapula officit stomacho. Si ostium, fidem Domini Jesu dicimus, per quam ad Patrem venimus, Jerosolymitanam ecclesiam, quia de ipsa et lex et verbum Domini exierit, non immerito superliminare, ob ea quibus præbuit exordium documenta, vocemus : ad ipsam enim recurrit post annos quatuordecim Paulus, ut Evangelium cum Petro et aliis conferat, ne forte in vacuum cucurrisset aut currat (*Gal.* II, 2). Sed hoc superliminare, populis omnibus in circuitu est crapula : quia constat omnes eam nationes propter ea, quæ ibi resederunt, nostræ credulitatis vestigia fastidire et exsecrari in morem nauseæ.

Sed et « Juda erit in obsidione contra Jerusalem (*Zach.* XII, 2). » Non solum, inquit, horrori exteris est, sed et Judas, fidelis scilicet populus, vere confitens eam quæ calcatur a gentibus : Jerusalem obsessurus est : « in die illa ponam Jerusalem lapidem oneris cunctis populis (*Zach.* XII, 3). » Si partem pro toto secundum Scripturæ usum licet poni, lapis oneris cunctis Jerusalem fit, quia universis Christiani nominis gentibus maximi laboris pondus, in sui liberatione, nuper indixit : « Omnes qui levabunt eam, concisione lacerabuntur, et colligentur adversus eam omnia regna terræ (*Ibid.*). » Qui sunt, qui Jerusalem levant, nisi qui postquam impleta fuerint tempora nationum, eam a sua conculcatione sublevant ? « Jerusalem, inquit Dominus, calcabitur a gentibus, donec impleantur tempora nationum (*Luc.* XXI, 24). » Hi concisione lacerantur, quia dici, imo cogitari nullatenus potest, quanta famis sitisque miseria, quantis laborum vulnerumque doloribus eos in obsidendo cruciari constiterit. Et, ut juxta Ezechielem loquar : « Omne caput decalvatum est, et omnis humerus depilatus (*Ezech.* XXIX, 18) ; » sin alias, vel crebris machinarum impulsibus, seu convehendis oneribus. Sed, levata Jerusalem, « omnia regna terræ adversus eam colligentur (*Zach.* XII, 3) ; » quod non ut allegoria subintelligendum, sed ut historia noviter relata, supernis oculis intuendum proponitur. Quod enim fuit Orientis regnum, de cujus hominibus ad idem non venerint bellum? Qui enim machinarum omnia genera, quod supra omiseram, obsidendæ urbi necessaria secum detulerant: qui etiam præter bellicos viros, negotiatores ad coemptionem Francorum adduxerant, profecto ex nimietate multitudinis victoriam præsumebant, fortasse majori prorsus majestate numeri, quam Curbaran illum habuisse didicerat.

« In illa die, dicit Dominus, percutiam omnem equum in stupore, et ascensorem ejus in amentia (*Zach.* XII, 4). » Si equus dignitas temporalis accipitur, ascensor equi qui dignitate præeminet procul dubio intelligitur. Dignitas omnis stupet: quia quidquid usquam imperii, quidquid regni est, adversus hanc novæ militiæ Dei manum hebetatum, nil audet. Princeps omnis in amentiam vertitur, quia expers est consilii, nec habet quo se vertat, utpote inops virium, quisquis hujus Dominici exercitus fortitudinem experitur. « Et super domum Juda aperiam oculos meos, et omnem equum populorum percutiam in cæcitate (*Ibid.*). » Si Juda, confitens, eos potissimum confessores dicam, qui nunquam a suæ credulitatis initio exorbitasse leguntur a fide, Francos utique, quibus omnis tenor hujus innisus est viæ. Super hos Deus oculos aperit, cum ipsis effectibus gratiam eis propriæ benignitatis ostendit; equum populorum in cæcitate percutit, dum superbiam gentilium, consequenter eos reprobo sensu, punit. In sacra plane pagina, equus sæpe pro superbia ponitur. Quid enim magis cæcum, quam sine Dei respectu, Dei filiis inferre bellum? Quid tam reprobum, quam Deum non agnoscere, et ex ipsa ignorantia superbire, et contra fideles bella movere? Sed quo, per verborum lacinias allegoriæ libertas excurrit, cum historialis nos veritas, ne per opiniones passim evagari videamur, astringat? Nonne superius hostes diximus cæcitate percussos, et gladiis imminentibus stupore suffusos? Et miror qualiter equus videns se egerit, cum rector equi evidentem amentiam incurrerit.

439 « Et dicent duces Juda in corde suo: Confortentur mihi habitatores Jerusalem in Domino exercituum, Deo eorum (*Zach.* XII, 5). » Quos dixerim Juda duces, nisi fideles illius exercitus principes? Qui confortati sibi Jerusalem habitatores imprecantur, dum totis affectibus, Christianæ militiæ sanctam illam civitatem fortitudine desiderant instaurari; qua et Christianitas propagetur, memoria Dominica honoretur, gentilitas circumquaque prematur. Sed hæc eorumdem fortitudo in Domino exercituum futura dicitur, quod hodieque cernitur, dum manus hominum incredibiliter parva, adversum universa paganitatis regna congreditur, quod totum ex ejus qui cœli virtutibus præest, sola virtute præsumitur. Ubi bene additur, Deo eorum, et ut non quolibet auctore Deo niti putentur; sed Deo sui ipsorum, scilicet Christianorum.

« In die illa, ponam duces Juda sicut caminum ignis in lignis, et sicut facem ignis in feno: et devorabunt ad dexteram et ad sinistram omnes populos in circuitu (*Zach.* XII, 6). » In hac, inquam, vel fidei, seu divinæ prosperitatis die, duces illi, qui vel armis exterius, vel spirituali doctrina interius Christianum populum gubernabunt, erunt caminus: superno, videlicet intrinsecus, amore ferventes, qui peccatorum ligna in gentilitate consumant: et quantum ad exteriora reprobos quosque, ac si fenum, bella succendant. Procul dubio enim scimus Deum ista nequaquam pro unius civitatis liberatione cœpisse, sed contra venturi rabiem Antichristi, hæc semina, longe lateque fructificatura jecisse. Omnes itaque populos ad dextram et sinistram in circuitu devorant, dum hinc electos, quos dextera innuit, ad pietatem Christianitatis incorporant; illinc reprobos, qui sinistrorsum pertinere noscuntur, digna cædis ultione devastant.

« Et habitabitur Jerusalem rursus in loco suo in Jerusalem (*Ibid.*). » Si Jerusalem Ecclesia est, locus ejus Christi fides est: Jerusalem ergo in Jerusalem habitatur, cum civitas illa terrestris, ad hoc, ut supernæ pacis visioni inhiet, instauratur; locumque habet, quia Christo immutabiliter hæret.

« Et salvabit Dominus tabernacula Juda, sicut in principio, ut non magnifice glorietur domus David; et gloria habitantium Jerusalem contra Judam (*Zach.* XII, 7). » Tabernacula Juda, sicut in principio, Dominus salvat, cum ipse, qui cum patribus nostris mirabilia fecerit, nostris etiam glorificatur adeo temporibus, ut sub ærumnis et calamitatibus majora omnino moderni isti videantur egisse, quam Judæi antiquitus cum uxoribus ac filiis, et continua ventrium plenitudine, sub ducatu apparentium angelorum, frequentibusque miraculis æstimantur implesse. Hos, inquam, veracius salvat: quia eos revera uti filios recipit quos corporaliter occidi permittit, temporaliterque flagellat. Ut non magnifice, inquit, domus David glorietur; id est, veteres qui bellorum victoriis præeminuerunt, superbire desistant, cum novos quosque potiora exercuisse perpendant. Gloria quoque habitantium Jerusalem, contra Judam elevatur: dum fastus eorum qui ibidem regnavere, et aliqua clara fecere, modernis opponitur. Per David namque, qui potissimum potuit, quidquid in superbia magis habent causæ exprimit. Ac si diceret: Etsi David celeberrimus armis exstiterit, et de succedentibus regibus aliquis aliquid gloriæ quæsierit, nihil reperitur per quod his nostris exæquari possint. Habitare autem dominari dicimus: unde et a verbo, quod est, *habeo*, *habes*, frequentative dictum ponimus. Dicitur vero, et David magnifice gloriari contra Judam, et gloria habitantium Jerusalem: quia ipsi materia sunt superbiendi, nostrorum facta humiliare volentium.

« In die illa, proteget Dominus habitatores Jerusalem (*Zach.* XII, 8). » Et nunquid non hodieque protegit, quos, cuneum ninus exilem, in meditullio gentilitatis infinitæ defendit? Audacibus quotidie gentes contiguas armis irritant : et ipsis satis est gentibus si se ab eorum incursione præmuniant, nedum obsidere præsumant.

« Et erit, qui offenderit ex eis in die illa, quasi David; et domus David, quasi Dei, sicut angelus Domini, in conspectu ejus (*Ibid*). » Vix invenitur David quidpiam graviter deliquisse, cujus pœnam consequenter non legatur in præsenti recepisse. Quicunque igitur ex nostris offenderit, si quasi David, dum non eorum aut luxurias sive superbias, inter eundum, sicut superius continent gesta, Deus ipse impunita reliquit; sed mox, inter ineuntis peccati successus, quæ meruere, celerius aut famis, aut quarumlibet difficultatum tormenta rependit. Unde et domus David quasi Dei efficitur, quia per divinæ correptionis instantiam ad spiritualis gratiæ conceptum reditur. Quibus enim Deus, uti quondam David, paternæ disciplinam irrogat, hos statim a suæ inspirationis complexu non abdicat. Fit quoque in Dei conspectu ut angelus : quia dum per imminentia flagella homo conspicit se a suis, Deo auctore, eximi affectibus, Deum illico diligere intendit ardentius : dum enim se castigari cognoscit ut filium, amat ut angelus. Dei autem conspectus, pius est hominis interioris affectus.

« Et erit in die illa; quæram conterere omnes **440** gentes quæ veniunt contra Jerusalem (*Zach.* XII, 9). » Ea solemus quærere, quæ nos certum est sub oculis non habere. Quid vero Dei est quærere, nisi sub æternæ provisionis vocatione facienda proponere? Quærit ergo Deus conterere omnes gentes quæ contra Jerusalem veniunt, et hoc in die illa : quia subtili suo judicio providet ac ordinat quod eos qui fidei contraria agunt aut perpetua damnatione conterat, aut quantum spectat ad examinationem suæ ipsorum fragilitatis, imminuat. Unde est, «Tanquam,» inquit, « vas figuli confringes eos, quos rexeris in virga ferrea (*Psal.* II, 9). » Quod tamen facit Deus illustratione interna, quæ est profecto dies; sed illa, quæ exprimi videlicet non possit ratiocinatione ulla.

« Et effundam super domum David, et super habitatores Jerusalem, spiritum gratiæ et precum (*Luc.* XII, 10). Ipsos habitatores Jerusalem dixerim domum David; quos omnipotens Deus, etsi frequentibus victoriis donavit et donat, creberrimis tamen infortuniis edomuit et redomuit : et dum eos nec continuatione malorum desperare permittit, nec assiduitate bonorum superbire sinit; Spiritum gratiæ et precum super ipsos, pius necessario jam dispensator effundit; ut dum nulla prosperitas, quæ etiam perfectos quosque resolvit, sine subjecta mox adversitate sibi arridere videtur, semper animus inquietudinum timidus, ad eum qui adjutor est in opportunitatibus, in tribulatione suspirare cogatur.

Ecce jam seposito omni mysterio, materialis illa Jerusalem, quanta putamus aliquoties sub dubietate et timore se habeat, dum, juxta Ezechielem (*cap.* V, 5), in medio gentium se attendit positam, et in circuitu suo gentes, circumjacentium nationum infinitatem; suæ urbis considerans paucitatem. Et dum barbarum gentium irruptiones indesinenter metuunt, nisi miserabiliter desipiunt, nunquam absque Dei timoris et amoris gratia sunt, quibus nunquam piæ affectionis ac precum materiæ desunt. Solet nimirum Omnipotens, aculeis adversitatum, ad sui recordationem sollicitare suos : solet titillationibus carnis inurere mentes, ut scilicet, dum ruinam metuunt, votis ac orationibus, Dei subsidio semper inveniantur acclives.

CAPUT V.

[XXI.] *Christianorum calamitates recoluntur.* — Diximus non semel, sed forte multoties, nec repetere piget : tale quid nusquam gentium a sæculo factum. Si filii Israel, miraculis quæ ante eos egerit Dominus mihi inferuntur objectis, his ego multo mirabilius astruam mare confertissimæ gentilitatis apertum; his interdiu ex columna nubem divini timoris, noctu lumen divinæ spei perhibebo præbitum, quibus Christus ipse columna rectitudinis ac fortitudinis inspiravit exempla; quos verbi Dei, ac si manna cœleste, absque ullius terrenæ spei, solum [*al.*, solatio] confortavit edulium. Illi pabula cœlitus ministrata fastidiunt; Ægyptum derelictam, crebro mentibus et voce revisunt; isti sicut nihil unquam retrogradum moliuntur, ita quidquid penuriæ ac necessitatis ingruerit, vivacibus animis amplectuntur. Certe illa apud Antiochiam celebrata calamitas, quæ frequentibus propemodum inediis oscitabat, non sine quibusdam nobilibus spectaculis traditur exstitisse. Qua putamus, inter illius omnimodæ egestatis exitia, qua nil ægrius apud homines consueverit tolerari, magnanimitate se gesserint, qui Christiana theatra, illi procul dubio tempori ac loco convenientia, non spreverint?

De parvulis cum patribus Jerosolymam profectis. Eorumdem parvulorum exercitus. — Plane ab his qui interfuere refertur, cum civitas eadem obsideretur; et crebris congressibus obsessores et urbici miscerentur, fiebat sæpissime ut viris hinc indeque cedentibus, et impetum vicissim consilio ac ratione frenantibus, puerorum examina pars ex urbe procederent, pars ex nostrorum filiis e diverso coirent, pariterque dignissimi exspectatione confligerent. Sicut namque in exordio hujus historiæ retulimus, cum apud occidentales regiones percrebruisset Jerosolymitana profectio, patres cum parvulis filiis hoc ipsum aggrediebantur iter. Unde accidit ut mortuis parentibus aliquorum, ipsi pueruli prosequerentur exercitum, labori assuescerent ; et, quantum ad inopiæ tolerantiam attinet, majoribus impares nullatenus essent. Hi igitur, per se agmine facto, principes sui ipsorum ex se craverant, ille Hugonis Magni, ille Boemundi, hic Flandrensis, iste Northmannici vocabula, et aliorum alii præferre personas. Ipsi quoties sibi subjectos alimoniarum penuria vexari conspicerent, ad eos quos prælibavimus principes, victualia rogaturi abibant. Quibus iidem proceres plurima largiebantur, unde eorum convenienter imbecillitas aleretur. Talis ergo tamque spectabilis militia, urbanam pueritiam crebro lacessere, longas arundines pro telis habere, de viminibus scuta contexere, arcillos atque missilia, pro suo quique modo, gestare. His itaque et civitatensibus, grandævis ex utraque parte spectantibus, medio in campo congressis, urbici quidem ex mœnibus, nostri autem pro papilionibus exspectabant. Erat ibi cernere impetus in invicem conclamatos, ictus sine ulla tamen mortium suspicione cruentos. Hæc sæpe præludia majorum ad iterandos conflictus præcordia concitabant. Dum enim animos sub membris impotentius [*al.*, impotentibus] fervere viderent, dum illa qualiacunque imbelles conspiciunt alacriter arma movere lacertos, dum alterutrorum læsionibus diversæ prospectantium partes ingemunt, ad solita, dimotis e medio pueris, seniores bella concurrunt. Ita Dominicum exercitum vix inveniri contigerat feriatum, dum hi instituuntur, illi quotidie exercentur.

[XXII.] *Nudipedum exercitus, ac vitæ genus.*—Erat præterea et aliud quoddam in exercitu illo hominum genus quod nudipes quidem incederet, arma nulla portaret, nullam ipsis prorsus pecuniæ quantitatem habere liceret; sed nuditate ac indigentia omnino squalidum, universos præcederet, radicibus herbarum, et vilibus quibusque nascentiis victitaret. Hos cum quidam ex Northmannia oriundus, haud obscuro, ut fertur, loco natus, ex equite tamen pedes factus, sine dominio oberrare videret, depositis armis et quibus utebatur induviis, eorum se regem profiteri voluit. Inde rex Thafur barbarica cœpit lingua vocari. Thafur autem apud gentiles dicuntur, quos nos, ut nimis litteraliter loquar, trudenues [*al.*, trudennes, Gallice *truands*,] vocamus. Qui ex eo sic appellantur quia trudunt, id est leviter transigunt, quaqua versum peragrantes annos [*f.*, agros]. Erat autem isti consuetudo ut, si quando populus sub se agens ad pontis alicujus deveniret transitum, aut aliquas angustias loci cujuspiam attigisset, iste eumdem præoccupare festinaret ingressum, et perscrutato ad unguem singillatim quoque suorum, si cui duorum pretium solidorum habere contingeret, hunc confestim a sua ditione secluderet, et eum emere arma jubendo, ad armati contubernium exercitus segregaret. Si quos consuetæ tenuitatis amantes, nihil prorsus pecuniæ aut reservasse aut affectasse conspiceret, hos suo collegio peculiares asciceret. Putaret hos forsitan quilibet generali utilitati prorsus incommodos, et, unde aliis poterat suppetere sumptus, absque proficuo tales consumere cibos. At vero hi in convehendis victualibus, in stipendiis contrahendis, in obsessione etiam urbium lapidibus intorquendis, dici non potest quam necessarii forent, cum in portandis oneribus, asinos ac jumenta præcederent; cum balistas et machinas crebris jactibus exæquarent.

Præterea, cum de paganorum corporibus frusta carnium apud Marram, et sicubi alias, cum nimia fames urgeret, reperirentur adempta, quod ab his et furtim, et quam rarissime factum constat, atrox apud gentiles fama percrebuit quod quidam in Francorum exercitu haberentur qui Sarracenorum carnibus avidissime vescerentur. Unde idem homines, ut potissimum apud illos hæc intonuisset opinio, Turci cujusdam vecti corpus intusum, ad eorum terrorem palam omnibus, ut dicitur, ac si carnem mandibilem igni apposito torruerunt. Quod illi agnito, et verum penitus quod fingitur autumantes, jam magis insolentiam Thafurum, quam nostrorum quodammodo principum vehementiam formidabant. Turci, plane antiquorum more gentilium, de cadaveribus tantopere cruciantur insepultis, quanto nemo Christianorum studio de animabus videtur cogitare vel dolere damnatis. Unde, ad eorum rancores dirissime concitandos, in obsidione Antiochena, Podiensis facto edicto celebrari per exercitum præcepit episcopus ut, quicunque Turci cujusquam caput sibi deferret abscisum, duodecim denarios referret statim in præmium. Capita enim eorum cum idem suscepisset antistes, super palos ante ipsorum ora pro mœnibus civitatis figi ea jubebat ingentes. Quod eos solebat acerbissime torquere, et exanimare cernentes.

Egit etiam ibi pontifex non reticendum quiddam cum procerum nostrorum consilio, ut, cum victualium inopia urbani nostros laborare sentiscerent, nostri econtrario proponerent quatenus boves aratro jungerent, in conspectu urbis ararent et sererent, ut ex hoc idem urbici subintelligerent quod cœptam obsidionem nulla ratione desererent, qui de futuri anni procuranda fruge tractarent.

Hæc et alia mira miranda in hac ipsa expeditione sunt gesta, quæ posse ab aliquo comprehendi nullo modo putamus universa, sicut sane nemini a sæculo constat auditum ut sine rege, sine principe, ulla de locis propriis egrederetur gentium, ut sub solo Deo parvus et magnus par addiscerent portare jugum, ut non respectaret servus ad dominum, nec dominus nisi fraternitatem usurparet in famulum; sicut, inquam, de præteritis super hoc exempla præbere non possumus, ita in posterum similia nunquam futura putamus. Quod ex eo maxima ex parte conjicimus, quia, post captam Hierusalem, tantos Christianarum gentium motus vidimus, tot non imparis dignitatis personas, tot equestres non contemnendi nominis alas, tot pedestres copias pariter commigrasse post eos qui præcessere, et viam secuturis paravere cognovimus, ut pene priorum et divitiis et numero suppares indubie judicemus. Quis enim colligat, eo tempore quo Stephanus comes, de quo supra egimus, et ille Philippi 442 regis frater Hugo Magnus, sepulcri Dominici viam iterato cœperunt, summe mediocris et infimi generis quanta ex solis Franciæ partibus (de cæteris enim taceo) frequentia processerit? Tacito Burgundiæ duce, quid de Pictavensi comite loquar? qui, præter militiæ grandis, quem secum proposuit ductare, globum, etiam examina contraxerat puellarum? Qui, cum majestatis suæ passim personaret testis ambitio, Constantinopolim venit, cum perfidissimo hominum Alexi tyranno colloquium habuit. Cujus proditor ille nequissimus adventum, antequam regia comes isdem digrederetur ab urbe, Turcis per epistolas detulit. « Ecce, inquit, e Franciis pinguissimæ ad vos progrediuntur oves, quæ minus provido tamen pastore reguntur. » Quid plura? comes tyrannici principis fines excesserat, Turcorum ei exercitus repente obvius astat, vires hominis, utpote adventitias incompositasque debilitans, dispergit, prædatur et superat. Ibi Hugo Magnus, genu sagitta percussus, languore protracto, tandem occubuit, apud Tharsum Ciliciæ sortitus jura sepulcri. Hæc intra eam, quam Satyriam dicunt, facta fuisse provinciam tradunt.

CAPUT VI.

[XXIII.] *Perfidus imperator Francorum duces deludit.* — At Stephanus comes cum quibusdam pontificibus regni nostri, inter quos Hugo Suessionicus, et Parisiorum Guillelmus illustris indolis generisque viri, qui præsulatui suo in primævo flore clarissimis moribus ministrabant, et Engelrannus [*al.*, Ingelrannus] Laudunensis, vir sicut forma et eloquentia, utinam sic religione! conspicuus, cum multa ordinum omnium dignitate mœnia Constantinopolitana subintrant. Quos ad se imperator evocat, magnis primores eorum donariis munerat. Consultantibus illis, an prioris exercitus, seu diversa proficiscerentur via, ille veraciter intulit non tantum eos habere equitatum, ut sufficiant a prioribus tramitem tenere diversum. Illi, nova sese putantes et superioribus valentiora facturos, profitentur se per exteras regiones ituros. Pariter vero ab imperatore expostulant quatenus ubique generale universalis Græciæ habere mercatum, ipso jubente, debeant. Spopondit ille, et sciens eos in propriam hac sua insolentia veluti conspirasse perniciem, eorum quem providebat optime errori lætabundus assensit. Per Paphlagoniam igitur, non dicam modo quibuslibet peregrinantibus, sed ne scripturis quidem, nisi quam rarissime cognitam provinciam, nescio quod monentur intrare desertum. Viaticum portare eos prohibet imperator, nisi quantum diebus quadraginta solis esset necessarium. Præterea pene quodammodo dehortatur viatici lationem, dum magnifice pollicetur totius terræ negotii prosecutionem.

Internecioni traditur exercitus Francorum. — Euntibus ergo et jam in profundæ solitudinis ulteriora progressis, vulgus quod sine viatico, spe promissi negotii, incaute processerat, cœperat in dies vehementissima fame urgeri, intumescere ac emori; exercitus quoque cadaverum passim decumbentium fetore vexari. Aliquoties plane, cum postremos egenæ multitudinis duces exercitus castigarent, ne equitatum tardius sequerentur præcedentem, ne in eos Turci videlicet involarent, illi famis torsionibus acti, votis et precibus exoptare ut venirent. Armeniorum jam pene fines attigerant, exesis hominibus, animalibus inedia moribundis, subito ingruunt Turcorum millia numerosa. Sed Franci, qui primas tunc exercitus videbantur actitare custodias, facile eorum, lassabundi licet, illico obtudere molimina. Postridie, cum Turci Francos a prima fronte discessisse vidissent, Langobardis, Liguribus et Italis, priora, proh dolor! occupantibus loca, irruunt, persensa anteriorum ignavia hostes acerrimi; hisque qui præibant et signa ferebant, fœde terga dedentibus, totus non tam fugæ, quæ nimium tenuis ut pote fame tabentium fuerat, sed internecioni miserandæ patet exercitus. Fugientes non qua venerant regrediebantur, nec, ut gregatim saltem fugerent, glomerabantur; sed quorsum quemque ferebat animus, verteret illo gradum, sine dubio moriturus. Quæ eorum cædes et insecutio perseveravit pene continuis octo diebus.

Erat in eo quidam archiepiscopus Mediolanensis exercitu [*al.*, periculo], qui capellam Beati Ambrosii, planetam scilicet et albam, si qua alia nescio, secum tulerat, auro tantique pretii gemmis ornatam ut nusquam terrarum reperire quis huic valeret æquandam. Hanc Turci abduxere correptam, Deo fatui illius præsulis, qui rem adeo sacram barbaris terris intulerat, tali damno ulciscente dementiam. Tanta fuit ibidem promiscui sexus Christianitatis occisio, tanta pecuniarum, vestium, auri argentique repertio, ut, de illo quod expeditio prima intulerat, damno, hæc una victoria sufficienti Turcis potuerit esse solatio. Cum enim ducenta, et, ut aliqui astruunt, his amplius ferme millia Christiani nominis illic essent, vix septem millia resederunt. Comes autem Stephanus, cum plerisque potentibus, inter quos Harpinus Bituricensis vir magnificus, et comes trans Ararim 443 Stephanus, ibidem fuere, pariterque Hierosolymam devenere. Ubi positis, cum imperatoris Babylonici exercitus apud Ramothenam urbem Balduino, nunc regi, bellum obtulisset, Harpinus memoratus regi intulit quatenus prælium differret, donec quidquid virium poterat habere, conferret; rex ait: « Si times, inquit, fuge Biturigas, » hisque dictis, inconsulte conflixit, omnesque suas illico copias, in prædictam civitatem compulsus, amisit; ipse solus evasit. Multi tunc in captivitatem acti; multi, quo fine defecerint, hucusque sumus incerti.

Harpinus Bituricensis monachum induit. — Harpinus captivus abducitur; deinceps a captivitate solutus, in Franciam rediens monachus efficitur. De Carnotensi Stephano nihil certi habetur, nisi quod interemptus, sine ullis tamen indiciis, creditur; intra turrim nimirum quamdam cum aliis innumeris comprehensus, apud præfatam urbem, utrum captivitatis sorti fuerit, an mortis, addictus, certis scire auctoribus hucusque nequivimus, nisi quod ad fidem necis ejus, quia nusquam comparuit, procliviores sumus. Turci plane cæsorum cadavera, post victoriam, desectis solent damnare capitibus, eaque pro signo asportare triumphi. Quibus sublatis, difficile est prorsus cujusque personam ex corpore trunco cognosci. Eadem autem ambiguitas et de quibusdam clarissimis viris aliis hactenus est habita. Interea rex ipse, qui, ut prælibatum est, solus evaserat, et non modo pro communi, quod imminebat, exitio lugebatur a suis, sed etiam cum cachinno interfectus clamabatur ab ethnicis; per horrida quædam et paucis comperta montana procedens, desperatæ tandem Hierosolymæ, et extrema jam pericula cum debitis mœroribus præstolanti, post biduum, nisi fallor, se intulit. Qui collecto celerrime quem potuit equitatu, et delectu optimorum peditum pro facultate habito, clementiori jam Domino, cum triumphanti, sed non diu, gentilitate, bello decernere parat. Cum ergo regem mortuum sic putarent, reparatis continuo copiis apparuit; longe altera quam pridem auctoritate conflixit, et in fugam eos agens, novum ipsorum timorem, atrocissimæ cædis punctione reflavit.

[XXIV.] *Godefridi regis obitus.* — At quoniam Godefridum regem, hujus Balduini germanum, nequaquam superius obiisse, materia ordinem præoccupante, retulimus, dignum est ut quo fine defecerit, et ubi sepultus sit breviter explicemus. A quodam contiguæ gentilitatis principe eidem transmissa feruntur exenia lethalibus, ut patuit, venenis infecta, quibus utens improvide, cum eum qui miserat suspicaretur amicum, subita infirmitate decubuit, nec mora, exanimatus occubuit. Sunt et a quibus, hac opinione repulsa, naturaliter feratur obiisse diem. Sepelitur autem, in testimonium ejus quam fide vitaque meruerat redemptionis æternæ, circa ipsum Dominicæ passionis locum, in eo jure obtinens omnimodo monumentum, quem eruerat quemque defenderat a conculcatione ac irruptione gentilium. Cujus mira humilitas et monachis etiam imitanda modestia, illo prædicabili admodum regni sui tempora titulo insignivit, ut nunquam intra Hierosolymitanam civitatem regium coronatus diadema tulerit : ea consideratione videlicet, quia generalis universorum salutis auctor Dominus noster Jesus Christus, spineum ibidem sertum humana irrisione gestaverit.

Godefrido successit germanus frater Balduinus. — Quo, ut præfati sumus, exacto, a fraterna eum temperantia et sagacitate futurum degenerem nulla ratione credentes, Balduinum ex Edessa transferunt, et sanctæ illius Christianitatis novæ coloniæ regnare constituunt. Quædam nempe clarissima in eorum virorum natura notaverant, et notata dilexerant, tranquillos utique, et totius nescios jactantiæ mores; irremissam, et plusquam regiæ compe-teret majestati, sine ulla pene formidine mortis audaciam, remotam quoque ab omni habitu ipsorum, petulantiam, et supra opum suarum vires liberalitatem omnino munificam. Hujus autem Balduini erga suos fides, erga se comtemptus, ex uno conjici valet facto, quod videlicet dum in expeditione contra hostes ageret, pro ereptione cujusdam peditis in tantum sese periculo ingesserit, ut, gravissimum vulnus excipiens, vix discrimina paratæ necis evaserit.

CAPUT VII.

[XXV.] *Prognostica de Christianorum expeditione Jerosolymitana.* — Fuit interea quiddam, quod maxime gentium innumerabilitatem circumpositarum, ne contra nostri nominis insurgerent paucitatem, vehementer exterruit, nec minus hodieque terrere dignoscitur : quod scientia scilicet astrorum, quæ apud Occidentales quo tenuior exstat et rarior, eo apud Orientales, ubi et originem habuit, continuo usu ac frequenti memoria magis fervere cognoscitur, evidens idem gentiles prognosticum se accepisse testantur, et jamdudum ante infortunia, ipsa præscientia quia a Christiano populo subigerentur; sed artis ipsius peritia ad integrum instrui non poterant quo ista tempore complerentur.

[XXVI.] — Ante duodecennium ferme enim quam proceres nostri Hierosolymitanum aggrederentur iter, Robertus Flandrensium senior *444* comes, de quo in primo hujus operis egimus libro, cum multis opibus Hierusalem, orationis gratia, est profectus. Qui cum eadem moraretur in urbe aliquot, desiderio videndi loca sancta, diebus, et ob sui munificentiam, cognoscendi plurima, etiam quæ apud gentiles fierent, permitteretur habere licentiam, quadam die, uti ab his didici qui familiarem inibi comiti præstiterant comitatum, universi pene urbis ejusdem cives ad templum confluunt Salomonis, et per universum diem maxima ibidem habita concione, ad sua tandem in vesperum diverticula sunt regressi. Hospitabatur tunc comes isdem apud aliquem gravioris ævi et expertioris ingenii, vitæque, quantum ad eos, sanctioris Sarracenum, cui servus Dei usitatius erat vocabulum. Qui cum ab eo redeunte domum sciscitaretur quid in illo tandiu consedere eis collibuisset templo, super quibus etiam adeo laciniosa disputatione tractassent? Intulit homo : « Insolita, inquit, signa quædam in ipsis stellarum cursibus recursibusque conspeximus, ex quibus certa admodum conjectura collegimus, Christianæ conditionis has in provincias homines deventuros, nosque per prælia assidua et frequentes victorias devincendos. Quod tamen utrum valde in posterum differatur, an proxime fieri debeat, penitus nobis incertum constat. Ex ipsa tamen astronomica nobis portentione perpatuit quod hii ipsi quibus superno gentem nostram judicio superare, et a natalibus oris amoliri conceditur, idem postremo vincendi a nobis, et ab ea quam usurpabunt patria, bellorum sint jure pellendi; Cui cœlesti indicio, veterum sectæ nostræ oraculorum passim, ex quibusque voluminibus statim lectio recensa concinuit, idipsum aperta locutione testificans, quod jubar æthereum contectioribus signis innuerat. »

Quibus gentilis hominis verbis illa, quæ superius relata sunt, Curbaran matris dicta concordant; nec apud nos dubium est quia eadem ipsa ratione qua illa adversus Christianos dehortabatur præliari filium, isti etiam frenantur qui Hierosolymitano exitio inhiant, ne bella incant contra id quod sibi ostensum est fatale decretum. Etsi namque primum multiplicibus nostros præliis urgere insistunt, at nunc contra eos tanto remissius agunt, quanto non eos, sed Dominum pro eis exerceri et configere sentiunt. Si autem cuiquam forte incredibile fiat quod futura quis astrologica arte prænoscere valeat, illud nobis evidens argumentum præbeat, quod imperator Eraclius, per hujusmodi disciplinam, gentem circumcisam contra Romanum imperium præscierit surrecturam; nec tamen non Judæos futuros, sed Sarracenos, qui hæc agerent, per eam potuit providere peritiam. Intueamur et magos, qui, cum natum regem, et hunc ipsum Deum et hominem, sideris editi repentina inspectione sensissent, quibus esset regnaturus partibus etiam noverant.

[XXVII.] — In hoc ipso novo Dei adversus homines diabolicos procinctu, hoc etiam videbitur attendendum, quia factum ei omnimodis videatur congruere Gedeonis (*Jud.* VII). Cum enim infinita multitudo nostrorum ad subeunda proposita unanimiter pertinax putaretur, probatur 'ad aquas, voluptates utique atque delicias, ut qui videlicet Deum sequi deligerent, famis sitisque cruciatibus, mortiumque variarum casibus non cederent; qui autem post corpora Deum projicerent, ad fluxa sese desideria, quod flexus illic poples significat, enerviter inclinarent. Qui autem biberunt manu ad os projiciente, ipsi sunt qui, Diogenis instar, vacante omni deliciarum cura, inter Deo serviendum, quoquo pacto satisfecere naturæ. Trecenti fuere, qui sub Gedeone probantur, quia sicut exterius, ita interius bajulare crucem, quæ Thau littera significatur, trecentos innuitur, qui hac perseverantia honorantur. Quare enim a Dominica sede multi nostrorum turpiter excepere militia? nisi quia sedulo gravi carpebantur inedia; et, quia *sine Cerere et Libero friget Venus* (*Ter. Eun.* IV, v, 6), nulla eisdem, corpusculis flaccescentibus, libidinis inerat perpetrandæ facultas, quæ etiam si suppeteret, non aliqua pateret opportunitas.

Hi ergo qui probati inventi sunt, « tubas habent » in manibus, quia divinum sermonem, cujus solatio inter tot discrimina recreantur, proferunt in operibus. « Lagenas tenent, » dum in continuo procinctu positi, ab omni carnalitatis fœditate se continent. Intra lagenas « lampades habent, » quia in vasis corporum fictilibus piæ intentionis, omni luce clariores thesauri renitent. « In tres eos Gedeon partes dividit, » dum quosdam ex eis Christus ad coronam proprii cruoris effusione contrahit; alios ad custodiam sanctæ civitatis, ac si ad cultum terræ promissionis inducit, per quos hodieque paucissimos totius imperio Orientis obsistit, cæteros in patriam ad testimonium tantæ victoriæ, et pii hujus exsilii imitationem redire permisit. « Lagenis ergo fractis, lampades emicant, » quia occisis corporibus, spiritus, divino amore ferventes, recta ad Dominum intentione commigrant. Hostes inde territi subiguntur, quia eos non immerito formidant, qui, spe æternitatis audaces, mortem vita ipsa charius amplectuntur. « Quorum enim animalium, ut ait Apostolus, sanguis infertur in Sancta per pontificem, horum corpora cremantur extra castra (*Hebr.* XIII, 11). » Unde Dominus extra portam passus est. Exierunt itaque hii ad eum extra castra, extra videlicet carnis desideria, dum improperium ejus portant crucis (*Ibid.*, 13), mortificationem in vitiis scilicet ac concupiscentiis servant.

CAPUT VIII.

[XXVIII.] Sed quantum cum bonæ voluntatis affectu valuerit tanti hujus laboris assumptio, hoc uno subjecto exemplo colligi potest. Quod idcirco proponendum duximus, ut liquido perpendamus quantum pure peccata confessis et sincere pœnitentibus profuerit istius peregrinationis devota susceptio, si tantopere pœnitentiæ ac confessionis pene prorsus exsortibus, valuisse probatur, terroremque incussisse diabolo.

[XXIX.] *Quidam a diabolica fraude cum iter Jerosol. arripuisset, atque inibi sacerdoti peccata aperuisset, liberatur.* — Vir equestris ordinis quidam maritimarum, nisi fallor, partium, cujusdam fratrem proprium hostilitate perdiderat. Cujus interfectionem adeo homo idem ægre tulerat, ut inconsolabili mœrore tabesceret; majoris enim potentiæ qui eum peremerat videbatur, ut mœrenti ulciscendi defunctum spes ulla suppeteret. Intolerabili ergo dolore defecto, et luctuosa omnibus ubique momentis prosequenti mente germanum, cum novior in dies irreparabilis damni refricaretur acerbitas, et, sine respectu cujuspiam solatii, inevitabilis memoriæ lacerum miseri hominis jecur pœna torqueret, dum angores assiduos ad extremum repetendæ ultionis centuplicat difficultas, diabolus, diutina experientia callens, et spirituali alacritate omni mortali natura facilior, qui in cunctis tempora aucupatur et causas, hujus nimirum arrisit opportunitati tristitiæ.

Die itaque quadam, cum vecordiæ interioris squalidus tabo, et exhausto suspirio profundissimi languoris anhelus, potandum equum, ipsi insidens, duceret ad aquas, e regione altrinsecus in altera fluminis crepidine positum dæmonem conspicatur. Apparuit autem ei in specie viri cujusdam, quem contractis cruribus existentem sæpenumero videre consueverat. Videbatur etiam et ipse eques, accipitrem manu gestans; lutei, ut præferebat, coloris tunicam habens. Quem cum ille eminus attendisset, et recordatus cogniti, quem fore putabat, hominis consuetæ debilitatis et formæ, præ vehementia inopinæ novitatis hæsisset, nequam spiritus, procacitatis antiquæ non immemor, primus effert :-« Non sum, inquit, quem æstimas. Scias autem me esse diabolum, ad diuturnæ tuæ torsionis præbenda remedia missum. Magister namque meus, qui omnibus in mœrore positis, si sibi assentiant, compassibiliter suffragari dignatur, ad te me dirigit; nec, si ei prout tibi dixero acquiescere velis, solatium morabitur. Cum enim sit liberalis, nec desit opulentia infinita dandorum, affectantibus opes, supra quam valeat æstimari, largus est munerum subsidio, egentibus, ultra quam sperari id posset, non differt adminiculum. Tu vero, qui vetus infortunium animi ægritudine semper recentiori deploras, si quid est unde quæraris, exprome; sciens indubie te multo majora sumpturum, quam præsumas exposcere. Si fratrem intuleris interfectum, ultionis sententiam accelerari cognosces; si quælibet quæsieris incrementa, mirabere factum. »

Ergo velis, jubeas, suberit pro velle facultas.

Attenderat ille insolitum valde pecus, mirabatur diabolum cum maximo stupore loquentem; sed quantum pollicitationis lenocinio trahebatur, tantum pollicitatoris nequitia terrebatur. Vicit tandem ambitio promissorum, et se fatetur oblata gratanter accipere : « Attamen, inquit diabolus, si te hujus meæ sponsionis fructus oblectat, et te principis mei, qui ad te me misit, gratuita benevolentia utcunque pellexit; cum ipsis effectibus, tam de ultione germani quam de successibus fortunarum quæ pronuntiavi, vera probaveris, hoc meus ipse magister a te exigit, quatenus hominium sibi facias, et translata fide Christianitatis, in ipsum indivisibiliter te ei cohæsurum spondeas, ab his etiam quæ vetuerit perseveranter abstineas. Sunt autem specialia, a quibus, cum ad ipsum concesseris, cohiberi usquequaque te velit : ne unquam videlicet ullam ingrediaris ecclesiam, ne quem etiam baptizatum sacro de fonte suscipias, » et tertium quiddam pariter vetuit quod exciderat ab ejus qui mihi narravit memoria. Cui homo hæc ait: « Facili a me observantia poterunt sine aliqua procrastinatione teneri, de hominio vero faciendo, aliquas peto inducias dari. » Abhorrebat sane multum homo idem, liberæ adhuc rationis intuitu, quod execrabilis adeo a se fidei traductio peteretur; sed tolerabilius judicabat Christianis officiis abstinere, quam ipsius credulitatis fundamento carere.

Denique nec mora, in tantum fraternæ, suggerente maligno, suppeditatur ei opportunitas ultionis, ut crebrescentibus omnino superarentur viri vota fortunis. In huncque modum succedente remedio, ab illius animo oblitterabatur sensim mœroris atrocitas, cum tamen interim nullo modo res præsumeret sibi a diabolo attentare prohibitas. Cum interea antiquus humanæ naturæ hostis sedulo eidem homini apparere, nec modo, ut assolet, solitudinem ejus, aut secreta aucupari loca, sed in media etiam vulgi astantis frequentia, improvidum subito convenire,

beneficia jam experta proponere, potiora in posterum polliceri, de fidei translatione sedulo satis hortari. Ille autem largitati ejus omnimodo fieri gratulabundus expertæ, obsequia tanti principis liberalitati sempiterna promittere, super ejus vero, quod frequens exigebatur, hominii pensione, jugiter inducias obsecrare.

Igitur cum homo isdem creberrimis et inter medias invisibiliter turmas apparitionibus urgeretur, Dei nutu, per Latinum orbem Hierosolymitani itineris fama porrigitur, et quisque, qui aliquo sese crimine persenserat implicitum, illuc, novas Deo pœnitentias aperiente, dirigitur. Inter quos iste proficisci delegit, sed nefarium, quod cum diabolo magna jam ex parte pepigerat, fœdus nulla confessione retexit. Profecto itaque et æmulationem Dei habenti, licet non secundum scientiam, dum operum initio bonorum confessio non est præmissa malorum, tanta gratiæ Dei, inter eundum, hominem comitatur ubertas, in tantum Deo placuit labor, quamlibet minus plena pietate præsumptus, ut in ipso expeditionis itinere, nullis eum funestus exactor compellare auderet angariis. Quin potius, ac si nihil cum eodem pactionis habitæ meminisset, nullis vel in visione ei appareret modis.

Capta postremo Hierusalem, cum in ipsa cum aliis ad tempus diversaretur urbe, et nocte aliqua cum quibusdam putaretur dormire militibus, sollicitus super suis suorumque, qui sub dio, pro regionis consuetudine, commanebant equis, respexit ad illos, et speciem stantis considerans hominis inter eos, furem suspicatus exsurgit, et quis esset vocibus turbatus inquirit. Cui mox ille, habitudine quam consuescet illata, quasi reverens ac pudibundus ait: « Nonne me nosti ? » At ille, veluti vetus sibi innovaretur opprobrium, multo severius infert : « Novi, inquit. » Quibus utrobique prolatis, nec ille post interrogationem aliquid percunctationis attexuit nec iste quidpiam responsis adjecit. Quæ apparitio, quantum ad hominem quamvis otiosa fuerit, Deo tamen dispensante, quiddam nobis non otiose innuit : diabolum videlicet non obliviose præterisse hominem, sed ex ipsa sui ostensione et effectu enuntiasse quid voluerit, et silentio prodidisse, quia nequiverit.

Quid plura ? Rediit, sed nec inter redeundum diabolus se illi conspicabilem usquam importunumve præbuit. At eo domi constituto, nefarii confestim consilii miserabili in personæ resuscitatur assessor, ut vix pauca tempora ab hujusmodi commonitorio feriata forent. « Possunt homines ab his quos verentur interstitiis aliquibus disparari, eosque ab inquietudinibus conclavia sua parietesque distinguunt; spiritualem vero nequitiam nec præsentiæ populorum nec munimenta claustrorum a suis excursibus arcent. »

Viro igitur illi adeo individuum perpetienti atque lethaliter fastidienti latronem, die quadam obvium habere contigit quemdam Christi sacerdotem, scientia, benignitate, ac pia hilaritate præcipuum, nomine Cononem. Cui cum, secundum temporis quae tunc erat angustiam (suo enim quisque sollicitabatur itinere), eam quam patiebatur exprompsisset miseriam, data pro loco consolatione vir bonus ille quam potuit, et accepta sponsione de reditu, dimisit. At tamen cruentissima fera non siluit, sed creberrimae interim lenocinio suasionis irritare non desiit. Nec mora, homo, molestiarum et pene quotidianae interpellationis impatiens, ad medicum rediit, confessione ad purum facta pœnitentiam omni affectu suscipit, et, suscepta, exsecutorem proprium deinceps nunquam vidit. Ecce pia ista peregrinatio pensemus quantum valuerit puris, quae tantum attulerit tutelae ac securitatis impuris.

[XXX.] *Quae fortiter in Oriente gesta sunt, soli Deo tribuenda.* — Constat quoque consideratione dignissimum, non sine re ab hujus gratia profectionis reges abjectos, ne personae videlicet spectabilis sublimitas effectus sibi videretur arrogare supernos. Igitur cœlesti Domino referenda laus est, ac hominis tacenda penitus. Non tot militias ducum coegit quilibet, aut meruit triumphos. Pœnos Regulus obtudit rebelles, laus in eum studii refertur. Alexander agens Eoa regna stragibus immodicis fatigans, Magni praevaluit parare nomen. Hic, comes Stephanus, cui indita fuerat sacri exercitus summa curandi, quasi quae soli competebant Deo temerarius usurpasset, ac si ignaviae condemnatus abjicitur, et Hugo Magnus, veluti homo regii nominis, sequestratur. Pulsis ergo magni nominis umbris, et cui innitebatur potentia extrusa, uni jam incumbens Dei subsidio, pusillus grex ille remansit, et, ut ad rem ventum est, secundum Scripturae dictum, non ex genere, sed eligente Deo, « Insuspicabilis portavit diadema (*Eccli.* XI, 5). » Honorem itaque sui nominis Deus, qui facit mirabilia, nolens deferre alteri, ipse solus dux ejus fuit, ipse rexit, ipse correxit, ipse ad efficientiam cœpta direxit, ipse hucusque regna porrexit. Agnos igitur, ex lupis quos fecerat, in suo non eorum brachio congregavit, sinus sui tuitione levavit, piae spei gaudio fetos, ad quae desideraverant videnda portavit

CAPUT IX.

[XXXI.] *Fulcherius Carnotensis suggillatur et corrigitur. 1. Asserens plures cruce divinitus insignitos, refellitur.* — Praesentis historiae corpori, auctore mundi propitio, posituri calces, Fulcherium quemdam, Carnotensem presbyterum, 447 qui Balduini apud Edessam ducis dudum capellanus exstiterat, quaedam quae nos latuerant alia, diverse etiam a nobis aliqua, sed pauca, haecque fallaciter et scabro ut caeteri, sermone, fudisse comperimus. Cujus etsi non omnia, nonnulla tamen detegenda, et huic schedulae compaginanda censuimus. Cum enim sit isdem ampullas et sesquipedalia verba projiciat (Hor. *A. P.* 97), et luridos inanium schematum colores exporrigat, nuda mihi rerum gestarum exinde libuit membra corripere, meique qualiscunque eloquii sacco, potius quam praetexta contexere. Dicitur in sui, nisi fallor, opusculi referre principio, quosdam qui Hierosolymitanum adorsi videbantur iter, illud quod Apulos Epirotasque dirimit, locatis pupibus, aequor ingressos, et, utrum inexplorato sese commiserint mari, seu carinas nimia sui numerositate depresserint, nescio, constat tamen sexcentos pene illic navim fregisse viros. Qui intercipientibus omnes sali turbidi procellis enecti, nec mora, impatientis aestu pelagi ad continentem ejecti, eo ipso quo in birris, palliis ac tunicis uti consueverant universi, in superficie scapularum sunt insignes crucis signo reperti. Quod sacrum stigma divinitus cuti eorum potuisse imprimi, ob ipsorum fidei evidentiam faciendam, nemo licet fidelis ambigat, tamen ei qui hoc scripsit, si advixit, sollicite pensandum est, an res ita se habeat. Viae enim hujus cum Christianarum ubique gentium percrebuisset initium, et id non sine divina fieri voluntate per Romanum clamaretur imperium, quilibet extremae vulgaritatis homines, et etiam muliebris indignitas, hoc sibi tot modis, tot partibus usurpavere miraculum. Ille paulisper intextas ex suffusione sanguinis rigas, crucis astruens, ostentabat in oculo : iste pupillarem, qua fœde caecutiebat, maculam, eundi sibi commonitorium perhibens, pro cœlesti exhibebat oraculo. Alius, aut novorum pomorum succis, seu quolibet genere fuci, cuilibet particulae corporis moliebatur speciem crucis, ut sicut oculorum subsellia pingi solent stibio; ita divini in se spectaculi, vel vireret vel ruberet, fraude facta et commentis ostensio.

Meminerit lector abbatis illius, quem supra retuli (lib. IV, cap. 7) ferro sibi scalpsisse frontem, et quem postmodum dixerim factum Caesareae Palaestinae pontificem. Testor Deum, me, Bellovaci per id temporis constitutum, vidisse ad se versum obliquatas aliquantulum die media nubes, ut vix quidpiam majus quam aut gruis, aut speciem viderentur praetulisse ciconiae, cum ecce, crucem cœlitus sibi missam urbanae passim voces conclamavere frequentiae. Ridiculum est quod dicam, sed non ridiculis auctoribus rem probatam. Muliercula quaedam in hoc ipsum promoveri cœperat iter. Quam novis nescio quibus rudimentis imbutus, praeter inertis jura naturae, versabundus prosequebatur anser. Et ecce, fama volans Pegaseis motibus acta, et castra replevit et urbes, a Deo ad Hierusalem redimendam etiam anseres destinatos. Nec tantum deferebatur mulieri miserae, ut ipsa anserem ductitaret, sed ea duci ferebatur ab ansere. Quod ita Cameraci probatum est, ut, stante hinc et inde populo, per mediam ecclesiam mulier ad altare procederet, et anser e vestigio mulieris a tergo, nullo sollicitante, succederet. Qui quidem intra Lotharingiam mox, ut comperimus, obita sibi morte decessit; qui sane rectius Hierusalem isset, si, pridie quam proficisceretur, suae seipsum dominae festa convivia praebuisset. Quod totum ob hoc a nobis historiae veraci attexitur, ut se noverint quique commonitos, « quatenus nequaquam, fide vulgi fabulis attributa, Christiana gravitas levigetur. »

[XXXII.] *Secundo Pyrro, ut Antiochiam traderet, Christum apparuisse, falsitatis arguitur.* — Denique rursus idem perhibet auctor, Pyrro Antiochiæ proditori Deum apparuisse; et ut Francis proderet urbem in visione jussisse. Facile hoc ei fuit qui Cain et Agar se audibilem, et conspicabilem asinæ angelum præbuit. Verum omnes qui sancta civitate recepta rediere, et qui super gestis ad nos rebus epistolas direxere, præcipue Ansellus de Ribodimonte, nil tale dixere, imo nec Pyrri vir idem mentionem habuit, sed a tribus eam civibus traditam minime tacuit. In qua etiam refertur quod antequam tres illi proceres de urbis deditione serio tractavissent, fucatam nostris obtulerunt pacem, spondentes sese reddituros proxime civitatem. Quæ mutuo data securitas in tantum valuit, ut intra urbis mœnia aliquoties de Francis exciperent, suique cum nostris conventicula crebra miscerent. Dum ergo exercitus minus inter ista sibi, nimietate securitatis, invigilat, prætensis Turci insidiis quosdam ex Francis interimunt, nec ipsi tamen indemnes existunt. Ibi quemdam nostri egregiæ indolis juvenem qui apud regem Francorum comes stabuli fuerat, nomine Walonem, amittunt.

[XXXIII.] *Tertio lanceam Dominicam respuens.* — Lanceæ Dominicæ inventionem cassare dicitur, et quia falsitati obnoxius erat, hominem damnatum præsumpti ignis adustione testatur. Cui non modo super hac re modernorum testimonia refragantur; sed etiam vetustissimi quique fide plenissima stipulantur quod, cum olim loca sancta expeterent, antequam Turci Orientis ac Syriæ regna pervaderent, eamdem in eadem urbe lanceam adorare deoscularique solerent. Nunquid nam Fulcherii presbyteri, qui, *616* nostris apud Antiochiam fame periclitantibus, feriatus epulabatur Edessæ, tot prudentium, qui interfuere dum reperiretur, ingeniis prævalebit argutia? cum etiam Balduinus, qui post regem Balduinum Edessæ præfatæ præfuit, in sua ad archiepiscopum Manassem profiteatur epistola, cum eam beato revelante Andrea repertam, tum a nostris audaciam, contra Turcos ingruentes præliandi, fiducia ipsius admissam. Sicne spectabilis Podiensis ille episcopus desipuisse putabitur, ut incerti nominis lanceam sub tanta reverentia ferret, dum adversus Curbaran congressurus egreditur? Ibi certe constat quiddam memorabile factum, quod scilicet, dum Curbaran idem herbæ ignem jussisset subjici, præsulque idem Francorum ad bella properantium conspiceret ora ac oculos profluentes fumi densitate suffundi, hinc sacram præferens lanceam, inde pia dextera contra emergentes nebulas crucis pingens effigiem, ubi Jesu omnipotentis flebiliter evocavit auxilium, dicto celerius, in eos qui emiserant, ejus pietas tetri vaporis retorsit globum. Porro, si de inventoris interitu agitur, qui aliquot post ignis experientiam traditur vixisse diebus, fateor, dicam quomodo iste obierit, de quo incertum est an læsus fuerit, si dicat mihi cur is, qui apud beatum Grego-

rium linguas omnes acceperat, propria dentibus membra disciderit.

[XXXIV.] *Quarto in obsidione Antiochena rutilum jubar crucis in modum apparuisse.* — Præterea dum in obsidione Antiochena morantur, astruit, nisi fallor, noctu rutilum, in modum ignis, super exercitum emicuisse jubar, et speciem, haud ambigua forma, pariter exhibuisse crucis. Quod quique illic sapientum incendium ad bella retulere futura, ubi tamen esset, quod crux videretur innuere, certa salus, et successura victoria. Hoc non refellimus; id plane uberrimis testimoniis approbatur. Hoc, inquam, rimarum plenus poterit tacuisse Parmeno. Nec dissimile quid inter ipsa viæ hujus initia constitit accidisse, quod quidem superius cum, de motibus eclypticis et siderum, qui visus est [f. visi sunt], lapsibus loquerer, me contigit præterisse. Quadam enim æstivi diei vespertina irruente hora, tanta ab aquilonis plaga conflagratio apparuit, ut plurimi e domibus propriis sese proriperent, quærentesquinam hostes provincias suas adeo gravi ambustione vastarent. Quæ omnia futurorum exstitisse portenta bellorum, indubie retinemus. At jam his omissis, quæ carptim delibanda censuimus, relationis seriem prosequamur.

CAPUT X

[XXXV.] *Iterum de Hierosolymitanæ civitatis obsidione.* — Hierosolymorum igitur civitas obsessa, exprimi non potest quanta sit civium suorum animositate defensa. Videres contra balearia instrumenta, quibus compererant saxa torqueri, trabibus obtegere muros, atque psiathiis Græcos ignes injicere machinis, præsertim qui materiei inopiam difficultatem maximam noverant obsidionis; sed quia Francia præminebat ingeniis, furores ignium respersio curat aceti, et præacuta falce reciditur, si quid videretur pependisse pro muris. Uncos ferreos longis hastilibus addunt, quibus nostræ partis e machinis propugnantes loricatos corripiunt; quæ nostri mucronibus exertis, pro hastilibus fustes reddunt. Sed in eo vel maxime Sarracenorum vehemens probabatur instantia, quia si quem suorum contigisset ictu a nostris obrui, percussi clypeum dicto citius constabat ab alio rapi, et in eodem, unde ille ruerat, loco constitui [*al.*, restitui], ut nostris daretur ad sui exanimationem intelligi neminem eorum jactibus lædi.

[XXXVI.] *Ipsa in obsessione Boemundus non aderat. Petit Hierosolymam.* — Feliciter igitur urbe capta, Boemundus qui Antiochiæ, fame, cruoribus, ac frigore Francorum, obtinuerat principari, apud eam, cæteris proficiscentibus, maluit remorari, quam pro Jesu Domini sepulcri liberatione vexari. Et dum contendit inepte pro unius ædis turriculæque custodia, præteriti sui universi laboris fructum visus est amisisse et gaudia. Quid enim sibi profuit currere, ubi consequi noluit comprehendere? Attamen, quia hactenus exercitui Dominico plurimum emolumenti armis contulit atque consilio, non est absurduræ paucis intexere qualiter illum contigerit illo ire. Ad Balduinum itaque Edessenum legatione directa, sollicitat ut secum pariter ad invisendum Salvatoris sepulcrum veniat. Ipse etenim non avaritiæ obtentu, sed propriæ civitatis tuitione retentus, urbi similiter nequaquam obsidendæ concurrerat. Christianorum plane ipsa erat civitas, et circumpositæ gentilitatis vires crebro patiebatur infestas. Cumque vir isdem se spopondisset iturum, conflatis utique equitum peditumque copiis ingentibus, præsertim cum eis incumberet non modo quorumque, sed contiguæ omnino universitatis metus, Hierosolymitanum sunt iter adorsi. Cumque singulorum in simul contubernia convenissent, et viginti hominum millia ferme complessent, inter eundum eos crudelis victualium coangustare cœpit egestas, ut nec escarum condimenta pani, neque suppeteret panis ad escas. Provinciarum nempe, diuturna diversarum obsidionum mora, et prolixis longe lateque expeditionibus, opibus exhaustæ, non sufficiebant ullatenus tantæ animalium virorumque frequentiæ suppeditare stipendia.

A Turcis captivus abducitur Boemundus. Libertate concessa redit in Galliam, ducit Constantiam regis filiam, ac veneno exstinctus est. — Arctata igitur miserabilibus inediis multitudo, asininarum carnium equinarumque, quæ alias didicerat, edulia repetivit, nec ab eorum usu, habita etiam in talibus parcitate, calamitas ista desivit, donec Tiberiadem civitatem, quinque hominum millium, sub Domino, pastione celebrem, desideriis affecta subivit. Ibi aliquantulum ea quam patiebatur tabe [*al.*, rabie] cibo uberiori sopita, tandem Hierosolymam pervenitur, sed ea adeo fœtida recens cæsorum cadaverum numerositate reperitur, ut nusquam aura nisi corruptissima narium orisve spiraculo hauriretur. Qui a rege Godefrido gratulanter excepti, Dominico quod imminebat interfuere Natali. Quod, ut rationis censura responderat, Bethleem actum, non modo ex sua mutua qui convenerant visione, sed magis ex sua victoria suo insperabiliter sæculo præstita, Francis supra quam credi potest res tripudiosa fuit. Inde digressis, cum sua quisque repetisset, a Turcorum manu immodica, cum urbem quamdam adiret, Boemundus invaditur, in remotissimas Persidis regiones captivus abducitur. Quod ubi Tancredi illustris attigit notionem, quamprimum occupare Antiochiam properat, Laodiciæ Pergama munit; utræque enim Boemundo munia pensitabant. Laodiciam pridem Robertus Northmanniæ comes habuerat, sed cum prodigi hominis exactiones urbici tolerare non possent, pulsis summæ custodibus arcis, ejus abegere dominium, odioque ipsius Rothomagensis abjuravere monetæ usum. At Boemundus cum annis aliquot in carcere resedisset, tandem, cum pacto, tum pecuniaria redemptione resolvitur. Nec multo post tempore exacto, Antiochia Tancredo commissa, navigio in Appulia transvectus venit in Franciam, et Constantia regis Philippi filia multo auro a patre im-petrata, fecit Carnotum ejus nuptias in magna gloria. Deinde in Appuliam regressus, magnam regni Constantinopolitani imperatoris partem sibi subegit, et susceptis ex filia regis duobus filiis, veneno vitam finivit.

[XXXVII.] *Godefridi regis gesta summatim perstringuntur.* — At Godefridus, cujus in equestri gloria quantitatis exstiterit, pro clausula laudis, quia superius plura relata sunt, ex præfati Balduini verbis accipi poterit. Est autem idem comitis Hugonis ex Reiteste filius. Qui dum Edesseno ducatui a postmodum rege Balduino præficitur, jam dudum Turcorum manus, proh dolor! incidit, et multo tempore clausus, Deo se protegente, vivens ab eorum manibus evasit. Exstat vero ejus hujusmodi de eo, verbis utique meis vestita sententia : « Festum sancti Dionysii agebatur, rexque idem a quadam sua, vocabulo Morocoria, civitate regrediebatur, et ecce centum viginti Turci eidem insidiabantur, cum viginti eum tantummodo equites comitarentur. Quos ubi, inquit, attendimus, remota formidine arma corripuimus; ipsi vero, quia repente ingruerant, fugituros nos pro nostra paucitate putabant. At nos, sumpto de expertis Dei adminiculis jugibus ausu, superque ipsum spiritu innitentes, barbaros aggredimur, tanta in eos cæde bacchamur, ut ex illis octoginta cæsis, nonaginta pariter equos caperemus. » Et post aliqua, vir isdem, cum irrisorie meminisset eorum qui ab Antiochia fugerant, et qui Constantinopolim legatione functi reditum distulerant, ad animandos qui in Francia resederant Francos de sua fortuna sic sequitur : « Multum, ait, nos opulenter nos habemus, et ut aliorum supersedeam gazis, decem quibus solus principor castra, et abbatia una, marchas mihi pendunt annuatim mille quingentas. Et si Deus arrideat urbem mihi cepisse Calepiam, centum mox meo habiturus sum sub jure castella. Retrogradis, inquit, nolite credere, qui nos inedia fatiscere celebrant; scriptis potius meis credite. »

CAPUT XI.

[XXXVIII.] *De Balduino rege.* — Rex igitur Godefridus, ubi post vitam nobilem beatior futurus excessit, Hierosolymitani nequaquam temperantiæ ejus ac serenitatis obliti, et degenerare verentes ipsius germanum, ducem Edessenum, missis interpretibus, ad regis jura compellant. Qui quidem in ducatu, splendore se habuit, ut clypeum aureum quovis iter agens, præ se ferri faceret, qui aquilam expressam in se haberet. Erat autem schematis Argolici. Morem enim gentilibus gerens, hucusque togatus incesserat, barbam remiserat, sese adorantibus flectebatur, solo tapetibus stratis vescebatur; at si quod municipium vel urbem suæ ditionis intraret, ante ejus gradientis vehiculum, duorum ore equitum gemina tuba perstreperet. Legationi ergo obtemperans, Hierosolymam proficisci aggreditur. Sed ubi contigua gentilitas, profecturi aucupata propositum, contemplatur euntem, conscensis, aura sibi incassum obsecundante, Liburnis, cum dux per ejusdem æquoris, satis mediocri comitatu, properaret arenas, ferventibus remis, rostrisque cavantibus undas, obviam se præbere concertans, littori classem appellere maturabat. **450** At dux, omnium quæ fieri dextris quirent mortalibus expers, mœroribus intimis pulsat Altissimum, et proponit ei quod subiturus obedienter erat, pro fide ejus tuenda, regni negotium. Et ecce, quæ mobilitate ferebantur aligera, naves, limacea morositate resistunt, et quo ampliorem tonsis salum verrentibus quisque nititur ad processum, tanto spei suæ mutatione ridicula, studiosius proræ rotabantur ad puppes. Ita improborum fuso molimine, dux merita libertate potitus, de recipienda purpura, evidens cœlitus sumpsit auspicium. Illud me præterierat quod Pisanus antistes Daibertus, cum aliqua suæ plebis frequentia, episcopo quodam Apulo comite Hierosolymam jam cum Boemundo, et hoc ipso duce præcesserat.

Regno capessito Balduinus Arabes coercet. — Primos suos post regna accepta procinctus, et intra sinus exercuisse perhibetur Arabicos. Ubi dum ad Sinaï montis usque devexa procederet, reperit incultum, et Æthiopicis simile hominum genus. Quibus, pro agresti usu ac deformitate insolita, vitæ indulsit munus. Ibi in ecclesia quæ Sancti dicebatur Aaron oravit, ubi sua Deus cum patribus oracula celebravit, et exercitus de Contradictionis fonte potavit. Ubi, quia Moyses in labiis distinxerat, nec Deum coram filiis Israel sanctificaverat, a terra eum Deus promissionis absentat. Et istic presbyteri illius mei titubavit opinio; non enim Sinaï, sed mons Or dignoscitur esse, Petræ quondam Arabum conterminus urbi, ubi et Aaron hominem exuit, et aqua de intimo percussæ rupis emergit.

[XXXIX.] *Juge miraculum Hierosolymis de lumine divinitus accenso.* — In illa sancta Hierosolymorum civitate vetus quoddam miraculum inoleverat; quod vetus idcirco dixerim quia ex quo idem fieri cœperit, orbis fere Latinus ignorat. At nos conjiciendo perpendimus quia, postquam calcari ante hæc nostra tempora cœpit a gentibus, id pro suorum qui ibi degebant, per idve temporis conveniebant, annuerit Dominus; quod videlicet in ipso paschali Sabbato, sepulcri lampas Dominici videatur quotannis accensa divinitus. Erat autem id moris in urbe ut, circumitis paganis universorum ædibus, singularum focos usque ad favillas exstinguerent, et tanta id fiebat ab ethnicis indagine, quantum idipsum putabatur fieri fidelium fraude, non fide. Cum ergo hoc modo Vulcanus eliminaretur ab oppido, ea hora qua nostræ religionis obsequium plebem catholicam solemni resurrectionis atque baptismatum interesse mandat officio, vidisses per universam gentiles exertis mucronibus oberrare basilicam, moriemque nostrorum quibusque minari; cerneres fidei nostræ e regione cultores indigenas, gravi penes Deum mœrore torqueri, eos vero nil minus, quos de abditis mundi finibus orationis vota illo contraxerant vel

causa miraculi, luminis omnes munus unimoda intentione precari. Nec tunc erat importuna dilatio quin desideriis æstuata petitio, alacri leniretur effectu. Audivi a personis, quæ illuc iere, senilibus, quod papyrus vel lichinus (nam utro utantur utriusque non novi) gentilis semel cujusdam sit theca sublatus, ferrumque remansit inane; sed, cœlitus labente miraculo, ex ferro lumen emersit. Dumque fraude virtutes cupit enervare supernas, didicit, « contra suam ipsarum naturam, Deo suo militare naturas. »

[XL.] *Ob peccata Christianorum amplius haud apparet.* — Anno ergo, ex quo rex præfatus susceperat sceptra, sequenti, ejus fuisse traditur difficultas tanta miraculi ut vix imminente nocte orantium flentiumque potuissent vota compleri. Sermo præfati præsulis factus ad populum, de confessione sola licitat peccatorum. Rex et præsul resarciendis pacibus instant, si qua fidei honestatique non congruunt, corrigi promittuntur. Interea, urgente negotio, tam enormium criminum ibi eo die est facta confessio, ut, nisi pœnitudo succederet, digne fieri videretur luminis sancti, ablata dilatione, sublatio. Cujus tamen etiam tunc, post correctionem, non remoratur accensio. At altero posthac anno, ubi ad eam ventum est horam qua sepulcrum gloriosum flamma cœlestis efficeret, universorum penitus vota suspiciunt. Græcis igitur ac Syris, Armeniis pariter ac Latinis, quibusque per suarum linguarum idiomata, Deum ac ejus convocantibus sanctos; rege, proceribus, et populo, pœnitentia cordiumque rugitibus prosequentibus cleros; misero omnes exulcerabantur affectu, quod ea urbe jam a Christianis obtenta, inibi contingebant quæ nunquam evenisse sub paganis audierant.

Interim Fulcherius Carnotensis, assumpto sibi patriarchæ Daiberti capellano, in montem proficiscitur Oliveti? Ibi enim suboriri Dei lucerna solebat, si quando Hierosolymis non aderat. Sed reversis, et nil gratum ad præstolantis ecclesiæ referentibus aures, orationes a diversis geminantur ad populum, non tamen quæ ægros foveant, sed incentivæ lugentium. Ea dies, re infecta, universos in sua recta remisit; nox gemina irruit, acrisque mœstitia generaliter omnium pectora torsit. In crastino deliberant ut ad templum usque Domini, debito cum mœrore procedant. Ierant, gaudii prorsus Paschalis immemores, dum nullus habitu differt a die Parasceves, cum ecce ab ædituis ecclesiæ post euntium terga concinitur quia sacri monumenti lampas accenditur. Quid **451** immorer? Tanto eo die gratia, aucto suæ ubertatis ex dilatione successu, emicuit, ut illa Dei claritas non quidem simul, sed vicissim, intra sepulcri ecclesiam, lampades ferme quinquaginta tetigerit. Hæc non modo inter sacra contigere mysteria, verum cum peractis officiis rex pranderet in aula, cogitur frequentibus nuntiis ad nova videnda lumina rejecta consurgere mensa. Dici non potest quibus convaluerit mœror ille solatiis, cum eo die, quod nunquam præsumpserat, intra eamdem urbem, in templo Domini, coronari rex ipse consenserit, ob hujus favorem muneris.

[XLI.] *Franci patriam repetentes a Turcis trucidantur.* — Igitur Franci, qui sacram suis redemerant cruoribus urbem, cum ad dulce solum, visuri parentes, filios ac uxores, redire gestirent, qua venerant, per mediterranea scilicet, fisi forsitan numero ac audacia, repedare deliberant. Cumque per Nicææ quam pridem cœperant fines prætergredi libere cogitant, Turci, quos urbe reddita inibi prædiximus, objiciendos aliquando Francis, ab imperatore repositos, obvios eis acri manu se exhibent, et ut presbyter ille meus, nisi falso, fatetur, immani centum millia digladiatione trucidant. Sed in tanti expressione numeri vereor virum falli, quia eum alias etiam æquo promptiorem in supputationibus constat haberi, verbi gratia, eos qui Hierosolymam profecti sunt, sexagies centena millia audet ipse taxare. Cui sufficientiæ miror si omnium Cisalpinarum partium, imo totius Occidentis regna valerent, cum sciamus indubie quod in primo pro mœnibus Nicææ congressu, vix equestres integre apparatus habentium centum millia fuisse tradantur. Et si de illis plane agat, eosque sub hac forte percenseat, qui motum quidem eundi fecerint, sed per diversas quaquaversum provincias, terra et mari, morbo fameque, defecerint, nec sic profecto tantæ hominum infinitati supplendæ suffecerint. Francis ergo, ut dictum est, ferali cæde prostratis, plerique superstitum, rebus Jerusalem revertuntur amissis. Quibus liberalissimus rex et valde condoluit, et beneficia plurima contulit, et reditum ad patriam pelagi evectione suasit.

CAPUT XII.

[XLII.] *Turci debellantur ab Jerosolymorum rege.* — At Babylonicus princeps, non tam de Jerosolymorum amissione, quam de Francorum qui inibi desederant contiguitate confectus, crebris aggredituer expeditionibus regem pulsare novum, et per Accharon civitatis portum frequentiorem moliebatur incursum. Accharon autem Robertus Northmannorum comes obsederat, dum Jerosolymæ obsidendæ Domini exercitus properat; sed dux eum Godefridus, fructuosioris negotii contemplatione, diduxerat. Babylonicus itaque missis ingentibus copiis, regem Christianum bello lacessit. Qui suo humili grege, cui a Domino dicitur : « Noli timere (*Luc.* XII, 52), » conflato, et aciebus, ut poterat, distributis, profanos impetiit; et nec mora, veluti pecuaria bruta cædendo, non aliter quam rapidissimus pulverem turbo dispersit. Secundo novem militum millia miserat, quibus Æthiopicorum peditum ad millia fere viginti, manus gregaria, suberat. Quorum occursui rex pius equitum, peditum, vix mille coegerat, et tamen, septem agminibus exinde dispositis, in eorum confertissimas phalanges magnanima securitate se fudit. Ubi princeps idem, quemdam eminus equitem gentilium conspicatus, tanto ad-

nisu virtutis irrupit, ut pectori ipsius telo transposito vexillum quod telo inerat pariter inferret, exemptaque hasta a vulnere vexillum teneretur in pectore. Qua sui suorumque animositate hostes conterriti primo cesserunt; sed pro numero ac viribus, redeunte ipsis audacia, nostris unanimiter ingruunt, et de fuga cogitare compellunt.

Hoc sibi infortunii accidisse ad id non sine prudentia retulere, quod nequaquam huic tanto negotio præsto crucem Dominicam habuere. Crucem autem ipsam, ut ferunt, cum abditis quibusdam lateret, uti pridem lancea, locis, Syro quodam, nescio an Armenio, indice repererunt. Tali ergo castigatiores effecti, non tam damno quam cœptæ victoriæ nævo, cum Babylonici principis prioribus non impares copiæ sese tertio obtulissent, rex optimus, qua valuit frequentia, sed ex Deo securior, occurrit, et pro facultate locatis ordinibus tanta animorum vehementia hinc indeque concurritur, tanto, licet valde impari, carnificio pars utraque conciditur, ut ex gentili agmine sex millia, ex Francis centum milites sternerentur. Et quia non aquilarum, non draconum insignieri superbiis curaverunt, sed humilis Crucifixi opprobrium, sibi crucem videlicet prætulerunt, victores illico laudatissime existentes, terga eos dedere compulerunt.

[XLIII.] *Franci Cæsaream obsident ac expugnant.* — His ita probe, ut decebat, explosis, e vestigio quo numerosiorem potuit conflat exercitum, et Cæsaream Palæstinorum eximiam, non contuitu millium, sed spe potius virium obsidione præcingit. Acceleratur itaque fabrica machinarum, multiplex circum muros ballista porrigitur. Quod arietem vocitant, a fronte ferrata trabes inducitur. Comparata mœnibus castra phalarum, sed 452 non una procedunt, et, murorum propugnaculis assistentes, non solum variorum imbre missilium Sarracenos illapidant, sed etiam collatis mucronibus aliquando trucidant. Fervere ibi cerneres maximis tormenta lapidibus, et non modo parietem muri vexare forasticum, verum procera acrium molibus ictuum civitatis irritare palatia. Pulsare quam sæpius ædes ac mœnia saxis omiserant, et cum liquore plumbeo ferri candentis offulas, ut conflagretur oppidum, amenta recussa dispergunt. Interea aries muris illiditur, et dum inferius foramen affectat, universa circumpositi munimenti soliditas fatiscendo laxatur. Dum ergo Franci nituntur ad intima, et studium læsionis Sarracenos impellit ad extera, cædes agebant mutuas. Ubi etiam machinæ jactura cadentis, plurima de nece nostrorum, animos diversæ partis exsuscitat, Sarraceni namque, cum sint in expositis aciebus inertes, intra præsidia mira sunt sagacitate rebelles.

Igitur die obsidionis vicesima, cum rex fretus juventute lectissima oppidanos graviter urgeret, e machina muro repente insilit. Post ipsum miles irruit; hostem fugacem disjicit. Francis itaque regem tota alacritate sequentibus, per urbem infinita turba perinitur, nemini parcitur, nisi quod puellaris ad obsequium inventa servatur. Passim gaza disquiritur, et non modo arca, verum Sarraceni tacentis gula discutitur; fauces enim quæ glutierant Byzantea, pugno succutiente, rejiciunt, et quæ officia eis locis indebita usurpabant, auri frustra feminarum puerperia fundunt. Nec mora, captæ civitati Francorum colonia, illic habitatura, dimittitur. Non multo post Accharon aggreditur, et diuturnis moliminibus fatigatam, proprio sub jure coercet. Plures etiam postmodum alias cepisse dignoscitur urbes; sed ita meditullio rabidæ illius gentilitatis intersitas, ut vix aliquid tutum nostrorum inibi liceat cogitare coloniis [*al.*, colonias]. Sarracenos tamen bella continua crebris adeo victoriis contemptibiles Christianis militibus reddidere, ut anno præterito mirum quiddam cognoverimus evenisse.

CAPUT XIII.

[XLIV.] Miles quidam protervius quam debuerat contra regem sese habuerat, quem rex ipse Tiberiadi civitati præfecerat. Rex ergo citatus ob insolentiam hominis ira, jussit eum a suæ ditionis terra recedere. Qui cum duobus equitibus, dum abire properaret, armigeris totidem comitatus, maximas subito copias gentilitatis offendit. Qui, suo diffidens numero, ad Deum vero utcunque respectans, concisa camisia, quam subuculam dicunt, hastæ pro vexillo apposuit, itidemque socios facere jussit. Fecerunt, et clamore sublato, sonipedes calcaribus urgent; obviosque feruntur in hostes. Qui territi repentinis ausibus, dum æstimant quod quasi prævios sequerentur multæ cohortes, fugam ineunt, seque tribus illis cædendos exponunt. Plurimi perimuntur, plusquam ferre sufficiant spolia rapiuntur. Quo eventu ille secundo compungitur, Deoque gratulabundus rediens, regi prosternitur, ei obediturum deinceps fideliter pollicetur.

[XLV.] *Pecuniæ ad solvenda militibus stipendia mirabiliter reperiuntur.* — Aliquando idem rex pecuniæ grandi angustabatur inopia, ut etiam deessent menstrua quæ militibus debebantur stipendia; cum ecce se ei munifica mirabiliter præbuit divina clementia. In tantum namque jam vexabantur, ut eum satellites ac milites deserere meditarentur. Cum ecce, Joppitæ juvenes cum lavandi, imo ludendi gratia haud procul a maris littore mergerentur, reperiunt quadam die in ipso arenarum salique confligio, manticas magnis auri ponderibus plenas, quas amiserant Venetii, quos ibi constiterat fregisse carinas. Quæ regi delatæ, cunctis miraculum ineffabile! regi pene desperato et novæ Christianitati præbuere solatium.

[XLVI.] *Cur uxorem rex repudiarit.* — Sed quoniam calumniæ patere dignoscitur, quia uxori dicitur dedisse repudium, causa sic traditur. Mulier ipsa ex optimis terræ oriunda gentilibus, post maritum ipso jubente Hierosolymam tendens, ad portum usque Sancti Simeonis, marina evectione, devenerat. Quæ in celeriorem ibi translata carinam, dum cursum suum expedire nititur, in insulam quamdam barbaricam flaminum importunitate defertur. Quam idem insulani corripiunt, quemdam ejus comitiæ episcopum cum officialibus cædunt, diu ipsam detentam postmodum abire permittunt. Quæ cum ad virum venisset, incontinentiam ethnicam rex ipse habens non sine ratione suspectam, a toro proprio prorsus abstentam, mutato habitu, posuit eam cum monachabus aliis apud beatam Matrem Dei Virginis Matris Annam. Ipse vero gaudet vivere cœlebs, quia non est ei colluctatio adversus carnem et sanguinem, sed contra mundi rectores (*Ephes.* VI, 12).

[XLVII.] *Miles sagittis confossus et capitis abscisione martyrii palmam promeruit.* — Circa paschalem anni præteriti festivitatem, miles ille prælibatus, quem præfectum Tiberiadi diximus, cui victoria illa provenerat, in quodam bello nostrorum parti minus accommode facto capitur, et in quamdam ipsorum gentilium urbem, ab ipsis vivus abducitur. Qui, cum sacrilega 453 inibi nescio quæ festa peragerent, exhibitum præfatum equitem, de propriæ gratia fidei diffidenda abjurandaque compellant. At is, digna sibi admodum animi obfirmatione tantæ nefas abusionis abjiciens, penitus vel audire perhorruit. Nec mora, vir ille, cum omni jam nominandus favore, corripitur. Alligatus stipiti, ut ferunt, campo medio sistitur, ac numeroso sagittarum undique grandine terebratur. Inde exempto vertex a capite serra dividitur, idemque, in modum poculi, regi Damasceno, a quo hæc gerebantur, ad terrorem nostrorum quasi exinde bibituro conficitur. Qui, sub infractæ voto confessionis occumbens, ex prædicato milite prædicandum in sæcula martyrem fecit. Isdem Gervasius vocabatur, apud castrum Basilicas pagi Suessionici nobiliter oriundus.

CAPUT XIV.

[XLVIII.] *Quæ retulit Guibertus, a viris sinceritate fideque præditis accepit.* — Hæc hactenus, Deo favente, digesta a viris omnimoda præditis sinceritate comperimus. Qui si uspiam, aliorum secuti opiniones, falsi sumus, studio nequaquam fallendi id fecimus. Gratias agimus Deo, civitatis illius sanctæ, per nostrorum studia, Redemptori. Ipse namque eadem cum obsideri cœpisset, cuidam in Bethania consistenti anachoritæ, uti pro certo nobis relatum est, revelavit civitatem quidem illam instantius obsidendam, solo autem die Parasceves invadendam; hora vero qua Christus cruci illatus est capiendam, ut se esse ostenderet qui eam denuo a suis ærumnis, membrorum suorum dolore, redimeret. Hæc vir isdem, accitis quibusdam nostræ partis principibus, indicavit, quæ omnia modus urbis captæ probavit. Gratias itidem Deo, qui sua facta, suo Spiritu, ore nostro composuit.

Cæterum, si quidpiam ab his minus quæ assolet Julius Cæsar cum Hircio Pansa, in Historia Gallici, Hispanici, Pharsalici, Alexandrini Numidicique belli, diligenter putabitur explicatum, nimirum perpendi debet eosdem ipsos qui fecerint et qui scripserint bellis interfuisse. Unde fit ut ab eorum relatibus nihil excipiatur, quæ generaliter specialiterque sunt acta: quot hinc millia, quot e regione fuerunt, qui prætores, qui legati huic distinendæ manui, qui duces, qui aliunde principes præfuerunt, quid equitatus, quid levis armatura peregerit, quot spiculis scuta trajecta, et ut eorum proprie verbis utar, « postquam consules, aut pro consulibus cecinere receptui, » quot dirempto prælio sint desiderati, quot saucii. Nos qui hæc scribimus, sicut alia professio detinet, et rerum visio nullam præbet audaciam, in referendo audita censuimus aliquoties etiam parsum iri. Ex Julianorum disciplina quiritum, legionarii milites, turmæ, manipuli et cohortes pro suis quique cogebantur, signis assistere, propter opportuna loca, non secus ac oppida vel urbes, castra vallo turribusque præcingere, ubi acierum productio immineret, collium præoccupare vicinias, locorum summopere iniquitates excedere; ibi calonum lixarumque numerosa officia, exercitus impedimenta ditissima. At hujus ordinis, imo industriæ, quia pene nil exstitit apud nostros, non dicam Francica temeritate, sed fide experrecta et viribus acta res est.

Dicant qui volunt plura me omisisse quam scripserim, ego malui minor esse quam nimius. Si qua facta alia quis noverit, mandet, ubi scribenda libuerit. Gratulemur Deo tantisque victoribus, qui frumentariæ rei inopia, fossis didicerunt victitare radicibus. Si quis de Parthorum, quos Turcos diximus, aut Caucasi nomine ambigat, Solinum De memorabilibus, Pompeium Trogum de origine Parthica, Jordanem Gothicum de Bætica retegat.

Deus ergo tandem pio labori limes assistat. Amen.

EXPLICIT LIBER VIII GESTORUM DEI PER FRANCOS.

LIBER NONUS,

AB ALIO EDITUS AUCTORE

De Balduino rege. Pacem init cum imperatore Babylonico. — Anno Dominicæ Incarnationis millesimo centesimo duodecimo, rex Balduinus sæpenumero hostibus lacessitis multas Ascalonicensium strages dederat; sed quoniam, quæ largirentur peregrinæ militiæ, donativa defecerant, ne rerum præclare gestarum facies mutaretur nimium verebatur, de suspendenda necessitudine, sagaci intentione pertractat, adhibito propensiori principum consilio. Non parva namque legatio Sarracenorum, causa expostulandæ pacis, ea tempestate Hierosolymis convenerat. Unde justam ratus, quam a barbaris rogabatur, belli omissionem, directæ legationi ut utraque pars opportuno conveniat loco indicit, « æquum in regnorum finibus tractare de fœdere pacis » existimans. Regressi nuntii principem suum mandatis instruunt; placent delatæ pactiones, denuntiata præstolatur dies. Qua adventante, designatus ab utrisque principibus aditur locus. Nec modica nostrarum partium cum Christianissimo rege accessit frequentia; Gentis vero profanæ cum suo admiraviso immanis emersit populositas. Non valde procul, e regione his et illis consistentibus, barbarus regi Hierosolymitano per interpretes mandat ut quas velit pactiones edicat, se quoque omnimodis exsecuturum. Tum vero Rex: « Pro suo, inquit, ritu, virum satis censorium audivimus et malle occidi, quam prodere jus datæ securitatis. De commeatibus mercatorumque mercibus terra marique tuendis, de lignorum vectatoribus non inquietandis, de nocturnis frequentibusque latrociniis vetandis, de diffundenda passim pace, fidem ac securitatem suo ritu vel more confirmet; et cum ipsis nos easdem sponsiones sacramento firmaverimus, vindictam cœlestem ei qui fœdus corruperit imprecabimur. » Quo dicto, favor utrobique tollitur, statimque principes mutuis sese recepere colloquiis.

Urbem Jerosolymam imperator ipse fraudulenter invisit. — Ubi jam majoris fiduciæ apud regem barbarus aditum invenit: « Quoniam, inquit, armis abjectis bellorum causas interdum exemimus, multa mihi accessit Hierosolymam videndi libido, quia, ex eo tempore quo eam expugnati a Francis amisimus, meliori statu reformatam audivimus. Cum quantislibet sociis infra urbem admitti deposco. Illam tantum videam, et vidisse, satis mihi factum pensabo. « Nec renuit rex, quippe quem dolosi fraudulentia hominis latebat. Tota regreditur Ascalonem barbarorum manus. Admiravisus perpaucis retentis, regem usque Hierosolymam comitatur. Ea interim die siluerunt. In crastinum, sub honoris obtentu quibusdam nostrorum proceribus vallatus, non modo spectaturus, verum exploraturus urbem procedit. Ubi templa vel ecclesias fulgentes, eversa suorum antiqua delubra, destructas aras, statum urbis more Christiano immutatum vidit, felle de nimio lacrymasse perhibetur. Nostri quidem, qui nihil mali de viro suspicabantur, ejusmodi fletum pietatem æstimavere. Demum ad regem: « Non, inquit, delatus vestræ gloriæ nos delusit rumor, cum potiora quam audieram ipse modo oculis usurpaverim. Plane profiteor, quanquam nostræ parti derogare videar, multo quam nostris temporibus, urbem nunc feliciora obtinere incrementa. At nos munificentiæ vestræ respondentes, huic satis cooperabimur gloriæ. Opes advectare Babylonicas mercatores eis per mare direximus, quas satis tenui pretio distrahendas huic urbi inferemus; quarum copiosa varietate quo amplius indigetis, eo vobis perpetuo profuturas noveritis. » Dixerat, et regiis munitus stipatoribus, ad sua usque reducitur.

Regi Hierosolymæ struuntur insidiæ. — Nec cunctatus, libellis transmissis principem Babylonis per internuntios adoritur : « Cum vestræ sublimitatis nomen, delatum ubique terrarum, tot gentibus terrori incumbat, quod Christiani advenæ regni vestri fines mutilaverint, æterno subjacet pudori. Ecce pars maxima Babylonici imperii, externis subacta legibus, antiquis ritibus numinum sacris, luxu et voluptate qua uti solebamus vacat. Vereor iratos deos, nec Mathomum velle patrocinari. Quod si viribus armisque resumptis Christianos a terra et urbibus arcere volueritis, et dii vos exaudient, et Mathomus opitulabitur. Ferte opem, armis camelos onerate, armatorum nihilominus quotlibet millia dirigite. Biennales a rege Hierosolymitano inducias obtinuimus, urbem ipsam immunitam, levis viros armaturæ, fusos auxiliarios vidimus. Opum vestrarum munera mercatumque illi repromisimus, ut erga nos in nullo suspectos eos redderemus. Si pro mercibus, armorum sarcinas illis direxeritis, facilis apud vos erit ipsius jactura urbis. » His acceptis, tyrannus spe dictorum animabatur. Mirareris denique militum audaciam, armorum quantitatem variumque fulgorem, armentorum victualiumque infinitatem, auri cæterarumque opum immensitatem ; quæ omnia mature parata navibus imponuntur, nec multo post Ascalonam exponuntur.

Deteguntur ac dissolvuntur insidiæ regi paratæ. — Demum cum dies transmittendi negotii repromissus instaret, mittit ad regem tyrannus, et ad conducendas merces, quemlibet a latere regis expostulat. Sed eo tempore rex apud Cavas castrum, in Arabia situm, concesserat. Hoc non valde procul a Sina monte ad regionem tuendam construxerat; nam et eo usque regnum dilataverat. Denique procurandorum regalium dum rex abesset, vir quidam fidelissimus, et vigilantis ingenii, Hierosolymis officio fungebatur; cujus purum nomen ignorantes, qua nescio occasione Mathonium agnominari comperimus. Hic, aliquando a Christianis captus adolescens baptismumque adeptus, ut corporis gratia, ita moralitate susceptæ professionis excreverat. Hunc itaque potissimum cives angariaverunt, eo quod esset barbaræ linguæ peritissimus. Interea apud Sarracenos fraudulentia talis machinabatur, ut non milites eos qui advenerant, 455 sed negotiatores, non arma, sed venalia quis æstimare posset, ex quibus sarcinæ componuntur quingentæ. Quo perveniens Mathonius, officiose suscipitur, et neque conviviis eorum aut conciliis arcetur, utpote qui putabatur quod eorum non intelligeret sermones. Et dum sedulo, minus providis eorum conventiculis sese insuspectus interserit, quos deliberarant, facile perpendit dolos.

(35) Hucusque ineditis.

Dissimulata tamen conscientia, mille homines cum quingentis sarcinis Hierosolymam duxit. Distributisque singulis, quæ turri David contigua erant, hospitalibus, Mathonius in Arabiam, ubi rex morabatur, venit : « Sunt, inquit, Hierosolymis funestissimi mercatores, qui nobis non opum, sed armorum sarcinas attulerunt. Et nisi cito subveniatis, futuram timeo eversionem et gentis et urbis. »

Omisso igitur rex negotio, ad urbem festinato regreditur, et commeatoribus evocatis, foro merces exponi jussit. Quod illi nullo modo fieri posse dicebant, donec ii quos præcesserant vel socii vel domini venalium, adventarent, vehementerque resistebant. Mox autem rex, omnibus custodiæ mancipatis, reserari sarcinas fecit. Quid plura ? Et fulgore et genere apparuerunt arma satis spectabilia ; inter quæ etiam reperere classicum auro gemmisque et novitate operis insigne. « Hæc, ait rex, mercimonia et periculosa satis sunt et utilia. Periculosa, si præparato malo non resistimus, utilia, quia belli proderunt usibus. Super his igitur vobis ipsis consulite, o viri fortes. » Ad hæc Eustachius Cæsareæ comes, respondit : « His quamprimum productis, omnes damnate capitibus. Unum qui rei seriem declaret, reservate. » Quo facto, uni securitatem vitæ dederunt, si cuncta ex ordine pandat. Qui ait : « Ideo arma sarcinis inclusimus, ut vos specie [*al.*, spe] venalium deciperemus. Et ideo præcessimus, ut arte conscia turrem et portam contiguam exercitui venturo, noctu, vobis soporatis, aperiremus. Qui tamen ingressuri non erant, donec adveniente crepusculo, classicum sibi notum, de supremo turris audirent. Non autem cum impetu, sed sigillatim, ut pote inermes. Turris vero a quibusdam obtinenda, ab aliis quoque ad exitium vestrum statim hæc arma sumenda. » His auditis acceptoque consilio, Eustachius ait : « Hoc solum omni superest meditamento, ut nos illis eamdem vicem referamus.

Igitur cum omnis barbarorum convenisset exercitus, irruente nocte circa urbem cum magno consedit silentio. Nostrorum autem pars maxima novis illorum (35) armis munita, portam observabat. At ubi illucescente a custodibus turris classicum illud insonuit, aperuere portam. Tunc lento introibant gradu, nec ab invicem impediebantur. Admisso certa supputatione millenario clausere portam, sublatoque tumultu profani truncabantur. Quod cum audissent forenses suos in nostrorum perniciem grassari credebant. Postquam vero sole fuso dies incanduit, sciens rex non esse tutum innumeris paucos occurrere, cæsorum capita fundis ac balearibus torqueri, atque jactari jussit in castra, ut suorum territi mortibus ad fugam cogerentur. Quo facto tantus multitudinem invasit horror ut subito ab eis omnium rerum memoria præter fugam recederet, lucrumque putarent si vel equis conscensis elaberentur. Quibus fugientibus, nostrisque sequentibus, tanta exstitit paganorum mortificatio ut usque Ascalonem persequentes omnibus peremptis vix jam inveniret quem prosternerent. Reversi itaque cum summa jubilationis laude victores, sicut testati sunt qui adfuerunt, jam cor meditari, vel lingua nequit fari; A quantas de tentoriis Babyloniæ opes nostri sustulere. Hanc suis Christus inimicis confusionem, hanc suis fidelibus contulit victoriam, cum et illos dejicere voluit in laqueum quem tetenderant, et hos a malis conservare quæ non promeruerant.

FINIS.

VEN. GUIBERTI
DE VITA SUA SIVE MONODIARUM
LIBRI TRES

LIBER PRIMUS

In quo potissimum de ipsius vita agitur.

CAPUT PRIMUM.

456 *Deflet trium statuum vitæ suæ peccata.* — Confiteor amplitudini tuæ, Deus, infinitorum errorum meorum decursus, et creberrimos ad miserationis internæ, quos tamen inspirasti, recursus. Confiteor pueritiæ ac juventutis meæ mala, adhuc etiam in matura hac ætate æstuantia, et inveterata pravitatum studia, necdum sub defatigati corporis torpore cessantia. Quoties, Domine, perseverantissimarum impuritatum mearum recordor, et qualiter pro eisdem compungi semper donaveris reminiscor, patientissima tua in me viscera, supra quam cogitari possit, admiror. Si compunctio et orationis affectus nequaquam sine tua spiritali infusione habentur, quomodo tam dignanter illabi peccatorum pectoribus pateris, et aversis a te, tenebris, imo te irritantibus, tantam gratiam dilargiris? Tu scis, paternitas magna nimis, quam obstinata adversus eos qui offensam nostram incidunt, corda gerimus, et iis qui semel aut pluraliter in nos, aut vultus, aut verba tulerunt, quam ægre remittimus.

At tu non modo pius, at vero ipsa pietas, imo ejus origo. Qui cum generalissime progrediaris ad omnes, nonne singulis poteris esse sufficiens? Quidni? Cum mundus in Dei ignorantia positus esset, cum in tenebris ac mortis umbra versaretur, cum nocte suum peragente cursum silentium commune teneret, cujus merito, cujus voce potuit compellari Sermo omnipotens tuus, ut a regali sede veniret? (*Sap.* XVIII, 14, 15.) Et qui universæ humanitatis negligentia quin misereris tunc obstrui non poteras, mirum non si erga unum quamvis enormiter peccatorem miserabundus existas. Non possum dicere quod facilius singulis miserearis, quam omnibus, cum utrobique tibi constet in nullo claudas [f., clauda] facilitas, facili enim facilius quidpiam apud te non est. Fons cum sis, et (²⁹) cum quod emanas omnibus debeas, plane quod omnium est singulis non præcludis.

Semper ergo peccans, et inter peccandum semper ad te rediens, an pii fugax, piumve deserens, cum ad pietatem recurrero, perdet pietas quod est; et etiam offensione multiplici obruta, invenietur insolens? Nonne tibi dicitur quia non continebis in ira tua misericordias tuas? (*Psal.* LXXVI, 10.) Has non modo in præsenti, sed in æternum futuras idem cantat. Tu scis quia non ideo pecco quod te misericordem sentio, sed secure profiteor te ideo misericordem dici, quod sis veniam postulantibus præsto. Non te miserante abutor (²⁶), quoties per peccandi necessitatem peccare compellor, verum profana nimis esset abusio, si, quia perfacilis post peccatum ad te est reditus, semper me peccandi delectet excessus. Pecco siquidem, sed, ratione **457** recepta, in affectum cordis transisse me pœnitet, tamque stercorosis cophinis mens graviter invita succumbit.

Sed inter has quotidianas ægritudines qualiscunque resurrectionis a lapsu quid facerem? Multo sanius nonne est in te ad tempus eniti, in te vel momentanee respirare, quam prorsus non meminisse remedii et de gratia desperare? Et quid est desperare, nisi in omnis flagitii volutabrum sese ex deliberatione projicere? Ubi enim carni jam nullatenus spiritus reluctatur, et infelicis animæ substantia voluptatum dispendio profligatur. Is est qui aquarum tempestate demergitur, profundo sorbetur, ad reprobi cumulum sensus os desuper putei perurgetur.

Dum ergo, Deus bone, post has interioris mei hominis temulentias ad te resipisco, sin alias proficio, saltem interim nequaquam a mei cognitione deficio. Quomodo enim ad tui notitiam scintillarem, si ad me videndum cæcutirem? Si plane, juxta Jeremiam, vir sum videns paupertatem meam

(*Thren.* III, 1); consequens est ut ea quibus illa suppleatur egestas, solerter exquiram. Et e diverso, si non sciero quid sit bonum, unde malum vel nosse, nedum exsecrari potero? Si pulchritudinem non noverim, nunquam fœditatem horreo. Quia igitur utrumque constat, ut per mei notitiam tuam petam, et fruens tua, illico mea non careám, dignum ac singulariter salutare est ut obscuritas rationis meæ per hujusmodi confessiones crebra tui luminis inquisitione tergatur, quo stabiliter illustrata, nunquam deinceps a se nesciatur.

CAPUT II.

Beneficia sibi a Deo collata memorat; deque ipsis gratias agit. — Est itaque primum confiteri tibi quæ mihi contuleris beneficia, ut perpendant qui hæc lecturi sint famuli tui, Deus, quam sit crudelis ingratitudo mea. Si enim non alia quam quæ cæteris impartiris hominibus mihi præbuisses, nonne ea quæ mereri potueram transcendisses? Addidisti plurima quæ ex tuo prædicabilia sunt, nil autem ex meo, et alia quibus supersedendum censeo. Si enim genus, opes et forma, et cætera si qua sunt taceam, te, Domine, auctore dantur, nulla apud bonos laude feruntur, nisi cum, ab his quibus a te data sunt, sub regula honestatis arceantur, aut prorsus contemptibilia pro suæ vitio mutabilitatis habentur. Quid enim ad me de his quæ solas suis coloribus atque nominibus causas lasciviæ superbiæque ministrant; quæ sic media sunt, ut pro mentium habitu circumferri ad bonum malumque queant; quæ tanto sunt flexibilitati addita quanto pro sui transibilitate suspecta? Super quibus si alia ratio non occurreret, illa satis esset, quod neque genus neque speciem quis suam elaboravit, et in his specialiter non habet quod non acceperit.

Sunt alia quædam quibus adipiscendis humana aliquando studia cooperari possunt, uti sunt opes, uti ingenia, teste Salomone : « Ferrum, inquit, cum retusum fuerit, multo labore exacuetur (*Eccl.* X, 10). » Quod totum et ipsum etiam ex facili assertione cassatur, quia nisi rationem lux, quæ illuminat omnem hominem in hunc mundum venientem (*Joan.* I, 9) imbuat; et fores doctrinarum Christus scientiæ clavis aperiat, nulli dubium quod omnis magister auribus stolidis vanum certamen impendat. Ergo prudens quisque quidquam sibi præter peccatum arrogare desipiat.

Guiberti mater pulchra et virtutibus ornata. — Sed his omissis, rem cœptam repetamus. Dixeram, pie et sancte, quod de tuis tibi beneficiis gratularer. Primum potissimumque itaque gratias ago quod pulchram, sed castam, modestam mihi matrem, timoratissimamque contuleris. Pulchram profecto satis [sæculariter ac inepte protuleram, nisi certæ [*f.*, certe] castitatis severissima fronte hoc nomen inane firmassem. Sicut sane in omnino pauperibus jejunia videntur extortitia, quibus non suppetunt ciborum suffragia, et ideo minus laudabilia; frugalitas autem divitum pro sua habet copia pretium, sic forma quanto appetibilior, si contra lenocinia duruerit, tanto omnimodæ titulo laudis evectior. Sallustius Crispus nisi solam sine moribus pulchritudinem laudi duxisset, nunquam de Aurelia Orestilla dixisset : « In qua, ait, præter formam nil unquam bonus laudavit. » Si formam ejus, quam excipit, a bono laudari asserit, quia tamen in cæteris omnibus turpem dicit, secure pro Sallustio loquor sic sensisse, ceu diceret, digne dote naturæ a Deo approbari, licet eam constet adjectivis quibuslibet impuritatibus impiari. Laudatur itaque in idolo cujuslibet materiei partibus propriis forma conveniens, et licet idolum ab Apostolo, quantum spectat ad fidem, nil appelletur (*I Cor.* VIII, 4), nec quidpiam profanius habeatur, tamen illa membrorum apta diductio non abs re laudatur.

Pulchritudo extollenda. — Et certe quamvis momentanea pulchritudo sit sanguinum instabilitate vertibilis, secundum consuetum imaginarii boni modum, bona negari non potest. Si enim quidquid æternaliter a Deo institutum est, pulchrum est, omne illud quod temporaliter speciosum est, æternæ illius speciei quasi speculum est. « Invisibilia enim Dei per ea quæ facta sunt, intellecta conspiciuntur, » ait Apostolus (*Rom.* I, 20). Angeli quoque hominum conspectibus se præbentes, vultus semper attulere clarissimos. Unde uxor Manue : « Venit, inquit, vir Dei ad me angelicum habens vultum (*Jud.* XIII, 6). » Inde e diverso dæmones, qui, juxta primi Petri vocem, « sub caligine ad diem magni judicii reservantur (*II Petr.* II, 17; *Jud.* 12), » vultibus solent apparere teterrimis, non cum se fallaciter transfigurant in angelos lucis (*II. Cor.* XI, 14), » nec id plane injuria, utpote qui concivium nobilium descivere a gloria.

Ad hoc etiam nostra electorum corporis claritati Christi configuranda dicuntur (*Phil.* III, 21), ut fœditas, quæ casu seu naturali corruptione contrahitur, ad regulam transfigurati in monte Dei Filii corrigitur. Si igitur interna exemplaria pulchra et bona sunt, quicunque prætendunt imaginem, maxime cum ab eorum ordine non discrepant, unde pulchra, inde et bona sunt. Nempe et ipse B. Augustinus in libro, ni fallor, De doctrina Christiana, dixisse recolitur : « Quod is qui pulchrum habet corpus et turpem animam, magis lugendus est quam si fœdum haberet et corpus. » Si ergo species jure vitiosa lugetur, profecto indubie bona res est, quæ pravitatis alicujus ammistione corrumpitur, aut tenore honestatis augetur.

Gesta matris laudibus prosequitur. — Gratias igitur tibi, Deus, qui præstillaveras decori ejus virtutem; illius enim habitudinis gravitas totius vanitatis poterat insinuare contemptum, oculorum namque pondus, raritas eloquendi ac faciei motuum difficultas, minime levitatibus intuentium obsecundat. Tu scis, Omnipotens, tanquam primævo ipsius tui nominis indidisti metum, tanquam adversus omnia lenocinia animi rebellionem. Nota quod vix aut nusquam inter magnæ professionis feminas reperitur, quantum apud se tuo dono continens, tantum incontinentibus fuit parca detrahere. Et cum ab exteris aut domesticis aliquoties hujusmodi fabula notaretur, ipsa averti, ipsa absistere, et tali sic susurrio irritari, ac si sua ipsius persona pariter carperetur. Verax Deus, tu nosti quod non me cogit ad hæc referenda privatus, utpote matris amor, sed rem haberi plusquam meorum verborum efficientia possit: certe cum cæteros generis mei animales et Dei ignaros, aut efferos armis et cædium reos, multum vero eos fieri a te, nisi granditer, ut assoles, eorum misereamis, extorres. Sed de vita ejus opportunior forsitan in hoc opere sese locus aperiet, jam accedamus ad nostra.

CAPUT III.

Ex hac, inquam, uti credo et spero, verissima mihi omnium quos genuit ipsa, deterrimo tribuisti nasci. Proles ejus bifariam postrema fui, decedentibus enim sub spe meliore germanis, ego vita omnimodis desperationis supersum. In his adhuc mihi agenti malis, et ejus merito, post Jesum et Jesu matrem sanctosque ejus, spes salvationis universa resedit. Scio nempe, nec discredere fas est, ut sicut me in sæculo posita charius habuit, clarius coluit (erga enim extreme natos matres affectuosius agunt) magis Deo præsens non negligit. Ignis plane [*f*., plena] Dei ea a juventute fuerat in Sion, cum ne dormiendo quidem, nedum vigilando, sollicitudo mei in ejus animo cessabat. At nunc morte sibi obita, interstitio carnis abrupto, scio in Hierusalem potentius quam dici queat fervere caminum, præsertim cum illic Deo plena, meas in quibus volvor miserias non ignoret, in tanto mihi aberranti, licet felix, ingemat, quanto a suis quæ toties ingeminabat monitis, moribus atque vestigiis me exorbitare considerat.

Pater et Domine Deus, qui ex hac non fallaciter, sed vere bona mihi qualiter et quantum nosti malo originem tribuisti, spem quoque in ejus mihi merito præbuisti, quam tamen nullatenus habere præsumerem, nisi ad te ex mei timore peccati, aliquantisper sub tua gratia respirarem. Induxisti pariter et misero cordi meo nescio si spem aut similitudinem spei, quod videlicet sacrosancto, supereminenti et Christianis omnibus exoptatissimo die nasci mihi et renasci etiam indulsisti. Totam ferme Quadragesimam sub nimii doloris insolentia parturiens mater exegerat (quos etiam angores mihi devia, et lubrica consectanti, toties improperare solebat) tandem solemne Sabbatum, vigilia scilicet Paschalis emicuit.

Graves cruciatus in illius partu pertulit mater. B. Virginis servitio mancipatur. Recens natus quam tenuis corpore fuit. — Diutinis ergo cruciatibus agitata, et hora propinquante tortionibus augmentatis, cum in partum nataliter [*f*., naturaliter] putaretur enitutum, magis sursum ad ejus præcordia retorquebar. Jam patrem, amicos ac parentes funestus super utroque mœror obtriverat, quia dum matri mortem proles accelerat, prolis similiter exitium, dum ei negatur exitus, compassionis omnibus materias afferebat. Dies erat quo, præter solemne, quod singulariter et suo tempore celebratur officium, quæ pro familiaribus actitari solent officia non flebant. Initur ex necessitate consilium, et ad Dominicæ Matris altare concurritur, et ad eam quæ sola sive etiam Virgo semper futura pepererat, hujusmodi vota promuntur ac oblationis vice id muneris piæ Dominæ aræ imponitur, quod videlicet si partus ille cessisset in masculum, Deo et sibi obsecuturus clericatui traderetur: sin deterior, professioni congruæ mandaretur. 459 Nec mora languidulum quiddam instar abortitionis [*lege* abortionis] effunditur, et quod fusum erat ad tempus, ut par erat abjectissimo, de absoluta solum matre gauderetur. Erat illius homunculi recens editi adeo miseranda exilitas; ut cadaveruli extemporaliter nati species putaretur; in tantum, ut Iduato ferme Aprili, junci, qui in ea oriuntur regione pertenues, digitulis apponerentur, ut corpulentiores viderentur. Ea ipsa die dum salutifero fonti inferrer, mulier quædam, quod mihi puero et [*f*., etiam] jam adolescenti sæpenumero joci causa relatum est, de manu retabat in manum me transferens: Hunccine victurum putatis, quem prope natura deficiens ememembrem edidit, et magis lineamenti quid simile quam corpus dedit?

Quæ omnia, Creator meus, hujus mei, quo vivere videor status, portenta fuere. Nunquid tui, Domine, servitii in me reperiri potuit veritas? Nil in te solidum, nil in te constans habui; si quid in evidentia visus sum exhibuisse operis, intentio multoties reddidit minus recta pertenue. Dixi tibi, summa benignitas Deus, quod, spem, aut spei quantulæcunque specimen ex tam gaudiosæ diei præstolatione mihi nato ac renato, sed et omnium post Deum oblato reginæ contuleris. Domine Deus, nonne ex ea quam mihi dedisti ratione jam colligo, quia dies nativitatis infructuose viventibus nil utilius affert quam mortis? Si constat, et irrevincibile est, quia nulla possunt merita dies præcessisse nativos, possunt autem defunctivos: Si contingat sub bono vitam non transigi, fateor, nil omnino proderunt gloriosi dies, sicut nec natalis, et mortis.

Si enim verum est, quia ipse fecit me, et non ego ipse me, diemque non præstitui, nec ut præfigeretur emerui, collatus a Deo non spem, non honorem mihi præbet, nisi diei religionem prosequens, quidquid die portenditur, mea vita commendet. Tunc plane nostrum natale ex festiva temporis qualitate claresceret, si studium nostræ actionis suspirata ad integrum virtute se regeret, et introitus gloria homini merito videretur indulta, si perseverans in æquitate animus vitæ glorificaret exitia. Si Petrus, aut Paulus vociter; si Remigius aut Nicolaus appeller, non mihi, ut poetice loquar:

Proderit a magno dimissum nomen Iulo:

Nisi illorum, quos providentia fecit mihi, seu fortuna cognomines, sagaciter exempla resculpsero. Ecce, Deus meus, quomodo reflatur quidquid tumebat in anima mea, quomodo poterit floccipendi quod in fastum videbatur extendi

Deiparæ acceptas refert gratias auctor. — Et, o mundi et cœlorum post unicum tuum Domina, quam bene senserunt, qui me sub illius tibi necessitate voverunt! Et, o quam melius ipse sensissem, si cor, jam adultus sub illius semper voti sententia, construxissem! Ecce me tibi profiteor quasi specialiter dono datum, nec a me tamen tibi diffiteor sacrilege sæpius, ac scienter ablatum. Nonne me tibi abstuli, qui voluntates fetidas tuo odori prætuli? Verum etsi multoties hac me tibi fraude subduxi, ad te tamen, et per te ad Dei Patris, et tuum unicum hujus oblationis intuitu securius recucurri; et cum ob peccata millies recidiva tabescerem, securitas mihi de tuis inexhaustis visceribus nascebatur, miserationum tuarum antiquarum beneficiis admonebar ut sperarem. Sed quid illud, antiquarum? Tot expertus sum, et quotidie experior miserationum tuarum assiduitates, tot evasi lapsuum, te eximente, captivitates, ut de veteribus jam prorsus tacere libeat, ubi tanta liberationum affluentia regat. Et cum peccatorum iterationes sævam cordi meo obdurationem parturiant, quasi naturaliter ingenitus me illico ad te recursus emollit: et cum ex mei contuitu et ex mearum consideratione ærumnarum pene desperando deficiam, quasi velim nolim innasci sentio animæ miseræ ad te respirandi fiduciam. Sic enim adjacet cogitationi meæ, ut quibuscunque malis involvar, tu meis necessitatibus, si dicere audeam, ex debito deesse non possis, in te nempe projectum ex utero si adversum non revisas, si reversum minime recipias, perditionis meæ justas in te utique conferam causas. Plane quia tibi subest cum volueris posse, et Filii potestas in matrem redundare dignoscitur, a quo potius mei salutem exigere potero, quam a te, cui, ut sic dicam, cognatæ servitutis conditione conclamem : « Tuus sum ego? » (*Psal.* cxvIII, 94.) Sed de his alias quam libenter ratiocinabor tecum; cætera attingamus.

CAPUT IV.

Infans patre orbatur. Qui si diutius vixisset, illius saluti haud dubie nocuisset. — Natus igitur vix didiceram fovere crepundia, cum tu, pie Domine, qui pater mihi futurus eras, orphanum me fecisti. Exhausto enim octo fere mensium spatio, pater meæ carnis occubuit: et magnas inde tibi gratias, qui hunc hominem sub Christiano affectu fecisti decedere, providentiæ tuæ, quam de me habueras, si adviveret, indubie nociturum. Quia namque formula mea, et naturalis quædam pro ætatulæ illius quantitate alacritas idonea huic sæculo videbatur, nulli dubium erat, quin cum litteris ediscendis habile tempus adesset, ea quæ de me fecerat vota resolveret. Bone provisor utrimque salubriter disposuisti, ut et ego **460** nequaquam tuarum disciplinarum rudimento carerem, et ille quam tibi fecerat non irrumperet sponsionem.

Litterarum studiis B. Gregorii festo die traditur. —

Magnis itaque curis illa tua vere vidua me nutrivit. Tandem scholæ me traditura diem B. Gregorii festivitatis elegit. Audierat præfatum tuum famulum, Domine, mirabili superemicuisse sensu, infinita florentis sapientia; et ideo multa eleemosynarum congerie confessoris tui instabat sæpius sollicitare suffragia, ut cui præbueras intellectum, intellectualitatis mihi consequendæ impetraret affectum. Traditus ergo litteris apices utcunque attigeram, sed vix elementa connectere noram, cum pia me mater erudiendi avida disposuit mancipare grammatic

Grammaticorum eo tempore paucitas et inscitia. — ([27]) Erat paulo ante id temporis, et adhuc partim sub meo tempore tanta grammaticorum charitas, ut in oppidis pene nullus, in urbibus vix aliquis reperiri potuisset, et quos inveniri contigerat, eorum scientia tenuis erat, nec etiam moderni temporis clericulis vagantibus comparari poterat. Is itaque cui mei operam mater mandare decreverat, addiscere grammaticam grandævus incœperat, tantoque circa eamdem artem magis rudis exstitit, quanto eam a tenero minus ebiberat. Tantæ vero modestiæ fuerat, ut quod deficiebat in litteris, suppleret honesto.

Guiberti præceptor vitæ probatissimæ fuit. — Cum ergo sequestris aliquibus clericis, qui ei familiariter sub capellanorum nomine officia Dei celebrabant, scholarem illum sollicitaret hominem et ille cujusdam consororuli mei sortitus pædagogium, quibusdam meis parentibus, quorum innutritus erat curiæ, necessarius esset, feminæ se compellantis hortamenta considerans, et ejus honestate ac severitate propensa, licet prædictorum parentum meorum vereretur offensam, ad ejus contubernium deliberabat accedere. In qua deliberatione, hac est, ut faceret, visione compulsus.

Cum nocte dormiret n cubiculo, cujus et ego memini, in quo totius nostri oppidi generale studium regebatur, cujusdam species senioris præferens caput canum, et habitudinis omnimodo reverendæ, manu me tenens ostio me cubiculi inducere videbatur. In cujus cum substitisset aditu, lectulum ejus mihi qui hoc intuebatur ostendit, et: Vade, inquit, ad eum, quia iste plurimum amaturus est. Manumque mihi quam tenuerat laxans, quo sivissem abire, cucurri ad hominem, et cum crebris osculis ora comprimerem, expergiscitur, et tanta mei affectione corripitur, ut cunctatione rejecta, et parentum meorum, quibus tam ipse, quam sui ex toto obnoxius erat, timore recusso, ad matrem meam habiturus cum ipsa concederet.

Erat autem puer isdem, quem eatenus ductitaverat, pulcher quidem, et nobilis, sed intantum bonarum artium fugax, ad omnes disciplinas instabilis, pro ætate mendax, et furibus [*f.*, fur] ut nil proficiente custodia, vix in schola, sed pene omni die delitescens reperiretur in vineis. At hominem cum puerilis vecordiæ tæduisset, et ei matris meæ opportune familiaritas arrisisset, et visionis prælibatæ tenor, rem, quam petebat, sibi potissimum inviscerasset, pueri comitatu deserto, et sub quibus agebat dominos æque reliquit. Quod tamen haud impune fecisset, nisi eum matris tam reverentia, quam potentia protexisset.

CAPUT V.

Guibertus optimis imbuitur institutis ac moribus. Acriori sub disciplina cohibetur. — Sub se igitur constitutum tanta puritate me docuit, ab insolentiis, quæ innasci primævitati illi solent, tanta sinceritate cohibuit, ut me penitus a communibus lupis arceret, absque suo comitatu nusquam abire permitteret, non cibum præter domi sumere, non cujuspiam munus nisi licentia a se data suscipere; nihil non temperanter, non in verbo, non in respectu, non opere agere, ut non clericatum, quin potius monachatum a me videretur exigere. Nam cum æquævi mei passim ad libitum vagarentur, et eis debitæ secundum tempus facultatis frena paterent, ego ab hujusmodi per sedulas coercitiones inhibitus, clericaliter infulatus sedebam, et cuneos ludentium quasi peritum animal exspectabam [*f.*, spectabam]. Dominicis etiam ac diebus sanctorum festis sub exercitus scholaris censura cogebar, et nullo die ullo vix tempore feriatum me esse licebat, ac unimode semper ad subeunda studia perurgebar. Ipse autem me solum edocendum suscipiens, neminem, alium quem doceret, permittebatur habere.

Et cum mihi ita institeret [*f.*, insisteret], et ingeniolum meum præ tanta instantia quisque adintuens exacui plurimum crederet, spes omnium cessabatur. Dictandi enim, ac versificandi ad integrum scientiæ expers erat. Interea sæva fere quotidie alaparum ac verborum grandine lapidabar, dum ipse me cogeret discere, quæ docere nequiverat.

Parum ea de re in litteris, multum vero in morum honestate proficit. Qui improbiori studio animus opprimitur, hebetatur. — Duxi apud eum sub hac inani collucatione ferme sexennium, sed nihil quantum ad tantum tempus attinet inde extuli operæ pretium. Alias autem quantum ad totius honestatis rudimentum spectare dignoscitur, nil fuit quod non meis utilitatibus impendisset. Quidquid modestiæ, quidquid pudicum, ac exterioris elegantiæ fuit, eo fidelissime et amanter me imbuit. Sed parum pensi ac **461** moderati in eo eum habuisse facto in me periculo persensi, quod quasi obtentu discendi irremissibiliter me ac negotiose urgebat. Quo enim præter modum non dico puerilis, verum omnis hominum natura meditationis assiduitate distenditur, eo amplius hebetatur, et quo ferventius ad studii perseverantiam acrimonia mentis ignescit, eo viribus ex nimietate subactis, ex rigore in lentitudinem versus animus usquequaque tepescit.

Exercitiorum vicissitudines adhibendæ uti acutior fiat intellectus. — Necesse est igitur involucro adhuc corporis aggravatum agere temperatius intellectum, quia si silentium hora media fit in cœlo, ut non possit vigor irremissus dum advivitur, contempla-

(36) Nonnihil hic desideratur.

tionis inesse dono; sic nec jugis, ut ita dicam, pervicacia in cogitatione qualibet laboranti constabit ingenio. Inde itaque intensis unicuilibet rei cordibus vicissitudines intentionum credimus adhibendas, ut dum diversa alternatim mente tractamus, ad unum cui potissimum animus affigi, quasi ex indulto recreati.... noviores redeamus. Habeat denique lassabunda aliquoties natura sub aliqua sui operis varietate remedium. Recordemur Deum non uniformiter instituisse sæculum, sed sub diebus ac noctibus, sed sub vere ac æstate, sub autumno, et hieme, mutationibus nos oblectasse temporum. Videat ergo quisque, cui nomen magistri ascribitur, qualiter moderetur disciplinas puerorum ac juvenum, quia non aliter æstimamus tractandos, in quibus gravitas plenaria viget etiam more senum.

Rudis et ignarus Guiberti pædagogus. — Erat igitur homini illi penes me sævus amor, non [*f.*, nam] nimietas severitatis in injusto videbatur verbere; eminebat tamen totius diligentia observationis in opere. Minus plane digne vapulabam, quia si ipse haberet quam profitebatur docendi peritiam, eorum profecto, quæ recte dixisset, optime pro puero capax eram. Sed quia minime ex sententia loquebatur, et sibi nullatenus patebat, quod exprimere nitebatur circa vilem, sed non patulum, qui colligi ab eo non poterat, nedum intelligi, faceret orbem, ejus inaniter fabula versabatur. Rudis enim in tantum fuerat, ut quod male semel jam, ut prælibavi, grandævus hauserat, incorrigibiliter retineret, et si quid improvide, ut sic dicam, hisceret, sua omnia sensa authentica æstimans, tueretur atque defenderet plagis; sed tantæ procul dubio vecordiæ, ut arbitror pepercisset (36), priusquam enim, ait doctor idem, quam scientiam natura combiberit, non majoris est gloriæ dixisse quod noveris quam tacuisse quod nescias.

Cum dure itaque in me ulcisceretur, quia quod nesciebat ipse nescirem, perpendendum sibi plane erat, quia mali plurimum fuerat, cum a fragili exigeret pectusculo, quod non indiderat. Sicut enim verba amentium etiam a sensatis colligi aut vix, aut nullo modo possunt, ita eorum dicta, qui nesciunt et scire se asserunt, et aliis tradunt, ex sua ipsorum explanatione tenebrescunt. Nil enim difficilius invenias quam si velis disserere quod nescias, discenti quidem obscurum, obscurius audienti, non secus ac si lapidem uterque reddat. Hoc dico, Deus meus, non quod notam tanto amico inuram, sed ut intelligat quisque qui legit, ne quidquid autumamus pro certo docere velimus, neque conjecturarum nostrarum nebulis et alios involvamus. Proposui enim præsentem pro sui tenuitate materiam vel ratione condire, ut si alterum minus appretiandum et merito computatur, alterum aliquoties operæ pretium æstimetur.

CAPUT VI.

Guibertum magister in oculis ferebat: cui et ille in amore respondebat. — Quamvis ergo tanta me severitate deprimeret, alias tamen omnibus modis propatulum faciebat, quod me pene non alia quam se charitate diligeret. Adeo nempe vigili mihi sollicitudine incumbebat; adeo propter quorumdam invidentias saluti meæ providebat, obsoletos aliquorum, qui mihi observabantur, mores, quanta caverem auctoritate docebat; matrem super cultissimo mearum vestium apparatu tantisper urgebat, ut non pædagogi, sed parentis, non corporis mei tutelam, sed animæ curam agere putaretur. Mihi vero licet pro ætate hebeti atque pusiolo tanta penes eum vicissitudo amoris incesserat, licet gratis multoties cuticulam meam multis vibicibus proculcaret, ut non metu, qui in æquævis assolet, sed nescio quo medullitus insito amore, ei totius ejus asperitatis oblitus obsequerer. Multis certe sæpius experimentis idem me magister, materque tentarunt, cum debitum ne sibi utrobique timorem æque redhibere viderent, utrum sub unius rei imperio alterutrum præferre præsumerem.

Incidit tandem occasio, in qua neutro eorum super hujusmodi quid agente factum constitit absque ulla ambiguitate periculum. Semel in schola vapulaveram; schola autem non alia erat quam quoddam domus nostræ triclinium. Aliorum enim, quos aliquando docens acceperat, mei solius causa curas obmiserat. Sic enim aucto questu, et delatione honoris prudens ab eo mater exegerat. Soluto igitur vespertinis quibusdam horis qualicunque illo studio, ad materna genua graviter etiam præter meritum cæsus accesseram. Quæ cum an eo vapulassem die, 462 ut erat solita, rogitare cœpisset, et ego, ne magistrum detulisse viderer, factum omnino negarem, ipsa, vellem nollem, rejecta interula, quam subuculam, imo camisiam vocant, liventes attendit ulnulas dorsiculi ex viminum illisione cutem ubique prominulam. Cumque meæ teneritudini ad nimium sæve illatam visceraliter doluisset, turbulenta et æstuans, et oculos mœrore suffusa : « Nunquam, ait, deinceps clericus fies, nec ut litteras discas ulterius pœnas lues. » Ad hæc ego eam cum qua poteram animadversione respiciens : « Si, inquam, proinde mori contingeret, non desistam quin litteras discam, et clericus fiam. » Promiserat enim si eques vellem fieri, cum ad id temporis emersissem, apparatum se mihi militiæ et arma daturam.

Renuit eques fieri. — Quæ cum universa non sine multa aspernatione respuerem, illa tua famula, Deus, adeo grate suas accepit injurias, adeo alacris ex suo est facta contemptu ut hæc eadem quibus ei obstiteram magistro meo responsa retexerit. Lætabantur igitur uterque, quia ad id quod paterni voti fuerat, ambienter aspirare viderer, dum quo magis celerer [celeriter], litteras ipsas, quamvis non bene inculcarentur, amplecterer, nec ecclesiasticis officiis me tricarem, imo cum hora sollicitaret, opusve esset, nequaquam tali loco ac tempori prandia ipsa præferrem. Tum quidem sic : At vero, Deus meus, tu

(37) Hic deest aliquid.

scis, quantum ab hac mea postmodum intentione desciverim, et quam luctuabundus ad divina processerim, quodque actus verberibus vix adesse consenserim. Erant plane, Domine, non religionis cujuspiam, qui ex aliqua intellectualitate descenderent, sed pueriles quidam, qui tunc cogebant impetus. At postquam adolescentia ingenitæ nequitiæ jam effeta, conceptibus sese in totius pudoris damna proripuit, vetus illa devotio prorsus extabuit. Etsi ad horam, Deus meus, bona voluntas, imo similitudo bonæ voluntatis visa est excanduisse, pessimarum cogitationum imbribus obnubilatam mox contigit, decidisse.

CAPUT VII.

Beneficium illi mater conatur obtinere. — (28) Contendebat denique mater mea ecclesiasticis me beneficiis quoquo pacto inserere. Prima igitur insertionis causa non modo mala, sed et nefaria exstitit. Adolescentulus frater meus quidam eques, et municeps Clarimontis castri (37), duo ante ejus quod inter Compendium atque Bellovacum situm est, a domino ipsius oppidi, nescio utrum donativi, seu feodalis debiti gratia, dandas operiebatur pecunias. Cumque illis largiendorum, ut opinor, inopia præbere deferret, quorumdam parentum meorum consilio illi suggestum est ut canonicam, quam præbendam nominant, ecclesiæ loci illius, quæ ejus ditioni contra scita canonum subjacebat, mihi daret; et a fratre meo penes eum repetundarum molestia jam cessaret.

De uxoratis presbyteris. — (29) Erat ea tempestate nova super uxoratis presbyteris apostolicæ sedis invectio, unde et vulgi clericos zelantis tanta adversus eos rabies æstuabat, ut aut eos ecclesiastico privari beneficio, vel abstineri sacerdotio, infesto spiritu conclamarent. Ad hæc patris mei quidam nepos, vir suos cum potentia, tum prudentia præeminens, cum Venerico operi adeo peculiariter indulgeret, ut cujuspiam necessitudini feminarum in nullo deferret, tanta in clerum super præfato canone bacchabatur instantia ac si cum singularis ad detestationem talium pulsaret pudicitia. Et cum esset laicus et suis arceri non posset legibus, quanto laxiores fuerant, tanto his abutebatur fœdius. Neque enim uxoriis poterat contineri retibus, quippe qui hujusmodi nunquam passus est illaqueari nexibus. His igitur cum fetido passim pro talibus spargeretur odore, sed tum eum sæcularis, qua præeminebat, opulentia defensaret, nunquam suæ objectu impuritatis adversus sacrum ordinem ipsius pervicacia detonare cessabat.

Causam itaque nactus, qua mihi cujusdam loculosi, ut ferebant, presbyteri detrimento proficeret, apud Castrensem dominum, penes quem satis superque poterat, utpote qui ei tantopere necessarius erat, egit, ut clerico absente, et penitus inconvento me evocaret, et investituram præfatæ mihi canonicæ daret. Ecclesiæ enim illi contra jus et fas male ab episcopo indulta licentia abbatiabatur, et canones non canonicus a canonicis exigebat. Quia ergo tunc temporis non modo conjugale in trium primorum ordinum, et canonicalis personis causabatur commercium; sed etiam non minus ecclesiasticorum citra animarum regimina officiorum, ut sunt præbendæ, cantoratus, præposituræ et cætera id genus, crimini ducebantur emptiones, ut de honoribus sileam, qui interna jubentur actitare negotia, quique ejus, qui præbendam amiserat, clerici faventes partibus, et æquævorum meorum plurimi super Simonia et excommunicatione, quæ recens percrebruerat, crebra cœperunt motare susurria. Idem namque eum esset presbyter, et uxorem haberet, qui ab ea officii sui suspensione absterreri non poterat, facere si quidem missas omiserat.

463 Quia ergo post corpus suum mysteria divina posuerat, ea recte plexus est pœna, quam se evasisse sacrificii abrenuntiatione putaverat. Itaque spoliatus canonica, quia per quod arceri possit amplius non habebat, missas quolibet [f., quaslibet] jam libere, retenta etiam uxore, cantabat. Hinc celebri rumore satum est, quod inter eadem sacra matrem meam cum sua familia repetita in dies excommunicatione conficeret. At mater divinorum semper timida, et peccatorum pœnas, et proinde offendicula verens, illi male præbitæ illico præbendæ renuntiat, et sub spe obitorum clericorum, aliam mihi apud castri dominum locat. Fugimus itaque arma ferrea, et incidimus in arcum æreum. (³⁰) Sub præstolatione enim alienæ mortis aliquid dari, nihil aliud est, quam quotidianum homicidam quempiam jubere fieri.

Domine Deus meus, ita tunc spebus illis pessimus involvebar, et tuorum exspectatione donorum, quæ necdum experiri didiceram, nullatenus detinebar. Illa tua mulier nondum comprehenderat, quas spes, quas securitates de meis apud te victualibus habere debuerat, nec quæ beneficia a te mihi erant parta cognoverat. Quia enim aliquantisper adhuc in mundo agens, quæ mundi fuerant, sentiebat : nimirum ea, quæ sibi ipsa providere delegerat, mihi etiam ipsi mundana, ut putabat, quæsituro quærebat. At postquam animæ propriæ animadverso periculo, innumeros cordis angulos ad præteritæ deplorationem vitæ congessit, quasi diceret : « Quod mihi nolo fieri, alii non faciam. » Ea quæ pro se contempsit agere, extremæ arbitrata est dementiæ pro aliis exercere; et quod sibi ambire desierat, nefarium rata est ad sui perniciem alteri concupisse. Quod longe aliter a multis fieri constat, quos quidem attendimus sua ad integrum obtentu paupertatis abjicere, sed aliorum, non modo suorum, quod et ipsum malum est, sed etiam exterorum, quod deterius, plus nimio procurationes ardere.

CAPUT VIII.

De iis qui monasticam vitam instaurarunt resarseruntve. — Sed libet paulo altius, quantum nostri temporis mentione recurritur, status religionum,

conversionumque, quas vidimus, attingere; unde et hanc ipsam [f., ecclesiam]....., nec non et plerosque alios bonæ mutationis contigit exempla sumpsisse. Monachile propositum sub antiquis floruisse temporibus affluens scriptorum relatio est. Nam quia super exteris mihi regionibus silentium est, sub quibusdam Franciæ regibus hujus scita institutionis, varia diversis exstruentibus loca, coluisse noscuntur; in quorum aliquibus tam pie viventium confluxit enormitas, ut miremur tantam hominum frequentiam quomodo cohibere valuerit adeo locorum arcta capacitas. Inter quæ profecto quædam speciali pollentia districtione fuerunt, quæ nonnulla, in quibus fervor ordinis tepuerat, monasteria sæpe nobiliter innormarunt, ut fuit aliquando Luxovium (*Luxèuil*) (³¹) in Gallia, (³²) quædam etiam in Neustria, quæ nunc appellatur Northmannia. Sed quia juxta illud poetæ veridici dictum, quod videlicet summis negatum est stare diu; et quod multo verius constat, decedente inter habenas iniquitatum sæculo, (³³) sanctæ conversationis refrixit charitas, et rerum opulentia, quasdam postmodum sensim deseruit ecclesias : et inde (³⁴) bene conversantium, dum et ipse manuum labor sorduit, facta est raritas.

Unde nostris monasteria vetustissima numero extenuata temporibus, rerum antiquitus datarum exuberante copia, (³⁵) parvis erant contenta conventibus, in quibus perpauci reperiri poterant, qui peccati fastidio sæculum respuissent sed ab illis potissimum detinebantur ecclesiæ, (³⁶) qui in eisdem parentum devotione contraditi ab ineunte nutriebantur ætate. Qui quantum minorem super suis, quæ nulla sibi videbantur egisse, malis, metum habebant, (³⁷) tanto intra cœnobiorum septa remissiore studio victitabant. Qui administrationes, ac officia forastica cum pro abbatum, aut necessitate, aut libitu sortirentur, utpote voluntatis propriæ avidi, exterioresque licentias minus experti, (³⁸) ecclesiasticas occasione facili dilapidare pecunias; his expensis redditus seu gratuito dilargiri [*deesse videtur*, cœperunt.]..... Et licet tum minus apud eos religio curaretur, ex sua siquidem fiebant raritate ipsi monachi chariores.

CAPUT IX.

De mira Ebrardi comitis Britoliensis in Picardia conversione. — Cum ergo sic se agerent, et alicujus ad eos pretii vix ullus accederet, quidam comes castelli Britoliensis [*vulgo*, Breteuil], quod in Ambianorum, Bellovacorumque confinio consistit, ad excitandas plurimorum mentes emersit. Is in ætate positus florulenta, cum gratissimæ esset elegantiæ, præsertim cum sicuti nobilitate genus ejus, ita et mirabili specierum conspicuitate polleret aliorum quoque municipiorum, divitiarum etiam omnium claritate pateret : mens tandem hominis in multo superbiæ fastu constituta resipuit, et ad ejus, quam sæculariter sectari cœperat, vitiorum miseriam sese contemplando retorsit. Animæ igitur suæ miserabilitate perspecta, et quia nil aliud quam 464 damnare et damnari, fœdare et fœdari in sæculo faceret, quem vivendi modum arriperet, diu cum quibusdam, quos tanti desiderii conscios, et comites habere delegerat, multimode plura discutiens pertractabat. (39) Vocabatur autem ipse, Ebrardus, vir inter primores Franciæ undecunque famosus.

Tandem expresso in evidentiam operis diutinæ cogitationis intuitu, nemine remansurorum conscio, cum illis, quos in sodalitium arripiendæ hujus religionis sibi clandestina sollicitatione consciverat, in nescio quas exteras fugax excessit provincias, quas sui prorsus nominis ignaras cum libenter incoleret, et carbonibus faciendis ad opem sumptuum operam daret, et hac illacque cum suis per rura et oppida venum ferret, tum primum ratus est se supremas attigisse divitias, et erat considerare omnes ab intus filiæ regis glorias. Quid? Exemplum unde et ipse sumpserit hic attexam.

(40) Teudebaldus, quem sanctum hodie universi agnominant, ut multæ jam Ecclesiæ sub ejus nomine consistentes ipsum passim insigniant, juvenis genere nobilis exstitit ante id tempus: qui inter ipsa rudimenta militiæ arma despiciens, nudipes a suis elabitur, supra-dicto artificio addicitur, per quod aliquandiu sub insolita necessitate vita transigitur. Hoc, inquam, animatus exemplo Ebrardus, ex tam humili opificio, ut præmisimus, victitare decreverat.

Spectrum alloquitur terretque Ebrardum. Mutat propositum solitaque exercitia. Monasticæ disciplinæ se mancipat. — At quia nulla sunt bona, quæ non aliquas aliquoties præbeant alicujus malignitatis causas, dum in aliquo, die quodam, nescio quid acturus operis, esset vico, ecce quispiam ei astitit sub Tyria lacerna, tibialibus sericis pedulum abscisione damnatis, muliebriter diductis a fronte crinibus, et summas attingentibus ulnas, amasium potius exhibens quam exsulem. Quem ille cum ex vera quis esset sinceritate perquireret, et ille obliquo paulum oculo abducens supercilium, specie pudoris ablata, dicere contaretur, et ille contabundo magis ac magis pie curiosus instaret, ad ultimum tandem vix quasi hominis instantia victus erupit : « Sum inquit, (sed vos cuipiam ne dicatis) Ebrardus Britoliensis [forte, Britoliensis, ut supra] quondam comes, qui, ut scitis, in Francia olim dives, exsilio me relegans spontanea peccatorum meorum pœnas luo. » Dixerat vir illustris, et eum, qui se interrogaverat, arrogatæ sibi personæ repentina translatione confudit. Admiratus igitur incredibiliter perversi hominis impudentiam, spreto, ut sic dixerim, simulacri illius alloquio, ad suos inde relato sermone, ait: « Sciatis, o amici, hoc vitæ propositum nobis quidem utile, sed aliis quamplurimis exitiale, quia quod ab ipsius ore audistis, de multis consequenter intellexisse potestis. Si igitur Deo integre placere volumus, quod aliis scandali, imo falsitatis occasionem præbet, evitare debemus. Illo itaque stabiliter nos feramus, ubi sublato exsilii, quod pro Deo patimur nomine, causas omnibus arrogantis vocabuli subtrahamus. » His edictis, commutato consilio, (41) Majus Monasterium (Marmonstier, *juxta* Turones) petivere, ibique suscepto sanctæ conversationis habitu perenniter deserviere.

Hunc ipsum audivimus tantas, dum sæculo viveret, cultiorum vestium habuisse curas, ut nullis ditioribus impar esset : adeo autem indignabundæ habitudinis, ut facile cuipiam, vel verbo aggressibilis nequaquam videri posset. Quem postmodum sub monachia positum, tanta corpus suum vilipensione habere conspeximus, ut indumenti vilitas, vultus demissio, membrorum exilitas, non fuisse comitem, sed agrestem rusticulum loqueretur. Et cum per urbes ac oppida pro abbatis imperio mitteretur, nunquam proprio addici potuit voluntate, ut castella, quæ reliquerat, vel semel ingredi pateretur. Hæc, quæ superius relata sunt, ipsi mihi retulit, cum me adhuc juvenculum tantopere veneraretur, atque suæ consanguinitatis ascisceret, ut amoris sui atque cultus, speciali quadam singularitate donaret.

Cui inolitum quiddam curialissimum fuit, ut si quos reperiret, quos præeminere litteris sciret, in libellulo, quem ad id operis secum ipse crebro gestaret, quemque pro suo captu dictitare prosa, seu versibus cogeret ; ut dum quorumcunque, qui super eo prædicabantur studio, dicta colligeret, ex dictis etiam singulorum sensa libraret. Quæ siquidem quamvis per se non caperet, ex eorum tamen, quibus hæc legenda pandebat, indubie sententia mox teneret, in quo potissimum quis aut in sensu, aut carmine accuratiora dixisset. Hæc de viro quondam nobili, sed jam nobiliore fine bono libasse sufficiat Is, inquam, inter memoriæ nostræ viros, exemple primus conversionis gloriosiore resplenduit.

CAPUT X.

At vero qui Paulum ex Stephani sibi oratione creavit, exemplum idem multo felicius latiusque per potentiorem satis alterum propagavit. (42) Simon enim quidam Radulphi comitis filius, mirabili nostri temporis religionem inopinæ mutationis claritate ditavit. (43) Qui quidem Radulphus quam celebris ubique Francorum potentiæ fuerit, quas urbes invaserit, quot oppida quæsita mira sagacitate tenuerit, multi superstites, qui ejus actuum meminere, sunt testes. Quantus etiam fuerit ex eo uno conjici posset quod Henrici regis uxorem, Philippi itidem regis matrem in conjugio post mariti decessum habuerit.

Juvenculus igitur Simon, cum mortem pater obiisset, obtento comitatuum ejus honore brevi tenuit. Nam causam adeo maturatæ conversionis hanc aliqui fuisse ferunt. In quodam oppido quod sibi usurpatione potius, quam hæreditate provenerat ejusdem patris reliquiæ conditæ fuerant. Quod filius, verens ne animæ patris officeret, ad illud quod sibi ex jure constiterat, deferre proposuit : quo ante delationem detecto, et sub oculis filii ad nudum revelato, cum potentissimi genitoris, quondamque ferocissimi tabidum attendisset corpus, ad contem plationem miseræ conditionis se contulit. Et exinde quidquid sublimitatis sibi arridebat, et gloriæ, fastidire jam cœpit. Concepta itaque hac ipsa voluntate, fervente tandem desiderio quod parturiebat emisit, et patriæ suorumque fugax fines excedens Francicos, Burgundiam (⁴⁴) ad sanctum Eugendum in territorio Jurensi concessit.

Audivi etiam quod nobilissimi quamdam generis juvenculam sibi desponderat, quæ cum amantissimum juvenem sibi, et mundo repudium dedisse rescisset, ipsa inferior videri non tolerans, virginalibus Deo servientium turmis virgo perseveratura sese conseruit.

Aliquanto post monachatus susceptionem tempore elapso, postliminium fecit in Franciam, et tot tantosque sermonum ejus puritas, et animi quam in facie præferebat humilitas, viros animavit et feminas, ut infinita sexuum agmina ad viæ prosecutionem istius sub eo tempore conflarentur, et undecunque ad id propositi exemplo ejus nominis plurimi citarentur. Equestrium siquidem virorum studium hominis multum sollicitavit examen.

CAPUT XI.

S. *Brunonis causa secessus in eremum. Carthusiensium origo, atque instituta primitiva. Manassis Remens. arch. perversa vita.* — At quia conveniebat ut et litteratorum quispiam sacri gregem ordinis sub eodem affectu post se contraheret, fuit non longe ab his diebus Bruno quidam in urbe Remensi vir, et liberalibus instructus artibus, et magnorum studiorum rector (⁴⁵), qui conversionis initia ex subjecta nactus occasione dignoscitur. Manasses quidam post Gervasii famosissimi archiepiscopi decessum, prædictæ urbis regimini Simoniace se intrusit; vir quidem nobilis, sed nihil prorsus serenitatis, quæ prima ingenuitatem decet, habens : tantos enim fastus ex illa novitate conceperat, ut regias peregrinarum gentium majestates, imo majestatum ferocitates, imitari videretur. Peregrinarum dixi, in Francorum enim regibus ea viguit naturalis semper modestia, ut illud Sapientis dictum, etsi non in scientia, in actu tamen habuerint : « Principem, inquit, te constituerunt, noli extolli, sed esto in illis quasi unus ex illis (*Eccli.* xxxii, 1). » Is igitur cum milites summopere affectaret, clerum negligeret, dixisse aliquando refertur : « Bonus, ait, esset Remensis archiepiscopatus, si non missas inde cantari oporteret. »

Hugo Diensis, archiepiscopus Lugdunensis, vir optimus, Manassem anathemate ferit. — Hujus ergo mores prorsus improbos, et stupidissimos habitus, cum omnis honestas horreret Bruno, in Ecclesiis tunc Galliæ opinatissimus, cum aliis quibusdam Remensium clericorum nobilibus, infamis illius odio, excessit ab urbe. Quem postmodum proceres, clerus, atque Burgenses, cum ab Hugone, (qui Diensis agnominabatur) archiepiscopo Lugdunensi, apostolicæ sedis legato, viro in fenore justitiæ clarissimo, creberrimo anathemate feriretur, et ille manu militari thesauros ecclesiæ dilapidare niteretur, a sede, quam male obsederat, pepulerunt, et exsilio relegatus æterno, cum se ad excommunicatum tunc temporis Henricum imperatorem ipse etiam excommunicatus contulisset, hac illacque oberrans, sine communione postremo defungitur.

Operæ vero pretium dici est quiddam, quod sub ipso intra urbem malignante provenit. Inter ecclesiastica ornamenta quæ militibus, qui suæ inservierant tyrannidi, impertiverat, calix aureus non parvi bifariam pretii erat, quia et plurimæ quantitatis fuerat, et nescio quota ibi particula auri illius quod a tribus Domino Magis oblatum est, effusa, ut ferebatur, erat. Cum ergo forcipe desectum per portiones, quibus deliberat, dilargiretur calicem, et nemo sacratissimæ rei suscipiendæ acquiesceret, tandem scelestus quidam eques, suo muneratori non impar, suscipere passus, imo procaciter contempta sacramenti majestate corripiens, in amentiam illico versus, censum, quem indebite præsumpserat, non expendit, et tamen temerariæ cupiditatis continuo pœnas pendit.

Bruno adit Carthusiam. — At Bruno urbe deserta sæculo etiam abrenuntiare proponit, qui suorum notitias horrens ad Gratianopolitanum processit territorium. Ibi in arduo, et admodum terribili promontorio ad quòd difficillimum, et valde insolens iter intenditur; sub eo etiam præruptissimæ vallis vorago dehiscit, habitare deligens, hujusmodi mores instituit, et sequaces ejus hodieque sic vivunt.

Ejus et discipulorum mores et ratio vivendi. — Et ecclesia ibi est non longe a crepidine montis, paulo sinuatum devexum habens, in qua tredecim sunt monachi; claustrum quidem satis idoneum pro cœnobiali consuetudine habentes, sed non claustraliter, ut cæteri, cohabitantes.

Habent quippe singuli cellulas per gyrum claustri proprias, in quibus operantur, dormiunt ac vescuntur. Dominica a dispensatore escas, panem scilicet, ac legumen accipiunt, quod unicum pulmenti genus a quoque eorum apud se coquitur. Aquam autem tam haustui, quam residuo usui, ex ductu fontis, qui omnium obambit cellulas, et singulorum per certa foramina ædiculis influit, habent. Pisce, et caseo Dominicis, et valde festis diebus utuntur : pisce dixerim, non quem sibi ipsi emerunt, sed quem bonorum aliquorum virorum largitione susceperint.

Aurum, argentum, ornamenta ecclesiæ a nemine, nihil enim ibi præter calicem argenteum. At eamdem ecclesiam non horis solitis, uti nos, sed certis conveniunt. Missas, nisi fallor, Dominica, et solemnibus audiunt. Nusquam pene loquuntur, nam si quid peti necesse est, signo exigitur. Vinum, si quando bibunt, adeo corruptum, ut nil virium, nil pene saporis utentibus afferat, vix communi sit unda præstantius. Ciliciis vestiuntur ad nudum, cæterarum vestium multa tenuitas. Sub priore agunt (⁴⁶), vices autem abbatis ac provisoris Gratianopolitanus episcopus vir plurimum religiosus exsequitur. Cum in omnimoda paupertate se deprimant (⁴⁷) ditissimam tamen bibliothecam coaggerant : quo enim minus canis hujus copia materialis exuberant, tanto magis illo, qui non perit, sed in aeternum permanet, cibo operose insudant.

Vasa argentea a comite Nivernensi missa respuunt. — Intantum, inquam, suae sunt custodes inopiae, ut hoc ipso quo agimus anno (48), Nevernensis comes vir omnino religiosus ac potens eos, causa devotionis et optimae quae hinc emanat opinionis, inviserit : multumque super saeculari eos cupiditate, ut caverent inde, monuerit. Cumque regressus ad sua eorum indigentiae, quam viderat, meminisset, et monitorum quae eis intulerat nequaquam memor esset, nescio quae argentea, scyphos videlicet et scutras [*f.*, scutellas], pretii plurimi eis misit ; sed eorum quae dixerat illis nequaquam obliviosos invenit. Communicato namque mox consilio, quaecunque dixerat ad integrum refutata recepit. « Nos, inquiunt, neque in expensis nostris, neque in ecclesiae ornamentis, exterarum quidpiam pecuniarum retinere delegimus. Et si in horum alterutro non expenditur, ut quid a nobis suscipitur ? » Puduit itaque praevaricatoriae contra suum sermonem oblationis comitem : et tamen dissimulata aspernatione eorum, boum tergora, et pergamena plurima retransmisit, quae pene inevitabiliter ipsis necessaria esse cognovit.

Carthusiae descriptio. — Vocatur autem locus ille Carthusia, in quo terra rei frumentariae causa parum ab eis colitur. Verum velleribus suarum, quas plurimas nutriunt, ovium, qualescunque suis usibus fruges comparare soliti sunt. Sunt autem infra montem illum habitacula laicos vicenarium numerum excedentes fidelissimos retinentia, qui sub eorum agunt diligentia. Hi igitur tanto coeptae contemplationis fervore feruntur, ut nulla temporis longitudine a sua institutione desistant, nec aliqua arduae illius conversationis diuturnitate tepescant.

Bruno in Calabria sui instituti construit monasterium. Refugit episcopatum. — Inde etiam, qua nescio occasione, mirabilis iste Bruno recedens, postquam his quae praelibavimus rudimentis, multa dictorum et factorum inculcatione praestiterat, ad Apulos nescio Calabrosne concessit, et ibidem huic quiddam simile vivendi genus instituit. Ibi cum multa humilitate se agerat, et omnimoda piorum exemplorum praebitione circumquaque fulgeret, ad episcopii dignitatem ab apostolica sede quaesitus, et lentus, fugit. Et saeculum veritus, ne ea quae de Deo gustarat, amitteret, in dilatione tanti muneris non divina, sed saecularia recusavit.

Viri ac feminae illius vivendi genus arripiunt. Etiam decennes et undecennes infantes. — Hae, inquam, personae conversionum tunc temporis extulere primordia. His cohaesere continuo virorum, feminarumque greges, omnis protinus ordo concurrit. Quid de aetatibus loquar? Cum decennes et undecennes infantuli senilia meditarentur, et multo castigatiora gererent, quam aetatula pateretur? Fiebat in illis conversionibus quod in antiquis fieri solebat martyribus, ut major in imbecillibus tenerisque corporibus inveniretur fidei vivacitas, quam in illis, in quibus grandaevitatis ac scientiae floreret auctoritas.

Innumera construit monasteria. — Cum ergo nusquam nisi in vetustissimis monasteriis monachorum haberetur aliquorum sedes, coeperunt ubique loci nova construi, et undecunque confluentibus magni alimentorum redditus adhiberi. Quibus facultas non aderat, ut grandiuscula fabricarent, alii binis, alii quaternis, alii quot poterant alendis fratribus domos, ac victualia componebant. Unde factum est ut in villis, oppidis, urbibus atque praesidiis, imo etiam ipsis saltibus atque agris, monachorum quaquaversum sese exercendo dilatantium repente fervere viderentur examina, 467 eaque loca divino nomine, et sanctorum cultibus emicarent, in quibus et lustra ferarum, et spelaea latronum exstiterant.

Brunonis et discipulorum ejus spontanea paupertas. Qui institutum arripere nequibant, quid agebant. — Affectabant itaque spontaneam subire pauperiem tot exemplis circumcincta nobilitas, et coenobia, quae subibat, rebus a se contemptis inferens; aliis etiam ad haec ipsa trahendis pia semper venatione tendebat. At feminae itidem insignes maritorum celebrium jugalitate deserta, et a piis cordibus liberorum abstenta, collatis inibi opibus, ecclesiasticis se stipendiis contradebant. Qui vero, vel quae non poterant rebus ad integrum renuntiare possessis, eos qui abrenuntiaverant crebris substantiarum suarum largitionibus sustentabant, ecclesias et altaria multa jucundissimorum munerum oblatione circumdabant, et oratione hac pie vivendi modum, quem tales imitando exsequi non poterant, talia facientes propriis ad id faciendum juvando substantiis, inquantum licuerat exaequare studebant.

Unde contigit ut his temporibus, et multitudine dationum et dantium, imo magis solertia ad hoc propositi venientium, ecclesiarum habitatores multimoda sua procuratione juvantium, in tantum promoverentur coenobia, ut quotidiana ab illis, qui tunc florebant, statibus, per succrescentem modernorum nequitiam videantur incidere detrimenta. Jam nunc enim, proh dolor! quae hujusmodi affectione permoti locis sacris contulere parentes, aut penitus subtrahunt, aut crebras redemptiones exigere non desinunt filii, a patrum voluntatibus usquequaque degeneres.

CAPUT XII.

Iterum de matre sua multa attexit Guibertus. — Ad te tandem post has ratiocinationes redeo, Deus meus, super illius bonae mulieris matris meae conversione. Quae siquidem ab annis vix nubilibus patri meo, prorsus adolescenti, avo meo providente, contradita, cum esset scito admodum vultu, et oris habitudine naturaliter ac decentissime gravi ingenua; tamen divini nominis timorem in ipsis pueritiae parturivit initiis. Ita enim non experientia, sed quodam superni metus incussu horrere peccatum didicerat, et ut ipsa mihi saepius referre solebat, ita subitae timore mortis mentem ingurgitaverat, ut jam grandæva doleret, quod non eosdem in maturo animo bom stimulos pavoris haberet, quos in rudi et nescio prorsus habuerat.

Accidit igitur ut efficientia conjugalis, in ipso legitimæ illius confœderationis exordio, quorumdam maleficiis solveretur. Novercalis enim huic matrimonio non defuisse ferebatur invidia, quæ plurimæ speciei et generis cum neptes haberet, in iis aliquam paterno toro moliebatur immergere. Quod cum minime processisset ad votum, pravis dicitur artibus effecisse, ut thalami omnino cessaretur effectus. Cumque integro virginium illibatum permansisset triennio, et sub magno tantum infortunium premeretur silentio, tandem a suis citatus necessariis pater rem primus prodidit. Quantis putas modis elaboravere parentes, ut divortium fieret inter eos, et patrem meum tempore juvenem, sensu hebetem monachice sedulo commovebant, licet tunc super hoc ordine rarus valde haberetur sermo : quod quidem non salutis ejus causa, at vero possessionum ejus obtinendarum intentione fiebat.

Verum postquam hæc eorum suggestio nil evaluit, puellam crebris cœperunt urgere latratibus, ut videlicet a suis longe posita dum externorum oppressionibus pulsaretur, sine ullo repudio per se injuriis fatigata discederet. Interea illa pati, quæ impengebantur verba æquanimiter tolerare; si quid exinde controversiarum emergeret, ac si nescia, dissimulare. Præter hæc cum eam opulentissimi quidam ab usu maritali exsortem conspicerent, cœperunt animum pulsare juvenculæ; sed tu, Domine, castitatis internæ fundator, tu ei sanctimoniam inspiraveras, quam non patiebatur natura nec ætas. Ex te, Domine, habebat, quod in igne posita non ardebat: Tu faciebas quod ad præstilationem malorum colloquiorum mores ejus etsi teneri non depravabantur, imo quod oleum camino addebatur, quod videlicet naturalibus (quæ habere humanum est et commune) motibus externa lenocinia adhibebantur : et tamen virgunculæ animus sui semper capax, nullis incentivis extra se ferebatur. Nonne hæc tui solius sunt opera, Domine, qui eam in primævæ ætatis calore positam, et omnino jugiter in ipsis conjugalibus officiis constitutam, septennio integro sub tanta continentia conservasti, ut juxta illud sapientis cujusdam dictum, etiam fama de ea mentiri vereretur.

Dissolutio puellarum. — Deus, tu scis quam difficile, imo quam nullo modo pene in feminis hujus temporis id servaretur : cum pudicitia in illis tanta diebus exstiterit, ut aliquo vix rumore matrimonium cujuslibet roderetur. Eheu! quam miserabiliter extunc ad nostra sæcula pudor et honestas paulatim in virginea professione ruit, et res et species custodiæ matronalis extabuit, ut in omni earum habitudine sola possint notari triscurria, ubi nil nisi jocularia sonant, et oculorum nutus et lingua. Petulantia in incessu, nihil non ridiculum constat 468 in moribus. Vestium qualitates intantum sunt ab illa veteri frugalitate dissimiles, ut dilatatio manicarum,

tunicarum angustia (⁴⁹), calceorum de Corduba rostra torticia, totius ubique jacturam videas clamare pudoris. Æstimat se quælibet extremas attigisse miserias, si amasiorum opinione caruerit; et tanto sibi nobilitatis et curiæ gloriam arrogat, quo hujusmodi procorum numero florentiore redundat. Erat, testor Deum, tunc temporis major in viris feminas ducentibus pudor, intantum ut videri inter hæc [*f.*, has] erubescerent, quam modo in nubentibus feminis habeatur : quos certe ista verecunda negotia jactantiores et fori ac publici amantiores efficiunt.

Ut quid hoc, Domine Deus meus, nisi quia ideo nullus super sua levitate ac lascivia erubescit, quod omnes teneri sub pari nota conspicit. Et cum sub eodem affectu, quem habent omnes, pene ægre sentiat; unde, quæso, studii hujus eum pudeat, ad quod coaspirare cæteros videat? Sed cur dico pudeat, cum hoc solum talibus sit pudori, si quis eorum in exemplanda libidine minus emineat? Nec detinet pro amorum numero, aut selecta quam alexit specie aliquem privata jactantia, neque contemptus est eo singulariter apud te intumuisse quod amat, sed communem corruptionem magnifico apud universos favore concelebrat. Ecce clamor, dum quod verecunde tegi debuerat, dum quod conscientia debilitatæ castitatis accusat, et omnino deprimi dignum erat, effreni per inolitam pravitatis licentiam animi æterno damnandam silentio impudens quis huc illucque jam prædicat. Hoc et hujus simili modo modernum hoc sæculum corrumpitur et corrumpit, dum male concepta in alios spargit, sparsum etiam usque in infinitum traducta fœditate propagatur in alteros.

Deus sancte, nihil pene horum eo tempore, quo illa famula tua sic agebat, uspiam audiebatur, imo sacrosanctæ verecundiæ pallio et tegebantur indigna, ac idonea cornabantur [*f.*, coronabantur]. In illo, Domine, septennio virginitas illa, quam tu in ea mirifice continuasti, sub innumeris oppressionibus agonizabat, dum soluto paterno connubio, ad alterum eam transferre maritum sæpissime minabantur, aut in exteras remotiorum parentum meorum domos abducere. Plane etsi adversus has importunitates acerbissime aliquoties desudabat, tamen contra propria lenocinia carnis, et quorumcunque externorum temperamenta mirabili, sed ex tuo munere, Deus meus, temperantia decertabat.

Non dico, bone Deus, qua virtute id fecerit, sed quod tui solius virtus fuerit. Quomodo enim virtus fuit, quam nulla spiritus carnisque discretio, nec pia ad Deum intentio, sed sola exterioris honestatis, aut evitandæ infamiæ cura peregerit? Utile plane est verecundia saltem peccato ingruenti resistere; quæ sicut utilis est ante peccatum, ita post peccatum damnabilis. Quod enim sic animum pio pudore consternat, ut a peccati perpetratione cohibeat, ad tempus est utile; quia potest Dei timor, qui pudorem insipidum sale divino condiat, accedere : et quod ad tempus, id est ad sæculum, proderat, utile non ad momentum sed æternaliter facere. Hæc est namque verecundia adducens gloriam, quæ tamen tanto est perniciosa post culpam, quanto pertinacius confessionis sanctæ obstruit medicinam. Habebat, Domine Deus, famula tua mater mea intentionem illam, quod ad sæculi honestatem contrarium nil ageret; sed tamen, juxta Gregorium tuum, quem tamen nec legerat, nec legi audierat, in ea intentione non mansit, quia ad te solum postea quidquid intendebat, transtulit. Ergo sic sæculari reverentiæ inseruisse tunc temporis commodum illi fuit.

Voluto igitur post septennium et amplius maleficio, quo naturalis legitimique commercii copula rumpebatur, nimium plane satis credibile est, ut sicut præstigiis ocularis ratio pervertitur, ut de nullis, ut sic dicam, aliqua et de aliis alia fieri per magos videantur; ita vires hujusmodi ac venerea molimina multo minori artificio confundantur; ita enim populariter actitatur, ut jam ab rudibus quibusque sciatur. Cassatis, inquam, per anum quamdam illis pravis artibus, ea fide thalamorum officio deservivit, qua diutinam virginitatem sub tantarum animadversionum pulsatione servavit. Felix nempe alias in eo se infinitæ non tam miseriæ quam miserabilitati addixit, quod tunc bona, et multo magis postmodum bona semper malum, et meipso deteriorem semper ediderit. Tu scis tamen, Omnipotens, quam pure, quam sancte secundum te me educaverit, quantas gerulorum in infantia, quantas puerascenti pusiolo mihi pædagogorum ac magistrorum curas adhibuerit, cum non etiam pro corpusculo vestium pompa defuerit, ut regios aut comitivos pueros obsequiis æquiparare viderer. Nec soli, Domine, matri contuleras hunc affectum, sed et aliis ditioribus multo personis tu instinxeras, ut non tam pro consanguinitatis necessitudine, quam causa gratiæ ad hoc a te mihi præstitæ, cultum mihi et nutrituras impenderent.

Deus, tu scis quanta monita, quantas auribus meis preces quotidie instillabat, ne corruptionis cujuspiam verba susciperem. Docebat, quoties a curis familiaribus solitudo vacabat, quomodo, et super quibus te orare deberem. Tu nosti solus quantis angoribus parturibat, ne initia florentissimæ ac spectabilis, quam tu dederas, ætatulæ, animus male sanus sana perverteret. Voti ejus tu feceras, ut ad te indesinenter æstuarem, quatenus præstares internam decori illi meo externo virtutem summopere, aut sapientiam. Et, bone Domine, bone Deus, si tunc præsciret quanto sordium cumulo obliteraturus eram bonas illas donorum tuorum superficies, quibus me illa impetrante ornaveras, quid dictura? Quid actura? Quam irremediabiles gemitus emissura? Quam mentis dilacerationes incursura esset! Gratias tibi, dulcis et moderate dispositor, « qui finxisti sigillatim corda nostra (*Psal.* xxxii, 15). » Plane si penetralia animi mei mundis adeo indigna conspectibus mundissimus ejus oculus irrupisset, miror, si illico exanimis non fuisset.

CAPUT XIII.

Pia matris Guiberti exercitia. — His per occupationem dictis ad aliqua retro omissa redeamus. Huic, inquam, feminæ inter sæculo serviendum, Dei nominis reverentiam semper adfuisse didicimus, in tantum, ut in obsequio ecclesiarum, in beneficio pauperum, in oblatione sacrificiorum sic se ageret, ut venerabilis omnibus esset ?. Sed scio quia pariter mihi exinde plurima adhibendæ fidei difficultas, quam præcludere videbitur, suspectæ, ut putatur, laudis affinitas. Si matrem attollere, caute ac fallaciter seipsam extulisse videtur, te, Deus, qui ejus animam ut inhabitator nosti, testem compellare præsumo, omnimodis excellere, quod est illud, quod dicitur. Et certe cum luce clarius pateat vitam meam a bonorum omnium exorbitare vestigiis, et studia semper mea sensatis omnibus probro esse, quid mihi proderit aut paterni seu aviti nominis magnitudo, ubi de prole miserrima tota coarctabitur latitudo ? Et qui ad eorum mores nulla voluntatis et actus contemperatione regenero, ad infamiæ superequitat malum, si eorum mihi laudes ascribo.

Maritus bello capitur. — Huic igitur, dum sub marito adhuc juvencula ageret, tale quid contigit, quod non minimum correctionis ei vitæ incentivum præstitit. Franci Henrici regis tempore cum Northmanis et eorum comite Guillelmo, qui Anglos postmodum subegit, et Scotos, multa animadversione certabant, in quo gentis utriusque concursu patrem meum capi contigit. Cujus comitis consuetudo fuerat, ut nunquam captivos suos ad redemptionem cogeret sed perpetua, dum adviverent, carceris relegatione damnaret. Quod ubi relatum est conjugi, necdum enim natus eram, nec longo post tempore fui, et ideo matris supersedeo nomini, miserabili mœrore examinata defecit, a cibo potuque destitit, somnum desperatissima sollicitudo plus vetuit. Nec de multitudine redemptionis in ejus animo causa erat, sed de irremeabili captivitate mœrebat.

Inde gravissime afflictatur. Vexat eam dæmon. — Cumque ejusdem noctis fleret intempestum, et illa atroci anxietate plenissima proprium cubile foveret, sicut diabolo consuetudinarium est, ut potissimum animis tristitia maceratis immergat, subito vigilanti illi ipse inimicus incubuit, et gravissimo pene usque ad exstinctionem pondere jacentem oppressit. Cum sub hac ejus spiritus suffocaretur angustia, et omnium membrorum ex tota libertate careret, vocis autem cujuspiam sonitum nullatenus emittere posset, solumque Dei muta penitus, sed ratione libera, præstolaretur auxilium, ecce a lectuli ejus capite quidam spiritus, haud dubium quin bonus, sic inclamare non minus affectuosa, quam aperta voce cœpit : « Sancta Maria, adjuva. » Et cum aliquandiu sic dixisset, et quod dicebatur plene illa intelligeret, sentiente illa quæ tantopere vexabatur, cum grandi animadversione erumpit. Quo erumpente, ille qui incumbebat assurgit, quem ille obvius apprehendit, et utpote ex Deo violentus cum tanto fragore subvertit, ut impulsu graviter cameram quatiente, asseclas sopore depressas insolenter nimis excitet. Illo igitur sic divinis virtutibus exturbato, pius ipse spiritus qui Mariam clamaverat et dæmonem pepulerat, conversus ad eam quam eruerat : « Vide, inquit, ut sis bona femina. » At pedissequæ strepitu repentino attonitæ, qualiter sua se haberet domina videre consurgunt, quam moribundam exsangui vultu, et totius corpusculi viribus profligatis inveniunt ; de sonitu sciscitantur, et ab ea illico causas audiunt, cujus vix spiritum et præsentia, et confabulatione, et accensione luminis refovere queunt.

Cum annum ageret Guibertus, obiit pater. — Ultima ergo sui liberatoris verba, imo per tuum nuntium tua, Domine Deus, mulier illa retinens, perpetua condidit memoria, et in plurimum affectum, si facultas suppeteret, Deo in posterum præstante ducenda servavit. Obita igitur morte parenti, cum multo adhuc carnis et vultus splendore niteret, et ego annum ferme natus dimidium solus ei sollicitudinis causas darem, de viduitate continenda proposuit ; in qua quanta vivacitate se rexerit, quanta modestiæ exempla præbuerit, ex hoc uno subjecto conjici potest : **470** quod cum parentes mei patris mei beneficiorum possessionumque æmuli, ea omnia, matre exclusa, obtinere niterentur, causæ actitandæ constituere diem.

Dies affuit, et proceres circa omnem acturi justitiam considerant. Mater de eorum cupidissimis..... [*f.*, certa] conatibus in ecclesiam concesserat, et ante Domini crucifixi imaginem debitæ memor orationis astabat. Ad quam cum unus de meis a patre parentibus, eadem quæ alii sentiens, et ab eis directus venisset, et ut ad illos, qui eam præstolabantur, accederet, judicium eorum auditura rogaret, illa intulit : « Super hac, inquit, re nonnisi sub præsentia Domini mei agam. » Et ille, « cujus, ait, domini ? » Et ad imaginem crucifixi Domini prætensa manu : « Hic, inquit, est Dominus. » His auditis, « hic mihi causidicus sub quo agam ? » Erubuit dicto ille, et ut erat non minimum 'versipellis, risu extortitio fucata nequitia abiit, audita relaturus ad suos. Qui et ipsi tali responsione suffusi, cum se nil justæ occasionis adversus ejus omnimodam honestatem habere cognoscerent, ei insistere desierunt.

Nec mora unus de loci et provinciæ primoribus patris mei nepos, vir sicut potens, sic cupidus, feminam tali sermone adoritur. Cum tibi, inquit, domina suppetat juventus et species, thalamum jurare te convenit, ut et tu ad sæculum jucundius vivas, et avunculi mei liberi a me fideliter nutriendi sub cura mea degant, denique et possessiones ejusdem ad mea, ut competit, jura recurrant. At illa : Scis, inquit, avunculum tuum claris bene natalibus propagatum, qui quia Deo eum efferente decessit, sua non repetet, Domine, apud me Hymenæus officia, nisi se ultro mihi obtulerint nobilioris multo personæ connubia. Idcirco autem cauta illa mulier de nobiliore est sortiendo locuta, cum sciret vix aut nullatenus posse contingere, ut cum ille nomen nobilioris horreret, illa continuo nobilibus ac ignobilibus generaliter reprobatis, spem sibi secundæ suæ conjugationis adimeret. Cum igitur ille magnæ superbiæ quod de nobiliore dixerat, ascripsisset, illa subintulit : Certe aut nobiliorem, aut nullum. Intelligens ille qua intentione matrona dissereret, descivit a cœpto, et denuo ab ea nil tale quæsivit.

Igitur sub plurimo Dei timore, nec minori totius affinitatis et maxime egenæ manus amore, femina prudens nos et nostra regebat, fidem quam adviventi marito servaverat, consequenter et animæ duplici tenore ferebat, dum et corporis veterem unitatem subintroducta altera carne, eo decedente, non dividit, et quotidiana pene salutiferæ hostiæ oblatione ipsi subvenire contendit. Et cum omnibus pauperibus generaliter esset affabilis, quibusdam pro facultate multa fuerat miseratione benefica et dapsilis. Peccatorum enim suorum memoria tantopere angebatur ac si universis addicta nequitiis pœnas omnium quæ geruntur malorum incidere vereretur. In frugalitate plane nihil poterat, cum teneritudini ejus et usui lautiori alimentorum parcimonia minime conveniret. Ad alias omnino inopinabiliter se habebat. Nam hisce oculis vidi manibusque tractavi, quod cultiori extrinsecus aliquoties veste prætensa, cilicio hispidissimo contegeretur ad nudum, nec solum interdiu apportabat, sed etiam quod delicato admodum valde insolens erat corpori, in eo ipso noctibus cubitabat.

Nocturnis officiis vix aut nunquam deerat, cum divinis temporibus communia Dei populo frequentaret. Sic equidem, ut capellanorum studium indesinens nunquam pene apud ipsam a Dei laudis celebritate vacaret. Conjugis defuncti mentio adeo fuerat ejus jugis in ore ut nihil aliud animo volvere videretur, dum inter orandum, inter eleemosynas largiendum, inter etiam vulgariter agendum, hominem illum, quod sine mente non poterat, continue loqueretur. Cujus enim amore cor exuberat, eo se lingua ad loquendum quasi velit nolit, informat.

CAPUT XIV.

Sed his omissis, in quibus quidem bona, sed non adeo spectanda processit, residua consectemur. A patris mei obitu cum ferme duodennium, ut quidam asserunt, explevissem, quo et domum atque natos prælato sæculi habitu sub viduitate curaverit, quæ diutina revolutione parturiit, felicem perducere properabat ad partum. Dum ergo in hujus propositi deliberatione penderet, et cum solo pædagogo meo, qui et magister fuerat (de quo superius egi) super hoc ipso tractaret, audivi quemdam energumenum, qui in ejus alebatur domo, cum de ea nescio quæ alia delatraret, urgente se dæmone, declamantem

« Crucem, inqu.t, posuerunt presbyteri in renibus ejus. » Quo siquidem nihil verius, licet tunc nequaquam quid innueret sciverim. Nam non uni, sed multis seipsa deinde supposuit crucibus. Nec mora cum nemini res pateret, præter illi quem prælibaverim, cuidam domus suæ dispensatori qui et ipse conversam eam cita est postmodum sæculi abrenuntiatione secutus, tale quid in somnis apparuit, quod videlicet 471 virum duceret, nuptias celebraret; quæ res liberis ejus, amicis ac parentibus miraculum et stuporem maximum generaret. Postridie mater cum deambulatum comite doctore meo, et eodem œconomo rus iret, intulit ille quæ viderat. Nec mater in talibus versutissima interprete eguit, sed ad magistrum illum respiciens, quod ea quæ inter eos de Dei, cui conjungi desiderabat, amore tractabantur, visa illa portenderent, silenter innotuit. Accelerans ergo quod cœperat, et interni sui æstus impatiens, oppidi, in quo morabatur, conversationem deseruit.

Guido Bellovac. episcop. fundat ecclesiam S. Quintini. Simoniaci criminis accusatur, deponiturque, et Cluniaci fit monachus. Guiberti natale oppidum. — Quo digressionis tempore apud episcopalem quamdam morata est villam, a domino Bellovacensi pontifice Guidone illic commanendi impetrata licentia. ([50]) His Guido vir omni curialitate compositus, nobiliter oriundus, forma exteriori valde officio quod gerebat idoneus. Qui post clarissimas quas Ecclesiæ Belvacensi præstiterat utilitates, inter quas sancti Quintini a primo lapide canonicorum regularium ecclesiam fundaverat, accusatus ab his quos educaverat, atque promoverat, clam apud Hugonem Lugdunensem archiepiscopum apostolicæ sedis legatum, Simoniæ et aliorum criminum, quia vocatus non venerat, adjudicatus absens depositioni, cum esset Cluniaco, inflictæ sibi sententiæ timidus, ad monachiam ibidem sese contradidit. Is et matrem et parentes meos cum videretur amplecti, et me potissimum charitudine plurima affectaret, præsertim cui omnia benedictionum sacramenta præter sacerdotium contulisset, a necessariis matris meæ rogatus, ut in propriis, quæ juxta loci ecclesiam constitutæ erant, ædibus degere aliquantisper sineret, gratanter admisit. Vocatur autem villa ipsa Castanentum ab oppido nostro milliariis ferme remota duobus.

Guiberti Castanentum mater secessit, et S. Geremari prope ecclesiam construit ædiculam. — Inibi igitur consistens ad ([51]) Flaviacense monasterium sese deliberaverat concessuram. ([52]) Exstructis itaque inibi ædiculis prope ecclesiam, mediante præfato magistro meo, tandem a loco in quo morabatur emersit, et cum sciret me prorsus orphanum, et nullam omnino habere sub qua niteretur opem, parentum siquidem et affinium multiplex erat copia; at vero nullus qui puerulo in omnibus tenerrimo, pro indigentiis ætatulæ sollicite curam ferret; victualium enim ac indumentorum etsi esset nulla necessitas, earum tamen providentiarum, quæ illius ævi impotentiæ conveniunt, quæ sine feminis administrari non possunt, me sæpius vexabat inopia. Cum ergo me sciret his addictum incuriis, timore et amore tuo, Deus, sua obdurante præcordia, sub oppido illo, in quo degebam, dum ad prædictum monasterium demigraret, transitum habens, tantis cordis lacerabatur æstibus ut castellum ipsum vel respicere pro tormento intolerabili sibi esset, acerbissima enim mœstitia, dum cogitat quid ibidem reliquerit, mordebatur. Nimirum plane si, veluti ab ejus corpore membra propria viderentur abrumpi, cum impiissimam et crudelem se profecto cognosceret, imo audiret vocari, quæ tantam sobolem, tanto, ut ferebatur, affectu dignam (multum enim non modo a nostratibus, sed etiam ab exteris excolebar) ita ab animo exclusisset, subsidiique inopem dimisisset. Et tu, Deus bone, Deus pie, tua dulcedine, tua charitate jecur illud certe in sæculo piissimum, ne esset contra se pium, mirabiliter indurueras. Contra se nempe molliceret, si nos suæ saluti præferens, Dei negligens pro nobis mundana curaret. Sed fortis fuit ut mors dilectio (Cant. VIII, 6), quia quo te dilexit arctius tanto ea quæ prius amaverat, visa est a se abrupisse securius.

Ad cœnobium ergo illud veniens anum quamdam in sanctimoniali habitu reperit, quam quia plurimam religionis speciem præ se ferebat, ad sibi cohabitandum discipulari quadam exhibita ei subjectione coegit. Coegit, inquam, cum ipsa ambientissime, expertis ejus moribus, sodalitium tale collegerit. Cœpit itaque pedetentim antiquioris illius feminæ rigorem imitari, victus parcimoniam sequi, pauperrima obsonia amplecti, consuetudinarii stratus mollia fulcra rejicere, linteolo et stramine frumentario contenta dormire. Et cum multa adhuc niteret specie nullumque prætenderet vetustatis indicium, ad hoc ipsa contenderet ut rugis anilibus ad cernuos defluxisse putaretur annos. Defluentia ergo crinium, quæ femineis potissimum solent ornatibus inservire, crebro forcipe succiduntur, pullavestis et amplitudine insolita displicens, innumeris resarcitionibus segmentata prodebat cum nativi coloris palliolo ([53]), et sutulari partusuris incorrigibilibus terebrato, quoniam interius erat cui sub tam inglorio apparatu placere gestiebat.

Confessio igitur veterum peccatorum, quoniam ipsam didicerat initium bonorum, quotidie pene nova cum fieret, semper animus ejusdem exactione præteritorum suorum actuum versabatur, quid virgo ineunte sub ævo, quid virita, quid vidua studio jam possibiliore peregerit, cogitaverit, dixerit, semper rationis examinare thronum, et ad sacerdotis, imo ad Dei per ipsum cognitionem examinata deducere. Inde cum tantis videres feminam orare stridoribus, tanta spiritus anxietate tabescere, ut inter operandum cum dirissimis vix ullo modo cessarent 472 deprecatoria verba singultibus. Septem pœnitentiales psalmos sub præfata anu non videndo sed audiendo didicerat, quos tamen saporose, ut sic dixerim, diebus ac noctibus ruminabat ut nunquam suspiriis, nunquam gemitibus in auribus tuis, Deus, suavissime resonans cantilena illa careret. Si quando vero exterorum hominum conventiculi ejus solitudinis quam amplectebatur admodum turbarentur; cum ipsa enim omnes, qui ipsius notionem attigerant, viri præsertim ac feminæ nobiles, quoniam mire erat faceta et temperans, gratissime loquebantur, ipsis discedentibus, si quid minus verum, si quid futile, si quid otiosum se colloquiis immersisset, illud in illius animo dici non potest quas parturiebat angustias, donec solitas aut compunctionis seu confessionis attingeret undas.

Sed quantumcunque studium, quantacunque sollicitudo ejus haberetur in talibus, nil fiduciæ, nil securitatis menti ejus afferre poterat, quin semper lugeret, quin semper, an reatuum suorum posset mereri veniam, flebilissime rogitaret. Et tu scis, Deus, quantorum peccatorum, et nos non nescimus. Quam prava est, Domine, ad comparationem tuam [f., ejus] quorumdam, qui neque dolent, neque suspirant, summa eorum! Tu nosti, Domine, in quantam metiri poteram statum cogitationis ipsius, quod nunquam in timore supplicii et amore tui ejus viderim animum tepuisse.

CAPUT XV.

Guibertus genio et voluptatibus indulget. — Quid plura? ipsa ut prælibatum est, sæculo repudium ita dante, ego solus sine matre, sine pædagogo, sine magistro remanseram. Ille enim qui me adeo fideliter post matrem educaverat atque docuerat, matris meæ exemplo, amore ac monitu concitatus, ad monachatum Flaviaci sese contulerat. Prava ergo libertate potitus, cœpi intemperantissime meo abuti imperio, ridere ecclesias, scholas horrere, consobrinulorum meorum laicorum, qui equestribus imbuebantur studiis, affectare sodalitia, exsecrando clericatus signum, remissionem criminum polliceri, somno, cujus parva licentia quondam mihi laxabatur, indulgere, ut ex insolita nimietate tabescerem. Interea actuum meorum gloria maternas concutit aures, et ex auditis instans exitium meum ipsa conjiciens pene exanimata defecit. Cultus enim vestium, quos inter procedendum ad ecclesias habere solebam, et quos, ut magis ad clericatum animarer, ipsa paraverat, hos ad lasciviam, quam nec ætas patiebatur, circumferre, majusculos ad petulantiam juvenes æmulari, pensi et moderati omnino nihil habere.

Redit ad bonam frugem. — Cum ergo tanto dissolutius, imo vesanius me haberem quanto arctius et castigatius antea victitassem, mater impatiens auditorum ad abbatem se contulit, et ut magister meus iterum me doceret, et ab eodem abbate et fratribus impetravit. Abbas siquidem avi mei alumnus, et ejus curiæ ex beneficio obnoxius, facile fuit, et meo aggratulans adventui, benigne susceptum

studio deinceps benigniore tractavit. Testor te, horum, pie dispositor Deus, quia, ex quo Basilicam monasterii ipsius intravi, et monachos considentes pariter vidi et ex eorum contuitu tantum monachiæ concepi desiderium ut nullatenus defervesceret, nec sub quiete animus ageret, donec sui voti sortiretur effectum. Cum igitur sub eodem eis claustro cohabitans, totum esse ipsorum habitudinesque considerans, et sicut solet a vento flamma succrescere, ita ex contemplatione eorum semper mens mea conformationi illorum inhians, non poterat non ardere. Sollicitatur denique ab abbate loci congeminatis quotidie precibus ut monachum ibidem me facerem, et cum infinito ad id æstuarem desiderio, ad hujusmodi pollicitationem tamen per ullas rogantium angarias mea lingua solvi non poterat, et quod mihi modo jam gravescenti difficillimum esset, ut de tanta cordis abundantia omnino silerem haud ægre puerulus observabam.

Monachum induit Flaviaci. — Tandem matri rem prodidi quæ, puerariam verita levitatem, tanta ab hoc proposito me ratiocinatione rejecit, ut me non minimum pœniteret quod ei gerenda retexerim; cum et eadem magistro dixissem, multo longius est et ipse me pepulit. Qua utriusque repulsa gravissime irritatus, alias animum deliberavi appellere. Itaque sic me cœpi agere ac si nihil horum cœpissem appetere. Et cum ab octavis Pentecostes usque ad Natalem Dominicum distulissem, et votis ardentissimis peragendo negotio aspirarem, matris reverentiam magistrique timorem impatiens, Domine, tuæ internæ stimulationis abjeci, et ad abbatem, qui tantopere fieri hoc ardebat, et nihil sponsionis in tantis sollicitationibus ab ore meo haurire potuerit, me conferens, ejus pedibus me affudi, et his ipsis verbis, ut videlicet peccatorem susciperet, flebiliter admodum exoravi. Qui petitis lætus favens, vestes quæ necessariæ fuerant quantocius, id est postridie præparatas, produxit, et me matre procul aspiciente ac flente induit et eleemosynas proinde eo die fieri mandavit.

Interea ille meus quondam magister, quia districtioris causa regulæ me ulterius docere non poterat, saltem instigare ad ea quæ legebam divina volumina discutienda curabat, minus cognitas quasque dictiones et doctioribus recogitare, (8ª) prosulas, versiculosque componere, et quo mihi erudiendo minor ab aliis cura impenderetur, eo me commonens arctius elaborare. Et, o Domine, lumen verum, plene recordor tuæ inæstimabilis, quam mihi tunc extribuisti, largitatis. Nam mox ut habitum tuum te invitante suscepi, illico mihi visa est a facie cordis nubes amota, et illa mox introducere cœperunt, in quibus pridem evagabar cæcus et errans. Præterea tanto discendi affectu repente sum animatus ut huic soli rei unice inhiarem, et incassum me vivere æstimarem, si diem sine tali quolibet actu transigerem. O quoties dormire putabar, et corpus sub pannulo fovere tenellulum, et spiritus meus aut dictaturiens arctabatur, aut quidpiam objecta lodice, dum judicia vereor aliena, legebam.

Strenue litteris dat operam. Sed ut laudes captet humanas. — Et tu, Jesu pie, non nesciebas qua intentione id facerem, conquirendæ utique gratia laudis, et ut præsentis sæculi honorificentia major occurreret. Habebam plane contra me amicos, qui etsi bona mihi suadebant, crebro tamen et laudes et ex litteris claritudines ingerebant, et per hæc culminum opumque assecutiones. Spes igitur omni aspidum ovo deteriores cordi improvido afferebant, et cum omnia quæ spondebant, citissime adimplenda putarem, vanissimis me exspectationibus deludebant. Quod enim in grandævo eventura dicebant, ego plane adolescenti atque juvenculo accessum putabam. Proponebant nempe mihi et eam quæ te auctore in dies excrescebat scientiam et bonos ad sæculum natales et formam; sed non recordabantur quia per hos gradus vetuisti ascendi ad altare tuum, quod sic soleat turpitudo revelari. Qui enim ascendit aliunde ille fur est et latro (*Joan.* x, 1), quod est turpitudo.

Quanta compunctione adolescens præditus erat, et quam utiliter lectioni intendebat. — Sed in his meis te inspiratore primordiis, si aliud sapuisset, præparanda mihi fuisset anima ad tentationem. Et certe tunc temporis quodammodo insipide sapiebam. Licet enim pueriles admodum gaudiorum scilicet ac irarum motus haberem, o utinam tum, Domine, tuum judicium sic timerem, peccata etiam maxima sic modo horrerem, quomodo tunc minima et prope nulla horrebam! Æmulabar sane, et quam avidissime eos, quos sua videbam commissa deflentes, et visui audituique meo erant gratissima quæcunque ex te erant. Et qui in scripturis nunc jactantiam et verba quæro, imo ipsorum ethnicorum infamia dicta pro garrulitate contineo; tunc fletus, dolorumque causas exinde exigebam, nec me legisse putabam, quoties in ipsa lectione nihil contemplativum, nihil compunctioni habile attingebam, scienter ego nescius sic agebam.

Terricula eum maxime cruciant. — At hostis ille antiquus, qui pro statibus animorum, pro qualitatibus ætatum se habere longæva diuturnitate perdidicit; ille, inquam, pro modulo mentis ac corpusculi mei nova mihi bella parturiit. Nam in somnis mortuorum hominum mentis meæ obtutibus crebrius imagines inferens, et maxime eorum quos uspiam gladiis, aut quolibet internecionis genere aut videram, aut occubuisse audieram, tantis spiritum somno solutum speciebus exterrebat ut noctibus, nisi me prædicti magistri mei vigilantia communiret, neque lecto cohiberi, neque a clamoribus arceri, imo et vix sensum regere possem. Quæ molestia quamvis aliquibus inexpertis puerilis esse atque ridicula videatur, tantæ apud eos qui ea urgentur calamitatis habetur ut timor ipse, qui a plerisque putatur ineptus, nulla valeat ratione, nullo consilio temperari, et cum ipse qui patitur, idipsum quod patitur, floccipendat, nulla tamen auctoritate spiritus, ubi se sopori, vel parum immerserit horrentia visa recutiat, imo somnum repetere mens graviter a timoribus irrequieta pertimeat. Cui siquidem passioni etiam frequentia et solitudo paria sunt, dum societas timori non obstat, et solitaria semper habitatio aut magis, aut tantumdem quod consuevit efficiat.

Visio terrifica. — Multum, Domine Deus, ab eo in quo nunc ego statu diversa gerebam; tunc plane sub magna tuæ legis reverentia, et infinita totius peccati exsecratione vivebam, quæque ex te et dici, et audiri et sciri poterant ambientissime combibebam. Scio, cœlestis Pater, quia talibus pueruli studiis sævissime diabolus irritabatur, a me postmodum totius pii fervoris desertione placandus. Unde et nocte quadam cum tanta misera sollicitudine experrectus, hiberno, ut opinor, tempore in meo me lectudo continerem, et lampade proxima clarissimum reddente lumen securior esse viderer, ecce repente et haud longe de superioribus, ut putavi, multarum vocum, cum nox esset intempesta, clamor emersit. Vox autem sine verbo fuit, o [*f.*, sed] solum vi calamitatis. Et illico concussis veluti ad somnum temporibus a sensu rapior, et mortuum quempiam, quem obiisse in balneis quidam conclamabat, videre mihi videor. Qua imaginatione conterritus, cum e statu prosiliens subclamassem, in ipso primo motu meo respiciens, lampadem vidi exstinctam, et per medias rugientis umbræ caligines sua ipsius specie dæmonem stantem prope intueor. Cujus visione teterrima pene efferarer in rabiem, nisi me magistri **474** mei, qui his terroribus moderandis crebrius excubabat, perturbatum et amentem solertia refovisset.

Vehementius in recens conversos sævit dæmon. — Nec me latebat, Deus meus, in ipsa annorum puerilium teneritudine, quia studium bonæ intentionis, quo meus animus tunc fervebat, incentorem meæ malignitatis diabolum non modice incitabat. Et, o pie Deus, quid victoriarum, quid pro victoriis coronarum hodie commeruissem, si immobiliter ad id certaminis perstitissem? Plurimis etiam auditarum rerum conjecturis experior adversus nuper conversos, seu eos qui ad hoc propositum semper aspirant, vehementius dæmones acerbari. Unde memini tempore Guidonis Bellovacorum episcopi (cujus superius mentionem fecerim) quemdam inter familiares suos juvenem de equestribus exstitisse, quem præ suis pene contubernalibus episcopus idem specialiter affectabat. Quem cum pravitatum suarum atrocissime pœniteret, et de sæculari conversatione modis omnibus moliretur effugium; cum super hac novitatum revolutione acerrime roderetur, nocte quadam cum in episcopi cubiculo ipse dormiret, et religiosus admodum vir quidam Ivo nomine Sancti Quintinensis indigena, ni fallor, litteris clarissimus, facundia propemodum clariore præpollens, Cluniacensis monachus, qui sub benedictæ memoriæ abbate hujus loci

Hugone diu egit officium prioratus, cum aliis quibusdam sancta vita æque nobilibus pariter inibi episcopo præsente quiescerent, quidam de vicini cujusdam proceribus oppidi, vir valde curialis et prudens, intempesto silentio soporatis omnibus vigilabat. Qui cum quæ volebat cogitans, huc illucque despiceret; ecce proceri figura dæmonis, exili capite, turgentibus scapulis progrediens viro apparuit, et seriatim lecta quæque respectans, pedetentim per cameram deambulare se finxit. Cumque ad ejus stratum, quem prælibavimus juvenis, quemque ab eodem plurimum acceptari episcopo, falsissimus accessisset, substitit, et retortis ad dormientem aspectibus; Hic, inquit, anxius et pejus his omnibus, qui istic dormiunt, me vexat. Quo dicto, ad ostium se dirigens cloacarum, in easdem se contulit.

Is autem qui hoc speculabatur, dum hæc attenderet, tanto pondere premebatur ut impos ad locutionem et motum omnimodis fieret. Excedente igitur adversario, facultas sibi pariter in utroque rediit, et mane quibusque sensatioribus visa retexans, et cum ipsis juvenis illius statum assentiamque requirens, reperit ejus animum enixius ad aggrediendum sanctiora proclivem. Si ergo gaudium est super uno peccatore converso in cœlo quam super nonaginta qui non indigent pœnitentia justis (*Luc.* xv, 7), procul dubio plenum fidei est hostes humani generis acerbissima invidentia de eorum, qui mutantur in melius, ereptione tristari. Et certe sicut ego bonis initiis processus habeo pestilentes, sic et ille, qui a dæmone testimonium acceperat postmodum paulatim tepescendo refrixit, et ad studium sese sæcutare retorsit; et tamen subitus ille bonarum nostrarum voluntatum motus, credibile est quam gravissime diabolica corda morderet. Nec mirum si doleat diabolus repentinas et futiles cujuspiam pœnitentis affectus, cum perfunctoria Achabi illius scelesti regis humilitas, etiam divinos antequam humanos ad se deflexit aspectus. Unde Dominus, ni fallor, Eliæ: « Nonne, ait, vidisti Achab humiliatum coram me? Quia ergo humiliatus est mei causa, non inferam mala in diebus ejus (*III Reg.* xxi, 29). »

CAPUT XVI.

Sæpiuscule revolvit animo auctor quæ in mundo reliquit. — Cum ergo paulatim succrescente corpusculo, etiam animam in concupiscentiis pro suo modulo et cupiditatibus prurientem sæcularis vita titillaret, memoria et rotatu creberrimo qualis quantusque in sæculo esse potuissem, eadem pene semper repetendo revolverem, et multo majora quam veritas pateretur, sæpe confingerem, Bone Deus, cui de omnibus cura est, ostendebas ista famulæ tuæ matri meæ, et in quemcunque statum sanum utique, vel insanum conscientia labilis vertebatur, visionem ejusdem species non sine tuo, Domine, judicio sequebatur. At quoniam multas curas perhibentur sequi somnia, et verum indubie constat; hæ tamen curæ non avaritiæ æstibus citabantur, sed ex vera interni boni æmulatione creabantur. Mox igitur ut piissimam ejus mentem visio importuna tangebat, et sicut erat in talibus exsolvendis admodum subtilis et perspicax, mox, inquam, ut id incommodi suo sibi somnio portensum intellexerat, accito me super meo studio quid agerem, quid tractarem apud me secretius rogitabat. Cui cum sic morem gererem, ut ei meam nullatenus unanimitatem negarem, omnia illa quæ secundum tenores audieram somniorum, in quæ lentescere meus animus videbatur, alacri confessione prodebam, et cum de correctione moneret, veris profecto statim affectibus id spondebam.

Deus meus, statum illum, quem modo patior, toties tot significatum ænigmatibus ipsa mihi enuntiavit, et quod in primo statu aut gestum, aut gerendum putaverat, hoc **475** quotidie intra cordis mei penetralia experior et contemplor impleri. Quin etiam ipse magister meus, cum eadem mihi sollicitudo suo indesinens penderet a pectore, multis figurarum modis, quæ pro tempore accidebant, et quæ porro in futurum eventura fuerant, te manifestante videbat. Ab utroque igitur viro, Dei munere, hinc ad terrendum, inde ad refovendum adversa et prospera cantabantur, ut et occultæ malignitati, vellem nollem, quia tuo miraculo eis tantum, qui me diligebant, detegebatur, parcerem, et de melioris spei aliquoties pollicitatione gauderem.

Invident ipsi sodales ob scientiam. Eo amplius acuitur ejus ingenium. — Cum enim aliquando spiritu acediæ ventilarer, ([85]) multas enim invidentias ab iis qui supra et juxta me erant, patiebar) parentum meorum adminiculis aspirabam ad externa monasteria commigrare. Nam nostratum aliqui, cum me olim longe infra se ætate ac litteris, potentia et cognitione vidissent, et solius ejus dono ipso discendi appetitum meis sensibus instiguente, qui totius est clavis scientiæ, me sibi exæquari, aut omnino, si dici fas est, excellere persensissent, tanto furore adversum me eorum indignabunda excanduit nequitia ut me frequentibus controversiis, et simultatibus fatigatum multoties et vidisse et scisse litteras pœniteret. Studium plane meum ab eis tantopere turbabatur, ac tot de ipsis litteris sumpta occasione per continuas quæstiones jurgia motabantur ut ad hoc solum, quatenus ab ea cura mea resiliret intentio, meumque præpediretur ingenium, eniti viderentur. Sed sicut oleum camino additum, unde putatur exstinguere, inde flamma vivaciore proserpit, eo instar clibani quo amplius mea super eo labore solertia premebatur, tanto suis reddita valentior æstibus in melius agebatur. Quæstiones, quibus æstimabar obtundi, intelligentiæ plurimam mihi acrimoniam ministrabant, et objectionum difficultates crebra conjecturarum mearum ruminatione, et diversorum versatione voluminum, multiplicitatem sensuum et respondendi mihi efficaciam pariebant. Hoc itaque modo etsi gravissime eis invidiosus eram, tu tamen nosti, Domine, quam parum aut nihil talibus invidebam, et cum notam ad suum mihi libitum turpem non possent inurere, astruebant me ubique rodendo pro scientiola superbire.

Mutandi monasterii consilium. — Inter has igitur, quas ferebam ægerrime vexationes, licet in hujusmodi angariis uberrimæ parturirentur utilitates, lassabundus animus sub infinita aliquoties cogitationum tortione languebat, nec corde pavido, et rationis viribus sæpe defectis cogitabam quid prodesset adversitas, sed libentissime decreveram petere censionem quo carnalis suggerebat infirmitas. Cum ergo propositum appulissem, ut non tam benevola abbatis mei licentia, quam parentum meorum incentivo et exactione, loco digrederer; matris quoque assensus, id fieri pia intentione credens adesset (nam bene religiosus quo succedere gestiebam locus ferebatur) testis malorum ac bonorum meorum talis ei se præbuit visio.

Per visum matri filium sub sua protectione ostendit B. Virgo. — In ecclesia cœnobii ipsius, scilicet Flavicensis [*al.*, Flaviacensis], quæ dicitur Beati Geremari, sibi esse videbatur. Quam cum interius attendisset desertissime destitutam; monachos etiam non modo scissos, et involucris fidei nimium enormibus adopertos; sed et statura cubitali in morem eorum quos vulgo nanos vocitant, omnes pariter imminutos. Sed quia ubi thesaurus, ibi cor, et ubi contuitus, ibi amor, cum ad me oculum sollicita destinasset, cernit, quod non melior cæteris me status erigeret, nec apparatus dignior operiret. Cumque pro meo et tantæ Ecclesiæ mœsta foret discrimine, ecce infinitæ pulchritudinis ac majestatis femina per mediam basilicam ad altare usque processit, quam quasi juvencula sequebatur, cujus species ejus multum idonea videbatur obsequio quam consectabatur. Cum ergo curiosissima esset scire quænam foret domina ipsa, dictum est ei quia esset domina Carnotensis. Quod nec mora conjiciens, beatam Dei Genitricem intellexit, (56) cujus nomen et pignora ibidem totius pene Latini orbis veneratione coluntur. Ad altare igitur perveniens, genua ad orationem flexit; sed et illa, quæ post ipsam ingredi videbatur, nobilis pedissequa, itidem a tergo ejus fecit. Inde consurgens cum plurima quasi animadversione protenta manu, « hanc, inquit, ecclesiam ego institui, qua ratione patiar destitui ? Et ad me subinde serenissimum pietatum signifera dirigens oculum, clarissimamque dexteram: « Hunc, ait, huc adduxi, et monachum feci, quem nullo modo patiar hinc abduci. » Hæc eadem verba præfata post ipsa pari modo pedissequa astruebat. Dixerat potens illa, et dicto celerius omnis illa desolatio, et vastitas ad integrum reparatur quæque primitus videbatur, et staturarum illa enormis modicitas, non modo cæterorum, sed et mea potentia favente jubentis imperio ad regulam, emendatur. Hujus mihi visionis seriem cum mater

(58) Deest aliquid.

provida retulisset, cum multa animi compunctione et lacrymis tanta verba suscipiens, in tantam vagabundæ cogitationis licentiam, sub tam desiderabilis somnii tenore cohibui ut nequaquam cujuspiam alterius jam traherer intentione cœnobii.

Item Guiberto in somnis apparet beata Virgo. — Hæc et his similia, o Domine, cœlestis Mater imperii super peccatorum meorum horrore super innumerabilibus, quibus a tuo amore et servitio descivi, apostasiis, ansam ad te redeundi contulerunt, dum mihi meo precantatur a corde, amplissimos clementiarum tuarum sinus ullis flagitiorum meorum molibus præcludi non posse. Recordor etiam semper, cœlestis Domina, quia cum puerulus huic assumendo habitui aspirarem, nocte quadam per visum in ecclesia tui nominis eram, et videbatur mihi quod a duobus ab ipsa auferebar dæmonibus. Cumque ad basilicæ me fastigium extulissent, aufugerunt, et intactum intra ejusdem septa ecclesiæ dimiserunt. Hæc multoties, dum meam intueor incorrigibilitatem, reminiscor, et dum eadem peccata sæpius repeto, imo pessimis pejora superfero, ad te, piissima, pro evitando solum desperationis periculo non nimiæ spei, aut alicujus parvæ fiduciæ abusione recurro.

Etsi enim semper ex impulsu fragilitatis, non superbiæ obstinatione delinquo, spem tamen nullatenus correctionis amitto. Septies plane cadit justus, et resurgit (*Prov.* xxiv, 16). Si septenarius pro universitate numerus solemniter ponitur, quibuscunque modis peccando quis cadat, si intentionem resurgendi ad justitiam habeat, quamvis ex carnalitate labatur, si dolorem recte pœnitentis adhibeat, nequaquam justi nomine sese privat. Ut quid enim clamatur ad Deum, ut de nostris nos necessitatibus eruat (*Psal.* xxiv, 17), nisi quia naturæ corruptio peccati servitio nos velimus nolimus addemnat? « Video, ait, captivum me ducentem in lege peccati, quæ est in membris meis; non enim quod volo bonum hoc ago, sed quod nolo malum, hoc facio (*Rom.* vii, 23). » Est autem profundum quorumdam malorum, in quod cum venerit impius, contemnit (*Prov.* xviii, 3), et tamen super quibusdam aliis profundis clamatur ad Deum, nec suam petitor dubitat exaudiri vocem. Est siquidem desperationis ex peccati nimietate contemptus, qui esse potest profundi hujus, quo non est substantia (*Psal.* lxviii, 3), in qua miseria non subsistitur; est denique profundum de quo Jeremias panniculorum subligatione protrahitur (*Jer.* xxviii, 11), quod quamvis (38). Porro fundum tamen habet : quia quamvis ingentibus sit mens dimissa peccatis, habet tamen talecunque obstaculum rationis ut non feratur per interminatas voragines sine ulla recogitatione totius iniquitatis.

CAPUT XVII.

Poesi plus æquo delectatur Guibertus. — Interea cum versificandi studio ultra omnem modum meum animum immersissem, ita ut universæ divinæ paginæ seria pro tam ridicula vanitate seponerem, ad hoc ipsum duce mea levitate jam veneram ut Ovidiana et Bucolicorum dicta præsumerem, et lepores amatorios in specierum distributionibus, epistolisque nexilibus affectarem. Oblita igitur mens debiti rigoris, et professionis monasticæ pudore rejecto, talibus virulentæ hujus licentiæ lenociniis lactabatur, hoc solum trutinans, si poetæ cuipiam comportari poterat quod curialiter dicebatur : nullatenus vero pensitans quantopere sacri ordinis, de ea quæ desiderabatur industria, propositum lædebatur. Cujus nimirum utrobique raptabar [deest forte amore, vel voluptate], dum non solum verborum dulcium, quæ a poetis acceperam, sed et quæ ego profuderam lasciviis irretirer, verum etiam per horum et his similium revolutiones immodica aliquoties carnis meæ titillatione tenerer. Quoniam hæc terebat volubilis et totius severitatis infrequens animus, alius profecto non poterat, quam quem cogitatio suggesserat, e labiis procedere sonus.

Scriptis et verbis obscena profert. Quod et patefit divinitus magistro. — Inde accidit ut effervescente interiori rabie ad obscenula quædam verba devolverer, et aliquas litterulas minus pensi ac moderati habentes, imo totius honestatis nescias dictitarem. Quæ cum ad magistri prædicti notitiam pervenissent, et ipse ægerrime ferret, in illius exacerbatione fastidii cum contigit obdormisse. Quo soporato talis ei se ingessit visio. Senior canitiei pulcherrimæ, imo is ipse, si dicere audeam, qui in initio me ad eumdem perduxerat, et amorem ejus mihi semper adfuturum spoponderat, ei apparuit, severissimeque intulit : « Volo, inquit, ut de litteris quæ factæ sunt mihi rationem reddas; verum manus quæ litteras ipsas scripsit non est sua ipsius quæ scripsit. » Quod cum a magistro mihi relatum fuisset, ego et ipse pariter super tenore somnii non dissimilem conjecturam habuimus; læti enim ingemuimus sub spe tua, Domine, inde animadversionem tuam in tam paterna correctione videntes, hinc cujusdam piæ alterationis fiduciam meis levitatibus eventuram ex visionis intentione putantes. Ubi namque manus quæ litteras scripserat, non ejus esse qui scripserat dicitur, plane non permansura in illa ignominiosa sua actione indubie denotatur. Mea enim fuit, et non est sicuti legitur : « Verte impios, et non erunt (*Prov.* XII, 7), » dum ea quæ in usu vitii mea fuit, virtutis studio applicita omnem efficientiam indignissimæ illius proprietatis amisit. Et tu nosti tamen, Domine, et ego confiteor, quia tunc temporis nec tuo timore, nec meo pudore, nec sacræ hujus visionis honore castigatiora peregerim. Ea nempe irreverentia, quia interius ne habebam, et scriptorum nugantium nequaquam scurrilitatibus temperabam. Latenter quippe cum eadem carmina cuderem, et nemini aut vix omnino meis consimilibus illa prodere auderem, sæpius tamen mentito auctore, ipsa quibus poteram recitabam, et lætabar ea a voti mei consortibus collaudari, quæ mea fore rebar prorsus inconveniens profiteri, et quod ad fructum ullius auctori suo non proderat laudis, solo restabat fructu, imo turpitudine gaudere peccati. Sed hæc, Pater, punisti, quando voluisti. Emergentibus enim contra me super tali opera infortuniis, et multa animum evagantem adversitate cinxisti, et corporis infirmitate pressisti. Pervenit ergo tunc gladius usque ad animam, dum vexatio attigit intelligentiam.

B. Gregorii scripta, quo intelligentiam S. Scripturæ adipisceretur, revolvit. Doctore B. Anselmo easdem interpretandi modum addiscit. — Cum itaque pœna peccati intellectum dedisset auditui, tunc demum inutilis studii marcente socordia, cum tamen otii impatiens essem, quasi ex necessitate rejectis imaginationibus, spiritualitate recepta, ad exercitia commodiora perveni. Cœpi igitur jam sero ad id quod sæpe a plurimis mihi bonis doctoribus præstilatum fuerat, anhelare; scilicet Scripturarum commentis intendere, Gregoriana dicta, in quibus artis hujus potissimum reperiuntur claves, crebrius terere, secundum veterum auctorum regulas, ad allegoricum, seu moralem, quin et anagogicum sensum prophetica, vel evangelica verba perstringere. In his præcipuus habui incentorem Beccensem abbatem Anselmum, postea Cantuariensem archiepiscopum ex transalpinis partibus, Augustana videlicet regione oriundum, virum incomparabilem documentis et vita sanctissimum. Qui cum in prioratu præfati cœnobii adhuc ageret, suæ me cognitioni ascivit, et omnino puerulum, et in summa et ætatis et sensus teneritudine positum, qualiter interiorem meum hominem agerem, qualiter super regimine corpusculi, rationis jura consulerem, multa me docere intentione proposuit. Qui ante abbatiam, et in abbatia positus, cum ad Flaviacense, in quo eram, monasterium, familiarem religionis et doctrinæ suæ gratia haberet adventum, adeo sedule mihi eruditionis indulgebat beneficia, tanta ad id elaborabat instantia, ut unica ac singularis sui ad nos adventus et frequentationis ego viderer solus esse causa.

Is itaque tripartito aut quadripartito mentem modo distinguere docens, sub affectu, sub voluntate, sub ratione, sub intellectu commercia totius interni mysterii tractare, et quæ una a plerisque et a me ipso putabantur certis divisionibus resoluta, non idem duo prima fore monstrabat, quæ tamen accedentibus quarto vel tertio eadem mox esse promptis assertionibus constat. Super quo sensu cum quædam evangelica capitula mihi disseruisset, cum primum quidem quid inter velle et affici distaret, luculentissime aperuisset; quæ tamen non ex se, sed ex quibusdam contiguis voluminibus, at minus patenter quidem ista tractantibus eum habuisse constaret; cœpi postmodum et ego ejus sensa commentis, prout poteram, similibus æmulari, et ubique Scripturarum, si quid istis moraliter arrideret, sensibus multa animi acrimonia perscrutari.

Concionem habet Guibertus jubente suo abbate in externo cœnobio. — Unde factum est ut cum quodam abbate meo ad aliquod provinciæ nostræ cœnobium devenirem. Cumque illi tanquam plurimæ religionis viro suggererem, ut ad capitularem conventum veniens, inibi sermonem facerct, ea quæ a se petebantur in me transfudit, et ut vices super isto ejus exsequerer exoravit et jussit. Die autem Mariæ Magdalenæ Natalis celebratur eodem. Ea propter de libro Sapientiæ adhibita sermonis materia solo illo unico verbo illi qui petebatur tractatui contentus fui : « Sapientia, *videlicet,* vincit malitiam, attingit a fine usque ad finem fortiter, et disponit omnia suaviter *(Sap.* VIII, 1), » Hoc cum qua potueram oratione explanassem, et ipsis auditoribus pro dictorum eorumdem convenientia placuissem, prior Ecclesiæ ipsius, litterarum sacrarum non minimum pro scientiæ potentia studiosus, familiariter a me exegit ut id sibi scriberem, in quo materiam sumendi cujuscunque sermonis acciperet. Quoniam ergo abbatem meum, quo præsente id dixeram, ægre laturum scripta mea cognoveram, caute aggredior hominem, et ut causa viri illius, quem se diligere testabatur, quod petebam, indulgeret, ex latere quasi ex........ amici, et quasi talium minus studiosus precor. Suspicatus igitur brevissima me dicturum, assensit ; cujus cum de ore verbum rapuissem, cœpi exerceri in eo quod proposueram.

Tractatum Qualiter sermo fieri debeat, et commentarium in Genesim edidit. Iniquo animo id fert abbas. — Propositum autem habui ut initia Geneseos, Examerom scilicet, commentari moraliter aggrederer. Cui commento præposui tractatum satis mediocrem qualiter sermonem fieri oporteat. Quo præmisso sex dierum tropologice prosecutus opera fudi, importuno licet eloquio, quæque meo sedissent ingenio. Cumque primum abbas meus sacræ illius historiæ conspexisset adnotari capitulum, minus sano hæc attendit intuitu, et cum me plurima animadversione finem scriptis illis facere monuisset, videns quod non nisi spinas cœpta talia oculis ejus ingerebant, non solum ejus, sed et omnium qui ad id ipsum deferre poterant præsentias præcavendo, clam illud omne peregi. Opuscula enim mea hæc et alia (⁵⁷) nullis impressa tabulis dictando et scribendo, scribenda etiam pariter commentando immutabiliter paginis inferebam. Tempore ergo illius abbatis omnimodo studia mea delituere silentio. Quo decedente, nactus occasionem dum pastore locus ille vacaret, impegi tandem 478 et brevi opus explevi. Quod decem libris complexum, secundum illos quatuor prænominatos interioris hominis motus, ita moralem exsecutus sum in omnibus tropum, ut penitus immutato locutionum ordine initia continuarentur ac [*f.,* ad] supremum. In quo opusculo an cuiquam profecerim nescio, placuisse tamen plerisque plurimum litteratis non dubito ; hoc vero certum

quod non parum commodi mihi præstitit, in quantum me, ministro vitiorum, liberavit ab otio.

Libellum de sententiis diversis Evangeliorum et prophetarum composuit. Quare non sensui allegorico sed morali studuit. — Scripsi interea capitularem libellum de diversis Evangeliorum et propheticorum voluminum sententiis, de libro Numeri, Josue, Judicumque aliqua inserens, cui huc usque finem dare differo, quia his explicitis quæ impræsentiarum teneo, in similibus exercerí aliquoties (si vita comes fuerit) Deo suggerente delibero. In quorum plurimis tropologiam, in paucis allegoriam secutus, eumdem quem in Genesi habueram morem gessi. Porro in Genesi adeo [*f.,* ideo] potissimum moralitati intendi, non quod in sensu allegorico, si pariter elaborarem, sententia deficerent, sed quod judicio meo allegoricis moralia satis hoc tempore utiliora putarem, fide ex Deo ad integrum stante, moribus pene omnium multiplici vitio profligatis, et quod in immensum tendere opus non meæ fuerat licentiæ aut voluntatis.

CAPUT XVIII.

Iterum ad matris gesta vertit orationem Guibertus. — Igitur mater bonos quantum ad scientiam meos admirata successus, valde æstuabat super lubricæ ætatis quos verebatur excessibus. Unde et sui me imitatorem fieri quam sedulo postulabat, cui cum Deus speciem tantopere præstitisset, ita quidquid in se laudabatur posthabuit, ac si sese nullatenus pulchram scisset, ita viduitatem coluit, ac si maritalia semper debiti cubilis impatiens horruisset. Nosti tamen, Domine, quid fidei, quid amoris etiam defuncto ipsi suo jugali detulerit, quam quotidianis pene sacrificiis, orationibus ac lacrymis, haud mediocribus eleemosynis solvendæ ejus animæ, quam peccatis præpediri noverat, indesinenter institerit. Qua ex re mira Dei dispensatione fiebat, ut creberrimis ei visionibus, quos ille dolores in sua purgatione ferebat, patientissimis imaginationibus monstrarentur. Quæ visorum genera haud dubium quin ex Deo proveniant ; ubi enim nulla prava securitas ex assumpta falso pulchritudine luminis datur, sed ex oblata doloris ac pœnarum specie orationis et eleemosynarum incentiva præbentur, ubi aperte a mortuis, imo ab angelis, qui fidelium mortuorum curam gerunt, divini officii remedia exiguntur, ex Deo hæc fieri hoc sufficiens probationi est, quia a dæmonibus nunquam saluti cujuspiam profutura quæruntur. Sollicitus igitur bonæ illius mulieris animus his significationibus recalefieri, ac internorum tormentorum ad profectum assidue pro marito quondam suo intercessionis portentione succendi.

Guiberti pater Evrardus nuncupabatur. Ab uxore cernitur per visum. — Unde inter cætera quadam nocte, Dominica post matutinos, æstatis tempore, cum membra scamno cubitum angustissimo contulisset, mox in somno cœpit deprimi, sua ipsius anima de corpore sensibiliter sibi visa est egredi. Cumque veluti per quamdam porticum duceretur, tandem inde emergens ad ora cujusdam putei coeperat propinquare. Cui cum esset facta contigua, ecce de foveæ illius voragine larvali specie homines prosiliunt, quorum videbatur tineis exesa cæsaries, eam volentes manibus corripere, et intro protrahere. Et ecce vox a tergo feminæ trepidantis, et ad eorum incursum miserabiliter æstuantis, erupit ad illos: « Nolite, inquit, eam tangere. » Qui voce relantis adacti resilierunt in puteum. Cum autem, quod me præterierat, per porticum procederet, hoc solum patebat a Deo cum exisse hominem se sentiret, ut ad corpus sibi redire liceret. De putei igitur habitatoribus liberata, cum contra marginem ipsius constitisset, repente patrem meum, in ea specie qua juvenis exstiterat, sibi conspexit assistere; cumque in eum intenderet, et an ipse Evrardus vocaretur (sic enim eum quondam constiterat appellari) suppliciter rogitaret, ipse negavit.

Nec mirum, si spiritus eo se nomine insigniri diffiteretur, quo homo olim fuerat; spiritus enim spiritui nihil aliud quam quod spiritualitati congruum sit respondere debuerat. Mutuam autem spiritus per nomina habere notitiam, credi valde ridiculum est, alioquin in futuro sæculo, rara nisi nostratium cognitio est. Nomina plane non necesse est habere spiritus, quorum tota visio, imo visionis scientia est ab intus. Cum ergo sic se vocari negasset, et tamen illa eum non minus esse sentiret, interrogat postmodum ubi commaneret, Cui ille ac si plateam haud procul a loco positam insinuat, et ibidem se commorari. Quærit etiam qualiter se habeat. At ille brachio retecto cum latere adeo utrumque ostendit lacerum, crebris adeo vulneribus interscectum, ut magnus intuentem sequeretur horror, et commotio viscerum. Ad hoc etiam pueruli cujuspiam species pariter aderat tantis clamoribus perstrepens, ut ei quoque quæ id intuebatur plurimum molestiæ generaret. Cujus et mota vocibus dixit ad eum: « Quomodo, Domine, tantos hujus infantis ejulatus potes pati? » — Velim, inquit, nolim, patior; — ploratus autem hujus infantis, et brachii intercisio ac lateris (59) hanc sententiam. Cum pater meus in primævo suæ a legitimo matris meæ commercio per quorumdam maleficia esset extorris, quidam ad pucrilem ejus animum pravi consiliarii accessere, qui ut experirentur an cum aliis coire posset mulieribus, suasione malignissima monuere. 479 Qui juveniliter eis obtemperans male attentato concubitu ex muliercula nescio qua prolem sustulit, quæ nec mora etiam sine baptismo diem obiit. In concisione ergo lateris corruptio est fidei socialis; in stridoribus autem infestæ illius vocis, perditio male procurati [f., procreati] infantis. Tales erant, inexhausta pietas, Deus, tuæ retributiones in peccatoris tui, sed ex fide viventis animam. Sed ad ordinem visionis redeamus.

Cumque eum illa interrogasset an oratio, eleemosyna, an sacrificium sibi aliquod subsidium ferret, (conscientia enim sibi erat quod hæc pro eo frequentius faciebat) et ille subannuisset, addidit: « Sed inter vos quædam habitat Leodegardis; » quam mater mea ea intentione illum nominasse intellexit, quatenus ipsa ab ea peteret, quid sui memoriam haberet. Erat autem præfata Leodegardis femina spiritu pauperrimo, et quæ sine moribus sæculi Deo simpliciter victitaret. Interea loquendi ad patrem meum finem faciens, respexit ad puteum supra quem erat tabula; supra tabulam vero Rainaldum quemdam virum equestrem conspicit, non infimi pretii inter suos, qui in ipsa die, quæ erat, ut prædixi, Dominica, a suis contribulibus proditionaliter Balvaci interfectus post prandium est. Is ergo cum esset super eamdem tabulam, curvato utroque genu, et cervice demissa, struem conjecta conflabat buccis pulsantibus ignem. Hæc mane videbantur, et ipse suos quos meritis accenderat deventurus ad ignes interiit meridie. Vidit et super prædictam tabulam quemdam qui adjuvabat, sed longe post abiit, fratrem meum, horrenda divini corporis et sanguinis per sacramenta jurantem; in quo nil aliud melius intelligitur, nisi [quod] pejerando, et sanctum Dei nomen, et ejus sacra mysteria super re vana assumendo, hos mereretur et poenarum locos et poenas.

Vidit et in eadem serie visionis anum illam, quam in suæ initio conversionis supradiximus cum ea conversatam, mulierem plane multis crucibus in superficie suo corpori semper infestam, at vero contra appetitum inanis, ut dicebatur, gloriæ minus cautam. Hanc, inquam, vidit a duobus ferri nigerrimis spiritibus speciemque ejus umbraticam. Porro dum anus illa viveret, et pariter ambæ cohabitarent, dum de statu animarum et suarum mortium eventibus loquerentur, aliquando pepigerant mutuo sibi, ut quæ prima decederet, superstiti qualitatem status sui, sive bonam, sive malam, apparendo per Dei gratiam manifestaret. Et hoc etiam oratione firmarunt, Deum sedulo obsecrantes ut, post obitum alterutrius, alteri liceat essentiæ fortunæ vel infortunii sui visionis cujuspiam revelatione detegere. Ipsa quoque anus moritura in visione se viderat corpore spoliatam, cum aliis similibus ad quoddam devenire templum, quæ inter eundum crucem a scapulis sibi ferre videbatur. Ad templum autem cum illo comitatu veniens, obseratis foribus extra manere cogebatur. Apparuit denique jam mortua cuidam alii in magnis fetoribus constituta, cui plurimum aggratulabatur, quod per ejus orationes a putore et dolore esset erepta. Præterea dum eadem ipsa moreretur, a pede lectuli horrendæ speciei dæmonem teterrimæ enormitatis oculos habentem astare prospexit. Quem tamen illa divinis obtestata nimium sacramentis ut a se confusibilier recederet, et nihil suum a se reperteret, terribili adjuratione removit.

Igitur mater mea ex convenientia visionis, veris vera conferens, et ex instanti oraculo militis mox perempti, quem poenales sibi locos apud inferos jam sortiri perviderat, infantis clamores, cujus non

(59) Hic deest verbum.

fuerat ignara, conjiciens, in nullo de his dubia, totam se ad subsidia patri meo ferenda convertit. Similia ergo similibus objectans, paucorum admodum mensium infantulum, parentibus orbatum, ad se contrahens nutrire delegit. At diabolus piæ intentioni, nec minus fidelissimæ actioni invidens, cum totis diebus placidissime se ageret, vicissim jocaretur atque dormiret, noctibus tanta vecordia vagituum et clamorum matrem meam et omnes ejus domesticas irritabat, ut vix in eadem cellula cuipiam somnum habuisse liceret. Audivi certe ab ea pretio obæratas nutrices, quæ noctibus non desisterent continuatis, perversi non a se, sed ab intimo instigatore, illius pueri motare crepundia; sed ad eum qui urgebat evertendum nihil poterat muliebris astutia.

Angebatur dolore immodico pia femina, dum nullis inter tot stridores moliminibus noctu anxia deliniret tempora, nec ullus etiam vexato penitus ac exhausto capiti poterat illabi somnus, ubi et instimulati forinsecus furor pueri, et omnia interturbans aderat inimicus. Et licet noctes sic ab illa transigerentur insomnes, et nunquam tamen ad divina quæ nocte fiunt officia reperta est iners. Quoniam ergo molestias istas molestiarum hominis, quas in visione viderat, cognoverat purgatrices, libenter tolerabat, per quod, ut sibi videbatur, quod et verum est, illius qui patiebatur compatiendo et ipsa levigabat angores. Nunquam tamen proinde puerum domo exclusit, nunquam contra ipsum minus curiosa exstitit; imo tanto magis quidquid inconvenientiæ inde emergebat 430, æquanimiter subire delegit, quanto ad id studii destruendum adversum se atrocius diabolum exarsisse persensit; quanto enim majus ipsius incentivum in irritatione pueruli contigisset experiri, tanto auditiones malas apud jugalis sui animam nullatenus dubitabat temperari.

CAPUT XIX.

Guibertum ad dignitates allicere conantur amici. — Multa alia, Domine Deus, ostendisti famulæ tuæ; et illi, quem tu proprie mihi præstiteras, magistro meo, quædam quæ jactantiæ ascriberentur si scriberem, in quibus bonæ id spei elucebat, quæ sub indulgentissima Matre tua in quam projectus sum ex utero; Jesu dulcis, hodieque præstolor; quædam cum pene adhuc puerascerem eis ostensa, quæ mirabiliter ævo jam maturescente experior. Tandem cupiditatum mearum fervor excanduit, et secundum quod fomitem cujuscunque scientiolæ pectori meo inserueras, et personam ad sæculum idoneam satis eum natalium bona mediocritate contuleras, male mihi ab animo meo, et ab aliis necessariis meis, secundum hoc tamen non bonis, suggerebatur, conveniens fore ut in hoc mundo honoris alicujus provectione proficerem. Sed cognosco, Domine, quia in lege tua prohibueras per gradus ascendi ad altare tuum; sic enim sacri cujuspiam ducis turpitudinem revelari posse docueras. Qui enim per exterioris excellentiæ excrementa mysticum regimen attigerint, inde turpius cadunt, quod non æqualia, sed in mirabilibus super se tentaverint. Et inter appetendum certe ex parentum meorum procuratione, talium culminum assequendorum rumoribus meæ sæpius quatiebantur aures; multi mihi adulabantur, ac factiose qualitatem animi mei explorare volentes, quo ad eos, qui me nequiter æmulabantur, studium suæ delationis explerent, aut placituros se ex mei honoris affectatione putantes, et quæstui suo commoda mea valitura dicentes, et ideo proventibus meis semper meliora captantes.

Ecclesiasticas dignitates refugit. — At ego, sicut tu nosti, Creator meus, tuo solo instinctu, tua sola inspiratione, ad hoc convalui, ut quam præ [f., id præ] timore tuo aspernarer ab homine petere, aut homini id mihi procuranti colloquium aut consensum præbere, super eo quod tui solius est muneris, honore ecclesiastico. Et scis, Domine, quia super hac duntaxat re nihil omnino volo aut aliquando voluerim, nisi quod a te aut accipiam siva acceperim. Volo enim ut et in hoc sicut alias ipse me feceris, non autem ego me. Alioquin non bene lætaretur Israel in eo qui fecit eum (*Psal.* CXLIX, 2). Deus meus, quot adversitatibus, quot invidentiis tunc temporis opprimebar? unde et animus meus latenter ad id quod exterius mihi suggerebatur, quasi ad tentationis effugium æstuabat; sed licet intus ista ferveret ambitio, nunquam tamen æstus ad linguæ transitum prævalebat. Etsi enim turbabar, non tamen loquebar. Tu scis, Jesu, quia cuidam talia procuranti, at non meo instinctu id peragenti, semel peccato præpediente mandaverim ut quod agebat citius ageret. Tu scis, inquam, quam ægre id dixisse me tulerim. Etsi enim multoties nefarie alias labi protulerim [f., potuerim], emptor tamen, imo proditor columbarum semper esse timuerim. Et certe cum una sit columba, apud ipsos etiam cathedræ sunt non cathedra. Quidquid enim in Deo et Ecclesia dividitur, non est profecto a quo in eo patitur, « Ut sint, inquit, unum sicut et nos unum sumus » (*Joan.* XVII, 12); » et : « Cum divisiones gratiarum sint, idem tamen est spiritus, dividens singulis prout vult (*I Cor.* XII, 4, 11), » et sequentia : « Thronus etiam Dei, » non throni « in sæculum sæculi (*Hebr.* I, 8). » Et : « De fructu ventris tui ponam super sedem tuam (*Psal.* CXXXI, 11; *Act.* II, 30). » Quæ ergo una sunt apud Deum, per humanæ perversitatis fiunt diversa propositum.

Hæc nempe considerans, nec capitis corporisque unitatem ignorans, nihil volui usurpare in corpore, quia quidquid aliunde se intrudit, nequaquam capiti profecto consensit, et quod caput ignorat, quod non censeatur in corpore, nulli dubium constat. Qui enim dicturi sunt : « Nonne in nomine tuo prophetavimus, et dæmonia ejecimus? » (*Matth.* VII, 22.) apostasii utique, ut sic dixerim, non commembres sunt, et ideo « Nescio vos » audiunt (*Ibid.*, 23), ac si diceret : Non eos in meo sentio, quia ex me non vivunt. Levabat igitur fastidium, spes quamvis frivola meum, et orabam te, Deus, ut si quando id quod de me tractabatur fieret, te solummodo auctore contingeret, et tædebat me quod per alios audiebam, a meis mihi parentibus ista quæri, et alios pura Dei efficientia, nullo carnaliter procurante eligi. Etenim ipsi parentes non tam mihi quam sibi in hujusmodi cura providentes, mecum ullatenus super isto negotio non agebant, non plane juvenilem animum super hac re irritare volebant. Tandem Deo me diutius volente [*f.*, nolente] deludi, procuratoribus meis inspiravit, ut pro suis animabus salvandis alias commigrarent, et quarumdam abbatiarum monachis, qui eisdem super mea electione innitebantur, necesse fuit ut aliorsum diverterent.

Deus, tibi gratias, quia tunc intentio ad integrum puerilis emarcuit, nec ad aliquam terrenam ulterius dignitatem suspirare collibuit. Flagellasti namque me in tempore illo, Pater, et corrector cupiditatum et levitatum mearum Deus, afflixisti, et me ad cognitionem redegisti, ita ut me intra me constringeres, mensque hactenus vaga nusquam evolaret, sed ad solam humilitatem et cogitationis sinceritatem medullitus aspiraret. Cœperam jam tunc primum, Domine, experiri, et ad bonam solitudinem mentis, in qua conversari tu soles, me contrahere ad Matrem cœlestis imperii, Dei genitricem Mariam, unicum meum in omni necessitate recursum, totius ei interni fervoris librare complexum. Delectabar ergo affectuosissime esse modicus, horrebam penitus et gradum potiorem, et magni nominis umbram in mundo. Tum primum intimo illo sapore addidici ei quid voluntatis unitas, quid ejusdem puritas, quid fuerit irreflexa perpetuæ paupertatis intentio. Quid dicam, Domine, quam momentaneus iste paradisus exstiterit, quam parva quies, quam brevis et ad dubium tantæ dulcedinis sensus?

Invitus abbas Novigenti eligitur. — Vix paucis mensibus talia prægustaveram, vix Spiritus tuus bonus, qui in terram me rectam deduxerat (*Psal.* CXLII, 12), aliquantisper illuminatæ rationi insederat, cum ecce quasi diceres : Cum voluisti, volui, non vis modo, et tibi displicet, velis nolis, habe illud; quorumdam remotorum et mihi funditus ignotorum emersit electio. Sed quænam electio? Vere me fatear egregium, cum inter omnes qui mihi obversabantur, sordidior, imo teterrimus, Deus, sub tuo testimonio judicarer. Paucarum igitur quas attigeram litterarum, et docentis, ut dicebatur, exterius litura personæ, electores meos effecerat cæcutientes et lippos. Deus bone, quid dicerent si mea tunc interiora viderent? Quid quoque sentirent, si qualis modo eis præsim agnoscerent? Tu scis, qui, quo nescio judicio, id ordinasti, quantum mihi indigner, quantum horream quod melioribus ac honestioribus me præpostere omnino præsideam; scis enim, cordium renunque præ-

cognitor, quia tale quid nullatenus affectabam, respui tamen, aut reprobari fœde nolebam, teque præcordialiter exorabam ut sic immunis a cœpto fierem, quatenus et verendum, et quod immodice extimescebam, onus non subirem, nec utpote fragilis ex mei refutatione deficerem.

De filii electione dolet mater. — Non te latuit, Deus meus, quam dure, quam ægre tulerit mater mea dilationem [electionem], quæ aliis videbatur honoris, sibi autem intolerandi mœroris, nec mihi quidpiam tale contigisse volebat, in quo periculum ætatis adhuc nesciæ metuebat, præsertim cum ignarus rerum forensium penitus essem, nimirum quas, solis litteris quondam intentus, nullatenus addiscere curavissem. Ab ipsa tamen, et ab omnibus pene qui familiariter me noverant, mihi crebrius incantabatur, non diu me qualicunque promotione cariturum. Tu etiam, Domine, nosti quo interiori oculo et bona et mala, si uspiam promoverer, mihi eventura loquebatur, quæ hodieque experior, nec me, nec alios latent. Visionibus quoque quamplurimis, sub mea et aliorum specie, longis post futura temporibus prævidebat; quorum aliqua indubie fieri contemplor, et facta, nec minus residua quædam flenda præstolor, quibus tamen attexendis supersedendum ex industria reor.

Deus, quibus illa monitis cupiditates a mente arcere monebat! adversitatum infortunia quæ expertus sum certissime pollicens : lubricam semper suspirare juventam; per varios cogitationum ambitus animos frenare vagantes : ut eam de talibus disputantem non illitteratam, quod erat, feminam, sed disertissimum episcopum æstimares. Monasterium autem, ad cujus regimen eligebar, Novigentum vocatur, et est confinio Laudunensis diœceseos in tantum adjacens ut mediocris quidem, sed aliquoties stagnantis fluvii, qui Aquila nuncupatur, interstitio præfatum territorium a Suessionensi distinguat; de cujus vetustatibus si Deus opem dederit, in hoc nos opere tractaturos speramus.

CAPUT XX.

Diversi casus qui in cœnobio Flaviacensi accidere. Suggerius prior viso dæmone furore corripitur. — Sed quoniam in hac Flaviacensi ecclesia sub Deo parente, et beati Geremari loci ejusdem conditoris patrocinio coaluisse nos diximus, quædam quæ ibidem audivimus, fierique vidimus, dignum ut memoriæ tradamus. Postquam ab eversione Danorum restituta est præfata ecclesia, quidam inibi monachus gerens officium prioratus, nomine Suggerius, bonis se agens moribus, in ipsa mortali ægritudine decumbebat. Erat autem, ni fallor, frater anus illius quæ in suæ initio conversationis circa matrem meam conversa est. Cui jacenti astitit diabolus, librum manu tenens, dicensque : « Accipe, lege, hunc tibi mittit Jupiter. » Quem cum ille audito exsecrabili nomine, exhorruisset, adjecit diabolus : « Diligis, inquit, domum istam? » — Diligo, ait. » Et ille : « Scias eam totius religionis rigore sublato penitus post tempus aliquod exordinandam. » Quæ verba loquentis Satanæ cum monachus dignis objurgationibus confudisset, recessit qui aderat hostis, sed monachus relato quod viderat in amentiam versus est; ita ut manciparetur vinculis. Qui tamen antequam exspiraret, menti suæ rediit, et diem 482 bene confitens obiit. Cum ergo sciamus diabolum mendacem, et patrem ejus ex solita invidentia dictum credamus, alioquin ne verum fiat, avertat Deus! Res enim postmodum ecclesiæ bene provecta, huc usque bene provehitur.

CAPUT XXI.

Monacho qui inscio abbate pecunias absconderat, quid evenerit. — Vidi et ibidem sub nostro tempore ex milite monachum moribus, ut æstimabatur, simplicem, ævo provectum, qui in pagum Vulcassinum ad cellulam quamdam ecclesiæ, quia inde oriundus erat, ab abbate suo destinatus, aggerem publici itineris, qui corruptus erat, licentia prioris sui restaurare proposuit. Muneribus ergo fidelium opus illud explicuit, quo profligato, quædam residua de eadem largitione retinuit. Interea lethali infirmitate corripitur, nec tamen quod male celabat ulla confessione relegit. Defertur ad monasterium cujus erat monachus; non abbati, non priori confitetur, quamvis diræ ab eo tortiones, mortis videlicet præconia sentirentur, sed famulo cuidam, qui infirmis ministrabat, argenti illa quantitas ab illo committitur.

Itaque cujusdam intempestivo noctis increscente molestia e sensibus eripitur, pro mortuo terræ distenditur; nos etiam (⁵⁸) signo crepitante vocati adfuimus, psalmos, orationes, et convenientia obituris explevimus. Quo facto, hominem (⁵⁹), ut monastici moris est, cilicio suppositum, ut videbatur in extremis stridoribus vix efflantem, reliquimus, cui nullus vitam, omnes solum præmortuo, mox ultimum lavacrum spondebamus. Nec mora, nobis abeuntibus ille respirat; priorem (nam abbas aberat) evocat; de eo quod fraudaverat, et cui fraudem commiserat, indicat. Dixit, et a priore absolutione recepta, post paululum repetitis singultibus exspiravit. Erat prior tunc temporis magister meus, de quo sæpius ago. Ecce misericordiæ Domini multæ, quia non sumus consumpti (*Thren.* III, 22), qui quem vult liberat de ore angusto latissime.

Exacto igitur a præsentibus homine, quæstio pecuniæ in familium tota devolvitur. Ipse autem massam illam in stramine cunarum cujusdam suæ parvulæ infantis absconderat. At nocte cum infans cubituli locaretur, ecce dæmones instar catulorum a latere et a tergo insiliunt, et hinc inde circum circa pulsantes, et aliquoties vellicantes, in clamores et lacrymas concitabant. Cumque ab utroque interrogaretur quid fleret, se a catulis comedi respondebat. Tum mater, quæ matris meæ ancilla et aliquando pedissequa exstiterat, ad ipsam dominam suam, matrem videlicet meam, concurrit; deposita illa rufaria apud se reposita dicit, et infantis suæ discrimen in catulorum distractione subjungit. Cui illa :« Scias, inquit, dæmones esse, qui super illa diabolica pecunia jocundantur, et ei quasi suum recognoscentes instant. » Hoc maritus cognito, licet invitus, et plurima vexatione cruciatus, ut sic dixerim, seu vi, seu clam, seu precario, istud quod repetebatur, effudit, et dæmonum quam proinde patiebatur infestationem non tacuit. Audivimus quia cui vult Deus miseretur, et quem vult indurat (*Rom.* VIII, 18); colligere ex subjecto poterimus. Et, o Dei admiranda judicia! si siquidem de quo retulimus, totam in exercitatione equestri ætatem, scortorumque fœditate deduxerat; ille vero, de quo sum relaturus, acediosus quidem aliquantisper fuerat, sed nihil inhonesti alias de ipso claruerat.

Est plane hoc philargyriæ vitium in tantum apud monachos perniciosum, utpote minus naturale, ut vix aliquod crimen reperiatur, cui tantopere diabolus subripiendo insidietur.

CAPUT XXII.

De monacho propter peculium in agris humato. — Alter quidam ex nostris monachus, et sacerdos ordine, cui nihil præter equitandi aviditatem poterat levitatis ascribi, a matrona quadam nobili duos acceperat solidos; qui mox, dysenteria comprehensus, apud Sanctum Quintinum Belvaci decederat. Quo Flaviaci cognito, jussu abbatis ad propriam ecclesiam est relatus. Cumque plurimum ederet, et protinus indifferenter efflueret, accidit ut abbas suus uspiam migraturus ad eum locuturus accederet, verens ne se absente decederet. At ille sub abbatis adventu ad requisita naturæ concesserat. Quem posito sibi dolio, quia procedere non poterat, cum cerneret incidentem [*f.*, insidentem] mira deformitate horribilem, alterutrum quidem se sunt intuiti, et abbatem puduit tali in loco hominem convenire; et misero non licuit confiteri, imo non libuit, nec absolvi a crimine. Abbas recessit, et ille a dolio ad lectulum quasi requieturus accessit; in quo ubi est resupinatus, a diabolo est suffocatus. Videres horribiliter hærere pectori mentum ei jugulum, ac si ex violenta depressione subactum. Inconfessus igitur et inunctus, et super maledicto illo suo peculio intestatus moritur. Nudato itaque ad lavandum cadavere, reperitur pendens ab humero marsupium sub axella labere. Quo reperto, concussa qui invenerat ad terram cum furore cruinena, manibusque complosis cucurrit ad 483 monachos, insolitum eorum auribus rumorem invexit. Inauditum plane fuerat apud ipsos, suorum quempiam sic obiisse.

Mittit itaque post abbatem, qui duobus millibus trans Belvacum apud quamdam villam suam prandere jam cœperat. Per alium autem missum, qui huc pervenerat, jamdudum abbas eum obiisse acceperat, sed de solidis nil sciverat, nil dixerat. Missus ergo veniens ex parte fratrum qui miserant, consulit abbatem quid facto opus sit, an aliis consepeliri liceret, qui tam misere ab aliorum communitate desciverat. Communicato itaque abbas cum viris prudentibus consilio, præcepit agrariam ei fieri sepulturam, et ab oratione et psalmis exsortem, et pectori ejus superponi pecuniam. Privata tamen pro eo fratrum non defecit oratio, imo multo amplius institerunt, quo magis noverant eum egere subsidio. Ex hujus igitur morte repentina, cæteri circa peculium castigatiores redditi. Audiamus adhuc qualiter sint alias et pro aliis flagellati.

CAPUT XXIII.

Tonitruo et fulmine clades maxima in Flaviacensi ecclesia. — Vix paucæ hebdomades emensæ fuerant, cum esset vigilia martyrum Gervasii et Prothasii, parvo emergente tonitruo, nec crebrescente corusco, tempestuosi aeris nubilus eminebat. Mane ergo nobis surgentibus parvo admodum spatio primæ horæ signum insonuerat. Ad ecclesiam insolita celeritate convenimus, post brevissimam orationem : « Deus, in adjutorium meum intende » dixeramus; sed cum vellemus aggredi sequentia, ictu ruente grandisono fulminis hoc modo penetratur ecclesia. Gallum, qui super turri erat, crucem, columque aut dispergit, aut cremat, trabem cui hæc insidebant debilitat, et scindulas clavis affixas semiurendo convellens, per occidentalem turris vitream intrat. Crucifixi Domini imaginem subter stantem, illiso usque ad ruinam capite, fixoque latere dextro, frangit, non ustulat, dextrum vero brachium et crucis et imaginis sic urit et truncat, ut præter manus pollicem de toto brachio quidpiam nemo reperiat.

Percutiuntur duo monachi. — Quasi ergo percusso pastore disperguntur plagis ac mortibus oves (*Matth.* xxvi, 31). Dextrorsum enim per arcum, cui percussa imago suberat, flamma labens in cæmento arcus descendendo bifurcam nigredinis rigam fecit; et in chorum perveniens, duos hinc et inde arcus stantes monachos percutit, et in momento exanimes reddit. Sinistrorsum autem altrinsecus ruens abrasa per gradus non passim cæmenti litura, ac si saxum inibi volveretur, monachum etiam illic stantem tutudit, licet neque in duobus, neque in hoc uno quidquam læsionis aperte patuerit, nisi quod in eversis hujus oculis ab arcu decidens pulvis apparuit. Illud mirum quidem fuit, quod qui mortui sunt substitere sedentes; nos vero qui fulminis vehementia stupescentes pene exanimes eramus, proni in alterutros rueramus. Aliqui autem nostrum qui cecidimus, a cingulo inferius sensum corporis omnem perdidimus ; aliqui adeo læsi sunt ut metu mortis sacro confestim oleo eos inungeremus. In quorumdam sinus flamma subintroiit et pilos universos adurens, et ascellarum, quæ subhircos nominant, succrementa conflagrans, pedules ac soleas pertusando per extrema progreditur.

Deiparæ imaginis facies tristis apparet. — Dici non potest quam judicialiter in momento illo cœlestis disciplina sævierit, per quos anfractus huc illucque discurrerit, quid læserit, quid usserit, quid fregerit. Ut simile factum in Francia nostra nemo ætate didicerit. Vidi, Deum testor, post horam qua hæc acciderant, beatæ Dei Genitricis imaginem, quæ infra crucifixum stabat vultu adeo turbulento et a solita serenitate mutato, ut penitus alterata videretur. Qui cum meo intuitui non crederem, hæc ipsa etiam ab aliis notata cognovi. Postquam autem a stupore, qui ex eventu illo acciderat, experrecti sumus, et confessione facta, quid pro peccatis nostris passi eramus, supra quam dici ab homine potest, tristes pensare cœpimus, et statuti a Deo contra facies nostras ex respectu conscientiarum nostrarum didicimus quam juste pertulerimus, illico piæ Matris faciem in serenum versam vidimus. Omnem sane fidem superat dolor et pudor, qui in nobis aliquandiu fuit.

Iterum de fulmine. — Post paucos admodum annos cum hujus jam memoria facti omnium pene oblitteraretur ab animo, simile Deus commonitorium repetivit, excepto quod neminem læsit. Nam juxta eminentem cameræ cujusdam caminum pavo nocte substiterat quieturus, in tantum ut se totum ei dum somno deprimeretur imprimeret. Festivitas sancti Jacobi apostoli, et pariter Dominica habebatur ; cum nocte gravis tonitrus fragor insisteret, fulmen camino irruit, quidquid ejus cameræ eminebat subruit, pavo ei incumbens immobilis stetit, puerulus monachus subter dormiens ne a somno quidem est excitus ; famulus autem quidam stupore capitis ac membrorum dure est attonitus. Juxta beatum Augustinum, [non] frustra montes Deus aut insensibilia percutit, sed ut a nobis pensetur quod, dum ea, quæ non peccant, sic impetit, magnum judicii discrimen peccantibus intentit, nutricem pro exemplo inferens 484 quæ fuste terram verberat, ut infantulum ab importunitate compescat.

De conversatione monachorum fulmine tactorum. — Præterii me, dum de priori infortunio loquerer, de trium illorum qui perempti sunt moribus loqui. Duo siquidem novitii vix octo in conversatione menses impleverant, quorum alter sub colore gravitatis minus apud se idoneus erat; alter sub levi habitudine nil nimis odibile intus quod sciremus habebat; Hi, pridie quam paterentur, multum sub ea quam dixi diversitate se gesserant, mane etiam, quo hæc contigerunt, cum tonitrui voces ille exterius levis audisset; verba exinde dicere ridicula cœpit, statimque intrans ecclesiam ictum illum quem visit excepit. At tertius vocabulo Robertus, qui et in sæculo Columba cognominabatur, ob sinceram quam habebat simplicitatem, juvenis tunc primis genis pubescentibus, in omni cognitus honestate, in ecclesiastico ac fraterno officio tantopere erat expeditus et solers ut vicarius pene quotidie omnium haberetur. Attigerat autem et bene grammaticam. Is matutina illa hora, quæ ibi fovebat exitium, cum me surgentem, ut solitus erat, prævenisset in claustro sedere, significavit mihi quod ingentibus et reliquo corpore magnis doloribus angeretur. Et subinde commotum respectabat ad aerem, ex quo et mox occubuit. Ecce ante ruinam cor illorum duorum exaltabatur, quorum, ut credimus, in Dei judicio severior mox erat futura sententia; gloriam vero in isto præcedebat humilitas, cui et illico nulli dubium quin divina foret accessura sublimitas. Nam cuidam mox revelatum est quia hi tres Romam ad Sanctum Petrum pariter commigrarent, sed duo umbratiles, et qui vix videri possent, tertius ille albatus, et solita sagacitate vivax, ac mobilis properabat.

Accessit post aliquot annos jam horum oblitis, et securitate torpentibus, tertia correctio. Jam ab ecclesia eadem fueram digressus. Mane quodam, quo fieret tempestuosa commotio, ad majus altare litanias cantaturi processerant. In choro enim, in quo primum cecideram, subsistere non audebant, cum subito flamma superna ruit, et, sicuti ii qui videre testati sunt, usque ad altaris crepidinem densescendo, circuitum ejus tetra ad sulphuris instar implevit. Cuidam monacho presbytero oculos ibi obduxit, duobus pueris ad altaris pedaneum capita habentibus, ac prostratis, quorum alter ex Judæo conversus, sed præcordialiter fidelis erat, ab altari sublatis, proculque transactis, pedes aram versus, caput ab abside parietem ipsis nescientibus motus ille convertit. Arcam, quæ post altare erat, per loca debilitans fulmen introiit, planetam quæ pretiosior putabatur, cum pars plurima ibi thesauri esset ecclesiæ, solam fide corrupit. Cujus hæc miranda ratio est.

A rege Anglorum, viro prorsus illegitimo, et Ecclesiis infenso, qui Rufus, quod et erat, cognominabatur (40), quem Deus sui ipsius amasii sagitta, dum venaretur, occidit, planeta ipsa ex nomine petita est. Qui proprios cum nollet exhaurire thesauros, monachum hujus rei executorem destinavit ad abbatem monasterii (60) quod vocabatur de Bello, mandans ei ut quindecim marcas argenti ipsi monacho daret. Abbate vero renuente, per regis violentiam monasterii præda abducta, et mox marcis quindecim, vellet nollet, ab eodem abbate est redempta. Inde sacrilega, imo per sacrilegos planeta tanta est etiam fraude coempta, nec minori fraude composita, ut in procurando, in emendo, ut componendo tota constet in maledictione conflata; nec enim medium pretii, postquam post hunc eventum in partes missa considerata fuit, est valere probata. In ipsa plane ejus compositione multa emptoris fraus detecta tunc est. Hæc igitur integris cæteris ornamentis sic est jure damnata, licet suo mercatori simili parsum videatur a pœna.

Cuidam autem monacho mordacem gerenti conscientiam ante hoc factum tale quid apparuit: Imago Domini crucifixi de cruce descendere videbatur, de manibus, latere, ac pedibus sanguine exstillante. Per chori medium incedens dicere audiebatur:

« Nisi confessi fueritis, moriemini. » Qui experrectus horruit seipsum, sed antequam confiteretur, subit hujusmodi cum cæteris omnibus periculum, qui confessus justi judicii magnum dedit indicium. Pro quo jam consternato discrimine, die quo hæc primum accidere, perennia quotannis sunt instituta jejunia, eleemosynarumque beneficia. (61) Missa ad beatam Mariam et de ipsa quotidiana, præter hanc quoque missa de Natali Domini ad altare Sancti Michaelis omni Dominica. Sed jam properemus ad alia.

CAPUT XXIV.

Dæmones terrent monachum morti proximum, qui malo fine periit. — Eo anno, imo post quatuor primi casus menses, quidam monachus ordine presbyter, matris meæ quondam in sæculo capellanus, vir ad oculum tunc religiosus, sed tunc et postmodum vitiis enormibus, a quibus custodia humana abstineri non poterat, irretractabiliter deditus, facile cœperat infirmari. Qui insperatam in biduo perductus ad mortem, cœpit atrociter hac illacque despicere. Cumque ab iis qui esse ejus noverant rogaretur quid cerneret, respondit: Domum plenam barbaris hominibus. Cumque illi intelligerent sibi eos qui videbantur non alios quam dæmones imminere, cœperunt ei suggerere ut se signaret, et beatam Dei Genitricem invocare speraret: « Spem, inquit, et fiduciam in ipsa haberem nisi barones isti insisterent. » Mirum dictu quod barones eos vocaverit, quod ex Græca etymologia graves significat. Et, o quam male graves erant, qui non jam pœnitentia aut invocatione aliqua amoliri valuerant! Interrogant denique in quo potissimum angeretur. Respondet ille sic se sentire, ac si ingens productile ferrum guttur ejus et præcordia, flamma excandescente, perureret. Cum autem esset nox quietissima, ut ne venticulus audiretur, cœperunt fenestræ domus parietibus appelli, et quasi ex aliqua intrantium frequentia crebro repercuti. Duo eum monachi, cæteris in domo dormientibus, asservabant, et, conscii quod talia non ex bono fierent, æstuabant. Inter illa ergo quæ diximus verba efflavit. Erat autem homo multis indignitatibus addictus, unde et talem vitam talis consecutus est exitus.

In cœmeterio ecclesiæ illius sepulcrum cuidam defuncto monacho parabatur; nec ille, cui id officii attinebat, meminisse non poterat, eo se in loco tumulum effecisse. Fodit igitur, et cum altiora petisset, tabulam quæ supponi solet sarcophago reperit, qua dimota, vacuum pene sepulcrum invenit, nisi quod cucullum (62), quem caperonem vulgo (*chaperon*, et *capuchon*) vocant, cum capite introrsum reposito, et crepidas fœno semiplenas (quod olim tempore sepulturæ factum est, ut magis hæreant pedibus) ad pedes sarcophagi reperit, in toto autem medio nihil. Quod cum aliqui vidissent, nobisque

(40) Guillelmus II.

retulissent, Dei incomprensibile judicium mirati sumus : quæ tam occulte ac subtiliter fieri pervidemus. In quo illud dignum est miraculo, quod caput ibi dimissum. Corpus autem quo Deo placuit a suo loco exportatum est. Cui simile quiddam a bonæ memoriæ Manasse archiepiscopo, qui ante hos annos fidelissime decessit, et certius a monachis beati Remigii in Remensi urbe addidici. Artaldus quidam hujus civitatis archiepiscopus ad pedes beati Remigii quondam fuerat sepultus : qui post plurima tempora ex ædificiorum mutandorum necessitate retectus, cum ejus sepulcrum fuisset apertum, nihil inibi de ejus corpore est omnino repertum, planeta sola de ejus vestibus illic residua apparuit, quam constat quia cum ejus corpore non tabuit, quia prorsus illæsa patuit. Et certe si ejus corpus ibidem putruisset, tabes utique casulam corrupisset. Videmus his temporibus, quæ apud beatum Gregorium referuntur, super noxiorum cadaveribus Dei judicia innovari, quos per sacra loca constat indebite tumulari.

Monialis quæ vitam fœde transegerat nec pœnituerat, post mortem visa est torqueri. — In monasterio virginum Cadomi constituto, quod a Mathildi Anglorum regina constructum est, quæ Guillelmi ex Northmaunorum comite regis (qui Anglos eosdem subegerat) uxor fuit, monacha quædam fuit, quæ sub peccatis aliquibus fœdis sese receperat, nec quocunque monitu ad confitendum cogi potuerat. Hanc sub ea obstinatione mori tunc contigit, quæ nec inter moriendum utile quidquam dixit. Cumque una ex sororibus in cellula qua illa obierat, quadam nocte dormiret, videt in somnis in ipso camino domus nimios ignes accendi, eamque in medio positam non solum conflagrari, verum a duobus malignis spiritibus hinc et inde duorum malleorum ictibus tundi. Quæ cum tantas miseræ illius mulieris tortiones attenderet, scintilla una considerantis in oculum ex percussione mallei visa est evolasse. Unde et ex coctione insidentis igniculi eam contigit evigilasse. Qua ex re factum est ut, quod viderat in spiritu, pateretur in corpore, et veritati visionis verax congrueret testimonium læsionis.

CAPUT XXV.

Ædituus, qui pauperem durius pepulerat, castigatur. — Quidam Flaviacensis monachus Otmundus vocabatur, qui cum adhuc clericus plurima monasterio contulisset, ad extremum sese contulit. Qui suscepto monachatu cœpti boni pœnitens, ægre nimium quod fecerat, tulit. Sed mox a Deo infirmitate corporis castigatus, sensit, egitque postmodum viciniora saluti, nec sacrum jam ordinem necessitate, sed coluit voluntate. Is ira mobilis cum æquo plus esset, factus ecclesiæ ædituus (41), pauperculum hominem, qui a se eleemosynam importune petebat, dure plusquam debuerat ab ecclesia expulit. Quo interdiu facto, cum nocte sequenti vigilias significaturus ad ostia aperienda prodiret, ecce diabolus, in specie

(41) Seu æditimus, quasi ædes tuens.

hominis pauperis quem pridie male eliminaverat, sibi obvius fuit, et fuste elevato monachum quasi percussurus impetiit. Fores namque inter clerum et populum interjecti parietis aperuerat, et ad alias, per quas intrat populus, reserandas procedebat, cum repente exterioribus obseratis in exitu anteriorum a medio basilicæ ille simulans se ferire prosiliit. Cumque ille pavefactus cessisset, hominem æstimans quem hesterno arcuisset, in se tandem rediit, et dum ostia forinseca clausa pensat, diabolum tandem fuisse credidit, qui hoc signo suum opus in homine denotavit.

Molestias ingerunt dæmones agonizanti. — In hiemali tempore dum ad naturæ requisita consurgeret, solitis indui pigritans sola cuculla vestiebatur, et inter moras illas frigore mortifero angebatur. Nec multo post extremarum corporis partium tumore perductus ad mortem, nomen ipsum mortis plus justo moleste ferebat. Cumque indesinenter, heu! sibi sub tantis mœroribus clamitaret, ad extremam devenit horam. Qui sumpta communione, et per Dei gratiam retenta, cætera enim redibant ad vomitum, spiritum jam laborabat absolvere. Interea cum hæc prima fierent hora noctis, et custos ecclesiæ vir bonus sese cubitum collocasset, ecce audit in cœmeterio, quod juxta erat, fratrum, innumerabilem dæmonum frequentiam consedisse. Qui cum liberum ad hæc sentienda haberet intellectum, potentia tamen quadam spirituali deprimeretur ad linguæ et corporis motum, introeunt ecclesiam, et ante lectum ejus transeuntes, inter chorum et altare sese proripiunt, et ad domum qua decumbebat ægrotus intendunt. Cumque ille, qui ista mentaliter fieri sentiebat, Deum ut ab iis salvaretur in spiritu exoraret, nec causa mortis tantum cogi exercitum ignoraret, mox ut ad cellulam agonizans [*f.*, agonizantis] attingunt, fratres, qui circa morientem fuerant, ad convocandum aliorum conventum tabulam ex more percutiunt. Quo dum convenitur, ille nec mora resolvitur. Quod idcirco retulerim, non quod in malignam illam partem cum cessisse crediderim, sed quod omnes mecum pensare commoneam, quod princeps mundi venit ad Filium Dei, in quo non habebat quidquam. Et si ad illum, ad nos quam potius [*l.* potius quam ad nos] in quibus pene totum habet, diabolicam certum est rapidis affectibus convenire dementiam.

Mulier infanti imprecata diabolo mancipatur. — Mulierem inibi vidi, quæ cum suo parvulo filio atrocissime irasceretur, inter alia maledicta, quibus innocentem jaculabatur, infantulum baptisma etiam, cui intinctus fuerat, ore nefario maledixit. Quæ confestim arrepta a dæmonio bacchari insanissime, et detestabilia loqui et agere cœpit. Quæ perducta ad ecclesiam, et fratribus exhibita, per orationes et exorcismum sensui reddita, ex vexatione edidicit Dominica non maledicere sacramenta.

Energumena monachi pravos mores appetit. — Puellulam itidem vidi energumenam ad memoriam inibi

Geremari confessoris adductam. Quæ cum diebus aliquot commorata fuisset ibidem, quadam die tracta est a parentibus ad altare. Cui cum assisteret, retorto ad chorum capite videt pueros monachos post se stantes, et ait: « Quam pulchros, Deus meus, juvenculos! sed est inter illos unus qui nequaquam eis cohabitare deberet. » Quo audito valde mirati sumus, quorsum talis sententia respectaret. Nec mora quidam ex ipsis fuga elabitur, et inter fugiendum prava ejus vita moriendo deserta religione detegitur.

CAPUT XXVI.

Ad sortilegia addiscenda Satan admittit neminem, nisi prius Christianæ professioni abrenuntiet. — Quoniam de dæmonibus agere cœpimus, quædam subnectere idoneum judicamus, quorum exemplo et eorum oracula, corumque qui eis confabulantur consilia vitare possimus. Neminem enim ad sua maleficia addiscenda admittunt, nisi quem totius suæ Christianitatis honore, detestabili primum sacrilegio exuunt. In quodam nobili monasterio monachus quidam ab ineunte ætate nutritus fuerat, grammaticamque aliquantisper attigerat; qui ad cellam ecclesiæ appendicem a suo abbate directus, cum inibi moraretur, in morbum incidit, cujus causa cum Judæo quodam, gnaro medicinæ, loquendi malo suo occasionem sumpsit. Ex mutua ergo familiaritate sumentes audaciam, sua sibi incipiunt revelare mysteria. Itaque sentiens monachus malarum artium curiosus Judæum maleficia nosse, multum ei institit. Assensit Judæus, et sequestrum ei apud diabolum se futurum pollicetur. Statuitur locus, colloquiique dies. Tandem eo mediatore sistitur ante diabolum; petit se doctrinæ hujus eo fieri auctore participem. Refert præses ille nefandus neutiquam hoc fieri, nisi Christianitate negata sibi sacrificium deferatur. Interrogat ille quod Quod delectabilius est in homine. Quod illud? Sperma libabis, ait, tuum; quod cum mihi profuderis, inde quod sacrificantibus est debitum prægustabis. Proh scelus! Proh pudor! Et is a quo hæc exigebantur erat presbyter. Et hæc ad tui ordinis et tuæ benedictæ hostiæ sacrilegam ignominiam fecit tuus antiquus hostis, Domine. Ne sileas, neque compescaris a vindicta, Deus (*Psal.* LXXXII, 2). Quid dicam? Quomodo dicam? Fecit quod petebatur infelix, quem tu, o utinam ad tempus! deserueras. Fit itaque cum horribili libamento super fidei relegatione professio. Quas autem artes exsecrabili hoc mercimonio comparavit facto notificemus in uno:

Mulier in canem convertitur. — Quamdam cogniti generis monacham colloquio suo assueverat. Erat autem in cellula commanens, uno tantum sodali monacho, qui quidem exteriora curabat, is domi vacabat ineptiis. Die ergo quadam suo cum contubernali a negotio redeunte domi sedebant, quem cum porro vidissent, diverticulum mulieri non patuit, sed exitus ejus reditum monachi offendebat. Trepidam itaque novus incantator intuens sociam, vade,

ait, in occursum venientis, nusquam dextra lævaque respiciens, nil verearis. Credidit femina et processit. Ille vero substitit in ostio, et præcantans ei quæ didicerat, in canem eam convertit immanissimum. Quæ cum redeunti monacho propinquasset: « Heu! inquit, unde tantus canis advenit? » Illa vero multum pavefacta pertransiit, tantum ex eo verbo sub qua specie evasisset, agnovit. Monachus denique et ipse domum veniens rogitat unde tam insolitæ magnitudinis canis emerserit. « Vicini inquit, illius nostri est. Nonne eum jam dudum nosti? » Sic siluit dum vera putat. Diu igitur sine Deo vivens, demum gravi morbo, Deo propitiante, percutitur, et, velit nolit, quod gesserat confitetur. Res ad judicium sapientium, et maxime Anselmi Cantuariensis postmodum archiepiscopi, tunc Beccensis abbatis, provocatur, et sub ejus potissimum censura, ab omni divinorum mysteriorum ministerio eorum spurcissimus profanator abjicitur. In qua tamen abstentione positus, nunquam ab ejus animo obliterari poterat, quin adhuc futurus esset episcopus. Quam spem indubie acceperat a dæmonibus, semper quidem, et hic quoque mendacibus, quia ante paucos annos non modo [non.] pontifex, sed in æternum expresbyter est defunctus.

Clericus dæmonem quem consulturus adierat, invocato Mariæ nomine, fugat. — Attexam cujusdam initium, sed meliori fine conclusum. Quidam clericus in Belvacensi pago scriptandi arte vivebat, quem et ego noveram (nam Flaviaci in hoc ipso opere conductus laboraverat); qui postmodum apud castrum Britoilum cum altero malefico fabulam habens clerico, talequid audivit: Si quæstui mihi esset, quiddam te docerem, quod cum faceres, quotidiana, sine ulla administratione hominis, pecuniarum dona perciperes. Quærit ille quid facto opus esset. Infert maleficus quia civi infernorum, scilicet diabolo, litandum sibi foret. Qua, inquit, victima? Gallo, inquit, ita ut ovum, de quo concretus est, die Jovis in mense Martio a gallina constet expositum. Hunc ergo postquam torrueris, in ipso noctis principio tecum sumens, uti tostus est, veru adhuc ei intuso, ad proximum vivarium mecum ibis. Quidquid autem ibi videas, audias, sentias, non Deum, non beatam Mariam, non ullos sanctos invocare præsumas. Faxo, inquit. Mirabile factum! Ad locum ergo noctu veniunt, et hostiam tali Deo congruam secum ferunt. Cumque ille ex nomine invocasset dæmonium, et pravus ille discipulus teneret gallum, suscitato turbine dæmon astitit, gallum sibi corripuit, exterritus ille qui ducebatur, sanctam Mariam inclamavit. Cujus potentis Dominæ audito ille nomine cum gallo suo aufugit, ita ut eumdem efferre non sufficeret, sed eum in quadam vivarii insula quispiam de piscatoribus postridie reperiret. O regium et dulce tuis nomen, malignis partibus sic pavendum! Iratus est autem maleficus adversus clericum, cur tantam sub tali negotio feminam invocasset. At ille pœnitentia actus ([63]) ad Lisiardum Belvacensem archidiaconum avunculum meum, virum undecunque litteratum, prudentem, et ad talia curialem ac famosum, accessit; confessusque quod gessit, orationibus ac jejuniis sese ad pœnitudinem ipso jubente depressit. Hæc de iis quæ in monasterio viderim aut audierim dixisse sufficiant. At deinceps, cum superius de illa nostra qualicunque electione diximus, quis ipse locus, qualiter institutus, quas antiquitates habuerit, ad quem translati Deo auctore sumus, alterius libelli initio attingamus.

LIBER SECUNDUS.

Initia et progressus abbatiæ B. Mariæ de Novigento referuntur.

CAPUT PRIMUM.

(⁶⁴) Vocatur siquidem Novigentum (vulgo *Nogent-sous-Coucy*). Qui quantum ad habitationem spectat monasticam novus; quantum vero ad usum sæcularem vetustissime cultus. Quam opinionem si nulla litteralis juvaret traditio, suppeteret profecto affatim peregrina, et non, putamus, Christiani nominis sepulchrorum inventa contextio. Circa enim ipsam, et in ipsa basilica tantam sarcophagorum copiam conjunxit antiquitas, in multam loci famositatem tantopere expetiti, cadaverum inibi congestorum commendat infinitas. Quia enim non in morem nostrorum ordo disponitur sepulcrorum, sed circulatim in modum corollæ sepulcrum unius indita ambiunt, in quibus quædam reperiuntur vasa, quorum causam nesciunt Christiana tempora. Non possumus aliud credere nisi quod fuerunt gentium, aut antiquissima 488 Christianorum, sed facta gentili more. Quædam autem sunt in eadem ecclesia litteræ metro compositæ, quibus ego nulla admitterem auctoritate, nisi quædam, quæ plurimum eorum roborant fidem, viderem hodieque constare. Quæ historia sic se habere secundum scripturæ hujus seriem traditur :

(⁶⁵) *Mira de rege Brito-Saxonum.* — Apud Anglos ante incarnati Verbi in cœlum assumptionem, regem quemdam exstitisse refert, qui quidem non Angli, quod novius nomen est, a quadam parte Saxonum, qui illas postmodum usurparunt terras, sed Britones ab antiquo vocantur. In ipsa ergo Britannia, Oceani videlicet insula, rex idem fuerat litteris poeticis ac philosophicis uberrime fultus, et ad hæc naturaliter sibi insita bonitate ad misericordiæ opera fusus. Cumque egenæ manui non Dei, quem adhuc ignorabat, intuitu, sed humanitatis eximiæ, qua affluebat, impulsu, dapsilem se præberet, dignum fuit ut piæ naturæ exercitio clarioris intelligentiæ munus accederet. Cœpit enim disertissimis apud se conjecturis discurrere quid inter tot deorum suorum formulas certi numinis sperare deberet. Pensans etiam quænam in moderatione cœli et terræ poterat inter eos esse concordia, cum in colluviis, dum adviverent, suis fuerit et impuritatis ac simultatis indubia ; et in dominiis terrarum suarum, filiorum in patres, patrum in filios usque ad vicariam aut exclusionem aut mortem patuerit inter ipsos crudelis invidia, et cum de ipsis cunctis pene pejora mortalibus cantitentur, dementiæ arbitrabatur extremæ si talibus terræ, nedum cœlorum regimen ascribatur. Et quis eos ad superna disponenda traducat, quorum quondam miseranda potentia terrarum particulas qualescunque sine turpi commissione tenere non poterat?

Cœlesti lumine illustratur. — Hæc homo simillaque revolvens, exclusis a corde inanium jam, ut putabat, numinum imaginibus, ad unum incomprehensibilem, quem sine forma coli oporteat, qui omnia unus una concordia administrat, cujus invisibilia per ea quæ facta sunt jam intellecta conspexerat (*Rom.* I, 20) colendum se vertit. Cum ergo in his utilibus argumentis sub quibusdam tamen hæsitaret ambagibus, Deus, qui benivolis meliora declarat, hominem hunc cœlesti missa ad eum voce sollicitat uti Hierosolymam usque procedat, ibi auditurus quid de Deo sentiri deceat, qualiter a Deo Dei exiens Filius inter homines pro hominibus sese habuerit, quid perferendo, aut quid devenerit, quos divini nominis exemplandi vicarios post se reliquerit; quosve, cum se illo transtulerit, tantorum mysteriorum indices, Matrem videlicet cum universo apostolatu reperturus sit.

Regnum abdicat. Novigenti hospitatur. Novigenti descriptio. — Igitur rex ille Britannicus, rebus et regno positis, enuntiato sibi fidei oraculo, ad experienda quæ didicerat properare proposuit. Deserta itaque patria, et classe parata, contiguum transans æquor, transmisso oppidorum plurimo ac urbium interstitio, provinciæ Laudunensis attigit limitem. Ruri igitur quod prænominavimus Novigentum, hospitium appulit sortiturus. Est autem locus ille sub castello, qui Codiciacus (vulgo *Coucy*) appellatur, novo quidem et a rusticis, ut ferunt, terræ hujus, valde superbis et ditibus, propter externorum incursus ædificato. (⁶⁶) Castelli ergo nulla ea nino antiquitas. Locus ille, de quo agimus, tunc temporis venatibum feracibus ambiebatur silvis; (⁶⁷) fluvio quem supra diximus Aquila utiliori maxime quam majori ; nam celebrioris hominis undas piscositate superans uberrima, alvei sui hequaquam meatu concluditur, cæterorum instar fluminum, sed aquarum stagnante copia vivariorum more protenditur. Montium hinc inde prominentium vineis devexa cinguntur, humus utrobique Libero Cererique conveniens, omnium bonarum frugum gleba genitrice laudatur, fluvioli fecunditas pratorum longe lateque tendentium amœnitatibus commendatur.

Inibi Virgini Deum parituræ sacratum fanum. — Traditur autem ab antiquis et pro certo astruitur quod eo in loco vetustissimum exstitit quondam fanum, non existentis cujuspiam Dei nomine aut honore sacratum, sed ([68]) ei feminæ nondum natæ, quæ Deum et hominem esset genitura, dicatum. Erat ergo matri futuræ Dei nascituri devotum. Quod nemini quidpiam sapienti videtur absurdum quippe qui Deum ignotum apud Athenas coluerant (*Act.* XVII, 23), certe nasciturum ex femina, sicut et cæteros deos gregarios quorum matres nominant, minime nesciebant. Et si nascituro jam sacellum dicabatur, mater hujus, sicut et aliorum, honore nequaquam simili privabatur. Quod ergo illic gignendo non discredendum est, quod et istic fieri potuit geniturae. Ad hunc itaque locum regem Britannicum contigit advenisse, qui opportunissimi ruris gratitudine tentus, sui suorumque vexata tractu itineris corpora inibi refovere disposuit, et animalia lassabunda octo diebus uberi quod adjacet pabulo recreavit.

Rex Jerosolymis appulit. — Exinde progrediens, post emensa soli marisque spatia, tandem Hierosolymitanis sese moenibus intulit. Nuper igitur Salvatore passo, et a mortuis suscitato, et ad cœlestia elevato, ad ultimum Spiritu dato, reperit urbem diversis contentionibus diversantem, his facto offensis, illis facta probantibus. Nec ulla exstitit eos quos quærebat reperiendi difficultas, sed res magnis celebrata **489**, rumoribus novæ hujus promulgatores legis facili indicio propalavit. Non enim eos solita hactenus claustra tenebant, nec a sui testimonio Domini Judaicæ eos seditionis metus arcebat; sed erat considerare eos in populis eminentes, ut auctoritatem verbi evidentia stationis impleret. Quid immorer? Inter populares igitur Petrus cum undecim invenitur frequentius, largissimo jam discipulorum asseculante conventu, totius nostræ fidei et gloriæ speculo, suam ibi præsentiam, et divinæ carnis testimonium perhibente Maria. Quos rex ille Britannicus, Deo mox delaturus primitias, cum Virgine Matre compellans, causas itineris sic expromit:

« De remotissimis terræ finibus ad vos, Patres et domini, audiendos me devenisse videtis. Ego ex debita successione parentum Britonibus hactenus imperavi. Sacra vero prisca, quæ errore vetusto venerabilia duxerem, cum hucusque coluerim, hac ab eis nuper ratione descivi. Cum enim ipsos attenderem, quos antiquitas deitate indita honoravit, teterrimos fuisse mortalium, et post enormes spurcitias naturæ debita exsolvisse perpensitans, rationabilibus reperi conjecturis homines in cœlestibus, qui sub cœlo terrestribus indigentes vixerant, sola opinione præfixos, cœlum et terram quæque in eis sunt creare nullatenus potuisse, quos cœlorum aerumque clementia, et terræ opulentia hoc in mundo constitit coaluisse. Horum ergo numinis ratione disperdita, meo tandem certissimum sedet ingenio, his divina in finem auctoritate privatis, unum posse et debere credi unius Dei opificium ac regimen, a quo uno sicut sunt omnia, ita ea in se continens attemperat universa. Postquam Deo est mens mea coagulata sub uno, et delubra delubrorumque figmenta æterno sunt projecta fastidio, quasi defæcatis jam ab idololatriæ sentina præcordiis, puritas illico e cœlestibus totius veræ religionis inclaruit. Nam divina voce mox jubeor huc venire, ubi in dispensatione Dei Filii nuper passi, veritas unicæ credulitatis per vos mihi tradenda promittitur esse. Per hanc ergo pronuntiati mihi Numinis quam impresentiarum video Genitricem, et per vestra vos contestor officia, ut mihi præbeatis hujus regenerationis novæ mysteria.

Fidei rudimentis imbutus baptizatur. Quilii nomen ei imponitur. Reliquias petit et accipit. — His Petrus, cum felici illo collegio sub Maria cœlestem cœtum clarificante, auditis, Dei et hominis Filii magnificentiam adoraverunt, qui cum recens, et gratiæ prædicatoribus nunquam adhuc sparsis, salutem in medio terræ fecisset, novæ plenitudinis hujus jam in occidentalium partium fines tam subito verba fudisset. Tradita igitur homini fidei regula, et sequenter abluto baptismatis unda, ibidem Quilius nomen accepit. Confirmatus itaque sub tantorum schola magistrorum, super ejus quod susceperat intelligentia sacramenti, digressurus ab ipsis et rediturus ad propria, sacra reliquiarum ab eis exegit fideli corde pignora, de his videlicet quæ corpori Salvatoris didicerat fuisse contigua. De vinculis ergo quibus Dominum ad stipitem ligatum noverat, de flagris quibus impia manus membra beata sulcaverat, de spineo serto, quod sacrum caput ambierat, de ipso crucis ligno cui appensus fuerat, de camisia Dei Genitricis, in qua, ut dicitur, Dominum enixa fuerat, de omnium induviis apostolorum ipsorum pia devotione petiit et accepit.

Obiit Novigenti. — Hæc modico condita loculo secum tulit, repedandi curas insumpsit, et transmisso interjacenti regionum spatio, ad rus illud, in quo inter eundum pausandi gratia fuerat remoratus, devenit. Qui continuo insperata correptus ægritudine, cum cubitum se locasset, revelatur ei in somnis quod ibidem finem sortiretur vitæ præsentis. Dicitur etiam illi quod non alias quam hic membra ejus essent habitura sepulcrum, in quo tamen illas quas Hierosolymis a sanctis apostolis acceperat reliquias, sub eodem cespite sciret esse condendas. Expergefactus homo, et ex suæ prænuntiatione mortis cogitationibus jam universis restrictis ad unum, sub spe secuturæ mox gloriæ de extremis sui cadaveris utensilibus tractat. Diem igitur inibi obiens, et depositum ei qui id sibi commiserat, indemne restituens, ubi corporis ejus gleba monumenti obtinuit requiem, ibi reliquiarum juxta ipsum habuit loculus sedem. Inde, Deo post temporis plurimum procurante, exempta capsula, et a quibus nescio fidelibus vetusto opificio auri pretiosi bracteis adoperta, ad nostri hujus temporis devenit intuitus, et antiquis hucusque præbet testimonia nova relatibus. Itaque loci illius sic perhibentur sese habuisse initia.

CAPUT II.

De ipsa Novigenti ecclesia. Quomodo monachis concredita. De Henrico abbate. — At Christianæ legis viviscente succursu, bonæ multum habitudinis Ecclesia illic ex antiquo sub nomine Dei Genitricis enituit. Sub oppido etenim quod prædiximus Codiciacensi constituta, villis quoque vetustæ memoriæ et ditissimis constipata, magno quorumdam adjacentium concursu ac veneratione contingitur. Ferebatur etiam, dum sub illa parvitate se ageret, divinis crebro illustrari luminibus, et miraculis sæpius honorari, quippe nec id injuria, quia 490 apud homines indebite consistebat in humili. (⁶⁹) Castelli autem ipsius sub florentissimis principibus dilatato longe lateque dominio, et proceribus multa liberalitate et opulentia præditis, ob claritudinem loci, de cujus sanctitate dulcissima ubique redolebat opinio, ex devotorum consilio propositum est ut, ad frequentiam divini servitii inibi habendam, monachis traderetur. Quoniam spes non erat tali cœpto majoris incrementi ; non enim multo uberiores quam sex monachorum usu apparati loco illi redditus videbantur, a rudibus, et minus doctis ad aliqua instituenda vel promovenda personis ecclesia cœpit innovari. Quæ quoniam ducem, et alicujus argutiæ præceptorem in ædificando non habuit, laciniosum quidem quod factum est fuit. Meliori igitur quam nunc copia exuberante tunc sæculo, ex procerum castelli muneribus, crescente locello, cui tamen in donorum primitiis, et largitas præcesserat dominorum, et in largitionibus alienis suffragabatur assensus, commodo satis et loci fratrum, et ejus patronorum provisum est consilio, ut B. Remigii tunc abbatem, qui jam dudum (⁷⁰) Humiliarensi monasterio (vulgo *Homblières*, prope Sanctum-Quintinum) præerat, magnificum scilicet virum (⁷¹) Henricum cœnobiolo etiam ipsi præficerent. Qui siquidem non litteris, non genere clarus, sed in rerum forasticarum sic fuit dispensatione conspicuus ut interioris regulæ statui bona sollicitudine pariter redderetur intentus. His igitur tribus monasteriis præsidens, ex ditiorum copiis duorum, tertii hujus, quod coalescere cœperat, supplebat indigentias. Inter plurimas itaque quas penes ecclesiam illam exercuit liberalitates, maximum ad ejus consecrationem conflavit obsonium, quæ ab Helinando Laudunensi episcopo, viro opum ditissimo circa institutiones ecclesiarum et ornatus eorum curiosissimo, dedicata, ab ipso quoque privilegiis, a plerisque pensionibus emancipata et claris muneribus aucta est.

Godefridus in locum Henrici sufficitur. — At quoniam et ævo gravis prædictus abbas, et oculis captus erat, ad opulentiores, quæ sua sufficientia facilius regi poterant, duas abbatias se contulit ; tertiam hanc, quæ sine operosa instantia haberi nullatenus valebat, dimittere proposuit. Qui cuidam nepoti monacho cum hanc committere, provocatis ad id ecclesiæ fratribus, moliretur, impetrare non potuit, sed in quemdam tunc adolescentem nomine Godefridum, qui de locis erat illis oriundus, et (⁷²) San-Quintinensis de Monte (vulgo *le Mont-St.-Quentin*) apud Peronam fuerat monachus, ipso etiam ægre ferente prosiluit electio. Cum ergo sagacissimus ille senior vota eligentium alias transferri conspiceret, locum, quem dignantissime et indulgentissima largitate servaverat, deseruit, et legitimam cessionem illi, quem elegerant, fecit.

(⁷³) *Sapienter prudenterque se gerit Godefridus. Liberaliter proceres bona largiuntur.* — Igitur electo illo, et ad loci promoto custodiam, quoniam cum multa circumspectione se gessit, et tam populares quam proceres cum voluntatem, tum possibilitatem ecclesias augendi habebant, plurima isti terrarum, atque reddituum hoc sequenti tempore commoda confluxerunt. Bene enim ad qualitatem exteriorum hominum idem habere se noverat, quoniam eis affabilem et dapsilem se præbebat, et in actione forasticarum causarum, in quibus addiscendis non minimum operam dederat eis. Re autem vera homines ea tempestate, de qua in hujus operis initio egi, liberales ad instituenda cœnobia animos habentes, terras et multas pecunias conferentes, lætius sua in talibus expendebant, quam filii eorum bona nobis his diebus verba impendant. Quoniam igitur in monasteriis circumcirca positis minus quam oportuit religionis studium habebatur, et iste in talibus cum suis plurimi exerceri videbatur, sicut lumen parvissimum mediis in tenebris habet locum, sic ad comparandam nominis claritatem personæ quæ præerat exhibita temperantia, subjectorumque ad ejus imperium obtemperantia tempus obtinuit opportunum.

Godefridi proba instituta. Creatur episcopus Ambianensis. Concilium in civitate Trecensi a Richardo legato cogitur. — Simoniacum itaque quidpiam in eadem Ecclesia aut fieri aut haberi vetuit, et exclusis mercimoniis solam admisit gratiam, non dissimiliter exsecrationi ducens lucri turpis et opus et nomen. Igitur quoniam vir isdem in forensibus negotiis abbatum suorum pluribus argutior putabatur, et proinde oppidis ac urbibus notior habebatur, de ditioribus quidem abbatiis primo actum est, postmodum super episcopatu sibi ferendo tractatum. Pontificium tunc temporis Ambianense biennio ferme vacaverat : ipse etiam idem cujusdam urbis prædictæ archidiaconi, qui aliquarum cleri ac populi partium favore petebatur, procurator exstiterat. Unde et pro astutia sæculari, et habitudine quam gerebat regulari, dum alteri id peteret, ipse expetitur, et sub Richardo quondam Albanensi episcopo, apostolicæ sedis in Franciam tunc legato (qui [74] in civitate Trecassium coegerat concilium) præfatæ Ambianensium sedi episcopus datus, a suo constat Novigento translatus.

Qui cum in multa inibi gloria ac felicitate se gereret, et tantopere ab omnibus coleretur ut ab iis etiam qui sibi præerant pontificibus cum speciali veneratione potissimum timeretur; et ne diu morer, cum ubique quasi totius religionis speculum spectaretur, repente ad id, quod utrum affectabat, novit **491** Deus, an verebatur, emersit. Didici autem quod hæreditas ad quam festinatur in principio, benedictione caritura sit in novissimo. Initia plane cum solitæ plena laudis habuerit, et per annos aliquot rumor ei præconiosus accesserit, jam, ut est videre, quidquid apud hominem gloriarum excandescere videbatur, non modo intepuit, sed refrixit. Prima enim intra urbem suæ susceptionis die cum locuturus ad populum pulpiti editiora teneret, protestatus est se sic ardua sectaturum, quippe qui nollet illud sibi poeticum in suis defectibus coaptari, scilicet :

Parturiunt montes, nascetur ridiculus mus.
(Hor. A. P. 139.)

Quæ sententia ad ejus aucupanda facta sequentia, universorum animos imprægnavit, ejus enim status in dies copiose lentescens seipsa deteriorem cœpit indesinenter facere sponsionem. Sed de his interim sileamus, habituri forsitan in sequentibus loca ubi . . . . . . *(Nonnulla desunt.)*

CAPUT III.

Guibertus in locum Godefridi abbas Novigenti inscius subrogatur. — Ad hunc ergo unde digressus fueral locum, et quem ipse competenter ac opportune aptaverat, et in quo, si habitis contentus esse vellet, fortunatissime et liberrime nulli obnoxius victitare potuerat, electione, ut superius dixi, facta me contigit evocari. Electio autem utrum Deo nolente an tolerante fuerit, nescio ; hoc unum secure pronuntio, quia neque eo ambitu, neque me conscio, aut meorum factione parentum procurata sit mihi illa quæsitio. Et istac quidem, res bene utcunque processit. Illac vero, quod scilicet a nemine eorum cognoscebar, nec quempiam eorum noveram, non utiliter forsitan, non integre quod secutura lecturus attendat. Ad eos enim veniens certum apud me non habeo quod, eis incognitus, et ipsi mihi, simultatem quamlibet hac de causa concepissemus. Sic tamen sentiebatur a quibusdam. Quod alias quidem et contigit, potestve contingere ; hic [f., sic] autem factum nullatenus potui conjicere. Nulli namque dubium est quod familiaritas ac notitia audaciam parere soleat, audacia vero in temeritatem facillime prorumpat. Et certe majorem his quos minus novimus reverentiam exhibere solemus, licet illum mihi ingredienti locum, nullo modo eorum conscientia esset occlusa,

sed tam fideli confessione suos mihi animos prodiderunt, prodentes unierunt, ut qui alicubi monachos me vidisse putarem, eis in hac parte comparabiles omnino non nossem.

Quare peccata sua plane non aperit. — Tu scis, clementissime, quod hoc opusculum non arrogantia aliqua cœperim, sed nequitias meas confiteri voluerim, quas plane evidentissime confiterer, nisi multorum animos qui hæc legerent horrendis meis actibus depravare vererer. Confiteor, inquam, nequitias, sed multo justius non iniquitati meæ, sed ingenitæ gratiæ tuæ respondentes misericordias. Et si de aliquo loqui contigerit, ad tua judicia ostendenda mores exponam, et eventus finales rerum ; tu enim scis quia, in his tuis tibique dicatis sermonibus, non gratanter excipio corrosionis ac invidentiæ verbum. Quia igitur fortunas et infortunia mea ad aliorum forsitan qualecunque instrumentum decrevi contexere, ipsa susceptionis meæ die quidam monachus divinæ paginæ non ignarus, eventuum, ut opinor, meorum curiosus, cum obviam mihi procedere parareat [f., pararet], textum Evangelii ex industria super altare hac intentione aperuit, ut quod capitulum oculis primum occurreret ([75]), pro mei auspicio haberet.

Prognosticon de Guiberto. Quam sollicite munia obiit prælaturæ. — Erat autem liber manu scriptus non paginis, sed columnis. In columnæ igitur tertiæ medio oculus ejus insedit, qui locus sic se habuit : « Lucerna corporis tui est oculus tuus (*Luc.* xi, 34). » Diacono itaque, qui in processione Evangelii textum erat prælaturus, imperat ut post osculum quod argenteæ imagini exterius affixæ libassem, digito loco illi, quem notaverat, interposito repente in oculis meis volumen aperiens, sollicite attenderet quam in partem intuitus meus sese deponeret. Aperuit ergo librum, cui juxta morem extrinsecus labra depresseram, et ipso aucupante quorsum intenderem, non paginæ initia respexi, non finem, sed ora et oculos ad versiculum deflexi eumdem. Qui monachus talium conjector cum intentioni suæ factum meum improvidum convenisse videret, post aliquot dies, et quid fecisset, et quod actio mea actioni suæ miro modo concinnuisset, ad me veniens enarravit. Deus, qui omnium in te credentium lucernas illuminas (*Psal.* xvii, 29), tu scis quam intentionis lucernam mihi contuleris, et quam, inter adversa quæ mihi intulerint, et prosperam voluntatem habeam erga ipsos. Et licet opera mea cor videlicet fœdum sit et miserum, quantum ad me spectat, tamen non te latet quantum ([76]) ad salutem meorum, quos tu mihi subjecisti, animus meus intendat. Quantopere etiam mala mea considero, tantopere magis de bonis ipsorum si arriserint operibus hilaresco. Scio namque eo me apud tuæ gratiæ thronum liberiorem, quo amplius benivolorum studiis me præbuero gratiorem.

Orationis ab illo coram monachis habitæ summa. — Susceptus igitur ab eis, et capitulari conventui inductus, super prophetico illo oraculo sermonem habui, et dixi (erat autem Dominicum præsto Natale, cum Isaias legitur) :

492 « Dicit, inquam, Isaias propheta quod nuper audistis : « Apprehendet vir fratrem suum, domesticum patris sui : Vestimentum tibi est, princeps esto noster, ruina autem hæc sub manu tua. Et respondebit ille : Non sum medicus, et in domo mea non est panis neque vestimentum; nolite constituere me principem. Ruit enim Hierusalem et Judas concidit (*Isai.* III, 6-8). »

« Vir est qui contra diabolum effeminatas non habet [*f.*, effeminatus non habetur]. Is fratrem apprehendit, cum ad aliquem ex Deo natum se colligit. Is quoque patris debet esse domesticus, quia, qui ad officium corripitur pastoratus, mysteriorum domus Dei reperiri non debet ignarus. Qui enim sacramentorum Ecclesiæ nescius est, ipsius administratione dignus non est, utpote quia « scriba, in regno cœlorum doctus (*Matth.* XIII, 52), » « fidelis » etiam in mysteria conservando, « prudens » in erogando, censeri « servus » non potest (*Matth.* XXIV, 45). Et quomodo præsit Ecclesiæ, qui nescit Ecclesiam? Domesticus ergo sit.

« Quid in vestimento nisi pulchra intelligitur exteriorum operum habitudo? Princeps ergo rogatur, ut si qui vestimentum habet; quia crebro contingit ut is expetatur ad regimen, qui in incessu, verbo et actu castigatiorem se exhibet. Ruina autem sub ejus manu prohibetur esse, quia quidquid detrimenti in subjectis reperitur, ad præsidentis ratiocinium pervenire dignoscitur. Ac si diceret : Tu te bene ad oculum videris habere, attende tamen qua introrsum virtute præemineas. Sciens utique quod omnium te oporteat sustinere ruinas, inde cautior redditus infert : « Non sum, inquit, medicus, » ut tot obviare valeam ruinis morborum crebrescentibus. Vestimentum exterius aspicitis, quod tamen in domo non est, quia non idem animi habitus qui corporis est. Unde et medicum se non esse fatetur; ex acumine enim discretionis difficile est penetrare origines et exitus cujuslibet vitii et virtutis. Et hoc potuit contingere ex indigentia ejus, quia non est in domo panis illius qui a Deo hodie petitur quotidianus (*Luc.* XI, 3), confortatio videlicet ejus quæ spiritualiter infunditur divinæ refectionis, aut ipsius, sine qua bene nusquam regitur, confirmatio in interiori homine charitatis.

« Princeps itaque jure fieri recusat, cui id virium animus superne imbutus minime subministrat. — « Hierusalem enim ruit, » id est quia internæ experientia pacis deperiit, et etiam « Judas concidit, » id est ipsa peccatorum confessio, quod extremum malorum omnium est, post amissionem intimæ tranquillitatis omnimoda desperatione defecit, justa occasio refutandi pastoratus se præbuit. Ubi enim mens emergentibus vitiis inquietatur, nimis turpiter incursatur, nec mens his male obcæcata per confessionem eadem detestatur, cum se regere non præ-

valet, juste per alios, justius per seipsam ab aliorum regimine arcetur. Quæ ergo exponendo hic dixerim, illic latius exhortando, et exemplis Scripturarum sententias fulciendo protulerim.

CAPUT IV.

De felici Guiberti matris obitu. — At quoniam de matre, quam bonam, inter omnia quæ temporaliter possedi, specialiter solam habui, dicere jam diu omisimus; dignum est ut bonæ ejus vitæ meliorem finem breviter attingamus. Cum annorum, ut ipsa fatebatur, non minimam pluralitatem infracta animi virtute transcenderet, et fatiscente corpusculo nullatenus in ejus spiritu orationis cura lentesceret, et thoracis infirmitate a somno depulsa, cum stridore mirabili Jesum Dominum noctibus centupliciter replicaret, demum morbis evicta decubuit. Ego autem et frater meus tunc temporis agebamus Novigenti, biennio, ni fallor, ante illud ad Flaviacenses postliminium, quod supra quidem meminimus, inconsiderantissime quidem factum, sed, eo auctore qui malis nostris bene utitur, conversum in multo prosperiorem quam credi posset eventum; pepercit enim ejus teneritudini Deus, ne jecur tantopere Deum amans immeritum hujus innobilis reditus gladio carperetur.

Igitur illi moriturae cum meus magister lacrymabundus assisteret, intulit illi : « Ecce filii domini remoti sunt, et tu forsitan ægre feres, et ipsi ægrius, si eis absentibus defungaris. » At ipsa eum oculis reverberans : « Si, inquit, uti quondam intra claustrum istic contiguum commanerent, novit Deus quod neque hos neque quempiam meorum affinium in eo vellem obitui interesse. Est autem unus quem internis præstolor viribus, qui utinam solus adsit ! » Dixit sic et ea nocte, hac hora qua angelus Gabriel a Deo missus ad Virginem et cantatur et colitur, ad suam illam infinitis semper amoribus exoptatam quam prælibavi Dominum, non ingrate, ut credimus, suscipienda migravit.

Ante paucos autem quam decederet annos, nimie cœperat affectare sacrum suscipere velum. Quod cum ego auctoritate proposita distulissem, ubi dicitur : « Viduas velare pontificum nullus attentet ; » sufficere sibi posse continentissimam sine exteriori habitu vitam; quod et ipsum Anselmus abbas Beccensis, postmodum Cantuæ (Cantiæ *vel* Cantuariæ) Anglorum **493** archiepiscopus, vir mirabilis (de quo superius egi) ex antiquo vetuerat ; tanto ipsa magis accendi, et a proposito nulla ratiocinatione repelli. Vicit, et inter suscipiendum, cum, viro reverendissimo Joanne loci ejusdem abbate, quem ipsa parvulum nutrierat, præsente super ea re satisfaceret, ad extremum tale se a Deo habuisse docuit in hoc opere incentivum :

Dixit ergo se in visione vidisse multæ pulchritudinis et auctoritatis Dominam, cui ornatus inerat circumstantia copiosi, quæ pretiosissimum sibi offerens peplum, quasi ad custodiendum idem ei commendabat, opportuno videlicet tempore in morem depositi restituendum. Cui verbo omnes incunctanter assedimus, præsertim cum ejus devotionem divinis provocari significationibus sentiremus. Quod sacrum velamen annis ferme tribus integre, ut poterat, conservatum, illa die ei, quæ sibi illud commiserat, Dominæ reportavit, qua ipsa salutiferæ annuntiationis auspicium jucundissima felix aure suscepit. Ipsam cunctis commendo qui legerint ista fidelibus, quam constat neminem a crebris suis orationibus exclusisse fidelem. Hæc de ea coram Deo dixerim, cordis mei verax testimonium habens, nihil omnino confinxisse. Sed quia ad Flaviacensem ecclesiam postliminium fecimus, dignum est ut aliquantisper inibi commoremur iterum, antequam Laudunensi sabulo retrovaga vestigia conspergamus.

CAPUT V.

Judæus ad fidem conversus monasticum habitum induit. — In ipso monasterio monachus quidam est genere Hebræus. Is, Hierosolymitani itineris per Latinum orbem personante primordio, sic est a sua superstitione sublatus : Rothomagi quadam die hi qui illam ituri expeditionem sub eadem crucis professione susceperant, inter se cœperunt queri : Nos Dei hostes orientem versus longis terrarum tractibus transmissis desideramus aggredi. Cum ante oculos nostros sint Judæi, quibus inimicitior existat gens nulla Dei, præposterus, inquiunt, labor est. His dictis arma præsumunt, et in quamdam ecclesiam compellentes, utrum vi nescio an dolo recutiunt, et gladiis indiscrete sexus et ætates addicunt, ita tamen ut qui Christianæ conditioni se subderent, ictum mucronis impendentis evaderent. In qua digladiatione vir quidam nobilis puerulum vidit, misertus eripuit, et ad matrem suam detulit.

Erat autem ipsa non mediocris excellentiæ Augiensi comiti quondam nupta. Est vero (⁷⁷) Augium castrum, cui præeminet (⁷⁸) abbatia Sancti Michaelis juxta mare, quod dicitur Veterisportus [vulgo, *Tréport*]. Egregia ergo mulier, infantulum suscipiens, gratulatoria admodum affabilitate ab ipso quæsivit utrum Christianis vellet legibus applicari. Quod cum ille non diffiteretur (putabat enim se similibus, quas suos pati viderat contribules, cædibus destinatum), accelerato qui baptizatis competit apparatu itur ad fontem. Cui indito post orationum mysteria sacramento, cum ad locum ventum esset ubi accenso lumine liquens in undam cera dimittitur, gutta singulariter ibidem visa est cecidisse, quæ per se solam in ipsis aquis adeo accurate sua, ut sic dicam, quantitatula effigiem crucis expressit, ut ex tantilla materie simile quid manu fieri humana non possit. Hæc ipsa mihi comitissa, cum in tantum mihi familiaris esset ac unice nota, ut non nisi filium me vocaret, hoc etiam ipse presbyter pariter non sine divini nominis plurima contestatione dixerunt. Quem ego eventum satis leniter [f., leviter] accepissem, nisi successus egregios pueruli indubie pervidissem; vocabatur

autem ⁷⁹ comitissa Helisendis. Filius vero ejus, qui a cæde eum extulit, et a sacro fonte recepit, Guillelmus. Unde ei nomen puero ad ę [delato] dedit.

Grandiusculus ergo cum foret, ab Hebraicis, quibus imbui cœperat, ad Latinas litteras traditus brevi coaluit. Et quia ne a suis ad pristina revocaretur parentibus metuebat, Flaviacensi eum intulit cœnobio. Id enim aliquando tentaverant, sed nihil penes eum valuerant. Traditus autem monachatui tanta affectuositate erga Christianum se morem habuit, tanta animi acrimonia quidquid divinæ attinebat scientiæ combibit, tanta æquanimitate ea quæ sibi disciplinæ gratia inferebantur pertulit, ut suæ nequam naturæ victoria, et nuper turbatæ habitudinis gloriam [f., gloria] non minimam reverentiam a cunctis exigeret. Delegatum igitur sibi pueritiæ suæ custodem clandestinum habuit grammaticæ præceptorem, qui, vir plurimum religiosus, considerans novo illi homunculo necessariam nostræ legis notitiam, ipsi erudiendo non inanem dedit operam.

Adeo namque naturaliter solers ejus quotidie acuminatur ingenium, ut (⁸⁰) cum ibi litteratorum floreat multitudo, major intelligentiæ cujuspiam non putetur claritudo. Cum itaque in sentiendo sit multus, invidentia consequenter ac derogatione fit nullus, semper hilaris, et cui specialis constet pudicitiæ cultus. Ad hunc, ob augendum infractæ fidei suæ robur, libellum quemdam direxi, quem contra Suessorum comitem, judaizantem pariter et hæreticum, ante quadriennium ferme scripseram, quem ille ut audio tantopere amplectitur, ut de fidei ratione aliqua compilando pie illud Opusculum æmuletur. Crux igitur **494** in ejus baptismate non fortuito, sed divinitus facta jure apparuit; quæ insolitam nostro tempori in Judaici generis homine credulitatem futuram innotuit.

Senex quidam mundo renuntiat, strenueque disciplinam monasticam contra dæmonum astutias tuetur. — Alter quidam, genere nobilis Bellovagensium, Noviamagensium quoque locuples, ætate evectus, et effeto jam corpore, quod talibus pestiferum est, uxorem habens vegetiorem officio thalamorum, desertis conjugio ac sæculo monachum inibi profitetur. Qui lacrymis pene continuis et orationibus infinitis insistens, nunquam Dei verbi ab auditione deficiens, spectabilem nobis omnibus se præbebat. Is fervente, ut assolet, regulari districtione, cum in capitulari prohiberi conventu audiret ne quis claustralium cellam infirmorum, in qua degebat, sine certa ratione intrare præsumeret, prolatam sententiam memoriter apud se continuit. Et ecce mane quodam, dum adhuc medie sopitus clausis oculis cubitaret, duo dæmones (⁸¹) instar religiosorum illorum quos Deonandos (42) vulgo appellant, scamno quod ejus subsidebat lectulo insederunt. Expergefactus ergo senior oculos lecti retorsit ad capulum, miratur adeo familiarem super incognita gente consessum.

(42) *Deonandos* laicos indicat infra.

Erat autem alter qui præsidebat capite retecto, barba non præmissa, sed torsula rufus, et, ut solent hujusmodi circumcelliones, nudipes incedens, cœno ut perhibebat quasi noviter id calcasset, pedalium digitorum per interstitia densescente. Alter vero a tergo prioris ita deliturat ut vultus ejus qualitas discerni non posset, [82] birro talari, et nigro capite adoperto.

Has itaque ignotas coram se personas attendens, cum grandi animadversione adoritur. Cum sitis laicæ, et ignotæ personæ, unde vobis tanta temeritas, ut hac hora hunc in locum veneritis, in quem sine re aliquivis claustralium monachorum venire non audeat? At ille : Audieram, domine, hoc in monasterio viros esse religiosos, et addiscendæ causa religionis adveneram, quæso ne ægre feratur. Non, inquit, hic religio aut ordo addiscitur, sed si vis doceri, ad eos qui in claustro sunt vade. Illic disciplinæ vigorem, et sanctitatis rudimenta reperies. Excedite ergo hinc, quia quod ipsis monachiis dominis loci est vetitum, vobis est longe amplius incomparabiliter inhibendum.

Cumque eadem repetere vellet, pariterque morari, ille tonantiori ad eos sermone infrenduit, et ab æde prodire coegit. Cumque ad ostium usque processissent, in limine substiterunt. Et respiciens ad seniorem ille, qui dux erat verbi, rursus intulit : Malo me hinc eliminatis, certe si me vobiscum retinere voluissetis, est quidam de vestris clientibus furti reus, quod si inficiari præsumeret, ego bello pugili impeterem, et plurimum inde vobis quæstum inferrem. Quo senior audito subrisit. Jam nunc, inquit, evidens sumpsimus ex tua confabulatione periculum, dum qui religionis causa venisse te dixeras, nunc te pugilem fatearis. Igitur tantæ merito falsitatis nec audiendus es, nec tenendus. At senior valde irritatus, quod tales intra domum admissi fuissent, surgit et ad domus usque porticum vadit, infirmos, ibidem qui secum manebant fratres reperit, vehementerque coarguit, cur tam exterum genus hominum introire sivissent. Illi autem admirantes, et delirare credentes, fassi sunt neminem se vidisse. Ipse vero referens qui essent, quomodo se egissent quidve dixissent, et tempus pariter signans, suo et omnium testimonio didicit, a dæmonibus se delusum. Sunt enim quædam dæmonia solis ludibriis intenta, sunt et aliqua mente crudelia, et ad lædendum prona, cujus verbi gratia extra propositum duo exempla proponimus.

CAPUT VI.

Servus quidam invocato dæmone in Italiam transfertur. — Apud castrum Calniacum [vulgo, *Chauny*] ex familia Guascelini, castri ipsius Domini, famulus quidam erat, cui ad castelli custodiam noctibus excubandi officium incumbebat. Qui vespertinis cæcutiente jam prorsus die horis, cum cœnæ imminenti deesse timeret, trans fluvium positus clamabat appelli ab aliquo alteri ripæ navem. Cumque ei a nemine obaudiretur, in furorem homo versus dixit :

Vel vos diaboli, quare me non transponitis? Nec mora, diabolus sese offert, ascende, inquiens, ego te feram. Illico infelix male casurus ascendit. Quo diabolus assumpto sub eadem hora in Italiam detulit infra suburbium civitatis, quæ Subtura [*vel* Subura] dicitur, eum tanta benignitate deposuit, ut coxam ei frangeret. Est autem ipsa civitas diei fere unius itinere citra urbem. Pridie autem dominus ejus prædictis ad limina apostolorum profectus, ab urbe digressus fuerat, et Suburæ hospitatus. Qui cum antequam diesceret, surrexisset, ut solent hibernis peregrinantes mensibus, cum extra civitatem cum suis agros attingeret, cujusdam haud longe a strata publica plangentis audivit vocem. Quæritur, reperitur, quia vox erat a domino suo, ex sola voce cognoscitur. Interrogatus quomodo illuc devenisset, refert sero se fuisse Calniaci, et qualiter ibidem diabolo exportante corruerit. Dominus satis superque miratus hominem in proximam extulit civitatem, de suis præbens pecuniis unde suum curaret reditum et infirmitatem. Ex his ergo quæ passus est didicit et docuit Deum, non dæmones pro negotiis invocandos.

495 *Clericum obesum febribus diaboli torquent.* — [83] Apud Sanctum Medardum itidem homo erat, idem in abbatia ipsa habens officium. Cumque super turritam a parte vivarii portam sistris, ore, et cornibus aliquantulum noctis pervigilum more duxisset, ad extremum super oram aquæ deambulaturus descenderat. Cui illic stanti trium mulierum species apparuere, quarum eo audiente una dixit : Ingrediamur in hunc. Cui altera : Pauper est, nos bene fovere non posset. Ad hæc tertia : Est quidam hic clericus Hugo obesus et pinguis, rebus exuberans, qui bene nos nutriat, ipsum adoriri bonum est. Inanescentibus illis, homo sese in se recepit, et tria nominatiora illa febrium intellexit genera, quæ se ridicula quasi pauperem curiositate despicerent et in illum qui carnibus et substantia exhauriri vix poterat, contenderent. Non exspectata igitur luce ad propinquiores quos reperit, accedit monachos, et relato eis eo quod viderat, et audierat, ad præfatum mitti rogat Hugonem, ut sciretur qualiter se haberet. Mittitur et sub maximis febrium æstibus reperitur. Ex quo conjicitur talia morborum genera Deo judice a dæmonibus ministrari. Unde et mulier in Evangelio curva decem et septem [*al.*, octo] annis a Satana legitur alligata (*Luc.* XIII, 11). Is etiam qui epilepsim, id est caducum patiebatur morbum, a spiritu immundo allidi in terram, spumare, stridere dentibus, et asciare perhibetur (*Marc.* IX, 17), quod oratione solum et jejunio curari posse asseritur. Job etiam interius et exterius, id est corpore et substantia, dæmonum infestatione feritur.

De clerico deinde canonico regulari facto, qui postquam pessimam egisset vitam, monachus tandem beato fine excessit a vita. — Conceptum sermonem tenere quis possit? Quartum denique, quod memoriæ se subigit, scripto pariter subigamus. Clericus quidam, qui nostris terribile temporibus dedit exemplum, Remis commanebat, mediocriter litteratus, at pingendi gnarus. Qui aliquando levitatum quas plurimas commiserat timidus, Catalaunis in Omnium Sanctorum ecclesia factus est regularis canonicus. Inibi aliquandiu degens, cum a primordii sui in dies fervore tepesceret, et calorum veterum refricaretur æstus, deserta cui se tradiderat regula, iterum ad Remos se contulit, uxorem duxit. Cumque exinde aliquot pignora sustulisset, ad sui correctionem cœlitus morbo percutitur. Attamen, antequam hac infirmitate decumberet, id habuerat voluntatis, quatenus Hierosolymitanam expeditionem, quæ tunc mire percrebuerat, sequeretur.

Igitur cum diu et valde ægrotaret, excrescente molestia ad cor reversus, (⁸⁴) directis ad abbatem Sancti Nicasii ea tempestate Joannem, precibus ad se venire compellat, mundi abrenuntiationem spondet, sacro se indui habitu postulat. Abbas ille providus, et de experta ejus levitate suspectus, disjulit, hominem, et habitum quem petebat dare recusans, intra cœnobii tamen penetralia transtulit ægrum. Cumque sibi morbum ingravescere præsensisset, abbatem aggreditur, et schema monachicum multis deplorationibus ab eo quasi vellet nollet extorsit. Ex adepto itaque quod desideraverat lætior, parvissimo temporis spatio se solito quietius agere videbatur. Tunc repente nescio quo divino motus instinctu abbatem accersiens, ait : Jube, Pater, sollicitam tuos habere custodiam mei; scias enim pro certo evidens aliquot diebus mihi imminere judicium Dei : Tu siquidem et tui plurimam de me importunitatem patiemini, sed diurnum non esse scientes, quæso ne molestemini. Quo audito, abbas haud pavidos sed vigilantes ei præcepit delegari custodes. Nec mora

dæmonum examina undique infinita in ipsum irruere, vellere, per pavimenta prostratum detrahere, ipsum quoque sacrum habitum, cum ei rabida violentia extorquere molirentur, ille capitium tenere dentibus, brachia ne velleretur stringere. Cumque hac horrenda miseria sub miserando ejulatu maxime noctibus urgeretur, aliquoties tamen interdiu recedentibus illis paulisper quiescere sinebatur, Tunc plane interrogari poterat qualiter in illo tempestuoso negotio cum eo agebatur. Multa tunc de spiritibus hominum, quos ipse noverat, et quos ei præsentes suggerebant, quasi eos conspicuos haberet, loquebatur.

Quod cum audisset mulier quædam vidua, quæ de mariti sui animæ periculo metuebat, et minus pro eodem orabat, consuluit eum utrum pro suo conjuge sibi orare liceret et si ipse quid ille ageret, sciret. At ille quidam inquit? Ora secure pro eo ; nam paulo ante hic fuit. Aliquantis ergo diebus tantis tormentis addictus, tandem perfectæ quieti redditur. Nam etsi aliquoties inter patiendum pausare videbatur, mox tamen e parietibus, e terra undecunque dæmonum turbas videbat emergere, et ad discerpendum sibimet involare. Remotis denique malignis spiritibus, cum divini sibi judicii esset indulta clementia, accito abbate sic loquitur : Ecce, domine, peccatis meis vicem reddit Deus. Scias ergo quia post hanc examinationem cito sequitur finis meus. Absolutionem itaque erroribus meis quam potes impende, et sacro me oleo ad cumulum remissionis inunge. Quod celeriter ac devote abbas duxit effectu : quo ille affectuose et gratanter excepto, ab omni contagio per præsentes expiatus pœnas liber et lætus obita sibi morte concessit ad vitam.

LIBER TERTIUS

Quomodo Galdricus episcopus Laudunensis excarnificatus fuerit; atque ecclesia ac universa pene civitas conflagrarit.

CAPUT PRIMUM.

496 *Gesta Adalberonis (a quo destructæ urbis et calamitatum sumpsit initium) ac de quibusdam aliis episcopis Laudunensibus.* — De Laudunensibus, ut spopondimus, jam modo tractaturi, imo Laudunensium tragœdias acturi, primum est dicere totius mali originem ex pontificum, ut nobis videtur, perversitatibus emersisse (43). Qui [*f*., quia] cum diuturnior longe exstiterit, ab Ascelino qui etiam Adalbero vocabatur, huic operi attexenda putatur. Is, uti compertum nobis est, ex Lotharingia oriundus, dives opum, possessionum locuples, cum distractis omnibus pretia ingentia ad sedem, cui præerat,

transtulisset, ecclesiam suam præcipuis quidem ornatibus insignivit, clero ac pontificio plura auxit, sed cuncta illa beneficia quadam præstantissima iniquitate fœdavit. Quid enim nequius, quid sibi ignominiosius, quam quod dominum suum regem innocentem puerum, cui sacramentum fidelitatis ille præbuerat, prodidit et in exterum genus Magni Caroli cursum genealogiæ transfudit? Quod facinus die cœnæ Dominicæ instar Judæ patravit. In qua subversione regnaturorum atque regnantis ipse certe non providit utilem ad tempus mutationem, sed pravæ suæ penes innocuos voluntatis expletionem. Urbem autem urbisque præsulem temporalia ideo non

---

(43) Nonnihil hic desiderari videtur.

minus est secuta, Deo pœnam differente, prosperitas.

CAPUT II.

De Helinando itidem episcopo. — (85) Præterea Helinandus vir admodum pauperis domus, et obscure progenitus, litteratura pertenuis, et persona satis exilis, cum per notitiam Gualteri comitis senioris Pontisarensis, de cujus comitatu gerebat originem, ad gratiam Eaduardi [*al.*, Eduardi] Anglorum regis pertigisset (uxor enim sua cum prædicto comite sibi necessitudinem nescio quam crearat), capellanus ejus fuit, et quia Francicam elegantiam norat. Anglicus ille ad Francorum regem Henricum eum sæpius destinabat. Cum quo rege, qui multum erat cupidus, et episcopatuum venditionibus assuetus, largissimis lenocinantibus xeniis egit, ut si quispiam episcoporum Franciæ decederet, pontificalibus infulis ipse succederet. Is enim in capellania regis ac reginæ positus, quoniam Anglia iuflnitis eo tempore florebat opibus, multos pecuniarum montes aggesserat, ideo arridente ei præfata largitionum causa, vox ejus apud Henricum regem exaudibilis erat. Quod et factum est : Lauduno enim invectus, quia non æstimatione parentum, non scientiæ litterarum se valiturum putabat, in opulentia, quæ plurima suppetebat, et quam cautissime dispensare didicerat, et dapsilitate spes fuerat.

Ad ornandas igitur et extruendas se vertit ecclesias, et cum multa pro Deo videretur facere, evidentissima tamen dabat indicia se solos inde favores, solam nominis dilatationem in bene gestis quærere. His etiam ipse artibus Remensem archiepiscopatum insedit, quem cum dilapidatis penes regem Philippum, hominem in Dei rebus venalissimum, magnis censibus biennio obtinuisset, a Domino papa (44) audivit, quia uxorem quis habens, alteram superinducere nequaquam possit. Consulenti plane cuidam se cur eo tenderet, dixit, quia si etiam papa fieri possit, haud quaquam dissimularet.

Is igitur qualiscunque aut ambitione, aut quacunque alia humanitate, apud se exstiterit, in hoc ei honor omnino asservandus est, quod et libertatem Ecclesiæ magnifice tuitus sit, et tam ipsam sedem, quam appendices ejus ecclesias uberrima largitione provexit. Et dignum erat ut externa ei bona suppeterent, quæ in Dominicarum domuum decore projicerentur.

CAPUT III.

De Ingelranno episcopo. Immunitates Ecclesiæ pessumdari sivit. Urbis destructionis causa fuit. — Hoc exacto, successit Ingelrannus vir sicut nobilitate, sicut litteris **497** ad præfati episcopi comparationem clarus, ita ad tuenda jura Ecclesiæ in ejus collatione teterrimus. Nam episcopi redditus quosdam, quos illi sedi violentia regia aliquando subduxerat, cum prece ac muneribus a rege Philippo exegisset, et Ecclesiæ reddita litteris regiis et sigillo Helinandus ipse firmasset, hic ad sui funestationem introitus,

(44) Urbano II.

regi universa remisit, quibus trium jam per successionem episcoporum ecclesia caret, perpetuoque fortasse carebit. Unde factum est ut omnes qui secuturi sunt episcopos hujus Simoniæ participes, sicut mihi videtur, fecerit, qui præsulatum tanta regii metus affectatione suscipiunt ut repetere non audeant, quæ ille ut episcopus fieret damnabiliter indulsit. Is cum exsors esset totius affectionis in Deum, et omnis ei frugalitas ac religio esset ludibrio, ut in garrulitatibus et lascivis sermonibus palam foret omni scurra et choraula deterior, cœperunt diebus ejus destructionis urbis illius et ecclesiarum atque totius provinciæ occasiones emergere, quibus et contigit eum exitus non salubres habere.

Ingelrannus Ecclesiis multa confert, verum nequissimis libidinibus immersus. Uxore Godefridi comitis Namurensis abutitur, simulans ipsam in matrimonium duxisse. — Nam quidam ejus cognominus (86) Ingelrannus scilicet Botuensis [vulgo *Boves*], plurima sibi consanguinitate affinis, vir fuit equidem admodum liberalis, largus et dapsilis, reverentiam permaximam munificentiamque præstans ecclesiis, in quibus duntaxat religionem haberi didicerat, alias autem amori femineo adeo deditus ut quascunque circa se aut debitas aut usurarias mulieres haberet, nihil pene faceret, quod ei earumdem petulantia dictitaret. Is igitur cum in sortiendis matrimoniis infortuniosus esset, per exteras vagari incipiens, cujusdam cognati sui comitis Namurensis furtim sibi conscivit uxorem ; clam, inquam, sollicitatam in propatulo sibi nuptialiter conjunxit. Quam conjunctionem multiplici anathemate addemnatam, conciliorum detestationibus maledictam, facili uterque instanti flagitio abjurassent, nisi præfatum episcopum, et mariti consanguinitas, et feminæ adulantis dolositas mollivissent. Quæ mollities tantopere adulterinos fovit amplexus ut quod generaliter fuerat ligatum, palamque excommunicatum, furtive absolveret. Proh pudor ! certe ii quibus absolutionem factam mendaciter suaserat, nunquam absolutos se ducere præsumpserunt.

Rogeri comitis Porcensis filia nupserat Gofrido comiti Namurensi. — Interea quoniam a radice colubri egreditur regulus (*Isai.* xiv, 29), mala scilicet fota erumpunt in pejus, quantis quis dicat ille, qui uxorem amiserat, desævierit cædibus in Porcensem comitatum ? Filia plane (87) Rogeri comitis Porcensis hæc fuerat (extremum videlicet pignus ejus), qui abdicatis filiis ac filiabus, quos ex generosiori multum uxore sustulerat, hanc ex mediocris generis matre natam, primis hæredibus, noverca insistente, exclusis, Lotharingo illi Namurensi, scilicet (88) Godefrido comiti cum suo comitatu tradidit. Marito igitur intra Lotharingiam quibusdam suis hostibus intento, uxor præcepto ipsius apud Tornum Porcense castrum (vulgo *Porcean*) morabatur. Cui, cum minus quam volebat mariti debitum redderetur, utrum alia [*f.*, alias] sese cohibuisset, hoc uno sciri potest, quod ad tam evidentis et immanis flagitii saltum nunquam venisset, nisi clandestinorum malorum gradibus descendisset, praesertim cum externis concubitibus gravida veniret ad istum, quem nunc obsidet. Nam praeteritarum ejus libidinum ea apud omnes, qui eam norunt, opinio est, ut non modo nos texere, sed vel meminisse pudeat.

Erat autem ille Godefridus juvenis omnimode pulcher, Ingelrannus vero, ad quem se contulit, vir grandaevus. Igitur inter utrumque tanta bellorum flagrare coepit vecordia, ut quicunque a Lotharingo illo, de his qui ad Ingelrannum pertinebant, capi possent, aut furcis appenderentur, aut oculis privarentur, aut pedibus truncarentur. Quod hodieque Porcensem visentibus pagum liquido constat. Audivi certe a quodam, qui quondam tali carnificinae interfuit, duodecim ferme homines in hujusmodi confligio deprehensos uno die sublatos in furcam. Porcensium enim quidam primores hujus transmigrationis sequestri fuere, et auctores, qui ob hoc et in vita, et in morte fuere infames. Sic Venus non concepta Vulcani ignibus processit ad Martem, fervor scilicet libidinum despumans in crudelitatem. Quis praedas, quis incendia hinc et inde facta enuntiet, et caetera quae parere hujusmodi tempestas solet, quae tanta fuere, ut mutos faciant referre volentes [f., nolentes]?

Itaque dominus episcopus diabolicam hanc copulam male sanus absolvit. Multa super episcopi moribus referri possent prorsus digna taceri, in quo supereminet illud, quod nulla peccati conscientia compungebatur ad Deum. Is tandem infirmitate contactus, nec a levitatibus infirmitate contractior, ita repente sopitis sensibus nubilo mortis involvitur ut loqui ex ratione non posset, cui confessio, inunctio, communio aliis curantibus sunt violenter illata, nec est sententia postulata. Cumque tamen lingua et oculis pene jam sub morte natantibus, Ingelrannus ille, quem male solvendo ligaverat, advenisset, quem etiam clerici ut inungeretur quasi excommunicatum a domo excluserant, eumque illacrymans compellasset 498, dicens: Domine episcope, ecce Ingelrannus, ego sum cognatus tuus. Ille qui neque confiteri, neque inungi, neque communicari petere sciverat. Injecta manu collo ipsius suum hominem contraxit ad osculum. Quo facto scandalizatis omnibus, ipse postmodum praeter deliramenta nil dixit usque ad exhalationem spiritus. Certe ipsa mulier, cujus amore id egerat, multoties hoc publice sub exemplo narravit quia, scilicet quod male vivus egerat, hoc moriens quasi calcem malitiae posuisset. Ecce sic coeli quorumdam iniquitates revelant, ut et terra adversus eos consurgat et ipsis displiceant quibus foede placere gestiunt.

CAPUT IV.

Biennio vacat sedes. Ad episcopatum tandem adlectus Galdricus in perniciem urbis ac provinciae. — Hoc igitur sic mortuo, cum biennio vacasset Ecclesia, tandem electuri pontificem convenimus. Inter quos adfuit ipse idem Ingelrannus, qui et superiorem episcopum, cum eum rex pro suis levitatibus a pontificiis objurasset [f., abjurasset], sua apud eumdem regem interpellatione crearat. Ad hoc plane nitebatur animus et sermo ejus ut qui eligeretur episcopus sibi esset obnoxius. Cui potissimum in efficiendo episcopo rex faveret et clerus, et ideo minus adversari auderet conjugio ejus. Ad excidium ergo urbis, et totius provinciae detrimentum, ([59]) Gualdricum eligunt quemdam regis Anglorum referendarium, quem auro argentoque audierant opulentum.

Quidam ambiens episcopatum a Deo percutitur. — Antequam electionem duo Ecclesiae archidiaconi per mutuas eligentium contentiones in cathedram fuerant evecti, Gualterius scilicet et Ebalus; sed apostolicae sedis judicio sunt ejecti. Gualterius enim non clericum, sed militarem se semper exhibuerat; alter mulierum incontinens erat. Quibus emissis tertius Ecclesiae candor se intrudere volens, curiam petiit, et, cum quasi pro altero se agere velle praetenderet, in se verbum de sacerdotio retorsit. Quid effluo? Multiplices regi paciscitur munerum copias, spes et promissa divitiarum tuberosus [inflatus] amplectitur, sed non divitias. Reversus nempe domum praestolabatur ut sequenti Dominica a legatis regiis poneretur in cathedra. Et ecce Deus (qui talibus dolos praeponit, qui eos dum allevantur dejicit) lethali superbum morbo percutit, et mortuus eo die in ecclesia sistitur, in qua sibi cathedraticum a clero et populo accepturus videbatur. In qua depositus, ut mihi relatum est, mox crepuit, et ad medium usque chori foedi humoris exuberantia fluxit. Sed ad id unde excessimus revertamur.

Galdricum eligi in episcopum petit rex Anglorum, cui assensum praebuere omnes, praeter Anselmum. — Spe igitur falsissima commodorum electus ille praedictus a clero, Ingelranno primum elaborante, et caeteris malo suo adnitentibus Rothomagi a rege Anglorum ([90]) de curia contra canones expetitur. Qui nequaquam hujus electionis incertus, quod sub nullius ecclesiae titulo erat, nec quidpiam sacri ordinis praeter clericatum exceperat, factione egit, ut e vestigio subdiaconus fieret, et canonicam in Ecclesia Rothomagensi susciperet, cum hactenus sese omnino militariter habuisset. Cum igitur omnes assensum in ejus susceptione dedissent, ([91]) solus magister Ansellus, vir totius Franciae, imo latini orbis lumen in liberalibus disciplinis, ac tranquillis moribus, ab ejus electione dissentit. Ipse plane certis auctoribus ejus noverat qualitatem, cum nos licet inviti prosequeremur ignotum. Eramus sane quibus displicebat, sed aliorum male timidi, qui nobis praeerant potentias sectabamur.

Adit papam Galdricus cum tribus abbatibus. — Receptus itaque cum pompa vanissima veniens intra urbem, non multo post sollicitat nos, ut Romam secum pariter properemus. Abbatem siquidem Sancti Vincentii Adalberonem virum ex Suessionis oriundum, et bene litteratum (⁹²) cum abbate Ribodimontensi (vulgo *Ribemot*), et ipso non sine litteris, me quoque, qui junior et scientia et ætate fueram, datis expensis secum pariter conscivit ituros. Proficiscentes igitur et Lingonas attingentes, auditu comperimus Dominum Paschalem papam, jam dudum ab urbe digressum, illius diœceseos finibus propinquare. In oppido illo diebus octo desedimus.

Cumque Divionem dominus papa venisset, clerici Laudunenses, quorum plurimam turbam præfatus secum electus adduxerat, obviam papæ vadunt, cui in eodem castro constituto, de electi sui causa loquuntur. Spondet se papa, utpote multis referentibus jam rei gnarus, pro petentium voto cuncta facturum. Causa autem erat quia infra ordines erat electus, exceptis aliis capitulis, quibus ad aures papæ a præfato Ansello fuerat jam notatus. At palatini papæ videlicet necessarii, comperta hominis opulentia, aggratulari, virum ferre laudibus. Moris enim est, ut audito auri nomine mansuescant.

Summus pontifex discutit electionem Galdrici. — Intra urbem itaque papa susceptus Lingoniam super electione nostra habuit postridie tractatum. Cumque electionis libellum coram ipso legissem, in quo vita ejus et mores satis superque ferebantur, abbatibus nobis qui aderamus, et presbyteris quibusdam Ecclesiæ qui cum electo venerant, papa accitis, cœpit ad nos concionari, materiam de electionis lectione recens lata sumens. Erat **499** autem conventus locuples insignium admodum personarum, Italicorum episcoporum, atque nostratium, sed et cardinalium, aliorumque litteratissimorum. Interrogat ergo papa primum cur elegeramus ignotum hominem. Ad quod cum nemo presbyterorum respondisset, (nam quidam elementa vix norant) ad abbates se vertit. Sedebam autem inter utrumque medius.

Invitus coram ipso sermonem habuit Guibertus. — Utrique igitur ad illata tacentes, me, ut loquerer hinc et inde urgere cœperunt, qui meæ timidus juventutis, et in tanto loco atque negotio temeritatis notam verens, vix os præ pudore aperire consensi. Fiebat autem res non materno sermone, sed litteris. Dixi ergo sub multa oris ac animi suffusione quæ rogitantis sententiæ congruerent. Sub dictionibus quidem compositis verba tepentia, sed non penitus a vero deviantia, hominem sane ex familiaritate nos et usu non nosse, sed ex'benevolentia referentium probitates de eo aliquas accepisse. Quod cum prolato Evangelii testimonio : « Qui vidit, inquit, testimonium perhibuit (*Joan.* xix, 35); » cassare tentasset, et illud hoc non explicito objecisset quod etiam de curia electus esset, ego quidem mox inutili tergiversatione postposita, fassus me verbis ejus refragari non posse. Quod valde ipsi placuit. Erat enim minus quam suo competeret officio litteratus. Inde cum defensoriam circumlocutionem meam ad primam ipsius quæstionem parum ponderis habere sentirem, quamvis illi plurimum grata foret, ad necessitatem quæ Ecclesiæ imminebat, verba transtuli, et quia persona pontificatui apta non esset, ibidem compendiose subnexui.

Interrogat denique quos haberet ordines, quem subdiaconum foré respondi. Deinde quærit in qua Ecclesia militaverat, in quo mentiri veritus hæsi, sed a meis mihi coabbatibus suggestum est quod in Rothomagensi Ecclesia. Ubi tamen ex vero addidi, quia hoc nuper. Ad extremum infert an legitime esset progenitus. Dictum plane sibi fuerat quod esset naturalis. In quo capitulo cum plus quam in cæteris me constantius habuissem, præsertim cum super isto nullatenus dubitarem, dixit papa : Perhibetis testimonium super his ? Cui inquam : De cæteris capitulis taceo, isti tamen fidenter astipulor quod neque sit nothus, neque spurius. Hæc certe sic objecta dominus papa non aliter quam diximus retractavit. Causa autem ut hæc seriatim ita objiceret, non impediendi cum fuit, sed quia Ansellus magister, qui eum his omnibus arcesserat, impresentiarum erat, ut quod scilicet clam dixerat, si forte in faciem ea homini illaturus insumeret.

Ipse vero Magister altiori intuitu ambitione palatinorum inspecta (non dico domini papæ) clavam Herculi extorquere de manu difficile duxit. Domino ergo papa, et me, si dicere audeam, nugaciter, ipse scholasticus niti videns dominos in diversum contradicere supersedit. Omni igitur illico discussione sopita, electus ille ad medium deducitur, et ei a domino papa gratia pontificandi conceditur. Soluto itaque conventu, et papa egresso, ecce me cardinalium cœtus aggreditur, multipliciter ardens et dicens mihi : Multum nobis placuerunt verba tua. Qui placor, Domine Deus meus tu scis, quia non tam de elegantia verborum meorum emergebat, quantum de spe optima denariorum extra.... bensium quibus ille suffarcinatus advenerat. Nam et ego et coabbas meus Sancti Vincentii Adalbero, monetæ ejusdem ferebamus quisque nostrum vicenas libras, quibus tantus exspectantium hiatus forsitan oppletus est, et ideo adminiculari ei ejusque adminiculatores amabant.

Denique abscedentibus iis, cubicularius domini papæ nomine Petrus, Cluniacensis monachus, qui ejus notitiam Rothomagi attigerat, cum a rege Anglorum hominem peteremus eumdem, his me verbis secreto aggreditur : Quoniam recepit dominus papa testimonium vestrum pro persona quam vultis, et vos gratanter audivit, debetis ammodo suggerere electo vestro ut imperio domini papæ in cunctis obediat, et in tantum ei de suis obsequatur, ut vos denuo si opus fuerit, pro ipso et aliis libenter exaudiat. Ecce mel illitum per ora virosi poculi. Quid enim melius quam papæ obtemperare præceptis ? quid pejus quam pro indulta Dei gratia hominibus pretio obsequi ? Ego tamen talis negotii internuntius vehementer esse perhorrui.

Pronosticum de Galdrico. — Igitur (⁹³) apud Sanctum Ruffum de Anione sacramento pontificali suscepto, pronosticum triste sibi Evangelii textus exhibuit. Fuit enim : « Tuam ipsius animam pertransivit gladius (*Luc.* II, 35). » Certe Lingonis cum recepta papæ gratia ad altare Mammetis martyris cum clericis, *Te Deum laudamus* canentibus processisset, evangelicum conjecturæ causa textum ipse aperuit. Ubi versiculum qui primus occurreret sibi corripuit; scilicet : « Mulier, ecce filius tuus (*Joan.* XIX, 26). » Quod ipse mox ubique multum jactantiose circumtulit. In verbo namque et habitu, mire instabilis, mire levis exstiterat. De rebus nempe militaribus, canibus et accipitribus loqui gratum habuerat, quod apud Anglos didicerat. Unde quodam tempore, cum quamdam dedicavisset ecclesiam, et ego cum quodam bonæ indolis juvene clerico ei adequitaremus, rusticum 500 cum lancea reperit. Qua pontifex, tiara, quam inter sacra habuerat, habens in capite, mox sublata, equum calcaribus urgens, ac si aliquem percussurus intendit. Cui ego et clericus, ipse vulgariter, (⁹⁵) ego poetice :

(⁹⁵) *Non bene conveniunt, nec in una sede morantur, Cidaris et lancea.*

Interea magnus ille census monetæ Anglicæ, (⁹⁶) Hanaporum, et Scutrarum, qui male coaluerat, brevi dilapidatus est. Certe audivi a prædicto magistro Ansellc, qui cum eo jam episcopo ad Anglos revisendos profectus fuerat, cum illuc devenisset, tanta repetundarum hinc vasorum, illinc pecuniarum querimonia quorsumcunque vertebatur, emersit, ut a magistro subintelligeretur divitias, quas ostentaverat, aliis subduxisse, non bonis artibus acquisisse.

CAPUT V.

De dira Gerardi Carisiensis nece, Galdrico jubente, illata. — Post tres igitur ferme annos suæ ordinationis tale quid suo tempori quasi insigne dedit. Quidam de proceribus urbis, (⁹⁷) monasterii puellarum castellanus, nomine Gerardus, vir admodum strenuus erat. Qui quamvis statura brevi, et exili carnulentia videretur, tantæ vivacitatis et linguam habebat et animum, tantam acrimoniam in studio armorum ut in Suessorum, Laudunensium, Noviomensium provinciis timorem sibi addiceret, et reverentiam plurimorum. Is quantum probitate longe lateque patebat, tanto acrius aliquoties circa se positos sermone illoto mordebat, quod tamen nusquam probo cuilibet inferebat. (45) Unde factum est ut comitissæ illi, de qua supra sermo est habitus, clam derogare, et aperte indignari reciperet. In eo autem perversissime agens, quod adversus Ingelrannum prædictæ feminæ obsessorem, qui eum magnis opibus extulerat, insurgebat. Antequam vero sortiretur uxorem, apud feminam quam dicimus male familiaris exstiterat. Cum ergo eum diu loco amasii habuisset, accepta conjuge ab ejus lenocinio contraxit habenas. Cœperunt et ipsæ mulieres verbis sibi turpibus pariter adversari. Fuerunt enim mutuo antiquarum suarum levitatum consciæ, et tanto loquebantur fœdius quanto noverant sese secretius. Furebat itaque comitissa illa adversus ejus maritum, tanquam passa repudium adversus conjugem, ex cujus ore frequens sibi sciebat intorqueri convicium, et sicut ipsa erat omni serpente nocentior, ad perniciem hominis in dies reddebatur acrior.

Galdricus Romam, quo a cæde Gerardi videretur immunis, proficiscitur. Sed quia ponit Deus offendiculum coram his qui voluntarie peccant, causa subvertendi eum talis repente suboritur, inter eumdem enim Gerardum et Gualdricum episcopum simultatibus motis, ipse Gerardus incompetenter de episcopo, et de ejus contubernalibus loquebatur. Quod quidem tacite sed non patienter tulit episcopus. Nam tractato cum suis, et pene omnibus proceribus urbis, Gerardi exitio, et præbito ad invicem mutui ad hoc ipsum adjutorii sacramento, in quo et ditissimæ quædam mulieres adoperabantur, derelicto in manibus conjuratorum negotio, ad limina apostolorum pessima ductus cogitatione contendit, non apostolos (Deus tu nosti) quærens, sed ut non tractasse tantum nefas videretur absens. Circa festivitatem itaque sancti Martini profectus cum Romam venisset, tamdiu desedit ibidem donec patratam comperit invidiosi hominis necem. Qui quo minus probis omnibus invidus erat, eo improbis invidiosior. Facta autem hoc modo res est.

Orans in ecclesia Laudunensi occiditur Gerardus. — Infra Theophaniæ octavas cum esset sexta feria, mane adhuc videlicet pallente crepusculo, surgebat e stratu, ad Beatæ Mariæ principalem iturus ecclesiam. Ad quem cum venisset unus de conjuratis proceribus, retulit ei noctis ejusdem somnium, sibi ex quo plurimum dixit terrorem incuti. Videbatur plane ei, quod a duobus ursis utrum jecur, an pulmo nescio sibi vellebatur a corpore. Sed, heu! proh dolor! tunc temporis erat a communione abstentus. Abstentionis autem causa hæc fuit. Quidam monachus apud Barisiacum Sancti Amandi commanens, duos puerulos Teutonice solum loqui gnaros, Francicam linguam discendi gratia ad se contraxerat. Erat autem Barisiacus cum appendicibus villis sub advocatia ejus. Videns itaque pueros elegantes, sciensque eosdem non obscure natos, rapuit, ad redemptionem quoque coegit. Cui etiam cum pacta pecunia tunicam ex peregrino mure pelliciam, quam renonem (46) vocitant, puerorum mater misit.

Cum hac igitur veste Tyria superindutus lacerna, cum aliquot equitatibus ad ecclesiam prædictam eques venit. Qui ingressus cum ante crucifixi Domini imaginem substitisset, comitibus suis hac illac per diversas sanctorum aras euntibus, ministris conjuratorum aucupantibus, episcopi familiæ in episcopio nuntiatur Girardum Carisiacensem (sic

(45) Vide cap. 3.
(46) Vestis genus, sic dictum quod solum renes tegat.

enim agnominabatur, quia Dominus ipsius erat castri) oratum ad Ecclesiam devenisse. Arreptis ergo subclamidibus gladiis, Rorigo frater episcopi per cryptam, (⁹⁸) quæ basilicæ caput ambit, perveniunt **501** ad locum in quo ille orabat. Erat autem columnæ appodiatus cuidam, quam pilare vocant, interpositis aliquibus columnis a pulpito ad medium fere templi. Cumque adhuc esset mane cæcum, et in vasta ecclesia rari viderentur, hominem orantem a tergo corripiunt. Orabat sane (⁸⁹) mastigia clamidis a tergo rejecta, junctis a pectore inter orandum palmis. Constricta itaque a posteriori parte lacerna, alter eorum ita eum insuit, ut facile manus movere non posset; quem cum sic subito ille episcopi dispensator tenuisset, dixit ei: Captus es. Quem cum illa solita ferocitate retorto oculo (erat enim monoculus) attendisset: Vade hinc, inquit, obscene leccator; At ille ad Rorigonem. Percute, inquit. Et ducto ille sinistrorsum gladio, inter ipsa eum nasi frontisque confinia vulneravit. Qui sentiens se percussum : Ducite, ait, me quo vultis. Mox illi repetitis ictibus confodientes hominem, cum urgere cœpissent, ipse de suis desperans viribus inclamitat : « Sancta Maria, adjuva. » His dictis sub extrema patientia ruit.

Conjurati corpus multis vulneribus sauciant, conciduntque in frusta. — Erant autem in ea conjuratione duo Ecclesiæ cum ipso episcopo archidiaconi, Galterus et Guido. Erat ipse quoque Guido et thesaurarius, domum secus eamdem ecclesiam habens positam. De qua domo duo prosiliere mox famuli, qui eo concitus venientes eidem carnificio se junxerunt. Sic enim sacrilego fuerat sacramento firmatum, ut si episcopi id curiales præsumerent, auxiliari de eadem mox domo prodirent. Cum ergo ei collum et tibias præter alia vulnera concidissent, et ille in media basilica sub extremis angustiis immugiret, pauci qui in choro tunc erant clerici, et mulierculæ quædam, quæ orationis gratia hac illacque vagabantur, immurmurantes, et horrendo timore torpentes, nec modicum quidem suggrunnire præsumpserant. His patratis, duo illi milites lectissimi ad episcopale palatium revertuntur, cum quibus urbis proceres suæ ipsorum proditionis proditores illico glomerantur, pariter quoque archidiaconi aggregantur. Præpositus ergo regius Yvo nomine, vir admodum solers, citatis hominibus regiis, et abbatiæ Sancti Joannis, cujus ille advocatus fuerat, Burgensibus, domos eorum qui conjuraverant, obsedit, diripuit, ac incendit, ex urbe etiam eos pepulit. Archidiaconi igitur cum proceribus Gerardi interemptores ubique loci prosequebantur, fidelitatem absentis episcopi super isto prætendentes.

CAPUT VI.

Muneribus sibi conciliat papam Galdricus. Guibertus de homicidio patrato sermonem habet ad populum. — At episcopus Romæ se cohibens, et domini apostolici quasi præsentia gaudens, aure attonita, præstolabatur, utrum quidpiam grati rumoris a partibus Gallicanis attingeret. Tandem sibi suorum votorum nuntiatus effectus, nec dominum papam latuit tantum in tanta ecclesia perpetratum scelus. Loquitur ad papam episcopus, et adulantibus donis tantam hujus facinoris suspicionem a se depellit. Rediit igitur solito lætior ab urbe Gualdricus. Ecclesia autem, quam adeo nefario violatam constat opere, cum reconciliari egeret, directo ad Huchertum Silvanectensem episcopum nuntio qui nuper Simoniæ suæ causa exauctoratus est, ad id peragendum negotii accersitur. In quo populi clerique conventu, a decano Ecclesiæ, videlicet magistro Ansello, et canonicis injunctum mihi est ut super infortunio illo, quod acciderat, sermonem haberem ad populum. Cujus orationis tenor hunc secutus est sensum:

« Salvum me fac, inquam, Deus quoniam intra« verunt aquæ usque ad animam meam. Infixus sum « in limo profundi, et non est substantia (*Psal.* LXVIII, « 1, 2). » Et si mala qualicunque hactenus habuistis, jam pervenit nunc gladius usque ad animam meam. Infixi estis in limo profundi, dum peccatis promerentibus ad extrema totius desperationis mala ruistis. Inter hæc itaque non est substantia ; quia eorum, ad quos in periculis concurrendum vobis fuerat, rectorum videlicet vestrorum, ac procerum honestas ruit atque potentia. Et si corpora sunt aliquoties mutuis hostilitatibus pressa, tamen vacabat anima, quia illa in qua salutis intentio manebat, interne florentissima sine ullis malis jucundabatur Ecclesia. Aquæ ergo et gladius intrant ad animam, dum tribulationes et dissidia interioris recursus penetrant et polluunt sanctitatem. Et quam putatis locus iste obtineat jam apud vos, qui spiritualia nescitis, dignitatem, qui nullam præstat etiam orationum corporibus immunitatem. Ecce « misit in nos Deus « iram indignationis suæ, indignationem, et iram, et « tribulationem, immissiones per angelos malos (*Psal.* « LXXVII, 49). » Ira est indignationis, ira ex indignatione concepta. Indignari sicut scitis, minus est quam irasci. Nonne meritis peccatorum vestrorum indignabatur Deus, cum extra urbem vestram prædas, incendia atque neces crebro paterimini? Nonne irascebatur, cum forastica bella intra civitatem hanc translata sunt, et civilia inter nos agitari cœperunt odia? Cum domini in Burgenses, Burgenses in dominos mutuis irritationibus moverentur? Cum abbatiani in episcopanos, episcopani in abbatianos indebito hoste defurerent? Sed quia indignatio et ira nullam vobis attulit correctionem, tandem obduratis mentibus ingessit tribulationem. Nam non qualiscunque Ecclesia Christianis fœdata cruoribus, nec cœptus alibi bellorum motus in Ecclesiam **502** compulit, et pessumdedit fugientes, sed malignissimus appetitus scelesta provisione depositus, ante Christi Jesu in cruce pendentis imaginem, virum trucidavit orantem. Non, inquam, qualiscunque Ecclesia, sed Ecclesiarum Galliæ Florentissima, et cujus Latinum orbem prætergrediatur fama. Et quem virum? Nonne eum quem et genus commendabat egregium, et præstantissima tenui corpore, corde magnanimo fecerant toti Franciæ arma notum? Locus igitur et crimen et dedecus ubique vulgabunt. Si ergo ex animo, ex imis præcordiis pro miserabili eventu non tribulamini; si non dehonestatæ tantæ sanctitati compatiamini, sciatis indubie Deum viam facturum sémitæ iræ suæ, animositatem scilicet quæ latebat in aperta vestri perditione dilataturum. Et quomodo putatis parsum iri Deum in conclusione jumentorum, id est corporum vestrorum, qui ob incorrigibilitatem vestram, morti non pepercit animarum? Cum igitur pessimo processu graduum divina in nos promoveatur ultio, sciendum est vobis quia nisi sub Dei virga vos emendatiores exhibeatis, quod in statum undecunque teterrimum, per ea quæ inter vos coalescunt intestina bella, cadatis. »

Interfectores excommunicatos pronuntiat Guibertus, quo iram incurrit conjuratorum. — Hæc aliaque contexens, clero jubente, populoque volente, nobilis illius hominis peremptores, ejusdemque facinoris fautores, et complicem per prædictum episcopum, qui reconciliabat ecclesiam, excommunicandos enuntiavi, nec minus eos, qui præsidio eis essent, aut contubernium præberent. Quibus per omnium ora excommunicatis, ecclesia solemniter reconciliata est. Interea ad aures archidiaconorum et procerum, qui ab urbana societate desciverant, anathematis hujus sententia devehitur. In me igitur pro sermone habito, et excommunicationis pronuntiatione, omnium illorum exclusorum conversa sunt odia, maxime Galteri archidiaconi grandis est adversum me succensa vecordia. Erat siquidem audire immanem tonitrum, cui tamen, Deo auctore, fulgurum nullus casus accesserit. Clam in me, in promptu reverentia. Igitur ad rem redeamus omissam.

CAPUT VI bis.

Roma episcopus Laudunum venit. Præcepto regio domus episcopalis exinanitur. — Armatus sigillis et apicibus apostolicis dominus præsul Roma regreditur. Rex autem Gerardo occiso, quoniam episcopum hujus facinoris conscium omnino opinabatur, quod fucata absentia tegere nitebatur, totam episcopi curiam, fruge, vino, ac larido spoliari præceperat, nec eumdem Romæ positum, præda et prædæ causa latuerat. Ergo ad regem, qui eum a sede arcendum censuerat, suisque privaverat, litteræ sunt destinatæ, ad coepiscopos et abbates suæ et aliorum diœceseos alteræ ab eo sunt allatæ; sed quoniam inter Laudunenses, et Suessos, pontem Aquilæ Fluvii limitaneum esse prædiximus, introeunti ei primam parochiæ propriæ glebam occurrunt propere, quos pridem excommunicaveramus archidiaconi sui et proceres. Quos tantis osculorum atque complexum suscepit affectibus ut Beatæ Mariæ, cui Deo auctore servimus, ecclesiam, quam in sui finibus pontificatus primam offenderat, suo visitatu nequaquam dignam duceret, cum ex ejus latere diutinam fabulam cum illis, quos sibi solos arbitrabatur fideles, haberet. Inde digrediens, Codiciaci (vulgo *Coucy*) cum ipsis omnibus hospitatus est.

Gualdricus milites congregat, minitaturque se urbem armata manu ingressurum; sed frustra. — Quo ego comperto, cum valde talem ejus habitum horruissem, omnino me ab ejus contuitu ac salutatione continui. Qui post triduum, ni fallor, sopita exterius qua intro ad me versum spirabat vecordia (multum enim me apud eum pro supradictis laterales ejus arcesserant) mandavit ut ad se venirem. Quo cum me exhibuissem, et domum plenam excommunicatis, homicidisque vidissem, æstuavi, exclusioni suæ ut [*videtur deesse* non] anniterer, postulavit, ostensis papæ syllabis. Auxilium quale possem fallaciter, tu scis Deus, et non ex corde spopondi. Videbam enim vera ejus mala, cum iis, quos Ecclesia sua excommunicaverat, quique eam tantopere fœdaverant, communicare, cum Ingelrannus ille præscriptus ei assideret, et comitissa prædicta, quæ pridie quam Gerardus interiret, duobus illis interitus ejus auctoribus, gladios suos propria lingua acuerat, aggratulabatur affectibus [*f.*, eorum affectibus]. Quia ergo regio jussu arcebatur ab urbe, temeraria nimis audacia minabatur se ingressurum succenturiatum militaribus alis in urbem; et quod Cæsaribus et Augustis vix possibile foret, hoc se asserebat armorum violentia peracturum. Manum itaque collegit equestrem, et copias plurimarum quas non bene conflaverat rerum, sine ulla, ut solitus erat, fruge consumpsit. Tandem cum nihil nisi ridiculum quid de tot auxiliariis confecisset, per internuntios se suosque in nece Gerardi complices, urbis videlicet cum utroque archidiacono proceres, magno aggestu munerum cum Ludovico Philippi regis filio rege composuit.

Eos qui in conjuratos insurrexerant episcopus Galdricus anathemate percutit. — Introgressus igitur urbem, cum apud Sanctum Nicolaum de saltu conventiculum celebrasset, inter missas, quas inibi agebat, excommunicaturum se eos, qui conjuratos illos rebus suis abdamnarant, Gerardo perempto, ab urbe prodierant, pronuntiat. Quod cum ego sic dici audivissem, cuidam coabbati meo assidenti mihi, auri ejus immurmurans, aio: Audi, quæso, rem præposteram. Excommunicare debuerat eos qui suam tam horrendo facinore attaminaverunt ecclesiam, et ipse in homicidarum punituros [*f.*, punitorum] justas et criminis vindices pœnas ulciscitur. At episcopus omnium bonarum conscientiarum timidus, cum me mussitare vidisset, ratus est de se verbum fieri. Quid, inquit, dicitis, domine abba? Tunc Galterus archidiaconus sese proripiens antequam loqui liceret: Agite, ait, domine, quæ cœpistis: Dominus abbas alias [*f.*, alia] loquebatur.

Saniori consilio excommunicat et occisores Gerardi. — Excommunicavit igitur (clero et populo excommunicationem talem detestantibus) illos, qui commanipulares sacrilegorum carnificum læserant. Diuturna itaque totius urbis et diœceseos simultas adversus episcopum fuit, quia Gerardi occisores excommunicare tempore non parvo distulerit. Tandem quia se suspectum et pene exsecrabilem haberi sciebat ab omnibus, auctores excommunicavit et conscios. Quoniam autem multas pecunias spoponderat his, qui se et prædictorum sicariorum complices penes regem adjuverant, lateralibus videlicet regis, cum cœpisset detractare promissa, quis dicat quanta in publico improperia audivit, dum nemo eorum qui suis in hoc opere favebant partibus, regiam aulam ingredi præsumeret, donec eorum funesta capita a cæde, quæ sibi intentabatur, multo auro argentoque redimeret. Nec ipse tamen ab Ecclesia poterat accusari quem ab apostolico constiterat excusari.

CAPUT VII.

Perversi civium Laudunensium mores exprimuntur.
— Igitur post aliquantum temporis, cum ob exposcendas pecunias a rege Anglorum, cui quondam servierat, amico sibi olim, profectus esset in Angliam, Galterus archidiaconus, et Guido cum proceribus urbis tale quid commentati sunt. Urbi illi tanta ab antiquo adversitas inoleverat ut neque Deus, neque Dominus quispiam inibi timeretur, sed ad posse, et libitum cujusque rapinis et cædibus respublica misceretur. Nam, ut a capite pestifero exordium sumam, si quando illuc regem venire contingeret, ipse qui sibi reverentiam exigere regio rigore debuerat, ipse in suis primum turpiter multabatur. Nempe cum equi ejus ad aquam seu mane seu vespere ducerentur, verberatis clienticulis equi abripiebantur. Ipsos etiam tantis addici constiterat vilipensionibus clericos, ut neque in personis, neque in rebus eorum parceretur eisdem, sed esset, uti legitur : « Sicut populus, sic sacerdos (*Isai.* xxiv, 2). » Sed quid de plebeis loquor ? Nemo de agrariis ingrediebatur in urbem, nemo nisi tutissimo commeatu accedebat ad ipsam, qui non aut incarceratus ad redemptionem cogeretur, seu occasione objecta duceretur sine causa in causam.

Sub exemplo inferamus unum, quod si apud Barbaros aut Scythas fieret, certe eorum qui nullas habent leges profanissimum esset judicio. Cum Sabbato diversis e ruribus mercimonii gratia plebs agrestium illo venirent, civitatenses cypho aut scutella, aut quolibet alio modo legumen, aut triticum, seu quidpiam alicujus frugis foro quasi venale circumferebant, cumque rustico talia perquirenti emendum obtulissent, ille taxato pretio se pollicebatur empturum. Sequere, aiebat venditor, me in domum meam, ut ibi residuum frugis hujus, quam tibi vendo, videas, visumque suscipias. Sequebatur ille; sed cum pervenissent ad arcam, fidelis venditor elato et sustento arcæ operculo, inclina, aiebat, caput tuum et ulnas in arcam, ut videas quod hoc totum non discrepet ab ea parte quam tibi in foro proposui. Cumque emptor subsiliens super arcæ crepidinem de ventre penderet, capite ac humeris in unam procumbentibus arcam, bonus venditor a tergo positus, sublatis hominem incautum pedibus, repente trudebat in arcam, et dejecto super ruentem operculo, tuto servabat usque ad sui redemptionem ergastulo. Hæc in urbe et is similia gerebantur. Furta, imo latrocinia per primores et primorum apparitores publice agebantur. Nulli noctibus procedenti securitas præbebatur, solum restabat aut distrahi, aut capi, aut cædi.

Communio quid. — Quod considerantes clerus cum archidiaconis, ac proceres, et causas exigendi pecunias a populo aucupantes, dant eis per internuntios optionem, ut si pretia digna impenderent, communionis faciendæ licentiam haberent Communio autem novum ac pessimum nomen sic se habet, ut ([100]) capite censi omnes solitum servitutis debitum dominis semel in anno solvant, et si quid contra jura deliquerint, pensione legali emendent. Cæteræ censuum exactiones, quæ servis infligi solent, omnimodis vacent. Hac se redimendi populus occasione suscepta, maximos tot avarorum hiatibus obstruendis argenti aggeres obdiderunt. Qui tanto imbre fuso sereniores redditi, se fidem eis super isto negotio servaturos sacramentis præbitis firmaverunt.

In Galliam redit episcopus. Ipsum inter et archidiaconum simultates. — Facta itaque inter clerum, proceres, et populum mutui adjutorii conjuratione, ab Anglis cum plurima copia remeavit episcopus, qui contra hujus auctores novitatis, motus aliquandiu sese ab urbe continuit. Tamen plenæ laudis et gloriæ inter ipsum et Galterum archidiaconum complicem suum obortæ sunt simultates. Loquebatur archidiaconus super nece Gerardi valde indecentia de episcopo suo. Episcopus nescio quæ cum cæteris super hac re agebat, hoc scio, quia mecum sic de eo querebatur. **504** Domine, inquiens, abba; si contigerit Galterum in quovis concilio aliquos adversum me motare accusationes, æquanimiterne feretis? Nonne ipse est, qui eo tempore, quo a vestris digressus monachis Flaviacum concessistis, vobis in promptu blandiebatur, clam moliebatur dissidium, palam vestris favoraliter adnitens partibus, et me contra vos latenter irritans? Ilis me contra funestum hominem alliciebat sermonibus, ejusdem ponderosissimi reatus sibi conscius, et penes omnium judicia undecunque timidus ac suspectus.

Cum igitur in eos qui conjuraverant, et in auctores eorum inflexibili animadversione motum se diceret, voces tandem grandisonas oblata repente sedavit auri argentique congeries. Juravit itaque communionis illius se jura tenturum, eo quod apud Noviomagensem urbem (vulgo *Noyon*), et San-Quintinense oppidum (vulgo *Saint-Quentin*) ordine scripta exstiterant. Compulsus et rex est largitione plebeia idipsum jure jurando firmare. Deus meus, quis dicere queat quot susceptis populi muneribus, quot etiam post præbita sacramenta ad subvertendum quod juraverant, controversiæ emerserunt, dum servos semel ab jugi exactione emancipatos, ad modum pristinum redigere quærunt? Erat sane implacabilis invidentia episcopi, ac procerum in burgenses, et dum Northmannico, vel Anglico more Francicam non prævalet extrudere libertatem, languet pastor suæ professionis immemor circa inexplebilem cupiditatem. Si quis popularium in causam ductus non divina sed placitatoria, ut sic dicam, conditione legibus fuisset addictus, hujus usque ad extremum substantia exhauriebatur.

Monetarum corruptio. — Unde quia munerum susceptiones totius judicii sequi solet eversio, monetæ percussores scientes si peccarent in officio suo, quod pecuniaria possent redemptione salvari, tanta eamdem falsitate corruperunt, ut per hoc ad extremam plurimi indigentiam ducerentur. Nam cum denarios ex ære vilissimo conficerent, quos in momento pravis quibusdam artibus, argento micantiores facerent vigiliis : proh dolor! fallebatur inceptum, et sua pretiosa ac vilia detrahentes, nonnisi impurissimam suscipiebant scoriam. Et domini episcopi super isto munerabatur patientia, per quod non modo intra provinciam Laudunensem, sed et longe lateque multorum accelerabatur miseria. Cumque suam ipse monetam per se male corruptam miserabiliter, et merito impotens, nec tenere, nec corrigere posset, Ambianenses obolos, corruptissimum etiam quiddam, in urbe aliquandiu cursuros instituit : quos quoque cum nullatenus cohibere valeret, sui tandem temporis percussuram erexit, cui pariter ad suæ personæ signum, ferulam pastoralem imprimi fecit. Quæ clam ab omnibus cum tanto cachinno spernebantur, ut impuriore moneta omnino minus appreciaretur.

Inde sentinæ flagitiorum. — Interea cum ad singulas quasque horum novorum numismatum promotiones ferebantur edicta, ne quis pessimas ipsius caraxaturas cavillaretur. Inde creberrimæ populum impetendi occasiones, quasi qui calumniam intulissent instituto pontificis, inde largissimorum quæcunque fieri poterant, censuum extortiones. Ad hoc monachus quidam in omnimoda opinione turpissimus, nomine Theodoricus, a Tornaco, cujus erat indigena, infinitas, et a Flandriis deferebat argenti massas. Qui in falsissimam Lauduni redigens cuncta monetam, universam exinde respergebat circumquaque provinciam. Cujus xeniis detestabilibus divitum sibi conciliaris avaritiam, mendacium, perjurium, egestatemque inferens, veritate, justitia, opulentia destituebat patriam. Nulla hostilitas nullæ prædæ, nulla incendia hanc pejus læsere provinciam; cum vetustam ejus urbis monetam mœnia haberent Romana gratissimam.

Dire episcopus Gerardo Ingelranni filio eruit oculos. A papa suspenditur ab officio; unde Romam proficiscitur. — At quoniam :

Arte superductum violat quandoque pudorem. Impietas contecta diu, nec clara recondi.

Ut lux clara vitrum, sic penetrat faciem :

quod obscure de Gerardo, et quasi non fecisset, fecerat de altero post aliquod tempus Gerardo, evidens suæ crudelitatis dedit indicium. Erat siquidem is Gerardus major nescio, an decanus rusticorum ad se pertinentium, qui quia pronior erat ad Thomam, Ingelranni, de quo supra egimus, ut dicitur filium, virum omnium quos novimus hac ætate nequissimum, episcopus eum omnibus habebat infensum. Unde et eum corripiens, et intra episcopale palatium custodiæ cum trudens, nocte per manus cujusdam sui Æthiopis, oculos ejus fecit evelli. Quo facto aperte ignominiæ se addixit, quod de superiore Gerardo fecerat, refricavit; nec clerum, nec populum latuit, quod episcopos, presbyteros, atque clericos, a nece necisque judicio, seu truncatione membrorum Canon, ni fallor, Toletanus inhibuit, regem etiam ipse rumor offendit. Nescio præterea an ad apostolicam sedem pervenerit, hoc scio tamen quod ab officio eum papa suspenderit, quod æstimo quia non ob aliam causam fecerit. Ad cumulum vero mali quamdam suspensus ecclesiam dedicavit. Romam ergo proficiscitur, cujus verbis et suasionibus dominus papa delinitur, et resumpta ad nos auctoritate 505 remittitur. Videns itaque Deus magistros et subditos facto et consensu pari communicare nequitia, jam non potuit sua continere judicia, permisit denique conceptas malignitates in propatulum devenire furorem, qui dum ex superbia præceps agitur, Deo vindice, casu usquequaque horrendo confringitur.

Molitur Communionis abrogationem, die eadem qua Ascelinus regem prodiderat. — Ad communionem itaque, quam juraverat, et regem præmiis jurare compulerat, destruendam, in supremo Quadragesimæ sacrosanctis Dominicæ passionis diebus, accitis proceribus, et quibusdam clericis, instare decreverat. Ad id pii officii regem evocaverat, et pridie Parasceves, Cœna scilicet Dominica, regem et suum universum populum pejerare docuerat, cui se laqueo primus immerserat. Quo videlicet die Ascelinus episcopus prædecessor ejus regem suum, ut prædixi, prodiderat. Nam qua die gloriosissimum pontificalium officiorum chrisma videlicet consecrare debuerat, et a suis excessibus absolvere plebem, ea ne ingredi quidem visus est ecclesiam. Machinabatur cum lateralibus regis, ut communione destructa rex idem in priorem modum jura redigeret urbis. At burgenses de sua subversione verentes, quadringentas (utrum amplius nescio) libras regi ac regiis pollicentur. Contra episcopus proceres secum loqui cum rege sollicitat, spondentque pariter septingentas, rex Ludovicus Philippi filius..... [f., persona] conspicuus, ut soli majestati regiæ videretur idoneus, armis strenuus, pro negotio inertiæ impatiens, animo sub adversis intrepidus, cum alias bonus esset; in hoc non æquissimus erat, quod vilibus et corruptis avaritia personis nimie aurem et animum dabat. Quod ad maximum sui detrimentum et vituperabilitatem, et multorum perniciem redundabat, quod hic et alias factum constat.

Igitur regius, ut dixi, appetitus ad potiora promissa deflectitur, eoque contra Deum sanciente omnia sacramenta sua, scilicet episcopi ac procerum, sine ulla honestatis ac sacrorum dierum respectione cassantur. Ea nocte rex propter injustissimam, quam populo incusserat turbam, cum foris haberet hospitium, dormire pertimuit extra episcopale palatium. Rex summo mane recesserat, et episcopi ad proceres sponsio facta fuerat, ut non vererentur de tantæ pactione pecuniæ, scientes se quidquid ipsi polliciti fuerant soluturum esse. Quod si, inquit, quod vobis spondeo, non fecero, tradite me redimendum carceri regio.

Dissoluta Communione in urbe perturbantur omnia. Burgenses episcopo violentas manus afferre statuunt. — Ruptis igitur communitatis prædictæ fœderibus tantus furor, tantus stupor, burgensium corda corripuit ut omnes officiales officia sua desererent, et cerdonum ac sutorum tabernulæ clauderentur, et scenæ nec venale quidpiam a pandocibus et caupo nibus sisteretur, apud quos nihil futurum residui dominis prædantibus speraretur. Nam protinus ab episcopo et proceribus universorum substantiæ metiuntur, et quantum quisque sciri poterat dedisse ad instituendam communionem, tantumdem exigebatur impendere ad destituendam eamdem. Hæc die Parasceves, quod interpretatur *præparatio*, tractabantur, hæc Sabbato Sacrosancto, in quibus Dominici corporis et sanguinis receptui, solis hinc homicidiis, illinc perjuriis animi aptabantur. Quid plura? Præsulis et procerum omnis his diebus vacabat intentio ad abradendas inferiorum substantias. At inferiorum non jam ira, sed rabies feraliter irritata, in mortem, imo necem episcopi et complicum ejus, dato invicem sacramento conspirat. Fuisse autem quadragenos qui juraverint, tradunt. Quod eorum molimen omnino tegi non valuit. Nam cum contigisset magistri Anselli notitiam, in ipsa sacri Sabbati jam vesperascente die, cubitum eunti episcopo mandavit, ne ad matutinas procederet vigilias, sciens se, si veniret, interficiendum. At ille typo nimio stupidus. Fi, inquit, ego ne talium manibus interam? Quos quamvis ore despiceret, ad matutinas tamen surgere, et basilicam ingredi non præsumpsit.

Postridie cum ad processionem clerum suum ipse sequeretur, domesticos suos, et quosque milites spatas sub vestibus post se ferre præcepit. In qua processione cum parum quid tumultus, ut assolet in multitudine, suboriri cœpisset, quidam de Burgensibus e crypta emergens, cœptum juratæ interfectionis negotium æstimans alta voce cœpit quasi pro signo inclamitare : *Communiam, communiam* ingeminans. Quod, qui festum erat, facile repressum est, suspicionem tamen diversæ parti intulit. Acto itaque episcopus missarum officio, ex episcopalibus villis plurimo accito rusticorum agmine turres ecclesiæ munit, curiamque suam asservari præcipit, cum ipsos quoque prope non minus pateretur infensos, utpote qui scirent denariorum aggeres, quos regi promiserat, ex suis ipsorum marsupiis hauriendos.

Statio apud S. Vincentium. Guiberti annona diripitur. — Feria igitur secunda post Pascha procedere moris est clericos stationem facturos ([101]) apud Sanctum Vincentium. Quoniam ergo hesterno præventos se esse senserunt, hac die moliri decreverant, et fecissent, si cum episcopo omnes proceres esse sensissent. Nam unum e proceribus in suburbio repererunt, virum innocuum, qui consobrinam meam adolescentulam quamdam, pudicæ indolis feminam nuper acceperat. Sed ne alios cautiores redderent, aggredi noluerunt. Cum igitur jam tertium Paschæ attigisset diem, eos quos ad sui tutelam turribus et curiæ præposuerat, et ex suo inibi victitare coegerat, securior factus sinit abire. Quarto die, quia annonam meam, et aliquos pariter petasones, quos ([102]) vulgo bacones vocant, diripuerat per suum incendium, perrexi ad eum. Conventus a me ut tanta urbem procella eximeret, respondit : Quid putatis in sua turbulentia eos posse facere? si Joannes maurus meus ipsum, qui in eis est potior, naso detraheret, nullatenus grunnire præsumeret? Nam suam heri, quam appellabant communiam, eos, quoad viverem, abjurare coegi. Dixi, et multo hominem videns eversum supercilio, dicere supersedi? Antequam tamen ab urbe recederem, gravi ab invicem animadversione instabilitatis suæ causa dissensimus. De instanti autem malo cum præmoneretur a multis, neminem dignabatur.

CAPUT VIII.

De cædibus procerum, et incendiis urbis Laudunensis. — Postero die, feria videlicet quinta, cum post meridianas de exigendis pecuniis cum Galtero archidiacono ageret horas, ecce per urbem tumultus increpuit *Communiam* inclamantium : tum quoque per mediam Beatæ Mariæ basilicam, et per eam qua occisores Gerardi introierant, exierantque januam, cum ensibus, bipennibus, arcubus et securibus, clavas, lanceasque ferentes cum maximo agmine curiam pontificalem intravere burgenses. Comperta hujus novitate moliminis proceres ad episcopum, cui præsidium super hoc incursu si contingeret, juraverant, se laturos, undecunque concurrunt. In quo concursu Guinimarus castellanus vir nobilis, et pulcherrimæ habitudinis senior, moribus innocens, cum per ecclesiam clypeo tantum munitus et hasta procurreret, mox ut præsulis atrium introivit, a quodam Rainberto, qui compater ejus etiam fuerat, bipenni in occipitio percussus primus occubuit. Nec mora Rainerius ille, de quo supra egi, cui mea consobrina nupserat, cum acceleraret ingredi ipse palatium, lancea a tergo feritur, cum podio episcopalis capellæ nitens eam subire vellet, ibique prosternitur, nec mora ex igne palatii ab inguine inferius concrematur. Ado vicedominus minis acer, animo nimis acrior, quia solitudo tunc sua minus eum inter tot efficacem fecerat, cum ad episcopi domum tendens ab universo impeteretur cuneo, hasta et gladio tantopere restitit, ut tres de insistentibus sibi in momento prosterneret. Deinde pransoria mensa aulæ conscensa, cum præter cætera vulnera corporis, saucia ei jam reddidissent genua, ipsis demum genibus incumbens tandiu hinc et inde confodiens obsidentes propugnavit, donec fatigatum quidam corpus telo trajecit, quem post paululum earumdem domorum ignis usque ad extremos cineres redegit.

In subterraneum ecclesiæ locum aufugit episcopus. — Porro episcopum insolens vulgus aggrediens, cum pro mœnibus aulæ prostreperet, episcopus cum quibusdam qui sibi opitulabantur, jactibus lapidum, sagittarumque ictibus quoad potuit, repugnavit. Plurimam enim suam semper in armis acrimoniam, uti quondam, et nunc quoque promebat. Sed quia indebite et frustra alium acceperat gladium, gladio periit. Temerarios ergo plebis assultus tolerare non prævalens, sumpta cujusdam mancipii sui veste, in cellarium ecclesiæ confugiens, intra parvam apothecam se condidit, et a fideli quodam clientulo fronte obstrusa introclusus, se latere putabat. Cumque hac illacque discurrentes ubi esset, non episcopus, sed furcifer, conclamarent, unum de puerulis ejus corripiunt, sed in fide ejus nil quod sibi liberet efficiunt. Alterum attrectantes, nutu perfidi quo esset quærendus accipiunt. Ingredientes igitur cellarium et circumquaque rimantes, tandem hoc modo reperiunt.

Teudegaldus homo erat funestissimus Beati Vincentii ecclesiæ capite census, Ingelranni Codiciacensis diu officialis atque præpositus, qui transitorias redhibitiones apud pontem, qui Soordi dicitur, observans, commeantium paucitatem aliquoties aucupabatur, et cum eos rebus omnibus spoliasset, nequando illis contra eum interpellare liceret, ejectos in flumine supplumbabat (47). Hoc quoties fecerit solus Deus novit. Furtorum, latrociniorumque numeros cum sit referre nullius, incohibiles, ut sic dicam, corde nequitias vultu teterrimo præferebat. Is in offensam incidens Ingelranni, totum se ad communiam Lauduno contulerat. A quo ergo nec monacho, nec clerico, nec peregrino, imo nulli sexui parsum olim fuerat, sic denique se habuit occisurus episcopum. Ipse dux et incentor cum esset hujus nefarii cœpti, summopere quem cæteris acrius oderat, vestigabat episcopum.

Trucidatur episcopus et corpus opprobriis exponitur. — Cum itaque per singula eum vasa disquirerent, iste pro fronte tonnulæ illius, in qua latebat homo, substitit, et retuso obice sciscitabantur ingeminando quis esset. Cumque vix eo fustigante gelida jam ora movisset: **507** Captivus, inquit. Solebat autem episcopus eum Isengrinum irridendo vocare, propter lupinam scilicet speciem; sic enim aliqui solent appellare lupos. Ait ergo scelestus ad præsulem: Hiccine est dominus Isengrinus repositus. Renulfus igitur quamvis peccator, Christus tum [*f.;* tamen] Domini, de vasculo capillis detrahitur, multiplici ictu pertunditur, et sub divo in claustri clericalis angiportu ante domum Godefridi capellani statuitur. Cumque eis miserabilissime supplicaret, jurejurando ipsis astruere volens se nunquam deinceps eorum episcopum futurum, infinitas eis pecunias præbiturum, de patria recessurum; omnesque contra obfirmatis animis insultarent, unus nomine Bernardus, cognomento de Brueriis, elevato bipenni sacrum, quamvis peccatoris, verticem truculenter excerebrat; qui cum laberetur inter tenentium manus antequam decideret, ab altero sub ocularibus per medium nasi ex transverso ([103]) percussus occubuit. Ibi pessumdato et tibias conciderunt, et vulnera plurima indiderunt. At Teudegaudus videns annulum in digito quondam pontificis, cum facile non posset extorquere, ab eo digitum mortuo, ense præcidit, annulumque corripuit. Itaque exspoliatus ad nudum in angulum ante capellani sui domum projicitur. Deus meus; quis retexat quot in jacentem a transeuntibus sunt ludibria jacta verborum, quot glebarum jactibus, quot saxis, quot est pulveribus corpus oppressum!

Sed antequam ad alia progrediamur, dicendum quod quiddam nuper factum ad suum valde profecit interitum. Ante duos, nisi fallor, suæ mortis dies, conventus est in media basilica a primoribus cleri sui, quod regi in urbe nuper constituto eos detulerat, dicens clericos non esse reverendos, quia pene omnes ex regia forent servitute progeniti. Quod cum ei objectum fuisset, hoc modo inficians ait: Communio sancta, quam ex illo pridem altari suscepi (dexteram enim illo protenderat) veniat mihi ad perniciem, et sancti Spiritus gladium invoco in animam meam, si hæc unquam verba regi de vobis dixi. Quo audito, quidam valde mirati sunt, et sacramentis astruxerunt se ex ore ejus, cum talia regi deferret, audisse. Volubilitas plane ejus mentis et lingua ipsi parturiit hæc exitia.

CAPUT IX.

Interficitur Radulphus. — Interea pars quædam furentis vulgi, ad domum Radulfi pertendunt, qui episcopi discophorus erat, et de summis familiaribus Gerardi Carisiacensis exstiterat, vir exili quidem forma, sed heroicum habens animum. Is loricatus, galeatus, non sine levi armatura cum resistere destinaret, videns vim nimiam, veritusque subjici igneni, arma projecit, nudumque se eorum misericordiæ in modum crucis exposuit. Qui, Deo a se remoto, humi prostratum crudelissime trucidarunt. Ipse antequam carnificium illud de Gerardo in ecclesia fieret, hujusmodi visionem vidit. Videbatur

(47) Submergebat. Inde Gallice, *plonger.*

sibi in Beatæ Mariæ basilica esse, ibique perversos habitudinis homines convenire, qui peregrinos ludos illic statuerent, et quibusdam circumsedentibus spectacula nova darent. Sub qua propositione de domo Guidonis thesaurarii, quæ juxta ecclesiam erat, alii homines exibant pocula deferentes, in quibus tanti fetoris continebatur potus ut intolerabilis sentientibus esset, qui et per circumsedentium ordinem ferebatur. Quod luce clarius est. Quam horrendus enim ibi emicuerit dæmonum, quamque invisus ludus, quis putor enormis sceleris ubique locorum de eadem domo manarit, in promptu et modo est. Nam plebs furibunda domni illi, primum ficos injecit, de ea in ecclesiam prosiluit, et demum palatium episcopale corripuit.

Ecclesia omniaque ipsius ornamenta conflagrant. — Vidit et aliud prænuntium status sui futuri. Nuntiari sibi in visione videbat ab armigero suo, et dici : Domine, equus tuus in anteriori parte multæ et insolitæ vastitatis est, et in posterioribus tantæ exilitatis ut par nusquam viderim. Optimæ enim opulentiæ, plurimique pretii ante fuerat, quæ ejus ubertas ad tam profligatæ mortis devenit tenuitatem ; equus namque gloriam sæculi signat.

Igitur ex cujusquam maxime peccato contigerat, ut gloriosissima ecclesia miserabilibus addiceretur excidiis, ex domo scilicet thesaurarii, qui et Simoniace archidiaconus erat, in ecclesiam proserpere visus est ignis. Quæ cum pro præsentis gloria solemnitatis palliis atque tapetibus nobilissime foret circumornata, urgente igne pauca ex palliis furto abrepta potius quam focis tacta creduntur ; tapetia autem aliqua, quia facile funes a trocleis demitti a paucis non poterant, succubuere caloribus. Tabulæ altaris aureæ, et sanctorum feretra erepta cum ipsa (¹⁰⁴) prominenti eorum, quam sic vocitant, repa, cætera in gyro incendiis puto correpta ; sub ea enim quidam cum se reclusisset de nobilioribus clericis, inde progredi non præsumens ne turbas errantes incideret, cum ignem circa se ridere sensisset, ad cathedram episcopalem currit, superpositam vitream capitalem pede impulsam pertudit ; sicque desiliit.

508 *Monasterium S. Joannis atque ecclesia B. Mariæ Profundæ, et S. Petri incenduntur.* — Crucifixi Domini imago decentissime obaurata, gemmisque distincta, cum vase saphyretico pro pedibus illius imaginis appenso, in terram fusa delabitur, nec sine plurima jactura recipitur. Cum igitur cremaretur ecclesia atque palatium, dictu mirabile, mysticumque Dei judicium, titio utrum nescio an carbo ad monasterium virginum convolavit, (¹⁰⁵) et Sancti Joannis ecclesiam succendens, Beatæ etiam Mariæ, quæ Profunda dicitur, Sanctique Petri in cineres convertit.

Matronæ quædam liberantur. — At procerum conjuges qualiter sub tanto negotio se egerint, referre non piget. Vicedomini Adonis uxor videns ad partes episcopi maritum orta seditione concedere, opinata instantem mortem cœpit veniam ab eo, si quæ contra eum commisisset, petere, et se diutissime cum ejulatibus constringentes, et oscula extrema libantes, cum illa diceret ; cur me sub gladiis urbicorum derelinquis ? Ille apprehensa mulieris dextra lanceam manu tenens, cum dispensatori præcepisset clypeum post se ferre (erat autem de primordiis proditorum) ipse non solum post eum clypeum non tulit, sed eum dure verbo reverberans a tergo eum impegit. Jam ergo eum, cujus servus erat, non norat. Cui certe inter prandendum paulo ante servierat. Per medias itaque turmas defensa uxore, intra domum tandem cujusdam portarii episcopi eam occuluit. Quæ cum vidisset assultus, et subjectos ædibus ignes, in fugam quocunque ducebat fortuna convertitur. Quæ cum burgenses aliquot feminas offendisset, rapta ab eis, pugnisque pulsata, et pretiosis, quas habebat vestibus spoliata, vix ad Sanctum potuit sumpta Sanctimonialis veste pervenire Vincentium.

At consobrina mea discedente marito, contempta supellectili domus, solam sibi lacernam retinens, murum, quo suum viridarium cingebatur, virili alacritate conscendit, saltuque exinde desiliit. Inde in pauperculæ cujusdam recepta tugurium, cum grassantes post modicum sensisset flammas, prorupit ad ostium, quod anus extra observaverat, et lapide fracta sera, a quadam sanctimoniali cognata sua impetrato habitu et velo se contegens, et inter monachas fovendam se credens, cum incendia inibi fervere conspiciens retorsisset gradum, in domum quamdam remotiorem se contulit donec postridie a parentibus quæsita comparuit, et tunc dolorem quem super metu mortis habuerat, in rabidiorem super marito mutavit.

Aliæ quædam, uxor scilicet et filiæ Guinimari castellani cum pluribus, locis se humilibus addiderunt. Galterius autem archidiaconus cum episcopo positus, cum obsideri vidisset aulam, quia semper oleum camino se addidisse cognoverat, per fenestram domus exsiliens, in viridarium pontificis, et a muro, quo ambiebatur, in vineas per avia vadens capite adoperto castello Montis acuti se condidit. Burgenses vero cum minime ab eis reperiretur cloacas cum sui timore fovere ridebant. Uxor quoque Rogerii Montis acuti domini, Armengardis nomine, cum esset die eodem in urbe (erat enim maritus ejus castellanus abbatiæ post Gerardum) ipsa cum uxore (¹⁰⁶) Radulphi discophori monacharum, nisi fallor, tegmine sumpto per convallem Bibracinam ad Sanctum contendit Vincentium. Filius autem prædicti Radulfi sex circiter annorum cum a quodam (¹⁰⁷) sub birro liberationis causa ferretur, parisitus autem aliquis ei obviam factus quid sub cappa portaret aspexit, et inter ejus brachia illico jugulavit.

Per vineas itaque inter duo brachia montis positas, die illa, et nocte iter fugientium, et clericorum, et mulierum fuit. Vir plane muliebrem non verebatur habitum, nec mulier virilem. Tantus etiam incendiorum altrinsecus positorum motus fuerat, has in partes flabris flammas torquentibus ut monachi sua omnia vererentur incendi. Metus vero iis qui isto confugerant tantus erat ac si eorum cervicibus gladii imminerent. Felix Guido archidiaconus atque thesaurarius, qui isti negotio defuit. (108) Ad Sanctam enim Mariam Versiliacensem oratum ante Pascha processerat. De ejus potissimum absentia carnifices querebantur.

Plures occiduntur. — Occisis igitur sic episcopo procerumque primoribus, ad reliquorum qui supererant domos obsidentes intendunt. Demum ergo Guillelmi filii Haduini, qui non consenserat civibus in morte Gerardi, sed cum ipso occidendo ad ecclesiam oraturus mane perrexerat, tota nocte pervadunt. Cumque illi hinc ignibus, illinc asciculis, securibus atque contis maciato pariete institissent, et illi qui intus erant mordacissime restitissent, ad deditionem postremo coactus, miro Dei judicio, cum hunc cæteris plus odissent, salvum ac incolumem compedibus injecerunt. Castellani itidem filio fecerunt. Erat autem in domo Guillelmi quidam adolescens dictus et ipse Guillelmus, episcopi cubicularius, qui plurimum titulum in illa defensione commeruit. Is domo capta, ab ea parte burgensium, quæ domum consederat, est conventus, utrum sciret an occisus esset episcopus necne, ille se ignorare respondit. Alii enim erant, qui episcopum occiderant; alii qui ædes expugnaverant. Cumque circumeundo cadaver episcopi reperissent, rogitant juvenem utrum jacens corpus si ejus foret ex aliquo signo convinceret. Ita autem vertex et ora fuerant ex multa concisione mutata, ut discerni non posset. At ille recordor, dum adviveret, ait, et de re militari, quam malo suo plurimum affectabat, crebrius loqueretur, quia in simulacro pugnæ dum militem quemdam equo vectus ludendo impeteret, ab eodem equite conto percussus, subjectam collo illud quod vocant canolam fregerit. Et disquirentes nodum cicatricis inveniunt.

Adalbero abbas prohibetur efferre cadaver episcopi. Corpora sanctorum in ecclesia S. Joannis exusta. — (109) Abbas autem Sancti Vincentii Adalbero cum audisset episcopum interemptum, velletque illo ire, aperta ei fronte illico dicitur, quod si insanienti se turbæ insereret, pari mox internecioni succumberet. Asserunt certe qui illi negotio interfuerunt, ita diem diei sequenti tunc continuatum, ut nulla noctis occubitum opacitatis signa prætenderint. Quibus cum objicerem claritatem ignium hoc fecisse, sacramentis astruebant, quod et verum erat, ignes interdiu obrutos, consumptosque fuisse. Ignis autem in monasterio virginum ita prævaluit, ut quædam de corporibus sanctorum exureret.

CAPUT X.

Tandem sepelitur episcopus in ecclesia S. Vincentii extra urbem. — In crastino igitur quoniam nemo erat pene qui jacens episcopi cadaver sine jactu aut probro seu maledicto præteriret, de sepultura vero nullus cogitaret, magister Anselmus, qui hesterno cum seditio æstuaret, omnino se abdiderat, ad tragœdiæ hujus auctores precem fudit, ut hominem, vel quia episcopi nomen et insigne habuerat, sinerent quoque humari vix annuunt. Quia ergo nudus ad terræ canina quadam vilitate, a vespertinis feriæ quintæ horis, tertiam crastini diei horam usque jacuerat, jubetur tandem a magistro levari, (110) et salbano superjecto ad S. Vincentium deportari. Dici non potest quot minis, quot conviciis curatores funeris urgebantur, quot mortuus ipse maledicis sermonibus illapidatur. (111) Delatus ad ecclesiam nihil prorsus officii, non dico quod episcopo, sed quod Christiano competeret in exsequiis habuit. Terra receptui ejus semicavata, corpus est intro brevi tabula sic compressum ut pectus et venter prope usque ad crepitum premeretur. Et cum malos pollinctores, ut dixi, haberet, ad hæc certe adhuc a præsentibus arguebantur, ut miserrimum corpus quo possent nequius attrectarent. Ea die in eadem ecclesia a monachis nihil divinum actum est. Sed quid dico ea die? imo per aliquot dies, cum de ad se fugientium salute trepidi, de sua ipsorum etiam morte timerent.

Multi nobiles viri sepulturæ traduntur. Radulphus Remensis archiepiscopus missas agit pro defunctis. — Nec mora Guinimarum castellanum (quod dici dolor est) uxor ejus, et filiæ, nobile valde genus, ipsæ solæ impingentes et trahentes in biroto advexerunt. Postquam Rainerius, sumpta alicubi posteriore parte cum inter duas rotas, super axem positus, superiore parte coxarum adhuc stridente ex ignibus, a quodam suo rustico, et quadam nobili juvencula consanguinea sua, miserabili et ipse modo adducitur. Super his duobus sermo bonus, ut dicitur in libro Regum, inventus (*III Reg.* XIV, 13), ut omnes qui bene sentirent, eorum moribus condolerent, nec uspiam mali erant, excepta societate interfectorum Gerardi. Unde et multo compassibilius suo episcopo sunt sepulti. Reliquiæ autem Adonis vicedomini post plures hujus seditionis et incendii, dies parvissimæ repertæ, et in panno angustissimo constrictæ, usque ad diem quo Radulphus Remensis archiepiscopus Laudunum venit ecclesiam reconciliaturus, sunt servatæ. Qui veniens ad S. Vincentium, solemnes tunc primum pro episcopo, et suis complicibus egit missas, cum multi a mortibus eorum præterfluxissent dies. Radulphus autem dapifer eadem qua et alii die, ab anu matre cum parvulo filio delatus quoquo modo est sepultus, et filius super patris pectus positus.

Inter missarum solemnia cives a Communia dehortatur. — Venerabilis autem et sapiens archiepiscopus, cum quædam defunctorum corpora in melius transtulisset, omnibus tamen cum maximo affinium ac parentum dolore divina officia impendisset, inter missas sermonem habuit de exsecrabilibus communiis illis, in quibus contra jus et fas violenter servi a dominorum jure se subtrahunt. « Servi, inquit apostolus, subditi estote in omni timore dominis (*I Petr.* xii, 18). » Et ne servi causentur duritiam vel avaritiam dominorum, adhuc audiant : « Et non tantum bonis et modestis, sed et discolis (*ibid.*). » Plane in authenticis canonibus damnantur anathemate, qui servos dominis religionis causa docuerint inobedire, aut quovis subterfugere, nedum resistere (*Concil. Gang.* can. 3). Unde et illud argumento est, quod neque ad clerum, neque ad sacros ordines, non ad monachatum quispiam recipitur; nisi qui exsors a servitio habeatur; receptus autem, neutiquam contra exigentes dominos teneatur. De qua re etiam multoties in regia curia sæpius, alias in diversis conventibus disputavit. Hæc per præoccupationem diximus, jam nunc retrograde ad ordinem redeamus.

CAPUT XI.

Thomæ Codiciasensis grassationes ac rabidæ crudelitates. — Perpensa igitur scelestissimi cives perpetrati quantitate facinoris magno, extabuere metu, regium pertimescentes judicium, unde qui medicinam quærere debuerunt, suo vulnus vulneri addiderunt. ([112]) Thomam enim Codiciasensis, ut dicitur, filium, cui erat castellum Marna (*Marne*), præsidium ad sui contra regios impetus defensionem accersire disponunt. Is ab ineunte adolescentia prædas de pauperibus, et Hierosolymitanis peregrinis faciens, et incestuosis matrimoniis coalescens, ad innumerabilium hominum exitium plurimam visus est attigisse potentiam. Cujus crudelitas nostris est in tantum sæculis inaudita ut aliqui qui etiam crudeles putantur, mitiores videantur in nece pecudum, quam iste in hominum. Nam non modo eos gladio simpliciter, et pro certo, ut fieri solet, reatu interimit, sed horrendis excarnificando suppliciis. Cum enim captos ad redemptionem quoslibet cogeret, hos testiculis appendebat propria aliquoties manu, quibus sæpe corporea mole abruptis, eruptio pariter vitalium non tardabat. Alteri suspenso per pollices aut per ipsa pudenda, saxo etiam superposito humeros comprimebat, et ipse subter ob ambulans, cum quod habere non poterat ab eis extorquere non posset, fustibus super eorum corpora tandiu bacchabatur, donec ei placentia sponderent, aut in pœnis morerentur.

Dici ab ullo non potest quot in ejus carceribus fame, tabo, cruciatibus, et in ejus vinculis expirarunt. Certe ante hos duos annos cum in montem Suessonicum contra quosdam rusticos opem cuidam laturus abisset, tres ex illis in quadam se occuluere cavea. Cumque ad ora spelei cum lancea devenisset, unius ex eis ori telum appodians sic impegit, ut interaneis terebratis per podicem ferrum janceæ redderetur. Quid prosequor infinita ? Per ipsum duo inibi residui periere. Quidam etiam de captivis saucius proficisci non poterat. Interrogat hominem cur non celeri gradu graderetur. Ille respondit se non posse. Sta, inquit, ego faciam ut ægre properes. Equoque desiliens, gladio ei utrumque succidit pedem, unde et mortuus est. Frustra contexam hujusmodi pestes, cum alias nos maneat non minor occasio referendi. Ad rem veniam.

Pagenses seu rustici urbem Laudunensem diripiunt. — Ipse Gerardi interfectores diu sub excommunicatione retinuit, diu fovit, neminem non sceleratissimum coluit, cui illud Sallustianum potius quam Catilinæ congruit. Quia gratis malus atque crudelis erat. Ad hunc ergo pro cumulo malorum dirigentes et ut ad se veniret, seque contra regem tueretur orantes, tandem venientem in urbe recipiunt. Cum ille auditis eorum precibus consuluisset suos, quid sibi facto opus esset, responderunt unanimes in tanta retentione urbis suas sibi contra regem non sufficere vires (quod oraculum insanis hominibus quandiu in sua ipsorum urbe erat propalare non ausus) dixit eis ut egrederentur in campum inibi retecturus consilium. Quibus ferme milliario ab urbe digressis infert. Civitas hæc cum caput regni sit, non potest contra regem a me teneri. Quod si regia arma veremini, in terram meam me sequentes, me patrono et amico utimini. Quo dicto consternatissimos reddidit. Mox ergo metu perpetrati facinoris amentes, et regem suis cervicibus imminere putantes, innumerabile cum eo vulgus aufugiunt. Et Teudegaldus ille peremptor episcopi, qui lacunaria, et fornices ecclesiæ B. Vincentii, claustralesque recessus, fugitivos quos occideret quærendo, exerto gladio rimabatur, qui episcopalem annulum digito præferens, se præsulem testabatur. Is cum suis complicibus non ausus urbem repetere, Thomam pene vacuus sequebatur. Thomas autem Guillelmum filium Haduini, et alios captos liberarat in urbe. Is enim expers Gerardi proditionis exstiterat. At fama pegasea celeritate transfusa vicinorum rurum homines ac oppidanos exsuscitat, vacuam habitatoribus ferens urbem. Tunc quique pagenses ad solitariam proruunt civitatem; domosque plenas, nemine defensante, præoccupant. Cives plane cum essent opulenti, habitu se pauperes ostendebant. Oculos enim procerum adversum se irritare nolebant.

Eo tempore illa illegitima Ingelranni prædicti et incestuosa uxor, cum jam sub specie continentiæ pro senio et corporis mole aspernaretur Ingelrannum, veteri tamen amasiorum usu carere non poterat. Unde et juvenem idoneum cum amaret, et eam Ingelrannus ab ejus omnino confabulatione arceret, tantis repente hominem lenociniis dementavit ut cum ad se accersiret, in domo sua statueret, filiam suam parvulam ad palliandos amores nefarios pactis sponsalibus daret, defensoremque terræ suæ contra Thomam, quem irremediabiliter ipse, qui dicebatur pater, oderat, et quem prorsus exhæredare volebat, faceret. Iste cum ea tempestate Codiciaci esset, et hostem se Thomæ futurum omnibus modis declararet, census tamen deesset unde tanta præsumeret, accidit ei hujus fortunæ successus.

Ingelrannus et Guido iterum urbem devastant. — Audientes autem Ingelrannus et Guido (sic enim vocabatur) Thomam ab urbe digressum, populumque secutum, Laudunum adeunt, sine hominibus domos omni ubertate refertas inveniunt. Quorum tanta copia fuit, ut si caute ab iis qui præerant custodiretur, ne prodige a parasitis ac furibus detraheretur, frustra adversus prædictum juvenem exterminandum niteretur, neque ipse ullam in vita sua inopiam pateretur. Quis enim dicat, aut dicens fidem faciat, quid pecuniarum, quid vestium, quid in omni specie victualium ibi sit repertum? Cum enim rustica manus et suburbani, quin etiam Montiacutani, et Petripontenses, Ferani quoque huc venerint, antequam Codiacenses, mirum dictu est! quid priores invenerint, quid tulerint, cum nostri recentiores tardius advenissent, munda omnia, et quasi illibata se reperisse jactaverint. Sed quid pensi ac moderati apud helluones et scurras? Vinum et triticum qua si repertitium non habebat pretium, et cum tales non haberent vectigalia ibidem, libidine dilapidabantur horrenda. Cœpit ergo inter eos ex proventu rapinarum oboriri contentio, et a quibusque quælibet rapta minoribus ad potentiorum jura transibat. Duobus certe, si tertius obviaret, spoliabatur. Erat itaque miserrimus urbis status. Hi qui ab urbe profugerant, domos clericorum et procerum quos oderant, diripuerant atque incenderant : at modo residui proceres profugarum usque ad confosceras [f., ferras] et pessulos, omni substantia atque utensilibus addemanabant.

Non ergo ne monachus quidem ullus tuto poterat ingredi urbem, vel egredi, quin aut equo privaretur, aut propriis induviis nudaretur. Ad sanctum Vincentium sontes insontesque cum peculio multo colerant. Quid, Domine Deus, gladiorum exertum est super monachos, non tam census, quam personas volentes. Ibi Guillelmus, Haduini filius, immemor sibi a Deo liberationis indultæ, quemdam suum compatrem, cui mox spoponderat immunitatem membrorum et vitæ, et ad se ex fide collegerat teneri a suis [f., servis] Guinimari et Raineri procerum, qui cæsi erant, et damnari permisit. A filio enim præfati castellani ad equi caudam pedibus alligatus, breviquo tractu cerebrum cum fudisset, furcis illatus est. Vocabatur autem is Robertus cognomento Manducans, vir dives et probus. At dispensator vicedomini, de quo supra diximus, qui vocabatur, ni fallor, Ebrardus, qui cum quo die ipso comederat, servus dominum perdiderat, evectus est in sublime. His generibus mortium et alii sunt exacti. Inextricabile est quæ in eversorum, vel inversorum punitione geri ubique contigerit explicare. Sciendum autem quia die postero necis factæ Thomas venit in urbem, hoc est feria sexta, Sabbatoque recesserit, et in ipsa Dominica tanti facinoris mox Deus pœnas incusserit.

Vitia Galdrici exhibentur. —([112*]) Facta sunt hæc anno incarnationis Dominicæ millesimo centesimo duodecimo, feria sexta paschali, tertio Kalendas Maii. Nimirum ipse episcopus infinitæ levitatis erat, ut etiam si quæ inepta ac sæcularia cogitaret, facillime lingua absolveret. Certe vidi illam meam quam prælibavi consobrinam, cum nuper in urbe nupta quo pudoratius poterat se haberet : ille etiam, me audiente, merdosam atque rusticam appellavit, quia se ab exterorum colloquiis ac visibus absentabat, ac se ei more cæterarum nullatenus ingerebat. Plane et librum quemdam de Hierosolymitana expeditione conscripseram, quod cum videre gestisset, eique illatus fuisset, tantopere exosum habuit, quoniam domini mei Suessorum episcopi Lisiardi nomine prœmium operis insignitum vidit, ut deinceps nequaquam legere dignaretur, cum cætera opuscula mea, et se ultra omnem valentiam meam appretiaretur. Et cum efficax videretur in elaborandis opibus, totum subito expendebat in causis inutilibus. Sed mala ista cum hujus temporibus præmaturuerunt.

Quanta mala Lauduni patrata fuerint ista tempestate. — Sciendum est quia non solum in isto, sed ex aliorum, imo totius summa populi iniquitate increverunt. Nam in tota Francia qualia apud Laudunenses nusquam scelera contigerunt. Parvissimo enim antequam ista fierent tempore, presbyter quidam in propria domo a puero quem familiariorem habebat, cum sederet ad prunas a tergo percussus interiit. Cujus corpus ille sumens, in cameram secretiorem recondidit et a foris asseravit. Cumque per aliquot dies non viso domino, quonam abisset a famulo quærerent, mentiebatur nescio quorsum tuminem expetisse negotia. Et cum præ fetoris insolentia inter ædes foveri non posset, collecta ille domini substantia cadaver in camino domus super cineres prono ore composuit, et instrumentum desuper pendens, ([112a]) quod siccatorias vocant, super eum dejecit, ut putaretur quia sic eum machinæ casus obtuderit, sicque cum rebus aufugit.

Decani quoque non longe ante Kalendas suæ diœceseos presbyterorum agebant. Cumque quidam Burgundus presbyter, loquax nimis et promptulus, contiguum sibi presbyterum super quodam levi capitulo accusasset, pro ipsa culpa decanus ab eo sex nummos tantum exegit. Qui id damni satis superque ægre ferens, nocte cum Burgundus revertisset ad sua, presbyter qui denarios perdiderat insidias ipsi tetenderat. Qui cum domus suæ gradus cum lucerna ascenderet, ille eum a posterioribus in occipitio clava percussit, qui ex ictu intestatus occubuit.

Alter quidam Exosimi ipse presbyter, cum haberet presbyterum missarum solemnia agentem, altaribusque præsentem, a quodam suo apparitore sagitta feriri mandavit. Qui percussus etsi non interiit, instigator tamen ac opifex non sine interimendi affectu fuit, nec homicidii, et sacrilegii, apud Christianos mandati [f., inauditi], crimine caruit. Refetruntur et alia sub eodem tempore atque pago perpetrata.

Præsagia præfatas calamitates prænuntiantia. Puer geminus. — Apparuere et visiones malum quod prætulimus præsagantes. Visum est cuidam super Laudunum lunarem cecidisse globum, quod significat repentinum venturum urbi defectum. Cuidam quoque ex nostris visum est ante genua crucifixi in ecclesia Beatæ Mariæ tres ingentes seriatim trabes oppositas. Locus autem in quo Gerardus interiit, cruore videbatur operius. Crucifixus eminentiorem ecclesiæ personam significavit; **512** cui vere terna trabes obstitit, dum pravus introitus, et peccatum quod in Gerardo, et ad ultimum in plebe commiserat, ingens fini ejus offendiculum præbuit. Locus ille in quo obierat sanguine tegebatur; dum perpetrata malignitas nulla pœnitudine abolebatur. Audiebantur præterea sicut a monachis Sancti Vincentii didici, et tumultus quidam, ut putabatur, malignorum spirituum, et species incendiorum in aere nocturnis horis in urbe. Natus est etiam ante aliquot dies puer geminus clune superius ibidem, duo scilicet habens capita, duo usque ad renes cum suis brachiis habens corpora. Duplex ergo superius, inferius simplex erat. Baptizatus itaque triduo quoque vixit. Multa denique et visa sunt, et contigere portenta, de quibus minime ambigebatur, quin præcinerent malum illud maximum quod sequebatur.

CAPUT XII.

Pœnas sumit Deus de nece Gerardi. — Postquam sopito aliquantisper turbine Ecclesia cœpit pedetentim clericorum restaurari studio. Quoniam igitur paries ille, quo Gerardus [*supplenda sunt hæc verba :* interfectus est] propter vim incendii cæteris debilitatior videbatur, arcus quosdam inter ipsum parietem medium, qui exustior fuerat, et exteriorem ædem immodicis sumptibus peregerunt. Cumque quadam nocte fragor ingens increpuisset, tonitrus impulsu fulminis ita concussus est, ut juncti parieti dirimerentur arcus, et paries in partem redderetur acclivis, et necessario jam destrui oporteret ab imis. Et, o mirum Dei judicium! Quid de his, Domine, tua censet severitas, qui hominem tibi astantem quoquo modo te orantem punire [*f.,* punire voluisti; *vel,* puniri permisisti], si insensibilem sub quo hæc sunt acta parietem non concessum est indemnem esse? Nec id injuria fuit, ut tantam injuriam ægre tuleris, Domine. Certe si inimicus meus veniam petendi causa genibus meis jaceret affusus, et a suo hoste ante meos perimeretur pedes, ob contumeliam mihi factam plane omnis mea erga eum animositas illico sopiretur. Hoc nos homines, et tu potissimum vena clementiæ, Deus. Si tu infantes tui prorsus ignaros sub Herode coronas, solum quia causa perniciei eorum tu fueras, putandumne est quod penes hunc, licet peccatorem, licet immeritum, ad tui nominis vilipensionem occisum, obdurare te queas? Non est hoc tuum, infinita pietas.

Feretra et sanctorum reliquiæ circumferuntur, quæ multæ sunt corrogatæ pecuniæ ad ecclesiam restaurandam. — Interea secundum illum qualemcunque morem ad corrogandas pecunias cœperunt feretra et sanctorum reliquiæ circumferri. Unde factum est ut pius ille arbiter, qui quos hinc corripit, illinc misericorditer consolatur, multa qua ibant miracula exhiberet. Erat autem magnificum phylacterium quiddam, quod ferebatur cum aliqua cujuslibet memoriæ theca, in quo de camisia matris Virginis et de spongia ori Salvatoris illata, et de cruce ipsius, si de capillis ejusdem Dominæ nostræ nescio, continetur. Est autem ex auro et lapidibus, et versus auro insculpti mysteria interna cantantes. In pagum itaque Turonicum secunda sua profectione venientes, cujusdam prædonis municipium, quod Busensiacus dicitur [vulgo *Buzençais*], attigerunt, et sermonem de calamitate ecclesiæ suæ inter alia ad populum habuerunt. Cumque præsensissent clerici nostri, quod dominus, et oppidani ejus malos animos gererent ad verbum, et exeuntes de castello diripere destinarent, in arcto [*vel alto*] positus is qui declamandi habebat officium, licet fidem eorum quæ spondebat non haberet, tamen astanti populo, ait : Si est animus infirmus in vobis, accedat ad sacras reliquias, et haustis laticibus, quos reliquiæ attigerint, profecto sanabitur.

Miraculum 1. Mutus puer et surdus sanatur. — Tunc lætus dominus, ejusque castrenses, dum eos æstimant ex suo ipsorum verbo pro mendacibus capiendos, offerunt ei puerum mutum et surdum, annos natum circiter viginti. Dici non potest ab aliquo sub quanto periculo et angore tunc clerici constiterunt. At cum aliis communem Dominam cum suo unico Jesu Domino exorantes suspiriis, epotis sacris aquis interrogatur a trepidante presbytero, nescio quod verbum. Cui ille mox absolute non ad verba interrogata respondit, sed eadem quæ presbyter verba dixit. Qui enim nunquam audierat quid diceret, nisi quod dicebatur, ignorabat. Quid immorer? In paupere oppido corda confestim seipsis largiora fuerunt. Oppidi unum dominus quem solum habebat equum mox præbuit, cum cæterorum munificentia suas pene possibilitates excederet. Quorum ergo proditores esse voluerant, horum cum magnis lacrymis Deum adjutorem laudantium sic fuere prosecutores, ut juvenem, qui sanatus fuerat, perpetuo sanctorum reliquiarum contubernio manciparent. Quem ego in hac nostra Novigenti ecclesia hebetem, et ad omnia dicenda et intelligenda rudem vidi, qui fidelis tanti miraculi circumlator, in tali exsecutione non multum post tempus diem obiit.

Miraculum 2. Mulier a passione digiti curatur. — In Andegavensi urbe femina quædam erat, quæ puellula nupserat, in qua pueraria ætate annulo quem digitulo inseruerat irretractabiliter, ut sic dicam, die noctuque insertum tenuerat. Juvencula igitur accedentibus annis in majorem carnulentiam excrescente, etiam circa annulum hinc inde caro protuberans, metallum pene contexerat, unde et eximendi eum a digito spes tota perierat. Advenientibus itaque sacris pignoribus, **513** dum post sermonem habitum cum cæteris mulieribus oblatura venisset, cum manum tetendisset ad reliquias argentum depositura quod tulerat, crepuit annulus, et sub manu ipsius ante sancta collabitur. Quo viso populus, et maxime mulieres, quod tantam gratiam Mater Virgo feminæ illi contulerat, quod etiam ipsa petere non audebat, dici non potest quid nummorum populus, quid potissimum feminæ monilium, annulorumque contulerint. Pagus Turconicus virtutum communis omnium Dominæ jucundabatur odore respersus; at vero Andegavensis jactitabat se Dei Genitricem habere præ manibus.

Miraculum 3. Mulier hausta aqua a sacris reliquiis tacta, convaluit. — Alias, sed quo id actum sit oppido plane exprimere non possum, in eadem tamen diœcesi, ad quamdam honestam feminam, diutissima nec minus desperata infirmitate detentam, ipsa summopere petente, reliquiæ delatæ sunt a clericis. Quas cum illa præcordialiter venerata fuisset, sacrisque unde dilutæ fuerant potata laticibus nec mora Maria medicante convaluit. Cumque sacra Dei debitis muneribus honorasset, et portitor sacrorum pedem a domus limine excessisset, ecce puer equo insidens, rhedamque trahens, angiporti medium, per quod transiturus fuerat, occupabat. Ad quem clericus: Sta, inquit, donec sancta prætereant. Cumque præterisset lator eorum, et ille caballum urgere cœpisset, ad repetitionem itineris nusquam eniti potuit. Quo respiciens ille qui ferebat reliquias: Vade, inquit, in nomine Domini. Et hoc dicto equus pariter et rheda progreditur. Ecce quæ in Maria præstas, quamque reverentiam sibi exigit.

Miraculum 4. Auditum atque loquelam recipit juvenis. — In tertia profectione apud Nigellam (vulgo *Nelle*) eos contigit devenire castellum. Habebat autem Radulphus dominus castri ipsius juvenem mutum et surdum in domo sua, quem et perhibebant divinandi scientiam haud dubium quin a dæmonibus habere; quem et ideo plurimum ferebatur amare. Sacræ ergo reliquiæ castro invectæ, satis tenuibus donariis sunt a populo honoratæ. Ille autem mutus et surdus, cui præfati muti et surdi per significationes innotuerat sanitas, imo et præsentia videbatur, calceis suis cuidam pauperi attributis, nudipes, et mente compuncta Lehunnum (vulgo *Lihons en Santerre*) monasterium usque pignora sacra prosequitur. Cumque sub feretro interdiu excubaret, hora prandendi contigerat. Plurimis itaque clericorum euntibus esum, et parvo numero ad custodiam remanente sacrorum, cum et ipsi paululum extra ecclesiam deambulatum issent, revertentes inveniunt hominem solo stratum tantopere vexari, ut ab ore ipsius et auribus cruor cum magno fetore proflueret. Quo clericis viso, et socios, qui pransum ierant, ad theatrum tanti miraculi accele-

rant. Epasmo igitur rediens ad clericos an loqui valeat nescio quibus verbis interrogatus tentatur. Mox ille eadem quæ audierat a percunctatore respondit. Infinitas cuncti glorias in sublime Deo tulerunt, quis dicat jubilos? Denique ad Nigellam oppidum omnimodis precibus redire coguntur, ut quod sacris minus primo detulerant, integerrime suppleretur. Quod et eximie factum est. Et hic se clarificavit Domina, cujus Filius Deus, quæ hucusque distulerat naturæ dona consummat.

CAPUT XIII.

Ad Anglos transferuntur reliquiæ. — Exinde transmarinas petituri partes, cum se huic mediterraneo Oceano contulissent, opulentos quosdam mercatores sub eadem classis evectione habentes, secundo quantum ad flamina æquore ferebantur. Et ecce immanium, quos multum verebantur, piratarum conspiciunt sibi ingruere ex adverso salandras. Cumque remis undas verrentibus illi adnavigantes fluctuum cumulos prora dividerent, vixque stadii interstitio a nostris absisterent, et sacrorum portitores cum e piratis valde metuerent, consurgit in medio quidam nostras presbyter, et elevato phylacterio, in quo regis [reginæ] cœlorum pignora tenebantur, ex Filii et Matris nomine eis interdixit adventum. Nec mora pro imperio ad puppim rediere rates, nec minori sunt celeritate [*deest hic forte* expulsi] quam accelerare gestierant. Hinc laus apud liberatores, hinc gloria, mercatores bonæ illi Mariæ gratulabundi multa sibi obtulere pretia.

Qui cultum sacris pignoribus denegarant rustici puniuntur. — Igitur prospere devecti ad Anglos, cum ad Wintoniensem venissent urbem plurima in.bi miracula claruerunt. Apud Essecestriam quoque non disparia contigerunt, causasque plurimorum munerum effecerunt. Taceamus consuetudinarias ægritudinum medicinas, insolita attingamus. Non enim ode puricum eorum scribimus, ipsi conscribant, nec lacta viritim sed quæque prædicatoria decerpimus. In omnibus pene locis reverenter, ut competebat, excepti, cum ad vicum quemdam venissent, non a presbytero intra ecclesiam, non a rusticis intra domos habitabiles admissi sunt; duas inibi sine mansoribus ædes repererunt, in unam se et sua impedimenta omnia conferentes, alteram sacris reliquiis aptaverunt. Nequissimo itaque vulgo in sua contra divinas res pertinacia perdurante, in crastino clerici cum ab illo rure migrassent, ecce tonitruorum **514** crepitus terrificum e nubibus fulmen expressit, quod decidens burgo illi irruit, et omnia quæ in illo fuerant habitacula in favillam vertit. Et, o Dei mira discretio! cum illæ duæ domus intersitæ aliis quæ ardebant essent domibus, illæ manserant, ut Deus evidens daret indicium propter irreverentiam, quam erga Dei Genitricem habuerunt, idem miseros homines passos incendium. At presbyter improbus, qui in barbaris quos docere debuerat, crudelitatem auxerat, collecta suppellectili quam ignibus cœlestibus se præripuisse gaudebat, utrum ad fulmen nescio, an ad mare transiturus advexerat. Quo in loco cuncta quæ congesserat, et quæ transponere nitebatur, identidem fulmine sunt consumpta. Ita gens agrestis, et incomposita ad Dei mysteriorum intelligentiam, suis suppliciis est edocta.

Sacrilegus, qui pecunias sacris reliquiis oblatas abstulerat, laqueo se suspendit. — Ad aliud quoddam municipium venerant, in quo cum ex opinione, et evidentia miraculorum, tum multiplex ad sanctas reliquias ferveret oblatio, Anglicus quidam ante ecclesiam positus dixit ad socium : Eamus bibitum. At ille, non habeo pretium. Ego, ait, inferam. Quonam, inquit, reperies? Considero, ait, hos clericos qui mendacio ac præstigiis tot pecunias a fatuis eliciunt, ego plane quomodo enitar, ut id ex ipsis meis contraham obsoniis. Dixit, et ecclesiam ingreditur, ad consistorium, in quo locatæ erant reliquiæ, accedit, et simulans quod eas osculo venerari vellet, ore apposito denarios, qui oblati fuerant, labiis inhiantibus haurit. Inde regressus ad comparem : Veni, ait, et compotemus, quia sufficiens potationis nostræ pretium jam habemus. Quomodo, inquit, cum illud non haberes, accepisti? Ex his, ait, quæ illis impostoribus intra ecclesiam dantur bucca mea abripiente præsumpsi. Male, inquit, fecisti, qui a sanctis illa tulisti. Tace, inquit, et huic proximæ tabernæ te confer. Quid verbosor? Solem in Oceanum (48) duxere bibentes. At vespera incumbente, ille qui nummos sacris subduxerat aris, ascensa equa domum se regredi profitetur. Cumque nemus contiguum attigisset, facto laqueo cuidam arbori se appendit, ubi foede moriens oris sacrilegi pœnas pendit. Ex multis quæ apud Anglos Virgo imperiosa peregit, hæc nos excepisse sufficiat.

Bos nullo impellente cursim se offert ad deferendas reliquias. — Lauduni quoque postquam a corrogando redierant, dictum mihi a quodam bonæ indolis clerico est, cui materiei advehendæ officium fuerat delegatum ad tecta ecclesiæ reparanda, quia in subeundo monte inter boves unus lassescendo defecerat. Cumque plurimum clericus æstuaret bovem, non reperiens quem pro eo jugo fatigati inferret, ecce repente bos illo cursim se obtulit, et quasi ex industria operi auxilium laturus advenit. Qui motu alacri cum currum ad ecclesiam usque cum aliis perduxisset, clericus valde sollicitus erat cuinam bovem illum ignotum redderet. Qui mox ut solutus est, non ducem, nec qui se minaret exspectavit, sed ocius unde venerat, repedavit.

De casu aquilæ deauratæ in summa sanctorum arca positæ. — Is ipse etiam, qui hoc mihi retulit, id pariter quoque narravit, quia videlicet die illa, qua Gualdrius episcopus disposita nece Gerardi Romæ proficisci cœperat, ipse post sacerdotum ad missas stabat (erat enim diaconus). Cum repente die admodum serena, nec flabris ullis flantibus, aquila ex ea deaurata, quæ arcæ sanctorum feretra continenti supererat, saltum faciens quasi violenter impulsa ruit. Ex quo eventu tunc quidem tales conjecturas habuerunt, quasi principalis pars loci, episcopus scilicet moriturus esset. At vero nos et hæc eadem forsitan significata sentimus, et dignitatem urbis, quæ specialiter inter urbes Franciæ totius est regia, ruisse, imo magis ruituram esse putamus. In illo enim, quod retulimus civitatis discrimine, rex ipse, cujus avaritia provenerat, nec semel eam quidem revisit. Præpositus etiam regius conscius nequitiæ perpetrandæ, paucis horis antequam oborta seditio committeret urbem, præmissa concubina et liberis, ex urbe recessit, et antequam tria vel quatuor milliaria peregisset, eamdem vidit ignibus conflagrari.

CAPUT XIV.

Hugo decanus absque electione episcopatu donatur a rege. — Igitur exacto his modis episcopo, de eligendo altero regias aures appellere cœperunt. Datur ei nulla electione præmissa quidam Aurelianensis decanus, cujus decaniam, quia referendarius regis quidam Stephanus ambiebat, qui episcopus esse non poterat, ipsi a rege episcopatum obtinuit, decaniamque suscepit. Quo ad consecrationem exhibito, cum prognosticum ejus aucuparentur, vacuam repererunt paginam. Ac si diceret : De eo nihil vaticinabor, cum nulli pene futuri sint actus. Post paucos enim menses occubuit. Aliquas tamen de episcopi domibus restituit. ([114]) Quo decedente, iste legitime et invitus eligitur. In hoc, inquam, legitime, quia in nullo venalis introiit, nec quidquam Simoniace agere intendit. Cui tamen in prognostico suo Evangelicum capitulum dure sonuit, quia idipsum quod Galdricus habuit : « Tuam, scilicet, ipsius animam pertransibit gladius (*Luc.* II, 35). » Quid autem infortunii sibi immineat, Deus viderit.

Teudegaldus episcopi occisor furcis infertur. — Antequam vero ad alia progrediamur, dicendum est quod Teudegaldus proditor **515** ac interemptor episcopi, post biennium internecionis illius a militibus Ingelranni captus, et furcis illatus est. Is in Quadragesima comprehensus, postquam pene usque ad vomitum comederat et biberat, et coram aliquibus, quod dici nefas est, se Dei gloria plenum, ventrem protendendo et mulcendo, manu jactaverat, tentus et in carcerem relegatus, non a Deo, non ab homine pœnitentiam petiit, nec etiam productus ad pœnam, cuipiam quidquam dixit, eaque insensibilitate ad Deum qua vixerat interiit. Sed jam ad omissa redeamus.

Thomas excommunicatur. — Igitur Thomas qui nefarios illos, et Gerardi primum, et postea episcopi domini sui et cognatos occisores, cum illa communia maligna susceperat ([115]), ab archiepiscopis totius Franciæ et episcopis non solum in conciliis, synodis,

---

(48) Id est occasum.

ac regiis curiis, sed et postmodum ubique parochiarum ac sedium per omnes Dominicas, succrescente ineffabiliter malitia, creberrimo passim anathemate pulsabatur. Noverca autem sua illa Ingelranni male præsumpta, cum crudeliorem ursa fera gereret animum, et Thomam quasi æmulum sibi videret emergere, Ingelrannum paternos affectus erga eum, ipsumque patris nomen compulit abjurare. Unde femineo consilio cum cœpisset eum a suo jure arcere, et apertus ei hostis existere cœpit, ut comici verbis utar, de stulto insanum facere. In tantum ergo furorem mens paulatim malis in dies potioribus imbuta prorupit, ut jus fasque assereret, si non secus ac bestias incedendo homines æstimaret. Quia enim a muliercula injuste, ut res erat, exhæredebatur, juste a seipso et a suis complicibus posse bacchari cædibus putabatur. Procurabat quotidie sævissima illa novis semper consiliis, quos ei ad subversionem proponeret, hostes; ille e contra minime feriabatur indesinenter contra eum exsequi prædas, incendia et mortes. Nostra ætate non vidimus duas uspiam convenisse personas, quorum administratione viderimus sub una causa tot evenisse res malas. Nam si fuit ille caminus, hæc oleum dici potest.

Tales plane utrobique fuere mores, ut cum veneris non parcerent indifferenter operibus, non minus tamen, imo amplius fierent mox præbita occasione crudeles. Sicut enim haud jura nunquam maritalia tenuere, ita nec illum unæ conjuges ab scortorum poterant aut externarum carnium rivalitatibus cohibere. Quid plura? Cum ista illum novarum quotidie rerum molitionibus instigaret, et ille homicidiis insontium rabiem exsatiare non posset, in tantum ut uno die decem hominibus oculos eruerit, quos nec mora mori contigerit, fiebat ut utrinque lassati facerent momentaneas paces; sed post paululum femina illa veteres refricante morbos, in mutuas consurgerent neces.

Ambiani calamitates, per Ingelrannum comitem, et alios excitatæ. — Igitur Laudunensis provincia cum his sub utroque malignitatibus quateretur, in Ambianensem Deo judice est translata calamitas. Nam ([116]) post funestum excidii Laudunensis eventum, Ambiani rege illecto pecuniis fecere communiam, cui episcopus nulla vi exactus debuisset præstare favorem, præsertim cum et nemo eum urgeret, et coepiscopi sui eum miserabile exitium, et infaustorum civium confligium non lateret. Videns itaque Ingelrannus urbis comes ex conjuratione burgensium comitatus sibi jura vetusta recidi, prout poterat, jam rebelles armis aggreditur. Cui etiam non defuit, Adam sic enim vocatur, et suæ cui præerat ipse turris auxilium. A burgensibus ergo urbis pulsus, ab urbe in turrem se contulit. Qui cum in comitem irremissis assultibus grassarentur, et Thomam quasi amantiorem suum dominum ad communiæ illius sacramenta vocantes, contra parentem, ut putatur, suum filium suscitarunt. Ignominiosam enim valde

matrem habuit, et ideo semper patris affectu caruit. Perpendens interea Ingelrannus, quia sui ævi gravitatem caupones et macellarii irriderent, accersito Thoma, pactoque cum eo fœdere, etiam novercam illam præbitis innumeris sacramentis novo ei insinuavit amore. Quæ nimirum sibimet non ignava, non parui ponderis gazas ab eo exegit pro innovata pace.

Exhausto denique Thomas plurimo quem habebat thesauri cumulo, opem quoque Ingelranno spopondit contra burgenses, quibus cum vicedomino adnitebatur episcopus. Thomas igitur et Adam, qui turri præsidebat, cœperunt acerrime insistere vicedomino atque burgensibus. Et quamprimum, quoniam episcopum et clericos factæ cum burgensibus factionis arguebant, res pervasit Thomas ecclesiæ. Et in una quidem villarum ejus, præsidium sibi firmat, per quod cæteras mox incendiis et prædis exterminat. Ex una earum cum maximam captivorum abduxisset catervam, multamque pecuniam, residuum promiscui sexus, et diversæ ætatis vulgus, cohortem certe quæ illo confugerat plurimam in ecclesia conceremata cremavit. Inter captivos autem quidam, qui panis emendi gratia in villam venerat, eremita captus ante cum ducebatur. Erat vero imminens, postridie scilicet, festum beati Martini. Cumque flebiliter inclamasset ad Thomam cujus professionis esset, qua pro causa eo devenisset, **516** saltem pro honore sancti Martini sibi miseresceret. Ille e vagina pugione exempto, ejus trajecit pectus et viscera, Accipe, dicens, propter sanctum Martinum. Leprosum pariter carceri truserat. Quod elephantiosorum provincialium cœtus audiens, obsedit tyranni fores, conclamans ut sibi socius redderetur. Quibus ipse comminatus est, nisi recederent se vivos incensurum. Et cum territi aufugissent, in tuto positi, et ex regione pariter conglobati, Deum super eo in vindicem compellantes, pari voce latis in altum vocibus ei maledixerunt. Leprosus autem idem in pœnali carcere diem clausit.

Mulier quoque prægnans ergastulo itidem relegata, ibidem interiit. Quidam de captivis tardius expediebant iter, quibus sub collo eas quas vocitant canolas præcipiens perforari, senis eorum, ni fallor, aut quinque, funes fecit inseri, sicque sub truci angaria proficisci. Qui post paululum in custodia sunt defuncti. Quid verba protrahimus? In illo negotio triginta solus homines proprio ense peremit. At noverca sua videns tantis hominem inserere se periculis, avida perimendi eum mandat vicedomino, ut Thomæ subtiliter excursus observet. Qui cum illum nescio qua euntem nocte quadam circumfudisset insidiis, confossus membra vulneribus etiam in poplite lanceam hostis pedestris accepit. Qui cum alias, tum in geniculo durissime læsus, vellet nollet, a cœpto desiit.

Defectus inter sacra facienda infortunia prænuntiant. Episcopus Ambianensis Godefridus abdicat episcopatum Cluniaci et Carthusiæ aliquandiu vixit,

ac post jubente Remensi archiepiscopo rediit. — At A
episcopus antequam ecclesia sua tale exterminium
pateretur, quodam die festo missas acturus erat.
Quidam vero specie religiosus presbyter sacramentum
ante eum ex sola aqua nescius confecerat, post
quem et episcopo idem accidit. Cumque libamen
assumpsisset, et non nisi-aquam esse sensisset, dixit : Magnum scitote pro certo malum ecclesiæ
imminet isti. Quod ipsum infortunia presbyteri, quæ
ante contigerant, astruebant. Cum ergo vidisset
suam nec clero nec populo præsentiam esse gratam,
quia neminem juvare poterat, assumpto quodam
nostro monacho, inconsultis omnibus clero suo ac
populo libellum, ut ita dicam, repudii dedit, et archiepiscopo
Remensi annulum, sandaliaque remisit,
et se in exsilium iturum nunquamque deinceps episcopum B
futurum utrobique mandavit. Ex-pontifex ita
factus cum Cluniacum attigisset, rursus sponte propria
episcopus factus altare inibi consecravit. Inde
digressus Carthusiam perrexit, de quo loco in hujus
opusculi primordio nobis sermo fuit. Ibi extra conventum
in cellula commanens, sex de viatico suo
argenti sibi marcas retinuit. Qui post duos menses
non ab aliquo suorum, sed ab archiepiscopo remandatus,
moras in reditu non fecit; ad hoc enim marcas
sibi utiles futuras scivit. Clerus autem et populus
eum non sine mœrore recepit, qui eo absente super
altero eligendo non sine magna ipsius aspernatione
non sategit. Ipse enim turbam moverat quam sedare
non poterat.

Thoma itaque ad sua translato, et ex vulnere C
prælibato jam impotenter agenti, quoniam filius
Adæ, nomine Adelelmus, puer pulcherrimus in futuram
desponderat conjugem ipsius filiam. Qui Thomam
jam læserat in Adam, et in turrim ejus ipsa
Ingelranni turpis concubina arma convertere parat.
Ipse autem in fidelitate Ingelranni hucusque contra
burgenses steterat. Rege ergo conducto turrim obsidione
circumdat. Et certe Adam regi hominium
fecerat, nec ab eo defecerat, rexque eum in sua fide
susceperat. Referri non possunt ab aliquo, ne ab eis
quidem quorum pars periclitabatur, factæ neces de
burgensibus per turrenses, cum ante obsidionem,
tum postea crebriores. Nullus enim apud urbanos
actus erat, sed passio sola. Quod primum promoto
nondum malo facile Godefridus episcopus, sicut omnibus
notum est, sedasset, nisi vicedominum, qui
maximo eum semper habuit contemptui, timuisset.
Ejus plane moris est ut neminem revereatur, nec
cuiquam beneficus sit, nisi aut de ipso male loquatur,
aut sibi male faciat. Qui dum ab uno morderi
timet, et scienter perfidissimo placere gestit, Deo
justo judice, ab ipso potissimum, et ab omnibus
laceratur.

*Galterius archidiaconus Thomæ comitis dolo et
imperio trucidatur.* — Thomas igitur turri subvenire
non potuit, intra quam et filiam, et militum suorum
probiores dimiserat. Mala autem ubique tanta egerat,
ut archiepiscopi et præsules pro ecclesiis querimonia data ad regem dicerent, se in regno ejus
Dei officia non facturos nisi ulsciceretur in illum.
Nam ea tempestate, qua pestifer ille contra Ingelrannum
burgensibus adnitebatur, Galterius, de quo
supra egimus, qui cum Guidone coarchidiacono suo
solus de proditoribus Gerardi resederat, ad illam
bonam Ingelranni lateralem, suam videlicet uterinam
sororem, quod adulterinum connubium ipse
miscuerat, circa mediam ferme Quadragesimam locuturus
perrexerat. Quod cum Thomas addidicisset,
missa legatione citissima imperat Roberto cuidam,
omnium sceleitissimo (tales enim amat famulos) ut
Galterium ab Ambianensi redeuntem observent, et
quot possunt interimant. Quæ ille non alias quam ab
ipso Laudunensi promontorio prospectans, per ipsam
viæ concavitatem, qua de 517 monte descenditur, B
in occursum illi cum suis venit. Galterius autem
præmisso comitatu jam in urbem mulo sedens sequebatur.
Sic igitur solitudine aucupata gladiis eum
crudelissime conciderunt. Quo occiso ad Thomam
cum mulo hilares revertuntur.

Creciacum castrum expugnatur a rege. — De his
ergo ac similibus cum maximis Ecclesiarum doloribus
apud regias cum impeterentur aures, in sequenti
anni Quadragesima postquam archidiaconum occiderat,
collecto rex adversus eum exercitu, præsidia
quæ in villis abbatiæ Sancti Joannis exstruxerat aggreditur.
De equestribus autem vix ex corde opitulabatur
regi cum etiam pauci essent, levis autem
armaturæ infinitum prorsus agmen. Quos ille contra
se conflari audiens garriebat, cum etiam prorsus
impos lecto decumberet. Monitus a rege ut adulterina
castella destrueret, fœdissime respuit. Oblatis
sibi multorum affinium auxiliis exsibillavit. Tunc
archiepiscopus et episcopi, factis in altum gradibus,
multitudinem asciverunt, commonitorium eis pro
negotio fecerunt, a peccatis absolverunt, et ut sub
nomine pœnitentiæ castro illi quod Creciacum
(*Crécy*) vocant, de salute animarum tuti irruerent, D
imperarunt. Quod et mirabili ausu pervadunt. Erat
autem munitio insolitæ fortitudinis, ita ut omnis
eorum nisus multis ridiculus videretur. Cum ergo
qui intus erant, defensioni intenderent, capto tamen
jam priori vallo, astitit rex in porta castelli, et submonitis
oppidanis ut castrum sibi traderent, cum
se dicerent non facturos, protensa manu juravit se
non comesurum donec caperetur. Ea tamen die
solvit impetum. In crastinum vero regreditur, arma
sumit, de militibus autem vix quispiam coarmari
voluit. Cumque apertæ eos proditionis accesseret,
accitis pedestribus, ipse prior vallo insistere et ad
interiora niti cœpit. Nec mora penetratur intro, ingens
victualium copia reperitur, defensores tenentur,
oppidumque diruitur.

Tandem se dedit Thomas. — Haud longe hinc
aliud municipium, nomine Novigentum. Hujus clavibus
regi delatis, incolæ profugerunt. Apud Creciacum
aliqui furcis appensi sunt de captivis ad terrorem
defensorum, aliqui alias occisi. De assultoribus.

nescio si aliquis præter unum militem. Thomas autem apud Marnam tuebatur se, qui, facta pecuniaria redemptione apud regem et regios, et pacto ecclesiis damno quod fecerat, hinc paci, illinc se reddidit communioni. Ita vir omnium superbissimus iniquissimusque per manum pauperrimam, quam sæpe punierat quamque spreverat, punitus est. Illud non est reticendum quod, cum rex Laudunum cum suo hoste venisset, aeris mollities intempestiva cuncta reddiderat. Tunc archiepiscopus ad eos : « Oremus, ait, Deum, ut, si vult fieri quod proposuimus, det serenum. » Quo dicto, aer extemplo renituit.

Godefridus episcopus redit a Carthusia. Rex, obsidione facta Ambiani, inexpugnabilem turrim experitur. — Igitur Dominica Palmarum reversus a Carthusia Godefridus episcopus, longe alia quam ibi didicerat, incipit propagare. Regem ergo arcessit, et die celebri ac verendo ipsum et astantem populum adversus turrenses sermone habito, non Dei, sed Catillinario irritare intendit, spondens regna cœlorum his qui turrim expugnando perierint. Postridie pro muro Castellionis (sic enim vocatur) ingentes machinæ porriguntur, eisque milites imponuntur. Turrenses ante cortinis sese protexerant, ne esse eorum proderetur. Episcopus vero nudipes ad Sanctum Acceolum non tunc pro hoc exaudiendus abierat. Interea turrenses permittunt eos se muris ingerere, machinas admovere. Quibus applicitis, Alerannus quidam talium peritissimus, duas quas instituerat phalaricas opponit, et quater vicenas pene mulieres ad saxa quæ imposuerat intorquenda disponit. Milites autem interni contra externos prælia cominus ense tractabant. Cumque Achilleis animis sua propugnacula defensarent, mulieres, viris æquiparandæ, missis ex tormento lapidibus utrasque confregerunt. Et fervescente jactu missilium, quater vicenis, ut relatum est, vulneratis, etiam regem jaculo in pectore loricato læserunt. De his autem qui spiculis sunt trajecti, præter unum nullus evasit. Hoc episcopi nepos Rothardus clericus retulit.

At milites qui de machinis pendebant, obrui se videntes, fugam ineunt; nec mora cæteri. Quibus aliquantisper amotis, turrenses prosiliunt, machinas concidunt, materiemque ad se convehunt, cum eos a longe conspicerent, nec aggredi auderent tria pene millia, qui prius oppugnarunt. Videns igitur rex inexpugnabilem locum cessit, obsideri jubens dum fame coacti se redderent. Huc usque perseverat obsidio, et dici non potest quot de burgensibus solis quotidie pene depereant. Adam vero extra positus suburbia, et Ingelrannum atque vicedominum crebris hostilitatibus urget. Unde etiam si vexatio intellectum daret auditui, scire possent quia, etsi Thomas succubuit, non omnes tamen causæ sunt pares, nec Dei penes omnes æqua judicia, ut sit episcopo ad neces licentia provocandi.

CAPUT XV.

Reinsendim abbatissam perimit servus ipsius. Vasa sacra subripuit Anselmus quidam. Duello innocentem superavit. — Antequam autem ad contigualia devolvamur, quoniam et de Suessorum quibusdam dicturi sumus, sciendum est quia super omnes Franciæ provincias Laudunenses detestabiliora agunt. Nam qui presbyteros, episcopum, archidiaconum occiderant, nuperrime etiam solertissimam feminarum abbatissam Sancti Joannis, genere clarissimam, Ecclesiæ provectricem, nomine Rainsendim, Laudunensis indigenam, suus servus occidit, quodque passa est pro Ecclesiæ fide consustinuit. Quid quod ipsa ecclesia non vocabat a sacrilegiis? Quæ tamen quia regina omnium non reliquit inulta, digne prosequimur. Ab his, quos (117) matricularios vocant, qui gazas ecclesiæ familiarius asservabant, vasa ministerii cœpere subduci, quæ tamen in magistros eorum retorquebantur clericos. Erant plane laici. Hæc primo a quibusdam. Secundo quidam Ansellus vulgo urbis oriundus, immanis et rusticus, infra dies Dominici natalis ante matutinos, cruces, calices, aurea quæque subripuit. Cumque post aliquod tempus prærepti auri massulam Suessonico cuidam mercatori venum tulisset, et furtum sacrilegum quod fecerat, prodidisset, ac sacramentum ab eo ne se proderet accepisset, ille interim damni illius conscios per Suessorum parochias excommunicari audivit. Quod is animadvertens Laudunum venit, rem clero prodidit. Quid plura? conventus ille negavit. (118) Is, contra datis vadibus, bello [f., duello] eum pugilaturus impetiit. Nec ille distulit. Erat autem Dominica. Quibus clerici præ properatione commissis, ille qui furem compellaverat, victus ruit. In quo duo constant, aut eum qui furem pejerando prodiderat, minus recte fecisse, aut, quod multo verius est, legem illegitimam omnino subiisse. Huic enim legi certum est nullum canonem convenisse.

Alia audacior committit furta. — Victoria denique Ansellus tutior ad tertium prorupit sacrilegium. Nam ineffabili commento gazophylacium prorupit, et copiosius aurum gemmasque tulit. Quibus tultis, celebrato jam (119) sacri laticis judicio, in hunc eum aliis matriculariis injectus est, superque natando convictus, eum quo et alii primi damni cognitores : quorum alii furcis illati, aliis vero parsum. Is pariter tractus spondet se dicturum, dimissus diffitetur. Secundo evectus in furcam, prodere rem se jurat. Remissus ait : Sine præmio nihil faciam. Appenderis, inquiunt. Et vos nihil habebitis, ait. Inter hæc Nicolaum castellanum Guinimari filium, adolescentem clarissimum, infinitis jaculabatur conviciis, cujus manibus hæc fiebant. Consulitur episcopus et magister Ansellus quid facto oporteat. Melius est, aiunt, ut pecunia sibi detur, quam tanta auri quantitas amittatur. Pacti ergo ei sunt quingentos ferme solidos. Quibus sponsis, multum quod in vinea sua condiderat restituit aurum. Pollicitus vero se de patria recessurum fuerat, triumque autem ei dierum commeatum episcopus spoponderat. In quo spatio cum elabi clam vellet, et universos urbis ipsius provideret egressus, villa ex parte ejus grandium flumi- num species apparebant, quae eum progredi omnino vetabant.

Palam ergo illum recedere sine ullo furto sui fructus haec invisibiliter sibi proposita fluenta cogebant. Quo cum ventum foret, et se nolle recedere quaedam furiosissima loquens diceret, cumque eum episcopus magis urgeret, coepit quasi extra se positus mussitare, quaedam se scilicet adhuc scire quae distulisset dicere. Quod cum per vicedominum didicisset episcopus occasionem nactus, quoniam se juraverat nil plus scire, solidos quos ei proposuerat dare, subtraxit, et carceri relegavit. Qui etiam suppliciis adactus, gemmas confracti operis se penes se habere fassus est. Et ad locum eos ducens, ostendit eas in linteolo sub saxo pendentes. Cum his omnibus quoque phylacteria sacra subduxerat, quae quandiu tenuit, dormire non poterat, quia sanctis feralem animum concutientibus, tanti eum sacrilegii horror invaserat. Igitur et ipse in sublime provectus, appositus est ad patres suos, plane diaboles.

CAPUT XVI.

Matris Joannis, Suessorum comitis, actus nequam. Manassis etiam mater. — Joannes interea, Suessorum comes (ut jam stylum ad promissa vertamus), militia solers pacisque studiosus fuit, cujus tamen intentio sola sua utilitas fuit. Nam paterna et avita nequitia in exitium matris semper Ecclesiae redundavit. Porro mater [Joannis] inter caetera potentiae suae miracula (49), linguam diacono cuidam a gutture exemptam succidi fecit, oculosque convelli. Nimirum id praesumpsit parricidalis audacia. Nam Judaei cujusdam studio fratrem proprium cupiditate comitatus veneno occiderat. Quam ob causam et Judaeum ignis assumpsit, et ipsa pridie quam caput jejunii sequebatur, postquam eximie coenaverat, in ipso sui somni nocte primordio paralysi percussa, officia linguae perdidit, totius corporis invaliditudinem incurrit; quodque potissimum est, nil deinceps quod ad Deum pertineret sapuit, et de caetero porcum vixit. Cui etiam justo Dei judicio, quasi pro medela, pene lingua fassus est. Sic se ab initio Quadragesimae usque ad octavas Paschae, cum diem clausit, habuit. Inter ipsam autem, et hunc Joannem, et episcopum Manassem, filios ejus, non modo simultates, sed lethalia odia erant, et haec genuina. Nam genus illud vicissim infestos se habent. Certe dum ad tumulum delata fuisset, inter sepeliendum mihi comes isdem de ea, quae sunt superius relata narrabat, adjiciens : Quid, inquit, pro ipsa dilargiar, cum pro sua ipsius anima ipsa nil voluerit dilargiri?

In Joannem illum, Judaicae perfidiae sectatorem, scripsit Guibertus tractatum contra Judaeos.—Denique comes ipse, cui recte dici posset, « pater tuus Amorrheus et mater tua Cethaea (*Ezech* xvi, 3), » non modo ad parentem regeneravit utrumque, sed multo deteriora peregit. Ipse Judaeorum et haereticorum per- fidiam tantopere coluit ut quod Judaeis metum fidelium impraesumptibile erat, ipse diceret de Salvatore nefaria. Quam male autem in coelum posuerit os suum (*Psal.* LXXII, 9), intelligi potest **519** ex meo illo libello quem contra ipsum rogatu Bernardi decani scripsi. Quae quoniam ori Christiano indicibilia sunt et piis auribus exsecrabiliter exhorrenda, supprimimus. Cum Judaeos attolleret, a Judaeis proinsano habebatur, dum verbo sectas eorum approbaret, et nostra in promptu sequeretur.

Quam nefanda profert agitque comes. Generosum uxoris ipsius factum. — Et certe in Natali et Passione Dominica, et in hujusmodi tam humilem se praebebat, ut vix perfidum putaremus. Nocte paschali se in ecclesia ad vigilandum contulerat, religioso cuidam clerico, ut de mysterio dierum illorum aliqua sibi diceret, suggesserat : Qui cum qualiter passus sit Dominus, et quomodo resurrexit, intimasset, exsibilans comes ait : Ecce fabula, ecce ventus. Si tu, inquit, pro vento et fabula, quae dixerim habes, quid hic vigilas ? Pulchras, ait, mulieres, quae istic coexcubant, libenter attendo. Certe cum conjugem juvenculam speciosam haberet, ea contempta rugosissimam ita affectabat anum, ut cum intra domum cujusdam Judaei lectum sibi, et illi saepius apparari faceret, nunquam tamen stratu cohiberi poterat, sed in aliquem angulum turpem, aut certe intra apothecam aliquam prae furore libidinis se cum illa sordidissima contrudebat. Quid, quod cum uxore sua parasitastrum quemdam, exstinctis jam nocte lucernis, sub specie sui cubitum ire mandavit, ut adulterii sui crimen impingeret ? Quae cum non esse comitem ex corporis qualitate sentiret (erat enim comes foede pruriginosus) suo quo valuit nisu, et pedissequarum auxilio, scurram dure cecidit. Quid plura ? Non sanctimonialem, non monacham a sua abusione excluserat, nec fratrum plane sanctorum unquam rivalitati pepercerat.

Impiissima et infelici morte periit comes ille.— Hujus putidissimi blasphemias cum pati jam Virgo Mater, omnium regina, non posset, redeunti ei ab expeditione regia, collegarum suorum daemonum ad urbem jam propinquanti ingens globus apparuit, qui hirta coma, sensu effero domum veniens, ea nocte conjuge repulsa, cum anu praedicta concubuit, in qua et lethali morte decubuit. Cumque anxiari coepisset, praedictum clericum, cum quo in vigiliis egerat super urinarum suarum consideratione consuluit. Qui ei de morte respondens cum sua anima, et de perpetratis libidinibus eum conveniret, ille intulit : Vis, inquit, ut leccatoribus (gulosis), scilicet presbyteris, mea erogem ? ne obolum quidem. A multis discretioribus te didici omnes feminas debere esse communes, et hoc nullius momenti esse peccatum. Dixit, et nihil aliud quam rabiem postea dixit, aut fecit. Nam astantem sibi conjugem pede volens propellere, cuidam militi (*deest*, alapam, *aut* pugnum)

---

(49) Ironice.

sedente ea, impegit grandem adeo, ut eum everteret. Tenebantur ergo insanissimi hominis manus, ne se suosque disjiceret, donec defatigaretur, donec virginissimæ Genitrici et Deo Filio ejus inimicum diaboli extorqueret spiritum.

CAPUT XVII.

Clementii, Ebrardi, et gregalium hæreseos summa. — At quoniam hæreticorum, quos hic nefandus amabat, meminimus, quidam rusticus, Clementius nomine, cum fratre Ebrardo, apud Buciacum, proximam Sucssioni villam, commanebat. Qui, ut vulgabatur, de primoribus suæ hæreseos erat. De hoc ferebat impurissimus ille comes, quod sapientiorem eo neminem comprobasset. Hæresis autem ea est, non quæ palam suum dogma defendat, sed quæ perpetuis damnata susurris clandestina serpat. Ejus vero talis dicitur esse summa.

(¹²⁰) Dipensationem Filii Virginis phantasma fatentur.

Baptisma parvulorum non intelligentium sub patrinis quibuscunque adnullant.

Suum autem appellant Verbum Dei, quod sit quo nescio rotatu longo sermonum.

Mysterium quod fit in altari nostro ita exhorrent ut ora sacerdotum omnium os inferni appellent.

Et si pro velamine suæ hæreseos aliquoties inter alios nostra sacramenta suscipiant, sic pro dicta habent, ut ea die nil amplius edant.

Sacra cœmeteria a reliqua terra comparatione non dividunt.

Conjugia damnant, et fructificare coitibus.

Et certe cum per Latinum conspersi sint orbem, videas viros mulieribus cohabitare sine mariti, conjugisque nomine, ita ut vir cum femina, singulus cum singula non moretur, sed viri cum viris, feminæ cum feminis cubitare noscantur. Nam viri apud eos in feminam nefas est.

Edula omnium quæ ex coitu nascuntur, eliminant.

Conventicula faciunt in hypogeis aut penualibus [penetralibus, vel penatibus] abditis, sexus simul indifferens, qui candelis accensis cuidam mulierculæ sub obtutu omnium, retectis, ut dicitur, natibus, procumbenti eas a tergo offerunt; hisque mox extinctis chaos undecunque conclamant; et cum ea quæ ad manum venerit prima quisque coit.

Quod si inibi femina gravidetur, partu demum fuso in idipsum reditur.

520 Ignis multus accenditur, a circumsedentibus puer de manu in manum per flammas jacitur, donec exstinguitur. Deinde in cineres redigitur; ex cinere panis conficitur; cuique pars pro eucharistia tribuitur, qua assumpta nunquam pene ab hæresi ipsa resipiscitur.

Isti Manichæis parum dissimiles. — Si relegas hæreses ab Augustino digestas, nulli magis quam manichæorum reperies convenire. Quæ olim cœpta a doctoribus, residuum demisit ad rusticos, qui vitam se apostolicam tenere jactantes, eorum actus solos legere amplectuntur.

Ad judicium vocantur ab episcopo Suessionensi. Coram Guiberto interrogantur. — A domino ergo Suessorum pontifice viro clarissimo Lisiardo præfati duo ad examen urgentur. Quibus cum ab episcopo ingereretur, quod conventus præter ecclesiam facerent, et hæretici ab affinibus dicerentur; respondit Clementius : Num legistis, domine, in Evangelio, ubi dicitur : « Beati eritis? » (*Luc.* vi, 22 ; *Joan.* xiii, 17.) Cum esset enim illiteratus, quod « eritis » significaret hæreticos æstimabat. Putabat etiam quod hæretici dicerentur, quasi hæreditarii; haud dubium quin Dei. Cum ergo discuterentur quid crederent, Christianissime responderunt, conventicula tamen non negarunt. At quia talium est negare, et semper hebetum clam corda seducere, addicti sunt judicio exorcizatæ aquæ. Cumque in ipso apparatu rogasset me episcopus, ut ab eis secreto quid sentirent elicerem, et eis baptisma infantium proponerem, dixerunt : « Qui crediderit et baptizatus fuerit, salvus « erit (*Marc.* xvi, 6). » Cumque in bona sententia magnam quantum ad ipsos intelligerem latere nequitiam, interrogavi quid putarent super his qui sub aliorum fide baptizantur. Et illi : Propter Deum ne nos adeo profunde scrutari velitis. Itidem ad singula capitula addentes, nos omnia quæ dicitis credimus. Tunc recordans versus illius, in quem Priscillianistæ olim consenserant, scilicet :

Jura, perjura, secretum prodere noli :

(August. *De hæres.* c. 70.)

dixi ad episcopum : Quoniam testes absunt, qui eos talia dogmatizantes audierunt, cœpto eos addicite judicio; erat enim matrona quædam, quam per annum Clementius dementaverat. Erat et diaconus quidam, qui ex præfati ore alia capitula maligna audierat.

Probatur eorum fides per sacramentum et aquam. Populus hæreticos igne absumit. — Missas itaque egit episcopus, de cujus manu sub his verbis sacra sumpserunt : Corpus et sanguis Domini veniat vobis ad probationem hodie. Quo facto, piissimus episcopus, et Petrus archidiaconus vir fide integerrimus, qui ut non subjicerentur judicio, eorum promissa respuerat, ad aquas procedunt. Episcopus cum multis lacrymis litaniam præcinuit, deinde exorcismum fecit. Inde sacramenta dedere se nunquam contra fidem nostram credidisse, aut docuisse. Clementius in dolium missus, ac si virga supernatat. Quo viso, infinitis gaudiis tota effertur ecclesia. Tantam enim sexus utriusque frequentiam opinio ista conflaverat, quantam inibi nemo præsentium se vidisse meminerat. Alter confessus errorem, sed impœnitens, cum fratre convicto in vincula conjicitur. Duo alii e Durmantiis villa probatissimi hæretici ad spectaculum venerant, pariterque tenti sunt.

(¹²¹) Interea perreximus ad Belvacense concilium, consulturi episcopos quid facto opus esset. Sed fidelis interim populus clericalem verens mollitiem concurrit ad ergastulum, rapit, et subjecto eis extra urbem igne pariter concremavit. Quorum ne propagaretur carcinus, justum erga eos zelum habuit Dei populus.

CAPUT XVIII.

Puella festo die S. Nicasii suere præsumens dat pœnas. Huic opem fert B. Virgo. — Apud Noviomum ecclesia est parochialis, in beati Nichasii honore ab Alduino [*al.*, Harduino] quondam episcopo dedicata. Ipsæ etiam ejus reliquiæ istuc a Remensibus deportatæ aliquandiu quieverunt, non dico in prædicta ecclesia, sed in urbe. Ante hoc ergo ferme quinquennium, cum imminens martyris festivitas jussa esset a presbytero debitis feriis honorari, quædam ea die paupercula sola degens sub matre puella, suendi quidpiam præsumpsit opusculum. Quæ cum manibus suenda coaptans filum per linguam, ut assolent, et labra protraheret, fili nodus, qui multæ erat grossitiei, ac si id præacutum linguæ summitati adeo inseritur, ut nullatenus exinde eximi posset. Nam si ab aliquo tentaretur evelli, immodicis misera angustiis angeretur. Cum frequentia igitur populari calamitosa illa ad episcopalem ecclesiam, Reginæ martyrum misericordiam precatura non verbis, cum matre progreditur. Loqui enim filo linguam terebrante ac inibi dependente vix poterat. Quid plura? Turba quidem vulgi lacrymose compatiens domum rediit, postquam diu laborantem puellulam multumque spectaverat. Illa die ipso cum nocte sequenti perseverans in petendo, comite matre remansit. Postridie cum Dominam cœlorum ac terræ præcordialissimis precibus pulsavissent, et sicut Ansellus presbyter ecclesiæ sacrista mihi retulit, letaniam matre prænuntiante, filia submurmurante, ac si scirent litteras mirabili ordine texuissent, filia ad Matris Virginis altare progreditur, flebiliterque complectitur, moxque filum inter oscula crebra laxatur. Ad theatrum tantæ gratiæ clerus et populus accersit, infinitis laudibus cum Deo Virgo Mater attollitur, **521** quæ in eo Reginam martyrum se probavit, quod commissam in martyrem culpam pro se sic ulta est, sicut motum denique suum in satisfactione placuit. Nec parum martyris nobilitas claruit, qui in eo quod pauperculam humilem puniit, quantum superbos, qui sibi adversantur, adversetur innotuit. Hoc in eadem qua factum est ecclesia, mihi et relatum, et filum miræ grossitiei cum nodo adhuc cruento a præfato presbytero ostensum. Simile quid etiam in die Annuntiationis beatæ Mariæ nostra ætate est actum, quod a Ratbodo urbis episcopo constat scriptum.

Milites qui Novigenti res abstulerant a Deipara plectuntur. — In hac ipsa Novigenti, cui Deo auctore servimus, Ecclesia, miles quidam rapinam fecerat, fratrum scilicet boves abduxerat, Calviacumque castrum deveniens, unum de bobus comedendum a se, ut putabat, complicibusque decoxerat. Ad primum ergo quod de carnibus illis ori intulit, divina virtute percutitur, et uterque ei inter masticandum oculus a fronte, et ab ore lingua expromitur; sicque eo damnato, vellet nollet, residua præda reducitur.

Alter contigui fluvii partem, qui Aquila nuncupatur, piscationi suæ ascribere nitebatur, quæ ex antiquo præfati loci fratribus debebatur. Cumque fratrum piscator ab illa parte fluminis per ipsum militem omnino absterreretur et pro hoc Ecclesia multis placitis urgeretur, a Domina præpotenti in membris aliquibus paralyseos valetudine conquassatur. Sed hoc cum fortunæ, non ultioni divinæ ascriberet, dormienti illi piissima Virgo astitit, et aliquot ei alapas non sine severitate in facie dedit. Qui exinde experrectus, et ex verbere sensatior factus, illico nudipes ad me venit, veniam petit, quid beata Maria animositatis sibi intendisset, aperuit, usurpata remisit. Hoc unum didici, quod nemo isti Ecclesiæ infensus fuit qui non ad evidens detrimentum venerit, si perseverare delegerit.

Itidem compendii. — Apud Compendium quidam præpositus regius adversabatur ecclesiæ beatæ Mariæ, et beatorum Cornelii et Cypriani. Quem cum foro medio clerici convenirent, et ex nomine tantæ Dominæ, tantorumque patronorum, ne id faceret denuntiarent, ille sacris in nullo deferens nominibus, fœde rogantium ora exprobrando confudit; sed inter ipsa verba, cum equo insideret, ruit, et (¹²²) sordidissimas bracas, quibus cingebatur, ventris profluvio mox sub se respexit.

S. Justi reliquias percutiens mulctatur. — Et quia de reverentia sanctis exhibenda dicere cœpimus, municipium est in eodem pago Belvacensis episcopii, quod Sancti Justi vocatur. In quo, cum seditio mota fuisset, et enormi insolentia viles quique clientuli cum burgensibus baccharentur, clerici sancti pueri ac martyris Justi reliquias ad sedendum populum in loculo detulerunt. Cui quidam opportunior cæteris revera parasitus cum se retulisset obvium, gladium irreverens et nequam sacratissimo loculo intulit. Qui dicto citius in terram ruens, fetida, ut ille superius, alvi manatione computruit.

Presbyter pene veneno exstinctus B. Marcelli meritis sospitati redditur. — In eodem Bellovacensi pago apud quamdam villam quidam presbyter regebat Ecclesiam. Quem dum quidam rusticus nimis insectaretur odio, adeo invaluit ut eum tradere niteretur exitio. Quia ergo palam non poterat, hunc veneficio corrumpere parat. Bufonem ergo per membra discissum in fictilem ejus ampullulam, qua vinum ad missas servare consueverat, trusit. Solent autem hujusmodi ad id operis vasa fieri, ut arcto et productili collo, ventre projectiora existant. Ad missas ergo presbyter veniens, vino illo jam veneficato mysteria sacra egit. Quibus expletis mortifera cœpit exanimatione deficere, fastidire cibos, mansa bibitaque rejicere, et omnino tabescere. Postquam autem diu lecto decubuerat, tandem vix elaboravit exsurgere, veniensque ad ecclesiam, vas unde morbi originem se sumpsisse cognoverat, tenuit, cultroque costum obterens quidquid intro latebat humoris per pavimenta profudit. Erat autem idem videre jam ex consecratione..... semen busunculis uberrime plenum. Comperit homo quod præcordia sua mortibus essent addicta, et dum desperatissime præstolatur imminentia fata, accipit hæc a quodam consilia. Si vis, ait, pestifera quæ concepisti egerere, aut de sepulcro Marcelli Parisiorum pontificis, aut de altari ejus pulverem tibi afferri quære, quem dum cum aqua hauseris, de tua protinus salubritate confide. Quod cum ille facere maturasset, sacros cum multis ad sanctum affectibus pulveres ebibit; nec mora cum omni circumstanti virulentia infinitorum reptilium globos egessit, malumque universum reddita sospitate recessit. Nec mirum si Deo præsens Marcellus hæc peragat, qui ab eo corporis interstitio absens olim non minora in simili re patrarat.

CAPUT XIX.

Quidam dæmonis suasione sibi mortem conscivit, sed per S. Jacobum ad vitam revocatur. — Quæ dicturus sum nostris inaudita temporibus relatione cujusdam religiosi ac vere humilis monachi accepi. Qui quidem Joffredus vocatur. Samurensis quondam castri et aliorum castrorum in Burgundia dominus fuit, cujus vita quia vero 522 cognata dignoscitur, verba sua...... [*f.*, *per se*] conferenda putamus. Relatio autem sic se habet. Juvenis quispiam in superioribus terrarum sibi contiguarum partibus fuerat, qui feminæ cuidam non uxorio, id est debito, sed usurario, ut secundum Solinum loquar, id est, indebito amore cohæserat. Is aliquando aliquantisper resipiscens ad Sanctum Jacobum Galiciam orationis gratia meditatur abire. Sed in ipsa piæ intentionis massa quiddam fermenti inseritur; nam cingulum mulieris secum in illa peregrinatione asportans, eo pro ejus recordatione abutitur, et recta ejus oblatio non jam recte dijuditur. Inter eundum ergo diabolus occasionem incursandi hominem nactus, apparet ei in specie Jacobi, et ait : Quo tendis? Ad Sanctum, inquit, Jacobum. Non bene, ait, vadis. Ego sum Jacobus ad quem properas, sed rem meæ dignitati tecum indignissimam portas. Cum enim in totius fornicationis volutabro hactenus jacueris, modo pœnitens vis videri, et quasi aliquem boni initii prætendens fructum, ad meam te tendere præsentiam profiteris, cum adhuc illius obscenæ mulierculæ tuæ balteo accingaris. Erubuit homo ad objecta, et credens revera apostolum, infit. Scio, domine, quoniam me et nunc etiam flagitiosissime operatum, dic, quæso, quid ad tuam clementiam proficiscenti consilii dabis. Si vis, ait, dignos pro perpetratis turpitudinibus fructus pœnitudinis facere, membrum illud unde peccasti, veretrum scilicet, pro mea et Dei fidelitate tibi abscinde, et postmodum ipsam vitam, quam male duxisti, tibi pariter desecto gutture adime. Dixit, et ab oculis ejus se subtrahens in multa mentis hominem perversitate reliquit.

Ad hospitium igitur nocte perveniens, diabolo, non ut putabat, apostolo, qui se monuerat obedire præproperat. Dormientibus itaque sociis mentulam sibi primo præcidit, deinde cultrum gutturi immergit. Cum stridorem morientis, et crepitum sanguinis prorumpentis comites subaudissent, exciuntur a somno, et, lumine adhibito, quid circa hominem factum fuerit vident. Mœrent denique, tam funestos sodalis sui exitus attendentes, sed quid a dæmone consilii acceperit nescientes. Quia ergo qua id causa ei contigerit, ignorarunt, tamen illi curam exsequiarum non negarunt; quodque taliter mortuo indebitum fuerat, pro comperegrino, ut videbatur, suo missarum officia celebrari mandarunt. Quibus ad Deum fideliter fusis, placuit Deo ut resarcito vulnere gutturis, vitam per apostolum suum repararet exstincto. Exsurgens igitur homo, et cunctis supra quam dici potest redivivum stupentibus fari incipit. Sciscitantibus itaque qui aderant quid animi in se interficiendo habuerit, de diabolica sub apostoli nomine apparitione fatetur. Inquisitus quod judicium post sui homicidium in spiritu censura subierit, ait : Ante Dei thronum sub præsentia communis dominæ Dei genitricis virginis Mariæ, ubi et patronus meus apostolus sanctus Jacobus aderat, delatus sum. Illic cum quid de me fieret coram Deo tractaretur, et beatus apostolus memor intentionis meæ, licet peccatricis, et adhuc corruptæ, pro me Benedictam illam precaretur, ipsa ex ore dulcissimo sententiam protulit, homini misero indulgendum fore, quem malignitas diaboli sub sancta specie sic contigit corruisse. Sic me in sæculum hæc [*f.*, *hoc*] evenit ad mei correctionem, et horum denuntiationem, Deo jubente rediisse. Senior ergo, qui hæc mihi retulit, ab eo qui redivivum viderat se audisse narravit. Nam ferebatur etiam quod cicatrix evidens et insignis illi remansit in gutture, quæ miraculum circumferret, et abrasa tentigo pertulusum, ut sic dicam, ad urinas residuum habuisset.

Monachus quod monasterium mutasset, obita morte ad thronum Dei adducitur, jubeturque ad sæculum redire agendæ causa pœnitentiæ. — Celebris quoque relatio est, sed nescio utrum syllabis uspiam commendata, quod quidam ([123]) ad sanctæ conversationis habitum ex laico, nisi fallor, conversus, in aliquo monasterio accesserat, professionisque inibi se sacramento devinxerat. Qui minorem illic regulæ observantiam, quam volebat, considerans, exacta ab abbate licentia in aliud quasi religiosius se contulit, ibique devotione quamplurima vixit. Qui post tempus aliquod in valetudinem incidit, ex valetudine obiit. Qui a præsentibus excedens diversarum potestatum altercationem mox incidit. Nam contrariis virtutibus primæ professionis irruptionem causantibus, lucis spirituum ratio, quæ super bonæ actionis ejus testificatione innitebatur, plurimum obtendebatur. Ad Petri ergo coelestis janitoris audientiam quæstio provocatur, sed a Petro protinus hujusmodi contentio ad divina ora refertur. Re igitur ad eum sic delata, dicit Dominus : Ite ad Richardum justiciarium, et pro sententia quam tulerit facite. Fuit autem isdem Richardus, vir summe potens in terrenis possessionibus, sed multo potentior in æqui justique tenoribus.

Ad Richardum venitur, causa edicitur, sententia a Richardo depromitur. Quoniam, inquit, sponsionis tenetur reus, perjurium evidens incurrisse dignoscitur, nec in causam justam habent dæmones, quamvis eis multum justæ hominis obvient actiones; sed mea ex Deo censura denuntiat ut hæc emendaturus ad sæculum redire debeat. Ad superos itaque ille pridem, funus emergens, abbatem evocat, quid viderit insinuat **523**, culpam desertionis ac perjurii publice fassus, ad pristinum monasterium revertitur. Unde noverit omnis qui uspiam quocunque sub Dei nomine se mansurum stabiliter profitetur, observet quæ Deo et sanctis pollicetur, quia locum mutare non debet, nisi ab iis qui sibi non præsunt, male agere compellatur.

Fenerator æternum periit. — Quoniam de qualitatibus morientium loqui aliquoties utile est, Lauduni homo quidam fenoribus undecunque deditus erat, cujus finis dignam cum exitio vitam egisse monstrat. Nam in extremis agens, cum a paupercula quadam, persoluto jam debito, usuras exigeret, et illa cum per imminentem sibi exitum obtestans, ut remitteret, imploraret, quod ille pertinacissime abnegaret, illa in arcto posita quidquid erat fenoris acceptum mutuo, præter unum denarium, comportavit. Cumque et solum illum remitti sibi peteret, jurat neutiquam se ille facturum. Quid remorer? Quæsivit illa quem vix valuit reperire denarium, et in ultimo carnis spiritusque confligio jam stridenti infert. Quo ipse moriens sumpto sibi in os posuit, quem dum quasi viaticum deglutisset, animam exhalavit, et ad diabolum sub tali tutore migravit, unde et a sacris locis merito extorris jacuit.

Alterius itidem feneratoris anima traditur dæmonibus. — Apud Attrebates quid acciderit super hujus moris homine attexam. Iscrumenas suas turpibus longo tempore infercierat lucris. Tandem metallorum plurium montibus cumulatis, supremas attigit horas. Et ecce in hominis specie diabolus advenit, bovem nigrum præ se ducens. Qui morientis lectulo astans : Dominus, inquit, meus hunc tibi bovem mittit. Cui æger : Gratulor, ait, domino meo pro munere. Vade, inquit ad uxorem suam, et homini qui bovem adduxit appara quod comedat, bovem autem intromitte, et bene asserva. Dixit, et exemplo efflavit. Interim tamen homo tanquam comessurus, inquiritur, bovique pabula deferuntur, sed neuter reperitur. Factum ergo cuncti mirantur et horrent, nec boni quidpiam tales munerum missiones portendere censent. Funere apparato, et copore in libitina locato, processio clericorum consueta mortuis officia præbituro- rum domum usque pervenit. Sed dæmones famulo suo exsequias celebrantes tantam aeris turbam in eorum adventu exsuscitant ut repentinus turbo cum serena essent omnia frontem domus, quam Ymbergam dicunt, pene subverteret, et partem lecticæ in medio positæ sublevaret. Hæc de talibus pauperum corrosoribus dixisse sufficiat.

Venatores diabolum loco feræ capiunt. Unde tanta illo in tempore dæmonum potestas. — Nemo autem miretur, quod idem maligni spiritus in ludificandis, aut lædendis hominibus, hoc tempore multum possunt; nimirum quia quæ faciunt, bestialiter, et non in nomine Domini faciunt. Unde in pago Vilcassino non ante multos annos factum comperimus, quia scilicet cujusdam de loci proceribus homines alicubi sub eadem regione venabantur. Taxonem ergo male fugacem caveæ intrudentes, imo cum dæmonem intrusissent, intrusisse putantes, sacco excipiunt. Quem summa vi inde eximentes et plus quam animal illud patitur, ponderosum sentientes, cum asportare nocte jam incidente cœpissent, ecce vox a monte contiguo per mediam silvam ruit. Audite, inquit, audite. Cumque altrinsecus post ipsos plurimæ succlamassent voces, quid illud? Vox denuo intulit. Caduceum, inquit, hunc portant. Qui forsitan sic et merito vocabatur, et multos cadere fecit. Quo dicto infinitæ dæmonum copiæ undecunque quasi ad eruendum proruunt in tantum ut nemus universum ex frequentia obrui videretur. Diabolo ergo, quem ferebant, non taxone projecto, pene amentes effecti fugam ineunt. Qui domum venientes, nec mora temporis mortui sunt.

In ipsa provincia rusticus quidam crure intecto, pedibus nudis, super fluminis crepidinem, dum e labore rediret, extrema sua lavaturus Sabbato vesperascente desederat. Mox ab imo aquæ ipsius, in qua diluebat vestigia, diabolus ejus pedibus innexuit. Cumque rusticus se ligatum sentiens a vicinis adjutorium inclamasset et ad domum propriam delatus fuisset ab eis, cœperunt rude hominum genus omni artificio agere, si quomodo valerent compedes terere. Qui ergo circa hunc inutilem circuitum eluctantes nihil efficiunt, suos quique nisus eludunt. Spiritualia enim spiritualibus comparanda sunt. Tandem post rotatus diuturnos homo se inter eos peregrinus immiscuit, ad compeditum ipsis spectantibus sese proripuit, et in momento resolvit. Quo facto expedite recessit, nec quis esset interrogare licuit. Dæmonia autem mulierum amores, et ipsos etiam concubitus affectantia ubique affatim celebrantur, et nisi puderet, a nobis plurima dicerentur. Sunt quoque quædam in nequitiis infligendis atrocia, aliqua vero solis contenta ludibriis. Sed stylum jam ad lætiora vertamus.

CAPUT XX.

Abbas corpus S. Emundi curiositate ductus inspiciens, manuum contractione corripitur. — Apud Anglos beatissimus martyr Eadmundus rex, sicut quondam et nunc quoque prodigiosus existit. Taceo de ejus corpore pigmentis non hominum, sed cœlestibus hactenus incorrupto, in quo ac si 524 viventis unguium ac crinium excrementa miramur. Sed illud dicere est, quod in tanto miraculo positus a nemine patitur se videri. Abba ejus loci nostrorum temporum quidam per se scire voluit, utrum caput olim in passione decisum corpori foret, uti vulgabatur, unitum. Actis itaque cum suo capellano jejuniis detexit, aspexit quæ prætulimus, carnibus nusquam flaccentibus, ac si dormientis omnia visus et tactus periculo addidicit, alter a capite, alter a pedibus utrum haberet attraxit, solidumque cognovit, sed mox utriusque manus perpetua imbecillitate contabuit.

Mira adhuc dicam. Capreolum in monasterio monachi a parvo nutrierant. Qui cum pecuali lascivia, hac illacque per ædificia, ipsamque ecclesiam oberraret, casu tibiam fregit. Cumque tribus claudicans pedibus pedentim quo poterat modo excursit ns loci omnia peragraret, forte ingressus ecclesiam ad martyris feretrum ire contendit. Cui mox ut bestiali curiositate se subdidit, tibiæ sanitatem recepit. Quid faciet pius martyr, si petatur fideliter in humana natura, qui liberalitatem ingenitam, et ut rectius dicam, serenitatem regiam sic ostendit in fera?

S. Vitonus ulceratas manus sanat monacho. — Et Sanctus Witonus apud urbem Wintonium se in signis huc usque præbuit efficacem. Nam non ante multa tempora monachus utramque horribiliter exulceratus manum ut hac in parte esset elephantioso omni deterior, eo prorsus ad omnia erat destitutus officio. Cui sanctus, cum a suis absentatum vigiliis hac de causa nocte offendisset, apparuit, et generali cur abesset psallentio acquisivit. Illico ille torturam et purulentiam manuum occasionem absentiæ sancto suggessit. Porrige, inquit, huc manus. Quibus exporrectis, sanctus utramque constrinxit et universam scabiosam illam cutem ab eo quasi chirothecas extraxit, et leviorem pueruli carne substituit.

Igne probantur reliquiæ S. Arnulphi. Consobrinum Guiberti incolumitati restituunt. — Brachium beati Arnulfi martyris in oppido, unde eram oriundus, habebatur, quod a quodam locis illis illatum cum oppidanos reddidisset ambiguos, ad probationem ignibus est injectum, sed exinde saltu subito est ereptum. Succiduo denique tempore, quidam consobrinus meus, de castri primoribus, gravissima est passione percussus. Cui brachium beati martyris cum fuisset ingestum, valitudo loco se mutans ad tactum ejus locum ferebatur in alium. Cumque vis illa diffugeret, et fugienti e vestigio sacri brachii tactus insisteret ad ultimum post aliquot in vultu membrisque discursus, in ipso juguli scapularumque confinio, tota morbi illius violentia evagans, sublata paululum in modum muris cute, pariter glomerata

(50) Obscura.

sine dolore deliluit. Cujus rei causa quotannis omnes clericos, qui ejus festivitati intersunt, eo die, quoad vixit, lautissime pavit, ejusque posteri facere hodieque non desinunt. Quod brachium avi mei non uxor, sed familiaris quædam ad tales femina satis solers ad sæculum opimo auro lapidibusque contexit.

Aliud Arnulphi miraculum. — Gusia (*Guise*) hujus Laudunensis pagi castellum est, in quo beati Arnulfi itidem brachium esse dicitur. Quod fures cum direpto ecclesiæ thesauro pariter diripere voluissent, jamque tenerent, de eorum sese manibus extorsit, nec uspiam ferri quivit. Hoc ipsi fures, cum residuis quæ asportaverant deprehensi, hora ipsa, qua erant efferendi in furcas, confessi sunt. In auro, quo ipsum colitur brachium, locus est, qua nullo inclusorum artificio gemma ulla potuit cohiberi. Inserta enim nec mora laxabatur. Mutata cum opifice, et opifex ac opificium cassabatur.

B. Leodegarii meritis a febri levatur Guibertus. — Leodegarium martyrem signis egregium, ad subventiones alacrem non nescimus. Ego enim adhuc pusio, optime tamen horum memor, sub matre agens diebus paschalibus febre quotidiana atrociter æstuabam. Sub oppido autem erat ecclesia sub nomine Sanctorum Leodegarii et Machuti, cui continuum olei lumen mater mea fide humili ministrabat. Cum ergo quidquid pene est victuum, fastidirem, evocatis ipsa duobus clericis, capellano suo, et magistro meo, sub eorum custodia eo me deferri præcipit. Juxta pravitatem vero veteris usus, ecclesia illa ad jus ejus pertinebat. Venientes illuc ergo clerici, stratum ante altare sibi et mihi nocte illa fieri impetrarunt. Ecce nocte media intra eamdem ecclesiam cœpit terra quasi malleis concuti, aliquoties seræ arcarum cum multo strepitu circumvelli, crepitus aliquando quasi virgarum super arcas audiri. Clerici vero a sonitu experrecti, cœperunt multum ne timor in deterius me verteret, formidare. Quid plura? eis mussitantibus subaudivi tamen, ex eorum contubernio, et lampadis prælucentis solatio, parce timui. In his noctem transiens, ita sospes ad matrem redii, ac si nihil incommodi pertulissem, et qui pridem lautissima horrueram, communem jam promptus ad cibum, non minor sum repertus ad pilam.

Rex Anglorum senior Guillelmus turrim in ecclesia magnifici Dionysii (cujus, quam futura plurima, si perficeretur ac persisteret, fuerat magnitudo) ex suis strui fecerat (50). Quod opus quoniam ab artificibus minus erat ordinate contextum, videbatur 525 in dies sui parturire ruinam. Cumque plurimum ab Ivone tunc temporis abbate et a monachis timeretur, ne veteri damnum basilicæ novi operis ruina infligeret (erat autem ibi beati Eadmundi altare, et quorum nescio aliorum) talis visio sollicito abbati se intulit. Honestæ multum habitudinis dominam in medio Beati Dionysii ecclesiæ stantem videbat, quæ sacerdotali more exorcismum aquæ faciebat. Cumque abba feminæ auctoritatem miraretur, quæ insolita faceret, contemplabatur; quod post aquæ benedictionem eam hac illacque dispergeret, postque dispersionem, qua disperserat, circumquaque signum crucis exprimeret. Nec mora temporis turris ruit, sed nullam ecclesiæ partem, dum rueret, læsit. Illa enim Benedicta inter mulieres, cujus ventris benedictus est fructus (*Luc.* i, 22), sua eam benedictione juxta abbatis visa munierat. Alias ergo ruens hominem subter ambulantem operuit. Cum itaque compertum esset omnibus virum A lapidibus adopertum, humanitatis causa congeriem ab eo dimovere cœperunt. Tandem exhaustis cæmenti et saxorum montibus, perveniunt ad illum; quem, mirum dictu, sospitem, alacremque reperiunt ac si domi desedisset. Quadri nempe e regione alter alteri sese compaginantes, ipsi ædiculam fecerunt. Non ergo ei sub diutina nescio quot dierum inibi mora fames, non metus, non insolentissimus excluso homini calcis odor offecit.

Excellentissimam igitur Mariam cœlorum ac terræ patronam, cum Dionysio totius Franciæ domino [*f.*, invocantes], libri ponamus clausulam.

FINIS.

APPENDIX AD LIBRUM III GUIBERTI DE VITA SUA

HERMANNI MONACHI
DE MIRACULIS S. MARIÆ LAUDUNENSIS
DE GESTIS
VENERABILIS BARTHOLOMÆI EPISCOPI ET S. NORTBERTI
LIBRI TRES

EPISTOLA HERMANNI MONACHI AD BARTHOLOMÆUM LAUDUNENSEM EPISCOPUM.

526 Venerabili Patri et domino suo, domno BARTHOLOMÆO, Dei gratia Laudunensis urbis episcopo, frater HERMANNUS, omnium monachorum peripsema, summis pontificibus in cœlesti sociari curia.

Quam nobili genere ortus Bartholomæus. — Cum dudum in Hispaniam ad videndum gloriosum regem Hildefonsum, Feliciæ materteræ vestræ filium, profectus, felicissimum ab eo promissum suscepissetis quod si secundo ad eum videndum reverteremini, daret vobis corpus B. Vincentii levitæ et martyris, nec non et casulam pretiosissimam, quam beata Dei Genitrix S. Hildefonso Toletanæ civitatis archiepiscopo dederat, ob remunerationem trium libellorum quos de Virginitate sua composuerat, cœpistis a mea parvitate quærere utrum eos denique libellos alicubi vidissem, utque eos ubique perquirerem studiosius præcepistis. Cum vero eos in urbe Catalaunensi forte reperissem et vobis renuntiassem, protinus pergamenum comparatum mihi tradidistis, meque ad præfatam urbem propter eos transcribendos direxistis.

Hermannus Vitam et libros S. Hildefonsi descripsit; quibus Miracula B. Virginis subjunxit. — *Quare nomen suum haud præfixerit auctor.* — *Bartholomæi cura per SS. Norbertum et Bernardum decem monasteria constructa in diœcesi Laudunensi.* — Scripsi ergo primo Vitam ejusdem Hildefonsi; deinde præfatos ejus libellos subjunxi. Quibus scriptis, addidi miracula, quæ præfata sancta Dei Genitrix in Francia, et Anglia fecerat per reliquias suas, quæ in Laudunensi servantur ipsius ecclesia. Hæc ergo miracula jussu quidem paternitatis vestræ composui, sed ut majoris auctoritatis essent et a nullo propter dictaminis rusticitatem despicerentur, parvitatis meæ nomen illis prætermittere nolui, sed sub nomine canonicorum ejus Ecclesiæ ea præitulavi. Post ipsa quoque miracula subjunxi, quo modo divina misericordia in diebus vestris novem, imo decem monasteria vestro labore construi fecerit per domnum Norbertum, domnumque Bernardum abbatem Claravallensem, quorum nullum fuerat tempore quadraginta trium episcoporum prædecessorum vestrorum; vos autem singulis constructis abbates præfecistis, nec tamen antiquiora quæ invenistis corrigere destitistis. Et si vita mihi comes, Deo volente fuerit, etiam alia quæ in diebus vestris contigerunt, vel contingere videro, subnectere proposui. Hunc ergo librum vestræ paternitati et Ecclesiæ Laudunensi relinquo in memoriam meæ pusillitatis, ut particeps sim bonorum quæ in ea facta fuerint.

CAPITULA LIBRI PRIMI.

CAP. I. *De prosperitate et adversitate Laudunensis Ecclesiæ; et interfectione Gualdrici episcopi, et Girardi de Cyrisiaco, et succensione duodecim ecclesiarum.*
CAP. II. *De electione domini Bartholomæi episcopi, et nobilitate ejus.*
CAP. III. *De miraculis sanctæ Mariæ per Franciam.*
CAP. IV. *De duobus contractis sanatis apud Issuldunum castellum.*
CAP. V. *De juvene surdo et muto curato apud Bucensi castellum.*
CAP. VI. *De pace facta inter duo castella dissidentia.*
CAP. VII. *De muliere ægrota Turonis curata.*
CAP. VIII. *De juvene surdo et muto Turonis curato.*
CAP. IX. *De vindicta sanctæ Mariæ facta aa Sanctum Laurentium de Cala.*
CAP. X. *De muliere parturiente Andegavis sanata.*
CAP. XI. *De muliere sterili Cenomanis fecundata.*
CAP. XII. *De miraculo apud montem de Guarda castellum.*
CAP. XIII. *De tribus miraculis in urbe Carnotensi factis per sanctam Mariam.*

LIBER PRIMUS.

CAP. I. — *De prosperitate et adversitate Laudunensis Ecclesiæ, et interfectione Gualdrici episcopi, et Girardi de Cyrisiaco, et succensione duodecim ecclesiarum.*

(51) Universis sanctæ Matris Ecclesiæ filiis per totum orbem terrarum dispersis, Beatæ Mariæ Laudunensis ecclesiæ canonici, videre Deum deorum in Sion. Quoniam juxta Beatum Paulum apostolum tota sancta Ecclesia unum Christi corpus est (*Col.* I, 24), et hujus corporis membra sunt diversæ Ecclesiæ, vel singuli fideles, dumque patitur unum membrum, compatiuntur omnia membra, et dum glorificatur unum membrum congaudent omnia membra (*I Cor.* XII, 26), tribulationem et dolorem, quem invenit Ecclesia nostra in diebus nostris (*Psal.* CXIV, 3), et consolationem, quam per Dominam nostram sanctam Dei Genitricem post tribulationis luctum recepit, vestræ scribendo notificamus dilectioni, quatenus et vos congaudentes nobis, Deo, et piæ Matri ejus gratias agatis.

Laudunensem itaque Ecclesiam certum est inter præcipuas regni Francorum Ecclesias antiquitus fuisse celebrem, quam beatus Remigius Remorum archiepiscopus, sicut in ejus Vita legitur, ex propriis 528 redditibus locupletavit, nobilissimumque et strenuissimum virum sanctum Genebaudum in ea primum episcopum consecravit : cumque ab ejus tempore usque ad nostram ætatem, per quingentos fere et eo amplius annos, in magna prosperitate floruisset, ecce in diebus Ludovici regis Francorum, qui fuit filius Philippi regis, pater autem Ludovici Junioris, duram justi judicis Regis regum experta est animadversionem. Sicut enim quondam per David regem filiumque ejus Salomonem omnipotens Deus urbem Hierusalem excellenter glorificavit, sed postmodum propter peccata inhabitantium, per Nabuchodonosor regem Babylonis funditus destrui permisit, sic etiam Ecclesiam nostram, quam, ut prædictum est, per multa tempora insigni gloria sublimaverat, in diebus nostris non quidem ex toto destrui, sed nimia passus est tribulatione vexari, ita ut de ipsa quoque veraciter illud propheticum dici possit : « Quoniam suscepit de manu Domini duplicia pro omnibus peccatis suis (*Isa.* XL, 2). »

Hanc autem tribulationem quædam perturbatio præcessit, quæ futuræ calamitatis quasi seminarium, et radix, ac prænuntia visa est exstitisse. Quidam si quidem nobilis princeps et castellanus Laudunensis, nomine Gerardus de Cyrisiaco, dum in eadem Sanctæ Genitricis ecclesia genibus flexis suppliciter oraret, ab inimicis suis, qui eum aggredi non audebant, dolose circumventus, et ab oratione surgens, diversis gladiorum plagis ibidem est interfectus (52). Cujus sanguine pavimentum ecclesiæ respersum, cum multoties aqua superfusa non posset ad plenum ablui, pluresque spectatum venientes non parum super hoc admirarentur, vir sapientissimus magister Anselmus, tunc temporis Ecclesiæ nostræ canonicus et decanus, per totum pene orbem Latinum scientiæ et eloquentiæ suæ fama notissimus, nonnullis secrete colloquens prænuntiasse fertur illam sanguinis effusionem, nonnisi ejusdem

---

(51) Hermannus hic loquitur sub nomine canonicorum Laudunensium, ut ipse indicavit in epistola nuncupatoria.

(52) Latius hæc lib. III Vitæ Guiberti attexuntur.

ecclesiæ concrematione diluendam, quoniam tantum scelus non aqua, sed potius igne foret expiandum.

Nec fefellit virum prudentem sua opinio. Post modicum etenim tempus, Deo permittente, diabolo stimulante, domnus Gualdricus, ejusdem urbis episcopus, seditione subita a civibus concitata, in domo sua cum quibusdam ex militibus suis crudeliter occiditur, præfata Sanctæ Mariæ ecclesia (53), cum aliis propinquioribus decem fere ecclesiis, domus quoque adjacentes episcopi atque canonicorum, multorumque civium igne supposito concremantur. Tota insuper urbs Laudunensis civibus per varia loca dispersis, pene usque ad internecionem destrui videtur, ita ut multi per eam transeuntes, ruinasque ejus et cineres aspicientes, præ nimia compassione lacrymas funderent, illam Jeremiæ lamentationem super ea non incongrue replicantes : « Quomodo sedet sola civitas plena populo ? facta est quasi vidua domina gentium (*Thren.* I, 1). » Quemadmodum autem olim Dominus urbem Jerusalem destrui, et filios Israel captivari permittens, ad consolationem tamen paucorum, qui remanserant, Jeremiam prophetam ibidem cum eis reliquit, sic et nobis in tanta calamitate positis, duos sapientissimos viros, præfatum scilicet magistrum Anselmum, germanumque ejus magistrum Radulphum misericorditer reservavit, qui tam clericos quam laicos dulciter consolantes, et diversis sententiis Scripturarum refoventes, ne in tribulationem adversitatibus deficerent, exhortabantur.

CAP. II. — *De electione domini Bartholomæi episcopi; et nobilitate ejusdem.*

Inter consolationum tamen colloquia, cum sapientibus et religiosis viris diligenter et sollicite discutientes, utrumnam aliquem invenire possent, per quem tam miserabilis et horrenda clades reparari valeret. Tandem, inspirante Deo, repererunt salubre consilium, ut ad ejusdem urbis episcopatum eligerent domnum Bartholomæum, Remensis ecclesiæ Beatæ Mariæ canonicum et thesaurarium, tam generis notabile quam et morum probitate, in Remensi, Laudunensique provincia famosissimum. Cognatorum siquidem ejus excellentia, non solum in Francia, sed et in Hispania, Burgundia quoque, et Lotharingia prædicabatur. Hilduinus namque comes Rociensis avus ejus duxit conjugem Adeladam germanam domni Manasse Remorum archiepiscopi, ex qua genuit Ebalum comitem de Roci, et Andream comitem de Rameruth, patrem Ebali Catalaunensis episcopi, septemque filias. Harum unam, nomine Feliciam, in Hispania duxit conjugem Sanctus rex Arragonensis, et ex ea genuit Hildefonsum regem potentissimum, qui patri succedens in regno, fortissimas urbes, et castella paganis violenter præliando abstulit, et Christianis tradidit, Cæsar-Augustam scilicet beati Vincentii martyris archidiaconatu famosam; Terassonam quoque, et Tudelam, Barbastam, et Burgiam cum aliis multis,

(53) Vide Guibertum loco citato.

totaque pene **529** Hispania sibi subjugata adeo nominis sui opinionem dilatavit ut ab aliis alter Julius, ab aliis secundus Carolus vocaretur, ob memoriam illius præclari Caroli Francorum regis, qui quondam Hispaniam victor subegit.

Secundam filiam Hilduini comitis duxit conjugem Rotholdus comes Perticensis, de qua genuit Rotholdum comitem et Julianam matrem Margaretæ reginæ Navarrensis. Tertia, nomine Margareta, nupsit Hugoni comiti Claromontensi, de qua genitus est Rainaldus comes, qui ex Adelada Vermandensi comitissa genuit Margaretam conjugem illius præclari Caroli Flandrensium comitis. Quarta, nomine Ermentrudis, nupsit Theobaldo comiti de Risnel, de qua genuit Heldiardem matrem Bertranni comitis, qui in Hispania defunctus est, sororisque ejus Beatricis, quæ ex Hugone de Montcornet genuit Bartholomæum Laudunensem archidiaconum et thesaurarium. Quintam, nomine Adam, duxit Godefridus de Gusgia, et ex ea genuit Guidonem patrem Burcardi. Defuncto autem Godefrido, eadem Ada accepit maritum Walterum de Aath. Quo mortuo, accepit tertium maritum Theodoricum de Avesniis, et cum eo exstruxit cœnobium quod dicitur de Lesciis in propria possessione sua; defunctoque eodem Theodorico, ipsa se ex toto contulit eidem cœnobio, ubi pluribus annis religiose vivens, defuncta et sepulta est. Sextam duxit conjugem Ernulfus comes de Waren; qui genuit Othonem comitem de Cisni; qui Otho genuit Aubertum; qui Aubertus genuit Aubertum comitem, et Ernulfum episcopum de Verduno.

Quidam autem nobilissimus princeps in Burgundia nomine Falco de Jur, vel de Serrata, comperta nobilitate et excellentia præfati comitis Hilduini ambiebat unam ex filiabus ejus sibi conjugio sociari; sed cum id impetrare nequiret, jurante patre nunquam filiam suam Burgundioni dandam, contigit ut Philippus rex Francorum eumdem comitem Hilduinum cum domno Helinando Laudunensi episcopo, aliisque nonnullis principibus, pro communi negotio regni Romam transmitteret ad dominum papam. Quod ubi notificatum est prædicto principi Falconi, insidias redeuntibus per plurima loca paravit, sicque in itinere captos, et omnibus quæ habebant spoliatos, non prius dimittere voluit donec idem comes promitteret jurejurando se filiam suam ei daturum. Qua sponsione accepta, omnes liberos dimisit plurimaque eis dona liberaliter contulit, et cum magno honore ad propria remisit. Comes itaque reversus in Franciam, filiam suam nomine Adeladam, cum multis opibus in Burgundiam transmissam, præfato principi conjugio sociavit. De qua idem Falco supradictum episcopum domnum Bartholomæum genuit, cum aliis filiis et filiabus, quarum una fuit Ermentrudis, quam rursum de Burgundia in Franciam delatam Henricus comes de Grandiprato conjugem duxit; et ex ea æquivocum sibi Henricum comitem genuit; germanamque ejus

Adeladem matrem Ricardi Virdunensis ac Laudunensis archidiaconi.

Illic ergo Bartholomæus adhuc puerulus in Franciam ad Ebalum avunculum suum comitem Rociensem defertur, litterisque traditus a domno Manasse Remorum archiepiscopo, matris suæ avunculo, educatur, et primo canonicus Sanctæ Mariæ Remensis ecclesiæ, deinde thesaurarius efficitur. Postea vero cum jam Laudunensis Ecclesiæ esset canonicus, Adela Vermandensis comitissa, conjux Hugonis Magni, qui fuit germanus Philippi regis Francorum, cum post mortem ejusdem Hugonis, de quo genuerat Radulfum comitem Vermandensem, et Simonem episcopum Noviomensem, nupsisset Rainaldo comiti Claromontensi, eumdem Bartholomæum, sciret mariti sui esse consobrinum, pro amore ejus fecit eum thesaurarium ecclesiæ sancti Quintini Vermandensis; sicque, ut supradictum est, et generis nobilitate, et morum probitate et divitiarum opulentia idem Bartholomæus famosus habebatur. Electus itaque unanimi totius cleri et populi assensu ad pontificatum urbis Laudunensis, domno Radulfo Remorum archiepiscopo, qui præfato Manasse matris ejus avunculo successerat, præsentatur, et ab eo multisque aliis episcopis, tempore Paschalis papæ, et Ludovici regis Francorum, celeberrime consecratus, ovibus desolatis novus pastor transmittitur.

Sed ille Laudunum veniens, et non ecclesiam, non domum episcopalem, imo nil pene præter favillas et cineres inveniens, dici non potest quantum doluerit, quantum gemuerit, quoniam non se honore sublimatum, sed honore deflebat prægravatum. Ipsi enim illa Scripturæ sententia non immerito visa est tunc temporis posse congruere: « Homo nascitur ad laborem (Job. v, 7). » Nec non et illud quod Dominus de semetipso in Evangelio 530 dicit: « Filius hominis non habet ubi caput reclinet (Luc. IX, 58). » Illud etiam beati Pauli apostoli : « Si quis episcopatum desiderat, bonum opus desiderat (I Timoth. III, 1); » opus, inquit, non honorem. Sic et iste de magna requie, et divitiis, omnimodaque corporis sui voluntate in locum desolatum veniens, non se ad honoris excellentiam gloriabatur promotum, sed ad operandi laborem dicebat vocatum; ideoque etiam si forte episcopatum desideravit, bonum opus desideravit. Protinus ergo, ac si aliquod desertum introisset, ecclesiam simul et domos episcopales cœpit renovare et velut a fundamentis reparare.

CAP. III.—*De miraculis sanctæ Mariæ per Franciam.*

Sed quia, ut prædictum est, non sola major ecclesia Sanctæ Mariæ, sed et aliæ fere duodecim cum multis domibus clericorum et laicorum fuerant combustæ, majorque pars civium, per provinciam dispersa erat, et eorum qui remanserant unusquisque de propriæ domus reparatione sic occupabatur ut vix aliquis inveniretur qui matris ecclesiæ adjutor existeret, consuluerunt nonnulli sapientes et religiosi viri, ut electos ex clericis aliquos boni testimonii viros, cum reliquiis Dominæ nostræ et aliorum sanctorum, per Franciam ad expetendas fidelium eleemosynas transmitteremus. Eorum itaque consilio elegimus septem canonicos ex fratribus nostris, Bosonem scilicet, Robertum, Anselmum, Herbertum, Robertum, Bonefacium, Amisardum presbyterum, Odonem, qui postea fuit abbas monasterii quod dicitur Bonæ Spei, in episcopatu Cameracensi. Sex quoque laicos ex civibus eis addidimus, Ricardum videlicet, Joannem Pioi, O.lonem, Lambertum, Bosonem, et Theodoricum de Brueriis. Hos itaque cum feretro Dominæ nostræ, et aliis capsis reliquiarum transmisimus ad accipienda donaria fidelium.

Ecclesia vero fuerat succensa feria quinta paschalis hebdomadæ, ipsique egressi sunt feria quinta ante Pentecostem, id est in octavis Ascensionis, demorati sunt usque circa festum Matthæi evangelistæ. Dominus ergo, cui per Prophetam dicitur : « Deus repulisti nos, et destruxisti nos, iratus es, et misertus es nostri (*Psal.* LIX, 3); » et alibi : « Cum iratus fueris, misericordiæ recordaberis (*Habac.* III, 4); » Ecclesiam nostram, quam dure flagellari permiserat, precibus suæ piissimæ Matris placatus, non distulit misericorditer refovere. Plurima siquidem miracula in eodem itinere per ejus ostendit reliquias, de quibus nonnulla prætereuntes, pauca tantum, sed notissima posterorum notitiæ scribendo transmittimus.

CAP. IV. — *De duobus contractis sanatis apud Issuldunum castellum.*

In pago Bituricensi castellum quoddam vocatur Issuldunum (vulgo, *Issoudun*). Hujus castelli dominus vir ditissimus nomine Gaufridus, in domo sua longo tempore pro anima sua duos contractos retinuerat et aluerat, quorum calcanei ita natibus inhærebant ut nullo modo incedere, vel se possent erigere. Suscepto itaque cum magna processione feretro Dominæ nostræ et in ecclesia posito, rogaverunt se illuc deferri, et de limpha, qua reliquiæ lotæ fuerant, calcaneos suos et crura lavari. Quo facto, statim vidente universo populo, caro quæ natibus inhærebat cœpit disrumpi, sanguisque per crura ubertim defluere. Protinus super pedes suos erecti amplexati sunt feretrum, perfecteque sanati, fratres nostros subsecuti sunt redeuntes usque Laudunum, et ad ecclesiæ opus ad lapides portandos, ad aquam deferendam, ad cæmentum præparandum quotidie exhortabantur populum. Consummata ecclesia unus eorum reversus est in terram suam, id est ad castellum Issuldunum, alter nomine Benedictus, remansit Lauduni, serviens in hospitali fere per duodecim annos, ibique defunctus est.

CAP. V. — *De juvene surdo et muto curato, apud Bucensi castellum.*

Egressi de Issulduno venerunt ad aliud castellum, quod dicitur Bucensi (Belgentiacum, vulgo, *Beaugency*); cujus dominus tantæ rapacitatis et feritatis erat ut multi incolarum dicerent fratribus nostris quod omnia quæ habebant eis auferret. Erat autem ei filius fere quindecim annorum a nativitate surdus et mutus. Perterritis ergo fratribus nostris cito misericordiæ Mater succurrit. Quidam namque religiosus monachus ibi habitans, auditis miraculis Dominæ nostræ, cum magno honore feretrum ejus in ecclesia suscepit, deinde revestitus reliquias ejus in vino et aqua lavit, caput **531** et faciem prædicti juvenis aqua ipsa perfudit, et ex ea potum ei dans sub feretro eum recumbere jussit; ipse vero genibus flexis Dominam nostram suppliciter exorare cœpit. Nec mora, juvenis obdormit, cunctisque videntibus præ anxietate sudor ex toto ejus corpore profluit, venæ circa aures turgescunt, sanguis ex auribus ubertim exsilit. Protinus evigilans surrexit, et voces quasdam emittere cœpit.

Monachus ab oratione surgens lætus accurrit, et juvenem alloquitur. Ille, qui nunquam antea audierat, respondere nesciebat, sed quod audiebat alios dicentes, idem post eos ipse prosequendo imitabatur. Statim monachus signa pulsando populum evocat, juvenem loquentem et audientem ostendit, et cum gaudio lacrymando, *Te Deum laudamus* incipit. Nuntius e vestigio ad patrem de rapinis venientem dirigitur, quid ejus filio contigerit refertur. Ille continuo discalceatus ad ecclesiam pedes currit, et coram feretro prostratus misericordiæ Matri gratias agit, inde quadraginta solidos, quoniam non multa pecunia abundabat, obtulit.

CAP. VI. — *De pace facta inter duo castella dissidentia.*

Hinc ad aliud castellum duobus tantum milliariis remotum fratres nostri ire voluerunt, sed, propter feritatem et prædas illius raptoris, nullus inhabitantium cum eis illuc audebat proficisci. Tamen idem raptor, misericordia Dei Genitricis animatus, cum militibus suis et cæteris habitatoribus feretrum et reliquias humeris suis imponunt, nudisque pedibus omnes procedentes, ad inimicorum suorum tendunt castellum. Illi, hoc audientes et miraculum quod ibi sancta Dei Mater de raptoris filio fecerat cognoscentes, protinus et ipsi nudis pedibus omnes inimicis suis obviam ruunt, feretrumque ab eis susceptum cum gaudio in castellum suum deferunt, laudantes Christi misericordiam, qui per suam Matrem hostes hostibus occurrere pacifice fecerat.

CAP. VII. — *De muliere ægrota Turonis curata.*

Inde per Cormeriacum (vulgo *Cormery*) Turonos venerunt, et cum magna reverentia suscepti ab archiepiscopo Turonensi, die Sabbati ante vesperas in ecclesia Sancti Mauritii quieverunt. Uxor cujusdam carpentarii in eadem urbe per octo annos infirmitate nimia depressa lectulo decubuerat, ita ut nusquam posset ire nisi portaretur. Eadem nocte dormienti misericordiæ Mater apparuit, præcipiens ei ut se ad feretrum suum in ecclesia Sancti Mau-ritii faceret deferri. Evigilans mulier rogabat maritum ut cito deferretur. Ille non multum dives, lecticam paratam non habens, fecit eam deferri in vili instrumento, quod vulgariter vannum vocamus, in quo annona excussa purgari solet. Supposita ergo feretro protinus obdormivit, et post modicum evigilans sana surrexit. Deinde feretro sociata, vidente populo subsecuta est illud usque ad ecclesiam Sancti Martini.

CAP. VIII. — *De juvene surdo et muto Turonis curato.*

Quo audito canonici Sancti Martini, cum abbate Sancti Juliani, obviam procedunt, et cum honore maximo reliquias Dominæ nostræ suscipiunt. Erat in eadem civitate quidam juvenis a matris utero surdus et mutus, quem unus ex fullonibus infantulum repertum nutrierat et educatum arte sua imbuerat. Hic ergo adductus ad Dominæ nostræ reliquias, sub feretro recubuit et obdormivit. Nec mora, anxiari et ex toto corpore sudorem emittere cœpit, deinde, venis circa aures inflatis, sanguis ubertim ex ejus auribus profluxit. Protinus surrexit et audivit, nec tamen loqui sciebat, quia non didicerat, sed quod alios loqui audiebat, hoc dicebat: Cujus nomen quia nesciebatur, canonici nostri eum appellaverunt Christianum. Sociatus ergo fratribus nostris venit cum eis Laudunum, et fere septem annis mansit in domo Guidonis archidiaconi Laudunensis.

CAP. IX. — *De vindicta sanctæ Mariæ facta ad Sanctum Laurentium de Cala.*

Egressi de urbe Turonensi venerunt ad Sanctum Laurentium de Cala, in festo ejusdem martyris. Monachus quidam ibi habitans noluit eis concedere ut poneretur feretrum Dominæ nostræ super altare Sancti Laurentii, sed super quoddam minus altare in parte ecclesiæ fecit illud poni, timens videlicet amittere offerendam consuetam in eodem festo. Sed cum Turonenses qui reliquias nostras prosequebantur, referentes miracula quæ viderant, omnes peregrinos **532** supervenientes exhortabantur ut, relicto majori altari, ad feretrum Dominæ nostræ efferrent, invidiæ livore percussus idem monachus jussit feretrum et omnes reliquias ejici de ecclesia. Præpositus vero castelli, vituperans monachum, statim tradidit fratribus nostris tentorium spatiosum quod sibi paraverat. Matronæ quoque loci, cortinas plurimas deferentes, idem tentorium decentissime perornare studuerunt, luminaribus insuper sufficientibus splendidissimum tota nocte fecerunt.

Sed rex justus Jesus Christus noluit injuriam Matri suæ illatam dimitti impunitam. Ad vesperas siquidem præfatus monachus, morbo caduco subito depressus, coram omni populo in terram cecidit, magnumque terrorem videntibus incussit. Campana etiam major de turre cadens confracta est, ipsa quoque turris, in superiori parte fissa et disrupta crepuit. Quod videns monachus, sero se male fecisse pœnituit, nudisque pedibus coram feretro terræ prostratus, Reginæ cœli humiliter satisfecit, utque super majus altare feretrum deferretur rogavit, sed fratres nostri noluerunt acquiescere roganti.

Cap. X. — *De muliere parturiente Andegavis sanata.*

Exinde Andegavis venerunt, et magnifice ab episcopo ipsius urbis suscepti sunt. Ubi mulier quædam, uxor scilicet Fulberti ditissimi viri cognomento Pellicei, pariens nimio dolore per aliquot dies cruciabatur, jamque mortem sibi vicinam imminere pertimescebat. Audiens ergo miracula Dominæ nostræ, petiit reliquias ejus sibi afferri, delatisque cochlear argenteum obtulit, lympham in qua lotæ fuerant cum fide bibit; statimque partu edito liberata, Deo et piæ Matri ejus gratias egit.

Cap. XI. — *De muliere sterili Cenomanis fecundata.*

Cenomanis matrona quædam sterilis, cum viro suo ditissimo, fratres nostros suscepit hospitio, et prostrata coram Dominæ nostræ feretro, dari sibi prolem oravit. Nec frustrata est fide sua. Post circulum siquidem anni filium genuit; et frequenter postmodum venit Laudunum, agens Dominæ nostræ gratias.

Cap. XII. — *De miraculo apud montem de Guarda castellum.*

Inter urbem Cenomanicam, et castellum quod dicitur ad montem de Guarda, transitus difficillimus et silvarum decisione a comprovincialibus obsitus erat, pro dissensione et lite quæ tunc temporis erat, inter regem anglorum et comitem Andegavensem. Egressi ergo tarde de urbe Cenomanica, venerunt ad illum difficilem transitum, dicentibus cunctis obviantibus quod nullatenus transire possent nec ad castellum quo tendebant pervenire. Interea dies in noctem vertitur, pluviæ quoque nimietas exorta, jam pene de salute cogit eos desperare. « Clamaverunt ergo ad Dominum cum tribularentur, et de necessitatibus eorum eduxit eos (*Psal.* cvi. 28). » Subito enim, Deo miserante, tanta transierunt facilitate ut nullum omnino in transeundo impedimentum haberent. Pervenientibus ad castellum milites obviam processerunt, nimiumque mirantes quomodo transissent, benignissime eos susceperunt, dicentes quod revera misericordia Domini fuisset cum eis. In crastino cum redeuntes per eumdem aditum transire voluissent, nullatenus donec iter cum magno labore expeditum fuit transire potuerunt, sicque piæ Matri Domini gratias retulerunt, quæ in hora magnæ necessitatis magnam eis misericordiam fecerat.

Cap. XIII. — *De tribus miraculis in urbe Carnotensi factis per sanctam Mariam.*

In vigilia Nativitatis sanctæ Mariæ, ante vesperas Carnotum venerunt, et honorificentissime suscepti sunt a domno Ivone Carnotensi episcopo, totaque canonicorum processione extra urbem usque ad vineas eis occurrente, feretrumque positum est in majori ecclesia super altare sanctæ Mariæ. Et ecce quædam mulier contracta erat in urbe quam episcopus idem jam quinque annis in domo, ubi panis suus coquebatur, aluerat. Quæ præ nimia infirmitate sic jacebat incurvata ut ne ad communem quidem necessitatem, nisi a duobus portaretur, posset ire. Prima ergo noctis hora apparuit ei in somnis Domina nostra, præcipiens ei ut quantocius surgeret, ad majorem ecclesiam iret, et feretrum suum Laudunense quæreret. Protinus evigilans sana surrexit, et ad ecclesiam currens per plateas cum gaudio vociferabatur clamando : Domina sancta Maria! Domina sancta Maria! Familia episcopi secuta est eam, ipse quoque episcopus somno excitatus, audiens et gaudens egenam suam sanatam. Intravit mulier sana ecclesiam, quærens cum clamore ubi esset feretrum Sanctæ Mariæ Laudunensis. Stansque coram eo, gratias ei referebat, et quomodo sibi apparuisset cunctis enarrabat.

Statim episcopus omnia signa jussit pulsari citius, et ipsemet incepit *Te Deum laudamus.* Quod dum cantaretur, ecce altera contracta, tam ipsi episcopo quam cunctis aliis notissima, ecclesiam sanata intravit, et ad feretrum recto cursu veniens, scabellula duo, quibus repando et sustentando se ad petendam eleemosynam circumferre solebat, super altare posuit, ipsaque stans coram populo, Deo et piæ Matri ejus gratias agebat. Protinus ipse rursum omnia signa præcepit sonari, incipiens secundo præfatum hymnum: Qui antequam finiretur, divinæ pietati placuit tertium superaddere miraculum.

Quidam etenim juvenis miles, filius videlicet Carnotensis vicedomini, qui in castello quodam catenis religatus captus servabatur, subito insperatus ecclesiam ingreditur, et matre sua cum militibus et civibus sibi occurrente, lætus ad altare progreditur, genibusque flexis coram feretro, et per Dominam nostram se dicens ereptum, quadraginta solidos ei statim obtulit. Quod cernens episcopus, non solum in majori ecclesia, sed et in omnibus aliis ecclesiis etiam minimis per totam urbem, omnia signa diutius sonari, et Deo laudes directis nuntiis præcepit decantari, ipse tertio incipiens *Te Deum laudamus.* Quantus per totam urbem signorum strepitus et clangor, quæ vox lætitiæ, quot dulcium lacrymarum flumina præ nimia exsultatione, ab utroque sexu et diversa ætate sint effusa, etiam nobis tacentibus pius lector facile potest advertere. Sic itaque fratres nostri, beatæ Mariæ miraculis exhilarati, fidelium donis locupletati, ad nos cum gaudio circa festum sancti Matthæi evangelistæ redierunt, totamque urbem Laudunensem hujusmodi relationibus valde lætificantes, post tribulationis luctum, novum gaudium nobis intulerunt. Per omnia benedictus Deus, qui vivit et regnat per omnia sæcula sæculorum.

CAPITULA LIBRI SECUNDI.

Cap. I. De surdo et muto apud Nigellam curato.
Cap. II. De aurifice cœco Atrebati.
Cap. III. De puella sanata apud Sanctum Audomarum.
Cap. IV. De liberatione clericorum sanctæ Mariæ in mari a piratis.
Cap. V. De vindicta super negotiatores facta apud Dobras.
Cap. VI. De muliere parturiente liberata Cantuariæ.
Cap. VII. De cæco illuminato apud Wintoniam.
Cap. VIII. De alio infirmo ibidem curato.
Cap. IX. De duodecim infirmis ibidem curatis.
Cap. X. De puella infirma curata apud Christikercam.
Cap. XI. De incredibili vindicta Dei ibidem facta.
Cap. XII. De infirmis septemdecim sanatis apud Essecestram.
Cap. XIII. De glutino contracto curato in episcopatu Salesberiensi.
Cap. XIV. De febricitante curato apud Wiltoniam abbatiam sanctimonialium.
Cap. XV. De puella cæca illuminata apud Danavexeriam.
Cap. XVI. De surdo ibidem sanato.
Cap. XVII. De puella curva apud castrum Bannistaplum curata.
Cap. XVIII. De monacho claudo ibidem curato.
Cap. XIX. De alio claudo curato apud castrum Totenes.
Cap. XX. De mirabili vindicta ibidem facta super eo qui se suspendit.
Cap. XXI. De liberatione clericorum per sanctam Mariam apud castrum Bristolth.
Cap. XXII. De puero sanato apud Bagejam civitatem.

LIBER SECUNDUS.

De his quæ per Angliam gesta sunt.

Cap. I. — *De surdo et muto apud Nigellum curato.* Ex oblationibus ergo fidelium per Franciam collectis, toto autumnali et hiemali tempore templum Dominæ nostræ ex magna parte reparatum est. Sequenti vero Quadragesima, cum adhuc pars operis maxima superesset, pecunia vero paulatim decresceret, consuluerunt nobis nonnulli sapientes, ut denuo ex canonicis aliqui eligerentur, qui tam litterarum scientia quam modulatione canendi et peritia Laudunensi Ecclesiæ forent honori, et cum feretro Dominæ nostræ sanctorumque reliquiis in Angliam transmitterentur, quæ tunc temporis magna divitiarum florebat opulentia, pro pace, et justitia, quam rex ejus Henricus (54) filius Guillelmi regis in ea faciebat. Electi sunt itaque ex canonicis Boso presbyter, neposque ejus Robertus, Radulphus presbyter, Matthæus, cognatusque ejus Bonifacius, Robertus genere Anglicus, et Helinandus, Joannes presbyter parochiæ Sancti Martini, et Amisardus clericus. His ergo electis, feretrum Dominæ nostræ tradidimus cum aliis pluribus sanctorum reliquiis, inter quas eminebat et forma et dignitate unum phylacterium, in quo sic sculptum legitur :

Spongia, crux Domini, cum sindone, cum faciali
Me sacrat, atque tui Genitrix et virgo capilli.

Tantis itaque talibusque fultos præsidiis, præfatos socios nostros in Angliam transmisimus, prospera et illis imprecantes, et cum magna processione aliquantulum eos prosequentes, feria secunda ante Dominicam palmarum ab urbe Laudunensi in pace dimisimus.

Redeuntes autem eodem anno mense Septembri, circa Nativitatem Sanctæ Mariæ, sic nobis ea quæ sibi contigerant retulerunt. Egressi, inquiunt, a vobis venimus ad castrum, quod Nigella (*Nelle*) vocatur, in pago Vermadensi, et honorifice suscepti fuimus a canonicis, et a domno Radulpho patre domni Ivonis, ejusdem castri principe et possessore. Qui videlicet Radulphus habebat in domo sua quemdam a nativitate surdum et mutum, nomine Joannem, quem ab infantia nutrierat usque ad virilem ætatem, ita ut tunc barbam prolixam haberet. Hic ergo videns populum causa sanctarum reliquiarum ad ecclesiam festinantem, nutu signorum a domino suo commonitus, etiam ipse cum aliis cucurrit. Potata deinde aqua, de qua sanctæ reliquiæ lotæ fuerant, ore quoque et auribus ejus diligenter ex ea lotis, sub feretro recubuit et obdormivit. Nec mora, videntibus cunctis, præ nimia anxietate toto corpore sudorem cœpit emittere, sanguis etiam ex auribus et naribus atque venis, quæ circa guttur et collum prominebant, ac si ruptæ forent, ubertim profluere. Evigilans post paululum surrexit, et coram feretro stans clamare cœpit in voce exsultationis, sed non confessionis, quoniam loqui nesciebat, quod non didicerat, qui nunquam audierat. Quod tamen alios dicentes audiebat, hoc ipse respondere compellantibus et sibi loquentibus volens, post illos dicebat. Quæ tunc

---

(54) Henricus I rex Anglor. Guillelmi I filius.

populi lætitia, quis clamor fuerit, nullus sufficienter referre valebit. Sic ille, perfecte sanatus, fere usque ad mare nos est prosecutus; nobiscum etiam transisset, nisi eum reverti rogassemus.

CAP. II. — *De aurifice cæco illuminato Atrebati.*

Inde circa Parasceven Atrebatum urbem venientes, non minus honorifice suscepti sumus. Et ecce quidam aurifex senex in eadem urbe, manens, qui jam per duodecim annos oculorum lumine privatus fuerat, audiens feretrum Sanctæ Mariæ Laudunensis advenisse, interrogabat formam, vel qualitatem, seu quantitatem ejusdem feretri. Quam cum didicisset, protinus ex imo pectoris trahens alta suspiria, lacrymasque **535** ubertim profundens: Heu! inquit, hoc feretrum manibus meis composui, ego peccator in juventute mea, jussu Domini Helinandi Laudunensis episcopi. In hoc idem episcopus pretiosas reliquias posuit, inter quas fuit caput sancti Walarici abbatis, nec non et caput sancti Montani, qui, sicut ab eodem episcopo audivi, cum oculorum visum amisisset, ortum sancti Remigii beatæ Cilniæ matri ejus prænuntiavit, sibique de lacte ejus lumen reddendum subjunxit, quod et postea contigit. Sed, o tu piissima Dei genitrix, quam hodierna die huc gaudeo advenisse, faciesque misericordiam tuam in me peccatore, ut instar sancti Montani recepto lumine feretrum tuum, quod composui, rursum possim videre? Talia cum lacrymis dicendo, rogavit ut ex lympha, qua reliquiæ lotæ fuerant, oculi sui tangerentur. Quo facto, de ipsa aqua bibit, sicque per totam noctem in oratione pervigil coram feretro mansit. Mane facto lumen recepit, Deoque et piæ Matri ejus gratias egit.

CAP. III. — *De puella sanata apud Sanctum Audomarum.*

Inde ad Sanctum Audomarum venimus, ubi puella quædam a nativitate manum aridam habens ex aqua reliquiarum bibit, manusque ejus ex ea lota est, et sic sanata est.

CAP. IV. — *De liberatione clericorum Sanctæ Mariæ in mari a piratis.*

Postmodum mare transire sperantes, ventumque prosperum exspectantes, tempore paschali, in festo Marci evangelistæ, summo mane apud portum, qui vocatur Wissant, a nautis convocati, navem intravimus. Nobiscum etiam plures negotiatores introierunt, qui propter lanam emendam de Flandria in Angliam ire volebant, seque nobiscum securius transire sperabant, plusquam trecentas marcas argenti secum in sacculis et marsupiis ferentes. Magister navis vocabatur Coldistannus. Cum ergo quasi circa medium maris venissemus, unus ex sociis nostris, a longe prospiciens, vidit procul navem velut in littoris angulo positam. Quod cum præfato Coldistanno indicasset, ille juvenem usque ad summitatem mali, explorandi causa jubens conscendere, ex dictis ejus animadvertit piratarum, qui per mare prædandi causa discurrunt, navem adesse, statimque nimis perterritus indicavit omnibus mortem propinquam imminere.

Protinus omnes timore necis reddimur exsangues, e vestigio enim cernimus navem appropriantem instar volucris advolantis, lanceas et clypeos cum gladiis coruscantes, loricas etiam solis splendore perfusas relucentes. Peccata nostra invicem confitemur; et quia mors jam ad januam adesse videtur, non exspectatur presbyter ad suscipiendam confessionem, sed etiam ipse presbyter rerum imminentium periculo perturbatus laico confitetur (54*). Negotiatores quoque prædicti jam de vita desperantes in tanto positi periculo, sacculos et marsupia sua cum tota pecunia Dominæ nostræ offerunt, et super ejus feretrum projiciunt, cum nimio fletu misericordiam ejus implorantes, ut corpora sua tantummodo de piratarum manibus et exitio mortis eripiat, totamque pecuniam eorum propter ecclesiam suam restaurandam ipsa retineat.

Interea piratæ fiunt propinquiores paulatim, ita ut jam vix jactu sagittæ distare viderentur Sed cum in tanta necessitate positi omnino de vita desperaremus, Bosonem presbyterum, quem cæteris provectiorem videbat Coldistannus, exhortatur ut assumptis sanctæ Mariæ reliquiis potestatem sibi nocendi piratis interdicat. Illico presbyter ex fide viri animatus, genibus flexis coram feretro, Matrem Domini lacrymis perfusus suppliciter invocat; deinde velociter surgens, supradictum phylacterium capillis ejus pretiosum, cum timore et devotione fidenter accipit, ipsoque Coldistanno viriliter eum utraque sustentante, in eminentiorem puppis locum ascendit, et manu contra hostes elevata, ne ultra veniant, ne nobis nocendi potestatem habeant, ex auctoritate Dei matrisque sanctæ Mariæ fortiter adjuvando prohibet et interdicit. Et, o mira divinæ virtutis potentia! mox ut verba complens signum crucis de eodem phylacterio contra hostes fecit, dicto citius, vento vehementi et contrario, navis eorum impulsa retro propellitur, malus navis eorum frangitur, parsque ejus super unum ex ipsis decidens, eum exterebrat, et in mare mortuum præcipitat.

Jesu pie, Jesu bone, quæ nobis tunc adfuit lætitia et exsultatio, quando concidisti saccum perturbationis nostræ, et circumdedisti nos lætitia misericordiæ tuæ! (*Psal.* XXIX, 12.) Quantas tibi protinus, Matrique tuæ Dominæ nostræ laudes erepti de morte persolvimus! Ventus siquidem, qui hostibus nostris erat **536** contrarius, nobis factus est prosper et salubris, ita ut cum gaudio recolentes canticum Moysi tam celeriter nos transvehi miraremur. Brevi itaque mora interposita læti ad portum pervenimus, disponentes partem pecuniæ reddere negotiatoribus,

---

(54*) Videsis (*Patrologiæ nostræ* t. CL, col. 625) animadversiones nostras ad lib. B. Lanfranci *De celanda confessione.*

quam ipsi timore mortis Dominæ nostræ donantes super ejus feretrum posuerant, imo turbati projecerant. Sed illi mox ut littus attingentes viderunt se necis evasisse periculum, pristini metus obliti, sine nostra licentia unusquisque sacculum suum et marsupium assumpsit, Dominæque nostræ solo verbo gratias agentes, nihil ei reliquerunt.

CAP. V. — *De vindicta super negociatores facta apud Dobras.*

Quam tamen exinde vindictam Matri suæ judex justus fecerit Filius suus, audiant omnes qui, sua Deo dantes, rursus ea auferunt. Cum enim tota pene Anglia circuita, maximos lanæ acervos emendo pecuniam suam expendissent, ipsaque lana quamdam magnam domum super littus maris, quod Dobras (*Douvres*) dicitur, sitam replessent, ecce nocte transitus sui diem præcedente subito incendio domus eadem cum tota lana cremata est; sicque illi, omnibus amissis pauperes effecti, sero pœnitentes doluerunt se injuriam fecisse Reginæ cœli.

CAP. VI. — *De muliere parturiente liberata Cantuariæ.*

Nos itaque non ex umbra mortis, sed ex ipsis faucibus ejus, ut nobis visum est, liberati, gratiarum laudes Dominæ nostræ referentes, assumpto ejus feretro atque reliquiis Cantuariam venimus, ubi tunc erat archiepiscopus domnus Guillelmus nobis notissimus, quoniam jam dudum pro audientia lectione magistri Anselmi Laudunum petens, multis diebus in episcopi domo manserat, ibique filios Radulphi cancellarii regis Anglorum docuerat. Hic ergo cum ingenti gaudio nobis occurrens, honorificentissime nos cum monachis Sancti Augustini suscepit, et quandiu voluimus benigne retinuit. Et ecce matrona quædam ejusdem urbis ditissima, jam per octo dies nimio partus dolore cruciata, omnino fuerat desperata, ita ut de solo ejus funere tractaretur. Hæc audiens adventum nostrum misit ad nos virum suum, quærentem si quis nostrum sciret aliquam pariendi medicinam. Tunc Boso presbyter, cui præcipue cura reliquiarum servandarum commissa fuerat, consuluit ei ut conjugem suam exhortaretur veracem peccatorum suorum confessionem presbytero suo facere, deinde ex lympha qua reliquiæ lotæ forent fideliter bibere. Rediens maritus quæ invenerat conjugi retulit. Sed illa, quæ jam penitus non solum loquelam, verum etiam memoriam pro doloris nimietate perdiderat, auxiliante Deo protinus ex ipso calore fidei aliquantulum roborata et recreata, venienti presbytero peccata sua confiteri curavit, deinde subjunxit eamdem nocte sibi in visu quamdam speciosissimam Dominam de Francia venientem apparuisse, et ut peccata sua veraciter confiteretur præcepisse sicque se sanandam fore promisisse.

Cum hæc presbyter post confessionem auditam ad nos veniens retulisset, illico nos ab ejus marito rogati, et pro relatione presbyteri de futura ejus sospitate certificati, cum reliquiis ad lectum decumbentis venimus, easque coram ipsa lavantes, et aquam lavationis ei potandam tradentes, continuo discessimus. Et ecce priusquam ad ecclesiam reversi essemus, nuntius post nos accurrens, eam peperisse et sanatam esse retulit. Unde tam ipsa quam maritus ejus exsultantes, multa munera et ornamenta Dominæ nostræ contulerunt; post reditum etiam nostrum vestimenta pretiosa sacerdotalia Laudunensi ecclesiæ ipsa transmisit.

Hoc autem probatissimum apud nos erat nullum omnino posse sanari, nisi esset de ipso episcopatu in quo eramus, providente, sicut credimus, Domina nostra ne aliquis ignotus æger de longinquis partibus adveniens diceretur spe quæstus a nobis pretio conductus esse, vel ipse pro accipienda pecunia advenisse, sicque sermonibus imperiti vulgi viliores redderentur. De illis etiam, qui erant ex ipso episcopatu, nemo curabatur, nisi prius peccata sua presbytero suo confiteretur, si tamen ætatis esset idoneæ. Quod si infantulus erat, admonebantur parentes vice puerorum facere confessionem.

CAP. VII. — *De cæco illuminato apud Wintoniam.*

Postmodum ad urbem Wintoniensem venientes, et honorifice ab urbis ipsius episcopo suscepti, per octo dies ibi mansimus, in quibus plurima fieri miracula vidimus. Erat in eadem civitate miles quidam honorabilis, nomine Radulfus, cognomento Buarius, pincerna regis Anglorum, qui jam per octo annos oculorum lumen amiserat, unde et a rege pro ipsa cæcitate filiis suis officium suum reddi impetraverat. Hic ergo in die Ascensionis Dominicæ compertis miraculis quæ fiebant, ad feretrum se fecit adduci, peccatorumque confessione presbytero suo facta (55), lotarum reliquiarum aquam fideliter bibit, et oculos suos ex ea fecit lavari. Episcopo itaque majorem missam in ecclesia pro tanta solemnitate celebrante, cum post evangelium sermo finitus fuisset, rogante populo, cum reliquiis de ecclesia exivimus, ne molestiam episcopo faceremus. Cum vero in platea coram ecclesiæ janua rursum sermo fieret et episcopus canonem inciperet, subito idem Radulfus ad reliquias pro foribus ecclesiæ positas lumen recepit, Deumque et sanctam ejus Matrem cum clamore laudare cœpit. Quod miraculum in tanta veneratione est habitum ut quinquies ipsa die reverteretur populus ad audiendum verbum, et honorandas reliquias oblationesque repetendas.

CAP. VIII. — *De alio infirmo ibidem curato.*

Erat in eadem urbe quidam ditissimus Gualterus, cognomento Kiburs, qui jam sex annis infirmitate gravissima sic depressus fuerat ut nunquam de lecto surgere potuerit. Auditis ergo miraculis Dominæ nostræ, per internuntios a nobis poposcit auxilium. Ipse enim cum alia infirmitate etiam fluxu ventris adeo laborabat ut nec etiam competenter in

---

(55) Nota diversis in locis semper *presbytero* dicuntur peccata confessa.

lecto deferri posset. Mandavit itaque ei Boso presbyter ut peccatorum suorum veram confessionem presbytero suo faceret, et quia non solum prius, sed etiam in ipsa ægritudine dicebatur multoties usuras a debitoribus accepisse, promitteret Deo se nunquam ulterius eas sumpturum, et de acceptis congrue debitoribus satisfacturum. Obedivit ille; deinde ut cum reliquiis iremus ad eum humiliter rogavit, quoniam ipse ad nos non poterat deferri. Missi sunt tres ex nostris Boso presbyter, Robertus et Bonifacius. Venerunt ad eum, reliquias coram eo et in aqua laverunt, et ex ea potum illi dederunt, ipsumque ea resperserunt. Mirum dictu! Qui sex annis in lecto decubuerat, illico sanus surrexit, et exsiliens ad Dominæ nostræ feretrum gratias agens cucurrit.

Tribus clericis qui ad eum ierant tres annulos aureos dedit, coram feretro tres scyphos argenteos, multamque pecuniam, et alia ornamenta obtulit. Quæ cum in platea publice prolata nonnulli videntes, pro multitudine divitiarum ejus dicerent eum pauca obtulisse, nam ferebatur plusquam tria millia libras Anglicæ monetæ in thesauro ejus repositas esse, respondebat ille se ad præsens nolle amplius dare, donec usuras, quas a debitoribus suis acceperat, redderet, sicut Deo promiserat. Unde protinus per totam urbem fecit clamari ut qui ei usuras dederat veniret, et sua reciperet. Quanta tunc ibi fuerit vox lætitiæ et laudationis, dicentibus universis per Dominam nostram sanctam Mariam alterum Wintoniæ repræsentatum esse Zachæum, et plus de usurarum redditione animæque ejus salvatione quam de corporali curatione Deum laudantibus; nec ipse Tullius, si adfuisset, explicare digne potuisset.

Cap. IX. — *De duodecim infirmis ibidem curatis.*

Plures alii etiam infra octo dies, quibus in eadem urbe Wintoniensi mansimus, curati sunt infirmi, quod propter tædium auditoribus removendum, singillatim enumerare prætermisimus. Hoc tantum fidenter asserimus, palam et publice duodecim sanatos fuisse, quorum alii surdi, alii claudi, quidam cæci, quidam fuerant muti. Quique omnes aut de ipsa civitate, aut de circumjacenti erant regione; ideoque cunctis fuerant noti.

Cap. X. — *De puella infirma curata apud Christikercam.*

De Wintoniensi civitate venimus ad villam quæ dicitur Christikerca, id est, *Christi Ecclesia*, ubi in octavis Pentecostes annuum festum, et conventus celeberrimus solebat esse negotiatorum. Appropinquantes ergo eidem villæ, tanta subito tamque vehementi depressi sumus inundatione pluviæ, ut nunquam antea nos similem vidisse meminerimus. Ecclesiam ipsius oppidi decanus quidam cum duodecim canonicis tenebat, qui rogantibus nobis ut susciperemur, respondit ecclesiam illam necdum ex integro fore constructam, ideoque nos non recipiendos, ne solitam amitteret negotiatorum oblationem. Vix tamen nobis concessit ut, donec nimietas pluviæ cessaret, feretrum Dominæ nostræ super quoddam minus altare poneretur, in remota ejusdem ecclesiæ parte. Sed cum videret quosdam negotiatorum qui miracula Wintoniæ gesta audierant, feretrum Dominæ nostræ cum oblationibus expetere, et majus altare dimittere, felle commotus iracundiæ, jussit illud de ecclesia ejici. Ejecto feretro, non est facile dictu quantam anxietatem patiebamur, quoniam et immensitas pluviæ, tam nos quam equos nostros adhuc vehementer deprimebat, et tota villa negotiatoribus repleta, nusquam nobis hospitandi locus patebat.

Sed in tanta miseria citius nos respexit Dominæ misericordia. Nam matrona quædam calamitati nostræ compatiens, virum suum exorat ut domum novam quam ædificaverat, namque [f., eamque] negotiatoribus pro duobus marcis locaverat, cœlesti Reginæ quæ a decano de ecclesia expulsa fuerat, ipsa die commodet et in ea tam ipsam quam clericos ejus sequenti nocte hospitari permittat, negotiatoribusque mandet ut interim sibi aliud hospitium quærant. Annuit maritus conjugis precibus, nosque jam pene pluviæ vehementia madefactos et deficientes in domum suam novam suscepit, vestesque nostras luto perfusas ablui fecit et exsiccari; feretrum et reliquias Dominæ nostræ competenti loco decenter cortinis exornato collocat; deinde nobis omnem hospitalitatis humanitatem exhibere curat.

Unus ex negotiatoribus tres campanas, quas venales habebat, ad domus ejusdem laquearia suspendit, earumque sonitu convocat socios, et locum ascendens eminentiorem, quomodo decanus feretrum nostrum de ecclesia sua ejecerit refert, et ut nullus eorum ad ipsam ecclesiam eat, sed omnes potius ad hospitium nostrum divinum officium audituri conveniant exhortatur. Postremo cuncti, pariter congregati, unanimiter edictum proponunt ut, si quis negotiatorum ecclesiam ingrederetur, quinque solidos sociis persolveret. Erat autem tunc Sabbatum ante octavas Pentecostes.

Tantam itaque hospitis nostri benevolentiam protinus ostendit Domina nostra se gratanter recepisse. Habebat siquidem idem hospes noster prope oppidum unam domum, in qua boves ejus et pecora servabantur, ibique manebat quidam pauper rusticus, eisdem pecoribus custodiendis deputatus. Hujus rustici filia, puella parvula, tortum pedem a nativitate habebat, ita ut calcaneus in anteriori parte, digiti vero pedis in posteriori positi essent. Rogati ergo ab hospite nostro ut de aqua reliquiarum lotarum ejusdem puellulæ pes debilis contingeretur, fecimus eam adduci. Bibit ex aqua ipsa, pesque ejus ex ea lotus est. Vigilavit coram feretro illa nocte. Mane autem facto, dum more solito missam coram fererro in eadem domo solemniter cantaremus (altare siquidem portatile, et omnia missæ necessaria nobiscum ferebamus) ecce puellula sanata, pedem suum rectum omnibus ostendit, dominosque suos, qui nos benigne receperant, magnifice lætificavit.

Cap. XI. — *De incredibili vindicta Dei ibidem facta.*

Post prandium eadem die Dominica, licentia ab incolis accepta gratiarumque actione pro beneficio eorum illis reddita, de oppido exivimus. Sed non distulit justus Judex Matri suæ factam injuriam vindicare. Vix enim dimidio stadio procul recesseramus, cum ecce post nos cum clamore cursores super equos adveniunt, et ut ardenti villæ succurramus exorant. Respicientes post tergum, videmus totam villam succensam cremari. Interrogantes vero quomodo id contigisset, audivimus ab eis draconem de proximo mari egressum, nobis discedentibus in villam advolasse, et primitus ecclesiam, deinde quasdam domos flamma, quam ex naribus suis emittebat, succendisse. Quod audientes et humana curiositate tantum prodigium videre sitientes, deputatis feretro idoneis custodibus, velociter super equos ad vicum recurrimus cernimusque draconem incredibilis longitudinis quinque capita habentem, per nares flammas sulphureas emittentem, et de loco ad locum volantem, domosque singillatim succendentem. Redeuntes vero usque ad ecclesiam jam eam invenimus concrematam, et sic incredibiliter, ut non solum ligna, sed et ipsi parietes, imo maximi lapides, ipsaque altaria in favillam et cinerem funditus essent redacta, ita ut omnibus inspicientibus stupor exinde mirabilis incuteretur.

Decanus vero ubi vidit domum suam et ecclesiam succensam, vestes et supellectilem suam festinanter colligens et circumligans ad navem, quæ in proximi maris littore defixa erat, fecit deferri, sperans ea ibi ab igne posse salvari. Sed draco protinus, ac si propter hoc solum venisset, navem volatu petens, cuncta quæ in ea erant succendit, deinde, mirum dictu et incredibile auditu! ipsam quoque navem simul cremavit. Ad domum quoque hospitis nostri venientes, et quomodo se haberet scire volentes, invenimus eum, salva domo, et omnibus quæ habebat, exsultantem, suamque liberationem bonæ hospitæ suæ cœli Reginæ deputantem. Non solum vero ipsa domus ejus, in qua hospitati fuimus, sed et alia procul posita, in qua pecora ejus servari diximus, mansit illæsa, ita ut de omnibus rebus suis nihil omnino perdiderit. Negotiatores etiam, qui multam nobis impenderant benevolentiam, ita superna fovit gratia ut aut nihil aut parum de rebus suis amiserint. Quia enim ibidem consuetudo erat uno tantum die durare nundinas, finito prandio jam omnes sarcinas suas collegerant, et circumligatas antequam draco veniret reposuerant. Terrorem tamen maximum illis incussit aspectus draconis, ita ut eos cursim per diversa videremus fugientes. Decanus vero ille, qui feretrum Dominæ nostræ de Ecclesia ejecerat, sera motus pœnitentia, nudis pedibus illud prosecutus est, et coram eo prostratus, judiciaque Dei

justa protestatus, quod male gesserat, sibi indulgeri exorabat.

539 Cap. XII. — *De infirmis septemdecim sanatis apud Essecestram.*

Inde venimus ad urbem quæ dicitur Essecestra, ubi erat Robertus archidiaconus, qui diu manserat Lauduni pro audienda lectione magistri Anselmi, A quo gratantissime suscepti mansimus ibi per decem dies. In quibus miracula plurima contigerunt, quorum præcipua et excellentiora fuerunt de septemdecim infirmis curatis, quibusdam cæcis, aliis surdis, mutis et claudis. Contendebant cives mirabiliter quis eorum nos hospitio susciperet, vel quis susceptis necessaria procuraret. Erat ibi quidam infirmus qui jam per viginti quatuor annos ad portam templi recubuisse jugiter in lecto ferebatur, ita ut nusquam ire posset, nisi a duobus portaretur. Hic, septimo die adventus nostri consilium a nobis quærens, confessus est peccata sua, bibit ex aqua lavationis reliquiarum et ex ea lotus obdormivit. Protinusque, mirabile dictu! sanatus ex integro, exsiluit de grabato, in quo tantopere jacuerat, et videntibus cunctis ad feretrum currens, et coram eo stans in voce exsultationis et confessionis, Deo et piæ Matri ejus gratias referebat.

Cap. XIII. — *De Glutino contracto curato in episcopatu Salesberiensi.*

Erat ibi et alius contractus, nomine Glutinus, qui merito sic vocabatur, quoniam toto corpore sic erat conglutinatus, ut calcanei natibus, et tibiæ dorso inhærerent, ita ut velut in unum globum redactus, faciem assidue super genua teneret. Hic ergo, cum peccata sua confessus et aqua lavationis reliquiarum lotus, intra decem dies quibus ibi mansimus non curaretur, mirantibus nobis et unde esset quærentibus, profitetur se non esse de ipso episcopatu, sed de Salesberiensi. Protinus a nobis acriter objurgatus cur tentasset ibi sanitatem assequi, quam certum et probatum erat nulli extra episcopatum suum donari, cum lacrymis et nimio ejulatu cœpit nos miserabiliter adjurare ut, pro Dei sanctæque Matris ejus amore, ad ipsam urbem Salesberias proficisceremur.

Tam ipsius ergo quam totius plebis id ipsum exorantis satisfacientes precibus, post decem dies egressi de Essecestra, et retrogradum iter arripientes, ad ipsam urbem tendere cœpimus. Et ecce ipse itineris peritus vehiculo sedens jam processerat, et in ipso principio episcopatus nos operiebatur. Vix autem nobis ingressis primum stadium episcopatus, ecce ipse qui præcesserat, cum vehiculo occurrit; statimque velut Domina nostra nolente eum ulterius fatigari, perfecte curatus de curriculo exsilivit, et omnibus qui undique cernentibus confluebant, ad feretrum gratias agens in media via cucurrit. In hoc revera probatum est illud, quod supra diximus, nullum extra suum episcopatum potuisse sanari. Inde ergo, sicut dispositum fuerat, ad ipsam urbem Salesberias pervenimus ubi honorifice suscepti sumus ab episcopo ipsius urbis, pro notitia magistri Anselmi, quoniam cognati ejus Alexander et Nigellus ad scholam ejus diu manserant Lauduni.

CAP. XIV. — *De febricitante curato apud Wiltoniam abbatiam sanctimonialium.*

Postea venimus ad quamdam abbatiam sanctimonialium, quæ vocatur Wiltonia, ubi nobis ostenderunt sepulturam venerabilis Bedæ presbyteri, egregii doctoris; prope quem sepulta est inclyta versificatrix, quæ proprio nomine vocata est Murier. Quidam ex longo tempore febricitans jacebat ad sepulcrum venerabilis Bedæ presbyteri, ubi quamplures consueverant sanari. Eadem nocte adventus nostri apparuit ei in somnis Murier illa versificatrix, dicens ei : Non potes hic modo per Bedam sanari, quoniam beata Domini Mater ad nos descendit. Quod cum nobis in crastino retulisset, et ex aqua reliquiarum lotarum bibisset, illico sanatus est. Reversi sumus per Essecestram, non tamen introivimus urbem, quamvis a multis rogaremur, ne viliores essemus, quoniam jam decem diebus in ea manseramus.

CAP. XV. — *De puella cæca illuminata apud Danavexeriam.*

Exinde venimus in provinciam quæ vocatur Danavexeria, ubi ostenderunt nobis cathedram, et furnum illius famosi secundum fabulas Britannorum regis Arturi, ipsamque terram ejusdem Arturi esse dicebant. Ibi nos plurimum honoravit quidam clericus nomine (56) Agardus, qui jam diu Lauduni manserat, quique postmodum in Northmannia factus est episcopus urbis Constantiniensis. Dum ergo ibi essemus, puella quædam fere decennis, nomine Kenehellis, cæca a nativitate, in villa quæ Bomine 540 vocatur, ad feretrum venit, et lota oculos ex aqua reliquiarum lumen recepit.

CAP. XVI. — *De surdo ibidem sanato.*

Sed et juvenis quidam in eadem villa surdus a nativitate ad feretrum venit, et lotus aures aqua reliquiarum protinus audivit. Quidam etiam vir ibidem manum aridam habens, coram feretro pro sanctitate recipienda vigilabat. Sed sicut Britones solent jurgari cum Francis pro rege Arturo, idem vir cœpit rixari cum uno ex famulis nostris, nomine Haganello, qui erat ex familia domni Guidonis Laudunensis archidiaconi, dicens adhuc Arturum vivere. Unde non parvo tumultu exorto, cum armis ecclesiam irruunt plurimi, et nisi præfatus Algardus clericus obstitisset, pene usque ad sanguinis effusionem ventum fuisset. Quam rixam coram feretro suo factam credimus Dominæ nostræ displicuisse, nam idem vir manum habens aridam, qui pro Arturo tumultum fecerat, sanitatem non recepit.

CAP. XVII. — *De puella curva apud castrum Bannistaplum curata.*

Post hæc venimus ad castrum, quod dicitur Ban-

(56) *Algarus* vocatur in Gallia Christiana.

nistaplum, ubi manebat quidam princeps, nomine Joellus de Totenes, cujus uxor erat germana Guermundi de Pinkeni (*Pequigny*). Hic ergo partim pro conjugis suæ notitia, quæ de Ambianensi erat religione, unde et nostra videbatur esse comprovincialis, magis autem pro miraculis quæ per Dominam nostram facta didicerat, gratantissime nos suscipiens, per triduum secum retinuit, scyphumque argenteum, et calicem pretiosum, nec non et cortinas, aliaque ornamenta, quæ adhuc in Laudunensi servantur ecclesia, sed et equum, qui ea deferret, dedit, multaque alia ; quindecim libras Laudunensis monetæ valentia superaddidit. Cujus devotionis quasi cita remuneratrix volens esse Domina nostra, evidens ibi miraculum ostendit. Puella namque duodenis in ejus domo manebat, adeo toto corpore incurvata ut nusquam ire valeret, nisi quod solummodo cum scabellulis repando per terram se trahebat prout poterat. Hæc ergo ad feretrum adducta, peccata confessa, aqua reliquiarum lota, quandiu ibi fuimus non est curata, sed cum jam nobis discedentibus cum magno fletu clamaret, Heu ! piissima Domina sancta Maria, ergone sic discedes, et me non curatam relinques ? protinus videntibus cunctis sanata, projectis scabellulis exsiliens stetit, et ad feretrum gratias agens cucurrit.

CAP. XVIII. — *De monacho claudo ibidem curato.*

Monachus etiam quidam religiosus de charitate ibidem manebat, in cella quam præfatus princeps Joellus ædificaverat, qui jam per biennium morbo insanabili, quem medici sciam vocant, adeo laboraverat ut nusquam nisi claudicando et baculo substendando posset incidere. Hic ergo per totum triduum nobis in eadem ecclesia remorantibus pro posse suo dulcissime serviens et ex aqua lotarum reliquiarum lotum morbi super femur lavans, quandiu ibi fuimus non est curatus ; sed, cum jam de castro egressi licentiam a populo gratias agentes peteremus, et ipse nos cum baculo claudicando prosequeretur, repente curatus baculum projecit, et ad feretrum cursim veniens, videntibus cunctis libenter, et hilariter illud amplexando deosculatus humerum supposuit, et ex una parte longius nobiscum deportavit.

CAP. XIX. — *De alio claudo curato apud castrum Totenes.*

Post hæc ad præfati principis Joelli castrum venimus, quod Totenes dicitur, deducentibus nos quibusdam ex hominibus ejus, ubi honorifice a quibusdam monachis suscepti triduo ibi mansimus. Quidam ergo senex illic manebat a nativitate claudus, et omnibus notus, ut pote præpositi ejusdem castri germanus. Hic, auditis miraculis quæ fiebant, cum fide et multa devotione ad feretrum venit, et ex aqua lavationis reliquiarum bibens, eaque lotus protinus coram populo est erectus. Quod miraculum in tanta veneratione est habitum ut confestim germanus ejus ipsius castri præpositus ad feretrum quadraginta solidos Anglicæ monetæ obtulerit, infinitusque populus post eum multa addiderit.

Cap. XX. — *De mirabili vindicta ibidem facta super eo qui se suspendit.*

Sed ecce terribile miraculum sequitur, quod a tempore Judæ proditoris raro contigisse legimus. Tres siquidem juvenes ejusdem territorii, carnis consanguinitate ad invicem propinqui, videntes tantam pecuniam ad feretrum deferri, detrahere nobis cœperunt, dicentes nos quæstus causa magicis artibus talia facere miracula. Quorum unus alios duos exhortatur ut secum ad feretrum eant, simulantesque se illud osculari, 541 de nummis super altare positis ora sua lambendo repleant. Abnuentibus illis tantum facinus perpetrare sanctamque Domini Matrem offendere, perfidus ille cœpta persistens in malitia, dimisso foras equo cui sedebat, ecclesiam intravit, ad feretrum venit, simulansque se illud veneranter deosculari, de acervo nummorum quantum potuit ore rapuit, et protinus exivit, conscensoque equo socios qui eum præstolabantur repetens, nummos quos rapuerat ostendit, usque secum ad proximam tabernam irent potatum invitavit. Respondentibus illis se quidem cum eo ituros, sed de tali furto non bibituros, miser ille tabernam introiit, et, prout libuit, satiatus exiit. Postea illi duo ad populi conventum redeunt; infelix vero ille, conscenso equo, cœlesti vindicta eum persequente, proximam silvam, quæ vix dimidio milliario procul erat, expetiit, resteque linea collo suo circumligata, in unius arboris ramo se suspendit. Equus cui insederat, vacuus ad populum rediens, mirum intuentibus stuporem præbuit. Statim præfati duo juvenes, comparis sui equum recognoscentes, et quid ei contigisset admirantes, sed nescientes equi vestigia, perscrutando et cursim prosequendo ad silvam celeriter pervenerunt, eumque reste suspensum, et jam mortuum invenerunt. Deponentes autem eum, et marsupium, quod ad ejus balteum pendebat, solventes, nummos quos rapuerat, adhuc recenti saliva oris ejus infectos, repererunt. Quod protinus cum maximo luctu ad feretrum reportantes super altare reposuerunt, terræque prostrati, et pro defuncti cognati sui anima misericordiam sanctæ Dei Genitricis implorantes, coram universis facinus quod miser perpetraverat retulerunt. Videres populi catervas audito tanto scelere stupentes, et pro tam celeri vindicta pectora sua tundendo ubertim lacrymas emittentes.

Cap. XXI. — *De liberatione clericorum per sanctam Mariam apud castrum Bristolth.*

Inde venimus ad fortissimum illud castrum, quod vocatur Bristolth, quod magno flumine circumdatur, per quod maritimas naves de Ibernia insula variis mercibus onustas, tunc quam plurimi negotiatores illuc adduxerunt. Nos ergo a clericis ejusdem castri gratanter suscepti, audientesque naves multas advenisse, gavisi nos emendarum novarum vestium opportunitatem invenisse, ad portum descendimus, navesque introgressi, tantam varietatem diversarum mercium diligenter et avide, utpote novitatis videndæ curiosi, perspiciebamus. Quod cernens hospes noster, innotuit nobis consuetudinem Hibernentium negotiatorum esse ut ignotos homines incaute naves suas introgressos, subito et improvise, navibus a littore propulsis, ad exteras nationes transvehebant, et barbaris vendebant, monuitque ut ab eorum insidiis caveremus. Sed, cum ejus monita parvipendentes, rursum naves frequentare non omitteremus, ecce benigna Dei Genitricis provisione, sequenti nocte non dormiendo, sed vigilando, commonitus est idem hospes noster nobis dicere ne ulterius naves illas ingrederemur, quoniam, si quis illa die aliquam illarum intraret, absque omni dubio se protinus transducendum et barbaris sciret esse vendendum. Quod cum nobis mane facto jurejurando notificasset, nos credentes quod verum erat, misericordia scilicet Dominæ nostræ nos fuisse præmonitos, ad naves ulterius non ascendimus, sed emptis necessariis discessimus.

Cap. XXII. — *De puero sanato apud Begeam civitatem.*

Inde venimus ad urbem, quæ Begea (*Belga*) vocatur, et honorifice ab episcopo clericisque ac monachis suscepti sumus. In ipsa autem urbe sunt balnea calida, quæ ab aliis thermæ vocantur. Puer quidam duodenis, eadem die adventus nostri lavandi causa cum sociis suis easdem thermas ingressus, sed minus caute sibi providens, aquæ calentis vehementia depressus, usque in profundum thermarum est submersus. Unde tamen a parentibus extractus et cum luctu domum relatus, vitalem spiritum jam funditus emisisse a multis dicebatur. Sed auditis miraculis Dominæ nostræ, ad ejus feretrum cum multa fidei devotione eum detulerunt. Nos ergo videntes corpus jam refrigeratum, duos ignes fieri, et in medio eorum propter recipiendos calores illud suspendi, ita ut caput inferius, pedes vero penderent superius, deinde os ejus aperiri lignumque parvum inter superiores et inferiores dentes poni fecimus. Quo facto, et multa aquæ abundantia evomita, corpus jam sufficienter calefactum deponitur, et ad feretrum deportatur, aqua lotarum reliquiarum abluitur, in ore etiam ejus aliquantulum ex ea distillatur. Nec mora, ecce puer, Deo miserante, non solum spiritu recepto, sed etiam integra sanitate subsecuta, lætus cum parentibus suis domum rediit.

Multa sunt et alia miracula, quæ in Anglia fecit Domina nostra, nobis cernentibus, quæ singillatim facile non posset explicare cujuslibet facundia. Hæc vero de pluribus 542 pauca narrasse sufficiat, quæ, teste Deo ejus Filio, sine ulla falsitate retulimus narratione veracissima. Nunc vero rogamus vos sicut fratres et dominos, atque concanonicos nostros, quorum præcepto mare transeuntes, plurimos in itinere labores pertulimus, ut eorum animas, qui vobis per nos suas transmiserunt eleemosynas Domino piæque Genitrici ejus commendetis, et omnium bonorum quæ in ecclesia Laudunensi fiunt, vel deinceps fieri contigerit, eos participes esse concedatis. Centum siquidem et viginti marcas, A exceptis cortinis, et aliis ecclesiasticis ornamentis, ex Anglia nobis attulimus, et qui feria secunda ante ramos Palmarum a vobis discessimus, ecce nunc duobus diebus ante Nativitatem Dominæ nostræ revertimur ad vos, cum gaudio, laudantes vobiscum Jesum Christum Dominum nostrum. ejus Filium, Regem regum, et Dominum dominantium, qui cum Patre et Spiritu sancto vivit et regnat per omnia sæcula sæculorum.

CAPITULA LIBRI TERTII.

CAP. I. *De multitudine populi ad dedicationem ecclesiæ Laudunensis*
CAP. II. *Quomodo domnus Bartholomæus episcopus domnum Norbertum invenerit.*
CAP. III. *De ecclesiola Sancti Martini Laudunensis, et quomodo Bartholomæus episcopus Norbertum per plurima loca duxerit.*
CAP. IV. *Quomodo Præmonstratensis ecclesia incœpta sit.*
CAP. V. *Quomodo Walterus factus sit abbas ecclesiolæ Sancti Martini Lauaunensis.*
CAP. VI. *Quomodo Præmonstratensis ecclesiæ domnus Hugo præfectus sit.*
CAP. VII. *Multiplex commendatio domni Norberti.*
CAP. VIII. *Quomodo episcopatum Cameracensem renuerit.*
CAP. IX. *Quomodo Magdeburgensis archiepiscopus factus sit.*
CAP. X. *Immutatio ecclesiæ Præmonstratensis, et melioratio.*
CAP. XI. *De constructione Fuisniacensis cœnobii.*
CAP. XII. *De constructione Spinetensis.*
CAP. XIII. *De constructione Valclarensis.*
CAP. XIV. *De constructione Tenoliensis ecclesiæ.*
CAP. XV. *De constructione Clarefontensis.*
CAP. XVI. *De constructione Cuissiacensis.*
CAP. XVII. *De constructione cœnobii feminarum quod dicitur monsteriolum.*
CAP. XVIII. *De domno Simone abbate Sancti Nicolai.*
CAP. XIX. *De Domno Gilberto abbate Sancti Michaelis.*
CAP. XX. *De domno Anselmo abbate Sancti Vincentii.*
CAP. XXI. *Quomodo idem Anselmus Romæ in episcopum Tornacensem electus sit.*
CAP. XXII. *De correctione Abbatis sancti Joannis, et Drogonis abbatis institutione.*
CAP. XXIII. *De Balduino abbate loci ejusdem.*
CAP. XXIV. *Quam ditata sit major Ecclesia sanctæ Mariæ sub Bartholomæo Pontifice*
CAP. XXV. *De Guidone Catalaunensi episcopo.*
CAP. XXVI. *De Theodorico Ambianensi.*
CAP. XXVII. *De muliere ab incendio liberata Civiaci.*
CAP. XXVIII. *De furto Anselmi.*

LIBER TERTIUS.

543 CAP. I. — *De multitudine populi ad dedicationem ecclesiæ Laudunensis.*

Opitulante ergo divina clementia, ex oblationibus fidelium per Franciam et Angliam collectis, in tantum ecclesiæ nostræ opus prosperatum est ut sequenti anno completa ædificationis restauratione dedicaretur. Anno siquidem ab Incarnatione Domini millesimo centesimo duodecimo, feria quinta paschalis hebdomadæ, præfata ecclesia combusta fuerat, (57) quo die etiam domnus Gualdricus episcopus Laudunensis crudeliter interfectus est in domo sua, cum quibusdam ex hominibus suis, successitque ei in episcopatu domnus Hugo; qui, cum vix octo mensibus supervixisset, eo defuncto electus est ad B pontificatum, ut suprascriptum est, domnus Bartholomæus. Hic episcopus consecratus adeo templum Dominæ nostræ studuit accelerare, ut post duos semi-annos incensionis ejus, rursum fieret solemnis dedicatio ipsius, anno scilicet ab incarnatione Domini millesimo centesimo quarto decimo.

Placuit autem episcopo et canonicis, ut eodem die consecraretur quo celebris ejus dedicatio annis singulis observari consueverat, id est octavo Idus Septembris, tertio videlicet die ante Nativitatem Beatæ Mariæ. Ad quam dedicationem præfatus domnus Bartholomæus episcopus accersivit secum Radulphum Remorum archiepiscopum, Guillelmum Catalaunensem episcopum, Lisiardum Suessionen-

(57) Ita etiam Guibert. Vitæ lib. III, cap. 11.

sem, Godefridum Ambianensem, Hubertum Silvanectensem. Tanta vero plebis multitudo confluxit ad ipsam dedicationem, ut ducenta millia diversi sexus et ætatis dicantur interfuisse ; magna siquidem lætitia cunctorum cordibus inerat, quod post tantam ejusdem Ecclesiæ, imo totius Laudunensis urbis desolationem, in tam brevi spatio, id est infra duos semi-annos, de tanta tamque profunda tenebrarum et calamitatis voragine, tantum claritatis per Dei Genitricis misericordiam videbant resplenduisse fulgorem, ut ipsi quoque Ecclesiæ nostræ videretur non immerito posse coaptari illa prophetæ Aggæi sententia, quam de restaurando post Babyloniæ captivitatem in Hierosolymis templo quondam prophetavit, dicens : « Magna erit gloria domus hujus secundæ, plusquam prioris (*Agg.* II, 10). » Si enim diligens lector attentius inspicere velit, revera facillime poterit conjicere, post desolationis luctum, majorem gloriam et exaltationem in Ecclesia Laudunensi, quam prius fuerat, successisse.

Quis namque digne poterit referre quantus postmodum in episcopatu Laudunensi, et de ipso per totum pene terrarum orbem fulgor religionis et novi luminis refulserit ? post paucos siquidem annos, ille novi luminis novæque conversionis, non solum interioris, sed etiam exterioris candoris novus inventor et incœptor, domnus scilicet Norbertus, de Lotharingia Franciam adveniens, divina præcedente et comitante gratia, in episcopatu Laudunensi primam illam vineam plantavit, quæ, in charitate radicata (*Ephes.* III, 17), et fundata jam implevit terram, extendensque palmites suos usque ad mare, et usque ad flumen propagines suas (*Psal.* LXXIX, 12), vino fortitudinis suæ, quod lætificat cor hominis (*Psal.* CXLIX, 1), jam ubertim inebriavit plures principes et judices terræ, juvenes et virgines, senes cum junioribus (*Psal.* CXLVIII, 12), ita ut fortiter inebriati nihil aliud quærant, nisi laudare nomen Domini, et cantare ei canticum novum, quoniam veterem hominem cum artibus suis exuentes, et novum, qui secundum Deum creatus est, induentes (*Ephes.* III, IX), carnales illecebras funditus abjiciunt, et quasi de aqua in nuptiis a Domino in vinum conversi (*Joan.* II, 9), quæ retro sunt obliviscuntur, et ad ea quæ ante sunt extenduntur (*Phil.* III, 13) ; sicque licet in terris corporaliter consistant, tamen quæ sursum sunt sapiunt, non quæ super terram (*Col.* III, 1), dicentes cum Apostolo : « Nostra autem conversatio in cœlis est, ubi Christus est ad dexteram Dei sedens (*Phil.* III, 20) : » cœlestibusque Seraphim mente conjuncti, solo Christi jugiter ardent amore, cui corpora etiam sua exhibent hostiam viventem, sanctam, Deo placentem (*Rom.* XII, 1), candorem virtutum, quo intrinsecus nitent, etiam in exteriori veste præferentes. Hujus tam sublimis et gloriosæ institutionis, præfatum Bartholomæum episcopum fuisse consortem et participem, ex sequentibus facile poterit agnosci.

CAP. II. — 544 *Quomodo domnus Bartholomæus episcopus domnum Norbertum invenerit.*

Paschali siquidem papa Romæ defuncto, cum Joannes cardinalis ei succedens Gelasius dictus fuisset, et in Franciam venire volens apud Cluniacum vitam terminasset, cardinales, qui cum eo venerant, et Romam pro electione facienda redire se non posse videbant, necessitate compulsi, protinus elegerunt ad sedis apostolicæ præsulatum e proxima civitate domnum Guidonem Viennensem archiepiscopum, virum nobilem et industrium, reginæ Francorum conjugis, scilicet Ludovici regis, patruum, eumque in eadem provincia papam consecrantes Calixtum appellaverunt. Hic ergo antequam Romam iret, in Francia generale concilium tenere voluit ; universoque pene totius Occidentis episcopos et archiepiscopos, cum abbatibus et aliis ecclesiasticis personis ad urbem Remorum convenire præcepit ; cui concilio etiam præfatus rex Francorum Ludovicus interfuit.

Hujus itaque concilii causa supradictus domnus Bartholomæus episcopus cum clericis suis et hominibus, Remorum urbem expetens, cum jam monasterium Sancti Theodorici præterisset, supra memoratum virum Norbertum cum duobus clericis non longe ab itinere sedentes conspexit. Audierat si quidem ante paululum idem Norbertus duas voces, sicut postea referre solitus erat, quarum prior ex una parte clamaverat : Hic est Norbertus et socii ejus ; altera vero ex alia parte subjunxerat : Hic est Norbertus et socius ejus. Quod quid signaverit, posterius dicetur. His ergo duabus vocibus ex summitate aeris auditis, Norbertus stupefactus ex itinere declinavit, terræque cum duobus sociis suis residens attonitus circum circa prospiciebat. Nec mora, præfatus episcopus appropinquans, non sicut sacerdos vel levita, viso illo a latronibus vulnerato, præterivit, sed ab itinere divertens, benigne illos salutavit ; deinde quinam essent interrogavit. Respondit Norbertus se de Lotharingia esse, et, relictis parentibus sæculique vanitate, religiosam vitam sequi proposuisse, hujusque religionis norma sedis apostolicæ consilio et auctoritate incipienda, jam per tres dies Remis demoratum fuisse, sed quia præ multitudine jugiter confluentium divitum nullus sibi ad papam ingressus patebat, tristem ac desperantem urbe digressum, quo diverteret nescire. Tunc nimia compassione permotus episcopus, hortatur eos ut secum Remis redeant, promittens quod eos ad papam introduceret. Quia vero pedites erant, præcepit hominibus suis de equis descendere, sicque faciens eos ascendere, et secum equitare, in itinere diligentius eos sciscitans, audit eumdem Norbertum genere nobili ortum, in Ecclesia Coloniensi maximas divitias possedisse, sed paupertatem eligendo cunctas ex integro reliquisse.

Remis deinde pontifex perveniens ad papam ingreditur, modeste suggerit ei non esse bonum quod ipse Pater universalis Ecclesiæ existens, solis divitibus colloqueretur, pauperes vero ab ejus colloquio repellerentur. Statim annuente papa, Norbertus et socii ejus ab episcopo introducuntur, et apostolico colloquio recreantur : sed quia nimis ibidem papa occupatus, non ex integro desideriis eorum vel colloquiis satisfacere poterat, promittit eidem episcopo, sese, finito concilio, protinus Laudunum iturum, et per aliquot dies ibi requieturum, sufficienterque eis collocuturum, rogatque ut eos præmittat, et ut Lauduni se opperiantur, admoneat. Quandiu ergo postea Remis fuerunt, semper eos episcopus secum retinuit, deinde Laudunum rediens, nunquam eos a suo consortio separari permisit. Venientem postea sicut promiserat dominum papam officiosissime, ut dignum erat, suscepit, tunc et demum Norbertum et socios ejus colloquio ipsius abundantissime satiavit.

CAP. III. — *De ecclesiola Sancti Martini Laudunensis; et quomodo Bartholomæus episcopus Norbertum per plurima loca duxerit.*

Erat tunc extra muros urbis Laudunensis quædam Ecclesiola in honore sancti Martini constructa, in qua jam idem episcopus multoties clericos religiosos, qui Deo ibi servirent, posuerat ; sed nullo ibi proficere valente, eadem Ecclesia in ipsius manu redierat. Videns ergo episcopus præfatum Norbertum religiosam et pauperem vitam velle sectari, suadere cœpit ei, ut in eadem Sancti Martini Ecclesiola remaneret ; papam etiam rogavit ut exinde eum admoneret. Sed Norbertus intelligens ejus conatus, Non idcirco, inquit, majores divitias Coloniæ reliqui, ut minores modo quæram Lauduni : non in urbibus volo remanere, sed potius in locis desertis, 545 et incultis. Cui episcopus : Deserta, inquit, et inculta loca, religionique congrua in episcopatu isto quamplura vobis ostendam, et ostensa conferam. Dixit et post domni papæ discessum assumens eum, ostendit ei non omnia regna mundi, et gloriam eorum (*Luc.* iv, 5, 6), sed illam maximam diœcesis suæ silvam, quæ vocatur Terrascea. Duxit ergo eum ad locum qui dicitur Fuisniacus, demonstrans ei aquarum, et pascuarum, silvæque, et terrarum congruam opportunitatem religioni. Tunc ille facta oratione : Revera, inquit, hic locus omnino religioni est congruus, sed non est mihi a Deo destinatus. Episcopus exinde duxit eum ad alium ejusdem silvæ locum, qui Telonias vocatur, quem sibi ostensum, post factam orationem, sicut prius dixit idem Norbertus, revera satis religioni congruum, sed nec hunc a Deo sibi destinatum.

Tunc episcopus Laudunum rediens duxit eum in silvam Vosagum, ostenditque ei in ipsa locum quemdam, qui Pratum Monstratum, vel Præmonstratus vocatur. Viderit ergo quisquis hæc legerit cujus devotionis hic episcopus fuerit, qui, relictis episcopalibus negotiis, hominem ignotum per tot silvestria, et invia loca, non sine magno labore circumducebat, quæ, licet etiam hodie, cum jam a multis incoluntur, videantur horribilia, tunc tamen nimis erant asperiora et terribiliora, utpote ab omni hominum habitatione procul remota, solisque lupis et apris contigua.

CAP. IV. — *Quomodo Præmonstratensis ecclesia incœpta sit.*

Venientes itaque ad præfatum locum Præmonstratum, ingrediuntur orandi gratia quamdam ecclesiam, in honore sancti Joannis Baptistæ ibidem constructam. Hæc erat de jure cœnobii Sancti Vincentii Laudunensis, et aliquis monachus de eodem cœnobio illuc pro agendo divino officio nonnunquam dirigebatur ; sed quia finita missa panis ibi non inveniebatur, nisi aliunde afferretur, jam cum ipsa ecclesiola locus idem pene remanserat desertus. Cum ergo pontifex oratione finita exiens virum Dei admoneret ab oratione surgere, quoniam jam hora noctis supervenientis urgebat, nullusque remanendi locus erat, servus Dei egressus rogavit eum ut cum hominibus suis discederet, seque ibidem tota nocte sequenti vigilare permitteret. Tunc præsul celeriter conscensis equis, utpote jam nocte incumbente, velociter Avisiacum venit, nec tamen Domini Norberti oblitus, rursum ei per nuntium suum panem et cætera necessaria transmisit.

Facto mane ad eum reversus, quid agere vellet inquirit. Ille præ nimio gaudio exhilaratus, Hic, inquit, domine Pater, remanebo, quoniam ipsum locum istum mihi scio a Deo esse destinatum. Hic requies et sedes mihi erit, hicque per Dei gratiam salvabuntur multi. Nec tamen hæc ecclesiola eis principalis sedes erit ; sed ex alia parte hujus montis ædificabunt sibi mansionem, in qua requiescent. Vidi enim hac nocte in visu quasi maximam multitudinem albatorum virorum cruces argenteas et candelabra atque thuribula ferentium, ipsumque locum cantando circumeuntium. Pontifex itaque magnifice lætificatus, nec tamen injuriam volens facere cœnobio Sancti Vincentii, cujus juris idem locus erat, accersito abbate Sancti Vincentii, utiliorem tunc temporis commutationem dedit ei, sicque locum illum cum ecclesia liberum domno Norberto privilegii sui auctoritate confirmavit. Servus ergo Dei Norbertus ibi remansit. Episcopus vero Laudunum quidem rediit ; sed assidue tam ipsius quam sociorum ejus curam habere non destitit.

Post paucos dies vir Dei, Laudunum veniens, scholam magistri Radulphi, qui germano suo magistro Anselmo defuncto successerat, ingreditur, et scholasticus ejus sermonem exhortatorium faciens, protinus septem ex eis ditissimos, qui nuper de Lotharingia venerant, convertit, et cum magna pecunia ad ecclesiam suam duxit. Sed antiquus hostis, qui semper servorum Dei profectibus invidere consuevit, etiam hunc in ipso principio perturbare studuit, et sicut Evam in paradiso seduxit, Judamque inter apostolos depravavit, ita etiam unum ex duobus sociis ejus qui cum eo venerant corrupit. Hic namque præfatam pecuniam, a scholasticis delatam sibique a magistro commendatam, media nocte furtim sumens, et de ecclesia fugiens, latenter discessit, et præfatos scholasticos in multa penuria et necessitate reliquit. Tuncque primum vir Dei recordatus vocum quas prope Remorum urbem eum audisse supra diximus, et ipse intellexit, et domno episcopo sese super hoc consolanti exposuit, secundam vocem quæ clamaverat : Hic est Norbertus et socius ejus, hoc significasse quod ex duobus sociis qui cum eo venerant, unus solummodo esset remansurus, alter cum Juda exiturus. Et ipse quidem sic intellexerat.

Domnus autem Leonius abbas Sancti Bertini, vir religiosissimus, et tam gentilium quam divinarum litterarum peritissimus, nuper **546** hunc libellum legens protinus aliter interpretatus est illam vocem, mihique ut ex parte sua sententiam suam hic ponerem præcepit, dicens ex ipsa consideratione temporis et personæ appropinquantis palam intelligi posse quod Bartholomæum episcopum vox illa testata sit socium esse Norberti. Cum enim, inquit, tribus diebus Remis demoratus et papæ loqui non valens, tristis ac desperans de urbe exisset, et quid jam ageret vel quo verteret nesciret, nullamque consolationem præter Deum sibi habere videretur, nisi in duobus sociis suis, quos sibi indivisibiliter adhæsuros quocunque iret, confidebat, vox desuper ei sonuit : Hic est Norbertus, et socius ejus, ac si apertius ei dixisset : Noli desperare, vel in duobus tantum sociis tuis confidere quia ecce prope est episcopus, quem tibi Deus socium dedit, qui te secum reducens faciet papæ colloqui, qui in tribulationibus tuis consolator dulcissimus tibi erit, qui tibi sedem et ecclesiam in qua requiescas, et fructum facias, dabit. Hæc mihi scribere præcepit domnus Leonius abbas Sancti Bertini, et ego credens eum revera bene et fideliter intellexisse, libenter ei obedivi.

CAP. V. — *Quomodo Walterus factus sit abbas ecclesiolæ Sancti Martini Laudunensis.*

Postmodum ergo videns episcopus in eodem loco Præmonstratensi jam non parvum numerum fratrum religiose viventium convenisse, rogavit domnum Norbertum, ut aliquos ex ipsis in supra scripta beati Martini ecclesiola, in qua ipse rogatus remanere noluerat, poneret, qui eam ad Dei honorem construere et augmentare studerent. Acquiescens ille precibus pontificiis, paucos ex fratribus suis ibi posuit abbatemque ejus virum religiosum domnum Gualterum præfecit. Cui Deus, orante, sicut credimus, beato Martino, tantam confestim gratiam contulit, ut de ipso quoque illud videatur posse dici, quod de sacra puella Ragueli, patri ejus angelus dixit : « Propterea nullus potuit habere eam, quoniam huic timenti Deum debetur conjux filia tua (*Tob.* VII, 12). » Similiter eam beati Martini ecclesiolam cum plures ab episcopo regendam suscepissent, nullusque eorum ibi proficere potuisset, huic abbati Gualtero, tam bona fortuna per divinam gratiam comes adhæsit ut infra duodecim annos plusquam quingentorum fratrum Deo servientium ibi conventus inveniretur.

Unde non immerito dixerim eam illi a Deo reservatam.

Paupertatem tamen tantam in primis ibi sustinuit ut præter unum asinum, burdinum nomine, nihil pene aliud haberent; quem in proximam silvam Vosagum mane ducentes, lignaque cæsa dorso ejus imponentes, Laudunum reducerent, et ex venditis lignis panem sibi emerent, multoties jam diu jejuni manentes, donec panis ille emptus post nonam eis deferretur. Ipsi tamen consolante abbate Gualtero in tanta penuria non deficientes, sed assidue Deo servientes, et manibus propriis laborando paulatim proficientes, ad tantam jam Deo donante provecti sunt abundantiam ut ex vineis suis tria millia modios vini frequenter habeant, et tam in terrarum et molendinorum quam et in pecorum possessione, cuncta pene Laudunensis episcopatus cœnobia præcellant. Charitatis etiam et hospitalitatis tanta ibi affluentia reperitur ut propter hospitum assiduam susceptionem, propter pauperum quotidianam relevationem, mirum in modum videatur ibi Deus omnia multiplicare et augmentare, adeo ut jam inter præcipua et excellentia Franciæ monasteria computetur.

CAP. VI. — *Quomodo Præmonstratensi abbatiæ Domnus Hugo præfectus sit.*

Postmodum etiam in Præmonstratensi ecclesia dominus Norbertus abbas quidem esse noluit, sed illum ex duobus sociis suis, qui cum eo remanserat, nomine Hugonem, ejusdem loci abbatem constituit. Non solum autem virorum, sed etiam feminarum cohortes idem Norbertus ad Deum convertere studuit, ita ut hodie in diversis ejusdem ecclesiæ locis plusquam mille videamus conversas tanto rigore et silentio Deo servire ut in districtissimis cœnobiis monachorum vix similem religionem possit aliquis invenire. Nec contentus fuit intra Laudunensis diœcesis terminos fratrum suorum turmas coerceri, sed instar apum, quæ de vasculis in quibus mellificaverint exeuntes, ad alia loca mellificaturæ transvolant, etiam ipse diversa et deserta loca cœpit expetere directisque fratribus nova monasteria ædificare.

Constituit vero ex omnibus monasteriis, quæ vel in vita sua, vel post obitum suum institutiones ac regulæ suæ normam ac propositum sequerentur, universi abbates singulis annis in festo S. Dionysii ad primam matrem, de qua processerant, id est Præmonstratensem ecclesiam, quasi ad fontem **547** potaturi convenirent, et simul positi generale capitulum tenerent, ac si quid vel communiter, vel in aliquo forte corrigendum esset, ibidem corrigerent. Cum ergo necdum triginta anni transierint, ex quo domnus Norbertus per supradictum episcopum ibi adductus est, jam tamen, divina præstante gratia, tot exinde monasteria pullularunt, ut fere centum abbates in prædicto festo ex eis ibi convenisse inveniantur, non solum ex Francia, vel Burgundia, sed ex ipsa quoque Alemannia, Saxonia seu

Wasconia. Ut enim de aliis taceam, ex sola præfata Sancti Martini ecclesia, cui adhuc primus abbas domnus Gualterus præest, jam duodecim alia processerunt monasteria. Nec vero solum vicinæ tanto hoc lumine perlustrantur provinciæ, sed etiam mare jam hujus novi solis radius transivit, et urbem Hierusalem transmissis aliquot clarissimis stellis irradiando splendificavit.

Quid alii sentiant ignoro, ego corde credo, et fidenter ore pronuntio, omnium bonorum, quæ in tot prædictis monasteriis fiunt, vel deinceps fient, domnum Bartholomæum episcopum consortem esse, participemque et cooperatorem. Cum enim Veritas in Evangelio dicat : « Qui recipit prophetam in nomine prophetæ, mercedem prophetæ accipiet (Matth. x, 41), » profecto liquet quod pontifex iste, qui præfatum servum Dei non solum recepit, sed etiam, ut supra scriptum est, intermissis episcopalibus negotiis, per tot silvarum devia et horrida loca circumducere, et ad ultimum in Præmonstratensi solitudine firmiter plantare, plantatumque jugiter rigare studuit, fructus utique illius dulci mercede non carebit. Beatus siquidem Gregorius in homilia Evangelii « anno quinto decimo (Luc. III, 1) » præfatam sententiam subtilius exponens : Notandum, inquit, quod non ait Dominus : Mercedem de propheta accipiet, sed mercedem prophetæ, quia mercedem quam propheta de bono opere suo a Deo accepit, eamdem etiam ipse, qui eum recipiendo ei adjutor exstitit, se perceptorum noverit (Homil. 20, sub medium).

Ad cujus rei certitudinem evidentius demonstrandam, idem beatus Gregorius etiam Isaiæ prophetæ testimonium subjungit, qui inter cedrum, olivam, abietem, cæterasque pretiosiores arbores, etiam ulmi facit mentionem, quæ licet per se fructum non ferat, tamen cum vitem cum botro portat, etiam ipsa a Domino computatur inter arbores fructiferas (Isa. XLI, 19). Quam beati Gregorii sententiam, si quis diligentius velit inspicere, puto quod me non deridebit hoc scripsisse, sed fidenter etiam ipse pronuntiabit, quod præfatus episcopus Bartholomæus licet ecclesiasticis officiis occupatus, sæcularibus negotiis implicari visus fuerit, tamen dum servos Dei mundanam vitam fugientes tantopere semper adjuvare studuit, etiam piæ conversationis eorum dulci desiderio per gratiam Dei particeps exstitit, unde et in futuro mercede eorum non carebit. Quod cum ita sit, fateor merito laudari debere illam domni Leonii abbatis S. Bertini superius memoratam sententiam, quia eumdem episcopum domni Norberti socium cœlesti voce intellexit fuisse denuntiatum.

Cap. VII. — *Multiplex commendatio domni Norberti.*

Sed ut jam de eodem Norberto breviter concludam, nullius post apostolos conversationem plurimi testantur in sancta Ecclesia tantum fructum in tam brevi spatio temporis fecisse. Licet enim aliqui dicant domnum Bernardum abbatem Clarevallensem eodem tempore non minus fructificasse, tamen si quis diligentius attendat, puto quod Norbertum præcellere non negabit. Domnus siquidem Bernardus illius religionis non fuit incœptor, sed jam eadem religio florebat in Cistellensi [al., Cistertiensi] cœnobio, in quo præfatus Bernardus esset clericus, audita ejusdem religionis fama, monasticum habitum sub abbate Stephano sumpsit. De quo etiam cœnobio Clarevallense monasterium processit, cujus idem Bernardus, pro sua sanctitate primus abbas est institutus.

Ipse ergo, quamvis sua prædicatione plurimos converterit multaque monasteria de Clarevallensi gratia Dei genuerit, tamen ipsius religionis rigator quidem magnus, et propagator, sed non primus fuit plantator. Norbertus autem suæ institutionis primus fuit plantator primusque Dei dono incœptor, quoniam, licet ejus sequaces beati Augustini dicant se tenere regulam, tamen, ut ejusdem beati Augustini pace dicamus, multo rigidiorem, multoque severiorem videmus esse Norberti quam Augustini institutionem.

Præterea in Cistellensi cœnobio soli viri suscipiuntur, domnus vero Norbertus cum sexu virili etiam femineum ad conversionem suscipi constituit, ita ut etiam arctiorem et districtiorem in ejus monasteriis videamus esse conversationem feminarum quam virorum. Illi autem tam pro necessariis operibus quam pro aliis negotiis post conversionem ad publicum progredientes, ecclesiasticis frequenter, aut etiam sæcularibus responsis, vel legationibus implicantur et multoties quos in priori vita novimus, aut 548 rusticos fuisse, aut pauperes, in religionis habitu quasi fastuose cernimus equitantes ; feminis autem mox ut conversæ fuerint perpetua deinceps lex manet, semper intra domus ambitum clausas retineri, nusquam ulterius progredi, nulli viro, non modo extraneo, sed nec germano, aut propinquo loqui, nisi ad fenestram in ecclesia, duobus viris conversis cum viro exterius, et duabus feminis cum illa interius residentibus, et quidquid dicitur audientibus.

In ipso etiam conversionis initio mox ut suscipiuntur, ad resecandam omnem superbiam et carnalem voluptatem, etiam capilli earum usque ad aures tunduntur, utque magis Christo cœlesti sponso placeant, pro ejus amore in fragili et illecebrosa carne omnino deturpentur. Nulli deinceps pretiosam vestem nisi ex lana vel ovinis pellibus licet habere, nulli velum sericum more quarumdam sanctimonialium, sed vilissimum panniculum nigrum super caput portare. Et cum in tanta districtione et vilitate cum silentio sciantur esse reclusæ, miro tamen modo, Christi operante virtute, quotidie videmus feminas non modo rusticas, vel pauperes, sed potius nobilissimas et ditissimas, tam viduas juvenculas quam etiam puellulas, ita conversionis gratia spretis mundi voluptatibus, ad illius institutionis monasteria festinantes, et quasi ad mortificandam teneram carnem currentes, ut plusquam decem millia feminarum in eis hodie credamus contineri.

Si ergo nihil aliud domnus Norbertus fecisset, sed, omissa conversione virorum, tot feminas servitio divino sua exhortatione attraxisset, nonne maxima laude dignus fuisset? Nunc vero cum utriusque sexus ejus doctrina tot millia Christo famulentur, cum institutionis ejus tot monasteria per orbem refulgeant, nescio quid alii sentiant, mihi videtur verum esse, quod plurimi asserunt, a tempore apostolorum nullum fuisse qui tam brevi temporis spatio sua institutione tot perfectae vitae imitatores Christo acquisierit. Et si quidem in Praemonstratensi coenobio diutius mansisset, forsitan multa alia fecisset; sed divinae praedestinationi placuit ut honorem quem in vita saeculari fugiendo declinavit, assequeretur in habitu religionis, et qui ante conversionem noluit esse episcopus, post conversionem fieret archiepiscopus.

CAP. VIII. — *Quod episcopatum Cameracensem renuerit.*

Domnus siquidem Hugo Praemonstratensis abbas mihi nuper narravit quod in principio conversionis suae cum ecclesiam Coloniensem et parentes suos idem Norbertus reliquisset, Valencenias pedes et discalceatus venit, ibique domnum Burchardum Cameracensem episcopum invenit. Cum ergo mane praefatum episcopum missam celebraturum audisset, veniens ad ecclesiam, rogavit eumdem Hugonem, qui tunc ipsius capellanus episcopi erat, ut se faceret episcopo colloqui. Hugo nesciens quis esset, ingressus nuntiavit episcopo quemdam clericum peregrinum pro foribus esse, et ei loqui velle. Jussu deinde episcopi introductum, cum eum episcopus recognovisset, utpote quem in imperatoris curia multoties familiariter conversantem magnisque divitiis pollentem viderat, protinus admirando stupefactus uberrimisque lacrymis perfusus: O, inquit, domne Norberte, quis credere potuisset te tantas divitias relinquere, et ad tantam paupertatem sponte venire? Domine Deus, quid est quod video de domno Norberto, quem olim tam superbe indutum, tamque pompatico fastu videbam incedere solitum?

Cumque Hugo capellanus episcopi videns eum tam mirabiliter flentem, et prae nimio fletu vix loqui valentem, interrogavit eum quisnam esset idem Norbertus, pro quo tantopere lacrymabatur, episcopus respondens: Si scires, inquit, quis fuerit, mirareris quod nunc talis sit. Quando enim imperator dedit mihi episcopatum Cameracensem, huic Norberto prius eum obtulit, sed ipse eum suscipere vel habere noluit. Hic enim inter canonicos Colonienses honorabilis et ditissimus erat, sed nunc, sicut cernis, omnia pro Deo reliquit, et nudis pedibus Deum quaerere satagit.

Haec ex episcopi ore audiens Hugo capellanus ejus, et protinus Norberti dilectione succensus, quoniam jam et ipse mundo renuntiare cogitaverat, Deo gratias agere in corde suo coepit, qui sibi talem socium destinaverat. Sicut ergo quondam Andreas a magistro suo Joanne Baptista Dominum audiens laudari, relicto eodem Joanne secutus est Dominum (*Joan.* I, 40-42), sic etiam Hugo audiens Norbertum tantopere laudari a domino suo Burchardo episcopo, cujus diu capellanus fuerat, relicto eodem episcopo adhaesit Norberto, ejusque consilio disposita substantia sua, socius ei peregrinationis et praedicationis inseparabilis factus est, et cum eo nudis pedibus ubique proficiscebatur, donec Remis veniens ad concilium papae Calixti, domno Bartholomaeo Laudunensi episcopo, sicut supra retulimus, notificatus est.

CAP. IX. — **549** *Quomodo Magdeburgensis archiepiscopus factus sit.*

Quia ergo relatum est quod episcopus Cameracensis esse potuerit, sed noluerit, nunc subjungatur quomodo archiepiscopus factus fuerit. Cum jam plures utriusque sexus, relicta saeculi vanitate, ad Dei servitium convertisset, multisque monasteriis longe lateque constructis, fama ejus ubique protenderetur, transmissus est ab illo magni nominis comite Campaniae Theobaldo, Henrici regis Anglorum germano filio, ad excellentissimum quemdam Lotharingiae principem, cujus filiam idem comes conjugem duxit. Accedit interea ut, archiepiscopo Magdeburgensi defuncto, clerici ejusdem urbis ad faciendam electionem alterius convenirent. Eodem vero anno domnus Norbertus secreto colloquens familiari suo domno Gaufrido Carnotensis urbis episcopo, praedixit ei se per visum cognovisse quod ipso anno futurus esset episcopus; sed nesciebat cujus urbis vel provinciae.

Cum ergo clerici Magdeburgenses plures quidem elegissent, sed in nullius electione unanimiter consentirent, nuntiatur eis duos apostolicae sedis legatos, viros religiosos, ab urbe Roma Maguntiacum venisse, quorum unus Petrus, alter vocabatur Gerardus, qui postea papa factus Coelestino successit, et Eugenium praecessit. Timentes itaque praefati clerici ne pro discordia electionis perniciosa forte inter eos oriretur seditio, inito concilio praedictos sedis apostolicae legatos adeunt, et electionem suam in ore eorum ponunt, et quemcunque elegissent se concessuros promittunt. Legati videntes tantam eorum devotionem, proposuerunt nullam accipere pecuniam, quae ipsis a nonnullis per internuntios offerebatur, ne forte sedes apostolica, et maxime ipsi, super hoc infamarentur. Cum ergo pro tanto negotio decenter, ac laudabiliter, ac sine omni Simoniae nota terminando Domini misericordiam peterent, et cum sapientibus viris in Ecclesia positi exinde diligenter tractarent, ecce insperatus et improvisus de Francia veniens, orandi gratia, eamdem Ecclesiam Norbertus ingreditur, ejusdem negotii omnino ignarus,

Quo viso legati stupefacti et admirantes, precesque suas a Deo exauditas esse gaudentes, clericos Magdeburgenses convocant, et utrum adhuc in sua sententia permanentes, a se electum suscepturi forent interrogant. Illis unanimiter insimul respondentibus se absque ulla contradictione suscepturos quemcunque nominasent, protinus legati subjungentes : Et nos inquiunt, in nomine Patris, et Filii, et Spiritus sancti vobis nominamus et eligimus domnum Norbertum virum religiosum et probatum nobisque ac vobis pro explendo præsenti negotio, sicut credimus, a Domino Deo transmissum. Attonitus super tam incredibili et celeri facto stupet, et admiratur Norbertus, et utrum vigilet an dormiat ignarus, ubi sit, vel unde venerit, secum ipse percunctando miratur. Confestim igitur a clericis capitur, trahitur, ad altare non ducitur, sed violenter portatur, sublimi voce *Te Deum laudamus* cantatur; deinde obedientiæ vinculo coactus episcopus consecratur. Sic ergo dum fugit Cameracensem episcopatum, adeptus est, Deo volente, Magdeburgensem archiepiscopatum, in quo religiose vivens per aliquot annos tandem a laboribus suis beato fine quievit.

Cap. X. — *Immutatio ecclesiæ Præmonstratensis, et melioratio.*

Præfatus autem socius ejus domnus Hugo, Præmonstratensis monasterii ab eodem Norberto abbas electus, et a domno Bartholomæo episcopo confirmatus, assidue studuit vineam quam domnus Norbertus secum plantaverat, exhortando et collaborando rigare, Deo per omnia misericorditer incrementum ei dante. Videns autem ecclesiolam illam parvam jam non posse sufficere tantæ multitudini fratrum quæ convenerat, et quotidie per Dei gratiam augmentabatur, sciens etiam domnum Norbertum, ut superius dictum est, in spiritu prævidisse quod ex altera montis parte major ecclesia foret ædificanda, inito cum fratribus suis consilio, domnum Bartholomæum episcopum, ut pote loci fundatorem, et patrem, advenire rogavit, quatenus dispositis omnibus officinis, ipse primum lapidem in ecclesiæ fundamento poneret.

Venienti ergo episcopo totus ille Dei exercitus cum magna processione lætus occurrit, laudans Deum in voce exsultationis et confessionis. Statim vero episcopus recordatus visionis, quam Norbertus prima nocte adventus sui in eodem loco se vidisse **550** retulerat, multitudinem scilicet albatorum virorum, cruces argenteas cum candelabris et thuribulis ferentium ipsumque locum cantando circumeuntium, multum exsultavit, Deoque gratias egit, quia quod Norbertus in visu viderat, hoc idem episcopus revera corporaliter nunc fieri cernebat.

Cujusmodi ergo ecclesia, dormitorium, refectorium cæteræque ibi officinæ, qualisque murus per circuitum monasterii, per præfatum Hugonem factus fuerit, palam inspicere licet omni supervenienti,

quia in ditissimis, et antiquissimis cœnobiis Galliæ vix inveniri potest opus simile, ita ut omnes advenientes et inspicientes protinus dicant : quoniam in veritate non ab homine, neque per hominem factum est istud, et est mirabile in oculis nostris. Jesu bone! quanto gaudio repletur Bartholomæus episcopus quoties illuc visitationis gratia veniens, conspicit tam splendidum monasterium, suis diebus, suoque consilio et principio a Domino constructum. Videtur mihi quod et ipse cum apostolo Paulo dicere possit : Abundantius antecessoribus meis episcopis Laudunensibus feci, « Non autem ego, sed gratia Dei mecum (*I Cor.* xv, 10). »

Cap. XI. — *De constructione Fuisniacensis cœnobii.*

Non solum vero domno Norberto, et sequacibus ejus, qui sub ordine clericali Deo serviunt, idem episcopus sese adjutorem præbuit, sed etiam de Claravallensibus monachis monasteria in sua diœcesi studens habere, locum qui Fuisniacus vocatur, in Terascea silva eis dedit, quem, ut supra scriptum est, ab eodem episcopo sibi ostensum domnus Norbertus dixerat, religioni quidem congruum, sed non sibi a Deo destinatum. Dominus ergo qu. servos suos disponit, et ordinat ubi vult, et quomodo vult Norberto quidem Præmonstratum, Claravallensibus autem destinavit Fuisniacum. Ubi episcopus, cum monachis aliquando per hebdomadam integram, aliquando vero quindecim diebus commorando, eorumque laborem et paupertatem benignissime sustinendo, et dulciter eos assidue consolando, templum et necessarias officinas, cum molendinis, et agriculturis construere et perficere studebat.

Cap. XII. — *De constructione Spinetensis.*

Nec prius abstitit, donec domno Gosvino abbate ibidem ordinato, magnaque fratrum turba congregata, etiam aliud cœnobium ex eo procedere videret : in diœcesi sua prope Guisiam quod Spinetum vocatur. In quo abbatem ordinavit nomine Odonem. Qui ab adolescentia ex urbe Laudunensi fugiens, in monasterio Fuisniacensi monachus factus fuerat.

Cap. XIII. — *De constructione Valclarensis.*

Tertium quoque de eodem ordine Claravallensium monachorum præfatus episcopus construxit cœnobium, in loco qui abusive ab incolis appelatur Valclarus.

Cap. XIV. — *De constructione Teloniensis ecclesiæ.*

Porro locum qui Telonias vocatur, quem domnus Norbertus dixerat regioni quidem congruum sed non sibi a Deo destinatum, nolens episcopus dimittere vacuum, posuit ibi aliquos ex clericis præfatæ ecclesiæ Sancti Martini Laudunensis, abbatemque eis ordinavit domnum Walfridum, virum religiosum. Ipse quoque episcopus, sicut apud Fuisniacum fecerat, per octo vel quindecim dies cum eis ibidem remorando, templumque lapideum et alias officinas ædificare cœpit.

CAP. XV. — *De constructione Claræfontensis.*

Aliud ex præfato ordine Præmonstratensi construxit monasterium in loco qui vocatur Clarafontana, abbatem ibidem ordinavit virum religiosum domnum Gerardum.

CAP. XVI. — *De constructione Cuissiacensis.*

Sed et aliud construxit monasterium clericorum in loco qui vocatur Cuissiacus, abbatemque ibi ordinavit domnum Lucam, virum religiosum. Cum autem vidisset monachos Valclarenses, qui prope manebant, contendere contra vicinos suos canonicos Cuissiacenses, pro quadam contigua silva, dicentibus alterutris sibi eam a laicis, qui eam possederant, **551** prius datum fuisse, jusque suum alterutrum defendentibus, ita ut etiam domnus Sanson Remorum archiepiscopus, domnusque Joslenus Suessorum episcopus, cum præfato episcopo domno Bartholomæo, vicinisque abbatibus frequenter convenientes non possent hanc litem inter eos terminare : dolens et graviter ferens idem episcopus, inter religiosos diœcesis suæ viros tantam discordiam versari, malumque exemplum exinde raptoribus, et aliis sæcularibus viris generari, cogitavit ut pecunia sua hujusmodi rixam temperaret, sicque dans quindecim libras nummorum quibusdam militibus, aliam ab eis silvam emit, quam clericis Cuissiacensibus pro ea quam repetebant, conferens, diutinam seditionem hac donatione tandem sedavit; et sicut credimus in eorum numero meruit ascribi, de quibus Dominus dicit: « Beati pacifici, quoniam filii Dei vocabuntur (*Matth.* v, 9). »

CAP. XVII. — *De constructione cœnobii feminarum, quod dicitur Monsteriolum.*

Hæc itaque octo monasteria, tria quidem ex Clarevallensium ordine monachorum, quinque vero ex Præmonstratensium clericorum, instar octo beatitudinum evangelicarum in diœcesi sua domnus Bartholomæus construens, et singulis proprium abbatem ordinans, ad ultimum ut compleretur numerus novem ordinum angelicarum virtutum, etiam nonum monasterium sexus feminei in loco qui Monsteriolum dicitur, prope Clarafontanam superaddidit, abbatissamque ibi religiosissimam puellam, nomine Guiburgem, ordinavit ; quo uno monasterio non immerito dixerim Laudunensem ecclesiam omnibus aliis debere præferri. In nulla enim orbis parte antea vel lectum in codicibus, vel auditum fuit auribus, hujuscemodi religionis abbatiam feminarum exstitisse. Hæ siquidem quasi illius Dominici dicti exsecutrices : « Regnum cœlorum vim patitur, et violenti rapiunt illud (*Matth.* xi, 12) : » ad idem regnum toto conatu ascendere nitentes, terrena funditus despiciunt; et non solum sæculum, sed ipsum quoque sexum vincere gestientes, ordinem Cistellensem, quem multi virorum et robustorum juvenum aggredi metuunt, violenter, imo libenter, spontanee assumpserunt ; depositisque omnibus lineis indumentis, atque pelliciis, solis tunicis laneis utuntur, et non solum nendo, vel texendo, quod A femineum opus esse constat, sed etiam in agris fodiendo, et cum securi et ligone silvam succisam exstirpando, spinas et vepres evellendo, manibus propriis assidue laborantes, cum silentio victum sibi quærunt; vitamque Clarevallensium monachorum per omnia imitantes in semetipsis ostendunt verum esse illum Domini sermonem: quia omnia possibili sunt credenti.

Hoc itaque nonum monasterium feminarum a præfato episcopo constructum, non immerito superius dixerim ad similitudinem noni ordinis angelorum factum, qui Seraphim vocantur, id est ardentes vel incendentes: quoniam revera istæ feminæ, nisi mirabili divini amoris igne calerent, nequaquam profecto tot tantosque labores antea feminis inientatos, et inexpertos sustinere valerent. Sed dum intus fortiter ardent, et ipsæ mira faciunt, et alios suo exemplo ad mundum contemnendum accendunt : similes carbonibus vivis, qui mortuis admisti protinus eos accendunt, ardentesque reddunt. Et hæc quidem novem cœnobia prædictus episcopus suo tempore construxit, nec tamen antiquiora, quæ jam constructa invenit, corrigere destitit.

CAP. XVIII. — *De domno Simone abbate Sancti Nicolai.*

In cœnobio namque Sancti Nicolai, quod in silva Vosago situm videbat aliquantulum in religione tepuisse : quemdam strenuissimum monachum Sancti Nicasii Remensis, nomine Simonem, fecit abbatem : per quem, Deo donante, intra breve tempus sic meliorata est eadem Ecclesia, ut et interius in religione, et exterius in multimoda floreret possessione. Unde comes Campaniæ Theobaldus consilio domni Norberti, quemdam ejusdem cœnobii monachum nomine Radulphum a præfato abbate susceptum, Latiniacensi ditissimo monasterio præfecit abbatem. Domnus quoque Simon Noviomensis episcopus, vir nobilissimus Radulphi Vermandensis comitis germanus, a præfato pontifice Bartholomæo petiit duos sibi ex eodem cœnobio Sancti Nicolai dari monachos : quorum unum nomine Theodoricum fecit abbatem cœnobii Sancti Eligii Noviomensis; alterum vero, qui vocabatur Absalon præfecit monasterio Sancti Amandi Helnonensis, in episcopatu Tornacensi. Qui quo modo sibi commissas Ecclesias tam interius, quam exterius correxerint, et nobilitaverint, visu potius quam auditu, potest hodie comprobari.

CAP. XIX. — **552** *De domno Gisleberto abbate Sancti Michaelis.*

Domnum quoque Gislebertum ejusdem cœnobii Sancti Nicolai priorem (qui ante conversionem pro artium scientia, qua pollebat, Plato vocabatur) præfatus episcopus Bartholomæus abbatem fecit in monasterio Sancti Michaelis Terraciensis, quod ille brevi tempore, Deo donante, et in religione et in opulentia multo amplius quam prius fuerat, et ipse invenerat, floridum reddidit. Sed cum post aliquot annos prædictus abbas Sancti Nicolai Simon obisset, domnus Bartholomæus episcopus, consilio abbatum et religiosorum virorum, eumdem Gislebertum pro fama probitatis suæ, de Sancti Michaelis cœnobio transtulit, et ecclesiæ Sancti Nicolai cujus monachus et prior fuerat abbatem præfecit, ubi usque hodie multos labores pertulit, nam multoties Romam pro ipsius Ecclesiæ utilitate petiit.

CAP. XX. — *De domno Anselmo, abbate Sancti Vincentii.*

In cœnobio quoque Sancti Vincentii, quod est situm extra muros urbis Laudunensis, et dicitur esse secunda sedes episcopalis, domnum Anselmum de cœnobio Sancti Medardi Suessionensis ascitum, abbatem ordinavit præfatus Bartholomæus episcopus. Cujus Anselmi probitas in hoc uno potest evidenter adverti, quod in diversis Ecclesiis ex ejus monachis electos, novem hodie videmus abbates florere viros probatissimos. In cœnobio namque Orbaciensi domnus Balduinus; in Morimontensi Guillelmus; in Sancti Sepulcri Cameracensis Parvinus; Sancti Andreæ de novo castello Adam; in Hanoniensi Fulco; in Fidemensi Girardus; in Virtutensi Robertus; in Sancti Nicolai prope Ribemontem Guillelmus; in S. Michaelis Terraciensis Joannes, venerabiles hodie consistunt abbates, qui omnes Laudunensem Ecclesiam suam matrem, Bartholomæum vero episcopum appellant Patrem suum atque pastorem.

CAP. XXI. — *Quomodo idem Anselmus Romæ in episcopum Tornacensem electus sit.*

Idem vero Anselmus cum cœnobio Sancti Vincentii fere septemdecim annis præfuisset, et pro utilitate ejusdem cœnobii cum Germano suo domno Gualtero, ipsius loci monacho, Romam profectus fuisset, a clericis Tornacensibus, qui jam quadringentis annis proprio episcopo caruerant (58), mirabili eventu, Deo ordinante, ibi repertus, in episcopum eligitur, et a domno papa Eugenio invitus et reluctans, obedientiæ vinculo constrictus, pontifex consecratur; sicque per eum Tornacensi Ecclesiæ antiqua dignitas restituitur, anno ab Incarnatione Domini 1145, Dominica *Lætare Jerusalem*. Rediens ergo a Roma et cum magna processione Lauduni susceptus, nolens priores filios Sancti Vincentii monachos relinquere orphanos, unum ex eis domnum Balduinum ætate juvenem, sed moribus gravem, loco suo abbatem eis constituit, et a domno Bartholomæo episcopo fecit ordinari, sicque Tornacum ad regendum ovile sibi commissum tetendit.

CAP. XXII. — *De correctione abbatiæ Sancti Joannis; et Drogonis abbatis institutione.*

Post hæc etiam Sancti Joannis Baptistæ corrigere studuit præfatus episcopus abbatiam, quæ cunctis aliis supra memoratis Laudunensis diœcesis cœnobiis fertur antiquior, et ditior, atque nobilior fuisse. Hanc siquidem beata Sallaberga, sicut in ejus Vita legitur, construxit, et sanctimoniales ibi ponens, earum ipsa prima fuit abbatissa. Tanta vero auctoritate studuit eam sublimare, sicut refert antiquitas, ut quemadmodum in Apocalypsi Joannis legitur : « Scribe septem Ecclesiis, quæ sunt in Asia (*Apoc.* I, 11); » ita etiam hanc abbatiam cupiens esse velut alteram Asiam, septem ecclesias in ea ædificaverit. Harum primam, quæ principalior esse noscebatur, in honorem sanctæ Genitricis conditam, appellari voluit Sanctæ Mariæ Profundæ, ad differentiam forsitan majoris ecclesiæ Sanctæ Mariæ, in qua episcopalis sedes consistit; secundam Sancti Michaelis, et Omnium Angelorum; tertiam S. Joannis Baptistæ, et Omnium 553 Patriarcharum atque Prophetarum; quartam Beati Petri apostoli, Omniumque Apostolorum : post has quatuor ad introitum abbatiæ construxit quintam in honore S. Crucis, quatenus scilicet per virtutem ejusdem crucis, omnis incursio diabolicæ fraudis ab ipso introitu repelleretur; sextam in honore sancti Afri martyris; septimam in honore sanctæ Mariæ Magdalenæ. Harum ergo septem ecclesiarum adhuc restant quinque : duæ vero, id est Sanctæ Crucis, Sanctique Afri martyris præ nimia vetustate defecerunt.

Tantæ vero dignitatis erat eadem abbatia, ut quandocunque rex Francorum in diebus solemnibus Lauduni coronandus esset, in ipsa præcipue coronam auream portaret. Nullum etiam quadrupes' animal intra murum seu portam abbatiæ intrare poterat, quod non statim in rabiem et in insaniam verteretur. Unde etiam si quando rex, vel episcopus, aut alii principes ad ipsam abbatiam veniebant, omnes equos eorum extra portam oportebat dimitti, et ipsi pedites ad ecclesiam procedebant. Beatæ Sallabergæ morienti successit abbatissa filia ejus, sancta videlicet Austrudis; et ita per trecentos fere et eo amplius annos sanctimoniales ibi fuerunt, plurimasque possessiones de donariis regum et principum longo tempore possederunt.

In diebus vero præfati domni Bartholomæi episcopi, antiqua religio non parum in eodem monasterio refriguerat, exteriores quoque possessiones paulatim diminutæ erant; sed et nonnulla sinistræ famæ de eisdem virginibus dicebantur. Unde multum contristatus idem pontifex, videbat enim eas frequenter a se commonitas emendationem quidem verbo promittere, sed facto non implere : consilio et auctoritate domini papæ Innocentii, dominique Rainaldi Remorum archiepiscopi, Ludovici quoque regis Francorum, ad quem eadem Ecclesia proprie pertinere dicebatur, omnes pariter illas sanctimoniales ex illa ejecit. Assumens quoque virum religiosum domnum Drogonem, cœnobii Sancti Nicasii Remensis priorem, eum ibidem primum abbatem ordinavit, et monachos illic sufficienter ex diversis monasteriis posuit. Sed cum jam illic, Deo donante, non parum proficeret, bono odore sapientiæ et pro-

(58) Quia a S. Medardi tempore episcopus Noviodunensis Tornacensem regebat Ecclesiam.

bitatis ejus longa lateque diffuso, præfatus papa Innocentius obedientiæ vinculo constrictum, eum Romam ire coegit, et urbis Ostiensis episcopum consecravit.

Cap. XXIII. — *De Balduino abbate loci ejusdem.*
Monachi autem Sancti Joannis pupilli facti absque patre, domnum Balduinum sororis ejus filium, et ab eo ibidem monachum factum, loco ejus unanimiter sibi abbatem elegerunt, et præfato episcopo confirmandum præsentaverunt, ætate quidem juvenem, sed moribus, et religione seniles annos præferentem. Ad quem cum multi monasticum habitum expetentes ex diversis convenirent provinciis, inter alios venit quidam de Tullensi regione, nomine Hugo : quem præfatus abbas Balduinus videns pollentem tam religionis fervore, quam litterarum non mediocri scientia, priorem cœnobii sui eum fecit, gaudens, et Deo gratias agens, qui sibi talem dederat adjutorem. Sed cum supradictus papa Innocentius, consilio Drogonis Ostiensis episcopi, domnum Hugonem Humblariensem abbatem Romam accersitum, et obedientiæ vinculo coactum, Albanensis urbis consecrasset episcopum, eo per litteras suggerente, monachi Humblarienses prædictum Hugonem, Sancti Joannis priorem, sibi abbatem elegerunt, sicque eum domno Balduino abstulerunt.

Ecce ergo de nova monachorum Sancti Joannis ecclesia, jam alterius cœnobii abbas processit ; quod profecto ad honorem spectat Bartholomæi episcopi ejus conditoris. Sed quia quosdam minus peritos ei super hoc detrahentes audivi, et dicentes non debuisse tantam mutationem fieri, nec propter peccata quarumdam sanctimonialium etiam inculpabiles expelli ; totamque ecclesiam monachis tradi, maxime cum prædicta nobilis matrona sancta Sallaberga cum filia sua sancta Austrude, de patrimonii sui possessionibus eam construxerint, et sanctimoniales in ea posuerint, plurimorumque signorum ostensionibus eam splendicaverint. Ad compescendam et reprimendam insipientiam, vel simplicitatem eorum libet pauca divinæ paginæ super simili, vel etiam majori mutatione exempla recolere.

Nonne plantatio Dei major est plantatione hominis ? Et certe de Judæis per David regem et prophetam dicitur : « Vineam de Ægypto transtulisti, ejecisti gentes et plantasti eam. Dux itineris fuisti in conspectu ejus, et plantasti radices ejus, et implevit terram (*Psal.* LXXIX, 95), » et cætera quæ de ejus confirmatione subjunguntur. Cum ergo lex per Moysem eis data sit, terram promissionis acceperint, reges et prophetas genuerint, qui multa miracula fecerint, perpetuamque eis mansionem ejusdem terræ Dominis promiserit : tamen quia venientem patrisfamilias filium extra vineam ejecerunt, et occiderunt, dicentes : « Hic est hæres, venite occidamus eum ; et nostra erit hæreditas (*Matth.* XXI, 38). » Illico Domino proponenti contra seipsos judicium protulerunt, quod veniens : « Malos male perdet, et vineam suam locabit aliis agricolis (*Ibid.* 41), » statimque ipsum subjungentem audierunt : « Quia auferetur a vobis regnum Dei, et dabitur genti facienti fructus ejus (*Ibid.* 43). « Alio etiam loco Dominus parabolam proponit de arbore fici, ad quam tribus annis continuis veniens, et fructum non inveniens jussit eam succidi ; sed, intercedente cultore vineæ, quarti etiam anni dilationem concessit, simili modo domnus Bartholomæus episcopus, sanctimoniales illas et per semetipsum, et per religiosos viros primo, et secundo, tertio quoque, et quarto, nec non quinto, et sexto anno de correctione admonens, et nihil se proficere videns, secundum præceptum Dominicum utique debuit infructuosam arborem succidere, et vineam Dominicam aliis agricolis committere, « Qui reddant ei fructum temporibus suis (*Ibid.* 41). » Quod ipsum dum non solo sensu suo, sed et consilio papæ religiosorumque virorum fecit, utique non reprehensione, sed laude dignum fuit. Nec timendum est eum propter hoc sanctarum feminarum Sallabergæ et Austrudis, quæ eamdem ecclesiam construentes sanctimonialium ordini deputarunt, iram incurrisse : imo potius credendum est earum precibus talem voluntatem ei divinitus advenisse, talesque abbates a Deo fore destinatos, qui et ejus servitio, et ipsius ecclesiæ relevationi jugiter insistere studeant.

In nullo siquidem regni Francorum cœnobio, quod ejus duntaxat sit institutionis, majorem religionem, vel charitativam hospitalitatem, quam in ipso videmus hodie, fervere ; nisi quod ipse abbas Balduinus in requirendis et retrahendis Ecclesiæ possessionibus, quas sanctimoniales negligenter detrahi permiserant, valde occupatus, quotidiano labore fatigatus, nihil magis conqueritur quam se non posse jugiter conventui fratrum interesse, vel ipsis hospitibus humanitatis officium prout vellet impendere. Dum ipsæ sanctæ, quarum corpora in eadem servantur ecclesia, jugiter die ac nocte vident ibi tam devote divinum officium fieri ; silentium, et religionem ferventer servari ; sacrificium corporis et sanguinis Dominici, non sicut prius, sed centuplo devotius et frequentius celebrari ; religiosos hospites quotidie supervenientes cum charitatis dulcedine suscipi ; nonne credendum est eas tam dulci Dei servitio delectari ; et dum monachos coram altari transeuntes, et feretris suis submisso capite suppliciter cernunt inclinantes, frequenter eis dicere : « Benedictio Domini super vos (*Psal.* CXXVIII, 8) ; » et : « Benedicti vos a Domino qui fecit cœlum et terram ? » (*Psal.* CXIII, 24.)

Quid alii sentiant ignoro ; ego corde credo, et credens ore fidenter pronuntio, sanctas easdem magis talium monachorum, quam sanctimonialium, quæ ibi toto tempore domni Bartholomæi manebant, divinis officiis delectari, et tam pro illorum quam pro ejusdem episcopi salute Domini misericordiam deprecari. Et sicut David rex Psalmos componens, dicebat : « Scribantur hæc in generatione altera, et populus qui creabitur laudabit Dominum (*Psal.* CI,

19); » ubi patenter ostendit se non pro Judæis, sed pro Christianis eos composuisse : sic et ipsas sanctas credo gaudere, quod ad hujusmodi monachos ecclesia, quam construxerunt, pervenerit, et ad sustentationem eorum possessiones earum Dominus pervenire concesserit.

Cum vero superius dictum sit novem abbatias a domno Bartholomæo episcopo constructas esse, quarum nullam invenit : si quis diligenter consideret, et hanc vere decimam fore pronuntiabit, quæ ante tempus suum plusquam trecentis annis constructa, sed tempore suo a religionis calore tepefacta, rursum per se, divina præstante gratia, intromissis monachis noscitur esse restructa et renovata. Quæ renovatio facta est anno Dominicæ Incarnationis 1127.

Cap. XXIV. — *Quam dilata sit major ecclesia Sanctæ Mariæ sub Bartholomæo pontifice.*

Cum autem in construendis aliis monasteriis præfatus episcopus tantum studium habuerit, facile credi potest, quod de majori ecclesia Sanctæ Mariæ, in qua pontificalis sedes posita est, maxime laboraverit, ut redditus ejus augmentarentur. Et, quamvis aliam religionem ibi ponere nequiverit, non enim facile canonici ejus antiquos mores mutare cogi poterant, tamen sic eorum priores redditus studuit ampliare, ut magna parte anni eos pariter in refectorio comedere instituerit, 555 quotidianumque eis victum ubertim et ditissime providerit, ita ut ipsi canonici testentur quod pene duplo, quam prius præbendas eorum ditaverit, sicut in privilegiis ejus, quæ in eadem ecclesia continentur, potest inveniri.

Cap. XXV. — *De Guidone Catalaunensi episcopo.*

Illud etiam ad laudem et honorem Laudunensis Ecclesiæ domnique Bartholomæi pertinet quod domnus Guido, vir nobilissimus, quem idem episcopus canonicum et decanum majoris ecclesiæ Sanctæ Mariæ fecerat, cum adhuc ætate juvenili floreret, pro religione tamen, et devotione sua, quoniam et castitatis amator, et ecclesiastici officii assiduus frequentator, fama præconante, esse ferebatur, ad episcopatum Catalaunensis urbis eligitur, et a domno Sansone Remorum archiepiscopo consecratur. Qui ad sedem suam veniens, quemdam Laudunensis Ecclesiæ juvenem clericum, nomine Haimonem, qui secum abierat, mox in ipso primo consecrationis suæ anno, sedis ejusdem archidiaconum fecit, sicque civitas Catalaunensis de Ecclesia Laudunensi, uno eodemque anno, et episcopum et archidiaconum habuit.

Cap. XXVI. — *De Theoderico Ambianensi.*

Sequenti etiam anno domnus Theodericus, qui primo fuit monachus cœnobii Sancti Nicolai in diœcesi Laudunensi, postea vero, ut supra dictum est, abbas Sancti Eligii Noviomensis consecratus est a præfato Sansone archiepiscopo pontifex Ambianensis; sicque intra duos annos duæ civitates, Catalaunensis, et Ambianensis acceperunt pontifices filios et nutritos Ecclesiæ Laudunensis. Non immerito ergo superius dixerim, in ecclesia Laudunensi illam Aggæi prophetæ sententiam completam fuisse, qua dixit : «Magna erit gloria domus hujus secundæ, magis quam primæ (*Agg.* II, 10). » Quoniam revera et in episcopatu Laudunensi plurima quæ prius non fuerant monasteria accreverunt, et de ipso multa plura per orbem terrarum novæ institutionis, quasi novæ lucis fulgore splendentia pullulando processerunt. A tempore si quidem sancti Genebaudi, primi Laudunensis episcopi, cum quadraginta tres episcopi post eum fuissent usque ad domnum Bartholomæum episcopum, et ipse quadragesimus quartus eis successisset, non legitur tot miracula per sanctam Dei Genitricem in ecclesia Laudunensi facta fuisse, sicut in diebus hujus Bartholomæi. Tempore tamen Helinandi, qui ante domnum Bartholomæum quintus ejusdem urbis episcopus fuit (id est xxxviii); quoddam miraculum in eadem ecclesia contigit, quod hic dignum duximus memoriæ scribendo mandare.

Cap. XXVII. — *De muliere ab incendio liberata Civiaci.*

In villa siquidem, quæ Civiacus vocatur, prope Laudunum, vir quidam, Guilermus nomine, manebat, ejusdem procurator villæ (58*), cum uxore sua (59) Soiburgæ, qui unicam filiam suam, nomine Guiburgem cuidam viro, nomine Albuino, in matrimonium sociaverunt, eosque unice diligentes secum in domo communi habitare fecerunt. Cum non multo post turpis infamiæ rumor per multorum ora volitare, atque in dies augmentari cœpit, juvenem illum relicto propriæ uxoris thoro, soceri adulterina fraude violare cubile matreque cum filia abuti illicite. Quod ubi ad matronæ illius aures aliquorum relatione pervenit, inæstimabilis vi doloris intrinsecus attacta, et falsi criminis impositione turbata, profunda cœpit animositate revolvere, qua arte criminis hujus nævum a se valuisset detergere. Cumque miris machinationibus sui præ dolore impatiens, peneque extra se posita interius æstuaret, diabolica tandem inspiratione infecta atque infectione armata, deliberavit animo, innocentem jam rea exstinguere, id solum suæ infamiæ seductione diabolica remedium sperans. Et ecce jam hiemali ingruente algore, vindemiale et autumnale tempus transierat ; quo scilicet multi de diversis partibus ad colligendas sub mercede vindemias illa solent in loca confluere.

Ex his itaque duos pauperes sibi eligens, data pro optione mercede, fidem ex eis infidelis exegit, ut commissum silentio tegerent, atque ad committendum crudele et nefandissimum scelus, sicut mente volvebat, dexteras præpararent. Designavit igitur

---

(58*) Hoc refert miraculum Guibertus lib. De laude B. Mariæ, cap. 10.
(59) Mulierem hanc vocat Theodebertam.

locum, determinavit diem et horam, quo videlicet A-rius in unctione sancti Spiritus irroratus. Hic ergo de abditis latenter exsurgentes, innocentis subito guttur invaderent et suffocarent. Sed jam funestus ille imminebat dies, cum mane hora diei prima, vir ejus, sicut quotidie consueverat, in suam procurationem exivit, familia huc illucque dispersa est, filia quoque foras egreditur. Remanserunt **556** soli Adam et Eva, agnus innocens et sæva leæna. Intraverunt etiam latenter, illa tamen procurante, promptuarii secreta duo prædicti pauperes. Tandem mulier convenientem destinati sceleris nacta horam, blandis primum intermistis colloquiis, demum præcipit ut ad interiora promptuarii descendens vinum deferret. Ille nihil mali suspicatus, simpliciter quasi matri obtemperans, accepto vase festinus ad interiora descendit. Cumque vinum in vase susciperet, illi subito de abditis exsurgentes, guttur innocentis invadunt, et continuo suffocant, susceptumque, domina jubente, inter manus ad lectum deferunt; coopertumque propriis vestimentis quasi dormientem componunt.

Interea vir domum regreditur, filia, familiaque ad horam prandii revertuntur. Præparatis omnibus, mater filiæ præcepit ut virum suum excitet. Quæ festina ad lectum jacentis accedens, et exstinctum inveniens exclamat. Commoti ad vocem clamoris omnes pariter irruunt, postpositoque prandio ad funeris exsequias convertuntur. Fama protinus totam complet regionem Albuinum, paulo ante sanum, in lecto suo mortuum esse inventum. Erat eo tempore Lauduni quidam vicedominus, Ilbertus nomine, vir sapiens, et profundi ingenii, sed plus justo crudelis. Hic ubi hujusmodi famam audivit, mirari primo, deinde suspicione quadam cœpit animo permoveri. Et illo quidem die sustinuit, mane autem facto subsequentis diei, festinus antequam defunctus ad tumulum deferretur, cum suis ad locum venit, et quasi nescius ex industria quomodo contigisset, diligenter investigare cœpit. Cumque nullius relatione animo suo satisfieret, ultra inquisitionis impatiens, ad feretrum accessit, diruptisque violenter, quibus corpus contectum fuerat, pannis, nec mora suffocationis certa indicia reperit.

Statim ut fremebundus leo in ultionem sceleris sæviens, virum cum uxore et filia diris innexos vinculis Laudunum ad supplicia trahebat. Cumque crudeli vexatione traherentur, tunc illa : Innocentes, inquit, injuste opprimere, tantique sceleris nescios pœnis ac suppliciis nolite vexare. Ego hujus criminis conscia, ego viri interfectrix, et sola rea. In me omnium pondera tormentorum, in me totius ultio sanguinis convertatur; isti velut inculpabiles relaxentur. Quo ille audito, dimissis illis, noxiam, et ore proprio confessam, sub arcta custodia mancipatam episcopo præsentavit. Cumque, clero et populo præsente, diversi diversas promerent sententias, unus inter clericos exstitit qui vocabatur magister Quintinus, bene quidem litteris eruditus, sed non bene de lege divina medullitus instructus, nec inte-daia sententia igne cremandam adjudicavit. Quo ille judicio audito, instigantibus etiam defuncti amicis, implere statim quod judicatum fuerat, maturavit.

Cumque misera duceretur ad supplicium, impetrat ui ad Beatæ Dei Genitricis ecclesiam, juxta domum episcopalem, mora sibi concederetur orandi. Quo perveniens in conspectu cleri et populi, humiliter puraque confessione totius patratæ iniquitatis seriem peroravit, pluresque ad compassionem lacrymarumque effusionem inflexit. Inde pavimento prostrata, cum multo fletu corpus et animam suam sanctæ Mariæ commendavit ; postque surgens, faciemque et totum corpus signo crucis muniens egreditur et ad locum supplicii ducitur. Ibi omnibus vestimentis præter lineam, qua sola corporis nuditas tegebatur, exuitur; domum, in qua cremari debebatur, introducitur. Tunc per suras nexibus involutis, strictisque manibus post tergum, ad stipitem, qui in medio positus erat, et cui tota domus illius fabrica innitebatur, duris fortiter vinculis nectitur, circumpositisque lignis et stipula, tota domus interius repletur. Post hæc clauso ostio ignis supponitur, nec mora flammarum globi ad superiora producuntur.

Interea flamma crudeliter omnia devastante, tota fabrica in favillam redigitur, illa tamen inter prunas sana et immobilis stare videtur. Furentes autem inimici ad sepes undique et circumquaque currentes, et quidquid ad manus habere poterant deferentes, satis priore majorem lignorum et stipulæ cumulum super eam congerunt. Rursum copiosior flamma succenditur, consumptisque celeriter lignis et stipula, nihilominus illa sana et incolumis conspicitur. Quodque miraculum magis augmentabat, ignis, qui contra eam nullam vim habuit, vincula, quibus colligata fuerat, consumpsit. Cumque et tertio furentes iterum flammas conarentur apponere, lapidesque contra eam vehementer jacerent, tunc illa miserabiliter exclamans : Parcite, quæso, inquit, mihi parcite : Nonne videtis quod piissima sancta Dei Genitrix, cui corpus meum hodie commendavi, misericorditer me adjuvat. His auditis illi misericordia commoti illam affligere desistunt : ipse quoque vicedominus eam statim commonuit, ut de igne egrederetur. Egressam omnes circumdant, et tam corpore quam capillis ac veste prorsus illæsam admirantur, sicque cum gaudio Sanctæ Mariæ repetunt ecclesiam, eamque Deo, et piæ Matri ejus gratias referentes usque ad majus altare deducunt. Quot ibi lacrymæ præ nimia **557** exsultatione ab universis effusæ fuerint, quotque laudes piæ Dominæ matri decantatæ nullus facile valet referre.

Post hæc vicedominus mulierem ad domum suam ducit, ciboque ac potu copiose refecit, orans ut sibi indulgeat, quod in eam crudeliter sævierat. Inde mulier Civiacum ad propriam domum reversa, post triduum, sicut credimus, divina misericordia vocata spiritum reddidit, et de labore ad requiem transmigravit, forsitan « Ne malitia mutaret intellectum illius, aut ne fictio deciperet animum ejus (*Sap.* iv, 11). » Cui tantam misericordiam precibus suæ Matris præstiterat omnipotens Deus, quatenus omnes qui hoc audirent, dicerent post veram confessionem in auxilio sanctæ Mariæ spem suam confidenter ponere; et de misericordia ejus nunquam desperare. Hoc miraculum tempore domni Helinandi episcopi gestum Lauduni non unus, aut duo, vel tres viderunt, sed tota pene Laudunensis civitas conspexit.

Helinando episcopo successit Ingelrannus, Ingelranno Gualdricus, qui credaliter fuit interfectus, Gualdrico Hugo, Hugoni Bartholomæus, in cujus diebus miracula, quæ superius descripta sunt, sancta Maria per Franciam et Angliam operata est. Quia vero relatum est miraculum quod tempore domni Helinandi sancta Maria misericorditer fecit in muliere, quæ suppliciter eam invocavit, nunc etiam referatur mirabilis vindicta, quam exercuit super quemdam furem, qui manum ad ejus thesaurum extendere præsumpsit.

Cap. XXVIII. — *De furto Anselmi.*

Præfatus domnus Bartholomæus episcopus, non multo post consecrationem suam vidit in somnis quod staret super pulpitum in majori ecclesia Sanctæ Mariæ cum quibusdam clericis suis, versaque facie ad januas aspiciebat in medio ecclesiæ, quasi ex quodam terræ hiatu lumen splendidissimum procedere, totamque ecclesiam, quia nox erat, mirabiliter irradiare. Post lumen etiam subsequebatur ex eodem terræ hiatu, velut odor balsami suavissimus, quo tam ipse, quam circumstantes incredibiliter et mirabiliter recreabantur. Cum vero episcopus secum positos hortaretur, ad eumdem terræ hiatum accedere, et quid esset inspicere, sed nullus eorum super hoc ei vellet obtemperare, ipse solus sibi videbatur de pulpito descendere, atque illuc tendere. Sed cum jam prope esset, sicut Moysi quondam ad rubum inspiciendum properanti dixerat Deus : « Ne appropinques huc, locus enim in quo stas terra sancta est (*Exod.* iii, 5). » Ita et episcopus de interioribus audiebat vocem sibi dicentem : Non ingrediaris huc, quoniam Deus omnipotens in ipsa carne sua et ossibus hic præsens est, et nullus, qui Deum videat corporaliter, diu vivere potest. Ipsa quoque sancta Maria mater ejus hic præsens est cum Deo, et mandat tibi quod latro suus capiatur, præcipitque tibi ut non eum abire permittas, sed justitiam de eo facias. Confestim episcopus evigilavit, et quid sibi hujusmodi visio innueret, multoties secum admirando tacitus revolvebat.

Erat tunc temporis in urbe Laudunensi quidam Anselmus, cognomento Beessus, qui se simulando religiosum non parum ab omnibus laudabatur et honorabatur, sed, ut ex fine patuit, longe aliud erat in corde quam homines viderent in facie. Huic ergo pro religione sua thesaurus ecclesiæ servandus traditus est, cum aliis custodibus, quoniam antiqua consuetudo est ejusdem ecclesiæ ut septem custodibus ipse thesaurus committatur, quorum quatuor clerici, tres vero sunt laici. Videns itaque Anselmus multum sibi ab omnibus credi ex auro et lapidibus pretiosis, quibus cruces festis diebus super altare ponendæ fuerant opertæ, non exiguam partem furtim discerpens aurifici cuidam vendendi causa tradidit, prius ab eo accepta fidei sponsione quod nulli se hujus rei fuisse auctorem propalaret. Sed cum idem aurifex aurum illud sive lapides Suessionis venderet, nutu Dei canonici Laudunenses supervenientes auri sculpturas recognoverunt, et statim querimonia facta præfatum aurificem a judice comprehendi fecerunt. Ille comprehensus, atque perterritus, ab Anselmo sibi ea tradita fuisse confessus est. Unde Laudunum reductus, et contra Anselmum hæc negantem, duelli certamine congressus, protinus superatus et victus est, forsitan ut multi putarunt, pro fidei violatæ reatu (60), qua promiserat eidem Anselmo quod cum non detegeret.

Pro hac ergo victoria Anselmus nimis elatus, quia sibi conscius erat, et se furtum fecisse, et tamen adversarium superasse, multamque laudem ab hominibus, qui se innocentem esse clamabant, acquisisse, ad majora securius patranda provocatur, plurimisque terris ac vineis ditatur. Domnus tamen Guido, qui Laudunensis ecclesiæ thesaurarius simul et archidiaconus erat, suspicione quadam contra eum pulsatus, imo furtorum ejus certus, removit eum ab officio suo, id est a custodia thesauri. Quamobrem Anselmus nimia commotus ira, et pene insaniens, locum et tempus se de eo vindicandi quærebat.

558 Accidit interea ut Sibila comitissa, uxor Ingelranni nobilissimi principis de Fera (vulgo, *la Fère*), plura vasa aurea et argentea in thesauro Sanctæ Mariæ reponeret, propter loci firmitatem securius servanda. Inde ergo Anselmus occasione sumpta, cogitavit eadem vasa furari, quatenus scilicet comitissa præfatum Guidonem, sub cujus custodia thesaurus servabatur, de tali furto infamaret, vasaque sua ab eo repeteret. Nocte igitur quadam circa Epiphaniam Domini tanta vis grandinis et pluviæ atque ventorum inhorruit ut de domo sua vix aliquis posset egredi. Illam noctem ratus Anselmus opportunam fore explendæ nequitiæ diu meditatæ, cunctis scilicet intra domos clausis, nec aliquem sonitum nisi solius venti audire valentibus, assumptis celeriter scalis et machinis, jam longe prius præparatis, turrem in qua thesaurus positus erat velociter conscendit, et arte callida perforatum ostium ingreditur, omnia præfata vasa comitissæ aurea et argentea furatur. Cernens autem saccum suum in quo ea posuerat, necdum fore plenum, nolensque illum ex aliqua parte remanere vacuum, mittit manum ad ecclesiæ thesaurum. Textus pretiosos

(60) Violatur minime fides dum criminis socius revelatur.

auro et gemmis opertos confringit, et libros quidem reliquit; aurum vero cum gemmis sacco recondit. Postmodum cruces aureas et phylacteria confringens, inter cætera et etiam unam columbam auream confregit, quæ pro lacte et capillis sanctæ Mariæ, ut ferebatur, introrsus reconditis multum erat famosa et honorabilis, unde et in majoribus festis super ejus altare solebat appendi. Tanto igitur talique thesauro saccum repletum deferens descendit, ipsumque saccum non in domo sua, sed extra urbem in loco ante proviso et præparato abscondit.

Nocte tenebrosa pluviali que vento recedente, cum effracti ostii et direpti thesauri signa patuissent, subito tam tristi nuntio tota civitas turbatur, nec minus laici quam clerici contristantur; et amarior nox eis supervenire videtur. Ad episcopum curritur, lugubre factum refertur. Episcopus super omnes nimio mœrore concutitur, quoniam thesaurus, quem Deus in totius urbis, et ipsius ecclesiæ incendio ante paucos annos servaverat, nunc latenter et miserabiliter perditus fuerat. Protinus ergo generalis conventus canonicorum et civium convocatur. Quid opus sit facto discutitur, et præ omnibus magister Anselmus, tunc temporis totius urbis lucerna, consulitur. Ille ut divinæ legis peritissimus, continuo Josue replicat historiam, quomodo scilicet furtum in Jericho, nullo sciente factum, Dominus jussit fore perquiri, primo per tribus, deinde per familias ac domos, ad ultimum singillatim per viros (*Jos.* VII, 14). Instar hujus tam subtilis perquisitionis consulitur magister Anselmus, ut tanti facinoris auctor judicio aquæ perquiratur, ac de singulis urbis parochiis unus infans innocens in vase aquæ benedictæ repleto poneretur; et quæcunque parochia forte culpabilis inveniretur, de singulis domibus ejusdem parochiæ unus infans in aqua poneretur; et quæcunque domus deprehensa fuisset, omnes viri vel feminæ ad eam pertinentes judicio aquæ se purgare cogerentur: hoc consilio magistri Anselmi, germanique ejus magistri Radulphi comperto perterriti cives licet innocentiæ suæ conscii, ad episcopum confluunt, et non longe remotos, sed potius ecclesiæ custodes, et prope templum manentes, ad judicium primo debere vocari conclamant.

Annuit episcopus, et sex viros, de quibus major erat suspicio, ad faciendum examen vocat, inter quos etiam ipse solus præfatum Anselmum nominatim compellat, dicens se contra eum exinde moveri suspicione. Respondet Anselmus se multum mirari quomodo episcopus de tanto scelere contra se suspicionem habere potuerit, præsertim cum et se Dei servum esse sciret, et ante aliquot annos priusquam ipse pontificatum suscepisset aurificem, qui sibi maculam similis criminis imponebat, a se in duello fuisse superatum non ignoraret. Responsioni ejus universus populus acclamat eumque virum sanctum, et Dei cultorem esse protestantes, omnes pariter una voce non debere eum ad judicium vocari, subjungunt. Tunc ab antiquo naturæ statu visus est

mutari episcopus, nunquam enim vel antea, vel post idem pontifex inventus est pertinax in aliquo fuisse, sed semper precibus aut dictis aliorum a sua sententia facile flecti consuevit. In hac vero sola causa tantæ fuit constantiæ ut, cum nullus Anselmum accusaret, imo pene cuncti contra episcopum ei faverent, Dei tamen nutu nullo modo ad eum dimittendum flecti potuerit.

Cum ergo præsul eum custodiri usque ad præfinitam diem examinis jussisset, quidam miles ei vehementer favens, nomine Guillermus, rogavit episcopum ut eum sibi servandum committeret, sicque ad domum suam eo concedente illum duxit. Ubi dum servaretur, quadam nocte vas maximum aqua impleri, seque in eo ligatum fecit deponi, tentare scilicet volens utrum in aqua totus mergeretur an supernataret. Cum vero se sine ulla dilatione vidisset ab aqua receptum fuisse, et ad vasis fundum pervenisse, exhilaratus dixit se nihil ultra timere, sed sponte in aquam ingressurum fore. Quid longius moror? Venit dies constituta, confluit ad ecclesiam innumera multitudo clericorum, militum, et rusticorum diversi sexus et ætatis juvenes, et virgines, senes cum junioribus invocant nomen Domini ejusque gloriosissimæ Genitricis. Qui ergo primus in aqua positus est, salvus et gaudens exiit, secundus autem corruit, tertius salvus, quartus inventus est reus, quintus liberatur, sextus idem Anselmus culpabilis invenitur, sicque probavit nihil sibi profuisse quod prius Deum tentaverat, sed plurimum hanc aquam distare ab ea in qua prius, dum in custodia esset, se deponi fecerat.

Mox ergo vinculis religatus, usque [*f.* usquequo] thesaurum furatum redderet ab episcopo commonitus statim publice imprecatus est, ut sic suspendi mereretur sicut Judas qui Deum tradidit, si aliquid ex eo haberet, vel furatus fuisset. Videns pontifex quod nihil exhortando posset proficere, Nicolao castellano eum tradidit, præcipiens ei ut torquendo thesaurum reddi cogeret. Ille nudatum terræ et prostratum atque ligatum lardo calido fecit profundi, sed nil extorquere potuit. Inde jubente præsule fecit eum suspendi, non ut interficeretur, sed tantummodo ut torqueretur. A mane ergo usque ad vesperum tortus, deciesque suspensus, decies depositus, cum jam se deficere videret, judex etiam juraret, quod si se ulterius suspendi permitteret, jam deinceps vivens non deponeretur.

Tandem interrogavit quid sibi daretur, si thesaurum redderet. Hæc vox audita, continuo spem recuperandi thesauri cunctis dedit. Poposcit centum libras sibi dari; sed paulatim minuendo ventum est ad quadraginta libras. Quas se accepturum dixit, ea conditione ut fidejussores simul sibi darentur, quod decem milliaribus procul a Lauduno ex quacunque parte vellet secure cum eadem pecunia deduceretur. Protinus ad episcopum curritur, petitio ejus refertur, annuit præsul, et quidquid petisset concedi præcepit, eo tamen pacto ut continuo thesaurum redderet, quoniam timebat ne si dilatio vel brevis daretur, ille dæmonum instinctu fuga laberetur. Jam lux diei transierat, noxque tenebrosa successerat. Jubente tamen episcopo per totam urbem faces et lychni, cæteraque luminaria accenduntur, ut illud Psalmistæ Lauduni ea hora compleretur ; « Et nox sicut dies illuminabitur (*Psal.* cxxxviii, 10). » Nullus domi remanet, omnes quasi ad spectaculum progrediuntur.

Anselmus instar ursi de cavea producti deducitur, custodibus et populo caute ne fugiat circumdatur. Petit ecclesiam S. Martini extra muros urbis positam, pervenitur ad quemdam locum prope vineas, in quo paxillorum, quibus vites sustentantur, ingens acervus erat congestus, sub eis in montis præcipitio quasi in tartarum descendit, manumque ad sacrum mittens, primum auream tabellam de textu Evangeliorum discerptam protulit, subridensque circumstantibus, bonum, inquit, mercatum feci, qui tantum thesaurum pro quadraginta libris reddidi, quia hæc sola tabula multo plus valet. Sic ergo thesaurus redditus ad ecclesiam S. Mariæ protinus refertur, totaque civitate lætante clamoribus, et in voce exsultationis et confessionis plateæ resonant, signa etiam præ gaudio per omnes ecclesias pulsantur.

Non est reticendum magnum quoddam miraculum. Quidam enim monachus aurifex, nomine Sigerus, in cœnobio S. Vincentii manens, dum operi suo etiam nocte insistens, aperiret ædiculæ suæ fenestram, qua S. Martini prospiciebatur ecclesia, videbat quasi radium splendidissimum lucis de cœlo procedentem, et usque ad illum locum, quo thesaurus absconditus erat, procedentem. Unde nimis admiratus nonnullis monachorum Sancti Vincentii eumdem lucis radium ostendit, sed illi quamvis quotidie thesaurum reliquiarum S. Mariæ requiri audirent, nullus tamen eum ibi esse cogitabat. Tandiu ergo monachi radium lucis nocte coruscare viderunt, quandiu saccus ibi cum thesauro jacuit.

Aliud quoque miraculum non silendum contigit, ex quo enim Anselmus ille cum reliquo thesauro etiam columbam auream confregit, de qua supradiximus, in qua de lacte S. Mariæ et capillis ejus contineri ferebatur, divino judicio nunquam dormire potuit, sicut ipse postmodum episcopo confessus est. Sed quandocunque oculos pro somno claudebat, protinus eamdem columbam rostrum oculis suis infigentem, et eos aperientem videbat. Diabolo tamen cor suum obdurante nulla propter hoc pœnitentia compungebatur. Postquam vero columbæ fracturas cum alio thesauro reddidit, facultatem dormiendi recepit.

In crastino ergo Anselmus ad episcopum veniens, ut se ab excommunicatione pro furato thesauro facta absolveret, crucemque sibi daret, et Jerusalem ad sepulcrum Domini abire permitteret, petiit. Respondit episcopus se nihil horum facturum, quoniam nec absolutio, nec iter Hierosolymitanum ei aliquid prodesset, quandiu quadraginta libras, quas pro redditione thesauri acceperat, teneret. Non

A enim, inquit, compunctus eum reddidisti, ideoque non potes absolvi, sed adhuc excommunicationis reus teneris; sed si pecuniam istam reddens veracem confessionem de furto, imo de sacrilegio faceres, et pœnitentiam exinde susciperes, tunc et absolvi, et Hierusalem proficisci posses. Acquiescens ille verbis pontificis præfatam pecuniam **560** publice super altare posuit, fidejussores, qui se decem milliaribus procul a Lauduno secure deducendum spoponderant, liberos a fidejussione sua esse concessit, sicque ab episcopo absolutus, et crucem suscipiens, quocunque volebat libere est abire permissus, et cum ipso episcopo per aliquot dies familiariter est conversatus.

Conscientia tamen se interius graviter torquente
B perterritus, cœpit fugam meditari, tandemque clanculo ex urbe fugere voluit. Sed cum de monte descendere cœpisset, mirum dictu ! vidit quasi fluvium magnum instar maris contra se redundantem, seque in montem redire cogentem. Unde stupefactus rursus per aliam portam descendere, et fugere tentavit, sed protinus fluvium sicut prius contra se redundando venientem vidit. Cumque hoc ei sæpius contingeret, nec de monte descendere valeret, secrete hoc episcopo confessus est. Quamobrem episcopus, occasione sumpta, suadere ei cœpit, ut priorem thesaurum, cujus partem, sicut supradictum est, Suessionis venundandam aurifici tradiderat, S. Mariæ ex integro redderet, sicque securus Hierusalem ire posset. Ille consuetam negationem repetens, sic,
C inquit, suspendi merear sicut Judas, qui Deum tradidit, si aliquid exinde habui. Quod si mihi non creditis iterum paratus sum judicium aquæ subire; et si culpabilis inventus fuero, vel si judicium facere noluero, facite me suspendi. Tunc episcopus rogabat ut saltem lapides pretiosos, qui in crucibus aureis inserti fuerant, redderet, promittens quod pro auro nullam ei molestiam faceret. Ille vero nihil pontifici reddere voluit; sed eos se habere omnino negavit.

Postea tamen Nicolao castellano jussu episcopi priora ei tormenta comminante nimis perterritus, duxit eumdem Nicolaum ad vineas sub monte positas, ponensque manum in terræ caverna extraxit de sacculo jam putrefacto lapides pretiosissimos, tradiditque eos ipsi castellano. Quo facto iterum
D conscientia remordente tremefactus, quoniam eos celaverat episcopo, et reddiderat castellano, rursum fugere tentavit. Episcopus autem receptis a castellano lapidibus recordatus somnii supradicti, in quo S. Maria ei præceperat, ne latronem suum impunitum abire permitteret, sed justitiam de eo faceret, protinus convocatis ministris suis, præcepit ut Anselmum quantocius quærerent, et sibi præsentarent. Ministri per diversa loca discurrentes, tandem eum reperiunt in valle sub cœnobio S. Vincentii, fugere volentem, sed propter fluvium redundantem non valentem. Jubent ei ut secum ad episcopum veniat.

Ille tremens et exsanguis rogat, ut se permittant loqui domno Alberoni S. Vincentii abbati. Nolentes eum relinquere vadunt cum eo, præceperat enim episcopus ut caute custodirent eum. Prostratus ille pedibus abbatis rogat ut secum ad episcopum eat. Acquiescit abbas et cum eo ad episcopum vadit. Prosternitur ille pedibus antistitis, obsecrans vitam et membra sibi concedi. Cui episcopus, quis enim, inquit, te persequitur? Redde thesaurum dominæ meæ sanctæ Mariæ, et quocunque volueris liber proficiscere. Anselmus consueto more imprecatur sibi, ut sic suspendatur sicut Judas, qui Deum tradidit, si aliquid exinde habuerit. Tunc præsul : Palam est, inquit, te mentiri; quia lapides castellano reddidisti, et mihi reddere noluisti. Sponte vero tua mihi promisisti, quod si tibi exinde non crederem, judicio aquæ te purgares, aut si facere nolles, concessisti publice ut suspenderis. Elige ergo quod volueris. Dico tibi coram omnibus quod non credo tibi, te non habuisse thesaurum S. Mariæ. Aut illum redde, aut purga te sicut obtulisti judicio aquæ, aut suspenderis sicut concessisti. De his tribus tibi optionem concedo. Respondet Anselmus nec se habuisse thesaurum, nec judicium aquæ proinde facturum. Tunc episcopus convocato generali conventu clericorum, militum et civium, causam profert in medium. Communi omnium sententiam judicatur, ut quod miser ore proprio statuerat compleretur. Protinus de monte in vallem deducitur, et in arboris ramis suspenditur, evidens documentum præbens omnibus, quod Deus nolit impunitum dimitti, qui Matri suæ injuriam fecerit.

Hæc sunt quæ tempore domni Bartholomæi episcopi contigerunt Lauduni.

EXPLICIT LIBER TERTIUS.

DOMNI LUCÆ D'ACHERY
MONACHI BENEDICTINI
AD OPERA QUÆDAM V. GUIBERTI DE NOVIGENTO
NOTÆ ET OBSERVATIONES

AD LIBRUM DE LAUDE SANCTÆ MARIÆ.

561 *Fragmentum ex lib.* I *S. Paschasii Ratberti De partu Virginis.* — *Quod Deipara Virgo maculam originalis peccati minime contraxerit.*

(¹) CAP. VIII. — *Cum actuali abolevit originale peccatum.* Qui cursim et visu tantum prælibaret hæc verba, posset ita præfestinatim argutari : Spiritus sanctus in Virgine peccatum abolevit, proinde fuerit in Virgine aliquando hoc peccatum fateri necessum est. At penitius inspicienti argutiola isthæc frivola est atque inanis; etenim regeri posset hoc modo : Si cum actuali abolevit originale peccatum, ergo et abolitum est actuale; si autem actuale abolitum, exstitisse aliquando in Virgine concludas oportet. Verum fritinnire est atque plane effutire sic loqui; siquidem pluribus in locis abbas noster de puritate Virginis immaculatæ, deque ejus ab omni sorde immunitate mentem aperit suam : unde contra sic ago : In Virgine sancta peccatum actuale, quod in ea nusquam fuit ex sensu Guiberti, Spiritus S. prædicatur abolevisse, quidni et originale, quod nunquam fuerit ex mente ejusdem abbatis, Spiritus sanctus non aboleverit?

Attende, quæso, verba cap. 5, col. 551 : « Certe si secundum Platonicam sententiam spiritus nostri prius creantur quam corpora, posset Deus cuipiam spiritui optionem dare qua vellet procreari ex matre. Quod si fieret, quam, putas, ille personam sibi ipsi consciret? De corporis forma ac habitudine sileam. Quid honestatis, quid prudentiæ animo ejus comportaret? nihil procul dubio illi adimeret, quo ipsa aliis invidiosa non esset. Si sic hominis spiritus, civitatem virginalis uteri, quam sibi fundat Altissimus, quo potentior est, nonne Dei multo magis perornat Spiritus? » Ex hoc loco quid inferri possit, si diligentius advertatur, neminem ullum de illibato Virginis conceptu dignius fuisse arbitratum in confessum veniet.

Sed enim mirum in modum Guiberti sensum illustrabit beati illius acerrimi Ecclesiæ propugnatoris, Paschasii Ratberti Corbeiæ antiquæ abbatis sententia ; sane singularis est et exosculanda : cumque hactenus aureum prorsus tanti viri opus De partu Virginis delituerit, donec a nobis publicum fiat, pergratum iri puto vetustioris theologiæ studiosis, si fragmentum prolixius attexam :

« At vero beata Maria, licet ipsa de carne peccati sit nata et procreata, ipsaque quamvis caro peccati fuerit, non tunc jam quando præveniente Spiritus sancti gratia ab angelo præ omnibus mulieribus benedicta vocatur : *Spiritus sanctus*, inquit, *superveniet in te, et virtus Altissimi obumbrabit tibi* (*Luc.* I, 35). Alioquin si non eodem Spiritu sancto sanctificata est, et emundata, quomodo caro ejus non caro peccati fuit? et si caro ejus de massa primæ prævaricationis venit, quomodo Christus Verbum caro sine peccato fuit, qui de carne peccati carnem assumpsit, nisi quia Verbum quod caro factum est, eam primum obumbravit, in quam Spiritus sanctus supervenit, et virtus Altissimi eam totam possedit? Propterea vere caro jam non caro peccati fuit, in qua Deus se totum infudit, et Verbum quod caro factum est, sine peccato ad nos venit, qui jure non solum legem naturæ vitiatæ in nascendo non tenuit; verum nec legem primæ originis quam haberent feminæ, si mandatum servasset mater omnium Eva in paradiso. Alias autem quomodo, Spiritu sancto eam replente, non sine originali peccato fuit, cujus etiam nativitas gloriosa catholice in omni Ecclesia Christi ab omnibus felix et beata prædicatur? Enimvero si non beata esset et gloriosa, nequaquam ejus festivitas celebraretur ubique ab omnibus. Sed quia tam solemniter colitur, constat ex auctoritate Ecclesiæ, quod nullis quandoque naturæ subjacuit delictis, *neque contraxit in utero sanctificata originale peccatum*. Unde, etsi Jeremiæ dies atque Job maledicta pronuntiatur, dies, inquam, nativitatis eorum, dies tamen quando inchoata est felix Mariæ nativitas, beata pronuntiatur et colitur religiose satis. Quod si in peccato esset, jure maledicta diceretur et gemebunda, potius quam benedicta, quando nuntiatum est patri 562 ejus quod nata esset in sæculo. Nunc autem, quia universam benedictione sua beata virgo Maria illustrat Ecclesiam, non merito sanctificata in Spiritu sancto colitur veneranda? Nullius igitur nativitas celebratur in mundo, nisi Christi et ejus, atque beati Joannis. Sic et beata virgo Maria nisi in utero matris sanctificata esset, minime nativitas ejus colenda esset. Nunc autem quia ex auctoritate totius Ecclesiæ veneratur, *constat eam ab omni originali peccato immunem fuisse*, per quam non solum maledictio matris Evæ soluta est, verum etiam benedictio omnibus condonatur. Quod si præclara sanctissimæ Virginis Nativitas universaliter tam sancta et tam gloriosa jure colitur et veneratur, quanto magis ipsa quando ab angelo jam gratia plena officiosissime salutatur? Nam cum dicit ei : *ave*, cœleste venerationis obsequium exhibet, cum autem dicit *gratia plena*, ex integro iram exclusam ostendit et restitutam gratiam declarat. Cum dicit *benedicta tu*, fructum benedictionis demonstrat; quia quando Spiritus sanctus in eam advenit, totam defæcavit a sordibus Virginem et decoxit, ut esset sanctior quam astra cœli. Porro quando virtus Altissimi totam eam adumbravit, factum est ut ejus in utero veniens Verbum, quod erat in principio sempiternum apud Patrem, caro fieret ex tempore, et habitaret in nobis.

« Audiant igitur novi disputatores, et investigatores novi et inauditi partus; audiant et intelligant primum, quia viri sunt, quomodo bene disputare queant de natura et sexu mulierum. Deinde recogitent, ut qui naturam requirunt, et communem legem nascendi, ubi totum divinum est et ineffabile, divina virtus quod operatur. *Generationem ejus quis enarrabit?* (*Isai.* LIII, 8.) Nam quis hoc loco pro impossibili accipitur, quia nemo sanctorum est, qui non dico divinam, verum etiam qui humanitatis ejus generationem ad liquidum queat enarrare, quamvis utrasque omnes debeant credere? Hinc ergo colligitur quod superstitiosa sit istorum concertatio, et superflua disputatio, qui dicunt ostia ventris et vulvæ eum aperuisse, et colluvionem sanguinis ut cæteri omnes, et secundarum spurcitias post se traxisse; in quibus omnibus gemitus et dolor multiplicatur, tristitia, et ærumnæ augentur, ut nemo sine his pariat filium. Sed absit a cordibus fidelium, ut tale aliquid suspicentur de Maria virgine, quæ pro maledictione primæ originis benedictionem attulit mundo! Unde et ipsa siquidem, ut dixi, ab angelo benedicta prædicatur in mulieribus, et salutatur officiosissime ut Mater Domini præ omnibus gloriosa, nec non et ab Elizabeth in Spiritu prophetiæ *benedicta* (*Luc.* I, 42) pronuntiatur, *et benedictus fructus ventris* (*Ibid.*) ejus creditur et veneratur. Ergo in qua, et per quam tanta benedictio effloruit, et gratia manavit, non est credendum quod ejus puerperium doloribus et gemitibus more feminarum subjacuerit. Et quia beata Dei Genitrix tristitiis non subjacuit et ærumnis, *libera ab omni maledictionis nævo fuit;* quam Spiritus sanctus adimplevit, et totam Domino dedicavit, quam virtus Altissimi obumbravit, et ex sanctificata carne Virginis Verbum carnem assumpsit, et connivit in unitate personæ. »

Et multis interjectis virgines alloquens : « Eximiæ pietatis honor et decus virtutis, beatissimæ Virginis pudicitiam prædicate incorruptam, et incontaminatam, *et ab omni contagione primæ originis alienam*, » etc.

Denique sub finem : *In qua* (Virgine) *vexilla virtutum micarunt, nullum peccatum primæ originis viguit.*

Huc usque Paschasius, qui Carolo Magno imperante florebat, nempe duobus sæculis ante Guibertum.

AD LIBROS DE PIGNORIBUS SANCTORUM

(²) EPIST. NUNCUP. — *Sancti Symphoriani abbati Odoni.* Hic postea episc. Belvacens. consecratus est sub an. 1135 (Anto. Loysel., Commentar. Belvac. pag. 98). Abbatia vero S. Symphoriani exstat Belvaci a Drogone ejusdem urbis antistite fundata 1035 quam monachi Benedictini possident. Plura de San-Symphoriano cœnobio scire cupis? adi Louvet. Hist. Belvac. tom. I, atque Ant. Loysel., ubi supra pag. 252 et 304.

In hoc De pignoribus sanctorum tractatu Guibertus, non profane, non lucri gratia, sed religiose, sed secundum scientiam, sed spiritu colendas esse sanctorum exuvias haud imperite contendit. Nec mirere si prolixis adeo sermonibus in reliquiarum falsarios, adinventores, ac specie pietatis easdem populo venerandas exhibentes, invehatur. Etenim hac ipsa tempestate tot et tam diversi irrepsere pestiferi errores, et tam nefanda pecuniarum libido ecclesiasticos religiososque viros, quo celebriores suas redderent ecclesias, cepit, obcæcavit, ut non mirum si auctor eas pluribus in locis hujusce tractatus exagitare videatur; nedum pietatem, cultumque reliquiis velit denegari, imo vero ad religionis Christianæ accessionem, gloriamque Dei adaugendam plurimum conferre profiteatur. « Cæterum si quid, ait ille in præfatione, senserim ex fide, sensa tota fidei securitate protulerim, si quis melius sentiat velim. »

(³) *Cui non semel Augustinus, sed locis pluribus refragatur.* Tomo IV, De sermone Domini in monte, c. 20; et t. VI Cont. Adimantium. l. I, c. 17.

(⁴) *Abbatem quemdam, quem sanctus Pyronem lectio illa agnominat.* Simile quid habes, cap. Audivimus, De reliquiis et veneratione sanctorum. « Audivimus quod quidam inter vos, diabolica fraude decepti, hominem quemdam in potatione et ebrietate occisum, quasi sanctum (more infidelium) venerantur. »

(⁵) CAP. I. — *Nec illud excidit quod Lanfrancus,* etc. Quid elicere velit auctor noster sane non video. Verum equidem est B. Lanfrancum aliquandiu, quod annua celebritate S. Elfegum prædecessorem suum populus percoleret, non probasse; at ubi colloquium cum sanctissimo discipulo Anselmo habuit, scrupulum submovit omnem, jussitque celebriori cultu S. Elfegum venerari. « Quam quidem historiam non solum plano dictamine ad legendum, verum etiam musico modulamine ad canendum a jucundæ memoriæ Osberno, Cantuariensis Ecclesiæ monacho, ad præceptum illius nobiliter editam ipse sua prudentia pro amore illius martyris (Elfegi) insignivit, insignitam auctoravit, auctorizatam in Ecclesia Dei legi cantarique instituit. » Eadmerus lib. II Vitæ S. Anselmi. Videsis quæ ad Vitam B. Lanfranci, ipsius operibus præfixam, adnotavimus, pag. 42. E. 2. n.

(⁶) CAP. I. — *Quid dicam de iis sanctis, quorum finis, aut est in malo propatulus, aut latet utrum bonus an malus,* etc. Ea de re capitulare Aquisgranense 42 : « Ut falsa nomina martyrum, et incertæ sanctorum memoriæ non venerentur. » Cui rei illustrandæ documentum concilii Africani can. 50, facit mirum in modum : « Placuit ut altaria, quæ passim per agros et per villas, in quibus nullum corpus vel reliquiæ martyrum conditæ probantur, ab episcopis qui locis eisdem præsunt, si fieri potest, evertantur. Si autem hoc, propter tumultus populares non sinitur, plebes tamen admoneantur ne illa loca frequentent, ut qui recte sapiunt nulla ibi superstitione devicti teneantur. Et omnino nulla memoria martyrum probabiliter acceptetur, nisi ubi corpus aut reliquiæ certæ sunt, aut origo alicujus habitationis vel possessionis, vel passionis fidelissima origine traditur. Nam quæ per somnia, et per inanes quasi revelationes quorumlibet hominum ubicunque constituuntur altaria, omnino reprobentur. »

(⁷) CAP. I. — *Sit itaque videre pontificum, sit populi Dei videre custodum.* Unde capitul. Caroli Magni cap. 28 : « De ecclesiis, seu sanctis noviter, sine auctoritate inventis, nisi episcopo probante, minime venerentur. » Imo concil. Lateran. IV, cap. 62 : « Inventas reliquias de novo, nemo publice venerari præsumat, nisi prius auctoritate summi pontificis fuerint approbatæ. Prælati vero de cætero non permittant illos qui ad eorum ecclesias causa venerationis accedunt, vanis figmentis aut falsis decipi documentis, sicut et in plerisque locis occasione quæstus fieri consuevit, » etc. Trident. concil. sess. 25, De invocatione, veneratione et reliquiis sanctorum.

(⁸) CAP. I. — *Hos plane qui scrophas circa jugulum, aut uspiam in corpore.* Scrofæ seu scrofulæ, sive etiam strumæ, « quas Græci χοιράδας appellant, glandia (quæ ab eadem gente adenes dicuntur) sunt obdurata, quibus collum, axillæ, et inguina frequentissime occupantur. » Paulus Ægineta, De arte med. lib. IV, cap. 33; Aristot., De part. animal. lib. VIII, cap. 21 et 23; Hippocrat., lib. De gland. sect. 3, init.; et De affect. sect. 5, post med. De diversis strumarum generibus Bartholom; Perdulcis lib. XIV, cap. 27. Curandi autem pestiferi strumarum morbi prærogativam regibus Francorum divinitus esse concessam, tradunt scriptores; et hæc hodieque perseverat.

Cæterum quia complures in hoc argumento desudasse scio, atque adeo multiplices occurrunt opiniones, ab his haud inconsulto (ampla licet fandi suppetat materies) expediendum me putavi. Legant qui voluerint neotericos auctores, Hubert. Morum lib. III, De sacris unctionibus, cap. 5, qui feliciter admodum (si quid judico) hac de re scripsit. Et Guillel. Du Peyrat, lib. II Hist. Eccles., cap. 56 et seq. Ritus vero qui suo ævo observari solebant exaravit Stephanus de Conty Corbeiensis cœnobita decretorum doctor, Historia ms. regum Francorum : « Prædicti reges singulares, quilibet ipsorum fecit pluries miracula in vita sua, videlicet sanando omnino de venenosa, turpi, et incommoda scabie, quæ Gallice vocatur *écrouelles*. Modus sanandi est iste : Postquam rex audivit missam, affertur ante eum vas aquæ plenum, statim tunc facit orationem suam ante altare, et postea manu dextra tangit infirmitatem, et lavat in dicta aqua. Infirmi vero accipientes de dicta aqua, et potantes per novem dies jejuni cum devotione, sine alia medicina omnino sanantur. Et est rei veritas, quod innumerabiles sic de dicta infirmitate fuerunt sanati per plures reges Franciæ. » Vivebat Stephanus anno 1400. At vero ejusmodi ritus obsolevisse, testis est qui supra Du Peyrat, cap. 61. Qui quidem cap 60, post med., ex verbis Guiberti : *Me ei cohærente, et etiam prohibente*, conjicit ab eleemosynis fuisse regi Ludovico Grosso : cui conjecturæ quominus assensum præbeam prohibet ipsemet Guibertus : siquidem hac fuit dignitate auctus, num in vita ubi minutatim suos actus percurrit, officium illud præterisset ? Non facile credi potest.

Notandum tandem est, auctore nostro antiquiorem hactenus (quod sciam) qui de hacce regum nostrorum prærogativa disputarit, reperiri neminem.

(⁹) CAP. II. — *Mulier quædam ad ecclesiam proprium infantulum suscipiendæ causa communionis adduxerat.* Vides ad hanc tempestatem et ultra (uti mox demonstraturi) infantibus communionem corporis Christi in ecclesia administratam. Adi, si placet, B. Lanfranci epist. 33, et observationem nostram ad eamdem; Arcudium lib. III De Eucharistiæ sacramento. Qui vero ipsis infantibus ac potissimum recens aqua Christiana tinctis traderetur sacra communio, indigitat epistola ad S. Florentii abbatem Gilbertus Pictaviensis antistes, quam 564 quod plurimum illustrandis Ecclesiæ antiquis institutionibus conferat edere juvabit :

Epistola Gilberti Porretani Pictavorum episcopi.

« Gillebertus Dei gratia Pictaviensis episcopus, dilecto in Christo Matthæo eadem gratia abbati Sancti Florentii, salutem in Christo.

« Placuit vobis nostram consulere parvitatem super cujusdam oblivionis casu, qui nuper in ecclesia vestra dicitur contigisse : quod videlicet super altare pane posito in Eucharistiam consecrando, et calice vacuo presbyter omnia verba, quæ sacramento panis et vini pertinent, usque ad panis infractionem dixerit. Quando discooperto calice se cognoscens errasse, positis in calicem vino et aqua, non modo super calicem, verum etiam super panis hostiam consecratam, sacra consecrationis verba iteravit. Pro quo facto quid vobis, quid illi presbytero, quid de illa hostia faciendum sit, quæritis. Nos autem non ex sensu nostro novum aliquid, sed quid a prudentibus viris super simili casu consilium olim audivimus, hac a vobis quæsita responsione commemoramus. Cum enim simile factum ad aures quorumdam prudentium pervenisset, presbyterum de negligentia corripiendum judicaverunt, et conventum pro ipso oraturum providerunt. Hoc igitur exemplum securi consulimus, ut presbyter vester ad tempus oblationis hostia abstineat, et interim quibus providebitis sive jejuniorum, sive aliis corporis castigationibus, et non tantummodo suis, verum etiam vestris, totiusque conventus orationibus expiatus, mereatur offerre. Cui tamen, non de erroris conscientia, quæ, cum est contumax, hæresis dicitur, sed ex illusionibus, quæ sæpe recte credentium lumbos implent, hujus oblivionis contingit casus ; brevior tempore, initio, passione, castigatione hujus pœnitentia poterit esse. Quoniam vero in altero, sive panis, sive calicis sacramento, post illas quæ ex more fiunt per presbyterum consignationes, totus est Christus, a jam consecrati panis reconsignatione omnino debuit abstinuisse, et a vini et aquæ in calice prius vacuo, infusione, satisfacere potuit ; et sine illa sacrorum verborum iteratione in sacramento panis, Christo communicasse, quoniam et pueri baptizati in solius calicis, et infirmi in solius panis sacramento sæpe communicant, et nihilominus, quantum ad rem ipsam, et ad incorruptionis futuræ sacramentum, accipiunt quantum illi a quibus, in utroque, panis scilicet et calicis sacramento, in Ecclesia de ipsa mensa Dominica Christus assumitur. Hæc ad inquisitionem vestram, etsi minus plene, tamen fideliter respondemus, de vestra charitate confisi, quæ, quod parum est, reputat multum, et quod mutilatum, perfectum. Addentes quod nos ipsi, ne hujusmodi oblivionibus sive ministrorum nostrorum, sive nostris possimus decipi, facere consuevimus. Cum enim ministri nostri vinum in calicem oblaturi infuderint, de miscenda vino aqua non eis credimus, nisi jam oblato nobis pane et offerendo calice, vel ipsi præ oculis nostris aquam infundant, vel nobis aquamanili tradita, eam calici misceamus. Sic enim et minister sacerdos manet indubius, et sine oblivionis cujusdam casu indemnis. »

Quam epistolam morum gravitate atque eruditione, scriptisque clarissimus Nicolaus Camusat, Ecclesiæ Trecensis canonicus, mihi amicissimus ultro concessit : et hanc e veteri eruit Grandimontensis ord. Rituali. Consona his docet Hugo Victorinus De sacramentis lib. I, c. 20 : « Pueris recens natis idem sacramentum in specie sanguinis est ministrandum digito sacerdotis ; quia tales naturaliter fugere possunt, » etc. Circa infirmorum communionem observare pretium operæ est quod Arcudius ubi supra, cap. 56, refert, Græcos sacratissimam Eucharistiam, quam præparant pro infirmis in cœna Domini per modum viatici, sanguine Domini tingere solere. Et morem istum quibusdam in locis Ecclesiæ Latinæ receptum constat ex concilio Turonensi (refert Burchardus lib. v, cap. 9) : « Ut presbyter habeat pyxidem aut vas tanto sacramento dignum, ubi corpus Dominicum diligenter recondatur, ad viaticum recedentibus a sæculo. Quæ tamen sacra oblatio intincta debet esse in sanguine Christi, ut veraciter presbyter possit dicere infirmo : corpus et sanguis Domini proficiat tibi. » Concilium Bracharense III, nihilominus can. I interdixit sacerdotibus, « Eucharistiam vino madidam populis pro complemento communionis porrigere. » Legendus hac de re Radulphus de Rivo de canon. observant. lib. Propos. XXIII, sub finem, qui affatim testimonia subministrat.

Statutum adjicerem ordinis Cluniacensis, ni infra de morte proximis agens integrum proferre deberem. Temperare attamen mihi non possum quin quantum curæ, quantum nitoris, quantumque venerationis et observantiæ præstare soliti fuerint Benedictini erga augustissimum Eucharistiæ sacramentum, huc attexam, nempe caput 55 antiquorum statutorum Cluniacensium abbate S. Hugone conditorum.

De Hostiis quomodo fiant.

De his quæ pertinent ad Eucharistiam sacrosancti mysterii, quia dignum est, **565** ut cum summa reverentia et diligentia gerantur, consequens est ut ipse quoque gerendi modus non taceatur. Cum enim quotiescunque oportuerit, eas fieri sit necesse, præcipue tamen ante Domini Natalem, vel sanctæ Resurrectionis diem fieri solent. Cum autem brumali in tempore prolixiores sint noctes, licet ante prandium fratribus operari amplius ; nam post prandium hujusmodi opus gerere non licet.

« Frumentum de quo faciendæ sunt hostiæ, quantumlibet bonum sit naturaliter et purum, tamen granatim eligitur ; nec per alias personas quam per ipsos fratres colligitur ; deinde in saccum non qualemcunque, sed qui ad hoc solum de bono panno consutus est, reservatur. In quo colligatum commendatur uni famulo non lascivo, qui portans illico ad molendinum molam lavat utramque, operitque sursum et deorsum cortinis ; seipsum induit alba, et super caput mittit et alligat superhumerale idem amictum, ut nil de facie præter oculos possit apparere. Ita ergo molit : ita farinam cribrat, primo cribro quoque diligenter abluto.

« Major ecclesiæ custos si non est sacerdos vel diaconus, vicarium sibi quærit ad hoc opus perficiendum ; duos etiam alios de his ordinibus, hujus rei gnaros perquirit, accepta licentia a priore et unum conversum : hi quatuor finitis nocturnis se calciant, facies manusque lavant, et capita pexunt :

A secedunt deinde ad altare Sancti Benedicti, et ibi cantant matutinas laudes, primam quoque simul, et septem psalmos cum lætania, reliqua psalmodia interim dilata.

« Deinde illi tres qui sunt alicujus ordinis induunt se albis, et humeralibus, ut supra dictum est de famulo : sunt enim albæ, et amictus quidam huic solo negotio deputati ; quorum unus farinam conspargit, et vehementissime compingit super tabulam nitidissimam habentem limbum in circuitu, aliquantulum in circuitu superficie altiorem, ne aqua effluere possit. Conspergunt eam aqua frigida, quia inde fiunt hostiæ candidiores : a duobus vero reliquis hostiæ formantur. Aqua vero non in alio vase defertur, quam in quo solet ad missas deferri Ferramentum, in quo sunt coquendæ, caracteratum tenet conversus, manusque induit chirotecis. In ferramento possunt simul...... hostiæ poni ; unde inter bajulum ferramenti, et formatores hostiarum, ponitur tabula, et super hanc duo sunt pali infixi, super quos lignum habetur transversum, super quod ponitur ferramentum ad hostias imponendas ; quæ non fuerint coctæ cultello abraduntur, et cadunt in disco deorsum in tabula imposito, et linteo jugiter cooperto, nisi quando hostiæ abraduntur.

« Canunt psalmodiam quæ remansit, et si voluerint horas de Sancta Maria ; ad alias omnino horas tenent silentium : et summopere cavent ut non modo saliva, sed nec flatus eorum aliquomodo ad hostias pertingere possit. Solus conversus, si quid opus fuerit, breviter famulis innotescit ; qui faciunt focum nonnisi de aridis lignis, et ad hoc de industria præparatis. Ipsi autem hostiarum operarii eo die non cum fratribus, sed potius cum servitoribus reficiunt, et pro tanti laboris levamine, habent de apocrisiario ad prandium pictantiam et pigmentum, » etc.

Hæc oro revolvant, ac tota mente tacitus perspiciant qui divinam rem hancce minus circumspecte, imo non secus et cætera sæculi negotia atque artes infimas pertractant.

« ([10]) Cap. II. — *Et puerulus rerum adhuc omnium inscius*, etc., *exclamat ad matrem*, etc. « Similiter evenit in Andegavensi civitate, » etc., inquit Robertus de Monte in Chronico. Vide sub annum 1182.

([11]) Cap. III, § I. — *Ut etiam Matris Dominicæ corpus resurrectione glorificatum dicere non audeat.* Uti produnt antiqua martyrologia Usuardi, die 15 Augusti : « Dormitio sanctæ Dei genitricis Mariæ. Cujus sacratissimum corpus, etsi non invenitur super terram, tamen pia mater Ecclesia ejus venerabilem memoriam sic festivam agit, ut pro conditione carnis eam migrasse non dubitet. Quo autem venerabile illud Spiritus sancti templum nutu et consilio divino occultatum sit, plus elegit sobrietas Ecclesiæ cum pietate nescire, quam aliquid frivolum et apocryphum inde docendo tenere. » Hæc Usuardus.

« Porro Dei Ecclesia » (infert Baronius nota Martyrolog. ad hanc diem) « in eam partem propensior videtur, ut una cum carne assumpta sit in cœlum. » Quod inter alios (quos eo loci apud eumdem Baronium legeris) Beda Ephemeride mens. Aug. 18 Kalend.

Octava et decima mundi lux, flosque Maria
Angelico comitata choro petit æthera Virgo.

Atque id quidem affabre sciteque probat Guibertus noster.

(¹¹*) CAP. III, § II. — *Caput Baptistæ Dominici cum Constantinopolitani habere se dicant, Angeriacenses Monachi idem se habere testantur.* Hisce de S. Joannis capite controversiis haud immoror ; etenim nil certi quit statui, nisi quod omnia incerta ; nec non et a doctioribus ante me multis ultro citroque disputatum est : ea de re lubens calamum subtraho, ac sileo. Consule Baronium Annal. Eccles. ad annum 391 et 1025 ac not. in Martyrolog. Roma. die 29 Augusti.

Cæterum novissime omnium, de variis agens inventionibus, ac translationibus 566 capitis sanctiss. præcursoris Henricus, Spondanus observat. ad an. 1024 epito. Annal. Eccles. subdit ista : « Denique quod diversæ Ecclesiæ glorientur de possessione ejusdem capitis, ita rem definitam voluit Robertus *le Viseur*, theologus Paris. et canonic. Ambia. qui peculiarem ea de re tractatum habuit, ut Angeliaci fuerit pars cranii missa a Constantino Copronymo imp. ad Pipinum regem Franc. ejusdem Angeriacensis cœnobii conditorem ; Romæ in ecclesia S. Silvestri pars altera cranii ; Augustæ prætoriæ in finibus subalpinorum, maxilla altera ; altera Lugduni ; Ambiani vero, excepto mento, a labio superiori usque ad partem frontis. » Et paucis interjectis : « Cum de his nil usquequaque certum asseri posse videatur, de his interim liceat (una cum Baronio in litteris ad eumdem Robertum rescriptis) quod olim prætores edicto proposito iis qui se rem aliquam possidere affirmarent : « Possidete uti possidetis. » Laudanda vero pietas eorum qui his sacrosanctis pignoribus cupiunt sibi peculiare tanti præcursoris patrocinium adsciscere. » Quo tempore illæ sanctæ Joannis reliquiæ Ambianum translatæ fuerint (nullæ enim Guiberti ævo inibi exstabant) vis nosse ? inspice præfatum Roberti *le Viseur* Tractatum.

(¹²) CAP. III, § II. — *Plane decessor meus Ambianensis cum corpus Firmini martyris,* etc. Duo sæculi hujus auctores, contraria de sancto Firmino asserentes, occurrunt: Guibertus abbas Novigentinus, et Nicolaus S. Crispini Suessionensis monachus. Ille vir gravis et maturæ ætatis; hic adolescens, qui vix pubertatis annos excesserat cum scriberet : alter coætaneus; suppar alter; insignis doctrina ac dignitate primus; secundus simplex cœnobita, et notus solummodo ex Vita sancti Godefridi Ambian: ep. quam et relatione quorumdam contexuit. Utri fidem adhibebo? Guibertone abbati, nullum de corpore S. Firmini repertum testimonium, dum sanctus ille antistes capsulam aperuisset, attestanti? An monacho Suessionensi, corpus in eadem capsula inventum ipsissimum esse S. Firmini asseveranter probare conanti ? Rem discutiamus; erit, spero, lectori haud ingratum

Sic itaque se res habet hic apud Guibertum. « Plane decessor meus Ambianensis episcop. cum corpus Firmini mart. ut putat, quatenus de theca in thecam efferret, nullum inibi pitacium, ne unius quidem litteræ testimonium, quis ibidem jaceret, invenit. Qua de re urbis episcopus plumbeæ laminæ mox inscripsit, quod illic conderetur Firminius martyr Ambianorum episcop. » Hæc ille.

Nicolaus vero lib. II, cap. 26, Vitæ sancti Godefridi, posteaquam retulit B. Godefridum multos ante dies populum, uti munera ad capsulam conficiendam offerrent, præpararentque sese ad reliquiarum translationem, adhortatum fuisse, hæc subdit : « Postquam loculus accurate confectus fuit, ad eam diem, quo erant transferendæ reliquiæ, tantus eo advenit hominum cœtus, ut tota Europa confluxisse videri posset. Tum episcopus cum aliis sacerdotibus accessit ad locum, ubi cœlestis ille servabatur thesaurus, sacrasque reliquias, cum multo tremore omnibus visendas exposuit, etc., deinde populum dimittit. Huic autem spectaculo non interfuere, qui Ambianensis urbis suburbana loca habitant. Accedunt igitur ad Godefridum, orant ut ipsis quoque B. Firmini sacras reliquias ostendat. At ille valde admirans : Ubi, inquit, nudiustertius fuistis, quando mea manu eas omnibus comtemplandas exhibui? Afferunt alii alia, etc. Flectitur tandem vir pius et in celebritate Omnium Sanctorum, præmisso jejunio, ait se precibus satisfacturum. » Quod effecisse, necne, nil retexit auctor.

Verumenimvero quid ejuscemodi Nicolai sermonibus colliget lector eruditus, nisi (mea quidem sententia) istos ex industria compositos uti fucum faceret, obnubilaret veritatem ? At hæc omnia vincit, seque tandem profert in apricum. Ecquæ amabo illius narrationis connexio? Testatur credulus ille Nicolaus tot populos Ambianum, quo sacra Firmini pignora venerarentur, convenisse, « Ut tota Europa confluxisse videri posset. » Deinde : « Huic autem spectaculo [non interfuere, qui Ambianensis urbis suburbana loca habitant. » Qui oro te suaderi potest ut tota Europa ad reliquiarum patroni Ambianorum ostensionem *confluxisse videri posset*, ac suburbani nihilominus occlusas continuo habuissent aures, fuissent oculis capti, inebriative obdormissent toto die. Nutabunda utique narratio ! Ac proinde Guibertus, sin testis oculatus, vel coævus, potiori jure audiendus est; vir sane justi verique amantissimus, qui nemini, ubi vitium, ubi falsitatem, ubi catholicæ fidei corruptelam, ubi labem ecclesiasticæ libertatis reperit, nil parcere, nil dissimulare nescit; quemadmodum luce meridiana clarius scripta ipsius evolventi patescet.

Quo demum in loco pretiosum Firmini pignus

requiescat, paucis declarat abbas noster. « Nec mora, » scribit ipse, « in monasterio Sancti Dionysii (in Francia) idem actitatur. Parata ab abbate ornatiori capsa dum inde extollitur, dum cum membris caput evolvitur, membranula in martyris naribus reperitur in qua quod esset Firminus Ambianensis martyr expromitur. » At ne auctor gratis, seu bile mota isthæc asserere quis credat, antiquam libet eruere translationem, Dagoberto I, Francorum rege præcipiente factam, e Piquiniacensi castro in Sandionysianam ecclesiam.

567 « Tempore gloriosi ac piissimi regis Francorum Dagoberti, Hunnorum gens corde ferocissima, procera corpore, bellis assueta, plus de propriis viribus quam de divino præsumens adjutorio, circumjacentes provincias sibi tyrannice subjugabat; nec istud ei sufficiens videbatur, sed audiens præcellentem regni Francorum regisque gloriam, idem regnum ausu temerario suo dominatui submittere proposuit: initoque consilio cum Flandrensibus eos sibi ad propositi consortium facinoris conciliat, freta pariter civium urbis Arabianensium auxilio et consensu. Et ecce præparatis ad bella necessariis, casus sibi futuri nescia, cum suis complicibus versus Franciam movet castra. Quod quidem pervigilem regis Dagoberti providentiam latere non potuit. Qui convocans fidelissimam sibi Francorum militiam totum de divino, et specialis sui Francorumque protectoris Macharii, scilicet Dionysii sociorumque ejus patrocinio, celeriter suis occurrit adversariis ad locum, qui Leo tunc temporis dicebatur. Quid plura? venit dies certaminis, et diu multumque hinc inde certatum est. Hunnis cum sociis complicibus acriter decertantibus fervore et desiderio consummandæ, prout æstimabant, nequitiæ, Francis econtrario pro patriæ libertate. Interea divina clementia, quæ superbis resistit, humilibus autem dat gratiam, regis Francorumque fidem et animi pietatem misericorditer respiciens, et perfidam Hunnorum superbiam, istorum brachia confortavit, adversarios intantum humilians, ut vix saltem unus evaderet qui belli eventum ad patriam reportaret; et facta est in eodem loco a Francis tanta strages, tantaque Hunnorum sanguinis effusio, ut idem locus qui prius Leo vocabatur, ex tunc et deinceps gentis illius idiomate diceretur *Lyons-en-santez*, quod Latine leo in stagno sanguinis potest dici.

« Hunnis ut dictum est penitus interemptis, nec sic tamen Dagoberti regis ira deferbuit, donec de civibus urbis Ambianensium, qui Hunnorum contra se tyrannidi consenserant, condignam acciperet ultionem; quod eosdem cives non latuit, qui non immerito vehementer tremefacti, propria eos remordente conscientia, qua se judice nemo nocens absolvitur, communicato inter se consilio, episcopus ejusdem civitatis, et clerus, et populus, corpus gloriosi martyris, et episcopi ejusdem urbis Firmini, aliasque reliquias cum thesauris ecclesiæ, ad quoddam municipium, quod Pinquigniacum dicitur, transtulerunt: Quod idcirco factum est, quia civitas parum munita contra regis impetum videbatur. Castrum autem illud, et natura loci, et manuali artificio, et bellatorum audacia fortissimum, et velut inexpugnabile putabatur. Sed « non est prudentia, non est sapientia, non est consilium contra Dominum » (*Prov.* XXI, 30).

« Rex igitur cum Francorum exercitu, prædictam adiens civitatem, paucis obstantibus, sine multa difficultate ingreditur; hostes cum regia indignatione aggreditur; quosdam interficit, aliis carcerali custodiæ mancipatis, nonnulli vero fugæ præsidio mortis periculum evaserunt. Rex igitur Dagobertus, gloriosa de hostibus potitus victoria, ne, quod absit, ad gloriosos protectores suos Macharium, scilicet Dionysium sociosque ejus, reus ingratitudinis remearet, divino tactus speramine, hoc deliberavit apud se, quod munus eis, omni thesauro pretiosius, in recompensationem ab eis impensi sibi manifesti patrocinii reportaret. Unde dispositis ex parte regia in præfata civitate custodiis, versus Piquigniacum vertit exercitum, ubi certissime ab incolis didicerat, propter metum regiæ majestatis, venerabile corpus sanctissimi martyris et episcopi Firmini, cum aliis fuisse reliquiis occultatum. Sed quid facerent custodes municipii ejusdem, nisi quod ipsa rerum necessitas facere compellebat? arma deponunt, se et sua regiæ voluntati subjiciunt, ipse vero misericorditer erga ipsos se habuit, sicut regiam in tali articulo decuit dignitatem.

« Subjecto sibi præfato municipio, rex providus et discretus, ut opere compleret quod antea mente conceperat, jure victoris utens, cujus sunt omnia quæ fuerant devictorum, accedit ad locum ubi pretiosas sanctorum reliquias repositas fuisse didicerat, corpusque venerabile sanctissimi martyris et episcopi Firmini, cum omni reverentia levat de latebris, indignum judicans ossa tanti martyris diutius in tenebris occultari. Deinde convocatis magnatibus Francorum exercitus, eis auctoritate regia præcepit, ut inde sacratissimum corpus cum honore debito summoque, ad dilectam sibi præ cæteris ecclesiam transferrent, ipso cum suis familiaribus humiliter subsequente.

« Venerabilis autem conventus ejusdem Ecclesiæ audiens regem cum nobili triumpho revertentem de prælio, secumque pretiosas deferentem reliquias, occurrit ei solemniter, ipsumque cum hymnis et laudibus, sicut regiam majestatem decuerat, in ecclesiam introduxit. Rex vero sacratissimi corpus martyris, quod secum detulerat, veluti thesaurum impretiabilem, super altare sanctorum Martyrum propriis manibus devotus obtulit; quod conventu cum ineffabili gaudio suscipiens, super altare Sanctæ Trinitatis, quod in choro monachorum situm est, sublimiter et honorifice collocavit. »

568 Hucusque vetus codex ms. Bibliothecæ S. Victoris Paris. Et hanc profecto translationem Nicolaum Gillium a Francis Belforestro adauctum minime latuerat de Dagoberto I agens; qui, Ambianensibus subactis, captoque Pequiniacensi castro, « corpus S. Firmini, ait ille, cum aliis lipsanis ac thesauris transportavit; et ea ecclesiæ S. Dionysii obtulit, quæ etiamnum cernuntur ibidem. »

Quæ cum ita sint, an non fides pluribus in locis est Nicolao Sues. deneganda (quanquam omnia B. Godefridi gesta in dubium revocare nefas fuerit) quippe qui ex solo vulgi rumore, sive ex cerebro attexuerit plura? quibus reclamatum fuisse suo ipse prologo ad lectorem conqueri videtur : « Quod si quis impudenter oblatrare, et carpere nos velit, cur non tam visa quam audita referamus, » etc., epistola nuncupatoria, cum quæ de S. Godefrido verba facturus erat, plurima ex parte minimi pensi fore suboleret, Robardum affatur ad hunc modum : « A tanti viri piis laudibus exprimendis hinc me revocabat ætatis immaturæ debilitas (ut enim a relatione obstetricis insertum memoriæ retinebam, non amplius quam quinque lustrorum ambitum attigeram) hinc vero humilis scientiola maxime retrahebat. Nam ut de reliquis taceam nondum complexionem syllabarum, nondum ipsius alphabeti elementa plane cognoveram, » etc.

Parergon de privilegiis abbatiæ S. Valerici.

Atque ut sole clarius innotescat quam turpiter Nicolaus erraverit, nostraque de sancto Firmino solida sit assertio huic loco conveniens, quæ is ipse tam belle lib. II, c. 9, describit, radicitus excutere; cum maxime plerosque magni nominis hac in relatione (volentes nescio) cæcutisse legerim. Nempe in synodo Remensi supposititia quædam privilegia, quæ confecerant monachi S. Valerici diœcesis Ambian. fuisse deprehensa. Et sane miratus sum vehementer, ubi acta S. Godefridi a Nicolao delineata percurri, tot summæ eruditionis viros, tam aperto errori subscripsisse, quin et ejuscemodi fabulam inseruisse conciliis. Sed juvat auctorem audire, remque ipsam ad limam et incudem revocare.

Narrationem suo (imò Surii Carthusiani) stylo prosequitur lib. II, cap. 9.: « Cum aliquando vir beatus diœcesim suam visitaret, ad B. Valerici monasterium venit. Id ubi abbas Lambertus et monachi perceperunt, illico ad cryptam properant, ubi ille residebat : rogans qua causa eo accesserit ? Respondet vir Dei : Hi presbyteri (illi enim circumstabant) longe ab Ambianorum civitate separati, orant me, ut calices et lintea, in quibus divina tractantur mysteria, ipsis consecrem. Tum illi magno furore perciti, et vix manus cohibentes : Nunquam, aiunt, ullus Ambianorum episcopus hic consecrationis alicujus ministerium exsecutus est. Cernens vir beatus immodice illos commotos, etc., abiit inde, » etc. En dissidii causam : calicum ac linteorum in ecclesia Sancti Valerici consecratio, non monachorum perversi mores, uti perperam Vitæ sancti Bernardi Clarevall. Interpres Gallicus lib. v, cap. 25, affirmavit.

Ulterius progrediamur cap. 10. « Postquam domum rediit episcopus, convocato clero exponit eis, monachos Sancti Valerici jactare immunitatem suam, quod et non sint subjecti Ecclesiæ Ambianensi, seque ab eis cum ignominia repulsum. Id illi audientes valde commoti sunt, missisque litteris, accersunt abbatem. Venit ille : sed *auri sacra fames quid non mortalia cogis pectora?* Non pauci ab abbate largitione corrupti eum adversus episcopum et matrem Ecclesiam acerrime tuebantur. Id vir beatus animadvertens, ad archiepiscopum Remensem causam rejiciendam statuit. » Quasi vero abbas a jure episcopali, ac synodali lege exemptus (saltem id prætendebat) adeo facile mandatis episcopi, canonicorumque obtemperasset : hoc enim facto causa excidisset; ac propterea commentitia Nicolai verba quis non videat?

Capite subsequenti, « Remis celeberrimum procerum Galliæ, conventum tunc habitum contendit. Adfuit etiam venerabilis Ambianorum episcopus Godefridus. Procedit in medium abbas cum monachis suis, accusat episcopum Godefrid. quod magna ipsum injuria affecerit, profert litteras commentitias, nulli, præterquam Romano pontifici, ipsos esse subjectos, Leguntur litteræ jubente archiepiscopo, moxque insultatur episcopo ab illis qui muneribus depravati erant, etc., ille (Godefridus) parum fidens litteris, quas recitarant, petit eas sibi dari inspiciendas. Accurate igitur illas contemplans et veste sua leviter abstergens, fraudem deprehendit, exclamansque : Huc quæso, inquit, oculos omnes advertite : en membranas et atramenti scripturamque plane recentia, nec Romano more obsignata : rem esse, ut ait Godefridus, comperiunt, etc. Monachi pudefacti, ad Romanum pontificem provocant, Romamque illico proficiscuntur. » Quis color in hoc sermone? Certe quidem puerilia a puero depicta continet : ut puta, « Remis celeberrimum procerum Galliæ conventum habitum, » cujus nequidem vestigium hactenus reliquere scriptores, nullumque in cartophylacio Remensi inspicere est monumentum.

Deinde si celeberrimus Galliæ procerum exstitit ille conventus, cur oro te, Guibertus noster e Remensi metropoli pendens, « Vir religiosus, et magnæ auctoritatis, » ut fert Martyrologium Laudunense antiquius; quique **569** aliquando regi Ludovico adhærebat, velut de seipso tradit De pignoribus sanctorum lib. I, cap. 4. Et Manasses episcopus Suessionens.: « Wibertus abbas, qui sapientia, et innocentia sua nos sibi valde conglutinavit : » Cur, inquam, non sederit cum aliis regni proceribus? Ad quid ipse toto in contextu operum, in Vita præsertim, quam affingit synodo Nicolaus, non memorat ille, qui in minutioribus, quæ suo evenere tempore, diligentiorem exhibet sese? Quin etiam, homo integerrimus, abbatem Sanvalericensem, utpote falsarium (si vera est Nicolai narratio) scriptis insectari procul dubio non dissimulasset. Ad Kalendas Græcas conventus ille celeberrimus

Præterea haud verisimile est abbatem, qui potestati suberat nulli, præterquam Romani pontificis (ut antehac de Ambianensi episcopo dixi), pseudoconventum Remensem, ad tuendum jus suum, et querimoniam de S. Godefrido habendam, petiisse.

Age vero, qui fieri potest, ut B. episcopus, « Veste sua leviter abstergens, membranas et attramentum scripturamque plane recentia, nec Romano more obsignata » demonstrarit? Recens quippe in membranis exarata non levi abstersione queunt deleri, imo inhærent tenacius, difficilius obliterantur. Si autem infers debuisse rugas, tinearum blatarumque rixas, præ se ferre membranas, imperitum te profers; centum siquidem annorum ætatem prope non excedebant; Benedicto scilicet papa VII (ut quidem conjicio, cum papæ nomen monachus Suessionensis tacuerit ex industria,) sedente Romæ, quo tempore instauratum constat Sancti Valerici monasterium ab Hugone duce, post rege Francorum, atque ipso petente indulta privilegia. At quæ id ætatis habent membranæ (potissimum quod ejusce momenti religiose et sollicite asservari soleant) vices ac detrimenta temporum sentisse nequeunt agnosci, quemadmodum in dies experimento discimus.

Sed, inquies, monachorum immunitates, « Nec Romano more obsignatas, meritoque rejiciendas » animadverterunt episcopi. (Et hic cardo, vel in mente Nicolai, totius difficultatis.) Quid ita? Ridesne, an serio loqueris? Prius utique constantem traditione continuata morem Ecclesiæ Romanæ, in obsignandis subsignandisve litteris probandum fuerat exstitisse; ast potius maris aquas ebibes quam istud demonstres. Contra passim mutasse stylum summos pontifices affatim suppetunt exempla, ex innumeris propemodum pauca, lector, ne stomachum moveamus, seligamus. Concil. Gal. tom. II, pag. 75, privilegio Remensi, quod Tilpino inscripsit Adrianus papa, sic finem imposuit : « Bene vale. » Subscriptio privilegii S. Dionysii, ibidem pag. 114: « Scriptum per manum Christophori notarii et scriniarii sedis nostræ, in mense Junio, indict. IX. Bene valete. Dat. Kal. Juliis per manum Anastasii primicerii, regnante Domino nostro et Salvatore Jesu Christo cum Deo Patre omnipotente et Spiritu sancto per infinita sæcula, anno, Deo propitio, pontificatus domini nostri in apostolica sacratissima Beati Petri sede XV, indict. IX, » tom. III. Indidem pag. 217: « Scriptum per manus Zachariæ notarii regionarii, et scrinarii S. R. E. in mense Aprili, indict. XI. Bene vale. Dat. IV Kal. Maii, per manus Tyberii primicerii sanctæ sedis apostolicæ, imperante piissimo domino imp. Augusto Ludovico, a Deo coronato, magno, pacifico, imperii an. XIV, indict. XI. Pag. 481. Data III Kal. Septembris, indict. XI, Trecis. Pag. 485. Scriptum per manus » etc., ut in superioribus, sed imperatoris mentio non habetur. Pag. denique 521: « Scriptum per manum, etc., regnante in perpetuum Domino Deo nostro, anno pontificatus domni Marini universalis papæ primo, indictione prima. »

Subsequentium quoque pontificum subscriptionum formulas referamus. Sergii papæ IV : « Scriptum per manus Joannis scriniarii S. R. E. in mense Junio, ind. X. Datum XV Kal. Julii per manum, etc., anno, Domino propitio, pontificatus domini Sergii IV papæ, in sacratissima sede B. Petri apostoli, ind. X. » Et post alia, item alterâ. « Scriptum per manus, etc. Datum per manus, etc., pontificatus domini nostri Benedicti summi pontif., et universalis octavi papæ, in sacratiss. sede B. Petri apost. IV, imperii domini Henrici imp. Aug. anno tertio, » etc. Has videbis subscriptiones tom. II Annal. Baronii, ad ann. 1012, et Bullarii tom. I, pag. 50 in Gregorio VII. « Datum Laurenti, III Non. Septemb., indict. incipiente XV. » Item pag. 52, ex privilegio Vallisumbrosæ congregationi indulto : « Datum Romæ per manus Joannis S. R. E. diac. cardinal., anno Dominicæ Incarnat. 1090, indict. XIII, VIII Id. April. » Et pag. 53 : « Ego Paschalis cathol. Ecclesiæ episcopus. »

« Ego Lambertus Ostiensis episcopus interfui et subscripsi, » etc.

« Datum Laterani per manus Joan. S. R. E. diac. card. ac bibliothecarii, VI Kal. Jan., » etc. Cœvus autem erat Paschalis S. Godefrido ; et hæc quidem subscriptionis formula longe discrepat a superioribus.

Ex his itaque omnibus liquet Romanos pontifices variasse suas obsignandi formulas ; atque adeo Nicolaum stolide scripsisse, idcirco synodi Remensis Patres privilegium Sanvallericensium amandasse, quod nec Romano more fuerit obsignatum. Insuper illo sancti Godefridi atque anterioribus sæculis, 570 pontifices summi, nec non reges ac principes, diplomata epistolarum instar (unde litteræ, rescripta nuncupantur) sæpiuscule transmittere solebant. Neque ita tum frequens usus fuit, velut sequioribus B. Godefridi maxime temporibus, bullas, sive icones plumbeas apostolicis litteris affigere; quod ex supra positis exemplis perspicuum habetur. Diutule notioribus immorati, ad cætera refellenda prosequamur.

Pergit Nicolaus cap. 14 : « Monachi vero Romam veniunt, munera largiuntur, redeunt ad sua læti et alacres, omnibus pro voto impetratis a Romano pontifice, » etc. Ridicula ! Semel, iterum et tertio Sancti Valerici abbatem insimulat hic auctor, canonicos Ambianenses, Remensis conventus celeberrimi præsules, atque ipsummet maximum Ecclesiæ hierarcham, pecuniis, muneribus corrupisse ac delinisse, quo veritatem susdeque haberent, et molestia sanctum virum afficerent, privarent jure ac proinde corrupti omnes et abominabiles fuerint facti, ut cum Psalmista loquar. Quasi cœnobiarcha ille immensis Crœsi opibus affluxisset, ut quavis occasione sic pecunias effunderet.

Deinde in animum facile quis induxerit, abbatem et monachos, insigni techna eorum (quod vult Nicolaus) Remis propalata, adeo frontem et os perfricuisse, ut extemplo Romam ierint, a Romano pontifice quidquid expostulassent obtinuerint, negotio perfacili? nec ullus ex *celeberrimo conventu* perversis hominibus occurreret, neque tanti facinoris præmonuisset summum pastorem; quin et actutum ipse, ignota prorsus causa, assensum monachis præbuerit, et ab obedientia eos exemerit episcopali. Apage hæc deliramenta!

Capite vero 15, 16, 20 et 21, Romam ea de causa petiisse sanctum Godefridum, atque a pontifice maximo repulsam passum biographus enarrat; sed Bario, quo venerat voti solvendi causa, ubi Romam redivisset, de ejus prudentia, eruditione, sanctitate, jam certior factus Paschalis papa, ab illo veniam, quod male eum excepisset, exposcit. « Tum Paschalis pontifex (infit Nicolaus cap. 21) litteras ei tradit, quibus inter aliâ continebatur, abbatem Sancti Valerici cum monachis suis, Ambianensi episcopo, perinde atque patri et pastori, in omnibus parere debere. Ille igitur, » etc. Itane vero? Unde igitur in ventilanda toties et refricanda de privilegiis monachorum Sanvallericensium controversia, hactenus Ambianenses episcopi in medium producere Romani pontificis quas prætendit ille litteras nequiverunt? Hac scilicet viâ universæ prorsus sopitæ, imo et exstinctæ, permansissent discordiæ. Ergo Paschalis litteras B. Godefrido nusquam datas, nemo, mea sententia, qui non advertat.

Postremo tandem historicus ille opinatissimus fabulæ suæ colophonem addidit in hunc modum, cap. 24: « Abbate Sancti Valerici rursus accito B. episcopus profert litteras Paschalis pontificis, dat eas Simoni præposito palam recitandas, etc. Ad pedes B. Godefridi se abjiciunt (abbas et monachi) veniam perperam gestorum petunt, nec difficulter impetrant, congrua eis multa irrogata. Ex eo tempore abbatia S. Valerici paret episcopo Ambianensi. » Quod si ita se res habet, quare non multo post tempore gravissima lis est, Ambianenses inter atque Sanvallericenses, excitata? Quam ob rem arbitris in partibus (ut aiunt) a summo judice Alexandro delegatis, et rationibus ab ipsis utrinque auditis ac ponderatis (quod mox sumus commonstraturi) pontifex demum, post varias ac prolixas partium disceptationes, abbatem et monachos S. Valerici, quia post hominum memoriam a jure episcopali exemptos arbitri compererant, in possessione retinuit. Atque adeo evidentissime Nicolai conclusionem: « Ex eo tempore abbatia S. Valerici paret episcopo Ambianensi, » supposititiam, nisi impotens animi, puto, ibit inficias.

Tametsi parergon istud omnibus mihi videar numeris absolvisse, et aperte boni illius viri, fictitiam, quam haud dubie ab impostoribus acceperat, diluisse narratiunculam; tamen quod crambem toties recoctam ab osoribus illis, quibus minime stomacho sunt immunitates monachorum, ingestam perspicio, juvat omnino privilegii subscriptionem qua de agitur, quæque ansam Nicolao præbuit fabricare fabellam, adjicere. De bullatis Paschalis II litteris, quippe vel consensu adversariorum sine dubio a Romana sede sunt emissæ nil attexendum. Alexandri vero III integram, utpote quæ universam (ut antea monuimus) dirimit litem, describemus sententiam. Habent igitur hancce Benedicti papæ litteræ subscriptionem.

« Scriptum per manum Hugonis notarii regionarii, et scriniarii S. R. E. in mense Aprili, indict. ix. Bene valete. Datum Kal. Aprilis per manum Stephani episcopi S. R. E., primo pontificatus Benedicti sanctissimi septimi papæ in sede B. Petri septimo, imp. domno Ottone, a Domino coronato, magno imperatore xiii, indict. nona. Amen. »

Insultabunt forsan æmuli, occlamitabuntque, imperii Ottonis II octavum duntaxat annum (cui septimus quadrat Benedicti papæ VII) fore computandum. Quibus ego non meis pretium operæ fuerit respondere, at illustriss. cardinalis Baronii verbis, qui, cum sua minime referat, **571** audiendus est, tom. I videlicet Annal. ad an. 974 sub finem, hanc perite remoræ umbram expedit: « Defuncto Ottone, inquit, ejus filius Otto junior solus incepit imperare, qui jam cum patre inchoaverat annum sextum: nam ipse in diplomatibus hunc annum numerat sui imperii (ut apparebit inferius) sextum, » etc. Itaque ad annum 981: « Exstat hoc eodem anno datum diploma Ottonis II Imperatoris, etc. In fine autem: Joannes cancellarius, ad vicem Petri Papiensis episcopi archicancellarii, recognovi et subscripsi. Datum v Id. Aug., anno D. Incarnat. nongentesimo octogesimo primo, indict. ix, regni vero domini Ottonis xxi, imperii vero viii, indict. nona. Inest sigillum ejusdem, aliaque diplomata ejusdem generis privilegia continentia ibidem exstant, ut illud datum sexto idus Octob. hoc eodem anno Redemptoris 981, indictione x, inchoata imperii a tempore coronationis decimo quarto, per manus ejusdem Joannis cancellarii. » Hactenus Baronii verba.

Quibus ac similibus constat hoc præsertim sæculo, cum imperatores, tum reges Francorum, imperii sive regni annos a die inaugurationis solitos auspicari nonnunquam. Sequitur tandem

Sententia decretoria Alexandri papæ III.

Alexander episcopus, servus servorum Dei, dilectis filiis Asselino abbati, et fratribus Sancti Wallerici, salutem et apostolicam benedictionem. Dignum est et rationi conveniens ut, cum ad sedem apostolicam quæstiones aliquæ deferuntur, etc. *Reliqua vide infra in Alexandro III, ad an. 1181.*

Ad hæc pertinet privilegium ejusdem summi pont. datum eodem anno. Quod inter alia continet quæ sequuntur: « Ad exemplar prædecessorum nostrorum piæ recordationis **572** Benedicti, et

Paschalis Romanorum pontificum, sub B. Petri et nostra protectione suscipimus, et præsentes privilegio communimus. Imprimis, » etc. Deinde multis interjectis : « Sententia quoque inter vos et Ambianensem Ecclesiam super impositione abbatis in cathedram electionis tempore, et de cura animarum, necnon et de omni jure parochiali castri S. Valerici, a nobis auditis hinc inde rationibus allegationibusque et juratorum testium depositionibus de communi fratrum nostrorum consilio lata, unde vos absolvimus, et Ambianensi Ecclesiæ perpetuum silentium imposuimus. Vobis et Ecclesiæ vestræ, sicut in scripto nostro exinde facto noscitur continere, auctoritate apostolica confirmamus, » etc.

Privilegia et immunitates Sanvallericensium comprobarunt summi pontif. Innocentius III, Gregorius IX, et alii, quos recensere non modo prolixior descriptio, sed et lectori onerosior evaderet, fieretque fastidio. Itaque de his ita, ut qui sancti Valerici privilegiis derogare (Nicolai tantum fulti narratione) et toties oblatrare ac sibi temperare nequeunt. Saltem se in lumine positos non posse videre erubescant, et vel amodo claudant ora, ne rectum verumque amantibus opprobrio fiant.

(¹²) Cap. III, § III. — *Tanta indissimiliter facta ubique loci memoriæ meæ subjiciunt.* Fraudem impiam Adelberti deflet sanctus Bonifacius Moguntinorum archiepisc., epist. 135, ad Zachariam papam : « In primæva ætate hypocrita fuit, dicens quod sibi angelus Domini, in specie hominis, reliquias attulisset, et exinde potuisset omnia quæcunque posceret a Deo impetrare. Et tunc demum per illam simulationem, sicut apostolus Paulus prædixit, penetravit multorum domos, et captivas duxit post se mulierculas, oneratas peccatis, et multitudinem rusticorum, dicentium quod ipse esset vir apostolicæ sanctitatis, et signa et prodigia multa fecisset. » Et paulo post : « Ungulas suas, et capillos suos dedit ad honorandum, et portandum cum reliquiis S. Petri principis apostolorum, » etc. Legeris et hæc inter concilia sub eodem Zacharia celebrata. Magnus etiam Gregorius Bonifacio senior lib. III, epist. 50, de Græcis agens, qui corpora mortuorum in campo jacentia effodiebant, recondebantque : « Qui cum deprehensi, » (narrat ille, « et cur hoc facerent, diligenter fuissent discussi, confessi sunt quod illa ossa ad Græciam essent tanquam sanctorum reliquias portaturi ! » Prætereo nefarium quemdam impostorem, cujus exsecrandas pseudomartyris Justi reliquiarum nundinas, testis oculatus, graphica descriptione sugillat Glaber Rodulphus lib. IV, cap. 3 : « Quod peccatis hominum exigentibus, Domino permittente, a nequam spiritibus aliquando fiant miracula. » Abunde ad hunc modum exempla suppeditat Menardus noster in cap. 3 Concord. reg. pag. 125, quem adi, si lubet, nec non Amulonis Lugd. archiep. epist. ad Theobald. Lingon. episcop. a Camuzatio Trecensi canonico editam 1633.

(¹⁴) Cap. III, § III. — *Dum ossa vulgaria pro sanctorum pignoribus venundanda dispertiunt.* Notes velim sacrilegum hoc ævo de sacris SS. reliquiis venditione usum. Unde nec mirum si auctor ipse tam acriter eos qui ejusmodi pestifero commercio incumbebant insequatur : proinde merito concil. Pictavense II, ea tempestate actum, anno 1109, cap. 12 statuit « Ut sanctorum reliquias causa pecuniæ et quæstus circumferentes, ad prædicationem non admittantur. » Et cap. *Cum ex eo*, De reliq. et venerat. sanctorum : « Cum ex eo quod quidam sanctorum reliquias exponunt venales, et eas passim ostendunt, Christianæ religioni detractum sit sæpius; ne imposterum detrahatur, præsenti decreto statuimus ut antiquæ reliquiæ amodo extra capsam nullatenus ostendantur, et exponantur venales, » etc.

(¹⁵) Cap. IV, § I. — *Nunquam legisse me memini quod loculis aureis seu argenteis marmora pura mutarent.* Quæ hac in re Guiberti mens fuerit, non habeo perspectum, verum si conjecturas exponere liceat, duplici de causa capsulas aureas argenteasve improbare videtur : vel enim quia statim atque ex hac colluvione in cœlum discesserant suo tempore pii viri, ipsorum corpora in sepulcris aureis et argenteis recondebantur; quod nusquam in Ecclesia receptum, « cum Dei Filius saxo vilissimo obstruatur, » fert auctor. Qui et idipsum non ita obscure indicat his verbis : « Quæ Dei æmulatio est, etc., nostro tempore commentetur, quod nulli unquam religioni, nullis usquam divitiis exhibitum a sæculo comperimus. » Vel ob perversum tum probatum plerisque morem, et quæstum. Quos Dei zelo accensus magnus Bernardus quam vehementer objurgat, apologia ad Guillelmum abbatem, sub finem : « Et ut aperte loquar, an hoc totum facit avaritia, quæ est idolorum servitus, et non requirimus fructum, sed datum ? Si quæris quomodo, miro, inquam, modo. Tali quadam arte spargitur æs ut multiplicetur, expenditur ut augeatur, et effusio copiam parit. Ipso quippe visu sumptuosarum, sed mirandarum vanitatum accenduntur homines magis ad offerendum quam ad adorandum. Auro tectis reliquiis saginantur oculi, et loculi aperiuntur. Ostenditur pulcherrima forma sancti vel sanctæ, et eo creditur sanctior, quo coloratior. Currunt homines ad osculandum; invitantur ad adorandum, et magis mirantur pulchra quam venerantur sacra. » Ab hoc doctore sanctissimo, Alvarus, eo licet inferior multo, minime discrepat lib. II De planctu Ecclesiæ cap. 76. « Multi **573** homines veniunt ad ecclesiam magis ut delectentur et admirentur pulchra ædificia et imagines, quam ut corrigant vitia. Aurum trahit aurum, politus lapis lapides pretiosos trahit. Magis offertur reliquiis deauratis quam pannosis, » etc.

Hic perversitas, non pietas, damnatur. Alioquin inficiari potest nemo, cultu divino impulsos qui primas, tum sanctitate, tum dignitate tenuerunt, sanctorum exuvias identidem argento, auro, gemmis circumvestisse et adornasse. Exempla suppetunt innumera; quæ brevitatis ergo attexere supersedemus. Instar sint omnium S. Salvius Ambianensis. « Qui sepulcrum S. Firmini auro gemmisque nobiliter decoravit. » Vitæ S. Salvii cap. 3. Et S. Audoenus in Vita S. Eligii lib. I, cap. 32 : « Hic idem vir beatus, inter cætera bonorum operum insignia, multa sanctorum auro argentoque et gemmis fabricavit sepulcra, id est Germani, Severini, Platonis, Quintini, Lucii, Genovéfæ, Columbæ, Maximiani et Loliani, et Juliani, adhuc et aliorum multorum, sed præcipue Martini Turonis civitate, etc. Præterea Eligius fabricavit et mausoleum S. Martyris Dionysii Parisius civitate, et tugurium super ipsum marmoreum miro opere de auro et gemmis : cristam quoque et species de fronte magnifice composuit; nec non et axes in circuitu altaris, » etc. Ita ms. codex Corbeiens.

Porro id genus thecarum auro et argento confectarum, atque gemmis sparsim ornatarum, antiquitus in Ecclesia usum invaluisse tradunt Sozomenus lib. IX, cap. 2, in fine ; Nicephor. lib. XIV, cap. 45; Aimoinus De mirac. Benedict. lib. II, cap. 49 sub finem.

Solere autem Francos in abside ecclesiæ capsas sanctorum reliquiis refertas collocare, queis et intea, ac serica pallia supponebantur, testis est Eginhart. cap. ult. lib. De translat. SS. Petri et Marcellini, apud Surium ad diem 2 Junii.

Ad quid demum ejuscemodi in capsulis sacræ reliquiæ asserventur, docet Theofridus abbas sermo de reliquiis, ante finem : « In dispositione sane Dei tanta quasi patrisfamilias domo, vasa in honore esse ac fuisse electi creduntur ; ideo et eorum reliquiæ in vasis aureis atque argenteis, et gemmatis, ac in omnibus quæ pretiosa sunt, reconduntur, » etc. Nec ab his dissimilia effatus est ante Theofridum S. Petrus Damiani, sermone de translatione S. Hilarii, initio.

(¹⁶) Cap. IV, § I. — *Certe si sanctorum corpora sua juxta naturæ debitum loca, id est sepulcra servassent,* etc. Eo loci propter impium tantummodo commercium, et falsam hominum religionem, ac fraudem, Guiberto non probantur reliquiarum translationes, divisionesque ; quam ob causam beatus Augustinus de opere Monachorum cap. 28: « Multos hypocritas sub habitu monachorum usquequaque dispersit (dæmon) circumeuntes provincias, nusquam missos, nusquam fixos, nusquam stantes, nusquam sedentes; alii membra martyrum, si tamen martyrum membra, venditant, etc. Siquidem callidissimus hostis (loquitur Baronius) studuit infamare clarissimum monachorum nomen. » Quod Theodosio imp. sanciendæ hujusce legis fuit occasio : « Humatum corpus nemo ad alterum locum transferat : nemo martyrem distrahat, nemo mercetur, » etc. C. l. ult. De sepulcr. violat. C. Theodosius.

Nihilosecius olim et in hunc usque diem diversas per Ecclesias unius alicujus sancti ossa dispertire, quo in eumdem populi augeretur devotio et cultus, stabilem permansisse consuetudinem produnt Evodius De mirac. S. Stephani, lib. I, cap. 2; apud August. in Append. tom. X; Theodoret. Hist. lib. v, cap. 36; Nicephor. lib. VII, cap. 49. Quin etiam scriptores testantur viros religione conspicuos summa cum devotione sanctorum gestasse reliquias, velut S. Germanus Antissiodorensis teste ipsius biographo apud Surium 30 Jul. SS. Benedictus et Maurus, referente Fausto in Vita S. Mauri, cap. 3, atque alii quam plurimi. At vero, « Per hoc (gemens scribit hic noster Guibertus) quod e tumulis eruuntur, membratim huc illucque feruntur, et cum pietatis obtentus occasio circumlationis exstiterit, ad hoc subeunte nequitia detorqueri cœpta est intentionis rectitudo. » Quare synodus Bracar. III, cap. 6 : « Agnovimus quosdam de episcopis, quod in solemnitatibus martyrum ad ecclesiam progressuri reliquias collo suo imponant, et ut majoris fastus apud homines gloria intumescant (quasi ipsi sint reliquiarum arca) Levitæ albis induti in sellulis eos deportant. Quæ detestanda præsumptio abrogari per omnia debet, ne sub sanctitatis specie simulata vanitas sola prævaleat, » etc. Minime autem hocce decreto reliquias a populo coli, vel ipsas deferri ab episcopis improbatur. « Quod si etiam episcopus (subinfert synodus eadem) reliquias per se deportare elegerit, non ipse a diaconibus in sellulis, sed potius pedissequa eo, una cum populis progressione præcedente, » etc. Videsis ad ipsum caput adnotationem.

Abest quam longissime ab synodi illius religione et zelo mens eorum qui ecclesiasticam, imo et arctiorem vitam professi, nescio qua pietate, prope dixeram impietate, ducti, purissima sacratissimaque sanctorum ossa minutatim discerpunt, ut auro aut argento, ac gemmis contecta mulierculis fiant ornamenta, monilia, ludibria, et perditis ac dissolutis sæpe viris scelerum species et obtentus. Heu! ecquid ageret, quibus verbis 574 abbas noster, Patresque præfati synodi, quo nefariam adeo rem e medio tollerent, uterentur. Parco scriptis, ne quid gravius.

Audiant nihilominus qui tam funesta peste laborant, et corde percipiant, de recto sanctorum pignoribus cultu exhibendo, quamque religiose sint asservanda quid edoceant, decernantque concilia, et summi ecclesiæ rectores. Concil. Epaonense A. C. 517 celebratum, cap. 25 : « Sanctorum reliquiæ in oratoriis villaribus non ponantur, nisi forsitan clericis cujuscunque parochiæ vicinos contingat, qui sacris cineribus psallendi frequentia famulentur. » Caroli Magni capit. 3 Eccles. cap. « Ut unusquisque sacerdos ecclesiam suam omni diligentia ædificet, et reliquias sanctorum cum summo studio vigiliarum noctis et divinis officiis conservet. » Gregorius Mag. lib. v, epist. 51, missis SS.

Petri et Pauli reliquiis, sic Brunichildi Francorum reginæ scribit : « Sed ut in vobis magis magisque laudabilis et religiosá possit clarere devotio, providendum vobis est ut sanctorum beneficia cum reverentia et honore condantur, et servientes ibidem nullis oneribus, nullisque molestiis affligantur; ne forsitan necessitate exterius imminente in Dei servitio inutiles et segnes reddantur, et injuriam, quod absit ! neglectumque beneficia sanctorum collocata sustineant, » etc. Item lib. VII, epist. 12, de Reliquiis SS. Hermetis, Hyacinthi, et Maximi, collocandis in ecclesia S. Mariæ Spoletanæ : « Et ideo, frater charissime, si in eodem loco nullum corpus constat humatum, sanctuaria prædictorum martyrum cum reverentia sine ambiguitate suscepta diligenter consecrabis. » Idem constituit eodem lib. VII, epist. 87, et lib. II, ep. 20. Denique lib. VII, epist. 88, ad Constantinum Mediolanensem episc. « Fraternitas ergo vestra solito studio perscrutari non differat, quatenus in locis quibus recondendæ sunt (reliquiæ SS. Pauli, etc.) luminaria, vel alimoniæ ibidem Deo servientium, ante dedicationem loci ipsius debeant erogari, et tunc in eisdem locis directa sanctuaria, sui cum reverentia collocentur. »

Ex quibus planum est sanctorum exuvias haudquaquam in locis profanis, solummodo in locis Deo sacratis, ubi divinæ laudes soleant diu noctuque decantari, esse recondendas, quanquam insolens quibusdam singulari morum probitate insignitis reliquias deferre, nolim asserere, cum me non lateat probare sanctum Thomam, inter alios, 22, quæst. 96, artic. 4, ad 3, id licere.

(¹⁷) IBID. — *Apud splendidissimum papam Gregorium.* Libri tertii, epist. 30, dignissima quæ attente revolvatur, ab illis præcipue qui sanctorum reliquias sacrilege nundinantur; eorum pruriginem mitigabit haud dubie.

(¹⁸) IBID. — *Non Deo, non sanctis ipsis unquam fuisse placitum.* Consule, si placet, beatum Gregorium loco citato.

(¹⁹) IBID. — *Se prorsus id non audere respondit.* « Nam vetus Romanæ Ecclesiæ consuetudo non tantum abhorruit ut corpora sanctorum Roma transferri pateretur, verum nec tenues reliquias ex eis detrahi quoquo modo permisit. » Refert Baronius, in Not. martyrolog. ad diem 1 Junii, quod pluribus probat ibidem, maxime ex epistola sancti Germani ac ejus collegæ, legatorum apostolic. ad Hormisdam papam an. 520 : Reliquiarum loco lintea, seu velamina, brandea nuncupata, mittebant Ecclesiæ catholicæ pontifices. Quid brandeum ? explicat ille eo loco.

(²⁰) IBID. — *Abba quidam ejus loci plus æquo curiosus.* Leftanus nomine. Historiam, qua de agitur, ita exhibet Guillelmus Malmesb. De pontif. Anglo., lib. II, in episcopis oriental. Anglo. sub finem.
« Hic, Letfanus, quibusdam de incorruptione sancti (Edmundi) male credulis male consulens, suo discrimine aliorum prospexit; prolatumque corpus in medium inspiciendum exhibuit, ipso a capite, monacho suo a pedibus trahente. » Et post pauca : « Vix orationem finierat, cum ecce ambarum manuum digiti, vel retro miserabiliter retorti, vel vola miserabiliter infixi, pœna, quam rogaverat, virum mulctavere. Post etiam aliis debilitatibus correptus, » etc. His astipulatur Florentius Vigorn. ad an. 1097. Non prorsus absimile Auxentio episcopo in Vita S. Nicetæ mart. apud Surium die 15 Septembris, evenit : « Cum enim aggressus esset ejus (Nicetæ) corporis aliquid dividere, et accipere, nil quidem accepit eorum quæ volebat; eum autem non parvus invasit metus, nec ejusmodi, ut non apertum prodiret, aut lateret, sed ejus anima quoque fuerit valde agitata, et alios docuerit iis quæ vidit et terrore quo est affectus, ut nemo deinceps manum audacem porrigeret, neque ullam partem ejus corporis, cum esset præter ejus sententiam, avelleret, » etc. Quo ipso sensu affatur Constantiam Augustam S. Gregorius papa, lib. III, epist. 30. « In Romanis namque, vel totius Occidentis partibus, omnino intolerabile est atque sacrilegum, si sanctorum corpora quisquam tangere fortasse voluerit »

AD LIBRUM III DE PIGNORIBUS SANCTORUM.

Tertio hoc in libello lectori vehementius fortean et æmulatione accensus, Sanmedardenses insectari videbitur auctor, ac limites prætergredi fraternæ dilectionis : verum si ad sanctuarii pondus sermones ipsius reducantur, si nempe quorumdam ecclesiasticorum Patrum sanctorumque. **575** doctorum, Hieronymi, Augustini, Bernardi maxime, attente scripta revolvantur ; qua mente, quo zelo, perversis moribus, nefandisque consuetudinibus sponsæ Christi unitatem, puritatem, pietatem labefactantibus, tum dictis, tum scriptis occurrebant, conabanturque ea ipsa radicitus evellere, in memoriam reducatur, nec non sacrilegas illas reliquiarum nundinationes (velut satis superque ostensum est) quæ hoc sæculo pietatis equidem specie, sed reapse turpis lucri gratia exercebantur, merito suos De pignoribus sanctorum libros, tertium præsertim, casto divini cultus amore edidisse fateri necessum est.

Præterea nil opus, ut quidem sentio, aut necessitatis asserere Dei Verbum, nostra humanitate circumvolutum, morbo illo septennium infantium, quo dentes lactei, ut vocant, excidunt recentesque vicissim succrescunt, laborasse; quin potius, quandoquidem sit omnium Patrum constans opinio, doctrina, fides, Filium Dei, lapsi hominis quanquam miserias, peccatum si excipias, assumpserit, ipsius tamen corpus ægritudinibus, queis cæteri homines addemnati fuere per protoparentis prævaricationem nusquam obnoxium exstitisse. Enimvero vicariam illam dentium succretionem, aliquod ægritudinis esse genus, est apud medicos in confesso, nihilque in dies non experimento probatur. Paul Ægineta, De arte medendi, lib. I, cap. 9; Aristot., De generat. animal., lib. v, cap. ult.; Hippocrat., sect. lib. III De carnibus, ante med.

Huc pertinet quod tradunt auctores ipsi, haudquaquam dentes quosdam infantium necessitate naturali, sed tantummodo ex alimentorum mutatione corruptioneve excidere. Quid igitur causæ, quid necessitatis Christi in corpore, cui illa corruptio non competebat, novam dentium factam productionem asserere? Ac proinde Guibertus minime est in culpam et crimen adducendus, qui dentem Salvatoris ullum in Sanmedardensi cœnobio haud unquam exstitisse, at falso hoc nomine veneratum potius beato cuipiam attribuendum contendit.

(²¹) Cap. I, § II.— *Capillum de capite nostro non periturum dixerat.* In sententiam ire videtur beati Augustini, Enchirid. cap. 87 et seq., præcipue vero lib. XXII De Civitate Dei, cap. 19 et 20. Scilicet non membrorum, non partium corporis quantitatem, sed numerum instituta sua professis Christus se illis verbis redditurum pollicetur. Corpora siquidem beatorum in resurrectione, cum sint ultimam perfectionem consecutura, et in substantia integra reparentur oportet, atque adeo longe potiori jure hoc in Christo completum est quando resurrexit, utpote omnium exemplar perfectissimum. S. Thom. in 4 sent. d. 44, q. 1, artic. 2. Cæterique in eumdem librum theologi.

Porro dens ille Salvatoris in terra derelictus, vel putrescet aliquando (sicut argute probat auctor), vel eum resumet Christus post extremum judicium, at utrumlibet absurdum fore per se patet.

Non sane par est ratio de Christi atque de cæterorum hominum corporibus; ille namque resumptis non modo quæ ad integritatem, sed etiam quæ ad majorem sui corporis perfectionem pulchritudinemque attinent, seipsum a mortuis divina virtute suscitavit. Hi vero cum nondum a mortuis excitati, idcirco quidquid corporis fuerit, sunt extra dubium recepturi in judicii die; ac propterea corporum partes universæ in futuram hic asservantur resurrectionem.

(²²) Cap. I, § III. — *Non minus etenim de umbilico, et de cæteris quæ de ipso habere dicuntur, quam de dente apud nos agitur.* Næ ego quid de umbilico proferam nec habeo, nec video. Verum, ut dicam quod sentio, quando non eadem via qua infantes alii, ex virgineo claustro in lucem prodierit Christus, dissonum et abhorrens mihi videtur, tum a Matre Virgine, tum etiam ab immaculata mundissimaque Filii nativitate, excisum e corpore ipsius umbilicum edicere. Ecquid, oro te, hæc ipsa umbilici amputatio, siquidem ipse solis instar radii vitrum penetrantis, ex utero Virginis sanctissimo absque ulla puritatis læsione exierit? Ab his ergo manum retrahamus.

De præputio pariter, quod ipsum se habere nonnulli glorientur, scribantque auctores non pauci diversis in locis asservari, statuere nil ausim, præter sententiam papæ Innocentii III, lib. IV, De missæ mysteriis : « Quid de circumcisione præputii vel umbilici præcisione dicetur? an in resurrectione Christi similiter rediit ad veritatem humanæ substantiæ? Creditur enim in Lateranensi basilica reservari; licet a quibusdam dicatur quod præputium fuit in Hierusalem delatum ab Angelo Carolo Magno, qui transtulit illud Aquisgrani; sed post a Carolo Calvo positum in ecclesia Salvatoris apud Carosium. Melius est tamen Deo totum committere quam aliquid temere definire. » Consule Titum Bostrensem et Theophylact. in cap. II Lucæ, ac Bollandum, De Actis sanctorum, tom. I, ad diem 1 Januarii, qui testimonia in hanc rem antiquorum et recentium permulta retexit.

(²³) Cap. III, § IV. — *Sicut Lauduni apud nos lac ipsius Benedictæ in columba cristallina.* Non abs re utique hic nonnihil adnotare absterreor ac detrecto; etenim plurimis in ecclesiis Gallicanum per orbem, et alibi, guttulas lactis **576** Deiparæ religiose coli audio legoque. Guibertus econtra constanter B. Virginem usquam e sacris uberibus lac expressisse, quod venerationi foret aliquando, negat. Quam igitur in partem propendam? Utrobique sane negotium, utrobique scrupulus meum lancinat animum.

Verum enimvero volunt aliqui, et quidem gravissimi scriptores, lac illud conservatum candidissimum esse liquorem, qui a B. Virgine jam in cœlo regnante, suis se unice amantibus diffusum est. Et hoc in vetere Carnotensium episcoporum serie consignatum, ex qua fragmentum, beneficio Joann. Bapt. Soucheti omni litteratura docti, emittimus in lucem: « Fulbertus, etc.; ipsum B. Virgo tanquam præcipuum alumnum in quadam ægritudine personaliter visitavit, et linguam ejus jam sacro igne consumptam, lactis de mamilla recenter extracti infusione sanavit. Unde accidit tres guttas lactis super facie remansisse, quas recollegit, et in pretioso vase ad hoc apto reponit; quæ usque ad præsens in Ecclesia certis temporibus venerantur. » Huic rei calculum adjicit Guillel. Malmesburi., lib. III De gest. Anglorum.

Non dissimile quid factum lib. membranaceo De miraculis B. Mariæ, anno circiter 1100 scriptis mandatum, cap. 76 : *De monacho cujus ulcera Virgo beata lacte suo rigavit.* « Erat quidam frater qui in cœnobio militabat cœlorum Domino, Dei Matri tanquam et Filio, decreverat servire sedulo. Cum conventus illa finierat quæ cantare nocte consueverat, coram ara hic solus aderat, heræ suæ solvens quod voverat. Die vero per horas singulas, post expletas horas canonicas, gloriosæ Mariæ proprias decantabat laudes et gratias. Multo quidem hoc egit tempore, non negligens, sed devotissime, donec quadam tentus gravedine non valebat debitum reddere; morbus quippe nimium affluens, ita guttur extra interiusve occupaverat, ut neque cibis neque potibus pateret aditus; sed et partes totius corporis infra breve spatium temporis videbantur quasi exanimes, tanta erat vis ægritudinis. Prævalente dolore febrium laborabat vir Dei nimium, ut dicerent circumstantium quidam : Iste jam reddet spiritum; cujus rei audito nuntio, totus conventus adest illico, et pro fratre ut morti proximo flent et orant, ungentes eum oleo.

« Expletis his, cœperunt psallere, ut in tali mos est discrimine, admirantes tandiu vivere quem nec flatum videbant trahere. Oculorum defecto lumine desierant moveri palpebræ, jam pallore infecta facie, membra mortis rigebant frigore. In area consperso cinere festinabant fratres sternere cilicium, ubi a corpore egressio fieret animæ. Dicebatur fere ab omnibus : Heu! quam male tardavimus, non habentes quod opus est istis patrantibus. Non videtis quia est mortuus?

« Interea cunctis ululantibus et pro boni fratris excessu voces lugubres emittentibus, en causa universalis pietatis, beata scilicet virgo Maria, gloriosa mater misericordiæ, sui capellani mota suspiriis, indigne fert illum tali diutius languore vexari. Dum enim hæc fiunt a fratribus, ecce interea felix illa puerpera, nullis videntibus, excepto eo qui moriebatur, se collocat juxta ejus cubilia, speciosa nimis in veste candida, et, ut sibi videbatur, suæ admota fronti dextera, loquebatur secum talia : Mi dilecte, quid facis? Nimia attritus es diu molestia. Injustum est ut his doloribus te patiar vexari amplius, quem et ego et meus Filius tam devotum nobis conspeximus. Ego Mater misericordiæ capellano meo succurrere huc adveni, nunc ad me respice, ne timeas, evades optime. Res miranda et cunctis sæculis prioribus inaudita! Nam ut sibi videbatur ipsa mater pia, quæ est miserorum miseratio materna, extrahens quasi e sinu ubera, quæ circa os erant perhorrida, sacro lacte, ægri, scilicet capellani sui, rigabat ulcera. Quo facto, statim recessit mater, seque in stelligera, quasi tumultum fratrum ferre non sustinens, recepit palatia. Prius tamen adjecit panlulum hoc, inquiens : Nunc habeto præmium ob impensum mihi servitium, possessurus non post multum perenne gaudium. Nam qui meo servire Filio studuerint et mihi sedulo, securi sint de facti servitii præmio, vita vivent quæ caret termino.

« Tam admirandæ rei audito nuntio, animus pavore percellitur, obstupescit auditus et hoc verum esse mens inconsiderata trepidat, eo quod misericordem Altissimi Genitricem sui capellani sacro lacte rigasse dixi ulcera, quia nec tantæ dignitatis persona, nec tanta philosophiæ vel precum accedit eloquentia, quæ ab excellentissima Matre Dei quid tale debeat promereri; sed si ad memoriam deducimus, quomodo Altissimus Filius ejus virgineum descendere dignatus est in uterum et postea nasci, circumcidi, tentari, a Pharisæorum insidiis persequi, ac demum pro peccatoribus crucifigi, deinde sepeliri, resurgere a mortuis atque ad dexteram Patris ascendendo collocare dignatus est formam nostræ mortalitatis, omne discedit ambiguum, cum pro peccatoribus tanta fecisse recolimus Deum.

« Verum nomine lactis aliquando misericordia, vel aliqua dulcedo supernæ contemplationis solet exprimi. Unde et Apostolus ait : « Tanquam parvulis in Christo lac vobis potum dedi, non escam; » id est misericordiam leviora præcipiendo indulsi. Quid igitur mirum si gloriosa virgo Maria, mater omnis pietatis et misericordiæ, per similitudinem lactis ubere suo sacro, ita misericordiam devoto suo impendit famulo, cujus sacro lacte tenera ipsius misericordiæ, Jesu Christi scilicet Domini nostri, nutritur infantia, qui etiam postea dignatus est pro peccatoribus misericorditer crucis ferre supplicia?

« Fertur quoque in Gestis beati Dionysii martyris, Athenæ quidem prius, postea vero Deo donante Parisiorum archipræsulis, ipso beato Dionysio in suis epistolis referente, quia dum a quibusdam fides sanctæ violata fuisset. Ecclesiæ, beatus Carpus presbyter benignum Jesum Christum precaretur ut suæ potestatis vindictam in illos vibraret, apparuit ei et benignus Jesus in orationibus soporato, cum multitudine angelorum, qui manum suæ sanctæ misericordiæ ipsis miseris, quasi in carceris profunda dilapsis, porrigens, atque angelorum ministerio, ea sustentans, ait beato Carpo : Carpe, manu in istos, immisericorditer constituta, et non per misericordiam retracta, percute adversum me. Nam paratus sum pro hominibus resalvandis iterum pati, et complaceo super his magis quam super aliis qui non peccaverunt. Quid ergo dubitat homo miserrimus gloriosam Matrem misericordiæ, in similitudinem lactis misericordiam præstare suis, quando ipsa misericordia, benignus scilicet Jesus Dominus noster, qui sedet ad dexteram Patris, qui mortem vicit nec jam amplius valet mori, mori se velle asserit pro perfidis? Verum hoc dixisse sufficiat ad comprobanda Dei nostri et suæ sanctæ Matris magnalia. Nunc igitur redeamus ad narrationem nostram, ubi gloriosam Matrem diximus post visitationem sui famuli se recepisse in æthera.

« Æger vero plurimum confortatus est a Matre Domini, mox caput erigit, nec jam æger a lecto prosilit, et medicandum nusquam respicit, hæc ejulans Fratribus intulit : Hic adfuit Regina gloriæ servum suum me salvum facere, et vos nihil ei reverentiæ exhibentes, peccastis utique, dum vidistis quid mihi faceret, et neglexistis parare ubi recumberet. Et putans quod ipsi similiter, sicut ipse viderat visionem, vidissent, ait : Heu me miserum! quia non fui valens Salvatrici meæ parare aliquod sedile pulcherrimum, quæ immerito mihi tantæ sospitatis impendit solatium : si enim tumultus vester non fieret, non tam cito forsan recederet.

« Fratres, viso quod sic surrexerat quem defunctum quisque putaverat, terror ingens omnes præoccupat, ignorantes quod factum fuerat. Verba Fratris nullus perpenderat, tantus quemque stupor invaserat. Psalmodiæ vox nulla resonat, qui nunc flebat præ metu resonat. Interea recuperata virtute æger in se rediit, et quid erga se factum sit recognoscit, atque fratribus recitat, per ordinem, sicut res contigerat, sicque mentes eorum revocat. Superfluum est nobis quærere si quas laudes de tanta Virgine studuerunt hi tunc exercere, qui videbant fratrem dilectum, quem mortuum putaverant, sanis membris vivere.

    « Benedicta sit talis Domina,
    Quæ sic suis fert medicamina,
    Ipsa nobis fiat propitia
    Donans nobis vitæ remedia
    Nati sui, suosque servulos,
    A peccatis faciat liberos;
    Nosque per cunctorum dierum curricula,
    Suis obsequiis reddat idoneos :
    Deo pura nos habitacula,
    Aptet mundos ab omni macula,
    Ut post hujus vitæ curricula,
    Gaudeamus secum in sæcula.
    Ejus ope, ejus antidoto,
    Mundo salus rediit perdito ;
    Ipsi laus, una cum glorioso suo Filio,
    Honor, virtus, atque jubilatio,
    Tempore perpetuo. Amen. »

Hucusque codex ms. Corbeiensis monasterii. Lac et B. Bernardo Clarevallensi eamdem cœlorum Reginam infudisse ferunt scriptores nonnulli; sed quo fulciantur vero judicent, qui gesta illius a tribus synchronis auctoribus exarata (quibuscum perquam familiariter Bernardus est conversatus) excusserint. Quo etenim modo fieri potest ut relatis, ultra centum, miraculis, hoc tam insigne oblivioni tradiderint? Ita Joan. Bertelius lib VIII in Regulam S. Benedicti : quem Chrysostom. Henriquez confutat in Menologio Cistert. ad diem 13 Maii, et Angelus Manrique, Annal. Cistertiens. tom. II, ann. 1153, cap. 12.

(²⁴) CAP. III, § IV. — *Quid post resurrectionem vulnera illa reservata portenderent.* Nequaquam plane mens Guiberti est, ut in Christi corpore vulnerum cicatrices remansisse, sed eam tantummodo ob causam neget, qua nimirum Patri sint veluti signa ac stimuli ad memoriam eorum refricandam quæ Filius gratia generis humani pertulit, et ad extorquendam ab eo misericordiam : « Non enim cogitationes meæ, cogitationes vestræ : neque viæ vestræ, viæ meæ, » ore quondam Isaiæ cap. LV inquiebat Deus ipse. Sola ejus infinita bonitas, sola Christi sufficit humanitas, quo paterne veniam peccatoribus largiatur, gratias 578 affatim effundat hominibus.

Neque pariter quod objectabant Sanmedardenses approbat, nempe vulnera idcirco post resurrectionem perseverasse, quoniam Christi corpus omnimoda ultimum post judicium gloria sit donandum. Refellit et quarumdam deliria vetularum, quæ fingebant Salvatoris illa ipsa continuo esse aperta vulnera, saniemque manare.

Non, inquam, præfracte diffitetur auctor, Dominum instar margaritarum passionis stigmata in cœlo nunc habere; alioquin in SS. Patres sese erigere; ac suam sententiam anteferre videretur (absit!) sanctis videlicet Ambrosio, lib. x in Lucam cap. XXIV ante finem, Leoni, sermone 1, de Resurrect., et aliis. Quare ergo vulnerum cicatrices? Ut fidem roborent, solentur fideles, impii aliquando ignominia suffundantur. Ita August. lib. XXII de Civitate Dei, cap. 19 et 20; Euseb. Gallican. sive Eucherius, seu etiam Faust. Regiens. homil. feriæ 3 post Pascha, Cæsarius Arelat., homil. 23. Sed et Guibertus apertissime id affirmat cap. 3 epistolæ De veritate Dominici corporis, pag. 284. C. « Quid quod in cœlo positus ne vulnera quidem sua obducere; aut servilem formam, quam in futuro repræsentabit judicio, exuere voluit, » etc.

AD LIBROS GUIBERTI DE VITA SUA.

Quod splendidissimum orbis oculum B. Augustinum fuerit, Guibertus exemplo proxime secutus, vitæ ipsius priorem librum qui legerit, plane animadvertet. Augustinus libro cui titulum fecit *Confessiones*, vitæ suæ defleas actus percurrit : hic pariter libris de vita sua, priori maxime, gemebundus vitam recolit anteactam; ille summas Deo grates pro infinitis in se collatis beneficiis agit; similiter et iste; matri S. Augustinus ab improba et hæretica consuetudine revocatum sese, feri acceptum; Guibertus in hunc modum, quod e corruptis moribus a matre traductus fuerit, ingenue fatetur; prior matrem mire laudat; ita et posterior suam; verbis atque scriptis doctor ille Manichæos et cæteros, qui suo sæculo emerserant, hæreticos insectatus est : abbas quoque noster ut Judaicam perfidiam, hæreticamque pravitatem, Manichæorum fæce excitatam, evelleret, et coram disputavit, et tractatus edidit.

Cæterum non defuere celebres et alii scriptores, qui ea quæ gesserant scripserant potissimum, posteritati consignarunt; velut Hieronymus, Gennadius, Beda, Sigebertus, etc., id præstare non abs re, quinimo profuturum duxere.

AD LIBRUM PRIMUM.

(²⁶) CAP. I. — *Cum quod emanas, omnibus debeas.* Hoc est, gratiæ ac beneficia, quæ ex decreto atque ex congruo, non ex condigno (ut loquuntur theologi) in homines infinita tua bonitas, clementia immensa continuo emittit (verbum *emanat* eo loci active usurpatur) et effundit, omnibus plane debentur. Nonne universi orbis Conditor cum sit, rebus a se creatis non conservationem modo, quin et perfectionem sponte debere Deum clamat natura, divinæ Scripturæ asseverant? At in rerum natura si gratuitum ejuscemodi debitum agnoscitur, num potiori ratione in statu gratiæ, cum sit fons, inquit auctor, « a quo omnia bona procedunt, » quidquid hominum saluti perfectionique convenit, illum, « cujus natura bonitas, cujus miserationes super omnia opera ejus, » emanare necessario, quia id secum ab æterno statuerit, fateri necessum est?

Et hæc sane non ita obscure innuit Guibertus lib. VIII in Genes. cap. xxxi ad vers. 7. « Sed pater vester circumvenit me, » etc. Ait : « Non permisit eum Deus ut noceret mihi, id est, cum sit essentialiter Deus, propriumque Deo sit ut sit pius, ipsa sua naturalis gratia non sinit eum ut imminens tentationis prælium permitteret verti in exitium mei. »

(²⁶) IBID. — *Quoties per peccandi necessitatem peccare compellor.* Ea necessitate quam gentium Doctor. a Rom. VII deflet : « Non enim quod volo bonum hoc facio : sed quod nolo malum hoc ago. » Et : « Video aliam legem in membris repugnantem legi mentis meæ, et captivum me ducentem in lege peccati, » etc. Unde Augustinus Simpliciano, lib. I, quæst. 1 sub medium, respondens Pauli verba explanat : « Hoc autem ideo totum dicitur, ut demonstretur homini captivo non esse præsumendum de viribus suis, etc. Hoc enim restat in ista mortali vita libero arbitrio, non ut impleat homo justitiam cum voluerit, sed ut se supplici pietate convertat ad eum cujus dono eam possit implere. » Et Primasius in cap. VII ad Rom. « Non enim quod volo, etc., Vincente consuetudine quod nolo facio. Facere ergo se dixit, et operari, non affectu consentiendi et implendi, sed ipso motu concupiscendi. Non ego, quia invitus; sed ego quia ipse mihi hanc, per vim consuetudinis, imposui necessitatem. » Suam ipsemet Guibertus mentem aperit lib. III in Genesim, cap. VI, vers. 19 : « Quasi femineos carnis motus, ex necessitate peccandi, velimus plerumque nolimus, animo admovemus : sed tamen illico juri illius masculi mancipamus, 579 rationis videlicet, cujus vi ad regulam constringantur, » etc.

(²⁷) CAP. IV. — *Erat paulo ante id tempus, et adhuc partim sub meo tempore Grammaticorum charitas*, etc. Quod inter cæteros commemorat Milo Crispinus Vitæ B. Lanfranci, operibus ipsius præfixæ, capite 1 : « Fuit vir magnus Italia ortus, quem Latinitas in antiquum scientiæ statum ab eo restituta tota, supremum debito cum amore et honore agnoscit magistrum, nomine Lanfrancum, etc. Et pertransiens, Franciam plures magni nominis scholares secum habens, in Northmanniam pervenit ; et in Abrincatensi civitate demoratus, per aliquod tempus docuit. » Itemque cap. 4 : « Lanfrancus quoque licentia abbatis sui, iterum scholas tenuit. In Beccensi videlicet monasterio cœnobita factus. » Ex qua Beccensi schola velut e limpidissimo fonte, scientias Galli, Angli, Itali, et alii hausere quamplurimi haud vulgaris doctrinæ pietatisque viri, quorum ad cap. 7 præfatæ Vitæ nonnullos attigimus.

Posthac in Gallia restitutas esse floruisseque litteras produnt scriptores : sed maxime Lauduni Clavati, doctore Anselmo, Glossæ interlinearis auctore, qui Magni Anselmi, Lanfranci discipuli, auditor exstiterat. Parisiis quoque Abælardus, ac Robertus Pullus, post modum cardinalis et cancellarius S. R. E. sub Innocent. II. Quo etiam tempore scholæ S. Victoris Paris. celebriores evasere. Abælard., epist. 1, Vita S. Gosuini, cap. 4. De scholis monasteriorum late egimus observat. ad cap. 4 Vitæ beati Lanfranci, pag. 35.

(²⁸) CAP. VII. — *Contendebat denique mater mea ecclesiasticis beneficiis me quoquo modo inserere.* Quod virus mirum in modum serpebat sub eadem tempora : ac propterea Urbanus II Concil. Roma. III, ann. 1099 celebrato, sancivit cap. 5 : Ut, « quicunque cupiditate parentum, cum adhuc essent parvuli, ecclesias vel ecclesiarum beneficia per pecunias adepti sunt, postquam eas omnino dimiserunt, si in iis canonice vivere voluerint, pro misericordia ibidem eos esse concedimus, » etc. Sed libeat strenuissimum ecclesiasticæ disciplinæ propugnatorem Bernardum, Guiberto æqualem, audire epist. 42, sive tractat. De moribus et officio episc. «Nunc vero quia sola attenditur gloria, et non pœna, purum esse clericum erubescitur in Ecclesia, seque viles et inglorios qui quocunque eminentiori in loco non fuerint sublimati. Scholares pueri, et impuberes adolescentuli ob sanguinis dignitatem promoventur ad ecclesiastica dignitates, et e sub ferula transferuntur ad principandum presbyteris : lætiores interim quod virgas evaserint, quam quod metuerint principatum, ». etc. Quam apte isthæc nostræ quadrant ætati !

(²⁹) IBID. — *Erat ea tempestate nova super uxoratis presbyteris apostolicæ sedis invectio.* Concilii Melfitani cap. 2 et 12, vel Claromontani cap. 9, ab Urbano II habitorum ; sive etiam concil. Pictaviensis 1, cap. 9 et 10, sub Paschali II. Porro antehac, hoc est an. 1074, statuerat multa Gregorius VII adversus clericorum incontinentiam. S. Petrus Damian., epist. 16 ad Nicolaum pontif.; Ordericus Vital. lib. V Histor. ac lib. XII, pag. 866 et 888, et alibi sæpe.

Presbyteros concubinarios graviter reprehendit beatus Bernardus protocœnobiarcha Tyronensis, hoc eodem sæculo, circiter an. 1108, ut testis est Goffridus Grossus Vitæ illius cap. 7 : « Pro consuetudine tunc temporis per totam Northmanniam, hoc erat, ut presbyteri publice uxores ducerent, nuptias celebrarent, ac filios procrearent, quibus hæreditario jure post obitum suum ecclesias relinquerent, etc. Contra hanc mortiferam consuetudinem servus Dei Bernardus in conventiculis sacerdotum studiose disputabat, et ut eam relinquerent magnopere satagebat, etc. Quadam die dum in Constantiis populo publice prædicaret, quidam archidiaconus uxorem habens, et filios, cum magno presbyterorum comitatu advenit, et cur ipse monachus, qui mundo mortuus erat, viventibus prædicaret, requisivit. At Bernardus lepide respondit : Nonne, frater charissime, in Scriptura legisti quod Samson ille fortissimus de mandibula asini mortui inimicos suos interfecit ? » (*Jud.* xv, 15.) Et post pauca : « Asinus mortuus simplicem populum obedientem, jugum suave Christi, et onus ejus leve portantem, humilitatis vias sectantem, mundo mortuum, id est peccatis et vitiis mortificatum, ut ait Scriptura : Mortui enim estis, et vita vestra abscondita est cum Christo in Deo (*Col.* iii, 5), » etc. Viden ad quid monachi mundo sint mortui ?

(30) Ibid. — *Sub præstolatione enim alienæ mortis.* Beneficiorum nefanda cupido non Guiberti sæculo tantum, verum etiam in multa subsequentia, ad Ecclesiæ dedecus maximum, irrepsit, imo et grassata est. Quod mercimonii genus, postea reservationum et gratiarum exspectativarum nomine, a beneficiorum aucupibus est factitatum. Qua in re Antonius de Raymundia Benedictini ord. non ignarus Asceta, *Tractatu contra reservationes speciales et nominales omnium fere prælaturarum,* etc. : plangit ad hunc modum miserandum Ecclesiæ statum, « Hæc pestis est a nostris invisa patribus; licet olim nixa fuerit de corporibus aridis hominum velle emittere plantulas, et palmites infructuosos coalere, ipso ortu a Patrum sanctorum prudentia de ipso agro Ecclesiæ, tanquam arbor spinosa, protinus est avulsa (videlicet reservatio dignitatum, prælaturarum et aliorum beneficiorum, quorum ministri ac prælati adhuc vivunt in corpore), 580 quia materiam parabat scandalis, et votum dabat hominibus captandi alterius mortem, in sacro Lateranensi concilio ab Alexandro III celebrato perpetuæ fuit prohibitioni subjecta, videlicet in cap. 2 de concessione præbend., etc. Miram enim rem nostris lacrymosis et infaustis temporibus, oculis perspicimus, quod aliquo prælato quinquagesimum vix annum attingente, ejus prælatura vel dignitas in favorem alterius reservetur, contra regulam charitatis dandi illi exspectandi desiderium mortis alienæ, ut possit in locum ejus substitui. Magis tamen mirandum, quomodo principes Christiani pro tam scelesta materia non verentur aures summi pontificis per importunas et (si fas est dicere) inhonestas vexare preces, mirabiliusque quod ipse summus reipublicæ Christianæ hierarcha, et qui vices gerit justissimi judicis Jesu Christi talibus inique postulatis, contra omne fas, jus, et rationem naturalem et positivam assensum præbet; » etc. Hactenus doctor ille Dei æmulatione exæstuans.

(31) Cap. VIII. — *Luxovium in Gallia.* De quo Jonas Vitæ S. Columbani cap. 10 : Celebre monasterium Luxoviense veluti paradisi fons totam sua pietate, religione, doctrina Galliam irrigavit. Sanctus Audoenus Vitæ S. Eligii cap. 21, lib. i. « Nimis sanctæ conversationis æstuans, S. Eligius, desiderio, ipse quoque properabat ad cœnobia maximeque Lussedium [Luxovium] quod erat eo tempore cunctis eminentius atque districtius, » etc.

Insuper Luxoviensis monasterii primordiorum graphica est descriptio in perantiqua sancti Agili abbatis Resbacensis Vita ms. « Eo tempore vir religionis venerandæ, Columbanus nomine, ab Hibernia, Christo ducente, in Gallias advenerat, desiderans nutu divino a serenitate præfati regis adipisci locum, quo monasterium ædificaret monasticæ religionis, etc. Audito vehementi studio principis Agnoaldi, eum adire deliberat seque suamque precem illi commendat : qui mox talis desiderii arcanum, ac si divinitus sibi commissum suscipiens, quantocius regi opportune intimat, eumdemque Columbanum illi gratiosum efficit; nec non qui optabilem ipsius precem exaudiat, submissus efflagitat. At rex magnanimitatis modestia jucundans super sermone hujusmodi, postulata libentissime indulget ; insuper necdum petita largiri magnifice promittit : castrum namque inter vasta eremi septa, quæ Vosacus dicitur, fuerat fanaticorum cultui olim dedicatum, sed tunc ad solum usque dirutum ; quod saltus hujus incolæ, quamquam ignoto præsagio, Luxovium nominavere.

« Illud equidem considerans benignissimus Agnoaldus velocius posse restaurari, et cernens situm loci monachorum agmini aptum, imo intelligens prærogativa fidei, et sapientiæ lumine illustratus, eumdem locum Deo sacrari oportere, et ubi olim profano ritu veteres coluerunt fana, ibi Christi figerentur aræ, erigerentur vexilla, atque celebrarentur mysteria, obtinuit suis precibus a sublimitate regis, ut per scripti seriem, habitaculum Deo militantium perenniter delegaretur; quo adversus aereas potestates, B. Columbano instituente, dimicarent superni regis tyrones, quos demum post diversa exercitia virtutum, ut robustos bellatores lux perpetua Christo cum palma gloriæ suo conspicuos redderet paradiso. »

(32) Ibid. — *Quædam etiam in Neustria.* Nimirum Beccense, Cadomense S. Stephani, Sagiense Sancti Martini, etc. (quæ illis temporibus sumpserunt initia) et Sancti Ebrulfi, Gemeticense, Sancti Vandregesili, etc., postliminio ad pristinum splendorem revocata, et alia quamplurima, quæ in Roberti de Monte tractatu De immutatione ord. monachorum, etc., enumerantur. Vide post Appendicem a nobis editam. Chronicon Beccense meminit eorumdem cœnobiorum ; Orderic. Vital. Histor. lib. III, pag. 461.

(33) Ibid. — *Sanctæ conversationis refrixit charitas, et rerum opulentia quasdam postmodum sensim deseruit ecclesias.* Morum ergo perversitas gignit egestatem, in ecclesiasticis maxime viris; contra vero facultatum productrix virtus est. Ecclesiasticus capite xiii, 30. « Bona est substantia, cui non est peccatum in conscientia, et nequissima

paupertas in ore impii. » Ad hæc verba Strabus Fuldensis glossa ordinaria : « Divitiæ habitæ juste sunt materia exercendæ virtutis per opera misericordiæ et liberalitatis. » Cui simillimum est illud beati Ambrosii effatum. « Divitiæ ut impedimenta improbis, ita bonis sunt adjumenta virtutis, » ad cap. xviii et vix Luc. lib. viii. Quin Juvenal. Satyr. 3 :

Nil habet infelix paupertas in se,
Quam quod ridiculos homines facit.

Et Guillelmus Flaviacensis abbas (de quo infra in compendio Hist. ejusdem cœnobii) consulens probæ et constanti monachorum conversationi, ait : « Egestas enim murmuris, et impatientiæ, atque etiam cupiditatis nonnunquam est occasio. »

Atque adeo haud bonorum temporalium opulentia Benedictini ordinis perniciei, quod obgannire solent gurgites illi et helluones rerum Deo sacratarum, causa exstitit, imo a sancta conversatione deviatio; simul enim atque pœnitentiæ pertæsi, decepti deliciis, post concupiscentias suas iere monachi, sæcularibusque, solitaria et arcta via posthabita, sese ultro immiscuere negotiis, « sanctæ conversationis refrixit charitas; » et corrupti, atque abominabiles facti evanuerunt in cogitationibus suis, quæque prius non sibi tantum ad victum et vestitum collata fuerant, sed et ad gloriam, quo non secus ac domini potentes, et principes terreni, ea cæteris, egenis præcipue, affatim erogarent, versa sunt in venenum et opprobrium, veneruntque alieni et comederunt robur eorum. Ut merito cum Jeremia, Thren. v, 2, 3, 7, occinere debeamus : « Hæreditas nostra versa est ad alienos, domus nostræ ad extraneos. Pupilli facti sumus absque patre, matres nostræ quasi viduæ. Patres nostri peccaverunt, et non sunt; et nos iniquitates eorum portavimus. »

Verum ubi viget regularis observantia, ex sententia affluunt universa; quod probe adnotavit Hugo Flaviniacensis in Chronico nondum edito, ad an. 1078, gesta exhibens abbatis Divionensis, S. Guillelmi, qui postea Fiscanense rexit monasterium : « Noverat quia cum cresceret interius religionis studium, exterioris quoque substantiæ accederet supplementum. » Et ad an. 1088 : « Vigebat in eo virtus charitatis, quæ tanta erat, ut quanquam eo anno, ubique tempestatis violentia, maturæ segetes in spicis, et vinum in racemis, omnia prostrata, et prorsus damnata essent, nil tamen minus fieret in refectorio et eleemosyna, cum fratres centenarium fere excederent numerum, » etc. Huc pertinent quæ de se refert Sugerius in Ludovici Grossi Vita , tom. IV Hist. Franc. Andreæ Duchesne, pag. 311. « Ordinem sanctum plene reformavit, sanctæ religionis propositum quo ad Deum fruendum pervenitur, absque scandalo et perturbatione fratrum, licet non consueverint, pacifice constituit. Cujus voluntatis divinæ efficaciam, tantæ libertatis, bonæ famæ, et terrenæ opulentiæ subsecuta est affluentia, ut etiam inpresentiarum, quo magis nostra excitetur pusillanimitas, quodammodo cognoscatur, nos ipsos remuneratione etiam temporali remunerare; cum et apostolici reges et principes, felicitatibus Ecclesiæ congratulari delectet, gemmarum pretiosarum, auri et argenti, palliorum, et aliorum ecclesiasticorum ornamentorum affluentia exinde exuberet, ut recte dicere valeamus : *Venerunt mihi omnia bona pariter cum illa* (Sap. vii, 11). Quo experimento gloriæ futuræ Dei, fratres nostros successores nostros obtestando per Dei misericordiam, et terribile ejus judicium sollicitamus, ne sanctam religionem, quæ et homines et Deum conciliat, confracta consolidat, perdita restaurat, paupertatem opimat, tepescere permittant, quia sicut timentibus Dominum nihil deest, non timentibus etiam regibus omnia, ipsi quoque sibi deficiunt. »

Rationes autem assertionis præfatæ meæ subministrat sanctus Benedictus, siquidem ipse evangelicæ perfectionis instaurator, monachorumque Occidentis institutor, præcipue decrevit, nempe antequam professionem tirones emittant, ut ex omnibus quæ possidebant nil sibi reservent, cap. 58. Item cap. sequenti, de filiis agens nobilium, parentes obtestatur, « Promittant sub jurejurando quia nunquam per se, etc., filiis tribuant occasionem habendi ; » cap. 33, nil proprium habere sinit monachum, « omnia vero necessaria a Patre monasterii sperare; » cap. 34 : « Infirmorum cura ante omnia, et super omnia adhibenda est, etc., carnium usus, et balneorum, » et quidquid infirmis necessarium fuerit, concedatur; cap. 39, 40 et 55. Victus et vestimenta suppeditentur; cap. 53 et 56 : « Omnes supervenientes hospites tanquam Christus suscipiantur. » Et tandem cap. 66 : « Monasterium ita debet construi, ut omnia necessaria, id est aqua, hortus, pistrinum, vel artes diversæ intra monasterium exerceantur, ut non sit necessitas monachis vagandi foras, quia omnino non expedit animabus eorum. »

Nunquid his ex locis necessario colligendum est cœnobia rerum copia fore dotanda, quatenus ad unguem observetur regula ? nimirum ut victus, vestitusque unicuique tribuatur; « Infirmis sicut revera Christo, ita serviatur; » pauperes omnes (quod solemne ac religiosum in ordine, quamdiu reditus monasteriorum a sæcularibus viris minime distrahebantur, semper exstitit) velut Christus excipiantur, subleventur, alantur, vestiantur (de quibus mox infra). Quapropter S. Junianus a rege Clotario I, cujus professionis ac studii esset, sciscitatus, sic conquerendo respondit : « Se sub monastico ordine vitam degere, et monachis prælatum et beatiss. Benedicti instituta servare, regularem ejus vitam observare, nisi quod propter angustiam loci non eam plenissime custodire cum suis valeret. » Et paucis interjectis : « Quibus auditis, rex statim ait : Si ex prædio fisci nostri aliquid vobis vicinum est, et loci opportunitate congruum, quantum tuæ sanctitati placet, et tibi, tuisque sufficere possit, tam in exercitio operis, quam etiam in pascua jumentorum et pecorum necessarium concedimus, ad usus videlicet servorum Dei, etc. » Sic vita manu exarata.

(³⁴) IBID. — *Bene conversantium, dum et ipse manuum labor sorduit facta est raritas.* « Otiositas enim inimica est animæ : et ideo certis temporibus occupari debent fratres in labore manuum » docet S. Benedictus Reg. cap. 48. Inde inferunt, voluntque nonnulli monachos, quo vitæ necessaria lucrentur, manuum teneri labore. At objurgatores ejuscemodi multum hallucinari, duplicique tantummodo de causa suos astringere huic operi B. Benedictum, indigitant Rupertus abbas, Petrusque Venerabilis, ut segnitiem fugiant, sublevent paupertatem.

Prior itaque lib. III, ad cap. illud Regulæ, cap. 1 : « Capituli hujus idcirco memini, cum de ministerio altaris dicere proposuerim, cur Benedictus in regula nihil ordinaverit; quia videlicet hodie nonnullas animas ignorantia sui negligentes facit illius internæ pulchritudinis, propter quam 582 ad sacri altaris officium meruerunt ascisci. Nam quia monachi sunt, et beatus Benedictus monachis ordinavit opus manuum, pene obliviscuntur quod sacerdotes sunt, etc. Relinquenda illis esset nostro silentio sua intentio, quia intenti circa opus manuum, de quotidiana celebratione missarum, parvum aut fere nullum dicunt habere studium nisi sollicitarent.» Tum cap. 2 : « Igitur quæcunque es, o anima! quæ sollicitaris a dicentibus : Non potes hic salvari, quia de labore manuum tuarum non vivis, propter te hoc a me dictum puta : Si ignoras te, o pulcherrima inter mulieres, egredere, et abi post vestigia gregum, et pasce hædos juxta tabernacula pastorum, » etc. Et infra, cap. 4 : « De opere manuum, quo maxime victus acquiritur, quod est arare, seminare, et metere, sylvasque succidere, perspicuum est quia non est Benedicti præceptum, sed tantummodo permissum, sive patientiæ solatium, » etc. Denique cap. 7 Exemplis probat SS. Gregorii, Mauri, etc. « Qui monasteriis suis tot et tanta prædia providerunt, vel susceperunt, non fore necessitatem monachis victum sibi quærere de labore manuum suarum, et non argui hoc contra B. Benedicti fecisse institutum. »

Secundo loco Petrus ille Venerab. abbas Cluniac. Cisterciensium objectionibus respondet, lib. I, epist. 28 : « Videamus, inquit, non tantum quid de opere manuum regula præcipiat; sed etiam quare illud præcipiat. Otiositas, ait, inimica est animæ, et ideo certis temporibus debent occupari fratres, » etc. Deinde post pauca : « Si aliis bonis operibus occupare semper totius diei spatium monachi possunt, cum ad hoc tantum ne otiosi sint operari præcipiantur; nonne illa agentes a prævaricatione regulæ omnino alieni permanent? Plane ita, certe ita : velint, nolint adversarii, etc. Ergo si orando, legendo, psallendo, injuncta religiose implendo, vel alia quælibet hujusmodi bona agendo animus occupatur, regula perfecte servatur. » Et post alia de sancto Mauro agens, ejusque monachis, hæc subinfert : « Ut quia eis sine proprio labore cuncta necessaria suppeditabant, omisso manuum labore, spiritualibus exercitati, otiosi non essent; sicque sibi nuper a sancto Benedicto traditam Regulam, bona semper operando, optime servarent. » Ita Venerabilis, qui statuto suo 38, ut monachorum, eorum maxime qui conversi dicuntur, desidiam propelleret, laborem manuum imperat.

Quam in rem sanctus Hieronymus ad Rusticum : « Ægyptiorum monasteria hunc morem tenent, ut nullum absque operis labore suscipiant, non tam propter victus necessitatem, quam propter animæ salutem, ne vagetur perniciosis cogitationibus et instar fornicantis Jerusalem omni transeunti divaricet pedes suos. » Clericis nimio otio ne afflueren ac torperent, æque ac monachis olim manuum indictus labor a S. Clemente Romano, Const. 1, cap. 67, concil. Carthag. IV, can. 51 et 52; S. August. 2, retract. 21, et aliis.

(³⁵) IBID. — *Rerum antiquitus datarum exuberante copia.* Quam ob causam Benedictinorum cœnobia maximis opibus fuerint orbata, ostendimus supra. Paucis nunc qua ratione in tantum divitiis crevere dicendum. Diversis attribuere solent causis auctores : alii regum principumve beneficiis, opulentioribus illis alii, qui monachum induentes monasterio prædia complura acquirebant; nonnulli Ascetarum diligenti ac sedulæ administrationi; non pauci vero iis, qui singulari doctrina florebant, publice scholas tenebant; cæteri tandem integræ mundanorum abdicationi, ac perfectæ monachorum S. regulæ observationi (quod et a nobis superius observatum est). At potissimum solemnem atque religiosissimam illam cum ordine natam consuetudinem, pauperibus erogandarum continuo eleemosynarum, hospitumque suscipiendorum, juxta regulæ præscriptum, occasionem exstitisse mihi perspicuum videtur : quippe sanctus Benedictus discipulos hac doctrina imbuerat : « Pauperes recreare, nudum vestire, mortuum sepelire, » reg. cap. 4; instru. 14, 15, 16 : « omnes hospites tanquam Christus suscipiantur, etc. Pauperum et peregrinorum maxime susceptio omni cura sollicite exhibeatur, quia magis in eis Christus suscipitur » cap. 53, a magistro enim omnium ac Domino didicerat : « Date et dabitur vobis, » etc. Sciebatque experimento illud (uti videre est in ejus Vita, Dialog. S. Gregor. lib. II, cap. 24 et 29,) « Feneratur Domino qui miseretur pauperis; et vicissitudinem reddet ei. » (*Prov.* XIX, 17.)

Solere autem in monasteriis quoscunque pauperes excipi ac solari, supra numerum testimonia cum sint obvia, consulto præterimus : unum duntaxat, et alterum ex vetustis membranis eruendum delectat. Nobilissimus abbas S. Adalardus Corbeiense regens cœnobium isthæc ordinavit.

« Constituimus ad hospitalem pauperum, quotidie dare panes de mistura factos quadraginta quinque, librarum trium, et dimidiæ, et de frumento vel spelta, panes quinque quales vassali accipiunt; ut flant simul quinquaginta. Ipsi vero panes isto modo partiantur, ut duodecim pauperes, qui supra noctem ibi manent, accipiant singuli unusquisque panem suum; et in crastinum unusquisque dimidium ad viaticum. Hospitalarii autem ii, qui ibi deserviuntur, de supra scripto numero unusquisque panem unum; Nam panes quinque frumentacei debent partiri inter peregrinos clericos, qui in refectorium ducuntur, ad viaticum, et infirmos qui ibi sustentantur.

Ipsam tamen distributionem panum arbitrio committimus hospitalarii, ea videlicet ratione ut si venerit major numerus pauperum, aut plus, aut minus, indigentes, sicut sunt media defecti, aut pueruli parvuli, ipse discernat juxta quod oportet.

« Quod si contigerit aliquo tempore minus venire pauperes, ipse hospitalarius et magister, et senior portarius in memoriam omnimodis habeant, quanto de suprascripto numero propter paucitatem venientium minus dispensatur, ut iterum cum plures venerint, quod remansit dispensetur.

« Cæteris vero pauperibus venientibus, et eadem die recedentibus, solet dari quartarius, vel sicut diximus, juxta quod hospitalarius providerit in majori vel minori numero aut necessitate compedire; companaticus, aut secundum consuetudinem tribuatur.

« De potu autem detur quotidie modius dimidius, id est sextarii VIII, de quibus dividuntur sex. IV, inter illos XII suprascriptos, ita ut unusquisque accipiat calices duos. Ex aliis quoque quatuor, sex dantur clericis, quibus pedes lavantur a fratribus, unicuique calix unus, et Wileranno servitori calix unus; quod residuum fuerit, in arbitrio hospitalarii relinquimus, quomodo illud sive infirmis, sive aliis pauperibus dividat. De vino autem erit in arbitrio prioris.

« Infirmorum autem necessitatem senior portarius debet juxta possibilitatem providere, sive in cibo, sive in potu, in his rebus quæ hospitalario desunt ad opus infirmorum.

« Et si contigerit venire peregrinos de longinquis provinciis, qui supra scriptum numerum excedant, portarius provideat eis quæ necessaria sunt, ita ut non minuatur quicquam de his quæ quotidianis diebus deputata sunt.

« Addimus etiam de companatico in cibos pauperum ad pensas XXX, quæ dantur inter caseum et lardum, et modios XXX de leguminibus; quintam partem de decima, quam accipit portarius a cellerario de anguillis, vel caseo recente, qui constitutus est dare de decem herbicariciis; nec non et de illo qui de villis dominicis datur in decimam.

« Similiter omnem quintam decimæ de pecudibus, id est in vitulis, in vervecibus, vel omnibus quæ dantur de gregibus portario, etiam in caballis.

« Insuper disposuimus dare ipsi supra commemorato hospitalario, de omni argento quidquid ad portam venerit, quintam partem, per manus portarii senioris, de quo argento talem volumus fieri distributionem, ut non minus quotidie quam quatuor denarii dentur; et si minor fuerit numerus, de ipsa quinta quam sufficere possit ad hanc distributionem quotidianam faciendam, abbas si vult suppleat aliunde; et si ultra creverit, non subtrahatur.

« Ligna autem provideat portarius pauperibus secundum consuetudinem, vel cætera quæ hic scripta non habentur, sicut sunt panni in lectulis, vel vasa et cætera quæque. Hæc omnia supra scripta de his quæ ad portam veniunt propter illud supplementum argenti, sicut supra commemoratum est, dentur.

« Insuper accipiat hospitalarius a camerario vestimenta, vel calceamenta fratrum vetera, pauperibus tribuenda secundum consuetudinem.

« Obsecramus igitur omnes quibus ordinandi fuerit officium in hoc monasterio, ut, in largitate ac distributione, Dei potius attendant voluntatem quam nostræ parcitatis exemplum, quoniam unusquisque est pro se redditurus rationem. »

Habes ergo sancti Adalardi ardentissimam in proximum charitatem, ac pietatem ad pauperes et afflictatos ægritudine sublevandos, quæ et quam diutissime in Corbeiensi monasterio (servata usque ad tempora videlicet abbatum commendatariorum) fuit. Quapropter non modo celeberrimum, sed et evasit opulentissimum.

Quam vero gratæ sibi essent beati illius antistitis eleemosynæ, significavit aliquando Deus. « Cum quodam die (scribit Paschas. in Vita ejus, cap. 7,) omne pulmentum casei hospitibus expendisset, illumque ob hoc cellerarius objurgasset, respondit sanctus: *Dominus dabit*. Et ille : Tu semper ista polliceris, sed non sic extemplo dabitur, quod tamen indifferenter effundis. Interim dum hæc aguntur ecce duo adsunt plaustra præ foribus, unum nescio quid ferens piscium, et aliud plenum caseis, » etc. Idem accidit sancto Judoco, Orderic. lib. III, Hist. ad an. 1066; lege, si lubet, cap. 22 Vitæ S. Bernardi Tyron.; Decret. B. Lanfranci, cap. 8, § 5, et Statut. 23 Petri Venerabilis.

Alterum quod sum prolaturus testimonium, ex antiquis abbatiæ Cluniacensis consuetudinibus, in ordinem, jubente B. Hugone I abbate, a Bernardo quodam monacho digestis, haurio. Est autem ejusmodi cap. 14.

De officio eleemosynarii.

« Quemadmodum a custode hospitii recipiuntur omnes peregrini, qui faciunt iter equitando, eodem modo quotquot pedites vadunt, præter illos qui tales sunt, ut ad eleemosynariam ire non velint, ab eleemosynario recipiendi, excepto si legatus est, et litteras defert, hos colligit custos hospitii.

« Receptis autem singulis, quærit eleemosynarius a granatario unam libram panis et sequenti die abituris dimidiam, mensuraque eadem venientibus et abeuntibus dat vinum, scilicet dimidiam justitiam, et recedentibus dabatur olim singulis unum denarium, si tamen avertere poterat, quod in loco nostro nunquam amplius fuerit, aut infra unum annum non venerit.

« Ergo in adventu Domini, exceptis his diebus quibus bis comeditur, et in Quadragesima exceptis Dominicis, et per totum annum, quoties pro canonicis institutis ab adipe abstinetur, ut in Rogationibus, in vigilia Sanctorum, et in Quatuor Temporibus; et quoties frater in monasterio sepelitur, quidquid de vino superfuerit fratribus in refectorio, totum accipit eleemosynarius, sicut etiam de pane et per totum annum de pigmento. Hoc vinum colligit et reservat, ut peregrini supervenientes semper de hoc habere possint. Illo quoque die quo ita panem recipit de refectorio, non tantum quærit a granatario, sed de ipso pane tot quot potuerit peregrinis, et quod sibi deerit, hoc a granatario quærit.

« Item quotidie accipit quotquot defunctorum fratrum est anniversarius, præbendas totidem integras in pane, et vino, in fabis et generalibus. Præter hæc pro quolibet fratre nuper defuncto, qui professus est nostræ Congregationis, ubicunque obierit, præbendam integram per triginta dies. Pro omnibus insimul fratribus, quorum obitus qualibet interveniente negligentia a nobis sciri non possunt, quotidie accipit duas.

« Præterea tres fratrum præbendæ dantur quotidie ad eleemosynam, quæ et in refectorio super mensam principalem apponuntur, scilicet pro beatissimo Patre Odilone, pro Henrico primo imperatore, pro Fredelanno et ejus uxore, regibus Hispaniarum.

« Super hæc omnia dantur quotidie xii tortæ, quarum unaquæque tres libras appendit. Hæc vero pupillis et viduis, claudis et cæcis, senibus et aniculis, cunctisque supervenientibus sunt eroganda.

« Habet quoque adhuc quotidie de refectorio, de his quæcunque fratribus supersunt, ac de generali et de pitantia medietatem; altera medietate cæcis popularibus deputata. Similiter de fabis medietatem, bubulcis ipsius decani, qui villæ præest, deputata altera medietate.

« De oleribus et de pomis, et de his similibus totum. De hac medietate quæ sibi de generalibus, et de pitantiis contingit, solet præbendariis per vices pitantiam exhibere, solet etiam famulis suis dare. Accipit autem famulus ejus major quotidie libram unam de Granario, ideo quod recipiat panem et vinum, quod datur præbendariis, et dimidiam ab ipso eleemosynario. Alii quoque singuli habent ab eleemosynario libram et dimidiam, sive de quotidianis, sive de alio pane, si ei magis placuerit.

« Dantur namque præter ea quæ dicta sunt de granario ad eleemosynam, sex præbendæ, quæ vocantur quotidianæ; sunt autem quinque ipsius famuli, unus major qui servit præbendariis, et aliis pauperibus, et peregrinis; alter ostiarius eleemosynæ domus, duo quotidie deferunt ligna cum duobus asinis; unus est provisor duorum furnorum, de quibus aliquid subsidii venit ad eleemosynam. Omnes autem præter majorem vadunt pro unico, quoties eleemosynarius præcipit, si generale fratrum defunctorum ipsa die, qua in capitulo recitantur, abesse [f., habere] non poterit; computat usque ad aliquam summam, et tunc reddit ei camerarius denarios, et aliquoties cellerarius pro genere piscium dare valet carnes.

« Ipse quoque comparat sibi cum denariis, qui pro decima de ecclesia sibi dantur. Ipse enim habet decimam omnium denariorum qui in ecclesia offeruntur, sicque providet ut carnem frequentius dare possit peregrinis. Sunt autem octodecim pauperes præbendarii, quibus quotidie famulus eleemosynarii accipit de cellario totidem justas vini, et a granatario totidem libras panis et fabas ad quatuor dies septimanæ, reliquos tres non habet nisi olera de horto ad eleemosynam deputato; sed in majoribus festis habet carnem pro fabis; et per annum sunt triginta quinque dies, in quibus habent carnem. »

Tum post alia.

« Mandatum et si a festivitate Omnium Sanctorum, a fratribus non geratur usque in capite jejunii, tamen eleemosyna nunquam remanet; famulus enim eleemosynarii in hieme cum aqua calida pedes trium pauperum lavat, datque libram singulis, et justitiam, et libram de tali pane qualem habent in refectorio fratres.

« Hoc quoque pertinet ad eleemosynarium, ut semel in hebdomada totam villam perlustret, assumptis secum famulis suis, et pane, et carne in cophinis, et vino in aliis vasis; visitans illos qui pauperes alicubi jacent ægroti; et si masculus est ipse visitaturus intrat; si femina, stat ad ostium, et famulum suum mittit ad eam. Et dato eisdem quod melius potest, consolatur ipsos, et si quidlibet desiderant præter quod dederit eis, si commodum ullo modo ei est, inquirit, et postmodum mittit per famulos suos. Est autem consuetudo quatenus mulieres, quæ in domibus sunt ubi infirmi jacent, mox ut viderint eum venientem, omnes exeant: Nunquam enim quandiu quælibet mulier intra domum fuerit, ingredietur.

« Sciendum vero quoniam peregrinis, de quibus superius locuti sumus, cum libra et vino, in ipsa nocte qua veniunt, de quovis alio edulio dabit; scilicet de piscibus vel hujusmodi et aliquoties, ut prædictum est, de carne. Non nisi vero ad portam curtis dat cuiquam justam vini et libram panis; non enim ingrediuntur curtem.

« Si autem aliquis peregrinorum habuerit ad hospitium suum conjugem, debilem, vel lassatam seu socium, quibus non sit commodum venire ad eleemosynam, debet eis misericordiam facere, et quantum dat aliis mittere per eorum socium, qui revertetur ad eos, propter eorum debilitatem. Alii vero omnes in eleemosynaria comedent.

« Cum autem pedites seu pauperes clerici peregrini de longinqua terra veniunt ad eleemosynariam, ipse dicit ante prandium fratrum abbati vel priori, et accepta licentia ducit eos in refectorium cum peris suis. Istis vero non commodantur superpellicia; eorum enim tantum est, qui cum equis vadunt.

Cistercienses quoque ea de re commendat Guillelmus Nangiacus ad an. 1176. « Maxima fames fuit in Gallia; pro qua ad sustentationem pauperum, ecclesiarum invadiata sunt ornamenta et sanctorum feretra defrustrata; et tunc maxime apparuit Cisterciensis ordinis munificentia in pauperibus sustentandis. »

Non ergo mirum si apud monachos adeo opulentiæ et rerum pene omnium copia exuberarit, qui tam sollicite, animitus et affatim se suaque Christo tradebant Domino universorum; ipse etenim attestatus est : « Quod uni ex minimis meis fecistis, mihi fecistis (*Matth.* xxv, 40); » et centuplum in hoc sæculo, et in altero vitam æternam se redditurum spopondit.

(36) Cap. VIII. — *Qui in eisdem parentum devotione contraditi ab ineunte nutriebantur ætate.* Optima sane Guiberti observatio. Longe siquidem absunt theoria et praxis; de virtutibus documentum, atque exercitium earumdem. Solent quippe qui solitarie innocenterque infantiæ ac pubertatis annos in monasteriis transegere, dum sese hominum flagitiis assuetorum consortio immiscent, nil equidem mali prima fronte suspicari; at quia proni sunt suapte natura ad peccatum, cum nec infans unius diei super terram immunis sit a sorde, utpote in peccatis concepti, impellente ipsa prava propensione (quam fomitem vocant) proclivius et imprudentius qualibet occasione (nisi eos retrahat divina gratia, sive lapsus in carnis delicias, voluptatesve prius experti cautiores reddant) irretiuntur illecebris, atque in malum prolabuntur. Utinam ista sæpiuscule usu non venirent! Quamobrem S. Benedictus rectores animarum admonet quominus eos qui mundo repudii libellum remisere, identidem foras egredi permittant : « Quia omnino, infit, non expedit animabus eorum, » cap. 66 regulæ.

De puerorum Deo a parentibus oblatorum prolixius egimus ad B. Lanfranci epist. 32. Superest ut formulam sistendorum eorumdem pro altari per monachum seniorem huc attexam.

Puer vero qui cum laicali vel clericali habitu venerit, hunc camerarius in vestiarium ducat eodem modo vestiendum quo quilibet novitius vestitur, præter quod ei non stamineum, sed pro stamineo camisia linea datur. Cum visum fuerit domno abbati, capellum de frocco ejus jubet auferri, et cucullam ei dandam benedicit. Jubet etiam uni fratrum ut puerum offerat in vice parentum ejus, qui petitionem, quam facturus est, scriptam habens, confirmat eam signo propriæ manus, et postea legit eam in aperto, et mittit in manum domini abbatis; est autem hujusmodi : « Ego frater N. offero Deo et sanctis apostolis ejus Petro et Paulo hunc puerum nomine N. vice parentum ejus, cum oblatione in manu, atque petitione, altaris palla manu ejus involuta, ad nomen sanctorum quorum hic reliquiæ continentur, et domini N. abbatis præsentia, trado coram testibus regulariter permansurum, ita ut ab hac die non liceat illi collum de sub jugo excutere regulæ, sed magis ejusdem regulæ fideliter se cognoscat instituta debere servare, et Domino cum cæteris gratanti animo militare : et ut hæc petitio firma permaneat, manu mea subterfirmavi, testibusque tradidi roborandam. »

« Accipit ipse puer cum offertorio patenam et calicem, hostia imposita, et vino infuso ; et ita vicarius ille involvit manum pueri cum palla altaris, ut tam ipsum puerum quam ejus sacrificium offerat a sacerdote recipiendum. Postea induitur cuculla ; et de cætero benedictio ejus differtur usque ad legitimam ætatem, id est si non amplius vel usque ad decimum quintum annum ætatis. Rursus cum domnus abbas voluerit ut eum benedicat, refert hoc fratribus in capitulo ; et ipse juvenis statim veniam petit, et de schola absolutius venit ad pedes ; tamen ab aliis pueris non recedit usque ad horam benedictionis. Sicut alii novitii profitetur. Sola cucullæ benedictio non iteratur, nec exuitur, nec induitur, nisi sicut et prius erat, » etc.

Ex cap. 29 stat. Cluniacensium, de quibus supra.

(37) Ibid. — *Tanto intra cœnobiorum septa remissiore studio victitabant.* Id loci illustratur Petri Venerabilis statuto : « Statutum est, ait ipse, ut nullus, etiam ex concessione, futurus monachus, regularibus usque ad annum vigesimum vestibus induatur. Causa instituti hujus fuit immatura, nimisque celer infantium susceptio, qui, antequam aliquid rationabilis intelligentiæ habere possent, sacræ religionis vestibus induebantur, et admisti aliis, puerilibus ineptiis omnes perturbabant : et ut quædam taceam, et multa breviter colligam, et sibi nihil pene proderant, et aliorum postea religiosum propositum non parum, imo quandoque plurimum impediebant. »

(38) Ibid. — *Ecclesiasticas occasione difficili dilapidare pecunias,* etc. Heu ! quam in profanas (ne quid gravius,) et varias discerpta partes ecclesiarum monasteriorumque bona : quæ vota sunt fidelium, et pretia peccatorum, ac patrimonia pauperum, » scripsisse traditur Urbanus papa I, et Edgarus Anglorum rex : « Sunt patrimonia pauperum, ac pretiosi Christi sanguinis pretium. » Quæque Deo ac sanctis data, ut die noctuque laudes summi omnium Creatoris concinentes, habeant victum ac

vestitum, ferunt omnes propemodum monasteriorum fundationes. In restauratione monasterii Besuensis ita loquitur Albericus Lingonensis episcopus, post enumerata a se collata : « In substantiam monachorum, et alimoniam pauperum, et ut ibidem delectetur servis Dei Domino servire ; et pro rege ejusque conjuge, et liberis ipsius et totius imperii stabilitate jugiter Domini misericordiam implorare, » etc. Chronicon Besuense ms. Sed et Aldricus Senonensis antistes, hoc sensu suos suffraganeos compellabat in charta ms. instaurationis cœnobii Sancti Remigii prope Senonas : « Sciamus rem ecclesiæ esse oblationes fidelium, pretia peccatorum, patrimonia pauperum, easque nobis administrandas, procurandas, atque ordinandas suscepisse, harum rerum administratores nos esse, meminisse debemus : et redditus expansasque earum eis usibus applicare, quorum gratia divinis altaribus alligatæ noscuntur. » Chronicon Divionense ineditum : « Contulit rex Guntrannus Deo et sancto Benigno ad victum monachorum Deo in hoc loco deservientium, ut pro se ac sequentium regum salute et peccatorum remissione divinam exorent clementiam monachi. Insuper etiam instituit ut ad similitudinem monasterii Sanctorum Agaunensium, diu noctuque divinum persolveretur officium, » etc.

Ludovicus Pius imperator, monachis Anianensibus ecclesiam Sancti Martini Arelatensis, et quæcunque ad eam pertinerent, concedens, his inter alia verbis utitur : « Hanc nostræ auctoritatis donationem memorato monasterio ad stipendia fratrum ibidem Deo famulantium, et ad subsidia pauperum, vel ad cunctas ejusdem monasterii Aniani necessitates consulendas, ob emolumentum animæ nostræ perpetualiter concessimus, » etc. Sic vetustissimæ membranæ.

His consona de ecclesiæ opibus effert Tertullianus, Apologet. cap. 39 : « Hæc deposita pietatis sunt, nam inde non epulis, non potaculis, nec voratrinis dispensatur, sed egenis alendis, humandisque, et pueris ac pupillis re ac parentibus destitutis, » etc. Ad rem istam, quæ ad suas constit. Benedict. Patres regni Portugalliæ amplas possessiones ordinis memorantes, præloquuntur, adnotabo : « Hæc et alia omittimus in ecclesias redacta.

Singula quæ sæcli attrivit sic cana vetustas,
Ut maneat præter nostra fuere nihil.

Ea tamen perstringere libet, quia licet alienationes nobis sint dolores oculorum et animi, indices tamen sunt sanctissimi patriarchæ (Benedicti) charitatis et meritorum ipsius (adde et filiorum pietatis ac doctrinæ) vivi præcones, » etc.

(39) Cap. IX. — *Vocabatur autem ipse Ebrardus.* Quem paucis laudat Andræas Duchesne Histor. Drocens. lib. I, pag. 24, ubi et de familia comitum Britoliensium : illum eo loci adi, si placet.

(40) Ibid. — *Theudebaldus,* etc. sive Theobaldus. Cujus biographus ei contemporaneus hæc habet : « Theobaldus parentibus non solum nobilibus, verumetiam clarissimis atque ditissimis enituit, » etc. Et infra : « Lapides ferendo, fenum e pratis secando, stabula curando, et maxime, ut idem simpliciter referebat, carbones ad opera fabrilia faciendo, victum sibi cum parvo censu providebat. » Surius, tom. III. Sigebert. ad annum 1050.

(41) Ibid. — *Majus monasterium petivere.* Celebre istud monasterium prope Turones ad fluenta Ligeris situm, a sancto Martino archiepiscopo sumpsit initium. De quo Gregorius Turon. De gloria confess. cap. 8 ; Glaber. lib. III, cap. 4, et alii.

Et quoniam nomenclaturam abbatum a Roberto in Gallia Christiana expositam, in multis vitiosam animadverti, quotquot ex antiquis membranis ac ruderibus ejusdem abbatiæ reperire licebit, huc attexere haud inutile fore judicavi.

Elenchus abbatum Majoris monasterii.

Primus abbas ac fundator sanctus Martinus episcopus Turonensis. II. Galbertus a B. Martino electus ac benedictus. Quem consecuti regulares abbates (quorum nomina oblivione sepulta) omnem navaverunt operam, ut in Majori monasterio religio floreret.

III. Et hoc equidem usque ad Robertum comitem Odonis regis fratrem : qui comes et abbas Majoris monasterii, in charta anno 6 regni ejusdem Odonis confecta, nuncupatur.

Destructo a Northmannis monasterio, cæsisque monachis, qui superstites fuerunt una cum sacratissimo B. Martini pignore in Burgundiam secessere. At ex clericis nonnulli inter ruinas sibi fabricavere domicilium, et locum plures per annos occuparunt. Ita iis prætermissis, ad regulares transeundum.

IV. S. Majolus abbas Cluniacensis, rogante Blesensi comite Odone, monasticum ordinem postliminio in pristinum statum revocavit. Prodit hæc disertis verbis charta donationis eorum quæ Stephanus Blesensis comes Majori monasterio contulerat. « Ubi Odo avus meus, inquit ipse, et frater ejus Hugo Bituricensis archiepiscopus et eorum mater humati jacent; et quod post eversionem a Danis factam exstructum, et, amotis canonicis, facultatibus suis auctum, monastico ordini, qui ab initio antiquitus, a tempore beati Martini ibi fuerat, restituerunt; abbatemque Guillebertum nomine posuerunt, a sancto Maiolo sibi de Cluniaco datum. Quorum sequens vestigia pater meus, tum pro reverentia et amore gloriosi confessoris Christi Martini; tum pro religione inhabitantium monachorum, eamdem abbatiam de substantia sua honoravit admodum et augmentavit, » etc. Eo igitur monasterio apprime stabilito, et dignitatem abbatialem, et jurisdictionem omnimodamque potestatem in humeros Gisleberti deposuit.

V. Gislebertus unanimi fratrum assensu in cœnobiarcham assumptus est an. 970.

VI. Bernerius 987.

VII. Gauzbertus primo Sancti Juliani Turon. deinde simul Majoris monast. Burgulii, et Malleacensis abbas fuit 1007.

VIII. Sichardus, sive Sichardus.

IX. Ebrardus 1015. Ut ablatæ possessiones restituerentur, multum desudavit elaboravitque.

X. Albertus 1037. Hoc abbate Airardus Nannetensis episcopus, antea Sancti Pauli in urbe abbas et cardinalis, Majori Monasterio, cujus monachos impensissime diligebat, multa contulit beneficia. Isembertus Pictaviensis antistes eosdem præclare commendat in scheda his verbis : « Monachi Majoris Monasterii quorum in sancto proposito percelebris apud nos habetur opinio, petierunt a me rerum, quas in episcopatu Pictaviensi possidebant, confirmationem, quam et libenter concessi, » etc. Cui signum apposuit alius Isambertus, senioris successor.

« Albertus abbas (habet codex ms. de servis Majoris Monasterii cap. 32) cum fratribus, quemdam servum liberum fecit, et clericavit tali ratione, ut nunquam se a S. Martini servitio ad alios transiens auferat, » etc. Ubi advertere est clerico sæculari ab abbate tonsuram clericalem tum collatam.

Præterea illemet abbas suo, et capituli Majoris Monasterii nomine, præbendam sive canonicatum ab Agoberto Carnot. episcopo expetiit, cui episcopus una cum clero perlibenter annuit, ea lege, ut mutua inter sese precum subsidia rependerent. Ita litteræ Henrici regis, quæ exstant in capsa Sancti Martini de Valle apud Carnutes. Alexander vero papa III, diplomate mandat Carnotensis Ecclesiæ canonicis, quatenus Majoris Monasterii monachos minime impediant præbendæ fructus percipere.

Hujus abbatis, et quatuor proxime subsequentium meminit Orderic. Vitalis lib. IV Hist. : « Nostris temporibus Albertus et Bartholomæus, Bernardus et Hilgotus, ac Guillelmus Nanticensis, abbates huic monasterio præfuerunt, qui sanctitate et probitate multis profuerunt, et longe lateque famosi, vicinis et externis viriliter micuerunt. » Et anonymus auctor Appendicis ad Historiam Franc. Gregorii Turonensis, De gest. episc. Turon. et abbatum Majoris Monasterii quem passim in medium proferemus, ait de Alberto : « Requiescit in dextera parte ecclesiæ ad altare S. Mauricii. Hic bonas consuetudines Ecclesiæ solerter instituit, et ordinavit; quas qui postea mutare præsumpsit, pejeravit. »

XI. Bartholomæus 1063, seu 1064 : « Hujus vitam signis et virtutibus atque miraculis plenam qui scire voluerit, in nostro armario reperire poterit, » etc. Auctor anonymus : « Bartholomæi tempore in abbatia de Bello Goisbertum Majoris Monasterii religiosum monachum, abbatem constituit (Guill. Angl. rex) quo monitore monasticus ordo et regularis disciplina commode viguit. » Verba sunt Orderici Vital. lib. IV Hist. initio. Ac vetus chronologia ms. sancti Cornelii Compend. anno 1066, qua regnum Angliæ victoria Guillelmus Conquæstor sit adeptus enarrans, ait : « Locus ubi pugnatum est, exinde Bellum usque hodie vocatur. Porro Guillelmus rex ibi cœnobium Sanctæ Trinitatis (S. Martini, ut fert

A fundatio) construxit, et monachos ac ordinem Majoris Monasterii statuit, atque necessariis opibus pro interfectis utriusque partis affatim ditavit. »

Ex chartulario rerum Vindoc. charta 28, inter Gusmanum militem et Bartholomæum abbatem, ann. 1070, conventio facta est : « Quod si quis vult discere litteras in civitate Turon. vel apud castellum novum Sancti Martini, sibi et suo homini præbebimus tres panes quotidianos, et quatuor justas (hoc est mensuras solitas) vini. » Obiit Bartholomæus 1084. 588 « Hic humatus quiescit in sinistra parte ad altare apostolorum. » Anonymus. Tetbertus ejusdem loci monachus, celebris medicus, hac ipsa tempestate floruit.

XII. Bernardus de S. Venantio 1084. Cui Urbanus papa II anno 3 sui pontificatus, indict. XIII, privilegium concessit, quo non tantum abbatem ac monachos, sed etiam domesticos et omnes a Majori Monasterio dependentes prioratus, ab archiepiscopi Turon. aliorumque episcoporum jure prorsus exemptos declarat ac decernit. Is ipse Urbanus (qui Turones concilii celebrandi gratia venerat) exhortatione fratres Majoris Monasterii ut in melius in dies proficerent, admonuit, eisdemque in capitulo absolutionem impertiit.

Philippus Francorum rex an. 1093 Bernardo Sancti Maglorii Parisiensis monasterium, ad vetus monastici ordinis institutum resarciendum, tradidit; quod ex illius constat diplomate, anno circiter 1095, « Adela comitissa, filia regis Guillelmi (fert charta Sancti Martini de Valle Carnot.) et Stephani comitis (Blesens.) uxor, bene patrizans erga Majoris Monasterii monachos, beneficia multa et largitiones ab ejus patre assecutos, et ab eodem specialiter amatos; cum vellet imitari amorem patris sui erga eos, quantumcunque poterat eos opibus adimplebat, et anno dedicationis basilicæ Majoris Monasterii ab Urbano papa II factæ, cum vir ejus isset in Hierusalem cum exercitu Christianorum, dedit eis prope Carnoti muros clibanum publicum, dictum Bellum videre. »

Neque prætereundum illud factum, ex autographo desumptum : « Hugo de Calvomonte filius Sulpicii de Ambaziaco (cum adhuc puer esset) et mater ejus quæ neptis erat Gaufredi de Calvomonte, consenserunt venditioni factæ monachis Majoris Monasterii de duabus quartis terræ apud culturam Rathonis : postea cum factus esset juvenis, et patri successisset in honore, et cum Ambaziaco simul Calvummontem, loco Gaufridi avunculi sui, possideret, easdem quartas repetere voluit. Contigit interim Urbanum papam venire ad Majus Monasterium et basilicam dedicare : cui dedicationi interfuit ipse Hugo. Sacrato autem ex more et inuncto altari, papa residens advocavit Fulconem, et circumstantium turbam procerum, monens eos ut ecclesiæ et altari noviter dedicatis providerent dotem secundum morem solitum. Submonitus itaque a nobis, supradictum Hugonem ad se vocavit, et monuit ut quartas illas nobis relinqueret, quod ille gratanter fecit. Cui rei interfuit multitudo, utpote ad tantam celebritatem undique congregata. »

Hi nominatim inter cæteros censentur « primas et archiepiscopus Lugdunensis Hugo; Radulphus, Turon. archiep.; Rangerus, cardinalis et archiepisc. Rhegiens.; Bruno, Signiensis episcop.; Albertus, presbyter cardinalis; Tezo, presbyt. cardinalis; Gregorius, Papiensis diaconus cardinal. Deinde : Domnus Bernardus *de Sancto Venantio abbas noster*, etc. Ex laicis vero : Fulco, comes Andegavensis; Sigebrannus, constabularius ejus; Robertus *de Rupibus*, Gausbertus, præpositus de Calvomonte. Tandem sorores Hugonis præfati, Adenordis, et Ermensendis idem concesserant. » Hæ antiquæ membranæ.

Anno 1099 ultimo Bernardi abbatis, dum circuiret ipse obedientias sive prioratus sui monasterii, duo juvenes spontanea voluntate sese illi offerentes, servi S. Martini sunt effecti, hoc nempe ritu : « Super genua sua stantes ante abbatem, et quatuor denarios, ut moris est, super capita sua portantes, se servos S. Martini professi sunt. »

« Bernardus abbas (loquitur anonymus) requiescit in dextro porticu ecclesiæ a parte inferiori. Obiit VIII Idus Maii. »

XIII. Hilgotus seu Hilgaudus, abdicato Suessionensi episcopatu, induit collobium monachale, atque abbas fit invitus 1100. Dat ipsi litteras Paschalis papa II, velut et Bernardo antea Urbanus II, quas hic describere pretium operæ est; emergentes quippe archiepiscopum inter et Majus Monasterium controversias diluere possunt.

« Paschalis episcopus, servus servorum Dei, venerabili fratri Hilgoto Majoris Monasterii abbati, ejusque successoribus regulariter substituendis in perpetuum. »

« Cum universis sanctæ Ecclesiæ filiis, » etc. *Vide inter diplomata et epistolas Paschalis II.*

589 Anno Dominicæ Incarnationis 1101, Alanus Britanniæ dux, et uxor ipsius Ermengardis, atque eorum filius Conanus, dedere Majori Monasterio ecclesias S. Crucis et S. Saturnini in urbe Nannetensi : « Quia non sacros canones eas tenebat, » etc., fert charta. Quo eximii principes illi formam subditis exhibuerunt obedientiæ.

« In Angliam pergens triginta marcas argenti, quas annuatim habemus a rege et regina Anglorum, et plura alia acquisivit. Hic requiescit 590 in dextera parte ad altare S. Antonii. » Anonymus.

XIV. Guillelmus 1104. Bullatas litteras accepit a Paschali papa II. In iis libertas ab episcoporum subjectione, cum Majoris Monasterii tum possessionum, et ecclesiarum omnium, quæ seriatim recensentur, confirmatur. Præterea abbati calices et quælibet altaris ornamenta benedicendi confert summus pontifex potestatem, quam nulli antehac abbati concessam puto. Guillelmum his in litteris papa *reverendissimum filium* appellat.

Gaufridus Grisagonella Vindocinensis comes A. C. 1120. « Venit in capitulum (ut exprimitur in charta) et ibi petivit humiliter absolutionem de commissis, quæ nobis et locis nostris fecerat, promittens emendationem; et nos et nostra diligentius conservaturum : cujus humilitatem videns dominus Willelmus abbas eum absolvit; et insuper eum revestivit societatis nostræ orationibus et benefactis, » etc. Intelligis quanti monachorum preces olim pendebant principes, maxime vero Majoris Monasterii quorum sanctitatis famam longe lateque percrebuisse indicat Chartularius Cenomanensium rerum, chart. 215. « Anno Incarnat. 1105, seu primo domini Willelmi abbatis ordinati, quo etiam Boamundus descendens Jerosolymis visitavit hunc locum, petivitque tam sibi quam omnibus conchristianis, quos illis partibus in Dei servitio reliquerat, orationum nostrarum suffragia. Robertus de Belismo, cum filio suo Willelmo, in capitulum nostrum venit, et accepit benefactum nostræ societatis, et promisit se defensorem rerum nostrarum; et concedere fecit Willelmo filio suo quidquid habebamus in Pontico (*Ponthieu*) et concessionem tradidit per baculum in manu Willelmi prioris, qui fuerat archidiaconus Redonensis, videntibus Willelmo de Pois, Normanno de Neaflo, Willelmo fratre ejus, Willelmo Malaherba, Roberto Oison cognato Roberti de Belismo, » etc.

« Totum cœnobium abbas hic (loquitur anonymus) cinxit muris, et multas obedientias acquisivit, etc. Ecclesia » istam ab omni debito liberam reliquit : moriens sepultus est in dextera parte capituli inter columnam et sedile. »

XV. Odo abbas religione clarus 1124. Ipsi Majus monasterium regenti cœnobium Sancti Martini de Valle Carnot. restitutum est : ea de re exstat Honorii papæ et Theobaldi comitis præceptum. Odonem et ejus monachos se maximo loco habuisse Ulgerius episcopus perspectum facit in hunc modum : « Ego Ulgerius episcopus Andegavensis Ecclesiæ Majoris Monasterii, et fratribus meis Odoni et monachis illius (quibus ferventiores in divino servitio alios me novisse non inveni) dedi anno Incarnat. 1131, ecclesiam de Bessiaco, et capellam de Bellifortis, in eadem parochia sitam, cum omnibus ad eas pertinentibus, et jure presbyteros præsentandi, cum vacatio contigerit, » etc.

Ritus, quibus olim sæculares orationum, cæterorumque pietatis, austeritatisve exercitiorum, quæ a cœnobitis actitabantur, participes fiebant, sunt digni notatu : « Odo Canutus ab abbate Odone per traditionem libri capituli investitus est, et factus est particeps beneficii ecclesiæ Majoris Monasterii, de quo plurimum gratulatus (Odo Canutus) investivit abbatem de quadam terra, cum quadam virgula disciplinali, quam ob confirmationem super majus altare portavit, » etc.

Sulpitium Roberti de Rupibus (Corbonis videlicet) filium in extremis agentem, poscente patre in monachum suscepit Odo abbas. Quamobrem dedi Robertus decimam piscium fluvii Sextiæ seu Sithiæ;

huic donationi assensum præbuere filii Theobaldus ac Robertus, etc. » Odo abbas quiescit in dextro porticu ecclesiæ, a parte superiori videlicet juxta abbatem Bernardum. » Anonymus.

XVI. Garnerius, 1157. « Omnium ecclesiæ hujus piissimus fuit, » testatur anonymus. Inter antiqua prioratus Dalmeriaci monumenta, isthæc ex charta donationis Forestarii cujusdam, nomine Balbini, leguntur : « Data an. Incarnat. 1148, qui erat duodecimus ordinationis piissimi Patris Garnerii abbatis. » In chartophylacio Majoris Monasterii exstant litteræ Eugenii papæ III. Remis existentis, quibus Garnerio abbati respondens, episcopos Galliarum submonet : « Quod in generalibus conciliis, inquit, statutum esse cognoscitur, ut sacerdotes, qui in ecclesiis ad monasteria pertinentibus, de animarum quidem cura diœcesano episcopo respondeant; abbati vero et fratribus suis pro rebus temporalibus subjectionem exhibeant : quo contra dilecti filii nostri Garnerii abbatis Majoris Monasterii et fratrum suorum querelam accepimus, » etc.

Beatæ Mariæ *Boni nuntii* Aurelian. Ecclesia canonicorum Majori Monasterio tradita est a Simone de Balgenciaco, ut in meliorem statum restitueretur.

Abbatis Garnerii ac monachorum ejus iterum in Angliam pervulgata est arcta vita; idcirco 1139, prima cœnobii SS. Trinitatis in Eboracensi civitate a Radulfo de Paganello (*Paisnel*) et uxore ipsius Máthilde, consentientibus filiis Guillelmo et Jordano, jacta sunt fundamenta, ac multæ possessiones attributæ. De Garnerio monachus anonymus : « Domum hanc omnino reparavit, cellarium, coquinam, dormitorium, mediam quoque partem claustri infirmorum fecit, etc.; cum vero domum infirmorum renovare decrevisset, partemque consummasset, Christo eum vocante ad cœlestia regna migravit x Kalend. Junii, cum eo perenniter regnaturus. Quiescit juxta domnum 591 Gillebertum abbatem in capitulo. »

XVII. « Abbas Robertus Brito de Magueri fuit vitæ laudabilis, Deo et hominibus amabilis, » etc. Anonymus. Præfuit ann. 1155, ad an. 1166. Constat ex litteris bullatis Alexandri papæ III, ad eumdem datis an. 1164, Blesensem comitem negotii multum abbati et monachis Majoris Monasterii facessisse, in litteris ejusdem Alexandri ann. 1164 scriptis reperio

« Hujus abbatis tempore (refert anonymus) Alexander papa Turonos deveniens in præsenti domo perendinavit. Vixit autem postquam electus est in abbatem decem annis; in undecimo vero appositus est ad patres; et jacet in dextra parte capituli juxta abbatem Garnerium. »

XVIII. « Robertus II Blesensis dictus, vir valde venerabilis et gratiosus, etc. Vixit autem postquam electus in abbatem decem annis, et in undecimo decessit a rebus humanis. Hic requiescit in sinistra parte capituli inter columnam et sedile abbatis. »

Anonymus. Usum mitræ Roberto concessit summus pontifex. Et abbas ipse maxima animi submissione, humilis Majoris Monasterii *Dispensator* voluit nuncupari. Sedit an. 1166 ad an. 1176.

XIX. « Petrus de Gasconia 1177. Fuit valde simplex et religiosus : sæcularis versutiæ ac nequitiæ ignarus, » etc., inquit anonymus.

XX. Herveus de villa Petrosa ab anno C. 1178 ad 1186 pastorale munus protraxit. Eum laudibus prosequitur multis anonymus. Notat autem inter alia tum strictam S. regulæ observantiam, cui minime repugnat bulla Clementis papæ III qui statutum ab Herveo abbate latum, atque a monachis receptum, laudat : nempe hospitibus intra monasterii septa carnes apponere inhibetur. Comprobat etiam Alexander III omnes immunitates a suis prædecessoribus Urbano, Paschali, Calixto, Innocentio II et Eugenio III Majori Monasterio indultas : pontificatus sui an. XIX, indict. XI.

Herveo subjectum fuit cœnobium Sancti Maglorii de Lehonio; atque omni jure, quo potiebatur olim Albertus Sancti Maclovii episcopus suis litteris in præsentia Henrici regis Anglorum libere uti concessit an. 1181. Lucius papa III sub excommunicationis pœna præcipit Herveo, ne sæcularibus quovis colore ullum e prioratibus conferat, aut eos possidere patiatur.

Nivello de Cherisy Suessionensis episcopus, ex familia dominorum Petræfontis, in charta conventionis rectorem inter et monachos Sancti Sulpitii Petræfontis, hæc de Herveo inseruit : « Herveus tunc temporis venerabilis abbas Majoris Monasterii amicus noster, familiaris, et consanguinitatis linea nobis propinquus, hanc compositionem approbavit, » etc.

XXI. Gaufridus 1187. In charta prioratus de Fractavalle (*de Freteval*) data ann. 1190, Robertus S. Valeriani frater Gaufridi abbatis recensetur. Et chartæ de Combornio (*de Combour*) Gaufridum de Cursol sive de Curson cognominant. Matthæus Paris ad ann. 1196 eum pro rege Francorum Philippo, et abbates Cluniacenses et Sancti Dionysii, ac priorem de Charitate, obsides Richardo Anglorum regi datos affirmat. Anonymus tandem : « Gaufridus natione Britannica, nobili prosapia ortus, clericali scientia eruditus, statura vultuque decorus. Ipse se dimisit, et postea, sicut Domino placuit, in pace quievit. »

XXII. « Hugo 1210. Natione Carnotensis, a pueritia in monachum susceptus est. Ipse erat parvus in corpore et sufficienter litteratus. » Anonymus. Frater fuit Guillemi de Rupibus Corbonis. Non abbatis nomen sed ministri sibi ascribit hoc modo : « Omnibus præsentes litteras inspecturis, fratres capituli Majoris Monasterii, et Hugo humilis eorum minister, » etc. Quod moris ab Illigoto abbate 13 ad abbates Commendatarios continuo deductum est. Quanquam is ipse Hugo, ubi necessitas exigebat, publicis verbi gratia in instrumentis, abbatis titulum usurpabat.

Luctuosæ eadem tempestate discordiæ, quin potius nefandæ comitum Blesensium, qui patronos sese vel advocatos Majoris Monasterii jactitabant, grassationes exortæ, unde monasterii ejusdem, ac prioratuum in comitatu Blesensi existentium, universæ propemodum res distractæ, et perinde atque a perduellibus direptæ sunt ab eisdem.

Sedem Hugoni tribuit Robertus in Gallia Christiana inter episcopos Lingonenses; quod nihilominus silent et antiqua monumenta, et chronologus anonymus, e cujus narratione ista de Hugone desumo : « Contra archiepiscopum Turonensem placitabat; nam archiepiscopus aiebat abbatem nostrum baculo pastorali aut mitra uti non debere : quapropter ipse Hugo prudens et humilis, prospiciens mitram plus afferre oneris quam commodi, noluit inaniter litigare, et sic potentiam sine mitra, sicut antiqui prædecessores sui, de cætero portavit, » etc.

XXIII. Gaufridus II 1227. Iste una cum sequente, anonymo incognitus. Hoc eodem anno episcopus Macloviensis Goffridus, ab invasione possessionum Majoris Monasterii quæ in sua diœcesi erant, viros nobiles coercere nititur; sed oleum ludit et operam, quippe tam nequiter et præfracte iisdem retinendis addici solent illi, ut vix ac ne vix quidem ab his divelli possint.

XXIV. Guarinus 1229. Mandat Gregorius papa IX abbati de Gastineta ord. S. Augustini, diœcesis Turon. uti tenuiores e Majori Monasterio pendentes prioratus, ubi **592** nempe duo monachi commode regulariter vivere nequirent, plures reduceret in unum : Præceptum enim antea fuerat ab Alexandro papa III concil. Lateran. III cap. 10 : « Monachi non singuli per villas et oppida, seu ad quascunque parochiales ponantur ecclesias; sed in majori conventu, aut cum aliquibus fratribus maneant, nec soli inter sæculares homines spiritualium hostium conflictionem exspectent, » etc.

XXV. Gaufridus III de Conam. 1235. A Joanne Blesensi comite advocatiæ causa gravissimas passus est calamitates, quin etiam carceri septennio mancipatus in castro Guisiacensi, et binos comes ille a suis satellitibus e monte monachos præcipites dari jussit : de his plura anonym. Tandem ut tantis sceleribus occurreret Innocentius papa IV anno 1254, Nicolaum misit in Galliam, qui judicio sive sententia in eum velut contumacem prolata, jure advocatiæ, et cunctis quæ in res monasterii sibi vindicarat, spoliavit; nihilosecius comes sententiam detrectavit, sprevit, et continuata in eosdem ascetas rabie debacchatus est.

Ludovicus IX rex an. 1255 litteras avi sui Philippi Augusti, queis in Northmanniæ Scacharium (quod multas in eodem ducatu possessiones haberent) velut inquilinos Majoris Monasterii monachos ad jura prosequenda, admittendos imperatur, approbat.

Labefactatam, ex præfata sine dubio calamitate, fuisse regularem disciplinam docent acta legatorum apostolicorum, Philippi Bituricensis, et Clementis Dolensis episcoporum, nec non abbatis Burgidolensis Bituricensis diœcesis. Verum pauco post tempore cœnobitas ad meliorem redactos frugem, haud obscure notant litteræ Joannis episcopi Redonensis : ubi de prioratu de Sallo Gallo (*Solial*) Majoris Monasterii unito agitur. Ita se habent : « Nos Joannes episcopus Redonensis, attendentes fervorem charitatis monachorum Majoris Monasterii et necessitatibus pio attendentes affectu, domum suam de Solial nostræ diœcesis, in qua ab antiquo solus monachus solebat habitare, et quod in Lateranensi concilio fuerit statutum, ut monachi solitarii debeant amoveri, concessimus ipsorum in proprios usus convertendam, » etc.

Anno 1254 Romam ad limina apostolorum petiisse Gaufridum abbatem planum faciunt litteræ Nannetelini Agaunensis abbatis.

XXVI. Stephanus ab an. 1263 ad ann. 1284, Vincentius archiep. Turonens. an. C. 1264, sententiam fert in comitem Blesensem, qui majorum suorum pravo exemplo exstimulatus, monachos Majoris Monasterii exagitare non desistebat.

Quod nil prope eorum quæ possidebat in Anglia Majus Monasterium, percipere posset, dat licentiam Gregorius papa maximus anno 1274 Stephano abbati ea omnia venundandi, sive, ut aiunt, abalienandi; quorum tamen pecuniis in aliis utilioribus collocare præcipit.

Stephani temporibus institutum, opinor, ac decretum, quatenus ad Majus Monasterium, prioratuum, ecclesiarum, ac locorum eidem cœnobio subditorum chartæ, privilegia, immunitates, atque diplomata deferrentur velut in arce conservanda : unde hactenus, rabies Calvinistarum licet omnia susque deque vastaverit, illæsa permansere.

XXVII. « Robertus de Flandria natus (refert anonymus) eratque pulcher, et sufficienter litteratus; erat etiam prior de Cella in Bria, » etc. Privilegium tribuit Roberto Martinus papa IV, sui pontificat. anno 4, ubique locorum (civitate Turonensi excepta) mitram, annulum et cætera pontificalia indumenta deferendi, nec non et benedictionem populo solemniter impertiendi, ac benedicendi pallas altaris.

Cum Blesensis comes, patrum vestigiis insistens, Majoris Monasterii res continuo infestaret, tantis molestiis ut finem imponeret, Matthæus abbas sancti Dionysii, tum regis vices agens in Francia, Roberto abbati ejusque monachis litteras impertitur : ordinans si quid inposterum inter eosdem et Joannam Alençonii comitissam, Blesensis comitis filiam, dissidii emergeret, regio in palatio fore discutiendum.

Durando Nannetensi episcopo, qui pecunias titulo visitationis ex prioratibus sui juris extorquere conabatur, abbas Robertus privilegiis, et concilio Lugdun. non pridem celebrato, id prohibente cap. 24 fretus, viriliter sese opposuit, cohibuitque.

XXVIII. Odo de Braccolis seu Bracceolis, nobili

g nere ortus, ac eruditus, fuit abbas constitutus an. 1296. Ipse et monachi a visitationibus prioratuum, ac procurationibus, archiepiscopos Burdigal. arcuerunt; quanquam illi, proh nefas ! tunc temporis fœde ab regulæ observantia defecere ; siquidem prioratuum redditus inter sese dispertierunt, et a communi recessere vita. Unde non mirum (quod alibi notavimus) si sæculares viri, Deo sic plectente, et episcopi complures hoc ævo monachorum opibus inhiarent.

XXIX. « Joannes de Montelonis sive Monteleonis, de territorio Pictaviensi oriundus, et de nobili genere procreatus, parvæ tamen staturæ, sed pulchra facie decoratus, » etc. Anonymus. Multis hac ipsa tempestate a nobilibus affectum calamitatibus et injuriis Majus Monasterium, conjecturam infert bulla Joannis **593** papæ XXII, data Avenione 1520, ad abbates Sancti Germani Parisiensis, Vindocinensem ac Rothomagensem, qua defensores et conservatores contra eosdem nobiles et episcopos, prioratuum Majoris Monasterii possessiones qua fas qua nefas occupantium, denuntiantur. « Iste Joannes resignavit Simoni le Maye camerario an. 1330, et obiit anno sequenti, et die crastino in quo resignavit. » Anonymus.

XXX. « Simon le Maye 1331. Fuit de pago Turonensi oriundus, et competenter litteratus. Et quantum fuerit potens in suo regimine, opera testimonium perhibent veritati. » Prosequitur anonymus. Eduardus Anglorum rex 1333 Simoni scribit se omnes Majoris Monasterii possessiones in suo regno existentes confirmare, instituisseque ad illas tuendas procuratores.

In archiepiscopum Burdigal. Petrum, quod pecunias insolite e Majori Monasterio exigeret, sententiam tulit Aymericus abbas Sancti Augustini Lemovicensis a sede apostolica judex delegatus. Qua de re etiam episcopus Trecensis a Benedicto papa XII accersitus, gravissime reprehenditur. Quemdam clericum participem piorum operum quæ a monachis fiebant admittit Simon; patet ex formula, ubi isthæc præsertim verba exprimuntur : *Missæ, eleemosynæ et disciplinæ.*

Tandem Simon ipse in episcopum Carnotensem est assumptus, teste anonymo.

XXXI. Petrus de Podio (*Dupuy*) Lemovicus 1357 ex abbate S. Florentii Salmuriensis, quemadmodum indigitat ipsemet in tabula anno 1357 exarata. Obiit ann. 1364, die sancti Sixti papæ sepultus in sacello S. Florentii quod condiderat.

XXXII. — Gerardus de Podio, Petri germanus 1334. Cum duos anonymus ejusdem nominis abbates proxime subsequentes, atque in chartis ferme semper cognomen subticeatur, non facili negotio anni regiminis, ab Gerardi subsequentis possunt discerni ; ac proinde sæpe fato anonymo fides est adhibenda.

Quod propensam erga Majus Monasterium rex Carolus V habuerit voluntatem, anno Domini 1370

A patefecit; nam ipse licet ducatu Turonensi fratrem Ludovicum, ducem Andegavorum auxisset, summum nihilominus in Majoris Monasterii res, jus ac dominium voluit sibi reservatum.

Ad Gerardum de Podio, et Joannem sancti Albini Andegavensis antistitem Urbanus V sui pontificatus 7, deinde Gregorius XI, primo, rescripta misere, quibus inquirendorum miraculorum Caroli Britanniæ ducis, provincia demandatur. Lege Andreæ Duchesne Histor. Castillion. lib. v, cap. 1, pag. 228, et in Probat. pag. 127. Gerardum autem purpureo galero donatum asserunt anonymus et Ciaconius in Vitis pontificum, sepultumque Avenione.

XXXIII. Gerardus II *Pante* vel *Paute*, antea Floriacensis Sancti Benedicti abbas, natione Lemovicus. B *Sepultus est in choro ecclesiæ.* Anonymus.

XXXIV. Helias in Petragorensi territorio humili loco natus : primum SS. Sergii et Bacchi Andegavensis, deinde permutatione facta, Majoris Monasterii abbas an. 1389. Res monasterii non modo dilapidavit, sed monasticam quoque disciplinam pessumire consensit. Nonnulli hoc tempore e monachis Majoris Monasterii Lauream Baccalaureatus in decretis obtinuere, publice Petro abbate S. Eligii Noviomensis docente, ann. 1594. Helias onus in Guidonem de Luro abbatem Sancti Sergii deposuit, et abdicata omni prælatura, atque omnibus renuntians flevit quæ gesserat mala. Obiit III Kal. Octobris 1418.

XXXV. Guido de Luro, Lemovicus, ex abbate Sancti Sergii Andegavensis 1413. Litteris non mediocriter eruditus. Damna tum rei domesticæ, tum etiam regularis observantiæ a decessore illata, maxima parte resarcivit. Addictus præsertim eleemosynis pauperibus erogandis fuit, ac monasterii jurium, immunitatumque propugnator : denique in pace quievit, cujus corpus delatum ac sepultum in choro Majoris Monasterii sub tumba cuprea Geraldi Paulæ abbatis 33, patrui sui. Ita noster anonymus, qui Majoris Monasterii abbatum seriem ulterius minime perduxit.

XXXVI. Petrus Marques ab an. 1429 ad 1453. Privilegium singulare Majori Monasterio non tam indulsit, Nicolaus papa V, quam approbavit. Quod D huic abbatum Elencho inserere profuturum subinde judicavi.

« Nicolaus episcopus, servus servorum Dei, ad futuram rei memoriam, ad decorem sacræ religionis, ac ut illius felices ubique dilatentur fecundius propagines, necnon honoris flores, et honestatis fructus in ea, in salute plurimorum, in ubertate concrescant, apostolicæ meditationis vehementius diffundimus cogitatus, specialibus ea prosequentes adminiculis, per quæ personæ religiosæ singularum turbationum cessantibus dispendiis, in pacis et tranquillitatis dulcedine, sub apostolicæ libertatis præsidiis, in sanctæ contemplationis suavitate quietius et commodius exsolvere valeant altissimo sua vota.

« Hinc est quod nos charissimi in Christo filii

nostri Caroli Francorum regis illustris, ac dilecto- rum filiorum abbatis et conventus monasterii Majoris Monasterii prope Turonem, ad Romanam Ecclesiam nullo medio pertinentis, ordinis Sancti Benedicti, **594** ac priorum prioratuum dicto monasterio subjectorum, in hac parte supplicationibus inclinati potiori pro cautela monasterium prædictum, ac illi subjecta, et in futurum subjicienda ubicunque consistentia, prioratus, hospitalia, membra, et loca quæcunque; necnon monasterii prioratuum, membrorum, hospitalium, et locorum prædictorum abbates, priores et suppriores eorumque monachos; et personas familiares, domesticos, continuos commensales, ac personas in ipsis residentes, præsentes et futuros, cum omnibus ipsorum mobilibus et immobilibus bonis, rebus, juribus, et pertinentiis etiam præsentibus et futuris, ab omni jurisdictione, dominio, subjectione, auctoritate, potestate, superioritate, visitatione, correctione, coercitione, et compulsione archiepiscoporum Turonensium, eorumque vicariorum et officialium, ac quorumlibet aliorum ordinariorum, et prælatorum, ac personarum ecclesiasticarum; necnon a solutione quorumcunque, collectarum, pedagiorum, caritativorum subsidiorum, impositionum et onerum, ac cujuscunque alterius generis exactionum, de apostolicæ potestatis plenitudine, et ex certa scientia, prorsus eximimus, et totaliter liberamus, ac in jus et proprietatem beati Petri sedis apostolicæ, et sub eorum speciali ac immediata protectione suscipimus, atque nostra decernentes monasterium, prioratus, hospitalia, membra, loca, abbates, priores, monachos, familiares personas, bona et res prædicta; solum et immediate dictæ sedi in omnibus subjacere; ita quod archiepiscopi, vicarii, officiales, ordinarii et prælati prædicti, vel quivis alii in ea, utpote prorsus exempta, generaliter et specialiter, aut communiter vel divisim non possint quavis auctoritate excommunicationis suspensionis, vel interdicti, aut alias sententias ecclesiasticas, censuras et pœnas quomodolibet promulgare, seu alias etiam ratione delicti, vel contractus, aut rei, de qua agitur, ubicunque committatur delictum, ineatur contractus, aut res ipsa consistat; potestatem, jurisdictionem, superioritatem, auctoritatem, visitationem, correctionem, coercitionem, compulsionem, vel dominium aliquod exercere. Quodque etiam abbates, priores et conventus prædicti, ratione bonorum monasterii, prioratuum, hospitalium, membrorum ac locorum prædictorum, procurationem aliquam, vel etiam conventionem, aut charitativum subsidium, gabellas, pedagia, telonea et alias exactiones, quibusvis regibus, seu aliis personis ecclesiasticis, vel sæcularibus dare, solvere, minime teneantur; nec ad id compelli possint, vel super hoc, aut alias a quoquam quomodolibet conveniri, vel per litteras sedis prædictæ, aut legatorum, vel delegatorum, seu nuntiorum ipsius, aut diœcesanorum locorum, vel quorumcunque aliorum, etiam sive ejusdem sedis litteris contineatur expresse, quæ ad quævis exempta vel non exempta, prioratus, seu loca se extendant, ex aliqua ejus cujuscunque tenoris existat indulgentia, non obsistat; nisi forsan dictæ litteræ apostolicæ de ordine et monasterio præfatis ac præsentibus, de verbo ad verbum, necnon monachis et degentibus in monasterio, prioratibus, hospitalibus, membris et locis prædictis plenam et expressam, ac etiam notanter et specialiter fecerint mentionem.

« Et insuper volumus et eisdem abbati, et conventui, et prioribus dicta apostolica auctoritate concedimus, quæ de præsentibus et in eis contentis, alicui ex archiepiscopis, ac aliis locorum ordinariis prædictis, in eorum vita nisi semel tantum, si super hoc per eos requisiti fuerint fidem facere nequaquam teneantur, nec ad id inviti valeant quomodolibet coarctari felicis recordationis Innocentii IV prædecessoris nostri, et aliis apostolicis constitutionibus, necnon legibus imperialibus ac statutis, et consuetudinibus, necnon illis per quæ præmissa possent quomodolibet infringi vel impediri, et aliis in contrarium editis nonobstantibus quibuscunque. Nos enim quascunque excommunicationum, suspensionum, et interdicti, aliasque ecclesiasticas sententias, censuras et pœnas, necnon quoscunque processus, etiam quascunque sententias et pœnas in se continentes, quas, et quos contra abbatem, conventum, priores, monachos, residentes personas, monasterium, prioratus, hospitalia, membra et loca prædicta, contra tenorem et formam præsentium, ac exemptionis hujusmodi promulgari et haberi; necnon totum id, et quidquid in contrarium a quoquam, quavis auctoritate, scienter vel ignoranter fieri, vel attentari contigerit, nulla, cassa, irrita, infecta et inania, ac nullius etiam decernimus existere roboris vel momenti.

« Nulli ergo hominum liceat hanc paginam nostræ exemptionis, liberationis, susceptionis, decreti, voluntatis, concessionis et constitutionis infringere, vel ei ausu temerario contraire. Si quis autem hoc attentare præsumpserit, indignationem omnipotentis Dei, et beatorum Petri et Pauli apostolorum ejus, se noverit incursurum. Datum Romæ apud Sanctam Potentianam anno Incarnationis Dominicæ millesimo quadringentesimo quadragesimo octavo, tertio decimo Kalend. Decembris, pontificatus nostri anno secundo. »

595 XXXVII. Guido Vigerii (*Vigier*) 1453. Hisce temporibus expostularat pontifex maximus Pius II (quippe expeditionem parabat in Turcas) ab ecclesiasticis viris decimam; quam persolvere multi detrectavere. Quapropter Andegavensis provinciæ Clerici, quod in ea plures existerent Majoris Monasterii prioratus, Guidonem abbatem submonuerunt, quatenus cum illis iniret societatem; at ipse nefas summo pastori jussis non assurgere putavit.

A. C. 1458, abbatiam in nepotis Guidonis Vigerii gratiani abdicavit. Ille vicissim prioratus quosdam refudit avunculo. Hac de re bulla Pii papæ II eodem anno conscripta; in qua pontifex Guidonem nobili genere procreatum, atque in Majori Monasterio monasticen professum, nec non a se creatum Bibliensem episcopum notat. Ego vero utrumque et avunculum et nepotem nundinatores beneficiorum, priorem maxime animadverto.

XXXVIII. Guido Vigerii nepos ann. 1458, ad an. 1499. Fidelitatis sacramentum Ludovico XI regi 1493, tunc Ambasiæ, ac postmodum Carolo VIII ibidem existenti, facit, sicut instrumenta testantur.

XXXIX. Ludovicus Pot 1499. Abbas simul Sancti Launomari Blesensis. Prioratum septem Dormientium, qui intra monasterii muros continetur, contulit. In litteris episcopum Tornacensem atque Lectorensem se insignit. De Ludovico Pot ac de ejus familia Andræas Duchesne in Historia Montmorenc. lib. v, cap. 1, pag. 335, et in Probationibus pag. 260, Vita fungitur an. 1504.

XL. Franciscus Sfortia 1504, ex nobili genere Sfortianorum oriundus, in Majori Monasterio leges monasticas juravit, ac jubente rege Francisco I adhuc juvenis est a monachis in abbatem electus. Sed contra ecclesiastica præcepta venationi operam cum daret, in foveam, quam equo concitato transilire cupiebat, prolabitur. Qui pondere equi oppressus graviterque sauciatus rediit, ac postremo e vita decessit an. 1511

XLI. Matthæus Galterus (*Gaultier*) 1511. Majoris Monasterii cœnobita, et doctor theologus societatis domus Sorbonicæ. Impense in B. Annam, Dei Genitricis matrem, erat affectus; quare ab abbate S. Florentii Salmur. portionem capitis illius (quod asservari ferunt in prioratu de Gaya diœcesis Trecensis, ab hoc ipso cœnobio pendente) obtinuit. In litteris 1550 de Prioratu septem Dormientium Matthæus abbas episcopus Nigropontis denotatur. Permutavit abbatiam cum Philippo Hurault, pro Burguliensi in territorio Andegavensi. Matthæi nepos, Majoris Monasterii presbyter asceta, ac doctor theologus, Adrianus Galterus nomine, auctor operis, cui titulus, « Æquilibrium virtutum B. Petri apostoli, et sancti Martini. »

XLII. Philippus Hurault 1536. Non diu pedum gessit ipse, qui postremus est abbatum, sive patrum monachorum, vitam religiosam professus. Præsidebat 1538 Capitulo generali in Majori Monasterio die 17 mensis Aprilis celebrato. Obiit an. 1539. Sepultus jacet Parisiis in ecclesia Albimantellorum : cujus inscriptio sepulcralis in marmore nigro hæc est :

PHILIPPE HURAULT ABBÉ DE MARMONSTIER, BOURGUEIL, ET DE SAINCT NICOLAS D'ANGERS, QUI DECEDA LE XII NOVEMBRE M. D. XXXIX EST ICY DESSOUS ENTERRÉ.

Abbates commendatarii.

XLIII. Joannes cardinalis a Lotharingia, primus abbas commendatarius, qui pessumdedit omnes propemodum Majoris Monasterii possessiones et facultates. Prioratus per fas et nefas sæcularibus contrebat, excidebat silvas, et quidquid in æs converti poterat, conflabat ex eo nummos; aliaque patravit, quæ sunt æterno silentio oblitteranda. Mortem oppetisse ferunt anno 1555, atque sepultum apud Sanctum Germanum in Laya.

XLIV. Carolus cardinalis a Lotharingia. tit. S. Apollinaris, nepos Joannis, 1555, vel ut aliis placet 1550. In Comitiis generalibus statuta pro scholasticis collegii Majoris Monasterii Parisiensis an. 1552 condi jussit.

XLV. Joannes de la Rochefoucault. Abbas item Cormeriaci, ac Villelupensis; musicorum pariter aulæ regiæ præfectus. Juramentum fidelitatis Carolo nono Franc. regi præstat 1566, a quo et tutelaris præsidii diploma ann. 1568 impetravit. Joannes abbas probatæ vitæ fuit. Solebat in Majori Monasterio non monachus cum monachis religiose versari. Multa contulit beneficia; totis enim viribus et animo incumbebat, ut Majori Monasterio illata a fratre, pessimo hæretico, damna resarciret. Qui, nempe ad pietatem ac misericordiam admodum propensus, sacras vestes Ecclesiæ et codices divino cultui aptos contulit abunde. Quidquid religiosis die noctuque Deo famulantibus erat necessarium paterne providebat suppeditabatque.

Egenorum præterea et morbis aliisque miseriis afflictatorum, non tantum inopiam effusis eleemosynis, ac beneficentiis sublevabat, sed et recreabat ipse sua præsentia. Tandem piis id genus exercitiis dans operam, apud Verteuil in Engolismensi pago, efflavit animam an. 1583. Atque utinam posteri abbates commendatarii ejus assequerentur semitas, vestigiis inhærerent!

XLVI. Anno 1583 Jacobus d'Apurilli, vir infimæ conditionis, filius lictoris Aurelianensis, dono Francisci Valesii Aurelianensis ducis, etc. Verum duce Francisco e vivis sublato, Jacobus suo destitutus præsidio, nec eam dignitatem sustinere valens, abbatiam cardinali Francisco de Joyeuse resignavit, etc. Hæc doctor theologus Jacobus d'Huysseau Majoris Monasterii cœnobita coævus.

XLVII. Franciscus de Joyeuse cardinalis 1584.

XLVIII. Carolus a Borbonio obiit 1610.

XLIX. Sebastianus Galigai archiepiscopus Turonensis 1610.

L. Alexander eques Vindocinensis 1617.

LI. Petrus cardinalis de Bérule.

LII. Joannes Armandus, cardinalis de Richelieu; cujus auspiciis instaurata est regulæ Benedictinæ perfecta disciplina per Patres congregationis Sancti Mauri. Obiit 1642, 4 Decemb.

LIII. Amadorus Joannes Bap. de Vignerot.

(⁴²). CAP. X. — *Simon enim quidam*. Comes Crespeiensis. Hujus Vitam ab auctore synchrono exaratam, hactenus in monasterio Ursicampi prope Noviodunum, congregationis Cisterciensis ordinis Sancti Benedicti latentem evulgamus; locum obtinet in Additamentis operibus Guiberti nostri. Insuper ex chronico Besuensi ms. pericopen, ut puta lectu non indignam, et ab scriptore Vitæ B. Simonis partim haud scriptis consignata complectentem excerpere visum est. Igitur in Stephano abbate Besuensi : « In diebus illis vocavit sponsus ad se sponsam suam Christus, videlicet Ecclesiam, venire a cubilibus leonum, et montibus leopardorum, per montem myrrhæ et colles libani. Principes enim qui prius fuerant similes leonibus propter crudelitatem et terrorem, et leopardis propter diversarum iniquitatum varietatem; hysopina, humili scilicet confessione mundati, per myrrham mortificationum candore sunt super nivem dealbati. »

« Horum autem exstitit caput et dux quidam comes Francorum nobilissimus, Simon nomine, Rodulphi comitis [sup. filius]. Hic divina respectu misericordia, mundum fugientem fugit, et Christum vocantem se secutus est. Expetiit autem cœnobium sancti Eugendi Jurensis, ibi Christo se sacrificaturus. Præmiserat ante se duos illustrissimos viros, domnum Rodulphum, et domnum Franconem; secum vero duxit domnum Robertum, domnum Arnulphum, et domnum Varnerium. Hi omnes et secundum genus sæculi clarissimi; et secundum Deum nobilissimi, postea se holocaustum Deo obtulerunt.

« Erat adhuc domnus Stephanus, de quo nobis sermo, tenellus, militaribus tantum armis decoratus. Sed saniori usus consilio, una, Deo inspirante, Patres istos secutus, sæculari balteo abrenuntians, Christique jugum suscipiens, in præfato cœnobio monachilem vitam arripuit, ibique sub domno Hunaudo abbate per decem annos se in Dei servitio mactavit. Deinde Cluniacum expetiit, » etc.

Albericus Cisterciensis monachus in chronico nondum edito summatim gesta refert B. Simonis, videlicet annis 1074, 1076 et 1081, sed quia nihil singulare, præter ea quæ in vita recenset, regerenda non putavi.

Porro autem præclara atque religiosa ab Simone, dum adhuc sæcularibus implicaretur, acta commemorant chartularia Crepeiense et Cluniacense.

« In nomine sanctæ et individuæ Trinitatis, etc. Omnis qui semetipsum intelligit hominem duabus naturis, anima videlicet rationali et corpore constare cognoscit, etc. Quapropter ego Simon comes Crespeiensis, etc. Salutem animæ meæ, imo et patris mei venerabilis comitis Radulphi præcavens in futurum, præsentis vitæ dies nihil esse conspiciens, atque mentem pro posse in consideratione æternitatis figens, supradictum Radulphum patrem meum de Montedesiderio, jam per tres annos post sui corporis dissolutionem ibi jacentem, asportare feci, et Ecclesiæ Sancti Arnulphi, quæ ab eodem, et ab antecessoribus in castello Crispiacensi honorifico schemate fundata ; in qua etiam ex aqua et Spiritu sancto renatus fueram, reddidi, ibique more antiquorum juxta sepulcrum matris meæ, uxoris suæ; nec non et prædecessorum nostrorum, cum psalmis et orationibus,

in spelunca duplici collocare feci, ut melius apud Deum, eumdem archiepiscopum et martyrem, videlicet beatum Arnulfum, habeamus pro animabus nostris intercessorem ; eidem ecclesiæ per annulum aureum totam terram de Bonoculo, quam hactenus in dominio habebam, cum servis et omnibus appendiciis suis concedo, etc. Actum Crispiacensi castello xi Kal. April. an. Incarnat. 1077, indict. xv, epact. 23, concurr. vi, regnante Philippo rege Francorum.

« Signum Philippi regis, » etc.

Ita Chartularius Crespeiensis. Quæ vero sequitur Simonis comitis epistola ad beatum Hugonem palam facit eamdem Sancti Arnulfi abbatiam Cluniacensibus fuisse traditam.

« Venerando abbati Hugoni et omni congregationi Cluniacensis cœnobii, Simon comes, Vestræ sanctitatis servulus, salutem. »

597 « Notum sit vestræ Celsitudini, beatissime Pater, me plusquam omnes homines in carne viventes in Deum diligere, atque proficuum et honorem vestrum in quantum valeo quærere. Concedo itaque vobis et omnibus successoribus vestris abbatiam sancti Arnulphi, quæ constructa est in castello, qui vocatur Crispi ; ut omnino subjecta sit vobis ; et ibi abbatem de vestris monachis eligatis, qui secundum Deum, et secundum regulam beati Benedicti, illud monasterium regere possit. Volo ergo ut sciatis me fecisse cum consilio, et cum voluntate meorum hominum, scilicet majorum; nec non et regem hanc meo deprecatu firmasse chartulam; Philippo videlicet astante, et concedente Ivone. Testes Simon dapifer, etc. Factum in domo S. Mariæ Parisiensis, die festivitatis omnium Sanctorum.

« Signum Philippi regis. »

Hæc veteres membranæ Cluniacenses.

Confirmata quoque est præfatæ Ecclesiæ donatio a Silvanectensi antistite Hugone : patet ex iisdem membranis.

(⁴³) IBID. — *Qui quidem Radulphus quam celebris*, etc. Ejus genealogiam describit Ivo Carnotensis, epist. 45. « Perlatum est ad aures nostras quod Mellentinus comes ducere velit in uxorem filiam Hugonis Crespeiensis comitis, etc. Horum autem sanguinitas nec ignota est, nec remota, sicut testantur, et probare parati sunt præclari viri de eadem sati prosapia. Dicunt enim quia Gualterius Albus genuit matrem Gualeranni comitis, qui genuit matrem Roberti comitis. Item supradictus Gualterus genuit Radulphum patrem alterius Radulphi (cujus hic meminit Guibertus) qui genuit Vermandensem comitissam, » etc. Et hæc hæres B. Simonis fratris sui exstitit; cujus filia Adela nomine, Hugoni, filio Henrici regis Francorum, nupsit primum, deinde Rainaldo comiti Claromontensi, ut refert vetus charta Crespeiensis monast.

« Ego Adela Viromanduorum comitissa, et filii mei comes Radulphus et Henricus, dedimus S. Arnulfo martyri, ea quæ comitissæ Crespeienses in privato jure suo, in castro meo Crespei, et villis Fenez, etc., ad sustentationem monachorum Cluniacensium apud Crespeium Deo servientium. Hoc donum fecimus, ut dominus meus Hugo magnus, qui obiit in via Jerosolymitana, cum filiis et filiabus meis, cum domino meo comite Clermontensi Rainaldo, participes simus in orationibus omnium congregationum cœnobii Cluniac. Actum an. 1118 Paschale II, PP. rege Franc. Ludovico, » etc.

Rodulphum autem avum Adelæ, de quo nobis est sermo, Crespeiensem, sive Vadensem et Valesiensem comitem multis auxisse bonis monasterium S. Arnulphi Cresp. (hujus fundator avus Radulphi Gualterius Albus agnoscitur), produnt ejusdem loci antiquiora monumenta, sed maxime illud sacris B. Arnulphi pignoribus decorasse. Veteres chartæ de Rodulpho, quarum summarium hoc est: « Rodulphus comes Crespeiacensis plurima quondam in beneficio tenebat altaria ab episcopo Suessionensi; sed post mortem Adelæ uxoris suæ, ab Heddone Suessionensi episcopo obtinet, ut altare de Bonol (Bonoeil) quod in beneficio tenebat ad personam perpetualiter, et cum integritate teneat Ecclesia S. Arnulphi, » etc.

Actum Suessioni ann. Incarnat. 1053, Henrici regis XIX et primo Heddonis episcopi.

Hinc nonnullos, qui Rodulphum, filiumque B. Simonem Viromand. comites volunt, hallucinari animadvertere est. Lege Claudii Hemerei Augustam Viromand. ad an. 1046, et Andream Duchesne, hist. Castillion. lib. II, c. 9.

(⁴⁴) IBID. — Ad S. Eugendum in territorio Jurensi. Jura sive Jurassus mons, in quo S. Eugendi, nunc S. Claudii cœnobium : de quo Menardus Observat. Martyrologii Benedictini ad diem 1 Januarii. Quo loci monasterium Condatense sive Condatescense a Jurensi haudquaquam distinguendum contendit.

(⁴⁵) CAP. XI. — Qui conversionis initia ex subjecta nactus occasione, etc. Audin causam cur beatissimus ille Carthusiensium protoparens in eremum secesserit, ab auctore coætaneo posteris traditam? eamdem prope aperit illemet S. Bruno epistola ad Radulphum; ubi potissimum hoc argumento ipsum sponsionis de vita monastica Deo factæ admonet : « Reminiscitur quippe dilectio tua quod, cum ego, et Fulcius Monoculus, quadam die simul fuissemus in hortulo adjacenti domui Adæ, ubi tunc hospitabar, de falsis oblectationibus, et perituris mundi hujus divitiis, nec non de perennis gloriæ gaudiis, aliquandiu, ut opinor, tractaremus; unde divino fervore ferventes, promisimus ac vovimus Spiritui sancto, in proximo fugitiva sæculi relinquere, et æterna captare, nec non monachicum habitum recipere. » Plura hunc in modum edisserit sanctus Bruno jam Carthusiæ colonus.

Canonicus anonymus Sancti Martini Turonensis Historia inedita Bibliothecæ Regiæ. « Anno 1086 incœpit ordo Carthusiæ tali modo : Sanctus Hugo Gratianopolitanus vidit per somnium in solitudine Carthusiæ Dominum Jesum Christum quoddam confirmantem; stellas etiam septem ducatum itineris sibi præstantes. Nec mora ad ipsum episcopum veniunt septem viri, qui uno desiderio succensi locum eremiticæ vitæ quærebant, nec adhuc repererant: quorum primus fuit magister Bruno religione et scientia clarus; et alii quatuor litterati, et duo laici, quos sanctus Hugo gratanter suscepit, et voti compotes fecit. Ipso namque consulente, juvante, et comitante Carthusiæ solitudinem intraverunt, ædificia construxerunt, et ibi quieti in eremo Domino servierunt. » Sic ille, sic et innumeri propemodum scriptores, quos his adnotationibus inseure piget, quandoquidem me ab hoc onere levet Joannes de Launoy, vir eruditionis reconditæ ac disciplinæ ecclesiasticæ peritissimus, in dissertatione De vera causa secessus S. Brunonis in eremum. Quem porro doctorem habuerit paucis enarrat chronographus Malleacensis par beato Brunoni ad an. 996. « Gerbertus docuit Fulbertum Carnotens. episcopum, etc. Hic iterum docuit Berengarium canonicum Sancti Martini; qui item Brunonem Remensem, et multos alios hæredes reliquit philosophiæ. Bruno quidem perfectus philosophus, monachus effectus et eremita apud Calabriam mul o rum monachorum Pater obiit in Christo. »

At omittendum minime est, quod observavi de sancto Brunone, quodque fugit, opinor, scriptores, puta cancellaria dignitate claruisse in Ecclesia Remensi; doceor id ex chartæ subscriptione jussu Manassis archiepiscopi Remensis scriptæ, qua monasterio Sancti Basoli confert altaria Alteio, et Caprille, etc. « Actum anno 1076 præsentibus Henrico Sancti Remigii, Joscelino Altivillaris, Gybuino Mosomi, Raimbaldo S. Theodorici abbatibus, et Brunone Remensis Ecclesiæ cancellario. »

(⁴⁶) CAP. XI. — Vices autem abbatis ac provisoris Gratianop. episcopus, vir plurimum religiosus exequitur. Ne mireris episcopum Hugonem, novellæ plantationis præfectum, quippe qui vitam arctissimam professus, prudenter sapienterque illam rigare, amputare, suffodere, stercorare noverat : non secus ac olim sanctissimi antistites monachi Athanasius, Basilius Magnus, Gregorius Nazianzenus, Chrysostomus, Martinus, Augustinus uterque, doctor et Angliæ apostolus, Cæsarius Arelat., Bonifacius Mogunt., Leodegarius Augusto., Lanfrancus, Anselmus, et alii, institutionem suscipiebant monachorum. Etenim quæ longo usu in cœnobiis didicerant, peregerantque, aliis apprime depromebant : et juxta illud Lucæ XII de fideli dispensatore Dominicæ familiæ, tritici mensuram dare percallebant in tempore; sciebantque pastori « oportere prodesse magis quam præesse, » ut loquitur sanctus Benedictus regulæ cap. 64; et cap. 2, abbatem præmonens : « Omnia bona et sancta factis amplius quam verbis ostendere, ut quæ discipulis docuerit esse contraria, in suis factis indicet non agenda » Unde in statutis jubente Edgaro rege conditis, decretum inter cætera de episcopis, qui monachis præesse debebant : « Qui ordinatus episcopus in omnibus eumdem morem regulæ cum monachis suis quem abbas tenet regularis, diligenti cura sine intermissione custodiat. Nec episcopatus occasione; regulæ præcepta tumidus vel obliviosus temere intermittat, sed quantum excellat et opere. » Seldenus in Not. ad Eadmeri Hist., pag. 150.

En causam cur identidem præclari tot præsules cœnobitarum rectores exstitere. Ast ubi e sæculari vita in solium episcopale intrusi sunt, qui quod nusquam auditum lectumve, nedum in usu habitum, dictis factisque poterunt edocere? Merito igitur eos, qui evangelicæ perfectionis in ordine monastico instituta amplexati fuerunt, ab illorum jure summi Ecclesiæ principes exemere, quin et ultro monachorum regimen antistites ipsi quam multi abdicarunt.

(47) IBID. — *Ditissimam tamen bibliothecam coaggerant.* Usurpatum id ex regula Sancti Benedicti, qui sæpiuscule ut *lectioni vacent*, denique studiis sanctæ Scripturæ operam exhortatur capite 48, ac præcipit : « Accipiant omnes singulos codices de bibliotheca, quos per ordinem legant, » etc. Itaque primoribus illis Carthusiensibus in more positum fuit bibliothecas instruere, quatenus hac arte solitudinis tædium allevarent : hi namque institutorum suorum maximam partem se mutuatos fuisse abs regula eadem, sed præsertim litteris initæ an. 1632 cum congregatione Sancti Mauri societatis, gloriantur his verbis : « Et quidem justum nobis hac in re vobiscum, tanquam cum fratribus, ac commilitonibus commune gaudium, qui sub ejusdem sanctissimi Patris (Benedicti) labaro militamus; quique ab illius sapienti et religioso magisterio præcipua militiæ nostræ Chartusianæ jura legesque accipimus, » etc.

Cæterum quæ supersunt in ordine Benedictino antiquorum monumentorum vestigia, testantur solemne esse, dum viguit regularis observantia, instructissimas bibliothecas concinnare, e quibus panem « qui non perit, » quique « cor hominis confirmat, » perceperunt Ascetæ. Vide Cassiod., Institu. divin. cap. 52; Trithemium Chronic. Hirsaug. ad ann. 838.

Quantæ vero curæ fuerit iisdem monachis Benedictinis libros aggerare, prædicant Alexandri papæ (ni fallor) tertii litteræ bullatæ ad abbatem et monachos antiquæ Corbeiæ.

« ALEXANDER episcopus, servus servorum Dei, dilectis filiis abbati et capitulo Corbeiensi, salutem et apostolicam benedictionem. Cum velitis utilitati vestri monasterii, » etc. *Vide in Alexandro III, ad an.* 1181.

599 Similiter decrevit abbas Sancti Benedicti Floriacensis in capitulo generali : « Ego Macharius abbas monasterii Sancti Benedicti Floriacensis, videns bibliothecæ nostræ codices, vetustate nimia cariosos, ac tinea rodente corruptos, ad eorum refectionem, et novorum comparationem, seu membranarum, » etc. Et infra : « Ego igitur, et qui mihi succedet, viginti solidos annuatim dabo, » etc., prior noster decem solidos, prior de regula decem solidos, » etc. Hæc constitutio inter veteres consuetudines bibliothecæ Floriac. pag. 409.

Majorum quoque exemplo, Patres congregationis Sancti Mauri ad caput regulæ 48, in declarationibus statuere : « Et ne desint codices in bibliothecis dandi fratribus pro eorum captu, erunt solliciti superiores ut libris utilibus instruantur pro facultatibus monasterii, » etc.

(48) IBID. — *Nivernensis comes.* Guillelmus tertius, ni fallor, qui aliquandiu cum administrasset comitatum, neglecto splendore natalium, ad tutam monasticæ vitæ stationem e mundiali pelago appulit, in ordine videlicet Carthusiensi humilem conversorum (ut vocant) seu servientium est pie professus. Testis Guillelm. Nangis in Hist. ms. ad an. 1138 : « Florebat etiam Guillelmus Nivernensis comes insignis, cujus devotio mira enituit, dum de potenti principe sæculi, factus est in Chartusia humilis pauper Christi. » Guido Coquille, Hist. Nivernens., pag. 145.

Plura id genus exempla memoriæ ingeruntur virorum genere clarorum, qui posthabita sæculi vanitate in claustra se, vitam regularem professuri, hac ipsa tempestate receperunt. Nota nil ad me, scilicet ab omnibus legi possunt; bina solum hic apponam, e codice membranaceo Majoris Monasterii anno circiter 1116 exarato, cap. 45.

« Illustris quidam Carnotensium vicecomes Ebrardus nomine audita Domini voce, qua dicit : *Nisi quis renuntiaverit omnibus quæ possidet, non potest meus esse discipulus* (Luc., XIV, 35), » etc. Timens ne si ab ista Domini benignissima admonitione se faceret alienum, alienaretur etiam in futuro a regno cœlorum; excogitare cœpit qualiter ad ipsum Dominum propius accederet, ipsiusque servitio familirius manciparet. Et quia ad hoc magnum faciebant impedimentum, et præsens sæculum, et quæque in eo possidere videbatur; nec facile illi erat adimplere quod volebat, maluit omnia omnino relinquere, quam pro his in perpetuum infernales cruciatus sustinere. Igitur honorem suum et possessiones fratribus suis dereliquit, reliqua autem quæ in auro et argento habere potuit, pauperibus erogavit, quatenus nihil jam sollicitus de rebus transitoriis, securius et expeditius inhiaret divinis, etc. Anno ab Incarnatione Domini 1073. » Aliquanto post sequitur :

« Sed ut ad propositum redeamus, domnus Ebrardus nudus et pauper effectus, patria, parentibus suis derelictis, peregre profectus est. Cumque de peregrinatione illa, in qua multo tempore demoratus est, reverteretur, ad Majus Monasterium habitum inibi monachicum susceptorus devenit, ubi cum quibusdam uxoris suæ impedimentis aliquandiu in laicali habitu moraretur, venit ad eum Hugo frater ipsius, qui ei in honorem vicecomitatus successerat; qui cum plurima salutis suæ monita audisset, » etc.

Et cap. 42, ubi supra : « Nosse debetis si qui eritis posteri nostri, majoris scilicet habitatores monasterii Sancti Martini, militem quemdam nomine Bernardum, cognomine Flagellum, devenientem ad suscipiendum apud nos monachatum, donasse nobis dimidium terræ, ut appellatur, Ostrulvillæ, concedentibus dominis quoque de quibus illam tenebat, Hugone videlicet de Putatiolo vicecomite Carnotensi, atque Ebrardo de Levaisvilla, annuente quoque Stephano avunculo suo, » etc.

(⁴⁹) Cap. XII. — *Calceorum de Corduba*. Nil hunc locum Ordericus Vitalis non elucidat, qui eadem ferme tempestate componebat, Historiæ lib. quinto in fine : « Dederunt Simoni quinque solidos, et Roberto sotulares (calceos) Corduanos. » Item libro octavo, pagina 682 graphice sui temporis calceos depingit, et id haud ævo nostro non competit : « Hic (Fulco Andegavensis) in multis reprehensibilis, et infamis erat ipse nimirum, quia pedes habebat deformes, instituit fieri longos, et in summitate acutissimos subtolares, ita 600 ut operiret pedes, etc. Insolitus iste mos in occiduum orbem processit, levibusque et novitatum amatoribus vehementer placuit : unde sutores in calceamentis quasi caudas scorpionum, quas vulgo pigacias appellant, faciant : Idque genus calceamenti pene cuncti divites et egeni nimirum expetunt; nam antea omni tempore rotundi subtolares ad formam pedum agebantur, » etc. Et Guillelmus Malmesbur. coævus de gestis Anglorum lib. IV, c. 1, in Guillelmo II : « Tunc fluxus crinium, tunc luxus vestium, tunc usus calceorum cum acuminatis aculeis inventus, » etc.

(⁵⁰) Cap. XIV. — *His Guido*, etc., *inter quas Sancti Quintini a primo lapide canonicorum regularium ecclesiam fundaverat*. Vita sanctæ Romanæ virginis et martyris egregium hac de re continet testimonium. « Cum comes Flandriensis Balduinus puerum Philippum, Henrici regis filium, ad regni proveheret solium, ipsum pro eo disponeret regnum; civitas Belvacensis suo destituta est antistite. Annuente igitur supernæ pietatis æquitate, Guido decanus custosque ecclesiæ Sancti Quintini Vermandensis, et archidiaconus Laudunensis, constitutus est a præfato principe Belvacensium episcopus, ordinante eum cum cæteris ejusdem provinciæ episcopis viro illustri Gervasio Remensi metropolitano. Vir quippe nobilis prudenter ascendens altiores gradus Ecclesiæ adeptus est culmen episcopale. Qui facile non carere ferens se præsentia martyris, de cujus uberibus Ecclesiæ suxerat lac doctrinæ spiritualis, in honore et memoria ejus ædificavit ecclesiam haud longe a mœnibus Belvacæ civitatis, etc. Quæ cum sit admirabilis specie suæ compositionis, admirabilior haberi potest ipsa facilitate celerrimæ constructionis. Nulla enim tam brevi spatio tantum efficeret opus vis humana, nisi intercedente martyre, virtus auxiliaretur divina; duobus quippe annis incœpit et perfecit eam in decore suo idem venerandus Guido episcopus dealbatam undique, et depictis insignitam laquearibus, etc. Qui inspiratione divina, sapienti usus consilio, cum grandi honore, comitantibus turbis psallentium clericorum atque laicorum, transtulit corpus præfatæ virginis et martyris Romanæ, de sacrario S. Petri ad eam quam construxerat ecclesiam, » etc. Hucusque fragmentum ex Gestis S. Romanæ calamo exaratis, quod mihi commodavit quidam canonicus regularis, congregationis Gallicanæ; velut et sequens Gregorii PP. VII privilegium, Ivoni postea Carnotensi episcopo indultum; et cætera post describenda de Guidone episcopo

« Gregorius dilecto in Christo filio Ivoni, præposito ecclesiæ S. Quintini, sitæ in episcopatu Belvacensi, suisque successoribus regulariter promovendis

« Supernæ miserationis respectu, » etc. *Vide in Gregorio VII*.

Quo tempore condita dedicataque fuerit præfata S. Quintini basilica indicant versus codici vetusto inscripti.

Anno millesimo sexagenoque noveno,
Est Incarnati Verbi sub honore beati
Quintini factus locus iste, Deoque dicatus.

Obitus vero Guidonis episcopi dies notatur in Necrologio ejusdem Ecclesiæ, in hunc modum : « Nono Kal. Maii obiit domnus Guido Belvacensis episcop. qui hujus ecclesiæ fundator exstitit et ædificator, quam multis possessionibus ditavit, et quam pluribus ornamentis decoravit; fecit enim in ecclesia nostra coronam argenteam, et tabulas argenteas, feretrum argenteum, etc., duos textus (in quorum uno Guidonis visitur effigies), crucem argenteam, cappas novem meliores cum casula una; decem campanas majores et minores. Fecit etiam omnia vetera ædificia, dedit nobis villam istam, » etc. 601 Legesis epistolas Ivonis 151, 181 et 193. Accessiones Roberti de Monte ad Sigibertum ad an. 1066 et 1069. « Guido Belvac. episcopus duobus annis perfectam dedicavit ecclesiam in honore advocati sui Quintini Mart. IV Nonas Octobris. » Quo, versibusque præfatis advertere licet, arguendum lapsus auctorem Vitæ Ivonis, operibus proloquii loco appositæ (inter al os errores), quod ad annum 1078 fundationem S. Quintini Belvacens. rejiciat.

(⁵¹) Ibid. — *Flaviacense monasterium*. Vulgo Sancti Geremari, in diœcesi Belvacensi situm, ab eadem civitate quatuor leucis disparatum.

Porro quæcunque ad Flaviacensem Ecclesiam spectant, R. P. domnus Joannes Baptist. de Boulogne, tum ejusdem Ascelerii congregat. S. Mauri prior, vir admodum eruditus, eorum chronologiam ex primis monumentis, vetustioribus schedis, summorum pontif. litteris, diplomatibus regum, principumve (e laica manu post summos labores ac sudores ereptis) amplissimam retexit. Quo ex fonte in antecessum ejusdem Historiæ compendium, a nobis concinnatum damus.

Historiæ Flaviacensis monasterii compendium.

Monasterium Flaviacense in Belvacensis diœcesis pago, situm prope Eptam fluvium, tempore Dagoberti, annum circiter 650, seu, quod volunt alii, 660 condidisse, dotasseque sanctum Geremarum (cujus nomine postea illud insignitum fuit) noscesex litteris Joannis V, episcopi Belvacensis; quæ sichabent.

« Joannes, miseratione divina Belvacensis episcopus, universis præsentes litteras visuris, salutem. Nobis dilecti filii, venerabiles et devoti religiosi, abbas, et conventus, et priores ei subditi, devotissimi cœnobii S. Geremari de Flaviaco, nostræ diœcesis, dolentes exposuerunt; sanctæ religionis contemptores, imo verius despectores ipsis exprobrare, suum monasterium pridem in honorem Trinitatis sanctissimæ Deo dicatum, per devotissimum Deo Geremarum patronum suum, adjuvante beatissimo Audoeno Rothomagensi archiepiscopo, nunquam fundatum exstitisse de redditibus ipsius Geremari, sed ex partialibus bonis aliunde venientibus, improperando ipsis, veritate non suffragante, quod aiunt, illum beatissimum Geremarum suum dotasse cœnobium, multaque alia religiosa loca ipsis subdita, ex suis patrimonialibus et paraphernalibus bonis. Quamobrem quid in sacris historiis, chartis, registris, librisque et scripturis veteranis nostris, aut ecclesiæ et sponsæ nostræ, de ipsorum fundatione inveniretur, vellemus testificari, postularunt.

« Notum facimus nos male latrantium cupientes ora claudere, testimonium veritati exsultantes perhibere, certificamus veteranis libris, legendis, chartis et scripturis, quibus fidem suspicione vacuam, nullaque nota reprehensibilem, ea quæ sequuntur, contineri. Videlicet serenissimi regis Dagoberti temporibus gloriosum Geremarum a sobole regia procreatum, maximæ exstitisse sanctitatis, cujus consilio sacro ille Dagobertus rex cum amabili pace regnum gubernavit. Voluit autem ille gloriosus Geremarus, tum non solum apud homines militare, imo mundana postposita militia cupivit cœlestis militiæ particeps fieri, velut novus tyro sub veterano et approbato cœlestis militiæ rectore, et cœlestis principis vicario, sancto Audoeno Rothomagensi archiepiscopo, atque præfati regis cancellario, adversus carnem, mundum, et dæmonia bellare decrevit.

« Cujus Audoeni jam sanctitate magna fruentis, secutus consilium, de præfati regis Dagoberti consensu religionem intravit, in loco qui dicitur Flaviacus, ubi non multo post, suis ad Dominum transmigratis liberis, de Clodovæi regis prædicti Dagoberti filii consensu, pariter et assensu, revelatione angelica prævia, ad sanctissimæ et beatissimæ Trinitatis latriam et venerationem, cœnobium, quod nunc beati Geremari dicitur, cum pluribus aliis religionis locis, propriis sumptibus construxit; necnon suis dominiis, villis, castris, ac redditibus dotavit, cupiens et affectans ex terrenis sibi a Deo datis, multis in locis ipsum Dominum Deum venerari.

« Stetit autem in esse et statu præfatum illud monasterium, ducentis annis et quinquaginta, vel eo circa. Verum pacis iniquus perturbator, et humani generis corrosor, qui a superis corruit ad inferos, ex servitio illo in monasterio celebrato perturbatus, nefandi Rolonis cor subintrans, monasterium Flaviacum funditus usque ad solum destrui procuravit, et religiosis non multo post defunctis, et profugis, desertum et incolis vacuum, aridumque fructu et inhabitabile, centum et triginta mansit annis; nec a nobis inventus est qui in præfata exstiterit devastatione succursor et consolator; qui chartas, papyros, registra, vel libros illius monasterii conservare cupiverit. Nec mirum quoniam apud prædones, et fidei Christianæ inimicos, moris erat usitati, et adhuc diebus exstat in istis, ea quæ Christianam sapiebant religionem, igne voraci consumere.

« Sed quia misereri voluit Creator omnipotens, populi, et beatissimum Geremarum 602 confessorem suum in loco suæ sanctitatis iterum venerari, mentem prædecessoris nostri bonæ memoriæ Domni Belvacensis episcopi, gratia Spiritus sancti inebrians ad novam illius monasterii inspiravit constructionem; ordinans (ut ipsius erat ordinare) antelati Geremari præviam insequendo voluntatem, illud monasterium a sanctissima Trinitate denominari, addendo ad Dei laudem et ipsius fundatoris Geremari, monasterium Sancti Geremari appellari. In cujus rei testimonium præsentibus litteris sigillum nostrum duximus apponendum.

« Datum anno Domini millesimo quadringentesimo septuagesimo octavo, die Mercurii, tertia mensis Junii.

« De mandato domini sic signatum, R. Champdesus. »

Cæterum viginti abbates ab ipsis monasterii incunabilis, ad excidium a Northmannis illatum, præfuisse notant veterna ejusdem loci monumenta; e quibus, necnon et ex Fontanellensi, sive Sancti Vandregesili chronico, eorum nomina (paucos si excipias qui temporum injuria excidere) desumemus.

Primus abbas sanctus Geremarus exstitit, ac fundator monasterii Flaviacensis, sanctissimæ Trinitati initio dicati. Res gestas sancti Geremari ab antiquo auctore exaratas, et ex vetusto codice manuscripto Conchensis monasterii, cura nostra exscriptas, inter additamenta collocavimus.

III. Sanctus Gennardus (secundus enim oblivioni traditus) sancto Ansberto longe charus fuit; unde juxta corpus ejusdem in Fontanellensi cœnobio, cui etiam præsederat, sepultura donari statuerit.

IV. Sanctus Benignus Fontanellæ monasterio præfuerat prius, sed a Regenfredo majoridomus projectus in abbatem Flaviacensem a monachis assumitur.

V. Adebrardus, integritatis, prudentiæ ac ingenii gloria clarus, atque « imperatori Ludovico Pio (codex manu exaratus de Adebrardo), merito prudentiæ adeo fuit acceptus, ut inter ejus principes ad pacis negotia componenda et in Ecclesia, et in regno in longinquas usque gentes semper fuerit primus. »

VI. Hincmarus ex monacho Sancti Dionysii in Francia, ut refert Flodoardus libro III, cap. 1 : « Regis ascitus obsequiis regimen monasterii Sanctæ Dei Genitrici Mariæ, et sancti Germani, regali et episcopali, atque abbatis sui Ludovici jussione suscepit. » Legendum vero hic Sancti Geremari, suadent quæ eodem lib., cap. decimo octavo scribit ipse Flodoardus, his verbis : « Item (scribit Hincmarus), pro cella, vel monasterio Flaviaco, quod idem rex sibi, dum in ipsius ante episcopatum moraretur servitio, donaverat; et ut in vita sua illud teneret, præcepto confirmaverat; quodque a quodam invasore destructum restruxerat, et religionem prout potuit, in eo restauraverat, » etc. Plura de Hincmaro Remensi archiepiscopo scribere supersedemus, quippe notiora et celebriora sunt ipsius facta, scriptaque (duobus voluminibus comprehensa) quam ut ea detexere debeamus.

VII. Odo ex abbate Corbeiensi in Picardia, episcopus Belvacensis, monasterium Flaviacense, et alterum Nonnarum, utrumque solo prope adæquatum, juri episcopali addici, quatenus e laica manu eriperetur, suæque inopiæ subveniretur, ab rege Francorum primum, deinde a Nicolao primo, papa, impetravit: « Eo autem ordine (fert diploma summa pontificis) ut de rebus ejusdem monasterii collatis, sive conferendis, Ecclesiæ Belvacensis necessitatibus subveniatur, prout voluntas et judicium episcopi, qui præfuerit eidem Ecclesiæ decreverit; et monasteria ipsa, nec in ædificiis domorum, nec in restauratione ecclesiarum, nec in necessitatibus Deo illic servientium subsidia defraudentur; sed ita rerum dispositio fiat ab episcopo Belvacencis Ecclesiæ, ut et ipsa monasteria juxta modum facultatum sibi collatarum restaurentur, et conserventur, et illic Deo militantium subsidiis adjuventur, quatenus loca Deo dicata, et res illis ecclesiis collatæ ibi potissimum deserviant, ubi Deo fidelium oblationes esse collatæ noscuntur : quia nec pium, nec justum esse cognoscitur, ut ecclesiæ præfatæ ita suis rebus dispositio, et alterius ecclesiæ necessitatibus deserviant, ut earum nulla prorsus cura videatur impendi. Unde sollicitus videat episcopus Bellovasensis, ut sive de feminis illis Deo deservientibus, sive de cujuscunque ordinis viris, sive de monasteriorum restauratione et conservatione, eam curam suscipiat, quatenus et divinæ domui dignam habere sibi procurationem gaudeat, et ipse qui præfuerit rector, supernæ censuræ judicium propter negligentiam non incurrat. In sæcularium vero manus atque potestatem, ipsa monasteria nulla deinceps ratione vel occasione perveniant; quia non est leve ante oculos summi judicis discrimen religiosis locis, et monasteriis Deo dicatis, sæcularem præficere potestatem, et ei contradere pastoralis curæ sollicitudinem, qui, quid sit pastor, ignorat nec quærit lucrum animarum, sed pecuniæ censum, non ut divinis cultibus servitium impendatur, sed ut suis usibus, ad dominationis votum deserviatur, etc.

« Datum est id privilegii ann. v imperii Ludovici II, Christi vero 860. »

VIII. Ansigisus vir religione, doctrina usuque rerum præstans, humana deposuit anno 882.

603 Pluribus post annis, nempe circa annum 900, susque deque eversum est abs Northmannis. Sacra autem beati Geremari ossa translata, ac collocata in ecclesia Belvacensi; ubi hodie visuntur. At anno 1030 strenue pius juxta ac prudens Droco Belvacensium episcopus ad instaurationem, seu verius exædificationem, animum appellit, ita feliciter et magnifice, ut brevi ecclesiam et universa vitæ monasticæ commoda ædificia perfecerit; quo non tantum vetustas ædes, sed etiam præcipuas Galliæ tum amplitudine, tum elegantia superaret.

Constructo itaque et instructo monasticis rebus et sacra supellectili cœnobio, nec non prædiis, quæ antiquitus possederant cœnobitæ, redditis, accersivit e monasterio Sancti Mauri Fossatensi monachos, quibus Guntherium præfecit. Ac tandem ut sacra restituerentur sancti Geremari ossa, totis viribus enisus est, sed frustra, reclamante, præpedienteque populo.

IX. Gunterius ex monacho Fossatensi, asceticæ vitæ norma postliminio revocata in sancti Geremari cœnobio, magnam sibi virtutum ac scientiarum laudem inibi collegit, adeo ut præstantis disciplinæ permoti fama, etiam exteri, sæculo abdicato, sese ipsius magisterio subderent : quin et mulieres nonnullæ, eodem postea odore allectæ, in adjacentibus ecclesiæ ædiculis commanerent; nempe soror Sugerii prioris, mater Guiberti abbatis Novigenti, Leodegardis. De quibus idem Guibertus lib. I de Vita sua. Itemque posterioribus sæculis Albreda de S. Ouin conversa, uxor Guillelmi de Henouville; uxor Girardi de Hanuoiles, et aliæ quamplurimæ; quæ contraditis inibi suis opibus, monasterii stipendiis, seu ut codicilli loquuntur, præbendis, nomine conversæ ac sororis, sanctimonialium habitu degebant. Ædicularum in hodiernum usque diem vestigia exstant.

Obiit Gunterius Idibus Martii, anno Christi 1058, et administrationis 22.

X. Garnerius Gunterio successit; vir utique probitate, doctrina, administrandi prudentia insignis : qui disciplinam regularem mire illustravit, adauxit res monasterii. Eo quoque præsidente complures ecclesiæ, seu prioratus, Faviaco conferuntur; queis colonias monachorum, qui orationum subsidiis, verboque et exemplo populum tuerentur, erudirentque, Garnerius abbas addixit. Constat id potissimum ex narratione fundationis prioratus S. Sepulcri de Villaribus, a nobilissimo comite Belvacensi Lansceelino conditi, et eamdem nos chartam, utpote summam hujusce comitis pietatem redolentem, internectere delectat.

« In nomine sanctæ et individuæ Trinitatis. Amen. Omnibus aqua et Spiritu sancto renatis, gratum fore decrevit charitas nostra, si litterarum apicibus annotamus, qualiter a quibusdam personis ecclesia nostra, auxiliante Domino, fuerit fundata. Lanscelinus senior, Fulconis Belvacensis filius, strenuæ nobilitatis vir, et secundum hujus sæculi fastum magnæ potentiæ fuit : iste, ut rei exitus probavit, nutu et voluntate Dei Jerusalem, et sacra loca, ubi Dominus noster Jesus Christus, natus, ubi crucifixus, et sepulcrum in quo positus fuit, multis in hac provincia secum comitatus adiit : illis videlicet temporibus, quibus nullus Christiani nominis confessor, nisi furtim, aut, ut ita dicam, tapinacione propter obsistentium paganorum timorem, illuc pergere ausus erat; qui multa tam per terram, quam per mare, passus pericula, ad ultimum suo potitus desiderio, satisque humiliter adorato, cum suis omnibus in Galliam repedavit. Transacto autem non longo tempore, pietas conditoris nostri, qui « omnes vult salvos fieri, et ad agnitionem sui nominis venire (*I Tim.* ii, 4), » misit in cor ejus, quatenus in honorem sancti sepulcri de propriis facultatibus ecclesiam strueret, monachosque ibidem ad Dei servitium die noctuque peragendum constitueret. Consilium vero, voluntatemque hujus rei, uxori suæ et filiis suis nec non et hominibus propriis aperiens, omnes una voce laudaverunt, Deoque fore gratum simul affirmaverunt.

« Post hæc domnum Garnerum Flaviacensis cœnobii abbatem petiit, et ut monachos ad tale negotium peragendum dignos secum transmittere dignaretur, humillimis precibus exoravit, tali scilicet ratione, ut ecclesia, quam ædificare volebat, omnibus diebus Flaviacensi ecclesiæ fuisset subjecta, et ut ipse abbas, suique successores, monachos quos vellent transmitterent, et quos vellent reducerent. Qui libentissime quod tantus exorabat, non solum concessit, sed ut tam sanctus perficeret sua sancta exhortatione admonuit. Tunc incipiendi operis inter se die constituta, abbas Garnerus cum suis monachis adfuit, Lanscelinus quoque nobilium virorum stipatus agmine, viros operis cœmentarii gnaros secum adducens a Belvacensi civitate, cum suis filiis advenit. Omnes enim qui convenerant, locum ad habitationem monachorum congruum fore affirmabant, circumspicientes vicinitatem aquarum, amplitudinem pratorum, abundantiam nemorum, ubertatem vinearum, multitudinemque arborum diversi generis fructum ferentium.

« Tandem paratis omnibus quæ necessaria erant, lineisque a cæmentariis juxta quantitatem jactis; domnus Lanscelinus cum magna devotione in honore sanctæ et individuæ Trinitatis, locum ubi fundamenta basilicæ jacienda erant, fossa humo primus aperuit.

« Cœptum est opus istud mense Martio, millesimo sexagesimo, Philippo rege apud Gallias regnante, ducatum vero Northmannorum et regnum Anglorum Guillelmo nobilissimo rege administrante. »

Monachis vero ibidem Deo servientibus inclyti Lanscelini non defuit largitas. Ut enim sufficientiam quotidiani victus haberent, dedit eis molendinum Crevicordis super ripam Taræ situm, et totam aquam de Cailoto usque ad Pontem Harmis, ad piscandum, dedit et hospites suos ibidem manentes, totamque mansionem Hildefredi, cum pratis ad mansionem pertinentibus : querquetum Burgerii, et alnetum querquetum adjacentem, Nemus Hes, Faiolum; omnes brochias ad comburendum et ad hospitandum concessit. Vasa apium in nemoribus suis reperta ; et duas partes decimæ de Harmis ; et duas de Serenciis et de Medianavilla, similiter duas partes decimæ, et culturam Crene, clausum quoque monasterioli, quod a quodam homine, Gildino nomine, septem libris Belvacensis monetæ et uno modio frumenti emit; ipsum vero Gilduinum usque ad finem vitæ suæ monachi vestitu et quotidiano victu sustentaverunt. Dedit etiam quamdam mansionem, quam centum solidis Belvacensis monetæ emit ab Hemelino de sancto Luciano, concedente Petro sancti Luciani abbate, de Consenfisco, et aliis omnibus monachis concedentibus. De qua re dominus Lanscelinus abbati de sancto Luciano hominium fecit. Abbas vero ad augmentum fisci unum dentem sancti Luciani ei dedit.

Post hæc talem confirmationem fecit, ut si a clientibus suis ex hominibus monachorum aliquis aliquando caperetur; aut sicut mos est rusticorum, silvas suas cædendo, aut aliquod forisfactum suum clientes sui de homine illo, qui calumniaretur, clamorem ad monachos referrent, et monachi in curia sua justitiam tenerent. Confirmavit adhuc, manuque filiorum suorum roboravit, ut si quis ex militibus suis de fisco suo ecclesiæ donare voluerit, absque suo jussu et filiorum suorum donet indifferenter, ita scilicet ut militare servitium inde non amittat.

Adhuc autem confirmavit, concedentibus suis, ut quando ad ecclesiam ipsam aut villam ire voluerit, nihil in eadem habeat, nisi solummodo procurationem unius monachi, nihilque omnino sibi retinuit in villa, nec justitiam, nec sanguinem, nec latronem ; nec taliam, nec sævum, nec forisfactum.

« Sciant præsentes, et qui futuri sunt, quia ego Renaudus dominus de Bul. profunde de peccatis meis pœnitens, quasdam injustas consuetudines, tailliam videlicet, et omnes alias oppressiones et procurationes, quas in villa, quæ dicitur Villaris Sancti Sepulcri, injuste per aliquot annos acceperam, quietas dimisi, et a monachis Flaviacensibus in eadem villa commorantibus absolvi postulavi, quod et obtinui.

« Et ne hoc statutum meum ulterius a quocunque successorum meorum possit violari omnino prohibens, sigilli mei impressione firmavi. »

Privilegia et prædia Philippus rex Francorum

monasterio Flaviacensi in Garnerii, quem plurimum diligebat, gratiam, indulsit; sed præcipue dat litteras Belvacensi episcopo et clericis, præcipiens ut sacratissima beati patroni Geremari pignora restituerent, sed nullum sortitæ sunt effectum.

Garnerius demum tranquillioris vitæ amore, uti totum se Deo offerret et impenderet, onere simul et honore sese abdicat: privatamque egit vitam undecennio; et anno Domini 1095 Nonis Junii diem ultimum clausit feliciter.

XI. Hugo I multijugæ religionis atque eruditionis Guiberto teste exstitit. Præfuit post Garnerii spontaneam cessionem. Floruere hac ipsa tempestate dum præclare pedum Hugo gestaret, monachi magna virtute, doctrina et constanti disciplina, quos inter Guibertus ipse velut sidus eminebat.

Guillemus de Besencourt et Gamelinus De Bowerescés nuntium sæculo miserunt, votisque sese monasticis obstrinxerunt in Flaviacensi monasterio.

Ad cœlum venerabilis Hugo evocatus est Nonis Decembris, anno Christi 1100, sui regiminis xv.

XII. Joannes abba probatæ morum integritatis (quem Guiberti mater a puero nutrierat) e pago Claromontano oriundus, Guillelmum optimæ indolis puerum e Judaica pravitate ad Christianam veritatem traduxit; cujus gratia Guibertus ille Tractatum contra Judæos elucubravit, lib. II De Vita sua, cap. 5.

Anno quarto præfecturæ Joannis, is ipse Guibertus in abbatem cœnobii Novigentini prope Couciacum est evectus. Sub extrema Joannis tempora venerabilis mater Guiberti, exuta mortalitate, animam efflavit, corpusque Flaviaci sepeliendum reliquit.

Obiit Joannes tertio Idus Martii an. 1106

XIII. Hildegarius ob egregias animi dotes, ac religionem, locum sortitur 605 Joannis. In tantum crevere Flaviacensis cœnobii divitiæ, ut non modo peramplæ monachorum familiæ alendæ satisfierent, sed et abunde hospitibus, qui undique confluebant, necessaria suppeditarentur, sublevaretur pauperum et sanorum et ægrorum inopia; qua de causa plures nobilis notæ viri sese divino cultui manciparunt Flaviaci.

Effecit autem Flaviacensium monachorum stricta disciplina, ut illustris Ansellus ipsis Mauriniacense cœnobium juxta Stampas conferret.

Prodit hæc Mauriniacensis Chronici prolog. lib. II sub finem, tom. IV Histor. Francor. Andreæ Duchesne : « Ansellus quidam annis et consilio strenuus, religione et familiaritate Flaviacensium monachorum provocatus, primum quidem Ecclesiam Stripiniaci, et quæ in villa illa possidebat, monachis Flaviacensibus obtulit : ac deinde Maurianense prædium, in quo ecclesia ista in honore sanctæ Trinitatis fundata est, Christi gratia præeunte contulit. »

Odo Flaviacensis cœnobita, a monachis sancti Symphoriani Belvacensis in Patrem, multum licet reluctans, cooptatur. Sanctitate, sapientia ac doctrina floruisse commemorat Guibertus epistola nuncupatoria libris de Pignoribus sanctorum præfixa. Sed cum subesse potius quam præesse, eum impense delectaret, deposita dignitate in suo Flaviacensi asceterio iterum sub obedientiæ magisterio versari delegit.

Attraxit autem perfecta Regulæ observantia viros nobiles, ut Flaviacenses reddilibus adaugerent; ac præ cæteris Matthæus de Maurenciaco quod constat ex hac schedula.

« In Christi nomine, ego Matthæus de Monte Maurenciaco dominus, ad notitiam tam futurorum quam præsentium volo pervenire, Buchardum bonæ memoriæ patrem meum, pro remedio animæ suæ monachis beati Geremari Flaviacensis, zelo charitatis, in eleemosynam concessisse, quatenus ministeriales sancti Geremari undecunque res ad usus eorumdem monachorum adducerent, libere ac quiete, et absque ulla consuetudine per suam terram transirent. Ego autem et fratres mei idipsum simplici et devota intentione concessimus : quia vero bonam et honestam monachorum illorum conversationem frequenter audio, eamdem patris mei eleemosynam non solum concedo, verum etiam satis approbo : et ut rata in perpetuum permaneat, concedentibus etiam filiis meis Buchardo, Matthæo et Hervæo, sigilli mei impressione confirmo, et præsentium ibi virorum testimonio confirmari volo. »

Quamplures ex illustri prosapia adolescentes sese Christi servituti in hocce monasterio manciparunt; nimirum Hugo (panis avenæ nuncupatus) Drogo de Calvomonte, Gallonis filii, ac nepotes Hugonis, cognomine Borgni; Galterus de Rebez, Rogerius de Constentin, Aszo de Ferrières, et alii.

Vita fungitur Hildegarius quarto Kalend. Maii 1123.

XIV. Odo spectatæ virtutis et sapientiæ Hildegario sufficitur.

Perperam omni sua ac suorum industria, quo sacra Geremari pignora ecclesiæ Flaviacensi restituerentur, impensa, tandem os brachii, quod radium vocant, obtinet, ac solemni ritu Flaviacum VIII Kalend. Aug. an. 1132 inferri curavit.

Labente eodem anno abbas ipse, communi totius cleri voto, ad præfecturam Ecclesiæ Belvacensis est evectus : quod oneris quam præclare ab anno 1133 ad annum plus minus 1145 subiit.

XV. Leodegarius successit : qui, ut Odo præfatus episcopatum acceptaret, multum suis adhortationibus adlaboravit. Henricus primus Anglorum rex Leodegario selectas quercus in silva Leonis ; ad ædificiorum solitam restaurationem, facit asportandi facultatem.

Abbatis munere functus toto decennio mortalitatem exuit anno 1145, v Idus Decembris.

XVI. Fulbertus, morum vitæ integerrimus, ab Hugone Rothomagensi archipræsule anno 1151, a summo pontifice Eugenio eodem anno ; et ab Odone

Belvacensi antistite 1146, immunitatum privilegiorumque litteras amplissimas impetravit.

Multa quoque beneficia anno 1148 contulit Radulphus de Mavoison, Samsonis archiepiscopi Remensis frater, annuentibus uxore Bertha, ac filiis Radulpho, Guillelmo, Manasse, et filiabus Agnete et Joanna regina.

Sed et Ludovicus VII christianæ pietatis, atque propensæ voluntatis ac benevolentiæ in Sangeremarenos monachos specimen dedit, concessis variis immunitatibus, quarum diplomata brevitati consulens prætermitto.

Hugo de Gornaco approbat his verbis quæcunque monasterio Flaviacensi contulerat.

« Notum sit omnibus præsentibus et futuris, quod Ego Hugo de Gornaco impressione sigilli mei, confirmo omnes eleemosynas de domanio meo proprio, tam in Anglia, quam in Northmannia et Francia, quas dedi ecclesiæ beati Geremari de Flaviaco in perpetuum. Insuper alias omnes eleemosynas, quæ sunt in feodo, et in protectione mea, quas homines mei eidem ecclesiæ donaverunt et donabunt. 606 Adhuc vero libertatem famulorum ejusdem ecclesiæ, qui negationem non fecerunt, similiter concedo. Hoc ut ratum permaneat, sigillo meo, et testium subscriptione corroboro. Testes sunt Joannes de Hedane, » etc.

Lites quæ subortæ fuerant inter monachos diversorum monasteriorum, pro posse (ad hoc charta confecta) diremit Fulbertus abbas : « Ne inter filios pacis, inquiebat, pax, qua nihil melius est, lite aliquando suborta, turbaretur. » Ejuscemodi chartam nominibus muniere, Theoldus prior, Lambertus subprior, Landricus cantor, Odo cellerarius, Walnerius alter cellerarius, Petrus arator [alias Carrucarius] Godzo præpositus, Herbertus thesaurarius, Droco de Calvomonte aliique monachi complures.

Interfuit Bellovaci conventui episcoporum, abbatum, procerumque Galliæ ab Ludovico rege congregatorum, qui agitari rogarat, utrum Alexander an Victor in summum pontificem admitteretur.

Fulbertus monasterio præclare 19 annis administrato, Nono Kal. Maii rebus humanis exemptus est.

XVII. Gerardus. Litterulas obtinet ab Henrico II, Anglorum rege, quibus stabilita permanent quæ concesserat Henricus I, his signum apposuit S. Thomas, tunc Angliæ cancellarius.

Tribus duntaxat annis præfuit Gerardus, ac mortali vita fungitur xi Kalendas Maii 1167.

XVIII. Hildegarius II. « Parvipendens salutem animarum sibi commissarum, plus gerens sollicitudinem de rebus transitoriis atque caducis » (contra regulæ Benedictinæ præscriptum cap. 2), habenas laxavit religiosæ disciplinæ ; nempe officialibus monasterii (quos claustrales vocant) certos redditus annuatim ascripsit.

Moritur anno 1472, vii Kal. Martii.

XIX. Hugo II (quem Claromontani comitis filium volunt nonnulli), abbas Flaviacensis, deinde Sancti Luciani Belvacensis, ac demum Cluniacensis. Omnia quæ Juris sunt monasterii Flaviacensis, bullatis litteris confirmavit Alexander III papa anno Christi 1178.

Cessit e vita vi Idus Aprilis 1188 : tradunt Chronicon Fontanellense manuscriptum, et codices sancti Luciani, et sancti Geremari ; vel, si fides chronographo Cluniacensi adhibenda, 1199. In ecclesia Cluniacensi jacet, ut testis est idem auctor; in Bibliotheca Cluniacensi pagina 1663.

XX. Lambertus, ex cellerario ejusdem monasterii circiter 1180. Huic syngraphum tutelarem impertiit Radulphus comes Claromontanus. Egit animam pridie Id. Junii 1190.

XXI. Hugo III, cognomento Pauper, e ditissima æque ac nobilissima familia ortus. Sui regiminis anno primo possessiones, quæ in diœcesi Rothomagensi exstant, curat ab archiepiscopo Valtero confirmari. Insuper a Richardo Anglorum rege tutelare diploma consecutus est, quod ita se habet :

« Richardus Dei gratia rex Anglorum, dux Northmanniæ, Aquitaniæ, comes Andegavensis, archiepiscopis, episcopis, abbatibus, comitibus, justiciariis, et vicomitibus, ministris, et omnibus ballivis, et fidelibus suis, totius terræ suæ, salutem. Sciatis quod abbatia, abbas, et monachi de Sancto Geremaro de Flay, et homines sui, et omnes res et possessiones eorum, sunt in manu nostra, et custodia et protectione : quare volumus, et firmiter præcipimus quod ipsam, et monachos, et homines, et res, et possessiones eorum tam ecclesiasticas quam laicas per terram nostram, sive pax fuerit, sive guerra, custodiatis, protegatis et manu teneatis; ita quod eis nullam injuriam, vel contumeliam, aut gravamen faciatis, nec ab aliquo fieri permittatis. Et si forte in aliquo eis fuerit forisfactum, plenariam eis super hoc justitiam faciatis, tanquam mihi ipsi. Apud Vallena Rudolii xv Junii. »

Prioratum Sancti Arnulphi martyris, prope Claromontem, a Philippo Belvacensi episcopo sancti Geremari ecclesiæ dilargitum constat ex sequenti scheda.

« Notum sit tam præsentibus, quam futuris, quod ego Philippus Dei gratia Belvacensis episcopus, capellam, quæ in honore beatissimi martyris Arnulphi fundata est, ecclesiæ de Flaviaco concedo perpetuo possidendam, salvo jure circumjacentium parochiarum : sic enim singulis sua teneor conservare, ut aliis non depercant legata, etiam quæ præfatæ ecclesiæ facta fuerunt, sive ministro ejusdem, ei præsente scripto, et sigilli nostri auctoritate, confirmo. »

Sua sub tutela Flaviacense cœnobium declarat Philippus Francorum II rex, seu potius diploma Ludovici VII approbat suis litteris.

Deposita carnis sarcina Hugo ad æternam requiem vi Kalendas Octobris 1200 translatus est.

XXII. Eustachius singulari doctrina, sanctitate

rebusque præclare gestis, inter cæteros Flaviacensis asceterii archimandritas conspicuus, communibus fratrum votis, et assensu episcopi Belvacensis, cui a secretis erat Euchachius, præficitur, uti ex subjecta postulandi consensus episcopi formula perspicuum habetur :

607 « Gratias agimus immensæ benignitati vestræ, quæ non solum assentit, sed etiam congaudet electioni nostræ: eo quod concorditer facta sit, et secundum tenorem justitiæ. Invocata namque clementia Sancti Spiritus, sine quo preces omnes cassæ sunt, elegimus Eustachium, secretarium scilicet vestrum, virum honestum, approbatum, simplicem et rectum, intus et foris bonum habentem testimonium. Hunc talem, Pater reverendissime, vobis præsentamus, et ut præsentato manum benedictionis apponatis, suppliciter postulamus. »

Northmanniæ ducatus ubi in jus cessisset Francorum, Philippus II rex Flaviacenses litteris tutelaribus munit mense Julio 1202.

Cum in Anglia et Scotia, legati potestate ab Innocentio III accepta, semel ac iterum fungeretur Eustachius abbas, « Prædicavit (ut habet Rogerus Hovedenus) verbum Domini, et de transgressione Dominicæ diei et aliarum festivitatum, dedit populo pœnitentiam et absolutionem, sub tali conditione, quod illi de cætero debitam impenderent Dominicæ diei et aliis sanctorum festivitatibus reverentiam, non faciendo in eis quidquam servilis operis, nec in Dominicis exercerent forum rerum venalium, sed bonis operibus, orationi devote insisterent. Hæc servanda constituit ab hora nona sabbati usque ad ortum solis in die Lunæ. Populus autem Deo devotus ad illius prædicationem, voverunt Deo quod de cætero in diebus Dominicis, nec quidquam emerent, nec venderent, nisi forte cibum et potum prætereuntibus. Voverunt etiam quod de singulis quinque solidis omnium rerum quascunque venderent, darent unum quadrantem ad lumen ecclesiæ emendum, et ad sepulturam indigentium. Et ad hoc colligendum, statuit prædictus abbas in singulis ecclesiis parochialibus fieri truncum concavum, sub custodia duorum aut trium fidelium hominum, ubi populus jactaret prænominatum æs. Statuit etiam præfatus abbas, quod discus eleemosynarius haberetur quotidie in mensa divitum, in quo partem ciborum suorum mitterent ad opus indigentium, qui non præparaverint sibi. Prohibuit autem idem abbas ne quis in ecclesiis, vel atriis earum venderet, emeret quidquam, vel placitaret. »

Tandem postea quam probatis religiosisque moribus instituisset fratres suos, auxisset bona monasterii, et longe lateque fama summæ pietatis pervolasset, nota sanctitatis, quæ etiamnum pervulgatur insignitus, ad cœlestem patriam transmigravit vi Id. Septembris 1211. Conditus jacet in meditullio ecclesiæ cum hac epigraphe saxo sepulcrali incisa.

Cultor honestatis verus jacet hic, et pietatis

Arca, lator legis; formula facta gregis.
Vermibus esca datus, cuncti quo tendimus, ivit
Abbas Eustachius, cui, Deus, esto pius.

XXIII. Girardus II d'Eraigny dictus, vel a familia, vel a loco natali, qui Gizortio vicinus est. Primo regiminis anno potius invitus, quam sua sponte, cessit præfecturas.

XXIV. Girardus III a Fraxino. Init cum Fossatensibus monachis societatem anno 1214. Cujus litteras haud abs re fuerit exprimere :

« In nomine sanctæ et individuæ Trinitatis, ego Radulphus Dei gratia ecclesiæ Fossatensis abbas, et totius ejusdem loci conventus, universis præsentem paginam inspecturis notum facimus, quod inter nos, et venerabilem Girardum abbatem Flaviaci, et ejusdem ecclesiæ fratres, talis firmata et concessa est societas : Si abbas alterius ecclesiæ ad aliam venerit ecclesiam, ab abbate et monachis ejusdem ecclesiæ, ut decuerit, honorifice receptus, in choro locum abbatis obtinebit : et capitulum ceu abbas ejusdem loci tenebit, et fratres in sententia positos, pro voluntate sua absolvet, et puniendos, sicut expedire cognoverit, affliget. Alterius abbatis dormitionis die cognito, quidquid præfatum unumquodque monasterium abbati suo decedenti tenetur exsolvere, idipsum alteri persolvetur ; et audito ejus obitu, pulsatis campanis, solemniter ipsius officium celebrabitur, et ei ex integro tricenarium cum debita præbenda persolvetur.

« Sed quoniam defunctorum fratrum obitus ad notitiam alterius congregationis per negligentiam, vel oblivionem sæpe non pervenire contigit, statutum est ut singulis annis in crastinum sancti Pauli, hoc est Kalendis Julii, pro fratribus defunctis tricenarium faciemus : et istis triginta diebus singulis, tam apud nos, quam apud illos, integra præbenda erogabitur pauperibus. Audito etiam uniuscujusque ecclesiæ fratrum obitu, officium, et missam in conventu solemniter celebrabimus ; et singuli sacerdotes singulas missas pro singulis defunctis celebrabunt. Cæteri vero qui non sunt sacerdotes, singula psalteria, et conversi trigesies *Pater noster* : et ipso die sui officii integram præbendam in refectorio habebunt.

« Cæterum si quempiam monachorum utriusque congregationis abbatis sui iram seu indignationem (quod Deus avertat)! incurrisse contigerit, et se in alterius monasterium contulerit, tanquam unus ejusdem loci in communione scilicet tam capituli, quam victus et vestitus erit, donec pax inter eum et abbatem reformetur; nisi (quod absit!) talis sit, qui secundum regulam, non valente satisfactione, haud debeat conciliari.

« Nomina autem tam abbatis, quam **608** defunctorum fratrum, in martyrologio scribentur.

« Ut vero hæc societas inter nos et ipsos firma sit et stabilis in perpetuum, hanc chartam sigillorum nostrorum munimine roboratam eis indulsimus anno Incarnationis Dominicæ millesimo ducentesimo decimo quarto. »

Ecclesiæ parochialis, quam in Corileto recens exstruxerant Flaviacenses, præsentationem, ut vocant, impertitur Philippus Bellovacensium antistes, ad hunc modum :

« PHILIPPUS Dei gratia Belvacensis episcopus, omnibus in Christo fidelibus, salutem in perpetuum. Noverit universitas vestra quod cum Girardus abbas, et conventus Sancti Geremari Flaviacensis, terras arabiles, quas in nostra diœcesi possidebant, locassent cultoribus, ibidemque villam, Coriletum nomine, de novo construxissent, communi assensu ibidem ecclesiam fundaverunt propriis sumptibus, et redditibus eamdem ditantes. Nos quoque ad petitionem eorum, præsentationem dictæ parochiæ, ecclesiæ Sancti Geremari perpetuo possidendam concedimus. Ad cujus rei testimonium præsentem paginam dictis monachis tradidimus, sigilli nostri munimine roboratam.

« Datum Flaviaci anno ab Incarnatione Domini millesimo ducentesimo decimo quinto. »

Girardus v-Idus Martii 1215 vitæ cursum peregit.

XXV. Girardus *de Haraigny*, seu *Eraigny*, cujus supra meminimus, iterum communi monachorum calculo ad abbatiæ gubernaculum assumitur.

Testamento Flaviacensibus crucem auream, et ecclesiastica ornamenta, una villæ Spalburgi (vulgo *Espaubourg*) partem erogat in extremis positus Philippus Bellovacensis præsul. Et hanc donationem successor Milo, obtento prius a canonicis jure quod in eamdem villam obtinebant, approbat in hæc verba :

« MILO Dei gratia Belvacensis ecclesiæ minister humilis, omnibus Christi-fidelibus ad quos præsentes litteræ devenerint, æternam in Domino salutem. Notum facimus universis, quod cum quædam pars villæ de Espaubourg in hominibus, feodis, campiparte, terris, pratis, nemoribus et rebus aliis, dictæ partis villæ pertinentiis, ex parte Harmerici Ruffi quondam militis Belvacensis, ad piæ memoriæ Philippum quondam Belvacensem episcopum, prædecessorem nostrum, fuisset devoluta ; et idem Philippus canonicis beatæ Mariæ Belvacensis in perpetuum prænominata contulisset : idem canonici de assensu capituli beati Petri Belvacensis, sufficienti excambio inde recepto, nobis eadem quittaverunt in perpetuum tenenda, vel cui vellemus transferenda.

« Nos ergo ecclesiam Flaviacensem paterno amore complectentes, ipsi, et monachis ibidem commorantibus, hæc omnia concessimus tenenda in perpetuum libere et quiete, cum tota justitia, cum aliis, quæ antiquitus prædecessorum nostrorum temporibus dicti monachi ibidem libere et pacifice possidebant, masagio scilicet suo, hominibus feodis, terris, pratis, nemoribus, decimis, molendinis, aquis, campiparte et tota justitia. Itaque in dictæ villæ pertinentiis, nihil nobis retinemus, quin monachi nominati in prælibatis plena gaudeant libertate. Nosque

auctoritate episcopali, fide bona, tenemur guarandire prælibata, in cujus rei fidem, etc.

« MILO episcopus. »

Statuta præscripsit Girardus abbas quæ ad præcipuas festorum spectant solemnitates : ita veteres consuetudines ejusdem cœnobii.

Fundat ex consensu capituli anniversariam sui obitus diem, anno 1235.

Mortem oppetiit Kal. Sept. 1236. Jacet in capitulo ; ubi hoc visere est epitaphium sepulcro incisum :

Quid facimus cum negligimus peccata cavere.
Qui jacet hic semper studuit bona cuncta fovere.
Cum moritur, non deseritur Gerardus in imo.
Sed cœlo infertur dono ditatus opimo.

XXVI. Guillelmus *de Vilaines*, morum probitate clarus. Sedet cum aliis abbatibus Remensis provinciæ, in capitulo, sive congregatione apud Sanctum Vincentium Laudunensem convocata.

Thecæ argenteæ auro lapillisque adornatæ, solemni ritu astantibus Guillelmo, ex Flaviacensi monacho abbate Cluniacensi, et Guillelmo de Vilaines, Guillel. episc. benedictionem impertitur, et in ea sacrum sancti Geremari brachium reconditur.

Anno 1255, Guillelmus *pium patris ostendens affectum*, prædia quædam ne suis tum sauis, tum infirmis quid deesset, selegit ac decernit. Quod quidem statutum ab episcopo Belvacensi Guillelmo, nec non ab Alexandro IV piæ memoriæ voluit approbatum. Quod et actum est. Causam autem ejusce decreti hanc affert : « Egestas enim murmuris, et impatientiæ, atque etiam cupiditatis nonnunquam est occasio. » Egregia Guillelmi providentia ! Diem ultimum clausit XVII Kal. Junii 1259.

XXVII. Petrus *de Vesencourt*. Præclaro opere immortales glorias ipso sui regiminis **609** primordio consecutus est. Siquidem summæ Dei matri Virginique sacellum, mira structura exædificavit et consecravit ; quod etiamnum exstat, præstatque cum pulchritudine, tum amplitudine sacris pene omnibus Galliæ ædiculis. Constituit in eo sacra quotidie agenda, precesque horarias, suis annitentibus, persolvendas.

Fœdus sive societatem pactus est cum Sancti Audoeni Rothomagensis cœnobitis an. 1261.

Auctas vero Sancti Geremari possessiones amplissimis muneribus Petri, indigitat annua diei depositionis ejusdem Petri commemoratio, ordinata mense Maio 1269.

Ineunt mense Julio 1275 Sangeremarenses et Sancti Luciani Bellovacensis monachi una societatem.

Tertio Kal. Maii 1272 cursum vitæ implevit Petrus, et in atrio sacelli a se constructi afficitur, cum hac rhythmica epigraphe, sepultura :

Petrum petra tegit abbatem, qui bene rexit
Claustrum Germense ; quem Christus servet ab ense.
Devotæ vitæ semper fuit, et sine lite.
Elegit cellam, quam condidit ipse capellam

Virginis in laude cœli, ut requiescat in æde.
Huic sit propitia, via cœli, Virgo Maria.

XXVIII. Michael e Castaneto, vulgo *Catenay*, prope Claromontem Belvacensem oriundus : prius Flaviacensis cœnobii cellerarius, accurate disciplinam monasticam servavit. Impetrat a Philippo III, Francorum rege, privilegiorum confirmationem an. 1275. Et anno 1276, mense Augusto nonnullas confert possessiones. « Pro solemnitate officii, inquit, die obitus nostri anniversario faciendi, et pro libris ecclesiæ nostræ reparandis. »

Sepulti jacent in æde Deiparæ Virginis, Guillelmus ac Reginaldus castellani Belvacenses : quorum depositionis dies anniversaria notatur ab anno 1271. In hac ipsa æde sacra visuntur et alia sepulcra.

Naturæ debitum solvit Michael IV Kal. Augusti 1284, et ante altare ejusdem ædis conditus est.

XXIX. Petrus II. Diploma Philippus IV, Francorum rex, Petro annitente, Flaviacensibus concessit, quo ipsorum universæ immunitates ac possessiones sub regia tuitione, velut ipsius præstiterant antecessores, declarat anno 1287. Obiit Petrus IX Kalend. Octobris 1299.

XXX. Fulco. Charum domesticis exterisque Fulconem exstitisse, ac fratrum concordiæ probæque conversationi consuluisse exhibent cœnobii membranæ. Villam de Réilly in pago Vilcassino, ubi elegantem ædiculam construi curavit, et alia plura monasterio acquisivit. Orbatur vita XVII Idus Januarii 1317, cujus sepulcralis tumuli talis est inscriptio:

Fulco sub hac silice milleno triplici. c. anno,
Septenoque simul latuit, juncto sibi deno.
Felix Ecclesia tanti pastoris alumna.
Nunc dolet illa, quia talis sibi dempta columna.
Visus erat melior nullus, qui quidquid acerbi,
Aut fausti accideret, non dispare mente subiret.
Hic abbas humilis, doctus fuit, atque pudicus.
Vir sanctus, prudens, et semper pacis amicus.
Nescius iste doli, quia servivit tibi soli :
Quod pereat noli, cœlo at da, Christe, beari.

XXXI. Robertus. Mortem oppetiit XII Kalend. Octobr. 1333. Et in æde Deiparæ Virginis sepelitur, insigniturque hoc epitaphio.

Hic jacet frater Robertus de Marcellis, quondam abbas hujusce monasterii. Migravit ad Dominum anno millesimo trecentesimo trigesimo tertio, in vigilia sancti Matthæi ; cujus anima requiescat in pace.

XXXII. Joannes II. Vir haud infimæ notæ : onus præfecturæ gravius sentiens, subesse quam præesse maluit ; idcirco illud in humeros Arnulphi, spectatæ vitæ monachi, deposuit, et, religiose vita triennio peracta, V Id. Julii 353 obdormivit in Domino.

XXXIII. Arnulphus. Anno æræ Christianæ 1364, Galliarum rex Carolus libertatem Flaviacensium vendicat hoc rescripto.

« Carolus Dei gratia Francorum rex, universis præsentes litteras inspecturis, salutem. Notum facimus, quod cum religiosi, abbas et conventus monasterii S. Geremari de Flaiaco, Belvacensis diœcesis, occasione cujusdam domus cum certis censibus, quam, seu quos habent in villa Belvacensi, per burgenses habitantes ipsius villæ Belvacensis, compulsi fuerunt ad contribuendum, et solvendum cum eis tallias et impositiones in dicta villa factas, pro reparatione et fortificatione necessariis dictæ villæ, ex quibus compulsi fuerint ad contribuendum et vendum cum eis tallias. Iidem religiosi certam partem seu portionem guerris durantibus persolverunt : quod tamen futuris temporibus eisdem religiosis posset in damnum cedere. Quamobrem nos qui libertates et franchisias personarum ecclesiasticarum, totis conatibus volumus observare, eisdem religiosis concessimus et concedimus, etiam de gratia speciali, per præsentes, ut ipsi, et dicta eorum domus, et census prædicti, ab hujusmodi contributionibus, sicut præmittitur, factis, vel aliis consimilibus, in posterum faciendis per burgenses et habitantes in dicta villa Belvacensi omnino, prout ante fuerunt, liberi futuris temporibus remaneant et immunes.

Et quod propter hujusmodi contributionem, guerris vigentibus factam, nullum eisdem religiosis, aut eorum ecclesiæ præjudicium de cætero generetur, litteris in contrarium impetratis, vel impetrandis, non obstantibus quibuscunque.

« Datum Parisiis die prima Martii, an. Domini millesimo trecentesimo sexagesimo quarto, regni nostri anno primo. Per regem ad relationem consilii. Signatum de Remis. »

Arnulphus vita fungitur anno 1371, XI Kalend. Junii.

XXXIV. Joannes III. Expleto administrationis septennio VIII Kalend. Decemb. 1378 finem clausit.

XXXV. Joannes IV, *Remon*. Conferuntur more majorum litteræ a Carolo, rege Francorum ; quibus, quæcunque juris sunt Flaviacensis cœnobii confirmantur, regni ipsius 17 anno, Christi vero 1380.

Joannes *de Rochers*. Doctor in decretis, ex monacho Flaviacensi Fiscanensis monasterii eleemosynis præfectus ; ad Fontanellensis sive S. Vandregisili asceterii magistratum evocatur, ac tandem novissimum diem sortitur quarto Maii 1412.

Joannes autem Flaviacensis antistes, pridie Kal. Sept. 1391, atque in S. Geremari sacello, ubi ejus effigies demonstratur, traditur sepulturæ.

XXXVI. Eustachius II. Ipso abbate, Francorum regina Blancha, Philippi VI quondam uxor, peragenda ritu solemniori divina officia quotannis statuit ad hunc modum :

« Blancha Dei gratia Franciæ regina, omnibus tam præsentibus quam futuris hanc paginam inspecturis, notum facimus quod nos, ob specialem devotionem qua erga Ecclesiam S. Geremari de Flaviaco afficimur, et ad augendum ibidem Dei cultum, concessimus et dedimus, et per præsentes concedimus et damus, omnem decimam villæ *Harden-court* in parochia de Ferrieres diœcesis Belvacensis, in castellania nostra Gornaci, cum suis juribus, pertinentiis, perpetuo possidendam; quam nuper a Joanne le Feure, dicto Fraillon, presbytero curato de Belliere, prout latius in litteris super hac re confectis continetur, acquisivimus ; ita tamen, ut hæc decima semper tota in conventus, et nulla ejus pars in abbatis unquam usus cedat. Nec non summam quinquaginta francorum aureorum, in ecclesiæ et aliorum locorum ei subjectorum reparationes expendendam, cum præfata decima hodie iisdem tradidimus ; sub hac lege ut singulis annis, die nostra natali, quæ est secunda Aprilis, quoad vixerimus, missa solemnis de Spiritu sancto, cum diacono, et subdiacono dalmatica et tunica indutis, et cum una collecta, pro salute animarum Philippi, regis Francorum, domini et conjugis mei charissimi, et Joannæ filiæ meæ, in ecclesia præfata celebretur. Post nostrum vero ex hac vita decessum, in die obitus nostri singulis annis, vigiliæ et missa defunctorum solemnis cum diacono et subdiacono, ut supra indutis, pro animabus præfatorum domini regis Philippi, et Joannæ, et nostra (quorum nomina in Missali majoris sacri, et in martyrologio, ne hæc nostra ordinatio oblivioni tradatur, adnotari volumus) ibidem cantabuntur.

« In cujus concessionis et ordinationis fidem, et stabilitatem acquisitionis decimæ prædictæ, litteras præfatis religiosis tradidimus, et præsentibus nostrum jussimus apponi sigillum.

« Datum in castro nostro de Neaufle anno Domini millesimo trecentesimo nonagesimo octavo, die vigesima sexta mensis Junii. »

Privilegio Eustachium abbatem ornat Joannes XXII seu XXIII P. M., quo jus utendorum inter sacra solemnia pontificalium ornamentorum concedit. Sic autem habent litteræ.

« JOANNES episcopus, servus servorum Dei, dilectis filiis Eustachio abbati, et conventui monasterii S. Geremari de Flaviaco, ord. S. Benedicti, Belvacensis diœcesis, salutem et apostolicam benedictionem. Exposcit me devotionis sinceritas, et religionis promeretur honestas, ut tam vos, quos speciali dilectione prosequimur, quam monasterium vestrum, dignis honoribus attollamus. Hinc est quod nos vestris supplicationibus inclinati, ut tu, fili abbas, et successores tui abbates dicti monasterii, quierunt pro tempore, mitra, annulo, et aliis pontificalibus libere possitis uti, nec non quod in dicto monasterio, et prioratibus eidem monasterio subjectis, ac parochialibus, et aliis ecclesiis ad vos communiter , vel divisim pertinentibus, quamvis vobis pleno jure non subsint, benedictionem solemnem, post missarum, vesperarum, et matutinarum solemnia, dummodo in benedictione hujusmodi aliquis antistes, vel apostolicæ sedis legatus præsens non fuerit, elargiri possitis : felicis recordationis Alexandri papæ IV, prædecessoris nostri, quæ incipit, *abbates*, et aliis quibuscunque constitutionibus apostolicis in contrarium nequaquam obstantibus ; vobis, et eisdem successoribus, auctoritate apostolica, de speciali gratia, tenore præsentium indulgemus.

« Nulli ergo omnino hominum liceat hanc paginam nostræ concessionis infringere, vel ei ausu temerario contraire. Si quis autem hoc attentare præsumpserit, indignationem omnipotentis Dei, et beatorum Petri et Pauli apostolorum ejus, se noverit incursurum.

611 « Datum apud Sanctum Antonium extra muros Florentinos, Kalendis Novembris, pontificatus nostri anno quarto. »

Castrum *de Gondray*, ubi sese abbas ac monachi receperant, Angli, et qui a partibus ipsorum stabant Burgundi, prodente Petro de Villequain, cui commissum fuerat, capiunt, diripiuntque universa, syntheses tum sacras, tum profanas, libros, chartas, et cætera id genus.

Munus suum implevit et excessit Eustachius V, Kal. Sept. 1415.

XXXVI. Joannes V. Cum multas calamitates fuisset triennio propter militum grassationes perpessus, migravit a vita anno Domini 1418.

XXXVII. Joannes VI, *le Veneur*, probitatis, doctrinæque fama illustris. Anno reparatæ salutis 1456, sui regiminis 38, tranquilliora præferens ultro se munere abdicavit, et illud Petro Sancti Vandregesili ascetæ commisit; ac post septennium IV Kal. Febr. 1462, ab hominibus demigravit.

XXXVIII. Petrus III, cognomine *Aubert*, per decessoris sui cessionem, totius congregationis approbatione gubernacula monasterii suscepit, multosque labores, quo restituerentur possessiones vi ablatæ, tota prope administrationis tempestate sustinuit.

Iste prolixam, quam initio hujusce Compendii prætulimus, a Joanne Belvacensium præsule habuit schedam, sui regiminis anno 46. Vitæ corporis finem imponit 4 Decembris, æræ Christianæ 1500.

XXXIX. Guido *de Villiers de l'Isle-Adam*, nobili stirpe procreatus : qui ferendo oneri fuit his ipsis bellorum tempestatibus, quique ut omnia susque deque habita in pristinam integritatem asseret, Deo providente, eligitur. Dispersos monachos revocat, subministrat victus necessaria. Templum instaurat, sacraque supellectili adornat. Totque demum ac tanta efficit pastor optimus ipse, uti haud immerito restauratoris nomen adipisci mereatur.

Tandem post exantlatos in resarciendo monasterio juges labores, ad superos evocatur venerabilis Guido, atque dextra chori parte funeratur; cujus sepulcrali lapidi insculptam effigiem, una sequens epitaphium prospicere est :

Hic jacet Reverendus in Christo Pater Domnus Guido de Villers de l'Isle-Adam, monachus et abbas hujus cœnobii, qui obiit anno Domini MDXXXVI, *die* XXIII *Junii. Requiescat in pace.*

Parieti vero proximo, hoc encomium æneæ laminæ inscriptum :

Ci gist Reuerend Pere en Dieu Guy de Villers, en son viuant Religieux et Abbé de ceans : issu et parent des nobles et anciennes Maisons de l'Isle-Adam, et Aubremont : fils de haut, noble, et puissant Seigneur Messire Antoine de Villers, en son viuant Cheualier Seigneur de l'Isle-Adam: Prevost de Paris, etc. Et de noble Dame Madame Jeanne de Nelle, frere de feu de bonne memoire Reuerendissime frere Philippe de Villers, Chevalier et Grand Maistre de Rhode. Pareillement frere de feu Reuerend Pere en Dieu Louis de Villers, en son viuant Euesque Comte de Beauuais, Vidame de Gerbroy et Pair de France Oncle de feu Reuerend Pere en Dieu Charles de Villers. aussi Euesque Comte de Beauuais. Et aussi Oncle de noble et puissant Seigneur et Chevalier de l'Ordre du Roy nostre Sire, Messire Anne de Montmorency, Seigneur et Baron dudit Montmorency, Comte de Beaumont sur Oyse, Grand Maistre, Mareschal de France, Gouverneur du pays de Languedoc, et du depuis Conestable de France : et de Messire François de Montmorency Seigneur de la Rochepot et de Merlou, Gouuerneur et Lieutenant pour le Roy au Pays de Picardie. Ausquels Seigneurs de Montmorency est neueu Reuerendissime Odet de Colligny, vulgairement dit de Chastillon, Cardinal du Saint Siege, Archeuesque de Thoulouse, Euesque Comte de Beauuais, Pair de France etc.

Lequel Guy de Villers en son viuant apres avoir restauré l'Eglise de ceans, fait plusieurs autres biens ; et dauantage auoir fait l'acquisition de la terre et Seigneurie de Boisville, a fondé un Obit qui se dit par chacun an à treize fois; sçauoir les premiers Samedys de chaque mois, et à tel iour qu'il deceda de ce monde, qui fut le vingt-troisiesme iour de Iuin l'an de grace mil cinq cens trente-six. Priez Dieu pour son Ame.

Abbates commendatarii.

XLI. Joannes a Lotharingia, S. R. E. cardinalis tit. Sancti Onufrii, vi, ac monachis renitentibus, abbatiam retinet in commendam.

XLI. Georgius *de Narbonne* per ultroneam Joannis cessionem.

XLII. Franciscus *de Tournon,* episcop. cardinal.

XLIII. Odettus *de Colligny,* vulgo *de Chatillon,* Calviniana hæresi infectus : quapropter eo expulso,

XLIV. Carolus *de Bourbon de Vendôme,* administrationem sortitur anno Christi 1569.

XLV. Carolus *de Bourbon de Vendôme,* præfati Caroli nepos.

XLVI. Franciscus *d'Espinay,* dominus *de Saint-Luc,* proventus, Stephano Auxdents œconomo, sibi vendicat.

XLVII. Franciscus *de Monceaux de Villers-Hodanc,* abdicante Francisco d'Espinay, rebus Flaviacensibus potitur. Equitis abbatis, quoties subscriberet, nomen usurpabat.

XLVIII. Carolus *de Monceaux,* cui Franciscus germanus abbatiam, servata sex millium librarum pensione, transmittit.

XLIX. Franciscus *de Tiercelin de Brosse.* Caroli de Monceaux ex nepte pronepos.

Anno Domini 1644. Augustinus *Potier* episcopus Belvacensis, morum gravitate, pietate, doctrina clarissimus, cum prece, tum minis, et auctoritate, regulæ Benedictinæ observantiam, accitis ea de re monachis congregationis Sancti Mauri, instauravit, quæ, Deo afflante, viget hodieque. Unde præsul ille memoriam consecutus est immortalem.

(52) Cap. XIV. — *Exstructis itaque inibi ædiculis prope ecclesiam.* Sæpiuscule id actitatum tradunt auctores quam multi, Guiberti matris non modo tempestate, sed et plura ante sæcula : cujus rei Chronicon Besuense amplissimum suppeditat monumentum, epistolam videlicet Adalsindæ antistitæ, qua et seipsam, et quidquid possessionis suo erat monasterio, Besuensibus contradidit, et juxta ipsorum ecclesiam habitavit. En illam primum evulgamus.

« Domino sancto et in Christo amabili fratri Waldaleno, Adalsinda abbatissa.

« Dum malorum hominum vexata injuriis, et variis adversitatibus ibidem stare non possem, inde ego et germanus meus Adalricus, vobis et fratribus vestris petivimus, ut ad monasterium Sancti Petri habitare sub regula vel ordine in Dei nomine deberem ; quod et vos pro charitatis studio concessistis. Ideo monasterium Dornatiacum, in honore sancti Martini situm, quod genitor meus. Amalgarius, et Aquilina mater mea construxerunt, et ei maximam partem de suis facultatibus delegaverunt, hoc recipere in Dei nomine debetis cum villis ad locum pertinentibus, et omnibus universaliter appenditiis suis; villam scilicet Assonam, villam Parniacum, Potentiacum, et medietatem, quam in Balatonna genitores nostri tenuerunt. Reliqua vero, quæ ad ipsum monasterium Dornatiacum genitores nostri delegaverunt, a die præsenti in Dei nomine recipite. Et de villa Montaniaco quod genitor noster Amalgarius, et Amoloaldus de fisco pariter promeruerunt, portionem nostram a die præsenti in vestra dominatione revocate, ut nec ego, nec quislibet de parte nostra, ulla apposita persona, adversum vos de supradictis rebus calumniari ac laborem generare præsumat. Si qua vero fecerit, conferat una cum sacratissimo fisco auri libras xx, argenti pondo quinquaginta.

« Actum publice Fonte Besua monasterio, in Dei nomine. Ego Adalsinda hanc traditionem nostram subscripsi. Aga monacha jussu dominæ meæ Adalsindæ subscripsi hanc donationem. S. Dagnius. S. Munulfus presbyter. S. Victor. S. Proculus. S. Walibertus. S. Landebertus. S. Trasgarius. S. Rogitus. Ego Allo hanc traditionem scripsi et dictavi, anno ab Incarnatione Domini 1152, indictione x epacta VI, Clothario rege regnante in Francia, primo anno regni ejus ; venerabili viro Donato Besonticam sedem tenente, die Mercurii proximo ante medium mensis Febr. »

Biographus S. Godefridi Ambianensis lib. I, cap. 27 : « Adelheidis Cociaci vicecomitissa, liberalitatis et castitatis multa præclara de se præbuit exempla.

Ea facultatibus suis magna ex parte in pauperes, et pupillos, et ecclesias erogatis, contemptis mundi pompis, Novigentum venit, atque illic in multa puritate et sanctitate vitam egit. » Dum scilicet abbatis munere fungeretur sanctus Godefridus. Chronicon Beccense in calce Operum B. Lanfranci, ad ann. 1089 : « Tempore sancti Anselmi abbatis Becci tres matronæ nobiles dederunt se in subjectionem Becci, videlicet Basilia uxor Hugonis de Gornaco, et Amfrida neptis ipsius Basiliæ, et Eva uxor Guillelmi Crispini, » etc. Quod vero refert Gilbertus Crispinus in vita beati Herluini pag. 35 (post Chronicon Beccense) non potes non mirari : « Simili se inibi, inquit, propter Deum servituti nobilis mater ejus (B. Herluini) addixit et concessis Deo prædiis quæ habebat, ancillæ fungebatur officio, servientium Deo pannos abluens, et quidquid injungebatur extremi operis accuratissime agens. » His non absimile altero post sæculo factum Jauserannæ nobilissimo loco natæ, hic in gratiam antiquitatis studiosorum adjiciam :

613 « Sciant præsentes et discant posteri, quod anno Incarnationis Dominicæ 1225, mense Maii xii Kalendas Junii, Ego Jauseranna filia quondam Domini Guillelmi de Medullione, uxor quondam Bernardi de Sancto Saturnino, dedico meipsam Deo, et monasterio Sancti Andreæ, et ecclesiæ beati Laurentii de Barreto; et pro salute animæ meæ, et parentum meorum, dono et offero eidem monasterio, et eidem ecclesiæ Sancti Laurentii quædam de bonis meis paternis, positis in castro de Barreto inferiori, intus et extra, cætera filiis meis relinquens B. et W. et B. sponte, non coacta, non suasionibus alicujus, vel aliquorum seducta, pure, et sine conventione et conditione aliqua, in perpetuum donatione irrevocabili facta. Dono, inquam, septem mansiones hominum, et eorum successorum et ipsos homines. » Et aliis interjectis : « Quæ omnia superius dicta, et nominata, prædicti fratres filii prædictæ Jauserannæ promiserunt ita attendere, servare, et contra ullo tempore non venire domino Bermundo abbati Sancti Andreæ, et priori ecclesiæ dictæ Sancti Laurentii; et tactis sacrosanctis Evangeliis juraverunt. Et insuper ego Jauseranna prædicta professionem emitto, et me imperio et mandato domni Bermundi abbatis, et ejus successoribus subjicio, et in manu Calverii, de mandato ipsius domni abbatis, me absque proprio vivere promitto; promittens etiam me obedientiam et continentiam quantum permiserit divina gratia, servaturam : et habitum monachalem suscipio, et quandiu vixero, secundum regulam beati Benedicti vivere promitto, et tempori probationis renuntio.

« Et ego Bermundus abbas prædictus professionem a te, Jauseranna, emissam recipio, et tibi monachalem habitum concedo.

« Et ego Raymbaudus de Kalma major dominus castri de Barreto inferiori, donationem seu oblationem supradictam consensu meo et voluntate factam a te, domina Jauseranna supradicta, monasterio Sancti Andreæ, et prædictæ ecclesiæ Sancti Laurentii approbo, et in perpetuum laudo ; et confirmo, filiis tuis in præsentia mea constitutis. Ad majorem memoriam rei et robur in antea valiturum, hanc chartam feci sigilli mei munimine roborari. Et omnes nos fratres prædicti, filii dominæ Jauserannæ prædictæ, de mandato ipsius hanc chartam donationis seu oblationis prædictæ sigilli nostri munimine roboramus. Actum est hoc subtus ecclesiam beati Laurentii in prato ipsius ecclesiæ, præsente domino Raymbaudo de Kalma, et Joanne de Audusia, monasterii Sancti Andreæ operario, et B. Laurgerio priore de Saltu, et Rainardo, et Joanne Bertrando monachis, Hugone de Pino, Raymundo, et Willelmo de Pino fratribus, Bertranno de Pennis, milite; » etc.

Et hoc quidem monumentum chartophylacii abbatiæ Sancti Andreæ secus Avenionem, Domnus Claudius Chantelou sodalis meus, rei antiquæ peritus indagator, dum his in regionibus ageret, excerpsit, mihique amice suggessit.

(⁵³) CAP. XIV. — *Et sutulari partusuris incorrigibilibus terebrato.* Hoc est calceo, sive calceis omnino detritis utebatur. Partusuram autem vel pertusuram a verbo pertundo derivari conjicio. Sanctus Rogerius abbas Eliantii in hunc modum sese gerebat : « Sotulares tandiu frequenter portabat foratos, donec stramen per soleas exiret. » Ejus Acta cap. 7 ad diem 4 Januarii apud Bollandum. De hac voce *sutularis*, varie scriptores : quidam *subtalaris*, *sutalaris* alii, nonnulli *sotularis* exarant. In Vita sanctæ Gudilæ virg. cap. 2 : « Dimidiis utebatur subtalaribus, ut superior pars pedum videretur, » *Auctor* Vitæ S. Eguini episc. Vigornensis cap. 4 : *Sotulares.* Joannes S. Odonis biographus l. ii post. med. : *subtalares.* Ordericus Vital. Hist. lib. v, pag. 591, *subtolares*; pag. 596, *sotulares.* Quibus *sotulares* sive *sutulares* pro calceis vel tegumento pedum usurpari clarum est.

(⁵⁴) CAP. XV. — *Prosulas versiculosque componere.* Superest solummodo prosa, seu (ut vocant) Sequentia de Sancto Geremaro (quæ etiamnum in ejus die festo decantatur) cum hac epigraphe : « Sequentia in festo sancti Geremari, quam domnus Guibertus hujus ecclesiæ monachus dictavit ingenio suo. Sic incipit :

> Adest præcipua,
> Fratres, materia,
> Divi consona
> Date præconia, » etc.

Quid Prosa, quid Antiphonæ, docet S. Isidorus lib. I. Orig., cap. 57, et lib. vi, cap. 19.

(⁵⁵) CAP. XVI. — *Multas enim invidentias*, etc., *patiebar.* Unde sibi temperare nequit, quominus sæpiuscule suis in scriptis facessita sibi repetat negotia : potissimum vero id initio cujusque libri Commentariorum in Genesim, necnon epistola ad Odonem

Sansymphorianum abbatem libro De pignoribus sanctorum præfixa.

(⁸⁶) IBID. — *Cujus nomen et pignera.* Subuculam seu camisiam ejusdem gloriosæ Virginis (cujus gratia celeberrimum est Carnotense delubrum) hisce verbis intelligi existimo.

(⁸⁷) CAP. XVII. — *Nullis impressa tabulis.* Conceptos animi fetus olim solemne scriptoribus erat in tabulis cereis sive pugillaribus stylo exarare; ac postmodum ubi ad limam et incudem eos revocarant, exscribebant in membranis : exstat exemplum in fine vitæ sancti Bonifacii Moguntini auctore sancto Vilibaldo, ab Serrario evulgatæ : « Ego Wilibaldus episcopus, etc., Vitam et passionem Bonifacii conscripsi, primum in cereis tabulis ad probationem Lulli et Megengaudi. Post eorum examen in pergamenis rescripsi, » etc.

614 Locum vero, ubi olim monachi scriptioni operam dabant, scriptorium solere nuncupari, præter innumera antiquorum testimonia, perhibet vetustissimus Liber Sacramentorum nostri Corbeiensis monasterii, tit. *Oratio in scriptorio,* quæ sic exprimitur. « Benedicere digneris, Domine, hoc scriptorium famulorum tuorum, et omnes habitantes in eo : ut quidquid divinarum Scripturarum ab eis lectum vel scriptum fuerit sensu capiant, opere percipiant. Per Dominum, » etc.

(⁸⁸) CAP. XXI. — *Signo crepitante.* Apertius quid eo loci innuere velit auctor, explicat ipse cap. 23 sive 24, pag. 486. C. « Ad convocandum aliorum conventum tabulam ex more percutiunt. » Ista siquidem disciplina continuo ad nostra tempora, præter nolas et campanas in usu monasterii fuit, tabulis seu malleis ligneis, cœnobitas ad privata quædam exercitia convocari, vel excitari a somno. Vitæ Patrum lib. v, libel. 17, n. 20 : « Percute signum in cella fratrum, ut congregent se hic omnes. » Cassian. lib. IV de Inst. renunt. cap. 12 : « Cum sonitum pulsantis ostium, ac diversorum cellulas percutientis audierint, ad orationem scilicet, seu ad opus aliquod invitantis, certatim e cubiculis suis unusquisque prorumpit. » Adolius Tarsens. in Vita Patrum cap. 14 : « Tempore consueto excitatorio malleo pulsabat cellas omnium, » etc. Lanfranc. Decret pro ord. S. Benedict. cap. 9 : « Cura (infirmario) de administranda tabula, quam ex more prior percutit, » etc. Et cap. 23, de ægrotantibus morti proximis : « Cumque eum jam in exeundo viderit laborare, gestans manu tabulam, ad ostium claustri currat, ictuque creberrimo acriter eam percutiat, quousque in conventu auditum esse cognoscat. » Declarationes Patrum cong. Sancti Mauri in regulam S. Bened. cap. 8 : « Fratres omnes malleoli strepitu ostiatim excitabantur. »

(⁸⁹) IBID. — *Ut monastici moris est, cilicio suppositum.* In extremis positos vitæ asceticæ professos, cilicio cinerique imponi nil usitatius olim; quo Filii Dei e cruce ad gloriam transeuntis propius imitarentur exemplum. » Decret. B. Lanfranci loco proxime citato : « Ægro in agonia posito, frater qui ad hoc deputatus est, cilicium expandat, et supra illud mensuram longitudinis, quam ipsum cilicium habet, signum crucis de cineribus faciat, morientemque fratrem desuper ponat, » etc.

Quid vero moris fuerit in congregatione Cluniacensi tempore B. Hugonis, caput 26 statut., exprimit; quod subjicere (etsi prolixius) haud erit ingratum, utpote plurima continens notatu dignissima :

De obitu fratris et sepultura.

« Frater qui se, infirmitate ingravescente, senserit in proximo ab hoc sæculo migraturum, de omni conscientia sua domno abbati vel priori confiteatur; et si in capitulum vult ire, ostendit priori vel per se, vel per infirmarium; et postea adducunt eum duo fratres inter manus, si est adeo infirmus, et petit veniam, reumque se de multis negligentiis contra Deum, et contra illos confitetur. Absolvit eum prior, et cunctis respondentibus. *Amen,* ipse cunctos si quid contra eum deliquerint, absolvit; omnesque de suis sedibus altius inclinant. Postea reducitur; reductus rogat ut oleo infirmorum ungatur, et tunc collocatur in lecto tali, id est terram demisso, ubi fratres possint undique circumstare. Tunc prior qui tenet ordinem, innotescit armario, et armarius prævidet omnia ad hoc necessaria; scilicet sacerdotem, quem indui facit alba et stola, et conversos, qui deferant aquam benedictam, crucem, et candelabra, et ipse portat oleum. Tunc paratis omnibus præcedit processio, et subsequitur sacerdos, et per antiquam consuetudinem totus conventus, imposito quinquagesimo Psalmo, et postea, si opus fuerit, adjunguntur, » etc.

Aliquanto post sequitur :

« Interim sacerdos hoc modo facit unctionem. Pollicem oleo illinit, et cum pollice signum crucis imprimit super utrumque oculum ita dicendo : *Per istam unctionem et suam piissimam misericordiam indulgeat tibi Dominus quidquid peccasti per visum.* Super utramque aurem; *per auditum.* Super utraque labia; *per gustum.* Super nasum, *per odoratum.* Super manus; *per tactum.* (Et frater conversus est interius, si sacerdos exterius) super pedes; *per incessum.* Super inguina; *per ardorem libidinis.* Quo facto lavat manus, et prius in cinere confricat; olim istud fiebat in crustis siliginei panis; et hæc lavatio non nisi in igne, vel in loco mundo et abdito solet effundi. Tunc, si infirmus non communicatur, ab ipso sacerdote dicuntur omnes hæ collectæ, præmissis his capitulis : *Salvum fac servum tuum,* etc.

« Postquam in ecclesiam venerint, unum de quotidianis calicibus in armario accipit vel ipse sacerdos vel armarius (prius tamen lotis manibus), et vinum et aquam ac si missa cantari deberet, infundit. Tunc sacerdos ad majus altare, super quod Domini corpus servatur, accedit, et prius quam accipiat, incensat; postmodum accipiens, frangit super ipsum calicem; et illam partem, **615** quam allaturus est, super calicem tenet, aliam in pixide reponit; et tunc ab armario tam manus sacerdotis, quam ipse calix linteolo mundissimo cooperiuntur. Si tunc conventus in choro est, quando discedit ab altari, totus veniam pro reverentia Dominici corporis petit. Similiter ubicunque viderint eum fratres transeuntem faciunt. Interea curatur ut infirmi bucca lavetur recepturi ipsum Dominicum corpus. Prius autem quam recipiat, *Confiteor* dicitur, et fratribus in commune *Misereatur vestri* respondentibus; solus sacerdos prosequitur: *Indulgentiam et remissionem omnium peccatorum tuorum*, etc. Ipsum autem Domini corpus in vino aquæ permisto intingúitur. Quo epotato ebibit quóque ablutionem calicis, et si potest ablutionem digitorum sacerdotis, et adhuc calicis, si non potest, alius ebibit. Adhibetur quoque illi crux a sacerdote, ut eam adoret et osculetur. Osculatur etiam quasi ultimum vale facturus; primo sacerdotem, deinde omnes fratres, et per antiquam consuetudinem, ipsos quoque pueros. Redit conventus.

« Postquam autem frater ad hujusmodi venerit infirmitatem, adhibetur ei unus famulus, qui non habet aliud facere, nisi ut obsequatur infirmo; sed et in nocte famuli omnes qui sunt in infirmaria diligenter excubant, ne obitus ejus improvisus eveniat. Crux est contra faciem ejus affixa, et lumen cerei usque ad claram diem non deficit. Si quis frater est ita religiosus, cui hoc pro singulari libuerit affectu, ut ipse quoque remaneat cum infirmo excubans, libenter ei prior acquiescit. Famuli qui sunt in talibus multum exercitati, multum opperiri, cum viderint jam ejus exitus horam imminere, cilicium ad terram expandunt, et cinerem in crucis modum spargunt, infirmum de lecto levatum in cilicium ponunt. Deinde infirmarius debet priori notificare quod ille frater sic est prope suum finem. Prior vero, si æger habuerit memoriam, præcipiet alicui fratrum, ut legat coram eo passiones: si autem non habuerit, præcipiet duobus, vel quatuor, ut indesinenter ibi cantent psalmos, donec notum sit et pateat animam de corpore jam egressuram sine longa mora. Quod cum viderit famulus, qui bene doctus et usitatus in tali officio est, tum demum arreptam tabulam debet fortiter, et cum festinantia multa, percutere in claustro ante gradum dormitorii: prius, si nox est, accensis lucernis in claustro infirmariæ; et per aditum per quem itur in infirmariam, » etc. Hactenus liber ms.

Locum in quo moribundi corpus deponi soleret, describit Petrus Venerab. *De Miraculis* cap. 19. « Habetur autem (Cluniaci) in domo media (infirmorum) locus unius corporis capax, ad hoc aptatus, ut fratres ibidem in cinere et cilicio compositi, extremum Deo spiritum reddant, » etc.

Addit et ille codem lib., cap. 4, morem hunc esse Christianorum et « maxime monachorum » qui utique scriptis verbisque non modo, sed potissimum ubi ad altiora evecti Ecclesiis præsiderent, actutum homines ad severiores rigidioresque antiquorum Christianorum mores allicere conabantur (quod scite observavit doctus admodum Joan. de Launoy) « ut conformes fierent imaginis Filii Dei (*Rom.* VIII, 29), » etc. Apostolus: Siquidem « dura et aspera, per quæ itur ad Deum, propter emendationem vitiorum, et conservationem charitatis, » plane eos qui Christo dedere nomen condecet, ait cap. 58 et in prologo regulæ sanctus Benedictus, « Arctissimæ vitæ magister optimus, » a Magno Gregorio dictus, lib. IV in libro Reg. cap. 9.

Hinc in scholis monachorum qui cum pietate, tum litteris imbuebantur, alte adeo in mente retinebant quæ visu ac usu didicerant, uti postea toto vitæ curriculo ea suis moribus exprimerent. Omnium vice fuerit Ludovicus Grossus Francorum rex, quem a puero pater Philippus Sandionysianorum monachorum disciplinæ elucandum obtulerat; quo Christianissimus juxta et prudentissimus, sapientissimus evasit, teste oculato Sugerio in ejus vita. Quod demum pius ille rex morti proximus religionis specimen reliquerit, indigitat idem auctor eo loci: « Qui ut erat in consiliis providus, sibi ipsi consulens, etc. Hoc unum totum animi affectu præoptans, apud sanctos martyres protectores suos Dionysium sociosque ejus, se quomodocunque deferri, et ante sacratissima eorum corpora, regni et coronæ depositione, coronam pro corona, pro regalibus et imperialibus ornamentis humi beati Benedicti monasticum ordinem profiteri. Videant, qui paupertati monasticæ derogant, quomodo non solum archiepiscopi, sed et ipsi reges transitoriæ vitam æternam præferentes, ad singularem monastici ordinis tutelam securissime confugiunt. » Et infra sub finem. « Præcipientes ergo tapetum terræ, et cineres tapeto in medium crucis deponi, ibidem manibus suorum depositus, signo sanctæ crucis præsentiam suam muniens, etc., spiritum emisit. » Ita tomo IV *Hist. Franc.* And. Duchesne.

(60) CAP. XXIII. — « Ad abbatem monasterii, quod vocabatur de Bello. » Sic autem vocitatum a bello in quo vicit Haraldum Guilielmus Conquestor, ad littus Sussexianum. Refert Fundationis diploma Seldenus Notis ad Eadmeri *Hist. novorum*, p. 165. « Guiliel. Dei gratia rex Angl., etc. Notum sit vobis me concessisse ac confirmasse, assensu Lanfranci archiep. Cantuariensis, etc. ut, ecclesia S. Martini de Bello, quam fundavi ex voto ob victoriam quam mihi Deus in eodem loco contulit, libera sit et quieta ab omni servitute, » etc. Eam eximi vult ab omni prorsus tam laicali, quam episcopali jurisdictione.

(61) IBID. — *Missa ad beatam Mariam et de ipsa quotidiana*. Laudatissima sane consuetudo in monasteriis Benedictini ord. ab antiquo recepta, missam nimirum quotidie hora sexta matutina ad Virginis Deiparæ honorem decantare. *Chronic. Beccense* page 17.

(62) CAP. XXIV. — *Cucullum*. Sive cuculla et cucullio. Est quoddam capitis operimentum, ab aucto-

re verbo corrupto *capero* appellatum, Gallice *chapéron*. De quo noster Menardus ad cap. 62 Concord. regularum. Quare isthoc vestimenti genere utantur cœnobitæ lege ibidem page 887. De cuculla item, ac diversa usurpatione latissime nec inerudite Benedictus Haeften. Disquisit. monastic. tract. 3, disquisit. 1.

(⁶³) Cap. XXVI. — *Ad Lisiardum Belvacensem archidiaconum, avunculum meum*. Cui epistolam 92 inscripsit Ivo Carnot. Num vero is ipse Lisiardus postea episcopatu Suessionensi donatus fuerit, scrupulus movet animum; imo duos hac eadem tempestate synonimos exstitisse, alterum Bellovacensem archidiaconum, de quo hic fit mentio, alterum ex præposito Suessionensi ad ejusdem infulas evectum, statuendum videtur, quando quidem auctor noster eo loco, et infra l. III, c. 11, atque in præfatione Hist. Gest. Dei per Francos, ne verbulo quidem Lisiardum Suessionem sibi propinquitate conjunctum, sed potius non ita notum aut familiarem innotescit.

AD LIBRUM SECUNDUM.

(⁶⁴) Cap. I. — *Vocatur siquidem Novigentum*. Næ ego ecquid de lugendo illo monasterio proferam? quippe non semel idipsum rabies Calvinistica labefactavit, diripuit, vastavit : quin etiam abbates ipsi commendatarii nefanda peste hac infecti, sæculares viri conjugio copulati, quæ facultatum restiterant dilapidavere, cartas tradidere vel igni, vel amicis, parentibusve, quo redditus Deo sacri facilius suis possessionibus qua fas qua nefas adjungerent. Cæteræ vero schedæ atque instrumenta, adeo supina oscitantia fuerunt in monasterio derelicta, ut sub impluvio corrupta, corrosave a blattis ac tineis exstent modo : cura nihilominus permaxima, ingenti labore ac studio R. P. Domnus Simeon Maubaillard nostræ congreg. illo in cœnobio prior, vir non mediocriter eruditus, chartarum reliquias, quæ ab excidio tanto evaserant, eripuit. Earum nonnullas nostris observationibus inseremus infra.

Porro plura Novigenta notis ad vitam B. Bernardi Tyron. recensuit page 246 doctus Souchetus.

(⁶⁵) Ibid. — *Apud Anglos ante Incarnati Verbi*, etc. Si mira tibi quæ hocce toto capite attexit auctor, videantur, caveas tamen ipsi velim notam vel inscitiæ, vel fraudis, aut calumniæ inurere. Namque licet altum apud scriptores cum sacros, Lucam apostolicum præcipue, tum sæculares, ac præ cæteris qui de Britannicis scripsere rebus, fuerit silentium; et animus nonnulla credere hujusce narrationis quodammodo refugiat, quæ litteris ille a majoribus consignata reperit cum aperiat nude, quid, amabo, criminis, culpæ quid commisit? plane nihil. Etenim ea minime tanquam indubitatæ fidei credenda proponit. Historica sunt ; absurdi nihil, neque aperte falsi præ se ferunt, sufficit. Imo testis oculatus cuncta sepulcro, aliisque vetustioribus quæ remanserant monumentis quadrare attestatur Guibertus : « Quædam autem sunt, ait ipse, in eadem Ecclesia litteræ metro

compositæ, quibus ego nulla adniterer auctoritate, nisi quædam quæ plurimum roborant fidem viderem hodieque constare. Quæ historia sic se habere secundum scripturæ seriem traditur, » etc. Viden illum prout istis versibus tradita, haud veluti certis certiora scriptis mandare? In fine capitis item, ubi de sacris reliquiis a Quilio rege Novigentum advectis egit, hæc subinfert : « Inde Deo post tempus plurimum procurante exempta capsula, et a quibus nescio fidelibus, vetusto opificio auri pretiosi bracteis adoperta ad nostri temporis devenit intuitus, et antiquis hucusque præbet testimonia nova relatibus. Itaque loci illius sic perhibentur sese habuisse initia. »

Sat ergo est, a Guiberto relatis fidem adhibere tantam, quantam et cætera merentur ab aliis bonæ notæ scriptoribus ad posteros traducta. Nonne permulti, ipsique gravissimi auctores scriptis intersuere historias velut ab aliis acceperant, seu interlegendo didicerant? Testes SS. Gregorius Magnus libris Dialog.; Gregorius Turon. De gloria confessorum et alibi, atque ævo Guiberti Venerab. Petrus Cluniac. abbas, libro De miraculis.

Præterea in Britanniæ regionibus tot propemodum exstitisse regulos, quot erant urbes munitissimæ, nemo nescit; non mirum igitur si nullam de Quilio habeant mentionem Britanniæ scriptores.

Ilis itaque præmonitum te volo, lector erudite, ne tanti viri auctoritati detrahas, quando nonnihil, quod animo fortean hærendi præbeat occasionem, offenderis, et inde parvi facias fide dignissima ; quinimo quæ retro sæculis auctorem præcessere, seu quæ ipsi fuere 617 præ oculis, et quæ sua ætate tempestate, valeas habere delecta.

(⁶⁶) Ibid. — *Castelli ergo nulla antiquitas*. Graphice Codiciacum ad mentem auctoris describit Papirius Masso, in Descript. Franc. per flumina : « Codiciacus est locus situ alto atque eminenti, et naturaliter munito ac despicienti undique subjectam planitiem admodum fertilem, quæ sumen terræ dici potest. Codiciacum nemo quod sciam appellavit, qui ante Flodoardum vixerit. In finibus autem Laudunensis urbis et episcopatus collocatus est, et finibus Viromanduorum continetur. »

(⁶⁷) Ibid. — *Fluvio, quem supra diximus, Aquila*, etc. Vulgus nunc *Elette*, et *Ailette*, antiquitas vero *Aiglette* appellat.

(⁶⁸) Ibid. — *Si feminæ nondum natæ quæ Deum et hominem esset genitura*. Similis de insigni illo Carnotensi templo traditio est, quod nempe a Druidis ante Verbi Incarnati adventum *Virgini pariturae* fuerit dedicatum. Qua de re statuendum habeo nihil.

(⁶⁹) Cap. II. — *Castelli autem ipsius sub florentissimis principibus*, etc. Codiciacensium donorum historiam texuit Andræas Duchesne : quorum si quid scire peroptas, hunc adi, faciet sat's.

(⁷⁰) Ibid. — *Humiliarensi monasterio præerat*. Historiam sive seriem abbatum monasterii hujus observationibus nostris intexere actum agere viderer; siquidem in hoc argumento ample ac pererudite laboravit nostras Claudius Hemeræus doctor, dum adviveret, Sorbonicæ societatis, Historia; cui titulus, *Augusta Viromanduorum illustrata*; pag. 65, et a pag. 94 ad 99.

Verum ne penitus jejunum legentis animum relinquam, paucissima ex pag. 65 apponere visum est : « Ad ipsos pene muros Augustæ (S. Quintini) monasterium Humolariense; Eligio regente cathedram Noviomensem, mira nonnarum sanctitate inclaruit, tum vero maxime, cum est præfectura ejus Hunegundi virgini commendata. Hæc orta Lambaidis domicellis, binis milliaribus ab Augusta, etc. Scripsit ejus vitam Bernerus abbas, et chorographus reformationis ejus loci, sub Alberto Pio comite Viromanduorum, an. 948 ejectis nonnis, quæ a regula defecissent. » S. Hunegundis Vitam inter Surianas sanctorum Vitas, die 25 Augusti : Præceptum vero Ludovici Ultramarini, de inducendis monachis in cœnobium Humolariense, sanctimonialibus expulsis, nec non diversas quæ ad id spectant monasterii chartas reperies in regesto ad calcem præfatæ hist., pag. 29 et seq.

(71) IBID. — *Henricum cœnobiolo etiam præficerent*. Quod Henricum tribus asceteriis præfectum audias, minime tibi suadendum est, eorum redditus ac substantias in privatam utilitatem usurpasse, quasi sacrilegii labe ac peste, atque obstinata ea malignitate laborasset, quæ et subsecuta sæcula adeo infecit; ut quamcunque medicinam hactenus respuisse, vicissimque videatur ; nempe nefanda illa, regum principumve concessione, abbatiarum ecclesiarumque redituum in laica sive sæcularia beneficia divulsio; contra vero hæc onera sibi poni patiebatur, eaque lubens subibat, exempla subsecutus præclarorum religione et sanctitate archimandritarum, Benedicti Anianensis, ac Guillelmi Divionensis sive Fiscanensis, qui canones monasticos, ætatis vitio deformatos, ad antiquum nitorem revocarunt.

De priori, Ludovici Pii imp. diploma tom. II Concil. Gal., et epistola Patrum Indani monasterii ad monachos Anianenses in calce Vitæ, quæ opera ejusdem S. Benedicti præcedit.

De sancto Guillelmo Chronicon ms. Besuensis monasterii cujus et abbas fuit : « Verum quia super gregem sibi commissum solerti vigilavit cura, divina promeruit gratia de fructu operum suorum in hac gaudere vita : nam regularem disciplinam, quæ jam deciderat per veterum negligentiam, prout sanctus Benedictus eam composuit in pristinum statum corrigendo restauravit, ac per diversas mundi partes, per plura monasteria a regulari tramite devia, tam per se quam per suos, quos abbates ordinaverat, monastico ordini subdidit. » Et infra refert qui rogatu Richardi Northmannorum ducis regimen susceperit abbatiæ Fiscanensis. Item aliis interjectis : « Robertus etiam rex abbatiam S. Germani apud

A Parisios precatus est prædictum Patrem (Guillelmum) ut susciperet; et secundum regularem institutionem ordinaret, quod ei fecit. Nec non et Odo comes pari devotione locum S. Faronis in urbe Meldarum, eidem commisit venerabili Patri; sed et honorabilis præsul Metensis Ecclesiæ Theodoricus Gorsiensem abbatiam eodem zelo Dei commendavit illi, » etc. Denique S. Benigni Chronicon calamo exaratum, in Bruhone episcop. Lingon. « Dominus autem Bruno considerans Patrem Willelmum ita ferventem in religione ac monastica institutione, et loca ei 618 commissa de die in diem in melius proficere, omnia in suo episcopatu monasteria ipsius delegavit, providentiæ, » etc.

(72) IBID. — *Et San Quintinensis de Monte*, etc. B In monte, ab urbe Perona primo lapide, disparato, collocata est abbatia S. Quintini; est enim alia S. Quintino sacra Augustæ Viromanduorum, vulgo, *l'Abbaye d'Ile*, seu *de l'Ile*, abbatia S. Quintini in Insula, sic nuncupata, quod antequam urbs eadem a Philippo II Hispaniarum rege caperetur, secus Somonam fluvium exstaret : nunc vero media in urbe Augustæ Viromanduorum. De qua Sigebert. ad an. 964.

Monasterii Sancti Quintini de Monte ; solo ab Northmannis adæquati, nullæ nobis superstites sunt primævæ fundationis notæ; præter litteras Adalberti Viromanduorum comitis : e quibus instaurationem pariter et aliquantulam originis ejusdem cœnobii C notitiam percipere est.

« Ego Adalbertus comes notum esse volo tam præsentibus quam futuris, in meo Virodumensi comitatu ab antiquo tempore exstitisse ecclesiam in honore sancti Quintini martyris dedicatam, in monte sitam, juxta vicum Peronam, quam quondam Dagoberti regis auctoritate, Erchenaldi præfecti donatione, sancti Eligii pontificis benedictione, Ultanus quidam genere Scotus, professione monachus, ecclesiasticis sanctionibus, ac monasticis instituit institutionibus, abbatis honore functus; post cujus vitæ excessum, incuria, ac barbarorum insectatione ad tantam desolationem ipsa pervenit ecclesia ut vix rara antiquæ habitationis apparerent vestigia.

« Hanc igitur pro meæ remedio animæ, prædeces- D sorum sive hæredum meorum salute, divina compunctus inspiratione, jussi a fundamento reædificare, et abbate constituto, cum consilio fidelium meorum, abbatiam studui dotare; sicque in perpetuum ratum, et inconvulsum permanere.

« Hujus autem dotis res hæ sunt : In pago Virodunensi villula una, quæ dicitur Aisilcourt; et in ipso pago, in villa Curticulus nuncupata, mansi septem, et medietas ecclesiæ de Duriaco, apud Castellum Nigellum super fluvium l'Ingon, pontem cum terra appendente ibi. In Tegeri hamo mansi duo; et in villa quæ dicitur Sanctæ Radegundis, mansi tres. In vico medietas capellæ Sancti Quintini, cum quatuordecim hospitibus. In villa Alania, super fluvium Halle; duodecim hospites, cum terra colenda, et prato uno. Ad ecclesiam ejusdem montis respicit villa, quæ vivarius; cum suis adjacentibus, super fluvium Grinsionem. In villa, quæ Douin vocatur, molendinum unum, cum tertia parte prati ibi appendentis. In pago Suessionico, in villa quæ Allemans vocatur, tres mansi, cum curia indominicata.

« In his ergo domino sancto Quintino martyri datis rebus, nullus hæredum vel propinquorum meorum, non comes, nec vicecomes, nec ejus liberæ ingenuitatis homo, aliquid amodo accipiat, causa consuetudinis, seu advocationis, non bannum, non justitiam, non districtionem, nisi fideli precatu ipsius abbatiæ abbatis. Quod qui infringere præsumpserit, pro suæ temeritatis ausibus ternis subjaceat maledictionibus, et publicis coactus resipiscere teneatur legibus. Cujus actionis testes laudatores confirmarunt :

« Ego Adalbertus comes, qui jussi fieri, confirmavi

« S. Heriberti com. S. Vidonis com. S. Philberti. S. Luntberti. S. Walchisi. S. Odonis. S. Ivonis. S. Boslevi. S. Walcelini. S. Amalrici. S. Walneri. S. Odonis. S. Macharii.

« Ego Leudulphus Wermandensis ac Noviomensis Ecclesiæ episcopus subscripsi, confirmavi.

« Actum in curia Sancti Quintini die passionis ejusdem. »

Subjicienda præterea est abbatum brevis chronologia e vetustis ejusdem cœnobii chartis ac ruderibus ab erudito æque ac facundo R. P. domno Stephano le Gris, nunc nostræ congregationis priore meritissimo, deprompta; et, ne institutum nostrum prætergrediamur, breviori quo poterimus stylo eam contrahemus.

Chronologicum abbatum monasterii Sancti Quintini de Monte summarium.

Protoabbas sanctus Ultanus, in Hibernia regio sanguine procreatus, eximia tum sanctitate, tum etiam monasticæ disciplinæ peritia illustris, anno reparatæ salutis 643 abbatia Sancti Quintini Montensis ab Erchenaldo Viromanduorum comite præficitur; quemadmodum ex præfatis Adalberti litteris perspectum habetur.

Ad superos excessit anno Christi 686.

II. Evraldum, instaurato monasterio, in abbatem assumptum, cædem signant litteræ anno æræ Christianæ 943. Verum enimvero pauco post tempore (sic nimirum vicissitudini atque detrimento terrena subsunt universa) rursum eo usque decidere a pristina instauratione ædificia, ut cellæ nomen, nedum abbatiæ titulum præferret. At Robertus urbis Peronæ præfectus, religione præclarus (qui id loci jure beneficii possidebat), obtentis a Roberto Francorum rege litteris, inique possessores facultatum monasterii ablata restituere cogit, ac postmodum suis sumptibus cœnobium resarcit (neque prædia facultatesque monachis deesse voluit) anno videlicet 1028.

III. Balduinus ex nobili comitum Flandriæ Namurcique prosapia clarus 1028.

IV. Walteranus obiit 1040.

V. Walteranus II, anno 1040. *Hujus Ecclesiæ* (fert Necrologium) *sapientissimus ordinator, et a fundamentis ædificator.* Verum piæ peregrinationis gratia cum Romam venisset, inibi vitæ finem imposuit, et corpus sepeliendum reliquit.

VI. Gaudefridus, 1058. Eum commendat in hunc modum Nicolaus monachus Vitæ sancti Gaudefridi (qui abbatem illum educatorem habuit) lib. I, cap. 2 : « Est celebre monasterium in Viromanduorum solo, in B. Quintini martyris honorem conditum, Peronæ oppido propinquum. Et per id tempus præerat vir pius Godefridus et morum integritate, et generis nobilitate clarus. Fuit enim patruus Idæ filiæ Alberti nobilissimi comitis Namurensis, quæ juncta matrimonio egregio consuli Boloniensis provinciæ Eustachio, etc. Quæ quidem idcirco mihi commemorata sunt ut possit intelligi genus illustre tanti Patris, quem constat etiam gregi suo magna cura invigilasse, religione celeberrimum, litterarum scientia, et rerum quoque externarum et politicarum peritia cumprimis instructum fuisse. » Item multa cap. 3, 4 et seq. ejusdem libri de Godefrido. Anima exhalata cœlestem patriam adiit 1098.

VII. Henricus, 1098, summæ pietatis vir ac doctrinæ decessit 1133.

VIII. Hugo, 1133. Desiit anno 1148. Jura possessionesque approbat Eugenius papa III his verbis :

Eugenius episcopus, servus servorum Dei, Hugoni abbati monasterii Sancti Quintini de Monte, quod in pago Vermandensi situm est, ejusque fratribus tam præsentibus quam futuris, etc. Apostolici moderaminis clementiæ convenit religiosos diligere, etc. *Vide in Eugenio III ad an.* 1133.

IX. Rogerius ex Aquicinctensi monacho abbas Montis S. Quintini creatur 1148. De quo Biographus B. Gosvini lib. II, cap. 12, ubi discipulorum venerabilis ejusdem viri mentionem faciens : « Rogerius, inquit, Montem S. Quintini non segniter observabat. » Humana reliquit an. 1150.

X. Hugo II, an. 1150. « Hugo abbas Corbeiensis et hujus congregationis. » Obituarium.

Lucii III. pontificis maximi scriptum Hugoni, in quo cœnobii immunitatum et exceptionum sancitur auctoritas, traditum est hac forma.

Lucius, servus servorum Dei, dilectis filiis abbati Montis S. Quintini, ejusque fratribus tam præsentibus quam futuris, etc. Effectum justa postulantibus indulgere, etc. *Vide in Lucio III ad an.* 1185.

Defungitur Hugo 1182, sive 1185.

XI. Balduinus II. Egit animam 1188.

XII. Robertus. Hujus defunctionis annus in Martyrologio 1192.

XIII. Walterus, 1192. Is monachorum coactu præfecturæ cessit anno 1198.

XIII. Walterus II. In ætatis flore, stirpis et animi præclarus, omnium una voce eligitur. Monasterium sirenue adeo rexit, ut spem superavit et ætatem. Disciplinæ regularis, cæterarumque virtutum studiosissimus fuit. Facultates auxit; excitavit sacellum Beatæ Virginis. Ingentem pecuniarum summam quo sacram basilicam a fundamentis exstrueret, aggregavit, sed morte præoccupatus anno 1244, id operis successori perficiendum reliquit. Sunt qui Walterum ex illustri familia de Hardecourt originem ducere affirmant.

XIV. Simon de Valencourt 1244. Ecclesiam, vestigiis supremæque voluntati inhærens sui decessoris, mira structura, quæ nunc dierum cernitur, exædificavit. Cum morte vitam commutavit a partu Virginis 1257.

XV. Gerardus Peronensis 1257. Jurium, atque immunitatum acerrimus propugnator, mortalitatem explevit 1267.

XVI. Robertus 1267. Itidem forti sese animo, ne privilegia monasterii infringerentur, opposuit. Extrema ætate suadente, ultro munus abdicavit anno 1275 et paucis post diebus cessit e vita.

XVII. Balduinus III, haud religiose gessit præfecturam. Mortem oppetiit 1280.

XVIII. Matthæus. Fuit mitis et mansuetus, necnon et multorum ædificiorum auctor. Migrat anno 1295.

XIX. Joannes de Villaribus, San Quintinianus haud ignobili genere oriundus. Hac ipsa tempestate, cum prisca majestas ecclesiæ montis S. Quintini obsolevisset, et possessionibus, ob debita a prædecessoribus contracta, ad exteros translatis, oppignoratisque, omnium rerum egestas cœnobitis obrepsisset, calamitatibus tandem oppressus Peronam se recepit, ubi, vita in cinere et cilicio peracta, extremum spiritum exhalavit 1313.

XX. Joannes II. Splendida de Hinchin familia natus. Rei domesticæ administrator industrius notatur. Siquidem ipse, ære alieno gravatum monasterium, singulari providentia exoneravit. Resarcit plerasque ædes ruinis deturpatas. Sex maxime illi res ecclesiasticæ, divinumque officium decentius atque attentius persolvendum, cordi fuere. Paterna demum in monachos et pauperes viscera demonstravit. In cœlum translatus est 1337.

XXI. Joannes III, ab equitandi peritia Eques appellatus. Deposito canonicali habitu, collobium induit monachale in asceterio Montensi, et abbas creatur 1337. Demoritur 1361.

XXII. Joannes IV, de Hercourt de Combles, 1361. Magnificentiori apparatu quam humile Christi mancipium deceret incedebat: hic nihilominus longe charus suis exstitit et familiaris. Novissimum diem clausit 1370.

XXIII. Hugo III Augustæ Viromanduorum, sive S. Quintini civis. Bona monasterii, utrum volens, an ob ipsius œconomiam minus providam, dilapidavit. Desiit anno 1379.

XXIV. Petrus de Barville an. 1379. Quæ supererant facultatum absumpsit, obligurivit. Occidit 1598.

XXV. Matthæus de Dury, 1398. Singulari signatur parcimonia. Etenim cum perniciem possessionibus, labem ædificiis, antiquæ splendori disciplinæ obnubilum illatum conspiceret, universa diuturno labore, industria summa, reparavit, restituitque. Naturæ concessit 1413.

XXVI. Joannes V de Hennon. 1413. Obiit 1438.

XXVII. Jacobus Rausson. Prius a sacris duci Burgundiæ; deinde monasticen professus, prioratu de Lehuno in sanguine terso (Lihon en Santerre) donatur; tum S. Quintini Montensis 1461, ac postremo Corbeiæ veteris abbas eligitur. Octogenarius anno 1480 occubuit. « Fuit ubique vir mitissimus (quod refert Chronicon Corbeiense ms.) atque perhumanus, et scientia grammaticali apprime eruditus, optimus scriptor; magnificusque ac splendidissimus, qui licet humili loco natus esset, omnibus tamen in rebus præclarissimus evasit. Hic admodum in communiis et cœnis facetus, et in jocis cavillator jucundissimus. » Quod sanctæ regulæ monachorum atque institutorum ecclesiasticorum gravitati longe repugnat.

XXVIII. Joannes VI Dansquenet. Vitam cum abbatia posuit 1481.

XXIX. Joannes VII Karquendlan canonicus Pictavensis, et protonotarius apostolicus. Hic primus abbatiam subripuit in commendam 1484. At monachi multa illi facessunt negotia; unde tædio pressus mœroreque confectus diem clausit 1487.

XXX. Joannes VIII d'Estrée, ex avita nobilitate originem trahens, ac monasticis obstrictus votis. Ipsum in Patrem assumunt fratres; qui et a summo pontifice anno 1487 asseritur, atque insigniis pontificalibus adornatur 1505. Terras migravit anno insequenti 1506.

Abbates commendatarii.

XXXI. Ludovicus de Constin abbatia simul Souillacensi (Souillac) titulo commendæ potitus est 1506.

XXXII. Antonius Ragault, Ludovici nepos, possessionem adiit 1527.

XXXIII. Joannes IX de Genouillac, 1532.

XXXIV. Verdun du Mas, 1544. Desiit anno 1563.

XXXV. Jacobus d'Aplincourt, 1563. E medio tollitur 1575.

XXXVI. Franciscus Pascanet. Regi ab eleemosynis, et Ecclesiæ Bituricensis canonicus anno 1575. At vero Marescallo de la Chastre, quem sibi procuratorem delegerat, annuente, abdicat abbatiam 1596.

XXXVII. Sebastianus Robelin Parisiensis senatus supremi princeps. Nicolaus Damerval dominus de Liencourt, actor ipsius exstitit. Abiit e vita 1613.

XXXVIII. Claudius d'Argouges, quo morum vitæque consuetudine nemo clarior hac ætate fuit. Inita possessione 1613, monasterium ædificiis caducum, imo ruens in ultimum prope casum, excitat. Instaurat nempe a fundamentis dormitorium, claustrum, capitulum, refectorium, ut verbo claudam, ædes universas regulares, ut vocant, suis et his perniaximis impensis exstrui curavit. Novis operibus basilicam suffulsit, decoravit diversi generis sacra supellectili, vasis argenteis locupletavit, et quod summum est, quodque ipsi amplissimum nomen cum immortali gloria peperit, regularis disciplinæ lucem Monti Sancti Quintini inferre peroptans, monachis congregationis Sancti Mauri, eadem disciplina apprime instructis, idem monasterium tradidit possidendum.

XXXIX. Franciscus *d'Argouges*, Claudii nepos, et virtutum proxime imitator, Societatis Sorbonicæ doctor, de quo, ut sacro vaticinio assurgam : « Lauda post vitam, magnifica post consummationem, » reor silendum.

(73) Cap. II. — *Igitur electo illo*, etc. Quandoquidem electionis, benedictionisque peragendæ modum subliceat auctor, libet quæ in manus meas, cum hæc adnotarem, devenerunt, evulgare. Et primo quidem observandum electionem abbatum (velut etiam episcoporum) reges seu principes olim prius potestate eligendi, tum clericis tum monachis tributa, confirmare solitos; unde ex neotericis scriptoribus nonnulli, ecclesiasticæ rei prorsus ignari, ausi sunt inferre, in omnes ecclesias et abbatias summam potestatem jusque summum eosdem reges habere, atque pro libitu ac genio iis uti posse.

At ejuscemodi approbationis concessionisve causa in promptu est; nempe quod non modo amplas possessiones, sed ditiones quoque opulentissimas et jura clientelæ, verbi gratia toparchias, ducatus, comitatus, et cætera id genus ecclesiæ et monasteria potirentur, ac proinde episcopi et abbates, cunctorum cum essent moderatores, atque ab ipsorum penderet nutu plurima hominum et nobilium, et plebeiorum multitudo; quin et municipia, castra, urbes, provinciæ ditioni eorum subjicerentur, num ideo par erat, ut de eorumdem qui præfecturam gerebant fide, certiores redderentur regnorum, principatuumque summi rectores?

Plane his astipulantur antiquæ electionum concessiones approbationesque. Præceptum immunitatis a Carolo Magno sancto Benedicto Anianæ abbati concesso, inter alia sic habet : « Et quandoquidem divina vocatione suprascriptus venerabilis Benedictus **623** abba, vel successores ejus de hac luce ad Dominum migraverint, qualem meliorem, *et nobis per omnia fidelem*, ipsa sancta congregatio de suprascripto monasterio, aut de qualicunque loco voluerint eligere abbatem, qui ipsam sanctam congregationem secundum regulam sancti Benedicti regere valeat, per hanc nostram auctoritatem licentiam habeant, » etc. Ex antiquis schedis ejusdem monasterii. Et ex chartulario Sancti Albini Andegavensis : « Goffridus comes ad petitionem Nefingi episcopi pro remedio animæ matris suæ Gerbergæ, etc., facit monachis potestatem deinceps eligendi abbatem, et exemit a potestate sæculari, » etc.

Addam et antiquam electionis factæ formulam, quæ in hoc ipso extat chartulario :

« Omnibus in Domino, quibus *est Christus vivere et mori lucrum* (*Phil.* i, 21), et potissimum sub jugo regulæ sancti Benedicti sponte colla submittentibus, qui jubet ut monachi in monasterio degentes, abbatem sibi præesse desiderent : Notissimum esse volumus, quod an. 988 Incarnationis Dominicæ, recedens a loco Sancti Albini abbas Gunterius, quem pro fidelitate Dei, et remedio animæ suæ nobilissimus inter suos Goffredus comes eidem loco præfecerat, et Romam, vel, quod majus est, matrem civitatum Jerusalem expetens gratia orationis, successorem sibi præsago spiritu providerat, cui animarum simul et corporum curam committeret . . . . . vitæ et morum probitate decorum, quem ipse in Christi nomine nutrierat, cum consensu tamen fratrum præfati loci, et elegantissimi . . . . . . filii prædicti comitis Gaufridi, qui in loco patris feliciter successit, nomine Fulconis. Cui electioni, providente gratia Dei, prout credimus, prudentissimorum pontificum, clericorum quoque et nobilium laicorum, et super his omnibus electio simul et acclamatio prædictæ congregationis concordare videtur in melius, eo tenore videlicet, ut secundum regulam sancti Benedicti, qui est Pater, et dux advocatus quoque post Deum, omnium fidelium monachorum, tam in hoc sæculo quam in futuro, in omnibus conversari pro posse et nosse studeat, et prodesse magis quam præesse satagat, et omnia cum consilio fratrum timentium Deum, provido et juste disponat; ut cum venerit Pastor pastorum (*I Petr.* v, 4), cui redditurus est rationem de animabus sibi commissis, addita et suæ animæ, audire gaudenter mereatur quod servus bonus, qui erogavit talentum sibi creditum conservis suis in tempore suo. *Euge, serve bone et fidelis, intra in gaudium Domini tui* (*Luc.* xix, 17).

« Signum Widoni episcopi.

« Signum Fulconis inclyti comitis. »

Minime est omittendum Ludovici vere Pii imperatoris egregium Christianæ pietatis specimen, quod hactenus in chartophylacio coenobii Anianæ latuit, illudque eruit noster Claudius Chantelou.

Epistola Ludovici imperatoris, ad Anianenses, seu Gellonenses monachos, de electo abbate Trutesindo.

In nomine Domini Dei et Salvatoris nostri Jesu Christi, Ludovicus, divina ordinante providentia, imperator Augustus, venerabilibus fratribus in Aniano sive Gellone monasterio constitutis. Proxime accidit Agobardum archiepiscopum, etc. *Vide inter epistolas*, *et diplomata Ludovici Pii*, *Patrologia* t. CIV.

624 Neque eam ob rem quis inferre audeat, electiones antistitum jure ad reges aut principes attinere. « Sacerdotum quippe est electio, et fidelis populi consensus adhibendus est, quia docendus est populus, non sequendus, » ait Stephanus papa ad archiepiscopum Ravennat. Et can. 25, dist. 63, Vide

Glossam. Statuit quoque synodus Nicæna II, can. 3 : « Omnis electio episcopi, vel presbyteri, vel diaconi a principibus facta, irrita maneat. »

De approbandis per regem electionibus agunt, Jacobus Bruellius ad lib. III, cap. 2, Aimoini De gest. Franc.; et Juret. not. ad Ivonis, ep. 104.

Subjiciendus nunc antiquus in benedictione abbati impertienda ritus, a B. Theodoro Cantuariensi digestus atque observatus, ex vetustissima canonum collectione Bibliothecæ S. Germani Pratensis.

De ordinandis abbatibus.

« In abbatis ordinatione episcopus debet agere missam, et eum benedicere inclinato capite, cum duobus vel tribus testibus de fratribus suis et det ei baculum et pedules.

« Abbas potest pro humilitate, cum permissione episcopi, locum suum derelinquere, tamen fratres eligant sibi abbatem de ipsis, si habent, sin autem de extraneis, nec episcopus debet violenter in loco suo.

« Congregatio debet sibi eligere abbatem, post mortem ejus, aut eo vivente, si ipse discesserit vel peccaverit; ipse non potest aliquem ordinare de suis propinquis, neque de alienis, nec alio abbati dare, si non voluerint fratres.

625 « Si vero peccaverit abbas, non licet episcopo tollere possessionem monasterii, sed mittat eum in aliud monasterium, in potestatem alterius abbatis.

« Non licet abbati, neque episcopis terram ecclesiæ vertere ad aliam, quamvis ambæ in potestate ejus sint. Si mittere vult testem, faciat cum consensu amborum.

« Si quis vult monasterium suum in alio loco ponere, faciat cum consensu episcopi, et fratrum suorum; et dimittat in priori loco presbyterum ad ministerium ecclesiæ.

« Abbas et episcopus hominem sceleratum servum possunt habere, si pretium redimendi non habet.

« Abbas si habuerit monachum dignum, episcopo debet dare si necesse est. »

(74) CAP. II. — *In civitate Tricassium coegerat concilium.* Expressius his B. Godefridi electionem, conciliique causam denotant Nicolaus, Vitæ ejusdem Godefridi lib. I, cap. 30; Ivo Carnot. epist. 208 ad Paschalem papam. Sed et Guillelm. de Nangis, Hist. ms. ad annum 1109 : « Paschalis papa, inquit, venit in Franciam, etc. Qui papa a rege Francorum honorabiliter susceptus, diversis Franciæ locis peragratis concilium universale apud Trecas honorifice celebravit, et cum amore Francorum, qui multum ei servierant, et timore et odio Theutonicorum, » etc.

(75) CAP. III. — *Pro mei auspicio haberet.* Ejuscemodi prognostica passim, Guiberti potissimum tempestate legere est in Actis antistitum; unde futuros mores electi, sive episcopi, sive abbatis conjicere solebant. Guillelmus Malmesbur. lib. I, De pontif.

A Angl., fol. 121, 122, ubi de B. Lanfranco : « Aiunt ejus prognosticon : « Date eleemosynam et ecce omnia munda sunt vobis (*Luc.* x, 41). » Quo illo ab acclamantibus, hilari vultu ad Dominum dirext : Certemus ergo mutua vicissitudine, tu dando, ego dispertiendo, etc. Nec erat segnis in erogando, » etc.

(76) IBID. — *Ad salutem meorum, quos tu mihi subjecisti, animus intendat.* Quam spectata morum probitate ac religione abbas noster, suique monachi claruerint, prædicat Manasses Suessionensium episcopus donatione cujusdam ecclesiæ, quam integre describere, ne cum aliis pereat, pretium operæ est.

« In nomine Patris, et Filii, et Spiritus sancti. Amen.

« Ego Manasses Dei gratia Suessorum episcopus. Cum omnibus fidelibus per . . . . nobis creditis debitores sumus, majorem tamen diligentiam his impendere exigimur; majore circa eos devotione . . . . quos a negotiis sæculi se sponte videmus removisse, ei ad vacandum Deo, et insistendum orationi, quietem et secretum elegisse. Horum igitur quidam, illi videlicet fratres, qui in monasterio Sanctæ Mariæ apud Noviandum, monachicam et religiosam agunt vitam, ita nobis et majoribus nostris sua devotione, et sinceritate, charissimi exstiterunt, ut eos, quamvis intra episcopium nostrum minime consistant, non minus quam nostros proprios honoraverimus, beneficiis quoque et donis auxerimus. Quod ergo eis nostra beneficentia pro Dei amore contulit, memoriæ placuit litteris assignare, ne posteritati quidquam vel ignorantia, vel malitia liceat demutare.

« Præerat siquidem illi monasterio domnus Wibertus abbas, qui sapientia, et innocentia sua nos sibi valde conglutinavit, a quo rogatus sum, ut altare de villa, quæ dicitur Crecis, quod quidam potentium, nomine Wido Widonis de Cociaco filius, et majori beneficio, a nobis, et ab Ecclesia nostra tenebat, eidem monasterio conferrem. Idem enim abbas religioso quo pollebat consilio, cum prædictis Widone tractaverat, ut altare illud possidere laicus periculum crederet, egeratque ut præfato monasterio pro salute sua illud redderet. Si tamen ego, ex cujus beneficio erat, annuerem, et efficerem, ego vere ac libens id effeci; neque enim hoc intellexi beneficii nostri minorationem, sed utilem commutationem, et quasi de læva transferre in dexteram.

« Concessi igitur altare de Creci præmonito sanctæ Dei genitricis Mariæ monasterio, annuente Ausculfi archidiaconi nostri, et clericorum nostrorum voluntate; ita videlicet, ut cura ejus per manum nostræ principalis ecclesiæ decani dispensetur; et inde quinque solidi quotannis persolvantur canonicis nostris, in festivitate sancti Gervasii, post mortem vero meam in anniversario meo. Ut aut m concessio hæc cum determinatione sua inconcussa permaneat, anathematis interpositione confirmamus; sigilli nostri impressione, et signis convenientibus corroboramus.

« Signum Manassæ episcopi. S. Ausculfi archidiaconi. S. Lisiardi præpositi. S. Bernardi decani. S. Petri archidiaconi. S. Fulconis archidiaconi. S. Hugonis præcantoris. S. Odonis sacerdotis. S. Gualteri sacerdotis. S. Roberti decani. S. Odonis diaconi. S. Fulconis diaconi. S. Ausoldi subdiaconi. S. Laurentii subdiaconi. S. Heberti subdiaconi. S. Adam subdiaconi. S. Ausculfi acolythi. S. Augenulfi acolythi. **626** S. Durantis acolythi. S. Leonis acolythi.

« Actum Dominicæ Incarnationis anno 1107. »

Porro haud incongruum hoc loco seriem abbatum Novigentini monasterii fuerit recensere, quandoquidem auctor vetusta ipsius monumenta hocce lib. II, describat, ut quoquomodo integram historiam exinde curiosi ejuscemodi mercis exploratores valeant haurire.

Abbates monasterii B. Mariæ de Novigento.

I. Henricus simul abbas S. Remigii Remensis, de quo Guibertus noster lib. II de Vita sua cap. 2.

II. S. Godefridus rexit monasterium ad an. 1104, quo ad episcopatum Ambianensem assumptus est. Idem Guibertus eodem loci, et lib. III, cap. 15.

Gesta B. Godefridi conscripsit Nicolaus S. Crispini Majoris Suessionensis monachus; ea refert Surius stylo suo perpolita die 8 Novembris.

B. Godefrido ad sublevandam monasterii egestatem tria altaria sive ecclesias dilargitur Hugo Suessionensis episcopus, quod testatum reliquit in hunc modum :

« Ego Hugo gratia Dei Suessorum episcopus, cognoscens ordinis et loci, in quo Deus me indignum posuit, rationem qua omnibus fidelibus, quantumcunque in me est, debitor sum, ut me non tantum pro mihi commissis, verum etiam pro quibuslibet in Christum credentibus, animum, si necesse sit, ponere; nedum terrenam et exteriorem substantiam ministrare oportet, dilectis fratribus monachis, in monasterio, Novigento, in pago Laudunensi, Deo, et sanctæ Dei genitrici, semper virgini Mariæ humiliter servientibus, hoc modo benefacere decrevi.

« Frequenter enim, sed satis humiliter, rogatus a domno Godefrido prædicti loci abbate, viro religioso, et charissimo nobis, ut ejus monasterii paupertatem et fratrum Deo ibi servientium necessitatem misericorditer attenderem, et laboris eorum et studii circa Dei cultum adjutor, et sustentator existerem, justis precibus acquiescere dignum ducens, ad sustentationem illius monachorum cœnobii, tria altaria pro amore Dei et statu ecclesiæ nostræ, et vitæ æternæ obtentu, devotus concessi, altare scilicet de Joviniaco, altare de Valsalione, altare de villa quæ vocatur Pons Sancti Medardi.

« Et quia sacra præcipit auctoritas ut, quæ rata esse episcopus voluerit, suorum consilio faciat clericorum, hanc concessionem nostrorum consensu et voluntate clericorum facientes, statuimus, ut sanctæ Suessionensis Ecclesiæ, cui indignus præsum, in die Anniversarii mei VI solidos, pro iisdem altaribus quotannis persolvantur; decanus vero hujus ecclesiæ, eorumdem persona altarium semper existat, et ad ipsum cura eorum et providentia pertineat. Hanc igitur traditionem nostram omnibus temporibus inviolatam esse cupientes, ne quis ejus temerator unquam existat, interpositione excommunicationis prohibuimus; scriptura quoque sigilli nostri impressione munita corroboravimus. Signa etiam legitimorum testimoniorum adhiberi censuimus.

« Signum Hugonis Suessorum episcopi.

« Signum Lisiardi præpositi. Signum Hugonis decani. S. . . . . . . archidiaconi. S. Fulconis archidiaconi. S. Ebali archidiaconi. S. Roberti præcentoris. S. Guarneri presbyteri. S. Hugonis presbyteri. S. Odonis presbyteri. S. Petri, Rotberti, Bernardi, diaconorum. S. Thæbaldi, Ivonis, Giroldi, Odonis, Bartholomæi, Alexis, Rainaldi, subdiaconorum. S. Ansoldi, Laurentii, Ivonis, Herberti, Arnulfi Walteri, Ingelranni, acolytorum,

« Hugo sanctæ Suessionensis Ecclesiæ cancellarius huic chartæ subscripsit, et relegit.

« Actum Verbi Incarnati anno 1100. Hugonis episcopi anno VIII, epacta XVIII, currente VII, indictione VIII. »

III. Guibertus seu Wibertus 1104, ex monacho S. Geremari Flaviacensis, genere, religione, omni litteratura clarus, veluti ipsius opera, quæ nunc primum in lucem emittimus, attestantur. Addam hic ordinationem Guiberti de obitus sui die, tres, antequam ab humanis excederet, annos, factam. Habet ita :

« Ego Guithertus Dei gratia sanctæ Dei genitricis Mariæ apud Novigentum servus. Quoniam de augmento ecclesiæ suæ quemque rectorem curare convenit, octo solidos, qui apud Laudicurtem in atrio ecclesiæ ab hospitibus nostris accipiebantur, in festo sancti Martini tali modo emi. Maritus cujusdam mulieris in feodo a nobis tenuerat, nomen Paganus erat, quo defuncto, cui relicta ipsi quæ in dote eos a marito acceperat, **627** Hildeburgis nomine, filium et filiam habens, cum valde egeret, et feodum nostrum alii quam nobis sibi vendere non liceret, tandem nobis vendidit, et centum solidos proinde a nobis accepit, ita ut, præsentibus Codiciaci castri proceribus, tam ipsa quam filius et filia ejus a potestate feodi sese exuerent, mihique et ecclesiæ redderent, et pariter donum ejus super altare ponerent. Huic interfuerunt Robertus Castellanus, Rainaldus Belchere, Ado et Iterius cum patre suo Guidone, Robertus Anguilla, Gerardus Dolle.

« Quin etiam a quodam milite qui Guermundus vocabatur, et in eleemosynam accepimus mansum quemdam apud Remeias, quem pro allodio possidebat : quem etiam Fortmundus quidam, cujus familia tota erat de jure ecclesiæ nostræ, cum terra appendice ab ipso Guermundo tenebat. Cujus largitione tamen non fui ingratus, sed triginta quinque solidos ei contuli, quia eum pauperem scivi : qui mansus tres solidos Laudunensis monetæ quotannis solvit in festivitate sancti Remigii. Cui dono Furmelina uxor sua libenter annuit. Et hujus rei testes sunt Guido de Guni, Ado filius, Helias de Fera, Guido filius..... Gerelmus..... Albericus de Traveci.

« Hos octo solidos cum tribus illis, qui de manso solvuntur, pro anniversarii mei die constitui cum consilio fratrum nostrorum, ipsis fratribus ad quos potuerint epularum apparatus dandos : et ea die omnes ecclesiæ sacerdotes missas singuli quique cantent, sicut in die ordinationis facere solent. In vita autem mea, etiam si ab abbatia decederem, aut alias quavis occasione transmigrarem, in festo sanctæ Luciæ eosdem denarios dandos constituimus ad fratrum refectionem. Ex Dei ergo et nostra omnium auctoritate excommunicamus et Dei judicio addicimus omnes qui has expensas undecim quos prædiximus solidorum, ab eo cui destinati sunt, removerint.

« Actum Incarnati Verbi anno 1121. S. Alardi. S. Radulfi. S. Rainaldi. S. Alardi refectorarii. S. Godifridi cantoris. S. Odonis. S. Gullermi. Addelmi........ S. Adæ. S. Fulconis. S. Leodegarii, et cæterorum omnium.

IV. Andreas 1124. Prior antea cœnobii Novigentini. Nonnullas benevolo animo Præmonstratensibus, maxime apud Bonolium, possessiones concessit.

« In nomine sanctæ et individuæ Trinitatis.

« Sciant omnes præsentes et futuri quod ego Andreas abbas Sanctæ Mariæ Nogenti, concessu capituli nostri, concessi ecclesiæ Præmonstratæ omnem terram alodii nostri quod possidebamus apud Bonolium, per censum tredecim solidorum monetæ Vermandensis, omni anno persolvendum ad Purificationem sanctæ Dei genitricis Mariæ. Et hoc ratum et firmum attestatione sigilli nostri confirmamus, et inconvulsum permanere decernimus.

« Hujus concessionis testes sunt. Godefridus monachus et cantor Novigenti, Bernardus eleemosynarius, Adelardus monachus, Adelelmus secretarius, Albericus præpositus, Herberius cellerarius, Fulco puer, Iterius puer, et cæteri.

« Et de eadem Præmonstrata ecclesia, Hugo tunc temporis abbas, Gerardus prior, Hardwinus cantor, Petrus diaconus, Almoricus diaconus, Adam, Thibaldus, subdiaconi, Rainaldus, Joannes, pueri.

« Anno Incarnationis Domini 1129, indictione VII, epacta XXVIII, conc. I. »

Radulphus autem castellanus, et Ivo Nigellensis Ecclesiam, quam injuste usurpabant, approbante Simone Noviomensi episcopo, tradunt Andreæ abbati, et monachis B. Mariæ Novigentinæ : En tabulæ donationis.

« In nomine Patris, et Filii, et Spiritus Sancti.

« Ego Simon Dei gratia, Noviomensium episcopus universis in Christo fidelibus in perpetuum. Quoniam Apostolus præcipit, dum tempus habetis, operamini bonum ad omnes, maxime autem ad domesticos fidei (*Gal.* VI, 10). » Nos prout pastoralis solertia exigit, dum tempus habemus, ea, quæ pietatis sunt et misericordiæ, invicem sectari debemus. Omnibus siquidem notum esse volumus, tam præsentibus quam futuris, Radulfum Nigellensem castellanum, ab Ivone Nigellensi domino per successionem posteritatis, in altare de Curci, tam in minutis decimis quam in hospitibus atrii, seu in oblationibus sacerdotis, dimidietatem per omnia in feodum tenuisse; eosque ambos ante nos humiliter venisse, recognoscentes super hoc culpam suam, Radulphumque in manum Ivonis hunc feodum reddidisse, et Ivonem libere et absolute in manum nostram remisisse, eosque in commune nos cum devotione magna rogasse quatenus, pro animabus antecessorum suorum, et specialiter pro anima Guillelmi fratris Radulfi, qui in monasterio beatæ Mariæ Nogenti monachus factus, et sepultus est, eidem monasterio hoc ecclesiasticum beneficium contraderemus, et canonice firmaremus.

« Nos igitur devotioni eorum aggratulantes, tibi, frater Andrea supradictæ ecclesiæ venerabilis abba, tuisque successoribus, fratribusque inibi Deo servientibus, quidquid in altare de Curci Radulphus sæculariter tenebat, nos ecclesiastice possidendum ulterius pro animabus prædecessorum nostrorum, et matris meæ concedimus; ut quod laica manus hactenus in sanctuarium Dei male tenuit, ecclesia tua deinceps bene et libere possideat. Presbyter in parochia tuo assensu per manum episcopi ponatur. Si quid vero in eadem parochia tu et successores tui, Deo auxiliante, acquirere poteritis, hujus chartulæ sanctione firmamus.

« Ut igitur hæc omnia rata et inconvulsa permaneant. præcipimus, et sigilli nostri impressione, et testium suppositione corroboramus, et ne quis præsumptor hoc donum violare unquam præsumat, anathematis inhibitione, auctoritate sancti Spiritus, prohibemus. Hujus rei testes sunt suppositi :

« S. Simonis episcopi. S. Hugonis archidiaconi. S. Balduini decani. S. Petri cantoris. S. magistri Petri. S. Theoderici abbatis Sancti Eligii Noviomi.

« Actum Noviomo in præsentia Simonis episcopi, anno ab Incarnatione Domini nostri Jesu Christi millesimo, centesimo tricesimo secundo. Ego Hugo cancellarius subscripsi. »

V. Bruno 1140 ecclesiam canonicorum Codiciacensium, et pia quædam alia donaria Ingelranni, rata vult Bartholomæus Laudunensis episcopus hocce diplomate :

« In nomine Patris, et Filii, et Spiritus sancti. Ego Bartholomæus Dei gratia Laudunensium episcopus. Quoniam Apostolus præcipit, dum tempus habetis, operamini bonum ad omnes, maxime autem ad domesticos fidei (*Gal.* VI, 10), nos prout pastoralis solertia exigit, dum tempus habemus, ea quæ pietatis sunt et misericordiæ, invicem sectari debemus. Omnibus siquidem notum esse volumus, tam futuris quam præsentibus, quod Ingelrannus filius Thomæ ecclesiam in castro Codiciacensi sitam, quam hactenus contra jus ecclesiasticum tenuerat, per me, et per venerabilem fratrem nostrum Goislenum Suessionensem episcopum, crebro super hoc commonitus, tandem divina inspiratione compunctus, absolute in manu nostra reddidit, id obnixe et devote a nobis expetens, ut eamdem ecclesiam monasterio beatæ Mariæ de Novigento contraderemus, et canonice firmaremus.

« Nos igitur petitioni ejus gratanter assensum præbentes, tibi, frater Bruno, supradicti monasterii venerabilis abba tuisque successoribus, et fratribus inibi Deo servientibus præfatam ecclesiam perpetuo possidendam concedimus, ita videlicet ut decedentibus canonicis præbendas ipsorum habeas, et pro facultate loci consequenter monachorum inibi numerum substituas.

« Præfatus itidem Ingelrannus sub turri ecclesiæ capellam construi fecit, in qua, ut quotidie missa defunctorum pro anima patris sui Thomæ, et pro animabus omnium fidelium defunctorum, celebraretur, hortatu religiosorum, rogatu etiam matris suæ Milesendis, et Rotberti fratris sui, et sororis suæ Milesendis, et assensu procerum suorum, vineam quamdam ab omni consuetudine liberam, duos modios frumenti ad terragia Cocciaci villæ, et ad transversum de Blarencurte triginta, ad Casnels vero decem solidos in festo beati Remigii quotannis persolvendos contradidit. Dedit ad transversum Codiciacensem viginti solidos ad luminaria ecclesiæ concinnanda; et confirmavit donum duorum videlicet solidorum, quod pater et mater ante fecerant omni septima ad refectionem fratrum.

« Contulerunt etiam pares supradicti castelli eidem monasterio pro animabus suis, et prædecessorum suorum : Rotbertus de Cais, v solidos bonæ monetæ singulis annis ad transversum Codiciacensem; Rainaldus Belehore, xi solidos censualis monetæ ad censum suum de Morilencurte accipiendos; Ado de Luni, xi solidos cursabilis monetæ; Iterius frater ejus, xi solidos; Rotbertus Vitulus, xii denarios; Simon Crassus, xii denarios; Petrus de Frescencurt, xii denarios; Guido filius Alberici, xii denarios; Bonifacius, xii denarios; Rainaldus Rufus, iii sextarios vini; Lambertus Gruellus, iii sextarios vini, quos habebat in prædicta vinea; Robertus de Curval condonavit consuetudines quas habebat in eadem vinea.

« Noverit etiam posteritas fidelium, quod ad transversum pontis de Cuiaperit, quem Drogo nepos Mathildis Grossæ, Beatæ Mariæ Novigenti ad conversionem veniens contulit, idem Ingelrannus de Carreta denarium unum bonæ monetæ, de carro vero duos denarios, et de Trussello in Sella jacente, denarium unum, et v solidos apud Puislerium, et obolum unum bonæ monetæ de 629 unaquaque domo adjacentium villarum, pro reficiendo ponte, abbati et monachis in perpetuum habendos concessit.

« Ut autem hæc omnia in posterum inconcussa permaneant, anathematis interpositione confirmamus, sigilli etiam nostri impressione et testium suppositione corroboramus.

« Signum Bartholomæi Laudunensis episcopi. Signum Ernaldi archidiaconi. S. Bartholomæi archidiaconi et thesaurarii. S. Guidonis decani. S. Milonis præcentoris. S. Anselmi abbatis Sancti Vincentii. S. Balduini abbatis Sancti Joannis. S. Leonii abbatis Sancti Michaelis. S. Gualterii abbatis Sancti Martini. S. Gisleberti abbatis Sancti Nicolai de Saltu.

« Actum Lauduni anno Dominicæ Incarnationis 1138.

« Data per manum Ernaldi cancellarii. »

Quæ Norbertinæ familiæ alumnis concesserat suus decessor, confirmat Bruno.

At controversia Brunonem inter et Hugonem Præmonstrati abbatem, sopita tandem est isthac Bartholomæi Laudunensis sententia decretoria.

« In nomine Patris, et Filii, et Spiritus sancti. Amen. Bartholomæus Dei gratia S. Laudunensis Ecclesiæ humilis minister, dilecto filio suo Brunoni abbati S. Mariæ de Novigento, suisque successoribus in perpetuum. Quæ ad pacem Ecclesiarum a catholicis episcopis inter religiosas maxime personas juste ordinata, canonice stabilita, sunt, firma debent et perpetua pace muniri.

« Ea propter, dilecte fili, quæstionem quæ inter te et dilectum filium Hugonem abbatem de Præmonstrato, nostris temporibus emersa est, per gratiam Dei cooperante confratre nostro Goisleno venerabili Suessorum episcopo, ad plenum definire, et præsenti pagina tam futuris quam præsentibus notum facere curamus.

« Sane constat ecclesiam de Cocciacovilla, et parochiales reditus, ad ecclesiam B. Mariæ de Novigento pertinere. Porro intra ejusdem parochiæ terminos in loco qui Roserias appellatur, Milesendis Ingelrami mater, monasterium construxit, et prædicto abbati de Præmonstrato ad ordinem religionis concessit. Cujus monasterii dedicationem, te et Ecclesia tua contradicente, tandem, præsente et cooperante supradicto coepiscopo nostro Goisleno, res ita definita est :

« Videlicet, ut nullam omnino ecclesia tua de possessionibus tuis patiatur diminutionem, sed ad integrum decimas, oblationes debitas, vivorum et mortuorum curam, et si quid ultra est quod de parochiali jure descendat, æterna quiete possidebitis. Ipsi vero Præmonstratenses nihil de omnibus his quæ vestri juris erunt, poterunt usurpare. Quod, ut in posterum ratum et inconvulsum permaneat, ego, et Suessionensis, præsentis chirographi pace firmamus, et sigillis nostris consignamus.

« Actum Lauduni anno Dominicæ Incarnationis millesimo centesimo quadragesimo primo.

« S. Bartholomæi Laudunensis episcopi. S. Goisleni Suessionensis episcopi. S. Widonis decani. S. Richardi archidiaconi. S. Barthol. archidiac. S..... abbatis S. Joannis. S. Anselli abb. S. Vincentii. S. Gilleberti abb. S. Nicolai de Saltu. S. Willelmi abb. S. Nicolai de Prato. S. Milonis cantoris. »

VI. Ingelrannus, 1157.

VII. Joannes, ab anno 1164 ad 1185. Hoc ipso regente crevere monasterii bona, summique pontifices privilegiis munierunt.

VIII. Helias, 1185, complures iniit cum diversis societates, præsertim cum Hugone Præmonstratensi abbate.

IX. Robertus, anno 1190 ad 1201.

X. Petrus Claudy (vulgo le Boiteux), 1201 in archimandritam S. Remigii Remensis, ubi prius institutum monasticum professus erat, eligitur.

XI. Robertus II, 1213, ecclesiam ipse a fundamentis, dormitoria duo, alterum presbyterorum, noviciorum alterum ædificari curavit summis impensis; quorum omnium vix ruinæ parent. Hoc abbate corpus Thomæ de Marla translatum est, uti ex subjecta Ingelranni charta perspectum habetur.

« In nomine Patris, et Filii, et Spiritus sancti. Amen. Ego Ingelrannus Dei gratia dominus Cociaci, universis sanctæ matris Ecclesiæ filiis, præsens scriptum inspecturis. Notum facio quod, cum vir nobilis dominus Thomas de Marla bonæ memoriæ antecessor meus, et quondam dominus Cociaci, antiquitus sepultus fuisset in quadam capella, **630** quam vir illustris et piæ recordationis dominus Ingelrannus avus meus, et filius ejusdem Thomæ construi fecit sub veteri turri ecclesiæ B. Mariæ de Nogento; in qua pro anima ejusdem Thomæ patris sui, et pro animabus omnium fidelium defunctorum, a monachis ejusdem ecclesiæ quotidie una missa celebraretur. Tandem tempore meo cum ecclesia de Nogento cœpisset de novo reædificari, et eamdem capellam necesse esset amoveri propter novum opus, quod per eamdem capellam et per sepulturam prædicti Thomæ oportebat crescere et extendi; domnus Robertus tunc abbas de Nogento et monachi ejusdem loci, de assensu et voluntate mea, et me præsente, cum aliquantis militibus, et servientibus meis, corpus ejusdem Thomæ de loco, in quo prius sepultum fuerat honorifice transtulerunt; et peractis missarum solemniis, in medio choro suo novæ ecclesiæ solemniter tumulaverunt; et illam missam, quæ pro anima sæpe dicti Thomæ, et pro animabus omnium fidelium defunctorum in veteri capella prius celebrabatur, in novo opere per voluntatem meam duxerunt quotidie in perpetuum celebrari.

« Et ne per succedentia tempora hæc translatio corporis sæpedicti Thomæ, oblivioni traderetur, abbas et monachi ejusdem Ecclesiæ petierunt a me ut eamdem translationem, et diem, in qua facta fuit,

per litteras sigillo meo roboratas posteritati futurorum commendarem.

« Ego autem petitioni eorum gratanter præbens assensum, præsentes litteras fieri præcepi, et sigilli mei munimine roborari; et ad recordationem hujus facti, prædictis abbati et monachis de Nogento in perpetuum reservandas commisi.

« Actum Verbi Incarnati 1218, mense Aprili, in Non. ejusdem mensis, quarta feria ante Resurrectionem Domini nostri Jesu Christi. »

Planum autem fit ex hac Ingelranni charta, omnia vetustatis monumenta susque deque diruta; unde non mirum si eorum, quæ Guibertus de sepulcro Quilii regis, et cæteris ejusdem cœnobii antiquitatum vestigiis attigit, in libro II de Vita sua, nil supersit.

XII. Galterus seu Walterus, 1234, monachale collobium induerat in S. Vincentii Laudunensi monasterio.

XIII. Joannes tertius, 1240.

XIV. Iterius, 1248.

XV. Matthæus, 1281.

XVI. Joannes IV, de Palye, 1300.

XVII. Robertus III, 1332.

XVIII. Joannes V Despagnyes, ex marchionibus Despagnyes in Picardia, 1347.

XIX. Laurentius du Rasse, 1415.

XX. Joannes Roussel; cui, quod monasterii bona dilapidasset, munus abrogat episcopus Laudunensis; œconomumque Nicolaum de Lestoc constituit.

XXI. Nicolaus de Lestoc, 1464, Joanne vita functo, eligitur.

XXII. Joannes IV, Mareschal, 1475 ad ann. 1489.

Abbates commendatarii.

XXIII. Arturus Donnoy sacræ capellæ Parisiensis canonicus, omni jure postliabito, spreta monachorum electione, Nicolaum Mavart, cui cœnobitæ regimen abbatiæ imposuerant, exagitavit; ac tandem anno 1489, abbatiam obtinet in commendam.

XXIV. Joannes VII, de Beaumont, archidiaconus Lingonensis, 1512 ad 1529.

XXV. Carolus de Vignacourt archidiac. Rothomag. et canonic. Paris., 1529.

XXVI. Joannes de Longueval, per cessionem Caroli 1544 ad an. 1557, quo, mense Julio, abbatiam abdicavit in fratris Caroli gratiam.

XXVII. Carolus II, de Longueval, Joannis frater, 1564 pessime res monasterii administravit, imo dissipavit. Hic uxore sibi copulata ad Calvinistarum partes nefarie devolutus est.

XXVIII. Gabriel le Seneux, cui specie tenus abbatiam cessit Carolus ille; siquidem nefando mercimonio possessiones sibi continuo retinuit; sed antequam possessionem iniret le Seneux morte præoccupatur 1571.

XXIX. Gaspardus de Brenier, Delphinas, mense Septembri an. 1572 a rege abbatiam obtinet. Possessione adepta litem movet adversus præfatum de

Longueval, qui bona monasterii suis possessionibus adjunxerat, sacra feretra auro argentoque adornata, calices sacros, gemmas, et quidquid pretiosum reperire licuit, deprædatus fuerat, exciderat silvas; quatenus ipse non modo universa restitueret, sed et turrim et chorum ecclesiæ, quæ ipso die nuptiarum corruerant, instauraret. At cunctæ Gaspardi contentiones incassæ remanserunt. Etenim accepta pecunia pactum iniit cum Carolo, qui per fas et nefas rebus Ecclesiæ pacifice potitus est.

XXX. Joannes VIII, *de la Grange*, Parisinus, lite Carolum de Longueval et armis persequitur, sed frustra: quare multis calamitatibus lacessitus abbatiam abdicare, atque Jacobo du Val, tanquam confidentiario ut vocant, Caroli de Longueval, cedere coactus est.

XXXI. Jacobus *du Val*, nomine duntaxat abbas effectus; nimirum ea lege, ut cum primum Philippus de Longueval, sæpe fati Caroli filius, adoleverit, abbatiam in ejus gratiam deponeret, quod et actum est anno 1586.

XXXII. Philippus *de Longueval*, Caroli primogenitus, abbatia potitus ad ann. 1624, quo abbatiam retenta pensione, tradidit Antonio de Longueval ex fratre nepoti.

XXXIII. Antonius *de Longueval*, die 15 Novembr. adhuc duodennis, quantum per ætatem et tempus licuit, instaurationi abbatiæ, disciplinæque regulari incubuit, accitis ea de re monachis cum ex S. Germani Parisiensis, tum ex Casalis Benedicti monasteriis; ac tandem congregationis S. Mauri; cui et Novigentinum cœnobium, pacto ad hoc confecto, aggregavit die 21 mensis Octobris 1646. Vita defunctus die 7 Julii 1649, sepultus in ecclesia S. Germani de Autissiodoro Parisiis: cujus cor ad Novigentinum cœnobium delatum, atque sepulturæ traditum est.

XXXIV. Joannes *de Grasse*, provincialis, abbatiam adipiscitur an. 1649.

(77) Cap. V. — *Augium castrum*; comitatus, cujus urbs præcipua Augium, Picardiæ inferiori quam territorio Caletensi conterminam. Familiam comitum Augensium sive Aucensium, reperies in fine Historiæ Northmann. scriptæ ab Andræa Duchesnio, pag. 1086.

(78) *Ibid*. — *Abbatia Sancti Michaelis juxta mare, quod dicitur Ulteris-Portus*. Ipsius conditoris atque originis, nec non facultatum notitiam ut habeas, quodnam antiquius, nobilius, certius monumentum prodere quivero, quam fundationis tabulam? Hanc ergo ex antiquis schedis in lucem emitto:

Charta abbatiæ Ulterioris-Portus de donatione et confirmatione Roberti comitis Aug., fundatoris ecclesiæ de Ulteriori-Portu.

« In nomine sanctæ et individuæ Trinitatis, Patris, et Filii, et Spiritus sancti, Amen. Anno ab Incarnatione Domini millesimo tricesimo sexto. Ego Robertus comes Augensis, consilio Maurilii archiepiscopi Rothomagensis, et Willermi Northmanorum ducis, sed et aliorum tam episcoporum, quam optimatum Northmaniæ, hominumque meorum laude, et præcipue monitu uxoris meæ Beatricis comitissæ, abbatiam in honorem Dei et sancti Michaelis archangeli apud Ulteris-Portum constituo, et unde monachi ibi vivant, qui pro mea meorumque salute Deum assidue exorent, uxore Beatrice, et filiis meis, Radulfo videlicet, Willermo atque Roberto concedentibus, atque laudantibus, de meis possessionibus stabilio.

« Do igitur eis in Ulteris-Portu ecclesiam, ubi eadem abbatia est constructa, cum tota decima, et cum omnibus ad eamdem ecclesiam pertinentibus; et viginti domos in eadem villa, sex in cambiis ex ipsis, et duos homines vavasores liberos, et censum lignorum ejusdem villæ; et palustrem, terram et prata de juxta, et omnem terram arabilem, quam in dominio meo, in eadem villa, id est in Ulteris-Portu habeo, et omnem consuetudinem hominum illorum, qui sunt sancti Michaelis, quidquid omnino sit.

« Item in Ulteris-Portu, et in Augo oppido, et decimam denariorum de vicecomitatibus, et in utraque villa quidquid abbas et monachi acquirere poterunt. Quod si homines abbatis piscem, qui vocatur turium, capiunt, totus erit Sancti Michaelis, crassus piscis si captus fuerit, ala una et medietas caudæ erit monachis.

« Do etiam ego Robertus comes eidem Ecclesiæ apud Augum, mansionem cujusdam hominis qui vocatur. . . . . cum viridario; et alias tres mansiones; decimamque pasnagii silvarum Augi; omniumque exaltatuum earumdem silvarum, ubicunque fiant, silvam quoque liberam in opus monasterii et ministerii monachorum.

« Do etiam terram Maisnilli-Vallis, cum portu, et quidquid in eodem loco habeo; quercitumque Criolii; et maisnillum Soreth liberum, et quietum ab omni consuetudine, et quodcunque inde exit. Maisnillum quoque Alardum do; et villam quæ Ramicheon-Maisnil dicitur; et aliam quæ Grimonth-Maisnil vocatur. Et concedo medietatem de Boiteal-Maisnil apud Fucardi montem. Et de dominio meo do duos hortos, et mansiones quinque hospitum, et unum molendinum. In fontibus autem, excepto teloneo, et parochia, do illud quod in dominio meo habeo in terris, et pratis, et alnetis, et marescis, et unam domum liberam, et unum molendinum, ubi tota molitura de Grimonth-Maisnil debet venire, si dominus villæ molendino caruerit.

« Do etiam decimam molendinique Blangeci, et septem molarum. Apud septem molas do ejusdem villæ ecclesiam, et quodcunque ad eam pertinet, terramque unius carrucæ, et totam decimam de dominio meo. In Crioleio molendinum unum cum tota molitura, et de floscis, et de Estaelonde Vinliothuil, et duas mansiones liberas.

« Ecclesiam quoque do de Anedinace, et fiscum Rogerii ejusdem villæ, qui monachus effectus est, et totam terram Gozondimare. In Verleio unum molendinum do pro anima Rogerii filii Turlodi, et terram quam Romeldis avia ipsius Rogerii in Verleio habuerat, et quam ipse Rogerius ecclesiæ Sancti Michaelis, me præsente, dedit, scilicet medietatem villæ do ego Robertus comes liberam.

« De Boevilla autem, et de Penleio et de Brunvilla do ecclesias, et totam decimam, et terram quatuor bobus; ecclesiam quoque de Guillemercourt do, cum tertia garba; et ecclesiam Sancti Petri in Valle, cum tota decima; et ecclesiam Sancti Walarici de Monte-Aquoso, cum terra et cæteris ad eam pertinentibus; et ecclesiam de Burgo Turoldi, cum tota decima, et triginta quinque acras terræ; Basilicis terram ad unam carrucam, et ecclesiam cum tota decima, et quidquid ad eam pertinet, et mansiones hospitum duodecim. Do et Roscelinum de Matun-Maisnil cæmentarium, cum fisco suo; et Sanctum Martinum de silva liberum et quietum, cum terris, et hospitibus, et quidquid ad eumdem locum pertinet, ubi quondam domnus Gervinus, abbas Sancti Richarii, eremiticam vitam duxit; item locum illum qui dicitur Flamenguevilla, et terram unius aratri, et partem meæ Warance; decimamque telonei septem molarum; et Grandinciæ omnium piscium coquinæ meæ; et de sale, et de omni carne, quæ mihi, vel hæredibus meis de Anglia veniunt.

« Similiter decimam do et aquam de Criolio, octo diebus ante festivitatem sancti Michaelis, et ipsa nocte festivitatis ejusdem, aquam de eo, eidem abbatiæ do; similiter ante festum translationis sancti Benedicti, aquam de Criolio concedo eidem ecclesiæ quatuor diebus, et ipsa nocte festi, aquam de eo.

« In Anglia do Bonitone, et quidquid ad eam pertinet, in terris, in hospitibus, et cæteris rebus.

« Hæc omnia dono eidem abbatiæ in eleemosynam liberam, et quietam, et per chartam istam testificor dona, quæ Guillermus filius meus, me præsente et consentiente, eidem ecclesiæ in eleemosynam contulit, videlicet ecclesiam de Haymies cum tota decima, et terram trium hospitum ad eamdem ecclesiam pertinentem.

« Testificor etiam omnia dona, quæ, me præsente, volente, et rogante, barones, milites, et nationes terræ meæ; eidem ecclesiæ in eleemosynam liberam contulerunt et quietam, videlicet triginta acras terræ apud Ulteris-Portum de dono Hugonis vicecomitis, patris Guiberti de Dimelo; de dono Willermi Caucheis, duas mansiones in villa Ulteris-Portus, et totam terram Montis-Goisberti, et duo jugera prati apud Flamenguevillam, et apud Criolium alia duo jugera prati, et terram quam tenebat in Augo oppido, et viridarium unum, et quidquid habebat in septem molis; de dono Richardi Boistel, et Hilduini de Blangcio, et Gustini de Grimont-Maisnil, et Henrici Jaillardi, duas garbas decimæ in feodis suis apud Blangeium; de dono Henrici Mostellencis, in fontibus viginti jugera terræ, et duas garbas decimæ; de dono Anscherii de Riu senis, decimam suam de Riu; de dono Ymberii de Basinval, et de dono Helduini Forestarii duas garbas decimæ de terris suis apud Basinval; de dono Walterii ad Barbam de Daivilla, duas garbas decimæ de fisco suo apud Moncheium; de dono Gosselini de Bernoumaisnil, et Osmeldis uxoris ejus terram de Sifridivilla; de dono Rogerii filii Teroldi, apud Guillemercourt fiscum duorum hominum, videlicet Goifridi filii Romoldis, et Rogerii filii Henrici; de dono Radulphi, qui non videt, patris Radulphi de Grantcourt, quamdam decimam in Grantcourt; de dono Willelmi Tallebot servitium terræ Sansogolinis in Gillemercourt; de dono Alundi de Grantcourt, patris Roberti, duas garbas decimæ de terra sua de Grantcourt; de dono Radulphi filii Alveredi totam decimam terræ suæ apud Penlieu; de dono Goifredi, filii Rainoldi de Sancto Martino Jaillardo, decimam de terris hominum suorum, quam habebat in dominio suo, et apud S. Martinum, et apud Letot et apud Merlim campum; de dono Claremboudi, patris Ricardi de Tokevilla, duas garbas decimæ de Tokevilla; de dono Rogeri de Salcheio fratris Ricardi de Freavilla, ecclesiam de Salcheio cum tota decima, et quidquid ad eamdem ecclesiam pertinet, et unam acram prati; de dono Ricardi, filii Roberti de Freavilla, totam decimam de . . . . . ; de dono Picardi de Lonreio, patris Bartholomæi, decimam de Bosco Ricardi; de dono Millonis de Ayssingneio, duos hertos et duas garbas decimæ de Assingneio, ita libere, ut eas et nunc homines villæ ad domum monachorum adduxerunt, sicuti ad suam pridem facere ex debito solebant; de dono Roberti de Petreponto, et Godefridi fratris ejus decimam de Cuvervilla, quam tenebant de Oylardo domino ejusdem villæ, et hoc 633 fecerunt de consensu ejusdem domini; de dono Oystellandi militis mei, qui filium meum Willermum nutrivit, villam quæ vocatur Maisinloystellant, et hoc concessi precibus Willelmi filii mei, ut in perpetuum esset eadem villa ad eleemosynam pauperum libera et quieta.

« Et volo ut quæcunque monachi Ulterioris-Portus ei dono meo, sive successorum meorum, tenuerint, vel possederint, ita libere et quiete teneant quod vel ab eis vel ab hominibus eorum hæredes mei nulla servitia, nulla auxilia, nullas tallias sive collectas, nullas omnino exactiones exigant: et successoribus nostris hoc annuentibus, et pro posse suo res hujus ecclesiæ augentibus, benedictionem; caiumniantibus vero, et res hujus ecclesiæ retrahentibus, æternam maledictionem indico, et eos timendæ excommunicationis vinculo ligo. Horum donorum tam meorum quam aliorum benefactorum hujus ecclesiæ, quos prædixi, testes :

« Ego Robertus comes Augi. Et Radulphus et Willelmus, et Robertus filii mei. Et Hugo vicecomes. Et Gaufridus de Bailoil. Et Galterus ad Barbam de Davitusvilla. » Et alii multi quos longum est nominare.

Hocce donationis instrumentum confirmat Joannes, itidem comes Augensis, ad hunc modum :

« Anno Incarnationis 1149, Romanam Ecclesiam regente papa Eugenio; Rothomagensem cathedram episcopo sedente Hugone archiep. ; principante in Northmania Andegavorum comite Gaufrido : Ego Joannes Augensium comes, huic S. archangeli Michaelis Ulterioris-Portensi ecclesiæ concedendo dedi et confirmavi, et super altare propria manu mea posui omnia dona illa, quæ antecessores mei, comes videlicet Robertus, et Guillelmus filius ejus, Henricus pater meus, suique homines concesserunt, dederunt, et confirmaverunt, et quidquid die uno, quocunque pacto ecclesia tenuerat viventibus præfatis comitibus; et volo ut ea præcipue quæ monachi habere debebant, firmiter et plenarie habeant, et in perpetuum possideant, » etc.

Verum paucis post annis ab eodem comite, sive ab ejus militibus, cum ecclesiæ S. Michaelis thesaurus immani sacrilegio fuisset direptus; pœnitentia princeps ille ductus, quidquid ablatum eatenus compensare studuit, ut alia, quæ in sequenti charta continentur, pie contulerit. Hanc exscribere juvabit, ut inde ævi nostri exercituum duces (Heu ! quam nefanda patrata sunt) nobile religionis Christianæ, quin et justitiæ exemplum sumere possint

« Notum sit universis Ecclesiæ Dei filiis quod Ego Joannes comes Augi pro stipendio militum, et servientium, quos tenui per guerram regis, invadiavi maximam partem et optimam thesauri ecclesiæ Sancti Michaelis de Ulteriori-Portu, duos videlicet textus pretiosos, et duo thuribula pretiosa, unum calicem argenteum, et optime deauratum, cappas caras viginti quatuor, casulam peratam, et bonam. Præterea tot et tantis gravaminibus præfatam ecclesiam, tam sæpe gravavi, quam vices gravaminum numerare non possem. Quare pro multis pauca, pro magnis parva rependens, concedo et in perpetuum do prædictæ ecclesiæ, avenam et frumentum de Verleio, quæ pertinet ad forestagium. Diligenter autem hæredes exoro ne Ecclesias terræ suæ gravent, sed honorent et protegant. Et si quid eis pro salute animæ meæ, et parentum meorum dedi, vel pro ablatis reddidi, in pace stabiliter tenere faciant, recordantes quod ipsi morituri sunt, sicut prædecessores nostri mortui sunt. Hujus donationis testes sunt hi : Henricus et Robertus filii comitis, et N. comitissa Augi : H. abbas Fiscanni, Stephanus abbas de Fulcardimonte, Thomas de Brienchon, Alverdus de Sancto Martino, Magister Ricardus, Guillelmus Billuar, » et alii plures.

His accedit ejusdem monasterii antistitum nomenclatura.

Ex Necrologio abbatiæ Sancti Michaelis Ulterioris-Portus.

« xiv Kalendas Maii, obiit piæ recordationis domnus abbas Rainerus, hujus ecclesiæ pastor primus.

« iii Nonas Martii, obiit piæ memoriæ domnus abbas Drogo, hujus ecclesiæ secundus rector.

« xi Kalendas Aprilis, obiit reverendissimus vir domnus abbas Alfredus, istius loci gubernator tertius. »

De quarto et quinto nihil.

« xi Kalendas Maii, obiit domnus abbas Guillermus, hujus Ecclesiæ pastor sextus.

« Kalendis Junii, obiit domnus Ricardus abbas, hujus Ecclesiæ pastor septimus. »

De octavo haud ulla commemoratio.

« vi Kalendas Martii, obiit piæ memoriæ domnus abbas Guillermus, hujus Ecclesiæ pastor nonus.

« Kalendis Martii, obiit domnus abbas Arturius, hujus Ecclesiæ pastor decimus. »

De undecimo silet Necrologium.

« v Nonas Martii, obiit domnus Hugo abbas, hujus Ecclesiæ rector duodecimus.

« vi Kalendas Maii, obiit piæ memoriæ domnus abbas Henricus rector, et reædificator nobilissimus, et tertius decimus loci istius; in cujus anniversario habemus 634 quadraginta solidos. »

De quatuor subsequentibus nihil.

« xiv Kalendas Aprilis, obiit domnus Robertus abbas hujus Ecclesiæ vigesimus primus.

« iii Idus Julii obiit Joannes abbas istius Ecclesiæ, reædificator et reparator nobilissimus, et pastor vigesimus secundus. »

Vigesimi tertii nulla mentio.

« vi Nonas Maii, obiit piæ memoriæ domnus abbas Ricardus de Longuemor rector, et reædificator nobilissimus, vigesimus quartus.

« v Kalendas Aprilis, obiit piæ memoriæ domnus abbas Andreas rector, et reparator nobilissimus capellæ Beatæ Mariæ, vigesimus quintus.

« vi Kalendas Octobris, obiit piæ memoriæ domnus abbas Ricardus de Longuemor nobilissimus reædificator, ac vigesimus sextus hujus Ecclesiæ rector. »

Videtur hic error, vel fuere synonymi 24 ac 26.

De vigesimo septimo nihil exstat.

« xvi Kalendas Septembris, obiit anno Domini 1521 illustris dominus Carolus de Cleves comes Augi, filius primogenitus domini Gilberti ejusdem loci comitis, frater germanus domini Francisci de Cleves hujus Ecclesiæ moderni abbatis commendatarii primi, et in ordine vigesimi octavi.

« xii Kalendas Junii, obiit domnus abbas Albericus, Ecclesiæ S. Leufredi moderatissimus rector, nostrique loci primus ædificator. »

Hanc abbatum seriem solidam, certamque neutiquam propono; refragatur enim Robertus de Monte in tractatu De immutatione ord. monach. infra inter Additamenta : « Robertus comes. Aucensis, inquit, monasterium S. Michaelis Ulterioris-Portus ædificavit; in quo primus abbas fuit Herbertus, monachus S. Trinitatis de Monte Rothomag., secundus Alveredus, tertius Osbernus monachus ejusdem loci, quartus Fulcherius monachus Cluniacensis. »

(70) Cap. V. — *Comitissa Helisendis.* Quæ Ro-

berto Aucensi comiti nupta, Wilielmum (de quo eo loci) natu secundum genuit, quemadmodum in subscriptionibus fundationis S. Michaelis supra allatæ visere est. Guillelmus Gemet. Hist. lib. v cap. 3 in Richardo II. « Cui, Willelmo, non multo post Ocensem comitatum tradidit, eique quamdam puellam Leschelinam dedit. Ex ea genuit tres filios, Robertum scilicet, post ejus mortem comitatus hæredem,» etc. Sed vim solummodo conjecturæ nostra hæc habeat adnotatio.

(80) IBID. — *Cum ibi litteratorum floreat multitudo.* Inter antiquos Radulphus Flaviacensis vulgo dictus, haud infimæ notæ scriptor, commentarium in Leviticum (multoties cusum) edidit.

(81) IBID. — *Instar religiosorum illorum, quos Deonandos vulgo appellant.* Deonandos eos esse puto, *Donatos* sive *Oblatos*, vulgari lingua *Donnés*, *Oblats*, nuncupamus. Hi autem habitali laicali inserviunt monasteriis, in his potissimum quæ foris peragi a monachis (quorum munus est sacris incumbere) non facili negotio queunt : haud omnibus observantiis, rigidioribus maxime, tenentur. B. Lanfranco monachi laici dicuntur, decret. cap. 1, sect. 4, post init.; et sect. 5, sub med., fratres laici. Legesis Menardum, observat. ad caput 70 Concordiæ regul. pag. 1028.

Cæterum Deonandos, sive laicos fratres, nomine monachorum ad succurendum identidem in vetustis chartis, et martyrologiis seu necrologiis venire existimo. Cui ministerio non viri tantum, sed etiam mulieres sese, quo facilius theoriæ studiis intenderent cœnobitæ, addicebant, velut supra ostensum est, pag. 12, D. et seq. Testimonium hujusce rei subministrat Chronicon Besuense hoc modo :

« Noverint fideles per succedentia tempora, quod quidam homo Lambertus nomine, cum esset ingenuus, et maneret apud Setas, cum uxore sua nomine Ereburgi, ac liberis Framvero et Dominico, ejusdem conditionis, gratis se tradidit sancto Petro ad serviendum, in loco qui dicitur Fons-Besua, ac monachis ibi degentibus, famulantibus Deo, quatenus libertas proveniret animabus eorum : sed hoc fecit eo tenore, ea conditione et fœnore ut ipse et successores ejus fideliter custodirent eleemosynam, quam comes regionis Rainaldus, una cum sua conjuge, tribuit supradicto sancto Petro. Nam quidquid in lucro aut negotio aliquid exinde potuerint lucrari, reddant ad vestitum fratrum in camera supradicti loci. Et ut hæc scriptio firma maneret in præsenti dederunt in recordatione huic conventui, vir duos asinos, et ejusdem viri uxor decem solidos, ad restaurandam caldariam; similiter et unam navim dederunt. Nam noverint monachi ipsius loci, non eum habere alium advocatum, nisi ipsos, et ideo omni tempore eum in vestitu, in calceatu, ac cibo semper gubernari. Et ut insuspecti manerent, anathematizaverunt seniores loci quidquam in aliquo, aut quidpiam ei moleste fecerit, aut ejus liberis perpetua anathematizatione ex auctoritate Dei sanctique Petri, ob cujus amorem se tradidit ipse Lambertus ad serviendum, nisi satisfactio facta promeruerit veniam. Testes huic subscriptioni omnes habitatores sancti loci, ipsi sunt : Ado præpositus, Humbertus, Wido decanus, Orbertus, Necteus, Ramerius. Hæc enim acta sunt tempore Willelmi abbatis, ac præpositi loci, Benedicti nomine. »

635 Et charta e monasterii S. Maxentii tabulario exscripta :

« In nomine Domini. Ego Gauterius presbyter, filius Adhemari de Guarda, dedi animam meam et corpus meum domno Goffredo abbati sedenti in capitulo cum monachis suis, die quodam Dominico Adventus Domini, in societatem et beneficium totius monasterii; et quando voluero monachus esse, cum rebus quas habuero accipiant me sive sanum sive infirmum. Dedi eis unam borderiam de terra, et unum quartarium de prato, pro beneficio et salute animarum parentum meorum, in eleemosynam, sine ulla requisitione progeniei meæ. Ipsi autem me et fratrem meum Lucium, de hoc beneficio cum regula revestierunt nos, et osculati sunt. Et ibidem convenimus donum hoc a dominis nostris carnalibus servaturos. Hoc donum fecimus cum isto pergameno super altare, videntibus testibus istis subtus scriptis.

« Martinus Espernus. Hugo Porcheus, etc.

« Et ego Gauterius cum signo † firmavi.

« Facta est autem hæc chartula anno ab Incarnatione Domini 1110, regnante in Francia Ludovico rege, et Guillelmo comite in Aquitania, Petro quoque episcopo Pictavensi. »

Virum uxoremque cœnobio Beatæ Mariæ Vallis-Bonæ sese nuncupasse delicat instrumentum, quod non ita pridem ex chartis ejusdem prioratus (olim abbatiæ) diœcesis Grassensis, descripsit atque in epitomen redegit noster Claudius Chantelou.

« Anno ab Incarnatione Domini millesimo ducentesimo trigesimo secundo, indictione quinta, mensis Decembris die decimo octavo. Blacacius de Sartois et Jordana uxor sua, donant monasterio Beatæ Mariæ Vallis-Bonæ et domno P. abbati dicti monasterii, seipsos et omnia bona sua generaliter, et specialiter Blacacius dat omnia bona sua mobilia et immobilia, et jura quæ habet in castro de Sartolis, et in toto ejus territorio, sive consistant in domibus, hominibus, servitiis, dominiis, vineis, arboribus, pratis, campis, nemoribus, aquis, pascuis, etc. Et Jordana specialiter dat omnia bona sua et jura quæ habet in castro de Torrenco, et in ejus territorio, et in castro de Grauleriis superioribus, et in ejus territorio, sive consistant in domibus, etc. Item dat dicta Jordana libras triginta quinque, denariorum Raimundensium, unum denarium, et solidos centum Raimundensium in rebus, retento ipsis jugalibus usufructu in vita sua. Et promittunt ipsi jugales prædicto abbati quod quicunque ipsorum jugalium prius defecerit seu decesserit, quod alter qui superstiterit, tantum quantum vixerit, permanebit caste et in continentia, et incontinenti promittunt obedientiam eidem domino abbati, nomine dicti monasterii, junctis manibus. Et ibidem abbas recipit dictos Blacaeium et Jordanam junctis manibus in fratres, et participes et Donatos dicti monasterii Vallis-Bonæ, promittens quandocunque ipsis venire placuerit, ipse et monasterium eos benigne suscipiat et pertractet tanquam alios confratres dicti monasterii, et provideat ipsis in victu et vestitu, et calceamento secundum monasterii possibilitatem. Scribebat B. de Sclannola notarius domini Raimundi Berengarii comitis Provinciæ. »

Sed et Necrologium Sandionysianum expressis verbis : « v Kal. Februarii, obiit Girardus monachus ad succurrendum; et xi Kalend. Novemb. obiit Vincentius monachus ad succurrendum. » Martyrologium Corbeiense : « Pridie Idus Januarii, obiit Walterus monachus nostræ congregationis ad succurrendum. » Item : « xvii Kalend. Febr. ebiit Odoardus monachus nostræ congreg. ad succurrendum. » Mortuologium Sancti Andreæ juxta Avenionem : « iv Idus Januarii, obiit domnus Isuardus, domnus de Bareto, monachus ad succurrendum. » Denique : « iii Nonas Novemb. obiit Rostagnus de Podio Alto miles, monachus noster ad succurrendum. » Sic et alibi.

Aliter vero monachos ad succurrendum usurpari me aliquando in antiquis membranis legisse venit in mentem, nempe pro laicis morbo aliquo laborantibus, qui in monasteria vel ipsimet rogantes, vel a monachis ob Dei amorem suscipiebantur; et iis succurrebant monachi inserviebantque, et quascunque poterant res ad eorum solamen commodabant, inde *monachi ad succurrendum* sortiti nomen. Duo inter quamplurima occurrunt exempla. In charta prioratus Sancti Ægidii de Medunta : « Odo Ruffini filius maxima ægritudine vexatus suscepit habitum monachicum, etc., et monachus ad succurrendum effectus est. Chronicon Besuense : « Wido miles de villa quæ Eretas nuncupatur, decidens in infirmitate effectus est monachus, » etc.

(⁸²) CAP. V. — *Birro talari et nigro capite cooperto.* Pro pileo birrum sive biretum hic sumi perspicuum mihi videtur. Verba huic rei l. 1 Codic. Theodos. De habitu quo uti oportet intra urbem, libro xiv, tit. 10 : « Servos sane omnium (quorum tamen dominos sollicitudine militiæ constat non teneri) aut birris uti permittimus, aut cucullis. » Statuta Cluniacensia anno circiter 1290 edita, cap. 53 : « Permittitur 636 cuilibet religioso habere duas tunicas, etc., duo caputia cum duobus biretis, uno nigro et altero albo. » Me tamen non latet birrum aliud sonare apud gravissimos auctores, scilicet lacernam et palliolum. Consule Henric. Spelman in Glossario et Girardum Vossium De vitiis sermonis, etc. Canonicus Laudunensis in Chronico ms. ita birrum exprimit : « Et ecce quidam in specie peregrini birro, id est veste Hierosolymitana indutus, » etc.

(⁸³) CAP. VI. — *Apud Sanctum Medardum.* In abbatiæ Sancti Medardi Suessionensis Historia conscribenda operam ac studium collocat domnus Ildefonsus Vrayet, haud ignarus nostræ congregat. presbyter; de hac ergo silemus.

(⁸⁴) IBID. — *Directis ad abbatem Sancti Nicasii ea tempestate Joannem.* Quis iste Joannes ex subjecta Historiæ monasterii Sancti Nicasii epitome atque abbatum serie palam fiet. Utrumque ex sua ms. diœceseos Remensis Historia (quam improbo studio et cura plures per annos elaboravit) lubenti animo deprompsit mihi valde amicus domnus Guillelmus Marlot, major ejusdem cœnobii prior, doctor theologus, vir cum morum gravitate, tum eruditione singulari præditus.

Monasterii Sancti Nicasii Remensis, ordinis Sancti Benedicti, initia et progressus.

Monasterium Sancti Nicasii, ordinis Benedictini, in urbe Remensi, clarum origine et progressu celebre habetur. Vetus olim basilica fuit titulo Sancti Agricolæ, cui primo consecrata fuit, et Remensium archiepiscoporum sepultura insignis. A Jovino, Romanæ militiæ præfecto, anno 350, et deinceps illustris effecta beatissimi Nicasii nomine, sub Wandalica persecutione martyrii laurea donati, cujus sacratissima pignora ac sororis ejusdem Eutropiæ feliciter excepit anno 407, ut est apud Flodoardum lib. i, cap. 6.

In hac eadem basilica idem Fla. Jovinus fundator munificus quiescit, ex testamento sancti Remigii, quo pariter archiepiscopi in ea tumulati recensentur, his verbis : « Ecclesiæ Jovinianæ tituli Sancti Agricolæ (ubi ipse vir Christianissimus Jovinus et sanctus martyr. Nicasius, cum plurimis societatis suæ Christi martyribus requiescunt, ubi etiam quinque confessores proximi antecessores domni Nicasii, cum sanctissima virgine et martyre Eutropia, conditi sunt) solidos tres. » Hodie visitur tumulus marmoreus Jovini tota Gallia celeberrimus in navi ecclesiæ, juxta parietem tribus columnis erectus et prominens, in cujus anteriori parte egregie sculpta prostat effigies insignis cujusdam equitis, leonem telo ferientis, et multorum satellitum seu servorum circumstantium, cujus explicationem curiosam juxta et eruditam dederunt Nicolaus Bergier Remus in doctissimo opere Viarum imperii, ac dominus Tristan.

Quam vero eleganti structura idem Jovinus prædictam basilicam construxerit codex manuscriptus sic indicat : « Est quædam ecclesia in suburbio Remensi (nunc pomœrio urbis dilatato a trecentis annis, mœnibus clauditur) posita, miro columnarum ornatu, arcubus, auro et vitro lapillis interposito micantibus, a Jovino urbis Romæ præfecto quondam glorioso fundata, etc., quam his verbis aureo prætitulavit decore. » Ex Flodoardo :

Felix militiæ sumpsit devota Jovinus
Cingula, virtutum culmen provectus in altum, etc.

De hoc Jovino præclare Ammianus Marcellinus, lib. xv; Cassiodorus in Chronico, et Necrologium

Nicasianum septimo Sep'embris, qui anniversarius dies ejus obitus solemniter celebratur.

Quanta vero præcelluerit dignitate vetus basilica Joviniana, ex quo sanctorum martyrum pignoribus locupletata est, satis superque indicat Flodoard. cap. 17, lib. I, imo promiscue titulo Agricolæ et Nicasii colebatur a fidelibus, et abbatiæ nomine gaudebat primis his sæculis, quamvis in ea non monachi, sed fratres clerici divina officia persolverent, ut ex Philippi primi Francorum regis diplomate, et ex cap. 8 Flodoardi abunde colligimus. Sed quamvis sensim, ut sors est rerum humanarum, forte clericorum incuria, decreverit, per septingentos tamen annos usque ad Flodoardi tempora superstes mansit. At sub Henrico primo cum reverendissimus antistes Gervasius, ex episcopatu Cenomanensi ad sedem Remensem speciali providentia Dei evectus est, adeo erat vetustate attrita et imbribus deformata, ut tecta ac parietes undique corruerent, veteri majestate prorsus exstincta, quo fit ut prædictus venerabilis Gervasius visa tam magnifici operis fabrica, ruinis undique fatiscente, in animum induxerit eam a fundamentis instaurare, quod et egregie præstitit assensu potentissimi regis Henrici primi, ac conatum ejus regali magnificentia promovente Philippo primo, Francorum rege, cujus diplomatis præcipua verba hic præfigenda sunt.

637 « In nomine Dei summi et Salvatoris mundi Jesu Christi, Philippus divina dispensante clementia Francorum rex.

« Quoniam fovendis Ecclesiis Dei exaltandis et protegendis operam dare, regalis est excellentiæ, nosque ad hanc dignitatem divina clementia sublimare dignata est, si qui pro earum incolumitate patimur, id eis, prout tempus exigit, regali nostra liberalitate debetur. Noverit igitur fidelium nostrorum tam præsens quam futura posteritas, Gervasium venerabilem Remensem archiepiscopum, quamdam abbatiam in archiepiscopatu suo construxisse, et quæ suo labore et industria acquisita sunt, ut eidem nostræ confirmationis scripto corroboremus, nostram regiam serenitatem sedulo postulare. Est enim ecclesia in suburbio Remensi posita, miro opere quondam a Jovino præfecto ædificata, quæ in primordio archiepiscopatus sui, ab eo inventa est vetustate et incuria, magna ex parte consumpta. Et quia de nomine sancti martyris appellabatur, quanquam qui primo fundaverat, sub titulo eam Sancti Agricolæ condidisset, ob amorem Dei et sancti prædecessoris sui, studuit quæ in ea omnino corruerant a fundamentis restaurare, quæ semirupta pendebant artificio quodam reintegrare, eam speciem novi operis ruinosam ecclesiam decentissime reformare. Ad hæc refectorium, dormitorium, et cætera habitacula servorum Dei usibus necessaria, quæ antea ibi nunquam fuerant, insigni opere superaddidit, fratresque sub abbate et regula Sancti Benedicti, Domino militantes ibidem congregavit, et reditus unde viverent sufficienter delegavit, etc.

« Signum Philippi regis Francorum. Signum Gervasii archiepiscopi. S. Adelardi Suessionum episcopi. S. Ermendi Laudunensis. S. Rogeri Catalaun. S. Balduini Noviomen. S. Widonis Belvacen. S. Leiberti Camerac. S. Walteri Melden.

« Actum Remis anno Incarnationis millesimo sexagesimo sexto, Philippi regis septimo, Gervasii archiepiscopi nono, in ecclesia sanctorum Agricolæ et Nicasii martyrum, IV Kal. Octobris.

« Balduinus cancellarius ad vicem Gervasii archiepiscopi subscripsit. »

Ex veteri etiam manuscripto discimus illustrissimum Gervasium archiepiscopum, recentem a se ædificatam ecclesiam, quam nuper reliquiis beati Nicasii ab urbe Tornacensi postliminio reportatis, ditaverat, consecrasse quinto Kal. Octobris, ac in ea novam abbatiam monachorum Benedictinorum instituisse, quam amplis possessionibus, et innumerabilibus divitiis, quandiu vixit, studuit exornare, sed filios proprios non habentem extraneis procuratoribus utriusque conditionis monachis compulsum fuisse committere, etc. Quibus verbis liquet Gervasium, nullum abbatem creasse (quamvis regio diplomate quid facturus esset, si diu mansisset in vivis, referatur). sed nomen abbatis sibi tanquam fundatori reservasse (externos procuratores sub se constituendo, ut tenelli illius gregis, ac vix adunati, paternam curam gereret), sed eo obeunte onus, legitimum ductorem non habentes, ad propria loca redeunt, possessiones a Gervasio relictæ a perversis hominibus distrahuntur, et recens abbatia in tam infelicem statum redacta est, ut ipsa missarum solemnia, nemine in ecclesia existente qui hoc ipsum expleret, a forensibus sacerdotibus celebrarentur, horæ etiam regulares a quodam juvene nomine Joranno, in eodem loco nutrito, recitabantur potius quam cantabantur; hunc statim abbatiali dignitate, et Romana purpura ornatum videbimus.

Sed Rainaldo primo archiepiscopale culmen adepto post Manassem, qui sacra profanaque conculcaverat, nova lux regioni Remensium visa est exoriri. Nam hic dispersa et exterminata congregans, et dissipata restaurans, venerabilis Gervasii exemplum secutus, inter alia præfatam ecclesiam Jovinianam ad pristinum statum revocare conatus est; et profectus ad solum Arvernense in comitatu regis, monasterium Casæ-Dei adiit, nuper institutum a sancto Roberto, ac insignis tunc observantiæ sub venerabili Seguino, beati Roberti fundatoris discipulo, et nacta occasione, prædictum abbatem Seguinum summis precibus efflagitavit ut delectos sibi monachos concederet, cum experto rectore, ad regularem disciplinam in monasterio Nicasiano restituendam. Quod et obtinuit, ut ex charta ejusdem Rainaldi colligere licet. « Visum est nobis, et ut credimus, divinitus inspiratum, venerandum Seguinum abbatem monasterii, quod dicitur Casa-Dei, compellare, ut pro Deo laborem restituendæ ipsius abbatiæ nobiscum susciperet, et ex sua congregatione fratrem ad præficiendum idoneum, aliosque in hoc ipsius cooperatores dirigeret, exorare, etc. Hoc præclare cœptum Rainaldi confirmarunt Paschasius secundus, et Calixtus summi pontifices, concessa etiam monachis facultate eligendi abbatem in capitulo, a Remensi archiepiscopo consecrandum.

Sic igitur renovata regulari observantia venerabilis ipse Seguinus regimen suscepit animarum, et suis quasdam discipulis imposuit observationes, a Casa-Dei mutuatas, ut ab aliis monasticen profitentibus tanquam tessera discerneret, quas multos annos **638** retinuerunt, donec languescente disciplina constitutionibus Gregorii IX, Nicolai IV, et Benedicti XII, partim a Cluniacensi ordine depromptis, et partim de novo conditis, abbatiæ Remensis, et Senonensis provinciarum reformatæ sunt. Habitus etiam Nicasianorum, quamvis in pluribus cum aliis conveniret, hoc peculiare habuit, quo dalmaticis de pellibus nigris, caputiorum loco, uterentur (de quibus vide Clementinam) et botis foderatis, ut aiunt, de nocte cum ad matutinas surgerent, cum quibus etiam post mortem sepeliebantur.

Porro vigente observantia regulari, et virtutem monachis excolentibus, sensim ditescere cœpit asceterium Nicasianum, factumque octo cellarum parens, et monachorum numerum satis copiosum aluit, quem abbas canonice electus additis sub se quatuor decanis, seu prioribus claustralibus, laudabiliter rexit usque ad moderna tempora, cum sublatis electionibus ordo monachicus per totam Galliam pessum abiit, ac regularis observantia, maxime in campestribus locis, neglecta est. Quam tamen a sexdecim annis seniores monachi, pro ea propensione animi quam habent erga sanctam regulam, summo studio renovare conati sunt, evocatis reverendis Patribus congregationis Sancti Mauri, quibus, non vi coacti, sed ingenua et simplici charitate, ecclesiam sacris supellectilibus refertam, omnes reditus claustrales, et jura, quæ hactenus illæsa conservarunt, paucis omnino contenti cesserunt, ut sarta tecta in perpetuum tueantur; hinc factum est ut abbatia Nicasiana, quæ hactenus independens ab origine exstiterat, exemplo regalium abbatiarum regni Franciæ, in omnibus innovata, huic congregationi, auctoritate summi pontificis erectæ, unita sit, cui prosperum et felicem successum precamur. Cæterum.

Abbates præfuerunt hac serie.

I. Gervasius, fundator illustris et primus abbas, rexit monasterium per externos procuratores quandiu vixit, ut erat consuetudo hujus sæculi. At incerta quædam abbatum series nobis Remigium quemdam, et post hunc Albericum, et Henricum ex claustro Remigiano emendicatos obtrudere conatur, sed ficta et fabulosa est, cum obeunte Gervasio, non tam monasterii facies immutata sit, quam dissipata congregatio, et incuria vel recessu procuratorum, nulli permanserint, qui regere vel regi possent. (Ex Chronico ms. a cœtaneo auctore conscripto.) Sed et monasterium amplis possessionibus a fundatore ditatum instar cornicis Horatii exutum et spoliatum est, Manassis, ut credo, in sedem Remensem post Gervasium intrusi, omnia late depopulantis tyrannide, sub quo pariter cœnobium Remigianum eadem persecutione pressum, legitimum abbatem nancisci non potuisse, ex epistolis Gregorii VII discimus, multo minus aliis providere. Adde quod Guibertus de Novigento, de posteriore Henrico verba faciens, trium abbatiarum pastorem nominat, Sancti Remigii, scilicet Humiliarensis, et Novigenti, at nusquam Sancti Nicasii, quod non tacuisset. Dies obitus Gervasii archipræsulis, IV Julii in Nicasiano Necrologio legitur, quo die anniversarium solemne a monachis celebratur 1068.

II. B. Seguinus ex abbate Casæ-Dei, fit primus abbas regularis Sancti Nicasii, anno 1086. Fuit is discipulus sancti Roberti, quem Rainaldus I Remensis archiepiscopus evocavit, cum duodecim religiosis, ut Benedictinum ordinem restitueret, ex charta ejusdem Rainaldi. Memoratur in chartulario Sancti Theodorici, anno 1093, quod abdicans, Casam-Dei reversus est post septem annos regiminis, eique suffectus.

III. Nicolaus I, etiam ex monasterio Casæ-Dei, et beati Roberti discipulus, legitur pariter in chartulario asceterii beati Theodorici prope Remos an. 1093.

IV. Joannes I, ex eodem claustro selectus memoratur apud Guibertum de Novigento. Hic vix adepto regimine in terram sanctam profectus est, cum aliis abbatibus, eremitis, et reclusis, qui domiciliis suis non satis sapienter relictis, ire viam perrexerunt, ait Ordericus Vitalis De itinere Hierosolymitano.

V. Guido I, pacificavit cum Nicolao domino de Rumigni, pro decimis ejusdem loci anno 1100. Huic Manasses II, archiepiscopus Remensis, decimas Montis Valesii concessit instrumento confecto, VI pontificatus, quod sic incipit : « Curam nos gerere pauperum, et episcopalis exposcit sanctitas, et animæ simul invitat utilitas, quatenus juxta Apostolici vocem, sic illorum inopiam nostra suppleat abundantia, ut ex illorum abundantia nostra in futuro suppleatur inopia (*II Cor.* VIII, 14). » Præfuit quatuor annis.

VI. Jorannus in monasterio Sancti Nicasii a pueris educatus, et tenaciter observantiæ regulari adhærens, etiam post obitum Gervasii, meruit ob præclaras ingenii dotes, et singularia merita, ad præpositurae dignitatem primo, tum ad abbatialem promoveri, quam sic laudabiliter gessit, ut aliis esset rectæ vitæ speculum, et salutiferæ conversationis exemplum. Hunc Rainaldus archiepisc. **639** vocat « virum sanctitatis merito omnibus bonis imitabilem. » Eo regente, ex asceterio Nicasiano insignes viri prodierunt, ad regularem disciplinam longe lateque propagandam; inter quos memorantur: Drogo prior claustralis, qui expulsis monialibus e monasterio Sancti Joannis Laudunensis, tempore Bartholomæi episcopi, coloniam monachorum incarum locum invexit, quorum ipse ductor fuit et primus abbas, tum cardinalis Ostiensis, cujus exstat epistola De sacramento Dominicæ passionis, tom. II Bibliothecæ Patrum; Simon reparator lapsæ regularitatis in monasterio Sancti Nicolai de Bosco, cujus meminit D. Bernardus epist. 85; beatus Arnulphus, postea monachus Cisterciensis apud Signiacum; Godefridus item prior S. Nicasii, agentibus Calixto II et Ludovico VI, Francorum rege, translatus ad S. Medardum Suessionensem, pro statu regulæ reparando. De quo etiam S. Bernardus epist. 66, et alii plures. Multis etiam auxit bonis monasterium Johannus, multis altaribus, cellis, seu prioratibus, tam in hoc regno quam in Flandria; sed tandem majori devotione intrinsecus tactus abdicavit, et ordinem Carthusianorum ingressus est an. 1138; ut habent ms. Montis Dei, ubi se tam præclare gessit, ut in numerum purpuratorum coaptatus fuerit ab Innocentio secundo.

VII. Nicolaus II, legitur in chartulario anno 1139. Hic favente beato Bernardo obtinuit prioratum beatæ Mariæ Castri Porciani, anno 1143, obiit 28 Septemb. 1144, post quindecim annos prælationis. Jacet in prioratu de Finia prope insulas.

VIII. Guillelmus interfuit translationi reliquiarum sancti Gibriani, apud Sanctum Remigium, sub Samsone archiepiscopo, mense Aprili 1145. Rexit in omni doctrina et bonitate tribus annis, ut legitur in Necrologio, 21 Julii.

IX. Joannes II recepit bullam Eugenii III, pro unione prioratus Castri Porciani. Obiit 1 Octob. 1158. Jacet prope altare pulchræ capellæ, dictæ la Verde, sub tumulo lapideo.

X. Guido II. Ex monacho Remigiano. Vide Sirmondum in Notis ad lib. V Petri Cellensis. Hic contraxit societatem cum Remigianis, et viam universæ carnis ingressus est 5 Octob. 1179.

XI. Pontius memoratur undecimo Junii in necrologio; et præfuit duobus annis. Hujus nundum dumtaxat nomen invenio.

XII. Reginaldus electus rite et solemniter a confratribus religiosis, anno 1181. Ei confirmat privilegia Clemens III, et obtinuit unionem prioratus Berbacensis. Abdicat anno 1193; jacet in capitulo.

XIII. Galterus, post abdicationem præcedentis electus, fuit vitæ et doctrinæ venerabilis, cujus fama per totam percrebuit Provinciam, quem apud nos sua loquuntur opera, ex epistola fratrum Sancti Amandi in Pabulo, qui et illum statim in abbatem postularunt; unde paucis annis præfuit.

XIV. Hardericus nominatur in societate inita cum reverendis fratribus Sancti Amandi, 1193. Hic etiam sponte abdicavit, post tres annos præfecturæ.

XV. Drogo, Dei amore flagrantissimus ac litteris liberalibus apprime eruditus, anniversaria benefa-ctorum ac præcedentium abbatum in Necrologio conscribi curavit, ut monachi ipsis satisfaciendis serio incumberent; sed cum justitiæ consulit prolixiores cantus inducendo, ac pensum divinum augendo; ansam præbuit remittendi regulæ observantiam. Hic renovavit societatem cum Remigianis, et obiit 18 Novemb. 1221; jacet in capitulo.

XVI. Simon de Lions instauravit ecclesiam eo schemate, quo nunc non sine admiratione conspicitur, in forma crucis, longam pedes 305, latam 130, altam a pavimento ad fornicem 95, columnis seu pilis suffultam 28; vitreis fenestris incomparabilibus, ex dono regum et procerum decoratam, choro vario marmore strato, in quo sunt sedilia ex utraque parte 76. Simon præfuit octo annis. Jacet in claustro juxta capitulum.

XVII. Simon II, de Dampierre, nobilissimis parentibus, rexit duodecim annis. Hic obtinuit licentiam augendi numerum monachorum usque ad sexaginta ab Innocentio IV; jacet in capella claustri. Verum deficiente primo religionis ardore, regula novis constitutionibus vallata est a Gregorio IX, anno 1233; et posthac Nicolao IV, et Benedicto XII. Quibus priores adauctæ, aliam vivendi normam pepererunt. Imo et habitum diversum, ut opinor; nam præter usum bireti etiam almutiis nigris caput texerunt; quod Clemens V confirmat his verbis: « Almutiis caputiorum loco contenti sint monachi. »

XVIII. Simon III, de Marmoustier, benedicitur ab episcopo Suessionensi, sede archiepiscopali vacante, anno 1242. Hic confirmationem immunitatis a gestis et procurationibus obtinuit a reverendissimo Thoma de Beaumets archiepisc. anno 1249, et post 14 annos regiminis fato functus est 5 Nonas Julii 1254.

XIX. Gerardus de Cernay, vel Cerny. Ei confirmavit privilegia Alexander IV, et concedit, ut festum beati Nicasii solemniter celebretur, tam a clero quam a populo in provincia Remensi, Innocentius permittit, ut religiosi possent succedere bonis paternis, nec possent excommunicari, aut prohiberi celebrare divina officia tempore interdicti januis clausis. Gerardi tempore lis mota est, pro conservatione clavium portæ civitatis, quæ Sancti Nicasii dicebatur. Obiit 17 Maii 1263.

XX. Milo Croissart eligitur a Joanne de Courtanaio archiepiscopo Remensi, sine præjudicio jurium et libertatis monasterii, ut ipse declarat in charta proprio sigillo munita. Præfuit quinque annis, et obiit 26 Octobris 1269.

XXI. Joannes III dictus de Sancto Ferreolo præfuit unico anno. Notatur in Negrologio 21 Augusti.

XXII. Guibertus administrationem sumpsit 1270; hic excepit Philippum et Mariam reginam in suo monasterio, quibus valde charus erat. Recognovit abbatiam esse in guardia, seu protectione archiepiscopi 1284; obiit post 18 annos regiminis, jacet in capella claustri.

XXIII. Odo *le Plat*, Remus canonice et solemniter electus, benedicitur a Petro archiepiscopo, qui ejus electioni consenserat. Theobaldus dux Lotharingiæ ei hominium facit in ecclesia Sancti Sulpitii de Ruminiaco, pro feodis a monasterio dependentibus. Cœpit anno 1289; desiit vero 1297. Jacet in capella Sancti Quintini.

XXIV. Ægidius I, *de Landre*, rexit duobus mensibus cum dimidio. Sepultus in capella dicta *la Verde*, 1298.

XXV. Rogerius in vivis agebat anno 1299; legitur in processu Nicasianorum, pro jure tuendi chorum in supplicatione ad sanctum Mauritium. Jacet in capella Sanctæ Mariæ dicta de Coucy. Eo autem e vivis sublato,

XXVI. Ægidius II de *Monte Cornuto*, ex gente Castilonea, eligitur anno 1303. Societatem contraxit cum monasterio S. Petri Catalaunensis 1310. Dominus Castiloneus, comes Castri Porcensis et conestabularius Franciæ, ei hominium facit pro feodo de Rumigni, propter Mariam sponsam suam anno 1313. Ipsius tempore Robertus de Courtenais recognovit reliquias sancti Nicasii per aperturam capsæ, præsente Rogerio Sancti Remigii abbate. Jacet in capella Sancti Quintini, decorata insignibus Castiloneæ familiæ, et Barrensis, in vitreis.

XXVII. Philippus *la Coque*. eligitur an. 1316. Vir ingentis animi, et summæ prudentiæ; ei hominium facit Ferricus dux Lotharingiæ, pro feodis de Rumigni, in vico Remensi, dicto *le Barbastre* 1318, postquam declarasset præstari debere in burgo de Rumigai. Philippus contraxit societatem cum capitulo Remensi, in qua modus incedendi in processionibus publicis præscribitur. Memoratur in Historia Leod., fol. 384. Univit prioratus de Ham, et de Betencouri mensæ abbatiali; anno 1346 senio confectus abdicavit. In sacello Sanctæ Eutropiæ sepultus, anno 1348.

XXVIII. Guido *Morel*. Juramentum præstitit ecclesiæ Remensi post suam electionem, 8 Decembris 1349, et jura monasterii generose tuitus est, ac possessionem reliquiarum sancti Nicasii adversus capitulum Remense. Obiit 5 Januarii 1363, et in capella de Couciaco, seu beatæ Mariæ de Lætitia sepelitur.

XXIX. Petrus *Cocquelet* abbatiam adeptus per resignationem præstitit obedientiam archiepiscopo, 6 Maii 1364. Ei Urbanus V confirmavit privilegia monasterii. Jacet in capella de Couciaco post 17 ann. regiminis. Eo vero hominem exuente,

XXX. Guillelmus *de Illiniis* ex abbate Sancti Basoli per gratiam exspectativam promovetur 1381 et post octo annos præfecturæ fit episcopus Vivariensis, omissus a Claudio Roberto. Nominatur in consilio regis anno 1398. In Historia Montmorenciaca apud Andræam Duchesne.

XXXI. Josserandus *de Illiniis*, per resignationem præcedentis præfuit tribus annis; mortuus 28 Decembris 1392.

XXXII. Simon *Maubert* Trecensis; obedientiam archiepiscopo vovit mense Januario 1392 quo et benedictionis munus ab eodem consecutus est. Huic Florentia de Ribemont, domina de Chini, et de Germigni, hominium fecit pro feodis ex monasterio dependentibus, in præsentia Guillelmi Fillastrii vicarii generalis 1398. Obiit 19 Januarii 1405. Jacet in capella Beatæ Mariæ, dicta *la Verde*, retro majus altare.

XXXIII. Ægidius III, *Jennart*, obedientiam præstitit Ecclesiæ Remensi, 24 Martii 1406, more Gallico. Obiit Parisiis 18 Martii 1408.

XXXIV. Nicolaus *Duchet*, ex præposito Sancti Remigii, et abbate Sancti Basoli, obtinuit unionem prioratus de Finia, in favorem mensæ abbatialis et conventus. Fato functus 22 Decembris 1430. Jacet prope sacrarium in navi ecclesiæ, ex Necrologio.

XXXV. Jacobus I, *Gueulart*, canonice electus in capitulo, juramentum solitum de obedientia præstanda Ecclesiæ Remensi edidit 28 Junii 1430. Judex delegatus a summo pontifice, pro litibus dirimendis inter curatos urbis Remensis, et religiosos mendicantes. Rexit 21 annis, sepultus 19 Aprilis 1451. Post decessum ipsius conflictus emersit inter officiarios regios, et baillivum archiepiscopi, pro Guardia seu protectione bonorum temporalium monasterii.

XXXVI. Jacobus II, *Champion*, rexit undecim annis cum quatuor mensibus, 15 Septembris 1462 mortuus. Post obitum ejus Guillelmus Bouillé canonicus Noviomensis obtinuit abbatiam in commendam, per litteras apostolicas, quibus scabini urbis cum monachis intercesserunt, ut ex Actis capituli ecclesiæ cathedralis constat 14 Februarii 1465. Post hunc Richardus de Longueil cardinalis Constantiensis possessionem cœpit virtute litterarum per gratiam exspectativam obtentarum, sed resignat in favorem sequentis.

XXXVII. Joannes IV, *Jacquier*, per resignationem seu spontaneam demissionem cardinalis, quem iterum Nicolaus Bouille protonotarius et decanus Noviomensis, turbat in pacifica possessione, sed ipse confirmatur a Paulo II, 1467. Hic societatem inivit cum monachis Sancti Cornelii Compendiensis 1471. Obiit 14 Julii 1483, sub tumulo Ægidii de Montcornet sepultus.

XXXVIII. Joannes V, *Fransquin*, thesaurarius, et doctor in decretis, canonice eligitur mense Augusti 1483; sed turbavit cum per annum Robertus Lescot vicedominus ecclesiæ Remensis. Obiit 2 Julii 1500, post 17 annos regiminis. Jacet in sacello beatæ Mariæ, dicto *la Verde*, nunc Boni Nuntii. Vacavit abbatia tres menses.

XXXIX. Joannes VI, *Willemet*, Retellinus, virtutis et doctrinæ commendatione clarus, ecclesiam multis ornamentis decoravit, pulpitum erexit, et reditus sufficienter reliquit pro anniversario die obitus celebrando, decimo Octobris 1521; Sepultus in medio chori juxta aquilam æneam.

XL. Jacobus III, *Joffrin*, ultimus abbatum regularium, a multis turbatur in pacifica adeptione dignitatis abbatialis, quam retinuit duntaxat per decem annos, nunquam satis laudandus pro iis quæ præclare gessit in augmentum monasterii. Dies obitus 13 Januarii perenni anniversario celebratur 1530.

Abbates commendatarii.

XLI. Carolus *des Ursins*, protonotarius, et archidiaconus Campaniæ, in ecclesia Remensi, nominatur a rege secundum Concordata; rexit per 38, et tandem abdicat, permutatione facta abbatiæ, cum prioratibus Sancti Petri de Couciaco, et Sancti Theobaldi.

XLII. Claudius *de Guise* monachus Sancti Dionysii in Francia. Juramentum præstitit Ecclesiæ Remensi mense Decembri 1568. Hic ædem abbatialem ampliavit; sacristiam multis ditavit ornamentis; factus postea abbas generalis Cluniacensis objit 23 Martii 1612.

XLIII. Franciscus *de Paris* a Lotharingia, præfectus regius nominatur a rege 1612, sed nusquam possessionem canonicam adeptus est, præmatura morte sublatus 1 Junii 1614.

XLIV. Daniel *de Hottemant*, vitæ merito et prudentia venerabilis, possessionem iniit mense Aprili 1616, resignat in favorem Henrici a Lotharingia 1626, ac Patrum Oratorii sodalitio pacatioris, tranquilliorisque vitæ amans, sese addixit, ubi et mortuus est anno 1634.

XLV. Henricus a *Lotharingia* possessionem cepit personaliter in capitulo mense Maio 1626. Eo probante, seniores monachi veteris disciplinæ aliquatenus lapsæ renovandæ gratia, duodecim Patres congregationis Sancti Mauri, ex regalibus monasteriis Sancti Germani a Pratis, et Vindocinensi ab admodum reverendo Patre superiore generali domno Gregorio Tarrisse, per domnum Columbanum Regnier visitatorem Provinciæ Franciæ missos, intra septa monasterii humanissime ac liberaliter exceperunt. Cui rei serio per totam Galliam incumbunt, ac ædificiorum restaurationi, quæ passim imbribus ac gelu, seu etiam vetustate et commendatariorum incuria deformata jacebant.

Post abdicationem Henrici a Lotharingia anno 1643, Ludovicus XIII Francorum rex abbatiam Sancti Nicasii univit capitulo sacræ ac regalis capellæ urbis Parisiensis, in locum regalium, quæ percipere solebant post obitum episcoporum regni; et sic hactenus abbatum catalogi finis erit. Sed quid juvat tot illustrium virorum nominibus catalogos monasteriorum onerari, cum studio potius vigilantis pastoris optime vivendi norma floreat, quam eorum inutili ac fastuoso stemmate. Hactenus idem qui supra Guillelmus Marlot.

AD LIBRUM TERTIUM.

(⁸⁵) CAP. II. — *Præterea Helinandus*, etc. Canonicus Laudunensis in Chronico manu exarato : « Anno Domini 1095 Elinandus episcopus ecclesiam S. Joannis in Burgo, quondam abbatiam monialium, ad unius sacerdotis administrationem reductam, præbendis duodecim insignivit. » Deinde paulo post : « Elinando successit Ingelrannus in episcopatu. » Sepultus jacet in ecclesia S. Vincentii Laudun.

(⁸⁶) CAP. III. — *Ingelrannus scilicet Botuensis.* Consulendus Andreas Duchesne Hist. Codiciac. lib. VI, cap. 2; **642** et probat. pag. 317 et seq. qui complura ex Guiberto nostro mutuavit.

(⁸⁷) IBID. *Rogerii comitis Porcensis.* De quo Historia Luxembourg. auctore jam producto Duchesnio, pag. 34 ; et probat. pag. 36, 38.

(⁸⁸) IBID. *Godefredo comiti.* Idem Duchesne locis citatis.

(⁸⁹) CAP. IV. — *Gualdericum eligunt, quemdam regis Anglorum referendarium.* Ita canonicus Laudunensis ubi supra, an. 1112. « Waldericus, inquit, fuerat Henrici regis Anglorum cancellarius, vir insolens, in litteratura nil valens omnino, litteratos despectui habens, milites super omnes diligebat; protervus fuit pariter et præsumptuosus. »

(⁹⁰) IBID. *De curia contra canones expetitur.* Can. 1 et 2, dist. 51, præcipue can. 3, sed juverit audire Hadrianum PP. I ad Constant. et Irenem scribentem, multo post med. « Nimis iterum turbati, ac conturbati sumus, quia ex laicorum ordine, et imperialibus obsequiis deputatus, repente ad patriarchatus culmen electus est, et apocalligus contra sanctorum canonum censuram factus est patriarcha, et, quod dicere pudet, et grave tacere est, qui regendi adhuc et docendi sunt, doctores nec erubescunt videri ; nec metuunt ducatum animarum impudenter assumere, quibus via in omnibus ignota doctoris est. Quod quam pravum, quamve sit temerarium, sæculari ordine et disciplina monstratur. Nam dux exercitus nonnisi labore et sollicitudine eligitur, quales animarum duces esse possint, qui in episcopatus culmen immatura cupiunt festinatione conscendere ? » etc.

(⁹¹) IBID. *Solus magister Anselmus*, etc. Laude prosequitur Anselmum, canonicus ille sæpius in medium prolatus; ejus designans obitus annum 1117. « Magister Anselmus nominatissimus Laudunensis decanus, in litteratura suis temporibus nulli secundus, morum honestate, et consilii maturitate venerabilis obiit. Hic utili stylo, et solerti industria inter cætera opera sua, etiam Glossas marginales et interlineares in psalterio de authenticis expositionibus elimata brevitate ordinavit. » Tribuuntur pariter ipsi commentaria in Cantica, et in Apocalypsin, quæ a nonnullis B. Anselmo Cantuariorum archiep. inscribuntur.

Reperi et epistolam ad abbatem S. Laurentii Leodiens. quæ ex illa ingenti manuscriptorum bibliothecæ Beccensis clade evasit ; hanc carie labefactam, ne cum aliis depereat in lucem damus.

Epistola magistri Anselmi.

« Venerabili abbati H. de Sancto Laurentio ANSELMUS humilis filius Laud. Ecclesiæ salutem. Videndum est, domine, » etc. *Vide inter Opera Anselmi Laudunensis ad an.* 1117.

643-6 Ita eruditissima Anselmi epistola, quæ diutius tenebras, utpote lectu dignissima, pati non debuit.

Quam turpiter hallucinentur, qui hunc Anselmum monachum volunt, ex superius allatis, et iis quæ scribit Guibertus, relinquitur haud ullus dubitandi locus : errandi autem ansam præbuere plures hoc Anselmi nomine, eadem tempestate insigniti; nempe Anselmus Cantuariensis, cujus ille auditor exstitit, et Anselmus ex abbate S. Vincentii Laud. episcopus Tornacensis.

Tumulatus fuit magister Anselmus in San-Vincentiano templo. Epitaphium sepulcro insculptum refert Andreas Duchesne, not. ad Abaelardum pag. 1163, qui et pluribus laudat eumdem Anselmum ibid. et pag. 1147, corrigendus tamen est in citatione historiæ canonici cujusdam, revera etenim auctor germanus a nobis evulgatur Hermanus monachus. Vide Appendicem ad Vitæ Guiberti lib. III.

Decanorum Laudunensis Ecclesiæ catalogus.

Quandoquidem de Anselmo decano Laudunensi attigimus nonnulla, et Guibertus ipse atque Hermannus plerisque in locis eumdem mire laudant, et de Ecclesia Laudunensi multa attexunt, haud erit otiosum catalogum ejusdem Ecclesiæ decanorum maxima parte ab docto Antonio Bellotte, qui nunc dierum decanatus præclare gerit onus, ex antiquis schedis collectum, ex chartulario potissimum quod Jacobus de Trecis canonicus et archidiaconus Laudunens. postmodum ad summam Ecclesiæ præfecturam, sortitus Urbani IV nomen, est evectus, confici curavit, nostris observationibus more nostro concinnatum accensere.

Sed vero cum nulla prorsus vetustiorum monumentorum Ecclesiæ Laudunensis vestigia reliquere cives, dum more duellium, cæde, sanguine, atque igne universam prope civitatem destruxere, vastavere, quemadmodum posteritati, Guibertus De Vita sua, lib. III, et Hermanus lib. VI De miraculis S. Mariæ Laudun. ubi supra, tradidere : non hic moramur antiquiora, sed mediæ ætatis duntaxat scripta in texendo decanorum præfatæ Ecclesiæ catalogo vestigare, nempe exordium a celebri illo magistro Anselmo capiemus.

I. Anselmus decanus et archidiaconus quem sic commendat Guibertus abbas, Bartholomæum episcopum Laudun. alloquens proœmio ad Geneseos moralitates : « Indidit tanto Deus capiti duos oculos sideribus clariores, dum a dextris habes Anselmum totius Latini orbis magisterio prædicatum, cujus tam sincera est in Scripturarum ac fidei assertione severitas, ut plures veros suis probetur documentis fuisse catholicos, quam instituere potuerit erroneus quispiam temporis hujus hæreticos; altrinsecus Radulphum, » etc. Et lib. III De Vita sua, pag. 498 : « Magister Ansellus vir totius Franciæ, imo Latini orbis lumen in liberalibus disciplinis, et tranquillis moribus. » Plura in hunc modum idem auctor loci citati pag. 505 et alibi. Item Hermanus lib. I, pag. 528, et lib. III, pag. 558, multis laudibus Anselmum cumulat. Anselmi doctrinam magnificat Rupertus Tuitiensis libro de Omnipotentia Dei, cap. 1, de Anselmo loquens his verbis : « Anselmus Laudunensis Lucifer, » etc.; et cap. 26 : « Ille cujus fides et scientia præ cæteris bono hactenus cum odore in Ecclesia Christi fructificat, Laudunensis Anselmus sua illos, ut veraciter comperimus, auctoritate corroborat, » etc. Denique lib. I in regulam Sancti Benedicti, ante medium ; in Galliam venisse, quo sese inter atque Guillelmum Catalaunensem episcop. de libera Dei voluntate conferrent; sed Anselmum (« quovis episcopo, inquit, famosiorem, quamvis ipse non esset episcopus ») ubi pedem in Laudunensem civitatem intulisset, « ultimum trahentem spiritum » reperisse, innuit.

Denique Anselmum ferunt summa animi demissione episcopatum Laudunensem strenue recusasse.

Subscripsit chartæ Bartholomæi Laudunensis datæ anno 1113 apud Hemeræum Augustæ Viromand. illustr. pag. 140. « Ego Ansellus S. Mariæ Laudunensis cancellarius relegi et subscripsi. »

E scholis Laudunens. rectore Anselmo, permulti eximia doctrina, sapientia, qui Galliam illustrarunt, prodiere; quos inter Petrus Abaelardus, Guillelmus de Campellis archidiac. Paris., post episcopus Catalaunens. , Albericus Bituricensis archiepiscopus, Guillelmus Cantuariens. archiepiscopus, Gilbertus Porretanus Pictavensis episcopus, Algarus sive Algardus Constant. episcopus.

In præfectura scholarum successit Radulphus Anselmi germanus, ut testis est Hermanus lib. III, cap. 4 : « Post paucos dies (habet) vir Dei Norbertus Laudunum veniens scholam magistri Radulphi, qui germano Anselmo defuncto successerat, ingreditur, » etc.

II. Guido seu Wido de Anco, in Anselmi locum suffectus est : « Ætate quidem juvenis, sed moribus senex, » refert historia manuscripta. Item : « dum esset decanus castitatis amator, et ecclesiastici officii assiduus frequentator. » Decanus pariter et archidiaconus fuit. Ipse (ut ferunt chartæ Laudunensis Ecclesiæ) « fecit ut supprimeretur munus quoddam præpositi, quod magno oneri esset ipsi Ecclesiæ. »

Abbatiæ Sancti Vincentii Laudunensi quædam contulit ad hunc modum. « Ego Wido sanctæ Laudunensis Ecclesiæ decanus, et totus conventus, etc. Notum facimus, etc., quod cum in territorio villæ nostræ, quam Brisseium vocant, versus Mechaniam, in loco ubi dicitur Report, terram incultam haberemus, Anselmo abbati et monachis S. Vincentii qui in ipsa Mechania curtem unam habent, de terra illa duas carucatas ad omnes rigas ad terragium nonæ gerbæ, ita libere, sicut et ipsi obtinebamus, perpetuo jure concessimus; et quoniam præfata B. Martyris Ecclesia specialiter Ecclesiæ nostræ filia esse dignoscitur, et nos ipsi in ipsa sepeliri tenemur, concessimus ejusdem. Ecclesiæ fratribus quidquid in Ecclesiis nostris hactenus acquisierunt, et deinceps acquirent, et quidquid episcopi Laudunenses eis contulerunt, vel in posterum conferent, libere possidendum. Actum in capitulo nostro, anno Domini 1139. » Ita chartularium.

Verum cum sanctitatis ejus et doctrinæ fama ubique personaret, ad episcopatum Catalaunensem anno 1140 aut 1142 assumitur. Hermannus qui supra lib. III, cap. 352.

III. Gualterus de Mauritania anno 1152. Hic, exemplo Ludovici VII regis Francorum, qui jus omne quod in Molendinum d'Argentré habebat, ecclesiæ Præmonstratensi dederat, cum capitulo suo jus quoque suum in prædictum Molendinum contulit, ea potissimum de causa, « Quod dicta ecclesia Præmonstratensis ab ipsis decano et capitulo procreata esset, et in medio suæ domus ut filia maneret. » Verba donationis anno 1149 factæ.

Ipse etiam capitulumque ea bona concessit, quæ Præmonstratensis abbatia possidet in Valiscurto; quod patet ex hisce litteris anni 1153.

« In nomine sanctæ et individuæ Trinitatis. Quia naturæ mutabilis exigente defectu, generatio præterit et generatio advenit, sitque ut vetustas oblivionem, oblivio confusionem pariat et contentionem, necessarie mos inolevit ut beneficia vel possessiones ecclesiarum scripto tradantur, et transmittantur ad notitiam posterorum. Ea propter ego Galterus Dei gratia Sanctæ Mariæ Laudunensis Ecclesiæ decanus, totusque capituli nostri conventus, notum fieri volumus, tam futuris quam præsentibus, quod contulimus ecclesiæ Præmonstratensi sub annuali censu alodia de Valescurt cum appenditiis suis, scilicet silva, de Mesloi, et cultura quæ est in confinio de Landerfai, et cæteris omnibus pertinentiis, et altaria cum dotibus suis, et decimis, tam in territorio de Moncels quam de Murci et de Valescurt, et in eisdem locis impositionem sacerdotum idoneorum, quos videlicet in præsentia nostra adducent ipsique fidelitatem nobis facient, quod justitias nostras, tam proprias quam communes, pro posse suo tenebunt; ea siquidem conditione, quod eadem Præmonstratensis Ecclesia persolvet nobis singulis annis circatas in synodo de Murci et de Valescurt, et septem modios, et quatuor galetos frumenti, et modium unum pisorum ad mensuram in civitate Laudunensi, eo tempore quo hæc acta sunt currentem; quod utrumque sine diminutione vel augmentatione servabitur. Hoc autem frumentum tale solvitur quale in duobus, vel tribus, aut pluribus mercatis, uno nummo minus valeat cariore, reperitur. Pisa quoque denario uno minus valentia carioribus persolvuntur. Terminus vero persolvendi est a festo Sancti Remigii usque ad mediam Quadragesimam, infra quem terminum, quocunque die, vel tempore voluerint aut potuerint, solvent, et apud Laudunum ad cellarium nostrum cum propria vectura conducent, ipsique conductores duo ad currum, unus ad rhedam, ea die si in refectorio comederimus victum a nobis accipient. Persolvuntur etiam nobis annuatim a præfata Præmonstratensi Ecclesia quinque solidi bonæ monetæ, pro quadam portione terræ illius quæ præscripta est; de qua inter nos et monachos Sancti Vincentii querela aliquandiu habita, et sub adnotatione ejusdem census fuerat terminata. Sciendum præterea inter nos convenisse quod si monachi Sancti Nicolai de Pratis terram de Tuscis, quam a nobis censualiter tenent, renuntiaverint, Præmonstratenses sub eodem censu quo et illi, viginti scilicet galetis frumenti ad mensuram Laudunensem, eam accipient. Si quis igitur eos super his inquietaverit, qui justitiam subterfugerit, nos pro eorum liberatione, etiam usque ad Remensem curiam cum eorum expensis laborabimus, et si longius ire necesse fuerit, consilium et auxilium sine expensis nostris exhibebimus. Si vero malefactorum audientiam subterfugerit, nos cum eis eamdem justitiam quam de propriis nostris reddibus facere consuevimus, exsequemur. Quod ut ratum et inconvulsum permaneat, et prius quidem per nos prædicta alodia sub præsentia et testimonio circummanentium terminavimus et ecclesiæ Præmonstratensi assignavimus. Quorum nomina hæc sunt: Bernardus Villicus de Moncels, Wibertus filius Constantii Siuvart, Paganus de Derci, Odo Aldent, Herbertus de Boisnero et de Parem, Odo miles, Robertus villicus, Richardus et filius ejus, Terricus Wascelinus; ac postmodum chirographi conscriptione, et legitimarum testium utriusque capituli adnotatione; nec non etiam utriusque sigilli impressione, præsentem paginam communiri fecimus. Signum Walteri Laudunen. episcopi. S. Richardi, etc. Et actum Laudunii, anno Incarnati Verbi millesimo centesimo quinquagesimo tertio; indictione prima, epacta vicesima tertia, concurrente tertio. »

Dedisse et alia quædam monasterio Sancti Nicolai de Silva, eodem decano agente, capitulum Laudunense, notant veteres membranæ ann. Domini 1151, 55, 56, 57 et 59 exaratæ.

Vita functo Galtero de Sancto Mauricio episcopus Laudunensis electus Romam proficiscitur, atque ibidem episcopatu 1155 inauguratur; Joannes a Guisia lib. XXIV, cap. 3; Sigibertus, et Martyrologium Ecclesiæ Laudunensis.

Ne in posterum pro more nefando, quæ episcopatui acquisierat bona permulta, regia potestas usurparet, a rege Francorum Ludovico VII, hocce præceptum obtinet hac forma. « Ego Ludovicus Francorum rex, Galtero Laudunensi episcopo, ejusque successoribus in perpetuum; sollicitudinem quam videntes gerimus pro Ecclesiis regni, post vitæ præsentis decursum apparere volumus posteris, in Laudunensi Ecclesia præsul erat magister Galterus, qui longo tempore decanus illius exstiterat, et episcopis sui temporis quamplurima viderat defecisse; exemplo decessorum suorum territus, et sibi præcavens, pontificalem insidens cathedram, dedit operam agriculturæ, etc. Actum publice Parisiis anno Incarnationis Domini 1158, regni vero nostri xxii. »

Interest episcopus concilio Turonensi anno 1163 celebrato ab Alexandro tertio summo pontifice, una cum Henrico suo metropolitano, minime vero cum Guillelmo, ut vult Robertus in Gallia Christiana; Guillelmus siquidem anno tantum 1177 ex Senonensi ad Remensem translatus est sedem; at concilium illud coactum anno 1163.

Gualterus anno 1173 naturæ concessit.

IV. Liziardus præficitur 1155 ut ex diversis chartis colligo, quibus subscripsit ipse decanus ad annum usque 1168.

Inter alia isthæc instituta visere est : « Sancitum est etiam quod nullus nisi personatum habuerit, aut viginti quinque annorum fuerit, antequam subdiaconus sit, ad sedem subdiaconorum ascensum habebit. Ne autem hujusmodi institutio ab aliquo mutari vel infringi possit, sigilli nostri impressione, et approbantium subscriptione muniri fecimus. Sigilli domini Galteri episcopi, et Liziardi decani, etc. Actum Lauduni in capitulo, anno Incarnationis Verbi 1159. »

Illius opus est liber stallis incathenatus in inferiori parte chori, vulgo Ordinarius liber vocatus, in quo rite ordinantur quæ antiquitus ad cæremonias et officium divinum ejusdem Ecclesiæ spectabant. Synodus Andegavensis ann. 1261 his verbis : Statuimus quod in singulis ecclesiis liber, qui dicitur Ordinarius, habeatur, in quo respiciunt sacerdotes singulis diebus ante vesperarum inceptionem, ut ipsas vesperas, matutinas, et officium diei sequentis faciant, et exsequantur juxta ordinariam instructionem. » Ut est in libro decretorum Ecclesiæ Gallicanæ, collectore Laurentio Bochello lib. 1, tit. 19, cap. 4. Quæ autem ab hoc Liziardo redacta sunt in hoc Ordinario ad solum feriarum et Dominicarum officium pertinent : quæ porro ad dies festos spectant (de quibus infra) ab alio decano sunt concinnata. Commutatio quædam Liziardo decano facta est hac forma : « In nomine sanctæ et individuæ Trinitatis. Ad nos pertinet quæ in præsentia nostra fiunt attestari, et ne oblivioni tradantur, scripto commendare. Eapropter ego Liziardus Dei gratia decanus Laudunensis, notum facimus quam futuris tam præsentibus, quod communi capituli nostri assensu terram, quam terræ ecclesiæ S. Martini de suburbio Laudunensi contiguam habuimus, quæ muro ejusdem ecclesiæ inclusa est, quæ et de dote altaris Sancti Cirici erat, et duos nummos censuales nobis annuatim solvebat, cum justitia, districto, et venditionibus ejusdem terræ, ecclesiæ Beati Martini libere possidendam in concambium dedimus, pro medietate campi subtus montem clericorum siti, sex nummos censuales annuatim persolventes. Quam cum justitia, districto, et venditionibus ejusdem medietatis prædicti campi, Garinus abbas præfatæ Ecclesiæ assensu capituli sui nobis vicissim in concambitionem dedit;

quam cambitionem, ut amodo rata permaneat, sigilli nostri, et sigilli Sancti Martini impressione, et chirographo, ac testium subscriptione muniri fecimus. Signum Galteri, thesaurarii Laudunensis. Signum Roberti, etc. Actum Laudunens. in capitulo nostro anno Incarnati Verbi millesimo centesimo sexagesimo quinto. »

« Agotus cancell. relegit, scripsit, et subscripsit. »

V. Anselmus signum apposuit chartæ Galteri episcopi Laudunensis qua donationem San-Vincentiano monasterio factam confirmat anno 1168.

VI. Robertus sedit ab anno 1172 ad annum 1173. Chartularium Laudunens. Ecclesiæ.

VII. Raynerus decanus; cujus nomen exaratum in antiquis schedis, anno videlicet 1178 reperitur.

VIII. Robertus II San-Vincentianum monasterium jus ad illa tempora firmum stabileque servaverat, ut ecclesia S. Vincentii « inviolabilis sepultura episcoporum, canonicorum, et casatorum Ecclesiæ Laudunensis » appellaretur. (Quod et non ita pridem ecclesia S. Joannis Laudun. obtinuerat) canonici nihilominus, decani dum munia obiret Robertus, sibi cœmeterium erigere tentarunt, hinc lites, contentionesque multiplices exortæ. Qua de causa arbitri communi partium assensu electi sunt. Horum Hugo abbas Sancti Vincentii suis litteris arbitrium patefacit in hunc modum : « Venerabilibus fratribus et amicis, Roberto decano, et capitulo Laudunensi, Hugo humilis abbas B. Vincentii Laudun. et totius ejusdem Ecclesiæ conventus in Domino salutem. Noverint universi quod orta inter nos et vos dissensione super cœmeterio nostro, quod contra jus nostrum, et antiquam consuetudinem de novo construxisse videbamini, tandem in dominum Willhelmum Remensem archiepiscopum, tit. Sanctæ Sabinæ cardinalem, apostolicæ sedis legatum; Simonem Beati Remigii Remensis abbatem; et magistrum Meliorem Remensis ecclesiæ vicedominum; hinc inde fide interposita compromisimus. Ipsi vero deliberato inter se, debita maturitate, consilio, pro bono pacis inter nos et vos, taliter transegerunt: Vestrum siquidem cœmeterium vobis in perpetuum liberum remanebit; ita quod tam episcopis quam canonicis et casatis Ecclesiæ vestræ, et aliis quibuslibet personis tam clericis quam laicis, liberum sit ibidem eligere sepulturam. Quod si quis eorum casatorum alibi quam apud vos et nos sepultus fuerit, jus nostrum et vestrum communibus expensis et laboribus prosequemur; et emolumentum æqualiter patiemur bona fide, canonicis vero vestris, et apud vos et apud nos, et ubicunque voluerint erit liberum sepeliri. Vos igitur in recognitione antiquæ consuetudinis nostræ duodecim denarios Laudunensis monetæ nobis in festo sancti Vincentii annuatim persolvetis. Quod, ut ratum permaneat, chartam istam sigilli nostri impressione muniri curavimus. Actum anno Incarnati Verbi millesimo centesimo octuagesimo tertio. »

Privilegium decano Laudunensi ab Innocentio II concessum, Guillelmus ille archiepiscopus vice summi pontificis repetitis verbis declarat : « Præterea concedimus vobis, quod et piæ recordationis Innocentius papa vobis indulsit, ut sive præsente, sive absente episcopo vestro, malefactores vestros excommunicare, vel absolvere possitis, et cum aliquis a vobis excommunicatus fuerit, nemini liceat absolvere, nisi prius præstita satisfactione, etc. Actum anno Incarnationis 1179. »

Robertum ad annum 1190 egisse decanum notant antiquæ membranæ.

IX. Gislebertus 1199 vix annuo decanatus officio functus.

X. Michael de Corbolio frater Reginaldi de Corbolio LXXVII archiepiscopi Parisiensis; primum canonicus Parisiensis; deinde decanus Meldensis, ac tandem Laudunensis, 1191. At cum post hac Michaelem sibi in decanum Parisienses cooptassent, obstitere Laudunenses; quibus, ut illum cederent, scripsit epistolam Stephanus Tornacensis. Demum doctrinæ pietatisque fama longe lateque personante, patriarcha ex decano Parisiensi eligitur; verum in itinere positus ad sedem Senonensem invitus rapitur. Michaelem inter archiepiscopos Senonenses annumerant Jacobus a Guisia, et Demochares.

XI. L...... decanus reperitur 1193.

XII. G...... paciscitur cum monachis Sancti Joannis Laudunensis 1193.

XIII. Adam de Cordlandon, vir nobilis in vico comitatus Roussiaci, Fismensi urbi contermino natus. In eo septem præbendas fundavit, ea lege, ut si quando canonici persistere non possent, earum reditus Ecclesia Laudunensis possideret. Hostem infensissimum habuit hac tempestate eadem Ecclesia Ingelrannum de Couciaco, qui omnia ditionis Ecclesiæ bona, agros, vicos, etc., more immanissimi tyranni diripuit, expilavit, decanum carceri mancipavit, et ad summam calamitatem canonicos redegit. Quamobrem a divinis laudibus siluere, præfatumque Ingelrannum anathemate percussere et Laudunensis et Remensis provinciæ antistites universi, qui opem omnes et solamen Laudunensibus offerunt. Locuples hujusce rei testimonium proferunt inter alia litteræ canonicorum Remensis Ecclesiæ; habent ita : « Viris venerandis, et amicis reverendissimis, Adamo decano totique Laudunensis Ecclesiæ capitulo, M. præpositus, H. cantor, cæterique Remensis Ecclesiæ fratres, salutem, et verum et constantem sinceræ dilectionis affectum. Novit cogitationum et operum scrutator et cognitor Deus quod injuriam quæ illata est vobis, etc. Scimus enim quod negotium istud universas Ecclesias communiter tangit, et per impunitatem tanti flagitii commune imminet periculum ecclesiasticæ libertatis. Sed ne vobis parum quod hactenus fecimus videatur, ad præstandum vobis aliquod consolationis remedium, et tollendam de cordibus vestris suspicionem, corpora sanctorum, quæ in ecclesia nostra requiescunt, cum feretris super pavimentum deponenda, et spinis decrevimus circumdanda, et ante sacratissimum corpus et sanguinem Domini nostri Jesu Christi contra prædictos persecutores vestros singulis diebus humiles proclamabimus, et prostrati. Et si jam dictum Ingelrannum in ecclesia, vel civitate Remensi noverimus esse præsentem, cessabimus a divinis. »

Quibus adde litteras episcopi et canonicorum Ecclesiæ Suessionensis relatu haud indignas : « Hugo Dei gratia episcopus, S. præpositus, G. decanus, totumque matris Ecclesiæ Suessionensis capitulum, viris venerabilibus, et in Christo charissimis, decano, et capitulo Laudunensi, salutem; et pro libertate Ecclesiæ stare viriliter, nec deficere in adversis. Cum in hujusmodi volutabro nullam certam habuerimus mansionem, nec adhuc etiam habeamus, etc. Turbati sumus siquidem et dolemus, quod Ecclesia tanti nominis, tantæ dignitatis, quæ aliis Ecclesiis in consilio et auxilio consueverat subvenire, et consolationis libera porrigere desolatis, nostris temporibus jam præsentit præambulos Antichristi. Unde ad supportandum onus vestrum, et desolationem vestram, imo nostram, ardenti animo, et ferventi desiderio, corda et corpora nostra, vobis universis et singulis exponimus, et res nostras, rogantes vos cum quanta possumus affectione, et sub fœdere dilectionis et firmitatis inter nos et vos in posterum conservandæ, attentissime requirimus, quatenus intuitu dilectionis mutuæ, et quia sumus ad invicem debitores, bona nostra quæ vobis exponimus tanquam vestra propria accipiatis confidenter et secure, et eis uti velitis in omnibus tanquam vestris, et si vobis placuerit ad nos divertere, vobis parati sumus occurrere, et cum omni honore debito et devoto in domibus nostris vos honorifice recipere et liberaliter pertractare. »

Solitos autem fuisse ecclesiasticos viros a precibus horariis, et a divino sacrificio feriari, donec bona dirempta restituerentur indigitat Ivo Carnot. epistola 121.

Tandem mentis compotem factum Ingelrannum, et scelerum pœnitentem, Stephanus Noviomensis, et Anselmus Laudunensis episcopi, a summo pontifice delegati, criminibus solvunt.

Cæterum Adam societatem iniit cum S. Vincentii cœnobitis anno 1196. Librum, cui titulus Ordinarium Ecclesiæ, sive Ordo divini officii, in quo præscribuntur quæ sunt diebus festis observanda, conscripsit.

Ad annum usque 1223, decanum egisse constat ex Chartulario ejusdem ecclesiæ.

XIV. Galterus de Chambli, cujus familia in episcopatu Laudunensi clarissima est hodieque, Romam perrexit rescriptum inquisitionis, ut vocant, petiturus adversus episcopum Laudunensem, quod successor obtinuit. E vita migrat 1229.

XV. Stephanus de Bria, præfatum inquisitionis rescriptum ipsi concessit Romanus pontifex, quo sententiam excommunicationis in decanum et capitulum prolatam coegit episcopum revocare.

De Stephano mentionem facit Chartularium Laudunense ab anno 1230 usque ad 1232, additque : Stephani testamenti exsecutor exstitit Jacobus de Trecis, dictus Pantaleon, seu de Gnatopalatio, canonicus Laudunensis, postmodum summus pontifex Urbani IV nomine.

XVI. Guido de Castro Portuensi. « Qui (verba sunt Chartularii) fere per annum et amplius pro decano se gerere noluit, ideoque sedebat capitulum suppresso nomine decani. » Sed ubi decanatum abdicasset, in episcopum Suessionensem evectus est.

XVII. Guido de Triangulo ex archidiacono hujus Ecclesiæ decanus, anno 1234, mense Maio. « Sic enim eo tempore prædictus Guido de Castro Portuensi renuntiavit decanatui, et fuit in decanum electus dominus Guido de Triangulo. » Chartularium sæpe productum. Is autem decessoris secutus exemplum, cum per annum decanus sedisset, medio in capitulo ea se dignitate deposuit anno videlicet 1255. Idem Chartularium.

XVIII. Iterus de Malonido, frater Anselmi Laudunensis antistitis, archidiaconus, communi canonicorum suffragio decanus eligitur. Iniit ann. 1236 ad 1258. Prodit hæc Chartularium, velut et Itero munia decanatus obeunte, Jacobus de Trecis (cujus supra meminimus) litteris, jure potissimum canonico et theologia apprime eruditus, canonicus et archidiaconus Laudunensis, capellaniam in æde sua claustrali ædificavit et fundavit; cujus conferendæ jus ad decanum, sive ad eum qui divina officia celebrat, hebdomadarium vulgo vocitatum, attinet. En litterarum pericope fundationis. « Universis præsentes litteras inspecturis, Iterus decanus, et capitulum Laudunense, in salutis Auctore salutem. Noverit universitas vestra, quod cum dilectus canonicus noster dominus Jacobus de Trecis in domo sua, in claustro Laudunensi, quam a nobis ad vitam suam emerat, ædificasset de novo, non modicum sumptuosam, nos attendentes, etc. Actum anno Domini 1237, mense Julio, feria tertia post Pentecosten. »

XIX. Garnerus decanus ex archidiacono Laudunensi, deinde episcopus ejusdem Ecclesiæ in locum Anselmi suffectus est. Rebus humanis exemptus anno 1249, primus omnium sepulturam medio in choro cathedralis ecclesiæ sortitur : siquidem ante hac episcopi in San-Vincentiana ecclesia (quod supra notatum est) funerabantur.

XX. Guillelmus Remensis archidiaconus Garnero in episcopum allecto, decanus est designatus. Subscripsit litteris, an 1244. Ac demum purpureo galero ab Urbano papa IV donatur 1263.

XXI. Helias de Caturco vir morum probitate juxta atque scientiis clarus; primum canonicus Paris, deinde a summo Ecclesiæ hierarcha decanus Laudunensis asseritur 1261 vel 1262. Is nihilominus pauco post tempore id muneris papæ reddidit alteri conferendum, quod his ex litteris bullatis ejusdem pontificis perspectum habetur. « Tu, hujusmodi gratiose tibi factam a nobis gratiam gratanter recipiens et paternam quam ad te gerimus benevolentiam ex hoc plenius recognoscens, provisionem hujusmodi receptasti, et tandem per tuas litteras, expositis quibusdam tuis rationabilibus excusationibus, supplicasti nobis humiliter ut excusationes ipsas admittere, teque a provisione exonerare prædicta, et decanatum eumdem conferre alii personæ idoneæ curaremus. Nos igitur, » etc.

XXII. Joannes ex præposito Torlatensi anno 1263 ab Urbano papa sufficitur. Fuit insignis litteraturæ et pietatis in Parisiensi academia theologiæ professor, quemadmodum pontifex ille significat : « Personam, inquit, insignem cum magna sollicitudine quærentes, quæ virtutum insigniis decorata, in eadem ecclesia Laudunensi per multæ diligentiæ studium multiplicet ornamenta decoris, ad dilectum filium magistrum Joannem præpositum Torlatensem Morinensis diœcesis, capellanum nostrum, tanquam ad virum fama præclarum, et virum, sicut a fide dignis habemus, probatæ virtutis, et probitatis expertæ, ac regentem Parisiis in Theologiæ Facultate, apostolicum convertimus intuitum, » etc.

Joanne ex mortali vita sublato 1268, sive 1269,

XXIII. Guillelmus de Matiscone locum ipsius sortitur ad annum circiter 1271. Deinde ad episcopalem Ambianensis Ecclesiæ sedem evocatus, in gratiam Laudunensium anno 1279 tulit sententiam ; inter cætera habet ista : « Nos Guillelmus Ambianensis episcopus, etc., attendentes etiam qualiter eo tempore quo in officio fuimus decanatus nos usi pacifice fuimus in prædictis, » etc.

XXIV. Joannes Raynaldus canonicus Laudunensis, quem decanum Gregorius papa X declarat ad hunc modum : « Gregorius episcopus, servus servorum Dei, dilecto filio magistro Joanni Raynaldo, capellano nostro, etc. Hinc est quod nos personam tuam ob tuorum meritorum prærogativam favore speciali gratiæ prosequentes, decanatum Ecclesiæ Laudunensis cum suis juribus, libertatibus, et pertinentiis, per liberam resignationem dilecti filii magistri Guillelmi de Matiscone, tunc ipsius Ecclesiæ decani, in manibus nostris factam ; tibi ipsius Ecclesiæ canonico de gratia speciali concedimus, providemus tibi de illo, et te per annulum nostrum investimus, etc. Datum apud Urbem veterem, secundo Idus Januar., pontificatus nostri anno primo ; » qui in annum incidit 1271.

XXV. Stephanus de Villa Mauri subscripsit quibusdam schedis 1290.

XXVI. Milo. De quo hæc habent litteræ : « Universis præsentes litteras inspecturis, Milo decanus et capitulum Laudunense, salutem in domino. Noveritis quod cum nos anno 1295 die Jovis ante Nativitatem beati Joannis Baptistæ, hora capituli, pulsata campana, prout moris est, essemus in nostro capitulo generali constituti de status reformatione nostræ Laudunensis Ecclesiæ, » etc.

XXVII. Hugo de Castellione. Huic Clemens V papa, tum Pictavii degens, privilegium concessit, sui pontificatus anno secundo, quatenus a Laudunensi Ecclesia ob quædam privata negotia posset abesse. Ab anno 1298 decanatum gessit ad annum 1310.

XXVIII. Garnerius ex familia de Thoulis, ut constat ex instrumenti hujusce verbis : « Anno Domini 1312, quarta die mensis Decembris, vir discretus, dominus Garnerius de Thoulis, decanus Ecclesiæ Laudunensis, » etc. A Garnerio obtinet Robertus de Martigniaco, ut ipsa die Parasceves (quod antea insolens fuerat) possessionem iniret, atque in capitulo admitteretur, anno 1313. Excessit anno 1322.

XXIX. Joannes decanus ad annum 1326.

XXX. Adam de Bugnivilla, præfecturam egit ad annum plus minus 1329.

XXXI. Guido. Cum decani ipse munus expleret, multæ sunt lites exortæ, quod jurisdictionem in canonicos, cæterosque clericos Laudunensis Ecclesiæ, et eorum ministros Albertus de Roya episcopus prætenderet, sed profuit nihil; quippe ita jus suum perpetuo canonici conservarunt, ut prorsus ab episcopi potestate hactenus eximantur.

XXXII. Dionysius de Quadrollis anno 1350. Robertum Laudunensem episcopum inauguratum in sedem, quo possessionem adipisceretur, induxit; habet vetus codex cæremoniarum, *Liber albus* vocitatus.

XXXIII. Adam Decola. In chorum pariter Gaufridum le Maingre ex decano Turonensi episcopum Laudunens. deduxit. Vacasse decani sedem ann. 1370 indicat Chartularium.

XXXIV. Stephanus Lescaillart. Ex litteris Clementis papæ VII Avenione scriptis 1389 sedem occupasse apparet. Summus pontifex isdem Marcheiensis parochiæ redditus, ad instaurandam ventis, pluviisque infestatam sacram basilicam, Ecclesiæ Laudunensi concessit. Vixit circiter ad an. 1396.

XXXV. Balduinus de Mepa 1397. Registrum Ecclesiæ.

XXXVI. Joannes de Choisiaco decanus, necdum sacris initiatus a Benedicto papa XIII creatur. « Quamobrem capitulum (ut est scriptum in eodem registro) tertio et pridie Idus Junii anno Domini 1398 ea conditione investiendum censuit, ut, dum installaretur et fidem juramento præstaret; almutium seu armilansam ipse non haberet, sed in manus buticularii sive syndici dictæ ecclesiæ deponeret, quo facto eam gratiam a capitulo impetravit, ut sibi dehinc liceret uti hujusmodi armilansa, sic tamen ut illam in brachio deferret, non vero illam (ut tunc moris erat) gestaret in capite. Ut autem hoc ei concederet capitulum, movit, quod præsens non esset adfuturus : ipsi enim curiæ ducis Burgundiæ adhærenti pontifex assiduitatem Ecclesiæ debitam remiserat. » Post menses XVIII, capitulo decanatum reddidit.

XXXVII. Petrus de Bicura die XXI Junii an 1400. Id muneris obibat adhuc 1412.

XXXIX. Joannes Marteguin annis 1421-1426. Decanus exhibetur.

XL. Petrus Goudeman. Sententia decretoria summi senatus Parisiensis, Petro decano, de lite inter episcopum Laudunensem ejusque vicarium episcopum Appamiarum, lata est in gratiam capituli, die XIX Novembris anni 1442.

XLI. Petrus de Longolio annis 1451-1455.

XLII. Joannes Dixme permutavit archidiaconatum Terraseæ (vulgo *Thiérache*) cum Petro de Longolio, anno 1456. Ex regis mandato interfuit una cum Antonio de Crespin sive Crespy episcopo Laudunensi generalibus Galliæ comitiis in oppido Montargiensi.

XLIII. Thomas de Poissiaco 1460. Defungitur 1463, decimo sexto Kal. Februarii.

XLIV. Carolus de Luxemburgo canonicus Laudunensis unanimi canonicorum consensu decanus excipitur die XVII Jan. 1463. Patrem habuit Carolum de Luxemburgo a S. Paulo comitem, matrem vero Joannam de Bar filiam Mariæ de Couciaco.

Carolus de Luxemburgo electione ultimus a capitulo in episcopum Laudun. assumptus est 1472.

XLV. Guillelmus de Armire antea archidiaconus Ebroicensis, decanatum anno 1472 a sede apostolica obtinet, sed ob varias illum inter et capitulum controversias abesse atque dignitatem abdicare cogitur.

XLVI. Stephanus Marque Guillelmo abdicante decanus ex consensu capituli factus, anno 1479. Moritur die quinta Junii 1480.

XLVII. Polyenus sive Pollius Claudet regi ab eleemosynis, arbitris a capitulo tribus constitutis, præficitur die XXX Octobris 1480, ut est in subjectis litteris. « Nos post diversos tractatus multiplicium personarum, finaliter divina favente gratia, etc., reducentes ad memoriam litteras commendatitias domini nostri Francorum regis pro persona scientifici viri magistri Poly Claudet, in eumdem magistrum Poly Claudet direximus concorditer vota nostra, virum utique providum et discretum; litterarum scientia, vita, et moribus merito commendandum ; in sacris ordinibus et ætate legitima constitutum ; ac de legitimo matrimonio procreatum ; domini nostri Francorum regis eleemosynarium ; in spiritualibus et temporalibus multipliciter circumspectum. » Canonicus autem minime cum esset Pollyus, præbendam ipsi contulit episcopus, ac sic demum canonicus est acceptus.

XLVIII. Joannes Godefridi, quem, licet alterum a rege commendatum haberent, forti animo elegerunt canonici, veluti perhibet epistola eorumdem ad regem directa anno 1483 in hunc modum : « Quia decanatus beneficium est maximi ponderis, habens curam animarum omnium habitatorum dictæ Ecclesiæ, et etiam dirigere et supportare omnia et singula onera, tam in spiritualibus quam in temporalibus dictæ Ecclesiæ, ipsi domini capitulantes dicta die, Altissimo favente, taliter intendunt procedere, et hujusmodi electionem secundum eorum conscientiam adimplere, quod præfatus rex merito debebit contentari. » Humana reliquit Joannes mense Aprili 1494.

XLIX. Joannes de l'Or secretorum suffragiorum via decanatum sortitur xix Julii 1495 ad diem xii Maii 1516, quo fatis functus est.

L. Gaufridus de Bonavalle. Crebris in gratiam ipsius datis ad capitulum litteris cum a rege, tum a duce Vindocinensi, tum etiam a cardinali Ludovico Borbonio ea tempestate Laudunensi episcopo, qui tandem arbiter constitutus decanum Gaufridum declaravit 1517, die xii Augusti. At nomine potius quam re gessit præfecturam.

LI. Valeranus de la Haye decanus noscitur ab anno 1522 ad annum 1530, cessisse vero ex tabulis abbatiæ Sancti Joannis Laudunensis constare videtur; siquidem Joannes cardinalis a Lotharingia Remensis archiepiscopus, Vallerannum constituens vicarium generalem dicti monasterii (cujus erat ille abbas commendatarius) canonicum ac thesaurarium Laudunensis Ecclesiæ duntaxat appellat. Adde et Regestum ejusdem Ecclesiæ quod his ipsis eum titulis notat ab anno 1537 ad 1542.

LII. Claudius Carpentier 1537.

LIII. Philippus Esmery ab anno 1548 ad 1554. Quo cedente,

LIV. Anthonius de Herbès, doctor medicus, in capitulo admittitur die xxiv Decembris 1554, et e vita decessit 1556.

LV. Christophorus de Hericourt die xxiv Junii 1556 possessionem inivit. Vir fuit nobili genere in diœcesi Laudunensi ortus, et scientia præditus. Compendiariam Historiam de Jesu Christi triumpho, Lauduni habito adversus dæmonem mulierculæ Nicolaæ Obriæ Vervinensis corpus agitantem, conscripsit. Eamdem Historiam Carolo IX Francorum regi dedicat. Id autem miraculi contigit 1565.

Decanatum primo archidiaconatu mutavit. Ditissimam bibliothecam Laudunensi Ecclesiæ contulit, ac tandem migravit e vita 1570 et sepultura donatus in ipso chori ingressu.

LVI. Firminus le Normand, alias de Trouville, doctor theologus; permutatione facta archidiaconatus cum decanatu, in possessionem inductus est 1549. Ecclesiæ canonicus ecclesiastes exstitit egregius. Obiit die xix Octobris 1578.

LVII. Petrus Emotte Laudunensis, doctoris theologi titulo insignitus; animam egit primo Augusti 1580.

LVIII. Joannes Bertrand, electus xx die Novembris 1580, munere functus vel annos viginti.

LIX. Nicolaus Triplot inter doctores hujus sæculi facile princeps, et hæreticorum expugnator indefessus. Ex archidiacono canonicorum omnium calculo in decanum cooptatus die xxxi Augusti 1600 ac paulo post hac se dignitate abdicavit.

LX. Dionysius Hangart canonicus Laudunensis et doctor theologus, decanatum sede episcopali vacante ex regio diplomate adeptus est xxvi Octobris 1601.

LXI. Joannes Bellotte communi totius capituli suffragio et applausu eligitur die xxxi Augusti anni Domini 1605; prodesse sategit magis quam laudem sibi comparare. Prædicatur inter alias virtutes imprimis inculpata ipsius religio, effusa in pauperes largitas, atque in decanatus administratione prudentia, legum insuper ecclesiasticarum inviolata custodia, et in divinis ministeriis rituum ad amussim observatio. Unde ea disciplinæ claritas in Ecclesia Laudunensi effulsit ut vix, in toto Gallicano orbe canonicorum collegium reperias quod cum Laudunensi conferendum videatur. Nosocomium urbis instaurari, et ad Christianam pietatem postliminio revocari curavit. Annum prope agens octuagesimum generose, ut cleri immunitates ac privilegia illæsa permanerent, elaboravit, multosque labores ea de re est perpessus. Hæc et alia operantem remuneraturus ad se Deus evocavit die viii Septembris 1650.

LXII. Antonius Bellotte, Joannis nepos, juris pontificii doctor, canonicus Laudunensis, antea vicarius generalis illustrissimi ac reverendissimi domini Philiberti de Brichanteau. Decanatus in ejus humeros, priusquam ex hac vita patruus migraret, onus deposuit (abdicatio interim a summo pontifice confirmatur) ac postmodum a capitulo die xvi Septembris 1550 eligitur. Vir est morum integritate et gravitate præditus, ac patrui virtutum proxime inhærens vestigiis, nec non et rei ecclesiasticæ longe peritus.

(⁹²) Cap. IV. — *Cum abbate Ribodimontensi.* Ribemontium, Riburgis mons, Ribodium, « Omnium vero optime Ripemontium in monte situm, ad ripas Isaræ præterfluentis duabus leucis ab Augusta, inquit Lemeræus in Augusta Illust. ad ann. 1095. Schedis nihilominus in antiquis constanter legitur *Ribodimons.* Cœnobium porro sancti Nicolai in Pratis, quod abbas ille regebat, conditorem agnoscit Anselmum Ripemontii dominum: cujus institutio is tabulam evulgare profuturum judicavi.

« In nomine sanctæ et individuæ Trinitatis.

« Ego Anselmus, Ribodimontensis comes, quia sæculo jam in senium vergente, et natura mortalium fragilior, et ætas brevior, et memoria labilior est, » etc. *Vide in Anselmo ad an.* 1099-1101.

Utrumque instrumentum domnus Furscus Beaurain, nostræ Congreg. presbyter theologus, descripsit amiceque communicavit.

Nil præterea impræsentiarum dicere sinunt milites, qui hoc ipso quo hæc scribo tempore, prius Guisianam urbem quam obsidione cinxissent (quam minime ceperunt) armata manu monasterii cuncta diripuere, atque ædificia destruxere.

Robertus in Gallia Christiana, in catalogo abbatiarum, verbo Ribodimonte, fundationis confirmationem a Philippo I, rege Francorum, factam an. 1084 inseruit.

(⁹³) Ibid. — *Apud S. Rufum de Amone.* Avenione monasterium canonicorum regularium. Consule umdem Robertum eo loco, V. S. Rufi.

(⁹⁴) IBID. — *Ego poetice*, etc. Quod perstringit canonicus Laudunensis in chronico :

« Hic (Gualdricus) dum aliquando a dedicatione cujusdam ecclesiæ rediisset, et ad confirmandum si opus foret, cum stola et mitra equitasset, ut erat levis animi, lanceam a manu cujusdam extortam circumquaque agili gesticulatione gestabat; unde cœperunt eum deridere, dicentes vulgariter quod abbas Wibertus poetice sic exposuit.

Non bene conveniunt, nec in una sede morantur
Cidaris et lancea.

Hic pannum sericum auro intextum, quem per eum regina Angliæ miserat reginæ Francorum, abstulit in ecclesia Laudunensi B. Genitrici Dei Mariæ, jussitque fieri casulam, ad ejusdem Matris honorem. Procedente tamen tempore, cum reginæ memoratæ convenissent, et secum ad invicem diu essent collocutæ, mirabatur regina Angliæ, quod nullam mentionem feceret de memorato panno, sic ait ad eam: Non placuit vobis munusculum meum, tamen de potioribus fuit, quod manus nostræ potuerunt attingere. Cui regina Franciæ, ait : Quid est quod loqueris, mi regina? Cui illa : De panno, quem per Laudunensem episcopum vobis mihi, fit sermo. Negat illa se aliquid hujus rei scire. Vocatur episcopus, qui in illo conventu regali aderat; quæritur quare transmissum illi pannum non obtulerit reginæ. Respondet se pannum ei deferendum minime a quoquam accepisse; sed reginæ, inquit, Franciæ, pannum misisti, quem veniens ei indidatæ obtuli; mirantur utræque; sed magis regina Angliæ, putans se delusam, et cum alia loco reginæ adfabulasse, aiens ad episcopum : Ubi igitur regina Franciæ? Similiter et alia ait : Quid est, domine episcope, non cognoscis me? Qui ait : Utique novi. Certe, ait regina, mihi non præsentasti. Qui ait : Reginæ Franciæ obtuli pannum ab hac domina sibi transmissum, quæ est pia Dei mater, regina immortalis, cujus regnum stabile est sine fine. Laudant utræque rei factum, et approbant donum.

647 « Walderico successit Hugo decanus Ecclesiæ Aurelianensis. Quo post 6 menses mortuo, Bartholomæus fit Laudunensis episcopus, cujus industria cathedralis ecclesia in brevi reparata, iterum fuit consecrata; in multis quoque locis in quibus religionis fervor non fuerat, per eum est dilatatus. »

Et Guillel. de Nangis Historia inedita, ad an. 1113, ab his non discrepat : « Valdrico Laudunensium episcopo a suis civibus nequiter perempto, Hugo Aurelianensis Ecclesiæ decanus substituitur. Quo post septem menses mortuo, » etc.

(⁹⁵) CAP. IV. — *Non bene conveniunt*, etc. Alludit ad Ovid. Metamorph. III, 5, 14.

(⁹⁶) IBID. — *Hanaporum et scutrarum*. Hanapum patera est, sive cymbium, Gal. *hanap*, *tasse*. Scutra vasis genus, paropsidis instar. Plaut. in Persa, Act. I, scena III.

Commisce mulsum; struthea colutheaque appara,
Bene ut scutris concaleant, et calamum injice.

(⁹⁷) CAP. V. — *Monasterii Puellarum Castellanus.* Castellanum vulgo arcis præfectum vocitari probe scio, l. II. De fundis limitrophis, lib. II. Cod. Tit. 59. Verum secus hoc loco, ut reor, usurpatur pro advocato nimirum, cujus præcipuum munus erat, ecclesias vel monasteria tueri. Nil frequentius scriptores antiqui. Capitul. lib. VII, cap. 308 : « Pro Ecclesiarum causis, ac necessitatibus earum, atque servorum Dei, executores, vel advocati, seu defensores, quoties necessitas ingruerit, a principe postulentur; et ab eo fideliter atque libenter juxta canonicas sanctiones fidelissime dentur. » Duplicis generis advocati, nati, et dati. Videsis Glossarium Pithæi ad capitul Caroli Magni et perdocta Francisci Bosqueti observationes ad epist. 122, 134 et 191 Innocentii III, pag. 143; 149 et 188.

Advocatum concedit monasterio Anianensi Ludovicus Pius suis litteris in eam rem conscriptis. Habent hæc verba.

« In nomine Domini Dei et Salvatoris nostri Jesu Christi, Ludovicus divina propitiante clementia, imperator Augustus.

« Si petitionibus servorum Dei justis et rationabilibus, divini cultus amore favemus, » etc. *Vide inter diplomata Ludovici Pii. Patrologiæ t. CIV.*

648 (⁹⁸) CAP. V. — *Quæ basilicæ caput.* Locus ecclesiæ prominentior, sic dictus quod instar fuerit cervicalis, vernacule *chevet*. In basilicis Sancti Dionysii in Francia, Sanctæ Genovefæ Parisiis, Sancti Benedicti Floriacensis, et alibi id genus capitum visuntur hodieque.

(⁹⁹) IBID. — *Mastigia chlamydis a tergo rejecta.* Difficile admodum est mastigiæ etymon aperire: verum si conjecturæ locum dare liceat, mastigiam opinor chlamydis quoddam vinculum, quo veluti ligula utraque pars anterior connectitur. Conjecturæ nostræ videtur suffragari Severus Sulpicius, Dialog. libro II, cap. 4. « Consurgunt omnes pariter in verbera; consumit Gallicas mularum pœna mastigias. » Vides eo loci mastigiam lori esse genus seu corriaceum retinaculum.

(¹⁰⁰) CAP. VII. — *Ut capite censi.* Uno verbo, id est mancipia, quæ quotannis tributum solvere tenebantur. Charta Flaviniacensis monasterii relata ab Andræa Duchesne in probat. Historiæ Vergiacensis, pag. 21. « Archivisa et filios suos sub eo censu, ut masculi denarios quatuor de capite annis singulis. »

(¹⁰¹) IBID. — *Apud Sanctum Vincentium.* Quandoquidem præ manibus habeam cœnobii Sancti Vincentii Historiam, ex veteribus schedis a docto Emiliano de la Bigne sacerdote nostro theologo (ex qua, quæ relaturi, pauca studio nostro adjecturi desumemus) libet paulo diutius hic immorari, ad lustranda tum antiqua illiusce monasterii monumenta, tum etiam antistitum seriem, memorandaque facta nonnullorum recensenda.

Summarium historiæ monasterii et abbatum series sancti Vincentii Laudunensis.

Lauduno Clavato quasi insidet Sancti Vincentii

monasterium. Uno ferme lapide distans ab eadem urbe situm est in monte, quem inter et ipsam urbem (in monte itidem collocatam) vallis interjacet.

Fundatur (ut conjectura est) a Bruna Clodovei I regis Francorum filia, quam e tyrannide regis Gothorum ereptam, in Gallias frater Childebertus tum regnum tenens Franciæ reduxerat. Adeo siquidem tenebris obvoluta sunt illius monasterii primordia, adeo altum silentium apud historicos, ac veterum monumentorum penuria tanta ut vix conjecturis possit inniti. Verum ne gratis isthæc protulisse appareat, hoc affert testimonium domnus Emilianus ex vetusto scrinii officialitatis Laudunensis codice ms.

« Anno Domini quingentesimo sexto Bruna regina Hispaniæ plura sanctorum cœnobia fundavit, et ædificia mirandi operis, inter quæ cœnobium Sancti Vincentii Laudunensis, tempore sancti Remigii Remensis archiepiscopi, et sancti Genebaldi, episcopi Laudunensis. »

At verosimilius Brunam esse Brunichildis, non conjugem, sed filiam regis Gothorum, Sigiberto Galliæ regi conjugio copulatam. Unde autem Brunæ nomen sortita, indicat Chronicon Besuense : « Porro Sigibertus cum videret fratres suos viles uxores accipere, Gogonem majorem domus causa legationis ad Anagildum direxit, petens ut filiam suam, Brunam nomine, conjugio traderet, etc., ad nomen ejus ornandum est auctum, ut vocaretur Brunechildis, » etc. (Est et Gregorii Turonensis sententia Hist. Franc. lib. IV.) « Tanta mala et effusiones sanguinis, Brunichildis consilio factæ sunt in Francia, ut prophetia Sybillæ impleretur dicens : Veniens Bruna de partibus Hispaniæ, ante cujus conspectum gentes peribunt; hæc vero equitum calcibus disrumpetur. »

Post fundationem, institutionemque monachorum, variis est labefactata cladibus abbatia Sancti Vincentii; quam et diversis clerici incoluere temporibus; ac tandem anno salutis 948. [Roricius sive Rorico Caroli Simplicis filius, præcipuæ pietatis et doctrinæ episcopus Laudunensis ordinatus est, qui antecessores suos Didonem scilicet et Adelelotum imitatus, canonicorum ministerio abbatiam Sancti Vincentii Laudunensis in pristinum splendorem restituere non potuisse considerans operæ pretium fore putavit, si monachorum uteretur; quamobrem e monasterio Sancti Benedicti supra Ligerim duodecim accersivit monachos, quos in eodem sanctuario substituit, eisque Mecalmum præfecit abbatem, diplomate ad hoc confecto.] Hæc verba D. Emiliani. Atque magis ut veritas elucescat illud diploma est adjiciendum.

649 *Charta restitutionis monachorum.*

« Auxilians supernæ propitiationis clementia, ego Rorico, etsi indignus sanctæ Laudunensis Ecclesiæ præsulatum indeptus, considerans ultimæ evocationis sortem, ut cæteris, mihi quoque imminere, peccatorum quoque meorum quam magno depressus gravamine, cœpi apud me tacita deliberatione tractare quiddam huic sedi, cui auctore Deo præsideo, profuturum, meis vero, ut opinor, consulendis criminibus pernecessarium; si quidem in latere montis, cui præeminet civitas, in prospectu scilicet ejus, est ecclesia sita Sancti Vincentii egregii martyris cultu et honore venerabilis, super qua fama ferebatur antiquis temporibus insigne fuisse monasticæ conversationis, quæ quidem moderno tempore omni destitutionis succumbebat penuriæ, donec prædecessor noster Adelmus undequaque sumptibus, duodecim canonicorum in ea assiduum constituit servitutis conventum, ordine vivendi religiosum. Quo ita defuncto, crescentibus diversarum cladium malis, pene ad pristinum relapsa est desolationis detrimentum; quod ego non æquanimis ferens, maxime quia non tantum hujus sedis episcoporum, sed etiam canonicorum, clericorum, nobilium, nec non laicorum habebatur sepultura, accito generali conventu, ipsius consilio deliberavi in antiquum, ut fama erat, monasticæ conversationis statum reformare, et prout temporis dictabat opportunitas; quantulumcumque monachorum ibidem numerum aggregare.

« Evocatis igitur a monasterio Sancti Benedicti, supra Ligerim sito, duodecim monachis, venerabilem eis Melcalanum præfeci abbatem. Quibus inter cætera beneficia à me sibi collata, secundæ sedis dignitatem episcopatus, ab antecessoribus nostris antiquitus eidem Ecclesiæ concessam approbans confirmavi. Sepulturam quoque episcoporum, canonicorum, casatorum, custodum matris Ecclesiæ capellanorum et servientium, ac familiarium eorum. Concessi etiam procinctum montis et vallis districtum, quæ ut sine aliqua calumnia teneant sicut dedi, ita et consilio et assensu prædicti conventus determinavi. Statuimus etiam mittere venerandæ synodo, quæ habita est apud montem Sanctæ Mariæ in pago Tardanensi, mense Maio, ubi recitatum est hoc, residente domino Adelberone archiepiscopo, cum coepiscopis, atque omnium assensu ab eis roboratum.

« Ego S. Remensis Ecclesiæ archiepiscopus subscripsi et corroboravi.

« Actum Launi anno Incarnationis Domini nostri Jesu Christi 961, indict. IV Kalend. Octobris, septimo Lotharii regis. »

Ex majori Chartulario, fol. 1.

Quo ex diplomate bina Ecclesiæ San-Vincentianæ privilegia non vulgaria cernere est; alterum quod episcoporum, canonicorum, etc., fuerit sepulturæ locus; alterum vero quod secunda sit sedes, hoc est, prærogativa donetur, qua Sancti Vincentii abbates proxime post episcopum in Ecclesia Laudunensi ac synodis assideant, debeantque ipso absente sacrum solemniter agere; SS. Christi corpus in processione gestent, et populo ritu solemni benedicant. Quare episcopi eamdem Ecclesiam non modo *secundam sedem*, verum et *primam Laudunensis Ecclesiæ filiam*, consueverunt vocitare. Hujusce rei fidem faciunt chartularia fol. 1. 4, 552, etc., nec non vetustiora cum San-Vincentianæ, tum Laudunensis Ecclesiæ ritualia. Quod privilegium hactenus perseverat.

Est et alia San-Vincentiani abbatis, haud minimi pensi habenda prærogativa. Sua nimirum in ecclesia episcopum (ut ipse episcopatus possessionem adipiscatur) excipit, ac postmodum in urbem conducit, offertque Laudunensis Ecclesiæ capitulo. Sic Chartularia Laudunense, et San-Vincentianum majus, fol. 122.

Institutionem monachorum a Roricone perfectam, laudat Lotharius rex, diplomate Compendii acto in hunc modum.

« In nomine sanctæ et individuæ Trinitatis. Lotharius divina propitiante clementia Francorum rex. Si fidelium nostrorum ratis petitionibus, etc. Quapropter cunctis ejusdem sanctæ Ecclesiæ filiis, fidelibusque nostris, tam præsentibus quam futuris, liquido patere volumus, quoniam venerandus Laudunicæ urbis Rorico episcopus nostram mansuetudinem humiliter postulavit, quatenus pretiosissimi martyris Christi Vincentii basilicæ, in suburbio dictæ civitatis supra montem constructæ, adeoque honoratæ, ut secunda sedes ex antiquo sit appellata, et episcoporum, canonicorum, ac nobilium laicorum totius urbis fuerit sepultura; ob quasdam res ibi noviter fidelium largitione aggregatas nostræ regiæ auctoritatis præceptum renovare dignaremur. Nam eidem loco, petente prænominato præsule, præcepti nostri jamdudum cautionem impertiveramus, cum ille ibi in suam, suorumque et urbis tutelam monasticam constituebat 650 regulam. Cujus petitionem quoniam idoneam et proficuam esse comperimus ob amorem Dei, et præcellentissimi martyris ejus Vincentii, ob salutem nostram, conjugis, et prolis, totiusque nostræ posteritatis; statuimus hoc nostræ auctoritatis, seu renovationis præcepto jam dictæ basilicæ, ut inibi monasticus ordo, Deo auxiliante, perduret. Statuimus etiam ut abbas et monachi, ibidem Domino militantes, militaturive, quiete et libere teneant quæcunque ex antiquo ad ipsum locum possessa, etc.

« Actum Compendio palatio regis, anno Dominicæ Incarnationis 975, anno XXII, regnante Lothario rege, » etc.

Ex Chartulario magno, fol. 5

Summi quoque pontifices multis post annis id firmatum voluere privilegii, maxime Honorius II. « In quibus (ait ipse bullatis litteris ann. 1135 datis Laterani) duximus nominibus adnotanda, sepulturam episcoporum, canonicorum, casatorum, etc. prohibita infra muros civitatis (Laudunensis) omni sepultura, ex quo urbs ipsa a tempore B. Remigii præsulari meruit, et inthronisari cathedra pontificali, » etc. Sic Honorius PP. agente tum Romæ Bartholomæo Laudunensi episcopo.

Superest ut abbatum seriem, non primorum quidem, sed duntaxat eorum, qui post instaurationem regularis disciplinæ rexerunt illud asceterium, attexamus.

Abbatum S. Vincentii Laudunensis elenchus

Melchalmus ex monacho Floriacensi primus post institutionem monachorum an. 948.

II. Bellandus sive Beilandus. Hujusce gratia Adalbero Laudunens. episc. Ecclesiam Petrapontensem Sancto Vincentio largitus est una cum redditibus atque appenditiis. Obiit 989.

III. Lampertus vel Lambertus.

IV. Seigerus.

V. Cadros.

VI. Rogierus.

VII. Hercanneus sive Hervæus; cui Henricus I, Francorum rex, anno 1031, vectigal in suburbio Semiliaco ad radices montis Laudun. concessit.

VIII. Reginerius Corbeia oriundus. Dat ipsi Elinandus antistes Laudun. altare Sancti Gobini, quod et in prioratum erexit.

IX. S. Gerardus, itidem Corbeiæ natus, in fratris Reginerii locum suffectus est, vir pietate ac sanctitate insignis, velut Acta ipsius testantur, quæ suo stylo prosecutus est Hugo Menard. Martyrolog. Bened. Observat. lib. II, ad diem 5 Aprilis: et nos integra, favente Christo, cum aliis evulgabimus. Priora monasterii Silvæ Majoris fundamenta jecit an. 1079.

X. Rogerius.

XI. Adalbero perinde doctus ac probus, atque in forensibus rebus fuit non mediocriter versatus. Rem monasticam perillustravit, auxit facultates monasterii. Anno 1088, prioratum S. Joannis Bapt. de Vendolio, supra Faram ad Isaræ ripam, Adalberoni tribuit Rabbodus Noviomens. episc. Ecclesia Sancti Goberti de Alto monte in Arduenna, prius canonicis, eidem abbati suisque mandris subjicitur. Chartularium minus, pag. 16. et seq.

Quantum illis temporibus (verba Emiliani de la Bigne) propensus ad pietatem erat nobilium animus ex uno Ansello sive Anselmo Ribodimontis comite dignoscitur, qui non solum inclytam Aquicincti in pago Cameracensi dotasse abbatiam, nec alteram, nempe Sancti Nicolai, ad castelli sui radices a fundamentis erexisse contentus, pœnitens malorum quæ fratribus Sancti Vincentii Laud. et eorum hominibus inflixerat, in eorum capitulo, scapulis nudatis, comparuit, atque a monachis se flagellari fecit; ac in jacturæ quam ecclesia passa fuerat, remunerationem, religiosis et hominibus ejus per suas terras, Maceriam scilicet et Ribodimontem, liberum Viomagium est elargitus, etc. Ita in eodem Chartulario.

Quam donationem Elinandus episcopus morti vicinus comprobavit. Demum Adalbero carnis sarcinam exuit, atque in sacello B. Mariæ Magdal. quod ipse construxerat, conditus est. In tumulo hæc verba:

Adalbero abbas

XII. Sifridus Adalberoni religione et doctrina non impar, observantiæ regularis tenacissimus exstitit. Is, opinor, ex priore Sancti Nicolai, (cui epistolam de Buccella Judæ data, inscripsit Guibertus noster) abbas exstitit Sancti Vincentii. Præmonstrati locum, rogante venerabili Bartholomæo episcop. concessit B. Norberto. Litteræ in hanc rem ex bibliotheca Præmonstratensi.

« In nomine sanctæ et individuæ Trinitatis, etc.

« Ego Bartholomæus Dei gratia Laudunensis præsul. Cum ecclesia Sancti Vincentii locum qui Præmonstratus dicitur, qui ad propriam mensam episcopi pertinebat, ex dono prædecessoris nostri Elinandi episcopi haberet, sicut in privilegio ejusdem ecclesiæ continetur, monachi locum illum diu incoluerunt, et per multos labores, nullum vel parvum fructum consequebantur; quod ego attendens, rogavi Adalberonem abbatem, et monachos, ut locum illum supradictum mihi libere concederent, quatenus secundum voluntatem meam de eo disponere possem. Abbas autem et monachi, petitioni meæ assentientes, quidquid in eo loco habebant, mihi libere et sine contradictione concesserunt. Ego vero, non ingratus eorum voluntati concessi ecclesiæ Sancti Vincentii altare de Bariaco in perpetuum, salvo jure synodi, habendum. Dedi eis etiam dimidium modium frumenti ad molendinum, quod apud villam situm est, quæ Broincurtum dicitur. Videns autem prædictum locum, qui Præmonstratus dicitur, religiosis viris utilissimum, fratri Norberto, et subditis et posteris, libere et sine contradictione in perpetuum concessi habendum. Frater vero Norbertus, sicut rei alienæ minime cupidus, primitus noluit recipere, donec Seifridus abbas Sancti Vincentii et monachi ejus, donum illud firmaverunt in capitulo communi assensu. Quæ vero concessio, aliquo modo deinceps ne immutari possit, impressione nostræ imaginis, et sigillo Sanctæ Mariæ Laudunensis Ecclesiæ, sigillorumque Seifridi abbatis Sancti Vincentii, confirmare curavimus.

« Signum Bartholomæi Laudunensis episc. S. Seifridi abbatis Sancti Vincentii. S. Simonis abbatis Sancti Nicolai de Silva, etc.

« Actum Lauduni in capitulo Sanctæ Mariæ Laudunensis Ecclesiæ, anno Dominicæ Incarnationis millesimo centesimo vigesimo primo. »

Sponte etiam Seifridus mediam partem loci, in quo ecclesia Sancti Martini, prima Præmonstrati filia, sita est, quod juri Sancti Vincentii subjaceret, obtulit.

Litteras misit Seifrido Honorius papa II, queis universa San-Vincentiani cœnobii bona confirmat. Defungitur circiter an. 1131, sepultus in inferiori parte chori.

XIII. Anselmus ex monasterio S. Medardi Suessionensis in abbatem a monachis est cooptatus 1131. Religiose, docte ac prudenter rexit monasterium annos plus minus septemdecim. Militum, equitumque, vi ac tyrannice prædia auferentium, repressit audaciam; atque fretus Innocentii papæ II auctoritate, qui Lauduni tunc aderat, reddere coegit omnia. Anno 1133, ecclesia canonicorum castri de Lescheriis in agro Guisiano, itemque alia in castro Montis-Acuti, juxta Lætiense sacellum collata fuere S. Vincentio.

Romam profectus, a canonicis Tornacensibus, qui hoc ipso tempore in Urbe agebant de pastore subrogando, episcopus eligitur, at ipse reluctans a summo pontifice annuere sub anathematis vinculo compulsus est. Quam præclare se gesserit in hisce tum abbatis, tum episcopi muneribus indigitat Hermannus, lib. III, cap. 20 et 21, in Appendice. Vide Galliam Christ. in episcopis Tornac.

XIV. Balduinus regimen egit solummodo annis quinque. De quo citatus Hermannus eo loci.

XV. Guillelmus. Huic donat Galterus episcopus Laudun. ecclesiam S. Juliani in burgo Laud. 1153, nec non ecclesiam castri de Nonavilla (quæ est in prioratum erecta) ab Helluino Tyrio erogatam confirmat ipsemet episcopus.

XVI. Galterus.

XVII. Hugo basilicæ S. Vincentii, quæ etiamnum exstat, jecit fundamenta, eamque complevit. Controversia Hugonem inter atque Joannem Novigenti abbatem, anno 1177, arbitro Codiciacensi Rodulpho, diluta est. Sacram exstruxit ædem S. Genebaldo protoantistiti Laudunensi duodecim canonicorum, quam et prædiis San-Vincentiani asceterii ditavit. E vita discessit 1200; sepulcrum ejus in medio chori hoc adornatur epitaphio.

Hugo boni forma, claustri rigor, actio cauta,
Regia frons, doctrinæ fons clarus, largus, abundans,
Abbatum flos ecce jacet; qui regnat ubique
Huic det pro meritis æternæ gaudia vitæ :
Quem post Augusti medium lux tertia clausit.

XVIII. Ingelrannus, 1208, sacrum S. Vincentii mart. os gutturis ab episcopo Carcassonensi, ac Simone de Monteforti A. D. 1215 solemni ritu accepit. Eodem prope tempore abbas et monachi Castrensis Ecclesiæ (nunc episcopatus) ad Ingelrannum partem brachii ejusdem martyris transmisere. Et, anno 1234, sacellum B. Mariæ Lætiensis a dominis de Apia (qui in San-Vincentiano templo sunt sepulti) initium sumpsisse ferunt.

XIX. Balduinus II.

XX. Joannes.

XXI. Balduinus III.

XXII. Thomas.

XXIII. Gosbertus. Dum jussu Gregorii papæ X ad concil. Lugdunense proficisceretur, morte est præoccupatus, circiter anno 1273, vel 1274.

XXIV. Guido de Boveriis. Eodem abbate jurisdictionis abbatiæ limites recensiti sunt 1280.

XXV. Joannes II, anno 1300.

XXVI. Joannes III, cognomine de Sancto Quintino. Obiit 1345.

XXVII. Petrus de Suisi sive de Namur fit abbas Joanne de S. Quintino vivente, 1333.

XXVIII. Petrus II, de Villiers, Memoratur in pacto cum comite de Roucy inito 1349, circa quoddam jus S. Vincentii in molendino de Petraponte.

XXIX. Joannes IV, de Noüelles, de Guisia vulgo nuncupatus, 1370. Egregie litteris excultus. Collectarium historiæ universalis, libris octo, qui quatuor voluminibus comprehenduntur, distinctum elucubravit. Ditissima fuit, Joanne abbate, bibliotheca San-Vincentiana; undecim nimirum millia voluminum continebat. Consedit in concilio Compendii habito (cui præsidebat Petrus Lessiensis abbas) cum aliis archimandritis archiepiscopatuum Remensis ac Senonensis. Eo in concilio lectæ litteræ Urbani IV et Gregorii X ad episcopos earumdem metropoleon scriptæ, quibus abbates ab episcoporum synodis eximuntur. Obiit Joannes 1396 cujus sepulcro discipuli sequens epitaphium apposuerunt.

De Guisia natus jacet hic sub caute Joannes
Historiographus, arteque juridicus.
Abbatum primus mitra fuit hic decoratus.
Inhumata manet fama, mirumque canet
Mens pia, mens humilis, patriæ lux, Martha labore:
Irradiet functo vita beata Deus,
Anno milleno, quater et centum bis, duo demo,
Octavo mensis Idus decessit Aprilis.

XXX. Joannes V de Sylva 1396. Obiit 1419.

XXXI. Simon a Porta.

XXXII. Thomas Vastel.

XXXIII. Joannes VI, Corbeau.

XXXIV. Helias d'Arson protonotarius apostol. abbatis commendatarii titulo sedem invadit. Moritur 1502.

XXXV. Franciscus de Frechencour, ex monacho fit abbas. In Necrologio nobili loco oriundus notatur. Diem clausit 1506, in choro sepultus.

XXXVI. Carolus Morel, antea prior S. Joannis de Vendolio 1510.

XXXVII. Joannes VII, Charpentier, ex ordine monastico abbas ultimus. Totam instauravit San-Vincentianam ecclesiam, multaque beneficia contulit. Medio in choro jacet, hoc donatus encomio.

Hic jacet domnus Joannes Charpentier Remensis,
dum viveret hujus Ecclesiæ pientissimus antistes:
qui feliciter obiit sexto Idus Septemb. nostræ
salutis millesimo quingentesimo trigesimo octavo.

ABBATES COMMENDATARII.

XXXVIII. Carolus Borbonius cardinalis de Vindocino.

XXXIX. Crispinus de Brichanteau ex monacho S. Dionysii in Francia abbas S. Vincentii, et episcopus Silvanectensis Moritur 1590.

XL. Godefridus de Billi, primum monachus S. Dionysii, deinde S. Vincentii, abbatiam atque episcopatum Laudunensem obtinuit. Diversas monachis intulit calamitates. Priorem, Antonium Danis nomine, de ædificiorum imminenti ruina conquerentem exagitavit, expulit e monasterio : quem nihilominus abbas ille decreto curiæ Parisiensis revocare, organorum campanarumque applausu excipere compulsus est.

XLI. Philibertus de Brichanteau, adeptus possessionem 1612, ac postmodum episcopatu Laudunensi donatus. De quo Robertus in episcopis Laudu. « Vir multæ pietatis et prudentiæ:

« *Qui mores hominum multorum vidit et urbes.* »

Omnem navavit operam in resarcienda regulari disciplina ; idcirco San-Vincentianum cœnobium congregationi S. Mauri aggregavit 1645.

Nonnullarum Sancti Joannis Laudunensis abbatissarum nomenclatura.

Prima abbatissa et fundatrix fuit S. Salaberga cujus Vitam nunc primum eventilamus, reperies in Additamentis infra.

Conditum vero fuit istud monasterium Deiparæ Virgini sacrum, post Sancti Joannis nomine insignitum, anno æræ Christianæ plus minus 1640.

S. Anstrudis B. Salabergæ filia, ab incunabulis Deo a sanctissima genitrice consecrata, vix duodennis cum videret se ab illustrissimo simul et opulentissimo juvene ad nuptias expeti, conjugio imo et sæculo renuntians, patriamque deserens, Laudunum venit, et magno cleri ac populi concursu excepta, et ad monasterium deducta monasticum habitum sub religiosa sanctæ matris disciplina suscepit. Octo post annis, defuncta matre, in abbatissam electa est anno ætatis suæ vigesimo, et annuente Clodovæo secundo Francorum rege, acclamantibus regionis proceribus universis, a Peregrino Laudunensi episcopo post impertitam benedictionem instituitur. Obiit anno Christi circiter 707, XVII Octobris; virtutibus et miraculis in vita et post mortem clarissima. Ex vita ejusdem ms.

Adalsinda successit beatæ Anstrudi; de qua fit mentio in eadem S. Anstrudis Vita.

Adelis : cujus obitus notatur in Necrologio veteri ms. Sancti Vincentii ad VI Kalend. Augusti.

Adelis secunda nominatur in vetustissimo codice litteris Gothicis exarato, qui Psalterium Sanctæ Salabergæ nuncupatur, in quo, recentiore tamen charactere, catalogum ornamentorum ecclesiæ, coram prædicta abbatissa, post obitum Walburgis thesaurariæ recensitorum, cernere est.

Ogina regina uxor Caroli III, cognomento Simplicis. Et hæc erat sacrilega sæculi hujus consuetudo, quæ ab anno 845 in Galliam irrepserat : nempe reges prout collibebat, aulæ assecis imo et suis uxoribus sæpesæpius conferebant abbatiarum possessiones. Videndi Lupus Ferrariensis, epist. 22 et 42; Chopin. lib. III, cap. 8, De dominio Franciæ, ubi, de Ogina uxore Caroli III et Gerberga uxore Ludovici IV, hæc habet : « Legimus corrupti illius sæculi labe profanis tradita monasteria Carolo Simplici rege, ut vix unquam Cæsar Commodus incommodius, quam simplex iste simplicius reipublicæ statum labefactavit. Qui Caroli filius Ludovicus? Ademit hic Oginæ Augustæ cœnobium Laudunense Deiparæ Virgini sacrum, quod Carolo marito defuncto superinduxisset Herbertum Viromanduum illius parricidam. Eodem deinde cœnobio Ludovicus Gerbergam Augustam conjugem donavit. »

Mansit autem Ogina in cœnobio Laudunensi ad annum 951.

Gerberga regina uxor Ludovici IV, cognomento Transmarini, monasterium, eodem, quo regina Ogina, modo usurpavit.

Abbatissæ cujusdam Sancti Joannis Laudunensis, suppresso nomine, meminit Alexander papa II, epistol. 12, his verbis : « Proclamatio delata est quod abbatissa Laudunensis monasterii Sancti Joannis sine canonica audientia, et judicio episcopi sui a regimine suo ejiciatur, etc. Admonuimus confratrem nostrum Elinandum episcopum Laudunens. ut hanc causam diligenter discutiat atque canonice definiat, ita tamen ut eadem abbatissa, priusquam discussio fiat, regimini suo, sicut sacri canones præcipiunt, restituatur, » etc.

Rainsendis abbatissa tempore Guadrici episcopi Laudunensis, hoc est anno 1112 de qua Guibertus, lib. III De Vita sua, cap. 14: « Solertissimam feminarum abbatissam Sancti Joannis, genere clarissimam, ecclesiæ provectricem, nomine Rainsendis, Laudunensem indigenam suus servus occidit; quodque passa est, pro Ecclesiæ fide consustinuit. »

Adelis anno circiter 1113. Hujus commeminit Chartularium monasterii Sancti Theodorici prope Remos, in concessione nimirum cujusdam terræ suo et capituli nomine præfato cœnobio facta.

Adelais regina, Ludovici VI uxor, non equidem abbatissæ titulo, sed uxoriæ dotis jure abbatiam possedit. Quod nefandi commercii genus hac ipsa ætate in more positum erat, ut dotem uxorum reges in monasteriis collocarent. Patet id potissimum ex conventu illo, de quo infra, Attrebatensi celeberrimo.

Hactenus de Laudunensis Sancti Joannis monasterii abbatissis: quippe illo in incendio urbis (quod Guibertus libr. III De Vita sua, prolixius exhibet) omnia antiquitatis monumenta periere.

Haudquaquam tamen est omittendum quod consignavit auctor anonymus, sed canonicus Laudunensis in Chronico nondum excuso : Anno, inquit, Domini 1095, Elinandus episcopus (Laudunens.) ecclesiam Sancti Joannis in Burgo, quondam abbatiam monialium, ad unius sacerdotis administrationem reductam, præbendis duodecim insignivit. Hæc nos superius col. 1151. retulimus.

Monialibus amandatis e monasterio Sancti Joannis, monachi subrogantur.

Quid causæ Bartholomæum Laudunensem episcopum quatenus nonnas expelleret, monachosque sufficeret, induxerit, animadvertes tam ex Hermanno monacho lib. III, cap. 22 et 23, tunc etiam ex subjectis chartis tabularii Sancti Joannis Laudunensis. Etenim in comitiis provinciæ Remensis Attrebati VI Idus Maii, anno 1128, habitis, ab universis præsulibus, rege volente, decretum est ut monachi cœnobium Sancti Joannis, prius ejectis monialibus, occuparent. Quo statuto, a Matthæo Albanensi episcopo cardinali, sedis apostolicæ in Gallia legato, tum, hoc est eodem anno in conventu Remensi ac paulo post a summo Ecclesiæ hierarcha Innocentio II confirmato, nonnæ, an. 1128, apud Grandelani-villam vitæ residuum transacturæ ablegantur.

Ludovici VI Francorum regis diploma.

« In nomine sanctæ et individuæ Trinitatis. Amen. Ego Ludovicus, Dei misericordia in regem Francorum sublimatus. Notum fieri volo cunctis fidelibus, tam futuris quam instantibus, quod in conventu quem fidelis noster Rainaldus secundus venerabilis Remorum archiepiscopus, Attrebati cum universis suffraganeis suis episcopis, et abbatibus VI Idus Maii tenuit, ubi et nos præsentes aderamus; ipse et Bartholomæus venerandus Laudunensis episcopus humiliter nos convenerunt, cum multa precum instantia postulantes ut Laudunensem beatæ Mariæ, et beati Joannis Ecclesiam, quæ regalis abbatia est, quia sanctimoniales, quæ ibi ab antiquo fuerant, nimis indigne et enormiter se habebant, ad meliorem religionis statum duci, et monachos ibidem substitui concederemus; quam profecto petitionem rationabilem et utilem cognoscentes, voluntati eorum, et consilio assensum dedimus, et in prædicta Ecclesia abbatem et monachos substitui et haberi in perpetuum, salvo ibi in omnibus jure regio, et Adelaidis reginæ uxoris nostræ dotalitio, benigne quidem concessimus, ita si quidem quod subjectionem illam, quam cæteræ abbatiæ nostræ, quæ in episcopatu Laudunensi sunt, Laudunensi episcopo debent et exhibent, abbatia illa eidem episcopo sine aliquo juris regii detrimento debeat et exhibeat; quod ne valeat oblivione deleri scripto commendavimus, et, ne possit a posteris infirmari, sigilli nostri auctoritate et nominis charactere subterfirmavimus. Actum Attrebati publice anno Incarnati Verbi 1128, regni nostri XX, astantibus in palatio nostro, quorum nomina substituta sunt et signa.

« Signum Ludovici Buticularii. S. Hugonis constabularii. S. Alberici camerarii, dapifero nullo, data per manum Simonis cancellarii. Signum Rainaldi Remensium archiepiscopi. S. Josleni Suessionensis episcopi. S. Bartholomæi Laudunensis episcopi. S. Simonis Noviomensis et Tornacensis episcopi. S. Joannis Morinensis episcopi. S. Garini Ambianensis episcopi. S. Roberti Attrebatensis episcopi. S. Clarembaldi Silvanectensis episcopi. S. Petri Belvacensis episcopi. »

Decretum Matthæi Albanensis episcopi, et S. A. legati.

« MATTHÆUS Dei gratia Albanensis episcopus, et apostolicæ sedis legatus, universis fidelibus, salutem. Quod in conventu Attrebatensi, sancto Spiritu cooperante, a venerabilibus fratribus Rainaudo Remensi archiepiscopo, Bartholomæo Laudunensi, Gosleno Suessionensi, cæterisque illius diœcesis episcopis, et abbatibus, aliisque religiosis personis de expulsione monialium in Ecclesia Sanctæ Mariæ Sanctique Joannis Laudunensis minus honeste viventium, et de substitutione abbatis et monachorum, ibidem Deo religiose servientium, constitutum est, Ludovico rege Francorum præsente annuente, et suo præcepto firmante; nos in Remensi conventu, consilio et petitione venerabilium fratrum Remensis, Senonensis archiepiscoporum, Laudunensis, Suessionensis, Parisiensis, Meldensis, Trecensis episcoporum atque abbatum plurimorum, aliarumque religiosarum personarum, comprobavimus, et sedis apostolicæ auctoritate et munimine in perpetuum confirmavimus. »

Innocentii secundi papæ litteræ bullatæ.

« INNOCENTIUS episcopus servus servorum Dei, dilecto filio DROGONI abbati monasterii Sanctæ Mariæ Sanctique Joannis Baptistæ in Laudunensi civitate, ejusque fratribus, salutem et apostolicam benedictionem. Ad hoc nobis a Domino pastoralis officii cura commissa est, » etc. Vide in Innocentio II ad an. 1143.

Anno proxime subsequenti venerabilis Bartholomæus Laudunensis episcopus, quam ex monachorum subrogatione in Sancti Joannis asceterio lætitiam conceperit, non potuit scriptis non consignare. Assertas autem vult iis ipsis cœnobitis possessiones ejusdem monasterii hac forma.

« In nomine sanctæ et individuæ Trinitatis, Ego Bartholomæus Dei gratia sanctæ Laudunensis Ecclesiæ minister indignus. Quia largiente Domino in ovilis Dominici cura, licet indigni, laboremus, dum ex injuncti nobis officii occasione ad sæcularium hominum negotia rapiamur, si pedes nostros terreni actus pulvere attactos, et in sæculi lubrico titubantes ad plenum firmare et emundare minime prævalemus, devotæ charitatis obsequiis eorum suffragia promereri satagamus, qui in beata sponsæ ipsius sorte censentur, qui lotis pedibus et tunica expoliata, in lectulo quietis internæ cum sponso cœlesti ineffabili jucunditate perfruuntur. Quanto enim majore labantium rerum contemptu curam corporis abjecerunt, et deplorata pristinarum enormitate culparum, compressisque ingruentium tumultibus cogitationum, defecata et pura conscientia ad sola superna se surrigunt, eo gratius in eis divinæ majestati exhiberi credimus obsequium, si ab iis qui cum ad Rachelis desiderabile consortium necdum pertingere possunt, laboriosam cum Lia tolerantur servitutem ad usum vitæ labilis, eorum profectus augeatur, quominus terreni stipendii defectu tentati sanctæ contemplationis otium interrumpere compellantur.

« Notum igitur esse volumus, tam præsentibus quam futuris, quia cum divinæ misericordiæ respectus Laudunensem abbatiam B. Mariæ Sanctique Joannis Baptistæ visitasset, ita ut eliminato irreligiosarum feminarum grege, quæ vitæ suæ incorrigibili enormitate, et locum infamaverant, et plurimis aut periculosæ offensionis, aut perditionis causa fuerant, religiosus inibi monachorum Ordo institueretur, de loci illius emendatione divinæ dispositioni congratulantes, quanto potuimus favore benevolum assensum præbuimus, atque religiosorum vivorum interventibus aliquod et in vita imperfectioni nostræ patrocinium comparare quærentes, et post mortem, perpetuam animæ nostræ memoriam ibi firmare cupientes, quæ a nobis petierunt gratanter annuimus; et quæ ex antiquo prædecessorum nostrorum dono locus ille vetustissima jam olim possessione tenuerat, nostra quoque manu eis firmavimus, ne quis forte, quia hæc in monasterio illo ordinis mutatio facta est, possessionibus eorum aliquid calumniæ inferre moliatur. Hanc autem nostræ sanctionis schedulam testium subscriptione, et sigilli nostri impressione roborari præcepimus, et, ne quis eam in posterum aliquatenus infirmare, vel aliquam ei calumniam inferre præsumat, sub anathemate interdiximus.

« S. Bartholæmei episcopi qui hoc privilegium fieri jussit. S. Widonis decani. S. Letoudi archidiaconi. S. Blihardi cantoris. S. Huberti sacerdotis. S. Alberici sacerdotis. S. Benedictis sacerdotis. S. Roberti sacerdotis. S. Joannis diaconi. S. Petri diaconi. S. Joscelini diaconi. S. Rogeri diaconi. S. Arnulphi subdiaconi. S. Milonis subdiaconi. S. Ebali subdiaconi. S. Roberti subdiaconi.

« Actum Laudun. anno Dominicæ Incarnat. 1129, indict. VIII, epacta IX, conc. I. anno regni domini Ludovici XXI, filiique ejus Philippi anno I, episcopatus autem domini Bartholomæi anno XVII.

« Ego Radulphus Sanctæ Mariæ cancellarius relegi. »

Abbatum monasterii Sancti Joannis Laudunensis tabula chronologica.

I. Drogo ex priore cœnobii Sancti Nicasii Remensis primus abbas sancti Joannis a Bartholomæo Laudunensi præsule constituitur, anno Domini 1128, 17 Kalend. Junii. Rexit abbatiam usque ad annum 1136, quo Romam ab Innocentio II summo pontifice evocatus, episcopus cardinalis Ostiensis creatus est. Porro esse hallucinatos Ciaconium lib. De Vitis pontificum et Ferdinandum Ughellum in Italia Sacra, priorem anno reparatæ Salutis 1133. Drogonem ea dignitate donatum Romæ; posteriorem vero 1134, asserentem. Planum quippe fit ex tabulario Sancti Joannis Drogonem abbatis titulo litteris subscripsisse an. 1136.

Gesta Drogonis percurrit Hermannus ubi supra cap. 22. Auctor Append. editæ ad Sigibertum anno 1128 et 1138. « Obiit Drogo bonæ memoriæ Ostiensis episcopus vir religione ac sapientia clarus. »

Scripsit sermonem de Passione Domini; exstat in Bibliotheca Patrum.

Soliloquia quoque edidisse notatur in Bibliotheca Belgica ms.

II. Balduinus ex præposito abbas eligitur, de quo

Hermannus loco citato, cap 25. litteras anno 1147, obsignasse indicant antiquæ membranæ.

III. Rogerus antea Sancti Medardi Suessionensis prior 1153.

IV. Bruno ad annum 1160.

V. Ingelrannus ex abbate B. Mariæ de Novigento. 1160-1164.

VI. Simon vix anno evoluto cessit e vita.

VII. Radulphus, 1164-1165.

VIII. Ingelrannus II, an. 1165-1182.

IX. Balduinus II primum Sancti Sepulcri Cameracensis, post Sancti Joannis Laudun. anno 1189 et 1193, ac tandem abbas B. Mariæ Signiaci ordinis Cisterciensis in diœcesi Remensi.

X. Nicolaus, 1188-1186.

XI. Ebalus prius Sancti Theodorii asceta, 1200-1201.

XII. Hugo monachus S. Remigii Remensis in Patrem eum assumunt S. Joannis cœnobitæ.

XIII. Renerus ex præposito Sancti Joannis præficitur 1210-1214.

XIV. Robertus præpositus antea S. Theodorici prope Remos, 1215 -1235.

XV. Petrus 1240. Hoc abbate anno 1247 in vigilia Sancti Joannis Baptistæ translatum est corpus B. Anstrudis virginis, secundæ hujusce monasterii abbatissæ, a Garnero Laudun. episcopo, e capsula lignea in elegantiorem, in qua hactenus asservatur.

XVI. Hugo II, 1240-1277.

XVII. Stephanus, 1286.

XVIII. Petrus II, 1299.

XIX. Garnerus.

XX. Ægidius de Dysiaco.

XXI. Petrus III de Courpalayo (de Courpalais), ex monacho Sancti Martini Parisiensis abbas Sancti Joannis Laudunensis, postmodum Sancti Germani Pratensis 1303. Obiit 1354. Petrum laude prosequitur noster Jacobus du Breuil in Chronico nondum edito Sancti Germani a Pratis : « Petrus de Corpoleyo, inquit, abbas hujus monasterii locum sepulturæ in choro templi prope Morardum abbatem habuit. Qui vario lapide obtectus plurimas ejus laude recenset, scilicet, quod fuerit consilio certus, omni bonitate refertus, pauperibus largus, circumspectus velut Argus; quem clerus charum, rex, plebs, habuit, monarchique in vultu clarum, sobrium ; corpore mundum. Cætera vetustate attrituque pedum deleta legi nequeunt. In fine tamen præscriptio temporis præclare apparet, sic : Traxit Aprilis eum ter Nonas m c ter, x ter, I quater. » Nunc vero lapis ille sepulcralis visitur ante majus altare sub cancellis.

XXII. Petrus IV de Moy. His temporibus Stephanus de Suisyaco, (Suisy) villa in agro Laudunensi (quæ monasterii Sancti Joannis juri subjacet) archidiaconus Burgensis sive, ut alii, Brugensis (non Biturensis, ut habet Ciaconius), deinde Franciæ cancellarius, ac demum S. R. E. cardinalis tituli Sancti Cyriaci in Thermis; anno circiter 1310 sacellum beatæ Virginis et Sancti Stephani protomartyris,

elargitis quibusdam reditibus, excitavit. Fundavit et inibi anniversarium sui obitus diem. Denascitur Viennæ Ciaconius Avenione 1311, mense Decembri in ecclesia Sancti Joannis marmoreo tumulo sepultus, cui sculptum est ejuscemodi epitaphium.

De Suisi natus Stephanus iacet huc tumulatus :
Qui se gessit ita vivendo, quod archilevita
Burgensis pridem, mox cancellarius idem
Aulæ regalis fuit; exhinc carquedinalis
M semel et c ter v bis semel I, nece teter
Factus decessit Decembri, cui requies sit.

XXIII. Ægidius de Platea 1333-1355 hic anno 1342, reditus nonnullos gratia festivitatis S. Flocelli pueri martyris Augustoduni die 17 Septembris celebrandæ attribuit.

XXIV. Gerardus per abdicationem Ægidii 1355.

XXV. Joannes. In charta Hugo proxime subsequens abbas; Joannis et Gerardi decessorum suorum meminit; obtestatur videlicet fideles quatenus ad Deum preces pro animabus eorum emittant.

XXVI. Hugo III de Castillione. 1385-1403, abbas cooptatur Belliloci. Andræas du Chesne Hist. ejusdem familiæ, pag. 559.

XXVII. Chatardus, 1407.

XXVIII. Joannes Jacquinot, vulgo La Codasse vocitatus, 1436-1456.

XXIX. Jacobus Botin, 1461-1463. Eum, abdicata abbatia, Pius II pontifex maximus episcopum Hierapolitanum inaugurat.

XXX. Antonius Crespin primum episcopus Laudunensis, tum archiepiscopus Narbonensis 1460, ex traditione Jacobi ab eodem summo pontifice abbatiam obtinet in commendam anno 1464.

XXXI. Joannes Aubinet ex gremio monachorum eligitur in abbatem. Primus abbatum Sancti Joannis, insignia pontificalia a Sixto papa IV est adeptus anno 1482. Desiit mense Septembri 1491.

XXXII. Carolus de Luxemburgo. Hunc postremum sortito ex episcopis Laudunensibus capitulum accipit anno 1472; post Joannis Aubinet funera fit abbas commendatarius. Moritur 1509.

XXXIII. Joannes Moynet, 1510. Ultimus abbas monasticen professus defungitur 1520.

Abbates commendatarii.

XXXIV. Matthæus l'Evesque dictus de Marconnay, natione Pictavensis, episcopus Trojæ magnæ; possessionem iniit 1120; abbas simul S. Nicolai Ribodimontensis, et S. Michaelis in Therascea.

XXXV. Joannes a Lotharingia, Renati Lotharingiæ ducis et Philippæ Gueldriæ filius, possessionem per Valerannum de la Haye canonicum ac thesaurarium Laudun. Hac in re illius procuratorem, adeptus est anno 1533 ad 1535.

XXXVI. Petrus Cauchon seu de Maupas 1535 et anno 1566 abbatiam Claudio germano tradit.

XXXVII. Claudius Cauchon, Petri frater, simul abbas S. Dionysii Remensis 1566. Claudio e vivis sublato, Matthæus Brice œconomus instituitur.

XXXVIII. Stephanus Penet presbyter religiosus

1601; Matthæus tamen œconomus non destitit curam gerere monasterii.

XXXIX. Joannes Aubert doctor theologus 1608, defunctus Parisiis anno 1626, in ecclesia Sancti Landerici funeratur.

XL. Gabriel Albaspinæus Aurelianorum episcopus, qui generis claritudinem infulis sublimavit, exornavit infularum dignitatem sacrorum canonum, et anti quioris theologiæ studiis, scriptisque illustravit. Abbatiam S. Joannis consecutus est circiter 1627, et anno 1629, exuitur mortalitate

XLI. Carolus Albaspinæus Gabrielis frater, marchio de Chateauneuf regiis sigillis præfectus, etc. Abbas pariter S. Eligii Noviomensis, de Pratellis et Nigri Lacus; vir est multis integræ ac strenuæ vitæ, rerumque præclare gestarum laudibus insignis. Egregiam navavit operam ut collapsam in præfatis monasteriis S. Eligii, Pratellensis, regulæ Benedictinæ observantiam, prout in congregatione S. Mauri vigere dignoscitur, restitueret, propagaretque; cujus rei gratia ad S. Joannis Laudunense cœnobium evocatos ab eo Patres Benedictinos illius congregationis illustrissimus Philibertus de Brichanteau Laudun. antistes, celebratis pontificali ritu missarum solemniis, excepit Kalendis Januarii, an. reparatæ salutis 1648.

De monasteri S. Martini Laudunensis, ordinis Præmonstratensis.

Tabulæ donationis ecclesiæ S. Martini Laudunensis ordini Præmonstratensi a Bartholomæo episcopo actæ, mihi nequaquam sunt prætermittendæ: siquidem Hermannus libros tres De miraculis beatæ Mariæ, Laudun. de composito edidit, quatenus præclaram virtute et sanctitate præsulis illius vitam consignaret posteritati; iisdem, ego pariter ipse rationibus allectus, quidquid præfato pontifici splendorem afferret, si nostris observationibus insererem ratus fore non injucundum.

Privilegium Bartholomæi episcopi Laudunensis, de ordinatione domus S. Martini

« In nomine sanctæ et individuæ Trinitatis. Ego Bartholomæus Dei gratia sanctæ Laudunensis Ecclesiæ minister indignus. Quia ex injuncti officii necessitudine, cui auctore Deo deservimus, Ecclesiæ, quam gubernandam suscepimus, debito curæ pastoralis obligamur ne qua membrorum suorum parte laboret solerter invigilare, bene cœpta in melius provehere; et, si qua forte inconsultius acta fuerint, Domino opitulante, pro facultatis et peritiæ nostræ modulo, corrigere debemus. Notum igitur esse volumus, tam præsentibus quam futuris, quia, cum in ecclesia Sancti Martini de suburbio Laudunensi, quæ prius sæcularium clericorum, quidam fratres nostris temporibus ad regulariter vivendum se transtulissent, atque, aliquandiu inibi commorantes de die in diem, peccatis exigentibus, imperitia ac negligentia exteriores possessiones magis magisque desererent, neque interius, vel numero, vel religione proficerent; novissime anxii et de loci illius dejectione solliciti, ex consilii nostri decreto in hanc sententiam declinavimus ut fratris Norberti, qui in Vosagii silva apud Præmonstratum locum, cum magna famulorum Dei manu, sub canonica professione eremiticam vitam constituerat, curæ et dispositioni ecclesiam illam committeremus. Qui cum precibus nostris acquievisset, sancitum est ut, sicut ille locus ab antiquo in manu prædecessorum nostrorum exstiterat, ita et nunc in nostra successorumque nostrorum remaneat, fratresque qui ad eum pro salute animarum pia devotione convenient, ordinato sibi abbate secundum regulam beati Augustini ad tenorem Præmonstrati loci canonice vivant. Quod si forte abbas beati Martini, instigante diabolo, a regulæ suæ tramite deviaverit, conventusque ab episcopo Laudunensi atque Præmonstrati loci abbate, in præsentia Laudunensis Ecclesiæ, in pertinacia et aversione sua permanserit, convocatis ejusdem religionis coabbatibus apud Præmonstratum de regulæ suæ exsecutione sub eorum testificatione discutiatur, atque corripiatur. Si vero in malo suo obstinatus, et sicut confutatus incorrigibilis apparuerit, absque ulla retractione ab eisdem abbatibus secundum religionis suæ institutionem deponatur, aliusque idoneus, eorum communi consilio et electione, in locum ejus evestigio subrogetur, et ab episcopo Laudunensi ordinetur.

« Signum Bartholomæi Laudunensis episcopi. S. Widonis decani et archidiaconi. S. Radulfi archidiaconi. S. Seifridi abbatis Sancti Vincentii. S. Simonis abbatis Sancti Nicolai de Silva. S. Bernardi abbatis Claravallis. S. Rainaldi abbatis Fusniacensis. S. Blehardi cantoris. S. Drogonis presbyteri. S. Ebali subdiaconi. S. Widonis subdiaconi. S. Roberti acolyti. S. Roberti decani Sancti Joannis. S. Gaufridi cantoris. S. Haimonis thesaurarii. S. Henrici. S. Guntranni. S. Hugonis. S. Clarembaldi de foro. S. Nicolai castellani.

« Anno Incarnat. Dominicæ 1124; indict. xii, epact. xx. »

Syllabus abbatum S. Martini Laudunensis

I. Galterus primus abbas in episcopum Laudunensem est assumptus. Obiit 1155, atque in Præmonstratensi ecclesia sepelitur.

II. Garinus Britto ab anno 1149 ad 1170

III. Bartholomæus de Mons, 1170-1179.

IV. Galterus Testart, 1180-1185.

V. Ticelinus, vel Thiscilinus nepos primi Galteri, 1186-1189.

VI. Wido, vel Guido de Spernaco, 1189-1191.

VII. Ægidius de Marsi, 1195.

VIII. Oilardus de Domno-Martino, 1195-1204.

IX. Wilbertus Branensis, 1204-1207.

X. Renaldus de Ribemonte, 1209-1210.

XI. Walterus de Regia valle, 1212-1228.

XII. Hugo.

XIII. Joannes de Saisinqurte, 1243.

XIV. Galterus de Duaco, 1243.

XV. Joannes quondam abbas Clarifontis.

XVI. Joannes de Betunia.

XVII. Gerardus de Festieux, 1248-1254.
XVIII. Joannes de Reneuille.
XIX. Joannes de Burceio, 1261.
XX. Petrus de Petrigny, 1261-1267.
XXI. Willlelmus de Marla.
XXII. Joannes Destres, 1269-1286.
XXIII. Milo de Curigni, 1300-1311.
XXIV. Joannes de Castellione. Hic anno 1333 electus abbas Præmonstratensis; hoc munere decennio præclare functus obiit anno 1343, xvii Kal. Maii, ibidem sepultus ante majus altare. Necrologium S. Martini.
XXV. Joannes de Brueriis, 1340.
XXVI. Joannes de Malbodio, 1347-1348.
XXVII. Bertrandus de Roseto, 1358.
XXVIII. Joannes Benedictus, 1392-1401.
XXIX. Joannes Vairetus, 1415-1430.
XXX. Balduinus Branensis.
XXXI. Petrus de Ponte, 1447-1461.
XXXII. Jacobus le Noir, 1480.
XXXIII. Joannes Poulallier.
XXIV. Joannes Buquet, 1524-1526.
XXXV. Adrianus Pelletier, 1527-1529.
XXXVI. Amatus de Fonte, 1530-1543.
XXXVII. Carolus cardinalis a Lotharingia, 1548.
XXXVIII. Anthonius Viscontinus, 1565-1588.
XXXIX. Claudius Basin.
XL. Nicolaus le Saige, 1615, obiit 1645, 13 April.
XLI. Julius Mazarini cardinalis, 1645 (61).

Illustrium auorumdam S. Martini Laudunensis canonicorum indiculus.

Galterum de Mauritania ex decano episcopum Laudunensem, post canonicum Sancti Martini exstitisse subinferre videtur Necrologium ipsius Ecclesiæ : « II Idus Julii obiit dominus Galterus de Mauritania hujus Ecclesiæ canonicus quondam episcopus Laudunensis, » etc. In eadem San-Martiniana ecclesia hoc epitaphio donatur.

Hic tego Galterum, quod detego, mutaque petra
Præsulis acta loquor, pro lingua sunt mihi metra.
Consilio, monitis, virtutibus, hoc modo vitæ.
Rexit, correxit, erexit oves et ovile.
Infuit huic pietas, sale sed condita rigoris,
Torpida ne fieret virtus et egena saporis.
Abs.ulit hunc mundo divisio discipulorum.
Vivat in æternum meritis adjutus eorum.

Godescalcus canonicus Sancti Martini Laudunensis, tum Montis Sancti Martini abbas, ac tan lem episcopus Attrebatensis. Necrologium : « vii id. Aug. Godescali Attrebatensis episcopi hujus Ecclesiæ canonici, qui inter cætera beneficia episcopalia vestimenta, calicem aureum, pelves argenteas, urceolos, candelabra nobis dedit, sub anathemate prohibens ne quis ea ab ecclesia alienaret. » Baronius Annal. tom. XII, ad annum 1148, locuples habet de Godescalco testimonium.

Concordatus fit episcopus Eduensis. Necrolog. ad xi Kal. Aprilis.

Arnoldus episcopus Caurensis in Philippinis. Necrolog. viii id. Februarii.

Gregorius VIII pontifex max. ex canonico San-Martiniano. Ita Necrologium : « Commemoratio venerandæ memoriæ Gregorii papæ hujus Ecclesiæ canonici. »

Joannes Comnenus imperator Constantinopolitanus. Cujus ad hunc modum meminit. Necrologium « xv Kal. Maii commemoratio Joannis imperatoris hujus ecclesiæ fratris ad succurrendum. » Sacrum Dominicæ crucis lignum, quod visitur hodieque, imperatorum Græcorum iconibus super operculum efformatis insigne, contulisse fama est.

Guido abbas Sancti Vincentii Laudun. « Frater fuit ad succurrendum hujus ecclesiæ. » Necrolog. ad iii Kal. Septembr.

De *fratribus ad succurrendum* egimus supra in observationibus, col. 1159.

Robertus regulam Præmonstratensium professus in claustro San-Martiniano, primus abbas eligitur insulæ beatæ Mariæ in Geldria. Ferunt Robertum Henrici regis Anglorum cognatum.

(¹⁰²) CAP. VII. — *Vulgo bacones vocant.* Et nos Galli nunc, *jambons.* Baconum meminit Matthæus Paris in Henrico III pag. 404, ultimæ edit. « Missa sunt decem millia summarum frumenti, et decem millia avenæ, cum totidem baconibus. » Vernacule in Lotharingia et alibi, *bacons,* solent vocitari bacones ; nempe pro lateribus, tergisque porcorum salitorum. Glossarium in fine Historiæ ejusdem Matthæi.

(¹⁰³) CAP. VIII. — *Percussus occubuit.* Dies necis Galdrici episcopi in Necrologio Laudunensi commemoratur. « Sexto Kalend. Maii obitus Waldrici episcopi, etc. Hic vir magni cordis, et strenuus in sæcularibus, qui civium exigente superbia, suis quibusdam legibus privatis. regentium, per illustrem Franciæ regem aliosque...... Laudunenses procuravit cassari communiam, » etc. Et descriptis quæ a Guiberto enarrantur, subinfert idem Necrologium : « Hæc et alia quamplurima ad tam immane scelus pertinentia, memoratus abbas (Guibertus) qui his diebus præsens aderat plena fide et veritate conscripsit. In hujus igitur tanti ac tam miserabilis flagitii lamentabilem memoriam, statutum est in capitulo nostro anniversarium dicti pontificis, singulis annis celebrare. »

(¹⁰⁴) CAP. IX. — *Prominenti eorum, quam sic vocitant repa.* Repam ornamentum quoddam auro argentove confectum, coronidis instar, tumulis sive loculis sanctorum appositum, S. Audoenus subindicare videtur lib. I. Vitæ S. Eligii cap. 32. « Fecit quoque (Eligius) et repam in loco anterioris tumuli, et altare secus ad pedes S. martyris fabricavit. » At vero repam ac crepam synonima fore subdubitat animus, siquidem ille ipse Audoenus lib. II cap. 39, sub finem, profert ista de S. Bathilde : « Jussit

(61) Numericas annorum notas, prout in chartis Mortuologiove perhibentur, apposuimus.

præterea crepam ex auro atque argento mirifice fabricare, quam supra confessoris (Eligii) membra deponere deberet. » Iterum cap. seq. initio : « Ingrediente ergo Quadragesima, præcinxerunt crepam hujuscemodi sindone, ut moles radiantis metalli velata tegeret diebus pœnitentiæ, » etc. Quibus ex verbis crepam, loculum sive urnam feralem sonare nemo non videt. Num tandem in verbo *Repa*, et *Crepa*, incidat et *Freda?* de quo Herricus Antissiodor. lib. 1 cap. 27 mirac. S. Germani : « Clotarius Crotildis filius tempore S. Desiderii Antissiodorensis episcopi, fredam regalibus expensis composuit auro argentoque decoram, ubi auctorum erant inscripta nomina. » Nil certi statuendum occurrit.

(105) CAP. IX. — *Et Sancti Joannis ecclesiam succendens.* Monasterium ab ipsa fundatione, sanctimonialium, quod pluribus deinde sæculis elapsis, episcopi Laudunensis Bartholomæi jussu monachi S. Vincentii ejusdem urbis incolere cœperunt. Hermannus monachus lib. III, cap. 22, De miraculis B. Mariæ. Et Guillelmus Naugiacus ad an. 1128. « Lauduni in Ecclesia S. Joannis, consilio Franciæ regis et principum, monialibus, quæ infames erant, ejectis, in loco ipsarum monachi substituti sunt ; ubi Drogo religione ac facundia venerabilis a Bartholomæo Laudunensi episc. primus abbas ordinatur : qui postmodum a papa Innocentio II, Romæ Ostiensis episcop. cardinalis. » De S. Joannis cœnobio nil impræsentiarum præter Vitam sanctæ Salabergæ (quam damus in lucem) suppetit. Occurret in Additamentis.

(106) IBID. — *Radulphi discophori monacharum.* Nomine Discophori œconomum, sive, ut vocant, procuratorem, cui rerum gerendarum et facultatum cura et administratio demandatur, venire mihi suadeo. Radulphum pariter episcopi discophorum nominavit Guibertus initio cap. 10.

(107) IBID. — *Sub birro liberationis causa ferret.* Birrum supra pileum exposuimus ; hic vero pallium seu chlamydem significari, verbis subsequentibus haud obscure innuitur : « Parasitus autem aliquis ei obviam factus, quid sub cappa portaret aspexit. » Videlicet verbo antiquato cappa pro chlamyde amplo sumenda hoc loco, qua voce etiamnum in rebus ecclesiasticis pluviale, (vernacule *chappe*) sæpiuscule vocant. Quanquam a capite cappam periti linguæ latinæ scriptores deducant. Consule Spelmanni archæologum, et Vosium De vitiis sermonis. De birro ita canonicus Laudunensis in Chronico ms. « Petrus eremita de territorio Ambianensi, primo monachus apud S. Rigaudum in Foresio, post prædicator effectus, cœpit tanta populorum multitudine vallari, tantis muneribus donari, tantis sanctitatis præconiis acclamari ut multæ ætates non meminerint honore simili quempiam haberi. Pili de ejus mulo pro reliquiis rapiebantur. Tanea tunica ad purum, cuculla super utrisque talaribus, birro desuper utebatur : pane vix, vino autem nunquam aut pisce alebatur, » etc.

(108) IBID. — *Ad S. Mariam Versiliacensem* sive Vesselicensem (*Vezelay*) monasterium quondam Benedictini ordinis in Burgundia, ab ipsa origine monialibus traditum perhibet testamentum comitis Gerardi de Rossilione, atque uxoris Berthæ, cujus equidem testamenti tabulam magna ex parte, diversisque in locis inseruit suis probationibus ad originem familiæ Alsat. doctissimus Vignerius e congregatione orat. presbyter. Nos vero haud per partes sed solidam dare, una Nicolai I, papæ atque Caroli Calvi eam approbantes litteras subjicere, non grave, imo perquam acceptum fore viris eruditis censuimus. Ferunt igitur hæc verba :

Testamentum, sive fundationis tabula monasteriorum Pultheriensis et Vezeliacensis.

« Omnibus Christi fidelibus pietate, amore, desiderioque ferventi beatam vitam exspectantibus, et in unitate Christianitatis sub obedientia præceptorum Dei ubique manentibus, sive his qui præsentes sunt, sive his qui futuri, atquo in compage et vinculo charitatis victuri, et usque ad consummationem sæculi in Ecclesia sanctorum sibi invicem sunt successuri. Ego Gerardus, divinæ pietatis munere apud gloriosam regalem mansuetudinem comitis honore sublimatus, ex communi, voto et desiderio dilectissimæ conjugis meæ atque amantissimæ « Berthæ, eo quod nobis pariter unanimiterque, Domino inspirante, complacuerit, ut de rebus nostris et possessionum nostrarum titulis, perennem memoriam Domino Deo nostro, ubi laus ejus assidua fieret, statueremus. Et, quoniam largitionibus piis dominorum, et seniorum nostrorum, qui nos liberalissime honoribus et dignitatibus ampliaverunt, id est imperator et senior noster clementissimus Ludovicus, et gloriosa domina et regina Judith, filiusque ipsorum æque senior, atque dominus noster rex Carolus, plurima, possidenda accreverunt, justissimum nobis visum est ut eorum amore incitati locum ecclesiæ ipsum fundaremus, ubi pro gratis muneribus ipsorum, esset in orationibus solemnis et jugis supplicatio apud Deum, continua pro salute eorum exhortatio.

« Non immemores etiam sumus eorum circa nos benevolentiæ ipsorum, id est domini senioris Ludovici Augusti, Judith dominæ et reginæ, Caroli filii ipsorum similiter domini et senioris, qui nunc superest regnans ; sed et dignam rependentes genitoribus ac parentibus honorificentiam, id est Leuthardi et Gymuldis [al., Grimildis], atque gratissimorum Hugonis et Davæ, amabilibusque filiis et filiabus ipsorum, sive qui jam obdormierunt in Domino, sive qui adhuc vivunt, consanguinitate, affinitate, et propinquitate etiam nobis junctis, id est Leufredi et Adalardi, comitum præclarissimorum, ut pro eis intercessio et assidua deprecatio fieret, et peccatorum eorum acquireretur propitiatio : et in loco ipso, quem juvante Christo fundaremus, succedentibus temporibus esset eorum permanens recordatio. Itaque et illorum quoque propinquorum, quibus et hæreditario jure eisdem in rebus successimus, nec non et reliquorum omnium, sed et amicorum nostrorum universorum, et fidelium generaliter omnium perpetualis duraret memoria, ibique per ævum pro omnibus fieret communis oratio.

« Ego igitur Gerardus, et conjux simul gratissima, pia et fideli devotione constituimus, atque construximus monasterium, et habitaculum servorum Dei, apto competentique loco, et ex largitione atque oblatione facultatis et rerum nostrarum quidquid ad sustentationem eorumdem Deo famulantium, quidquid ad religionis cultum necessarium exstat, pia ac solerti providentia juxta vires, quas Deus tribuit, procuravimus, menteque promptissima, eadem ipsa, quæ de manu ipsius accepimus, gratias beneficiis illius offerentes obtulimus.

« Fundatus igitur atque conditus est locus devotionis nostræ in honore Domini nostri Jesu Christi, et venerationes beatissimorum apostolorum Petri et Pauli, super amnem Sequanæ præterfluentis, in agro respiciente ad villam, quam ex antiquo Pultarias nominant in pago Laticensi, in regno Burgundiæ, ut ibi venerabile orationis domicilium votis ac supplicationibus fidelium frequentetur, conversatioque cœlestis sub regulari districtione, et institutione beati Benedicti viventium, omni desiderio et ardore intimo perquiratur et expetatur. Ibique contulimus villas has, ipsam eamdemque, ubi e vicino monasterium situm est, Pultarias, quidquid [al., ibi] erit ex hæreditate, quidquid præcepti sui auctoritate senior noster Carolus rex nobis inibi contulit, quidquid alio legitimo pacto rebus nostris accessit, cum universis appenditiis suis, et quæ ubicunque ad ipsa respiciencia sunt. In pago vero Senonico sextam cum omnibus ad eam respicientibus, et universis appenditiis; mannistam similiter cum omnibus ad eam respicientibus, et universis appenditiis suis, verum etiam et villare in supradicto pago, cum omnibus rebus ad eas respicientibus, et appenditiis earum. Similiter et in eodem pago, in villa quæ dicitur Piscatoria, quæ est sita super Hjonem fluvium, totum et ad integrum quidquid de...... vassallo dominico conquisivimus, et quidquid ad ipsam Piscatoriam aspicit, in omnibus duntaxat in quibus ibidem nostra videtur dominatio, vel esse scitur potestas, et quidquid ad jus nostrum in pago Tricassino pertinet.

« Pari etiam ordine fundavimus aliud monasterium, eodem studio, eademque devotione, ut habitaculum ancillarum Dei sub regulari districtione, et institutione sancti Benedicti viventium fieret in honore Domini nostri Jesu Christi, in loco vel agro qui dicitur Virziliacus, in pago Avalensi, in regno Burgundiæ, ubi et contulimus villas has. Eamdem ipsam, in qua situm est sacrum et venerabile monasterium, Virziliacum, quam commutavimus cum domina et gloriosa Judith regina, agente et impetrante apud piissimæ memoriæ dominum et seniorem nostrum Ludovicum imperatorem, quidquid idem clementissimus imperator ad eamdem villam respiciens sub præcepti sui confirmatione condonavit nobisque contulit, quæ ubicunque respiciunt ad eamdem villam pertinentia, prædicto monasterio consignavimus. Villam denique Dorviciacum, villam Cisternas fontanas atque Molintium, vel quidquid in nominato pago Avalensi, vel Tornodorensi acquisivimus, cum universis appenditiis supradictarum illarum, ubicunque vel in quocunque pago fuerint.

« Totum ergo ex integro quidquid in supranominatis villis vel agris acquisivimus, et acquirere potuimus, sacratissimis locis, et monasteriis coadunavimus, et unanimitati, atque utilitati eorum, qui ibi Deo servierint, in perpetuo conneximus; tantum nobis dum manemus in vita, earum usu fructuarium reservantes. Tuitionem quoque et defensionem prædictorum monasteriorum sub nostra cura habentes. Itaque quidquid præfato monasterio nostra religiosa oblatione collatum est, quidquid in rebus sive servitiis quibuscunque speciebus, Deo inspirante, contraditum additumque fuerit, aut a quibuscunque fidelibus quolibet unquam tempore oblatum, absque ullis exterioribus obsequiis, et obsequiorum exactionibus, solis eorum stipendiis, et necessariis sumptibus, qui illic Domino serviunt, jugi præsentis nostri testamenti firmitate permaneat illibatum. Excepto quod pro benedictione annis 655 singulis ad reverendam sedem beatorum apostolorum, cui loca eadem subdidimus, Romæ offerantur beato pontifici Urbis libræ argenti duæ.

« Et quia ultronea voluntate charitatis, atque humanitatis officio, quotidiana beneficia docent exercenda, liberi tamen ab aliis exhibitionibus monachi sub quieto servitio regulariter vivant, orationis obsequia solemniter offerentes Deo, pro gloriosissimis dominis et senioribus nostris Ludovico Augusto, et Carolo ejus filio, et præcellentis memoriæ dominabus Judith, atque Hermentrude; sed et præclarissimæ item recordationis genitorum genitricumque filiorumque ipsorum, qui sive vivunt, sive jam dormierunt in Domino, pro nobis etiam filiisque, ac filiabus viventibus, sive defunctis, cunctisque amicis nostris, omniumque fidelium multitudine.

« Hoc vero monasterium, sive aliud supra nominatum, cum omnibus rebus ibi collatis, beatissimis apostolis apud Romam subdidimus, et testamentario libello dato æterne pontificibus Urbis illius, qui vice apostolica annis sequentibus sedem tenuerint, ad regendum, ordinandum, non tamen ut beneficiaria potestate. Cumque dandi, aut procaminandi licentia sit disponenda, perpetuo commisimus, ut eorum sollicitis studiis, et vigili provisione, juxta nostram devotionem, religio pietatis et honestatis ad gloriam Dei semper ibi excrescat, et fructus apud Deum propensior generetur. Illud perpetue firmum volumus, ut quoties abbas vel abbatissa de præfatis monasteriis respectu divino a religione nostra sanctis apostolis contraditis, ex hac luce migraverint, congregationes ipsæ, quas de venerabilibus locis Deus esse voluerit, habeant concessam sibi potestatem cum interrogatione, sanctorumque virorum consilio, alterum vel alteram bonæ vitæ et boni testimonii, auxiliante Domino, ex suo consortio atque collegio electum vel electam præficiendi, prosequente pontificis super hac re probatione, qui sedem apostolicam tunc temporis meruerit.

« Sed et rerum quantitas in suscipiendis fratribus, vel sororibus semper attendatur, ne superfluo numero congregationes ipsæ (quod absit) forte gravatæ delabantur. Illud quoque summopere monemus, et sub obtestatione etiam inhibemus ne cui pietatis nostræ votum liceat in perpetuum commutare, vel præpostero ordine irrumpendo perturbare. Quod si quis, quod non credimus futurum, præsumpserit domini et senioris nostri Caroli Pii regis præcepto damnatus, Domino Deo nostro dignam facti sui vicem ei reddente, ex sententia sancti pontificis, vobis, et sacrilegus et sacrarum rerum fraudator, a cœtu populi Dei extraneus pœnam æternam, nisi resipuerit, incurrat.

« Sed et vos omnes, sanctissimi Patres et episcopi, per Redemptorem Dominum nostrum deprecamur, ut huic nostræ devotionis operi semper dignemini exactores, et adjutores in omnibus existere. Quod in finem monendum sit piis et charissimis nostris servis Dei in monasteriis tanto studio a nobis fundatis, degentibus, et pia et vigili cura devotionis et religionis sit, « atque in omnibus se exhibeant sicut Dei ministros, nemini dantes ullam offensionem vituperandi (*II Cor.* vi, 3) » religiosissimum et sacrum ordinem monasterii sui, ut apostolicæ sedis pontifex sit eis rector assiduus, consolator et tutor; quatenus corpori et membris Ecclesiæ fidelissima charitate et religiosissima obedientia juncti, etiam capiti totius corporis, quod est Christus, mereantur compage sociari.

« Hoc autem testamentum plena a nobis pietate et devotione confectum, ut omni tempore irrefragabilem obtineat firmitatem, etiam manus nostræ, et illustrium virorum subscriptionibus sanximus roborandum.

« S. Gerardi comitis, S. Berthæ conjugis qui hanc oblationem Deo pro remedio animæ suæ obtulerunt, et testamento facto firmaverunt, atque firmari jusserunt.

« S. Evæ filiæ ipsorum quæ voluntatem parentum, et oblationem Deo factam, audiendo et firmando consentiit, consentiendo confirmavit.

« S. Sanvarii. S. Simonis. S. Fanvel. S. Baunari. S. Widerici. S. Gerardi. S. Rotardi. S. Abonis. S. Auzgarii. S. Optadi. S. Galfari. S. Athonis. S. Ardulfi. S. Bercharii. S. Raganaudi. S. Leuderici. S. Alverii. S. Fredeberti. S. Radulphi. S. Gerardi. S. Sigiberti. S. Gislemari. S. Gauzelini. S. Ayr-baldi. S. Zenonis. S. Odolardi. S. Odeberti. S. Austorici. S. Amalberti. »

Nicolai papæ I confirmatio fundationis monasterii Vizeliacensis.

« Nicolaus episcopus, servus servorum Dei, religiosæ, et Deo dicatæ, quæ divino nutu, divinaque providentia in **656** monasterio fuerit constituta, » etc. *Vide inter epistolas et diplomata Nicolai I, Patrologiæ t. CXIX.*

657 *Diploma Caroli Calvi fundationem approbantis Vizeliacensis monasterii.*

« In nomine sanctæ et individuæ Trinitatis. Carolus Dei gratia rex. Si nobilium et illustrium, » etc. *Vide inter diplomata Caroli Calvi Patrologiæ t. CXXIV.*

658 Aliquot post annis, sanctimonialibus amandatis, in Vezeliacense cœnobium successere monachi; qui tandem pluribus sæculis elapsis anno nimirum 1537, obtentis dolo a summo pontifice Paulo III litteris bullatis, cucullum abdicaverunt, ac sæcularium canonicorum mores et vestes induere.

(¹⁰⁹) Cap. IX. — *Abbas autem Sancti Vincentii Adalbero.* Quem supra seriei abbatum S. Vincenii Laudunensis accensuimus, estque undecimus.

(¹¹⁰) Cap. X. — *Et Salbano superjecto. Lege Sabano.* Quo verbo usus est auctor noster libro De virginitate, cap. 10. « Sabanoque ac vestibus ac si somnolentum operiri. » Pro linteo usurpatur, velut antiqui scriptores exponunt. Victor Uticensis libro tertio ante medium. Muritta diaconus Elpidoforum Christianæ religionis desertorem, ac crudelem persecutorem, quem e sacro fonte susceperat, alloquitur : « Clam furto nescientibus cunctis bajulabat illa, quibus eum suscipiens de fonte dudum texerat sabana. » Et infra quid sabanum explicat. « Hæc sunt linteamina, Elpidofore, quæ te accusabunt, dum majestas venerit judicantis. » Videsis sanctum Gregorium papam, libro IV, Dialog. cap. 55, de Centumcellensi presbytero, sanctum Bonifacium Mogunt. epist. 10 et 143 in fine; Paulum papam I, ad Pippinum regem, tomo III Hist. Franc. Andreæ Duchesne pag. 746.

(¹¹¹) Ibid. — *Delatus ad ecclesiam,* etc. — Quare in ecclesia San Vincentiana sepultus fuerit Galdricus ep. rationem dedimus in summario Hist. ejusdem monasterii; quod nimirum ecclesia illa episcoporum Laudunensium fuerit cœmeterium. Epitaphium Galdrici pene obliteratum prostat ante altare S. Benedicti in hæc verba :

Fructus amorque gregis, utriusque modestia legis.
Vivere dum licuit Waldricus iste fuit.
Præsul prudentis super alta negotia mentis.
Ecclesiæ clypeus sit suus inde Deus.
. . . . Vix terra recepit
. . . . Pastorem jugulavit ovis.

(¹¹²) Cap. XI. — *Thomam enim Codiciacensis, ut dicitur, filium.* Late etiam nefandos Thomæ mores suis coloribus depingit Sugerius in Vita Ludovici Grossi, pag. 97. Hist. Franc. tom. IV, ab Andrea Duchesne. Aliquando nihilominus illum ipsum Thomam religionis cultorem exstitisse, exhibuisseque pietatis exercitia demonstrat subsequens charta :

« In nomine Patris, et Filii, et Spiritus sancti. Ego Thomas Dei gratia Codiciacensis dominus, perpendens quanta sanctæ Ecclesiæ reverentia debeatur, quæ sub Deo Patre Mater nostra vocatur; in qua per baptismatis sacramentum regeneramur, et ex qua ad supercœlestem Jerusalem nostram principaliter matrem colligimur : ecclesiam beatæ Mariæ Novigenti sub nostro post Deum patrocinio, et de nostris beneficiis constitutam, prospiciens plurimum a debita libertate claudicare, et ministrorum nostrorum usurpationibus miserabiliter subjacere, tali, Deo inspirante, prærogativa disposui insignire; eam enim reverentiam, quam ab antecessoribus meis eidem ecclesiæ impensam comperi, scripto, et auctoritate nostra, et procerum nostrorum testimonio roborare decrevi.

« Intra constitutos igitur terminos ambitum villæ ipsius ita liberum esse debere censuimus, ut nullus clientum vel præpositorum nostrorum intra ipsius terminos, nec hominem, nec aliquid capere audeat, vel quidquam a quoquam ullus hominum, præter abbatem et monachos, præsumat violenter exigere, sed a cunctis invasionibus; ac si sacratus, sit immunis locus ipse. Homines loci ipsius præter quinque, quos mihi retinui, Deo et Ecclesiæ servituros dereliqui, quos nolo amodo pro meo servitio, nisi cum abbatis et fratrum licentia et voluntate urgeri. Quod si quis eorum quos mihi retineo ad me venire noluerit, cum eum per ministrum meum mandavero, abbati suggeretur, vel priori, aut præposito, ut eum ad me venire faciat. Si propter abbatem venire noluerit, nunquam per aliquem hominum meorum intra districtum territorii ecclesiæ capietur. Sed ut intra districtum castri mei capi valeat, exspectetur.

« Et si ab hac die in posterum aliquis externus ibi habitare voluerit, si probabiliter liber est, Ecclesiæ servitio se mancipare poterit. Similiter et Advena. Quod si alicujus sancti eum esse constiterit, meus erit. »

(¹¹²) IBID. — *Facta sunt hæc,* etc. Consimilis est istius canonici Laudunensis enarratio : « Anno Domini 1112, Waldericus Laudunensis episcopus cum cives ipsius urbis a sacramento **659** juratæ communitatis studuisset revocare, civibus in seditionem versis, cum quibusdam fidelibus suis nobilibus ei subvenire volentibus, armis eorum nequiter est confossus feria quinta hebdomadæ paschalis, VIII (Guibert III) Kal. Maii, in litania majori : unde confusa multitudine tumultuante succenditur ecclesia cathedralis cum domo episcopali; succensa est etiam ecclesia B. Joannis Baptistæ in abbatia monialium, cum aliis 9 ecclesiis e vicino appendentibus. Ludovicus rex Francorum tam severe scelus istud in auctores seditionis ultus est, ut tam futuros quam præsentes debeat exemplum a simili scelere terrere. »

(¹¹³) IBID. — *Quod siccatorias vocant.* A sicca deduci opinor. At quodnam instrumenti sive machinæ genus fuerit siccatoria nondum legi.

(¹¹⁴) CAP. XIV. — *Quo decedente, iste legitime.* Per se patet demonstrativo *iste* Bartholomæum, qui Hugoni successit, ab auctore subintelligi. De quo sic Guillelmus Nangiacus in Hist. ms: an 1113. « Quo (Hugone) post septem menses mortuo, vir illustris Bartholomæus ad episcopatum Laudunicæ civitatis provehitur; cujus industria episcopalis ecclesia, quæ incensa fuerat, in brevi reparata est, » etc. Gesta Bartholomæi recenset Hermannus in Appendice; qui, quod inter cætera ab eodem episcopo præclare acta abbatiam Fusniacensem congregationis Cisterciensis condidisse affirmet, pauca ejusdem fundationis ex ipsomet Fusniacensi tabulario hausta, retexere libitum est :
De eo quod Bartholomæus episcopus in loco qui Fusniacus dicitur abbatiam construxit.

« In nomine sanctæ et individuæ Trinitatis. Ego Bartholomæus Dei gratia Laudunensis episcopus, notum esse volumus tam præsentibus quam futuris, quod Fusniacus erat alodium Sancti Michaelis, et, cum locus ille non multum esset utilis eidem ecclesiæ, impetravimus ab Elberto abbate et monachis loci illius, ut illum locum nobis liberum et absolutum redderet, ad faciendum quidquid inde facere vellemus. Nos autem eumdem locum, assensu prædicti abbatis et capituli ejus, Bernardo et monachis de Claravalle, liberum et absolutum reddidimus, ut ibi abbatiam constituerent, et libere et quiete Deo deservirent.

« Actum anno Domini millesimo centesimo vigesimo primo. »

Multa et alia contulit beneficia Fusniacensi monasterio idem venerabilis antistes. Sepultus jacet in ejusdem cœnobii templo, in quo sequentia duo epitaphia cernuntur

Epitaphium reverendissimi præsulis Bartholomæi Laudunensis episcopi

Regum stirpe, ducum generatus sanguine, claris
   Clarum nomen habet Bartholomæus avis.
Promptus ad arma fuit dum junior iret in hostem
   Multa trophæa tulit, vix habet usque parem.
At Deus in præceps retrahit miseratus euntis;
   Nec mora, castra fugit, projicit arma ducis.
Clericus inde Remis sequitur virtute Manassem,
   Imo senem fessum fertque subitque vicem.
Lauduni interea sacra mactatus in æde
   Præsul, obit subito; moxque vacante sede,
Hunc sibi pastorem clerus, populusque requirunt;
   Abducuntque Remis, ac sibi præficiunt.
Sic bene pontificis, meritumque et nomen adeptus,
   Quod gerit officii, perficit, implet opus.
Exemplo verboque gregem regit, omnia factus
   Omnibus, uti Christo feneret ex ovibus.
Protinus hinc Mariæ succensa recondere templa
   Non tardat; reparat tectaque præsulea.
Tum sacra Baptistæ monachis dans claustra, perire
   Crimina et ipsa facit, scandala suffugere.
Postea cœnobium Mariæ sub nomine fundat,
   Consecrat ipse Deo Fusniacumque vocat.
Fusus ut e cœlo castis in cordibus ignis,
   Ardeat, incaleat pectoribusque piis.
Utque tribus votis triplicem quasi funibus hostem
   Implicet, ad pugnam dirigit hic aciem.

Sic decet et... funes dissolvere, fastus-
 Sternere, mundanos tundere carnis acus.
Boheryas condens scelerum spineta revellit,
 Terraque fert fructus quam prius ipse colit.
Mentibus expellit tenebras, lucemque refundens
 Dat Vallem Claram, luminis arma ferens.
Lampada ne vacuam virgo ferat, auget oliva,
 Monstrolium plantans, pullulet unde olea.
Dans Præmonstratum, per devia euntibus aptum
 Monstrat iter, sequitur quod novus ordo Patrum.
Legibus instituens Norberti Martinianos
 Urbicolas, mores corrigit hisce malos.
Quissiacum jaciens quatit arcum, tela retorquet
 Dæmonis, ac animis noxia cuncta movet.
Forcipe, Thenaliis, sumpto carbone labella
 Mundat, et ut Cherubin casta dat eloquia.
Clari fontis aquas facientibus exhibet, hisque
 Turbida mundanæ flumina tollit aquæ.
Buccilici bellum vitiis quasi buccina clangit,
 Oraque divinis laudibus apta facit.
Fessus episcopii tandem sub pondere, honores
 Deserit, ac clerum, prospera cuncta, et opes.
Fusniacum petit, inde simul quod veneriat, implet;
 Sponte fit et monachus præsul, ibique latet.
Ut liber vacet ille Deo, totusque saluti
 Incumbens propriæ, gaudet amara pati.
Occidit oppressus senio, dignumque sepulcri
 Marmor habet corpus, mens petit alta poli.
660 Sicque sua partis fruitur virtute coronis :
 Cingitur et ternis frons sua laureolis.

Aliud circa tumulum.

Qui jacet hic præsul Marianam condidit ædem
 Lauduni, pariterque domos antistitis ustas.
Templa decem instruxit; Benedicto contulit unum:
 Bernardo quatuor; Northerto quinque piavit.

Addit et Guillelm. de Nangis Histor. ms : « Bartholomæus Laudunensis episc. anno XXXVIII sui episcopatus, contempto mundi schemate Fusniaci induitur habitu monachali. »

Inter beatos accensetur in Menologio Cisterciensi ad sextum Kalend. Julii; auctore Chrysostomo Henriquez. De Bartholomæo agunt auctores plurimi quos retererunt idem Henriquez ad id diei: et Angelus Manrique Annal. Cist. an. 1120, cap. 2, n. 1, et an. 1142, cap. 1, n. 3.

(¹¹⁶) Cap. XIV. — *Ab archiep. totius Franciæ et episcopis anathemate pulsabatur.* Expressius abbas Sugerius in Vita Ludovici Grossi ubi supra : « Cujus (Thomæ) intolerabili fatigata molestia, cum sederet Belvaci in generali conventu Gallicana Ecclesia, etc. Venerabilis S. R. E. legatus Cono, Præstinus episcopus innumerarum pulsatus molestia querelarum, etc.; anathemate generali detruncans, cingulum militarem ei licet absenti decingit, ab omni honore tanquam sceleratum, infamatum, Christiani nominis inimicum, omnium judicio deponit, » etc. Auctor Appendicis editæ ad Sigibertum, Thomæ funestum finem strictim ostendit. « An. 1130, — Thomas de Marla in suo proprio conductu negotiatores dolo capiens, a rege Ludovico cum exercitu impetitur; et a Radulpho Viromanduorum comite, in ultionem Henrici fratris sui, vulneratus et captus, Lauduni moritur. »

(¹¹⁶) Ibid. — *Post funestum excidii Laudunensis eventum.* Non equidem hic metam facinoribus posuere Laudunenses; ultra progressi sunt. Post aliquot A annos iterum commoverunt urbem; ac saniem vulnus recrudescens foras erupit. Testis est sæpiuscule productus Laudunensis canonicus : « Anno 1177 homines de Laudunesio in præjudicium episcopi Ecclesiæ Laudunensis, data regi Ludovico æstimatione pecuniæ, communiam ordinaverunt habere, et sic perperam cogitantes, a jugo servitutis cervices suas et suorum hæredum excutere arbitrati sunt. At Rogerius egregius Laudunensis episcopus per se, per amicos, regis præsentiam adiit, et ut Ecclesiæ suæ misereretur, communiam servorum suorum deflendo, modis omnibus exoravit. Rex vero, ut dicitur, sponsioni pecuniæ hærens episcopum et suos non audivit. Episcopus vero, ut erat magnanimus, videns se apud regem sæpe requisitum non proficere, proprium genus suum sollicitavit, ut per eos de servis sibi ingratis et rebellare volentibus ulcisceretur. Confluentibus undique ad eum sui generis principibus cum aliis amicis, necessariis, Jacobo scilicet domino de Avennis, et comite de Rostolio.

« Pars autem adversa non ignara, eorum adventum cum suis adjutoribus præstolabatur armata. Venerant eis in auxilium, ex aliis communiis, plurimi, Galfrido Silvanectensi, tunc Laudunensi præposito, procurante. Sed ex regis præcepto homines Sancti Medardi Suessionensis ad eorum auxilium confluxerunt. Communia de Crespeio, communia de Velli in eorum auxilium convenerunt. Apparatis itaque hinc inde copiis armatorum, tota illa rusticana multitudo, solo nomine militum qui convenerant territa, fugam consuluit. Cæsa fuit ibi multitudo non modica, sed eorum qui in aquis perierunt incertus numerus.

« Hæc autem acta sunt secunda feria post *Invocavit me* ad molendinum Sancti Martini Laudunensis, cui nomen est Comporte, quem locum fuerant deprædati. Sequenti vero æstate ejusdem anni, rex Ludovicus ultum ire parat stragem illorum de Laudunesio, in fratrem episcopi Reinaldum dominum de Roseio (Rosoy). Pervenit ad castrum comitis de Roceio (Roucy) cui nomen Nisi, ubi, amicis dicti domini de Roseio satisfacientibus regi, pro eo intervenit reconciliatio ; ita tamen ut castrum suum ab eo deinceps recognosceret tenendum. Venerabilis vero episcopus iram regis declinans apud Galterum tunc Lingonensem episcopum latuit in Burgundia. »

(¹¹⁷) Cap. XV. — *Matricularios vocant.* Qui in singulis ecclesiis matriculæ pauperum curam agebant, et eorum stipendia dispensabant, hodie *Marguilliers*. Plura vide in not. clariss. ac doctissimi Bignonii ad veteres Formul. Marcuiphi, pag. 615, u, et Vossium De vitiis sermonis pag. 496.

(¹¹⁸) Ibid. — *Is contra datis vadibus bello pugilaturus impetiit.* Nil usitatius apud antiquos scriptores, frequentiusque nil in veteribus schedis (mediæ potissimum ætatis) occurrit, quam duello, sive singulari certamine res controversas diluere. At, quia complures argumentum istud pertractarunt, ab hoc, etsi multa præ manibus habeamus, temperare visum est; ne periti lectoris stomachum sæpe sæpius repetita ingerendo ad nauseam usque moveamus. Legas Pithœi Glossarium ad Capitularia; Sirmundum, Not. ad lib. III epistola 28; Goffridi Vindo.; Bosquet. in libri II epistolam 136; Innocent. III; Spelmannum in Glossario, verbis *rampus, duellum*, et *judicium*.

661 Unum ex multis seligere placet exemplum insignis duelli, ex membranis nempe hujusce chartophylacii Sancti Germani Parisiensis, quo in Gallia monomachiæ quamdiutissime usum viguisse advertere est. Habet ita:

« In Christi nomine, ego Gaufridus Dei gratia abbas Sancti Germani Parisiensis, et ejus monasterii conventus, notum esse volumus universitati præsentium pariter et futurorum, quod Stephanus de Mathiaco cepit quemdam hominem nostrum Ingelrannum de Antogniaco, quoniam ipse juxta publicam stratam fossetum quoddam faciebat, ubi idem Stephanus et Eustachius de Bivera, consanguineus ejus, mediam partem vicariæ se habere clamabant. Nos autem hanc injuriam super injusta captione hominis nostri nobis illatam domino regi ostendimus. Ipse vero per submonitionem in curiam regiam veniens, omnes terras, præter arpennos extra villam Antogniaci, et extra villas ad eam pertinentes, de vicaria quam clamabat esse asserebat; et ideo prædictum hominem nostrum absque suo assensu secus viam fodientem ceperat. Dicebat insuper quod pater suus, et ipse post patrem, vadia belli, si quinque in villa Antogniaci evenissent, ad voluntatem suam ex consuetudine apud Mathiacum et apud Colliacum duxerant. Ad quod probandum duos homines exhibuit.

« Porro nos hæc omnia pro ecclesia nostra negantes, per Landricum de Antogniaco unum de probatoribus suis, secundum Lambertum de Mathiaco, in approbatione facienda quam promiserat, mendosum esse monstravimus. Igitur, pluribus intercurrentibus intervallis, ad diem a domino statutum venit idem Stephanus, cum suo pugili, in curiam domini regis Parisius, ubi fratres nostri Rainardus et Philippus, a nobis destinati, loco nostri, sicut ad duellum bene muniti adfuerunt.

« Proinde, pertractata causa in præsentia Parisiensium præpositorum Guillelmi de Gornaio, Rainoldi de Bellomonte, Balduini Flandrensis, locum domini regis tenentium, cum non posset inter nos et prædictum Stephanum pax firmari, adductus est in medio uterque pugil et ad conflictationem statutus; cumque ambo diu multumque conflictassent, et sese invicem gravissime afflixissent, tandem, Deo auxiliante, pugil noster, adversarium suum viriliter et audacter invadens, oculum ei eripuit, et tanto conamine eum gravavit, quod, illo profitente se victum esse, victoria sibi cessit.

« Præterea eadem die supradictus Stephanus adduxerat duos homines in medium, per quorum testimonium probare volebat quod ipse vel servientes sui, sine assensu nostro et officialium nostrorum, debebant de jure metretas de villa Pyrodio ad rectum parare. Ingelbertus autem de Antogniaco uni illorum hominum, Odoni nuncupato, contradicens, testimonium ipsius super hoc falsum esse se probaturum publice asseruit; et sic, vadiis belli inter eos commissis, ad duellum faciendum eadem dies præfixa fuit. Cumque victoria primo pugili nostro, sicut prædictum est, cessisset, præfati fratres nostri Rainardus et Philippus nostrum pugilem, scilicet Ingelbertum, cum obsidibus bonis in medium adducentes, obtulerunt judicibus eum ad probandum quod promiserat : at sæpedictus Stephanus præsens ibidem non fuit, nec pugilem suum, sicut mos est, cum obsidibus prætaxatis, judicibus exhibuit. Unde iidem judices fratribus nostris, Rainardo et Philippo, cum pugilibus et obsidibus nostris dederunt licentiam recedendi a curia. Et cum ipsi judices a curia exeuntes irent ad propria, prænominato Stephano obviaverunt, quem, pro defectu utriusque duelli captum, cum suis pugilibus et obsidibus in castello posuerunt. »

(¹¹⁹) IBID. — *Sacri laticis judicio.* De ejusmodi probationibus, aqua calida ac ferro candenti, consulendi auctores modo citati, nec non Juretus ad Ivonis epist. 75 et 168. Verumenimvero prohibuere duella et judicia Stephanus PP. V. 2, quæst. 5 Consuluisti; Cœlestin. III, capite Cura suscepti. De purgat. vulg.; Innocent. III, cap. Ex litteris de excessibus prælat.; Honorius III, capite Dilecti, et alibi.

Non vulgare est quod protulit judicium (insigni miraculo consignatum) S. Pontius abbas S. Andreæ Andaonensis juxta Avenionem, ideo hic adnotandum ; nempe caput 10 Vitæ ejusdem abbatis, nondum typis evulgatæ, et ab æquali conscriptæ, describendum : « Nec prætereundum, nec silentio occultandum dignum fore decernimus, quod illorum relatu qui præsentes aderant audivimus. Quadam namque die vir domini (Pontius) transeundum Rhodanum pro quibusdam sui magisterii negotiis disposuerat. Matutinali itaque [tempore] sacrosanctis mysteriis secundum suum morem humiliter persolutis descendebat ad ripam cum pluribus sociis, statimque ante eum adveniunt terræ cultor et custos boum suorum, in manu tenens vomerem, altercando cum socio suo, proclamando illum latronem; siquidem nudius tertius idem vomer non longe ab aratro sub terra ab eodem aratore coopertus fuerat, nemine præsente vel vidente, nisi suo socio, qui juxta aderat. Requisitus **662** in crastinum, non est inventus per triduum. Qua de re alter contra alterum conquerendo, impetebat unus alium furem vomeris proclamando. Aiebat ergo, inquiens, qui absconderat : nullo præsente, nec in proximo existente, excepto te solo, fuit terræ suppositus, propter quod te illum abstulisse dicimus. Prædictus etiam vir Domini supradictam ante se audiens querimoniam, ambobus subridens hanc indixit sententiam : Mittatur prope ripam sicut videri possit vomer in aqua Rhodani, et consignabimus eam in nomine Domini. Quod viri Dei dictum facto est celeriter adimpletum. Tunc namque vir Domini signo sanctæ crucis aquam sanctificans, inquit : Nudatis brachiis ille de quo plus dubitatur, prior ab aqua vomerem elevet, et si reus furti sit, Deus justus et verax, hoc sua bonitate revelet. Audacter itaque sibi furti conscius ad extrahendum vomerem ex aqua manum intulit, quam velut in cacabum bullientis aquæ misisset, crematam, et sine vomere retulit. Mira itaque res nec nostris sæculis hactenus audita. Aqua enim naturaliter frigida ad demonstrandam rei pollutam furto conscientiam, furis cremando brachium, vindictæ fecit indicium, hominibusque ex hoc facto mirantibus, ac viri Dei sanctitati præsens miraculum ascribentibus, ait ipse cum precibus : « Laudemus in suis sanctis operibus Dominum (Psal. xxxix, 29), » siquidem « ipse facit mirabilia solus (Psal. lxxi, 18), » sicut dicit Propheta veridicus. Nullus utique mortalium fecit unquam mirabilia nisi Deus homo factus in virgine Maria. Ille igitur laudetur, honoretur et glorificetur : fecit enim nobis sua pietate cognitum, quod nostris oculis manebat absconditum. Cui est honor et gloria in sæcula sæculorum. Amen. »

(120) Cap. XVII. — Dispensationem Filii Virginis phantasma esse fatentur, etc. Manichæorum hoc est deliramentum. Inspiciendus B. Augustini lib. De hæresibus, cap. 46 post medium ; S. Leo, sermo. 5 De jejunio decimi mensis, sub med. ; sermo. 4 De Quadragesima, ante finem, et ejus epist. 93 contra Priscillianistas, cap. 7 ; Prædestinatus hæresi 46, 69 et 70.

At enim in Gallia, non modo postquam sopita hæresis Barengariana est, territorium Suessionense hacce pestifera Clementii (quem tuebatur Joannes comes) labe infectum est, imo in Armoricam quoque provinciam ipsa eadem tempestate diversas hæreses serpsisse docet Hugo Rothomagensis archiep., tractatu De hæresibus, qui idcirco primum nunc luci a nobis exponitur. Reperies inter additamenta.

(121) Ibid. — Interea perreximus ad concilium Belvacense. Cui præsedit Cono legatus Paschalis II, an. 1114, quod supra visum est. Append. ad Sigibertum, et Nicolaus Vitæ S. Godefridi lib. III, cap. 9.

(122) Cap. XVIII. — Sordidissimas bracas. Ovid., Trist., lib. III; eleg. 10, braccas memorat, de quarum antiquo usu Vossius, De vitiis sermonis, pag. 10. Quid vero sonent apud nostrates indigitant Molismenses monachi apud Orderic. Vitalem, Hist., lib. VIII, pag. 712 : « Ast omnes populi braccis utuntur in occiduo climate, nec eis tam pro frigore quam pro dedecore norunt carere. Quibus pro causis idem mos est in nostro ordine. » Nempe braccis femoralia intelligunt : inde braccile diminutivum, quod subligaculum aliqui interpretantur. Adeas Menardum in Concordiam regularum, cap. 42, pag. 894 ; et Haeftenum, Disquisit. monast., pag. 495.

(123) Cap. XIX. — Ad sanctæ conversationis habitum. Auctor ipsemet, lib. 1 Vitæ suæ, cap. 8 : « Suscepto sanctæ conversationis habitu perenniter Domino deserviere. » Ita Magnus Gregorius, Dialog., lib. II, cap. 1 ante med. : « Eique (Benedicto) sanctæ conversationis habitum tradidit. » Perantiquus auctor Vitæ S. Geremari, cap. 3, infra inter Additamenta : « Construit congregationem monachorum sub sancta conversatione degentium. » Unde olim majores nostri, ubi de institutione monastica sermo haberetur, summa cum veneratione loqui solebant. Concilii in palatio Vernensi cap. 5, ordinem sanctum; Suessionensis an. 744, cap. 3, regulam sanctam; Mogunt. sub Leone papa III, cap. 11, sanctam regulam appellant Patres.

Sed et Carolus Magn., præcepto membranaceo ad Benedictum Anianæ abbatem de donatione Cellæ-Novæ, etc. : « Supradicta loca habere dignoscitur (Benedictus) denuo per nostræ auctoritatis præceptum, et et monachis suis inibi sub sancta regula consistentibus, plenissima deliberatione, pro mercede animæ nostræ cedere et confirmare deberemus, » etc. Pius Ludovicus Caroli filius in confirmatione abbatis ejusdem monasterii, quam supra retulimus : « Magistri et doctores sanctæ non solum regularis vitæ, verum omnis spiritualis normæ, » etc. Nicolaus papa II, privilegium archimandritæ hujusce monasterii Poncio concedit, approbans universa quæ contulerant reges, cæterique Christiani : « Licentiam, inquit, donanti pœnitentiam ad se undecunque humiliter concurrentibus, excommunicandique perversos potestatem habeat, et solvendi satisfacientes, auctoritate apostolica indulgemus, etc. Et ne parvam quamlibet occasionem prædicti loci congregatio adinveniat exsequendi quæ sancta sunt et justa, et sanctæ regulæ congrua, » etc. Ex tabulis ejusdem monasterii. Instituens Neufingus Andegavensis episcop. monachos, (expulsis canonicis) in monasterio S. Albini, sic eloquitur in schedis veteribus : « Privilegia quæ ex antiquo canonicis ejusdem ecclesiæ fuerant obtenta, 663 fratribus quoque nunc Deo ibidem regulariter servientibus, nostra auctoritate firmaremus : quod nos ordinem sanctum attollere cupientes fecimus, » etc.

At vero si ultra progrediamur, et anteriora sæcula attendamus, cœnobiticam vitam Ecclesiæ Patres miris cumulasse laudibus advertemus. S. Athanasius, referente Cedreno, numero sive cap. 91 Historiæ : « Cum duo sint vitæ genera, mediocre unum, et humanæ vitæ accommodatum ; alterum angelicum, et apostolicum, atque incomparabile, quod est virginitatis atque monasticæ vitæ, » etc. Et paucis interjectis : « Atque hinc Dionysius ille apostolicus : Omnium sacrorum ordinum supremus et celsissimus est monachorum ordo, » etc. Qua de re Theodosius imp. monachos alloquens ibidem infra, cap. 150 : « Beati ac felicissimi profecto, vos, monachi, estis, » etc. In laudem S. Athanasii orationem habuit S. Gregor. Naz. estque oratio 21, ubi sub med. : « Ad sacra illa et divina Ægypti monasteria se confert, in quibus homines a mundo se distrahentes, Deo vivunt, magis quam cæteri homines qui in corpore versantur. » Quam ob rem S. Chrysostom., homil. 70, in cap. 22. Matth. : « Non cœlo diverticula monachorum minora æstimanda sunt. Angeli nempe, imo vero ipse quoque angelorum Dominus sæpenumero ad eos divertuntur. » Iterum Gregor. Naz., orat. ad Julianum Trib. exseq. : « Dei servos et discipulos, cœlestium rerum inspectores, generis nostri primitias, hæc columina, has fidei nostræ coronas, hos templi lapides, » etc., appellat monachos. Et Salvianus, lib. VIII De gubern. post. med. : « Sanctos Dei. »

Concilium Toletanum IV sub Honorio PP. I, cap. 50 : « Clerici qui monachorum propositum appetunt, quia meliorem vitam sequi cupiunt, liberos eis ab episcopis in monasteriis largiri oportet ingressus. » Bonifacius papa IV clericis Anglicanis, qui omni studio totisque viribus monachos, quod mortui essent mundo, a clericorum officiis arcere conabantur, respondens, inter alia sic rescribit : « Sacerdotes igitur monachi et canonici, qui quotidie Dei præcepta annuntiant, angeli vocantur ratione non incongrua. Sed unusquisque angelicus ordo quanto claritatem Dei vicinius contemplatur, tanto dignitate sublimior affirmatur : nam uti Cherubim, monachi sex alis velantur, » etc. Habet hæc Ivo decret., part. VII, cap. 22. Concinit in hanc rem anonymus poeta in notis Sirmundi ad lib. IV. Godefredi Vindo, epist. 1 in fine.

Sic Cherubin cœlo, monachi tellure manentes,
Unum dant uni servitium Domino.

Denique subsequiora tempora, paululum inspiciamus. In concilio Lemovicensi an. 1034, ita eos qui consedebant affatur præses : « Illi enim (monachi) nostris legibus constringi non debent, qui ultra nos per arctam et angustam portam vitæ ingrediuntur. » Deinde post pauca : « Abbates regulares non ideo ad synodum venire cogo hujus sedis, ut arguantur, sed ut mihi de rebus ecclesiasticis moderandis consultum præbeant; quatenus ipsi, spirituales viri, in retributione coronæ mecum participent. » Unde S. Leo PP. IX monachorum S. Remigii in concilio Remensi : « societatem devote petiit (fert vetus charta) et accepit, suamque eis humiliter petentibus largitus est, » etc. Anno 1049, quo loco monasticis votis astrictos haberet Ivo Carnot. prædicat suis litteris ad abbatem Bonæ-Vallis Bernerium ; his mox finem nostris observationibus imponemus. S. Bernardus, serm. De verbis Domini : « Vere claustrum, fratres mei, vere religio est paradisus. » Petrus Blesens., epist. 13 sub finem : « Juxta sententiam cordis mei, si paradisus in hac vita præsenti est, vel in claustro est, vel in schola. » Et pius Joannes Gerson. lib. III De imitatione Christi, cap. 56 : « Vere vita boni monachi crux est, sed dux paradisi. »

Cæterum eas SS. Patrum sententias sic a me expositas velim credas, non ad fastum, non ad philautiam; sive ut aliis ordinibus institutum monasticum, quod id sim amplexus, anteferri appetam. (« Absit mihi gloriari, nisi in cruce Domini nostri Jesu Christi, per quem mihi mundus crucifixus est, et ego mundo (*Galat.* VI, 14). » Imo vero mens mea potissimum fuit, quæ mihi inter legendum collegeram, speculi instar, iis qui, terrenis rebus despectis, Christi suave jugum humeris ultro imposuerunt, objicere; quatenus repetere queant animo quod Gerson., ubi supra cap. 10, tanti facit : « Non enim omnibus (exclamat) datum est ut omnibus abdicatis, sæculo renuntient, et monasticam vitam assumant. » Nec non et quo animæ ac corporis vires collineare, et quantum virtutum, sanctitatisque fastigium spectare debeant, nihil non agnoscant. Atque illi præterea verecundia percellantur, quibus cordi minime est hocce vitæ genus, scilicet abstinentiæ, jejuniis, vigiliis, chameuniis, silentio, solitudini et cæteris, quæ gravia ac molesta carni revera videntur, exercitamentis operam dare, seque ad ea perficienda votis obstringere, tum verbis, tum etiam scriptis improbant, studentque fastidium suggerere præfatorum, perperam edocentes rerum usum nihil prorsus remoram Christianæ perfectioni inferre, modo adsit charitas; quasi vero hæc ipsa conservari possit, (charitas, inquam, quæ non quærit quæ sua sunt, sed quæ Jesu Christi (*I Cor.* XIII, 5), nisi corpus castigetur, redigatur in servitutem (*I Cor.* IX, 27), quemadmodum Apostolus, et quotquot sanctitatis nomine in Ecclesia veneramur, actitavere.

664 *Ivonis Carnotensis episcopi litteræ ad Bernerium Bonævallis monasterii abbatem.*

« Quoniam dispositiones ecclesiasticarum rerum, episcopali curæ faciendas, decretorum et canonum paginæ concedunt, » etc. *Vide inter epistolas Ivonis, apud nos tomo mox edendo.*

FINIS.

SOLI DEO HONOR ET GLORIA.

ADDITAMENTA
AD GUIBERTI OPERA ILLUSTRANDA.

VITA S. GEREMARI ABBATIS
ORDINIS S. BENEDICTI,
AUCTORE QUIDEM ANONYMO SED PERANTIQUO.

665-667 CAPUT PRIMUM.

Tempore Dagoberti regis Francorum, cum fideles Christi odium pro veritate incurrerent, et per Galliam a membris diaboli pro nomine Christi multa sustinerent, beatus Geremarus ad proterendam rabiem perfidorum et ad corroborandam fidem Christianorum, villa Giviarandra, quæ sita est in confinio Belvacensium super fluvium Ittam, annuente Dei clementia, ortus est. Genitor ejus nomine Rigobertus, et genitrix illius nomine Aga, ex gente Francorum nobili orta. Ortus denique illustribus parentibus sacro fonte baptizatur, et sacra fide consignatur : sacris etenim mysteriis imbuendus traditur. Hunc siquidem genitores, velut unicum filium tenere diligentes, tradiderunt scholis erudiendum atque instruendum doctrina Christi.

Post quorum mortem beatus Geremarus, magis ac magis in Christi amore exardescens, non cessabat substantiam suam erogare pauperibus; sciebat enim quia quod pauperibus dabat, ipsi Domino Jesu Christo tribuebat, sicut idem Dominus dicit in Evangelio : « Quod uni ex minimis meis fecistis, mihi fecistis (*Matth.* xxv, 40). » Præparabat sibi de transitoriis æterna, et de caducis præmia sine fine mansura. His et aliis multis exemplis corroboratus, captivis, orphanis, viduis, pauperibus incessanter substantiam suam impendebat. Sed cum jam Domino placuisset meritum revelare multis beati Geremari, quoniam, sicut ipse dicit in Evangelio : « Nemo lucernam accendit, et in abscondito ponit; neque sub modio, sed super candelabrum, ut qui ingrediuntur lumen videant (*Luc.* xi, 33), » cœperunt plures Francorum ad eum concurrere, fruique ejus sanctissima allocutione; quos pane cœlestis verbi quotidie pascens, admonebat eos ut fidem, charitatem, dilectionem Dei et dilectionem proximi inviolabiliter retinerent, et multa alia cœlestia arma, quibus conscendere possent cœlum, et debellare humani generis inimicum.

Hæc ita eo agente, audivit famam sanctitatis ejus atque prudentiæ rex Dagobertus, mittensque nuntios accersivit eum in palatium suum, et videns eum elegantem et doctum in verbis, et sapientem in consiliis, præfecit eum consiliis suis; cujus consilio quandiu acquievit, tandiu strenue Francorum regnum obtinuit.

CAPUT II.

Igitur non multis annis juventutis suæ in regis Dagoberti palatio expletis, tractare secum cœpit quem sibi in hæreditate sua sociare potuisset. Hoc autem eo cogitante, cum consensu regis cæterorumque Francorum sociavit sibi puellam in conjugio, nomine Domanam. Hoc idcirco maxime fecit, ut inde procrearet aliquem futurum hæredem, ne post mortem ejus gravia scandala orirentur inter parentes suos ex hæreditate sua; habebat namque quamplurima prædia, erantque ei parentes plurimi in palatio regis Dagoberti. Accepta vero uxore sua, complevit circa eum Dominus misericordiam suam; generavit ex ea duas filias; quarum prior dum ad maturam ætatem perveniret, sponso destinatur; sed virgo permansit, morte interveniente carnis. Junior tradita monasticis disciplinis, in virginitate **668** permansit; sic in virginitate corporis ambæ permanentes meruerunt computari inter prudentes virgines : sepelivit autem eas B. Geremarus in ecclesia B. Remigii in prædicto vico, ubi multa largitus est de propriis rebus.

Expletis autem multis diebus, dedit eis filium; super quem gaudens et exsultans, beatus Geremarus transmisit eum beato Audoeno, qui tunc illis diebus in palatio regis morabatur, cujus consilio cuncta agebat, et nihil extra præceptum ipsius faciebat; eratque ei familiarissimus amicus, et in omnibus secretis suis sibi conscius; narravitque ei omnia quæ acciderant, et quod filius illi successerat. Qui audiens hæc omnia gavisus est, et suscipiens puerum catechisavit eum; præparatoque fonte baptismatis, baptizavit eum in nomine sanctæ et individuæ Trinitatis, vocans eum nomine Amalbertum, et sic mysteriis quæ sacræ fidei conveniunt initiatum, remisit eum ad beatum Geremarum. Qui, crescens et quotidie proficiens, factus est honorabilis inter Francorum principes.

CAPUT III.

Beatus autem Geremarus. Spiritu Dei plenus, omnia quæ in mundo sunt pro nihilo pendens et cælibem vitam desiderans, cœnobiis monachorum plurima de substantia sua tribuebat. Per consilium vero beati Audoeni de propria facultate fundavit monasterium quod dicitur Insula, construxitque ibi omnia ædificia sanctæ regulæ convenientia. Ecclesias ibidem construxit in honore apostolorum Petri et Pauli; multorumque sanctorum reliquias ibi posuit; constituitque ibi congregationem monachorum sub sancta conversatione degentium; præfecit ei Archarium abbatem, magni meriti virum, cujus doctrina et sapientia quotidie grex Christi ad superna tenderet. Ipse vero Archarius usque in finem vitæ suæ gregem sibi commissum gubernavit decenter et strenue.

Cum autem placuisset Domino ut vita beati Geremari esset exemplum aliorum, misit ei in cor ut cuncta derelinqueret, solique se Domino ad serviendum traderet. Postquam ei talis voluntas cecidit in mentem, antequam ulli mortalium hoc confiteretur, adiens regem, petiit ab eo ut coram cunctis principibus Francorum, filio suo Amalberto cuncta quæ sui juris erant traderet; eique cunctis præsentibus Francis indifferenter donaret. Quod rex audiens valde mirari cœpit. Tandem petitioni ejus libenter annuens, non solum quod rogabat juveni tribuit, sed insuper etiam multa ei auxit.

Acquisitis vero omnibus suæ potestatis filio suo, adiit ad sanctum Audoenum, qui tunc in ipso palatio erat, ut omnia cordis sui aperiret secreta. Et vocans eum ad secretum his verbis adorsus est: Quæso, Pater sancte, ut mihi viam Dei non renuas demonstrare, per quam possim ad gaudia æterna pervenire, et hujus mundi naufragium evitare; video enim quia cuncta pertranseunt, et regrediuntur ad nihilum. Hæc audiens beatus Audoenus lætatus est valde, et trahens suspiria cordis, his verbis respondit ei: Viam Dei quam a me, frater requiris, evangelicis tibi demonstratur verbis; ait enim Dominus Petro quærenti de retributione et de futuro præmio: « Omnis qui reliquerit domum, vel fratres aut sorores, aut patrem aut matrem, aut uxorem, aut filios, aut agros, propter nomen meum, centuplum accipiet, et vitam æternam possidebit (*Matth.* XIX, 29). » Audiensque hæc beatus Geremarus sancto Audoeno respondit: Scio, Pater sancte, quia omnia vera sunt quæ audio ex ore tuo; derelinquam omnia mundi transitoria, vana, caduca, quæ, cum magis videntur stare, transeunt, et miseros ducunt ad interitum; et, ut verbis Domini utar: « Quid prodest homini si universum mundum lucretur, animæ vero suæ detrimentum patiatur? » (*Matth.* XVI, 26.) Completis his inter se sanctis allocutionibus, rediens domum beatus Geremarus instruxit filium suum atque familiam suam de fide, de spe, de charitate, cæterisque aliis virtutibus ad curam animarum pertinentibus.

CAPUT IV.

Eodem tempore Dagoberto mortuo; anno undecimo regnante Clodoveo rege, correctus est beatus Geremarus in viam salutis æternæ. Videns ergo quoniam nihil in mundo perpetuæ mercedis animæ suæ acquirebat, sed magis detrimentum perpetuum illi præparabat, (adhortante eum beato Audoeno) adiit regem Clodoveum: petiitque ab eo ut filio suo quod pater ejus concessit, concederet, et capitis comam ei deponere liceret; seque Deo in monasterium ad serviendum traderet. Per jussionem autem regis, licet abnegantibus Francis, tonsuravit eum beatus Audoenus, dediitque ei monachilem habitum, et instruens illum cœlestibus disciplinis, misit eum in monasterium Pentalli vocabulo denominatum: ut ibi fuisset in obedientia abbas et pastor ovium Christi, et illuminator animarum. Beatus autem Geremarus revolvens illud Psalmographi : « Adjutorium nostrum in nomine Domini, qui fecit cœlum et terram (*Psal.* CXXIII, 8). » Et tritum [*f.*, iterum]: « Dominus illuminatio mea, et salus mea, quem timebo? (*Psal.* XXVI, 1), » in Domino Deo totam spem suam ponens, non distulit obedire præcepto sancti 669. Cum magno ergo gemitu et lacrymis et suspiriis cordis suscepit regendum monasterium.

Derelicta autem uxore et filio suo, et omnibus hujus mundi curis, secundum evangelicum præceptum, secutus est Christi Jesu vestigia, et abiit in monasterium quod supra nominavimus Pentallium in pago Rothomagensi super fluvium Lirizinum. Cujus vita qualis et quam sancta ibi cunctis refulsit testantur sanitates, et plurimæ incolis factæ virtutes. Diebus ac noctibus in oratione se macerabat in vigiliis et jejuniis, et in omnibus contemplativæ vitæ congruentibus. Jejunabat quotidie; totam diem ducens in hymnis et laudibus Dei, in vesperum reficiebatur. Cibus illi panis paximaticus cum oleribus parvulis; et potus aqua salsissima, ut saturitas ventris non afflueret. Mortuus erat mundo, et vivus Christo. Omnibus autem ad se confluentibus non cessabat demonstrare viam salutis; præmonebat unumquemque ut in lege Dei meditaretur.

Erat autem in eodem monasterio multitudo maxima monachorum, cui ad regendum Pater Geremarus constitutus erat. In hac vero congregatione multi amantes bonum, et timentes Dominum, libenter audiebant eum et recipiebant correptionem ipsius. Sed quoniam semper vita bonorum odiosa est malis, fuerunt ibi nonnulli malitiosi vel impii, quorum pars erat cum Belial. Qui, nolentes recipere prædicationem ejus, cœperunt tractare de morte ipsius, opportunum locum quærentes ut per quamdam damnationem eum interficerent. Erat autem illi consuetudo in primo galli cantu ad laudem Dei surgere, et usque ad crepusculum lucis in Dei laudibus noctem pervigilem ducere; completo autem officio suo revertens in dormitorium in strato suo collocare se consueverat. Hoc noscentes invidiosi atque protervi, consilium inter se acceperunt, ut cultellum sub lectisternio ponerent, ut sanctus vir rediens ab ecclesia super cultellum se cum impetu corporis injiceret, et sic semetipsum interficeret : quod et fecerunt. Manubrium cultelli solo fixerunt; acumen ferri nudum in aeris spatium erexerunt. O infandum nefas, in omni tempore cunctis horrendum! More solito revertens B. Geremarus ab ecclesia ad lectum, Spiritu sancto eum hortante, fecit hoc quod solitus non erat facere : non enim in consuetudinem habebat lectum tangere, sed cum toto corpore se in medium lecti injiciebat. Tetigit manu lectum, et circumducens manum, invenit quod erat absconditum. Statim ut sensit fraudem esse paratam, relicto lectulo reversus est in templum amictus; quod supererat noctis, lacrymas fundens, in hymnis et laudibus Dei duxit, et mane primo rem quæ ei contigerat nemini indicavit.

Tertia vero hora diei post lectionis disputationem, in capitulo ante pedes omnium prostratus rogabat ut a pastorali cura illum absolverent, et meliorem quemcunque Patrem super se eligerent. Erat autem quædam crypta in vasto solitudinis super fluvium Sequanam, unde S. Sanson serpentem ejecit; hanc petebat ut ad habitandum concederent. Quantus clamor! quantus dolor erat ibi omnium timentium Dominum, et super Patrem Geremarum lamentantium et dicentium : Cur nos, Pater, deseris ? aut cui nos desolatos relinquis? quid egimus? quid in te commisimus? quomodo fuimus tibi contrarii? Ipse autem respondit eis : Nemo vestrum exstitit mihi unquam contrarius in aliquo; nemo alienus, nemo malus, nemo durus; omnes mihi ut patres, ut fratres, ut veritatis amatores (nolebat enim prodere in publicum quod invenit in lecto absconditum, ne locus ipse verteretur in exemplum malorum). Iterum atque iterum prostratus ante pedes omnium, rogabat ut a pastorali sede absolverent eum; illi autem nolebant, sed magis petebant ut eos non desereret. Tandem victi petitionibus cryptam quam petebat ei concesserunt. Relinquens autem monasterium B. Audoeno abiit at prædictum locum. Ibi se in orationibus die ac nocte dedit, faciens plurimam abstinentiam, majorem quam facere consueverat. Tantam ei gratiam Dominus veluti electo famulo suo contulit, ut cuncta mundi mente transcenderet, et sæpius coelestibus secretis interesset.

CAPUT V.

Beatus autem Audoenus audiens famam sanctitatis ejus, et sciens meritum ejus, in gradum presbyterii eum ordinavit; cujus voluntati multum resistere voluit, sed Spiritu sancto eum compellente præceptis sancti præsulis obedivit. Factusque sacerdos, Domino placere studuit. Offerebat enim sacrificium illi per singulos dies cum lacrymis et contritione cordis. Ibi in exemplum omnium positus annis quinque et mensibus tribus in omnibus mandatis exstitit sincerus et devotus.

Dum autem illuc moraretur, nuntius ei venit de filio suo Amalberto, quem in palatio reliquerat. Rediens enim de Wasconia cum rege, gravi infirmitate percussus ægrotare cœpit : unde, morbo ingravescente, evadere non potuit; subripiente mortis articulo vitam corporis amisit : erat enim adhuc virgo, et ignarus mundanæ corruptionis. Et quoniam charus erat regi et Francis, delatus est usque ad locum propriæ 670 hæreditatis. Cum autem hoc ei nuntiatum fuisset, assumens patientiam beati Job, dixit : « Dominus dedit, Dominus abstulit; sicut Domino placuit ita factum est, sit nomen Domini benedictum (*Job* I, 24). » Exiens autem de crypta illa, et omnes clerici simul cum illo, in hymnis David laudem Deo dicebat : « Dominus pars hæreditatis meæ et calicis mei, tu es qui restitues hæreditatem meam mihi (*Psal.* xv, 5). » Pergens autem cum magno psallentium choro, pervenit in pagum Vilcassinum : quem pertransiens intravit Belvacensem pagum, ubi jacebat filii corpus defunctum; veniens illuc ubi jacebat, nihil de morte ipsius est motus, sed laudabat Dominum Deum, quod dignatus sit suscipere in virginitate unicum filium suum. Elevantes eum in feretrum, deferunt in monasterium quod beatus Geremarus construxerat in honore Petri et Pauli apostolorum. Sequebatur multitudo populi flens atque lugens super eum. Veniens autem ad locum qui Baujacus-Pons dicitur, paululum solo substiterunt. Non illud silere debeo quod Dominus operari dignatus est. Ibi circa corpus defuncti, ob meritum beati Geremari (quatenus omnes agnoscerent magni meriti esse eum et ipsius filium) in eodem loco sic aggravatum est corpus beati Amalberti, ut ab his qui eum portabant non potuisset moveri; sed nec sic moveri potuit. Fit clamor omnium virorum atque mulierum; tantus autem stupor invasit omnes retro et ante incedentes ut vix ambulare valerent.

Tunc beatus Geremarus, sentiens hoc esse voluntatem Dei, jussit corpus deponi : quo deposito, prostratus solo genibus orationem ad Dominum fudit, et coram cunctis diutissime oravit. Completa oratione, illis qui corpus videbant dixit : Auferte pallium ab eo, quo coopertus est, ut videamus quid contigerit. Cumque tulissent gladium [*f.*, pallium] et diligentius aspexissent, invenerunt faciem ejus sanguine madidam, ac si illo die bello interfectus fuisset : fluebat enim sanguis per nares, irrigans totam faciem ejus. Valde stupendum est atque mirandum, et in memoria devotis laudibus reservandum; jam multum fluxerat temporis a quo vita decesserat revertens a Vasconia cum rege et Francis : quid hoc facto manifestius potuit hoc adimplere illius virtus, beati Geremari meritis et virtutibus, cujus potentia resuscitatur quatriduanus Lazarus? Demonstratur hoc judicio beatum Amalbertum meritis sancti Geremari vivere cum Christo.

Tunc beatus Geremarus in eodem loco ecclesiam fieri præcepit in honore S. Joannis. Duodecim monachos ibi constituit, quorum vita salus esset sibi, et animæ filii. Ut ergo sine indigentia viverent, et Domino sine murmuratione servirent, reliquit eis multas villas, scilicet propria prædia, per chartarum monimenta. His ita promissis, statim inventum est corpus tantæ levitatis, ut ab uno homine potuisset portari. Moventes inde pervenerunt ad prædictum monasterium, quod beatus Geremarus adhuc in sæculo positus construxerat, ubi honorifice sepelierunt eum. Tunc beatus Geremarus hæreditatem suam recepit, et Dominum Jesum Christum ex ea hæredem fecit : festinabat enim pervenire ad cœlestem patriam, et contingere immortalitatis stolam; desiderabat hæredem habere eum a quo, et in quo, et per quem est summum bonum, ultra quod nihil est appetendum.

CAPUT VI.

Postquam autem omnia hæc sunt divinitus completa, in semetipsum reversus cogitare cœpit quomodo astutia antiqui serpentis per mille artes nocendi nititur subvertere corda servorum Dei, ad interitum et damnationem perpetuæ mortis. Quibusdam enim virtute orationum perfectis, quibusdam jejuniis deditis, aliis solitariæ vitæ laude diffamatis, multoties quamdam facem jactantiæ ingerit, et cum virginibus stultis lampades eorum vacuas reddit. Ii tales veniente Sponso non intrabunt cum eo ad nuptias (*Matth.* xv, 2). Hoc providens beatus Geremarus, ne cor ejus laus solitariæ vitæ attingeret, cœpit familiarissime suos alloqui : « O fratres, multos pro Christi nomine passi labores, indesinenter ad viam summi et incomprehensibilis boni currite, et in opere Dei quod cœpistis permanete. Utendum nobis est hoc consilio; properemus ad S. Audoenum, petamusque ab eo ut sua oratione demonstretur nobis ad habitandum locus, ubi usque ad finem vitæ in bonis operibus perseveremus. »

Placuit omnibus consilium beati Geremari, pergensque ad S. Audoenum, sic eum allocutus est : « Deprecor te, sancte Pater, ut orationem ad Dominum pro me facias, mihique locum ad habitandum tuis precibus demonstres : confido enim quod Deus te exaudiet, et quod rogaveris impetrabis. » Audiens hæc beatus Audoenus respondit ei : « Noli, noli, frater ista referre; quis ego sum ut hæc agam? non meis meritis, sed tua fide hoc adimplebitur. Si fidem habueris, quidquid petieris, consequeris; fide Abraham amicus Dei factus est; fide Petrus salvatus est. Exspectemus misericordiam Dei triduo cum jejuniis et orationibus, si forte respiciet humilitatem nostram. » His inter se familiarissime dictis, indictum est triduo jejunium cunctis; tertia autem nocte jejuniis et orationibus positis, apparuit per visum utrisque angelus Domini, dicens eis : Exaudivit Dominus preces vestras; ite ad locum qui Flaviacus nuncupatur, et ibi invenietis desiderium vestrum.

Mane autem facto, retulit uterque quod viderat, et gratias agentes Domino, tendunt ad locum prædictum ab angelo. Cum autem non longe essent a vico, nutu Dei et voluntate deviati sunt a recto tramite, et gyrantes vastæ solitudinis desertum, pervenerunt ad destinatum locum : ubi cum pervenissent et multum dubitarent, nescientes quid agerent, ecce nebula descendit de cœlo et circumdedit totum locum ubi construendum erat monasterium; et cum nebula superna vox dicens : Electi Dei, ecce locus iste metuendus est; quadraginta anni voluti sunt, ex quibus Dominus hunc locum benedixit et sanctificavit, et fideli suo Geremaro destinavit : erit enim habitabilis monachorum multitudini, quandiu perstiterit in præceptis Domini. Mulieribus vero nullus patebit ad eum unquam accessus.

Audientes autem ambo viri sancti valde lætati sunt. Cumque obtutus suos in aspectum nebulæ defigerent, statim ab aspectibus eorum subtracta est. Ex eadem autem nebula, in circuitu loci, quasi quædam virga geometricalis totum locum circumdans remansit, ut daretur intelligi verum esse quod superna vox cecinit. Tunc circumeuntes locum repererunt signum cœlestis roris impressum. Beatus autem Audoenus certus de angelica visione et superna voce, accipiens virgam in manu, per vestigia nebulæ mensus est plateam in circuitu, ubi ecclesia ædificaretur, ubi officinæ construerentur, et cætera monachorum vitæ utilia; consignatoque loco B. Geremaro, ita discessit ab eo.

Tunc beatus Geremarus una cum omnibus sibi commissis, ad ædificandum locum advenit. Ædificavit ibi ecclesiam in honore sanctæ et individuæ Trinitatis, sanctæque Mariæ virginis, et S. Joannis, sanctique Petri apostolorum principis, et ibi totam hæreditatem suam tradidit. Construxit ibi omnia necessaria monasticæ vitæ congrua, vel artes diversas, quas intra monasterium exerceri utile est, ut non esset monachis necessitas vagandi foras : « Quia (sicut beatus Benedictus dicit) omnino animabus eorum non expedit » (*Regul.* cap. 66). Audientes autem circumquaque monachi confluebant ad eum, quasi ad hortum omnium virtutum; quos ille verbi Dei gratia reficiens admonebat ut in proposito suo perseverarent, et a voluptatibus mundi alienos se facerent.

Consummato autem omni opere suo, fixit se in oratione, atque permansit in Dei opere annis tribus et mensibus sex, et sic in Domino emisit spiritum, transivitque ad gaudia angelorum. Sepultum est corpus ejus in eadem ecclesia cum magno honore et reverentia, ubi per meritum ejus multa beneficia præstantur. Ad sepulcrum ejus ægri veniunt et sanantur; cæci illuminantur; claudi gressibus reformantur; surdis auditus reparatur; dæmones ab obsessis corporibus effugantur, et multi a variis languoribus sanantur, præstante Domino nostro Jesu Christo, cui est honor et gloria, laus et potestas per infinita sæcula sæculorum. Amen.

Explicit Vita S. Geremari abbatis.

PROLOGUS IN VITAM B. SIMONIS COMITIS CRESPEIENSES, ET MONACHI ORDINIS S. BENEDICTI.

Quoniam quorumdam virorum Dei obsecratio et necessitas instat ut de beati viri Simonis actibus, ad utilitatem audientium, aliquid loquamur; gesta illius singula colligentes, et certa agnoscentes, verbis explicare curavimus, et scriptis et verbis assignare. Dignum quippe est, quod opere gessit, litteris ostentari, cujus vita nulli hominum tempore isto potuit comparari. Merito Dominus, ut scriptum est, mirabilis prædicatur in sanctis (*Psal.* LXVII, 36). « Spiritus enim ipsius ubi vult spirat (*Joan.* III, 8); » A quos perversos reperit, a perversitate divertens, opere simplices, animo innocentes, eloquio dulces, simulque sanctæ Dei Ecclesiæ socios reddit pariter et adjutores. Sed in quo magis quam in Simone Dominus mirabilis denuntiatur? lupum namque vidit, et agnum mansuetissimum reddidit, raptorem, et ovem innocentiæ destinavit (AUGUSTIN. *serm.* 14, *De Sancta*). Et quia in Simone denuntiatur mirabilis, mirabilia ejus quæ in Simone monstrare dignatus est, necesse est, silentio non reprimenda.

VITA BEATI SIMONIS

COMITIS CRESPEIENSIS

AUCTORE SYNCHRONO.

Hujus festum est II *Kalendas Octobris.*

CAPUT PRIMUM.

Fuit igitur vir quidam Simon nomine, vita mirabilis, moribus egregius, et 672 genere insignis. Consul primum, et regis Francorum primipilus, deinde monachus probatissimus effectus est. Pater ejus Rodolphus, divitiis et viribus potentissimus; mater Adela vocabatur. Qualiter ergo propositum fidei ad profectum produxit actionis, narrationis ordo enucleatus exhibebit.

Is itaque cum jam in primævo juventutis flore, arte militari multos excelleret, et in his quæ mundi sunt pene totus inhiaret, forte die quadam in agro ad spatiandum progressus, manu tenens accipitrem, ut avem capiendo deciperet, impegit. At ipse nihil accipiens deceptus est. Quod factum, ut ipsemet referebat, talis et tam perversa cogitatio subsecuta est, ut omne quod bonum est, proponeret non diligere, malum vero nullo modo odisse, sicut de beato Benedicto scriptum reperitur (GREGOR. *Dialog.*, lib. II, c. 2); quia ave recedente, suggestionis immundæ dente acerrime mordetur. Sed sancti Spiritus gratia tam subito perversitas illa disparuit, et diabolicum illud, ut quod prius diligebat, omnino displiceret, ibique sanctæ conversationis initium sumens bonum jugiter in voluntate habuit, licet sæcularibus immistus opere implere nequiret.

Parente vero utroque orbatum, rex Francorum Philippus malignitatis spiritu permotus, quæ jure successerat hujus hæreditatem subripere gestiens, utpote juvenem solum sine consilio, absque parentum B adjutorio, leviter expugnare existimans, primum insidiis molitur appetere; dein in aperto belli commovet tempestatem. Cœpit namque ipse rex igne, præda, gladio, villas destruere; prædia, municipia, et quæ ejus videbantur, prout poterat, omnino dissipare. Is vero intrepide confisus in Domino, erigens se contra se, ad hoc enim ut malum ageret invitus trahebatur, præcingit se, et præparat fortiter resistere. Concitat namque gentem suam, et velut frendens leo, licet corde dolens, perturbat et devastat quod in regis reperit potestate, et donec proprium possideat, asserit nullo modo retroire. Ecquis bonitatis Domini plenitudinem non admiretur in illo? ecce inter tot flagella positus, bellorum negotiis impeditus, tamen patri condolens jam defuncto (quippe quem, dum adhuc viveret, nimis sæcularibus intentum, mundi cupiditatibus noverat graviter irretitum, castellum quoddam, quo sibi sepulturæ locum præparaverat, ejus possessori vi subripuisse, et velut proprium detinuisse meminerat), Romanum pontificem quid super hoc acturus esset, et quomodo patri sic defuncto subvenire potuisset, per nuntium contulit.

CAPUT II.

Papa vero Gregorius, qui Ildebrannus dictus est, ab eo quem injuste abstulerat loco penitus tollendum, et pro anima missarum solemnia, eleemosynarumque largitatem, Deo suppliciter offerenda, pie mandare curavit. Simon vero benigne mandatum suscipiens, in omnibus quæ sibi proposuerat, obtemperavit; corpus scilicet removens, et ecclesiam, quæ Beati Arnulphi dicitur, apud Crispiniacum castrum, ubi translatum est, de facultate propria largissime dotavit; viduis, orphanis, et omnibus indigentibus victus necessaria amplissime erogavit. Hæc fides vera, et hæc est dilectio firmissima, in qua non carnalis sed vita perpetua cogitatur, non caro moritur sed in æternum victura anima proponitur. Erat vir Dei hoc in facto perterritus timore si mundum antea contemptibilem, tunc horribilem judicavit; et si in aliquo dilexerat, quasi anguem venenosum fugiendum perdocuit, et licet mundiali certamine et belli negotiis detineretur extrinsecus, militiæ Domini interveniens arma Dominica gestabat intrinsecus. Nam cum fere triennio, labore militari implicitus, caro illius requiem non haberet, nocte tamen, armorum fatigatione minime detentus, solo tantum comite contentus ecclesiarum limina subiens, Matutinis semper interesse gaudebat. Si monachum, clericum, seu peregrinum quempiam religione famosum alicubi reperisset, vitæ corporaliter necessaria præbens, se ejus orationibus commendabat. Jejunii vero et eleemosynarum largitate pollebat; carnem namque, conditos cibos, pigmenta et cætera hujusmodi quæ apponebantur in mensa, aliis hunc saturari credentibus esuriens, quibus nunquam caruit, pauperibus erogabat : vestium quoque varietate desuper indutus, cilicio corpus aspero macerabat.

CAPUT III.

Interea dum regio regis et ipsius vallatione consumitur, homines a propriis sedibus effugantur, timorem de malefactis amplectitur. Mox belli certamina ad tempus differens, sanctorum apostolorum Petri videlicet et Pauli habitacula visere, et dominum papam Gregorium, ut sibi pœnitentiam indiceret, adire proponit. Nec mora, paratis omnibus quæ viatori necessaria sunt, Romam ducente Domino pervenit, illicque sanctæ sedis apostolicæ præsulem reperiens, quid quæreret indicavit. At ille petitioni ejus non statim acquievit, nisi prius arma deponeret, inquiens : Inanis foret absolutio renitentis.

673 Tunc vir Domini Simon aliquantulum in dubio subsistens, memor tamen Evangelici præcepti : « Qui non renuntiat omnibus quæ possidet, non potest meus esse discipulus (*Luc.* XIV, 33), » se facturum quidquid præciperet illico promisit. Præcepta igitur præsul armorum redditione pœnitentiam indicit, et indictæ partem super se detinuit, duobusque religiosissimis viris, qui tunc præsentes aderant, partem distribuit; et sic absolutum reatibus ad propria remittens, huic quibus spoliaverat, arma reinduit, terramque gubernandam donec cum rege pacem reformaret, iterum commendavit, adhibens etiam boni testimonii et summæ auctoritatis custodiam, Hugonem scilicet Diensem episcopum, qui tunc in Galliis legationis functus est officio, abbatemque Cluniacensium, quorum doctrinæ et obedientioni subjectus lege divina redderetur instructus.

Revertens igitur sancta jucunditate repletus, rursus regem aggrediens, certamen ut miles optimus amplexatur, et donec victor existeret, licet invitus a belli negotio minime relaxatur. Ad ultimum vero regione depopulata, et utriusque laboris [*al.*, et victus laborisque] gravi pondere depressus, consilium de pace concipitur, colloquiumque ab utroque mandatur. Quid plura? fit conventus nobilium; judicium fit a sapientibus; quæ jure contigerat hæreditas Simoni judicatur et redditur; pax et concordia confirmantur.

CAPUT IV.

Pace igitur restituta, et quæ belli longitudine inordinata videbantur, rebus omnibus collocatis, uxor ei eleganti forma, facie pulcherrima, genere nobilis, quæ nulli in tota regione Arvernica secunda videretur, eligitur. Ipse vero quasi talibus adgaudens, ut bonum quod in se latebat penitus operiret, se eo iturum denuntiat, statimque iter arripiens profectus est. Quo, Deo disponente, perveniens a sponsæ genitore, Hildeberto videlicet consule, honorifice suscipitur, ibique aliquandiu commoratur : post verba tali facto congrua, data fide et accepta, se eam accepturum, ni secus ageretur, affirmat; et sic nuptiarum die constituto, cum gaudio reversus est in propria.

Ecce statutus dies appropinquat, magnatum multitudo mandatur, ornatus diversitas appetitur. Et ex ordine dispositis omnibus, regionem repetens Arvernicam, ut decebat, ad fœdera promissa revertitur. Mox illis appropinquantibus, clamor turbæ vociferantis excipitur, sponsa venienti Simoni oscula porrigens amplexatur. Quis auditu non obstupescat? quis tali dulcedine commotus non lugeat? Oscula dabantur sanctitate condita, amplexus implicabantur luxuria semota, aliisque credentibus eorum dicta lasciva jucunditate repleta, vir Domini prædicationis verbum et dulcia vitæ colloquia, ut ambo sæculo renuntiarent, cordi illius inserebat. Nec mora ipsius monitis acquiescens, religionis habitum accipere, et sanctimonialem fieri devovit.

Nocte igitur subsequenti vir beatus, patre cæterisque ignorantibus, junctis [sponsæ] illi conversione et generis propinquitate collegis duobus, monasterio, quod Casa-Dei nuncupatur, transmittens, illic habitare disposuit. Ibi illico mutata veste sæculari, tres pariter sumunt habitum monasticæ professionis, quorum alter religiositate pollens, postea Bituricæ civitatis ordinatur episcopus; alter in humilitate subsistens diu in monasterio perstitit, dans operam religioni. Domna vero Deo devota sanctissime degens multis post annis superfuit.

Ad hæc pater somno excitus, credens filiam amore meretricio detentam, lenonum quempiam prosecutam, se delusum æstimabat. Tunc tristis et ejulans Simonem accersiens, quasi commissi reus hujus alloquitur : « O dulcissime juvenis, quid agam quid faciam funditus ignoro? te prodidi, tibi fidei meæ commisso, longoque terrarum spatio nobis accito, insidias intuli. De pretio fraudatus sum quod promisi; promissum namque sublatum est, sed nescivi. Parce igitur, parce nescio delinquenti. At ille corde lætitiam resiliens, dolorem extrinsecus, quasi consolans aiebat : « Noli, domine mi, noli tristari, quem potius dilexerit, diligentius exsequitur; et si tibi charior factus sum, vilis forsitan illi. » Iis dictis, accepta ab eo licentia, festinus in Galliam repedavit.

Quid filia ejus egerat, quemadmodum sanctimonialem devoverat, Hildeberto per nuntium mandare curavit. O virum per omnia laude dignum! cujus melius similem, quam sancto Alexio dixerimus? namque cum sponsa sua, cum jam thalamum subintrassent ambo pariter quieturi, quemadmodum et Simo, verbum prædicationis intulit : luxuriam declinandam, conservare præmonens castitatem; illa vero dictis obtemperans admonentis, se virginem devovens, carnis munditiam Domino consecravit.

Ita beatus homo manu sanctæ allocutionis ferale contagium detersit immundæ pravitatis. Deinde ipsis, quarum magnitudo infinita videbatur, patris neglectis deliciis, sub ipsa noctis hora latenter abscessit. Sed ad ea quæ de Simone dicenda sunt redeamus.

674 CAPUT V.

Simoni vero in propria vix ad modicum quiescenti, ecce rex Anglorum potentissimus, Willelmus nomine, qui eum nutrierat, ad se veniendum sub velocitate mandavit. Additur etiam ut castello nec villa, nisi solius noctis quietem assumeret, uxorem sibi debitam nullomodo desponsaret, quoad usque ad sui colloquium Northmanniam festinus occurreret. Tunc ille regis metuens edictum, absque recrastinatione aliqua, ubi constituerat abire, disposuit.

Videns ergo rex ad se venientem, lætus efficitur, secreto vocans eum, et dicens : « Quoniam fidem et dilectionem tuam ex longo expertus sum, et nutrimentum meum, quod in te est augmentare cupiens, qui pro filia mea rogaturi diu mecum conversati sunt, regis Hispaniarum Anfursi [f., Alphonsi] et Roberti principis Apuliæ neglectis nuntiis, tibi eam tradens in uxorem te elegi, te hæreditatis meæ filium adoptans. Deliciæ meæ tibi reputabuntur; amici mei tui erunt, et inimici similiter. » Ad hæc vir beatus hanc diaboli credens prosperitatem, qui electorum corda multis circumdat insidiis, licet nihilum et inane corde reputans, gratias tamen voce humilima referens, aiebat : « Magnum et apertum est beneficium quod pueritiæ meæ præstitisti; sed grates tibi refero multo melius pollicenti. Dignitas tua, sicut scriptum est, in humilitate descendit, ut exaltetur. Humilitas mea, nisi in gratiarum actione tibi jugiter subjiciatur, meretur ut deterius corruat. At obstaculum nobis opponitur, quod valde ambiguum est et grave, et scrupulum cogitationi meæ videtur inferre; domina mea namque regina, uxor videlicet tua, et ego, ut fertur, cognatione jungimur parentali, et generis propinquitate, quamobrem a sapientibus inquirendum si quo modo fieri possit, et qua ratione. » Ad hæc rex : « Si ab antiquis et senibus populi nostri cognatio vera comprobatur, episcopos, abbates et clericos, viros prudentes, scientes legem et alta sapientes, si eleemosynarum largitate, seu monasteriorum ædificatione, seu aliqua re congrua id ordinari queat, adunare et scrutari necesse est. »

Simon autem spem suam semper ponens Domino, ait : « Adhuc superest aliud, tantum voluntas adsit tua, quod necessarium est et salutare; volo namque, si placet, Romam adiens, sanctorum apostolorum Petri et Pauli, et domni apostolici, super hoc consilium et adjutorium flagitare, ut, accepta spirituali licentia, quidquid in iis nobis agendum est cum fiducia perpetretur. » Cui rex assensum præbens, respondit : « Quidquid super hac re bonum tibi videtur, favente Deo et mea voluntate, dispone; » et his dictis, pariter abscesserunt.

CAPUT VI.

Deinde quæ parari videbantur omnibus per ordinem dispositis, ad ambulandum; relicta domo, omissis deliciis, quarum ubertas tanta illi affluebat ut pone post regem in tota regione nullus ditior, nec rebus opulentior videretur; cum Romam ire debuit, se monachum devovens, sanctum Eugendum adire disposuit : quo postquam perventum est, junctis sibi de familia quibusdam viris nobilissimis, omnes pariter cum gaudio sanctæ Trinitatis, religionis habitum susceperunt.

Nam cum olim adhuc in sæculo positus in febrim teneretur, beatus Arnulphus, et ipse sanctus Eugendus, aliusque cujus nomen ei faciem ignorabat, dormienti illi in viridario apparuerunt, admonentes ut illuc abiret, ibique Deo militans permaneret; permanens sub abbate monachus ordinaretur et esset. Qui statim a lectulo surgens ab infirmitate convaluit, et voce magna clamavit dicens : Sanus sum; et ii qui hic aderant tres domini, ubi sunt, et quo abierunt? Qui vero de familia præsentes adfuerant ignorantes quid diceret, se nescire professi sunt.

Igitur Flandriæ, Northmanniæ, cæterisque Galliarum partibus usque ad fines Germaniæ, tanti viri rumore suscepto stupore repleti mirabantur; quippe qui notus regionibus illis dilectus Domino, et tam charus omnibus erat, quatenus Hugo Burguidiæ dux, comesque Matisconensis, ejusdemque ordinis quamplures, pietatis affectu et illius amoris dulcedine inflammati, arma deponerent sæculum relinquentes. Quis enim illius exemplo conversionem morum penitus non appeteret, ac vitæ propositum in melius non mutaret? Nobiles pariter et ignobiles, audito ejus nomine, mutabantur. Nunc ad ea quæ monachus explevit, redeamus.

CAPUT VII.

Hic est Simon obediens, sed non ille primus. Hic ut nominis sui hæres existeret, nunquam in obedientia dicitur restitisse; ubi vero monasticum sumpsit indumentum, stratum suum in secretario ecclesiæ ponens, nocte sub silenti lectulo surgens, solus in oratorio orationi vacabat. Jejuniis vero tam præpotens erat, ut tempore illo, cum præ egestate, quæ regionem illam vehementer affligebat, triticum ut panis fieret etiam ad opus illius defuisset, panem avenæ siccum et gratias agens in refectione perciperet.

Cumque genuum inflexione, jejuniorum afflictione, infirmitas, quæ vehemens irruerat, crura turgida reddidisset, et quasi sopita, adeo ut ignis ardorem, licet pati videretur, minime sentiret, abbas suus voce humillima precabatur ut levigandi gratia caligas abstraheret : at ille, ut erat mitis eloquio, humiliter abnegans, se ad modicum perpeti respondit, et hoc leviter posse sustinere. Nocte vero subsequenti, Domino propitiante, illo cæterisque ignorantibus, abstractæ sunt caligæ. Cumque ex more ut ad Matutinos pergens mane surrexisset, crura sensisset, et caligas in cruribus minime reperisset, admirans quod acciderat, coram se in lectulo plicatas invenit, quas iterum accipiens, sicut consueverat, reinduit.

CAPUT VIII.

Est et aliud memoriæ dignum, quod Dominus servo suo monstrare dignatus est : Nocte etenim quadam, priusquam fratres ad debitæ servitutis officium processissent, ille alios antecedens, monasterium ante altare Dominicum oraturus ingreditur. Cumque in oratione persisteret, sursum caput elevans, ecclesiæ fenestras luminis splendore coruscantes, tresque renitentissimi habitus viros monasterium subintrare speculatur, usque in presbyterium festinantes, quorum unus sacerdoti similis, alter diaconi, tertius vero subdiaconi speciem gerebat. Ubi super sanctum altare, inspectante viro Dei, quasi solemnia missæ devotissime celebraverunt. Extrema vero oratione finita, qui sacerdos videbatur, Simonem benedicens, una cum sociis ab ejus oculis evanuit.

Quod abbati suo, ut moris est, confessionem faciens non celavit, exigens ab eo, ut, quandiu in vita subsisteret, nulli penitus hominum denudaret. Abbas autem videns Dei hominem profectum attendentem, et paulatim quæ Dei sunt virtutes multas amplectentem, altiori quam quo ingressus est capituli loco, ascendere et sedere præcepit : quod ipse admodum triste ferens, veniarum multiplicatione misericordiam postulabat ; et hoc tandiu actum est, donec ad sedem pristinam revocari promeruit.

CAPUT IX.

Perpendens itaque honorem a fratribus sibi impensum, metuensque ne jejuniorum suorum afflictio, seu alia quælibet animæ necessaria, alicui in conventu tædio viderentur incommoda, eremi solitudinem concupivit : unde monasterii Patrem adiens, ut illuc gradiendi licentia ei daretur, prece non minima deposcit, et adeptus est. Qua accepta, assumptis secum paucis de fratribus, quorum vita religiositate pollebat, cum humilitate recedit.

Quid ibi adveniens gessit in opere, quantaque pro Christi nomine perpessus est, ut exemplum fiat audientibus, propalare necesse est. Cœpit namque ut de proprio manuum viveret, ubi novale fieret scindere cum securi. Cibus erat tenuis, panis cum aqua, legumen et poma silvestria cum labore gravi, et hoc semel in die, excepta Dominica et die solemni. Et quæ domi contulerat, aquam collo deferens, ipse mala cum pulmento decoxit. Et, cum ad quid operandum foras egrederetur, si quis pauper occurrens ibi eleemosynam posceret, dispensatori suo præceperat ut nullo modo vacuus abiret.

CAPUT X.

Accidit autem ut quadam die viator esuriens illic agapem postularet ; quæ sola remanserat libram panis ei minister obtulit. Tunc vir Dei cum fratribus silva regrediens si refici possent inquirit. Cui servitor : Panis, inquit, deest ; sunt poma silvestria ; qui sero superfuit panem indigenti præbui. Mox lætus et Deo gratias agens, fratremque, qui illud egerat, benedicens, ecclesiam subiit orationi incumbens. Necdum orationis verba finierat, et ecce vir quidam onustus panibus adveniens, hos dispensatori sub Simonis nomine tradidit, qui viro Dei cum sociis accersito, quid acciderit et quemadmodum Dominus servorum suorum non est oblitus indicavit. Illi autem sub tali facto stupefacti, hoc viri Dei fidei deputantes, Deum pariter laudaverunt, in refectione sumentes.

Rursum in nemore, cui fere nullum tempus habebatur vacuum, ligna succidenti ferramentum arbore excussum vulnus pede incutiens vehementer reddidit afflictum ; adeo ut domi regrediens alienis sustentaretur humeris. Quod fratres oppido contristati, ut ad medicum mitti deberetur, insinuant. Quibus ille renuens, excepto Dei medicamine, nullatenus se velle sanari respondit ; et tamen procurante Deo, mox pristinæ restitutus est sanitati.

Sub idem vero tempus vir quidam religiosus, tanti viri famam audiens, ferreo vestitus amictu super nudo, de longinquo visendi gratia venit ad eum ; qui devote veniens devotius ab eo susceptus est. Quem postquam secretim alloquens, nescius quo docente, sic indutum comperit, summopere deprecatur pœnitentiale illud sibi dari : qui precibus ejus annuens, licet invitus dimisit, et abscessit. Simon vero, ab abbate vix adepta licentia, corpus tenerum, abjecto cilicio quo utebatur, durius illud induit diebus multis, cadaver afficiens semimortuum : quod ferrugine tinctum, clavorum tunsionibus attritum, tam lividum et dilaniatum reddidit, ut qui vidit, assereret, [quod] etiam' saxeum pectus pie in fletibus molliri posse videretur.

CAPUT XI.

Eodem vero tempore bonæ memoriæ Hugone abbate Cluniacensium rogante ut ipse beatus vir in Galliam proficisceretur, ut pro eo regem Francorum Philippum, qui sibi quædam auferebat, alloqueretur et corriperet, abbatis sui imperio in Galliam profectus est

Accidit autem eo proficiscente apud Compendium, oppidum regis, ut sudarium Domini levari debuisset, et capsa aurea decentius deponi ; quod vir Domini audiens, ab itinere quod rectius videbatur, ut illuc abiret, aliquantulum divertit ac in brevi Domino ducente pervenit; qui beati Cornelii quasi sub occulto templum oraturus ingressus, a quibusdam, qui festivitati intererant, statim agnoscitur, et mox fama pervolante rumor in auribus vulgi suscipitur. Vox populi et turbæ lætantis clamor attollitur : Simon fere ab omnibus clamabatur ; Simon certatim aspicitur, et sic usque ad palatium regis, vix, turba premente, subtrahitur.

Quem rex, qui nuper advenerat, diligentissime intuens honore perdebito suscepit, eumque blande allocutus, si quid ab eo postularet, se obsequi præparatum libentissime repromisit. Ille vero petitionis suæ non immemor, quid sibi quæreret, innotuit, et sicut petierat, impetravit.

In crastino itaque solemnitate peracta, et Domini perspectis reliquiis, Anglorum regem et reginam, qui eum nutrierant, visendi gratia Northmanniam usque properavit, illucque perveniens contra filium, Robertum nomine, regem dimicantem invenit; qui utrique compassus, pace reformata pestilentiæ malum a regione fugavit.

Audita vero ejus fama qui sui in sæculo dicebantur, alii et quamplures, pene milites mille, in adventum ejus læti obviam processerunt, et quisque de proprio aurum vel argentum, mulam seu palefridum ut acciperet, devotissime precabantur; ille vero foris gratias agens, corde pro nihilo reputans, nullum penitus accipiens, hæc omnia ex adverso conspicatur.

Ad ultimum vero regem secreto adiens et reginam, mœstos pietate pariter reddidit et gaudentes; adeo ut regina, sicut bonarum moris est mulierum, loqui nequiret verba intercedente ploratu. Post dulcia itaque eorum colloquia, et reliquias, aurum, argentum, et cætera quæ hujusmodi sunt munuscula illi offerunt, ut benigne susciperet summopere deprecantes : ille autem præter reliquias hæc omnia vilipendens, nullum in accipiendo præbuit assensum. Ignorante tamen illo, qui cum eo socii fuerant, quædam optima sub absconso capientes munera detulerunt : itaque male facto et accepto ad monasterium regredi meditatur. O mira Dei dispensatio! quis hominum tantum dilectionis donum ab hominibus impensum temporibus istis promeruisse dicitur? Noti pariter et ignoti Simonem diligebant, Simonem cernere lætabantur; non hoc fortuito, sed Dei dispensatione, fieri credendum est.

Ecce occurrit in memoria miræ ipsius patientiæ bonum, quod eodem itinere sustinuit necessitate compulsus. Nam cum apud Firmitatem castellum quæ olim ipsius hæreditas dicta est, in propria demoraretur, amicum quemdam ad se de villa venientem, videndi desiderio accensum, unus ex iis qui raptores dicuntur, improvise prosiliens, captum rapuit et abcessit. Quod ibi milites et viri nobiles adverterunt, triste admodum ferentes, quæsierunt, et repertus est. Eruere oculos, seu aliter justitiam facere minabantur.

Vir autem Domini innocentiam, et illud quod scriptum est corde retinens : « Mihi vindictam, ego retribuam, dicit Dominus (*Rom.* XII, 19), » fieri omnino prohibuit. Tunc unus ex sociis, accersito eo secreto alloquitur, scire volens qualiter et quo animo illam injuriam illatam sustineret, si dedecus illatum ab aliquo in propria sentiret, magis esse se lætum et gratias Deo exhibere respondit, quia patientia salvabimus animas nostras.

CAPUT XII.

Peractis igitur in itinere quæ perpetranda erant, eremum regrediens, quæ prius proposuerat iterum inchoavit, ibique quantum licuit labori corporeo insistens, in humilitate conquievit. Sed, ne civitas super montem posita, et lumen lateret in tenebris, sanctæ Romanæ sedis memoratus antistes tanti viri nomen audiens, abbati suo, ut ad eum mitteretur, litteris denuntiat. Ille vero tanti mali fama dolore commotus, ne alii turbarentur, sigillum abscondisse nec manifestasse dicitur, donec dominus papa rursus 677 aliud mitteret, quod duriora bajularet. Secundo namque per litteram editam dedit, nisi quantocius in Simonem transmittendo festinus existeret, abbas et cuncta congregatio a spiritali officio vacaret. Quid plura? Turbatur abbas, fratres pariter constristantur. Quid aliud facerent? Ecclesiæ namque solamen amittitur.

Disposito ergo itinere in iis quæ parari videbantur, Simon una cum sociis ad Urbem dirigitur. Quem postquam venientem domnus apostolicus comperit, et appropinquantem oculis intuitus est, lætus efficitur, cum honore perdebito suscipiens eum. Cui ubi blande allocutus pacis osculum tradidit ; juxta Theclæ virginis ecclesiam domus ad habitandum congrua eligitur. Qua sanctissime conversanti et orationi vacanti, omnis societas suorum pro infirmitate loci morte subtracta est, relictis solummodo duobus monachis, quorum alter ad monasterium regressus est, alter vero illi serviens usque ad finem vitæ, Urbis inæqualitatem cum eo sustinuit.

CAPUT XIII.

Accidit eodem tempore quod domnus papa, et Robertus quidam Apuliæ princeps, ab invicem dissentirent, unde præsul metuens ne civitas belli contentione in aliquo perturbaretur, Simonem accersivit, summopere deprecans ut pacandi gratia illuc proficisceretur. Cui statim obediens se profecturum promittens, adjuncto sibi viro religiosissimo, iter arripit cum benedictione jubentis.

Eo igitur adveniens principem quærit et invenit; quem inventum quasi epulis in visu suo refecit, unde pacem reformans, quod voluit opere perpetravit. Omnibus itaque illuc pacificatis, revertitur, in itinere plebes [al., plures] alloquens, ut ad Dominum converterentur admonuit. Cujus allocutioni assensum præbentes, pene sexaginta milites sæcularibus omissis, arma Dominica susceperunt; et sic viri Dei prædicatione monachalem habitum per diversa provinciæ loca cum benedictione susceperunt.

Ad Urbem itaque regressus pontificem adiit, et quidquid egerat de pace nuntiavit. Ille autem et gratum habuit quod accepit, et illud quod fecerat approbavit. Nec multo post habens in voluntate ad monasterium reverti, licentiam ab eo cum humilitate deposcit: qui nec primo, nec secundo ejus precibus aurem accommodans, tale fertur dedisse responsum : « Sicut nec meis meritis, charissime, nec mea, sed domini Petri dominatione pastorali nuc accersitus advenisti; ita nec mea est in potestate promissio revertendi. Vade ergo, et oratorium ingredere beati Petri, et quidquid in voluntate habeat, orationibus perscrutare. »

Qui nocte subsequente, sicut ipse præceperat, templum precaturus ingreditur, totam pervigilem ducens orationi intentus, et priusquam inde procederet, qua sublatus est vitæ, mortis infirmitate corripitur. Mox inde progrediens ad habitaculum, et lecto decidens, ad confessionem suam pontificem invitat, et ad se visitandum. Qui voluntati ejus obtemperans, et mundatum a vitiis absolvit, et pariter benedicens abcessit. Nec multo post pretiosi corporis et sanguinis Christi munimine roboratus, pridie Kalendas Octobris spiritum Deo reddidit, et qualis in vita religione perstiterit, finis sanctissimus in assumptione monstravit.

CAPUT XIV.

Ecce civitas omnis rumore concutitur. Diversi sexus et ætatis gens in funere concitatur; et quod viventi minus tribuerat, funeri ejus obsequium ab iis ministratur. Tum, præcipiente episcopo, sepulturæ locus inter apostolicos præparatur; et quia apostolicam vitam studuit imitari, merito hujus apicis adeptus est dignitatem.

Præsul tamen non adfuit, infirmitate detentus, sed clerum omnem convocans, dirigit illuc episcopos, abbates, clericos et moniales cum cereis et luminaribus Ita ut triginta quinque congregationum numerus, cum populorum turbis, funeri ejus obsequium ministrarent; et sic cum missarum solemniis et celebritate præcipua a principibus Romæ corpus in foveam delatum deponitur. Census vero denariorum non minimum a præsule collatus, pauperibus erogatur. Ecce Dei servus absque pecunia et cognatione aliqua, paulo ante pauper, in fine dives efficitur, sed adhuc ditior fit dum in sede cœlica collocatur.

Regina vero Anglorum Mathildis nomine, dives et præpotentissima, quia eum nutrierat et consanguinitate dicebatur proxima, ob viri Dei memoriam ad sepulturam componendam, Romæ auri quamplurimum et argenti monacho deferente transmisit. Quæ studiose quadris et politis lapidibus ex marmore diversi coloris intexta, adhuc peregrinantibus bonitatis exempla præbet.

CAPUT XV.

Monachus autem qui, cum Simone diu conversatus, incommoda corporis pro ejus amore multa sustinuerat, post ejus assumptionem, postque sepulturæ suæ instructionem, relicta Roma monasterium revisit, ubi, multis diebus abstinentiæ et labori operam dans, summæ humilitatis exempla monstravit. Priusquam vero ad mortem, quæ est exitus vitæ, propinquasset, Simon beneficii et servitutis impensæ non immemor, nocte quadam apparuit ei cum cæteris quiescenti, vocans eum, et dicens : « Roberte (sic enim appellatus est). » At ille inquit : « Tu quis es ? » Tunc Simon respondens : « Ego, inquit, Simon sum, » et adjecit : « Cur hoc in me olim facere voluisti? Nam cum apud Romam ad novum sepulturæ locum corpus meum transferres, nil pro anima mea pauperibus erogasti. » Cui Robertus : « Pauper, inquit, eram, et census mihi deerat. » Ille econtra : « Certum est te habuisse aliquid quod impertiri debueras. » Et, ut ipse post modum retulit, duos aureos habebat.

Ad quem iterum Robertus : « Dilectissime mihi, quæ gloria et quæ requies tibi maneat, si placet, insinua ? Requies, inquit, et gloria mea magna est : Nam Dominus meus inter apostolos requiem mihi dedit, et sedem gloriosam. » At ille : « Et quod est gaudium, quis cantus ante Dominum, rogo si potes edicas ? Magnum est, inquit, gaudium et incomprehensibile ; nec verbis narrari, nec sensu cogitari potest. Tamen si pergamenum, pennam et incaustum in proximo habuisses, certum te scribendo in aliquo reddidissem. » Et adjecit : « Volo ut Anselmo Sanctæ Mariæ Becci abbati, prudenti et reverendissimo viro, quod modicum in Deo mihi contulit auxilium, ex parte nostra denunties ; æstimabam quippe in eo erga animæ meæ salutem, fide n et dilectionem non modicam. » His dictis, confortans eum ad servitutem et obedientiam salutarem, disparuit.

Frater vero quod audierat beato viro, sicut præceptum est, enarravit. Cui abbas lacrymando respondit dicens : « Crede mihi, frater, crede mihi, vera intulit servus Dei ; nam peccatis meis exigentibus, illud quod deberem pigritia detinente postposui; si vero orando, eleemosynam faciendo, seu aliud quid, quod Deo placeat, exhibeam, operando, omnibus modis ut in his participetur exorto. Et his dictis pariter abcesserunt.

Hic est vir ille religiosissimus Anselmus, qui ex abbate Cantuariae archiepiscopus, et legationis apostolicae in Anglia sortitus est dignitatem.

Haec et alia quae de Simone scripta sunt, ii qui de propria familia, in saeculo viri religiosissimi, cum eo habitum spiritalem susceperunt, quae oculis intuiti sunt et auribus audierunt, quemadmodum scripsimus, ita esse testati sunt.

Epitaphium Simonis comitis, scriptum in pyramide ejusdem, a domino papa Urbano, cognomento Odone.

Simon habens nomen, majorum sanguine claro,
Francorum procerum pars ego magna fui.
Paupertatis amans, patriam mundumque reliqui,
Spiritum divitiis omnibus anteferens.
Post ad apostolicam coelestis principis aulam,
Eximius tanti me Patris egit amor,
Quo duce promerear tandem super astra levari.
Hospitor hic sacras conditus ante fores.

Item versus.

Olim facta Patris renovans dictamine fratris
Discipulis normam scripsi sub paupere forma;
Sed quia nec spernit Deus haec, nec pauperiora,
Ostendit Moyses, operi capiendo minora,
Quare lectorem cupiens auxiliatorem,
Me legat absentem posco virtute carentem.

VITA SANCTÆ SALABERGÆ

ABBATISSÆ S. JOANNIS LAUDUNENSIS,

SUPPARI AUCTORE.

PROLOGUS AUCTORIS.

679 In infulis sacerdotalibus honore decorato religionis, cui copia fuit, Omotario papae, nec non et sacerdoti castissimae Christi virgini Anstrudi abbatissae, et Salabergae.

Jussionibus vestris, o venerandum decus parentum almique vigoris, parere non distuli, quo potissimum almae matris, et nostris praeferendae temporibus feminae, Salabergae vitam atque gestorum seriem, in quantum res sinebat et divina pietas favebat, meo debuerim stylo cudere. Sed ego in hac parte valde me censeo fore imparem, quippe qui vix primis imbutus sum litteris, et Christiana simplicitate educatus. Sed sum memor illius Domini et Salvatoris praeconii, dicentis : « Petite et dabitur vobis ; quaerite et invenietis ; pulsate et aperietur vobis (*Matth.* vii, 7).» Et illud Psalmographi oraculum : « Aperi os tuum, et ego adimplebo illud (*Psal.* lxxx, 11).» Unde lectorem obsecro. Si quis tamen licet, quamvis temerario conatu aggressus sum texere, gesta; captus amore sanctae matris, legere decreverit, non quaerat in his Tullianam eloquentiam; nec oratorum facundiam, non philosophorum flosculos, et stoicorum diversas assertiones, sed veritatem, et simplicitatem historiae. Neque enim aquila extensis alis semper ad aethera volitat, sed aliquoties assolet ut remissioribus pennis descendat ad terras ; et inter regias saepe dapes, etiam vilia poma lactucaeque agrestes optima quaeque censentur. Orandus est Deus Pater ut densissimi pectoris obtusique sensus nubila detegat. Orandus est et Salvator noster Jesus Christus, ut aura nos S. Spiritus afflare dignetur, ut, caligine mentis abrasa, facultatem accommodet loquendi, ut venerabilis matris, quae semper monasteriorum Ecclesiarumque amore flagravit, valeamus actus disserere, et in posteros strictim succincteque promulgare. Tribuat ille quod peto vestro opitulante oratu, qui « linguas infantium fecit esse disertas (*Sap.* x, 21).»

INCIPIT VITA.

CAPUT PRIMUM.

Igitur sancta Salaberga in suburbano Leucorum oppido Lingonicaeque confinio, illustribus orta natalibus *fal.*, territorio Lingonico confini secundum saeculi dignitatem clarissima parentibus non infimis ac in servitio Dei per omnia devotis exstitit oriunda], quem Uternensem pagum ob amnem iisdem in locis defluentem vocitant, humanis rebus initium sumpsit.

Sed quantum illustrior, vel nobilior fuit natalibus, adeo in nutriendi cura parentibus sollicitior. Nam cum illo in tempore gens Bajoariorum (quam Orosius vir eruditissimus, et historiarum cognitor Bojas prisco vocabulo appellat, in extrema Germania sita,) Bonosiaca esset infecta errore, Bonosiacam hæresim defensores sanctæ Ecclesiæ notarunt : quæ hæresis antiqui et callidi hostis irretita habenis, purum hominem Dominum nostrum Jesum Christum, absque Deitate Patris esse, sensu pravo censebat. Ad quam nefariam et insanam doctrinam confutandam, imoque resecandam, venerabilis vir Eustasius abba, divino utpote instigatus Spiritu, Luxovio monasterio in Vosago saltu cito advenit, quod vir forma laudabilis, et sanctitate pollens Columbanus, peregrinus ex Hibernia adveniens, ex munificentia Childeberti regis summo studio et labore construxit.

CAPUT II.

Sed quoniam tanti viri Columbani fecimus mentionem, ejus non est necessarium 680 in nostro opere detexere gesta, cum sint ab eloquentissimo viro Jona elucubrate edita ; qualiter etiam inter turbines sæculi, et Theodorici regis principatum, reginæque Brunechildis instigante versutia, nefandi hostis pertulerit insidias. Quomodo etiam tyrannica temeritate a fratribus sit ejectus, et Italiæ fines sit ingressus; monasterium Bobiense ex permissu et auctoritate Aigulfi Longobardorum regis miro ordine, [al., opere] construxit, regulamque condiderit monachorum, isdem præfatus Jonas in libro quem De Vita et miraculis ejus edidit suo stylo prosequitur.

Exstant ejusdem Patris Columbani scripta ad beatum et facundissimum virum Gregorium pontificem Romanum, in libro, quem [al., quæ] de pervigili pastorum cura elicuit, qui eo tempore adeo clarus habebatur atque sanctitate præditus erat, ut etiam, Spiritu sancto ei favente, secreta cœli patuerint, novemque ei ordines angelorum, post Paulum apostolum mirum in modum aut solus aut rarus ferme disseruit. Cujus doctrina eloquii venustatem, pœnitentiæque fomenta docente; universus Occidens hactenus illustratur. Sed et idem venerabilis vir ad præfatum Patrem melliflua remisit scripta. Nunc ad propositum revertamur.

CAPUT III.

Præfatam gentem per Germaniæ sinus vir Dei Eustasius aggressus, ut lucerna Conditoris nequaquam sub modio, sed super candelabrum posita omnibus patefieret, talentumque desuper datum hujus non operiretur, sed potius omnibus cum duplicato fenore perpatesceret (Matth. v, xxv), exspargescentis ipsius abraso erroris tramite, evangelico, in quantum Dominus contulit, verbi mucrone truncavit, prædicans Dominum nostrum Jesum Christum, quod sicut in Divinitate æqualitatem Dei Patris omnipotentis haberet, ita et humanitatem materni corporis, nostramque naturam, quam ipse condiderat, absque peccato susciperet, et nullam imminentem unionis Deitatem [al., nulla imminente immutationis Deitate], quæ utpote semper cum Patre fuerit, ut nihil sua dignitate minuerit, unde verus Deus, et verus homo appellatus sit Christus.

Denique remeans ex Bajoariis vir egregius, post Germaniæ Belgicæque laboriosum callem, tandem pervenit ad quemdam virum illustrissimum opibus et divitiis opulentum famaque secundum sæculi dignitatem præclarum, et aulicis rebus aptum, nomine Gunduinum [al., Gundomum], qui eo tempore apud villam quamdam, nomine Mosam, ob amnem in eo loco decurrentem, sic appellatam morabatur ; qui amnis ex Lingonicis finibus fontem sumens, post multos anfractus crebrosque terræ circuitus Rheni velocissimi fluminis in se fluenta ex parte recipiens, oceanum Barbaricum ingreditur.

Vir igitur Gunduinus venerabilem virum velut gratissimum munus suscepit. Porro ut assolet et res se habent, humanæ inter salubria adhortationis verba in colloquio virorum fidelium animus crescebat piorum [al., animi favere pastorum]. Cœpit idem vir Dei sciscitari utrum eidem viro, illustri Francorum orto natalibus, soboles adesset. Cernebat quippe, ut opinor, vir Dei, a Deo fore præscitam prolem, quam postea rei probavit eventus. Tunc vir illustris Gunduinus, cum conjuge sua Saretrude, eleganti forma et nobili femina, duos bonæ indolis adolescentulos ob benedictionis perceptura gratiam præsentavit; quorum senior Leudinus [al., Leudeinus], cognomento Bodo; junior vero Fulculphus, qui et ipse alio vocabulo Bodo dicebatur.

Sciscitatur denuo vir Dei si adhuc proles superesset. Ad quem illi fatentur se habere puellam Germanam licet ætate præferentem, sed dudum luminibus orbatam. Ad quos vir Deo plenus ait : « Veniat, quæso, ipsa, et vestris [al., nostris] præsentetur obtutibus. » Senserat enim, ut reor, in spiritu ei a Domino sanitatem fore collaturum. Triduano igitur a semetipso exacto jejunio, super oculos puellæ oleum benedictionis vir Dei effudit. Mirum dictu ! mox puella sanitatem pristinam, Christi gratia opitulante, consecuta est. Nec immerito omnipotens Deus sic in promptu suorum obtemperat precibus famulorum, qui suas propter ipsum crucifixerunt voluntates.

Sequitur deinceps aliud splendidum miraculum. Cum eadem puella jampridem fluxum sanguinis pateretur, et gravissima corporis molestia ex hoc debilis teneretur astricta, vir egregius Eustasius ut hoc perspicue comperit, divinum solitumque profusis precibus poscit adminiculum : exaudivit preces fidelis famuli sui ille rerum Sator æternus, qui sanctis suis, ejus præceptis pie obtemperantibus, præsto esse consuevit. Quid multa ? Puella sospitate percepta incolumis est restituta.

CAPUT IV.

Interea cum ad perfectæ ætatis pervenisset annos, parentes ejus cum vidissent puellam gliscentem, moribusque ornatam, erat enim decora venustaque vultu, verum, ut assolet, post rerum discrimina in prosperis successibus animus tepescere multorum, de liberorum successione cogitantes, contra puellæ voluntatem, eam cuidam viro generositate pollenti, Richramno nomine, in matrimonio tradiderunt; qui vir [*al.*, vix] eam duobus mensibus jure matrimonii habens, humanis rebus exemptus, vitaque privatus est.

His ita transactis, Eustasius ad Luxovium regressus est. Deinde ad Warascos, qui partem Sequanorum provinciæ, et Duni [*al.*, Duvii], amnis fluenta ex utraque ripa incolunt, pergit; qui et ipsi eodem Bonosii, Fontinique maculati errore everso, jam senio [*al.*, ævo jam senes] tabescebant. Ad quos vir Dei veniens evangelico vomere, Scripturarumque sacrarum cauterio, licet non absque labore exercens, ne seges Dominica, crudescente gleba, suffocante zizania, in avenas loliumque accresceret, ad sanctæ Ecclesiæ gremium revocavit. Qui hactenus, gratia divinæ aspirationis in eadem, quam ab eo perceperunt, norma perseverant.

Sic B. Eustasius post multa rerum discrimina, post labores immensos, post hæreticorum diras procellas, agrestiumque schismaticorum fraudes, quæ plenius in suis gestis continentur, ut bonus athleta, summis pollens miraculis vita beata functus migravit ad Deum, cum curam fratrum post discessum magistri tribus non parum minus rexisset lustris (62). In cujus locum jam pridem convenientia beatæ recordationis Walbertus in regimine fratrum subvectus est, vir omnium fama laudabilis, eximiæque sanctitatis, et in ecclesiasticis disciplinis non mediocriter eruditus; bonitate ac pietate, charitateque perspicuus, et doctrina exuberans; hujus tempore per Galliarum provincias agmina monachorum, et sacrarum puellarum examina, non solum per agros, villas, vicosque, atque castella, verum etiam per eremi vastitatem, ex regula duntaxat beatorum Patrum Benedicti Columbani pullulabant, cum ante illud tempus monasteria vix paucis illis reperirentur in locis. Sed nunc ad articulum revertamur historiæ.

CAPUT V.

Prudentissima femina Salaberga cum per biennium jam viduata resideret, licet sub laico habitu degens, vigiliis, jejuniis atque eleemosynis, in quantum vires suffragabantur prædita [*al.*, suppetebant intenta, prædita], quæ Dei sunt, Deo inhianter reddebat. Doctrinam vero, quam a B. Eustasio perceperat, velut mundum animal ruminabat. Cum hæc ita res se haberet, decrevit animo ut ad sacrarum virginum cœnobium, quod venerandus vir Romaricus ex palatio magnifice conversus, per exhortationem et solamen B. Eustasii in Vosago construxerat saltu, latebram fugæ expeteret, fecissetque satis votis, si sexus non fecisset impedimentum, et regia non impedissent obstacula.

Per idem tempus Francorum sceptra regnique gubernacula Dagobertus gestabat, vir imprimis acer ingenio, et principatum tenens [*al.*, principatu clarus], et non solum fidei jure sibi subjectis, verum etiam exterarum vicinarumque gentium fama metuendus. Metuens autem præfatus Gunduinus [*al.*, Bundoinus], ne ob filiam iram regis sævitiamque incurreret, eam a calle, quo ire sponte decreverat, pedetentim retraxit. Jam enim opinio ejus ad aures regis pervenerat.

Morabatur denique iisdem temporibus in aula prædicti principis vir quidam strenuus, consiliis regiis gratus, et inter suos fama celeberrimus, nomine Blandinus [*al.*, Blaudinus], qui cognomentum Baso acceperat, qui utpote et ipse ex Sicambrorum prosapia ortus exspectabili, prædictam Salabergam, non ejus sponte, quia jamdudum divinis præceptis se implicare noverat [*al.*, voverat], licet invitis parentibus, regio tamen jussu, et ob liberorum procurandorum causam, in suum adscivit conjugium. Sociata itaque viro memorato, licet sub jure conjugii, Christiana tamen utrique exercebant opera, et baptismi candidatum devotissime servabant. Erant enim hospitales et eleemosynis dediti, maximeque, juxta B. Paulum egregium prædicatorem, domesticis fidei (*Gal.* VI, 10), et peregrinis, servis autem Christi summa veneratione obtemperantes, illius Salvatoris memores præcepti: « Quandiu fecistis uni ex minimis istis, mihi fecistis (*Matth.* XXV, 40); » et illud B. Petri apostoli: « Hospitales invicem sine murmuratione (*1 Petr.* IV, 9). »

Sed cum his, favente Domino, bonis pollerent moribus, et Christiano more degerent [*al.*, vigore vitam] et prolem nullam capere possent, Christianissima femina anxia, et tot privata privilegiis, sanctarum mulierum Annæ et Elizabeth in se adhibens fidem, quæ in templo Domini vigiliis et orationibus excubantes (*Luc.* II, 37; I, 6), post diuturnam sterilitatem partus sanctos meruerunt, et procrearunt liberos, ad basilicam B. Remigii pontificis, qui urbem Remorum Campaniæque tellurem virtutibus sacris et mirabilibus illustrabat, expetiit; ibique vigiliis et orationibus excubans, votum vovit ut, si divinitus ei soboles concederetur, ipsam Domino dicaret.

Nec mora domum reversa, hoc quod fideliter et anxie petierat, a Domino est ei collatum; conceptique, et peperit filiam; cui ex aviæ vocabulo Sarctrudis nomen indidit. Rursus aliam filiam edidit, quam Ebanem nuncupavit. Deinceps vero genuit filiam tertiam, ipsamque baptismi gratia regeneratam Austrudem [*al.*, Astrudem] appellavit, quæ in curam et regimen sororum, processu temporis, cuncta annuente caterva, successit. Quartum vero edidit liberum cui et ipsi baptismi gratia sacerdotibus consecrato, Eustasius nomen indiderat, qui et infra pueriles annos defunctus est. [Quæ hactenus Christo

---

(62) Hic videtur auctor B. Salabergæ suppar.

auspice divinis privilegiis nunc superest. Unum tantum edidit liberum, cui et ipsi baptismi gratia a sacerdotibus... Eustasium nomen tradiderunt, qui et infra pueriles annos, etc.] Quintum vero bonæ indolis edidit prolem, nomine Balduinum [*al.*, Baldonum], quem et ipsum juxta priores omnipotenti Deo sacravit. Egit hoc denique famula Christi, omnique nisu aggressa est ut omnem domum suam non sibi soli, sed marito simul, et liberis Christi faceret Ecclesiam.

CAPUT VI.

Interea cum egregiæ sanctitatis opinio Waldeberti, cujus memoriam fecimus, pene per universos Francorum terminos eximie pullularet, et solertia prædicationis ejus a Christo Domino, sine quo nihil boni agitur, affatim fervesceret, esset que omnibus Domini colentibus gratus, monasteriaque virorum ac mulierum ex ejus norma affatim conderentur, cernens beata Salaberga servum Christi militemque præclarum tot florere exemplis, virtutibusque flagrare supernis, et assidue velut e luporum faucibus ereptos ubique greges Christi adunari, eum ad propriam domum, ob benedictionis ab eo gratiam percipiendam, crebrius accersitum, velut divinum munus sibi a Domino fore concessum ovans suscipiebat, verbaque salubria et animarum medelæ congrua haurire ex ejus melliuo ore desiderabat, flagrabatque instantissime animus, ut, spretis phaleramentis sæculi pompisque mundanis postpositis, ad virtutum culmen apicemque sanctitatis valeret ascendere. De quo virtutum culmine Dominus quoque et Salvator in Evangelio loquitur dicens : « Omnis qui reliquerit patrem, aut matrem, aut domos, aut agros propter nomen meum, centuplum accipiet et vitam æternam possidebit (*Matth.* XIX, 29); » et illud : « Ignem veni mittere in terram, et quid volo nisi ut ardeat? » (*Luc.* XII, 49.) « Quid plura? Auctore Deo omnem spem suam post Deum beato viro committens, viro converso, prolibusque Deo sacratis, religionis veste accepta, inito cum B. Walderberto consilio, convenientia [*f.*, conniventia] existente mariti, cœnobium puellarum in suburbio Lingonicæ urbis, in hæreditate vel successione paterna, conatur exstruere. Quod propriis redditibus prædiorum suorum, ex successione hæreditatis paternæ, Christum faciendo hæredem, nobiliter ditavit. Ad quod opus peragendum venerabilis Walbertus solamen, artificesque, ac viros industrios præbuit atque commisit. Qui locus licet Austrasiorum finibus immineret, vicinus tamen Burgundiæ erat, distans a Luxovio monasterio paulo minus millibus quadraginta; ibique adunatis centum seu amplius tam ex nobilibus [*al.*, nobilium] liberis, quam ex proprio officio puellis, Christo Domino dicavit.

Sed cum jam pars maxima fabricæ monasterii instructa esset, cœpit famula Christi præsaga, utpote Spiritu Dei repleta, sagaci cum viro trutinare animo, non esse in loco eodem puellarum cœnobium tutum, nihilque stabilitatis atque munitionis habere. Nam cum barbaries licet procul abesset, regum tamen limitibus hinc inde admistis, periculi indicium futuris temporibus erat, quod periculum nos deinceps vidimus. Denique nuper civile bellum inter reges Francorum Theodericum et Dagobertum circa illos fines est actum, ubique vicinia quæque depopulata, agri, villæ, ædes, et ipsa, quod gravius est, sanctorum corpora igne sunt cremata. Unde liquido patet divino eam Spiritu fuisse imbutam, quæ pridem anticipavit discrimen.

CAPUT VII.

Consilio igitur adepto cum præfato Waldeberto abbate, qui ingenio, et vigore sagaci, et natura bona in talibus rebus præditus erat, quem postea et comitem itineris, et socium laboris habuit, elegit iter Christo duce instar sanctissimi Abrahæ patriarchæ, qui de Mesopotamia Syriæ egressus, Philistinorum colonus exstitit, eamque Deo promittente in postera successione sortitus est. Quem imitata Dei famula relinquens patriæ solum, paternas sedes malens cum Christo egere, quam mammonæ lucra possidere, quam tot pati discrimina, cum vitæ stipendio ad urbem Lauduni Clavati, cum maximo apparatu, et cum animabus a Deo sibi commissis, proficiscitur.

Quæ urbs licet obsidione vallari ab hostibus possit, tamen natura loci, et in cacumine saxi sita, munitionem robustam obtinuit, ut frangi a barbaris nequeat periculoque careat. Nam et vetusto tempore cum eam Wandali, Alani, Huni, cæteræque Germaniæ et Scythiæ gentes frustra vallassent, nulla aggerum arte imminenti, non fundibulorum jaculis, non armorum spiculis jacientibus, nec arietum impulsionibus obtinere valuerunt, sed casso labore frustrati, inertes recesserunt. Excepto enim murorum ambitu, qui extrinsecus in proceritatem collis extenditur, intrinsecus ipsius muri circuitus humo coæquatur, unde et machinarum arte nulla illud oppidum fatigari possit, sed et altrinsecus saxa naturalia ambiunt; urbs infra referta puteis; ad ipsos quoque portarum exitus fontes emanant perennes, qui in usus hominibus, pecoribus ac jumentis potui dantur.

Igitur, cum jam ad illuminandam urbem, veluti solis radius, veneranda femina cum suis sequacibus sanctis appropinquasset, præsul oppidi illius Attilo [*al.*, Attila, Attola] cum summo favore ei obviam pergit, tanquam divinum munus, angelicamque turbam venisset [*al.*, tanquam si divinum munus turbaque angelica venisset], ovans sanctas famulas 683 Christi cum choro psallentium, cum psalmodia, et hymnidicis, summisque laudibus deduxit in urbem. Sed miraculum illud magnificum dictu, quod nocte eadem in ipsa urbe gestum sit, non est silendum.

CAPUT VIII.

Prædictus itaque pontifex præcepit pueris ac familiaribus sibi creditis, ob præparandam in crastino die familiæ Christi refectionis gratiam adesse. Ministri igitur attoniti velociter per noctem, portam oppidi ingressi, obviam sibi ferarum ac bestiarum diversa genera cernebant. Nam ille bubulum, alius cervum; ille ursum, alius suem, nonnulli lupos, plerique nihilominus vulpes, alius interim lascivum asinum, trucemque cernebant leonem, egredientes et fugientes simul de civitate et cætera monstra bestiarum, quæ huic operi intexere prolixum est, ne fastidium lector incurrat.

Quo miraculo pavore percussi omnes ministri mirabantur, quoniam in illo loco istæ bestiæ nusquam antea apparuerant. Quid aliud datur intelligi, nisi quod sanctitatem ac vigorem ancillarum Dei antiquus hostis non ferens, cum suis satellitibus fugiens discessit? Nec immerito in bestiarum se ferarumque, et monstrosas deformat figuras, variaque figmenta depromit, qui, utpote a bono Creatore bonus creatus angelus, superbia deinceps tumidus dudum dixerat in corde suo: « Super astra cœli ascendam, ponam thronum meum ad Aquilonem: similis ero Altissimo (*Isa.* XIV, 14); » nunc de superna claritate, et paradiso deliciarum ejectus, cum suis sequacibus in formicarum, vermium, soricum, vel qualibet deformi specie actus, mysterium operatur iniquitatis: si quidem priscis temporibus, quod plerique adhuc memoria retinent, et superstites esse noscuntur, qui hoc facinus viderunt, quod in eodem oppido, ut creditur, antiqui anguis versutia crudeliter vigebat, plebeios, rusticos atque hebetes homines arte callida ludificabat, de quo scribitur: « Cujus mille nocendi sunt artes. » Nam sub specie idololatriæ [*al.*, baptismatis] eos sibi proprie vendicabat. Denique raro tempore peracto [*al.*, retro acto tempore], et idolum vocitabant velut, a ludo incipientes, in medio eorum duntaxat diabolo debacchante, plerumque homicidia perpetrabantur.

Egerat hoc nequissimus dæmon callida astutia, ut si quis ibidem proximum alterius quolibet modo debilitasset, a consanguineis, vel affinitate conjunctis, innoxius foret ab effusione sanguinis, videlicet ut in longius consuetudo nefanda incrementum malignitatis augeret, et miseram urbem suis habenis irretitam iniquus prædo velut propriam vendicaret. Sed omnipotens miserator omnium rerum Dominus, « qui vult omnes homines salvos fieri, et ad agnitionem veritatis venire (*I Tim.* II, 4), » ad sui juris plasma clementer respiciens, olim jam hoc sacrilegum et nefandum facinus a civitate ista radicitus evacuavit.

CAPUT IX.

Sed nunc rursus ad cœptam redeamus narrationem. Denique contemplata conditione loci, cernentesque idoneum ac gratissimum, et absque discrimine munitionis locum, cœperunt fundamenta ecclesiarum atque domorum jacere. Quibus rite peractis ac prospere gestis, cœperunt ad laudes Dei omnipotentis Domini nostri Jesu Christi nobilium soboles serviliumque concurrere. Quis enim vir potens, aut femina nobilis, qui illis in locis degerit [*al.*, degeret], qui non beatam Salabergam ex affectu diligeret?

Erat enim hilaris semper, et placido vultu, charitate atque humilitate perspicua, eleemosynis promptissima, et quæ circa Dei cultum sunt, valde devota. Quid multa? Infra exigui temporis spatium coacervatæ in eodem loco sunt, vel monasterio adunatæ plus minusve trecentæ famulæ Christi.

Illisque dispositis per turmas instar Agaunensium monachorum, habendique castimoniam [*al.*, habendi normam] disposuit. Die ac nocte præcipiens psallendi canorem omnipotenti Deo personare, et juxta egregium prædicatorem Paulum, sine intermissione orare (*I Thess.* v, 17). Quæ institutio hactenus in eodem, Christo auspice, celebratur cœnobio. Flagrabat quippe in eodem desiderio canendi carminis valde amor intentus. Plures siquidem, ut supra diximus, nobilium, ad servitium Christi colligendas sitiens adunabat.

Nam inter cæteras nobilium Sicambrorum feminas, Odila, nobilitate et ingenio naturæ bono [*al.*, ingenii natura boni] pollens, quæ et ipsa pridem a venerabili Waldeberto Christiani vigoris insignia, et salubre acceperat antidotum, consilio accepto cum legali [regali] viro illustri Bodone, quem superius [*adde*, Leudinum] prædiximus, qui eo tempore industrius, et potens, et secundum sæculi dignitatem florens erat, postpositis phaleramentis mundi, ad Dominum sunt conversi; rebusque suis monasteriis collatis, post beatam Salabergam, eumdem callem terentes, Landunum properabant [properaverunt]. Bodo incisa cæsarie monachi, in quantum res sinebat, agebat officium. Ac non multo post Tulli oppidi adeptus episcopatum, naturæ 684 debitum reddidit. Veneranda quoque Odila Christi stigmate suscepto sacrarum virginum se choro conjungens, sub obedientiæ tenore, vitam beatam degens, spiritum, cui omnia debentur, reddidit.

MIRACULUM I.

Igitur cum beata Salaberga in sanctitate ævosa [morosa], et ornato [exornato] vultu, cum sororibus pie vitam duceret, puella quædam sanctimonialis in eodem cœnobio cadivæ vesaniæ [guttæ cadivæ vesaniæ] morbo indepta, dum cursum in ecclesia canere cœpisset, coram omnibus effrenata mente in terram corruit. Quam mox beata et venerabilis mater secum familiariter acceptam, sedula oratione pro ea Deum poscens, opitulante divina gratia, ab eadem peste purgavit, et in servitium Christi libere abire jussit incolumem. Plurima enim et valde celeberrima sunt quæ in laudibus atque memoria venerandæ matris stylo inseruntur, quæ postmodum suis aptabuntur locis.

CAPUT X.

MIRACULUM II.

Quodam vero tempore dum beati viri Waldeberti præstolaretur adventum, et Falerni copia deesset jus tritici vel hordei, quod cervisam nuncupant, et arte conficitur humana, quo Orientalium [*al.*, Occidentalium] pleræque nationes utuntur, jussit facere,

Quæ cum in vas, quod lingua vulgari tonnam vocant, missa fuisset, ac cum vas ad plene refertum ex potus liquore non esset, famula Christi, cui obedientiæ causa eodem anno, juxta tenorem regulæ, ad cellarium custodiendum, sororibusque ministrandum ordo evenèrat, ad venerabilem matrem summa cum humilitate veniens ait : « Domna, inquit, mater, quid faciemus, quia vas non est plenum ex sicera, et aer æstuat, si sanctus vir abbas inveniendo moras innexuerit, vereor ne potus liquor in acerbitatem aceti acescat [*al.*, accrescat]. » Ad quam illa ait : « Vade, et quod subsequens ex liquore est confectum, funde in vase. » At illa non dubia celeri cursu pergens, ut jussionem scilicet matris impleret, reperit vas plenum, quod paululum pridem semivacuum reliquerat. Ac sic omnipotentis Dei misericordia actum est, ut, dum matris fides armatur, obedientiæ vigor in discipula roboratur [*al.*, amatur obedientia, vigor in discipula, etc.], virtusque divina protinus panditur, potusque, quod exiguum erat, in majus augetur, remeansque Dei famula, cum alacritate et humilitate sanctæ matri narravit miraculum. Illa, summo rerum Creatori Domino nostro Jesu Christo gratias refert, qui servientibus sibi in veritate cito adesse consuevit.

CAPUT XI.

MIRACULUM III.

Patratum deinceps aliud miraculum : soror quædam vel abluendo vestimentorum sordes, ut mos est, ad cellam officinæ, qua hæc agi solitum erat, veniens, accepto vasculo quod in talibus rebus necessitas poposcit, deferens simul et exigua ligna, pervenit. Sed quia catena, in qua pendebat vas, exilis et brevior constabat, igni non appropinquans, reperiens de industria famula Dei aliam catenam, sibi invicem nexuit, et ecce alia sodalis ejus cum alio vasculo ex aeris metallo facto adveniens simile optabat opus, humiliter postulans sociæ dixit : Commoda mihi, soror, unam catenam, ut ambæ velocius operemur. Ait socia : Pro charitatis gratia commedabo tibi, sed perge tu et affer ligni quantitatem, quantum volueris, quia arduæ suspenduntur vascula, ut valeamus perficere quod necessitas compellit. Quæ cum abiisset, nequaquam reperit quod petiit. Tunc utræque ancillæ Christi anxiæ esse cœperunt, quid tamen facerent ignaræ; et subito magno cum sonitu cella officinæ quasi casura semel flectendo, addicitur igni. Tunc concito cursu famulæ Christi, omnesque sorores ad eam aspiciendam veniunt, et quisnam esset fragor strepitusve inquirunt. Sed videntes miraculum stupefactæ sunt in re quæ acciderat. Tunc venerabilis mater jubet ad hoc miraculi genus, ut vir Dei Italus presbyter, atque ejusdem cœnobii præpositus, contemplaturus accederet. Vir autem Dei cum affuisset, videns cellam fragoribus nec dirutam, sed illæsam permanentem, uberes Deo gratias retulit perpendens meritum matris,

quæ ita imbutas ac devotas haberet discipulas, quarum charitati ferventi etiam elementa servirent.

CAPUT XII.

Quadam denique die cum extra murum oppidi, infra claustra tamen cœnobii æstivo tempore deambularet, vidit Landefridum monachum suum hortulanum in horti ambitu, nescio quid oleris causa, investigantem, innoxia gramina abscindentem. Ad quem sub sibili voce silentique, quod nequaquam aliqua sororum audire potuerat, ait : Defer, inquit, nobis ex lactucis, 685 frater Landefride. Hæc illa innuendo magis quam loquendo affatur. Hæc præfatus frater narrare consueverat qui adhuc superest. Mirum dictu ! Vox quæ parvo anhelitu et nullo alio audiente emissa fuerat, in aures fratris admodum pervenit, quasi in præsentia fratris ipsius dicta fuisset. Erat autem spatium inter ipsos quasi stadiis quatuor, aut amplius.

CAPUT XIII.

Accidit quoque et aliud miraculi genus. Cum quodam tempore in coquinæ officio, ut mos erat, hebdomadam suam sororibus deserviret, et pisciculi, vel alia quælibet monasticis usibus apta, minime suppeterent, Basinus archidiaconus ejusdem urbis domi recumbebat, et ecce vox in aures ejus insonuit dicens : Nosti quod abbatissa onus coquinæ sororibus exercet. Ad eam visendam expedit te debere quantocius properare. Sed ille levius retinens neglexit. Cumque usque ter fuisset admonitus, etiam insuper verbera minatur adhibere. Quid ageret, quid tantæ matri munusculi deferret, minime ad hujuscemodi opus habebat. Tandem aliquando domo egressus in foribus ostii reperit hominem piscem miræ magnitudinis gestantem, quem divino nutu allatum credens, dato duntaxat pretio, piscem beatæ matri detulit. Ex quo illa pulmentum sororibus adhibens, omnes usque ad satietatem refecit. Quod ne cui de industria factum fuisse credatur; sed nutu divino ad ejus refectionem exigendam præparatum, quoniam vero quanto amore in hac vita omnipotens Deus eam dilexerit, imo ut aurum obrizum purgaverit, silentio non est prætereundum.

CAPUT XIV.

Quodam namque tempore febrium igne [*al.*, vena] accensa, gravem molestiam corporis perferebat, ita ut loquendi facultatem amitteret; sed cum melius Christo præsule convaluisset, sciscitata imo flagitata a sororibus quænam fuisset correptio illa, fervente spiritu respondit : O dulcissimæ sorores, quid investigare vultis rei causam ? A sævis namque nimium et tetris opprimebar dæmonibus [*al.*, spiritibus]; quando autem melius convalesceham duæ alæ dorsum meum venientes gyrabant [*al.*, a dorso meo venientes gyrabant me], quarum visio auro purissimo pulchrior erat. Nam et summitas earum gladio ancipiti acutior sentiebatur. Cum autem ab his vallabar, fugiebant teterrimi spiritus. Quid autem aliud datur intelligi, nisi quod omnipotens Deus plasma suum in præsenti duntaxat purgaret vita, et dextra suæ protectionis [*al.*, dexteræ suæ protectione] roboratum cum sanctis aggregaret. Alæ etenim in Scripturis sanctis supernæ intelliguntur potestates. Convalescens corpore, sed mente robustior, anno et novem non plenis mensibus vixit tentatione exacta. Nam quis valeat ejus sanctitatis sagacitatisque astutiam condignis referre præconiis, cujus charitas et humilitas cunctarum subjectarum sibi præeminebat miræ dulcedinis et bonitatis affectu? Erat enim hilaris vultu venustoque aspectu, alacris in colloquio, moderata in verbo, consilio prudens, in ordinandis cœnobii causis præcipua, sagax ingenio, eleemosynarum amori dedita, et hospitalitate non pigra, in regulari norma discreta; sanctarum feminarum vitam imitans, Melaniæ videlicet et Paulæ, quarum Melania, ut B. Hieronymus ait, nobilissima Romanarum feminarum fuit, et Marcellini quondam consulis filia, Hierosolymam navigavit, ubi tantum humilitate et charitate insignis exstitit ut Theclæ nomen acceperit. Paula vero, relicto patrimonio urbano, Græcorum orta prosapia, Bethlehemitica rura expetens, cum summa bonitate et humilitate vitam degens, sacrum spiritum Domino fudit. Et ut altiora repetam: Beata Salaberga imitata Helenam Augustam, Constantini Augusti matrem, ut historia narrat ecclesiastica, mortificatis carnis membris mundique pompis postpositis, quotidianis Deo famulabatur obsequiis. Quidquid enim in cœnobio vilitatis et quæ munditiæ essent exercendæ, sibimet deputabat. Coquinam autem et reliquas causas, quæ monasticis rebus peragi solent, vicissim suis hebdomadibus ministrabat.

CAPUT XV.

Sed cum his et cæteris his similibus bonis Christo præsule polleret, quodam tempore vidit in mansione quam frequentare solita erat, tabernaculum e polo miræ claritatis ac splendoris descendere, quod deorsum spatiosum et sursum arduum videbatur. In quo recepta avis miro splendore refulgens, eam apprehensam in exstasi positam, imo translatam, trans fluvium quemdam ingentem asportavit, et in prata valde amœna immisit, ubi diversorum florum et immensa odoramentorum genera fragrabant, atque inter candentia lilia, et rosarum rubentium flores vidit immensa infantum agmina utriusque sexus, niveis cicladibus, et laureatis capitibus ovantes, inter quos et Magobertus puerulus aderat. Qua visa ait: Agnoscis me, mater? Illa ait: Nescio. Respondit puer: Ego sum Magobertus filius Amilianæ, quem ante te misisti et sum modo in hac claritate quam cernis. Nec mora vidit beatum virum et venerabilem Ansericum pontificem, obviam sibi venire, ad quam ait: Agnoscis me? et illa fatetur se ignorare. Ego sum, inquit, Ansericus episcopus Suessionum, quem crebrius in domo tua accersitum vidisti, veni et ostendam tibi valvas paradisi. Et ostendit civitatem Dei Altissimi, et duodecim sedes apostolorum ex auro gemmisque rutilantes. Cui et ait: Ecce tibi locus præparatus est. Sed quia B. Mariæ ingemmati sunt oculi, et preces sororum ferre non potest, quia adhuc eis necessaria es, deprecata est Filium suum, ut a superis celerius illuc revertaris præmia possessura tibi a Domino collata. Interim avis illa iterum illam apprehensam in ore ejus, anhelitu recuperato [*al.*, dato] a superis remisit.

CAPUT XVI.

Igitur dum quadam nocte quiesceret [*al.*, soporem caperet], in specie venerabilis viri Waldeberti, utpote angelus Domini apparuit ei tertio, qui et cingulum ejus vidit, et de renibus abstractum secum detulit, quod cingulum ulterius non comparuit, significans, ut opinor, quod in posteritate ejus honor successionibus accreverit. Cujus vestes ut ipsa referre solebat, candore nimio fulgebant, et hac voce admiranda affatur feminam: O dulcissima filia, præpara te ut accipias bravium, et exitum tuum præstolare, quia et ego ex victoria tua cupio bravium accipere, quia centesima ex hac die dies vocationis tuæ eveniet, ut laboris tui fructum quem cum magno sudore quæsisti, cum multiplicato fœnore in horreo Domini tui recondas. Hæc audiens illa, una ex sororibus sibi familiari accersita, vim somnii tenoremque rei pandit, et cæteris promere distulit.

CAPUT XVII.

Angelus autem Domini præcepit ei ut per singulos dies ac noctes infra illum centenarium numerum expleret psalterium. Ab illa igitur die cœpit vigiliis, jejuniis, psalmis, et orationibus plus solito Domino libare quanto firmior de promisso, tanto alacrior de obsequio. Ante vigesimam autem vocationis ejus diem, pedum dolore tacta lectulo decubuit [*al.*, occubuit] ut et de viro perfecto dicitur: « Florebit amigdalus, impinguabitur locusta, et dissipabitur capparis: quoniam ibit homo in domum æternitatis suæ (*Eccli.* xii, v). » Novissime expleto officio, convocatis sororum agminibus, hac eas voce affatur: Permanete in servitio omnipotentis Dei, o famulæ Christi, quia, non qui cœperit juxta divinum oraculum (*Matth.* x, 22), sed qui perseveraverit usque in finem hic salvus erit.

CAPUT XVIII.

Interea, ut assolet in rerum opulentia, discordiam etiam inter propinquos generari, germanus ejus Bodo aliquas villas, quas per chartarum seriem ad ipsum condonaverat cœnobium, illicita usurpatione retinebat, sed comperta germanæ ægritudine, et illa pro hac re anxia Dominum deprecante, summa cum festinatione ad eam venit, moxque de medio chartarum sanctio invicem roborata, hactenus rata perdurat [*al.*, moxque chartas invicem roborantes, hactenus totum ratum perduxit]; sed cum sensisset se migraturam a corpore vale dicens sororibus, Italum presbyterum poposcit, ut pro se, sicut mos est, officium expleret funeris, et hæc flagitans sacrum emisit spiritum, sanctorum aggregata cœtibus, perceptura duplicia in æterna gloria, ipso præstante, cui est honor, et gloria, et virtus et imperium in sæcula sæculorum, Amen.

Obiit præfata famula Christi decimo kalendas Octobris, quâ die sacra Thebeorum Mauricio duce Agauno celebratur passio. Reliquiæ quoque ejus in eodem conduntur loco. Ad cujus poliandrum claræ post obitum patuerunt virtutes.

HUGONIS
ARCHIEPISCOPI ROTHOMAGENSIS
LIBRI TRES
CONTRA HÆRETICOS SUI TEMPORIS.

(Vide in Hugone, circa an. 1154, inter Patrologiæ tomos proxime eaenaos.)

ROBERTI DE MONTE
AUCTARIUM AD SIGEBERTUM.

(Vide Sigeberti Chronicon cum Auctariis.)

INDEX RERUM ET VERBORUM.

Revocatur Lector ad numeros crassiores textui insertos.

A

Abbati Guillelmo conceditur potestas benedicendi calices, quod antea non permissum reperitur, 590. Abbas diversis monasteriis qua ratione præfici potest, 617. Antiqui ritus in ordinando abbate, 624. Abbas eligi debet a monachis, *ibid.* Non reges, non principes eligere debent, 622 et 624. Non licet abbati tollere possessionem monasterii, 625. In abbatum benedictione prognostica fieri solebant, *ibid.*

Abbatiæ in dotem reginis collatæ, 652.

Abel *luctus, vanitas, vapor,* vel *miseravilis,* 55.

Abimelech, *pater meus, rex,* 78. Et *patris mei regnum,* 103.

Abraham, *pater excelsus,* 53.

Abreas castellum, 751.

Absalon, S. Amandi abbas, 551.

Absolutio juvenis in renitentis, 672.

Abstinentia vera, 62.

Abyssus cor hominis, 44.

Accaron, *eruditio tristitia,* 226.

Accidentia nulla in Deo, 280.

Achaz *virtus,* 182.

Ada, uxor Godefridi a Guisia, 529 b. Nupsit secundo Waltero de Ath., *ibid.* Tertio Theodorico de Avesnis, *ibid.*

Adalardus (S.) abbas instituta condidit ad pauperum sublevandam miseriam, 582. Quam ardens ipsius in pauperes charitas, 585.

Adalbertus comes Viromand. abbatiam S. Quintini restaurat, 618.

Adam vir et mulier a Deo vocati sunt, 29. Adæ lapsus ad excusationem peccatorum assumitur, 47 et seq. Adam et Eva, quare post transgressionem foliis pudenda texerunt, 263. Utrum generationi intendissent si in obedientia perstitissent, 264. Quanta in primis parentibus perdidimus, 264. Quomodo generationi intendissent si non peccassent, 316. Virgines perseverassent, *ibid.*

Adam S. Andreæ de Novo Castello, 552.

Adam de Corlandon, decanus Laudunens., 645.

Adam comes, 516.

Adamus, *cruores,* 59.

Adela, Hugonis Mag. uxor, deinde Rainaldi comitis Claromont, 529.

Adela, comitissa Crespeiensis et Viromand., 597. Ejusdem genealogia, *ibid.*

Adela, comitissa Blesens., 588.

Adelada comitissa Vermandensis, 529.

Adelada filia Henrici comitis de Grandiprato, 529.

Adelada, uxor Hilduini comitis Rociens., 528.

Adelada, Falconis de Jur uxor, 529.

Adelardus Suessionens. episcop., 637.

Adelbero abbas S. Vincentii Laudun., 498.

Adelbero, sive Ascelinus, episcopus Laudun., 496.

Adelelmus filius Adæ, 516.

Adelheidis Cociaci vicecomitissa, 612.

Ademarus, sive Aymarus, episcopus, dux expeditionis Jerosolymitanæ ab Urbano papa II constituitur, 579. Commendatur, *ibid.*, et 384, 420. Iter Jerosolymitanum aggreditur, *ibid.* De egenorum sublevandis miseriis egregia ipsius dicta, 421. Quædam ejus gesta narrantur, 441.

Ademarus de Guarda, 635.

Admiravisi qui, 409.

Ado de Luni, 628.

Ado vicedominus Laudun., 506.

Adoptandorum filiorum ritus, 594.

Adorare pro *venerari,* 297.

Adoratio qualis imaginum, 279.

Adrianus Galterius Benedictinus librum, cui titulus Æquilibrium, etc., edidit, 595.

Adversitas nox, 13. Adversitates qui libenter non tolerant, adulteri, non filii Dei sunt, 17. Adversa et prospera Deus in bonum dirigit, 85. Adversitatibus ad Deum conversi quare atteruntur, 513. Adversitatibus justos atterit et reproborum votis sæpius respondet, 333. Aculeis adversitatum suos sollicitat Deus, 440. Adversitatibus visitat

Deus peccatorem, ut eripiatur, 645.

Advocati nati, et dati, 647. Advocati quanta mala intulerunt majorum, 591 et 592. Forma concedendi advocati a Ludovico Pio, *ibid.*

Ædituus, seu æditimus, 485.

Ægrotos sæculares dum visitant monachi, mulieres e cubiculo exire debent, 584.

Ægyptus, *tribulatio*, *coangustans*, 55. *Tenebræ*, *ibid.*

Ætas provectio sanctitatis, 8. Ætates sive tempora sub lege naturali, Moysis et gratiæ velut tres hominis ætates rexit Deus, 276.

Affectus carnalis ratione et gratia Dei spoliatus quam perversa generet, 10.

Afflictio. *Vide* Adversitas. — Quos Affligit Deus mali reputantur, 254.

Afflictationi carnis qui non studet quam misere vivit, 457.

Agar, *conversa*, 66.

Agardus sive Algardus episcopus Constant., 559.

Agulanni præter enses nil in bello deferunt, 409.

Aimarus, *Vide* Ademarus.

Ain, *oculus*, 246. Et *quæstio*, 250.

Alanus Britanniæ dux, 389.

Albaræ episcopus creatur, 421.

Albero abbas Sancti Vincentii Laud., 560.

Albertus Aletens. sive Macloviens. episcop., 808.

Albertus abbas Majorismonast., vir insignis, 587. Clericatus ordinem sæculari servo contulit, *ibid.*

Albreda de Saint-Ouin, 603.

Aleph, *doctrina*, 245.

Alexandriola urbs, 415.

Alexis imperator multa facessit negotia Francis, 587 et seq. Init fraudulentum fœdus cum Boemondo, *ibid.*

Allegoria, quid, 4.

Almutia deferunt monachi Sancti Nicasii Remens., 658, 639.

Almutium, sive Armilausa, 645.

Altare portatile, 538.

Altitudo Dei est virtus humana, 39.

Amalbertus (B.) S. Geremari filius, 668. Obiit, 669. Defertur in monasterium S. Geremari, 670. Divinitus impeditur, et quare, *ibid.* Corpus sanguine madidum reperitur, *ibid.*

Amalech, *populus lingens*, 60.

Ambiani calamitates ab Ingelranno excitatæ, 515 et seq.

Ambitio honoris aut pecuniæ tentat proficientes, 75.

Ambrosii (S.) Mediolan. planeta et alba, 212.

Ambulare cum Deo quid sit, 40. Ambulare coram Deo quid sit tropologice, 67.

Amer *lucerna*, 61.

Ammon, *filius mæroris*, 226.

Amon, *populi mei filius*, 77.

Amor terrenorum venenum, amor superiorum oleum, 643.

Amor superiorum ex Deo tantum, *ibid.*

Amoris Dei prærogativæ et effectus, 645. Amor et timor duæ alæ ad æterna quærenda, 45. Amor gaudium et gaudium in amore, 264. Ex amore Dei jugis lætitia, 522. Quantum boni ex eodem amore hauriatur, *ibid.*

Amorrhæus, *amaricans*, 60.

Amos, *populus avulsus*, 224.

Amraphel, *dixit ut caderet*, 58.

Anagoge quid, 4.

Andreas comes de Rameruth, 528.

Angeli quid moraliter significent, 75. Quomodo in Deum prospicere desiderant, 28. Sanctitate præcellunt homines, 514. Angelos longe superat beata Virgo, *ibid.* Angeli sunt firmamentum, 18. Dei majestatem comprehendere nequeunt, *ibid.* Sunt incorporei, 562. Angeli quare non ceciderunt, 693. Aquæ super firmamentum, *ibid.* Angelorum novem ordines, 706. Angelus habet signaculum similitudinis Dei, et quare. 714. Ecclesiam cum homine constituit, *ibid.*

Anianæ monachos impense diligebat Ludovicus Pius imperator, 624. Anianæ Advocatum concedit idem imperator, 647.

Animæ quædam non vivunt, 29. Anima naturaliter concupiscit, 49. Anima posi conversionem qualiter sit affecta, 81. Qui animas corporeas sibi fingebant, refelluntur, 566. In anima mysteria velut in cœlo clauduntur, 14. Anima extra corpus ab angelis non differt, 517. Animæ haud corporales, 562.

Animus quare promptior ad corporea quam ad spiritualia, 55. Animus ager, excolendi ratio, 118.

Annæ (S.) caput, 595.

Annus moraliter quid, 17 et 48.

Anselmus (S.) ex Augustana regione ortus, 477. Laudatur, *ibid.* Abbas Beccensis, 402. Laudibus attollitur, 678.

Anselmus Laudunensis et Radulphus duo Laudunensis Ecclesiæ oculi, 4. Doctissimi, 528. Solatio erant Laudunensibus, *ibid.* Maximo loco eorum est doctrina Guiberto : 4. Laudes Anselmi, 498. Anselmus Laudunens. monet Gualdricum episcopum, burgenses in eum velle violentas manus afferre, 505. Canonicus et decanus Ecclesiæ Laudunens., 528. Scientiæ et eloquentiæ fama notissimus, *ibid.* Anselmi et Radulphi de Anselmo fure judicium, 558. Anselmi Laudunensis gesta breviter perstringuntur, 642. Epistola ejusdem prolixa, *ibid.* Non fuit monachus, 645. Cancellarius fuit Ecclesiæ Laudun., 819

Anselmus abbas S. Vincentii Laudunens., 552. Celebres habuit discipulos, *ibid.* Romæ episcopus Tornacensis creatur, *ibid.* Anselmus ex abbate S. Vincentii Laud. episcopus Tornacensis, 631.

Anselmus quidam thesaurum Ecclesiæ Laudunensis furatus est, 557 et seq. Multa mala perpetravit, 518.

Anselmus sive Ansellus de Ribodimonte in obsidione Archas obiit, 426. Litteras misit Manassi Remorum archiepiscopo, quibus refert acta in expeditione Jerosol., *ibid* et 447. Festum diem B. Quintini quot annis celebrabat, *ibid.* et 427. Anselmus Ribodimontis fundat abbatiam S. Nicolai de Pratis, 645. Et Aquicinctinum monasterium, 630. Insigne humilitatis et pœnitentiæ specimen dedit, *ibid.*

Ansericus episcopus Suession., 686.

Anstrudis (S.), 652.

Antichristus Christianis potissimum persecutionem inferet, 578.

Antiochia expugnatur a Francis, 396 et seq. Insignem victoriam reportant, 401 et seq. In hac obsidione Christianorum pietas vigebat, 404. Capta a Francis, 407. Eam obsidet Cubaran, 409. Ejus exercitus in fugam vertitur, 419. Instaurant Antiochiæ ecclesias, et urbem universam Christiani, 419. Ejus descriptio, 422. Patriarchatus honore insignis, *ibid.* Juri ipsius subjacent CLIII episcopi, *ibid.*

Antiochus spiritum disciplinæ non habuit, 3.

Antonius (S.) Deum non timet, quare, 80.

Antonius de Longueval, 631.

Antonius Bellotte, 652.

Antonius a Raymundia Benedictinus tractatum edidit Contra reservationes, etc. 579.

Apostoli quasi barba aut capilli Christi, 330. Eorum quædam scripta falsis scatent, *ibid.*

Appetitus interiorum negligens exteriora quærit, 58.

Aquæ pro voluptatibus, 11. Pro sacra Scriptura, 14, 19, 22. Aqua scientia denotatur, 283. Quid aquæ quas in inferno dives exposcebat, 566. Aquæ quomodo intrant in animam, 502. Aquæ super firmamentum angeli, sub firmamento homines, 693 et 694.

Aquila fluvius, 488, 502.

Aquitaniæ et Pictaviæ ducatus quomodo conjuncti, 720.

Aran, *electus*, vel *irascens*, 111.

Arardus, abbas Sancti Pauli in Urbe et cardinal. factus episcop. Nannetensis, 587.

Arbor pro persona, 52.

Archairus proto abbas Insulæ, 668.

Areg castrum, 367.

Arius ex Alexandria, 371.

Armenta Dei quid tropologice, 69.

Armon, *sublimitas*, 225.

Arnoldus episcopus Caurens., 652.

Arnoch, *ebrius*, vel *ad solitudinem redigens*, 58.

Arnulphi (S.) Crespeiensis olim abbatia, nunc prioratus, 596. Traditur Cluniacensibus, *ibid.* Dotatur a B. Simone, 672.

Arnulphi (S.) reliquiæ igne probantur 524. Ejus miracula, *ibid.*

Arnulphus (B.) monachus Signiacens., 659.

Arnulphus. *Vide* Ernulfus.

Arnulphus patriarcha Jerosol., 434. Huic adversatur papa, 435. A patriarchatu dejicitur, *ibid.*

Arrogantia fugienda, 2.

Artaldus archiepiscopus Remensis, 485.

Arturus rex Angliæ, 510.

Asael, *visus Deo*, 225.

Asasonthamar, *urbs palmarum*, 60.

Ascalon, *ignis infamis*, 226.

Asceneth *ruina* interpretatur, 150.

Aser, *beatus*, 118.

Asini petulantiam tropologice significant, 55.

Astaroth, *faciunt exploratores*, 59.

Astutia sæcularis quid efficiat, 14.

Atrebatensis Conventus, 652.

Attilo sive Attila episcop. Laudun., 682.

Aubertus comes, 529.

Aucenses domini, 633.

Auctores qui legendi ad pie vivendum, 5.

Audire in spiritualibus est videre, 239.

INDEX RERUM ET VERBORUM.

Augiense seu Aucense castrum, 631.
Augium castrum, 495.
Augustino (S.) quantum deferat Guibertus, 1.
Augustini (S.) Cantuar. monachi, 536.
Aula regum, voluptas sæculi, 28.
Aurum a Magis Christo oblatum in calice Remensis Ecclesiæ, 465 seu 467.
Avaritia quomodo idolorum servitus, 643. Avaritia, cenodoxia, luxus, post diluvium producta, 75. Propagatrix totius malignitatis, 77.
Azotus, *incendium*, 226.

B

Bacones, quid, 506, 652.
Balduinus Orbacensis abbas, 552.
Balduinus abbas S. Vincentii Laudun., 532, 533.
Balduinus Jerosolymæ rex, 383. Ejus actus breviter perstringuntur, 394. Christianum ipsius factum, 437. Rex constitutus, 445 et 449. Preconiis attollitur, 445. Regno capessito Arabes coercet, 450. Uxorem cur repudiarit, 452.
Balduinus Noviomens. episcop., 637.
Bale *absorbuit* vel *præcipitavit*, 59.
Baptisma. Sine baptismo fides nulla, 529.
Barad, *benedictio*, 67.
Barisiacus, 500.
Bartholomæus abbas Majorismonast. signis et virtutibus clarus, 587.
Bartholomæus Laudunens. archidiaconus et thesaurarius, 529.
Bartholomæo Laudunensi episcopo Moralia in Genesim inscribit Guibertus, 1. Quare, *ibid*. Regio sanguine ortus, *ibid.* et 526. Cælebs, virtutibusque ornatus fuit, 1. Ejusdem vitæ, nobilis prosapiæ descriptio, 528. Bartholomæi parentes Falco et Adela, 529. Canonicus et thesaurarius Remens., *ibid*. Canonic. Laudunens., *ibid*. Thesaurarius Eccles. S. Quintini, *ibid*. Episcopus Laudunens., *ibid*. Dedicat ecclesiam Laudunensem, 543. Quanta Præmonstrat. ordini contulerit, 547. Fundator Præmonstratensis monasterii, 550 et seq. Nobile Bartholomæi factum ut discordias sedaret, 553. Bartholomæus Laudunensis instauravit ecclesiam Laudunensem, 659. Litteræ ejusdem, 828. Fundat abbatiam Fusniacensem, et alias, 659 et seq. Epitaphia ipsius, *ibid*. Fit monachus Fusniaci, 660. Ut beatus veneratur, *ibid*.
Bathuel, *virgo Dei*, 94.
Bauda, seu Bauda, castrum, 587.
Bdellium, quid, 27.
Beatitudinem qui amat, omnia terrena parvipendit, 115.
Beatitudo non est in operibus memoria dignis, 118. Beatorum gloria haud materialis, 363. Dolent quod amplius pro adipiscenda beatitudine non laboraverint, 364.
Beatrix uxor Hugonis de Moncornet, 529.
Beccensi in cœnobio scholæ celeberrimæ, 579.
Bedæ Venerabilis sepulcrum, 559.
Beeri, *puteus meus*, 183.
Belgentiacum, 550.
Bello (de) abbatia, quare fundatur, 587 et 615.
Benadab, *filius spontaneus*, 225.
Benedicere calices. *V*. Sacrare.
Benedictus (S.) pater, dux et advocatus, 625.
Benedictus (S.) Anianæ plurimorum monasteriorum abbas, 617. Commendatur 623. Quam familiaris Ludovico Pio imperatori, 624.
Benedictini ordinis perniciei causa, 580. Regulæ Benedictinæ observantia quanta bona producat, 581. Benedictinus ordo, quare tot divitiis crevit, 582. Ordinis Benedict. consuetudo erogandarum eleemosynarum, *ibid.* Solemne Benedictinis instruere bibliothecas, 598. S. Benedicti regula, regula sancta, ordo sanctus, nuncupatur, 632, 668, 672. Regula sancti Benedicti per universam Galliam tempore S. Eustasii et S. Walberti, 681.
Beneficiorum Dei vera cognitio parit humilitatem, 17.
Beneficia pueris conferendi prava consuetudo, 579. Beneficiorum nefanda cupido, *ibid*. Reservationes, *ibid*. Gratiæ exspectativæ, *ibid*. Contra perversos beneficiorum usus Antonius a Raymundia invehitur, *ibid*.
Benjamin, *filius dexteræ*, 152.
Benignus (S.) abbas S. Vandregesili, post sancti Geremari, 602.
Berengarium magistrum habuit, 598.
Bermundus abbas Sancti Andreæ juxta Avenionem, 613.
Bernardus decanus Suession., 264. Quanti enum faciat Guibertus, *ibid*. Illi inscripsit ipse tractatum contra Judæos, 519.
Bernardus cognomine Flagellum Dei, monachus effectus, 599.

Bernardus (S.) Clareval, 547.
Bersabee, *locus*, 74. Et *puteus saturitatis*, 8. Et *puteus quintus*, 105.
Bertrannus comes, 529.
Besuensi primo abbati Waldeno suum confert monasterium Adalsinda abbatissa, 612.
Bestiæ terræ quid tropologice significent, 2 et seq.
Beth, *confusio*, 243. Et *domus*, 248.
Bethaven, *domus inutilis*, 194. Et *domus idoli*, 211.
Bethel, *domus Dei*, 54.
Bethula, quid, 266.
Bibliotheca Carthusiana ditissima, 466, 468. Bibliothecas ditissimas instruxerunt primores Carthusiani, 598. Solemne hoc fuit Benedictinis, *ibid*. et seqq.
Birrum, quid, 655.
Blacacius de Sartols, 655.
Blancha regina, 610.
Blandinus cognomento Baso, 681.
Bodo et uxor Odila monasticen profitentur, 683. Post Tullensis episcopus creatur, *ibid*.
Boemundus Amalfitanos obsidet, 386. Quo genere ortus, *ibid*. Cepit Antiochiam, 407. et seqq. Petit Jerosolymam, 448. Captivus abducitur, 449. Constantiam regis Franciæ filiam ducit, *ibid*. Veneno exstinctus est, 386, 162, 449.
Bona ecclesiarum et monasteriorum vota fidelium, pretia peccatorum, etc., 586. Quando vi auferebantur quid agere solebant Clerici, 643.
Bonoslaca hæresis, 679.
Bonum quid efficiat, ut sit tale, 25. Sine Deo nihil boni facere valemus, 87. Bonum nullum est ubi Deus abest, 271. Bonus nullum fructum facere potest sine Deo, 278.
Boni nuntii Aurelianens. Ecclesia canonicorum Majoris monast. traditur, 590.
Bosra, *tribulatio*, 226.
Boves mysticæ prædicationis labor, 83.
Braccæ quid, 662.
Britoliense castrum, 463.
Brodeburgensis monasterii monialis sociæ post mortem apparet, 555.
Bruna non soror Childeberti regis, 648. Non uxor regis Gothorum, sed filia, *ibid*. Sigiberto regio conjugio copulata, *ibid*. Quare Brunichildis vocitata, *ibid*.
Brunonis (S.) Carthus. causa secessus in eremum, 465 seu 467, 597. Calabriam petiit, 466 seu 468. Refugit episcopatum, *ibid*.
Bruno cancellarius Ecclesiæ Remens., *ibid*.
Bruno Signiensis episcop. subscripsit chartæ donationis factæ Majori-Monast., 588.
Burgensis abbatia, 71.
Burchardus de Gusgia, 529.
Burchardus Cameracensis episcopus, 518.
Butyrum et mel, quid significent, 266 et 267.
Byzantei nummi, 598.

C

Cades, *sancta* vel *mutata*, 60. Vel *commotio tineæ*, 78.
Cæcitas mentis ex nimia tentatione, 227.
Cæsarea Palæstinæ expugnatur a Francis, 451.
Calamne, *peccatum*, 255.
Calcei de Corduba, 468.
Calices sacrandi et ornamenta potestas conceditur abbati, 590.
Calistus papa II, 544.
Calniacum, *Chauny*, 494.
Canalis, mysticæ humilitas, 95.
Canonicatum sive præbendam in ecclesia Carnot. impetrat Albertus abbas, 587.
Canonici Laudunenses comedunt simul in refectorio, 531.
Capero, quid, 485, 616.
Capite censi, mancipia, 648.
Caph, *cor*, 249. Et *incurvatus*, 243, 254. Et *operatio*, 258.
Capilli. *Vide* Pili.
Capitulum generale Præmonst. singulis annis, 546.
Caput Ecclesiæ quid, 648.
Carcathiam, *civitas sylvarum*, 60.
Carith, occursus ignis, 227 et 284.
Carmelus, *mollis*, 225. *Cognitio circumcisionis*, 508.
Caro pro malo identidem accipitur, 9. Carnalis affectus, terra, 17. Ante diluvium usus carnium non fuit in usu, 23. Caro ex se sibi parit ruinam, 39. Quando superbit, *ibid*. Caro inter labores de præmio requirit, 129. Carnes immolat qui carnalia peccata detestatur, 205. Carnis titillationibus suorum mentes inurit Deus, ut ruinam metuant, 440.

Carolus Albospinæus de Chasteauneuf, 652.
Caroli ducis Britanniæ mirac. inquirendis provincia, Gerardo de Podio abbati Majorismonast. demandatur, 595.
Carolus de Longueval, 650.
Carolus Flandrensis, 529.
Carthusiensis ordinis origo, 465 seu 467. Carthusiæ descriptio, 466 seu 468. Carthusiensium vivendi ratio, *ibid*. Missas tantum Dominica et diebus solemnibus audiunt, *ibid*. Perpetuum silentium, *ibid*. Potus, cilicium, *ibid*. Bibliotheca eorum ditissima, *ibid*. Maximæ erant paupertatis studiosi, *ibid*. et 467. Quam ferventes, 466 seu 468. Viri, feminæ ac pueri illud vivendi genus arripiunt, *ibid*. Innumera constituunt monasteria, *ibid*. Abunde ditantur, 467. Carthusiensium institutio. 597. Bibliothecas instruebant primores, 598.
Castellanus arcis præfectus, 647. Pro advocato sumitur, 647.
Castellum unde, 298.
Castitas. *Vide* Virginitas. Quam excellens castitatis virtus et ardua, 511 et 312. Voluptuosi quomodo contineri possit non capiunt, 511. Castitatem qui colit, Deum imitatur, *ibid*. Ad servandam pudicitiam continuo invigilandum, 312. Castitas adamanda, 513. Igni comparatur, *ibid*. Ex Virgine voluit nasci Deus, *ibid*. Angelos absque corpore famulos elegit Deus, 514. Castitas post conjugium, lapsumque, magni quoque est habenda, 315. Quare, *ibid*. Moyses et Josue horum duorum typus, *ibid*. Motus carnis peccatum in castitatem, 516. Castitas vitro comparata, 317. Quibus mediis tueatur, *ibid*. Lilium convallium cur, 518 et seq. Flos campi, *ibid*. Qui natura non frigidi contra carnis tentationes decertant generosi, *ibid*. Frigidi e contra, *ibid*. Humilitas servat pudicitiam, 317 et 518. Modestia, 519. Noxiæ familiaritates, joculatoria verba et garrulitas sunt evitanda, *ibid*. et 320. Carnali amore irretiti difficillime a se invicem separantur. Elegantiæ vultus ac vestium contemnendæ, 320. Qui austeram vitam et virginitatem professi in carnis vitium aliquando labuntur, 521. Timori Dei studeant, *ibid*. Castitatem impugnantes confutantur, 522. Visus specierum noxarum arcendus, 523. Tactus impudicus permaxime. *ibid*. Quantum voluptate carnis irretitus coarctatur, 525. Voluptatis appetentia plena anxietatis est, satietas pœnitentiæ, 524. Castitatis tuendæ optimum remedium, monastica institutio fugaque sæculi, 324. Alia remedia, 525. Patri etiam spirituali conscientiam aperire, *ibid*. Quanta bona castitatis cultori obveniant, 524. Quorumdam animalium exemplo ad castitatem provocamur, 525. Dei gratia et amore castitas servatur, *ibid*. A quibus caveat castus, *ibid*. Carnis titillationibus inurit suorum mentes Deus, utruinam metuant, 440.
Castorum proprietates, 525.
Cenodoxiæ impulsu vix justus est vacuus, 74. Cenodoxia quasi quædam idolatria, 77. A cenodoxia inseparabilis superbia, 83.
Cham, calidus, 38.
Chananæus, *reversus est* 57.
Chanaan, *paratus humilitati*, 152. Et *negotiatio*, 177.
Charitas locus fidelium, 95. Charitatis tria membra, 145. Charitas tentatione debet probari, 146. Charitas naturaliter humilis, *ibid*. Charitas super iram regens et illuminans, 645. Quindecim gradus habet, *ibid*. Charitatis prærogativæ, V. Amor Dei. Charitas, civitas in quadro posita, 614. Quatuor primas virtutes habet sibi conjunctas, *ibid*.
Chodorlahomor, *manipulus decorus*, 58.
Christiani probe viventes sunt stellæ cœli, 17. Ob participationem nominis Christi majus præmium retinebunt in cœlis, 38. Christianorum speciale testimonium, 125. Christianum religioni detrahere quam abominandum, 264. Christianorum gesta bellica gentilibus sunt præferenda, 569. Christiana gravitas ne fide vulgi fabulis attribuat levigetur, 447. Christiani mundo mortui quomodo intelligantur, 579.
Christus fortibus seu Christianam perfectionem profiteri volentibus imitandus proponitur, 16. Christus et Ecclesia signa sunt, 16. Christus verus oriens domus Dei, 542. Locus se diligentium, 126. De Christi humanitatis assumptione late, 264 et seqq. Non potuit utero Virginis, utpote Deus, inquinari, 261. Quare humanam potius quam angelicam assumpsit naturam, 262. Nullam in utero Virginis contraxit labem, 234. Quidquid hominis est, præter peccatum suscepit, 265. Vere Deus et homo, *ibid*. Paravit sibi semen in utero Virginis, *ibid*. Elegit ut homo fieret quod mundius fuit, 266. Ad quid butyrum et mel comedisse dicitur, 267. Quare flos, *ibid*. Totius divinitatis in Christo plenitudo, *ibid*. Quam juste judicat, *ibid*. Quomodo percutit terram virga oris sui, *ibid*. De ejus in terra conversatione, 268. De passione, 269. Sanguine multas gentes non omnes aspergit, quia novit qui sunt ejus, *ibid*. Non est species, neque decor, etc., qui Christo conveniat,

ibid. Justum erat ut pro hominibus ageret, 270. Deus et homo est sine confusione utriusque naturæ, *ibid*. Quare Deum et hominem mori necesse fuit, *ibid*. Moriens hominem et diabolum dominio exuit, *ibid*. Ejus adventus et divinitas probatur, 271 et seqq. Seipso non sacrificiis Patrem placavit, 278. Qui gentes hæreditavit Christus, 273. Christus Virga, *ibid*. Resurrectio Christi, 274. Salvabit non omnes gentes, sed de omnibus gentibus, *ibid*. Filius est voluntas Patris, 280. Duodecim horas dum in terris conversatus est, instituit, 296. Quæota ex iis horis bona nobis provenerint, *ibid*. Christus. Vitæ ac donorum Christi recordatio quam utilis, 290. Electos in utero Virginis sibi incorporavit, 291. Christi pedes humanitas, caput, divinitas, 299. Ex Christi humanitatis contemplatione ad divinitatem pervenitur, *ibid*. Divinitatem nisi corpore contexisset ferri non potuisset, 500. Christi dextera divinitas, 501. Laudes matris tanquam suas æstimat, *ibid*. Nil sublimius in Christo quam quod homo factus se humiliat, 507. Deus non omnipotentior quam quod intra creaturam contentus est, *ibid*. Oleum est totius ecclesiasticæ lætitiæ, *ibid*. Mons, divinitas, latera Aquilonis, humanitas Christi, *ibid*. Nil sui corporis in terra Christus reliquit, 559. Quammobrem, *ibid*. Morti libere se addixit, 547. In Christo nullum usquam peccatum, *ibid*. Impassibilis et immortalis natura, quare, *ibid*. Nil sui corporis reliquit in mundo, 549. In verbis Christi nihil repugnans, 555. Infantis Christi defluentia corporis nemo collegit, 555. Vulnerum cicatrices resuscitatus quare ostendit, 556. Num in die judicii parebunt, *ibid*. Formam servi qui in extremo judicio immutabit, 557. Ob nullius meritum carnem assumpsit Christus, 456. Christus nullo unquam morbo laboravit, 575. Dentes ipsius lactei haud exciderunt, *ibid*. Falsum est umbilicum in terris reliquisse, *ibid*. Et præputinum, *ibid*. In Christi corpore utrum post resurrectionem vulnera remansere, 577. Quam ob causam remanserunt, 578. Christus nux fuit, 615. Christi divinitas et humanitas probatur, 680.
Cisterciensium insignes eleemosynæ, 585.
Civizum sive Cizicum urbs, 582.
Claræfontensis cœnobii constructio, 550.
Clarembaldus de Vendiolo, 418.
Claromons urbs commendatur, 577.
Claudii (S.) monasterium, 597.
Claudius *Chanteloup*, 615 et 655.
Clementii et Ebrardi nefandæ hæreses, 519.
Clericus titionem flammantem quo Judæum ad fidem converteret, gestat, 281.
Clericis manuum labor præcipitur, 582.
Clericum initiavit Albertus abbas, 587.
Clericorum corona quid designet, 644. Dum quærunt in terra habere portionem, agunt contra suam professionem, *ibid*.
Codiciaci descriptio, 617.
Codiciacum, 488 et 489.
Cœlum et terra moraliter, 9 et seq. et 28. Cœlum Scriptura sacra moraliter, 86. Cœli secreta divinitatis 501.
Cogitationes filii nostri, 89. Cogitationes perversæ Patri spirituali aperiendæ, 254.
Colitur imprudenter velut sanctus puer quidam, 554.
Columbanus (S.), 580. Ejus gesta perstringuntur, 679.
Communio, sive communia quid, 505, 505 et 580.
Compendiensis præpositus qui ecclesiæ SS. Cornelii et Cypriani adversabatur, plectitur a B. Virgine, 521.
Concilium Atrebatense, 652. Concilium Belvacense, 662. Concilium Claromontanum præsidente Urbano II papa, 577. Quot antistites in eodem concil. *ibid*. Concilium Trecense, sub Paschali papa II, 626. Concilium Remense sub Callisto papa II, 544.
Concionis texendæ ratio, 2. Concionis munus licet non pastor quilibet doctus sumere debet, *ibid*. et 2. Concio prolixior tædium generat, brevis delectat, 4. Concionatoribus documenta utilissima, *ibid*. Diversæ concionatorum intentiones, *ibid*. Ventriloqui, *ibid*. Concionatorum triplex invidia, *ibid*. Elatio, arrogantiæ ipsis fugienda, *ibid*. Concionatores perversi quid agunt, 5. Quæ exercita, et quid præstare debeant, *ibid*. et seq. De motibus animi vitiorum natura ac fuga differendum, 5. Debet ipsi prius in se periculum exerciti virtutum, et conflictus vitiorum facere, quam doceant, 6. Scripturam sacram quomodo interpretentur, 6. et seq. Prædicationum gloriæ, ac lucri cupiditas nocet auditoribus, 7. Quid peccatoribus objiciant, 7. Ob inopiam concionatorum miracula patrat B. Virgo, 502.
Concordatus episcopus Eduens., 652.
Concupiscentia, peccatum, 264.
Condatense sive Condatescense monasterium est Jurense seu sancti Claudii, 597.
Confessa puella divinitus a summo vitæ periculo libera-

tur, 532. Confessione quidam a diabolo liberatur, 443. Confessio indiscriminatim fit sacerdotibus et laicis, 555. Confessionis necessitas retrahit a peccato, 157 et 524. Confessio peccati et noxiarum cogitationum Patri spirituali facta optimum remedium, 524.
Conscientia bona nihil felicius, 5 et 524. Conscientia exculta virtutibus cœleste quiddam redolet, 109.
Consensus non differt a culpæ effectu, 525.
Consilia evangelica faciunt ut faciliori negotio præcepta Dei adimpleantur, 645.
Consortium pravum fugiendum, 520.
Constantia sanctorum, 15.
Consuetudo mala quantum detrimenti afferat, 7. Consuetudine prava peccandi necessitas, 10. Perducit hominem ad reprobum sensum, ebrium efficit ac mortuum, 10 et seq. Consuetudines diversæ nihil Ecclesiæ officiunt, 529.
Contemplationi qui student volatilia sunt, 18. Contemplatio bifariam sumitur, ibid. Vera ex sanctis Scripturis hauritur, 18. Res terrenas abdicare debet qui contemplationi se addicit, 559. Contemplatio humani arbitrii non est, 561.
Contemnit se nemo nisi ex magno Dei amore, 186.
Conversatio sancta, institutio monastica, 662.
Conversio hominis ex diversis oritur, 5.
Conversionis primordia malis permista, 14.
Quænam accidunt initio conversionis, ibid. 49.
Conversos recenter vehementius cruciat dæmon.
Coph, *conclusio*, 247. Et *aspice*, 251. Et *vocatio*, 256.
Cor nostrum sacri eloquii locus, 51. Cor Dei, electi, 215. Cor pro sapientia, 219.
Corbeiæ in Picardia laudanda consuetudo eleemosynarum erogandarum, 582. Statuta ad id peragendum, ibid.
Corduani, seu de Corduba calcei, 599.
Corona clericorum perfectionem designat, 644. Quare rotunda, ibid.
Corpus Christi. *Vide* Eucharistia. Corporis membra ubi abest peccatum sancta sunt, 265. Corpus nostrum quare vestibulum, 291, 42. Qui corpus pulchrum et fœdam animam habet magis lugendus est, quam si corpus et fœdum haberet, 458.
Coxon urbs, 595.
Creatori nil in creatura dignum, 262.
Creaturas ad morum instructionem reducere assuescendum, 6. Omnis creatura hominum usibus deservit, 20.
Creaturas Deus condidit bonas, 262.
Creciacum castrum expugnatur, 517.
Credentes fidei mysteria vident, 269.
Crepa, quid, 642.
Crucis ligna duo Judæos et gentiles denotant, 285.
Cruces quare in Canone missæ fiunt, 285.
Cucullus, cucullio, cuculla, 616.
Cuisiacensis cœnobii constructio, 550.
Cupido Veneris ex Vulcano filius, 520. Quinam illius effectus, ibid.
Curbaran Persarum, princeps militiæ, 408. Antiochiam obsidet, 409. Eum a proposito deterrere conatur mater illius, 410.
Curio, *V.* Parochus.
Cyrene, hæres, 225.

D

Dæmon. *Vide* Diabolus.
Daibertus Pisanus archiepiscopus regimen gerit Dominici exercitus, 455. Patriarchatu Jerosol. donatur, ibid.
Daleth, timor, 244; et januarum, 248, et nativitas, 252. Et tabulæ, 257.
Damascus, oculus sanguinis, vel sanguinem bibens, 65.
Damnatorum pœna quæ, 7. In inferno nulla pœnitentia, 527. Quomodo damnati pœniteant, 528. Eorum pœnæ non corporales aut materiales, 562 et 563. Contrarium tenet B. Gregorius. Explicatur a Guiberto, ibid. Dolent quod non amplius malignis voluntatibus inservierint, 564. Quænam eorum acerbiora tormenta, 565.
Dan, *judicium*, 117.
Debalaim, *palatæ eorum*, 184.
Dentes in infantibus excidunt, et quare, 575. Dens Christi, 558. Credebatur in San-Medardensi cœnobio, 550. Probatur nullum in terris reliquisse Christum, 551 et seq. et 557. Objectionibus respondet, 555. Miracula facta in San-Medardensi monasterio, 557. Dens erat sancti cujuspiam, ibid.
Deonandi, 494.
Desideria reprimendi utilitas, 155.
Desperatio quid, 457.
Qui desperat diu non concupiscit, 82.

Devotio individua spei, 82. Cum falsa Deo aut sanctis tribuit, honori divino derogat, 550.
Deus locus noster, 15. Deus sola experientia cognosci potest, 190. Membra non habet, 261. Et implet omnia. Incomprehensibilis et ubique totus est, ibid. Non potest creaturis inquinari, ibid. Bonas condidit creaturas, 262. Deus specialiter misericordiarum debitor, quia essentialis misericordia, 262. Humana specie apparuit, 262. Deus etsi immutabilis mutabilitati nihilominus hominum se aptat, 276. Quomodo tres mundi ætates rexit, ibid. Trinus Deus ostenditur, nec ideo tres Dii sunt, 279. In Deo accidentia nulla, 280. Verbi generatio, ibid. Voluntas Filius Patris, virtus Spiritus sanctus, ibid. Si eli tres essent, quam absurda sequerentur, ibid. Deus omnia in omnibus qui intelligatur, 288. Nil in Deo sublimius quam quod homo factus est, 507. Deus tunc omnipotentior cum intra creaturam contentus est, ibid. Nec laudabilior, quam in quo clementior, ibid. Deus ignis, 512. Spiritus principalis Pater appellatur, 559. Qui in Deum subsistere ac subsistere cadat, ibid. Fons Deus, 456. Quod emanat omnibus debet, ibid. Quare misericors, ibid. Deus concursum naturalem et gratiæ quomodo debeat, 578. Proprium Deo ut sit pius, ibid.
Diabolus quomodo dicitur « non est, » 15. Æternaliter in morte sine morte est, ibid. Nomine bestiæ significatur, 160. Non vere est, 271. Postquam martyr aut confessor victor migrat e vita, diabolus in tormenta nulli unquam nociturus retruditur, 296. Diabolus terret morientem, 484 et 485. Mulier infanti imprecata diabolo mancipatur, 485. Unde dæmones ævo Guiberti tantam potestatem habuerent. 525. Diaboli mundum inhabitant, 565. Post diem judicii minime, ibid. Sancti igne purgati in illo conversabuntur, ibid. *Vide* etiam Satanas et Dæmon.
Dicere Dei est humanæ rationi suggerere, 190.
Dies quid moraliter 15 et seq. 17, 28. Dies, mensis, et annus significant incrementa virtutum, 44. Dies pœnitentium tres, 85. Dies sunt probi viri, 695.
Disciplina a discendo, 5. Disciplinæ spiritum non habuere Herodes et Antiochus, ibid.
Discipuli qui vere dicendi sint, 20.
Discophorus, 655.
Discretio unde oriatur, 12. Optima discretio, 15.
Disputandum non in pugnis verborum more puerorum, sed ratione, 642.
Dives quare in inferno non se, sed Lazarum mittendum ad fratres rogat, 564. Quare fratrum saluti consulebat, 565.
Divinitas Christi nisi corpore fuisset contecta, ferre eam non potuissent homines, 500.
Divitiæ sine virtute nil prosunt, 457. Divitiæ quomodo virtutum productrices, 580.
Docti quilibet proximum instruere tenentur 2 et seq. Qui non bene doctrina utuntur cui comparandi, 5. Vita et doctrina docentes proximum, sunt lignum pomiferum et semen faciens fructum, etc., 16. Docti qui secundum doctrinam non probe vivunt, sicut illi qui manna colligebant in crastinum, et computrescebat, 64. — *Vide* ibid. elegantissime de doctis perverse vitam agentibus.
Domus hiemalis conscientia avari et perversi, 250. Domus æstiva habitudo bonorum, ibid.
Dothaim *viride eorum*, vel *pabulum eorum*, vel *sufficiens defectio*.
Drogo I abbas S. Joannis Laudunensis, deinde Ostiensis episcopus. 555.
Drogo Belvacens. episc., instaurator monasterii S. Geremari Flaviac., 602 et 605.
Duellum insigne, 661.
Dunensis ecclesia S. Petri, canonicis ejectis, Bonævalli conceditur, 664.
Durandus de Cwervilla abbas Troarnens., 802.

E

Eadmundus. *Vide* Edmundus.
Ebalus comes de Roci, 528.
Ebalus episcopus Catalaun, 528.
Ebrardus Britoliensis comes, 586. Gesta et conversio recensentur, 465. Spectrum alloquitur, 464. Majus monasterium petit, ibique fit monachus, 454. Quantus sui ipsius contemptus, ibid. Litteratos colebat, ibid.
Ebrardus vicecomes Carnotens. fit monachus, 599.
Ebremarus patriarcha Jerosolym. eligitur, 455.
Ebrietas quanta mala pariat, 644.
Ebron, *participatio mœroris*, *augmentum sempiternum* aut *visio sempiterna*, 58.
Ecclesia unica est, 480.
Ecclesiæ membra nulla esse debent inutilia, 5. Ecclesia et Christus signa sunt temporum, 16. Ecclesia vidua morte

Domini, 285. Est civitas, *ibid.* Virgo appellatur, 317. Ecclesiæ qui falsa attribuit, eam dedecore afficit, 529. Consuetudines diversæ nil Ecclesiæ officiunt, *ibid.*
Ecclesiæ Orientalis status, 371.
Edmundi (S.) sepulcrum qui inspexit abbas punitur, 537 et 525. Capreolus ad ejus sepulcrum sanatur, 524.
Edom *terrenus* vel *sanguineus*, 102. Vel *sanguis*, 126.
Egressio arcæ peccati confessio, 51.
Ejulath *dolens* vel *parturiens*, 27.
Elatio fugienda, 2.
Electiones episcoporum et abbatum quare fieri non poterant nisi facultate prius, a regibus principibusve obtenta, 620.
Electos (in) mira Dei Providentia, 13. Electos in hac vita vult Christus mundi tolerare opprobria ac ærumnas, 17. Quare, *ibid.* Pro electis sanguis Christi effusus, 542. Deus pater electorum, 544.
Eleemosynæ causa cur tot divitiis crevere monasteria ord. S. Benedicti, 582. Eleemosynæ monachorum insignes, *ibid.* et seq.
Elfegus (S.) Cantuariensis episcopus, 530.
Eliezer, *Deus meus adjutor*, 64.
Elinandus episcopus Laudunens. rei ecclesiasticæ non ignarus, 503 et 535.
Eloquia sacra deliciæ sanctorum, 37.
Emath, *sanguis*, 235.
Emilianus de la Bigne, 648.
Emissio animæ triplex, 47.
Enoch *dedicatio*, 37.
Ephod quid sit, 191.
Ephraim, *fructificans*, 131. Et *pulvis mæroris*, 177.
Ephron, *pulvis inutilis*, 89.
Episcopos Simoniacos non conferre ordines quidam putant, 343. Episcopus qui antea monasticam vitam professus fuit, apprime monachos regere potest, 598. Episcopi qui monachis præsunt, regulam observare debent, *ibid.* Cur ab episcoporum jure nunc monachi eximuntur, *ibid.* Episcopo non licet tollere possessionem monasterii, 625. Ex curia episcopi non debent expeti, 642.
Equus superbiæ symbolum, 175, 458.
Eremiticam vitam non securam dicit S. Geremarus, 670.
Erlebaldus Cameracensis decanus sanctitate et doctrina conspicuus, 533. Quam austeram vitam duxit ; *ibid.* Morti proximo quid sibi objiciat dæmon, *ibid.* Apparet episcopo Cameracensi, *ibid.* De ejus beatitudine certa relatio, *ibid.*
Ermengardis, uxor Rogerii Montis-Acuti, 508.
Ermentrudis, Theobaldi comitis de Risnel uxor, 529.
Ermentrudis, uxor comitis de Grandiprato, 529.
Ermenaldus abbas Anianensis, 647.
Ermendus Laudun. episc., 637.
Ernulfus de Varen, 529.
Ernulfus episcopus Virdunensis, *ibid.*
Erramus sæpe inviti, 55.
Error ubi religio creditur difficile corrigitur, 550.
Esau, *acervus lapidum*, 102. Gentes innuit, 274.
Escæ omnes quid moraliter, 45, 48.
Essentia ubi vera non est misera solitudo est, 271.
Eth, *stupens*, 275.
Eucharistiæ in sacramento quomodo signum corporis Christi, 285. Ridiculum esset si esset signum duntaxat *ibid.* Non est tantum memoria passionis Christi, *ibid.* 284, 539. Quare calix novi et æterni testamenti, *ibid.* Mysterium fidei, *ibid.* Quomodo panis, 285. Christi vicarium corpus Christi potest appellari, 527. Eucharistiæ sumptio an necessaria et quando , 329. Corpus Christi sumit infantulus, 331. Videt infantulum hostiæ loco, *ibid.* Quid in sumptione Christi faciat meritorum æqualitas, 340. Æque recipit qui minimam atque majorem particulam, *ibid.* Qui Eucharistiam, Deum et hominem sumit, 341. Ex hoc sacramento cætera sacramenta manant, *ibid.* Viventis speciem gerit corpus Christi, *ibid.* Ab indigne suscipientibus nil læsionis aut turpitudinis accipit Christus, 342, 346. Neque cum a bestiis roditur, *ibid.* Ab iisdem falso existimant nonnulli non percipi, 342. Totus Christus a sceleratis suscipitur, 346. Idem Christus in sacramento, qui et in cœlo, *ibid.* Nec passibilis, nec mortalis in sacramento, *ibid.* Asserens quotidie Christum in altari patibulum crucis pati, confutatur, 348. Talis in sacramento qualis post resurrectionem , 349. Eucharistiam Græci sumunt post prandium, 372. Eucharistiam olim, sanguine videlicet, intinctes percipiebant, 554. Ob defectus qui inter sacra facienda contingere solent, quid agendum, *ibid.* Infirmi solius panis sacramento communicant , *ibid.* Panis sanguine madidus morti proximis offerebatur, 564. Prohibitum est eucharistiam vino madidam porrigere, *ibid.* Hostiæ quanta cum reverentia conficiebantur, 564 et seq.

Eucharistia positis in extremis qui porrigebatur, 614.
Eugendi (S.) sive S. Claudii monasterium, 597.
Euphrates, *frugifer*, 28.
Eurardus Guiberti pater, 478.
Eustachius Boloniens. filius Stephani regis Anglor., 385.
Eustachius abbas S. Geremari sanctitate et scientia præditus, 606. In Anglia legatus instituta condit, 607.
Exemplum pravum quam noxium sit, 28. In Evangelio materialibus exemplis utitur Christus, 560.
Experientia quid præstat; 5 et 6.
Exteriora tantummodo qui quærunt haud accepti Deo, 277.
Extremæ unctionis ritus, 614.
Exuperii (S.) loco, corpus rustici subinfertur in ecclesiam Bajocensem, 336.
Ezechias, *imperium Domini*, 183.

F

Falæ, turres ligneæ, 430.
Falco de Jur vel de Serrata, 529.
Familiaritas, et consortium pravum sunt fugienda, 519 320.
Favoris humani gratia quidquid fit, marcidum ac sterile est, 6.
Felicia, Hispaniæ regis Sancii uxor, 528.
Feminarum dissolutiones, 467.
Fenerator æternum periit, 523.
Feneratoris anima dæmonibus traditur, *ibid.* Feneratoris cujusdam a corruptis moribus traducti insigne factum, 537.
Fervor spiritus quomodo discernat, 49.
Fideles in Scripturis sacris dici solent, 15.
Fidei (de) sacramentis moderate loquendum, 4. Fidei certitudo quanta, 190. Fide mundamur a peccato originali, 262. Fidei mysteria vident qui credunt, 269. Pro fidei mensura gratiæ donantur, 223. Fides præveniente gratia ex libero arbitrio constat, 293. Fides quando sine operibus ad justitiam reputatur, 329. Quis vere fidem habeat, *ibid.* Fides quid sit, 334. Fides sæpius causa miraculorum, 337. Fides super rationem fundatur, 643. Fides prima lux animæ, *ibid.*
Filias procreat qui molles cogitationes menti sæpius objectat, 59 Filias hominum videre quid moraliter, *ibid.*
Filii nostri spes nostræ quare, 70 et 80.
Firmini (S.) corpus non in Ambianensi ecclesia, sed in San-Dionysiano monasterio, 336, 566. Ambiani non esse probatur, *ibid.* et seq. Dagoberto I rege Franc. imperante in San-Dionysianam ecclesiam transvectum, 567
Firmamentum, ratio, 14. Quid moraliter, 18.
Flaviacense monasterium construitur, 671. Quandiu monachi præceptis Dei obtemperabunt, illud ab eis habitandum prædicit angelus, *ibid.*
Flaviacum. *Vide* S. Geremari.
Florentia de Ribemont hominium præstat abbati S. Nicasii, 640.
Fluvius quid tropologice, 26.
Fons noster, ratio nostra, 26.
Fontinellens. abbatia. *V.* S. Vandregesili.
Fornicatione senes identidem acrius urgentur, 311.
Fragilitas bifariam sumitur, 26.
Franci. *Vide* Galli.
Freda, 653.
Fuga animi est timor, 38.
Fulcherium Carnotensem suggillat et corrigit Guibertus, 446. Multa in Jerosolymitana Historia scripsit haud veritati consona, 447 et seq.
Fulco Hanoniensis abbas, 552.
Fusniacensis abbatiæ fundationis charta, 639. Fusniacensis cœnobii constructio, 550.

G

Gabaa, *colles*, 166.
Gad, *fortuna*, 118.
Galaad *acervus testimonii*, 125.
Galbertus abbas, 586.
Galdricus. *V.* Gualdricus.
Galgala, *volutabrum*, 194.
Galli erga sedem apostolicam pie semper affecti, 376. Ab his summi pontifices semper suppetias expetiere, *ibid.* Laudantur, *ibid.* Firma perseveransque fides, 377. Gallorum seu Francorum gens nobilis, prudens, bellicosa, dapsilis ac nitida, *ibid.* Gallorum insolentia, 381. Sunt vivacitate insignes, sed nisi frenentur dominio ferociores, 382. Galliæ regum naturalis modestia, 465 seu 467.

Galterus de Chambli decanus Laudunens., 645.
Galterus abbas S. Amandi in Pabulo, 619.
Galterus archidiaconus Laudun., 501, 505 et 516.
Gamelinus de Bouveresces monachus S. Geremari, 604.
Gaston, vir illustris, 432.
Gaudium habemus hic per spem in pignore, 80.
Gaufridus Carnotensis episcopus, 549.
Gaufridus de Bailoil, 633.
Gaufridus Grisagonella veniam petit a monachis Majorism, in capitulo, 590.
Gaufridus Isuldiai dominus, 550.
Gausbertus abbas Majorismonasterii Burgulii et Malleacens., 587.
Gaustinus Bonæ-Vallis abbas, 664.
Gaza, *fortitudo ejus*, 225.
Gehon, *pectus* vel *præruptum*, 27.
Gelasius papa Cluniaci vita functus, 544.
Gemeticum instaurat Martinus abbas præstante Guillelmo Longa-Spata, 513. Abbates, *ibid.*
Generationes nostræ sunt cogitationes, intentiones et opera, 40. Generatio nostra quadruplex, 65.
Geneseos moralia, 9.
Gennardus (S.) abbas S. Geremari, 602.
Gentes quomodo hæreditavit Christus, 275.
Gerara, *colonum ejiciens*, 78. Et *advena appropinquans*, 105.
Gerardus Corbeia oriundus, 650. Abbas S. Vincentii Laudun. et abbas I Sylvæ Majoris, *ibid.*
Gerardus de Rossilione fundat monasteria Pultheriense et Vérzeliacense, 653.
Gerardus de Podio abbas Majoris-Mon. cardinalis creatus, 593.
Gerardi Carisiacensis mors dira, 500 et seq. et 528. Animo præcellens et armis, *ibid.* et 502, 528. Ense percutitur a Rorigone fratre episcopi, 501. Pœnas sumit Deus de Gerardi nece, 512. Castellanus Laudunens., 528.
Gerardus abbas Claræfontensis, 550.
Gerbergæ uxori Ludovici IV regis Francorum collatæ possessiones S. Joannis Laudun. in dotem, 632.
Geremari (S.) seu Flaviacense monasterium, 481. In eo diversi casus accidere, *ibid.* et 493. Tonitruo et fulmine clades maxima, 483. Percutiuntur duo monachi, *ibid.* Plures monachi litterati, 493. S. Geremari seu Flaviacensis monasterii historiæ compendium, 601. Idem sanctus fundator ac dotator, *ibid.* S. Geremarus sobole regia procreatus, *ibid.* Destructum fuit monasterium, *ibid.* et 603. Drogo episcop. restaurat, 603. S. Geremari Vita, 667. Nobili ortus prosapia, *ibid.* In aula degit Dagoberti regis, *ibid.* S. Geremarus B. Audoeno familiaris, 668. Cujus consilio construit monasterium, *ibid.* Nuntium sæculo remisit, *ibid.* Fit abbas Pentalli, *ibid.* Ædificat filii defuncti gratia monasterium, 670. Securam non sentit eremiticam vitam, *ibid.* Flaviacense monasterium construit, 671. Feliciter animam inibi exhalavit, *ibid.*
Gervasius Remens. archiepiscop. instaurat ecclesiam S. Nicasii, 656 et 658.
Gessen, *appropinquans palvationi eorum*, 162.
Geth, *torcular*, 255.
Gigantes superbi animi motus tropologice significant, 59.
Gimel, *retributio*, 244. Et *plenitudo*, 248.
Girardus Fidemensis abbas, 552.
Gislebertus abbas S. Nicolai de Saltu, 629.
Gislebertus Plato vocitatus S. Michaelis Terrac. deinde S. Nicolai in Sylva abbas, 552.
Gladius pro peccato ponitur, 230. Pro divisione, 211. Quomodo intrat in animam, 502.
Gloria victoriæ affinis superbiæ, 83. Gloria quid, *ibid.* Gloria hominum acceptanda secure, *ibid.* Est frequens cum laude alicujus opinio, 290.
Godefridus Namurensis, 497.
Godefridus (S.) Ambianensis. Quid de corpore S. Firmini egerit, 536. Abbas Novigenti ex monacho S. Quintini de Monte creatur, 490, 626. Multa de eodem, *ibid.* Fit episcopus Ambian., *ibid.* Abdicat episcopatum, 516. Cluniaci et Carthusiæ aliquandiu degit, *ibid.* Jubente archiepiscopo Remensi revertitur, *ibid.* Redit a Carthusia, interest dedicationi ecclesiæ Laud., 515.
Godefridus de Guisgia, 529.
Godefridus Ribodimontis, 646.
Godefridus Eustachii Boloniensis filius, 385. Rex Jerusalem constituitur, 435. Ipsius præclara facinora, *ibid.* 449. Bellum gerit contra imperatorem Babilon., 456. Ejus obitus, modestia, humilitas, pietas, 445.
Goffredus abbas S. Maxentii, 653.
Goisbertus monachus Majoris-Mon. abbas de Bello, 587.
Gomer, *lacus*, 184.
Gomorrha, *seditio populi* vel *timor*, 59.
Gosvinus abbas, 550.

Græcorum hæreses, 371 et seq. Ob ipsorum peccata diversæ provinciæ gentibus traditæ, *ibid.* Nefanda Græcorum scelera, 372. Prostibula, *ibid.*
Grammaticorum de mysteriis contentiones, 205. Grammatici permulti tempore Guiberti, 368. Eorum paucitas cum ipse esset puer, 160.
Gratiæ exspectativæ beneficium, 579. Gratiæ necessitas, 578. Voluntatem non cogit Deus, 642. Voluntas non potest per se manus dirigi, vel in bono persistere, *ibid.* Præsto est divina gratia adjuvare, sed non cogere, *ibid.* Si voluntas præmonita audit, et consentit, a gratia dirigitur, *ibid.* Si renuit, relinquitur, et sibi relicta corruit, *ibid.* Quid relinquere, in Deo, *ibid.* Inclinat Deus voluntatem sive ad bonum pro sua misericordia, sive ad malum pro sua justitia, *ibid.* Quando gratia cum libero arbitrio, 643. Cum Deus a peccato eripit, est misericordia, quando deserit, summa æquitas; quomodo id intelligatur, *ibid.* Qui non propter Deum peccatum deserit, non ex dono gratiæ, 645. Per gratiam cooperantem levia fiunt præcepta evangelica, 645. Gratiæ Dei in convertendis hominibus, quæ, 5. Gratia privatus homo velut bestia, 10. Item inanis et vacuus, et per se nunquam bonus, *ibid.* Gratiæ effectus, 15. Gratiæ prævenientis et concomitantis efficacia, 21. Gratiæ subtractio utilis ad humilitatem, 46. Gratiæ pro fidei mensura donantur, 288. Gratia præveniens ex libero arbitrio constat, 293. Gratia pro remissione peccatorum, 294. Gratia præveniens B. Virginem effecit ut Christi conceptionem promereretur, *ibid.* Tam diversimode gratia tribuitur quam bonorum animorum varietas, *ibid.* Gratiam Deus gratuito impendit, 551 et 552. A massa perditorum quosdam discernit Christus, 410. Cujus vult Deus misereatur, et quem vult indurat, 482.
Gregorii (B.) papæ Moralia ad virtutes adipiscendas perquam utilia, 6.
Gualdericus episc. Laud. antea rererendarius regis Anglorum, 642. Vir insolens, in litteratura nil valens, *ibid.* Suggillantur ejus facta, 494 et seq. 646. Ejus obitus dies, 652 et 658. Necem descripsit Guibertus, *ibid.* Epitaphium ejus, 658. Adit summum pontificem, *ibid.* Quam levis et parum aptus ad munia episcopalia obeunda, 499. Romam quo a nece Gerardi immunis videretur, proficiscitur, 500. Angliam vadit, 503. Redit, *ibid.* Crudelitas ejus, 504. A papa suspenditur ab officio, *ibid.* In cellario Ecclesiæ absconditur, 506. Eo loci occiditur, 507 et 528. Diu inhumatum jacuit, 509. Tandem rogante magistro Anselmo sepelitur in San-Vincentiana ecclesia, *ibid.* Accidit mors ejus an. 1112, 511. Vitia ipsius exhibentur, *ibid.*
Gualterus Meldens. episcop., 637.
Gualterus. Vide Walterus.
Gualterus abbas S. Martini Laudunens., 546.
Guascelinus dominus Calniacensis, 494.
Guermandus Bin-Keni, 549.
Guibertus abbas de Novigento moralia in Genesim edidit, 1 et 477. Quare non ad litteram commentatus est, *ibid.* Cujus gratia id operis est aggressus, *ibid.* Liber quo ordine fieri debeat sermo, 2 et 477. Quam submisse de se sentiat, 311, 326, 264, 481. Tractatus contra Judæos, *ibid.* Quam difficulter, et cur hoc opus conscripserit, *ibid.* Et De buccella Judæ data sive De veritate Dominici corporis, 282. Quam nude se vere res aperiat, 506. Christi vicarium corpus Christi in Eucharistia posse vocari contendit, 327. Quod male interpretatus fuerit illud Sap. cap. 5: «Dicentes intra se pœnitentiam,» etc., objectum illi est, *ibid.* De falsis reliquiis præsente Guiberto quid actum est, 554. Monadiarum lib. edidit, *ibid.* Recusat incerta sanctorum acta conscribere, 555. Quantum revereatur B. Gregorium, 564. Haud præfractæ suas tuetur opiniones, *ibid.* Quare elegantior in historia Jerosolym., 567. Poesi plus æquo incubuit, 568. Ex relatione texuit hist. Jerosolym., *ibid.* Objectionibus, quod quæ narrat in hac historia non audierit, occurrit, 595. Quod propositum habuerit in elucubrandis operibus, 406. Quam scripsit historiam Jerosolym. a viris fide præditis accepit, 435. Actus suos percurrit ac deflet, 456 et seq. Beneficia sibi a Deo collata memorat, 457. Nobilis, dives, pulcher fuit, *ibid.* Ejus mater pulchra et virtutibus ornata, *ibid.* Pie affectus erga B. Virginem, 459 et 480, 481. Nativitatem suam refert, 458. Patre orbatur infans, 459. Litterarum studiis traditur, 46. Optimis imbutur moribus, *ibid.* Acriori sub disciplina cohibetur. Renuit eques fieri, 462. Beneficium illi mater conatur obtinere, *ibid.* Omnes sacros ordines præter sacerdotium a Guidone Bellovacensi episcopo suscepit, 471. Mater Guiberti secessit et propter ecclesiam Sancti Geremari monachum adiculam, *ibid.* Genio et voluptatibus indulget Guibertus, 472. Quomodo ad institutum monachicum illectus, *ibid.* Monachum induit Flaviaci, *ibid.* Strenue litteris dat operam, 475. Compunctionis adolescens, et litteris operam dabat, *ibid.* Invident ipsi sodales ob scientiam, 475. Eo amplius ejus acuitur ingenium, *ibid.* Mutandi monasterii

consilium, *ibid.* Beata Virgo Guibertum sub sua protectione matri ostendit, *ibid.* Per visum apparet Guiberto, 476. Poesi plus æquo delectatur, *ibid.* Ægritudine ac molestiis a Deo emendatur, 477. S. Gregorii papæ scripta revolvit ad intelligendam S. Scripturam, *ibid.* Guibertum docuit S. Anselmus, *ibid.* Concionem habet jubente suo abbate in externo cœnobio; *ibid.* Quod Commentarios in Genesim composuerit iniquo fert animo abbas, *ibid.* Scripsit libellum de sententiis evangel. et prophet., 478. Quare non sensui allegorico, sed morali studuit, *ibid.* Evrardus Guiberti pater, *ibid.* Dignitates ecclesiasticas allicere conantur amici, 480. Eas refugit, *ibid.* Persecutiones ob id patitur, *ibid.* Abbas Novigenti invitus eligitur, 481. De filii electione dolet mater, *ibid.* In locum Godefridi abbas subrogatur, 491. Quare scelera sua plane non aperit, *ibid.* Suscipitur a monachis Novigenti, *ibid.* Sollicite munia obit prælaturæ, *ibid.* Oratio in ipsa susceptione habita, *ibid.* Ad Guillelmum ex Judæo monachum misit tractatum contra Judæos, 495. Illum inscripsit Bernardo decano Suession., 519. Guibertus papam alloquitur, 498. Faceta illius responsio, 500. Sermonem habet ad populum Lauduni, 501. Interfectores Gerardi excommunicatos pronuntiat, 502. Quo iram incurrit conjuratorum, *ibid.* Jerosolymit. Hist. conscripsit, 511. Venerandas esse SS. reliquias minime improbat, 562. Ludovico Grosso non fuit ab eleemosynis, 563. Vir religiosus et magnæ auctoritatis, 568. Sapientia et innocentia præditus, 569, 623. Defenditur Guiberti opinio, nusquam in Salvatore infante dentes succrevisse, 575. Guibertus S. Augustinum imitatus, 578. Vitæ suæ gesta, celebres viros imitatus, descripsit, *ibid.* Prosam de sancto Geremaro composuit, 615. Quæ de Novigento retulit, propugnantur, 616. Quartus abbas Novigenti, 626. Ordinat anniversariam sui obitus diem, *ibid.*

Guiburgis abbatissa Monasterioli, 551.

Guido archidiac. Laudun., 501.

Guido Belvacensis episcopus Sancti Quintini ecclesiam canonicorum regul. Bellovaci fund., 471. Simoniaci criminis causa deponitur, et Cluniaci fit monachus, *ibid.*

Guido ex decano Sancti Quintini episcop. Belvacens., 600. Fundator et ædificator monasterii Sancti Quintini Belvac, *ibid.* et 657.

Guido filius Godefridi de Guisgia, 529.

Guido episcopus Catalaunensis, 555.

Guido archidiac. Laudun., 501, 531 et 540.

Guido Belvac. episcop. 720.

Guido de Villiers de l'Isle-Adam, 611. Ejusdem genealogia, *ibid.*

Guinimarus castellanus, 506, 508 et 509.

Guiscardus. *Vide* Wiscardus.

Guisiana urbs obsidetur, 646.

Guillelmus Castellanus Belvacens., 609.

Guillelmus Conquestor, rex, abbatiam de Bello fundat, 587.

Guillelmus Rufus rex Anglor., 484.

Guillelmus archiepiscop. Cantuar., 536.

Guillelmus abbas Morimontensis, 532.

Guillelmus abbas S. Nicolai Ribodimontis, 532.

Guillelmus ex Judæo monachus Flaviac., 495. Ad hunc misit Guibertus tractatum contra Judæos, *ibid.*

Guillelmus Catalaunensis episcopus, 543.

Guillelmus Augiensis comes, 492.

Guillelmus Carpentarius, qui se inaniter jactabat, clam ab exercitu aufugit, 599. — Guillelmus de Montispelleriis, 425. — Guillelmus Parisiensis episcopus, 442. — Guillelmus ex abbate S. Basoli, post S. Nicasii, episcopus Vivariens., 640.

Guillelmus (S.) Fiscanensis plurimorum monasteriorum abbas, 617. — Guillelmus Nivernens. comes vestem conversorum Carthusiæ induit, 599. — Guillelmus abbas S. Nicolai de Prato, 629.

Gunduinus pater S. Salabergæ, 680.

H

Habitare pro *dominari*, 88.

Hæreditas nostra, corpora nostra sunt, 261.

Hæreses potissimum ex Græcis, sive Orientalibus, et Africanis, 571. Hæreses Clementi et Ebrardi, 519.

Hoi, *quæstio, confusio*, 54.

Haimo Catalaunensis archidiaconus, 555.

Halma quid, 266.

Hanapum quid, 647.

He, *esse*, 244. Et *suscipiens*, 248. Et *salus*, 253. Et *ista*, 257.

Hebræus, *transiens a vitiis*, 61.

Hebron, *augmentum sempiternum*, vel *visio sempiterna*, 91. Et *participatio tristitiæ*, 134.

Helias interpretatur *Deus meus Dominus*, 284.

Heliardis filia Theobaldi comitis de Risnel, 529.

Helinandus episcopus Laudunensis, 490. Ejus acta, 496.

Helinandus. *V.* Elinandus.

Helisendis comitissa Augiensis, 493, 634.

Helon, *regio campestris*, vel *quercus*, 107.

Hemor, *osinus*, 150.

Henricus abbas S. Remigii simul et Humblariensis, et Novigentini monast., 490, 617. Henricus comes de Grandiprato, 529. Henricus filius ejusdem, *ibid.*

Herba quid tropologice, 25.

Heribertus comes, 618.

Hermanni monachi libri in De miraculis B. Mariæ Laud. sub nomine canonic. Laudun., 526. Vitam et libb. S. Ildefonsi jussu Bartholomæi episcopi descripsit, *ibid.*

Herodes spiritum disciplinæ non habuit, 5.

Heth, *stupor*, 245. Et *pavor*, 249. Et *enarratio*, 253. Et *vita*, 258.

Bethæus, *stupens*, 177.

Henæus, *pessimus* vel *ferus*, 150.

Hibernorum mercatorum consuetudo, 541.

Hibertus. *Vide* Ibertus.

Bilandus *V.* Elinandus.

Hildebertus consul Arverniæ, 675.

Hildefonsus. *Vide* Ildefonsus.

Hilduinus comes Rociensis, 528.

Hieronymus (S.) a Judæis sanctus interpres appellatur, 266.

Hierosolymitanam expeditionem qua mente susceperint Christiani, 570.

Hilgotus ex episcopo Suessionensi monachus, post abbas Majorismon., 588.

Hiras, *fratris mei visio*, 158.

Historicis in rebus qui celebriter quære excusandi, 569.

Holocaustum, totum incensum, 291.

Homicida est qui temere aliquem judicat, 51.

Homo si in obedientia persistisset nil in se contrarium sentiret, 9. Creatus enim fuit absque animi carnisque inordinato motu, *ibid.* Homo seipso nullum hostem infensiorem experitur, 15. Impotentia hominis post lapsum ad motus reprimendos, 22. Ejus supra bestias præeminentia unde petenda, 24. Homo pro aliis hominibus quare mori debuit, 270. Cur Deo similis homo, 512. Nil sibi præter peccatum arrogare debet, 457. Homo de tribus redditurus est rationem, 644. Honoris, quo aliquem quispiam prosequitur, causam ignorans, facile hallucinatur, 555.

Horæ felices duodecim, 296

Hortatur utiliter ad virtutes, qui vigilanti cura prius earumdem exercitio incubuit, 6.

Hostiæ in altari consecrandæ quanta cum reverentia fiebant, 564.

Hubertus Silvanectensis episcopus, 501 et 545.

Hugo Magnus regis Philippi filius iter Jerosolymitanum arripit, 584. Imprudenter agit, 589. Strenuus, 417. Genu sagitta percussus occubuit, 442.

Hugo Suessionensis episcopus, 442.

Hugo comes Claromontanus, 529.

Hugo decanus Aurelianensis; episcopatu absque electione donatur a rege, 517.

Hugo I abbas Præmonstratensis, 546. Capellanus episcopi Cameracensis, 548. Quomodo secutus S. Norbertum, *ibid.* Ædificat Præmonstrat. monast., 549, 629.— Hugo Humblariensis abbas, post episcopus Albanensis, 555. Hugo ex priore S. Joan. Laudunens. abbas Humblariensis, 555. — Hugo Burgundiæ dux terrenis rebus renuntiat, 674. — Hugo Bituric. archiep. in Majori-Monast. sepultus, 587. — Hugo de Buccen, 646. — Hugo de Calvomonte, 588. — Hugo (S.) Gratianopolit. episcop. vices gerens abbatis præerat Carthusiensibus, 598. — Hugo ex decano Aurelian. episcop. Laud., 647. — Hugo Suessoniens. episcopus, 628. — Hugo vicecomes Carnot. 664. — Hugo Diens. episcop. Galliæ legatus, 675.

Humilis dicitur ab humo, 26. Ex humilitate superbia nascitur, 54. Humilitas mons appellatur, 85. Humilitatem nescit qui terrenis intentus est, 112. Humilitas locus electorum, 181. Speciale donum Spiritus sancti, 288. Humilitas proprie animos sanctitate vestit, 291. Ex adversitate probatur, *ibid.* Excellentissime aliis virtutibus præeminet, 292. Humilitatis exercendæ causa peccatum originale, 316. Sine ea nulla virtus, 517. Ejus prærogativæ, 518. Hanc horret Satan, *ibid.* Humilitas charitatis munimine roboranda, 623. Mater virtutum et nutrix, 644. Duplex humilitas, *ibid.* Necessarione de habitu virtutibus superbiatur, *ibid.*

Humblariensis monasterii descriptio, 6. Primo nonnæ, deinde monachi in eo, *ibid.* S. Hunnegundis I abbatissa, *ibid.* Bernerus I abbas, *ibid.* Henricus abbas, *ibid.*

Hunnegundis (S.), 617.

Hypocritæ, quare dura sustinent, 361. Qui per hypocrysim prosperatur, palam postea peccat., 77. Hypocritarum altaria, 218.

I

Ibertus vicedominus Laudunensis, 503.
Idumea, *terrena*, 226.
Ildefonsus Vrayet, 636. — Ildefonsi (S.) vita et scripta, 526. Virgine casulam accepit, *ibid*. Ildefonsus Hispaniarum rex, 528.
Imaginis et similitudinis discrimen, 21. Quomodo simus imago Dei, 21 et 22. Quænam est imaginum veneratio apud Christianos, 279. Idiotis tantum et hebetibus necessariæ, *ibid*.
Impios (in) qualia Dei munera, 22.
Impœnitentia insensibilitas, mors animæ, 79.
Impossibilitas animi vera stabilitas, 92.
Inanis et vacuus homo quid, 10.
Inauris obedientiæ symbolum, 96.
Incarnatione (de) Dei disserere nisi vitæ integer non præsumere debet, 261. Pro incarnatione Filii Dei homines dignas Deo gratias refundere debent, 263.
Includi deforis quid sit moraliter, 44.
Indignari minus quam irasci, 502.
Inexorabilis Deus quomodo intelligendus, 255.
Inferni pœnæ non materiales, 563. Quid fletus et stridor dentium, 564. Igne materiali animas torqueri dixit B. Greg., *ibid*. In inferno cur dives Lazarum non se mitti rogat ad fratres, *ibid*, Quare saluti fratrum consulebat, 565. Quanta damnatorum tormenta, *ibid*. Quæ acerbior pœna, *ibid*.
Ingelrannus Botuensis, 497 et 515 — Ingelranni episcopi Laudun. gesta, 496 et 497. — Ingelrannus de Fera, 558. — Ingelrannus Botuensis, 611. — Ingelrannus de Carreta, 628. — Ingelrannus Codiciacens., 628, 629 et 822.
Ingenium quo intenderis, ibi valet, 293.
Iniqui nox, 15. — Nullius iniquitas potest judicari digna morte æterna in hac vita, 57.
Injuriam qui non repellit ubi potest, similem reatum incurrit, 2. Injuriam ægre remittimus, 456.
Innocentii II epistolæ tres, 688 et seq.
Insegrini lupi appellantur, 507.
Institutum vitæ arduum, lignum pomiferum, 16.
Insulæ monasterium a B. Geremaro construitur, 668.
Intelligentia ad bona sola pertinet, 125. — Intellectus pater spei dicitur, 86. Intellectus ad divina, ratio ad humana attinet, 157. Intellectus dominus rationis, 160.
Intentio Deum quærentis quæ, 14. Intentio prava nubes inter nos et Deum, 255. Intentio quam pura esse debeat in exercenda virtute, 522.
Iræ qui initium non subruit, luxuriæ pondus aliquando ferre non sufficit, 318.
Ismael, *obediens sibi*, 68.
Israel, *princeps cum Deo*, vel *dilectus Dei*, 128. Vel *directus Dei*, 164. Et *vir videns Deum*, 204 et 275.
Italus presbyter et præpositus, 684.
Ivo Nigellensis, 554, 527. — Ivo de Trigel episcop., 795. Ivonis Carnotens. episcopi epistolæ duæ, 664. — Ivo abbas, 523. — Ivo Cluniac. prior e San-Quintiniana urbe oriundus, 474. — Ivo Carnotensis episcopus, 532. — Ivo præpositus regius Laudunensis, 501.

J

Jacob Judæos significat, 274.
Jacobus (S.) quemdam, qui sibi mortem consciverat, ad vitam revocavit, 522.
Jejunia in pauperibus non laudabilia videntur, 487.
Jeroboam, *temporalis*, 184. Et *dijudicatio populi*, 224.
Jerosolymitanam expeditionem rationibus suadet in concil. Claromont. Urbanus papa, 378. Via Dei appellatur expeditio Jerosolymitana, 579. Quanta mentis alacritate sese et divites et pauperes huic expeditioni accingunt, *ibid*. Insigni contra Turcos potiuntur victoria, 391 et seq. Jerosolymam petit exercitus Christianorum, 427. Jerosolymam circumsidet, 428. Civitatem vi et armis ingreditur, 431. Parvuli cum patribus Jerosolymam profecti, 440. Parvulorum exercitus, *ibid*. Nudi pedum, 441.
Joannes Augensis comes, 655. — Joannes Bapt. de Boulogne, 601. — Joannes abbas S. Vincentii Laudun. Historiam universalem duobus vol. comprehensam contexuit, 652. — Joannes Blesens. comes advocatus Majoris-Mon. dire monachos vexat, 592. — Joannes Despagnyes abbas Novigenti, 630.
Joannes de la Rochefoucault abbas Majorismon. diversis encomiis celebratur, 595. — Joannes de Rochers abbas S. Vandregesilus, 610. — Joannes de Launoy, 598 et 615.
— Joannes de Longueval, 630.
Joannis Cassiani collationes Patrum perutiles, 5. — Joannes comes Suession. Judaica dogmata sectatur, 264. — Perversi ejusdem mores, *ibid*. et 263, 518. — Joannes (S.) evangelista laudibus attollitur, 310.

Joannis (S.) Laudunensis monasterium succensum, 508. Quædam sanctorum corpora in ecclesia exusta, 509. Abbatissa Reinsendis interficitur, 517. Fundatrix et prima abbatissa S. Salaberga, 552. In abbatia S. Joannis septem ecclesiæ, *ibid*. Prærogativæ ejusdem abbatiæ, 553. Ejectis monialibus sufficiuntur monachi, *ibid*., 633. Drogo I abbas, *ibid*. Diluuntur objectiones commutationem monialium in monachos improbantium, 634. — Joannis (S.) Laudunens. ecclesia ad unius sacerdotis administrationem reducta, 641.
Joannis (S.) Baptistæ caput olim Constantinopolitani et monachi Angeriacenses habere contendebant 356, 575. Variæ de hac re opiniones, 566.
Joannes S. Michaëlis Terasc., 552. Joannem abbatem S. Geremari a puero nutrierat mater Guiberti, 495.
Joas, *sperans*, 184. Et *mora Domini*, 224.
Joathau, *consummatio* vel *perfectio*, 183.
Job conjugatorum statum perfectum repræsentat, 711.
Jod, *confessio*, 249. Et *principium*, 234. Et *desolatio*, 158.
Joellus de Totaňes, 540.
Joffredus Samurensis dominus monachus effectus, 521.
Jorannus ex abbate S. Nicasii cardinal., 639.
Jordana de Sartols, 653.
Jordanis, *descensus eorum*, 179.
Josue castos et qui baptismalem candorem servarunt, designat, 315.
Jovinus fundator S. Nicasii Remens., 656. Inibi illius sepulcrum celeberrimum, *ibid*.
Judam vere corpus Domini in Cœna suscepisse SS. Augustinus et Leo, minime S. Hilarius et Victor Capuanus, asserunt, 282. Accepisse probat Guibertus, *ibid*. Buccella ei a Christo porrecta signum fuit quidem proditionis, sed non Christi corporis, *ibid*. — Judas, vel *confitens*, vel *conglorificans* dicitur, 117. Et *confessio*, 158.
Judæa, quare terra sancta, 578.
Judæorum errores et blasphemiæ circa Filii Dei Incarnationem, 261. Quam imperfecta eorum sacrificia et cæremoniæ, 276. Temporalia solum eis promittebantur in lege, 276. Exteriora appetebant et quærebant, interiora non curabant, 277. Stupentes et alienati filii, 275. Judæorum pontificia et templa adnihilata, 278.
Judicare de internis nequit homo, 267.
Judicium in ipso mortis puncto profertur a Deo, 528. Post extremum judicium mundus fiet purus, 563. — Judicium aquæ et ferri candentis, 520, 661.
Judith uxor Richardi ducis Norman., 721.
Jugellus Eliensis episcop., 755.
Jugum Christi qua ratione suave, 645.
Juhellus de Meduana, 781, 794.
Julia-Bona unde sic appellata, 781.
Juliana filia Rotholdi comitis Perticensis, 429.
Jumenta quid tropologice, 19 et seq.
Justa, mensura solita vini, 587.
Justum nimis esse non oportet, 190. Justorum casus fit eis materia standi, 241. Justos quare affligit Deus, 267. Eos sæpius adversitatibus afficit, et cur non reprobos, 355. Justi nomine se quis non privat, qui peccando ex fragilitate habet resurgendi intentionem, 476.
Justi (S.) reliquias percutiens mulctatur, 521.
Juventus, symbolice superbia et fatuitas, 65.

K

Kalendæ a convocatione sunt dictæ, 291.

Laban, *candor*, 96.
Labore manuum qui teneantur monachi, 581. Nihil haberi potest sine labore, 53.
Lac B. Virginis asservatum negat Guibertus, 576, 555. Lac B. Bernardo utrum infuderit B. Virgo, 577.
Lætari interius, exsultare exterius, 206.
Laici qui in negotiis sæcularibus solertes, servitio divino mancipatis et Theoriæ sacræ incumbentibus inserviunt, plurimam Dei consequuntur gratiam, 15.
Lameth, *disciplina*, 58. *Sermo*, 249. *Cor servitutis*, 246.
Lanceam, qua Christi latus perforatum, abscondam Antiochæ per visum asserit S. Andreas, 413. Reperitur ibidem in ecclesia Sancti Petri, 416. Veritas comprobatur, *ibid*., 447.
Lanfrancus docet in Normannia, 579.
Lanscelinus Belvac. comes fundat monasterium S. Sepulcri de Villaribus, 605.
Laodicæa unde, 422.
Latiniacens. abbatia ditissima, 551. Radulphus eidem præficitur, *ibid*.
Latus pro *incauto*, et *adjutore* ponitur, 29 et seq. Qui laudantur, mala sua occulte commissa non æstimant, 57.
Lauduni destructio a quo sumpsit initium, 496. Laudunenses episcopi, *ibid*. et seq., et 557. Biennio vacat sedes, 498. Ecclesia Laudun. totius Galliæ florentissima, 502.

Perversi Laudunensium mores, 503. Laudunensis urbs maxima parte incenditur ac destruitur, 506 et 528. Neces diversæ, 506. Ecclesiæ et ornamenta conflagrarunt, 507. Urbs diripitur a Pagensibus, 510. Destructio seu flagratio accidit, ann. 1112, 511 et 543. Quanta mala Laudini ipsa tempestate patrata, *ibid*. Præsagia præfata prænuntiantia, *ibid*. SS. reliquiæ circumferuntur, erogandarum pecuniarum gratia, ad restaurationem Ecclesiæ, 512. Fundatur a S. Remigio, 527. Primus episcopus S. Genebaldus, 528. Dedicatio ecclesiæ post restaurationem, 543. Affatim ditata major ecclesia Bartholomæo pontif., 554. Laudunenses iterum anno 1177 commoverunt urbem, 660. Lauduni descriptio, 682.

Laurentius (S.) de Cala, 554.

Laus humana tentat voluntarie pauperes, 150.

Lectio quænam utilis ad mores probe instituendos, 5. — Lectionis disputatio matutina quotidie in monasterio Sancti Geremari, 669.

Leges naturalis, Moysis, et gratiæ veluti pueritia, adolescentia, et ætas perfecta a Deo dispositæ, 276. Quomodo non bona, et quomodo sancta lex hominibus, 277. Lex nova amoris est, *ibid*. Vetus terroris, *ibid*. Nova lege vetus abrogatur, *ibid*. *Vide* etiam Vetus Testamentum.

Leodegardis sanctimonialis Flaviaci, 479.

Leodegarius Vivariensis episcopus, 505.

Leonius abbas S. Bertini, 515. — Leonius abbas Sancti Michaelis Tiracensis, 629.

Lesciis (de) cœnobium, 529.

Letaldus eques primus muros Jerosolymæ ascendit, 431.

Leuca ex uno milliario et altero medio, 644. Tres milliarii duas leucas faciunt, *ibid*.

Leudulphus episcop. Noviom., 618.

Libero (ex) arbitrio præveniente gratia fides constat 293. Suo, sed non libero abusus arbitrio Adam, 547.

Libertus Cameracensis episcopus, 637.

Libido nostra ad illustrationem Dei quiescit, non deficit, 45. Libidinis incrementum quid efficiat, 48.

Ligna pomifera tropologice, 23. Omne lignum paradisi quid moraliter, 28. Quid lignum vitæ, 54. Quid lignum concidere in holocaustum, 85.

Liliorum proprietates, 508.

Lisiardus Belvacensis archidiaconus, 487, 616. Non fuit episcopus Suessionensis, *ibid*. Lisiardus episcopus Suessionens., antea præpositus ejusdem ecclesiæ, *ibid*. Præpositus subscribit litteris, 625. Item aliis, 626.

Lites inter religiosos viros motæ exstingui debent, 506.

Litterarum obsignandarum modus Romæ diversis temporibus variavit, 569.

Locus noster Deus est, 15. Locus noster bona intentio, 82. Locus noster hic mundus, 75. Locus timore vacuus cor tepidum, 79. Locus sacri eloquii, cor nostrum, 51. Locus se diligentium Christus, 126. Locus electorum humilitas, 181. Locus noster Dei timor est, 185.

Lot *declinans*, vel *vince us*, vel *utinam*, interpretatur, 75.

Lucas, abbas Cuissiacensis, 550.

Luctatores antiqui, quare nudi, et uncti ad palæstram exercebantur, 12.

Ludovicus Pot abbas S. Launomari, tum Majoris-Mo, ac tandem episcop. Tornacens. et Lectorens., 595.

Ludovicus Grossus Francorum rex scrophas curavit, 531. Laudatur, 505. Corruptis hominibus et avaris indulgentior, *ibid*. Morti proximus fieri monachus Benedictinus peroptabat, 615. Cilicio et cineri se imponi præcepit, *ibid*. — Ludovici Pii imperat. epistola, 625.

Lumbi et renes pro carnalitate, 268.

Luxoviensis monasterii descriptio, 580. — Luxovium celebre monasterium, 465.

Luxuriæ occasiones fugiendæ, 28. Luxuria senes identidem acrius urgentur, 511 et 521. Luxuria aliquando inficiuntur qui vitam austeram ac virginitatem sunt professi, 321. Luxuriosus quantis malis coarctetur, 525. Luxuriæ appetitus, anxietatis, satietas plena pœnitentiæ est, 524. *Vide* Castitas, Fornicarii.

Lysiardus episcopus Suessionensis nobilitate et scientia clarus, 567.

M

Maglorii (S.) Parisiensis abbatia tribuitur Majori-Monasterio, 588, 591.

Mainardus abbas S. Nicolai Pratensis, 646.

Maiolus (S.) ordinem monast. revocat. in Majori-Monasterio, 587.

Majus-Monasterium quo in loco situm, 586. Abbatum Elenchus, *ibid*. et seq. Fuit destructum a Normannis, 587. Clerici per aliquot annos incoluere, *ibid*. Instauratur, et monachi ab Odone Blesensi comite, et S. Maiolo stabiliuntur, *ibid*. Stephanus comes confirmat concessa ab eodem Odone, *ibid*., Privilegio Paschalis II a jure episcopali eximitur, 588. Annuatim a rege Angliæ olim xxx marcas argenti percepit Majus-Mon., 589. Societates et orationes monachorum. Majoris-Mon. quam impense nobiles viri expostulant, 590. Dispensator non abbas Robertus vult appellari, 591. Ministri non abbates vocitari solebant, *ibid*. Prioratus tenuiores plures in unum reducuntur, 591. Joannes Blesens. comes advocatiæ causa dire vexat monachos, 592. Majori-Monast. privilegium indulsit Nicolaus papa V, 593. Abbas Majoris-Monast. propensus ad obtemperandum SS. pontifici, 594.

Magistris (in) quæ requirantur, 401.

Mahometi gesta, 572. Unde suum hausit venenum, *ibid*. Ducit viduam in matrimonium, 573. In epilepsim incidit, *ibid*. Qua arte fecit legem, *ibid*. Mors ipsius, 574.

Maledictio pro *defectu*, 49.

Manasses, Suessionensis episcopus, 518.

Manasses Simoniacus archiepiscopus Remensis, 463 seu 467. Improbi ipsius mores, *ibid*. Ejus genealogia, 528.

Manichæi hæretici, 520. Manichæorum hæresis renovata, 662.

Marasis urbs, 596.

Marcelli (S.) meritis presbyter sospitati redditur. 521.

Mare, sæculum vel caro tropologice, 59.

Margarita regina Navarræ, 529. — Margarita Hugonis Claromontis uxor, *ibid*. — Margarita uxor comitis Flandriæ Caroli, *ibid*.

Maria. S. Magdalenæ die festo qui araverat, plectitur, 504. Maria (B.), gratissima est ipsi Salutatio angelica, 507. Psalmus XLVII, *Magnus Dominus*, etc. de B. Virgine interpretatur, *ibid*. Civitas est ad quam confugiunt peccatores, 508. Lilium, *ibid*. Angelos longe superat, 514. Corpus ipsius in cœlum fuisse sublatum asserere non audet Ecclesia, 535. Nefarium tamen est credere illud corruptioni derelictum a Filio, *ibid*. Ratio suadet in cœlum fuisse assumptum, *ibid*. Quidquid supra omnem creaturam est post Filium, beatæ Virgini tribuit Spiritus sanctus, 358. Ipsi revelavit Christus quæ de se futura erant, *ibid*. Non primo ei apparet Christus post resurrectionem, *ibid*. Illi posse subest cum vult, 459. Ejus imaginis facies tristis apparet, 483. Missa de B. Maria, 484. Mariæ nomine invocato fugatur dæmon, 487. Camisia et capilli ejusdem Lauduni, 512. Interemit hæreses, 261, et perambulantes in delictis, *ibid*. Qui in partum ejus disputat, in Spiritum sanctum blasphemat, *ibid*. Fide munditiæ Christo præparavit in utero, 262. Potuisse parere probatur, 265. Supra hominum puritatem pudicissima fuit, 268. Quare virgo, 267 et 275. Decursus aquarum, non stagnum, 278. Stella 275 et 300. Quare homines tam impense diligat, 287. Angelo fidem cur cito adhibuerit, *ibid*. Fides ejus quanta, *ibid*. Virtutum plenitudo causa cur Dei Filium conceperit, *ibid*. Principium novæ gratiæ, *ibid*. Deum in se substantialiter continuit, 288. Quia corporaliter plenitudo divina in ea habitaverit, status illius præstantior in hac vita, quam in cœlo, *ibid*. Quam beata, *ibid*. Ad quid obumbravit eam Spiritus sanctus, *ibid*. Crevit in ea sapientia et cognitio rerum sicut in Filio, *ibid*. Gloriosissima post Filium, quod ejus præ cæteris hominibus imitata fuerit humilitatem, *ibid*. Thronus est eburneus Salomonis, *ibid*. Supparem quodammodo se Deo prodigiis ostendit, *ibid*. Porta orientalis, 290. Quare vox aquarum multarum, *ibid*. Quandiu stabit mundus, verbis et scriptis laudabitur, *ibid*. Absque Maria Ecclesia esset in miseria, *ibid*. Ecclesia illustratur Maria, *ibid*. Nulli titillationi carnis unquam subjecta, *ibid*. In ejus utero electos Christus sibi incorporavit, 291. Clarius omni creatura Deum videt et cognoscit, *ibid*. Gratia plena continuo fuit, 292. Verbum quod ex B. Virgine sumpturus erat sibi conivit, *ibid*. Ad quid in salutatione angelica turbatur, 293. Summæ ipsius humilitatis ratio, *ibid*. Humilitatem, suam vilitatem appellat, 294. Quare morose assensum præbuit angelo, *ibid*. Eam præparavit Christus antequam in ejus utero conciperetur, *ibid*. Gratia B. Virginem præveniens effecit ut Christi conceptionem promereretur, *ibid*. Cur Elizabeth B. Virgini ab angelo proponitur, 295. Dies est, 295. Porta, *ibid*. Nubes quæ pluvias effudit, hoc est scientiæ, 296. Ejus caro Dei Filio unita, adoranda, 297. Imperat cœlo, terræ, inferis, *ibid*. Honor et cultus ipsius in dies augetur, *ibid*. Ultrix injuriarum, *ibid*. Proprium ipsi est misereri, *ibid*. Sequester inter Deum et homines, *ibid*. In ejus Assumptionis festo quare Evangelium *Intravit Jesus*, etc., legitur, 298. Conscientia B. Virginis castellum, *ibid*. Tota ipsius vita silentium et modestia, *ibid*. Inimitabilis humilitas, *ibid*. Activa vita, *ibid*. Contemplativa, *ibid*. Quanta pro Christo sustinuit. Licet diversis occupationibus et afflictionibus detineretur, nunquam a Filii divinitatis contemplatione et fide destitit, 500. Continuo Dei visione potita, *ibid*. Spiritus sanctus in ea abolevit originale et actuale peccatum, *ibid*. Ob inopiam concionatorum patrat miracula B. Virgo, 502. Miracula ab eadem edita, 502, 504, 506, 512 et seqq. 555. Miraculorum ejusdem lib. ab Hermanno, 526.

Maria (S.) Dei mater concepta est absque nævo peccati originalis, 561 et seqq. B. Virginem corpore in cœlum assumptam non certo asserit Ecclesia, 565. Certissime id tenet Guibertus, *ibid*. Lac utrum reliquerit in terris venerandum, 575. Non lacte sed candido liquore roravit aliquando sui amantes, 576. Haud B. Bernardo infudit, 577. Missa quotidie de B. Maria in monasteriis Benedictinorum decantari solita, 616. Ipsi antequam nasceretur Christus templa dedicata, 617. Nuces produxit, quo modo, 645. Imago fuit Dominici corporis, *ibid*.

Martini (S.) Laudun. ecclesia, 544. Evasit celeberrimum monasterium 546; quingenti in eo religiosi, *ibid*. S. Martini religiosorum quanta paupertas, *ibid*. Ob eleemosynam et hospitalitatem quam in pauperes exercuerunt, ditissimi sunt effecti, *ibid*.

Martyrem facit justa causa, 554. Idola destruens qui occiditur, non martyr habendus, *ibid*. Martyres spiritualia spiritualibus comparantes, 561. Martyrii palmam plures adepti in expeditione Jerosolym., 405.

Masphat, *contemplatio*, vel *judicium*, 60.

Mastigia quid, 648.

Mathomaria quid, 418.

Matthæus vir nobilis martyrio coronatus in expeditione Jerosolymitana, 405.

Maurilius (S.) Rothomagensis archiepiscopus, 631.

Memoria præteritorum vitiorum nos ad ea irritat, 78. Mensis decimus creationem hominis significat, 47. Tres menses quid tropologice, 141.

Mente simplici nil felicius, 8. Mentis cæcitas cavenda, 11. Mens humana abyssus, 11. Mens hominis ante peccatum paradisus, 26. Mens a Deo non illuminata, nil serium, stabile aut certum carnis motibus persuadere potest, 75.

Merita ubi nulla, nec opes, 287. Meretur gratiam fides, 532.

Michaelis (S.) Ulterioris-Portus abbatia, 493. Fundatio, 631. Confirmatur, 633. Direpta a Joannis comitis militibus restituuntur, *ibid*. Abbatum nomenclatura, *ibid*.

Milesendis mater Ingelranni Codiciac., 628 et 629.

Milliarium unum faciunt stadia octo, 644.

Miracula per B. Virginem patrata, 502. Fides sæpius causa miraculorum, 557. Juge miraculum olim Jerosolymis de igne divinitus accenso quotannis, 450.

Misericordiam inter et miserationem quæ differentia, 262.

Misericors Deus, quare, 436.

Missæ sacrificii tempore hostiæ in pyxide relictæ inscio sacerdote haud sunt sacratæ, 540. Quia requiritur offerentis intentio, *ibid*. Si panis aut gutta vini inscio sacerdote subjiceretur, non consecraretur, *ibid*. Missa de B. Maria, 484. Defectus inter sacra facienda infortunia prænuntiant, 516. Presbyter dum missam celebrabat veneno interficitur, 521. Missam in domo privata faciunt clerici, 538. Missam quotidie S. Geremarus faciebat, 669.

Mitra non vult uti abbas Majorismo, ut lites archiepiscopum inter et ipsum exortas dirimeret, 501.

Mollities carnalis interna corrumpit et externa, 40.

Monachum qui ab infantia induerunt ruina exstitere monasticæ disciplinæ, 463. Monacho, qui inscio abbate pecuniam absconderat, quid evenerit 482. Monastica institutio fugaque sæculi virginitati tuendæ optimum remedium, 524. Monasticæ vitæ restauratio, 463. Monachi quomodo sunt mundo mortui, 579. Monachis paupertas laxandi regularem disciplinam præbet ansam, 580. Murmuris et impatientiæ causa, *ibid*. Monachorum pernicies a sancta conversatione deviatio, *ibid*. Regularis observantia omnium bonorum origo, 581. Monastica institutio rerum temporalium abundantia conservatur, *ibid*. Labore manuum tenentur monachi duplici tantum ex causa, *ibid*. Ægrotos sæculares dum visitant monachi, exire debent e cubiculo mulieres, 584. Monasteriorum bona ad quid collata, 586. Societates et preces monachorum quam impense requirant nobiles viri, 590. Ritus quibus id fieri solebat, *ibid*. Monachi singuli in villis aut oppidis non commorentur, 592. Cum a regulæ observantia deficiunt monachi, opibus orbantur, *ibid*. Cur ab episcoporum jure eximuntur, 598. Plures nobili genere orti sæculo undecimo effecti sunt monachi, 599. Tabula seu malleo ligneo convocantur monachi, sive excitantur a somno, 614. In extremis positi olim cineri cilicioque imponebantur, *ibid*. Quid circa eosdem agi solebat, *ibid*. Extrema unctio et eucharistia monachis morti proximis qui porrigebatur, *ibid*. Quomodo erga superiores qui delinquunt se agere debeant, 624. Monachum episcopo dignum abbas dare debet, 625. Monachi ad succurrendum quinam, 634 et seqq. et 834. Deonandi religiosi, *ibid*. Monachi S. Nicasii bonis paternis succedere possunt, 640. Monachi electi ad orandum, et quare, 644. Ex præcepto episcopi assumunt officium prædicandi, et docendi, *ibid*. Lectionis disputatio mane fieri solita in Monasterio S. Geremari, 669. Apostolicam vitam ducit monachus, 677. *Vide* Religiosi.

Monasteria olim ditata a nobilibus diripiunt filii, 467. Monasteriorum facultates haud sæcularibus tradendæ, 602. Nec sæcularem potestatem præficere monasteriis oportet, *ibid*. Quia nosse debet quid sit præesse, etc., *ibid*. Monasteriorum societatis formula, 607. Monasteriorum monachorum juxta ecclesias sanctimoniales exstruunt ædes, 603 et 612. Diversorum monasteriorum qua ratione abbas unus præfici potest, 617.

Monasteriolum, cœnobium monialium cebre, 551.

Monastica regula ad urbis tutelam constituitur, 649. Monastica institutio, conversatio sancta, 662.

Monetæ adulteratores ementulantur, 504.

Monialis Brotuburgensis monasterii sociæ post mortem apparet, 555.

Monomachia. *V.* Duellum.

Mons de Guarda, 552.

Montani (S.) caput, 555.

Mori quare hominem Deum necesse fuit, 270.

Morti proximi olim Christiani, sed maxime monachi, cilicio et cineri imponebantur, 482. 614 et seqq. Quid circa ipsos agi solebat, *ibid*. Mortis dies, judicii dies est. 528. Puncto salvationis vel damnationis sententia profertur, *ibid*. Mors ex peccato, 347.

Mortificatio corporis parit mentis tranquillitatem, 45. Mortificatio nonnisi mœrore acquiritur, 179. *V.* Afflictio.

Moyses terram promissionis quare non est ingressus, 515.

Mulieres juxta monasteria virorum in ædiculis commanebant more monialium, 603 et 612.

Mulieres quam strenue militibus inserviunt, 591. Mulier in canem conversa, 486.

Mundus domus diaboli, 93. Mundus post judicii diem fiet purus, 363. Tunc sancti illum inhabitabunt, *ibid*.

Musellæ pensiones, 451.

Mysterium in bonam et malam partem sumitur, 283.

N

Natura triplici consistit homo, conservans similitudinem Trinitatis, 645.

Naves tropologice significant animas se et alios salvantes, 174.

Necessitas peccandi in Apostolo quæ, 10.

Necessitas peccandi aliquando, 578.

Nephthalim, *dilatavit me*, vel *comparavit*, 117. Et *conversavit me*, vel *implicavit me*, 175.

Neutericum quid, 261.

Nicæa Romaniæ metropolis, et Bithyniæ caput, 389. Obsidetur *ibid*. Capitur, 391.

Nicasii (S.) Remensis abbatiæ initia et progressus, 630. Abbatum series, 638. Jovinus fundator, 656. Destructum monasterium a Gervasio archiep. instauratur, *ibid*. Diploma instaurationis a Philippo I rege, 637. Monachi ex Casa Dei evocati instituuntur, *ibid*.

Nicasii (S.) ecclesia Novioduni, 520.

Nicolai (S.) in Sylva monasterium ad perfectam vitæ monasticæ disciplinam reducitur, 551. Nicolaus castellanus Laudun., 559, 560.

Nicolai (S.) de Pratis sive Ribodimontensis monasterii fundatio, 645. Destructum monasterium anno 1650, 646.

Nicomedia unde sic dicta, 389.

Nivello de Cherisy Suessionens. episcop. ex familia dominorum Petrifontis, 591.

Noe, *requies*, 38.

Nomina unde rebus imponantur, 29.

Non est species ei, etc., quo sensu intelligitur, 269.

Norbertus (S.) Laudun. opin. et tuum orbem illustravit, 543 Mira ipsius gesta describuntur, *ibid*. et seqq. Remis repulsam passus a papa, 544. Norberto occurrit Bartholomæus Laudun. episcop. *ibid*. Deducitur a Bartholomæo, amice est a SS. pontifice exceptus, *ibid*. Lauduni Norberto facit satis papa, *ibid*. Renuit ecclesiam S. Martini Laudun *ibid*. In desertis locis optat habitare, *ibid*. Præmonstratum eligit, 545. Prævidet magnum sui ordinis propagationem, *ibid*. Septem ditissimi viri e schola Radulphi, Norberti institutioni se subdunt, *ibid*. E duobus sociis, subrepta pecunia, alter aufugit, *ibid*. Norberti visionem explicat Leonius abbas, *ibid*. Norberti multiplex commendatio, 547. In quo differt a B. Bernardo Clarevallæ, *ibid*. Nudis pedibus incedebat, 548. Canonicus Coloniensis, *ibid*. Ditissimus, *ibid*. Quomodo Magdeburgensis archiepiscopus electus, 549.

Notitia sui. *V.* Cognitio.

Novigentum monasterium in diœcesi Laudun. 481. Historia contexitur, 487 et seqq. Antiquitas, *ibid*. Sepulcra vetusta in eo inventa, *ibid*. Mira de rege Brito-Saxonum inibi sepulto, 488. Novigenti descriptio, *ibid*. Antiquum Virgini Deum pariturae templum, *ibid*. Novigenti ecclesia quomodo monachis tradita, 489. Primus abbas Henricus, 490. Helinandus episcopus dedicat ecclesiam, *ibid*. Multa contulit eidem monasterio. *ibid*. Qui Novigenti res abstulerant a Deipara plectuntur, 521. Chartae omnes labefactatae, 616. Ecclesiae antiquitas, 617. Novigentini monachi a religione et innocentia vitae commendantur, 625. Series abbatum ejusdem monasterii, 626 et seqq. Novigentinis ecclesia canonicorum Codiciasens. castri traditur, 628.

Novitiis quid accidere soleat, 14. Vehementer in recens conversos saevit daemon, 474. Novitii initiandi formula, 585.

Novum Testamentum. *V*. Lex.

Nox, tempus tentationis tropologice, 75. Nox impius et haereticus, 695.

Nudipedalia, 450. Nudipedum exercitus ac vitae genus, 441.

Nun, *unicus*, 246. Et *pascua eorum*, 250. Et *sempiternum*.

O

Obedientia quantum boni praestitisset homini, si in ea permansisset, 9. Non est vera obedientia sine humilitate et patientia, 95. Obedientia primo homini, non carnis maceratio injungitur, 158. Obedientia ex humilitate, humilitas ex adversitate probatur, 291. Obedientia charitatis numimine roboranda, 625.

Observantia regularis omnium bonorum origo, 581.

Occasio peccandi non nocebit, si absit cupiditas, 74.

Oculos (Per) Dei, sancti intelliguntur et docti, 220

Odo abbas Hunelii, 55. Odo abbas S. Symphoriani, 527. A Guiberto commendatur, *ibid*. Fit episcopus Belvacensis, 562. — Odo comes Blesensis sepultus in Majori-Monast., 587. — Odo Bajocensis episcopus, quid de corpore S. Exuperii egerit, 556. Illius gesta breviter perstringuntur, 435.

Officium divinum in domo privata persolvunt clerici, 558.

Omotarius papa sive episcopus, 679.

Opera nostra, semen nostrum, 16. Opera nostra vix omnino pura, 45. Opera non recta intentione facta dicantur aliena, 193. Opera libera sunt, quae non fiunt pro laude humana, 209. Corporis opera, non animae, quae fiunt pro laude humana, 216. Sine operibus fides quando, 329.

Oratione et lectione sensualitas vagabunda retinetur, 72. Oratio pauperis pervenit ad Deum, 82. Oratio Domini oraculum, orationis causa et fructus Deus est, 558. Non verba orationis, sed mentem orantis pensat Deus, *ibid*.

Ordinem sacrum non dare episcopum Simoniacum, nescientem vero hanc labem episcopi suscipere falso putant nonnulli, 545.

Orientales levioris corpulentiae et alacrioris ingenii, 571.

Ornamenta ecclesiastica et calices sacrandi potestas abbati conceditur, 509.

Os pro *mente*, 605.

Osee, *Salvator Domini*, 183.

Oves fatuitatem moraliter significant, 55.

Ozias, *fortitudo Domini*, 183.

P

Paganellus, 759.

Pallium archiepiscopi, symbolum fortitudinis, 27.

Paradisus voluptatis, voluntas Dei, 28.

Parochi e monasteriis pendentes de rebus spiritualibus episcopis, et de temporalibus monachis respondere debent, 590.

Parvinus abbas Sepulcri Camerac., 532.

Paschalis papa Divionem venit, 498.

Patrum (A) veterum sensibus haud recedendum, 19. Non licet eos arguere obscuritatis, *ibid*.

Paulus (B.) quare dextrum, S. Petrus sinistram obtineant in picturis, 513. Virgo fuit B. Paulus, *ibid*. Qui sepulcrum ejus inspexerant, plectuntur, 537. Caput ejus imperatrici a S. Gregorio donegatur, *ibid*.

Paupertas in monachis et ecclesiasticis viris cur damnanda, 380. Murmuris et impatientiae causa, *ibid*.

Pauperem qui durius pepulerat, aedituus castigatur, 485.

Pax belli exacti pretium 95. Pace nihil melius, 606.

Peccandi necessitas quae, 578. Consuetudinis vi aliquando peccamus, 578. Peccandi quatuor modi, 252.

Peccatoribus quae a praedicatoribus objicienda, 7. Omnes homines peccatores, 270. Peccator justi nomine se non privat, qui resurgendi intentionem habet, 476. Ad peccatum instimulatus quid sibi objicere debeat, 765. In peccatis lethalibus voluntarie perseverantes, tanquam ebrii et mortui nil vident, nil sentiunt boni aut mali, 10 et seqq. Peccandi consuetudo quam nociva, 7. Ad reprobum sensum perducit, 10. Peccati memoria quando utilis, 54. Peccatum semel admissum potentius surgit, 84. Peccati essentia nulla, 87. Peccatum sine deliberatione minimum, 117. Praeter peccatum nil in homine Deo displicet, 262 et 265. Peccatum ubi abest, corporis membra sancta sunt, 265. Pro peccatis satisfacere purus homo nequivit, 270. Nullum parvum peccatum quod ad Dei contemptum est, *ibid*. Nemo a peccato immunis, *ibid*. Originale peccatum olim sacrificiis abolebatur, 285. Peccatum tristitia est, 508. Nullum peccatum praeter originale nisi ex appetitu animae, 316, 541. Originale, causa humilitatis exercendae, *ibid*. Peccare alios gravissime, nos vero leviter putamus, 517. Confessio contra lapsus futuros optimum est remedium 524. Ad quid Deus permittit quosdam in peccata prolabi, 48. Peccatum non illico ulciscitur Deus, sed usque dum crimen maturuerit, poena differtur, 411. Praeter peccatum homo nil sibi arroget, 457. Ante peccatum, utilis verecundia, minime post patratum, 468. Aliud est infirmitate aut ignorantia peccare, aliud superba deliberatione, 84. Peccatum qui nequaquam deserit propter Deum, non ex dono gratiae, 645. Peccatorum recordationes clavi justitiae, 644. Peccatum nisi homo Deus dimittere potuit, 696. A peccato originali quinam mundabantur in veteri et nova lege, 262.

Pecora quid tropologice, 49.

Pelagius Brito, 571.

Pellis, tropologice memoria, 102.

Pentalli monasterium, 668.

Percutiet terram virga oris sui, quid signet, 267.

Perfectionem Christianam profiteri cupientibus Christus imitandus proponitur, 16. Quisnam dicatur perfectus, 40. Perfectissimorum est de se perquam humiliter sentire, 293.

Petrus a B. Virgine insigniter sospitati redditur, 504.

Petrus Claudy abbas S. Remigii, 629.

Petrus eremita ad expeditionem Jerosolym. ducit exercitum, 580. Per Galliam disseminat verbum Dei, 581. Ipsius vitae genus, *ibid*. Pili ex ejus mulo pro reliquiis extrahebantur, *ibid*. Militum ejus dissolutiones, *ibid*. Constantinopolim venit, *ibid*. Clam aufugere tentat, 599. Ad Curbaran Turcorum principem allegatur, 417. Pii operis exsecutor, 436. Publicas supplicationes ordinat Jerosolymis, *ibid*.

Petrus Cluniac. monachus, papae cubicularius, 499. — Petrus de Podio ex abbate S. Florentii abbas Majorismo., 595. — Petrus abbas S. Luciani, 604. — Petrus de Fresencurt, 628. — S. Petri Dunensis ecclesia monachis Bonae-Vallis datur, 664.

Philargyria, pecuniarum amor, 482.

Philippus I, rex Franc. Ob peccata gratia scropharum curandarum divinitus subtrahitur, 531. Excommunicatur ab Urbano II papa, 577, 496.

Philomena urbs, 415.

Phison, *os pupillae*, 27.

Pietas, dies secundus, 14. Quid efficiat, 15. Generat scientiam, 16. Pietate superatur potentia, 262.

Pili significant substantiam saeculi, 275.

Poena damnatorum, 565.

Poenitentibus quid accidat initio conversionis, 14. Poenitentia bonorum est a Deo, 39. Poenitentia debet penetrare medullas animae, 40. Poenitentibus quid promittat Deus, 47. Ad poenitentiam conversi quare afflictionibus atterantur, 515; et contemplationis donum eisdem denegetur, *ibid*. Poenitentes dolet daemon. 417. Inanis fit absolutio renitentis, 672. Partem poenitentiae B. Simoni indictae sibi retinuit summus pontif., et aliam religiosis distribuit, 675.

Ponti (S.) miraculum, 661.

Praedestinati in peccata corruentes quomodo a Deo reguntur, 546.

Praedicatio *V*. Concio. Quaenam praedicatio utilis, 5 et seqq.

Praedicatores. *V*. Concionatores, et seqq.

Praelatorum officia, 492. Praelatus quid agere debeat, 598. Optima praelato documenta, 625. Erga praelatos delinquentes quomodo se gerere debeant subditi, 624.

Praemonstratensis ordinis primordia, 545 et seqq. Praemonstrati etymon, *ibid*. Praemonstrat. ecclesia juri abbatiae S. Vincentii subjacebat, *ibid*. Hugo primus abbas, 546. Moniales ejusdem ordinis, *ibid*. Capitulum generale quotannis, *ibid*. Quantus abbatum et monasteriorum numerus, 547. Praemonstrat. ordini quid contulerit Bartholomaeus episcopus, *ibid*. Mira monialium Praemonstrat. conversatio, *ibid*. Decem millia earumdem, 548. Fundatur Prae-

monstrat. monast. 549. Quam elegans et amplum, 550. Præmonstratum S. Norberto concedunt monachi S. Vincentii Laud., 650. Præmonstratensibus mediam partem loci in quo sita est ecclesia S. Martini, dant iidem monachi, 651.
Præpositus et presbyter monialium, 648.
Præputium Salvatoris nullum in terris, 338, 575.
Præsentia magis solent quam æterna diligi. 82.
Presbyteris uxores ducere prohibetur, 579. *V.* etiam Sacerdotes.
Principes, sensus exteriores, 210.
Prioratus Majoris-Monast. sæculares ne possideant sub excommunicationis pœna prohibet Lucius papa III, 591 Prioratus tenuiores in unum reducuntur, 591.
Privilegia singulorum legem non faciunt, 355.
Prognosticon de Guiberto, 491. De Gualderico episcopo, 499. Prognostica in episcoporum consecrat. et abbatum ordinatione, 625.
Progressus animi, desiderium. 85.
Promissa qui non implet, falsitatis aut tenuitatis arguitur, 529. Quæ promissioni serviendi Deo retributio, 51.
Prophetis Deus se figuris et signis ostendit, 359. Quas a Deo acceperunt notitias, aperire nequeunt, 561. Inde comparationes Deo indignas ascribunt, 362.
Prosperitas, dies, 15. Prosperitatibus homo sordescit, et illaqueatur, 643.
Prudentia sæcularis quæ Deum intendit, grata Deo, 15. Prudentia quid, 27.
Pudicitia sine humilitate perseverare non potest, 222.
Pudor humanus non est criminis extinctio, sed dilatio, 47. Unde pudor, 263. Quare pudenda teguntur, *ibid*.
Puerorum Deo in monasterio offerendorum formula, 583. Ex puero novenni mulier concepit, 295.
Pugillum quid, 285.
Pulchritudo sine virtute nihil prodest, 456. Pulchritudo æstimanda, 457.
Pultheriensis monasterii tabulæ fundationis, 653. Romano pontifici subjicitur, 655 et 656.
Purpurati nummi, 598.
Pyrro quidam pro martyre falso cultus, 550.
Pyrrus urbis Antiochenæ turres tres tradidit Christianis, 406 et seqq. Infelix ipsius finis, 422.

Q

Quilii regis Britosaxonum mira conversio et gesta, 488. Litteratus, *ibid*. Benignus, *ibid*. Regnum abdicat, *ibid*. Novigenti hospitatur, *ibid*. Jerosolym. baptizatur ab apostolis, 489. Quilii nomen imponitur ipsi, *ibid*. Obiit Novigenti, *ibid*.
Quinquagenarius numerus quid tropologice significet, 73.
Quintini (S.) in ecclesia acolythus puer imaginem alloquitur, cui et ipsa respondet, 531. — S. Quintini in insula monasterium, 618. — S. Quintini Belvac. monasterium fundatur, 600. — S. Quintini de monte abbatia, 618. A quo fundata, *ibid*. Destruitur, *ibid*. Instauratur ab Adalberto, *ibid*. Abbatum chronologia, *ibid*. Robertus Peronensis monasterium resarcit, 619.

R

Radulphus comes Crespeiensis, 464. — Radulphus Latiniacensis abbas, 551. — Radulphus dominus Nigellæ, 554, 627. — Radulphus frater Anselmi Laudunensis. *V.* Anselmus Lauduren. Radulphi scholæ, 545. Celebres discipuli Radulphi, *ibid*. — Radulphus Remensis archiepiscopus, 509 et 529, 545 et 552.
Radulphus Flaviacensis, 634. — Radulphus S. Mauri Fossatensis abbas, 607. — Radulphus de Paganello, 590.
Radulphus episcopi Laudunens. discophorus, 507.
Radulphus pincerna regis Anglor., 556.
Radulphi Crespeiensis genealogia, 597. Sepultus in monast. S. Arnulphi Crespeiensis, 596.
Raimundus S. Ægidii comes, 778. Jerosolymam proficiscitur, 585. Albaram occupat, cui episcopum præfici curavit, 421. Egregia ejus sententia, *ibid*. Respuit dignitatem regiam, 435. Raimundus Pilitus, 420 et 428, 429.
Rainaldus Belhere, 628. — Rainaldus Rufus, 628. — Rainaldus dux ad partes Turcorum deflectit, 582. — Rainaldus Claromont. comes, 529. — Rainaldus archiep. Remens. 637.
Ratio, cœlum et lumen, 9. Ratione regi quam utile 9. Quid ratio, *ibid*. Ratio lux, 13. Rationi caro, et Deo ratio subjicienda, 13. Sapientiæ supernæ conjuncta, firmamentum, *ibid*. Ratio luminare majus, 17. Ratio, voluntas et affectus spei, fidei et charitati obediunt, 52. Rationi durum est affectionem sæculi jam conceptam abjicere 81. Ratio inanis est, nisi præcedat recta voluntas, 145

Redempturus est Christus non omnes, sed de omnibus quosdam, 274.
Reges sunt qui invisibilia quærunt, 173. Reges Angliæ quot effecti monachi, 748. Regem quanto honore, sapientia et divitiis decoravit Deus tanto arctius ad suum obsequium alligavit, 689.
Reginaldus castellanus Belvacensis, 609.
Reinsendis abbatissa S. Joannis Laudun. interficitur, 516.
Religio laudat Deum, 173. Religionis studium causa omnium bonorum, 581. Religionem Christianam professus, et nihilominus honori ejus derogans, abominandus est, 264. Error ubi religio creditur, difficile curatur, 550.
Religiosi habent manus confixas, et pedes constrictos sub obedientiæ jugo, 643. *V.* Monachus.
Religiosi cavere debent ne in minimos defectus coram sæcularibus impingant, 104. Quid causæ est cur in gravissima peccata incidunt, 521. Modestiæ studere debent, *ibid*. Timore Dei, *ibid*.
Reliquiæ sanctorum, 527 et seq. Reliquiæ sanctorum honori sunt Christianis, 529. De falsis reliquiis quid actum præsente Guiberto abbate, 554. Perversus reliquiarum usus, 554. Pessime agunt qui reliquias sanctorum dispertiunt venundandas, 536. Reliquiæ non auro vel argento includi debent, *ibid*. Qui reliquias sanctorum e tumulis eruunt et dispertiunt, plectendi sunt, 537. Caput S. Pauli B. Gregorius denegat imperatrici, *ibid*. Non e sepulcris cruenda, *ibid*. 557 et 538. Non peccant qui reliquias cujusdam sancti pro alio colunt, *ibid*. R liquiarum corporis Christi nil in hoc mundo, 549. Dens Salvatoris, 550. Si quid reliquerit Christus in hoc mundo sui corporis, multa sequuntur absurda, 551. Reliquias Filii posteris B. Virgo non consignavit, 558. Ex SS. reliquiis quæstum prosequi profanum, *ibid*. Reliquiæ Laudunensis Ecclesiæ, 554. Reliquiæ sanctorum ut publice venerentur a populo, probari debent ab episcopis, quin et a summo pontif. 563. Contra reliquiarum falsarios, *ibid*. Reliquiarum quidam falsarii, 572. Reliquiæ causa pecuniæ non exponantur, *ibid*. Contra ejusmodi nundinas reliquiarum invehitur S. Bernard. et Alvarus, *ibid*. Thecis seu capsis auro, argento et lapillis, ornatis reliquias recondebant viri pii, 573. Quare, *ibid*. Reliquiarum divisiones translationesque damnantur, *ibid*. Verum a sanctis id actitatum, et quare, *ibid*. Quam malus quorumdam episcoporum usus in deferendis reliquiis, 575. In eos qui ornamenti gratia reliquias deferunt, *ibid*. Quanta cum reverentia reliquiæ sunt asservandæ, 574. Reliquias dividere et transmittere olim Romæ prohibitum, 574. Earum loco brandea seu lintea mittebantur, *ibid*. Qui sanctorum corpora inspicere vel tangere aggressi sunt, puniuntur, 574. Id Romæ olim non permittebatur, *ibid*.
Remensis pseudo-conventus, 568.
Remigius (S.) ecclesiæ Laudunensis fundator, 527.
Reproborum votis quare sæpe respondet Deus, 555.
Reptile quid moraliter, 18 et 20 et seq.
Reservationes beneficiorum, 579.
Restitutio a quodam feneratore facta, notatu digna, 557.
Resurrectio Christi probatur, 274. Integre resurrexit. 556. Post resurrectionem Matri primo non apparet, 558.
Reus absentem et ignarum dominum timet, 52.
Ribodimons diversimode scribitur, 645. Richardus episcopus Virdun. 529. Robertus abbas Virtutensis, 552. — Robertus Normaniæ comes iter Jerosolym. aggreditur, 584. Carceri mancipatur, 585. Principem exercitus Babylon. atroci vulnere sauciat, 437. Mirabilis munificentiæ, *ibid*. — A Roberto Flandrensi auxilium petit litteris imperator Græcorum, 574. Expeditionem Jerosolymitanam aggreditur, 585 et 584, 445. Robertus Pullus, 579. — Robertus Aucensis comes, 651. — Robertus de Cais, 628. — Robertus de Curval, 628. — Robertus Lescot vicedominus Ecclesiæ Remens. 641. Robertus Vetulus, 628.
Rodulphus Crespeiensis, 672 Ejus corpus Crispiniaci sepulturæ traditur, *ibid*.
Rogerius Montisacuti, 508. — Rogerius Porcensis, 497. — Rogerius episcop. Laud. a plebeiis persecutione afficitur, 660. — Rogerius Catalau. episcop. 637. — Rogerius comes Porcensis 642.
Romanæ (S.) virg. mart. corpus in ecclesia S. Quintini Belvacensi, 600.
Rorico episcop. Laudunensis, 649.
Rorigo frater Gualdrici episcopi Laud. 500. Gerardum Carisiaci percussit, 501.
Rostagnus de Podio-Alto, 655.
Rotoldus comes Perticensis, 529.

S

Sacerdotes. *V.* Presbyteri. Sacerdotibus mulieres ducere non licet, neque iis uti, 572, 462. Sacerdotis filius non legitime procreatus a sacris gradibus arcetur, 435. Is ejus Ecclesiæ ad cujus injuriam progenitus est, servus jubetur esse, 435.

Sacramentum corporis Christi *V*. Eucharistia. Sacramenta, quomodo prosint bonis ac malis, 3. Sacramenta novæ legis interiorem gratiam conferunt, 282. Ubi fides non est, sacramentum fit impotens, 543. Sacramentum trifariam, *ibid*. Sacramentorum ignarus eorum administratione indignus censendus, 492.

Sacrificiis quibusnam delectetur Deus, 276. Non sacrificiis, sed seipso Patrem placavit Christus, 278.

Sæculares. *V*. Laici.

Salaberga (S) S. Joannis Laudun. abbatiæ fundatrix et prima abbatissa, 552. Vita ejusdem, 679. Matrimonio copulatur, 680. Viduatur, 681. Iterum nupsit, *ibid*. Ædificat monasterium in suburbio Lingonum, 682 Laudunum venit, *ibid*. Cœnobium Laudun construit, 685. Trecentæ ibidem nonnæ, *ibid*. In coquina et aliis monasticis officiis vicissim suis hebdomadibus abbatissa ministrabat, 685. Obitus, 22 Septemb. 686.

Salastutiæ symbolum, 59.

Samech, *firmamentum*, 248. Et *adjutorium*, 250. Et *audit*. 235.

Samson archiepiscopus Remensis, 551.

Sancti in adversis et prosperis non mutantur, 13. Sancti montes dicuntur, 46. Sanctorum lapsus quid prosint considerantibus, *ibid*. Sancti cur se despiciant, 63. Gratias habent speciales, 69. Quare dura sustinent, 361. Sanctus quis consensus, 550. Gestis falsis, aut male conditis sancti contumelia afficiuntur, *ibid*. Quorumdam, qui ut sancti coluntur, caute gesta sunt discutienda, *ibid*. Antequam quis invocetur, de ipsius debet constare sanctitate, *ibid*. Ecclesiæ prælationum est, ut debite populus sanctorum cultui intendat, invigilare, *ibid*. Signa exteriora haud sanctitatis indicia, 351. Vera sanctorum acta decori Deo, falsa dedecori vertuntur, 555. Puer velut sanctus imprudenter colitur, 554. Tabulis ecclesiasticis quinam ascribendi, *ibid*. Sanctos quosdam celebriores, quam reipsa erant, sibi patronos constituere quædam Ecclesiæ, 554. Sanctorum corpora num loculis aureis vel argenteis sint inferenda, 556, 557. Sanctorum corpora e tumulis non eruenda, 557. Quare, *ibid*. et 358 Qui aliquem ut sanctum, licet talis non sit, invocat, fructum tamen percipit orationis, *ibid*. Reliquiæ Laudun. Ecclesiæ ad corrogandam pecuniam circumferuntur, 512. Camisia et capilli B. Virginis, et spongia ori Salvatoris illata, *ibid*.

Sanguinem humanum fundere quid sit moraliter, 50. Sanguis peccatum significat, 235.

Sapientia septem columnis charismatum domum Dei consummat, 695. — Sapientia lux 12. B. Quæ vera, 14. Pudica, pacifica, modesta, suadibilis, *ibid*. Sapientiæ effectus, *ibid*. Bifarie sapientia, *ibid*. Noxia sapientia, 14. Sapientia pertinet ad vitam, 16. Sapientia quid, 18. Sapientiæ qui student volatilia sunt, *ibid*. Sapientia tripliciter dicitur, 26. Sapientia a Deo nobis data silentio conservatur, 114.

Schismaticus quis, 529.

Scholæ restituuntur, 579. Scholæ Beccenses, *ibid*. Scholæ Laudun., *ibid*. Scholæ S. Victoris Paris, *ibid*.

Scientia qui male utitur, cui comparandus, 3. Scientiæ aquæ in Scripturis vocantur, 13 et 18. Scientia divina, *ibid*. Sæcularis, *ibid* Diabolica, 14. Scientia sequitur timorem pietatemque, 16. Scientia ad doctrinam, *ibid*. Scientia quid, 18. Scientia mali necessaria ad bene vivendum, 30. Charitate conditur ne inflet, 286. Scientiis adipiscendis qui incumbunt, et culpatam vitam agunt, eos imitantur qui manna in crastinum colligebant, 644.

Scriptorium, locus in quo monachi simul scribebant componebantque, 614.

Scripturis sacris exponendis quatuor adhibendæ regulæ, 4. Earumdem exponendarum modus, 6 et seq. Moralitates quomodo eliciantur, *ibid*. Universæ Scripturæ intelligentiam habet nemo, 16. Quam noxium lectioni divinæ non incumbere, 18. Ex S. Scriptura vera contemplatio hauritur, 18. Sacra Scriptura cibus noster, 61. Moneta publica et probata 90. Ejus puritas per seipsam eminet. *ibid*. Arca dicitur, 206. Ad reseranda mysteria Scripturæ opus est divino, arbitrii non est, lumine, 217. Scripturæ intelligentia humani, 361. Humiliori stylo explicandæ, 367 et 368. Qua ratione elucidandæ, 477. In Scripturis multa ponuntur ut sunt in opinione, 254.

Scropha sive strumæ quid, 563. Id morbi genus curat rex Francorum, *ibid*. 551.

Sebroim, *capra*, vel *damula*, vel *statio in mari*, 59.

Segor *vetula*, vel *meridiana*, 57; vel *parva*, 27. B. Seguinus abbas Casæ-Dei, et S. Nicasii Remensis 657 et 658.

Seir, *pilosus* vel *hircus* dicitur, 60, 150, 275.

Semel in Scripturis pro eo quod est incommutabiliter, 72.

Semen nostrum opera nostra, 16. Semina vitiorum natura nostra in se portat, 60.

Senarius numerus quid tropologice, 41.

Senlengensis episcopatus ad Cicestrum translatus, 56.

Sensualitas vix levatur ab imis, 64. Sensualitatem sequens homo, similis est brutis, 643.

Sensus reprobus, quid efficiat, 10. Consuetudo peccandi perducit ad reprobum sensum, *ibid*. Reprobus sensus ebrium mortuumque efficit, 10. Nox est, 15.

Sententiam quomodo mutavit Deus, 275, 276.

Sepulcra non aperienda, nedum confringenda, 557. Quomodo plexi sunt qui corpora SS. Pauli et Laurentii inspexere, *ibid*. 44—S. Sepulcri de Villaribus Prioratus fundatio, 605.

Sermo quo ordine fieri debeat 2. Sermo trepide languideque prolatus nulli placet, 5. Prolixior tædium generat, 4. Brevis delectat, *ibid*. De moribus quam utilis, *ibid*.

Servi vitia sunt, quare, 261. Servorum faciendorum ritus, 588.

Sibila uxor Ingelranni de Fera, 558.

Sigebertus Gemblacensis obiit anno millesimo centesimo decimo tertio, 478.

Sigifridus prior S. Nicolai, sive abbas S. Vincentii, 282.

Signa non eorum quorum ministerio fiunt, sed aliorum aliquando utilitati inserviunt, 551.

Silere pro quiescere et non resistere, 71.

Simeon *audivit Dominus*, vel *audiens tristitiam*, 117. — Simeon Maubaillard, 616. — S. Simeonis portus 412. — Simon de Balgenciaco ecclesiam Boni-Nuntii Majori Monasterio tradit, 590. — Simon ex abbate Majoris Mon. episcop. Carnotens. 593. — Simon episcop. Noviom., 627.

Simonis comitis Crespeiensis acta breviter perstringuntur, 461, 596. Transfert corpus patris sui in monasterium S. Arnulfi Crespeiensis, *ibid*. Bona confert eidem monasterio, *ibid*. Hoc ipsum monast. Cluniacensibus possidendum dedit, *ibid*. Simonis epistola es de re ad S. Hugonem, *ibid*. Ejusdem genealogia, 597. Vita B. Simonis, 671. Romæ a summo pontif. absolvitur, 673. Partem pœnitentiæ Simoni indictæ sibi retinuit, et aliam aliis quibusdam religiosis distribuit, *ibid*. Matrimonium contrahit, *ibid*. Sponsa monitis B. Simonis obtemperans, ipsa nocte nuptiarum aufugit, et habitum monast. sumpsit, *ibid*. Rex Anglorum Simoni filiam offert in matrimonium, 674. Fit monachus, 463, seu 467, 674. In hoc statu quid egit, *ibid*. et seq. Eremum petiit, 675. Eleemosynarum ejus specimen insigne, *ibid*. In Gallias, rogante S. Hugone Cluniac. ad regem profectus, 676. Romam, jubente summo pontif. petivit, *ibid*. Plures ejus prædicationibus convertuntur, 677. Obitus Romæ, 50. Septemb. 677. Funeratur cum summis pontif. *ibid*. Apostolicam duxit vitam, *ibid*. Ad construendum ejus sepulcrum pecunias mittit regina Anglorum, *ibid*. Inter apostolos in cœlis, 678.

Simon episcop. Noviom. germanus Radulphi Vermand, 551. — Simon ex monacho S. Nicasii abbas S. Nicolai in Sylva, 551.

Simplicitas pro fatuitate poni solet, 79.

Sodoma, *similitudo eorum*, vel *pessimus coram Domino*, 57. Et *muta*, 59. Et *pecus silens*, 62. Et *cœcitas*, 71.

Sol mystice tentationis æstus, 151. In solitudine est, qui sine Deo est, 60.

Sortilegia. Ad sortilegia neminem admittit Satan, nisi Christianæ religioni abrenuntiet, 486.

Spem quid commendet, 68. Spes nulla, ubi nulla merita, 287. — Spes in Deum quantum valeat in pœnitente, 552.

Spinetense monasterium, 55.

Spiritales viros superbia, invidia, inanis gloria insectantur, 106.

Spiritus pro superbia, 165. — Spiritus et corpore ad quid homo constat, 3, 12. — Spiritus sanctus vinum, 264. Patrem Filiumque amore conjungit, Deoque homines, *ibid*. Est virtus Patris et Filii, 280. Spiritus principalis Deus Pater. 559. Srirritus sanctus a Patre et Filio procedit, 69. A Filio mittitur, *ibid*. Quare Filius non appellatur, *ibid*.

Stadium quid, 644.

Stephanus de Conty, Corbeiæ monachus, Historiam regum Franc. scripsit, 565. — Stephanus le Gris, 618. — Stephanus Carnotensis, 442. — Stephanus comes Blesensis expeditionem Jerosol. aggreditur, 584. Quid dum Antiochena urbs obsideretur, gesserit, 415. Laudatur, *ibid*.

Studia litterarum reflorescunt, 579. — Studio improbiori oppressus animus hebetatur, 461.

Subsistentia substantiæ origo, 559.

Sudarium Domini in ecclesia S. Cornelii Compendiensi, 676.

Suggerius prior Flaviacensis, 481.

Sulpitius Roberti de Rupibus Corbonis in extremis agens fit monachus, 590.

Superbia cæcitatem reprobi sensus affert, 83. Non fert rectam intentionem, *ibid.* Superba cogitatio non agnoscit reatum suum, *ibid.*

Superbi per exteriora effluunt, 78. Superbos aperte vitia impetunt, 175. Arrogantes quid soleant, 295. Eorum proprietates, *ibid.*

Superior. *V.* Prælatus.

Supplumbo quid significat, 506.

T

Tabula convocantur seu excitantur a somno monachi, 614. — Tabulis cereis, dum antiqui scriptores opus aliquod edebant, primum exarabant, 613.

Tancredus Boemundi nepos, 386.

Telionensis monasterii constructio, 550.

Templum Jerosolymitanum quale Guiberti tempore, 452.

Tentationes verti in exitium quare non permittit Deus, 578. Tentationibus resisti non potest nisi gratia Dei, 698. Tentationis tempore, quid agendum, 5. Tentationum utilitates, 6. Tentationibus percuti permittit Deus hominem, 13. Tentatio pro probatione, 84. Inter tentationes nemo subsistit, nisi gratia Conditoris assidue juvetur, 190. Tentationis imbecillitas, 198. Tentatus quid cogitare debet ne in peccatum corruat, 7. Quomodo et ad quid nos tentat Deus, 13. Tentationam conflictus, 312.

Terra et cœlum quid moraliter, 9 et seq. Item, terra, 19. Pro firmitate ponitur, 113. Terra Domini corpus rationi subjectum, 206. Terra nostra, caro nostra, 223. Ob terrena acquirenda homines diversos labores sustinent, 360.

Testis plus est quam testimonium, 125.

Teudegaldus Laudunensis vir pessimus, 506. Furcis infertur, 515.

Theobaldus Campaniæ comes, 549 et 551.

Theobaldus comes de Risnel, 529.

Theobaldus Lotharingiæ dux, hominium facit abbati S. Nicasii, 640. — Theodebaldi (S.) mira conversatio, 464, 586.

Theodeberta, sive Soiburga ab igne per B. Virginem liberata, 502 et 464.

Theodericus abbas S. Eligii Noviom. 551, 628. — Theodoricus ex monacho S. Nicolai episcop. Ambian. 555. — Theodoricus de Avesnis, 529. Cœnobium de Lesciis fundavit, *ibid.* Illuc secessit et vitam transegit, *ibid.*

Theraphim quid sit, 191.

Thomas Codiciacensis, 509 et 515, 516. — Aliquando proba opera demonstravit, 658. Excommunicatur, 660. Finis funestus, *ibid.* — Thomas de Marla, 629.

Thronus Salomonis B. Virgo, 289.

Timor Dei lux et sapientia, 12. Quid boni, expulsis peccatis, pariat in anima, *ibid.* Timor pietasque generant scientiam, 16. Timor Dei, porta ad Deum, et ad civitatem cordis, 89 et seq. Timor servilis et humanus sæpius ad peccatum provocat, 12. Timor, præsumptionis adjutorium, *ibid.* Timor primus dies, pietas secundus, 14. Timor et amor duæ alæ ad æterna quærenda, 45. Timor humanus aliquando petulantes motus coercet, 73. Timor, domus Dei stabiliendæ radix, 153. Timor Domini parat viam aliis virtutibus, 644.

Tornacensis Ecclesia post quadringentos annos proprio pastore fruitur, 552.

Tractus Sabbato Paschali quare post Alleluia cantatur, 15.

Tribulationes quare a Deo immittuntur, 13. *V.* Adversitas, Afflictio.

Trinitates conscientiæ quatuor, 113. Trinitas in Deo, 279, Trinitas naturalis quæ, 643. SS. Trinitatis monasterium in Eboracensi civitate fundatur, 590. SS. Trinitatis monasterium Cadomi, 555. — Trinitatis similitudinem servans humana anima, triplici consistit natura, 643.

Tristitia, peccatum, 308.

Triticum pro doctrina, 203.

Trudenes, *truandes*, quid, 441.

Turcorum imperium, 374. Turci dum prælium committunt, vociferantur, 391. Dimicantes quid soleant, 419. De insepultis cadaveribus quantum crucientur, 441.

U

Ubera duo quid mystice significent, 81.

Ulgerius Andegavens. episcopus, 590.

Ulianus (S.) proto-abbas Sancti Quintini de Monte, 618.

Umbilicus Salvatoris, 538. Umbilicum in terris Christus non reliquit, 575, 551.

Una apud Deum, fiunt diversa per humanæ perversitatis propositum, 480.

Urbanus II papa laudibus attollitur, 376. Claro germine ortus, *ibid.* Prior antea Cluniaci, *ibid.* Claris miraculis, *ibid.* Convocat concil. Claromonti, 577. Facundus fuit, *ibid.* Scientia litterarum excultus, *ibid.* Strenue Philippum regem Francorum a piorum cœtu ejecit, *ibid.* Ejusdem Urbani oratio habita in concilio, *ibid.* Jerosolymitanam expeditionem suadet, 578. In Majori Monast. Turonis exhortationem facit, 588. Dedicat ecclesiam ejusdem monast., *ibid.* Epitaphium composuit B. Simonis Crespeiensis, 678.

Uter tropologice temperantia, 81.

Uterus tropologice rationalitas, 64.

Uticense monasterium. *V.* S. Ebrulfi.

Uxores plures permisit Deus in Veteri Testamento, 275.

Uxores ducere sacerdotibus non licet, 572. *V.* Presbyter.

Uxoris unius vir quo modo intelligitur, *ibid.*

V

Valarici (S.) caput, 555. S. Valarici monachos haud supposititia privilegia synodo Remensi obtulisse probatur, 568. Remis non celeberrimum fuisse conventum, sicut asserit Nicolaus, demonstratur, *ibid.* Nusquam fuisse privilegiorum fraudem detectam hoc in conventu, *ibid.* Privilegia S. Valarici haud a Paschali pontifice abrogata, 570. Alexandri papæ III sententia decretoria, confirmans eadem privilegia, 571.

Valerannus. *V.* Galerannus.

Vau, *ipse*, 244 Possessio, 248. *Ille*, 253.

Vendolio (de) S. Joannis Bap. prioratus, 650.

Verba pro nugis et fabulis, 221. Ex verbis pravis sequuntur opera crudelia, 192.

Verecundia ante utilis, noxia post peccatum, 468.

Veritas quid, 192.

« Vermis eorum non moritur, » qui intelligitur, 565. Quid vermis spiritualis, *ibid.*

Verziliacensis monasterii fundationis tabulæ, 655. Romano Pontifici subjicitur, 655 et 656, 657. Fundationis confirmatio a Nicolao papa, et Carolo Calvo, 655 et 657. Amandatis monialibus successere monachi, 658. Qui canonici sæculares fiunt, *ibid.*

Vespere quid moraliter, 15.

Vestium dissolutiones, 468.

Vetus Testamentum. In veteri Testamento temporalia tantum Deus promittebat, 276.

Via Dei expeditio Jerosolymitana appellatur, 579.

Victima holocausti tropologice mens pura, 86.

Vincentii (S.) os gutturis, et pars brachii in cœnobio San-Vincentiano Laud. asservatur, 648.

Vincentii (S.) Laudunens. Historiæ summarium, 648. Clerici variis temporibus incoluerunt, *ibid.* Charta Roriconis episcopi de restitutione monachorum, 649. Adelmus episcop. instituerat antea duodecim canonicos, *ibid.* Ecclesia S. Vincentii sepultura episcoporum, nobilium, etc. *ibid.* Secunda sedes Laudunens. diœcesis, et prima filia, 649, 650. Ibi ad tutelam urbis constituitur monastica regula, *ibid.* Abbatum elenchus, 650. — S. Vincentii Laudunen. ecclesiæ statio, 505.

Vinum damnatorum voluptates, 228. Vinum, virginitas Deum lætificans, 264. Vinum Spiritus sancti, *ibid.*

Virginitas virtus plus quam naturalis, 68. Virginitas bonum, amisso ejus malum, 264. Virginitate nil suavius, *ibid.* Virginitatis contemptum habent voluptates, *ibid.* Virginitas vinum lætificans Deum, *ibid.* Nil Deo gratius, *ibid.* De virginitate opusculum Guiberti, 511. *V.* etiam Castitas. Virgo mystice veritas, quæ ex Deo est, 96. Virginem potuisse parere probatur, 265, 266.

Virgultum quid tropologice significet, 25 et seq.

Viri famosi quinam sint tropologice, 59.

Virtutis amore quo quis amplius æstuat, eo de se submissius sentit, 295. Virtus insensata nec dici nec potest esse, 294. Virtus quid Deo simile, 312. Deus ignis, virtutes igniculi, *ibid.* Virtus qua intentione exercenda, 522. Virtus recentium quare antiquorum est anteponenda, 369. Ad virtutes discendas quæ requirantur, 5. De illis optime eloquitur qui prius eisdem acquirendis studuit, 6. Iisdem comparandis theoria minime, sed labor improbus requiritur, 2. Virtus dies appellatur, 17. Omni virtutum genere præditus, ut apostolici viri, est annus, seu habet annum, *ibid.* Virtus nostra comparatione minimi luminis Dei, vel etiam perminimi angeli, quam nil est, 45. Virtus nulla sine bona voluntate, 69. Virtutis odore delectatur Deus, 265. Nihil fere est veritatis in homine, quod non aliquando labefacteriur, 84. Virtutes et vitia quare sunt fratres, 14. Virtus omnis tentationum tolerantia commendatur, 108. Virtutes vocantur cœli, 190. Virtutes sunt arma lucis, 644.

Quare arma, quare lux, *ibid.* Clavis virtutum pelluntur

clavi vitiorum, 614. Virtutes sponsalia Ecclesiæ sponsæ Christi, 691.

Visiones non eorum qui eas habent, sed aliquando aliorum inserviunt utilitati, 531. Visiones in S. Scriptura menti quid ingerunt, 359.

Visitatio aliquando pro punitione, 216.

Vitæ instituendæ modus, 13. Vita præsens vespere, mane futura, *ibid*. Vita præsens tempus et sæculum vocatur, 17. Vitæ spiritualis status diversi, 49 et seq. Ardua vitæ instituta refugienti permittitur consectari mediocria, 75. Vitæ seu gesta sanctorum falsitatibus et nævis aspersa non ferenda, 530. — Vitæ suæ gesta nonnulli celebres viri conscripsere, 578.

Vitia. De vitiorum natura ac fuga concionatoribus disserendum, 5. Quam utile sit eorumdem notitiam adipisci, *ibid.* et seq. Ad vitia evellenda quæ requiruntur, 5. Vitiorum incentiva sanctis tristitiam pariunt, 20. Plurimi corporalia, pauci spiritualia vitia exhorrent, 74. Nisi vitia rescindantur, Deus non potest habitare in nobis, 76. Quid nos impellat ad inquirenda aliorum vitia, 131. Vitiorum clavi pelluntur clavis virtutum, 614.

Vitonus (S.) ulceratas manus sanat monacho, 524.

Vivere innoxie sibi ipsi non sufficit, 70.

Volatilia. Per volatilia intelligitur contemplativa excelentia, 43.

Volucres, spiritualis subtilitas, 49.

Voluntate bona nil felicius, 5. Voluntas luminare minus, 17. Lunæ comparatur, *ibid*. Voluntas quid, 26. Semen et origo boni operis, 43. Duplex, carnalis et spiritualis, 65. Voluntas victis vitiis a Deo visitatur, 80. Voluntas nostra, uxor nostra, 194. Voluntas hominis quid possit. *V.* Gratia.

Voluptatis terrenæ consuetudo excæcat, 7. Quæ mala voluptatibus irretitos maneant, 7 et seq. 525. Voluptas tanquam apis mel in ore, sed aculeum in cauda, 8. Voluptates aquæ vocantur, 11. In voluptatibus et deliciis educati, quid sit miseria, et in squaloribus ac spurcitia, quid sit felicitas; nesciunt, 12. Voluptatis locus Deus, 27. Voluptas in regnis vitiorum dominatur, 59. In regibus præcellit, *ibid*. Omnis actio intendit aliquam voluptatem, 107. Voluptatum appetentia plena anxietatis, 255. Voluptates virginitatis contemptum habent, 264.

Voluptuosi quomodo contineri possit non capiunt, 311. Habent nunc tempus suum, 578.

Vota. *V*. Consilia evangelica.

Vulnerum cicatrices quare Christus apostolis ostendit, 356. Num in die judicii parebunt, *ibid*. 577. Quare remanserunt, 578.

Vultures absque concubitu generant, 325.

W

Walbertus (S.) seu Waldebertus abbas Lexoviensis sanctitate et doctrina insignis, 681. Concionibus celebris, 682.

Walfridus abbas Teloniensis, 530.

Walterus de Aath, 529.

Wiscardus Normannus, 386.

Z

Zabulon, *fluxus noctis*, vel *habitaculum fortitudinis*, 119. Vel *jusjurandum ejus*, 174.

Zain, *alimentum*, 249. Et *alimentum mundi*, 258.

Zai, *duc te*, 253.

Zomzommim, *hæc aqua*, 60.

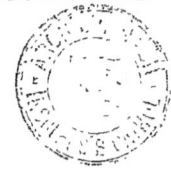

ORDO RERUM
QUÆ IN HOC TOMO CONTINENTUR.

VENERABILIS GUIBERTUS, ABBAS S. MARIÆ DE NOVIGENTO.

Prolegomena.	9
LIBER QUO ORDINE SERMO FIERI DEBEAT.	21
MORALIA IN GENESIN.	31
TROPOLOGIÆ IN OSEE ET AMOS, AC LAMENTATIONES JEREMIÆ.	337
Proœmium.	337
LIBER PRIMUS. — Tropologiæ in Osee.	341
LIBER SECUNDUS. — Tropolog. in Osee continuatio.	368
LIBER TERTIUS. — Tropolog. in Osee continuatio.	391
LIBER QUARTUS. — Tropologiæ in Amos prophetam.	415
LIBER QUINTUS.—Tropologiæ in Lamentationes Jeremiæ.	451
Epilogus.	487
DE INCARNATIONE CONTRA JUDÆOS.	489
Epistola nuncupatoria.	
LIBER PRIMUS. — De conceptione Filii Dei intra Virginem.	489
LIBER SECUNDUS. — Deus omnia hominis susceperit, an non?	499
LIBER TERTIUS. — De humana in terris Christi conversatione.	505
DE BUCCELLA JUDÆ DATA, ET DE VERITATE DOMINICI CORPORIS.	527
LIBER DE LAUDE S. MARIÆ.	537
OPUSCULUM DE VIRGINITATE.	579
DE PIGNORIBUS SANCTORUM.	607
Epistola nuncupatoria.	607
LIBER PRIMUS. — De Sanctis et eorum pignoribus.	611
LIBER SECUNDUS. — De corpore Domini bipertito, principali scilicet ac mystico.	629
LIBER TERTIUS. — Contra San-Medardenses qui dentem Salvatoris se habere asserunt.	649
LIBER QUARTUS. — De interiori mundo.	665
GESTA DEI PER FRANCOS.	679
DE VITA SUA.	857
LIBER PRIMUS. — In quo potissimum de ipsius vita agitur.	857
LIBER SECUNDUS. — Initia et progressus abbatiæ B. Mariæ de Novigento referuntur.	893
LIBER TERTIUS. — Quomodo Galdricus, episcopus Laudunensis, excarnificatus fuerit, atque ecclesia et universa pene civitas conflagrarit, 907.	
APPENDIX AD LIB. III GUIBERTI DE VITA SUA. — Hermannus monachus, de miraculis B. Mariæ Laudunensis et de gestis Bartholomæi et Norberti episcoporum.	960
Ad Guiberti opera domni Lucæ d'Achery notæ et observationes.	1017
APPENDIX ad Opera Guiberti.	1203
INDEX RERUM ET VERBORUM.	1237

FINIS TOMI CENTESIMI QUINQUAGESIMI SEXTI.

Ex typis MIGNE, au Petit-Montrouge.

www.ingramcontent.com/pod-product-compliance
Lightning Source LLC
Chambersburg PA
CBHW071201230426
43668CB00009B/1040